Hans Miksch · Der Kampf der Kaiser und Kalifen

Hans Miksch

Der Kampf der Kaiser und Kalifen

Band 1
Wir sehen uns beim Goldenen Apfel

Band 2
Ungarn zwischen Kreuz und Halbmond

Band 3
Wien – das Stalingrad der Osmanen

KARL MÜLLER VERLAG

Genehmigte Lizenzausgabe für Karl Müller Verlag, Danziger Straße 6, D-91052 Erlangen

ISBN 3-86070-800-7

1 2 3 4 5   3 2 1 00 9

Inhalt

Hans Miksch

Wir sehen uns beim Goldenen Apfel

Voraussetzungen, Grundlagen und
frühe Entwicklung des Osmanischen Reiches

KARL MÜLLER VERLAG

Inhalt

Die geistige Geschichte der Menschheit besteht in einer fortwährenden Uminterpretierung der Vergangenheit.

Egon Friedell
(1878–1938; Kulturgeschichte der Neuzeit;
S. 14 i. d. Ausgabe 1979; Beck; München)

Hinweis

Zur Schreibweise und zur Aussprache der türkischen, arabischen und persischen Wörter wird bemerkt, daß die Regeln der modernen türkischen Lateinschrift der Schreibweise im gegenständlichen Werk zugrunde gelegt sind. Diese weisen jedoch folgende Besonderheiten auf:

c = stimmhaftes dsch (wie engl. j in »Jim«)

ç = stimmloses tsch, wie in »Tschako« (engl. ch in »church«)

e = nur vor y geschlossen, wie in »See« (z. B. »Bey«), sonst immer offen, wie »ä« in »Kälte«

ğ = nach e, i, ö, ü wie deutsches j; nach a, ı, o, u unhörbar, bewirkt aber Drehung des vorangegangenen Vokals

ı = dumpfes i, im Deutschen nicht vorhanden, wie russ. y in »ryba«

h = am Silbenende immer deutlich hörbar, fast wie deutsches ch

j = wie franz. j in »journal«

s = immer stimmlos, wie deutsches ss und ß

s = stimmloses deutsches sch, wie in »Schatten«

v = wie deutsches w

y = wie deutsches j in »ja«

z = stimmhaftes s, wie in »Wiese«

' = deutlicher Stimmabsatz vor und zwischen Vokalen, wie vor ei bei überkorrekter Aussprache des Wortes »Ver-ein«.

Vokale mit übergesetztem Zirkumflex (â usw.) sind lang auszusprechen.

Diese linguistischen Feinheiten sind vorwiegend für den Orientalisten interessant.

Zur Vereinfachung der Lektüre für den orientalistisch nicht vorgebildeten Leser wird versucht, die Schreibweise der verwendeten orientalischen Wörter so zu gestalten, daß die Buchstaben dem Lautwert in deutscher Sprache entsprechen. Dieses Verfahren erscheint vor allem deswegen zulässig, weil eine große Zahl von Ausdrücken wie »Wesir«, »Pascha«, »Tschausch«, »Tschibuk« zum festen Bestand an Lehnwörtern in der deutschen Sprache zählt und die übliche, phonetische Schreibweise für diese Worte und die korrekte Schreibweise in moderner türkischer Lateinschrift für andere Worte sprachunkundige Leser notwendig verwirren müßte.

Einführung

Wenn der Sultan[1], der Großherr der Osmanen, der erhabene Padischah[2], von der Moschee über dem Grabe des Ajub –i Ansari[3] kam, wo eben die Zeremonie der Säbelumgürtung[4] als glanzvoller Höhepunkt der Thronbesteigungsfeierlichkeiten vorgenommen worden war, lenkte er die Hufe seines erlesenen Rosses in die Kaserne seiner Janitscharen, der Kerntruppe seiner sieggewohnten Heere, vor deren Schlachtruf die Völker des Erdkreises erbebten. Ihnen galt sein erster Besuch als rechtmäßiger Herr des Dar ul Islam[5] und Beherrscher der Rechtgläubigen[6], ihnen sein erster Gruß, der ein Versprechen war und eine programmatische Erklärung, eine Art Tagesbefehl und die Verheißung künftiger Siege: »Kizil elmada görüsürüz – Wir sehen uns beim Goldenen Apfel[7]«.

»Kizil elmada görüsürüz« scholl brausend die tausendstimmige Antwort, die ein begeistertes Treuegelöbnis war und dem Fahneneide vergleichbar, den die Truppen des Abendlandes beim Vollzuge des Thronwechsels dem neuen Herrscher in feierlicher Form leisteten. Dann trat der Kommandeur der 61. Orta[8] in großer Paradeuniform, die Kuka genannte, federbuschgeschmückte Haube des Stabsoffiziers auf dem Kopf, die große Schöpfkelle als seltsames Zeichen seines Ranges als Dschorbadschibaschi stolz mit sich führend, vor den Kalifen und bot ihm eine mit köstlichem Scherbet gefüllte Schale. Der Großherr nahm diese erste Gabe seiner rauhen Krieger huldvoll entgegen, leerte das Gefäß, ließ es mit kostbaren Kleinodien füllen und reichte es dem Offizier: Die erste Gabe des Herrschers an seine Elitetruppe.

Dann setzte sich der Zug, schwer mit den Schätzen des Orients in des Wortes ureigenstem Sinne beladen und beherrschender Mittelpunkt der zur sozialen Effektivität gewordenen Wunderwelt der Tausendundeinen Nacht, erneut in Bewegung. Der Jubel des Volkes, das von weither zusammengeströmt war, um diese Stunden der höchsten Prachtentfaltung zu erleben, umbrandete ihn, und über ihm schwebten die Wünsche und Hoffnungen, die Sehnsüchte und Träume von Millionen.

Kizil elmada görüsürüz – Wir sehen uns beim Goldenen Apfel!

Nach dem 1526 erfolgten Zusammenbruch Ungarns, das des Abendlandes mächtige und prächtige Bastion gegen die Welt zunächst der Orthodoxie und sodann des Islams gewesen war, dem unmittelbar die Zweiteilung und ab 1541 die Dreiteilung des ungarischen Territoriums folgte, hatte sich das Osmanische Reich in Mitteleuropa für ständig niedergelassen und war damit dem Heiligen Römischen Reich Deutscher Nation, das als Herzstück des Abendlandes zu bezeichnen keinerlei Bedenken bestehen können, gefährlich nahegerückt. Nur ein verzweifelt schmaler Landstreifen trennte als Habsburgischungarn die

9

beiden Großmächte, die andersgeartete Welten repräsentierten, und die Grenze zwischen der osmanischen Provinz Magyaristan und dem habsburgisch behaupteten Territorium verlief bis 1699 etwa auf der Linie Gran (Esztergom) – Plattensee (Balaton) – Warasdin (Varaždin) – Karlstadt (Karlovac) – Adriaküste, die sie unterhalb Zengg (Senj) erreichte. Die Grenze des Heiligen Römischen Reiches war mäßig zurückversetzt, entsprach aber nicht der heutigen Ost- und Südostgrenze der Republik Österreich, denn

- das heutige Bundesland Burgenland gehörte zu Habsburgischungarn, war also reichsextern,
- die heutige Republik Slovenija der Föderativen Volksrepublik Jugoslawien hingegen war Teil des Sacrum Imperium.

Gliedstaat, wenn man die Verwendung dieses Ausdruckes gestatten will, des Heiligen Römischen Reiches war auch das Königreich Böhmen mit den böhmischen Nebenländern Mähren und Schlesien; die Slowakei hingegen war geteilt:

- der westliche Teil gehörte als Nordungarn zu Habsburgischungarn,
- der Südrand war osmanisches Territorium,
- der Osten gehörte zu Siebenbürgen, dessen komplizierte und ständig schwankende staatsrechtliche Stellung hier nicht näher definiert werden kann.

Die Bedeutung des enormen Landgewinnes des Osmanischen Reiches tritt offen zutage:
Der Dar ul Islam hatte sich über den Rand des europäischen Zentralraumes vorgeschoben, und damit war der Orient zum permanenten Gestaltungselement der sozialen Wirklichkeit des Abendlandes geworden.
Für die nun folgende Zeitspanne von mehr als anderthalb Jahrhunderten mußte das gesamte politische Geschehen der in Mitteleuropa wirksamen abendländischen Kräfte auf diese Präsenz hin ausgerichtet sein. Darunter ist nun nicht zu verstehen, daß jede politische Aktivität auf die Beseitigung dieses Zustandes abzielte, wohl aber, daß jedwede staatliche Maßnahme von auch nur einiger Bedeutung sorgfältig darauf Bedacht zu nehmen hatte, welche Auswirkungen sie auf das Verhältnis zum Osmanischen Reich auszulösen vermochte.
In diesen anderthalb Jahrhunderten war Wien im Weltbild der Osmanen der Goldene Apfel schlechthin. Es spielte für diese Bewertung keine Rolle, daß die Stadt binnendeutsch gesehen nur langsam in diese Rolle hineinwuchs, als sie zur bevorzugten Residenzstadt der Kaiser aus dem Hause Habsburg wurde, was erst ab dem siebzehnten Jahrhundert der Fall gewesen ist. Desungeachtet war Wien zu erreichen, Wien zu berennen, Wien zu erobern die tiefe Sehnsucht, der faszinierende Traum, der brennende Wunsch ganzer Generationenfolgen kühner, waffenkundiger und kriegsgeübter Männer von den starrenden Felshängen des Kaukasus bis zu den früchteschweren Palmenhainen der liby-

schen Oasen, von den breiten, schilfgürtelumsäumten Mündungsarmen der Donau bis zu den brausenden Katarakten des Nils, von den unermessenen Weiten der südrussischen Steppen bis zu den uralten Kulturlandschaften Mesopotamiens. Man träumte diesen stolzen, diesen gefährlichen, diesen lockenden Traum in den prunkvollen Palästen der Großen wie in den kargen Hütten der Armen, man sprach von ihm in den Offizierkasinos der großen Kasernenkomplexe wie in den übelbeleumundeten Kneipen der griechischen Schankwirte, man gab sich ihm hin in den hehren Säulengängen der islamischen Universitäten wie an den glimmenden Lagerfeuern längs der Karawanenstraßen, die Anatolien und Syrien, den Balkan und die arabische Halbinsel mit einem dichten Netz überzogen.

Sagen und Legenden umspielten Wien, den Goldenen Apfel der Deutschen, und selbst den eifrigsten und teuersten, den cleversten und einfallsreichsten Managern der modernen, auf den Erkenntnissen der nachfreudschen Psychologie aufbauenden und die umfassenden Möglichkeiten der technikbestimmten Massenkommunikationsmittel gezielt einsetzenden Werbewirtschaft wird es schwerlich gelingen, der Stadt an der Donau auch nur ein billiges Surrogat jenes Glanzes zu verschaffen, den sie in den Augen von Abermillionen gläubiger Moslems damals hatte. Denn Wien stand für das Abendland, und wer Wien sagte, der meinte den Westen, genauso wie heute den Westen meint, wer Washington sagt. Wie heute Washington, so war damals Wien zum Symbol geworden, zum gedachten Mittelpunkt einer ganzen Welt, die eigengeartet war und gefährlich, feindselig und doch lockend, anziehend und dabei vernichtend wie ein Magnetberg, die quälende Sorge der Seefahrer des Mittelalters diesseits wie jenseits der Trennlinie, die den Okzident vom Orient schied.

Kizil elmada görüsürüz! – Länger als anderthalb Jahrhunderte hielt die gewaltige Kriegsmacht des Osmanischen Reiches angriffsbereit mit Schwergewicht beiderseits der Donau, den rechten Flügel an die Karpaten, den linken an die Adria gelehnt. Länger als anderthalb Jahrhunderte stöhnte das Land an der Nahtstelle zwischen der orientalen und der okzidentalen Welt unter den immer wieder aufflackernden kombattanten Aktivitäten, zitterten die Bewohner der im Aktionsbereich der Heere liegenden Teile des westchristlichen Gesellschaftskörpers vor der drohenden Herausforderung, die das Reich der Osmanen für sie bedeutete, verfluchten sie in grimmigem Haß des Halbmonds sieggewohnte Legionen –, und länger als anderthalb Jahrhunderte waren sie dennoch gezwungen, in ihrem Bannkreis zu leben. Dieses Leben hielt sie beständig in Atem und erzwang die fortdauernde Beschäftigung mit der fremden Macht, in deren Zeichen es stand, und es ist keineswegs erstaunlich, daß dieser Zwang nach schriftlicher Fixierung des Erkannten drängte, so daß eine Fülle von Literatur – das Wort im weitesten Sinne zu verstehen – vorhanden ist, die das Bild, welches das Osmanische Reich in die Weltvorstellung der Zeitgenossen warf, bewahrte. Eine ganze Flut von welchen Namen auch immer führenden Druckwerken, vom einfachen Flugblatt bis zur gelehrten

Abhandlung, entstand, und wenn die Masse dieser Literatur auch aus jener Greuelpropaganda besteht, die in den Nöten kriegerischer Zeitläufe gerne zur Verwirrung der Menschen beiträgt, so gibt es daneben doch auch Werke, die von einer erstaunlichen Scharfsichtigkeit sehr sachkundiger Autoren künden, die sich um umfassende und ausgewogene Darstellungen bemühten. Aus diesen Werken entstand die heute voll in Blüte stehende Wissenschaft der Osmanistik, deren Ergebnisse das unerläßliche Gerüst dieser Untersuchung darstellen.

Die Wurzeln der Osmanistik sind mithin erheblich älter, als man gemeinhin anzunehmen bereit ist, und wenngleich unser Vorhaben nicht die Darstellung dieser Wissenschaft und ihrer Geschichte umfassen kann, so ist es doch wohl am Platz, gerade im Rahmen dieser Einführung ihre Anfänge zu zeigen und ihre Höhepunkte zu skizzieren, um dem interessierten Leser auch außerhalb des Verzeichnisses der verwendeten Literatur einen wenngleich summarischen Überblick zu bieten. Einen Überblick zumal, der sich nicht auf Entstehen und Entwicklung der Osmanistik beschränkt, sondern der auch die Wechselbeziehung zwischen der Wissenschaft und der politischen Aktualität einbezieht. Diese Wechselbeziehung ist nämlich von besonderem Interesse: Die Osmanistik wurde bis in unser Jahrhundert nicht als reines Streben nach Erkenntnis betrieben, sondern immer mit der praktischen und prekären Zielsetzung, von dem starken und aggressiven Nachbarn im Südosten soviel immer eben angängig war in Erfahrung zu bringen, sei es, um seine Schwächen zu erkunden, sei es, um über seine Stärke zuverlässig Bescheid zu wissen.

Der erste Deutsche, der die Totalität des osmanisch-orientalischen Gesellschaftssystems nicht nur kannte, sondern auch literarisch festzuhalten versuchte, war der Bayer Johannes Schiltberger[9]. Er wurde 1380 in München geboren, fühlte sich zum Ritterstand hingezogen und ergriff das Waffenhandwerk, das heißt er wurde »Ritteranwärter«, also Knappe. Als solcher nahm er mit seinem Herrn am Kreuzzuge von 1396 teil, den der damals noch recht junge und wenig erfahrene Markgraf von Brandenburg, Sigismund der Luxemburger, der eben König von Ungarn geworden war, donauabwärts führte und der bei Nikopolis scheiterte. Der bayrische Jungkrieger zählte zu den wenigen Überlebenden des Debakels, das uns noch eingehend beschäftigen wird, und wurde Kriegsgefangener, was nach der damaligen Rechtslage soviel wie Sklave bedeutete. In dieser sicherlich nur wenig beneidenswerten sozialen Position erlebte er die frühe Hochblüte des osmanischen Reiches unter Sultan Bajasid I. mit dem Beinamen Yilderim, der Blitz, und zog als Militärsklave des Großherrn in den Krieg gegen Timur Lenk. Bei Ankara überlebte er die zweite ihn betreffende militärische Katastrophe, wurde nun Sklave der Mongolen, durchzog mit diesen den Orient und gelangte schließlich nach Samarkand, das damals von München viel weiter entfernt war als heutzutage der Mond. Nach zwanzigjähriger Gefangenschaft freigelassen, kehrte er um 1425 nach Bayern zurück und war mit Sicherheit der bedeutendste, wenn nicht überhaupt der einzige Experte in allen den Orient betreffenden Fragen im gesamten Heiligen Römischen Reich. Allein, so umfassend, wirklichkeitsnah und vereinzelt sein Wissen war, es hatte im Augenblick niemand Verwendung dafür: Es entbehrte der Aktualität, denn die Niederlage von Ankara schien das Osmanische Reich von der Bühne der Weltgeschichte gefegt und für alle Zeiten in den tiefsten Orient verbannt zu haben. Durch das Heilige Römische Reich dröhnten die Kriegstrommeln der Hussiten, und Sigismund von Luxemburg, der nun auch zum deutschen König erwählt worden war, hatte alle Hände voll zu tun, um sich der nahen Feinde zu erwehren; an die Wiederaufnahme eines Offensivkrieges gegen die Osmanen war im Augenblick überhaupt nicht zu denken.

So fand der gute Schiltberger nicht einmal einen Verleger für seine Memoiren, und erst ein rundes Vierteljahrhundert nach seinem kurz vor 1450 anzunehmenden Tod erschien 1473 der Erstdruck in Ulm. Die Weltlage hatte sich inzwischen verändert: Schon Sultan Murad II. hatte die Möglichkeit gefunden, die alte Expansionspolitik wieder aufzunehmen; Sigismunds Schwiegersohn und Nachfolger als deutscher und ungarischer König, Albrecht von Habsburg, hatte im Krieg um Belgrad 1439 sein Leben verloren; dessen Nachfolger in Ungarn, Wladislaw I. Jagiello, war 1444 in der Schlacht von Varna gefallen; die alte Kaiserstadt am Goldenen Horn war 1453 von Murads Sohn Mechmed II. Fatih erobert und zur Hauptstadt seines mächtig um sich greifenden Reiches gemacht worden. Ungarn behauptete sich mühsam in jahrzehntelangen blutigen Abwehrkriegen; der »weiße Wojwode« Hunyadi János wurde zum vielbewunderten Kriegshelden des Abendlandes – und die schmale Sichel des Mondes, die nächtens über den Himmel auch der abgelegensten und verschlafensten deutschen Provinzstadt zog, erschien blutig und unheilvoll als drohendes Symbol des wiedererstarkten und sich näher heranschiebenden islamischen Reiches.

Nun wurde Schiltbergers Wissen interessant, und wie groß die Bedeutung war, die man ihm beimaß, läßt sich schon daraus entnehmen, daß nur wenige Jahre nach dem Erscheinen seines Werkes die zweite frühosmanistische Arbeit veröffentlicht wurde, der »Tractatus de ritu et moribus Turcorum« eines anonymen Verfassers, der als »Rumeser Student« in die Wissenschaft einging. Seine ebenfalls höchst intensive Bekanntschaft mit dem osmanischen System begann unter ähnlich dramatischen Begleitumständen wie die des bayrischen Knappen: Er zählte zu den Verteidigern des siebenbürgischen Städtchens Mühlbach, das 1438 von den Truppen Sultan Murads erobert wurde. Der Student fiel bei Brechung des letzten Widerstandes in Sklaverei und erlangte vermutlich 1444 im Zuge des Gefangenenaustausches nach dem Vertrage von Szeged wieder die Freiheit; sein Tractatus wurde 1481 veröffentlicht; seine Darstellungsart ist abstrahierender als die Schiltbergers, das Ausmaß seiner Empirie jedoch geringer.

In der zweiten Hälfte des fünfzehnten Jahrhunderts war im öffentlichen Bewußtsein des Abendlandes die Vorstellung wirksam, die osmanische Gefahr, die man widerstrebend zur Kenntnis genommen hatte, durch eine gewaltige kombattante Anstrengung der »gesamten Christenheit«, worunter man jedoch nur die katholische Staatenwelt verstand, beseitigen zu können. Stand die päpstliche Autorität im Vordergrund der Überlegungen, so wurde in bestem traditionellem Stil von einem neuen Kreuzzuge gesprochen, während man, wenn die weltliche Macht in den Mittelpunkt des Vorhabens rückte, andere Ausdrücke bevorzugte, wie etwa eine »christenlich Expedition wider den Thürken« in der Diktion des Innsbrucker Kriegslibells. Papst Pius II.[10], der die Idee vom »Vaterland Europa« erstmals geprägt hatte, war als Führer eines sich eben sammelnden Kreuzzuges, der sich dann sogleich verlief, verstorben; nach ihm hatte sich König Matthias Corvinus bemüht, hinreichende Kräfte für einen Offensivkrieg zu sammeln, war aber vor allem am Eigensinn Kaiser Friedrichs III. gescheitert, und selbst dessen Sohn und Nachfolger Maximilian I. war bei all seiner Energie und Beliebtheit nicht in der Lage, den großen Gedanken zu realisieren.

Unter Maximilians Enkel und Nachfolger im Kaisertum, Karl V., in dessen Reich die Sonne nie unterging, ereigneten sich zum Teil voneinander unabhängige soziale Katastrophen, die das abendländische Selbstbewußtsein, das eben noch von der Wiedereroberung Konstantinopels geträumt hatte, nachhaltig erschütterten und erstmals etwas wie die schaurige Vision vom Untergang des Abendlandes heraufbeschworen:

1517 verkündete der Klang der Hammerschläge Luthers an der Schloßkirche von Wittenberg den Zerfall der bisher mühsam genug erhaltenen religiösen Einheit des europäischen Westens;

1526 zerschmetterten die ganz in der Art einer neuzeitlichen PAK-Front eingesetzten Feldgeschütze Sultan Solimans I. die über die weite Ebene bei Mohács mit beispielhaftem ritterlichen Elan vorgetragenen Attacken der ungarischen Panzerreiter des Königs Ludwig II. Jagiello, der – wovon die Annalen in schöner Regelmäßigkeit schweigen – auch König von Böhmen und damit deutscher Kurfürst war;

1529 umlagerte das orientalische Kriegsvolk des Dar ul Islam erstmals Wien, die Residenzstadt des deutschen Habsburgers Ferdinand I., des Bruders des Kaisers Karl V.

Die Entwicklung hatte chaotische Züge angenommen, und während einerseits das Informationsbedürfnis in allen Belangen, die den aggressiven Gegner im Südosten betrafen, sprunghaft anstieg, fühlte man sich andererseits doch außerstande, die Ganzheit seiner gesellschaftlichen Wirklichkeit zu erkennen und stürzte sich begierig auf Detailinformationen militärischen Inhalts oder mindest geglaubter militärischer Verwertbarkeit, die man – wie es die Gepflogenheit militärischer Nachrichtendienste bis auf unsere Zeit ist – aus den Aussagen von Überläufern, Kriegsgefangenen und Emigranten zu gewinnen bemüht war. So erlangte man ein höchst einseitiges, dem Vordergrunde verhaftetes Bild, das jedes tiefere und umfassende Verständnis ausschloß und eben dadurch die gewünschte richtige »Beurteilung der Feindlage« verhinderte. Als neben die kombattanten Operationen die Versuche, diplomatische Kontakte aufzunehmen, mit der Zielsetzung der Beendigung der militärischen Konfrontation traten, wurden die Informationen genauer und umfassender, und besonders hervorzuheben ist hier das Itinerarium des Benedikt Kuripesić, der auf dem Wege nach Stambul in das frühere »Khünigreich Wossen« gelangte und die Lage der Balkanslawen bis 1530 eingehend beschrieb.

Um 1550 wurden die diplomatischen Beziehungen institutionalisiert, und zu den ersten kaiserlichen Geschäftsträgern gehörte der vor allem militärisch glänzend gebildete Ogier Ghislain de Busbeque, dem der Westen nicht nur die ersten Tulpen verdankt, sondern der in seiner »Exclamatio sive de re militari contra Turcam instituenda consilium« auch ein überaus scharfsichtiges Werk hinterließ, in dem er sich besonders eingehend mit dem osmanischen Ausbildungswesen befaßte. Noch im sechzehnten Jahrhundert war ein schlesischer Edelmann namens Philipp Haniwald von Eckersdorf Gesandtschaftssekretär an der Hohen Pforte; er erwarb ein von einem ungarischen Moslem namens Murad Beg stammendes Manuskript, das hinfort Codex Hanivaldanus genannt wurde, und übergab es dem westfälischen Gelehrten Hans Lewenklaw – Löwenklau – von Amelbeuren, als dieser den Orient bereiste, oder brachte es ihm nach einer anderen Lesart mit in den Westen. Nach dem Codexinhalt verfaßte Lewenklaw die erste Geschichte des Osmanischen Reiches im deutschen Kulturraum; sie erschien 1591 in Frankfurt am Main in lateinischer Sprache als »Historia Musulmana Turcorum e monumenta ipsorum excripta«, bald darauf in deutscher Übersetzung als »Neue muselmanische Histori türckischer Nation« und fällt damit knapp hinter den großartigen dramatischen Versuch des Briten Christopher Marlowe[11], die Geschichte Timur Lenks in seinem »Tamburlaine the Great« darzustellen.

Der vielversprechende Beginn der wissenschaftlichen Erforschung des osmanischen Gesellschaftssystems fand im siebzehnten Jahrhundert, dessen erste Hälfte im Zeichen der großen binnendeutschen Auseinandersetzung des Dreißigjährigen Krieges steht, an dem sich sukzessive und mit wechselnder Intensität beinahe alle christlichen Staaten Europas beteiligten, während der Rest durch die Wiederaufnahme der Expansionskriege der Hohen Pforte geprägt ist, die nahtlos in die Phase des osmanischen Reichszerfalls überleiteten, ein abruptes Ende. Nun verengt sich das abendländische Interessenfeld wieder auf das vordergründig kombattant Wissenswerte des aktuellen militärischen Geschehens der Heeresstärken, Truppenverschiebungen, Ausrüstungsnormen und Waffendepots; die Nachrichtendienste, die von staatlichen, kirchlichen und privaten Stellen organisiert und unterhalten werden, haben Hochsaison und liefern detaillierte, wenngleich oftmals nicht koordinierbare und teilweise überhaupt sinnlose Aufklärungsergebnisse; zu allem Überfluß erfolgt die Unterrichtung der Öffentlichkeit zielorientiert nach dem jeweiligen Stand militärpolitischer Wünschbarkeiten. Anders gesagt unterfiel das gesamte Publikationswesen strengster staatlicher Zensur; am 25. September

1683 dekretierte die Regierung der Apostolischen Majestät Kaiser Leopolds I.,
daß alle Berichte, Memoiren und Kommentare über die Belagerung Wiens und
die noch andauernden Kämpfe einer zentralen Zensurbehörde, die von der
Wiener Universität zu bilden war, zur Genehmigung vorgelegt werden mußten. Erst nachdem diese festgestellt hatte, daß die Schriften nichts beinhalteten,
was geeignet schien, die Ehre des Hauses Habsburg, die Ehre des Heiligen
Römischen Reiches, die Ehre der Stadt Wien, die Ehre der Kaiserlichen
Armee, die Ehre der Reichstruppen und die Ehre der Verbündeten zu beein-
trächtigen, daß sie ferner inhaltlich nicht gegen die guten Sitten und – und vor
allem – gegen die Gebote und Lehren der christkatholischen Kirche verstoßen,
wurde die Druckerlaubnis erteilt.

Der große Krieg dauerte fast zwei Jahrzehnte; er fand sein Ende durch den
Frieden von Karlowitz, der am 26. Januar 1699 unterzeichnet wurde und in
dem das Osmanische Reich auf faktisch alle jene Gebiete verzichten mußte,
die es nach der Schlacht von Mohács 1526 gewonnen hatte. An die Arbeit der
Zensurstelle hatte man sich nachgerade gewöhnt, und es fiel keinem Menschen
ein, etwas anderes zu schreiben, als man an allerhöchster Stelle wünschte. Der
habsburgische Absolutismus reifte seiner Vollendung entgegen und erreichte
unschwer sein erkennbares Ziel, in der Literatur – hier wiederum im weitesten
Sinne des Wortes zu verstehen – in unzähligen Variationen jenes Bild zu repe-
tieren, das sich aus dem bis zur Unerträglichkeit verlogenen Stil der zeitgenössischen Darstellenden Kunst ergibt: Leopoldus I., Imperator Glorissimus, der
Retter des Reiches und der Religion, der Triumphator, der Bezwinger der
grausamen, wütenden, blutrünstigen, viehischen, teuflischen Heiden. Sein
Ruhm mußte um so heller erstrahlen, je düsterer das Bild war, das man von
seinen Gegnern malte, und da sich der erwünschte Effekt höchst einfach erzielen ließ, kam nun eine Periode, in der die völlig bewußte Diffamierung des
Dar ul Islam das Ziel jedweder Publikationstätigkeit gewesen ist.

Das achtzehnte Jahrhundert sah die glänzenden Siege des Prinzen Eugen
und die ihnen folgenden weiteren Gebietsverluste der Osmanen; das Interesse
an der Erkundung des islamischen Gesellschaftskörpers erlosch mit der Furcht
vor seiner nun als inferior erwiesenen Kriegsmacht, und als Maria Theresias
draufgängerischer General Gideon Ernst von Laudon[12] für ihren Sohn Josef
II. 1789 Belgrad eroberte, war dies auch für die Zeitgenossen längst nicht eine
derart kühne und spektakuläre Waffentat wie die Einnahme derselben Stadt
1688 durch den bayrischen Kurfürsten Max Emanuel oder 1717 durch den
Prinzen von Savoyen. Eben als das Osmanische Reich drauf und dran war,
endgültig aus dem öffentlichen Bewußtsein des Heiligen Römischen Reiches
zu rutschen, wo man die Gründung der Vereinigten Staaten von Amerika mit
mäßiger Neugier, die große Revolution in Frankreich aber – zumindest nach
der Enthauptung der Kaisertochter und Königin Maria Antoinette am 16.
Oktober 1793 – mit Abscheu und Erbitterung zur Kenntnis genommen hatte,
wurde es jählings zum Streitgenossen, zum Mitkämpfer, dem man nur allzugern eine größere militärische Leistungsfähigkeit vergönnt, ja sogar verschafft

hätte, wenn dies so einfach gegangen wäre. 1798 hatte Napoleon Bonaparte, damals noch einer der Generäle der Pariser Revolutionsregierung, sein orientalisches Abenteuer mit der Eroberung Ägyptens begonnen, und wenig später brach in Europa der zweite Koalitionskrieg los, in dem man in Wien Revanche für die erst im Oktober des Vorjahres zu Campo Formio[13] besiegelte Niederlage zu finden hoffte.

Im Zeichen der Waffenbrüderschaft zwischen dem Wien der Habsburger und dem Stambul der Osmanen gelangte der junge Josef von Hammer[14], im diplomatischen Dienst des Kaisers Franz II. erstmals an das Goldene Horn, wo die traditionelle frankophile Grundhaltung in einen erbitterten Haß gegen die Franken umgeschlagen war. Englands Ansehen aber stieg strahlend empor:

– Horatio Nelson vernichtete im raschen Überfall die französische Flotte bei Abukir, und
– Sir Sidney Smith[15] ermöglichte die Verteidigung der alten Kreuzfahrerfestung Akkon gegen die weit in den Raum Palästina vorgedrungenen französischen Verbände.

Da man in Wien ein brennendes Interesse daran hatte, über die kombattanten Ereignisse im Nahen Osten rasch und zuverlässig informiert zu werden und diese überdies nach Möglichkeit zu beeinflussen, beorderte man Josef von Hammer als Sonderbeauftragten, wie man heute sagen würde, in den Stab der britischen Mittelmeerflotte. Hammer machte in dieser Eigenschaft einen erheblichen Teil der maritimen Operation mit, reiste auf britischen Schlachtschiffen, stellte sich vor allem als Dolmetscher zur Verfügung und nahm an den meisten der Verhandlungen rund um die Kapitulation der französischen Invasionskräfte teil. Die militärischen und zivilen Dienststellen und Behörden des Osmanischen Reiches, mit denen er laufend Kontakte unterhielt, waren die einer befreundeten, politisch und militärisch höchst bedeutsamen Großmacht, und ganz zweifellos beeinflußte die emotionelle Grundeinstellung, mit der er ihnen begegnete, das Bild, das er vom Dar ul Islam gewann. Es fiel derart von den im deutschen Raum üblich gewordenen und auf die durch den »Maulkorberlaß« dekretierten Propagandaschriften zurückgehenden Vorstellungen von den Zuständen im Osmanischen Reiche ab, daß er mit seinen großartigen Darstellungen der islamischen Kultur und des diese repräsentierenden Gesellschaftssystems, die er gegen Ende des napoleonischen Zeitalters begann, nur bei der geringen Zahl der an selbständiges Denken Gewöhnten, an deren Spitze Goethe zu nennen ist, eine begeisterte Zustimmung auslöste, während ihm die Mediokritäten, die das Geistesleben vorab in Wien reglementierten, mit Mißtrauen und Widerwillen entgegenkamen. Denn noch immer arbeiteten die Zensurbehörden, und wenn sich auch ihre Zusammensetzung und ihre Benennung verändert hatten, der in ihnen herrschende Geist war derselbe geblieben, was denn auch die Veranlassung dafür gewesen sein mag, daß

Hammers Werke meist in Ungarn, wo sich ein Rest der alten Libertät ungeachtet der habsburgischen Herrschaft erhalten hatte, erschienen.

Trotz aller Widrigkeiten setzte sich Hammers – oder nun schon richtiger: Hammer-Purgstalls – Schauweise durch. Der Ruf, der erste Osmanist gewesen zu sein, wurde allerdings nicht ganz zu Recht mit seinem Namen verbunden, wenn man an Lewenklaw und Busbeque, an den Rumeser Studenten und an Schiltberger denkt. Wohl aber leitet sich die jüngere Osmanistik durchaus von ihm her und steht bis auf unsere Tage in seinem Geiste, wird es auch für die fernere Zukunft tun, und es ist unbestritten, daß die großen Vertreter dieser Wissenschaft in unserem Jahrhundert – es seien nur Franz Babinger oder Richard Kreutel genannt – als seine Epigonen erscheinen, deren Bemühen geradezu zwangsläufig darauf abzielt, durch neue Tatsachen, neue Argumente und neue Erkenntnisse seine Gesamtschau zu ergänzen und mit den laufenden Forschungsergebnissen zu koordinieren.

Das traditionell gebundene historische Bewußtsein in den Nachfolgestaaten des Heiligen Römischen Reiches nimmt die Ergebnisse der Osmanistik jedoch nur zögernd zur Kenntnis, und für eine erschreckende Anzahl von Historikern und Publizisten, die sich mit dem Problemkomplex befassen, ist das Osmanische Reich nach wie vor ein barbarisches, blutrünstiges und tyrannisches Gesellschaftssystem, dem man posthum noch gerne seine absolute Inferiorität attestiert. Verläßt man jedoch den Bannkreis der von den habsburgischen Jubelquellen, die unter schärfster absolutistischer Zensur entstanden sind, geprägten Historiographie, so erfährt man voll Staunen, daß die westeuropäische Geschichtsbetrachtung schon längst zu grundsätzlich anderer Wertung gelangte. Ohne hier Einzelheiten aufführen zu wollen sei darauf verwiesen, daß für den brillanten und zutiefst im christlichen Gedankengut verwurzelten Geschichtsphilosophen Arnold Toynbee das Osmanische Reich die große, langdauernde Friedensordnung des Orients ist, daß er die Begründung der Pax Ottomanica, die er der immer wieder hochgepriesenen Pax Romana durchaus gleichsetzt, für eine der gewaltigsten historischen Leistungen überhaupt hält, und daß er sogar überzeugend die für unser historisches Weltbild höchst verwirrende Meinung verficht, die griechische Orthodoxie verdanke ihren Bestand ausschließlich der Eroberung des byzantinischen Reichsrestes durch die Osmanen.

Schon eine vordergründige und an leicht feststellbaren, nicht zu bestreitenden Tatsachen orientierte Geschichtsbetrachtung kann nicht umhin, Toynbees Gedanken ernst zu nehmen und zumindest als überlegenswert zu behandeln, rückt sie in den Kreis des zu Bedenkenden die unübersehbare Toleranz des osmanischen Systems, die schlaglichtartig hervortritt, vergleicht man sie mit der erschreckenden Unduldsamkeit nicht nur anderer, auf siegreicher Kriegführung beruhender Sozialsysteme, sondern auch mit jener des Abendlandes gerade in der nämlichen Zeitspanne. Der Expansion des Osmanischen Reiches contemporär liefen gewaltige Offensiven christlicher Staaten, die zunächst als Reconquista die Wiedergewinnung der maurischen Teile der iberischen Halbinsel, kurz danach aber den Beginn der Eroberung der Neuen Welt – und auch anderer überseeischer Gebiete – brachten. Schon die einfachste Tatsachenortung zeigt, daß die Osmanen die von ihnen Besiegten nicht ausrotteten, nicht vertrieben, nicht ihrer Sitten, ihrer Rechtsordnungen, ja nicht einmal ihrer religiösen Vorstellungen beraubten, sondern vielmehr dem Schutz des Großherrn unterstellten, ihre ökonomischen und kulturellen Belange wahrten und ihnen ihre völkischen Eigenheiten beließen. Denn siehe, nach in jedem einzelnen Fall viele Generationen während osmanischer Herrschaft waren sie alle noch vorhanden, die Serben und die Syrer, die Walachen und die Griechen, die Ungarn und die Ägypter, die Kopten und die Drusen, die Bulgaren und die Bosniaken, die Juden und die Jemeniten, ja selbst die Armenier und die Kurden, obzwar gerade diese in der letzten Phase des Osmanischen Reiches, die sich von den vorhergehenden schärfstens und außerordentlich nachteilig abhob, durchaus nicht glimpflich behandelt wurden. Und sie waren nicht nur physisch vorhanden in kläglichen Restbeständen, die in wildparkähnlichen Reservationen gehalten wurden wie die Indianer Nordamerikas, sondern in ungebrochener nationaler Tradition mit eigenen Sitten, eigener Sprache, eigener Schrift, eigenem Recht, eigener Religion, eigenen Kultstätten und gewußter eigener Geschichte. Demgegenüber... nun, mit dem Schicksal der Juden und Morisken Spaniens müssen wir uns auf unserem Zug durch die Geschichte noch beschäftigen, und die Frage nach dem Geschick der Bewohner der Neuen Welt, die die ersten an ihren Küsten landenden Europäer als »weiße Götter« aufnahmen, wollen wir gerne unbeantwortet lassen: die Antwort ist

– einerseits allgemein bekannt
– andererseits unserem Selbstwertgefühl nicht eben förderlich.

Trotzdem ist das Verfahren, das gegenüber Fremdkulturen ohne Rücksicht auf ihren jeweiligen Entwicklungsstand allein aus dem höchst zweifelhaften Recht der besseren Bewaffnung und der schlagkräftigeren Organisation der kombattanten Energien kompromißlos zur Anwendung gelangte, eigentlich keineswegs überraschend: Das Zeitalter, das nach traditioneller Geschichtsbetrachtung die Neuzeit genannt wird, war in Europa eben angebrochen und zeigte schon in seinen ersten Lebensäußerungen, wes Geistes Kind es in Wahrheit ist. Seine Geburtsstunde war von dem verhängnisvollen Dreigestirn

– der bis zur letzten Konsequenz vorgetriebenen Intoleranz in Glaubensfragen,
– der eine neue ökonomische Wertordnung erzwingenden Geldwirtschaft und
– der Verwirklichung absolutistischer Staatsgewalt, die sich anschickte, alle und alles bis ins kleinste Detail zu reglementieren,
bestrahlt.

Und alsbald rauchten allenthalben die Scheiterhaufen, auf denen man Hexen, Hexenmeister und Ketzer verbrannte; die Bauern erhoben sich zum Kampf für das »alte Recht«, worunter sie die gestürzte, auf persönlichen Bindungen beruhende Sozialordnung des abendländischen Lehenswesens verstanden, und wurden blutig niedergeworfen; der Adel wurde zur blindlings den Willen des Landesfürsten vollstreckenden Kaste umfunktioniert, deren einziges Ideal die Gewinnung der Gnade des Souveräns war, um ein paar neue Privilegien anstelle der alten Rechte, die durch den absolutistischen Staat radikal beseitigt worden waren, zu ergattern. Die Constitutio Criminalis Carolina rückte die Folter in den Mittelpunkt der Strafrechtspflege und machte den Folterknecht zum wichtigsten Gehilfen des Richters; ein Fürst des Heiligen Römischen Reiches erklärte als Programm seiner Regierung, daß er lieber über eine Wüste herrsche, als über ein blühendes Land, in dem auch Protestanten leben, und exerzierte diese Devise gnadenlos durch; in der Bartholomäusnacht beging ein Teil der Grande Nation, von der eigenen Regierung dazu ermutigt, den vielleicht schauerlichsten Massenmord in der ganzen europäischen Geschichte, die doch wahrhaftig blutig und schauerlich genug ist; in England zerfleischten sich Katholiken und Anglikaner, Anglikaner und Puritaner, Monarchisten und Republikaner in einer geradezu stumpfsinnigen Monotonie des permanenten Brudermords; der Dreißigjährige Krieg kostete das Heilige Römische Reich Deutscher Nation ein rundes Drittel seiner Gesamtbevölkerung und brachte damit im Prozentsatz erheblich höhere Verluste als die beiden verlorenen Weltkriege unseres Jahrhunderts zusammen.

Weitere Details gefällig? Sie könnten unschwer geliefert werden, erübrigen sich aber in diesem Zusammenhang, zumal die aufgeführten Erinnerungsstützen durchaus ausreichen, um den Hintergrund zu skizzieren, vor dem das Märchen – oder richtiger wohl die Geschichtslüge – von der moralischen und soziologischen, der politischen und legislativen, der kulturellen und vor allem der humanitären Überlegenheit des Abendlandes als solches – oder solche – eindeutig erkennbar wird. Geht man nun, nach Gewinnung dieser Erkenntnis, daran, den gewaltigen historischen Geschehensablauf des Osmanischen Reiches in einer unserem traditionsverfangenen Geschichtsbild nicht gänzlich entsprechenden Weise zu interpretieren, so nimmt man schon allein aus dieser Gegenüberstellung gewissermaßen als Marschgepäck den Verdacht mit auf den Weg, daß es hinter den Angriffsverbänden und Reitergeschwadern, hinter den Feldzeichen und Standarten, hinter dem blitzenden Säbel und dem gellenden Schlachtruf der osmanischen Heere eine soziale Wirklichkeit gegeben haben kann, die summarisch gesehen derart attraktiv war, daß es sich nicht nur lohnte, in ihr zu leben, sondern auch, für ihr Dasein und ihre weitere Entfaltung das eigene Leben aufs Spiel zu setzen. Diesen Verdacht zu hegen ist nicht blinder Osmanophilismus und nicht Verrat an der eigenen Geschichte, ja nicht einmal ein energisches Infragestellen der von der eigenen Geschichtsschreibung übermittelten Tatsachen, die im Gegenteil en bloc übernommen werden, zumal kein Zweifel daran besteht, daß auch die wildeste antiosmanische Greuelpropaganda weit weniger erfindungsreich mit bewußten Unterstellungen und Verzerrungen operiert, als man dies – die Empire unseres Jahrhunderts vorausgesetzt – eigentlich annehmen könnte. Die von ihr überlieferten Tatsachen sind also geschehen und werden allgemein auch dem richtigen Verlauf entsprechend erzählt, und es besteht überhaupt kein rational erfaßbarer Grund, daran zu zweifeln, daß diese breit geschilderten grausamen und blutigen Massaker, die brutalen Ausplünderungen und Brandschatzungen, die Massenversklavungen und kollektiven Erpressungen anderes sind als die historische Wahrheit. Sie sind aber nicht die ganze Wahrheit, sondern nur Teile der Wahrheit, deren Ganzheit zu erkennen das eigentliche – und vielleicht niemals erreichbare – Ziel der Beschäftigung mit der Geschichte ist. Schon die Inangriffnahme des Versuchs, Ganzheit zu erkennen, erzwingt jedoch die Neubewertung des Details, das notwendig ergänzt und in neue Zusammenhänge versetzt wird, in anderen Kausalreihen erscheint und als Wirkung bestimmter Ursachen ebenso erfaßbar wird wie als Ursache anderer Wirkungen, die jedoch – und das kann nicht eindringlich genug hervorgehoben werden – systemimmanent zu interpretieren sind.

Die Nichtbeachtung des Grundsatzes der systemimmanenten Interpretation führt notwendig zu jener penetranten und nicht einmal mehr schulmeisterlichen Geschichtsdarstellung, die sich heute überall breitmacht und in der buchstäblich Krethi und Plethi versuchen, die Großtaten der Vergangenheit an jenem seltsamen Maßstab zu messen, der den tagespolitischen Wünschbarkeiten der Interessengruppe, der sie eben angehören oder in deren Sold sie Geschichtsdeutung betreiben, in ständigem Wechsel angepaßt wird. Das aber heißt, mit Verlaub gesagt, das Pferd vom Schwanze her aufzuzäumen, denn es kann keinesfalls Aufgabe der zeitgenössischen Historikergeneration sein, über die Vergangenheit zu judizieren und sie danach zu bewerten, wie sehr sie individuelle Wunschvorstellungen des jeweiligen Heute realisierte oder gegen diese verstieß, sondern es ist vielmehr der Sinn jeglicher Befassung mit dem historisch erfaßbaren Geschehen, Aufschluß darüber zu geben, mit welchen konkreten Problemen soziale Integrationen konfrontiert wurden, allenfalls welche Maßnahmen zu deren Lösung möglich gewesen wären, jedenfalls aber, welche in der Tat effektuiert worden sind und welche Wirkungen die praktizierten Verhaltensweisen auslösten. Nur bei strikter Beachtung dieses modus procedendi wird das Wissen um vergangenes Geschehen zur gespeicherten Empirie der Vergangenheiten, wird die Geschichte aus einer mehr oder weniger amüsanten, mit mehr oder weniger Ernst betriebenen geistvollen Spielerei zur nutzbringenden Wissenschaft, ja zur notwendigen Erkenntnisquelle, und vielleicht zur wichtigsten Erkenntnisquelle, die dem menschlichen Geiste zugänglich ist, überhaupt.

Hier mündet die Geschichtsdarstellung in den schon der Philosophie zuzuordnenden Bereich der Geschichtsdeutung und gelangt damit in einen Raum, den sie nach Tunlichkeit meiden soll. Dessenungeachtet aber ist sie ebenso auf die Möglichkeit dieser philosophischen Exegese hin anzulegen, wie sie umgekehrt geschichtsphilosophische Ordnungsmaximen zu beachten hat, schon allein um der Gefahr, sich ins Uferlose zu verbreitern und dabei doch nur ein chaotisches Gewirr von Einzelheiten zu liefern, zu begegnen. Daraus resultiert, daß die Geschichtsdarstellung nach einem bestimmten Ordnungsprinzip erfolgt, wodurch sie sich von der historischen Einzelforschung abhebt, der es auf Erkundung bestimmter, bisher ungewußter Einzeltatsachen ankommt. Geschichtsdarstellung – oder um ein anderes Wort zu verwenden: Geschichtsschreibung – ist mithin ein abhängiger, und zwar ein vom Stande der historischen Einzelforschung abhängiger Vorgang; sie ist viellleicht am ehesten mit der Schaffung eines Mosaiks im Bereiche der Darstellenden Kunst vergleichbar, wobei der das Mosaik Gestaltende ihm vorgegebene Einzelstücke nach einem bestimmten Prinzip, das ihm ebenso vorgegeben ist, aneinanderfügt.

Das Ordnungsprinzip, das der gegenständlichen Darstellung zugrundegelegt wurde, ist aus dem Analysierungssystem von Herausforderung und Antwort, challenge und response, gewonnen, das wir ebenso wie die unübliche Bewertung des Osmanischen Reiches dem großen Briten Arnold Toynbee verdanken. Diese Verwendung erfolgt ungeachtet des Umstandes, daß das System selbst als vordergründig und platt, als utilitaristisch und sogar paramechanistisch kritisiert wird; es wird gerne in Kauf genommen, daß die mühsame Entwicklung einer einfachen Formel, die eine Fülle von keineswegs einfachen Vorgängen auf einen gemeinsamen Nenner zurückführt und damit erklärbar macht, nach Beendigung des Entwicklungsvorganges die gewaltige geistige Leistung, die in ihm eingeschlossen ist, vergessen und sein Ergebnis als vordergründig und platt erscheinen läßt, zielte das ganze Unternehmen doch von Anbeginn an eben darauf ab, ein plausibles Erklärungsschema zu gewinnen. Die Gewinnung der Erkenntnis des Zusammenhangs von Herausforderung und Antwort ist in Beziehung auf die Geschichtsdarstellung von derselben Bedeutung wie jene des Zusammenhangs von Angebot und Nachfrage als Reglementierungsfaktoren der Marktwirtschaft für die Volkswirtschaftslehre, dessen Plausibilität ja ebenfalls mannigfache Kritik herausfordert, die nun aber keinesfalls geeignet ist, seine Bedeutung zu verändern.

Der Rückgriff auf Toynbee ist davon abgesehen bei gegenständlicher Darstellung kaum zu vermeiden, ist ihm doch die Selbstbehauptung des christlichen Abendlandes gegenüber dem islamischen Orient eine unerläßliche Stütze seines Gedankenbaus. Das Werden des karolingischen Reiches erscheint als machtvolle und erfolgreiche abendländische Antwort auf die Herausforderung der von den arabischen Moslems auf dem Weg über Spanien vorgetragenen islamischen Expansion, und die Entstehung der Großmonarchie der Habsburger stellt die Antwort auf die Erneuerung der islamischen Offensivwelle durch das Reich der Nachkommen Osmans auf dem Wege über den Balkan dar. Auch wenn sich gegen eine derart vereinfachende Zusammenfassung ganzer Ereignungskomplexe Bedenken vorbringen lassen, die durchaus nicht der Begründung entbehren, so birgt die radikale Kontraktion der toynbeeschen Schauweise bei aller Simplifizierung doch – nun in Beziehung auf das Habsburgerreich – den durchaus richtigen harten Kern, daß die Konfrontation mit dem Osmanischen Reich die Herauslösung der habsburgisch beherrschten Territorien des Heiligen Römischen Reiches aus dem Reichsverband und deren organische Verbindung mit den Ländern der ungarischen Krone bewirkte, welche Verbindung immer mehr an Bedeutung gewann und letztlich die eigentlich entscheidende wurde.

Die Möglichkeit des Einsatzes der kombattanten Energien Ungarns in binnendeutschen Auseinandersetzungen schuf reichsintern eine permanente Übermacht des Hauses Habsburg, die auf dessen reichsfremden Kraftquellen beruhte, so wie umgekehrt seine in Ungarn zunächst überaus problematische Stellung die entscheidende Festigung dadurch erlangte, daß die militärische Macht der deutschen Erblande jederzeit, die des gesamten Heiligen Römischen Reiches aber unter bestimmten Voraussetzungen für das habsburgische Interesse verfügbar war. Es war nicht die staatsrechtliche Konstruktion an sich, die den wiederholt artikulierten Unmut im deutschen Reiche auslöste, denn diese findet sich contemporär auch im Verhältnis des reichszugehörigen Brandenburg zum zunächst reichsfremden Preußen vorgebildet, sondern vielmehr die gewaltigen Dimensionen, die sie annahm. Im Zeitalter Maria Theresias etwa zählten von einhundert Soldaten, die für Habsburg marschierten, vierzig zu »deutschen«, das heißt erbländischen Regimentern, sechzig aber zu »ungarischen«, wobei sich deutsch nicht auf die Sprachzugehörigkeit bezog, sondern ausschließlich auf die Reichszugehörigkeit: Die Böhmen und die Slowenen zählten, was nie vergessen werden soll, als Deutsche, ganz wie andererseits die Kroaten und Slowaken als Ungarn gerechnet wurden. Diese Entwicklung, mit der wir uns noch eingehend und wiederholt befassen müssen, erscheint in unseren Augen höchst verwirrend, weil wir immer wieder der Versuchung nachgeben, den Blick in die Geschichte als den Blick nach rückwärts zu tun und dabei für uns selbstverständlich gewordene Denkkategorien und Wertvorstellungen einfach nach rückwärts projizieren. Ungeachtet der Üblichkeit entspricht diese Vorgangsweise der Betrachtung eines abgespielten, nicht rückgespulten Filmes, der nun von rückwärts nach vorne läuft und die Szenenfolgen in umgekehrter Reihenfolge zeigt, was beim Betrachter zweifellos Verwirrung auslöst und ein Verständnis, vorsichtig gesagt, erheblich erschwert.

Bemühen wir uns nun, den Anfang des uns interessierenden Films oder vielmehr des Ablaufs der historischen Ereignisfolge des Geschehens »Osmanisches Reich« zu erfassen, so markiert die eingangs aufgeführte Szene des von der Grabmoschee des Ajub –i Ansari kommenden neuen Großherrn zwar nicht eben den Beginn der zweiten Hälfte, wohl aber den des zweiten Drittels des gesamten Zeitraumes, dessen Darstellung Anliegen dieses Werkes ist. Und doch müssen wir, um Kontinuität und damit Verständnis zu finden, noch weiter zurückgreifen als bis zum Beginn des Reiches Osmans. Zurückgreifen nun aber nicht in die Geschichte des Turkmenenverbandes, der die Grundlagen dieses Reiches schuf, sondern zurückgreifen in die Geschichte der Religion, deren irdische Wirksamkeit sich für ein rundes halbes Jahrtausend in eben die-

sem Reiche verkörperte. Denn aus dem spezifischen Geist dieser Religion wurde das Reich geboren, dessen jeweils neuester Herrscher nach der Vornahme
der Inthronisation in die Kaserne seiner Janitscharen ritt, um ihnen seinen
ersten, stolzen Gruß zu entbieten:

»Kizil elmada görüsürüz – Wir sehen uns beim Goldenen Apfel!«

I.
»…we Mohammed
rassuhl Allah«

1. Kapitel: Der Soldat Gottes

In jener Nacht, da war sie sehr allein.

Sie hatte im Trubel des Vortages den Anschluß an die Ihren verloren und war an den langen Zügen von Menschen, die mit all ihrer beweglichen Habe die weite Ebene staubaufwirbelnd erfüllten, vorübergeeilt, hatte sich durch die Herden der Schafe und Ziegen gedrängt, die von Kindern und Sklaven mit viel Geschrei vorwärtsgetrieben wurden, hatte die unter schweren Lasten dahinkeuchenden Esel und Kamele angestarrt, ob sie ein ihr vertrautes Tier erkenne, und war mit ihrer bangen Frage von den waffenrasselnden Reitern, die ab und an aus dem Gewirr auftauchten, stets und meist barsch abgewiesen worden. Keiner kannte sie, keiner wußte Bescheid, keiner konnte sich um sie kümmern – jeder hatte alle Hände voll zu tun, um die Habe seiner Sippe zu bewegen, jeder hatte das Herz voller Sorgen um die Seinen, und jedem saß die blanke Furcht im Genick, denn sie alle waren auf der Flucht.

Erschöpft hockte sie sich schließlich am Rande des Flüchtlingsstromes nieder; sie war verzweifelt und sie weinte, und sie raffte sich zuletzt, als das Gelärme erstarb, noch einmal auf und folgte der Staubfahne, die sich hinauf in das Bergland zog. Sie war gesegneten Leibes und kam nur mit größter Beschwer und entsprechend langsam voran, und als der Abend nahte, erkannte sie, daß es ihr unmöglich sein werde, das riesige, heterogene Rudel einzuholen. Sie hatte die Ebene hinter sich gelassen und bog nun seitwärts in eine dunkle Schlucht ein, da sie sich sagte, daß die Verfolger zunächst den Spuren des großen Haufens folgen würden, und fand alsbald eine verlassene Hütte, die ihr als Zufluchtsstätte für diese Nacht geeignet schien. Sie legte ihr Obergewand auf das notdürftige Bett, das sie im Innenraum fand, hockte sich dann selbst in die Nähe des offenen Eingangs und starrte hinaus in die rasch einfallende Dunkelheit, in der bald eine Kette von Feuern erkennbar wurde, die sich quer über die Ebene zog. Und ohne daß sie dergleichen je gesehen hatte, wußte sie, was es bedeutete: Es waren die Wachtfeuer des Feindes, der eine Vorpostenlinie zwischen die genommene Stadt und die Berge schob, um vor nächtlichen Überfällen gesichert zu sein.

Sie spürte, daß ihre Stunde kam und zog sich in die Hütte zurück. Sie streckte sich auf das kümmerliche Lager und wußte, daß sie nichts, aber auch gar nichts tun konnte, um sich oder dem neuen Leben, das aus ihr kommen wollte, zu helfen. Sie war allein in dieser Nacht, in der sie einen Sohn gebar.

Nur kurze Zeit danach, vielleicht im Morgengrauen oder am frühen Vormittag, müssen sie Reiter, die ihre Familie ausgesandt hatte, als man nach der Versammlung der Menschen und Tiere ihr Verschwinden bemerkte, gefunden und ihr und dem Kinde jene Hilfe gebracht haben, die unter den waltenden Umständen möglich war; sie war in all ihrer Kargheit entscheidend und rettete

Mutter und Sohn. Die Mutter war – gemessen an unseren Vorstellungen – selbst noch ein Kind und dürfte kaum mehr als fünfzehn oder sechzehn Jahre gezählt haben; sie hieß Amina, was die Getreue bedeutet, und war Witwe. Ihr Mann Abd Allah – der Diener Allahs, auch Abdallah oder Abdullah geschrieben – war kurz vorher im Alter von vierundzwanzig oder fündundzwanzig Jahren verstorben; er stammte aus einer erstklassigen Familie des Stammes der Koreischiten, war der Sohn eines gewissen Abd al Muttalib, den der aus allen Familienvätern, die das vierzigste Lebensjahr überschritten hatten, bestehende Gemeinderat zum Oberhaupt der Stadt Mekka erwählt hatte und den wir daher – selbstredend mit manchem Vorbehalt, aber der Veranschaulichung wegen immerhin – als ihren Bürgermeister bezeichnen können. Abd Allah scheint bei Lebzeiten ein Schönling, ein Bel ami, vielleicht sogar ein Casanova gewesen zu sein; zumindest gibt es eine Überlieferung, nach welcher in der Nacht, in der er seine Hochzeit mit Amina feierte, nicht weniger als zweihundert junge Mekkanerinnen aus Eifersucht starben, ob an dem sprichwörtlichen gebrochenen Herzen oder durch eigene Hand bleibe dahingestellt, und dahingestellt bleibe auch, ob es sich nicht um eine spätere Zudichtung handelt, entstanden aus dem Bemühen, dem frühverstorbenen jungen Mann irgendeine persönliche Bedeutung zu verleihen.

Amina war keine Mekkanerin, sondern stammte aus der Oasenstadt Yathrib, die später zu Medina – genauer gesagt Madinat rassuhl Allah, Stadt des Propheten Allahs – werden sollte. Auch Abd al Muttalib war eigentlich kein Mekkaner, sondern ebenfalls in Yathrib geboren, als Sohn des Mekkaners Haschim, der eine wohlhabende Bürgerin Yathribs geheiratet hatte und dort bis zu seinem Tode verblieben war. Bald danach dürfte auch seine Witwe verstorben sein, und mit dem Vermögen scheint es eine böse Wendung genommen zu haben, denn Haschims Bruder Muttalib ritt nach Yathrib, um dort nach dem Rechten zu sehen. Die Bestandsaufnahme war anscheinend nicht zufriedenstellend, und Muttalib beeilte sich, seinen Neffen in die väterliche Familie zurückzuführen. Beim Einzug in Mekka fiel der Knabe durch sein ärmliches Gewand derart auf, daß ihn die Bürger für einen neuen Sklaven des wohlhabenden Muttalib hielten und ihn nach Gewohnheit Abd al Muttalib, den Sklaven – zurückhaltender übersetzt den Diener – des Muttalib nannten. Dieser Name blieb ihm, auch als die Wahrheit bekannt wurde, er sich als tüchtig und fleißig erwies und später einen Teil des durch seine Tätigkeit vergrößerten Familienvermögens dazu verwendete, den kaum noch wasserführenden Brunnen Semsem[1] durch umfangreiche Bohrungen zu sanieren. Dies trug ihm ein hohes Ansehen und das Recht ein, das als heilig geltende Wasser gewinnbringend an die frommen Pilger zu verkaufen und diese mit dem landesüblichen Fladenbrot zu versorgen, wobei er sicherlich schöne Erlöse erzielte.

Mekka war eine Stadt mit reicher arabischer Tradition, die sich um die Kaaba[2], die vorzeiten der Prophet Ibrahim[3] – es ist der uns aus dem Alten

Testament bekannte Abraham – zu Ehren des einzigen, ewigen und allmächtigen Gottes erbaute, im Laufe der seither verflossenen Zeit gebildet hatte. Der Name dieses Alleingottes war Allah; Allah ist die Kontraktion von al Ilah, »der Gott«, und die arabische Bezeichnung für den allmächtigen und allbarmherzigen Schöpfergott, der im Alten Testament als Jehova oder Jahwe erscheint. Allah war der mystische König der Stadt, deren Bürgermeister gewissermaßen sein irdischer Statthalter war, und diese Konstruktion dürfte der Grund dafür gewesen sein, daß die Freistadt nie einen König hatte.

Trotzdem mußte Allah im Laufe der Zeit hinnehmen, daß seine Alleingöttlichkeit durch die Verehrung anderer Götter überdeckt wurde; zuletzt waren es ungefähr 300 Göttinnen und Götter, die in der Kaaba ihre Kultstätten hatten, und zu nennen sind vor allem der Sonnengott Manaf, die Göttin des Regenbogens Kausa, der adlerköpfige Siegesgott Nasr und die schwer zu fassende Trinität der Göttinnen al Lat, Manat und al Ussa. Der Grund für diese Anhäufung ist unschwer erkennbar: Das Mitschleppen der massigen und ursprünglich unförmigen Kultbilder war für die schweifenden Nomadenstämme schwierig und riskant, die Kaaba war ein festes Haus, das in ständig bewohntem Raume stand und trefflich dazu geeignet war, als Aufbewahrungsort der Idole zu dienen. Die Ismaeliten – die Nachkommen des Ibrahimsohnes Ismael, von denen sich später ein Zweig die Koreischiten nannten – verlangten für die Aufbewahrung und Bewachung der Götterbilder nicht mehr als die Garantie eines regionalen Friedens, dessen Vorteile ihnen einleuchtender schienen als die Wahrung des monotheistischen Prinzips, und so bildete sich um das Haus Allahs ein neutrales Gebiet, das in den permanenten Stammesfehden meist sorgsam beachtet wurde. Selbstverständlich mußten liturgische Handlungen in der Zone des Friedens geduldet werden; es ist anzunehmen, daß die Kultbilder zunächst aus der Kaaba getragen und die kultischen Zeremonien vor dieser durchgeführt wurden, doch kam man davon ab, als die Götterstatuen immer künstlerischer und prächtiger gestaltet und damit immer beschädigungsanfälliger wurden, so daß man sie besser an ihrem Platz beließ und die Verehrung in der Kaaba vornahm. Nachdem man so weit gegangen war, begannen die Bürger Mekkas ganz nach individuellem Belieben Götter und Göttinnen des unter ihrem Schutze stehenden Pantheons zu verehren, und Allah war nun in ihren religiösen Vorstellungen kein einziger und kein allmächtiger Gott, sondern ein Gott unter vielen.

Aus der Neutralität Mekkas, die eine von den umwohnenden Stämmen anerkannte war, ergab sich, daß die Wanderhirten nach ihren kultischen Geräten auch Dinge von ökonomischem Wert – nennen wir sie bewußt unspezifiziert ihre »Schätze« –, die sie außerhalb ihrer Herden besaßen und in deren Besitz sie durch Tauschhandel oder Raubkrieg gekommen waren, ebenfalls im Heiligtum selbst oder in dessen tabuisiertem Bereich in eine erhöhte Sicherheit brachten, und daraus wiederum ergab sich, daß Mekka für den Hedschas eine Funktion erlangte, die sich, zugegeben nur vage, aber immerhin mit jener der neutralen Schweiz für das zerrissene Europa unseres Jahrhunderts vergleichen läßt. Von der »Bankstadt Mekka« zu sprechen ist zwar sicherlich übertrieben, doch verbirgt sich in dieser Übertreibung ebenso sicherlich ein durchaus richtiger Kern.

In der Zone des Friedens um das ursprünglich Allah allein geweihte Haus bot sich unschwer die Gelegenheit, schwelende Fragen zwischen den Stämmen zu erörtern und zu bereinigen und Stammesfehden zu vermeiden oder, wenn sie bereits im Gange waren, zu beenden, so daß die »Bankstadt« auch eine Art von »diplomatischem Parkett« hatte, was sich auf ihre wirtschaftliche Bedeutung durchaus positiv auswirkte. Dazu kommt nun noch, daß heidnische Kulte zu exzessiver Verehrung neigen, die bis zu orgiastischer Betriebsamkeit führen können, davon abgesehen aber sportliche Wettkämpfe, Spiele und kulturelle Tätigkeiten einschließen, wobei nur an die bekannten Beispiele der hellenischen Welt, an die Dionysien, an Eleusis und an Olympia erinnert sei, die bis tief in den arabischen Raum ausstrahlten. Alljährlich wurden zu bestimmten Zeiten in Mekka ähnliche Veranstaltungen durchgeführt oder ihre Durchführung mindestens gestattet; verschiedene Gottheiten wurden nur von nackten, andere nur von trunkenen Gläubigen verehrt; Unsummen wurden bei Pferderennen, Unsummen bei Kamelrennen, Unsummen bei Kämpfen zwischen Schafböcken oder Ziegen gewettet und gewonnen oder verloren; überdies gab es einen literarischen »Wettkampf« der Dichter, die ihre Lieder in einem regelmäßig wiederholten Sängerkrieg einem mehr oder weniger sachkundigen Publikum vortrugen: Die Entscheidung wurde einem auch in der Wahrsagekunst erfahrenem Priester übertragen, der die sieben besten Epen bestimmte. Diese wurden in kunstvoller Schrift niedergeschrieben und für ein Jahr an den Außenwänden der Kaaba ausgestellt, und die »Literaturpreisträger« galten für diese Zeit als die besten Dichter Arabiens. Mekka war ganz zweifellos die Hochburg des arabischen Heidentums, und solange dieses blühte, war die Bedeutung der Stadt und damit ihr Wohlstand gesichert.

Nun aber nagte am Heidentum Arabiens der Wurm; der Polytheismus ist an eine ganz bestimmte Bewußtseinsstufe der ihm Anhängenden gebunden, denen die Natur nicht als wohlgeordneter, harmonischer Zusammenhalt erscheinen darf, sondern vielmehr als Schauplatz des permanenten Kampfes annähernd gleichstarker Gewalten, dessen Verlauf von allerlei Zufällen, nicht zuletzt aber von Allianzen zwischen den Streitparteien bestimmt wird. In dem Augenblick, in dem diese spezielle Weltschau durch ein auf dem Wissen um eine kosmische Seinsordnung beruhendes Lebensgefühl tangiert wird, geht der Raum für selbständig agierende Gottheiten verloren; es entwickelt sich dann ein befehlsführender Gott, dem die anderen zu gehorchen haben und der sich den Gehorsam zu erzwingen vermag, und diesem wird dann häufig, vermutlich aber nicht mit unausweichlicher Notwendigkeit, der Antigott, der Herr des kosmosbedrohenden Chaos, samt seiner Gefolgschaft gegenübergestellt. Die Konstruktion des solcherart über Untergötter herrschenden Obergottes befriedigt indessen nur kurzfristig, und das System wird dahin verändert, daß aus dem Obergott der Alleingott wird, während die Untergötter zu seinen Erscheinungsformen, zu Teilen seines Ichs, degradiert werden. Die geistige Krise des Heidentums ist nicht nur intellektuell zu erahnen, sondern einwandfrei belegt, und das erschütterndste und eindringlichste Dokument findet sich in Ciceros »De natura deorum«, einem Streitgespräch, das zu den Grenzen der Möglichkeiten des Polytheismus führt.

Nun war der Hedschas keine isolierte Welt und das arabische Heidentum kein absolutes, egozentriertes Anschauungsgefüge; geographisch lag Westarabien zwar in einem relativ abseitigen Winkel des Großraumes, den wir heute als Naher Osten bezeichnen, in dessen Umfeld sich aber gewaltige Machtblöcke entwickelt hatten, die mehrfach ein mehr oder weniger intensives Interesse zeigten, in diesen Bereich, der für sie ein machtpolitischer Leerraum war, zu wirken, oder der sich zur Aufnahme abgedrängter Bevölkerungsteile anbot.

Dieser zweite Aspekt verdeutlichte sich besonders, als Titus im Jahre 70 n. Chr. das gegen seinen Vater Vespasian rebellierende Judäa niederwarf, Jerusalem erstürmte und den Tempel zerstörte, was eine Fluchtwelle der jüdischen Randbevölkerung auslöste, zumal die Römer gegen die Juden mit außergewöhnlicher Härte vorgingen. Bald darauf erschienen zahlenstarke Flüchtlingsgruppen in Yathrib, wo sie seßhaft wurden und zum Teil arabische Namen angenommen haben, insgesamt aber im Glauben ihrer Väter verharrten und die Oasenstadt zu einem mächtigen Stützpunkt des mosaischen Monotheismus ausbauten. Von hier aus verbreitete sich die Lehre vom einen, allmächtigen Gott weit in die südlichen Teile Arabiens, und wie gewaltig die monotheistischen Impulse wirkten, verdeutlicht sich in der Geschichte des südarabischen Königs Assad Abu Karib, der mit einem starken Heer plündernd den Hedschas durchzog, Yathrib eroberte und sich kurz danach zum jüdischen Glauben bekehrte. Den Rückmarsch in das Gebiet des heutigen Jemen trat er bereits als Jude an; nach seiner Heimkehr förderte oder erzwang er die Judaisierung seiner Untertanen, und das Endergebnis seines Kriegszuges war, daß Mekka als Zentrum des arabischen Heidentums nun zwischen der jüdischen Hochburg Yathrib und dem judaisierten Königreich in Südarabien eingeschlossen lag wie ein Korn zwischen den Mühlsteinen. Die Lage wurde vollends kritisch, als immer mehr Araber – und zwar gerade aus der intellektuell führenden Schicht – am heterogenen Gehalt des Polytheismus angesichts der Überzeugung von der natürlichen Ganzheit der Welt als einer geschaffenen Ordnung massiv zu zweifeln begannen und zu Gottsuchern, zu Hanifen wurden, die ohne Übernahme des mosaischen Weltbildes versuchten, den einen ewigen und allmächtigen Schöpfergott, die Ursache aller Kausalität, den Herren der kosmischen Ordnung, zu erkennen.

Der Druck von außen verringerte sich vorübergehend, als einer der Nachfolger Abu Karibs in Kollision mit dem christlichen Reich von Aksum[4] geriet. König Ramhis Subaiman fiel in Südarabien ein und eroberte es; sein Territorium wurde zunächst nordostwärts erweitert, bis es im Küstensaum des Persischen Golfs an die Grenzen des Sassanidenreiches stieß, das eine weitere

Expansion verhinderte. Der sehr energische und tatendurstige Vizekönig Abraha richtete seine Augen nun nach Nordwesten, wo das reiche und überdies heidnische Mekka die Aussicht bot, Ruhm, Beute und religiöse Verdienste in einer einzigen Aktion zu gewinnen.

Ein passender Kriegsgrund war bald gefunden: Im Jahre 570 fanden sich menschliche Exkremente in einem bedeutenden Heiligtum der aksumitischen Reichskirche in Arabia felix[5], und sogleich wurde vermutet oder mindest kolportiert, daß die ruchlose Tat von den wüsten Heiden in Mekka durchgeführt worden wäre. Abraha erbat und erhielt die Erlaubnis, eine starke Armee zu sammeln und Mekka niederzuwerfen. Die Truppen, die vorwiegend aus Angehörigen der afrikanischen Völker gebildet wurden, führten als »Wunderwaffen« Kriegselefanten mit sich, und um die Jahreswende begann Abraha den Vormarsch durch das schwierige Gelände. In Mekka erfuhr man entweder nichts von den Kriegsvorbereitungen Abrahas oder täuschte sich über seine Absichten oder wähnte, daß sich die Offensive schon in dem wilden Bergland festlaufen werde, und man nahm die Sache erst ernst, als die Aksumiten sozusagen schon unmittelbar vor der Haustür erschienen. Die Kunde von den heranrückenden Truppenmassen, der Ruf der Wildheit, der den afrikanischen Kriegern voraneilte, und zuletzt die Furcht, die man vor den Elefanten empfand, die von den Bürgern eher für dämonische Fabelwesen als Angehörige einer in Afrika damals noch häufigen Säugetierart gehalten wurden, ließen Widerstand wenig ratsam erscheinen, und Bürgermeister Abd al Muttalib wurde mit einer Abordnung des Gemeinderates dem aksumitischen Heerführer entgegengeschickt, um über den Erhalt des Friedens zu verhandeln. Abraha aber wollte vom Frieden nichts wissen, und die sicherlich nicht eben schlichten Geschenke, die ihm und den Großen seines Heeres gemacht wurden, reichten eben aus, um ein knapp bemessenes Stillhalteabkommen zu erreichen: Der Bürgerschaft wurde eine bestimmte Frist bewilligt, um sich aus dem Stadtbereich abzusetzen. Was sich danach beim Einzug der Truppen noch in Mekka finden werde, falle diesen zu.

Mit diesem wenig ermutigenden Verhandlungsergebnis löste Abd al Muttalib bei seiner Heimkehr jene Massenflucht in die Berge aus, im Zuge derer seine Schwiegertochter Amina die Verbindung zur Familie verlor und in der Einsamkeit einer Berghütte einem Sohne das Leben gab. Für Mekka ging die Sache übrigens glimpflicher aus, als zu befürchten stand, und zwar durch ein höchst überraschendes Ereignis: Ein Schwarm Vögel erschien und griff das Heer Abrahas nun zwar nicht eben mit Bomben, wohl aber mit Steinen an und vernichtete es. So will es die mekkanische Legende, und so fand das Geschehen Eintritt in den Koran, dessen einhundertfünfte Sure[6] davon erzählt; moderne Kommentatoren interpretieren die Stelle dahin, daß eine unter den Truppen Abrahas ausbrechende Seuche diesen zwang, mit den restlichen Verbänden den überhasteten Rückzug anzutreten.

Bald danach kehrten Mekkas Bürger in die verwüstete Stadt zurück und machten sich an das, was man unter Wiederaufbau versteht. Wir wissen nun aus eigener Erfahrung, daß der Begriff Wiederaufbau mit der Wiederherstellung zerstörter Gebäude nicht identisch ist, sondern daß sich neue wirtschaftliche und gesellschaftliche Strukturen herausbilden, die

- vom Zeitpunkt der Heimkehr der Flüchtlinge,
- vom Ausmaß und der Verwendbarkeit der geretteten Vermögensbestandteile und
- der Flexibilität der Heimkehrer, also ihrer Fähigkeit, sich auf die neuen Verhältnisse einzustellen,

abhängig sind, wozu häufig eine mehr oder weniger heftige Aversion gegen die führenden Schichten von gestern kommt, wenn das Gefühl, diese seien für die soziale Katastrophe verantwortlich zu machen, aus irgendwelchen Gründen erweckt wird. In Mekka scheint man den früheren Bürgermeister Abd al Muttalib für den oder zumindest einen der Schuldigen am geglückten Einfall der Aksumiten gehalten zu haben, und es war fürder keine Rede davon, daß er wieder an die Spitze der Bürgerschaft treten solle. Man hat Grund zu der Annahme, daß sein vordem bedeutendes Vermögen besonders schwer gelitten haben muß, leitete er doch bis zum letzten Augenblick die Evakuierung der Bürgerschaft und verließ als Letzter das Stadtgebiet – dabei schlug er der Überlieferung nach mit dem metallenen Türklopfer gegen das Tor der Kaaba und rief: »O Allah, selbst ein Sklave verteidigt das ihm übertragene Kamel – beschütze Du Deine Stadt!« – zu einem Zeitpunkt, als die Reiterspitzen der Aksumiten schon in Sichtweite waren. Überdies deutet der Umstand, daß selbst seine schwangere Schwiegertochter vermißt wurde, darauf hin, daß bei der Ortsveränderung seiner Familie ein ziemliches Durcheinander ausgebrochen war, dessen Ursache wohl im Fehlen des Familienoberhauptes, das in den entscheidenden Stunden von seinen öffentlichen Aufgaben im Übermaß in Anspruch genommen wurde, zu suchen ist. In der neuformierten Gesellschaft und der neugestalteten Wirtschaft Mekkas spielten Abd al Muttalib und die Seinen jedenfalls eine relativ schlichte Rolle; das Geschäft mit den Pilgern scheint zumindest für einige Jahre zurückgegangen zu sein, und im Wirtschaftsleben wurde der Fernhandel mit den Karawanen zum entscheidenden Sektor, der einen hohen Kapitaleinsatz verlangte und alle jene vom großen Geschäft ausschloß, die nicht über entsprechende Investitionsmöglichkeiten verfügten.

Die Damen der wohlhabenden mekkanischen Bürger pflegten in jener Zeit ihre Kinder Beduinenfrauen zu überlassen, die gegen angemessene Belohnung die Kleinen in gesündere Gebirgsgegenden mitnahmen, von wo sie nach einigen Jahren – etwa im heutigen Volksschulalter – kräftig und gesund heimkehrten. Es gab jährlich einen regelrechten Kindermarkt: Die pflegewilligen Frauen des Stammes der Beni Bekr, die das Hauptkontingent der Ersatzmütter bildeten, erschienen an bestimmten Tagen in der Stadt, die Mekkanerinnen kamen mit ihren Kleinkindern zum Marktplatz, die Pflegemütter wurden auf ihre Tauglichkeit überprüft, die Kindeseltern auf ihre Zahlungsfähigkeit, dann wurden die Bedingungen in einem schriftlichen Vertrag festgehalten, und gegen Abend ritten die Beni Bekr mit den Pflegesöhnen heim zu ihren Zelten.

Als Amina in Begleitung Abd al Muttalibs mit ihrem während der Tage der Flucht geborenen Sohn auf dem Markt erschien, um eine Pflegemutter zu finden, erlebte sie eine böse Enttäuschung – keine Beduinenfrau wollte den Enkel des Exbürgermeisters, da man ihn nicht für zahlungsfähig hielt. Erst gegen Abend fand sich eine, die bereit war, den Kleinen zu übernehmen, weil sie den Spott ihres Stammes fürchtete, ihr habe niemand ein Kind anvertrauen wollen. Die – im Grunde unislamische – Legende weiß zu berichten, daß sich die Anwesenheit Ben Abd Allahs – ob er damals schon Mohammed genannt wurde, ist nicht gewiß – für das Vermögen der Pflegemutter sogleich günstig ausgewirkt habe; ihre alte Eselin, heißt es, sei wieder jung und kräftig geworden, eine Kamelstute, die keine Milch gegeben hatte, soll nun heftig Milch zu produzieren begonnen haben, und auch ihre eigenen Milchdrüsen wurden angeregt – hatte sie vorher Schwierigkeiten, ihr eigenes Kind zu versorgen, so hatte sie nun hinreichend Muttermilch für ihr eigenes wie für das in Pflege genommene Kind.

Nach vier Jahren, vor Ablauf der vereinbarten Frist[7], kam Halima, so hieß die Pflegemutter, mit Ben Abd Allah nach Mekka und stellte ihn zurück. Sein Großvater war zum Greis geworden, der die meiste Zeit des Tages in der Kaaba verbrachte und wohl nicht nur im Gebet, sondern auch in Erinnerungen versunken war; die Geschäfte der Sippe wurden von Abd al Muttalibs noch lebenden Söhnen – namentlich zu nennen sind insbesonders Abu Talib, Abu Laheb Abd al Ussa und Abbas – besorgt, die wenig Zeit fanden, sich um den Neffen zu kümmern, so daß er gänzlich der Erziehung seiner Mutter und einer äthiopischen Sklavin, die eine aksumitische Christin war, unterfiel. Es war trotz der anhaltenden Beschränktheit der äußeren Lebensumstände eine außerordentlich glückliche Zeit, an die der spätere Prophet gerne zurückdachte und von der er sagte: »Das irdische Paradies liegt vor die Füße der Mütter gebreitet.«

Einige Jahre danach besuchte Amina mit Sohn und Sklavin ihre Familie in Yathrib, wo Mohammed – wie wir ihn jetzt sicherlich schon nennen dürfen – Freundschaften mit seinen Vettern schloß, die späterhin von Bedeutung waren. Auf der Heimreise nach Mekka starb Amina überraschend in einem Abwa genannten Ort in der Wüste und wurde dort begraben. In Mekka begann nun der Ernst des Lebens für Mohammed; er mußte im Rahmen der Familie mitarbeiten und hütete zunächst Schafe und Ziegen; diese Tätigkeit war ihm schon von seiner Zeit als Pflegekind bei den Beni Bekr her bekannt, allein es war doch ein Unterschied, denn nun trug er die Verantwortung, während er bei Halima den Hirten gespielt hatte. Als er älter wurde und mit Waffen umzugehen verstand, machte er sich wirtschaftlich von seiner Familie unabhängig und wurde Karawanenbegleiter, was eine mühselige und gefährliche, aber relativ lukrative Beschäftigung war, da er seinen Sold in Waren ausbezahlt erhielt, die er auf den Märkten in Nordarabien und Syrien, in die er gelangte, verkaufte, wofür er wieder andere Waren erwarb, die er anderswo wieder zu Geld machte. Namhafte Gewinne ließen sich bei dem geringen Kapitaleinsatz zwar nicht erzielen, aber von großer Bedeutung waren die Erfahrungen, die er machte. Noch entscheidender als die merkantile Empirie waren Einblicke in das religiöse Leben der Christen, der Juden und wohl auch der Anhänger der Lehren Zarathustras[8], die er – unter den Angehörigen seines Standes in dieser Beziehung sicherlich eine Art weißer Rabe – gezielt suchte. Er trieb, wenn auch gewiß nicht eben systematisch, religionsvergleichende Studien, und das ist für einen intelligenten jungen Mann, der aus der religiös bestimmten Atmospäre eines polytheistischen Zentrums stammte, dessen Familie in einem Religionskrieg – denn das war Abrahas Operation gegen Mekka letzten Endes gewesen – schwer unter die Räder gekommen war, durchaus naheliegend, zumal er schon in der Kindheit zumindest mit Legenden und Märchen monotheistischer Weltsicht bekanntgemacht wurde, mit

- christlichen von der äthiopischen Sklavin, die bei ihm war, als er die erste Konfrontation mit dem Tode erlebte, als seine Mutter starb, und mit
- jüdischen, die ihm von seinen Vettern in Yathrib, wo das Geistesleben auch der arabischen Bewohner durchaus im Banne des Moses stand, erzählt wurden.

Als er knapp über zwanzig zählte, trat er als eine Art Handelsgehilfe in die Dienste einer entfernten Verwandten mit Namen Chadidscha, die um fünfzehn Jahre älter und zum zweiten Mal verwitwet war und ein ansehnliches Vermögen besaß, eine Handelsfirma, um die heutige Bezeichnung zu verwenden, deren Karawanenbetrieb nicht von ihr persönlich geführt werden konnte. Mohammed, der den Beinamen al Amin, der Getreue, führte, erwies sich als redlich, umsichtig und geschickt, und da er – mittelgroß, breitschultrig, langbeinig, mit hoher Stirne, Adlernase und schwarzen, auffallend langbewimperten Augen – eine außerordentlich gute Erscheinung war, fand sich Herz zu Herzen. Bald darauf heirateten sie: Mohammed war fünfundzwanzig und arm, Chadidscha war vierzig und reich.

Aha, ist man nun versucht zu denken, aber man irrt: Mohammed heiratete in der Tat nicht das Vermögen, sondern die Frau, die er liebte. Die Ehe dauerte fünfundzwanzig Jahre und war mit sieben Kindern gesegnet; drei Söhne, darunter Kasim, der Erstgeborene, nach dem sich Mohammed nach arabischen Brauch Abu Kasim nannte, starben im Kindesalter, und übrig blieben die vier Töchter Sainab, Rokaija, Umm Kulthum und Fatima, die in der Geschichte noch eine bedeutsame Rolle spielen sollte. Charakteristisch für die Ehe ist zweifellos der Umstand, daß Mohammed – entgegen der Üblichkeit – bei Lebzeiten Chadidschas keine weitere Ehe schloß, und zwar auch dann nicht, als nach Verlust der Gebärfähigkeit der Frau und der von ihr geborenen Söhne männliche Nachkommenschaft nicht zu erwarten war, und charakteristisch für die über Chadidschas Tod hinausreichende Zuneigung Mohammeds, daß ihm Aischa, die Freude seines Alters, einmal aus gegebenem Anlaß[9] vorwarf, er würde »die zahnlose alte Koreischitin« wohl niemals vergessen können, was er mit bitteren Seufzern quittierte.

In den auf die Eheschließung folgenden fünfzehn Jahren machte Mohammed das, was man unter bürgerlicher Karriere versteht. Er, der bisher fremde Kamele mit fremden Waren in fremden Karawanen durch die arabischen Wüsten getrieben hatte, organisierte und leitete das Handelshaus Chadidschas mit dem ortsüblichen Erfolg; er beteiligte sich an den wieder aufflackernden Sippenkämpfen, denn der Zustand des permanenten Friedens scheint sich nicht so rasch wieder eingestellt zu haben, galt aber bei seinen Mitbürgern als Mann der vernünftigen, unblutigen Lösung, also – wenn man es so sagen will – des tragbaren Kompromisses. Dieser Ruf ging vorwiegend auf ein konkretes Ereignis zurück, das sich in den Jahren 605 oder 606 zutrug und in welchem Mohammed den Frieden unter den Mekkanern buchstäblich im letzten Augenblick rettete. Anlaß des drohenden Bürgerkrieges war eine notwendige Generalsanierung der Kaaba, die man zunächst aus Respekt vor dem Heiligtum immer wieder hinausgeschoben, zuletzt aber in Angriff genommen und beinahe fertiggestellt hatte. Um das Recht, die letzten Handgriffe zur Anbringung des letzten Steines tun zu dürfen, stritten die vier mächtigsten Sippenverbände. Zuletzt standen sie sich, zum Kampfe gerüstet, auf dem Vorplatz der Kaaba gegenüber; die Parteiführer rangen um eine Lösung, die ihnen den Waffenentscheid ohne Ansehensverlust ersparen könnte, als Mohammed – bewaffnet, um sich einer der Gruppen anzuschließen, was meist allerdings nicht erzählt wird – erschien. Sie beschlossen, ihn als Schiedsrichter einzusetzen; sollte er einen gangbaren Ausweg finden, der allen akzeptabel schien, so würde man ihn beschreiten, andernfalls müßten die Waffen sprechen. Angesichts der prekären Situation zeigte der unversehens mit einem derart heiklen Amt Betraute ein Höchstmaß an Verstand, Umsicht und Besonnenheit; er schlug vor, den Schlußstein, der zum Stein des Anstoßes geworden war, auf eine viereckige Stoffbahn zu legen; jeder Parteiführer möge einen Zipfel des Tuchs ergreifen und sie alle gemeinsam den Stein in die Kaaba tragen, um ihn an der vorgesehenen Stelle anzubringen, auf daß keine Gruppe von der Fertigstellung des Werkes ausgeschlossen sei.

Und also geschah es; Mohammed stieg im Ansehen seiner Mitbürger gewaltig, und es deutete alles darauf hin, daß er nach Gewinnung des Alters, das für die Mitgliedschaft im Gemeinderat obligatorisch war, früher oder später Bürgermeister von Mekka werden würde, so wie es Großvater Abd al Muttalib gewesen war. Und so schien der Lebensweg den unter so dramatischen Umständen geborenen Koreischiten einem ruhigen, soliden, gutbürgerlichen Alter in einer – verwenden wir hier bewußt die modeübliche Bezeichnung – »heilen Welt« zuzuführen; der redliche, fleißige und tüchtige Sohn aus gutem, durch den letzten Krieg verarmten Haus war zu Wohlstand und Ansehen gelangt; er war ein erfolgreicher Wirtschaftstreibender in seiner neu aufblühenden Vaterstadt geworden; er hatte sich in seiner Jugend viel fremden Wind um die Ohren blasen lassen, war also weltläufig, und führte nun ein unauffälliges, zufriedenstellendes Familienleben. Der Tod seiner Söhne traf ihn sicherlich schwer, aber es war ein bei der für das Mekka jener Zeit anzunehmenden Kindersterblichkeit zu häufiges Los, als daß es ihn nachhaltig von seinen Standesgenossen abgehoben hätte, und so darf man sagen, daß er durchaus glücklich lebte, als ein Mann ohne übermäßige Planungen, Vorhaben und Wünsche, der durchaus im Besitz der Mittel war, die gehabten zu realisieren. Es war das zu allen Zeiten auftretende, zutiefst menschliche Glück des ausgewogenen, ruhevollen Daseins, von dem Lästerzungen gerne behaupten, es sei die Erfüllung der Träume des typischen Spießbürgers, und es deutete nichts, aber auch gar nichts darauf hin, daß der Wohlstandsbürger Mohammed eines Tages berufen sein würde, die Welt zu verändern.

Wenngleich es in Wahrheit zeitlos ist, so mutet ganz unerhört modern Mohammeds Bemühen an, seine – frönen wir wieder neuzeitlicher Sprechweise – »Arbeitswelt« von seiner »Freizeitwelt« säuberlich zu trennen. Denn Freizeit hatte er, der gutverdienende Wirtschaftsmanager, letztlich auch; er nahm jährlich ein paar Wochen Urlaub, schob darüber hinaus vermutlich gern ein verlängertes Wochenende ein, wenn es der Drang der Geschäfte zuließ, und mied in diesen Zeiten mit peinlicher Sorgfalt die Berührung mit Kontor und Karawanserei. Was er in seiner Freizeit trieb, paßt so vortrefflich in das Bild des alltagsflüchtenden Geschäftsmannes, daß es durchaus der Lebensgeschichte eines Bürgers von München oder Salzburg, von Innsbruck oder Berchtesgaden, der traditionellem Lebensstil huldigt – andere reisen im Düsenjet nach Acapulco oder auf die Bahamas – entnommen sein könnte: Mohammed zog sich auf eine Alm zurück, wo er im Kreise seiner Familie eine Art Sennhütte bewohnte, machte ausgedehnte Wanderungen, beobachtete Vögel, sammelte seltene, bizarr geformte Steine und freute sich der erhabenen Stille der majestätischen Bergwelt, die bei uns vorwiegend aus mehr oder weniger gekonnten Schilderungen der einschlägigen alpinen Literatur bekannt ist.

Mohammeds Leben war – und das kann gar nicht genug betont werden – ein völlig normales Leben, und es war für jene, die normal und banal gleichsetzen wollen, sicherlich banal. Da war keine Flucht wegen Totschlags in ein anderes Land, da war kein Eremitendasein mit Ernährung von Eidechsen und Insekten ob eigenen Frevels oder aus Verzweiflung über die allgemeine Sündhaftigkeit, da war keine reuevolle Seelenpein wegen echter oder vermeintlicher Schuld mit asketischer Selbstzerfleischung und was an Garnierungselementen das Leben eines künftigen Religionsstifters nach landläufigen Vorstellungen umrahmen sollte –, sondern da war ernsthafte, verantwortungsvolle kaufmännische Tätigkeit, da war die scheinbar so simple und dabei in Wahrheit doch so schwierige permanente Bewährung im beruflichen Alltag, da war die kinderreiche Familie – Chadidscha hatte auch aus ihren früheren Ehen ein paar

Halbwüchsige mitgebracht – mit den mannigfachen Problemen, da war die ersehnte Freizeit mit der gewollten Loslösung vom Trott des Erwerbslebens.

Und mitten in dieses schlichte Idyll der Normalität gehobenen Wohlstandsbürgertums platzte die erste Vision: Mohammed hatte, von einer strapaziösen und daher allein unternommenen Bergwanderung ermüdet, eine Höhle am Südhang des Berges Hira, rund 175 Meter unterhalb des Gipfels, aufgesucht und war in jenen Zustand zwischen Wachsein und Schlaf gefallen, der nach großen körperlichen Anstrengungen den Menschen gerne überkommt. Nun erschien ihm ein »leuchtendes Etwas« (so Eva de Vitray-Meyerovitch), das sich im Laufe der Zeit als Engel herausstellte, zeigte ihm eine Schriftrolle und forderte ihn auf, zu lesen. Mohammed wollte – oder konnte – nicht lesen und weigerte sich, worauf ihn der Engel erfaßte, kräftig unter Druck setzte, so daß er wähnte, dem Tode nahe zu sein und ihm neuerlich befahl: »Lies! Im Namen deines Herrn, der alles geschaffen hat und der den Menschen schuf aus geronnenem Blut.« (Sechsundneunzigste Sure.) Hierauf verschwand die Erscheinung.

Mohammed fuhr auf; er wußte, daß er nicht geträumt hatte, maß das soeben Erlebte am Maßstab seines theoretischen Wissens und seiner individuellen Empirie und kam zu dem ausschließlich aus der Rationalität geschöpften Schluß: Er hatte wachen Sinnes Erscheinungen gesehen und Worte gehört, die es in der wahrnehmbaren Effektivität nicht gab, ja die es nicht geben konnte – er mußte verrückt geworden sein. Wie vernünftig, wie selbstkritisch, wie realistisch er doch dachte! Und wie panisch entsetzt, wie menschlich verständlich, wie die Vernunft als unerläßliches Requisit der hominiden Daseinsbehauptung bewertend er doch reagierte: Er rannte aus der Höhle und klomm den Berg hinan, um sich von der Spitze in den Abgrund zu stürzen. Lieber ein Toter sein als ein Verrückter! Noch ehe er sein selbstmörderisches Vorhaben verwirklichte, klang eine Stimme vom Himmel:

»O Mohammed, du bist Allahs Gesandter! Und ich, der dieses dir verkündet, bin Dschibrail.«

Mohammed blickte empor und sah den Erzengel Dschibrail → Gabriel in Gestalt eines riesenhaften Mannes, und als er den Blick von ihm löste und über den Horizont schweifen ließ, da sah er ihn wieder und wieder, wohin immer er auch blickte.

Überzeugte ihn dies?

Es verwirrte ihn vollkommen, er wußte nicht, was er davon halten, er wußte nicht, was er nun tun sollte. Und seine spontane Reaktion war die eines verschreckten, verzweifelten Kindes: Er rannte, was ihn die Beine trugen, heim zu Chadidscha, die ihm nun Ersatzmutter war und wohl nur dies und nicht das geliebte Weib und nicht die Gebärerin seiner Kinder. Er warf sich ihr zitternd zu Füßen, umklammerte sie und schrie:

»Verbirg mich! Verbirg mich! Gewähre mir ein Versteck!«

Und Chadidscha umhüllte ihn mit dem herabhängenden Tuch ihres weiten Gewandes. Und sie schwieg...

Welch prächtige Szene, welch dramatischer Zusammenprall der realitätsbezogenen, intellektuell gebundenen, vernünftigen Weltschau mit der großen, unbekannten, numinosen Macht, welch gewaltiger Einbruch des Heiligen in die Profaneität.

Irgendwann erzählte Mohammed Chadidscha das Geschehen, das ihn so erschreckt hatte, und Chadidscha war ohne Verzug bereit, zu glauben, daß ihr geliebter und in ihren Augen völlig makelloser Mann dazu ausersehen sei, der Bote Allahs zu werden. Mohammed allerdings zweifelte daran, zumal Wochen, Monate und Jahre vergingen, ohne daß sich eine neue Vision einstellte. Die zunehmende zeitliche Distanz zu dem Geschehen am Berge Hira förderte Mohammeds nüchterne Erklärung, die nun in der Richtung gegangen sein muß, er sei zwar keineswegs von einer Geisteskrankheit befallen, sondern ganz einfach von einer Sinnestäuschung genarrt worden. Sinnestäuschungen waren ihm, dem erfahrenen Wüstendurchquerer, ganz zweifellos bekannt: Luftspiegelungen in der Art einer Fata morgana hatte er vielleicht selbst erlebt, und von Leuten, die sich in der Wüste verirrt hatten und nach ihrer Rettung von grimmigen Wüstengespenstern zu berichten wußten, hatte er sicherlich gehört. Die Erklärung, die er für derartige Erscheinungen hatte, spielt dabei im Grunde genommen überhaupt keine Rolle, wesentlich war nur, daß sie ihm zumindest vom Hörensagen her vertraut waren, daß es sie in seinem durchaus empiriebestimmten Weltbild gab und daß sie in dessen Rahmen nicht unerklärbar waren. In der Regel überfielen diese Erscheinungen Menschen, die erschöpft oder zumindest überanstrengt waren, und das war er damals gewesen – natürlich, er zählte nun schon runde vierzig Jahre, hatte mehr als ein Jahrzehnt im Wohlstand gelebt und war längst nicht mehr so konditionsstark wie zu jener Zeit, in der er als gemieteter Waffenträger die Karawanen auf fernen und gefährlichen Wegen begleitet hatte.

Und wohl, um sich selbst zu beweisen, daß seine Deutung des Geschehens richtig war, durchstreifte er nun immer häufiger und stets allein die starrende Bergwelt von Mekka, und aus dem mehr oder weniger ziellosen Herumwandern wurde eine strapaziöse, bewußt immer wieder bis zu den Grenzen der Leistungsfähigkeit vorgetriebene Testreihe: Ich bin ein ganz normaler Mensch, ich führe ein ganz normales Leben, ich bin Mohammed, ein mekkanischer Kaufmann und Familienvater und nichts weiter. Die Testreihe erbrachte, nachdem sie schon zur Gewohnheit geworden war, zuletzt das kaum noch befürchtete, im Grunde genommen negative Ergebnis: Mohammed wurde erneut mit dem Erzengel Dschibrail konfrontiert. Der saß nun auf einem hohen Thron zwischen Himmel und Erde und rief ihm zu: »Bei der Helligkeit des Tages und bei der Dunkelheit der Nacht! Dein Herr hat dich nicht vergessen, und dein Herr haßt dich nicht. Wahrlich, das künftige Leben wird für dich besser sein als das jetzige, denn dein Herr wird dich reichlich belohnen. Hat er nicht schon hier wunderbar für dich gesorgt? Hat er dich hier nicht als Waise gefunden? Hat er dich nicht arm gefunden und dich nicht reich gemacht? Hat er dich nicht im Irrtum gefunden und leitet er dich nicht auf den rechten Weg? Darum meide das Unrecht und bedrücke nicht die Waise und treibe nicht den Bettler hinweg, sondern geh und verkündige die Gnade des Herrn!«

Es sind sinngemäß die Worte der dreiundneunzigsten Sure, die als die erste als Ganzes geoffenbarte gilt, und die al Duha, der helle Tag, genannt wird. Der entscheidende Teil der Sure ist jedoch der Auftrag, die Gnade des Herrn zu verkündigen, denn die Erfüllung dieses Auftrages riß notwendig eine tiefe, unüberbrückbare Kluft auf zwischen dem Verkünder und der sozialen Umwelt, in der er sich nun so trefflich zurechtgefunden hatte.

Mohammed war sich dieser Konsequenz anscheinend voll bewußt, und er war ob dieser Aussicht so wenig erfreut wie Moses, als er – wie es das Buch Exodus berichtet – die Stimme aus dem Dornbusch vernahm, die ihm befahl, nach Ägypten zurückzukehren und die Israeliten zu befreien. Mohammed fehlte nun allerdings die Keckheit des Moses, der nach durchgeführter Befehlserteilung sogleich den Vollzug des Befehles durch andere empfahl, weil er hierzu nicht der richtige Mann sei, allein er sann ganz zweifellos nach einem Weg, der ihm die Erfüllung des Auftrages ermöglichen und doch den drohenden Konflikt mit der etablierten Gesellschaft ersparen würde, denn er war nun einmal, wie wir bereits wissen, ein Mann des Kompromisses.

Wiederum besprach er mit Chadidscha das Geschehene, und wiederum war sie voll Begeisterung und Glauben; sie sah nur die Auszeichnung, die in der Berufung zum Prophetenamt lag, während er die Schwierigkeiten bedachte, die es ihm und den Seinen bringen mußte. Chadidscha hatte nun einen entfernten Verwandten, einen gewissen Waraka ben Naufal, der ein Gottsucher – die abendländische Interpretation sieht ihn allerdings als bibelkundigen Christen, dessen Existenz überdies recht zweifelhaft ist – war, und diesen zog sie zu Rate, ganz wie man heutzutage in ähnlicher Lage wohl einen Psychologen oder gar einen Psychiater konsultieren würde. Waraka versuchte nun im strikten Gegensatz zu einem heutigen Ratgeber nicht, die Sache zu bagatellisieren, zu zerreden oder als das zweifelhafte Produkt krankhafter Phantasie abzutun, sondern er nahm sie ernst und wollte sie auch durch Mohammed ernstgenommen wissen, dem es damals gewiß noch lieber gewesen wäre, wenn er sie hätte vergessen dürfen. Da dem nicht so war, zog er sich tagelang in die Kaaba zurück, wo er ganz augenscheinlich darauf wartete, daß ihm weitere Befehle zugehen würden. Sie kamen denn auch, in unregelmäßigen Abständen, und da ihm zunächst keine Weisung zukam, an wen er das Geoffenbarte weitergeben müsse, beschränkte er sich auf die »Verkündigung im engsten Familienkreis«, die ihm als das geeignete Mittel erschien, den Willen Allahs zu erfüllen, ohne sich mit den heidnischen Mitbürgern zu überwerfen.

Trotz der Vorsicht, mit der er zu Werke ging, vollzog sich vielleicht weniger in seiner Persönlichkeit, wie Otto Zierer meint, als vielmehr in seiner Interessenlage ein Wandel, der ihn zunächst seinen Mitbürgern entfremdete. Er unterhielt sich gerne und oft mit den Armen, mit Sklaven, mit Christen und anderen Angehörigen nichtintegrierter Randschichten, er entwickelte ein tiefgehendes Mitgefühl für sozial Benachteiligte, alterierte sich über die Tierquälerei, die besonders gegenüber den Eseln zur Anwendung kam, und geriet so in den Ruf, ein Sonderling zu sein, über den man – vorerst insgeheim, denn er war ja einer der tonangebenden Kaufherren – gerne lachte und spottete. Als ihm in den nun häufiger werdenden Visionen, in denen immer Dschibrail als Verkünder des Willens des Allmächtigen erschien, der strikte Befehl erteilt wurde, den Kreis seiner Anhänger zu erweitern, bat er zunächst seinen Oheim Abu Talib, der nun nach Großvater Abd al Muttalib das Oberhaupt der Familie der Haschemiten war, alle Angehörigen der Sippe zusammenzurufen, da er ein wichtiges Anliegen vorzutragen habe. Abu Talib tat es, und Mohammed trat in den Kreis seiner Verwandten und erklärte, daß er der Gesandte Allahs, des einzigen, allmächtigen und ewigen Gottes sei. Wohl kaum aus religiöser Motivation, da Polytheisten zwangsläufig ein hohes Maß an Toleranz aufweisen, sondern vielmehr aus Verärgerung darüber, daß er dieses vermeintlichen Unsinns wegen seinen Alltagsgeschäften entzogen wurde, ließ sich sein Oheim Abu Laheb auf einen Streit mit Mohammed ein, der damit endete, daß er ausrief: »Und deswegen hast du uns zusammenrufen lassen? Mögest du untergehen!« Dabei warf er einen Stein gegen den Propheten; ob und wo er ihn traf, ist nicht überliefert, aber daß er dessen Herz zutiefst verletzte, ist offenkundig. Das Maß der Erbitterung Mohammeds ward voll, als ihm Abu Lahebs Frau Umm Dschemil, die Schwester seines bald in Erscheinung tretenden Feindes Abu Sofijan, einmal nachts einen Dornenhaufen in den Weg legte, in den er stürzte und sich dabei schmerzhaft verletzte. Mohammeds Grimm fand seinen Niederschlag im Koran, dessen einhundertelfte Sure lautet: »Vergehen sollen die Hände des Abu Laheb, und vergehen soll er selbst. Sein Vermögen und alles, was er sich erworben, sollen ihm nichts helfen. Zum Verbrennen wird er in das flammende Feuer kommen, und mit ihm sein Weib, die Verleumderin, die das Holz herbeitragen muß, während an ihrem Halse der Strick herabhängt.«

Nach dem Mißerfolg in seiner Großfamilie wandte sich Mohammed nun an die Öffentlichkeit und hatte wie jeder, von dem eine Neuformierung der Gesellschaft erwartet wird, Erfolg vor allem bei den minderberechtigten Kreisen, die man in Anlehnung an römische Verhältnisse die Plebejer nennen kann; auch die Sklaven hörten auf ihn, und besonders zu nennen ist hier der durch riesenhaften Wuchs ausgezeichnete Neger Bilal, der später zum ersten Muezzin, der die Gläubigen zum Gebet ruft, werden sollte. Der Einbruch in die herrschende Schicht der Kaufherrn, also seiner Standesgenossen, gelang ihm mit Gewinnung des klugen und hochgebildeten Abu Bekr, des nachmaligen ersten Kalifen, der sich als sehr aktiv erwies und dessen Geschäftslokal bald zu einem Stützpunkt der Glaubensverkündigung wurde. Will man der zweifellos hervorragend sachkundigen Emel Esin folgen, waren es vor allem die Damen der koreischitischen Gesellschaft, die zum neuen Glauben fanden; eine von ihnen war die Schwester des großen Kriegers Omar ibn al Chattab, der von der

Schönheit der Verse überwältigt wurde, die sie aus einer der bereits geoffenbarten Suren rezitierte.

In dieser frühen Phase öffentlicher Lehre kam es nicht zur Verfolgung der Anhänger des Propheten, die man Moslems nannte. Polytheisten haben grundsätzlich nichts gegen die Installierung neuer Gottheiten, und Allah war in Mekka nicht einmal ein neuer Gott, so daß man den Islam zunächst als Revitalisierung einer uralten Kultform betrachtete, die für durchaus akzeptabel gehalten wurde. Das änderte sich, als die Alleingöttlichkeit Allahs immer schärfer profiliert wurde und die Bekenner des Islams gegen den heidnischen Götterhimmel jene Aggressivität zeigten, die notwendiges Kernstück jedes monotheistischen Systems ist, und als gleichzeitig Mohammed als revolutionäres politisches Programm verkündete, daß vor Allahs Angesicht alle Menschen gleich seien. Nicht Stand oder Rasse, nicht Abstammung oder Vermögen bestimmen den Wert des Menschen vor dem Allmächtigen, sondern das Ausmaß des Glaubens, die Ergebung in den Willen Allahs und die Summe der für die Glaubensgemeinschaft entfalteten Aktivitäten. Das rüttelte gleichermaßen an den Fundamenten der in der mekkanischen Wirtschaft nach wie vor eine maßgebliche Rolle spielenden heidnischen Göttervielfalt wie an der gewohnheitsrechtlichen Sozialordnung, und im Gemeinderat wurde ernsthaft darüber diskutiert, ob man der weiteren Entwicklung nicht ganz einfach dadurch einen Riegel vorschieben solle, daß man Mohammed und damit die Quelle der Unruhe beseitige.

Die familiäre Solidarität der Haschemiten verhinderte den Versuch der blutigen Lösung; Abu Talib, Mohammeds ungläubiger Oheim, schwor bei allen Göttern des arabischen Pantheons, daß er die Ermordung seines Neffen unter Einsatz aller zur Verfügung stehenden Kräfte rächen werde, und seine Drohung wurde durch die Haltung anderer Familienangehöriger entscheidend verstärkt. Ein gewisser Hischam, ein eifriger Heide, erklärte jedem, der es hören wollte, sein Vetter Mohammed sei in seinen Augen zwar ein Narr, aber trotz allem sein Vetter, und er werde am gleichen Tage, an dem dieser umgebracht werden solle, das Familienoberhaupt jeder Sippe, die sich an der Tat beteilige, niederhauen. Das wirkte, zumal Hischam einer der gefürchtetsten Haudegen der Stadt war.

Da das direkte und gewaltsame Vorgehen gegen Mohammed wenig ratsam schien, wurden andere Möglichkeiten gesucht, ihn an der Weiterverbreitung seiner für den Polytheismus gefährlichen und daher in den Augen der Heiden höchst anstößigen Lehre zu hindern, und es wurden folgende Maßnahmen in Gang gesetzt:

1. Aufhetzung der aus dem »Fremdenverkehr aus religiösen Gründen« überwiegend ihre Einkommen beziehenden ärmeren Bevölkerungsschichten der Viktualienhändler, Opfertierschlächter, Devotionalienverkäufer und Lastträger, denen systematisch weisgemacht wurde, Mohammeds neue Lehre ziele auf die ersatzlose Abschaffung der polytheistischen Kulte ab und vernichte damit ihre Arbeitsplätze;

2. rücksichtslose Gewaltanwendung gegen die Moslems, die sich nicht des Schutzes eines mächtigen Familienverbandes erfreuten, vor allem also gegen die rechtgläubigen Sklaven, die Vermögensbestandteile polytheistischer Herren waren;
3. Boykott des Handelshauses Chadidschas, um dem nun nicht mehr geschätzten Mitbürger Mohammed die wirtschaftliche Basis seiner Existenz zu zerstören.

Mohammed schwebte im Zeitpunkt, als die Moslemverfolgung anlief, sozusagen über den Wolken. Die ihn anfänglich zutiefst erschreckenden Offenbarungen, die ihm nun permanent zuteil wurden, erschlossen ihm das ganze Glaubensgut des Monotheismus; der Erzengel Dschibrail, den er als seinen Freund in der Welt jenseits der Dinge empfand, lieferte ihm Informationen am laufenden Band, und seine irdischen Freunde, die ihn nun beinahe ständig umgaben, beeilten sich, diese nach seinen Aussagen schriftlich festzuhalten, wobei sich namentlich Abu Bekr und Ali, Mohammeds Vetter und der erste männliche Haschemit, der den Islam annahm, verdient machten.

Die Mehrheit von Mohammeds Verwandten verhielt sich ihm gegenüber loyal, distanzierte sich aber von seiner Lehre, zumal sie zutiefst überzeugt war, daß diese nichts Gutes bringen könne. Die Verzückungen, die zu einer für sie erschreckenden Realitätsferne des vormals so tüchtigen Mannes geführt hatten, machten sie ernstlich besorgt, und eines Tages versuchte Abu Talib, seinen Neffen in einem langen, eindringlichen Gespräch in den grauen Raum der sozialen und ökonomischen Effektivität zurückzuführen. Mohammed brach tieferschüttert in Tränen aus, erklärte sich jedoch außerstande, Allahs Willen zuwiderzuhandeln, und rief: »Selbst wenn sich die Sonne zu meiner rechten Hand aufstellen (nach anderer Lesart: ...sich in meine rechte Hand legen) würde und der Mond zu meiner linken (n. a. L.: in meine linke), um mich zu nötigen, meiner Sendung zu entsagen, ich könnte dies nicht, wenn es mir nicht von Allah befohlen wird, auch wenn ich darüber zugrunde gehen sollte.«

Zu jener Zeit, die als die Phase prophetischer Entrücktheit zu bezeichnen ist, verlangte Mohammed von seinen Gläubigen einen bis ins Extrem vorgetriebenen Pazifismus, der selbst die Notwehr ausschloß. Er lebte persönlich durchaus in der Mentalität der christlichen Evangelien, kümmerte sich sowenig wie die Lilien auf dem Felde um ökonomische Belange und bot jenem, der ihn auf die eine Backe schlug, auch die andere dar. Dies ist wörtlich zu verstehen; sein anhaltendes wirtschaftliches Desinteressement in Verbindung mit der beinahe lückenlos befolgten Sanktion des merkantilen Boykotts brachte ihn rasch an den Rand des finanziellen Ruins, und vor dem stadtbekannt konkursreifen Kaufmann verlor sich die Scheu des Pöbels auf dem Markt gegenüber dem Handelsherrn, der er gewesen war. Wenn er zur Kaaba ging, wo er – das Antlitz vorerst nach Jerusalem gewendet – die Gebete zu verrichten pflegte, wurde er zunächst verlacht, verhöhnt, angespuckt; bald eskalierten die von den Großen unter seinen Feinden angezettelten »Kundgebungen des Volkszornes«: Mohammed wurde mit Unrat, etwa dem Gedärm der zu Ehren der Götzen geschlachteten Tiere, beworfen, dann mit allerlei festen Gegenständen, die verletzen konnten, ohne ihn zu töten, und zuletzt mit Steinen, die sehr wohl einen Schädel zu zertrümmern vermochten. Und eines Tages auch tatsächlich zertrümmerten: Chadidschas Sohn aus einer früheren Ehe, der seinen Stiefvater begleitet hatte, war das Opfer. Mohammed selbst wurde wiederholt mehr oder weniger schwer verletzt, aber er hielt sich mit einer seine Anhänger schockierenden Konsequenz an das Gebot des Isa ben Marijam[10]: »Liebet eure Feinde«.

Zur selben Zeit nimmt der Terror gegen seine Anhänger aus dem Sklavenstand immer brutalere Formen an. Die Sklaven, die sich zum Islam bekennen, werden zunächst von ihren Herrn geschlagen und gefoltert, um sie zum Abfall zu veranlassen; da dies nicht zuverlässig genug ist und der vorerst völlig ratlose Prophet einem Sklaven, einem gewissen Ammar, empfiehlt, ihn ruhig zu schmähen, um den drohenden Mißhandlungen zu entgehen, also die moslemische Gesinnung hinter verbaler Ablehnung zu tarnen, geht man zu vermeintlich erfolgreicheren Methoden über. Die Sklaven werden, an Pflöcke gefesselt, stundenlang auf dem Marktplatz der prallen Sonne ausgesetzt; jeder Vorübergehende kann sie beschimpfen, schlagen und treten, soll sie aber nicht verletzen, um ihren Verkaufswert nicht zu reduzieren. Auch das erscheint bald nicht hinreichend, und man liquidiert einige – vermutlich alte und daher wenig wertvolle Exemplare – von ihnen, indem sie von Berittenen zu Tode geschleift werden. Das geht aber zu rasch, ist nicht schauerlich und nicht abschreckend genug, und die menschliche Erfindungsgabe, die im Ersinnen grausamer Tötungsmethoden anscheinend unerschöpflich ist, fand bald die typische Spielart des Martyriums der frühen Moslems: Die zum Tode Bestimmten wurden, bis zur Bewegungsunfähigkeit gefesselt, vor der Stadt in die Sonne gelegt, bis sie verschmachteten. Und damit ja keiner die Chance hatte, die Marter zu überleben, wälzte man den Todgeweihten schwere Steine auf die Brust. Die erste Frau, die diesem Tode bestimmt war, eine Sklavin namens Sumai, entging der stundenlangen Qual durch einen Lanzenstoß eines der Vollstrecker, der sich eine Spur von Barmherzigkeit bewahrt hatte; Sumais Gatte und ihr Sohn aber erlitten den über sie verhängten Tod.

Mohammed brach unter der Last des Geschehens zusammen. Auf seine Bitten hörte niemand, und der einzige Weg, den Unglücklichen Hilfe zu bringen, nämlich sie freizukaufen, war ihm durch seine desolaten wirtschaftlichen Verhältnisse verwehrt. Andere aber beschritten ihn, und hervorzuheben ist insbesondere die Rettung Bilals, der an die Mauer der Kaaba geschmiedet stundenlang dem tötenden Sonnenlicht ausgesetzt wurde und in seiner Qual seine Henker immer wieder durch den Ruf schockierte: »Akhad, Akhad«, was soviel wie »ein Einziger« bedeutet. Abu Bekr eilte herbei und kaufte ihn frei; Bilal war ein außerordentlich starker Mann und repräsentierte gewiß einen hohen Marktwert, aber sein Herr wollte ihn um diesen nicht hergeben, und Abu Bekr mußte ein Vielfaches des »wahren Wertes« in der Terminologie moderner Gesetzgebung bezahlen, nämlich den »Wert der besonderen Vorliebe«. Kaufmännisch gesehen war das Geld übrigens eine eklatante Fehlinvestition, denn Mohammed hatte damals schon den Willen Allahs verkündet, daß ein Moslem nicht Sklave eines Moslems werden dürfe[11], allein danach fragte der glaubenstreue und – vorerst noch – vermögende Abu Bekr nicht. Es gehörten nun außer ihm, Ali und Omar auch einige andere Koreischiten aus vornehmen Familien dem Kreise der Gläubigen an, wobei besonders der Schwiegersohn des Propheten, Osman ibn Affan aus der weitverzweigten Sippe der Omaijaden, Abd ar Rahman und Abu Obeide zu nennen sind, allein alle diese waren nicht Familienälteste, durften also nicht nach Gutdünken über das Familienvermögen oder die ihnen zur Nutznießung überlassenen Teile desselben verfügen und hatten entweder keinen oder nur sehr bescheidenen Eigenbesitz, eine Art von »wohlerworben Gut«, mit dem sie nach Belieben verfahren konnten.

Die Sorge um das »Lösen der Gefangenen« quälte den Propheten, und es muß angenommen werden, daß er es schon damals als religiöse Pflicht des Rechtgläubigen empfand, alles in seiner Macht Stehende zu tun, um den gefangenen und des Glaubens willen verfolgten Mitgläubigen zur Freiheit zu verhelfen. Von dieser Überzeugung ausgehend war es nur mehr ein kleiner Schritt zur Überlegung, was denn geschehen könne, um nicht erst das Ende des mißbilligten Zustandes rasch und zuverlässig herbeizuführen, sondern vielmehr dessen Eintritt zu verhindern, und von der Anstellung derartiger Betrachtungen nicht weit zur Erwägung, daß es Sache der Gemeinschaft sein könnte, das einzelne Gemeinschaftsmitglied vor Verfolgung aus dem Grunde der Gemeinschaftszugehörigkeit zu schützen.

Bezüglich der Person Mohammeds waren seine Getreuen bereits zur Tat geschritten, ohne auf das Ende seines individuellen Dilemmas zu warten, und wann immer er in der Öffentlichkeit erschien, begleiteten ihn Omar und Osman, Abu Obeide und Abd ar Rahman, Abu Bekr und Ali, die eine freiwillige Leibgarde bildeten und sich auch von ihm nicht davon abhalten ließen, die Waffen offen mit sich zu führen. Das geschah vielleicht erst 619, das für Mohammed ein Jahr der Katastrophen war:

- Abu Laheb wurde nach dem Tode des rechtschaffenen Abu Talib, der sich noch auf dem Sterbelager geweigert hatte, dem heidnischen Glauben abzuschwören und Moslem zu werden, Oberhaupt der Haschemiten und stieß seinen ungeliebten Neffen aus dem Familienverband, was ihn zu einem Schutzlosen in einer feindlichen Umwelt machte, und
- etwa zur gleichen Zeit starb die heißgeliebte Chadidscha, eine wahrhaft vorbildliche Ehefrau und Mutter, die den Verlust ihres beträchtlichen Vermögens als unvermeidliche Beigabe zum Prophetenamt ihres Mannes, an das sie voll tiefer Inbrunst glaubte, vorwurfslos hingenommen hatte, willig die bittere Armut, in die sie gefallen war, ertrug und immer noch Ärmere wußte, denen sie ihr Mitgefühl zuwenden konnte, obwohl sie selbst wiederholt

altes Riemenzeug aufkochte, um den Ihren eine Art Suppe vorsetzen zu können.

Chadidschas schon längst leerstehende Karawanserei wurde zum Sammelplatz verzweifelter Moslems, und bald nach der Gründung von Mohammeds Leibgarde gingen des Propheten Gefährten dazu über, den umwallten Raum zu sichern; zum Verantwortlichen wurde ein gewisser Mukris, ein erfahrener Krieger, bestellt, der für die permanente Bewachung zu sorgen hatte. Das erschwerte nun zwar den direkten Angriff zur Zersprengung und Vernichtung der rechtgläubigen Gemeinde – wir müssen hier aufführen, daß Mekka insgesamt nicht mehr als ungefähr zehntausend Bewohner hatte, was die Beschränkung der erzielbaren kombattanten Energien ersichtlich macht –, schuf aber ein Versorgungsproblem, das nach Lage der Dinge ohne Gewaltanwendung, die Mohammed nach wie vor strikt untersagte, unlösbar war. Mit Zustimmung des Propheten kam es nun zur ersten Emigrationswelle der Moslems: Aksum war das Ziel, und der Weg der Emigranten führte nach Dschidda und von dort per Schiff in einen Hafen Nordostafrikas, vermutlich Assab oder Dschibuti. Es gibt eine Überlieferung, wonach achtzig Familien ins aksumitische Exil gingen; überwiegend waren es ehemalige Sklaven, die von ihren Glaubensbrüdern freigekauft worden waren, zu denen sich einige rechtgläubige Mekkaner gesellt hatten, die von ihren Familien ausgestoßen worden waren. Zu den emigrierten Mekkanern gehörten ein Schwiegersohn Abu Sofijans, des Omaijaden, der als der radikale Führer der antiislamischen Bürgerinitiativen angesehen werden muß, und der erste Mann der Sauda (siehe Anmerkung 9).

Die Heiden Mekkas intervenierten durch eine eigene Gesandtschaft beim aksumitischen Hof gegen die Asylwerber und bezichtigten sie der Gottesleugnung, was ein gefährlicher und ernstgenommener Vorwurf war, der dazu führte, daß eine Kommission der aksumitischen Reichskirche gebildet wurde, die sich mit der Frage des Glaubens der Moslems befaßte. Das Gutachten dieser ersten offiziellen christlichen Untersuchungskommission lautete, daß von Gottesleugnung keine Rede sein könne; der Islam sei vielmehr als eine in einigen Fragen von den Lehren der Kopten abweichende, aber dennoch typisch christliche Form des Glaubens anzuerkennen[12]. Mit Schimpf und Schande bedeckt, zogen die Mekkaner ab, die Moslems aber erhielten die erbetene Aufenthaltsbewilligung und wurden dem Schutz des Königs unterstellt. Da ihnen nun schon von kompetenter Stelle auseinandergesetzt worden war, daß sie eigentlich Christen seien, begannen sich viele von ihnen als Christen zu fühlen, nahmen an christlichen Kulthandlungen teil und fielen damit vom Islam ab, während die beim Glauben Mohammeds Verbleibenden später Aksum verließen und sich den Moslems in Yathrib anschlossen. Die Ereignisse in Aksum zwangen die neue Lehre, die keineswegs als christlicher Ableger erscheinen, sondern vielmehr den Glauben Abrahams wiederherstellen wollte, sich gegenüber dem Christentum, das in Mohammeds Augen auf irrtümlicher Interpretation

– der Worte und
– des Lebens Jesu

beruhte, schärfer abzuheben; die Haltung Mohammeds blieb desungeachtet dem Christentum und seinen Bekennern gegenüber freundlich: Er sah in Jesus den mit der Gnade, Wunder zu wirken – die ihm versagt war – begabten und auf wunderbare Weise geschaffenen Kollegen im Prophetenamt, der denn auch beim Jüngsten Gericht die schlechthin entscheidende Rolle spielen werde, in den Christen aber etwas wie verirrte Schafe, die man sehr wohl ohne Gewaltanwendung auf den rechten Weg zurückführen könne.

Irgendwann in den Jahren zwischen 519 und 522 vollzog sich, ganz zweifellos durch die schwierige Lage der nun doch schon relativ zahlenstarken rechtgläubigen Gemeinde, die aus einigen hundert Köpfen bestand, erzwungen, die Hinwendung des Propheten zu irdischen Belangen. Diese Phase der gottestrunkenen Entrücktheit ging zu Ende, und der Prophet fiel, bildlich gesprochen, aus den Wolken des Himmels zurück auf die Erde, und aus dem reinen Verkünder der göttlichen Offenbarung wurde der politische Führer eines Haufens überzeugter Menschen, die unter allen Umständen entschlossen waren, das von ihm Verkündete vorbehaltlos und ohne Rücksicht auf die Konsequenzen, die sich daraus für jeden einzelnen ergeben mochten, zu glauben und zu bekennen. Die Verantwortung für deren physische Existenz war ihm zugefallen, und in zutreffender Beurteilung der Lage mußte er sich sagen, daß der Bestand des reinen und unverfälschten Glaubens an den einen und einzigen Gott davon abhing, daß Gläubige lebten. Daraus entwickelte er das Recht zur sozialen Notwehr, das die Erhaltung der Glaubensgemeinschaft in einer feindseligen Umwelt zuletzt auch unter Einsatz von Waffengewalt rechtfertigte, was die Periode des extremen Pazifismus beendete und die passiv duldende Gemeinschaft der Rechtgläubigen in eine zur Selbstbehauptung um jeden Preis entschlossene Gruppe – ein »Volk« im Sinne Oswald Spenglers, der eben diese Entschlossenheit als conditio sine qua non der Konstituierung eines Volkes im Sinne einer historischen Wirksamkeit erlangenden integrierten Einheit begreift – verwandelte. Aus den auf dem Wege über den willig und widerstandslos erduldeten Märtyrertod dem Paradies entgegenstrebenden Gläubigen wurden überzeugte Glaubenskämpfer, für die der Tod im Kampf um den Bestand der Glaubensgemeinschaft zum Märtyrertod und damit zum Tor des Paradieses wurde. Will man es bewußt respektlos sagen, so wurden aus wehrlosen Schafen kampfbereite Wölfe, und es entsprach durchaus der inneren Notwendigkeit der Entwicklung, daß aus dem weltflüchtigen Propheten der grimmige Führer des Wolfsrudels, gewissermaßen der Oberwolf, wurde.

Die Wandlung vollzog sich nicht von heute auf morgen, aber sie vollzog sich unter dem wachsenden Druck der Umwelt mit äußerster Konsequenz, und als sie vollzogen war, zeigte sich, daß Mohammed nichts von alldem vergessen hatte, was in seinen jungen Jahren sein Lebensinhalt gewesen war. Er wurde wieder

– zum kühnen, waffengeübten Mann, der nicht nur sich selbst, sondern auch

Menschen und Güter, die ihm anvertraut waren, trefflich zu schützen wußte,

– zum umsichtig Organisierenden, der in die Ferne zu wirken verstand und nun seine Gläubigen, auch wenn er nicht bei ihnen war, so trefflich leitete wie vordem Chadidschas Karawanen,

– zum nüchternen Kaufmann, der klare und vorteilhafte Verträge abzuschließen und ihre klaglose Durchführung ebenso zu garantieren wie sich der Vertragserfüllung durch den Kontrahenten zu versichern wußte.

Der erste Markstein auf dem neuen Wege war der »Vertrag von Akaba«, wobei unter Akaba nicht die Hafenstadt im Nordostzipfel des Roten Meeres gemeint ist, sondern eine Felsenschlucht bei Mina, unweit von Mekka im Bergland gelegen. Mohammed hatte zuvor versucht, die Bewohner von Ta'if zur Gestattung der Gründung einer Moslemkolonie zu bewegen, war aber erfolglos geblieben; nun stieß er bei Akaba auf eine Anzahl von Bewohnern der Oasensiedlung Yathrib, die nach Mekka pilgerten oder in Geschäften dorthin zogen. Im Gespräch gab sich Mohammed zu erkennen und erinnerte sich seines Aufenthaltes in Yathrib und seiner mütterlichen Verwandtschaft, und die Yathribenser, die ihrerseits von seiner religiösen Aktivität gehört hatten, deren Ruf durch Karawanenleute und Beduinen über den ganzen Hedschas verbreitet worden war, begehrten von ihm zu wissen, was es damit auf sich habe. Mohammed predigte, und seine Zuhörer waren soweit berührt, daß sie versprachen, im nächsten Jahre wiederzukommen und mehr ihrer Mitbürger, vor allem Angehörige von Aminas Familie, mitzubringen, damit auch diese kompetent in die neue Lehre eingewiesen werden konnten. In der Tat kamen sie im nächsten Jahre – es war das Jahr 621 – in größerer Zahl wieder und nahmen wohl nun erst den Glauben Mohammeds an; bei dieser Gelegenheit wurde die Frage der Aufnahme geflohener Moslems in Yathrib erstmals erörtert. Der Überlieferung nach waren es achtzehn Mann, die sich zum Islam bekehrten, und es waren jedenfalls nicht genug, um verbindliche Vereinbarungen zu treffen. Sie besprachen aber, nach Yathrib zurückgekehrt, das Anliegen mit dem Rate der Ältesten, und es gelang ihnen, von diesem die Ermächtigung zu einem Vertragsabschluß zu erhalten, der zu Jahresanfang 622 erfolgte, wobei schon einundsiebzig Yathribenser als Moslems in Erscheinung traten.

Von nun an begann der Exodus der mekkanischen Moslems in die einige Tagesreisen entfernte Stadt, die am Rande der großen Wüste Nedschd liegt. Die Heiden Mekkas suchten den Bevölkerungsverlust zu vermeiden und fahndeten nach den Flüchtlingen, die sich in kleinen Trupps davonstahlen, mit Eifer und Nachdruck, ganz wie es zu den Gewohnheiten unbeliebter Machthaber bis heute zählt, waren aber damit nicht sehr erfolgreich, was ebenfalls bis auf den heutigen Tag gleichgeblieben ist. Sie befürchteten, daß sich die Bedeutung Yathribs, das im Karawanenhandel in den letzten Dezennien zu einer erfolgreichen und daher mit wachsender Erbitterung bekämpften Konkurrenz geworden war, vergrößern würde, wenn dort eine Kolonie der Moslems entstünde, die ungestört missionieren könnte, was den ohnehin schrumpfenden Pilgerstrom zur Kaaba entscheidend reduzieren müßte. Die Situation wurde für derart bedrohlich gehalten, daß man sich nun entschloß, den immer wieder als ultima ratio gepflegten Plan der Ermordung Mohammeds zu verwirklichen.

Trotz des Ausschlusses des Propheten aus seiner Familie war die Sache mit dem Risiko der Blutrache behaftet, die nun zwar nicht von den Sippenangehörigen, wohl aber von den Vornehmen seiner Getreuen, die sich als eine Familie fühlten, vollzogen werden würde, und die heidnischen Großfamilien – es waren gerade zehn – versuchten sich dadurch abzusichern, daß jede einen Krieger zu dem Terrorkommando stellte, wobei alle gemeinsam die Tat vollbringen sollten. Als Tatort wurde das flache Dach des Wohnhauses des Propheten, auf dem er, in seinen grünen Mantel gehüllt, zu schlafen pflegte, und als Tatzeit das Morgengrauen des 22. Juni bestimmt, eines sehr seltsamen und eminent geschichtsträchtigen Tages, an dem im Jahre

- 1812 Napoleon seinen Rußlandfeldzug durch den berühmten Tagesbefehl an die an der Memel bereitstehenden Verbände der Großen Armee zumindest verbal: »In Tilsit schwor Rußland ewiges Bündnis mit Frankreich und Krieg gegen England. Heute bricht es seine Schwüre« eröffnete;
- 1941 Adolf Hitler seinen Angriff auf die Sowjetunion durch den Beginn des »Unternehmens Barbarossa« höchst effektiv begann.

622 waren die Vorbereitungen viel einfacher und kürzer als 1812 oder 1941; am 20. Juni wurde der Beschluß gefaßt, am 21. Juni das Kommandounternehmen zusammengestellt und genau eingewiesen, in der folgenden Nacht die Aktion gestartet.

Sie wurde – genau wie die beiden genannten Großkriege – zu einem Fehlschlag von geschichtsgestaltender Bedeutung: Mohammed war mit seinem getreuen Abu Bekr am 21. Juni, eben noch zeitgerecht gewarnt, unerkannt aus Mekka entwischt. Ziemlich überhastet, wie man daraus schließen muß, daß sie die notwendige Marschverpflegung nicht mitführen konnten und in der Höhle des Berges Thaur, auch Thor benannt, die ihnen als Versteck diente, von Abu Bekrs Tochter Asma in recht gefährlicher Weise versorgt werden mußten, während die geprellten Mekkaner die ganze Gegend nach ihnen absuchten, nachdem Mohammeds Verschwinden bemerkt worden war.

Das geschah erst am Morgen des 22., als der Anschlag verübt werden sollte. Mohammeds Vetter und Schwiegersohn Ali, der mit Fatima vermählt war, hatte sich dazu bereitgefunden, die gefährliche Rolle des Mannes zu spielen, der sich in der Nacht des Attentats in den Mantel des Propheten hüllte und an seiner Stelle auf dem Dache schlief. Ob und wie er tatsächlich schlief, bleibe dahingestellt, jedenfalls richtete er sich, als das koreischitische Sonderkommando erschien, auf, ließ sein Gesicht erkennen und starrte den Bewaffneten grimmig entgegen. Diese senkten die stoßbereiten Dolche: Mohammeds Tötung war ihnen aufgetragen, aber nicht die eines anderen Mannes, und sie hielten sich genau an den erteilten Auftrag. Sie waren ritterliche Krieger, die am Mord keinen Gefallen hatten, und sind nicht mit jenen Helden aus der Gosse zu vergleichen, die in unserer fortschrittlichen Welt um vorgeblich politischer Ziele willen die nächstbesten Unbeteiligten mit oder überhaupt allein um die Ecke bringen, und die ihren Erfolg nicht nur an der Zahl der Ermordeten, sondern auch an der Schauerlichkeit der Tat gemessen wissen wollen.

Über den Fortgang der Flucht gibt es mehrere, sich mehr oder weniger widersprechende Darstellungen, auf die nicht näher eingegangen werden soll; nach einigen Tagen der Ungewißheit trafen die beiden Mekkaner jedenfalls im Raum Yathrib ein und stießen in Kuba, eine Meile südlich des Stadtrandes, auf ihre Anhänger, die sie erwartet hatten und nun jubelnd empfingen. Sogleich begehrte Mohammed, daß man an der Stelle des Zusammentreffens ein Haus zu Ehren Allahs errichten solle, und so wurde denn die erste Moschee aufgeführt, ein einfacher, quadratischer Bau, in dem Mohammed eigenhändig die Gebetsrichtung → Kibla bezeichnete, die nach Jerusalem zeigte. Erst nach Fertigstellung der Moschee hielt er Einzug in die Stadt; er hatte eine Zahl von Einladungen gerade der prominentesten Bürger erhalten, wollte aber niemand dadurch kränken, daß er seine Einladung ablehnte und erklärte daher, daß er dort Quartier nehmen werde, wo sich sein Kamel zur Ruhe niederlegt. Kaswa, die »mit den kupierten Ohren«, seine Kamelstute, war verständig genug, bis zu einem unbebauten Platz zu schreiten, auf dem sie sich niederlegte. Er gehörte Waisenkindern und wurde diesen abgekauft, und alsbald erhob sich dort das Anwesen des Propheten, das eigentlich aus einer Reihe von kleinen Häusern, die eher Hütten als Villen waren, bestand, die von einer Hofmauer umgeben wurden. Hier hauste er nun, umgeben von seinen Getreuen, legte bei den notwendigen Arbeiten selbst Hand an, betete nach den bereits festgelegten Regeln und hielt seine Gefährten dazu an, die bestimmten Zeiten des Gebets genauestens einzuhalten, und sann manche Nacht über die Frage nach, was nun weiter geschehen solle.

Er missionierte eifrig, und die Zahl der Ansari – der »Helfer«, wie die Bewohner Yathribs, die den Islam angenommen hatten, genannt wurden – nahm zu, während die Muhadschirun, die »Mitgeflohenen«, sich kaum vermehrten: Mohammed war in Mekka geblieben, solange es möglich war, und die letzten Moslems waren unmittelbar nach ihm aufgebrochen, den Wirbel um seine Flucht ausnützend. Ab und an kamen noch einige Nachzügler, die sich bisher irgendwo versteckt gehalten hatten, dann hörte es damit auf: Mekka war frei von Moslems, und die rechtgläubige Gemeinde war in Yathrib, das wir ab nun Medina nennen wollen, konzentriert.

Die meisten der Muhadschirun lebten in bitterer Armut. Wer von ihnen etwas Vermögen gerettet hatte, oder wer in Medina unter den arabischen Stämmen der Aus und Chasradsch Verwandte oder Freunde besaß, oder wer über ein gutes Aussehen verfügte oder sonst irgendwie als Heiratskandidat in Frage kam, wurde vom Propheten in ebenso väterlicher wie zielstrebiger Weise dazu angehalten, sich schleunigst um eine passende Partie umzuschauen und in eine der Bürgerfamilien einzuheiraten, um seinerseits den Haushalt der Flüchtlingsgruppe, die ein gemeinsames Leben führte, zu entlasten, und um andererseits möglichst enge und vielfältige Verbindungen zwischen den Ansari und den Muhadschirun herzustellen. Die Sicherung der wirtschaftlichen Existenz der Muhadschirun, die nicht auf diese einfache Weise in die Bürgerschaft Medinas eingegliedert werden konnten, war das eine große Problem, das ihn belastete – und das andere war die Entwicklung des Verhältnisses zu den Juden Medinas, die nach wie vor im kulturellen Leben dominierten, ein hochentwickeltes religiöses Schulwesen besaßen und in dem neuen Monotheismus zunächst eine methodisch nicht durchgebildete, verworrene, aber an sich doch erkennbare Form des mosaischen Glaubens zu erkennen wähnten. Auch wenn ein offizielles Gutachten der Rabbis nicht überliefert ist, so war doch die Grundeinstellung dem Islam gegenüber jener der aksumitischen Reichskirche vergleichbar; hatten die christlichen Gottesgelehrten den Islam als eine Sonderform des christlichen Glaubens eingeordnet, so die Rabbis in Medina als Sonderform des mosaischen. Sie waren durchaus bereit, Mohammed dabei zu helfen, seine Vorstellungen mit jenen ihrer voll entwickelten Lehre in Übereinstimmung zu bringen, auf daß er den wahren und richtigen Glauben erkenne und verkünde. Aus ihrer Sicht war dabei das Hauptproblem sein starres Festhalten am Prophetentum des Jesus von Nazareth, der für sie ein übler Ketzer und halber Heide gewesen ist, dem man vorzeiten durchaus mit Recht den Garaus gemacht hatte. Auch andere Irrtümer fanden sich für sie in Mohammeds Monotheismus, und als er keineswegs die vorausgesetzte Bereitschaft zeigte, diese auszumerzen, waren sie ernsthaft bestürzt. Als er nun zum Gegenangriff überging und kurzerhand erklärte, daß seine, und nur seine Auffassung richtig sei und ihre anderslautende eine irrtümliche oder mißbräuchliche Deutung der dem Moses geoffenbarten Wahrheit, änderten sie die ursprünglich äußerst wohlwollende Einstellung ihm gegenüber, überschütteten ihn bei jeder passenden Gelegenheit mit ätzender Kritik, machten seinen einfachen und schlichten Glauben verächtlich und erschütterten das Vertrauen seiner Anhänger in die Richtigkeit seiner Lehre. Die Differenzen wurden auf beiden Seiten immer stärker hervorgekehrt, und der Bruch wurde endgültig, als Mohammed

- eigene Fastengebote erließ,
- den Freitag zum wöchentlichen Andachtstag erklärte und
- die Gebetsrichtung von Jerusalem nach Mekka verlegte.

Das war im zweiten Jahre der Hedschra, und die neue Kibla kann nicht – wie üblich – durch Verärgerung über die Juden allein erklärt werden: Mohammed muß zu dieser Zeit schon die konkrete Hoffnung gehabt haben, die Kaaba aus einem heidnischen Pantheon wiederum zum zentralen Heiligtum des Monotheismus machen zu können. Die vordergründig religiöse Demonstration beinhaltete die politische – und diese ist hinwiederum in unlösbarem Zusammenhalt mit der Lösung des aufgeführten Problems der Sicherung der wirtschaftlichen Existenz der Fluchtgefährten zu sehen.

Man muß sich hier klar vor Augen halten, daß sowohl der Prophet als die bei ihm verbliebenen Muhadschirun faktisch gezwungen waren, von Almosen zu leben, die – sicherlich unter allerlei schmückenden Bezeichnungen – ihnen von den Ansari und den wenigen glücklichen Fluchtgefährten, die Vermögensteile retten oder seither Vermögen erwerben konnten, übergeben wurden. Der Lebenszuschnitt war bescheiden, ja ärmlich, und selbst dieser nicht garantiert, und der Hunger war ständiger Gast des Propheten. Kennzeichnend ist, daß es in seiner Behausung keine Lampen gab; Abu Bekrs Tochter Aischa, die in Medina mit Mohammed vermählt worden ist, erklärte auf die diesbezügliche Frage eines erstaunten Besuchers freimütig, daß kein Öl dafür vorhanden sei, und: »Hätten wir Öl, so wäre es uns Nahrung.« Nicht minder kennzeichnend ist, daß Mohammed sich, dem Brauche der Bettler folgend, einen Stein auf den Magen zu binden pflegte, wenn er sich zur Ruhe begab, was als bewährtes »Hausmittel« zur Bekämpfung des Hungergefühls galt. Auch schlief er stets auf dem bloßen Boden, mit seinem Mantel bedeckt, und hatte kein anderes Mobiliar als ein einziges, sandgefülltes Kissen, das er seinen Besuchern anzubieten pflegte, während er sich bescheiden auf den Boden hockte.

Nutzbares Land war in Medina, wie in jeder Oase, knapp und seit Generationen zur Gänze verteilt; für den Betrieb eines großen Handelshauses fehlte das Anfangskapital, das enorm gewesen sein muß, schon allein, wenn man die Kosten für die Anschaffung der unerläßlichen Transportmittel bedenkt; der lokale Markt für gewerbliche Erzeugnisse war beschränkt und wurde seit unvordenklichen Zeiten durch ortsansässige Werkstätten befriedigt; eine ausreichende Viehzucht konnte sowohl wegen des Kapitalmangels als auch deswegen, weil Weideland nicht zu erlangen war, nicht aufgenommen werden. Was blieb, war ebenso hart wie gefährlich; es war, so beschönigende Ausdrücke dafür auch gefunden werden können, der Wüstenraub.

Die Muhadschirun, die in diesem in den Augen der arabischen Umwelt keineswegs ehrenrührigen Metier ihren Broterwerb zu finden hofften und in ihm – augenscheinlich mit Recht – den einzigen Ausweg aus der mehr als kritischen Lage erblickten, waren diszipliniert genug, Mohammeds Zustimmung vor der ersten Aktion einzuholen, und Mohammed, der gewesene Extrempazifist, war nun wieder soweit Realist, daß er die Richtigkeit der Argumentation seiner waffenfrohen Gefährten zwar einerseits akzeptierte, andererseits aber eine selektive Vorgangsweise zur Voraussetzung machte. Nicht alle Karawanen durften angegriffen werden, sondern nur die mekkanischen, und für diese Überfälle gab es nicht nur den ökonomischen Zwang, sondern auch die moralische Rechtfertigung der Wiedergutmachung. In der Tat waren ja durch die Moslemverfolgung, die zuletzt zum Exodus geführt hatte, erhebliche Vermögen vernichtet worden oder in die Hände der Verfolger übergegangen, und es war zweifellos recht und billig, sich Schadenersatz von jenen zu holen, die

durch konsequente Anwendung brutaler Gewalt die Muhadschirun in die
äußerst kritische Lage manövriert hatten.

Es darf angenommen werden, daß man sich schon damals über die Teilung
der Beute, des elementaren Ziels der programmierten Vorgangsweise, einig
wurde, wenngleich die achte Koransure – die Beute, al Anfal – mit der nun der
Diskussion entzogenen Regelung erst später geoffenbart wurde. Allein der
»Prophetenteil« von 20 Prozent war damals schon geübtes Gewohnheitsrecht,
und der 42. Vers nur die göttliche Genehmigung der vereinbarten Teilung. Die
abendländische Auffassung, der Prophetenanteil sei nun sein freiverfügbares
Vermögen geworden, ist allerdings falsch: Mohammed hatte damit die in seinem Hause Lebenden zu versorgen, die Sozialausgaben zu tätigen und Maßnahmen für die geplante Pilgerschaft oder die Sicherung des Verkehrs überhaupt zu treffen, und er hatte darüber hinaus die Religionsausübung wirtschaftlich zu garantieren. Der zitierte Vers sagt denn auch:

>»Wisset, wenn ihr Beute macht, so gehört der fünfte Teil davon
> Allah,
> dem Propheten,
> dessen Verwandten,
> den Waisen,
> den Armen und
> dem Sohn des Weges«,

wobei unter Verwandten die Hausgenossen zu verstehen sind, während der
»Sohn des Weges« der Wanderer, der Reisende ist. Das Beutefünftel war also
die Einnahmeseite des Budgets, das Mohammed zur Verfügung stand, und wir
tun gut daran, dies ständig vor Augen zu behalten.

Den Großhandelsherren in Mekka blieb nicht verborgen, auf wessen Konto
die Verluste, die sich auffällig vermehrten, zu buchen waren; sie schlossen nun
die Karawanen zu gewaltigen Geleitzügen zusammen, die durch stattliche
Kriegerscharen geschützt wurden, was auf der Gegenseite zu sorgfältig geplanten Operationen führte, an denen sich neben bald schon allen wehrfähigen
Muhadschirun in immer stärkerem Maße auch die Ansari beteiligten. Die Vorbereitungen für einzelne Aktionen konnten damit nicht geheimgehalten werden, und die Feinde des Propheten, worunter weniger noch heidnische Angehörige der Stämme Aus und Chasradsch als vielmehr die Bekenner des
mosaischen Glaubens, die dem unerwünschten und fortlaufend an Prestige
zunehmenden Konkurrenten in monotheistischen Glaubenssachen gerne ans
Leder wollten, zu verstehen sind, säumten nicht, sondern berichteten, was
immer sie in Erfahrung bringen konnten, nach Mekka. Und die Helden dieser
frühen kombattanten Aktionen, unter denen vor allem Omar ibn al Chattab,
der große Krieger, dann Mukris, der frühere Bewacher der Karawanserei der
Chadidscha, dann der ebenso körper- wie glaubensstarke ehemalige Negersklave Bilal sowie Hamsa, ein greiser Oheim des Propheten, und seine Schwiegersöhne Ali und Osman zu nennen sind, mußten immer öfter feststellen, daß

das erwünschte Überraschungsmoment in Wegfall kam und zogen daraus den naheliegenden Schluß, daß dem Feind Vorinformationen zugegangen sein mußten.

Im zweiten Jahr der Hedschra, also dem Jahre 624 n. Chr., zog ein großer Konvoi der Mekkaner aus dem Raume von Gaza nach Süden und sollte aufgebracht werden. Der mekkanische Nachrichtendienst bekam Kenntnis vom Vorhaben der Moslems, und Abu Sofijan, der Karawanenführer, schwenkte von der Hauptroute weit ostwärts ab, um über den Brunnen von Badr sicher heim zu gelangen. Diesen Entschluß teilte er durch Eilkurier den in Mekka Verbliebenen mit und begehrte, daß ihm diese dreihundert Reiter entgegensandten, die das Gebiet von Badr rechtzeitig in Besitz zu nehmen und zu sichern hatten. Das war durchaus richtig gedacht und gehandelt; der Plan war ebenso einfach wie er erfolgreich gewesen wäre, hätten ihn die Moslems nicht gekannt. Die Moslems kannten ihn aber, was bedeutet, daß sie

- entweder ebenso ihre Zuträger in der unmittelbaren Umgebung Abu Sofijans oder zumindest in Mekka hatten wie die Omaijaden in Medina,
- oder die Nachricht von der Blockierung des als »Hauptverkehrsstraße« dienenden Karawanenpfades dem mekkanischen Kundschafterdienst zuspielten, um den großen Geleitzug in den Raum Badr umzuleiten, wobei zu bedenken ist, daß eben die Zahlenstärke der Karawane ihren Weg abseits der Karawanenstraße eindeutig fixierte, denn Wasserstellen, die für Großkarawanen ausreichende Trinkwassermengen haben, sind im Hedschas rar.

Aus dem Fortgang des Geschehens ist zu schließen, daß die zweite Möglichkeit angenommen werden darf, weil bei dieser Gelegenheit die vorerst wohl nur vermutete Außenstelle des mekkanischen Nachrichtendienstes enttarnt und in der Folge beseitigt werden konnte, doch ist der Schluß nicht eben zwingend, was zugegeben sei.

Mohammed sah in der gesuchten Konfrontation ein entscheidendes Ereignis und zog entgegen der Gewohnheit persönlich mit seiner gesamten Macht aus, die sich auf nicht mehr als dreihundert Köpfe belief, deren geringe Zahl er durch die Einnahme einer taktisch überlegenen Position wettmachte, indem er den Raum Badr, eindeutig das Schlüsselgelände für die Operation, zeitgerecht besetzte. Was mit Abu Sofijans Verstärkung, die von Mekka aus Badr hätte nehmen sollen, geschah, ist nicht ganz klar, vermutlich kam sie jedoch zu spät und vereinigte sich mit der Karawane, als diese aus der wasserarmen Wüste auftauchte, und machte Abu Sofijan die wenig erfreuliche Mitteilung vom Zuvorkommen der Moslems. Übertragen wir die Lage, in der sich Abu Sofijan nun befand, in die uns leichter vorstellbare militärische Wirklichkeit der Gegenwart, was der Verständlichkeit wegen trotz zahlreicher Vorbehalte erfolgen kann, so entspricht sie der des Führers eines starken Panzerverbandes, der die nächste Versorgungsstelle, die er buchstäblich mit dem letzten Tropfen Treibstoff eben noch erreichen könnte, vom Feind besetzt findet. Seine potentielle Überlegenheit versackt angesichts des aktuellen Treibstoffmangels, der seine Beweglichkeit faktisch auf Null reduziert, und schließen wir nun noch die Möglichkeit, seine sinnlos herumstehenden Panzer als Artillerie einzusetzen, durch eine Geländeschwelle, einen Waldstreifen oder ähnliche, den direkten Schuß behindernde natürliche Hemmnisse aus, so bleibt ihm als letzte verzweifelte Möglichkeit der Aktivitätsentfaltung, seine Besatzungen ausbooten und gegen die abwehrbereite Infanterie anrennen zu lassen.

Die Anlage des Gefechts verrät die Handschrift des Propheten als eines erfahrenen Karawanenmannes und Wüstendurchquerers; er hatte Abu Sofijans äußerst mißliche Lage und den einzigen, überaus aussichtsarmen Weg, der ihm zu deren Bereinigung blieb, durchaus richtig vorhergesehen, aber er wurde nun ganz unversehens mit einem Problem konfrontiert, das er offenbar nicht bedacht hatte. Die Masse seiner eigenen Leute war von der ersichtlichen Überzahl des Gegners über Gebühr beeindruckt, neigen doch schlichte Gemüter dazu, die Stärke des Gegners an der Zahl seiner Köpfe zu messen und zeigten keineswegs entschlossene Siegeszuversicht, sondern eher das Gegenteil. Die »Psycholage«, um das gräßlich moderne Wort zu verwenden, richtig erkennend, griff Mohammed, dem angesichts des heranziehenden und einen durchaus stattlichen Eindruck hervorrufenden Gegners die Zeit nicht blieb, um sein überwiegend aus Stadtbewohnern rekrutiertes und wenig wüstenerfahrenes Kriegsvolk eingehend über die eigene relative Überlegenheit zu belehren, zu dem einem Religionsstifter höchst nahegelegenen Mittel der Stärkung der Kampfmoral dadurch, daß er den Beistand der himmlischen Macht versprach. Legionen von Engeln, rief er aus, von seinem Freunde Erzengel Dschibrail geführt, würden sich auf den Gegner werfen, dessen Untergang gewiß sei. Hier dem Propheten absichtliche Täuschung seiner Leute zu unterstellen, wie das im Abendland gelegentlich geschieht, ist zwar naheliegend, wohl aber unbegründet: Mohammed, für den diese erste Schlacht seines gläubigen Volkes eine Entscheidungsschlacht im wahrsten Sinn des Wortes war, rief die himmlische Hilfe nicht nur an, sondern war auch zutiefst davon überzeugt, daß sie ihm zuteil werde, und kleidete diese Überzeugung in die offenbarungsübliche Form, in der es von Engeln wimmelte und in der sein Freund Dschibrail einen entsprechenden Rang einnahm, in der bevorstehenden Auseinandersetzung den eines Kommandierenden Generals. Um seine großen und begeisternden Worte durch entsprechende Gesten zu unterstreichen, warf Mohammed zwei oder drei Handvoll Sand gegen den Feind; wenn man wähnt und erklärt, dies sei »freilich sein einziger Beitrag zur Schlacht« gewesen, wie dies abendländische Historiker, die den Anschein besonders realistischer Geschichtsbetrachtung erwecken wollen, gelegentlich tun, so zeigen sie damit nur ein bedauerliches Mißverständnis gegenüber entscheidenden historischen Vorgängen, zu deren Erklärung vordergründige Plattitüden nicht hinreichen.

Der Angriff von Abu Sofijans durch die Strapazen des kräfteraubenden Marsches durch die mit Sonnenglut erfüllte Wüste ermatteten Kriegern wurde von den nach Mohammeds visionären Worten fanatisch kämpfenden Moslems abgewehrt. Das ist im Grunde genommen nichts Wunderbares; auch die ausgebooteten, lustlos vorgehenden Panzerbesatzungen, von denen eben im gebrachten Vergleich die Rede war, würden aller Wahrscheinlichkeit nach im zweckmäßig geleiteten Infanteriefeuer liegenbleiben. Der Ausfall der Moslems zerschlug die letzten Reste der Kampfkraft des Gegners, wie dies im Vergleich der Gegenangriff der Infanterie tun würde, und in beiden Fällen erlangt der Sieger nicht nur den unangefochtenen Besitz des Schlachtfelds, sondern auch alles das, was sich auf demselben befindet. Im gedachten Vergleich wären dies die trockenen, liegengebliebenen Kettenfahrzeuge, denen ihre Bewegungsfähigkeit wiederzugeben sicherlich problematisch wäre – in der historischen Effektivität aber waren es Hunderte Pferde, Esel und Kamele, deren Revitalisierung höchst einfach zu bewerkstelligen war, indem man sie saufen ließ. Die Kamele und Esel waren mit wertvollen Handelsgütern bis zur Grenze ihrer Leistungsfähigkeit beladen, und nicht nur das: Menschen, die als Krieger die Waffen rechtzeitig weggeworfen und die Hände in die Höhe gerissen hatten, und Kameltreiber und Roßputzer, Feldköche und Gaukler, Tänzerinnen und Gespielinnen, die ihnen das Dasein erleichtert oder versüßt hatten, fielen in ganzen Scharen in Gefangenschaft, und das will sagen in Sklaverei. Und sie alle, so elend und kümmerlich sie im Augenblick auch beisammen waren, konnten in ebenso einfacher Weise wie die Beutetiere wieder auf Hochglanz getrimmt werden, indem man ihnen zu trinken gab.

Mit ein paar Leuten nur, deren hochklassige Tiere zu einer derartigen Energieleistung noch fähig waren, entwich Abu Sofijan vom Ort seiner Niederlage und blieb unverfolgt, denn der große Sieg machte die Moslems für jede andere Tätigkeit als das Bergen der Beute und das Feiern des Erfolges ungeeignet. Das ist verständlich, denn durch die Schlacht von Badr wurde Mohammeds ärmliches Kriegsvolk mit Reichtum förmlich überschüttet, und der Heimmarsch nach Medina glich einem Triumphzug.

Jetzt drängten sich auch die noch nicht bekehrten Bewohner Medinas und die umwohnenden Beduinenstämme um das schwarze Banner des Propheten, das angeblich aus dem Mantel der Aischa bestand und damals noch von Bilal getragen wurde, begehrten den siegreichen und beutespendenden Alleingott unter Verzicht auf alle bisher verehrten Stammesgötter, Sippenidole und Regionalgötzen anzubeten und heischten Mohammeds Befehl zu gehorchen. Allahs Allmacht hatte sich in ihren Augen schlagend erwiesen, und alle die heimatlosen Bettler, die sich erst vor zwei Jahren auf heimlichen Fluchtwegen aus Mekka davongeschlichen hatten, waren glänzend bestätigt worden: Sie hatten offensichtlich auf den richtigen Gott gesetzt, und dieser lohnte jetzt ihr Vertrauen.

Mohammed hatte für die Neuzugänge auch gleich eine passende Beschäftigung, damit auch die sich am ersten Heiligen Krieg beteiligen und Allahs beutegewährende Gnade durch eigene Erfahrung erkennen konnten: Der durch seine Goldschmiedekunst berühmte und demgemäß reiche jüdische Stamm der Kainuka war der Kollaboration mit den Heiden Mekkas überführt, denn in seinem abgesonderten und abgesondert befestigten Stadtteil hatte sich die aufgedeckte Nachrichtenstelle befunden, und er sollte deswegen – und wohl auch, weil seine Rabbis den neuen Glauben sehr massiv und gekonnt angegriffen hatten – bestraft werden, was so viel wie ausrotten bedeutete. Die Kainukas waren keine Schafe, die sich widerstandslos abschlachten ließen, sie wehrten sich zäh und erbittert, aber nach einigen Wochen, in denen sie von Lebensmittelzufuhren planmäßig abgeschnitten waren, erlahmten ihre Kräfte und sie erlagen den Moslems, die nun laufend Zuzug durch die herandrängenden Neubekehrten erhielten. Noch größerer Reichtum als in der Schlacht von Badr war die Beute, mußte allerdings auch auf mehr Köpfe verteilt werden, und während die letzten Kainukas, denen Mohammed auf Fürsprache des Scheiks der Chasradsch das nackte Leben und die Freiheit um den Preis des Verlassens ihrer Heimat schenkte, Medina verließen, feierten Mohammeds Getreue ihren Propheten als durch die Gnade Allahs ausgezeichneten Führer. Nun war Mohammed nicht nur ein zutiefst gläubiger, sondern auch ein außerordentlich bescheidener Mensch, und das bedeutet, daß er immer wieder seiner Überzeugung Ausdruck verlieh, die Legionen der Engel seien die wahren Sieger und Dschibrail im Auftrage Allahs der wahre Feldherr des erfolgreichen Krieges gewesen.

Seine Erklärung prägte die islamische Auffassung tief, und für einen Moslem ist die hier vertretene Meinung sicherlich ketzerisch, daß der Sieg von Badr nämlich zu allererst die Folge der ausgesprochen geschickten und überlegenen, ja glänzenden Truppenführung des Propheten war und Allah es gar nicht notwendig gehabt hätte, in den Gang des Geschehens einzugreifen mit mirakelnder Hand oder dem himmlischen Kriegsvolk. Mohammeds zurückhaltender, vornehmer Lebensstil ließ jeden Versuch, ihn als genialen Heerführer und Organisator hochzujubeln, von vorneherein scheitern, und so lobenswert dies auch in mancherlei Hinsicht war, in zumindest einer Hinsicht zeigten sich gefährliche Folgen: Die moslemische Kriegführung wurde nun von der Überzeugung getragen, daß das Kriegsvolk der rechtgeleiteten Gemeinde vor Niederlagen gefeit sei, da in kritischen Augenblicken einfach ein paar Tausendschaften Engel unter der bewährten Führung Dschibrails erscheinen und sie alle heraushauen würden.

Und in diesem Irrtum befangen, zogen die Moslems in die Schlacht von Ochod, fielen die mekkanische Übermacht siegesgewiß an, warfen sie sogar zurück, begannen zur Unzeit das Lager zu plündern und flohen in panischem Entsetzen, als der Befehlshaber der mekkanischen Bürgermiliz, der tüchtige Chalid ibn al Walid, seine Reserven in den Kampf führte. Nur dem Umstand, daß die Mekkaner und ihre Verbündeten die sofortige Verfolgung unterließen, weil sie ihre von den Moslems zuerst geplünderten, zuletzt im Drange der Flucht aber wieder weggeworfenen Sachen einsammelten, verdankten sie ihre Rettung. Die Mekkaner unterließen eine Belagerung Medinas, weil sie nur die Moslems, nicht jedoch alle Bewohner der Oasensiedlung als ihre Feinde betrachteten, lagerten aber ein paar Wochen bei Ochod, wobei sie den neuen

Ausfall der Moslems vergeblich erwarteten, und zogen dann wieder ab. Der Ruf Mohammeds als siegreicher Kriegsherr war, so meinten sie, genügend angeschlagen worden und sein Stern im Sinken; in der Tat wandten sich einige Beduinenstämme von ihm ab, und die Hawasim erschlugen sogar vierzig seiner Glaubensboten, die sich unter Führung seines Kampfgefährten Abd ar Rahman zu ihnen begeben hatten.

Die Juden von Chaibar, einer Oase etwa 30 km nördlich von Medina, ließen sich ihre Freude über die Schwierigkeiten, in die Mohammed durch die Schlacht von Ochod geraten war, offensichtlich zu deutlich anmerken, gerieten in den Verdacht, mit Mekka zu konspirieren und erlitten das Schicksal der Kainukas. Der Sieg war rasch und unblutig gewesen, und es gibt eine Nachricht, daß Mohammed nur einen einzigen Krieger verlor. In Chaibar fielen jedoch reiche Weinvorräte in die Hände der Moslems, und bei der Siegesfeier kam es zwischen trunkenen Kriegern zu schweren Rauferein, bei denen es zahlreiche – angeblich gegen hundert – Erschlagene gab. Nun erließ Mohammed sein berühmtes Verbot des Alkoholkonsums, das er denn auch durchsetzte, ohne eine ganze Armee von Polizeibeamten aufstellen zu müssen wie die moderne Großmacht der USA in den Zeiten der Prohibition. Bis zu diesem Zeitpunkt war der Alkoholkonsum vor dem Gebet untersagt; Allah höre nicht das Gebet eines Trunkenen hieß es, allein zur Sühne reichte es hin, wenn er das Gebet nach der Ausnüchterung wiederholt. Das wurde nun anders; als Belohnung für die irdische Abstinenz wurde der Weingenuß im Paradies in den dieses betreffenden Suren, namentlich der siebenundsiebzigsten, achtundsiebzigsten und achtundachtzigsten, betont und hervorgehoben, daß der Wein des Paradieses keinen Katzenjammer verursacht.

Abu Sofijan, Mohammeds erbittertster Gegner in Mekka, der das Unternehmen von Ochod als Oberbefehlshaber geleitet hatte und dessen Gemahlin Hind mit in den Krieg gezogen war, wo sie von einem afrikanischen Kannibalen, der im Solde Mekkas stand, dazu verleitet wurde, die Leber von Mohammeds gefallenem Oheim Hamsa zu verspeisen, worauf sie sich furchtbar erbrach, entfaltete in den nächsten Jahren eine rege diplomatische Tätigkeit, um Bundesgenossen gegen den Propheten zu gewinnen; er zog im Jahre 628 an der Spitze einer Streitmacht von 10000 Mann gegen Medina. Dort hatte Mohammed indessen endgültig einen theokratischen Staat geschaffen, über den er in sehr wohlwollend väterlicher Art herrschte. Es gab in Medina nun keine Götzendiener mehr, nur noch Moslems und die Reste der jüdischen Bevölkerung, deren Status wie folgt vereinbart wurde:

- Zwangsbekehrung war untersagt;
- die Juden waren vom Kriegsdienst befreit;
- Kulthandlungen durften verrichtet werden;
- sie mußten eine Art »Wehrersatzsteuer« bezahlen
  und
- durften keine bewaffneten Verbände unterhalten.

Den Moslem trafen genau umrissene Pflichten, die im sogenannten »Moslemspiegel« der zweiten Sure, Vers 178, zusammengefaßt sind; die soziale Note ist deutlich betont[13]. Trotz dieses Vorranges des kollektiven Interesses vor dem individuellen, der in dieser Schärfe unübersehbarer Ausdruck des Selbstbehauptungswillens des noch immer in seiner Existenz bedrohten islamischen Volkes ist, war die Mohammed zur Verfügung stehende, aktualisierbare kombattante Energie sehr erheblich geringer als die bereits aktualisierte des Zehntausendmannheeres, das Abu Sofijan führte. Die Schlappe von Ochod war für den Propheten der unübersehbare Hinweis gewesen, daß Allah von ihm den optimalen Einsatz seiner Kräfte erwartete und keineswegs bereit war, stümperhafte Fehler in der Kriegführung durch Eingriffe der göttlichen Allmacht zu beheben, und er erwog umsichtig alle Möglichkeiten, die realisiert werden konnten, um sein Medina vor der drohenden Vernichtung zu bewahren. Nun gehörte zu seinem »Haus« ein Sklave namens Salman, der vor seiner Versklavung Berufsoffizier im parthischen Heere gewesen war, und diesem gab er zunächst Sitz und Stimme im Gremium der bewährten Moslemführer, in dem über die zweckmäßigste Art der Führung des Abwehrkampfes gegen Abu Sofijan beraten wurde. Die Unterfeldherrn des Propheten kannten nur den »Krieg in der Wüste«, der aus weiten Raids in die Tiefe des Raumes und im Grunde genommen aus einer Reihe von überfallartigen, raschen Gefechten bestand, die teils aktiv, wie in Ochod, teils passiv, wie in Badr, durchkämpft wurden, und waren angesichts der gewaltigen feindlichen Überlegenheit selbst nicht ganz sicher, ob diese Art der Kriegführung noch als erfolgversprechendes kombattantes Verhalten angesehen werden konnte. Salmans Herkommen aus einem anderen militärischen Vorstellungsbereich, der seinen Rahmen viel weiter gesteckt hatte, empfahl die stationäre Kampfführung aus wenngleich provisorischen, so aber umfassenden Befestigungsanlagen, die nicht nur das gebäudebestandene, umwallte Stadtgebiet, sondern auch die naheliegenden Palmenhaine und Gartenanlagen einschließen sollten. Mit Rücksicht auf die Kürze der Zeit und die Ausdehnung der Verteidigungswerke riet er zum Ausheben eines Grabensystems zur Erweiterung und Verstärkung der bisherigen Stadtbefestigung.

Mohammed erkannte in Salmans Vorschlag die jetzt planmäßige Wiederholung der Ausgangslage von Badr unter den die Verteidigungskräfte zusätzlich begünstigenden Bedingungen ausgedehnter, künstlich geschaffener Bewegungserschwerungen für den Angreifer und stimmte zu, und das brachte mögliche Einwände der Großen seiner Glaubensgemeinschaft zum Schweigen. In der Tat scheiterten die Angreifer an dem für sie neuartigen Kampfverhalten der Medinenser, das sie führungsmäßig echt überforderte. Es kam zu ein paar an sich unbedeutenden, lokalen Gefechten, deren geringe Intensität sich verdeutlicht, wenn man erfährt, daß der ganze Krieg – als »Grabenkrieg« eines der großen Ereignisse der Geschichte des Islams – nicht mehr als vierzehn Gefallene zählte: Medina beklagte sechs, Mekka acht Krieger. Abu Sofijan konnte sich nur kurz vor dem Grabensystem halten; 10 000 Mann, dazu mindest ebensoviele Reit- und Tragtiere im wasserlosen Ödland um die Oase Medina zu versorgen, erfordert ein klaglos funktionierendes, einwandfrei durchdachtes Nachschubsystem, das nicht einmal in bescheidenen Ansätzen vorhanden war. Ein paar Tage behalfen sich die Mekkaner und ihre Verbündeten mit den mitgebrachten Vorräten, nach zwei oder drei Wochen zogen sie ab.

Die Kosten der völlig ergebnislos gebliebenen Machtentfaltung waren enorm hoch gewesen, die Differenzen unter den Verbündeten über die nachträgliche Kostenaufbringung und das gegenseitig zugeschobene Verschulden am totalen Mißerfolg demgemäß enorm tiefgreifend. Die heidnische Allianz zerfiel, und zum zweiten Male rissen sich die Städte und Stämme förmlich darum, so rasch wie möglich den Islam anzunehmen und so zur erfolgreichen, neuen Gesellschaft zählen zu können. Ganz so einfach ging das nun nicht mehr, und vor allem für die Wankelmütigen, die nach dem Siege von Badr Moslems geworden und nach der Niederlage von Ochod abgefallen waren, und die nun wiederkommen wollten, gab es erhebliche Schwierigkeiten.

Mohammed kannte für derlei Verräter, die sie in seinen Augen waren, nur die schärfsten Strafen, und während der Krieg gegen Mekka nun zunächst stillschweigend einschlief, wurden mehrere Strafexpeditionen gegen die Abtrünnigen unternommen. Eine dieser Aktionen gegen einen Beduinenstamm im Küstenbereich des Roten Meeres führte er selbst, und bei dieser Gelegenheit kam es zur berühmten Halsbandaffäre, dem einzigen skandalähnlichen Geschehen um Mohammed, an dem er persönlich übrigens überhaupt nicht oder nur ganz am Rande beteiligt war.

Aischa, Abu Bekrs schöne und lebensfrohe Tochter, hatte ihren Gemahl auf dem Zuge begleitet und war auf dem Rückweg nach Medina in einem Nachtlager zurückgeblieben, um ein ihr abhanden gekommenes Halsband zu suchen. Der Abbruch des Lagers und der Abzug des Propheten und seiner Krieger hatte sie nicht gestört, sie suchte und suchte das Halsband, und erst als sie es gefunden hatte, bemerkte sie, daß sie allein war. Sie blieb es nicht lange, denn ein junger und schöner Reiterführer ihres Mannes, ein gewisser Safan ibn al Moattel, kam ebenfalls allein auf den Spuren des Heeres dahergeritten, fand sie, die sich züchtig – im Sinne der etwas später und aus ebendiesem Grund erlassenen Bekleidungsvorschrift der vierundzwanzigsten Koransure – verhüllte, setzte sie auf sein Kamel und geleitete sie sicher zu ihrem Eheherrn. Gewiß ein Schelm, wer sich Übles dabei denkt; Mohammed war kein Schelm, und er dachte nichts Übles, aber solche Schelme gab's, und die dachten sich Übles, und manche dachten es nicht nur, sondern sie sagten es auch, wie ein gewisser Abd Allah ibn Offa, der trotz Nennung Allahs in seinem Namen gar kein Moslem war. Ali fürchtete, daß durch das üble Gerede Mohammeds Ansehen leiden könnte, und sagte das seinem Schwiegervater auch, bei welcher Gelegenheit er ihm die Scheidung zu empfehlen wagte. Mohammed folgte dem Rat nicht, doch wurde ihm die obengenannte Sure geoffenbart, in der es heißt, daß, wer eine ehrbare Frau des Ehebruchs beschuldigt und dies nicht durch vier Tatzeugen beweisen kann, mit achtzig Peitschenhieben zu bestrafen ist und des Rechtes verlustig geht, als Zeuge anerkannt zu werden. Für Mohammed war die Sache damit erledigt, nicht aber für Aischa, die sie Ali nie vergaß und sich lange nach des Propheten Tod in einer höchst gefährlichen Weise zu revanchieren suchte, die zumindest mittelbar die bis in unsere Zeit anhaltende Spaltung der Glaubensgemeinschaft in die Anhänger der Sunna und der Schia zur Folge hatte.

Die letzten Lebensjahre des Propheten waren erfüllt mit erfolgreichen Bemühungen um die Konsolidierung des theokratischen Staates und die Ausweitung des Glaubens, mit welcher die Vergrößerung des Staatsgebietes und des Staatsvolkes verbunden war, weil die Bekehrung notwendig die Anerkennung des Propheten als politischer Führer der Gemeinschaft der Rechtgläubigen inkludierte. Mit Mekka, dessen Bedeutung als Zentrum des arabischen Heidentums verfiel, weil außerhalb des Stadtgebietes bald keine Heiden mehr anzutreffen waren, kam es zum Abschluß eines zehnjährigen Waffenstillstands – Vertrag von Hudaibija 629 – und gleich darauf zur ersten Wallfahrt des Propheten zur Kaaba, die er mit kleinem, erlesenem Gefolge durchführte. Abu Sofijan hatte mit dem kleinen Häuflein der unversöhnlichen Heiden vorher die Stadt verlassen, und die in Mekka zurückgebliebenen Bürger traten in ganzen Scharen zum Islam über, an ihrer Spitze

- Chalid ibn al Walid, den man in Mekka »Löwe von Ochod« nannte; er sollte im islamischen Kriegswesen bald eine führende Stellung einnehmen und zu einem der großen Heerführer der folgenden Expansionskriege werden, wobei er sich nun den Ehrennamen »Schwert des Islams« verdiente, und
- Amr ibn al As, ein Vetter des grimmigen Abu Sofijan und bisher eine der stärksten Stützen der antiislamischen Politik; auch er war ein hervorragender Truppenführer und sollte nur ein rundes Jahrzehnt später Ägypten erobern, womit das islamische Reich auf den afrikanischen Kontinent übergriff.

Der Übertritt dieser Männer in die Reihen der bisher bekämpften Moslems erfolgte zweifellos aus religiöser Motivation, was für die in Mekka verbliebenen Haschemiten, deren Oberhaupt nach dem Tode des Prophetengegners Abu Taheb nun Mohammeds Vetter Ibn Abbas war, nicht mit derartiger Sicherheit zu sagen ist – hier spielten zweifellos die familiären Bindungen eine mitentscheidende Rolle.

630 kam Mohammed wieder nach Mekka, diesmal an der Spitze eines unübersehbaren Pilgerzuges, der sich der Stadt förmlich entgegenwälzte. Nun erschien auch Abu Sofijan, anerkannte Allah als Alleingott und unterwarf sich der Herrschaft des Propheten. Dem alten Heiden, dessen Übertritt ganz sicher nicht auf Grund neugewonnener religiöser Überzeugung erfolgte, Kollaboration und Verrat an den vormals hochgehaltenen Idealen vorzuwerfen, ist möglich, aber wohl nicht gerechtfertigt, denn es ist ihm ganz gewiß ein schuldausschließender Notstand im Sinne moderner Strafrechtslehre zuzubilli-

gen: Arabiens Boden ist hart und macht das Leben zu einem unglaublich schwierigen Problem. Wer überleben will, muß jede sich bietende Chance nutzen, und man darf es dem Oberhaupt der Omaijaden nicht verargen, daß er das sinkende Schiff des Polytheismus, das er als letzter mit wehenden Flaggen schmückte, verließ und damit vielleicht weniger den eigenen Kopf, als vielmehr die Einheit seiner Sippe zu retten versuchte: Osman, der Omaijade, gehörte zur alten Kerntruppe der Moslems, und Amr ibn al As hatte neulich die Front gewechselt. Der Riß ging mitten durch die Familie, deren Zerfall zu verhindern seine Aufgabe, für die es nur eine Lösung gab, war. Contra ventum non est navigandum, soll einst Pompeius gesagt haben, und Abu Sofijan handelte nach dieser Devise, freilich ohne sie in dieser Formulierung zu kennen. Mit der Unterwerfung dieser tragikumwehten Figur war das arabische Heidentum erledigt.

Nach Abu Sofijans Kapitulation, wie man vielleicht richtig sagt, ergriff Mohammed, gestützt auf den Inhalt der eben geoffenbarten neunten Sure, die den Götzendienst endgültig ausdrücklich untersagt, im Namen Allahs, des allmächtigen und ewigen Alleingottes, Besitz von der Kaaba, ließ die heidnischen Idole – und ein christliches Bild, das den Jesusknaben mit seiner Mutter zeigte – entfernen und verbot jede Form nichtmoslemischer Gottesverehrung. Da einige unverbesserliche Heiden des Straßenmobs, die aus den verschiedenen Kulten ihr Einkommen gefunden hatten, Krawalle inszenierten, die im Handumdrehen unterdrückt wurden, erklärte er Mekka zur Heiligen Stadt, die samt dem umliegenden Gebiet nur von Moslems betreten werden darf. Neben den Heiden wurden auch andere Monotheisten vom Ausschluß betroffen, und dies gilt bis auf unsere Zeit.

Zwei Jahre danach, im Jahre 632, starb Mohammed in seinem Anwesen in Medina, wo er auch bestattet wurde. Unmittelbar vor seinem Tode erschien ihm sein lieber Freund Dschibrail, und mit ihm verließ er diese Welt. »Zum allerhöchsten Freund«, erklärte er Aischa, auf deren Schoß sein Haupt gebettet war, und den Gefährten, die sein Lager umstanden. Seine materielle Verlassenschaft bestand aus sieben Silbermünzen, sie wurden seiner letztwilligen Anordnung gemäß an die Armen, denen seine unablässige Sorge galt, verteilt. Sein ideelles Erbe war sein Glauben, der sich über die Welt verbreitete und dessen Bekenner heute nach hunderten Millionen zählen, und mit dem die Vorstellung vom Reich dieses Glaubens untrennbar verbunden ist.

Jede spätere politische Integration der islamischen Welt, gleichviel, ob sie den Anspruch auf Universalität erhob oder sich bewußt mit partieller Dominanz begnügte, trug und trägt unverwischbar in sich die Züge der Keimzelle, aus der sie erwachsen war und in der sie gleichzeitig die Idealform der menschlichen Gesellschaft erkennt, der sie unbeirrbar zustrebt – der Theokratie von Medina, die der Prophet in einer Welt voll Feinden nach dem Willen des Allmächtigen schuf. Ungebrochen sind Kraft und Glanz dieses Staates Utopia der islamischen politischen Wertordnung, dessen Wiederherstellung das dominierende Ideal und absolute Ziel des gesellschaftsgestaltenden Willens der Mos-

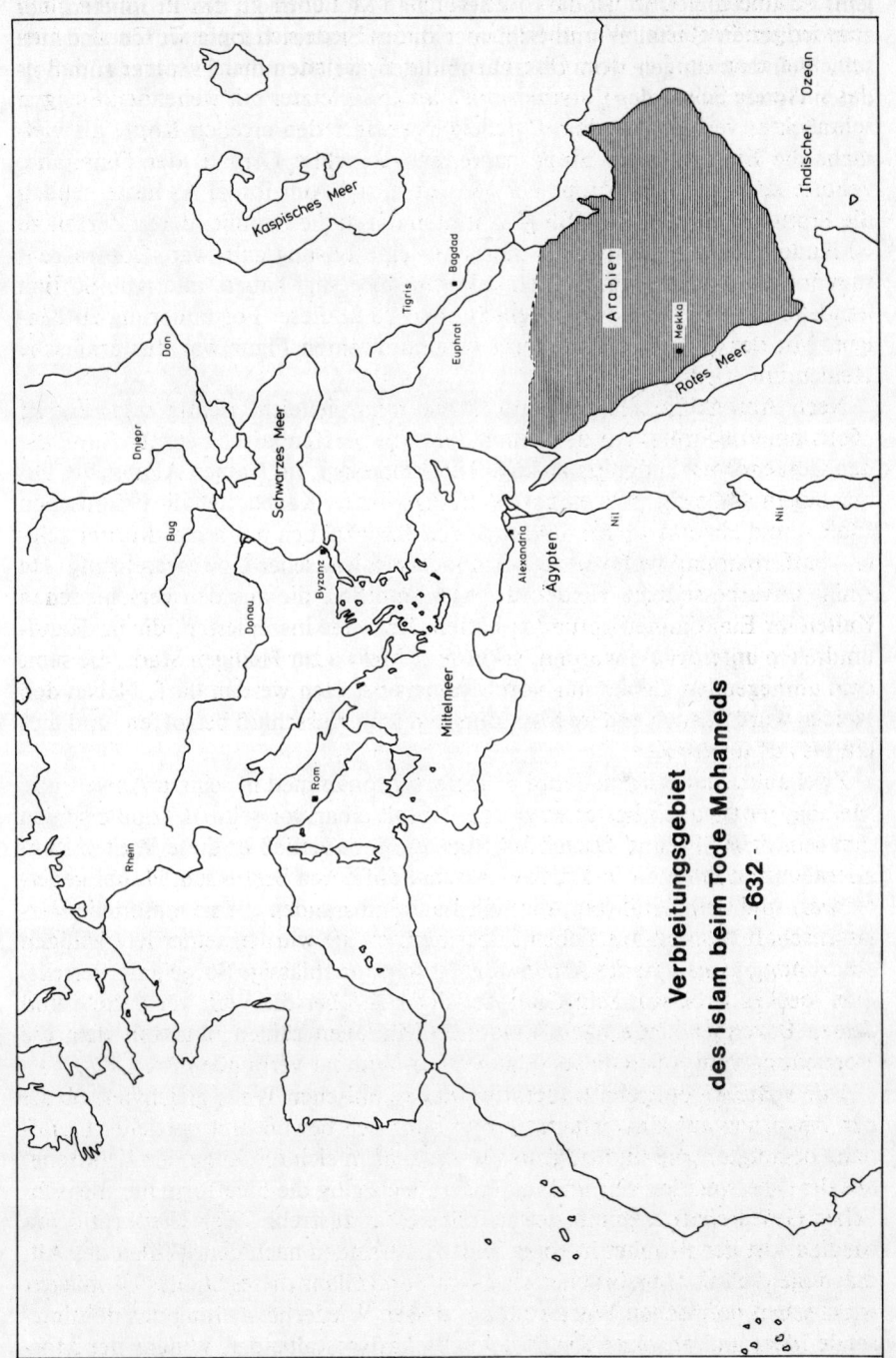

**Verbreitungsgebiet
des Islam beim Tode Mohameds
- 632 -**

Kaspisches Meer

Bagdad

Tigris

Euphrat

Arabien

Mekka

Rotes Meer

Indischer Ozean

Don

Dnjepr

Bug

Schwarzes Meer

Byzanz

Donau

Alexandria

Ägypten

Nil

Nil

Mittelmeer

Rom

Rhein

lems ist, und ungetrübt ist die Erinnerung an Mohammed, den Propheten, der zum irdischen Gestalter und Schirmer dieses Staates Utopia wurde und den seine Feinde zwangen, vom tatsachenblinden, weltfremden Träumer zum Soldaten Gottes zu werden.

2. Kapitel: Die rechtgeleiteten Kalifen

Die Frage, ob Mohammed tot sei, bewegte nun die rechtgeleitete Gemeinde. Da es gerade die angesehensten Moslems waren, die anderslautende Auffassungen vertraten, bildeten sich spontan zwei Meinungsgruppen, und vorübergehend drohte die Glaubensspaltung.

OMAR

> Behauptung: Mohammed ist *nicht* tot; er ist entrückt wie Moses auf dem Berge Sinai; die Rechtgläubigen haben sein Wiedererscheinen zu erwarten.

ABU BEKR

> Behauptung: Mohammed ist tot, aber Allah lebt. Wer Mohammed angebetet haben sollte, möge seinen Irrtum erkennen und bereuen; wer ihn als Allahs Gesandten sah, der weiß, daß er zu Allah zurückgegangen ist, wie er es selbst von sich sagte.

Da Omar mit gezücktem Schwert durch Medina raste und brüllte, er würde jedem den Schädel einschlagen, der ihm gegenüber zu behaupten wage, Mohammed sei tot, nahmen nur die engsten Freunde Abu Bekrs und vom Hause des Propheten nur die Vertrauten Aischas an der schlichten Bestattung teil, die heimlich im Morgengrauen der dritten Nacht nach dem Tode vorgenommen wurde. Daraus erhellt, daß der Zwiespalt ernster war, als man heute annimmt: Die Überlieferung verniedlicht ihn, versucht, ihn durch die geschilderte Einmütigkeit, die sich letztlich einstellte, zu bedecken, ohne allerdings den Umstand, daß zwischen dem Tod und der Eintracht eine Phase ernsthafter Auseinandmrsetzung gelegen ist, die gmbührende Aufmerksamkeit zu schenken.

Als sich auch Omar vom Tode des Propheten überzeugen ließ – sein späterer Leitspruch: »Der Tod ist der beste Prediger« dürfte hier verwurzelt sein – und von seiner emotionsgesteuerten, ursprünglichen Haltung abrückte, drängte sich die Frage der Nachfolge und damit der Zukunftsgestaltung auf. Wer sollte Mohammed ibn Abd Allah, den Haschemiten, an der Spitze der Gemeinschaft der Rechtgläubigen ersetzen? Daß er als Gesandter Gottes, als Verkünder der Offenbarung, unvertretbar war, ergab sich von selbst und war ausdrücklich Glaubensinhalt, demzufolge Mohammed der letzte Prophet – das »Siegel der Propheten« – war, aber seine Stellung in der Gemeinde als deren Führer mußte neu besetzt werden.

Nicht Abu Bekr selbst, aber seine Tochter Aischa wies mit Nachdruck darauf hin, daß Mohammed diesen beauftragt hatte, als sein Stellvertreter die gemeinsame Freitagsandacht in der Moschee zu verrichten und ihn als seinen Kalifen, seinen Stellvertreter einsetzte. Das war richtig, gab die Gegenmeinung zu, gälte aber nur im Krankheitsfall; für den Tod war keine Vorsorge getroffen.

Als mögliche Nachfolger kamen in Frage:

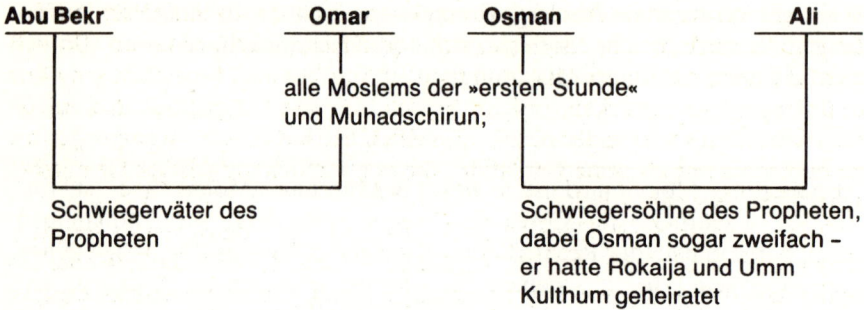

| **Abu Bekr** | **Omar** | **Osman** | **Ali** |

alle Moslems der »ersten Stunde« und Muhadschirun;

Schwiegerväter des Propheten

Schwiegersöhne des Propheten, dabei Osman sogar zweifach – er hatte Rokaija und Umm Kulthum geheiratet

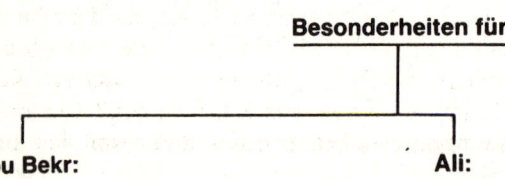

Besonderheiten für

Abu Bekr:
Aischa war Mohammeds Lieblingsfrau;
ihn hatte Mohammed zu seinem Vertreter für die Dauer der Krankheit bestellt.

Ali:
Fatima war Mohammeds Lieblingstochter;
er war Haschemit und damit der einzige Blutsverwandte unter den möglichen Nachfolgern;
von ihm hatte Mohammed zu den Haschemiten gesagt, daß sie ihm im Fall seines Todes gehorchen sollten.

Im Hintergrund standen die Witwen des Propheten, sehr wohl in der Lage, die Fäden zu spinnen und zu ziehen, und im Hintergrund standen, zum Unterschied von den Damen aber deutlich erkennbar, die Führer der Heere, namentlich
– Abu Obeide, Moslem »der ersten Stunde«, und
– Chalid ibn al Walid, der frühere »Löwe von Ochod«, der Neubekehrte.
Aischa gelang es offenbar, Omars Tochter Hafsa auf ihre Seite zu ziehen, und beiden gelang es, die Annahme des durchaus begrüßenswerten Grundsatzes: »Der beste Moslem soll Kalif werden« bei den maßgeblichen Kreisen durchzusetzen. Gegen diese Formulierung ließ sich nichts einwenden, das ist klar, daß sie dabei ein schwerer Schlag für den Haschemiten Ali war, der sich um Mohammed persönlich die größten Verdienste erworben hatte, sollte sich alsbald zeigen: Die Fixierung auf diesen Grundsatz konnte nämlich dahin inter-

pretiert werden, daß er nicht der beste Moslem war, denn sonst hätte man der Familienzugehörigkeit einen größeren Stellenwert beigemessen.

Aischa ging es primär um die Verhinderung der Rangerhöhung Alis, und sie bemühte sich mit Erfolg, diese ihre Interpretation zur allgemeinen zu machen. Ali merkte, daß ihm der Teppich unter den Füßen weggezogen werden sollte und reagierte in menschlich begreiflicher und daher äußerst unzweckmäßiger Weise: Er verdächtigte Aischa, heimtückisch gegen ihn zu intrigieren, und er bezichtigte einflußreiche Moslems, sich von ihr einwickeln zu lassen. Da sich niemand gerne nachsagen läßt, daß er in ein Intrigenspiel verwickelt sei, ohne es überhaupt zu bemerken, brachte er sich um viele Sympathien und zuletzt um die durchaus vorhandenen Erfolgsaussichten, was ihn aber weniger gestört zu haben scheint als seine Gemahlin, die von ähnlich ehrgeiziger Gemütsbeschaffenheit war wie Aischa.

Osman war ein bescheidener, zurückgezogener, mehr der gelehrten Betrachtung als der politischen Aktivität zugeneigter Mann, der eben deshalb aber ein hohes Ansehen genoß und viele Sympathien besaß. Das störte Aischa, die ihre Rolle als First Lady gerne beibehalten hätte und diese nur als gesichert sehen konnte, wenn ihr Vater Kalif wurde. Nun brachte sie gezielt die Familie des Stiefschwiegersohnes ins Spiel, denn dieser war ein Omaijade und gehörte damit jener Sippe an, die sich bei der Moslemverfolgung durch Eifer und Konsequenz hervorgetan hatte. Konnte ein Omaijade Kalif werden? Die Frage stellen bedeutete – vorerst – sie negativ zu beantworten, und damit war auch Osman aus dem Rennen.

Es blieben also Abu Bekr und Omar, beide hochangesehen, beide hochverdient, beide so geartet, daß sie jeder als »der beste Moslem« gelten konnten. Es ist kaum anders denkbar, als daß Aischa mit Hafsa einen geheimen Koalitionspakt schloß, der Abu Bekrs höheres Lebensalter und schlechtere körperliche Konstitution zur Basis hatte: Abu Bekr sollte zunächst mit Hafsas, ihres Vaters und seines Anhanges Hilfe als Kalif installiert werden, während Aischa sich verpflichtete, seine Anhänger auf Omar als den zweiten Kalifen einzustimmen.

Und also geschah es, und für
632 bis 634 wurde Abu Bekr Kalif,
634 bis 644 Omar ibn al Chattab.
Abu Bekr beschäftigte sich vorwiegend damit, die arabischen Städte und Stämme, die sich weigerten, die Entscheidungen der »Reichszentrale« besonders in der Nachfolgeernennung ungefragt hinzunehmen, unter den Herrschaftsanspruch des Kalifen zu beugen. Es gelang ihm nach schweren, blutigen Kämpfen, in denen volkreiche Stämme wie die Beni Hanifa beinahe vollständig ausgerottet wurden. Er starb – wie sich zeigen sollte, eine Seltenheit unter den Kalifen – eines natürlichen Todes.

Omar ibn al Chattab folgte ihm ohne Schwierigkeit nach. Er war der Kalif der großen Expansion:

635 Eroberung von Damaskus;

636 Sieg über das oströmische Reichsheer am Jarmuk;

638 Jerusalem und Antiochia werden genommen;

640 Beginn der Eroberung von Ägypten; in Palästina fällt mit Caesarea der letzte byzantinische Stützpunkt;

641 Babylon am Nil – nicht mit dem mesopotamischen Babylon zu verwechseln – wird erobert;

642 Alexandrien kapituliert; Zerschlagung des Reiches der seit 636 in den Iran zurückgeworfenen Parther; Tod von Schah Jesdegard;

644 Omar wird von einem persischen Sklaven ermordet.

Omar war trotz aller gewaltigen Erfolge, die in seiner Regierungszeit und zum Teil unter seiner persönlichen Führung errungen worden sind – er führte gleichzeitig Krieg gegen beide Großmächte des nun zu Ende gehenden Zeitalters, Byzanz und das Reich der Sassaniden – und trotz der unermeßlichen Beute, die seinen Heeren in die Hände fiel, der schlichte, bescheidene Mann altislamischen Lebensstils geblieben, der er als Gefährte des Propheten gewesen war. Seine Gerechtigkeitsliebe war sprichwörtlich; als sein eigener Sohn ein todeswürdiges Verbrechen beging, ließ er ihn hinrichten. Nichts kennzeichnet sein Wesen aber besser als sein Einzug in Jerusalem, das kapituliert hatte, die Tore aber nur dem Kalifen persönlich öffnen wollte. Omar befand sich nicht beim Belagerungskorps, verfügte sich aber ohne Verzug dorthin, um die Vertragsbedingungen zu erfüllen; ein Leibsklave begleitete ihn. Da sie nur ein Kamel hatten, ritten sie abwechselnd, und als sie das Lager erreichten, saß eben der Sklave im Sattel, wurde für den Kalifen gehalten und nahm die Ovationen entgegen, die für diesen bestimmt waren. Während seines Kalifates kam es in Übereinstimmung mit allen bedeutsamen Moslemführern – mit Ausnahme Alis, der nicht beim Heere weilte – zu den Beschlüssen von Dschabija[14], womit dem Dar ul Islam etwas wie eine rudimentäre Verfassung gegeben wurde.

Nach seinem Tode wählten die gerade in Medina weilenden vornehmen Muhadschirun, deren Reihen schon recht schütter geworden waren, Osman ibn Affan zum Kalifen, der sogleich eine Kommission bildete, die unter seiner persönlichen Oberleitung permanent in der Stadt des Propheten tagte und deren Aufgabe es war, aus der Fülle der Abschriften und Kopien der bei den Offenbarungen verfaßten Niederschriften und aus nur mündlichen Überlieferungen eine offizielle Fassung des Korans zu redigieren. Eine schwierige und langwierige Arbeit, bei der sich vor allem Abd Allah ibn Massud und Said ibn Tabit auszeichneten, und bei welcher der Koran des Kalifen Omar, den seine Tochter Hafsa erstellte, entscheidende Bedeutung hatte.

Osman hatte daneben anscheinend nur ein hervorragendes Interesse, das allerdings wenig Beifall fand: Er bemühte sich, seine Sippenangehörigen, die noch immer als »Newcomer« galten, in die entscheidenden Positionen der Provinzialverwaltung zu schleusen. Er übertrug so vor allem Moawija, dem Sohne des Abu Sofijan, die Statthalterschaft in Syrien, dessen Hauptstadt Damaskus bald zum glänzenden Mittelpunkt der islamischen Wirtschaft wurde, wogegen die Residenz des Kalifen fromm in altmoslemischer Kargheit verharrte. In die militärischen Angelegenheiten mischte er sich selten ein, und wenn er es tat, tat er es ohne Geschick, und zuletzt brachten ihn Soldaten der in Ägypten liegenden Armee seines Vetters Amr ibn al As, die nach Mekka pilgern wollten, um. Das geschah im Jahre 656 – und nun war der Weg frei für den letzten der ursprünglich in Frage kommenden Moslemführer, für Ali ibn Abu Talib, den Vetter und Gemahl der Lieblingstochter des Propheten.

Er hatte kaum Anerkennung in Medina gefunden, als sich schon zwei revolutionäre Gruppen gegen ihn erhoben:
– Aischa, die nun die Gelegeneit gekommen sah, sich für seine Haltung in der Halsbandaffäre zu rächen, führte die eine, und
– Moawija, der Ali als den wahren Schuldigen an der Ermordung Osmans ausgab, die zweite.

Aischa hatte das im Raume Basra liegende islamische Kriegsvolk für sich gewonnen, Moawija stützte sich auf Syrien und die unter seinem und anderer Omaijaden Befehl stehenden Truppen.

Ali warf sich nach Kufa, wo sich damals das militärische Zentrum des Dar ul Islam befand, und es gelang ihm, die Masse der dort befindlichen Verbände zu gewinnen. Das geschah buchstäblich im letzten Augenblick; Aischa war mit ihren von Subair und Talcha befehligten Aufständischen schon in die Nähe von Kufa gelangt, als ihr Ali an der Spitze der »Regierungstruppen« entgegentreten konnte und sie in einer großen Schlacht – nach dem weißen Kamel, auf dem sie auf dem Kampfplatz erschien, die »Kamelschlacht« genannt – besiegte. Talcha fiel im Kampf, Subair floh, als er das schwarze Banner des Propheten über den Reihen der Gegner sah – und Aischa wurde gefangengenommen und nach Medina gebracht, wo sie in strenger, aber durchaus ehrenvoller Haft gehalten wurde. Die Schlacht fand im Dezember 656 statt, nicht ganz ein Vierteljahrhundert nach dem Tod des Propheten; es war die erste kombattante Aktion, in der Moslems die Waffen gegeneinander führten.

657 zog Ali gegen Moawija, und die Heere stießen bei Siffin am Euphrat aufeinander. Als die Syrer, die von der Ägyptenarmee unterstützt wurden, trotz dieser nicht unbedingt zu erwartenden Waffenhilfe in schwerste Bedrängnis gerieten, steckten sie Koranblätter an ihre Lanzen, um ihre Rechtgläubigkeit zu demonstrieren und ihren Unwillen gegen den Bruderkrieg augenscheinlich zu machen. Das wirkte ernüchternd auf Ali und seine siegestrunkenen Krieger; der Kampf schlief ein, Verhandlungen wurden aufgenommen und zuletzt ein Schiedsgericht eingesetzt, dem die Entscheidung über das bessere Recht übertragen wurde. Ein Teil von Alis Kriegsmacht war damit nicht einverstanden, protestierte heftig, begehrte die Fortsetzung des Kampfes und zog, als sie sich nicht durchsetzen konnte, erbittert ab; diese Männer

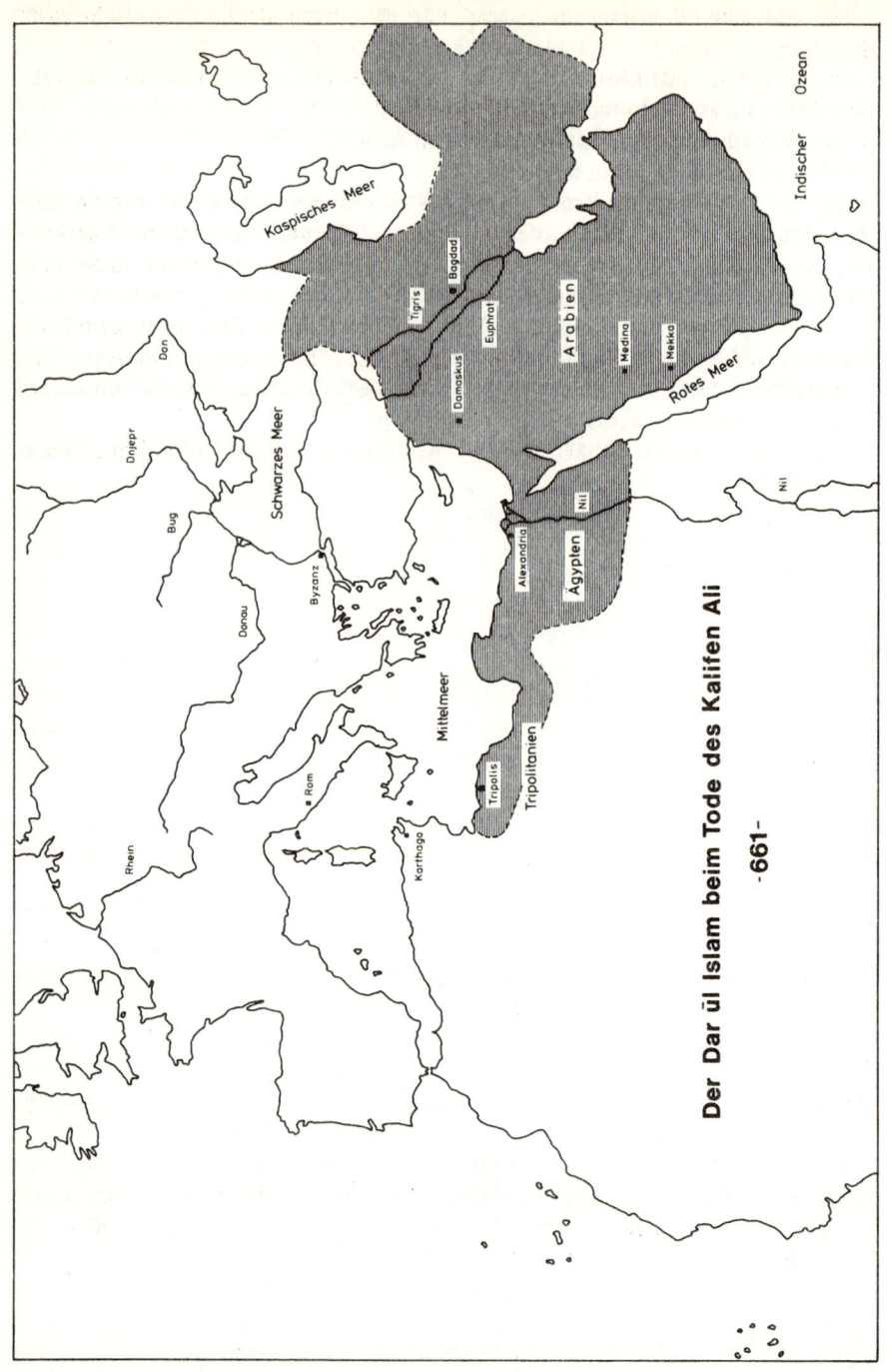

Der Dar ül Islam beim Tode des Kalifen Ali

-661-

waren die ersten Sektierer des Islams; und sie gingen als die Charidschiten in die Geschichte ein.

Zwischen Ali und Moawija kam es zu einem fatalen Kompromiß, der faktisch auf eine Herrschaftsteilung hinauslief:

– Ali herrschte in Mesopotamien und im Iran,
– Moawija in Syrien und Ägypten,

während der Hedschas trotz seiner religiösen Bedeutung ins provinzielle Abseits geriet. Ali rang nun zuächst mit den Charidschiten um die Anerkennung seines Kalifats, der Konflikt eskalierte zum Waffenentscheid, in dem die Charidschiten mühsam und mit erheblicher Brutalität niedergeworfen wurden – während Moawija als lachender Dritter schon ab 660 in Damaskus zum Kalifen ausgerufen ward. Noch ehe Ali sein Kriegsvolk sammeln und gegen den Gegenkalifen ziehen konnte, wurde er vor der Moschee in Kufa von einem Charidschiten niedergestochen.

Nun war Moawija Kalif – und er begründete die erste moslemische Dynastie.

3. Kapitel: Der Zerfall der Einheit

»Soll der Sohn der leberfressenden Hind über mich siegen?«

Die zornige Frage Alis war nur vordergründig entschieden, als er am zweiten Tag nach dem Attentat als Märtyrer des wahren Glaubens in die blumigen Gefilde des Paradieses hinüberwechselte und sein Leichnam vor der Lagerstadt am Ufer des Euphrat bestattet wurde. Für die Wandlung im inneren Gefüge der islamischen Gesellschaft ist kennzeichnend, daß die Tochter des Kalifen, die wie ihre Tante Umm Kulthum hieß, die Strafe des Attentäters Abd ar Rahman festsetzte. »Meinem Vater geht es jetzt sehr gut«, fauchte sie den Gefesselten an, »doch dir wird es sehr schlecht ergehen.« Zum Unterschied von heutigen Mördern aus politischen oder anderen Gründen hatte der Charidschite eine glimpfliche Behandlung oder Gnade nicht erwartet, und wenn er auch nicht wie der entdeckte Attentäter in Schillers »Bürgschaft« formvollendet ausrief, daß er zum Sterben bereit sei, so zeigt seine Haltung doch, daß ihn diese Bereitschaft erfüllte. Ohne Klage erlitt er den grausamen Tod durch Verstümmelung; es wurden ihm die Hände und die Füße abgehackt und die Augen mit glühendem Eisen ausgestochen, und erst, als ihm auch noch die Zunge herausgeschnitten werden sollte, entlockten ihm die Vorbereitungen etwas wie einen Protest. »Was wollt ihr?« fragte er die Henker. »Ich brauche die Zunge noch, um beten und Allah lobpreisen zu können, solange ich lebe.« Der Protest war erfolglos, doch darf als sicher angenommen werden, daß er nur wenige Minuten stumm zu beten brauchte, bis ihn Asraël, der Engel des Todes, erlöste. Die Haltung des Mannes Abd ar Rahman, des Sohnes eines gewissen Muldjam, die uns kaum vorstellbar und auch in Gedanken nur schwer nachzuvollziehen ist, sollte man sich merken; sie ist gezeichnet von der in den gläubigen Moslems lebenden unerschütterlichen Überzeugung, daß das Leben auf dieser Welt nichts ist als eine Pilgerfahrt ins Paradies, in das der Rechtgeleitete gelangt, der auf Allahs Wegen über die Erde schreitet. Das wahre Leben beginnt für ihn mit dem Tode, und das gute Ende liegt jenseits der sichtbaren Welt.

Betrachtet man diese sichtbare Welt des Dar ul Islam im Zeitpunkt des Todes des rechtgeleiteten Kalifen Ali, so vermißt man die Fragestellung nach dem »besten Moslem«, die vor noch nicht einmal dreißig Jahren nach dem Tode des Propheten die Nachfolgeschaft entschied und seither nach dem Tode jedes Kalifen die maßgebliche Rolle spielte. Wäre nun überhaupt eine Frage gestellt worden, so hätte sie gelautet: »Wer ist der mächtigste Moslem?« – und das ist ein erheblicher Unterschied. Die Fragestellung erübrigte sich jedoch: Moawija fand als Kalif unwidersprochene Anerkennung – nur Kufa hielt sich zurück.

Und das bedeutet, daß sich die entscheidenden Strukturen des islamischen Gesellschaftskörpers verändert hatten: Aus dem aus theokratischen und aus demokratischen[15] Elementen zusammengesetzten integrierten sozialen Gebilde in Medina war eine aristokratische Gesellschaft geworden, in der die mächtigen Adelsfamilien das Wort führten, und zwar als Stellvertreter des Propheten, so daß das theokratische Element nicht verlorengegangen ist, wenngleich es unbestreitbar einen Bedeutungsverlust hinnehmen mußte.

Das Aufkommen eines »islamischen Adels« im Sinne einer bevorrechteten Schicht, die sich durch
- Lebensführung,
- vermehrte Einflußnahme auf die gesellschaftliche Willensbildung und
- Einkommen ohne einkommensauslösende Tätigkeit, für welche unser Begriff »Arbeit« zu eng gefaßt ist,

auszeichnete, in welche die Aufnahme nur auf Grund verwandtschaftlicher Beziehungen möglich war, ist die – für den Kalifen Omar kaum vorhersehbare – Folge der Einführung des Diwan[16], der den Moslems aus dem sassanidischen Ämterwesen eben damals bekanntgeworden ist. Diwan bedeutet ursprünglich »Liste« oder »Zusammenstellung« und wurde genau in diesem Sinne als Basis einer schriftlichen, bürokratischen Verwaltung von Omar für das Kalifat übernommen. Sein Diwan war die Zusammenstellung der
- Einnahmen und
- Ausgaben

des Hofes. Rechtlich hatte sich an ihnen seit Mohammeds Zeiten nichts geändert, in der Effektivität aber hatten sich erhebliche Verschiebungen ergeben, die nun ihren Niederschlag fanden.

Die Einnahmen, die jetzt schon erhebliche Summen betrugen, was sicherlich ein Hauptgrund für die schriftlichen Aufzeichnungen war, ergaben sich aus den traditionellen Quellen »Beuteanteile« und »Kopfsteuer« der Nichtmoslems, wozu gelegentliche Ehrengeschenke anderer Höfe kamen, was folgende einfache Darstellung ergibt:

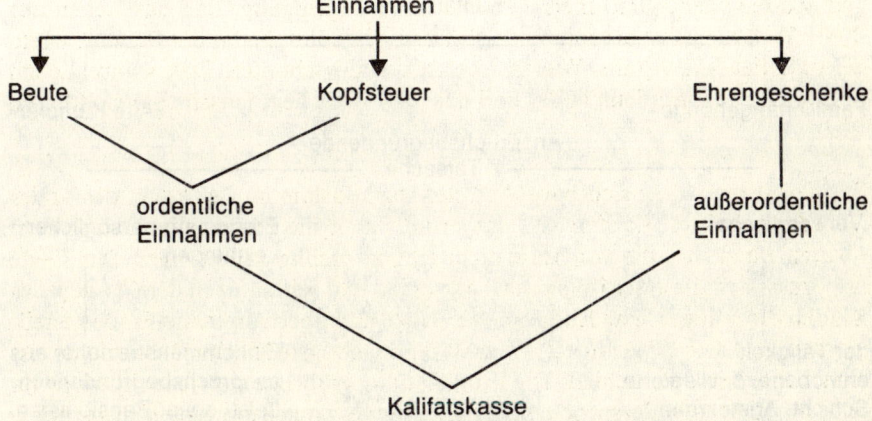

Zu Mohammeds Zeiten war der Großteil der Eingänge dazu verwendet worden, den armen Fluchtgefährten des Propheten den Lebensunterhalt zu sichern. Nun war durch die erfolgreiche Kriegführung eine allgemeine Prosperität, die zwar sicherlich regionale Schwankungen aufwies, eingetreten, die aber doch das ursprüngliche Flüchtlingselend des medinensischen Exils überwand. Arme Muhadschirun gab es also nicht mehr, zumindest nicht in nennenswerter Zahl, und diesen die Existenz zu ermöglichen, war weiter nicht problematisch; dies hatte zur Folge, daß aus den in der Sure al Anfal genannten »Verwandten des Propheten«, unter denen ursprünglich die der Annahme seiner Lehre wegen Geflohenen[17] zu verstehen waren, nun sukzessive seine Blutsverwandten, seine Familienangehörigen wurden, wobei die ursprünglich armen Fluchtgefährten nicht vergessen wurden. Die Muhadschirun wurden nun keineswegs gleich behandelt, sondern nach ihren Leistungen für die rechtgeleitete Gemeinde; bezugserhöhend waren vor allem kombattante Aktivitäten, an denen der Moslem teilgenommen hatte, und Gerhard Konzelmann, der heute als der »intimste Kenner Arabiens« im deutschsprachigen Raum gilt, unterzieht sich der Mühe, die daraus entstandenen Bezüge in zeitgenössische Währung umzurechnen; die von ihm ermittelten Werte werden hier ohne Nachprüfung übernommen. Nach ihm erhielt

- ein Muhadschirun ohne nachfolgende besondere kombattante Leistung 10 000 DM im Jahr,
- ein Muhadschirun, der an der Schlacht von Badr teilgenommen hatte, aber 60 000 DM,
- wogegen die nicht wiederverheiratete Witwe eines Muhadschirun 5 000 DM, also 50 Prozent seiner Jahresrente, bekam.

Die Blutsverwandten des Propheten, die sich alle an die Krippe drängten, erhielten nach dem Verwandtschaftsgrad ihre Bezüge bemessen; nach Konzelmann gab es dabei bis zu 100 000 DM pro Jahr.

So gelangt man, stellt man auch die Ausgabenseite in einfacher Zeichnung dar, zu folgendem Schema:

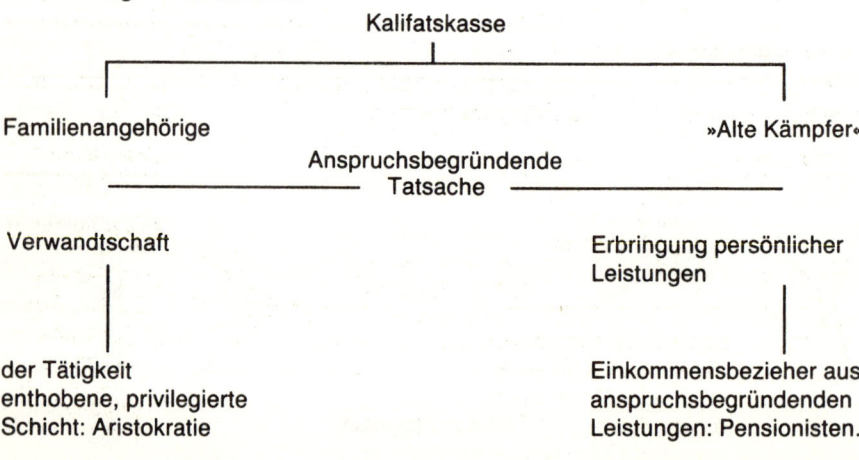

Kalifatskasse

Familienangehörige   »Alte Kämpfer«

Anspruchsbegründende Tatsache

Verwandtschaft   Erbringung persönlicher Leistungen

der Tätigkeit enthobene, privilegierte Schicht: Aristokratie   Einkommensbezieher aus anspruchsbegründenden Leistungen: Pensionisten.

Zur Zeit Omars waren neben die »Verwandten des Propheten« im Sinn seiner Familienangehörigen die Verwandten des ersten Kalifen getreten und wohl auch seine eigenen Verwandten, doch ist das letztere nicht gewiß. Abu Bekr und Omar waren – wie Mohammed selbst – schlichte und einfache Männer; ihre Familien waren klein oder spielten aus anderen Gründen keine politische Rolle wie die Haschemiten, als deren Oberhaupt sich Ali nun scharf profilierte.

Mit dem Kalifat Osmans wurde, wie bereits gesagt, die Familie der Omaijaden, die sich bis vor nicht einmal zwanzig Jahren durch erbitterte Moslemverfolgung hervorgetan hatte, in

- die wichtigsten Staatsämter geschleust und
- die Liste der »Verwandten« des Kalifen, der selbst zweifacher Schwiegersohn des Propheten war, aufgenommen.

Nun ist zu bedenken, daß die Staatseinnahmen »Nettoeinnahmen« im Sinne heutigen Sprachgebrauchs waren:

- die 20 Prozent Beuteanteile wurden von den beutemachenden Feldherren bestimmt und nach Medina gesandt;
- die Kopfsteuer wurde von den Provinzstatthaltern eingehoben und anscheinend nicht nach einem generellen Prozentsatz, sondern nach einem jeweils festgelegten Schlüssel zunächst für die Provinzialverwaltung verbraucht, der Überschuß aber an die Reichszentrale weitergeleitet;
- die Ehrengeschenke wurden abzugsfrei nach Medina gestellt.

Eine hinlängliche Kontrolle der Beuteanteile oder Kopfsteuererträge war faktisch nicht möglich, ganz abgesehen davon, daß Osmans Interessenschwergewicht im Glauben, nicht aber in den Staatsfinanzen lag, und so geschah es, daß sich – hinter seinem Rücken – seine Sippenangehörigen zweimal in den »Geldumlauf« einschalten konnten:

- Omaijaden bemaßen als
  □ Feldherrn den Beuteanteil;
  □ Provinzstatthalter den Steueranteil des Staatsschatzes, und
- Omaijaden hatten als Verwandte des Kalifen Anspruch auf Zuwendungen aus dem Staatsschatz.

Überträgt man dies in die zusammengefaßten, mäßig veränderten graphischen Darstellungen, so wird das Folgende sichtbar:

Einnahmen　　　　　　　　　　　　　　　　　　　　　　　　**Ausgaben**

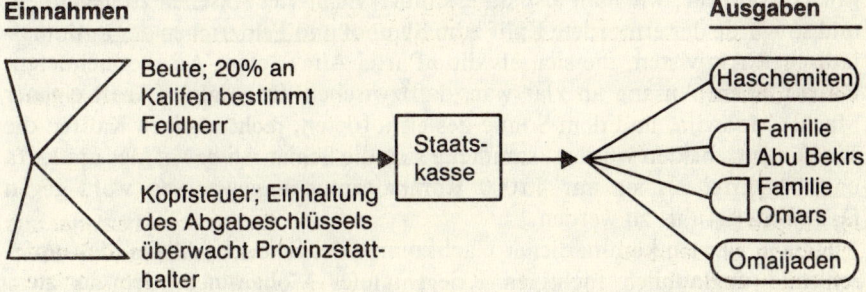

Der Prophet hatte keine männlichen Nachkommen; ein – oder der – Sohn Abu Bekrs war an der Rebellion gegen Osman beteiligt, ohne daß weitere politische Aktivitäten bekannt sind; der Sohn Omars, der in betrunkenem Zustand aufgegriffen wurde, erhielt auf ausdrücklichen Befehl seines Vaters die üblichen achtzig Hiebe mit der schweren Peitsche übergezogen und verröchelte während der Tortur, so daß es sich im Großteil dieser Fälle nur um die Versorgung der Witwen und der weiblichen Nachkommenschaft bis zur Vermählung handelte. Daraus ergab sich bezüglich der Familie des Propheten die Bedeutung der einzig überlebenden Tochter Fatima und ihres Mannes Ali, der selbst ein hochverdienter »alter Kämpfer« war, während die übrigen Haschemiten in den Hintergrund gedrängt wurden. Als Ali das Kalifat erlangte, schienen die Omaijaden in Gefahr, die herausragende Stellung im Gefüge der Gesellschaft zu verlieren und überwarfen sich mit ihm; als Ali tot war, schien diese Gefahr beseitigt, aber die Frage, ob sich die Haschemiten mit den neuen Verhältnissen abfinden würden, war offen. Auf die Meinung jenes Teils der rechtgeleiteten, über den ganzen Orient zerstreuten Gemeinde, der bisher der »harte Kern« der sozialen Integration gewesen war, also der demokratisch-konservativen Kreise in Medina, wurde überhaupt keine Rücksicht genommen; den Omaijaden war die ganze Macht im Staate zugefallen, und so, wie ihre Herrschaft die wesenhaft aristokratische einer privilegierten Familie war, konnte sich nach Lage der Dinge eine konkurrierende Gruppe nur aus der zweiten privilegierten Großfamilie bilden. Sie scharte sich rasch um Alis ältesten Sohn Hassan; sie bestand aus

- zum Widerstand entschlossenen Verwandten und Versippten,
- ihren persönlichen Freunden, Anhängern und allen jenen, die von Ali beschenkt und geehrt worden waren und nun befürchteten, daß ihnen Gaben und Ehren durch die Omaijaden abgenommen würden, und
- den »Demokraten«, die mit der Machtstellung der Omaijaden nicht einverstanden waren, der Auffassung anhingen, daß die Gemeinde der Rechtgläubigen, nicht aber die Stellung in einem bestimmten Familienverband über das Kalifat zu entscheiden habe und die – anfangs zuerst wohl unbewußt – daran gingen, den Teufel durch Beelzebub auszutreiben, denn letztlich war ja auch Hassan durch nichts anderes ausgezeichnet, als daß er der Sohn Alis und Fatimas und damit der Enkelsohn des Propheten war.

Mit Hassan war, wie man alsbald erkannte, nicht viel Ansehen zu gewinnen, und so wurde der ermordete Kalif zum Symbol und Feldzeichen der antiomaijadischen Aktivisten, die sich als die »Partei Ali«, Schiat Ali, bezeichneten. Da von allem Anfang an klar war, daß zwischen dem Kalifen kraft eigener Macht, Moawija, und dem Sohne des ermordeten, rechtmäßigen Kalifen die Waffen entscheiden würden, sammelte sich die Schiat Ali bewaffnet um Kufa und begehrte, als sie auf 40 000 Kombattanten angewachsen war, gegen Damaskus geführt zu werden.

Hassan war ein kümmerlicher Nachkomme des Soldaten Allahs, des tapferen und unglaublich tüchtigen Kriegsmannes Mohammed, dem es zwar schmeichelte, in Kufa als Anführer eines mächtigen Heeres herumzustolzieren, der aber keine Neigung zeigte, den Erwartungen der Männer, die ihn gegen die überwältigende Mehrheit der islamischen Welt zum Kalifen erhoben hatten, zu genügen. »Krieg allein macht nicht glücklich, man muß ihn auch gewinnen«, schien seine Parole zu sein, und da ihm der Ausgang der bewaffneten Auseinandersetzung höchst fraglich dünkte, tat er, unsicher und ängstlich, beinahe alles derart verkehrt, daß er gar nicht gewinnen konnte. Wie einst der Kalif Osman seine Interessen auf religiöse Belange konzentriert hatte, konzentrierte sie der Alide auf seinen Harem, in welchem er außer den mehrfach wechselnden legitimen Frauen eine Unzahl von Lustsklavinnen hielt, wobei nicht ganz sicher ist, ob es siebzig oder neunzig waren, und der Umgang mit diesen strapazierte ihn derart, daß er nicht Zeit und Kraft fand, sich mit den Angelegenheiten der Kriegführung zu befassen.

Erbittert zogen die Männer der Schiat Ali unter der Führung meist selbstgewählter Hauptleute in jeweils ein paar Tausendschaften starken Haufen gegen Moawijas festgefügte Verbände. Die Kleinkriegsoperationen, die sie führten, waren unkoordiniert und ziellos; hier überfielen sie ein Dorf, plünderten es aus; dort überraschten sie eine kleine Heeresabteilung auf dem Marsch oder im Nachtlager, und so waren die Erfolge, die sie anfänglich errangen, billige Eintagsfliegen, die nicht einem strategischen oder auch nur taktischen Konzept entstammten; sie waren daher wertlos. Wo immer sie auf Moawijas kampfbereite Truppen, die sich auf diese Art der Kriegführung sehr rasch einstellten, da der Kleinkrieg ja auch Element ihrer eigenen Kampfweise war, stießen, wurden sie geschlagen und zersprengt, und als sich Hassan letztlich doch bereit fand, unter Mitnahme seiner Haremsdamen mit viel Aufwand ins Feld zu ziehen, stieß sein Stabsquartier auf die zurückfliehenden Reste eines oder mehrerer Kampfgruppen der vorangezogenen Teile. Die Berührung endete damit, daß die erbitterten Krieger ihren Kriegsherrn und obersten Befehlshaber vor den Augen seines weiblichen Gefolges gehörig verdroschen und alsdann ihre Flucht fortsetzten, ohne von den Wachen oder sonst irgend jemand behindert zu werden. Hassan beeilte sich, nach Kufa zurückzugelangen und Kontakte mit dem verlästerten Moawija aufzunehmen.

Die nun folgenden Verhandlungen sind typischer Ausfluß eines aristokratischen Lebensgefühls übelster Prägung, die es ja schließlich auch gibt:
- Hassan verzichtete, noch dazu gleich für die ganze Sippe, auf alle Ansprüche auf das Kalifat, die er im Grunde genommen überhaupt nicht hatte, weil dieses ja bisher nicht erblich war;
- Moawija leistete eine enorme Abschlagszahlung, nach Konzelmann etwa zehn Millionen Mark, und verpflichtete sich, Hassan die jährlichen Zahlungen aus der Staatskasse, auf die er bisher Anspruch hatte, vermutlich erheblich vermehrt, weiterhin zu gewähren.

Und nun war es geschehen:
Die entscheidende Stellung an der Spitze des Dar ul Islam war Gegenstand

rechtsgeschäftlicher Verfügung zwischen den Oberhäuptern mächtiger Adelsgeschlechter geworden.

Das Kalifat war damit seiner öffentlich-rechtlichen Funktion zwar nicht entkleidet worden, aber diese war die Folge eines privatrechtlichen Geschäfts, das ohne jede Bedachtnahme auf staatliche Interessen oder das geltende islamische Gewohnheitsrecht abgeschlossen worden war.

Hassan zog sich, seines in seinen Augen höchst klugen und verdienstvollen Vorgehens froh, etwa sechs Monate nach dem Tode seines Vaters mit Harem und Vermögen nach Medina zurück und gedachte, dortselbst ein langes Leben als arabischer Playboy, umgeben von Luxus und prachtvollen Haremsdamen, zu führen, war aber den damit verbundenen, wenngleich überaus vergnüglichen Anstrengungen auf die Dauer nicht gewachsen. Schon in kurzer Zeit verschied er nach heftigem Liebesspiel im Gemach seiner schönen Favoritin Asma, und bald danach kam das kaum glaubhafte Gerede auf, sie habe ihn im Auftrag des Kalifen vergiftet.

Aber Moawija hatte wohl andere Sorgen, als den für ihn nicht nur unschädlichen, sondern sogar nützlichen Haschemitenführer ins Paradies zu befördern, während dessen Lebenszeit er keinen weiteren Angriff der Schiat Ali zu befürchten hatte: Seine Heere stießen bis über den Oxus, den heutigen Amudarja, vor, erreichten den indischen Subkontinent und unterwarfen die ganze ostiranische Landmasse zwischen dem Kaspischen Meer, dem Aralsee und dem Indusdelta. Im Westen wurde die Expansion über Ägypten hinaus fortgesetzt, und die Cyrenaica und Tripolitanien wurden islamisiert. Um 670 wurde bereits die Lagerstatt Quairawan → Kairuan als Angriffsbasis für die Fortführung der Offensive in Richtung Nordwesten gegründet. Indes, so glanzvoll auch die Operationen der auf Pferden und Kamelen beritten gemachten Moslems waren, sie waren doch nichts als die Wiederaufnahme der zu Osmans und Alis Zeiten beinahe eingestellten traditionellen Kriegführung; Moawija blieb aber dabei nicht halten, sondern schuf ein gänzliches Novum – islamische Flotten, mit denen er Einfälle auf Zypern wagte, wo sich arabische Brückenköpfe auch über längere Zeitspannen halten konnten, und mit denen er vor allem den Versuch machte, Byzanz zu erobern, wovon in den Anmerkungen 1 und 3 der Einführung bereits die Rede war. Maritime Aktivitäten sind für dieselbe Zeitspanne im Persischen Meerbusen und über die Straße von Ormuz hinaus bis zur Indusmündung mit hoher Wahrscheinlichkeit anzunehmen, doch könnten diese auch rein ökonomischer Natur gewesen sein.

Als der grundvernünftige, tüchtige und in seiner Art sicherlich bewundernswerte Moawija 680 starb, war es die geradezu notwendige Folge der nunmehr rund zwanzig Jahre zurückliegenden Ereignisse, daß sein Platz von seinem Sohne Jesid eingenommen wurde – das Kalifat war endgültig eine erbliche Würde geworden, und die aristokratische Familie der Omaijaden etablierte sich als erste islamische Dynastie.

Erhob sich nirgends ein Widerspruch?

Doch, er erhob sich; des sexbeflissenen Hassan Bruder Hossein, Alis jüngerer Sohn, der auf die Nachricht von Moawijas Tod von Medina nach Mekka eilte, um den Treueid auf den neuen Kalifen, der von ihm ausdrücklich gefordert worden war, zu entgehen, empfing dort mehrere Gesandtschaften der Bewohner von Kufa, die ihn aufforderten, zu ihnen zu kommen, um mit ihrer Hilfe das Kalifat zu erlangen. Hossein besann sich der nun schon altislamischen, demokratischen Tradition und machte seine Zustimmung von einer Art Volksbefragung oder Volksabstimmung abhängig, die unter den Kufanern durchzuführen war, und war höchst überrascht, als er nach angemessener Frist eine Namensliste von Männern aus Kufa erhielt, die ihn baten, zu ihnen zu kommen und ihr Kalif zu werden: Sie war einhundertfünfzig (!) Seiten lang und enthielt viele tausend Namen.

Nun machte sich Hossein, nachdem er noch einen Vetter als Späher nach Kufa vorausgesandt hatte, der ihn im Falle drohender Gefahr durch eine für möglich gehaltene Lageänderung warnen sollte, auf den Weg; die Lebensart seines Bruders hatte doch insoweit auf ihn abgefärbt, als er seinen Harem mit Putz und Prunk mit sich führte, aber nur zwei- oder dreihundert Bewaffnete.

In Kufa hatte sich indessen ein Wechsel in der Statthalterschaft ergeben; an die Stelle des sanften und gerechten Numan ibn Beschir war der harte und finstere Obeide Allah ibn Siad getreten, der seine Herrschaft damit begann, daß er

- Hosseins Vetter, dessen Versteck er bald fand, in höchst spektakulärer Weise öffentlich hinrichten ließ,
- die Anhänger des Aliden zu Hochverrätern erklärte, die Männer der Schiat, die bekannt waren, einsperren ließ und alle, die sich als kalifentreue Moslems zeigen wollten, aufforderte, weitere Namen von Hosseins Anhängern anzugeben, und
- durch rigorose Überwachung des Gebietes um die Stadt dafür sorgte, daß Hossein von dem Geschehen keine Kenntnis erhielt.

Der wollte bei Kerbela den Euphrat erreichen und lief dort in die von starken Verbänden der omaijadischen Truppen errichtete Falle. Der Durchbruch zum Fluß und damit zum Wasser war durch die feindliche Übermacht unmöglich, der Rückzug in die Wüste wegen des Wassermangels, und es wiederholte sich die Lage von Badr, allerdings mit der erheblichen Verschärfung, daß nunmehr die das Wasser besetzt haltenden Kräfte den vom Wasser ausgesperrten vielfach überlegen waren. Hossein, der ein durchaus klarsichtiger Mann war, erkannte, daß die Würfel gegen ihn gefallen waren, nahm Kontakt zum Befehlshaber der Kalifatstruppen auf und bot ihm den Kompromiß an, der die optimale Lösung der Problematik darstellte: Er wollte

- dem Kalifen in feierlicher Form huldigen,
- der Schiat Ali vorbehaltlose Kooperation mit der omaijadischen Regierung empfehlen und

– mit seinem Gefolge nach Mekka zurückgehen, um sich dort im Schatten der Kaaba für Lebensdauer aufzuhalten, jeder politischen Tätigkeit zu enthalten und seine Tage in frommen Betrachtungen zu verbringen.

Der omaijadische General sah diesen Vorschlag als akzeptierbar an, war aber nicht berechtigt, derartige Vereinbarungen zu schließen und sandte einen Kurier nach Kufa, um die Weisung seines unmittelbaren Vorgesetzten einzuholen. Das war völlig korrekt, doch die Geschichte wäre anders verlaufen, hätte er mit Rücksicht auf die Bedeutung der Sache auf den Dienstweg gepfiffen und den Hof um Weisung ersucht. Denn Obeide Allah bestand auf Hosseins bedingungsloser Kapitulation und seiner Gefangensetzung; etwaiger Widerstand war mit Waffengewalt zu brechen. Seine Entscheidung fand, wie ausdrücklich betont sei, nicht die Billigung des Kalifen, allein da war es zu spät, die Dinge konnten nicht mehr ungeschehen gemacht werden.

Nachdem Hossein an dem auf sein Angebot folgenden Tag von der in Kufa ergangenen Entscheidung in Kenntnis gesetzt wurde, erklärte er, den Tod der Annahme von Obeides Forderung vorzuziehen und befahl den Seinen, sich gefechtsbereit zu machen. Er glich in diesen Stunden überraschend dem tapferen Ostgotenkönig Teja, der die Reste seines Volkes und Heeres am Vesuv zum letzten Widerstand gesammelt hatte und, nachdem er wunderbare Proben seines Mutes und seiner herausragenden Geschicklichkeit als Einzelkämpfer vollbracht hatte, der feindlichen Übermacht erlag. Bei gleicher auswegloser Gesamtsituation war Tejas taktische Lage insofern günstiger, als er das zerklüftete Gelände für seine Kampfführung ausnützen konnte; Hossein hatte nichts dergleichen, seine kleine Truppe war offen wie auf einem Präsentierteller dem feindlichen Zugriff preisgegeben.

Vor dem Beginn des Kampfes hielt der Enkel des Propheten eine längere Ansprache, in der er sein ja nun in der Tat besseres Erbrecht seinen Männern und dem Feinde darlegte, was der augenscheinliche Versuch war, die Kalifatstruppen auf seine Seite herüberzuziehen, doch blieb er damit erfolglos. Der Kampf selbst war ein blutiges Gemetzel, in dem sich Hossein mit gleicher Heldenhaftigkeit schlug wie der Gotenkönig ein rundes Jahrhundert vor ihm. Als er endlich fiel, wies sein Leichnam siebenundsechzig Wunden – vierunddreißig von Säbelhieben, dreiunddreißig von Pfeilschüssen – auf. Sein Haupt wurde abgeschlagen und dem Kalifen überbracht.

Die Schiat Ali ging in den Untergrund, hatte nun einen echten, bedauerten und bewunderten Märtyrer, und aus der Geschichte seines Todes erwuchs die endgültige Spaltung der Moslems in Schiiten und Sunniten, die anhält bis auf den heutigen Tag. Zum ursprünglich juristischen Streit über die Legitimität der Machtausübung gesellten sich im Lauf der Entwicklung religiöse Differenzen, auf die hier nicht näher eingegangen werden kann, die aber entscheidend dazu beitrugen, die entstandene Kluft zu einer allem Anscheine nach unüberbrückbaren zu machen. Das nahezu paradox Anmutende des Beginnes der Glaubensspaltung ist, daß die Sunniten nun aber keineswegs den Herrschaftsanspruch der Omaijaden bejahen, deren Andenken vielmehr generell verteufelt wird.

Das zeigte sich übrigens noch gegen Ende der kurzen Regierungszeit Jesids (680–683), als in Mekka ein Aufstand gegen ihn ausbrach, mit dem die Schiat Ali nichts zu tun hatte: Abd Allah ibn Zubair, der Enkel des ersten Kalifen, der ein frommes und zurückgezogenes Leben geführt und an einigen Feldzügen teilgenommen hatte, stand an seiner Spitze. Der Aufstand wurde getragen von den konservativen Demokraten des Hedschas und zielte darauf ab, den Staat auf jene Form zurückzuführen, die der Prophet geschaffen hatte und war also, um es in unser nicht ganz zutreffendes Vokabular zu übertragen, freiheitlich-reaktionär. Jesid raste vor Zorn und sandte seine Armee; er unterstellte sie dem Befehl des Amr ibn Zubair, des Bruders des Rebellenführers, der zu seinen bewährten Heerführern zählte: Abd Allah ibn Zubair schlug sie, nahm seinen Bruder gefangen und stellte ihn gefesselt auf dem Marktplatz von Mekka aus, bis er starb. Der Erfolg ließ Medina auf die Seite der Mekkaner treten, und Abd Allah ibn Zubair wurde von seinen Mitrebellen als Kalif behandelt; die Anhänger des Omaijaden flohen aus dem Hedschas.

Jesid schickte eine neue Armee, deren Führung dem alten und kranken Moslem Ibn Okba auf sein eigenes Ersuchen hin anvertraut wurde. Er eroberte Medina und zwang nach dreitägiger Ausplünderung die Überlebenden, Jesid erneut zu huldigen, und zwar in einer neuartigen Formel, in welcher der Kalif als absoluter Herr über Leben und Vermögen seiner Untertanen bezeichnet wurde. Es entsprach dem »dynastischen Interesse«, daß diese Formel nun als Huldigungsformel üblich wurde: Der Kalif war damit nicht nur erblicher, sondern auch absolutistischer Beherrscher des Dar ul Islam.

Bei Fortführung der Operation starb Moslem ibn Okba, doch hinderte dies den Angriff auf Mekka nicht. Abd Allah wehrte sich verzweifelt, die Belagerer setzten die mitgeschleppten Ballisten ein, verschossen Brandgeschosse offenbar byzantinischer Machart – das berühmte »griechische Feuer« – und lösten damit eine Feuersbrunst aus, die auch die Kaaba verwüstete. Dieser Frevel fand umgehend seine Strafe: Jesid starb zur selben Stunde, oder am selben Tag, oder in der darauffolgenden Nacht in Damaskus, und als die Nachricht von seinem Tode im Heerlager eintraf, zogen seine Truppen ab. Abd Allah hatte sich neuerlich behauptet und er hielt sich als Gegenkalif bis in die Regierungszeit des Omaijaden Abd al Malik (685–705). Nach seinem Tod wurde der Hedschas wieder mit dem damascener Kalifat vereinigt; der Streit um die Vererblichkeit des Kalifats verlagerte sich nun auf die Ebene der wissenschaftlichen Diskussion, und der hochangesehene Gelehrte Said ibn al Mossajeb erhob in Medina seine Stimme und forderte die Rückkehr zum islamischen Recht durch freie Kalifenwahl. Der omaijadische Statthalter von Medina ließ ihn öffentlich auspeitschen, berichtete nach Damaskus und erhielt vom Hof einen ungnädigen Rüffel; nicht auszupeitschen, sondern zu enthaupten sei Said gewesen, und im Wiederholungsfall sei in diesem Sinne vorzugehen.

Und nun gingen auch die Konservativen im Hedschas, die als die geistigen Väter der Sunna angesprochen werden dürfen, in den Untergrund. Und Macht und Pracht der Omaijaden entfernten sich immer weiter von den moralischen, rechtlichen und letztlich auch religiösen Grundlagen der Lehre Mohammeds.

Die ganze Dynastie der Omaijaden wird in der folgenden Zusammenstellung aufgeführt; die Einzelheiten der Periode, insbesonders die einzelnen Phasen der Expansion, sind für diese Untersuchung ohne Belang und bleiben unerwähnt mit Ausnahme des Übergreifens nach Spanien; die Hauptstadt war durchgehend Damaskus, das Schwergewicht des Reiches lag in Syrien.

661–680 Moawija I.

680–683 Jesid I.

683–684 Moawija II.; er wurde von der eigenen Sippe ermordet

684–685 Marwan I.

685–705 Abd al Malik

705–715 Welid I.; sein Feldherr Tarik landete mit 10 000 Mann am 1. Mai 711 in Spanien, das sie Andalus nannten, bei Gibraltar, das eine verbalhornte Form von Dschebel al Tarik → der Berg des Tarik, ist, und besiegten die Westgoten unter ihrem König Roderich in der Schlacht bei Xeres de la Frontera.

715–717 Soliman

717–720 Omar, als Kalif II.

720–724 Jesid II.

724–743 Hischam

743–744 Welid II.

744　　　Jesid III.

744–750 Marwan II.

Während der Regierungszeit Hischams drangen die Moslems, die Spanien bis auf ein paar kleine Fürstentümer in den unzugänglichsten Gebirgsgegenden an der Atlantikküste besetzt und sich dort auch häuslich niedergelassen hatten, wiederholt über die Pyrenäen vor und plünderten das Frankenreich im Osten bis zur Rhone, im Norden bis zur Garonne nach Herzenslust aus. 732 trat ihnen Karl Martell bei Tours und Poitiers entgegen und schlug sie schwer, und wenn damit gelegentliche Raubzüge für die Zukunft auch nicht verhindert werden konnten, so war doch der Expansion in Europa ein Endpunkt gesetzt. Von 732 an lief die Uhr gegen weitere Eroberungsgelüste der Moslems:

- in Europa entwickelten sich die ersten Ansätze des Karolingerreiches als Antwort des westlichen Christentums auf die Herausforderung der islamischen Aggression;
- in Syrien aber zersplitterte die Macht der omaijadischen Dynastie, die nicht nur unfähig war, die am fernen Westrand des Mittelmeerraumes operierenden Heere zu unterstützen, sondern die bald schon derartige Verschleißerscheinungen zeigte, daß es ihr unmöglich war, im nahen Mesopotamien stabile Verhältnisse zu erhalten.

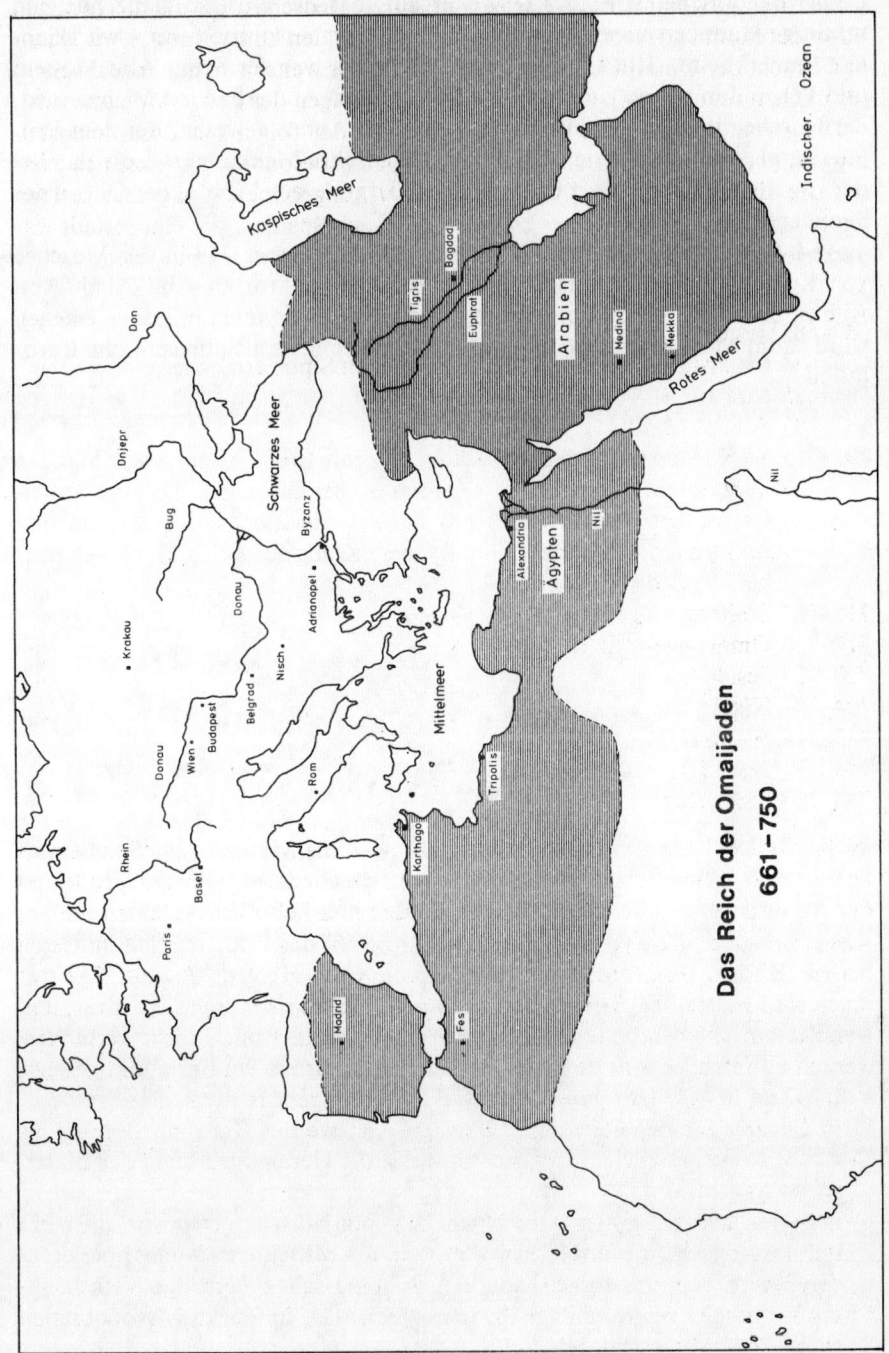

Das Reich der Omaijaden
661–750

83

Denn von dort her stieg das Unwetter auf, das das einst so glänzende und mächtige Haus zerschmettern sollte. Zentrum der Revolution war – wie konnte es anders sein – Kufa, Führer der Revolution war der Schiit Abu Moslem und Verbindungsglied zur Familie des Propheten Abd Allah ibn Mohammed, der Haschemit. Sein Großvater war jener Ibn Abbas gewesen, der dem Propheten, als dieser das erste Mal nach der Hedschra Mekka betrat, die Familie der Haschemiten zugeführt hatte, und sein Urgroßvater Abbas, der Oheim des Propheten.

Abd Allah ibn Mohammed wurde am 28. November 749 in der Moschee von Kufa zum Kalifen ausgerufen; er nannte sich fortan Abd Allah Abu Abbas, und die Einbeziehung des Namens seines Vorvaters in seinen eigenen wurde zum Markenzeichen des ganzen Unternehmens als abbasidische Revolution.

4. Kapitel:
Der Abbasiden Glanz und Elend

Die militärische Entscheidung fiel fast auf den Tag genau zwei Monate nach der Ausrufung des Gegenkalifen in der Schlacht am Großen Zab, in der am 25. Januar 750 die omaijadische Armee eine vernichtende Niederlage erlitt. Eine Woge von Blut ergoß sich über Syrien und zertrümmerte die Herrschaft der Familie des alten Moslemfeindes Abu Sofijan und seiner Gemahlin Hind, und die Schiat Ali nahm grausame Rache für das echte und das vermeintliche Unrecht, das Ali und seinen Söhnen angetan worden war. Damaskus, der strahlende Mittelpunkt des omaijadischen Kalifats, ward nun der Sitz der Standgerichte der Revolution, deren Funktionsweise durch ihre Zielsetzung vorgezeichnet war: Tod den Omaijaden, Tod ihren Generälen und Großwürdenträgern, Tod ihren persönlichen Freunden und allen jenen ihrer Anhänger, die durch Bildung und Vermögen hervorragten. Wer minder belastet war, konnte mit jahrelanger Einkerkerung und Vermögensverfall davonkommen, und Gnade konnte erwarten, wer blitzartig die Front wechselte, seine Freunde von früher verriet, die Argumente, die das bisherige System als verbrecherisch anprangerten, kritiklos übernahm und lauthals verkündete und Milde und Kraft des neuen Herrschers gekonnt und permanent lobpreiste. O ja, man verstand es schon damals, die guten Schafe von den bösen zu scheiden, und wenn letzten Endes auch die guten gehörig geschoren wurden, so lag das durchaus in der Natur der Sache: Der neue Kalif brauchte ihre Wolle, um seine antiomaijadischen Aktivisten gehörig ausstatten zu können.

Marwan II. verlor mit seinen letzten Getreuen beim Versuch, in Ägypten eine konterrevolutionäre Regierung zu bilden, sein Leben. Wenngleich die Zahl jener, die durch die abbasidische Revolution ein blutiges Ende fanden, mit etwa 600 000 – eine Zahl, bei deren Nennung wohl darauf hingewiesen werden muß, daß sie durch Schätzung ermittelt wurde – angegeben wird, so war doch mit ihrer Tötung die Erinnerung an die Großtaten der enthobenen Dynastie nicht mit der von den neuen Machthabern gewünschten radikalen Totalität beseitigt. Die abbasidische Propaganda begann daher einen Diffamierungsfeldzug gegen die eigene islamische Geschichte, dessen sichtbarer Höhepunkt die Schändung der Grabstätten der früheren Kalifen war, deren Leichen, sofern sie zu derartigem Gebrauche noch taugten, aus den Gräbern gezerrt und in Damaskus schimpflich aufgehängt wurden.

Damit schien sich der Terror erschöpft zu haben; Abu Abbas, der sich den Beinamen Saffah, der Blutige, schon redlich verdient hatte, verkündigte nun den Generalpardon für die Angehörigen und Anhänger der verfolgten Familien und lud alle Omaijaden, die ihr Leben durch Flucht in geheime Verstecke und Anonymität gerettet hatten, zu einer großen Versöhnungsfeier in den Kalifenpalast, der vormals der ihre, nun aber der seine war. Achtzig Omaijaden leisteten der Einladung Folge, achtzig Omaijaden trauten dem Wort des neuen Beherrschers der Rechtgläubigen – und achzig Omaijaden wurden als seine Gäste von seinen Revoluzzern auf seinen Befehl erschlagen. Ihre Leichen wurden den Straßenkötern zum Fraße vorgeworfen...

Ein Omaijade aber entkam dem schaurigen Gemetzel; er hieß Abd ar Rahman, wie der Fluchtgefährte des Propheten, der auf einer Missionsreise den Märtyrertod erlitt, und wie der Charidschite, der Ali in Kufa niedergestochen hatte. Abd ar Rahman gewann mit Hilfe der Berber 756 die Herrschaft über Cordoba im fernen Andalus, wo er ein selbständiges Emirat begründete, das der erste Moslemstaat außerhalb der Grenzen des Kalifenreiches war, und realisierte damit einen für die früheren Generationen unvorstellbaren Gedanken: Unter ihm und seinen Nachfolgern breitete sich das Emirat über den ganzen islamisierten Teil Spaniens aus, und Abd ar Rahman III. nahm 929 den Titel des Kalifen an. Vom spanischen Kalifat wird später die Rede sein; die Verselbständigung von Andalus hier aufzuführen erweist sich jedoch als unerläßlich, um verstehbar zu machen, wieso es geschehen konnte, daß um 800 Karl d. Gr. einerseits Krieg in Spanien führen, andererseits aber diplomatische Kontakte zum abbasidischen Kalifen unterhalten konnte, was sich als Folge des Zerfalls der politischen Einheit, die wiederum die Folge der Zerstörung der Einheit des Glaubens ist, erkennen läßt.

Der Sieg der Schiat Ali, der mit dem Siege des Abu Abbas verbunden war, führte nur zu vorübergehender Machtausübung. Abu Abbas fand bereits 754 seinen frühen Tod, und sein Bruder Mansur Abu Dschafar, der ihm nachfolgte, beendete die Regierungskoalition, indem er zunächst einmal den siegreichen Revolutionsführer Abu Moslem, nachdem er ihn zum Statthalter in Chorasan ernannt und damit des Oberbefehls über die Armee in höchst ehrenvoller Weise enthoben hatte, ermorden ließ. Seine Hoffnung, die führerlos gewordene Schiat zu einer spontanen Reaktion provozieren zu können, erfüllte sich nicht; die Adelssippe der Aliden, nun von einem gewissen Abd Allah ibn Hassan ibn Hassan ibn Ali geführt, blieb in Anerkennung der militärischen Überlegenheit des Kalifen ruhig. Mansur, der indessen die Residenz von Damaskus nach Kufa verlegt hatte, lud Abd Allah und seine Söhne zum Versöhnungsfest ein. Der Einladung leistete aber nur der Vater Folge, nicht die Söhne, die der den Omaijaden gegebenen Versöhnungsfeier gedachten. Abd Allah wurde in Kufa gefangengenommen und im Keller des früheren Statthalterpalastes eingemauert, worauf sich seine Söhne Mohammed und Ibrahim in den Hedschas zurückzogen und eine Armee sammelten, die angeblich gegen eine Million Mann stark gewesen sein soll.
Nach einigen Verhandlungen, in denen es um die Frage besseren Erbrechts ging – die Aliden beriefen sich auf die direkte Abstammung von Fatima, der

Abbaside auf seine Zugehörigkeit zur Familie der Haschemiten – entschieden die Waffen; die Aliden wurden geschlagen und fielen in der Entscheidungsschlacht, und der Kalif baute seinem erfolgreichen General Isa → Jesus einen prunkvollen Palast und überhäufte ihn mit Ehren. Da sich Mansur jedoch sagte, daß mit derlei Kinkerlitzchen die Dankbarkeit gegenüber dem Retter der Dynastie nicht erschöpft sein könne, trug er dafür Sorge, daß für Isa der Weg ins Paradies nicht nur verschönt, sondern auch verkürzt wurde: Fundamente aus Salz trugen die Säulen seines Palastes, und ein verborgenes Kanalsystem konnte in genau berechneter Zeit soviel Wasser zuführen, daß das Salz weggeschwemmt wurde. Und eines Nachts, als der Kalif den Feldherrn mit Familie und Freunden im Palast versammelt wußte, erteilte er die entsprechenden Anweisungen, und noch vor Tagesanbruch machte sich Isa mit Verwandten, Gästen und Hausgesinde auf den Weg zu den himmlischen Gefilden.

Diese Art der Belohnung treuer Dienste war eine Novität im Dar ul Islam, und sie blieb für die erste Periode der abbasidischen Herrschaft, die etwa ein Jahrhundert dauerte, kennzeichnend. Dann nahmen die Kommandeure der Gardetruppen die Macht in die eigenen Hände, und die Militärdiktatur stellt die zweite Periode des abbasidischen Kalifats dar; danach erwuchs dem Kalifen eine schiitische »Schutzherrschaft« in der Familie der Bujjiden, die wiederum von den sunnitischen Seldschuken Togril Begs abgelöst wurde, worüber später gesprochen werden wird. Mit unterschiedlicher Herrschermacht hielten sich die Abbasiden in Mesopotamien bis 1258, also mehr als ein halbes Jahrtausend. Sie stellten insgesamt siebenunddreißig Kalifen, von denen neunzehn – das heißt mehr als die Hälfte – gewaltsam enthoben wurden;
- fünfzehn ermordet,
- drei vom Thron gestoßen und geblendet, und
- einer lediglich abgesetzt.
Das von den Omaijaden installierte Sozialsystem wurde en bloc übernommen und auf die Bedürfnisse der neuen Herrschaft zurechtgeschneidert, was sicherlich erstaunlich ist, wenn man bedenkt, mit welch elementarem Vernichtungswillen das omaijadische Regime bekämpft wurde. Selbst die Grundsteuer, deren Einführung die Hauptursache für die zuletzt weitverbreitete Unzufriedenheit mit den Omaijaden war, erhielt sich, weil der Staatsapparat, der nun schon recht aufwendig geworden war, nicht ohne deren Erträgnisse finanziert werden konnte. Dem Prinzip der Steuerfreiheit für Rechtgläubige begegnete man mit dem Argument, daß der Boden nicht rechtgläubig werden könne, auch wenn er Eigentum der Gemeinschaft der Moslems sei, und daß der Nutzungsberechtigte die den Boden treffenden Leistungen zu erbringen habe. In Wahrheit aber war nach der Rechtslage die Grundsteuer eine Art von Pachtzins, den der Nutzungsberechtigte dem Eigentümer, dem durch den Kalifen repräsentierten islamischen Kollektiv, leisten mußte. Die Bodenbewirtschaftung selbst erfolgte entweder durch
- Staatsgüter, also Domänen, die ganz einfach aus dem reichsrömischen System übernommen worden waren, oder durch

- Katais (auch Khatai, Quatai u. ä.), verdienten Moslems in einer Art Erb-pacht übertragene Güter.

Der Inhaber eines Katai war nur zur
- Bewirtschaftung des Gutes und
- Bezahlung der festgesetzten Abgaben

verpflichtet. Hier liegt der regelmäßig übersehene Unterschied zum abendländischen Lehensgut, mit dem es gern und nicht ganz zutreffend verglichen wird. Der Empfang eines Lehens verpflichtete den Lehensmann zu genau umrissenen Leistungen gegenüber dem Lehensherrn, dem er insbesonders Waffendienst zu erbringen hatte; die privatrechtliche Nutzung des Lehensgutes war die Pauschalentlohnung für die Erfüllung der – um es in heutigen Kategorien auszudrücken – öffentlich-rechtlichen Pflichten. Derartige Pflichten trafen den Kataibesitzer nicht; mit den Agenden der Staatsverwaltung hatte er im Gegensatz zum Belehnten nichts zu tun, und seine Wehrpflicht resultierte aus seiner Glaubenszugehörigkeit, nicht aber aus der Inhaberschaft des Katai. Da die Erfüllung der Wehrdienstpflicht ihm die Erfüllung der Bewirtschaftungspflicht wenn nicht unmöglich machte, so doch sehr erheblich erschwerte, wurden in den Gutsverwaltungen mit Vorliebe nichtmoslemische Schriftbesitzer, anders gesagt Christen und Juden, verwendet, da nur von diesen eine kontinuierliche Arbeitsleistung erwartet werden konnte. Diese Art der Personalaufbringung setzte sich auch in den Domänen durch, und da man zwischen
- Wirtschaftsverwaltung und
- Hoheitsverwaltung

des Kalifats nicht derart scharf unterschied wie die moderne Staatslehre, dominierten Nichtmoslems alsbald vor allem in den mittleren und unteren Rängen der Reichsverwaltung. Aus diesen gelang, geradezu notwendig ohne religiöse Anbiederei, der Aufstieg in die Spitzenpositionen der Reichshierarchie, und als Beispiel sei der heilige Johannes Damascenus genannt, der als der klassische Dogmatiker der orthodoxen Kirche gilt, seit 1890 auch in der katholischen Welt als Kirchenlehrer offiziell anerkannt ist und um 720 nach unseren Rangbezeichnungen der Finanzminister des Kalifen war.

In der Notwendigkeit, die Beamtenschaft angemessen zu entlohnen, lag der eine Grund für die Aufwendigkeit des Systems gegenüber der »guten, alten Zeit« von Medina; der zweite findet sich in der luxuriös gewordenen Hofhaltung, die enorme Summen verschlang, und der dritte läßt sich in der Aufstellung besoldeter Truppenkörper, die ständig präsent gehalten wurden, erkennen. Auch darin folgte man dem byzantinischen Vorbild, und zwar vielleicht weniger deshalb, weil die Kriege nun heimatferner und langwieriger wurden, wie gerne argumentiert wird, sondern vor allem wohl deswegen, weil auf der allgemeinen Wehrpflicht beruhende Milizheere grundsätzlich nicht geeignet sind, unpopuläre Maßnahmen der Regierung gegenüber dem eigenen Volk gewaltsam durchzusetzen. Die Eroberungskriege der Omaijadenzeit waren weiterhin von den Milizen geführt worden, die sich aus den Bevölkerungen islamisch gewordener Territorien laufend ergänzten, wobei insbesonders die Berber des nordafrikanischen und die Chorasanier des iranischen Raumes zu nennen sind, wogegen sich die Tätigkeit der vorwiegend aus den Bewohnern Syriens rekrutierten Soldtruppen zunehmend darauf beschränkte, die innere Ordnung aufrecht zu halten. Die chorasanischen Milizen vor allem, denen über längere Zeitspannen strapaziöse und blutige, aber nur wenig beuteträchtige kombattante Aktivitäten in Innerasien zugemutet wurden, drängten auf Aufnahme in den »Diwan«, hier als Besoldungsregister zu verstehen, und sie wurden für die abbasidische Revolution gewonnen, als man ihnen glaubhaft versicherte, daß der neue Kalif ihre »berechtigten Forderungen« erfüllen werde. Das geschah denn auch, wogegen die Reste der omaijadischen Berufsarmee demobilisiert wurden.

Der Wegfall der regelmäßigen Soldzahlungen traf nicht nur die Entlassenen und ihre Familien, sondern auch die syrische Wirtschaft, die darauf abgestellt war, daß die Kaufkrafterhöhung der Konsumenten durch die erhaltenen Soldgelder den Umsatz belebe, deren Ausfall notwendig zu einer ähnlich prekären Situation führte, die heutzutage in einer industrialisierten Region auftritt, in welcher entscheidende Betriebe geschlossen und erhebliche Teile der Arbeiterschaft freigesetzt werden. Dabei traf die Reduktion der Konsumtionskraft der Bevölkerung die syrische Wirtschaft in der ohnehin kritischen Phase des eben beendeten Bürgerkrieges, dessen letzte, erbittertste und verwüstendste Operationen sich eben in Syrien abgespielt hatten, verhinderte den Wiederaufbau des Demolierten und machte die vormals blühende Region zu einem Krisengebiet, in dem es noch in der Regierungszeit des blutigen Abu Abbas zu schweren Unruhen kam.

Sein Bruder Mansur, der die vorbereitete Auseinandersetzung mit der Schiat Ali nicht in einer Hauptstadt durchziehen konnte, die in einer als Krisenherd geltenden Zone gelegen war, verlegte die Residenz nach Kufa, womit er zwar die permanente Betrachtung der Wirtschaftskrise in Syrien, nicht aber diese selbst beendigte. Diese verschärfte sich vielmehr, da die Beamtenschaft der früheren Zentralverwaltung, sofern deren Angehörige die Säuberungswellen der abbasidischen Entomaijadisierungskommission überstanden hatten, zum Teil mit den neuen Zentralbehörden ostwärts wanderte, zum Teil aber mit den schlichteren Rängen und Bezügen einer Provinzialverwaltung vorlieb nehmen mußte. Zur ersten Gruppe scheinen vor allem jene Beamten gehört zu haben, die Nachkommen der aus den vormals parthischen Territorien nach Zerschlagung des Sassanidenreichs zum neuen Hofe Gezogenen waren, zur zweiten Gruppe die aus jenen Bevölkerungsteilen Gewonnenen, deren Vorfahren schon vor der Islamisierung in Syrien ansässig und überwiegend Angehörige der byzantinischen Provinzialverwaltung gewesen sind.

Das herausragende Mitglied der ersten Gruppe war ein gewisser Chalid ibn Barmak, dessen Vater Hofarzt im omaijadischen Kalifat gewesen war; Chalid muß ein Organisationsgenie gewesen sein, das der Kalif damit betraute, das schlechthin entscheidende Projekt seiner Regierung zu verwirklichen: Den

Bau einer Stadt am Tigris, die »Stadt des Friedens« – Madinat al Salam – heißen und der Mittelpunkt der islamischen Welt werden sollte; sie ist uns unter ihrem späteren Namen Bagdad bekannt.

Auch für unsere Maßstäbe grenzt das, was nun geschah, ans Wunderbare, besonders wenn wir uns vor Augen halten, daß der Bau 762 begonnen und 763 beendet wurde. In nicht mehr als einem Jahr Bauzeit wurde ohne den Einsatz der heute unerläßlichen Baumaschinen ein Großprojekt verwirklicht, neben dem sich Großbauten unseres Zeitalters – wie Autobahnteilstücke, Brücken, Kraftwerksanlagen, Wohnsiedlungen an den Rändern der Großstädte, oder, um sehr konkret zu werden,
– die UNO-City,
– das bisher vor allem durch Bestechungsaffären zu traurigem Ruhm gelangte neue Großkrankenhaus oder
– das sehr umstrittene Konferenzzentrum
in Wien – recht bescheiden bis dürftig ausnehmen, obwohl sie sämtlich durch geradezu exzessiven Maschineneinsatz ebenso ausgezeichnet sind wie durch nachgerade übliche Bauzeitüberschreitungen, die häufig ein Vielfaches der Zeit betragen, die Chalid ibn Barmak insgesamt zur Verfügung stand. Die Stadt, die er für seinen Kalifen in ein – wenn überhaupt – so außerordentlich dünn besiedeltes Land baute, war kreisförmig angelegt und hatte einen Durchmesser von nicht ganz drei Kilometern. Sie war von einem doppelten Mauerring umgeben, deren innerer den äußeren überragte, was nach der Formel $2 r \pi$ bedeutet, daß insgesamt rund zwanzig Kilometer Wehrmauern allein für die Außenbefestigung zu errichten waren. In die Stadt führten vier durch besondere Fortifikationen verstärkte Tore; im Südosten das von Basra, im Südwesten das von Kufa, im Nordwesten das von Damaskus und im Nordosten das von Chorasan. Von den Toren führten vier breite Straßen ins Zentrum; die Stadt wurde durch sie in vier gleiche Sektoren geteilt, deren jeder für sich ummauert und damit abschließbar war. Die Stadtmitte wurde von einem großen, offenen Platz gebildet, in dessen Mitte sich der Palast, der gegen die Stadtviertel wiederum durch eigene Wehranlagen abgeschirmt war, erhob.

Wieviel tausend Kubikmeter Erdreich ausgehoben und verlagert, wieviel hunderttausend Kubikmeter Mauerwerk aufgeführt werden mußten, läßt sich nicht einmal annähernd schätzen. Es läßt sich auch nicht sagen, wieviele Arbeitskräfte zum Einsatz gelangten, doch müssen es viele Zehntausendschaften gewesen sein – ein gewaltiges Arbeiterheer, das von einer Unzahl von Zug- und Lasttieren unterstützt wurde. Diese Arbeitskräfte mußten zunächst einmal aufgebracht und im Raum der Riesenbaustelle konzentriert werden, was ganz gewiß nicht einfach war, zumal die Masse von ihnen nicht nach einem Sonderkollektivvertrag für die Bauarbeiterschaft samt diversen Zuschlägen entlohnt wurde, sondern überhaupt nicht. Ein sehr erheblicher Teil der zur Zwangsarbeit – denn das war sie zumindest anfänglich zweifellos – Verpflichteten muß aus der verarmten syrischen Bevölkerung gekommen sein, die nach marxistischer Diktion etwas wie die »industrielle Reservearmee« des Dar ul Islam bildete, und es war ganz zweifellos überaus problematisch, sie zusammenzuführen, beisammenzuhalten und an das Tigrisufer zu verlegen. Zumindest die Marschverpflegung mußte sichergestellt sein, und dann mußten die notwendigen Vorbereitungen zur Aufnahme in der Arbeitszone geschaffen werden, auch in sanitärer Hinsicht, denn wenngleich das Schicksal des einzelnen gewiß nicht sonderlich in die Waagschale gelegt wurde, so war doch das Kollektiv von entscheidender Bedeutung – es war nach Lage der Dinge unersetzlich.

Das Kollektiv mußte für die Dauer der gesamten Bauzeit in jenem Maße versorgt werden, das zur Erhaltung der vollen Arbeitsfähigkeit eines Schwerstarbeiters unerläßlich ist. Ermessen wir noch, was das bedeutet? Tausende Schafe mußten Woche für Woche geschlachtet, Abertausende Säcke Mehl in die Zone der Arbeit geliefert werden, und es ist durchaus möglich, daß selbst die Beschaffung des Brennmaterials für die Zubereitung der Verpflegung voller Schwierigkeiten steckte, denn der Viehdung wird dazu schwerlich ausgereicht haben. Welch unerhörte organisatorische Leistung steckt allein im Versorgungsapparat, dem der Antransport des Existenzmittelbedarfs für die »Fronttruppe« der am Bau Tätigen zufiel und der jeden einzelnen Lebensmitteltransport über viele Tagesstrecken weit zu besorgen hatte.

Es wäre falsch, würde man die Augen vor der Tatsache verschließen, daß erhebliche Kontingente der Soldtruppen eingesetzt werden mußten, um die unerläßliche Ordnung aufrechtzuerhalten, Massendesertionen zu verhindern und die Materiallager zu bewachen. Im Laufe der Zeit, als das Projekt langsam Gestalt angenommen hat, nahm die Disziplin der Arbeiterbataillone zu und die Desertionsgefahr ab: Die Versprechen der Regierung, die Arbeiter in der neuen Hauptstadt anzusiedeln, in deren vorhersehbar aufblühender Wirtschaft sie alle Existenzmöglichkeiten finden würden, wurden glaubhafter, und zuletzt hatten wohl nur wenige Interesse daran, in das verelendete Syrien heimzukehren. In der Tat scheinen die Zusicherungen eingehalten worden zu sein, denn die Stadt des Friedens war von allem Anfange an mit einer zahlenstarken Bevölkerung besiedelt, die anders gewiß nicht leicht aufzubringen gewesen wäre.

Trotz Wegfall der Lohngelder für die Arbeitermassen erschöpften die Baukosten die Kassen des Kalifats; Konzelmann, dem wieder gefolgt wird, gibt die für Verpflegung und sonstige Materiallieferungen ausgeworfenen Summen mit 42 008 633 Dirhem, der Währungseinheit des Kalifats, an, welch tote Zahl lebendig wird, wenn man erfährt, daß damals

– ein erstklassiges Reitkamel,
– ein kräftiger Sklave oder
– eine prächtige tscherkessische Sklavin mit garantierter virgo intacta

je einhundert Dirhem kosteten und das gesamte Steueraufkommen des Reiches bei jährlich 8 000 000 Dirhem lag.

Allen jenen, die es nicht lassen können, zeitgenössische Aspekte in vergangenes Geschehen zu werfen und dieses nach heutigem Maßstab zu bewerten, sei gern die Lösung der Frage überlassen, ob es sich beim Großbauprojekt »Stadt des Friedens« um ein die Finanzen des Reiches nahezu ruinierendes Vorhaben eines größenwahnsinnigen Gewaltherrschers oder eine gigantische Maßnahme der produktiven Arbeitslosenfürsorge handelte; wir müssen die Stadt am Tigris, die in einem Jahre aus dem Nichts geschaffen und zur Stadt der Märchen und Wunder wurde, vorübergehend verlassen und uns an die Nordostgrenze des Dar ul Islam begeben, wo eben Reiterhorden aus Innerasien auftauchen, in deren Händen in einigen Jahrzehnten das Schicksal des Reiches der Nachfolger des Propheten liegen sollte: die Oghusen.

Die Oghusen, von denen sich die islamischen Nachkommen eines legendären Stammvaters Seldschuk später abhoben und als Seldschuken entscheidende historische Bedeutung erlangten, waren eine mächtige turkmenische Stammesgruppe, die in mehreren Wellen aus dem Zentralraum Asiens nach Westen und Südwesten vordrang, auf die Ostgrenze des islamischen Reiches stieß und nach mehreren letztlich ergebnislosen Versuchen, diese zu durchbrechen, angehalten wurde. Es kam in der Folge noch zu einigen Kollisionen – nach heutiger Terminologie zu lokalen Konflikten –, in denen sich die Moslems behaupteten, und dann zur Aufnahme nachbarschaftlicher Kontakte, deren entscheidender Teil Handelsbeziehungen mit einem für uns doch sehr erstaunlichen Handelsgut waren, nämlich mit Kindern. Die Turkmenen machten es sich nachgerade zur Gewohnheit, sich ihres Bevölkerungsüberschusses dadurch zu entledigen, daß sie ihre überzähligen Nachkommen an Sklavenhändler verkauften, die sie auf den großen Märkten des Dar ul Islam mit erheblichem Gewinn weiterverschacherten. Das erscheint für unsere Begriffe grausamer und unmenschlicher, als es in Wirklichkeit war: Das Leben in den Steppengebieten war karg und von furchtbarer Härte, und der Tisch war längst nicht für alle gedeckt, die von den gebärfreudigen Frauen der Turkmenen zur Welt gebracht wurden. Andere Völker verelendeten in ähnlicher Situation und griffen zur Tötung der Neugeborenen als letztem, verzweifeltem Mittel der Steuerung, das erst Mohammed den Rechtgläubigen verboten hatte, oder sie stürzten sich, um neuen Lebensraum zu gewinnen, in generationenlange, menschenmordende Kriege, wie dies nicht viel später die Mongolen tun sollten, oder sie schickten ihre Jungmannschaften aus, sich mit dem Schwert eine neue Heimat zu suchen, was der vermutliche Beginn der germanischen Völkerwanderung gewesen ist. Die Turkmenen ersparten sich durch ihre Art der Problemlösung das Abschlachten der Nachkommenschaft ebenso wie den permanenten Konflikt mit dem militärisch erkennbar überlegenen Nachbarn, und sie taten es sicherlich guten Gewissens, konnte es doch im Weltbild des Nomaden, der für seine Familie in der nämlichen Weise zu sorgen gewohnt war wie für seine Herden, zwischen Jungvieh, das bei Überhandnahme abgestoßen wurde, und Jungmenschen, mit denen er ebenso verfuhr, relevante Unterschiede nicht geben. Auch dürfte es sich bald herumgesprochen haben, daß man die Kinder zwar in Sklaverei, aber doch in ein besseres Leben verkaufte, dem die Fährnisse und Beschwernisse des Nomadendaseins nicht anhingen.

Die Abbasiden, die schon zur Regierungszeit des bei uns berühmtesten Kalifen Harun al Raschid (786–809) die Gewohnheit angenommen hatten, turkmenische Kriegsgefangene aus den damals noch häufigen Grenzkonflikten nach Bekehrung zum Islam in in das Soldheer aufzunehmen, wo sie sich als hervorragende Bogenschützen und anspruchslose, harte und tapfere Krieger bestens bewährten, gingen nun, als in Ermangelung kombattanter Aktivitäten keine Kriegsgefangenen anfielen, dazu über, die als Sklaven in ihr Reich kommenden Knaben in großer Zahl aufzukaufen und in eigenen Vorbereitungsschulen im Glauben und in den militärischen Fertigkeiten ausbilden zu lassen. Man nannte diese Militärsklaven Mameluken; sie bildeten seit der Regierungszeit des Kalifen Mutasim ibn Harun al Raschid (833–842) eigene Truppenkörper, denen vor allem der Schutz des Hofes übertragen war und die von Offizieren befehligt wurden, die ihren Reihen entstammten. Sie erlangten eine Bedeutung, die jene der Prätorianer der römischen Kaiserzeit mindest zeitweise übertraf, und ihr Befehlshaber, der den klangvollen Titel eines Emir al Umara führte, war für einige Generationen der mächtigste Mann des Reiches.

Der Aufstieg des Militärsklavenkorps ging Hand in Hand mit blutigen Greueln in der abbasidischen Familie, deren Höhepunkt der Bruderkrieg der Söhne Harun al Raschids war, deren Beginn aber schon mit seiner Erhebung anzusetzen ist. Haruns älterer Bruder Hadi war von ihrem Vater, der den Herrschernamen al Mahdi trug, als Nachfolger eingesetzt worden, kurz bevor er sich durch eine allzu innige Beziehung zu einer Lieblingssklavin den Haß seiner bisherigen Lieblingsfrau, der schönen und temperamentvollen Chaizuran, der Mutter der beiden Söhne, zuzog. Chaizuran opponierte gegen die Erbfolgeregelung, die sie aus irgendeinem Grund als Bervorrangung der Favoritin empfand, doch blieb ihr der Erfolg versagt – und kurze Zeit später starb Mahdi an Gift, das irgendeine kundige Hand seinem Essen beigemengt hatte, was 785 geschah. Hadi wurde Kalif; er ließ Harun vorsichtshalber einmal einkerkern und schickte seine Mutter aufs Altenteil in die hintersten Gemächer des Harems, die auch nicht viel besser waren als ein Arrestlokal, und bevölkerte den prunkvollen Vordertrakt mit seinen eigenen Gefährtinnen. Trotzdem spann die anscheinend entmachtete Chaizuran ihre Fäden und schmiedete ein mörderisches Komplott, als dessen Vollzugsorgan eine lustspendende Sklavin Hadis aktiv wurde: Sie erstickte den Kalifen, der nach längerem Liebesspiel eingeschlafen war, mit einem Polster, und das geschah schon 786.

Die Kerkerpforte öffnete sich für Harun; er erließ die von seinem Privatsekretär Yaya → Johannes, dem Sohne des Erbauers von Bagdad, klüglich vorbereitete Proklamation und ergriff, von Yaya trefflich unterstützt, die Macht. Er nannte sich fortan al Raschid → der Gerechte, machte Yaya zu seinem Wesir, dessen Sohn Dschafar zu seinem innigst vertrauten Freund, führte

erfolgreichen Krieg gegen den oströmischen Kaiser Nikephorus, dessen Reparationsleistungen bald zu einem beachtlichen Einnahmeposten des Staatshaushaltes wurden, und bemühte sich, die schon vorhandenen Ansätze, den Dar ul Islam zu einem absolutistischen, zentralistischen Einheitsstaat zu machen, zur vollen Reife zu bringen. Die Rechtstheorie hatte schon seinem Großvater Mansur zugebilligt, daß der Kalif allein, nur Allah verantwortlich, die Geschicke der Menschen bestimme und daß seinen Entscheidungen rechtserzeugende Kraft zukomme, sofern sie in Übereinstimmung mit
– den Lehren des Koran und
– der überlieferten Rechtsmeinung des Propheten
zu bringen seien. Diese Einschränkung, die den hochangesehenen Gelehrten Ibn al Mukaffa den Kopf gekostet hatte, wurde nun kaum mehr beachtet, und Harun der Gerechte entschied nach Lust und Laune, was zur Folge hatte, daß seine Entscheidungen bald nicht mehr miteinander in Übereinstimmung zu bringen waren. Das zerstörte die Kontinuität des Rechts und damit die Rechtssicherheit, und nach einer Zeit wußte vor allem auf dem Gebiet des Zivilrechts kein Mensch, was erlaubt war und was nicht.

Dschafar, der Barmakide, der seinem Vater als Chef der Regierung nachgefolgt war, versuchte beharrlich, seinen Kalifen von den größten Albernheiten abzubringen und wurde von diesem langsam als lästiger Vormund empfunden, den er gerne losgeworden wäre. Der Anlaß bot sich, als Abbasah, Haruns Schwester, die mit Dschafar angeblich unter der Zusicherung des Nichtvollzugs der Ehe vermählt worden war, einem Kinde das Leben schenkte: Harun fühlte sich geprellt, ließ seinen Schwager, Freund und Wesir ermorden und sorgte für das Verschwinden von Schwester und Nachwuchs, die einem Ondit zufolge eingemauert wurden (803).

Bald danach suchte er die Thronfolge dadurch zu sichern, daß er das Reich für den Todesfall unter seine drei Söhne Amin, Mamun und Mutasim aufteilte:
– Amin erhielt die Masse der arabischen Territorien und den Rang eines Kalifen,
– Mamun die iranischen Provinzen und
– Mutasim die Grenzräume gegen das byzantinische Reich, was ihm den Befehl über die dort konzentrierten Soldtruppen und Milizen verschaffte.

Im fernen Westen war indessen die Sippe der Aliden wieder zu Macht und Einfluß gelangt: Idris hatte sich zum Herrn in Marokko gemacht und begründete die idrisidische Dynastie, was Harun bewog, in Tunesien und Algerien eine einer Grenzmark ähnliche militärische Sicherungszone zu schaffen und dem Befehl eines gewissen Ibrahim ibn Aglab zu unterstellen, der diese Großprovinz Ifrikija sogleich zu verselbständigen begann und dessen Nachkommen als die Dynastie der Aglabiden zwar formell noch die Oberherrschaft des Bagdader Kalifen anerkannten, faktisch aber unabhängig waren. Von Ifrikija aus wurden – nach den von Cordoba aus islamisierten Balearen – die großen Inseln des westlichen Mittelmeerraumes erobert:

827 Sardinien,
850 Korsika, und – in mehreren Teilstücken – ab
827 Sizilien.

Auch der Sprung nach Italien gelang, führte allerdings nicht zu langdauernder Herrschaft der Moslems –, aber kurzfristig war Süditalien bis auf die Höhe von Bari von ihnen besetzt.

809 war indessen Harun al Raschid von seinem Leibarzt auf Befehl seines Sohnes Amin – erinnern wir uns daran, daß sein Name der Getreue bedeutet und ein Beiname des Propheten war – vergiftet worden. Harun ist – vorab im Abendland – bis auf den heutigen Tag der populärste Kalif; die durchaus nicht begründete Wertschätzung geht darauf zurück, daß
- er einer der Helden der Erzählungen der Tausendundeinen Nacht ist,
- diplomatische Beziehungen zu Karl d. Gr. unterhielt, dem er unter anderem einen Elefanten und eine kunstvolle Wasseruhr schenkte, und
- nach seinem Tode ein jahrelanger Bruderkrieg ausgetragen wurde, der das Reich und seine Bevölkerung ganz anders in Mitleidenschaft zog als die bisherigen Rivalitätskämpfe bei Hofe, die hinter verschlossenen Türen ausgetragen worden waren.

Amins Kalifat, das sich zuletzt auf Bagdad, dann auf ein Stadtviertel, das von den Truppen seiner Brüder belagert wurde, beschränkte, währte bis 813, dann ertrank der »Beherrscher der Rechtgläubigen« im Tigris. Ihm folgte sein Bruder Mamun, der ein großer Freund der Wissenschaften war und dafür sorgte, daß sich die gelehrte islamische Welt geflissentlich mit dem geistigen Erbe der Antike befaßte. Er selbst fühlte sich als Schüler des großen Aristoteles, dessen Schriften ebenso ins Arabische übertragen wurden wie die des Mathematikers Euklid, der Naturwissenschaftler Galen und Ptolemäus, des Historikers Plutarch und des Arztes Hippokrates.
Der bisher auf islamische
- Theologie,
- Rechtswissenschaft und
- Geschichte
fixierten orientalischen Gelehrtheit erschloß sich eine Fülle von für sie neuartigen Schauweisen und Erkenntnissen, Forschungsgegenständen und Fragen, und über sie gelangte – vorzugsweise auf dem Wege über Spanien – das frühmittelalterliche Europa in den Besitz der antiken Geisteswelt, die vordem als suspekte heidnische Hinterlassenschaft weitestgehend ignoriert worden war. Traditionelle Denker, im Orient wie im Okzident, waren ob der Erschließung vor allem naturwissenschaftlicher Einsichten der Hellenen keineswegs entzückt, und sie verteufelten da wie dort deren Verbreiter als unmoralisch, sündig und gottlos, wobei es dem Kalifen Mamun wenig nützte, daß er den Koran und die wesentlichsten Kommentare auswendig kannte.
Der Reichsverfall ging unter ihm zügig weiter; in Aserbeischan entfachte ein gewisser Babak eine Revolution, die erst nach langen Kämpfen unter seinem

Nachfolger Mutasim 837 niedergeworfen werden konnte, Tahir erlangte als Statthalter in Chorasan eine ähnliche Stellung wie Ibrahim ibn Aglab in Ifrikija und begründete die Dynastie der Tahiriden, die von 821–873 regierte, und zu allem Überfluß wurde Mamuns Oheim Ibrahim 817 zum Gegenkalifen ausgerufen und konnte erst 819 beseitigt werden. Mamun zählt zu den Kalifen, die eines natürlichen Todes starben; erfährt man jedoch, daß er nach dem Konsum von Datteln, die er von einem Fremden erhielt, am 7. August 833 das Zeitliche segnete, kann man sich des Verdachtes nicht erwehren, daß die Datteln mit lebensverkürzenden Stoffen präpariert waren.

Mamuns Bruder Mutasim folgte ihm nach; er stützte seine Herrschaft vorwiegend auf die schon erwähnte Sklavengarde der Mameluken, die er vor den sittenverderbenden Einflüssen der Weltstadt Bagdad, die schon längst über den ursprünglichen Mauerring hinausgewachsen war, schützen wollte und für die er die prachtvolle Soldatenstadt Samarra bauen ließ, in welche er 836 die Residenz verlegte.

Das auf seinen Tod im Jahre 842 folgende Jahrhundert ist in der Reichsspitze erfüllt von einem munteren und blutigen Gerangel um die Macht, an dem sich Kalifen, Gardekommandeure und zum Teil auch Wesire in bunter Reihe beteiligten; von den auf Mutasim bis zum Jahre 946 folgenden vierzehn Kalifen starben nur zwei eines natürlichen Todes. Watik verunglückte im Zuge einer Schwitzkur in einem überheizten Backofen, acht wurden – meist von den eigenen Leibgardisten – ermordet, drei geblendet. Ein Kalif – Mutawakkil – versuchte, seinen Mameluken nach Damaskus zu entwischen und wurde von ihnen zurückgeholt, ein anderer Kalif – Mustain – floh nach Bagdad, entfesselte einen Aufstand, der nach einer schrecklichen Belagerung blutig unterdrückt ward, und wurde als Rebell gegen die Militärsklaven, die sich indessen in Mutaz einen neuen Schattenkalifen gesucht hatten, enthauptet. 892 durfte Mutamid die Residenz nach Bagdad zurückverlegen, doch hatten die turkmenischen Gardeoffiziere schon dafür gesorgt, daß er weiterhin Wachs in ihren Händen blieb. Die Szenerie des permanenten Kampfes um die Macht änderte sich, sonst aber nichts.

Im Reich ging es, angesichts des Verfalls der Zentralgewalt durchaus nicht überraschend, drunter und drüber, und wer immer ein paar Reitergeschwader und Fußvolkkohorten auf seine Seite bringen konnte, machte sich als Emir oder Sultan, als Melek → König oder unter sonst einem Titel selbständig. Diesen Tendenzen kam die Einführung des sogenannten Ikta-Systems entgegen, mit welchem das Kalifat die Forderungen der Generäle nach pünktlichen Soldzahlungen dadurch zu befriedigen suchte, daß diesen die Steuereingänge ganzer Provinzen zum Inkasso zugewiesen wurden, wobei sie nur etwaige Überschüsse nach Samarra oder Bagdad abzuführen hatten. Das schwächte die Finanzkraft des Hofes, erbrachte aber als Nebenwirkung eine Zersplitterung der Interessen der Generalität, die mit einigem Geschick dazu gebracht werden konnte, sich um besonders lukrative Rayons in die Haare zu fahren. Andererseits aber waren die Gardetruppen nicht mehr zu bewegen, in einen Krieg oder gegen einen Aufstand zu marschieren: Die Kommandeure fürchteten, während ihrer Abwesenheit zuviel an Einfluß bei Hofe zu verlieren und umlagerten lieber den Thron, um dem Kalifen die Erfüllung ihrer Wünsche abzuschmeicheln oder abzupressen.

In diesem Zeitalter des Zerfalls des vormals so mächtigen Dar ul Islam rissen sich – man verzeihe die wenig respektvolle Formulierung, aber das Geschehen läßt sich anders schwer ausdrücken – buchstäblich unter den Nagel

- Achmed ibn Tulun 868 Ägypten; er begründet die Dynastie der Tuluniden, die bis 906 an der Macht bleibt;
- Jakub ibn Lait, genannt as Saffar, der Kupferschmied, als Führer einer städtischen revolutionären Bewegung 867 Afghanistan; seine Nachkommen, die Saffariden, erobern 873 von den Tahiriden Chorasan;
- Ismael, der Samanide, seit 892 Statthalter in Transoxanien, nach der Enthebung der Saffariden 900 Chorasan; er macht Buchara zur Hauptstadt des samanidischen Reiches, das 962 Afghanistan an die turkmenischen Mameluken des Generals Alptigin verliert, dessen Nachfolger Sebüktigin Stammvater der nach ihrer Hauptstadt Gasna genannten gasnawidischen Dynastie wird, der die Eroberung Nordwestindiens gelingt;
- Obeide Allah, ein angeblicher Nachkomme Fatimas, 909 das bisher aglabidische Gebiet um Kairuan; er begründet das schiitische Kalifat der Fatimiden, das bald ganz Nordafrika umfaßt und sich 969 Ägypten, Palästina, den Nordteil des Hedschas und etwa halb Syrien mit Damaskus einverleibt.

Der Ruin des Reiches blieb nicht auf ferne Provinzen beschränkt, sondern griff voll durch bis nach Mesopotamien; in Mossul und Aleppo installierte sich die Dynastie der Hamdaniden, die sich von 890 bis 1003 halten konnte, und in Südmesopotamien brach 868 ein Aufstand der Negersklaven, Zandsch genannt, aus, der von einem geheimnisvollen Mann, der stets einen Gesichtsschleier trug und ein weiterer Nachfahre des Kalifen Ali zu sein behauptete, geführt wurde. Die Zandsch eroberten Basra und beherrschten das ganze Gebiet des Schatt el Arab, damals eine Region mit hochentwickelter Landwirtschaft, durch die einer der wichtigsten Verbindungswege des Kalifats, der rigoros abgeblockt wurde, verlief, und wurden erst nach fünfzehn Jahren besiegt und ausgerottet. In den Kämpfen wurde die Infrastruktur der Landwirtschaft zerstört; die Bewässerungsanlagen gingen zugrunde, und das blühende Bauernland wurde teils Wüste, teils Sumpf. Erst vor Beginn des derzeitigen iranisch-irakischen Konflikts ging man daran, die vor mehr als einem Jahrtausend eingetretenen Schäden wiedergutzumachen, doch ist mit Sicherheit anzunehmen, daß die fortdauernden Kämpfe die Ergebnisse der Rekultivierungsarbeiten wiederum zunichte machen.

Das Küstenland des Persischen Meerbusens blieb indes auch nach der Niederwerfung der Zandsch ein bedrohlicher Unruheherd; die Bahrein-Inseln und Teile der arabischen Ostküste wurden zum Hauptsitz der schiitischen Sekte der Quarmaten, deren Glaubensgut durch sozialrevolutionäre Züge angereichert war, während die südwestiranische Gegenküste Teil des von den ebenfalls schiitischen Bujjiden beherrschten Territoriums wurde. Es ist hier der Hinweis am Platz, daß die Schiat Ali nun in eine Vielzahl von Glaubensformen und Rechtssysteme gespalten war, deren Anschauungen nicht mehr koordinierbar waren und die sich zum Teil erbittert bekämpften; mystische Spekulationen trugen dazu ebenso bei wie intellektuelle Ableitungen, und die Bezeichnungen gehen entweder auf die jeweils für entscheidend gehaltene historische Persönlichkeit – wie Fatima, Said oder Ismael – zurück, oder auf die Zahl der Imame, der spirituellen Führer der rechtgläubigen Gemeinschaft, so daß man zwischen der »Zwölferschia« und der »Siebenerschia« zu unterscheiden hat. Ein auch nur summarisches Eingehen auf die Glaubensinhalte muß uns zwangsläufig zu weit von unserem Studienobjekt entfernen und unterbleibt daher, stieße aber abgesehen davon auch auf die Schwierigkeit, daß zumindest bei einigen Gruppen die eigentliche Glaubenslehre geheimgehalten wurde, so daß nur Bruchstücke – und diese vielfach in der entstellenden Form von Gegendarstellungen – erhalten sind. Um auf Quarmaten und Bujjiden zurückzukommen sei gesagt, daß die Quarmaten der »Siebenerschia« anhingen, die Bujjiden aber der »Zwölferschia«.

Um die Mitte des zehnten Jahrhunderts versackte die voreinst bedeutende Macht des Kalifats vollkommen, unter anderem auch deshalb, weil die Beschaffung des Nachwuchses für die Militärsklaven durch die permanente finanzielle Krise des Hofes auf größte Schwierigkeiten stieß. So wurde der nun aufflammende Kampf um Bagdad denn auch weniger zwischen dem Kalifen und den nächstliegenden Territorialherrschaften, unter denen besonders die sunitischen Hamdaniden in Mossul und die schiitischen Bujjiden in Schiras zu nennen sind, als vielmehr zwischen diesen ausgetragen; die Bujjiden setzten sich schließlich durch, und ihre Truppen zogen unter Achmed 945 in Bagdad ein. Als Schiiten mußten die Bujjiden Gegner des abbasidischen Kalifats, das ihren Glaubensbrüdern so übel mitgespielt hatte, sein – als Realpolitiker aber mußten sie es erhalten, denn nur von ihm konnten sie die Legitimität ihrer Herrschaftsausübung beziehen, nicht aber von den schiitischen Kalifen Nordafrikas, dies einmal aus den vordergründig erkennbaren territorialen Gründen, die aber wohl zu beseitigen gewesen wären, dann aber vor allem aus den im Hintergrund wirkenden: Sie gehörten dem Glaubenskreis der Zwölferschia an, der den Fatimiden als entsetzliche Irrlehre erschien, und das war grundsätzlich irreparabel. Also blieb der Kalif – es war seit 944 Mustakfi ibn Mutakfi – als reines Aushängeschild der neuen Ordnung erhalten. Der Emir al Umara wurde nicht mehr von der mamelukischen Prätorianergarde gestellt, deren Reste bald verschwanden, sondern von der bujjidischen Armee, die auch dem Namen nach nicht mehr eine abbasidische war, und ihm fiel auch das Recht zu, den Wesir als Chef der Zivilverwaltung zu ernennen und über ihn diese zu lenken. Die Frage, was dem Kalifen verblieb, ist angesichts der Tatsache, daß ihm auch die religiöse Leitung der Gemeinschaft durch den Zer-

fall der rechtgeleiteten Gemeinde in zahlreichen Glaubensgruppen entzogen wurde, berechtigt und leicht beantwortet: Es blieben ihm
- der eigene, schöne Titel und
- die Möglichkeit, beinahe ebenso schöne Titel an die Großen der islamischen Welt, soweit sie an vom Stellvertreter des Propheten in Bagdad vergebenen Titeln interessiert waren, zu verleihen.

Lakab (auch laquab u. ä) wurden diese Titel genannt, und es ist ganz kennzeichnend für das sehr eigenartige Lebensgefühl der Periode des Nachher, daß besonders jene Titel geschätzt waren, die in Beziehung zum zerscherbten Reiche gebracht werden konnten:
- Achmed, der Bagdad besetzt hatte, führte ihn in Verbindung Muizz ad Daula → »Mehrer des Ruhmes des Reiches«;
- sein Bruder Ali wurde durch die Bezeichnung Imad ad Daula → »Säule des Reiches« geehrt,
- worauf sich der dritte Bujjide, Hassan, übergangen fühlte, bis er Rukn ad Daula → »Stütze des Reiches« wurde.

Lächeln wir nicht über die Titelsucht der schiitischen Großwürdenträger des abbasidischen Kalifats und hüten wir uns, sie für Primitivlinge zu halten, denn dasselbe seltsame Erscheinungsbild des Griffs nach dem Glanze von gestern sehen wir z. B. heute in der freien, demokratischen Republik Österreich, die zwar, wie es sich für eine Republik gehört, seit mehr als einem halben Jahrhundert keinen Hof hat, wohl aber relativ viele Hofräte, die fein säuberlich in »wirkliche« Hofräte und Hofräte ohne Beifügung geteilt werden, wobei der Nur-Hofrat ein einfacher Ehrentitel für einen besonders verdienten Funktionär des Staates außerhalb der Verwaltungshierarchie – also etwa einen Richter – ist, der »wirkliche« Hofrat dagegen eine eigene Rangklasse im Verwaltungsdienst. Eine Weigerung, den Titel eines Hofrates oder gar Rang und Bezüge eines wirklichen Hofrates anzunehmen, gelangte nie zu den Ohren des Verfassers, und selbst betont fortschrittliche sozialistische Akademiker, die ihre antimonarchistische Gesinnung mit sich zu tragen pflegen wie ein Linienrichter beim Fußballspiel sein Fähnchen, atmeten regelmäßig mehr oder weniger vernehmbar erleichtert auf, wenn ihnen das Relikt der verlästerten Vergangenheit verliehen ward. Genauso verhielt es sich mit den Titeln des abbasidischen Kalifen, mit denen sich verdiente Schiiten schmückten, denn auch sie wurden gerne geehrt. Auch klingt derartige Titulatur nicht nur nach Würde, sondern auch nach Sicherheit und Beständigkeit, alles Dinge, die damals sehr gefragt waren in einem Zeitalter, das durch eine Vielzahl dynamischer Entwicklungen im politischen wie im religiösen Bereich ausgezeichnet war und das immer wieder ins Chaos abzuleiten drohte.

Das Heraufkommen eines neuen Zeitalters, das für die christliche Welt mit der sehr signifikanten Jahreszahl 1000 in Verbindung zu stehen schien, warf seinen Schatten auch über den Orient, und es setzte seine Marksteine durch

- den fatimidischen Kalifen al Hakim in Ägypten und
- die Vereinigung der turkmenischen Seldschuken zu einem einheitlichen Verband, der alsbald mächtig um sich griff und das großseldschukische Reich bildete.

Bei al Hakim, der 996 als Elfjähriger Nachfolger seines Vaters al Aziz Billahi wurde, scheint es sich um einen keineswegs harmlosen Irren gehandelt zu haben, der in den Zeiträumen zwischen den unregelmäßigen Schüben seiner Geisteskrankheit geradezu geniale Züge zeigte und seine Umgebung mit diesen ebenso beeindruckte wie mit seinen Narrheiten. Durch diese Vermengung wurde er zu einem völlig unberechenbaren Wesen, das zumindest die göttliche Allwissenheit in Anspruch nahm und von dem verbreitet wurde, daß ihm auch die göttliche Allmacht zur Verfügung stehe. Er selbst fühlte sich als Wegbereiter einer neuen Zeit, des »Zeitalters der Wahrheit«, und er zeigte die typische Intoleranz des von seiner Mission vollständig überzeugten Fanatikers. Opfer seiner Ideologie der Gewalt wurden zunächst die Juden und Christen seines Reiches, denen er
- das Tragen einer besonderen Tracht befahl,
- verbot, auf Pferden zu reiten,
- die Schuld an allen möglichen Unzukömmlichkeiten zuschob und
- die öffentliche Religionsausübung selbst in Jerusalem untersagte.

Auch Gotteshäuser ließ er abreißen, namentlich zwei Kirchen in Kairo, eine in Damaskus und zuletzt die Grabeskirche in Jerusalem. Jüdische und christliche Beamte wurden enthoben, manche von ihnen eingekerkert, ein paar – so der langjährige Finanzminister – enthauptet. Hier, in diesem Komplex von Verfolgungshandlungen, findet sich der Grund für die Reaktion des christlichen Abendlandes: Die Kreuzzüge, von denen im nächsten Kapitel die Rede ist, waren als Befreiungskriege konzipiert, deren Ziel die Zerschlagung des islamischen Jochs war, unter das die orientalischen Christen gebeugt wurden. Die Reaktion erfolgte, wie nebenhin bemerkt sei, mit erheblicher Verspätung – die Christenverfolgung endete mit der Regierungszeit al Hakims.

Aber nicht nur die nichtmoslemischen Schriftbesitzer wurden verfolgt, sondern bald auch die Sunniten. Nach bewährtem abbasidischen Muster wurde ein Propagandafeldzug gegen die islamische Geschichte eröffnet, und im Zuge der »Vergangenheitsbewältigung«, um unser prachtvolles Modewort zu gebrauchen, wurden nun auch Abu Bekr, Omar und Osman zu Verbrechern erklärt. Als sich dagegen erbitterter Widerstand erhob, war doch die Erinnerung an Großtaten der Vorfahren damals noch nicht eine Art von wohlfeilem Handelsgut, ließ man es bei der Verdammung der Omaijaden bewenden, so daß Historiker, die von den »rechtgeleiteten Kalifen« sprachen, nicht mehr in Gefahr liefen, einen Hochverratsprozeß angehängt zu bekommen.

Al Hakim aber war trotz dieses Fehlschlages ständig bemüht, das »Bewußtsein der Gesellschaft« zu verändern, wie man heute sagen würde. Er betrieb diese segensreiche Beschäftigung nun dadurch, daß er die Rechtsstellung der Frau aus dem »traditionellen Rollenbild« löste, allerdings mit anderen als den in unserer Zeit üblichen Vorzeichen: Tragen von Schmuck außerhalb des Hauses wurde zuerst verboten, dann der Besuch von Bädern, dann das Verlassen der Häuser überhaupt, und nur der Hochzeitszug vom Haus des Vaters zu dem des Mannes wurde vom Verbot des Betretens der Straße ausgenommen.

Der Genuß alkoholischer Getränke wurde strengstens bestraft; die Erzeugung von Wein und Bier stand ebenfalls unter Strafsanktion, und als der Kalif vernahm, daß man aus Honig und getrockneten Weinbeeren berauschende Getränke herstellen könne, wurde der Handel mit diesen verboten. Er hatte es überhaupt mit der Sittlichkeit und ließ sämtliche Freudenhäuser zusperren. Da er mutmaßte, daß die Musik die Bereitschaft zu unsittlicher Betätigung fördere, wurden alle Musikinstrumente beschlagnahmt, und da er erkannte, daß die Instrumentalmusik nur ein Teil der Tonkunst ist, wurde zuerst der Gesang und dann der Handel mit sangeskundigen Sklavinnen untersagt.

Als Strafe war grundsätzlich nur die Todesstrafe vorgesehen, die durch gräßliche Torturen eingeleitet wurde. Al Hakim befahl seinen Henkern, die Gerichteten möglichst intensiv zu martern, so daß die Schmerzensschreie weithin zu hören waren, wovon er sich eine abschreckende Wirkung versprach. Das Geschrei seiner Opfer erfreute ihn, aber das Geheul der Hunde in Kairo war ihm zuwider, so daß er alle erschlagen ließ. Dabei frönte dieser Verrückte der Gewohnheit, zur Nachtzeit auf dem Dschebel Mokattam, dem Hausberg von Kairo, herumzustreifen, und das allein, da er sein Gefolge stets am Fuße des Hügels zurückließ. Dies geschah in unregelmäßigen Abständen, war aber doch ziemlich allgemein bekannt, und wenngleich die Elite der Gläubigsten seines Anhanges die Parole ausgab und vielleicht auch selbst für bare Münze nahm, der Kalif halte in derlei Nächten Zwiesprache mit Allah wie weiland Moses auf dem Sinai, ist es doch höchst erstaunlich, daß er erst am Morgen des 13. Februar 1021 nicht mehr von einem derartigen Ausflug zurückgekommen ist.

Als man nach längerer Wartezeit nach ihm zu suchen begann, fand man zwar seine blutverschmierte Bekleidung, ihn selbst aber nicht. »Allah hat ihn zu sich genommen«, erklärten seine eingeschworenen Anhänger ungeachtet des Umstandes, daß – wenn man schon die Intervention überirdischer Mächte als Ursache des Verschwindens des Kalifen gelten lassen will – der Zustand der Kleider den Schluß nahelegt, die Entfernung des Vermißten aus der realen Welt sei durchaus nicht mit dessen Zustimmung vor sich gegangen und daher wohl nicht von sanften Engeln mit Zielrichtung Paradies durchgeführt worden, sondern vielmehr das Werk der langgeschwänzten Trabanten des Scheitan, die mit ihm in die Dschehenna brausten. Das sozusagen faustische Ende beschäftigte die Phantasie der Zeitgenossen und der Nachwelt, und erst sehr viel spätere Historiker waren frivol und unbefangen genug, die Frage aufzuwerfen, ob nicht ein Kausalzusammenhang zwischen der nicht ganz ein Jahr zurückliegenden Verwüstung der nahe bei Kairo liegenden Stadt Fustad – der ersten islamischen Stadt in Afrika, die in gewissem Sinne die Keimzelle der erst von den Fatimiden gegründeten »Siegreichen«, denn das bedeutet al Kahira – durch die aus Negern bestehende Militärsklavengarde des Kalifen und dessen blutigem Abgang von der Bühne der Geschichte bestehe. Romantische Gemüter hingegen sind überzeugt, daß eine leidenschaftliche Liebe der Schwester al Hakims, der schönen Sitt al Mulk, zum Scheik eines Beduinenstammes, die den Beifall des Kalifen nicht fand und daher in der für ihn kennzeichnenden drastischen Art unterbunden werden sollte, sein Ende heraufbeschwor: Sitt al Mulk teilte dem Geliebten die nötigen Einzelheiten mit, und den Rest besorgte er selbst unter Mithilfe seiner Krieger.

Der designierte Nachfolger al Hakims, sein Sohn Ali, wartete sicherheitshalber vierzig Tage, die Zeitspanne also, die seinerzeit Moses verschwunden war, ehe er die Zügel der Herrschaft in die Hand nahm und sogleich begann, die unbeliebten Anhänger seines Vaters zu verfolgen. Die Spitzenfunktionäre jedoch waren in Voraussicht des Kommenden entwischt, welches Mißgeschick schließlich auch einem schiitischen Kalifen passieren kann, und entwickelten nun im Untergrund eine neue Lehre, in deren Mittelpunkt sie den verschwundenen Kalifen, der geradezu als Inkarnation Allahs ausgegeben wurde, stellten. Der maßgebliche Führer der Sekte war Mohammed ibn Ismael ad Darazi, und nach ihm wurden ihre Mitglieder, die sich selbst als Muwahhadun – Bekenner der Einheit Gottes – bezeichneten, von Außenstehenden Duruz genannt. Die Sekte existiert noch heute; wir nennen sie Drusen, und weil im elften Jahrhundert mit den Nizari noch eine zweite schiitische Splittergruppe entstand, deren historische Wirksamkeit nicht übersehen werden kann, sei es gestattet, diese wie folgt zusammengerafft darzustellen:

Schiitische Untergrundorganisationen

Muwahhadun/Drusen

Aus Ägypten abgedrängt, fanden ihre Anhänger Zuflucht im Nordostraum des fatimidischen Kalifats, den heutigen Staaten Libanon und Syrien. Sie lebten zurückgezogen in schwer zugänglichen Gebieten des Libanongebirges und traten historisch erst relativ spät in der Periode der Osmanenherrschaft in Erscheinung, gegen die sie wiederholt energisch und erfolglos rebellierten. Die Sunniten hielten sie meist, die übrigen Schiiten zumindest zeitweise für üble Ketzer und verfolgten sie häufig, ohne sie ausrotten zu können. Erst im

Nizari/Assassinen

Der Ordensgründer Hassan ibn Sabbah war Gefolgsmann des Fatimidenprinzen Nizar, der um 1080 im Kampf um die Thronfolge gegen seinen Bruder Mustali unterlag. Mit einer Anzahl von Gesinnungsgenossen fliehend, gewann Hassan im Nordiran südlich des Kaspischen Meeres die Burg Alamut, die zum Hauptstützpunkt der Nizari, die sich einem Ritterorden ähnliche Organisation gaben, wurde. Ordensniederlassungen gab es bald an verschiedenen Stellen im Iran, in Syrien und in Palästina, die sich alle insofern glichen,

19. Jahrhundert wurden sie von der Hohen Pforte endgültig toleriert und begannen dann, die Christen des Libanongebietes zu bedrücken.

1925/26 erhoben sie sich gegen die französische Herrschaft und wurden mit Mühe niedergeworfen; im heutigen Libanon zählen sie zu den schärfsten Gegnern der ausländischen Interventionisten und sind ob ihrer Todesverachtung zweifellos militärisch mindestens ebenso ernst zu nehmen wie die christlichen Milizen, die von frankophilen Politikern unterhalten werden. Ihre Zahl ist relativ gering; man schätzt die Drusen des gesamten Nahostraumes auf etwa 250 000, von denen etwa 150 000 bis 200 000 im libanesischen Territorium beheimatet sind.

Bei der Lösung der Problematik, die den Libanonkonflikt heraufbeschwor, scheinen sich die Grenzen der Möglichkeiten der modernen, parlamentarischen Demokratie abzuzeichnen; in jedem gewählten libanesischen Parlament sind die Drusen eine hoffnungslose Minderheit mit notwendig beschränktem Einfluß und damit dem Belieben der Mehrheit ausgeliefert, dem sie sich legal nicht entziehen können. Durch die im Westen übliche parteipolitische Propaganda können sie nicht zu Stimmengewinnen kommen, da ihre Eigenart nicht in der Einstellung zu tagespolitischen Fragen, sondern in der Zugehörigkeit zu einer religiösen Gemeinschaft begründet ist.

Von hohem Interesse ist der drusische Einfluß auf die Vorstellungen der Moslems in den USA, die sich in der Gemeinde der »Black Muslims« zusammengeschlossen haben. Der

als sie stets außerhalb der Städte an schwer zugänglichen Plätzen errichtet waren.

Im Ordensleben spielte der Haschischgenuß eine bedeutende Rolle; die Sunniten nannten die Ordensmitglieder daher verächtlich Haschischyun, die Haschischfresser, woraus die im Abendland übliche Bezeichnung Assassinen wurde. An der Spitze des Ordens stand der »Alte vom Berge«; ihm zu gehorchen war des Ordensbruders oberstes Gebot, das bis zur Selbstaufgabe erfüllt wurde. Der Ordenszweck war der permanente Kampf gegen das Unrecht in der Welt, der durch Kommandounternehmen einzelner oder ganz kleiner Gruppen geführt wurde. Die Anschläge wurden stets von langer Hand vorbereitet und waren von tödlicher Präzision; eine der üblichen Taktiken war das Einschleusen von Ordensmitgliedern in den Sklavenhof des Opfers, wo sie oft jahrelang als Leibwächter oder Köche, als Kammerdiener oder Jäger anstandslos dienten, bis sie den Vollzugsbefehl bekamen. Dann schlugen sie zu, blitzschnell und ohne auf die eigene Rettung bedacht zu sein, denn ihr Tod in Erfüllung des Auftrages öffnete ihnen das Tor zum Paradies; der gute Ausgang der Aktion lag für sie damit nicht in der Fortdauer ihres irdischen Seins, sondern vielmehr in dessen Verkürzung.

Die Reihe der von den Assassinen getöteten Großen ist lang; ob sie christlicher oder moslemischer Provenienz waren, spielte keine Rolle, und man findet unter ihnen ebenso Nizam al Mulk, den Wesir der Seldschukensultane Alp Arslan und Malik Schah, entscheidende Theoretiker war W. D. Fard, der um 1930 in Detroit die »Religion des Schwarzen Mannes aus Asien und Afrika« zu lehren begann, sich als »Supreme Ruler of the Universe« bezeichnen ließ und mehrere Werke schrieb, von denen »The secret ritual of the Nation of Islam« und »Teachings for the Lost Nation of Islam« als die bedeutendsten gelten. Sein Nachfolger, der mehr als Organisator einer weitverzweigten, schlagkräftigen Brüderschaft herausragt denn als Theoretiker, wurde Elija Mohammed; als »neuer Moses« gefeiert, legte er seine Gedanken in »The Supreme Wisdom« nieder.

Die Zahl der Black Muslims wird zwischen 20 000 und 750 000 geschätzt; ihre politischen Vorstellungen gipfeln in der Forderung nach unabhängigen Negerstaaten in Amerika.

der nicht nur der bedeutendste orientalische Staatsmann um 1100 war, sondern auch eine Leuchte der sunnitischen Gelehrsamkeit, dessen Siyasatname – »Buch der Regierung« – die Vorstellungen der islamischen Staatstheorie entscheidend prägte, wie Konrad von Montferrat, der von den Kreuzrittern nach der Schlacht von Hattin 1187 zum König von Jerusalem erhoben worden war.

Daß zwischen den Assassinen und dem Ritterorden der Templer Verbindungen bestanden, die zu gelegentlicher Kooperation führten, wird zwar immer wieder behauptet, doch scheint es sich dabei um den Nachhall gezielter Verleumdungen zu handeln, die seinerzeit über die Templer in Umlauf gesetzt wurden, um das schockierend brutale Vorgehen König Philipps des Schönen von Frankreich gegen den Orden im Jahre 1307, das letztlich zur Aufhebung desselben durch Papst Clemens V., übrigens den ersten der Päpste von Avignon, führte, zu bemänteln.

In der hochmittelalterlichen Gralserzählung dürfte sich – mehrfach gebrochen und in christliche Weltvorstellungen übertragen – die Kunde von Burg Alamut verbergen, zumal Wolfram seinen Parzival den Sohn des abenteuerlichen Helden Gahmuret sein läßt, eines Wanderers zwischen der orientalisch-islamischen und der abendländisch-christlichen Welt, dort mit der »Mohrenkönigin« Belakane, hier mit Herzeloyde vermählt, der zuletzt im Dienste des Kalifen von Bagdad fällt. Der Geheimkult um die heilige Schale erinnert an die Möglichkeit, Haschisch zu trinken; die »fürstlichen Jungfrauen«, die den Gral in feierlicher Zeremonie umschreiten, könnten den freudenspendenden Schönen, die im Ordensleben der Assassinen verankert waren, nachempfunden sein – und die Fahrten der Gralsritter in die Welt im Dienste der Gerechtigkeit sind die idealisierte Überhöhung der auf Terrorkommandos ausziehenden Assassinen.

Ohne jede Verklärung erfolgt die Übernahme der Ordensbezeichnung in europäische Sprachen; Mörder – meist mit politischem Hintergrund – heißt im

- Französischen assassin,
- Italienischen assassino,
- Spanischen asesino,

während sich im Englischen ein ganzer Wortstamm bildete – assassin, to assassine, assassinate, to assassinate, assassination u. a. –, der den Grundtatbestand »to kill by treacherous voilence« in verschiedene spezielle Bedeutungen und Tätigkeiten aufspaltet.

1256/57 wurde der Orden im Iran von den Mongolen ausgerottet, 1273 von den ägyptischen Mameluken Baibars in Syrien und Palästina.

Was nun die Seldschuken, die zuvor als der zweite Markstein der Zeit um 1000 bezeichnet wurden, betrifft, so ist deren Einstieg in die Weltgeschichte durch mehrere Faktoren bedingt, die nur kurz aufgezeigt werden können. Zunächst einmal wurde die Stellung der Bujjiden im abbasidischen Reichsrest dadurch geschwächt, daß der Bevölkerung Mesopotamiens – überwiegend der orthodoxen Sunna anhängend – das schiitische Ketzertum der Regierung zunehmend bewußt wurde, namentlich als

- zwischen 960 und 1020 das wieder einmal gefestigte Byzanz in Kleinasien offensiv wurde und einen Teil der verlorenen Grenzgebiete wiedergewann und
- die Hanbaliten, Anhänger der traditionellen sunnitischen Rechtslehre, die Schiiten nicht nur auf wissenschaftlicher Ebene scharf attackierten, sondern auch

☐ durch die von ihnen fanatisierten Massen 1015 das Mausoleum des Ali-den Hossein in Kerbela verwüsten ließen und

☐ um diese Zeit lautstark die Forderung erhoben, die öffentlichen religiösen Zeremonien der Schia zu verbieten, was Unruhen in Bagdad und in anderen Städten zur Folge hatte.

Dann hatte der bedeutendste Gasnawide Mahmud mit seinem 1001 begonnenen Vormarsch nach Indien, der sein Territorium bis in den Raum von Delhi erweiterte, ein gewaltiges Reich geschaffen, das vom Küstensaum des Kaspischen Meeres bis ins Zentrum des indischen Subkontinents reichte. Als er 1030 starb, war die Ländermasse für seinen Nachfolger und Sohn Masud um einige Nummern zu groß; als die Seldschuken 1036 in Chorasan einfielen, wurde ihnen nur lokaler Widerstand von schwachen Rücklaßverbänden des Gasnawiden geleistet. Erst vier Jahre später hatte er sein Heer gesammelt und konnte gegen die Turkmenen ziehen, die ihm bei Dandaqan – in der Nähe von Merv – die entscheidende Niederlage zufügten, die das Abdriften seines Reiches aus dem Großraum Iran zur Folge hatte.

Und zuletzt waren die Seldschukenführer Togril Beg und Tschagri Beg Persönlichkeiten von einer durchaus urtümlichen, archaischen Genialität, die ebenso einfach wie folgerichtig dachten und handelten und es verstanden, auch aus der verworrensten Situation Vorteile zu schlagen.

Nach Inbesitznahme des gesamten islamischen Ostens mit Ausnahme Afghanistans und Indiens, wo sich die Gasnawiden halten konnten, machte sich Togril Beg, Sunnit reinsten Wassers und voll des typischen Eifers des Neubekehrten, mit rund 100 000 Mann auf die Pilgerfahrt nach Mekka. Unterwegs machte er eine Art Anstandsbesuch in Bagdad am Hofe des Kalifen al Kaim mit dem Beinamen bi Amrillahi, was sich mit »der auf Allahs Befehl Aufrechtstehende« übersetzen läßt. Die Einquartierung des übergroßen Gefolges in der Residenzstadt bereitete indes Schwierigkeiten, es kam zu erregten Auseinandersetzungen zwischen den hochzivilisierten Bürgern und den rauhbeinigen Nomaden, die damit endeten, daß Togril Beg kurzerhand die Stadtverwaltung übernahm. Und weil die Sache schon so herrlich lief, riß er gleich darauf die Zügel der Regierung an sich, und mit dem auf Allahs Befehl Aufrechtstehenden nahm er nur insofern Kontakt auf, als er um die Überlassung einer Kalifentochter für seinen Harem bat. Kaim bi Amrillahi setzte sich nun vermutlich erst einmal hin, um die neue Lage zu überdenken, und da er gerade keine Prinzessin im heiratsfähigen Alter zur Hand hatte, vertröstete er den ungebärdigen Schwiegersohn, der schon rüstig den siebzigsten Geburtstag ansteuerte und sich die Zeit bis zur Vermählung damit vertrieb, die noch vorhandenen Provinzialverwaltungen mit seinen Vertrauensmännern zu besetzen und Vorbereitungen für den Krieg gegen Byzanz zu treffen. Seine Herrschaftsübernahme war 1055 erfolgt, und als er 1063 von Allah abberufen wurde, hatte man sich in Mesopotamien schon an die neuen Verhältnisse gewöhnt: Die Seldschuken hatten die Schiiten in den Hintergrund gedrängt und damit die

Forderungen der Sunniten erfüllt, sie stellten eine gewaltige Kriegsmacht dar und hielten damit nicht nur die innere Ordnung aufrecht, sondern sie verhinderten vor allem ein weiteres Vordringen des Fatimidenkalifats und des oströmischen Kaisertums, und so waren sie alle zufrieden, die Frommen und die an ungestörter Wirtschaft Interessierten, und diese stellten die Masse des Reichsvolkes.

Auf Togril Beg folgte sein Neffe Alp Arslan, ein sehr tüchtiger Krieger, und ihm gelang es, den Byzantinern die Städte Edessa und Antiochia zu entreißen. Als in Byzanz 1067 Kaiser Konstantin X. Dukas starb, reichte seine Witwe Eudokia dem tapferen Feldherrn Romanos Diogenes die Hand, der 1068 als Romanos IV. Kaiser wurde.

Romanos IV. Diogenes begann Krieg gegen Alp Arslan, erlitt 1071 bei Mantzikert eine vernichtende Niederlage und geriet mit den Resten seines zerschlagenen Heeres in Kriegsgefangenschaft. In der Folge kam es zu einem Friedensvertrag, der der militärischen Lage entsprechend und daher für Byzanz ungünstig war, was diejenigen Großwürdenträger, die es vorgezogen hatten, nicht mit ins Feld zu ziehen, dazu veranlaßte, einen der Ihren zum Kaiser auszurufen: Michael VII. Dukas. Als Kaiser Romanos IV. Diogenes heimkehrte, schnappten ihn die Helden der Heimatfront, blendeten ihn und ließen ihn im Kerker umkommen. Nicht in Byzanz, sondern in Bagdad löste diese Vorgangsweise ein mächtiges Echo der Empörung aus: Alp Arslan erklärte den mit Romanos IV. Diogenes abgeschlossenen Frieden für nichtig, sammelte sein Heer erneut und schlug die kümmerlichen Helden des kümmerlichen Kaisers, wo immer er sie traf. Die Byzantiner verloren fast ganz Kleinasien, zumal sich ab 1071 außer Alp Arslans Seldschuken ein unabhängiger turkmenischer Stammesverband unter Führung eines gewissen Danischmend am Krieg gegen sie beteiligte. Er begründete in Nordostanatolien ein selbständiges Fürstentum; seine Nachfolger, die Danischmendiden, spielten als Rivalen der Seldschuken für die nächsten eineinhalb Jahrhunderte eine gewisse Rolle.

Aus unbekannter Ursache überwarf sich Alp Arslan mit einem seiner Heerführer namens Qutlumus, der ergebnislos gegen ihn revoltierte. Es gelang den Rebellen jedoch, sich in Kleinasien zu halten und auf vormals oströmischem Territorium einen eigenen Staat zu errichten, der als das Reich der Rum-Seldschuken bekannt wurde. Für die Erringung der Selbständigkeit war sicherlich Alp Arslans Tod 1072 mitentscheidend, denn sein Wesir Nizam al Mulk, der zwanzig Jahre später den Assassinen zum Opfer fiel und der vorerst als Regent für Malik Schah in Bagdad herrschte, war ein Mann des friedlichen Ausgleichs. Zwar nicht mehr mit Qutlumus, wohl aber mit seinem Nachfolger Soliman, einem Vetter Alp Arslans, kam es 1077 zu einem Vergleich, der die Lage stabilisierte und Soliman den Titel Sultan verschaffte, was eine gewisse Aktivität des Kalifen al Muktadi bi Amrillahi, des »sich nach Allahs Befehlen Richtenden«, der von 1075–1094 Oberhaupt des Reiches war, voraussetzt. Soliman drang bis in die unmittelbare Nähe Konstantinopels vor und machte Nicäa, das heutige Iznik, zu seiner Residenz, in der sich auch der Hof seines

Nachfolgers Kilidsch Arslan I. (1086–1095) befand. Unter dessen Nachfolger Kerboga ging Nicäa verloren – aber da befinden wir uns schon mitten im nächsten Kapitel.

5. Kapitel: Die fränkischen Herren

»Sie legen an das Ufer, Normannen, das stolze Geschlecht,
Seekönige auf den Wogen, Schlachtkönige im Gefecht...«

versucht der Dichter Heinrich von Mühler (1813–1874), dessen Namen heute
selbst die meisten Germanisten nicht mehr kennen, die Träger der neuen
Macht zu charakterisieren, die um das markante Jahr 1000 in der Mittelmeer-
welt wirksam wurde: Die Normannen.

Seekönige, denn sie hatten sich seit dem Zeitalter Karls d. Gr. zu Herren des
Nordatlantik gemacht, besetzten ab 860 Island, drangen um 980 nach Grön-
land vor, erreichten um 1000 Nordamerika, das sie »Vinland« nannten, und
umsegelten zur selben Zeit ostwärts die Lofoten, das Nordkap und die Halbinsel Kola. Und Schlachtkönige, denn sie verheerten nicht nur die Atlantikkü-
sten, wo immer es ihnen gefiel, sondern sie ließen sich auch, wo es ihnen
besonders gefiel, häuslich nieder und erzwangen die Anerkennung ihres Besitzes von den bisherigen Herren und Nachbarn; um 860 besetzten sie so Osteng-
land, das sogenannte »Danelag«, wo sie dem von ihnen importierten dänischen Recht zur Geltung verhalfen, und 896 das Mündungsgebiet der Seine,
das 911 ihrem Führer Rollo als Lehensherzogtum der fränkischen Krone übertragen ward. Das Mittelmeer war für sie, die mit ganz anderen Wassermassen
und klimatischen Verhältnissen fertiggeworden waren, ein Planschbecken, die
islamische und byzantinische Herrschaft in Süditalien und der zentralmedi-
terranen Inselwelt eine hochwillkommene Herausforderung und der Streit um
die Führung in der römischen Kirche die schlechthin ideale Möglichkeit, ihren
Eroberungen den päpstlichen und legitimierenden Mantel umzuhängen. Um
1050 setzten sie sich in Italien fest, kämpften als Verbündete des Papstes Nikolaus II. gegen den Papst Benedikt X., der sich nun nicht mehr zu halten vermochte und sein Leben, aller Würden entkleidet, in einem Kloster beschloß,
und erreichten die erwünschte Legitimität, als ihr Anführer Robert Guiscard
päpstlicher Vasall und Herzog von Unteritalien wurde: Dux Apuliae et Calabriae. Nun expandierten sie in Richtung Sizilien, gewannen
– 1061 Messina und
– 1072 Palermo,
und beendeten die Herrschaft der Moslems über die Großinsel, die 1130 das
Kernstück des Königreiches Rogers II., der sich Rex Siciliae, Calabriae et
Apuliae nannte, werden sollte.

Da die Moslems in den letzten Dezennien des abgeschlossenen Jahrtausends
ihre Stützpunkte auf den Inseln im Osten, namentlich auf Zypern und Kreta,
gegen das vorübergehend erstarkte Byzanz verloren hatten, und da der Ruin
des Dar ul Islam die Aufstellung und Haltung von starken Seestreitkräften
ausschloß, ging mit dem Verlust Siziliens die erste Epoche machtvoller islami-

scher Präsenz im Mittelmeer zu Ende. Eine »Seeherrschaft«, von der gelegentlich gesprochen wird, war allerdings auch in den Blütezeiten des Reiches nur partiell erreicht worden, da keine Rede davon sein kann, daß die Moslems die übrigen Anrainerstaaten nach Belieben vom Befahren der See hätten ausschließen können, wie etwa die Entente nach dem Kriegseintritt Italiens im Ersten Weltkrieg Österreich-Ungarn von der Seefahrt im Mittelmeer (mit Ausnahme der Adria).

Zu jener Zeit ging es auch mit dem Islam auf der iberischen Halbinsel steil bergab; 1031 war Hischam III., der letzte Omaijadenkalif in Andalus, verstorben, und kurz danach zerfiel sein Reich in Teilfürstentümer, die der nun einsetzenden ersten Phase der Reconquista keinen geschlossenen Widerstand entgegensetzen konnten. Höhepunkte der erfolgreichen christlichen Kriegführung waren

1085 die Eroberung von Toledo durch König Alfons VI., von Kastilien und
     vor allem
1094 die von Valencia durch Rodrigo Diaz, den Cid der Heldenlieder.

Und da diese Waffentaten nicht nur Ruhm, sondern für die Gefallenen die Aussicht auf einen relativ sicheren Platz im Himmel, für die Überlebenden aber Beute und Lehensgüter brachten, geriet der Westen und Süden Europas in eine präkombattante Aufbruchsstimmung, die nur der Initialzündung bedurfte, um zu echter Kriegsbegeisterung zu werden. Kaiser Alexios I. Komnenos (1081–1118), der von seinem Vorgänger Nikephoros Botaneiates den fortdauernden und gefährlichen Ärger mit den Seldschuken geerbt hatte, war über die Stimmungslage im Westen anscheinend recht gut informiert, und er handelte rasch: 1095, nur ein Jahr nach Valencias Eroberung, ließ er Papst Urban II. durch eine Gesandtschaft ersuchen, ihm bei der Wiedergewinnung der verlorenen reichsrömischen Territorien im Nahen Osten behilflich zu sein.

Der Vorgang verdient mehr Aufmerksamkeit, als ihm regelmäßig geschenkt wird, denn er war in gewissem Sinne revolutionär: Papst Urban – und nicht der Kaiser des Westens, und nicht irgendein christlicher König – wurde um Hilfe ersucht, und das mußte nun wiederum von diesem so aufgefaßt werden, als ob ihn der Kaiser in Konstantinopel zumindest stillschweigend nicht nur als Oberherrn über die »lateinischen« Reiche, sondern der gesamten Christenheit anerkenne, wobei wohl daran zu erinnern ist, daß die große Kirchenspaltung erst 1054 vollzogen wurde. Papst Urban schnappte gierig nach dem ihm dargebotenen Prestige, und das aus triftigem Grund: Sein Pontifikat litt noch schwer unter den Nachwehen des Streites zwischen Papst Gregor VII. und König Heinrich IV., der mit dem sprichwörtlichen »Gang nach Canossa« und der Lösung des Königs vom Bann am 18. Januar 1077 seinen spektakulären Höhepunkt, keineswegs aber sein Ende gefunden hatte. Noch 1077 war ungeachtet der Aufhebung der Exkommunikation Rudolf von Schwaben von den papsthörigen deutschen Fürsten zum Gegenkönig gewählt worden, was Heinrich bewog, vom königstreuen Klerus 1080 Erzbischof Wibert von Ravenna zum Gegenpapst – Clemens III. – wählen zu lassen. Dieser zog im Schutz des königlichen Heeres nach Rom, wo die in Brixen erfolgte Wahl wiederholt wurde, und krönte 1084 Heinrich zum Kaiser. Gregor, der sich in der Engelsburg verbarrikadiert hatte, wurde nach Abzug des Kaisers von Robert Guiscard befreit, worauf sich Clemens nach Ravenna zurückzog. Gregor konnte sich aber in Rom nicht halten: Herzog Roberts Normannen hatten die Stadt hemmungslos geplündert und arg verwüstet, und ein Aufstand der Bürgerschaft zwang diesen, sich in den Süden abzusetzen, wobei er Gregor mitnahm; er starb schon 1085 in Salerno. Nun war Clemens III. alleiniger Papst, bis der harte Kern einer – in den Augen der Zeitgenossen geradezu revolutionären – Minderheit innerhalb des Klerus, der auch die extremsten Forderungen der Reformideen von Cluny abstrichfrei in die kirchliche Wirklichkeit übertragen wollte, am 12. März 1088 einen Gegenpapst wählte: Odo von Chatillon sur Marne, den früheren Vorsteher der Benediktinerabtei Cluny. Er nahm den Papstnamen Urban II. an, fühlte sich als Nachfolger und Willensvollstrecker Gregors VII., der ebenfalls Cluniazenser gewesen war, und bemühte sich, Clemens III. auszubooten, wobei er zunächst wenig erfolgreich war. 1092 gelang Urban jedoch ein Überraschungserfolg, als er den Sohn Kaiser Heinrichs, Konrad – deutscher König von 1087 bis zu einer Enthebung 1098 –, auf seine Seite zu ziehen vermochte, was Clemens einen Teil seiner Anhänger raubte. Schon im nächsten Jahr nahm Urban Rom in Besitz, während sich Clemens schutzsuchend zu Kaiser Heinrich begab, der aber selbst mit Schwierigkeiten überhäuft war und wirksame Hilfe nicht leisten konnte.

So stand es um Papst, um Kaiser und Reich, als Urban die byzantinischen Gesandten empfing, und doch können wir den Stellenwert der Bitte um kombattante Unterstützung erst voll erfassen, wenn wir uns in Erinnerung rufen, wie es mit den übrigen Königreichen der abendländischen Christenheit um 1095 bestellt war:

- **England** war völlig aktionsunfähig; 1066 hatte sich Wilhelm der Eroberer zum König gemacht und war 1087 auf einem Kriegszug nach Frankreich gestorben, worauf sich seine Söhne Wilhelm Rufus und Robert Curthose um die Erbschaft schlugen; als sie sich einigten und Wilhelm II. als König von England und Robert als Herzog der Normandie wechselseitige Anerkennung fanden, sah sich Wilhelm gezwungen, gegen König Malcolm III. von Schottland zu ziehen, der den Bruderkrieg benutzt hatte, um Nordengland zu besetzen; obwohl sich Wilhelm gegen ihn behauptete und ihn 1091 zum Frieden zwang, mußte er doch die Reste seiner kombattanten Kräfte zur Sicherung seiner Herrschaft verwenden;
- **Frankreich** stand im Schatten einer üblen Ehebruchsaffäre; König Philipp I. hatte sich in die schöne Bertrada von Montfort verliebt, ohne Bedacht darauf zu nehmen, daß sie die Gemahlin des Grafen Fulko von Anjou war, hatte sie in höchst romantischer oder rechtbrechender Art, je nachdem, von welche Warte aus man es sieht, entführt und war mit ihr eine neue Ehe eingegangen, ohne daß die erste aufgelöst worden wäre. Fulko

wendete sich an Urban, zu dessen Anhängern er zählte, und dieser versuchte den König zur Rückstellung Bertradas zu bewegen, blieb aber erfolglos, so daß er nach einigem Hin und Her den angedrohten Bannfluch auf ihn schleuderte; da er keine Möglichkeit hatte, die gewünschte Naturalrestitution zu erzwingen, verlieh er Fulko die neugestiftete Auszeichnung der Goldenen Rose, die bekanntlich am vierten Fastentage vom Papst geweiht wird, als eine Art Trostpflaster;

– **Ungarn** hatte in diesem Jahr König Ladislaus I., einen tüchtigen Krieger und energischen Herrscher, der – als Schwiegersohn des Gegenkönigs Rudolf von Schwaben – als treuer Verbündeter Heinrichs IV. in Erscheinung getreten und von Papst Gregor als »Feind der Kirche« verunglimpft worden war, was seine spätere Heiligsprechung jedoch nicht hinderte, verloren; ihm folgte Koloman → Kelemen mit dem Beinamen der Bücherkundige, unter dem sich der Zusammenschluß Ungarns mit Kroatien vollzog;

– **Polen** litt unter den Nachwehen der Wirren um König Boleslaw, der 1079 vertrieben worden war und dessen Nachfolger Wladislaw I. Hermann auf den Königstitel verzichtet hatte, was nicht nur eine effektive Schwächung der Zentralgewalt zur Folge hatte, sondern auch eine weitgehende staatsrechtliche Unsicherheit;

– **Spanien** erlebte den erneuten Zusammenschluß der islamischen Teilreiche unter Jusuf ibn Taschfin, der mit einer starken Armee 1090 aus Afrika übergesetzt war und die Kleinfürsten unterwarf, was längere Kämpfe auslöste, die 1094 noch nicht beendet waren, so daß die Eroberung Valencias nicht verhindert werden konnte; 1095 aber war die Wiedervereinigung der islamisierten Teile der Pyrenäenhalbinsel im Reich der Almoraviden faktisch beendet, und die christlichen Reiche Kastilien, Navarra und Aragon wurden unversehens in die Defensive gedrängt; die erste Periode der Reconquista hatte damit ihren Abschluß gefunden.

Die Problemstellung war für Urban II. also durchaus nicht einfach: Kaiser Alexios Bitte stärkte zwar seine Position gegenüber

– dem Gegenpapst Clemens III., der sich noch immer in jenen Gebieten hielt, die zum Kaiser des Sacrum Imperium Romanum standen (und der ihn übrigens überleben sollte) und

– dem Kaiser und den Königen des Abendlandes, allgemein gesagt der weltlichen Gewalt, die sich zumindest zum Teil energisch gegen den politischen Oberherrschaftsanspruch des Pontifex maximus verwahrte,

konnte aber andererseits geradezu zum Bumerang werden, wenn es ihm nicht gelingen sollte, sie zu erfüllen. Und sie zu erfüllen war beim Stand der Dinge beinahe unmöglich, denn aus den vorgeschilderten Ursachen konnte von keinem einzigen christlichen König erwartet werden, daß er sein Heer sammle und gegen Jerusalem führe. Aber auch er, der Papst, konnte seine Lehensleute – allen voran den König von Aragon (Lehenskönigtum seit 1068) und die süditalienischen Normannen – nicht auf dieses Ziel ansetzen, weil

- Aragon unmittelbar von den Almoraviden bedroht wurde und
- die Normannen als kombattante Reserve vor allem gegen Kaiser Heinrich, der im italienischen Raum immer wieder aktiv wurde, nicht zu ersetzen waren.

Was dem Papst blieb, war der Versuch, die westliche Christenheit unmittelbar, das heißt unter Ausschaltung der Regierungen, zur »bewaffneten Pilgerfahrt ins Heilige Land« zu bewegen, wozu er sich wohl schon entschlossen haben muß, ehe er nach Clermont-Ferrand kam, wohin er für Herbst 1095 eine Synode, die gelegentlich auch als Konzil bezeichnet wird, berufen hatte. Am 27. November erließ er den berühmten Aufruf zum Krieg gegen den Islam, von dem er hoffte, daß er ein gewaltiges und positives Echo finden werde, und er wirkte in der Tat als Initialzündung, der die latente Aufbruchstimmung der Völker Europas zum gewaltigen emotionellen Engagement des Kampfes für den Glauben steigerte. Die gläubige Menge, vor der Papst Urban den Appell als den ihm zugegangenen Befehl Christi verkündete, geriet sofort in einen wahren Begeisterungstaumel, und Heyck übertreibt sicherlich nicht, wenn er schreibt:

> »Da loderten in den längst disponierten Massen Erregung und Begeisterung zu gewaltiger Flamme empor, alles Zaudern und alle Bedenken versengend und vernichtend. Geistliche, Ritter, Bürger drängten auf den Papst zu, um ihr Gelübde zu ihm zu bringen.«

Mit glückstrahlendem Angesicht warf sich Adhemar von Monteil, der Bischof von Puy, dem Papst zu Füßen und erbat – ganz wie vorher besprochen – die Erlaubnis, an dem Zug in den Orient teilnehmen zu dürfen, die ihm huldvoll erteilt wurde, und noch während des Begeisterungstaumels erschien auf sozusagen rauchenden Hufen ein Kurier des Raimund von Saint Gilles, Graf von Toulouse, um dessen Freiwilligenmeldung zu überbringen, obzwar dieser, der an der Synode nicht teilgenommen hatte, von der ganzen Sache rein theoretisch noch gar nichts hätte wissen können. Er wußte aber, denn er war neben Adhemar der eifrigste Verfechter des kühnen Planes gewesen, und es deutet viel, wenn nicht alles, darauf hin, daß Adhemar und er den Papst letztlich dazu bestimmten, die völlig unkonventionelle Art der Problemlösung in Angriff zu nehmen. Durchaus verständlich übrigens, grenzte seine Grafschaft doch an das Königreich Aragon, so daß er und seine Lehensmänner stets und aus erster Hand darüber informiert waren, welch zeitlicher und ewiger, materieller und immaterieller Gewinn dem Streiter Christi in Spanien winkte, was seine Entschlossenheit, sich an dem rundum lukrativen »Unternehmen Glaubenskrieg« trotz des damit verbundenen Risikos zu beteiligen, nachhaltig förderte.

Deus lo volt – Gott will es: Die in Clermont formulierte Parole flog durch die Länder des römischen Glaubens, und sie erzielte eine Wirkung, die vermutlich selbst die kühnsten Erwartungen übertraf. Die erste gezielte Propagandawelle überrollte die Völker, und Träger der ersten programmierten Massenmanipulation waren nicht nur die planmäßig angesetzten Geistlichen, die Urbans Aufruf von allen Kanzeln der ihn anerkennenden Kirchen, die sich nun schlagartig vermehrten, verkündeten, sondern auch »Wundermänner«, die – selbst von glühender Begeisterung erfaßt – sich mit wahrem Feuereifer daran machten, des Papstes Worte auch in den abgelegensten Dörfern zu verbreiten, ohne daß sie alle von irgendeiner kirchlichen oder weltlichen Stelle zu derartigem Tun autorisiert worden wären. Unter ihnen befanden sich wahre Meister an Überzeugungskraft, und wir dürfen den Herausragendsten von ihnen, den vormaligen Einsiedler Peter von Amiens, als Propagandagenie betrachten, gewissermaßen als mittelalterlichen Kollegen des nationalsozialistischen Propagandaministers Dr. Joseph Goebbels, der die Masse des deutschen Volkes selbst nach jenem Zeitpunkt von der Gewißheit des Endsieges zu überzeugen verstand, in welchem die über die tatsächlichen Kräfteverhältnisse informierten hohen Offiziere schon versucht hatten, den hoffnungslos gewordenen Krieg dadurch vorzeitig zu beenden, daß sie Adolf Hitler zum Ziel des Attentats vom 20. Juli 1944 machten. Dabei hatte Peter von Amiens gegenüber Joseph Goebbels den unbestreitbaren Vorteil voraus, daß ihm sogleich der Ruf der Heiligkeit angeheftet wurde, weil er einem asketischen Leben frönte, was dem Reichspropagandaminister auch – oder gerade – seine besten und intimsten Freunde nicht nachsagen konnten.

Vermutlich weniger durch Peter, als vielmehr durch den kaum minder bedeutenden Walter, der den kennzeichnenden Beinamen Sans Avoir – auf gut deutsch Habenichts – führte, kam in die Kreuzzugsbewegung ein geradezu sozialrevolutionärer Zug. Unter der bäuerlichen Bevölkerung war eine gewisse Bodenknappheit deutlich fühlbar geworden; die konstant bleibenden Hofstellen reichten nicht aus, die wachsende Zahl der Familienangehörigen zu ernähren; es gab wenig und nur relativ kleine Städte und damit nur eine geringe Zahl von außeragrarischen Arbeitsplätzen; der Ritterstand hatte eben begonnen, sich nach unten abzuschließen, weil es – umkämpfte Grenzgebiete ausgenommen – schon mehr Standesangehörige gab als verfügbare Lehen, die den Rittersöhnen, den »Ritterbürtigen«, vorbehalten wurden; die geistliche Laufbahn hatte – nicht zuletzt durch das 1074 von Papst Gregor VII. endlich durchgesetzte Zölibat – viel von ihrer früheren Attraktivität verloren und stand auch längst nicht mehr allen offen: Das waren die Hauptgründe, daß es damals eine starke »strukturelle Arbeitslosigkeit« gab, die zwar gewiß nicht überall auch nur annähernd gleich wirksam war, aber doch in den dichter besiedelten Gebieten vor allem dann zur Verarmung relativ breiter Bevölkerungsschichten führte, wenn der agrarische Produktionsprozeß durch natürliche Ursachen, wie etwa Unwetterkatastrophen, Schädlingsbefall und dergleichen oder durch menschliche Eingriffe, vor allem kombattante Ereignisse, empfindlich gestört wurde. Es gab also, wenn die Verwendung des beinahe paradoxen Begriffes der Veranschaulichung wegen gestattet ist, eine Art von »präindustriellem Proletariat« der Entwurzelten, Verarmten, Entrechteten,

»von der Hand in den Mund Lebenden«, und für diese nichtintegrierten Randschichten, zu denen vor allem Prediger wie Walter sprachen, gewann – ob gewollt oder ungewollt bleibe dahingestellt – die Botschaft des Papstes den Inhalt einer zunächst einmal diesseitigen Heilsverkündigung. Die territoriale Identität machte das Maß voll: Das Heilige Land, in das sie ziehen sollten, war das »Gelobte Land« der Bibel, war das Land Kanaan, in dem Milch und Honig fließen, war das irdische Paradies. Wüste Heiden, Feinde Gottes, hatten es besetzt, und es mußte ihnen entrissen werden, was ein Kinderspiel war, geschah es doch im Auftrage Gottes und daher mit seiner sicheren Hilfe.

Es galt nur, rasch zu sein, um zu jenen zu gehören, die das Land in Besitz nehmen würden, denn wenn sie auch noch niemals den Grundsatz des – damals übrigens nicht mehr und noch nicht wiederum geltenden – römischen Rechts von den beati possidentis gehört hatten, so wußten sie doch aus dem eigenen leidvollen Erleben, daß des Lebens Freuden höchst ungleich zwischen den Besitzenden und den Nichtbesitzenden verteilt sind. Hier zählten sie zu Habenichtsen, genau wie der beredsame Walter Sans Avoir, dort aber sollten sie zu den Besitzenden zählen, die von eigenen Äckern eigene Ernten in eigene Scheunen bringen und in eigenen Ställen eigenes Vieh halten würden, im Wohlstand lebend, der aus dem eigenen Schweiß und der eigenen Hände Arbeit notwendig erwachsen mußte, da Gott ihrem ihm wohlgefälligen Tun seinen Segen ganz einfach nicht vorenthalten konnte. Sie träumten also durchaus nicht von einem Leben im Schlaraffenland, in dem lukullische und sonstige Genüsse dem permanent völlig oder beinahe Untätigen in den Schoß fallen, und ihr Traum war nach heutigen Gesichtspunkten durchaus entwicklungsbedürftig, fehlte ihm doch der spezielle Aspekt moderner Sozialprogramme, die wachsenden Wohlstand bei Reduzierung der zu seiner Erreichung notwendigen Bemühungen nicht nur für möglich halten, sondern als absolute Gewißheit propagieren.

Angesichts des nicht verborgen bleibenden »Linksdralls der Volksbewegung«, welcher Ausdruck selbstredend unrichtig ist und wiederum nur der Veranschaulichung wegen verwendet wird, rutschte Papst Urban, obwohl er die Bedeutung des Gegenpapstes Clemens durch den spektakulären Erfolg seines Aufrufs auf nahezu Null reduzierte, doch in eine Lage, die jener des armen Zauberlehrlings Goethes durchaus vergleichbar ist, denn auch ihm waren die Geister, die er gerufen hatte und nun nicht steuern und nicht loswerden konnte, lästig oder sogar gefährlich. Die ritterlichen Herren, die sich zum Zug in den Orient bereitmachten, wollten von der disziplinlosen Masse, die sich um Peter den Einsiedler, Walter den Habenichts und andere ihres Schlages sammelte, nichts wissen und verfochten energisch die Meinung, daß ohne Klarstellung der Befehlsverhältnisse, ohne Gehorsamspflicht und Strafbefugnis und inbesonders ohne das Recht, suspekte Elemente auf den bloßen Verdacht zurückzuweisen, das Unternehmen nicht durchgezogen werden könne. Damit erwiesen sie sich als finstere und machtlüsterne Reaktionäre, die wähnten, daß so etwas wie Manneszucht, Disziplin und Befehlsgewalt unerläßliche Requisiten erfolgreicher Kriegführung seien, obwohl die erdrückende Mehrheit des Volkes, das die Pilgerfahrt gelobt hatte, durchaus der Auffassung war, daß davon in einer demokratischen Bewegung – und daß sie dies war, ergab sich schlüssig aus der sorgsamen Aussparung der weltlichen Herrscher – keine Rede sein könne und daß man sich die Vollstrecker des Volkswillens im Bedarfsfalle schon selbst bestellen werde. Die Katastrophe der Kollision der unterschiedlichen Vorstellungskomplexe unterblieb, da die Dauer der Kriegsvorbereitungen, die von den ritterlichen Kreuzfahrern für unerläßlich gehalten und – vielleicht mit voller Absicht nur zögernd – realisiert wurden, die Geduld der Volkskrieger überstieg. Sie brachen von den französischen Sammelplätzen im April 1096 auf; die Spanne bis zum Abmarsch des Ritterheeres, der für August vorgesehen war, deuchte sie verträdelte Zeit. Und überdies wollten sie, wie zuvor bemerkt, die ersten im Heiligen Lande sein.

Ihr Zug glich einem Strom, der sich quer durch Europa ergoß; allenthalben tauchten weitere, begeisterte Scharen auf und schlossen sich an, und von Tag zu Tag verschärfte sich die Versorgungslage. Immer öfter kam es zu Ausschreitungen und Plünderungen, ja zu Mord und Totschlag, und vor der Masse, die in der absoluten Gewißheit, Gott in höchstem Maße wohlgefällig zu sein, ihres Weges zog, flog die Fama ihrer Mordlust und Gefährlichkeit her. Während in den ersten Tagen und Wochen die Bevölkerung zusammengelaufen war, um die frommen Pilgersleute mit Nahrung zu versorgen, so änderte sich das nun, und wer immer es konnte, brachte sein Hab und Gut an abgelegenen oder sonst sicheren Plätzen vor dem Zugriff der Streiter Christi in Sicherheit.

Die deutschen Städte versuchten, mit freiwilligen Spenden einerseits und Verstärkung der Sicherungstruppen andererseits innerhalb ihrer Mauern Ausschreitungen zu verhindern, und das gelang den meisten von ihnen auch, nur Mainz, Worms und Speyer hatten ernsthafte Probleme: Angesichts der reichen jüdischen Gemeinden in diesen Städten kam den wackeren Streitern für den christlichen Glauben der Gedanke, daß auch die Hebräer Nichtchristen sind, und es kam zu blutigen Pogromen. Heide ist Heide, hieß es im Kreuzfahrerjargon, und manche erklärten auch, daß es notwendig sei, Erfahrungen im Kampf gegen die Feinde Gottes zu sammeln.

In Süddeutschland teilte sich der Strom: Ein Teil überquerte die Alpen und zog dann die dalmatinische Küste entlang, ein Teil bog in den italienischen Raum ab und investierte sein geringes Kapital in die Schiffspassage auf das griechische Festland, und der Rest, bei dem sich Peter von Amiens befand, zog donauabwärts nach Ungarn. Als Stelle der Wiedervereinigung wurde Konstantinopel festgelegt.

Die Scharen Peters wurden in Ungarn zwar mit Vorsicht – ein Ruf wie Donnerhall lief ihnen voraus –, aber doch in traditioneller Gastfreundschaft aufgenommen, und sie schlugen, wie anders kaum zu erwarten war, gewaltig über die Stränge. Selbst Guibert von Nogent, der ebenso gelehrte wie fromme Chronist des ersten Kreuzzuges, zeigt sich schockiert über ihr Verhalten in einem Land, in dem sie alles, was sie benötigten, in großer Fülle vorfanden. Guibert empörte sich über die Ausschreitungen gegen das friedfertige ungarische Landvolk, gegen das die frommen Wallfahrer »ohne jeden Grund Krieg führten«, wie er ihr Verhalten umschreibt, wobei er besonders verurteilt, daß sie die öffentlichen Getreidespeicher in Brand steckten und Frauen und Mädchen schändeten. »Jeder lebte von Mord und Plünderung, und alle brüsteten sich mit unvorstellbarer Frechheit, sie würden bei den Moslems ebenso hausen«, schreibt Guibert in bemerkenswerter, ja vorbildlicher Offenheit. Kein Wunder, daß eines Tages bei den drangsalierten Einheimischen sämtliche Sicherungsmechanismen durchbrannten: Sie, die lange genug mit beispielhafter Geduld alles ertragen, ergriffen die Waffen, fielen über die bösartigen und gefährlichen Pilgersleute her und erschlugen sie scharenweise. Und selbst nach Guiberts Darstellung war es eine völlig gerechtfertigte Notwehraktion des schwer mißhandelten Volkes.

Peter der Einsiedler, der sich – gedenken wir hier seines asketischen Lebens und des heiligmäßigen Rufes, in dem er stand – an den Ausschreitungen der Pilger persönlich nicht beteiligt hatte, ihnen ihr wildes Treiben aber nicht wehren konnte, entwischte mit wenigen Anhängern und erreichte Byzanz, wo ihn die Wallfahrer, die über Dalmatien und Italien gekommen waren, bereits erwarteten. Der Kaiser, der ein ritterliches Heer erhofft hatte und dem nun ein gewaltiger und zuchtloser Pöbelhaufen zugekommen war, geriet in erhebliche Schwierigkeiten, da es ihm unmöglich war, viele Zehntausende über längere Zeitspannen kostenlos zu versorgen. Hunger tut weh, tat es schon damals – und ausreichende Verpflegung war nur gegen Bezahlung zu bekommen: Das war das Grundproblem, dem sich die Kreuzfahrer gegenübersahen. Da die Masse von ihnen nicht über entsprechende Barmittel verfügte, um die Verpflegung kaufen zu können, nahm sie sich, was sie brauchte, ohne hierfür zu bezahlen. Und da die Pilger schon einmal bei dieser von den Geplünderten nur wenig geschätzten Tätigkeit waren und Lebensmittelzufuhren in die Kaiserstadt nach den ersten Ausschreitungen unterblieben, nahmen sie sich gewaltsam auch andere Dinge als Verpflegung, vor allem Geld und Edelmetalle, mit denen sie in die Dörfer zogen, um die Bauern zur Überlassung verbrachter Lebensmittel zu bewegen. Geld und Edelmetalle sind relativ einfach zu verstecken und nur mühsam zu finden, und so war die Quelle nicht sehr ergiebig, aber da kamen die Findigsten der Gottesstreiter auf die glorreiche Idee, den Bürgerhäusern ganz einfach die mit Bleiplatten bedeckten Dächer abzudecken und das derart gewonnene Baumaterial den Hauseigentümern wiederum zu verkaufen, so daß sie im Endergebnis doch zu den versteckten Schätzen gelangten, ohne sie suchen zu müssen.

Alexios Komnenos, der die Jerusalempilger zunächst in durchaus amikaler Weise davon abgehalten hatte, die Meerenge des heiligen Georg, wie man den Bosporus damals nannte, zu überschreiten, da sie den Seldschuken unweigerlich erliegen mußten, sah sich angesichts ihrer Aufführung genötigt, ihnen auf ihr fortgesetztes stürmisches Drängen den benötigten Schiffsraum zur Weiterfahrt nach Asien zur Verfügung zu stellen. Peter fiel also mit den Seinen ins Reich der Rum-Seldschuken ein, deren Grenzsicherungstruppen sich vor der feindlichen Übermacht zurückzogen. Die Kreuzfahrer besetzten eine leerstehende Burg namens Xeridron, welcher Erfolg ihnen als das erste der erwarteten Kriegsmirakel erschien, und bezogen ein Lager bei Civitot. Mehrere Scharmützel mit den sich nun langsam sammelnden Verbänden des Sultans Kerboga hatten indessen in dem Propagandisten des Volkskreuzzuges, dem frommen Peter, die Überzeugung erschüttert, daß der emphatische Beginn der Kriegsfahrt bereits die Gewißheit des siegreichen Endes in sich trage, so daß er sich nach Konstantinopel begab, um den Kaiser um militärische Unterstützung zu bitten. Dadurch entrann er dem Untergang der Seinen: Kerboga griff Civitot an und vernichtete das Kreuzfahrerheer; rund 50 000 wurden erschlagen, der Rest und die sie begleitenden Frauen und Kinder verfielen der Sklaverei – der Volkskreuzzug hatte sein blutiges Ende gefunden, und es war nicht eben rühmlich.

Zu dieser Zeit – Herbst 1096 – waren die ritterlichen Streiter schon unterwegs; sie zogen zunächst in drei Heeresgruppen gegliedert dem Sammelraum Konstantinopel zu, und zwar

- Herzog Robert Curthose mit seinen und den nordfranzösischen Rittern, die sich ihm angeschlossen hatten, zunächst über Piacenza nach Rom, das eben wieder von den Anhängern des Papstes Clemens besetzt war, die den Papst Urban, dessen Prestige unter dem Eindruck der Geschehnisse um den Volkskreuzzug schwer ramponiert worden war, nach Lucca abgedrängt hatten, und dort weiter in das Süditalien ihrer normannischen Vettern;
- Graf Raimund von Toulouse mit den Kreuzrittern aus dem übrigen Frankreich quer zur Marschrichtung Roberts in den heute jugoslawischen Raum, wo er der dalmatinischen Küste folgte, um bei Durazzo → Durres ostwärts abzubiegen und über Saloniki Konstantinopel zu erreichen;
- Gottfried von Bouillon, Herzog von Niederlothringen und damit deutscher Fürst, mit den meist flämischen und lothringischen Rittern und jenen Kriegern, die sich ihm beim Zug durch das Sacrum Imperium anschlossen, durch Ungarn und das heutige Bulgarien.

Um Weihnachten 1096 erreichte Herzog Gottfried mit seinem rund 40 000 Mann starken Kontingent die Stadt am Goldenen Horn; die Vorhut der Heeresgruppe Herzog Roberts, die Hugo von Vermandois führte, war dort schon eingetroffen, während die Masse in Kalabrien überwinterte; was die Leute des Grafen von Toulouse betrifft, so befanden sie sich zu dieser Zeit etwa im Raum von Ragusa → Dubrovnik und zogen in Richtung Durazzo weiter, das sie im Februar 1097 erreichten.

Erst in diesem Winter entschloß sich, ganz offenbar unter dem Einfluß des Herzogs der Normandie, der Führer der italienischen Normannen, Bohemund von Tarent, gegen den Willen des Papstes Urban an dem Unternehmen teilzunehmen, so daß sich eine vierte Heeresgruppe bildete, deren Bedeutung bald schon dank der Schiffe, die ihr zur Verfügung standen, entscheidend werden sollte. In zwei Wellen wurden die Kreuzritter in den griechischen Raum überführt: Zuerst die Normannen Bohemunds, dann die des Herzogs Robert. So kamen sie auch in zwei Marschpaketen um Mitte April in Konstantinopel an, und zuletzt kam Ende April Raimund von Toulouse, der mehrfach Kämpfe mit petschenegischen Hunnen, die angeblich im Solde des Kaisers Alexios standen, zu bestehen hatte. Bei Raimund befand sich Bischof Adhemar von Puy, der von Urban zum Legaten, dem persönlichen Vertreter des Papstes, und damit zum geistlichen Leiter des Unternehmens bestellt worden war; in der Gegend von Ochrid war er von den Petschenegen »am Kopf« verwundet worden, ob leicht oder schwer kann dahingestellt bleiben.

Wiederholen wir das Eintreffen der Heeresteile in Konstantinopel:
- Anfang Dezember Graf Hugo von Vermandois mit der Vorhut Herzog Roberts;
- Ende Dezember Herzog Gottfried mit dem Gros der Ritter aus dem Sacrum Imperium;
- Anfang April die Normannen Bohemunds und Roberts;
- Ende April die fränkischen Ritter des Grafen von Toulouse mit dem päpstlichen Legaten.

Und diese zeitliche Staffelung war von höchst verhängnisvoller Bedeutung für den Ablauf des ganzen Geschehenskomplexes, denn Kaiser Alexios, der Hugo von Vermandois mit gebührenden Ehren aufnahm, bewog ihn gleich einmal dazu, ihm eine Art Lehenseid zu schwören. Das ging relativ einfach: Der Kaiser wies darauf hin, daß byzantinisches Territorium wiedergewonnen werden sollte; er wolle die Herren, die ihm dabei helfen und die auf derlei Wert legen würden, großzügig mit Landzuweisungen bedenken, aber es sei die unerläßliche Voraussetzung, daß sie seine Oberherrschaft anerkennen, denn ohne diese Anerkennung sei eine rechtsgültige Landzuteilung aus juristischen Gründen unmöglich. Das sah der gute Hugo unschwer ein, hob die Hand zum Schwur und beugte das Knie zur Huldigung. Zwei Wochen später folgte der arglose Gottfried seinem Beispiel; in der Euphorie der Aufbruchstimmung und der Sorge um die Organisierung des Marsches waren zwar unzählige Details festgelegt worden, aber über die Rechtsform der ganzen Unternehmung als Basis des Schicksals der erst zu erobernden Länder hatte sich niemand viele Gedanken gemacht.

Die Normannen, die mehr als ein Vierteljahr später eintrudelten, waren ganz anderer Meinung als der Kaiserhof, was keineswegs überrascht, wenn man ihre historische Empirie bedenkt: Sie waren es gewohnt, zuerst zu erobern und dann allenfalls eine Oberherrschaft anzuerkennen, deren Rechtsform von ihnen zumindest mitbestimmt wurde. So war es in Frankreich gewesen, so in Apulien und Kalabrien, so in Sizilien, wenn sie nicht überhaupt auf jede Oberhoheit verzichteten und eine völlig souveräne Herrschaft gründeten, wie etwa Herzog Roberts Vater in England.

Alexios schuf rasch klare Verhältnisse: Kein Treueid, keine Verpflegung, und im Falle gewaltsamer Verpflegungsaufbringung rücksichtsloser Einsatz der inzwischen im Raum Konstantinopel konzentrierten kaiserlichen Truppen, die General Tatikios, der »Mann mit der goldenen Nase«, befehligte, von dessen Tapferkeit und Tüchtigkeit die Byzantiner sogleich die übertriebensten Gerüchte in Umlauf setzten. Robert und Bohemund, die zunächst wohl auf die Kreuzfahrersolidarität Hugos und Gottfrieds gerechnet haben dürften, mußten zur Kenntnis nehmen, daß sich diese durchaus als frischvergatterte Lehensmänner des Kaisers fühlten und bei einer Auseinandersetzung zwischen den Normannen und der kaiserlichen Armee bestenfalls neutral bleiben würden, so daß der Waffengang überaus riskant sein mußte. Auf Bohemunds Rat leisteten sie den Schwur, wobei zumindest er ganz sicher schon damals Erwägungen anstellte, ob der erzwungene Eid für ihn verbindlich wäre; er fühlte sich jedenfalls später an ihn nicht gebunden.

Es erscheint durchaus möglich, daß Alexios Raimunds und Adhemars Anmarsch in der Tat absichtlich verzögern ließ, um den Legaten, solange es immer ging, von Konstantinopel fernzuhalten, denn als dieser endlich erschien, war die Masse der westchristlichen Ritterschaft über ihre Anführer bereits in mittelbarer Abhängigkeit vom Kaiser, was kaum mehr rückgängig gemacht werden konnte. Raimunds Haltung zeigt deutlich die Rechtsauffassung des durch Adhemar repräsentierten Papstes: Er verweigerte den von den übrigen Heerführern geleisteten Eid und schwor nur, daß er bereit sei, Leben und Ehre des Kaisers jederzeit zu respektieren. Der Komnene gab sich zuletzt damit zufrieden – die Kosten für die Vorbereitungen der Operation waren schon enorm hoch, denn schließlich und endlich konnte er das Heer, das nun sein Heer war, nicht hungern lassen, und die Offensive sollte endlich beginnen, und im Mai begann sie auch tatsächlich.

General Tatikios begleitete den Zug der westlichen Ritter, die von den Moslems mit dem Oberbegriff der Franken, von den Byzantinern mit dem der Lateiner bezeichnet wurden, und deren Vormarsch sich ganz prächtig anließ. Sultan Kerboga, der als christliche Gegner nur das seit Mantzikert kaum mehr in Erscheinung getretene kaiserliche Heer und den bei Civitot vernichteten Kreuzzug des Volkes kannte, zeigte wenig Respekt und schlug sich, ohne sich viel um die Kreuzfahrer zu kümmern, im Osten seines Reiches mit den Danischmendiden, wodurch die Kreuzritter, denen sich auch Peter der Einsiedler mit seinen letzten Mannen angeschlossen hatte, zügig bis Nicäa vorstoßen konnten. Schon am 14. Mai erreichten sie die damalige Hauptstadt des Seldschukenreichs, die sie nach ergebnisloser Aufforderung zur Übergabe zu belagern begannen. Die Verteidiger, die sich wohl auch noch an die Franken vom Vorjahr erinnerten, fielen kühn aus und holten sich blutige Köpfe, und ihre Lage wurde kritisch, als eine starke byzantinische Flotte in die Lagunen nördlich der Stadt eindrang und die Versorgungswege unterband. Die Franken zeigten bald ihr hohes technisches Können beim Bau von Katapulten, Sturmböcken und anderen Belagerungsmaschinen, sie untergruben die Festungswerke und setzten beinahe täglich Handstreiche und sonstige Kommandounternehmen an, und um Mitte Juni ging die Abwehrkraft Nicäas zu Ende.

Am 19. Juni, als der Generalangriff erfolgen sollte und die Sturmkolonnen in die Ausgangsstellungen rückten, wehten die kaiserlichen Banner von den Zinnen: Tatikios, der »Mann mit der goldenen Nase«, die übrigens ein Meisterstück der kosmetischen Chirurgie seiner Zeit war, denn die fleischliche war bei irgendeiner Gelegenheit einem Schwertstreich zum Opfer gefallen, hatte in der vorhergehenden Nacht die Stadt für seinen Kaiser in Besitz genommen. Auf Grund eines durchaus legalen Geheimabkommens, das er einen Tag vorher mit dem Verteidigungsstab abgeschlossen hatte und das Bürgern und Besatzung Leben, Freiheit und Vermögen zusicherte. Auf Schleichpfaden waren seine Truppen um Mitternacht durch die geöffneten Pforten eingedrungen, und Nicäa war nun erneut eine byzantinische Stadt. Und die lateinischen Waffenbrüder waren um Sturm und Sieg und Ruhm und Beute geprellt.

Erinnert das nicht an das Geschehen des Frühjahrs 1945, als nach Hitlers Tod die Regierung des Großadmirals Dönitz, dem das Steuerruder des sinkenden Schiffes Großdeutschland höchst überraschend und ohne eigenes Zutun in die Hand gedrückt worden war, verzweifelt versuchte, unter Fortsetzung des Abwehrkampfes im Osten gegenüber den Westmächten zu kapitulieren? Es war in der Tat, bezogen auf die Ereignisse der Belagerung einer Stadt und damit in reduzierten Dimensionen, beinahe dasselbe, wobei sich die Einschränkung daraus ergibt, daß 1945 nur ein siegreicher Alliierter hintergangen und ausgeschlossen werden sollte, während 848 Jahre vorher nur einer der Sieger sich in den Besitz des ganzen Siegespreises setzte. Divergierend war auch das moralische Anschauungssystem, in dem die Akteure handelten: Konnte es Tatikios ganz offensichtlich mit seinem Gewissen vereinbaren, die Kreuzritter dermaßen aufs Kreuz zu legen, so schreckten die Westmächte vor einem derartigen Schritt gegenüber dem bolschewistischen Waffenbruder zurück.

Genau, wie es die Sowjets 1945 getan hätten, taten die geprellten Lateiner 1097: Sie schrien laut von Verrat und Heimtücke, und es wäre beinahe zum bewaffneten Streit um die Beute Nicäa gekommen, hätten nicht die Großen des Heeres mäßigend auf ihre Krieger eingewirkt, wobei sie von der Erkenntnis geleitet wurden, daß im Raum Nordwestkleinasien ihr gesamtes Versorgungssystem weitgehend von den Byzantinern abhängig war.

Durch Nicäas Fall brach die seldschukische Herrschaft in Nordwestanatolien zusammen, und Kaiser Alexios gewann die früheren Provinzen Mysien, Ionien und Lydien ohne weitere namhafte Kämpfe zurück, wie überhaupt der Gewinn höchst ungleich und »ungerecht« – zumindest nach westlicher Auffassung – verteilt wurde: Die Lateiner kämpften und bluteten, und General Tatikios, der seine Soldtruppen bei den Kampfhandlungen sehr zurückhaltend einsetzte, sahnte für den Kaiser kräftig ab. Und das bisherige Geschehen, zeitlich begrenzt durch

– das Eintreffen der ersten Scharen des Volkskreuzzuges Peters um Sommermitte 1096, und

- die Kapitulation Nicäas mit Gewinnung der umliegenden drei Provinzen im Juni 1097,

fixierte die Grundeinstellung, mit denen sich Lateiner und Byzantiner fortan gegenüberstanden, ebenso nachhaltig wie nachteilig: Sie sahen sich wechselseitig als – nur mäßig übertrieben formuliert – den Abschaum der Menschheit.

Für die Byzantiner waren die Kriegsleute aus dem Westen halbverhungerte, disziplinlose Horden, die auf Raub und Plünderung aus waren und, wenn man nicht Obacht gab, schlimmer hausten als Hunnen, Bulgaren und Seldschuken zusammen; deren Anführer hochfahrend waren und anmaßend, die dem Kaiser und seinen Heerführern nicht oder nur widerstrebend gehorchten und sich als fromme Christen gebärdeten, deren Mannen aber die Dächer von den Häusern rissen; die stets Unterstützungen und Belohnungen forderten und nie mit dem zufrieden waren, was sie erhielten; die gleichermaßen die weltliche wie die geistliche Ordnung störten und den herrschsüchtigen Bischof von Rom über den ehrwürdigen Patriarchen von Konstantinopel stellten, und die durchaus folgerichtig bereit waren, jeden Eid zu brechen.

Keineswegs schmeichelhafter waren die Byzantiner in die Vorstellungswelt der lateinischen Christenheit, vorab der Kreuzzugteilnehmer, eingedrungen als ein gieriges Gesindel, das zwar die Hilfe des Westens in Anspruch nahm, aber nicht einmal bereit war, das Existenzminimum für die Hilfeleistenden aufzubringen; das völlig verrottet und verweichlicht war und stets nur den eigenen Vorteil im Auge hatte; dessen Krieger feige und untüchtig waren und dessen Kaiser große Versprechungen machte, ohne auch nur daran zu denken, sie einzulösen; der die hündische Devotion, die ihm die Seinen entgegenbrachten, auch von den Leuten aus dem Westen erwartete und der bei alledem sofort bereit war, zum eigenen Nutzen mit den Feinden, gegen die sie auf sein Ersuchen in den Kampf zogen, ohne Rücksicht auf die Schädigung ihrer elementarsten Interessen zu kooperieren.

Das Verhalten, das die Byzantiner an den Tag legten, wurde künftig stets vor diesem Hintergrunde gesehen, wie umgekehrt sie stets die Taten der Kreuzfahrer mit dem Maßstab gemessen haben, der ihnen durch die Aufführung von Peters Volkskriegern zugespielt worden war. Die wechselseitige Verachtung trat an die Stelle der Achtung, die man sich hätte entgegenbringen sollen, und das tiefwurzelnde gegenseitige Mißtrauen zeichnete nicht nur jedes weitere Zusammenwirken, sondern überhaupt jede weitere Berührung. Und im Untergrund lebte stets die latente Bereitschaft, sich gegenseitig an die Gurgel zu fahren, die sich in den kommenden Zeitaltern wiederholt in grimmigen Auseinandersetzungen aktualisieren sollte. Jede Differenz, vor allem die zu kombattanten Ereignissen führenden, vermehrten Mißtrauen und Haß zwischen dem römischen Christentum und der Orthodoxie, und die Entwicklung eskalierte bis zu dem kaum vorstellbaren und in unserem traditionsverhafteten Geschichtsbild in seiner ganzen Bedeutung auch niemals gewürdigten Höhepunkt, daß

- um 1200 die Eroberung von Byzanz das Ziel der Kreuzzüge wurde, das 1204

mit der Begründung des Lateinischen Kaiserreiches, das immerhin durch mehr als ein halbes Jahrhundert bestand, erreicht werden konnte und
- das Volk und selbst die Mehrzahl der Kleriker der Orthodoxie die Wiedervereinigung der Kirchen,
  ☐ 1274 im Konzil von Lyon und
  ☐ 1439 im Konzil von Ferrara
beschlossen, schärfstens ablehnten und sich zuletzt lieber der Herrschaft der Osmanen unterwarfen, als daß sie lateinische Hilfe um den Preis der Kirchenunion angenommen hätten.

Einige kritische Phasen der Negativbeziehung und deren zum Teil katastrophale Folgen werden an gegebener Stelle erörtert werden; die Darlegungen sind jedoch – vor dem Hintergrund der üblichen Klischeevorstellung vom »Kampf des Christentums gegen den Islam« – kaum glaubhaft, und sie gewinnen die unerläßliche Überzeugungskraft erst dann, wenn ihre Basis das Wissen um den für die damalige Zeit unüberwindlichen Gegensatz zwischen der Welt des Lateinertums und der Orthodoxie, die beide zutiefst im christlichen Glauben verwurzelt waren, ist. Dabei war der religiöse Aspekt, der gerne als der schlechthin entscheidende in den Mittelpunkt der gelegentlich doch angestellten Betrachtung über das Auseinanderklaffen des christlichen Europa gerückt wird, vermutlich nicht von ausschlaggebender Bedeutung für die gegenseitigen Aversionen, denn
- weder der Azymenstreit über die Verwendung
  ☐ gesäuerten oder
  ☐ ungesäuerten
  Brotes beim Meßopfer,
- noch das Filioque, die unterschiedliche Auffassung über den Ausgang des Heiligen Geistes,
vermögen die wechselseitige Aggressivität der an derartigen Details wesentlich uninteressierten Massen zu erklären. Die Erklärbarkeit findet sich nur, wenn man einfaches, schablonenhaftes Denken da wie dort als ausschlaggebende Momente gelten läßt, etwa in der Art
- die Kreuzfahrer sind die, die in Konstantinopel als Gäste die Häuser abgedeckt haben, und
- die Byzantiner schützen die Moslems, die gemeinsamen Feinde, vor dem Schwerte der Gottesstreiter.

Und die archetypischen Denkmodelle waren bereits aus brandaktuellen Anlässen voll ausgeformt, als sich der Heerwurm in der zweiten Woche nach Nicäas einseitiger Kapitulation aus dem Vorfeld der Stadt löste und in Richtung Südosten weiterwälzte, in ziemlich aufgelockerter Marschordnung, die denn auch beinahe zu seiner Vernichtung geführt hätte. Am 29. Juni erreichten von den zuvor als Heeresgruppen bezeichneten Truppenkörpern, die auch nach der Aufnahme der Offensive unter Führung der genannten Großen beisammen-

blieben, die des Robert Curthose und des Bohemund von Tarent den Raum Dorylaion, latinisiert Dorylaeum oder – bei Régine Pernoud – Dorylea, und wurden von den Truppen des Emirs von Nicäa, der sich bisher beim Heere des Sultans in Ostanatolien befunden hatte und auf die Nachricht von Nicäas Bedrängnis zur Befreiung der Stadt in Marsch gesetzt worden war, angegriffen. Wenn Fulcher von Chartres, der Chronist der Kreuzfahrer aus der Normandie, die Zahl der Moslems mit 360000 Mann angibt, dann übertreibt er maßlos, und wenngleich hinter dieser Zahlenangabe sicherlich der Versuch verborgen ist, die eigene Niederlage durch die gewaltige Übermacht des Feindes beschönigend zu erklären, so erschließt sich bei genauer Betrachtung doch auch ein weiterer, stichhaltiger Grund für eine derartige Überschätzung der Kombattantenzahl des Gegners: Den Kreuzrittern war das typische Verhalten der Moslems in offener Feldschlacht, das in raschen Bewegungen berittener Verbände in verschiedenen Richtungen bei
– beständiger Unterhaltung des Kampfes auf Pfeilschußentfernung und
– Vermeidung des Nahkampfes
bestand, völlig unbekannt gewesen und verwirrte sie in hohem Maße.

Es überstieg ganz einfach ihr Vorstellungsvermögen, daß es derselbe Feind war, der jetzt an ihrem linken Flügel auftauchte, ein paar Pfeilsalven abgab, dann hinter einer Wolke aufgewirbelten Staubes verschwand, um ein paar Minuten später vor dem Zentrum oder dem rechten Flügel erneut zu erscheinen, und sie begingen den naheliegenden Fehler, die – geschätzten – Kopfzahlen der auftretenden Verbände zu addieren. So gelangte Fulcher denn zu seiner fehlerhaften Gesamtzahl; richtig hingegen beschreibt er die Wirkung des konstant unterhaltenen Pfeilfeuers, das empfindliche Ausfälle bei den Franken verursachte und schließlich ihre Flucht bewirkte, die Fulcher indessen nicht auf die Überzahl der Moslems zurückführt, sondern vor allem darauf, daß »diese Kampfesart uns allen unbekannt war«. Im buchstäblich letzten Augenblick erschienen die zurückhängenden oder andere Wege ziehenden und von Kurieren oder dem Gefechtslärm herbeigeführten Scharen Gottfrieds von Bouillon und Raimunds von Toulouse, worauf sich die Seldschuken Emir Solimans, wie ihn Fulcher benennt, absetzten. Es war der erste Sieg eines abendländischen Heeres über die Seldschuken, erfochten auf seldschukischem Territorium, und er wirkte auf das orientalische Kriegsvolk, das sich eine Wiederholung des Tages von Civitot erwartet hatte, schockauslösend wie eine eiskalte Dusche.

Auffällig ist, daß Sultan Kerboga nun nicht die Masse seiner noch in Ostanatolien operierenden Truppen ohne Verzug gegen die Franken führte, sondern diese zunächst unbehelligt ließ, und man kann den Grund, über den man nicht Bescheid weiß, nur in Form eines Ratespiels zu erkennen versuchen. So könnte es sein, daß
– sich die Danischmendiden, die von seinen Schwierigkeiten mit den Ungläubigen zweifellos erfahren hatten, nicht zu einem Frieden oder einem Waffenstillstand bewegen ließen, oder

- der Sultan erwartete, die Franken würden in den Wüsten, die sie nun zu durchziehen hatten, umkommen, oder
- es ihm nicht unwillkommen war, wenn sie rasch sein Territorium durchstießen, um nach Jerusalem zu gelangen, das ihn nichts anging, weil das »Heilige Land« nicht zu seinem Hoheitsgebiet gehörte.

Sicher ist jedenfalls, daß er die Kampfkraft der Kreuzritter überschätzte, und zwar ganz einfach deshalb, weil sie in Masse Schwerbewaffnete waren, deren Panzerung die Wirkung der Pfeile, der Hauptwaffe der Moslems, entscheidend reduzierte, denn wenngleich die Normannen bei Dorylaion zuletzt zur Flucht gezwungen worden waren, so hatten sie doch überraschend lange Widerstand geleistet und waren zuletzt von ihren Kameraden herausgehauen worden und damit der Vernichtung entgangen.

Nun waren die Ritterrüstungen des elften Jahrhunderts noch längst nicht jene kunstvollen Plattenharnische, die heute in den Museen gezeigt werden und unsere Vorstellungen von der mittelalterlichen Bewaffnung bestimmen, denn wir pflegen nicht zu bedenken, daß diese aus dem vierzehnten und fünfzehnten, ja zum Teil sogar aus dem sechzehnten Jahrhundert stammen und Schutz auch gegen die eben aufkommenden Feuerwaffen bieten sollten, sondern nicht minder kunstvoll gefertigte Kettenpanzer, die aus kreisförmigen Kettengliedern bestanden. Der Kettenpanzer wurde als Kettenhemd → Haubert und meist langärmelig oder sozusagen mittelärmelig, also bis knapp über dem Ellenbogen reichend, getragen; Kettenhosen waren relativ selten. Unter dem Kettenhemd trug man ein dickgefüttertes Wams aus Tuch oder feinem Leder, das vor allem die Wucht auftreffender Schwerthiebe reduzieren und Knochenbrüche ohne Eindringen der Klinge verhindern sollte, und das von aufprallenden Pfeilspitzen, die in die Ösen der Panzerung gelangten, kaum oder nur geringfügig durchbohrt werden konnte, so daß diese meist nur leichte, nicht zur Kampfunfähigkeit führende Verletzungen bewirkten. Der Kopfschutz wurde von einem eisernen Helm gebildet, der visierlos war. Meist wurde der damals eben in Mode gekommene »normannische Helm« getragen, der eine konische Form hatte und das Gesicht durch das »Naseneisen« schützte, das denn auch Schwerthiebe in den Nasenansatz und die Augen auffing, nicht aber Pfeile. Auch der Helm war zur Verminderung der Aufprallwirkung von Schwerthieben dick gepolstert, denn anders hätte ein voll auftreffender Streich auch ohne Durchschlagen des Helmdaches zumindest eine kurzzeitige Benommenheit des Getroffenen, wenn nicht seine Bewußtlosigkeit, bewirkt. Der Schutz vor der Waffenwirkung des Gegners wurde durch Schilde vervollkommnet, die meist aus lederüberzogenen, dicken Hartholzplatten, die am Rande häufig mit Metallbändern verstärkt waren, bestanden. Als Angriffswaffen wurde der Speer, ebenso zum Stoß wie zum Wurf auf kurze Entfernungen geeignet, geführt und dann vor allem das lange, breite und schwere Schwert, die Hauptwaffe des Ritters, dessen Hauptkampfart folgerichtig der Nahkampf war. Der Speerkampf wurde, wenn immer es das Gelände erlaubte, zu Pferde ausgetragen, der Schwertkampf häufig noch zu Fuß, wenngleich sich der Kampf zu Pferde eben langsam durchzusetzen begann. Der Ritter war jedenfalls grundsätzlich ebenso zum Kampf zu Fuß wie zu Pferde geeignet, wodurch er sich von seinem um etwa 300 Jahre jüngeren Standesgenossen, der zu Fuß nahezu bewegungsunfähig war, erheblich unterschied, doch war seine Mobilität durch die doch erhebliche Last seiner gesamten Ausrüstung eingeschränkt.

Demgegenüber waren die Seldschuken als typisch orientalisches Kriegsvolk durchwegs leichtbewaffnet und beritten. Ihre Hauptwaffe war der Bogen, dessen Einsatzschußweite mit etwa 300 m erstaunlich groß war und durchaus der eines modernen Infanteriegewehres entsprach, mit dem sie derart vortrefflich umzugehen wußten, daß sie sogar vom galoppierenden Pferd aus mit hoher Treffsicherheit zu schießen vermochten, was das Herkommen ihrer Fertigkeit aus dem Jagdwesen erweist. Im Nahkampf führten sie den gekrümmten Säbel, den später auch die Osmanen verwendeten und der bei uns als »Türkensäbel« bekannt ist, und dessen Schneide an der Außenseite der Krümmung liegt, wodurch er sich vom Yatagan, einer etwas leichteren Waffe ursprünglich kaukasischen Herkommens, dessen Innenseite geschliffen ist, unterscheidet, und einen langen Dolch. Als Schutzrüstung trugen sie eine schwere Lederkappe oder einen leichten Eisenhelm und einen kleinen, ledernen Rundschild; der Schwertarm war gelegentlich durch eine die Außenseite des Unterarms schirmende Metallschiene geschützt, die Brust durch eine Art von kurzem Lederlatz, dem kleine Metallplatten – mehr Zierat und Amulett als Panzerung – aufgenäht sein konnten. Ihre Hauptkampfart war massiertes Pfeilfeuer, durch das sie die Gefechtsordnung des Gegners erschütterten, dem dann, wenn die erwünschte Wirkung sichtbar wurde, der Einbruch folgen konnte, der indessen durchaus nicht immer vollzogen worden ist: Die Vernichtung des Gegners war auch durch anhaltenden Beschuß mit Pfeilen zu erreichen.

Der Kampf zwischen den Kreuzrittern und den Seldschuken war also das Aufeinanderprallen nicht nur zweier Heere, sondern zweier kombattanter Systeme, die für jeweils andersartige Gegner geschaffen worden waren. Nach Bewaffnung und Kampfweise waren die Kreuzritter ebenso darauf spezialisiert, gegen gleichbewaffneten und sich kombattant gleichartig verhaltenden Feind anzutreten, wie die Seldschuken für den Einsatz gegen orientalisches Kriegsvolk, das in der für sie gewohnten Weise kämpfte, bestimmt waren. In der Ungleichheit der Gegner dieses Krieges lag seine besonders nuancierte Gefährlichkeit, das im voraus unabwägbare Risiko, das als das schicksalhaft dominierende Element des Geschehens bezeichnet werden kann.

Bringt man es auf den einfachsten Nenner, so zog das schwerbewaffnete Abendland zum Kampf gegen das leichtbewaffnete Morgenland, und rein gefühlsmäßig ist man versucht, dem Okzident die erheblich größeren Chancen zuzuteilen, weil man es ganz einfach gewöhnt ist, den schwereren und damit vermeintlich besseren, technisch vordergründig vollkommeneren und auf jeden Fall aufwendigeren Waffen mehr Zutrauen zu schenken als den leichteren, einfacheren und billigeren. Und weil dem so ist und weil dem seit Jahrtausenden so war, hält man es seit ebensolanger Zeit für ein Wunder, daß David den Goliath überwand, der scheinbar alle Vorteile auf seiner Seite hatte und eigentlich »hätte siegen müssen«, was in Wahrheit ein gewaltiger Trugschluß ist. Der biblische Zweikampf zwischen dem leichtbewaffneten Hebräer und dem schwerbewaffneten Philister ist als Modellfall zu sehen, dessen Bedeutung kaum überbewertet werden kann, denn wo immer Leichtbewaffnete – Peltasten nach dem Sprachgebrauch des klassischen Hellas – gegen Schwerbewaffnete, die man Hopliten nannte, antreten, kämpft David gegen Goliath. Und dies rechtfertigt die gesonderte Betrachtung in einem eigenen Unterkapitel.

David gegen Goliath

Die – einzige – historische Quelle ist das 1. Buch Samuel, 17. Kapitel, das, ungeachtet mancher Ungenauigkeiten, doch sehr genauen Aufschluß gibt über die Bewaffnung und das Verhalten der beiden Duellanten.

Goliath erscheint als Schwerbewaffneter in Reinkultur; er trug einen schweren »ehernen« Helm mit hohem Helmbusch oder sonstigem hochaufragendem Zierat, denn seine Gesamtlänge wird mit sechs Ellen – also mindestens drei Meter nach dem Umrechnungsschlüssel in Anmerkung 2 – angegeben, was indessen, vom obersten Punkt des Helmschmucks bis zum Boden gerechnet, gewiß nicht nennenswert übertrieben ist. Er trug einen Schuppenpanzer, dessen Gewicht 5 000 Sekel betrug. Der Sekel ist eine von den Juden übernommene, ursprünglich babylonische Gewichtseinheit von mindestens vierzehn und höchstens sechzehn Gramm. Nehmen wir fünfzehn Gramm als Mittelwert, so wog der Panzer 75 Kilogramm. Das scheint selbst dann sehr hoch, wenn man annimmt, daß Goliath eine Übergröße trug, kann aber stimmen, wenn nicht nur der den Körper schützende eigentliche Schuppenpanzer, sondern Goliaths gesamte Ausrüstung von diesem Gewicht umfaßt ist, also auch der genannte Helm und die Beinschienen, der »eherne« Wurfspeer und die Lanze, die mächtig war »wie ein Weberbaum« und deren eiserne Lanzenspitze 600 Sekel, also neun Kilogramm, gewogen hat. Goliath stand im Ruf eines gefährlichen und erfahrenen Kämpfers; dieser und der optische Eindruck kombattanter Überlegenheit, den er zweifellos machte, ließ die Krieger König Sauls, die in einem als Eichengrund bezeichneten Tal ein verschanztes Lager bezogen hatten, das offenbar so geschickt angelegt war, daß es nicht umgangen und nur schwer erstürmt werden konnte, vor dem Einzelkampf, den er nach dem biblischen Bericht vierzig Tage anbot, zurückschrecken. Auch des Königs feierliche Zusicherung, daß er dem Sieger über Goliath große Reichtümer, Steuerfreiheit für die ganze Familie und überdies die Hand der Königstochter geben werde, erbrachte zunächst keinen Freiwilligen für das Himmelfahrtskommando. Bis David kam...

Ob David tatsächlich gekommen ist, wie gemeinhin geglaubt wird und sich aus 17, 17 ff. und insbesonders 17, 55 bis 58 zu ergeben scheint, bleibe dahingestellt, denn nach 1. Samuel 16, 19 ff. gehörte David zum Hofe des Königs, war sein Waffenträger und als solcher zweifellos im Heerlager, was sich auch aus 17, 15 ergibt. Doch das ist im Grunde genommen unbedeutend; wesentlich ist, daß er nach mehrfacher Erkundigung wegen der ausgesetzten Belohnung sich beim König als Freiwilliger meldete und trotz ernsthafter Vorhaltungen bei seinem Entschluß blieb. Die angebotene Rüstung eines Schwerbewaffneten lehnte er ab, weil er sich darin zu wenig bewegen konnte und in der Art der Kampfführung, die ihm damit aufgezwungen worden wäre, nicht hinlänglich geübt fühlte; in der Arbeitskleidung des Hirten und lediglich mit der gewohnten Hirtenwaffe, der Schleuder, mit der er schon oftmals Löwen und Bären von seinen Schafen und Ziegen verjagt hatte und sicher umzugehen wußte, versehen, trat er Goliath entgegen.

Der Philister ärgerte sich, als er den armseligen Hirtenknaben sah, gegen den er nun kämpfen sollte, und der auch von den Seinen als ein Moriturus, ein Todgeweihter, in das Zwischengelände gelassen worden war mit derselben Ehrfurcht, die von den Japanern ihren Selbstmordpiloten, den Kamikazes, entgegengebracht wurde, wenn sie nach Erhalt des Einsatzbefehls in ihre Maschinen kletterten. Dabei war der allem Anschein nach in jedem meßbarem Belang unterlegene Hirte der in Wahrheit Überlegene, und der vermeintliche Selbstmordkandidat ging in einen beinahe völlig risikolosen Kampf, den er nur durch einen nun in der Tat saudummen Zufall hätte verlieren können. Er hatte sich einen Kampfplan zurechtgelegt, der auf zwei Voraussetzungen beruhte, deren Wirkung zusammengenommen für Goliath absolut tödlich war; er konnte

- Goliath auf eine Entfernung bekämpfen, in welche dieser seine Waffen noch längst nicht zum Einsatz bringen konnte und
- jederzeit jenen Respektabstand einhalten, der ihn der Waffenwirkung Goliaths entzog.

Noch einfacher gesagt konnte er weiter, und zwar erheblich weiter schießen als Goliath, und er konnte schneller, und zwar erheblich schneller laufen als jener, und die Sache ist derart klar, daß die folgende Skizze kein Schema, sondern ein graphisch dargestellter Kampfplan ist (s. Seite 129).

Das bedeutet, daß zwischen 200 m und 40 m, also immerhin in einer Zone von 160 m, Goliath für David nicht mehr war als eine bewegliche Zielscheibe. Kam Goliath auf etwa 50 m heran, so war es für David Zeit, seine Stellung zu wechseln, wobei er sich auch seitlich verschieben konnte, also unter ständiger Beobachtung des möglichen Waffeneinsatzes des Gegners; dieser hingegen hatte nur eine einzige sinnvolle Bewegungsmöglichkeit, direkt auf den Gegner zu, da er versuchen mußte, diesen in den Wirkungsbereich der eigenen Waffen zu bringen.

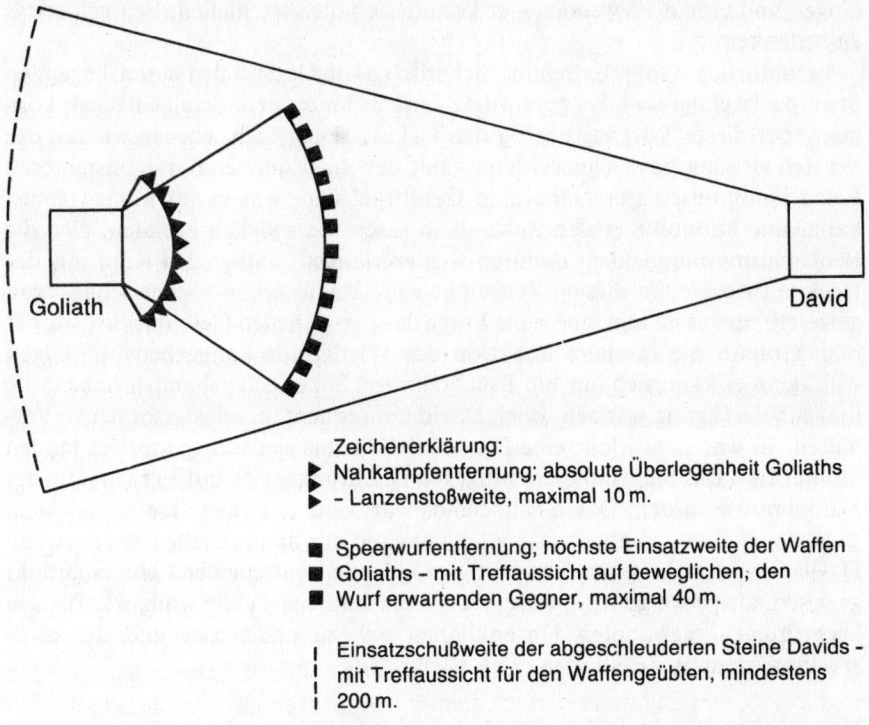

Zeichenerklärung:
▶ Nahkampfentfernung; absolute Überlegenheit Goliaths
▶ – Lanzenstoßweite, maximal 10 m.

■ Speerwurfentfernung; höchste Einsatzweite der Waffen
■ Goliaths – mit Treffaussicht auf beweglichen, den
■ Wurf erwartenden Gegner, maximal 40 m.

| Einsatzschußweite der abgeschleuderten Steine Davids –
| mit Treffaussicht für den Waffengeübten, mindestens
| 200 m.

Ein zusätzliches, schwerwiegendes Handicap für Goliath ergab sich daraus, daß er nur einen Wurfspeer führte. Setzte er ihn ein, ohne einen Treffer zu erzielen, so konnte ihn David unschwer in seinen Besitz bringen, was ihn nun vollends auf die Entscheidung im Nahkampf verwies, den er aber auf Grund der Mobilitätsdifferenz nicht erzwingen konnte.

David hingegen zog mit fünf Kieselsteinen ins Gefecht. Der Schluß, daß er nun nur fünfmal hätte schießen können, liegt zwar nahe, ist aber ein Trugschluß, denn Goliath war dazu gezwungen, sich seinem Gegner zu nähern, um seine Waffen einsetzen zu können. Die ihn verfehlenden oder von seiner Rüstung oder seinem Schild, den er im Kampfe selbst dann trug, wenn er von einem Schildträger in den Kampfraum gebracht worden war, abprallenden Steine in seinen Besitz zu bringen, wie David mit seinem Speer getan hätte, war ihm genommen; denn ganz abgesehen davon, daß sie relativ weit von ihm im Gelände liegenblieben und für ihn schwer erkennbar waren, war es für den Schwerbewaffneten kaum möglich, sich zu bücken und sie einzusammeln. Denn dies mußte ihn kurzzeitig beinahe völlig kampfunfähig machen und war darüber hinaus völlig sinnlos, da er sie kaum hätte behalten können. David hingegen konnte sie unter Berücksichtigung seiner höheren Beweglichkeit im dynamischen Ablauf des Gefechts ohne besondere Schwierigkeiten wiedererlangen und erneut verwenden – er konnte sich nie verschießen. Ist noch etwas zu bedenken?

Ja, natürlich, Goliaths Schild. Sicherlich hätte Goliath den heranfliegenden Stein beobachten und das gefährdete Gesicht hinter dem Schilde decken kön-nen, aber dieser Vorgang entzog den Gegner seiner Sicht ebenso wie ihn der Waffenwirkung des Gegners. Nun zählt der auch nur temporär unsichtbare Feind in unmittelbarer Nähe zum Gefährlichsten, was es im Kampf geben kann, und so mußte er den Zustand so rasch wie möglich beenden, also die Beobachtungsmöglichkeit dadurch wiedererlangen, daß er den Kopf aus der Deckung steckte. In diesem Zeitpunkt wäre David schon wieder schußbereit gewesen, und es ist nun eine reine Frage des persönlichen Geschmacks, wie oft man Goliath die raschere Reaktion des Wiederindeckunggehens zubilligen will, denn es kann sich nur um Bruchteile von Sekunden gehandelt haben, die ihm zur Verfügung standen. Blieb David konsequent im selbstersonnenen Ver-halten, so war es also nur eine Frage der Zeit, bis er die Siegestreffer landen mußte; Goliaths Siegesaussicht hingegen beschränkte sich auf Erzwingung des Nahkampfes, in dem David chancenlos war, oder auf einen Treffer mit dem geworfenen Speer, wobei beide Möglichkeiten nur dann gegeben waren, wenn David temporär in seiner Bewegungsmöglichkeit entscheidend eingeschränkt gewesen, also etwa gestürzt wäre. Doch eine derartige Fehlleistung war für den leichtfüßigen, gewandten Hirtenknaben nahezu undenkbar und der oben erwähnte dumme Zufall, den er als Risiko trug.

Das Jahrhundert, in dem dieser Modellkampf ausgetragen wurde – es war das elfte vor dem Beginn der Zeitrechnung – meinte es auch anderswo mit dem Hopliten, der relativ kurz vorher aufgetretenen Spielart des homo militans, nicht eben gut. Es bedurfte eines sehr beachtlichen Standes der Metallbearbei-tung, durch den der Mensch in die Lage versetzt wurde, seinem Körper eine künstliche Schutzhaut, welche die zunehmende Gefährlichkeit der Kriegswaf-fen paralysierte, zu schaffen, denn während der Kopfschutz schon früher durch Überstreifen des Schädels eines stattlichen Tieres, etwa eines Rindes oder sonstigen großen Hornträgers, hergestellt wurde – was die Wurzel des noch in historischen Zeiten feststellbaren Brauches, künstlich gefertigte Metallhelme mit massigen Hörnern zu schmücken, zu sein scheint –, konnte ein adäquater Körperschutz nur durch dem menschlichen Leib angepaßte Metallteile erfolgen, was technisch wohl nicht wesentlich mehr als maximal zwei Jahrhunderte vor dieser Zeit möglich gewesen sein dürfte. In diesem elf-ten Jahrhundert erfolgte vermutlich der erste Einbruch Europas in Kleinasien, dessen Umrisse im Sagenkranz um die meerengenbeherrschende Stadt Troja deutlich abgezeichnet sind, an dessen grundsätzlicher Wahrheit in Südosteuro-pa niemals, im eigentlichen Abendland aber zumindest seit der Aufklärung, die nach materialistischen Beweisen zu fragen begann, höchst massiv gezwei-felt wurde, bis der Spaten des von den künftigen Historikern zunächst als verrückt betrachteten Amateurgeschichtsforschers Heinrich Schliemann mehr zerscherbtes Material an den Tag förderte, als die Fachwelt bis heute zutreffend zu deuten versteht. Seit Schliemann gibt es an der Existenz Trojas sowenig begründete Zweifel wie an der Tatsache, daß die Stadt mehrmals erobert und zerstört wurde –, und eine der erfolgreichen Belagerungen ist der sozusagen klassische Trojanische Krieg, der im Mittelpunkt der Dichtungen Homers steht. Ehe wir uns der »Krise des Schwerbewaffneten«, die sich darin erkennen läßt, zuwenden, sei darauf verwiesen, daß die häufig vertretene Meinung, dieser Krieg sei in das zwölfte vorchristliche Jahrhundert – gelegentlich ganz präzise mit 1194 bis 1184 fixiert – zu verlegen, hier nicht geteilt wird, und zwar aus einer Reihe von Gründen, auf deren Erörterung, die uns zu weit vom Thema abführen würden, verzichtet wird, zumal es auf die genaue temporäre Bestimmung, die ohnehin mit einer Vielzahl von Unsicherheiten behaftet sein muß, nicht ankommt. Das Typische am kombattanten Geschehen ist

- der Einsatz von mindest teilgepanzerten Schwerbewaffneten, die
  ☐ auf Kampfwagen ins Gefecht ziehen,
  ☐ zum Kampf abzusteigen pflegen und
  ☐ in beschränkter Zahl auftreten, da sich nur die vornehmsten Krieger Rüstung, Rosse und Wagenlenker leisten können, und daneben
- der »Masseneinsatz« von ungepanzertem Volk, das
  ☐ Schleudern oder
  ☐ Pfeil und Bogen
  führt und vordergründig eine untergeordnete Rolle spielt.

Die Trojaner sind gleichartig bewaffnet und kämpfen in derselben Art wie ihre achaischen Feinde, was daran denken läßt, daß sie entweder ein vorgeprellter griechischer Erobererstamm waren, der sich in Troja niedergelassen hatte und mit den pelasgischen Voreinwohnern zu einer tragbaren Koexistenz gelangt war, was sich vielleicht in der Legende von der Abstammung des Äneas erkennen läßt, dessen Vater Anchises mit einer allem Anschein nach frühverstorbenen Häuptlingstochter – oder sollte man schon Prinzessin sagen? – der Neuankömmlinge vermählt war, aus der die Überlieferung Aphrodite, die griechische Göttin der Liebe, machte, oder graecisierte Pelasger, die aus früheren Berührungen mit den Achaiern, gleichviel, welcher Art diese immer auch waren, mit deren Lebensart auch deren Kriegswesen übernommen hatten.

Die ersten, der Erzählung nach jahrelangen Kampfhandlungen sind von den Schwerbewaffneten bestimmt, die im Mittelpunkt des Geschehens stehen. Ihre Verluste sind erstaunlich gering, was vor allem darauf zurückzuführen ist, daß die Leichtbewaffneten sich

- kaum mit ihnen zu messen versuchen, aber
- sofort in Masse herandrängen, wenn einer von ihnen verwundet wird oder aus anderen Gründen in Bedrängnis gerät, um ihn abzuschirmen und der eigenen Partei zu erhalten.

Das letztere Verhalten ist nicht nur mit der Anhänglichkeit des kleinen Kriegers gegenüber seinem Anführer und Vorkämpfer zu erklären, sondern auch mit dem Werte der Rüstung, die auf alle Fälle erhalten bleiben soll, was sich zwingend daraus ergibt, daß der Fall eines Vollgerüsteten sogleich ein erbittertes Handgemenge um seinen Leichnam auslöst. Dabei kommt es im Grunde genommen nur in den seltensten Fällen auf den Leichnam an, immer aber auf die Rüstung, in die er gehüllt ist, was sich daran erkennen läßt, daß der leblose Körper nach Sicherstellung seiner Kampfausrüstung ohne viel Bedenken liegengelassen wird; nur ganz wenige Gefallene werden geborgen, um feierlich bestattet zu werden.

Folgt man der Dichtung Homers – wobei wir uns jeden Exkurs über die Problematik seiner physischen Existenz und die damit verbundene Identität seines Werkes ersparen können –, so fällte der »Obergoliath« der Achaier, der Pelide Achill, der ungeachtet seiner ursprünglichen Kriegsunwilligkeit und seiner Meuterei während des Feldzuges zum Haupthelden des Belagerungsheeres geworden war, den »Obergoliath« der Trojaner, den Königssohn Hektor, den er vor allem deswegen persönlich haßte, weil dieser den Patroklos erschlug, als der mit Achilles ausgeborgter Rüstung an einem Treffen teilgenommen hatte, in einem spektakulären Zweikampf. Nach diesem Mißerfolg der Verteidiger kam es zu Feldschlachten nur noch, wenn die Trojaner Zuzug von irgendwelchen Bundesgenossen erhielten, während sie sich sonst darauf beschränkten, die Stadtmauern zu halten, die Achilles mit seinen schwerbewaffneten Gefährten, von denen besonders der große Ajax und Diomedes zu nennen sind, zwar schauerlich umtoste, nicht aber zu nehmen vermochte. Auch die vornehmen Trojaner ließen nun die Hoplitenwaffen daheim und nahmen »fernhintreffende« Bogen zur Hand, und eines Tages erlag der in schimmernde Rüstung gehüllte Achilles einem »tückischen« Pfeil, was die achaischen Goliathe dermaßen schockierte, daß sie diesen Erfolg sogleich auf das Konto olympischer Intervention buchten und dem bogenkundigen Apollo in die Sandalen schoben. Nur der »listenreiche« Odysseus, von dem erzählt wird, daß er bei passender Gelegenheit stets von Pallas Athene, der Göttin der Weisheit, mit vortrefflichen Tips versorgt wurde, erkannte das Gebot der Stunde und rüstete auf Bogen und Pfeile um, fürderhin als Leichtbewaffneter an den Kämpfen teilnehmend, obwohl er vorher auf Rüstung und Bewaffnung des Hopliten gesetzt und seinen eigenen, schweren Bogen, der ihm später übrigens den Sieg über die Freier ermöglichen sollte, als überalterte, zum Kriege minder geeignete Jagdwaffe daheimgelassen hatte. Odysseus hielt mit seiner modernen Auffassung vom erfolgverprechenderen kombattanten Verhalten in den täglichen Lagebesprechungen nicht hinter dem Berg, und er erntete Beifall vor allem bei jenen Anführern, die entweder nicht über die physischen Kräfte verfügten, um mit der schweren Rüstung belastet in den Kampf zu gehen, was für den kleinen Ajax zugetroffen haben kann, oder die nicht über hinreichendes Vermögen verfügten, sich geeignete Waffen anzuschaffen, wie etwa Teuker, der Halbbruder des großen Ajax. Salamis war keine sonderlich reiche Insel, und ihr Vater Telamon war zwar ein berühmter, aber nicht eben mit Schätzen gesegneter König, der schon mit der Beschaffung für die sozusagen maßgeschneiderte

Panzerung des überlangen Ajax hinreichende Schwierigkeiten gehabt hatte, so daß er seinen kleineren – und schwächeren – Sohn Teuker als Leichtbewaffneten in den Krieg nach Asien schickte und ihm den Rat mitgab, er möge sich hinter dem Schilde seines Bruders decken, wenn es gefährlich werde. Als einer der geistigen Hauptgegner von Odysseus trat der große Ajax in Erscheinung, der vom Kampfverhalten und der Bewaffnung des Hopliten nicht lassen wollte, zumal er nun, nach Achills Tod, der »Obergoliath« der Achaier geworden war und ein entsprechendes Prestige beanspruchte.

Der Konflikt trat in die entscheidende Phase, als darüber zu entscheiden war, wer als »der tapferste lebende Achaier« Achills Waffen und wohl auch sein sonstiges bewegliches Vermögen, soweit es im Lager vorhanden und nicht als Siegespreis bei den Bestattungswettkämpfen bereits vergeben war, bekommen sollte, und als nur Odysseus und Ajax, der Telamonier, als Bewerber auftraten, anders gesagt: die Verfechter peltastischer oder hoplitischer Kampfweise. Die Entscheidung lag beim achaischen Nachrichtendienst, der feststellen sollte, wer denn dem Gegner gefährlicher erscheine, und der umgehend die Meldung brachte, daß man in Troja Odysseus mehr fürchtete als Ajax, womit man trotz befremdlicher Quelle – angeblich wurde ein Gespräch trojanischer Mädchen belauscht – ganz sicher ins Schwarze traf. Der erzürnte Ajax versuchte, seinen Grimm in Wein zu ertränken, erreichte damit jedoch das Gegenteil und tobte wie ein Berserker im Lager herum, richtete ein Blutbad in der Schafherde, dem entscheidenden Teil des lebenden Proviantvorrats seiner Waffengefährten, an und beging im Morgengrauen, als der überdimensionierte Rausch einem ebenso überdimensionierten Katzenjammer gewichen war, Selbstmord. Sein Bruder Teuker, der auf einem Streifzug in Mysien gewesen war, kam an eben diesem Morgen zurück und sah die traurige Bescherung, ohne etwas anderes tun zu können, als Agamemnon mit wilden Schmähreden zu überschütten und um ein ehrenvolles Begräbnis zu streiten, das ihm – kein Wunder angesichts der Stimmung im Heer, die durch die Wirtschaftsoffiziere kräftig angeheizt worden war – jedoch verweigert wurde, obwohl ihn Odysseus überraschend unterstützte.

Nach der Selbstausschaltung des großen Ajax gewann Odysseus mit seinen Ideen vom Krieg der Peltasten endgültig das Übergewicht im Lager, und der Krieg wurde nun unter Verzicht auf den Einsatz von Schwerbewaffneten geführt. Der Wahrsager Kalchas, der entweder von sich aus wußte, was nun zu geschehen hatte, oder von Odysseus zu derartiger Aussage veranlaßt worden war, bewog die Achaier, den vortrefflichen Bogenschützen Philoktetes, den Gefährten des Herakles, der – angeblich wegen eines Schlangenbisses – nicht mit nach Troja gekommen war, mit allen Ehren zum Heere einzuholen, was denn auch geschah. Erst nun waren die Achaier in der Lage, es mit den Trojanern im Bogenschießen – dem »Feuerkampf« jenes Zeitalters – aufzunehmen, und es kam denn auch bald zu einem Zweikampf des Philoktetes mit dem Priamossohn Paris, der durch seine Affäre mit Helena den ganzen Krieg ausgelöst hatte. Paris unterlag und starb an seinen Verletzungen, und bald darauf fiel Troja auf die bekannte Weise, die ganz typisch als ein Kommandounternehmen zu werten ist.

Vom Zweikampf des Achill und Hektor, mit Hoplitenwaffen ausgetragen, über den Selbstmord des Ajax zum Duell des als Peltasten in Erscheinung tretenden Philoktetes und des bogenkundigen Paris – es schien, als sei an den Ufern des Skamander eine Epoche der Militärgeschichte zu Ende gegangen.

Der Schein aber trog, und als Asien viele Jahrhunderte nach Trojas Fall den großen Einbruch in Europa versuchte, da war es der griechische Hoplit, der den persischen Bogenschützen in den großen Entscheidungsschlachten besiegte.
- 490 bei Marathon und
- 479 bei Platää.

Der griechische Mensch war in der dazwischenliegenden Zeit vom Gefolgsmann eines Königs oder Fürsten zum Bürger einer Polis, eines Stadtstaates, geworden, wobei sich organisatorisch zwei Grundtypen entwickelt hatten, auf die sich alle die anscheinend vielfältigen sozialen Gebilde mit nur geringen Differenzen zurückführen ließen.

POLIS

SPARTA	Modellfall	ATHEN
Konstitutionelle Monarchie	Benennung nach heutiger Staatslehre	Demokratische Republik
Doppelkönige; Königtum in den Familien der □ Agiaden und □ Eurypontiden erblich; Befugnisse auf Heerführung be-beschränkt	Staatsoberhaupt	Areopag; nach Reform des Kleisthenes Prytanie – Rat der Fünfhundert mit täglich wechselndem Vorsitz
Fünf Ephoren; Wahl durch Volkssammlung	Regierung	Zunächst drei, später neun gewählte Archonten
Volksversammlung, gegliedert in drei Phylen	Gesetzgebung	Volksversammlung, gegliedert in vier, später zehn Phylen
Gerusia, der »Rat der Alten«	»Zweite Kammer« zur Kontrolle der Gesetzgebung	

In beiden Organisationsformen entsprach die

VOLKSVERSAMMLUNG

der

HEERESVERSAMMLUNG

der volljährigen Bürger, deren »erste Bürgerpflicht« die Kriegsdienstleistung war.

Die entscheidende Änderung des kombattanten Verhaltens war das Aufkommen der dichtgefügten Schlachtreihe, Phalanx genannt, die den Einzelkampf beendete und in der die Bürgersoldaten Schulter an Schulter hinter einer wahren Mauer von Schilden vorrückten und das Gefechtsfeld sozusagen leerfegten. Die Phalanx wurde von Hopliten gebildet, die ihre Waffen und Ausrüstung selbst zu beschaffen hatten. Wer die Mittel dazu nicht aufbringen konnte, wurde Peltast; die Peltasten hatten die Schlacht durch eröffnende Plänklergefechte einzuleiten und entweder durch Verfolgung des weichenden Gegners oder Ermöglichung des Rückzuges der eigenen Kräfte zu beenden; daneben spielten sie im Aufklärungs- und Sicherungsdienst eine zwar bedeutsame, aber wenig geachtete Rolle.

Die Phalanx scheint eine spartanische Erfindung aus dem zweiten Krieg gegen die Messenier gewesen zu sein, in dem diese von den Bewohnern von Achaia, Argos und Elis unterstützt wurden und in gewaltiger Übermacht im Felde erschienen. Es galt für die Spartiaten, die absolute Überlegenheit der Gegner, die auf deren erheblich größerer Zahlenstärke beruhte, dadurch wettzumachen, daß sie ein kombattantes Verhalten ersannen, durch welches diese ihrer Wirkung beraubt wurde. Man spricht heute von der »Erzielung relativer Überlegenheit«, und Conrad von Hötzendorf, der letzte große Feldherr der Monarchie Österreich-Ungarn, nannte diese das »eigentliche Grundproblem der Strategie«, allein die theoretischen Voraussetzungen zu kriegswissenschaftlicher Abhandlung waren bei den Spartanern sicherlich nicht vorhanden und zu längerem Studium fehlte es nicht nur an methodisch erarbeitetem Material, das heute überreich zur Verfügung steht, sondern angesichts der prekären Situation auch an der hierfür benötigten Zeit. Um so bewundernswerter ist der gedankliche Unterbau der Lösung, zu der sie gelangten, ohne daß sie vom Prinzip der relativen Überlegenheit je gehört hätten: Sie konzentrierten ihre Hopliten auf engstmöglichem Raum und ließen sie, vermutlich in zwei oder drei Glieder gestaffelt, zunächst langsam vorrücken und auf ungefähr doppelte Speerwurfweite im Laufschritt – dem ersten, wohlgeordneten Sturmangriff – auf den von diesem Verhalten völlig überraschten Gegner eindringen, wobei auf die Geschlossenheit der Schildfront peinlich genau geachtet wurde.

Sie erzielten damit zwei relative Überlegenheiten in einem Vorgang:
- Ausnutzung der Aufprallenergie der bewegten Masse auf ein stehendes, wenig konsistentes Hindernis,

- Erzielung der zahlenmäßigen Überlegenheit im Einbruchsraum, da die zum Einzelkampf formierten Gegner größere Seitenabstände einhielten und am Kampfgeschehen unmittelbar nur in geringerer Zahl teilnahmen.

Letzteres läßt sich sogar exakt berechnen: Nimmt man an, daß der zum Einzelkampf bereite Feind Seitenabstände einhalten mußte, die mindestens doppelt so breit waren wie die der beinahe auf Tuchfühlung anrennenden Spartiaten, dann traf der Stoß der Phalanx genau halb soviel Gegner, als die Kopfzahl der im ersten Glied der Phalanx Vereinigten betrug. Die damit erzielten Erfolge waren derart durchschlagend, daß sich der neue Kampfstil ab 640 v. Chr. in allen griechischen Staaten durchsetzte.

Anscheinend weniger in Sparta als vielmehr in Athen ging man bald dazu über, aus den reicheren Teilen der Bürgerschaft, die gerne als »adelige Familien« bezeichnet werden, was allerdings nur dann stimmt, wenn man Reichtum und Adel gleichsetzt, berittene Truppen aufzustellen, die keine besondere Bedeutung erlangten und vor allem für Aufklärungsaufgaben und den Sicherungsdienst verwendet wurden, wenn diese den Einsatzbereich der Peltasten überstiegen. Auch im Meldewesen fanden sie sicherlich Verwendung, wenngleich sich aus der Geschichte von der Begründung des »Marathonlaufs«, heute einer der aufsehenerregendsten Disziplinen der modernen Olympischen Spiele, das Gegenteil zu ergeben scheint.

Die persische Kriegführung hingegen suchte die Entscheidung der Schlacht im massierten Einsatz bogenbewaffneter Peltasten, die zu zahlenstarken Verbänden zusammengefaßt waren, eine relativ tiefgestaffelte Gefechtsordnung einnahmen und ein geleitetes Pfeilfeuer auch über längere Zeitspannen kontinuierlich zu unterhalten vermochten, dessen Wirkung die bisher als Gegner in Erscheinung getretenen orientalischen Kriegsvölker regelmäßig erlegen waren. Auch in ihrem kombattanten Verhalten war der Einzelkampf für die schlachtentscheidenden Truppenteile nicht mehr vorgesehen: Die persischen Davids bildeten genau wie die griechischen Goliathe eine reintypige Phalanx, deren geschlossener Einsatz das erfolgsträchtige Element war, wenngleich die andersartige Bewaffnung sie auf die Entscheidung im »Fernkampf« verwies. Während sie also die eine Voraussetzung des Erfolges Davids – die Kampfführung auf eine Entfernung, in der die Hoplitenphalanx ihre Waffen noch nicht zum Einsatz bringen konnte – voll in ihre spezialisierte Taktik übernommen hatten, fehlte es an der zweiten vollkommen. Auch wenn angenommen werden kann, daß jeder persische Peltast für sich mobiler war als jeder griechische Hoplit, so traf dies für die in Gefechtsordnung aufgestellte Masse nicht zu: Die rasche Verschiebbarkeit des einzelnen Leichtbewaffneten in jede gewünschte Richtung ging für den festgefügten Verband von – sagen wir einmal zehntausend – Bogenschützen verloren. Es war ihm daher unmöglich, den erwünschten Abstand einzuhalten und den Nahkampf zu vermeiden. Das konnte nicht gutgehen, und das ging auch nicht gut, und das in der Hoplitenphalanx verkörperte griechische Kriegswesen zeigte sich dem persischen nicht nur in den genannten Entscheidungsschlachten überlegen, sondern auch in dem noch viel aufschlußreicheren Geschehen des mit vollem Recht berühmten »Marsches der Zehntausend«, in welchem Xenophon, ein Studienkollege Platos und Schüler des Sokrates, einen bunt zusammengewürfelten Söldnerverband, den der jüngere Kyros als harten Kern seiner Revolutionsarmee angeheuert hatte, nach Niederschlagung des Aufstandes aus dem Raum ostwärts des Tigris – Schlacht bei Kunaxa 401 – quer durch das persische Hoheitsgebiet heimführen konnte, obwohl die Truppen des Artaxerxes mit allen Mitteln versuchten, die verhaßten Griechen zu vernichten.

Als sich David und Goliath das nächste Mal reintypig begegneten – zwischenzeitig hatten sie sich wiederholt im »Kampf der verbundenen Waffen« gegenübergestanden –, hatte David seine ursprünglich erhöhte Mobilität dadurch wiedererlangt, daß er beritten in Erscheinung trat. Er kämpfte nun als Parther, deren Kriegswesen in der Feldschlacht auf das Fußvolk verzichtete, und er kämpfte gegen Rom, dessen Legionen damals schon beinahe das gesamte Mittelmeergebiet erobert hatten und eben dabei waren, unter dem Befehl des Gajus Julius Cäsar Gallien zu unterwerfen. Nun hatten Cäsar, Pompeius und Crassus 60 v. Chr. das erste Triumvirat gebildet, das vier Jahre später erneuert worden war, und bei der Teilung des Imperiums in die Interessengebiete jedes Triumvirs war die Provinz Syria an Crassus gefallen, womit dieser der unmittelbare Nachbar des Partherreiches wurde, in dem sich eben in einer blutigen Familienfehde Orodes als König durchgesetzt hatte. Orodes führte Krieg gegen den armenischen König Artavasdes, einen Tributärfürsten Roms, der sich allein nicht behaupten konnte und energisch nach der vereinbarten Militärhilfe schrie, was Marcus Crassus bewog, mit einem aus sieben Legionen, 4 000 Reitern und 4 000 Peltasten bestehenden Heer – insgesamt gegen 50 000 Mann – über den Euphrat vorzustoßen. Crassus beabsichtigte, die Stadt Karrhä in Nordmesopotamien, in der sich eine starke römische Garnison befand, zu erreichen, stieß aber kurz nach dem Überqueren des Flusses Balissos auf die parthische Reiterarmee, deren Vorhut sich schon vorher gezeigt hatte.

Crassus ließ seine Kohorten die Schlachtordnung bilden – die einheitliche Phalanx war in Rom in kleine Teilphalangen zerlegt worden, die auch in schwierigem Gelände die volle Bewegungsfähigkeit behielten, was das Wesen der »Manipeltaktik« ausmacht – und schickte seine Leichtbewaffneten vor, die nach blutigen Verlusten von der Übermacht umgehend zurückgeworfen wurden. Die Römer erwarteten nun den Angriff der parthischen Reiterei, unter der sich auch eine gewisse Anzahl von Lanzenträgern befand, wurden allerdings enttäuscht, da die Masse der Reiter, berittene Bogenschützen, sich darauf beschränkte, den Fernkampf aufzunehmen, und zwar aus einer zunächst halbkreisförmigen Aufstellung, die zu einem Vollkreis geschlossen werden sollte. Crassus schickte, um die drohende Einschließung zu verhindern, seine Reiterei und die restlichen Peltasten unter Führung seines Sohnes Publius gegen die im Rücken der Legionen operierenden Parther, die sich zunächst absetzten, dann aber ihre Verfolger einkreisten und vernichteten. Das ging höchst einfach: Die Pferde waren dem Beschuß mit Pfeilen schutzlos preisgegeben, und die zum Fußkampf gezwungenen Reiter – meist übrigens von Cäsar gefangene Gallier, denen der Eintritt ins römische Heer gestattet worden war – waren bei all ihrer Tapferkeit in dieser unvertrauten Kampfweise keine ernstzunehmenden Gegner. Von den 6000 Mann, die mit Publius Crassus attackiert hatten, blieben gegen 5500 auf dem Platz; etwa 500 wurden gefangen, zum Haupttheer zurück kam nicht einer. Dieses selbst stand den Rest des Tages in der eingenommenen Gefechtsordnung im feindlichen Pfeilfeuer, ohne den Nahkampf erzwingen zu können, und setzte sich schließlich im Schutze der Nacht unter Zurücklassung von etwa 4000 Verwundeten oder sonst Marschunfähigen nach Karrhä ab, wo es vorerst in Sicherheit war. Die parthischen Reiter, zum Belagerungskampf ungeeignet, umschwärmten die Stadt und lauerten auf die Beute, die ihnen früher oder später zufallen mußte, da die in Karrhä lagernden Vorräte nur für wenige Tage ausreichten. In der Tat versuchte Crassus den Durchbruch ins armenische Bergland, wo die Reiterei minder gefährlich sein mußte, kam aber nicht durch; von seinen demoralisierten Truppen genötigt, ließ er sich auf Kapitulationsverhandlungen ein, im Zuge derer es aus einem offenbaren Irrtum zu einem Blutvergießen kam, in dem er mit den ihn begleitenden Stabsoffizieren den Tod fand. Was den griechischen Söldnern mit Xenophon gelungen war, gelang der römischen Orientarmee nicht: In den Marschbewegungen ständig vom Gegner behindert, zerfiel sie in einzelne Marschpakete, die bald nur mehr Trümmer waren und von denen im Laufe der Zeit kleine Gruppen, insgesamt gegen 10000 Mann, nach Syrien zurückgelangten. Etwa ebensoviel wurden gefangengenommen und in den Osten des Partherreiches deportiert, wo sie in der Oase Merv angesiedelt wurden – volle 30000 Mann aber waren den parthischen Pfeilen und der Ungunst der Verhältnisse in Vorderasien erlegen.

1097 trafen sich David und Goliath wieder; nun saß nicht nur David zu Pferde, sondern auch Goliath. Er war zum Kataphrakten, dem Panzerreiter – den schon die späte Antike gekannt, meist aber nur im Kampf der verbundenen Waffen verwendet hatte – geworden, womit sich seine Mobilität entscheidend erhöhte, wenngleich sie jener der leichten seldschukischen Reiterei noch immer unterlegen war. Während die Davids nach dem Tage von Dorylaion überlegten, welches Verhalten nun erfolgsträchtig war, zogen die Goliaths weiter, zeitweise frohgemut, zeitweise hart am Untergang vorbei, was sich nach der jeweiligen Versorgungslage richtete. Nach mannigfachen Schwierigkeiten, denn die Zeiträume mit unzureichender oder überhaupt fehlender Versorgung waren entschieden im Übermaß vorhanden, erreichten die Kreuzritter am 27. Oktober Antiochia, das sie zu belagern begannen. Sie belagerten es mehr als ein halbes Jahr, und diese lange Zeitspanne gibt uns die Gelegenheit, uns aus dem David-Goliath-Konflikt, in den wir wiederholt zurückgehen müssen und der unsere ganze Darstellung durchzieht wie der berühmte rote Faden die Taue der königlich britischen Marine, zu lösen und uns dem Zwist zuzuwenden, der im Belagerungsheer beinahe alltäglich neue Gestalt annahm – dem Zwist zwischen den Lateinern und der Orthodoxie.

Die Stadt Antiochia am Orontes war einst Teil des oströmischen Reiches gewesen, und es lag der Verdacht nahe, daß die Byzantiner versuchen würden, es auf dieselbe Art in Besitz zu bekommen wie im Vorjahr Nicäa. Bohemund von Tarent, der sich indessen entschlossen hatte, im Orient einen neuen Normannenstaat zu errichten, spann nicht völlig überschaubare Verbindungen zu den Moslems in der Stadt, um den kaiserlichen Emissären zuvorzukommen. Von den lateinischen Führern ließ er sich im voraus den Besitz der Stadt zusichern und nahm sie durch Verrat am 3. Juni 1098 – keinen Tag zu früh, denn schon am nächsten erschien das Heer der Seldschuken von Rum, das Sultan Kerboga persönlich zum Entsatz der Stadt heranführte. Nun waren aus den Belagerern die Belagerten geworden, und ihre Aussichten, sich zu behaupten, waren recht bescheiden, vor allem weil es kaum Lebensmittelvorräte gab. Da jedoch ereignete sich ein gewaltiges Mirakel, von dem man bis heute nicht weiß, wie es genau damit zugegangen ist: Die »Heilige Lanze«, die ein römischer Soldat dem gekreuzigten Christus in die Seite gestoßen hatte, war in Antiochia aufgefunden worden. Unter recht zweifelhaften Umständen, richtiger gesagt unter derart zweifelhaften Umständen, daß sich Legat Adhemar von Puy energisch weigerte, die vorgewiesene alte Waffe als Reliquie anzuerkennen, obwohl dies die weltlichen Großen, allen voran der Graf von Toulouse, stürmisch verlangten. Diese bedachten vor allem die praktische Seite der Angelegenheit, nämlich die Stärkung der Kampfmoral des frommen Heeres, mit der es unter den augenblicklichen tristen Umständen derart schlecht bestellt war, daß es sogar häufig zu Desertionen kam. Unter denen, die sich abzusetzen bemühten, befand sich übrigens auch Peter der Eremit, der aber von Bohemunds Normannen aufgegriffen und in die Festung zurückgeschleppt wurde.

Immerhin hatten die Deserteure, die den Seldschuken in die Hände fielen, in diesen die Überzeugung geweckt, daß die Franken schon nahezu kampfunfähig seien und in ein paar Tagen physisch zusammenbrechen würden, so daß sie dem gewissen Endsieg mit sorgloser Lässigkeit entgegenblickten, auf die jederzeitige Alarmbereitschaft verzichteten und keine ausreichenden Sicherungsvorkehrungen getroffen hatten. Das rächte sich bitter, denn die hungernden Kreuzritter, die schon Suppe aus Lederriemen kochten und ihren Pferden das Blut abzapften, um es zu trinken, waren nach dem dubiosen Reliquienfund zu einem letzten Ausfall animiert worden, der Kerbogas Mannen völlig überraschend traf und sie veranlaßte, hurtig das Weite zu suchen. Der Feldkaplan des Grafen Raimund von Toulouse, der die Reliquie ins Gefecht zu tragen hatte, berichtete ausdrücklich, der von ihr ausgehende Schutz sei so mächtig gewesen, daß kein einziger seiner Waffenbrüder verwundet oder getötet wurde. Da andererseits das ganze Lager der Seldschuken samt Zelt und Kriegsgepäck des Sultans erobert wurde, scheint es keinen oder zumindest keinen nennenswerten Widerstand gegeben zu haben. Trotz der in den Augen der schlichten christlichen Heerleute schlagend erwiesenen Wundertätigkeit der Heiligen Lanze schwelte der Streit um ihre Echtheit im fränkischen Lager weiter, und diese Meinungsdifferenz eskalierte bis zum Gottesurteil, das erwähnt werden muß, weil es nicht nur den in der Tat heiligen Ernst erweist, mit dem jene Zeit derartige Fragen zu lösen versuchte, sondern vor allem auch die unbedingte Härte und Entschlossenheit, die von den damaligen »Meinungsbildnern« an den Tag gelegt wurde:

Adhemar von Puy war, wie gesagt, nicht dazu zu bewegen, an das Wunder des Reliquienfundes trotz dessen kombattanter Nützlichkeit zu glauben und erklärte jedem, der es hören wollte, daß es sich um ein albernes Ammenmärchen handle. Das bewog den Wortführer der Wundergläubigen, den provencalischen Priester Peter Bárthelemy, den Beweis für die Richtigkeit seiner Überzeugung dadurch zu erbringen, daß er den Scheiterhaufen bestieg und nach dessen Entzündung während der festgelegten Zeit in der Flammenhölle blieb. Er entstieg ihr ohne sichtbare Zeichen einer Verletzung und wurde von den Kriegsleuten im Triumph herumgeschleppt, wobei sie ihm in ihrer Glaubensseligkeit manchen unabsichtlichen Stoß versetzten. Am nächsten Morgen fand man ihn tot auf seinem Lager; beim damaligen Stand der Medizin war nicht zu entscheiden, ob er an inneren Verletzungen oder an einer Folge der Feuerprobe, etwa einer verschleppten Rauchgasvergiftung, verstorben war, und so war die Frage nach wie vor offen, die zu lösen er das in der Tat gräßliche Wagnis auf sich genommen hatte.

Von der Basis Antiochia aus unternahmen die fränkischen Herren Streifzüge in die nähere und weitere Umgebung und stritten, nachdem sich die letzten Byzantiner unter heftigen Protesten wegen der Vergabe der Stadt an Bohemund absentiert hatten, nun untereinander um Beute an beweglicher Habe und Land, und sie schienen das Ziel ihres großen Kriegszuges völlig vergessen zu haben. Darüber verging das Jahr 1098, und erst in der zweiten Woche des nächsten Jahres kam es zur Wiederaufnahme der Offensive, die Raimund, Graf von Toulouse, erzwang: Bloßfüßig und im hemdartigen Gewand des reuigen Büßers zog er allein auf der Straße nach Jerusalem, anscheinend unbekümmert, ob ihm jemand folgen werde. Natürlich war seine Aktion geschickt inszeniertes Theater, klug auf die Publikumswirksamkeit der spektakulären, großen, pathoserfüllten Geste bauend, aber sie war vermutlich in der Tat das einzige Mittel, das verblieben war, den in der Stadt Marra festgefahrenen Karren des Kreuzzuges wieder in Gang zu bringen. Und also rollte er weiter, glaubensfroh, waffenrasselnd und geschichtsträchtig, in das Land der Bibel, das den »Feinden Gottes« zum Opfer gefallen war.

Mit dem Dar ul Islam war es, wie wir aus dem vorherigen Kapitel wissen, äußerst schlecht bestellt; das abbasidische Kalifat war auch nach Okkupation der weltlichen Macht durch die Seldschuken nicht wieder zur früheren Bedeutung zu bringen gewesen, zumal die seldschukischen Anführer in höchst bedenklicher Weise dazu neigten, selbst Teilherrschaften zu begründen, die sich von Bagdad mehr oder weniger unabhängig fühlten und deren Interessen und Energien auch angesichts der kritischen Situation durch den christlichen Vorstoß nicht koordinierbar waren, während das fatimidische Kalifat in Kairo eben den Thronstreit zwischen Nizar und seinem Bruder Mustali, der schließlich zur Begründung des Ordens der Assassinen als der Organisation der geflohenen Anhänger des unterlegenen Nizar geführt hatte, mit Mühe überstehen konnte und aus ihm geschwächt und nahezu aktionsunfähig hervorgegangen war.

Jerusalem und mit ihm der Raum Palästina hatte in den letzten Jahrzehnten mehrfachen Herrschaftswechsel erlebt und war eben wieder in den Händen des Fatimidenkalifen, der in durchaus richtiger Beurteilung des kombattanten Ungleichgewichts Kontakte zu den Franken herstellte und ihnen die Wiederaufnahme unbehinderter Pilgerfahrten wie im Zeitalter Karl d. Gr. zusicherte. Bohemund von Tarent, der sein Schäfchen Antiochia so halbwegs ins Trockene gebracht hatte und sich um dessen Absicherung bemühte, griff des Kalifen Angebot auf und versuchte, es seinen Waffengefährten schmackhaft zu machen, stieß aber auf kein Verständnis, da diese sagten, sie seien weder in den Orient gezogen, um mit dem Oberheiden Kontrakte abzuschließen, noch um
– für den byzantinischen Kaiser Nicäa oder
– für die Normannen Antiochia
zu erobern. Also mußten die Waffen und nicht die Gesandten die begonnenen Sätze des mühsam aufgenommenen Dialogs beenden, und sie sprachen zugunsten der Franken.

Wir tun gut daran, hier an den großen Wandel im islamischen Kriegswesen zu erinnern, der im omaijadischen Kalifat begonnen und in den Glanzzeiten der Abbasidenherrschaft vollendet worden war: Die auf der allgemeinen Wehrpflicht des Moslems beruhenden Milizheere waren durch die Berufsheere der Kalifen verdrängt worden, und die Kriegführung wurde zum Monopol der professionellen Waffenträger, die vom Volke geradezu überdeutlich separiert waren. Das Volk selbst war, des Waffendienstes seit vielen Generationen entwöhnt, wehrlos –, und seine Beschützer waren in mehrere Gruppen zerfallen, die sich untereinander bekämpft hatten und nun derart haßerfüllt gegenüberstanden, daß sie sich wechselseitig die Schwierigkeiten mit den Franken als der überraschend auftauchenden neuen Macht geradezu vergönnten. Auf dem Marsch nach Jerusalem stießen diese daher nur mehr auf regionalen, leicht zu brechenden Widerstand, und auch während der Belagerung der Stadt (7. Juni bis 15. Juli) kam es zu keinerlei ernsthaftem Entsatzversuch: Den sunnitischen Territorialfürsten des syrischen und – heute – jordanischen Raumes war der Militärkommandant des schiitischen Kalifen in Kairo keineswegs eine persona gratissima, für die es sich in den Sattel zu steigen lohnte. Und so waren sie – zum Teile nur mäßig – interessierte Zuschauer des Geschehens, das sich unerbittlich vollzog; selbstverständlich waren sie dann, als es mit der Eroberung der Stadt vollendet war, entrüstet, und sie hatten auch allen Grund dazu, entrüstet zu sein, denn der letzte Akt war ein schauerlich blutiger Abschluß des Dramas. Um es mit den Worten Bradfords zu sagen:

»Die Eroberung von Jerusalem war – wie schon die Einnahme Antiochias – durch Szenen von derartiger Blutgier und Grausamkeit gekennzeichnet, daß man kaum glauben kann, diese Feudalherren und ihre Gefolgsleute hätten auch nur die geringste Vorstellung von dem Glauben besessen, in dessen Namen sie ihren Feldzug unternommen hatten. Auf ihren Mänteln war das Kreuz des Friedensfürsten, doch in der Hand führten sie den Hammer Thors.«

Oder mit den Worten eines anonymen Chronisten, die Régine Pernoud wiedergibt: »In die Stadt eingedrungen, verfolgten unsere Pilger die Sarazenen bis zum Tempel des Salomo, wo sie sich gesammelt hatten und wo sie während des ganzen Tages den Unsrigen den wütendsten Kampf lieferten, so daß der ganze Tempel von ihrem Blut überrieselt war. Nachdem die Unsrigen die Heiden endlich zu Boden geschlagen hatten, ergriffen sie im Tempel eine große Zahl Männer und Frauen und töteten oder ließen leben, wie es ihnen gut schien. Bald durcheilten die Kreuzfahrer die ganze Stadt und rafften Gold, Silber, Pferde und Maultiere an sich; sie plünderten die Häuser, die mit Reichtümern überfüllt waren. Dann, glücklich und vor Freude weinend, gingen sie hin, um das Grab unseres Erlösers zu verehren, und entledigten sich ihm gegenüber ihrer Dankesschuld. Am folgenden Tag erkletterten die Unsrigen das Dach des Tempels, griffen die Sarazenen, Männer und Frauen an, zogen das Schwert und schlugen ihnen die Köpfe ab.«

Oder um wieder einmal Konzelmann zu zitieren, der resümiert: »Die Christen hatten grauenhaft gehaust. Die Juden waren in den Flammen ihrer Synagoge ums Leben gekommen. In den verwüsteten Trümmern der Stadt lebten die Eroberer im Gefühl, den Tod Jesu Christi an Moslems und Juden gerächt zu haben.«

Nur wenige Tage nach dem glorreichen Sieg, dem die weit weniger glorreiche Ermordung der Moslems und Juden folgte, entschloß sich das christliche Heer zur Wahl eines Oberhaupts, denn nun erst scheint der Bedarf an einem solchen gegeben gewesen zu sein – die militärischen Operationen waren von dem Kollegialorgan der jeweils anwesenden Vornehmen geleitet worden, was unserer Vorstellungswelt merkwürdig erscheint. Die Wahl fiel auf den Führer des Kontingents der Ritter aus dem Heiligen Römischen Reich, Herzog Gottfried von Bouillon, der ebenso fromm wie tapfer wie uneigennützig war, und zwar gewiß nicht als »Wunschkandidat« des Papstes gelten konnte, seinem Vertreter Bischof Adhemar aber noch als durchaus akzeptabel erschien. Vermutlich war er der einzige prominente Kreuzzugsteilnehmer, von dem man annehmen durfte, daß er auch in Byzanz zumindest einigermaßen Anerkennung finden würde, da er den vom Kaiser geforderten Eid nicht verweigert hatte wie der Graf von Toulouse und nicht gebrochen wie Bohemund von Tarent, der das Gebiet von Antiochia emsig erweiterte, ohne auf die byzantinischen Ansprüche auch nur die allergeringste Rücksicht zu nehmen. Die angebotene Königswürde lehnte Gottfried ebenso bescheiden wie vorsichtig ab und nannte sich »Sachwalter des Heiligen Grabes« und er konnte schon ein paar Wochen danach als dessen Beschützer in Erscheinung treten: Ägypten sandte eine mühsam zusammengekratzte Armee zur Wiedergewinnung der verlorenen Gebiete, Gottfried trat ihr bei Askalon entgegen und schlug sie schwer; nun konnte er sich dem zuwenden, was man unter Befriedung des gewonnenen Raumes verstehen kann.

Gottfried war, und wir wollen dies klar im Auge behalten, das Oberhaupt eines neugebildeten Staates von problematischer rechtlicher Konsistenz, dessen Souveränität allenfalls konkludent vom Papst Urban, keineswegs aber vom Papst Clemens, den es schließlich immer noch gab, vorerst auch von keinem weltlichen Herrscher des Westens und ebenso nicht vom Kaiser des Ostens anerkannt war und der innerstaatlich durchaus republikanischen Charakter hatte. Die Befugnisse des Präsidenten, wie man heute sagen würde, und die noch nicht als Rechte bezeichnet werden sollen, waren gering und gingen nicht über den Oberbefehl im Kriege, über den Vorsitz in einer Art Adelsrat, der die provisorische Regierung bildete, und die Einberufung der Heeresversammlung, der Entscheidungen von grundsätzlicher Bedeutung vorbehalten waren, hinaus, und über die Dauer des Verbleibs in der Stellung an der Spitze der Gesellschaft sollte erst entschieden werden. Es war alles im Fließen und es war, wie sich bald herausstellen sollte, nicht einmal klar, wer dem neuen Gemeinwesen angehörte und wer nicht. Von den Kreuzzugsteilnehmern kehrten nämlich viele nach Hause zurück, darunter manche aus prekärer Ursache wie Herzog Robert, dessen jüngster Bruder Heinrich nach dem Tode Wilhelms II. König von England geworden war und heftiges Verlangen nach der Normandie zeigte, während vor allem französische und italienische Kaufleute begehrten, sich in den nun sukzessive gewonnenen Hafenstädten wie Gaza, Haifa, Akkon, Tyrus, Sidon und Beirut niederzulassen, was zur wirtschaftlichen Entwicklung des Landes notwendig war und auch gewünscht wurde, aber doch das Problem ihrer – um das heute übliche Wort zu verwenden – Einbürgerung mit sich brachte.

Auch an die Landverteilung mußte gedacht werden, die in der Vorstellungswelt der im Lande verbleibenden Ritter einen sehr hohen, vermutlich sogar den ausschlaggebenden Rang einnahm, denn schließlich und endlich war man Rittersmann und wollte sein Lehen, was in der damals gültigen westlichen Sozialordnung dasselbe bedeutete wie heutzutage die unkündbare Staatsanstellung in entsprechendem Rang mit Dienstwagen, eigenem Sekretariat und garantiertem Mindesturlaub in der Dauer von acht Wochen. Hier gab es wieder Probleme: Land genug war ja vorhanden, aber es mangelte an Leuten, die es bebauten. Und es mangelte an Leuten, weil die Moslems, die dem christlichen Schwert entronnen waren, aus dem christlich beherrschten Territorium flohen in die Gebiete jenseits von Sinai, Totem Meer und Jordan. Manche von ihnen gelangten bis Bagdad und demonstrierten laut und verzweifelt vor dem

Palast des Kalifen Mustazir, der indes keine andere Hilfe für die Flüchtlinge wußte als die Herausgabe eines Erlasses, demzufolge der Jammer über den Verlust Jerusalems und der umliegenden Gebiete an die Ungläubigen in die Freitagsgebete aller Moscheen aufzunehmen war.

Und nun trifft uns – vielleicht mit dem sprichwörtlichen Blitz aus dem heiteren Himmel vergleichbar – das in der Tat schockierende Wissen, daß im frühen zwölften Jahrhundert in demselben Raum dasselbe Problem in Erscheinung trat, das die zweite Hälfte unseres zwanzigsten Jahrhunderts mit Dramatik und Turbulenz erfüllt: Das Problem der Palästinenser, wenn wir die heute übliche Bezeichnung verwenden. Und dieses wiederum konfrontiert uns unversehens mit der Frage, ob sich – zunächst einmal bewußt sehr allgemein formuliert – »die Geschichte wiederholt«. Es erscheint seltsam, daß diese Frage, die zu den Grundfragen des menschlichen Weltverständnisses zählt, meist in dieser nicht differenzierenden Form auftritt und daher ebenso positiv wie negativ zutreffend beantwortet werden kann und wird, wobei die positive Antwort auf der

FUNKTIONELLEN IDENTITÄT VON

Problem-stellung	verfügbaren Mitteln zur Problemlösung	Auswahl und Einsatz der verfügbaren Mittel

beruht, wogegen die negative Antwort mit der funktionellen Identität nicht zufriedengestellt ist, sondern die Lösung des identischen Problems unter Verfügbarkeit identischer Mittel, deren Einsatz in identischer Weise erfolgt, für erforderlich hält.

Nimmt man, um es an einem Beispiel zu verdeutlichen, an, daß

B. der Besitzer

eines unbeweglichen Gutes ist, dessen Bedeutung darin liegt, daß sich auf ihm eine Quelle mit einer seltenen Flüssigkeit befindet, die ebensogut
– Trinkwasser (in einem Trockengebiet) als
– Erdöl (in der durch Erdölknappheit gezeichneten Welt)
sein kann, und daß

A., der Aktionist,

einen elementaren Bedarf an dieser Flüssigkeit hat, und zwar
– an Trinkwasser, um sich selbst und sein Vieh vor dem Verdursten zu bewahren, oder
– an Erdöl, um den Stillstand seiner Verbrennungsmotoren zu verhindern,
dann liegt die funktionelle Identität der substantiell keineswegs identischen Flüssigkeiten vor. Ist B. nun nicht bereit, A. zu den von ihm für akzeptabel gehaltenen Bedingungen die von ihm für unerläßlich gehaltene Flüssigkeitsmenge

zu überlassen, so wird er versuchen, sich gewaltsam in deren Besitz zu bringen – er wird B. angreifen. Der Angriff wird in jedem Fall unter der für optimal gehaltenen Verwendung der A. zur Verfügung stehenden Aggressionswerkzeuge erfolgen, deren Art und Wirksamkeit sich aus dem Stande der Technik, die er entwickelt oder einzusetzen gelernt hat, ergibt und der letzten Endes darüber entscheidet, ob sie aus dem Instrumentarium des Steinzeitmenschen oder des Industriezeitalters stammen. Die substantielle Nichtidentität von Steinbeil und Schnellfeuergewehr ist offensichtlich, verhindert aber nicht ihre funktionelle Identität: In beiden Waffen ist die Zielsetzung der Tötung realisiert – ihre bestimmungsgemäße Verwendung ist grundsätzlich jederzeit möglich. Der Verwendungserfolg hängt vom Widerstand ab, den B. zu leisten vermag.

Der Betrachtungsweise, die das elementare Kriterium in der funktionellen Identität erkennt, ist die Weltgeschichte die permanente Rekapitulation des in unzähligen Varianten auftretenden Grundverhaltens – der um substantielle Identität Besorgten ist hingegen jeder historische Ablauf grundsätzlich einmalig und von der Bedeutung der Außerordentlichkeit gezeichnet. Einmal ist das motivationsbestimmte Verhalten des Menschen das entscheidende Betrachtungsobjekt – einmal das Ausmaß seiner Fähigkeit zur Verwertung der natürlichen Gegebenheiten. Einmal kommt es ausschließlich auf seine innere Einstellung und auf seine Bereitschaft an, bestimmte Probleme in bestimmter Art zu lösen – das andere Mal auf die technischen Mittel, deren er sich zur Problemlösung bedient. Der einen Schauweise erscheint der Mensch letzten Endes als der vielbeschworene »nackte Affe«, der die erstaunliche Fähigkeit entwickelt hat, die natürliche Umwelt, in die er gesetzt wurde, nach seinen stets wechselnden Wünschbarkeiten umzugestalten, ohne dabei seine Urmotivation zu verändern – der anderen aber als das Produkt des Fortschritts, das mit der Vervollkommnung seiner Weltveränderungsfähigkeit die Grundstrukturen seines Charakters entscheidend verändert hat.

Die Frage, ob Geschichte rekapitulierbar ist, muß stets vor diesem Hintergrunde gesehen werden; geht man von der funktionellen Identität aus, so ist die Begründung des Staates Israel die Wiederholung der Begründung des Kreuzfahrerreiches, das in der britischen Geschichtsschreibung gerne als **Outreme** bezeichnet wird; legt man aber Wert auf die substantielle Nichtidentität, wird man trotzdem ob der Ähnlichkeiten, die sich in beiden historischen Komplexen höchst eindringlich manifestieren, betroffen sein... und um diese Ähnlichkeiten gerafft ersichtlich zu machen, ist ein neues Unterkapitel notwendig:

Outreme und Israel

Zuerst eine Art allgemeine Übersicht:
- die Gründung beider Staaten erfolgte im nämlichen Raum durch Waffengewalt in einem zeitlichen Abstand von 849 Jahren;

145

- beide Staatsgründungen waren Anliegen überstaatlicher Interessentengruppen, die voll durchorganisierte Religionsgemeinschaften waren und über leistungsstarke Führungsstrukturen verfügten;
- die militärischen Aktionen, die den Staatsgründungen unmittelbar vorausgingen, stießen auf die nämlichen machtpolitischen Konstellationen, denn Palästina war
  □ beide Male zerscherbte Hinterlassenschaft eines islamischen Großreiches,
  □ von Nachfolgestaaten minderer Größe und Bedeutung umgeben,
  □ von Besatzungstruppen einmal ägyptischer, einmal britischer Provenienz kontrolliert und
  □ selbst wehrlos, da die ansässige Bevölkerung des Kriegsdienstes entwöhnt war und weder über eine hinreichende Bewaffnung noch über eine kombattante Organisation verfügte;
- Träger der militärischen Aggression waren in beiden Fällen militante Eliten, die
  □ aus der christlichen Ritterschaft des Abendlandes oder
  □ den demobilisierten Kriegsheeren der alliierten Mächte, die eben die gewaltige Kriegsmacht der europäischen Mitte zerschlagen hatten,
  auf freiwilliger Basis gebildet wurden.

Es läßt sich unschwer erkennen, daß der den glaubensfrohen Gemütern oft als eine Art von Wunder, das den Beistand transzendenter Mächte voraussetzte, erscheinende militärische Erfolg das durchaus vorhersehbare Ergebnis des Vergleichs der aktualisierten kombattanten Energien war: Die Schafhirten und Olivenpflanzer, die Burnushersteller und Opankenerzeuger, die Eseltreiber und Wasserträger, die Zuckerbäcker und Silberschmiede, die Teppichknüpfer und Feigenhändler von Jerusalem und Nazareth, von Akkon und Tyrus, von Nablus und Deir Jasin hatten in Wahrheit überhaupt keine Chance der Selbstbehauptung, weder gegenüber den normannischen und provencalischen, den flämischen und den schwäbischen Rittern des ersten Kreuzzuges, noch gegenüber den in englischen und sowjetrussischen, in US-amerikanischen und französischen Ausbildungsstätten herangebildeten Teilnehmern des Zweiten Weltkrieges, die das jeweils zeitgenössische Kriegswesen Europas bis in die ausgefeilteste Extremform repräsentierten.

Beide Staaten waren trotz der zu ihrer Begründung aufgewendeten Energien, trotz des gewaltigen emotionellen Engagements ihrer Gründer und trotz der Fülle von Not, Blut und Tränen, die ihre Gründung für die Masse der jeweiligen Voreinwohner mit sich brachte, nicht aus sich heraus lebensfähig. Sie waren auf beständige Unterstützungen – auf »Nachschub« in materieller und personeller Hinsicht – angewiesen, die ihnen in reichem Ausmaß zuteil wurden, von
- den Glaubensgemeinschaften, die sie begründet hatten, und als sich deren Hilfsmöglichkeiten als unzureichend erwiesen,
- den Staaten, in denen diese einen bestimmenden Einfluß ausübten.

Bezüglich des Staates Israel ist diese Abhängigkeit durchaus noch gegeben, so daß hier die Gegenwartsform der verwendeten Verben gebraucht werden kann, was übrigens auch für die folgenden Darstellungen mindest teilweise zutrifft und den Zeitbezug trefflich erhellt.

Beide Staaten, die speerspitzengleich in den islamischen Kulturkörper, der beiden gleich wesensfremd und abhold gegenüberstand, getrieben worden waren, bemühten sich, von den angrenzenden moslemischen Territorialherrschaften anerkannt zu werden, ohne dabei entscheidende Erfolge zu erzielen. Der auf der Basis der temporären kombattanten Überlegenheit erzielte de facto-Frieden war nicht einmal eine permanente Waffenruhe, da es immer wieder kleine, meist überfallartige Kampfhandlungen gab, die weniger von den Regierungen, als vielmehr von fanatischen Moslemgruppen – die sich vielfach aus Palästinaflüchtlingen rekrutierten – durchgeführt wurden. Das führte zu Gegenschlägen beider Staaten, die bis zu lokalen Konflikten ausgeweitet wurden: Jede einzelne Vergeltungsaktion zeigte den hohen militärischen Leistungsstand des sie Vollziehenden auf. Stets wurde getrachtet, den minder leistungsfähigen Gegner ebenso nachhaltig wie rasch zu schlagen, ehe ihm aus einer ja doch möglichen konfessionellen Solidarität seiner Nachbarn Zuzug geleistet werden konnte. Als besonders wirksam erwiesen sich Streifzüge in militärisch unzureichend geschützte, aber relativ dichtbesiedelte Gebiete: Die Menge der getöteten Moslems ergab eine instruktive Bilanz des Schreckens, von der man erwartete, daß die gepeinigten Grenzbevölkerungen ihre Regierungen zur vollgültigen Anerkennung der fremden und gefährlichen Nachbarn zwingen würden.

Beide Staaten bestanden aus sehr bunt zusammengesetzten Bevölkerungsteilen, die noch nach einigen Generationen in vielen Belangen unübersehbar heterogen waren und vor allem durch den empfindlichen Druck von außen vor dem Auseinanderfallen bewahrt blieben. Outreme sah bedächtige Bretonen und redselige Neapolitaner, gemütliche Bajuvaren und arrogante Normannen, temperamentvolle Savoyarden und schweigsame Friesen, die schon rein sprachlich erhebliche Verständigungsschwierigkeiten hatten, die notwendig erhalten blieben, weil die Träger der Differenzierungsmerkmale permanenten Zuzug aus den Herkunftsländern erhielten. Immerhin aber waren sie alle Abendländer, und das heißt, sie waren von einer gemeinsamen Kultur geprägt, deren Formungskraft die nationalen Divergenzen überlagerte. Daneben aber gab es die Christen der orientalischen Bekenntnisse, die das Land schon vor der Begründung des Dar ul Islam besiedelt hatten oder während desselben zugezogen waren, also Orthodoxe und Kopten, Armenier und Nestorianer, zu deren Befreiung man letzten Endes ausgezogen war und die sich nicht nur in konfessionellen Belangen, sondern in beinahe jedem kulturellen Bezug nachhaltig von den »Lateinern« abhoben. Fremd waren ihnen
- die abendländischen Wertvorstellungen,
- das abendländische Denken,
- die abendländischen Sitten,

– das abendländische Recht und
– das abendländische, auf der Lehensordnung beruhende Gesellschaftssystem,

fremd waren Sprachen und Glaubensinhalte, Autoritäten und Usancen, fremd war ihnen das ganze soziale Sein bis in die letzten Alltäglichkeiten.

Ebenso waren die Bürger des neuen Staates Israel trotz grundsätzlicher konfessioneller Gleichheit, die allerdings nicht darüber hinwegtäuschen kann, daß es auch in der mosaischen Welt verschiedene Anschauungssysteme gibt, selbst wenn diese nach außen nicht so auffällig in Erscheinung treten wie in der christlichen oder islamischen, heterogenen Herkommens. Der jahrhundertelange Aufenthalt in fremden Staaten mit ausgeprägten Eigenheiten des sozialen Lebens war auch ein ebensolanger Assimilierungsprozeß, dem sich die Juden nicht entziehen konnten. Sie nahmen mit den Sprachen notwendig auch Sitten und Rechtsvorstellungen, spezifische Verhaltensweisen und zahllose weitere Elemente des kulturellen Lebens der Gastländer an, und zwar in einer derartigen Perfektion, daß sie diese völlig systemadäquat in entscheidenden Belangen weiterentwickelten und bereicherten. So wurden sie zu spanischen und russischen, deutschen und französischen, US-amerikanischen und polnischen Juden, und diese neugeschaffene Volkszugehörigkeit wurde immer entscheidender und verschob die ursprüngliche nationale Einheit in den Bereich des religiösen Lebens und des unmittelbar von ihm dominierten moralischen Anschauungsgefüges.

Als gegen Ende des vorigen Jahrhunderts unter dem Eindruck der großen Pogrome in Rußland, die wiederum die Folge der Ermordung des Zaren Alexanders II. im Jahre 1881 waren, vage und romantische Vorstellungen von einer Heimkehr ins »Land der Väter« auftauchten, lebten im Raum Palästina etwa fünftausend Juden, die weder unterdrückt waren noch unzufrieden und die keinerlei politische Ambitionen hatten, sondern deren soziales Leben in ähnlichen Bahnen verlief wie das der nichtmoslemischen Einwohner desselben Raumes bis zur Regierungszeit des Fatimiden al Hakim. Für die Verbreitung dieser Vorstellungen sorgten Männer, die selbst Träumer waren, von denen in Rußland besonders Pinsker, Ginsburg, Jehuda und Sokolow zu nennen sind, während im deutschen Raum vor allem Heß und Schapiro bekannt waren, und um die sich lose Interessentengruppen bildeten. Die Träume gewannen konkrete Gestalt und politisches Gewicht, als der geniale und wortgewaltige Wiener Journalist Dr. Theodor Herzl 1896 in seinem Werk »Der Judenstaat« die verklärende Vision von einem neuen Zion seinen Glaubensgenossen schuf – in deutscher Sprache selbstredend, denn er war ja ein deutscher Jude, der deutsch schrieb und deutsch dachte und die damals nirgends gesprochene hebräische Sprache, deren Verwendung sich auf den Bereich der Liturgie beschränkte, keineswegs beherrschte.

Zum Zweck der Übertragung der Vorstellungen Herzls in die politische Wirklichkeit des heranziehenden zwanzigsten Jahrhunderts konstituierte sich die zionistische Bewegung in beinahe allen Staaten Europas; ihr erster Kongreß fand schon 1897 in Basel statt. Er stand eindeutig im Zeichen der Proklamation der Wiedervereinigung der Juden und der Wiedererlangung des dem Moses verheißenen Lebensraumes, allein das Echo war verhältnismäßig gering und durchaus nicht überall positiv. Die westeuropäischen Juden waren schon seit geraumer Zeit vollintegrierte Bürger ihrer Staaten und scheuten das mit der Statusveränderung notwendig verbundene Risiko, und nur in Osteuropa, wo eben damals ausgeprägte antisemitische Tendenzen wirksam waren, fanden sich hinreichend verzweifelte oder abenteuerfreudige Juden, die das Wagnis des Beginns des neuen Exodus auf sich nahmen. Um 1900 erfolgten die ersten Einwanderungen, von reichen Juden in Westeuropa – vorab dem Baron Rothschild und dem Baron Hirsch – subventioniert, 1907 kam es zur Gründung von Tel Aviv, was sehr bescheiden durch den Bau einer einsamen Barakke geschah, und bei Beginn des Ersten Weltkrieges war die jüdische Bevölkerung in Palästina auf ungefähr 30 000 Menschen angewachsen. Zu den Kriegszielen der Entente, die bekanntlich sehr heterogen waren, trat im Laufe der Zeit die später auch realisierte Vorstellung von der Zerschlagung des Osmanischen Reiches, das sich als überraschend lebenstauglich erwiesen hatte und eben deshalb zum lebensunfähigen Völkerkerker – gewissermaßen dem orientalischen Gegenstück der Doppelmonarchie Österreich-Ungarn – erklärt wurde, nachdem die britisch-französische maritime Operation gegen die Dardanellen, deren amphibische kombattante Kraft erst 1944 bei der Invasion in Nordfrankreich übertroffen wurde, unter schweren Verlusten für die Angreifer zusammengebrochen war und die modernst bewaffnete, britische Invasionsarmee des Generals Townsend, die den Tigris entlang vorstieß, bei Kut el Amara kapitulieren mußte. Die Entente spielte ihr Spiel mit nicht ganz sauberen Karten:

– Sir Mark Sykes und Charles Picot teilten die erwartete osmanische Hinterlassenschaft in dem nach ihnen benannten Abkommen unter Großbritannien und Frankreich auf;
– Colonel Lawrence, der persönlich sicherlich voll des reinsten Glaubens war, bewog den haschemitischen Großscherif von Mekka, Hossein ben Ali, zum Kampfe gegen den Kalifen für ein großarabisches Reich, das von Sykes und Picot schon verworfen worden war;
– Arthur Balfour, der britische Außenminister, versicherte in der nach ihm benannten Deklaration, enthalten in einem offiziellen Brief an Lord Walter Rothschild, daß die Regierung Seiner Majestät die Durchführung des Vorhabens der Errichtung »einer nationalen Heimstätte für das jüdische Volk in Palästina« nach Kräften fördern werde.

Die Zionisten, die weder vom Sykes-Picot-Abkommen (Mai 1916) noch von den Zusicherungen gegenüber Hossein (König ab November 1916) Kenntnis hatten, trauten der Balfourdeklaration (November 1917) und bemühten sich, ihre Anhänger zum aktiven Eintreten für die Entente zu animieren, was zwar bezüglich der Juden Deutschlands und Österreich-Ungarns kaum Erfolge brachte, später aber den Rassenfanatikern um Adolf Hitler die willkommene Gelegenheit bot, ihr albernes Märchen von der »Verschwörung des internationalen Judentums« zur Versklavung oder Ausrottung des deutschen Menschen darauf zu gründen.

Dem Ersten Weltkrieg folgte zwar die Vernichtung des Osmanischen Reiches und der Untergang des Kalifats, doch die Errichtung des panarabischen Königreichs vergaßen die Herren Friedensdiktatoren ebenso wie die Begründung des Zionistenstaates in Palästina – nicht vergessen aber wurde das Sykes-Picot-Abkommen, das Palästina der an Großbritannien fallenden Teilungsmasse unterstellte, welche Lösung der Völkerbund brav absegnete.

In der Zwischenkriegszeit drängten die Zionisten auf die Erfüllung der ihnen gemachten Versprechungen, während die enttäuschten Araber die Einstellung der gezielten Einwanderung von Juden zu erreichen suchten. Die Briten waren bemüht, ihr schon schwer Schlagseite zeigendes Prestigeschiff über Wasser zu halten, und sie konnten sich nicht entschließen, Fleisch oder Fisch zu sein, selbst als im Deutschland Adolf Hitlers der Antisemitismus in schärfster Form zur Staatspolitik wurde, die verängstigten Juden en bloc zur Emigration gezwungen werden sollten und diese letztlich auch selbst als den letzten Ausweg sahen, weil sie – schon lange vor der im Kriege geplanten, befohlenen und vollzogenen »Endlösung« – das Schlimmste befürchteten. Die Massenauswanderung unterblieb, weil sich kein Land der Welt bereitfand, die Flüchtlinge aufzunehmen – selbst die USA machten die Grenzen dicht, und die Karikatur des »Daily Mirror« vom 6. Juni 1939 zeigt die sich abwendende Freiheitsstatue, die ein Schild mit der Aufschrift: »Keep out!« einem Schiff entgegenstreckt, das als »Jewish Refugee Ship« bezeichnet ist. Damals war ein deutsches Passagierschiff, die »St. Louis«, mit 900 jüdischen Emigranten ins Land der Freiheit gedampft, durfte die Verzweifelten aber nicht an Land setzen, und auch einige andere Ausschiffungsversuche, darunter in Kuba, das damals ein serviler Satellit des Weißen Hauses oder vielleicht besser der Wallstreet war, blieben ergebnislos. Und das hieß zurück nach Europa, das am Vorabend des Zweiten Weltkrieges stand...

Im Reiche Adolf Hitlers gebar die Kriegsfurie den allerdümmsten Rassenfanatiker, die in der Tat wähnten, die militärische Tüchtigkeit sei die notwendige Folge nordischer Rassenmerkmale, ein Zwillingspaar, das unter dem Familiennamen »Waffen-SS« sogleich in die Geschichte sprang. Der eine Zwilling war höchst ansehnlich und unglaublich kriegstüchtig; er bestand aus Kampfverbänden, die sich zumindest anfänglich aus begeisterten Freiwilligen rekrutierten und ausgesprochene Elitetruppen waren, die – nicht ohne plausible Begründung – meinten, die besten Soldaten der Welt zu sein; dieser Zwilling warf, was an sich höchst erstaunlich ist, seinen »deutsch, deutscher, am deutschesten-Charakter« ab und ergänzte sich zunehmend aus Kriegsfreiwilligen aus allen europäischen Staaten, die im Fahrwasser der deutschen Kriegsmaschine segelten, wobei die anfänglich penibel beachteten Rassenmerkmale der Blondhaarigkeit und Blauäugigkeit bald in Wegfall kamen und auch suspekte Dunkelhaarige Aufnahme fanden. Der andere Zwilling, der sich sorgsam hinter seinem attraktiven Bruder versteckte und dessen Beschäftigung, die als »Geheime Reichssache« durch eine wahre Fülle von Sondervorschriften und Maßnahmen abgeschirmt war, auch nach den damals in Großdeutschland allgemein gültigen Wertvorstellungen keineswegs als ruhmreich gegolten hätte, wenn sie bekanntgewesen wäre, bestand aus den SS-Totenkopfverbänden, die sich für noch viel elitärer hielten und denen die Aufgabe übertragen worden war, die Welt der Zukunft durch Ausrottung der »Minderrassigen« für die Angehörigen der »hochwertigen nordischen Rasse« schöner und vollkommener zu machen. Wenngleich man dabei nicht eben zimperlich verfuhr, konzentrierte man sich aber doch für den Anfang auf die Juden und Zigeuner im deutschen Machtbereich. Da sich dieser für einige Jahre so ziemlich auf ganz Europa erstreckte, hatten Himmlers im Dunkel wirkende, auf die Abschlachtung Wehrloser spezialisierte Sonderkommandos mehr Menschen zur Verfügung, als sie bei Anwendung der ihnen aufgetragenen Geheimhaltung verbrauchen konnten. Sie arbeiteten sehr sorgsam und sehr geheim, und nicht einmal die alliierten Nachrichtendienste, die über Informationsquellen selbst in den Führungsgremien der Wehrmacht verfügten, erlangten vor dem Zusammenbruch des kleingewordenen Großdeutschen Reiches Kenntnis von dem schauerlichen Völkermord, der in den Konzentrationslagern vollzogen wurde.

Es waren, als 1945 der Zweite Weltkrieg beendet wurde, Reste der »Minderrassigen« vorhanden, und von diesen wandten sich – wer könnte es ihnen verdenken – viele mit Abscheu ab von Europa, in dem sich Derartiges hatte ereignen können. Die Juden griffen die zionistischen Parolen auf, und auch sie wollten – ganz genau wie die überwältigende Mehrzahl der Österreicher 1938, also nur wenige Jahre vorher – »Heim ins Reich«, wobei sie unter Reich allerdings den von Herzl konzipierten, von Balfour namens des englischen Königs versprochenen und nun von anscheinend aller Welt gewünschten Judenstaat in Palästina verstanden. Daß er vorerst nicht existierte, störte weiter nicht, denn man lebte in einer Zeit weltweiter und tiefgreifender Veränderungen, so daß es auf eine mehr oder weniger nicht anzukommen schien, und 1948 war es denn auch soweit: Die Vision des Dr. Theodor Herzl wurde Wirklichkeit. Die Briten warfen das Handtuch, die Interventionstruppen der Anrainerstaaten wurden zurückgeschlagen, und die Moslems begannen aus dem zionistischen Israel zu fliehen.

Da wir in einem Zeitalter der Zahlengläubigkeit leben, dürfen hier einige Zahlen genannt werden: Bis zum 31. Oktober 1941 konnten trotz der früher erwähnten Reserviertheit der maßgeblichen Staaten der westlichen Welt aus dem von der NSDAP beherrschten Gebiet insgesamt 537 000 Personen jüdischer Abstammung auswandern, und zwar
- aus dem »Altreich« ab 30. Januar 1933 360 000,
- aus Österreich ab 15. März 1938 177 000,

wobei die jüdischen Gemeinden außerhalb des deutschen Machtbereiches mehr als neun Millionen Dollar für die Kosten der Umsiedlung gestiftet hatten.

Das war nun vorbei, und jetzt lag das Interesse bei den Juden, die zu Israelis werden wollten – und die, anders als erwartet – durchaus nicht alle aus Europa kamen, nachdem die »erste Welle« kurz nach der Staatsgründung abgeklungen war. Statistische Angaben stehen für diese erste Zeit nicht zur Verfügung des Verfassers, allein es darf angenommen werden, daß um 1948 die Zugänge vorwiegend aus Europa kamen. Vom Oktober 1949 bis August 1950 wanderten jedoch ein

– aus Deutschland und Österreich	2 350
– aus Ungarn	2 404
– aus Rumänien	31 607
– aus Polen	14 246
– aus der CSSR	1 037
– aus Frankreich	1 135
aus Europa also	52 779 Personen

Zu diesen europäischen Juden sind noch die aus den USA eingewanderten 1 846 zu zählen, so daß insgesamt 54 625 Personen aus Staaten kamen, die in einem gewissen zivilisatorischen Gleichklang standen, wobei aber sehr wohl zu betonen ist, daß damals die Ostwestspaltung Europas noch nicht zu den heute feststellbaren Divergenzen in den Sozialsystemen geführt hatte. Man kann diese Einwanderer gewiß in demselben Sinne als homogen betrachten wie die »lateinische Bevölkerung« des Kreuzfahrerreiches, zumal es auch hier schon rein sprachliche Verständigungsschwierigkeiten gab:
Hebräisch mußten sie alle erst lernen, und die von den askenasischen Juden neben ihren Landessprachen verwendete jiddische Sprache, in alten hebräischen Texten als »hebräisch-taitsch« bezeichnet, war als die Sprache des Galuths, der Verbannung, im neuen Zion verpönt, ganz abgesehen davon, daß sie von den sephardischen Juden, deren Exil in Portugal, Spanien, Italien, Rumänien, Griechenland und dem Osmanischen Reich gelegen war, nicht verstanden wurde.

Im genannten Zeitraum waren aber noch andere Juden nach Israel gekommen, und zwar genau 101 575, und von diesen kamen

– aus den afrikanischen Staaten	30 696
– aus dem Jemen	29 246
– aus dem Irak	16 181
zusammen	76 123 Personen

während sich der Rest von 25 452 Personen auf die anderen Gebiete der Erde verteilte, die wir heute gerne überheblich als die »Dritte Welt« bezeichnen. Und hier stoßen wir auf dasselbe fremdkulturelle Element, das die orientalischen Christen im lateinischen Outreme waren: Eine ganze Welt schied den

Juden aus Marrakesch von dem Juden aus Wien, den Juden aus Basra von dem aus Paris, den aus Sana von dem aus Budapest.

Die Inhomogenität der Bevölkerung war jedoch, bezogen auf den Augenblick der Staatsgründung, nicht nur durch die gemeinsame Religion überdeckt, sondern auch – und man sollte die Bedeutung dieses Aspektes nicht übersehen oder unterbewerten – durch die eben gemachte kollektive Erfahrung, die eine entscheidende Abhärtung gegenüber eigenem Leid bewirkte und notwendig eine geradezu erschreckende Abstumpfung gegen die Leiden anderer nach sich zog. Die eigenartige Gefühlslage, die ebenso als sensitive Immunität wie als Erbarmungslosigkeit bezeichnet werden kann, ist die geradezu notwendige Folge der jeweils unmittelbar vorausgehenden Geschichte, die einmal dominiert war durch den ehernen und zwingenden Ablauf der kombattanten Ereignungen des ersten Kreuzzuges, der zu den schwierigsten und – wenn man die Opfer des Volkskreuzzuges einbezieht – blutigsten militärischen Operationen zählt, die das Abendland bis zu jenem Zeitpunkt und vermutlich bis auf den heutigen Tag durchgeführt hat, und das andere Mal durch die technisch nahezu vollkommene, jedes menschlichen Gefühls überhobene, grauenhaft perfekte Art des Vollzugs des umfassendsten Pogroms, der in historisch erfaßbarer Zeit inszeniert wurde. Das spezifische soziale Klima beider Staaten wurde in der ersten Phase ihrer Existenz durch eben diese – sagen wir einmal – Gefühlsarmut in der einen Richtung gezeichnet, die aber in der anderen Richtung durch ein Gefühl kompensiert ward, das in gesellschaftlichen Integrationen, deren Mitglieder sich durch das dichte Netz mannigfacher sozialer Sicherheiten hinreichend geschützt glauben, weitestgehend verlorengeht: Das Gefühl der unbedingten Zusammengehörigkeit und des unauflöslichen Aufeinanderangewiesenseins, das in einer sehr ausgeprägten Form von Kameradschaft auch die heterogensten Teile der Gesellschaft verbindet und das Aufkommen scharf voneinander abgehobener Klassen verhindert.

Symptomatischer Ausdruck der »Psycholage« sind die Persönlichkeiten, die in die entscheidende Spitzenfunktion gehievt wurden, nicht etwa von Parlamenten und Parteien, welche Bezeichnung diesen immer auch zukommt, und letztlich auch nicht von einem »Volk« im Sinne des Sprachgebrauchs, sondern von einem siegreichen, erobernden Heer, das entschlossen war, ein Volk zu werden. Stellen wir Gottfried von Bouillon, dem »Sachwalter des Heiligen Grabes«, David Grün → David ben Gurion, den ersten Ministerpräsidenten Israels (erste Präsidentschaft 1948–1953) gegenüber, dann soll zunächst einmal klar sein, daß dieser für die Realisierung des Staates Israel in etwa von derselben Bedeutung war wie Theodor Herzl für seine theoretische Konzipierung. David, 1880 im russischen Teil Polens geboren, wanderte 1906 in Palästina ein und gehörte damit zu den allerersten Pionieren – und er sah, was nicht vergessen werden soll, den Verlauf der Geschichte unseres Jahrhunderts stets von der Warte Palästinas aus. Aktivist des Untergrundkampfes gegen die britische Verwaltung und die arabische Mehrheit stieß er frühzeitig zur Miflegeth Poalei Erez Israel → Arbeiterpartei des Landes Israel, abgekürzt MAPAI, die als sozialistische und demokratische Partei internationale Anerkennung fand, wenngleich ihr zumindest temporär extrem nationalistische Züge anhafteten. Ihre Gründung erfolgte 1930 aus Splittergruppen der zerfallenen Poalei – Zionpartei, die 1906 in Poltawa von Berl Borochow gegründet und unter dem Eindruck der russischen Revolution in mehrere Gruppen – von ganz links bis ganz rechts gewissermaßen – gespalten worden war. Die MAPAI repräsentierte die äußerste Rechte, vor allem, nachdem sie unter den bestimmenden Einfluß des aus Wien stammenden Zionisten Dr. Chaim Arlosorow geriet, der 1933 in Tel Aviv von unbekannten Tätern erschossen wurde. Träger der kombattanten Aktivitäten war die Kampforganisation der MAPAI, die Hagana, die vom Konzept her eine ähnliche Bedeutung hatte wie die Wehrorganisationen der zeitgenössischen europäischen Diktaturen. Als während des Zweiten Weltkrieges im Rahmen der englischen Armee eine eigene jüdische Brigade aufgestellt wurde, stießen zu dieser viele Mitglieder der Hagana – und sie erhielten nicht nur eine ausgezeichnete militärische Ausbildung, von der bereits gesprochen wurde, sondern sie fanden dabei auch die Gelegenheit, Waffen und Kriegsmaterial nach Palästina zu schaffen und an geheimen Plätzen zu horten.

David ben Gurion war in Palästina schon ein bekannter Mann, als er zur MAPAI stieß,und er war einer ihrer führenden Köpfe und populärsten Persönlichkeiten während all der turbulenten Jahre bis zur Staatsgründung. Als am 14. Mai 1948 der Union Jack der israelischen Staatsflagge mit dem blauen Davidstern weichen mußte, da war er der große, alte Mann des neuen Staates, und es schien fast, als sei der Davidstern nach ihm, dem neuen Helden Israels, benannt und als sei er, David ben Gurion, die personifizierte MAPAI und damit der personifizierte neue Staat.

Dabei behielt er immer – und das machte den Zauber seiner Persönlichkeit aus – etwas an sich von einem hemdsärmeligen Kampfgefährten jedes Israelis, etwas vom Kameraden, mit dem man den letzten Bissen Brot, den letzten Schluck Wasser, die letzte Zigarette teilt. Der einem wirksamen Feuerschutz gibt, der einen aus dem Feindfeuer holt, der einem den Notverband anlegt und ermutigend zugrinst, wenn alles verloren scheint. Der immer noch einen Ausweg auch aus der verzwicktesten Lage weiß und dem immer noch ein paar höchstpersönliche Energiereserven zur Verfügung stehen, um den verfahrenen Karren wieder flottzumachen.

Aus demselben Holz war Gottfried von Bouillon geschnitzt, wenngleich man von den extrem demokratischen, ja schon vulgären Zügen in David ben Gurions Erscheinungsbild einige energische Abstriche wird machen müssen. Als ein Ritter in des Wortes bestem und idealstem Sinn war er der Waffenbruder jedes Kreuzzugsteilnehmers; er war mit ihnen in Byzanz gewesen und nach Asien gezogen; er hatte die Enttäuschung vor Nicäa mit ihnen erlebt und den Sieg von Dorylaion gekostet; er war wie sie wochenlang durch starrende Wüsten gezogen und dann monatelang vor dem festen Antiochia gelegen; er hatte wie sie Sultan Kerbogas blitzende Verbände heranziehen sehen und den

Schutz des Himmels sichtbar empfunden, als die Heilige Lanze auftauchte; er hatte mit ihnen Jerusalem erstürmt und die ägyptische Entsatzarmee bei Askalon geschlagen – er war einer der ihren. Und er war es bewußt und gewollt; er war tapfer und treu, war bescheiden und fromm, war gerecht und war hilfsbereit, ein Schirmherr der Armen, der Witwen und Waisen, und er fühlte sich, auf einer Pilgerfahrt durch diese Welt begriffen, die ihn hinbringen sollte in ein Jerusalem, das hoch über der Erde erbaut ist und das er zu erreichen nur hoffen konnte, wenn sein Leben hier voll jener Tugenden war, die sich aus den Evangelien ergeben. Weder durch Gesetze und Strafen, noch durch Befehle und Sanktionen erzwang er sich Gehorsam, sondern er leitete vielmehr durch Milde und Guttat, durch Vorbild und Zureden die Masse, die ihm als eine große Zahl von Mitpilgernden erschien, die seiner Obhut anvertraut war.

Nicht minder symptomatisch für den eigenen Geist, der die frühen Epochen beider Staatsgründungen beherrscht, sind die Körperschaften sehr spezialisierter Sozietät, die da wie dort entwickelt wurden: Genossenschaften auf extrem kommunistischer Basis, in welchen der Gedanke der Brüderlichkeit seine deutlichste Ausprägung fand. Über die Institution des Kibbuz müssen nicht viele Worte verloren werden; es ist allgemein bekannt, daß die Kibbuzim die landwirtschaftlichen Kollektive Israels sind, echte Produktionsgemeinschaften auf gemeinwirtschaftlicher Basis, in welchem die Mehrheit der landwirtschaftstreibenden Bevölkerung lebt, ohne dazu gezwungen zu sein, ganz einfach in Anerkennung der Zweckmäßigkeit kollektiver Bodenbebauung. Weit weniger ist zwar nicht eben bekannt, wird aber doch bedacht die Tatsache, daß die wirtschaftstreibenden christlichen Orden ebenso kollektive Gemeinschaften sind, deren Mitglieder zu echten Produktionsgemeinschaften zusammengeschlossen wurden, denn der religiöse Überbau überdeckt die ökonomische Basis, auf welcher er ruht. Löst man ihn ab, bleibt die nämliche gemeinwirtschaftliche Grundstruktur, die gemeinsame Arbeit zur Ermöglichung des gemeinsamen Lebens. Daß dieses durch Gleichgeschlechtlichkeit und Keuschheitsgelübde der Ordensleute wesentlich anders gestaltet ist als das im Kibbuz wird hier erwähnt, ist aber nur insofern von Bedeutung, als dem Kloster die Möglichkeit der Regeneration durch Nachwuchserzeugung genommen ist – es ist zu seiner Erhaltung auf Neuzugänge angewiesen, nicht aber der Kibbuz.

Die gefährdete Lage von Outreme und Israel fand nun in der Organisation der landwirtschaftlichen Produktionsgemeinschaft

– ohne über den wirtschaftlichen Erfolg hinausreichende Zielsetzung und
– mit über den wirtschaftlichen Erfolg hinausreichender Zielsetzung

insofern Berücksichtigung, als beiden das Element beständiger Verteidigungsbereitschaft aufgepfropft wurde. Aus der landwirtschaftlichen Produktionsgemeinschaft des kommunistischen Gesellschaftstyps wurde das Wehrdorf, der Kibbuz, und aus der religiösen Zwecken dienenden Produktionsgemeinschaft des christlichen Klosters wurde der Ritterorden, dessen Mitglieder zum beständigen Kampf gegen die Glaubensfeinde verpflichtet waren.

Das Herkommen der Ritterorden aus der Kreuzzugsbewegung erhielt sich in den Ordenstrachten, die eigentlich schon Uniformen waren; es trugen auf Mantel und Überhemd
- die Templer das rote Kreuz auf weißem Grund,
- die Johanniter das weiße Kreuz auf rotem Grund, und
- die Deutschordensritter das schwarze Kreuz auf weißem Grund.

Der älteste der Orden ist der des heiligen Johannes, der 1113 als eine »Brüderschaft zur Krankenpflege« von Papst Paschalis II. offiziell genehmigt wurde und in Jerusalem ein Spital betrieb, das schon vor der Gründung des Kreuzfahrerreiches bestanden haben dürfte und vermutlich von Kaufleuten aus Amalfi errichtet und erhalten worden ist. Zu einem Kriegerorden, zuerst Hospitaliter oder auch Spitalsritter genannt, wurde er vermutlich zwanzig Jahre danach; später wurde der Orden nach Johannes dem Täufer genannt, dann nach den Hauptsitzen zuerst als Rhodesierritter, später Malteser, unter welcher Bezeichnung er als souveräner Ritterorden noch besteht und eine außerordentlich rege karitative Tätigkeit vor allem in Krisengebieten der »Dritten Welt« entfaltet.

Der Orden der »Armen Ritter Christi und des Tempels Salomon« wurde 1130 von Papst Innozenz II. genehmigt und von allem Anfang an mit militärischen Aufgaben, und zwar der Sicherung des Wegenetzes zwischen den Küstenstädten und Jerusalem, betraut. Er erreichte seine größte Bedeutung um 1260, als ihm 20 000 Ritter angehörten und 9 000 Niederlassungen in Europa und in Outreme betrieben; auch in den damals noch »wilden Osten« Europas war er vorgedrungen, und er unterhielt eine Tempelhof genannte Niederlassung an der Spree, welcher der gleichnamige Stadtteil von Berlin seine Bezeichnung verdankt. Sein ökonomischer Wohlstand mehr als seine politische Bedeutung führte zu seiner Auflösung, von der bereits die Rede war.

Der Deutsche Ritterorden entstand – relativ spät – 1191 als »Orden von St. Marien«, der in Akkon ein Spital betrieb und von Papst Clemens III.[18] genehmigt wurde; Papst Innozenz III. wandelte ihn 1198 in einen Kriegerorden um, dessen historische Bedeutung allerdings weniger in Outreme, das im Zeitpunkt seiner Begründung schon fast zur Gänze verloren war, als in der Begründung des preußischen Ordensstaates lag. Das Schwarzweiß der Farben des späteren Königreichs Preußen leitet sich ebenso von der Ordenstracht her wie die berühmte Kriegsauszeichnung des Eisernen Kreuzes, die im großen Befreiungskrieg von 1813 erstmals vom preußischen König gestiftet und ausschließlich für persönliche Tapferkeit verliehen wurde. Der Deutsche Ritterorden erlebte seine höchste Blüte in der zweiten Hälfte des vierzehnten Jahrhunderts unter Winrich von Kniprode; die erste Schlacht von Tannenberg 1410 brachte ihm schwere Gebietsverluste, doch überlebte er sie ohne Verlust seiner inneren Substanz, die dann allerdings in der Reformationszeit durch die Spaltung in einen protestantischen und einen katholischen Ordensrest zugrunde ging. Nun trug das katholische Ordensoberhaupt den Titel Hoch- und Deutschmeister und stand seit Kaiser Karl V. im Rang eines Reichsfürsten; 1696 errichtete der Orden im großen Türkenkrieg ein Infanterieregiment »Hoch- und Deutschmeister«, das später die Nummer 4 erhielt und zu den berühmtesten Regimentern der alten Armee zählte. Seine Tradition führte im Zweiten Weltkrieg die »44. Infanteriedivision Hoch- und Deutschmeister« fort.

Hier muß das Unterkapitel »Outreme und Israel« abgeschlossen werden, denn die Weiterentwicklung ist nur im Kreuzfahrerreich beendet, während Israel durchaus existent und die militärisch nach wie vor leistungsfähigste Macht im Nahen Osten ist. Beide Staaten wurden, und sogar ziemlich rasch nach dem Erlöschen der Gründungseuphorien, zu reintypigen Modellen der jeweils im Westen herrschenden Gesellschaftssysteme:

– Outreme
  ☐ zur Erbmonarchie, wobei wohl daran zu erinnern ist, daß sich das Erbfolgeprinzip im Heiligen Römischen Reich nie durchzusetzen vermochte,
  ☐ zum Feudalstaat, in dem die dem reinen Lehensprinzip immanente Verfügungsmacht des Herrschers zugunsten der belehnten Familien faktisch aufgehoben war,
  ☐ zum Bürgerstaat, in dem die städtischen Gemeinwesen einen Sonderstatus erhielten, die ökonomische Entwicklung vorantrieben und nach dem Einbruch der Geldwirtschaft in das naturalwirtschaftliche Gefüge das
  - Wirtschaftsleben zu dominieren begannen;
– Israel
  ☐ zur parlamentarischen Parteiendemokratie mit mindest vordergründiger Meinungspluralität,
  ☐ zum kapitalistischen Wirtschaftssystem mit eingegliederten gemeinwirtschaftlichen Sozietäten,
  ☐ zur technikbestimmten Gesellschaft, die ganz planmäßig die Ausbildung der Jugend auf massiven, gekonnten und zielorientierten Einsatz des technischen Fortschritts in Wirtschaft und Kriegswesen konzentriert.

Beide Staaten gestatteten die Wiedereinwanderung verzweifelter, arbeitswilliger Moslems, die auch nie generell planmäßig und gewaltsam vertrieben worden waren, deren Status aber doch fragwürdig war und jenem vergleichbar ist, den zwar nicht eben die Heloten, wohl aber die Periöken im klassischen Sparta eingenommen haben.

Auch sonst erinnern beide Staaten durch ihre permanente Schlagbereitschaft und den absoluten Vorrang, der allen militärischen Belangen aus dem Willen zur Selbstbehauptung in einer unversöhnlichen Umwelt eingeräumt ist, an Sparta...

Nach dem Tode Gottfrieds, des republikanischen Staatsoberhauptes, trat sein Bruder Balduin, der im lateinisch gewordenen Edessa recht selbstherrlicher Großlehensmann seines Bruders gewesen war, an dessen Stelle an die

Spitze des Reiches, das nun sogleich zur Monarchie umgestaltet wurde. Ihm folgte sein Vetter als Balduin II., diesem Fulko, diesem Balduin III., diesem Amalrich I., diesem Balduin IV., der vom Aussatz befallen wurde, und diesem Balduin V., der noch als Kind starb. Man schrieb indessen das Jahr 1185, und das Königsgeschlecht bestand nun aus zwei Damen, beide Töchter des 1174 verstorbenen Amalrich und Schwestern des aussätzigen Königs: Sybille und Isabella.

Sybille war mit dem Newcomer Guido von Lusignan, einem Ritter aus Poitiers, das damals nicht zu Frankreich, sondern dem anglo-angevinischen Reich Heinrichs II. gehörte, in zweiter Ehe vermählt; Balduin V. war ihr Sohn aus erster Ehe gewesen und sie daher zweifellos seine nächste Verwandte, doch war ihr Gemahl Guido nicht sehr angesehen unter den Rittern des Kreuzfahrerreiches, und einige hielten ihn für töricht und schlecht, was aber auch die Folge davon gewesen sein mag, daß er, beinahe noch in Reisekleidern, das Herz der verwitweten Gräfin von Jaffa und Mutter des Königs gewonnen hatte und nun als ihr Gemahl die erste Stelle im Staate bekleiden sollte. Die Ritterschaft, die sich um Raimund, Graf von Tripolis, geschart hatte, beriet in Nablus, dem biblischen Sichem, die politische und juristische Lage, und sie entschloß sich, Isabella statt Sybille als Erbin anzuerkennen, damit deren Gemahl, der landsässige Baron Onfroy von Toron, die Würde des Königs erreichen könnte. In Jerusalem war man indessen rascher, und während in Nablus noch debattiert wurde, schritt man – nachdem die Tore sorgfältig verschlossen und die Mauern mit Söldnern der Stadtwache besetzt worden waren – zur Krönung des neuen Königspaares Sybille und Guido. Heraklius, der Patriarch von Jerusalem, nahm die Krönung mit Zustimmung der Bürgerschaft in der Grabeskirche vor; von den weltlichen Großen war einzig Reinhold von Chatillon, nun Fürst von Antiochia, erschienen, der als armer ritterlicher Pilger das Herz der verwitweten Fürstin der Stadt Bohemunds gewonnen und damit eine der des neuen Königs ähnliche Karriere gemacht hatte. Der Templerorden war für, der Orden der Ritter vom Spital gegen die Krönung, und es gab einige Schwierigkeiten mit dem Schlüssel zur Schatzkammer, den die Spitalsritter sich zunächst herauszugeben weigerten. Zuletzt aber beugten sie sich dem Druck der lokalen Gewalten – man schrieb den September 1186.

Die Jahreszahl ist insofern von Bedeutung, als sich im selben Jahr Salahaddin → Saladin, der Ajubide, zum Herrscher von Syrien aufschwang, nachdem er zuerst Wesir, dann Sultan in Ägypten geworden war. Und das zwingt uns, Outreme zu verlassen und uns in aller Kürze mit dem zu befassen, was sich in den letzten Jahrzehnten in den benachbarten moslemischen Territorien zugetragen hatte. Vor der Jahrhundertmitte war ein energischer, glaubenstreuer Moslem namens Zangi[19] Territorialherr von Aleppo und Mossul geworden und hatte die Grafschaft Edessa 1144 den Franken entrissen, was selbst im Abendland einen derartigen Schock auslöste, daß Papst Eugen III. einen neuen »großen« Kreuzzug auf die Beine brachte. An diesem beteiligten sich nun, von Bernhard von Clairvaux dazu bewogen, des Abendlandes bedeutendste Herrscher, nämlich

- der deutsche König Konrad III. ungeachtet des Streits mit den Welfen um das Herzogtum Bayern, das er 1143 seinem getreuen Parteigänger Heinrich II. Jasomirgott, Markgraf von Österreich, verliehen hatte, der ebenfalls das Kreuz nahm, und
- der noch sehr junge König von Frankreich, Ludwig VII., der seine schöne und lebensfrohe Gemahlin Eleonore von Aquitanien mit in den Orient nahm, was ihm in mehrfacher Hinsicht zum Unheil gereichte[20].

Es half Konrad, dem der Papst in der Freude ob seiner Teilnahme an dem gesamtabendländischen Kriegszug noch schnell die Kaiserkrone verlieh, die neue Würde indes wenig, und es nützte ihm auch nichts, daß seine jüngst verstorbene Gemahlin Gertrude eine Schwester Berta hatte, die mit Kaiser Manuel I. Komnenos vermählt war, der ihn damit nicht nur in vorzüglicher kollegialer Hochachtung, sondern auch in schwägerlicher Verbundenheit empfing (der Mann, der seine Töchter so vortrefflich an den Mann gebracht hatte, nahm in der »großen Welt« des Mittelalters übrigens einen relativ schlichten Rang ein, war ein einfacher Graf von Sulzbach und hieß Berengar). Der kaiserliche Schwager steckte mit den Rum-Seldschuken unter einer Decke und gab seinem Generalquartiermeisterstab, dessen korrekte Bezeichnung anders lautete, was hier aber keine Rolle spielt, den Auftrag, dem suspekten Lateiner den Weg ordentlich zu versalzen. Das geschah denn auch – eine zu geringe Anzahl von Tagesrationen an Wasser und Verpflegung wurde angegeben, die wegekundigen Führer führten das fromme Heer in die Wüste und verkrümelten sich dann heimlich eines Nachts, und ausgerechnet bei Dorylaion wurde das deutsche Heer schwer geschlagen. Konrad brach den Vormarsch ab und kämpfte sich nach Nicäa zurück; auf dem Seeweg gelangte er schließlich nach Palästina, und in Jerusalem, wo König Fulkos Witwe Melisande für den noch minderjährigen Balduin III. die Regentschaft führte, traf er seinen Alliierten König Ludwig, der bisher ebenfalls glücklos gewesen und im Nahkampf einmal fast in islamische Kriegsgefangenschaft gefallen war. Beide operierten nun mit den Resten ihrer ritterlichen Heere und jenen Herren von Outreme, die Lust dazu hatten, gegen Damaskus, doch blieb ihnen ihr Unglück treu: Nureddin von Aleppo, der seinem Vater Zangi als Atabeg nachgefolgt war, zwang sie zum Rückzug und verschob bei dieser Gelegenheit den bisherigen Grenzverlauf zu Lasten des Kreuzfahrerreichs.

Im Herbst 1148 segelte Kaiser Konrad mit seinen letzten Getreuen heim; in Byzanz sorgte Heinrich Jasomirgott von Babenberg, noch Herzog von Bayern, für einen Prestigeerfolg, als er, Witwer seit einigen Jahren, die Hand der wunderschönen Nichte des Kaisers Manuel gewann. Diese Heirat, die nach dem bisherigen Geschehensablauf sicherlich überrascht, war für die Byzantiner eine Verlegenheitslösung: Es war ruchbar geworden, daß Theodora Komnena ein Liebesverhältnis mit ihrem kaiserlichen Onkel unterhielt; Kaiserin und Kirche drängten auf Abschiebung der skandalumwitterten Schönheit, und der angesehene Vasall des kaiserlichen Schwagers lief dem Hofe gerade im rechten Augenblick zu. Herzog Heinrich, dem die komnenische Motivation vermutlich nicht unbekannt blieb, ergriff die ihm dargebotene Dame liebend gern: Sie war wirklich eine Schönheit, sie war – Techtelmechtel hin, Techtelmechtel her, übrigens wußte daheim niemand etwas davon – wirklich eine Dame, und sie war die Verkörperung der Hoffnung, Ungarn, dessen König Geza ihn 1146, kurz bevor er das Kreuz genommen, in einigen Schlachten empfindlich geschlagen hatte, in die Zange zu nehmen.

Weit weniger erfreulich war die Heimkehr für Ludwig von Frankreich; die Flotte, die den Rest seines Heeres im Frühjahr 1149 nach Sizilien bringen sollte, wurde von byzantinischen Kriegsschiffen angefallen, die das Schiff, auf dem die Königin reiste, in ihre Gewalt brachten und mit ihm absegelten. Auch wenn die Ehe schon reichlich defekt war – sie wurde bald nach der Heimkehr durch die zuständige kirchliche Instanz für nichtig erklärt – und das königliche Paar derart verärgert, daß es auf verschiedenen Schiffen fuhr, war die Sache für Ludwig sehr unangenehm, zumal er im Augenblick keine Möglichkeit hatte, die Königin wieder in seinen Besitz zu bringen, allein die Normannen König Rogers von Sizilien halfen ihm aus der Patsche: Sie verfolgten die verhaßten Byzantiner und entrissen ihnen die Beute.

Nureddins Ruhm und Macht waren durch seinen erfolgreichen Widerstand gegen die mächtigsten Herrscher des Abendlandes gewaltig angewachsen; er beherrschte nun ganz Syrien, fühlte sich als Schwert des Islam und folgte willig dem Ersuchen des Kalifats von Kairo, ein Heer zum Schutz des wahren Glaubens zu entsenden, der von den Kreuzrittern unter König Amalrich I. um 1170 arg bedroht war. Sein kurdischer Söldnergeneral Zirkut – auch Schirkuh, Cirkut u. ä. – führte die Auxiliartruppen, und es kam zu wenig übersichtlichen kombattanten Ereignissen, in denen die drei Heere, nämlich

– das des Kalifen Ägyptens,
– das des Königs von Jerusalem und
– das des Atabegs von Aleppo

sich in wechselnden Allianzen bekämpften. Nach dem Tode des Zirkut leitete dessen blutjunger Neffe Saladin, ein politisches und militärisches Genie, die Operationen, brachte halbwegs Ordnung in die verworrene Lage, drängte die christlichen Verbände zurück und wurde Wesir des fatimidischen Kalifats. Kurz darauf beseitigte er die in seinen Augen ketzerische Institution, wurde als Sultan vom sunnitischen Kalifen in Bagdad anerkannt und gewann nach dem Tode Nureddins die Herrschaft in Syrien. Nun hielt er Outreme umklammert – und der Würgegriff vollendete sich im nämlichen Jahr, in dem Guido von Lusignan gegen den Willen der Ritter des Königreichs die Krone gewann: 1186.

Guidos schwache Stellung in seinem gefährdeten Reich beschleunigte sein Ende; unüberlegte, ja geradezu haarsträubend dumme Einzelaktionen seines Steigbügelhalters Reinhold von Chatillon, der eine reiche Karawane des Sultans überfiel und ausplünderte, und des Ritterordens vom Tempel, der eine vereinbarte Marschbewegung eines islamischen Truppenteils durch christliches Territorium unter klarem Bruch der ausdrücklich festgelegten Bedingungen anfiel und dabei eine schwere Abfuhr erlitt, waren Provokationen, die Sultan Saladin nicht hinnehmen konnte und wollte. Und am 1. Juli 1187 überschritt er mit einem Heere von 20 000 Mann den Jordan: Der Todeskampf des Königreiches Jerusalem hatte begonnen.

Guido hatte zu diesem Zeitpunkt schon das Aufgebot erlassen und zog unter Mitnahme der heiligsten aller heiligen Reliquien, dem Wahren Kreuz, mit 1 200 Rittern, 4 000 schwergepanzerten Soldreitern, die man Sergeanten nannte, 4 000 Kriegern zu Fuß und etwa 2 000 berittenen Bogenschützen dem Sultan entgegen. Es war eine höchst beachtliche Macht, vor allem wenn man erwägt, daß erst am 27. November 1177 König Balduin IV. bei Montgiscard mit 580 Rittern und 3 000 Mann zu Fuß Saladin mit 30 000 Moslems besiegt hatte. Aber das war schon ein rundes Jahrzehnt her, und Saladin hatte gelernt...

Schon am 4. Juli standen sich Guido, der König von Jerusalem, und Saladin, der Sultan von Ägypten und Syrien, an der Spitze ihrer Heere bei Hattin gegenüber. Und wieder war es Goliath, der gegen David kämpfte, wenn man sein ergebnisloses Bemühen, seine Waffen zum Einsatz zu bringen, als Kämpfen bezeichnen will. David Saladin hielt mit seinen gefechtsbereiten Reiterverbänden etwa auf Bogenschußweite von Guidos schwerbewaffnetem Kriegsvolk, das sich ebenfalls gefechtsbereit halten mußte, ließ nach Gutdünken einige Pfeilsalven abgeben, damit die Goliathe den Ernst der Lage richtig würdigten, und befahl vor allem konzentriertes Feuer auf Guidos Bogenschützen, wenn sich diese vorwagten.

Guido fühlte sich wie eine Maus in der Falle und war es auch, und nach einigen entnervenden und kräfteraubenden Stunden erteilte er ausgerechnet dem Führer der ritterlichen Opposition, Raimund Graf von Tripolis, den Befehl, mit seinen Reitern den Durchbruch zu wagen. Raimund schnallte den Helm fester und trat zu dem Himmelfahrtskommando an, das aber gar keines wurde: Saladin gab ein paar Befehle, vor den Attackierenden öffnete sich eine Gasse, und ungehindert konnten sie passieren. Sie kamen nicht wieder, aber die Reiter Saladins nahmen die früheren Positionen wieder ein: Die Falle hatte sich nicht verändert. Guido hätte nun den Versuch machen können, es Raimund nachzutun, aber ganz abgesehen davon, daß er sein Heer dann in Fußtruppe und Reiterei zerlegt hätte, wäre die Lage in keiner Weise verändert worden: Einen oder zwei oder vielleicht sogar drei Kilometer weiter in jeder beliebigen Richtung wären seine Kataphrakten wieder Saladins leichter Reiterei gegenübergestanden, hätten die Gefechtsordnung einhalten müssen und hätten keine Möglickeit, sich vom Feinde zu lösen oder den Nahkampf zu erzwingen. Schon bald nach der Mittagszeit brachen Guidos Goliaths oder deren Pferde zusammen; als die Sonnenhitze nachließ, entzündeten die Moslems das dürre Steppengras, das den Hügel bedeckte, auf dem die fränkischen Herren hielten. Es war nicht viel Gras, und das Feuer durchaus kein Vernichtungsfeuer, aber es tat seine Wirkung. Und dann erst, als sich Qualm und Rauch schon fast verzogen hatten, griffen die Moslems an. Sie überschütteten die Christen, die noch stehen konnten, mit trefflich gezielten Pfeilen und sammelten zuletzt die Zusammengebrochenen, die noch lebten, ein.

Guido geriet in Gefangenschaft, und Reinhold von Chatillon geriet in Gefangenschaft. Saladin behandelte Guido ehrenvoll und entließ ihn später, so daß er nach seiner Enthebung als König von Jerusalem Lehenskönig in Zypern werden konnte –, aber Reinhold von Chatillon schlug er mit eigenen Händen den Kopf ab.

Den Rest des Sommers verbrachte der Sultan damit, den Großteil von Outreme in seinen Besitz zu bringen, und nacheinander nahmen seine Truppen Akkon, Nazareth, Caesarea, Sidon und Askalon. Bei Herbstbeginn wandte er sich gegen Jerusalem, das Anfang Oktober kapitulierte. Das Blutbad von 1099 wiederholte sich nicht; die Christen erhielten gegen Bezahlung einer vereinbarten Summe freien Abzug, und den ältesten Bürgern, Robert von Coudre, der zu den Kindern, die den ersten Kreuzzug begleitet hatten, zählte, und Fulko Fiole, dem ersten in Jerusalem geborenen fränkischen Kind, setzte der Sultan eine Gnadenpension aus, so daß sie ihr Leben in der Stadt beenden konnten.

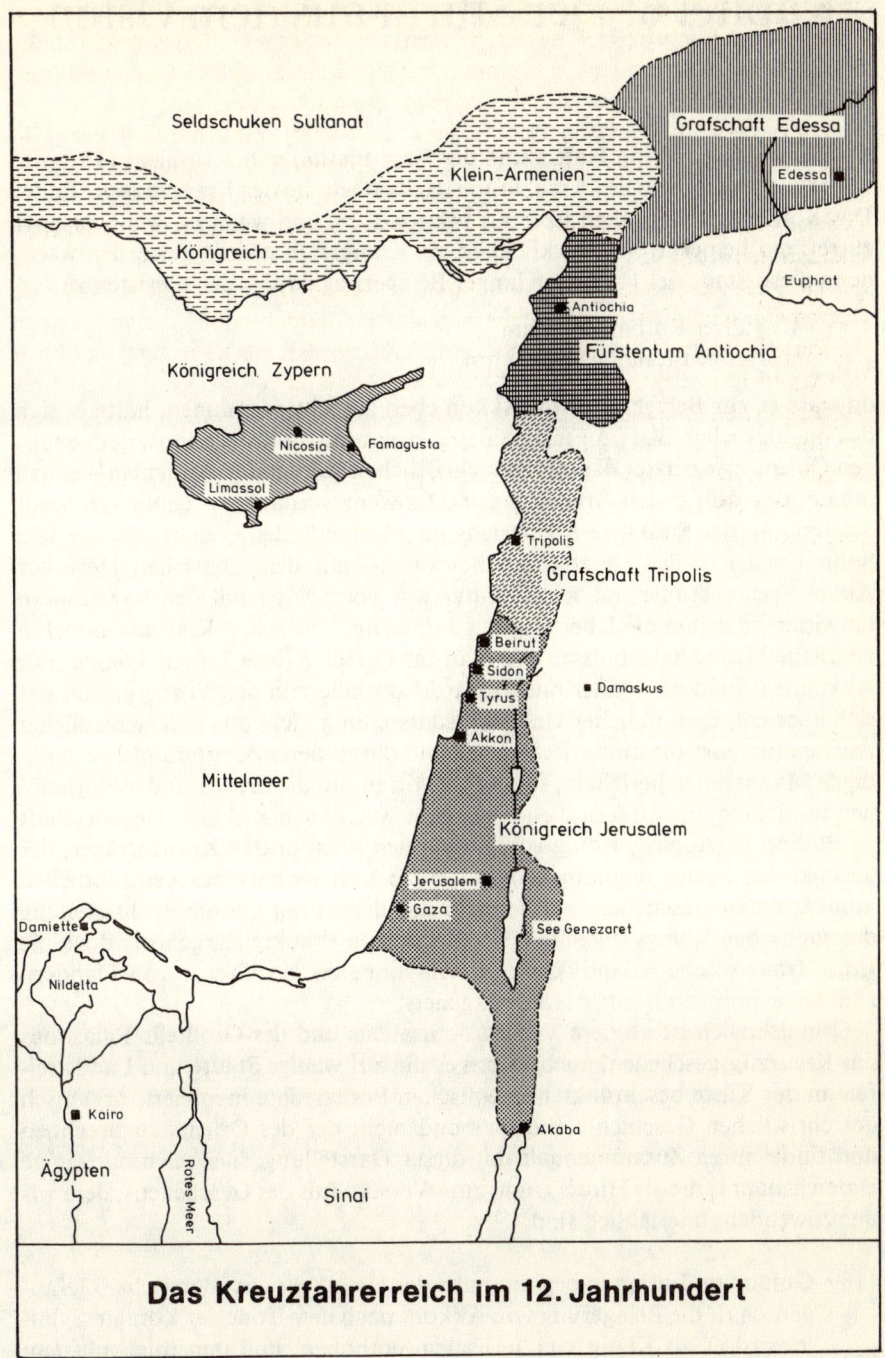

Das Kreuzfahrerreich im 12. Jahrhundert

Seldschuken Sultanat

Klein-Armenien

Grafschaft Edessa

Edessa

Königreich

Euphrat

Antiochia

Fürstentum Antiochia

Königreich Zypern

Nicosia   Famagusta

Limassol

Tripolis

Grafschaft Tripolis

Beirut

Sidon

Damaskus

Tyrus

Akkon

Mittelmeer

Königreich Jerusalem

Jerusalem

Gaza

See Genezaret

Damiette

Nildelta

Kairo

Akaba

Ägypten

Rotes Meer

Sinai

Kapitel 6: Der Sturm aus dem Osten

Mit der Niederlage von Hattin und der Kapitulation von Jerusalem 1187 ging weder die Geschichte des Kreuzfahrerreichs noch die der Kreuzzüge zu Ende. Das Königreich Jerusalem lebte als Fiktion fort, und wenn es, wie Ganshoff zutreffend bemerkt, »in Wirklichkeit ein Königreich Akkon geworden war«, denn diese Stadt fiel 1191 nach langer Belagerung wieder den Christen zu.

»Als Kaiser Rotbart lobesam
zum Heilgen Land gezogen kam...«,

da wäre er zur Belagerung von Akkon eben zurecht gekommen, hätte er sich das unglückselige Bad im Flusse Saleph, dem antiken Kalykadnos, dem heutigen Göksu, der bei der damals zum christlichen Königreich Armenien – einem Staate, der dem ersten Kreuzzug seine Existenz verdankte – gehörigen Stadt Seleukia an der Südküste Kleinasiens ins Meer mündet, erspart. So zog sein Sohn Friedrich, der Herzog von Schwaben, mit dem deutschen Heer vor Akkon; seine Trauer um seinen Vater war vom Ärger mit den Byzantinern umwittert, der ihm die Überzeugung aufzwang, daß zuerst Konstantinopel in westlicher Hand sein müsse, ehe man im Orient Kriege führen könne. Vor Akkon trat bald der Hader mit Richard Löwenherz in den Vordergrund, der sich aber entgegen üblicher Geschichtsdarstellung nicht aus unterschiedlicher Auffassung über die militärische Lage und die zu deren Meisterung zweckmäßigen Maßnahmen herleitete, sondern im Streit um die Erbschaft der Normannen in Sizilien und Unteritalien begründet war. Auch Richards Gegnerschaft zu Philipp II. August, König von Frankreich, dem dritten Kronenträger, der diesmal das Kreuz genommen hatte, ergab sich weniger aus dem aktuellen kombattanten Geschehen, als vielmehr aus dem Streit um die Rechtsstellung des englischen Königs gegenüber der Krone von Frankreich, gehörte doch die ganze französische Atlantikküste von Bayonne bis zur Grenze von Flandern zum angevinischen Besitz des Plantagenets.

Grundsätzlich ist ab dem Verlust Jerusalems und des Großteils Palästinas das Kreuzzugsgeschehen, auch sofern es die auf wenige Städte und Landstreifen an der Küste beschränkten lateinischen Besitzrechte involviert, organisch der christlichen Geschichte Europas und nicht der des Orients zuzurechnen und findet ihren Zusammenhalt mit dieser Darstellung; hier seien nur einige Daten genannt, die als Hintergrund zum Verständnis des Geschehens, dem wir uns zuwenden, unerläßlich sind.

1189 Guido von Lusignan beginnt nach der Heimkehr aus islamischer Gefangenschaft die Belagerung von Akkon; nach dem Tode der Königin Sybille wird er als König von Jerusalem enthoben, und ihm folgt mit dem

Markgrafen Konrad von Montferrat ein Ritter aus dem Heiligen Römischen Reich, der 1187 mit kleinem, aber recht kriegstüchtigem Gefolge in das schwerstens bedrängte Kreuzfahrerreich gekommen war. Allein Reichsnotstand hin, Reichsnotstand her: Das Prinzip der Erbfolge, der sogenannten Legitimität, muß auch auf dem leckgeschlagenen und auseinanderbrechenden Nachen gewahrt bleiben, und das geht nur auf dem Umweg über die schon erwähnte Isabella. Ihre Ehe mit Onfroy von Toron wird für nichtig erklärt und ihre Hand an Konrad vergeben.

1190 Kaiser Friedrich Barbarossa erobert die Stadt Iconium, heute Konya, die Hauptstadt des Reiches der Rum-Seldschuken und zieht, die Zitadelle von Iconium unbezwungen lassend, nach Süden. Er ertrinkt am zehnten Juni in Saleph, und sein Sohn führt sein Heer nach Akkon.

1191 König Richard von England, der seiner Schwester Johanna, der Witwe König Wilhelms II. von Sizilien, die Herrschaft über das Normannenreich sichern wollte, scheitert und erobert im Kampf gegen Isaak Dukas, der sich nach dem Sturz der Komnenen in Konstantinopel (1185) als Kaiser von Zypern selbständig gemacht hatte, die Insel, die er zunächst um einen recht ansehnlichen Kaufpreis, der in Raten – mit Eigentumsvorbehalt und vereinbartem Terminverlust – zu bezahlen ist, dem Ritterorden vom Tempel überträgt. Akkon wird wiedererobert, das Heer Sultan Saladins bei Arsuf geschlagen, und die Kreuzfahrer gewinnen auch Jaffa und Askalon zurück.

1192 König Konrad von Jerusalem fällt einem Kommandounternehmen der Assassinen zum Opfer; Isabella wird ohne Verzug neu vermählt und schließt, sechsundzwanzigjährig, ihre dritte Ehe; der neue Gemahl ist der Graf der Champagne, der nun als Heinrich I. König von Jerusalem wird.

Löwenherz
☐ vereinbart einen dreijährigen Waffenstillstand mit Saladin,
☐ nimmt Zypern den mit den Ratenzahlungen in Verzug gekommenen Templern ab,
☐ setzt Guido von Lusignan als Lehenskönig über die Insel und
☐ kehrt, letzter prominenter Kreuzzugsteilnehmer, nach Europa zurück.

Schiffbrüchig versucht er, als Pilger verkleidet, das Heilige Römische Reich zu durchqueren, wird aber schon im Lande des Herzogs von Österreich (Herzogtum seit 1156) erkannt und als Feind des Herzogs (er hatte die Feldzeichen Leopolds V. von einem von diesem eroberten Teil einer gemeinsam belagerten Festung reißen lassen, worauf dieser den Kreuzzug abbrach) und des Kaisers (es war seit dem Vorjahr Heinrich VI., und die Feindschaft kam von der Unterstützung, die Richard dem rebellischen, mit der Reichsacht belegten und seiner Herzogtümer Bayern und Sachsen entsetzten Heinrich dem Löwen leistete) gefangengenommen. Zuerst im lieblichen Dürnstein in der Wachau, dessen Fremdenverkehr noch heute davon profitiert, dann bei Annweiler in der Pfalz interniert, leistet er zuletzt für seine Freilassung

☐ eine Barzahlung von 100 000 Mark Silber nach Kölner Gewicht, immerhin 25 000 Kilogramm, von denen Herzog Leopold zwanzig Prozent als Fangprämie kassiert,

☐ den Lehenseid, was bedeutet, daß alle seine Lehensmänner der Oberhoheit des deutschen Königs unterfallen, was hinsichtlich des Königreiches Zypern bald von Bedeutung werden soll und

☐ einen entscheidenden Beitrag zur 1194 erfolgten Unterwerfung des aufmüpfigen Welfen unter die Autorität des Reiches, an welche sich dieser – ganz gegen seine Gewohnheit – gebunden fühlt bis zu seinem Tode, der allerdings schon im nächsten Jahre erfolgt.

1194 Tod König Guidos von Zypern; als sein Nachfolger ist sein Bruder Amalrich von Lusignan designiert, der sogleich bei Kaiser Heinrich vorstellig wird und bei diesem, nicht aber bei König Richard, um Neubelehnung ansucht (Mannfall). Mit Zustimmung des Papstes Coelestin III. belehnt ihn der Kaiser, und Amalrich I. wird damit nach lehensrechtlichen Grundsätzen entgegen der vielfach anzutreffenden Auffassung nicht etwa König eines selbständigen Reiches, sondern steigt in der Lehensordnung eine Stufe höher: Richard war, nachdem er den Eid geleistet und seine Länder als Lehen des deutschen Königs entgegengenommen hatte, Fürst des Reiches im dritten Heerschild geworden, was Guido als von ihm Belehnten in den vierten Heerschild verwies. König Amalrich I. rückt nach Wegfall des lehensrechtlichen Zwischengliedes Richard in den dritten Heerschild auf und wird diesem – reichsrechtlich, was sehr wohl zu betonen ist – ranggleich, und der Bischof von Hildesheim macht sich auf die mühsame und nicht ungefährliche Dienstreise nach Zypern, um den Kaiser im Belehnungszeremoniell zu vertreten und Amalrich zu salben und zu krönen. Dies geschieht vermutlich in Limassol in jener kleinen Kirche in der Zitadelle, in welcher Richard Löwenherz 1191 Berengaria von Navarra geheiratet hat und zur Königin von England krönen ließ, denn die spätere zyprische Krönungskirche, die Kathedrale der heiligen Sophia in Nicosia, wird erst 1208 zu bauen begonnen und 1267 fertiggestellt.

In Akkon fällt König Heinrich I. von Jerusalem aus einem Fenster seines Palastes und bricht sich das Genick. Isabella, nun achtundzwanzig, heiratet das vierte Mal und dabei das dritte Mal aus rein politischen Gründen. Ihr neuer Mann ist der Bruder des verstorbenen zweiten Mannes ihrer verstorbenen Schwester: Amalrich I. von Lusignan, König von Zypern. Er wird nun auch König von Jerusalem, als dieser Amalrich II., und ist damit, was staatsrechtlich durchaus nicht uninteressant ist,

☐ als Amalrich I. Lehensmann des deutschen Königs, und

☐ als Amalrich II. Souverän eines selbständigen, wenngleich kleinen Staates.

Das heraufkommende neue Jahrhundert sieht den 1198 erwählten Papst Innozenz III., einen jungen, energischen und reichlich unangenehmen Oberhirten der katholischen Kirche, der so richtig der Gegensatztypus seines Vorgängers, des alten, weisen, ehrwürdigen und herzensgütigen Coelestin III. ist, der erst im Alter von über achtzig Jahren 1191 zum Pontifikat gelangt war. »Owe, der babest ist ze junc, hilf, herre diner kristenheit«, klagt Walther von der Vogelweide, allein was bei ihm nostalgisch gefärbtes Räsonnement scheint, wird für die Katharer, die ersten »echten« Ketzer des Westens, blutige Wirklichkeit: Papst Innozenz ruft zum Kreuzzug gegen sie auf und demonstriert damit unwiderleglich, daß er gewillt ist, das ihm anvertraute Instrumentarium der Macht rücksichtslos einzusetzen, um nicht nur den Geboten des Evangeliums, sondern auch den von der Papstkirche entwickelten Interpretationsregeln absoluten und unbedingten Gehorsam zu erzwingen. Nicht minder scharf formulierte und verfolgte er den päpstlichen Universalitätsanspruch, und so gesehen ist es kein Zufall, daß der von ihm zusammengetrommelte Kreuzzug, der vierte nach üblicher Zählung,[21] den Kampf gegen die Moslems vergaß, Konstantinopel erstürmte und das lateinische Kaiserreich begründete. Freilich verhängte er über diejenigen, die an der Eroberung der damals zum Königreich Ungarn gehörigen Stadt Zara → Zadar in Dalmatien, die gewissermaßen die Ouvertüre der blutigen Szenenfolge darstellte, beteiligt waren, den Bann, nahm ihn aber bezüglich der Kreuzfahrer alsbald zurück. Er berief auch seinen Legaten, den Kardinal Peter von Capua, nicht ab, so daß unter dessen Augen alles, was geschehen ist, geschah und er zuletzt derjenige war, der den Grafen Balduin von Flandern am 16. Mai 1204 zum Kaiser des lateinisch gewordenen und schauerlich ausgeplünderten Konstantinopel krönte.

Innozenz III. löste außer den Kreuzzügen gegen die Byzantiner und die Albigenser, wie man die Katharer meist nennt, auch noch einen Kreuzzug gegen die Almohaden aus, die um 1150 den rasch verschlissenen Almoraviden in der Herrschaft über das noch islamische Südspanien nachgefolgt waren und erfolgreich gegen die christlichen Könige von Aragon, Navarra und Kastilien operierten. Dieser führte zum großen Sieg von 1212 über die Moslems bei Muradal in der Ebene von Navas de Tolosa und erzwang die Einstellung der almohadischen Angriffskriege, den christlichen Königen die dringend benötigte Atempause verschaffend.

Im Pontifikat des ebenso gescheiten wie sendungsbewußten, ebenso gelehrten wie in der Wahl seiner Mittel doch eher unbedenklichen Innozenz III. sieht die christkatholische Geschichtsschreibung gern den Höhepunkt und die Vollendung des mittelalterlichen Papsttums, doch kann dieser Meinung nicht unbedingt gefolgt werden, und zwar auch dann nicht, wenn man die Erneuerung des schlichten Gotteslebens, die sich aus dem Wirken des heiligen Franz von Assisi ergab, in den Kreis der Betrachtung rückt. Denn wenngleich der Papst 1209 die Regel des »Ordens der Minderen Brüder«, die zu beständiger Armut, Demut, einfachem Glauben an die Evangelien und tätiger Liebe nicht nur gegenüber den Mitmenschen, sondern gegenüber allen Lebewesen als Geschöpfe Gottes angehalten waren, nach längerem Zögern genehmigte, so war er dazu doch, nach eigenem Zeugnis, durch Traumgesichte bewogen worden, die sich recht gut als Erscheinungsformen, wenn schon nicht eines ausgesprochen schlechten Gewissens, so doch eines unbehaglichen Zweifels ob der Richtigkeit der eigenen Maßnahmen und Vorhaben erklären lassen. Dies verdeutlicht sich, wenn man weiter in Betracht zieht, daß Innozenz noch einem anderen Orden seinen Segen gab, dessen Mitglieder zwar ebenfalls das Armutsgelübde ablegten, aber doch von allem Anbeginn an Kinder eines ganz anderen Geistes als des frommen und sanften Franziskus waren: dem Orden des heiligen Dominikus, dem Orden der Dominikaner. Dominikus selbst, ein kastilianischer Geistlicher, profilierte sich schon in jungen Jahren als »Bekehrer« der Albigenser, zu welchem Behufe er nach Südfrankreich zog, wo die bösen Ketzer in Massen vorhanden waren, zumindest zu Beginn seiner Tätigkeit, was sich dann ja – und zwar nur zum geringsten Teil auf Grund seiner Überredungskunst – sehr gravierend veränderte. »Domini cani«, die Hunde des Herrn, nannte man die Mitglieder des 1215 auf den rauchenden Trümmern des eben nach langjährigen Kämpfen von den »Kreuzfahrern gegen die Ketzer« eroberten Toulouse gegründeten Ordens gerne, und man findet auf Bildern, die den heiligen Dominikus darstellen, neben ihm oft einen schwarzweißgefleckten Hund mit brennender Fackel im Maul, Symbol des Ordens, der einen schwarzen, offenen Mantel über der weißen Kutte trägt. Als meist glänzend geschulte Gelehrte nahmen die Dominikaner bald einen dominierenden Rang im kirchlichen Leben und in den eben aufkommenden Universitäten ein, und aus ihren Reihen kamen echte Zierden des abendländischen Geistes wie Albertus Magnus oder Thomas von Aquino. Aber nicht sie waren es, die den spezifischen Geist des Ordens prägten und sein Erscheinungsbild und seine Reputation festlegten, sondern die Ketzerverfolger waren es, ohne welche die Inquisition nicht denkbar gewesen wäre, die Hexenvertilger, die fanatischen Bekämpfer der Reformation. Und der Geruch von Scheiterhaufen und verbranntem Fleisch, und das Gelärm von Foltergeräten und den Schmerzensschreien gemarterter Verdächtiger, dazu die klugen Kommentare des berüchtigten Hexenhammers, des »Malleus maleficarum« der hochgelehrten Herren Heinrich Institoris und Jakob Sprenger waren, für viele Jahrhunderte, die unerläßlichen Elemente des Ordenslebens.

Das aber ist nicht mehr Vollendung oder Weiterentwicklung mittelalterlicher Tendenzen, sondern das ist ein Neues, ein grundsätzlich Neues, ein furchterweckendes Neues in der Geschichte der abendländischen Christenheit. Es umleuchtet das Pontifikat des Innozenz III. mit der fahlen, jähen Helligkeit eines Blitzstrahls eines fernaufziehenden Gewitters, dessen Drohung unheilverkündend die Lande überschattet. Es ist das Gewitter der Neuzeit, der Radikalismen, der Totalitarismen, der Perfektionismen, der Mechanismen, der Materialismen, der Absolutismen, der Modernismen. Und so ist Innozenz nicht der Vollender der alten Zeit, sondern der Vorläufer und Wegbereiter der neuen. Owe, der babest ist ze junc, hilf herre, diner kristenheit...

Doch nicht das ferne Gewitter, das am geistigen Horizont des Abendlandes aufzog, erschütterte die islamische wie die christliche Welt der sozialen Effektivitäten des dreizehnten Jahrhunderts und warf sie zu beachtlichen Teilen über den Haufen, sondern der Sturm aus dem Osten, der mit der Urgewalt einer Naturkatastrophe Asien durchraste und letzten Endes auch so unerklärbar ist wie diese. Trotz mannigfacher und teilweise auch recht plausibler Erklärungsversuche ist die eminente Stoßgewalt, die von den vorher wie nachher nur regional – regional allerdings in asiatischen Dimensionen zu verstehen – in Erscheinung getretenen Mongolen unter Dschingis Khan und seinen nächsten Nachfolgern entwickelt wurde, rätselvoll geblieben und entzieht sich unserem echten Verständnis, ganz ähnlich wie wir die eruptive Gewalt eines Taifuns oder eines Vulkanausbruches zwar in ihren Auswirkungen zu registrieren, in ihren Ursachen aber nicht wirklich zu begreifen vermögen. Die geraffte Zusammenstellung der wesentlichsten Daten mag daher eine eingehendere Darstellung, die letztlich doch nicht mehr sein könnte als ein weiterer Erklärungsversuch, der uns nun geographisch wie organisch zu weit vom Thema wegführen würde, ersetzen. Temporär beginnt die Phase der mongolischen Expansion rasch nach der Begründung des lateinischen Kaiserreichs, und zwar

1206 Der Khuriltai, eine Art Heeresversammlung verbündeter mongolischer Stämme, anerkennt einen gewissen Temudschin als Oberhäuptling. Temudschin war bisher, formulieren wir es bewußt locker, ein erfolgreicher Räuberhauptmann aus der noblen und berühmten Sippe der Bordschigin, deren hervorragender Ruf drei oder vier Generationen vorher begründet wurde, als unter ihrer Anleitung ein mongolisches Unternehmen gegen das chinesische Teilreich der Liao-Dynastie höchst erfolgreich durchgeführt wurde und geradezu legendäre Beute brachte.
Temudschin nahm nun den Titel Khakhan, also Großkhan, an und nannte sich hinfort Dschingis Khan. Er war etwa fünfzig Jahre alt und erließ sogleich eine Fülle von bindenden Verhaltensvorschriften, die zunächst Einzelnormen waren und später in der Yassa genannten Gesetzessammlung zusammengefaßt wurden. Aber nicht nur als Gesetzgeber wurde er ohne Verzug aktiv, sondern auch als Kriegsherr, und er begann Krieg mit nomadischen Nachbarvölkern, namentlich den Oiraten und den Kirgisen, die ziemlich hart niedergezwungen wurden, worauf die Uiguren sich freiwillig unterwarfen und zu heerfolgepflichtigen Verbündeten minderen Ranges wurden.
1209 beginnt der Großkhan den Krieg gegen das relativ gutorganisierte, dem chinesischen Einfluß geöffnete Königreich der Tanguten, das Reich von Si Hia, dessen Bevölkerung überwiegend seßhaft ist, aber nicht lange den grimmigen Steppenreitern Widerstand leisten kann. Die Tanguten unterwerfen sich dem mongolischen Joch, gelangen in eine ähnliche Abhängigkeit wie die Uiguren, behalten aber die Seßhaftigkeit bei. Durch Bodenbestellung und städtische Erwerbsformen als Handwerker und

Kaufleute sind sie weniger für das Kriegswesen als vielmehr für die Wirtschaft des nun schon deutlich Gestalt gewinnenden Reiches von entscheidender Bedeutung.

1211 fällt Dschingis Khan, der nun schon über hinlängliche Erfahrung in der Führung großer Truppenmassen verfügt, in das Reich der Kin-Dynastie ein, besiegt die im offenen Feld ziemlich hilflosen Heere des »Sohnes des Himmels« in mehreren großen Schlachten und durchzieht das gewaltige Territorium, das gründlich ausgeplündert wird, nach Belieben. Trotz ausgeprägter Scheu, starkbefestigte Plätze anzugreifen, erobert er 1215 Peking, zieht aber bald darauf in die Mongolei zurück, ohne militärisch dazu genötigt zu sein, woraus sich ergibt, daß es ihm nicht um eine ständige Inbesitznahme, sondern um eine großangelegte Plünderung Chinas ging.

1218 zieht der Khakhan wieder in den Krieg, nunmehr nach Zentralasien, wo das Reich der Kara Kitai sein Ziel ist. Die harte und waffengeübte Bevölkerung, die zum Teil aus Moslems bestand, leistet ganz anderen Widerstand als es Tanguten und Chinesen vermocht hatten, aber sie sind der neuen, von Dschingis Khan entwickelten Kriegskunst der Mongolen nicht gewachsen. Dieser hatte die Abkehr von der ursprünglichen Sippengliederung im Heerwesen durchgesetzt und ein einheitliches Organisationsschema geschaffen, das auf dem Dezimalsystem basierte; zehn Reiter bildeten eine Gruppe, zehn Gruppen eine Hundertschaft, zehn Hundertschaften eine Tausendschaft, zehn Tausendschaften eine Zehntausendschaft. Auch Rangabzeichen scheint es gegeben zu haben, die auf der linken Brustseite getragen wurden:

Kleine Silberplatte	Gruppenführer,
große Silberplatte	Hundertschaftsführer,
kleine Goldplatte	Tausendschaftsführer,
große Goldplatte	Zehntausendschaftsführer.

Mehrere Zehntausendschaften bildeten, je nach dem aktuellen Bedarf, dann einen zu kombattanten Aktionen befohlenen Heereskörper, der vom Großkhan selbst oder einem seiner Heerführer befehligt wurde.

Die taktische Einheit im Gefecht scheint die Tausendschaft gewesen zu sein, die sowohl in breiter Linie – etwa 100 Reiter je Glied bei einer Tiefe von zehn Gliedern – als auch in Stoßkolonne, in Extremform zehn Reiter im Glied bei einer Tiefe von 100 Gliedern, verwendet wurde, durch eine harte und zielgerichtete Ausbildung aber auch in der Lage war, auf dem Schlachtfeld von einer Formation in die andere überzugehen. Das ist jedoch, wie betont werden muß, eine Annahme, die zutreffen kann und auch nicht, jedenfalls aber für die Überlegenheit der Mongolen, die nicht immer auf der größeren Kombattantenzahl beruhte, die Erklärung liefert. Die Voraussetzung für den Formationswechsel ist die nun allerdings gesicherte Feststellung, daß Dschingis Khan die festgefügte, dichtaufgeschlossene Schlachtordnung auch für den berittenen Verband einführte; die mongolische Kavallerie griff – anschaulich und wieder einmal anfechtbar formuliert – als berittene Phalanx an und fegte damit die zum Einzelkampf ausgefächerten abendländischen Kataphrakten ebenso vom Feld wie die morgenländischen Bogenschützen, deren arteigene Kampfweise einen erheblichen Bewegungsspielraum von Sattel zu Sattel voraussetzte und deren Mobilitätsvorsprung gegenüber dem ebenfalls leichten mongolischen Reiter in Wegfall kam.

1219 ist dies im Krieg gegen die Chwaresmier, die im Gebiet des Syr-Darja, des Jaxartes der Griechen, und des Amu-Darja, des alten Oxus, ein mächtiges Reich errichtet haben, das der islamischen Staatenwelt mächtiges Bollwerk in Zentralasien ist, ohne zu irgendeinem Zeitpunkt die Oberherrschaft des Kalifen in Bagdad anzuerkennen, ganz offenbar entscheidend. Es geht mit der wohlorganisierten Militärmonarchie beängstigend rasch zu Ende;

☐ 1220 werden Buchara und Samarkand,

☐ 1221 Balch, Herat, Merv und Nischapur

genommen, und Schah Mohammed sucht, nach mehrfachen schweren Niederlagen, Zuflucht auf einer Insel im Kaspischen Meer, wo er bald darauf stirbt. Sein Sohn Dschellahaddin erringt zwar bei Parwan einen spektakulären Sieg über ein detachiertes mongolisches Reiterkorps, kann sich aber gegen die nun auf ihn angesetzte Hauptmacht nicht halten und wird über den Indus abgedrängt.

1226 versuchen die Tanguten, die mongolische Herrschaft abzuschütteln; die lange Abwesenheit des Großkhans und der Masse der mobilen Verbände hat sie dazu ermutigt. Dschingis Khan, der durch ihren »Verrat« sein Lebenswerk in Gefahr sieht, wirft sie mit schaudernerregender Grausamkeit nieder.

1227 teilt er, vor seinem Tode, die Verwaltung des Reiches, nicht aber dieses selbst, unter seine Söhne und seinen Enkel Batu, den Sohn des vorverstorbenen Dschotschi, in drei Ländermassen und die Verfügung über die Reichszentralstellen, den Hofstaat, die Schatzkammer und die Verbände der dem Zentralkommando unmittelbar unterstehenden Truppenverbände, die ebensogut als Gardekavalleriedivisionen wie als Heeresreserve angesprochen werden können, wie folgt auf:

| Tolui |
| Zentralbehörden, Schatzkammer, Garden |

| Batu | Tschaghatai | Ögötai |
| Eroberung im Nordwesten, später »Goldene Horde« heute überwiegend UdSSR | Zentralasien; Land der sieben Ströme; westliche Dsungarei | Mongolei; Rest der Dsungarei; Randgebiete von China |

Eine Überordnung des jüngsten Sohnes Tolui war sicherlich nicht geplant, die Teile waren an sich gleichrangig, doch sicherte ihm der Besitz der Zentralbehörden, des Reichsschatzes und der Elitetruppen ein gewisses effektives Übergewicht, das rechtlich allerdings nicht abgesichert war. Das zeigte sich auch im Khuriltai von 1229, der Ögötai zum neuen Khakhan wählte, ohne daß damit ein Funktionsabtausch verbunden gewesen wäre oder die Machtverhältnisse eine nachhaltige Änderung erfahren hätten.

Dschingis Khans Tod hatte keine Unterbrechung der Offensivkriege bewirkt, die nun von seinen Nachfolgern auf eigene Faust fortgesetzt wurden, weswegen man diese Phase die der unkoordinierten Expansion nennen kann. Die Organisation der Verwaltung in den ungeheueren Ländermassen, die nur schwer einheitlich zu regieren waren, nahm dabei die Aufmerksamkeit der Dschingiskhaniden in zunehmendem Maße in Anspruch, so daß die kombattanten Operationen immer öfter in die Hände von Heerführern gelegt wurden, die weitreichende Vollmachten hatten und mit den besiegten Völkern mehr oder weniger nach Belieben verfuhren. In der Zivilverwaltung, die nach hinreichender Sicherung der mongolischen Herrschaft die Militärverwaltung ablöste, machten sich bald fremde Einflüsse bemerkbar, und zwar im Osten der chinesische, im Süden und Westen der iranische, wobei die Funktionsträger in den Spitzenrängen zwar in der Regel Mongolen blieben, ihr beratendes Stabspersonal aber chinesischen oder iranischen Herkommens war. Da das politische Schwergewicht des Reiches im Osten lag, gerieten die Zentralstellen in den Sog der chinesischen Kultur, was zu einer rasch einsetzenden Entfremdung zwischen den Reichsteilen führte, die schon bei Ögötais Tod vor allem deswegen deutlich ausgeprägt war, weil noch zu seinen Lebzeiten das Reich der Kin-Dynastie bis zum Jang-Tse mongolischer Herrschaft unterstellt wurde. Im Westen wurden dagegen der Nordiran, Aserbeidschan, Armenien und Georgien unterworfen und der Versuch Dschellahaddins, das Reich der Chwarezmier zu befreien, blutig unterdrückt; die Ausläufer des gewaltigen Geschehens erreichten Kleinasien, wovon im nächsten Kapitel die Rede sein wird.

Nördlich des Schwarzen Meeres überrannten die Mongolen Batus, die sich mit Masse im Wolgagebiet heimisch gemacht hatten, das Reich der Kama-Bulgaren (1236), nahmen Kiew (1240), fielen in die heute polnischen und rumänischen Territorien ein, verwüsteten das von Ungarn und Deutschen gemeinsam besiedelte Siebenbürgen[22] und operierten in zwei großen, selbständigen Heeresgruppen in Schlesien und Ungarn. Am

9. April 1241   schlugen sie ein deutsch-polnisches Heer unter Herzog Heinrich dem Frommen von Schlesien, der in der Schlacht gefallen ist, bei Liegnitz, und am

11. April 1241 das ungarische Reichsheer unter König Bela IV., der vergeblich auf den versprochenen Zuzug Herzog Friedrichs des Streitba-

ren von Österreich und Steiermark gewartet hatte, bei Miskolc am Sajo[23].

Sie hatten damit die Tore in das christliche Abendland in einem Zuge höchst eindrucksvoll aufgerammt, zogen sich aber aus vorerst unerklärlichen Gründen zurück; erst spätere Generationen der damals bedrohten Völker erfuhren, daß 1241 Khakhan Ögötai verstorben war und Batu seine Truppen konzentrierte, um in das Geschehen im fernen Karakorum eingreifen zu können.

In der Tat war sich die Familie Dschingis Khans nicht einig, was nun zu geschehen habe, und es kam zu einer Zwischenregierung, beinahe einer Art Interregnum, in der ein neuer Khakhan nicht bestellt wurde und die laufenden Geschäfte im Namen von Ögötais Witwe Töregene Khatum geführt wurden. Das Hauptziel der durchaus energischen Fürstin war, die Würde des Khakhan ihrem Sohne Güyük (auch Kujuk u. ä.) zu verschaffen, und sie erreichte es 1246, was allerdings Batu veranlaßte, nach ergebnislosen verbalen Protesten die Waffen zu ergreifen und gegen seinen grimmig gehaßten Vetter zu ziehen. Vor dem Zusammenprall der mongolischen Heere starb der junge Großkhan eines derart überraschenden Todes, daß sogleich die Vermutung auftauchte, er sei einem Giftmord zum Opfer gefallen, die bis heute allerdings weder erhärtet noch widerlegt wurde. Nun wurde 1251 Möngke (auch Mangu, Monka u. ä.), der Sohn und Nachfolger Toluis als Herr der Zentralbehörden, des Reichsschatzes und der Gardedivisionen, zum Khakhan bestellt, dem auch Batu die Anerkennung nicht versagte.

Unter ihm kam es – sieht man von der weiterhin auf eigene Faust operierenden »Goldenen Horde« Batus, die das Reich von Kiptschak bildete, ab – zu erneutem Zusammenwirken der mongolischen kombattanten Energien, also zur Wiederaufnahme der koordinierten Expansion; er bestellte seine Brüder Khubilai und Hülägü zu seinen Armeebefehlshabern, gab ihnen Offensivarmeen von angeblich je 500 000 Mann und setzte sie auf große, ganz große Ziele an:
- Khubilai sollte durch die Eroberung des Reiches der Sung-Dynastie in Südchina die Unterwerfung des Riesenreiches vollenden,
- Hülägü aber das Kalifat der Abbasiden vernichten und die islamischen Territorien des fernen Westens dem mongolische Reiche einverleiben.

Und vor diesem mit dramatischer Substanz erfüllten, flammenumstrahlten Hintergrund vollzieht sich die Entstehung des Osmanischen Reiches.

7. Kapitel: Iconium, Hort des Islams

Den Seldschuken von Rum, deren Bezeichnung sich davon herleitet, daß sie auf vormalig oströmischem Territorium eine selbständige Herrschaft errichteten, sind wir im vierten und fünften Kapitel bereits begegnet. Wir wissen, daß ihr erster Herrscher der rebellische Qutlumus war, daß dessen Nachfolger Soliman ein Arrangement mit dem Kalifat von Bagdad traf und sich fortan Sultan nannte, und daß er ebenso wie sein Nachfolger Kilidsch Arslan I. in Nicäa residierte. Auf Kilidsch Arslan folgte Kerboga; er vernichtete den Kreuzzug des Volkes bei Civitot, verlor jedoch Nicäa an die Byzantiner und mußte die Belagerung von Antiochia aufgeben (1097). Er erhob Iconium, das heutige Konya, zur Hauptstadt seines zunächst kleiner gewordenen Reiches, scheint sich allerdings für die territorialen Verluste gegenüber Byzanz an den Danischmendiden schadlos gehalten zu haben, und unter seinen Nachfolgern wurde das deutsche Kontingent des zweiten Kreuzzuges unter Kaiser Konrad III. bei Dorylaion schwer geschlagen (1147). Zwischen diese deutsch-türkische Kollision – wobei die erstmalige Verwendung der Bezeichnung »türkisch« etwas später bei Darstellung der inneren Verhältnisse des Seldschukensultanats erklärt wird – und die nächste, die mit der Eroberung der Stadt Iconium durch Friedrich Barbarossa, von der im sechsten Kapitel die Rede war, wesentlich glücklicher verlief, schob sich eine sehr massive kombattante Auseinandersetzung zwischen Sultan Kilidsch Arslan II. und Kaiser Manuel I. Komnenos, unter dem Byzanz wiederum eine beachtliche militärische Macht entfaltete und viel verlorenes Prestige zurückgewinnen konnte.

Auch Manuel I. ist uns bereits begegnet; wir wissen, daß er der Schwager Kaiser Konrads III. war, den er aber trotzdem nur scheinbar unterstützte, in Wahrheit jedoch den Seldschuken ans Messer liefern wollte, und daß er mit seiner Nichte Theodora, die später Heinrich Jasomirgott von Babenberg, den Herzog von Bayern, heiratete, engere Beziehungen unterhalten hat, als dies die Etikette vorsah. Dieser Manuel wird in der Geschichtsschreibung gerne mit Kaiser Justinian I. verglichen, dem Schlächter der Wandalen und Vernichter der Ostgoten, der sein Reich in Grund und Boden regierte, aber dennoch als »Kaiser der Gerechtigkeit« gilt, weil während seiner Herrschaft eine gelehrte Kommission unter dem Vorsitz des berühmten Juristen Tribonian das römische Recht kodifizierte, und es mag in der Tat sein, daß diesen der Traum von der Wiederaufrichtung des Imperium Romanum ebenso erfüllte wie jenen. Allein dieser Traum für sich erweist weder politische Größe noch hehren Edelmut – letztlich träumte ihn Benito Mussolini auch – und bietet keinerlei Garantie für herausragende menschliche Qualitäten; es sei allerdings konzidiert, daß sich Justinian und Manuel charakterlich insofern ähnlich waren, als beide einen Hang zu hinterlistigen Schurkenstreichen hatten, die nun wiederum den heute vielerorts geltenden krausen Wertvorstellungen als Ausfluß real-politischen Talents gelten mögen. Darüber hinaus waren beide überdurch-schnittlich gebildet; daß sie deswegen auch Freunde und Förderer der Wissen-schaften und Künste gewesen seien, das wird zwar oftmals behauptet, doch ist hier wohl ein gehöriger Abstrich am Platz: Sie förderten jene Gelehrten, die sich als willige Erfüllungsgehilfen anboten, und jene Künstler, die ihnen – und das nicht nur als Gleichnis gesagt – die Füße abschleckten. Es war also das lei-der viel zu oft »übliche« Verhältnis zwischen einem absolutistischen, seine Macht rücksichtslos gebrauchendem Alleinherrscher und dem Geschmeiß von Intellektuellen in seinem Dunstkreis, das von ihm meist ganz vortrefflich geatzt wird.

Daß sie beide Verehrer weiblicher Schönheit waren, die ihnen beiden unter dem Namen Theodora, was »Die von Gott Geschenkte« bedeutet, entgegen-trat, erscheint vordergründig als weitere Gleichartigkeit, zeigt aber in Wahr-heit schon entscheidende Divergenzen auf, denn

– die Theodora Justinians war eine Prostituierte gewesen, die sich durch besondere Geschicklichkeiten auszeichnete und durch die Betten diverser, meist älterer Würdenträger heraufdiente bis in jenes Justinians, der in sei-ner Verblendung nichts dabei fand, sie zur Kaiserin des oströmischen Impe-riums zu machen, was sie ihm, wie man der »Geheimgeschichte« des vor-trefflich unterrichteten Prokopios von Caesarea entnehmen kann, damit dankte, daß sie den Genuß ihres Körpers als Kaiserin unentgeltlich ihren Günstlingen gewährte, die nun ihrerseits manch materiellen Vorteil daraus zogen, wogegen

– die Theodora Manuels eine wirkliche Dame war, nicht nur im Vergleiche mit der Kaiserin aus dem sechsten Jahrhundert. Sie schwärmte wohl schon als Kind für den nur um etwa zehn Jahre älteren, großen, starken, geschei-ten und ganz vordergründig animalisch männlichen Oheim, der als großer Frauenheld galt und dessen Verführungskünsten sie schließlich gerne und in der Überzeugung erlag, daß sie in Wahrheit die Siegerin über soundso-viele Schönheiten des Kaiserhofes war, die ihre Netze nach ihm auswarfen.

Manuels Theodora wurde, worauf mit allem Nachdruck verwiesen wird, im Heiligen Römischen Reiche, wo man weder so prüde war, wie es moderne Ge-sellschaftsveränderer und extreme Frauenbefreierinnen vorgeben oder viel-leicht sogar selber glauben, noch so fäulniszersetzt und verdorben wie im Rom des Ostens um das Jahr 500, mit außerordentlicher Hochachtung behandelt. Denn es war Ausdruck der allgemeinen und ganz besonderen Wertschätzung, daß Kaiser Friedrich Barbarossa mit Zustimmung der Großen des Reiches sie auf dem Reichstage zu Regensburg am 8. September 1156 gemeinsam mit Heinrich II. Jasomirgott, der Bayern an den mit dem jungen Kaiser vorerst versöhnten Heinrich den Löwen herausrücken mußte, mit dem zum Herzog-tum erhobenen Österreich belehnte. Die Vergabe eines Fahnenlehens an eine Person weiblichen Geschlechts war nämlich ein völliges Novum im deutschen

Lehensstaat, und der in der österreichischen Geschichtsschreibung nachgerade übliche Hinweis, die Belehnung zur gesamten Hand sei erfolgt, um die »wirtschaftliche Existenz der Frau« im Sinne des byzantinischen Rechts zu sichern, zeichnet sich durch besondere und in der Tat hahnebüchene Albernheit aus, wie folgende Überlegungen zeigen:

- Erstens lebten der Kaiser Rotbart und seine Mannen nicht nach byzantinischem, sondern nach deutschem Recht und hatten keinerlei Absicht, dies zu ändern.
- Zweitens gab es im damaligen byzantinischen Reich keine der deutschen Lehensordnung vergleichbare Organisation, weil die Verwaltung durch Beamte besorgt wurde und die Kriegführung nicht dem Lehensaufgebot zufiel, sondern Sache des professionellen Söldnerheeres war.
- Drittens war das exponierte und für diese Exponiertheit recht klein geratene neubegründete Herzogtum keine ertragreiche Pfründe, kein Wittum und keine Sinekure, sondern vielmehr ein durch die permanente Konfrontation mit einer Vielzahl von Aufgaben belastetes öffentliches Amt, dessen Erfüllung besondere Eigenschaften, Kenntnisse und wohl auch Tugenden des mit der Herzogwürde Belehnten voraussetzte, über welche Theodora nach Überzeugung des Kaisers und der Reichsfürsten als allererste Dame im Familienverband eines Belehnten verfügt haben muß, denn dies – und nichts anderes sonst – war die Voraussetzung der nicht nur unüblichen, sondern dem bisherigen Recht klar widerstreitenden Belehnung.

Der Held von Theodoras Jugendträumen, der bei ihrer Vermählung eben achtundzwanzig Jahre zählte, war indessen an der Spitze seines Reiches sehr erfolgreich gewesen. Der starke, waffengeübte Mann, dem persönliche Tapferkeit nicht abgesprochen werden kann und der in diesen Belangen als Gegensatztypus Justinians erscheint, hatte ein ausgesprochenes Faible für das westliche Rittertum entwickelt, führte den Turniersport am byzantinischen Hofe ein und trug manchen schönen Siegespreis davon, was seine Gemahlin Berta von Sulzbach, nun zur Kaiserin Eirene geworden, bewogen hat, im vertrauten Kreis wiederholt stolz zu erklären, daß kein Ritter des Westens soviele Kämpfe und Gefahren zu Ehren seiner Dame bestanden habe wie der Kaiser zu ihren. Weit weniger ritterlich agierte der Komnene auf politischer Ebene, schritt aber rüstig von Erfolg zu Erfolg:

1149 vertrieben die Byzantiner, von der Flotte der aufstrebenden Seemacht Venedig entscheidend unterstützt, die Normannen aus Korfu;

1158 kam es zum Abschluß des Friedens mit dem Normannenkönig Wilhelm I. von Sizilien;

1159 brachte Manuel die Landschaft Kilikien wieder unter byzantinische Herrschaft und demonstrierte seine Macht so geschickt, daß es Balduin III. von Jerusalem vorzog, seinem auf die anläßlich des ersten Kreuzzuges Kaiser Alexios I. Komnenos geleisteten Eide gestützten Begehren nicht zu widerstreben und ihm in Antiochia, das mehrfach die byzantinische Oberhoheit anerkannt und dann wiederum abgelehnt hatte, zu huldigen;

1161 starb Kaiserin Eirene, und Manuel vermählte sich, um im Nahen Osten seine Position zu festigen, mit Maria von Antiochia;

1162 suchte Manuel nach dem Tode des ungarischen Königs Geza II., der ihn beinahe zur Gänze aus dem heute jugoslawischen Raum gedrängt hatte, was durch den Frieden von 1156 angesichts der normannischen Gefahr anerkannt werden mußte, den alten Grenzverlauf wieder zu erlangen und ließ sich auf einen Krieg mit König Stefan II. ein, der bis 1167 anhielt und das gewünschte Ergebnis brachte;

1170 ließ er seine alten Verbündeten gegen die Normannen, die Venezianer, die sich im Reichsgebiet aufhielten, ohne Vorwarnung in Haft nehmen und ihr gesamtes Vermögen beschlagnahmen;

1172 beendete er den 1168 begonnenen Krieg gegen Nemanja, den Groß-Supan von Rascien, auf eine Weise, die sowohl von der serbischen als byzantinischen Geschichtsschreibung als Erfolg für die eigene Sache reklamiert wird.

Und 1176 zog er, der – kein Wunder bei seinen westchristlich-ritterlichen Ambitionen – auch über zahlenstarke Panzerreiterverbände verfügte, in den Krieg gegen die Seldschuken, wobei er das hochgesteckte Ziel verfolgte, sie aus Kleinasien zu werfen. Am 17. September trat ihm Kilidsch Arslan II. bei Myriokephalon, nahe der Quelle des Mäander, dessen charakteristischer Flußverlauf zur wissenschaftlichen Bezeichnung eines bestimmten Typus fließender Gewässer wurde, entgegen. Kaiser Manuel baute auf die Stoßgewalt der schweren Reiterei, der Sultan auf die Treffsicherheit und die Schnelligkeit seiner berittenen Bogenschützen, und so standen sich, elf Jahre vor der Schlacht von Hattin, wieder einmal Goliath und David gegenüber. Goliath bemühte sich, seine im Nahkampf überlegenen Waffen an den Feind zu bringen, und David bemühte sich, den Feind auf eine außerhalb der Nahkampfentfernung liegende Distanz zu halten.

Von »Scheinfluchtbewegungen« zu sprechen, wie es europäische Autoren gerne tun, ist Nonsens; militärisch gesehen leisteten die seldschukischen oder überhaupt orientalischen berittenen Schützenverbände »hinhaltenden Widerstand«. Sein Wesen besteht im Anschießen des Feindes, um ihn zur Einnahme der Gefechtsordnung und zum Angriff zu zwingen, und sodann
– im Abbrechen des Gefechts vor dem Aufprall,
– im Lösen vom Feind und
– im Beziehen einer neuen Widerstandslinie,
um dasselbe taktische Verhalten zu rekapitulieren. Mißdeutet der Feind die Phasen »Abbrechen des Gefechts« und »Lösen vom Feind«, hält er den Sieg schon für errungen und wähnt er, vom Angriff bereits zur Verfolgung übergehen zu können, so ist dies sein Fehler, der die Siegesaussichten des hinhaltend Kämpfenden entscheidend vermehrt, aber nicht von diesem provoziert wurde.

Auf die Einzelheiten des Kampfverlaufes kann verzichtet werden, weil es auf das System des kombattanten Verhaltens, nicht aber auf dessen detaillierte Aktualisierung ankommt; Myriokephalon ist nur eine weitere Bestätigung der Erfahrung, daß die Mobilitätsdifferenz zugunsten Davids diesen in die Lage versetzt, den Kampf auf eine Entfernung zu führen, in der Goliaths Waffen für ihn unschädlich sind – und Kaiser Manuel Komnenos hatte Mühe, die kläglichen Reste seines zerschlagenen Heeres zu retten. Er rettete sie und sich; die wiedererlangte Großmachtstellung seines Reiches aber vermochte er nicht zu retten und er mußte mit Demutsgebärden den Venezianern, gegen die er so hochmütig und brutal verfahren war, alles seinerzeit Entzogene mit Zinsen und Zinseszinsen zurückerstatten, um sie davon abzuhalten, jenen Wirtschaftskrieg gegen Byzanz zu beginnen, den sie gegen den gefällten Riesen beinahe risikolos durchzuführen in der Lage waren.

Wenig Trost mochte es ihm bereiten, daß in Ungarn der in Byzanz erzogene Bela III., der 1173 Stefan III. nachgefolgt war, seine Herrschaft geschickt zu festigen wußte. Als Manuel I. 1180 verstarb, war sein Nachfolger, Alexios II. Komnenos, ein zwölfjähriger Knabe, der mit der zerscherbten Verlassenschaft nichts anzufangen vermochte. Und der erste auswärtige Gegner, der bewaffnet im Felde erschien, war König Bela III., der die byzantinischen Besatzungstruppen aus Dalmatien, Südkroatien und Syrmien warf (1181) und die Grenze von 1156 wieder herstellte. Diese ungarisch-byzantinischen Kämpfe, die man in unserer Geschichtsschreibung kaum zur Kenntnis nimmt, sind in Wahrheit von eminent geschichtsgestaltender und bis heute anhaltender Bedeutung gewesen, wie im zweiten Band der Trilogie: »Ungarn zwischen Kreuz und Halbmond« eingehender dargestellt wird. Hier ist der vorwegnehmende Hinweis am Platz, daß der Grenzraum des mittelalterlichen Ungarns auf dem Balkan die Grenze zwischen dem westchristlichen Kulturkörper und der Welt der Orthodoxie markiert. Diese Grenze ist auch heute noch, ohne Rücksicht darauf, daß die im Mittelalter entscheidenden konfessionellen Differenzen in den Hintergrund traten, ausschlaggebend: Im vormals ungarischen Raum wird die lateinische Schrift verwendet, im vormals byzantinischen die kyrillische. Die Schriftgrenze aber entscheidet über die Zuordnung sozialer Integrationen in kulturelle Systeme, da das repräsentative Kulturgut notwendig nach schriftlicher Fixierung drängt, in schriftlicher Form vererbt wird und aus dieser Denkweisen und Verhaltensformen prägt. Die Verwendung der Schrift könnte sogar – bleiben wir aber bitte im Konjunktiv, zumal es als Denkanstoß gesagt und nicht als Erkenntnis, ja nicht einmal als konkrete Frage formuliert wird – für die Entscheidung über die kulturelle Verankerung bedeutsamer sein als selbst die Sprache. Auf diese für unsere Weltvorstellung ungeheuerliche und geradezu absurde Idee wird man gestoßen, wenn man bedenkt, daß Serben und Kroaten eine Sprache verwenden, eben das Serbo-Kroatische, das keineswegs – wie manchmal geglaubt wird – eine künstlich geschaffene slawische Sprache ist, beinahe eine Art von slawischem Esperanto, sondern eine natürlich gewachsene, und daß diese Sprache von Serben und Kroaten in gleicher

Weise gesprochen wird, wobei die dem Linguisten erkennbaren Unterschiede nicht einmal so gravierend sind wie zwischen den verschiedenen Dialektformen im Deutschen. Die Identität der Muttersprache des Serben mit jener des Kroaten ist nicht zu bestreiten, und sie können sich füglich mündlich jederzeit unterhalten; schriftlich verständigen können sie sich nicht, denn das Serbische verwendet die kyrillische Schrift, das Kroatische jedoch die lateinische. Der Ethnographie nach sind Serben und Kroaten verschiedene Völker, und sie fühlen sich auch als verschiedene Völker, dies ungeachtet des Umstandes, daß ihre »Nationalstaaten«, um diesen nicht ganz zutreffenden Begriff der Veranschaulichung wegen zu verwenden, den politischen Überbau in der Sozialistischen Föderativen Volksrepublik Jugoslawien gefunden haben. Die unterschiedliche Geschichte in den – runden wir es einmal großzügig ab – letzten tausend Jahren trägt selbstverständlich zu den objektiv feststellbaren Unterschieden entscheidend bei, und es ist auch die Frage, ob es sich um ein ursprüngliches »Volk« im Sinne einer ethnologischen Einheit gehandelt hat, das späterer Spaltung unterfiel, oder ob zwei »Völker« sich auf die Verwendung einer Sprache einigten, wobei das eine, aus dem später die Kroaten wurden, germanischer Abstammung war[24], das andere hingegen slawischer, die bisher nicht endgültig gelöst werden konnte, von Bedeutung.

Der Sieg der Lateiner aus Ungarn ließ in Byzanz antilateinische Emotionen üppig ins Kraut schießen, und als 1182 eine Revolution gegen den Regentschaftsrat ausbrach, der für den kleinen Kaiser die Regierung führte, kam es zu einem Blutbad unter den Lateinern, die sich eben in der Kaiserstadt aufhielten, und unter denen sich viele Venezianer und Franzosen, aber jedenfalls keine Ungarn befanden. Das Desaster zog sich hin bis ins nächste Jahr, in dem der Onkel des Kaisers, Andronikos Komnenos, zum Mitkaiser erhoben und Alexios II. bald darauf ermordet wurde. Bela III. stieß derweilen tief ins Reichsgebiet vor, eroberte Belgrad, das er eine Zeitlang besetzt halten konnte, und verwüstete Sofia und Nisch. Kaiser Andronikos bemühte sich indessen, den König von Frankreich dadurch zur Rettung des verloren erscheinenden Reiches zu bewegen, daß er die Tochter Ludwigs VII., Agnes, die kindliche Witwe des ermordeten Alexios, heiratete, allein, es war alles vergebens: Die Revolution des Isaak Angelos kostete ihm Thron und Leben, während die Normannen Dyrrhachion → Durazzo, das alte Epidamnos, eroberten, Korfu wieder in ihren Besitz brachten und selbst Thessalonike mit stürmender Hand nahmen und gehörig plünderten. Nicht genug damit erhoben sich auch die Bulgaren unter Führung des tüchtigen und kampfesfrohen Brüderpaares Peter und Iwan Asen (1186), und der kuriose Anlaß für den Aufstand verdient hier erwähnt zu werden: Kaiser Isaak II. Angelos, der Andronikos Komnenos nachgefolgt war, hatte sich den Frieden mit Ungarn durch eine Heirat mit einer arpadischen Prinzessin verschafft, war allerdings nicht in der Lage, würdige Hochzeitsgeschenke zu besorgen oder die entsprechenden Hochzeitsfeierlichkeiten ohne Erhebung einer Sondersteuer durchzuführen, und deren Einhebung brachte die Bulgaren in Harnisch. 1187 wurden die kombattanten

Ereignisse durch Anerkennung der Selbständigkeit Bulgariens vorübergehend unterbrochen: Es ist das Jahr der Schlacht von Hattin und der Kapitulation Jerusalems. Zwei Jahre später kam es auch zum Friedensschluß mit König Wilhelm II. von Sizilien auf der Basis des augenblicklichen Besitzstandes. Dieser ermöglichte wiederum ein energisches Vorgehen gegen die Serben Stefan Nemanjas, die an der Morava empfindlich geschlagen wurden (1190), aber bald darauf ging der Wirbel mit den Bulgaren wieder los. Kaiser Isaak II. erlitt eine schwere Schlappe, die 1195 zu seinem Sturz und seiner Blendung führte.

Brannte der Balkan, brannte er an allen Ecken und Enden? Er brannte in der Tat, das ist nicht zu bestreiten, er brannte, wie er kaum je zuvor gebrannt hatte und wie er auch späterhin kaum jemals brennen sollte. Und in diesen brennenden Balkan, der schon im südlichen Grenzraum des Königreiches Ungarn – der, wie zuvor ausgeführt, der Grenzraum des christlichen Abendlandes war – zur Landschaft der Apokalypse wurde, führte Kaiser Friedrich Barbarossa den großen Kreuzzug der deutschen Ritter, der sich im Mai 1189 in Regensburg gesammelt hatte. Ermißt man, was das bedeutet? Seine Heeresmacht, die auf 80 000, 100 000, 120 000 oder 150 000 Mann angewachsen war – die Schätzungen differieren beträchtlich – hätte ausgereicht, die Welt der Orthodoxie zu erobern. Unschwer, unschwer noch dazu: Serben und Bulgaren boten ihm Lehenseid und Heeresfolge, wenn er mit ihnen im Bund gegen Byzanz ziehe, dessen Joch, das noch immer über ihnen schwebte, endgültig zu zerschlagen. Der greise Kaiser, der vom Rotbart schon längst zum Weißbart geworden war, ließ den Gedanken an derart wohlfeilen Erwerb aber nicht einmal aufkommen, obwohl er wußte, ja wissen mußte, daß er die Zustimmung der Kurie, die angesichts einer derartigen Lageänderung die Wiedervereinigung der Kirchen billigst erzielen konnte, auf jeden Fall erlangen werde: Venedig würde jubeln, Frankreich den Fall von Byzanz als himmlische Strafe für die Ermordung zweier königlicher Schwäger ansehen, war Exkaiserin Agnes doch Philipp Augusts Schwester, und der junge englische König Richard, der das Kreuzzugsgelübde seines Vaters erfüllen wollte, war vollauf damit beschäftigt,

– listige Maßnahmen zu ersinnen, die seinen Bruder Johann davon abhalten sollten, sich selbst die Krone aufzusetzen, während er im Heiligen Lande weilte,

– sein Philipp II. August feierlich gegebenes Versprechen, dessen Schwester Adelaide für geleistete Unterstützung bei der Rebellion gegen König Heinrich II. Plantagenet zu heiraten, wenn er selbst erst König von England sei, zu brechen, ohne die Familie und den Anhang der Capetinger allzu sehr gegen sich aufzubringen, und

– seiner Schwester Johanna, der kinderlosen Gemahlin König Wilhelms II. von Sizilien, die Krone des Normannenreiches in Süditalien und Sizilien zu sichern.

Keine Hand würde sich im Westen für den Byzantiner rühren, ja nicht einmal eine Stimme – eine ernstzunehmende Stimme selbstredend – erheben, um die

180

Einsackung des kläglichen Restes des alten Reiches am Goldenen Horn zu tadeln. Dem Frommen mußte die Beendigung des großen Schismas ebenso Herzenssache sein, wie dem Traditionsbewußten die Wiedervereinigung des Ostreiches mit dem Westreiche unter einer Kaiserkrone, und dem Manne der Zukunft und des Fortschritts, den das ökonomische Denken so erfüllt hätte wie manchen unserer Zeitgenossen, wäre die Okkupation Konstantinopels als die Übernahme eines konkursreifen Unternehmens durch eine im Aufwinde der Konjunktur segelnde Firma erschienen, die mit ihren Kapitalreserven den Pleitier billig loswerden und das Ganze in ein lukratives Geschäft verwandeln konnte.

In dieser Lage aber zeigte der Hohenstaufe, was er unter Rittertum und Kreuzzugsgelübde verstand; als des deutschen Reiches erster Ritter war er im Dienst des Herren Jesus Christus auf Kreuzfahrt gegangen, und dieses Bewußtsein erfüllte ihn mit hohem sittlichen Ernst, der jeden Gedanken an möglichen billigen Erwerb, jedes gerissene Ausnützen sich bietender Gewinnchancen, jedes Abweichen von der beschworenen Pflicht ausschloß. Er ließ Byzanz mit der in Griffweite liegenden Kaiserkrone links liegen, dies ist sogar wörtlich zu verstehen, und setzte am Westausgang des Marmameeres über den Hellespont → die Dardanellen. Der Marschweg seines Heeres berührte die »Schöne Stadt« → Kallispolis, uns unter dem italienischen Namen Gallipoli bekannt, von den Türken mäßig verballhornt Gelibolu genannt, die anderthalb Jahrhunderte später der erste osmanische Stützpunkt in Europa werden sollte, und erreichte den Flußlauf des Ägospotamoi → Karaova Deresi, in dessen Mündung 405 v. Chr. der Spartaner Lysander die stolze Flotte des vordem seebeherrschenden Athen vernichtet hatte. Geschichtsträchtig war der Raum, in dem das Heer der Kreuzfahrer den Boden Europas verließ und die Landung in Asien vollzog, aber auch aus anderen Gründen: In der Antike erhoben sich hier die Städte Sestros und Abydos, Abydos auf dem asiatischen, Sestros auf dem europäischen Ufer gelegen. Von Abydos nach Sestros war 480 v. Chr. das Riesenheer des Xerxes übergesetzt, um die griechischen Stadtstaaten, die sich geweigert hatten, dem Großkönig zu huldigen, zu unterwerfen, und 334 v. Chr. hatte Alexander d. Gr. den Gegenweg genommen mit seiner erheblich kleineren, aber disziplinierteren und daher schlagkräftigeren Armee, um das persische Großreich zu erobern. Seinem Pfade folgte im März 1190 Kaiser Friedrich I. von Hohenstaufen an der Spitze seines gewaltigen Heeres, das die Blüte der deutschen Ritterschaft umfaßte.

Zu dieser Zeit wußte Kaiser Friedrich bereits, daß König Wilhelm II. von Sizilien gegen Ende des vergangenen Jahres verstorben war und der Streit um sein Erbe eben begann. Dieser berührte die Interessensphäre der Hohenstaufen unmittelbar: Friedrichs Sohn Heinrich, als deutscher König der sechste dieses Namens, hatte, wie bereits erwähnt, Konstanze von Sizilien, die als Tochter König Rogers II. die Schwester König Wilhelms I. und als Tante König Wilhelms II. die nächste legitime Verwandte und einzig Erbberechtigte im Falle seines kinderlosen Todes war, geheiratet, wobei dieser Erbanspruch das entscheidende Motiv der Eheschließung des erst Neunzehnjährigen mit der Dreißigjährigen war. Der Erbfall war eingetreten – und König Richard von England trieb nun die Vorbereitungen für den Aufbruch des anglo-angevinischen Kreuzzugskontingents mächtig voran, sollte dieses doch zuerst Sizilien ansteuern, um den Ansprüchen seiner knapp vierundzwanzigjährigen Schwester Johanna auf die normannische Krone Nachdruck zu verleihen. Friedrich hingegen dachte nicht einmal daran, die um ihn versammelten Ritter Christi oder auch nur einen Teil von ihnen auch nur einen einzigen Tag von ihrer Pilgerfahrt zu den heiligen Stätten abzuhalten und im Interesse seines Hauses zu verwenden; »der wack're Schwabe« – war er doch vor seiner Wahl zum König Herzog von Schwaben gewesen – zog vielmehr, um Uhlands berühmte Ballade auf ihn umzumünzen, »seines Weges Schritt vor Schritt«.

Am 7. Mai stieß sein Heer mit den Verbänden des Seldschukensultans bei Philomelion → Akschehir zusammen, und irgendwie klappte es an diesem Tage nicht mit dem probaten taktischen Konzept der berittenen Davids. Die deutschen Ritter überwanden die für sie tödliche Zone der einseitigen Waffenwirkung des Gegners, gelangten zum Nahkampf und fügten den Seldschuken eine derart schwere Niederlage zu, daß sie den Marsch nach Iconium ohne weitere Behinderung fortsetzen und die stolze Residenzstadt am 14. Mai erobern konnten. Die Zitadelle leistete noch Widerstand, ihre Verteidiger hatten jedoch kaum Aussicht, sich auch nur drei oder vier Tage zu halten – allein der Kaiser dachte nicht daran, seinen Weitermarsch der läppischen Festung wegen zu verzögern oder auch nur einen Mann dafür zu opfern, seine Feldzeichen von den Zinnen wehen zu sehen. Das war durchaus folgerichtig, denn was konnte eine mittelgroße Burg in Kleinasien einem Manne bedeuten, der es verschmäht hatte, die Krone von Byzanz, die neben seinem Weg lag, aufzuheben, und der in diesem Abschnitt seines Lebens nur ein Ziel kannte: Jerusalem. Am nächsten Tage schon brach er auf, ungeduldig, unermüdlich, energiegeladen – und ohne auch nur den blassesten Schimmer einer Ahnung, daß das Endziel seines Marsches viel näher lag als die Stadt in Palästina, und daß er es in nicht einmal vier Wochen erreichen sollte. Am 10. Juni traf ihn, als er den Staub und die Hitze eines langen, mühseligen Marschtages in den herrlich kühlen Fluten des Saleph von sich baden wollte, sein Tod.

Vermutlich schwerer, als gemeinhin angenommen wird, erholte sich das Sultanat von den Schlägen, die ihm der greise Kaiser versetzt hatte. Da die Turkmenen selbst nicht allzu zahlreich waren, war der von ihnen geschaffene Staat in Kleinasien, den Claude Cahen vortrefflich analysiert, »eine aus sehr verschiedenen Elementen zusammengesetzte Gemeinschaft..., eine Symbiose, in der es offenbar keine wirkliche Unzufriedenheit gegeben hat«. Das Heer bestand aus den Turkmenen, während in der zivilen Verwaltung, soweit sie die islamisierten Bevölkerungselemente, die zum seßhaften Leben vorab in den Städten übergegangen waren, betraf, die Iranier dominierten, wogegen die christlichen Volksteile, Griechen im Norden und Westen, Armenier und monophysitische Syrer im Osten und Süden, weitgehende Autonomie genossen und von eigenen Behörden verwaltet wurden, in denen die Nachkommen der byzantinischen Beamtenschaft in der gewohnten Weise tätig waren. Da das Abendland zu jener Zeit vorwiegend kombattante Kontakte mit Kleinasien hatte und im Kriegswesen die Turkmenen vorherrschten, die man als Türken bezeichnete, diese Türken auch im Frieden durch das von der Mehrheit von ihnen beibehaltene nomadische Leben den größten Auffälligkeitswert erzielten und daher als chrakteristisch angesehen wurden, begann man ungefähr zur Zeit Barbarossas damit, Kleinasien als »die Türkei« zu bezeichnen, was sich bis auf unsere Tage erhalten hat.

Im Grunde genommen weiß man nicht, ob die Seldschukensultane schon vor der militärischen Niederlage gegen den dritten Kreuzzug Militärsklaven gehalten haben, kann es aber vermuten, weil es der Gewohnheit moslemischer Herrscher des Zeitalters entsprach und die Sultane von Iconium ihr Reich völlig den bewährten Mustern islamischer politischer Empirie entsprechend gestaltet haben. Eben dieser Empirie folgend haben sie ihr Mamelukenkorps sicherlich kleingehalten und Kommandeuren unterstellt, die nicht dem Militärsklavenstand zugehörten, denn die Entwicklung im abbasidischen Kalifat war nicht eben die beste Empfehlung für eine Verlagerung des kombattanten Schwergewichts von der Miliz der Steppennomaden in die Verbände einer Berufsarmee. So hatten die Mameluken, bewußt modernisierend gesagt, in etwa die Rolle des »Wachbataillons Iconium«, und es darf geschlossen werden, daß vor allem aus diesem Truppenkörper die Verteidiger der Zitadelle kamen. Die Niederlage der Milizarmee gegen Barbarossa, die mit unerhört blutigen Verlusten verbunden war – denn nur diese erklären das Unterlassen massiver Behinderung des Weitermarsches des Heeres, ja dessen lokaler Fixierung nach dem Muster der Schlacht von Hattin – erbrachte eine Bedeutungszunahme der Militärsklaven, deren Verbände im Rahmen der beschränkten Möglichkeiten, die nach dem erzwungenen Durchzug der deutschen Kreuzritter verblieben waren, aufgestockt wurden, und die nun auch für die Grenzsicherung gegen Byzanz als Garnisonen der wichtigsten Grenzburgen Verwendung fanden. Daß die für das Sultanat kritische Phase des Wiederaufbaus ohne gravierende Gebietsverluste überdauert werden konnte, ist vor allem auf das Konto der Bulgaren und Serben zu buchen, deren fortdauernde kombattante Aktivitäten den byzantinischen Kaiser zwangen, seine beschränkte militärische Macht in Europa zu verwenden.

Die Ereignisse des vierten Kreuzzuges mit der Begründung des Kaiserreichs der Lateiner ersetzten nun schon in den ersten Jahren des neuen Jahrhunderts die lahmgeschlagene Macht der Orthodoxie durch die ganz augenscheinlich überlegene des Westens, und wenngleich es zunächst nicht zu einem großen Offensivkrieg zur Wiedereroberung des vormals byzantinischen Territoriums in Kleinasien kam, so war dieser doch konzipiert und ergab sich klar aus dem Programm des lateinischen Kaisertums, das die Wiederherstellung der alten Reichsgrenzen umfaßte. Damit hofften die neuen Herren Sympathie oder wenigstens die Duldung des status quo in der griechischen Welt zu finden, allein dieses Bemühen blieb vergeblich. Bereits 1204 bildeten sich die Widerstandszellen der Orthodoxie,

- in Trapezunt mit dem Kaisertum eines Komnenen Alexios, der sich ergebnislos um die Anerkennung der Erbansprüche der 1185 enthobenen Dynastie bemühte, seinen starken Verbündeten im Reich der Königin Tamarra von Georgien fand und einen Kleinstaat begründete, der mehr als ein Vierteljahrtausend (!) bestand und erst 1461, also nach Konstantinopel, von den Osmanen erobert wurde;
- in Nicäa unter der Führung des tüchtigen und energischen ehemaligen Berufsoffiziers Theodoros Laskaris, eines Schwiegersohnes des Exkaisers Alexios III. Angelos, der ebenfalls den Kaisertitel in Anspruch nahm, seine Residenzstadt zum Sitz des neuen Patriarchen und damit zum geistigen Zentrum der Orthodoxie machte, 1214 im Frieden von Nymphaion die Anerkennung des lateinischen Kaisers Heinrich I. (1206–1216) fand und, was damals nicht vorherzusehen war, einen Staat schuf, der 1261 zum Überwinder des Lateinertums am Goldenen Horn werden sollte, und
- in Epirus, wo Michael Angelos eine selbständige Herrschaft, Despotat genannt, errichtete, die unter seinem Nachfolger Theodoros Angelos mächtig um sich griff, der 1222 Thessalonike in seinen Besitz brachte und sich ebenfalls zum Kaiser ausrufen ließ.

Nun wären die Lateiner vermutlich durchaus in der Lage gewesen, zumindest die Bemühungen des Theodoros Laskaris als des nächstgelegenen und gefährlichsten Teilkaisers zu unterbinden, noch bevor er seine Herrschaft gefestigt hatte, allein 1205 brach in Thrakien ein Volksaufstand los, der die Unterstützung der Bulgaren – die nun von Zar Kalojan[25] mit dem Beinamen Rhomaioktonos, was Rhomäerschlächter bedeutet, geführt wurden – fand, die den Lateinern bei Adrianopel eine schwere Niederlage zufügten und Kaiser Balduin gefangennahmen (14. April 1205). Diesen Aktivitäten verdankten die Seldschuken von Rum, daß sie nun ebenso ungeschoren blieben wie in den Tagen der letzten byzantinischen Kaiser, allein sie mußten doch ständig besorgen, daß sich die Christen einigen würden, sei es durch ein vernünftiges Übereinkommen, sei es durch einen Sieg einer der streitenden Parteien, und daß sie dann unvermeidlich das Opfer sein mußten, das auf dem Altare der Wiedererlangung der Einheit des Christentums geschlachtet werden würde.

Im Jahre 1220 wurde Ala Eddin Kaikobad I. – auch Kaiqubad, Qaiqubad u. ä. – Sultan von Iconium, ein talentierter und energischer Mann, dem von der Geschichtsschreibung allgemein attestiert wird, daß während seiner Regierungszeit der seldschukische Staat den Höhepunkt seiner Entwicklung erreichte. Auch wenn hier unter militärhistorischem Aspekt Bedenken angemeldet werden müssen, weil die Fähigkeit zur Selbstverteidigung bedenklich angeschlagen war, muß doch hervorgehoben werden, daß Kaikobad die militärische Schwäche seines Reiches vortrefflich zu übertünchen wußte und überdies ständig bemüht war, die Verhältnisse im Bereich des kombattanten Kräftepotentials nachhaltig zu verbessern. Ehe wir uns mit diesen Bemühungen genauer beschäftigen, sei betont, daß der eben zu jener Zeit herrschende wirtschaftliche Aufschwung zu einer bemerkenswerten Prosperität der Städte – und unter diesen vor allem der Residenzstadt Iconium – führte, die indessen das offene Land nicht umfaßte und gewisse soziale Spannungen mit sich brachte, die das notwendige Ergebnis des Gefälles zwischen den urbanisierten und den agrarischen Lebensformen waren. Cahen nennt »die wachsende Distanz zwischen der städtischen, durch ihre Bildung dem türkischen Erbe entfremdeten Aristokratie und dem turkmenischen Volksteil, der ungebildet und sozial abgeschlossen bleibt« die hervorstechendste Schwäche des seldschukischen Gemeinwesens, und er zeigt damit die eine schwärende Wunde des Sozialkörpers auf, die allerdings nach hier vertretener Meinung zumindest vorerst nicht dieselbe Bedeutung hatte wie das geschrumpfte Menschenpotential und die dadurch reduzierte Abwehrkraft.

Im ersten Jahrzehnt von Kaikobads Herrschaft (insgesamt 1220 bis 1237) kam es zur ersten Welle der mongolischen Expansion, die das Reich der Chwaresmier zerschlug. Es wurde bereits erwähnt, daß Dschellahaddin, der Sohn des Chwaresmierschahs Mohammed, die Mongolen bei Parwan schlug (1221), doch dann über den Indus geworfen wurde. Bald nach dem Tode Dschingis Khans (1227) kam er wieder und suchte das Reich der Chwaresmier wiederherzustellen, wobei er sich auf eine starke Berufsarmee, die überwiegend aus Kiptschaken – auch Qipcagen u. ä – rekrutiert war, stützte. Die Kiptschaken waren ein zentralasiatisches Nomadenvolk, das unterschiedlich dem turkmenischen, mongolischen oder hunnischen Völkerkreis zugerechnet wird (wobei ja nun wieder die Frage ist, wieweit diese als selbständig angenommen werden können), was uns jedoch wenig zu kümmern braucht. Sie waren schon für Schah Mohammed das große Sammelbecken gewesen, dem er im Bedarfsfalle Soldtruppen für seine Kriege entnahm, so daß die Beziehung eine gewisse Tradition hatte und sie Dschellahaddin willig folgten.

Dschellahaddin war zunächst recht erfolgreich und bedrängte die schwachen zurückgelassenen Truppen der Mongolen, was den 1229 erwählten Großkhan Ögötai bewog, als eine der ersten Regierungsmaßnahmen eine starke Armee zu bilden, die 1230 den chwaresmischen Aufstand niederschlagen sollte. Sie wurde General Tschormaghan Noyan[26] unterstellt, der Dschellahaddin mehrfach besiegte und, wenngleich ihm dessen Vernichtung mißlang, nach Kleinasien abdrängte. Nun brach die noch immer eine gefährliche Kriegsmacht darstellende heimatlose Armee in das Sultanat der Rum-Seldschuken ein, und Sultan Kaikobad mußte ihr, die Ostanatolien munter zu plündern begann, entgegentreten, was mit erheblichen Risiken verbunden war. Kaikobad gelang es jedoch, Dschellahaddin zu schlagen und zurück nach dem Osten zu drängen, aber der seldschukische Sieg vernichtete die gefürchtete Armee des Chwaresmiers so wenig wie der mongolische. Als die orientalische Welt mit wenig freundlichen Gefühlen darauf wartete, wohin sich Dschellahaddin nun wenden werde, erfüllte sich das Leben des von den Mongolen entwurzelten, tapferen und in vieler Hinsicht bewundernswerten Mannes, der über schier unerschöpfliche persönliche Energiereserven verfügte: Einer privaten Rache wegen brachte ihn 1232 ein kurdischer Krieger um. Und seine nun führerlos gewordenen kiptschakischen Söldner baten Sultan Kaikobad, sie in seinem Reiche aufzunehmen. Er gestattete es ihnen, hocherfreut über die willkommene Verstärkung der Wehrkraft des Sultanats.

Diese Aufnahme war, wenn wir der Zeit ein wenig vorauseilen wollen, eine recht problematische Sache, denn die wilden Krieger Dschellahaddins gehorchten zwar dem großen Kaikobad, der sie auch wesensgemäß verwenden konnte und für den sie Südwestanatolien mit der wichtigen Hafenstadt Attalia → Antalya und den ganzen, Rhodos gegenüberliegenden Küstenstrich bis hart vor Milet eroberten. Im Bereich des Schwarzen Meeres ermöglichten sie kombattante Aktionen gegen das Kaiserreich Trapezunt und waren die entscheidende Kraft bei der Einnahme von Sinope, wodurch das Sultanat nach dem Zutritt zum Mittelmeer auch den zum Schwarzen Meer erlangte, was wirtschaftspolitisch von größter Bedeutung war. Mit Kaikobads Tod ging jedoch die Periode der »Expansion auf Sparflamme« zu Ende, und bald darauf kam es zu Reibereien zwischen ihnen und den turkmenischen Milizen, die zu regionalen Kämpfen führten, die letzten Endes in den großen Aufstand des Baba Isak mündeten. Baba Isak war ein religiös motivierter Schwärmer, der die brüderliche Gemeinschaft der Moslems im alten Medina in der veränderten Welt wiederherstellen wollte und dem sich die turkmenischen Milizen, die darüber erbittert waren, daß der Gewinn der siegreichen Kriege höchst ungleich zwischen ihnen und dem Hof, den Söldnern und den Stadtbewohnern verteilt worden war, in bedenklichem Umfange anschlossen. Die Lage wurde für die Regierung 1240 sehr ernst, zumal sie sich scheute, die Kiptschaken massiv gegen Baba Isak und die Turkmenen zum Einsatz zu bringen, und sie behalf sich letzten Endes damit, daß sie fränkische Söldnertruppen anwarb, welche die Ordnung im Lande wiederherstellten. Mit den Resten der chwaresmischen Armee, die immer noch zahlenstark und zu allem Überfluß waffengeübter und siegesgewisser waren denn je, wird ein Übereinkommen erzielt, daß diese das Sultanat im Winter 1241/42 räumen und in die Dienste des Sultans von Ägypten treten, der ein entsprechendes Angebot gemacht hat. Auf dem Marsch dahin nahmen sie sozusagen en passant Jerusalem, das seit dem Kreuzzug Friedrich II., dem fünften nach üblicher Zählung[27] (1229), in den Rang einer Art neutralisierter Zone gelangt war und überreichten es der neuen Dienstherrschaft als sinniges und gerne angenommenes Dienstantrittspräsent (1244).

Für die Seldschuken waren die Tage zwischen dem Abzug der Kiptschaken und deren Eintreffen in Ägypten sehr wenig erfreulich vergangen; kaum waren sie die gefährlichen Gäste losgeworden, erschienen die Mongolen als noch gefährlichere. Sie traten ihnen am Köse Dag bei Erzindschan, am Oberlauf des Euphrat, westlich von Erzerum, entgegen und wurden derart geschlagen, daß jeder weitere Widerstand sinnlos war und sie sich auf Gnade und Ungnade den Mongolen unterwerfen mußten (1243). Ihr weiteres Schicksal lag in den Händen des siegreichen mongolischen Heerführers Baidschu Noyan, und er goß das Füllhorn der Gnade über sie aus. Der Sultan der Seldschuken behielt seine Herrschaft als tribut- und heerfolgepflichtiger Vasall der Mongolen, die inneren Verhältnisse blieben seinem Ermessen vorbehalten und damit unangetastet, und er hatte nur das zweifelhafte Vergnügen, die siegreiche mongolische Armee auf unbestimmte Zeit in einem großen Heerlager in der Nähe von Iconium erhalten zu dürfen. Das war zwar sicherlich unangenehm, aber billig, und in seiner Billigkeit geradezu sensationell, doch ehe wir der Frage nach dem vermutlichen Grunde für diese Großmut nahetreten, müssen wir zurück in das Zeitalter Kaikobads I., dem nicht nur die Verbände der kiptschakischen Armee Dschellahaddins zugelaufen waren, sondern auch andere unterschiedliche Flüchtlingsgruppen aus dem von den Mongolen letztlich überrannten zentralasiatischen Raum.

Die Zerschlagung der islamischen Reiche in Zentralasien und im Gebiet zwischen dem Indus und dem Kaspischen Meer erfüllte ab etwa 1220 die islamischen Kerngebiete mit Furcht und Unruhe. In den bedrängten Resten des Kreuzfahrerreiches erweckte sie phantastische Hoffnungen, die in einem Kranz von Sagen und Legenden um die mythische Persönlichkeit des »Priesterkönigs Johannes« ihren Ausdruck fanden, allein der Bedränger der Moslems war kein Christ und schon gar kein Priester, sondern er war der religiös eher indifferente Großkhan der Mongolen, unter dessen Kriegern sich nestorianische Christen befanden, deren Glaubensvorstellungen er duldete. Die Masse seiner Leute hing hingegen wie er archaischen, polytheistischen oder richtiger dämonistischen Glaubensvorstellungen an, die man heute unter dem vielleicht nicht ganz zutreffenden Ausdruck Schamanismus zusammenfaßt. In den Augen der Moslems waren sie wüste Heiden, mit denen eine Koexistenz unmöglich war, wogegen die Moslems umgekehrt bei Erfüllung ihrer religiösen Gebote permanent gegen die Befehle des Großkhans verstießen und daher als seine Herrschermacht grundsätzlich mißachtend galten. Das hatte – gemessen an unseren Vorstellungen – vorab eine geradezu läppische Ursache: Dschingis Khan hatte sein Herkommen aus der Wüstenwelt, in der die Mongolen vor Beginn der Expansionskriege lebten, nicht vergessen, und die Gesetze, die er damals gegeben hatte, nicht widerrufen. Dem Wüstenbewohner ist Wasser, genauer gesagt fließendes Wasser, das schlechthin entscheidende natürliche Gut, dessen absichtliche Verschmutzung mit dem Tode geahndet wurde. Das extreme »Umweltschutzbewußtsein«, um es einmal in dieser Form zu sagen, war von der Vorstellung geprägt, daß fließende Gewässer nur äußerst selten als köstliche Gaben der Natur vorhanden sind, und es verlor diese Fixierung nicht, als die mongolische Herrschaft Räume umfaßte, in welchen es Wasser zur Genüge gab, wie Mawarannahr, das »Land der Sieben Ströme«, das Transoxanien der alten Griechen, die Provinz Sogdiana des Achämenidenreiches. Hier hatten es sich die Moslems angewöhnt gehabt, die rituellen Waschungen vor jedem Gebet an den Ufern der Flüsse vorzunehmen, die – wenn überhaupt – so doch nur in völlig unschädlicher Weise verschmutzt werden konnten, was in den Augen der Mongolen, für die es auf den Umfang der Verschmutzung überhaupt nicht ankam, sondern denen es um die prinzipielle Mißachtung der Yassa ging, ein todeswürdiges Verbrechen war.

Das brachte in das kombattante Geschehen, das sich ohnehin durch eine schaudernerregende Härte auszeichnete, eine spezifische Note religiöser Intoleranz, die mit dem Ende der Kämpfe nicht erlosch, sondern vielmehr auch die Dezennien danach beherrschte und das Aufkommen einer Pax Mongolica verhinderte, oder vielmehr die Moslems davon ausschloß: Die Eroberungskriege gegen Moslemstaaten nahmen den Charakter eines Religionskrieges gegen den Islam an, der in der Verfolgung jener Moslems, die den mit der völligen Niederlage verbundenen Massakern entronnen waren, seine konsequente Fortsetzung fand.

Kein Wunder also, daß vor den Angriffsspitzen der mongolischen Heere jene Flüchtlingsscharen nach Westen drängten, die seit unvordenklichen Zeiten den Einbruch überlegener kriegerischer Macht in andersgeartete Kulturwelten kennzeichnen, um in Mesopotamien, dem zwar arg ramponierten, aber noch immer vom alten Glanz umflossenen Kernland des abbasidischen Kalifats, oder im Sultanat von Iconium Schutz vor den wilden Kriegern des Ostens zu finden. Einer der Trecks, welche die nördliche Hauptroute entlangkarrten und bei Sultan Kaikobad I. um Aufnahme ansuchten, bestand aus einem turkmenischen Stammesverband, der vierhundert Familien umfaßte, die insgesamt nur gegen zweitausend wehrfähige Männer zählten, welch geringe Zahl sich aus den Gefahren und Kämpfen der erzwungenen Wanderschaft erklärt. Stammesführer war ein gewisser Ertogrul, und diesem wies der Sultan das den nicäischen Byzantinern eben abgenommene Land Bithynien mit der Stadt Dorylaion, für die nun der Name Eskischehir gebräuchlich wurde, zu genau umrissenen Bedingungen, von denen später eingehend zu sprechen sein wird, als Siedlungsraum zu. Wann das geschah, läßt sich mit absoluter Sicherheit auf ein Jahrzehnt genau bestimmen; es war zwischen 1227, dem Todesjahr Dschingis Khans, und 1237, dem Todesjahr Kaikobads.

Operiert man mit hohen Wahrscheinlichkeiten, so läßt sich dieser Zeitraum einengen; zwischen 1227 und 1230 sah es durch den Freiheitskampf Dschellahaddins aus, als sei das den innerasiatischen Moslems aufgezwungene mongolische Joch zerbrochen, so daß es für Ertogruls Stamm keine Ursache gab, nach Westen zu fliehen. Mit dem mongolischen Gegenschlag änderte sich dies, wenn auch vermutlich nicht sogleich: Ertogrul war anscheinend in den Krieg des Chwaresmiers nicht involviert und mochte hoffen, von den mongolischen Sanktionen nicht betroffen zu werden. Diese aber scheinen sich, nachdem die Rebellenarmee zum Abzug bis jenseits des Kaspischen Meeres gezwungen worden war, auch gegen die Moslems allgemein gerichtet zu haben, weil man sie als potentielle Aufrührer sehen wollte. Das wird – wenn es sich so verhielt – 1231 oder 1232 der Fall gewesen sein, also in den Jahren, in denen die Kollision zwischen dem Seldschukensultan und dem Chwaresmier und etwas später dessen Tod erfolgte. Nimmt man Ertogruls Aufbruch 1232 oder 1233 an, so dürfte er 1234 oder 1235 Kleinasien erreicht haben, wobei zu berücksichtigen ist, daß er nicht mit einer – noch dazu berittenen – Armee unterwegs war, sondern mit einem Stamm, der zwar auf Grund seines nomadischen Lebens wanderungsgewohnt war, aber doch nur geringe Marschgeschwindigkeiten entwickelte und überdies bei Festlegung des Marschweges mit größter Umsicht verfahren mußte, um die Bewohner der durchzogenen Gebiete zur Durchsetzung der Bewegungen, die ja den Futter- und Wasserhaushalt ganzer Regionen erheblich belasteten, entweder im Guten zu veranlassen oder den Weitermarsch zu erzwingen.

Diese Annahme paßt temporär gut in das gesicherte Wissen der Zuweisung des Landes um Dorylaion/Eskischehir, das für den Sultan ein Leerraum war und folglich unmittelbar vorher seinem Territorium einverleibt wurde; das geschah im Zuge der kleinen Expansion, die mit Hilfe der kiptschakischen Söldner erfolgte und vermutlich 1235 beendet war. Nehmen wir daher das Jahr 1235 als das der Ansiedlung der ertogrulschen Turkmenen um Eskischehir, so können wir nur um ein Jahr auf oder ab irren, keinesfalls aber um mehr. Behalten wir die Jahreszahl: *Diese Landzuweisung an den turkmenischen Flüchtlingsverband Ertoguls war der Grundstein für die Entwicklung des Osmanischen Reiches.*

Kehren wir nun zu Baidschu Noyan, dem Sieger von Erzindschan, zurück und betrachten wir den Sonderstatus, den er dem besiegten Seldschukensultan zubilligte, so geht unsere erste Vermutung über den Grund der glimpflichen Behandlung dahin, daß der Mongolengeneral entweder durch die Tapferkeit des Gegners oder durch die hohe Kulturstufe, die das Seldschukensultanat erreicht hatte, besonders beeindruckt war; allein wenngleich diese Version allgemein verfochten wird, wird sie hier doch keineswegs geteilt. Die Mongolen jener Zeit waren nämlich durch das eine sowenig zu beeindrucken wie das andere; Tapferkeit war ihnen eine Selbstverständlichkeit, über die sie weder bei sich selbst noch bei anderen Worte verloren oder überhaupt nachdachten, und der Sinn für Kultur war bei ihnen, die den Wert der Dinge lediglich nach der Verwendbarkeit für das Leben des Steppenkriegers bestimmten, völlig unterentwickelt. Baidschu war ganz gewiß keine Ausnahme; ein Mongolenführer jener Zeit unterschied sich von den von ihm Geführten lediglich durch die ihm anvertraute absolute Befehlsgewalt, die wiederum die Folge des besonderen Vertrauens war, die ihm am Hofe des Großkhans entgegengebracht wurde und die sich auf Menge und Bedeutung der bereits erbrachten militärischen Leistungen stützte.

Das scheinbare Rätsel löst sich indessen, ordnet man den Sieg über die Seldschuken zeitlich in Beziehung auf die Geschehnisse im mongolischen Weltreich ein; Großkhan Ögötai war verstorben, seine Witwe Töregene führte provisorisch die Regierung, zwischen den Dschingiskhaniden gab es erhebliche Spannungen in der Nachfolgefrage; es war unklar, wer sich als Großkhan durchsetzen werde. Es war derselbe Hintergrund, der Batu bewog, seine siegreichen Heeresgruppen aus Schlesien und Ungarn zurückzunehmen, wenn auch mit vermutlich unterschiedlicher Motivation: Batu war gegen die von Töregene Khatum projektierte Lösung, ihren und Ögötais Sohn zum Großkhan zu erheben – Baidschu Noyan aber war dafür. Er war der Nachfolger des von Ögötai gegen Dschellahaddin gesandten Tschormaghan Noyan und unterstand damit unmittelbar der Reichszentrale, in der Töregene Khatum dominierte. Seine Armee war ein Teil der »Reichsarmee«, deren Einsatz gegen den aufbegehrenden Herrn der Goldenen Horde jederzeit befohlen werden konnte.

Baidschu Noyan war also genötigt, seine Truppen in beständiger Marschbereitschaft und möglichst beisammenzuhalten, und das bedeutet, daß er sie nicht über das Sultanat der Rum-Seldschuken zerstreuen und in lokale Kämpfe verstricken konnte, um die inneren Verhältnisse im geschlagenen Reich in jener Weise umzugestalten, die der neueren mongolischen Praxis entsprach. Damit stand er, der große Sieger, in einem besonders gearteten Sachzwang, aus dem er sich löste, indem er dem Sultanat jenen Sonderstatus gewährte, der dem Vorbild entsprach, das Dschingis Khan 1209 nach der ersten Eroberung des tangutischen Königreiches Si Hia geschaffen hatte. Die Lösung war einfach und billig und erhielt ihm die Möglichkeit, jederzeit und mit seinem gesamten Heer in die Mongolei oder in das Land nördlich des Schwarzen Meeres zu ziehen, wenn es die Entwicklung in der jahrelang schwebenden Nachfolgefrage erfordern sollte. 1244 oder 1245 traf der erwartete Marschbefehl ein; Baidschu Noyan ließ seine Zehntausendschaften aufsitzen und ritt in den großen Osten, aus dem er gekommen war – und damit aus dem Feld unserer Betrachtung.

War es nun so, als ob er nie erschienen wäre?

Es war nicht so, denn die Seldschuken von Rum hatten ihre Freiheit verloren, und ihr Sultan war heerfolgepflichtiger Tributärfürst des Großkhans der Mongolen, dem etwas später noch ein von den Mongolen ernannter Wesir, der den Titel des Parwane führte, vor die Nase gesetzt wurde. Dieser hatte vor allem die Aufbringung der Tributleistungen zu überwachen und war wohl auch dazu bestimmt, etwaige Vorbereitungen eines möglichen Befreiungskampfes zeitgerecht zu erkennen, behinderte aber die Herrschaftsausübung des Sultans in keiner Weise und ließ ihn auch die ständigen Grenzkonflikte mit den christlichen Nachbarn allein ausfechten.

Die entscheidende Bedeutung des Verlustes der Souveränität des Seldschukenstaates ergab sich rund anderthalb Jahrzehnte nach der Schlacht am Köse Dag, als Khan Hülägü zum Angriff gegen das Kalifat von Bagdad antrat.

1257 wurde Burg Alamut, der geheimnisumwobene Stützpunkt der Assassinen, erobert und die Sekte im iranischen Raum ausgerottet;
1258 fiel Bagdad nach kläglichem Widerstand in die Hände der Angreifer, die
in abergläubischer Scheu davor zurückschreckten, den Kalifen al Mustasim – der den Ernst der Lage vielleicht gar nicht erfaßt hatte und ins La-

ger der Sieger in der Meinung geritten war, das Kalifat habe nun nach Mameluken, Bujjiden und Seldschuken eine neue Schutzmacht erhalten – auf eine Art zu töten, die ihm eine blutende Wunde zufügte, und die ihn deswegen in einem kostbaren Teppich solange in die Höhe schleuderten, bis er den Geist aufgab, oder ihn nach anderer Lesart so fest in einen Teppich rollten, daß er erstickte;

1259 wurden die islamischen Teilreiche in Nordmesopotamien und Syrien zerschlagen, wobei die lateinischen Kreuzfahrer aus Akkon bei der Eroberung von Damaskus und Aleppo als Waffenbrüder der Mongolen in Erscheinung traten;

1260 brach eine mongolische Heeresgruppe ins wieder einmal ägyptische Palästina ein und drang bis zum »Goliathbrunnen« → Ain Galuth vor, wo sie von den Mameluken, die anläßlich des Kreuzzuges Ludwigs des Heiligen[28] die Ajubiden gestürzt und die Macht in Ägypten übernommen hatten, empfindlich geschlagen wurde;

1261 erklärte Batus Nachfolger als Herr der Goldenen Horde, Berke (1258 bis 1267), der sich zum Islam bekehrt hatte, Hülägü den Krieg, um ihn davon abzuhalten, mit gesammelter Heeresmacht in Ägypten einzufallen, und es entspann sich ein erbitterter Kampf zwischen den Khanen, der 1263 in der Schlacht am Terek, in der Hülägü eine derart schwere Niederlage erlitt, daß er zu weiteren Offensivkriegen nicht mehr in der Lage war, seinen Höhepunkt fand.

Übertragen wir nun das, was oben in ein paar Zeilen so leicht hingesagt ist, in die soziale Effektivität, und versuchen wir, es bedeutungsgemäß zu erfassen, so ist nicht zu verkennen, daß der Islam in diesen wenigen Jahren von einer Katastrophe gigantischen Ausmaßes getroffen wurde. Der ganze Nahe Osten stand in Flammen, überall stürzten die islamischen Gemeinwesen zusammen, wurden die Heere der Moslems von den Hufen der mongolischen Pferde zerstampft, wurden die Moscheen und Klöster, die Basare und Paläste erbrochen, geplündert, verbrannt, und selbst an den Toren der afrikanischen Moslemstaaten lärmten einlaßheischend die Krieger aus Karakorum. Einzig das Sultanat der Rum-Seldschuken stand diese ganzen blutigen Jahre über im Abseits: Der Sultan lieferte brav seinen Tribut an Hülägü, dem er nach Begründung des Il-Khanats unterstellt worden war, und entzog sich beharrlich seiner Heerfolgepflicht, indem er ständige Grenzkriege gegen das eben wiedererstehende Byzanz austrug, in denen seine kombattanten Kräfte gebunden waren.

Sieht man von dem stets umkämpften Grenzraum im Nordwesten ab, so war das seldschukische Territorium eine Insel des Friedens in einer kriegslärmerfüllten Welt. Hierher flüchteten die Moslems, die sonst überall verfolgt wurden, aus dem Iran und aus Mesopotamien, aus Syrien und dem Libanon, und sie brachten – genau wie Ertogrul die Reste der Viehherden seiner Turkmenen und deren Kriegstüchtigkeit mitgebracht hatte – neben ihrem geretteten beweglichem Gut vor allem ihre Kenntnisse und Fähigkeiten mit in das neue Dasein. Nun aber waren es vorwiegend städtische Bürgerschaften, die in den Strudel der Ereignisse gerissen worden waren, mit Handwerkern und Kaufleuten, mit Gelehrten und Künstlern, die Träger einer urbanisierten Hochkultur waren, und sie verwandelten gewissermaßen über Nacht die vormals eher nüchterne, auf praktisch politische, ökonomische und militärische Notwendigkeiten ausgerichtete Residenzstadt Iconium in das Zentrum des geistigen, künstlerischen und wirtschaftlichen Lebens des kleingewordenen islamischen Raumes. Seltsames Spiel der zur Geschichte gewordenen Machtpolitik, daß die nach wie vor ungeheure Kriegsgewalt des mongolischen Reiches, die sich sonst überall gegen den Islam wandte, der verfolgten Religion und der in ihr wurzelnden Kultur in Konya, wie wir Iconium nun nennen dürfen, nicht nur die Bedingungen ihres Weiterlebens gewährte, sondern ihr sogar eine Treibhausatmosphäre schuf, mit klinischer Abschirmung gegen die wilde Umwelt und einem willkürlich herbeigeführten Optimalklima, auf daß sie in verschwenderischer Pracht sich entfalte und Blüte auf Blüte hervorbringe, herrlich und farbig und düftereich.

Es war die Zeit, in der Konya aus einem orientalischen Potsdam zu einem islamischen Wien wurde, in der es der Hort des von Mohammed begründeten Glaubens an den einen allmächtigen Gott gewesen ist – und in der es den Samen der gesellschaftsgestaltenden Kraft dieses Glaubens hinüberrettete in ein neues Weltalter, in dem die Pracht und die Macht des Dar ul Islam im Osmanischen Reiche wiedergeboren ward.

II.
Ein Flüchtling namens Ertogrul

1. Kapitel:
Die osmanische Stammessage

Es ist nicht zu umgehen, daß wir – das Pferd vermeintlich beim Schwanze aufzuzäumen beginnend – uns zunächst mit der Frage befassen, welche Bedeutung der Zertrümmerung des »Memalik i Osmanije«, des »Osmanischen Kaiserreiches«, für die Weltvorstellung jenes Bevölkerungselements zukommt,
das sich im neunzehnten Jahrhundert als ethnische Einheit zu erkennen
gelernt, in der »jungtürkischen Bewegung« mehrfach nach der politischen
Entscheidungsgewalt gegriffen und schließlich in der Revolution von 1908 die
verhaßte Regierung des Sultans Abdul Hamid II. gestürzt hatte. Sein Bruder
bestieg als Mechmed V. am 27. April 1909 den Thron; er stand im fünfund-
sechzigsten Lebensjahr, war gerecht, vernünftig und weise und erinnert recht
sehr an den unvergeßlichen Franz Joseph I., Kaiser von Österreich und König
von Ungarn, als dessen Bundesgenosse er im Ersten Weltkrieg erscheint, dessen Ende sie beide nicht erlebten:

Franz Joseph I. aus dem Hause Habsburg-Lothringen, geboren am
    18. August 1830, starb am 21. November 1916;
Mechmed V. aus dem Hause Osman, geboren am 2. November 1844,
    starb am 2. Juli 1918.

Divergierend ist zwar das Lebensalter bei Herrschaftsübernahme, denn Kaiser
Ferdinand der Gütige, aus dem der Volksmund »Gütinand der Fertige« machte, verzichtete am 2. Dezember 1848 zugunsten seines damals knapp achtzehnjährigen Neffen Franz Joseph auf den Thron, was bedeutet, daß dieser erst
etliche Jahrzehnte zurücklegen mußte, ehe er zum allseits bewunderten und
verehrten, ja geliebten »alten Kaiser« wurde, Jahrzehnte übrigens, in denen er
keineswegs geliebt noch bewundert, sondern vielmehr von seinen Völkern, die
er durchaus als Untertanen im besten neoabsolutistischen Stil zu behandeln
wünschte, gehaßt und gefürchtet wurde. Seine durch eine Unzahl von bitter-
sten Erfahrungen erlangte Weisheit reichte jedoch hin, um das Bild des jungen, energischen und despotischen Jungmonarchen völlig in den Hintergrund
treten zu lassen: Franz Joseph I. ging in das Bewußtsein des Volkes und in die
Geschichte ein als der große Vollender des großen Reiches der kleinen Völker
am Südostrand des Abendlandes, als prägende Gestalt und gleichzeitig Sym-
bolfigur der Donaumonarchie Österreich-Ungarn. Dabei verdankte auch er
die Erlangung der Herrschaft revolutionären Ereignissen, die im Reiche seines
Oheims nicht nur vom Geiste des bürgerlichen Liberalismus, sondern auch
schon von dem eines vorerst romantisch-verklärendem Nationalismus getragen wurden, die niederzuschlagen er als seine vordringlichste Aufgabe emp-

fand. Das zeichnete den Beginn seiner Regierungszeit derart, daß der wiederum respektlose Volksmund das WIR in der anläßlich der Herrschaftsübernahme erlassenen Proklamation als Verbindung der Initialen der Heerführer
- Windischgrätz, Alfred Fürst
- Jellačić, Franz von
- Radetzky, Josef Graf von (s. auch Anmerkung 12 der Einleitung),
die mit ihren Truppen in konterrevolutionäre Aktionen verstrickt waren, gedeutet wissen wollte.

Beiden Monarchen trat als erster äußerer Feind Italien entgegen, das
- zunächst unter
  ☐ Karl Albert, König von Sardinien, dann seinem Sohn
  ☐ Viktor Emanuel, König von Piemont, ab 17. März 1861 König des neugeschaffenen Königreichs Italien
  eine scharf antiösterreichische Politik machte, die sich zunächst auf ein Bündnis mit Frankreich, später mit Preußen stützte,
- dann imperialistische Ambitionen entwickelte, deren
  ☐ erstes Ziel, die Gründung der nordostafrikanischen Kolonien Eritrea und Somalia, erreicht wurde,
  ☐ zweites Ziel, die Einverleibung von Abessinien, durch die Niederlage bei Adua am 1. März 1896 verfehlt worden ist, worauf
  ☐ zur Hebung des nationalen Selbstbewußtseins als drittes Ziel die nordafrikanische Gegenküste, mit der eigenen modernen Kriegsflotte bequem zu erreichen, ins Interessenfeld rückte, was zum Krieg mit dem Osmanischen Reich 1911 und 1912 und zur Gewinnung des libyschen Küstenlandes, der Cyrenaica und im Osten des Mittelmeers der Inselgruppe des Dodekanes führte.

Kaum war die Tinte auf der Vertragsurkunde von Ouchy, mit welcher die Hohe Pforte am 15. Oktober 1912 ihren Frieden mit König Viktor Emanuel III. (1900–1946) geschlossen hatte, richtig trocken, brach der erste Balkankrieg aus, in dem die im Zuge des neunzehnten Jahrhunderts auf vormals dem Osmanischen Reich gehörigen Territorium verselbständigten Staaten
- Griechenland, entstanden durch die »Londoner Protokolle« 1829 und 1830,
- Serbien, mit »stufenweiser« Staatsgründung
  ☐ 1830 Autonomie im Rahmen des Reiches des Großherrn;
  ☐ 1856 Garantieerklärung einiger Großmächte für diese Autonomie;
  ☐ 1867 Abzug der großherrlichen »Besatzungstruppen«;
  ☐ 1878 Erklärung der Selbständigkeit auf dem Berliner Kongreß;
  ☐ 1881 Konstituierung als Königreich,
- Rumänien, aus den Fürstentümern Moldau und Walachei, 1829–1856 unter der Schutzherrschaft der russischen Zaren, entstanden, wobei
  ☐ 1859 ein gewisser Oberst Cuza die Fürstenwürde in Personalunion vereinte, der

- ☐ 1866 durch den mit Volksabstimmung gewählten Fürsten Karl von Hohenzollern-Sigmaringen ersetzt wurde, der
- ☐ 1878 auf dem Berliner Kongreß die Selbständigkeit Rumäniens erreichte und
- ☐ 1881 König Carol I. wurde,

und
- Bulgarien, das erst 1908 unter dem 1887 zum Fürsten erwählten Ferdinand von Sachsen-Coburg-Koháry, der nun zu Zar Ferdinand I. wurde, die Selbständigkeit erlangte,

gemeinsam gegen die Herrschaft von gestern zogen, um sich ein paar Scheiben von dem Besitz des Giganten, der zum »kranken Mann am Bosporus« geworden war, abzusäbeln. Im folgenden Winter tagte denn auch gleich eine Konferenz in London, in der sich die europäischen Großmächte um die Wiederherstellung des Friedens bemühten, und in Stambul kamen die Jungtürken, die nach dem Debakel gegen Italien entmachtet worden waren, durch einen neuen Staatsstreich – der sich allerdings nur gegen die Regierung, nicht aber gegen den Kalifen richtete – erneut an die Macht. Sie waren nun schon weitgehend vom europäischen Bazillus des aggressiven Nationalismus infiziert und wollten vom Frieden zunächst nichts wissen, weswegen sie den am 22. Januar 1913 von ihren Vorgängern zu London ausgehandelten Frieden verwarfen. Trotz großer Entschlossenheit und martialischen Imponiergehabes gelang es ihnen nicht, die Kriegslage herumzureißen, und sie mußten schon wenige Wochen nach Regierungsübernahme erkennen, was die Uhr eben schlug: Edirne → Adrianopel, die Stadt, die vor Stambul → Konstantinopel die Hauptstadt des Reiches gewesen war und nun von den Bulgaren belagert wurde, kapitulierte, und am 30. Mai 1913 wurde ein Friedensvertrag geschlossen, der durch die seither erlittenen militärischen Niederlagen noch ungünstiger war als der vom Januar und als besonders bittere Pille den Verlust Edirnes brachte.

Zum Glück für die Jungtürken zerstritten sich die ebenso aggressiv-nationalistischen Sieger wegen der Teilung der Beute, von der die militärisch sehr tüchtigen Bulgaren den Löwenanteil gewonnen hatten und nun auch behalten wollten. König Peter I. von Serbien aus dem prawoslawischen Geschlecht der Karageorgewitsch[1] schlug denn auch gleich sehr harte Töne gegen die bulgarischen Zaren an und brachte es doch tatsächlich zuwege, daß die Bundesgenossen und Waffenbrüder des eben durchstandenen Krieges Griechenland und Rumänien gemeinsam mit ihm und dem bisherigen Kriegsgegner Osmanisches Reich gegen den ehemaligen Freund und Verbündeten Bulgarien marschierten. Der zweite Balkankrieg, der schon am 29. Juni 1913 begann, führte zum raschen Sieg der seltsamen Allianz, und am 20. August 1913 wurde der Frieden geschlossen, in dem Zar Ferdinand
- Edirne wieder an den Großherrn,
- Saloniki → Thessalonike an Griechenland,
- das Wardartal an Serbien und
- die Dodrudscha an Rumänien

abtreten mußte. Zar Ferdinand vergaß dies dem serbischen König nicht, und er wartete auf den Tag der Rache, den er am 9. Oktober 1915 für gekommen hielt. An diesem Tage eroberte die von Generalfeldmarschall von Mackensen geführte Offensivarmee der Mittelmächte, die aus

- acht Infanteriedivisionen und fünf selbständigen Brigaden der österreichisch-ungarischen Streitkräfte, Befehlshaber General der Infanterie Kövess, und
- acht Infanteriedivisionen des deutschen Heeres, Befehlshaber General der Artillerie Gallwitz,

gebildet worden war, Belgrad, und Bulgarien trat ohne Verzug auf die Seite der siegreichen Kriegspartei.

Auf dieser stand auch der Großherr der Osmanen – Griechenland und Rumänien waren damals noch neutral –; und zwar eigentlich überraschend, denn wenngleich der deutsche Einfluß in Stambul zu Beginn des zwanzigsten Jahrhunderts besonders durch den Bau der Hedschasbahn und die deutsche Militärmission unter General Otto Liman von Sanders vor allem in den Kreisen der Jungtürken erheblich zugenommen hatte, blickten doch liberale Politiker lieber nach London, das sich im abgelaufenen Jahrhundert einige Male als entscheidende westliche Schutzmacht gegen den russischen Zaren profilieren konnte. Eben dieser traditionelle Anglophilismus hatte dazu geführt, daß die Hohe Pforte eine Modernisierung der überalterten Kriegsflotte mit britischer Hilfe plante und bei englischen Werften zwei neuzeitliche Kreuzer in Auftrag gegeben hatte, die Jahresende 1914 in Dienst gestellt werden sollten. Die finanziellen Mittel waren überwiegend durch freiwillige Spenden der Reichsbevölkerung aufgebracht und den Werften bereits überwiesen worden, und die Empörung war daher groß, als die britische Regierung gleich nach Kriegsbeginn erklärte, sie benötige die Kreuzer zur Verstärkung der eigenen Seestreitkräfte und ihre Auslieferung an das Osmanische Reich untersagte.

Bei Kriegsausbruch befanden sich zwei deutsche Kriegsschiffe im Mittelmeer, der Schlachtkreuzer »Goeben« und der Kleine Kreuzer »Breslau«, die den Durchbruch in österreichisch-ungarische Gewässer nicht mehr geschafft hatten und nun von den überlegenen englisch-französischen Geschwadern, deren Zugriff sie sich mit viel nautischem Geschick zu entziehen wußten, gejagt wurden. Ihre Vernichtung schien nur eine Frage der Zeit, allein sie gelangten in die osmanische Dreimeilenzone, passierten die Dardanellen, die für ihre Verfolger gesperrt wurden – nach gültigem Seekriegsrecht durchaus legal, denn kein neutraler Staat braucht Seeschlachten zwischen Flottenteilen kriegführender Staaten in Meereseinschlüssen wie dem Marmarameer, die zu seinem Territorium zählen, zu dulden – und erreichten das Goldene Horn. Nach gültigem Seekriegsrecht mußten sie die neutralen Gewässer jedoch binnen weniger Tage verlassen, wobei die oftmals hochgespielte Frage, ob die Zeitspanne zwei oder drei oder auch acht Tage beträgt, im Grunde genommen belanglos ist. Wesentlich war, daß sie die schutzbietenden Gewässer der neutralen Macht wieder zu verlassen hatten, und zwar unter Benutzung einer genau festgelegten Route, die sich aus den geographischen Verhältnissen ergab und damit unveränderbar war: Entweder ostwärts durch den Bosporus vor die Rohre der russischen Schwarzmeerflotte, oder westwärts durch die Dardanellen in die Fangarme der sie schon früher jagenden Einheiten, die indessen weiter verstärkt worden waren.

Aus der wenig beneidenswerten Lage seiner »Mittelmeerflotte« machte Kaiser Wilhelm II., dem man das Odium des militaristischen Kriegstreibers zwar mit viel Geschick, aber wenig Grund umgehängt hat,[2] ein großzügiges Geschenk an den Großherrn der Osmanen und das Volk seines Reiches: Er übertrug das Eigentum an der »Goeben« und »Breslau« der osmanischen Flotte, stellte die bisherigen Besatzungen bis zur Übernahmereife der von diesen eingeschulten osmanischen Seeleute zur Verfügung und gewann durch die sicherlich nicht ganz freiwillige Spende derartige Sympathien am Goldenen Horn, daß der Kriegsbeitritt, der am 29. Oktober 1914 erfolgte, nur die logische Konsequenz der Entwicklung war. Er, der deutsche Kaiser, hatte der Hohen Pforte freiwillig und kostenlos den Schaden, den die Briten gestiftet hatten, mehr als gutgemacht, denn zwar nicht eben die »Breslau«, die nun den Namen »Midilli« → Mytilene erhielt, wohl aber die »Goeben«, die nun »Sultan Yawuz Selim« hieß, war mit ihren 23 000 Bruttoregistertonnen, die sie mit bis zu 28 Knoten Geschwindigkeit bewegte, ihren zehn 28-cm-, zwölf 15-cm- und zwölf 8,8-cm-Geschützen eines der besten und stärksten Kriegsschiffe dieser Klasse, die es auf der ganzen Welt gab, und jedem der in England beschlagnahmten Kreuzer turmhoch überlegen.

So war es gekommen, daß der Habsburger in Wien und der Osmane in Stambul als Waffenbrüder in jenen Krieg zogen, den weder sie noch ihre großen, völkerumfassenden Reiche überleben sollten. Und am Ende dieses Krieges wurde – und das ist nun ganz interessant – den Angehörigen bestimmter Völker im Sinne von ethnischen Gruppen, und zwar
– den Türken des Osmanischen Reiches und
– den
  ☐ Deutschen und
  ☐ Ungarn
  der Donaumonarchie
von den Siegermächten nachdrücklich klargemacht, daß sie ganz besonders verwerflich gehandelt hätten, denn die völkerumfassenden Großreiche wären in Wahrheit finstere Völkerkerker gewesen, in denen zu ihrem klaren Vorteil andere Völker unterjocht und versklavt worden wären.

Es ist unbestreitbar, daß es schon vor dem Kriege nationale Strömungen in beiden Großreichen gegeben hat, wobei in Österreich-Ungarn vor allem die Tschechen und die serbischen Minderheiten in Bosnien, das von den beiden Reichshälften gemeinsam verwaltet wurde, sowie die Walachen in Siebenbürgen zu nennen sind, im Osmanischen Reich hingegen neben geringen griechischen und slawischen Restgruppen, deren Wohngebiete noch nicht von den jeweiligen Nationalstaaten annektiert waren, vor allem die Armenier, die zwar

nicht eben aus nationalen, aber doch aus religiösen Gründen nach Moskau
schielten, da die armenische Kirche in der Welt der Orthodoxie beheimatet ist
oder ihr zumindest nahesteht. Ob die Vorstellungen, die von zumindest quantitativ repräsentativen Schichten der genannten Völker – und nur dieser –
getragen wurden, nun soweit gingen, daß die Zertrümmerung der Großreiche
geplant wurde, ist eher unwahrscheinlich, wenngleich sich die Verhältnisse
während des Krieges unter dem Einfluß der sehr massiven und geschickten
Kriegspropaganda der Entente, die letzten Endes auch die vorerst zumindest
politisch disengagierten USA auf den Plan rief, die durch die hohen Opfer und
eine gewisse Kriegsmüdigkeit wirksam verstärkt wurde, erheblich änderten. In
Österreich-Ungarn kam es jedenfalls nicht zu nationalistisch bestimmten
Unruhen; die in Kriegsgefangenschaft gefallenen Soldaten tschechischer
Abstammung schlossen sich jedoch zu einer tschechischen Legion zusammen,
die als aktiver Träger eines tschechischen Freiheitskampfes angesprochen werden darf. Die aus den übrigen Völkern der Monarchie rekrutierten Truppen
aber marschierten, kämpften und bluteten der beschworenen Pflicht gemäß
mit Deutschen und Magyaren bis zum bittern Ende. Da es sich dabei nicht um
aus Berufssoldaten, sondern aus Wehrpflichtigen gebildete Heere – rechtlich
hatte die Monarchie deren drei, und zwar die

☐ k. u. k. (kaiserliche und königliche) Armee als gemeinsame Streitmacht,
☐ k. k. (kaiserlich-königliche) Landwehr zur Territorialverteidigung der
   österreichischen Reichshälfte,
☐ k. u. (königlich ungarische) Honved zur Territorialverteidigung der Länder
   der ungarischen Krone,

wobei während des Krieges k. k. Landwehr und k. u. Honved wie die Regimenter des k. u. k. Heeres eingesetzt wurden – handelt, läßt dies sehr wohl den
Schluß zu, daß die Völker, denen sie entstammten, die Monarchie keineswegs
als Völkerkerker, in dem sie nach Befreiung schmachteten, empfanden, denn
erzwingen läßt sich eine derartige soldatische Pflichterfüllung zumindest unter
den gegebenen Umständen nicht, wie sich eben aus dem tschechischen Beispiel
mit hinlänglicher Sicherheit ergibt.

Im osmanischen Reich bildeten sich
- armenische Widerstandsgruppen zugunsten des Zaren von Moskau, dessen
  Truppen an der Kaukasusfront eine mindest temporär recht energische
  Kriegführung begonnen hatten, und
- die Verbände einer arabischen revolutionären Armee, die den haschemitischen Großscherif von Mekka als Feldzeichen benutzte, von dem britischen
  Colonel Lawrence geführt wurde und sich ausschließlich aus den Stämmen
  im Hedschas rekrutierte; von ihr war bereits im vierten Kapitel die Rede.
Die osmanische Armee, die im technischen Bereich im Rahmen der vorhandenen Möglichkeiten von den zentraleuropäischen Verbündeten wirksam unterstützt wurde, schlug sich mit außerordentlicher Tapferkeit und zeigte eine
unerwartete Widerstandskraft, die sich höchst auffällig von ihrer doch gerin-

gen Kampfkraft in den eben beendeten Balkankriegen abhob. Dabei war auch sie, ganz wie die Gesamtkriegsmacht Österreich-Ungarns, eine aus vielen Völkern gebildete Armee, die man auf seiten der Entente als »türkische Armee« zu bezeichnen begann, um sie als Gegenpol zur »arabischen Freiheitsarmee« zu identifizieren. Dabei traf diese Benennung nicht besser zu, als hätte man die österreichische Armee die »deutsche Armee« genannt; die osmanische Armee war ebenso wie jene auf Grund der allgemeinen Wehrpflicht rekrutiert, die gegen Ende des neunzehnten Jahrhunderts auf die gesamte wehrfähige Mannschaft des Reiches ausgedehnt worden war, während früher nicht eine nationale, sondern vielmehr religiöse Differenzierung vorlag.

Im Herbst 1918 traten die Erfolge der britisch-französischen Offensivarmeen im Balkanraum ein; im September zerbrach die ausgelaugte deutsch-bulgarische Front unter den Angriffen der feindlichen Übermacht, am 29. September sah sich Bulgarien zur Waffenstreckung gezwungen, und Anfang Oktober begann die Räumung Albaniens, wo die österreichisch-ungarischen Verbände noch im August offensiv gegen das italienische Invasionskorps vorgegangen waren. Ebenfalls im September gelang den Briten der Einbruch in die Palästinafront, gegen die sie seit März 1918 anrannten, und am 30. Oktober kam es zum Waffenstillstand zwischen der Entente und dem Osmanischen Reich, an dessen Spitze nun Mechmed VI. stand. Am 4. November wurde der Waffenstillstand von Villa Giusti zwischen Österreich-Ungarn und der Entente vereinbart, ohne daß er das Ende der Kämpfe brachte, und am 11. November kam es schließlich zur Waffenstillstandsvereinbarung von Compiegne, in der auch die deutsche Armee kapitulierte.

Und nun standen sie allein da, die perhorreszierten »Sklavenhalter« der Großreiche, die
- Deutschösterreicher,
- Ungarn und
- Türken,
umgeben von den Trümmern einer großen Vergangenheit, in einer Welt der wütenden Chauvinismus, in der auch die kleinste Sprachgruppe zunächst zu glauben vorgab, die Bildung eines »Nationalstaates« reiche hin, um in kurzer Zeit ein zweites Frankreich zu werden. Man muß sich einmal völlig klar darüber werden, daß die damals »befreiten Völker« völlig im Banne des überwältigenden Sieges der Entente standen, in deren Zentrum sich Frankreich zu rükken wußte; was für Frankreich gut war, mußte auch für sie gut sein, und wenn Frankreich
- nationalistisch,
- demokratisch und
- republikanisch
war, dann waren dies die Elemente des erfolgreichen, zeitgemäßen, zukunftsweisenden politischen Denkens, die man überall begierig aufgriff. Peinlich war nur, daß auch in einigen Siegerstaaten das republikanische Ideal nicht verwirklicht war, aber die Monarchen hüteten sich ohnehin, unliebsam aufzufal-

len, um nicht das Schicksal der großen »Kollegen« von Rußland, Deutschland und Österreich-Ungarn teilen zu müssen.

Der Nationalismus ward zum prägenden Gestaltungsfaktor des Zeitalters, zumal sich auch Woodrow Wilson, der Präsident der USA, durchaus als Schutzherr der nationalistischen Kriegsziele der Entente aufspielte, zumindest indem er das Verlangen nach Bildung von Nationalstaaten in Südosteuropa und im Nahen Osten voll akzeptierte. Es sei nur am Rande vermerkt, daß die neuen Staaten, die sich sukzessive aus der gewaltigen Konkursmasse entwickelten, entweder Vielvölkerstaaten waren, wie
- die Tschechoslowakische Republik, die aus
  □ Tschechen,
  □ Slowaken,
  □ Deutschen und
  □ Ungarn
  gebildet wurde,
- das Königreich Jugoslawien, das
  □ Serben,
  □ Kroaten,
  □ Slowenen,
  □ Albaner,
  □ Makedonier,
  □ Ungarn,
  □ Bulgaren und
  □ Deutsche
  umfaßte,
- das Königreich Rumänien, das sich aus
  □ Rumänen,
  □ Deutschen,
  □ Szeklern und
  □ Bulgaren
  zusammensetzte,
um nur die wichtigsten Staaten und Völker zu nennen, oder aber überhaupt nicht existent, weil sie britische oder französische Herrschaftsgebiete wurden, die auch nach dem Zweiten Weltkrieg und der Erlangung der Souveränität nichts aufzuweisen vermögen, was auch nur entferntest den damaligen Vorstellungen von »Nationalität« entspricht. Ein Blick in den kämpfedurchwogten Nahostraum der Gegenwart zeigt die Richtigkeit des Gesagten: Der Libanon hat eine »Nation« nur im juristischen Sinn als Summe aller Staatsbürger zuwege gebracht, Syrien desgleichen, der Irak ebenfalls – und genau in diesem Sinne waren die Vorfahren der heute dort Lebenden schließlich und endlich auch Staatsbürger des Osmanischen Reiches gewesen. Der Unterschied ist nur der, daß dieses eine Großmacht war, mit der man nicht nach Belieben verfahren konnte – ganz wie es in Europa die Donaumonarchie gewesen ist, deren Nachfolgestaaten es auch zur Kenntnis nehmen mußten, daß nach Zerfall des

»Völkerkerkers« die Träume und Hoffnungen, die diesen Zerfall begleiteten, sich nur in sehr schlichtem Umfang erfüllten und Nationen im ethnischen Sinne in den Vielvölkerstaaten nicht entstanden sind, auch nachdem zumindest einige von ihnen die deutschen Volksgruppen radikal eliminierten.

Den elegantesten Ausstieg aus der Misere, die der Erste Weltkrieg geschaffen hatte, hofften die Deutschen des arg zusammengestutzten und für nicht lebensfähig gehaltenen Österreich[3] – obwohl sie damals noch meinten, daß die deutschbesiedelten Randländer des böhmischen Raumes zum Territorium des neuen Staates gehören würden – zu finden, indem sie die »Republik Deutsch-Österreich« konstituierten. Am 12. November 1918 erließ die provisorische Nationalversammlung das »Gesetz über die Staats- und Regierungsform Deutsch-Österreichs«, dessen Artikel zwei folgenden Wortlaut hat:

»Deutsch-Österreich ist ein Bestandteil der Deutschen Republik. Besondere Gesetze regeln die Teilnahme Deutsch-Österreichs an der Gesetzgebung und Verwaltung der Deutschen Republik sowie der Ausdehnung des Geltungsbereiches der Gesetze der Deutschen Republik auf Deutsch-Österreich. Wir sind ein Stamm und eine Schicksalsgemeinschaft.«

Der Anschluß wurde in St. Germain und Versailles untersagt, und die Bezeichnung des Staates mußte dahin abgeändert werden, daß sie statt »Deutsch-Österreich« nur mehr »Österreich« lautete, allein als typisch darf die vollzogene Übernahme des Nationalstaatsgedankens gezeigt werden, die mit dem Willen, sich mit dem noch immer relativ großgebliebenen Staat der Deutschen zu vereinigen, gekoppelt war.

Bei durchaus gleichartiger Ausgangslage war dieser – versuchte – Ausweg den Ungarn ebenso verwehrt wie den Türken, denn diese hatten keinen »großen Bruder« zur Hand, an den sie sich anschließen konnten. Sie waren auf sich allein gestellt, fühlten sich von Gott und der Welt verlassen und reagierten wie Tapfere, denen nur der Mut der Verzweiflung geblieben ist, zu reagieren pflegen: Sie wurden Extremisten und Fanatiker.

- Ungarn versuchte sich im Bolschewismus, den Heimkehrer aus dem Rußland Lenins mitgebracht hatten, und wurde zu der ihre Nachbarn schockierenden Räterepublik, die sich sogleich mit äußerster Erbitterung gegen Serben, Rumänen und Tschechen, die prompt in Restungarn einbrachen, schlug und erst dann endgültig überwunden werden konnte, als sich der jäh aufgeflammte Nationalismus spaltete und die weiße Gegenrevolution des k. u. k. Konteradmirals Miklos Horthy de Nagybánya nach dem eher kläglichen Zwischenspiel bürgerlicher Regierungen die Macht ergriff;
- während die Türken den letzten Herrscher aus dem Hause Osman absetzten, den am 10. August 1920 abgeschlossenen Friedensvertrag von Sèvres für ungültig erklären, den Zerfall des verbliebenen Territoriums in
  ☐ das Gebiet um Stambul, das von den Truppen der Siegermächte besetzt war und in dem sich Sultan Mechmed VI. vorerst behaupten konnte und

☐ das anatolische Kernland, die eigentliche Türkei, wo General Kemal
Pascha, der spätere Atatürk, zum nationalen Widerstand gegen Sultan
und Siegermächte aufrief,

in Kauf nahmen und den Krieg gegen die Siegermacht Griechenland, die
indessen mit starken Kräften in Anatolien eingefallen war und nach Ankara vorstieß, begannen.

Die Türken errangen mehrere spektakuläre Siege und vernichteten die griechische Hauptmacht in der großen Schlacht bei Afyon Karahisar, stießen
dann rasch vor und erreichten das Mittelmeer im Raume Izmir → Smyrna.
Kemal Atatürk riskierte auch die unmittelbare militärische Konfrontation mit
den

- Franzosen, die Kiliken in Besitz genommen, und
- Italienern, die den Golf von Antalya → Attalia besetzt und einen Korridor
  bis Konya → Iconium vorgeschoben hatten und den
- Briten, die um Trapezunt einen parakolonialen Staat, die »Republik Armenien«, schaffen wollten

und setzte sich durch. Im Frieden von Lausanne, der erst 1923 geschlossen
wurde, war der Grenzverlauf so vorgesehen, wie er den türkischen Wünschen
entsprach.

»Der Krieg ist beendet, es lebe der Krieg«, soll Kemal Atatürk ausgerufen
haben, als er die Nachricht vom Abschluß des Friedensvertrages erhielt, doch
er meinte damit nicht den Krieg gegen einen äußeren Feind, sondern den gegen
die Kräfte der Reaktion, die als ernsthafte Behinderung des Weges, den die
neue Türkei eben beschritten hatte und auf dem sie fortzuschreiten fest entschlossen war, empfunden wurde.

In der Tat erwies es sich nun als schwere Belastung der inneren Entwicklung, deren Ziel eine europäisierte, und das heißt

- nationale,
- republikanische und
- säkularisierte

Türkei war, daß der Sultan nach seiner Enthebung durch die Große Nationalversammlung, die am 1. November 1922 mit Rückwirkung auf den 16. März
1920, dem Tag der Besetzung Stambuls durch die Truppen der Entente
beschlossen wurde, den Titel des Kalifen als Oberhaupt aller Moslems weiter-
führte. Selbst als er nach seiner Enthebung gegen Ende November 1922 auf
einem britischen Kriegsschiff Stambul als Flüchtling verließ, fühlte er sich
noch als legitimer Nachfolger des Propheten und versuchte sogar, gegen Zusicherung gewisser, nicht einmal allzu bedeutender Ehrenrechte die Kalifenwür-
de an Hossein, den vormaligen Großscherif von Mekka, der im Dienste Englands gegen den Kalifen Mechmed V. rebelliert hatte, zu übertragen. Das
geschah 1924, im selben Jahr, in dem die türkische Nationalversammlung
nach dem Sultanat nun auch das Kalifat abzuschaffen für nötig fand, wofür

sie allerdings durchaus nicht kompetent war. Sie wußte das vermutlich sogar, war aber dennoch entschlossen, ihre Rechtsansicht auf dem Gebiet der Republik – offizielle Ausrufung am 29. Oktober 1923 – kompromißlos durchzusetzen: Die islamischen Institutionen hatten die Loyalität gegenüber dem Kalifen höhergestellt als den Gehorsam gegenüber dem weitgehend säkularisierten und damit in ihren Augen »gottlosen« Staat, dessen existentielle Grundhaltung nicht mit den elementaren Lehren der islamischen Religion in Übereinstimmung zu bringen waren.

Die neuen Männer, die diesen Staat lenkten, fanden das zumindest unausgesprochene Ziel ihrer Wunschvorstellungen nicht mehr im theokratischen Staat von Medina, sondern in einem nach westeuropäischem Muster gestalteten Gemeinwesen, in dem – ganz im Sinne der Aufklärung – jeder nach seiner Fasson selig werden konnte.

Das bedeutete den Bruch mit als geheiligt geltenden Überlieferungen und mit dem koranischen Recht, das als antiquiert und fortschrittshemmend unter den Tisch gefegt wurde. Die arabische Schrift wurde durch die lateinische ersetzt, der Religionsunterricht in den Schulen abgeschafft, der Fez, zuletzt von den Jungtürken als Symbol der nationalen Eigenheit forciert, vom Hut, dem Zeichen der Ungläubigen, verdrängt, der Schleier verpönt, das Frauenwahlrecht eingeführt. Die religiösen Orden wurden aufgelöst, ihre Vermögen und die der religiösen Stiftungen beschlagnahmt, das Gefühl der Zugehörigkeit zur großen Kulturgemeinschaft des Islams auf den Aussterbeetat gesetzt. Kein Wunder, daß der Kemalismus in den Ohren konservativer Moslems einen Klang bekam, der verzweifelt an Bolschewismus erinnert, was sich allerdings ausschließlich auf den kulturpolitischen Bereich bezog, denn in allen sonstigen Belangen wurde streng nach westeuropäischem Vorbild verfahren.

Zwangsläufig änderte sich auch die Einstellung zur eigenen Geschichte. Nicht die Entwicklung des Osmanisches Reiches war ihr Betrachtungsobjekt, sondern vielmehr die Stellung des türkischen Bevölkerungselements in diesem Reiche, und es kam nicht auf die Bedeutung dieses Bevölkerungselements für den Dar ul Islam an, sondern vielmehr auf den eher negativ bewerteten Einfluß der religionsspezifischen Verhaltensweisen auf das völkische Element. Die Einbettung in das große Kulturgefüge der islamischen Welt als der übergeordneten historischen Sinneinheit wurde negiert, und man suchte nach übernationalen, geradezu rassistischen Bezügen, die man in einem »großturanischen«, auf die Herkunft aus Innerasien abgestellten, völkisch bestimmten Kulturkreis zu finden glaubte. Die neue Art der Geschichtsbetrachtung erbrachte eine Fülle hochinteressanter Details, die sich zu in der Tat fundamentalen Erkenntnissen verdichteten, führte aber doch zu Ergebnissen, die nur von den unter den speziellen Bedingungen von Ort und Zeit Geschichtsforschung oder richtiger wohl schon Geschichtsdeutung betreibenden Anhängern des großen Kemal Atatürk ernstgenommen werden konnten.

Die Quintessenz dieser spezifischen Geschichtsdarstellung, die noch nach dem Zweiten Weltkrieg die herrschende Auffassung bestimmte, was für unsere Zeit, in der im öffentlichen Bewußtsein der Türkei eine unübersehbare Wiederhinwendung zur osmanischen Tradition und zur islamischen Kultur feststellbar ist, nicht mehr oder zumindest nicht zur Gänze zutrifft, finden wir bei Richard Peters[4], der sie in folgender Formulierung wiedergibt:

»Von diesem von Türkvölkern bewohnten Raum sind schon in grauen Vorzeiten gewaltige Völkerwanderungen ausgegangen, die sich noch in den ersten Jahrhunderten des zweiten Jahrtausends, während des europäischen Mittelalters, wiederholten. Man erklärt diese asiatischen Völkerwanderungen mit den periodisch auftretenden Dürren in Innerasien. Sehr wahrscheinlich haben auch die Wanderungen der Sumerer und Hettiter aus dem gleichen Raum ihren Ausgang genommen. In geschichtlicher Zeit folgten die Wanderungen der Türkvölker, die auf der einen Seite nach China, und zwar weit über das Gebiet von Peking hinaus sogar bis Südchina gelangten, und die auf der anderen Seite immer wieder durch das Gebiet des heutigen Rußland über die Wolga hinaus nach Nordskandinavien sowie nach der Balkanhalbinsel und dem Donauraum kamen; im Süden führten diese türkmenischen Völkerwanderungen nach Persien, Arabien, nach Indien und ebenfalls nach Kleinasien oder Anatolien. Vereinzelte Zweige gelangten auch nach Ägypten und Nordafrika.

Die Heimat und das Ursprungsland aller dieser Völkerscharen ist Chinesisch-Turkestan und das russische Turkestan, deren Namen schon darauf hindeuten, daß es noch heute von türkischen Völkern und Stämmen bewohnte Gebiete sind. Aus diesem innerasiatisch-türkischen Raume kamen in historischen Zeiten jene großen Eroberer mit ihren Reiterscharen, die wie eine Lawine über die europäische Welt hereinbrachen, die Weltreiche gründeten, um dann genauso schnell wieder zu verschwinden, wie sie gekommen waren: Attila, Dschingis Khan und Timur Lenk.

Man kann diese drei Welteroberer zur türkischen Geschichte hinzurechnen, wie dies heute von türkischer Seite auch geschieht.«

Die Geschichtsklitterung, die sich in derartiger Auffassung – die Peters nur wiedergibt, kritiklos zwar, aber ohne sie zu verfechten – artikuliert, kann nicht geteilt werden, allein es steht uns nicht an, darüber die Nase zu rümpfen, denn zur selben Zeit, als man sich in Ankara zu derartigen Hypothesen verstieg, ließ unsere eigene offizielle Historiographie ihren von der Rassenlehre ausgebrüteten nordischen Vogel frei fliegen und reklamierte jede Kulturleistung als Folge der Schöpfungskraft des arischen Menschen, dem ein Monopol für derartiges Schaffen, selbstredend rückwirkend, zugeschoben wurde.

Die eigentliche osmanische Überlieferung, an die wir uns halten, weiß von einer Verwandtschaft mit Attilas Hunnen und Dschingis Khans Mongolen nichts, und wo immer die letzteren erscheinen, erscheinen sie als wilde, grimmige, bitter und wohl aus gutem Grunde gehaßte Feinde, was die historische Wirklichkeit zutreffend reflektiert.

Natürlich wird die mythische Vergangenheit etwas prächtiger und ruhmreicher ausgestattet, als es der wahrscheinlichen Effektivität entspricht, und das ist voll verständlich: Irgendwo mündet jede Geschichte in die Sage, die immer eine Heldensage ist, und der es nicht so sehr auf das tatsächliche Geschehen, als vielmehr auf die typologisierende Überhöhung ankommt, die notwendig zu mehr oder weniger entscheidender Verzerrung der Wirklichkeit führt. Die osmanische Stammessage verzerrt wenig; sie setzt in dem uns interessierenden Teil mit einem Tage ein, an dem Ertogrul mit seinem Stamm vergnügt durch Kleinasien zog und plötzlich, ohne jede Vorwarnung, das Getümmel einer Schlacht erblickte, als er einen Hügel in der Nähe von Eskischehir → Dorylaion erklomm.

Der Sieg neigte nach längerem Gewoge einer der beiden Parteien zu, und Ertogrul griff ohne blasse Ahnung, warum gekämpft wurde oder wer da überhaupt kämpfte, auf seiten der Unterlegenen ein. Selbstverständlich wendeten seine taper fechtenden Stammeskrieger das Schlachtenglück, erfüllten die Wankenden mit neuen Mut, und deren eben noch siegreiche Gegner wurden geschlagen und flohen... Nun wurde der Deus ex machina, Ertogrul, mit dem von ihm überraschend geretteten Heerführer bekanntgemacht, und siehe, es war kein anderer als Sultan Kaikobad I. von Iconium. Der floß förmlich über aus Dankbarkeit, hatte er doch eben mit Ertogruls Hilfe eine mongolische Invasion zurückgeschlagen, und schenkte – wohlgemerkt: Schenkte – Eskischehir und das umliegende Land bis Brussa und zur Meeresküste dem Turkmenenführer, der es also gleich in Besitz nahm.

Die Stammessage beschränkt sich nun nicht auf die wenngleich entstellte Wiedergabe historischer Ereignisse, sondern verlegt in die Zeit des anatolischen Beginns auch mystisches Geschehen, das Vorankündigung des glanzvollen Fortganges ist:

- Ertogruls Haupt wird so, bei der Geburt oder bei sonst schicklicher Gegebenheit, worüber die Meinungen geteilt sind, von den Schwingen des »Königsadlers«[5] überschattet, was dahin gedeutet wird, daß ihm und seinen Nachkommen einst zwei Meere und zwei Erdteile untertan sein sollten;
- Ertogrul las eines nachts in einer besonders kostbaren Koranausgabe, die ihn so beeindruckte, daß er vergaß, sich hinzusetzen, worauf am Morgen Allahs Stimme erscholl: »Weil du mein Wort so hoch geachtet hast, sollen deine Kinder und Kindeskinder hochgeehrt sein durch kommende Zeiten«;
- eine Weissagung kündigte Ertogrul an, daß ihm ein Sohn geboren würde, der ein Weltreich schaffen werde;
- Osman hatte einen Traum, daß sein Reich einst vier Berge und vier Flüsse umfassen würde; die Interpretation nennt die Berge
  ☐ Kaukasus,
  ☐ Taurus,
  ☐ Atlas und
  ☐ Hämus, und
  die Flüsse

☐ Tigris,
☐ Euphrat,
☐ Nil und
☐ Ister → Donau.

Was sonst aus der osmanischen Stammessage der Frühzeit – und zwar der Frühzeit in Anatolien – erwähnenswert ist, wird später behandelt werden, wenn es sich besser in den Zeitlauf des Geschehens fügt.

2. Kapitel:
Die traurige Wirklichkeit

Man darf als gewiß annehmen, daß der europäische Mensch der zweiten Hälfte des zwanzigsten Jahrhunderts, sofern er einen Teil der ersten Hälfte bewußt erlebte, vom Begriff des Flüchtlings, oder richtiger von dem einer Flüchtlingsmasse, sei sie ein bestimmtes Volk oder eine heterogene Bevölkerung eines bestimmten Raumes, sehr konkrete und dabei zweifellos zutreffendere Vorstellungen hat als ganze Generationenfolgen vor ihm. Selbst dem großen Felix Dahn[6], dessen ganz außerordentliches historisches Wissen mit einer durchaus bemerkenswerten künstlerischen Phantasie und einer tiefempfundenen Humanität verbunden war, erschienen die Germanenzüge der Völkerwanderungszeit zwar als erzwungene, dabei aber doch auch romantische und vor allem interessante und heroische Unternehmungen, die seiner – wenngleich unausgesprochenen – Meinung nach insgesamt doch eher positive Aspekte für die Wandernden nach sich zogen als negative. Natürlich wußte Dahn um das endliche Ende der Wanderungen, wie das große ostgotische Reich Theoderichs oder das glänzende Reich der Wandalen Geiserichs, um nur die zwei bekanntesten Beispiele zu nennen, ein Wissen, das den Wandernden abging, während ihm andererseits jede Vorstellung darüber fehlte, was sie an den preisgegebenen Wohnsitzen zurücklassen mußten, worüber nun wieder sie völlig zutreffend Bescheid gewußt haben. Bei aller Verehrung für den großartigen Erforscher der Epoche des zusammenbrechenden Imperium Romanum, in dessen Trümmern sich die Heimatvertriebenen niederließen, wird es niemandem, der sich der großen Trecks der deutschen – und anderer – Flüchtlinge aus dem Ostraum erinnert, möglich sein, Dahns Schauweise zu folgen, denn die Wanderzüge der alten Zeit können ganz einfach nicht viel anders, nicht etwa besser gewesen sein als die um das Jahr 1945 gruppierten. Vor den Reiterspitzen der Hunnen flüchtete es sich für die Westgoten um nichts angenehmer oder einfacher als vor den Panzerrudeln der Roten Armee für die Ostlanddeutschen, und wir dürfen durchaus zulässig folgern, daß dies auch für die Turkmenen Ertogruls zutraf, die vor den Reiterschwärmen der Mongolen nach dem Westen trampten.

Um 1235 trafen sie, wie wir bereits wissen (I. Teil, 7. Kapitel), im Sultanat der Seldschuken von Iconium ein; neben den Bedingungen der Ansiedlung interessiert uns vor allem das innere Gefüge ihres Verbandes, von dem wir annehmen dürfen, daß er nur der klägliche Rest einer in Chorasan erheblich mächtigeren Gemeinschaft war. Die Emigration erfolgte bekanntlich im Schatten des mongolischen Vorgehens gegen die Moslems im Gefolge des chwaresmischen Freiheitskrieges Dschellahaddins und wurde von einer Flüchtlingsgruppe vollzogen, die entweder der Rest einer islamisierten Stammesgruppe war, die durch die mongolische Reaktion vernichtet wurde,

oder der islamisierte Teil eines großen Stammesverbandes, der sich unter unbekannten Umständen von diesem löste, um ihm die drohende Vernichtung durch die moslemfeindlichen Mongolen zu ersparen.

Die Flüchtlinge waren arm und gehetzt wie Flüchtlingsgruppen zu allen Zeiten sind, und sie waren auch in entsprechender psychischer Verfassung. Daß Kaikobad I. mit ihrer spontan geleisteten Waffenhilfe einen Sieg über ein mongolisches Heer erfochten hätte, wie die osmanische Stammessage überliefert, die noch dazu davon ausgeht, Ertoguls Mannen hätten nicht gewußt, wer gegen wen kämpfe, ist zweifellos unrichtig, denn

– wer vor den Mongolen durch etwa halb Asien geflohen war, hatte ganz zweifellos eine zutreffende Vorstellung von ihrem Aussehen,

– und davon abgesehen spielte nach der Art der mongolischen Kriegführung ein Zuzug von 2 000 Mann auf Seiten des Gegners überhaupt keine, zumindest aber keine entscheidende Rolle.

Also kann eine donatio remuneratoria nicht vorgelegen haben: Das Land um Dorylaion → Eskischehir, Bithynien, war mithin keine belohnende Schenkung für bereits geleistete Waffenhilfe, sondern vielmehr die Aufnahme ins Sultanat unter Zuweisung eines bestimmten Siedlungsraumes auf Grund eines zweiseitigen, verbindlichen Siedlungsvertrages.

Durch diesen wurde Ertoguls Stellung gegenüber den Seinen erheblich verändert. Ausgehen darf man dabei davon, daß man über die grundsätzliche soziale Gliederung nomadischer Völkerschaften in historischer Zeit auf Grund einer Fülle von Vergleichsmaterial hinreichend informiert ist; es gibt wenige und nur wenig bedeutende Ausnahmen, und es liegt kein Grund vor, anzunehmen, daß im Falle der von Ertogul geführten Flüchtlingsgruppe entscheidend andersartige Strukturen vorgelegen haben. Gemeinschaften dieser Art sind gleichermaßen demokratisch wie patriarchalisch organisiert; Angelegenheiten von grundsätzlicher und allgemeiner Bedeutung – nach unserem unzureichenden Vokabular etwa als »Gesetzgebung« zu bezeichnen – werden von einer thingähnlichen Versammlung aller Krieger kompetent entschieden, wogegen die laufende Geschäftsführung einem »Ältestenrat« übertragen ist, dem meist alle Familienoberhäupter angehören und von dem mit größten Vorbehalten gesagt werden kann, daß ihm regierungsähnliche Funktionen zukommen. Der »Stammesführer«, der – wiederum nach unserer auf ganz andere Verhältnisse zugeschnittenen Terminologie und daher mit ausdrücklichem Vorbehalt gesagt – »Staatsoberhaupt« und »Regierungschef« in einer Person ist, erlangte seine Stellung an der Spitze der Gesellschaft durch Wahl, die

– entweder vom Ältestenrat oder

– von der Volksversammlung der Wehrhaften

durchgeführt wurde, welcher Unterschied in der Praxis jedoch kaum Bedeutung erlangte, da die einzelnen Krieger im Regelfall nach dem Familienkonsens abstimmten, was höchst überraschend an den Fraktionszwang in modernen Parlamenten erinnert. Fast in jedem bekannten Fall war die Stellung eines Familienoberhauptes Voraussetzung des passiven Wahlrechts, und der Erwählte hatte keinen wesentlichen Rechtsvorgang: Er berief den Ältestenrat ein und führte in ihm den Vorsitz, und in fast allen nomadischen Sozialordnungen war er auch zur Einberufung der Volksversammlung zuständig, meist allerdings nur mit Zustimmung des Ältestenrates. Seine Rechtsstellung als primus inter pares schloß eine tatsächliche Vormachtstellung im Ältestenrat und selbst in der Gemeinschaft nicht aus; diese trat vielmehr infolge einer inneren Notwendigkeit ein, wenn seine Familie besonders viele Krieger zählte, so daß er über eine stattliche »Hausmacht« verfügte. Sieht man von diesem Sonderfall ab, war er in seiner Stellung permanent vom Willen der Mehrheit im Ältestenrat abhängig; eigene Entscheidungsbefugnis kam ihm nicht zu, und er war nichts anderes als der Willensvollstrecker des Ältestenrates.

Nehmen wir zur besseren Erkenntnis unsere Zuflucht zu einer graphischen Darstellung, so gelangen wir zu folgendem Schema:

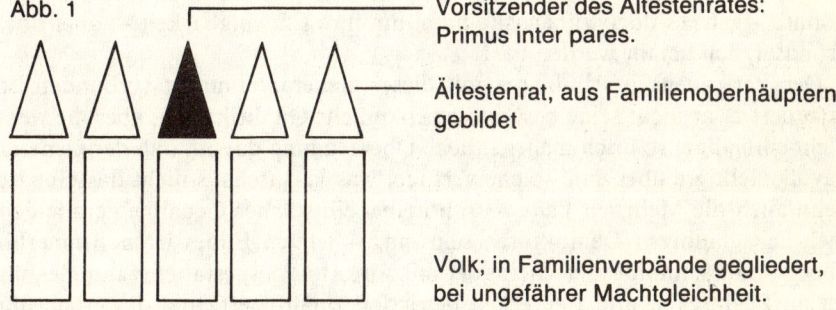

Abb. 1

Vorsitzender des Ältestenrates: Primus inter pares.

Ältestenrat, aus Familienoberhäuptern gebildet

Volk; in Familienverbände gegliedert, bei ungefährer Machtgleichheit.

Die Stellung im Ältestenrat ergibt sich aus der Stellung im Familienverband; die Stellung des Vorsitzenden des Ältestenrates – den Fall der übergroßen »Hausmacht«, die zur Vormacht einer Familie führt, ausgenommen – aus dem Konsens der übrigen Mitglieder: Er ist grundsätzlich jederzeit gegen jedes andere Familienoberhaupt auswechselbar.

Wird eine in dieser Art organisierte Gesellschaft von einem außerordentlichen Ereignungsablauf erfaßt, verliert sie etwa, wie im vorliegenden Fall, durch kombattante Großereignisse den bisher innegehabten Lebensraum und steht sie damit vor dem unerhört schwierigen, existenzbedrohenden Problem, sich dafür einen Ersatz beschaffen zu müssen, so ergibt sich daraus für die Stellung des »Vorsitzenden des Ältestenrates« zunächst einmal zweierlei, und zwar muß er

– oftmals lebensbestimmende Entscheidungen selbst treffen, ohne die Zustimmung des Ältestenrates, geschweige der Volksversammlung, in herkömmlicher Weise einholen zu können, und

– die Gewißheit haben, daß diese Entscheidungen anerkannt und seinem Willen gemäß vollzogen werden.

Er gewinnt also das, was man unter Autorität versteht:
☐ Entscheidungsbefugnis und
☐ Vollstreckungsgewalt.

Aus dem – der Leser möge die neuerliche Verwendung des heutigen Vokabulars zur Veranschaulichung der Strukturveränderung verzeihen – parteiabhängigen, dem parlamentarischen Betrieb unmittelbar unterworfenen Präsidenten eines extrem demokratischen Systems wird der Amtsinhaber einer selbständigen Präsidentschaft, wie sie in scharfumrissener Machtvollkommenheit in der Verfassung der USA bekannt ist. Aus dem »Vorsitzenden des Ältestenrates« wird der mit Befehlsgewalt ausgestattete autoritäre Stammesführer, dessen Befehlsrecht mit der Macht, sich Gehorsam zu erzwingen, notwendig verbunden ist. Der Konsens für seine Anordnungen, der grundsätzlich noch immer erforderlich ist, wird ihm nun im voraus in Form einer Art Generalvollmacht erteilt, wobei die Frage, ob und inwieweit er nachträglich zur Rechtfertigung seiner Anordnungen angehalten werden kann, zwar außer Betracht bleiben könnte – geht es doch zunächst einmal um ihre Erzwingbarkeit –, aber doch grundsätzlich bejaht werden darf.

Der Vertrauensvorschuß, der mit dieser Generalvollmacht verbunden ist, erfordert zwar nicht seine besondere persönliche Qualifikation, aber die wenn nicht einhellige, so doch mehrheitliche Überzeugung davon, daß der Generalbevollmächtigte über eine solche verfüge, was ja durchaus nicht dasselbe ist, denn auch die Mehrheit kann – so horribel ein solcher Gedanke gerade dem mehrheitsgläubigen Demokraten sein mag – letzten Endes irren. Immerhin aber ist oder zumindest erscheint der mit Autorität ausgestattete Stammesführer an Tüchtigkeit und Lauterkeit besonders qualifiziert, und das erhebt ihn – legen wir diesen Gedanken in das frühere Schaubild um – über seine Standesgenossen, die Mitglieder des Ältestenrates, etwa so:

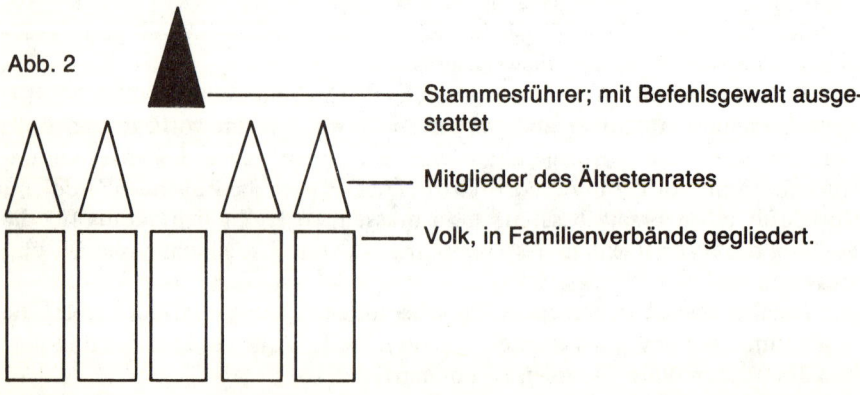

Abb. 2

Stammesführer; mit Befehlsgewalt ausgestattet

Mitglieder des Ältestenrates

Volk, in Familienverbände gegliedert.

Trotz der verliehenen Autorität ist in diesem Stadium der gesellschaftlichen Entwicklung die
- Persönlichkeit, nicht aber die
- Stellung
des Stammesführers vom Willen der Mehrheit im Ältestenrat abhängig: Schwindet die Überzeugung von seiner besonderen Qualifikation im für die Besetzung entscheidenden Gremium, so wird er durch den nach der neuen Überzeugung besser geeigneten Mann ersetzt, dem dann die mit der Stellung verbundenen Befugnisse übertragen werden. Es ging also, was manchen überraschen wird, der die heute oftmals gehörte Meinung vertreten sollte, die Demokratie sei ein Produkt des Fortschritts, in diesen nomadischen Gesellschaften durchaus demokratisch zu, auch wenn politische Parteien, Parlamente und Parlamentsklubs, regelmäßige Wahlen und was sonst zum modernen Demokratiebetrieb gehört, fehlten, vor allem wenn man in Betracht zieht, daß die Mitglieder des Ältestenrates als Vertreter ihrer Familien tätig waren, also »Abgeordnete« eines konkret erfaßbaren Volksteiles. Es gab andererseits keine Demokratieverdrossenheit und keine Abkehr von der Politik, zumal jedem Gesellschaftsmitglied jederzeit völlig klar gewesen ist, daß sein individuelles Schicksal unlösbar mit dem Schicksal des Kollektivs, dem es zugehörte, verbunden war. Wurde sein Kollektiv, sein Stamm, bedrängt, so wurde auch er bedrängt; wurden seinem Kollektiv die Wasserstellen entzogen, so hatte auch sein Vieh nichts zu saufen; wurde sein Stamm unterworfen, so wurde auch er zum Sklaven: So einfach, so geradlinig, so übersichtlich war das alles.

Übersichtlich waren auch die organisatorischen Strukturen des gesellschaftlichen Gefüges, die persönlichen Eigenschaften der wählbaren Männer und zuletzt die sozial nützlichen Tätigkeiten, die sie entfalteten, nachdem sie gewählt worden waren, worauf es zurückzuführen sein mag, daß kaum jemals ausgesprochene Versager in die Führungspositionen gelangten. Sollte es aber ab und zu geschehen sein, so haben sie sich jedenfalls nicht lange gehalten; entweder wurden sie von den eigenen Leuten von der Führungsspitze des Kollektivs abberufen, oder dieses ging zugrunde.

So einfach, so geradlinig und so übersichtlich war auch das in der historischen Effektivität.

Als Ertogrul von Sultan Kaikobad I. in das Sultanat aufgenommen wurde, befand er sich genau in der Position eines mit Befehlsgewalt ausgestatteten Stammesführers, der vom Vertrauen der Mehrheit seiner Stammesgenossen und Fluchtgefährten getragen wurde. Sie waren weder seine Sklaven noch seine Leibeigenen, und die Autorität, die er repräsentierte, hatten sie ihm selbst übertragen. Wir wissen wenig von ihm, aber selbst das Wenige reicht aus, um ihm mit absoluter Gewißheit attestieren zu können, daß er ein eminent tüchtiger Stammesführer gewesen sein muß, denn anders wäre es undenkbar gewesen, daß er mit den Seinen überhaupt nach Kleinasien gelangt sein konnte. Der Weg von Chorasan bis Iconium ist weit und führt durch wilde und wüste Länder, über die damals die Stürme gewaltiger Kriege brausten; ihn mit einem

Volk – und nicht etwa einem Heer – zurückgelegt zu haben war eine Glanzleistung, die gleichermaßen für Führer wie Geführte sprach.

Und weil Sultan Kaikobad I. durchaus dieser Auffassung war, nahm
- er die turkmenischen Emigranten in sein Reich auf und
- die Weltgeschichte den Weg, dem wir folgen wollen.

3. Kapitel: Ertogrul
als Militärkommandeur in Bithynien

Sultan Kaikobads Entschluß, den Turkmenenverband Ertogruls aufzunehmen
und ihm das Land Bithynien als neue Heimt zuzuweisen, beruht augenscheinlich auf drei maßgebliche Ursachen.
Erstens mußte er aus den bekannten Gründen für eine drastische Erhöhung
der Abwehrkraft des Reiches der Rum-Seldschuken sorgen;
zweitens waren ihm durch den Einsatz der kiptschakischen Söldner, die vordem für Dschellahaddin gekämpft hatten, für seine Verhältnisse höchst
beträchtliche territoriale Gewinne in Zentralanatolien wie an den Küsten beider Meere zugekommen, und
drittens hielt er die Turkmenen und ihre Anführer für durchaus vertrauens-
wert und förderungswürdig und auf jeden Fall für geeignet, ihm eine wertvolle
Hilfe bei Lösung der genannten Problemkomplexe zu sein.

Ehe wir uns der Realisierung seines Entschlusses zuwenden, ist es notwendig,
daß wir uns einige Gedanken darüber machen, auf welche Weise eine Aufnahme von Flüchtlingen überhaupt vollzogen werden kann, und wir stoßen dabei
darauf, daß grundsätzlich zwei Wege offenstehen, die wir in Beziehung auf die
uns vorrangig interessante Erhaltung der Eigenart – falls eine solche im Hinblick auf typische Verhaltensweisen vorhanden ist – den
– der Assimilierung und
– der Konservierung
nennen wollen. Die Problematik tritt, was vermerkt sei, auch bei Aufnahme
anderer Personen oder Personengrupen in eine soziale Integration auf, ist also
ein allgemeines Immigrationsproblem, doch sind dabei zahlreiche andere
Dominanten zu beachten, die wir hier nicht berücksichtigen können, so daß
generelle Immigration außer Betracht bleibt. Unter »Flüchtling« wird hier wie
im Sinne des allgemeinen Sprachgebrauchs ein Mensch verstanden, der zur
Preisgabe seines bisherigen Lebensraumes durch
– natürliche oder
– soziale
Ursachen gezwungen wird, unter »Flüchtlingsgruppe« eine Mehrzahl von
Flüchtlingen, die in einem organisatorischen Zusammenhalt stehen, gleichviel,
ob dieser
– im früheren Lebensraum bereits in dieser oder ähnlicher Form bestand, oder
– erst durch die Umstände
  ☐ der Flucht oder
  ☐ der Aufnahme
herbeigeführt wurde.

Das Schicksal des Einzelflüchtlings ist meist die Assimilation; die ihn aufnehmende Gemeinschaft wünscht die Anpassung seiner Lebensumstände und Verhaltensweisen an die der neuen sozialen Umwelt. Wie rasch diese erreicht wird, hängt von einer Vielzahl von Umständen ab, die von der aufnehmenden Gemeinschaft zum Teil gesteuert werden können, vor allem durch Art und Umfang der Hilfe, die dem Flüchtling in Zielrichtung Assimilierung geleistet wird. Vom Assimilationsprozeß ausgenommen bleiben Flüchtlinge, deren Heimkehr in den alten Lebensraum erwartet und erwünscht wird, was aus politischen Gründen möglich sein kann: In diesem Fall ist der Aufnahmestaat bemüht, die Fremdheit des Flüchtlings zu erhalten und gestattet oder schafft sogar eine künstliche soziale Klimainsel, um die Assimilation zu verhindern. Ein derartiges Verfahren gelangt nur bei sehr prominenten Persönlichkeiten – VIP nach dem heutigem erlesenen Sprachgebrauch – und auch nur dann zur Anwendung, wenn die Präsentation derselben in ihren Herkunftsländern zu irgendeinem Zeitpunkt dem politischen Konzept des Aufnahmestaates entsprechen kann.

Bei Flüchtlingsgruppen wird, falls der aufnehmenden Integration die Assimilierung wünschenswert erscheint, deren Auflösung in Individuen oder Kleinfamilien vorgenommen, sie also in eine Vielzahl von Einzelflüchtlingen verwandelt, die dem Assimilationsprozeß unterworfen oder vielmehr ausgesetzt werden. Es kann nun aber durchaus im Interesse der aufnehmenden Gesellschaft liegen, daß die Eigenart der Flüchtlingsgruppe erhalten bleibt, um diese in ihrem Sinne zu nutzen. Diese Nutzung kann, muß aber nicht – wie bei Konservierung der Eigenart eines Einzelflüchtlings – darin liegen, daß die Gruppe irgendeinmal in die frühere Umwelt zurückgeführt wird, sondern sie kann auch gesellschaftsintern erfolgen, wenn die Flüchtlingsgruppe spezielle Kenntnisse und Fertigkeiten repräsentiert, die der aufnehmenden Integration nicht oder zumindest nicht in hinreichendem Maße zur Verfügung stehen. Voraussetzung ist also auf Seite der aufnehmenden Gesellschaft ein bestimmter Bedarf, den sie durch die Konservierung der Eigenart der Flüchtlingsgruppe zu decken erwarten kann.

Dies war, wie eingangs ausgeführt, der Fall: Sultan Kaikobad hatte einen aktuellen Bedarf an Siedlern für einen neugewonnenen Raum, den sie militärisch gegen die Wiedereroberungsbemühungen der Vorbesitzer sichern sollten, wofür sich die kiptschakischen Söldner schon von der Aufwendigkeit des Einsatzes von Soldtruppen nicht eigneten. Auch ging es um die Behauptung des offenen Landes, was nur durch Besiedlung – also Verwandlung in einen Lebensraum – möglich ist, nicht aber durch eine Besetzung mit einer Vielzahl von Garnisonen, zumal »Lebensraum« allemal auch »Wirtschaftsraum« heißt. Die Problemstellung war für die Seldschuken neu; es hatte bisher weder einen derartigen Bedarf noch eine derartige Möglichkeit der Bedarfsdeckung gegeben und damit auch keinen »Präzedenzfall«, dessen Problemlösung als vorbildhaft nun hätte angewendet werden können – doch trifft dies nur für die Empirie des islamisch-seldschukischen Bevölkerungselementes zu. Denken wir aber an die byzantinischen Traditionen, die in der Verwaltung des autonomen christlichen Bevölkerungselements gepflegt und permanent angewandt wurden, ziehen wir in Betracht, daß die Bürokratie des seldschukischen Hofes zumindest zum Teil in den Händen byzantinischer Verwaltungsbeamter lag, und berücksichtigen wir weiter, daß die hervorragendsten von diesen nicht nur Aktenerlediger waren, sondern auch Ratgeber des Sultans, so erkennen wir die eigentliche Quelle, aus der Kaikobad geschöpft hat, um zu einer befriedigenden Lösung für den dem seldschukisch-islamischen Erfahrungsschatz neuartigen Problemkomplex zu gelangen.

Noch galt für die christliche Bevölkerung des Sultanats das römische Recht, wie es zu Kaiser Justinians Zeiten kodifiziert worden war, noch wurde der Nachwuchs für die höhere Beamtenlaufbahn an den Institutionen des Corpus iuris geschult, noch war der Ruhm der römischen Staatskunst in allen Gebieten, die das Imperium einst umfaßt hatte, ungebrochen, als durch das Erscheinen der turkmenischen Flüchtlingsgruppe als Strandgut der mongolischen Expansion sich für das seldschukische Sultanat jene Lage wiederholte, mit der Byzanz vor einigen Jahrhunderten konfrontiert worden war, als ostgermanische Völker als Strandgut der hunnischen Expansion in Reichslande drängten. Damit aber ist der große Präzedenzfall gefunden, und es kann keinen ernsthaften Zweifel daran geben, daß der Seldschukensultan bei der Ansiedlung der Turkmenen Ertoguls nach jenem Schema vorging, welches die Kaiser Ostroms der Ansiedlung germanischer Stammesgruppen zugrundegelegt hatten.

Dieses Schema war im Grunde genommen recht einfach: In bestimmten Provinzen, die durch die vorangegangenen kombattanten Ereignisse ziemlich menschenleer waren, erhielten die germanischen Flüchtlingsgruppen bestimmte Landmengen zugeteilt, die stets nach der Kriegerzahl bemessen wurden und soviel Hofstellen umfaßten, als im Ansiedlungszeitraum Krieger vorhanden waren. Sie waren der Regionalverwaltung nicht unterworfen und durften unter eigenen Obrigkeiten nach eigenem Recht leben; sie waren zur kostenlosen Reichsverteidigung verpflichtet, doch erwies es sich in den meisten Fällen als notwendig, ihre Wirtschaft zu subventionieren. Dies aber nicht deswegen, weil sie in der Bodenbearbeitung nachlässig oder faul gewesen wären, denn sie waren im Gegenteil tüchtige und fleißige Bauern, sondern deswegen, weil sie in den meist unruhigen Zeiten kaum zur Bewirtschaftung ihrer Höfe kamen und ohne kräftige Subventionen verelendet wären. Die kaiserlichen Hilfsgelder an die Stammesführer, von Felix Dahn und seinen Epigonen gerne als »Tribute« mißdeutet, waren ihrem Wesen nach Verdienstentgangsleistungen, wie sie in zeitgenössischen Wehrformen den zu Übungen einberufenen Reservisten ausbezahlt werden, nur daß nicht dem einzelnen Krieger ein konkreter Anspruch zustand, sondern daß eine Pauschale dem Stammesführer zur internen Verteilung zugewiesen wurde. Das System hatte zwei Schwachstellen, und zwar

- die Identität der Masse der Wehrfähigen mit der Masse der Arbeitsfähigen, wodurch kombattante Einsätze, die stets der Reichsverteidigung dienten,

immer zu wirtschaftlichen Einbußen, bei längerer Einsatzdauer sogar zum Totalausfall eines Wirtschaftsjahres führten, was die Notwendigkeit der Subventionierung auslöste, womit das Prinzip der Selbsterhaltung der Grenzsicherungstruppen durchlöchert, wenn nicht aufgehoben wurde,
– die Identität der Hofstellen mit der Kriegerzahl im Ansiedlungszeitraum, was bei Anwachsen der Bevölkerung zu einer gefährlichen Bodenknappheit führte, der durch Hofteilungen nur vorübergehend und in unzureichendem Maße begegnet werden konnte und die Subventionierung letztlich auch in Friedenszeiten erforderlich machte, denn selbst die intensive Bodennutzung erfordert eine gewisse Betriebsgröße, um die Versorgung einer Familie zu ermöglichen.

Trotzdem blieb Kaikobad im vorgegebenen Schema, wobei er präsumierte, daß die Systemschwächen im gegebenen Fall keine Bedeutung erlangen würden. Seine optimistischen Erwartungen erfüllten sich auch;
– die Turkmenen, denen der relative Reichtum des Gebietes von Nicäa von Anfang an ins Auge stach, trugen den beständigen Grenzkrieg überwiegend offensiv aus und gewannen meist schöne Beute, so daß ökonomische Verluste mit kombattanten Aktionen nicht verbunden waren;
– die turkmenische Wirtschaft beruhte nicht auf dem Ackerbau, sondern nomadischer Viehzucht, die im ökonomischen Kollektiv der Großfamilie oder Sippe betrieben wurde, die großräumige Nutzung des Steppenlandes voraussetzte und die Grenze der ökonomischen Quantität nicht in der Zahl der Familienangehörigen, sondern in der Größe der Herden fand.

Aus der traditionellen Wirtschaftsform der Turkmenen ergab sich auch eine für den inneren Frieden im Sultanat entscheidende Interessenabgrenzung zwischen der ansässigen, in städtischen oder ackerbautreibenden Gemeinden lebenden, christlichen Bevölkerung und den außerhalb des bebauten Landes schweifenden Nomaden. Die »Landverteilung« konnte einfach bewerkstelligt werden, da die für Garten- und Ackerbau geeigneten, gerade im Herzen Anatoliens seltenen Bodenflächen, denen das Interesse der Seßhaften galt, schon vermöge ihrer geringen Ausdehnung für die Nomaden bedeutungslos waren, so wie umgekehrt die Ackerbauer und Gärtner keine Ansprüche auf die gewaltigen, für ihre Wirtschaftsweise nutzlosen Steppen erhoben.

Wenn wiederum statt langer Erklärungen ein einfaches Schaubild verwendet wird, so ergibt sich folgende schematische Darstellung (s. Seite 219).

Die rechtliche Konstruktion unterstrich die ökonomische – und kulturelle – Differenzierung höchst wirksam: Die Bevölkerungselemente bestanden unter ihren eigenen Obrigkeiten nebeneinander und lebten in eigenen Rechtssystemen. Für die Ansässigen galt wie in allen vergleichbaren Staaten weiterhin das römische Recht, für die Turkmenen jedoch das bisher im Gebrauch gestandene Gewohnheitsrecht, das sie aus Chorasan mitgebracht hatten und das

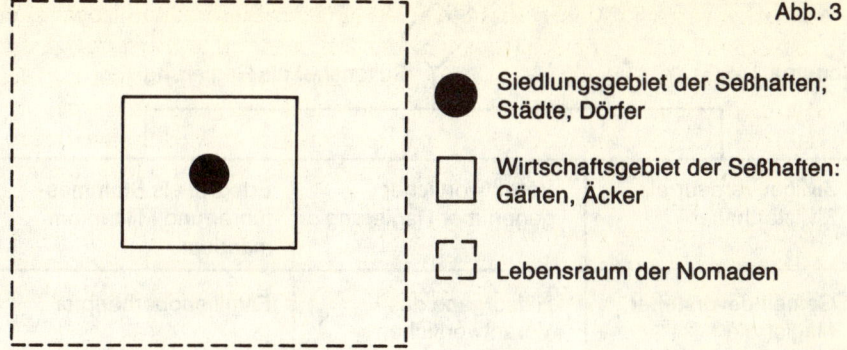

Abb. 3

Siedlungsgebiet der Seßhaften;
Städte, Dörfer

Wirtschaftsgebiet der Seßhaften:
Gärten, Äcker

Lebensraum der Nomaden

– allem Anscheine nach flüchtig – dem islamischen Recht angeglichen war, das sich zur Gänze erst später durchzusetzen vermochte.

Die Pronvinzialverwaltung für die christliche Bevölkerung bestand aus den Gemeindebehörden und den städtischen Magistraten, die einem Zivilgouverneur unterstanden; diesem waren vermutlich zahlenschwache,von den Magistraten besoldete, polizeiähnliche Wachkörper unterstellt, die den städtischen Ordnungs- und Sicherheitsdienst versahen. Zu den Aufgaben der zivilen Verwaltung gehörte die Erhebung von Steuern, deren Höhe der Sultanshof bestimmte und die von der Statthalterei auf die Gemeinden und Städte nach ihrer wirtschaftlichen Leistungsfähigkeit umgelegt wurden. Es galt das altislamistische System der differenzierten Bürgerpflichten:
Die Moslems waren wehrdienstpflichtig und steuerfrei, die übrigen Schriftbesitzer, also Christen und Juden, steuerpflichtig und wehrdienstfrei.

Die Moslemgruppe war zu jener Zeit mit den Turkmenen Ertoguls identisch. Ihm war die militärische Sicherung der Provinz Bithynien übertragen, woraus sich ergibt, daß er die Stellung eines Militärkommandeurs erlangt hatte. Offenbar war er dem Zivilgouverneur gleichrangig; ob er von diesem im Frieden Weisungen entgegennehmen oder im Kriegsfalle Weisungen zu erteilen hatte, ist unklar, aber wenig wahrscheinlich, desgleichen, ob er ein ortsfestes Stabsquartier unterhielt. Das Gesagte ist im nachstehenden Schaubild, S. 220, verdeutlicht.

Die Eingliederung des Turkmenenverbandes ins Sultanat von Iconium ergab nun aber auch entscheidende Veränderungen im stammesinternen Organisationsgefüge:
– Die Stammeskrieger waren zu Milizionären des Sultans geworden;
– der Stammesführer hatte einen bestimmten Rang in der Hierarchie des Reiches erlangt;
– die Familienoberhäupter waren zu seinen weisungsgebundenen Erfüllungsgehilfen in allen militärischen Angelegenheiten geworden.

Schema 1	Sultanshof als Regierung	
Zivilgouverneur als Zivilstatthalter	Verantwortlicher gegenüber Regierung	Ertogrul als Stammesführer und Militärkommandeur
Gemeindevorsteher, Magistrate	Hilfsorgane des Verantwortlichen (»Obrigkeiten«)	Familienoberhäupter
Römisches Recht	Rechtssystem	Gewohnheitsrecht, langsam durch islamisches Recht verdrängt.
Bauern, Handwerker, Kaufleute	Wirtschaftliche Lebensform	Viehzüchter
Ortsansässige	Lebensweise	Nomaden
Steuerpflicht	Besondere Pflichten	Wehrdienstpflicht

Ertogruls Autorität wurde erheblich gefestigt und war – und das ist der eigentliche entscheidende Umstand – nicht mehr vom Konsens des Ältestenrates abhängig, sondern vom Auftrag der übergeordneten Instanz, also des Sultanshofes, zumindest in allen jenen Belangen, die sich auf den sehr weitgespannten Begriff des Wehrwesens bezogen, unter den sich nach Lage der Dinge alles oder mindest beinahe alles gesellschaftsinterne Geschehen subsumieren ließ. Auch war Ertogruls Stellung durch die Doppelfunktion als

    Stammesführer und
    Militärkommandeur

stammesintern nicht mehr veränderbar: Seine bisher jederzeit mögliche Ersetzung durch ein anderes, dem Ältestenrat besser qualifiziert erscheinendes Familienoberhaupt war unmöglich geworden. Jede Veränderung in der Spitzenposition verlangte die Zustimmung des Sultanshofes, dem es nicht gleichgültig sein konnte, in wessen Hände die Verteidigung der großen, neugewonnenen Provinz Bithynien lag.

Daß die sehr tiefgreifende Veränderung im stammesinternen Organistionsgefüge den Turkmenen in ihrer ganzen Bedeutung bewußt gewesen ist, sollte man nicht annehmen, und vermutlich war sich nicht einmal Ertogrul selbst über die Tragweite seiner Bestellung zum Militärkommandeur klar; wir aber wollen der leichteren Verständlichkeit wegen Abbildung 2 wie folgt verändern:

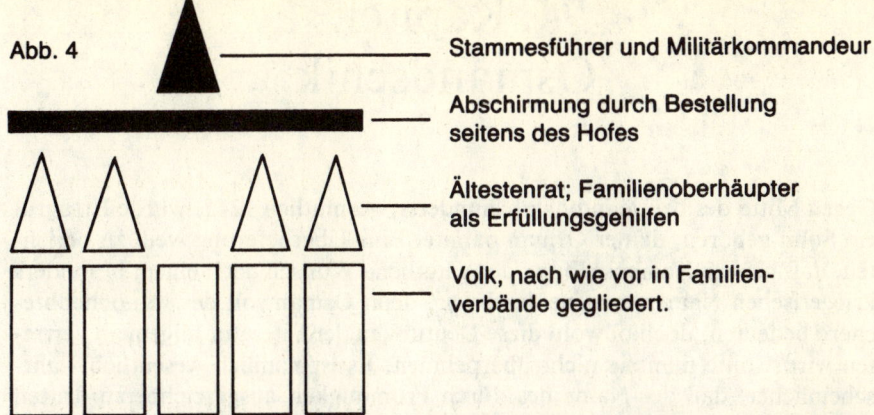

Abb. 4 — Stammesführer und Militärkommandeur

Abschirmung durch Bestellung seitens des Hofes

Ältestenrat; Familienoberhäupter als Erfüllungsgehilfen

Volk, nach wie vor in Familienverbände gegliedert.

Das lose Gefüge der flüchtenden Nomadengruppe erfuhr eine entscheidende Straffung durch die Festigung der Stellung des Stammesführers, der nun im Besitz der stammesextern verliehenen militärischen Befehlsgewalt war, die ihm stammesintern nicht entzogen werden konnte.

Die Entwicklung vom »Staat« des Nomadenlagers zum Lagerstaat war damit in Gang gekommen; sie sollte sich rascher und konsequenter vollenden, als zu jenem Zeitpunkt vorherzusehen war.

4. Kapitel:
Osmandschik

Gegen Mitte des dreizehnten Jahrhunderts, vermutlich 1245, wurde Ertogrul ein Sohn geboren, den er Osman nannte. Eine Überlieferung weiß zu berichten, daß bei der Namensgebung der väterliche Wunsch nach einem besonders kriegerischen Namen entscheidend war, denn Osman soll der »Knochenbrecher« bedeuten, doch obwohl diese Deutung in der Literatur allgemein vertreten wird, sollte man sie nicht übernehmen. Es ist nämlich wesentlich wahrscheinlicher, daß der Name des durch Frömmigkeit ausgezeichneten dritten Kalifen gewählt wurde, um den Nachwuchsmoslem dem Glauben, um dessentwillen man die alte Heimat preisgegeben hatte, elementar zu verhaften; die Namensgebung läßt sich damit als Manifestation des Entschlusses, die Islamisierung des Turkmenenstammes in Bithynien voranzutreiben, erkennen. Man darf hier vielleicht nicht außer Betracht lassen, daß ein tiefer, ursächlicher Zusammenhalt zwischen religiösen Vorstellungen und der Auswahl der Namen für Kinder besteht; sehr akzentuiert erscheint dies im sechzehnten und siebzehnten Jahrhundert im Abendland, wo in den von der Reformation erfaßten Gebieten die bisher üblichen Namen der Heiligen beinahe über Nacht verschwunden sind und die Neugeborenen die zunächst befremdlichen Namen aus dem Alten Testament erhielten, die ihrerseits schlagartig wieder von den Heiligennamen verdrängt wurden, wenn sich irgendwo die Gegenreformation durchsetzte.

Dieser Osman mußte, entgegen aller legendären Berichte, die seine Kindheit umrahmen mögen und voll sind mit pseudoheroischem, in Wahrheit barbarischem Krimskrams, als Kind an den Hof in Konya, und zwar aus denselben Gründen, die seit unvordenklichen Zeiten die Nachkommen von Stammesführern mit dem fluktuierenden Status weitreichender Selbständigkeit in die unmittelbare Aufsicht der Oberherren ihrer Väter gebracht haben. Das war, entgegen verbreiteter Ansicht, nicht nur die Geiselnahme von Häuptlingskindern, sondern das war mehr, nämlich

- die Lenkung ihrer Erziehung, um sie zur selbständigen Übernahme der herrschenden Auffassungen und der an diese gekoppelten Verhaltensweisen zu bewegen, und
- ihre emotionelle Fixierung in eine ganz bestimmte Form der gesellschaftlichen Wirklichkeit.

Und das erlaubt die neuerliche Darstellung in einem Schema; diese Hilfe sei gestattet, denn die ganze Materie wird in Kürze derart verästelt und verschachtelt, daß es für das Verständnis geradezu notwendig ist, auf einfache Übersichten zurückgreifen zu können. Bleiben wir dabei, daß drei Ziele mit einer Maßnahme erreicht, oder drei Fliegen mit einem Schlage erledigt wurden, so ergibt sich dies aus

Schema 2

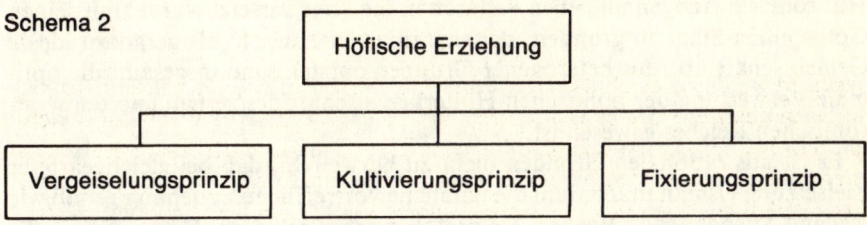

Da man nun im Detail nicht darüber informiert ist, in welchen Formen der Aufenthalt Osmans am Hofe des Sultans verlief – von seiner Kindkeit weiß man nur, daß er bei Hofe zärtlich »Osmandschik«, der »kleine Osman« gerufen wurde – ist ein eigenes Unterkapitel erforderlich, um zu einem generellen Reglement zu gelangen, das auf seine Anwesenheit anwendbar erscheint. Der grundsätzliche Vorgang ist in einer derartigen Vielzahl von Fällen und unter derart unterschiedlichen Bedingungen in Beziehung auf Zeit und Raum bekannt, daß sich der Rückschluß, es habe sich bei ihm ähnlich verhalten, förmlich aufzwingt, zumal dieser durch Osmans späteres Verhalten voll bestätigt wird. Vorwegnehmend sei nur bemerkt, daß die Bezeichnung »Vasallensöhne« in sehr umfassendem Sinne verwendet wird und nicht korrekt nur das Rechtsinstitut der Vasallität umfaßt, sondern ganz allgemein ein Abhängigkeitsverhältnis des Vaters zu einer übergeordneten Instanz beschreibt.

Vasallensöhne an Herrschaftshöfen

Das ursprünglich sicherlich ausschließliche Geiselnahmeprinzip erfährt in den meisten bekannten Fällen bald eine entscheidende Erweiterung durch das Interesse des Herrschaftshofes, den Vasallennachwuchs durch eine umfassende und zielorientierte Erziehung und Ausbildung zur Übernahme der kulturellen und politischen Vorhaben des Herrschaftshofes zu bewegen. Es wird dabei vorausgesetzt, daß der bei Hofe Erzogene nach seiner Heimkehr im Sinne der höfischen Ambitionen wirke und die soziale Gruppe, für deren Wohlverhalten er als Geisel genommen war, von der Vorteilhaftigkeit der Übernahme der am Hofe gepflegten Kultur, der dort erarbeiteten politischen Programme und der Sinnlosigkeit eines allenfalls möglichen Widerstrebens überzeuge.

Will man es negativ sehen und dabei in der Terminologie unserer Zeit ausdrücken, so liegt zweifellos eine Manipulation der noch unentwickelten Persönlichkeit zugunsten der herrschenden Schicht vor, die notwendig mit einer Entfremdung des Manipulierten gegenüber der Gesellschaft, in die er geboren wurde, verbunden ist. Im Grunde genommen besteht zu einer negativen Bewertung generell jedoch keine Veranlassung; das glänzendste Beispiel der persönlichkeitsprägenden Bedeutung derartiger Verfremdung begegnet uns in der abendländischen Geschichte mit Theoderich d. Gr., der am byzantinischen Hof römisch erzogen und eben dadurch in die Lage versetzt wurde, mit seinen Goten einen Staat zu gründen, der sich in vieler Hinsicht als geradezu ideale Gemeinschaft überaus heterogener Gruppen darstellt und insgesamt die optimale Verwertung der politischen Hinterlassenschaft des zertrümmerten weströmischen Reiches gewesen ist.

Es ist aus rationalen Gründen nicht zu bezweifeln, daß bei gleichgearteter Zielsetzung Osman in Iconium die nämliche vortreffliche Erziehung genoß wie weiland Theoderich in Byzanz. Sie umfaßte neben religiöser Unterweisung die Einführung in Philosophie und Staatslehre, das Studium der Geschichte und der Rechtswissenschaft, und sie war mit einer gründlichen militärischen Ausbildung verbunden; sie entsprach grundsätzlich der Erziehung eines Prinzen des jeweils regierenden Hauses. Das ist an sich klar und bedarf – bei Beachtung des dominierenden Interesses des ausbildenden Hofes – keines »Beweises«, nach dem wohl nur Unverständnis fragen kann. Schulabgangszeugnisse im heutigen Sinn hat es einfach nicht gegeben, und nach ihnen zu forschen ist daher absolut sinnlos, und jene radaukatholischen Historiker, die in einer noch nicht allzulange zurückliegenden Vergangenheit selbst den großen Theoderich als ungebildeten Barbaren, als illiteratus, zu verunglimpfen beliebten, machten im Grunde nur ihre eigene Verständnislosigkeit ersichtlich. Denn die – glaubhaft einem indianischen Sprichwort entstammende – Weisheit, daß eine Entwicklung von Rauch die Existenz eines Feuers zur Voraussetzung hat, ist auf jede Kausalfolge anwendbar, was besagt, daß bestimmte, an den Tag gelegte Kenntnisse auf irgendeine Art erworben worden sein müssen. Das gilt für Theoderich ebenso wie für Osman.

Um die Vergleichsbasis zu erweitern und gleichzeitig gegenwartsnäher zu machen, was für viele eine Erhöhung ihrer Glaubwürdigkeit bedeutet, sei daran erinnert, daß noch in unserem Jahrhundert vielfach der Brauch bestand, Söhne von Potentaten, deren Territorien dem britischen Imperium zugehörig waren, einer modernen, streng europäischen Erziehung in England zu unterwerfen. Da es eine »Hofschule« nicht gab, besuchten die Jungen irgendeine der noblen Privatschulen, die auch die britischen Prinzen zu absolvieren pflegten, und studierten dann zumindest ein paar Semester in Oxford oder Cambridge, und eine Ausbildungszeit in Sandhurst rundete meistens den Bildungsvorgang ab. Auch ohne Einsichtnahme in die schulischen Unterlagen und die Beurkundung der Prüfungsergebnisse, in denen sich die schulmeisterliche Auffassung über das Ausmaß der Beherrschung des Lehrstoffes durch den prominenten Exoten ausdrückt, ja selbst dann, wenn derartige Prüfungen überhaupt nicht durchgeführt worden sein sollten, ist als gewiß anzunehmen, daß der derart Ausgebildete
– der englischen Sprache mächtig ist,

- weiß, wer Shakespeare, Lord Byron oder Queen Elizabeth I. waren,
- das englische Staatsrecht in Grundzügen beherrscht,
- ein Maschinengewehr zu bedienen vermag und
- sich konkrete und dem britischen Kriegsbild entsprechende Vorstellungen von einem Infanteriegefecht machen kann.

Das scheint dürftig zu sein, umreißt in Wahrheit aber ganze Welten an repräsentativem Bildungsgut europäischer Zivilisation, die sich zwischen den also Ausgebildeten und seine Stammesgefährten in Zentralafrika oder Hinterindien schoben. Und ebenso verhielt es sich hinsichtlich der klassischen römischen Bildung und Theoderich einerseits und den in Pannonien siedelnden amelungischen Goten andererseits, und ebenso hinsichtlich der klassisch-römischen und der islamisch-arabischen Bildung und Osman einerseits und den in Bithynien siedelnden Turkmenen andererseits.

Osmandschik wuchs heran und wurde ein hagerer, langaufgeschossener Mann, den man nun Kara Osman[7] nannte. Neben einer gewissen Einschulung in die bürokratische Verwaltung, die angenommen werden muß und die dazu diente, ihn nach der theoretischen Ausbildung mit der praktischen Tätigkeit der wichtigsten Behörden vertraut zu machen – ganz wie die Referendarzeit in der Bundesrepublik oder das Gerichtsjahr in Österreich dem Juristen die nötigen Einblicke in den Vollzug der Gesetze vermittelt – wurde er im Militärdienst verwendet, der seiner Neigung wohl besonders entgegengekommen ist. In den fortdauernden regionalen Konflikten gegen das nun wieder rebyzantinisierte oströmische Reich zeichnete er sich wiederholt als Truppenführer aus und scheint über einen Teil der Militärsklavenkorps des Sultans ein ständiges Kommando gehabt zu haben; wir dürfen ihn uns etwa – umgelegt in moderne Heeresgliederungen – als Regiments- oder Brigadekommandeur vorstellen.

Seine »Friedensgarnison« wird wohl Konya gewesen sein, einmal weil es auf alle Fälle wünschenswert war, ihn ständig in der Nähe des Hofes zu haben, wenn nicht dienstliche Anlässe seine Abwesenheit notwendig machten, und dann, weil seine möglichst intensive Berührung mit der islamischen Hochkultur, die sich in der Sultansresidenz entwickelt hatte, zu den Zielen des Hofes gehörte. Hier ist nicht nur an das allgemeine Blühen der Künste und Wissenschaften unter dem Schirm der Mongolen zu denken, von dem bereits am Ende des ersten Teiles die Rede war, sondern vor allem an die religiöse Erneuerung, die sich in der zweiten Hälfte des dreizehnten Jahrhunderts vollzog. Im Mittelpunkt dieser stand der Orden der Mewlewije →, der »Tanzenden Derwische«, der eben damals in Konya entstand.

Der durchaus elitäre Orden wurde von einem gewissen Dschellaleddin gegründet, der – ganz wie Kara Osman – einer Flüchtlingsfamilie aus dem von den Mongolen überrannten islamischen Osten entstammte. Er selbst war 1207 noch in Balch, heute Wesirabad in Afghanistan, als Sohn des berühmten Gelehrten Bahaeddin Walad geboren und machte sich als etwa Halbwüchsiger mit seinen Eltern auf die Flucht. Bahaeddin Walad fand bei Sultan Kaikobad I. freundlichste Aufnahme und erhielt sogleich etwas Ähnliches wie die venia legendi, falls es dergleichen im Sultanat der Rum-Seldschuken gegeben haben sollte. Er konnte jedenfalls ohne Verzug seinen Vorlesungsbetrieb aufnehmen. Um ihn bildete sich rasch ein loser Kreis von Hörern und Studenten, und in diesen wuchs Dschallaleddin buchstäblich hinein, der sich Rumi zu nennen begann, was als Ausdruck der Dankbarkeit für die Hilfe, welche die Seldschuken von Rum seiner Familie geleistet hatten, zu verstehen ist. Nach dem Tod seines Vaters um die Jahrhundertmitte wurde Dschellaleddin dessen Nachfolger im Lehrbetrieb. Unter ihm schloß sich ein Teil der Hörer zu gemeinamem Leben zusammen, in dessen Mittelpunkt das gemeinsame Streben nach Weisheit und die gemeinsame Verehrung Allahs, eine unlösbare Einheit bildend, standen. Aus der Institutionalisierung dieser Elemente wurde der Orden, dessen Namen vom kultischen Tanz → »Dikr« hergeleitet ist, der im Ordensleben eine bedeutende Rolle spielt und aus einem fortgesetzten Drehen um die Körperlängsachse mit einem emporgestreckten und einem zu Boden weisenden Arm besteht, welches – so die übliche Deutung – den Umlauf der Gestirne in gottgewollter Harmonie symbolisiert. Auffällig im geistigen Leben des Ordens war ein tiefer, beinahe schon christlicher Mystizismus, der zu einer gerne als pantheistisch bezeichneten Schauweise führte, obzwar man sicherlich gut daran tut, gerade den pantheistischen Aspekt nicht allzusehr zu beachten, weil sich in derlei Wertungen fremder Geisteswelten leicht Fehlinterpretationen schmuggeln, die den Unkundigen irreführen und dem Wissenden ärgerlich sind. Die Ordenskleidung besteht aus einem weiten, faltenreichen, langen Habit und einer hohen, krempenlosen, konisch zulaufenden Kopfbedeckung in brauner Farbe, die Kula → Turm genannt wird. Die Bedeutung des Ordens für den Islam läßt sich zutreffend mit jener des Benediktinerordens vergleichen, der für die westliche Christenheit im sechsten Jahrhundert den Weg aus dem gewaltigen geistigen Trümmerfeld der Antike in ein neues, zukünftiges Zeitalter – das Mittelalter – wies.

Dschellaleddin Mewlana Rumi starb am 17. Dezember 1273 in Konya; ob ihn Osman persönlich gekannt hat, ist ungewiß. Daß Osman aber sein Werk gekannt und zutiefst bewundert hat, ist sehr wohl bekannt; er blieb dem Orden der Tanzenden Derwische sein ganzes späteres Leben in großer Innigkeit verbunden, übernahm seine Lehrmeinungen und förderte ihn nach Kräften. Die spätere Ausbreitung des Ordens ging Hand in Hand mit der Ausbreitung des Osmanischen Reiches, und in allen bedeutenden Städten entstanden Klöster, die immer geistige Zentren von größter religiöser, kultureller und auch politischer Bedeutung waren. Man hat sie durchaus nicht ohne Berechtigung das lebende Gewissen des Dar ul Islam genannt.

Bemerkenswert ist, daß um 1270 Dschallaleddin und Osman im Nahbereich des Hofes von Konya lebten und wirkten, beide Flüchtlingsfamilien aus dem Osten entstammend, beide bestimmt, das Schicksal dieser Welt entscheidend zu verändern: Der damals in der Reife des Lebens stehende Gelehrte, Dichter und Ordensgründer Dschallaleddin, der geistige Erneuerer des Glaubens an

den einen, allmächtigen und allwissenden Schöpfergott, und der junge, bei
Hofe glänzend ausgebildete, tapfere und gottesfürchtige Offizier Osman, der
die Keimzelle der Erneuerung des politischen Gestaltungsanspruches dieses
Glaubens schaffen sollte.

5. Kapitel: Sultan Osman

Ertogrul starb vor dem Jahre 1300; diese Zeitangabe ist sicherlich nicht eben durch Exaktheit ausgezeichnet, aber die »exakt ermittelten Zahlen« schwanken recht beträchtlich, und genannt werden insbesonders 1281, 1288 und 1299. Als wahrscheinlich darf der Mittelwert, umschreiben wir ihn bewußt vage mit »um 1290«, genommen werden. Osman war, wie wir uns erinnern, »vermutlich 1245« geboren worden; beim Tod seines Vaters zählte er – und in dieser Frage herrscht Übereinstimmung – fünfundvierzig Jahre. Das »um 1290« ist gewissermaßen die Ergänzung des »vermutlich 1245« durch die konkrete und bekannte Zahl der Lebensjahre des Ertogrulsohnes bei seines Vaters Tod. Wir wollen bei dieser unpräzisen, aber sicheren Datierung bleiben, mit welcher wir auf jeden Fall nahe am Ziel liegen. Zur Beruhigung ganz auf konkrete Zahlenangaben Fixierter sei der Hinweis gestattet, daß es auf vielleicht zwei oder drei Jahre auf oder ab kaum ankommt.

Mit Ertogrul starb
- der Stammesführer der in Bithynien angesiedelten Turkmenen, und
- der Militärkommandeur von Bithynien,
und die juristische Problematik, die nun auftrat und in der Literatur in höchst anmutiger Weise völlig übersehen wird lag darin, daß
- der Hof über die Bestellung des Nachfolgers in der militärischen Hierarchie des Reiches zu entscheiden hatte,
- die Turkmenen jedoch stammesintern die Nachfolge in der Stammesführung zu bestimmen hatten.

Das aber ergab eine Kollision von Rechtssystemen; der Stammesführer wurde, um es zu wiederholen, aus dem Kreis der Familienoberhäupter gewählt. Und in die Stellung des Familienoberhauptes gelangte nun nicht etwa Osman, wie wir nach unseren rechtlichen Vorstellungen, die wir ohne viel Überlegung gerne auch in andersgearteten Rechtsordnungen realisiert denken, annehmen möchten, sondern vielmehr nach den Grundsätzen des Senioratserbrechtes das älteste männliche Familienmitglied, und das war im konkreten Fall Dindar, Ertoguls noch lebender Bruder, der Oheim Osmans. Der Einwand, daß sich die juristische Konstruktion der Senioratssukzession nicht erweisen lasse, ist denkbar und an sich richtig; er verliert aber umgekehrt – beinahe – jegliche Relevanz, wenn man nicht nur die Üblichkeit der Nachfolge des ältesten Familienmitgliedes in Gesellschaftssystemen, die auf dem sozioökonomischen Kollektiv der Großfamilie beruhen, berücksichtigt, sondern vor allem auch in Betracht zieht, daß späterhin selbst die vollentwickelte osmanische Rechtsordnung die Erblichkeit nur hinsichtlich der Familie Osmans fixierte, nicht aber hinsichtlich des ältesten Sohnes des letzten Herrschers. Vom Senioriatserbrecht war man abgewichen, ohne eine andere Regelung, etwa die Primogenitur, einzuführen, so daß es eine offene Frage war, wer sich bei Vorhandensein mehrerer naher Verwandter durchsetzen werde. Und das schließt im Grunde genommen aus, daß beim Tode Ertoguls die Nachfolge Osmans auf Grund eines Gewohnheitsrechts, das eine Sukzession des ältestens Sohnes vorsah, festgestanden hätte.

Das Auftreten von Schwierigkeiten in der Nachfolgefrage hatte die Regierung offenbar schon lange vor Eintritt des Todes Ertoguls bedacht und kluge Maßnahmen vorbereitet, um den Turkmenen den höfischen Wunschkandidaten Osman schmackhaft zu machen. Vermutlich hatte die Veränderung in der eigenen Rechtsstellung den gangbaren Weg für die neue rechtliche Konstruktion gewiesen, denn wir müssen uns hier wohl daran erinnern, daß

- Ertogul in das souveräne Sultanat der Seldschuken aufgenommen worden war,
- dieses aber bald darauf die Eigenstaatlichkeit verloren hatte und nun ein Tributärfürstentum des Il-Khanats war.

Die Institution des Tributärfürstentums hatte sich als höchst passable staatsrechtliche Konstruktion erwiesen, und es lag nahe, dasselbe Prinzip auf die Rechtsstellung der Turkmenen umzulegen, was letzten Endes bedeutete, daß

- aus dem Stammesführer, der mit seinen Kriegern ein bestimmtes Territorium im Auftrag des Hofes zu sichern hatte,
- der Territorialfürst wurde, der alle staatlichen Agenden in diesem Bereich als Stellvertreter des Sultans vollzog.

Damit unterstand ihm in seinem Fürstentum die gesamte Bevölkerung; er hatte nicht nur die Territorialverteidigung zu organisieren, sondern die Gesamtheit der staatlichen Belange; er war für die Rechtspflege ebenso zuständig wie für das Steueraufkommen, für die Aufrechterhaltung des Versorgungswesens ebenso wie für die innere Sicherheit, für die ungestörte Religionsausübung der Gemeinden der Schriftbesitzer ebenso wie für die ordnungsgemäße Bestellung der Magistrate. Er wurde zum heerfolgepflichtigen Tributärfürsten des Sultans ebenso wie dieser der heerfolgepflichtige Tributärfürst des Il-Khans war, wobei für ihn die Heerfolgepflicht eine ebenso nahezu rein theoretische Last sein konnte wie für jenen: Hatte sich der Sultan bisher seiner Verpflichtung, mit dem Mongolenherrscher ins Feld zu ziehen, durch den stets zeitgerecht auflebenden Grenzkrieg gegen Byzanz entzogen, so stand die Möglichkeit auch dem Tributärfürsten in Bithynien offen, welcher Hinweis hier erfolgt, weil die durchaus rechtmäßige Aktivierung dieser Ausweichmöglichkeit in Kürze entscheidende Bedeutung erlangen sollte.

Als Sultan Kaikobad II. Osman in großer Zeremonie zum Territorialherren in Bithynien bestellte und als sichtbare Herrschaftssymbole

- Roßschweif,
- Heerpauke und
- Schwert

überreichte, da war Osman durch jahrzehntelange Ausbildung und praktische Erfahrung persönlich in die Lage versetzt, die Fülle der Aufgaben, die ihm bei der Neugestaltung der staatlichen Organisation zufallen mußte, im Sinne der Konzeption des Hofes zu bewältigen.

Ungewiß war, ob sich die Turkmenen widerspruchslos in die neue Ordnung der politischen Effektivität, die in ihr stammesinternes Gefüge durch Einsetzung des Stammesführers seitens einer stammesexternen Instanz äußerst nachhaltig eingriff, fügen würden. Hier soll nicht vergessen werden, daß Osman zwar Ertoguls Sohn war, aber doch als Verwandelter, ja ein Fremder zu seinem Stamm heimkehrte: Er hatte eine fremde Erziehung genossen, ein fremdes Wesen in sich aufgenommen, war zum erklärten und beauftragten Vollstrecker eines fremden Willens geworden. Er hatte von ihnen, ihren Ansichten und Problemen, keine Ahnung. Ihre Art zu leben war ihm fremd wie ihnen die seine, ihre Art des Denkens war für ihn sowenig nachvollziehbar wie die seine für sie, und ihre gesellschaftsspezifischen Verhaltenweisen erregten, sofern sie nicht mit den ihm anerzogenen übereinstimmten, sein Mißfallen wie seine das ihre. Er war nicht mehr einer der Ihren, so wie es Ertogrul gewesen war – und sie hätten ihn damals gewiß nicht zu ihrem Anführer gewählt.

Würden sie ihm, dem durch Dekret des Sultans Ernannten, nun den notwendigen Gehorsam leisten?

Was geschehen sollte, war – bezogen auf das Gewohnheitsrecht des Stammes – ein glatter Rechtsbruch; die rechtswidrige Einsetzung des Stammesführers war die Negierung eines der wesentlichsten Freiheitsrechte des Stammes, war ein gewaltsamer, von einer stammesfremden Instanz angeordneter Staatsstreich, der sich nur dann realisieren ließ, wenn die überlegene Macht der stammesexternen Regierung den möglichen Widerstand der ihres Wahlrechts Beraubten verhinderte oder brach. Macht geht vor Recht – das ist nicht etwa die rabulistische Forderung irgendeines Vertreters der reinen Machtstaatslehre, sondern die bittere, weil effektivitätsbezogene Erkenntnis, daß jegliches Recht als Recht nur existiert, solange und soweit es als Recht erzwingbar ist. Und um die Erzwingbarkeit des »Hofrechts« gegenüber dem »Stammesrecht« dem Stamme eindringlichst zu demonstrieren, blieb es nicht bei Roßschweif, Heerpauke und Schwert, die Osman nach Eskischehir mitgegeben wurden, sondern er trat die Reise in seine zukünftige Residenz als Kriegsmarsch an der Spitze eines Teils der Sklavenarmee an, vermutlich jener zu einem Großverband zusammengechlossenen Tausendschaften, die schon vorher unter seinem Kommando gestanden hatten und ihm persönlich engstens verbunden waren wie im Zweiten Weltkrieg etwa die deutschen Gebirgstruppen »ihrem Dietl« oder die Männer des deutschen Afrikakorps »ihrem Rommel«.

Osman operierte rasch und allem Anscheine nach sehr geschickt, und ehe die Turkmenen erkannten, wie sehr sich die Verhältnisse verändert hatten, waren die entscheidenden Tatsachen vollzogen: Osman hatte die Macht ergriffen und er bemühte sich, seine Herrschaft in jenem Sinne auszuüben, der ihnen förderlich war und den sie akzeptierten. Der Zivilgouverneur, der schon

vorher vom Sultanshof in die beabsichtigte Umstrukturierung eingewiesen
worden war, übergab seine Amtsgeschäfte dem Territorialfürsten und reiste
nach Konya, vermutlich froh, die Verantwortung für die stets gefährdete Provinz losgeworden zu sein, die Gemeindevorsteher und Bürgermeister leisteten
den Treueschwur, und die Turkmenen anerkannten den Ertograliden als neu-
en Stammesführer, der klug genug war, seine Autorität gegenüber den Familienoberhäuptern auf militärische Belange zu beschränken.

Durch die Konzentration der zivilen und militärischen Aufgaben im persönlichen Wirkungsbereich Osmans war in Ermangelung der Souveränität zwar
nicht eben ein Staat im vollen Sinne der Staatslehre entstanden, aber wohl eine
einem Staat sehr nahekommende soziale Integration, die über
- Staatsvolk
- Staatsgebiet und
- bedingte, weil abhängige Staatshoheit
verfügte, was folgende Darstellung erlaubt

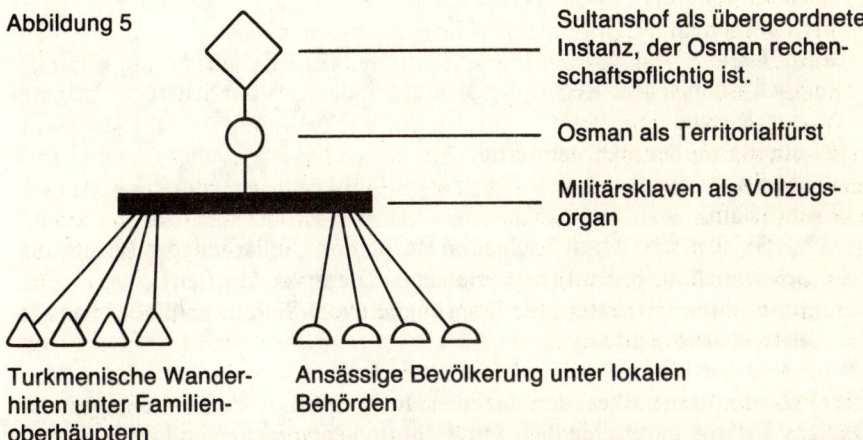

Abbildung 5

Sultanshof als übergeordnete
Instanz, der Osman rechenschaftspflichtig ist.

Osman als Territorialfürst

Militärsklaven als Vollzugsorgan

Turkmenische Wander-
hirten unter Familien-
oberhäuptern

Ansässige Bevölkerung unter lokalen
Behörden

Der »Beinahestaat« Osmans setzte sich, um es schärfer herauszuarbeiten, aus
drei völlig verschiedenen Bevölkerungselementen zusammen, und zwar:

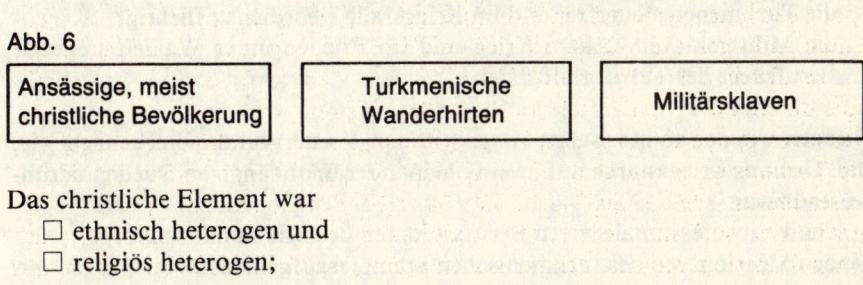

Abb. 6

| Ansässige, meist christliche Bevölkerung | Turkmenische Wanderhirten | Militärsklaven |

Das christliche Element war
- ☐ ethnisch heterogen und
- ☐ religiös heterogen;

231

das turkmenische Element war
☐ ethnisch homogen und
☐ religiös homogen,
die Militärsklaven – Osmans allzeit präsente und gegen jede der beiden anderen Gruppen einsatzfähige »Eiserne Faust« – waren
☐ ethnisch heterogen und
☐ religiös homogen.

Als entscheidende Differenzierungsfaktoren sind
– Religion,
– Rechtssystem und
– Obrigkeiten
zu nennen, und es lebten
– die Ansässigen
☐ im christlichen Glauben,
☐ nach römischem Recht,
☐ unter gewählten Magistraten;
– die Turkmenen
☐ im Islam
☐ nach islamischem Recht, das sich gegen das Gewohnheitsrecht langsam durchsetzte,
☐ unter Familienoberhäuptern;
– die Militärsklaven
☐ im Islam,
☐ als Sklaven und damit Sachen im Rechtssinne außerhalb des Rechts ausschließlich nach den für sie erlassenen Dienstvorschriften
☐ unter ihren Offizieren, die ursprünglich vom Sultan, bald aber von Osman ernannt wurden.

Die Pflichten gegenüber der sozialen Integration – dem »Beinahestaat« Osmans – waren unterschiedlich festgelegt und entsprachen voll der altislamischen Tradition, an die hier erinnert sei, wenngleich durch die Militärsklaven ein Element in Erscheinung tritt, das es in Medina nicht gegeben hatte; es waren
– die Christen steuerpflichtig und wehrdienstfrei,
– die Turkmenen steuerfrei und im Kriegsfalle wehrdienstpflichtig,
– die Militärsklaven das im Krieg und im Frieden unter Waffen stehende Berufsheer des Territorialfürsten.

Bringen wir den militärischen Aspekt in den Vordergrund, so erkennen wir, daß Osmans Kriegsstärke auf zwei voneinander unabhängigen Quellen beruhte, und zwar
– den vollprofessionalisierten Berufssoldaten des Militärsklavenkorps,
– den Milizionären des turkmenischen Stammesaufgebotes.

Beachten wir den wirtschaftlichen Aspekt, so ergibt sich, daß
- die Turkmenen selbsterhaltungsfähig waren,
- die Christen die Versorgung des gesamten Beinahestaates zu erbringen hatten
- die Militärsklaven wie außerhalb des Rechts so auch außerhalb der Wirtschaft standen; sie hatten Anspruch darauf, von Osman versorgt zu werden.

Im Schaubild läßt sich dies übersichtlich wie folgt darstellen:

Abb. 7

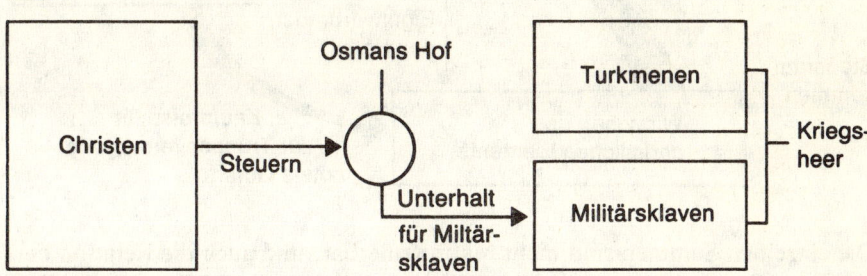

Nun war das Militärsklavenkorps nur der eine, ständige Ausgabenposten in Osmans Staatshaushalt; die Kosten des Hofes selbst sind ein weiterer Defizitposten, der allerdings nicht sehr bedeutend gewesen sein kann: Osman huldigte einem spartanischen Lebensstil, und der drückte der Hofhaltung seinen Stempel auf. Darüber hinaus aber hatte er Tributleistungen an Konya zu erbringen, und die waren weder knapp bemessen noch verschiebbar, mußte der Sultan doch seinerseits Tribut an den Il-Khan bezahlen, und der konnte oder wollte Aufschub nicht gewähren, so daß man in Konya selbst nicht viel Spielraum hatte.

Zur Bedeutung der Ausgabenseite ist zu sagen, daß sowohl die Summen für
- die Hofhaltung als auch
- den Unterhalt der Militärsklaven, denen
  □ Bewaffnung,
  □ Verpflegung und
  □ Bekleidung
  zu leisten waren,
durch Beschaffung im eigenen Territorium wieder in die eigene Wirtschaft, überwiegend in die städtische des christlichen Bevölkerungselementes, zurückflossen – die Tributleistungen nach Konya aber waren verloren.

Der ökonomische Kreislauf war also nicht geschlossen, sondern wies eine Abflußstelle auf, die nicht dichtgemacht werden konnte, was sich wie folgt verdeutlicht:

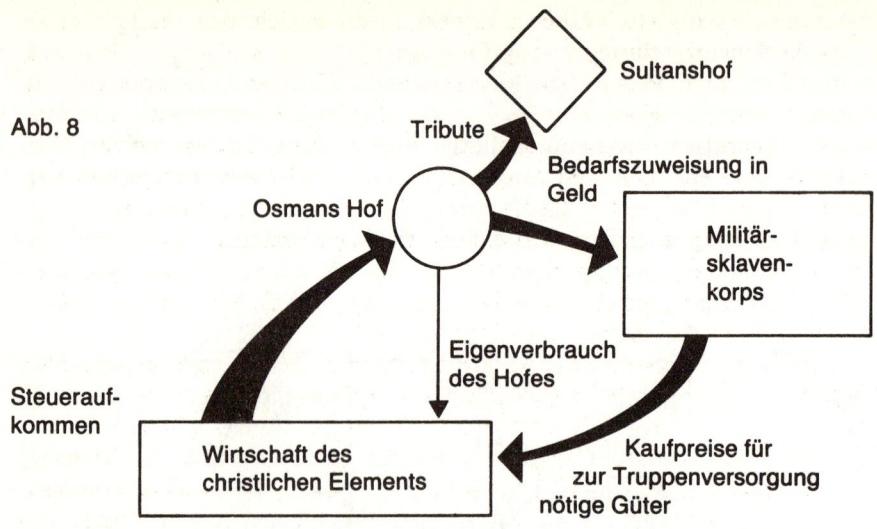

Abb. 8

Sultanshof

Tribute

Bedarfszuweisung in Geld

Osmans Hof

Militär-sklaven-korps

Eigenverbrauch des Hofes

Steueraufkommen

Wirtschaft des christlichen Elements

Kaufpreise für zur Truppenversorgung nötige Güter

Die einzelnen Summen sind nicht rekonstruierbar, und auch die Relation der einzelnen Posten ist nur sehr vage mit »vermutlich größer« oder »vermutlich kleiner« anzugeben; der Tribut nach Konya war so vermutlich kleiner, wenn auch nicht allzuviel, als der Bedarf des Militärsklavenkorps, aber vermutlich größer, und zwar erheblich größer, als der Eigenbedarf des Hofes Osmans.

Das Budget Osmans war also ständig wirtschaftserschöpfend: Es wurde der Wirtschaft ständig mehr an Steuern abverlangt, als ihr durch Einkäufe rückgeführt wurden. Müßig die Frage, ob Osman ein Budget im heutigen Sinne kannte: Er hatte durch die ökonomische Gruppe der »Nurkonsumenten«, worunter weniger der Hof, als vielmehr die Militärsklaven zu verstehen waren, und durch die Tribute nach Konya ständige Auslagen und er mußte sich wohl oder übel den Kopf darüber zerbrechen, wie er diese tätigen könne. Daß er sich der Bedeutung des Vorganges bewußt war, kann nicht bezweifelt werden, denn er hatte schließlich Jahrzehnte in Konya verbracht, wo er nicht nur in den militärischen Belangen ausgebildet, sondern auch in die römische Staatskunst eingeführt worden war, und die kannte – vorab in byzantinischer Spielart – die Gesamtproblematik staatlicher Haushaltsführung recht genau.

Wenngleich kein eigentliches Budgetdefizit vorlag, sondern eher etwas wie eine permanente negative Außenhandelsbilanz, war der Zustand à la longue doch nicht nur unbefriedigend, sondern sogar gefährlich, und Osman beschloß, die krisenhafte Wirtschaftslage durch Kriegführung zu bekämpfen. Das Rezept, vorhandene kombattante Möglichkeiten ökonomisch zu nutzen, ist keineswegs Osmans Patent, sondern wurde in der Geschichte erschreckend oft mit mehr oder weniger Erfolg in die Wirklichkeit umgesetzt, aber es wurde doch kaum jemals derart konsequent und langzeitig in die finanzielle Basis einer sozialen Integration, die bald zum Großreich werden sollte, eingeplant.

Dabei ging es Osman im Grunde genommen keineswegs um territoriale Gewinne, um Eroberungen, an die wir zuerst denken würden, sondern vielmehr um die Kriegsbeute, denn ein Gebietszuwachs zog Auslagen nach sich, während erbeutete Habe Reingewinn war. Die Beute wurde nach altislamischen Grundsätzen verteilt, wobei der »Prophetenanteil« von zwanzig Prozent an Osman fiel, der ja auch die öffentlichen, sozialen und religiösen Ausgaben, die Mohammed in Medina trafen, zu tragen hatte (siehe I. Teil, 1. Kap.). Das war aber nicht Osmans ganzer Gewinn; nahmen an der erfolgreichen Operation Militärsklaven teil, so fiel der auf diese entfallende Anteil an ihn als ihren Herrn, denn der Sklave konnte nur das als Eigentum erwerben, was ihm von seinem Herrn zugeteilt wurde.

Unter Beute waren nicht nur Schätze aller Art wie Edelmetalle, geprägt oder ungeprägt, Kleinodien und Pretiosen aller Art begehrt, die – im Übermaß gewonnen – ohnehin nur zum Wertverfall führen, wie die Spanier nach der Ausplünderung der Neuen Welt etwa zweihundert Jahre später zur Kenntnis nehmen mußten, sondern vor allen Dingen Menschen, die durch Kriegsgefangenschaft zu Sklaven wurden, und Vieh. Da als Gegner in dieser Phase von Osmans Herrschaft, die durch raubkriegerische kombattante Aktivitäten geprägt war, ausschließlich byzantinisches Territorium als Angriffsziel in Frage kam, wurde

– die überwiegend, wenn nicht ausschließlich ökonomische Motivation, sicherlich ohne echte Täuschungsabsicht, mit dem altbewährten Mantel des Krieges im Dienste des Glaubens umhüllt und der Teilnehmer an den Aktionen zum Gasi, dem Glaubenskämpfer, mit dem durch den ja doch möglichen Tod im Gefecht, der als Märtyrertod zählte, gesicherten Platz im Paradies,
und
– die durchwegs berittene turkmenische Miliz zur entscheidenen Waffengattung, die tiefe Raids in das feindliche Gebiet, das nun echtes Dar ul Harb (siehe Anmerkung 5 der Einleitung) war, durchführte, wogegen die in den Grenzfestungen liegenden byzantinischen Garnisonen durch markierte Bedrohungen seitens der Militärsklaven, denen Belagerungen ohne weiteres möglich waren, stationär gehalten wurden.

Osmans Kriegführung war recht erfolgreich, und bald versuchten byzantinische Regionalherrschaften, die als Überfallobjekte in Frage kamen, das Risiko durch Tributzahlungen auszuschalten. Diese Tribute, die für die Zahler den Charakter von Versicherungsprämien hatten, wurden von Osman sehr, von seinen Turkmenen jedoch weit weniger geschätzt, da sie an der Beute echt beteiligt waren, bei Tributen jedoch nur das erhielten, was ihnen der Hof freiwillig abtrat.

Bei gleichbleibender Ausgabenseite veränderte sich die Einnahmeseite von Osmans Budget erheblich; dies ist wie folgt ersichtlich zu machen:

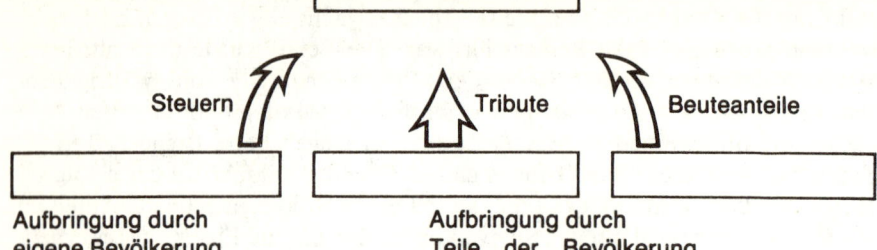

Abb. 9

Osmans Staatskasse

Steuern Tribute Beuteanteile

Aufbringung durch
eigene Bevölkerung

Aufbringung durch
Teile der Bevölkerung
des byzantinischen Reiches

Auch wenn konkrete Ziffern sowenig geboten werden können wie ein konkreter Aufbringungsschlüssel, der sich zudem sicherlich von Jahr zu Jahr, vermutlich sogar mehrfach, veränderte, ergibt sich aus der Abb. 9 doch eindeutig eine geradezu sensationelle Eigenart des osmanischen Systems: Die Kosten des Gemeinschaftslebens wurden nur zu einem Teil von der Gemeinschaft selbst getragen, zu einem Teil jedoch auf nicht der Gemeinschaft zugehörige Gruppen überwälzt.

Und diese sensationelle Eigenart war eines der Elemente der Attraktivität des osmanischen Systems gerade für die christliche Bevölkerung – die erstaunliche »Billigkeit« der Nutznießung an den Vorteilen eines leistungsfähigen und umfassenden Sozialsystems. Dieser Aspekt tritt unübersehbar gerade im Vergleich mit dem konkurrierenden byzantinischen Reich hervor: Die Finanzierbarkeit des Staates erforderte bei

☐ der Aufwendigkeit des Hofes,

☐ der ausschließlichen Verwendung von Soldtruppen und

☐ der keineswegs ausgabenverringernden Schrumpfung des Staatsgebietes

stets steigende Steuerleistungen, und der im noch byzantinischen Reichsrest lebende Steuerpflichtige führte bei gleicher wirtschaftlicher Kapazität an die kaiserlichen Steuereintreiber die schätzungsweise sechsfachen, achtfachen, zehnfachen, ja selbst zwölffachen Summen ab, die er im Herrschaftsbereich Osmans hätte leisten müssen. Das war – damals noch – allgemein bekannt und einer der Hauptgründe dafür, daß es die christliche Bevölkerung keineswegs als Unglück empfand, in das osmanische System integriert zu werden, dieses nicht als blutige und tyrannische Gewaltherrschaft ansah und keinerlei Bemühungen entfaltete, um es loszuwerden. In der Grundeinstellung des ökonomisch eindeutig dominierenden christlichen Bevölkerungselements läßt sich höchst eindringlich eine entscheidende Voraussetzung für die Erfolgsträchtigkeit der Politik Osmans erkennen, die vom Glück – das nach einem sehr weisen Ausspruch Moltkes auf die Dauer nur der Tüchtige hat – übrigens geradezu verfolgt wurde.

Osman begründete seine Residenz zunächst in Eskischehir, verlegte sie aber – vermutlich schon im Jahr 1300 – nach Afyon Karahissar, das alte Akroenos, das der damaligen byzantinischen Grenze wesentlich näher war und sich als Ausgangspunkt für die Fortführung der raubkriegerischen Operationen anbot. Bald darauf geriet seine expansive Politik in Unordnung: Die Seldschuken versuchten, die brüchig gewordene Herrschaft des Il-Khans abzuschütteln, erzielten auch einige Anfangserfolge, wurden aber letzten Endes blutig niedergeworden und physisch so gut wie ausgerottet. Der mongolische Versuch, den 1307 vollendeten Sieg über die Seldschuken durch die unmittelbare Herrschaft über die vom gefällten Sultan abhängigen Tributärfürsten – deren es mehrere gab, unter denen die Karamanen besonders zu nennen sind – zu krönen, schlug jedoch fehl. Die Kräfte des Il-Khans hatten eben ausgereicht, den rebellischen Seldschukensultan zu verderben – die von diesem beherrschten Gebiete unmittelbarer mongolischer Verwaltung zu unterstellen, war für sie unmöglich. Es war, als ob ein Rutenbündel, des zusammenschließenden Bandes entledigt, auseinanderfiele: Der seldschukische Staat war dieses Band gewesen, und es fehlte den Mongolen an Kraft und Geschick, ein neues anzulegen.

Zu den seldschukischen Territorialfürsten, die durch den Untergang des Sultanats von Konya die Freiheit erlangten, gehörte Osman von Afyon Karahissar, der sich bald darauf Sultan zu nennen und eigene Münzen zu prägen begann, womit er sich konkludent zum souveränen Herrscher erklärte, dem die Souveränität – beinahe – ohne eigenes Zutun in den Schoß gefallen war. So wurde, um ein ebenso richtiges wie aussagestarkes Wort Hammer-Purgstalls zu verwenden, der Sarg des Seldschukenreiches die Wiege des Osmanischen.

Die wichtigste Folge der Erlangung der Souveränität war der Wegfall der Tribute nach Konya; Osman wurde dadurch in die Lage versetzt, die Phase der beutebringenden Raubkriegführung zu beenden und territoriale Gewinne als Ziel der weiteren kombattanten Operationen anzusteuern, denn er konnte es sich nun leisten, neugewonnene Landschaften militärisch zu sichern und wirtschaftlich aufzupäppeln. Besonders ins Auge stach ihm das nordwestanatolische Küstenland, das er nach und nach in seinen Besitz brachte, und um die Städte Nicäa, Nicomedia und Brussa gab es lange, schwere Kämpfe.

Ein ernstzunehmender Gegner erwuchs ihm in dem tüchtigen Söldnerkapitän Roger de Flor, der für Kaiser Andronikos II. Palaiologos nach der Niederlage von Magnesia eine aus westchristlichen, meist spanischen Abenteurern gebildete Berufsarmee, die »Katalanische Kompanie«, aufgestellt hatte, die sich mit viel Geschick und Tapferkeit schlug und Osmans Kriegsvolk die ersten namhaften Schlappen zufügte. Letztlich aber war es Byzanz, für das die Katalanen stritten, und mit jedem Erfolg Rogers wuchs der Neid der im antilateinischen Komplex verfangenen Hofkreise; die Entwicklung eskalierte dahin, daß

– der dankbare Kaiser Andronikos seinen siegreichen Söldnerkapitän ermorden ließ,
– die Katalanen nun die Waffen gegen den Hof richteten und einen erbitterten Aufstand begannen, der nicht niedergeworfen werden konnte, aber

doch die Abdrängung der Rebellen ins Herz des alten Hellas brachte, wo sie einen faktisch unabhängigen Soldatenstaat um Athen und Theben gründeten.

Die Wirren mit den lateinischen Soldtruppen fanden ihre beinahe nahtlose Fortsetzung im Thronstreit zwischen Andronikos II. und seinem Enkel Andronikos III., der erst 1328 beendet wurde, als alles Prozellan, das irgendwie in Reichweite des Hofes gelegen war, restlos zerschlagen gewesen ist. Daß die Wunden, die sich Byzanz selber schlug, Osmans Weizen kräftig wachsen ließen, bedarf keiner langen Erörterung, und so ist es sicherlich nicht überraschend, daß seine Feldzeichen bald von den Wällen
- Nicäas, das zu Iznik, und
- Nicomedias, das zu Izmit wurde,
wehten; nur Brussa hielt sich; es wurde – wie vorzeiten Troja – volle zehn Jahre umkämpft.

Stammesintern hatte Osman einmal ernstere Schwierigkeiten, wobei es nicht ganz klar ist, ob er damals bereits Sultan war oder nicht. Durch die beinahe ständigen kombattanten Ereignisse drängte sein permanent in Anspruch genommenes militärisches Befehlsrecht den Einfluß der im Ältestenrat versammelten Familienoberhäupter zurück, der auch durch die Bedeutungszunahme des islamischen Rechts und des langsam in Erscheinung tretenden Standes der Rechtsgelehrten, von dessen Wirken später gesprochen wird, reduziert wurde. Diese Familienoberhäupter, deren Stellung durch die Neuerungen im Gesellschaftsgefüge also brüchig zu werden begann, gefielen sich in einer oppositionellen Haltung, die jede Reform, jede Anpassung an die geänderten Verhältnisse mit Mißtrauen betrachtete und mit in ihren Augen sicherlich vollauf berechtigter Kritik versah. Wortführer der Opposition war Osmans Oheim Dindar, dem der beim neuen Stand der Dinge beinahe völlig bedeutungslose Sitz im Gremium der Familienoberhäupter überlassen worden war, und dieser konnte es nicht lassen, dem Neffen nörgelnd in alles und jedes hineinzureden und der mit bitteren Kommentaren keineswegs sparte, bis ihn dieser höchsteigenhändig mit einem Pfeilschuß niederstreckte.

Dieser Selbstvollzug kennzeichnet Osmans Wesensart und Regierungstil; des in der abendländischen Literatur üblichen Gezeters ob der blutigen Tyrannei und der entsetzlichen Barbarei kann man sich allerdings enthalten, denn dergleichen Verwandtenmord kam im christlichen Abendland häufig genug vor und war vor allem dann, wenn eine neue Macht sich bildete, nachgerade üblich, wie uns etwa die Familiengeschichte des erlauchten Hauses der Merowinger eindringlich zeigt. Der abendländische Gunther allerdings bedient sich zumeist eines Hagen zum Vollzuge der Tat und versucht diese selbst durch ein mehr oder weniger geschickt inszeniertes, makabres Theater zu verschleiern, wogegen der orientalische Osman ganz einfach mit offenen Karten sein hartes und gefährliches Spiel spielte. Auf dem Wege der kriegerischen Expansionspolitik, auf den er weniger durch eigenen Willen, als vielmehr durch den Zwang der Lage gedrängt worden war, konnte er eine gefährliche Opposition im eigenen Lager und gar in der eigenen Familie nicht dulden, und er schaltete sie aus. Und auch der allerdümmste turkmenische Kameltreiber verstand, daß es der eigenen Gesundheit durchaus nicht zuträglich war, diesem großen Herrn bei Verwirklichung seiner Vorhaben entgegenzutreten.

Der Kampf um Brussa, den Osmans Sohn Orkhan führte, ging 1326 durch die Kapitulation der bzyantinischen Besatzung zu Ende. Der greise Sultan lag, als der Sonderkurier bei ihm eintraf, auf dem Sterbebett. Er gab als seinen letzten Wunsch bekannt, in Brussa bestattet zu werden, und dankte Allah tiefbewegt für die Gnade, die ihm dadurch gewährt worden war, daß er die Nachricht von diesem letzten und schönsten Sieg seines irdischen Lebens noch empfangen durfte. Er starb, wie er gelebt hatte: tapfer, aufrecht und stark im Glauben. Nichts charakterisiert seinen Lebensstil besser als das erhalten gebliebene Verzeichnis seines persönlichen Eigentums, das für das Verlassenschaftsverfahren inventarisiert wurde.

Sultan Osman I., der große, ruhmreiche Kriegsherr, dessen Heere halb Kleinasien erobert und ihm zu Füßen gelegt hatten, besaß persönlich nichts als

- einen Löffel,
- ein Salzfäßchen,
- einen Kaftan,
- ein Bündel Leinwand,
- ein Paar Schaftstiefel,
- eine Pferdeherde,
- einige Rindergespanne und
- drei Schafherden.

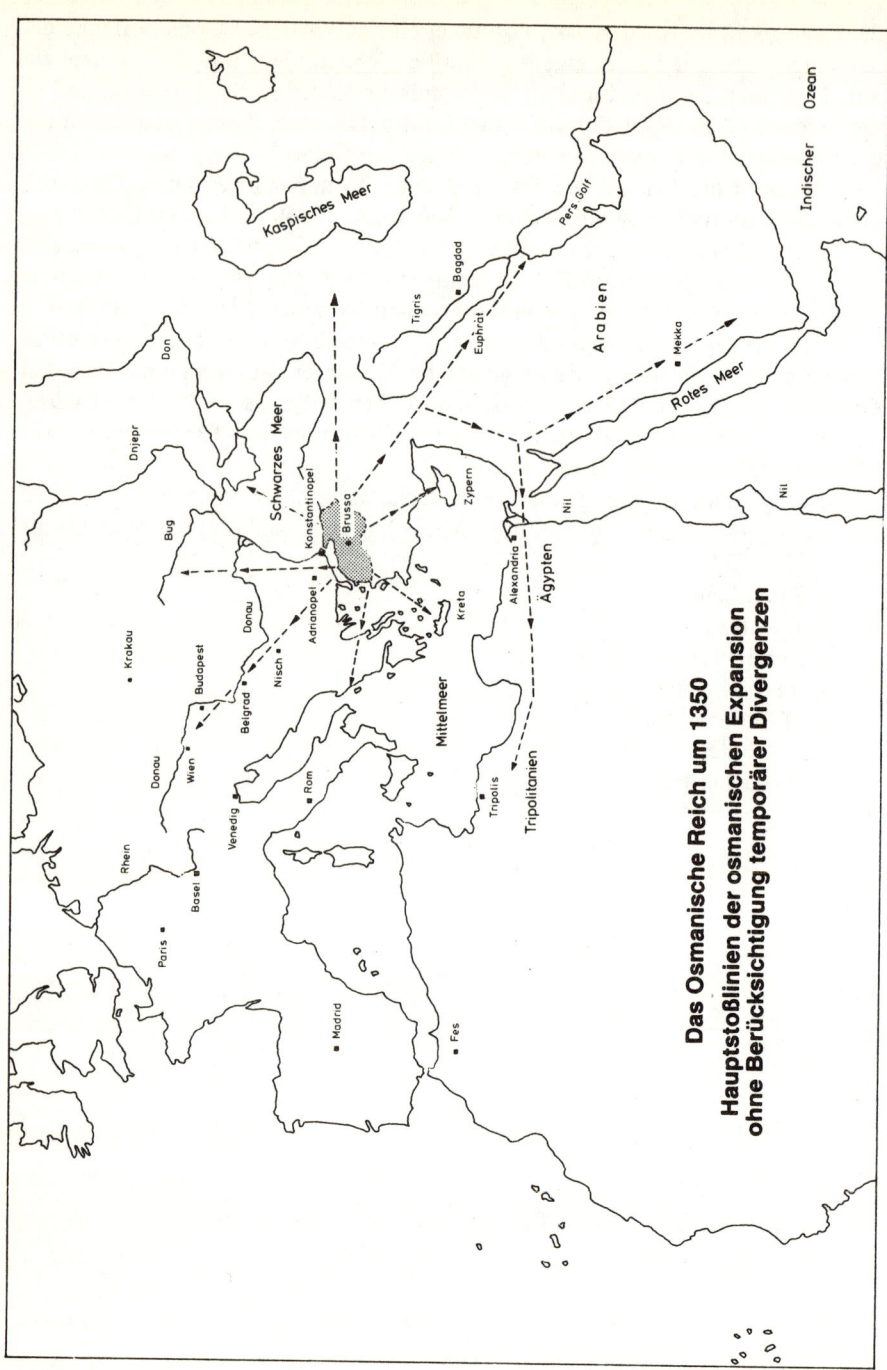

Das Osmanische Reich um 1350

Hauptstoßlinien der osmanischen Expansion
ohne Berücksichtigung temporärer Divergenzen

240

III.

Orkhan, der große Organisator

1. Kapitel: Das Nachfolgeproblem

Beim Tode Sultan Osmans war das Nachfolgeproblem rechtlich so wenig gelöst wie es beim Tode Ertogruls gelöst gewesen war; dies ist offenbar auf die Scheu des frommen Sultans zurückzuführen, der rechtgläubigen Gemeinschaft einen Stammesführer aufzuzwingen, der nun schon mehr war als der Häuptling eines wandernden Nomadenvolkes, nämlich das Oberhaupt eines aus heterogenen Teilen bestehenden, mächtigen und ansehnlichen Staates. Das turkmenische Gewohnheitsrecht mit der Bestellung des Stammesführers durch den Ältestenrat – oder die Volksversammlung – entsprach in dieser Frage voll der reinen, altislamischen Tradition, die (s. I. Teil, 2. Kapitel, S. 66) den »besten Moslem« als Nachfolger des Propheten – und bezogen auf seine Turkmenen und beschränkt auf die weltliche Funktion war das der Stammesführer – installiert wissen wollte.

Trotz der Zurückhaltung des Sultans, der den von ihm begründeten Staat nicht als sein Privateigentum ansah, über das er nach Gutdünken verfügen konnte, was wir sehr wohl registrieren wollen, weil es für die intellektuelle Basis, wenn man will die frühe osmanische Staatstheorie, signifikant ist, darf man annehmen, daß er die Nachfolgeschaft seines Sohnes Orkhan wünschte. In der sozialen und politischen Effektivität, in der die Nachfolgefrage anfiel und gelöst werden mußte, war es auch so, daß nur die beiden Osmansöhne Orkhan und sein bisher wenig profilierter Bruder Alaeddin Ali für die Sukzession in der Staatsspitze in Frage kamen, weil der Staat bei aller Toleranz in Glaubensfragen ein Moslemstaat war, die Turkmenen die staatenbildende Gruppe darstellten und unter den nach wie vor existenten turkmenischen Großfamilien die ursprünglich angenommene Parität aufgehoben worden war. Die Militärsklaven zählten nämlich zum Hauswesen und damit zur Großfamilie Osmans, und so war jener Zustand effektuiert worden, den wir bereits (s. II. Teil, 2. Kapitel, S. 211) als Sonderfall erwähnten: Eine Familie hatte ein derartiges Mehr an kombattanter Energie, daß die übrigen Familienoberhäupter trotz formeller Gleichberechtigung materiell höchst Ungleiche waren. Wollen wir einen zugegeben gewagten Vergleich riskieren, so war die »Hausmacht« der Familie Osmans derart angewachsen, daß sie von der zur Wahl berufenen Körperschaft ganz einfach nicht übersehen werden konnte, so wie in späteren Jahrhunderten die deutschen Kurfürsten die Hausmacht Habsburgs bei der Königswahl nicht negieren konnten, und ab dem sechzehnten Jahrhundert die Würde des deutschen Königs und damit des Kaisers beinahe ein Erbgut der Habsburger war.

Im Anatolien des frühen vierzehnten Jahrhunderts verlief die Regelung der Sultannachfolge in Anerkennung der Machtverteilung einerseits und in der Euphorie ob der Gewinnung des zehn Jahre umkämpften Brussa andererseits problemlos und rasch: Die Verbände des siegreichen Heeres und die bei Hofe maßgeblichen Kreise waren sich völlig einig, und so folgte Orkhan, vom Glanze des eben errungenen Sieges umstrahlt, seinem Vater. Das wurde allgemein und widerspruchslos als derart selbstverständlich angesehen, daß auf eine Wahl oder einen sonstigen, rechtsbegründeten Formalakt verzichtet wurde; der Osmanide ordnete an – und seine Anordnungen wurden befolgt. Irgendwelche Zeremonien im Zusammenhang mit der Herrschaftsübernahme sind für diese Zeit nicht überliefert, dürfen aber angenommen werden; sie hatten jedoch keine konstitutive Bedeutung, sondern waren nur die feierliche Bekräftigung des effektiv bereits Vollzogenen.

Überliefert ist hingegen, daß sich – als offenbar einziger Angehöriger der politisch tonangebenden Kreise – Orkhan selbst Gedanken über die Problematik der Universalsukzession machte und seinem Bruder Alaeddin eine Teilung des Reiches oder der Herrschaft anbot, was dieser jedoch ablehnte. Es müsse *ein* Herr sein, ließ er verlauten; jede Teilung sei eine Zersplitterung der Macht. Die Brüder einigten sich dahin, daß Alaeddin zum Stellvertreter Orkhans wurde, wobei man für ihn den Titel Wesir aus der Tradition des arabischen Kalifats übernahm. Er nahm auch, ganz wie wir es aus dem frühen abbasidischen System kennen, die Funktion des ersten Beraters des Sultans und – sagen wir vielleicht vorsichtig – eines Vorstehers des Hofes ein, wobei wir unter Hof vorerst wie bisher die »Zentralregierung« verstehen wollen. Für ihn wurde auch der Titel Pascha eingeführt, der zunächst keine Funktionsbezeichnung war; vielleicht darf man ihn – wie den mongolischen Noyan – mit der abendländischen »Exzellenz« vergleichen, vielleicht aber auch mit der abendländischen »Hoheit« als Anrede für ein nichtregierendes Mitglied der Herrscherfamilie.

Es sei gestattet, hier zu bemerken, daß die zu Orkhans Zeiten eingeführten Titel ebenso wie die von ihm begründeten Organisationsformen faktisch unverändert blieben über den gesamten Untersuchungszeitraum, auch wenn manche einem Bedeutungswandel unterfielen. Wir wollen diesem Komplex unsere besondere Aufmerksamkeit zuwenden, geht es uns hier nach dem Konzept der Gesamtdarstellung doch darum, die Entstehung des grundsätzlichen Organisationssystems des Osmanischen Reiches und seine innere Entwicklung aufzuzeigen, dessen Bewährung im historischen Ablauf der Zeiten dann Gegenstand der späteren Bände dieser Trilogie sein wird. Im Wesir wie im Pascha begegnen uns erstmals Titel, die wir eindeutig dem Begriffe des osmanischen Großwürdenträgers assoziieren. Die Gewinnung hinreichend klarer Vorstellungen soll durch das folgende Unterkapitel erleichtert werden.

Wesir und Pascha

Wesir:	Pascha:
Ursprünglich Funktionsbezeichnung für den	Ursprünglich funktionsabgelöste Bezeichnung, die
– ersten Ratgeber des Sultans und	– entweder für Mitglieder der re-

- Vorsteher des Sultanshofes, der zunächst mit den zentralen Verwaltungsstellen, der »Regierung«, identisch war.

Nach Trennung von Hofstaat und Staatsverwaltung wird der Wesir als Großwesir an die Spitze der Staatsverwaltung gestellt und ihm gleichzeitig das Amt des Vorsitzenden im institutionalisierten Staatsrat → Diwan übertragen, dessen Mitglieder den Titel Wesir erhalten.

Der Wesir ist also Mitglied des Diwans, nicht aber Inhaber eines Amtes in der Zentrale der Reichsverwaltung, der Regierung: Er kann ebensogut Regierungsmitglied sein wie in anderer Verwendung tätig, also etwa Provinzstatthalter.

Die in der Literatur ziemlich verbreitete Meinung, der Wesir sei dem Minister vergleichbar, ist irrig, sofern man unter Minister korrekt den verantwortlichen Leiter eines Regierungsressorts verstehen will.

Der Wesir nahm in der Reichshierarchie ohne Rücksicht auf seine Dienstverwendung einen besonderen Rang ein und führte als Feldzeichen drei Roßschweife. Die Ernennung war lebenslänglich, wogegen die Dienstposten in der Hierarchie meist schon nach wenigen Jahren neu besetzt wurden, so daß eine ständige Rotation der Großwürdenträger für das System kennzeichnend war. Es ist möglich, daß eben deswegen das Wesirat von einer besonderen Amtsinhabung abgelöst war: Die Wesire sollten tunlich konstant bleiben und schon bei Ernennung möglichst umfassende Kenntnisse in allen Sparten staatlicher Tätigkeit aufweisen.

gierenden Familie
- oder als Belohnung für besondere Verdienste verwendet wurde, wobei eine eindeutige Klarstellung nicht erfolgen kann.

Nach Einführung der Provinzialverwaltung wird Pascha zum üblichen Titel des Provinzstatthalters, dessen Funktionsbezeichnung Beglerbegi → Herr der Herren, ist. Die Provinzen werden Wilajets genannt, doch wird mit Rücksicht auf die Titelführung die Bezeichnung Paschalik üblich. Die Fixierung des Paschatitels auf den Beglerbegi ist entweder von Anfang an nicht beabsichtigt oder bald gelöst worden; einmal wird der Titel nach Beendigung der Dienstverwendung als Beglerbegi weitergeführt, und dann werden andere Dienstposten in der Reichshierarchie dadurch dem Beglerbegi gleichwertig gemacht, daß mit ihrer Inhabung die Titelführung verbunden wurde.

Die Wilajets waren an sich gleichrangig; sie wurden entweder nach der Provinzhauptstadt oder nach historischen Bezeichnungen genannt, was insbesonders für die Wilajets
- Anatolien und
- Rumelien
zutrifft, die für die beiden Reichshälften namengebend waren. Die Beglerbegis von Anatolien und Rumelien waren den anderen Statthaltern der asiatischen und europäischen Provinzen nicht vorgesetzt, hatten aber doch einen Ehrenvorrang, den wir den des primus inter pares benennen können. Sie führten, auch wenn sie nicht Wesire waren, drei Roßschweife, die Paschas der anderen Provinzen aber nur zwei.

Beide Titel standen in ursächlichem Zusammenhang mit der Nachfolge Orkhans und wurden zuerst auf seinen Bruder bezogen; trotz der aufgezeigten Änderungen in den mit der Titelführung verbundenen Tätigkeiten und dem Herkommen der Personen, denen der Titel zufiel, erhielt sich selbst über Sultan Mechmeds II. große Reichsreform hinaus eine quasi-verwandtschaftliche Beziehung zwischen dem Sultan und seinen Großwürdenträgern, auch als diese ausschließlich aus dem Sklavenstand genommen wurden: Jeder Wesir und jeder Pascha fühlte sich als eine Art rangminderer Bruder des Großherrn und war es in vielerlei Beziehung auch. Es ist diese emotionelle Bindung, dieses aus der Rechtsstellung erwachsende Gefühl der Zusammengehörigkeit eine der entscheidenden Wurzeln der großartigen Loyalität, die das System über Jahrhunderte bewahrte. Und bei allen Streitigkeiten um Thron und Macht, die sich später ergeben haben und die zum Teil mit äußerster Brutalität geführt wurden, war es immer ein Kampf innerhalb der Familie Osmans: An ihre Enthebung hat nie jemand gedacht, auch wenn die Ansichten darüber, welcher leibliche Nachkomme der geeignetste Sultan wäre, divergierten und die Streitigkeiten zuletzt unter Einsatz von Waffengewalt entschieden wurden. Immer aber scharten sich die minderen, nicht »erbwürdigen Brüder« um einen »großen Bruder«, einen leiblichen Nachfahren des Reichsgründers. Und diese quasi-verwandtschaftliche Solidarität sicherte den legistisch in keiner Weise abgeschirmten Herrschaftsanspruch der Familie Osmans für mehr als ein halbes Jahrtausend.

2. Kapitel: Die Seßhaftwerdung

Es waren, als Sultan Orkhan seinem Vater nachfolgte, nicht ganz hundert Jahre seit jenem Zeitpunkt verstrichen, in welchem die damals noch ertogrulschen Turkmenen nach Anatolien gelangt waren; nicht ganz hundert Jahre, in denen ihre Geschichte höchst zufriedenstellend verlaufen war. Ihre Lage hatte sich stabilisiert, ihre Herden hatten sich vermehrt, ihre Zeltdörfer waren von keinem Feinde verwüstet worden, ihre Krieger hatten weite Landstriche ausgeplündert und zuletzt in Besitz genommen, ihr Stamm war zum Teilhaber eines für und durch ihn gegründeten Reiches geworden, das nun schon beinahe ganz Anatolien umfaßte. Sie waren – zunächst einmal – wohlhabend geworden. Wohlhabend sein bedeutete für sie viel Vieh zu haben, ihre Zelte prächtig auszustatten, gute Waffen zu führen und ihre Frauen ordentlich herauszuputzen.

Ihre Frauen: Sie waren fromme Moslems oder hielten sich zumindest dafür, sie waren kühne Steppenreiter und stolz auf ihre Männlichkeit, und der allmächtige Gott, von dem die Masse von ihnen kaum mehr als sehr nebulose Vorstellungen hatte, wenngleich sie sich zu seiner Ehre fünfmal täglich in den Staub warf, hatte doch – und das wußten sie ganz bestimmt – in seiner Weisheit und Güte verfügt, daß jeder gläubige Anhänger des Propheten vier Frauen haben dürfe. Er mußte allerdings rein ökonomisch in der Lage sein, sie sich leisten zu können – nun, und das waren sie ja jetzt, denn sie waren, wie gesagt, wohlhabend. Und die Ausschöpfung des erlaubten »Frauenkontingents« wurde, auch oder vielleicht gerade weil ihre Vorfahren bei den früheren, kargen Verhältnissen überwiegend monogam gelebt hatten und eine zweite Frau, die dieser oder jener aufzubringen vermochte, als Inbegriff des luxuriösen Lebens galt, zum Statussymbol des sowohl hinsichtlich der Männlichkeit als hinsichtlich der wirtschaftlichen Leistungsfähigkeit »normalen« turkmenischen Kriegers. Und wenn auch vielleicht ein einzelner wegen einer starken emotionellen Bindung an eine Frau oder wegen nur schwach entwickelten sexuellen Begehrens – beides ist an sich derart typisch menschlich, daß es beides mit Bestimmtheit auch unter den turkmenischen Nomaden jener Zeit gegeben hat – wenig Freude an polygamer Betätigung hatte, so sorgte doch die Familie dafür, daß er das Familienprestige wahrte, seine vier Frauen hatte und eifrig beschlief, denn die Kinder von heute waren die Krieger von morgen, und die Zahl der Krieger bestimmte damals noch unmittelbar den politischen Einfluß der Großfamilie in der Gesellschaft.

Selbst wenn wir
- das durchschnittliche Heiratsalter des Jungkriegers mit zwanzig Jahren relativ hoch ansetzen wollen und
- eine hohe Kindersterblichkeit annehmen müssen, die bis zu zwei Drittel der jährlichen Geburten verschlang,

müssen wir folgern, daß sich die Bevölkerung von Jahrzehnt zu Jahrzehnt ungefähr verzehnfachte.

Statistiken gibt es selbstverständlich nicht, und wer ohne umfassendes, repräsentatives Zahlenmaterial die Bevölkerungszunahme nicht glauben will, dem ist schwer zu helfen. Vielleicht aber erscheint ihm glaubhaft, daß sich die Lebensführung und die Wunschvorstellungen zur Verbesserung der Lebensführung bei nomadischen Wanderhirten nur wenig unterscheiden; man darf daher annehmen, daß die Turkmenen in Anatolien in etwa dasselbe Leben lebten, dieselben Hoffnungen hegten und dieselben Träume träumten wie Abraham und die Seinen Jahrtausende davor – Jahrtausende, in welchen sich die essentiellen Lebensbedingungen für wandernde Viehzüchter nicht verändert hatten. Als Gott der Herr dem Abraham verhieß, daß seine Nachkommen ein mächtiges Volk werden würden, da erschien es diesem zwar unwahrscheinlich, elektrisierte ihn aber andererseits geradezu, denn eben diese Verkündigung stieß mitten hinein ins Zentrum seiner psychischen Persönlichkeit, das die Wünsche und Ängste, die Hoffnungen und Träume – unausgesprochen diese wie jene – des Menschen erfüllen. Es ist höchstwahrscheinlich falsch, zu glauben, Abraham sei mit seinem Wunsch nach möglichst zahlreicher Nachkommenschaft ein Unikat gewesen, und es ist höchstwahrscheinlich richtig, anzunehmen, daß dieser Wunsch unter nomadischen Familienoberhäuptern weit verbreitet war. Legt man diesen Wunsch der sozialen Effektivität der osmanischen Turkmenen zugrunde und hält man sich dabei vor Augen, daß die ökonomischen Voraussetzungen zur Inangriffnahme der Realisierung eben dieses Wunsches vorhanden waren, so ist an der Tatsache, daß die turkmenische Bevölkerung nicht nur anwuchs, sondern in der Tat förmlich explodierte, überhaupt nicht zu zweifeln.

Was die Freude der Familienoberhäupter war, deren Familien zu mächtigen Sippenverbänden geworden, die sehr erheblich zahlenstärker waren als der ganze Stamm bei seinem Eintreffen in Anatolien gewesen ist, das wurde für den Staat zum existenzbedrohenden Problem, das einer dringlichen Lösung bedurfte, sollte die Bevölkerungsexplosion des turkmenischen Bevölkerungselementes nicht zur Zertrümmerung der übergeordneten Integration führen. Ökonomische Gründe standen im Zentrum des Geschehens, denn wenngleich die grundsätzliche Zerlegung des Gesamtterritoriums in den Lebensraum der seßhaften, nichtmoslemischen Bevölkerung und den der nomadisierenden Moslems nach wie vor bestand, so wurde doch das zunächst geradezu unerschöpflich erscheinende Steppenland, der Lebensraum der Wanderhirten, knapp. Man muß hier sehr wohl bedenken, daß nicht nur die Zahl der Menschen, die als Viehzüchter Anatolien durchzogen, rasant, ja geradezu explosionsartig zugenommen hatte, sondern auch der Viehbestand, und daß es im Verhältnis zur Masse der zu versorgenden Herden vor allem in den jährlichen Trockenmonaten der sonnendurchglühten Sommer verzweifelt wenig Wasserstellen oder durchgehend wasserführende Flüsse oder Bäche und nutzbare Weideflächen gegeben hat. Die Vergrößerung der Weidegebiete durch die

Erweiterung des Territoriums erbrachte zwar Zugänge, doch waren diese keineswegs ausreichend, um das benötigte Äquivalent für die wachsenden Zahlen von Tieren und Menschen zu bilden.

Es gab, um die kritische Entwicklung vor dem drohenden Eintritt der Katastrophe des Kampfes der Sippenverbände um Wasser und Weiden aufzufangen, nur eine realistische Möglichkeit: Die extensive Nutzung des Landes durch die Viehzucht mußte durch die intensivere Bewirtschaftung aller hierfür geeigneten oder geeignet zu machenden Grundflächen durch Ackerbau ersetzt werden. Das bedeutete Seßhaftmachung des wandergewohnten Volkes, das bedeutete gewaltige kollektive Anstrengungen, um die Voraussetzungen für Ansiedlung und Pflanzenbau zu schaffen, und das bedeutete vor allem den Willen wenn schon nicht aller, so doch der Masse der Turkmenen, aus dem Lebensstil der Vorfahren in jenen der als unkriegerisch, unmännlich und verweichlicht geltenden christlichen Bauern überzuwechseln. Nach den bisher gültigen Wertvorstellungen war dieser Übertritt mit einem gewaltigen Ansehensverlust verbunden; es wäre ein Irrtum zu meinen, die turkmenischen Aversionen, die es zu überwinden galt, seien aus dem Vergleich des persönlichen Energieaufwandes im Arbeitsprozeß entstanden, denn das Leben des Wanderhirten ist ebenso mühsam, hart und schweißtreibend wie das des Bauern –, aber der Bauer ist raumfixiert und damit anscheinend unfreier als der »ungebundene« Nomade, der aber in Wahrheit ebenso an Weideflächen und Wasserstellen gebunden ist und nur sozusagen an der längeren, und zwar erheblich längeren Leine läuft. Den Moslem nun an die Scholle und ihre fortdauernde Nutzung zu binden, ohne ihn dem demoralisierenden Gefühl zu überantworten, daß mit dieser Veränderung seiner äußeren Lebensbedingungen eine Rangverminderung oder ein Verlust an substantieller Wesensqualität verbunden sei, war das schlechthin entscheidende Problem, das zu lösen wohl nur unter Anwendung sehr subtiler Manipulationsmethoden möglich war.

Einen entscheidenden Beitrag zur Problemlösung leistete zweifellos der Umstand, daß den ökonomischen Gründen für die Notwendigkeit, aus schweifenden Nomaden ortsansässige Bauern zu machen, wehrpolitische Überlegungen zur Seite standen. Der Nomade lebt notwendig großräumig, für unser Vorstellungsvermögen sozusagen in unermessenen Weiten, und die einzelnen Gruppen, in die beim Stand der Dinge die Großfamilien zerlegt werden mußten, verloren sich förmlich in der Unendlichkeit der Steppe und der Unübersichtlichkeit der zerklüfteten Gebirge. Es gab zwar ein jährliches Weidesystem, an das sich die Gruppen hielten, aber das war kein exakter Weg-Zeitplan, sondern ein von einer Vielzahl von Zufälligkeiten abhängiges Raumnutzungsschema, das vor allem in temporärer Hinsicht nur sehr ungefähr eingehalten werden konnte. Das machte die Alarmierung der Stammeskrieger im Übermaß zeitaufwendig und schwierig, und bei überraschendem Beginn kombattanter Aktivitäten war es kaum möglich, rechtzeitig auf die Masse der Milizen zurückzugreifen, sie – um das heute übliche Wort zu verwenden – zu mobilisieren.

Wollte man den hohen Stand an militärischer Leistungsfähigkeit, der durch die Verbindung des Berufsheeres der Militärsklaven und des Milizheeres der Stammeskrieger erreicht worden war, beibehalten, war es notwendig, die jederzeitige Verfügbarkeit der Milizen – der kombattanten Reserven – zu sichern. Die
– lokale Fixierung und
– relative Konzentration
der Bevölkerung in reduzierten Wirtschaftsräumen boten sich als optimale Lösung an; das nomadische Leben mit ausschließlicher Viehhaltung wurde durch das Leben in ortsfesten Siedlungen mit einer aus Pflanzenbau und Viehzucht kombinierten Landwirtschaft ersetzt. Diese Art der Ansiedlung erbrachte den ursprünglich vielleicht gar nicht beabsichtigten, späterhin aber unerhört bedeutsamen Effekt einer konzipierbaren Verteilung der kombattanten Kräfte über bestimmte Regionen: Gefährdete Grenzgebiete wurden dichter besiedelt und damit in stärkerer permanenter Abwehrbereitschaft gehalten als sichere Gebiete im Inneren des Reiches, so daß derselbe Erfolg erzielt wurde, den
– die deutschen Könige durch Begründung von Marken,
– die ungarischen Könige durch Errichtung von Banaten
erreichten.

Dem landwirtschaftlichen Siedlungsprogramm kam der Verfall der Agronomie in den neugewonnenen Gebieten erheblich entgegen; ein solcher ist die notwendige Folge der fortgesetzten kombattanten Ereignisse, die sich spätestens ab dem ersten Kreuzzug in Anatolien abgespielt und zu einer Entvölkerung vor allem des offenen Landes geführt hatten, so daß erheblich mehr an für Pflanzenbau geeigneten Grundflächen vorhanden waren, als in der Tat bewirtschaftet worden sind. Zu diesen sozusagen primären Bodenreserven kamen die sekundären, die pflanzenbautauglich gemacht werden konnten, indem man ehemals bestandene, nun aber verfallene Bewässerungsanlagen reaktivierte und zuletzt die tertiären, für die solche Anlagen erstmals geschaffen wurden.

Nun mußten zumindest für die bisher als Weiden genutzten Grundflächen die Nutzungsrechte der Großfamilien aufgehoben werden: Die Großfamilie verlor im Zusammenhang damit ihre Bedeutung als ökonomisches Kollektiv. Diese sehr tiefgreifende Reform der grundlegenden Sozialstruktur war wohl nur durch rigorose Erzwingung der Anerkennung des Verfügungsrechtes des Sultans möglich und steht damit im unlösbaren Zusammenhalt mit der Durchsetzung des islamischen Rechtes, das ein Eigentum an Grund und Boden im Sinne des römischen dominiums nicht kannte, sondern nur das Kollektiveigentum der »rechtgeleiteten Gemeinschaft«, für die der Kalif handlungsbefugt war. Der Kalif übertrug eigentumsähnliche Besitz- und Nutzungsrechte an einzelne Moslems, und wir haben der entsprechenden Institutionen an geeigneter Stelle im Zusammenhang mit der sozialen Entwicklung im omaijadischen System gedacht; dieselbe juristische Grundkonstruktion wird hier wirksam, nur tritt der Sultan an die Stelle des Kalifen – und die Übertragung der Nutzungsrechte erfolgt, wie wir sogleich sehen werden, in einer dem abendländischen Lehenswesen entscheidend angenäherten Form. Während nämlich der Nutzungsberechtigte des arabischen Systems festgesetzte Abgaben zu entrichten hatte, ihn aber aus der Nutzung keinerlei öffentlich-rechtliche Pflichten trafen, wurde der Nutzungsberechtigte des von Orkhan eingeführten Bodenbewirtschaftungssystems mit der genau umrissenen Verpflichtung zur Leistung von Waffendiensten belastet, was die Institution sehr lehensähnlich machte und die Verwendung aus dem Lehensrecht übernommener Begriffe rechtfertigt. Eben dadurch aber wurde der Seßhaftmachung das Odium der Verweichlichung, der Entmännlichung, der kombattanten Leistungsunfähigkeit entzogen: Der Siedler war der Krieger des Großherrn, der zum Unterschied vom Militärsklaven ein freier Mann war. Aus dieser Freiheit ergab sich seine Selbsterhaltungsfähigkeit, deren Basis das Land war, das ihm der Sultan zur Nutzung übertragen hatte.

Es spricht viel dafür, daß von allem Anfang an zwischen
- Kleinlehen → Timar und
- Großlehen → Siamet
unterschieden wurde; das Kleinlehen war, um es an uns geläufigen Begriffen zu verdeutlichen, der Bauernhof, das Siamet der Gutshof. Anzunehmen ist, daß die Siamets an die Familienoberhäupter verliehen wurden, deren vormals entscheidende Bedeutung
- durch Auflösung der Großfamilie als soziales und ökonomisches Kollektiv und
- durch das Hand in Hand mit der Ansiedlung installierte großherrliche Ämterwesen, über das wir noch eingehend zu sprechen haben,
aufgehoben worden ist, auch wenn sie eine gewisse moralische Autorität noch für eine längere Zeitspanne bewahren konnten. So ergab sich, in unser wieder einmal unzulängliches Vokabular übertragen, die Ausbildung einer zahlenmäßig nicht allzu bedeutenden Gruppe von »Landadeligen«, deren Vermögensverhältnisse sie eben soweit von der Masse der Bauern unterschied, daß ihre Mitglieder leben konnten, ohne durch Handarbeit bei Bewirtschaftung ihrer Gutsbetriebe mitzuwirken. Das versetzte den Inhaber eines Siamets, der Za'im genannt wurde, in die Lage, seinen mindest temporären Wohnsitz in Brussa, der neuen Residenz des Sultans, zu nehmen, so daß sich etwas wie eine höfische Gesellschaft bildete, aus der für etliche Generationen überwiegend die Würdenträger der Reichshierarchie genommen wurden. Eine geschlossene Klasse stellten die Landadeligen nicht dar, und sie hatten auf die Verwendung in der Hoheitsverwaltung keinerlei Anspruch; die Üblichkeit ihrer Verwendung fand um die Mitte des fünfzehnten Jahrhunderts mit der Reichsreform Sultan Mechmeds II. ihr Ende, der die Ämterlaufbahn den Absolventen der Palastakademie, Enderun → die »Strenge Schule«, vorbehielt und in diese nur Sklaven aufnahm. Als zweihundert Jahre danach Großwesir Mechmed Pascha Köprülü wiederum freie Moslems in nennenswerter Zahl in die Reichshierarchie schleuste, war die Rekrutierungsbasis nicht mehr der Landadel, sondern

der Stand der Gelehrten; beide Reformen werden uns noch eingehend – die Sultan Mechmeds im zweiten, die Mechmed Paschas im dritten Band der Trilogie – beschäftigen.

Der Stand der Landadeligen blieb für den Untersuchungszeitraum bestehen, war aber nicht auf den ursprünglich bedachten Personenkreis beschränkt; Großlehen wurden immer wieder an besonders verdiente Persönlichkeiten vergeben, die jedoch turkmenischer oder mindest moslemischer Abstammung sein mußten und nach Sultan Mechmed jedenfalls nicht Angehörige der Reichshierarchie sein durften. Die Pflicht zur Leistung von Waffendiensten traf den Za'im wie den Timarioten, wobei nicht ganz klar ist, ob die Zahl der Waffenknechte proportional anstieg, oder beim Za'im in jedem Einzelfall gesondert festgelegt wurde. Interessant ist, daß die Inhaber großer Siamets durch die Verpflichtung zur Stellung einer Anzahl von Waffenknechten zumindest im Kriegsfall über kleine »Privatarmeen« in der Stärke von maximal allerdings nur zwei oder drei Schützengruppen moderner Heeresgliederungen verfügten, die von ganz ähnlicher Bedeutung waren wie die Gefolgschaften germanischer Adalinge.

Die Abgrenzung zwischen Siamet und Timar war die im Schätzweg ermittelte Ertragsfähigkeit des Lehens, wobei in der Blütezeit des Reiches der Grenzwert 20 000 Aspern[1] betrug. Zum Unterschied vom abendländischen Lehenswesen war ein Stufenbau innerhalb des Systems mit Über- und Unterordnung der Belehnten nicht gegeben: Der Za'im bewirtschaftete seinen Gutshof, ohne ein Recht auf irgendwelche Dienstleistungen von den Timarioten, die ihre Lehen wie er vom Sultan erhalten hatten, zu haben. Die Belehnten waren völlig abgaben- und steuerfrei, ihre Dienstleistungen gegenüber dem Großherrn waren auf den Waffendienst beschränkt und genau geregelt.

Beim Inhaber eines Bauerngutes wurde darauf Rücksicht genommen, daß er seinen Hof grundsätzlich selbst bewirtschaftete und dafür vor allem Zeit benötigte, so daß das Jahr in das Halbjahr
– des Krieges und
– der Arbeit
geteilt wurde. Die »Teiler-Tage« waren kalendarisch festgelegt: Der Hizirtag, der nach unserem Kalender in die erste Maihälfte fällt, markierte den Beginn des Halbjahres des Krieges, der Kasimstag Anfang November beendete es. Das entsprach durchaus den Bedürfnissen der Landwirtschaft in Anatolien oder dem Nahen Osten überhaupt: Der Winter mit den großteils ausreichenden Niederschlagsmengen ist der für die Vegetation entscheidende Zeitraum, die Zeit der Sommerdürre ist die Zeit reduzierter Tätigkeit, wie etwa bei uns der Winter des traditionellen bäuerlichen Arbeitsjahres.

Von Hirzirtag bis Kasimstag war der Timariote Krieger des Großherrn, vom Kasimstag bis Hizirtag Bauer. Seine »Dienstfreistellung« im Halbjahr der Arbeit erlosch, wenn kombattante Aktionen innerhalb der Reichsgrenzen durchgeführt werden mußten, und zwar sowohl im Falle
– einer feindlichen Invasion als

– eines Aufstandes, zu dessen Niederwerfung das Stehende Heer nicht ausreichte.

Darüber hinaus hatten die Timarioten auch in Friedenszeiten bestimmte Aufgaben zu erfüllen, die für unsere Vorstellungen polizeiähnlichen Charakter hatten. Zu nennen ist hier besonders die Stellung des Geleits für Staatskarawanen aller Art, als Schutzgeleit in unsicheren Zeiten oder Räumen, als Ehrengeleit bei bedeutenden Persönlichkeiten, vor allem ausländischen Gesandtschaften, denen die Macht des Osmanenreichs eindringlich vor Augen geführt werden sollte.

Je nach – wiederum geschätzter – Ertragsfähigkeit des Lehens hatte der Timariote allein oder in Begleitung zum Waffendienst, der der gelegentlichen landpolizeiähnlichen Funktion wegen nicht als Wehrdienst bezeichnet wird, zu erscheinen. Folgende Staffelung ist rekonstruierbar:

Jahresertrag		bis	4 999 Aspern	allein
Jahresertrag	5 000	bis	9 999 Aspern	ein Waffenknecht
Jahresertrag	10 000	bis	14 999 Aspern	zwei Waffenknechte
Jahresertrag	15 000	bis	19 999 Aspern	drei Waffenknechte.

Der Waffendienst war
– beritten und
– auf eigene Kosten
zu leisten; in seiner militärischen Funktion hieß der Lehensinhaber Sipah → Reiter, bei uns wird er mäßig verstümmelt meist als Spahi bezeichnet. Die Waffenknechte wurden Tschebelli genannt; daß sie ständige Hausgenossen des Belehnten waren, ihm also bei Bewirtschaftung des Lehens beistanden, war nicht erforderlich, so daß sie auch für den konkreten Waffendienst angeworben sein konnten. Der Tschebelli oder seine unterhaltsberechtigten Angehörigen hatten gegen den Großherrn keinerlei Ansprüche, sondern nur gegen den Sipah, für den er ins Feld zog. Die Formulierung »für den er ins Feld zog« soll nicht zu dem Schluß verleiten, daß sich der Sipah durch Stellung eines Ersatzmannes hätte der Waffendienstleistung entziehen können: Er war in jedem Fall zur persönlichen Dienstleistung verpflichtet, und zwar ohne Rücksicht auf Alter oder Gesundheitszustand. Selbst Wickelkinder, an die im Erbwege Lehen gefallen waren, mußten mit ins Feld; es gab dafür eigens gefertigte Kinderkörbe, die besonders vertrauenswürdigen Tschebellis an den Sattel geschnallt wurden. Die Lehen waren – wie sich aus der Kinderdienstpflicht ergibt – in männlicher Linie vererblich, durften aber nicht veräußert und auch nicht belastet werden. Mehrere Timars konnten zu einem Siamet vereinigt werden, doch war die Teilung eines Siamets in mehrere Timars und selbstverständlich die eines großen Timars in mehrere kleine unzulässig.

Die Lehensreiterei wurde nach Einführung der Provinzialverwaltung provinzweise gegliedert; die persönliche Freiheit der Lehensleute wurde dadurch unübersehbar gemacht, daß ihnen das Recht zustand, ihren Reiteroberst, den

Alaybeg, selbst zu wählen, genau wie ihre Vorfahren den Stammesführer selbst gewählt haben. Er hatte – auch und vor allem – gegenüber dem Provinzstatthalter weitgehende Selbständigkeit, denn er war nicht sein Untergebener, wenngleich er von ihm in genau umrissenen Belangen Weisungen entgegenzunehmen hatte. In der Durchführung ihm zugewiesener Aufgaben hatte er grundsätzliche freie Hand, und dem Beglerbegi fehlte insbesondere das Recht, der Lehensreiterei seiner Provinz oder auch nur Teilen dieser unmittelbar Befehle zu erteilen: Der Alaybeg mußte als Bindeglied zwischengeschaltet werden.

Das System der berittenen bäuerlichen Miliz bewährte sich zunächst einmal großartig; es war für viele Generationen das schlechthin entscheidende militärische Instrument, das die gewaltige Expansion des Osmanischen Reiches ermöglichte. Kernpunkt war der dem Lehensreiter zugemutete »Waffendienst auf eigene Kosten«; das bedeutete, daß der Lehensmann Waffen, Feldausstattung und Pferde für sich und seine Gefolgsleute zu besorgen und für die Verpflegung während des Einsatzes aufzukommen hatte. Das machte sowohl
– Kriegführung als
– Aufrechterhaltung der Ordnung im Inneren
für den Großherrn enorm billig; die Erlassung des Lehensaufgebotes brachte in der Blütezeit des Reiches etwa 120 000 Mann in den Sattel, ohne daß es die Hohe Pforte auch nur einen einzigen Groschen gekostet hätte. Die außerordentliche Zahlenstärke der ins Feld geführten Kavallerieverbände war bis ins siebzehnte Jahrhundert die Grundlage der militärischen Erfolge des Reiches: Keine der kontrahierenden europäischen Mächte konnte auch nur den vierten Teil der angegebenen Reitermassen in Bewegung setzen, und die Differenz der Kopfzahlen war für Jahrhunderte wesenhaft identisch mit der Differenz an aktualisierter kombattanter Energie.

Nun war aber die Billigkeit des Systems in Wahrheit keine echte Kostenersparnis, sondern nur eine Überwälzung der Kosten von der Staatskasse auf das Kollektiv der Lehensreiterei, dessen Mitglieder nicht nur das militärische »Kapital« in Form von Waffen, Feldausstattung und Pferden aufzubringen hatten, sondern auch die »laufenden Kosten« für Einsatzdauer zu tragen. Der individuelle Kapitaleinsatz brachte für den einzelnen eine höchst ökonomische Komponente ins Spiel: Er hatte in den von ihm geforderten Waffendienst seiner wirtschaftlichen Leistungsfähigkeit entsprechende Investitionen zu tätigen, und er hatte demgemäß ein elementares kapitalistisches Interesse daran, daß diese wirtschaftliche Erfolge brachten. Nach der wirtschaftlichen Ertragsfähigkeit waren die Waffendienstleistungen überschlagsweise in drei Gruppen einzuteilen, und zwar
– notwendig defizitäre,
– möglicherweise kostendeckende und
– möglicherweise gewinnbringende,
und das emotionelle Engagement nicht nur des Individuums, sondern des ganzen aufgebotenen Kollektivs – das ja auch nur aus der Lehensreiterei einer

oder einiger Provinzen bestehen konnte – richtete sich ziemlich genau nach der Gewinnmöglichkeit.

Notwendig defizitär waren die polizeiähnlichen Einsätze wie die Leistung des Geleitschutzes; sie waren anfänglich selten, nahmen aber ab der zweiten Hälfte des sechzehnten Jahrhunderts, als die innere Sicherheit durch Räuberbanden temporär ernsthaft gefährdet wurde, zu und trugen erheblich zur Unterhöhlung der wirtschaftlichen Lage der Lehensreiterei ganzer Provinzen bei.

Möglicherweise kostendeckend waren die militärischen Einsätze gegen Aufstandsbewegungen, die ebenfalls etwa um diese Zeit merkbar in Erscheinung traten. Gegenüber den Rebellen galt das Kriegsrecht mit Plünderungserlaubnis; die Gewinnchancen waren allerdings dürftig, da die Wohlstandsbürger auch des Osmanischen Reiches nicht zu Revolutionen neigten und bei den leicht erregbaren ärmeren Schichten kaum etwas zu holen war; immerhin aber darf angenommen werden, daß zumindest die Verpflegung für Mann und Roß meistens hereingebracht werden konnte. Ähnlich war die Lage bei Defensivkriegen, die innerhalb der Reichsgrenzen geführt wurden: Hier mußte die Verpflegung von der Bevölkerung des bedrohten Raumes gekauft werden, doch blieb die Hoffnung auf Schadloshaltung beim Gegner, falls dieser vernichtet wurde.

Gewinnversprechend waren Offensivkriege, die in reiche Gegenden geführt wurden, und in der Tat konnten sich aus den Beuteanteilen sogar beträchtliche Überschüsse ergeben – aus manchen Feldzügen brachten Lehensreiter mehr an Gewinnen heim, als sie zu Hause in Jahrzehnten erwirtschaftet hätten. Das hatte zur Folge, daß die militärische und politische Zielsetzung kombattanter Aktivitäten zunehmend von ökonomischen Wunschvorstellungen überwuchert wurde: Die Gesamtheit der Beute wurde zum Wertmesser des Erfolges, und der große Kriegsherr war derjenige, der seine Mannen nach Operationsende mit vollbepackten Lasttieren heimsenden konnte[2]. Mit der Zeit ergab sich daraus ein höchst eigenartiger Sachzwang, der die Politik des Osmanischen Reiches entscheidend beeinflußte.

Das Milizsystem war für die Verhältnisse der Regierungszeit Orkhans maßgeschneidert; seine Bonität hing von einer Reihe von Faktoren ab, deren Änderung seine Zweckmäßigkeit energisch in Frage stellen mußte. Der detaillierteren Darstellung im chronologischen Geschehensablauf vorwegnehmend seien hier die wesentlichen Schwachstellen kurz aufgezeigt:

1. Die systemimmanente Koppelung individualökonomischer Interessen mit den Kriegszielen, die rasch einen bestimmenden Einfluß auf die Reichspolitik gewann und die Reichsspitze unter Erfolgszwang setzte.
2. Die geringe wirtschaftliche Kapazität der Masse der Lehensreiter, die für die traditionelle Waffenbeschaffung knapp ausreichte, sie aber außer Lage versetzte, die entscheidenden technischen Neuerungen nach Einführung der Feuerwaffen, die im abendländischen Kriegswesen ab dem sechzehnten Jahrhundert immer größere Bedeutung erlangten, zu übernehmen.

3. Die durch die Jahresteilung erzwungene Reduktion der für die Führung von Offensivkriegen zur Verfügung stehenden Zeitspanne, die mit zunehmender Ausdehnung des Reiches und mit durch die Überhandnahme schweren Kriegsgeräts entscheidend verringerten Tagesmarschleistungen zu immer empfindlicherer Belastung der Kriegführung wurde.

Für die Zeit, in der das Lehenswesen geschaffen wurde, war es eine sicherlich geniale Lösung, denn
- der Bevölkerungsüberschuß wurde in ökonomisch wie militärisch optimaler Weise genutzt,
- der Einfluß der Familienoberhäupter wurde durch Auflösung der Großfamilien auf ein unbedenkliches Maß reduziert und
- die Interessenlage der Belehnten in die politischen Intentionen der Staatsführung höchst wirksam eingefügt, so daß die Masse der Turkmenen dem Schicksal des Reiches emotionell elementar verhaftet blieb.

Durch das Lehenswesen wurde – und das ist die vielleicht bedeutendste Leistung Orkhans – der turkmenische Nomade zum türkischen Bauern. Und das blieb er bis auf den heutigen Tag.

256

3. Kapitel: Die Neue Truppe

Beim Tode Sultan Osmans waren, auch wenn es laufend Neuzugänge aus Kriegsgefangenen gegeben hat, die Stände seines Militärsklavenkorps überaltert, und Sultan Orkhan entschloß sich, es en bloc durch eine ähnliche Institution zu ersetzen, die ihm persönlich in derselben Weise verbunden sein sollte wie die sozusagen »alte Garde« seinem Vater. Diese neue Truppe, die man ganz einfach die Neue Truppe → Yeni tscheri nannte, sollte aus jungen Kriegsgefangenen, als welche auch Kleinkinder männlichen Geschlechts zählten, rekrutiert werden. Es ist fraglich, ob schon im ursprünglichen Konzept auch die zweite Rekrutierungsart vorgesehen war, die aber jedenfalls bald verwirklicht wurde: Den Christengemeinden wurde die Pflicht auferlegt, in unregelmäßigen Abständen eine bestimmte Anzahl Knaben als Nachwuchs für die neue Truppe zu stellen. Die »Knabenlese«, von den schockierten Christen äußerst ungern gestellt und als »Blutzoll« verunglimpft, war
- der Beitrag des christlichen, später auch des jüdischen Bevölkerungselementes zum Kriegswesen des Reiches, und
- der einzige Fall zwangsweiser Bekehrung zum Islam, den es im Osmanischen Reich gab, denn die Knaben wurden im Islam erzogen.

Die religiöse Seite der Angelegenheit legte der Sultan in die Hände des frommen Moslems Hadschi Bektasch, des Gründers des nach ihm benannten Derwischordens der Bektaschi, in deren Klöstern der Janitscharennachwuchs erzogen wurde. Der Einfluß der Derwische endete nicht mit der Überstellung der Rekruten vom Kloster in die Kaserne, sondern setzte sich dort fort, und die Ordensmitglieder sind in ihrer Funktion in etwa den Politoffizieren der Heere unseres Jahrhunderts vergleichbar, die für die »Innere Führung«, die »politische Haltung« oder die »moralische Einsatzbereitschaft« der Truppen verantwortlich sind und deren bekanntester Vertreter der Kommissar der Roten Armee war. Die enge Verbindung zwischen dem Orden und der Truppe erhielt sich bis ins neunzehnte Jahrhundert; 1826 löste Sultan Mahmud II. beide auf und ließ mit der Ausrottung der Janitscharen auch zumindest die Ordensoberen der Bektaschi umbringen[3].

Die Überlieferung weiß sehr schön zu berichten, daß die Namensgebung durch Hadschi Bektasch erfolgte; als ihm die ersten Offiziere des neuen Berufsheeres vorgestellt wurden, soll er den Arm segnend auf den Kopf des Ranghöchsten gelegt und dabei gesprochen haben: »Euer Name sei die Neue Truppe, Euer Gesicht weiß und Euer Arm stets siegreich.« Davon stamme neben Truppenbezeichnung auch die weiße, herabhängende Mütze der Janitscharen, die Ketsche, her, die sozusagen die bleibende Erinnerung an den weiten weißen Ärmel der Derwischtracht sei. Bektasch soll bei dieser Gelegenheit auch die Sturmfahne der Janitscharen, die einen silbernen Halbmond auf blutrotem Grund zeigte, gestiftet haben. Selbst wenn sich dies vielleicht nicht alles so verhielt, wie es in der mündlichen Überlieferung fortlebte, so ist doch nicht daran zu zweifeln, daß die Gründung des Kriegerordens der Janitscharen vom Gründer des Derwischordens der Bektaschi entscheidend beeinflußt wurde: Der Volksmund nannte daher die Janitscharen poetisch die »Blumen aus dem Garten des Hadschi Bektasch«.

Erst nach Erlangung der Funktionsfähigkeit der Neuen Truppe wurde das alte Militärsklavenkorps abgedankt, wobei Orkhan – dem römischen Vorbilde folgend – dessen Angehörige in Veteranensiedlungen zusammenfaßte. Sie wurden aus der Sklaverei entlassen und ohne Rücksicht auf ihr ethnisches Herkommen den Turkmenen gleichgestellt, und auch diese Gleichstellung ist aus dem römischen Recht übernommen: Der freigelassene Sklave wurde römischer Vollbürger. Er blieb seinem früheren Herrn als dessen Freigelassener in einer sehr persönlichen Weise verbunden und konnte diesem auf Grund eines gesondert abgeschlossenen Vertrages zu besonderen Leistungen verpflichtet sein, doch war dies nur zivilrechtlich von Belang und änderte nichts an seinem Status als Bürger. Sultan Osmans Militärsklaven wurden zu Sultan Orkhans Freigelassenen und – ganz wie die vormaligen turkmenischen Nomaden – zu türkischen Bauern; sie erhielten Lehenshöfe wie jene und waren steuerfrei und dienstpflichtig wie jene, doch waren ihre Dienstleistungen von den Waffendiensten der Lehensreiter entscheidend abgehoben. Sie, die schon als Militärsklaven Fußsoldaten gewesen waren, dienten auch weiterhin als eine spezialisierte Sondertruppe zu Fuß, die
– den Bau von Brücken und Wegen,
– das Anlegen von Sperren und Feldbefestigungen und
– die Errichtung von Angriffsbauten gegen feindliche Festungen
zu besorgen hatte. In unsere militärische Vorstellungswelt übertragen waren sie Pioniere – und in der Tat leitet sich unsere Waffengattung, die erst im achtzehnten Jahrhundert aus der Zusammenfassung verschiedener noch spezialisierterer Kriegshandwerker wie der Sappeure, der Mineure, der Brückenbauzimmerleute und anderer entstanden ist und zuerst im kaiserlichen Heer in Erscheinung trat, von ihnen ab. Sogar verbal, denn diese Lehensmänner des Großherrn wurden Piyaden genannt, und aus der Verballhornung dieses Wortes wurde unser Pionier, der die ursprüngliche abendländische Bezeichnung Genietruppe verdrängte.

Piyadenlehen waren wie Reiterlehen vererblich; man ging von der Vorstellung aus, daß der Vater dem Sohn neben den zur Bewirtschaftung des Bauernhofs erforderlichen Fertigkeiten auch die für den Kriegsdienst notwendigen beibringen werde, denn es gab keine eigentliche militärische Ausbildung. Als der Fortschritt der Kriegstechnik auch und gerade das Pionierwesen im Abendland entscheidend zu verändern begann, geriet der stationäre Leistungsstand der Piyaden von Generation zu Generation immer stärker ins Hintertreffen, wodurch die Truppe ihre ursprüngliche Bedeutung verlor.

Die Zahl der Piyadenlehen war relativ gering; man darf sie auf etwas über eintausend, maximal bis gegen zweitausend schätzen. Da in der Blütezeit des Reiches diese Zahl nicht ausreichte, um den gesamten Bedarf an Pionierarbeit, die während eines Feldzuges anfiel, zu bewältigen, darf angenommen werden, daß die Arbeitskommandos der christlichen Bevölkerung, von denen später die Rede sein wird, dem Piyadenkorps mindest temporär unterstellt worden sind. Es darf weiter angenommen werden, daß die Piyaden auch im Halbjahr der Arbeit, das selbstverständlich auch für sie gültig war, gelegentlich zu Dienstleistungen herangezogen wurden, allerdings nicht zu polizeiähnlichem Einsatz wie die Lehensreiter, sondern als eine Art Technische Nothilfe im Falle von Katastrophen.

Die Janitscharen, die nun das neue Stehende Heer des Großherrn bildeten und seine – und das ist unbedingt zu beachten – Sklaven waren, bildeten ein ursprünglich etwa eintausend Mann starkes Korps, das verwaltungsmäßig weitgehend autonom war und dessen Mitglieder Anspruch auf
– Versorgung,
– Sold und
– Sonderzuwendungen in der Art einer Gefahrenzulage
hatten. Das Korps wurde als Verwaltungseinheit Orta genannt, und die Dienstgradbezeichnungen der Stabsoffiziere leiteten sich aus konkreten Wirkungskreisen in der Verwaltung ab, in deren Mittelpunkt das Küchenwesen stand. Die Orta bekam bestimmte Beträge für die Verpflegungsbeschaffung vom Sultanshof zugewiesen und hatte ein eigenes Kassenwesen, das vom Besoldungswesen separiert war.

Der Kommandant der Orta war der »Oberste Suppenmacher« → Dschorbadschibaschi, der als Zeichen seines Ranges eine mächtige Schöpfkelle in die Schärpe gesteckt trug. Sein Stellvertreter war der »Oberste Koch« → Adschibaschi, der nun in der Tat das Küchenwesen zu überwachen hatte, und dem der »Oberste Wasserträger« → Sakkabaschi, der für die Organisation der Küchenhilfsdienste verantwortlich war, zur Seite stand. Das Rechnungswesen beschäftigte den »Verwalter der Verpflegungskasse«, → Wekelichardsch, der auch für die Verpflegungsbeschaffung zuständig war.

Die Orta bestand aus mehreren taktischen Einheiten, die man – mit allergrößter Behutsamkeit – unseren Kompanien vergleichen kann. Die Einheit hatte drei Offiziere, und zwar
– den Aga als Kompaniechef,
– den Kethüda, seinen Stellvertreter, und
– den Odabaschi, den »Stubenherrn«, der für
☐ Instandhaltung und Sauberkeit der Unterkünfte und
☐ den gesamten Innendienst
verantwortlich war und in seiner Funktion unserem Dienstführenden Unteroffizier, dem sozusagen klassischen Spieß, entsprach.
Zwischen Unteroffizieren und Mannschaftdienstgraden (Chargen) wurde nicht weiter unterschieden, sie wurden in der Rangklasse der Chasseki zusam-

mengefaßt; der ranghöchste Unteroffizier der Einheit war der Chassekibaschi, eine Art Vizeleutnant oder Offizierstellvertreter, der die unmittelbare Dienstaufsicht über die Chassekis ausübte. In diese Rangklasse gehören auch die Träger der verschiedenen Sonderfunktionen, von denen besonders der
- Muhsir, wörtlich Gerichtsschreiber, als Schreibstubenunteroffizier, und der
- Dschewedschi, wörtlich Kameltreiber, als Nachschubunteroffizier zu nennen sind.

Die Janitscharen waren sozusagen halbuniformiert; sie waren verpflichtet, die charakteristische weiße Mütze, die Ketsche, zu tragen, an deren Stelle bei den Stabsoffizieren eine prunkvolle Haube, die Kuka, trat, die mit einem – im Feld nicht getragenen – Busch aus weißen Reiherfedern geschmückt war. Es entwickelte sich jedoch eine Art Tracht, die ohne Verpflichtung zumeist getragen wurde, und die aus einer Hose aus blauem Tuch und Schuhen aus rotem Saffianleder bestand. Im Selbstwertgefühl des Janitscharen spielte der Anspruch, vom Sultan versorgt zu werden, die entscheidende Rolle, hob er doch die Mitglieder des Korps höchst nachhaltig von den auf Selbstversorgung angewiesenen Lehenstruppen ab. Stolz trug der Janitschar daher seinen Eßlöffel mit sich, den er in eine eigens dafür an der Vorderseite der Ketsche angebrachte Schlaufe steckte, woraus sich, wie gerne behauptet wird, die abendländische Kokarde entwickelt haben soll. Im Mittelpunkt des militärischen Zeremoniells stand, der Bedeutung der Truppenverpflegung gemäß, der große Kochkessel der Orta. Ihm wurden Ehrenwachen gestellt, vor ihm fanden Dienstbesprechungen und feierliche Beratungen statt, wurden Disziplinarverhandlungen durchgeführt und Disziplinarstrafen verkündet und vollstreckt. Den Kessel zu verlieren galt als Schmach wie im Abendland der Verlust der Fahne, und das Umwerfen des Kessels war das Zeichen für Meuterei und Aufruhr. Dem Umstürzen des Kessels ging die Verweigerung der Verpflegungsannahme voran – der Hungerstreik des Stehenden Heeres, der die Obrigkeiten in unmißverständlicher Weise vom Unmut der Truppe in Kenntnis setzte und sie entweder bewog, die beanstandeten Übelstände zu beenden oder den Militärputsch zu riskieren.

In dem für uns sicherlich befremdlichen »Kesselkult« eine Reminiszenz an die Verhältnisse der turkmenischen Wanderhirten in Innerasien als Vorfahren der Janitscharen zu erblicken, wie dies abendländische Autoren gerne tun, ist schon aus dem Grunde falsch, weil die Janitscharen nicht Nachkommen der ertogrulschen Turkmenen waren. Vermutlich darf man hingegen im Kochkessel das gültige Symbol der Gemeinschaft des Sultans mit seinen Militärsklaven sehen, die als seine Hausgenossen galten, ja beinahe seine Familienmitglieder. Es sei hier neuerlich an die Bedeutung der Militärsklaven erinnert, die Osman vom Seldschukenhof mitgebracht hatte und die den Vorrang seiner Familie begründeten, und es sei darauf verwiesen, daß sich in diesem Belange die Lage nicht verändert hatte. Die Janitscharen fühlten sich durchaus als juristische

Verwandte des Großherrn, der sie auch gerne als seine Söhne anredete, und wenn sie auch rauhe und oftmals ungebärdige, ja sogar aufmüpfige Söhne waren, so war das wechselseitige Verhältnis doch von einem spezifischen Gefühl der Verbundenheit gezeichnet, für das uns eine echt vergleichbare Sozietät in unserem Sozialgefüge nicht zur Verfügung steht. Wenngleich von effektiver Hausgemeinschaft nie die Rede sein konnte, weil dazu das Korps von Anbeginn an zu groß war, so war sie doch als emotionelles Element vorhanden – und als dieses Gefühl in der Blütezeit des Reiches bei den enormen Dimensionen, die alles angenommen hatte, zunehmend realitätsferner wurde, traten die Großherrn als einfache Janitscharen in das Korps ein und ließen sich als zu besonderer Dienstleistung abkommandiert in den Listen führen, um das ursprüngliche »Naheverhältnis« in geänderter Form und mit vielleicht untauglichen Mitteln aufrechterhalten zu können.

Die Truppe bewährte sich bestens, sie war die eigentliche Schlachteninfanterie des Heeres; sie wurde rasch aufgestockt und zählte zur Zeit Sultan Murads I. (1359–1389) etwa fünftausend Mann. Das organisatorische Verfahren bestand in einer Vermehrung der Verwaltungseinheiten, so daß es nun statt der einen ursprünglichen fünf oder sechs Ortas gab. Eine eigene, vorgeordnete Kommandobehörde und Verwaltungsstelle in der Art eines Korpskommandos gab es vorerst nicht: Jeder Dschorbadschibaschi unterstand unmittelbar dem Großherrn, doch kam bald der Brauch auf, den dienstlichen Routineverkehr nur über einen Dschorbadschibaschi abzuwickeln, wobei nicht klar ist, ob dies stets der Kommandeur der ersten Orta oder der dienstälteste Dschorbadschibaschi war. Ein Vorgesetztenverhältnis entwickelte sich daraus nicht, sondern nur der sehr allgemein gehaltene Vorrang des primus inter pares.

Die Orta des nun vorliegenden Organisationsschemas in moderne Heeresgliederungen zu übertragen ist nicht einfach; die heute gelegentlich anzutreffende Gleichsetzung mit der Kompanie ist sicherlich falsch, die früher übliche mit dem Regiment zumindest bedenklich. Für die Kompanie ist der organisatorische Rahmen, besonders die Eingliederung mehrerer Stabsoffiziere und das Vorhandensein mehrerer taktischer Einheiten, zu groß, für das Regiment hingegen ist er durch den Mangel an untergeordneten Stäben zu klein. Vergleichen wir die Orta mit dem klassischen abendländischen Bataillon, so stört die Mehrzahl der Stabsoffiziere nur auf den ersten Anhieb, denn wenngleich sie in kontinentalen Heeresgliederungen erst langsam üblich wird, ist sie doch dem britischen System schon lange und noch heute immanent. Überdies ist die Kopfzahl der Angehörigen der Orta ursprünglich etwa jener der Angehörigen eines Infanteriebataillons entsprechend, wenngleich diese nicht ständig konstant blieb und später auf etwa zweihundert bis dreihundert Mann abfiel.

Die erste große Reform des Janitscharenkorps erfolgte zu Beginn der Regierungszeit Sultan Mechmeds II., der mit den Janitscharen zunächst die größten Schwierigkeiten hatte, die uns im zweiten Band eingehend beschäftigen werden. Die Zerwürfnisse waren derart tiefgreifend, daß er sich der Zuverlässigkeit der Truppe dadurch versicherte, daß er ihr einen Teil des großherrlichen

Jagdgefolges eingliederte. Diese Segbane → Hundeführer bildeten eigene Ortas, deren Angehörige diese Bezeichnung beibehielten, auch als sie sich später aus dem Janitscharennachwuchs ergänzten. Aus einigen hochgereihten Würdenträgern des Hofjagddienstes, die mitüberstellt wurden, schuf Mechmed das Korpskommando, die Generalität des Kriegerordens, dessen Mitglieder ungeachtet der militärischen Verwendung ihre ursprünglichen Funktionsbezeichnungen beibehielten. Kommandierender General, wenn wir diesen Ausdruck verwenden wollen, war der

– Segbanbaschi, der Oberste der Hundeführer, dem
– der Saghardschibaschi, der Oberste der Spürhundeführer,
– der Samsundschibaschi, der Oberste der Doggenführer, und
– der Turnadschibaschi, der Oberste der Kranichmeister,

unterstanden.

Eine ständige Gliederung, die mehrere Ortas in der Art unserer Brigaden zusammengefaßt und einem General unterstellt hätte, scheint es nicht gegeben zu haben; im Bedarfsfalle wurden jedoch derartige Kampfverbände gebildet und dem Befehl eines Generals unterstellt. Wohl aber gab es eine besonders enge Verbindung zwischen Generälen und einzelnen Ortas; die gelegentlich anzutreffende Meinung, daß der betreffende General Kommandant einer Orta gewesen sei, ist jedoch abzulehnen. Das Verhältnis entsprach vielmehr dem des »Regimentsinhabers«, der im abendländischen Heerwesen ab etwa Dreißigjähriger Krieg üblich war, zu dem seinen Namen tragenden Regiment, das ja ebenfalls von einem anderen geführt wurde. Der namengebende General stand zu dem Regiment in einem gewissen »Naheverhältnis«, galt als dessen Schirmherr und Protektor, genau wie im Orient der General gegenüber »seiner Orta«. Im Abendland war allerdings die Namensgebung – in Erinnerung an die ursprüngliche Eigenschaft des Regimentsaufstellers vor Verstaatlichung des Kriegswesens – entscheidend, im Janitscharenkorps das Besitzen einer bestimmten Funktion. Konkret gesagt stand der Samsundschibaschi zur 71. Orta mit dem Traditionsnamen Samsundschu in ähnlicher Verbindung wie etwa Generalleutnant Montecuccoli zum Kürassierregiment Montecuccoli.

Zur Größenordnung ist auszuführen, daß es vor der Eingliederung etwas mehr als 12 000 Janitscharen gab, zu denen nun ungefähr 7 000 Segbane kamen, so daß die Gesamtzahl mit rund 20 000 Mann angenommen werden kann.

Nach der Eroberung Konstantinopels, das nun zu Stambul und als Residenz des Großherrn wiederum Mittelpunkt eines Großreiches, ja bald eines Weltreiches wurde, drängte Sultan Mechmed die Türken rigoros aus der Amtshierarchie des Reiches, deren Mitglieder er ausschließlich aus dem Sklavenstand – dem die Funktionsträger der byzantinischen Reichsverwaltung, die zuletzt faktisch auf eine Stadtverwaltung zusammengeschrumpft war, als Kriegsgefangene zugefallen waren – gewann. Für die Zukunft sorgte er durch Begründung der schon erwähnten Palastakademie, der Enderun, vor, die eine umfassende Bildung in allen Belangen des Staatswesens vermittelte und nicht nur Verwaltungsakademie, sondern auch Militärakademie war. Der in traditioneller Weise durch

- Gefangennahme oder
- Knabenlese

gewonnene Janitscharennachwuchs wurde einem ebenso eingehenden wie zweckentsprechenden Ausleseverfahren unterworfen, von dem man nicht viel mehr weiß, als daß es stattgefunden hat und sich vom Ergebnis her durch mindestens zwei Jahrhunderte vortrefflich bewährte, wobei die Bestbegabten der Enderun zugeteilt wurden, die Masse aber wie bisher in die Kaserne kam. Es darf allerdings vermutet werden, daß körperlich besonders geeignete Jungintellektuelle dem Janitscharenkorps verblieben, da dieses seine Offiziere selbst ausbildete.

Sowohl der Dienst in der Amtshierarchie als im Kriegerorden der Janitscharen eröffnete ambitionierten und leistungsfähigen Sklaven des Großherrn, denn das blieben sie auch als Wesire und Generäle, derart glänzende Perspektiven, daß türkische Familien immer wieder ihren Nachwuchs in den Sklavenhof einzuschleusen versuchten, was gegen Ende des sechzehnten Jahrhunderts – ausgezeichnete Verbindungen vorausgesetzt – auch immer häufiger gelang, wenngleich um den Preis der Freiheit, denn zwischen den jungen Türken und den Adschimoglanen, wie man die Nachwuchssklaven nannte, wurde kein Unterschied gemacht. Das für unser Vorstellungsvermögen geradezu absurde Drängen in die Sklaverei erzwingt einige unorthodoxe Bemerkungen über dieses Rechtsinstitut, die aber doch einer Anmerkung vorbehalten sein sollen[4].

Die nächste Reform des Janitscharenkorps, die Sultan Yawuz Selim (1512–1520) durchführte, war eine anscheinend »kleine« Reform, die aber unerhört bedeutsam war, betraf sie doch die Führungsspitze.

Der Generalität, die erst von seinem Großvater Mechmed geschaffen worden war, setzte Sultan Selim den Generalfeldmarschall und seinen Stellvertreter vor,

- den Janitscharenaga und
- den Kethüda, auch Kul Kiaja, was etwa mit Sklavensachwalter übersetzt werden kann.

Ob gleichzeitig damit auch die Ortas der Yaya begründet wurden oder ob dies erst später erfolgte, ist nicht bekannt, und unbekannt ist auch der Zeitpunkt der Aufstellung der sehr interessanten Truppe der Tschauschen, die einem eigenen General, dem Tschauschbaschi, unterstellt, aber dem Janitscharenkorps eingegliedert wurde. Der Tschauschbaschi unterstand ganz zweifellos dem Janitscharenaga, ob auch dem Kethüda der Janitscharen, das bleibe dahingestellt.

In der Literatur finden sich – genau zitiert – folgende Begriffsbestimmungen für Tschausch, teilweise Çavus geschrieben, und Tschauschbaschi, auch Baschtausch:

- Tschausch
  - ☐ Staatsboote, Toifel S. 636
  - ☐ Staatsboote, Feldwebel; Frank S. 309
  - ☐ Hauptmann, später Leibwächter und höherer Offizier zur Verwendung des Sultans; Prokosch S. 287
  - ☐ als Ordner bei Aufzügen, als Stabsordonnanzen und Kommissäre mit besonders wichtigen Aufträgen sowie als Gesandte verwendete Angehörige eines dem Pfortenmarschall unterstehenden Elitekorps; Kreutel: »Mit Kara Mustafa vor Wien« S. 193
- Tschauschbaschi
  - ☐ Oberster der Staatsboten; Toifel S. 636
  - ☐ Reichsmarschall, Hofmarschall; Frank S. 309
  - ☐ unter: Pfortenmarschall, auch Hofmarschall – Minister der vollziehenden Gewalt, Chef der Exekutive; Kreutel a.a.O. S. 190
  - ☐ unter: Obersttschausch, Bascavus – hoher Stabsoffizier des Janitscharenkorps, Kommandeur der 5. Kompanie, oft Stellvertreter des Janitscharenpräfekten (so übersetzt Kreutel den Kul Kiaja) und verantwortlich für die Ordnung bei Aufzügen und Paraden; Kreutel a.a.O. S. 190.

Man wird zugeben, daß es schwer ist, einen einheitlichen Gehalt der gängigen Definitionen zu finden, und daß sich die einzige schlüssige Möglichkeit in der hier vertretenen Auffassung bietet, in der Truppe der Tschauschen die Feldgendarmerie oder Militärpolizei des Osmanischen Reiches zu sehen, die auch im Frieden über besondere Vollmachten verfügte und alle jene Funktionen wahrnahm, die heutzutage von einem Staatsicherheitsdienst wahrgenommen werden. Das machte die Truppe zu einer mächtigen und gefürchteten Institution, deren Befehlshaber, der Tschauschbaschi, mit sehr großer Verantwortung beladen und demgemäß mit einer Fülle von Macht ausgestattet war. Daß der einzelne Tschausch im Offiziersrang stand, ist anzunehmen; auf welche Weise sich die Truppe rekrutierte ist unbekannt, doch scheinen besonders bewährte und vertrauenswürdige Angehörige der Janitscharenkorps in diese Sonderlaufbahn überstellt worden zu sein. Unbekannt ist auch die Zahlenstärke der Tschauschen, doch sollte sie nicht überschätzt werden; rein gefühlsmäßig darf sie zwischen fünfhundert und eintausend Mann angenommen werden.

Sieht man von den Tschauschen ab, so wies das Janitscharenkorps nun folgende Gliederung auf:

Befehlshaber:	Janitscharenaga		
Stellvertreter:	Kethüda, auch Kul Kiaja		
Generäle:	Segbanbaschi, Saghardschibaschi, Samsundschibaschi, Turnadschibaschi		
Truppenbezeichnung:	Yeni tscheri	Segban	Yaya
	Orta 1–62	Orta 63–96	Orta 97–196

Die Sollstärke – vermutlich von Soliman Kanuni festgelegt – betrug 40 000 Mann, die Iststärke stimmte damit nur selten überein, so daß es zeitweise bis zu 80 000 Janitscharen gab, zeitweise jedoch nur 20 000. Da die Zahl der Ortas konstant blieb, fiel ihr Sollstand temporär auf etwas mehr als zweihundert Mann ab, worauf die häufige Gleichsetzung mit der Kompanie zurückgeführt werden kann. Ungeachtet der Zahlenstärke blieb die gesamte Truppe reinrassige Infanterie; die Bewaffnung bestand aus

- Bogen,
- Säbel, der etwas kürzer als der Reitersäbel war und
- Dolchmesser.

Im späten fünfzehnten Jahrhundert wurde der Bogen langsam durch ein Gewehr, für das ein sehr kurzer Kolben charakteristisch war, verdrängt. Die Einführung der Feuerwaffe erfolgte ortaweise und war in den Augen vieler traditionsbewußter Offiziere, denen anscheinend ein Mitspracherecht zukam, eine überflüssige, ja gefährliche Neuerung, so daß es noch im späten siebzehnten Jahrhundert – etwa anläßlich der zweiten Belagerung Wiens – bogenbewaffnete Ortas gab. Objektiv gesehen war die Mißbilligung der Umrüstung nicht unbegründet; der Bogen gestattete ein treffsicheres Schießen bis auf dreihundert Schritt, also etwa so weit wie ein Feuergewehr, und eine erheblich raschere »Feuerfolge«: Auflegen der Pfeils, Zielen und Schußabgabe nahmen nur wenige Sekunden in Anspruch, und das erlaubte die Abgabe von bis zu zwanzig Schuß je Minute.

Bei den gewehrtragenden Ortas wurde das Dolchmesser als blanke Waffe durch den Handschar ersetzt; dieser ist ein sehr viel längeres Messer mit oben gabelförmig geteiltem Griff. Der Handschar wurde in den Boden gerammt und der gabelförmige Griff diente zum Auflegen des Gewehres bei Schußabgabe; auch wenn bei diesem Verfahren der Schütze knien mußte, war es doch eine erhebliche Vereinfachung im Verhältnis zum abendländischen Kriegswesen, wo der Musketier noch im Dreißigjährigen Krieg die Musketengabel als zusätzliches Ausrüstungsstück mitschleppen mußte.

Die Janitscharenaga war im Frieden Ressortchef des Kriegsministeriums oder – verschämt in heutiger Diktion – Verteidigungsministeriums, das als »Pforte des Janitscharenagas« bezeichnet wurde. In dieser Eigenschaft unterstanden ihm alle Truppenkörper des Stehenden Heeres des Großherrn, das sich im Laufe der Zeit ganz schön vermehrt hatte und außer dem Janitscharenkorps aus

- den sechs Gardekavallerieregimentern unter ihren als Agas bezeichneten Kommandeuren,
- der Reichsartillerie unter dem Topdschibaschi,
- der Arsenaltruppe (Benennung nach Kreutel) unter dem Dschebedschibaschi,
- der Traintruppe (für die Versorgung der besoldeten Teile der Reichsarmee) unter dem Toparadschibaschi und

– der Truppe des Generalquartiermeisters, der Mechterbaschi oder Otadschibaschi genannt wurde,

bestand. Die damit verbundenen Tätigkeiten und Verantwortungsbereiche
nahmen den Janitscharenga derart in Anspruch, daß die Führung des Janitscharenkorps tatsächlich in den Händen seines Stellvertreters, des Kethüda,
lag, dessen direkter Einfluß mithin oftmals bedeutender war als der des eigentlichen Befehlshabers. Der Janitscharenaga war jedenfalls, um ihn in die früher
(s. III., 1. Kapitel) erläuterte Gliederung der Reichsspitze einzuordnen, nach
heutiger Terminologie ein echter Minister; er war deswegen aber nicht notwendig Mitglied des Diwans und damit Wesir.

Im Kriege änderte sich dies; er führte das Janitscharenkorps nun persönlich,
und die Kommandeure der Gardekavallerieregimenter und die Generäle der
Waffengattungen der Stehenden Teile des Reichsheeres unterstanden unmittelbar

– dem Großherrn oder
– dem Großwürdenträger, den er zum Oberbefehlshaber bestellt und mit der
  Kriegführung betraut hatte, was

  ☐ bei Großkriegen immer der Großwesir, dieser vermutlich auch ohne be-
    sondere Bestellung,
  ☐ bei lokalen Konflikten ein Pascha oder sonstiger Großwürdenträger
    war, der für die Dauer der Befehlsführung den Titel Serasker trug.

Der Janitscharenaga und sein Kethüda kamen nicht aus dem Janitscharenkorps, sondern waren Absolventen der Enderun, die immer auf eine mehrjährige Verwendung in verschiedenen Dienststellungen zurückblicken konnten.
Die Generäle mit den Titeln aus dem großherrlichen Jagdgefolge hingegen
konnten sowohl aus dem Janitscharenkorps als aus der Verwaltungshierarchie
kommen – immer aber waren sie bis zu Retürkisierung des Reiches durch
Mechmed Köprülü Sklaven des Sultans und wurden auch hinterher ebenso
behandelt, als ob sie Sklaven wären, selbst wenn sie vor Ernennung freie Türken waren.

Die innere Kraft, die hohe soldatische Moral und die unbedingte und jederzeitige Einsatzbereitschaft des Janitscharenkorps war damals eben gebrochen
worden. Die große Dame Kösem Machpeiker → Frau Mondgestalt, die als
Mutter der Großherren

Mustafa I. (1617–1618 und 1622–1623),

Murad IV. (1623–1640) und

Ibrahim (1640–1648)

eine höchst bedeutsame Macht entfaltet und den Zerfall des Reiches mehrfach
verhindert hatte, war gezwungen gewesen, den Angehörigen des Korps das
Connubium – das Recht, Ehen zu schließen – zu bewilligen, da der in der Tat
geisteskranke Ibrahim einen konkursreifen Staat hinterlassen und sie keine
Möglichkeit hatte, die überhöhten Soldforderungen der Janitscharen zu
befriedigen. Da sie andererseits aber auf die energische Unterstützung der

Janitscharen angewiesen war, kam es zu dem nur aus der Not des Augenblicks erklärbaren Kompensationsgeschäft, das den Militärsklaven statt der damals üblich gewordenen »Geschenke«, die oftmals die Höhe mehrerer Jahresbezüge erreichten, die Abstreifung eines entscheidenden Kriteriums des Sklavenstatus brachte: Sie erhielten das Connubium und erlangten damit einen Sonderstatus, der zu rascher und ungewollter »Verbürgerlichung« des Kriegerordens führte. Die verheirateten Janitscharen, großzügig mit Heimschläferbewilligungen ausgestattet, begannen zivile Berufe auszuüben und erschienen in Friedenszeiten bald nur noch zum Soldempfang bei ihrer Truppe. Die ausschließliche Konzentration der individuellen Interessen auf dienstliche Belange kam in Wegfall, »des Dienstes ewig gleichgestellte Uhr« verlor ihre Bedeutung, die Disziplin versackte – und nur eine Generation später, als Großwesir Kara Mustafa Pascha zum letzten großen Sturm auf den Goldenen Apfel antrat, da waren nur noch wenige Ortas derart in Form, daß sie dem alten Ruf der Janitscharen, die beste Infanterie der Welt zu sein, annähernd entsprochen haben; der Rest war Soldateska eher fraglichen Kampfwerts und arg reduzierten Ansehens im eigenen Lager. Noch dazu war damals – denn auch das war schon möglich – ein aus dem Janitscharenkorps aufgestiegener Offizier Janitscharenaga: Mustafa Pascha aus Rodosto, ein ebenso tapferer wie sittenloser Mann, der den für einen Moslem ganz besonders entehrenden Beinamen Bekri, der Trunkenbold, trug.

In der nun folgenden Periode war es das dienstliche Hauptbestreben der meisten Janitscharen, die Aufnahme ihrer Söhne in das Korps durchzusetzen; es gelang, weil eine der ursprünglichen Rekrutierungsquellen, die Kriegsgefangenschaft, bei der immer unglücklicher werdenden Kriegführung bald versiegte und auch die Basis für die Knabenlese langsam schmäler wurde. Zwar ging der Janitscharenaga noch im alten Schmuck seiner Würde, im Goldbrokatüberkleid, hermelingefüttert und mit weit herabhängenden Ärmeln, seinem Stellvertreter und seinen Generälen, die nur ein Überkleid von grünem Samt, luchsgefüttert, tragen durften, stolz voran, aber die Truppe, die ihnen folgte, war nicht mehr auf der Höhe der Zeit.

Aber immerhin: Durch runde drei Jahrhunderte, von etwa 1350 bis 1650, war sie die disziplinierteste, leistungsfähigste und beste Infanterie der Welt, die, ganz wie es in unserem Soldatenlied von der Infanterie heißt, die Krone aller Waffen schon damals gewesen ist.

4. Kapitel:
Das neue Recht; das Ämterwesen

Es kann kein Zweifel daran bestehen, daß die Übernahme des islamischen Rechts durch die unter Ertogruls Führung nach Anatolien gelangte turkmenische Flüchtlingsgruppe ein Vorgang von derselben Bedeutung und mit annähernd denselben Erscheinungsformen war, wie er uns in der deutschen Rechtsgeschichte mit der Rezeption des römischen Rechts – mit der wir uns im zweiten Band dieser Trilogie zu befassen haben werden – begegnet. Es ist daher durchaus naheliegend, daß wir ihn als Rezeption des islamischen Rechts bezeichnen; der Beginn dieser Entwicklung ist mit der Bekehrung der späteren Flüchtlinge zum Islam anzusetzen, die Rezeption im Zeitalter Orkhans als vollzogen zu betrachten.

Theoretisch wurde das islamische Recht bereits im Augenblick der Bekehrung übernommen, doch wurden entgegen des diesem immanenten Alleinherrschaftsanspruches in der Rechtswirklichkeit die Regeln des überlieferten Gewohnheitsrechtes weiterhin angewendet; nur jene Grundsätze, die Ausfluß typisch heidnischen Gedankengutes waren, wurden eliminiert und gerieten bald in Vergessenheit. Der prinzipielle Behalt vorislamischer Rechtsvorstellungen ergab sich zwingend aus der mangelnden Gesetzeskenntnis der gesellschaftlichen Organe, in deren Händen sich die Rechtsprechung befand: Ging es um familieninterne Belange, lag die Entscheidungsbefugnis beim Familienoberhaupt, ging es um Streitigkeiten zwischen Familien, war der Ältestenrat zuständig.

Durch die Bedingungen der Flucht und die damit verbundene Zunahme der Autorität Ertogruls ging die Kompetenz zur Entscheidung in Strafsachen, und zwar bei Delikten gegen das Gemeinschaftsinteresse, an Ertogrul als Stammesführer über; in allen anderen Fällen wurde ein Eingreifen der Gesellschaft für nicht notwendig erachtet: Der Täter verfiel der Rache des Geschädigten und seiner Familie. Die Rechtsprechung in allen Angelegenheiten aber, die wir dem Komplex des Zivilrechts zuordnen, blieb das sorgsam gehütete Privileg der Familienoberhäupter. Nach der Ansiedlung in Bithynien scheint dieser Zustand beibehalten worden zu sein; deliktisches Verhalten war bei den relativ wenig strafbaren Tatbeständen, die man kannte, in den meisten Fällen mit einer Störung des Friedens verbunden und ließ sich unter den Oberbegriff des Verstoßes gegen die Aufgaben der Miliz subsumieren, so daß zu deren Ahndung Ertogul als Militärkommandeur auf jeden Fall berufen war, der natürlich alles Interesse daran hatte, eine Gefährdung der Geschlossenheit des Stammes und der Schlagkraft der Truppen durch private Racheaktionen auszuschließen.

Zur Zeit Osmans, der selbst als erster seines Stammes das islamische Recht hinreichend kannte und der als seine engsten Ratgeber einige gelehrte Moslems – gewissermaßen als intellektuelle Ergänzung des Militärsklavenkorps – von Iconium mitgebracht hatte, wurde das islamische Recht für den Hof zunächst des Territorialfürsten, bald schon des selbständigen Sultans, maßgeblich, so daß für diese Phase der Entwicklung das islamische Hofrecht neben dem turkmenischen Volksrecht bestand. Nach dem Untergang des Seldschukensultanats erhielten Osmans Gelehrte Zuzug durch einen Teil ihrer bisher in Iconium wirkenden Kollegen, und es bildete sich in seiner Residenz Afyon Karahissar der Ansatz zu einem neuen Zentrum islamischer Geistigkeit als vorerst sehr schlichtes Surrogat für die zerscherbte Hochburg Konya. Ob schon damals von den islamischen Gelehrten eine eigene Gerichtsbarkeit entfaltet wurde, bleibe dahingestellt; als wahrscheinlich darf angenommen werden, daß sie zumindest ab und zu als Schiedsrichter angerufen wurden, wenn es zwischen den großgewordenen Familienverbänden Differenzen gab, die der Ältestenrat nicht schlichten konnte oder wollte. Es mag auch sein, daß sich die Streitparteien an den Sultan wandten, der dann vom Gelehrtenkollektiv Gutachten ausarbeiten ließ, für welche das islamische Recht die Entscheidungsgrundlage bildete.

Das islamische Recht, im Osmanischen Reich korrekt als Scheriatsrecht bezeichnet, gewann auf diese Weise zunehmenden Einfluß auf das Rechtsleben der immer noch schweifenden Turkmenen und drängte das Gewohnheitsrecht langsam zurück. Die mit der Seßhaftwerdung verbundene Auflösung der traditionellen Großfamilie, die notwendig zum Verlust der Bedeutung der bisherigen Familienoberhäupter führte, machte den Weg für die Erstellung einer neuen Hierarchie, in deren Hände die Rechtsprechung gelegt wurde, frei: Der gelehrte Richter, der ausschließlich das Scheriatsrecht zur Anwendung brachte, trat an die Stelle der traditionellen Organe der Rechtspflege; er wurde Kadi genannt und immer aus dem Stand der Gelehrten, mit dem wir uns im nächsten Kapitel eingehender beschäftigen werden, genommen. Der neuen Organisation war der Instanzenzug von Anbeginn an immanent, wie sich aus der Rangbezeichnung Kadi askeri → Heeresrichter für den großen Gelehrten Kara Charil Tschendereli ergibt, der bei Begründung des Janitscharenkorps für die weltlichen Belange von ähnlicher Bedeutung war wie Hadschi Bektasch für die religiösen.

Das Scheriatsrecht bestand – und besteht noch immer – aus zwei Teilen, die rangmäßig deutlich voneinander abgehoben sind, und zwar
– dem eigentlichen Heiligen Recht des Koran und
– der nur als heiligmäßig geltenden verbürgten Traditon, Hadith genannt.

Das Heilige Recht ist
– von Allah erlassen,
– von Dschibrail dem Propheten geoffenbart,

– von Mohammed als Allahs Willen verkündet und
– im Koran authentisch niedergeschrieben.

Der Hadith besteht aus den nicht inspirierten Lehrmeinungen, ausdrücklich als solche bezeichneten Rechtsansichten und konkreten Entscheidungen
– des Propheten und
– der rechtgeleiteten Kalifen Abu Bekr, Omar, Osman und Ali

sowie Auffassungen, die von der Gemeinde der frühen Moslems einhellig vertreten wurden. Dem überlieferten Text → Matn muß die detaillierte Weitergabekette → Isnad angefügt sein; seit dem frühen neunten Jahrhundert zählt der Hadith als nächst dem Koran wichtigste islamische Erkenntnisquelle, und für die praktischen Bedürfnisse der Rechtsprechung kam eine eigene Form von Hadith-Sammlungen auf, die nach Sachgebieten geordnet wurden. Diese Art der Gliederung der Materie wird Musannaf genannt; die berühmteste Hadith-Sammlung stammt von dem bedeutenden Gelehrten Buchari, trägt den nicht eben bescheidenen Titel as Sahi → das Richtige und entstand um 870.

Damit war das Scheriatsrecht vollendet; es ging
– im Heiligen Recht unmittelbar und
– im Hadith mittelbar

auf den Willen Allahs zurück und war der menschlichen Manipulation entzogen. Das Scheriatsrecht richtig zu verstehen, zu interpretieren und anzuwenden war und ist eine nicht nur äußerst bedeutsame, sondern auch von religiöser Weihe durchwobene Tätigkeit.

Der krasse Gegensatz zur modernen, vom Rechtspositivismus gezeichneten Auffassung von der Machbarkeit des Rechts ist nicht zu übersehen. Nach bei uns gültiger Rechtslehre ist die Gesetzgebung der entscheidende Vorgang der Rechtsgestaltung; das Recht ist mit der Summe der Gesetze und der auf Grund der Gesetze erlassenen Verordnungen und Vollzugshandlungen identisch. Gesetz ist jegliche Norm, die vom Gesetzgeber als Gesetz erlassen wird, nicht im Widerspruch zur Verfassung steht und ordnungsgemäß publiziert ist, wobei dem einzelnen ein Überprüfungsrecht hinsichtlich Verfassungskonformität und Einhaltung der Publikationsbestimmungen regelmäßig nicht zukommt und sein – wenngleich begründeter – Zweifel nicht geeignet ist, die Anwendung des Gesetzes zu verhindern. Gesetzgeber ist in demokratischen Staaten immer das in der jeweiligen Verfassung unter unterschiedlichen Bezeichnungen zur Gesetzgebung berufene gesellschaftliche Organ, für welches sich der Oberbegriff Parlament durchgesetzt hat. Die Mitwirkung des Volkes, des eigentlichen Trägers der Souveränität, an der Gesetzgebung ist relativ schlicht und beschränkt sich auf die Wahl der Abgeordneten; die repräsentative Ausnahme von diesem Prinzip ist die Schweiz, in welcher die Bürger aufgerufen sind, über alle bedeutenden Gesetzesanträge abzustimmen, ein Zug zur unmittelbaren Demokratie, der sonst eigentlich nur in ganz kleinen Staaten verwirklicht ist.

Die Bindung des Gesetzgebers an die Verfassung wird in den meisten demokratischen Staaten durch einen Staatsgerichtshof, der unterschiedliche

Bezeichnungen wie Bundesgerichtshof, Verfassungsgerichtshof und ähnliche trägt, kontrolliert, der in jedem Fall

- zwar weitreichende Kompetenzen hat, aber
- nur unter genau festgelegten Bedingungen und von einem begrenzten Personenkreis angerufen werden kann und
- dessen Zuständigkeit in Wegfall kommt, wird das vom Gesetzgeber gewünschte Gesetz nicht als Gesetz schlechthin, als sogenanntes »einfaches Gesetz«, sondern als Verfassungsgesetz erlassen, das in den meisten Rechtsordnungen zwar einer qualifizierten Mehrheit, in der Regel einer Zweidrittelmehrheit, bedarf, aber unmittelbar Bestandteil der Verfassung wird und daher inhaltlich nicht auf die Verfassungskonformität überprüft werden kann, sondern vielmehr etwaige widerstreitende Verfassungsbestimmungen als das später erlassene, gleichrangige Gesetz – lex posterior – außer Kraft setzt.

Dem Gesetzgeber sind also in Wahrheit keinerlei Schranken auferlegt, und zumindest der für ein Verfassungsgesetz erforderlichen qualifizierten Mehrheit ist es in der Tat möglich, das Recht nach den tagespolitischen Wünschbarkeiten zu verändern.

Alles Recht geht vom Volke aus: Dieser Satz ist die Quintessenz der rechtspositivistischen Demokratie und, da er in dieser oder ähnlicher Formulierung Einlaß in die meisten Verfassungen gefunden hat, das klar zum Ausdruck gebrachte Kernstück positivistischer Rechtssysteme. Daraus ergibt sich als notwendige und gewollte Konsequenz das machbare, das variable, das den Mehrheitswünschen gefügige Recht.

Alles Recht geht von Allah aus: Dieser Satz ist das ebenso klar zum Ausdruck gebrachte Kernstück der islamischen Rechtslehre. Die Anerkennung des sich in diesem Satz artikulierenden Prinzips bedeutet, mit unserem unzureichendem verbalen Instrumentarium auszudrücken versucht, daß die Gesetzgebung absolutes Monopol der göttlichen Allmacht ist. Dieses Monopol manifestiert sich ebenso in der Fixierung der Naturgesetze wie in der Festlegung jener geoffenbarten Normen, die das Zusammenleben der Menschen regeln und die ebenso unabänderlich sind wie jene. Es ist Sache des rechtgläubigen Moslems, seine Verhaltensweisen an diesen geoffenbarten Normen zu orientieren – und es ist Sache der rechtgläubigen Gemeinde, die sich als Moslemstaat konstituierte, dafür Sorge zu tragen, daß die Orientierung der Verhaltensweisen an den Normen des göttlichen Rechts dem Rechtgläubigen in der sozialen Effektivität ermöglicht und die Anwendung der geoffenbarten Normenvielfalt garantiert wird.

Das ergibt einen für unsere, von unserer Staatslehre geprägten Vorstellung vom Staat völlig neuartigen Staatsbegriff: Weisen wir dem Staat die Tätigkeitsbereiche

- Gesetzgebung und

- Vollziehung der Gesetze
  - ☐ durch richterliche Organe → Rechtsprechung und
  - ☐ durch nichtrichterliche Organe → Verwaltung

zu, so kommt für den Staat im Sinne islamischer Staatslehre zunächst einmal die Tätigkeit als Gesetzgeber in Wegfall. Das Gesetz – im Sinne der Gesamtheit der geoffenbarten Normen verstanden – ist eine ihm mit der Auflage, dessen Vollziehung zu garantieren, vorgegebene und absolut invariable Größe. Die »Gesetzgebung« des Moslemstaates ist damit nicht Gesetzgebung in unserem Sinn, sondern erfolgt bereits in Vollziehung des Scheriatsrechtes und ist, eingefügt in unser Vorstellungssystem, der Erlassung von Verordnungen durch die hierzu ermächtigten Organe des Staates gleichzuhalten.

Nun war – bezogen auf die Ausgangslage im Osmanischen Reich, die sich von den bereits besprochenen Rechtszuständen im arabischen, insbesonders abbasidischen Kalifat schärfstens abhebt – die Rechtsprechung nie Sache des Stammesführers, sondern, wie hier wiederholt sei
- bei den familieninternen Problemen Sache des jeweiligen Familienoberhauptes
- bei Differenzen zwischen den Familien Sache des Ältestenrates.

Da das Sultanat unter Einschaltung der Zwischenstufe des Territorialfürsten aus dem Stammesführertum hervorgegangen war, entsprach es der Folgerichtigkeit der Entwicklung, daß der Sultan die Rechtsprechung nicht an sich zog, sondern die Gerichtsbarkeit nun wieder in die Hände einer Hierarchie legte, die in keiner Abhängigkeit von ihm stand und sich in einer von ihm nicht beeinflußten Weise ergänzte. Waren es vormals die durch familieninternen Vorgang bestimmten Familienoberhäupter, die nach dem turkmenischen Gewohnheitsrecht zur Rechtsprechung berufen waren, so traten an deren Stelle nun die Gelehrten, die durch standesinterne Vorgänge zum Amt des Kadis und damit zur Rechtsprechung auf Grundlage des Scheriatsrechtes gelangten. Damit fällt nach der Gesetzgebung auch die Rechtsprechung als Vollziehung des Scheriatsrechtes durch richterliche Organe aus dem Tätigkeitsbereich des Staates: Der Staat ist lediglich der Garant dafür, daß das Gesetz durch die Gesetzeskundigen angewendet werden kann. Wir müssen den Begriff »Vollziehung des Scheriatsrechtes« nun allerdings, messen wir ihn an unserem Rechtssystem, neuerlich teilen; bei uns besteht die richterliche Gewalt aus
- Entscheidungsbefugnis und
- Vollstreckungsbefugnis,

die nicht notwendig in einer gerichtlichen Instanz vereinigt ist; im Osmanischen Reich war diese Trennung noch viel radikaler, denn die richterliche Tätigkeit erschöpfte sich in der Entscheidungsbefugnis, während die Durchführung der Entscheidungen, also die Herstellung der entscheidungskonformen Effektivität, Sache des Staates war.

Das ergibt nun einmal schon ganz vordergründig die Umkehrung des bei uns üblichen Zustandes; werden bei uns Bescheide der allgemeinen Hoheitsverwaltung durch die Gerichte vollstreckt, so erfolgte im Osmanischen Reich die Vollstreckung der gerichtlichen Entscheidungen im Verwaltungsweg, zumal den Scheriatsgerichten ein eigener Vollstreckungsapparat nicht zur Verfügung stand und die Privatvollstreckung durch den Forderungsberechtigten eine permanente Gefährdung des inneren Friedens bedeuten mußte.

Der Staat, den Sultan Orkahn begründete, war also nach unserem juristischen Weltbild ein unvollkommener, weil ausschließlich auf die Belange der Verwaltung beschränkter Staat, wenn wir unter »Verwaltung« im Sinne der nicht eben glücklichen, aber vermutlich einzig möglichen und jedenfalls gängigen Definition alle staatliche Tätigkeit, die weder Gesetzgebung noch Rechtsprechung ist, verstehen wollen.

Dabei war die »Hoheitsverwaltung« Orkhans, und wir müssen dies völlig klar im Auge behalten, nun nicht nur die Rahmenorganisation, deren Existenz die Verwirklichung des Scheriatsrechtes ermöglichte, denn dieses war nur für die Moslems verbindlich: Orkhans Staat aber umfaßte noch immer und in immer wachsender Zahl christliche und vermutlich auch damals jüdische Gemeinden. Und diese lebten nach wie vor nach
- römischem oder
- mosaischem

Recht, das von eigenen Organen der Rechtspflege angewendet wurde. Auch die lokale und regionale Verwaltung wurde von eigenen Organen besorgt, die nun allerdings zum Unterschied von der Rechtsprechung von der Verwaltung Orkhans überlagert war. Wir kommen auf die Rechtsstellung der nichtmoslemischen Schriftbesitzer in einem eigenen Kapitel zu sprechen, so daß wir uns hier Einzelheiten ersparen können, aber schon der Hinweis auf ihre Existenz und ihren Fortbestand über viele Jahrhunderte drängt uns die Erkenntnis auf, daß der vollentwickelte Staat, der mit Orkhan seinen Anfang nahm, der in der Tat vollendete pluralistische Staat war; er umfaßte nicht nur mehrere ethnische Gruppen als Bevölkerungselemente, sondern auch mehrere Glaubensformen und mehrere Rechtssysteme.

Er war ein Moslemstaat, und der Islam war die Religion der staatsbildenden ethnischen Gruppe, aber wenngleich der Islam es durchaus in der Hand gehabt hätte, die staatliche Macht gegen die Bekenner oder mindest die Institutionen der anderen monotheistischen Religionen einzusetzen, wurden diese nicht unterdrückt, sondern mit einer Fülle von Rechten versehen, die das byzantinische Reich nicht einmal jener christlichen Gemeinschaft zugebilligt hatte, deren Auffassungen bei Hofe jeweils als die richtigen galten, denn schon seit den Tagen Konstantins d. Gr. war es der christliche Kaiser gewohnt, sich nach Belieben in Glaubensfragen, noch mehr aber in die personellen Belange der Schlüsselpositionen der Kirchen einzumengen.

Dennoch war eine Gleichberechtigung der Religionsgemeinschaften weder gegeben noch vorgesehen. Die Verordnungen genannten quasi-legislativen Akte des Sultans durften dem Scheriatsrecht nicht widersprechen, und auch einzelne Vollziehungsmaßnahmen, gleichgültig von wem immer sie angeord-

· net wurden, durften es nicht. Selbstverständlich mußte die Religionsausübung durch die nichtislamischen Religionsgemeinschaften so erfolgen, daß die rechtgläubige Gemeinde nicht gestört wurde, was die üblichen christlichen Prozessionen und selbst das Geläut der Kirchenglocken zumindest in den gemischtkonfessionellen Siedlungsgemeinden, faktisch in allen Städten von auch nur einiger Bedeutung, zu grundsätzlich verbotenem Tun machte. Dieser Behinderung in den äußeren Formen der Religionsausübung stand die völlige innere Freiheit der Religionsgemeinschaften gegenüber, die durch die Einbeziehung in das Osmanische Reich höchst wirksam vor Einmengungen des Kaiserhofes, solange dieser bestand, und vor dem Druck, den die römische Kurie, wann immer sie konnte, ausgeübt hatte, abgeschirmt waren.

Der nach unseren Begriffen wie gesagt »unvollkommene« Staat Orkhans, dem es
– am Gesetzgebungsrecht und
– an der Gerichtsbarkeit
mangelte und der sich daher als reintypiger Verwaltungsstaat erkennen läßt, baute einen unglaublich zweckmäßigen und leistungsfähigen Verwaltungsapparat auf, der zuerst, als das Reich noch eine überschaubare Einheit darstellte, aus
– Stadtverwaltungen und
– Landbezirken
bestand, denen die Zentralregierung unmittelbar vorgeordnet war.

Die städtischen Magistrate wurden für Christen und Juden vermutlich von den Religionsgemeinschaften, für die Moslems ebenso vermutlich von dem vom Sultan ernannten Beg bestellt, wobei der Beg eine Art Stadthauptmann war, der die Polizeigewalt repräsentierte, für die Einhebung der Steuern verantwortlich war und, wenn es in der Stadt keine Garnison des besoldeten Reichsheeres gab, für die Verteidigungsbereitschaft zu sorgen hatte, wobei ihm eine Bürgerwehr der moslemischen Einwohner zur Verfügung stand. Der Grundsatz, daß
– Juden und Christen steuerpflichtig und wehrdienstfrei,
– Moslems hingegen steuerfrei und wehrdienstpflichtig
waren, galt nach wie vor; da sich das bäuerliche Lehenssystem nicht auf urbanisierte Lebensformen erstreckte, war die Bürgerwehr zur Stadtverteidigung die adäquate Form der Erfüllung der Wehrdienstpflicht. Das Bürgerwehrsystem war auch die Basis für die aus ledigen Stadtbewohnern rekrutierte Truppe der Asaben → die Unverheirateten, die mit dem Reichsheer auszuziehen hatte, einem einheitlichen Kommando unterstand und die Leichte Infanterie der Reichsarmee bildete. Die Angehörigen dieser Miliz zu Fuß hatten Anspruch darauf, im Falle der Vermögenslosigkeit von ihrer Heimatstadt Waffen und Feldausstattung gestellt zu bekommen und verpflegt zu werden; eine Art Wehrsold war üblich, wobei unbekannt ist, ob dies schon von Anbeginn an so war, oder sich erst im Laufe der Zeit mit zunehmender räumlicher Distanz zu den Kriegsschauplätzen eingebürgert hat, und ob die Soldzahlungen einheit-

274

lich bestimmt oder dem Belieben und der Leistungsfähigkeit der jeweiligen Stadtkasse überlassen waren. Der Asabe stand zu seiner Stadt in einem ähnlichen Verhältnis wie der Tschebelli zu seinem Timarioten oder Za'im.

Der Landbezirk wurde Sandschak genannt und unterstand dem Sandschakbeg, der in etwa dem deutschen Landrat oder dem österreichischen Bezirkshauptmann vergleichbar ist. Vor Errichtung der Provinzen, die mehrere Sandschaks zu einer Verwaltungseinheit zusammenfaßten, war er der Kommandeur der Lehensreiterei seines Bezirks, die er im Bedarfsfall als Polizeitruppe verwendete. Seine Aufgaben entsprachen, auf die Verhältnisse bäuerlicher Siedlungsgebiete umgelegt, jenen des Stadthauptmannes; beide hatten an Reichskriegen teilzunehmen und führten als Feldzeichen einen Roßschweif.

Bis zur Reichsreform Sultan Mechmeds II. wurden die Begs zumeist aus den Reihen der Landadeligen (siehe zweites Kapitel) genommen, später aus den Absolventen der Enderun und damit aus dem großherrlichen Sklavenhof. Dadurch wurde das Verhältnis zwischen ihnen und der Lehensreiterei entscheidend verändert; ein unmittelbares Befehlsrecht bestand nun nicht mehr, und für Polizeiaufgaben konnten die Sipahs nur mehr im Rahmen des Provinzaufgebotes, das vom Beglerbegi zu erlassen war, herangezogen werden. Es ist anzunehmen, daß der Beglerbegi nun für die Durchführung des ständigen Polizeidienstes den Sandschakbegs Teile seiner Gendarmerietruppe zuteilte, von der bei Darstellung der Provinzialverwaltung noch gesprochen wird.

Es könnte sein, daß auch nach Einführung der Provinzialverwaltung vereinzelte Sandschaks von dieser ausgenommen wurden und sozusagen reichsunmittelbar blieben. Für eine derartige Sonderstellung spricht, daß die Kontingente einiger Sandschaks in Truppengliederungen gesondert aufscheinen. In der Liste der zum Einsatz gegen die alliierte Armee, die zum Entsatz von Wien im September 1683 donauabwärts vorstieß, bestimmten Verbände finden sich so die Truppen provinzweise aufgeführt, etwa

Provinz von Sivas	1 200 Mann
Provinz von Aleppo	1 000 Mann
Provinz von Adana	900 Mann;
die Truppen des Sandschakbegs von Karahisar i Sahib (Afyon Karahisar) sind mit	200 Mann,
die des SB. von Kangiri (Tschandkiri) mit	150 Mann
und die des SB. von Begschehir mit	200 Mann

gesondert ausgewiesen, obzwar die von Karahisar und Kangiri eigentlich unter den Provinztruppen von Anatolien, die von Begschehir unter jenen von Karaman aufzuführen gewesen wären. Das kann natürlich Zufall sein, fällt aber jedenfalls auf.

Die Provinzialverwaltung schob sich aus reinen Zweckmäßigkeitsgründen zwischen Zentralregierung und Sandschaks, als der Staat Orkhans nach Europa übergriff und den Brückentopf bei Gallipoli bildete, der sich rasch erweiterte und schon während der Regierung seines Sohnes Murad I. Adrianopel → Edirne umfaßte, das zur neuen Residenzstadt wurde. Die anatolischen Sandschaks wurden zusammengefaßt und einem mit vizeköniglicher Autorität ausgestatteten Gouverneur unterstellt, der den Titel Pascha (siehe erstes Kapitel) führte und dessen Funktionsbezeichnung Beglerbegi → Herr der Herren lautete. Dieser ersten Provinz Anatolien wurde die Provinz Rumelien, die aus den damals reichszugehörigen europäischen Territorien bestand, zur Seite gestellt; mit Erweiterung des Reichsgebietes wurden aus diesen Provinzen die »Reichshälften«, deren jede jedoch in mehrere Provinzen zerlegt wurde, weil man sich scheute, einen der »Unterkönige« allzu mächtig werden zu lassen. Deshalb kam den Beglerbegis der ursprünglichen und namensgebenden Provinzen nur Ehrenvorrechte, wie das schon erwähnte Führen von drei Roßschweifen, zu.

In der Gerichtsbarkeit für die Moslembevölkerung bildeten sich, wie hier bemerkt sei, ungeachtet der Provinzialeinteilung zwei Berufungsgerichte heraus, deren Vorsitzende den Titel des Kadi askeri → Heeresrichter führten, dem wir oben bei Nennung des gelehrten Kara Charil Tschendereli bereits begegnet sind. Den »Oberlandesgerichten« für Rumelien und Anatolien war eine Art von Oberstem Gerichtshof zu einheitlicher Anwendung des Scheriatsrechts nicht übergeordnet, so daß es bald erhebliche Unterschiede in der Spruchpraxis gab, die ihre Rückwirkungen auf die Rechtslehre hatten. Dies führte dazu, daß ein Gelehrter, der seine Studien in Rumelien absolviert hatte, kein anatolisches Richteramt bekleiden durfte und umgekehrt, was zwar sicherlich seltsam anmutet, letztlich aber doch wiederum erweist, welche Selbständigkeit der Gerichtsbarkeit zukam und wie sehr sich der Verwaltungsstaat hütete, in ihre Belange einzugreifen.

Die Stellung des Provinzstatthalters darf mit jener des Grafen im karolingischen Ämterwesen verglichen werden, nur daß der Beglerbegi keine Jurisdiktionsgewalt hatte und der Erhalt eines Lehens mit der Funktionsausübung nicht verbunden war. Trotzdem trat eine Tendenz zur Vererblichkeit des Amtes wie im karolingischen so auch im osmanischen System auf, solange die Statthalter vorwiegend aus dem Kreise der belehnten Türken genommen wurden. Nach Sultan Mechmeds Reform, als nur noch Sklaven zu Beglerbegis bestellt wurden, war der Vererblichkeit ein ähnlicher Riegel vorgeschoben worden wie durch die Einführung des Zölibats in der katholischen Kirche: Der Sklave des Sultans hatte so wenig das Connubium wie der Priester des Herrn und damit keine Möglichkeit, eine Familie zu begründen. Allerdings gab es für die Kinder aus den Harems der osmanischen Amtssklaven die Möglichkeit, in den Stand der Belehnten zu gelangen – sie gelten also ohne Rücksicht auf den Stand der Eltern als Freie. Durch die Re-Türkisierung des Verwaltungsapparates unter Mechmed Pascha aus Köprü kamen die Bemühungen um die Vererblichkeit der Ämter wieder auf, zumal sein Sohn Achmed Pascha das Großwesirat zwar nicht eben im Erbweg, aber doch in einem erbähnlichen Vorgang erlangte, doch gediehen diese nicht so weit, daß es einen Erbanspruch wie in der weltlichen Hierarchie des Abendlandes gegeben hätte.

Jeder Beglerbegi bildete eine der Zentralregierung nachgeahmte Provinzialregierung, seine »Pforte«. Er war auch verpflichtet, eine eigene Provinzarmee aufzustellen und zu erhalten, die sein Levend genannt wurde. Die Levends aller Provinzen bildeten die Provinzialarmee → Yerli kulu, die zur Unterstützung der Verbände der Reichsarmee dienten. Die Provinztruppen wurden stets vom Beglerbegi persönlich geführt und deshalb auch als »Paschatruppen« bezeichnet; sie bestanden nach den im siebzehnten Jahrhundert üblichen Truppenbezeichnungen aus

- der leichten Reiterei der Deli, was »die Tollkühnen« bedeutet, die unter dem Befehl des Delibaschi stand und etwas wie eine Leibgarde bildete, die auch von den Wesiren, die nicht Provinzstatthalter waren, aufgestellt werden durfte,
- der leichten Reiterei der Gönüllü, »die Beherzten«, die im Frieden vielleicht nur als Kadertruppe existent war, die im Kriegsfall durch Werbungen aufgestockt. wurde, wie dies auch für einige Gardekavallerieregimenter des Großherrn zutraf,
- der Provinzartillerie, die sich aus leichter Feldartillerie und der Festungsartillerie jener Verteidigungsanlagen, die nicht Reichsfestungen waren, zusammensetzte.

Eine Sonderstellung nahmen die schon erwähnten Seymen ein, die auch als Segbane bezeichnet werden, was man aber, um eine Verwechselung mit den Segbanen der Janitscharenortas 63 bis 96 auszuschließen, vermeiden sollte. Diese Seymen unterstanden einer zentralen Kommandobehörde, welcher der Sertscheschme vorstand; sie wurden im Frieden den Provinzstatthaltern als Exekutivtruppe in unterschiedlich großen Kontingenten zugewiesen. Sie bildeten die Gendarmerie oder Landpolizei der jeweiligen Provinzialregierung und waren von dieser zu besolden. Sie scheinen eine längere, zielgerichtete Ausbildung genossen zu haben, die in einer Art Zentralschule vermittelt wurde, die im Kriegsfall einen Teil der Reichsarmee bildete. Sie war die »Truppe der Sertscheschme«; es läßt sich kein klares Bild darüber gewinnen, ob dieser nun für Kriegsdauer auch die den Provinzialverwaltungen dienstzugeteilten Seymen wiederum eingegliedert wurden oder ob sie als Paschatruppen ins Feld zogen. Ein Teil von ihnen blieb jedenfalls in der bisherigen Dienstverwendung als Ordnungstruppe.

Die Seymen waren für die Provinzialverwaltung von ähnlicher Bedeutung wie die Tschauschen für die Zentralregierung; eine Unterstellung des Sertscheschme unter den Tschauschbaschi ist nicht anzunehmen, wohl aber waren beide auf Zusammenarbeit angewiesen.

Eine Sonderstellung nahm in jedem Paschalik der Defterdar, den wir als Leiter des Finanzamtes bezeichnen können, ein. Er hatte die Steuern nach dem der Provinz vorgeschriebenen Aufkommen auf die Gemeinden umzulegen und deren Eingang zu überwachen; ob er die einkommenden Summen zur Gänze dem Beglerbegi zu Weiterleitung an die Zentralregierung übergab oder diese selbst zu besorgen hatte ist unklar; nach einem festgelegten Schlüssel wurde jedenfalls ein Teil des Steueraufkommens für die Bedürfnisse der Provinzialverwaltung verwendet, ein Teil der Zentralregierung abgeführt, so daß der Vorgang jenem ähnlich ist, den wir zu Beginn von Osmans Regierungszeit, als er noch Tributärfürst des Seldschukensultans war, kennengelernt haben, wie sich überhaupt die Organisation der Provinzialverwaltung in vielerlei Hinsicht als Weiterentwicklung des Territorialfürstentums erkennen läßt.

Der weisungsberechtigte Fachvorgesetzte des Defterdars war der Defterdarbaschi, der im Sinne unserer Funktionsbezeichnungen als Finanzminister anzusprechen ist. Er war eindeutig der selbständige und verantwortliche Leiter des Finanzressorts in der großherrlichen Regierung, deren Einnahmen bis gegen Ende des siebzehnten Jahrhunderts ganz wie zu Osmans Zeiten aus den Quellen

- Kriegsbeute,
- Tribute und
- Steuern

stammten. Das Prinzip der Minimalsteuern, eine der Hauptursachen für die unbestreitbare Attraktivität des osmanischen Systems gerade gegenüber den steuerzahlenden christlichen und jüdischen Gemeinden zerbrach, als die militärische Überlegenheit des Reiches zunächst problematisch wurde und zuletzt verlorenging. Die unmittelbar auf erfolgreicher Kriegführung beruhende Einnahmequelle der Kriegsbeute kam in Wegfall, als die Kriege nicht mehr erfolgreich geführt wurden, und die schwindende Furcht vor dem osmanischen Schwert ließ die Tribute immer spärlicher fließen und zuletzt versiegen. Das bedeutete, daß die letzte Quelle, das Steueraufkommen der eigenen steuerpflichtigen Bürger, auf deren Erträgnisse der gesamte Staat – der nun schon überaus aufwendig geworden war – angewiesen war, zu stärkerem Fließen gebracht werden mußte, was in die politische Wirklichkeit übertragen eine ständige Erhöhung der Steuerlasten in Verbindung mit rücksichtsloser Steuereintreibung bedeutete. Nun verlor der Staat der Nachkommen Osmans in den Augen seiner Finanziers beinahe im Handumdrehen den Nimbus der Milde und der Gerechtigkeit; die im Übermaß zur Kasse Gebetenen fühlten sich als Schröpfobjekte einer unzeitgemäßen herrschenden Klasse und waren es auch, und die ursprünglich durchaus wohlwollend akzeptierte Differenzierung der Pflichten gegenüber dem Staat wurde nun mit dem Odium der wirtschaftlichen Ausbeutung und der religiösen Verfolgung behaftet, wovon später noch gesprochen wird.

Wir haben nun für die Regierung des Reiches – die allerdings in dieser Form erst nach der Herrschaftsperiode Orkhans anzunehmen ist – mit dem
- Großwesir als Regierungschef,

– dem Janitscharenaga als Kriegsminister und
– dem Defterdarbaschi als Finanzminister
drei Regierungsmitglieder kennengelernt; wir wollen die Frage nach Zahl und Art weiterer Großwürdenträger, deren Stellung etwa jener eines Ministers entspricht, hier aufwerfen und zu lösen versuchen. Dabei muß uns klar sein, daß dies mit sehr beträchtlichen Schwierigkeiten verbunden ist, weil sich nicht nur die personelle Zusammensetzung, sondern auch die Funktionsaufteilung und Funktionsbezeichnung sogar in modernen Regierungen relativ häufig ändert, und zwar in sehr viel kürzeren Abständen als jenem runden halben Jahrtausend, über welches das osmanische System bestand. In der abendländischen Literatur wird häufig der Begriff der »vier Säulen des Reiches« verwendet und den »vier Säulen des Hofes«, der zu einem echten Staat im Staate geworden war, gegenübergestellt, durchaus schlüssig übrigens, doch während als die Säulen des Hofes höchst präzise vier Großwürdenträger aufgeführt werden, werden unter den Säulen des Reiches auch Kollektivorgane, wie der Diwan, genannt, oder Amtsträger, die nicht zur auf den Großherrn bezogenen Reichshierarchie gehörten, wie die beiden Kadi askeri. Demgegenüber wird hier die Meinung vertreten, daß die vier Säulen des Reichs eindeutig die Regierungsmitglieder waren, von denen es analog zu den vier Säulen des Hofes vier gegeben haben muß, den Großwesir als Regierungschef nicht eingerechnet.

Das älteste dieser Staatsämter war zweifellos das des Nischandschibaschi, des Chefs des Protokoll- und Urkundenwesens, der in der Literatur gelegentlich recht oberflächlich mit einem Staatssekretär gleichgesetzt wird, in Wahrheit aber ziemlich genau den Wirkungskreis hatte, der im Heiligen Römischen Reich dem Kanzler zukam. Er hatte das den Namenszug des Großherrn in erlesener kalligraphischer Ausführung zeigende Siegel → Tugra in Verwahrung, dessen Existenz besonders »sachkundige« abendländische Autoren zu der absurden Behauptung verleitet hat, daß die Sultane schreibunkundig gewesen seien, was nicht einmal für Osman zutrifft. Verordnungen und Verträge, Amtseinsetzungen und Enthebungen, Weisungen von grundlegender Bedeutung, Mobilmachungsbefehle und Urkunden von ähnlicher Tragweite bedurften zu ihrer Gültigkeit des Tugraaufdruckes; neben der Tugra gab es das Reichssiegel, das der Großwesir in Verwahrung hatte und das für die Gültigkeit von Schriftstücken des Routineverkehrs hinreichte. Besonders wichtige Urkunden aber mußten seit Mechmed Pascha Köprülü mit beiden Siegeln versehen sein, welcher Grundsatz nur bei der Urkunde mit der Enthebung des Großwesirs durchbrochen wurde.

Als vierte Säule des Reiches und viertes verantwortliches Regierungsmitglied ist – nach Auffassung des Verfassers, die sich nicht einhellig aus der Literatur ergibt – zumindest für die Zeit nach Mechmed Fatih der Kapudanpascha zu nennen, der Oberbefehlshaber der Kriegsmarine und verantwortliche Leiter des gesamten staatlichen Marinewesens unter Einschluß der Küstenverteidigung. Der Kapudanpascha war zunächst – und hier wird das typische Anschauungssystem der Kontinentalmacht in aller Deutlichkeit erkennbar –

einem Provinzstatthalter gleichrangig, und das Meer, worunter man Küstengewässer und später auch Meereseinschlüsse verstand, wurde wie ein – allerdings rundum suspektes – Stück Land betrachtet und behandelt. Der »Beglerbegi« des Meeres hatte denn auch seine »Sandschakbegs«: Sie wurden Deryabegs → Herren des Meeres genannt, und die Küstenregion war in Bezirke eingeteilt wie das Binnenland. Jeder Deryabeg war für die Instandhaltung der Schiffahrtsanlagen und die Organisation der Küstenverteidigung in seinem Distrikt verantwortlich; er betrieb auch ein bißchen Küstenschiffahrt, doch hüte man sich davor, sich über deren Ausmaß oder Bedeutung übermäßige Vorstellungen zu machen: Zum Unterschied von den arabischen Moslems waren die türkischen keine großen Seefahrer, und die osmanischen Flotten, die um die Mitte des fünfzehnten Jahrhunderts auftauchten und für etwa drei Jahrhunderte als ernsthafte Gegner christlicher Seestreitkräfte angesehen wurden, waren vor allem dann wirklich gefährlich, wenn sie
- von nordafrikanischen Seeräubern oder
- von zum Islam bekehrten europäischen Marineoffizieren geführt oder ausgebildet worden waren.

Die Notwendigkeit einer leistungsfähigen Flotte wurde 1444 erkannt, als Wladislaw I. Jagiello, König von Ungarn und Polen, überraschend ins heute rumänische Küstengebiet des Schwarzen Meeres vorstieß.

Sultan Murad II., der den Ungarn zwar rasch die rumelische Lehensreiterei entgegenwerfen konnte, mußte als Transportmittel für Fußtruppen und schweres Gerät jedoch die Flotte Genuas anmieten und wurde nur dadurch in die Lage versetzt, den Feind bei Varna, gestützt auf hinreichend starke Kräfte, zurückschlagen zu können, wovon im zweiten Band noch eingehend gesprochen werden wird. Jedenfalls waren die erforderlichen Truppenbewegungen nur durch die glücklichen Umstände
- der prompten Verfügbarkeit des Schiffsraumes und
- der Leistungswilligkeit der zuständigen Stellen in Genua
möglich gewesen, und Murads Nachfolger Mechmed Fatih, der sich sagte, daß derartige Glücksfälle sich nicht so leicht wiederholen würden und überhaupt ein Mann des technischen Fortschritts war, betrieb den Ausbau einer entsprechenden Seemacht mit allem Nachdruck. Auch Soliman der Prächtige, der den alten Seeräuberhäuptling Haireddin Barbarossa, gegen den Kaiser Karl V. persönlich einen Feldzug nach Tunis unternommen hatte (1535), danach zu seinem Kapudanpascha machte, förderte die Kriegsflotte unerhört, und unter seinem Sohn Selim schien es, als würde das Mittelmeer nun in der Tat zum mare nostrum des Dar ul Islam, bis die große Schlacht von Lepanto (1571) die maritimen Ambitionen der Osmanen zerschlug. Es gab danach noch einige Ansätze, zu einer wirklichen Seemacht zu werden, von denen an gegebener Stelle gesprochen werden wird, allein insgesamt sind die Bemühungen wenig erfolgreich gewesen und erinnern an die etwas späteren der Doppelmonarchie Habsburgs, die zwar mit dem Admiral Wilhelm von Tegetthoff einen echten Seehelden aufzubringen vermochte und im Ersten Weltkrieg zumindest einige

tüchtige Flottillenführer wie Admiral Horthy und U-Bootkommandanten wie den nach dem Krieg mit seiner singenden Familie eine ganz ausgefallene Karriere machenden Theresienritter Max von Trapp hatte, insgesamt aber doch über den Schutz der eigenen Küstengewässer nicht hinausgekommen ist.

Das mindest temporäre Interesse der osmanischen Reichsführung an den nautischen Belangen war jedoch so bedeutend, daß der Kapudanpascha bei grundsätzlich beibehaltener Konstruktion als Statthalter der »Provinz Meer« ein eigenverantwortliches Ressort in der Zentralregierung übertragen erhielt und damit dem Janitscharenaga gleichgesetzt wurde.

Es fällt auf, daß es keinen Innenminister und keinen Minister für auswärtige Angelegenheiten gab, allein die Belange des Innern erledigte
– ursprünglich der Großherr,
– später der Großwesir
auf dem Weg über die weisungsgebundenen Beglerbegis, den Tschauschbaschi und den Sertscheschme, und der auswärtige Dienst war während des ganzen Untersuchungszeitraumes Angelegenheit des Dolmetscherdienstes, der unter unmittelbarer Anleitung des Großherrn, später des Großwesirs, arbeitete. Der »Pfortendolmetsch« war ein hohes Staatsamt ohne eigene Entscheidungsbefugnis und daher einem Ministerium nicht entsprechend; bemerkt sei, daß diese Stelle fast durchgehend mit osmanischen Bürgern griechischer Volkszugehörigkeit besetzt war, vor allem nach der Eroberung Konstantinopels, und daß diese auffallend oft Angehörige der Familie Maurokordatos waren. Die Anwärter für die Dolmetscherlaufbahn wurden nicht aus den Absolventen der Enderun genommen und scheinen nicht Sklaven des Großherrn gewesen zu sein.

Die eigentliche Regierung des Reiches kann wie folgt dargestellt werden:

Abb. 1

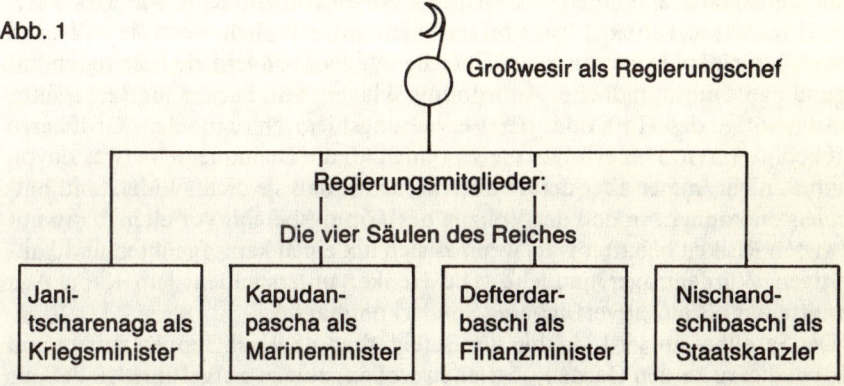

Großwesir als Regierungschef

Regierungsmitglieder:
Die vier Säulen des Reiches

| Janitscharenaga als Kriegsminister | Kapudanpascha als Marineminister | Defterdarbaschi als Finanzminister | Nischandschibaschi als Staatskanzler |

Zur leichteren Bewahrung der Übersicht sei der Reichszentralverwaltung die Verwaltung des Hofstaates, der seine eigene »Regierung« und sogar eigene Truppen hatte, gegenübergestellt:

Abb. 2

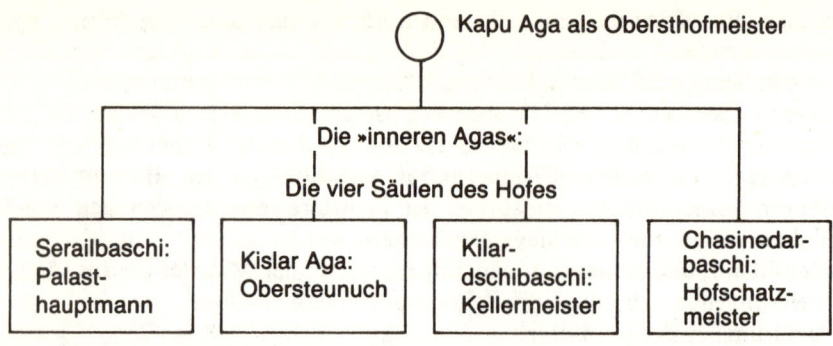

Der Kapu Aga, der immer ein weißer Verschnittener war, unterstand ausschließlich dem Großherrn, als dessen Vertreter er über den Hofstaat mit absoluter diktatorischer Gewalt herrschte. Dieser bestand zur Gänze aus Sklaven; als ab dem siebzehnten Jahrhundert Türken Eintritt in den großherrlichen Sklavenhof fanden, ohne Sklaven zu werden, weil dies das Recht des Koran ausdrücklich untersagte, aber doch genau wie Sklaven behandelt wurden, gelangten vereinzelt auch Türken zu den Hofämtern, allerdings nur zu solchen, die nicht körperliche Verstümmelung wie Kastration zur Voraussetzung hatten, denn dieser durften nur echte Sklaven, nicht aber Freie, die Sklavendienst taten und sozusagen »Sklaven auf Zeit« waren, unterzogen werden. Verstümmelt waren übrigens nicht nur die Eunuchen, sondern auch die Sklaven, die dazu bestimmt waren, den Henkersdienst zu verrichten: Ihnen wurden die Zungen entfernt, um sich ihrer Verschwiegenheit zu versichern, was – da man sie das Schreiben nicht lehrte – ein ebenso einfaches wie wirksames Mittel war. Ihre Tätigkeit war übrigens nicht ungefährlich, denn sie vollzogen grundsätzlich keine gerichtlichen Entscheidungen, sondern sie beseitigten auf Grund meist nur mündlicher Anordnung Sklaven, also Sachen im Rechtssinne – Angehörige des Hofs oder der Verwaltungshierarchie, die dem Großherrn mißliebig waren. Das erfolgte meist, ohne daß die Delinquenten etwas davon ahnten, nicht immer aber derart überraschend, daß sie nicht Widerstand hätten leisten können, so daß der Vollzug des Tötungsbefehls vor allem dann mit gewissen Risiken behaftet war, wenn es sich um einen kampfgeübten und kaltblütigen Würdenträger handelte. Die Henker unterstanden dem Kapu Aga unmittelbar als allzeit verfügbares Sonderkommando.

Der Serailbaschi wird, da ihm der Befehl über die Wachtruppen zukam und wir bei diesen zu den Garden überleiten wollen, zuletzt aufgeführt, so daß als nächster Inhaber eines Hofamtes der Kislar Aga, der Chef der Eunuchen, zu nennen ist. Die Eunuchen waren grundsätzlich die Bewacher des Harems und nicht die Diener der Haremsdamen, die zu ihrer persönlicher Bedienung über Sklavinnen verfügten. Das Amt des Obersten der Eunuchen ist sicherlich eines

der ältesten Hofämter und ebenso sicherlich qualitativ von allem Anfang an eines der bedeutendsten gewesen, auch wenn es quantitativ ursprünglich hinsichtlich der Zahl
- der Haremsinsassinnen und
- der Eunuchen

nicht eben stattlich war. Der Lebenszuschnitt der frühen Sultane war schlicht; sie hatten standesgemäße, gewissermaßen »ebenbürtige« Gemahlinnen, die sie aus politischen Gründen geheiratet hatten, wie Osman die Tochter seines bewährten Freundes Scheik Edebali, oder Orkhan als erster Osmane eine byzantinische Prinzessin, oder Bajasid Yilderim eine Schwester seines Tributärfürsten Stefan Lazarewitsch. Diese wurden auch im großherrlichen Harem ihrem früheren Range nach behandelt, hatten ein eigenes, wenngleich kleines, aber sogar griechisches oder serbisches Gefolge und – was zumindest hinsichtlich Bajasids Gemahlin gesichert ist – selbst ihren eigenen orthodoxen Hofkaplan, was für fanatische Moslems Anlaß sehr herber Kritik am Privatleben ihres Großherrn war. Die letzte Dame, die mit einem Sultan vermählt wurde, entstammte der serbischen Despotenfamilie der Brankowitsch; ihre Schwester war die Gemahlin des gefürsteten Grafen Ulrich von Cilly, dessen Tante Barbara die zweite Gemahlin Sigismunds von Luxemburg, des deutschen Kaisers und ungarischen Königs, war, so daß sich in der ersten Hälfte des fünfzehnten Jahrhunderts nahezu schwägerschaftliche Beziehungen zwischen Murad II. und Sigismund ergeben haben, die allerdings keinerlei politische Bedeutung erlangten.

Schon unter Sultan Murad II. nahm die Zahl der Haremsinsassinnen überhand; sein erotisches Interesse wandte sich von den Gemahlinnen ab und den lustspendenden Sklavinnen zu, die schon bald wie Gemahlinnen gehalten wurden, nur daß der Verkehr mit ihnen, die scharfer Disziplin unterworfen waren, wesentlich einfacher gewesen ist. Die Massenhaltung setzte sich nun durch, und dabei bildete sich so etwas wie eine Hierarchie, die zunächst rein auf die persönliche Zuneigung des Großherrn bezogen war: Wer ihm die maximalen Freuden zu vermitteln vermochte, stand in der ersten Phase der Entwicklung, die mit Soliman dem Prächtigen und seiner Liebe zur schönen Tscherkessin Roxelane ihren Gipfelpunkt fand, an der Spitze der weiblichen Rangordnung. In der zweiten Phase war es nicht mehr die jeweilige Favoritin des Großherrn, die im Harem – und oft genug nicht nur in diesem – das Kommando führte, sondern seine Mutter. Sie mußte also nicht nur schön und aufregend genug sein, daß ihr der Sultan seine Gunst zuwandte und einen Sohn zeugte, sondern auch besonnen genug, um diesem Sohn nach dem Tode des Vaters die Herrschaft zu sichern, denn alle Kinder des Harems waren gleichgestellt und jeder Nachkomme des Reichsgründers war grundsätzlich zur Nachfolge legitimiert. Zu einem nicht unerheblichen Teil waren diese »Erfolge« manipuliert, und zu dem ganz kleinen Personenkreis, der die Manipulation bewirken konnte, gehörte der Kislar Aga, der »Herr der Mädchen«, der mit polizeiähnlicher Gewalt ausgestattet wurde, als die Gespielinnen der Sultane nach Hundertschaften gezählt wurden, sich zu Cliquen zusammenschlossen, die sich oft grimmig haßten und verfolgten und mit ziemlich drastischen Mitteln in Zucht und Ordnung gehalten werden mußten. Er hatte eine unbestimmte Zahl von Gehilfen, meist zwischen dreißig und fünfzig Kastraten, denen zur Zeit mancher Großherren, deren Interessen in höchst verhängnisvoller Weise auf die Freuden des Fleisches konzentriert waren, etwa dreihundert oder vierhundert Lustsklavinnen gegenüberstanden.

Den wesentlich einfacheren und angenehmeren Wirkungskreis hatte der Kilardschibaschi, wörtlich Kellermeister, in Wahrheit Proviantmeister des Hofes, der für das gesamte Versorgungswesen zuständig war. Eine kleine Armee an Hofpersonal war zu versorgen, doch mußten nicht alle, übrigens höchst unterschiedlich verteilten Lebensmittel angekauft werden: Zum Hofstaat gehörten Gärtnereien, landwirtschaftliche Produktionsbetriebe und Viehfarmen, und es gab Großherren, die wachten peinlich genau darüber, daß zumindest die Masse der verbrauchten Güter hofeigene Erzeugnisse waren. Aber gleichviel, ob Eigenproduktion oder Besorgung auf dem Markt: Der Kilardschibaschi konnte aus dem Vollen wirtschaften, denn die Hofhaltung des Großherrn nahm – nach dem kargen Beginn – spätestens in Stambul kaiserliche Formen an. Man war schließlich und endlich jemand geworden, vereinigte bald den ganzen sunnitischen Orient unter seiner Herrschaft und »hatte es«, um es ganz einfach zu sagen. Der Kilardschibaschi forderte die benötigten Geldmengen beim Hofschatzmeister an, der griff in die vollen Geldschränke, und wenn die sich zu leeren drohten genügte ein Ferngespräch – pardon, das ist ein Irrtum – eine Bedarfszuweisungsanforderung an den Defterdarbaschi. Das Schlimme war, daß man Lebensstil und Verfahrensweise auch beibehielt, als man »es nicht mehr hatte«: Der Bedarf des Hofes behielt seinen Vorrang, die Soldzahlungen für Truppen und Beamte gerieten ins Stocken, die nahmen ihre Zuflucht zu Erpressungen oder ließen sich willig bestechen, und das System verrottete ebenso rasch wie gründlich.

Allein was immer auch geschah – zur alten osmanischen Schlichtheit fand man nicht mehr zurück, sondern im Gegenteil: Je mehr das Reich verfiel, desto prächtiger und aufwendiger wurde die Hofhaltung. Ehe wir nun in Gedanken zur Damnatio schreiten und uns über die Dummheit und Verbohrtheit des altgewordenen osmanischen Systems mockieren, sei daran erinnert, daß zwischen hohen, eine außerordentliche aufwendige Lebensführung ermöglichenden Einnahmen einer physischen oder juristischen Persönlichkeit und deren eminenter Tüchtigkeit im Erwerbsleben nach einem wenn nicht allgemeinen, so doch weitverbreiteten und tiefverwurzelten Glaubensartikel ein notwendiger Kausalzusammenhang besteht. Es soll – dem Vernehmen nach – in unserer modernen und mit genauestens ermittelten Statistiken, mit scharfsichtigen Analysen und einwandfrei belegten Prognosen, kurz der ganzen Phraseologie der Wirtschaftswissenschaften überfütterten Welt Demokratien geben, die ihren Berufpolitikern Traumgagen bezahlen, um in ihren Bürgern die Überzeugung von deren Tüchtigkeit und Nützlichkeit zu erwecken und zu erhalten, was ja nun doch kaum zu glauben ist. Sollte man es aber für möglich halten, vielleicht weil man meint, daß auch Höchstbezüge auf irgendeine Weise rational begründbar sein müssen, darf man sich über die Aufführung des späten Osmanischen Reiches nicht wundern: Je glanzvoller und pompöser der Hof des Großherrn über dem Volke thronte, je mehr Geld er auf die unsinnigste Weise zum Fenster hinauswarf, desto mehr waren die Eseltreiber und die Melonenverkäufer, die Wasserträger und die Scherenschleifer, die Flickschuster und die Kaffeesieder in Stambul und Damaskus, in Bagdad und Edirne, in Saloniki und in Basra davon überzeugt, daß ihr Großherr ein wirklich großer Herr in dieser Welt sei. Und diese Überzeugung war von unerhörter Bedeutung, gerade in einem Zeitalter, als schon das Auftreten eines bloßfüßigen Hammeldiebes mit ein paar handfesten Spießgesellen in irgendeiner der wilden, vergessenen Schluchten des Balkan das Reich ernsthaft zu erschüttern vermochte, denn nur aus dieser Überzeugung der Masse der Bevölkerung fand es die Kraft, sich durch das späte achtzehnte und das neunzehnte Jahrundert weiterzuschleppen.

Zum Chasinedarbaschi ist noch ergänzend zu sagen, daß die Einnahmen der Hofschatzmeisterei nicht nur aus den vom Defterdarbaschi überwiesenen Geldmitteln kamen, sondern daß die Sklaven und Sklavinnen niedrigen Ranges dazu angehalten wurden, nicht nur Lebensmittel, sondern auch andere Gebrauchsgüter zu produzieren, was zu manchen Zeiten Produktionsüberschüsse erbrachte, die auf den Markt geworfen wurden. Die Verkaufserlöse flossen dem Hofschatz zu; sie werden ab und zu zwar sicherlich erheblich gewesen sein, waren meistens jedoch kaum nennenswert. In der Blütezeit des Reichs spielte dies keine Rolle, aber in der folgenden Periode wäre es sicherlich wünschenswert gewesen, wenn der Hof nicht nur als überdimensionierter Konsument, sondern auch als zielstrebig arbeitender Produzent in Erscheinung getreten wäre.

Die letzte »Säule des Hofes« begegnet uns im Serailbaschi, häufig mit »Burgvogt« übersetzt, der aber doch treffender als Palasthauptmann bezeichnet werden soll, auch wenn das Serail ein ausgedehnter, von der Umwelt sorgfältig abgehobener Komplex von Gebäuden, Gärten und Parkanlagen und zumindest zu kurzzeitiger militärischer Verteidigung im Falle von Unruhen geeignet war. Der Serailbaschi war der verantwortliche Leiter der Serailverwaltung, wobei diese für sämtliche großherrlichen Paläste nicht nur in Stambul, sondern auch in Edirne, Brussa und wo sonst auch immer zuständig war. Pflege und Erhaltung der Baulichkeiten, der Grünflächen, Bewässerungsanlagen und des sie umgebenden Mauerwerks fielen ebenso in seine Kompetenz wie die Sicherheit des Hofes und vor allem des Sultans, und er hatte zu diesem Behufe die Palastwachen unter sich, die nicht zur Armee, sondern zum Hofdienst zählten und Truppenkörper eigener Art waren, auch wenn der Übertritt von diesen zur Reichsarmee – und wohl auch umgekehrt – zumindest für Offiziere möglich war. Die Palastwachen waren für den Dienst im Palastareal spezialgeschult; ihnen oblag der Schutz der Paläste und des in ihm untergebrachten Hofes, namentlich, wie oben gesagt, des Großherrn, dies aber nur, solange er im Palaste weilte. Zog er beispielsweise, wie es ursprünglich üblich war, ins Feld, so unterfiel er dem Schutz der Garden, von denen im Anschluß gesprochen wird.

Von den Palastwachen ist nicht mit Sicherheit zu sagen, ob sie aus Sklaven oder angeworbenen Freien bestanden; wenn hier die Meinung vertreten wird, daß die Truppenangehörigen vermutlich keine Sklaven, sondern freiwillig Eingetretene waren, so ist das strenggenommen so wenig erweislich wie es die gegenteilige Behauptung wäre und mehr eine rein intuitive Einschätzung der Lage. Genauer weiß man hingegen über Aufgabenstellung und Grundzüge der Organisation Bescheid, und es sei gestattet, diese wieder in einer Übersichtsskizze darzustellen:

Abb. 3

Gemeinsamer Kommandeur: Serailbaschi als Palasthauptmann		
Innere Wache: Kapidschi	Bezeichnung	Äußere Wache: Bostandschi
Kapidschibaschi	Truppenführer	Bostandschibaschi
Agas	Offiziere	Agas
Aufrechterhaltung der Ordnung im Serail und den Hofräumen; Bewachung der Tore	Aufgabenbereich	Aufrechterhaltung der Ordnung in den Gärten und Parkanlagen; Bewachung der Außenmauern; Bemannung der zum Hofe gehörigen Barken und Galeeren.
Uskuf: Goldmütze von eigenartiger Form	Kennzeichnendes Kleidungsstück mit Uniformfunktionen	Bareta: Rote Mütze mit ballonartig herabhängendem Kopfteil – Urform des heutigen Baretts

Die Zahlenstärke beider Wachkörper schwankte, wie wir es ähnlich bei den Ortas der Janitscharen gesehen haben, im Untersuchungszeitraum erheblich;

286

im sechzehnten und siebzehnten Jahrhundert darf sie mit je etwa 300 bis 500 Mann angenommen werden.

Den eigentlichen »Dienst um die Person des Herrschers« besorgten die drei »Kammern«, von denen die
- Bujukoda → Große Kammer und
- Kutschukoda → Kleine Kammer

sogenannte Pagenkammern waren, in denen die Zöglinge der Enderun eine praktische Ausbildung im Hofdienst erhielten. Sie durften in der »Wäschekammer« die vorhandenen Kleidungsstücke kontrollieren und die passenden Gewänder für zermonielle Anlässe bereitlegen, sie durften in der Hofschatzmeisterei die eingehenden Münzmengen nachzählen, sie durften dem Großherrn beim Essen aufwarten und ihm, wenn ihm der Sinn danach stand, schöne Lieder vorsingen – sie waren also ebenso Hilfsorgane der verantwortlichen Funktionäre des Hofdienstes wie eine Art Sängerknaben.

Die dritte Kammer, Chasoda → Innere Kammer bestand aus
- dem Chasodabaschi, dem Oberkämmerer,
- dem Silihdar, dem »Waffenträger«, richtiger Waffenmeister, der für die persönlichen Waffen des Großherrn verantwortlich war, häufig aus dem Stand der Berufsoffiziere kam und in diesem Falle etwas wie der höchstpersönliche Adjutant des Sultans gewesen ist,
- dem Ersten Kammerdiener, der für die Bekleidung des Großherrn zu sorgen hatte, und
- dem Ersten Steigbügelhalter, der mit dem Silihdar zur Suite des Großherrn gehörte, wenn dieser den Palastbezirk verließ.

Die Angehörigen dieses persönlichen Gefolges wurden als die »Agas des Steigbügels« bezeichnet; außer den beiden genannten Mitgliedern der Chasoda gehörten folgende Würdenträger dazu:
- Der Mir alem → Standartenträger,
- vier Offiziere der Kapidschi,
- zwei Mir achori → Stallmeister,
- vier Hofjägermeister, und zwar
  ☐ zwei Hoffalkenmeister,
  ☐ ein Hofsperbermeister und
  ☐ ein Hofgeiermeister, bei welcher Bezeichnung sich jedoch wohl ein Irrtum oder Übersetzungsfehler eingeschlichen haben muß, da Geier auch von den Osmanen nicht zur Beizjagd verwendet werden konnten.

Die »Agas des Steigbügels« bildeten das sozusagen zivile Gefolge bei Festumzügen, Paraden und ähnlichen Anlässen; gemeinsam mit den »Agas des Heeres«, dem bei diesen Veranstaltungen in Erscheinung tretenden militärischen Gefolge, wurden sie die »Äußeren Agas« genannt.

Die Agas des Heeres waren
- der Janitscharenaga,

- der Kethüda der Janitscharen,
- die Kommandeure der Gardekavallerieregimenter und
- die Generalinspekteure und Befehlshaber der eigenen Truppenkörper bildenden Waffengattungen der Reichsarmee, und zwar
  ☐ der Topdschibaschi → General der Artillerie,
  ☐ der Dschebedschibaschi → General der »Waffenschmiede«, die Kreutel als »Arsenaltruppe« bezeichnet und die eine Art Feldzeugtruppe war.
  ☐ der Toparadschibaschi → General der Traintruppe, die nur die besoldeten Teile der Reichsarmee zu versorgen hatte und
  ☐ der Mechterbaschi oder Otadschibaschi, der Befehlshaber der »Zeltaufschlägertruppe«, worunter man sich eine Art Generalquartiermeister mit eigenen Verbänden vorzustellen hat

oder anders gesagt alle jene, die zum Kriegsministerium des Janitscharenagas gehörten.

Die Gardekavallerieregimenter hatten sich aus der berittenen turkmenischen Gefolgschaft Sultan Osmans entwickelt, die vorwiegend aus den Söhnen der Familienoberhäupter gebildet worden war. Sultan Orkhan behielt diese Einrichtung bei und nahm in seine Gefolgschaft vor allem jene Söhne der Za'ims und Timarioten auf, die nicht als Nachfolger im Lehen in Frage kamen. Die Mitglieder dieser Gefolgschaft wurden daher auch Sipahoglane → die Söhne der Lehensreiter, genannt; als aus der relativ lose gegliederten Gefolgschaft ein festgefügter Kavallerieverband mit systemisierten Planstellen, fixer Besoldung, eigenen Unteroffizieren und Offizieren wurde, ließ man das angefügte Hauptwort »Söhne« aus der Truppenbezeichnung weg und nannte den Verband Sipah, womit sich der »Reiter« im osmanischen Heerwesen in zweifacher Bedeutung findet, einmal für die Angehörigen der Lehensreiterei, das andere Mal für das erste und vorläufig einzige Gardekavallerieregiment.

Das Regiment war ein berühmter und nobler Verband, in den wesentlich mehr junge Leute eintreten wollten, als Aufnahme finden konnten. Das führte dazu, daß man eine eigene Nachwuchsorganisation gründete, in die Söhne von Lehensreitern aufgenommen wurden, wenn sich ein Regimentsangehöriger fand, der für ihren Unterhalt und ihre Ausbildung sorgen wollte. Dafür waren sie ihrem Sipah persönliche Dienstleistungen aller Art, von allem die Pflege seiner Waffen und Pferde, schuldig. Der Sipahanwärter wurde Silihdar, Waffenträger, genannt – genau wie der Silihdar des Großherrn, der Mitglied der Inneren Kammer war. Das Verhältnis des Sipah zu seinem Silihdar entsprach ungefähr dem eines Ritters zu seinem Schildknappen, doch war der Sipah Teil eines im ständigen Waffendienst stehenden Truppenkörpers und einer strengen militärischen Disziplin unterworfen.

Bei irgendeiner Gelegenheit, wobei zumeist ein Krieg des Sultan Mechmed oder des Sultan Soliman gegen Ungarn genannt wird, wurde in einer entscheidenden Phase einer Schlacht das Gardekavallerieregiment aufgerieben. Eine Abordnung der Silihdare, die das Geschehen aus sicherer Entfernung beobachtet hatten, warf sich dem Sultan zu Füßen und beschwor ihn, an Stelle ihrer Herren deren Kampfauftrag erfüllen zu dürfen, um diese zu rächen und dem Reich einen Dienst zu erweisen. Der Großherr gestattete es im Drange des Geschehens, denn die Schlacht stand nicht günstig für ihn. Der schwungvolle Angriff der tapferen Nachwuchskrieger jedoch brachte ihm den Sieg, und da diese solcherart Mut und Kriegstüchtigkeit unwiderleglich demonstriert hatten, belohnte sie der Sultan noch am Schlachtfeld, indem er den bisherigen Knappenverband zu einem neuen Gardekavallerieregiment erhob, dem er den Namen Silihdar verlieh.

Die Regimenter → Buluks Sipah und Silihdar waren die vornehmsten Verbände des gesamten osmanischen Heeres; sie wurden stets mit 1 000 Mann Sollstärke präsent gehalten und unterschieden sich äußerlich durch die Regimentsfarben, in denen die Regimentsstandarten und die Wimpel der Lanzen gehalten waren. Die Regimentsfarben waren bei
- Sipah gelb,
- Silihdar rot,
und der Brauch, bewimpelte Lanzen wie die osmanische Gardekavallerie zu tragen, wurde ins europäische Kriegswesen übernommen und erhielt sich bei der lanzenführenden leichten Reiterei – bekanntestes Beispiel die Ulanen, von deren Herkommen aus dem orientalischen Kriegsvolk in anderem Zusammenhang im zweiten Band gesprochen werden wird – bis in das zwanzigste Jahrhundert.

Neben diesen beiden Eliteregimentern, die nur mit dem Großherrn, später auch mit dem Großwesir ins Feld zogen, gab es die aus ursprünglich nichtreichszugehörigen Moslems, vor allem den bereits islamisierten Kaukasusvölkern, aus sunnitischen Kurden und Arabern rekrutierten Gardekavallerieregimenter
- Sol Gureba → Fremdreiter des linken Flügels, Regimentsfarbe Weiß,
- Sag Gureba → Fremdreiter des rechten Flügels, Regimentsfarbe Grün,
- Sol Ulufeschi → Soldreiter des linken Flügels, Regimentsfarben Weiß-Gelb,
- Sag Ulufedschi → Soldreiter des rechten Flügels, Regimentsfarben Weiß-Rot,
die im Frieden nur als Kadertruppen in Stärke von maximal je 500 Mann bestanden und erst im Mobilmachungsfall durch Werbungen aufgestockt wurden, wobei der Sollstand ebenfalls je 1 000 Mann betrug. Sie dürften älter gewesen sein als das Gardekavallerieregiment Silihdar und behielten die Traditionsbezeichnungen bei, als die Völkerschaften, aus denen sie zumeist bestanden, schon längst zum Osmanischen Reiche gehörten.

Von den in eigenen Truppenkörpern zusammengefaßten Waffengattungen ist die der Dschebedschi, der Waffenschmiede, die älteste. Sie bestand wahrscheinlich schon unter Sultan Orkhan und wurde ursprünglich in der Tat aus Schmieden rekrutiert, aus denen eine mobile Waffenwerkstätte gebildet wurde, die auf den Feldzügen nicht nur die notwendigen Reparaturen durchzuführen, sondern auch den laufenden Bedarf an Geschossen, namentlich Pfeilen, zu befriedigen hatte. Als kurz vor 1450 Sultan Murad die Truppenerprobung der aus dem ungarischen Kriegswesen bekannten Feuerwaffen befahl, waren die Dschebedschis die vorwiegend damit Betrauten, und als sein Nachfolger Mechmed II. die Aufstellung von Artillerieverbänden anordnete, deren Geschütze von meist ungarischen und venezianischen Geschützgießern, denen im Osmanischen Reich ideale Arbeitsbedingungen geboten wurden, hergestellt worden sind, wurden die Dschebedschis zu deren eifrigen Lehrlingen und bald schon Gehilfen. Der Leistungsstand der mobilen Waffenwerkstätte war damals erstaunlich hoch; Sultan Mechmed, der dem technischen Fortschritt sehr aufgeschlossen gegenüberstand, konnte so auf dem Feldzug in Bosnien den Geschützpark der Heeres an Ort und Stelle unter Benützung des aus den bosnischen Eisengruben geförderten Materials herstellen lassen, und wenngleich die Fertigung selbst vermutlich durch ausländische, genauer gesagt westchristliche Spezialisten durchgeführt wurde, so waren doch die vorbereitenden und ergänzenden Maßnahmen und die Hilfsarbeiten Sache der Dschebedschis. Mit zunehmender Pioniertätigkeit vor allem im Kampf um feste Anlagen wurde die Produktion und Bereitstellung des Belagerungsgerätes eine weitere Aufgabe von entscheidender Bedeutung, die den Dschebedschis zufiel, und in den Kriegen des sechzehnten und siebzehnten Jahrhunderts war aus der Truppe der Waffenschmiede die Feldzeugtruppe der Reichsarmee mit umfassender Zuständigkeit und Verantwortlichkeit auf dem Sektor der materiellen Logistik geworden, die nun allerdings den Fortschritt der Kriegstechnik längst nicht mehr so vollendet repräsentierte wie in den Tagen Sultan Mechmeds. Die nach Wissen des Verfassers zuerst von Kreutel verwendete Bezeichnung Arsenaltruppe gibt den globalen Aspekt der Verantwortlichkeit für die Feldausstattung der Reichsarmee zutreffender wieder als die ursprünglich sicher richtige, bloße Übersetzung des Wortes Dschebedschi als Waffenschmied, weswegen sie im Rahmen dieser Abhandlung Verwendung findet.

Wie oben bereits gesagt, war der technikfrohe Sultan Mechmed der eigentliche Schöpfer der Artillerie des osmanischen Heeres, wobei die Herstellung des Geschützparks zumindest zunächst unter der Leitung abendländischer Fachkräfte, die unter den Kriegsgefangenen sorgsam ausgewählt, seltener durch Mittelsmänner im Westen angeworben wurden, erfolgte, deren Tätigkeit ganz zweifellos durch die abendländischer Instruktionsoffiziere ergänzt wurde, deren Rekrutierung auf nämliche Weise erfolgte. Es ist daher nicht verwunderlich, daß die Entwicklung des orientalischen Artilleriewesens durchaus der des abendländischen folgte, und daß sich Sultan Mechmeds Glauben an den kombattanten Fortschritt im Willen zur Produktion der »Wunderwaffe«, des gewaltigen, alles zermalmenden Supergeschützes manifestierte, die der Wunschtraum der großen Kriegsherrn wie der Waffentechniker seit altersher ist. Mechmed fand den Mann, der ihm seinen Traum im Rahmen des Möglichen verwirklichte in einem ungarischen, wahrscheinlich aber deutschen Techniker in ungarischen Diensten, der Orbás → Urban hieß und für ihn etwas wie Alfred Krupp und Wernher von Braun in einer Person war. Dieser Orbás baute speziell für die geplante Belagerung von Konstantinopel ein wahres Monstrum von Kanone, die Geschosse mit einem Gewicht von zwölf Zentnern verfeuerte, wobei allerdings nicht ganz klar ist, ob als Zentner die österreichische – mit einhundert Kilogramm – oder die schon in Bayern übliche deutsche Gewichtseinheit – mit einhundert Pfund – gemeint ist. Das Riesengeschütz war, wie alle überdimensionierten Feuerwaffen bisher, von fraglichem Wert: Zu seiner Bedienung, worunter auch das Instellungbringen zu verstehen ist, waren nicht weniger als siebenhundert Mann erforderlich, und für den Transport – in zerlegtem Zustand, mit eigenem Rohrwagen – waren mindestens einhundert Paar Ochsen notwendig. Der Transport war, von wenigen Ausnahmen abgesehen, nur auf eigens gebauten Wegen und über eigens gebaute Brücken möglich, da das Gewicht der einzelnen Teile die üblichen Maximalgewichte erheblich überschritt, und auch die Beschaffung der Steinkugeln muß überaus problematisch gewesen sein, selbst wenn die einzelne »nur« zwölfhundert Pfund gewogen hat. Da der Erfolg in keine vernünftige Relation zum enormen Aufwand zu bringen war, blieb Sultan Mechmeds »Wundergeschütz« ein Unikat, das auch nur bei der Belagerung Konstantinopels zum Einsatz kam und danach zum höchst bemerkenswerten und vielbestaunten Schauobjekt wurde.

Der große Fortschritt im Artilleriewesen bahnte sich an, als metallgefertigte Geschosse an Stelle der Steinkugeln verfeuert wurden, deren Wirkung erheblich größer war und die daher kleiner dimensioniert werden konnten, ohne an Vernichtungskraft zu verlieren. Wir werden uns im dritten Band mit der abendländischen Entwicklung eingehend zu befassen haben und wollen dem hier nicht vorgreifen; zu bemerken ist jedoch, daß die osmanische Artillerie auch hier dem abendländischen Vorbild folgte. Zunächst wurde zwischen
- Festungsartillerie und
- Feldartillerie

unterschieden, und bald kam der indirekte Schuß aus verdeckter Stellung auf, so daß nun auch zwischen
- Kanonen zum direkten Schießen und
- Mörsern zum indirekten Schießen

unterschieden wurde. Im siebzehnten Jahrhundert schossen die Mörser durchgehend nicht mehr mit Vollkugeln, sondern mit pulvergeladenen Hohlkugeln, die Bomben genannt wurden, womit man im Abendland schon zu Beginn des sechzehnten Jahrhunderts zu experimentieren begonnen hatte.

Im siebzehnten Jahrhundert stagnierte die Entwicklung hinsichtlich der Arten der in Verwendung stehenden Geschütze; ein paar Geschütztypen hatten sich durchgesetzt, und die Konstrukteure setzten ihren Ehrgeiz in die Verbesserung der Standardwaffen, besonders hinsichtlich
- Feuerfolge,
- Einsatzschußweite und
- Beweglichkeit.

Im osmanischen Heer gab es folgende Geschützarten:

Abb. 4

Bezeichnung	Geschoßgewicht	Verwendung
Balyemez	10—40 Okka	Festungsartillerie; selten auch bei Belagerung von Großfestungen verwendet.
Kolumbrine	3—9 Okka	Weitschießende schwere Feldkanonen, den »Feldschlangen« der abendländischen Artillerie vergleichbar.
Schahi	unter 3 Okka	Leichte Feldkanonen, oft in der Art der »Regimentsstücke« der abendländischen Truppen eingesetzt.
Mörser, Bombarden	großkalibrige Steilfeuerwaffen geringer Einsatzschußweite, Kaliber nicht nach Geschoßgewicht bestimmt.	Im Kampf um feste Anlagen zum Überschießen der Deckungen; für den Angreifer schwierig in Schußdistanz zu bringen.

Die Okka ist die im Osmanischen Reich übliche Gewichtseinheit und entspricht 1,28 kg.

Da der Einsatz der Festungsartillerie als der entscheidende Teil des Verteidigungskampfes angesehen wurde, was objektiv betrachtet durchaus nicht unbegründet ist, fiel – wie bereits erwähnt – dem Topdschibaschi im Frieden auch das Amt eines Generalinspekteurs für die Reichsfestungen zu, das ihn schon allein wegen der Schwierigkeit und Langwierigkeit der unbedingt nötigen Besichtigungsreisen stark beanspruchte. Seine Tätigkeit in der zentralen Kommandostelle wurde während dieser Zeit von seinem Kethüda wahrgenommen, was zu einem ähnlichen Verhältnis führte, wie es im Janitscharenkorps durch die Beauftragung des Janitscharenagas mit den Belangen eines Kriegsministers dargestellt wurde. Auch im Artilleriewesen war also in Friedenszeiten der Stellvertreter des eigentlich kommandoführenden Generals die entscheidende Persönlichkeit, die vor allen Dingen die Ausbildung und Weiterbildung der Topdschis aller Dienstränge und die ständige Wartung des vorhandenen Materials zu überwachen hatte.

Die Bespannung der Geschütze bestand grundsätzlich aus Ochsen; die Topdschis waren eine Fußtruppe, doch darf angenommen werden, daß zumindest die Offiziere beritten waren. Unklar ist, ob die Bespannungen für den Transport des Geschützparks zuzüglich des Fahrpersonals zur Artillerietruppe gehörten und wie die Topdschis auch im Frieden ständig präsent gehalten wurden, oder im Kriegsfalle vom Toparadschibaschi abzustellen waren, was die billigere und daher wahrscheinlichere Lösung ist.

Bedenkt man, daß die Truppe des Toparadschibaschi selbst nur eine Kadertruppe war, die im Kriegsfalle durch

- Anmietung von Gespannen und Fuhrpersonal aus der Moslembevölkerung und
- Stellung von Gespannen und Fuhrpersonal aus den im Vojnuk zusammengefaßten Teilen der christlichen Reichsbevölkerung, dessen Mitglieder Vojnikis → Krieger genannt wurden und von der für christliche Untertanen üblichen Kopfsteuer → Dschesije befreit waren,

aufgefüllt wurde, kann man fast als gewiß annehmen, daß die Transportmittel für die Feldartillerie in der nämlichen Weise aufgebracht wurden.

Vermutlich wurde die Traintruppe, die für den gesamten Transportbedarf – einschränkend gesagt: Den Transportbedarf zu Lande – der Reichsarmee zuständig war, erst im Nachhang zur Aufstellung der Artillerietruppe notwendig, zumal diese zeitlich ungefähr mit dem Beginn wirklich großräumiger Kriegführung zusammenfällt, denn die früher üblichen Reiterzüge waren ohne kompliziertes und aufwendiges Transportsystem durchgeführt worden. Mit der Einführung »schwerer Waffen« und der damit verbundenen und sehr erheblichen Erweiterung der Aufgaben der Arsenaltruppe änderte sich dies, und die »Heerestransporttruppe«, der Train der Reichsarmee, wurde zu einem der wichtigsten Elemente der osmanischen Kriegführung. Ob die zeitweise hochentwickelte militärische Flußschiffahrt, von der wir im zweiten und dritten Band zu sprechen haben, und die zumindest teilweise für die Lösung von Transportproblemen verwendet wurde, bezüglich der dafür bestimmten Schiffseinheiten dem Toparadschibaschi unterstand oder nicht, kann nicht gesagt werden.

Auch wenn der Torparadschibaschi einer der ranghöchsten Generäle des gesamten Kriegswesens war und eine der wichtigsten Funktionen innegehabt hat, war er insgesamt in einer wenig beneidenswerten Stellung, weil ihm zur Lösung seiner Gesamtaufgabe doch nur ein unzureichendes Instrumentarium zur Verfügung stand.

Dies läßt sich ebensogut vom Mechterbaschi behaupten, dem General der »Zeltaufschlägertruppe«, der für die Wahl der Lagerplätze der Feldarmee und deren Installierung verantwortlich war. Dem Generalquartiermeister, wie wir ihn nennen, stand zwar gewiß ein gutgeschulter Stab zur Verfügung und auch das vorhandene »Kartenmaterial«, allein dieses war kläglich und unzureichend und gab nicht einmal ein zutreffendes Bild von allen Provinzen des eigenen Reiches. Da außer der zahlenstarken Lehensreiterei auch noch andere

Truppen auf Selbstverpflegung angewiesen waren, mußten die Lagerplätze so gewählt werden, daß diesen der Ankauf von Lebensmitteln möglich war, und ganz abgesehen davon mußte das heikle Problem der Wasserversorgung gelöst werden, zumal an den großen Feldzügen nicht nur mehr als hunderttausend Kombattanten, sondern auch mindestens halb so viel Reit-, Trag- und Zugtiere teilnahmen, deren Wasserbedarf zu sichern gerade im orientalischen Sommer alles eher als einfach war.

Dabei war auch seine Truppe eine Kadertruppe, die im Kriegsfall aufge-·stockt wurde. Sie ergänzte sich durch freie Werbung, die sich vorwiegend an jene Bevölkerungsgruppe richten mußte, die sonst von niemanden in Anspruch genommen wurde: Den großstädtischen Pöbel, der von den Offizieren und Unteroffizieren des Kaders gewiß nur unter Anwendung schärfster Maßnahmen so halbwegs in Zucht und Ordnung gebracht und zu wenigstens etwas Ähnlichem wie gedeihlicher Arbeit angehalten werden konnte. Auch die Aufgabe des Mechterbaschis war schwer und undankbar, und sich auszuzeichnen hatte er keine, aber für alle möglichen Mißstände zum Verantwortlichen gestempelt zu werden unzählige Möglichkeiten.

Ehe wir nun das Kapitel über das Ämterwesen und die damit in unlösbarem Zusammenhalt stehende Heeresverfassung und Truppengliederung schließen, müssen noch zwei eigenartige Truppenkörper erwähnt werden, von denen der eine jedenfalls außerhalb der Reichshierarchie stand und schon zu Orkhans Zeiten in Erscheinung trat, während der zweite erst seit dem fünfzehnten Jahrhundert bekannt ist, und zwar
– die »Sturmreiterei« der Akindschis und
– das »Generalstabskorps« der Müteferrika.

Was die Akindschis betrifft, so waren sie freiwillige leichte Reiter, die auf eigene Kosten an den Kriegen teilnahmen. Sie dienten also, genau wie die Lehensreiter, ohne Anspruch auf Sold und selbst auf Verpflegung; sie hofften, die Auslagen durch die gemachte Beute hereinzubekommen und entweder bei der nächsten Landverteilung ein Reiterlehen zu erhalten oder auch, was allerdings nur selten gelungen sein wird, den Sprung in einen besoldeten Truppenteil zu schaffen. Zumindest zu Anfang waren sie fast durchgängig Söhne von Lehensleuten, die im Erbwege voraussichtlich nicht zum Zuge kommen konnten und in die Gardekavallerie keine Aufnahme gefunden hatten, doch wurde die Rekrutierungsbasis im Lauf der Entwicklung immer gemischter, ohne daß vom Prinzip des Kriegsdienstes auf eigene Kosten abgegangen worden wäre.

Der Aufstellungsvorgang war der, daß bei Mobilmachung des Heeres der Großherr einen Führer der Sturmreiterei, den Akindschi Beg, bestellte, dem Anwerbung, Organisierung und Führung der Truppe zukam. Die »Truppe der Lehensanwärter« war auf waghalsige Aktivitäten des Kleinen Krieges spezialisiert: Als Vorhuten oder detachierte Reiterkorps brachen sie tief in das Land des Feindes ein und bedrohten in überraschenden Aktionen seine rückwärtigen Dienste und Verbindungslinien. Die Raschheit ihrer Bewegungen machte sie ebenso wie ihre ungezügelte Raubgier zum Schrecken des Gegners, der sie die »Senger und Brenner« nannte, auf deren Konto die meisten jener Taten zu buchen sind, die den schlechten Ruf des osmanischen Kriegsvolkes im Abenland begründet haben. Häufig operierten sie gemeinsam mit dem Kontingent der Krimtataren, deren Khan unter den im zweiten Band erörterten Umständen zum heerfolgepflichtigen Tributärfürsten des Großherrn geworden war und das sie an Raublust womöglich noch übertraf.

In der Feldschlacht stellten die Akindschis die berittenen Plänkler des Vordertreffens; dem Kampf gegen gefechtsbereite Heeresteile wichen sie als faktisch chancenlos aus, waren aber vermöge der sehr hohen Mobilität auch auf dem Gefechtsfeld vor allem in der Phase der Entfaltung des gegnerischen Heeres, die gerade im sechzehnten und siebzehnten Jahrhundert relativ lange Zeit in Anspruch nahm, gefährlich. Noch vortrefflicher eigneten sie sich zur sofort einsetzenden Verfolgung des eine Absetzbewegung vollziehenden Gegners, was denn auch der Hauptgrund dafür gewesen sein mag, daß es abendländischen Truppen äußerst selten gelang, sich vom Feinde zu lösen: Eine Schlacht gegen die Osmanen war daher immer eine Sache auf Sieg oder Untergang, und nur in Ausnahmefällen konnte sich die geschlagene Armee der völligen Vernichtung entziehen.

Das Korps Müteferrika war ein nur aus Offizieren gebildeter, etwa fünfhundert Mann starker Truppenkörper, der nach unseren Vorstellungen etwa in der Mitte zwischen dem preußischen Generalstab in der Prägung Moltkes und der Nobelgarde des Papstes anzusiedeln wäre. Einerseits leisteten die Müteferrikas repräsentativen Wachdienst bei zeremoniellen Anlässen, wobei sie stets mit großem Prunk in Erscheinung traten – und andererseits waren sie, wie es Kreutel ausdrückt, eine Art »Reichsadjutanten« des Großherrn, die in wichtigen militärischen Angelegenheiten Kurierdienste leisteten, Nachrichten einzogen und auswerteten und bei der Planung und Vorbereitung von Operationen entscheidend mitwirkten. Die Offiziere des Nobelkorps unterhielten eigene, kleine Gefolgschaften von bewaffneten Sklaven, was den Schluß nahelegt, daß sie sich in günstigen Vermögensumständen befanden, und sie setzten sich aus zwei Gruppen zusammen, die wir als die der

– Protektionskinder und
– Aufsteiger

bezeichnen können.

Zur ersten Gruppe gehörten die Söhne von Großwürdenträgern, Tributärfürsten und anderen Angehörigen der Prominenz, für die man repräsentative Sinekuren geschaffen hatte; man nannte sie Vacibürri aye → »die zu Berücksichtigenden« und stattete sie mit eigens ihnen vorbehaltenen Lehen, die nicht vererblich waren, aus. Sie waren die Repräsentativwachen bei feierlichen Empfängen und ähnlichen Anlässen, behüteten ganz formell im Frieden den Hofschatz und im Kriege Feldzeichen und Standarten des Hauptquartiers, wenn der Großherr oder der Großwesir am Feldzuge teilnahm, und blieben andernfalls daheim.

Die zweite Gruppe bestand aus jungen, hervorragenden Offizieren, die Soldempfänger waren und deren Dienst weit weniger gemütlich, weil keineswegs auf formales Tun beschränkt war. Sie leisteten Stabsarbeit und Kurierdienst, sie berieten die politische Reichsspitze in militärischen Belangen, und sie machten das, was man unter militärischer Karriere versteht, oder wurden – zumindest nach Mechmed Paschas aus Köprü Reform – auch in der Provinzialverwaltung in herausragender Stellung beschäftigt. Einer von ihnen, ein gewisser Kara Mechmed, wird uns im dritten Band wiederholt begegnen; ursprünglich Offizier der Bostandschi wird er Müteferrika, bald darauf Beglerbegi von Rumelien und 1665 Großbotschafter des Sultans am Kaiserhof, dann Wesir und Beglerbegi von Diyarbekir, Heerführer im Krieg gegen Polen, Führer der Vorhut des osmanischen Heeres beim Angriff auf Wien 1683 – und ist im Jahre darauf als Beglerbegi von Magyaristan bei der Verteidigung von Ofen → Buda → Budyn (heute Budapest) gefallen.

Die vorweggenommene Skizzierung seiner Karriere zeigt ein sehr wesentliches Element des osmanischen Staatsdienstes, das schon kurz dargestellt wurde und an das hier erinnert sein soll: Die strenge Unterscheidung zwischen der Laufbahn des höheren Verwaltungsbeamten und des Offiziers fehlte. Der Absolvent der Enderun konnte heute zum Defterdar einer Provinz ernannt werden, in zwei oder drei Jahren als Sandschakbeg verwendet, dann Hofstallmeister, dann Kapudan Pascha, dann Kethüda der Janitscharen, dann Beglerbegi: Man erwartete von ihm, daß er die Voraussetzung für jedes Amt mitbrachte. Die ständige Rotation vor allem in den Spitzenpositionen der Provinzialverwaltungen zielte wohl darauf ab, das Aufkommen einer Art »Hausmacht« der Großwürdenträger mit allfälligen Separationsgelüsten zu verhindern, wie dies oftmals und vermutlich nicht ohne triftigen Grund behauptet wird. Sicherlich diente der häufige Verwendungswechsel aber auch dazu, den Männern, die Wesire oder Großwesire wurden, eine möglich vielfältige Empirie in allen Sparten des staatlichen Seins zu vermitteln, was sich als durchaus zweckmäßig erwies, denn das osmanische System bewährte sich für ein rundes Vierteljahrtausend hervorragend – und das ist für eine soziale Organisationsform eine beachtliche Zeit, wie uns erschreckend bewußt wird, wenn wir bedenken, wie sehr und wie oft sich unser Staat seit 1750 gewandelt hat.

5. Kapitel:
Der neue Stand im Sultanat:
Die Gelehrten

Die für uns an ganz andersgeartete Verhältnisse Gewöhnte höchst erstaunliche Tatsache, daß das Osmanische Reich kein Gesetzgebungsrecht in Anspruch nahm, da das Gesetz eine auf dem Willen Allahs beruhende, vorgegebene und menschlicher Machbarkeit entrückte Größe ist, wurde im vorangehenden Kapitel eingehend besprochen, wobei wir auf die nicht minder erstaunliche Tatsache stießen, daß sich der Staat grundsätzlich jeglicher Einmengung in die Anwendung der im göttlichen Willen verwurzelten Normen im Wege der Gerichtsbarkeit enthielt und diese dem Stande der Gelehrten vorbehalten blieb, der außerhalb der staatlichen Hierarchie existent war. Diesem Stande, den wir als Instrument der Rezeption des islamischen Rechts und der fortdauernden Anwendung desselben erkannt haben, wollen wir nun unsere Aufmerksamkeit zuwenden, wobei wir die Konzentration unseres Interesses vorwegnehmend betonen; diese ist für die notwendige Differenzierung entscheidend, denn die ganze Bandbreite der Wissenschaften im Sinne unseres Verständnisses ist nicht Objekt unserer Betrachtung. Der Bereich der Naturwissenschaften, die im islamischen Kulturkörper sehr wohl gepflegt wurden und dem abendländischen Erkenntniswillen entscheidende Impulse vermittelten, zudem namhafte Teile der wichtigsten Ergebnisse der Gelehrsamkeit der Antike zuspielten, bleibt außerhalb des für uns hier entscheidenden Rahmens.

Die Gelehrten, denen unser Interesse gilt, sind mithin die Repräsentanten der spezifisch islamischen Gelehrsamkeit, die sich mit dem unauflöslichen Komplex der
- heiligen Offenbarung und
- heiligmäßigen Überlieferung,
von der ein Teil das Heilige Recht und die als Rechtsquellen geltenden Teile des Hadith sind, befaßt haben.

In unserer Nomenklatur ausgedrückt, sind diese Gelehrten
- Theologen,
- Juristen und
- Historiker der Spezialgebiete
  □ Religionsgeschichte und
  □ Rechtsgeschichte
in einem, wobei streng zu beachten ist, daß es im Islam, zumindest in der Sunna, Priester im eigentlichen Sinn[5], als mit besonderen religiösen Vollmachten ausgestattete Mittler zwischen Allah und dem Menschen, nicht gibt. Die gleichermaßen theologische wie juristische wie historische Ausbildung dient

ausschließlich dazu, Allahs Willen aus der Offenbarung zu erkennen und das Geoffenbarte richtig zu interpretieren.

Schon in arabischer Zeit zeigte sich, daß diese Erkenntnis oder mindestens deren allgemein akzeptierbare Interpretation eine äußerst schwierige Sache ist, so daß sich mehrere Anschauungssysteme entwickelten, die gemeinhin als »Schulen« bezeichnet werden. Im Osmanischen Reich galten die Ansichten der Schule des berühmten arabischen Rechtslehrers Abu Hanifa, und zwar mit derartiger Ausschließlichkeit, daß in der Religionsgesetzgebung des Kaisers und Königs Franz Joseph, dem 1878 mit Bosnien und der Herzegowina Gebiete mit starken mohammedanischen Bevölkerungsteilen zufielen, der sunnitische Islam »nach hanefitischen Ritus« ausdrücklich unter den anerkannten Religionen aufgeführt ist.

Wenngleich das Studium eine grundsätzlich lebenslange Angelegenheit war, wurde doch dem Angehörigen des Gelehrtenstandes, der in die Gruppen der
– Lernenden (Studenten) und
– Lehrenden (Professoren der Medressen)
geteilt war, nach Erreichung eines bestimmten Erkenntnisstandes – wir würden sagen: Ablegung der vorgeschriebenen Examen – die Erlaubnis erteilt, selbst die Lehrtätigkeit auszuüben. Es gab eine Art Zwischenstadium, dem mittelalterlichen Famulus, dem heutigen Assistenten entsprechend, in welcher der hervorragende Student der Gehilfe eines Gelehrten war, was sich für seine weitere berufliche Laufbahn vor allem dann positiv auswirkte, wenn sein »Herr und Meister« einen entsprechend berühmten Namen trug.

Die Medressen waren stets im Zusammenhang mit großen Moscheen eingerichtet. Der Eintritt in den Gelehrtenstand erfolgte früh, ungefähr in unserem Volksschulalter, wenn der kindliche Moslem die Koranschule besuchte und neben der arabischen Sprache und Schrift die Suren zunächst einmal auswendig lernte. Die Erwerbung dieses Grundwissens dauerte etwa ein Jahrzehnt, in welchem sich die Spreu vom Weizen sonderte und dem sich dann die gehobene Ausbildung, nennen wir sie ruhig das eigentliche Universitätsstudium, anschloß. Da die Medresse für den Unterhalt der Lernenden wie der Lehrenden sorgte, hatten es die Studenten nicht nötig, rasch ins Erwerbsleben einzusteigen; sie studierten gründlich, wechselten auch die Universitäten; die durchschnittliche Studiendauer darf mit einem weiteren Jahrzehnt angenommen werden.

Aus dem Gelehrtenstand wurden die Richter der islamischen Gerichte bestellt, und zwar vermutlich von der Medresse direkt. Schon unter Sultan Orkhan kam es zur Errichtung eines Gerichtshofes zweiter Instanz, den wir schon zuvor mit dem Oberlandesgericht verglichen haben. Die personelle Zuständigkeit ausschließlich für die Moslems, die alle der Wehrdienstpflicht unterworfen waren, kam in der Titulatur des Oberlandesgerichtspräsidenten als Kadi askeri – Heeresrichter – zum Ausdruck, wobei wie schon erwähnt das Amt später, vermutlich 1481, geteilt wurde und es nun je einen Kadi askeri für Anatolien und Rumelien gab.

Aus dem lehrenden Teil des Standes, also den Professoren, entwickelte sich ein durchorganisiertes Kollektiv, die Ulema, an deren Spitze der Scheik ul Islam stand. Dieser Scheik ul Islam war nun nicht der Herr, sondern das Sprachrohr der Ulema, auch und vor allem gegenüber dem Großherrn. Die Ulema überprüfte die Rechtmäßigkeit der Verordnungen des Großherrn und einzelner, von ihm erlassener Dienstanweisungen, Anordnungen und Befehle, und es stand ihrem Sprecher ein absolutes Vetorecht zu, das die Durchführung des großherrlichen Willens verhinderte. Das geschah sogar ohne Begründung; es genügte, wenn der Scheik ul Islam ein einziges Wort: »Olmaz → das darf nicht sein« sagte, und die Verordnung war außer Kraft gesetzt, die Dienstanweisung durfte nicht vollzogen, der Anordnung oder dem Befehl nicht Folge geleistet werden. Bei Gefahr im Verzuge durfte der Scheik sein »Olmaz« auch ohne vorherige Einholung der Meinung der Ulema aussprechen, doch konnte es ihn, wenn die Ulema seine Auffassung nicht teilte, Kopf und Kragen kosten.

Die Ulema hatte damit, ganz wie ein neuzeitlicher abendländischer Staatsgerichtshof, gleichgültig wie immer seine Bezeichnung auch lautet, die Möglichkeit, die Rechtskonformität staatlicher Maßnahmen dadurch zu erzwingen, daß sie rechtswidrige Maßnahmen außer Kraft setzte. Das Olmaz des Scheik ul Islam war das Damoklesschwert, das beständig über dem an unbedingten Gehorsam gewöhnten Sklavenhof, der das osmanische System repräsentierte, hing – und es war das dem zunächst türkischen, später moslemischen Bevölkerungselement, aus dem sich die Gelehrtenschaft mit der nämlichen Ausschließlichkeit rekrutierte wie die Staatsverwaltung aus nichttürkischen Sklaven, gegebene bindende Versprechen, daß die dem Großherrn übertragenen Befugnisse nicht gegen seinen Willen und zu seinem Nachteile gebraucht werden.

Das großartige Vetorecht der islamischen Gelehrtenschaft wurde, wie beinahe alle die ursprünglich hervorragenden Institutionen des Staates der Osmanen, im Laufe der Jahrhunderte zu einem gewaltigen Ballast für das System und verhinderte jede Anpassung an geänderte Verhältnisse. Aus dem Instrument der Rechtsstaatlichkeit wurde das neuerungsfeindliche Hemmnis, das seiner entscheidenden Wirkung zu berauben schlechterdings unmöglich war, eben weil das Olmaz des Sprechers der Ulema jede Verminderung der ihr zukommenden Rechte verhinderte.

Lehrtätigkeit und Überwachung der Rechtskonformität der Verwaltung waren nicht die einzigen Aktivitäten des Gelehrtenstandes, dessen Mitglieder auch eine individuell beratende Tätigkeit entfalteten. Aus ursprünglich wohl nur mündlich erteilten Ratschlägen, wie Probleme des täglichen Lebens in Übereinstimmung mit den Regeln des Koran gelöst werden könnten, wurden bei Angelegenheiten größerer Bedeutung und verwickelter Sachverhalte schriftliche Gutachten, die Fetwas genannt wurden. Das Ansehen eines Fetwa richtete sich nach dem Ansehen des Gelehrten, der es verfaßt hatte; Fetwas wurden in Prozessen von den Streitparteien dem Kadi vorgelegt, hatten allerdings keine diesen bindende Wirkung, so daß er seiner Entscheidung auch eine andere Rechtsansicht zugrunde legen konnte. Ein Fetwa konnte auch von mehreren Gelehrten stammen, ja sogar von sämtlichen Gelehrten einer Medresse, so daß es etwas wie Fakultätsgutachten in Fragen von grundsätzlicher Bedeutung gab.

Die bedeutendsten Fetwas wurden in Sammlungen niedergelegt, die für die Rechtsprechung von ähnlicher Bedeutung waren wie heute Entscheidungssammlungen der Höchstgerichte. Die berühmteste Fetwasammlung hieß Multekka; der Kadi konnte sich nach ihrem Inhalt richten, war aber dazu keineswegs verpflichtet, ganz wie auch der Richter im heutigen abendländischen Rechtsleben das Gesetz grundsätzlich nach eigener Überzeugung anzuwenden hat, sich dabei allerdings klüglich an die Spruchpraxis der Oberinstanzen halten wird, vor allem, wenn ein Rechtsmittel gegen seine Entscheidung möglich und mit einer gewissen Wahrscheinlichkeit anzunehmen ist.

Soziologisch gesehen war der Gelehrtenstand eine Art Sammelbecken für die begabten, intellektuell ambitionierten und jedenfalls freien Türken, später Moslems überhaupt; mit dieser Bedeutung werden wir uns im dritten Band zu befassen haben, denn die Reichsreform des bereits mehrfach genannten Mechmed Köprülü, der das Ämtermonopol des Sklavenhofes brach, war davon abhängig, daß er auf eine zahlenstarke Gruppe von hochgebildeten Persönlichkeiten zurückgreifen konnte, deren jede in der Lage war, ein Amt in der Verwaltungshierarchie zu übernehmen.

Einzig im kombattanten Bereich ergaben sich zunächst erhebliche Schwierigkeiten: Die Ausbildung an einer Medresse vermittelte keinerlei militärische Kenntnisse, über welche die Absolventen der Enderun sehr wohl verfügten, und die aus dem Gelehrtenstand kommenden Amtsträger der Verwaltungshierarchie, allen voran Großwesir Achmed Pascha mit dem Beinamen Fazil → der Hochgebildete, mußten in der Praxis jene Grundkenntnisse empirisch erwerben, die eigentlich Voraussetzung ihres Amtes gewesen wären. Daß dies auf Kosten der Krieger und zum Schaden des Reiches geschah, bedarf keiner Erörterung.

6. Kapitel:
Die Stellung der nichtislamischen Religionsgemeinschaften

Das wesentlichste Kriterium der Rechtsstellung der erlaubten nichtislamischen Religionsgemeinschaften, als welche nur Schriftbesitzer, also Christen und Juden, in Frage kommen konnten, wurde so oft dargestellt, daß eine neuerliche Wiederholung an sich überflüssig ist. Wenn hier trotzdem wiederholt wird, daß Christen und Juden
- steuerpflichtig und
- wehrdienstfrei

waren, so geschieht dies deshalb, weil dieses grundsätzliche Kriterium einerseits differenziert werden muß, und weil es andererseits die Basis der Ableitungen ist, auf die nicht verzichtet werden kann.

Was zunächst die Differenzierungen betrifft, so ist zu betonen, daß unter Christen zur Zeit der Entstehung des Osmanischen Reiches nur jene gemeint waren, die unter dem Oberbegriff »Ostkirche« zusammengefaßt werden konnten. Ausgeschlossen waren also die Anhänger der Papstkirche, die »Franken«, einmal, weil es römisch-katholische Gemeinden im ursprünglichen Territorium nicht gegeben hat, und zum andernmal, weil es die Orthodoxie verstand, ihre Vorbehalte, ja ihren Aggressionswillen gegen die verhaßten Papisten auf die Moslems zu übertragen.

Eine Koexistenz zwischen Moslems und Katholiken war, wie sich später zeigte, durchaus möglich – eine Koexistenz zwischen Orthodoxie und Katholizismus war hingegen zumindest in jenen Territorien, in denen beide Gemeinschaften vor der islamischen Eroberung gelebt hatten, nicht möglich. Und zwar deshalb nicht, weil die Katholiken, die fast durchwegs als Konquistadoren in die Länder der Orthodoxie gekommen waren, sich immer als zumeist bornierte und teilweise grausame Herrenschicht etabliert hatten, welche die Orthodoxie derart demütigte und verfolgte, daß man es nicht für möglich halten würde, lebte nicht in unserem historischen Bewußtsein das Wissen um den Stil der Auseinandersetzung zwischen den auseinanderklaffenden Teilen des westchristlichen Gesellschaftskörpers im Zeitalter der Reformation. Wo immer die Katholiken herrschten, empfanden die Orthodoxen die osmanische Okkupation als Befreiung, und sie kannten mit der entmachteten Herrschaft von gestern keine Gnade und zeigten ihr gegenüber kein Entgegenkommen.

Nun waren die verschiedenen Formen der Orthodoxie wiederum auch nicht mit der byzantinischen Reichskirche identisch und unterstanden nicht alle dem Patriarchen von Konstantinopel, dessen Anhänger damals von den Moslems als Melchiten → die Kaiserlichen, bezeichnet wurden. Neben ihnen gab es im

Machtbereich des Großherrn mit unterschiedlichen, hier nicht rekonstruierbaren Daten der jeweiligen Einverleibung folgende Gemeinschaften:

- Nestorianer, die sich nach dem Konzil von Ephesus 431 verselbständigt hatten und 1553 erneut spalten sollten; ein Teil anerkannte damals den Papst als Oberhaupt der gesamten Christenheit und nennt sich seither Chaldäer;
- Kopten, die sich nach dem Konzil von Chalkedon 451 separiert hatten und später auf den afrikanischen Kontinent beschränkten, wo sie in Ägypten und Äthiopien das Christentum bis heute repräsentieren;
- Jakobiten, heute meist als syrisch-orthodoxe Kirche bezeichnet, deren Loslösung von der Reichskirche in der damals byzantinischen Provinz Syrien gegen Ende des sechsten Jahrhunderts als Reaktion auf die Unterdrückung der monophysitischen Lehre erfolgte;
- Maroniten, etwa gleichzeitig wie die Jakobiten im Libanongebiet entstanden, die unter dem Einfluß der Kreuzfahrer 1182 die Oberhoheit des Papstes anerkannten und seither in gewissem, allerdings nur losem Zusammenhang mit dem Katholizismus stehen;
- Armenier, Anhänger der Nationalkirche des im vierten Jahrhundert christianisierten Königreichs Armenien, das dreihundert Jahre danach dem Angriff der Moslems zum Opfer fiel und als Teilkönigreich mit fluktuierender Rechtsstellung im Zeitalter der Kreuzzüge vorübergehend reaktiviert wurde.

Nach Übergreifen des Reiches nach Europa und Gewinnung von Rumelien kamen dazu die mehr oder weniger verselbständigten orthodoxen Kirchen der Balkanvölker, insbesonders der Serben und der Bulgaren, die beide einmal auf dem Wege ins päpstliche Lager waren: Die Bulgaren kurz vor der Errichtung des Lateinischen Kaiserreichs, wovon wir bereits gesprochen haben, die Serben aber während des Bestandes desselben, wovon im zweiten Bande die Rede sein wird.

Mit Bulgaren und Serben begegneten den Osmanen nun Christen ganz anderer Art, als sie sie von Anatolien aus kannten; sie waren nicht friedliche Bürger und Bauern, seit Jahrhunderten gewohnt, von den Soldtruppen des Kaisers beschützt zu werden und dafür Steuern zu zahlen, sondern sie waren tapfere Krieger, stolz auf den Waffenruhm ihrer Vorfahren und bemüht, ihn neu zu erwerben, und stets darauf bedacht, ihren Selbstbehauptungsanspruch energisch zu verfechten. Den islamischen Eroberern begegneten Christen, deren Leben von denselben Zielvorstellungen erfüllt waren wie das eigene, nur daß sie das Heil ihrer Seelen auf andere Weise zu erlangen entschlossen gewesen sind, auf eine Weise übrigens, die im Koran zwar als minder geeignet, aber durchaus als zulässig betrachtet wird. Vor allem die andere Einstellung dieser Christen zum Kriegswesen empfahl eine andersartige Behandlung; sie zu entwaffnen und zu Steuerzahlern zu machen, schien wenig sinnvoll, und so beließ man sie nach der Debellatio im bisherigen sozialen Gefüge und machte ihre Führer zu heerfolgepflichtigen Tributärfürsten, die ständig Abgaben an den Hof des Großherrn zu leisten und im Kriegsfalle mit festgelegten Truppenkontingenten zum Kampf zu erscheinen hatten. Das neue System bewährte sich eine Zeitlang bestens, scheiterte aber zuletzt daran, daß die elementaren Interessen nicht für dauernd koordinierbar waren. Die Tributärfürsten wurden – mit osmanischen Augen gesehen – unzuverlässig und aufmüpfig; sie wurden enthoben und ihre Völker unmittelbar osmanischer Verwaltung unterstellt. Noch immer aber zögerte man, auf ihre wiederholt so glänzend bewiesene Kriegstüchtigkeit zu verzichten; man schuf nun für sie den Sonderstatus der Vojnikis, der im vorangehenden Kapitel erwähnten, zu Kriegern erklärten christlichen Untertanen, die steuerbefreit waren, aber der Kriegsdienstpflicht im Rahmen des Vojnuks unterstellt wurden. Hätte man dem Vojnuk die Ausstattung mit den nun aufkommenden modernen Waffen gestattet, so wäre der abgestellte Zustand mit den unzuverlässigen Tributärfürsten faktisch reaktiviert worden; man unterband diese Entwicklung, indem man den Vojnuk zu einer Art Reichsarbeitsdienst umfunktionierte, dessen Verbände allerdings mit leichten Waffen traditioneller Art ausgestattet und damit zur Selbstverteidigung befähigt waren. Von dieser Sonderentwicklung in Rumelien, die uns im zweiten Band noch beschäftigen wird und die später durch die Eingliederung Ungarns, das teils katholisch, teils aber schon lutheranisch oder calvinistisch war, wovon im dritten Band ausführlich zu sprechen ist, erweitert wurde, blieb die Lage in Anatolien unberührt, und die dort getroffenen Regelungen wurden auch für jene rumelischen Gebiete übernommen, die bis zuletzt byzantinisches oder westchristliches Hoheitsgebiet gewesen waren.

In Anatolien kam es nun dazu, daß der Moslemstaat den anerkannten Religionsgemeinschaften in der Fehlmeinung, der orthodoxe Klerus sei dem Wesen nach dem Stand der islamischen Gelehrten entsprechend, diesem für die christliche Bevölkerung alle jene Aufgaben übertrug, die jenem für das moslemische Bevölkerungselement zukamen. Aus der byzantinisch-weltlichen Gerichtsbarkeit wurde so die geistliche Gerichtsbarkeit der Orthodoxie und aus dem uneinheitlich organisierten teils staatlichen, teils privaten, teils kirchlichen Ausbildungssystem das monopolisierte klerikale Unterrichtswesen. Die ansatzmäßig schon zu Orkhans Zeiten vorhandene Entwicklung fand ihren Höhepunkt nach der Eroberung von Konstantinopel, als der Patriarch der orthodoxen Kirche zum Ethnarchen, dem weltlichen Oberhaupt, dem Volksführer des orthodoxen Volkes im Dar ul Islam bestellt und mit vizeköniglichen Befugnissen ausgestattet wurde. Das erhob die Patriarchatskirche der Melchiten beinahe in den Rang der Organisation einer zweiten Staatsreligion; es unterwarf alle anderen orthodoxen Gemeinschaften ihrer Jurisdiktion, die in weiser Beschränkung höchst maßvoll ausgeübt wurde, die Maroniten wieder stärker im Lager der Orthodoxie verwurzelte und die Chaldäer in die Rolle eines Fremdkörpers drängte, der sich vor allem deshalb halten konnte, weil
– die Anerkennung der päpstlichen Oberhoheit rein theoretisch blieb und
– seit der Eroberung Ungarns selbst die katholische Kirche die Existenzberechtigung im Osmanischen Reiche erlangt hatte, ohne dem griechischen Patriarchat unterstellt zu werden.

Die Entwicklung in der jüdischen Glaubensgemeinschaft verlief jener in der Orthodoxie entsprechend, nur war in der Übertragung der Gerichtsbarkeit und des Erziehungswesens an die jüdische Gelehrtenschaft, die nun in der Tat mit dem islamischen Gelehrtenstand vergleichbar war, kein Novum zu erblikken, da es in den jüdischen Gemeinden schon vordem so gehalten worden war. Allerdings dürfte es zunächst in dem von Orkhan beherrschten Territorium kaum jüdische Gemeinden gegeben haben; allenfalls existente waren faktisch bedeutungslos. Das änderte sich, als die iberische Halbinsel im Zuge der Reconquista der Herrschaft der katholischen Kirche unterfiel, die sich nur anfänglich mit der Annahme des Christentums durch Juden und Moslems begnügte, nach Festigung der Verhältnisse aber die getauften Juden als Marranen → Schweine, die getauften Moslems als Morisken → Maurennachkommen bezeichnete und grimmig zu verfolgen begann. Dieser erste organisierte Massenpogrom der Geschichte, der nicht unmittelbar religiöser Motivation – denn andere als Bekehrte hatten die Landnahme ohnehin nicht überdauert – entsprang, führte zur Massenemigration der Morisken wie der Marranen, die beide im Dar ul Islam Aufnahme fanden, wobei beide Gruppen wieder den Glauben der Väter annahmen. Die Juden fanden Anschluß an die bereits bestehenden Flüchtlingsgemeinden, die schon vorher den »fernen Westen« des Mittelmeerraumes verlassen hatten und aus den von der Reconquista konkret bedrohten Gebieten geflohen waren. Damit verlagerte sich das Schwergewicht der jüdischen Religion wie der aus ihr erwachsenen Kultur ins Osmanische Reich und erhob Stambul, die Residenzstadt des Padischah, in den Rang eines Zentrums von außerordentlicher, zu jener Zeit von keiner anderen Stadt der Welt erreichter Bedeutung: Hier war der politische Mittelpunkt der islamischen Welt, hier war die Lebensmitte der christlichen Orthodoxie, und hier waren Schirm und Zuflucht des Judentums. Damit hatte das Rom des Ostens unter der Herrschaft des Halbmonds seinen alten Rang wiedererlangt, ja vielleicht sogar übertroffen, und es wurde als Stambul zur ersten wirklichen Weltstadt der neueren Geschichte Europas.

Die monotheistischen Religionsgemeinschaften waren unter Einschluß der islamischen vom Staatsaufbau her gleichrangig; die effektiv bevorrangte Stellung der sunnitischen Gemeinschaft ergab sich aus ihrem über die Ulema ausgeübten Einfluß auf den Großherrn und über diesen auf die Reichsverwaltung. Die Pflichten der Angehörigen der Religionsgemeinschaften gegenüber dem Staat waren ungleich verteilt:

Der Wehrdienstpflicht der Moslems entsprach die Steuerpflicht der Christen und Juden, und gerade aus der Rechtsstellung der wehrdienstpflichtigen und steuerfreien Vojnikis verdeutlicht sich als in einem Sonderfall dieser Zusammenhang.

Aus der Steuerpflicht der Christen und Juden ergab sich das elementare Interesse des Staates am Bestand ihrer Religionsgemeinschaften und am ungestörten Ablauf ihres sozialen Lebens; sie waren damit der jeweiligen Stimmungslage des jeweiligen Sultans entzogen, was für sie ein wirksamerer und konstanterer Schutz war als feierliche Erklärungen und wohltönende Deklarationen, wie man sie heute liebt. Wie es dazu kam, daß sich der Sinn des ausgewogenen und ausgeglichenen, des vollendet humanitären und in einem sehr hohen Anspruch gerechten Systems ins Gegenteil verkehrte, sei hier wiederholt: Die Schwächung der kombattanten Macht des Reiches ließ die Einnahmequellen Kriegsbeute und Tributleistungen versiegen, und nun mußten die Steuern, die viel zu lange ausschließlich den Christen und Juden auferlegt waren, erhöht werden noch und noch. Das Steuersystem wurde als Mittel religiöser Unterdrückung empfunden, und die Steuerzahler wehrten sich. Je kleiner ihre Zahl durch die Schrumpfung des Reichsgebietes ab dem Ende des siebzehnten Jahrhunderts wurde, desto mehr wurde dem Rest auferlegt, denn die Staatsausgaben wurden nicht geringer, und sie wurden nur durch die Steuereingänge gedeckt; ein circulus vitiosus kam in Gang, der unmittelbar den Untergang des Osmanischen Reiches bewirkte. Und ihm überdies in den Augen der Nachwelt seinen schlechten Ruf zu einem entscheidenden Teil sicherte, denn den Christen des Nahostraumes war längst nicht mehr erinnerlich, daß es seinerzeit die Osmanen waren, die sie von den Blutsaugern aus Byzanz oder den anmaßenden Franken befreit hatten, aber daß sie es waren, die generationenlang allein das ganze System erhalten mußten, das wußten sie genau.

7. Kapitel: Der Griff nach Europa

Die Verschleißerscheinungen, denen das Osmanische Reich wie alles Menschenwerk ausgesetzt war und zuletzt erlag, waren zu Orkhans Zeit noch Gegenstand einer fernen Zukunft, und sein Staat präsentierte sich der orthodoxen wie der islamischen Welt als junges, höchst leistungsfähiges Gemeinwesen, dessen innerer Frieden auf der systemimmanenten Toleranz gegenüber den Christen und, soweit damals schon vorhanden, Juden beruhte, und dessen kombattante Kraft durch die glückliche Verbindung zwischen
– ständig präsent gehaltenen Militärsklaven und
– den
☐ zu Verteidigungszwecken jederzeit,
☐ für Angriffskriege zu genau umrissenen Teilen des Jahres verfügbaren Milizen des moslemischen Bevölkerungselementes
garantiert wurde.

Da das konkurrierende Kaisertum von Byzanz nur über den Militärsklaven entsprechende Soldtruppen, die islamischen, zu Osmans Zeiten durch den Wegfall der seldschukischen Oberhoheit selbständig gewordenen Herrschaften aber nur über den Milizen entsprechende Stammeskrieger verfügten, sei es gestattet, die charakteristischen Merkmale beider Wehrsysteme in einem Schaubild kurz gegenüberzustellen (siehe Seite 307).

Sultan Osman war bereits als großer Kriegsherr in Erscheinung getreten, und seine erfolgreiche Expansionspolitik ließ ein Bündnis mit ihm für selbständige Stammesführer und Territorialfürsten recht attraktiv erscheinen, wenngleich seine militärische Überlegenheit ihn gegenüber seinen Verbündeten stets in den Rang eines primus inter pares hob. Zu seinen treuesten Waffengefährten gehörte der Byzantiner Köse Michal, der sich in den Wirren der Zeit mit einem nicht allzu großen Territorium in Nordwestanatolien selbständig gemacht hatte und nun im osmanischen Fahrwasser segelte, um nicht vom Kaiser überrannt und zur Verantwortung gezogen zu werden. Er gab sukzessive Teile seiner Selbständigkeit preis, ohne dazu genötigt worden zu sein, und trat gegen Ende seines Lebens augenscheinlich aus echter Überzeugung zum Islam über, während sein Gebiet im Sultanat aufging. Seine Untertanen hatten nichts gegen diese Entwicklung: Das osmanische Herrschaftssystem war billig und daher für die Steuerzahler angenehm; der Kaiser aber mußte versuchen, aus seinen immer weniger werdenden Untertanen immer mehr Geld herauszupressen, um das kostspielige Wehrsystem der Söldnertruppen und das standesgemäße, luxuriöse Leben des Hofes finanzieren zu können.
Während der Regierungszeit Sultan Orkhans kam ein bisher glückloser Revolutionsführer in Byzanz auf die verzweifelte Idee, den Großherrn der

Abb. 5

Berufsheere		Stammeskrieger
Relativ gering, da aufwendig	Zahlenstärke	Relativ groß, da nicht mit unmittelbaren Kosten belastet. Gesamtheit der männlichen Moslems
Hoch; langdauernde systematische Ausbildung in professioneller Art	Ausbildungsstand	Traditionelles Kampfverhalten, das familienintern vermittelt wird; Wegfall systematischer Ausbildung
Jederzeit	Verfügbarkeit	Durch Seßhaftmachung unter Sultan Orkhan Reduktion der Mobilmachungszeit, aber garantierte Rücksichtnahme auf wirtschaftliche Tätigkeit
Von Soldzahlungen abhängig; wenn diese pünktlich erfolgen gut	Disziplin	Vom individuellen Engagement abhängig; insgesamt problematisch, da überwiegendes Interesse an Kriegsbeute
Gering, da im Regelfall Fußtruppen, in Byzanz auf den Festungskrieg spezialisiert	Verlegbarkeit	Groß, da durchwegs beritten
Stationäre Kampfführung im Kampf um feste Anlagen	Besondere Eignung	Großräumige Operationen im offenen Gelände; Führung des Kleinkrieges

Osmanen um militärische Intervention zu ersuchen und ihm zum Siege im Bürgerkrieg zu verhelfen. Orkhan tat, worum er gebeten wurde, und sandte ein stattliches Aufgebot, mit dem Kaiser Johannes V. Palaiologos gestürzt und der Rebell als Johannes VI. 1345 inthronisiert wurde. Der Großherr der Osmanen war damit zum »Kaisermacher« geworden, eine Rolle, die seine Nachfolger noch wiederholt spielen sollten. Sogar Konstantin XI., der letzte Kaiser Ostroms, verdankte die Krone, die er 1451 erlangte, Sultan Murad II.;

eine militärische Operation war damals allerdings nicht mehr nötig – das Wort des Sultans genügte.

Orkhans militärische Intervention in Europa hatte für das Reich des von ihm erhobenen Kaisers die unerwünschten Folgen, daß nun auch die Bevölkerung des byzantinischen Kernlandes die militärische Präsenz der viel verunglimpften und gefürchteten Krieger aus Anatolien, die im Land des »Bundesgenossen«, ausgenommen die Anhänger Johannes V., nicht plündern durften, kennenlernte und diese als diszipliniert und bescheiden, auf jeden Fall um nichts unangenehmer als die kaiserlichen Truppen empfunden hatte, und daß diese nun andererseits die Schönheit und den Reichtum der uralten griechischen Kulturlandschaft mit eigenen Augen gesehen hatten und schon dafür sorgten, daß auch die Daheimgebliebenen von dem Paradies an der Gegenküste durch eher übertreibende Darstellungen Kenntnis erlangten. Tief prägte sich der Wunsch, dieses prachtvolle Land und vor allem die große Stadt am Goldenen Horn zu erwerben, in die Seele des erfolggewohnten türkischen Volkes ein – und damals ward Konstantinopel zum heißersehnten »Goldenen Apfel«.

Ungefähr zehn Jahre nach der Intervention zugunsten des späteren Kaisers Johannes VI. – genannt werden meist die Jahre 1355 oder 1356 – erfolgte der Sprung über die Dardanellen. Wenn manche Autoren von einem »planmäßigen Vorgehen« sprechen, dann interpretieren sie die gesicherten Tatsachen reichlich frei und gewiß irrtümlich, denn wenngleich die Bildung eines Brückenkopfs in Europa dem Wunschdenken des Volkes und des Hofes entsprach, so konnte doch niemand annehmen, daß dieser Wunsch auf diese Weise erfüllt werden könnte. Soliman Pascha, der Sohn des Großherrn, setzte mit lächerlichen sechzig oder achtzig Mann auf Behelfsflößen, aus Treibholz zusammengeschustert, über die Meeresenge und landete bei Kallispolis → Gallipoli → Gelibolu, das eben von einem schweren Erbeben heimgesucht worden war. Die Stärke seiner Truppe – ein verstärkter Schützenzug nach uns geläufiger Heeresgliederung – und noch mehr Art und Beschaffenheit der »Transportflotte« lassen das Unternehmen als die spontane Verwirklichung eines Entschlusses, aus übermütiger Leutnantsmentalität entsprungen, erscheinen, der ursprünglich nur darauf abzielte, »Ruhm und Beute zu gewinnen«, wie es in einem unserer Landsknechtslieder heißt. Nun scheint das Durcheinander im Raum Gallipoli ärger gewesen zu sein, als Soliman ursprünglich angenommen hatte, und dies und das Fehlen jeglicher Verteidigung oder auch nur zur Verteidigung geeigneter militärischer Kräfte ließ ihn erkennen, daß ihm die Gunst der Stunde noch ganz andere Möglichkeiten bot als einen raschen, verwegenen Beutezug. Er verbot seinen Leuten, mit den Giauren so zu verfahren, wie sie es ursprünglich vorgehabt hatten, sorgte für die Nachführung weiterer Truppen und ordnete vermutlich sogar Hilfsmaßnahmen an, die der Bevölkerung des betroffenen Gebietes vom Kaiserhof schwerlich geleistet worden wären. Als man in Byzanz die neue Lage zur Kenntnis genommen und sich zu entsprechender Reaktion entschlossen hatte, war es schon zu spät: Die Osmanen hatten sich in dem von ihnen auf derart billige und unblutige Weise gewonnenen Zipfel des europäischen Kontinents so verstärkt, daß sie daraus nicht mehr vertrieben werden konnten, zumal dessen Bewohner den Herrschaftswechsel durchaus begrüßten.

Der Sultansohn Soliman verlor nur kurze Zeit später bei einem Jagdunfall sein Leben; er hatte ein »Ungeheuer«, worunter wohl ein großer Keiler zu verstehen ist, angeschweißt und stürzte bei der Verfolgung so unglücklich mit dem Pferd, daß er sich das Genick brach. Der für einen mittelalterlichen Herrschersohn durchaus standesgemäße Tod war vielleicht ein Segen für das Reich: Als Sultan Orkhan zwei oder drei Jahre danach starb, gab es nur einen Nachkommen, der Erbansprüche geltend machen konnte, Murad.

Sultan Murad I., der im Schatten des Ruhms seines Bruders und daher unter Erfolgszwang stand, säumte nicht lange und begann, auf den Brückenkopf Gallipoli gestützt, den großen Eroberungskrieg in Europa, der ihm als ersten spektakulären Erfolg 1361 den Gewinn von Adrianopel, das nun zu Edirne wurde, brachte. Um 1370 verlegte er hierher seine Residenz und damit das Schwergewicht seines Reiches, das von diesem Zeitpunkt an zu den europäischen Mächten gezählt werden muß. Und wenn es vorerst auch eine fremde, exotische, bunt schillernde Macht war und dies in mancher Beziehung für die ganze Dauer seines Bestehens auch blieb, so war es dennoch eine echte, eine wirkliche Macht: Eine Macht, der die Zukunft gehörte.

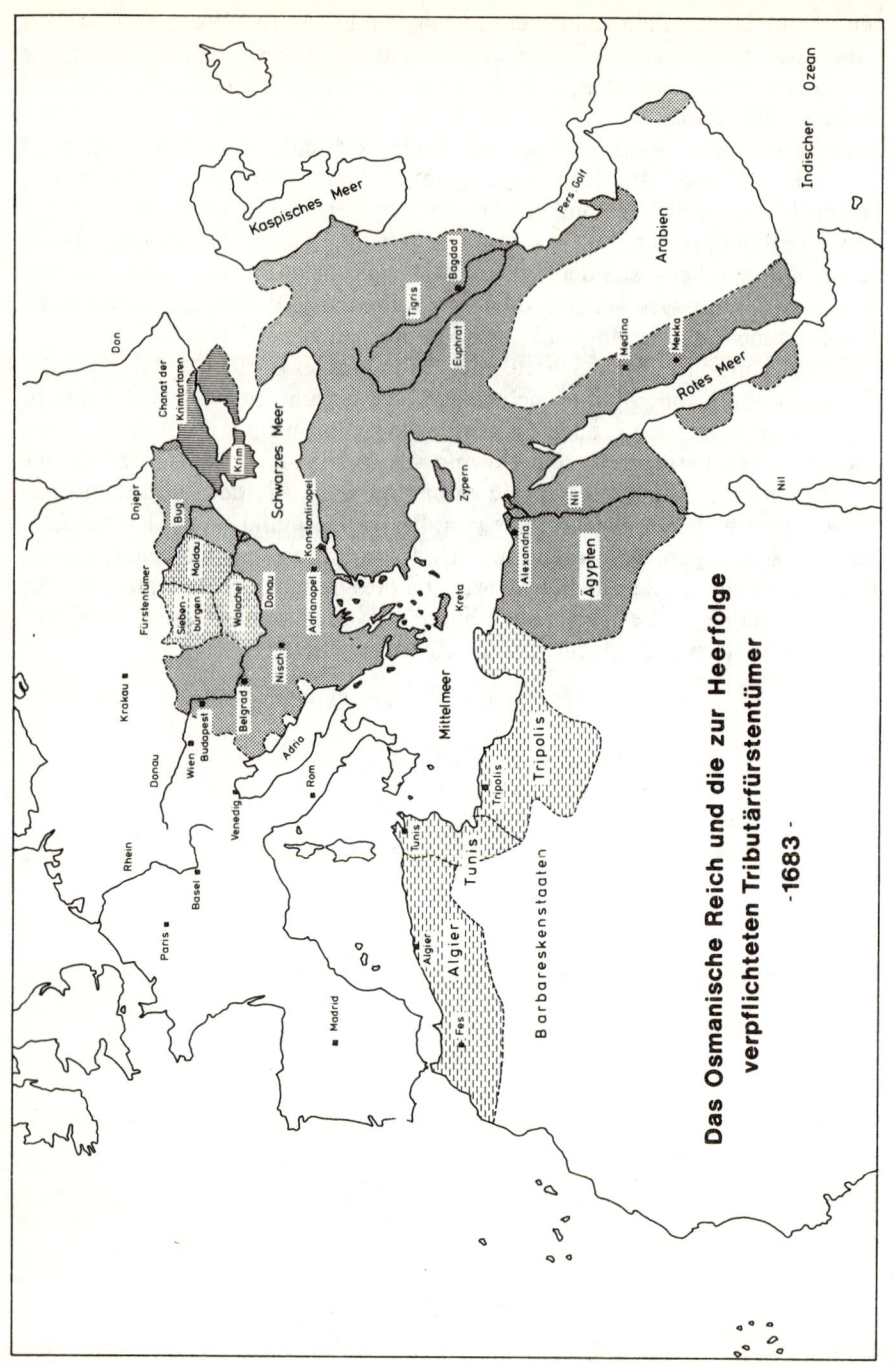

Das Osmanische Reich und die zur Heerfolge
verpflichteten Tributärfürstentümer

- 1683 -

Anmerkungen

Einführung

[1] *Sultan,* alter orientalischer Herrschertitel, scheint ursprünglich den Beherrscher eines unabhängigen Territoriums bezeichnet zu haben. In die Titulatur des islamischen Reiches übernommen, begegnet uns der Sultan zunächst als hoher Würdenträger, dem der Titel vom Kalifen als eine Art Auszeichnung verliehen worden war. Eine bestimmte Funktion war damit nicht verbunden, und es kam auch vor, daß der Titel ohne jede autorisierte oder nichtautorisierte Amtsinhabung geführt wurde, sogar von Frauen, bei welchen er dem Namen nachgestellt wurde. Als Beispiel bietet sich die als Heilige verehrte Glaubenskämpferin Hala Sultan an, die um 650 bei einem frühen moslemischen Einfall in Zypern ums Leben kam und deren Grabmal bei Larnaca nach klassischer Lehrmeinung das nach Mekka und Medina bedeutendste Heiligtum der Sunna war. Eine offizielle Verleihung des Titels an Hala Sultan ist zweifelhaft, doch wurde sie vom islamischen Volk so genannt und ging als solche in die Überlieferung ein, was erhellt, daß in frühen Zeiten ein Titelmonopol nicht bestand.

Sowohl im fatimidischen als auch im abbasidischen Kalifat wird der Sultan als Sultan al Islam der Fatimiden und als Sultan ad Daula der Abbasiden zum institutionalisierten Chef der Regierung, der letztlich die gesamte weltliche Macht okkupiert und den jeweiligen Kalifen auf die repräsentative Rolle des Staatsoberhauptes und die spirituelle Führung der Gemeinde der Rechtgläubigen verweist. Andererseits beginnen beinahe völlig selbstständig gewordene Militärgouverneure oder dem islamischen Reich nur lose verbundene Tributärfürsten den Titel zu führen, den sie auf irgendeine Art vom Kalifen bekommen hatten oder bekommen zu haben behaupteten, und die Legitimität dieser Titelführung beschäftigte gelegentlich die gelehrte islamische Welt.

Die Osmanen leiteten ihren Titel von den Seldschukensultanen ab, ohne viel Gedanken daran zu verschwenden, woher ihn diese hatten und ob sie berechtigt waren, ihn weiterzuverleihen, doch werden die Umstände, unter denen dies geschah, im 5. Kapitel von II. genauer geschildert, so daß sich eine Vorwegnahme hier erübrigt. Ob mit dieser Titelführung anfänglich ein Titelmonopol verbunden war, ist umstritten – später jedenfalls ist es nicht feststellbar, und erst Sultan Mechmed II. setzte es rigoros durch, als er den sehr tüchtigen und von ihm mit Ehren und Belohnungen förmlich überhäuften Großwesir Mahmud Pascha, der unbeirrt fortfuhr, den Sultantitel als eigenen zu verwenden, 1474 hinrichten ließ. Im schiitischen Iran erhielt sich »Sultan« als Ehrentitel hoher Offiziere und verdienter Würdenträger und wurde also in ähnlicher Weise verwendet wie die Bezeichnung Exzellenz im abendländischen Sprachgebrauch.

[2] *Padischah* (»Beschützerkönig«): Der iranische Herrschertitel wurde ab dem sechzehnten Jahrhundert der osmanischen Titulatur eingefügt und in der Bedeutung »Großkönig« oder »Oberkönig« oder »König der Könige« verwendet. Die Analogie zum abendländischen Kaisertitel bietet sich an.

[3] *Ajub –i Ansari* (türkische Schreibweise Ejub, Eyup, Ebu Eyyub oder ähnlich), Held der frühen Epoche der islamischen Expansion, war in seiner Jugend Kampfgefährte und Fahnenträger des Propheten. Als einer der Heerführer des Kalifen Moawija I. nahm er an der ersten erfolglosen Belagerung Konstantinopels (674–678) teil und verlor dabei sein Leben. Sein Grab wurde anläßlich der Belagerung der Kaiserstadt am Goldenen Horn durch Sultan Mechmed II. aufgefunden und rückte bald in den Mittelpunkt kultischer Heldenverehrung, die schon 1459 durch die Errichtung einer Moschee offiziell anerkannt und institutionalisiert wurde.

Um die Moschee bildete sich das Dorf Eyup, heute ein Vorort von Istanbul, in dem die Erinnerung an den vor mehr als einem Jahrtausend Gefallenen fortlebt. Das ehemalige Kloster der Tanzenden Derwische bietet einen berühmten Blick über beide Ufer des Goldenen

Horns. Unweit von Eyup münden die oft beschriebenen »Süßen Wasser von Europa« in das Meer.

Ein gelegentlich behaupteter Zusammenhang zwischen Ajub dem Fahnenträger und dem Herrscherhaus der Ajubiden, das 1174 die Herrschaft über Ägypten gewann und im Zusammenhang mit den Kreuzfahrerstaaten eingehender besprochen wird, ist nicht nur nicht erweislich, sondern sogar äußerst unwahrscheinlich: Ajub –i Ansari war Araber, Salahaddins – im Abendland unter Saladin bekannt – Vater Ajub (auch Ayyub) aber Kurde.

[4] *Säbelumgürtung:* Der Vorsteher des Klosters der Tanzenden Derwische in Eyup umgürtete den neuen Großherrn der Osmanen mit dem Heiligen Schwert des Islam und übertrug ihm damit die Pflicht zur Sorge für die heiligen Stätten und zur Ausbreitung des Reiches der Rechtgläubigen. Dem Symbolgehalt nach entsprach die Säbelumgürtung der Krönung im abendländischen Zeremoniell und war ein feierlicher Staatsakt, der nur durch einen bestimmten Funktionär der sunnitischen Glaubensgemeinschaft, genauer gesagt eines elitären Ordens dieser, vorgenommen werden konnte.

Die Pflicht zur Erweiterung des Reichsgebietes forderte mannigfache abendländische Kritik heraus, doch sei daran erinnert, daß die abendländische Programmatik durchaus adäquate Formulierungen kennt, wobei nur an »... allezeit Mehrer des Reiches« in der Titulatur des Kaisers erinnert sei.

[5] *Dar ul Islam:* Das klassische moslemische Weltbild war von verblüffender Einfachheit – dem islamischen Reich, Dar ul Islam, stand der Rest der Erde gegenüber, der unter dem Oberbegriff Dar ul harb, etwa als »Land des Krieges« zu verstehen, zusammengefaßt wurde. Das darin zum Ausdruck kommende Selbstwertgefühl ist keineswegs als Symptom für Primitivität zu verstehen, sondern im Gegenteil als typischer Ausdruck der Konzentration der Interessen auf die soziale Selbstverwirklichung, die gerade in Hochkulturen häufig nachweisbar ist. Dieselbe polare Grundhaltung findet sich im klassischen Griechenland, das der eigenen Welt jene der Barbaren als Sammelbegriff gegenüberstellte; sie wurde von den Römern voll übernommen; sie beherrschte das europäische Mittelalter, das nur zwischen den Ländern der Christenheit und jenen der Heiden unterschied – und sie kennzeichnet auch die zeitgenössische Anschauungsform der irdischen Belange mit der Zweiteilung der Welt in die »Westliche Welt« und den »Ostblock«, wobei der unglückselige Sammelbegriff der Dritten Welt säuberlich in die Interessenbereiche des Westens und Ostens zerlegt ist. Ganz ähnlich, wie heute der Westen den Osten und umgekehrt der Osten den Westen primär als potentiellen Kriegsgegner, sekundär als Geschäftspartner und sonst am liebsten überhaupt nicht zur Kenntnis nimmt, verhielt es sich damals mit dem Dar ul Islam und dem Dar ul harb.

Wie zumeist folgte auch im Islam die Wissenschaft der gesellschaftlichen Interessenlage. Die Geographie der islamischen Ökumene war schon im neunten Jahrhundert erstaunlich entwickelt und dabei auf die Bedürfnisse der Verwaltung ausgerichtet; Ibn Churradadbih, einer der Väter der Dschografija, war so – in unsere Begriffswelt übertragen – der Postminister des abbasidischen Kalifats und stellte ein Kompendium über die Wegstrecken zwischen den Ortschaften und den Wasserstellen nebst Beschreibung der jeweiligen Wirtschaftsformen zusammen. Im folgenden Jahrhundert schuf Abu Zaid eine zwanzigteilige Weltkarte, mit umfangreichen Erläuterungen versehen, und seine Epigonen al Istachri und Ibn Haukal entwickelten diese Glossen der Karten zu länderkundlichen Beschreibungen weiter, denen Karten angeschlossen waren. Von Europa fanden nur Andalusien und Sizilien als islamisierte Gebiete Aufnahme in diese systematischen Werke; schon die Nordküste des Mittelmeers war kaum bekannt, und die ökonomischen Zielen dienende Erkundung des Kontinents wurde bald eingestellt: das frühmittelalterliche Europa produzierte nichts, was das Interesse der großen Kaufherren im Dar ul Islam erweckt hätte. Im Ansatz waren derartige Erkundungen aber vorgenommen worden; so wurde der Kaufmann Ibrahim ibn Jakub aus dem maurischen Spanien 965 am Hofe Ottos d. Gr. in Magdeburg empfangen, und in Böhmen glaubte man, die Heimat der Amazonen entdeckt zu haben (siehe auch zweiter Band, I. Teil, 7. Kapitel).

Genauer bekannt als Europa war schon vor dem Jahre 1000 Zentral- und Ostasien, wo die Erkundung aus wirtschaftlichem Interesse lohnende Handelspartner fand.

Das geographische Wissen der Osmanen fügte dem übernommenen Weltbild der Araber

312

vor allem Kenntnisse über den Balkanraum und das Schwarzmeergebiet an, während Spanien aus dem Betrachtungsfeld schwand. Schließt man aus den Werken des berühmten Reiseschriftstellers Ewlija Tschelebi, der im siebzehnten Jahrhundert lebte und uns im dritten Band wiederholt begegnen wird, auf den Stand des Wissens der Osmanen vom Heiligen Römischen Reiche Deutscher Nation, so umfaßte es kaum mehr als eine Handvoll krauser Fabeln, die der große Geograph um einige vermehrte.

[6] *Beherrscher der Rechtgläubigen:* Zuerst von Omar ibn al Chattab, dem zweiten Kalifen (634 bis 644) geführter Herrschertitel. Er ist Ausdruck des Anspruchs auf die weltliche Herrschaft über alle Moslems und ergänzt den mit dem Titel des Kalifen verbundenen Anspruch auf die Leitung der rechtgläubigen Gemeinde in allen Fragen des Glaubens, der Überlieferung und des heiligen Rechts, der nachweislich ebenfalls zuerst von Omar verwendet wurde.

In arabischer Sprache kommt dies deutlicher zum Ausdruck:
— Emir (oder Amir) al muslimin: Beherrscher der Rechtgläubigen, und
— Chalifa rassuhl Allah: Nachfolger, auch Stellvertreter, des Propheten Gottes.

[7] *Der Goldene Apfel:* Entgegen bei uns vielfach vertretener Meinung war der Kizil elma, der Goldene (eigentlich der Rote) Apfel nicht mit Wien identisch, sondern die Bezeichnung der Hauptstadt jenes Giaurenreiches, das als Hauptgegner der Osmanen eben aktuell war. Für die erste Phase der osmanischen Expansion war Konstantinopel der Goldene Apfel, und die Bezeichnung geht mit hoher Wahrscheinlichkeit auf jenen goldenen Reichsapfel zurück, den die berühmte Statue des Kaisers Justinian in der Hand hielt. Nach der Eroberung Konstantinopels wurde der Goldene Apfel entlokalisiert verwendet und häufig mit erklärendem Zusatz versehen: Buda, die ungarische Königsstadt, war so der »Goldene Apfel der Ungarn«, und Wien der »Goldene Apfel der Deutschen«. Die zeremonielle Bezeichnung wurde nur bei besonderen Anlässen verwendet; in der Alltagssprache hieß Buda Budyn und Wien Betsch.

[8] *Orta:* Gliederung und Rangbezeichnungen des Janitscharenkorps finden im dritten Kapitel von III. eingehende Darstellung, auf die hier verwiesen wird.

[9] *Johannes Schiltbergers Werk* erwies sich als »Dauerbrenner« über viele Jahrhunderte. Es erlebte vielfache Neuauflagen, wobei die von A. J. Penzel besorgte »Schiltbergers aus München Reise in den Orient und wunderbare Begebenheiten«, 1818 in München erschienen, als sozusagen klassisch gilt und der von Telfer ins Englische übersetzten Ausgabe »The Bondage and Travel« – London 1879 – zugrunde liegt. Noch nach dem Zweiten Weltkrieg soll eine Neuauflage in einem süddeutschen Verlag erschienen sein, von der angenommen werden kann, daß sie den vor allem um die Darstellung der Indianerkriege hochverdienten Fritz von Steuben zu seinem Kreuzritterroman »Der endlose Ritt« angeregt hat.

[10] *Pius II.* zählt ganz zweifellos zu den interessantesten Persönlichkeiten unter den bisher 265 Päpsten; er war ebenso ganz zweifellos einer der scharfsichtigsten politischen Denker seines Zeitalters.

Als Aeneas Silvius Piccolomini 1405 in Corsignano – nun ihm zu Ehren in Pienza umbenannt – bei Siena geboren, nahm er als Sekretär des Kardinals Capranica am aufmüpfigen Konzil von Basel teil und erregte erstmals besonderes Aufsehen als wortgewaltiger und blitzgescheiter Verfechter der Forderungen des in Basel vereinigten Klerus, die dem Papst – es war Eugen IV., der uns noch beschäftigen wird – nur wenig angenehm waren. Als Gesandter des Konzils gelangte er 1442 in den Reichstag von Frankfurt, wo er die Aufmerksamkeit Kaiser Friedrichs III. erregte. Dieser gewann ihn als Leiter der Hofkanzlei, worauf Aeneas dem »Konzilspapst« – Gegenpapst in den Augen der Kurie – Felix V. die Treue aufkündigte und sich nach Wien verfügte. Des Kaisers Dienst strengte ihn anscheinend nur mäßig an, so daß er Gelegenheit fand, Vorlesungen an der Universität über die lateinische Dichtkunst zu halten und selbst einige Novellen zu schreiben, die hinsichtlich der Themenwahl und der Art der Darstellung etwa jener des nicht eben für seine Sittenstrenge berühmten Giovanni Boccaccio entsprachen. Allerdings schrieb er, den Friedell zu den größten Humanisten des fünfzehnten Jahrhunderts zählt, in lateinischer Sprache, zumindest »Euryalus und Lucretia«, sein Hauptwerk, das in den Kreisen der klassisch Gebildeten derartigen Anklang fand, daß ihn der Kaiser zum poeta laureatus krönte, welcher Ehrentitel in nachrömischer Zeit bekanntlich zuerst 1341 an Petrarca verliehen worden war.

Bald darauf findet man ihn höchst überraschend als in sich gegangenen Büßer, der 1445 die Priesterweihe empfängt, nun vom frommen Christenleben schwärmt und es für seine Person auch vollzieht, Anschluß an die Parteigänger des vormals geschmähten Papstes Eugen sucht und findet und sich große Verdienste um das Zustandekommen des Konkordates von Wien – das allerdings schon Eugens Nachfolger Nikolaus V. schloß – erwirbt, mit dem das Basler Konzil der faktischen Bedeutungslosigkeit unterfällt. Derartige Dienste wollen belohnt werden, schon bevor das Konkordat rechtsgültig unterfertigt ist, und so wird Piccolomini noch im Stadium der Verhandlungen zwischen Kurie und Kaiserhof Bischof von Triest. 1449 Bischof von Siena, erlangt er 1456 die Kardinalswürde und wird 1458 zum Papst gewählt. Als Hauptaufgabe seines Pontifikates erkannte er die Sammlung eines Kreuzzuges zur Wiedereroberung von Konstantinopel, das er im Sinne der Kirchenunion von 1439 als eine Stadt der Papstkirche sah. Der Fürstentag von Mantua 1459 faßte zwar entsprechende Beschlüsse, doch verzögerte sich deren Ausführung, und erst 1464 sammelte sich ein frommes Heer bei Ancona, das Papst Pius als Operationsbasis bestimmt hatte. Das Unternehmen war als maritime Aktion geplant, doch hielt sich die Kriegsflotte Venedigs nicht an den Zeitplan und erschien erst Mitte August, als sich die ersten Kreuzzugsteilnehmer schon wieder zu verlaufen begannen. Papst Pius, der ungeachtet seines schlechten Gesundheitszustandes den Kreuzzug selbst führen wollte, soll beim Erscheinen der venezianischen Galeeren geseufzt haben: »Bisher hat mir die Flotte gefehlt, und ich fürchte, daß ich nun bald der Flotte fehlen werde.« In der Tat starb er kurz darauf, noch am 25. August, dem Tage der Flottenversammlung. Sein Tod war das Ende seines kombattanten Unternehmens, das auch durch die wundertätige Reliquie des Hauptes des heiligen Andreas augenscheinlich nicht verhindert werden konnte.

Dies Reliquie war erst 1460 aus dem von den Osmanen bedrohten Rest des auf dem Peloponnes gelegenen Fürstentums Morea nach Ancona gekommen und 1462 nach Rom gelangt, von wo sie Papst Pius mit auf den Kreuzzug genommen hatte.

Die Geschichte des Andreashauptes ist damit nicht zu Ende: 1464 nach Rom zurückgebracht, war es dort bis zum Jahre 1964 dem Reliquienbestand von St. Peter einverleibt. Papst Paul VI. überließ es sodann im Zuge der erneuten Bemühungen um die Wiedervereinigung der Kirchen der Orthodoxie, die es dem Bischof von Patras übergab. Nun ist der Apostel Andreas, der Erstberufene – Protoklitos – einer der Hauptheiligen des orthodoxen Zypern, dessen Nordostspitze das Kap Andreas genannt wird, wo sich auch das berühmte Kloster Apostolos Andreas befindet, ein bis zur Teilung Zyperns vielbesuchter Wallfahrtsort, der sich gerne als »zyprisches Lourdes« bezeichnete. Die Klosterkirche war 1867 errichtet worden und feierte 1967 das Fest des hundertjährigen Bestehens. Aus diesem Anlaß wurde das Andreashaupt durch ein griechisches Kriegsschiff – den Zerstörer »Leon« – nach Famagusta gebracht und von dort in die Klosterkirche überführt. Wielange es dort verblieb und wo es sich derzeit befindet, ist – zumindest mir – nicht bekannt.

Das »Vaterland Europa« des Papstes Pius ist offenbar die Frucht seiner Bemühung, eine nicht nur überstaatliche, sondern auch überkonfessionelle Einheit zur gemeinsamen Kriegführung gegen die Osmanen zu schaffen, da die Kirchenunion von 1439 von der Mehrheit der griechischen Orthodoxie abgelehnt wurde und er durchaus nicht sicher sein konnte, deren Hilfe bei der beabsichtigten Offensive zu finden.

[11] *Christopher Marlowe* (1564–1593), Sohn eines Schuhmachers in Canterbury und Absolvent von Cambridge, war der – gleichermaßen durch geistvolles Talent wie einen wüsten Lebenswandel hervorragende – bedeutendste britische Dichter vor Shakespeare. Wegen seiner Beteiligung an einer Rauferei, bei welcher ein Mann getötet wurde, war er 1589 eine Zeit im Kerker und kam nach seiner Entlassung aus der Haft bei einer Messerstecherei ums Leben. Während für den Germanisten vor allem von Interesse ist, daß er den ersten Versuch machte, die Problematik des Dr. Faust dramatisch zu bearbeiten – »The Tragical History of Dr. Faustus« – und sohin als einer der Vorläufer Goethes angesprochen werden darf, ist für uns vor allem die Aufmerksamkeit beachtlich, die er dem Mittelmeerraum und seiner Geschichte schenkt. »Tamburlaine the Great«, ein durchaus quellengebundenes historisches Drama, ist sein erster Vorstoß in den Horizont des Nahen Ostens, der aus seiner Sicht auch Nordafrika umfaßt, wo »The Tragedy of Dido« abrollt. Auch »The Jew of Malta« ist im Mittelmeerge-

biet heimisch, und desgleichen sind es »Hero and Leander«, deren dramatische Liebesgeschichte er aus dem Lateinischen übersetzt.

Die überraschende Weltoffenheit Englands im späten sechzehnten Jahrhundert und die Beachtung des mediterranen Raumes in der englischen Literatur findet sich in noch wesentlich verstärktem Maße im Lebenswerk Shakespeares, dessen Bearbeitung geradezu »zeitgeschichtlicher« Themen uns noch beschäftigen wird.

¹² *Gideon Ernst Freiherr von Laudon* (1717–1790), der Livländer, der in Preußen Waffendienst nehmen wollte, abgewiesen wurde und schließlich im Heere Maria Theresias landete, ist der einzige Feldherr aus der Periode doch eher unglücklicher Kriegführung gegen den großen Friedrich, der es zu echter Popularität brachte und von dem noch heute das Volkslied singt. »General Laudon ruckt ein« lautet die eine Version des Liedes, nämlich »in die Stadt hinein, wo die schön Maderln sein«, während die andere, mehr martialische, verficht, er rücke »an«, und zwar »mit hunderttausend Mann«, was ja wohl eine gelinde Überschätzung der militärischen Möglichkeiten seiner Zeit ist.

Was ihm zu seiner Beliebtheit verhalf, war nun aber gerade der Umstand, daß er – gesehen mit den Augen der österreichischen Truppenführung im Zeitalter Maria Theresias – ein Offizier von höchst fragwürdiger Eigenart war, der sich an die Regeln der Kriegskunst, die damals in sehr sublimer Weise gehegt wurde, nicht zu halten pflegte. Er war vielmehr ein ausgesprochen draufgängerischer, verwegener Heißsporn, der im Gefecht jede sich ihm bietende Chance blitzartig erkannte und konsequent nutzte, ohne immer auf die ursprünglich erteilten Befehle Rücksicht zu nehmen, und der alles in allem seinem die Methodik über alles schätzenden Oberbefehlshaber, Feldmarschall Graf Daun, in manchen Phasen des siebenjährigen Krieges kaum weniger Ärger und Sorgen bereitet haben dürfte als seinem großen Gegner.

Sein Führungsstil war der seines Lehrprinzen, des berühmt-berüchtigten Pandurenführers Franz Freiherr von der Trenck, unter dem er als Hauptmann gedient hatte und dem er vor allem die prompte und selbständige Reaktion auf jede Lageänderung verdankte. Trenck war für Friedrich den Großen nicht nur vermöge seines preußischen Vetters Friedrich von der Trenck, dem eine wirkliche oder nur vermutete allzu innige Beziehung zu einer preußischen Prinzessin die königliche Ungnade und zuletzt den Kerker brachte, ein ausgesprochenes Reizwort, und der König widmete nicht weniger als zwei Kapitel seiner höchst bedeutsamen Führungsvorschrift »Militärische Instruktion für die Generale meiner Armee« dem kombattanten Verhalten gegen die Panduren des slawonischen Großgrundbesitzers. Nun blieb zuletzt auch dem »österreichischen Trenck« – der in Wahrheit ein »ungarischer« war – die Ungnade seines Souveräns mit anschließender Kassierung und Einkerkerung auf dem Spielberg in Brünn, der Haftanstalt für prominente Rechtsbrecher, wenngleich aus anderen Gründen als seinem Vetter nicht erspart, aber sein Musterschüler Laudon war noch vorhanden, kultivierte allerdings die erlernten Methoden, wandte sie aber nichtsdestotrotz mit außerordentlicher Virtuosität an. Durch seine energische und gekonnte Truppenführung gewann er die Zuneigung seiner Soldaten und den Respekt des Gegners, und es ist eine sicherlich den Charakter der Kriegführung kennzeichnende Episode, daß er seine Ernennung zum General aus dem preußischen Hauptquartier erhielt. Das Patent, ausgestellt am 25. August 1757, war einem Kurier überlassen worden, der das Pech hatte, von den Preußen aufgegriffen zu werden, so daß es mit der übrigen Kurierpost dem militärischen Sicherheitsdienst übergeben wurde und zuletzt als besonders wichtige Urkunde in die Hände des Königs gelangte. Dieser zögerte nicht, die Beförderung mit entsprechender Gratulation ins Lager der Österreicher weiterzuleiten, wobei er sich eines Trompeters bediente, wie es der damaligen Üblichkeit entsprach, derzufolge Trompeter jene Aufgaben erledigten, die ein paar Generationen zuvor von einem Herold besorgt worden sind.

Der 1788 begonnene Krieg Kaiser Josefs II. gegen das Osmanische Reich sah die noch lebenden und nun schon alt gewordenen Helden und Heerführer aus den Tagen Maria Theresias nacheinander als Oberbefehlshaber,

☐ Franz Moritz Graf Lacy,
☐ Andreas Reichsgraf Hadik von Futak und
☐ Gideon Ernst Freiherr von Laudon.

Lacy war Dauns Generalstabschef mit der Dienstgradbezeichnung Generalquartiermeister und sein Nachfolger als Präsident des Hofkriegsrates, der die Funktionen eines heutigen Verteidigungsministers erfüllte, gewesen; seine Kriegführung war noch umständlicher und verzwickter als die Dauns, was nach dem Stand des Kriegswesens durchaus nicht unzweckmäßig, aber aktionsarm und damit unpopulär war. Lacy beschränkte sich auf die Defensive, versuchte, eine Abwehrzone quer über den Balkan zu schaffen, die zu dünn war, um wirksam sein zu können, und die auch prompt einige Male durchbrochen wurde. Lacy mußte das Kommando abgeben, und ihm folgte Hadik, der geradezu legendäre Husarenführer, der am 16. Oktober 1757 in kühnem Handstreich Berlin genommen hatte und dessen Denkmal heute noch in Budapest steht. Hadik scheiterte; man muß ihm zugute halten, daß es sehr schwierig ist, eine in unerhört breiter Front in Verteidigungsstellungen liegende Armee zu sammeln und offensiv zu verwenden, was allemal die Bildung eines operativen Schwergewichts inkludiert und den »Mut zur Lücke« – oder sogar zu mehreren Lücken – voraussetzt. Hadik, beinahe achtzig Jahre alt und von angegriffener Gesundheit, hatte nicht die nötige Energie – und am 28. Juli 1789 übernahm der um sieben Jahre jüngere Laudon das Kommando. Er war in den Jahren des Friedensdienstes in den Hintergrund gedrängt worden, und bei Kriegsbeginn hatte ihn sein Kaiser wissen lassen, er solle sich nicht um ein Kommando bewerben, sondern vielmehr seine Tage in Ruhe verbringen, zumal er schon genug geleistet habe, was der alte Kriegsmann sicherlich als Kränkung, nicht aber als Lob aufgefaßt hat. Josef II. geruhte jedoch, höchstdero Meinung zu ändern, und die Armee war froh, als sie »ihren Laudon« wieder hatte. Sie spürte seine noch immer starke und sichere Hand, vollzog die befohlenen Bewegungen mit Energie und Eifer – und am 9. Oktober 1789 mußte Osman Pascha, der Verteidiger von Belgrad, Stadt und Festung übergeben. Im nächsten Jahre hielt der Tod reiche Ernte unter den großen Männern; am

– 18. Februar starb Kaiser Josef II., erst neunundvierzigjährig; es wird auch der 20. Februar als Todesdatum genannt;
– 12. März folgte ihm Generalfeldmarschall Andreas Hadik von Futak im achtzigsten und am
– 14. Juli Generalfeldmarschall Gideon Ernst von Laudon im vierundsiebzigsten Lebensjahr.

Im Türkenkrieg von 1788 sammelte übrigens ein blutjunger Kürassieroffizier die ersten kombattanten Erfahrungen, der es in seinem langen Soldatenleben – er diente volle zweiundsiebzig Jahre – zum kaiserlichen Generalfeldmarschall und zum vielgeliebten »Vater der Armee« bringen sollte: Josef Wenzel Graf Radetzky von Radetz. Noch in hohem Lebensalter war Radetzky, dessen militärische Glanzleistung sicherlich die Völkerschlacht bei Leipzig war, die er als Generalstabschef der alliierten Armeen entscheidend gestaltete, stolz darauf, daß er unter Männern wie Hadik und Laudon sein erstes Pulver gerochen hat; über die Feldverwendungsfähigkeit und insbesonders die Mobilität des josefinischen Heeres soll er sich allerdings stets mit großer Zurückhaltung geäußert haben.

[3] *Der Friedensvertrag von Campo Formio,* den für Frankreich der General Napoleon Bonaparte, damals in Paris allenthalben als »Retter der Revolution« und »Schirmer der Republik« gefeiert, für Kaiser Franz II. aber Ludwig Graf Cobenzl, von dem sonst nichts Nachteiliges zu berichten ist, unterfertigte, beendete den ersten Koalitionskrieg.

Für Klugschwätzer unserer Zeit mag dieser Krieg nicht mehr als jene Auseinandersetzung sein, die Berufssoldaten zu gefeierten Dichtern und gefeierte Dichter zu Heeresangehörigen mit etwas nebulosen Dienstgradbezeichnungen machte – der französische Pionieroberleutnant Rouget de Lisle bestieg nämlich in patriotischer Begeisterung den Pegasus und schuf die »Marseillaise«, die am 30. Juli 1792 von Kriegsfreiwilligen aus Marseille erstmals in Paris gesungen wurde und es zur französischen Nationalhymne brachte, während der pegasusgewohnte Johann Wolfgang von Goethe dem Wunsche seines von ihm erkürten Landesherrn, des Herzogs Carl August von Sachsen-Weimar, gehorsam mit dessen Kavalleriebrigade ins Feld zog, um als »Feldsekretär« seinem Herrn die Mußestunden in gewohnter Weise vertreiben zu helfen und bei den vorerst erwarteten Ruhmestaten als ein neuer Homer gleich bei der Hand zu sein – in Wahrheit aber war es ein höchst denkwürdiges und eminent geschichtsgestaltendes Geschehen.

»Von hier und heute geht eine neue Epoche der Weltgeschichte aus mit größten Umwälzungen«, kommentierte Sonderführer Goethe die Kanonade von Valmy, an der er teilnahm und die ihn höchlichst beeindruckte, wie eben ein Erzzivilist von der Entwicklung gewaltigen kombattanten Lärmes beeindruckt wird. Außer dieser Entwicklung eines sicherlich beachtlichen Spektakels geschah nämlich an jenem 20. September 1792 nicht viel, zumindest nichts militärisch Bedeutsames oder gar Entscheidendes, und da die lautstarke Geräuschkulisse einer Schlacht durchaus keine Schlacht ist, ging das ganze Treffen nicht als Schlacht, sondern eben als Kanonade in die Geschichte ein. Und an die hämische Kritik mancher Intellektueller am ersten Koalitionskrieg schließt sich die nicht weniger ätzende Kritik militärischer Kreise an Goethe; seht her, sagt sie etwa, wie gewaltig selbst geniale Unsoldaten bei der Bewertung von Vorgängen auf dem Schlachtfeld, deren Zeugen sie werden, danebenhauen...

Es mag nun durchaus sein, daß Goethe, kriegsunkundig und lärmempfindlich, belastet durch die Inkommodierungen des ungewohnten Lebens im Felde und vermutlich auch gereizt durch die eher schlichte Rolle, die ihm – dem früh zum Ruhm gelangten Erfolgsschriftsteller, der mit seinem rührseligen Roman vom Leiden des jungen Werther größtes Aufsehen erregt und eine für die Nachwelt höchst erstaunliche Mode ausgelöst hatte – nolens volens zugefallen war, seinen Unmut dadurch sublimierte, daß er dem Geschehen, das alles dies veranlaßt hatte, welthistorische Bedeutung beigemessen wissen wollte, da sich ein Goethe ganz einfach nicht einer Lappalie wegen aus den gewohnten Lebensumständen reißen läßt. Es kann aber auch sein, daß er intuitiv – und er war bei all seiner höchstleistungsfähigen Intelligenz im Grund seines Wesens, wie vermutlich alle Genies, ein intuitionsgelenkter Mensch – erkannte, daß sich hinter dem Gelärm des Geschützfeuers und dem Schauspiel der sich zur Schlacht formierenden Verbände, die über das Feld bewegt wurden, mehr verbarg als das sinnlich Wahrnehmbare. Wie recht er damit hatte, ist ihm vermutlich selbst entgangen; jedenfalls aber entging es jenen, für deren Bild von der Geschichte dieser ganze Krieg nicht mehr ist als ein bizarrer Schnörkel am Ausgang des Rokoko oder Goethes Beurteilung eine gewaltige Fehlinterpretation einer keineswegs durchkämpften Schlacht.

Zunächst fällt auf, daß man in Frankreich dem Geschehen um Valmy, so dürftig es auch auf dem Felde, das »Schlachtfeld«zu nennen sich sozusagen die Feder sträubt, gewesen ist, eine entscheidende Bedeutung beimaß, und zwar vor allem in der napoleonischen Ära, was man daraus erkennen kann, daß der Befehlshaber der französischen Verbände, Franz Christof Kellermann – meist als Francois Christophe Kellermann entdeutscht – 1804 in den Rang eines Marschalls von Frankreich und 1808 als Herzog von Valmy in den Adel des neuen Kaiserreichs erhoben worden ist. Dann sei auch der Raum, in dem Valmy liegt, in den Kreis der Betrachtung gerückt: Er wird im Osten von den Höhen des Argonnerwalds, im Westen vom Flußlauf der Marne begrenzt, die sich aus dem Südosten heranschiebt – Quellgebiet Plateau von Langres – und, bei Chalons scharf nach Westen abbiegend, in Paris in die Seine mündet. Geschichtsträchtig ist das Gebiet seit uralter Zeit, und nimmt man Gallien als Vorläufer Frankreichs, was durchaus üblich und mindest territorial auch völlig zutreffend ist, rollten hier dreimal Ereignisse ab, die den Gang zumindest der europäischen Geschichte nachhaltig beeinflußten:

451 wehrt der weströmische Feldherr Aëtius den Vorstoß der Hunnen Attilas auf den »katalaunischen Gefilden« ab, wozu bemerkt wird, daß Chalons sur Marne von den Römern Catalaunum genannt wurde;

1792 erzwingt Kellermann bei Valmy den Rückzug der unter dem Oberbefehl des Herzogs Karl Ferdinand von Braunschweig stehenden Koalitionsarmee;

1914 kommt es zum rational nur schwer zu verstehenden Ausgang der großen Schlacht in Frankreich, der als »Wunder an der Marne« in die Kriegsgeschichte einging.

Der Kanonendonner von Valmy war das zweite Echo, das die Pillnitzer Deklaration vom 27. August 1791 auslöste, wenn man die Kriegserklärung Frankreichs vom 20. April 1792 als erstes wertet. Die Pillnitzer Deklaration, in welcher sich Leopold von Habsburg – als König von Ungarn, Böhmen, Dalmatien, Kroatien und Slavonien, Erzherzog von Österreich, Herzog von Steiermark, Kärnten und Krain usw., nicht aber als »erwählter römischer Kaiser« – und Friedrich Wilhelm II., Friedrichs des Großen keineswegs kongenialer Nachfolger als

König in Preußen, für das französische Königshaus, dessen Stellung schon in der ersten Phase der großen Revolution in besorgniserregender Weise erschüttert wurde, stark machten und in der sie in unbestimmten Worten mit einer »militärischen Intervention Europas« drohten, ist in der neueren Geschichte die erste massive Einmischung in die inneren Verhältnisse eines anderen Staates, die trotz der ausgesprochen schlechten Erfahrungen, die in eigentlich jedem Einzelfall damit gemacht wurden, seither in den internationalen Beziehungen permanent repetiert und geradezu üblich geworden ist. Sosehr man gekrönte Häupter in ihrem Erschrecken ob der Explosion des Volkswillens verstehen kann und sosehr man insbesonders das emotionelle Engagement Leopolds II., des Bruders der Königin Maria Antoinette, begreiflich finden muß, war doch unschwer vorauszusehen, daß sie sich auf ein Abenteuer einließen, dessen Ergebnis nur zu einem relativ bescheidenen Teil von ihrem Goodwill abhing. Sie erkannten dies offenbar nicht; sie meinten, daß die revolutionären Strömungen, die den jeweils radikalsten Gruppen und Fraktionen einen ständig zunehmenden Einfluß gestatteten, durch die verbale Drohung geschockt versickern würden, so daß es von selbst zu einer Restauration des bourbonischen Absolutismus kommen müsse. Einen Krieg zu riskieren, hatten sie offenbar nicht im Sinn, und daß ihn das plebejische Frankreich beginnen würde, lag augenscheinlich außerhalb ihres Vorstellungsvermögens. Frankreich begann ihn aber, und der Vormarsch des Herzogs von Braunschweig, der als eindeutiger Aggressionsakt empfunden wurde, löste eine Welle des Patriotismus aus, die zur Identifikation der Bevölkerung ganz Frankreichs mit der Pariser Regierung führte, wobei durch die langsame und vorsichtige Führung der Offensive noch die Zeit verblieb, die in Scharen zur Fahne eilenden Freiwilligen militärisch zu organisieren und – sicherlich nur notdürftig – auszubilden und zu bewaffnen. Der für die antirevolutionäre Koalition wenig erfolgreiche Kriegsverlauf wurde durch den Fortgang des kombattanten Geschehens im Rest des Jahres 1792 sehr kritisch; für die Königsfamilie in Paris und deren Anhang, zu deren Schutz man so prächtige Worte gefunden und zuletzt das Erscheinen des blutigen Gottes Mars in Kauf genommen hatte, war der Jahresablauf aber katastrophal:
- General Custine gewann die Pfalz und nahm Speyer, Worms und Mainz;
- General Dumoriez besetzte nach seinem Siege über ein habsburgisches Heer unter Herzog Albert von Sachsen-Teschen bei Jemappes Belgien;
- Frankreich wurde Republik, die königliche Familie in Haft genommen;
- Danton begann den Vernichtungskrieg gegen die Royalisten mit den »Septembermorden«, die als Vorspiel des kommenden Grauens zunächst einmal dreitausend Tote brachten.
1793 treibt der Terror der bürgerlichen Revolution seinem Höhepunkt zu:
- der 21. Januar sieht Ludwig XVI. auf dem Schaffott;
- der 16. Oktober Maria Antoinette.
Dazwischen liegt die Ermordung des gefürchteten Präsidenten des Jakobinerklubs Jean Paul Marat durch Charlotte Corday d'Armont am 13. Juli, für welche die Täterin am 17. Juli das Blutgerüst besteigt, und dazwischen liegen Tausende Hinrichtungen von Leuten, deren Tod nicht die Folge einer klar erfaßbaren Tat ist. Charlotte Corday war übrigens die Urenkelin des großen Dramatikers Pierre Corneille, den viele für den französischen Shakespeare halten, und diese Abstammung von einem großen Künstler rückt sie in die Nähe eines Nachkommens des gewaltigen Michelangelo Buonarroti, der 1797 hingerichtet wurde: Francois Babeuf, der sich zu Ehren des altrömischen Revolutionärs Tiberius Gracchus, mit dem er sich mystisch verbunden fühlte, Gracchus Babeuf nannte, von der Errichtung der »Gesellschaft der Gleichen« träumte und den Sturz des Direktoriums plante. Die Nennung eines weiteren, durchaus erwähnenswerten Einzelschicksals sei noch gestattet: Friedrich Freiherr von der Trenck, dessen ihm vom großen Friedrich zugemessene Kerkerhaft in Anmerkung 12 erwähnt wurde, eilte nach seiner Entlassung nach Frankreich, wo er sich – bei seinen Erfahrungen mit dem preußischen Absolutismus durchaus verständlich – für die Ziele der Revolution begeisterte. Sei es nun, daß er angesichts der Rechtszustände in der Metropole der Revolution, die ihm mit der Zeit schlimmer erschienen als die im reaktionären Preußen, den Mund in gefährlicher Weise aufmachte, sei es, daß ihm seine adelige Abkunft, die er gewiß nicht verleugnete, zum Verhängnis wurde, oder sein Herkommen aus Preußen – jedenfalls beendete auch er sein Leben auf der Guillotine.

Und was tat Europa?

Die öffentliche Meinung schlug, wie aus zahlreichen Präzedenzfällen sattsam bekannt ist, hohe Wellen der Empörung. Allenthalben ging man schärfstens gegen die blutige, tyrannische Revolutionsregierung vor, allerdings nur verbal, überall rasselte man ob des gemeinen, brutalen, ja viehischen Königsmordes, wie man es nannte, mit dem Säbel und anderem attraktiven Kriegsgerät, und alle Staaten, die auf ihre Reputation bedacht waren, drängten sich in das habsburgisch-hohenzollersche Bündnis. Selbstverständlich kam England, moralisch entrüstet und mäßig schlagbereit, wo König Georg III. seit 1760 herrschte und William Pitt der Jüngere seit 1783 als Pemierminister die Regierung führte. Die Briten hatten eben den Unabhängigkeitskrieg in Amerika verloren und vergönnten den Franzosen insgeheim die Schwierigkeiten im eigenen Land, weil diese die amerikanischen Rebellen nicht nur mit Wohlwollen betrachtet, sondern auch mit allerlei nützlichen Dingen für eine erfolgreiche Kriegführung beliefert hatten. Nach den Verlusten in Amerika hatte die Regierung zwar versucht, das Imperium in Ostindien durch die Einbeziehung Tibets zu erweitern, war damit aber ebenfalls erfolglos geblieben und hatte im Augenblick an den Ereignissen auf dem europäischen Festland angesichts des imperialen Engagements nur wenig Interesse. Immerhin entschloß sich London, wo eine Zahl von französischen Emigranten recht lautstark agierte, antirevolutionäre Widerstandsgruppen in Frankreich zu unterstützen. Insgesamt war die britische Beteiligung am ersten Koalitionskrieg sehr bescheiden, zumindest was die Landkriegführung betrifft. Zur See beschränkte es sich auf die mehr oder weniger rigorose Blockade einiger französischer Hafenstädte.

Mehr Engagement zeigten die »nördlichen Niederlande«, die seit 1648 nicht mehr dem Verband des Heiligen Römischen Reiches zugehörten, während die südlichen Provinzen – etwa mit dem heutigen Belgien identisch – eindeutig habsburgischer Besitz mit umstrittener Reichszugehörigkeit waren. Die Besetzung des belgischen Raumes durch die Franzosen brachte die Niederländer in Harnisch, doch waren ihre Landstreitkräfte nicht in der Lage, die Gefühle der Bevölkerung wirksam zu schützen: Sie wurden im Winterkrieg 1794/95 überrannt und aus den nördlichen Niederlanden wurde die Batavische Republik gebildet, während Belgien annektiert wurde.

Nach dem französischen Angriff auf die Pfalz war es unerläßlich, daß auch das Heilige Römische Reich den Kriegsbeitritt auf seiten seines Kaisers – es war nun, nach Leopolds II. Tod 1792, Franz II. – erklärte, als dessen Verbündeter es nun kombattant in Erscheinung trat. Das war gewiß eine moralische Unterstützung, aber keineswegs eine entscheidende Vermehrung seiner militärischen Kraft, zumal es eine Reichsarmee nicht mehr gab und die Aufgaben einer solchen von der kaiserlichen Armee erfüllt wurden, was einer der Hauptgründe für die beinahe ununterbrochenen finanziellen Schwierigkeiten der habsburgischen Kaiser war.

Als weitere Bundesgenossen traten auf

- Spanien, dem die Behauptung seines Kolonialreiches in der Neuen Welt nach der Selbstbefreiung der USA ein kaum lösbares Problem war, das seine militärischen Möglichkeiten nahezu völlig erschöpfte,
- Portugal, das an demselben Fieber darnieder lag,
- Neapel, das nicht über nennenswerte Streitkräfte verfügte,
- Toskana, mit dem es ähnlich wie mit Neapel bestellt war,
- Venedig, das selbst als mediterrane Seemacht nur mehr eine Zerrbild der einstigen Größe war, und
- Piemont, das schon zu Beginn des zu Ende gehenden Jahrhunderts von der Landkarte verschwunden wäre, hätte nicht der Sieg des Prinzen Eugen bei Turin 1706 den Landhunger des Sonnenkönigs gezügelt.

Die Erweiterung der Koalition hatte also beinahe ganz Europa im antifranzösischen Bündnis vereint, die militärischen Kräfte aber hatten sich nicht vermehrt, sondern im Gegenteil, sie verringerten sich: Preußens Interessen wandten sich von Frankreich ab und Polen zu, dessen zweite Aufteilung noch 1793 zwischen dem König Friedrich Wilhelm II. und der Zarin Katharina der Großen erfolgte. Trotzdem trat Paris vorerst auf der Stelle: Robespierre griff nach der Alleinherrschaft, ließ Danton hinrichten und dekretierte eine neue, antichristliche Religion als Staatskult, fiel aber selbst dem Staatsstreich der sogenannten »Thermidorianer« zum Opfer – und Preußen nahm, klar vertragsbrüchig, Verhandlungen zur Erreichung eines Sonderfriedens auf. Dieser wurde 1795 in Basel geschlossen: König Friedrich Wilhelm II. verzichtete auf die preußischen Territorien am linken Rheinufer, nämlich Cleve, Mörs und Obergeldern, erklärte sich mit einer Verschiebung der Grenze Frankreichs bis an den Rhein einverstanden und erhielt das bindende Versprechen, beim Friedensschluß mit Kaiser und Reich auf dem rechten Rheinufer entschädigt zu werden. Dieser Friedensvertrag war nicht nur ein territorialer Gewinn für Frankreich, sondern er war auch – was womöglich noch mehr zählte – die erste Anerkennung der Revolutionsregierung durch eine europäische Macht, die noch als Großmacht galt.

Auf die Ebene des kombattanten Geschehens übertragen bedeutet dies nicht mehr und nicht weniger, als daß die kaiserliche Armee, die zuvor gemeinsam mit der preußischen, vom alten Ruhme umglänzten, operiert hatte, nun nahezu im Alleingang alle militärischen Aufgaben zu erfüllen hatte, deren Umfang durch die Erweiterung des geographischen Raumes, der als Kriegsgebiet in Frage kam, in bedenklichem Maße zugenommen hatte. 1793, als die nachteilige Veränderung der Gesamtlage noch nicht voll in der militärischen Effektivität wirksam war, ging die Sache besser, als zu befürchten war, und dem kaiserlichen Feldmarschall Josias Prinz Koburg gelang es, General Dumoriez am 1. März bei Aldenhoven und am 18. März bei Neerwinden zu besiegen, was die Franzosen zur Räumung des im Vorjahr besetzten südniederländischen Gebietes zwang.

Paris reagierte prompt und trotz des erlittenen Schocks ausgesprochen zielführend; nachdem schon im Februar 300 000 Mann zwangsweise aufgeboten worden waren, wurde im August die Allgemeine Wehrpflicht, eine für die vorangegangene Epoche geradezu unvorstellbare Maßnahme, durch Gesetz eingeführt und gleich darauf die Einziehung aller unverheirateten Bürger vom vollendeten achtzehnten bis zum fünfundzwanzigsten Lebensjahr verfügt. Im Handumdrehen standen 700 000 Mann unter Waffen, und das erste »Volksheer« der Neuzeit war – mit allen charakteristischen Stärken und Schwächen eines solchen – existent geworden. Ausbildungsmängel wurden durch Masseneinsatz, Führungsschwächen durch begeisterten Elan ersetzt, und dieser gestattete auch die entscheidende Veränderung der Kampfweise der Infanterie. Die geschlossene Mauer aus Menschenleibern konnte aufgelöst werden, die Bedutung des Tirailleurs stieg sprunghaft an, und das Ganze war im Grunde genommen die Wiederholung des im amerikanischen Freiheitskampf erfolgreich angewandten, zunächst als hinterwäldlerisch verunglimpften, gefechtsmäßigen Verhaltens des aufgelockerten Schützenschwarmes, gegen welche Neuerung den Berufssoldaten Seiner Majestät König Georgs III. kein passendes Rezept eingefallen war.

Die Verluste der Revolutionsheere waren, trotz der durch die Auflösung der linearen Formation verringerten Treffaussicht des Gegners, relativ hoch, da sie mit einer für die konventionelle Kriegführung jener Zeit schaudernerregenden Bedenkenlosigkeit eingesetzt, ja geradezu ausgesetzt wurden, aber das spielte im Grunde genommen eine sehr geringe Rolle: Das für die kriegstechnischen Möglichkeiten des späten achtzehnten Jahrhunderts nahezu unerschöpfliche Menschenreservoir der gesamten männlichen Bevölkerung war erschlossen, und die Verluste waren grundsätzlich ersetzbar. Und zwar kurzfristig ersetzbar, da die Ausbildung im Schnellsiedeverfahren erfolgte und mit der jahrelangen, mühseligen und viel Gamaschendienst und Leerläufe einschließenden Ausbildung der monarchistischen Berufsheere nicht zu vergleichen war.

1794 kamen die Neuerungen im französischen Kriegswesen voll zum Tragen, und die Heere der Revolutionsregierung überschwemmten förmlich die Grenzen der kontinentalen Gegner, deren Truppen auf das rechte Rheinufer zurückgeworfen wurden; nur mit größter Mühe gelang es den kaiserlichen Truppen, die über den Strom gesetzten Armeen der Generäle Jourdan und Pichegru 1795 zurückzutreiben.

Nach dem Ausscheiden Preußens war auch Spanien kriegsmüde geworden und schloß seinen Sonderfrieden mit den »Verbrechern in Paris«, was kein sehr großer Verlust war, da es ohnehin kombattant nie in Erscheinung getreten war, und zuletzt mußten die Kaiserlichen um einen Waffenstillstand ersuchen, der bis zum Mai 1796 in Kraft blieb. Dann kam es zur Wiederaufnahme der militärischen Operationen, deren Schwergewicht sich in den italienischen Raum verlagerte, wo Napoleon Bonaparte den Oberbefehl übernommen hatte. Während sich Erzherzog Karl, der Bruder des Kaisers, erst fünfundzwanzig Jahre alt, bisher als Reitergeneral erfolgreich, als neuer Oberkommandierender auf dem deutschen Kriegsschauplatz vortrefflich schlug, die Franzosen im August bei Amberg und im September bei Würzburg besiegte und neuerlich über den Rhein zurückwarf, rasselte die ganze Abwehrfront der von den Piemontesen anfangs tapfer unterstützten Kaiserlichen in Oberitalien zusammen. Der Krieg wälzte sich den Südrand der Alpen entlang nach Osten, erreichte das Gebiet des Koalitionspartners Venedig und begann das Jahr 1797 mit der Kapitulation der Festung Mantua, die sich durch volle acht Monate tapfer behauptet hatte. Kaiser Franz entsandte nun seinen lorbeergeschmückten Bruder Karl in den Süden, aber auch dieser vermochte den furchtbar verfahrenen Karren nicht herumzureißen, und Napoleon führte in einem glanzvollen Frühjahrsfeldzug seine Verbände durch Kärnten in die Steiermark, wo er schon Anfang April eintraf. Am 18. April wurde der Präliminarfrieden von Leoben und am 18. Oktober der Frieden von Campo Formio geschlossen; die mit großen Worten, die nicht ganz ernstgemeint waren, angekündigte Intervention in Frankreich war nicht nur ein Schlag ins Wasser gewesen, sondern vielmehr ein Rohrkrepierer von verheerender Wirkung:

–   Die soziale Gruppe, deren Schutz ursprünglich bezweckt war und die aus der königlichen Familie, den Getreuen des Königs, den aristokratischen Geschlechtern und den Konservativen des Bürgertums bestand, war zerschlagen, überwiegend sogar physisch vernichtet worden;

–   die Organisation des französischen Sozialsystems mit den rechtlichen und wirtschaftlichen Strukturen, die jenen der Interventionsmächte entsprachen und in deren Augen als geradezu sakrosankt galten, war radikaler Veränderung unterfallen;

–   die habsburgische Ländermasse wurde im Westen reduziert und verlor die südlichen Niederlande, also das heutige Belgien, und die Lombardei; die Verluste wurden jedoch durch die Zertrümmerung des venezianischen Restbesitzes, dessen ostwärts der Etsch gelegene Teile mit der Lagunenstadt selbst, mit Istrien und Dalmatien dem Kaiser Franz zugeschlagen wurden, kompensiert, was einer Abdrängung der, neben dem bereits nach Osten gewiesenen Preußen, zweiten deutschen Großmacht nach Südosten entspricht;

–   nach den freien Niederlanden war mit Venedig ein zweiter europäischer Staat untergegangen, der ganz wie jene seine Existenz traditionell aus der Seefahrt bezogen hatte, womit höchst überraschend zumindest mittelbar das Interesse Englands gefördert wurde, das nun endgültig nach dem Atlantik auch das Mittelmeer in seine maritime Dominanz einbeziehen konnte;

–   in einem vorerst geheimgehaltenen Vertragszusatz hatte nach dem König von Preußen nun auch der Kaiser des Heiligen Römischen Reiches Deutscher Nation der Annexion der linksrheinischen deutschen Territorien durch Frankreich zugestimmt, wobei die Festsetzung der Entschädigung der betroffenen Reichsfürsten einem eigenen Vertrag, dem Frieden mit dem Heiligen Römischen Reiche, vorbehalten blieb.

Das Heilige Römische Reich war dem endgültigen Zerfall ein entscheidendes Stück nähergerückt, und Johannes Amadeus Franz de Paula, Freiherr von Thugut, der bisher die Außenpolitik Habsburgs zu lenken versucht hatte und nun durch den Grafen Cobenzl ersetzt wurde, schrieb voll Sorge und Bitterkeit:

»Meine Verzweiflung wird voll durch den wahnsinnigen Jubel der Wiener auf das bloße Wort Friede. Niemand fragt, ob die Bedingungen gut oder schlecht sind. Niemand fragt nach der Ehre der Monarchie und was aus derselben binnen zehn Jahren geworden sein mag – nur daß man auf die Redoute laufe und Backhendel speise. Wie sollte man bei solcher Stimmung der Energie eines Bonaparte Widerstand leisten, der fröhlich jedes Wagnis auf sich nimmt?«

Militärgeschichtlich ist vor allem bedeutsam, daß sich die Heere, die auf Grund der modernen allgemeinen Wehrpflicht geschaffen waren, gegenüber den Berufsheeren der absolutistischen Staaten voll durchsetzten. Man führt dies meist auf ihre erheblich größere Zahlenstärke und die Begeisterung zurück, von der sie erfüllt waren, und wenn dieser letzte Umstand auch die

bereits erwähnte Änderung in der Infanterietaktik erlaubte, darf doch nicht übersehen werden, daß beide Faktoren durchaus nicht unproblematisch sind:
- Die Erhöhung der Truppenzahlen schafft, womit wir noch öfter konfrontiert werden, Versorgungsprobleme, deren Schwierigkeiten nicht nur in arithmetischer Reihe ansteigen, sondern im Extremfall geradezu potenziert werden, und
- die Begeisterungsfähigkeit ist nur der eine positive Aspekt der Stimmungsabhängigkeit, die damit Einlaß ins Kriegswesen findet und voll berücksichtigt werden muß.

Die Erfolge der Massenheere Frankreichs bewogen die Staaten des Kontinents, das französische Wehrsystem – wenngleich zögernd – zu kopieren, und die allgemeine Wehrpflicht, die in verschiedenen Varianten bis heute das europäische Kriegswesen beherrscht und auch in die Wehrordnungen der meisten überseeischen Mächte Einlaß fand, öffnete neue Dimensionen der Kriegsgeschichte und der kombattanten Möglichkeiten.

Der erste Zusammenprall der neuen, nun zwar nicht gerade auf der Wehrpflicht beruhenden, aber doch aus dem Konsens freiwilliger Bürgersoldaten hervorgegangenen Truppen mit den aus Berufssoldaten gebildeten Verbänden erfolgte bei Valmy. Der Amateur setzte sich gegen den Professionellen durch, eine neue Epoche der Weltgeschichte nimmt von hier ihren Ausgang – und so hat am Ende doch der Feldsekretär der weimaranischen Kavalleriebrigade, Johann Wolfgang von Goethe, recht gehabt.

[14] *Josef Freiherr von Hammer-Purgstall* wurde am 9. Juni 1774 in Graz als Sohn des zunächst bürgerlichen Juristen Josef Hammer geboren, der ein Mann erzkonservativer Gesinnung war und in der Regierungszeit des reformfreudigen Kaisers Josef II. derohalben vorzeitig in den Ruhestand versetzt wurde. Als nach dem Tode des Kaisers die meisten der von ihm eingeführten Neuerungen beseitigt wurden und der Konservativismus wieder groß in Mode kam, wurde Hammer reputationsmäßig dadurch entschädigt, daß er in den Adelsstand erhoben und ihm das Recht verliehen wurde, sich hinfort »von Hammer« zu nennen. Es wurde ihm auch angeboten, wieder in den Staatsdienst einzutreten, worauf er jedoch dankend verzichtete, da er sich in der Privatwirtschaft als Verwalter der Familienbesitze des Grafengeschlechts derer von Saurau eine entsprechende Position geschaffen hatte. Obwohl also seine Erfahrungen mit dem Staatsdienst nicht eben die besten waren, bereitete sich Josef der Jüngere auf den Eintritt in die diplomatische Laufbahn durch den Besuch der »Orientalischen Akademie« in Wien, aus der später die »Konsularakademie« wurde, vor. Seine frühe Begeisterung für den Orient ist vielleicht der Nachhall einer familiengeschichtlichen Reminiszenz: Einer seiner Vorfahren, Johann Hammer, war einer der Gärtner des Prinzen Eugen und als solcher für die Pflege der ausgedehnten Gartenanlagen in dessen Lustschloß Belvedere verantwortlich. Von diesem Vorfahren scheint der junge Orientakademiker auch eine besondere Neigung zu den prunkvollen und ausgedehnten Ziergärten des achtzehnten Jahrhunderts übernommen zu haben, denn zu seinen ersten literarischen Arbeiten zählt eine Abhandlung über die Gartenanlagen des Gebietes von Wien. Auch Briefe von einer frühen Reise in den in zahllose Kleinstaaten zersplitterten Raum Italien veröffentlichte er; sie weisen ihn als empfindsamen, schwärmerischen Jüngling aus, ganz wie man es von einem Intellektuellen der Wertherzeit erwartet.

Da für ihn nach Abschluß der Akademie nicht sogleich ein Platz in der Hierarchie der Diplomaten vorhanden war, wurde er als eine Art wissenschaftliche Hilfskraft verwendet und hatte als solche alle möglichen Urkunden, die sich auf das Osmanische Reich bezogen, zu ordnen und auszuwerten, so daß er schon über umfassende Kenntnisse verfügte, als er im kaiserlichen Auftrag 1799 seine erste Reise nach Stambul antrat.

Die folgende Dienstverwendung als Sonderbeauftragter im Stab der britischen Mittelmeerflotte brachte ihn in Kontakt mit dem in der folgenden Anmerkung behandelten Admiral Smith, auf dessen Flaggschiff »Tiger« er den Großteil des kombattanten Geschehens erlebte. In der damals sehr bedeutenden Hafenstadt Reschid, von den Europäern Rosette genannt, am westlichen Rand des Nildeltas, wo 1799 der berühmte »Stein von Rosette« bei Schanzarbeiten am Fort St. Julien von französischen Soldaten gefunden worden war, erwarb Hammer seine ersten bedeutenden Originale, und zwar
- den »Antararoman«, ein altarabisches Heldenepos aus vorislamischer Zeit, das die Liebe eines ritterlichen Kriegers zu seiner wunderschönen Cousine behandelt, und

– Teile der berühmten Sammlung »Tausendundeine Nacht«, deren Erzählungen nach mehrhundertjähriger mündlicher Weitergabe um 1500 schriftlich festgehalten wurden.

Die wenigen Handschriften waren kostbare bibliographische Raritäten, und erst am Beginn des achtzehnten Jahrhunderts erschien in Frankreich nach einem unvollständigen Original die erste Übersetzung in eine europäische Sprache, die A. Galland besorgte: »Les milles et une nuits«.

Hammer übertrug das von ihm im Orient Aufgefundene in die deutsche Sprache; es erschien 1813 im Verlag Cotta in Stuttgart unter dem Titel: »Rosenöl. Erstes und zweites Fläschchen oder Sagen und Kunden des Morgenlandes aus arabischen, persischen und türkischen Quellen gesammelt«.

Hammer, mit dessen weiteren Reisen in den Orient wir uns im Detail nicht beschäftigen können, war ein unglaublich emsiger Schreiber, es erschienen in rascher Aufeinanderfolge: »Des Osmanischen Reiches Staatsverfassung und Staatsverwaltung«, »Geschichte des Osmanischen Reiches« immerhin zehn Bände umfassend (!), »Geschichte der osmanischen Dichtkunst«, auch vier Bände stark; »Geschichte der Ilchane«, »Geschichte der schönen Redekünste Persiens vom vierten Jahrhundert der Hedschra, das ist vom zehnten der christlichen Zeitrechnung, bis auf unsere Zeit. Mit einer Blütenlese aus 200 persischen Dichtern« und »Gemäldesaal der Lebensbeschreibungen großer moslimischer Herrscher der ersten sieben Jahrhunderte der Hidschret«.

Diese Aufstellung ist keineswegs vollständig, sie umfaßt nur die repräsentativen, großen Werke, die sich auf den Orient beziehen – Hammer war aber auch auf anderen Gebieten tätig und befaßte sich insbesonders wiederholt mit der Geschichte seiner steirischen Heimat, der er sich stets eng verbunden fühlte. Es reizte ihn aber nicht nur eigene Forschung und eigenes Schaffen, sondern er bemühte sich ebenso um die Organisierung wissenschaftlicher Tätigkeit. Er zählte zu den bedeutendsten Verfechtern des Gedankens der Begründung einer Akademie der Wissenschaften in Wien.

Die Idee, eine derartige Institution zu schaffen, war dabei damals in gewissem Sinne schon ein »alter Hut«; Gottfried Wilhelm Leibniz, von dem Diderot sagte, er zähle für Deutschlands geistige Bedeutung soviel wie Platon, Aristoteles und Archimedes zusammengenommen für die Griechenlands, und der dem großen Friedrich so geistreich und gelehrt erschien wie eine ganze Akademie, hatte – angeregt ganz zweifellos durch die Begründung der britischen »Royal Society« 1662 und der »Akademie der Inschriften und schönen Literatur« 1664 in Paris, der zwei Jahre danach die französische »Akademie der Wissenschaften« folgte – das Projekt entwickelt, in Wien, das für ihn der geistige Mittelpunkt des Deutschen Reiches war, die deutsche Akademie zu begründen. Nun war das absolutistische System Habsburgs, das selbst neu war in seiner gesellschaftsgestaltenden Totalität, allem Neuen gegenüber, das nicht von ihm selbst geboren worden war, von tiefstem Mißtrauen erfüllt; die Bürokratie stand Leibniz, der ein freier Geist mit sehr umfassenden Ambitionen und hoher Aktivität war, mit ausgesprochenem Übelwollen gegenüber und schob die Entscheidung auf eine lange Bank, die zumindest länger war als das ausgehende siebzehnte Jahrhundert, und das war entscheidend: Berlin griff den Gedanken auf und hatte ab 1700 die erste Akademie der Wissenschaften des gesamtdeutschen Raumes. Nun war man in Wien ob der zielstrebigen Behendigkeit Berlins auch noch gekränkt und kehrte den Leibnizplan unter den Tisch, wo er ein halbes Jahrhundert ruhen durfte.

Der Dichter Gottsched kam 1750 auf ihn zurück und versuchte, ihn Maria Theresia schmackhaft zu machen, von der er annahm, daß es ihr ein Vergnügen sein müsse, der Welt zu beweisen, daß der von ihr grimmig befehdete König Friedrich, der damals noch Jahrzehnte vom »alten Fritz« entfernt war, zwar das Waffenglück vorerst gepachtet zu haben schien, trotz seiner Flötenspielerei und seiner Vorliebe für die französische Gegenwartsphilosophie aber doch ein höchst fragwürdiger Emporkömmling war. Maria Theresia jedoch, in der Blüte ihrer Jahre stehend und eine vielgefeierte Schönheit, hatte kein rechtes Vertrauen in Akademien und Wissenschaften; die Zeiten waren ohnehin trist und frivol genug, und sie beschäftigte sich lieber mit dem später auch realisierten Gedanken, eine »Keuschheitskommission« zu bilden, die über das sittliche Wohlverhalten ihrer Untertanen in strenger, schulmeisterlicher

Zucht zu wachen hatte. Die damit fixierte Bindung obrigkeitlicher Interessen an die Betriebsamkeit in den Schlafzimmern und sonstigen, hierfür geeigneten Werkstätten der erbländischen Inwohner brachte das Projekt der Akademie der Wissenschaften erneut zum Erliegen, zumal die Erkundung des sexuellen Verhaltens der Männchen und Weibchen domestizierter Angehöriger der Gattung homo sapiens erst seit A. C. Kinsey Gegenstand wissenschaftlicher Durchleuchtung ist, und es dauerte wiederum ein rundes halbes Jahrhundert, bis sich Interessenten fanden, die meinten, es sei hoch an der Zeit, die Pflege der Wissenschaften außerhalb der doch mehr auf die Lehre ausgerichteten Universität auch in Wien ernsthaft zu betreiben.

Hier sind besonders Friedrich von Schlegel, der berühmte Kulturphilosoph und Literaturhistoriker, der nach seinem Übertritt zm Katholizismus 1808 Aufnahme in den seit Begründung des Kaisertums Österreich nun eindeutig österreichischen Staatsdienst gefunden hatte, und Josef von Hormayr, der sich vor allem durch historische Publikationen und als Herausgeber des »Taschenbuchs für die vaterländische Geschichte« einen Namen gemacht hatte, zu nennen. Sie begannen ihre Aktivitäten 1810, fanden bald in Josef von Hammer einen Mitstreiter von hoher wissenschaftlicher Befähigung und größter Ausdauer, die sich als entscheidender Charakterzug erweisen sollte, denn es dauerte volle sechsunddreißig Jahre, bis das Vorhaben endlich einmal – längst nach dem Tode Schlegels und der meisten seiner Gefährten – am 15. Februar 1846 die grundsätzliche Genehmigung Seiner Majestät, nun schon Ferdinand der Gütige, fand. Und da geschah dies vor allem deshalb, weil der große Metternich, der bei all seinem diplomatischen Geschick innenpolitisch eine gewaltige Belastung für die Monarchie darstellte, den Plan verfolgte, seinem Freunde Karl von Hügel, einem bekannten Geographen, den Posten des Präsidenten der Akademie zu verschaffen.

Es folgten weitere zwei Jahre erbitterten bürokratischen Kleinkriegs, der sich zuletzt nur auf die Person des Präsidenten konzentrierte, und dann fand Josef von Hammer-Purgstall anscheinend überall ungeteilte Anerkennung. Schon unmittelbar nach der feierlichen Eröffnung der Akademie im Sturmjahr 1848 aber traf ihn der vielbeschworene Schuß in den Rücken – österreichische Spielart: »Hackl ins Kreuz« – und brachte ihn zu Fall; er hatte sich erkühnt, in der Festansprache zu betonen, daß die Tätigkeit der Akademie nur der Selbstzensur unterworfen sei. Das war zuviel auf die Freiheit von Geist und Wort, und wie die schönen Parolen alle gelautet haben, gebaut – und die erste Rede des ersten Präsidenten der eben errichteten Akademie wurde denn auch gleich das erste Opfer der nichtakademischen Zensur, die sich nicht so einfach zur Seite schieben lassen wollte. Die »Wiener Zeitung«, die das Ereignis gebührend feierte, ersparte sich bei ihrer Wiedergabe der Ansprache des berühmten Gelehrten seine Worte von der Selbstzensur. In der Folge wurde ein Jahr lang um die Frage der Selbstzensur oder Zensur durch die hofabhängige gelehrte Bürokratie gerungen, die sich zuletzt durchsetzte; am 14. Juli 1849 trat Hammer, nicht gewillt, sich einen Maulkorb umhängen zu lassen, zurück.

Es war nicht das einzige Mal, daß Hammer in Wien unliebsam auffiel, und wenn auch die Klugheit den Hofstellen verbot, ihm massiv an den Kragen zu fahren, was bei einem Gelehrten von internationalem Rufe nur wenig rätlich ist, so unterließ man es doch nicht, ihm von Zeit zu Zeit in unmißverständlicher Weise kundzutun, daß er in Wien nicht als persona gratissima galt wie in Stambul, in London oder in Paris. Kennzeichnend für die Art, in der man verfuhr, ist die Erledigung der letztwilligen Verfügung der letzten Gräfin von Purgstall, die vorsah, daß er neben den Besitzungen auch Rang und Namen derer von Purgstall tragen solle. Die letzte Gräfin Purgstall, Johanna Anna, entstammte dem schottischen Hochadel und gehörte der Familie Cranestone an, die dem Hause Stuart verwandtschaftlich verbunden ist. Sie war mit Wenzel Johann Gottfried Graf von Purgstall vermählt, einem weltoffenen, hochgebildeten Mann, von dem es heißt, daß er den Familienbesitz auf Schloß Hainfeld im Raabtal, wo die meisten der purgstallschen Güter lagen, in einen »Tempel des schöngeistigen Österreich« verwandelt habe. Er war Beamter der steirischen Statthalterei und einer der engsten Mitarbeiter des damaligen Statthalters, des Grafen Saurau, von dem wir wissen, daß Josef von Hammer der Ältere seine Besitzungen verwaltete. Der rauhe Klang der Kriegstrompeten riß ihn – um in dem romantischen Bild zu bleiben – aus dem idyllischen Leben zwischen dem Musenhain bei Feldbach und der Tintenburg in Graz, und er zog in Waffen gegen Napoleon, dessen Kriegsleute ihn 1809 bei Padua einfingen und gemeinsam mit vielen Leidensgenossen einer höchst unglimpflichen Behandlung unterzogen. In den feuchten Kasematten der damals eben französischen Festung Mantua, in der im Februar 1810 der Held von Tirol, Andreas Hofer, als Partisanenführer erschossen wurde, holte er sich den Keim zu einer tödlichen Krankheit, der er nach seiner Heimkehr und jahrelangem Siechtum 1812 erlag. Zu den zahlreichen Freunden, die seinen Tod zutiefst bedauerten, gehörte der noch junge Josef von Hammer, dessen Studien der Graf ein hohes Interesse entgegengebracht hatte.

Johanna Anna Gräfin von Purgstall erlitt nur fünf Jahre später den nächsten schweren Schlag, als ihr einziger Sohn, Wenzel Raphael, an einer Lungenentzündung verstarb. Josef von Hammer erhielt die ehrenvolle Aufgabe übertragen, dem letzten Purgstall den Nachruf zu halten. Hammer tat es, erschüttert und doch voller Gelehrsamkeit – und dabei bar jeder Ahnung, daß ihn die schwergetroffene Mutter dazu ausersehen sollte, den Namen des von ihm eben totgesagten Geschlechts weiterzuführen. Nach ihrem Tode, der 1835 erfolgte, fanden sich diesbezüglich eindeutige Anordnungen, und er suchte bei Hofe – im Klartext bei Metternich – um die entsprechenden Veranlassungen an. Vermutlich war es die Verwandtschaft der Verstorbenen mit dem englischen Königshaus, die es in Wien als empfehlenswert erscheinen ließ, ihren letzten Willen nicht zu negieren; ihn zur Gänze zu erfüllen war man aber auch nicht bereit, und so entschloß man sich zu einer jener halben Lösungen, die im Ausland vielfach als der »typisch österreichische Mittelweg« bezeichnet werden: Der gräfliche Rang blieb dem berühmten Gelehrten und erfahrenen Diplomaten versagt, aber man gestattete ihm unter Verleihung der erblichen Freiherrnwürde, sich fortan Hammer-Purgstall zu nennen und den ihm erblich zugefallenen Besitz anzutreten.

Josef Freiherr von Hammer-Purgstall starb am 23. November 1856, ein gewaltiges Lebenswerk hinterlassend, das er für noch nicht abgeschlossen hielt. Unter seinen Nachkommen ist besonders sein Urenkel Heinrich hervorzuheben, der erst einige Jahre nach dem Zweiten Weltkrieg auf Schloß Hainfeld verstarb. Er war ein zwischen den Weltkriegen bekannter Komponist gewesen, dessen Operetten »Traum am Nil«, »Artistenliebe« und »Rekord« in Graz wiederholt aufgeführt wurden, heute aber wie seine anderen Werke so gut wie vergessen sind. Dieser letzte Hammer-Purgstall war nicht der jüngste; der jüngste Hammer-Purgstall, sein Sohn, besuchte mit fluktuierendem Abstand zwei oder drei Klassen vor dem Autor dieses Werkes das Bundesrealgymnasium – ab 1938 die Oberschule für Jungen – in Fürstenfeld, wurde allgemein »Titus« gerufen und erfreute sich wegen seiner kameradschaftlichen Art und seiner sportlichen Leistungsfähigkeit größten Ansehens. Er ist 1943 oder 1944 als Fahnenjunker gefallen. Heinrichs Witwe, Cleo Hammer-Purgstall, ist eine bekannte Künstlerin, die vor allem als Porträtistin und Tiermalerin hervortritt und mit Recht als die »große alte Dame« des steirischen Kunstlebens gilt.

[15] *Sir Sidney William Smith,* einer der bedeutendsten unter den vielen bedeutenden Männern, die unter Englands Flagge die Meere befuhren, wurde 1764 als Sohn eines Offiziers der königlichen Garde geboren. Dessen Vater, Sir Edward, war Seeoffizier gewesen und 1742 bei La Guayra gefallen, und seinem Vorbild folgte Sidney, wenngleich vielleicht nicht ganz freiwillig. Er scheint ein etwas schwieriger Knabe gewesen zu sein, den der Vater schon im Alter von dreizehn Jahren in die Navy steckte, wo er als Seekadett auf der kleinen Fregatte »Unicorn« seinen Dienst versah, der in ebenso harter wie umfassender nautischer Ausbildung bestand. Der amerikanische Befreiungskrieg ist als Hintergrund des Beginns seiner Laufbahn zu sehen, und mit vierzehn Jahren nahm er an seinem ersten Seegefecht teil, in welchem die Fregatte »Raleigh«, die für die Rebellen in See gestochen war, gekapert wurde.

Mit sechzehn Jahren bereits Leutnant zur See, kämpfte Sidney 1781 in der Chesapeake Bucht und 1782 in der Seeschlacht von Dominica; 1785 nahm er überraschend seinen Abschied und begab sich zunächst nach Frankreich, wo er seine Sprachkenntnisse erweiterte, nach Belieben irgendwelche Studien trieb und das höchst angenehme Leben eines jungen Mannes führte, der seinen Unterhalt gesichert weiß.

Nach zwei Jahren hatte er von dem Dasein eines Jungrentiers genug und trat eine große Mittelmeerreise an, wo er ein besonderes Interesse für Hafenanlagen, Küstenbefestigungen und Seestreitkräfte der Moslemstaaten Nordafrikas entwickelte, was durchaus ausbildungsadäquat und keineswegs eine Spionagetätigkeit war. Als ein Schlagabtausch zwischen Marokko und Großbritannien bevorzustehen schien, beeilte er sich nach Hause, meldete sich bei der Admiralität, vergaß nicht, seine soeben in Afrika erworbenen Spezialkenntnisse ins rechte Licht zu rücken und begehrte ungeachtet seines letzten Ranges seine Wiedereinstellung in der Dienststellung eines Geschwaderführers.

Während die Seelords das Angebot noch überlegten, entspannte sich jedoch die politische Lage und Sidney hielt Ausschau nach einem Lande, das seiner Dienste bedürftiger wäre. Er fand es in Schweden, das sich eben – man schrieb indessen 1790 – mit dem Zaren um Finnland schlug. Der seekriegserfahrene Brite wurde der eigentlich führende Kopf beim Aufbau der schwedischen Kriegsflotte und erwarb sich reiche Verdienste; als anerkannter Experte in maritimen Belangen kehrte er, hochdekoriert, 1792 wiederum nach England zurück, reiste aber bald nach Stambul weiter, wo sein sanfter und als Kind lernfreudiger Bruder Charles Spencer indessen königlicher Gesandter geworden war. Sollte dieser Sidney als Marinefachmann der Hohen Pforte bei der geplanten Reorganisation des osmanischen Flottenwesens offerieren?

Der Gedanke liegt nahe, wurde aber nicht realisiert, und schon 1793 trifft man Sidney Smith als Kampfgefährten von Lord Hood, der eine waghalsige Aktion gegen Toulon durchführte, die von den Franzosen als klare Piraterie empfunden wurde. Um diese Zeit trat Smith wieder in den Dienst der Royal Navy und wurde als Flottillenführer bei der Blockade nordwestfranzösischer Häfen verwendet, operierte recht verwegen und geriet eines Tages in französische Gefangenschaft. Man erkannte ihn, erinnerte sich des Überfalls auf Toulon und stellte ihn unter die Anklage der Seeräuberei, eines schweren und absolut todeswürdigen Verbrechens. Es gelang ihm die Flucht, und auf abenteuerlichen Wegen gelangte er wieder einmal nach England zurück.

1798 segelte er, Befehlshaber des berühmten, mit nicht weniger als 80 Geschützen bestückten Großkampfschiffes »Tiger« mit dem Bestimmungsort Stambul ins Mittelmeer, um durch die britische Präsenz am Goldenen Horn dem Großherrn den Abschluß eines formellen Bündnisvertrages gegen die französische Aggression schmackhaft zu machen. Es war ein wirres und blutiges Jahr: Napoleon begann die Offensive in den Nahen Osten; Rom wurde von den Franzosen besetzt und Papst Pius VI. gefangengenommen; die »Triberinische« Republik wurde gegründet; die Eidgenossen mußten die Umwandlung ihrer traditionellen Gemeinschaft in eine Helvetische Republik hinnehmen; Horatio Nelson vernichtete die Flotte Napoleons bei Abukir. Im Herbst erklärte Sultan Selim III. an Frankreich den Krieg, nachdem schon beinahe ein halbes Jahr in Ägypten gekämpft wurde, und erst im Februar des Jahres 1799 kam es zum Abschluß der Allianz mit England. Dieses auffällig lange Zögern hatte zwei Gründe; der erste Grund war die schon Jahrhunderte überdauernde, kaum je durch Zerwürfnisse getrübte Freundschaft mit dem Frankreich der Bourbonen, deren Sturz der feinsinnige Poet, der Sultan Selim war, zwar bitter beklagte, ohne jedoch mit der Revolutionsregierung zu brechen, und der zweite Grund war jung, blond und hübsch. Sie hatte bis vor kurzer Zeit Aimeé Dubucq de Rivery geheißen, wurde aber nun Naksch, die Schöne, genannt und war die Lieblingsfrau Sultan Abdul Hamids I. gewesen, des Oheims und Vorgängers Selims III. Dieser hatte sie nach seiner Herrschaftsübernahme nicht, wie es der Üblichkeit entsprach, auf das Altenteil gesetzt, sondern in seinen Harem übernommen, wobei die Intensität seines Umgangs mit ihr nicht ganz klar ist, da sie zwar Abdul Hamid den Sohn Mahmud geboren hatte, der als Mahmud II. der dreißigste Großherr der Osmanen wurde und von 1808 bis 1839 regierte, Selim aber überhaupt keine Nachkommen zeugte.

Die sicherlich bemerkenswerte Dame stammte aus Martinique, hatte in Frankreich eine Klosterschule besucht und war nach deren Abschluß auf der Rückfahrt in die Hände algerischer Seeräuber gefallen, die das Schiff, mit dem sie reiste, kaperten. Der Beg von Algier hatte sich beeilt, die schöne Beute in den Harem des alternden Großherrn zu liefern, dessen Zuneigung für sie geradezu pathologische Formen annahm, als sie ihm den späteren Thronerben schenkte.

Nun hatte die Schöne aus Frankreich, die über Sultan Abdul Hamid das Osmanische Reich beherrschte, soweit es ihr eben gerade gefiel, auch Verwandtschaft, und ihre ebenfalls aus Martinique stammende und ebenfalls eine Klosterschule in Frankreich besuchende Cousine, eine gewisse Josefine Tascher de la Pagerie, hatte als knapp Sechzehnjährige den Vicomte de Beauharnais geheiratet, der 1794 hingerichtet worden war. Die einunddreißigjährige Witwe hatte nicht lange getrauert und sich 1796 wiederum vermählt, und ihr zweiter Mann war General Napoleon Bonaparte. Die Hohe Pforte wußte um diese Verwandtschaft, und Sultan Selim sah in Napoleon so etwas wie einen noch unbekannten Schwager, von dem er a priori nicht annehmen wollte, daß dieser ihm wirklich Böses anzutun beabsichtigte. Hatte er nicht wiederholt und feierlich erklärt, daß er nur gekommen sei, um England zu treffen? Daß er nach Indien marschieren wolle? Nun, und Ägypten war eben das Tor nach Indien; daß es gewaltsam aufgebrochen worden war, lag in der Natur der Sache, und man konnte das Geschehene sogar übersehen, wenn die Eindringlinge nur rasch weiterziehen auf dem Wege, den sie sich vorgenommen hatten. Nun führte dieser Weg, für osmanische Vorstellungen zumindest, über das Rote Meer nach Süden, an Aden vorbei, und von dort nach Osten, und er war überhaupt nur auf dem Seeweg zu schaffen. Napoleon aber bemühte sich keineswegs, den benötigten Schiffsraum zu bekommen, sondern stieß zu Lande nach Palästina vor, also beinahe in die Gegenrichtung. Nun wurde die geheime Hoffnung zerspellt, nun war am Ernst der Sache für den Großherrn nicht mehr zu zweifeln, nun schloß er das Bündnis mit der britischen Krone und nun war er froh, daß Sir Sidney Smith mit britischen Kriegsschiffen die Operationen seiner Heeresverbände unterstützte. Vor allem, als ruchbar wurde, daß sich die Franzosen recht übel aufführten, wo immer sie als Sieger in Erscheinung traten; nach der Eroberung von Jaffa hatte so Napoleon unter den Verteidigern ein unsinniges und grausames Massaker veranstalten lassen, indem er befahl, 400 Gefangene nicht etwa zu erschießen, sondern mit dem Bajonett abzustechen. Aus Sparsamkeit, wie es nachträglich begründet wurde, denn Pulver wäre knapp und deswegen zu kostbar gewesen.

Vor Akkon – auch Akka, Accon oder Acre – kam es zum großen Rückschlag: Sir Sidney William sorgte maritim – und für Napoleon, den Flottenlosen, daher faktisch unangreifbar – für Nachschub, ließ auch die Schiffsartillerie in die Belagerungskämpfe eingreifen, und zum ersten Mal schmeckte der große Korse die Bitterkeit der Niederlage. Eine Seuche, die im unterversorgten Belagerungsheer ausbrach, dezimierte die Verbände, zuletzt mußte die Belagerung aufgehoben und der Rückmarsch angetreten werden, der Rückmarsch durch ein wildes, feindliches Land. Das Ende der Operation mutet an wie eine unter anderen, aber kaum minder furchtbaren äußeren Bedingungen aufgeführte Ouvertüre des Unterganges der Großen Armee.

Bekanntlich absentierte sich Napoleon bald darauf aus Ägypten, den Befehl über die angeschlagene und weitgehend demoralisierte französische Armee in dem riesigen Kessel dem nun in der Tat größten General, den Frankreich hatte, übertragend: Jean Baptiste Kleber, der mit 195 Zentimeter Körperlänge ein wahrer Riese war. Kleber, ein Elsässer, der ursprünglich im habsburgischen Heere gedient hatte, sich aber vermöge seines bürgerlichen Herkommens aufstiegsgehemmt und zu den Schlagworten Liberté, Egalité, Fraternité hingezogen fühlte, war ein durch nüchterne Lagebeurteilungen und zielsichere, konsequent durchgeführte Maßnahmen zur Meisterung auftretender Schwierigkeiten ausgezeichneter Berufsmilitär, der dem phantasievollen und oftmals reinem Wunschdenken frönenden Napoleon sehr kritisch gegenüberstand und ihm jede Schlechtigkeit zutraute. Dieser Kleber brachte das Kunststück zuwege, die Lage noch einmal zu stabilisieren, die Armee in Ägypten wieder zu einem tauglichen militärischen Instrument zu machen und ein mehr als viermal so starkes osmanisches Heer bei Heliopolis schwer zu schlagen. Erst als er am 14. Juni 1800 einem Attentat erlag, war Ägypten samt der Orientarmee für Frankreich verloren.

Differenzen innerhalb der britischen Seekriegführung trugen freilich dazu bei, daß sich Kleber so lange behaupten konnte; eindeutig waren die Befehlsverhältnisse nicht geklärt worden, Nelson wollte Smith, Smith aber Nelson nicht gehorchen, und so führten sie jeder einen eigenen Seekrieg gegen die Franzosen, Nelson mehr auf eigene Faust, Smith aber im Zusammenwirken mit der osmanischen Heeresleitung.

Nach Beendigung der Kampfhandlungen in Ägypten wurde Sir Sidney nach England zurückbeordert und erneut den Blockadekräften zugeteilt. 1810 zum Vizeadmiral befördert, führte er mehrere selbständige Operationen im Atlantik und im Mittelmeerraum durch und war insbesonders zur Unterstützung der Kampfführung in Spanien tätig. Ein Kuriosum ist, daß er – als einziger Marineoffizier – an der Schlacht von Waterloo teilnahm, und zwar ausgerechnet, als er eine Art von Genesungsurlaub konsumierte. Er hatte eben dem Herzog von Wellington einen reinen Freundschaftsbesuch abgestattet, als die Franzosen anrückten und die britischen Verbände alarmiert wurden, und das ihm wohlvertraute Gelärm des Gefechts ließ den Gedanken, sich nun zu salvieren, gar nicht aufkommen. Er erbat und erhielt die Erlaubnis, im Gefolge des Herzogs zu bleiben, und ritt mit ihm in Napoleons letzte Schlacht.

Bald nach dem Krieg stieg in ihm allem Anscheine nach der alte Widerwille gegen den langweiligen Friedensdienst wieder auf, zumal dieser nun doch zunehmend in Verwaltungstätigkeit und Inspektionsdienst bestand, er erbat und erhielt neuerlich seinen Abschied. Wiederum zog er sich nach Frankreich zurück, wo er das höchst angenehme Leben eines nun schon vom Zahne der Zeit benagten Mannes führte, der sich in glücklichen Vermögensumständen weiß und ein gewiß ansehnliches Einkommen mühelos bezieht.

Und wiederum störte ihn – nach einer gewissen Zeit – die Mühelosigkeit und Sorglosigkeit seines Lebens, und der alte Seeheld stürzte sich in eine neue, große Aufgabe: Das Schicksal der in den Barbareskenstaaten gefangengehaltenen christlichen Seeleute und Schiffspassagiere, die aus der noch immer erfolgreich betriebenen Seeräuberei stammten, war erbärmlich. Großangelegte Unternehmungen waren nötig, um sie zu befreien, Unternehmungen, die eines einzelnen Kräfte bei weitem überstiegen. Sir Sidney plante, verhandelte, reiste, plante, verhandelte, nahm Kontakte zur Regierungen, Admiralitäten, Reedereien und Schiffahrtsgesellschaften auf, wurde hier als Menschenfreund, dort als Narr angesehen, fand Zustimmung und Ermutigung ebenso wie Ablehnung und Mißgunst. Während dieser mühevollen Tätigkeit trat der Tod an ihn heran: er starb am 26. Mai 1840 in Paris.

Sein Name ist heute – auch in England – beinahe vergessen. Das ist unbillig, denn er war ein Mann der großen, außergewöhnlichen Fähigkeiten und Taten; er dachte selbständig, handelte selbständig und verantwortete selbständig. Er weihte sein Tun in der Jugend dem eigenen Ruhm, in der Mannheit der Größe seines Vaterlandes und im Alter der reinen Menschlichkeit. Unvergessen soll er sein, wo immer Männer über Männer sprechen.

I. »...we Mohammed rassuhl Allah«

[1] *Der Brunnen Semsem,* auch Zemzem, Samsam u.ä., verdankt nach islamischer Lehre seine Entstehung der wunderbaren Errettung Hagars und ihres Sohnes Ismael vor dem Tode des Verdurstens, die mit einigen mehr oder weniger bedeutenden Abweichungen auch aus dem Alten Testament bekannt ist (Buch Genesis, 16. und 21. Kapitel). Hagar war die ägyptische Sklavin Sarahs, die durch ihre Unfruchtbarkeit bewogen wurde, ihren Gemahl Abraham zum Beischlaf mit Hagar zu veranlassen, auf daß dieser Nachkommenschaft erlange. Hagar gebar nun einen Sohn, den Abraham Ismael nannte und der zum Erben bestimmt war. Als Sarah später den Isaak gebar, wollte sie diesem die gesamte Erbschaft sichern und veranlaßte Abraham, sich Hagars und seines erstgeborenen Sohnes zu entledigen. Sieht man von geringfügigen zeitlichen Divergenzen, die ja wohl außer Betracht bleiben müssen, ab, ist der Inhalt bis hierher derselbe. Nun laufen der testamentarische und der islamische Bericht auseinander:

Altes Testament	Islamische Überlieferung
Abraham treibt Hagar mit Ismael vom Lager weg;	Ibrahim flieht mit Hagar und Ismael bis in die Gegend, in der sich später Mekka erheben sollte; Ibrahim verläßt Hagar und Ismael, die vor Erschöpfung zusammenbrechen, unter Hinterlassung der restlichen Vorräte; Hagar rennt in ihrer Verzweiflung siebenmal auf die Kuppen der nahegelegenen Berge al Safa und Marwa, um die Einöde
Hagar irrt mit ihrem Sohn in der Wildnis umher und macht sich zuletzt, nachdem die kargen, ihr überlassenen Vorräte aufgebraucht sind, zum Sterben bereit, ein Stück abseits von Ismael, um dessen Wimmern nicht hören zu müssen;	

ein ihr von Gott gesandter Engel zeigt ihr einen verfallenen, aber noch wasserführenden Brunnen, wodurch Mutter und Kind gerettet werden.

nach menschlicher Hilfe zu durchspähen, allein dies ist vergeblich;
ein ihr von Gott gesandter Engel erscheint und schlägt mit seinen Flügeln einen Quell aus dem trockenen Boden: Den Brunnen Semsem.

Obwohl sich Abraham → Ibrahim in beiden Varianten durchaus nicht so verhielt, wie man es von einem frommen Diener des allmächtigen und barmherzigen Schöpfergottes füglich erwarten kann, nahm dieser keinerlei Anstoß an dessen Verhalten, worüber in der dem Patriarchen vorbehaltenen Anmerkung 3 noch gesprochen wird, sondern behob die für Hagar und Ismael an sich absolut tödlichen Folgen des Fehlverhaltens des Mannes und Vaters durch den Einsatzbefehl an

- einen Engel, so die alttestamentarische,
- den Erzengel Gabriel → Dschibrail, so die islamische Lesart.

Damit rutschen Hagar und Ismael aus dem Interessenfeld des Alten Testaments, und es wird nur so nebenhin erwähnt, daß Ismael ein »Wildeselmensch« und zum Vater eines volkreichen Stammes wurde.

Für die islamische Tradition, die den Semsem als den Heiligen Brunnen schlechthin erkennt, wird dieser zum sakrosankten Mittelpunkt des Lebens nicht nur für Hagar und Ismael, sondern auch für das Nomadenvolk der Dschurhum, das sich mit Hagars Erlaubnis in ihrer Nähe ansiedelt und den Wasserüberschuß nutzen darf.

Höchst bemerkenswert erscheint der sittliche Inhalt der Überlieferung: Als die Dschurhum kurz nach dem Entstehen des Semsem auftauchten, war Hagar eine verzweifelte, völlig auf sich gestellte Frau, für die der noch kindliche Ismael eine Last und keine Stütze war. Dennoch brachten die Stammeskrieger Mutter und Sohn nicht um, versklavten sie nicht und verjagten sie nicht einmal von der Wasserstelle, sondern nahmen vielmehr höflichen Kontakt auf, baten, ob sie in der Nähe des Brunnens ihre Herden weiden dürften und gelobten feierlich, mit jenem Wasser zufrieden zu sein, das die beiden Verstoßenen nicht selbst benötigen würden.

Auch wenn man konzidiert, daß die Überlieferung eine Legende, also eine verklärende Darstellung eines geglaubten Sachverhaltes zum Gegenstand hat und, wie die heutige Gesellschaftswissenschaft sagt, am »idealtypischen Modell« arbeitet, so sei doch hervorgehoben, daß diesem ein sehr erhabenes, ein sehr menschliches und überdies ein ritterliches Ideal zugrunde liegt, das den Schutz der »Witwen und Waisen«, um es einmal so zu formulieren, als absolute sittliche Norm nicht etwa propagiert, sondern als Selbstverständlichkeit voraussetzt. Am idealtypischen Verhalten erfaßt man den eigentlichen Inhalt der sittlichen Seinsordnung einer sozialen Integration, deren Mitglieder sich – mit sicherlich unterschiedlichem Erfolg – bemühen, ihr effektives Verhalten der idealtypischen Norm anzupassen, deren Beschaffenheit als Richtschnur, als Wertmesser gilt.

[2] *Die Kaaba,* in ihrer Bedeutung für den Islam durchaus mit jener des Tempels in Jerusalem für das Judentum vergleichbar, wurde an jener Stelle errichtet, an welcher nach der Überlieferung Adam sein Haus Gottes gebaut hatte. Die Vertreibung aus dem Paradies erfolgte nämlich unter offenbar recht dramatischen Begleitumständen, Adam und Eva verloren sich und fanden sich dann beim späteren Mekka wieder, worauf Adam das erste Gotteshaus baute. Dieses allererste kultische Gebäude ging später zugrunde, doch als Ibrahim → Abraham die Fundamente für die Kaaba legte, stieß er auf die Überreste eines uralten Bauwerks, die er als von Adams Gotteshaus stammend identifizierte.

Ibrahim besuchte, ob nach Sarahs Tod oder seiner Trennung von ihr kann dahingestellt bleiben, den Platz, wo er Hagar und Ismael verlassen hatte, vermutlich von später Reue und Einsicht geleitet. Hagar war schon tot, Ismael ein Mann in der Vollkraft der Jahre, der mit einer Dschurhum verheiratet war und mit dieser schon mehrere Kinder hatte. Ibrahim gab sich zu erkennen und bewog Ismael, mit ihm die Kaaba zu bauen. Die Kaaba war nicht das erste Haus zu Ehren Gottes, sondern es war überhaupt das erste feste Haus, das in diesem Teile der Welt errichtet wurde, sieht man von Adams verschollenem Tempel ab.

Im Verlauf dieses Aufenthaltes im Raume von Mekka ehrte Ibrahim Hagar durch mannigfaches Gedenken und indem er versuchte, ihr Tun nachzuvollziehen: Er lief mit Ismael auf die Berge al Safa und Marwa und begründete damit einen noch heute geübten Teil des Rituals der nach Mekka pilgernden Moslems aus aller Welt, und das sind alljährlich einige Millionen. Allein zur Zeit der großen Pilgerfahrt – Hadsch, Hadj, Hagg u.ä. geschrieben –, die in die zweite Woche des zwölften Monats des islamischen Kalenders fällt, versammeln sich auf der Ebene Arafat ungefähr zwei Millionen Pilger aus der islamischen Welt, was höchst eindrucksvoll die ungebrochene Lebenskraft der Religion Mohammeds beweist.

Beim Bau der Kaaba drückte sich der Fuß Ibrahims deutlich in einen Stein, und dieser Makam Ibrahim, die Fußspur des großen Propheten, ist heute noch ein Platz der Einkehr und des frommen Gebetes. Ibrahims Kaaba hatte, ihrem »der Würfel« bedeutenden Namen entsprechend, eine würfelähnliche Gestalt mit trapezoider Grundfläche.

Die Länge der Seiten betrug
- Nordwesten 32 Ellen,
- Nordosten 22 Ellen,
- Südosten 20 Ellen und
- Südwesten 37 Ellen;

die Mauern erreichten eine Höhe von neun Ellen. Da nähere Angaben für mich nicht erreichbar waren und die Elle ein altes Längenmaß, das zwischen 50 cm und 80 cm beträgt, ist, kann nur das Mindestausmaß mit hinlänglicher Sicherheit angegeben werden:
- Gesamtumfang 55,50 m,
- Mauerhöhe 4,50 m.

Diese Ur-Kaaba wurde seit Ibrahims Tagen mehrfachen Umbauten und Erweiterungen unterzogen; sie ist heute erheblich größer dimensioniert und hat vor allem an Höhe gewonnen – die Kiswa genannte schwarze Brokatdecke, die sie bedeckt und die alljährlich erneuert wird, weist in zehn Meter Höhe ein goldgesticktes Band mit Koranversen auf, das Hizam genannt wird und etwa auf zwei Drittel der Gesamthöhe verläuft.

Im Zeitalter der Omajaden wurde um die Kaaba die große Moschee gebaut, die 1399 durch eine Brandkatastrophe schwerstens beschädigt wurde. Schon fünf Jahre später wurde sie wiederhergestellt, doch war Soliman I. mit dem Erreichten nicht zufrieden und nahm weitere Bauarbeiten in Angriff, und man kann sagen, daß zwar nicht jeder einzelne Herrscher, wohl aber jede bedeutende Dynastie die große Moschee, in deren weiträumigem Hof die Kaaba steht, erweiterte und mit neuer Pracht versah, zuletzt das saudische Königshaus, das heute mit dem größten Teil Arabiens auch den Hedschas beherrscht.

[3] Wenngleich *Erzvater Ibrahim → Abraham* aus dem Dämmerdunkel der ältesten Vorzeit mächtig emporragt wie ein Leuchtturm, ist doch sein Wesen nur schwer und ungenau zu erkennen. Zweifellos war er der erste bewußte Monotheist, der erste Diener des einen, allmächtigen Gottes, der erste Prediger und Verkünder seiner absoluten Vollkommenheit, doch ist schon die Frage, wann ihm die Erkenntnis ward und ab wann und unter welchen Umständen er sie verkündigte, kaum zu beantworten.

Es kommt dazu, daß die Nachrichten über ihn, die im Alten Testament, Buch Genesis, zwölftes bis fünfundzwanzigstes Kapitel, überliefert werden, nicht leicht mit jenen koordinierbar scheinen, die der Koran an zahlreichen Stellen enthält, und daß eine Zusammenschau erst dann möglich ist, wenn man sich vor Augen führt, daß jeweils andere Seiten seiner Person und seines Wirkens im Vordergrund stehen:
- im Koran geht es um Ibrahims
  - ☐ Beziehung zu Hagar und Ismael und die
  - ☐ Errichtung der Kaaba;
- im Alten Testament geht es um Abrahams
  - ☐ Beziehung zu Sarah und Isaak und die
  - ☐ Begründung der israelitischen Herrschaft im Lande Kanaan.

Gemeinsam ist beiden Darstellungen die Beziehung zum einen allmächtigen Gott, der für Ibrahim den Namen Allah, für Abraham – vermutlich – den Namen Jehovah oder Jahwe führt.

Abraham ist Vorbild für Moses → Musa wie für Mohammed. Moses will die Kinder Israels, deren Monotheismus schon in Frage stand, ehe sie in Ägypten mit dem höchst eindrucksvollen polytheistischen Staatskult konfrontiert und von dessen Glanz und Gloria sie einfach überwältigt wurden, zum »Glauben der Väter«, zum »Gott Abrahams« zurückführen – und Mohammed ist überzeugt, daß die ihm aufgetragene Verkündigung der monotheistischen Lehre keineswegs auf die Begründung einer neuen Religion abzielt, sondern vielmehr auf die Wiederherstellung des Eingottglaubens Ibrahims. »Wer kann wohl den Glauben Ibrahims verwerfen?« wird im 131. Vers der zweiten Sure gefragt, und dort findet sich auch die Antwort: »Nur der, dessen Herz töricht ist.«

Im Buche Genesis ist Terach der Vater Abrahams, der zunächst Abram heißt; Abrams Gemahlin tritt zuerst als Saraj in Erscheinung, sie ist seine Halbschwester. Abraham verläßt seine Heimat, das Land Charan, auf göttliche Verheißung, und zieht nach Kanaan.

Im Koran wird Ibrahims Vater Asar genannt; die Verse 75 bis 84 der sechsten Sure zeigen Ibrahim als Hanifen, als Sucher nach der rechten Gottesvorstellung, der den Glauben an die Macht der Gestirne, des Mondes und der Sonne verwirft und jenen verehren will, der sie geschaffen hat und ihren Aufgang, ihre Bahnen und ihren Untergang bestimmte. Die neunzehnte Sure, Vers 42 und nachfolgende, zeigt Ibrahim im Streit mit seinem Vater Asar, von dem er zuletzt vertrieben wird. Diese Vertreibung wurde indes auch durch andere Diskussionen provoziert, so insbesondere mit »einem Ungläubigen« über die Begriffe von Macht und Herrschaft, wobei die Koraninterpretation den König Nimrod als Gesprächspartner des als sehr schlagfertig gezeigten Ibrahim vermutet (zweite Sure, Vers 259). Ibrahim erklärt dem König, daß der Herr, den er anbete, Leben spenden und vernichten könne. Darauf antwortet Nimrod, ganz offenbar auf die Zahl seiner Nachkommen und der auf seinen Befehl Hingerichteten verweisend, daß das nichts Besonderes sei, denn das könne er auch. Ibrahim erklärt nun: »Schau, Allah bringt die Sonne alltäglich von Osten her, bringe du sie nur ein einziges Mal von Westen.« Das verwirrte den Ungläubigen, kommentiert der Koran, denn: »Allah leitet die Frevler nicht.«

Allah leitet die Frevler nicht.

Diesen höchst einleuchtenden Grundsatz voll zu akzeptieren fällt durchaus nicht schwer, und es spielt überhaupt keine Rolle, ob man Allah durch Jahwe oder die Trinität ersetzt, sind Namen doch gerade in diesem Zusammenhalt Schall und Rauch. Der eine allmächtige, allwissende, allbarmherzige und ewige Gott, der in jedem monotheistischen System notwendig nicht nur der Schöpfer alles natürlich Seienden, sondern auch der Ursprung von Recht, Sitte, Moral und Ethik ist, und der die Menschen durch die Propheten über seinen Willen informieren ließ, leitet die Frevler, die gegen den geoffenbarten Inhalt seines Willens verstoßen, nicht, wenngleich er bereit ist, dem Reuigen zu vergeben. Frevler sind nicht nur die Ungläubigen, die den Inhalt der Offenbarung nicht zur Kenntnis nehmen wollen, sondern Frevler sind vor allem die Gläubigen, die trotz besseren Wissens gegen die angeordneten Verhaltensweisen verstoßen und unter diesen wiederum jene, die selbst Träger der Verkündigung sind. Denn auch die Propheten können gegen die göttlichen Gebote verstoßen, können sündigen, können zu Frevlern werden: sie genießen keinerlei Immunität.

Allah leitet die Frevler nicht.

Aber wir halten, wenn wir diesen Grundsatz an das in den Schriften vom Leben Ibrahims → Abrahams Überlieferte anlegen, vor einem verwirrenden Problem: Der Erzvater betrug sich gegenüber Hagar und Ismael, die er, wie in Anmerkung 1 berichtet wurde,
– entweder beim späteren Mekka im Stiche ließ (islamisches Glaubensgut)
– oder vom heimatlichen Lagerplatz fortjagte (jüdisches und christliches Glaubensgut)
ganz zweifellos als ein Frevler, ja – wenn wir dieselbe Formulierung verwenden, die wir bei einem anderen Menschen zur Anwendung bringen würden – als ein außerordentlich hartherziger, völlig gewissensloser Schuft. Man sollte glauben, daß ihm diese konzentrierte Schuftigkeit eigentlich moralisch das Genick brechen und den Zorn des allmächtigen Gottes zuziehen müßte, und ist förmlich enttäuscht, daß keine dieser Folgen eintritt.

Überlegt man den Komplex, so wird zunächst klar, daß sich die Entrüstung der Kinder Israels aus verständlichen, wenngleich bedauerlichen Gründen ohnehin in engen Grenzen halten würde: Ihr Stammvater Isaak hätte sonst seine Erbe mit Ismael als dem Erstgeborenen teilen müssen und erhielt nach Ismaels Verstoßung das Ganze, und die Freude über den erzielten Gewinn übertönt nach menschlicher Empirie nicht nur bei den Israeliten die Stimme des Gewissens. Das ist letzten Endes beunruhigend, aber nur ein hohes Maß an Tatsachenblindheit könnte darüber hinwegtäuschen, daß es typisch menschlich ist.

Höchst auffällig ist aber, daß auch Mohammed, der als Koreischite zu den Ismaeliten gehörte, sich nicht über die Benachteiligung seines Vorfahrens entrüstet und es unterläßt, dessen hartherzigen Erzeuger als Rabenvater – wenn wir neuere Termini verwenden wollen: Als mit planmäßiger Brutalität vorgehenden, sich jeglicher Unterhaltsleistung beharrlich entziehenden, ausgesprochen kriminellen Alimentationsverweigerer – zu perhorreszieren. Womöglich noch stärkeren Aussagewert hat das Verhalten des verstoßenen Sohnes beim Wiedererscheinen das seit Jahrzehnten aus seinem Gesichtskreis verschwundenen Vaters. Ibrahim, der von Ismaels Frau Rila gastlich aufgenommen wurde, die ihn nicht nur mit Wasser, Fleisch und Brot labte, sondern ihm auch den verschwitzten Schädel wusch, gab sich dem von der Jagd heimkehrenden, von ihm seinerzeit dem grausamen Tod des Verschmachtens überantworteten Sohn zu erkennen. Sie sprechen über das Geschehene; sie beklagen Hagars Not; sie versuchen, sich diese durch szenische Aufführungen – das Herumlaufen auf den steinigen Bergrücken – zu vergegenwärtigen, es ist also weder vergessen, noch soll es vergessen werden: Allein es gibt keinen Versuch des Sohnes, das Elend der Mutter und das eigene Elend am Vater, der es auslöste, zu rächen, ja es gibt nicht einmal verbale Auseinandersetzungen, Vorhaltungen, Schmähungen, Verwünschungen auf der einen und Abschwächungen, Erklärungen und Entschuldigungen auf der anderen Seite.

Seltsam, nicht?

Wir sollten uns abgewöhnen, den Inhalt der als geheiligt geltenden Überlieferungen nicht als realistische Sachverhaltsdarstellungen zu nehmen; soweit historische Geschehensabläufe geschildert werden, sind sie sehr realistisch dargestellt, wenngleich gelegentlich durch das Unverständnis des Chronisten, der nun wieder auf mündliche Überlieferung verwiesen ist, und seiner Gewährsleute die Geschehnisse auf eine unrealistische Ebene gehoben werden, wofür in Anmerkung 6 ein treffliches Beispiel geboten wird. Für die Annahme, in der Überlieferung sei eine Auseinandersetzung zwischen Vater und Sohn »vergessen« worden, gibt es keinen Grund; auch der Respekt von den beiden Religionen – denn der Koran sieht neben Ibrahim ausdrücklich Ismael als Propheten an – bietet keine Begründung: Die Überlieferung ist ja auch respektlos genug, das Verhalten des Vaters der Nachwelt zu erhalten. Eine handfeste Auseinandersetzung zwischen dem Sohne und dem Vater wäre gewiß nicht unter den Tisch gefegt worden, und auch nicht ein massives Rededuell. Also bleibt, daß Ismael seinen Vater nicht nur beherbergte, sondern mit ihm beim Bau der Kaaba kooperierte, ein an sich völlig rätselhaftes Verhalten.

War die Autorität des Vaters gegenüber dem Sohne so groß? Müßige Frage – Autorität ist die Möglichkeit, dem eigenen Willen Gehorsam erzwingen zu können; Ibrahim hatte diese Möglichkeit nicht. War die Liebe des Sohnes zum Vater so groß? Noch müßigere Frage; Liebe ist, wie immer man es auch drehen mag, entweder eine Sache der Dankbarkeit oder der Zukunftserwartung. Für Dankbarkeit bestand sowenig Veranlassung wie für Zukunftserwartung; dieser Vater hatte keinen Anspruch auf Sohnesliebe, und dieser Sohn hatte ganz einfach keinen Grund, seinen Vater zu lieben.

Der vermutliche Schlüssel zum Verständnis des sonst kaum erklärbaren Geschehens findet sich jedoch, wenn man den Bannkreis von Koran und Genesis verläßt und versucht, den Ereignisablauf vor die Lehre vom Mutterrecht zu sehen, die Johann Jakob Bachofen 1861 veröffentlichte. Bachofen war in Basel nicht nur Inhaber des Lehrstuhls für römisches Recht, sondern er war auch ein in der Praxis bewanderter Jurist, der jahrzehntelang als Untersuchungsrichter Gelegenheit hatte, seinen Scharfsinn zu schulen. Unkonventionell und äußerst scharfsinnig ist denn auch seine Vorstellung von einer matriarchalisch organisierten Gesellschaft, in welcher der Mann von durchaus zweitrangiger Bedeutung war und die sich notwendig vor die Ausprägung des Patriarchats als der männlich dominierten Gesellschaft legte. Bachofens Auffassung wurde anfänglich entrüstet abgelehnt, setzte sich aber durch und es gilt heute als gewiß, daß eine matriarchale Epoche beinahe in jeder bekannten sozialen Entwicklung feststellbar ist. Es ist dies jene Periode, in der eine gesellschaftliche Integration kontinuierlich – also nicht etwa unter dem besonderen Druck einer erzwungenen Ansiedlung – zu seßhafter Lebensweise übergeht. Die Männer behalten während der Übergangsphase eine schweifende Lebensweise bei; ihre Kriegsfahrten, Erkundungsunternehmen, Jagdexpeditionen und ähnliche Verrichtungen entfernen sie oft für viele Jahre aus dem weiblichen Lebensbereich – denken wir nur an die großen Epen des klassischen Griechenland, die zweifellos auf historischer Effektivität beruhen, wenngleich die Details frei gestaltet sein mögen – und führen zumindest gelegentlich zum Untergang aller Teilnehmer, während die an als sicher geltenden Plätzen zurückgelassenen Frauen genötigt sind, die notwendigen Maßnahmen zur Selbsterhaltung und zur Erhaltung der vorhandenen Kinder, Greise und sonstigen Wehrunfähigen selbst durchzuführen. Auch der bewaffnete Schutz der temporär männerlosen Gesellschaft fällt ihnen zu, und so werden sie zu den sagenhaften Amazonen, die man sich früher als ein einheitliches Weibervolk dachte.

In dieser Phase verlagert sich der gesellschaftliche Schwerpunkt, die zukunftsträchtige Lebensmitte der sozialen Integration vom »Lagerfeuer der Männer zum Herdfeuer der Frauen«, und die Welt der Frauen wird zur conditio sine qua non des Bestandes der Gruppe, mag diese nun Sippe oder Stamm oder Volk genannt werden. Die rechtlichen Strukturen tragen der sozialen Lage voll Rechnung; die Rechtsstellung des Mannes ist immer vermindert: Der Mann kann minderrangiger Partner mit reduzierten Befugnissen sein, er kann die Stellung eines zur Erzeugung von Nachkommenschaft bestimmten Leibeigenen in des Wortes wahrstem Sinne haben, er kann aber nach bestimmten Zeitablauf auch umgebracht werden, ganz wie es den Drohnen eines Bienenvolkes geschieht.

Im Überlieferungskomplex Abraham der Genesis findet sich viel, was den Schluß rechtfertigt, daß der Erzvater in einer straff matriarchalistisch organisierten Gesellschaft lebte, die eindeutig auf Saraj bezogen war. Sie wurde eines Tages Sarah genannt, und Sarah bedeutet die Fürstin. Ohne ihren Brudermann zu fragen, war sie in Ägypten Bettgefährtin des Pharaos, ein offenbar lukratives Beginnen, stiftete er doch, wie wir aus dem zwölften Kapitel Genesis erfahren, Kleinvieh und Großvieh, Esel und Kamele, Sklavinnen und Sklaven. Abraham dachte sich anscheinend nichts dabei; er war nur bemüht, den Pharao darüber im Unklaren zu lassen, daß er nicht nur der Bruder, sondern auch der Ehemann der königlichen Freudenspenderin war. Gott der Herr aber zürnte und ließ seinen Zorn den Ägypter fühlen, und dieser sorgte nun für den Rückmarsch der Sarah und ihrer Leute nach Kanaan. Bald danach – im Buche Genesis liegt ein sehr langer Zeitraum dazwischen, doch handelt es sich dabei offensichtlich um einen Einschub späteren Geschehens, da nach diesem Sarah nicht nur eine würdige Matrone, sondern bereits eine Greisin war – wiederholte sich das neckische Spielchen mit Abimelech, dem König von Gerar. Nun widerstrebte es auch Abraham, und er erflehte den göttlichen Beistand. Sarah kam, wiederum mit reichen Geschenken bedacht, und erklärte diesmal, daß zwischen ihr und dem Könige nichts vorgefallen sei; wieweit ihr Abraham glaubte, bleibe dahingestellt – daß er von sich aus keine Möglichkeit hatte, Sarahs Treiben zu beenden, liegt auf der Hand.

Abraham verwaltete Sarahs Vermögen und führte als Verbündeter der Könige von Sodom und Gomorrha Krieg gegen die Feinde der Sodomiter und Gomorrhanesen; auf Sarahs Geheiß schlief er mit Hagar und auf Sarahs Geheiß vertrieb er sie und Ismael. Daß er Sarahs Verhalten mißbilligte, ist kaum zu bestreiten – und daß er keine Möglichkeit sah, seinen Willen ihr gegenüber durchzusetzen, ist offenkundig. Es ist so offenkundig, daß es Hagar wußte; und von Hagar erfuhr es Ismael, als sie ihn für reif genug hielt, die Wahrheit zu erfahren.

Nach islamischem Glaubensgut wollte Abraham Ismael opfern, nach jüdischem und christlichem Isaak. Der scheinbare Widerspruch löst sich indessen, wenn man annimmt, daß er beide opfern wollte: Zuerst Ismael, um den Stein des Anstoßes für Sarah zu beseitigen, und später Isaak, um sich möglicherweise an Sarah zu revanchieren. Beide Schlachtungen unterblieben durch göttliche Inspiration: Abraham
– sorgte für das Verschwinden Ismaels und seiner Mutter Hagar aus dem Lebenskreis und Machtbereich Sarahs,

- floh mit Isaak, einem Esel und den beiden Dienern oder Sklaven, die er mitzugehen gehei-ßen hatte, vor Hagar nach Beerseba.

Abrahams Flucht ergibt sich eindeutig aus Genesis 22, 19. Erst nach dem Tode Sarahs kehrte er nach Hebron zurück, trat die Erbschaft Sarahs an und wurde nun der, als der er in die Bibel einging: Der erste Patriarch.

Es ist aber auch eine zweite Möglichkeit in Erwägung zu ziehen. In Vorderasien verlangten manche Kulte – soviel man weiß vor allem im phönizischen Einflußbereich – die Opferung jeglicher Erstgeburt zugunsten grausamer Götzen. Es könnte durchaus sein, daß beide Moti-ve, nämlich

- die Lösung von Sarah und
- das Verlassen der opferfordernden Religionsgemeinschaft

zusammenfielen, so daß die Unterlassung der Opferung Isaaks (nicht aber Ismaels, denn diese erfolgte durch seine und seiner Mutter Entfernung verdeckt) gleichermaßen der Schritt aus der mutterrechtlichen Gesellschaft als das offene Bekenntnis zum Eingottglauben war. Die Folgen der durchaus revolutionären Tat waren derart schwerwiegend, daß er es vorzog, in ein ver-gleichsweise kümmerliches, aber nach eigenen Vorstellungen gestaltbares Leben zu entwei-chen. Er war also, um es in heutiger Sprechweise zu sagen, ein »Aussteiger«.

Für Ismael war Abraham, als er zu ihm kam und sie die Kaaba bauten, nicht viel mehr als der Inhalt der Erzählungen seiner verstorbenen Mutter. In diesen war Abraham ein Mann in einer matriarchalisch organisierten Gesellschaft, ein Gewaltunterworfener Sarahs, der er zu gehorchen hatte auch gegen die eigene Überzeugung: im Grunde genommen ein armes Würst-chen, das jedes Mitleid verdiente. Es bestand keinerlei Veranlassung, ihn in irgendeiner Weise für Hagars und Ismaels Elend verantwortlich zu machen, denn er hatte nach dem Stand der Dinge keine Möglichkeit gehabt, es zu verhindern. Wohl aber bestand Veranlassung, sich mit ihm zu freuen und ihn zu ehren, denn er hatte die alte Ordnung überwunden und war zum freien Mann, zum ersten Patriarchen geworden.

Nur, wenn man diese Auflösungsmöglichkeit dem Grunde nach akzeptiert, kann man Isma-els Verhalten und Mohammeds Hochachtung verstehen; dann aber erkennt man Abraham → Ibrahim als

- Verkünder des Monotheismus,
- Aussteiger aus einer ihm unerträglich gewordenen Gesellschaftsordnung und
- Begründer einer neuen Form des menschlichen Zusammenlebens,

zusammengefaßt als einen der bedeutendsten Gestalter der menschlichen Geschichte.

Das Königreich Aksum, in welchem man die Wurzel des erst in unserem Zeitalter zugrunde gegangenen Kaiserreichs Äthiopien zu erkennen glaubt, tritt zu Beginn des sechsten Jahrhun-derts als bereits christianisiert in den Kreis der uns zugänglichen Geschichte. Die christliche Missionierung war von Ägypten aus erfolgt, wo sich die vom Konzil von Chalkedon 451 ver-dammte Lehre der Monophysiten erhalten hatte, und die Aksumiten galten daher als arge Schismatiker. Das hinderte Byzanz, wo um 520 der Einfluß des damaligen Thronfolgers und späteren Kaisers Justinian I., der durch seine religiös motivierten Kriege gegen die arianischen Wandalen und Ostgoten die mediterrane Welt einmal mehr durcheinanderwarf, dominierend wurde, aber nicht, intensive und überdies positive Kontakte aufzunehmen, die darauf abziel-ten, Ramhis Subaiman zum Einfall in das Königreich der Himjariten in Südarabien zu ermuti-gen. Es darf angenommen werden, daß Byzanz die militärischen Operationen der Afrikaner unterstützte; daß diese Hilfe soweit ging, daß die Invasionsflotte von Byzanz gestellt wurde, ist möglich, aber wenig wahrscheinlich; daß Justinian die maritimen Aktionen persönlich lei-tete, ist hingegen kaum zu glauben, weil Justinian alles andere war als ein Soldat oder gar ein Flottenführer. Wohl aber war er unerhört eitel, und es ist gewiß, daß er um eine exotische Kriegsfahrt ein derartiges Aufheben gemacht hätte, daß es der Nachwelt ganz einfach unmög-lich gewesen wäre, seine Mitwirkung an exponierter Stelle zu übersehen.

Die Eroberung Südarabiens geschah entweder kurz vor oder nach der Thronbesteigung Justinians, die 527 erfolgte; in verschiedenen Werken werden 520, 525 oder 530 als konkrete Zahlen angegeben, und es ist kaum zu entscheiden, welche den Vorzug verdient. Das byzanti-nische Interesse resultiert aus handelspolitischen Erwägungen; die Parther drängten nach Südarabien vor, das Reich der Himjariten war nach dem Tode des Königs Dhu Nuwas durch Thronstreitigkeiten dem Zerfall nahe, und es bestand die Gefahr, daß eine parthische Offensive das Ostufer des Bab el Mandeb in die Hand der Sassaniden bringen würde, die dann den Seeweg nach Indien jederzeit blockieren konnten. Ebenso lagen militärpolitische Erwägungen vor: Die Kollision der Parther mit den Aksumiten im Raum zwischen dem Roten Meer und dem Persischen Golf band erhebliche Teile der kombattanten Kräfte der Sassaniden an den südwestlichen Grenzraum ihres Reiches. Sie waren daher nicht in der Lage, im Nordwesten gegen Byzanz große Offensiven zu starten, so daß die oströmischen Grenzschutzverbände reduziert werden konnten und die erübrigten Truppen im Krieg gegen die Wandalen, später die Goten, verwendet.

Die Aksumiten konnten sich übrigens in Südarabien nur bis gegen 600 halten; sie hatten vermutlich ständig mit jemenitischen Insurgenten zu kämpfen, die bald von den Parthern unterstützt wurden und die Afrikaner vertrieben. In den über viele Jahre, vielleicht sogar Jahrzehnte andauernden Kämpfen ging die blühende Plantagenwirtschaft des ehemals reichen Saba zugrunde; die Bewässerungsanlagen verfielen, und als der berühmte, entscheidende Staudamm von Marib um 580 aus unbekannter Ursache, vermutlich aber durch ein Erdbeben, schwer beschädigt wurde, war seine Wiederherstellung unter den herrschenden Umständen unmöglich.

5 *Arabia felix* nannten die römischen Geographen Südarabien, wo sich früh das reiche und mächtige Königreich Saba gebildet hatte. Zur Zeit des Königs Salomon gab es umfangreiche Beziehungen zwischen Jerusalem und Saba, und das zweite Buch der Chronik schildert im neunten Kapitel einen Staatsbesuch der Königin von Saba am Hofe des israelischen Königs; unter den Geschenken, die ausgetauscht wurden, erregten die fremden Gewürze das besondere Staunen des Chronisten, und er erklärt: »Dergleichen Gewürz gab es nie mehr, wie es die Königin von Saba dem Könige schenkte.«

Nach äthiopischer Überlieferung fanden Salomon und seine exotische Besucherin derartigen Gefallen aneinander, daß sie von ihm geschwängert wurde. Von diesem Salomonsproß soll das äthiopische Kaiserhaus abstammen, was voraussetzt, daß Saba nicht in Südarabien, sondern in Nordostafrika gelegen sein mußte.

Nördlich des »glücklichen Arabien« lag Arabia deserta, also das »wüste Arabien«, dem Mekka zuzurechnen war, und nördlich davon Arabia petraea, wobei die Ableitung dieser Bezeichnung lange strittig war und es im Grunde immer noch ist. Als »steiniges Arabien« läßt sich der Ausdruck petraea ebenso deuten wie als »zur Stadt Petra gehöriges«, wobei zu bemerken ist, daß die inmitten von hochaufragenden Felstürmen in einer wilden, steinübersäten Landschaft erbaute Hauptstadt des Nabatäerreiches eigentlich Nabatu hieß und nur von den Römern Petra genannt wurde. Das Reich der Nabatäer stand im letzten Jahrhundert vor Christi Geburt in voller Blüte und umfaßte den nordarabischen Raum bis zum heutigen Syrien, und selbst die berühmte Oasenstadt Palmyra gehörte im zeitweilig an. Mehrfach in die Kriege und Aufstände im Nachbarland Israel eingreifend, gerieten die Nabatäer in kombattante Auseinandersetzungen mit dem Imperium Romanum, dessen Druck sie schließlich erlagen. Kaiser Trajan eroberte Petra und schuf aus dem Rest des Nabatäerreichs die Provinz Arabia.

6 *Diese Sure, al Fil* – der Elefant – genannt, hat folgenden Wortlaut:
»Im Namen Allahs, des Allbarmherzigen. Hast du ihnen nicht gesehen, wie dein Herr mit den Führern der Elefanten verfuhr? Hat er nicht ihre grausame Absicht vereitelt und einen Schwarm Vögel gegen sie gesandt, der Ziegel (wörtlich: Steine von gebranntem Lehm) auf sie herabwarf? So machte er sie einer abgeweideten Viehweide gleich!«

Die neuere und natürlich vor allem die abendländische Koraninterpretation meint, daß die angreifenden Vögel symbolisch zu verstehen wären, welcher Meinung aber nicht unbedingt beizupflichten ist. Sie werden schon dagewesen sein, die Vögel, in ganzen Massen – Geier nämlich, die durch die vielen Toten des aksumitischen Heeres, die nicht mehr bestattet werden konnten, eine reichgedeckte Tafel vorfanden. Sicherlich schleppten viele von ihnen Leichenteile fort, um ihre Jungen zu atzen oder ihr anscheinend grausames, in Wahrheit aber notwendiges Mahl in Ruhe abseits des großen Schwarmes zu halten, so daß sie mit auch aus größerer Entfernung erkennbaren Lasten über Mekka herumflogen.

Da nach dem Abzug Abrahas, als die geflohenen Bürger in ihre Stadt zurückkehrten, die Straßen nicht nur mit Leichenresten und zurückgelassenem Kriegsgerät, sondern auch mit Bauschutt – darunter wohl auch mit Ziegeln, deren Herstellung schon im alten Ägypten bekannt war – bedeckt waren, wurden an sich richtige Beobachtungen nur in eine unrichtige Aufeinanderfolge gebracht:
- die Geier schleppten die Lasten nicht von Mekka fort, sondern trugen sie nach Mekka;
- die Krieger hatten nicht die Häuser umgeworfen und das Trümmerfeld verursacht, sondern waren von den Trümmern erschlagen worden;
- die Lasten der Geier hatten nicht aus Leichenteilen, sondern aus Baumaterial bestanden;
- die Toten waren nicht einer Seuche, sondern dem abgeworfenen Baumaterial zum Opfer gefallen.

[7]   Der Grund für die vorzeitige Rückgabe wird in Form einer Legende übermittelt: Mohammed hütete mit seinem Ziehbruder die Schafe der Sippe Halimas, als zwei weißgekleidete Engel erschienen, ihm die Brust öffneten und sein Herz mit himmlischem Schnee wuschen. Der Ziehbruder rannte schreiend davon und holte seine Mutter; als diese erschien, befand sich Mohammed an der angegebenen Stelle, war zwar sehr blaß, aber völlig unverletzt und gesund. Der Vorfall beunruhigte Halima dennoch, und sie fürchtete, daß sie die Verantwortung für den Knaben, um den so Seltsames geschah, nicht tragen könne.

[8]   *Zarathustra,* den die Griechen Zoroaster nannten, ist der von der neueren Religionswissenschaft (so Wilfried Nölle oder Gustav Mensching) nicht aber vom Islam als Prophet anerkannte Stifter der altpersischen Religion des Parsismus oder Mazdaismus, die heute noch in Indien beinahe eine Viertelmillion Bekenner hat und im Iran vor dem Sturz des Schahregimes etwa 20 000 hatte. Wann er lebte, ist umstritten; früher nahm man an, daß sein Leben ins achte vorchristliche Jahrhundert fällt, doch neigt man heute dazu, es ins sechste zu verlegen.

Auch vom Inhalt des ursprünglichen Glaubens ist im Grunde genommen nur wenig bekannt, da von den heiligen Schriften des Awesta, die überdies erst unter Schah Schapur II. im vierten nachchristlichen Jahrhundert entstanden sind, nur etwa ein Viertel erhalten blieb. Dieses späte Awesta ist noch dazu die versuchte Rekonstruktion des Ur-Awesta, das in den Wirren des großen Krieges, in dem Alexander d. Gr. den Nahen Osten eroberte, zugrunde ging. Ob das für typisch gehaltene bipolare Weltbild mit der krassen Gegenüberstellung des Guten und Reinen, dessen Herr Ahura Mazda ist, und des Bösen und Unreinen, das Angra Mainju, der später Ahriman genannt wurde, geschaffen hat, schon Lehrgut Zarathustras war, ist umstritten; es spricht viel dafür, daß Ahura Mazda ursprünglich der allmächtige und alleinige Schöpfergott war, demgegenüber Angru Mainju ähnlich benachrangt war wie der Satan gegenüber der Trinität im Christentum oder der Scheitan gegenüber Allah im Islam. Die Entwicklung der Lehre scheint jedoch die Allmacht Ahura Mazdas entscheidend reduziert zu haben; ihm wurde Ahriman als gleichrangiger Gegengott gegenübergestellt, und beiden wurde der »Gott der ewigen Zeit«, Zerwan, übergeordnet.

Im Reich der Sassaniden, in dem der Parsismus wiederum den Rang einer Staatsreligion erlangte, den er im Reiche der Achämeniden bis zum Einbruch Alexanders innegehabt hatte, galt er jedenfalls in der späten, Zerwanismus genannten Ausprägung – und in dieser, und ausschließlich in dieser Form schloß Mohammed Bekanntschaft mit ihm. Er beeindruckte ihn tief, und man darf annehmen, daß es vor allem das Szenarium von Paradies und Hölle, vom Jüngsten Gericht und von der Brücke über den Abgrund der Hölle war, das sich in seinen späteren Visionen niederschlug und auf diese Weise ins islamische Glaubensgut gelangte. Auch die islamische Bilderfeindlichkeit mit dem ausdrücklichen Verbot, sich ein Bild von Allah zu machen und dieses zu verehren, könnte aus dem Parsismus übernommen sein, in dem es ebenfalls keine Kultbilder von Ahura Mazda gibt und in dem das Heilige Feuer als Sinnbild des »weisen Herrn« Verehrung findet.

Ahura Mazda ist von engelartigen Geistwesen, Personifikation numinoser Eigenschaften seines eigenen Ichs, umgeben, die im Zerwanismus wohl schon als selbständig auftretende Gottheiten (oder Beinahegottheiten) verehrt wurden. Die wichtigsten dieser schwer definierbaren Wesen, die als »unsterbliche Heilige« oder auch als die »sieben Erzengel« bezeichnet werden (etwa von Jockel) sind

- Wohu Manu, die gute Gesinnung,
- Ascha Wahischta, die Wahrheit und die Gerechtigkeit,
- Kschatra Wairja, das ersehnte Reich Ahura Mazdas, das Sinnbild der Metalle,
- Spenta Armaiti, die demütige Frömmigkeit, das Sinnbild der Erde,
- Haurwatat, die Vollkommenheit und Gesundheit, das Sinnbild der Heilpflanzen,
- Ameretat, die Unsterblichkeit, das Sinnbild des Wassers und
- Sraoscha, der Gehorsam, der Führer der Seelen und der Richter über die Toten.

Selbstredend wird auch dem Ahriman ein entsprechendes Gefolge zugebilligt; die bösen Dämonen werden Dewen genannt und sind die degradierten Volksgottheiten des ursprünglichen Polytheismus; die wichtigsten Dewen sind
- Dew Buiti, der Dämon der Götzendienste,
- Dew Aeschma, der Dämon des Jähzorns, und vor allem
- Dew Drug, der Dämon des Truges und der Unwahrhaftigkeit.

Den höchsten Auffälligkeitswert für Andersgläubige stellten neben der Rolle des Feuers als Sinnbild Ahura Mazdas, dessen Verwendung in der Liturgie die Parsen geradezu als »Feueranbeter« erscheinen ließ, die »Türme des Schweigens« dar, auf denen die toten Gläubigen den Geiern zum Fraße dargeboten wurden und wohl auch noch werden. Die scheinbare Barbarei ist indessen leicht erklärt: Leichen gelten als unrein, Erde, Feuer und Wasser hingegen als rein. Reines mit Unreinem zu verbinden ist ein schwerer Frevel gegen die Grundprinzipien der göttlichen Weltordnung, und so dürfen die Leichen
- nicht begraben: Verunreinigung der Erde,
- nicht verbrannt: Verunreinigung des Feuers und
- nicht ins Wasser geworfen: Verunreinigung des Wassers,

werden. Also wohin mit ihnen?

In die Mägen der Geier.

[9] Die Veranlassung für den sehr respektlosen Unmutsausbruch Aischas (der von Emel Esin übernommen wird) war Geschmeide aus dem Besitz Chadidschas, das ihrer und des Propheten Tochter Sainab anläßlich ihrer Vermählung übergeben worden war. Sainabs Mann gehörte zu den Mekkanern, die gegen Mohammed zu Felde zogen, doch war seine kombattante Aktivität nicht besonders glücklich und endete damit, daß er in Kriegsgefangenschaft geriet. Sainab sandte den Schmuck als Lösegeld, und als ihn Mohammed erkannte, wurde ihm das Herz schwer. Das sah man ihm an – und vielleicht weinte er sogar, weinte um Chadidscha, von der er gesagt hatte: »Sieht ein Mann nur eine Frau an und eine Frau nur einen Mann, dann blickt Allah gütig auf alle beide.«

Eine derartige Lobpreisung der Monogamie aus Mohammeds Mund erscheint für alle jene überraschend, die von der immer wieder betriebenen antiislamischen Propaganda die Vorstellung suggeriert erhalten haben, Mohammed sei im Übermaß sexuell betriebsam gewesen, habe deswegen die Polygamie seiner Anhänger erlaubt und sich selbst noch mehr als die gestatteten vier Frauen zugelegt, nämlich zehn. Die Moslems weisen dies – nach Meinung des Verfassers völlig richtig – als üble Unterstellung zurück und verweisen darauf, daß die Polygamie in Arabien üblich war, die späteren Konflikte mit der heidnischen Welt das Problem der »Kriegerwitwen« mit sich brachten, das nicht in herkömmlicher Weise durch »Versorgung im Familienverband« gelöst werden konnte, da die Familien vielfach noch heidnisch waren und sich von den des Glaubens willen Emigrierten ausdrücklich losgesagt hatten und ein Frauenüberschuß auch für späterhin zu erwarten stand, da Mohammed den barbarischen Brauch, überzählige weibliche Nachkommenschaft durch Tochtermord – häufig war das Ersticken der Säuglinge durch Einschieben von Stoffen in die Atmungswege – zu beseitigen, energisch untersagt hatte.

Der Versorgungscharakter zeichnet denn auch die späteren Eheverbindungen des Propheten; da war
- Sauda, eine reizlose, ältliche Witwe, deren Mann im aksumitischen Asyl verstorben war;
- Hafsa, die Tochter des späteren Kalifen Omar, deren Mann als Moslem gefallen war und die, ob ihrer spitzen Zunge gefürchtet, von Omar trotz erheblicher Bemühungen nicht mehr verheiratet werden konnte, bis sie Mohammed zu sich nahm;

- eine Kriegerwitwe, deren eigentlicher Name unbekannt ist und die nur »Salmas Mutter« genannt wird;
- Mohammeds Kusine Sainab, die auf seinen Rat zuerst eine Ehe mit einem seiner Anhänger geschlossen hatte, die dann in Brüche ging, worauf sie unversorgt im Exil dastand;
- eine zweite Sainab, die schon zweimal verwitwet war, sich sozial sehr engagiert hatte und die »Mutter der Armen« genannt wurde;
- eine Tochter des grimmigen Moslemverfolgers Abu Sofijan, die mit ihrem rechtgläubigen Mann nach Aksum geflohen war, wo sie nach dessen Tod im Elend lebte;
- eine gewisse Maimuna, die Angehörige eines zunächst moslemfeindlichen Stammes, der vielleicht noch im Mutterrecht lebte und nach dieser Eheschließung jedenfalls zum Islam übertrat, was auf einen hohen gesellschaftlichen Rang der Braut schließen läßt.

Diese Ehen waren Ehen aus sozialen oder – mit Maimuna – aus politischen Gründen; unmittelbarer menschlicher Emotion des Propheten entsprang die Ehe mit einer durch erfolgreiche Kriegführung in die Hände der Moslems gelangten Gefangenen, deren Schicksal ihn rührte und die er Dschuwairija, die Unglückliche, nannte; die Sklavin Maria wurde ihm von einem befreundeten Herrscher geschenkt, er konnte sie nicht zurückweisen und nahm sie zum Weibe; da sie Ägypterin war, erinnerte sie ihn an Hagar, und er nannte den von ihr geborenen Sohn Ibrahim. Auch dieser Sohn starb im Kindesalter; er ist übrigens das einzige Kind von allen zehn Frauen.

Die Freude seines Alters war eindeutig Aischa, die Tochter seines Freundes und späteren Nachfolgers Abu Bekr. Ob er in ihr mehr eine Art Tochter oder eine Frau sah, ist schwer zu entscheiden; daß er in der »Halsbandaffäre«, von der noch zu sprechen sein wird, eindeutig ihre Partei ergriff, läßt nicht eben auf eine leidenschaftliche Liebe des alternden Mannes schließen, die meist zu eifersüchtigen Affekten auch bei geringeren Anlässen führt, sondern vielmehr auf ein zwar durch Zärtlichkeit bestimmtes, aber doch sexuellen Impulsen eher überhobenes Naheverhältnis zwischen dem alten, arrivierten Mann und der sehr, sehr viel jüngeren Frau.

Vielleicht aber charakterisiert eben dies Mohammeds nicht ganz unproblematische Stellung zum weiblichen Geschlecht; zu altersmäßig ihm annähernd entsprechenden Frauen scheint er keine rechten Beziehungen gefunden zu haben: Die geliebte Chadidscha war zweifellos auch – bitte, ausdrücklich auch – eine Art Ersatzmutter für den Frühverwaisten, der an ihrer Seite in die Vollkraft seines Lebens gelangte, und die nicht minder, aber doch anders geliebte Aischa erschien dem ins Greisenalter Schreitenden als Sinnbild der Jugend, der Zukunft und des Sieges.

[10] *Jesus,* der Sohn der Maria – Isa ben Marijam – nimmt im islamischen Glaubensgut einen ganz außerordentlichen Rang ein. Er ist nicht nur als Gesandter Gottes der unmittelbare Vorgänger Mohammeds, sondern er ist vor allem ein besonderer Gesandter: Er ist der zweite Adam. Und er ist der zweite Adam, weil er nicht gezeugt ist, sondern seine Entstehung im unbefleckten Leib der Maria unmittelbar dem göttlichen Willen verdankt. Die Lehre von der unbefleckten Empfängnis ist damit nicht nur voll in den Islam übernommen, sondern sogar um ein entscheidendes Element weiterentwickelt worden: Allah, der alleinige, einzige und ewige Gott, zeugt nicht und ist nicht gezeugt (112. Sure, Vers 2,3 und 4); er schafft, was und wie er will, und so er irgend etwas beschlossen und spricht: »Es werde« – so ist es (3. Sure, Vers 48).

Jesus, der ohne das vermittelnde Medium des Heiligen Geistes Geschaffene, steht Jesus dem Gezeugten gegenüber, an dem die christliche Lehre unbeirrt festhält. Im sogenannten Großen Glaubensbekenntnis der »Neuen Ökumenischen Texte« (die verwendete Ausgabe hat die kirchliche Druckerlaubnis des Bischöflichen Ordinariates Linz, Z 3291) wird der Glauben an »den einen Herrn Jesus Christus« gefordert, »Gottes eingeborenen Sohn – aus dem Vater geboren vor aller Zeit – Gott von Gott – Licht vom Licht – wahrer Gott vom wahren Gott – gezeugt, nicht geschaffen...«

Gezeugt oder geschaffen – das ist der eine Unterschied in der Christologie der beiden Religionen, und der andere, schlechthin entscheidende ist in des Mariensohnes Göttlichkeit gelegen. »Gott von Gott – ... – wahrer Gott vom wahren Gott« lautet die christliche Formulierung – »Wer irgendein Geschöpf Allah zur Seite setzt, dem verzeiht Allah nicht« (4. Sure, Vers 49), lautet der Grundsatz des Islams. Dieser wird an anderen Stellen erläutert und verstärkt, beispielsweise im Vers 172 der 4. Sure: »...Wahrlich, der Messias Jesus, der Sohn Marias, ist ein Gesandter Allahs, und das Wort, das er Maria niedersandte, eine Erfüllung Allahs und sein Geist. Glaubt daher an Allah und seinen Gesandten, sagt aber nichts von einer Dreiheit. Vermeidet das, und es wird besser um euch stehen. Es gibt nur einen einzigen Gott. Fern von ihm, daß er einen Sohn habe. Ihm gehört, was im Himmel und was auf Erden, und Allah ist ein hinlänglicher Beschützer.«

Oder im Vers 18 der 5. Sure: »Wahrlich, das sind Ungläubige, die sagen: Allah ist doch Christus, der Sohn der Maria.«

Oder im Vers 73 derselben Sure, wo Vers 18 wiederholt und ihm beigefügt wird: »Sagt ja Christus selbst: ›O ihr Kinder Israels, verehrt Allah, meinen und euren Herrn; wer Allah irgendein Wesen zugesellt, den schließt Allah vom Paradiese aus, und seine Wohnung wird das Höllenfeuer sein.‹«

Vor allem aber in den Versen 117 und 118 der 6. Sure: »Und wenn Allah einst Jesus fragen wird: ›O Jesus, Sohn der Maria, hast du je zu den Menschen gesagt: Nehmt, außer Allah, noch mich und meine Mutter zu Göttern an?‹, so wird er antworten: ›Preis und Lob nur dir, es ziemte mir nicht, etwas zu sagen, was nicht die Wahrheit ist; hätte ich es aber gesagt, so wüßtest du es ja; denn du weißt, was in mir, ich aber nicht, was in dir ist, denn nur du kennst alle Geheimnisse. Ich habe nichts anderes zu ihnen gesagt, als was du mir befohlen, nämlich: Verehret Gott, meinen und euren Herrn. Solange ich bei ihnen war, war ich Zeuge ihrer Handlungen; nun, da du mich zu dir genommen, bist du ihr Wächter, denn du bist aller Dinge Zeuge‹.«

Zur islamischen Auffassung ist zu sagen, daß die christlichen Religionsgemeinschaften mit Ausnahme der protestantischen den Marienkult mit einer derartigen Intensität betreiben, daß in Außenstehenden unschwer der Eindruck entstehen kann, sie genieße göttliche Ehren, wogegen der Heilige Geist in den liturgischen Zeremonien kaum und wenn, dann äußerst knapp, Erwähnung findet. Wenn Mohammed dem Trugschluß erlegen sein sollte, neben Jesus würde auch Maria als Gottheit und Teil der Trinität verehrt, so wurde dieser zweifellos durch die Erscheinungsformen von Kult und Lehre in den Christengemeinden des Ostens, die ihm bekannt waren, provoziert.

Sieht man davon ab, ist Mohammeds Auffassung sehr evangeliennah; Jesus selbst spricht (nach dem Wissen des Verfassers) nirgends davon, daß er Gott sei, betont aber bei jeder Gelegenheit die Allmacht des Vaters im Himmel (»Dein Wille geschehe« im Vaterunser), der aber nicht nur sein, sondern der Vater aller ist (»Auch als Vater sollt ihr niemand von euch anreden auf Erden; denn einer ist euer Vater, der im Himmel«, Matthäus, 23, 9), dessen Willen er sich völlig und bewußt unterwirft, wie sich dies besonders im Gebet von Gethsemani ausdrückt (»Vater, alles ist dir möglich; laß diesen Kelch vorübergehen an mir; doch nicht, was ich will, sondern was du willst.« Markus 14, 36; oder »Vater, wenn es dein Wille ist, so laß diesen Kelch an mir vorübergehen; doch nicht mein Wille geschehe, sondern der deine.« Lukas 22, 43; sinngemäß auch Matthäus 26, 39).

Da es beim Obengesagten nicht nur auf die Übersetzung, sondern auch auf die (manchmal nicht völlig übereinstimmenden) Zahlenangaben ankommt, muß gesagt werden, daß die Übertragung des Korans von Ludwig Ullmann, bearbeitet und erläutert von Leo Winter, und die Bibel in der Fassung von Vinzenz Hamp, Meinrad Stenzel und Josef Kürzinger, Imprimatur 19. November 1962, Würzburg, verwendet wurden.

[11] *Mohammeds Verbot, Moslems zu Sklaven zu machen,* wurde streng wörtlich interpretiert; trat ein Sklave zum Islam über, war damit seine Freilassung nicht verbunden, denn er war ja schon zum Sklaven gemacht, ehe er Moslem wurde. Dies entsprach auch den späteren praktischen Bedürfnissen im Osmanischen Reich, von denen noch eingehend zu sprechen sein wird, dessen Bedarf an auch hochqualifizierten Arbeitskräften und Soldaten zu entscheidenden Teilen von in Sklaverei gefallenen Ungläubigen gedeckt wurde, die zu Moslems geworden und Sklaven geblieben sind.

Im späteren 19. Jahrhundert erwies sich dieses Verbot übrigens als entscheidendes Hindernis für die islamische Mission in Afrika. Um die Mitte des Jahrhunderts hatten die europäischen Mächte die Sklaverei verboten und gegen Ende des Jahrhunderts beinahe ganz Schwarzafrika ihrem Kolonialsystem einverleibt. Die Sklavenjagd konnte daher nur in einigen Gebieten im Stromgebiet des Nils ausgeübt werden, wo noch heidnische Negervölker vorhanden waren, die nicht von den heute im Übermaß perhorreszierten Kolonialmächten unterdrückt, unter diesem Aspekt aber wohl vielmehr beschützt wurden. Gerade bei diesen Völkern lief die islamische Missionstätigkeit eben aussichtsreich an, was von den arabischen Sklavenjägern mit äußerstem Mißfallen bemerkt wurde und dazu führte, daß diese die Verbreitung des eigenen Glaubens nach Tunlichkeit behinderten. In die sich anbahnende innerislamische Auseinandersetzung platzte der in unserem historischen Bewußtsein vor allem durch einige phantasievolle Reiseerzählungen Karl Mays fest verankerte Mahdiaufstand des Mohammed Achmed, der 1881 begann, 1885 mit der Eroberung Khartums und dem Tode des britischen Generals Charles George Gordon seinen spektakulären Höhepunkt erreichte und erst 1899 mit dem Tode des Nachfolgers Mohammed Achmeds, des Kalifen Abd Allah, sein Ende fand. Die militärischen Operationen im Sudan leitete ab 1892 übrigens General Horatio Herbert Kitchener, später durch die Erhebung zum Earl of Khartum geehrt, der im Anschluß an den Sieg über das Mahdireich zunächst als Generalstabschef, dann als Oberbefehlshaber im Burenkrieg Verwendung fand. Zu Beginn des Ersten Weltkrieges war er Staatssekretär für Kriegswesen und organisierte das britische Volksheer der 70 Divisionen, das auf Kriegsdauer das weit schwächere britische Berufsheer verstärkte. 1916 kam er auf einer Dienstreise nach Rußland beim Untergang des Panzerkreuzers »Hampshire« ums Leben. Am Krieg im Sudan nahm übrigens ein gewisser Winston Spencer Churchill als Leutnant in einem Reiterregiment teil; die Entscheidungsschlacht von Omdurman (2. September 1898) erschien ihm als »das letzte Glied in der langen Reihe jener Kampfschauspiele, die mit ihrer farbenprächtigen und erhabenen Großartigkeit soviel dazu beigetragen haben, dem Krieg einen glanzvollen Zauber zu verleihen«. Rasch und spontan schrieb er über Kitcheners Feldzug sein erstes großes zeitgeschichtliches Werk: »The River War. An historical account of the reconquest of the Soudan«, das schon 1899 in London erschien.

Spricht man vom Mahdikrieg, in dem die Frage des Sklavenhandels und der islamischen Missionstätigkeit im Sudan eine bedeutende, wenngleich nicht ganz geklärte Rolle spielte, so sollte man auch die Angehörigen des Deutschen Reiches und Österreich-Ungarns nicht vergessen, die in das blutige Geschehen in zum Teil entscheidender Position involviert waren. Der berühmteste von ihnen ist der aus Oppeln in Oberschlesien stammende Mediziner Dr. Eduard Schnitzer, der zuerst Leiter des Gesundheitswesens der ägyptischen Provinz Äquatoria, dann als Emin Pascha ihr Gouverneur war, durch den Aufstand des Mahdi jede Verbindung nilabwärts verlor und nach dem Fall von Khartum den Versuch machte, sich mit den ihm treugebliebenen Askaris und ein paar Europäern nach Südosten durchzuschlagen. Das Unternehmen scheiterte, und mehrere Expeditionen brachen auf, um den für die zivilisierte Welt Verschollenen zu suchen. Dr. Carl Peters, der deutsche Afrikaforscher, der die Kolonie Deutsch-Ostafrika durch Schutzverträge mit den Eingeborenen, die schwerstens unter den arabischen Sklavenjägern zu leiden hatten, deren bedeutendster der auch in Europa bekannte Tippu Tip war, begründete, verfehlte sein Ziel, aber ein britisches Unternehmen unter Henry Morton Stanley hatte Erfolg. 1889 erreichten Stanley und Emin Pascha, zwischen denen es wiederholt zu schweren Auseinandersetzungen gekommen war, Deutsch-Ostafrika, wo sie vom Reichskommissar Hermann von Wißmann, den seine außerordentlich kühne Durchquerung Zentralafrikas zu einem der berühmtesten Forscher seiner Zeit gemacht hatte, empfangen wurden. Unmittelbar danach erlitt Emin Pascha einen schweren Unfall, bei dem er sich einen Schädelbasisbruch zuzog, trat nach seiner Wiederherstellung in die Dienste des Deutschen Reiches, brach schon 1890 zu einer Expedition ins Innere des Kontinents auf und verlor 1892 in den Urwäldern des Ituri bei einem Überfall durch Eingeborene sein Leben. Seine ehemalige Residenzstadt Wadelai, damals eine blühende Siedlung, ist heute eine wüstliegende Ruinenstadt, in der ein Gedenkstein kündet: »Wadelai. Ägyptische Niederlassung und Ansiedlung 1879–89. Hauptort der Äquatorialprovinz unter Emin Pascha.«

Emin Paschas Kollege als Gouverneur war in Darfur der Österreicher Rudolf Karl Slatin Pascha, dem es zeitweise noch wesentlich übler erging: 1884 geriet er, der den Aufständischen tapfer einige Gefechte geliefert hatte und, um sich der Treue seiner Askaris zu versichern, Moslem geworden war, in die Gefangenschaft des Mahdi, die zeitweise erträglich war, zeitweise aber unter äußerst unwürdigen Bedingungen durchlitten wurde. 1895 gelang ihm die Flucht nach Assuan, das er nach vierundzwanzigtägigem Marsch erreichte. Zum Unterschied von Emin Pascha hatte er von Afrika vorerst genug und beeilte sich, nach Europa zu kommen. Seine Memoiren erschienen schon 1896 in Leipzig unter dem Titel: »Feuer und Schwert im Sudan. Meine Kämpfe mit den Derwischen, meine Gefangenschaft und Flucht 1879–1895« und gehören zu den verbreitetsten deutschsprachigen Werken über die geschilderten Ereignisse. 1897 nach Ägypten zurückgekehrt, nahm er am Feldzug Kitcheners teil und wurde 1900 Generalinspektor im anglo-ägyptischen Sudan. Mit Ausbruch des Ersten Weltkriegs nahm er seinen Abschied und kehrte wieder in seine Heimat zurück, wo er Leiter der Kriegsgefangenenhilfe des Roten Kreuzes wurde. Nach dem Kriege Mitglied der Friedensvertragsdelegation in St. Germain gelang es ihm trotz der Sympathien, die die Briten ihrem ehemaligen General entgegenbrachten, nicht, die vorbereiteten, außerordentlich drückenden Friedensbedingungen zu mildern. 1932 ist er in Wien gestorben und heute so gut wie vergessen.

Von zwei Landsleuten Slatin Paschas ist bekannt, daß sie im Mahdiaufstand ihr Leben verloren: Major Hertl, der sich aus unbekannter Ursache dem Feldzug des britischen Generals William Hicks, der 1883 ein blutiges Ende fand, angeschlossen hatte und dabei gefallen ist, und Martin Hansal, k.u.k. Konsul in Khartum, der am 25. Januar 1885 bei der Eroberung der Stadt erschlagen wurde.

Zwei Priester aus Südtirol, Pater Alois Bonomi und Pater Josef Ohrwalder, betrieben bei Beginn der Unruhen eine der wenigen christlichen Missionsstationen im Aufstandsgebiet; sie wurden gefangengenommen, aber relativ gut behandelt und hatten eine gewisse Bewegungsfreiheit. Als Pater Bonomi 1885 die Gelegenheit zur Flucht fand, wurde Ohrwalder wesentlich strenger gehalten, zeitweise aber als Dolmetscher verwendet. 1891 konnte auch er flüchten; er setzte sich sogleich nach Europa ab und schrieb ein bekanntes Buch: »Aufstand und Reich des Mahdi im Sudan und meine zehnjährige Gefangenschaft dort selbst«. Es erschien 1892 in Innsbruck.

Im Stabe Kitcheners nahm an dessen Feldzug als Beobachter des Deutschen Reiches Major i.G. Adolf von Tiedemann teil. Neben der Bewegung eines modernen Heeres in einem ungeheuren, straßenlosen Gebiet, in dem es alle die Einrichtungen, die wir heute unter Infrastruktur zusammenfassen, nicht gab, interessierte ihn vor allem die Kriegsverwendungsfähigkeit der brandneuen Maschinengewehre, also jener Waffe, die das Kriegswesen im zwanzigsten Jahrhundert entscheidend umgestalten sollte. Tiedemann wurde von diesen nicht restlos überzeugt, auch wenn er manche Vorteile erkannte; in seinen in Berlin 1906 veröffentlichten Erinnerungen (»Mit Lord Kitchener gegen den Mahdi. Erinnerungen eines preußischen Generalstabsoffiziers an den englischen Sudan-Feldzug«) schrieb er:

»Das Maschinengewehr ist eine Art von Surrogat für Infanterie und befähigt einen einzelnen Mann, in relativ kurzer Zeit eine große Anzahl von Geschossen zu entsenden. Habe ich genügend Infanterie zur Verfügung, so brauche ich keine Maschinengewehre; denn es will mir scheinen, daß, wenn dreißig gut ausgebildete Schützen in der Minute zehn Schuß abgeben, die Wirkung im Durchschnitt größer sein muß, als wenn ein einzelner Mann, der seine Waffe nicht auf ein bestimmtes Ziel, sondern nur auf einen Schwarm Gegner im allgemeinen richtet, etwa 300 Patronen in derselben Zeit verfeuert. Ich spreche hier vom Infanteriegefecht; zur Bestreichung besonders wichtiger Punkte im Gelände, von Engwegen, Brücken u. dgl., wird sich das Maschinengewehr sicher nützlich erweisen.

Auch gegen attackierende Kavallerie wird seine Wirkung sehr groß, ... gegen ausgeschwärmt liegende Schützen dagegen nur ganz gering sein.

Generell kann ich mir für europäische Heere die Nutzbarkeit des Maschinengewehrs nur für zwei verschiedene Fälle denken. Einmal als Flankenschutz für feuernde Artillerie und zweitens bei Kavalleriedivisionen.«

Der technische Stand der neuen Waffen war unter Berücksichtigung der äußeren Bedingungen für den Einsatz erstaunlich gut: Am Tage der Schlacht von Omdurman nahm Tiedemann nur ein Maschinengewehr wahr, das eine nach etwa fünf Minuten beseitigte Ladehemmung hatte; von zwei weiteren Ausfällen durch technische Gebrechen hörte er nachträglich.

Die Schlacht von Omdurman war der letzte große Zusammenprall zwischen
- zahlenmäßig zwei- bis dreifach überlegenem, traditionell
  - ☐ bewaffnetem und
  - ☐ kämpfendem
orientalischem Kriegsvolk und
- modern ausgerüsteten und geführten
  - ☐ abendländischen (8 000 Mann der britischen Armee) oder
  - ☐ nach abendländischer Art ausgebildeten (17 000 Mann der Armee des Vizekönigs von Ägypten) Truppen.

Das Generalthema dieser Untersuchung findet in dieser kombattanten Großaktion den letzten Höhepunkt, wenngleich hier nicht der Kaiser des Westens und der Großherr der Osmanen kontrahieren, sondern das britische Imperium, unterstützt durch Truppen eines orientalischen Teilfürsten, mit dem Nachfolger eines glaubensstreuen und eminent tüchtigen Moslemführers, dessen einziger Fehler es war, übersehen zu haben, daß die Uhren in Europa schon den Beginn des technikbestimmten Zeitalters angezeigt hatten. Dieser Aspekt rechtfertigt den Umfang dieser Anmerkung und er rechtfertigt auch die abschließende Zitierung Tiedemanns, der den Eindruck eines umfassend und neuzeitlich ausgebildeten europäischen Offiziers vom islamischen Kriegsvolk, dessen religiöser Charakter durch die Bezeichnung Derwisch statt Soldat oder Krieger unübersehbar gemacht wird, präzise festhielt:

»Kurz nach sechs Uhr hörten wir von drüben her ein merkwürdig summendes Tönen, das sich anfänglich niemand erklären konnte; bald schwoll es an, dann wieder verhallte es gänzlich – es war der Kriegs- und Sterbegesang von 50 000 Derwischen.

Und dann erschienen sie auf dem Bergrücken; ein Anblick, den niemand vergessen wird, der ihn gehabt. Die breiten und tiefen Schlachthaufen der in weiße Gewänder gehüllten Derwische schimmerten wie helle Bänder auf der Ebene, neue und immer neue Scharen wälzten sich heran, die Sonne gleißte auf einem Meer von Speeren und Schwertern; allen voran und hoch zu Roß erschienen die Emire, einzelne von diesen vom Kopf bis zum Fuß in eiserne Kettenpanzer gehüllt, auf dem Kopf die stählerne, mittelalterliche Sturmhaube mit Nasenbügel und Helmdecken; bei ihnen die großen, mit Koransprüchen bedeckten Fahnen. Der Gesang, die Kriegspauken und Tamtams waren bald deutlich zu hören und erfüllten die Luft mit tosendem Lärm; zeitweise vereinigten sich die Stimmen zu einem langgezogenen Allahuuu!

Wenn ich von mir auf andere schließen darf, so hat wohl jeder von uns etwas wie ein Zittern verspürt; nicht der Furcht, denn man wußte sich hinter der Seriba und all den Geschützen und Gewehren so gut wie sicher; aber der Anblick vor uns und der Gedanke, daß dort viele Tausend Menschen in dieser merkwürdigen Art ihrem Tode entgegengingen, hatten etwas tief Ergreifendes.«

Um genau 06 Uhr 30 öffneten sich die Feuerschlünde der britischen Geschütze; die Schußdistanz betrug 3 000 m. Als sich der Feind auf 2 800 m genähert hatte, wurden statt der Granaten Schrapnells verfeuert, die stets richtig tempiert waren; das Feuer der Artillerie war zweifellos gut geleitet, kommentiert Tiedemann – und in ihm ging das letzte Kriegsvolk des alten Orients zugrunde.

[12] Der Inhalt des Gutachtens scheint erstaunlicher, als er in Wahrheit gewesen ist. Dies wird verstehbar, wenn man bedenkt, daß der innerchristliche Streit um die rechte Einordnung des Jesus und den Begriff der Trinität noch im Fluß war. Von größter Bedeutung war hier vor allem das Christusbild des arianischen Glaubens, der ja letzten Endes in Ägypten entstanden war und Jesus zwar nicht zum Nichtgott, wohl aber zum Gott minderen Ranges erklärte. Gottsohn, so hatte Arius gelehrt, sei eben deswegen der Sohn, weil er einmal, irgendeinmal, von Gottvater ausgeschieden worden sei. Er sei daher nur fortdauernd in Richtung auf die Zukunft, nicht aber ewig im Hinblick auf die Vergangenheit, da er erst vom Zeitpunkt der Absonderung aus Gottvater als Wesen existent geworden ist.

Der Streit zwischen den Anhängern des Arius und des Athanasius, der sich gegen eine derartige Rangminderung wehrte und seine Parteigänger auf die Formel der Ranggleichheit innerhalb der Trinität festlegte, dauerte damals seit etwa drei Jahrhunderten an und war mit höchst unterschiedlichem Erfolg geführt worden, und zwar keineswegs nur auf geistiger Ebene. Um 500 war noch mehr als die Hälfte des Mittelmeerraumes arianisch gewesen; in

- Italien und Illyrien sowie einem Teil Südgalliens hatte Theoderich d. Gr. sein Reich errichtet;
- Spanien und dem Rest Südgalliens saßen die Westgoten, und
- Nordafrika war der Sitz der Wandalen, die nicht nur wie mit Ausnahme der Franken alle Germanenvölker Arianer waren, sondern die auch zeitweise scharf gegen die Anhänger der Papstkirche vorgingen.

In jahrzehntelangen, blutigen Kriegen hatte Kaiser Justinian zwar die arianischen Wandalen und Ostgoten bezwungen und es den Westgoten ratsam erscheinen lassen, auch in religiösen Belangen nach der römischen Pfeife zu tanzen, allein es kann kein Zweifel daran bestehen, daß der verbotene Glauben noch über zahlreiche Anhänger verfügte und überall im Untergrund wirkte.

Nicht nur der offiziell verdammte Arianismus verhinderte eine einheitliche, allseits akzeptierte Vorstellungswelt des Christentums; es gab da auch noch den Streit zwischen den Monophysiten und den Anhängern der Zweinaturenlehre, der unmittelbar die Christologie betraf, und wie unklar der ganze Problemkreis war, erweist nichts besser als die sogenannte Adoptionstheorie, die im Zeitalter Karls d. Gr. vom spanischen Klerus verfochten wurde und nach ihrem Hauptvertreter, dem Bischof Felix von Urgel genannt, als felicianische Häresie in die Geschichte einging. In ihr war von einer zwar spirituellen, aber in diesem Rahmen »natürlichen Verwandtschaft« zwischen Gottvater und Jesus überhaupt keine Rede mehr; Jesus wurde vielmehr seiner sittlichen Vollkommenheit wegen von Gott adoptiert und somit als Sohn angenommen, was ja noch wesentlich über die Grundsätze der Arianer hinausging.

Betrachtet man daneben das Christusbild des Islam, wie es in Anmerkung 10 dargestellt ist, und das zur Zeit des aksumitischen Exils noch nicht die scharfe Gegenüberstellung möglich machte – es war erst im Entstehen, und einige Koranstellen, die es bestimmten, wurden erst viel später, nämlich in Medina, geoffenbart –, die es deutlich vom Christentum abhebt, so wird erklärlich, daß die Gottesgelehrten von Aksum nicht das Trennende sehen wollten, sondern vielmehr die Gemeinsamkeiten, die unbestreitbar vorhanden waren, als entscheidungswesentlich nahmen. Es kommt hinzu, daß die islamische Sittenlehre, die damals ebenfalls erst rudimentär entwickelt war, der christlichen dem Wesen nach entspricht, und daß der Glaube der Emigranten eindeutig monotheistisch war bei Anerkennung der jungfräulichen Geburt des Messias Jesus und Mißbilligung seiner Ablehnung und Verfolgung durch die Juden.

[13] Der »Moslemspiegel« hat folgenden Wortlaut:

»Die Gerechtigkeit (nach anderer Lesart ›Der rechte Glauben‹) besteht nicht darin, daß ihr das Antlitz im Gebet nach Osten oder Westen richtet, sondern der ist gerecht (n. a. L. ›rechtgläubig‹), der

- an Allah glaubt und an den Jüngsten Tag und an die Engel und an die Schrift und an die Propheten;
- der voll Liebe von seinem Vermögen gibt
  □ den Anverwandten,
  □ den Waisen,
  □ den Armen,
  □ den Pilgern und
  □ den ihn um Hilfe Bittenden;
- der Gefangene löst;
- der die Gebete verrichtet;
- der Almosen spendet;
- der an eingegangenen Verträgen festhält (n.a.L. ›der sein gegebenes Wort nicht bricht‹);
- der geduldig (n. a. L. ›ohne zu klagen‹) Not und Unglück und
- standhaft die Gefahren des Krieges erträgt.

Dieser ist gerecht; er ist wahrhaft gottesfürchtig.«

Bei Mohammeds Tod waren Arabia felix und Arabia deserta islamisiert und anerkannten seine Oberhoheit, was bedeutet, daß sich ein islamisches Reich gebildet hatte, das ganz Arabien mit Ausnahme der
  - byzantinischen Reichsgebiete in Nordarabien (Arabia petraea) und
  - parthischen Gebiete im Osten, vor allem in Mesopotamien

umfaßte. Das Gesamtterritorium war groß und in menschenleere Wüsten, nomadendurchzogene und folglich dünnbesiedelte Steppen und in agrarisch nutzbares Oasenland, in dem es dichtbesiedelte Dörfer und Städte gab, gegliedert. Es bildete sprachlich, wirtschaftlich, kulturell und neuerdings auch religiös und politisch eine Einheit, die sicherlich regionale Besonderheiten aufwies, aber doch die gemeinsame Basis als dominierend erkennen ließ.

Schon ein Jahrzehnt nach dem Tod des Propheten hatte sich durch die siegreiche Kriegführung der Moslems der Charakter des islamischen Reiches völlig verwandelt: Nordarabien mit den Gebieten des »fruchtbaren Halbmonds« und dem bunten Völkergemisch bis zur Mittelmeerküste war zugewachsen, die Riesenoase Ägypten mit dem uralten Kulturland war es, und zuletzt war es das »Land zwischen den Strömen«, Mesopotamien, die Wiege der antiken, damals schon lange versunkenen Großreiche Assyrien und Babylonien. In diesem Reich waren die Araber in der Minderzahl, und auch die Moslems waren es zunächst. Das schuf neuartige Probleme, zu deren Lösung neue Wege beschritten werden mußten – und um diese zu finden und festzulegen, hatte Omar die Anführer seiner auf verschiedenen Kriegsschauplätzen eingesetzten Heere in sein Feldlager in Dschabija befohlen, das selbst im Neuland gelegen war, etwas südlich von Damaskus im Gebiet einer fruchtbaren Landschaft, die »der Garten« – al Chuta – genannt wurde. Die Organisation der Verwaltung mußte erfolgen, die Rechtsstellung der unter der Herrschaft des Kalifen lebenden andersgläubigen Volksgruppen und Einzelpersonen geklärt, und zuletzt eine Verfügung über die ungeheure »Kapitalmenge« des eroberten Landes und der darauf befindlichen Wirtschaftseinrichtungen ergehen.

Die Grundzüge der von Omar ibn al Chattab vorgeschlagenen und von den Großen seines Heeres akzeptierten Lösung knüpfte an die Bedingungen an, die Mohammed zunächst den Juden Medinas und im Jahre 631 auf seinem Zuge nach Tabuk den Christen von Akaba gewährt hatte und die auf die neuen Dimensionen umgelegt werden mußten; das Konzept sah im Grundsätzlichen vor, daß
  - das gesamte Land Eigentum des islamischen Kollektivs wurde, das seine Rechte durch den Kalifen ausübte;
  - der Kalif Statthalter ernennt, denen die eigenverantwortliche Organisation der Verwaltung unter Einschluß des Kriegswesens nach den von der Reichszentrale erlassenen Richtlinien übertragen wird;
  - den monotheistischen Gemeinden die freie Religionsausübung in einer den Islam nicht störenden Weise gestattet wird, wobei die Angehörigen dieser Religionen statt des Wehrdienstes die Pflicht zur Bezahlung einer Kopfsteuer, die als Wehrersatzsteuer gedacht war, auferlegt wird und
  - für diese eigene Obrigkeiten bestellt werden, die im Rahmen der neuen Ordnung und unter der Kontrolle der islamischen Statthaltereien die Aufgaben der staatlichen Verwaltung durchführen.

Die Besitzverhältnisse an Grund und Boden blieben, von Ausnahmen abgesehen, unangetastet, auch wenn sich die Eigentumsverhältnisse änderten, was in einer den Besitzer kaum berührenden Weise geschah: Er hatte nun die Abgaben, die gegenüber dem vorherigen byzantinischen System erheblich reduziert wurden, gegenüber dem parthischen aber etwa gleichgeblieben sein dürften, an andere Eigentümer zu leisten, das war im wesentlichen alles.

Die Installierung des neuen Staates berührte also die Bewohner kaum; an die Stelle des Kaisers oder des Schahs trat der Kalif, und an die Stelle der byzantinischen oder parthischen Provinzialverwaltungen traten die viel bescheideneren des islamischen Reiches, und in das persönliche Leben des einzelnen griff der Herrschaftsübergang kaum mehr ein als früher etwa ein Wechsel in der Person des Statthalters oder der garnisonierten Truppenverbände.

Der Ausdruck *demokratisch* ist dabei viel weiter zu fassen als dies bei uns üblich ist; der Staat des Propheten war selbstverständlich keine parlamentarische Mehrparteiendemokratie westlicher Prägung im Sinne moderner Staatsrechtslehre, aber er war eine Organisation auf der Grundlage gleicher staatsbürgerlicher Berechtigung aller Mitglieder. Selbst wenn man nun erklärt, daß eigentlich nur die Männer an der gesellschaftlichen Willensbildung teilnahmen, weil nur die Wehrfähigen von der Kameraderie der Fluchtgenossen und Waffengefährten umfaßt wurden, während die Frauen und Kinder im demokratischen Abseits standen, so tut dies dem demokratischen Grundprinzip keinen Abbruch; auch bei uns sind die demokratischen Rechte auf die Erwachsenen beschränkt, und es ist noch nicht allzu lange her, daß die Frauen in der ältesten Demokratie des Kontinents, in der Schweiz, oder im Fürstentum Liechtenstein das Stimmrecht erlangten. Ganz abgesehen davon war auch die klassische demokratische Staatsform, die sich vor allem in der Demokratie Athens vorbildhaft erstellt, insofern »frauenlos«, als nur die Männer stimmberechtigt waren, und auch die zweite historische Wurzel der modernen Demokratie, als welche man die gewohnheitsrechtlichen Stammesverfassungen der alten Germanen erkennt, billigte nur dem freien Mann das Recht der Mitsprache und Abstimmung im Thing als dem entscheidenden Forum politischer Betätigung zu. Dies legt den Schluß nahe, daß das Recht der gesellschaftlichen Mitbestimmung als Äquivalent der Verpflichtung zum Wehrdienst angesehen wurde, und in der Tat wurden im alten Rom die Abstimmungen von den in den militärischen Formationen versammelten Bürgern durchgeführt, verständlich und nicht zutreffend gesagt gewissermaßen kompanieweise, und letztlich wurden nicht die Stimmen der Bürger zusammengezählt, sondern die der Kompanien, die damit Wahlkörper waren, in denen die jeweilige Mehrheit entschied. Daß in Medina die Muhadschirun ebenfalls nur die Wehrfähigen zur Willensbildung zuließen, entsprach also durchaus dem – nach unserem Wissensstand – durch Jahrtausende Üblichen.

Innerhalb der wehrfähigen Männer setzten sich regelmäßig jene mit ihrer Meinung durch, denen von ihren Gesellschaftsgenossen, die sie ja persönlich kannten, das größte Vertrauen entgegengebracht wurde. Der Prophet hatte da natürlich einen erheblichen Vorsprung, aber durchaus keine autoritäre Befehlsgewalt (außer bei kombattanten Aktionen wie jeder Heerführer), und er war immer wieder genötigt, seine persönlichen Meinungen vor allem zu Fragen des im Alltag zweckmäßigen Verhaltens seinen Mannen gegenüber vorzutragen, zu begründen und zu rechtfertigen. Nicht in jedem Falle setzte er sich durch, und wie sehr die Moslems gewohnt waren, in ihm den Kumpel zu sehen, mit dem sie ohne Rücksichtnahme auf seine unbestrittene Autorität in Fragen des Glaubens im Alltag als durchaus Gleichberechtigte verkehrten, zeigt die 49. Sure, al Hudschurat → die inneren Gemächer, in Verbindung mit der Geschichte ihres Entstehens. Die Verse zwei bis sechs lauten:

»O ihr Gläubigen, greift in keiner Sache Allah und seinem Gesandten vor und fürchtet Allah; denn Allah weiß und hört alles.

O ihr Gläubigen, erhebt auch nicht eure Stimme über die Stimme des Propheten. Sprecht auch nicht so frei mit ihm, wie ihr untereinander zu tun pflegt; denn sonst sind eure Handlungen vergeblich, ohne daß ihr es merkt. Die ihre Stimmen in der Gegenwart des Gesandten Allahs dämpfen, deren Herz hat Allah zur Frömmigkeit geneigt gemacht, ihnen wird Versöhnung und großer Lohn. Die aber, die dir von außen in die inneren Zimmer zurufen, kennen nicht die dir schuldige Ehrerbietung; so sie mit Geduld warteten, bis du herauskommst, das wäre schicklicher für sie, doch Allah ist versöhnend und barmherzig.«

Das Faß der Geduld war durch Ojeina ibn Hossein und Akra ibn Habeß zum Überlaufen gebracht worden, die eines schönen Nachmittags den Propheten aus dem Schlaf gerissen hatten, als sie ihn – vermutlich einer Lappalie wegen – ohne Verzug zu sprechen wünschten. Die Bitten der Hausgenossen des Propheten, die, wie man es sich vorstellen kann, flüsternd oder halblaut vorgetragen wurden, wurden von den rauhen und lauten Stimmen der Eindringlinge überdröhnt, und zuletzt scheiterte das sanfte Ersuchen des aus dem Schlafe Gerissenen, doch später wiederzukommen, am lautstarken »Mohammed, komm heraus, wir müssen dich sprechen«.

Auch die ersten Kalifen wurden von den Gläubigen als durchaus Gleichstehende empfunden und behandelt, und in allen Fragen von auch nur einiger Bedeutung entschied nicht der Kalif, sondern die zusammengerufene Gemeinde der Rechtgläubigen, die allerdings nur aus den gerade in Medina Anwesenden bestehen konnte. Die Angehörigen der am Orontes und am Euphrat, am Nil und am Tigris operierenden Heere waren faktisch ausgeschlossen, was die in Medina Votierenden dazu zwang, auf die vermeintliche Meinung der Abwesenden Rücksicht zu nehmen, was das Regieren schwierig machte. Ein eigentliches Gesetzgebungsrecht im modernen Sinne gab es nicht, worauf schon hier ausdrücklich verwiesen sei: Recht war ausschließlich das Heilige Recht, das dem unveränderlichen Willen Allahs unmittelbar entsprungen und Mohammed auf visionärem Weg kundgemacht worden ist. Die Notwendigkeit der Fixierung des Heiligen Rechts machte die schriftliche Niederlegung der Offenbarungen unerläßlich.

16 Der Ausdruck *Diwan* wurde mehrfachem, sehr erheblichem Bedeutungswandel unterzogen. Im Kalifat der Omaijaden stellt er einen »Dienstpostenplan« für die stehenden Truppenteile der besoldeten Heere dar, wird bald darauf auch zur Bezeichnung für den Ämterschematismus der Verwaltungshierarchie, wird als solcher vom abbasidischen Kalifat übernommen, bald auch für den Kronrat der obersten Würdenträger verwendet und gelangt in dieser Bedeutung in die osmanische Verfassung.

Das Abendland benannte ein gepolstertes Möbelstück Diwan, Goethe ein berühmtes literarisches Werk, und als douane – Zoll – fand er in die französische Sprache Aufnahme. Die Bedeutung Liste, Zusammenfassung, Aufstellung steht im Hintergrund all dieser Verwendungen – nur beim Möbelstück nicht, von dem man aber annahm, daß es bei Tagungen des osmanischen Kronrates den Mitgliedern als Sitzgelegenheit diente.

17 Die *Sure al Anfal* gehört zu den frühen medinensischen Suren; die Blutsverwandten des Propheten saßen damals unter Führung seines grimmig gehaßten Oheims Abu Laheb in Mekka und führten an der Seite von Abu Lahebs Schwager Abu Sofijan erbitterten Krieg gegen den ausgestoßenen Sohn des Abd Allah und die drei oder vier Haschemiten, die sich auf seine Seite geschlagen hatten. Sie können also gar nicht als jene »Verwandten« gemeint sein, die mit Beuteanteilen zu bedenken waren. Andererseits steht die Benennung der Gläubigen als Verwandte durchaus im Rahmen der Terminologie eines Religionsstifters, und es sei als das vielleicht einprägsamste Beispiel Jesus genannt. Nach Matthäus 12, 46 ff. wurde er einmal von seiner Mutter und seinen Brüdern – übrigens ein schwieriges Interpretationsproblem für die katholische Theologie, die die Meinung verficht, Maria sei nicht nur vor Jesu Geburt eine unberührte Jungfrau gewesen, sondern auch als solche in den Himmel gefahren – gesucht, und als man es ihm sagte, fragte er: »Wer ist meine Mutter, und wer sind meine Brüder?« Und er streckte seine Hand über seine Jünger und sprach: »Seht meine Mutter und meine Brüder!«

18 Die Aufführung des Papstes Clemens III. erscheint hier fehlerhaft, da ein Papst Clemens III. früher als Gegner des Papstes Urban II. für das späte elfte Jahrhundert genannt wird, allein es liegt kein Irrtum des Verfassers vor: Es gab nämlich zwei Päpste, die als Clemens III. bezeichnet werden:

Der erste Clemens III. (Wahl in Brixen 1080, Tod bei Civita Castellano 1100) war vorher Erzbischof Wibert von Ravenna – er nannte sich so und wurde von den Zeitgenossen so genannt und erscheint unter diesem Namen auch in den Urkunden.

Der zweite Clemens III. (Wahl in Pisa 1187, Tod in Rom 1191) nannte sich ebenso; er ist – nach kirchlicher Zählung – der »echte« Clemens III., da sein Vorgänger als »Gegenpapst« posthumer Abwertung unterfiel.

19 Über *Zangis* Herkunft kursierte in Frankreich eine wilde Geschichte, die Régine Pernoud – der interessante und pikante Details kaum entgehen – ausgegraben hat. Eine »Markgräfin von Österreich« namens Ida, die zeitlich entweder die Witwe Leopolds II. oder eine Angehörige des babenbergischen Hauses gewesen sein muß, denn daß sie selbst Amtsträgerin gewesen wäre, ist auszuschließen, soll als begeisterte Amazone am ersten Kreuzzug teilgenommen haben. Sie sei in Gefangenschaft der Moslems geraten, für die Christen seither verschollen gewesen und galt für tot. In Wahrheit aber sei sie als okzidentale Rarität in den Harem eines großen Moslemführers gelangt, dem sie einen Sohn gebar – Zangi, den späteren Atabeg und Eroberer von Edessa. Rein zeitlich könnte die Geschichte stimmen; sie auf ihren Wahrheitsgehalt zu überprüfen, ist aber dennoch schwierig, wenn nicht ausgeschlossen, denn wenngleich es für Spezialisten der Geschichte der Babenberger durchaus möglich sein muß, festzustellen, ob kurz vor 1100 eine Babenbergerin oder Gemahlin eines Babenbergers im Orient verloren-

ging, die durch ihren Lebensstil – es wird ausdrücklich von einer »Amazone« gesprochen – auffällig gewesen ist, so kann daraus noch nicht eine Mutterschaft zu Zangi abgeleitet werden.

[20] Der König konnte zumindest seinen großen Lehensmännern nicht verwehren, was er selbst in Anspruch nahm, und so nahmen Herzoginnen und Gräfinnen in stattlicher Anzahl am Kreuzzuge teil. Keine der Damen wollte auf Kammerzofen und Wäschermädel, auf Köchinnen und sonstiges weibliches Hilfspersonal verzichten, und das Endergebnis war ein beinahe endloser Wagenzug, der sich mit erlesener Langsamkeit quer durch Europa nach Konstantinopel bewegte und jede Terminvereinbarung mit Kaiser Konrad, falls es solche gegeben haben sollte, notwendig über den Haufen warf. Immerhin fällt auf, daß das fromme Heer aus Frankreich stets um einige Wochen hinter dem kaiserlichen Heer nachzog, das bei Dorylaion schon sein erstes Debakel erlebte, während König Ludwig – übrigens zu seinem Mißbehagen, denn er war ein ebenso schlichter wie frommer und tapferer Mann – noch an den ihm zu Ehren am Goldenen Horn veranstalteten Festbanketten und Empfängen teilnahm. Der Kriegszug in den Orient verlief also zunächst, solange man sich auf dem europäischen Kontinent bewegte, durchaus im Stil einer modernen Campingreise einer zahlreichen, hochnoblen Gesellschaft und ihres noch zahlreicheren Personals; man »feierte« sich förmlich bis Byzanz durch, und das kostete nicht nur Zeit und Geld, das sich König Ludwig einige Male nachsenden lassen mußte, was dem frommen und redlichen Abt Suger von Saint Denis, den er zum Reichsverweser bestellt hatte, einiges Kopfzerbrechen bereitete. Es kostete aber auch Disziplin und damit kombattante Substanz: »Castra non casta«, das Lager ist nicht keusch, hieß es in einem gern genannten Wortspiel, dessen bitteren Sarkasmus man erst voll versteht, wenn man bedenkt, daß es sich bei dieser Veranstaltungsreihe, die eher des modernen Club Mediterranee würdig wäre, um eine fromme Wallfahrt zu den heiligsten Stätten der Christenheit handelte, woran der extra zu diesem Zwecke nach Frankreich gekommene Papst Eugen den König audrücklich erinnert hatte, als er ihm am 12. Mai 1147 im Kloster von Saint Denis nach entsprechenden Belehrungen feierlich Bettelsack und Pilgerstab überreichte.

Des Königs übergroße Liebe zu Eleonore, der zu gefallen er so von seinem klösterlichen Lebensstil – er war ursprünglich für den geistlichen Stand bestimmt gewesen und erst nach dem überraschenden Tod seines Bruders durch einen Sturz vom Pferd Thronfolger geworden – abwich, war dann auch die Ursache für den radikalen Verfall der ehelichen Beziehungen. Raimund von Poitiers, der Onkel der Königin, war zum Fürsten von Antiochia geworden, und zwar als Lehensmann des byzantinischen Kaisers, und ihm neigte sich Eleonore in seiner prachtvollen Burg, die sie mit Gemahl und Hofstaat besuchte, wesentlich inniger zu, als es nach Auffassung des Königs der höfischen Sitte entsprach. Es kam zu Eifersuchtsszenen und deren auch heute noch üblicher, unerquicklicher Garnierung und schließlich, als die Intervention des Papstes anläßlich des königlichen Besuchs in Rom auf der Heimkehr von der fatalen orientalischen Pilgerfahrt keine dauernde Verbesserung des Klimas erbrachte, zur Auflösung der Ehe.

Eleonore, der nun wieder die Verfügungsgewalt über die in die Ehe eingebrachten Besitzungen zufiel – es handelte sich um so Kleinigkeiten wie die Herzogtümer Aquitannien und Gascogne und die Grafschaft Poitiers, ganze neunzehn Departments der heutigen Staatsgliederung – und die daher keineswegs ein Sozialfall war, trauerte der Krone von Frankreich keinen Tag nach. Sie verliebte sich ohne Verzug in einen zehn Jahre jüngeren bösen Buben, Heinrich Plantagenet, den sie 1152 als Neunzehnjährigen heiratete. Er war damals Graf von Anjou und wurde zwei Jahre später König von England – und seine und ihre Länder bildeten das anglo-angevinische Reich. Sie hatten mehrere Söhne, deren berühmtester Richard Löwenherz war.

[21] Aus rational nur schwer verständlichen Gründen wird der Kreuzzug Kaiser Heinrichs VI. – ab 1169 erwählter deutscher König, ab 1186 König von Italien und vermählt mit Konstanze von Sizilien, der Tochter König Rogers II., ab 1191 Kaiser, ab 1194 König von Sizilien, Apulien und Kalabrien (mit Krönung in Palermo am 25. Dezember, was erwähnt werden soll, weil am darauffolgenden Tag sein Sohn, der spätere Kaiser Friedrich II., geboren wurde) – nicht mitgezählt und ist beinahe vergessen, obwohl er, unter ungünstigsten Verhältnissen durchgeführt, zu den erfolgreichen Unternehmungen gehört. Ein 1197 ausgebrochener Aufstand in

Sizilien, den einige der normannischen Ritter, die lieber einen anderen König an Heinrichs Stelle gesehen hätten, anzettelten, verhinderte zwar die persönliche Beteiligung des Kaisers, nicht aber den Aufbruch des deutschen Kreuzritterheeres, woraus sich zwingend ergibt, daß Heinrich dessen Einsatz gegen die Revoltierenden, die nur eine bescheidene Minderheit gewesen sein können, nicht für notwendig hielt, denn er war ganz gewiß nicht ein Mann, der gezögert hätte, die ihm eben zur Verfügung stehende kombattante Macht zu verwenden, um tabula rasa zu schaffen. Entschlossen, so rasch als möglich dem Kreuzzug zu folgen, bestellte er Konrad von Wittelsbach, den Sohn des getreuen Paladins seines Vaters, des zum Herzog in Bayern erhobenen Pfalzgrafen Otto, zu seinem vorläufigen Stellvertreter in der Heerführung, rechnete mit den Aufständischen ab und wurde, zweiunddreißigjährig, am 29. September 1197 in Messina vom Tode ereilt, der ihn hinderte, das Kreuzzugsgelübde zu erfüllen, als er eben im Begriffe war, sich einzuschiffen.

Trotzdem gelang den deutschen Rittern die Eroberung der wichtigen Hafenstadt Beirut, wodurch die Landverbindung zwischen dem Rest des Königreichs Jerusalem, das damals die Küste von Gaza im Süden bis Sidon im Norden umfaßt hatte, und der Grafschaft Tripolis wieder hergestellt und Syrien, dessen aggressiver Elan nach Saladins Tod 1193 rasch abgefallen war, vom Zugang zum Küstenland ausgeschlossen wurde. Neue militärische Operationen konnte der tüchtige Wittelsbacher auf eigene Faust nicht beginnen, und er kehrte 1198 mit dem ihm anvertrauten Heer, das durch das Auftreten von Seuchen stark dezimiert worden ist, nach Europa zurück. Einige Freiwillige, die zur Fortsetzung des Kampfes um Wiedereroberung der heiligen Stätten trotz der Ungunst der Verhältnisse entschlossen waren, blieben im Orient – und durch sie wurde die der Krankenpflege gewidmete Bruderschaft St. Marien, der sie sich anschlossen, zum Deutschen Ritterorden.

Zu den vornehmsten Opfern des Kreuzzuges gehörte Friedrich I. von Babenberg, Herzog der Steiermark, die 1180 von Friedrich Barbarossa als eigenes Herzogtum begründet und an den Markgrafen Otakar IV. von Traungau verliehen worden war, und von Österreich. Kaiser Friedrich genehmigte nämlich den 1186 abgeschlossenen Vertrag von Georgenberg, der dem Herzog von Österreich die Sukzession in Steiermark zusicherte, wobei er ganz offenbar von dem verständlichen Bestreben geleitet wurde, Erbansprüche Heinrichs des Löwen auf das neue Herzogtum abzublocken, denn die Welfen waren die nächsten Verwandten des kinderlosen Traungauers, der zwischen 1180 und 1186 vom Aussatz befallen worden war und dessen Ableben in absehbarer Zeit erwartet wurde. Der Erbfall trat 1192 ein, und Kaiser Heinrich VI. beeilte sich, Herzog Leopold V. von Österreich und seinen Sohn Friedrich zur gesamten Hand mit Steiermark zu belehnen. Auch wenn man keinen besonderen Wert auf Jahreszahlen legt, sollte man sich 1192 merken: Es ist das Jahr,
– in welchem Leopold V. den englischen König zu seinem Gefangenen macht und
– in welchem erstmalig die Herrschaft über zwei Fürstentümer des Heiligen Römischen Reiches, die später zu Kronländern der Ländermasse Habsburgs und noch später zu Bundesländern der Republik Österreich werden sollten, vereinigt wurde.
Leopold V., in dessen Händen diese Vereinigung erfolgte – denn Friedrich war ja noch nicht Herzog von Österreich – starb 1194 in der steirischen Hauptstadt Graz an den Folgen eines Verkehrsunfalles, den er erlitt, weil er, um mit der modernen Rechtslehre zu sprechen, »die objektiven Bedingungen, unter denen sich das Verkehrsgeschehen im Unfallzeitpunkt abspielt, nicht gebührend berücksichtigt« hatte. Unter Einhalten einer relativ überhöhten Geschwindigkeit versuchte er, um es konkreter auszudrücken, ein vereistes Wegstück zu Pferd zu überqueren und tat dabei einen bösen Sturz. Freund Hein ließ sich solange Zeit, bis der aufs Sterbelager hingestreckte, gottesfürchtige und tapfere Ritter des Reiches und des Glaubens die frohe, ihn von quälender Sorge befreiende Nachricht erhielt, daß er vom Kirchenbann gelöst wurde. Dann erst nahm er dessen Seele mit sich und führte sie, unbelastet vom päpstlichen Fluch ob der zwar durchaus lukrativen, aber dennoch höchst unzulässigen Bedrängung des frommen Pilgersmannes Richard von England, vor den Thron des allwissenden Richters...

Friedrich I. folgte dem Vater nun auch in Österreich nach und nannte sich stets, die temporäre Distanz beachtend, Herzog von Steiermark und Österreich. In die steirische Würde nahm er seinen Bruder Leopold zur gesamten Hand auf, und erst nach seinem Tod wurde dieser Leopold VI. auch Herzog in Österreich.

[22] Als Gesandter König Ludwigs IX., des Heiligen, gelangte der *Franziskanerpater Wilhelm von Rubruck* im Jahre 1253 an den Hof von Karakorum, um Khakhan Möngke ein Militärbündnis gegen den Kalifen von Bagdad anzubieten. Er war der zweite europäische Gesandte, der die mongolische Residenz erreichte; 1245 war Johannes von Plano Carpini, ebenfalls ein Mitglied des Franziskanerordens, als Sonderbotschafter des Papstes ins Mongolenreich aufgebrochen und traf dort gerade rechtzeitig ein, um die Einsetzung Güyüks als Großkhan zu erleben.

Rubruck erreichte den Zweck seiner Reise nicht, denn die Streitkräfte des Königs von Frankreich, über die er eingehenden Bericht zu erstatten hatte, erschienen dem Großkhan eine zu geringe Verstärkung der fünfzig Zehntausendschaften Hülägüs, die eben in großen Verbandsübungen auf den Kriegsmarsch in die islamische Welt vorbereitet wurden, als daß er eine Koppelung seiner Interessen mit jenen eines Verbündeten so geringer militärischer Potenz in Kauf genommen hätte. Ungeachtet des Mißerfolges seiner diplomatischen Mission brachte der fromme Pater neben einer bunten Fülle von sehr lebendigen, zeitnahen Eindrücken aus Zentralasien auch die Kunde von etlichen Europäern mit, die 1241 von den mongolischen Kriegern aufgegriffen worden und seither verschollen waren. So wußt er von einer Paquette genannten Frau aus Metz, die in Ungarn in mongolische Gefangenschaft gefallen und nun in Karakorum mit einem russischen Zimmermann verheiratet war, und so nannte er einen Goldschmied Guillaume Boucher aus Paris, der in seinem neuen Leben sogar zu einem ansehnlichen Reichtum gelangte. Als er aber auch von einem stattlichen deutschen Dorf berichtete, das von Spezialisten der Gewinnung und Bearbeitung von Metallen, nämlich Bergknappen und Waffenschmieden, bewohnt wurde, denen es ebenfalls recht wohl ergehe, machte ihn dies in den Augen kritischer Zeitgenossen unglaubwürdig, und die Zweifel an seiner Wahrheitsliebe erhielten sich über viele Generationen. Denn ein ganzes Dorf von Facharbeitern, ein einsatzfähiges ökonomisches Kollektiv, das konnte doch nicht so ganz einfach aus dem deutschen, von den Mongolen heimgesuchten Raum verschwinden, das mußte doch irgendwo abgehen, und weil sich nirgends eine Spur davon fand, war die Sache klar: Pater Wilhelm konfabuliert, und es ist gut, seine Nachrichten und Informationen nur mit äußerster Vorsicht zu verwenden.

Dabei haben, wie sich erst kürzlich herausgestellt hat, seine Kritiker in Wahrheit flüchtig gearbeitet und ihre Erhebungen, die an sich gründlich waren, auf den ostdeutschen Raum beschränkt, ohne zu bedenken, daß es schon vor dem Mongoleneinfall blühende deutsche Siedlungen in Siebenbürgen gab. Zu diesen gehörte das ob seiner Silberminen bekannte Städtchen Rodna, in den Quellen gern als das »reiche Rodna« bezeichnet, das im März 1241 von dem detachierten Reiterkorps des Generals Quatan – auch Katan, Kadan u. ä. – angegriffen wurde. Die Bürgermiliz, die unter dem Befehl eines Grafen Ariskald den Mongolen entgegenzog und, gestützt auf das den Reitern abholde bergige Gelände, ein siegreiches Treffen lieferte, feierte ihren Sieg mit beachtlichen Räuschen, weil – wie der ungarische Chronist mit spitzer Feder vermerkt – es »die Leidenschaft der Deutschen mit sich bringt, sich mit Wein zu berauschen«. Das große Fest fand ein höchst unerfreuliches Ende, als die Mongolen auf einmal wieder erschienen, wobei sie vermutlich nicht von dem Bestreben geleitet wurden, mitzufeiern, denn wenngleich sie durchaus auch gerne einen hoben, so bevorzugten sie doch vergorene Stutenmilch und verschmähten so schnöde Getränke wie Wein oder gar Bier. Nun zeigte Ariskald, dessen Grafentitel kein Adelsprädikat, sondern Bezeichnung der verantwortlichen Stellung an der Spitze der Gemeinschaft war, in welcher Bedeutung der Graf oder auch Gräfe in Siebenbürgen wesentlich länger als anderswo im Gebrauch stand, welch kaltblütiger und besonnener Bursche er war; er brachte das Kunststück zuwege, dem mongolischen General noch eine formelle Kapitulation abzuluchsen, die der Gemeinde zwar ihren ganzen Silbervorrat kostete, aber die Plünderung ersparte, bei der das Silber nebst allen anderen Gütern ohnehin draufgegangen wäre und sicherlich zumindest einige Häuser niedergebrannt. General Quatan, der durchaus nicht auf den Kopf gefallen war und seinem Gegner anscheinend ebenbürtig, hatte im Zuge der Verhandlung darauf hingewiesen, daß Rodnas gesamte Einwohnerschaft in der Hand der Mongolen sei und nach Belieben der Sieger Schlachtopfer oder der

Sklaverei verfallen, daß er ihr aber ihre Freiheit unter der einen Bedingung schenke, daß er – Ariskald persönlich – mit sechshundert Mann der Bürgermiliz sofort in mongolischen Kriegsdienst trete und Heerfolge leiste. Ariskald blieb nichts anderes übrig, als die Bedingung zu akzeptieren, wollte er mit den Köpfen der Rodnaer den eigenen retten, bestimmte die sechshundert höchst unwilligen Kriegsfreiwilligen, wobei er vermutlich das Los entscheiden ließ, und zog am nächsten oder übernächsten Tag mit den Mongolen in den siebenbürgischen Frühling, der ein überaus blutiger werden sollte.

Seine Truppe, die überwiegend aus zünftigen Metallern – um das gräßliche Modewort zu verwenden – bestand, wurde vor allem bei Belagerungen eingesetzt, da ihre Herrschaft vom Kampf um feste Plätze, steingemauert in reichgegliedertem Gelände gelegen, herzlich wenig verstand, und leistete so letztlich nolens volens einen entscheidenden Beitrag zur Verwüstung Siebenbürgens. Wenngleich sie durchaus unter Zwang – und was für einem Zwang! – handelten, waren sie doch, als die Mongolen Siebenbürgen räumten, dermaßen komprimitiert, daß sie sich ihnen auf Ariskalds Rat nun in der Tat freiwillig anschlossen, denn der Weg ins ferne Asien schien ihnen nicht ohne triftige Begründung leichter und risikoloser zu sein als die Begegnung mit ihren erbitterten Nachbarn. Als Batu gegen seinen Vetter Güyük revoltierte, zogen sie als Teil seiner Armee nach Zentralasien, wo sie schließlich demobilisiert, angesiedelt und als Experten der abendländischen Metallbearbeitung in der aufstrebenden oder zumindest experimentierfreudigen mongolischen Wirtschaft verwendet wurden.

Und so bestätigt eine Chronik aus Siebenbürgen die Richtigkeit der Informationen des weitgereisten Franziskanerpaters Wilhelm von Rubruck, der also doch kein Aufschneider gewesen war, wie man lange genug geglaubt hatte.

[23] Die Völker des russischen Raumes hatten noch zu Lebzeiten Dschingis Khans erstmals kombattanten Kontakt mit den Mongolen, die über den Kaukasus einbrachen und an der Kalka (1223) ein russisches Heer vernichtend schlugen. Sie setzten sich damals nicht fest, sondern zogen spätestens 1225 wieder ab, als der Khakhan wieder nach Osten ritt, um die Rebellion der Tanguten niederzuwerfen. Als die Mongolen 1236 wieder auftauchten, wußte man im Osten Europas, was man von ihnen zu halten habe, hoffte allerdings, daß das Fürstentum Kiew von ihnen nicht unterworfen werden könne. 1240 zerfiel diese Hoffnung, und Bela IV., der 1235 ein reichlich ramponiertes Ungarn übernommen hatte, bemühte sich, seine Abwehrkraft dadurch zu erhöhen, daß er ein Abkommen mit Friedrich II. von Babenberg, Herzog von Österreich und Steiermark, schloß, der ein bekannter Raufbold war – Beiname: Der Streitbare – und sich für einen großen Heerführer hielt, vor allem, nachdem er einen Aufstand der österreichischen Ritter niedergeschlagen hatte. Auch mit Kaiser und Reich hatte er sich angelegt, was ihm die Reichsacht eintrug und Wien kostete, das 1237 zur Reichsstadt erklärt wurde; später kam es zu einer Aussöhnung mit dem Kaiser – es war Friedrich II. von Hohenstaufen – im Schatten der Auseinandersetzung mit dem Papst, die mit der Verhängung des Kirchenbannes über Kaiser Friedrich, Herzog Friedrich und auch die kaisertreuen Kirchenfürsten, nämlich den Erzbischof von Salzburg und den Bischof von Passau, den Höhepunkt fand.

König Bela versuchte, den recht problematischen Herzog dadurch emotionell zu engagieren, daß er ihm die Herrschaft über einige westungarische Komitate übertrug, die – ungefähr – mit dem heutigen Nordburgenland identisch waren. Ob diese nun Territorium des Heiligen Römischen Reiches wurden oder Teile des Königreiches Ungarn blieben, wodurch Herzog Friedrich Lehensmann des Königs werden mußte, ist eine Frage, die nur aufgezeigt, nicht aber mit Sicherheit gelöst werden kann.

Die Mongolen, unangenehme Kriegsgegner, die sie nun einmal waren, hielten sich nicht an die abendländischen Üblichkeiten, brachen – wie wir aus Anmerkung 22 wissen – schon im März in Siebenbürgen ein und standen im April in Ostungarn. Bela rückte ihnen mit den Streitkräften, die er in der Eile zusammenraffen konnte, in den Raum Miskolc entgegen, wo er am Sajo, einem rechten Nebenfluß des Theiss, eine Verteidigungslinie aufbaute und das Eintreffen weiterer Truppen erwartete. Insbesondere erwartete er das Heer des streitbaren Friedrich, den er durch Eilkuriere verständigt hatte, als die Mongolen im Grenzraum auftauchten, von dem er sich mächtige Hilfe versprach. Am 11. April erzwangen jedoch die Mongolen den Flußübergang, zersprengten das ungarische Heer und nahmen das Lager des Königs, der sich mit wenigen Gefolgsleuten und der Kriegskasse absetzen konnte. Von den Mongolen merkbar, aber nicht eben massiv verfolgt, gelang es Bela, sich nach Österreich durchzuschlagen, wo er im Flußgebiet der Leitha, ostwärts von Wiener Neustadt – einer Stadt, die dem Anteil Herzog Leopolds V. am Lösegeld, das Richard Löwenherz zahlen mußte, ihre Gründung verdankt – auf Herzog Friedrich stieß, der eben dabei war, seinen Heerbann zu sammeln. Da dies – so erschien es zumindest dem König – angesichts der militärischen Lage in höchst unangebrachter österreichischer Gemütlichkeit geschah und er nicht verabsäumte, seine Meinung dem Herzog in unmißverständlicher Weise mitzuteilen, kam es zu einem heftigen Auftritt zwischen den hohen Herren. Die Erregung des Arpaden ist ebenso verständlich wie unbegründet: Friedrichs Herzogtümer Österreich und Steiermark (heutige Bundesländer Niederösterreich, Oberösterreich und Steiermark) erstreckten sich bis in die Kerngebiete der Alpen, die in Winterszeiten kaum passierbar waren, so daß bei vorzeitiger Alarmierung des Herzogs im März seine Ritter vom Fuße des Dachsteins, vom oberen Murtal oder dem Quellgebiet der Traun auch bei größter Beeilung nicht vor Mitte April im Sammelraum Wiener Neustadt eintreffen konnten. Auch wenn man als gewiß annehmen darf, daß Bela in seiner Aufregung seine Worte nicht auf die Waagschale legte und des Herzogs wohlbegründete Einwände in beleidigender Weise verwarf, bleibt dessen Reaktion unentschuldbar: Er drohte dem König, ihn in Ketten legen und seine Kriegsleute niederhauen zu lassen, wenn ihm nicht auf der Stelle der mitgeführte Teil des Staatsschatzes als Ersatz für seine bisherigen Aufwendungen überlassen werde. Belas Protest war sinnlos, und da der Herzog die Mittel, seine Drohung zu verwirklichen, zur Hand hatte und Miene machte, dies auch zu tun, wechselte die Kriegskasse den Besitzer.

Unter starkem babenbergischem Geleitschutz, der vor allem darauf zu achten hatte, daß die erbitterten Ungarn nicht begannen, sich an den Untertanen des Herzogs schadlos zu halten, ritt der von seinem Kriegsgegner geschlagene und von seinem – lassen wir die Frage der Lehensuntertänigkeit außer Betracht – Bundesgenossen ausgeplünderte König nach Süden, in sein Reichsland Dalmatien, wo er im festen Spalato → Split Aufnahme fand.

Die Mongolen aber durchzogen Ungarn nach Herzenslust und verwandelten weite, blühende Landschaften in starrende Wüsteneien; nur einige feste Plätze konnten gehalten werden. Nach dem Abzug der Mongolen machte sich Bela an den Wiederaufbau seines Reiches und zeigte Eifer und Geschick. Und kaum konnte er wieder einige Reitergeschwader ins Feld führen, verlangte er – und wer könnte es ihm verdenken – von Friedrich die Rückgabe des Nordburgenlandes und der abgepreßten Schätze. Herzog Friedrich war ebenso harthörig wie hartherzig und zog in seinen letzten Krieg: Am 15. Juni 1246 fiel er in der Schlacht an der Leitha, und mit ihm, dem man bestenfalls persönlichen Mut als positive Charaktereigenschaft zurechnen kann, erlosch das so glänzende Geschlecht der Babenberger.

[24] Die Lehrmeinung, die Kroaten seien Nachkommen eines germanischen Volkes, und zwar der Goten, wird – was ihre Bedeutung hervorhebt – unter anderem auch von zwei deutschen Generälen des Zweiten Weltkrieges vertreten, die beide aus dem Generalstabskorps der österreichisch-ungarischen Armee hervorgegangen sind, dem Südostraum engstens verbunden waren und in zahlreichen Publikationen eine hervorragende Bildung, die sich keineswegs auf militärische Belange beschränkte, erwiesen: Generalmajor Professor *Rudolf Kiszling,* Generalstaatsarchivar, Hofrat, Direktor des Kriegsarchivs Wien (bis 1945), der engste Mitarbeiter des hervorragenden Militärhistorikers Edmund Glaise von Horstenau bei Herausgabe des Standardwerkes »Österreich-Ungarns letzter Krieg«, und Generaloberst *Dr. jur. Lothar Rendulic,* dem die Meisterleistung der Herauslösung der 20. Gebirgsarmee aus Lappland und ihre großartige Absetzbewegung nach Norwegen gelungen war und der das Kriegsende als Oberbefehlshaber der Heeresgruppe Süd (ab 8. April 1945) in seiner österreichischen Heimat erlebte.

Beide waren »Tornisterkinder« aus typisch altösterreichischen Offiziersfamilien; Kiszling, 1882 in Becskerek im Banat geboren, war schwäbischer Abstammung, die trotz einer gewissen Anpassung an die Verhältnisse in der ungarischen Reichshälfte der Doppelmonarchie, erkenbar in der Verwendung der im Deutschen unüblichen Buchstabenverbindung - sz (im Ungarischen als s zu sprechen, wogegen das geschriebene s als sch gesprochen wird) im Namen, dominierend blieb – und Rendulic, 1887 in Wiener Neustadt geboren, entstammte dem großen Menschenreservoir der Militärgrenze, das soviele hervorragende Soldaten und befähigte Heerführer hervorbrachte, während der altdeutsche Vornamen erweist, daß in seiner Familie schon vor seiner Geburt eine Übernahme der deutschen Lebensform vorlag, sie also, um das verzerrende Wort zu verwenden, »germanisiert« gewesen ist. Es spielten indessen »nationale« Fragen in der seither üblich gewordenen Wortverwendung kaum für die Offiziere Seiner Majestät des Kaisers und Königs eine Rolle: Ihr »Volk« war die Armee, ihre »Heimat« die jeweilige Garnison, ihre »Muttersprache« die im Dienst für Verwendung vorgeschriebene – und der Staat, dem sie dienten, an dessen Zukunft sie glaubten und von dessen weiser staatsrechtlicher Konstruktion sie zutiefst überzeugt waren, war ihnen die zweckmäßige Organisationsform zur Erhaltung der Eigenständigkeiten gerade der kleinen Nationen im ethnischen Sinn.

Dies zu betonen erscheint in diesem Zusammenhalt notwendig, denn weder von Kiszling noch Rendulic ist anzunehmen, die Kroaten in Verfolg pangermanistischer Ideen gewissermaßen mit Beschlag belegen und zu »Beutegermanen« machen zu wollen. Die gotische Abstammung wird in zwei – an sich nur geringfügig voneinander abweichenden – Formen abgeleitet; beide gehen von der großen gotischen Wanderbewegung aus, die das vorerst noch einheitliche Volk von Schweden über die Ostsee in den heute polnischen Raum im Stromgebiet der Weichsel brachte, was gegen Ende des zweiten nachchristlichen Jahrhunderts erfolgt sein dürfte. Etwa eine Generation danach wurde die Wanderung
- entweder vom Gesamtvolk
- oder von der Masse des Volkes
fortgesetzt und führte bis Südrußland, wo jenes gotische Reich errichtet wurde, das später dem Einbruch der Hunnen zum Opfer fiel. Die zweite Variante – der Rendulic folgt – sieht einen Verbleib eines Volksteiles im Weichselland vor, der die dort gewonnenen Wohnsitze ungefähr zweihundert Jahre behauptete, bis er sprachlich slawisiert und dann nach Süden abgedrängt wurde; gegen 700 erreichte er das heute kroatische Siedlungsgebiet zwischen der Drau und der Adria. Die erste Variante läßt die späteren Kroaten als Ostgoten im Gefolge der hunnischen Eroberung in den pannonischen Raum gelangen, wobei die Ausbreitung nach Illyrien entweder um 450 erfolgte, als die Ostgoten, die indessen den Status von angesiedelten Grenzschutzverbänden des oströmischen Reiches erlangt hatten, sich über die Drau vorschoben, oder um ungefähr 500, als Theoderich d. Gr., dessen zu Unrecht »italisch« genanntes Reich auch erhebliche Teile des heutigen Jugoslawien umfaßte, Illyrien mit starken Garnisonen sicherte, wobei die Familien der Heermänner im Garnisionsbereich angesiedelt wurden, wo sie nach dem Untergang des ostgotischen Reiches verblieben. In diesem Falle ist die Übernahme einer slawischen Sprache frühestens für das spätere sechste Jahrhundert anzunehmen.

Neben rein technischen Details, die Rendulic vielleicht überbewertet – so die Abbildungen gotischer Schwerter, die sich in die dunklen Granitplatten altkroatischer Gräber eingemeißelt finden – und die schließlich auch ein fremdes Volk hätte übernehmen können wie heutzutage Fernsehgeräte, Traktoren und Maschinenpistolen, ist vor allem der Umstand beachtlich, daß die Kroaten schon um 900 einen hochentwickelten Staat im Sinne der damaligen Moderne hatten, der sich bei den sprachgleichen Serben erst ein rundes Vierteljahrtausend danach feststellen läßt, was objektiv gesehen schon massive Zweifel an einer ursprünglichen völkischen Einheit erweckt. Die neuere Forschung neigt auch der Auffassung zu, daß die Kroaten vor der Annahme des römischen Glaubens arianische Christen waren, was als sehr erhebliches Indiz für die gotische Abstammung genommen werden kann.

Zuletzt ist noch darauf zu verweisen, daß die Kroaten schon früh eine eigene Schrift – Glagoliza – verwendeten, die später von der lateinischen Schrift verdrängt wurde, aber möglicherweise eine Weiterentwicklung der bei den Goten üblichen Schriftzeichen gewesen sein könnte.

²⁵ Dieser *Kalojan* war den Brüdern Peter und Iwan Asen, die wie weiland Hermann der Cherusker durch einen Mordanschlag der eigenen Leute, die vom römischen Geheimdienst gedungen worden waren, gefällt wurden, 1197 nachgefolgt. Er war ein großer Kriegsherr und erbitterter Gegner des byzantinischen Kaisertums; unter ihm erweiterte sich Bulgarien bis zur Küste der Ägäis. Kaum hatte er dadurch die Kommunikation mit dem Mittelmeer erreicht, löste er die

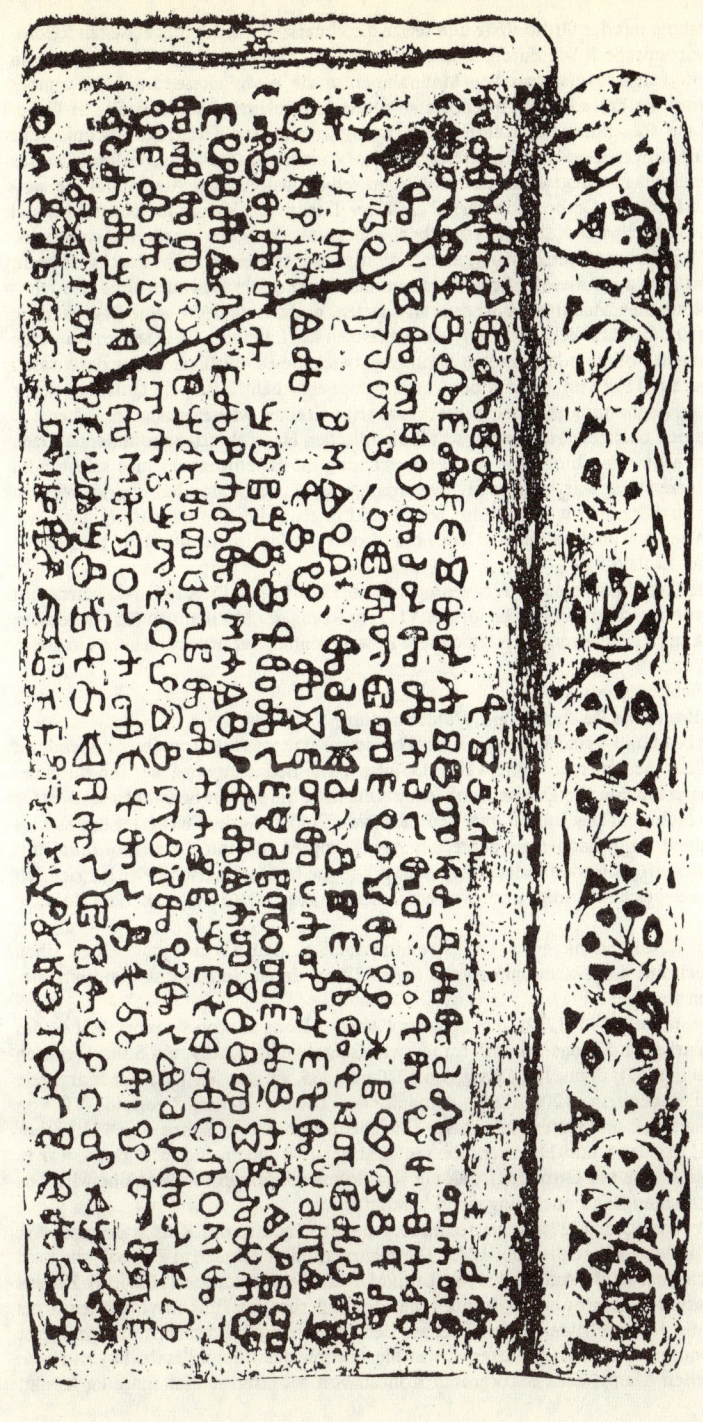

»Die Tafel von Baschka« ist die wichtigste Inschrift in glagolitischer Schrift, die bisher aufgefunden werden konnte. Baschka befindet sich auf der nordjugoslawischen Insel Krk; die Tafel wurde in der Kirche der Heiligen Lucia gefunden. Sie besteht aus Kalkstein und ist die Dokumentation einer Landschenkung des Königs Zwonimir an die Kirche. Sie ist um 1100 entstanden.

Die Meinungen über das Herkommen der glagolitischen Schrift sind, wie hier betont werden soll, geteilt; die vielfach vertretene Meinung, daß diese Schrift die eigentlich von Kyrillos entwickelte sei, aus der dann erst Kyrillos Schüler die cyrillische Schrift weiterentwickelt hätten, wird hier abgelehnt. Es sei jedoch betont, daß sie sogar von sehr prominenten Gelehrten vertreten wird.

religiöse Verbindung mit der Orthodoxie und setzte die Unterstellung der bulgarischen Reichskirche unter die römische Kurie durch. Papst Innozenz III. sandte einen Kardinallegaten an den Zarenhof, der die organisatorischen Maßnahmen in die Wege leitete, am 7. November 1204 einen römisch-katholischen Erzbischof als Primas von Bulgarien mit dem Sitz in Tirnowo weihte und am folgenden Tag Kalojan zum König krönte. Die Titelfrage – König statt Zar – war die unmißverständliche Manifestation des Willens, das bulgarische Reich in das christliche Abendland zu integrieren; sie erfolgte im selben historischen Augenblick, in welchem das Kaisertum der Orthodoxie zerfiel und der lateinische Kaiser in Konstantinopel gekrönt wurde. Dadurch war Kalojans Vorhaben, die Latinisierung des oströmischen Reichsrestes zwar mit westlicher Unterstützung, aber mit bulgarischer Heeresmacht durchzuführen, überholt. Es war ihm auch die Möglichkeit genommen, territoriale Gewinne ohne Konfrontation mit der westlichen Macht am Bosporus zu erzielen, und das dämpfte seine Begeisterung für das Lateinertum beträchtlich. Das herrische Auftreten der Lateiner, die in seinen Bulgaren nichts anderes sehen wollten oder konnten als unterentwickelte Bloßfüßige, führte dann rasch zum Bruch, und am Tage von Adrianopel wurde dem westlichen Kaiser die Quittung dafür überreicht. Er starb schon im nächsten Jahre, ohne seine Freiheit wiedererlangt zu haben.

[26] *Noyan,* dem Namen nachgesetzt, war der den mongolischen Heerführern zukommende Titel, der ursprünglich wohl eine bloße Funktionsbezeichnung als Befehlshaber eines selbständig operierenden Heeresteiles war, also nach Beendigung der Kommandoinhabung in Wegfall kam, bald aber auch danach weitergeführt wurde und in etwa dieselbe Bedeutung hatte wie »Seine Exzellenz« im wilhelminischen Deutschland oder Sultan im schiitischen Iran (siehe Anmerkung 1 der Einleitung).

[27] Der Barbarossaenkel *Friedrich von Hohenstaufen,* ab 1220 Kaiser Friedrich II., wurde am Tag nach der Krönung seines Vaters Heinrichs VI. zum König der Normannen (25. Dezember 1194; s. Anmerkung 21) geboren. Es ist in diesem Zusammenhalt der oft übersehene Umstand hervorzuheben, daß
– Sizilien ein Erbkönigtum war,
– das Heilige Römische Reich aber ein Wahlkönigtum,
woraus sich erklärt, daß Friedrich nach dem Tod seines Vaters (1197) noch als Kleinkind König von Sizilien, die deutsche Königwahl 1198 aber ohne Bedachtnahme auf ihn durchgeführt wurde. Sie erbrachte die Doppelwahl seines Oheims Philipp von Schwaben und Ottos IV., des Sohnes Heinrichs des Löwen und Mathildes von England – der Schwester des Königs Richard Löwenherz – mit nachfolgenden erbitterten Kämpfen, die mit der Ermordung Philipps 1208 ihr vorläufiges Ende fanden. 1212 aber erhob die hohenstaufische Partei Friedrich von Sizilien zum deutschen König, und er setzte sich 1215 gegen Otto IV. – ab 1209 Kaiser – durch.

Verschiedener Zusammenhänge wegen ist es unerläßlich, daß wir uns mit seinen Ehen befassen und auch mit den Nachkommen aus diesen Ehen, deren Namen uns späterhin wiederholt begegnen werden:

Erste Ehe: Konstanze (1184–1222), Tochter des Königs Alfons II. von Aragon, Witwe des ungarischen Königs Imre → Emmerich. Eheschließung 1209, ein Sohn Heinrich (1211–1242), deutscher König von 1220 bis 1235. Er war seit 1225 mit Margarete von Babenberg (1206–1267) vermählt, der Tochter Herzog Leopolds VI. von Steiermark und Österreich; dieser Ehe entstammten zwei Söhne, um 1230 geboren, Friedrich und Heinrich, die um 1251 verschwunden sind. Margarete war in zweiter Ehe mit Ottokar II., König von Böhmen, vermählt – diese Ehe wird uns im zweiten Band noch eingehend beschäftigen.

Zweite Ehe: Isabella (1211–1227), auch Jolanthe genannt, Tochter des Königs Johann von Jerusalem, Eheschließung 1225. Die Personalunion Jerusalem-Zypern war bald nach dem Tode Amalrichs von Lusignan aufgelöst worden (1210); in Zypern folgte ihm sein Sohn als König Hugo I., in Jerusalem Johann von Brienne als König Johann I., der seinen Titel aus der Vermählung mit Maria von Montferrat gewann. Maria von Montferrat war die Tochter der Königin Isabella von ihrem zweiten Mann, dem Markgrafen Konrad von Montferrat und späteren König, worüber im sechsten Kapitel gesprochen wurde. Dieser Ehe entstammt der beim Tode der Mutter geborene Konrad, ab 1237 als deutscher König Konrad IV., mit dessen Tod 1254 das Interregnum begann.

Dritte Ehe: Isabella (1214–1241), Tochter des Königs Johann I. von England, ursprünglich spöttisch »Johann Ohneland« → John Lackland genannt, der 1199 Richard Löwenherz nachgefolgt war und am 17. Juni 1215 höchst unfreiwillig die berühmte Magna Charta libertatum erließ, auf die man in England noch heute ohne Bedachtnahme darauf stolz ist, daß sie Papst Innozenz III. bereits am 24. August desselben Jahres als nichtig aufhob, wozu er berechtigt war, hatte Johann doch zwei Jahre vorher die päpstliche Lehenshoheit ausdrücklich anerkannt und das Königreich England als päpstliches Lehen in Empfang genommen. Die Ehe wurde 1235 geschlossen; ihr entstammt der Sohn Heinrich, designierter König von Jerusalem, der keine Krone und keine Bedeutung erlangte.

Friedrich erlebte mit seinen ehelichen Söhnen a la longue wenig Freude:

- Heinrich (aus erster Ehe) begann mit viel Elan über Deutschland zu regieren, schlug sich dann aber auf die Seite der Feinde seines Vaters, wurde – was ganz modern klingt – für geisteskrank erklärt, abgesetzt und in ein Privatsanatorium für Geisteskranke gebracht, nur daß man damals andere Bezeichnungen dafür hatte;
- Konrad war zwar guten Willens, aber ohne Energie und vielleicht auch ohne viel Verstand; unter ihm verfiel das große Geschlecht der Hohenstaufen, das deutsche Herrschergeschlecht des hohen Mittelalters schlechthin, der Bedeutungslosigkeit, aus der es sein Sohn, Conradino genannt, der in Neapel enthauptet wurde, nicht mehr emporführen konnte; und
- Heinrich (aus dritter Ehe) war derart profillos, daß von ihm weder Gutes noch Böses überliefert ist.

Und weil Friedrich von seinen legitimen Söhnen nichts hielt, stattete er seine zahlreichen illegitimen Söhne in völlig unüblicher Weise überreich aus, das mediterrane Imperium der Hohenstaufen, um das soviel Blut und Tränen geflossen sind, buchstäblich zerfetzend:

- Enzio (1220–1272) wurde König von Sardinien;
- Friedrich (1225–1256), genannt von Antiochien, wurde mit dem Titel Generalvikar Statthalter von Tuscien;
- Manfred (1232–1266) wurde König von Sizilien – er zeigte Mut und Energie und fiel im Kampf gegen Karl von Anjou; und
- Ezzelino (vermutlich um 1227; gestorben jedenfalls 1259) mit dem Beinamen da Romano wurde ohne besondere Betitelung Statthalter in Padua.

In die orientalischen Kalamitäten war Friedrich aus mehrfacher Ursache verstrickt; einmal hatte er den Päpsten Innozenz III., seinem früheren Vormund, und dessen Nachfolger Honorius III. wiederholt den Zug ins Heilige Land gelobt, zuletzt im Vertrag von San Germano zugesichert, dann war er als deutscher König Lehensherr in Zypern, wo Jean d'Ibelin, der Fürst von Beirut, der für König Hugos minderjährigen Sohn König Heinrich I. die Regentschaft führte, sich manche Eigenmächtigkeit gestattete und das Inselreich offenbar unter Ausschaltung des Lusignans an sich bringen wollte, und zuletzt war sein kleiner Sohn Konrad der rechtmäßige Erbe von Jerusalem, nachdem seine Mutter, die Tochter des verstorbenen Königs Johann, ihren Erbanspruch diesem hinterlassen hatte. Für Konrad zu handeln war er berufen, und er nannte sich ab 1227 König von Jerusalem. Im selben Jahr starb Papst Honorius III., und sein Nachfolger Gregor IX. drohte für den Fall der Nichteinhaltung des Kreuzzugsgelübdes den Bann an. Friedrich sammelte eine ansehnliche Heeresmacht bei Brindisi und stach am 9. September in See; auf den überfüllten Schiffen brach eine Seuche aus und er gab, selbst von der Krankheit befallen, den Befehl zur Heimkehr.

Gregor verhängte den Bann, was dem Kaiser nicht viel ausmachte, weil er – das Beispiel seines Vaters vor Augen – erst einmal gesund werden wollte. Kaum war er genesen, begann er wieder ein Heer zu sammeln und brach im Juni 1228 erneut auf, just nachdem Papst Gregor, von den Römern vertrieben, nach Viterbo geflohen war. Man sollte meinen, daß der Heilige Vater, nachdem er schon das Ausbrechen einer Pestilenz nicht als begründete Entschuldigung für den Abbruch des ersten Unternehmens gelten lassen wollte, wenigstens nun den Beginn des neuen Kreuzzuges zum Anlaß nehmen würde, den Bann aufzuheben, allein man irrt: Gregor IX. schleuderte ihm vielmehr einen weiteren Bannfluch nach, weil es der Kaiser gewagt hatte, seine Gelübde einzulösen, ohne sich vorher demütig und winselnd und gabenspendend bei ihm einzustellen, um die Absolution vom Bann vom Vorjahr zu erflehen.

Es ist kaum denkbar, daß die bösartige Borniertheit eines Pontifex maximus jemals von derart gravierenden und nachhaltigen Folgen begleitet war wie jene des vom Hohenstaufenhaß zerfressenen Gregor: Diese zweite, an sich völlig sinnlose Exkommunikation – denn mehr als aus der christgläubigen Gemeinschaft ausgeschlossen kann man ja auch bei mehrmaliger Wiederholung des Ausschließungsvorganges nicht werden – zerstörte die Hoffnungen gerade der frömmsten, der Obsorge des römischen Oberhirten anvertrauten Schafe und machte den Idealismus gerade der tugendhaftesten und gottesfürchtigsten Ritter Christi, und zwar ganzer Generationen von ihnen, zunichte. Denn der zweite, ebenso überflüssige wie brandneue Bann war für die weltlichen und geistlichen Machthaber im Nahen Osten die Legitimation, die kaiserliche und königliche Autorität zu verachten und verächtlich zu machen, dem Träger dieser Autorität den Gehorsam zu verweigern und seinem Willen entgegenzuwirken, wo immer es ging. Den Bann vom Vorjahr wegen Verweigerung des Kreuzzuges hätte man zwar nicht vergessen gehabt, aber doch als angesichts des eingelösten Gelübdes gegenstandslos, als aufhebungsreif, als reine Formasche, die nur der Langsamkeit der kurialen Bürokratie wegen noch nicht formell bereinigt war, behandelt.

Friedrichs Flotte, alles in allem angeblich 80 000 Mann umfassend, lief zunächst Zypern an, wo der Kaiser in Limassol an Land ging. Sogleich gab es Ärger mit Herrn d'Ibelin, der sich aufführte, als sei er der König eines souveränen Staates und der Hohenstaufe ein ungebetener Gast, und die französische Geschichtsschreibung läßt denn auch – folgt man den von Régine Pernoud kundig ausgewählten Quellen – keineswegs erkennen, daß der deutsche König als Inhaber des ersten Heerschildes der Lehensordnung einem Untergebenen gegenübertrat, der zwar einen Pflegebefohlenen im dritten Heerschild vertrat, selbst aber nur dem vierten Heerschild zugerechnet werden konnte. Kaiser Friedrich dämpfte den höchst unangebrachten Hochmut des Vasallen der Lusignans – dieser hatte von König Hugo auch Lehen in Zypern genommen, was ihn in die deutsche Lehensordnung einfügte – und besetzte einige Schlüsselfestungen, darunter die ganz prachtvolle Burg St. Hilarion, die damals Dieu d'Amour genannt wurde, mit eigenen Streitkräften, vermutlich aber nicht mit seinen wenigen Rittern, sondern mit Söldnern, die er gerne verwendete und vorzugsweise aus den Resten der früheren Moslembevölkerung Siziliens rekrutierte. Ihre Befehlshaber waren allerdings nicht Besoldete, also Offiziere, sondern Belehnte, also Ritter. Als der Kaiser ins vorderasiatische Küstenland übersetzte, blieben die kaiserlichen Besatzungen auf der Insel zurück – und in unserem historischen Bewußtsein ist jede Erinnerung daran, daß in der ersten Hälfte des dreizehnten Jahrhunderts kaiserliche Truppen den deutschen Lehensstaat Zypern besetzt hielten, um gleichermaßen die Interessen des deutschen Kaisers wie die seines zyprischen Lehenskönigs gegenüber dem ungebärdigen Adel des lateinischen Nahen Ostens zu schützen, derart radikal gelöscht, daß Zypern in keinem der dem Verfasser zugänglichen historischen Atlanten als Teil des Heiligen Römischen Reiches erkenntlich gemacht ist. Bedauerlich, nicht?

Noch bedauerlicher aber ist, daß auch die großartige Leistung des deutschen Kaisers kaum je in ihrer gesamten, in der Tat zeitlosen und daher vorbildlichen Bedeutung gewürdigt wird, obzwar sich gerade die professionellen Peacemakers unserer Zeit zumindest dann, wenn der nun schon Jahrzehnte andauernde Nahostkonflikt auszuufern droht, recht wohl Gedanken darüber machen, wie denn um alles in der Welt zumindest ein partieller Frieden für die heiligen Stätten herbeigeführt werden könnte. Zur Zeit Friedrichs II. fand der gebannte und verlästerte Kaiser gemeinsam mit dem Sultan von Ägypten, dem Ajubiden Malik al Khamil, ein passendes Rezept, das mit einiger Abänderung der Details wohl auch in unsere Zeit übertragen werden könnte. Im Vertrage, der 1229 in Jaffa abgeschlossen wurde, legten sie fest, daß – aus den heiligen Städten
☐ Jerusalem,
☐ Bethlehem und

☐ Nazareth
ein neutralisiertes Territorium zu bilden ist, das dem König von Jerusalem unterstellt wird,
- diesem eine Art Korridor über
☐ Lydda,
☐ Ramleh und
☐ Emmaus
zur Küste anzuschließen ist, der den ungestörten Zutritt christlicher Pilger ermöglicht,
- internationale und interkonfessionelle Sicherungskräfte den Ordnungsdienst versehen und
- Moslems, Christen und Juden volle Gleichberechtigung in diesem gemischt-theokratischen
  Staate zukommt.

Die Terminologie war anders, allein es wäre wohl unbillig, würde man verlangen, daß der Vertragswille im Jahre 1229 sich jener Termini bediente, die uns geläufig sind – aber der Sinn war genau dieser.

Man muß hier noch zwei Umstände aufführen, ohne die dieser Vertrag wohl nicht zustande gekommen wäre, und zwar war

1. der Kaiser ein echter und aufrichtiger Bewunderer der islamischen Kultur, und er war der islamischen Religion gegenüber von einer äußerst toleranten Koexistenzbereitschaft erfüllt, woraus er nie ein Hehl gemacht hat, und
2. das Sultanat der Ajubiden faktisch wiederum zerfallen. Hier war auf den großen Saladin 1193 sein Bruder Malik Adil gefolgt, der in zahlreiche kleinere kombattante Aktivitäten mit König Johann von Jerusalem verwickelt wurde, die sich – zum Teil von kleinen, unbezifferten Kreuzzügen wie jenem des ungarischen Königs Andreas II. unterstützt – teils in Ägypten, teils in Syrien abspielten, was ihn veranlaßte, seine Residenz ins gefährdete Damaskus zu verlegen und seinen ältesten Sohn mit der Verteidigung Ägyptens zu betrauen; nach seinem Tod folgte ihm sein zweiter Sohn Muazzam im syrischen Kommando nach, und als der sich bald darauf mit seinem ägyptischen Bruder überwarf, gab es in Kürze wieder zwei Sultane, den in Kairo und den in Damaskus.

Kurz nach dem Abschluß des Vertrages von Jaffa begab sich der Kaiser nach Jerusalem; sein Heer war klein, doch die abgesondert nachfolgenden, großteils bewaffneten Marschgruppen der interessierten geistlichen und weltlichen Großen, vorab des Patriarchen von Jerusalem, der seine Stadt nun zum ersten Mal betreten sollte, waren groß und legten auf ihre Separiertheit Wert. Sie wollten sehen, ob sich die Moslems an den Vertrag halten würden; hätten diese sich nicht daran gehalten, so hätten die noblen Herren den Kaiser mit seinem Gefolge zweifellos im Stich gelassen und sich voll Freude, ungeschoren zu bleiben, nach Akkon zurückgezogen.

Es fand sich auch niemand, der bereit gewesen wäre, dem Kaiser in der Grabeskirche als der traditionellen Krönungsstätte in feierlicher Form die Krone von Jerusalem aufzusetzen, weswegen er dies am 18. März 1229 selbst besorgte. Nicht einmal Zuschauer wollten die geistlichen Herren, denen dieser Gebannte eben ihre Wirkungsstätten wiederbeschafft hatte, bei der Zeremonie sein, und der einzige Prominente außerhalb des unmittelbaren kaiserlichen Gefolges war Hermann von Salza, der Großmeister des Deutschen Ritterordens.

Die anderen Ritterorden verhielten sich ebenso wie Nachkommen der großen Adelsgeschlechter von Outreme ablehnend, und es war nur eine Frage des jeweiligen persönlichen Lebensstils, ob sie die Ablehnung in bloßer Distanziertheit zeigten oder in wilde Schmähreden ausbrachen, denn sie alle verstanden den nun vorerst beendeten Kampf um die heiligen Stätten als Kampf um die Wiedergewinnung der Ländereien, die ihre Vorfahren in Orden und Familien dereinst besessen hatten und die gewaltige Vermögen bildeten, die ihnen ein »Siegfrieden« wieder verschaffen mußte. In ihrer Vorstellungswelt war die Restitution der verlorenen Lehen und sonstigen Besitzungen das selbstverständliche Ziel der Bemühungen um die Rückeroberung des Heiligen Landes.

Etwa sechs Wochen nach der Krönung mußte Kaiser Friedrich II., der den schönsten, weil durch keinerlei blutige Greuel befleckten Sieg für die Sache Christi erfochten hatte, heim nach Europa, ohne die notwendigen Maßnahmen für die Sicherung des Erreichten effektuiert zu haben: Papst Gregor IX. hatte es für sinnvoll und die angemessene Belohnung des Ritters

Christi gehalten, dessen und der Masse seiner im Mittelmeerraum verfügbaren kombattanten Kräfte Abwesenheit dazu zu benützen, mit päpstlichen Streitkräften in Sizilien einzubrechen.

Nicht alle Päpste entsprechen der Vorstellung von einem Oberhirten der Christenheit, der auch ein Vorbild an christlicher Tugend sein sollte, aber eine derart niedrige Gesinnung wie dieser Gregor legte nach Meinung des Verfassers keiner an den Tag. Es gab Päpste, die in der Tat abscheuliche Verbrechen begingen, zu denen sie irgendeine verstehbare Leidenschaft trieb – aber dieser Papst war nichts anderes als gemein, als ganz einfach hundsgemein...

[28] Dieser *Ludwig IX.* von Frankreich, der schon bei Lebzeiten als Heiliger galt und nur siebenundzwanzig Jahre nach seinem 1270 erfolgten Tod offiziell heiliggesprochen wurde, ist eine ganz außerordentliche Persönlichkeit gewesen, der den Stil des ritterlichen und frommen Königs nicht nur vollendet beherrschte, sondern von Herzen lebte. Er spielte nicht den überzeugten, demütigen Christen, sondern er war es, und er gefiel sich nicht in der Rolle des »Freundes der Armen«, um durch eine erhoffte forcierte Sozialgesetzgebung Stimmen zu gewinnen, denn die Befürsorgten waren damals politisch wertlos und er überdies von jeglicher Wahlentscheidung unabhängig, sondern er war es aus tiefstem emotionellem Engagement, und er markierte nicht den großen Helden im Streit um die Ausbreitung des Glaubens, sondern er war mit jener Innigkeit des Gemütes, der vielleicht nur die Menschen jener Zeit fähig waren und auch von diesen nur wenige, davon überzeugt, daß die Verbreitung der christlichen Lehre die unabdingbare persönliche Pflicht des Gläubigen ist. Er gehörte dem Orden des heiligen Franziskus als Tertiarier, die in ihrem Berufsleben bleiben, an und trug stets das härene Ordensgewand sowohl unter den Prunkkleidern, in die er schlüpfen mußte, als auch unter der Rüstung, mit der er für viele Jahre im Dienste des Glaubens umschient war. Und er starb einen seinem Leben gemäßen Tod; auf seinem zweiten Kreuzzug, dem siebenten üblicher Zählung, der ihn nach Tunis führte, brach unter dem Heere eine Seuche aus, die auch ihn dahinraffte.

»Lieber Herrgott, habe Mitleid mit dem Volk, das hier weilt, und führe es in seine Heimat, damit es nicht in die Hand Deiner Feinde falle und gezwungen werde, Deinen Namen zu verleugnen«, waren seine vorletzten Worte, und seine letzten das Gebet für sich selbst: »In Deine Obhut, Vater, befehle ich meinen Geist.«

Man sollte meinen, daß soviel Frömmigkeit und Nächstenliebe, soviel Demut und Obsorge auch zu einer gewissen Weltblindheit führen müsse, allein man irrt, denn der »allerchristlichste König«, der einzige, auf den diese Bezeichnung ohne auch nur den leisesten Anflug von Ironie zu verwenden ist, hatte einen erstaunlich ausgeprägten Sinn für – sehr allgemein gesagt – ökonomische Belange und wäre, hätte er nicht völlig im Banne der christlichen Tugenden gestanden, einer der allergerissensten Geschäftsleute gewesen, die jemals politische Macht in Händen gehalten haben.

Das zeigte sich schon relativ früh, als der 1214 Geborene nach der Vernichtung des von Friedrich II. geschaffenen neutralisierten Königreichs Jerusalem 1244 durch die kiptschakischen Söldner, die nach Ägypten zogen, vom Papst – es war damals Innozenz IV. – aufgefordert wurde, das Kreuz zu nehmen. Ludwig war selbstverständlich bereit, erklärte jedoch wahrheitsgemäß, daß er trotz der territorialen Erweiterung seines Königreichs durch seine 1233 erfolgte Vermählung mit Margarete von der Provence über keinen entsprechenden Hafen an der Mittelmeerküste verfüge, der als Operationsbasis verwendbar sei. Das sah man in Rom ein, wies dem König entscheidende Anteile der kirchlichen Einnahmen Frankreichs für mehrere Jahre zweckgebunden zu und setzte ihn durch diese höchst massive Subvention in die Lage, die Hafenstadt Aigues-Mortes zu bauen, deren Hafen schon nach wenigen Jahrzehnten versandete, wodurch sie ins wirtschaftliche Abseits geriet und sich als vollendetes Baudenkmal des dreizehnten Jahrhunderts beinahe unverändert bis auf unsere Zeit erhalten konnte.

Als Sammelplatz des Kreuzzuges, von dem er im voraus nicht wissen konnte, daß er eine beinahe rein französische Angelegenheit sein werde, hatte er Zypern bestimmt. Da den bisherigen Erfahrungen zufolge in Regionen, die zum längeren Aufenthalt größerer, auf Selbstverpflegung angewiesener Heere dienten, regelmäßig Engpässe auf dem Lebensmittelsektor eintraten, die zu unverhältnismäßigen Preisauftriebstendenzen führten, ließ er schon 1245, drei

Jahre vor Beginn des Unternehmens, die Getreideernten der Insel, die noch billigst zu haben waren, aufkaufen und entsprechende Weinvorräte dazu. Und Johann von Joinville, der entscheidende Chronist des sechsten Kreuzzuges, der erst auf der Insel zum Heere des Königs stieß, schrieb voll Bewunderung:

»Die Weinvorräte des Königs waren so groß, daß seine Leute auf den Feldern am Ufer des Meeres große Haufen von Tonnen mit Wein aufstapelten, die sie schon zwei Jahre vor der Ankunft des Königs gekauft hatten. Sie hatten sie aufeinandergestellt, und wenn man sie von vorn sah, schienen es Scheunen zu sein. Die Weizen- und Gerstemengen hatten sie mitten in den Feldern aufgehäuft, und sie sahen wie Berge aus, denn der Regen, der seit langem auf das Korn gefallen war, hatte es oben keimen lassen, so daß nur die grünen Halme sichtbar waren.«

Die Vorräte wurden teils an Ort und Stelle vom königlichen Wirtschaftsdienst verwertet, und zwar

- zur Verpflegung des Hofes, der Hofbediensteten und Kombattanten, deren Verpflegung dem Könige zufiel, also einer Art Leibgarde;
- durch Verkauf zum gerinfügig vermehrten Selbstkostenpreis an die übrigen Kreuzzugsteilnehmer;
- durch kostenlose Abgabe an bedürftige Kreuzfahrer;

teils wurden sie auf der Flotte ins Kriegsgebiet mitgenommen, um dort in derselben Weise verbraucht zu werden. Die Königin, die ihren Gemahl begleitete, paßte sich seinem kargen, beinahe asketischen Lebenszuschnitt an, und die Schlichtheit des Hofes blieb als Erinnerung lange erhalten; so war es für eine der Bürgerinnen der wohlhabenden Handelsstadt Famagusta nicht einmal eine besondere Auszeichnung, wenn von ihr behauptet wurde, sie habe mehr Schmuck als die »Königin von Frankreich«, was zum geflügelten Wort wurde.

Im frühen Herbst 1248 hatte Ludwig Zypern erreicht, und sogleich stellten sich in seinem Hauptquartier alle jene ein, deren Vorfahren im verlorenen Palästina begütert gewesen waren. Der König zeigte Verständnis und Güte, bestätigte diesem seine Ansprüche und bescheinigte sie jenem – und bemerkte mit der Zeit, daß ihm nichts, aber auch gar nichts bleiben würde, um seine ritterlichen Gefährten, die in der Hoffnung auf Belehnung das Kreuz genommen hatten, was vor allem auf die jüngeren Söhne der Adelsfamilien, die daheim nichts zu erwarten hatten, zutraf, zu bedenken. Und so faßte er den für ihn typischen Entschluß, Ägypten anzusteuern und zu erobern, um zunächst die Landmengen zu gewinnen, die er für notwendig hielt, die Vorstellungen seiner Waffengefährten zu erfüllen, denn der Zusammenhang zwischen dem Kreuzzugsgelübde der meisten oder zumindest sehr vieler Ritter und ihren höchstpersönlichen Zukunftserwartungen war ihm sehr wohl bekannt.

Im Juni 1249 erschien er vor Damiette, das Johann von Brienne erstmals erobert hatte und das bald darauf wieder verlorengegangen war, und nahm es bereits einen Tag nach der Landung. Da König Johann vor einem runden Vierteljahrhundert die Stadt erst nach beinahe dreijähriger Belagerung einnehmen konnte, obwohl er so prominente Mitkombattanten hatte wie König Andreas II. von Ungarn und Herzog Leopold VI. von Steiermark und Österreich, und obwohl damals selbst der heilige Franz von Assisi den Streitern Christi vor den Mauern Trost gab und den Beistand des Himmels erflehte, erblickten die Kreuzfahrer Ludwigs darin ein Wunder, eines der Kriegsmirakel, an die sie fest glaubten.

Während der König in Damiette damit beschäftigt war, die Stadt in Verteidigungszustand zu versetzen und auch sonst westlichen Verhältnissen anzupassen, worunter vor allem die Vergabe von Handelskonzessionen an genuesische, pisanische und amalfische Großkaufleute zu verstehen ist, was die königliche Kriegskasse ganz schön füllte, starb as Salih Naim ad Din Ajub, der Sultan von Ägypten. Seine Witwe Schadschar ad Durr ergriff nun die Zügel der Macht, die sie – ganz wie etwa zur selben Zeit Töregene Khatum im fernen Karakorum –ihrem Sohn Turanschah zu erhalten trachtete, fand jedoch wenig Gehorsam bei den mamelukischen Kriegssklaven. Es kam vielmehr zu einem Militärputsch, der ihre Vermählung mit einem Mamelukengeneral, einem gewissen Aibak, erzwang, der indessen nicht lang das Vergnügen hatte, ihr Lager zu teilen: Die unwillige Gemahlin ließ ihn bei der nächsten passenden Gelegenheit umbringen.

König Ludwig, der sich so siegessicher fühlte, daß er seine hochschwangere Gemahlin nach Damiette nachkommen ließ, setzte – durch die Nachricht vom Tod des Sultans zusätzlich ermutigt – zum Vormarsch nach Babylon, wie Kairo bei den Kreuzfahrern noch immer hieß, an. Er kam nicht sehr weit; die Offensive lief sich im unübersichtlichen, wasserdurchschnittenen, teilweise versumpften Flachland fest, und die Mameluken, die nun ihrerseits Schadschar ad Durr ermordet hatten, bequemten sich, energische Verteidigungsmaßnahmen zu ergreifen. Am Ende gab es so etwas wie einen Kessel von Stalingrad und die Kapitulation eines Heeres, nur daß damals der König mit in Gefangenschaft kam. Und Kriegsgefangenschaft war in jener Zeit, woran erinnert sei, vor allem im Krieg zwischen Moslems und Christen Sklaverei. Aus dieser konnte man sich freikaufen, man konnte ausgetauscht werden, was allerdings voraussetzte, daß die eigene Kriegspartei noch bestand und über Gefangene verfügte, und man konnte durch einen Gnadenakt des jeweiligen Sklavenhalters wegen langjähriger treuer Dienste freigelassen werden – aber eine Entlassung aus der Kriegsgefangenschaft nach Kapitulation oder spätestens nach Friedensschluß, die gab es nicht.

Wenngleich der nun zum Sklaven des ägyptischen Militärsklavenhofs, der sich zunächst nicht schlüssig war, ob man Turanschah als Sultan beibehalten solle oder nicht, gewordene Ludwig aus dem Hause Anjou als Heerführer nicht eben brilliert hatte, zeigte er angesichts der verzweifelten Lage, was für ein Mann er war. Keineswegs entnervt, verbot er zunächst den Großen seines Heeres, deren Familien über einige Kapitalreserven verfügten, jeden individuellen Freikauf, um die Aufspaltung des gefangenen Heeres zu verhindern, und begann sodann ein großes, langwieriges Feilschen um einen günstigen Pauschalpreis, als handle er nicht um die eigene und der Kameraden Freiheit, sondern um eine Lieferung provencalischen Weines an den Hof in Paris.

In Damiette brach nach Einlangen der traurigen Nachricht eine große Panik aus, und die Kaufleute aus Amalfi, Genua und Pisa schlossen sogleich ihre eben eröffneten Warenhäuser und begannen die Evakuierung. In diesen aufregenden Stunden bewahrte Margarete von der Provence, die noch dazu eben damals niederkam, eine bewundernswerte Kaltblütigkeit und überdies einen klaren Verstand: Sie ließ sämtliche erreichbaren Lebensmittel beschlagnahmen, verbot die Abfahrt der im Hafen liegenden Schiffe und ließ die Stadt in Verteidigungsbereitschaft setzen. Daß die Königin innerlich weit weniger gefaßt war, zeigte sie nur ihrem Leibritter, der jederzeit bei ihr Zutritt hatte und deshalb wohlgezählte achtzig Lenze auf dem Rücken trug; sie ließ ihn in feierlicher Weise schwören, daß er ihr im Falle der Eroberung der Stadt den Kopf abschlagen werde. Der greise Ritter leistete den Eid und bemerkte danach so nebenhin, daß er ohnehin schon vor ihrer Aufforderung dazu entschlossen gewesen sei. In Wirklichkeit aber ging es gar nicht um ihren Kopf und auch nicht um den ihres Gemahls, sondern um den des jungen Sultans, den seine Militärsklaven eines Tages erschlugen. Nun übernahm die Generalsjunta auch offiziell die Regierung in Ägypten, und sie brauchte, wie Generäle in vergleichbarer Lage immer und überall, Erfolge, rasche Erfolge und spektakuläre Erfolge – etwa die Burgen in Palästina, die sich noch in christlicher Hand befanden. Ludwig sollte sie ihnen übergeben...

Das könne er nicht, sagte er, ehrlich wie immer. Die Burgen seien Lehen des Königs von Jerusalem, und der sei nicht er, sondern der deutsche Kaiser.

Das sahen die Mamelukengeneräle ein – sie waren wohlinformiert, wie Generäle meistens sind. Aber Damiette könne er herausrücken, das habe er erobert.

Ja, sagte er, wenn man sich über den Preis für ihre Freilassung einig sei, werde er es tun.

Sie nannten ihren Preis, er setzte seine Vorstellung dagegen.

Die Generäle erprobten ihre Macht und ließen einige Gefangene köpfen. Der König betete für die Hingerichteten, blieb aber auf seinem Standpunkt. Sie könnten ihn ebenso schlachten und alle andern, die sich in ihrer Gewalt befänden, meinte er. Nur – damit hätten sie weder Damiette noch Gold.

Die Verhandlungen zogen sich hin, wochenlang, monatelang. Je länger die Verhandlungen dauerten, desto sicherer wurde der König, und desto unsicherer wurden die Generäle. Die Staatskasse war leer, und der Unterhalt des Militärsklavenheeres kostete Geld, viel Geld. Zuletzt schlugen die Generäle vor, ihnen die Burgen der Ritterorden und Damiette zu übergeben, dann würden sie das zum Sklavenheer gewordene Kreuzfahrerheer um den vom König genannten Preis freilassen.

Mit den Ordensburgen, sagte der König, sei es wie mit den Lehen des Kaisers, er könne darüber nicht verfügen. Aber er könne ihnen einen zehnjährigen Waffenstillstand anbieten, das sei ja auch etwas. Übrigens könne er das Geld auch nicht sogleich bezahlen, sie müßten ihn erst freilassen, damit er es besorge. Vielleicht sei in Damiette noch die vereinbarte Summe, vielleicht auch nicht.

Und zuletzt erreichte er, was er vorgeschlagen hatte: Er gab den Mameluken Damiette zurück, schloß mit ihnen einen zehnjährigen Waffenstillstand und zahlte für das gesamte Heer einen Lösepreis, der – auf die Kopfzahl umgelegt – den Großen Frankreichs auf Lebensdauer die Schamröte ins Gesicht trieb, denn er entsprach jenem, der in Südfrankreich für je einen erwachsenen männlichen Esel üblich war, wobei der Verfasser allerdings bekennen muß, daß ihm die Summen nicht bekannt sind und er daher nicht nachprüfen konnte, ob die Relation in der Tat stimmt.

Der Freikauf aber stimmt jedenfalls, und im Mai 1250 stach er mit den Resten seines Heeres in Damiette in See. Am 13. Mai traf er mit den Seinen in Akkon ein, wo er durch volle vier Jahre versuchte, für Jerusalem zumindest soviel zu erreichen, wie der gebannte Kaiser erreicht hatte, was ihm aber nicht gelang. Nach seiner Heimkehr war er zwar, was das Heilige Land betraf, desillusioniert, blieb aber weiterhin ein christlicher Ritter reinster Prägung. Von seinen Taten in Frankreich sei erwähnt, daß er im Februar 1256, von dem behauptet wird, er sei im übrigen Abendland aber der Februar 1257 gewesen, seinem Hofkaplan Robert von Sorbon ein Haus in Paris zur Unterbringung von Studenten und Professoren schenkte, aus dem sich die weltberühmte Universität der Sorbonne entwickelte, die also mindest mittelbar eine Stiftung des Ritters Christi Ludwig IX. ist, der 1270 sein Leben im Dienste seines Ideals opferte.

II. Ein Flüchtling namens Ertogrul

Die durch Schrift und Glauben in der Welt der Orthodoxie beheimateten Serben griffen die vordergründig modernen Ideen des Panslawismus begierig auf und schlüpften willig in die ihnen noch williger zugeschobene Rolle der rabulistischen Avantgarde der prawoslawischen Vorstellungen auf dem Balkan, ohne viel Gedanken daran zu verschwenden, daß sie damit zu Erfüllungsgehilfen, ja geradezu Satelliten des Zaren in Moskau werden mußten. Die Hinwendung zur russischen Metropole, die sich im neunzehnten Jahrhundert unbestreitbar zur Metropole der Orthodoxie entwickelt hatte, vollendete sich 1903, als König Alexander I., der aus der dem Westen gegenüber aufgeschlossenen Familie Obrenowitsch stammte und Anlehnung in Wien und nicht in Moskau suchte, einer Offiziersverschwörung zum Opfer fiel und sein Nachfolger Peter dem extrem russophilen Haus Karageorgewitsch entnommen wurde.

So bedauerlich dies auch ist und so ungeheure Folgen sich auch daraus nicht nur für die serbische Geschichte, sondern in der Tat für die Weltgeschichte ergeben haben – denn es ist ein offenes Geheimnis, daß die prawoslawischen Offiziere in Belgrad, die schon für die Ermordung des eigenen Königs verantwortlich waren, dem siebzehnjährigen Gymnasiasten Gavrilo Princip, einem Angehörigen der serbischen Minderheit im österreichisch-ungarischen Bosnien, das in historisch faßbarer Zeit niemals zu Serbien gehört hatte, die Waffen und die Idee des Attentats vom 28. Juni 1914 zuspielten, durch welches der Erste Weltkrieg ausgelöst wurde – und noch ergeben, muß man objektiv doch Verständnis für die serbische Grundhaltung aufbringen, gerade wenn man die angewendeten Methoden schärfstens mißbilligt. Serbien lag im umstrittenen Einflußgebiet dreier Machtblöcke, die durch drei Kaiser repräsentiert wurden, und zwar
- des hier noch immer als »Kaiser des Westens« geltenden Habsburgers in Wien,
- des den alten byzantinischen Anspruch auf den Vorrang in der Orthodoxie weiterführenden und nun mit der panslawistischen, pseudonationalistischen Idee der Brüderlichkeit aller Slawen verbundenen Zaren in Moskau, korrekt gesagt in Petersburg, und

- des Großherrn in Stambul, dessen zerschlissene und bösegewordene Herrschaft man eben abgeschüttelt hatte.

Mit eigenen Kräften konnten die Serben, wie sie aus der Geschichte gelernt hatten, keiner der Großmächte auf die Dauer widerstehen, und sie waren daher genötigt, eine als Schutzmacht zu gewinnen, wobei diese Funktion in der Effektivität davon abhing, daß sie bereit waren, ihre Politik auf jene Intentionen abzustimmen, die den Wünschen und Vorstellungen des »großen Bruders« entsprach. Da Stambul in der konkreten Situation ausfiel, blieb die Wahl zwischen Wien und Moskau; daß sie dem slawischen und orthodoxen Moskau den Vorzug gaben, ist durchaus begreiflich, verwendet man das Maß der Empire der Epoche vor dem Ersten Weltkrieg.

2   Zur besonderen Infamie der Pariser Vorortsverträge, die den Ersten Weltkrieg beendeten, gehörte die im Vertrag von Versailles verpackte Kriegsschuldthese, die eine derartig gehässige Verzerrung des tatsächlichen Geschehensablaufes war, daß sich die deutsche Delegation unter dem damaligen Reichsaußenminister Ulrich Graf von Brockdorff-Rantzau, einem Berufsdiplomaten bester alter Schule, weigerte, den ihm in die Hand gedrückten Vertragsentwurf zu unterfertigen. Da mit ihm nicht einmal verhandelt wurde, überreichte er am 29. Mai 1919 Gegenvorschläge, die mit einer »Mantelnote« und einem »Ultimatum« vom 16. Juni beantwortet wurden, in welchem man die Fortsetzung der militärischen Operationen gegen die Deutsche Republik, die bereits demobilisiert hatte, androhte, wenn die Unterfertigung des Vertrages nicht erfolge. Brockdorff-Rantzau trat aus Protest zurück, und die ganze republikanische deutsche Regierung trat aus Protest zurück – und Marschall Foch, der Oberbefehlshaber der Ententearmeen, erhielt am 20. Juni den Befehl, am 23. Juni das wehrlose Deutschland zu okkupieren, wenn der Vertrag nicht unterzeichnet werde. Die deutsche Nationalversammlung nahm unter dieser Drohung mit 237 gegen 138 Stimmen am Vormittag des Tages, an dessen Nachmittag die Armeen die Sieger vorstoßen sollten, das Friedensdiktat an, und am 28. Juni 1919, dem fünften Jahrestag der Ermordung des Thronfolgers Franz Ferdinand, wurden die Unterschriften vom neuen Außenminister Hermann Müller und dem deutschen Verkehrsminister Johannes Bell im Spiegelsaal von Versailles geleistet.

Der Artikel 231 des Diktates hat folgenden Wortlaut:

> »Die alliierten und assoziierten Regierungen erklären und Deutschland erkennt an, daß das Deutsche Reich und seine Verbündeten als Urheber für alle Verluste und Schäden verantwortlich sind, die die alliierten und assoziierten Regierungen und ihre Staatsangehörigen infolge des Krieges, der ihnen durch den Angriff des Deutschen Reiches und seiner Verbündeten aufgezwungen wurde, erlitten haben.«

Diese Formulierung, die den unbändigen Deutschenhaß des damals neunundsiebzigjährigen Ministerpräsidenten George Clemenceau verrät, der von Beruf eigentlich Arzt war und die französische Niederlage von 1870/71 als eine persönliche Beleidigung nahm, für die er sich spät, aber gründlich revanchieren konnte, gelangte inhaltlich als Schuldanerkenntnis in Archive und Gazetten, in die Konzeption des Völkerbundes und in die politischen Grundlagen der Neugestaltung der Welt – und so letzten Endes auch in die deutsche und österreichische Geschichtsschreibung, von wo sie in die zeitgenössische Publizistik eindrang, die unser historisches Bewußtsein mit mehr oder weniger Erfolg manipuliert. Mit soviel Erfolg jedenfalls, daß der Geschichtsunterricht in unseren höheren Schulen darauf abgestellt ist, die Kriegsschuldtheorie völlig unkritisch zu übernehmen, wodurch unsere Vorfahren zu bösartigen Ungeheuern gestempelt werden, die den Ersten Weltkrieg locker vom Zaune brachen. Wegbereiter dieser Art von »Vergangenheitsbewältigung« waren in Österreich Literaten wie Karl Kraus oder in Prag wie Jaroslaw Hašek, die man im heutigen Wien in den dem ORF nahestehenden Intellektuellenkreisen gerne als geniale Durchleuchter vergangener sozialer Effektivitäten hochjubelt. Natürlich sind Pamphlete einfacher zu lesen als – sagen wir einmal – Statistiken, und sie haben auch den Vorteil, daß keinerlei Kenntnisse, die über die Beherrschung des Alphabets hinausreichen, notwendig sind, um sie zu verstehen, während auch einfache Zahlenvergleiche doch ein gewisses Vorstellungsvermögen voraussetzen, aber man sollte diese doch nicht ganz einfach negieren, zumal sie gelegentlich recht instruktiv sind.

Geht man von dem Grundgedanken aus, daß ein Staat oder – da auch von den »Verbündeten« die Rede ist, worunter nur Österreich-Ungarn gemeint sein kann, da die anderen erst später dazukamen – zwei Staaten die Absicht haben, ihre Nachbarn zu überfallen, so ist es an sich
klar, daß sie ein kombattantes Potential schaffen müssen, das ausreichend ist, um den Überfall erfolgreich zu gestalten. »Überfallen« oder »angegriffen« wurden vom Deutschen Reich
und Österreich-Ungarn die Nachbarstaaten
- Frankreich,
- Rußland,
- Serbien und
- Belgien,

denen *Großbritannien* – wie stets aus ethischen Prinzipien – als Bundesgenosse zu Hilfe eilen
mußte. Dieses Großbritannien nahm militärisch insofern eine Ausnahmestellung ein, als es als
einzige Kriegspartei über ein professionelles Söldnerheer verfügte, das als

englische Armee	647 000 Mann
als indische Armee aber	322 000 Mann
zusammen daher	969 000 Mann

zählte, das über ein Staatsgebiet von mehr als 30 Mio. km² verteilt war.
Die englische Flotte bestand aus
60 Linienschiffen,
42 Panzerkreuzern und
64 leichten Kreuzern,

die mit	209 000 Mann
besetzt waren, ebenfalls Kriegsmänner von	
Profession, so daß es ständig	1 278 000 Mann

in seinen Land- und Seestreitkräften unter Waffen hielt.
Frankreichs stehendes Heer, also Berufssoldaten und eben den Wehrdienst leistende Wehr-

pflichtige, umfaßte	984 000
Mann, zu denen noch	68 000
Mann der Kriegsmarine kamen, so daß der gesamte Friedensstand mit	1 052 000

Mann unschwer zu errechnen ist.
Nehmen wir nun die Kleinstaaten *Belgien* und *Serbien*, so unterhielten

diese Friedensheere von	43 000 Mann (Belgien)
und	60 000 Mann (Serbien)
was zusammen nur	103 000 Mann

ergibt.
Größere Dimensionen finden wir im *Zarenreich*, dem »großen Bruder« der Serben, dessen

Landstreitkräfte mit	1 200 000 Mann und
Seestreitkräfte mit	44 000 Mann
präsent waren, zusammen also	1 244 000 Mann.

Das ergibt auf Seite der Entente folgende Ziffern an *aktualisiertem* kombattantem Potential:

Großbritannien	1 278 000 Mann
Frankreich	1 052 000 Mann
Rußland	1 244 000 Mann
beide Kleinstaaten	103 000 Mann
	3 677 000 Mann

Demgegenüber hatten die nach der Versailler Diktion zum Angriffskrieg bereiten Mittelmächte unter Waffen

Deutsches Reich	Heer	761 000 Mann
	Flotte	79 000 Mann
Österreich-Ungarn	Heer	415 000 Mann
	Flotte	39 000 Mann
zusammen		1 294 000 Mann,

mithin etwa ein Drittel.

Mit Kriegsschiffen sah es so aus, daß das Deutsche Reich (erste Zahl) und Österreich-Ungarn zusammen

Linienschiffe	33 und 15, also 48
Panzerkreuzer	13 und 3, also 16
leichte Kreuzer	36 und 9, also 45

hatten, wogegen Großbritannien, Frankreich und Rußland zusammen über

Linienschiffe	60, 20, 8, also 88
Panzerkreuzer	42, 19, 6, also 67
leichte Kreuzer	64, 8, 8, also 80

verfügten.

(Die Zahlen sind von Anton Wagner: Der Erste Weltkrieg, Band 7 der Truppendienst-Taschenbücher, Wien 1968, übernommen.)

Diese Zahlen waren bekannt und in einer Fülle von einschlägigen Publikationen weltweit verbreitet, und es kann überhaupt keine Rede davon sein, daß die entscheidenden Quantitätsdifferenzen erst nach Kriegsbeginn überraschend erkannt worden wären, und es ist höchst erstaunlich, daß angesichts dieser Relationen Wilhelm II. noch immer als wilder Militarist verunglimpft wird oder Franz Joseph I. als Exponent einer in der habsburgischen Großmonarchie tonangebenden Offizierskaste.

[3] Sieht man vom Wegfall der Kolonialgebiete ab, hielten sich die territorialen Verluste Deutschlands mit 73 500 km² durchaus in Grenzen – allerdings waren es zum Teil wertvolle, weil hochentwickelte Gebiete wie Elsaß-Lothringen, und sie waren dementsprechend dicht besiedelt, denn die verlorene Einwohnerzahl belief sich auf über 7 300 000, und das ist mehr, als der Republik Österreich an Einwohnern verblieben waren.

Demgegenüber behielt die Türkei als Nachfolgestaat des Osmanischen Reiches
– von rund drei Millionen Quadratkilometer lediglich ein Territorium in der Größe von 300 000 km², also nicht mehr als zehn Prozent, und
– von etwa 25 Millionen Einwohnern lediglich 5 Millionen, also nur 20 Prozent.

Österreich-Ungarn war bis zum Kriegsende eine europäische Großmacht mit einem Territorium von 676 000 km² und einer Einwohnerzahl von 51 390 000. Danach hatte

Ungarn	93 000 km²	8 000 000 Einwohner
Österreich	83 000 km²	6 000 000 Einwohner
zusammen	176 800 km²	14 000 000 Einwohner,

die deswegen zusammengenommen werden, weil ein Teil von Westungarn – das heutige Bundesland Burgenland – an Österreich fiel.

[4] *Richard Peters,* 1897–1960, lebte viele Jahre – darunter im Zweiten Weltkrieg – in der Türkei. Seine »Geschichte der Türken« gilt als beste Kurzdarstellung der türkischen Geschichte in deutscher Sprache und ist durchaus lesenswert, wenngleich die uns beschäftigende Problematik der Auseinandersetzung zwischen dem Kaiser des Sacrum Imperium und dem Großherrn der Osmanen nur am Rande behandelt wird. Breiter Umfang wird dagegen der Entwicklung im neunzehnten und zwanzigsten Jahrhundert gewidmet, die im Rahmen der hier vorliegenden Untersuchung nur illustrative Berücksichtigung finden kann, so daß dem interessierten Leser das genannte Werk (Kohlhammer Verlag, 1961) als Ergänzung empfohlen werden kann.

Peters, der als Zeitungskorrespondent zunächst in Italien, dann in der Türkei und zuletzt in den USA lebte, war an sich Historiker – Promotion 1926 in Berlin – und hinterließ eine Reihe von geistig repräsentativen Werken, von denen besonders »Giambattista Vicos Sicht der Frühesten Zeiten«, »Der Stufenbau der Weltgeschichte bei Giambattista Vico« und »Aurelius Augustinus und Giambattista Vico« hervorzuheben sind.

[5] Ein »Königsadler« ist der Zoologie unbekannt. Sollte dieser kein mythischer Vogel sein wie der Phoenix, der Greif oder der Turul, so dürfte es sich wahrscheinlich um den bei uns als Steinadler bekannten und leider so gut wie ausgestorbenen Aquila chrysaetus gehandelt haben, der in Turkestan gerne als Beizvogel gehalten wurde. Es ist durchaus denkbar, daß der Stammesführer Ertogrul einen liebgewordenen Jagdgefährten mit in die Emigration nahm, der den in Kleinasien heranwachsenden Generationen unvertraut war und ihre Phantasie beflügelte, was recht gut für die Veranlassung für eine derartige Spekulation gewesen sein mag.

Für eine derartige Erklärung bietet sich der präsumptive Lebensstil Ertoguls sicherlich an; fast alle seine Nachkommen waren begeisterte Jäger, und am späteren Sultanshof wurden stets Jagdhunde und Beizvögel in großer Zahl gehalten, auch wenn sich unter diesen nur mehr selten Adler befanden. Daß Ertogrul ein begeisterter Jäger war, darf als sicher gelten, wie ebenso als sicher angenommen werden muß, daß er sich auch gefiederter Jagdgehilfen bediente.

6 Es ist durchaus am Platze, des großen Rechtshistorikers *Felix Dahn* (1834–1912) zu gedenken, dessen zwanzigbändiges Hauptwerk »Die Könige der Germanen« nach wie vor die unersetzliche Basis unseres gesamten historischen Wissens von der Völkerwanderungszeit bildet. Berühmter denn als Geschichtsforscher wurde der gebürtige Hamburger zu seiner Zeit allerdings als Schöpfer einer Vielzahl von historischen Romanen, die in ihrem Wesen nichts sind als die Frucht eines intellektuellen Zwanges, sich die Namen, die sich aus der Unzahl der ausgewerteten Urkunden und sonstigen Quellen ergaben, als mit Blut und Leben erfüllte Persönlichkeiten handelnd in historischen Bezugsfeldern vorzustellen, woraus der naheliegende Versuch wurde, diese Vorstellungen in romanhafte Form zu bringen und gesondert zu publizieren. Der Versuch gelang über alle Erwartungen gut, und der Erfolgsschriftsteller Felix Dahn schob sich derart nachhaltig vor den Gelehrten Felix Dahn, daß er im Bewußtsein seiner Zeitgenossen – mit Ausnahme seiner Fachkollegen und Hörer – zum großen Literaten, dem Autor vielgelesener historischer Romane wurde und vor allem als solcher seine Zeit überlebte. Darin liegt eine gewisse persönliche Tragik; sein Stil ist der seines Zeitalters und wirkt durch seine gelegentliche Schwülstigkeit, vor allem bei Beschreibung der handelnden Frauen, antiquiert; seine Gestaltungskraft ist im Übermaß auf die Repetition derselben Grundsituationen und Charaktere in den verschiedenen Germanenreichen fixiert; eine allerdings höchst beachtliche Langzeitwirkung erzielte er nur mit seinem »Kampf um Rom«, der heute noch viel gelesen wird und mit Recht als vorbildhafte literarische Bearbeitung eines gewaltigen historischen Stoffes gelten darf. Diese ist allerdings nicht ganz frei von Schwächen und negiert vor allem die doch höchst bedeutende temporäre Distanz zwischen Beginn und Ende des Handlungsablaufes in Beziehung auf die handelnden Personen in einer sachlich sehr zu bedauernden Weise.

Die Verteufelung deutscher heroischer Literatur ließ Dahn nach dem Ende des Zweiten Weltkrieges als persona non grata erscheinen, und viele wollten in ihm auch einen der geistigen Vorläufer der rassistischen Ideen des Nationalsozialismus erkennen, weil seine begeistert und begeisternd geschilderten germanischen Helden häufig blondhaarig und blauäugig waren. Das aber ist unschwer als einer der Irrtümer dieser an Irrtümern so reichen Epoche zu erkennen, denn Felix Dahn war zwar deutscher Patriot, aber im Sinne jenes konservativen Patriotismus der Vorkriegszeit, der antisemitische Tendenzen absolut ablehnte. Nicht nur, daß Dahn Juden zu seinen persönlichen Freunden zählte, kommen diese auch in seinen Werken meist außerordentlich gut weg, und es ist wohl nur der bis in den Zweiten Weltkrieg ungebrochenen Popularität der Werke Dahns gerade in den Kreisen der nationalen deutschen Jugend zuzuschreiben, daß sie von der Reichskulturkammer nicht aus dem Verkehr gezogen wurden. Dies gilt vor allem für »Ein Kampf um Rom«: Kaum eine Familie findet sich in seinem Gesamtwerk so idealisierend und innig dargestellt wie die des jüdischen Torwächters von Neapel.

Auch als Balladendichter ist Dahn zu nennen, und es finden sich hier Meisterballaden wie »Hagens Sterbelied«, »König Manfreds Tod« oder »Das Lied vom treuen Gordon« neben eher banalen Versen, was sich indessen auch von ganz großen Dichtern sagen läßt. Für seine Gedichte verwendete er übrigens auch die englische und lateinische Sprache, und mehrere sind sogar zweisprachig, was sicherlich eine gelehrte Spielerei ist, aber auch Virtuosität und Eleganz erkennen läßt, mit welcher er Sprachen beherrschte. Als Beispiel möge das Huldigungsgedicht dienen, mit dem er den Kaiser des neuen Deutschen Reiches 1871 feierte:

Macte Imperator!

Macte senex Imperator	Et corona Germanorum
Barbablanca, triumphator	Post viduvium saeculorum
qui vicisti Galliam	Reddidisti gloriam.

Heil dem Kaiser!

Heil dir, greiser Imperator	Und der Krone der Germanen
Barbablanca, Triumphator,	Witwe längst des Ruhms der Ahnen
Der du Frankreich niederzwangst,	Glanz und Schimmer neu gewannst.

Dahn, der sich begeistert für gesamtdeutsche Belange engagierte, nahm selbstverständlich am Krieg von 1870 teil, und zwar in einer doch eher überraschenden Funktion: Als freiwilliger Helfer des Roten Kreuzes. Der damals schon bekannte Gelehrte und Literat strebte nicht nach dem blutigen Lorbeer des Schlachtenglücks, sondern wandte sich bewußt den blutigen Opfern der Schlachten zu, und der hohe Ernst, der ihn erfüllte, findet wunderschönen Ausdruck im »Spruch bei Annahme des Roten Kreuzes. August 1870«:

»Vergiß dich selbst, dein Glück, dein Leid.
Sei gegen Graun und Furcht gefeit.
In Kampf und Not ein Held von Erz,
Dem Schmerz ein Balsam sei dein Herz.
Sei still und stark im Schlachtgedröhn
Und stirbst du so, so stirbst du schön.«

Höhepunkt seines kombattanten Erlebens war die Schlacht von Sedan, er widmete ihr, die er die »lange gesuchte, wochenlang durch die Nächte ersehnte, dröhnende, heilige, männermordende Feldschlacht« nennt, ein Gedicht, das er dem deutschen Heere zueignete. Mit dem ihm eigenen Pathos feiert er darin – wie überhoben war er doch dem kleinlichen, gehässigen Chauvinismus, der sich in unserem Jahrhundert breitgemacht hat – auch das Heldentum französischer Truppen, und besonders beeindruckte ihn eine Attacke, die »treffliche, tapfere, rühmliche Reiter« vortrugen und die im Schnellfeuer der preußischen Infanterie zerschellte. Dahn setzte ihnen in Worten ein ehrendes Denkmal:

»Sie fielen für Frankreich!
Doch Heil euch, ihr Helden!
Euer soll ehrend
Auch Deutschland gedenken!«

Die Schwerverwundeten wurden, nach erster ärztlicher Versorgung, die Deutschen und Franzosen gleichermaßen zuteil ward, auf Pferdewagen verladen und ins neutrale Belgien, das sich zu ihrer Aufnahme bereiterklärt hatte, gebracht. Transportführer war Felix Dahn, und schwermütig und düster, und dabei doch in dem Bewußtsein, im Dienste der Menschlichkeit zu handeln, macht er sich mit dem ihm anvertrauten blutigen Strandgut des Krieges auf den Weg:

»Ritt ich voran dem langen Zug,
der das Rote Kreuz im Banner trug...«

Und so ist Felix Dahn nicht nur als – zugegeben heute doch schon vielleicht etwas antiquierter – Erfolgsschriftsteller von vorgestern in die deutsche Kulturgeschichte eingegangen, sondern auch als einer der entscheidenden Erforscher der germanischen Geschichte, und darüber hinaus vor allem auch als engagierter Aktivist der Humanität, der er nicht nur wie so viele Schriftsteller, die sich heute eines viel besseren Nachrufs erfreuen, mit dem Wort und vom sicheren Schreibtisch aus diente, sondern mit der Tat, wie es die Tapferen mit den großen Herzen tun.

Daß seiner hier doch ziemlich ausführlich gedacht wird, ist nicht nur artikulierter Ausdruck der persönlichen Wertschätzung des Verfassers, sondern sachlich begründet: Das – dürftige – historische Wissen von den Umständen der Ansiedlung der Turkmenen Ertoġruls erzwingt die conclusio per analogiam zur Aufhellung des Sachverhaltes; als Vergleichsobjekt bietet sich aus den an gegebener Stelle angegebenen Gründen die Ansiedlung germanischer Völker im Gebiet des oströmischen Reiches an, und hier greift die Darstellung auf Dahn zurück. Nicht aber auf den berühmten Erfolgsschriftsteller, sondern auf den großen Historiker, an den bei Nennung des Namens Felix Dahn kaum gedacht wird.

[7] Erst im Zuge der Reformen Kemal Atatürks wurde der Familienname in der Türkei eingeführt. Im Osmanischen Reiche wurde zur genaueren Kennzeichnung einer Person dem Namen

ein Charakteristikum angefügt, das sich auf ein signifikantes Erscheinungsmerkmal, auf eine bekannte Eigenheit oder auf Rang, Herkommen oder verwandtschaftliche Verbindungen dieser bezog, um ihre Identifikation zu erleichtern.

Kara begegnet man als Beinamen häufig, und es sei hier daran erinnert, daß der bei uns bekannteste aller osmanischen Großwürdenträger, Mustafa Pascha aus Merzifon, ebenfalls als Kara → der Schwarze, in die Geschichte einging. Die vordergründige – und übliche – Interpretation, schwarz auf die Farbe von Bart, Kopfhaar und Auge zu beziehen, ist allerdings wenig befriedigend, da der Auffälligkeitswert der Färbung dieser im Orient notwendig gering ist, so daß von einem signifikanten Erscheinungsmerkmal keine Rede sein kann. Davon ausgehend ist man sogar darauf verfallen, dem als Kara Bezeichneten über eine auffallend dunkle Hautfarbe eine negroide Abstammung anzudichten, was indes zumindest bezüglich des frühen Großherrn Osman wie des späten Großwesirs Mustafa geradezu absurd ist, schon allein deshalb, weil es weder in den Zelten des chorasanischen, nach Anatolien verschlagenen Turkmenenführers Ertogrul, noch im provinziellen Anwesen des Kleinlehensmannes in Merzifon, der Kara Mustafs Vater war, etwas wie einen Neger oder Mulatten als Sklaven gab, der als letztlich doch notwendiger Erzeuger in Frage kommen könnte.

Vielleicht darf man folgern, daß weniger körperliche, als vielmehr charakterliche Merkmale zum Beinamen Kara führten, also der Bezeichnete schwermütiger war oder auch nur schweigsamer als die Gefährten seines Alters und seines Standes, daß er einen unheimlichen oder auch nur düsteren Eindruck auf Außenstehende hervorrief, wie dies verschlossenen Intellektuellen nicht eben selten geschieht.

III. Orkhan, der große Organisator

[1] *Asper* war die Grundeinheit des osmanischen Münzwesens; das Wort leitet sich von Aktsche → der Silberling ab. Drei Aspern machten einen Para, einhundertzwanzig Aspern einen Piaster.

Da seit der Modernisierung des Reiches in der Zeit Sultan Mechmeds II. wiederholt Geldwertänderungen vorgenommen wurden, wie dies so die erfolgreiche Finanzpolitik neuzeitlicher Staaten zu fordern scheint, ist es schwer, die Ausgangswerte zu rekonstruieren. Die angegebenen Wertgrenzen treffen für das siebzehnte Jahrhundert zu. In dieser Zeit betrug der Tagesbezug eines der höchstrangigen Offiziere der besoldeten Reichsarmee 100 Aspern. Dem Mann, von dem die Rede ist, wurde am 15. Juli 1683 in den Schützengräben vor Wien ein Fuß zerschmettert und er in den vorzeitigen Ruhestand versetzt, wobei er eine Versehrtenzulage von zehn Prozent zum Aktivbezug erhielt. Er war – nach unseren Rangordnungssystemen – General der Artillerie und Stellvertreter des Befehlshabers der Reichsartillerie, der gleichzeitig Generalinspekteur des gesamten Artilleriewesens war. Sein Ruhebezug war also etwa doppelt so hoch wie die geschätzte Ertragsfähigkeit des kleinsten Siamets, so daß man daraus schon einen gewissen Einblick in die effektive ökonomischen Verhältnisse der oberen Einkommensschichten gewinnen kann.

[2] Berücksichtigt man die soziologischen und ökonomischen Hintergründe, so ergeben sich zwangsläufig neue Aspekte für die Bewertung bestimmter historischer Ereignisse, die unserem traditionellen Geschichtsbild völlig fremd sind. Um nur ein Beispiel herauszugreifen sei der späteren Darstellung vorwegnehmend bemerkt, daß bei uns einhellig die Auffassung vertreten wird, Sultan Soliman Kanuni habe Wien 1529 erobern wollen, um es zu einer Stadt des Dar ul Islam zu machen, wogegen die osmanische Behauptung, es sei ihm darum gegangen, Österreich den islamischen Heerscharen zu »öffnen«, das heißt zur Plünderung zu überantworten, als höchst durchsichtiger Propagandadreh abgetan wird.

Nun gewinnt diese Behauptung aber an Bedeutung, wenn man bedenkt, daß Solimans zweiter Feldzug nach Ungarn die Wiedervereinigung Ungarns unter dem Zepter des früheren Wojwoden von Siebenbürgen, Johann Zapolya, der als König Johann die Anerkennung als Tributärkönig des Sultans gefunden hatte, bezweckte. Der Gegenkönig Ferdinand von Habsburg hielt Ungarn fast zur Gänze besetzt und war – finsterer Okkupator in den Augen der Osmanen – nicht bereit, seine Truppen zurückzuziehen, und des Großherrn Heer war aufgebrochen, um Ungarn von ihnen zu befreien. Als Feinde waren ausschließlich die habsburgischen Truppen und jene Ungarn, die sich weigerten, König Johann zu huldigen, zu behandeln, was ins Weltbild des osmanischen Kriegsmannes übertragen bedeutete, daß nur diese ausgeplündert und in Sklaverei geführt werden durften. Die schwachen habsburgischen Garnisonen zogen sich jedoch rasch und im allgemeinen ohne Feindberührung zurück, und die Zivilbevölkerung beeilte sich, des »König Hansen Banner auszustecken«, was ihr angesichts der militärischen Lage und der drohenden Rechtsfolgen wohl nur von jenen Historikern, denen jegliches Verständnis für daseinsbestimmende Effektivitäten abgeht, verübelt werden kann. Das machte den militärisch einfachen und politisch erfolgreichen Feldzug zu einem beutelosen und rundum defizitären Unternehmen für die Lehensleute, die nach der Kapitulation Budas, dessen aus »teutsche Knecht« bestehende Garnison gemeutert und die Zusicherung des freien Abzuges erlangt hatte, dem Sultan und der Generalität den Gehorsam verweigerten, die abziehenden Habsburgischen anfielen und die Stadt plünderten. Andere Truppenteile schlossen sich an, und um das Heer zum Gehorsam zurückzubringen, entschloß sich Soliman, der stürmisch vorgetragenen Forderung zu entsprechen und nach Österreich und damit ins Heilige Römische Reich einzubrechen, um erhebliche Kriegsbeute zu gewinnen. Daß er Wien bei dieser Gelegenheit gerne mitausgeplündert hätte, muß man unbestritten lassen, aber daß er die Absicht hatte, es zu behalten, ist kaum anzunehmen, zumal es eine Enklave weit vom osmanischen Hoheitsgebiet entfernt – die Grenze verlief damals etwas donauaufwärts von Belgrad – gewesen wäre, die für Dauer zu behaupten schlechterdings unmöglich war. Die osmanische Provinz Magyaristan bestand damals noch nicht und wurde erst nach dem Tod König Johanns aus dem neuaufflammenden Streit um Ungarn von Soliman als Notwendigkeit erkannt und begründet, womit wir uns im dritten Band eingehend beschäftigen werden.

[3] Die geplante Auflösung des Janitscharenkorps, die zur Ausrottung der Janitscharen eskalierte, ist die Folge der Kollisionen des Osmanischen Reiches mit dem revolutionären Frankreich einerseits und mit dem zaristischen Rußland andererseits, die beide eine höchst eindringliche Bekanntschaft mit dem europäischen Kriegswesen im Zeitalter Napoleons vermittelten. Sultan Selim III. (1789–1807), der gleich nach seinem Herrschaftsantritt den Krieg gegen Kaiser Josef II. zu beenden wünschte und nach dessen Tod durch den Frieden von Sistowo 1791 auch tatsächlich beendete, dem 1792 der Frieden von Yassy mit dem Zaren folgte, bemühte sich mit viel Eifer und Energie, das Osmanische Reich und vor allem das Heerwesen in westlichem Sinne zu reformieren. Er geriet dabei in Kollison mit den reaktionären Kräften, deren harter Kern die um ihre Sonderstellung besorgten Janitscharen waren, und wurde am 29. Mai 1807 zur Abdankung gezwungen. Ihm folgte Mustafa IV., der Selim im Kafes → Käfig genannten Palastgefängnis, das zur Aufbewahrung der nahen Verwandten des Großherrn diente, verwahren ließ, wo auch sein jüngerer Bruder Mahmud – der Sohn der schönen Aimee Dubucq de Rivery, von der in Anmerkung 15 zur Einleitung gesprochen wurde – einsaß. Mustafa IV. lief voll auf dem Kurs schärfster Reaktion und provozierte damit den Aufstand des reformfreudigen Bairaktar Mustafa Pascha, der mit seinen Truppen am 28. Juli 1808 Stambul stürmte und den Palast des Großherrn wenige Minuten, nachdem der letzte Befehl des Sultans Mustafa vollzogen worden war, erreichte. Und dieser letzte Befehl war die Erdrosselung Selims, dessen Leichnam noch voll Lebenswärme war, als Mustafa Bairaktar das Palastgefängnis aufbrach.

Nun wurde Mahmud der dreißigste Großherr der Osmanen; Mustafa IV. kam in den Kafes und wurde am 16. November 1808 auf Befehl seines Bruders erdrosselt. Diese Tötung war eine reine Notwehrmaßnahme, denn Bairaktar, den Mahmud zum Großwesir bestellt hatte und der Selims Reformen wieder einführte, war einem Putsch der Reaktion zum Opfer gefallen, deren Ziel die Reinstallation Sultan Mustafas war. Neben Bairaktar hätte Mahmud sein Leben verloren – Mustafas Tod aber machte ihn zum einzigen lebenden Osmanen und verschaffte ihm eine faktisch unangreifbare Position, die gerade für die siegreiche Reaktion nicht zu umgehen war.

Noch 1820 wurde das reaktionäre Regime durch die Erfolge der griechischen Aufständischen brüchig, und der Großherr konnte, von seinem »Statthalter« in Ägypten, Mechmed Ali, der in Wahrheit schon damals Selbstherrscher im Nilland war, unterstützt, eine zeitgemäße Armee aufzubauen beginnen, für die er sogar abendländische Instruktoren gewann.

1826 verfügte der Sultan die Auflösung des Janitscharenkorps und die Eingliederung der Ortas in die Verbände der europäischen Armee, was zum letzten Aufstand der ehemaligen Elitetruppe führte. Er brach am 14. Juni 1826 mit dem traditionellen Umstürzen der Kochkessel aus und war in ein paar Stunden erledigt, und die letzten Janitscharen, die sich in die Wasserleitungsanlage der Hauptstadt zurückgezogen hatten und in der »Zisterne der tausendundeinen Säule« verzweifelt verteidigten, wurden von den Angehörigen der neuen »Neuen Truppe« niedergemetzelt: Sultan Mahmud wünschte keine Gefangenen.

Auch die Kasernenkomplexe im Umfeld der Stadt wurden gnadenlos gesäubert, und die Janitscharen, die versuchten, in der Bevölkerung unterzutauchen, wurden fast alle entdeckt: Sie trugen – und das mutet allen jenen, die als Soldaten das Ende des Zweiten Weltkrieges erlebten und sich der von den Siegermächten veranstalteten Jagd auf die Angehörigen der Waffen-SS erinnern, geradezu modern an – ein auf dem Oberarm eintätowiertes Zeichen. 1945 war es die Blutgruppe, 1826 die »Hand Fatimas« oder das »Schwert des Propheten«.

Die Blutgruppentätowierung sollte die Behandlung des verwundeten SS-Mannes im Feldlazarett – die »Hand Fatimas« oder das »Schwert des Propheten« den Eintritt des gefallenen Janitscharen ins Paradies erleichtern. Es liegen somit ganze Welten zwischen den Zielvorstellungen, die aber doch zu verblüffend gleichartiger Kennzeichnung der Korpsangehörigen, gewissermaßen ihrer willkürlichen Stigmatisierung führten.

⁴ Es ist sicherlich unrichtig, das Institut der Sklaverei ausschließlich an jenem verbogenen Maßstab zu messen, der uns in
– der ebenso rührseligen wie erlogenen Geschichte von Harriet Beecher-Stowe, »Onkel Toms Hütte«, und in
– der auf dieser und ähnlichen Greuelmärchen aufbauenden Kriegspropaganda der Nordstaaten der USA im Umkreis des Bürgerkrieges
zugespielt worden ist.

In Wahrheit lebte um die Mitte des vorigen Jahrhunderts der Negersklave auf den Baumwollplantagen des Südens um sehr vieles besser als der freie, meist weiße Arbeiter in den Industrievierteln des Nordens, und zwar nicht obwohl, sondern vielmehr weil er Unperson und damit Sache und durch eben diese Verdinglichung Bestandteil des Vermögens seines Herrn war. Dieser wandte ihm damit jenes Maß an Fürsorge zu, das er für sein Vermögen aufzubringen vermochte: Die pflegliche Behandlung der Sklaven vergrößerte es und machte ihn damit reicher, der mutwillige Ruin der Sklaven aber hätte ihn verarmen lassen. Dem Industrieherrn im Norden hingegen, der die Arbeitskraft des freien Arbeiters anmietete und der ihm hierfür ein Entgelt bezahlte, das nach dem »Ehernen Lohngesetz« des David Ricardo bemessen wurde und damit eben ausreichte, ihm die Mittel zur Erhaltung seiner physischen Existenz, in der Terminologie der Nationalökonomen korrekt gesagt »zur Reproduktion der individuellen Produktionsenergie« zur verschaffen, war der Begriff der Fürsorge für die bei ihm Beschäftigten völlig fremd. Das Wesen der Industriearbeit bestand damals im »Lande des Fortschritts« in der Verrichtung einiger stereotyper Handgriffe, die vom nächstbesten ungelernten Arbeiter ebenso vollzogen werden konnten, so daß der einzelne willkürlich ersetzbar war, wofür die einzige Voraussetzung ein Überfluß an Arbeitskraft war, um dessen Bestand ein eigener Wirtschaftszweig, der durch seine Agenten für ständigen Nachschub an Einwanderern sorgte, sich erfolgreich bemühte. War die Anmietung von Arbeitskräften dem Industrieherrn nicht oder nur in reduziertem Ausmaß erwünscht, so mochte der Arbeiter sehen, wo er blieb, desgleichen, wenn er aus individueller Ursache, wie etwa Krankheit, an der Vermietung seiner Arbeitskraft verhindert war. Freilich war er frei, aber das Wesen seiner Freiheit bestand darin, daß er nach Belieben aus seinen Wohnhöhlen, den Slums, hervorkommen oder in diesen sterben konnte, ganz wie es weniger seinen Wünschen, als vielmehr seinen Möglichkeiten entsprach, die sich aus aktuellen Komponenten
– individueller (also etwa Krankheit) und
– genereller (also etwa Reduktion der Produktion wegen gesättigter Marktlage)
Natur ergaben.

Die Bedeutung des Arbeiters als Konsument, die sein Los später erträglich gemacht hat, war noch nicht erkannt, und eine Sozialfürsorge im europäischen Sinn gibt es in den USA auch heute nur in unzulänglichem Maß, so daß der »freie Arbeiter« unter den härtesten Bedingungen, jenen des in keiner Weise entschärften Existenzkampfes, zu leben gezwungen war, die ihn in wirtschaftlicher Hinsicht – und nur in dieser, was sehr genau zu beachten ist – in Wahrheit schlechter stellten als einen der Sklaven. Das »Privileg des Sklaven«, von seinem Herrn in dessen eigensten Interesse erhalten zu werden, machte das System zu aufwendig und damit unökonomisch: In südamerikanischen Staaten, die um 1850 ähnlich strukturiert waren wie die Südstaaten der USA, ging man noch im neunzehnten Jahrhundert von der Institution der Sklaverei ab, als man erkannte, daß es wesentlich billiger war, Lohnarbeiter je nach aktuellem Bedarf zu beschäftigen, als Sklaven permanent und ohne Rücksicht auf die jeweilige Rentabilität zu erhalten, ganz abgesehen davon, daß man sich beim »Lohnsklaven«, zu dem der Lohnarbeiter wurde, die Anschaffungskosten ersparte und das dafür aufgewendete Kapital für andere Investitionen verwenden konnte.

Die eklatante Grausamkeit und Unmenschlichkeit, die der Sklaverei notwendig anhaften, sind also in der Haltung von Sklaven an sich nicht oder zumindest nicht akzentuiert effektuiert, wohl aber in der gewaltsamen Überführung in Sklaverei, die hinsichtlich der Bedarfsdeckung des gesamtamerikanischen Marktes durch die Organisation von
- Sklavenjagden in Schwarzafrika und
- Seetransporten über den Atlantik
vollzogen wurde. Diese von den Weißen erzwungene Völkerwanderung des schwarzen Mannes ist, wie immer man es auch drehen und wenden will, eines der traurigsten Kapitel der Menschheitsgeschichte, und in der Aufrechterhaltung eines Systems, das die Organisierung von Menschenjagden und die Deportation der Beute dieser zu einem lukrativen Geschäft machte, liegt die moralische Schuld der Sklavenhalter.

Nun muß aber mit Nachdruck daran erinnert sein, daß die Sklaverei der Schwarzen in den Staaten der Neuen Welt nur eine Sonderform der Sklaverei an sich war, die sich von der sozusagen »klassischen« Sklaverei im alten Hellas oder in Rom sehr entscheidend abhob. Verbinden wir mit dieser die ausschließliche Vorstellung von unbezahlter, mühsamer und gefährlicher Schwerstarbeit in Steinbrüchen und Bergwerken, an den Ruderbänken der Galeeren und in überdimensionierten Gutsbetrieben, so ist diese zu einseitig und umfaßt nicht die globale Wirklichkeit, denn die Sklavenarbeit umfaßte *jegliche* Tätigkeit, die in einer reichen, wohlorganisierten und in vielen Lebensbereichen erstaunlich spezialisierten Gesellschaft denkbar ist. Nur barbarische Heere oder Völkerschaften, die in Kriegsgefangenschaft fielen oder militärisch unterworfen wurden, waren soziologisch derart homogen, das sie en bloc für »Sklavenarbeit« im Sinn der üblichen Vorstellungen herangezogen wurden, während hochentwickelte Gesellschaften und Truppen, die in Sklaverei fielen, aus reinen Zweckmäßigkeitsgründen schon frühzeitig differenzierter Behandlung unterfielen.

Als Sklaven organisierten phönizische Kaufleute die römischen Handelsfirmen, unterrichteten griechische Intellektuelle den Nachwuchs der senatorischen Familien, betrieben kretische Goldschmiede besteingerichtete Juwelierwerkstätten, wurden gallische und germanische Kraftbolde nach jahrelanger Ausbildung als Gladiatoren zu gefeierten Stars mit ähnlichen Ansprüchen wie heutzutage Spitzensportler, und sie trugen ein keineswegs größeres Berufsrisiko, denn in der »Kampfmannschaft« einer Gladiatorenschule steckte ähnlich viel Kapital wie heute in einer Fußballprofimannschaft, und der Schulhalter konnte es sich ganz einfach nicht leisten, eine ständige Verlustquote zu haben. Die Erträge dieser Art von Sklavenarbeit wurden zwischen dem Herrn und dem Sklaven nach einem individuell vereinbarten Schlüssel geteilt; der Sklavenanteil war das peculium, das der daran interessierte Sklave zum eigenen Freikauf verwenden konnte. Der Freigelassene wurde – wie bei Erörterung der Rechtsstellung der Piyaden bereits gesagt – cives Romanus, und das war eine sehr bedeutende Sache in jener Zeit, in der sich Rom zur Herrin des Mittelmeerraumes aufschwang, vor allem wenn man bedenkt, wie zögernd die Republik mit der Verleihung der Staatsbürgerschaft war und wie lange selbst die umwohnenden Latiner nur als Staatsbürger zweiter Klasse behandelt wurden, die zwar alle Lasten zu tragen, aber beinahe keine politischen Rechte hatten.

Wie es zu unserer Zeit »Staatsbürgerschaftsehen« gibt, die nur die Erlangung einer fremden Staatsbürgerschaft bezwecken, gab es damals die »Staatsbürgerschaftssklaverei«, den freiwilligen Eintritt in das Sklavenhaus eines Römers mit im voraus vereinbarter oder sogar bezahlter Freikaufsumme, um nach einiger Zeit Freigelassener und damit Bürger Roms zu werden. Es gab auch noch andere Gründe für den freiwilligen Eintritt in die Sklaverei, für römische Bürger vor allem die Armut, die sogar Vollbürger so weit bringen konnte, die Sorge um seinen Unterhalt einem wohlhabendem Mitbürger zu übertragen und ihm dafür als Sklave zu dienen. Auch unfreiwillig konnte der Bürger zum Sklaven werden, schuldenhalber zur Befriedigung seines Gläubigers, oder der Dame aus senatorischer Familie, die mit einem Sklaven den Geschlechtsverkehr vollzog, wurde zur Sklavin seines Herrn. Selbst Ehrgeiz kam als Motiv des Übertritts in Frage: Wer Gladiator – und damit Profisportler – werden wollte, mußte vorher Sklave werden, und die glänzenden Verdienstchancen und sonstigen erfreulichen Aussichten bewogen in der frühen Kaiserzeit vor allem junge Gardeoffiziere, den Abschied zu nehmen und in die Arena zu gehen.

Es gab also eine Vielzahl von Gründen, um das vorgeblich so finstere Los des Sklaven sogar freiwillig auf sich zu nehmen, und es ist völlig falsch, bei Nennung der Institution nur an jene Sklaven zu denken, die in den italischen Steinbrüchen schufteten, die Galeeren über das Mittelmeer ruderten oder in Dixieland Baumwolle pflückten. Denn die Sklaverei kannte auch die polare Entwicklungsform: Slaven und Sklavinnen, die überhaupt nicht zu arbeiten brauchten, dekorative Lustgeschöpfe ihrer Herrinnen und Herren, die in Wahrheit ihre Damen waren, oder ausgesprochene Renommiersklaven, die wie Kunstgegenstände erworben und behandelt wurden. Schon daraus ergibt sich, daß aus der formellen Rechtsstellung des Sklaven sich überhaupt nichts ableiten läßt, was die Effektivität seiner Lebensumstände zwingend ergeben würde, und die einzige Norm, die sich gewinnen läßt, spricht für eine gewisse Stabilität seiner Lage: Immer war er Bestandteil des Vermögens seines Herrn und genoß damit den Schutz des »Wertinteresses«, was bedeutet, daß er keiner Behandlung unterzogen wurde, die seinen Verkaufswert geschmälert hätte.

Für die Sklaven der römischen Kaiser ergab sich ein weites Betätigungsfeld durch die Bürokratisierung der Verwaltung, deren enormer Bedarf für einige Generationen nur durch den Einsatz von Schreibsklaven befriedigt werden konnte. Die Entwicklung fand ihren Höhepunkt unter Kaiser Hadrian, während dessen Regierungszeit überhaupt nur Sklaven im Kanzleidienst, und zwar auch als Leiter wichtiger Staatsämter, Verwendung fanden, was dann allerdings den Unmut der freien Bürger auslöste und in der Folgezeit zu der Kompromißlösung führte, daß in der kaiserlichen Wirtschaftsverwaltung weiterhin Slaven eingesetzt wurden und selbst Schlüsselpositionen bekleideten, während im Kanzleidienst der Hoheitsverwaltung der Einsatz von Sklaven nur in untergeordneten Stellungen gestattet war.

Wir wissen bereits, daß die Verwendung von Sklaven christlichen und jüdischen Glaubens im islamischen Reich ab dem Kalifat der Omaijaden im Verwaltungsdienst üblich wurde, wozu im Kalifat der Abbasiden die Verwendung von Sklaven als Militärsklaven kam. Im Osmanischen System waren beide Verwendungsarten gebräuchlich, allerdings mußten die Sklaven im Verwaltungsdienst mindest seit Mechmed Fatih ebenso Moslems sein wie die Militärsklaven. Seit dieser Zeit aber konnte überhaupt nur der Sklave in die Reichshierarchie aufgenommen werden, nur er konnte zu Rang und Würden aufsteigen, und nur er konnte als Beauftragter des Großherrn über die Freien gebieten. Das ergab in gewissem Sinne eine Umkehrung der für die Rechtsordnungen, die das Institut der Sklaverei kennen, üblichen Rechtslage: Dem Sklaven des Großherrn kam ein Monopol für die Verwendung in der Reichsverwaltung zu, und diese Monopolstellung gab ihm in einem entscheidenden sozialen Belang ein Vorrecht gegenüber dem freien Türken.

⁵ Das Fehlen des Priesterstandes war für die abendländische Welt stets äußerst schwer zu verstehen, und immer wieder neigte man dazu, den islamischen Gelehrten als eine Art von Pfarrer oder Pastor anzusehen, zumal seine Tätigkeit an einer islamischen Universität → Medresse immer an eine Moschee gebunden war und den Angehörigen seines Standes Leitungsbefugnisse bei gemeinsamen gottesdienstlichen Vorrichtungen zugekommen sind und immer noch zukommen.

Wie tief verwurzelt dieser Irrtum war, ergibt sich nicht zuletzt aus der Einrichtung eines eigenen islamischen »Seelsorgedienstes« im k.u.k. Heer, das für die Betreuung der Moslems eigene Militär-Imame anstellte, die den römisch-katholischen Militär-Pfarrern und den evangelischen Militär-Seelsorgern gleichrangig waren. Sie unterstanden dem 15. Korpskommando in Sarajewo und taten Dienst bei den vier bosnisch-herzegowinischen Infanterieregimentern, die schon vor der erst 1908 erfolgten Annektion des 1878 okkupierten Gebietes Bosnien und Herzegowina aus den Landesbewohnern rekrutiert wurden. Das Okkupationsgebiet war 1900 in die vier Ergänzungsbezirke

- Sarajewo,
- Banja Luka,
- Dolnja Tuzla und
- Mostar

gegliedert.

Als Besonderheit sei aufgeführt, daß dem Gendarmerie-Korps für Bosnien und Herzegowina, das damals Teil des k.u.k. Heeres war, im Jahre 1900 noch einhundert Mann angehörten, die aus dem osmanischen Gendarmeriedienst, der von einer zumindest in Bosnien als »Panduren« bezeichneten Sondertruppe versehen wurde, übernommen worden waren. Diesen waren die ursprünglich geführten Dienstgradbezeichnungen belassen worden; sie lauteten

- Serdar,
- Podserdar,
- Büljükbascha,
- Harambascha,
- Pandur.

Auch für deren seelische Betreuung waren die Militär-Imame zuständig.

Anhang

1. Übersichtstafeln

Vorbemerkung:
Basis der Erstellung ist das vollentwickelte Ämterwesen des sechzehnten und siebzehnten Jahrhunderts; auf den Zeitpunkt der Einführung der einzelnen Institutionen konnte mit Rücksicht auf die Übersichtlichkeit kein Bedacht genommen werden, so daß der chronologische Ablauf zugunsten der Systematik vernachlässigt wird.

Die Rechtsgrundlagen

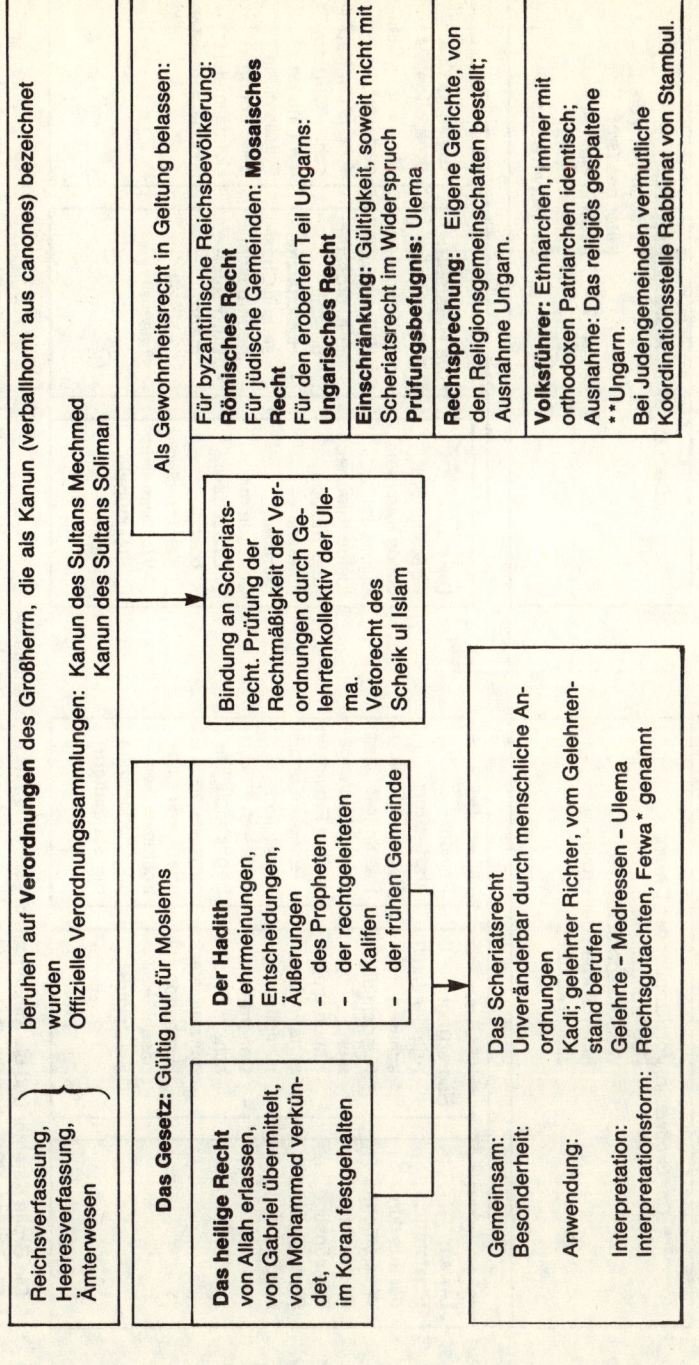

Reichsverfassung, Heeresverfassung, Ämterwesen } beruhen auf **Verordnungen** des Großherrn, die als Kanun (verballhornt aus canones) bezeichnet wurden
Offizielle Verordnungssammlungen: Kanun des Sultans Mechmed
Kanun des Sultans Soliman

Das Gesetz: Gültig nur für Moslems

Als Gewohnheitsrecht in Geltung belassen:

Für byzantinische Reichsbevölkerung: **Römisches Recht**
Für jüdische Gemeinden: **Mosaisches Recht**
Für den eroberten Teil Ungarns: **Ungarisches Recht**

Einschränkung: Gültigkeit, soweit nicht mit Scheriatsrecht im Widerspruch
Prüfungsbefugnis: Ulema

Rechtsprechung: Eigene Gerichte, von den Religionsgemeinschaften bestellt; Ausnahme Ungarn.

Volksführer: Ethnarchen, immer mit orthodoxen Patriarchen identisch; Ausnahme: Das religiös gespaltene
**Ungarn.
Bei Judengemeinden vermutliche Koordinationsstelle Rabbinat von Stambul.

Bindung an Scheriatsrecht. Prüfung der Rechtmäßigkeit der Verordnungen durch Gelehrtenkollektiv der Ulema.
Vetorecht des Scheik ul Islam

Das heilige Recht von Allah erlassen, von Gabriel übermittelt, von Mohammed verkündet, im Koran festgehalten

Der Hadith Lehrmeinungen, Entscheidungen, Äußerungen
- des Propheten
- der rechtgeleiteten Kalifen
- der frühen Gemeinde

Gemeinsam: Das Scheriatsrecht
Besonderheit: Unveränderbar durch menschliche Anordnungen
Anwendung: Kadi; gelehrter Richter, vom Gelehrtenstand berufen
Interpretation: Gelehrte – Medressen – Ulema
Interpretationsform: Rechtsgutachten, Fetwa* genannt

* Ein Fetwa konnte von einem Gelehrten, von einer Medresse oder von der Ulema stammen. Die Fetwa-Sammlungen waren für die Rechtsentwicklung durch Interpretation von größter Bedeutung. Wichtigste Fetwa-Sammlung: Multekka.

** In **Magyaristan** wurde der berühmte Jurist Stefan Werböczy, vormals Palatin und Redakteur des ungarischen Rechts (Tripartitum Verbösianum) zum Ethnarchen bestellt.

375

Die Führungsspitze

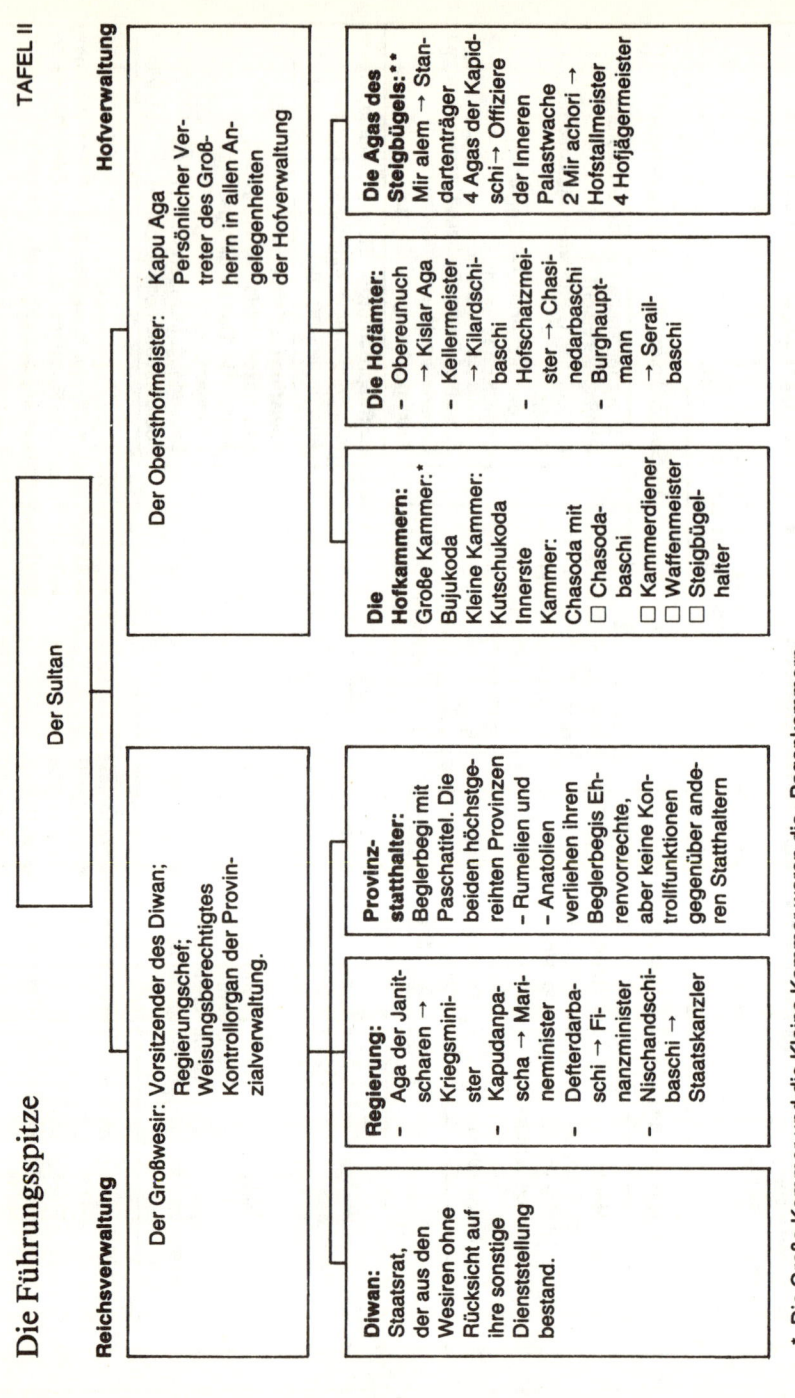

Der Sultan

Reichsverwaltung	Hofverwaltung

Der Großwesir: Vorsitzender des Diwan; Regierungschef; Weisungsberechtigtes Kontrollorgan der Provinzialverwaltung.

Der Obersthofmeister: Kapu Aga Persönlicher Vertreter des Großherrn in allen Angelegenheiten der Hofverwaltung

Diwan: Staatsrat, der aus den Wesiren ohne Rücksicht auf ihre sonstige Dienststellung bestand.

Regierung:
- Aga der Janitscharen → Kriegsminister
- Kapudanpascha → Marineminister
- Defterdarbaschi → Finanzminister
- Nischandschibaschi → Staatskanzler

Provinzstatthalter: Beglerbegi mit Paschatitel. Die beiden höchstgereihten Provinzen – Rumelien und – Anatolien verliehen ihren Beglerbegis Ehrenvorrechte, aber keine Kontrollfunktionen gegenüber anderen Statthaltern.

Die Hofkammern:
Große Kammer:*
Bujukoda
Kleine Kammer:
Kutschukoda
Innerste Kammer:
Chasoda mit
☐ Chasodabaschi
☐ Kammerdiener
☐ Waffenmeister
☐ Steigbügelhalter

Die Hofämter:
- Obereunuch → Kislar Aga
- Kellermeister → Kilardschibaschi
- Hofschatzmeister → Chasinedarbaschi
- Burghauptmann → Serailbaschi

Die Agas des Steigbügels:**
Mir alem → Standartenträger
4 Agas der Kapidschi→ Offiziere der Inneren Palastwache
2 Mir achori → Hofstallmeister
4 Hofjägermeister

* Die Große Kammer und die Kleine Kammer waren die »Pagenkammern«.

** Die Agas des Steigbügels, der Waffenmeister und der Steigbügelhalter bildeten das zivile Gefolge des Großherrn, wenn er offiziell den Palast verließ.
Die Agas des Steigbügels und die Agas des Heeres (s. Tafel III) wurden gemeinsam die »Äußeren Agas« genannt.

Spitzengliederung der Reichsarmee → Kapi kulu

Der Aga der Janitscharen als Kriegsminister

Dargestellt ist die Friedensgliederung. Im Kriege wurde der Oberbefehl vom

☐ Großherrn oder
☐ Großwesir oder
☐ Serasker → bestellter Feldherr

ausgeübt;

der Aga der Janitscharen führte nun das Korps persönlich.

Kethüda der Janitscharen. Gliederung der Janitscharen s. Tafel VII.

Topdschibaschi: General der Artillerie und Generalinspekteur aller Artillerietruppen sowie aller Reichsfestungen. Die Topdschis bildeten eine stehende Truppe, die zu den besoldeten Teilen der Reichsarmee zählte.

Topardschibaschi: General der Traintruppe, die für das gesamte Transport- und Nachschubwesen der Reichsarmee verantwortlich war. Kadertruppe, die im Kriegsfall durch

– Anmietung von Gespannen und
– befohlenem Gespanndienst christlicher Untertanen

aufgestockt wurde.

Dschebedschibaschi: General der ursprünglichen »Waffenschmiede«, der für die gesamte Feldzeugausstattung der Reichsarmee verantwortlichen Arsenaltruppe. Spezialtruppe, die im Frieden stets auf vollem Stand gehalten wurde.

Mechterbaschi: General der »Zeltaufschlägertruppe«, der für die Auswahl der Lagerplätze des marschierenden Heeres und deren Einrichtung verantwortlich war; in etwa mit einem Generalquartiermeister vergleichbar. Kadertruppe, im Kriegsfall durch Werbung aufgestockt.

Kommandeure der Gardekavallerierregimenter: Titel Aga der

– Sipah
– Silihdar
– Sol-Gureba
– Sag-Gureba
– Sol-Ulufedschi
– Sag-Ulufedschi

Nur die Regimenter

→ Buluks
☐ Sipah und
☐ Silihdar

wurden ständig präsent gehalten, die übrigen waren Kadertruppen, die im Kriegsfall durch Werbung aufgestockt wurden. Die Kriegsstärke je Buluk 1 000 Mann.

Geschützarten:

Balyemez – überschwere Geschütze, meist nur im Rahmen der Festungsartillerie verwendet; Geschoßgewicht 10–40 Okka

Kolumbrinen – relativ weitschießende, schwere Feldkanonen; Geschoßgewicht 3–9 Okka

Schahi – leichte Feldkanonen mit darunterliegendem Kaliber

Mörser – großkalibrige Steilfeuerwaffen geringer Schußweite.

Bemerkungen:

1. Die genannten Generäle und Regimentskommandeure bildeten die »Pforte des Janitscharenagas«, in unserer Terminologie das Kriegsministerium.

2. Sie wurden die »Agas des Heeres« genannt, die mit den »Agas des Steigbügels« (s. Tafel II) das zeremonielle Gefolge des Großherrn bildeten und die »Äußeren Agas« genannt wurden.

Truppenkörper besonderer Art

Nobelgarde Müteferrika;
Kommandeur Müteferrikabaschi (?)

Übliche Definition mit Quellenangabe:

Prokosch (S 286): Gardereiter, denen verschiedene Pflichten oblagen

(S 287): Vacibürri aye (zu Berücksichtigende), Söhne von Großwesiren und anderen hohen Würdenträgern, die als besondere Gunst eine Müteferrika-Stelle bekommen haben.

Kreutel (K. M. S 185): Eine zum Großteil aus Söhnen hoher Würdenträger bestehende Sondertruppe von teils besoldeten, teils belehnten Dienstleuten des Sultans, die seinem unmittelbaren Gefolge angehörten....

(GA. S 16): ...Elitekorps der Müteferrika, eine Art Reichsadjutanten....

Vermutlich zutreffende Begriffsbestimmung:
Aus zwei Personengruppen gebildete Sondertruppe; Verwendung als

Nobelgarde:
Die mit Sonderlehen ausgestatteten »zu Berücksichtigenden«

Gemeinsam:
Jeder Truppenangehörige stand im Offiziersrang und verfügte über ein eigenes, bewaffnetes Gefolge

Generalstabskorps:
Die besoldeten, die höhere Führerlaufbahn anstrebenden Offiziere, als Gehilfen der obersten Führung verwendet.

Truppen des Hofstaates;
Befehlshaber Serailbaschi

	Innere Palastwache: Kapidschi	Äußere Palastwache: Bostandschi
Truppenbezeichnung	Kapidschibaschi	Bostandschibaschi
Offizierstitel	Aga der Kapidschi	Aga der Bostandschi
Aufgabenbereich	Aufrechterhaltung der Ordnung – im Serail und – den Serailhöfen; Bewachung der Tore und Einlässe	Bewachung der Außenmauern des Palastareals; Aufrechthaltung der Ordnung in Gärten und Parkanlagen; Verrichtung von Hilfsarbeiten bei Bestellung der Gärten; Bemannung der zum Hofstaat gehörigen Barken und Galeeren.
Kennzeichnung	Eigenartig geformte Goldhaube → Uskuf	Bareta; Mütze mit ballonartig herabhängendem Oberteil in roter Farbe: Urform des europäischen Baretts.

Belehnte:

Lehensreiter → Sipah

Inhaber eines
- Kleinlehens → Timar
  oder
- Großlehens → Siamet.

Zur Kriegsdienstleistung auf eigene Kosten und je nach Ertragsfähigkeit zur Stellung berittener Waffenknechte → Tschebellis verpflichtet. Beschränkung der Dienstpflicht in Offensivkriegen auf »Halbjahr des Krieges«

Lehensmänner zu Fuß → Piyaden. Spezialtruppe für Pionierdienst, im Kriege durch Arbeitskommandos christlicher Hilfstruppen unterstützt. Beschränkung der Dienstpflicht wie Lehensreiter; keine Pflicht zur Stellung von Waffenknechten.

Provinztruppen:

Yerli kulu, auch Levends.

Von den Provinzen auf eigene Kosten aufgestellte, ausgerüstete und besoldete Truppen, deren Befehlshaber immer der Beglerbegi war.

Truppenkörper

Deli → leichte Reiterei,

Gönüllü → leichte Reiterei, zum Unterschied von den Deli vermutlich Kadertruppe

Provinzartillerie

Sejmen → berittene Gendarmerie, vermutlich bei Provinztruppen auch im Kriegsfall belassen.

Der Kampfwert der Provinztruppen war höchst unterschiedlich; die des Beglerbegi von Bosnien etwa waren meist Eliteformationen, andere wieder kaum von kombattantem Wert.

Heerfolgepflichtige Kontingente:

(ohne Berücksichtigung der Gleichzeitigkeit)

- Truppen des Khans der Krimtataren; leichte Reiterei höchst unterschiedlichen Kampfwerts, aber beständiger Raublust; Sollstärke 15 000 Mann

- Truppen serbischerTributärfürsten; zum Teil Panzerreiter, sonst überwiegend leichte Reiterei, seltener Fußvolk; bei entsprechendem Engagement ausgesprochene Elite-Truppen; Truppenstärke unbekannt

- Truppen des Bulgarenkhans; etwa wie serbische Kontingente zu bewerten; Truppenstärke unbekannt

- Truppen der Wojwoden von Moldau (heute UdSSR) und der Walachai (heute Rumänien); mangelhaft bewaffnete Truppen, die 1683, je 4 000 Mann stark, überwiegend für Arbeiten im Lager, in dessen unmittelbarer Umgebung, für Fouragierung und dergleichen verwendet wurden

- Truppen des Fürsten von Siebenbürgen; echte, gut bewaffnete Verbände, die vor allem 1683 in Erscheinung traten und zur Lösung selbständiger Aufgaben verwendet wurden; Truppenstärke 20 000 Mann

- Truppen des Königs von Ungarn Johann Zapolya oder des Kuruzzenkönigs Imre Tököly, die bei beiden Belagerungen Wiens in Erscheinung traten; die religiöse Spaltung färbte auf den Kampfwert der Truppen ab: Entschlossene Haltung zeigten die Protestanten, während die Katholiken wenig zuverlässig waren. Truppenstärke 1683 etwa 40 000 Mann.

Provinzialverwaltung; Kriegsmarine; Asaben; Akindschi; Vojnuk

Provinzialverwaltung:

Die Provinz wurde genannt; an ihrer Spitze stand der Beglerbegi als Träger der Staatsgewalt mit großer Autorität. Er bildete eine Provinzialregierung, in der allerdings zwischen dem Provinzialrat und den Amtsträgern der Verwaltung nicht so genau unterschieden wurde wie zwischen Diwan und Reichsregierung. Dem Provinzialrat gehörten an:

- Wilajet oder
- Paschalik

☐ Defterdar
☐ Vertreter der Medressen
☐ Kadi
☐ Vertreter der christlichen Kirchen und
☐ Vertreter der jüdischen Gemeinden.

Das Wilajet war in Bezirke gegliedert, die von Sandschakbegs verwaltet wurden. Der Pascha durfte Kleinlehen vergeben, doch unterstand die Lehensreiterei dem von ihr gewählten Alay-Beg.

Kriegsmarine:

Das Küstengebiet und die Meereseinschlüsse wurden als einheitliche Provinz angesehen und dem

- Kapudanpascha

unterstellt, der ursprünglich einem Beglerbegi gleichrangig war, später aber das Marineministerium betrieb.

Den Sandschakbegs entsprachen die

- Deryabegs → Herren des Meeres, die für

☐ Küstenverteidigung
☐ Küstenschiffahrt und
☐ nautische Einrichtungen

ihres Distrikts verantwortlich waren. Die Dienstpflicht der in der Küstenprovinz Belehnten wurde vom

- Reiterdienst in
- Flottendienst

umgewandelt.

In der Blütezeit von Reich und Flotte stand das Marinewesen meist unter dem Einfluß nordafrikanischer Moslems, deren berühmtester der Kapudanpascha Haireddin Barbarossa war.

Asaben: Von den Stadtgemeinden gestellte, ausgerüstete und besoldete Miliz zu Fuß, die im Kriege aufgestellt wurde. Sie wurde unter einheitlichem Kommando zusammengefaßt und bildete die leichte Infanterie der Reichsarmee; ihr Kampfwert war problematisch. In Ägypten scheinen die Asaben eine leichte Kavallerietruppe gebildet zu haben.

Akindschi: Aus Freiwilligen, die wie die Lehensreiter auf eigene Kosten am Kriege teilnahmen, gebildete Reiterei, die dem einheitlichen Kommando des Akindschi Beg unterstellt waren. Sie dienten in der Hoffnung auf Beute und Belehnung und wurden vor allem für

- Aufklärung,
- Kleinkriegsaktionen und
- Verfolgung

verwendet. Durch die Raschheit ihrer Aktionen, die sie tief ins Feindesland zu führen vermochten, stellten sie die abendländische Kriegführung vor schwierige Probleme. Der Bevölkerung der angegriffenen Staaten erschienen sie als die gefürchteten »Senger und Brenner«.

Vojnuk: Aus den kriegstüchtigen Teilen der unterworfenen christlichen Balkanvölker, die zu Kriegern → Vojnikis erklärt und von der Kopfsteuer befreit wurden, gebildete und überwiegend mangelhaft bewaffnete Sondertruppe, die vor allem im Sicherungsdienst verwendet wurde. Wahrscheinlich wurde die ganze Truppe oder wurden mindest namhafte Teile von ihr dem Toparadschibaschi zur Bedeckung der Nachschubkolonnen und zum Freihalten der Verdindungslinien unterstellt.

Das Korps der Janitscharen

I. Entwicklung:

Gründung durch Sultan Orkhan vermutlich 1328 als Neue Truppe, die das überalterte Militärsklavenkorps Sultan Osmans ersetzen sollte. Berater des Sultans bei Schaffung der rechtlichen und organisatorischen Grundlagen:

- Hadschi Bektasch, Gründer eines Derwischordens
- Kara Charil Tschendereli, Heeresrichter

Rekrutierung: Ausschließlich durch

- Kriegsgefangene
- Knabenlese der unterworfenen christlichen Bevölkerung.

Rechtsstellung: Militärsklaven mit Anspruch auf
- □ Unterhalt,
- □ Sold,
- □ Geschenke zu üblichen Anlässen.

Stärke: Ursprünglich 1 000 Mann, rasch ansteigend, Sollstärke zuletzt 40 000

Reform des Sultans Mechmed II:

- Eingliederung der Segbane aus dem großherrlichen Jagdgefolge
- Bestellung eines Befehlshabers, des Segbanschi und dreier weiterer Generäle
  - □ Saghardschibaschi
  - □ Samsundschibaschi
  - □ Turnadschibaschi

Reform des Sultans Jawuz Selim:

- spätestens nun Eingliederung der Truppe der Tschauschen unter dem Tschauschbaschi
- Bestellung des Oberbefehlshabers → Aga der Janitscharen und seines Stellvertreters, des Kethüda oder Kul kiaja.

II. Gliederung:

A. Verwaltungsmäßig Orta, etwa Bataillon	Bezeichnung	B. Taktisch
		Kompanie, türkische Bezeichnung unbekannt
Dschorbadschibaschi → Oberster Suppenkoch, etwa Oberst	Kommandant	Aga → hier: Hauptmann
Adschibaschi → Oberster Koch, etwa Oberstleutnant;	Gehilfen des Kommandanten, →Stabsoffiziere →	Kethüda → hier: Oberleutnant; Odabaschi, der »Stubenherr«, in der Funktion des bei uns üblichen Dienstführenden Unteroffiziers, im Soldatenjargon »Spieß«
Sakkabaschi → Oberster Wasserträger, etwa Major; Wekelichardsch → Verpflegungskassenverwalter	Offiziere →	
	Ranghöchster Unteroffizier,	Chassekibaschi
	Unteroffiziere	Chassekis
	Unteroffiziere in Sonderfunktion	Dewedschi → Kameltreiber; Nachschubunteroffizier; Muhsir → Gerichtsdiener, Schreibstubenunteroffizier

Mannschaftsdienstgrad je nach Ortabezeichnung
- Janitschar   - Segban   - Yaya

Ortabenennung:

Orta 1 bis 62 Yeni tscheri	Orta 63 bis 96 Segban	Orta 97 bis 196 Yaya

III. Sondertruppe der Tschauschen:

A. Übliche Definitionen mit Quellenangabe

Frank (S 309): Staatsbote, Feldwebel

Toifel (S 636): Staatsbote

als Çavus geschrieben

Prokosch (S 287): Hauptmann, später Leibwächter und hoher Offizier zur besonderen Verwendung des Sultans

Kreutel (KM S 193): Am Sultanshof wie im Janitscharenkorps als Ordner bei Aufzügen, als Stabsordonnanzen und Kommissäre mit besonders wichtigen Aufträgen sowie als Gesandte verwendete Angehörige eines Pfortenmarschall (s. d.) unterstehenden Elitekorps.

B. Vermutlich zutreffende Begriffsbestimmung:

Die Tschauschen sind in unser militärisches Vorstellungssystem übertragen eine Art Feldgendarmerie oder Militärpolizei, der auch die Funktionen eines Staatssicherheitsdienstes zugewiesen waren.

Ihr Befehlshaber, der Tschauschbaschi oder Baschtschausch, war etwa der Sicherheitsbeauftragte des Reiches. Im Rang entsprach er dem Kethüda des Janitscharenkorps.

IV. Bewaffnung, Uniformierung, Dienstgradkennzeichnung:

A. Ursprünglich Bogen, Säbel, Dolchmesser; nach ortawaiser Einführung der Feuerwaffe tritt ein eigenartiges Gewehr mit kurzem, charakteristischem Kolben an die Stelle des Bogens; der Dolch wird durch ein langes Messer mit gabelförmig geteiltem Griff, der es zum Auflegen eines Gewehres geeignet macht, ersetzt.

B. Einheitliche weiße Mütze, deren Kopfteil mit Sägespänen gefüllt war und gegen Säbelhiebe die Funktion eines Helmes erfüllte; an der Vorderseite eine Schlaufe zum Einstecken des Eßlöffels. Diese Mütze, die Ketsche genannt wurde, war vorgeschrieben und bildete die eigentliche Uniform der Janitscharen. Sie trugen meist als eine Art Tracht blaue Tuchhosen und rote Saffianlederschuhe.

C. Die Stabsoffiziere trugen eine helmartige Haube, Kuka genannt, die im Friedensdienst mit Reiherfedern geschmückt war. Der Dschorbadschibaschi trug eine repräsentative Schöpfkelle. Ihnen war die Verwendung von Reitpferden gestattet. Die Generäle trugen einen Überrock aus grünem Samt, der mit Luchsfell gefüttert war; der Aga der Janitscharen einen Überrock aus Goldbrokat mit herabhängenden Ärmeln, der mit Hermelin gefüttert war.

V. Besonderheiten im Zeremoniell:

Der Anspruch auf Verpflegung durch den Großherrn nahm im Selbstwertgefühl der Janitscharen, die sich als Sklaven des Großherrn als seine Hausgenossen fühlten, einen entscheidenden Rang ein. Der Kochkessel als das Symbol dieser Hausgemeinschaft trat in den Mittelpunkt des Zeremoniells; ihm wurden Ehrenwachen gestellt, vor ihm fanden Dienstbesprechungen und Disziplinarverhandlungen statt und wurden die Strafen vollstreckt. Ihn zu verlieren war eine Entehrung der Orta wie anderswo der Verlust der Fahne, ihn umzustürzen das Zeichen für Auflösung der Gemeinschaft, für Meuterei und Aufruhr.

2. Literaturverzeichnis

SAMMELWERKE

Gemeinschaftsarbeiten, ständige Publikationen, die von Arbeitsgruppen, Verlagen und ähnlichen Institutionen herausgebracht werden. Die alphabetische Aufzählung erfolgt entweder nach der Bezeichnung des Herausgebers oder dem Titel des Werkes; sind einzelne Beiträge jeweils von einem Mitarbeiter gezeichnet, so werden diese gesondert aufgeführt.

Arbeitsgemeinschaft Truppendienst:
Die Nachkriegszeit 1918–1922. Verlag Carl Ueberreuter, Wien 1970. Beiträge:
Kun, Joszef: Die Kämpfe der ungarischen Roten Armee 1919;
Steinböck, Erwin: Der griechisch-türkische Krieg 1919–1922;
Steinböck, Erwin: Das Königreich Jugoslawien.

Der Koran. Paret, Rudi: Wege der Forschung. Band CCCXXVI. Wissenschaftliche Buchgesellschaft, Darmstadt 1975.

Deutsches Soldatenjahrbuch.
Schild Verlag, München, Jahrgang 1980. Beitrag:
Miksch, Hans: Des Kaisers General. Fürst Raimund Montecuccoli;
Jahrgang 1985, 1986, 1987. Beitrag:
Miksch, Hans: Kara Mechmed Pascha.

Die Obere Wart
Oberwart 1977. Beiträge:
Fodar, Istvan: Die Abstammung der Ungarn und die Landnahme;
Toth, Endre: Geschichte der Oberen Wart im ersten Jahrtausend.

Die Religionen der Erde. Ihr Wesen und ihre Geschichte. III. Band.
Goldmann Verlag, München 1966. Beiträge:
Baeck, Leo: Das Judentum;
Babinger, Franz: Der Islam.

Die Türken vor Wien. Europa und die Entscheidung an der Donau 1683. Katalog der 82. Sonderausstellung des Historischen Museums der Stadt Wien. Eigenverlag der Museen der Stadt Wien, 1983. Wissenschaftliches Konzept und Ausstellungsleitung: Waissenberger, Robert und Düriegl, Günter.

Fischer Weltgeschichte.
Fischer Bücherei, Frankfurt am Main 1966, Band 16: Zentralasien. Beiträge:
Hambly, Gavin: Das Leben Tschingis Khans. Die Goldene Horde.
Hajianpur, Mahin: Das Timuridenreich.

Forschungen und Beiträge zur Wiener Stadtgeschichte. Publikationsreihe des Vereins für Geschichte der Stadt Wien.
Band 13: Die Türkenkriege in der historischen Forschung. Verlag Franz Deuticke, Wien 1983.

Unbezifferter Band: Wiener Bürgermeister im Spätmittelalter. Kommissionsverlag Jugend und Volk, Wien-München 1980. Beitrag:
Hulber, Hans: Wolfgang Holzer, Bürgermeister zu Wien 1462/63.

Geschichte der Deutschen auf dem Gebiete Rumäniens; Band 1: Zwölftes Jahrhundert bis 1848. Kriterion Verlag, Bukarest 1979.

Heimatbuch der Stadt Pöchlarn. Stadtgemeinde Pöchlarn, 1967. Beitrag:
Eheim, Fritz: Die Geschichte der Stadt Pöchlarn.

Historische Enzyklopädie von Budapest.
Herausgegeben von Toth-Epstein, Elisabeth. Corvina Verlag, Budapest 1970.

Jahrbuch des Vereins für Geschichte der Stadt Wien.
Selbstverlag des Vereins für Geschichte der Stadt Wien. Wien 1983. Studien zur Geschichte Wiens im Türkenjahr 1683.

Lexikon der islamischen Welt.
Herausgegeben von W. Kohlhammer Verlag Berlin-Köln-Mainz 1974. Kreiner Klaus, Diem Werner, Majer Hans Georg.

Propyläen Weltgeschichte.
Ullstein Verlag, Frankfurt am Main-Berlin, Band V. 1963. Beiträge:
Grunebaum, Gustav Edmund von: Der Islam;
Rubin, Berthold: Byzanz;
Ganshof, François Louis: Das Hochmittelalter.
Band VI. 1964: Beiträge:
Heissig, Walter: Mongolenreiche;
Merzbacher, Friedrich: Europa im 15. Jahrhundert.
Band VII. 1965: Beiträge:
Lutz, Heinrich: Das Zeitalter Karls V.
Mann, Golo: Das Zeitalter des Dreißigjährigen Krieges.

Rebellion oder Religion?
Die Vorträge des internationalen kirchengeschichtlichen Kolloquiums Debrecen 1976; Herausgeber Peter F. Barton und László Makkai. Reformatus Zsinati Sajtóosztálya, Budapest 1977.

Stadterhebung Güssing. Herausgegeben von Stadtgemeinde Güssing 1973. Beitrag:
Haiszanyi, Paul: Güssing in historischer Schau.

Schriftenreihe des Regensburger Osteuropainstitutes, Band 8. 1982: Die österreichische Militärgrenze und
Band 10. 1983: Das Patriarchat Aquilea – Schnittpunkt der Kulturen.

Ungarn. Land und Volk, Geschichte und Staatsrecht.
Herausgegeben von Berzeviczy, Albert von. Verlag des Franklin Vereines, Budapest 1917. Beitrag: Marczali Heinrich: Übersicht der Geschichte Ungarns.

Unser Heer. Dreihundert Jahre österreichisches Soldatentum in Krieg und Frieden.
Verlag Fürlinger, Wien-München-Zürich 1965. Beitrag:
Hummelberger, Walter: Die Türkenkriege und Prinz Eugen.

Wien 1529. Die erste Türkenbelagerung. Hermann Böhlaus Nachfolger, Wien-Köln-Graz 1979. Beiträge:

Düriegl, Günter: Die erste Türkenbelagerung;

Yücel Ünsal: Türkische Kriegführung und Waffen;

Ercan Yavuz: Die Stellung der Nicht-Muslime in der Türkei im 15. und 16. Jahrhundert;

Waissenberger, Robert: Die innere Situation Wiens in den ersten Jahren der Reformation;

Bisanz, Hans: Wien 1929. Vom Ereignis zum Mythos.

Wiener Geschichtsblätter. Herausgegeben vom Verein für Geschichte der Stadt Wien. Heft 1/1982 Beitrag:

Czeike, Felix: 700 Jahre Wiener Bürgermeister. Hier besonders: Johann Andreas von Liebenberg.

EINZELWERKE

Die Aufführung erfolgt nach dem Namen des Verfassers oder, wenn es sich um eingehend kommentierte Übersetzungen handelt, des Übersetzers.

Ács, Zoltan: Nemzetiségek a történelmi Magyarországon. (Die Nationalitäten im historischen Ungarn), Verlag Kossuth, Budapest

Babinger, Franz: Mehmed der Eroberer und seine Zeit. Weltenstürmer einer Zeitenwende. Verlag F. Bruckmann KG, München, 1953

Baltl, Hermann: Österreichische Rechtsgeschichte. Leykam Verlag, Graz, 1972

Bariska, Istvan: Es megkondulnak a köszegi harangok – 1532. Helikon Verlag, Budapest, 1982

Bauer, Ernest: Zwischen Halbmond und Doppeladler. 40 Jahre österreichische Verwaltung in Bosnien-Herzegowina. Herold Verlag, Wien, 1971

Baum, Wilhelm: Deutsche und Slowenen in Krain. Carinthia Verlag, Klagenfurt, 1981

Beltz, Walter: Die Mythen des Koran. Der Schlüssel zum Islam. Claassen Verlag, Düsseldorf, 1980

Bogyay, Thomas von: Stephanus Rex. Herold Verlag, Wien-München, 1975.

Bosl, Karl: Bayerische Geschichte. Deutscher Taschenbuch Verlag, München, 1980

Bradford, Ernle: Der Schild Europas. Der Kampf der Malteserritter gegen die Türken 1565. Deutscher Taschenbuch Verlag, München, 1979

Bradford, Ernle: Kreuz und Schwert. Der Johanniter/Malteser-Ritterorden. Deutscher Taschenbuch Verlag, München, 1981

Bradford, Ernle: Der Verrat von 1204. Venezianer und Kreuzritter plündern Konstantinopel. Universitas Verlag, Berlin, 1978

Burg, J. G.: Schuld und Schicksal. Europas Juden zwischen Henkern und Heuchlern. Dammverlag, München, 1962

Cahen, Claude: Der Islam I. Fischer Weltgeschichte, Band 14. Frankfurt am Main, 1968

Castella, Gaston: Papstgeschichte. Stauffacher Publishers, Zürich 1966, II. Auflage. Imprimatur: Curiae, 17. 12. 1943 und 12. 11. 1965 Ordinariatus Episcopalis Curiensis

Conrad, Hermann: Deutsche Rechtsgeschichte. Band I. Frühzeit und Mittelalter. Verlag C. F. Müller, Karlsruhe, 1962

Denon, Vivant: Mit Napoleon in Ägypten 1798–1799. Horst Erdmann Verlag, Tübingen und Basel, 1978

Dienes, Istvan: Die Ungarn um die Zeit der Landnahme. Corvina Verlag, Budapest, 1972

Dömötör, Tekla: Volksglaube und Aberglaube der Ungarn. Corvina Verlag, Budapest, 1981

Eickhoff, Ekkehard: Venedig, Wien und die Osmanen. Verlag Georg D.W. Callwey, München, 1970

Eisenburger, Eduard und Kroner, Michael: Sächsisch-schwäbische Chronik. Kriterion Verlag, Bukarest, 1976

Emmer, Johannes: Kaiser Franz Joseph I. Fünfzig Jahre österreichische Geschichte. Band I. Vom Jahre 1848–1859. C. Daberkams Verlag, Wien 1898

Esin, Emel: Mekka und Medina. Umschau Verlag, Frankfurt am Main, 1964

Feher, Geza: Türkische Miniaturen. Aus den Chroniken der ungarischen Feldzüge. Corvina Verlag, Budapest, 1976.

Fichtinger, Christian: Lexikon der Heiligen und Päpste. Kiesel Verlag, Salzburg 1983

Fräss-Ehrfeld, Claudia: Geschichte Kärntens. Band I. Das Mittelalter. Johannes Heyn Verlag, Klagenfurt, 1984

Frank, Gerd: Die Herrscher der Osmanen. Aufstieg und Untergang eines Weltreiches. Econ Verlag, Wien und Düsseldorf, 1977

Fuchs, Theodor: Geschichte des europäischen Kriegswesens.
Teil I.: Vom Altertum bis zur Aufstellung der stehenden Heere. Verlag Carl Ueberreuter, Wien-Heidelberg 1972.
Teil II.: Von der Aufstellung der ersten stehenden Heere bis zum Aufkommen der modernen Volksheere. Verlag Carl Ueberreuter, Wien-Heidelberg 1974

Ganshof, Francois Louis: Was ist das Lehenswesen? Wissenschaftliche Buchgesellschaft, Darmstadt, 1977

Gerhartl, Gertrud: Die Niederlage der Türken am Steinfeld 1932. Militärhistorische Schriftenreihe, Wien, Heft 26

Gerhartl Gertrud: Belagerung und Entsatz von Wien 1683. Militärhistorische Schriftreihe, Wien, Heft 46

Gerö, Gyözö: Türkische Baudenkmäler in Ungarn. Corvina Verlag, Budapest, 1976

Glückmann, Carl: Das Heerwesen der österreichisch-ungarischen Monarchie. Verlag L.W. Seidel und Sohn, Wien 1900

Halász, Zoltan: Kurze Geschichte Ungarns. Corvina Verlag, Budapest, 1974

Hejj, Miklos: Der königliche Palast in Visegrad. Corvina Verlag, Budapest, 1970

Hellmann, Manfred: Grundzüge der Geschichte Venedigs. Wissenschaftliche Buchgesellschaft, Darmstadt, 1976

Heyck, Edmund: Die Kreuzzüge und das Heilige Land. Bielefeld und Leipzig, 1900

Hochheimer, Albert: Verraten und verkauft. Die Geschichte der europäischen Söldner. Henry Coverts Verlag GmbH, Stuttgart, 1967

Hoßwood, Derek: Kairo. Die Schule des Islam. Herder Verlag, Freiburg-Basel-Wien. kein Erscheinungsjahr

Huber, Manfred: Grundzüge der Geschichte Rumäniens. Wissenschaftliche Buchgesellschaft, Darmstadt 1973

Hummelberger, Walter: Wiens erste Belagerung durch die Türken 1529. Österreichischer Bundesverlag für Unterricht, Wissenschaft und Kunst, Wien 1976

Hummelberger, Walter und Peball, Kurt: Die Befestigungen Wiens. Paul Zsolnay Verlag, Wien-Hamburg 1974

Illyes, Gyula: Petöfi. Ein Lebensbild. Corvina Verlag, Budapest, 1974

Jockel, Rudolf: Die lebenden Religionen. Deutsche Buch-Gemeinschaft, Darmstadt, 1961

Keshishian, Kevork: Romantisches Cypern. Proodos Verlag, Nicosia, 1972

Klever, Ulrich: Das Weltreich der Türken. Hestia Verlag, Bayreuth, 1978

Klopp, Onno: Das Jahr 1683 und der folgende große Türkenkrieg bis zum Frieden von Carlowitz 1699. Styria Verlag, Graz 1882

Koeppen, Werner: Der Deutsche Ritterorden. Verlag der österreichischen Landsmannschaft. Wien, 1983

Konzelmann, Gerhard: Die großen Kalifen. Das goldene Zeitalter Arabiens. Herbig Verlag, München-Berlin, 1977

Konzelmann, Gerhard: Die Schiiten und die islamische Republik. Herbig Verlag, München-Berlin, 1980

Koschorreck, Walter: Der Sachsenspiegel in Bildern. Insel Verlag, Frankfurt am Main, 1976

Kreutel, Richard: Der fromme Sultan Bayezid. Verlag Styria Graz-Wien-Köln, 1978

Kreutel, Richard: Im Reiche des Goldenen Apfels. Verlag Styria Graz-Wien-Köln, 1957

Kreutel, Richard: Vom Hirtenzelt zur Hohen Pforte. Verlag Styria Graz-Wien-Köln, 1959

Kreutel, Richard: Kara Mustafa vor Wien. Verlag Styria, Graz-Wien-Köln, 1955

Kreutel, Richard: Leben und Taten der türkischen Kaiser. Verlag Styria, Graz-Wien-Köln, 1971

Kreutel, Richard: Zwischen Paschas und Generälen. Verlag Styria, Graz-Wien-Köln, 1966

Kreutel, Richard und Spies, Otto: Der Gefangene der Giauren. Verlag Styria, Graz-Wien-Köln, 1962

Krones, Franz: Geschichte Österreichs. Erster Theil. R.v. Waldheim Verlag, Wien 1879

Lachmann, Renate: Memoiren eines Janitscharen. Verlag Styria, Graz-Wien-Köln 1975

Lorenz, Reinhold: Türkenjahr 1683. Das Reich im Kampf um den Ostraum. Verlag W. Braumüller, Wien 1933

Lymbourides, Achilleas: Cyprus, the Island of Aphrodite. Cosmos Verlag, Nicosia, 1963.

Madaule, Jacques: Jerusalem. Die heilige Stadt dreier Religionen. Herder Verlag, Freiburg-Basel-Wien. Kein Erscheinungsjahr.

Mensching, Gustav: Leben und Legende der Religionsstifter. Goldmann Verlag, München, 1962.

Mensching, Gustav: Die Religion. Erscheinungsformen, Strukturtypen und Lebensgesetze. Goldmann Verlag, München. Kein Erscheinungsjahr.

Mikes, Kelemen: Briefe aus der Türkei. Verlag Styria, Graz-Wien-Köln, 1978

Nicolle, David: Islamische Waffen. Verlag für Sammler, Graz 1981

Nölle, Wilfried: Wörterbuch der Religionen. Goldmann Verlag, München, 1960

Parker, Robin: Aphrodites Realm. Zavalis Verlag, Nicosia, 1962.

Pernoud, Régine: Die Kreuzzüge in Augenzeugenberichten. Karl Rauch Verlag, Düsseldorf, 1961

Pernoud, Régine: Königin der Troubadoure. Eleonore von Aquitanien. Deutscher Taschenbuch Verlag, München, 1980

Peters, Richard: Die Geschichte der Türken. W. Kohlhammer Verlag; Stuttgart, Berlin, Köln, Mainz, 1961

Pirchegger, Hans, und Reichl, Sepp: Geschichte der Stadt und des Bezirkes Fürstenfeld. Kommissionsverlag Buchner, Fürstenfeld, 1952

Pleticha, Heinrich: Der Mahdiaufstand in Augenzeugenberichten. Deutscher Taschenbuch Verlag, München, 1981

Posch, Fritz: Flammende Grenze. Die Steiermark in den Kuruzzenstürmen. Verlag Styria, Graz-Wien-Köln, 1968

Prokosch, Erich: Krieg und Sieg in Ungarn. Verlag Styria, Graz-Wien-Köln, 1976

Ranke, Leopold: Die Osmanen und die spanische Monarchie. Verlag Duncker und Humbolt, Berlin 1857

Rázsó, Gyula: Die Feldzüge des Königs Matthias Corvinus in Niederösterreich. Österreichischer Bundesverlag für Unterricht, Wissenschaft und Kunst, Wien, 1973

Reichl, Sepp: Hammer-Purgstall. Auf den romantischen Pfaden eines österreichischen Orientforschers. Leykam Verlag, Graz, 1973

Rossiwal, Theo: Schlachtfeld Niederösterreich. Niederösterreichisches Pressehaus, St. Pölten, 1978

Schacherl, Lillian: Böhmen. Kulturbild einer Landschaft. Verlag C. Brügel und Sohn, Ansbach, 1966

Schreiber, Georg: Auf den Spuren der Türken. Paul List Verlag, München, 1980

Schreiber, Georg: Halbmond über Granada. Gustav Lübbe Verlag, Bergisch Gladbach, 1980

Schweizer, Gerhard: Die Janitscharen. Geheime Macht des Türkenreiches. Verlag Das Bergland-Buch, Salzburg, 1979

Stier, Hans Erich: Deutsche Geschichte im Rahmen der Weltgeschichte. Deutsche Buch-Gemeinschaft, Darmstadt, 1958

Sturminger, Walter: Die Türken vor Wien in Augenzeugenberichten. Deutscher Taschenbuch Verlag, München, 1983

Teply, Karl: Die Einführung des Kaffees in Wien. Kommissionsverlag Jugend und Volk, Wien-München, 1980

Theurer, Franz: Verrat an der Raab. Verlag Das Bergland-Buch, Salzburg, 1976

Theurer, Franz: Tragödie der Magnaten. Verlag Hermann Böhlaus Nachf., Graz-Wien, 1979

Theurer, Franz: Brennendes Land. Verlag H. Böhlaus Nachfolger, Graz-Wien, 1984

Theurer, Franz: Ritterburg Lockenhaus in Geschichte, Sage und Literatur. Edition Roetzer, Eisenstadt, 1981

Toifel, Carl: Die Türken vor Wien im Jahre 1683. Prag-Leipzig 1883.

Toynbee, Arnold: Der Gang der Weltgeschichte. Aufstieg und Verfall der Kulturen. Europa Verlag, Zürich-Wien, 1954

Ullrich, Johannes: Deutsches Soldatentum. Alfred Kröner Verlag, Stuttgart, 1941

Vajda, Stephan: Die Belagerung. Bericht über das Türkenjahr 1683. Verlag Orac, Wien, 1983

Vitray-Meyerowitch, Eva de: Mekka und Medina. Herder Verlag, Freiburg-Basel-Wien. Kein Erscheinungsjahr.

Wagner, Anton: Der Erste Weltkrieg. Band 7 der Truppendienst-Taschenbücher, Verlag Carl Ueberreuter, Wien, 1968

Wagner, Georg: Das Türkenjahr 1664. Eine europäische Bewährung. Edition Roetzer, Eisenstadt, 1964

Wandruszka, Adam: Das Haus Habsburg. Die Geschichte einer europäischen Dynastie. Verlag Herder und Co., Wien, 1978

Wolfram, Herwig: Conversio Bagoariorum et Carantanorum. Hermann Böhlau's Nachf. Ges.m.b.H., Graz, 1977

Zierer, Otto: Islam. Kiesel Verlag, Salzburg, 1983

Zimmermann, Jürg: Militärverwaltung und Heeresaufbringung in Österreich bis 1806. Handbuch zur deutschen Militärgeschichte, Band III. 1965. Verlag Bernard und Graefe, Frankfurt am Main.

Zitzenbacher, Walter: Das große Steiermark-Buch. Verlag Carl Ueberreuter, Wien-Heidelberg, 1980

3. Register

A. PERSONENREGISTER

Vorbemerkungen
1. Die im Literaturverzeichnis aufgezählten Autoren sind hier auch dann nicht erfaßt, wenn sie im Text oder in den Anmerkungen genannt werden.
2. Mythische Figuren, wie die Helden des Krieges um Troja, erscheinen im Personenregister nicht.
3. Um bei Namensgleichheit Verwechslungen zu vermeiden, werden zu jeder Person ergänzende Angaben, wie Standesbezeichnungen o.ä gemacht.
4. Mohammed ohne Ergänzung bezeichnet immer den Propheten Mohammed, Moses den jüdischen Gesetzgeber und Jesus den Sohn der Maria.
5. Die Ziffern bezeichnen immer die Seitenzahl; wird einer Ziffer ein A vorgesetzt, so ist dies die Anmerkung, die sich auf dieser Seite befindet und in der der Name erscheint.
6. Osmanische Großherren usw. werden in der im Türkischen üblichen Schreibweise aufgeführt, also z.B. Mechmed statt Mohammed.
7. Der Artikel al ist in Kalifennamen häufig; er wird hier stets dem Namen nachgesetzt, also z.B. Mustakfi ibn al Muktafi, al.

Aetius, weström. Feldherr 317 A 13
Agnes von Frankreich, als Anna byzant.
  Kaiserin 179 f.
Aibak, ägyptischer Mamelukengeneral 359
  A 28
Aischa, Gemahlin Mohammeds 36, 52, 56,
  60 f., 65 ff., 69, 337 A 9
Ajub, Vater Sultain Saladins 312 A 3
Ajub-i Ansari, islam Heiliger, türk. Eyup 9,
  23, 311 A 3
Akra ibn Habeß, früher Moslem 345 A 15
Alaeddin Ali, Pascha, Wesir 243 f.
Albert, Herzog von Sachsen-Teschen,
  habsburg. General 318 A 13
Albertus Magnus, eig. Albert von Ballstadt,
  Heiliger, Bischof von Regensburg
  168
Albrecht von Habsburg, als dt. Kg. A. II., als
  ung. Kg. A. I., als Herzog von Österr.
  A. V. 13
Alexander d. Gr., König von
  Makedonien 181, 336 A 8
Alexander I. Obrenowitsch, Kg. von
  Serbien 361 A 1
Alexander II., russ. Zar 148
Alexios Komnenos, Kaiser von
  Trapezunt 184
Alexios I. Komnenos, byzant. Kaiser 110,
  112, 117, 119 ff., 176
Alexios II. Komnenos, byzant. Kaiser 178 f.
Alexios III. Angelos, byzant. Kaiser 184
Alfons II., Kg. von Aragon 354 A 27
Alfons VI., Kg. von Kastilien und Leon 110
Ali ibn Abu Talib, 4. rechtgeleiteter Kalif 43,
  45, 49, 53, 60 f., 66 ff., 72, 75 f., 78 f.,
  85 f., 97, 270
Ali ibn al Hakim, Fatimidenkalif 102
Ali Imad ad Daula, Bujjide 99,
Alp Arslan, Seldschukensultan 103, 107
Alptigin, Mamelukengeneral 97
Amalrich I., Kg. von Jerusalem 158, 160
Amalrich von Lusignan, als A.I. Lehenskg.
  von Zypern, als A. II. Kg. von
  Jerusalem 166, 354 A 27
Amina, Mohammeds Mutter 28, 32, 34, 48
Amin ibn Harun al Raschid al, 6. Abba-
  sidenkalif 94 ff.
Ammar, zum Islam bekehrter Sklave 44
Amr ibn al As, moslem. Heerführer 61 f.
Amr ibn Zubai, omaijadischer General 81
Andreas Protoklitos, Heiliger, Bruder des
  Petrus 314 A 10
Andreas II, Kg. von Ungarn 357 A 27, 359
  A 28

Andronikos I. Komnenos, byzant.
  Kaiser 179 f.
Andronikos II. Palaiologos, byzant.
  Kaiser 237
Andronikos III. Palaiologos, byzant.
  Kaiser 238
Archimedes, griech. Gelehrter 323 A 14
Ariskald, Graf in Rodna 349 A 22
Aristoteles, griech. Gelehrter 95, 323 A 14
Arius, Theologe in Alexandrien 342 A 12
Arlosorow, Dr. Chaim, Zionist aus
  Wien 154
Artavasdes, Kg. von Armenien 137
Artaxerxes, pers. Großkönig 137
Asar, Ibrahims Vater (islam.
  Überlieferung) 331 A 3
Asen, Iwan, Bulgarenführer 179, 352 A 25
Asen, Peter, Bulgarenführer 179, 351 A 25
Asma, Tochter Abu Bekrs 49
Asma, Haremsdame des Aliden Hassan 78
Assad Abu Karib, südarab. Kg. 31
Atatürk, Kemal, türk. Staatsmann 204, 336
  A 7
Athanasius, Heiliger, Kirchenlehrer, Patriarch
  von Alexandrien 342 A 12
Attila, Kg. der Hunnen 206, 317 A 13
Aziz Billahi, al, Fatimidenkalif 100

Baba Isak, seldschukischer Rebell 186
Babak, aserbeidschanischer Rebell 95
Babeuf., Gracchus, eig. François, franz.
  Revolutionär 318 A 13
Bachofen, Johann Jakob, Jurist u.
  Soziologe 332 A 3
Bahaeddin Walad, islam. Gelehrter 225
Baibar, Mamelukensultan in Ägypten 105
Baidschu Noyan, Mongolengeneral 187,
  189 f.
Bajasid I. Yilderim. 4. Großherr der
  Osmanen 12, 283
Balduin, Graf von Flandern, als B. I. Kaiser
  des lateinischen Kaiserreichs 167, 184
Balduin, Graf von Edessa, als B. I. Kg. von
  Jerusalem 157
Balduin II., Kg. von Jerusalem 158
Balduin III., Kg. von Jerusalem 158 f.
Balduin IV. der Aussätzige, Kg. von
  Jerusalem 158, 161
Balduin V. das Kind, Kg. von Jerusalem 158
Balfour, Arthur James, Earl of., brit.
  Staatsmann 149, 151
Barbara von Cilly, Gem. Kaiser
  Sigismunds 283

Rubruck, Wilhelm von, Franziskaner 349
A 22
Rudolf von Rheinfelden, Herzog von
Schwaben, dt. Gegenkönig 110
Rumeser Student, anonymer Chronist 13, 18

Safan ibn al Moattel, islam. Reiterführer 60
Said ibn al Mossajeb, islam. Gelehrter 81
Said, nach schiitischer Lehre bedeutender
Nachkomme Alis 98
Said ibn Tabit, islam. Gelehrter 68
Sainab, Gemahlin und Cousine
Mohammeds 338 A 9
Sainab, Tochter Mohammeds 35, 337 A 9
Sainab, Mutter der Armen, Gemahlin
Mohammeds 338 A 9
Salahaddin, auch Saladin, Ajubidensultan in
Ägypten und Syrien 158, 160 ff., 165, 312
A 3, 348 A 21
Sali Naim ad Din, Ajubidensultan in
Ägypten 359 A 28
Salman, Sklave Mohammeds 59
„Salmas Mutter", Gemahlin
Mohammeds 338 A 9
Salomo, jüd. König 142, 335 A 5
Salza, Hermann von, Hochmeister des
Deutschen Ritterordens 357 A 27
Sarah, urspr. Saraj, Gemahlin
Abrahams 328 A 1, 329 A 2, 330 A 3
Sauda, Gemahlin Mohammeds 46, 337 A 9
Saul, jüd. König 127
Saurau, Johann Graf von, Statthalter in
Steiermark 324 A 14
Sebüktigin, Turkmenenführer 97
Seldschuk, islamisierter Oghusenführer 92
Selim I. Yawuz, 9. Großherr der
Osmanen 263
Selim II. Mest, 11. Großherr der
Osmanen 280
Selim III., 28. Großherr der Osmanen 326 A
14, 368 A 3
Shakespeare, William, engl.
Dramatiker 225, 314 A 11, 318 A 13
Sigismund von Luxemburg, Kaiser S. I., Kg.
von Ungarn 12 f., 283
Sitt al Mulk, Fatimidenprinzessin 102
Slatin Pascha, Rudolf Karl, österr.
Verwaltungsfachmann und brit.
General 340 A 11
Smith, Charles Spencer, brit. Diplomat 326
A 15
Smith, Edward, Sir, brit. Marineoffizier 325
A 15

Smith, Sidney William, Sir, brit. Admiral 17,
322 A 14, 325 A 14
Sokolow, russ. Zionist 148
Sokrates, griech. Philosoph 137
Soliman ibn Abd al Malik, 7. Omaijaden-
kalif 82
Soliman, Sultan der Rum-Seldschuken 107,
174
Soliman, Emir von Nicäa 124
Soliman Pascha, Sohn Sultan Orkhans 308 f.
Soliman I. Kanuni, 10. Großherr der Osma-
nen 14, 265, 280, 283, 288, 330 A 2,
367 A 2
Sorbon, Robert von, Hofkaplan Kg. Ludwigs
IX. 361 A 28
Spengler, Oswald, dt.
Geschichtsphilosoph 47
Sprenger, Jakob, Dominikaner 168
Subair, islam. Heerführer 69
Suger, Abt von St. Denis 347 A 20
Sumai, islam. Märtyrerin 44
Sybille, Königin von Jerusalem 158, 164
Sykes, Mark, Sir, brit. Diplomat 149

Schadschar ad Durr, ägypt. Kalifen-
witwe 359 A 28
Schapiro, dt. Zionist 148
Schapur II., Schah der Parther 336 A 8
Schiller, Friedrich von, dt. Dichter 72
Schiltberger, Johannes, dt. Knappe und
Schriftsteller 12 f., 18, 313 A 7
Schlegel, Friedrich v., dt. Gelehrter
324 A 14
Schliemann, Heinrich, dt. Archäologe 130 f.
Schnitzer, Dr. Eduard, Emin Pascha, dt. Arzt
in ägypt. Dienst 340 A 11

Stanley, Henry Morton, brit.
Afrikaforscher 340 A 11
Stefan II., Kg. von Ungarn 177
Stefan III., Kg. von Ungarn 178
Stefan Lazarewitsch, serbischer
Tributärfürst 283
Stefan Nemanja, Fürst von Rascien 177, 180
Steuben, Fritz von, dt. Schriftsteller 313 A 7

Tahir, abbasidischer Statthalter 96
Talcha, islam. Heerführer 69
Tamarra, Kgin. von Georgien 184
Tarik, omaijad. Feldherr 82
Tascher de la Pagerie, Josefine, verwitw.
Beauharnais, Gemahlin Napoleons 327
A 15

401

B. ORTSREGISTER

Vorbemerkungen

Es ist kein Irrtum, wenn stets Moskau als Zentrum des Zarenreiches genannt wird, auch wenn Petersburg Residenzstadt und Regierungssitz war; demgemäß wird der Zar als Zar von Moskau bezeichnet. Dies geschieht in Übernahme historisch begründeter, typisch osmanischer Auffassung: Der Zar war als Großfürst von Moskau zuerst in das Bewußtsein der Moslems gedrungen, und dieser Prägungsvorgang erwies sich als derart nachhaltig, daß er als in Moskau regierend gedacht wurde, als er mit der Reichszentrale schon längst nach Petersburg verlegt hatte. Und nicht nur das: Alle Untertanen des Zaren wurden im Sprachgebrauch des O. R. als »Moskowiter« bezeichnet.

Magdeburg 312 A 5
Magnesia 237
Mainz 116, 318 A 13
Mantua 314 A 10, 321 A 13, 325 A 14
Mantzikert (Malázgard, Manázkart) 107, 120
Marathon 134
Marra 140
Marrakesch 153
Marseille 316 A 13
Medina (Yathrib, Madinat rassuhl Allah) 28, 31, 34 f., 46, 48, 50 ff., 56 ff., 62, 68 f., 73, 75 f., 78 f., 81, 85, 186, 205, 232, 235, 311 A 1, 343 A 12, 344 A 14, 345 A 15
Mekka 28 ff., 39, 42, 46, 48, 50 f., 53 f., 58, 60 ff., 79 ff., 84, 106, 149, 200, 204, 311 A 1, 328 A 1, 335 A 5 u. A 6, 346 A 17
Merv (Merw) 106, 138, 171
Messina 109, 348 A 21
Merzifon 367 A 7
Metz 349 A 22
Milet 186
Miskolc 173, 350 A 23
Mohács 14, 16
Montgiscard 161
Moskau 200, 361 A 1
Mossul 97 f.
Mostar 372 A 5
Mühlbach 13
München 12, 37, 313 A 8
Muradal 167
Myriokephalon 177 f.

Nabatu (Petra) 335 A 5
Nablus (Sichem) 146, 158
Nazareth 51, 146, 162, 357 A 27
Neapel 319 A 13
Neerwinden 320 A 13
Nicäa (Iznik) 107 f., 120 ff., 139 f., 154, 159, 184, 218, 237 f.
Nicomedia (Izmit) 237 f.
Nicosia 166
Nikopolis 12
Nisch 179
Nischapur 171
Nymphaion 184

Ochod 57 ff.
Ochrid 119
Olympia 30
Omdurman 340 A 11
Ouchy 196
Oxford 224

Padua 325 A 14
Palermo 109, 347 A 21
Palmyra 335 A 5
Paris 17, 153, 316 A 13, 323 A 14, 328 A 15, 349 A 22
Parwan 171, 185
Patras 314 A 10
Peking 170, 206
Petersburg (Petrograd) 361 A 1
Placenza 118
Pillnitz 317 A 13
Pisa 346 A 18, 360 A 28
Platää 134
Poitiers 82, 158
Poltawa 154
Potsdam 192
Puy 113

Ragusa (Dubrovnik) 118
Ramleh 357 A 27
Ravenna 111
Regensburg 175, 180
Reschid (Rosette) 322 A 14
Rodna 349 A 22
Rodosto 267
Rom 111, 118, 122, 137, 175, 304, 314 A 10, 326 A 15, 345 A 15, 346 A 18, 347 A 20, 358 A 27, 370 A 4

Saba 335 A 4 u. A 5
Salerno 111
Saloniki (Thessalonike) 118, 179, 184, 198, 285
Salzburg 37
Samarkand 12, 171
Samarra 96
Sana 153
Sandhurst 224
San Germano 355 A 27
Sarajewo (Bosna Serail) 372 A 5
Sedan 366 A 6
Seleukia 164
Sestros 181
Sévres 203
Sidon 143, 162, 348 A 21
Siena 313 A 10
Siffin 69
Sinope 186
Sistowo 368 A 3
Sivas 275
Smyrna s. Izmir
Sodom 333 A 3
Sofia 179
Sparta 134, 136, 157

Hans Miksch

Ungarn zwischen Kreuz und Halbmond

KARL MÜLLER VERLAG

Inhalt

5

In dankbarer Erinnerung an meinen lieben verewigten Freund Oberschulrat

JOHANN MOOR,

Obmann des Ungarischen Kulturvereines Oberwart, der in mir das Interesse für die Eigenheiten seines Volkes und die Liebe zu dessen stolzer Geschichte weckte.

Hans Miksch

O du, mein schönes Ungarland, wie lieb ich dich so sehr.
Du trägst den Schild der Christenheit so tapfer vor dir her.
Längst färbte dir das Heidenblut des blanken Wappens Zier.
Leb wohl, mein liebes Vaterland, leb wohl und Gott mit dir.

Balassa Bálint
(1594 als Offizier der habsburgischen
Belagerungsarmee in den Kämpfen um
Gran – Esztergom gefallen)

I.
Die Magyaren und ihre Nachbarn

1. Kapitel:
Árpád und die Landnahme an der Donau

»Árpád und alle seine Stammesführer überschritten die Donau; die Übergangsstelle, an der sie den Strom überquerten, nannten sie ›Ungarischer Übergang‹, weil die sieben Fürsten, die dort die Donau überschifften, die sieben Ungarn genannt wurden. Als sie am jenseitigen Ufer anlangten, schlugen sie an der Donau bis hin zu den oberen Thermalquellen ein Lager auf. Anderntags zogen Árpád und seine Krieger in die Stadt des Königs Attila ein. Dort erblickten sie die königlichen Paläste, von denen einige dem Erdboden gleichgemachte Ruinen waren, andere hingegen nicht. Und sie wunderten sich sehr...«

Dies ist der älteste Bericht über die Inbesitznahme des Raumes, in dem sich heute die Stadt Budapest erhebt, durch die Magyaren. Er stammt aus den Gesta Hungarorum, der ersten zusammenfassenden Darstellung der ungarischen Geschichte, die kurz nach 1200 vom Hofnotar König Belas III., der als Magister P. bekannt ist und vermutlich Peter hieß, verfaßt wurde. Das Werk selbst zeigt die typischen Schwächen der Geschichtsschreibung des abendländischen Mittelalters: Es vermengt Dichtung und Wahrheit in sehr bunter Weise. Das ist teils auf Irrtümer des Autors, teils auf die vorgegebene Zielsetzung zurückzuführen, die der Glorifizierung der árpádischen Familie dienen mußte. Diese in den Gesta unübersehbare Tendenz ließ ernsthafte Zweifel an der Seriosität des Magister P. aufkommen, die sich zu Beginn unseres Jahrhunderts soweit verdichteten, daß es Historiker gab, die Árpáds Existenz in Abrede stellten und in ihm lediglich eine legendäre Figur erblicken wollten, wobei sie ganz zweifellos das Kind mit dem Bade ausschütteten. Der heutigen Geschichtswissenschaft ist Árpád wiederum eine relativ klar bestimmbare historische Persönlichkeit, die sich allerdings von jenem unkritisch gesehenen Árpád der Gesta, der im Jahr des Millenniums[1], der großen Feierlichkeiten zur Erinnerung an die Landnahme, beinahe kultische Verehrung fand und ein ganz prachtvolles Denkmal am Hösök tere, dem Heldenplatz, erhielt, in entscheidenden Belangen abhebt. Es ist vor allem sein Rang in der magyarischen Gesellschaft der Landnahmezeit, der im Lichte neuerer Forschungsergebnisse gegenüber den früher gehegten Vorstellungen abfällt: Árpád war nicht der »Führer der Magyaren«, dem zum Königtum nichts als eben der Titel fehlte, sondern er war ihr Gyula, ihr »Julius«, welcher Titel in unseren Ohren so befremdlich klingt, daß es notwendig ist, hier auf die Vorgeschichte der Magyaren einzugehen.

Magna Hungaria – der Bund der
Sieben Stämme

Im vorerst vagen Licht der Frühgeschichte erscheinen die Magyaren im siebenten nachchristlichen Jahrhundert als eine vermutlich vorwiegend vom Fischfang lebende Stammesgruppe, die das Stromgebiet der Wolga zwischen der Einmündung der Kama und der Samaramündung und das Land ostwärts davon bis zum Ural in Besitz hatte. Aller Wahrscheinlichkeit nach waren die Magyaren im Zusammenhang mit dem hunnischen Vorstoß nach Westen in diesen Raum gelangt: Einwanderer aus Zentralasien, die sich nördlich der Siedlungsgebiete iranischer Völker – namentlich der Skythen, Sarmaten und Alanen – niederließen. Die weitere Westwanderung der Hunnen machten sie nicht mit, die bestehenden Verbindungen zu ihnen – gleich welcher Art sie auch waren – wurden gelöst, allein eine wenngleich dunkle Erinnerung an sie erhielt sich über viele Generationen: Die Magyaren fühlten sich, als sie Pannonien in Besitz nahmen, als durchaus legitime Erben und Rechtsnachfolger der Hunnen, denen sie stets ein ehrendes Gedenken bewahrten. Vom Schatz der Árpáden hieß es, er sei ein Teil des sagenumspielten Goldschatzes Attilas; ein sehr kostbares Schwert, das heute in der Schatzkammer in Wien aufbewahrt wird, galt ihnen als das Schwert Attilas –, und in den mittelalterlichen Quellen wird Buda häufig als »Ecilburg«, die Burg des Hunnenkönigs, bezeichnet. Eine Überlieferung – die möglicherweise erst im dreizehnten Jahrhundert entstand – besagt, daß Hunnen und Magyaren eine gemeinsame Abstammung hätten: Sie alle seien Nachkommen des biblischen Nimrod, der zwei Söhne gehabt habe, Hunor und Magor. Hunor sei nun der Stammvater der Hunnen, Magor der der Magyaren geworden; sie seien in den Mäotischen Sümpfen nördlich des Schwarzen Meeres beheimatet gewesen, bis Hunor mit den Seinen gegen Westen zog...

Die magyarische Gesellschaft jener Zeit beruhte auf der Sippenordnung: Die Großfamilie war das entscheidende wirtschaftliche und soziale Kollektiv und wurde vom Sippenältesten in vermutlich typisch patriarchalischer Art gelenkt. Mehrere Sippen bildeten einen Stamm, dessen gesellschaftliche Willensbildung durch
– den »Adelsrat« der Familienoberhäupter und
– die Stammesversammlung aller wehrfähigen Männer erfolgte.
Mit vielen Vorbehalten läßt sich der Adelsrat als »Regierung« bezeichnen; ob dieser oder die Heeresversammlung den Stammeshäuptling als oberstes Vollzugsorgan des Kollektivwillens bestellte, ist nicht mit hinlänglicher Sicherheit zu sagen.

Es gab sieben magyarische Stämme; sie nannten sich
– Jenő, Kér, Keszi, Nyék, Kürt-Gyarmat, Megyer und Tarján.
Sie waren in einem Bündnissystem vereinigt, an dessen Spitze jeweils einer der Stammeshäuptlinge stand. Für ihn war die Bezeichnung ur → der Herr

gebräuchlich; die Stammesführer wurden heturak → die sieben Herren genannt. Der Stammesbund wurde dadurch besiegelt, daß die Heturen Blutsbrüderschaft schlossen, die in gewissen Abständen erneuert wurde und für alle Stammesangehörigen Geltung hatte. Die dadurch begründete spirituelle Verwandtschaft garantierte

- die Einhaltung des Friedens zwischen den Stämmen und die gegenseitige Hilfeleistung gegen äußere Feinde, als
- die zunächst einmal die onogurischen Bulgaren in Erscheinung traten.

In irgendeiner Weise muß eine Einigung mit diesen erfolgt sein, bei welcher vermutlich eine Art Allianz mit bulgarischer Vorherrschaft nicht zu umgehen war. Die internen Verhältnisse des Stammesbundes wurden im Sinn einer Stärkung der Stellung des ur verändert: Man darf annehmen, daß er nun mit religiöser Weihe umgeben wurde und den Titel eines Kende oder Kündü führte; auch scheint der Rang damals bei Wegfall der für die frühere Zeit zu vermutenden Wahl erblich geworden zu sein.

Kurz vor 800 erschienen die turkmenischen Chasaren und brachen die onogurische Vormachtstellung; der Bund der Sieben Stämme geriet in ihre Botmäßigkeit ebenso wie der Rest der onogurischen Bulgaren. Die Chasaren scheinen bei den Magyaren zunächst nicht unbeliebt gewesen zu sein; ihr Joch war offenbar leicht zu tragen, und in der Erinnerung des freiheitsliebenden Volkes lebten sie als Gleichgeartete, nur eben militärisch Überlegene, fort. Überhaupt umgibt diese frühe Epoche ein seltsamer Zauber, der eigenartig an das Goldene Zeitalter der alten Griechen erinnert: Noch im hohen Mittelalter, dessen Gelehrte die »alte Heimat« an der Wolga die Magna Hungaria nannten, wirkte die Erinnerung an die durchsonnte Frühzeit so stark, daß König Andreas II. (1205–1235) eine gelehrte Expedition ausrüstete, die nordostwärts des Schwarzen Meeres die Magna Hungaria suchen und vor allem feststellen sollte, ob sich dort noch Stammesverwandte fänden. Sie fand beides – und sie fand den ganzen Raum von Unruhe und Schrecken erfüllt: Die mongolische Expansion warf ihren Schatten über die osteuropäische Ländermasse, die eben von der Stoßgewalt der Heere Dschingis Khans getroffen worden war (1223; Schlacht an der Kalka).

Das »wissenschaftliche Personal« der königlichen Expedition bestand aus Angehörigen des erst neulich gegründeten, ehrgeizigen und sehr agilen Dominikanerordens; es freute die Patres, daß sie sich mit den Bewohnern der Magna Hungaria unschwer in ungarischer Sprache verständigen konnten, aber es schockierte sie, daß diese noch paganischen Glaubens waren und wilden, heidnischen Sitten anhingen.

Ihre flammenden Bekehrungsversuche waren vergeblich, die von ihnen überbrachte Einladung, nach Annahme des Christentums ins Reich des Königs Andreas zu kommen, stieß auf keinerlei Gegenliebe – und so trennte man sich vermutlich in doch eher schroffer Form. Der Rückmarsch der Expedition war unheilumschattet; sie wurde wiederholt von aufgeregten, meist wohl kumanischen Kriegern angefallen, für einen mongolischen Agententrupp gehalten, ausgeraubt, dezimiert – und zuletzt gelangte nur ein einziger Teilnehmer, Pater Julian, heim zu seinem König und berichtete von der fernen Welt, die er durchzogen. Die »wissenschaftliche Ausbeute« war, nach Verlust aller materieller Beweisstücke und selbst der Aufzeichnungen und Tagebücher, gering, sie stand in keinem Verhältnis zu Mühen und Beschwernissen, Gefahren und Kosten des Unternehmens. Allein faszinierend bleibt jedoch die Kraft der Idee, die hinter allem stand, bleibt der Wille, die eigene Vorzeit zu erkunden, die Wahrheit der eigenen Überlieferung zu erforschen, das Rätsel des eigenen Heute durch das Erkennen des eigenen Gestern zu lösen. Das profilierte Geschichtsbewußtsein, das sich in derartigem Tun manifestierte, ist – wie hier betont werden darf – eine der hervorstechendsten Charaktereigenschaften des ungarischen Volkes; es sieht, es empfindet, ja es erdichtet sogar im Extremfall seine Vergangenheit immer als groß und schön und, wie wir noch sehen werden, heroisch. Und vermutlich ist eben diese Grundhaltung eine der entscheidenden Quellen jener Kraft, die es befähigte, sich durch mehr als ein Jahrtausend in fremder Umwelt zu behaupten.

Die Religion der alten Magyaren[2] war schlicht und naturnahe; es gab zumindest zwei Gottheiten, eine männliche, den Himmelsgott, Isten genannt, und eine weibliche, die Erdgöttin, die man nicht zu benennen wagte. Isten war – ganz dem germanischen Wodan ähnlich – auch der Roßgott; er wurde als auf einem weißen Hengst reitend gedacht, und ihm wurden Pferdeopfer dargebracht. Seine Erscheinungsform war jedoch der mythische Turul, ein adlerähnlicher Großraubvogel, der vermutlich das ursprüngliche Symbol des Stammesbundes war. Isten war mächtig, wenngleich nicht allmächtig, und gut. Mächtig war auch die Erdgöttin, die man mit der Tarnbezeichnung szép asszony → die schöne Frau nannte; der Umgang mit ihr scheint reichlich problematisch gewesen zu sein, weshalb man ihr gern aus dem Wege ging; vielleicht war sie auch die Göttin des Todes. Dies ist jedoch eine Schlußfolgerung, die durchaus unrichtig sein könnte und auf der späteren Entwicklung beruht: Isten wurde als Gottesbezeichnung vom Christentum übernommen, doch die »schöne Frau« fiel, nun in Pluralform gedacht wie etwa die saligen Fräulein der alpinen Welt, verteufelnder Dämonisierung zum Opfer.

Im heidnischen Weltbild war – dafür sprechen Ahnenkult und Grabbeigaben – das Fortleben nach dem Tode verankert; in den Rang von Göttern dürften durch posthume Apotheose große Führer und Helden gelangt sein, während sich die Masse mit dem schlichteren jenseitigen Rang von Geistern begnügen mußte. Jedenfalls hingen die Magyaren an ihren Glaubensvorstellungen mit großer Innigkeit, und diese waren der Grund für ihr Zerwürfnis mit den Chasaren und die Preisgabe der Magna Hungaria, die sie gegen die Übermacht nicht behaupten konnten. Um 830 trat der Chasarenkhan zum mosaischen Glauben über und begann die zwangsweise Judaisierung seines Volkes und der seiner Oberhoheit unterfallenden Stämme. Es kam zu schweren Auseinandersetzungen, in denen der Chasarenkhan siegreich blieb

– die Masse der Magyaren entzog sich seiner »Zwangsbeglückung« und wanderte in südwestlicher Richtung ab. Ihnen schlossen sich die Reste der Onoguren, einzelne Verbände der Alanen und die im alten Glauben verharrenden Chasaren an; diese wurden in einem eigenen achten Stammesverband zusammengefaßt und nannten sich fortan Kabaren, was soviel wie Rebellen bedeutet.

Einige versprengte Magyaren blieben in der Magna Hungaria; sie waren die Vorfahren jener Stammesverwandten, auf die Julian mit seinen Gefährten stieß. Eine andere Splittergruppe entwischte dem glaubenseifrigen Khan über den Kaukasus in den Großraum Iran; die Angehörigen dieses Verbandes wurden die savardischen Magyaren genannt; sie vermischten sich mit den Völkerschaften südlich des Kaspischen Meeres und gingen in diesen auf.

Etelköz, das Land zwischen den Strömen

Das Gros der Magyaren gewann eine neue Heimat an der nördlichen Küste des Schwarzen Meeres. Das Siedlungsgebiet wurde von den beiden Strömen begrenzt, die nicht mit Sicherheit identifiziert sind: Es kann sich jedoch im Westen nur um Dnjestr oder Donau, im Osten um Dnjepr oder Don gehandelt haben. Da die Magyaren noch lange bis in die Zeit der pannonischen Siedlung die Gewohnheit beibehielten, sich um ein dominierendes Gewässer anzusiedeln, war das Kerngebiet des »Landes zwischen den Strömen« mit Sicherheit der Strombereich des Bug. Der neue Lebensraum war bisher Herrschaftsgebiet der petschenegischen Hunnen; es kam zwischen ihnen und den Magyaren zu erbitterten, langdauernden Kämpfen, von denen man kaum mehr als den Ausgang weiß: Die Magyaren blieben siegreich und drängten die Petschenegen nach Osten ab, vermutlich in die Kubansteppe, und gewannen damit eine allezeit revanchelustige und daher äußerst unangenehme Nachbarschaft.

Die Halbinsel Krim wurde weder von den Petschenegen noch den Magyaren berührt; hier behaupteten sich die Griechen von Cherson im Verein mit den Resten der Goten, die seinerzeit die Westwanderung ihres Volkes – die damals schon beinahe ein halbes Jahrtausend zurücklag – nicht mitgemacht hatten.

Die Ernährungsbasis des Stammesbundes war in Etelköz wie in der Magna Hungaria der Fischfang[3], auf Süßwasserfische beschränkt, denn Seefahrt trieben die Magyaren nicht. Daraus resultiert die Notwendigkeit der Gewinnung möglichst gewässerreicher Gebiete, in denen die Siedlungen stets in den Flußtälern lagen; neben dem Fischfang spielte die Kleintierzucht eine langsam an Bedeutung zunehmende Rolle. Diese wiederum erzwang permanente Wanderbewegungen, die sich vor allem längs der Ufer vollzogen, um die natürlichen Futtermengen systematisch zu nutzen. Die Magyaren waren daneben vortreffliche Jäger, doch dürfte die Jagdbeute für die Ernährung eine nur geringe Rolle gespielt haben: Man darf annehmen, daß ihre Kopfzahl etwa 500 000 betrug. Diese Zahl gibt Dienes an, dem unbedenklich gefolgt werden kann –, und eine runde halbe Million Münder war auch damals nicht durch erlegtes Wild zu füllen. Als Nutzvieh dürften vorwiegend Schafe und Ziegen gehalten worden sein; daneben kannten die Magyaren sicherlich Pferde und Hunde, die wertvollen Gehilfen des Menschen seit ältester Zeit.

Die entscheidenden Impulse zur Weiterentwicklung des sozialen Lebens erhielten die Magyaren in diesem Zeitabschnitt durch Berührung
– mit dem Reich der Donaubulgaren[4] und
– mit den Normannen des Dnjeprgebietes, die Waräger[5] genannt wurden.
Überwiegend kombattant war die Berührung mit den Bulgaren, überwiegend friedlich die mit den Normannen.

Als die Magyaren um 835 nach Westen drängten, stießen sie auf die Ostgrenze der schon sehr selbstbewußt gewordenen und kämpferisch hochleistungsfähigen Bulgaren, die sie – vermutlich mehrmals in rascher Aufeinanderfolge – empfindlich schlugen und zurückwarfen. Das wohlorganisierte und daher starke Reich machte auf die Neuankömmlinge einen entsprechenden Eindruck, und sie entschlossen sich rasch, dem Vorbild der arrivierten Stammesverwandten – denn als diese empfanden sie die Bulgaren, auch wenn sie sie erbittert haßten – zu folgen. Zu allererst kopierten sie das »Stehende Heer« der Bulgaren, das ihnen höchst eindrucksstark entgegengetreten war: Die ständig unter Waffen gehaltene, berittene Leibgarde des Bulgarenkhans, die sie sehr wohl als das Rückgrat der bulgarischen Kriegsmacht erkannten. So bildete auch der Kende der Magyaren aus jungen Kriegern ohne Rücksicht auf ihre Stammeszugehörigkeit eine Gefolgschaft, deren Kommandeur alsbald der erste Ratgeber des Kende in allen kriegerischen Angelegenheiten wurde.

Dieser Gefolgschaftsführer oder Gardekommandeur erlangte – zweifellos eine Folge der rasch einsetzenden Bekanntschaft mit dem durch Byzanz repräsentierten spätantiken Gesellschaftssystem – den Titel Gyula → Julius, der ebenso wie der Kaisertitel auf Julius Caesar zurückzuführen ist. So, wie der Name Caesar zum Titel wurde, geschah es hier mit dem Namen Julius; von Interesse ist, daß der Titel Gyula nach der Christianisierung wieder zum Namen wurde und noch heute ein nicht selten verwendeter ungarischer Vorname ist.

Gegen Ende des 9. Jahrhunderts ereignete sich im Sozialgefüge des Stammesbundes eine bedeutsame Machtverschiebung, die den Kende der entscheidenden Funktion im gesellschaftlichen Geschehen beraubte. Der Gyula erlangte – gestützt auf die immer mehr an Bedeutung gewinnende Stehende Truppe – einen immer stärkeren Einfluß auf die Willensbildung der magyarischen Gesellschaft, zumal sich auch die Stammesfürsten entschlossen, ähnliche professionelle Truppenkörper zu bilden, die bald ins Fahrwasser der Garde des Kende gerieten und einen Berufsstand darstellten, dessen ständische Interessen immer stärker in den Vordergrund traten.

Berufssoldaten sind kostspielig, und wenngleich die Entlohnung durchaus nicht in Bargeld bestehen muß, so müssen ihnen doch zumindest die Existenzmittel zugewiesen werden, denn sie sind der wirtschaftlichen Betätigung entzogen. Die Frage, woher der Kende und die Heturen die Mittel nahmen, um Berufskrieger in einer doch nennenswerten Anzahl zu erhalten, ist durchaus berechtigt und unschwer zu lösen: Sie bekamen diese von den Warägern. Die Normannen des Ostens unterhielten intensive Handelsbeziehungen mit Byzanz, wo man an Waren aus dem Norden – vor allem Bernstein und Pelzwerk – ein eminentes Interesse hatte. Die Kontakte liefen entlang des Dnjepr, der die schlechthin entscheidende Wasserstraße darstellte, und damit entweder durch magyarisches Gebiet oder zumindest entlang der Grenze desselben. Da die Magyaren tüchtige Flußschiffer und gefährliche Kämpfer waren und die Normannen kein Interesse daran hatten, ihren Handelsweg aufwendig zu sichern, ließen sie die Magyaren an den Gewinnen in genau vereinbartem Maße partizipieren, indem sie Zölle bezahlten, was damals – bevor Rurik die Herrschaft über Nowgorod gewann – jedenfalls erheblich billiger und einfacher war als die Erzwingung jeglicher Durchfahrt.

Um die Mitte des 9. Jahrhunderts trat in der für alle Teile lukrativen Lage ein Wandel ein, als es in Byzanz wieder einmal Thronwirren gab, in denen sich Michael III. gegen seine Mutter Theodora und ihre Günstlinge durchsetzte. Das damit im Zusammenhang stehende Wiederaufflackern des Streites um die Bilderverehrung, dann der erbitterte Kampf um das Patriarchat, den sich Ignatios und Photios lieferten, und zuletzt die schweren Einbußen, die in den letzten Jahren im Kampf gegen die Moslems, die
– 828 Kreta,
– 831 mit Palermo den bedeutendsten Stützpunkt auf Sizilien und
– 838 Amorium im Herzen Kleinasiens
genommen hatten, aufgetreten waren, ließen in den Warägern die Vorstellung entstehen, daß es beinahe ein Kinderspiel sein müsse, Byzanz zu erobern oder sich zumindest eine gehörige Scheibe vom oströmischen Territorium abzuschneiden. Zwei abenteuerfreudige Normannen, Askold und Dir, sammelten nun ein paar hundert handfeste Burschen um sich und stießen entlang des bekannten Handelsweges bis Konstantinopel vor, das indessen von Bardas, dem tüchtigen Armeebefehlshaber und Oheim des Kaisers, durch Ausbau und Modernisierung der Festungsanlagen wesentlich verstärkt worden war. Die Normannen plünderten zwar 860 das Land um die Kaiserstadt, konnten diese aber nicht ernsthaft gefährden und zogen – ob geschlagen oder nur das Unsinnige ihres Vorhabens einsehend, bleibe dahingestellt – ab. Wieviel der zunächst einmal gewonnenen Beute sie heimbrachten, ist angesichts der unklaren Umstände, unter denen sie die Heimkehr antraten,

nicht einmal abzuschätzen, wogegen man mit Sicherheit weiß, was sie in Byzanz hinterließen: Geplünderte Siedlungen, verwüstetes Land – »verbrannte Erde«. Und Mißtrauen und Haß gegen die und Furcht vor den Nordleuten, was den radikalen Abbruch der profitablen Handelsbeziehungen nach sich zog.

Darunter litten nun auch die Magyaren, die indessen an die schönen Dinge, die sie von den Normannen bekommen hatten, gewöhnt waren und sich daher fragten, auf welche andere Weise sie sich in den Besitz dieser oder anderer Köstlichkeiten setzen könnten, welche Frage bald durch eine neuerliche dramatische Zuspitzung der bulgarisch-byzantinischen Beziehungen gelöst wurde. Hier ist es notwendig, auf eine zwar kurzlebige, damals aber höchst bedeutsame politische Macht zu verweisen, die sich eben in Zentraleuropa gebildet hatte und der wir noch wiederholt begegnen werden: Das Großmährische Reich. Dieses hatte sich aus dem Gefüge des Ostfränkischen Königreichs gelöst, von dem es als Fürstentum entwickelt und christianisiert worden war, und war unter der Anleitung von Kyrillos und Methodios[6], die weniger als christliche Missionare denn als byzantinische Agenten einzuordnen sind, willens, aggressiver Satellit des Kaisers und des Patriarchen von Konstantinopel in Mitteleuropa zu werden. Das angestrebte und teilweise erreichte Bündnisverhältnis war vordergründig gegen Bulgarien gerichtet, wo nun bereits Boris die Würde des Khans erlangt hatte und eben dabei war, sein Reich zu christianisieren. Das hätte Byzanz an sich nicht gestört, aber daß er ganz offenbar entschlossen war, dem Wege der Papstkirche zu folgen, wurde als Provokation und sogar Bedrohung empfunden. Der Streit zwischen Photios, der sich indessen als Patriarch durchgesetzt hatte, und Rom war eben vor dem Hintergrund der Lehre vom Ausgang des Heiligen Geistes, dem bedeutungsschweren Filioque, in ein sehr kritisches Stadium getreten und hatte geradezu tumultöse Formen angenommen, die ihren Höhepunkt im Anathem – wenn man will der orthodoxen Spielart des westlichen Kirchenbanns – fand, mit dem die Synode von Konstantinopel Papst Nikolaus I. belegte. Das geschah 865, zwei Jahre, ehe Kaiser Michael III. von seinem Freund Basileios, den er zum Mitkaiser erhoben hatte – sein »Befähigungsnachweis« war der Mord an dem vernünftigen und unbequemen General Bardas gewesen – umgebracht wurde. Das ereignete sich bei einer jener feuchtfröhlichen Feiern, die Michael, der oftmals vom Durste geplagt wurde, so liebte, und prägte sein von Basileios geflissentlich geformtes Bild für Zeitgenossen und Geschichte, in die er als Michael der Trunkenbold einging.

All dies veranlaßte Khan Boris, dem der auf so blutigem Wege zur Alleinherrschaft gelangte Basileios keineswegs als vertrauenserweckender Friedensengel erscheinen konnte, seine Hauptstreitmacht in die an der byzantinischen Grenze gelegenen Gebiete zu verlegen, was seine Positionen im pannonischen Raum nachhaltig schwächte. Das ermunterte die Magyaren, denen die Verlagerung des kombattanten Schwergewichts der Bulgaren nicht entgangen war, einen frischfröhlichen Raubzug nach Pannonien zu unternehmen, wobei sie über das heute rumänische Territorium vorstießen. Das Gebiet, das sie durchzogen, nannten sie Erdö-elü, später Erdely; wir kennen es als Siebenbürgen; in mittelalterlichen Urkunden wird es als Transsilvania bezeichnet, bei den Osmanen hieß es Erdel oder Erdil, die heutige offizielle Benennung ist Ardeal. Es scheint damals kaum besiedelt gewesen zu sein: Die Walachen[7] sind, auch wenn es die Rumänen nicht wahrhaben wollen, erst später zugewandert, doch dürften die Randgebiete von den Szeklern[8] bewohnt worden sein.

Im Zielraum Pannonien fanden die Magyaren nur wenig Bulgaren und demgemäß Widerstand; sie stießen, fleißig plündernd, weiter nach Westen vor. Von den zwischen König Ludwig und Khan Boris vereinbarten Grenzen hatten sie, die Fernherkommenden, keine Ahnung, und sie drangen daher ins Gebiet des Königreichs Ostfranken ein, wo ihnen Markgraf Arbo – ihm unterstanden die kombattanten Kräfte der drei Grafschaften an der Donau (Linz, Ybbs und Mautern) – im Raum Wien[9] eine schwere Niederlage zufügte.

Es ist sehr auffällig, daß der Schlacht nicht einfach die Abschlachtung oder Versklavung oder Verjagung der geschlagenen Gegner folgte. Markgraf Arbo muß mit ihren Anführern vielmehr verhandelt und ein Übereinkommen abgeschlossen haben, aus dem sich etwas wie ein – vermutlich nur loser – diplomatischer Kontakt entwickelte, denn als die Magyaren etwa ein Jahrzehnt danach wieder in Pannonien erschienen, kamen sie als Verbündete Kaiser Arnulfs, der sie für seinen Krieg gegen Großmähren gewonnen hatte. Obwohl er der politische Nutznießer der militärischen Erfolge der Magyaren gewesen ist, scheint die geleistete Waffenhilfe für diese recht lukrativ gewesen zu sein, und ihr Ruf als ebenso kühne wie wortgetreue Bundesgenossen verbreitete sich mit Windeseile. 894 bot ihnen Kaiser Leon IV. eine ehrenvolle Allianz im eben aufgeflammten bulgarisch-byzantinischen Krieg, den auf Seite der Bulgaren Symeon, der den Titel eines Zaren angenommen hatte, führte; er war Boris' Sohn und Nachfolger.

Vielleicht waren die Magyaren über die Kriegsbeteiligung gegen die mächtigen Bulgaren nicht ganz einig, und es spricht einiges dafür, daß in eben dieser Phase der Gyula, gestützt auf die permanent unter Waffen gehaltenen Gardetruppen, als Führer der »Kriegspartei« die eher ablehnenden Kreise um den Kende überrundete und diesen in den Hintergrund drängte; es trat also jene Spitzengliederung im Bund der Sieben Stämme ein, die in der neueren ungarischen Geschichtsschreibung als »Doppelfürstentum« bezeichnet wird. Dieses erklärt den Begriff sehr anschaulich:

»Ihr Hauptfürst war der Kende oder Kündü … Religiöse Ehrfurcht umgab ihn, fast hielt man ihn für den Stellvertreter Gottes auf Erden. Dem anderen Fürsten, dem Gyula, kam der größte Teil der Regierungssorgen und die Führung der Heere zu. Die Institution des Doppelfürstentums war für viele Völker der Welt typisch. Das bekannteste Beispiel bietet das japanische

Kaisertum, das seine Organisationsform bis zum Ende des vorigen Jahrhunderts starr bewahrte. Neben dem Kaiser (Mikado) göttlicher Abstammung stand das effekiv regierende Oberhaupt (Schogun).«

Bei allem Respekt vor dem großen Dienes kann seine Meinung nicht unwidersprochen bleiben, auch wenn sie in der ungarischen Historie allgemein vertreten wird. Eben das von ihm gebrachte Beispiel widerlegt die von ihm vertretene Auffassung glatt: Schogun und Tenno (für den er den ebenfalls gebräuchlichen, aber doch nicht ganz zutreffenden Ausdruck Mikado verwendet) standen sich nämlich keineswegs als notwendig gleichrangige »Doppelfürsten« gegenüber, sondern als Kaiser und – veranschaulichend gesagt – Regierungschef. »Doppelfürsten« waren beispielsweise die Könige Spartas oder – mit der für eine Republik unerläßlichen temporären Beschränkung – die römischen Konsuln, denn diese waren gleichrangig; ungleichrangig waren hingegen (um dem Themenkreis verhaftet zu bleiben) der Kalif und sein Sultan, die sich nun in der Tat gegenüberstanden wie Tenno und Schogun, wie Kende und Gyula, und wie in der heutigen Welt etwa die englische Königin und der Premierminister oder der österreichische Bundespräsident und der Bundeskanzler.

Die rechtliche Position des Kende war eine wesentlich andere als die seines Gyula, und auch wenn sich die Machtverhältnisse zugunsten des Gyula verschoben – eine Gleichrangigkeit hat sich daraus nie ergeben, und das macht die Lehre vom magyarischen Doppelfürstentum letztlich unhaltbar. In der westlichen Welt des Überganges von der zerscherbten Antike in das heraufkommende Mittelalter (welche Bezeichnungen der Üblichkeit wegen beibehalten werden) findet sich die wohl am zutreffendsten vergleichbare Entwicklung im fränkischen Königreich der späten Merowinger, in welchem dem Majordomus, dem Hausmeier, als Führer der königlichen Gefolgschaft immer mehr politische Gestaltungsmacht zufiel, **bis er de facto, nicht aber de iure, die Stellung an der Spitze der Gemeinschaft einnahm.** Die Entwicklung gipfelte in der machtvollen Gestalt Karl Martells: 715 zum Hausmeier in Austrien gewählt, war er schon 717 mächtig genug, um König Chilperich II. absetzen zu können. Ohne permanente königliche Legitimation aber konnte er seine Stellung nicht behaupten, und er ließ daher Chlothar IV. zum König ausrufen, um von ihm seine effektive Herrschaftsausübung ableiten zu können. 719 starb Chlothar, und Karl Martell besorgte sich einen neuen Schattenkönig im früher enthobenen Chilperich, nach dessen Tod 720 er Theuderich IV. einsetzte. Dieser lebte bis 737, und nun erst meinte Karl Martell, vom Ruhme des Sieges über die Mauren bei Tours und Poitiers (732) umstrahlt, des Talmiglanzes, der von einem willkürlich ersetzbaren Schattenkönig erborgten Legitimation entraten zu können, weshalb er auf einen weiteren König verzichtete. Nach seinem Tod waren seine Söhne Karlmann und Pippin d. Kl. Hausmeier geworden, Karlmann in Austrien, Pippin in Neustrien, und sie, denen das Ansehen des »heilsbegnadeten Heerführers« (welcher Begriff damals entscheidende Bedeutung für das ganze Zeitalter

20

erlangte) abging, bedurften vorerst wieder der königlichen Autorität; sie schufen Abhilfe, indem sie in Chilperich III. einen neuen machtlosen König einsetzten.

Im Wesen identisch, wenngleich ohne die Häufigkeit des fränkischen Königswechsels zu erreichen, verlief die Entwicklung bei den Magyaren, der wir nun folgen wollen. In den entscheidenden Jahren 894 und 895 war ihr Gyula Álmos und ihr Kende Kurszan. 895 eröffnete Álmos den Krieg gegen die Bulgaren, deren Zar tief in byzantinisches Reichsgebiet eingefallen war und der kaiserlichen Armee bei Bulgarophygon eine sehr schwere Niederlage zufügte. Die Magyaren durchzogen indessen die nördlich der Donau gelegenen Teile Bulgariens und plünderten sie sorgfältig aus, so daß der Krieg gegen die als militärisch hochleistungsfähig respektierten Nachbarn zunächst einmal über alle Erwartungen glücklich verlief. Mit reicher Beute beladen zogen die Magyaren heim, allein das Hochgefühl währte nicht lange, denn schon auf dem Rückmarsch mußten sie erfahren, daß ihnen ihre petschenegischen Nachbarn dasselbe getan wie sie ihren bulgarischen: Die Abwesenheit der Masse des magyarischen Kriegsvolkes entschlossen nutzend, waren sie in Etelköz eingefallen und hatten es bis über den Bug verwüstet. Damit aber war die Schale des Unheils noch nicht leer, das Schlimmste stand vielmehr bevor: Leon, der kaiserliche Bundesgenosse, hatte nach der Niederlage von Bulgarophygon die Lust am Kriege verloren. Es fehlten ihm starke verfügbare Heeresteile, mit denen er die militärischen Operationen hätte fortsetzen können, und die Stimmung in seinem Reich war – angesichts des schauerlich heimgesuchten Thrakien durchaus verständlich – für die Beendigung des Bulgarenkrieges. So schloß er, ohne auf die Lage seiner magyarischen Waffenbrüder auch nur die geringste Rücksicht zu nehmen, seinen Frieden mit Zar Symeon, der nun seinerseits ein Bündnis mit den Petschenegen schloß, um den angesichts des Überfalls von 895 erbittert gehaßten Magyaren im nächsten Jahre den Garaus zu machen.

* * *

Während der turbulenten Ereignisse des Bulgarenkrieges kam Álmos auf eine unbekannte Art ums Leben, und sein Nachfolger als Gyula der Magyaren wurde Árpád, sein Sohn oder jüngerer Bruder, wozu bemerkt werden muß, daß das Senioriatserbrecht galt; es wurde erst nach der Christianisierung durch das Sohneserbrecht ersetzt. Man ist zur Annahme berechtigt, daß die Würde des Gyula erblich geworden war – ganz wie wir es zuvor vom fränkischen Hausmeieramt gesehen haben – und Árpád sie im Erbweg erlangte. Unter seiner Führung entschloß sich der Stammesbund, dem Symeons Vorhaben nicht unbekannt geblieben war und der kaum Aussichten hatte, den drohenden Zweifrontenkrieg zu überstehen, Etelköz zu räumen und eine neue Heimat zu suchen.

Ziel der Magyaren war das Land zwischen Donau und Theiß, in das sie 881 erstmals und 893 wiederum gekommen waren, und ihr Weg führte sie neuerlich durch das schon bekannte Siebenbürgen. Der aus Verzweiflung geborene Entschluß war kühn und wurde mit erstaunlicher Umsicht vollzogen: Der Aufbruch erfolgte im Herbst 895 im Zeichen des herannahenden Winters, den während der Bewegung des Volkes mit Frauen und Kindern, mit beweglichem Besitz und Vieh zu überstehen eine organisatorische Glanzleistung war, die wir global kaum nachvollziehen können. Árpád stand im Mittelpunkt des Geschehens; er befahl, und die Magyaren – nicht nur die Berufskrieger – gehorchten seinem Gebot. Der Kende Kurszan trat in der sozialen Effektivität und in der historischen Erinnerung so völlig hinter ihn zurück, daß Árpád bis in unser Jahrhundert als Alleinherrscher der Magyaren gegolten hat.

Die Magyaren erreichten die neue Heimat, die sie Magyarország, das Land der Magyaren, nennen bis auf den heutigen Tag, vermutlich im Frühsommer 896. Die Zeit härtester Kälte müssen sie in Winterlagern in Siebenbürgen verbracht haben, und sie haben mit Bestimmtheit erhebliche Einbußen an Menschen und Viehbeständen erlitten. Die Landnahme erfolgte sukzessive in westlicher Richtung; die entscheidende Rolle spielte in der ersten Phase die Theiß, um die sich das wandernde Volk niederließ. Da man befürchten mußte, von den Petschenegen durch Siebenbürgen verfolgt zu werden, sicherte man den Grenzraum durch Schaffung eines Militärgrenzbezirkes, der Árpáds Vetter (oder Oheim?) Szabolcs unterstellt wurde. Er errichtete nordostwärts Nyiregyhaza einen großen Stützpunkt, der durch ringförmige Erdumwallungen befestigt war: Typische Form altnomadischer Fluchtburgen. Wohl nun erst drangen die Magyaren weiter nach Westen vor und erreichten die Donau, die vermutlich nicht vor 897 überschritten wurde. Das geschah im Raum Budapest, wie wir aus der Gesta wissen; was die Magyaren allerdings für die Stadt Attilas hielten, waren in Wirklichkeit die zum Teil noch durchaus funktionsfähigen Reste des römischen Aquincum, denn so bedeutend Attila in seinen geschichtsgestaltenden Dimensionen auch war, so willig ihm alle – auch die germanischen – Völker Osteuropas gehorchten: Städte bauen konnten sie damals alle zusammen nicht, nicht die Hunnen und nicht die Goten, nicht die Gepiden und nicht die Rugier, nicht die Langobarden und nicht die Sarmaten, die seiner Herrschaft unterfielen.

Die Magyaren erkannten die vermeintliche Zentrale des Reiches der Hunnen als das »Herz des Landes« und bestimmten die Ruinenstadt zur Residenz des Kende; sein Hoflager schlug er im Gelände des ehemaligen Amphitheaters auf, dessen Gebäudekomplex an die Stelle der üblichen Erdumwallung trat und dessen Arena so großzügig dimensioniert war, daß sie auch größere Viehherden zumindest kurzzeitig aufnehmen konnte. Hierauf erfolgte die Landzuweisung an die Stämme, die großräumig und nicht ganz lupenrein erfolgte: Schlüsselgelände wurde dadurch stärker gesichert, daß es Verbänden des Stehenden Heeres als Lebensraum zugewesen wurde. Diese wurden damit in den früheren Zustand rückgeführt und zumindest beschränkt selbsterhaltungsfähig gemacht; vermutlich waren sie allerdings zu seßhaftem Leben verpflichtet, wobei nach dem Beispiel von Aquincum die noch erhaltenen Überreste der römischen Städte als feste Stützpunkte im Land westlich der Donau dienten.

Die Landnahme war nicht von nennenswerten Kämpfen begleitet: Die vorgefundene Bevölkerung scheint kaum Widerstand geleistet zu haben. Die Reste der bulgarischen Sicherungstruppen, die nicht donauabwärts ausweichen konnten, scheinen kapituliert zu haben und dürften in die Gefolgschaften des Kende und der Heturen übernommen worden sein, in die auch die noch existenten Splittergruppen der Awaren, die den Reichszerfall und die bulgarische Eroberung überdauert hatten, aufgenommen wurden. Für die Slawen – Donauslowenen, nordkarpatische Weißkroaten, Mährer und Tschechen – war, da sie in ihrer bäuerlichen Lebensform nicht gestört wurden, der Übergang von der bulgarischen in die magyarische Oberherrschaft kaum von Interesse; da sie Ackerbau betrieben, waren sie von großer Bedeutung für die ökonomische Entwicklung, waren sie doch vor allem die Produzenten des Winterfutters für die Viehbestände der neuen Herrschaft. Von ihnen übernahmen die Magyaren die Schweinehaltung, und von ihnen lernten sie vermutlich erst die Rinderzucht kennen, die in Etelköz, wenn überhaupt, so nicht in nennenswertem Ausmaß betrieben wurde, nun aber die Kleinviehhaltung bald an Bedeutung übertraf.

Es ist nicht ganz sicher, darf aber als wahrscheinlich gelten, daß es auch noch Überreste der Urbevölkerung gab, Kelten, die von den Römern Eravisker genannt worden waren. Spätestens in der Zeit der Römerherrschaft waren die Eravisker zur städtischen Lebensform übergegangen; sie wohnten vorwiegend am rechten Donauufer aufwärts von Aquincum bis zum Donauknie oder allenfalls dem Mündungsbereich der Raab. Es kann angenommen werden, daß sie es waren, die jene Kalkbrennöfen betrieben, die für Buda und Pest so signifikant waren, daß die Stadtbezeichnungen von ihnen abgeleitet wurden. Verhielt es sich so, dann erstellt sich in ihnen die Keimzelle der späteren Entwicklung der Städte, die erst in die Zeit der Christianisierung fällt; sicher ist jedenfalls, daß schon Árpáds Pannonien ein »Vielvölkerstaat« in dem Sinne war, daß es aus mehreren völkischen Elementen zusammengefügt war, wobei die Magyaren (und die in ihren Stammesbund eingefügten Fremdteile) die staatstragende Schicht bildeten. Sie hatten das Land in Besitz genommen und die – vermutlich zahlenmäßig nicht sehr bedeutende – vorgefundene Bevölkerung in ihre Botmäßigkeit gebracht, die objektiv nicht drückend war und subjektiv nicht als drückend empfunden wurde.

Die für die nächste Zukunft bestimmende Dominante des sozialen Lebens war die Armut; die Magyaren waren nach empfindlichen Verlusten nach Pannonien gelangt und hatten ein durch Entvölkerung und vorausgegangene Kriege überwiegend verödetes Land gewonnen; die Reste der Vorbevölkerung waren – mehrfach bis auf das sprichwörtliche letzte Hemd ausgeplündert – wohl in der Lage sich selbst, nicht aber den Neuzugang zu erhalten. Und das bedeutet, daß die Magyaren gezwungen waren, sich bei ihren Nachbarn das zu beschaffen, was sie zur Ankurbelung ihrer Wirtschaft benötigten. Sie hatten keine Tauschartikel, um Handelsbeziehungen aufzunehmen, und es gab ihnen niemand Kredite, leistete niemand »Entwicklungshilfe«, um unser Modewort zu gebrauchen. Und so gab es nur eine Möglichkeit der Problemlösung: Die erfolgreiche Raubkriegführung.

Und diese kennzeichnet die Geschichte der Magyaren und ihrer Nachbarn für das nächste runde Jahrhundert.

2. Kapitel: Bayern, Großmacht des frühen Mittelalters

Die Bedeutung, die Bayern
– sowohl für die Beziehungen des Pannonien besiedelnden Stammesbundes der Magyaren zum christlichen Abendland
– als auch für die Entwicklung des im zehnten Jahrhundert als Regnum Theutonicum historische Wirksamkeit erlangenden alten deutschen Reiches zukommt, zieht unser Interesse notwendig an.

Es ist unausweichlich, Bayern nun in den Mittelpunkt der Darstellung zu rücken, zumal es aus schwer durchschaubaren Gründen in der traditionellen Geschichtschreibung eher unterbewertet und seiner Schlüsselfunktion weitgehend entkleidet wird. Die Fragwürdigkeit dieser Unterspielung wird schon erkennbar, wenn man bedenkt, daß das Bayern der Zeitspanne zwischen dem Zerfall des Römischen Weltreichs und dem Hohen Mittelalter, dessen Beginn in der politischen Geschichte mit dem Ersatz der Benennung Regnum Theutonicum durch Imperium Romanum relativ eindeutig fixierbar ist, keineswegs nur mit dem zeitgenössischen Freistaat der Bundesrepublik Deutschland identisch war, sondern ganz Zentraleuropa umfaßte.

Das historische Bayern – ein »Großbayern« gewissermaßen – bestand, auf eine heutige Landkarte übertragen, auch aus
– Böhmen und Mähren und damit dem ganzen Westteil der ČSFR;
– beinahe dem gesamten Staatsgebiet der Republik Österreich;
– der Republik Slowenien der SFR Jugoslavija und
– dem Nordosten der Republik Italien zumindest bis zum Flußlauf der Etsch → Adige.

Es entwickelte sich **nicht aus dem Frankenreich,** sondern **außerhalb desselben** und teilweise sogar **gegen dasselbe,** und es leitet seinen Bestand unmittelbar aus dem Römischen Weltreich ab. Will man es der Veranschaulichung wegen möglicherweise überspitzt und daher anfechtbar formulieren, kann man sagen, daß es in Wahrheit die Brücke zwischen dem Imperium Romanum der Cäsaren und dem erneuerten Imperium Romanum der deutschen Könige war, das aus dem Regnum Francorum Karls d. Gr. nicht viel mehr als die Idee und die Pflichten des Kaisertums übernommen hatte. Reduziert man diesen Anspruch auf ein erweisliches Maß, so wird erkennbar, daß die Übernahme der altrömischen Tradition durch das alte Deutsche Reich auf zwei Säulen beruht: Ideell auf der nicht einmal ganz freiwillig erfolgten Fortführung des karolingischen Kaisertums, materiell aber auf dem Engagement Bayerns, das Zentraleuropa als Erbe des altrömischen Imperiums in das Regnum Theutonicum einbrachte. Die vom Glanz des karolingisch-christlichen Universal-

'staates förmlich geblendete Geschichtsdarstellung sieht mit erstaunlicher Konsequenz an der Tatsache vorbei, *daß Bayern an Südeuropa, nicht aber an Westeuropa gebunden war, und daß eben diese Bindung das eigentlich dominierende Element des deutschen Mittelalters gewesen ist.* Die kurzfristige und bald nach Karls d. Gr. Tod erfolgte Lösung des Bündnisverhältnisses zum fränkisch beherrschten europäischen Westen hat neben der permanenten essentiellen Verbindung mit dem Süden des Kontinents, mit dem italischen Raum, kaum Bedeutung.

Versucht man, die Entwicklung
– Bayerns aus dem alten Imperium Romanum,
– Ostfrankens zum Regnum Theutonicum und
– des Regnum Theutonicum zum neuen Imperium Romanum, dem seit
   ☐ Friedrich Barbarossa das Sacrum voran- und seit
   ☐ Maximilian dem letzten Ritter das Nationis Germanicae nachgesetzt wurde,

objektiv nachzuvollziehen, so ergibt sich die Südbindung schon einmal ganz vordergründig aus der, wie man heute sagt, Infrastruktur des Großraumes Bayern, genauer gesagt
– dem Straßennetz und
– dem Organisationschema,
die beide eindeutig auf Italien bezogen waren. Beide Bindungselemente sind kultureller, nicht aber natürlicher Art – und beide sind Erbe der mediterranen Antike, die im letzten vorchristlichen Jahrhundert begann, ihren Universalstaat über den Mittelmeerraum hinaus nach Norden auszudehnen.

Die römische Expansion erfaßte im augusteischen Zeitalter den Ostalpenraum und wurde im Norden und Osten bis zur Donau vorgetrieben. Der südliche Teil des Alpenraumes war das Gebiet des keltischen Königreiches Noricum, das vor allem die heutigen österreichischen Bundesländer
– Kärnten und
– Steiermark
umfaßte; nördlich des Alpenhauptkammes schloß sich das Königreich der ebenfalls keltischen Vindelicier an, dessen Schwergewicht vermutlich im Raum Ingolstadt lag; westlich davon siedelten die Raeter, die anscheinend noch in Stammesverbände ohne übergeordnete zentrale Führungsstelle gegliedert waren, und ostwärts davon die Eravisker, mit denen es ähnlich wie mit den Raetern bestellt war.

Der gewonnene Raum wurde später in die drei Provinzen

RAETIA	NORICUM	PANNONIA

geteilt. Der Versuch, über die Donau nach Böhmen vorzudringen, scheiterte im Jahre 7 n. Chr. schon im Ansatz: Die bei Carnuntum → Deutsch Altenburg versammelte Offensivarmee, die eben mit der Donauüberquerung

26

begonnen hatte, mußte zur Niederwerfung eines ausgedehnten Aufstandes in Illyrien rückberufen werden.

In Böhmen hatte etwa zu dieser Zeit Marbod, der wie Arminius der Cherusker (Schlacht im Teutoburger Wald, 9 n. Chr.) in Rom »Offizier auf Zeit« gewesen war, durch Unterwerfung der keltischen Bojer das Königreich der Markomannen gegründet; seine Germanen vermischten sich zunehmend mit den Bojern; die recht tüchtige Nachkommenschaft wurde später teils mit dem Sammelnamen der Bojer bezeichnet, von dem sich der Namen der Bajuwaren[10] abzuleiten scheint. Auch in der geographischen Bezeichnung Böhmen stecken die Bojer; die Tschechen → Czechen nahmen das Land Böhmen erst sehr viel später in Besitz.

Wann die obenbezeichneten römischen Provinzen fertig eingerichtet wurden, ist nicht ganz gewiß: Unter Kaiser Claudius (41–54) erscheinen sie jedenfalls als kaiserliche Provinzen, das heißt Provinzen, die von einem Statthalter verwaltet und von Truppen militärisch gesichert wurden. Die Statthalter waren Träger der zivilen Verwaltung und gleichzeitig Militärbefehlshaber. Raetien und Noricum waren prokuratorische Provinzen, Pannonien aber zählte zu den legatorischen, deren Statthalter das Amt des Konsuls bereits ausgeübt haben mußten.

Die Provinzen wurden im Laufe der Zeit geteilt:

Raetia   (heute etwa Ostschweiz, Freistaat Bayern, Vorarlberg, Tirol) in
              Raetia prima und
              Raetia secunda;
Noricum (heute Kärnten, Salzburg, Steiermark und Oberösterreich südlich
              der Donau) in
              Noricum ripense → Ufernorikum und
              Noricum mediterraneum → Binnennorikum;
Pannonia (heute Ostteil von Niederösterreich, Wien und Westungarn) in
              Pannonia superior und
              Pannonia inferior.

Noricum mediterraneum wurde zur senatorischen Provinz und gehörte damit zum sozusagen entmilitarisierten Kerngebiet des Imperiums.

Die Grenzsicherungszone des Limes verlief allgemein entlang der Donau, die jedoch mehrfach überschritten wurde. Der jenseitige Landgewinn war schwer zu behaupten und wurde daher meist nur kurzzeitig gehalten; der bedeutendste »Außenbesitz« war Pannonien ostwärts vorgelagert. In der Spätzeit des Imperiums ließen die Einfälle ostgermanischer Völker und der sarmatischen Jazygen die Beherrschung des heutigen Ostungarn notwendig erscheinen; es wurde eine dem Limes vorgeschobene Raumsicherungszone in den Sarmatischen Wällen geschaffen. Die Donau wurde im Raum Aquincum überbrückt und der Brückenkopf durch den starkbefestigten Stützpunkt Contraaquincum gesichert, aus dem sich sehr viel später die Stadt Pest entwickelte.

Zu den entscheidenden militärischen Einrichtungen des Imperiums gehörte die Donauschiffahrt; es bestanden mehrere Donauflottillen, deren Basen Regensburg, Passau, Pöchlarn und Gran → Esztergom waren.

Aus den römischen Militärstützpunkten, Verwaltungszentren und Verkehrsknotenpunkten entwickelten sich die Städte, die meist den Rang von Municipien hatten; in Noricum hatte nur Wels → Ovilala, in Pannonia nur Carnuntum den Rang einer Colonia. Die für unsere Darstellung wichtigsten Städte waren in

Raetia	Noricum	Pannonia
Augusta Vindelicum *(Augsburg)*	Ovilala *(Wels)*	Vindobona *(Wien)*
Castra Regina *(Regensburg)*	Lentia *(Linz)*	Carnuntum *(Deutsch-Altenburg)*
Castra Batava *(Passau)*	Lauriacum *(Lorch)*	Strigonium *(Gran→Esztergom)*
Brigantium *(Bregenz)*	Arelape *(Pöchlarn)*	Scarbantia *(Ödenburg→Sopron)*
		Arrabona *(Raab →Győr)*
		Savaria *(Steinamanger → Szombathely)*
		Aquincum *(Budapest)*

Die italischen Basen für die Beherrschung des gesamten Raumes waren
– für Raetien → Mediolaneum (Mailand)
– für Noricum und Pannonien → Aquileia[11].
Von diesen Städten gingen die großen Heerstraßen aus, die gewissermaßen das Rückgrat des ziemlich dichten Straßennetzes bildeten, das den ganzen Raum überzog; die Skizze auf Seite 29 oben will eine rein schematische Übersicht geben.
Die wichtigste Querverbindung zwischen den Straßensystemen war die Donaustraße, die am rechten Ufer dem Strom folgte und die unerläßliche Bedingung des Schiffverkehrs war, der stromaufwärts nur durch Traideln, also Ziehen der Schiffseinheit vom Lande aus, zu vollziehen war, auch wenn dies durch günstige Windverhältnisse temporär in Wegfall kommen konnte. Größere Truppenverschiebungen waren nur über Land möglich, da die

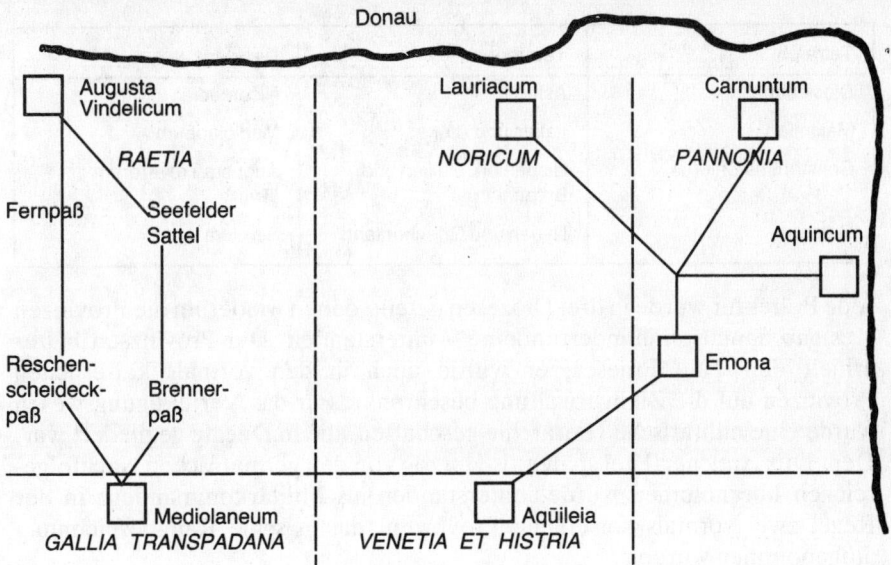

Donau

Augusta Vindelicum

RAETIA

Fernpaß
Seefelder Sattel

Reschen-scheideck-paß

Brenner-paß

Mediolaneum
GALLIA TRANSPADANA

Lauriacum

NORICUM

Carnuntum

PANNONIA

Aquincum

Emona

Aqüileia
VENETIA ET HISTRIA

Straßennetze der wichtigsten Basen Roms

Transportkapazität der Donauflottillen nicht ausreichte, um Legionen geschlossen zu verlegen, was aus militärischen Gründen jedoch vielfach nötig war.

Das Straßennetz erhielt seine Bedeutung über den Zerfall des weströmischen Imperiums hinaus; an den Römerstaßen orientierte sich die gesellschaftliche Effektivität des folgenden Zeitalters, ja sie sind in ihrer Trassenführung erstaunlich oft noch die Basis unserer Fernstraßen und Eisenbahnlinien. Über sie marschierten nicht nur die Legionen und rollte nicht nur der spätantike Handelsverkehr, sondern ihnen folgten die Trecks der Völkerwanderungszeit, zogen die Könige und Heere des Mittelalters, karrten die Wagenkolonnen der Kaufleute, pilgerten Glaubensboten und Wallfahrer, wanderten Handwerksgesellen und Studenten.

Für das römische Organisationsschema, zuvor neben dem Straßennetz als das entscheidenden Bindungselement Großbayerns an den italischen Raum bezeichnet, war das Strukturgefüge maßgebend, das sich aus der großen Reichsreform des Kaisers Diocletian (284–305) ergeben hatte. Die Neugestaltung des Reichs war sowohl für die territoriale Gliederung als für das Ämterwesen von grundsätzlicher Bedeutung und führte zu einer völligen Neustrukturierung des Imperiums, ja beinahe zu seiner Aufteilung in vier nahezu völlig selbständige Herrschaftsbereiche, Präfekturen genannt, die den Tetrarchen unterstellt wurden. Die beiden Kaiser, Diocletian und Maximian, adoptierten ihre Gardekommandeure Constantius Chlorus und Galerius, ernannten sie zu Nachfolgern mit den Titeln Caesares und legten hierauf die Territorien wie folgt fest:

Tetrarch	Territorien	Residenz
Diocletian	Asien	Nicomedia
Maximian	Italien und Afrika	Mediolaneum
Constantius Chlorus	Hispanien, Gallien und Britannien	Augusta Treverorum (Trier)
Galerius	Illyrien und Griechenland	Sirmium

Jede Präfektur wurde in drei Diözesen geteilt, denen wiederum die Provinzen – es gab damals einhundertundeine – unterstanden. Der Provinzstatthalter erhielt den Titel Praeses; er wurde auch in den vormals kaiserlichen Provinzen auf die Zivilverwaltung beschränkt. Für das Verteidigungswesen wurde eine militärische Hierarchie geschaffen, die in Ducate gegliedert war. Dem Dux, welcher Titel später als Herzog von den germanischen Nachfolgereichen übernommen wurde, unterstanden als Militärkommandeur in der Regel zwei vormals kaiserliche Provinzen, die in seine Rangbezeichnung aufgenommen wurden.

Die uns interessierenden Provinzen wurden wie folgt zugeordnet:

Provinz	Diözese	Präfektursitz
Raetia prima Raetia secunda	Italia	Mediolaneum
Noricum ripense Noricum mediterraneum Pannonia superior Pannonia inferior	Illyricum	Sirmium

Für den gesamten Raum waren zwei Militärkommandobereiche gebildet und zwei Militärkommandeure bestellt worden: Der
– Dux Raetiae primae et Raetiae secundae,
– Dux Pannoniae primae (wie Pannonia superior damals vor allem im militärischen Bereich genannt wurde) et Norici ripensis.
Binnennoricum blieb als grenzferne Provinz zunächst entmilitarisiert, Unterpannonien unterstand dem Dux in Sirmium.

Die Tetrarchie erwies sich als nicht sehr dauerhaft; schon Konstantin d. Gr. (324–337), Sohn des Constantius Chlorus, war nach Ausschaltung der Mitkaiser Licinius, Maxentius und Maximinus wiederum Alleinherrscher (Imperator totius orbis) geworden, doch blieb die Reichseinheit nur bis zum Ende der von ihm begründeten Dynastie mit Julianus Apostata (363) erhalten. Theodosius d. Gr., Alleinherrscher 394 und 395, verfügte die sich als so folgenschwer erweisende Reichsteilung in Ostrom und Westrom, die nach seinem Tode von seinen Söhnen Arcadius (Residenz Konstantinopel) und Honorius (Residenz ab 404 Ravenna) vollzogen wurde. Die Diözese Illyricum gehörte zunächst zum Westreich; die Grenze verlief von Sirmium in südliche Richtung und entsprach der Grenze zwischen den Provinzen Dalmatia und Moesia superior.

Das Imperium hatte indessen Schrecken auf Schrecken erlebt, Einbuße auf Einbuße hinnehmen müssen und stand mehrfach vor dem völligen Ruin. In Europa waren germanische Völker – in jenem Zeitalter nach den Alemannen vor allem die Westgoten und die Vandalen – über die Grenzen vorgedrungen, hatten ganze Provinzen verwüstet, selbst Rom genommen und waren mit Mühe abgedrängt worden, hatten in fernen Gebieten selbständige Reiche gebildet, allein der furchtbarste Schock stand damals noch bevor: Attila, die Geißel Gottes, der nicht nur über seine Hunnen, sondern auch die Germanen des Südostraumes gebot und dessen gewaltige Heere nur ein einziges Mal, nur auf den katalaunischen Gefilden beim heutigen Chalons sur Marne, den Sieg über eine römische, von westgotischen Kontingenten entscheidend unterstützte Armee nicht zu erringen vermochten. Attilas Tod bewirkte den Zerfall des Hunnenreiches, dessen Zentrum im pannonischen Raum gelegen war, und dieser wiederum löste eine Vielzahl von unkoordinierten Einbrüchen meist germanischer Völkerschaften in die römische Grenzsicherungszone aus, so daß die Herrschaft der meist recht kläglichen Kaiser bestenfalls noch regional aufrechterhalten werden konnte. Zwei Ereignisse jener Zeit waren von besonderer geschichtsgestaltender Bedeutung für den Alpenraum:

1. Die Markomannen drangen in das Gebiet südlich der Donau ein und ließen sich in Pannonia superior nieder; als ihren Hauptstützpunkt benützen sie das von den Römern preisgegebene Carnuntum.
2. Die Ostgoten, auch als Ostrogoten oder amelungische Goten bezeichnet, erhielten gegen die Verpflichtung zur Reichsverteidigung Pannonien als Siedlungsraum zugewiesen; sie erlangten den Status angesiedelter Grenztruppen, die Foederates genannt wurden.

Die Ostgoten drängten die Markomannen stromaufwärts; das ist vermutlich mit der Abtretung der Diözese Illyrien an Byzanz im Zusammenhang stehend, die eben damals erfolgte. Die Markomannen erhielten nun – als Flüchtlinge aus dem Gebiet des verfeindeten Ostreiches – von Ravenna ebenfalls den Status von Foederaten verliehen und wurden in Noricum ripense und in Raetia prima angesiedelt. Sie hielten sich nicht dauernd separiert und vermischten sich später mit der erhalten gebliebenen reichsrömischen Bevölkerung, die damals überwiegend aus den Nachkommen angesiedelter Veteranen des römischen Heeres, die meist germanischer und keltischer Abstammung waren, bestand, wenn man will also aus dem nämlichen Rohmaterial, aus dem auch die mit den Bojern durchsetzten Markomannen hervorgegangen waren.

Die Ostgoten hatten indessen Pannonien geräumt und waren in die Kerngebiete des Ostreichs gezogen, offenbar durch Übervölkerung zur Preisgabe des bisher zugewiesenen Raumes genötigt[12]. Nach dem Tode seines Vaters Theodemer wurde der noch sehr junge Theoderich zum König erwählt, der nach jahrelangen Wirren und Kämpfen vom Kaiser Zenon zum magister militum per okzidentem bestellt und zum Patricius Romanum ernannt wurde mit dem Auftrag, das selbstherrliche Regiment des 476 erfolgreich putschenden Söldnergenerals Odoaker in Ravenna zu beseitigen. Dieser hatte den letzten Kaiser des Westens, Romulus Augustulus, abgesetzt. Odoaker wehrte sich tapfer; der Krieg endete mit einem Kompromißfrieden, den beide Vertragspartner zu brechen entschlossen waren: Theoderich war schneller und stieß Odoaker bei einem Gastmahl nieder. »Ich tat ihm am Abend, was er mir in der Nacht tuen wollte«, erklärte er knapp.

Der große Gotenkönig dehnte seine Herrschaft, die er stets als vom Kaiser als dem legitimen Herrn des Gesamtimperiums abgeleitet interpretierte, auch auf die Donauprovinzen aus, die Odoaker aufgegeben hatte. Das gesamte spätrömische Ämterwesen wurde von ihm übernommen und beibehalten; die zivilen Dienststellen wurden durchgehend mit Römern, die militärischen aber mit Goten und, als der Personalbedarf größer wurde als die gotische Personalreserve, auch mit geeigneten Angehörigen anderer kriegstüchtiger Völker besetzt. Mit großen emotionellen Engagement setzte er sich für den Frieden ein[13] und versuchte, ein umfassendes Friedenssystem in Westeuropa zu schaffen, das kein Geringerer als William Seston die Pax Ostrogothica nennt. Zweimal wurde der Frieden durch die sehr aggressiven Franken seines Schwagers Chlodowech durchbrochen, die im Verein mit den Burgunden König Gundobads einmal gegen die Alemannen, einmal gegen die Westgoten[14] zogen. Der Alemannenkrieg führte zu einer schweren Niederlage der Angegriffenen, die in den Alpenraum flohen. Theoderich, der ihre gänzliche Vernichtung fürchtete und den drohenden Massenmord verhindern wollte, besetzte nunmehr mit eigenen Heeresverbänden Noricum ripense und beide Raetien, erlangte die Anerkennung seiner Herrschaft durch die Markomannen, nahm sie in ihre alte Rechtsstellung als Foederaten auf, wehrte den Franken und Burgunden die Verfolgung der Alemannen und siedelte diese in Raetia prima an. Den Anführer der Markomannen, dessen Namen wir nicht kennen, bestellte er damals zum Dux in beiden Raetien und in Noricum ripense –, und **es spricht alles dafür, daß wir in diesem Vorgang die Geburt des späteren Herzogtums Bayern zu erkennen haben.**

Nach dem Gotenkrieg des Kaisers Justinian I., der neun Jahre nach Theoderichs Tod (526) begann und bis 553 dauerte, war **Bayern,** das in etwa aus den drei genannten Provinzen bestand, jedenfalls als Herzogtum vorhanden. Herzog war ein gewisser Garibald, der durch die Debellatio der Ostgoten das erlangt hatte, was man unter Freiheit und Selbständigkeit versteht, der keine Neigung zeigte, Bannerträger des byzantinischen Reiches nördlich der Alpen zu werden und nicht ohne Geschick versuchte, sich zunächst einmal zwischen den germanischen Mächten, die sich um das ostgotische Erbe rissen – vor allem Franken und Langobarden – zu behaupten. Er bemühte sich um gute Verbindungen zu beiden Höfen und vermählte sich 555 oder 556 mit einer Dame, die beiden am Herzen lag oder vielleicht für beide eine Verlegenheit war: Walderalda, Tochter des früheren Langobardenkönigs Wacho (510–540) und Witwe des Merowingers Theudebald (547–555). (Die ungarische Geschichtsschreibung vertritt eine andere Auffassung; Bona ist der Ansicht, daß Walderalda als Witwe zunächst den Frankenkönig Chlothar I. heiratete und erst nach dessen Tod 561 Garibald, was für unsere Darstellung jedoch kaum Bedeutung hat.) König der Langobarden war zu dieser Zeit Audoin, der sich auf byzantinischer Seite aktiv am Krieg gegen die Ostgoten beteiligt hatte; das langobardische Kontingent war von Audoins Sohn Alboin geführt worden, hatte sich als ebenso tapfer wie undiszipliniert erwiesen und war schon 552, also vor Ende des Gotenkriegs, heimgeschickt worden.

Um jene Zeit tauchte am Rande des Karpatenbeckens ein neues Reitervolk auf, das Unruhe und Schrecken verbreitete, die *Awaren*[15]. Die Langobarden, die damals den pannonischen Raum besiedelten, beeilten sich, den neuen Nachbarn das für diese vortreffliche Gelände zu überlassen. Alboin, der schon seinem Vater im Königsamt nachgefolgt war, schloß mit Khakhan Bajan einen regelrechten »Räumungsvergleich«, dem ein Kriegsbündnis gegen Byzanz angeschlossen war: Im Jahre 568
– zogen die Langobarden unbehindert aus Pannonien ab, um in Italien eine
  neue Heimat zu suchen,
– fielen die Awaren in Moesien ein, um
   □ ihr Herrschaftsgebiet nach Möglichkeit zu erweitern,
   □ Beute zu machen und
   □ die Byzantiner an der Verwendung der im Balkanraum liegenden
     Truppen zur Unterstützung der »Italienarmee« zu hindern.
Der Widerstand, der da wie dort geleistet wurde, war in der Tat kläglich: Ein Nachschieben weiterer Truppen war dem Kaiserhof unmöglich, zumal die mobilen Reserven überwiegend in Spanien verwendet werden mußten, wo der Westgotenkönig Athanagild gleichzeitig energisch gegen die letzten oströmischen Stützpunkte Malaga, Cordoba und Cartagena vorging.

Die Errichtung der Langobardenherrschaft über den Großteil der Apeninenhalbinsel machte die Erhaltung freundschaftlicher Beziehungen zu Alboin für den Bayernherzog notwendiger als je zuvor, und man darf annehmen, daß Garibald in irgendeiner Form die Oberherrschaft des Langobardenkönigs anerkannte, so daß zu Ticinum → Pavia eine ähnliche Verbindung hergestellt wurde, wie sie zu Ravenna in gotischer Zeit bereits bestanden hatte. Nur wesentlich lockerer, wie es der Staatsform des Langobardenreiches entsprach, das ganz bewußt die römischen Traditionen abstreifte und – wie es Mitteis definiert – eine »Föderation halb souveräner Herzogsstaaten« war, dessen König »nur eine Art von Präsidium« bei gemeinsamen Beratungen innehatte. Es kam auch vor, daß auf den König überhaupt verzichtet wurde; nach Alboins Ermordung (572) wurde so Kleph König, bis auch er ermordet wurde (574), und dann blieb die Stelle bis 584 unbesetzt. Kriege mit dem immer aggressiven und zeitweise starken Frankenreich und Byzanz ließen damals die Besetzung der Rolle des Staatsoberhauptes zweckmäßig erscheinen; die Großen des Reiches einigten sich auf einen gewissen Authari als König, der sich zuerst einmal nach einer starken Hand, die ihn notfalls stützen werde, umschaute, was man ihm angesichts der Erfahrungen seiner Vorgänger durchaus nicht verdenken kann. Die »starke Hand«, die sich ihm darbot, war eine schöne Hand, sie gehörte einer gewissen Theodelinde, die vermutlich viele vortreffliche persönliche Eigenschaften und davon abgesehen eine sehr starke, väterliche Hand in ihrem Heiratsgut hatte: Es war die Hand Herzog Garibalds von Bayern. Sie muß in der Tat sehr imponierend gewesen sein und erhielt ihren Wert über Autharis Tod (590) hinaus, denn auch sein Nachfolger Agilulf ergriff sie, indem er die Witwe seines Vorgängers heiratete.

Garibald scheint ohne männliche Nachkommen geblieben zu sein, so daß ihm ein Enkelsohn aus dieser zweiten Ehe seiner Tochter nachfolgte, denn die bayrische Herzogfamilie nennt sich schon im siebenten Jahrhundert die der Agilulfinger oder Agilolfinger. Nach dem Tode König Agilulfs (615) enthielten sich seine Nachkommen offenbar jedes weiteren Bemühens um eine Rolle in der fragwürdigen Zentrale des Langobardenreichs und zogen sich nach Bayern zurück.

(Bemerkt sei, daß diese Auffassung vom Herkommen des bayrischen Herzogtums und seiner Herzogfamilie nicht allgemein geteilt wird; selbst Bosl sieht Bayern eher westlich verankert, doch überschätzt er den fränkischen Einfluß auf die Zeit um 600 erheblich. Es darf nicht vergessen werden, daß die weltlichen Herrschaftsstrukturen jener Zeit den geistlichen Bindungen folgten. Wir haben in Anm. 11 der Bedeutung Aquileias für die Missionierung und die Organisation des Christentums im Alpenraum gedacht und betont, daß der Patriarch um 600 Arianer war. Die Langobarden waren Arianer, wie vor ihnen die Goten gewesen waren, die Markomannen waren, als sie das Christentum annahmen, zu Arianern geworden. Es gab ein einziges Germanenvolk, das der Papstkirche anhing: die Franken. Wäre Bayern dem fränkischen Reich verbunden gewesen, so wäre es der fränkischen Reichskirche unterfallen, und zwar von Anbeginn an. Dann aber wäre es nicht Ruhm der Sendboten der fränkischen Reichskirche, der »Bayernlehrer« Emmeram, Korbinian und Rupert gewesen, um 700 den »rechten Glauben an Christus« in Bayern zu verbreiten, denn dieser wäre dort ebenso verankert gewesen wie in Franken. Die Annahme, daß die Bayern Herzog Theodos noch paganischen Glaubens gewesen seien, ist geradezu absurd, so daß die überlieferten Daten nur dahin interpretiert werden können, daß die Bayern Arianer waren.)

Den Bayern waren im Zusammenhang mit der Inbesitznahme Pannoniens durch die Awaren im Alpenraum neue Nachbarn erschienen, die Binnennorikum besiedelten: Die Slowenen. Aus mehreren Gründen ist es zweckmäßig, die Bedeutung dieses Volkes für den Ostalpenraum dadurch zu unterstreichen, daß ihnen ein eigenes Unterkapitel im Rahmen dieser Darstellung eingeräumt wird.

Die Slowenen

Die in alten Quellen gerne als Alpen-Slawen bezeichneten Slowenen standen in einer Abhängigkeit von den Awaren, die nach Form und Inhalt etwa jenem vasallitätsähnlichen Verhältnis vergleichbar ist, in welchem Ostgoten, Gepiden und andere Germanenvölker seinerzeit zu Attila gestanden hatten. Sie waren damit ein »Hilfsvolk«, dem vom awarischen Khakhan das Bergland südlich und westlich Pannoniens als Siedlungsgebiet zugewiesen worden war, und verbreiteten sich – nach heutiger Raumverteilung – über das Gebiet der Republik Slowenien und der Bundesländer Kärnten und Steiermark; im heutigen Ungarn scheinen sie das damals sehr waldreiche Hügelland südlich des Plattensees → Balaton besiedelt zu haben. Auch das südliche Oberösterreich dürften sie schon damals teilweise überzogen haben, desgleichen Istrien. Sie waren in Stämme gegliedert und unterstanden Häuptlingen, die Župane genannt wurden.

Die Slowenen waren paganischen Glaubens, aber religiös keineswegs intolerant und ließen den christlichen Glauben und die geistliche Hierarchie der vorgefundenen norischen Bevölkerung vorerst unbehelligt. Zumindest einer der kirchlichen Amtsträger jener Zeit ist namentlich bekannt: Bischof Vigilius von Virunum → St. Veit a. d. Glan; er wird als episcopus Carantenensis bezeichnet. Daneben gab es in Kärnten zumindest zwei weitere Bischöfe, und zwar in Teurnia → St. Peter in Holz, und in Aguntum → Lienz.

Zu Beginn des siebenten Jahrhunderts kam es zwischen Slowenen und Bajuwaren zu einigen Konflikten, die jedoch nur lokale Bedeutung hatten und in denen es für beide Parteien vor allem darum gegangen zu sein scheint, die Selbstverteidigungsfähigkeit der neuen Nachbarn zu testen. Ernsteren Charakter hatte wohl ein Einfall, den Garibald II., der den Titel eines princeps Baioarium trug, um 620 durchführte. Garibald erlitt bei Aguntum eine schwere Niederlage, die von den Slowenen, die den Bayern an Rauflust kaum nachstanden, zu einem ausgedehnten Plünderungszug ausgewertet wurde. Sie waren recht erfolgreich, wurden aber auf dem Rückmarsch von dem restlichen Kriegsvolk der Bayern angefallen und mußten froh sein, nach Verlust der gesamten Beute und eines erheblichen Teiles an Mannschaft das

Weite nicht nur zu suchen, sondern auch zu finden, was gerade im Bergland bekanntlich gar nicht so einfach ist.

Die wechselseitigen schweren Verluste, die man sich zugefügt, erzwangen nun für einige Zeit den Frieden im Grenzraum. Danach beschäftigten sich die Slowenen damit, ihre Freiheit von der awarischen Vormacht zu erkämpfen, die durch
– unglückliche Kriegführung gegen Byzanz[16] und
– die Entstehung eines Freistaates in Böhmen, als das Reich Samos[17] bekannt,
eben eine schwere Krise durchstand. Als Verbündete Samos waren sie erfolgreich; eine der wesentlichsten Folgen ihrer Freiheit war, daß sich die Stämme unter der Oberhoheit eines Groß-Župans zusammenschlossen und das nur sehr lose zusammengefügte Reich der Alpenslawen bildeten.

Die Kämpfe in Pannonien zwischen den Awaren und den verschiedenen rebellisch gewordenen slawischen Volksgruppen müssen erbittert gewesen sein; man weiß darüber nicht viel mehr, als daß zahlreiche Flüchtlinge, darunter zehntausend Bulgaren, nach Bayern gelangten und in Nordbayern angesiedelt wurden[18]. Nach dem Tode Samos und dem Zerfall seines Reiches überwanden die Awaren die kritische Lage, in die sie geraten waren, und begannen um 700, ihre entlaufenen Hilfsvölker unter ihre Herrschaft zurückzuzwingen, die nun um vieles drückender war als zuvor und deren Errichtung mit zum Teil schauerlichen Blutgerichten eingeleitet wurde.

Um 740 war Boruth Groß-Župan der Slowenen; er residierte in der Karnburg auf dem Ulrichsberg bei St. Veit a. d. Glan, deren lateinische Bezeichnung Carantum namengebend für Carinthia → Karantanien → Kärnten geworden ist. Er fühlte sich nicht stark genug, um allein den awarischen Ansprüchen zu widerstehen, und ersuchte seinen agilulfingischen Nachbarn in Bayern um Beistand. In der Folge kam es zum Abschluß eines Unterstützungsvertrages, in dem sich Bayern und Slowenen zu gegenseitiger Waffenhilfe verpflichteten.

Als die Awaren erschienen, wurden sie von den vereinigten bayrisch-slowenischen Verbänden mehrfach geschlagen und gaben den Plan einer Eroberung des Slowenenreiches vorerst auf. In die Freude der Slowenen ob der glücklich verteidigten Freiheit fiel die Aufforderung Herzog Odilos, ihm im Krieg gegen die Franken Zuzug zu leisten. Die Bayern – seit etwa einem halben Jahrhundert Angehörige der Papstkirche – fühlten sich recht siegesgewiß, zumal sie mit dem päpstlichen Segen versehen waren und sich in ihrem Lager auch ein persönlicher Vertreter des Papstes Zacharias befand, der den Auftrag hatte, den Franken nachdrücklich klarzumachen, daß ihr Krieg ungerecht sei.

Am Lech trafen sich die Heere (743); der Legat verbot in einem dramatischen Auftritt unmittelbar vor Schlachtbeginn den Kampf gegen die Bayern, worauf der fränkische Heerführer – es war der spätere König Pippin d. Kl. (Pippin III.) – ihn als Betrüger bezeichnete, könne es doch keinesfalls der Wille des pontifex maximus sein, halbheidnisches Kriegsvolk vor dem Schwert der rechtgläubigen Franken zu schützen. Nun waren die Slowenen in der Tat noch Heiden und durch ihre fremdartige Bewaffnung und Ausrüstung als solche erkennbar, so daß die Franken Pippins Worte bestätigt sahen, angriffen und siegten.

Der Ausgang der Schlacht duckte die Bayern und ihre slowenischen Bundesgenossen unter fränkische Herrschaft; das Ausmaß der Pflichten, die Boruth auferlegt wurden, ist nicht bekannt, aber er mußte für ihre Einhaltung Geiseln stellen: Es waren sein Sohn Cacatius und sein Neffe Cheitmar. Sie wurden der Obhut des Bischofs Johannes von Salzburg übergeben, der sie im Christentum unterweisen ließ. Zu ihrem Erzieher wurde ein Kleriker namens Lupo bestellt, und das Erziehungsprogramm wurde in einem Kloster am Chiemsee erfolgreich abgewickelt: Cacatius und Cheitmar nahmen das Christentum an und leiteten später die Christianisierung der Slowenen ein. (Präzedenzfälle und grundsätzliche Bemerkungen s. Bd. 1, S. 223.)

In Bayern hatte sich indessen durch den Übertritt zur Papstkirche der große Bruch mit den vorerst noch arianischen Langobarden vollzogen. In Ticinum empfand man dies als Verrat, und Herzog Alahis berannte wütend das feste Tridentum → Trient → Trento, wo ihm der bayrische Graf von Bauzanum → Bozen → Bolzano den Vorstoß ins obere Etschtal verlegte. Dieser Schlagabtausch zog die von den fränkischen Glaubensboten schon vorbereitete Hinwendung Bayerns zum Frankenreich nach sich, die im politischen Bereich von den Franken als Anerkennung einer Oberhoheit, von den Bayern aber als Abschluß eines Militärbündnisses gedeutet wurde. Die Interpretationsschwierigkeiten führten zum Krieg von 743, dessen Ende die Erzwingung der eindeutigen Anerkennung der fränkischen Oberhoheit war. Immerhin aber: Bayern hatte diesen Krieg als völlig unabhängige Macht geführt, und es gibt aus der Zeitspanne vorher Verträge eben mit dem fränkischen Hof, deren Urkunden Bayern als durch seinen König, den »rex apud Baioarium«, vertreten ausweisen.

748 starb Herzog Odilo, und Pippin III. beeilte sich, dessen noch unmündigen Sohn als Tassilo III. zum Herzog zu erklären. Er selbst übernahm die Vormundschaft, konnte aber sein eigentliches Anliegen, die Umorganisation Bayerns, vorerst nicht in Angriff nehmen, da er durch vordringliche Angelegenheiten – vor allem wohl die von langer Hand vorbereitete Enthebung des letzten Merowingers und die Vereinigung der effektiven und legalen Macht über das gesamte Frankenreich in seiner Person – abgelenkt wurde. 749 zog wieder ein Todesfall sein Interesse auf den Alpenraum: Boruth, der Groß-Župan der Slowenen, war verstorben, und die Slowenen ersuchten den Hausmeier, Cacatius zu entlassen, daß er als neuer Groß-Župan über sie herrsche. Pippin genehmigte, und Cacatius begann nach Übernahme der Herrschaft vorsichtig die Möglichkeiten einer Bekeh-

rung der Slowenen mit den bereits getauften Mitgliedern des Hofes zu erörtern. Bevor aber irgendwelche Maßnahmen ergriffen wurden, starb Cacatius 751, im selben Jahr, in dem Pippin die fränkische Krone erlangte.

Die Entlassung Cheitmars in seine Heimat war eine der ersten Regierungshandlungen des neuen Herrn über das Frankenreich, und Cheitmar, dem die Verbreitung des Christentums ganz offenbar eine Herzenssache war, reiste zunächst nach Salzburg, wo er mit des verstorbenen Bischof Johannes Nachfolger die nötigen Maßnahmen für die Slowenenmission beriet. Dieser Bischof Virgilius erklärte sich bereit, Cheitmar einen ganzen »Missionsstab«[19] zur Verfügung zu stellen, wenn Cheitmar jährliche Abgaben nach Salzburg liefere, regelmäßig Bericht erstatte und für die Missionare sorge, wozu sich der Glaubenseifrige freudig bereiterklärte. Die Methoden der Christianisierung waren damals oft recht rüde; es sei an den bekanntesten Glaubensboten jener Zeit, den heiligen Bonifatius, erinnert, der eben im Zenit seines Ruhmes stand und 754 den Märtyrertod fand – und der übrigens Pippin 751 in Soissons nach westgotischen Zeremoniell zum König der Franken gesalbt und damit seine Palastrevolution offiziell mit dem Segen der Kirche versehen hatte.

757 wurde Tassilo III. etwas vorzeitig volljährig erklärt und übernahm die Regierung seines Herzogtums; in den Folgejahren erfüllte er seine Pflichten gegen den Frankenkönig anstandslos, vor allem die damals vordringlichste: Er zog mit dem bayrischen Aufgebot in dessen Kriege, namentlich in den gegen die spanischen Moslems, der 759 zur Eroberung von Narbonne[20] führte. Vermutlich der Teilung des eroberten Septimanien wegen kam es zum Streit des Königs mit dem mächtigen Herzog von Aquitannien, der zu einer jahrelangen bewaffneten Auseinandersetzung eskalierte. Pippin war genötigt, seine ganze Macht einzusetzen, um den rebellischen Aquitannier niederzuwerfen, allein im Jahre 763 fehlte in seinem Aufgebot Herzog Tassilo mit seinen Bayern.

Es war aber nicht Verweigerung der Heeresfolge, wie die frankophile Geschichtsschreibung meint und sogar argumentiert, daß Tassilo damit seine Sympathien für den Herzog im fernen Westen zum Ausdruck bringen wollte, sondern es war vielmehr der erste paganische Aufstand der Slowenen, der es zum Schutz der christlichen Interessen und Einrichtungen in Karantanien geboten erscheinen ließ, das bayerische Aufgebot als jederzeit verfügbare Reserve für den bedrängten Groß-Župan im Alpenraum zu belassen. Falls Pippin nicht schon vorher informiert worden sein und dem zugestimmt haben sollte, wurde es ihm nachträglich von den höchsten Stellen der kirchlichen Hierarchie unmißverständlich kundgemacht, und es unterblieb daher jegliche Maßnahme gegen den Agilulfinger, der nicht einmal zur Rechtfertigung aufgefordert wurde. Um diese Zeit heiratete der Bayernherzog Liutberga, die Tochter des Langobardenkönigs Desiderius, woraus nun wiederum gefolgert wurde, er habe die Verbindung mit Ticinum gesucht, um die

fränkische Oberhoheit loswerden zu können. Die Schlußfolgerung ist unrichtig, weil
– auch Pippins Söhne langobardische Königstöchter heirateten
  und
– Pippin einige Kriege gegen die Langobarden geführt hatte, die deren militärische Inferiorität eindeutig erwiesen haben.

Nach Pippins Tod (768) wurde das Frankenreich unter seine Söhne Karl und Karlmann geteilt; der drohende Kampf um die Alleinherrschaft wurde durch Karlmanns frühen Tod 771 verhindert. Karl zog Karlmanns Territorien ohne Verzug ein und trieb dessen Witwe mit den Waisen heim zu ihrem Vater; als sich deren Schwester, seine Gemahlin Desiderata, für sie zu verwenden wagte, sandte er sie ebenfalls – und unter entwürdigenden Umständen – an den langobardischen Königshof zurück. König Desiderius rief nun den Papst als Schiedsrichter über die Vorgänge im fränkischen Königshaus an, allein Hadrian I. dachte weniger an Recht und Moral und christliche Grundsätze als an die Pippinschen Schenkungen, die Ländereien betrafen, die den Langobarden gehörten und die noch nicht übergeben waren, setzte voraus, daß sie ihm Pippins Sohn Karl im Falle eines siegreichen Krieges gegen die Langobarden zuspielen werde, und entschied in dessen Sinn. Der Krieg ließ nicht lange auf sich warten; er begann 774 und führte zur Abdankung des Langobardenkönigs. Das Langobardenreich wurde allerdings nicht zerstört: Karl nahm dessen Krone auf und begründete damit eine Art Personalunion, die allerdings eindeutig fränkisch dominiert war und zur Anpassung der langobardischen Verhältnisse an das straff organisierte und zentralisierte Frankenreich führte.

Wieder stand Bayern im Abseits; Tassilo trat weder auf Seite seines Schwiegervaters, obzwar verwandtschaftliche und moralische Gründe dafür gesprochen hätten, noch entsandte er ein entsprechendes Kontingent – möglichst unter persönlicher Führung – zum Heere des Königs, wozu er kraft geltenden Rechtes verpflichtet gewesen wäre. Grund seiner vermeintlichen Untätigkeit war erneut die Lage in Binnennorikum, die nun nicht nur die Bereitstellung seines Aufgebots, sondern in der Tat den Einsatz desselben verlangte. 769 war Cheitmar verstorben, und ein Nachfolger war entweder nicht gewählt oder nicht allgemein anerkannt worden oder derart unbedeutend, daß nicht einmal sein Namen erhalten blieb. Jedenfalls kam es zu neuerlichem Aufstand der paganischen Slowenen, die sich diesmal des Beistandes der einzigen noch heidnischen Macht versichert hatten, die es weitum gab: Des Beistandes der Awaren. Der Khakhan und die Stammesführer, die den Titel Khan trugen, waren leicht gewonnen, versicherten ihnen die slowenischen Heiden doch, daß sie sich wieder ihrer Oberhoheit beugen würden, so daß ein altes Ziel der awarischen Politik wieder erreichbar schien – und dann brach der Aufstand los, wild und grausam, und alle Schrecken vervielfacht durch die Intervention der gefürchteten Steppenreiter. Es muß sehr rasch gegangen sein: Die Awaren tauchten vor den Mauern der notdürftig verteidigungsbereit gemachten Karnburg auf, ehe die christianisierten Slowenen aufgeboten und gesammelt, ja vielfach auch nur gewarnt werden konnten. Die eben erst errichteten Kirchen wurden ein Raub der Flammen, die Priester, die in Gefangenschaft fielen, zu Ehren der Götter geschlachtet, die zum Christentum Übergetretenen versklavt oder erschlagen, ihre Frauen geschändet, ihre Häuser geplündert.

Bischof Virgilius, der in der Slowenenmission sein Lebenswerk gesehen, schrie lauthals um Hilfe für seine Herde –, und da war nur einer, der irdische, und das heißt in solchem Falle allemal bewaffnete Hilfe bringen konnte: Herzog Tassilo von Bayern. Er brachte sie, **und es war das erste Mal, daß das christliche Bayern Schutz und Schirm und Schild und Schwert des christlichen Abendlandes war.**

Tassilo stieß mit gesammeltem Aufgebot weit nach Karantanien vor, von den Christen als Retter ersehnt und als Befreier begrüßt. Von den mehrjährigen, erbitterten Kämpfen weiß man kaum Einzelheiten: Die bald einsetzende antiagilulfingische Propaganda des Karolingerreichs überdeckte und verdrängte die Erinnerung an die bayrischen Siege, die sich mit dem Namen Tassilos verbanden. Aus einigen von der »Reichsschrifttumskammer«, gleichgültig, welchen Namen sie auch trug, übersehenen Chroniken meist italischer Klöster weiß man jedoch, daß der Bayernherzog den Zeitgenossen als Verbreiter und Schirmer des christlichen Glaubens noch wesentlich akzentuierter und strahlender erschien denn der Frankenkönig.

Man verglich Tassilo – wie Jahrzehnte danach Karl – gerne mit den Glaubensstreitern des Alten Testaments oder mit Konstantin d. Gr., und man hielt ihn für größer und vor allem besser als den Franken, fühlte er sich doch ganz augenscheinlich persönlich viel enger an die Heilslehren der Kirche gebunden als jener, dem man sein Vorgehen gegen seine Schwägerin und die Kinder seines Bruders, gegen seine eigene Frau und gegen deren Vater sehr übel vermerkt hatte. Karls recht lockere Sitten, vor allem die vielen Konkubinen, die er hielt, galten mit Recht als anstößig, und gerade die strenggläubigen Christen neigten dazu, in ihm etwas wie den Antichrist zu sehen oder einen seiner verderbenbringenden Vorläufer und Vasallen.

Der Krieg vor Bayerns Grenzen war mühsam und langwierig; er glich einem gewaltigen Flächenbrand, der keinen eigentlichen Brandherd, kein Zentrum kennt und deswegen nicht durch Konzentration aller verfügbaren Kräfte in diesem bekämpft werden kann, sondern der da und dort aufflammt, weiterglimmt, wenn er erloschen scheint, um sodann wieder zu brennen, wenn seine Bekämpfer weitergezogen sind, unheimlich, tückisch, lebenszäh, ein Perpetuum mobile der Vernichtung. Der Partisanenkrieg in den wildzerklüfteten Schluchten und ausgedehnten Urwäldern Binnennorikums, den nach Anlaufen der bayrischen Waffenhilfe vor allem die aufständischen Slowenen führten, wurde durch eine Offensive der Awaren donauaufwärts unterstützt, die Bayerns Grenzgebiet in schwere Bedrängnis brachte.

Hier aber gab es wenigstens den »regulären Krieg« der aufeinanderprallenden Heere, in denen Tassilo siegreich blieb; er schlug die Awaren zurück und gewann das Land bis über die Enns, vermutlich bis zur Ybbs oder zur Traisen, sicherte sie mit hinreichend starken Kräften und befahl 777 den Bau von Kremsmünster, das als Zentrale der christlichen Verwaltung in einem als befriedet geltenden Gebiet, nicht aber als Grenzburg gegen die Awaren oder Zwingburg für die paganischen Slowenen gedacht war. Die Slowenen Ufernorikums scheinen vielmehr im Christentum verblieben zu sein, und sowohl im Krieg gegen die Awaren als auch bei Gründung und beim Bau von Kremsmünster spielte ihr Führer, der Župan Physso, eine bedeutende Rolle.

Im Jauntal hinwiederum und im Drautal kam es zu stationärer Kampfführung um starkbefestigte Stützpunkte, die von den Awaren und ihren slowenischen Waffenbrüdern errichtet worden waren und jahrelang gehalten wurden. Die Erinnerung daran hat sich bis heute in den Namen des Fleckens Haimburg bei Völkermarkt und des Dorfes Abriach im Jauntal erhalten; Haimburg hieß ursprünglich Heunburg, pflegten die Bayern doch die Awaren genau wie später auch die Magyaren als Hunnen zu bezeichnen, und im Slowenischen heißt der Ort v'Obre → »zu den Awaren«, wogegen Abriach die Verballhornung von Obrje ist, Obrje aber die slowenische Bezeichnung für Awaren. Der Krieg im Donauraum wurde vermutlich 777, der in Karantanien erst um ungefähr 780 beendet; es kam zum Abschluß eines Friedens mit dem Khakhan der Awaren mit Festsetzung des Grenzverlaufs und durch Neuregelung der Verhältnisse im früheren Reich der Alpenslawen, deren christlicher Teil ein höchst prekäres Interesse daran hatte, bayrische Besatzungstruppen zum Schutz gegen innere und äußere Feinde im Lande zu haben. Die starken Bevölkerungsverluste unter den christlichen Slowenen, die erzwungene Waffenstreckung der paganischen Rebellen, die vermutlich höchst unfreiwillig die Taufe nahmen – denken wir nur an das damals zeitgenössische Geschehen im Sachsenland, das Karl dem fränkischen Reich und der christlichen Kirche unterwarf – und die Nähe des awarischen »Erbfeindes« lassen den slowenischen Wunsch verständlich erscheinen, zumal wir uns daran gewöhnt haben, daß einerseits U.S.-amerikanische, andererseits sowjetische Besatzungstruppen im Europa der zweiten Hälfte unseres Jahrhunderts eine ähnliche Funktion erfüllen. Der wesentlichste Unterschied lag darin, daß die damaligen »Besatzungstruppen« bei der naturalwirtschaftlichen Basis jener Zeit unbesoldet waren, und angesiedelt werden mußten, was nun wiederum durch die erheblichen Bevölkerungsverluste der unmittelbar vorausgegangenen Kriegsjahre unschwer möglich war. Herzog Tassilo übernahm also einerseits die Verpflichtung zum militärischen Schutz Karantaniens und erhielt andererseits das Recht, bajuwarische Siedlungen anzulegen.

Das staatsrechtliche Muster der der diocletianischen Verfassung wurde in die geschaffene soziale Wirklichkeit übertragen:

Der bayrische Herzog war der Dux Karantaniens – der Groß-Župan der

Slowenen aber der Präses. Die Slowenen lebten nach eigenem, langsam christlich beeinflußtem Recht unter ihren Županen, die auch die Befehlshaber der slowenischen Miliz, wenn wir das Volksaufgebot so bezeichnen wollen, waren; in militärischen Angelegenheiten – und ausschließlich in diesen – unterstanden sie dem Oberbefehl des Dux. Hier ergibt sich der eine Unterschied zur spätrömischen Verfassung, in der die Bevölkerung überhaupt wehrdienstfrei war, und der andere lag darin, daß der Groß-Župan nicht ernannt, sondern ursprünglich gewählt wurde. Der Nachhall dieses Wahlrechtes findet sich noch später im Zeremoniell der Herzogseinsetzung des selbständig gewordenen Kärnten, dessen Fürst ernannt wurde, aber von den Vertretern der Slowenen ausdrücklich anerkannt werden mußte[21].

Angesichts der echten Koexistenz von Slowenen und Bajuwaren in Karantanien, die bis auf unser Zeitalter nie ernsthaft und nachhaltig durch das sogenannte »Nationalitätenproblem« erschüttert worden ist, ermißt man die Absurdität der von nationalistischen Geschichtsschreibern gelegentlich vertretenen Behauptung, der Großraum sei von den selbstredend nordischen Recken aus Bayern erobert und die Slowenen unter deren Herrschaft geduckt worden, oder die Slowenen hätten die Awaren zur »Abwehr des deutschen Imperialismus« zu Hilfe gerufen. Ganz abgesehen davon, daß die Bayern durchaus keine nordischen Recken von selbstverständlich vorausgesetzter, lupenrein germanischer Abstammung waren, und daß es umgekehrt kein deutsches Reich und kein deutsches Volk gegeben hat und folglich auch keinen ruchlosen deutschen Imperialismus gegeben haben kann, zeigt der Ablauf des Geschehens, daß es Sinn der Intervention Tassilos war, die Anhänger des Christentums im Ostalpenraum vor der Ermordung durch ihre paganischen Feinde zu schützen. Das geschah auf Bitte der Bedrohten, das geschah über Auftrag der christlichen Kirche, die damals in der öffentlichen Meinung zumindest dieselbe Achtung genoß und dieselbe Bedeutung hatte wie heutzutage die UNO –, und es wäre sicherlich schön, wenn man noch hinzufügen könnte, daß es auch mit Billigung aller Höfe, also aller Regierungen der christlichen Welt, erfolgt wäre. Dem war aber nicht so, denn der Frankenkönig Karl, der zwar als der Große, nicht aber der Gute in die Geschichte einging, war aus rational nicht erkennbaren Gründen mit den Erfolgen Tassilos nicht einverstanden. Störte ihn der Ruhm, den der Bayer gewonnen, oder hielt er den Abschluß eines Friedens mit dem Khakhan für unangebracht, oder fühlte er sich durch die dem Slowenen zugestandene Autonomie behindert, oder war ihm ganz einfach der »bayrische Separatismus« zuwider – wir wissen es nicht. Wohl aber wissen wir, daß am fränkischen Hof schon emsig am Netz geflochten wurde, das man Tassilo bei Gelegenheit über den Kopf streifen wollte – und diese Gelegenheit hielt man am Reichstage von Ingelheim für gekommen.

Man schrieb indessen das Jahr 788, und Karl hatte Sachsen schon »befriedet«, was dadurch geschehen war, daß seine Heere es in ein rauchendes Trümmerfeld verwandelt hatten. Das »Blutgericht von Verden« lag mehr als ein Jahrzehnt zurück, zuletzt hatte sich auch Widukind, Seele und Schwert des Freiheitskampfes in einem, gebeugt und die Taufe genommen, und nun stand nur mehr Tassilo von Bayern, der Nichtsahnende, Freimütige, Großherzige als völlig ungewolltes Hindernis zwischen Karl und der Verwirklichung seines Konzepts von der Schaffung des zentralistischen Einheitsstaates »Großfranken«.

Als Herzog von Bayern war Tassilo nach Ingelheim gekommen – und als Mönch, genauer gesagt als Novize des Klosters Lorsch im Odenwald, verließ er es wieder. Sein Hang zum frommen Leben, hieß es, habe ihn diesen Schritt beschließen und vollziehen lassen, und als die Frage, ob er dazu des Ingelheimer Reichstages und des fränkischen Klosters bedurft hätte, auch ohne eindeutige Artikulierung immer lauter wurde, kam eine zweite, kam eine infame Erklärung dazu: Er habe mit dem Khakhan der Awaren gegen den König und das Reich der Franken konspiriert.

Das war eine derart gehässige Verfälschung keineswegs geheimer, sondern hochoffizieller Kontakte zum Awarenreich, mit dem nicht nur vor Jahren Frieden geschlossen, sondern seither auch Handelsbeziehungen angeknüpft worden waren, daß noch die Regie mancher Schauprozesse unseres Jahrhunderts davon lernen könnte. Überdies wurden diejenigen, die diese Version glaubten und noch immer glauben, für ganz außerordentlich unwissend verkauft: Die Strafe für Reichsverrat war der Tod, aber nicht ein beschauliches, wenngleich nicht ganz freiwillig dem Gebet geweihtes, aber immer noch erträgliches Leben in einem Kloster.

Tassilos Mannen wurde jede Kontaktaufnahme mit dem Enthobenen strikte verwehrt, verwirrt und beschämt, grollend und führerlos ritten sie heim. Sie vergaßen das Geschehene nicht, wir aber dürften kaum irregehen in der Vermutung, daß die Franken Karls sich in Bayern ähnlicher Beliebtheit erfreuten wie die »Preißn« Bismarcks nach 1866. Die geschichtliche Entwicklung aber rollte über die bayrischen Emotionen hinweg: Karl, der noch wesentlich radikaler war als Bismarck, beseitigte die bayrische Eigenständigkeit, verwandelte das Herzogtum in eine Präfektur und ernannte zum Statthalter einen seiner allerengsten Mitarbeiter, der gar nichts anderes sein wollte als der blindlings gehorchende verlängerte Arm der Reichszentrale – Gerold, den Bruder seiner damals schon verstorbenen Hauptfrau Hildegard.

Die Agilolfinger wurden samt und sonders in Klöster gesteckt, und den bayrischen Großen, denen der Einfluß auf das politische Geschehen durch Besetzung aller Schlüsselfunktionen mit Franken radikal entzogen ward, wurde eine Art Ersatzbefriedigung durch Verweisung auf die klerikale Hierarchie geboten. Salzburg wurde zum Erzbistum erhoben, und der Bajuware Arn zu dessen erstem Erzbischof bestellt (998).

Schon vorher begann Karl den Krieg gegen die Awaren, der augenscheinlich nur den Zweck hatte, den Ruhm seines Hauses zu mehren. Die zugrunde

gelegte Rechnung war klar: War es Tassilo, dem nur die Bajuwaren und Teile der Slowenen unterstanden, möglich gewesen, einen großen, siegreichen Krieg gegen die Awaren zu führen, so mußte ihm, der mit
– dem fränkischen,
– dem bayrischen,
– dem alemannischen und
– dem langobardischen
Aufgebot nach Pannonien zog, nach menschlichem Ermessen der Sieg sicher sein. Die Rechnung war trotzdem falsch; der Kampf ging über drei Runden, und er hätte in der ersten beinahe zur Katastrophe der Karolinger geführt. Und das kam so:

1. Der Vormarsch sollte in zwei Heeresgruppen erfolgen. Karl selbst führte die »Heeresgruppe Nord«, die aus den fränkischen, bayrischen und alemannischen Kontingenten bestand, und stieß donauabwärts vor. Die «Heeresgruppe Süd» stand unter dem Befehl von Karls Sohn Pippin[22], seit 781 König der Langobarden, war aus dem langobardischen Aufgebot und den fränkischen Besatzungstruppen in Italien gebildet und hatte den Auftrag, bis zur Draumündung vorzustoßen und Fühlung zur Heeresgruppe Nord zu nehmen. Karls Vormarsch wurde – vermutlich unterhalb der Raabmündung – abgebrochen, nachdem die awarischen Grenzsicherungen überrannt worden waren, die Angreifer aber beinahe ihren gesamten Pferdebestand eingebüßt hatten. Der »Pferdeschwund« wurde von der karolingischen »Reichspropaganda« mit einer Art Pferdepest zu erklären versucht, was indes wenig glaubwürdig ist, weil diese nicht auf die Pferde des Heeres beschränkt gewesen wäre, sondern auch auf die der Awaren, zumindest aber der im Grenzraum bestehenden bajuwarischen Siedlungen übergegriffen hätte, wovon jedoch nichts überliefert ist. Es bleiben also zwei Möglichkeiten der Erklärung:

   a) Die Pferde der Franken fielen dem »Pfeilfeuer« der Awaren zum Opfer. Das mußte in kombattanter Kollision geschehen und hätte, da die Pferde nicht nur Transportmittel, sondern auch Kampfmittel waren, eine empfindliche Niederlage der Königlichen bedeutet, die notwendig mit schweren Verlusten verbunden gewesen wäre. Auch davon ist nichts überliefert; die Quellen berichten im Gegenteil, daß Karl das Heer zurückgebracht habe, ohne einen Mann zu verlieren, was wohl dahin zu interpretieren ist, daß sich die Menschenverluste in Grenzen hielten.

   b) Die Awaren trieben die Pferde der Franken weg. Das klingt lächerlich, ist es aber keineswegs, wenn man bedenkt, daß die Pferde des Heeres an den Lagerplätzen geweidet werden mußten, was bei der vieltausendköpfigen Herde notwendig großräumig geschah, und daß es den Awaren als Experten des »Kleinen Krieges« und der Pferdehaltung gleichermaßen bei unzulänglicher Sicherung des Weideraumes un-

44

schwer möglich war, eine Panik unter den Tieren auszulösen, die zur »Massendesertion« führte.

Die »Heeresgruppe Süd«, die entlang der Drau vorstieß, war erfolgreicher; es gelang König Pippin immerhin, einen »Awarenring« zu erobern und etwa 150 Gefangene zu machen. Offenbar nach Eintreffen der Nachricht vom Mißgeschick der väterlichen Offensive zog sich Pippin nach Friaul zurück; der besetzte Awarenring, der indessen nach abendländischer Art ausgebaut worden war, wurde mit einer hinlänglichen Besatzung ausgestattet, deren weiteres Schicksal unbekannt ist.
Auch Karl hatte in dem durchzogenen Teil Westpannoniens eine Besatzungstruppe mit zwei Grafen zurückgelassen, die zwei Grafschaften bilden sollten. Sie waren außerordentlich kurzlebig: Die nach dem Abzug der Hauptarmee wiederkehrenden Awaren vernichteten die zurückgelassenen Raumsicherungskräfte in der Schlacht bei Güns → Kőszeg, in der beide Grafen und fast alle ihre Mannen gefallen sind.

2. Karl, der als Heerführer über hervorragende Qualitäten verfügte, erkannte, daß ganz offensichtlich das kombattante System – die sozusagen »konventionelle Kriegführung« – versagt hatte, und verzichtete auf jeden weiteren Versuch, die vorerst triumphierenden Awaren durch eine Wiederholung der Offensive mit stärkeren Kräften niederzuzwingen. Er beauftragte den kriegserfahrenen und tapferen Markgrafen Erich von Friaul, ein neuartiges Konzept für den Awarenkrieg zu erstellen, und erteilte ihm umfassende Vollmacht, die notwendigen Kriegsvorbereitungen zu treffen.
Erich von Friaul, dem die Verhältnisse im Reiche des Khakhan relativ gut bekannt waren, wußte um die beiden Schwachstellen im Gefüge des gefürchteten Nomadenreiches und nutzte sein Wissen zielstrebig aus, indem er

☐ aus den Kriegsgefangenen, die König Pippin heimgebracht hatte, eine Art »Fünfte Kolonne« bildete, die versuchen sollte, die Khane zum Widerstand gegen den Khakhan, zur Unterwerfung unter das Königtum Karls und zur Annahme des Christentums zu bewegen,

☐ über seinen Freund und Vertrauten Wonomir, den er zum Befehlshaber eines aus Slawen rekrutierten, professionellen Truppenkörpers bestellte, versuchte, Kontakte zu den Slawen des awarenbeherrschten Raumes anzuknüpfen, um diese zu einem umfassenden Freiheitskampf bereit zu machen.

Wonomir, der vermutlich ein Kroate, nicht aber ein Slowene war, erwartete für die Kroaten die Aufnahme ins Reich Karls zu den nämlichen Bedingungen, wie sie die Slowenen in Karantanien hatten, gewann einen entscheidenden Teil der kroatischen Häuptlinge, die ebenfalls Župane genannt wurden, für diesen Plan und bereitete den Aufstand sorgsam vor.

Als Erich, von Karl zum Oberbefehlshaber im fortgesetzten Awarenkrieg ernannt, 795 von Friaul her kommend ins Awarenreich vorstieß,

☐ brach der slawische Aufstand großräumig aus und zwang die Awaren zur Sammlung ihrer Kräfte, wodurch die weitgestreute Kampfführung des Kleinen Krieges nahezu unmöglich gemacht wurde,

☐ ritt Khan Tugun, bei dem die Wühlarbeit der fränkischen Agenten auf fruchtbaren Boden gefallen war, das Donautal hinauf zu Hofe, um Karl zu huldigen und die Taufe zu nehmen.

Die awarischen Verbände wurden auf den Hauptring der Awaren in Ostungarn, vermutlich im Tale der Theiß gelegen, zurückgedrängt; sie verteidigten sich tapfer, erlagen aber zuletzt den Kriegern Erichs, die auch von den neun kreisförmigen Umwallungen nicht für ständig aufgehalten wurden. Die Verluste der Awaren sind enorm hoch gewesen, der Khakhan zählte zu den Gefallenen – und enorm war die Beute der Sieger. Die »Staatskasse«, der legendäre »Awarenschatz«, der nur aus meist kunstvoll verarbeitetem Edelmetall bestand, mußte dem königlichen Hof gegeben werden und wurde in fünfzehn großen, vierspännigen Ochsenkarren unter starker Bedeckung in die eben errichtete Pfalz Aachen gebracht. Karl verschenkte voll Siegerstolz erhebliche Goldmengen, die in Umlauf gesetzt wurden und nun Münzverfall und Preisauftriebstendenzen im Frankenreich bewirkten[23].

Die Reichsgrenze scheint bis hart oberhalb von Belgrad durch die Donau gebildet worden zu sein; seit damals heißt jedenfalls das Bergland, das die Syrmische Tiefebene umschließt, Fruška Gora → das Gebirge der Franken. Die Beherrschung des dazwischenliegenden Geländes, grob gesprochen vom Alpenland zum Donaustrand, scheint allerdings problematisch gewesen zu sein.

3. Auch die Beziehungen zu den Awaren jenseits der Donau, die sich wieder gesammelt hatten, waren bald wieder gespannt, und König Pippin wiederholte noch vor Karls Kaiserkrönung den Zug zum neuen Hauptring der Awaren, der ebenfalls erobert wurde. Eine weitere Expansion des Reiches erfolgte nicht, man war augenscheinlich froh, einige Stützpunkte an der Donau halten zu können.

* * *

Die christianisierten Awaren Khan Tuguns wurden im Steppenland ostwärts des Neusiedler Sees angesiedelt; wann und auf welche Weise sie verschwanden, ist ungeklärt – die Gegend aber bewahrte ihren Namen durch Jahrhunderte, und noch im späten Mittelalter wird sie in den Quellen als Deserta Avarorum → die Awarenwüste bezeichnet.

Der fränkische Hof genehmigte den Plan des verdienstvollen Wonomir, der den Kroaten der neugewonnenen Gebiete die Rechtsstellung der Slowenen gebracht hätte, nicht. Es wurde vielmehr eine eigene Grenzpräfektur gebildet, die einem Statthalter unterstellt wurde, den man der stadtrömischen Nobilität entnahm. Von einer Sonderstellung der Kroaten, von der Wahl eines Großžupans mit autonomer Regierung, war nicht die Rede, was zu einem Aufstand der enttäuschten Kroaten gegen den »fränkischen Herrn«, den Franko Pan, führte, mit dessen Niederwerfung Erich von Friaul beauftragt wurde. Der tapfere Markgraf fiel [799] im Kampf gegen seine früheren Waffenbrüder, den er gehorsam, vermutlich aber gegen die eigene Überzeugung führte. Der Franko Pan hielt sich jedoch im nördlichen Küstenland; seine Nachkommen wurden slawisiert und zum Adelsgeschlecht der Frankopanen, auch Frankepanen oder Frangipani, einer der tonangebenden kroatischen Familien des Mittelalters. Süd- und Mitteldalmatien aber wurden rebyzantinisiert, während das Binnenland zunächst überwiegend bulgarischer Herrschaft unterfiel. Die Bulgaren vernichteten auch die Reste des freien Awarentums in Ostungarn und gewannen – wovon bereits gesprochen wurde – im neunten Jahrhundert beinahe den ganzen heute ungarischen Raum.

Die Ernennung des Franko Pan durch den karolingischen Hof war eine ganz außerordentliche Maßnahme und läßt sich wohl nur durch das Bemühen erklären, in der römischen Aristokratie Sympathisanten für Karl zu gewinnen, um das sorgfältig geplante und vorbereitete »Unternehmen Kaiserkrönung« störungsfrei durchziehen zu können. Die Palastrevolution gegen Papst Leo III., der schwerverwundet nach Paderborn floh und die Hilfe des Königs gegen die römischen Rebellen erbat und erhielt, vereinfachte die Realisierung des Vorhabens erheblich: Unter dem Schutz fränkischer Waffen nach Rom zurückgekehrt, lud er den König der Franken und Langobarden ein und vollzog unter dem Beifall des Volkes am Weihnachtstage 800 die Krönung Karls zum Kaiser des Westens. Die mächtige Persönlichkeit des Gekrönten überdeckte den verhängnisvollen Umstand, daß durch den Papst nur die Würde des Kaisers, der NOMEN IMPERATORIS, übertragen werden konnte, die bzw. der mit keinerlei kaiserlicher Gewalt, POTESTAS IMPERATORIS, verbunden war. Die Herrschaftsmacht Karls veränderte sich durch den erlangten Titel nicht und war nach wie vor die des gentilen Königtums der Franken und Langobarden. Durch den nomen imperatoris war in der christlichen Vorstellungswelt der rex Francorum et Langobardorum dem Kaiser in Konstantinopel ranggleich gestellt worden – eine Erweiterung seiner herrscherlichen Befugnisse war damit jedoch nicht verbunden. Da die gesamte kontinentale westliche Christenheit faktisch in den verbundenen Königreichen der Franken und Langobarden lebte und damit der Herrschaft des rex Francorum et Langobardorum unterfiel, war die Machtentkleidung des Kaisertums in der historischen Effektivität ohne Bedeutung, solange Karl Kaiser war; später allerdings sollte sie im Zeichen des Reichsverfalls und der Gewinnung der Kaiserwürde durch nahezu machtlose Splitterkönige oftmals sehr prekäre Situationen provozieren. Denn unabhängig von Befugnissen und tatsächlicher Macht des Kaisers stand unverrückbar im Bewußtsein des ganzen Zeitalters fest, daß ihm die Verpflichtung zukam, weltlicher Schirmherr des Papstes und seiner Herde zu sein: Eine große Aufgabe, eine ehrenvolle Aufgabe – und eine Aufgabe, deren Lösung nur einer Großmacht möglich war.

Der Zerfall der Großmacht Regnum Francorum et Langobardorum aber setzte ein, unmittelbar nachdem Karl am 28. Januar 814 in Aachen seine Augen für immer geschlossen hatte.

3. Kapitel:
Der Zerfall des Reiches Karls -
Bayerns Neugestaltung
und Weg ins Regnum Theutonicum

Nachkommen Kaiser Karls, die Teilherrschaften über eigene Territorien erlangten

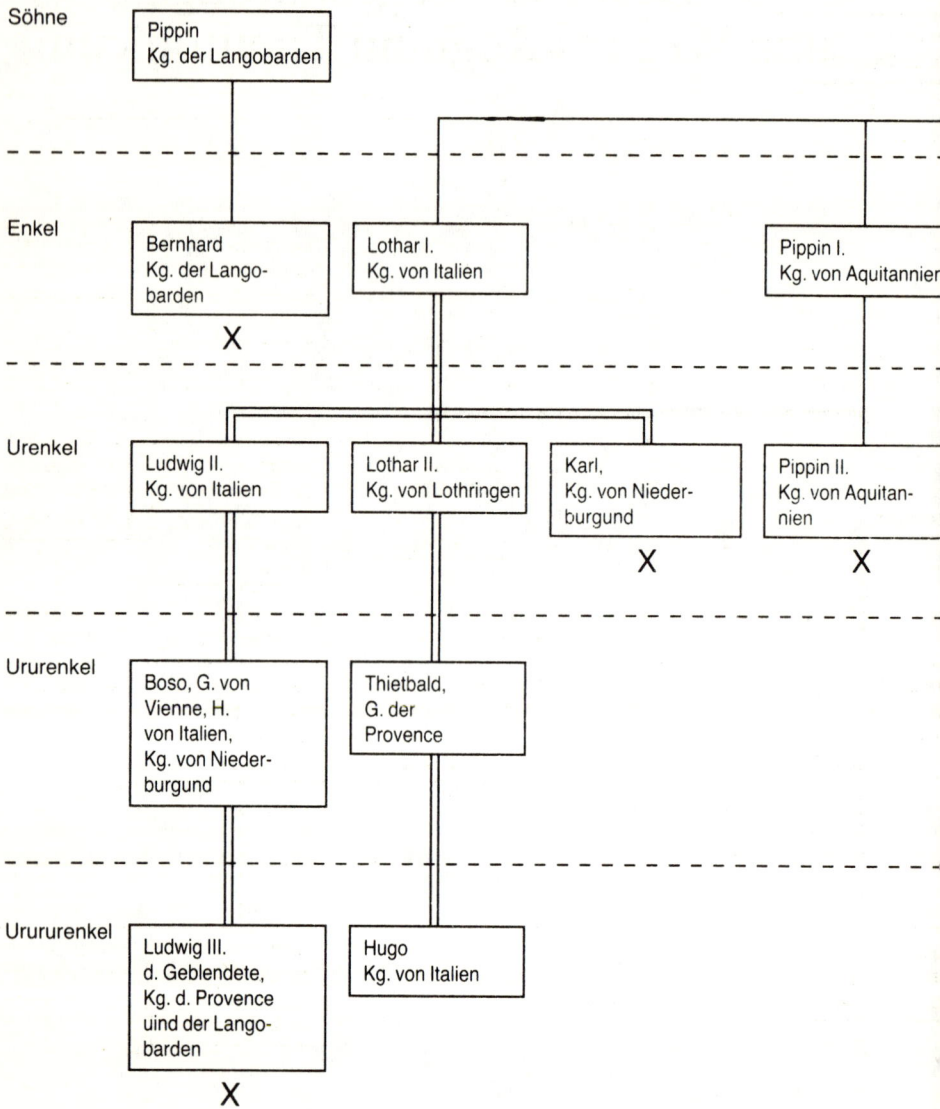

Söhne

Pippin
Kg. der Langobarden

Enkel

Bernhard
Kg. der Lango-
barden
X

Lothar I.
Kg. von Italien

Pippin I.
Kg. von Aquitannien

Urenkel

Ludwig II.
Kg. von Italien

Lothar II.
Kg. von Lothringen

Karl,
Kg. von Nieder-
burgund
X

Pippin II.
Kg. von Aquitan-
nien
X

Ururenkel

Boso, G. von
Vienne, H.
von Italien,
Kg. von Nieder-
burgund

Thietbald,
G. der
Provence

Urururenkel

Ludwig III.
d. Geblendete,
Kg. d. Provence
uind der Lango-
barden
X

Hugo
Kg. von Italien

Von der nächsten Generation erlangten selbständige Teilherrschaften nur der Sohn Hugos von Italien als Lothar II., Kg. von Italien, sowie der Sohn Ludwigs IV. von Westfranken als Lothar III. und dessen Sohn Ludwig V., der Faule, als Könige von Westfranken.

50

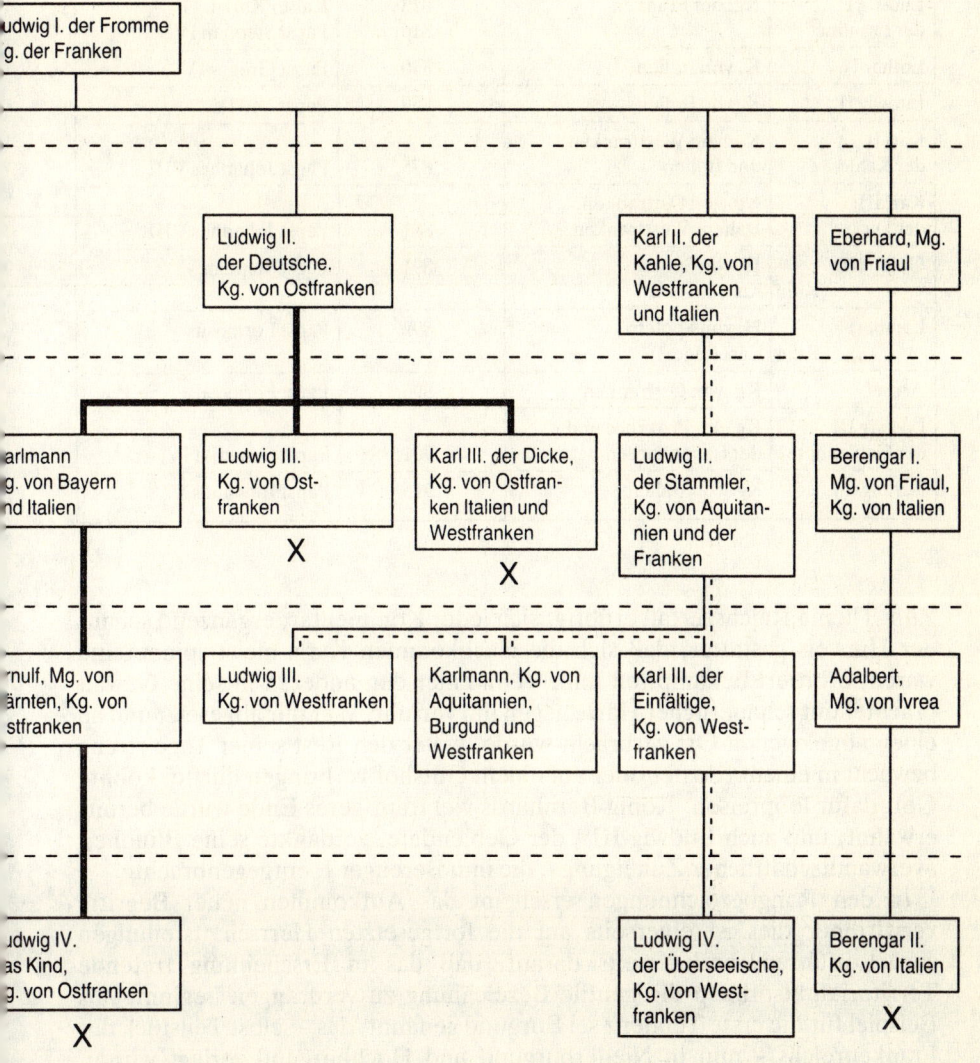

Abkürzungen: Kg. – König, H – Herzog,
Mg. – Markgraf,
G – Graf
X – Ende der Nachkommenslinie

udwig I. der Fromme
g. der Franken

Ludwig II.
der Deutsche.
Kg. von Ostfranken

Karl II. der
Kahle, Kg. von
Westfranken
und Italien

Eberhard, Mg.
von Friaul

arlmann
g. von Bayern
nd Italien

Ludwig III.
Kg. von Ost-
franken

X

Karl III. der Dicke,
Kg. von Ostfran-
ken Italien und
Westfranken

X

Ludwig II.
der Stammler,
Kg. von Aquitan-
nien und der
Franken

Berengar I.
Mg. von Friaul,
Kg. von Italien

rnulf, Mg. von
ärnten, Kg. von
stfranken

Ludwig III.
Kg. von Westfranken

Karlmann, Kg. von
Aquitannien,
Burgund und
Westfranken

Karl III. der
Einfältige,
Kg. von West-
franken

Adalbert,
Mg. von Ivrea

udwig IV.
as Kind,
g. von Ostfranken

X

Ludwig IV.
der Überseeische,
Kg. von West-
franken

Berengar II.
Kg. von Italien

X

51

Der Weg der Kaiserkrone

Name	Herrschaft	Jahr der Krönung	Verleihende Persönlichkeit
Ludwig I. der Fromme	Kg. der Franken	813 816	Kaiser Karl d. Gr. Papst Stephan IV.
Lothar I.	K. von Italien	840	Papst Gregor IV.
Ludwig II.	K. von Italien	850	Papst Leo IV.
Karl II. der Kahle	Kg. von Westfranken und Italien	875	Papst Johannes VIII.
Karl III. der Dicke	Kg. von Ostfranken, Italien, Westfranken	881	Papst Johannes VIII.
Guido III. (Kein	H. von Spoleto Karolinger!)	891	Papst Stephan V.
Lambert (Kein	H. von Spoleto Karolinger!)	892	Papst Formosus
Arnulf	Kg. von Ostfranken	896	Papst Formosus
Ludwig III. der Geblendete	Kg. der Provence und der Langobarden	901	Papst Benedikt IV.
Berengar I.	Kg. von Italien	915	Papst Johannes X.

Zum Thema Reichszerfall erübrigt sich jeder Kommentar; ergänzend sei nur der Hinweis gestattet, daß sich die Nachkommen Karls meist spinnefeind waren, erbittert bekämpften und, wenn einer den anderen in seine Gewalt brachte, mit schauerlicher Härte gegen ihn verfuhr. Wer nur abgesetzt und an einen abgelegenen Ort verbracht wurde, wo er den Rest seiner Tage streng bewacht in einem Kloster oder auf einem Gutshof verbringen durfte, konnte Gott dafür lobpreisen: König Bernhards viel traurigeres Ende wurde bereits erwähnt, und auch Ludwig III., der Geblendete, verdankte seine Blindheit »verwandtschaftlicher Zuneigung«, die ihm Berengar I. entgegenbrachte.

In den Rangbezeichnungen erscheint das Aufkommen neuer Begriffe verwirrend; dies ist einerseits auf die fortgesetzten Herrschaftsteilungen zurückzuführen, andererseits darauf, daß das in Erscheinung tretende Territorialitätsprinzip die gentile Bezeichnung zu verdrängen beginnt. Als Beispiel für die erste Tendenz sei Burgund genannt, das – selbst Teilstück des Frankenreichs – nun in Niederburgund und Hochburgund zerlegt wurde, während sich die zweite im »König von Italien« manifestiert, der nun immer häufiger den »König der Langobarden« überdeckt, der nur gelegentlich noch Verwendung findet, wie bei Ludwig III., dem Geblendeten, sich dann aber doch wieder durchsetzt, als man zu Beginn des 2. Jahrtausends die Titulatur mit der tatsächlichen Macht in Übereinstimmung zu bringen versuchte und die Hoffnung, die Herrschaft über den ganzen italischen Raum zu erlangen, endgültig aufgegeben hatte.

Während Niederburgund – zunächst für Karls Urenkel Karl geschaffen – vorerst im Besitz der Karolinger blieb, ging Hochburgund frühzeitig in den Besitz der Welfen über, eines Adelsgeschlechts, das zu den führenden Familien des Sacrum Imperium Romanum zählen sollte, seinen späten und durchaus spektakulären Höhepunkt im legendären Herzog Heinrich dem Löwen fand und mit Otto IV. einen deutschen König stellte (Gegenkönig des Hohenstaufen Philipp), der 1209 sogar zum Kaiser gekrönt wurde. Zu Karls d. Gr. Zeiten ist ein Welf als Graf in Schwaben bezeugt; seine Tochter Judith – schön, konsequent und familienbewußt – war die zweite Gemahlin Kaiser Ludwigs I. und Mutter Kaiser Karls II. und des Markgrafen Eberhard von Friaul. Welfs Sohn Konrad war ebenfalls Graf in Schwaben, dessen Sohn Welf I. desgleichen; sein anderer Sohn, Konrad, aber war Graf von Auxerre und Herzog in Burgund, dessen Sohn als Rudolf I. König von Hochburgund wurde. Von Interesse sind für unsere Darstellung vor allem zwei Damen aus seiner Nachkommenschaft, während die Herren als Könige von Hochburgund aus unserem Betrachtungsfeld rutschen: Seine Enkelin Adelheid, in erster Ehe mit Lothar II., König von Italien, in zweiter Ehe aber mit Kaiser Otto d. Gr. vermählt, und seine Urenkelin Gisela, Adelheids Nichte, die mit Herzog Heinrich II. von Bayern vermählt war.

Beim »Weg der Kaiserkrone« fällt auf, daß von den neun auf Ludwig I. folgenden Kaisern nicht weniger als fünf den Titel eines Königs von Italien trugen, einer den Alternativtitel eines Königs der Langobarden, während zwei Herzöge von Spoleto waren, und das legt zunächst einmal die Vermutung nahe, daß das italienische oder langobardische Königtum eine besonders eindrucksstarke Macht gewesen sein muß, allein sie fällt von der Wahrheit sehr ab. In Italien hatten sich folgende Herrschaftsmassen gebildet:
- Karolingisches Territorium;
- Reste der freien langobardischen Integrationen;
- Kolonialbesitz Ostroms und
- (in unserem historischen Bewußtsein so gut wie vergessen) Gebiet des Großarabischen Reiches, das nicht nur die Großinseln im Westen und Südwesten (Sardinien, Korsika, Sizilien s. Bd. 1, S. 94) erobert, sondern auch weite Teile Süditaliens in seinen Besitz gebracht hatte.

Von diesen Herrschaftsmassen kann nur das islamisierte Gebiet halbwegs als Einheit angesprochen werden, wenn es auch hier beständige Reibereien zwischen den Regionalherren gab, die aber doch im Konfliktfall gegen die Giauren durch die religiös bestimmte Solidarität überdeckt wurden. Die übrigen Herrschaftsbereiche aber waren in folgende Teile zerlegt, die immer mehr Selbständigkeit gewannen, häufig bis zum Waffenentscheid kollidierten und gelegentlich sogar moslemische Hilfe in Anspruch nahmen, um ihre Existenz zu erhalten oder Macht und Einfluß zu vermehren:

1. *Karolingisches Territorium:*
- Lombardei, also westliches Oberitalien;
- Friaul, später als Markgrafschaft Verona bezeichnet: Oberitalien ostwärts der Etsch;
- Romagna und Pentapolis, ehemals das byzantinische Exarchat Ravenna, vermehrt um die fünf Städte Rimini, Pesaro, Fano, Senigallia und Ancona;
- Tuscien, Markgrafschaft, die das Gebiet des alten Etrurien bis Mantua umfaßte;
- Kirchenstaat, damals nur Rom und die umliegende Landschaft des klassischen Latium;
- Herzogtum Spoleto,

2. *Freie langobardische Integrationen:*
- Fürstentum Salerno;
- Fürstentum Capua;
- Fürstentum Benevent;
- Grafschaft Apulien;
- Grafschaft Aversa.

3. *Byzantinischer »Kolonialbesitz«,* bestehend aus den Resten der Themen[24]
- Langobardia im Südosten der Halbinsel um Tarent und Brindisi;
- Calabria im Südwesten um Reggio Calabria;
- und dem Gebiet des Venetischen Seebundes.

Der »König von Italien«, dessen Herrschaftsanspruch sich auf das einem Fleckerlteppich vergleichbare karolingische Territorium beschränkte, hatte Herrschaftsgewalt nur über einen Teil dieses Konglomerates; der Rest stand ihm meist ablehnend gegenüber, gelegentlich in offener Feindschaft. Die Päpste jener Zeit[25], die keine effektive Macht und von denen die meisten auch keinen moralischen Kredit hatten[26], mußten sich dennoch gegen innere und äußere Feinde behaupten, die sie permanent unter Druck hielten: Als innere Feinde wechselten sich klerikale Fraktionen, stadtrömische Adelsparteien und Machthaber, der römische Plebs und christliche Splittergruppen mit spektakulären Frömmigkeitsidealen in buntem Reigen ab, als äußere Feinde saßen ihnen die temporär sehr aggressiven Moslems[27] und die Anhänger des Patriarchen von Konstantinopel im Genick, die gelegentlich noch unangenehmer waren als jene.

Der »König von Italien« oder der »König der Langobarden« war – oder sollte zumindest sein – der mächtigste Territorialherr des karolingischen Gebiets auf der Apenninenhalbinsel; das Bemühen der Päpste war, ihm durch Verleihung des nomen imperatoris die Pflicht des weltlichen Schutzherrn der okzidentalen Christenheit, ihrer Organisation und ihrer Einrichtungen zu übertragen, woraus ihm wiederum das Anrecht auf den ersten Rang unter den christlichen Herrschern erwachse. Eine potestas imperatorum konnte der pontifex maximus nach wie vor nicht verleihen, weil ihm keine kaiserliche Gewalt zur Verfügung stand; aber davon wurde schon im 2. Kapitel gesprochen.

Die Karolinger des transalpinen Raumes verloren bald zwar nicht das Interesse, wohl aber die Möglichkeit, in Italien permanent als Schutzherrn aufzutreten, denn sie hatten eben im neunten Jahrhundert alle Hände voll zu tun, um ihre eigenen Territorien vor jenen damals noch heidnischen Feinden zu beschützen, die sich die Nebenmeere des Nordatlantik ebenso untertan gemacht hatten wie die Moslems Teile des Mittelmeers. Diese Feinde waren die Normannen, die nun nicht nur die Küstengebiete verheerten, sondern durch ihre flachen Langboote auch in die Lage versetzt wurden, flußaufwärts weit ins Landesinnere vorzustoßen und die 845 Paris, 882 Köln, Aachen und Trier verwüsteten und 885 Paris abermals belagerten. 880 fiel Brun, der Herzog der Sachsen, im Kampf gegen die Normannen; 881 errang Ludwig III., König von Westfranken, bei Saucourt einen großen Sieg über sie, der im »Ludwigslied« – am westfränkischen Hof entstanden und nach Wehrli: (s. S. 75) »ein letzter Zeuge für das Leben deutscher Sprache oder für die Zweisprachigkeit der Oberschicht am westfränkischen Hof« – verherrlicht wurde; 887 kostete der 885 mit ihnen abgeschlossene Frieden Kaiser Karl III. die Kronen von Westfranken, Ostfranken und Italien und die Würde des Kaisers; 891 fügte ihnen König Arnulf bei Löwen eine schwere Niederlage zu, empfand sie aber nach wie vor als so schwere Gefahr, daß er zunächst weder persönlich nach Italien ziehen noch den Krieg gegen Swatopluk von Mähren führen konnte, weswegen er sich magyarischer Waffenhilfe bediente. Das sind nur die Höhepunkte der Auseinandersetzung des westchristlichen Gesellschaftskörpers mit den Normannen im neunten Jahrhundert; die Schlacht bei Löwen wird uns in Kürze eingehender beschäftigen, und die Nordleute werden uns noch mehrfach begegnen.

Wir haben Bayern verlassen, als es nach der Enthebung Herzog Tassilos eine Präfektur und Karls d. Gr. Schwager Gerold unterstellt wurde. Gerold fiel 799, als er zu einem Zug gegen die Awaren rüstete, einem Attentat zum Opfer; zu seinem Nachfolger wurde Audulf bestellt. Vermutlich im selben Jahr wurde das Gebiet der Awarengrenze zu einer eigenen Verwaltungseinheit zusammengefaßt, in etwa dem heutigen Ostösterreich entsprechend, die in der älteren Geschichtsschreibung gern als »karolingische Ostmark« bezeichnet wird. Der erste Markgraf – die Titelführung ist nicht gesichert – war Goteram; er ist 802 im Krieg gegen die Awaren gefallen. Nun wurde die Ostmark gegenüber Bayern verselbständigt, weil es bei der ständigen Unruhe im Grenzraum unzweckmäßig war, bei entscheidenden militärischen Aktionen immer erst Weisungen des bayrischen Präfekten einzuholen, und eine eigene Präfektur Ostland gebildet, von deren Größe und Schicksal man allerdings kaum etwas weiß.

Noch zur Zeit Karls d. Gr. wurde die Grenze zwischen
– Bayern und Friaul im staatlichen und

– den Erzbistümern Salzburg und Aquileia im kirchlichen Bereich mit der Draulinie eindeutig festgelegt:
Das linke Ufer gehörte zu Bayern und Salzburg, das rechte zu Friaul und Aquileia. Das war – und das sei ausdrücklich hervorgehoben – eine Grenzziehung zwischen Provinzen des zunächst einheitlichen Reichs und nicht mehr. Die **Reichsteilung,** die Karl in seinem hochoffiziellen und von Papst Leo III. gegengezeichneten Testament verfügte, legte drei Herrschaftsmassen fest:

– Ludwig sollte Aquitannien, die Gascogne, Südburgund, die Provence, Septimanien und die hispanische Mark (das Pyrenäenmassiv und das Vorland bis zum Ebrotal mit den Hauptstützpunkten Pamplona, Tortosa und Barcelona) erhalten,
– Karl das eigentliche Franken und das spätere Ostfranken bis zur Donau und
– Pippin, bereits König der Langobarden, zu seinen italischen Territorien noch Bayern dazu, dies mit der ausdrücklichen Erklärung: »... wie Tassilo es innehatte.«

Damit sollte die alte Südbindung des bayrischen Raumes reaktiviert werden, doch erlangte das Testament wegen des Vorversterbens der Kaisersöhne Karl und Pippin keine effektivitätsgestaltende Bedeutung. Bernhard wurde zwar in Italien als Nachfolger Pippins anerkannt, aber Bayern wurde ihm entzogen und war jener Rechtsteil, der nach Ludwigs I. Ordinatio Imperii, erlassen auf dem Reichstag von Aachen 817, dessen Sohn Ludwig II. bestimmt und mit dem Königstitel ausgestattet wurde. Diese Erbfolgeordnung, die Ludwigs Söhne von seiner ersten Gemahlin Irmingard bedachte, wurde bald über den Haufen geworfen, und zwar vom Kaiser selbst, der sich nach Irmingards Tod 818 in zweiter Ehe mit der Welfentochter Judith vermählte, aus der zunächst der Sohn Karl stammte. Judith setzte für ihn eine weitere Herrschaftsmasse durch, die aus Lothars Teilreich gewonnen wurde und die Bezeichnung »Königreich Alemannia« erhielt, zwar recht kurzlebig war, in den fränkischen Westgebieten aber derartige Emotionen auslöste, daß es später namengebend für alles Deutsche wurde. Die Umverteilung des karolingischen Erbes löste abgesehen davon eine prompte Erhebung der Irmingardsöhne Lothar und Pippin aus, die ihren Vater absetzten und ihre Stiefmutter ins Kloster sperrten; eine ludwigtreue Partei erhob den Kaiser erneut, worauf es zum nächsten Aufstand kam, welch munteres Spiel sich einige Male wiederholte und seinen Höhepunkt auf dem »Lügenfeld von Colmar« fand, wo des Kaisers gesamte Streitmacht ins Lager seiner rebellischen Söhne übertrat (833).

Auch das erbrachte keine endgültige Lösung, die erst nach Pippins Tod (838) eintrat:
Karl von Alemannia erhielt nun endgültig Pippins Königreich Aquitannien, und das **Königreich Alemannien wurde mit dem Königreich Bayern Ludwigs II. zum Ostfränkischen Königreich vereinigt.**

840 starb Kaiser Ludwig I., und Lothar I., der schon früher gern den kaiserlichen Herrn gespielt hatte, fand als Kaiser nun allgemeine Anerkennung. Er überwarf sich rasch mit seinen Brüdern Karl II., der nun schon Karl der Kahle wurde, und Ludwig II. von Ostfranken, der in der Geschichtsschreibung als »Ludwig der Deutsche« bezeichnet wird. Im Zuge dieser Ereignisse kam es zum formellen Abschluß einer antikaiserlichen Allianz der Karolinger Karl und Ludwig in den berühmten »Straßburger Eiden«, die heute vor allem als bedeutende Sprachdenkmäler von den Linguisten hochgeschätzt werden (842), und zuletzt zum Vertrag von Verdun (843), in dem folgende Reichsteilung vereinbart wurde:

– Westfranken, Königreich Karls II., Keimzelle des heutigen Frankreich;
– Zentralfranken, das »Mittelreich« Kaiser Lothars, heute in etwa die Niederlande, Belgien, Lothringen, Westschweiz und Oberitalien;
– Ostfranken, Königreich Ludwigs II., heute etwa das Gebiet der BRD, der Republik Österreich und der am linken Drauufer gelegenen Teile der Republik Slowenien.

Beachten wir hier bitte: Das Herzstück von Ludwigs Königreich war ganz zweifellos Bayern, das sich über den gesamten Ostalpenraum erstreckte und vom rechten Donauufer bis zum adriatischen Küstenvorland reichte.

Lassen wir die fortgesetzten Verwicklungen in Westfranken und dem Mittelreich außer Betracht und beschränken wir uns auf das Königreich Ostfranken, so erkennen wir, daß es über die heutigen Bundesländer Tirol und Kärnten sozusagen im Vorzimmer des mediterranen, genauer des italischen Raumes saß, was wir zunächst einmal nur registrieren wollen. Diese einfache Tatsache gewann später entscheidende Bedeutung, zunächst aber folgte Ludwig der Deutsche althergebrachtem und dennoch schlechtem fränkischen Brauch und verteilte sein Reich unter seine Söhne
– Karlmann,
– Ludwig III. und
– Karl III. mit dem Beinamen der Dicke.
Karlmann bekam Bayern – die Aufteilung der restlichen Herrlichkeit unter seinen Brüdern ist wenig bedeutsam – und, da er nun schon einmal im Vorzimmer Italiens saß, nach dem Tod seines Oheims Kaiser Karl II. das italische Königreich (877), das diesem indessen aus der Verlassenschaft Lothars zugefallen war. Das »Familienleben« dieses rex Bavariae et Italiae ist von Bedeutung; er war mit der Tochter des – vorerst – letzten Statthalters Bayerns, eines Grafen Ernst, vermählt, welches Amt nun erloschen war, weil er die damit verbundenen Aufgaben als König selbst besorgte. Die Ehe war kinderlos, und er hatte sich eine Geliebte zugelegt, eine gewisse Liutswinda, die einem bayrischen Geschlecht entstammte, und aus dieser Verbindung hatte er einen Sohn, Arnulf, den er mit der militärischen Sicherung der Südostgrenze betraute und den Titel eines Markgrafen von Karantanien verlieh. Mit seinen Brüdern Ludwig III. und Karl III., die ihm den Gewinn

Italiens neideten, überwarf er sich; seit 878 gelähmt, wollte er die drohende kombattante Auseinandersetzung mit ihnen vermeiden und dankte 879 ab. Bayern wurde dem Königreich Ostfranken zugeschlagen und erneut einem Statthalter, einem gewissen Engildeo, unterstellt; Italien fiel an Karl III., dem Papst Johannes VIII. die seit Karls II. Tod verwaiste Kaiserkrone übertrug.

Im Hintergrund spielte in diesem Fall auch die Frage der Kirche Großmährens eine Rolle: Bischof Methodios war noch immer der Gefangene seiner bayrischen Amtskollegen. Da die Ernennung der Bischöfe verbrieftes Recht der karolingischen Könige war und diesen eine Aufsichtsbefugnis über die Bischöfe zumindest in weltlichen Angelegenheiten zustand, hatte Papst Johannes die Freilassung des von seinem Vorgänger Hadrian II. als Legaten nach Mähren beorderten Methodius gegen Karlmann nicht erzwingen können; König Karl III. aber ordnete die Freisetzung an, die alsbald vollzogen wurde: Eines der üblich gewordenen Kompensationsgeschäfte für die Übertragung der trotz aller damit verbundenen Pflichten begehrten kaiserlichen Würde.

Kaum war er Kaiser, wurde er schon in die italischen Wirren hineingezogen:

882 wurde Papst Johannes VIII. ermordet[28], und die Neuwahl erbrachte das sensationelle Ergebnis, daß erstmals nicht der Inhaber eines stadtrömischen Kirchenamtes, sondern mit Marinus I. der Bischof einer extraurbanen Diözese zum Pontifikat gelangte[29], und

883 mußte gegen Herzog Guido → Wido von Spoleto vorgegangen werden, der – bereit, die Oberhoheit des oströmischen Kaisers anzuerkennen – zum Kriege gegen den Papst rüstete, um sein Territorium auf Kosten des Kirchenstaates zu vergrößern; er floh, von Kaiser Karl zur Rechtfertigung unter Androhung von Sanktionen aufgefordert, zu den Moslems.

Im nächsten Jahr starb Karlmann, König in Westfranken, und unter Umgehung seines erst fünfjährigen Halbbruders Karl wählten die Großen des Reiches Kaiser Karl den Dicken zu ihrem König. Die Normannengefahr ließ ein Kleinkind als König wenig geeignet erscheinen, doch erwies sich auch Karl III. als nicht geradezu prädestiniert, zum Normannenbändiger zu werden, weswegen er den Abbruch der Belagerung von Paris und den Abschluß eines Friedens nur durch enorme Tributleistungen erreichte. Das brachte die Großen beider Reiche gegen ihn auf, und Arnulf von Kärnten, der ihm sein wenig brüderliches Verhalten gegen seinen Vater Karlmann von Bayern nachtrug, erhob sich gegen ihn. Mit einer zahlenstarken Rebellenarmee zog er nach Norden, nach Tribur, wo die Reichsversammlung der ostfränkischen Großen tagte.

Fräss-Ehrfeld betont die Zusammensetzung von Arnulfs Streitkräften; »cum manu valida Noricorum et Sclavorum« → mit einer starken Schar von Norikern, also angesiedelten Bayern, und Slawen, worunter nur Slowenen gemeint sein können (wobei der Namensähnlichkeit wegen daran erinnert sei, daß der lateinische Ausdruck für Sklave servus ist), zitiert sie – vermutlich die Annalen des Klosters Fulda. Da Karl die prompte Abdankung einem Schlagabtausch vorzog, wäre es an sich unbedeutend, aus wem der rebellische Arnulf sein Aufgebot rekrutierte, allein wir wollen es dennoch sehr genau registrieren, denn es erweist einmal mehr: Kärntens Slowenen waren frei. Sie waren den bayrischen „Neusiedlern“ (neu allerdings schon seit Tassilos Tagen) gegenüber völlig gleichberechtigt, waren nicht ihre Gewaltunterworfenen, nicht ihre Sklaven. Gemeinsam zogen sie alle für den Mann, den sie achteten und vermutlich sogar liebten, gegen das Haupt der fernen, dubiosen Zentralgewalt, und zwar freiwillig, da er sie als Militärkommandant Kärntens noch nicht zu derartigem Dienst befehlen konnte. (Es sei bemerkt, daß sich das im vollentwickelten Lehenssystem änderte, in welchem der Grundsatz galt, daß der von einem Herrn Belehnte nur diesem Gehorsam schuldig war, was bei Arnulf schon deswegen wegfiel, weil er keine Lehen ausgeben konnte.) Und so ritt jeder, bildlich gesprochen, mit dem Strick um den Hals: Ein Mißlingen des Aufstandes hätte sie alle, vom Markgrafen bis zum letzten Roßputzer, dem Henker überantwortet.

Karl der Dicke aber dankte ab: Als Kaiser, als König von Westfranken, als König von Ostfranken und als König von Italien.

Die Großen
– Westfrankens traten in Compiègne[30] zur Königswahl zusammen und wählten Graf Odo von Paris[31], den »unerschöpflichen Vorkämpfer gegen die Normannen«, der kein Karolinger war, zu ihrem König, der später jedoch den Karolinger Karl III. den Einfältigen als Nachfolger anerkannte;
– Ostfrankens wählten Arnulf von Kärnten und damit einen illegitimen Karolinger zum König;
während sich um die Krone von Italien die Karolinger Boso von Vienne und Berengar I. von Friaul in die Haare fuhren. Bosos Tod, der noch 887 erfolgte, entschied den Streit zunächst zugunsten Berengars, zumal Bosos Sohn, der spätere Ludwig III., erst etwa sieben Jahre alt war; allein an die Stelle der Provencalen trat Guido III. von Spoleto, der aus seinem islamischen Exil heimkehrte, die Herrschaft über sein Herzogtum wieder gewann und ohne Verzug einen recht erfolgreichen Krieg gegen den friaulischen Karolinger eröffnete, der dessen Territorium auf Friaul beschränkte. Da Guido nun als der große, erfolgreiche Politmanager erschien, beeilten sich die italschen Bischöfe – wohl kaum ohne päpstliche Zustimmung – ihn im Februar 889 zum neuen König von Italien auszurufen, während Papst Stephan V. ihn dadurch auf die Rolle eines irdischen Schutzpatrons der Kirche fixieren wollte, daß er ihn zu seinem Adoptivsohn machte.

König Arnulf bemühte sich indessen, dem Königreich Ostfranken eine organisatorische Grundlage zu geben, die den König in die Lage versetzte, die kombattanten Energien im Bedarfsfalle zu aktualisieren und geschlossen zum Einsatz zu bringen. Ostfranken bestand nun aus den meist als Stammesherzogtümer bezeichneten, in Wahrheit aber doch schon Territorialherrschaften darstellenden halbsouveränen Integrationen

– Sachsen,
– Thüringen,
– Lothringen,
– Schwaben,
– Franken und
– Bayern,

die durchaus eigene Sozialstrukturen entwickelt hatten. Den höchsten Auffälligkeitswert hatten die Eigentümlichkeiten in Sachsen und Bayern: Sachsen, weil es außer der zahlenmäßig unbedeutenden Gefolgschaft des Herzogs keine professionellen Krieger kannte und seine militärische Kraft ausschließlich aus den wehrpflichtigen Freibauern gewann, wobei der Hinweis gestattet sei, daß die wenigen Adalingsgeschlechter, die sich aus vorkarolingischer Zeit erhalten hatten, soziologisch gesehen nichts waren als Freibauern mit vergrößertem Grundbesitz; Bayern aber, weil unverhältnismäßig große Landgebiete zum Kirchenbesitz gehörten, der schon durch die Agilulfinger sehr großzügig ausgestattet worden war.

Davon abgesehen ist hinsichtlich Bayerns zu bemerken, daß es nun des Königs eigenes Land war, dessen Verwaltung und Entwicklung er selbst besorgte. Darüber hinaus war es, woran erinnert sei, von imponierender Größe und – was nur für die bei uns neu aufgekommene Schauweise interessant ist – durch die Einbindung der völlig gleichberechtigten Slowenen binational[32]. Für die Sicherung der Ost- und Südostgrenze gab es zwei Grenzsicherungsbereiche, für die Militärkommandeure bestellt worden waren, die Markgrafen genannt wurden und funktionell vorerst den römischen Duces entsprachen: Die Mark an der Donau, deren Markgraf Arbo die erste Kontrahage 881 mit den Magyaren bestanden hatte, und die Karantanische Mark, die er selbst geleitet hatte.

In der Organisation der ostfränkischen Herzogtümer hatte sich das aus dem karolingischen Staatswesen übernommene System des »Berufsbeamtentums«, dessen Rückgrat der vom König frei ernannte Graf war, dahin weiterentwickelt, daß nun teilweise schon der Herzog das Recht hatte, Grafen zu bestellen, und daß die freie Ernennung vom Sukzessionsrecht des Sohnes, bald auch mehrerer Söhne oder überhaupt sonstiger naher Angehöriger überwuchert wurde.

Auch war es mit dem Institut der Vasallität verbunden worden, das nun wieder erheblich ältere Wurzeln hatte und aus dem sich das Lehenswesen entwickelte, die Basis der westchristlichen mittelalterlichen Gesellschaftsordnung. Grundlage des Lehenswesens war die Heerschildordnung, die aus dem Recht,

– Lehen zu vergeben und
– Lehensleute im Feld zu befehligen,

entwickelt wurde und damals drei Stufen hatte, auf deren oberster der König stand, was folgende schematische Darstellung erlaubt:

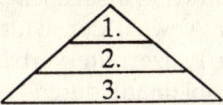 König (rex, princeps)
Fürsten (duces, capitanei)
Vasallen (valvassores)

Die **aktive Lehensfähigkeit** verleiht die Berechtigung, Lehen zu vergeben, die **passive Lehensfähigkeit** das Recht, Lehen zu empfangen.
Der König hatte ausschließlich die aktive Lehensfähigkeit: Er durfte von niemandem belehnt werden;
die Fürsten durften Lehen empfangen und vergeben, waren also im Besitz der aktiven wie der passiven Lehensfähigkeit;
die Vasallen waren nur zum Lehensempfang, nicht aber zur gänzlichen oder teilweisen Weitergabe des Lehens berechtigt.

Das System wurde durch das Verbot ergänzt, von Gleichrangigen ein Lehen entgegenzunehmen, das nur für die mittlere Stufe Bedeutung hatte und – wie hier der späteren Darstellung vorweggenommen betont sei – letztlich zur Aufspaltung der dreistufigen Gliederung in sieben Stufen führte.

Die Bedeutung der Institution des Lehensrechtes für das gesamte Zeitalter macht ihre Darstellung in einem eigenen Unterkapitel erforderlich:

Grundlagen des Lehenswesens

Das Institut der Vasallität beruhte auf einem formell abgeschlossenen **Dienstvertrag,** in dem sich der **Dienstnehmer** zur Erbringung bestimmter Leistungen, fast immer Wehrdienstleistungen, für den **Dienstgeber** verpflichtete, wogegen sich dieser verpflichtete, für den Lebensunterhalt seines Dienstnehmers zu sorgen. Verträge dieser Art waren spätestens seit dem siebenten Jahrhundert bekannt, und Vertragsmuster finden sich schon im Formularienbuch des Markulf → formulae Marculfi.

Der Unterhalt wurde ursprünglich durch gemeinsames Leben im Hause des Dienstgebers geleistet; hatte er – was für die überwiegende Zahl derartiger Dienstverträge angenommen werden kann – mehrere Dienstnehmer dieser Art, so bildeten sie seine **Gefolgschaft.** Die Mitglieder der Gefolgschaft wurden **antrustiones** genannt, der Vertrag selbst die **commendatio.**

Im Lauf der Entwicklung wurde das gemeinsame Leben durch die Übertragung der Nutzungsberechtigung an Grundstücken und der Ausdruck Gefolgschaft durch Mannschaft ersetzt. Der Dienstnehmer wird nun **miles, homo** oder **fidelis** genannt, der Dienstgeber in Ostfranken **senior,** in

Westfranken **seigneur,** und der Vertrag wird als **hominium, homagium** oder **hominaticum,** in Westfranken als **hommage** bezeichnet.

Diese Änderungen stehen vermutlich in ursächlichem Zusammenhang mit den Maßnahmen Karl Martells zur Abwehr der maurischen Einfälle. Diese zielten auf die Aufstellung starker Panzerreiterverbände ab und lösten die damit verbundene ökonomische Problematik durch

– Verpflichtung von Großgrundbesitzern, eine bestimmte Anzahl von Panzerreitern zu stellen, wobei für das **Kirchengut keine Ausnahmeregelung** getroffen und dieses gezwungen wurde, relativ große Grundflächen zur Fruchtnießung gegen Waffendienst auszugeben, was der eigentliche Kern der berüchtigten Säkularisation des Kirchenvermögens war, und

– Verpflichtung einer bestimmten Anzahl freier und damit wehrpflichtiger Bauern, ihrer Kriegsdienstpflicht dadurch nachzukommen, daß sie einen aus ihrer Mitte als Panzerreiter ausstattet und ihn und seine Familie mitversorgt; die Zahl der Bauern wird meist mit zehn angegeben, und wenn sie auch sicherlich regionalen Schwankungen unterfiel, so entwickelte sich doch aus dieser »Wehrdienstersatzleistung« der Zehnt, die Basis des mittelalterlichen, naturalwirtschaftlichen Abgabensystems.

Der Belehnte war seinem Lehensherrn zur Treue verpflichtet, der Lehensherr dem Lehensmann gegenüber zur Hulde. Beide Begriffe sind eindeutig nur negativ zu definieren: Der Lehensmann durfte nichts unternehmen, was den Lehensherrn, dieser nichts, was den Lehensmann schädigte. Positiv läßt sich eindeutig nur feststellen, daß der Lehensmann auf Geheiß des Lehensherrn zu kämpfen hatte, der Lehensherr aber den Lehensmann im Besitz des Lehensgutes zu erhalten. Im Laufe der Zeit entwickelte sich aus dieser Basis ein ganzer wechselseitiger »Pflichtenkatalog«, doch blieb die Bedeutung dieser Grundpflichten erhalten.

Was die Erblichkeit der Lehen anlangt, so hatten die Söhne der Lehensmänner das Anrecht, nach deren Tod belehnt zu werden, wenn sie

– grundsätzlich in der Lage waren, die mit dem Lehen verbundenen Pflichten zu erfüllen und

– keine besonderen Gründe, wie etwa Zweifel an ihrer Redlichkeit, dagegen sprachen.

Die aus der commendatio abgeleiteten Grundsätze setzten sich auch hinsichtlich des Grafenamtes durch, und so wurde aus dem »Beamtenstaat« Karls d. Gr. der Lehensstaat des Mittelalters. **Hier ist mit allem Nachdruck festzuhalten, daß die heute üblich gewordene Gleichsetzung des Lehensstaates mit dem Feudalstaat falsch ist und auf einem bedauerlichen Mangel an Differenzierungswillen oder Differenzierungsfähigkeit beruht: In Wahrheit ist das Feudalwesen das sinnentkleidete Lehenswesen. Die Nutzung des Lehensgutes war die Pauschalentlohnung für die Erfüllung der Pflichten, die der Belehnte zu leisten hatte und die im Augenblick der Feudalisierung in**

Wegfall kamen, so daß der Nutznießer des Feudalgutes nur mehr diese Nutzung zog, ohne für sie spezielle Leistungen erbringen zu müssen. Dem Feudalisten wurde auch die Berechtigung rechtsgeschäftlicher Verfügung über das Feudalgut eingeräumt, womit seine Stellung jener des Eigentümers entscheidend angenähert wurde. Der Lehensmann hingegen war immer Usufruktuar (Fruchtnießer): Er konnte nur über die Nutzungen des Lehensgutes, nicht aber über dieses selbst bestimmen.

* * *

Die Organisation der kombattanten Energien des Königreichs Ostfranken legte die große Bewährungsprobe im Normannenkrieg 891 ab, der für König Arnulf mit dem strahlenden Sieg von Löwen endete. Die Normannen büßten faktisch ihr gesamtes an Land operierendes Heer ein und verloren damit zwar vielleicht nicht eben die Lust, wohl aber die Möglichkeit, die üblichen Plünderungszüge ins ostfränkische Reichsgebiet durchzuführen, und erst nach fast einem halben Jahrhundert war König Heinrich I. – Rex des zwischenzeitig entstandenen Regnum Theutonicum – genötigt, wieder die Waffen gegen sie zu ziehen. Kleinere Einfälle, die es in der Zwischenzeit wiederholt gab, konnten durch die regionalen Sicherungskräfte abgewiesen werden.

Das erfolgsträchtige Prinzip der normannischen Kriegführung war die relative Überlegenheit, die maritimen Operationen gegen einen flottenlosen, großräumige Küstengebiete verteidigenden Feind notwendig immanent ist. Diesem erscheint die Invasionsflotte stets
– zu unerwarteter, weil ausschließlich von ihr bestimmter Zeit und
– an unerwarteten, weil wiederum ausschließlich von ihr bestimmten Orten,
wogegen es ihm unmöglich ist, im Bereich sämtlicher möglicher Landeplätze permanent derart starke Kräfte bereitzuhalten, daß diese den Abwehrkampf gegen die Landungskräfte unverzüglich aufnehmen können, ohne entscheidend unterlegen zu sein. Der Zeitaufwand, den der Verteidiger benötigt, um hinreichende Truppenmassen
– zu sammeln und
– in den Landungsbereich zu führen,
ist mit jener Zeitspanne identisch, in welcher der gelandete Seefeind mit überlegenen Kräften im Landungsraum operiert. Die Zahlenstärke der gelandeten Kräfte bei den Normannen war deshalb besonders fühlbar, weil diese – im Gegensatz etwa zu den Kriegsflotten der Antike – seemännisches Personal ebenso waren wie, sagen wir es zur Verdeutlichung mit neuzeitlichem Ausdruck, Marineinfanterie: Ab dem Zeitpunkt der Landung nahm der Ruderer einen Funktionswechsel vor und war nun der Kombattant des Landungskorps. Dieses mußte in jenem Zeitpunkt, in welchem es dem Gegner gelingen mochte, durch Heranführung absolut überlegener Truppen das Kräfteverhältnis zum Nachteil des Gelandeten zu verändern, das tempo-

rär beherrschte Gelände preisgeben und sich auf die Schiffe zurückziehen, auf denen es dem Zugriff des Gegners entzogen war. Das Schema war, wie unschwer erkennbar, geradezu narrensicher, solange der Angreifer seine Aktionen auf jenen Raum beschränkte, aus welchem ihm die jederzeitige Gewinnung seiner Operationsbasis »Flotte« möglich war.

891 muß König Arnulf im gefährdeten Gebiet starke berittene Verbände in haargenau jener Weise bereitgestellt haben, die Heinz Guderian – einer der Väter des modernen Panzerkriegs – für die Verwendung von Panzertruppen in der Verteidigung empfiehlt: Als mobile Operative Reserve. Die Normannen, die mit ihrer Flotte auf der Schelde in heute belgisches Gebiet vorstießen, waren – ob nach Zerschlagung schwacher regionaler Sicherungskräfte oder durch das Fehlen lokalen Widerstandes übermütig geworden – über Land nach Süden in allgemeiner Richtung Maas vorgedrungen und wurden bei Löwen von Arnulfs Reiterheer zur Schlacht gestellt. Sie waren reinrassige Fußtruppen, von denen bestenfalls einige Anführer beritten waren, und den Reitern des Königs zunächst einmal an Mobilität entscheidend unterlegen. Sie waren zudem für den Kampf im offenen Gelände erheblich schlechter bewaffnet: Sie waren nicht gepanzert, führten Holzschilde, meist ohne Metallbeschlag, Speere, Schlachtbeile und lange Messer, seltener Schwerte. Einzig die Eisenhelme waren einwandfrei funktionserfüllend, sofern sie überwiegend mit den später als »Normannenhelme« berühmten Kopfbedeckungen (s. Bd: 1, S. 125) versehen waren, was für diese Zeit nicht gesichert ist.

Die ostfränkischen Reiter hingegen waren gepanzert; sie trugen entweder den aus dem römischen Kriegswesen übernommenen Eisenküraß, der Thorax genannt wurde, oder den neuaufgekommenen, leichteren und als eleganter geltenden Schuppenpanzer, führten schwere, metallbeschlagene Schilde, als Angriffswaffen aber lange Stoßlanzen und als typische Nahkampfwaffe das Schwert. Daraus ergibt sich, daß die Normannen den Panzerreitern gegenüber als leichtbewaffnete Fußkrieger einzustufen sind, denen es jedoch an jenen kombattanten Möglichkeiten gebrach, die David zum gefährlichen Widersacher Goliaths gemacht hatten: Sie konnten
– den Feind nicht auf eine größere Distanz bekämpfen als er sie und
– sie vermochten nicht, ihn durch eine positive Mobilitätsdifferenz in jener Entfernung zu halten, in der sie ihre, er aber nicht seine Waffen zum Einsatz bringen konnte.

Er beherrschte vielmehr das offene Gelände großflächig, konnte sie lokal fixieren und ihnen jede erhebliche Ortsveränderung unmöglich machen. Die Bildung einer dichten Kampfformation, der antiken Phalanx oder dem spätmittelalterlichen Gevierthaufen der Schweizer vergleichbar, war ihrem Kampfverhalten fremd, aber selbst wenn sie imstande gewesen wären, derartiges zu improvisieren, hätte dies nicht gefruchtet: Der Weg zu ihren Schiffen, die in der Schelde zurückgelassen worden waren, betrug mindestens hundert Kilometer und war damit zu weit, um in Schlachtlinie zurückgelegt zu werden.

Sie waren, um es anders zu formulieren, Arnulf voll in die offene Klinge gerannt und auf dem Feld zwischen Dyle und Schelde nicht mehr als Schlachtvieh. Großes und vor allem zu Beginn des Kampfes sicherlich auch wehrhaftes Schlachtvieh, aber eben dennoch nicht mehr. Und so wurde der erste September, an dem das Treffen stattfand, zum großen, strahlenden Sieg für den König – und so wurde der ehemalige Markgraf von Kärnten zum Bezwinger der Normannen, der gefürchteten Piraten des Nordens, die für rund zwei Jahrhunderte der Schrecken des christlichen Abendlandes waren.

Im selben Jahr krönte Papst Stephan V. den zum König von Italien gewordenen Guido von Spoleto zum Kaiser, was Berengar I. zu wütenden Offensiven veranlaßte, die halb Oberitalien in Schutt und Trümmer verwandelten. Papst Stephan rief König Arnulf dringend um Hilfe; er sollte – so begehrte Rom – mit gesammeltem Heer über die Alpen ziehen und für Ruhe und Ordnung sorgen, da die Selbstzerfleischung der italischen Territorialherrschaften nur die Moslems begünstigte, die ohnehin stets bereit waren, nach Norden zu expandieren. Da Papst Stephan die sprachliche Ausnahmeregelung für Mähren widerrufen und keinen Nachfolger für den schon 885 verstorbenen Methodios bestellt hatte, Mähren somit wieder der Jurisdiktion des bayrischen Episkopats unterfiel, war Arnulf ihm besonders verbunden, konnte aber vorerst wegen der Normannengefahr Ostfranken nicht verlassen. Er entsandte ein kleines Heer unter Führung seines illegitimen Sohnes Zwentibold nach Oberitalien, das, wie er meinte, im Verein mit Berengars Verbänden schon ausreichen werde, den unruhigen Kaiser mit der Macht eines mittelitalischen Herzogs zur Vernunft zu bringen. Zwentibold aber gebrach es am nötigen diplomatischen Geschick für die heikle Mission und an der nötigen Heeresmacht für eine militärische Lösung; zu allem Überfluß starb am 14. September auch noch Papst Stephan V., die Kriegswirren wurden ärger als sie vorher gewesen, und zuletzt mußte sich Zwentibold mit einer gewissen Beschleunigung den Rückmarsch erkämpfen.

In Rom war indessen (6. Oktober 891) der Bischof von Porto, Formosus, zum Papst erwählt worden, ein Mann, der von Papst Johannes VIII. abgesetzt und aus dem Klerikerstand ausgestoßen worden war, und das politischer Gründe wegen: Über ihn waren die Kontakte zu den Bulgaren gelaufen, er hatte Khan Boris zur Annahme des westlichen Christentums bereitgemacht, er hatte lautstark gegen die päpstliche Zustimmung der Zuordnung der bulgarischen Kirche zum orthodoxen Patriarchat protestiert und die byzantophile Politik Johannes VIII. schärfstens verurteilt. Dadurch war er im Lateran zur persona non grata geworden wie Marinus oder richtiger noch stärker als jener, denn während man Marinus nur aus den Zentralstellen entfernt und zum Bischof von Caere gemacht hatte, hatte man ihn aus dem Stande der Diener der Kirche entlassen. Marinus hatte ihn zurückberufen, und seine Wahl zum Oberhaupt der Kirche deutete entschieden darauf hin, daß man in Rom entschlossen war, einen antibyzantinischen Kurs zu steuern.

König Arnulf wußte, was das für ihn bedeutete: Der Papst erwartete, daß er die Keimzelle des Byzantinismus in Mähren beseitigen werde. Seine kombattante Leistungsfähigkeit aber war aufs Äußerste angespannt:
– Das sächsische Aufgebot mußte wegen eines möglichen Rachefeldzuges der Normannen *im Norden* belassen werden;
– *im Westen* gab es Schwierigkeiten mit Lothringen, das nach Selbständigkeit strebte;
– *im Süden* mußte er eine stattliche Streitmacht in Alarmbereitschaft halten, um jederzeit in Italien eingreifen zu können, falls es der Schutz der kirchlichen Interessen erforderte.
In dieser Lage entschloß er sich,
– als Defensivmaßnahme die militärische Befehlsgewalt des gesamten Südostraumes in einer Person zu konzentrieren, was durch Vereinigung
  ☐ der karantanischen Mark mit
  ☐ der Mark an der Donau
  und in der Bestellung des Markgrafen von Karantanien, des jungen und kriegstüchtigen Luitpold[33] → Leopold zum »Oberbefehlshaber Südost« geschah, und
– in Ermangelung eigener verfügbarer Offensivkräfte ein Kriegsbündnis mit den Magyaren zu schließen, die Swatopluk[34] von Großmähren angriffen.
In Italien hatte indessen Berengar von Friaul den Titel eines Königs von Italien angenommen, war aber als solcher von niemand anerkannt worden, und Papst Formosus hatte sich in der irrealen Hoffnung, dadurch einen Beitrag zur Beruhigung der Lage zu leisten, dazu bewegen lassen, Guido nochmals zum Kaiser zu krönen und dazu auch noch Lambert, seinen Sohn, zum Mitkaiser. Der Kampf zwischen König Berengar und den Spoletanern ging jedoch weiter, wenn auch durch die völlig unzureichenden Kräfte der Streitparteien gewissermaßen auf Sparflamme, und die Lombardei, die von beiden nichts wissen wollte, zog nach Westen, um Ludwig von der Provence als König zu installieren, was denn auch etwas später (900) geschah.

893 kam es in Pannonien zu schweren Kämpfen zwischen König Arnulfs magyarischen Bundesgenossen und Swatopluk von Mähren, nach dessen Tod 894 Großmähren zerfiel. In diesem Jahr war Arnulf über dringendes Ersuchen des Papstes über die Alpen gezogen und hatte nichts erreicht außer einem überraschenden Kriegsbündnis Berengars mit Lambert, in dem sie die Aufteilung der Lombardei vereinbarten. Kaiser Guido wurde augenscheinlich nicht einmal befragt: Er starb gegen Jahresende und scheint schon einige Zeit vorher ans Krankenlager gefesselt gewesen zu sein, so daß er die Regierung seinem Sohn und Mitkaiser überlassen hatte.

895 hatten die Tschechen die Gelegenheit gefunden, die Oberhoheit der Mährer loszuwerden, und eine Abordnung der mächtigsten Leitfamilien unter Führung des Przemysliden Boriwoj erschien in Regensburg, um König

Arnulf zu huldigen.[35] Diesem offiziellen Akt ging offenbar der Abschluß eines Vertrages voraus, in dem den Tschechen eine ähnliche Rechtsstellung zugesichert wurde wie den Slowenen in Karantanien, also Autonomie im Rahmen des Königreichs Ostfranken, dem der Schutz Böhmens übertragen wurde. Arnulf ließ die internen Verhältnisse der Tschechen unangetastet, bestätigte Boriwoj als ihren Fürsten und bestellte den Markgrafen Luitpold zum dux Boemannorum, von Bosl mit »königlicher Kommissar in Böhmen« übersetzt, was dahin zu ergänzen ist, daß sein Wirkungskreis sich ausschließlich auf militärische Belange beschränkte, was nach damaligem Schema für den Markgrafen zutraf.

Der Übertritt der Tschechen bot Luitpold die Möglichkeit der Offensive, und während die Magyaren durch die bereits geschilderte Einmengung in den byzantinisch-bulgarischen Krieg zunächst als Bundesgenossen ausfielen, stieß er mit einem Heer, in das zweifellos tschechische Kontingente eingebunden waren, auf dem linken Donauufer nach Mähren vor, beendete die mährische Selbständigkeit unter byzantinischen Vorzeichen und schuf die Grundlagen für die Entwicklung der Markgrafschaft Mähren, deren Klerus wieder fest an das Bistum Regensburg gebunden wurde. König Arnulf zog hingegen, von Formosus wiederum um Intervention gebeten, zum zweiten Mal nach Italien, nachdem er, dem Verlangen der lothringischen Separatisten entsprechend, Lothringen in den Rang eines Lehenskönigtums erhoben und Zwentibold zum König bestellt hatte. Sein Erscheinen in Oberitalien mit einem starken Heer dämpfte sofort den Kriegseifer des Kaisers Lambert und des Königs Berengar, und Papst Formosus wußte kein besseres Mittel, Arnulfs Interessen für ständig an Italien zu binden, als daß er ihn am 22. Februar 896 zum Kaiser krönte – unter dem Jubel der römischen Bevölkerung und mit dem ausdrücklich bekundeten Beifall der lombardischen Gesandten.

Diese Kaiserkrönung war in zweifacher Hinsicht eine beinahe revolutionäre Neuheit, weil
– die Würde des Kaisers nun ohne Bedachtnahme auf die Einstellung des
  Arnulf grimmig hassenden Kaisers Lambert vergeben wurde und
– überdies an einen Herrscher, der weder
  ☐ den gentilen langobardischen noch
  ☐ den territorialen italischen
Königstitel führte noch irgendeine italische Herrschaft besaß. Die Lösung, die Formosus damit realisierte, war an sich grundvernünftig: **Der mächtigste König der Christenheit sollte Kaiser sein, denn nur er war in der Lage, die Pflichten des Kaisers zu erfüllen.**

Die richtige Überlegung scheiterte, wie es leider oft geschieht, in der Effektivität: Arnulf erkrankte schwer und wurde heim nach Regensburg gebracht, und nur kurze Zeit später, schon Anfang April, starb der Papst Formosus. Sein Nachfolger wurde Bonifatius VI., der das hohe Amt nur vom 11. bis zum 26. August verwaltete, dann starb auch er, ob durch Gicht oder Gift ist bis heute umstritten. Und in die Wahl seines Nachfolgers mengte sich

Kaiser Lambert höchst massiv ein; er hatte durch Arnulfs Abwesenheit und den Tod des Formosus wieder eine gewisse Handlungsfreiheit erlangt und nutzte sie konsequent, um seinem Wunschkandidaten, dem ebenso ehrgeizigen wie gewissenlosen Bischof von Anagni, zum Pontifikat zu verhelfen. Dieser Stephan VI. wäre es kaum wert, daß man sich mit seiner kurzen Periode beschäftigen würde – er wurde schon 897 in den Kerker gebracht und dort erdrosselt –, allein er war ein »moderner Mensch« und gab sich, mit viel Eifer und des Beifalles seines kaiserlichen Protektors gewiß, einer Tätigkeit hin, die zu den liebsten Beschäftigungen mancher Intellektueller auch unserer Zeit gehört: Der »Vergangenheitsbewältigung«. Betont muß werden, daß ihn nur die – von Lambert besoldeten – übelsten Randalierer der Ewigen Stadt zum Papst gewählt hatten; der Klerus war geschlossen, die behauste Bürgerschaft überwiegend der Wahl ferngeblieben, letztere weil sie es angesichts des offenen plebejischen Terrors nicht wagte, die Straßen zu betreten, ersterer weil er diesen Mann nicht zum Oberhaupt wollte, angesichts der Krawalle aber mit Recht besorgte, seine Wahl nicht verhindern zu können.

Die »Vergangenheitsbewältigung« im Stile von 897 ging im feierlichen Zeremoniell einer Synode vor sich, die der famose Papst einberufen hatte, und bestand in der die versammelten Bischöfe in mancherlei Hinsicht überraschenden szenischen Aufführung einer Anklageerhebung gegen den verstorbenen Papst Formosus. Der Angeklagte mußte natürlich zugegen sein, und also ließ Papst Stephan die Gruft des vor etwa einem Dreivierteljahr Verstorbenen aufbrechen und seinen Leichnam in den Sitzungssaal schleppen. Vor den vor Entsetzen förmlich erstarrten Oberhirten schleuderte er dem Toten wüste Anklagen entgegen, vor allem die des Treubruchs, dadurch begangen, daß er seine »erste Braut«, gemeint das Bistum Porto, verlassen habe, um der »zweiten Braut«, des römischen Bischofsstuhl wegen, wobei er offenbar ganz vergaß, daß dieser Tatbestand auch auf ihn zutraf, nur daß seine »erste Braut« eben Anagni gewesen war. Allein was echte Vergangenheitsbewältiger sind, fühlen sich durch analoges eigenes Verhalten nicht gestört, da sie von der Überzeugung durchdrungen sind, daß es ohnehin niemand wagen werde, das von ihnen geschaffene Maß auch auf ihr eigenes Tun anzuwenden; dieser Papst ging aber noch einen Schritt weiter und forderte den Leichnam des Formosus auf, sich zu rechtfertigen. Da diese Aufforderung ergebnislos blieb, wiederholte er die Anklagen mehrmals und drohte zuletzt an, daß weiteres Stillschweigen als Schuldbekenntnis gewertet werden würde. Als der Angeklagte auch weiterhin beharrlich schwieg, erstattete der Vergangenheitsbewältiger einen Urteilsvorschlag, dem das »Schuldbekenntnis des Stillschweigens« nun in der Tat zugrundegelegt war und folgende Bestrafung des Leichnams (!) vorsah:

1. Abreißen der priesterlichen Gewänder und sämtlicher Abzeichen des päpstlichen Ranges.
2. Abschlagen der Schwurfinger der rechten Hand.
3. Verweigerung der letzten Ruhestätte in geweihter Erde.

Und weil dem ganz gewiß für geistesverwirrt Gehaltenen, dessen Wachen waffenklirrend die Eingänge besetzt hielten, niemand zu widersprechen wagte, verkündete er die einstimmige Annahme des Vorschlages und ließ das Urteil sogleich vollstrecken. Und der nackte, verstümmelte Leichnam des 110. Nachfolgers des Apostels Petrus wurde auf Befehl des 112. Nachfolgers in den Tiber geworfen, den Fischen zum Fraß.

Wer meint, daß Papst Stephan nun genug an klerikaler Vergangenheitsbewältigung geleistet habe, irrt, denn nun begann er eine großangelegte »Entformosianisierung« der Kirche, indem er alle von Formosus oder in seinem Namen erteilten Weihen für ungültig erklärte und die eingesetzten Amtsträger enthob; er begriff dies als »Selbstreinigung des Klerus«, behielt sich allerdings eine Rosine aus dem verdammten Kuchen ohne Anflug von Schamröte: Seine Weihe zum Bischof, die er ebenfalls von Formosus erhalten hatte, blieb gültig. Auch hier galt nicht für ihn, was er für andere zu gelten erzwang.

Kaiser Lambert hielt nun die Lage für bereinigt und zog die Verbände seines Heeres aus dem Nahbereich Roms zurück; schließlich und endlich hatte er für sie noch andere Verwendungen. Rom aber erhob sich gegen Papst Stephan (August 897), und nach wenigen Tagen ereilte ihn sein Ende. Seine Nachfolger Romanus – übrigens der Bruder des Papstes Marinus I. – und Theodor II. starben rasch: Romanus hatte das Pontifikat nur vier Monate, Theodor gar nur drei Wochen inne; er erscheint daher in den Papstlisten meist gar nicht. Nun gab es die erste Okkupation des Heiligen Stuhls durch Sergius, Graf von Tusculum, der sich diesmal nicht behaupten konnte und dem gewählten Papst Johannes IX. weichen mußte.

Das also war das christliche Abendland, dessen Grenzraum 896–898 die Magyaren gewannen. Nachbarn waren das Königreich Ostfranken und das Königreich Italien, und man kann dies einem Schaubild detailliert zusammenfassen:

Westchristlicher Kulturkörper			Magyarisches Gebiet
Königreich	Herzogtum	Landesteile/Marken	
Ostfranken	Bayern	Böhmen, Mähren, Mark a. d. Donau, Kärtner Mark; **heute:** Westteil ČSFR; Republik Österreich; Republik Slowenien nördlich der Drau	Land beidseits des Mittellaufs der Donau mit Schwergewicht Ostungarn; **heute:** Ungarn, westliches Rumänien
Italien	Friaul	Friaul, Istrien **heute:** Republik Slowenien südlich der Drau; Nordosten Italiens	

Nun waren die Magyaren, wie bereits gesagt, durch die Umstände der Räumung von Etelköz arm, arm in einem sehr elementaren, ursprünglichen Sinn: Es gebrach ihnen an hinreichenden Nahrungsmitteln. Ihre Viehherden waren gefährlich geschrumpft – und gewonnen hatten sie ein Land, das durch die vorangegangenen Kämpfe weitgehend verwüstet war und dessen Bewohner selbst nahezu am Hungertuch nagten. Sie waren gezwungen, sich durch Kriegführung das zu beschaffen, was sie zur Sicherung ihres Subsistenzmittelbedarfs benötigten, und sie waren durchaus in der Lage, den gefährlichen und blutigen Weg zu beschreiten.

Es sei gestattet, hier eine Eigenschaft der Magyaren aufzuzeigen, die uns wiederholt als geschichtsbestimmende Größe begegnen wird: Sie waren absolut wortgetreue Freunde und Verbündete. Ihr unentwickeltes Abstraktionsvermögen ließ sie Begriffen wie Reich oder Staat allerdings vorerst völlig fremd gegenüberstehen oder diese vielmehr in einer uns fremden Weise interpretieren. Ország ist in ihrer Sprache das Land, das Reich, der Staat – die Ausdrücke állam, pompa, disz oder birodalom sind erst viel später aufgekommen – und die Weiterentwicklung des altertümlichen urasag, die Herrschaft; Magyarország ist das Land, der Staat, das Reich der Magyaren bis auf den heutigen Tag. Das Reich Ostfranken war für sie die urasag ihres Freundes und Verbündeten Arnulf, der nun auch der ur des ihnen schon bekannten Mähren geworden war, und damit für sie tabu. Mit den Bulgaren anzubinden erschien ihnen wenig ratsam zu sein, und so blieb für sie als Angriffsziel und lohnendes Plünderungsobjekt Italien.

In Italien hatte sich indessen ein Pferd mit Nachdruck in das politische Geschehen gemengt, indem es Kaiser Lambert bei einer Jagd so unglücklich abwarf, daß er gegen einen Baum geschleudert wurde und sich das Genick brach. Nun schien Berengar I., rex Italiae, der alleinige Herr in Oberitalien zu sein, allein seine Beliebtheit hatte bei den Lombarden noch nicht zugenommen, und diese betrieben die gewünschte Uniierung mit der Provence mit aller Kraft, was Berengar zur Kriegführung gegen den italischen Westen veranlaßte. Es wird ihn kaum interessiert haben, daß sich ein fremdes, fernherkommendes Volk in Pannonien niedergelassen hatte, und er konnte wohl in der Tat nicht vorhersehen, daß dieses, ohne sich zuerst häuslich einzurichten, einen Offensivkrieg gegen ihn führen werde. Der magyarische Einfall 899 traf ihn völlig unvorbereitet und mit der Wucht eines Schlages in das Genick, unter dem er sofort ins Taumeln kam, und es dauerte einige Zeit, bis er sein gegen Westen ausgefächertes Kriegsvolk sammeln und gegen die Invasoren führen konnte.

Die Magyaren waren der alten Römerstraße über Emona gefolgt; sie konnten den Weg gar nicht verfehlen: Er führte sie durch die kaum gesicherte Einfallspforte ins friaulische Land. Ihn waren in den vorausgegangenen Jahrhunderten alle gekommen, die in Italien eingefallen waren, die Gallier, die Hunnen, die Goten, die Langobarden, um nur die bedeutendsten zu nennen. Die schwachen Raumsicherungskräfte in dem zu Berengar gehörigen slowenischen Gebiet wurden ohne Mühe geworfen, der Isonzo bei Görz überschritten, und nun lag auch schon die norditalienische Ebene vor ihnen, reich und fruchtbar und damit ein Traumland für Reiter, die auf Plünderung ausgezogen waren. Sie gewannen rasch Raum und immense Beute, und erst an der Brenta, südlich von Bassano, stießen sie auf das Heer des Königs Berengar.

Das *magyarische Kriegsvolk* bestand ausschließlich aus berittenen Bogenschützen und war reinrassige Leichte Reiterei; das *Heer Berengars* bestand aus Panzerreitern und etwas leichter gepanzertem Fußvolk, Schwerer Reiterei mithin und Schlachteninfanterie. Und so standen sich an den Ufern der Brenta wieder einmal David und Goliath gegenüber, Goliath bei vordergründiger Betrachtung überlegen, David aber im Besitz
– der weitertragenden Waffen und
– des entscheidenden Mobilitätsvorsprunges,
so daß es ihm möglich war, Goliath auf eine Entfernung zu bekämpfen, in der dieser seine Waffen noch längst nicht zum Einsatz bringen konnte, und diese Entfernung im dynamischen Ablauf des Kampfes beizubehalten. Die Vorzeichen waren also, im Vergleich mit der Schlacht König Arnulfs gegen die Normannen, entscheidend verändert.

Den Magyaren war die Überwindung der Tiefwasser führenden Brenta, die Aufstellung von Berengars wenig beweglichem Heer überflügelnd, absolut unproblematisch; sie fixierten die Schwerbewaffneten auf den bei Beginn der Schlacht eingenommenen Geländeteilen, hielten sie unter kontinuierlichem Pfeilbeschuß und vermieden den Nahkampf. Nach einigen Stunden, in denen die königlichen Verbände schwere Verluste erlitten hatten und ihre taktisch aussichtsarme Lage eindeutig erkennbar geworden war, erbat Berengar von Árpád die Einstellung des Kampfes. Es kam zur Aufnahme von Verhandlungen, deren Ende der Abschluß eines Bündnisvertrages zwischen dem Karolinger und dem Gyula der Magyaren war. Es war ein kluger Vertrag, günstig für beide Seiten:

Berengar gewann	Árpád gewann
1. die Rettung seines angeschlagenen Heeres;	1. die Garantie des unbehinderten Heimzuges nach Pannonien mit der gemachten Beute nach Freilassung der Gefangenen und
2. die Freilassung der in magyarische Gefangenschaft gekommenen Soldaten und Bauern	
3. im magyarischen Kriegsvolk eine beachtliche militärische Reserve;	2. die Aussicht, als Bundesgenosse dieses Königs Italien demnächst gründlich ausplündern zu können.

Mit den Ergebnissen des ersten Feldzuges aus der neuen Heimat durchaus zufrieden, trabten die Magyaren heim, und sie hatten ihre jeweiligen Lagerplätze mit den stattlichen Herden, die sie erbeutet, noch nicht erreicht, als bei Árpád die Nachricht einlangte, daß sein Freund und Verbündeter Kaiser Arnulf verstorben war. In das magyarische Vorstellungsvermögen übertragen, bedeutete dies die Enttabuisierung der ostfränkischen Gebiete: Ur Arnulf war tot, und mit seinem Nachfolger hatten sie kein Bündnis abgeschlossen; sie konnten nun also – Isten sei Dank – ihr Vieh auch aus jenen Landschaften holen, die unmittelbar westlich an ihr Gebiet angrenzten. Und sie nahmen das vorerst einmal zur Kenntnis und bereiteten einen Feldzug für das kommende Jahr vor, der sie entweder – falls ihr neuer Freund Berengar ihrer Hilfe bedürfen werde – nach Italien, sonst aber nach Ostfranken führen sollte.

In Ostfranken war indessen von Hatto I., Erzbischof von Mainz, eine Reichsversammlung nach Forchheim berufen worden, an der um Wintermitte sicherlich nur eine Minderheit teilnahm. Diese einigte sich auf Ludwig IV., Arnulfs knapp siebenjährigen Sohn, als neuen König; er wurde »das Kind« genannt und behielt diesen Beinamen für den Rest seines Lebens, das allerdings nur achtzehn Jahre währte. Sein Halbbruder Zwentibold, Arnulfs illegitimer Sohn, der König von Lothringen, ging leer aus; sein Mißerfolg in Italien war dafür vermutlich ebenso entscheidend wie die Schwierigkeiten, die er eben in seinem Lehenskönigtum hatte; er ist kurz danach im Kampf gegen Aufständische in der Schlacht an der Maas gefallen. Ludwigs IV. vollbürtige Schwester Glismut war mit Konrad, Graf im Lahngau, vermählt; der Sohn aus dieser Ehe, der ebenfalls Konrad hieß, war schon damals oder wurde während der Regierungszeit seines kindlichen Oheims Herzog von Franken. Es wurde ein Regentschaftsrat gebildet, dem Hatto von Mainz präsidierte; zum Erzieher des Königsknaben wurde Salomon, Bischof von Konstanz, bestellt. Hatto vollzog die Krönung Ludwigs IV. unmittelbar nach der Wahl noch im Januar 900 in Forchheim.

Im selben Monat starb in Rom Papst Johannes IX., und zu seinem Nachfolger wurde ein Parteigänger des Formosus gewählt, der den Papstnamen Benedikt IV. trägt, ein würdiger, frommer und einsichtiger Mann, dessen Hauptbestreben die Verhinderung des drohenden Krieges zwischen Berengar und den Lombarden war. Daneben bemühte er sich, die noch verbliebenen Spuren der Tätigkeit Papst Stephans VI. – die Ergebnisse der Leichensynode 897 waren schon unter Johannes IX. in aller Form bereinigt worden – zu beseitigen. Durch Lamberts und Arnulfs Tod war die Kaiserkrone verwaist, und die Lage der Christenheit machte die Gewinnung eines neuen weltlichen Schutzherrn zum vordringlichen Problem, zu dessen Lösung es vier Möglichkeiten gab, die alle mit mehr Nachteilen als Vorteilen behaftet waren: Es gab vier souveräne Könige im Abendland, und sie alle schienen wenig geeignet, den nomen imperatoris mit einer potestas imperatoris zu verbinden, teils wegen Geringwertigkeit ihrer Herrschaft, teils aus persönlichen Gründen:

Berengar I.	Ludwig III.	Karl III.	Ludwig IV.
Kg. von Italien	Kg. von Provence, ab 900 Kg. der Langobarden	Kg. von West-franken	Kg. von Ost-franken
Geringe Macht; Krieg gegen Ludwig III.	Geringe Macht; Krieg gegen Berengar I.	Grenzdebil: Karl der Einfältige	Kind

Papst Benedikt IV. zögerte und berief für 901 eine Synode nach Rom, die das Kaiserproblem lösen sollte, das dann allerdings schon sehr einfach zu lösen war, und das aus folgenden Gründen: 900 war die Kriegführung Ludwigs III. gegen Berengar zunächst sehr erfolgreich verlaufen, bis der Friauler seine magyarischen Freunde zu Hilfe rief. Sie, die darauf nur gewartet hatten, kamen rasch, bündnistreu und kampffreudig wie stets, und sie ergossen sich förmlich über jene Teile Italiens, die König Ludwig gehuldigt hatten. Ihre raschhufigen Rosse ließen sie windschnell erscheinen und wieder verschwinden; auf die Belagerung gesicherter Plätze leisteten sie Verzicht, und auch der Feldschlacht mit kampfbereiten Verbänden gingen sie aus dem Wege. Sie traten in einer Vielzahl von nicht sonderlich zahlenstarken, weitgehend selbständig operierenden Reiterkorps, die oft nicht mehr waren als Reiter-schwärme, auf – und eben diese Streuung erweckte im Zusammenhalt mit der hohen Mobilität jeder Kampfgruppe in den Verteidigungskräften das entmutigende Gefühl einer nahezu allgemeinen Präsenz des Angreifers. Dieses wiederum führte zu einer Beschränkung der Landesverteidigung auf die Behauptung starker Stützpunkte, was die Preisgabe des offenen Landes bedeutete. Und das plünderten die Magyaren nach Herzenslust aus; sie eroberten es aber nicht in dem Sinn, daß sie es für König Berengar in Besitz nahmen, um es ihm zu übergeben, sondern sie machten sogar seine dahinzielenden Absichten zunichte: Es stand kein Haus und es wuchs kein Halm mehr in jenen Gebieten, die sie durchzogen hatten. Schon im Spätsommer beendeten sie die militärischen Operationen, sammelten und machten sich, mit Beute überladen und große Viehherden mit sich treibend, auf den Heimweg. Für sie war der Feldzug des Jahres 900 ein überwältigender Erfolg gewesen.

Nicht ganz so erfreulich waren die Ergebnisse des magyarischen Eingreifens für Berengar I., sondern im Gegenteil: Er war nach dem blutigen Sommer 900 von der Verwirklichung seines Vorhabens, im ganzen italischen Raum, soweit er dem abendländischen Kulturkörper zuzuzählen war, als König anerkannt und vom Papst mit dem nomen imperatoris bedacht zu werden, weiter entfernt als jemals zuvor. War er vorher unbeliebt gewesen, so war er nun verhaßt, und der Stimmung von Klerus und Volk Rechnung tragend war der Zuschlag der Kaiserkrone an Ludwig III. durch die Synode von 901 und die nachfolgende Krönung durch den Papst nur die notwendige

Folge seiner politischen Niederlage. Und wenn die kaiserliche Würde auch nach wie vor mit keiner kaiserlichen Macht ausgestattet war, so versuchte Papst Benedikt doch, in Ermangelung diesseitiger kombattanter Kräfte die himmlischen Heerscharen für den neuen Kaiser zu mobilisieren, indem er Bittgottesdienste gegen die paganischen Teufelsreiter anordnete und die Liturgie um ein kennzeichnendes Gebet bereicherte, in dem es hieß: »... und vor den Pfeilen der Magyaren beschirme uns, o Herr.« Durch diese Maßnahmen der »psychologischen Aufrüstung« versuchte er, die gefährliche »Endzeitstimmung« zu überwinden, die vielerorts lähmend um sich griff und gerade unter den Klerikern viele Anhänger hatte: Zu Moslems und Normannen, den alten, gefährlichen Feinden der civitas Dei, waren nun die neuen Hunnen gekommen, die unbesieglichen Steppenreiter, die dem gläubigen Volk als Zeichen erschienen, daß das Ende der Zeiten nahegekommen sei.

Das päpstliche Bemühen, das Königreich Ostfranken wieder in das kombattante Geschehen des italischen Raumes zu involvieren, fand zunächst einmal bei Bischof Salomon von Konstanz, vor dessen Haustür gewissermaßen die bisherigen Kämpfe abgelaufen waren, vollstes Verständnis, zumal der Papst die Kaiserkrone für König Ludwig IV. in Aussicht stellte. Das Doppelkaisertum war schließlich nicht unbekannt, und nicht nur Karl d. Gr. und Ludwig I. waren gemeinsam Kaiser gewesen, sondern erst in jüngster Zeit Guido von Spoleto und sein Sohn Lambert, und dann dieser – selbst gegen seinen Willen – mit Arnulf. Salomon gewann Hatto für das noch unausgereifte Projekt, und der Regentschaftsrat beschloß, 902 den tüchtigen Markgrafen Luitpold mit einem stattlichen Heer nach Italien zu entsenden, um vor allen Dingen den Schutz des Kirchenstaates und der Ewigen Stadt zu übernehmen.

Die Vorbereitungen für die beabsichtigte Intervention alarmierten König Berengar, und er ersuchte neuerlich um magyarische Waffenhilfe. Der Verwüstung ganzer Landstriche Italiens durch die Magyaren gedenkend, deren Folgen ihm noch genügend zu schaffen machten, erbat er ihr Eingreifen nun aber nicht südlich der Alpen, sondern vielmehr durch Einfall in ostfränkisches Territorium, wobei er präsumierte, daß der Feind im eigenen Land Luitpold wohl davon abhalten werde, nach Süden zu ziehen. Diese Überlegung erwies sich als durchaus zutreffend: Die magyarische Invasion in das Gebiet des alten, großen Herzogtums Bayern verhinderte Luitpolds Italienzug.

In Italien gewann Berengar I. Oberwasser und drängte die Kaiserlichen zurück; im Jahre 903 mußten sie Rom räumen, und die zunächst besorgte, dann aber von rasch ausufernder Furcht befallene Bevölkerung wurde in mehrere Parteien gespalten, deren jede ein besseres Rezept zur Bewältigung der bedrohlichen Lage zu haben glaubte und zuletzt gewaltsam durchzusetzen begann, so daß die Hauptstadt der westchristlichen Welt am Rande des Chaos dahintrieb. Schlägereien und Tumulte waren alltägliches Geschehen, und das Ableben des Papstes Benedikt IV. eben in diesem Sommer vervollkommnete das Unheil: Die Auseinandersetzungen um die Nachfolge Petri bereicherten die Streitigkeiten um etliche aktuelle Aspekte. Endlich setzte sich 904 Sergius vom Tusculum durch, und wenn er auch alles andere war als ein würdiger Nachfolger des Apostelfürsten Petrus, so sorgte er doch zumindest für die Wiederherstellung der öffentlichen Ordnung, hinter der sich allerdings eine sehr massive Unordnung verbarg (s. Anm. 25.) Der Krieg zwischen Berengar I. und Ludwig III. endete 905; Ludwig wurde gefangengenommen und geblendet und hierauf in die Provence entlassen – Karolinger unter sich. Ludwig der Blinde übertrug die Verwaltung der Provence einem weiteren Karolinger, Thietbald, dem Sohn König Lothars II.; nicht Thietbald, wohl aber sein Sohn Hugo nahm nach einigen Jahren den Kampf um Italien wieder auf.

Bayern wurde in den ersten Jahren des neuen Jahrhunderts wiederum zu dem, was es in den Zeiten des Awarensturmes schon gewesen war: **Schutz und Schirm und Schild und Schwert des christlichen Abendlandes.** Die Feinde waren neu, und doch schienen sie alt: Es war, als seien die alten Feinde der Väter, die in der Überlieferung lebten, wiederauferstanden in den weiten Steppen jenseits der Donau, um den alten Kampf neu zu beginnen. Und Bayern war wiederum dazu verdammt, der Schauplatz des erneuten Krieges zu sein.

Das Hauptmassiv der Alpen blieb, da dem typischen Kampfverhalten der großflächig operierenden Magyaren abhold, so gut wie verschont; das Alpenvorland aber und das Donauland versanken in Schutt und Asche. Die Verbindungen nach Böhmen wurden empfindlich reduziert, die nach Mähren unterbrochen. Während sich die Tschechen darauf beschränkten, ein Übergreifen des kombattanten Geschehens auf ihr Siedlungsgebiet zu verhindern, erhob sich der Byzantinismus in Mähren zum letzten Mal und riß zumindest einige Gebietsteile aus dem ostfränkischen Reichsverband und dem Organisationsgefüge der Papstkirche. Das Schwergewicht des Aufstands lag im Südosten und damit in jenem Gebiet, in dem es schon damals eine große, befestigte Siedlung gab: Braslawaspurc, das spätere Preßburg → Poszony (ung.) → Bratislawa (tschech.). Der an sich naheliegende Gedanke, daß es zu planmäßigem Zusammenwirken zwischen den mährischen Rebellen und den Magyaren gekommen sei, ist nicht nur nicht verifiziert, sondern bei genauerer Überlegung auch recht unwahrscheinlich: Die Magyaren waren König Berengars Verbündete, und sie dachten nicht daran, die für sie bisher recht lukrative Allianz durch Koppelung an andere Interessen zu gefährden. Auch konnten sie dem Gedanken, einem Satelliten des oströmischen Kaisers in ihrer unmittelbaren Nachbarschaft auf die Beine zu helfen, keinen erfreulichen Aspekt abgewinnen, und zuletzt spricht der Fortgang des Geschehens absolut gegen eine derartige Annahme.

Die Kämpfe Luitpolds mit den Magyaren sind wenig übersichtlich; die zahlreichen Treffen waren unterschiedlichen Ausgangs, doch entsprach der

Kriegsverlauf insgesamt dem offensiven Konzept der Magyaren. Anders gesagt gelang es dem Markgrafen nicht, die Einfälle an der Grenze oder zumindest im grenznahen Raum abzuweisen, was vermutlich die Folge der Zerlegung der Angriffskräfte nach dem Muster des zweiten Italienfeldzuges war. So drangen die beutespähenden Reiterschwärme wiederholt bis in Bayerns Kerngebiete vor, und 904 ist Kurszan, ihr greiser Kende, bei Kämpfen im Raum Augsburg gefallen. Sein Tod erbrachte eine entscheidende Straffung im inneren Gefüge des Stammesbundes. Das Amt des Kende wurde nicht mehr besetzt, sondern mit dem des Gyula in der Person Árpáds verbunden. Es war, als ob der Shogun zum Tenno, der Sultan zum Kalifen, der Hausmeier zum König oder der Reichskanzler zum Reichspräsidenten geworden sei; in unser Vokabular übertragen wurden jedenfalls die Ämter des Regierungschefs und des Staatsoberhauptes ab nun vereinigt.

Im Jahre 906 war man in Ostfranken des ständigen Kampfes im Grenzraum gegen die Magyaren endgültig überdrüssig geworden und traf Vorbereitungen für eine Offensive nach Pannonien. Für die Befehlsführung kam nur Luitpold, der einen beinahe schon legendären Ruf erworben hatte, in Frage, und ihm wurde unterstellt, was im Südostraum des Reiches die Waffen führen konnte, auch die hohen geistlichen Würdenträger, an ihrer Spitze der Erzbischof von Salzburg. Luitpold wurde auch beauftragt, mit seinem großen Heer die Lage in Mähren sozusagen en passant zu bereinigen und den Byzantinismus endgültig zu erledigen. Dieser Zweck machte eine aktive Mithilfe der Tschechen notwendig, die Fürst Boriwoj zusicherte; dem tschechischen Aufgebot schlossen sich auch jene Mährer an, die vor den byzantophilen Rebellen aus den von diesen beherrschten Landesteilen geflohen waren. Diese Nebenaufgabe bestimmte den Marschweg des Heeres und damit den Operationsplan: Der Vorstoß sollte am linken Donauufer erfolgen.

907 rollte die große Offensive an; Südböhmen war als Sammelraum der unterschiedlichen Heereskörper vorgesehen, und bis zum Hof der befreundeten Slawnikiden nahm Luitpold seinen älteren Sohn mit, der Arnulf hieß wie der frühere Kaiser, der vermutlich sein Taufpate gewesen war[36]. Die Kunde von dem – für das Zeitalter – gewaltigen Heer ließ die byzantophilen Mährer die magyarische Waffenhilfe als einzige mögliche Rettung erkennen, und sie bemühten sich verzweifelt, Árpád zum Aufbau einer gemeinsamen Abwehrfront zu bewegen. Dieser wußte recht gut, daß die Stärke der gesammelten Verbände Luitpolds auf eine Offensive über Mähren hinaus schließen ließ, die nur seinen Stämmen gelten konnte, und zog mit dem magyarischen Kriegsvolk bis Braslawaspurc, um die Kampfführung vor dem eigenen Siedlungsgebiet aufnehmen zu können. Den Abschluß eines formellen Bündnisses lehnte er allerdings ab: Die mährischen Rebellen waren ihm keine geeigneten Vertragspartner. Den Parteigängern des Kaisers von Byzanz machte die offensichtliche Mißachtung seitens des Magyarenführers keine Beschwerden; sie sahen nur seine vortrefflichen Reiterscharen und

waren der entscheidenden Verstärkung froh, überließen diesen auch gerne die verlangte Kampfführung im offenen Feld und beschränkten sich auf die Verteidigung ihrer stark befestigten Stadt.

Die entscheidende Schlacht fand am vierten Juli nordwestlich von Braslawaspurc statt. Sie wurde mit äußerster Erbitterung durchkämpft und endete mit der völligen Vernichtung von Luitpolds Heer. Der Markgraf fiel, der Erzbischof von Salzburg fiel, die geistlichen und weltlichen Großen, die den Feldzug mitgemacht hatten, fielen, und von dem ganzen großen Aufgebot gelang es nur wenigen Versprengten, sich nach Böhmen durchzuschlagen. Auch Boriwoj scheint zu den Gefallenen gehört zu haben: Er wird nach der Schlacht nicht mehr erwähnt, und in den Quellen wird ab 908 nur mehr sein Sohn Wratislaw als Fürst der Tschechen genannt.

Das magyarische Konzept der Vermeidung des Nahkampfes dürfte nicht durchgehend erfolgreich gewesen sein, denn auch sie erlitten beträchtliche Verluste, zu denen vermutlich Árpád gehörte: Seine Stelle an der Spitze des Stammesbundes nahm nun Szabolcz ein, der als Bewacher der Ostgrenze des magyarischen Siedlungsraumes bereits genannt wurde. Szabolcz geriet unmittelbar nach dem Sieg über die Bayern in Streit mit den mährischen Rebellen, der rasch eskalierte und zum Waffenentscheid führte, in dem diese von den Steppenreitern fürchterlich überrannt wurden. Dieser zweite große Sieg des Jahres brachte den Magyaren nicht nur ein Mehr an Beute, sondern auch eine Erweiterung ihres Herrschaftsgebietes; ob sie Braslawaspurc, das sie im Handumdrehen genommen hatten, behielten, ist nicht mit Bestimmtheit zu sagen, aber sie expandierten nordostwärts, und vor allem am linken Ufer des Gran → Hron sind magyarische Siedlungen bis zum Südrand des Slowakischen Erzgebirges nachweisbar, die um jene Zeit entstanden sind.

Dieser magyarisch-mährische Konflikt war für den großbayrischen Raum, insbesonders Böhmen und das Donauland, ein wahrer Segen, hielt er doch die Magyaren davon ab, sogleich mit Masse donauaufwärts vorzustoßen und nach Zerschlagung der schwachen Grenzsicherungskräfte, die irgendwo zwischen Traisen und Enns ihren Dienst versahen, wieder das bayrische Kerngebiet zu verheeren. Das Gebiet ostwärts der Enns wurde militärisch geräumt; ob die Absetzbewegung auch die bäuerlichen Siedler umfaßte, die großteils aus den Gebieten der Bistümer Passau und Regensburg stammten, ist umstritten. Die Geschehnisse der nächsten Jahre zeigen, daß auch die Behauptung der Ennslinie nicht möglich war: Die Magyaren überwanden den Fluß, wann und wo immer es ihnen gefiel.

Die Bajuwaren, die vom hilflosen König Ludwig Hilfe nicht erwarten konnten, auf sich allein gestellt waren und ihr Feldherr an einem einzigen Tag verloren hatten, griffen zur Selbsthilfe und schufen eine Art »Heimwehr«, die hinsichtlich Bewaffnung, Ausbildungsstand und Kampferfahrung – und damit Kriegsverwendungsfähigkeit – vermutlich in etwa mit dem »Volkssturm« der letzten Monate des Zweiten Weltkrieges vergleichbar war. Zum Anführer wählten sie Arnulf, des gefallenen Markgrafen nun als volljährig behandelten Sohn, der mit viel Energie und einer für seine Jugendlichkeit höchst erstaunlichen Umsicht daranging, ein schlagkräftiges Defensionswesen aus dem Boden zu stampfen. Als »Sofortmaßnahme« wurden in den unmittelbar bedrohten Grenzgebieten provisorische Fluchtburgen – meist allerdings nur Waldverhacke, Erdumwallungen u. ä. in schwer zugänglichen Geländeteilen – errichtet, die von bäuerlichen Milizen verteidigt werden sollten, und die Städte vor allem durch straffe Ausbildung der bestehenden Bürgerwehren und Verstärkung der Befestigungsanlagen verteidigungsbereit gemacht. Durch die stationäre Kampfführung, die damit erreicht wurde, konnte der Gesamtraum Bayern allerdings nicht verteidigt werden. Dazu war die Aufstellung eines Reiterheeres notwendig, die wiederum – beachten wir das naturalwirtschaftliche Gefüge – nur durch die Schaffung einer entsprechenden Anzahl von Reiterlehen möglich war.

Arnulf folgte nun durchaus dem altfränkischen Vorbild Karl Martells, als er
– auf die Landreserven der weltlichen und geistlichen Großgrundbesitzer zurückgriff und diese der Belehnungspflicht unterwarf und
– vor allem in den westlichen und vermeintlich sicheren Landesteilen von je zehn Bauern die Ausrüstung und Versorgung eines Reiters verlangte.

Nun ließ sich ein Teil der verfügungsberechtigten Großwürdenträger des Klerus von der Sinnhaftigkeit der Anordnungen Arnulfs nicht überzeugen und zögerte die Grundvergabe unter allerlei Vorwänden hinaus, so daß 908 den einbrechenden Magyaren nur regional Widerstand geleistet werden konnte. Mit schöner Beute kehrten sie heim; den folgenden Winter nutzte Arnulf im Rahmen der gegebenen Möglichkeiten – ohne die Widerstrebenden vorerst zu zwingen – und konnte im Jahre 909 schon ein ganz stattliches berittenes Aufgebot ins Feld führen, mit dem er den Magyaren bei Freising eine schwere Niederlage zufügte. Dieser Erfolg war – vermutlich – ein Ergebnis des Zufalls, denn die Wahl des Kampffeldes als Folge zutreffender Geländebeurteilung wollen wir dem unerfahrenen Luitpoldinger doch nicht zumuten, wenngleich wir feststellen können, daß er spätere Treffen, wann immer es möglich war, so führte, daß er die Erfahrungen von Freising berücksichtigte. Er lernte also, und wir dürfen annehmen, daß später König Heinrich I. Arnulfs Erfahrungen ebenso beachtete, so daß sich beinahe etwas wie ein »System erfolgreicher Bekämpfung des magyarischen Feindes« ergeben hat, das die ursprüngliche Überlegenheit der berittenen Bogenschützen paralysierte und zuletzt dazu führte, daß diese ihr Kriegswesen nach dem bayrischen Vorbild umgestalteten.

Das Schlachtfeld von Freising war der großräumigen Kampfführung der Magyaren abhold; die natürlichen Begrenzungslinien
– im Osten das Ufer der Isar,
– im Westen das eine sumpfige Wildnis darstellende Dachauer Moos engten die Bewegungsmöglichkeiten der Leichten Reiterei in letztlich entscheidendem Maße ein, wozu noch die taktische Bedeutung der befestig-

ten Bischofsstadt kam, die als Basis für in Anlehnung an Mauern und Erdwälle operierendes Fußvolk diente und ein weiteres Bewegungshindernis war. Den magyarischen Davids war also die Möglichkeit genommen, die bayrischen Goliaths in jener Entfernung zu halten, in der sie ihre Waffen zum Einsatz bringen konnten, ohne die Waffenwirkung des Gegners fürchten zu müssen. So kam es zum Nahkampf, in dem die Panzerreiter ihre turmhohe Überlegenheit voll ausspielen konnten.

Bayern atmete auf und jubelte dem jungen Sieger zu, dessen »heilsbegnadete« Führerschaft so erfolgreich war – allein die widerstrebenden Teile des Klerus maßen, vielleicht sogar absichtlich, dem Ausgang des Treffens bei Freising übergroße Bedeutung zu, hielten die magyarische Gefahr für endgültig gebannt oder taten zumindest so und erklärten nun, daß die Voraussetzungen für die ihnen zugemutete Herausgabe der beanspruchten Grundmengen in Wegfall gekommen seien. Arnulf, der wußte, daß die Aufstockung der Lehensreiterei für die Selbstbehauptung des Landes unerläßlich war und auch deshalb auf der Durchführung seiner Anordnungen bestehen mußte, weil die Nichtdurchsetzung seiner Entscheidung die klare Bevorzugung der Widerstrebenden bedeutet hätte, die sich die Nutzungsübertragung an Kriegsleute ersparen würden, drohte Beschlagnahmen an und begann sie auch durchzuführen. Die Reaktion der uneinsichtigen Kleriker bestand in einer Reihe von scharfen Beschwerden beim König, bei denen erstmals die formelle Legitimation des Luitpoldingers in Frage gestellt wurde. Denn wer oder vielmehr was war er denn schon, daß er derartige Anordnungen treffen und sogar erzwingen konnte? Und in der Tat: Eine Amtseinsetzung, eine Belehnung seitens des Königs war nie erfolgt – der Hof hatte seine Aktivitäten bisher stillschweigend zur Kenntnis genommen, aber nie genehmigt oder sonst irgendwie legitimiert.

Salomon, Bischof von Konstanz, machte sich zum Sprecher des antiarnulfingischen Klerus, und Erzbischof Hatto von Mainz untersagte Arnulf ausdrücklich die »rechtswidrige« Entziehung von Kirchengut, betonte auch seine lediglich durch die Kriegswirren tolerierte, aber keineswegs genehmigte Stellung an der Spitze Bayerns, wies auf die Möglichkeit hin, in gebotener Weise bei Hof um die Genehmigung seiner nicht rechtmäßig erfolgten Wahl nachzusuchen und erklärte die Verteidigung Bayerns zur »Reichssache«, um es zwar nicht ganz zutreffend, aber veranschaulichend zu sagen. Diese Erklärung erweist, daß er die Beurteilung der Lage durch den bayrischen Klerus und Salomon von Konstanz übernahm: Auch er hielt die Magyaren für endgültig besiegt.

Arnulf, der unter den vorliegenden Umständen nicht bereit war, die Verantwortung für die Verteidigung Bayerns zu tragen, zog sich – grollend und in tiefster Sorge – zurück, vermutlich ins heutige Südtirol, und es deutet manches darauf hin, daß er um diese Zeit seine erste Ehe schloß, wie es scheint mit der Tochter eines im oberen Etschtal belehnten Grafen vielleicht ladinischer Abstammung. Auf seine Mitwirkung im Krieg gegen die Magyaren, die 910 wieder mit großer Heeresmacht in Bayern erschienen, wurde verzichtet, König Ludwig das Kind sammelte vielmehr das Reichsheer und zog, von Hatto von Mainz nicht eben glänzend beraten, an dessen Spitze nach Süden, dem Feinde entgegen.

Die Magyaren hatten schon ungefähr halb Bayern ausgeplündert und bedrohten eben Augsburg, als das ostfränkische Heer mit Panzerreiterei und Fußvolk erschien. Das Lechfeld bot vortreffliche Möglichkeiten zur Entfaltung und Anwendung der arteigenen Kampfweise des weitschießenden, rasch beweglichen David, und nach einigen mühsamen, erfolglosen und verlustreichen Versuchen der königlichen Goliaths, zum Nahkampf zu gelangen, waren sie zur Aufgabe des Kampfes gezwungen und räumten das Feld. Der Abzug wurde beinahe zur Katastrophe der Ostfranken, und Erzbischof Hatto hätte sein Ungeschick fast mit dem Leben gebüßt.

Die Reichszentrale hatte jedenfalls ihr Prestige in gefährlichem Maße verloren, während der Ruf Arnulfs als Bezwinger der Magyaren heller erstrahlte als jemals zuvor. Bayern rief ihn, verzweifelt und ratlos –, und Arnulf kam. Erneut wurde er zum Herzog gewählt; er war, ohne Übertreibung gesagt, Bayerns einzige Hoffnung. Belehnt wurde er nicht: Der Königshof nahm seine Wahl ohne Kommentar zur Kenntnis. Arnulfus divina ordinante providentia dux Baiuvariorum et adiacentum regionum → Arnulf, durch göttliche Fügung Herzog der Bayern und auch der angrenzenden Gebiete wurde er offiziell bezeichnet, allein er hätte sich auch rex Baiuvariorum nennen können: Seine Stellung war dem Willen der Bajuwaren, nicht aber dem des Königs oder des Hofes entstammend. Ob Bayern damals als Teil des Ostfränkischen Königreiches angesprochen werden konnte, bleibe dahingestellt; Arnulf war jedenfalls genötigt, die Rechte des Königs auszuüben. Insbesondere verfügte er über Kirchengut, was nur unter Übernahme der Schauweise des fränkischen Eigenkirchenrechts möglich war und dann jedenfalls zu den Regalien gerechnet wurde. Er setzte auch Bischöfe ab und ein, was ebenfalls ein unabdingbares Recht des Königs war, und er war dazu gezwungen, um den Widerstand gegen seine Wehrpolitik zu brechen. Die Lehen, die er aus den säkularisierten Besitzungen der verschiedenen klerikalen Institutionen gewann, nannte man beneficia verbo regis → im Namen des Königs verliehene Kirchenlehen, allein es ist kaum anzunehmen, daß als König der ratlose Ludwig gemeint war.

Zu den kirchlichen Großgrundbesitzern, deren Grundreserven von Arnulf in einem die frommen Patres erzürnenden Maß in Anspruch genommen wurden, gehörte die Abtei Tegernsee, und hier begann man, nicht nur weitere Beschwerden an Salomon, Hatto und Ludwig zu richten, sondern drohte auch unverblümt die Restitution der beneficia verbo regis an. Arnulf wurde in den Beschwerdebriefen und den für das Archiv bestimmten Urkunden als Arnulfus malus → Arnulf der Böse bezeichnet, welcher Beiname sich in der kirchlichen – und für einige Jahrhunderte einzigen –

Geschichtsschreibung erhielt. Arnulfus divina ordinante providentia ließ sich nicht beirren: Er säkularisierte, und aus allen Teilen des Reiches Ostfranken drängten sich unbelehnte Kriegsleute – »reisige Recken« in der Terminologie jener Zeit – in seinen Dienst, und er nahm alle, die ihm kriegstüchtig erschienen, ohne Rücksicht auf Herkommen, Stand oder frühere Profession. Sie schworen ihm Treue und wurden seine Vasallen – und er übertrug ihnen Lehen, die zunächst kaum aus mehr als den Grundstücken bestanden, denn Ackergeräte, Vieh und was sonst zur Bewirtschaftung nötig war, gab es im von den Kriegsereignissen weitum schwer mitgenommenen Bayern nur in sehr schlichtem Ausmaß, so daß die Ausstattung der Lehen vorerst dürftig war. Trotz alledem aber: Aus dieser Mannschaft, dieser Gemeinschaft des nach wie vor unbelehnten Herzogs und der von ihm belehnten Krieger aus allen Herzogtümern Ostfrankens ergab sich erstmals ein »überbayerisches« Zusammengehörigkeitsgefühl, das wenig später das entscheidende emotionelle Element für die Begründung des regnum Theutonicum werden sollte.

Der äußere Geschehensablauf knüpfte an den Tod des erst achtzehnjährigen Königs Ludwig IV. am 24. September 911 an, dem ohne Verzug die Einberufung der Reichsversammlung nach Forchheim folgte. Diese Königswahl ist deshalb von besonderer Bedeutung, weil der erwählte König als erster deutscher König gilt, wenngleich es auch eine Gegenmeinung gibt, die erst seinem Nachfolger diesen Rang beimißt; dieser Nachfolger war Heinrich I. Die Forchheimer Versammlung hatte de facto nur drei Möglichkeiten der Wahl: Herzog Otto von Sachsen, Herzog Konrad von Franken, unbelehnter Wahlherzog Arnulf von Bayern.

Otto von Sachsen mit dem Beinamen der Erlauchte winkte ab; er schob sein Alter vor – er ist tatsächlich schon 912 verstorben – und ersuchte, von seiner Wahl Abstand zu nehmen. In Wahrheit dürfte es aber so gewesen sein, daß für die Sachsen alles außerhalb Sachsens suspekt war, ihnen alles, was mit einem Großreich im Zusammenhang stand, seit Karls d. Gr. Tagen verhaßt gewesen ist und sie entschlossen waren, sich möglichst im reservierten Abseits zu verhalten, in einer Art von splendid isolation. Otto war der Sohn Liudolfs; sein Sohn Heinrich war als sein Nachfolger in Sachsen designiert und über seine Gemahlin Mathilde[37] mit den Nachkommen Widukinds verschwägert.

Konrad von Franken war der Sohn des Grafen Konrad und seiner Gemahlin Glismut, der Tochter Kaiser Arnulfs. Er war mithin der Neffe Ludwigs IV. und ein, wenngleich nicht ganz lupenreiner, Karolinger. Demgemäß war er der Wunschkandidat aller jener, die an den »Zauber des Geblütes« glauben wollten und konsequent an der Aufführung der italischen Karolinger vorbeisahen; davon abgesehen wurde er vom Klerus protegiert, dies schon allein deswegen, weil er der Gegenkandidat des mit dem Odium des Kirchenverfolgers behafteten Arnulf war. Objektiv ließ sich gegen den bisher eher unauffälligen Mann nichts sagen – für ihn allerdings aber auch nicht mehr.

Arnulf von Bayern war dagegen der Mann, dem die Sympathien des Volkes und der Ritterschaft gehörten. Der vom blutigen Tod seines Vaters, den man damals als Heldentod zu bezeichnen keine Scheu hatte, tragisch umspielte Jüngling, der schon beachtliche Proben des eigenen Talents und des eigenen Mutes abgelegt hatte und dem der Ruf des »heilsbegnadeten« Heerführers voraneilte, hatte jedoch nicht nur Anhänger, sondern auch Gegner, besonders im Klerus. Neben seinen Bayern, die unbeirrt zu ihm standen, machten sich vor allem die Herren aus Schwaben für ihn stark, die sich um die Kammerboten Erchanger und Berchthold (s. Anm. 33), die Brüder seiner Mutter Kunigunde, geschart hatten.

Nun kam einem ausgesprochen cleveren, ja gerissenen Kopf, der entweder Hatto oder Salomon oder einem ihrer engsten Vertrauten gehörte, die anscheinend höchst glückliche Idee der Verehelichung des unbeweibten Herzogs Konrad mit der verwitweten Kunigunde, die sehr rasch realisiert wurde, unter Überwindung welcher Hindernisse auch immer. Und damit war der Arnulfpartei der Wind aus den Segeln genommen: Erchanger und Berchthold konnten sich der Wahl des neuen Schwagers nicht widersetzen, Arnulf selbst gegen seinen Stiefvater nicht antreten, und seinen Anhängern wurde nachdrücklich klargemacht, daß die nun mögliche Lösung die beste aller möglichen Lösungen sei – Arnulf werde den etwa doppelt so alten Konrad, dem man vielleicht noch etliche geheime Krankheiten andichtete, ganz gewiß überleben, und dann werde ihm die Krone geradezu von selbst zufallen. Sie mögen an die Einheit des Reiches denken und sich vorerst gedulden, und sie dachten an die Einheit des Reiches und waren zur Geduld entschlossen, und am achten November 911 wurde Konrad von Franken zum König gewählt, gesalbt und gekrönt, und aus dem Ostfränkischen Königreich wurde das regnum Theutonicum, das wir getrost – dem Zuge der damaligen Zeit zur Großschreibung der Hauptworte folgend – als Regnum Theutonicum erscheinen lassen können.

Es bestand – seit König Konrad II. als Imperium Romanum, seit Friedrich Barbarossa als Sacrum Imperium Romanum, und seit Kaiser Maximilian I. letztlich als Sacrum Imperium Romanum Nationis Germanicae bezeichnet – bis zum 6. August 1806, an welchem sein Kaiser Franz II. die Würde zurücklegte. Für den Beibehalt des liebgewordenen und zuletzt auch ohne päpstliches Zutun geführten Kaisertitels hatte er allerdings schon zwei Jahre davor gesorgt, als er das Kaisertum Österreich gründete, das er nun als Kaiser Franz I. regierte. Dieses Kaisertum Österreich hatte, zumindest in seinen und seiner Regierung Augen, manchen Vorteil gegenüber dem Heiligen Römischen Reich, es war vor allem an den landesfürstlichen habsburgischen Absolutismus gewöhnt und eine Erbmonarchie. Das Deutsche Reich hingegen war stets eine »konstitutionelle« Monarchie im Sinne der im 19. Jahrhundert üblich werdenden Terminologie gewesen und eine Wahlmonarchie überdies. Als konstitutionelle Monarchie hatte es immer ein hochentwickeltes Verfassungsrecht, das dem Staatsoberhaupt bestimmte Befugnisse übertrug, ihm aber ein Gesetzgebungsrecht nicht zubilligte. Wohl hatte der Monarch Einfluß auf die Gesetzgebung, aber diese selbst lag immer in den Händen eines Kollektivorgans, dessen Bezeichnung und Zusammensetzung zwar mehrfach wechselte, das aber immer existent war und die Ablösung der legislativen von der exekutiven Gewalt garantierte. Das sei ausdrücklich betont, denn die vom republikanischen Selbstbewußtsein beherrschte neuere Geschichtsschreibung überdeckt die Tatsache gern, daß die vielbeschworene »Gewaltentrennung« dem Reichsrecht des Heiligen Römischen Reiches von allem Anbeginn an immanent war und daher keineswegs als Errungenschaft der großen Revolution in Frankreich gelten kann, oder daß sie vielmehr als Neuerung nur für das absolutistisch regierte Frankreich und im Gebiet des Deutschen Reiches für jene Landesfürstentümer anzusehen ist, in denen sich der Absolutismus voll durchgesetzt hatte. Die Vollziehung war im Heiligen Römischen Reiche allerdings nicht in Gerichtsbarkeit und Verwaltung gespalten, und der deutsche König war der oberste Richter, bis die aufkommende Landesherrlichkeit mit dem ius de non appellando und de non evocando seine höchstrichterlichen Befugnisse beseitigte.

Betrachtet man den flammenumstrahlten Hintergrund, vor dem dieses Reich entstand, und bedenkt man die vielfältigen, kaum koordinierbaren Interessen, die ihm in die Wiege gelegt wurden und die nie von ihm wichen, so muß man es als ein historisches Wunder empfinden, daß es durch runde neun Jahrhunderte bestehen konnte. Unendlich zerbrechlich war es schon im Augenblick seiner Geburt, zerbrechlich nun aber nicht als Folge mangelnder Lebenskraft, sondern vielmehr als Folge einer Fülle von Energien, die es durchbrausten und sich nur schwer und dabei mit äußerster Behutsamkeit zähmen und vereinigen ließen. Die fortdauernde Koordination der Energien und Interessen war die eigentliche Kunst des Regierens in diesem Reiche, dessen König dem Reiter eines edlen, nur mangelhaft gezähmten Pferdes glich, das jederzeit bereit und durchaus in der Lage ist, ihn abzuwerfen. Vielleicht eben deswegen erscheint uns Spätgeborenen der Reiter im Dome von Bamberg, der vermutlich Kaiser Heinrich II. den Heiligen darstellt, als das eigentliche Sinnbild dieses Reiches, dessen Untergang alle, die davon betroffen waren, mit jener tiefen Trauer erfüllte, die den unwiederbringlichen Verlust einer erlesenen Kostbarkeit begleitet, und von dem man, kaum daß es versunken war, sang:

> »Wir wollen das Wort nicht brechen,
> nicht Buben werden gleich,
> wolln predigen und sprechen
> vom Heiligen Römischen Reich.«

Natürlich war das – um fortschrittsseligen Geistern die Formulierung ätzender Kritik zu erleichtern – Ausdruck des für die Romantik typischen, verklärenden Blicks in die Vergangenheit, aber ganz abgesehen davon, daß es gerade dem Wissenden kaum möglich ist, das Heilige Römische Reich

Deutscher Nation anders als mit dem Auge des Romantikers zu sehen, genügt schon der einfache Hinweis auf die späteren Deutschen Reiche, um Wert und Köstlichkeit und die daraus entspringende Lebenszähigkeit des »Ersten Reiches« zu ermessen:

Das »Zweite Reich«, das der große, klardenkende Otto von Bismarck in der Euphorie der deutschen Staaten ob des glanzvollen Sieges über Frankreich am 18. Januar 1871 gründete, konnte nicht einmal ein halbes Jahrhundert am Leben erhalten werden, und noch viel rascher ging es mit dem »Dritten Reich« Adolf Hitlers dahin, das nur dreizehn Jahre – als »Großdeutsches Reich« nach dem Anschluß Österreichs gar nur sieben Jahre – Bestand hatte.

4. Kapitel:
Arnulf der Böse,
Heinrich der Burgenbauer
und Otto der Große

König Konrad hatte sich noch nicht richtig an das Tragen der Krone gewöhnt, als er schon höchst intensiv mit der Problematik der Interessenkoordination konfrontiert wurde: Das erste Jahr des Bestehens des Regnum Theutonicum brachte schon die erste Krise, oder vielmehr die ersten drei Krisen. Sie betrafen

– *Bayern,* das wieder von den Magyaren heimgesucht wurde,
– *Lothringen,* das selbständig werden wollte, und
– *Sachsen,* wo Herzog Otto verstorben war und sein Nachfolger Heinrich Ansprüche auf thüringische Gebiete erhob.

In der magyarischen Kriegführung war insofern ein Wandel eingetreten, als Szabolcs den Stammesführern nun weitgehend freie Hand ließ und diese die Vorstöße ins bayrische Gebiet als lukrative »Privatbeutezüge« durchführten, so daß an die Stelle des gesammelten Heeres mehrere selbständig operierende Heeresgruppen traten. Das System des Angriffskrieges glich also jenem des zweiten Italienzuges Árpáds, doch beschränkte sich Arnulf nicht auf die Verteidigung fester Stützpunkte, sondern machte mit seinem berittenen Aufgebot eifrig Jagd auf die unerwünschten Eindringlinge. Die höhere Mobilität der leichten Reiterschwärme gegenüber den Verbänden der Panzerreiter ließ Arnulfs Bemühen zunächst wenig aussichtsreich erscheinen, doch kam der Mobilitätsvorsprung sukzessive in Wegfall, je »erfolgreicher« die Magyaren waren, je mehr Beute sie erlangt hatten. Selbst wenn man annimmt, daß die Mitführung von Beutegut sich auf das Treiben von Viehherden beschränkte, wurden die Bewegungen der Magyaren schleppend: Eine Rinderherde läßt sich nämlich über eine größere Entfernung nicht rascher bewegen, als der Gehgeschwindigkeit eines nicht einmal rüstigen Fußgängers entspricht. Das verkehrte die Mobilitätsdifferenz zugunsten der bayrischen Panzerreiter, die den Magyaren in einer Vielzahl von Treffen den Großteil der Beute abgewinnen konnten und damit die Sinnhaftigkeit der magyarischen Kriegführung nachdrücklich in Frage stellten.

In Lothringen hatte sich nach dem Tode König Zwentibolds eine Oligarchie der prominenten Herren gebildet, in der ein gewisser Graf Reginar bestimmenden Einfluß hatte. Reginar war mit Konrad persönlich verfeindet und die treibende Kraft der Verselbständigungsbewegung, die Konrad niederzuwerfen entschlossen war, zu welchem Zweck er das Reichsaufgebot erließ. Da

Arnulf, dem die Magyaren im Genick saßen, für die Kriegführung gegen Lothringen ausfiel, wuchs die Bedeutung des Sachsenherzogs und seines Kriegsvolkes gewaltig an. Heinrich wußte das und begehrte energisch die Anerkennung seiner Ansprüche auf halb Thüringen, die ihm Konrad versagte. Nun erklärte Heinrich, daß ein Einfall der Normannen drohe, übernahm den »militärischen Schutz« des strittigen thüringischen Territoriums, indem er es besetzte, und verweigerte die Beteiligung am Feldzug nach Lothringen.

Konrad zürnte gewaltig, hatte aber nicht die Macht, Heinrich zum Gehorsam zu zwingen. Da er trotzdem aber auch militärisch in Erscheinung treten wollte, begann er zögernde und mit unzureichenden Kräften geführte Operationen gegen Lothringen und Sachsen, die da wie dort nicht erfolgreich waren und letztlich nur das Ansehen des Königs gefährlich in Frage stellten.

In *Bayern* sah man dem Jahr 913 mit großer Besorgnis entgegen; vom König war Hilfe weniger als zuvor zu erwarten, eine Fortsetzung der magyarischen Kriegführung jedoch mit Sicherheit vorauszusehen, und Herzog Arnulf bemühte sich um die notwendige Vermehrung seiner Panzerreiterei. Anders gesagt griff er wieder die schier unerschöpflichen Landreserven des Klerus an und löste damit eine Flut von Beschwerden aus, die dem König vom Reichsepiskopat, das sich geschlossen vor die Interessen der Amtsbrüder in Bayern stellte, vorgetragen wurde. Das war Konrad wenig angenehm, waren die Bischöfe doch die nach Lage der Dinge entscheidende Stütze seiner Politik, und er verbot seinem Stiefsohn, weiterhin über Kirchengut zu verfügen. Die bayrische Aufrüstung störte auch insofern die Politik der Reichszentrale und die Interessen der Großen des Rheinlandes, als das unbelehnte Kriegsvolk – das funktionell eine ähnliche Bedeutung hatte wie die »industrielle Reservearmee der Arbeitslosen« in marxistischer Diktion – im Westen rar zu werden begann. Immer mehr »reisige Recken« wanderten nach Bayern ab, wo ihnen Herzog Arnulf Lehen und damit die wirtschaftliche Existenz bei standesgemäßer Betätigung zusicherte und nach den gemachten Erfahrungen auch tatsächlich verschaffte. Das Wort des Luitpoldingers galt als fest wie das Eisen, sein Ruf fand überall Gehör –, und von überallher strömten die unbelehnten, meist jungen Kriegsmänner nach Regensburg, um in Arnulfs Dienste zu treten.

Arnulf, dem das Elend seines ausgeplünderten Landvolks wesentlich stärker zu Herzen ging als das angedrohte Übelwollen seines königlichen Stiefvaters, blieb konsequent und verstärkte seine militärische Macht, mit der er nicht nur Restbayern verteidigen, sondern auch das donauländische Ostbayern zurückgewinnen wollte, um ostwärts der Enns, zwischen Erlauf und Traisen, eine dichte Sicherungszone zu schaffen, eine Mark, als deren Mittelpunkt er Pöchlarn vorgesehen hatte. Diese Mark Pöchlarn bot auch die Möglichkeit, Lehen für jene Kriegsmänner auszugeben, die in Bayern nicht zum Zuge kommen konnten. Weitergehende Offensivpläne hegte er nicht:

Er wollte den Frieden – den militärisch gesicherten und daher zuverlässigen Frieden – für sein Bayern, für sein Land, das aus tausend Wunden blutete.

Angesichts der schlechten Erfahrungen des Raubkriegsjahres 912 heckten die Magyaren für 913 ein neues Konzept aus, das es ihnen ermöglichen sollte, mit reicher Beute heimzukehren und die unendlichen Weiden Pannoniens und Ostungarns mit trefflichen bayrischen Rindern zu füllen, für die noch Raum im Überfluß zur Verfügung stand. Die Offensive sollte in drei Phasen abrollen, und zwar

1. Einfall in Bayern mit Gesamtkriegsmacht unter Zerschlagung oder Ausmanövierung der bayrischen Verteidigungskräfte im Grenzraum;
2. Einrichtung eines stark gesicherten Sammelraumes in günstigem Gelände; Zerlegung der nicht zur Sicherung bestimmten Heeresteile in selbständig operierende Reiterschwärme zur Ausplünderung vorwiegend der bisher nicht heimgesuchten Gebiete südlich der Linie Chiemsee – Ammersee bei sukzessiver Verbringung der Beute in den Sammelraum;
3. Erkämpfung des Heimwegs mit erneut zusammengefaßter Gesamtkriegsmacht.

Der Krieg ließ sich für sie, die schon im späten Winter in den Sattel stiegen und donauaufwärts trabten, vortrefflich an. Sie überwanden oder umgingen die Einrichtungen der Grenzsicherung und stießen, rasch und planmäßig Raum gewinnend, nach Westen vor, übersetzten vermutlich unterhalb von Burghausen die Salzach und fanden am Westufer der Alz das Gebiet, das ihnen als Sammelraum geeignet schien: Großflächiges, faktisch ebenes Grasland, im Norden vom Inn, im Osten von der Alz begrenzt, mit unerschöpflichen Wasservorräten auch für enorm starke Herden ausgestattet und überdies leicht zu verteidigen, da es der eigenen Kampfweise mit ausgefächerter Leichter Reiterei günstig erschien. Szabolcs errichtete hier eine Art Hauptquartier, beorderte für dieses starke Sicherungskräfte und zerlegte die Masse des Heeres in die vorgesehenen Heeresgruppen, deren Grundlage die Stammesgliederung gewesen sein dürfte, und diese brausten ab. Sie zogen breite Bahnen der Verwüstung durch das offene Land, schlugen wiederholt gekonnte Haken wie von Hunden gehetzte Hasen und wendeten alle die Listen und Finten des Kleinen Krieges – deren es bekanntlich sehr viele gibt – an, um Arnulfs Panzerreitern auszuweichen. Da sie sich der Beute mit Hilfe gesonderter Viehtriebkommandos entledigten, blieben sie mobiler als ihre Verfolger, und der Sommer war für sie unerhört erfolgreich. Am Ende dieses Sommers aber hielten sie, mit Vieh und sonstigem Beutegut aus halb Bayern überladen, in ihrem Sammelraum zwischen Inn und Alz, und als Arnulf mit seinen nun massierten Panzerreitern erschien, waren für sie die eingeplanten Entfaltungsmöglichkeiten entscheidend eingeschränkt. In die Schwärme der Bogenschützen mischten sich ganze Herden brüllender Rinder, die in Panik verfielen, wenn sie mit Gewalt zur Ruhe gebracht werden sollten, rannten hierhin und dahin, machten die Rosse scheu, wurden selbst zu beachtlichen Gefahrenquellen, und in dem gewaltigen Tohuwabohu war es völlig unmöglich, jene notwendig mit äußerster Präzision ablaufenden Bewegungen zu vollziehen, die den Feind auf Pfeilschußentfernung hielten. Also kam es zum Nahkampf, in dem der bayrische Goliath seine Überlegenheit voll ausspielen konnte.

Als das unvermeidliche Blutbad eben begonnen hatte, brachte es Szabolcs auf irgendeine Weise zustande, Arnulf gegenüber zu kapitulieren, und dieser befahl die Einstellung des Kampfes. Daß dieser Befehl erteilt wurde, erweist die kaltblütige Vernunft des Luitpoldingers –, und daß ihm gehorcht wurde, zeigt die Disziplin seiner Mannschaft. Aus der Waffenruhe wurde ein vereinbarter Frieden; die wesentlichsten Vertragsbestimmungen waren:

1. *Szabolcs*
– übergab Arnulf die gesamte Kriegsbeute;
– verpflichtete sich, Kriegsfahrten in Arnulfs Land zu unterlassen und
– dessen Beauftragten das Gebiet ostwärts der Enns bis zur Ybbs (oder Erlauf?) zu übergeben;
2. *Arnulf*
– entließ das restliche Kriegsvolk der Magyaren,
– stellte die Marschverpflegung bis zur (neuen) Grenze und
– sicherte den Abzug durch eigene Kräfte.

Und schon am nächsten oder übernächsten Tag trennten sich die Heere; mit den Magyaren ritten jene Mannen, denen Arnulf Lehen im neugewonnenen Gebiet übertragen hatte.

Arnulf entließ nun sein Aufgebot und zog mit seinem engeren Gefolge – seinem Mitarbeiterstab und einer Art Ehrengarde – heim nach Regensburg. Seine Zukunftserwartungen waren optimistisch; seine Planungen waren auf den Wiederaufbau Bayerns gerichtet; seine Waffen hoffte er nur mehr zur Jagd und im Rahmen der Reservistenfortbildung (denn genau das waren die ritterlichen Kampfspiele, aus denen sich das Turnierwesen entwickelte, ursprünglich gewesen) zur Hand nehmen zu müssen. Ja, und das müßte nun eigentlich nicht besonders erwähnt werden: Seinem Stiefvater sandte er einen eingehenden Bericht von der Schlacht bei Ötting am Inn und vom Frieden, den er erreicht. Ende gut, alles gut, muß er sich wohl gedacht haben, doch das war ein gewaltiger Irrtum.

Der Dank des Königs trug unverkennbar die Handschrift des Episkopats, dessen Kirche der Herzog und seine Reiter vor dem Zugriff der wilden Heiden gerettet hatten. Der König sandte ihm eine angemessene Gratulation; es freue ihn sehr, daß sein lieber Stiefsohn sich des Heldenruhmes seines leiblichen Vaters so würdig erwiesen habe und es ihm endlich gelungen sei, die Magyaren zum Frieden zu zwingen; ihren Versicherungen sei nach allen bisherigen Erfahrungen absolut zu trauen, denn sie hätten sich – wenngleich Heiden – stets als wortgetreu gezeigt. Nicht minder erfreulich sei, daß sein lieber Stiefsohn durch eben diesen Frieden in die Lage versetzt wurde, sein

Kriegsvolk nicht nur zu demobilisieren, sondern auch entscheidend zu reduzieren, um der heiligen Mutter Kirche alle jene Grundstücke restituieren zu können, die er ihr in den vergangenen Jahren unter dem Zwang des Geschehens entzogen habe. Im Raum ostwärts der Enns sei für die unbedingt nötigen Vasallen hinreichend Land zur Verfügung, wenngleich er bei der Lehensvergabe auf die Ansprüche der heiligen Kirche Bedacht nehmen müsse, habe diese doch schon vor der Annexion des Gebiets durch die Magyaren dort umfangreiche Besitzungen gehabt.

Arnulfus divina ordinante providentia dux Baiuvarorum verstand, daß sein Stiefvater und König von ihm einen schweren Treubruch gegenüber den Männern, die im Vertrauen auf sein Wort in seinen Dienst getreten waren, erwartete: Er sollte sie der Lehen, die sie von ihm erhalten hatten, wieder entsetzen, oder er sollte zumindest stillschweigend dulden, wenn dieses Geschäft die Herren Bischöfe und Prälaten selbst besorgen würden. Er dachte aber nicht daran, so mit den Mannen, die ihre Haut für ihn zu Markte getragen hatten, zu verfahren, und teilte dies dem Gemahl seiner Mutter mit.

Die priesterlichen Ratgeber König Konrads waren entsetzt ob der Widerborstigkeit des Bajuwaren. Es bestünde doch, erklärten sie unisono, jetzt nicht mehr der geringste Grund, die Rückstellungen der vielen schönen Areale zu verweigern, und wenn dies Arnulfus tue, dann zeige er nur mit allem Nachdruck, daß er mit vollstem Recht malus, der Böse, genannt werde und offenbar entschlossen sei, Bayern aus dem Reichsverband zu lösen, ganz wie es Reginar mit Lothringen getan. Ob der König solange warten oder dem Treiben rechtzeitig ein Ende setzen wolle, fragten sie.

König Konrad sammelte ein Heer, sehr rasch und sehr geheim, und stieß nach Bayern vor, um dem Stiefsohn in Regensburg den königlichen Willen mit Nachdruck zu demonstrieren. Und ihm gleichzeitig eine Art Alibi zu verschaffen, eine Goldene Brücke, eine Ausrede, er widerrufe die Belehnungen nur unter unmittelbarem Zwang. Arnulf aber zeigte sich als seinen Vasallen gegenüber treu bis zur letzten Konsequenz: Er verzichtete darauf, sich dem König im Stile der Zeit mit großer, feierlicher Gebärde zu unterwerfen und dadurch sein Schäfchen – immerhin das Herzogtum Bayern – ins Trockene zu bringen, und setzte sich zunächst einmal aus Regensburg ab. Das geschah offenbar unter turbulenten und dramatischen Umständen; es kam zu vereinzelten Zusammenstößen zwischen seinen Leuten und jenen des Königs, und man muß schließen, daß auf dieser Flucht seine Gemahlin ums Leben kam, vielleicht erst, nachdem sie die unmittelbare Gefahrenzone schon verlassen hatten.

Herzog Arnulf war in jenen Tagen, als er mit den wenigen Mannen, die bei ihm in Regensburg gewesen waren, auf der Straße dahinzog in die ungewisse Zukunft des Flüchtlings, größer und – um den heute aus dem Sprachgebrauch so gut wie verschwundenen Ausdruck auch auf die Gefahr des Vorwurfs, antiquierte Stilmittel einzubauen, zu verwenden – edler als jemals zuvor. Verloren jene, die im Vertrauen auf seine Redlichkeit mit ihm in Gemeinschaft getreten waren – die mit ihm ein Kollektiv gebildet hatten –, die von ihm zugesicherten und übertragenen ökonomischen Grundlagen ihrer Existenz, ohne daß er ihnen Ersatz beschaffen konnte, so mußte er ihnen die Treue halten und nicht auf die Rettung des eigenen Vermögens sinnen, sondern mit ihnen gehen in Not und Elend. Die auf gegenseitigem Vertrauen beruhende Gemeinschaft mußte erhalten bleiben trotz der Ungunst der Verhältnisse, und siehe: Sie blieb erhalten.

Arnulf war in jenen Tagen mehr als ein Herzog oder König oder Kaiser: Er war die dominierende Zentralfigur, war das tragende Fundament, war der aufragende Turm der eben entstehenden frühmittelalterlichen Vorstellungswelt mit der unbedingten ritterlichen Wertordnung von Ehre und Treue, der Heiligkeit des gegebenen Wortes und der konsequent beibehaltenen Verbindung zwischen der Spitze und der Basis des Kollektivs. Er war der wahrhaft erste Ritter, verwendet man das Wort in seinem besten, idealsten Sinn: Er war des Deutschen Reiches erster Ritter.

Und dieses Deutschen Reiches erster Ritter floh vor den Machthabern dieses Reiches, floh zu den Feinden, die er besiegt, um die Kirchen und Paläste dieser Machthaber zu retten – und siehe: Diese Feinde nahmen ihn auf. Vorbehaltslos, bedingungslos, ehrenvoll nahmen sie ihn auf; sie verzichteten nicht nur darauf, sich an ihm und seinen Mannen für die Verluste, die ihnen diese zugefügt hatten, zu rächen oder die Habe der Flüchtlinge als Entschädigung für den erlittenen Verdienstentgang zu beschlagnahmen, sondern sie führten ihn an den Hof ihres Großfürsten, wo er als Ehrengast behandelt wurde.

Das Land ostwärts der Enns, das Szabolcs im Frieden von Ötting abgetreten hatte, blieb den Mannen, denen es Arnulf verliehen. Die Mark von Pöchlarn anerkannte nun die Oberhoheit des Magyarenfürsten statt der des »treulosen Königs Konrad«, und sie blieb dem vertrauten Gefolgsmann Arnulfs unterstellt, der auf dem Schlachtfeld am Inn von diesem belehnt worden war. Er hieß Roger und wurde Markgraf von Pöchlarn, und mit Arnulfs Erlaubnis wechselte er seinen Dienstherrn und wurde Vasall des Árpáden. Die Identität der Funktion und die Ähnlichkeit des Namens helfen uns auf den Sprung: Wir kennen ihn aus der mittelhochdeutschen Literatur, aus dem Nibelungenlied, in dem er als Markgraf Rüdiger von Bechelaren erscheint[38].

Für das Gefüge des magyarischen Stammesbundes war dieser Vorgang von entscheidender Bedeutung: Es war das erste Mal, daß in Anwendung fremden Rechts eine Territorialherrschaft begründet und an einen Nichtmagyaren verliehen wurde.

In Bayern führte nach Arnulfs Flucht der von Konrad bestellte Präfekt die Restitution des säkularisierten Kirchengutes durch; es bildete sich eine zahlenstarke Gruppe enteigneten Kriegsvolks, deren natürliches Interesse die Wiedereinsetzung Arnulfs war. Die Gelegenheit zum bewaffneten Aufstand ergab sich 915, als das von Konrads Bruder Eberhard geführte königliche Heer bei Stadtberge von den Sachsen schwer geschlagen wurde und Konrad genötigt war, seine in Bayern liegende Besatzungstruppe entscheidend zu reduzieren und die abgezogenen Teile im Sachsenkrieg zu verwenden. Der Aufstand griff auf Schwaben über; König Konrads empörendes Vorgehen gegen Arnulf und die von ihm Belehnten ließen Erchanger und Berchthold die Schwägerschaft vergessen und an die Spitze der Rebellen treten, denen mit der Gefangennahme des Konstanzer Bischofs Salomon ein bedeutsamer Erfolg gelang.

König Konrad begann nun ein Spiel mit gezinkten Karten: Er schloß Frieden mit Heinrich von Sachsen, indem er ihm zugestand, was jener wünschte, und berief wenig später eine Synode nach Hohenaltheim, deren Aufgabe die Festsetzung der königlichen Rechte gegenüber den Stammesherzögen war. In der schon längst programmierten Liste der Königsrechte wurde auf die Heinrich zugebilligten Sonderrechte nicht Bedacht genommen, so daß die Friedensbedingungen stillschweigend annulliert wurden.

Arnulf war indessen nach Vertreibung des fränkischen Präfekten wieder nach Bayern heimgekehrt und hatte die herzoglichen Befugnisse wieder übernommen. Er vermählte sich mit einer Árpádin, vermutlich einer Nichte des Großfürsten, die in der Taufe den Namen Agnes erhielt: Aller Wahrscheinlichkeit nach war sie die erste Angehörige der Sieben Stämme, die zum Christentum bekehrt wurde. Die Vermählung fand im Benediktinerkloster Scheyern statt, nachdem die Braut dort die Taufe empfangen hatte.

König Konrad eröffnete nun, zu kombattanter Aktion durch die Sympathien, die Arnulf von den Lehensleuten nun schon im ganzen Reich entgegengebracht wurden, unfähig gemacht, ein gerichtliches Verfahren gegen den Bayern und die schwäbischen Kammerboten. Arnulf leistete der Ladung keine Folge und erklärte, daß sich Konrad des Königsamtes unwürdig gemacht habe, doch Erchanger und Berchtold kamen sehr wohl zu Gericht, ganz offenbar in der Absicht, die Rechtmäßigkeit ihres und ihres Neffen Tun gegenüber den ungerechtfertigten Maßnahmen des Hofes darzulegen. Der König mußte dies wohl verhindern: Ohne Verfahren und Urteil ließ er sie in einem Kloster internieren und bald darauf umbringen. Das abschreckende Beispiel wirkte; als der König zu neuem Krieg gegen Arnulf von Bayern rüstete, wagten die meisten Belehnten nicht, das Aufgebot zu mißachten, und Konrad brachte ein stattliches Heer zusammen, mit dem er nach Süden zog.

Arnulf hätte sich nun gewiß magyarischer Waffenhilfe gegen König Konrad bedienen können, doch scheute er sich offenbar, in Bayern um Bayern einen Krieg zu führen, den er schon als Bruderkrieg empfand, und zog sich wieder ins pannonische Exil zurück. Wiederum trat er den Weg nicht allein an: Die meisten seiner leidgewohnten Mannen folgten ihm, auch wenn er alle, die ihn darum baten, aus seinem Dienst entließ und ihnen Glück auf den Weg zu einem Lehen eines anderen Herren wünschte (917).

König Konrad I. war indessen nicht imstande, Bayern den dringend nötigen Frieden zu geben: Schon nach wenigen Monaten kam es zu einem ausgedehnten Aufstand gegen das fränkische Regiment, dessen Schwergewicht nun in Kärnten gewesen sein dürfte. Arnulf war, den dringenden Bitten seiner Getreuen folgend, wieder nach Bayern zurückgekehrt, und in einem Treffen – in dem vielleicht die Stadt Friesach eine zentrale Rolle spielte – erhielt König Konrad eine schwere Wunde, der er am 23. Dezember 918 erlag. Auf dem Sterbebett empfahl er die Wahl Heinrichs von Sachsen zu seinem Nachfolger, und es war durchaus Sinn in diesem Rat. Er wollte nicht, daß sein zuerst von ihm hochgeschätzter, zuletzt aber grimmig gehaßter Stiefsohn sein Nachfolger wurde, und er erkannte klar, daß nur der Sachsenherzog machtmäßig ein Gegenpol des Bayern sein könne.

Die Bayern, die der Zusagen gedachten, die ihnen die Konradwähler 911 zu Forchheim gemacht hatten, warteten eine Neuwahl nicht ab und riefen den Heimkehrer Arnulf, den »vielgetreuen Mann«, zum König aus, **nicht aber zum König in Bayern, sondern zum Rex des Regnum Theutonicum.** Ein Teil der schwäbischen Ritterschaft schloß sich ihnen an; Konrad hatte an Erchanger und Berchthold treulos gehandelt, was in ihrer Vorstellungswelt einen Mann absolut disqualifizierte, und die Herren aus Schwabenland dachten überhaupt nicht daran, seiner Empfehlung zu folgen. Ein schwäbischer Graf Burkhard jedoch, der die Würde des Herzogs anstrebte, zog mit seinem persönlichen Anhang nach Fritzlar und zählte zu jenen Großen des Reiches, die Heinrich von Sachsen zum Könige wählten, worauf er in der Tat mit Schwaben belehnt – oder ihm der Herzogstitel, falls er diesen mit fragwürdigem Recht schon geführt haben sollte, offiziell bestätigt – wurde.

Das war übrigens eine der ganz wenigen Konzessionen, die Herzog Heinrich seinen Wählern machte. Er war nicht sehr glücklich mit der Rolle, die ihm zugefallen war, und akzeptierte die geschickte klerikale Regie vorwiegend wohl seiner frommen Gemahlin Mathilde wegen, ließ aber keinen Zweifel daran, daß er nicht daran dachte, dem Reichsepiskopat die dominierende Rolle in der Reichspolitik fürderhin zu belassen. Als die Herren Erzbischöfe, die sofort erkannten, welch kalter Wind ihnen ins Gesicht blies, in ihrer Verstimmung die weihevolle Krönung von etlichen Garantien abhängig machten, verzichtete er auf die Krönung, die »besseren Männern vorbehalten sei«, was als Ausdruck demütiger Bescheidenheit wohl fehlinterpretiert sein dürfte.

Auch trat er nicht zum ersten »Zweikampf um Deutschland«, der später in unendlich vielen Variationen bis zum Überdruß rekapituliert werden sollte, gegen den König des deutschen Südens an, sondern gelangte mit Arnulf, dessen Friedensbereitschaft kaum zu bestreiten ist, bald zu einem höchst vernünftigen Übereinkommen:

– *Arnulf* anerkannte ihn als König und billigte ihm die Lehenshoheit über Bayern zu;

– *Heinrich* anerkannte Arnulf als Herzog in Bayern mit königlichen Befugnissen; er legitimierte ausdrücklich die Landverleihungen, wobei er dem Episkopat gelobte, daß sich derartiges nicht wiederholen werde; er billigte ihm das Recht der Einsetzung der Bischöfe und Äbte zu – und gestattete sogar, hinsichtlich der Beziehungen zu den Magyaren eine eigene Außenpolitik zu führen.

Und diese letzte Vertragsbestimmung war für die nächsten Jahrzehnte das schlechthin entscheidende Gestaltungselement des politischen Geschehens in Zentraleuropa: Arnulf war der verschwägerte Freund und Bundesgenosse des Großfürsten der Magyaren, und sein »Großbayern,«, also das heutige Bayern mit Böhmen und mit beinahe ganz Österreich, blieb damit von den kombattanten Aktivitäten der beutefreudigen pannonischen Reiter verschont. Es war für sie mit demselben Tabu umgeben wie vor einem runden Vierteljahrhundert das Königreich seines Taufpaten, des Kaisers Arnulf. Und das machte Bayern zu einer »Insel des Friedens« in einer schlachtlärmerfüllten Welt und schenkte dem schwergeprüften Land beinahe 20 Jahre ruhiger Entwicklung, 20 Jahre, die zu einem wirtschaftlichen Aufschwung und einem verbreiteten Wohlstand führten, dergleichen wir als Kinder unserer Zeit durchaus als »Wirtschaftswunder« bezeichnen. Jene Zeit war mit der Verwendung des Ausdrucks Wunder jedoch vorsichtiger, und man fand durchaus nichts Wunderbares an der einfachen Tatsache, daß eine zielstrebig und fleißig betriebene und ungestörte Wirtschaft besser funktionieren und damit höhere Erträge bringen muß als eine von kriegerischen Ereignissen wiederholt durcheinandergeworfene und verwüstete, durch Mord und Brand verheerte.

Neben der absoluten Bündnistreue der Magyaren, die wieder einmal hervorzuheben ist, und die bei all ihren Kriegszügen, die sie bis nach Westfranken, ja bis ins spanische Ebrotal führten, und die – von Süden her kommend – sogar mit St. Gallen Teile der heutigen Schweiz plündernd durchzogen, Großbayern vom Tale der Drau bis zu den Hängen des Riesengebirges sorgsam aussparten, soll eine höchst bemerkenswerte Tatsache betont werden, die sicherlich überraschen mag: *Das Regnum Theutonicum war schon im ersten Jahrzehnt seines Bestehens ein »geteiltes Deutschland«.* Der deutsche Süden war berechtigt und entschlossen, den Weg des deutschen Nordens in den angesichts der Verlagerung der kombattanten Aktivitäten der Magyaren auch in den norddeutschen Raum unvermeidlich werdenden Großkrieg gegen den Bund der Sieben Stämme nicht mitzugehen, sondern vielmehr in der vertraglich vereinbarten Neutralität – denn dies bedeutete der Frieden zwischen Arnulf und Szabolcz letzten Endes – zu verharren. Wenngleich dies aus ebenso einleuchtenden wie triftigen Gründen geschah und vom König – der ob der entscheidenden Reduktion des zu verteidigenden Territoriums, die eine Konzentration der verfügbaren Kräfte erlaubte, vermutlich sogar froh war – ausdrücklich gebilligt wurde, *so war es doch das erste Hervortreten eines für die deutsche Geschichte typischen Elements, das sich in rascher Aufeinanderfolge manifestierte und die Reichseinheit beinahe in den Rang eines theoretischen Idealzustandes erhob, wogegen die historische Effektivität gezeichnet war von einer Spaltung in Interessenssphären und Machtblöcke, die sich immer wieder bis zum Waffenentscheid überwarfen. Die Fronten, die sich wieder und wieder bildeten, traten in raschem Wechsel und jeweils zeitgemäßer Kostümierung auf: Waren es einmal die der fränkischen Reichstradition stärker verhafteten Lande am Rhein, die gegen den neugewonnenen und suspekten Osten standen, so stemmte sich das andere Mal der protestantische Norden gegen den katholischen Süden, dann wieder das hohenzollersche Territorium gegen die habsburgischen Erblande, um nur einige Beispiele zu nennen. Weiß man erst einmal um diesen Aspekt, so ist die heutige Spaltung* (seit 1989 wieder in Bewegung geraten) *in ein dem westlichen Gesellschaftssystem angeschlossenes und ein nach kommunistischem Muster errichteten Deutschland durchaus nicht jene Novität, als die sie angesehen wird, sondern die zeitgenössische Aktualisierung eines konstanten Prinzips, das die deutsche Geschichte schwer und unheilvoll belastet.* Es mag vordergründig wenig populär sein, diesen Aspekt aufzuzeigen, doch darf man vielleicht als tröstlich empfinden, daß Differenzierungen – oder wenn man lieber will: Spaltungen – wie die in der zweiten Hälfte unseres Jahrhunderts wirksame, nicht als neuartiger, jede Empirie übersteigender Katastrophenfall zu werten sind, sondern die gegenwärtige Erscheinungsform einer schwer erklärbaren und bitter empfundenen Eigenheit der deutschen Geschichte, auch wenn ihr Wirksamwerden nach 1945 den persönlichen Erfahrungsschatz der damals lebenden Generationen sicherlich überstieg.

König Heinrichs defensive Kriegführung gegen die Magyaren, die wiederholt in Sachsen und Thüringen einfielen, war zunächst wenig erfolgreich: Das sächsische Heerwesen war, wie schon gesagt, traditionell fixiert und beruhte auf der Zahlenstärke und Schlagkraft bäuerlicher Milizen, die als Fußvolk in den Kampf zogen. In auch nur halbwegs offenem Gelände waren sie gegenüber den raschhufigen magyarischen Davids so gut wie wehrlos, und es kann durchaus kein Problem gewesen sein, sie auf Pfeilschußentfernung zu halten und zusammenzuschießen. Sie konnten sich nur behaupten, wenn sie sich auf die Verteidigung gut ausgebauter Stützpunkte beschränkten; da es ihnen bei rechtzeitiger Alarmierung möglich war, Vieh und bewegliche Habe in große Fluchtburgen zu verbringen, zwangen sie den Magyaren gelegentlich eine Art der Kampfführung auf, in welcher der Vorteil der höheren Mobilität in Wegfall kam. Bei derlei Gelegenheiten erzielten sie ihre – seltenen – Erfolge, deren einer entscheidend wurde: Ein großer magyarischer Anführer, vermutlich ein naher Verwandter des Großfürsten, fiel in ihre Gefangenschaft.

Die zeitliche Einordnung schwankt – der glückliche Fang gelang um 925, und er war von dem glücklichen Umstand begleitet, daß die Milizionäre den Heidenhäuptling nicht auf der Stelle totschlugen, sondern an König Heinrich ablieferten. Die Verhandlungen um die Freilassung des Gefangenen wurden zu Verhandlungen um einen befristeten Waffenstillstand bis 933, der letztlich vereinbart wurde, wobei Heinrich allerdings jährliche Tributleistungen – ein Verdienstentgangspauschale für die beutegewohnten Steppenreiter – zu erbringen hatte.

Nun hatte Heinrich die Zeit, die er benötigte, um nach bayrischem Vorbild das sächsische Heerwesen auf ein Reiterheer umzustellen und unbelehntes Kriegsvolk aus den übrigen Herzogtümern an sich zu ziehen. Die Grundmengen, die er für die Ausgabe der nötigen Lehen brauchte, beschaffte er sich in einer neuartigen Weise: Er expandierte nach Osten, wo die wenig gefestigten slawischen Gemeinwesen der Obotriten, Sorben, Liutizen, Wenden und Heveller, die selbst einige Male von den Magyaren gründlich ausgeplündert worden waren, keinen nennenswerten Widerstand leisteten. Ein größerer Feldzug war nur gegen die Heveller notwendig; Heinrich führte ihn 928 und eroberte ihre Hauptsiedlung Brennabor, das spätere Brandenburg.

Das gewonnene Land besiedelte er mit Rittern und Bauern und überzog es mit einer dichten Kette von befestigten Stützpunkten; sein operatives Konzept sah eine flexible und sozusagen zweigleisige Kampfführung vor:

– *stationär* aus diesen Stützpunkten, die
  □ Fluchtburgen der Bauern durch infanteristische Milizen zu verteidigen und
  □ Basen für die mobilen Verbände waren;
– *mobil* durch berittene Verbände, die als operative Reserven Verwendung fanden, und den berittenen Feind
  □ zu behelligen und
  □ in geeignetem Gelände zur Schlacht zu stellen hatten.

930 machte der zweite paganische Aufstand gegen die Przemysliden[39] einen Feldzug nach Böhmen nötig, an dem sich vermutlich auch Bayern beteiligte, und 932 stellte König Heinrich die vereinbarten Tributleistungen ein, Szabolcs durch eine Gesandtschaft ganz offiziell von der Aufkündigung des Waffenstillstands unterrichtend. Das bedeutete Krieg, Heinrich provizierte ihn mit voller Absicht: Er hatte seine Vorbereitungen getroffen, konnte eine weitere Verstärkung seiner kombattanten Macht nicht erwarten und war entschlossen, sie zu verwenden, ehe sie die ersten Verschleißerscheinungen zeigte. Und solange er, der sie sozusagen maßgeschneidert hatte, sie selbst verwenden konnte. Er war nun etwa sechzig Jahre alt und befand sich im vollen Besitz seiner Manneskraft, allein er war Realist genug, um zu wissen, daß es fraglich war, wie lange der Zustand andauern und er die ja doch erheblichen Strapazen, die ein Feldzug unausweichlich mit sich bringen müsse, aushalten werde.

Dabei unterschätzte der deutsche König die Energie seines um ein gutes Dutzend Jahre älteren magyarischen Gegenspielers und die Schnelligkeit und

Härte seiner Reiterverbände gewaltig. Szabolcz entschloß sich, den Feldzug zu exorbitant früher Zeit zu beginnen. Er brach kurz nach Wintermitte auf, um in unglaublich kühnem Vorstoß durch das slowakische Bergland nach Nordwesten vorzudringen. Böhmen sparte er – vertragstreu wie stets – als Land seines Freundes Arnulf aus, aber Heinrichs Ostmark überraschte er noch im besten Winterschlaf. Da die Magyaren eben in den Jahren des Waffenstillstands die Vorteile der Bodenbebauung als Notwendigkeit erkannt hatten und entschlossen waren, weite Steppengebiete in Ackerland zu verwandeln, waren nun die so übel erweckten Bauern samt Ackergeräten die neben dem Vieh begehrteste Beute, deren Masse selbst die hochgespanntesten Erwartungen überstieg. Eisen war bei den Magyaren selten, so selten, daß die Masse ihrer Krieger neben dem Bogen nur das Messer als Waffe führten. Säbel waren so rar, daß man sogar vermutet hat, sie seien nicht als Waffen, sondern als Rangabzeichen höherer Anführer verwendet worden; Speere waren ungebräuchlich; Eisenhelme gab es kaum, der Kopfschutz des Durchschnittskriegers war die Lederkappe, nur wenige Vornehme konnten sich Metallhelme leisten – Rüstungen wohl nicht einmal diese. Daraus resultiert der Wert der erbeuteten eisernen Ackergeräte, die auf schweren, ungefügen, ebenfalls erbeuteten Bauernkarren weitertransportiert wurden. Dies wiederum lähmte die magyarische Kriegführung; die enormen Marschleistungen der Leichten Reiterei schrumpften auf die einer schwerbeladenen Wagenkolonne zusammen, deren Marschweg überdies jenen Geländeteilen folgen mußte, die eine Bewegung der großen, ständig stark bedeckt gehaltenen, heterogenen Masse im Februar (!) überhaupt gestatteten. Es ist offensichtlich, daß dadurch die beiden Erfolgselemente der magyarischen Kriegführung,
– die hohe Mobilität und
– die weitgehende Geländegängigkeit
ihrer Reiterarmee in Wegfall kamen und die Vorteile des außerordentlich frühen Offensivbeginns geradezu in Nachteile verkehrt wurden.

Trotz alledem setzte der gewaltige Heerwurm schon in den ersten Märztagen südlich der königlichen Pfalz Merseburg über die Saale und rückte zunächst stromaufwärts vor. Szabolcz beabsichtigte wohl, ab der Einmündung der Unstrut deren Flußlauf zu folgen und an geeigneter Stelle – vielleicht in Anlehnung an das Kyffhäusermassiv – einen großen, gesicherten Stützpunkt zur vorläufigen Unterbringung der bereits gemachten Beute zu errichten; er rekapitulierte also trotz der gemachten schlechten Erfahrung das Konzept des letzten Krieges gegen Bayern. Die Realisierung seines Vorhabens scheiterte indessen schon am 15. März: König Heinrich, der seine Panzerreiter in Merseburg versammelt hatte, erzwang die Schlacht, die in der Geschichte als an der Saale, an der Unstrut oder auf dem Ried bezeichnet wird.

Als Schlachtfeld bietet sich der Mündungsbereich der Unstrut in die Saale an; entscheidend war wie am Tage von Ötting die Reduktion der Bewegungsfähigkeit der Leichten Reiterei durch die oder mindest ein Flußufer: Gegenüber einem gegen die Uferlinie angreifenden Feind war die übliche hinhaltende Kampfweise der Magyaren nicht zu vollziehen; sie konnten sich nicht vom Feinde lösen und wurden folglich zum Nahkampf gezwungen. Freilich wurden Heinrichs Panzerreiter unter wütendes Pfeilfeuer genommen, und die Einsatzschußweite der magyarischen Kriegsbogen – sie bestanden aus einem Holzkern aus Weichholz, dem Hornplatten angeleimt waren und der an den Enden mit einem Knochenplattenüberzug aus Hirschgeweih versehen war, und dessen Teile durch elastische Bündel von Hirschsehnen zusammengehalten wurden – war mit etwa 300 m erstaunlich groß. Dennoch aber waren die Ritter des Königs in der Lage, die für sie tödliche Zone einseitiger Waffenwirkung des Gegners in weniger als einer Minute zu überwinden; die Ausfälle bei ihnen können nicht mehr als zehn Prozent betragen haben. Diese Schätzung liegt sehr hoch und vermutlich erheblich über dem überhaupt erzielbaren Erfolg, denn in historischer Wirklichkeit wurde ein zahlenstarker und gefechtsbereiter Verband gepanzerter Krieger niemals durch Pfeilbeschuß in Dauer von nicht mehr als zehn Minuten vernichtet. Das bedeutet nun wiederum, daß mindestens neun von zehn der zur Attacke anreitenden Kataphrakten zum Nahkampf gelangten, der kurz und blutig war und mit der Vernichtung des magyarischen Heeres endete. Zu den Gefallenen scheint Szabolcs gehört zu haben; dafür spricht nicht nur der Umstand, daß eine das Heer rettende Kapitulation unterblieb, sondern auch die Tatsache, daß ab 933 der älteste Enkel Árpáds, Fajsz, als Großfürst der Magyaren genannt wird. Das zeigt, wie schwer und gefährlich das anscheinend so fröhliche räuberische Kriegerleben der Magyaren in Wahrheit war: Szabolcs war seit der Landnahme an der Donau schon der dritte Mann an der Spitze des Stammesbundes, der sein Leben im Kriege verlor. 904 war der Kende Kurszan vor Augsburg gefallen, 907 Árpád vor Braslawaspurc – eines natürlichen Todes war keiner gestorben.

König Heinrich starb 936, nachdem er seinen zweitältesten Sohn Otto zum Nachfolger vorgeschlagen und die Verhältnisse im Regnum Theutonicum besonders durch ein Übereinkommen mit Arnulf von Bayern geregelt hatte. Die alt und weise gewordenen Helden Heinrich und Arnulf hatten rasch eine vernünftige Lösung gefunden: Arnulf stimmte der Nachfolge Ottos im Königtum, Heinrich der Wahl von Arnulfs Sohn Eberhard zum Herzog in Bayern zu. Der Wahl wohlgemerkt, was bedeutet, daß Bayerns Sonderstellung gewahrt blieb, denn die Regel war die Belehnung durch den König ohne Wahl. Eine Sonderregelung gab es auch hinsichtlich Karantaniens: Arnulf hatte seinen jüngeren Bruder Berthold zum Militärbefehlshaber des südlich des Alpenhauptkamms gelegenen Territoriums bestellt, ihm aber nicht den Titel eines Markgrafen, sondern eines Herzogs übertragen, der jedoch wie bei den damaligen Przemysliden ein persönlicher Ehrentitel war und Kärnten sowenig in den Rang eines Reichsfürstentums erhob wie Böhmen. Die »zivile« Verwaltung Kärntens lag in den Händen des erwählten Slowenenführers; die in Kärnten befindlichen bayrischen Siedlungen galten nach wie vor als militärische Einrichtungen und waren von der zivilen Verwaltung ausgenommen.

Es würde den Rahmen diese Werkes sprengen, würde hier versucht werden, die Bedeutung Ottos auch nur summarisch zu umreißen oder die Schwierigkeiten darzustellen, die ihm meist seine eigenen nächsten Angehörigen machten und gegen die er sich oft nur mühsam behauptete; gedacht werden muß allerdings seiner Wahl, seiner Krönung, seiner zweiten Vermählung, seines Verhältnisses zu den Luitpoldingern, seiner Neugestaltung des Markenwesens und seines Sieges über die Magyaren auf dem Lechfelde, weil diese Geschehnisse mittelbar oder unmittelbar nicht nur die gesamte Geschichte des deutschen Mittelalters bestimmten, sondern auch von dominierendem Einfluß auf die Entwicklung des Königreiches Ungarn aus dem Bund der Sieben Stämme waren. Wenden wir das unserem Gesamtvorhaben zugrundegelegte Geschichtserklärungssystem Arnold Toynbees von challenge and response, von Herausforderung und Antwort, auch auf das Verhältnis zwischen dem Deutschen Reich und dem Königreich Ungarn an, deren Uniierung die organisatorischen Veraussetzungen für die Selbstbehauptung des christlichen Abendlandes gegenüber dem im Osmanischen Reich vereinigten Orient erbrachte, so erkennen wir die schlechthin entscheidende Wechselwirkung:

I. **Die Landnahme der Magyaren im pannonischen Großraum mit anschließender Raubkriegführung war die große Herausforderung an die angrenzenden Völkerschaften, die mit der Bildung des Regnum Theutonicum aus den Trümmern des Karolingerreichs ihre Antwort fand.**

II. **Die Entwicklung überlegener militärischer Macht durch das Regnum Theutonicum war die unmittelbar existenzbedrohende Herausforderung an den Bund der Sieben Stämme, die durch Annahme des Christentums und Übernahme westlicher Verhaltensweisen im zur Realisierung dieser Lösung geschaffenen Königreich Ungarn beantwortet wurde.**

Kehren wird in den historischen Geschehensablauf zurück, so ergibt sich als für unser Vorhaben von besonderer Bedeutung:

1. Ottos Königswahl

Wenngleich die Vorbereitungen für eine reibungslose Durchführung schon zu Heinrichs I. Zeit vor allem auf dem Erfurter Fürstentag getroffen wurden, ging man mit großer Behutsamkeit vor und bemühte sich mit Erfolg, diese **erste gesamtdeutsche Volkswahl** nicht nur ungestört, sondern in einer Art, die Ottos Herrschaft unmittelbar auf dem Konsens der Wahlberechtigten begründete und ihr somit eine breite Basis im Volk verschaffte, über die Bühne zu bringen. Die Wahl ging stufenweise vor sich;
– die erste Stufe war die Erinnerung der Teilnehmer am Fürstentag von Erfurt an die dort herrschende Einigkeit;

98

– die zweite die Durchführung der Volkswahl in den Herzogtümern, in denen Otto als Liudolfinger über einen starken Anhang verfügte und deren Ergebnisse als sicher gelten konnte, nämlich

- ☐ Sachsen,
- ☐ Thüringen und
- ☐ Franken;

– die dritte, die eigentlich »gesamtdeutsche«Wahl in Aachen, an der alle freien Männer teilnehmen konnten, die sich am Wahltag in der alten karolingischen Pfalz eingefunden hatten.

Der Wahltag war der siebente August 936; Wahlleiter war der Erzbischof von Mainz, Hildibert, der sich mühsam gegen seine Amtskollegen von Köln und Trier durchgesetzt hatte.

Das, was wir heute unter »Wahlkampf« verstehen, gab es nicht; durch die Vereinbarung von Erfurt fehlte es insbesondere an einer konkurrierenden Gruppe, die einen anderen Wahlvorschlag zur Hand und dessen Annahme propagandistisch vorbereitet hätte. Wir sollten uns aber trotzdem hüten, an der demokratischen Tendenz, die in der Königswahl wirksam wurde, vorbei-zusehen oder diese gering zu veranschlagen: Der Vorgang war haargenau derselbe, in dem heute die »innerparteiliche Demokratie« bei Bestellung des jeweiligen Parteivorsitzenden auf Parteitagen, welche Bezeichnung immer sie auch tragen, wirksam wird. Der »Wahlvorschlag« des Parteiführungsgre-miums – man kann auch hier die korrekte Bezeichnung nach dem Organisa-tionsstatut jeder beliebigen Partei einsetzen, – wurde in Aachen durch den Vorschlag des Erfurter Fürstentages ersetzt, und der Möglichkeit jedes Parteimitglieds, einen anderslautenden Vorschlag zu erstatten, entsprach dieselbe Möglichkeit des nächstbesten Teilnehmers an der Wahl an Aachen; auch die Aussichten der Gegenvorschläge sind in etwa gleich, nämlich faktisch mit Null, zu bewerten.

So, wie heute die eigentliche Wahl durch Referate sorgsam ausgewählter Redner, die den Vorschlag des Parteiführungsgremiums zu loben haben, vorbereitet wird, war es zu Aachen; es gab nur ein Referat, das Erzbischof Hildibert hielt, und das sich nicht auf Statistiken und meinungsbildende Prognosen, sondern auf die Empfehlung König Heinrichs und auf den göttlichen Ratschluß stützte, der allerdings der Nachprüfung durch den berechtigten Königswähler entzogen war – nicht mehr entzogen allerdings als die Überprüfung des Zahlenmaterials heutiger Referate durch den einfachen Parteitagsteilnehmer. Zwischen Referat und Wahl schob sich in Aachen ein heute unübliche Vorgang: Die Huldigung durch die versammelten Fürsten. Es war eine bedingte Huldigung, und sie besagte an sich nicht mehr, als daß die Fürsten Otto im Falle seiner Wahl vorbehaltlos als König anerkennen würden, aber es war eine höchst eindrucksstarke Zeremonie, die ihre Wirkung nicht verfehlte.

Dann wurde gewählt; die Zustimmung wurde durch Erheben des rechten Armes erteilt, genau wie heute zumeist, nur daß dieser damals als Schwertarm bezeichnet wurde, was heute nicht mehr gebräuchlich ist. Heute kann man auch die linke Hand emporstrecken; häufig wird verlangt, daß die Delegiertenkarte oder ein sonstiger Legitimationsnachweis mit aufgehoben wird – so penibel war man damals wiederum nicht.

Ottos Wahl erfolgte, zumindest soweit überliefert, einstimmig.

2. Ottos Krönung

Die großartige, meisterhaft inszenierte Szene folgte unmittelbar der Feststellung des Wahlergebnisses durch einfachen Augenschein. Erzbischof Hildibert geleitete den Erwählten zum Altar, vor dem er sich in Demut, die Arme in Kreuzesform abgespreizt, zu Boden warf. Um ihn gruppierten sich, ebenfalls liegend, zwölf Bischöfe des Reiches, deren Einsetzung ihm, dem Rex des Regnum Theutonicum, zukam, wie es Papst Johannes X. König Heinrich urkundlich und in feierlicher Form zugesichert hatte. Zumindest für Otto selbst war dies mehr als auf Eindruck abzielendes Theater: Es war Ersichtlichmachung der Gefühle, die den sensiblen Jungkönig erfüllten, denn er war fromm, sehr fromm sogar, und seine Gottesliebe zeigte asketische Züge.

Der für die historische Entwicklung entscheidende Teil der Krönungsfeierlichkeiten war aber nicht die Niederwerfung vor dem Altar und nicht die Salbung und Krönung, sondern das Krönungsmahl, denn bei diesem traten die weltlichen Großen des Reiches erstmals in der Funktion der fränkischen »Hausämter« in Erscheinung. Herzog Arnulf von Bayern war als Marschall für die Unterbringung und Verpflegung der Gäste und den ordnungsgemäßen Ablauf des Geschehens verantwortlich; dem Könige warteten auf:

– Giselbert, Herzog des indessen wieder ins Reich heimgekehrten Lothringen, als Kämmerer,
– Eberhard, Herzog von Franken, als Truchseß und
– Hermann, Herzog von Schwaben, als Mundschenk.

Aus diesem **Dienen an der Tafel des Königs** wurden die **Erzämter des Reiches,** deren **Träger die weltlichen Kurfürsten** waren, die privilegiert wurden,

– zunächst bei der Königswahl ihre Stimmen vor allen übrigen Wahlberechtigten abzugeben,
– später aber gemeinsam mit den geistlichen Kurfürsten den König allein zu wählen.

Die drei geistlichen Kurfürsten waren die Erzbischöfe von Mainz, Köln und Trier; sie hatten ihre Bedeutung trotz der zwischenzeitigen Bestellung des Erzbischofs von Salzburg zum Primas Germaniae und damit dem Vertreter des Papstes im Reich erhalten; die weltlichen Kurfürsten hingegen waren mehrfach – je nach den aktuellen Machtverhältnissen – ausgewechselt worden. 1356, als die Goldene Bulle erlassen wurde (und zwar aus unbekann-

ter Ursache zweimal: Am zehnten Januar in Nürnberg, am 25. Dezember in Metz), waren weltliche Kurfürsten
– *Kaiser Karl IV.* als König von Böhmen,
– *Ruprecht,* Pfalzgraf bei Rhein,
– *Rudolf,* Herzog von Sachsen-Wittenberg und
– *Ludwig,* Markgraf von Brandenburg.
Als Randbemerkung sei angeführt, daß das besterhaltene Exemplar der Goldenen Bulle jene Prunkhandschrift ist, die in König Wenzels Hofwerkstätte in Prag vermutlich 1400 angefertigt wurde und damit in jenem Jahre, in dem die vier rheinischen Kurfürsten erstmals unter bewußtem Pochen auf ihre Majorität im Kurfürstenkollegium für sich allein
– König Wenzel als »unnütz, faul und für das Heilige Römische Reich durchaus ungeeignet« erklärten, absetzten und
– einen aus ihrer Mitte, den Pfalzgrafen bei Rhein, zum Könige wählten, ohne die übrigen Kurfürsten – unter denen sich auch Wenzel als König von Böhmen befand – um ihre Meinung auch nur zu fragen.

Zwischen diesen Daten, dem siebenten August 936 mit der Wahl und der Krönung Ottos I., und dem 20. August 1400 liegt ein rundes halbes Jahrtausend, liegt die Zeit des eigentlichen deutschen Mittelalters[40].

3. Ottos zweite Vermählung

Die Geschichte von Otto und Adelheid liest sich beinahe wie ein allzu romantischer und deshalb zurückgewiesener Entwurf zu einem Filmdrehbuch und ist dabei doch bitterernstes und daher blutiges historisches Geschehen, das die Krone des Regnum Theutonicum erstmals mit der Eisernen Krone der Langobarden und über diese mit der Kaiserkrone verband und durch diese nahezu permanent wiederholte Verbindung Größe und Glanz des deutschen Mittelalters ebenso bewirkte wie sein Elend der Hingabe seiner wertvollsten Energien an reichsübergeordnete Interessen.

König Hugo von Italien, der Sohn des Grafen Thietbald, der für König Ludwig II. den Geblendeten die Provence regierte, wurde bereits genannt. Nach dem blutigen Tod des 915 zum Kaiser gekrönten Königs Berengar I. (924) war dessen Sohn Adalbert, der den schlichten Titel eines Markgrafen von Ivrea führte, vor Entfaltung größerer Aktivitäten schon 925 verstorben, und 926 hatte Hugo mit Unterstützung der mehrfach, wenngleich vielleicht nicht eben rühmlich erwähnten Marozia, mit der er sich sogar vermählte, die italische Krone gewonnen. Es war seine zweite Ehe; aus seiner ersten stammte sein Sohn Lothar, der 931 zum Nachfolger seines Vaters bestellt und 946 mit der Mitherrschaft betraut wurde, 947 Adelheid, die Tochter König Rudolfs II. von Hochburgund heiratete, nach dem Tod Hugos 948 Alleinherrscher wurde und 950 verstarb. Gegen ihn war der Sohn Adalberts von Ivrea, der wie sein Großvater Berengar hieß, zu Felde gezogen, hatte nach Lothars Tod die Oberhand und den begehrten Königstitel gewonnen und seine Witwe in Gefangenschaft gesetzt. Adelheid war aus durchaus einleuchtenden

Gründen mit dieser Wendung der Dinge nicht einverstanden und wandte sich an König Otto, der sich als vernünftiger und uneigennütziger Schiedsmann im Königreich Westfranken bereits einen guten Namen gemacht hatte. Otto engagierte sich in der Sache zunächst soweit, daß er Berengar II. seines wenig königlichen Verhaltens wegen tadelte und ihn darauf hinwies, daß der Schutz der Witwen und – so vorhanden – Waisen, nicht aber deren Bedrückung Pflicht eines christlichen Königs sei. Berengar antwortete mit Otto unangemessen scheinender Schärfe, daß den verehrten Kollegen die ganze Sache nichts anginge, was diesen in Harnisch brachte und die Affäre dahin eskalieren ließ, daß Otto Berengar den Krieg erklärte und 951 über die Alpen zog, um Adelheid zu befreien. Als ihm dies gelungen war, verliebte er sich in die knapp Zwanzigjährige und hielt zuchtvoll und in Ehren um ihre Hand an. Die junge Witwe nahm ihren höchst attraktiven 38 jährigen Befreier, der so ganz nebenhin der König des damals mächtigsten christlichen Reiches war, nach anstandshalber Bedenkzeit liebend gerne – und ihre lombardischen Parteigänger holten wieder einmal die Krone der Langobarden aus der Rumpelkammer der Tradition und baten Otto, der Rex Langobardorum zu werden. Auch Adelheid drängte den zögernden Liudolfinger, und das gab wohl den Auschlag: In Pavia wurde die Hochzeit gehalten und Otto mit der Eisernen Krone gekrönt. Er zeigte wenig Interesse, sich mit Berengar II. in einen längeren Krieg um die Herrschaft in Italien einzulassen und erklärte bald nach der Krönung, er sei bereit, dem Karolinger Italien als Lehenskönigtum zu übertragen, wenn dieser am nächsten Reichstag (August 952) erscheinen und um die Belehnung ansuchen werde; bei dieser Gelegenheit würde man die Grenzen des Lehenskönigreiches festlegen. Der Reichstag fand – nebenhin bemerkt – auf dem Lechfeld bei Augsburg statt und mithin am nämlichen Ort, an dem der deutsche König drei Jahre später seinen größten und in der Tat geschichtsgestaltenden Sieg erringen sollte.

4. Ottos Verhältnis zu den Luitpoldingern

Arnulfus divina ordinante providentia dux Baiuvariorum et adiacentum regionum verstarb 937 und wurde in St. Emmeram in Regensburg, wo auch Kaiser Arnulf bestattet liegt, beigesetzt. König Otto ersparte sich dadurch den sonst wohl unvermeidlichen Konflikt mit dem an königsgleiche Selbständigkeit Gewöhnten, der sich Ottos Vorhaben, das Regnum Theutonicum zu einem Einheitsstaat nach reichsrömischem Vorbild zu machen, sicherlich energisch widersetzt hätte. So hatte der junge König nur Arnulfs Sohn Eberhard zum Gegenspieler, einen ebenfalls jungen und unbewährten Mann, der nicht über das Prestige und den nach wie vor starken außerbayrischen Anhang seines Vaters verfügte. Die Kollision zwischen dem königlichen Willen und dem schon zu Arnulfs Lebzeiten erwählten Bayernherzog erfolgte rasch; Otto machte die vereinbarte Belehnung von der nichtvereinbarten Anerkennung des königlichen Rechtes der Bischofsernennung abhängig, was Eberhard unter Hinweis auf das seinerzeitige Übereinkommen zwischen

König Heinrich und Herzog Arnulf ablehnte. Otto erwiderte, daß dies eine Arnulf ad personam übertragene außerordentliche Befugnis gewesen sei, aber keineswegs ein selbstverständliches Recht des Herzogs von Bayern, welche Ansicht nun hinwiederum von Eberhard nicht akzeptiert wurde. Trotz Ottos Drohung, die Belehnung nicht vorzunehmen, die Wahl zu annullieren und einen anderen Herzog zu bestellen, blieb Eberhard bei seinem Rechtsstandpunkt, erwies sich aber als absolut königstreu: Er beteiligte sich nicht an dem eben aufflackernden ersten Aufstand gegen Otto, den dessen älterer Bruder Thankmar, der sich in der Nachfolgefrage übergangen fühlte, inszenierte, und dem der alte Herzog Eberhard von Franken beitrat.

Nach Thankmars Tod und Eberhards des Franken Unterwerfung ging Otto gegen Eberhard vor und erklärte ihn für abgesetzt; zum Herzog von Bayern bestellte er Arnulfs jüngeren Bruder Berthold, den Militärbefehlshaber Kärntens mit dem persönlichen Herzogstitel, der in der strittigen Frage Nachgiebigkeit zeigte. Und um erkennbar zu machen, daß sich die politische Maßnahme des Hofes nur gegen den uneinsichtigen Eberhard, nicht aber die Familie der Luitpoldinger richtete, erfolgte etwa gleichzeitig die Vermählung des jüngsten Königsbruders Heinrich mit Judith, der Tochter Arnulfs.

Die Magyaren hatten indessen nach dem Tode König Heinrichs, den sie als Kriegsgegner zu fürchten, und Herzog Arnulfs, den sie als Freund zu schätzen gelernt hatten, die Kriegführung gegen das Regnum Theutonicum wieder aufgenommen. Vergeblich bemühte sich Berthold als Herzog von Bayern, sie zur Anerkennung der deutschen Ansicht zu bekehren, daß der Frieden seinerzeit zwischen dem Herzogtum Bayern und dem magyarischen Stammesbund geschlossen worden war – die Magyaren blieben bei ihrer Rechtsmeinung, daß es sich um ein persönliches Vertragsverhältnis zwischen Szabolcs und Arnulf gehandelt, das seine Wirksamkeit mit dem Tode beider Vertragskontrahenten verloren habe. Es erscheint möglich, daß Großfürst Fajsz bereit gewesen wäre, Bertholds Auslegung zu akzeptieren oder mit ihm einen neuen Vertrag zu schließen, doch konnte er sich gegenüber seinen Stammesführern nicht durchsetzen, mit denen er ähnliche Schwierigkeiten hatte wie Otto um 940 mit seinen Herzögen, die 939 zum zweiten Aufstand geschritten waren. Die kombattanten Aktionen der Magyaren waren keine »Reichskriege«, sondern Beutezüge der Stammesführer, die auf eigene Faust das bayrische Grenzland und nördlich von Böhmen vor allem die Lausitz und das Gebiet um Meißen verheerten.

943 kam es zum Einfall einer starken magyarischen Kampfgruppe in Bayern; sie stieß donauaufwärts vor, bog dann nach Süden ab und versuchte, dem Flußlauf der Traun folgend, den Eintritt ins Salzkammergut zu erzwingen. Auf der Welser Heide trat ihr Herzog Berthold, der sich an den Anschlägen gegen König Otto nie beteiligt hatte, mit seiner Lehensreiterei entgegen und fügte ihr eine vernichtende Niederlage zu. In ihm erneuerte

sich der Ruhm seines Bruders und seines Vaters als Magyarenbändiger, und es kam, solange er lebte, zu keinem neuen Übergriff der Magyaren.

947 starb er; angesichts der nach wie vor exponierten Lage Bayerns, das nun wieder das nächstgelegene Angriffsziel der Magyaren werden mußte, war es unangebracht, es seinem noch kindlichen Sohn Heinrich zu übertragen; König Otto verlieh es vielmehr seinem Bruder Heinrich, dem Gemahl der Arnulftochter, der dieser Versippung wegen Anerkennung in Bayern fand.

5. Ottos Neugestaltung des Markenwesens

Falls Otto das Ziel gehabt haben sollte, die Grafen wiederum wie unter Karl d. Gr. zu königlichen Organen zu machen, worüber die Auffassungen geteilt sind, gelang ihm dies nicht; die Grafen blieben generell Lehensleute der Herzöge, wurden von diesen bestellt und allenfalls enthoben und waren nur diesen gegenüber zur Treue verpflichtet, im Extremfall sogar gegen König und Reich. Zur Festigung der Königsmacht schuf Otto jedoch die Grundlagen von Sondergrafschaften, die ausschließlich dem König verpflichtet waren und vorrangig

– entweder der Reichsverteidigung oder
– der Bewahrung der königlichen Rechte und Güter in einem Herzogtum dienten.

Für die zuerst genannte Gruppe wurde die Bezeichnung **Markgrafschaft** übernommen, für die zweite die der **Pfalzgrafschaft** geschaffen.

Die Marken blieben zwar einem Herzogtum zugeordnet, doch kam dem Herzog nur ein sehr allgemein gehaltener Vorrang, keineswegs aber ein unmittelbares Befehlsrecht gegenüber dem Markgrafen zu und zwar selbst dann nicht, wenn dieser vom Herzog belehnt worden sein sollte, was als Ausnahme möglich war. In jedem Fall galt der Treuevorbehalt zugunsten des Königs: Der Markgraf war des Königs Mann und ihm zur Treue verpflichtet. Das Amt war grundsätzlich unvererblich; der Markgraf galt als unmittelbarer persönlicher Vertreter des Königs und hatte als solcher besondere Befugnisse, die denen des Herzogs entsprachen. Insbesonders durfte er

– das Aufgebot erlassen,
– die Einberufung des Mark-Things anordnen,
– die hohe Gerichtsbarkeit ausüben und
– die Anlage von Festungwerken anordnen.

Er war im Besitz der Bann- und Polizeigewalt; er kassierte Strafgelder; er bestimmte das »Marchfutter«, eine Haferabgabe für die aufgebotene Lehensreiterei; er ordnete das »Burgwerk« – persönliche Dienstleistungen für die Grenzbefestigung – an.

Markgrafschaften dieser neuen Art gab es nur im Grenzraum gegen die paganischen Nachbarvölker der Normannen, Slawen und Magyaren; die Sicherungszone des Reiches war also auch die Sicherungszone der abendländischen Christenheit, der civitas Dei. Dadurch erlangte das Amt des

Markgrafen zwar nicht geradezu eine sakrale Weihe, wohl aber eine akzentuierte religiöse Bedeutung, machte aus seinem Inhaber den berufenen Verteidiger des Glaubens, den defensor confessionis.

Um 990 gab es neben den Marken, die Sachsen und Thüringen vorgelagert waren, nämlich
– der *Nordmark,* aus der später Brandenburg wurde,
– der *Ostmark,* die das Gebiet der Niederlausitz umfaßte und
– der *Mark Meißen*
noch die Marken, die Bayern umgaben und mit höchster Wahrscheinlichkeit schon von Otto I. begründet worden waren:
– *Mark Mähren* mit dem heute zur ČSFR gehörigen eigentlichen Mähren und den nördlich der Donau gelegenen Landesteilen der Bundesländer Niederösterreich und Oberösterreich;
– *Mark an der Donau,* um 950 entstanden, in etwa der alten Markgrafschaft Pöchlarn entsprechend, heute Niederösterreich zwischen Enns und Traisen, allerdings mit mehrfach verschobener Ostgrenze;
– *Mark Steyr,* auch Karantanische Mark, heute der Traungau im Süden von Oberösterreich, das Hauptstück der namenführenden Steiermark und das südliche Niederösterreich, später als Mark Pitten verselbständigt;
– *Mark hinter dem Drauwald,* dessen Schwergewicht zunächst die alte Römerstadt Poetovio → Pettau → Ptuj, später Marburg an der Drau → Maribor bildete;
– *Mark in Sanntal,* heute der slowenische Zentralraum um Cilly → Celje, die im späten Mittelalter als das Reichsfürstentum Cilly, Ortenburg und Zagorien die Schlüsselposition in den Beziehungen des Sacrum Imperium Romanum zum gesamten Südostraum einnahm;
– *Mark Krain* mit dem Sitz in Krainburg → Kranj, heute das südliche Slowenien, die bis ins Vorland der Adria reichte und dort die Verbindung zur alten karolingischen Mark Friaul, später Mark Verona, herstellte.

Pfalzgrafen gab es zu Ottos Zeit nachweislich in den Herzogtümern Lothringen, Sachsen, Schwaben und Bayern. Nach der Verselbständigung Kärntens 976 unter Otto II. kam die Pfalzgrafschaft Karantanien dazu. Die Pfalzgrafen verloren allgemein rasch an Bedeutung; die Ausnahme bildete der Pfalzgraf bei Rhein → comes palatinus de Rheno, zu dem der Pfalzgraf von Lothringen geworden war. Dieser war einer der höchstrangigen Reichsfürsten, konnte den König im Königsgericht vertreten, hatte im Falle von dessen Verhinderung Anspruch auf das Reichsvikariat und war der Vorsitzende des Königlichen Hofgerichts, der zum Staatsgerichtshof wurde, wenn Klagen gegen den König verhandelt wurden.

6. Ottos Sieg über die Magyaren auf dem Lechfeld 955
Herzog Heinrich I. von Bayern hatte sein Amt kaum angetreten, als er seine Panzerreiter schon aufsitzen ließ und in den Magyarenkrieg führte, als ob er

beweisen wollte, daß er ein würdiger Schwiegersohn des unvergessenen Arnulf sei, den damals schon ungeachtet des nachträgerischen klerikalen Übelwollens die Heldenlieder zu feiern begannen. Er führte den Krieg offensiv und zielte darauf ab, donauabwärts Raum zu gewinnen, zumindest die alte Mark Pöchlarn, und wenn es irgendwie gehen sollte noch ein gutes Stück mehr. Daß es ging, und daß es höchst überraschend einfach ging, ist auf den Krieg in Italien zwischen den Karolingern Hugo, der eben damals starb, und Lothar II. einerseits und Berengar von Ivrea zurückzuführen, der Lothar die Königkrone abgewinnen wollte.

Berengar hatte zur Verstärkung des eigenen, nicht eben zahlenstarken Kriegsvolks ein Bündnis mit den Magyaren, den alten Freunden seines Großvaters, gesucht. Großfürst Fajsz scheint mit dem Angebot nicht viel Freude gehabt zu haben, aber ein anderer Árpáde, Taksony, sammelte auf eigene Faust Freiwillige und zog nach Italien. Es schien ein sehr lukratives Unternehmen, und der Wille, sich an ihm zu beteiligen, war dementsprechend groß, was zur Folge hatte, daß sich Fajsz nur mit unzulänglichen Kräften gegen die völlig unerwartete bayrische Offensive zur Wehr setzen konnte. Ob Heinrich schon 947 – also im ersten Jahr seiner Belehnung – bis zur Raab vordrang, ist nicht sicher; sicher ist aber, daß er die Grenze bis zur Traisen vorschob, damit das alte Pöchlarner Gebiet zurückgewann und die Basis für die wenig später geschaffene Mark an der Donau erlangte.

Der Gebietsverlust traf das magyarische Selbstbewußtsein empfindlich und bewirkte eine innere Krise, die einerseits dazu führte, daß sich Großfürst Fajsz zur Hebung seines Ansehens einer gesteuerten Propagandawelle bediente[41], andererseits aber dazu, daß Stammesführer und Großwürdenträger unter Umgehung des Hofes den Anschluß an die byzantinische Welt suchten, sich nach griechischer Art taufen ließen und die Missionierung in ihren Regionen gestatteten. Den Anfang machten 948 der Arpade Tormás und der berühmte Karcha Bulcsu (wobei Karcha der Titel für hervorragende Krieger war, die selbständige Kommandofunktionen bekleideten, ohne Stammesführer zu sein), denen nach drei oder vier Jahren der »Gyula von Siebenbürgen« folgte: Der Schatten des Kaisers Konstantin VII. Porphyrogennetos fiel mächtig auf den Bund der Sieben Stämme, für den sich die Gefahr, als Korn zwischen die Mühlsteine der großen christlichen Reiche zu geraten, erstmals als vorerst noch vage Möglichkeit andeutete.

Das nächste markante und vorbereitende Geschehen war 952 der Reichstag auf dem Lechfeld bei Augsburg, zu dem König Berengar II. erschien und mit dem Königreich Italien belehnt wurde, ganz wie es Otto in Pavia versichert hatte. Friaul wurde allerdings aus dem Königreich Italien genommen und als Mark Verona dem Herzogtum Bayern, das nun seine größte Ausdehnung erlangte, angeschlossen. Diese allseits akzeptierte Lösung war von leicht verstehbaren militärischen Erwägungen diktiert und die Realisierung des Prinzips einheitlicher Kommandoführung: Heinrich I. von Bayern war der Militärbefehlshaber des gesamten Raumes vom Riesengebirge bis zur Adria und damit der ganzen, unmittelbar an den magyarischen Herrschaftsbereich angrenzenden Gebiete. Damit wurde er in die Lage versetzt, die Reichsverteidigung großräumig zu organisieren, die potentiellen kombattanten Energien zu aktualisieren und die Kriegführung gegen die Magyaren schwergewichtsbildend vorzubereiten. Daß es ihm nach menschlichem Ermessen unmöglich war, die für damalige Verhältnisse beinahe ungeheure Macht gegen seinen Bruder und König zu verwenden, war durch den Treuevorbehalt der Markgrafen zugunsten des Königs garantiert. Der Sicherungsmechanismus griff voll durch: Der dem Augsburger Reichstag nachfolgende nächste Aufstand gegen Otto, den nun schon seine Verwandten der folgenden Generation – an ihrer Spitze sein Sohn Liudolf, Herzog von Schwaben, und sein Schwiegersohn Konrad, Herzog von Lothringen – anzettelten, sah Heinrich von Bayern an des Königs Seite.

Dieser Aufstand erreichte seinen Höhepunkt in den Jahren 953 und 954; Heinrich mußte starke großbayrische Kontingente seinem bedrängten Bruder zu Hilfe senden, und die Magyaren benützten die günstige Gelegenheit zu unkoordinierten Kriegszügen, die sie bis Lothringen führten, wobei sich der byzantinisierte Karcha Bulcsu besonders auszeichnete. Beuteschwer kehrten sie heim, und der eher friedliebende Großfürst Fajsz mußte sich, um sein angeschlagenes Prestige zu wahren, dazu entschließen, für 955 einen gesamtmagyarischen Feldzug unter seinem persönlichen Oberbefehl anzuordnen, dessen Ziel neben der üblichen Plünderung vor allem Landgewinn, zumindest die Wiedereroberung des von Heinrich besetzten Donaulandes war.

Auch die Slawen des Ostlandes, die unter dem Regiment von Ottos Beauftragten, unter denen sich besonders Markgraf Gero als Scharfmacher hervorgetan hatte, litten, planten für 955 einen Aufstand; Querverbindungen zu den Magyaren, gelegentlich behauptet, sind eher unwahrscheinlich: Auch sie wollten die günstige Lage der geschwächten Zentralgewalt nützen, und deswegen kam es zur Gleichzeitigkeit der magyarischen Offensive und der slawischen Revolution.

Die Voraussetzungen beider Vorhaben kamen jedoch in Wegfall, als im Winter 954/955 die Erhebung im Regnum Theutonicum durch Unterwerfung der Rebellen, denen persönlich Straffreiheit zugesichert wurde, beigelegt werden konnte.

Davon hatten die Magyaren anscheinend keine Ahnung, als sie früh im Jahre den Krieg eröffneten und rasch donauaufwärts vorstießen. Sie sparten feste Plätze aus und plünderten das offene Land; oberhalb Regensburg bogen sie nach Süden ab und begannen, ganz gegen ihre Gewohnheit, Augsburg erbittert zu belagern. Die Stadt war auf die ihr zugefallene Rolle, der entscheidende »Stützpunkt in der Tiefe des Raumes« zu sein, nur unzureichend vorbereitet; sie war nicht sonderlich stark befestigt und wurde von ihrer Bürgerwehr, dem bischöflichen Kriegsvolk und den wehrfähigen Flüchtlingen, die hinter ihren Mauern Zuflucht gesucht hatten, energisch verteidigt. Die Magyaren hatten in den letzten Feldzügen entschieden Erfahrungen im Kampf um befestigte Anlagen gewonnen und zwei Angriffsverfahren entwickelt, die im gegenständlichen Fall jedoch keinen Erfolg brachten. Das erste Verfahren, das eigentlich eine Art Handstreich war, bestand in der Bildung einer »Menschenpyramide«, bei welcher die Krieger gestaffelt übereinander kletterten, was versagte, wenn kein fester Boden unmittelbar vor der Mauer zur Verfügung stand oder diese eine erhebliche vertikale Dimension aufwies, und das zweite Verfahren sah die Lähmung der Verteidigung durch massiertes Pfeilfeuer auf die Mauerkrone vor, während dieser Zeit die Sturmtrupps die Leitern anlegten und die Höhendifferenz überwanden. Die Konzentration der Bogenschützen auf engstem Raum ließ Angriffsabsicht und geplante Einbruchsstelle erkennen und bot dem Verteidiger die Möglichkeit, rechtzeitig wirksame Abwehrmaßnahmen zu ergreifen.

Haupt und Seele der Stadtverteidigung war Bischof Ulrich, der einer alten bayrischen Kriegerfamilie entstammte und bisher eigentlich nur durch eine recht beachtliche Vorliebe für Prunk und Pracht aufgefallen war. Er hatte die berühmte Klosterschule St. Gallen absolviert; nach seinem Tod 973 wurde er der insofern erste »offizielle« Heilige der katholischen Kirche, als seine Heiligsprechung 995 die erste nach dem von Papst Johannes XV. eingeführten formellen Verfahren der Kanonisation war. In seinen Kultbildern wird er regelmäßig in jener Situation dargestellt, die für seine posthume Beförderung maßgeblich war: Als streitbarer Priester des Herrn, vom Getümmel der Schlacht umgeben.

Die mehrwöchige Dauer des Belagerungskampfes und die damit verbundene Fixierung des Kriegsgeschehens bot König Otto die Möglichkeit, das Reichsaufgebot zu sammeln und auf das Lechfeld zu führen. Seinem Heere fehlten die Sachsen, die wegen der Unruhe unter den Wenden im Nordostraum belassen worden waren; hervorzuheben ist die Teilnahme eines starken tschechischen Kontingents, das Herzog Boleslaw persönlich führte. Die Magyaren rechneten täglich mit dem Fall der Stadt, brachen die Belagerung nicht zeitgerecht ab und wurden auf dem Lechfeld zur Schlacht gezwungen; die Stadt, das Flußufer und das weiträumige Lager, dessen Areal auch die immense Beute umfaßte, waren die festen Begrenzungen des Schlachtfeldes und behinderten die raumgreifenden Bewegungen der bogenbewaffneten Reitergeschwader, die den Nahkampf nicht vermeiden konnten und trotz tapferster Gegenwehr beinahe zur Gänze niedergemacht wurden. Die wenigen Gefangenen, die das Blutbad überlebt hatten, ließ Otto noch am Abend des Tages, an dem man die Waffen gekreuzt hatte, der vox populi seiner erbitterten Krieger ausnahmsweise gehorchend, aufknüpfen; man schrieb den Tag des heiligen Laurentius, den zehnten August. Großfürst Fajsz zählte zu den Gefallenen, Karcha Bulcsu zu den Gehenkten; auch auf Seite der Sieger hatte es nennenswerte Verluste gegeben, und zu ihnen zählte Ottos Schwiegersohn Konrad, der durch waghalsige Einzelaktionen in sehr spektakulärer Weise versucht hatte, seine Beteiligung am Aufstand des Liudolf vergessen zu machen und sein Herzogtum zurückzubekommen, das ihm Otto abgenommen und der Verwaltung seines erzbischöflichen Bruders Bruno unterstellt hatte.

Für den großen König war das Kriegsjahr noch nicht beendet; der slawische Aufstand im Nordosten hatte beängstigende Dimensionen angenommen, und Otto war gezwungen, mit dem Reichsheer – vermindert um das großbayrische Aufgebot – einen Herbstfeldzug nach Mecklenburg zu unternehmen, wo die Rebellen in der Schlacht an der Recknitz vernichtend geschlagen wurden. Herzog Heinrich aber rückte mit seinen Bayern wieder einmal donauabwärts und erreichte diesmal einwandfrei den Mündungsbereich der Raab. Auch seine Vorhuten hatten keine Feindberührung; es schien, als seien die Magyaren vom Erdboden verschwunden.

Und beinahe waren sie es auch, oder richtiger gesagt, glaubten sie selbst es zu sein: Nach ihrer Überlieferung kamen vom Feldzug nach Bayern nur sieben ihrer Krieger zurück, einer von jedem Stamm. Und wenn diese Überlieferung auch sicherlich übertreibt, so reflektiert eben diese Übertreibung doch zutreffend den Eindruck, den der Rest des Stammesbundes von der Niederlage am Lechfeld empfing: Es war die Überzeugung, daß nun für die Magyaren alles aus und vorbei sei.

II.
Das Königreich Ungarn

I. Familiäre Beziehungen der wichtigsten Personen für die Neugestaltung des Verhältnisses zwischen dem Regnum Theutonicum und dem entstehenden Königreich Ungarn.

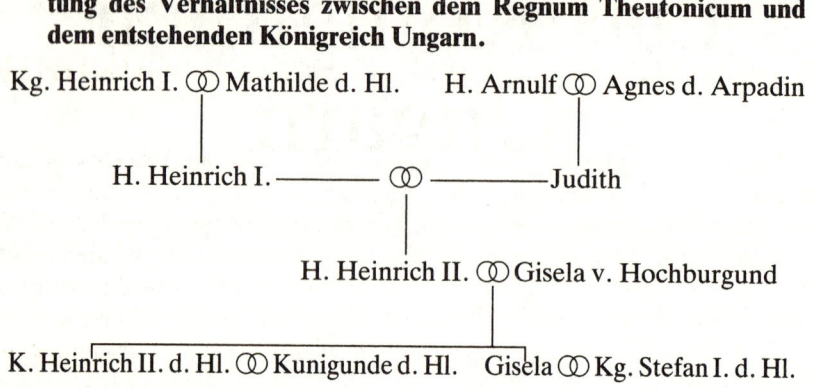

Kg. Heinrich I. ⊗ Mathilde d. Hl.   H. Arnulf ⊗ Agnes d. Arpadin

H. Heinrich I. ——— ⊗ ———— Judith

H. Heinrich II. ⊗ Gisela v. Hochburgund

K. Heinrich II. d. Hl. ⊗ Kunigunde d. Hl.   Gisela ⊗ Kg. Stefan I. d. Hl.

II. Nachfolger (nicht unbedingt Nachkommen) **Árpáds als Großfürsten der Magyaren mit wahrscheinlicher Verwandtschaftsbezeichnung und vermutlichen Regierungsdaten**
(Grundlage: Tabelle bei Dienes, S. 88)

Árpád (Großfürst erst nach Kurszans Tod) 904–907
Szabolcs (Vetter) 907–933
Fajsz (Enkel) 933–955
Taksony (Enkel) 955–972
Géza (Urenkel) 972–997.

Géza war vermutlich auf den Namen István→Stefan getauft. Er war mit Sárolt, der wahrscheinlich nach byzantinischem Ritus getauften Tochter des Gyula von Siebenbürgen, vermählt. Sie trat mit ihrem Gemahl der römischen Kirche bei und erhielt in der römischen Taufe den Namen Adelheid. Dieser Ehe entstammte Vajk, der mit seinen Eltern die Taufe empfing und nun ebenfalls István→Stefan hieß.

1. Kapitel:
Die Rettung des Stammesbundes durch Taksony — Geza und die Brücke in die Zukunft

Der Mann, dem nun nach den Grundsätzen des Senioratserbrechts die unter den gegebenen Umständen äußerst wenig beneidenswerte Rolle des Großfürsten zufiel, war Taksony. Wir kennen ihn bereits: Er war es, der 947 eine Freiwilligenarmee für Berengar II. gesammelt und nach Oberitalien geführt hatte, was den billigen Landgewinn Herzog Heinrichs I. von Bayern an der Donau ermöglichte. An den Schwierigkeiten, die Großfürst Fajsz in seinen letzten Regierungsjahren gehabt hat, war er also keineswegs unschuldig, und seine Bestallung zum Befehlshaber für die 955 in Pannonien zurückgelassenen Sicherungstruppen, durch die ihm die Teilnahme am Feldzug nach Bayern unmöglich gemacht wurde, ist vermutlich als deutliches Zeichen der großfürstlichen Unzufriedenheit zu verstehen.

In der bisher finstersten Stunde der magyarischen Geschichte, die an ihrem Endpunkt angelangt schien, erwies er sich als außerordentlich nervenstarker, klardenkender und konsequent handelnder Heerführer: Er befahl die Räumung der westlich der Raab liegenden Gebiete und baute am Ostufer des Flusses aus den Verbänden seines Heimatheeres und den Trümmern der in Bayern vernichteten Feldarmee, die nicht etwa zurückfluteten, sondern förmlich nach Osten stoben, einen improvisierten Abwehrriegel auf, dessen Wirksamkeit angesichts des gerade im Mündungsbereich damals weitum versumpften Landes keineswegs zu unterschätzen war. Ob Herzog Heinrichs Vorhuten die Abwehrkraft der Magyaren erprobten, ist nicht mit Sicherheit zu sagen; sie gelangten jedenfalls nicht über die Raab und begnügten sich im Endergebnis damit, den Großraum Wien mit vermutlicher Ostgrenze Flußlauf der Fischa in Besitz zu nehmen und sorgsam zu sichern. Für das Unterbleiben weiterführender Aktionen war zweifellos der Tod Herzog Heinrichs I. noch im selben Jahre von entscheidender Bedeutung; für seinen minderjährigen Sohn Heinrich II. führte die Herzogwitwe Judith mit Bischof Abraham von Freising die Regentschaft. Zwischen Fischa und Raab dürfte ein mäßig, aber hinreichend breiter Streifen Niemandsland gelegen gewesen sein: Der Flußlauf der Leitha, das Land um den Neusiedler See, die deserta Avarorum.

Der Großfürst zog auch die Konsequenz aus der Tatsache, daß der Wert von Festungen, in der magyarischen Kriegführung bisher eher umstritten, durch die Ereignisse von Augsburg eindringlich demonstriert worden war, und ließ das alte römische Grenzbollwerk oppidum Strigoniense → Gran →

Esztergom wiederum errichten, die halbverfallenen Festungsanlagen instandsetzen und erweitern. Damit schuf er den »starken Stützpunkt in der Tiefe des Raumes« als Basis der Verteidigung des besonders gefährdeten Donaulandes. Dies war Ausdruck einer entscheidenden Erweiterung der magyarischen Vorstellungen vom Kriegswesen: Hatte dieses bisher lediglich die Führung von Angriffskriegen umfaßt, so war nun unter dem Zwang des Geschehens die Verteidigung aus festen Plätzen als neue Form der Kriegführung dazugekommen. Es war nur naheliegend, daß die als bewährt erkannten Möglichkeiten der Verteidigung aus dem westchristlichen Kriegswesen übernommen wurden; Esztergom wurde damit funktionell zu einem magyarischen Augsburg, einem Gegen-Augsburg gewissermaßen, und damit zum entscheidenden Stützpfeiler des magyarischen Defensionswesens.

Zum Örnagy, was sich etwa mit »Grenzhauptmann« übersetzen läßt, mit dem Sitz in Esztergom bestellte Taksony seinen Sohn Géza; aus dem Umstand, daß ihm dieser später bei gültigem Senioriatserbrecht in der Führung des Stammesbundes friktionsfrei nachfolgte, ergibt sich, daß die Árpáden im Jahre des Unheils 955 alle erwachsenen Familienmitglieder verloren haben müssen, denn die Sohnesnachfolge ist im Senioriatsprinzip immer die Ausnahme. Géza war aber nicht nur als Kriegsmann und designierter Nachfolger eine Stütze der väterlichen Politik, sondern auch als Heiratskandidat: Seine Gemahlin war Sárolt → »das weiße Wiesel«, die Tochter des Gyula von Siebenbürgen, der nun schon gewaltig ins Lager des byzantinischen Kaisers abgedriftet war und eine Mission der Ostkirche unter Führung eines Bischofs Hierotheos in sein Hoflager aufgenommen hatte. Die Erneuerung des Bündnisverhältnisses mit dem Großfürsten durch diese Heirat lockerte die Verbindung zu Byzanz, und als einige kleinere bewaffnete Aktionen magyarischer Stammesführer byzantinisches Grenzgebiet in Mitleidenschaft zogen, konnte der Kaiserhof seine Enttäuschung über die Inkompetenz seines siebenbürgischen Freundes nicht verhehlen und ging auf Distanz, was die Gefahr der völligen Separation des weitgehend selbständigen Siebenbürgen zunächst beseitigte.

Noch während Taksonys Regierungszeit kam es zur Aufnahme von Beziehungen zum Regnum Theutonicum, dessen König Otto I. 962 die kaiserliche Würde erlangt hatte, wobei die entscheidende Kontaktstelle der bayrische Herzogshof in Regensburg mit dem Mittelpunkt Judith war. Die Bischöfe Bayerns bemühten sich, die Vorbereitungen für die Magyarenmission in Gang zu bringen; die führende Rolle nahm Bischof Ulrich von Augsburg ein, der den Magyaren gerade durch die erfolgreiche Verteidigung seiner Bischofstadt als legitimer und vertrauenserweckender Vertreter des Christenglaubens erschien. Als Bischof Ulrichs Beauftragter hielt sich ein junger Mönch aus einem schwäbischen Vasallengeschlecht mehrere Jahre in Pannonien auf, der vordem Lehrer an der Domschule in Trier gewesen war und später Bischof von Regensburg werden sollte: Wolfgang der Heilige, der in zahlreichen Legenden des Ostalpenraumes fortlebt und dessen Namen einer der schönsten Seen des Salzkammergutes führt.

Vermutlich über den heiligen Wolfgang erfolgte die Verbindungsaufnahme zum Hofe Ottos d. Gr., der 972 eine Gesandtschaft der Magyaren empfing, Wolfgang zum Bischof von Regensburg bestellte und die Magyarenmission dem frommen Prunwart von St. Gallen übertrug, dem er den Rang eines Missionsbischofs in Pannonien verlieh. Taksony starb, ihm folgte Géza an der Spitze des Stammesbundes; in Böhmen starb Herzog Boleslaw I., und ihm folgte sein Sohn Boleslaw II., den Herzog Heinrich II. von Bayern mit Böhmen belehnte und Kaiser Otto die Führung des Herzogtitels gestattete. Vermutlich in diesem Zusammenhang begründete der Kaiser das Bistum Prag. Dies wurde vom bayrischen Episkopat zum Anlaß genommen, gegen diese Maßnahme zu protestieren, zumal ein sächsischer Kleriker, ein gewisser Theotmar, mit dem neuen Bistum belehnt wurde. Besonders betroffen war Bischof Wolfgang von Regensburg, zu dessen Diözese Böhmen bisher gehört hatte und der damit empfindliche Gebietsverluste erlitt.

973 starb Otto. d. Gr., und sein Sohn Otto II. trat die Nachfolge an. Otto II. war nun zwar bereits 967 von Papst Johannes XIII. zum Kaiser gekrönt worden, aber die kaiserliche Würde war kein tauglicher Rechtsgrund für die Stellung des Königs im Regnum Theutonicum, und die Akklamation durch das in Merseburg versammelte königliche Dienstvolk ersetzte keineswegs die Königswahl, die eine »gesamtdeutsche Wahl« sein mußte. Die daraus begründeten Zweifel an der Rechtmäßigkeit der Thronerwerbung wurden alsbald eindeutig formuliert; als der führende Kopf der Opposition trat Bischof Abraham von Freising in Erscheinung, der in seinem früheren Schutzbefohlenen Herzog Heinrich die notwendige Stütze in der weltlichen Hierarchie fand. Otto erklärte, daß die strittige Frage in formeller Weise durch das Gericht entschieden werden müßte, lud den Bischof und den Herzog ein, ihren Standpunkt vorzutragen und ließ sie, als sie in der Tat erschienen, in Gewahrsam nehmen. Der hochbetagte Abraham starb 975 in der Haft, aber Heinrich, dem sein unnachgiebiges Verlangen nach einer formellen Wahl als Voraussetzung der Huldigung den Beinamen der Zänker eintrug, gelang die Flucht nach Regensburg. Er sammelte dort Gleichgesinnte um sich, und es kennzeichnet das geringe Ansehen Kaiser Ottos II. in seinem Stammherzogtum, wenn man erfährt, daß sich neben bayrischen vor allem sächsische Ritter in Heinrichs Lager einfanden.

Kaiser Otto mit dem umstrittenen Königstitel sammelte ein Heer und zog gegen Regensburg; Heinrich II. vermied – dem Beispiel seines Großvaters Arnulf folgend – den Kampf in Bayern und zog sich nach Böhmen zurück, wo der von ihm belehnte Boleslaw II. nach den Grundsätzen des Lehensrechtes ihm Treue auch gegen König und Reich schuldete. Herzog Boleslaw hielt den geleisteten Eid, und als Ottos Heer in Böhmen einzufallen versuchte, holte es sich blutige Köpfe.

Die Situation war für Otto vor allem deswegen prekär, weil er unmittelbar vor der Auseinandersetzung mit seinem Vetter Heinrich einen erbitterten Krieg gegen die dänischen Normannen Harald Blauzahns geführt hatte und in diesem siegreich geblieben war; König Harald hatte im Zuge des Friedensschlusses sogar die Oberhoheit des deutschen Königs anerkannt. Otto mußte befürchten, daß die Normannen erneut die Waffen gegen ihn erheben würden, um eine Revision der Friedensbedingungen zu erzwingen; er war entschlossen, den Kampf gegen Heinrich so rasch es ging zu beenden. Er setzte statt einer neuen Armee die juristischen Möglichkeiten seines umstrittenen Königsamtes ein, enthob Heinrich den Zänker, zertrümmerte »Großbayern« in drei Herzogtümer und verlieh sie an ihm genehme Persönlichkeiten. Die schematische Darstellung ergibt folgendes Bild:

	Neue Herzogtümer:	Vorgelagerte Marken:	
	Böhmen	Mark Mähren	
bisher: Herzogtun Bayern	Bayern	Mark an der Donau	Siedlungs- raum der Magyaren
	Kärnten	Mark Steyr Mark hinter dem Drauwald Mark im Sanntal Mark Krain Mark Verona	

Böhmen erhielt Boleslaw II.; er war nun Lehensmann des Königs, dem enthobenen Heinrich nicht mehr zur Treue verpflichtet und im Falle weiteren Widerstandes selbst ein Rebell.

Restbayern wurde Graf Otto vom Wormsfeld verliehen; er war der Sohn des auf dem Lechfeld gefallenen vormaligen Herzogs Konrad von Lothringen und seiner Gemahlin Liutswinda, Ottos d. Gr. Tochter aus erster Ehe und mithin Ottos II. Halbschwester.

Herzog von Kärnten aber wurde der letzte Luitpoldinger: Heinrich, der Sohn Herzog Bertholds von Bayern, der beim Tod seines Vaters als Kleinkind 947 übergangen worden war.

Exherzog Heinrich der Zänker setzte sich aus Böhmen ab und ging ins Exil, wo dieses lag, ist nicht schwer zu erraten: Er folgte wiederum dem großväterlichen Beispiel und zog an den Hof des Großfürsten der Magyaren. Géza nahm seinen Vetter mit Familie und Gefolgen mit offenen Armen und offenem Herzen auf: Sie waren ihm nicht nur ins Unglück gestürzte Verwandte und deren Getreue, sondern sie waren auch die berufenen Repräsentanten der ritterlichen, westchristlichen Gesellschaftsordnung. Mit dem Gedanken, diese für den Stammesbund zu übernehmen, hatte schon sein Vater Taksony zumindest gespielt, und er selbst hatte sie als Möglichkeit der Meisterung der Zukunft ernsthaft ins Auge gefaßt, durchaus nicht überraschend übrigens, entspringt doch die Übernahme von Verhaltensweisen und Organisationsstrukturen siegreicher Gesellschaftssysteme unmittelbar der Lernfähigkeit und damit der Entwicklungsfähigkeit der Besiegten, die sie – häufig nach einer gewissen »Trotzphase« – nach Möglichkeit zu kopieren pflegen. Angesichts dieser Tatsache kann die Bedeutung der bayrischen Flüchtlingskolonie am Magyarenhof für die zukünftige Entwicklung kaum überschätzt werden: Sie war das Vorbild, an dem sich Géza orientierte – und sie sollte in ihren bewaffneten Teilen wohl auch die Basis des neuen großfürstlichen Heeres werden. Dieser letzte Aspekt verdeutlicht sich besonders im vornehmsten Fluchtgefährten Heinrichs, seinem Freunde Burkhard, der Burggraf von Regensburg und Markgraf an der Donau gewesen war; er trat in den Dienst des Großfürsten und verblieb bei ihm für den Rest seines Lebens; er und seine Mannen bildeten den ersten ritterlichen Truppenkörper im Rahmen des neuen magyarischen Heeres, das sich aus ihm entwickeln sollte. Auch Burkhards Stellung war vorbildgeprägt, wenn wir an Roger von Pöchlarn denken. Dieser Hinweis wiederum zeigt, daß wir uns erneut im Szenarium der mittelhochdeutschen Epik um Dietrich von Bern und König Etzel, um Kriemhild von Burgund und Rüdiger von Bechelaren bewegen.

Von vielleicht noch größerer Bedeutung für die Zukunft und damit die Umgestaltung des Bundes der sieben Stämme in das Königreich Ungarn war, daß Heinrichs gleichnamiger Sohn im Exil eine sorgfältige Erziehung genoß, an welcher der ungefähr gleichaltrige Gézasohn Vajk teilnahm. Für Kinder im Volksschulalter bestand die Erziehung vorwiegend in christlicher Belehrung, die auch die Unterweisung in den – um die uns geläufige Bezeichnung zu verwenden – humanistischen Fächern einschloß. Als Erzieher Heinrichs und Vajks trat aller Wahrscheinlichkeit nach der heilige Wolfgang in Erscheinung, dem wir zuletzt als Bischof von Regensburg begegneten, der ergebnislos gegen die Errichtung des Bistums Prag protestierte.

Im Regnum Theutonicum hatte sich nach der Emigration Heinrichs der Streit um die Rechtmäßigkeit des Königtums Ottos II. nicht gelegt, sondern war neu entflammt, als Otto – offenbar als Reaktion auf die Haltung des bayrischen Episkopats – das Bistum Prag aus dem Bereich der Erzdiözese Salzburg löste und dem Erzbischof von Mainz unterstellte. Wortführer der erneuten Opposition waren Bischof Heinrich von Augsburg, der Nachfolger Ulrichs, und Herzog Heinrich von Kärnten. Otto lud sie vor das Königsgericht, doch zog Heinrich, dem das Beispiel befolgter Ladung durch Heinrich von Bayern den Glauben an des Königs Gerechtigkeitsliebe nachhaltig erschüttert hatte, die Flucht vor, die ihn ebenfalls nach Pannonien führte. Bischof Heinrich von Augsburg wurde gefangengenommen – und Bischof Wolfgang von Regensburg verließ demonstrativ sein Bistum; seine Lebensgeschichte betont, daß er Heinrichs Erzieher war, woraus sich ergibt, daß auch er zum Hof der Magyaren gelangt sein muß. Dann war es aber aller Wahrscheinlichkeit nach auch er, der Vajk und vermutlich auch Géza taufte, beide auf den Namen Stefan, und der Sárolts Übertritt in die Papstkirche durchführte. Wie gesagt erhielt sie den Namen Adelheid, doch wurde sie bei Hofe meist Beleknegini → die schöne Herrin, genannt.

Kärnten wurde nun Herzog Otto von Bayern unterstellt, doch blieb sein Rang als Herzogtum davon unberührt; von größerer Bedeutung war, daß die Mark an der Donau nun an Leopold I. von Babenberg[1] verliehen wurde (976) und etwas später den Namen Ostarichi[2] erlangte. Trotz alledem blieb Ottos Stellung als König labil; Kriege gegen Westfranken und die süditalischen Moslems und der große Aufstand der Liutizen und Heveller verhinderten eine Stabilisierung der Lage, und die Wahl seines dreijährigen Sohnes Otto III. zum König auf dem Reichstag in Verona (18. Juni 983) erbrachte naturgemäß auch keine effektive Stärkung der Königsmacht.

In Esztergom, wo Géza zu residieren pflegte, hatte ungeachtet der persönlich nicht gerade vorbildlich christlichen Lebensführung des Großfürsten die Missionierung erhebliche Fortschritte gemacht, und man darf annehmen, daß um 980 die Würdenträger am Hof und die im Raum zwischen Esztergom und dem Nordufer des Balaton → Plattensees siedelnden Magyaren beinahe zur Gänze der Westkirche anhingen. Eine Dreiteilung des Stammesbundes oder vielmehr der Angehörigen der Stämme zeichnete sich ab: es gab

– die »Traditionalisten«, die in Heidentum, Gewohnheitsrecht und übernommener Sozialstruktur verharrten und weiterhin verharren wollten,
– die »Byzantinisten«, die den von Tormás, Bulcsu und Gyula d. Ä. (Sárolts Vater, der vermutlich bald nach ihrer Vermählung verstorben war und dem Gyula d. J. nachfolgte) vorgezeichneten Weg ins oströmische Lager gingen, und
– die »Lateiner«, die des Großfürsten Beispiel folgend der Papstkirche beigetreten waren.

Oberhaupt der Traditionalisten war Koppány, der älteste Arpade nach dem Großfürsten und daher – nach bisheriger Rechtslage – dessen designierter Nachfolger; er hatte das Ducat von Somogy am Südufer des Balaton inne, das vermutlich bis zur Donau reichte. Seine Anhänger aber siedelten auch jenseits der Grenzen des Ducats, im Osten zumindest bis zum Flußlauf der Tisza → Theiß, im Süden zumindest bis zur Höhe von Pécs → Fünfkirchen.

Die Byzantinisten waren gespalten; im Osten waren sie die Parteigänger des jüngeren Gyula, im Süden – um den Unterlauf der Maros – die des Arpaden Ajtony, der zwar der Ostkirche anhing, politisch aber mit den Bulgaren liiert war. Da die Bulgaren damals gegen den Kaiser des Ostens große, erbitterte Kriege führten und in Richtung Mittelmeer expandierten, war diese Verbindung Ajtonys sicherlich politisch vernünftig und lenkte den Agressionswillen der bulgarischen Großmacht von Südungarn ab, verhinderte aber den Zusammenschluß der byzantinistischen Gruppen, da die Siebenbürger nach wir vor Konstantinopel zuneigten.

Die Lateiner dominierten im nördlichen Pannonien; sie waren vor allem im Besitz der befestigten Plätze, wobei neben Esztergom besonders Veszprem und Györ → Raab zu nennen sind. Auch wenn sie keineswegs die Mehrheit der Magyaren waren, so stellten sie doch den »marschierenden Flügel« dar, also jene Bevölkerungsgruppe, die bestimmt war, die Entwicklung im Sinne von Gézas Zielsetzung voranzutreiben, selbst um den Preis, daß dies mit Waffengewalt geschehen mußte. Gézas Konzept der Christianisierung der Magyaren und der Schaffung eines modernen Reiches nach westlichem – und das heißt deutschem – Muster läßt sich aus dem späteren Vorgehen seines Sohnes, der durchaus in Vollzug eines großangelegten Planes handelte, mit Sicherheit erschließen: Daß Géza ihn nicht selbst verwirklichen konnte, ist zunächst auf die Vorgänge im Regnum Theutonicum, die einen Aufschub erzwangen, und dann auf seinen Tod zurückzuführen. Und das rückt das Vater-Sohn-Verhältnis Géza-Vajk ganz in die Nähe des klassischen Vorbilds Philipp – Alexander, das Egon Friedell in seiner treffsicheren Art dahin umreißt, daß Philipp seinem Sohn das ganze Konzept seiner Taten entworfen habe und damit gewissermaßen der »Dichter des Alexanderzuges«, Alexander aber nur dessen »großartiger Heldendarsteller« gewesen sei.

Géza war sich offensichtlich der Zahlenverhältnisse voll bewußt und rechnete mit der Übermacht jener, die sich seinem Vorhaben widersetzen würden, wußte sich aber im Besitz einer nicht-magyarischen Reserve, die das Zahlenverhältnis mehr als wettmachen mußte –, und diese Macht im Hintergrund waren nicht nur die deutschen Panzerreiter, die mit dem vormaligen Markgrafen Burkhard in seinen Dienst getreten waren, sondern auch die viel zahlenstärkeren ritterlichen Gefolgen der Herzöge von Bayern und Kärnten. Es muß für ihn ein schwerer Schlag gewesen sein, als diese nicht mehr zu seiner Verfügung standen: 982, nach dem unglücklichen ersten Feldzug gegen die Moslems, der zur Vernichtung seines Heeres bei Crotone führte, nahm Kaiser Otto II. Verbindung zu beiden Herzögen auf, um sie gegen Rückgabe ihrer Herzogtümer zur Heimkehr zu bewegen.

Das Verhältnis zwischen den beiden Herzögen ist nun nicht rekonstruierbar; es könnte sich, falls Heinrich der Liudolfinger den Traum von der Wiedererrichtung Großbayerns geträumt und auf der Annullierung der Separation Kärntens (und wohl auch Böhmens) bestanden haben sollte, so weit verschlechtert haben, daß Heinrich der Luitpoldinger im Zorn von ihm schied – aber es könnte ebensogut seine alleinige Heimkehr ins Regnum Theutonicum auch nur der Versuch gewesen sein, die Haltung des Kaisers und der Fürsten des Reiches zunächst gegenüber dem minderbelasteten, weil ohne bewaffneten Widerstand Emigrierten zu erkunden. Jedenfalls kehrte er heim, erschien am Reichstag zu Verona – demselben, der Otto III. zum Könige wählte, was immerhin eine Wahl, wenngleich keine Volkswahl war –, wurde ehrenvoll empfangen und mit

– Bayern und
– Kärnten

belehnt. Otto vom Wormsfeld, ganz offensichtlich überrascht, ließ sich entheben, führte aber – wenngleich er 985 auch offiziell Verzicht leistete – den Herzogtitel weiter; er war nun ein »Reichsfürst ohne Fürstentum« (ganz verarmt war er nicht: Er hatte einige Grafschaften im Westen des Reichs im Gebiet von Rhein, Main und Neckar, die nun reichsfürstliches Gebiet und damit keiner herzoglichen Gewalt unterworfen waren), beinahe so etwas wie ein »Minister ohne Portefeuille«, bis ihm 1002 Kärnten erneut verliehen wurde. Ihm folgte, um das vorläufige Ergebnis des bunten Reigens der Herzöge Kärntens vorwegzunehmen, 1004 sein Sohn Konrad, der es bis zu seinem Tod 1011 verwaltete; dann wurde es unter Ausschluß seiner Nachkommen an Adalbert von Eppenstein verliehen, der vordem Markgraf der Karantanischen Mark (südliches Trennstück der bereits genannten Mark Steyr) gewesen war.

Von den Nachkommen Ottos vom Wormsfeld sind die bedeutendsten sein Sohn Brun, der als Gregor V. zum ersten Papst aus einer deutschen Familie wurde[3], und sein Enkel Konrad, der 1024–1039 deutscher König und ab 1027 Kaiser war. Dieser Konrad II. verlieh 1035 Kärnten an seinen Vetter, den Sohn Herzog Konrads I., der nun ebenfalls zu Konrad II. – allerdings als Herzog – wurde. Dessen Sohn Herzog Konrad III. erlangte neben Kärnten auch die Würde eines Pfalzgrafen bei Rhein; mit ihm erlosch der Kärntner Zweig des salischen Hauses.

Für Gézas Plan der Gründung des Königreichs Ungarn war nach dem Wegfall der Mannen Heinrichs (I. als Herzog von Kärnten, III. als Herzog von Bayern) der frühe Tod Kaiser Ottos II., der am 7. Dezember 983 in Italien verstarb[4], die nächste entscheidende Belastung: Heinrich der Liudolfinger anerkannte den zum König gewählten Otto III. ausdrücklich, schockierte aber den Königshof unter anderem durch seine Absichtsbekundung, die Vormundschaft über den minderjährigen König anzutreten. Das war – genau wie sein Bestreiten der Legitimität des Königtums Ottos II. – rechtlich durchaus begründet; noch der Sachsenspiegel nennt im »Landrecht« den nächsten »Schwertmagen« wie die männlichen Verwandten genannt werden, als zur Vormundschaft über einen Minderjährigen berufen. Und der nächste Schwertmagen war er als Enkel König Heinrichs I., dessen Urenkel Otto III. war. Erzbischof Willigis von Mainz, der Reichserzkanzler und damit Exponent des Hofes, setzte Heinrichs auf dem deutschen Rechtssystem beruhenden Anspruch das römische Recht in seiner in Byzanz gültigen Spätform entgegen, das die Vormundschaft der Mutter vorsah, und berief sich auf das Personalitätsprinzip, denn des Kindkönigs Mutter war die byzantinische Prinzessin Theophano. Falls ein Regentschaftsrat noch nicht bestanden haben sollte, wurde er nun rasch gebildet; den Vorsitz führte die Witwe Kaiser Ottos II., die eigentlich tonangebende Persönlichkeit war Willigis. Seinem Geschick ist es hauptsächlich zu verdanken, daß es gelang, eine

Einigung mit Heinrich herbeizuführen: Er kehrte heim, wurde wieder Herzog von Bayern, das ihm Heinrich von Kärnten bereitwillig überließ, und erhielt überdies die verbindliche Zusage, daß ihm oder seinem Nachfolger Kärnten im Falle des erbenlosen Todes Heinrichs, der unvermählt war, wiederum zufallen werde.

Vor dem Abzug des Bayern aus Pannonien kam es zum Abschluß eines – vermutlich nur mündlichen – Bündnisvertrages, in dem sich Heinrich zur Unterstützung von Gézas Reichsgründungsprojekt, Géza aber zur Unterlassung von Einfällen in den Grenzraum verpflichtete. Man darf glauben, daß den beiden Fürsten, die sich persönlich kannten und vertrauten, Manneswort und Handschlag genügten; zur technischen Durchführung wurde die Vermählung des Géza-Sohnes mit der – vielleicht erst im Exil geborenen – Heinrich-Tochter vereinbart: Gisela sollte als Gefolge neben Missionaren eine stattliche Anzahl von Panzerreitern mitbringen, um Géza wieder jene Machtreserve zu verschaffen, die durch die Heimkehr der deutschen Ritter beider Heinriche geschwunden war.

985 erlangte neuerlich ein Nachkomme Herzog Arnulfs Einfluß auf das Geschehen im Bund der Sieben Stämme: Adalbert, der nach dem Tode Bischof Theotmars Bischof von Prag geworden war und sein Bistum verlassen hatte, um sich nach Rom zu begeben. Seine Emigration, denn um eine solche handelt es sich, scheint politische Gründe gehabt zu haben: Das Verhältnis zwischen seiner Familie, den Slawnikiden, die durch ihn das höchste Kirchenamt in Böhmen bekleideten, und den Przemysliden, die durch Herzog Boleslaw II. die Staatsgewalt repräsentierten, war gespannt. Adalbert fühlte sich augenscheinlich als Stein des Anstoßes und wollte die Eskalation des Zwiespalts durch seine Entfernung verhindern. Nach vordergründiger Entschärfung der Lage kehrte er 992 nach Prag zurück – wobei des Kausalzusammenhangs wegen der Vorgriff gestattet sei – und wurde 994 zu neuerlicher Preisgabe seines Bistums gezwungen, der 995 der bewaffnete Überfall des herzoglichen Kriegsvolkes auf die Slawnikiden in Libice folgte, bei welchem die Slawnikiden und ihr Anhang fast zur Gänze ausgerottet wurden. Bischof Adalbert widmete sich nun der Mission im Lande der wilden, heidnischen Pruzzen und erlitt den Märtyrertod am 23. April 997 in der Gegend des heutigen Danzig.

Auf dem Wege nach Rom verweilte der nachmalige Heilige für eine unbestimmte Zeit in Gran, wo er nun die Stelle des nach Regensburg zurückgekehrten heiligen Wolfgang als Mittelpunkt der christianisierten Hofpartei einnahm; was aus dem von Otto d. Gr. bestellten Prunwart von St. Gallen geworden war, ist nicht mit Sicherheit feststellbar. Adalbert spendete dem Großfürsten, seiner Gemahlin und dem nun etwa halbwüchsigen Stefan ein Sakrament, das wohl die Firmung gewesen sein dürfte, und weihte die Hofkapelle in Gran dem heiligen Vitus → Veit, dem Hauptheiligen seines Prager Bistums. Seiner Lebensgeschichte, die von Bruno von Querfurt stammt, der übrigens genau wie Adalbert als Missionar in Preußen den

Märtyrertod fand (1009) und heiliggesprochen wurde, ist zu entnehmen, daß nach der Heimkehr der beiden Heinriche das Christentum bei den Magyaren in die Defensive gedrängt wurde. Bruno klagt, daß die »besudelte Religion« sich mit dem Heidentum vermischt habe und lau und ängstlich geworden sei, was durch Adalbert geändert wurde. Nach Fortsetzung seiner Romreise war der magyarische Fürstenhof jedenfalls eine gefestigte Zelle des Christentums, und Burkhart von Pöchlarn hatte mit seinen Mannen die ehrenvolle Aufgabe, Leibwache eines christlichen Herrschers in einem heidnischen Land zu sein.

Im Regnum Theutonicum war indessen Herzog Heinrich von Kärnten verstorben, und Otto III. belehnte Herzog Heinrich II. von Bayern mit dem neuen Herzogtum, das jedoch als solches erhalten blieb. Sieht man von Böhmen ab, war Großbayern in der Rechtsform einer Personalunion wiedererstanden; es umfaßte nach wie vor neben dem heutigen Freistaat fast ganz Österreich, Slowenien und Nordostitalien, was Herzog Heinrich in den Augen seiner magyarischen Freunde zum entscheidenden Beherrscher des Westens machte. Als Adalbert der Heilige 992 in sein Prag heimkehrte, reiste er über Regensburg und fixierte im Interesse Gézas den Termin für die Hochzeit Giselas und Stefans auf das Jahr 995; häufig wird auch die Meinung vertreten, er habe die Heirat vermittelt, die hier nicht geteilt wird.

Herzog Heinrichs von Bayern und Kärnten Tod im Jahre des Hochzeitstermins machte die Verschiebung der Heirat notwendig; sein Sohn Heinrich wurde mit beiden Herzogtümern belehnt; er war der mit Abstand bedeutendste Fürst des Regnum Theutonicum. Er vermählte sich 998 mit Kunigunde von Luxemburg und gewann damit zusätzlich enge Verbindungen zum Westen des Reichs, und als nach Ottos III. überraschendem Tod (24. Januar 1002 in Paterno, der Kaiser war erst 22 Jahre alt und bis wenige Tage vorher kerngesund) die Königswahl durchgeführt wurde, war es die Anerkennung seiner Persönlichkeit ebenso wie die der Bedeutung seiner beiden großen Herzogtümer, daß er zum König erwählt wurde. Zusätzlich sprach für ihn seine enge Beziehung zum eben entstandenen Königreich Ungarn, ließ ihn doch eben diese als den Garanten des Friedens für den Südosten des Reiches erscheinen. 1014 wurde er zum Kaiser und Kunigunde zur Kaiserin gekrönt, und 1146 wurden sie beide nach offiziellem Verfahren heiliggesprochen. Die Ehe blieb kinderlos; daß sie nicht vollzogen worden wäre ist ein letztlich bösartiges Gerücht, das ihre Gültigkeit in Frage stellt[5].

996 fand die Vermählung Giselas mit Stefan statt, und wir können nicht umhin, bei Nennung dieses Ereignisses mit allem Nachdruck zu betonen, daß wir hier an einem entscheidenden Wendepunkt der europäischen Geschichte stehen. Denn diese Heirat setzte durch das übergroße Gefolge, das Gisela mit sich brachte, Géza in die Lage, die Realisierung seines großen politischen Vorhabens in Angriff zu nehmen, das wilde, heidnische Reitervolk, das erst vor einem runden Jahrhundert über den Rand des abendländischen Horizonts gelangt und seither dessen Schrecken gewesen war, zur Übernahme

– des Glaubens,
– der Lebensart,
– des Staatsrechts und
– der Weltvorstellung

des christlichen Abendlandes zu bewegen und damit dessen integrierter Bestandteil zu werden. Anders – einfacher und ein biblisches Bild verwendend – kann man sagen, daß der Großfürst der paganischen Magyaren aus einem Saulus zu einem Paulus geworden war, aus einem Verfolger zu einem Verbreiter des Christentums, und daß er nun im Begriffe und im Besitz der Machtmittel war, sein Volk auf den als richtig erkannten Weg zu führen.

2. Kapitel:
Kreuz und Schwert:
Stefan der Heilige und die Gründung des Königreichs Ungarn

Die Benediktinerabtei Scheyern (Kreis Pfaffenhofen), so heißt es in einer lokalen Tradition, sei der Ort gewesen, wo sich das große Ereignis der Vermählung Giselas von Bayern mit Stefan von Ungarn abgespielt habe. Die kirchliche Zeremonie sei vom heiligen Adalbert von Prag vorgenommen worden, der unmittelbar vorher Stefan die Taufe gespendet habe. In der »Königskapelle«, in der auch eine Statue Stefans steht, befinden sich mehrere Bildtafeln, die Verlobung Giselas mit Stefan, fälschlich als Rex Hungariae, vor ihrem Bruder Heinrich, nicht minder fälschlich als Imperator bezeichnet, darstellend. Die Bilder aber stammen aus dem 17. Jahrhundert, und die Legende ist die verzerrte Wiedergabe der Trauung der Urgroßeltern der Braut, die tatsächlich in Scheyern stattfand: Herzog Arnulf von Bayern und Agnes, die ihm aus dem Magyarenreich gefolgt war.

996 aber zog Gisela von Bayern mit einem überdimensionierten Brautzug, dessen ritterliche Gefolgschaft in Wahrheit die vom Bayernherzog dem Großfürsten zugesicherte Hilfsarmee war, die unter der Tarnbezeichnung »Brautgeleit« in sein Reich gelangte, donauabwärts. Es kann kein Zweifel daran bestehen, daß der glänzende Zug, der die Hoffnung auf eine Christianisierung der wilden paganischen Nachbarn und damit eine friedliche Zukunft im so oft verwüsteten Donauland sichtbar in sich trug, das große Ereignis für die im Strombereich Lebenden war, die von weither zusammenströmten, um Zeuge des Geschehens zu werden, daß es ihre Phantasie im Übermaß beschäftigte und sogleich der »mediengerechten Aufbereitung« unterfiel, was in jene Zeit übertragen bedeutet, daß es von Spielleuten und Bänkelsängern in Reime gefaßt und vertont und immer wieder vorgetragen wurde. Aus diesem Liedgut schöpfte der Dichter des Nibelungenliedes, und wenngleich die historisch auftretenden Persönlichkeiten mit den Namen des Epos bezeichnet und in der bereits aufgezeigten Weise verschmolzen werden, so kann doch kein ernsthafter Zweifel daran bestehen, daß hier Giselas Brautfahrt als Kriemhilds Fahrt zu den Heunen eine getreue Darstellung findet.

Die Reichsgrenze, die damals vermutlich an der Traisen verlief – das Gebiet bis zur Fischa war aus unbekannter Ursache, vielleicht aber durch eine Landabtretung Herzog Heinrichs II. im Zuge seiner Heimkehr, wieder magyarisches Territorium geworden –, wurde unter dem Ehrengeleit des Markgrafen von Pöchlarn, Heinrichs I. von Babenberg, überschritten, und die Eheschließung fand wahrscheinlich im Raum Wien, wo damals allerdings noch keine Stadt war, statt.

Nach den Hochzeitszeremonien und der feierlichen Übernahme von Giselas ritterlichen Gefolgsleuten in den Dienst das Magyarenhofes gab es – für einige von diesen vermutlich enttäuschend – keine Lehen: Sie wurden vielmehr in den Hofstaat eingefügt und bildeten gemeinsam mit den Rittern des zwischenzeitig vermutlich verstorbenen Burkhard von Pöchlarn die nun sehr zahlenstarke Leibgarde des Großfürsten und seines Sohnes, die der Funktion nach schon eine Gardekavalleriedivision gewesen ist. Ihre Befehlshaber waren die Ritter Chunt, vermutlich eine verstümmelte Form von Kuno, und Paznam, vielleicht die Verballhornung von Pankratius, deren Nachkommen sich vermählten und die Stammeltern des Adelsgeschlechts der Hont – Pázmány wurden. Die großfürstliche militärische Macht beruhte nun auf der planmäßigen Verwendung »verbundener Waffen«: Der Schweren Reiterei, die von den Panzerreitern aus dem Regnum Theutonicum gebildet wurde, und der Leichten Reiterei der christianisierten Magyaren seines unmittelbaren Gefolges.

Das Christentum und damit die Missionierung erhielt etwa gleichzeitig starke Impulse nicht nur durch die Geistlichen, die in Giselas Gefolge mitgekommen waren, sondern auch durch Flüchtlinge aus Böhmen. Es wurde bereits gesagt, daß der heilige Adalbert 994 sein Bistum erneut verlassen hatte und daß 995 die Mannen Herzog Boleslaws II. die Slawnikiden in Libice überfielen und faktisch ausrotteten. Eine Zahl der Parteigänger der Slawnikiden aber hatte das Gemetzel überlebt; wie es scheint, handelte es sich dabei um Kirchenleute, persönliche Anhänger Adalberts zumeist, die nun aus Böhmen ins Magyarenreich flohen, wo sie ihren Bischof wußten. Ihr Anführer war der greise Radla, der einst Adalberts Lehrer gewesen war, dem sein früherer Schüler stets in tiefer Verehrung verbunden blieb. Géza genehmigte die Ansiedlung der tschechischen Flüchtlinge auf einem Berg bei Raab → Györ und sorgte für die materiellen Bedürfnisse der in klösterlichem Leben verbundenen Kolonie in großzügiger Weise. Adalbert unterstellte sie dem spirituellen Schutz des heiligen Martin, der dem pannonischen Raum entstammte, und aus dieser Siedlung wurde später die berühmte Benediktinerabtei Pannonhalma, die Erzabtei Ungarns, die mit der Geschichte des Königreichs so innig verflochten ist wie kaum eine andere Institution. Die ursprünglichen Bewohner des Martinsbergs, wie der Berg alsbald genannt wurde, pflegten neben dem Kult des heiligen Martin vor allem die Erinnerung an die Heiligen aus ihrer Heimat, und auf diese Weise erlangten die heilige Ludmilla und der heilige Wenzel, die als Märtyrer der Christianisierung Böhmens gestorben waren, viele Andachtsstätten und Verehrer. Das entsprach durchaus den politischen Intentionen des Hofes, lag es doch nahe, in einer Gesellschaft, die der völligen Christianisierung zustrebte, ihr Vorbild besonders hervorzuheben.

Als Géza Jahresanfang 997 verstarb, ließ Stefan die vorbereiteten Maßnahmen zügig durchführen. Zunächst galt es, seine Nachfolge gegen das Senioratserbrecht Koppánys durchzusetzen: dies geschah durch eine Versammlung der aus welchem Grund auch immer gesellschaftlich tonangebenden Magyaren. Diese wurde schon am zweiten Tag nach dem Ableben Gézas in Gran abgehalten und konnte daher schon aus räumlichen Gründen nur jene Vornehmen umfassen, die sich für ständig im Nahbereich des Hofes befanden; von ihnen ist anzunehmen, daß sie
– voll christianisiert und
– bereits von Géza auf diese Art der Lösung des Nachfolgeproblems vergattert
waren. Sie hielten ihm die Treue bis über den Tod und riefen seinen Sohn zu seinem Nachfolger an der Spitze des Stammesbundes aus, und die westchristlich sakrale Weihe, mit der die Erhebung in großem Zeremoniell umgeben wurde, ließ den Gedanken, sich eben an einer revolutionären Tat beteiligt zu haben, in den Mitgliedern der Versammlung augenscheinlich gar nicht aufkommen. Der junge Großfürst, dem an geweihtem Ort von geweihter Hand ein geweihtes Schwert umgehängt wurde, war, um mit Bogyay (S. 18) zu sprechen, ein introvertierter Mensch, «der die äußere Welt nach seinen innerlich erlebten und vorbehaltlos akzeptierten Idealen zu gestalten sucht«, und der »von seinen Eltern auch die Härte geerbt hatte«, die sich als unverzichtbares Instrument für seine Selbstverwirklichung erwies.

Während in Gran die nach westlichem Ritus christianisierten Magyaren Stefan zum Großfürsten ausriefen, ließ sich der nach überliefertem magyarischen Recht zur Nachfolge berufene Koppány in seinem Ducat von den Traditionalisten als neuer Großfürst der Magyaren huldigen. Da die Abgesandten der Gebiete im Nordwesten ausblieben und insbesonders der Hof zu Gran keine Reaktion zeigte, Koppány vermutlich auch von den Vorgängen in der bisherigen Residenz Kenntnis erlangte, mobilisierte er seinen Anhang und begann ohne Verzug mit den Operationen zur Niederwerfung der Rebellion: Er stieß gegen Veszprém vor und berannte die sich ihm verschließende Stadt wütend. Dabei ging es ihm weniger um die Stadt selbst als vielmehr um Sárolt – Beleknigini – Adelheid, »die schöne Herrin weißes Wiesel«, die er in Veszprém vermutete: Er wollte Gézas Witwe, um mit ihr Hochzeit zu halten. Es ist nicht anzunehmen, daß dies angesichts der Lage aus leidenschaftlicher Zuneigung erfolgte, und Bogyays Meinung, er habe durch eine Ehe seinen auf dem Seniorat beruhenden Nachfolgeanspruch zusätzlich legitimieren wollen, hat alle Wahrscheinlichkeit für sich.

Die Einzelheiten des Konflikts von 997 sind mannigfach überliefert, aber nur schwer zu koordinieren; insgesamt zeigte sich das System der »verbundenen Waffen«, das bewußte Zusammenwirken
– der bogenbewaffneten magyarischen Reiterei, die den Fernkampf führte, und

– der im Nahkampf unbezwinglichen Panzerreiter
durchgehend überlegen. In der Entscheidungsschlacht zeichnete sich der
bayrische Ritter Ezzelin von Wasserburg besonders aus, der Koppány in
einem spektakulären Zweikampf überwand und ihm das Haupt abschlug.
Stefan ließ den Leichnam vierteilen; drei Teile wurden an die Tore seiner
Hauptstützpunkte Gran, Raab und Veszprém genagelt, und den vierten
schickte er mit herzlichen verwandtschaftlichen Grüßen an Onkel Gyula nach
Siebenbürgen. Koppánys Tod brach den Widerstand der Traditionalisten.
Das Gebiet, das Stefan als Großfürsten anerkannte, umfaßte nun schon
neben Westungarn den ganzen Zentralraum: Im Süden aber zögerte Ajtony,
die neue Lage vorbehaltlos zu akzeptieren, und auch Gyula von Siebenbürgen hielt sich zögernd im Abseits.

Stefan ließ sie vorerst gewähren, er war vielmehr bemüht, seine Herrschaft
zu festigen und die Anerkannung des bereits Vollzogenen im Westen zu
erlangen. Zum ersten Vorhaben gehörte die Konzeption der organisatorischen Einzelheiten für die Neugestaltung des gesellschaftlichen Gefüges
unter besonderer Berücksichtigung der Machtstrukturen, in die er jene
Männer einband, die sich für seine Sache die größten Verdienste erworben
hatten, und zum zweiten die Entsendung einer offiziellen Gesandtschaft nach
Rom, wo Kaiser Otto III. und Papst Silvester II.[6] residierten, um in
brüderlicher Einheit von weltlicher und geistlicher Herrschaft die großen
Planungen von der renovatio imperii Romanorum[7] durchzusetzen.

Im Rahmen der Festigung der Herrschaft wurden vor allem die »deutschen
Gäste«, wie man Giselas Ritter nannte, mit Funktionen und Landbesitz
ausgestattet; Ezzelin von Wasserburg wurde so in Westungarn reichlich
bedacht, und es ist anzunehmen, daß er die Besiedlung des Burgenlandes mit
deutschen Bauern, die er aus seiner bayrischen Heimat herbeiholte, einleitete. Die gelegentlich anzutreffende Meinung, daß die zu Stefans Zeiten
feststellbaren deutschen Siedlungen Reste der Ansiedlung im Zeitalter Karls
d. Gr. seien, ist kaum haltbar: Zu blutig waren die dazwischenliegenden
beiden Jahrhunderte, zu viele Kriegsstürme fegten über Westpannonien, zu
oft wurde das Land – auch völlig planmäßig in Vollzug der uralten Kampfform
der verbrannten Erde – verwüstet, als daß sich bäuerliche Siedlungen über
diese Zeitspanne hätten halten können. Die »Gardekommandeure« Chunt
und Paznam aber wurden gemeinsam mit einem Herrn Orzius, verstümmelt
vermutlich aus Ursinus, mit der Verwaltung des Ducats von Somogy
beauftragt.

Mit der Gesandtschaft nach Rom wurde ein gewisser Ascherich, der sich
als Mönch Anastasius nannte, betraut; er war ein Schüler des heiligen
Adalbert und von diesem zum Abt des Klosters Meseritz, das als Basisstütz-
punkt für die Pruzzenmission errichtet worden war, bestellt worden. Nach
Adalberts Tod war die erste »Preußenmission« zusammengebrochen, und
Ascherich war mit den letzten Christen ins Magyarenreich zurückgekehrt, wo
ihn Stefan gerne aufnahm und mit der Leitung der eben Bedeutung

gewinnenden außenpolitischen Angelegenheiten betraute. Er war es wohl, der nach seiner Heimkehr von der ersten Gesandtschaftsreise Stefan zum Könige krönte: Es war – vermutlich – am ersten Januar 1001. Die Krone – als Stefanskrone das unvergängliche Symbol der Staatswerdung Ungarns – war von Papst Silvester II.

– mit ausdrücklicher Zustimmung,
– aber ohne Mitwirkung Kaiser Ottos III.

gestiftet und übersendet worden; **die auffällige Absenz des Imperators sollte jeder Interpretationsmöglichkeit, der König von Ungarn sei ein Lehenskönig des Kaisers und damit des deutschen Königs** (die Verbindung der Würden war von Papst Gregor V. ausdrücklich festgelegt worden, allerdings in dem Sinne, daß, **wenn** ein Kaiser bestellt wurde, dies nur der Rex des Regnum Theutonicum sein durfte), **im Voraus den Boden entziehen.** Trotz dieser strikten Enthaltung kann kaum ein Zweifel daran bestehen, daß der geistige Einfluß des Kaisers in Gran mächtig war und das Reichsrecht des neuen Königreiches entscheidend prägte. Ottos III. großes staatsmännisches Vorbild war Karl d. Gr., und seine beinahe abgöttische Verehrung griff voll durch nach Pannonien: Die ersten geschriebenen Gesetze Ungarns sind die den anderen Verhältnissen flüchtig angepaßten Kapitularien des Karolingerreichs, und nicht nur das – auch **der Name Karl wird, durch die Eigenheiten der magyarischen Sprache mäßig verändert, als Kiraly zum Titel des ungarischen Königs.**

Bald nach der Krönung machte sich Abt Ascherich erneut auf den Weg zum Papst, den er nun in Ravenna (s. Anm. 7) fand; es war bei den gegebenen Verhältnissen notwendig, daß die kirchliche Hierarchie gegenüber dem Salzburger Erzbischof verselbständigt wurde, den dies übrigens überraschend wenig störte. Sein Untergebener, der Bischof Pilgerim von Passau – auch ein alter Bekannter aus dem Nibelungenlied – hatte nämlich, als die Magyarenmission so erfreulich voranging, schon ein paar »uralte Urkunden« anfertigen lassen, aus denen sich ergab, daß sein Bistum Rechtsnachfolger eines alten Erzbistums Lauriacum → Lorch sei, das schon in der römischen Kaiserzeit als oberste kirchliche Instanz für Pannonia superior eingerichtet worden ist. Die Sache war noch nicht endgültig entschieden, denn der Nachweis, daß es sich um Fälschungen handelte, gelang erst einige Zeit später, und so hat man wohl Grund zu der Annahme, daß die Errichtung eines ungarischen Erzbistums, mit der die schwelende Frage des Erzbistums Lorch der Brisanz des Gewinns von Land und Einfluß entkleidet ward, in Salzburg eine gewisse Befriedigung und beim Papst eine gewisse Erleichterung auslöste. Als Sitz des Erzbischofs wurde Gran festgelegt, und zum ersten Erzbischof wurde Ascherich bestellt.

Dem sehr ruhigen Jahr 1001 folgte das turbulente Jahr 1002: Otto III. starb, Stefans Schwager Heinrich wurde deutscher König, Boleslaw Chrobry von Polen fiel in Böhmen ein und vertrieb die Przemysliden – und König Stefan regelte die Siebenbürgen betreffende Frage durch einen sehr raschen Vorstoß seiner kombinierten Truppe nach Gyulafehérvár → Alba Julia.

Onkel Gyula setzte sich mit hoher Beschleunigung nach Polen ab, wo ihn Boleslaw Chrobry als Befehlshaber seiner Truppen im Waagtal verwendete, seine Gemahlin und die beiden Söhne aber wurden gefangengenommen. Die Söhne huldigten Stefan als ihrem König und wurden in Westungarn angesiedelt, ihre Mutter aber war dazu nicht bereit und wurde Onkel Gyula nach Polen »nachgeschickt«. Die byzantinische Mission wurde eingestellt, die Bevölkerung in westchristlichem Sinne bekehrt.

Als König Stefan eben die Grundlagen für die Entwicklung in Siebenbürgen schuf, kam es zum Konflikt mit Ajtony, dem zweiten byzantinisierten Magyarenfürsten, der wesentlich schwerer durchstanden wurde als der Blitzkrieg gegen Siebenbürgen. Es gab zwei Auslösungsmomente für den bewaffneten Konflikt, deren Aufeinanderfolge und damit Zusammenhang nicht geklärt ist:

1. Ein hochrangiger Gefolge Ajtonys, ein gewisser Csanád, vermutlich ein Angehöriger der arpadischen Familie, trat ins Lager des Königs über und nahm die Taufe nach westchristlicher Art; Ajtony begehrte seine Auslieferung, was Stefan selbstverständlich ablehnte.
2. Ajtony forderte Zölle von königlichen Schiffen, die von Siebenbürgen her kommend Salz auf dem Márosfluß zum Königshof brachten; als der Transportleiter die Zahlung verweigerte, wurde er festgesetzt, Schiffe und Ladungen wurden beschlagnahmt.

Ob Csanáds Übertritt und Stefans Rückgabeverweigerung Ajtonys Maßnahmen auslösten, oder diese umgekehrt Csanáds Übertritt, steht nicht fest; sicher ist hingegen, daß die Panzerreiter teils noch in Siebenbürgen, teils aber im Grenzraum gegen das polnisch besetzte Mähren eingesetzt und daher nicht sofort verfügbar waren, Stefan aber rasch agieren mußte, um die Angelegenheit vor Einmengung einer fremden Macht, namentlich der mit Ajtony verbündeten Bulgaren, zu Ende zu bringen. Er unterstellte die umgehend verfügbare Leichte Reiterei dem Befehl Csanáds, der nach Südosten vorstieß und das Flußgebiet der Maros erreichte. In einem Treffen mit Ajtonys bewaffneter Macht erlitt er eine empfindliche Niederlage; es war die erste bekannte und jedenfalls letzte große Schlacht, in der ausschließlich traditionell kämpfende Magyaren aufeinanderstießen. Csanád floh mit den Trümmern der königlichen Verbände, bis die Nacht sie mit schirmendem Dunkel verhüllte. Aus dem Schlaf der Erschöpfung, in den er gefallen war, riß ihn der heilige Georg, der ihm im Traume erschien und dringend empfahl, sein übermüdetes, demoralisiertes und demgemäß nur mäßig kampffreudiges Kriegsvolk sofort neuerlich vor den Feind zu führen: Er verheiße ihnen großen Sieg und reiche Beute. Csanád trieb seine unwilligen Krieger zu neuem Einsatz; vermutlich hätten sie ihm kaum gehorcht, aber er brachte die Traumgeschichte so überzeugend vor, daß sie ihre Waffen ergriffen, auf ihre Gäule kletterten, die müde waren wie sie selbst, und ihm zum Lager Ajtonys folgten, das nach schweren Siegesräuschen in einen bleiernen Schlaf gesunken war. Im Morgengrauen, der klassischen Zeit für Überfälle, griffen die Königlichen an, und als die Sonne emporstieg, war Ajtony erschlagen und sein Heer vernichtet.

Csanád errichtete später, als er zum Grafen des Komitats Marosvár, später Csanád, das aus Ajtonys Territorium gebildet worden war, bestellt wurde, an der Stelle, wo ihm der heilige Georg erschienen, ein Kloster, das die Funktion eines Anhaltelagers hatte: Hier wurden die griechischen Mönche und Popen, die bisher in Südostungarn missioniert hatten, interniert. Die Bevölkerung sollte westchristlich werden, und das wurde sie denn auch, weil die Sieger bekanntlich immer und überall leicht Glauben finden, wenn sie das Monopol der Wahrheitsverkündung nur rigoros genug durchzusetzen vermögen.

Das nun folgende Jahrzehnt war für das Regnum Hungaricum ein Jahrzehnt ungestörter Entwicklung und bot dem jungen König die Möglichkeit, eine »segensreiche Tätigkeit als Gesetzgeber zu entfalten«, wie es in der Geschichtsschreibung so schön heißt. Konkreter gesagt **erließ er allgemeinverbindliche Normen, die das individuelle Verhalten im Kollektiv regelten und installierte die Ämterhierarchie, deren Aufgabe die Durchsetzung des Normenkomplexes in der sozialen Effektivität war.** Wir müssen uns mit beiden relativ eingehend beschäftigen, weil wir hier den Schlüssel zum Verständnis der ungarischen Geschichte in die Hände gespielt bekommen, deren späterer Verlauf geraffter, beinahe schon skizzierter Darstellung unterfallen kann, aus der nur wenige, wuchtige Marksteine des Weges des Regnum Hungaricum durch das abendländische Mittelalter, die für die Kollision mit dem Osmanischen Reich entscheidend sind, herausgegriffen werden können. Die Ämterhierarchie wird in einer Tabelle im Anhang dem vollausgereiften Lehenswesen des Regnum Theutonicum bzw. des Imperium Romanum gegenübergestellt, um die bei allen Gemeinsamkeiten deutlich werdenden Unterschiede klar ersichtlich zu machen.

Zum Gesetzgebungswerk König Stefans sei einleitend bemerkt, daß dieses aus dem eigentlichen Gesetzbuch, auch »König Stefans erstes Gesetz« genannt, und Einzelgesetzen besteht, die im Lauf seiner Regierungszeit aus jeweils aktuellem Anlaß erlassen und – entweder zu Ende seines Lebens, vielleicht aber auch erst in den Dezennien danach – einheitlich redigiert und zusammengefaßt dargestellt wurden, wobei die Möglichkeit, daß noch später von seinen Nachfolgern erlassene Normen hineingemogelt worden sind, nicht ausgeschlossen werden kann. Beinahe als Kommentar zum ersten Gesetzbuch sind die »Admonitiones«, die »Ermahnungen des heiligen Stefan« anzusehen, in welcher der König seinem einzigen und zum Nachfolger bestimmten Sohn Imre → Emmerich nicht nur die wesentlichsten Grundsätze der zeitgenössischen abendländischen Staatslehre – ganz im Sinne etwa des karolingischen »Fürstenspiegels« – zur fortdauernden Beachtung einschärft, sondern auch den Sinn der wichtigsten gesetzlichen Bestimmungen erklärt. Diese »Admonitiones« werden hier, auch wenn sie keine eigentliche Rechtsquelle sind, doch als rechtsquellenähnlich beachtet.

Die Sprache der Gesetzgebung ist das Lateinische jener Entwicklungsstufe, die im deutschen Kanzleiwesen um das Jahr 1000 verwendet wurde. Die Verwendung dieser Sprache in Liturgie und Kanzleiwesen – auch dem weltlichen, das fast ausschließlich von Klerikern betrieben wurde – ist die entscheidende Folge der Integration in die westliche, die »lateinische« Christenheit und das ausschlaggebende Element für die Zuordnung zum abendländischen Kulturkörper. **In Ungarn, das,** wie wir gleich sehen werden, **von allem Anbeginn an ganz bewußt als »Vielvölkerstaat« konzipiert war, erlangte das Lateinische als Kanzleisprache den Rang der Staatssprache[8], in der nicht nur die Gesetze erlassen und die bürokratische Verwaltungstätigkeit vollzogen wurden, sondern in der auch die verschiedensprachigen Bevölkerungselemente miteinander in Verbindung traten.**

Stefans Königtum war durchaus absolutistisch: Er vereinigte in sich Gesetzgebung und Vollzugsgewalt. Das sei vorwegnehmend betont, weil

– unter seinen Nachfolgern das Gesetzgebungsrecht verlorenging und Ungarn damit die absolutistische Staatsform abstreifte, und
– sich schon hier der erste erhebliche Unterschied zum deutschen Reichsrecht zeigt.

Das Königtum war ihm von Gott – sozusagen auf dem Dienstweg über den Papst als Oberhaupt der rechtgläubigen Christenheit – verliehen worden: Hier der zweite Unterschied zur Rechtslage im Regnum Theutonicum, dessen König gewählt sein mußte.

Das Königtum sollte im Erbweg weitervergeben werden; **so wie er als Nachfolger seines Vaters den Rang des Großfürsten der Magyaren geerbt** und als dieser Anerkennung gefunden hatte, **sollte sein einziger Sohn Imre → Emmerich ihm im Königtum nachfolgen.** Und auch diese Konstruktion hob sich von der Rechtslage im Reich seines Schwagers Heinrich II. ab.

Dabei aber war sich der »König von Gottes Gnade« voll bewußt, daß die Stellung des Herrschers vom Konsens der von ihm Beherrschten abhängig war. Er konnte nur **mit dem, nicht aber gegen den Willen des Volkes seine Tätigkeit ausüben,** ganz unabhängig davon, auf welche Weise er seinen Rang erlangt hatte. Obwohl also das Königtum unmittelbar auf Gottes Willen beruht, war es – zumindest hinsichtlich der Person des Königs – keineswegs unveränderbar: Das Volk konnte dem König sein Amt nehmen und auf einen anderen übertragen, und diese Möglichkeit wird in den »Admonitiones« dem designierten Thronfolger Emmerich höchst eindringlich vor Augen geführt. Er wird mit Nachdruck angewiesen, gerecht zu regieren und die Gesetze zu beachten, sich in seinen Handlungen nicht von Zorn oder Hochmut leiten zu lassen oder den Frieden zu brechen, denn sonst würde er ganz ohne Zweifel abgesetzt und ein anderer König bestellt werden. Im scheinbaren Paradoxon ist ganz offenbar ein erstes Aufleuchten der »Lehre von der Volkssouveränität« zu erkennen, die im Staatsrechtsdenken des abendländischen Mittelalters eine entscheidende Rolle spielte, mehrfach theoretisch abgehandelt wurde und als ius resistendi – dem Recht des bewaffneten Widerstandes gegen den rechtbrechenden König – legislativen Niederschlag fand.

Die grundsätzliche Bedeutung dieses Komplexes besonders für die ungarische Geschichte bis in die Zeit der Zurückdrängung des Osmanischen Reiches läßt dessen Darstellung in einem Unterkapitel erscheinen.

Die Lehre von der Volkssouveränität und das Recht zum bewaffneten Widerstand

Die Abgrenzung der königlichen Befugnisse gegenüber dem grundsätzlich freien Volk war zweifellos schon seit Begründung des Königtums Gegenstand kritischer Betrachtung und vielfältiger Interpretation, so daß die Diskussion sicher schon sehr viel früher einsetzte als das erste überlieferte Zeugnis zu erweisen scheint. Dieses stammt von dem gelehrten Mönch Manegold von Lautenbach, der um 1100 die Meinung verfocht, daß **»der ungerechte Herrscher seine Würde verwirke«** (Conrad, S. 223), weil er den mit dem Volke geschlossenen Vertrag, der eine gerechte Ausübung der Königsherrschaft inkludiere, gebrochen habe. Daraus resultiert, daß das Volk dem König die Herrschaftsausübung gestattet und die königlichen Befugnisse übertragen – und zwar widerruflich übertragen – hat.

Da mit Manegolds Meinung in der historischen Wirklichkeit, die im Abendland generell durch eine Zunahme der Königsmacht gekennzeichnet war, allein nicht allzuviel anzufangen gewesen ist, ging etwa ein halbes Jahrhundert danach Johann von Salisbury einen entscheidenden Schritt weiter und erklärte, **daß das Volk berechtigt sei, den die königliche Macht zur rücksichtslosen Erweiterung der königlichen Befugnisse einsetzenden König zu töten. Salisbury war der vertraute Sekretär Thomas Becketts, des von den Rittern König Heinrichs II. ermordeten Erzbischofs von Canterbury, gewesen.**

Der These vom gerechtfertigten Tyrannenmord widersprach Thomas von Aquino heftig; bei ihm – also erst in der ersten Hälfte des dreizehnten Jahrhunderts – findet sich auch eine Unterscheidung in der Rechtsauffassung zwischen dem erwählten und dem seine Stellung im Erbweg erlangenden König: Der Wahlkönig dürfe abgesetzt werden, nicht aber der Erbkönig. **Hier zeigt sich also das »Gottesgnadentum« des nichtgewählten Königs in einer vom Konsens der Beherrschten abgelösten Form; seine Herrschaft ist ihm von Gott gegeben und kann nur durch Gott beendet werden.** 1324 entwickelte Marsilius von Padua in seiner berühmten Schrift »Defensor pacis« die volle Lehre von der Volkssouveränität; **die Macht des Herrschers ist ihm Ausfluß der diesem vom Volk übertragenen Befugnisse, die jederzeit widerrufbar sind.**

Im fünfzehnten Jahrhundert griff Johannes Parvus → Jean Petit die Lehre vom gerechtfertigten Tyrannenmord wieder auf und erklärte die alte These des Johann von Salisbury als richtig. **Er wertete die Ermordung des rechtbrechenden Königs als eine Art Notwehrhandlung des unterdrückten Volkes.**

Für die abendländische Rechtsentwicklung war die Problematik von wesentlich tieferer Bedeutung, als die gebrachten Beispiele theoretischer Erörterung – die durchaus ergänzt werden könnten – vermuten lassen. Das gültige deutsche Gewohnheitsrecht, das Eike von Repkow um 1220 im »Sachsenspiegel« aufzeichnete, kennt das **ius resistendi,** denn aus Landrecht III. 78 § 2 **»liest die herrschende Lehre ein allgemeines, nicht auf Lehensverhältnisse beschränktes Widerstandsrecht auch gegen den König selber heraus, der sogar abgesetzt werden kann, wenn er das Recht, das auch über ihm waltet, verletzt«** (Koschorrek, S. 137). Ungefähr gleichzeitig, und zwar
– 1215 in England durch König John Lackland → Johannes Ohneland in der berühmten **Magna Charta libertatum,**
– 1222 in Ungarn durch König Andreas II. in der **Goldenen Bulle des Regnum Hungaricum**
wird das **ius resistendi Gegenstand des geschriebenen Rechts und damit eindeutig normiert.**

Für Ungarn sei hier des Zusammenhangs wegen vorwegnehmend betont, daß **der Widerstand der ungarischen Stände gegen die wiederholten Versuche habsburgischer Könige, das Regnum Hungaricum mit demselben absolutistischen Regiment zu überziehen, das in den Erblanden eben installiert wurde, in Ausübung des ius resistendi geleistet wurde und damit legitim war,** was man in Wien damals nicht einsehen wollte oder konnte und heute zum Teil noch nicht zugeben will. **Die Kuruczen waren also keineswegs Rebellen im üblichen Sinn, sondern sie leisteten gegen die Maßnahmen des rechtbrechenden Königs den zum Schutz der Rechtsordnung gebotenen Widerstand.**

* * *

In der Vorrede zu seinem ersten, in 35 Kapitel gegliederten Gesetzbuch betont Stefan, daß er, dem Vorbilde alter und neuer Herrscher folgend, nach langem Überlegen nunmehr bestimme, was die seinem Königtum zugehörigen Menschen tun und lassen müßten, um ein ehrenhaftes und ungestörtes Leben zu führen. Das göttliche Gesetz habe sie bereits bereichert, allein dieses müsse durch das weltliche ergänzt werden, damit – wie die Guten durch die Befolgung des göttlichen erhöht – die Bösen auf Grund des weltlichen bestraft würden. Und das ist nun doch mehr als eine Zusammenfassung von Phrasen, als die derartige Vorreden – und gelegentlich sogar von Rechtskundigen – bezeichnet werden: Es ist die authentische Bekundung der Absichten, die den Gesetzgeber leiteten, der Motivenbericht, wie wir heute sagen, und damit eine Selbstdarstellung von höchster Beachtlichkeit.

Wie bei mittelalterlichen – aber nicht nur bei diesen – Gesetzen üblich, wird zwischen Verfassungsrecht, Strafrecht, Zivilrecht und Verwaltungsrecht nicht mit jener methodischen Schärfe unterschieden, die von der modernen Rechtslehre gefordert wird, und es stehen auch materiellrechtliche Normen neben verfahrensrechtlichen Bestimmungen, was jedem strengen Methodiker ein Graus ist. Das Kunterbunt aber entsprach den praktischen Bedürfnissen, war übersichtlich und leicht verständlich und damit von jener Lebensnähe, die den Gesetzen neuerer und neuester Prägung gelegentlich abgeht.

Die ersten fünf Kapitel reglementieren die Rechtsstellung der Kirche im Regnum Hungaricum; die eindeutige Definition ihrer Rechte und die Klarstellung ihrer Organisationsstrukturen war eine unabdingbare Notwendigkeit, hatte es doch eine auch nur annähernd vergleichbare Institution im magyarischen Stammesbund bisher nicht gegeben. Was über den Kirchenbesitz, die bischöfliche Gewalt und die Stellung der Kleriker in der Gesellschaft gesagt wird, ist – in vielen Fällen wortwörtlich – fränkischen Synodalbeschlüssen und Dekretalien entnommen, sogar gefälschten, nämlich den bekannten pseudoisidorianischen Fälschungen. Von Interesse ist, daß auch Bestimmungen des göttlichen Rechts von weltlichen Gerichten anzuwenden sind; die weltlichen Richter werden angewiesen, bei Lösung auftretender Probleme die gelehrten Theologen als Sachverständige beizuziehen: Auch das ist nicht neu, sondern entspricht einem Beschluß der Synode von Mainz 847, soll aber trotzdem erwähnt werden.

Im Strafrecht ist das Verbot der Zauberei verankert. Es wäre jedoch falsch, wollte man darin ein erstes Aufleuchten der Hexenverfolgungen, die fast ein halbes Jahrtausend danach das Abendland erschütterten, erblicken. Die Täter, die König Stefan im Auge hatte und die für ihn Hexen und Hexenmeister waren, sind vielmehr jene Personen gewesen, die in den verbotenen paganischen Glaubensformen kultische Handlungen verrichtet hatten und insgeheim noch verrichteten. Sie sollten vorerst auch nicht bestraft, sondern vielmehr entsprechend belehrt und dem Christentum zugeführt werden. Erst bei Erfolglosigkeit wiederholter Bekehrungsversuche, bei hartnäckigem Verharren im Heidentum und bei mehrfacher Betretung bei verbotenen Handlungen waren sie straffällig. Das Zaubereiverbot war eine – sicherlich harte – flankierende Maßnahme der Missionierung und als solche jenen Bestimmungen nachgestaltet, die schon in der späten römischen Kaiserzeit zur Bekämpfung des Heidentums eingeführt worden waren.

Die übrigen strafrechtlichen Bestimmungen zielten primär auf die Aufrechterhaltung des Friedens ab; Hauptdelikte waren Mord, Totschlag, Mädchenraub, Gewalttätigkeit und Brandstiftung: der Täter büßte mit dem Leben. Auch schwerer Treubruch, in etwa dem Betrug und der Veruntreuung moderner Terminologie entsprechend, konnte mit dem Tode bestraft werden, desgleichen Diebstahl über dem Wert einer Gans, obzwar diese Bestimmung vielfach auch erst späterer Rechtsentwicklung zugeschrieben wird. Das Eigentum dem besonderen Schutz des Strafrechts zu unterstellen war zweifellos notwendig, weil der nun geltende Eigentumsbegriff – das dominium des römischen Rechts – den Magyaren bisher fremd war und seine Übernahme geradezu als revolutionärer Akt zu werten ist.

Bisher gab es kollektive Nutzungsrechte der Familien, Sippen und Stämme an Bodenflächen und Viehbestand, während individuelle Nutzungsrechte wohl nur der ackerbautreibenden, nichtmagyarischen Bevölkerung zugestanden wurden. Nun wurde zwischen
– Individualeigentum und
– Kollektiveigentum, das aber Eigentum des Staates war,
unterschieden. Über das Kollektiveigentum war der König als absolutitische Spitze des Kollektivs verfügungsberechtigt; daneben gab es das Individualeigentum des Königs, wobei die Abgrenzung zwischen diesen Kategorien schwierig ist.

Der Eigentumsbegriff hat sich offenbar nur langsam durchgesetzt und zwar kontinuierlich mit der Seßhaftwerdung, der »Verbäuerlichung« der magyarischen Gesellschaft. Es wäre völlig falsch, würde man den Blick vor der Tatsache verschließen, daß trotz der bäuerlichen Siedlung in Dorfgemeinschaften und der Begründung von Städten als Sitze der Bischöfe und Komitatsverwaltungen große Landräume vorhanden waren, die von nach wie vor nomadisierenden Sippen und Stammesteilen durchzogen und von diesen kollektiv als Weiden genutzt wurden. Dieses Weideland wurde durch den Aufbau des Eigentumsbegriffs langsam zum Eigentum der jeweiligen Sippenältesten oder Stammesführer und erlangte im Lauf der Entwicklung eine ähnliche funktionelle Bedeutung wie das Allodialeigentum im Deutschen Reich als die dem Zugriff des Staates entzogene Landmenge. Diese »Landreserven« waren der ökonomische Rückhalt der Großgrundbesitzerfamilien, die in Ungarn als Magnaten bezeichnet werden und einen »Adel« außerhalb der königlichen Amtshierarchie bildeten. Der Einfluß der Magnaten auf die Verhältnisse in Ungarn wurde bald zu einer meist negativ dominierenden Größe der ungarischen Reichsgeschichte, die für viele Generationen im Grund genommen aus nicht viel anderem bestand als aus dem permanenten Ringen zwischen Königsmacht und Magnatenmacht um den Vorrang in der Gestaltung der gesellschaftlichen Verhältnisse.

Schon gegen Ende der Regierungszeit Stefans scheinen sich die ersten Vorzeichen der höchst unerwünschten Entwicklung zumindest vage abgezeichnet zu haben, vermutlich in Verbindung mit der kaum verborgen bleibenden Tatsache, daß die im Nomadenleben verharrenden Volksteile, wenn überhaupt, so nur sehr oberflächlich christianisiert waren. Sie entzogen sich vielmehr weitgehend dem Einfluß der Kirche wie des Staates, und es muß ganz einfach so gewesen sein, daß der Nomade, generalisierend gesagt, im neuen Glauben wie im neuen Staat eine abgelehnte modische Torheit erblickte, die man bei nächster Gelegenheit wohl wieder loswerden würde. Um der Drohung, die in dieser Grundeinstellung lag, entgegenzuwirken,

bemühte sich Stefan nach Kräften, die Magyaren an Scholle und Kirche zu binden; in diese Richtung zielte eines der später erlassenen Gesetze, das
– den Bau einer Kirche durch je zehn Dörfer anordnete,
– den Siedlern verbot, sich auf eine größere Entfernung als Vernehmbarkeit des Glockenschlags von der »Zentralstelle« Kirche wegzubegeben,
– den Bischof verpflichtete, für die Anstellung und die Weiterbildung der Priester zu sorgen und
– dem Königsschatz auftrug, die Ausstattung der Kirche auch mit Reliquien zu übernehmen.

Trotz der sicherlich als drückend empfundenen Aufenthaltspflicht war der angesiedelte Magyare frei; die ihm auferlegte Abgabepflicht war nichts als die Umlegung der neuzeitlichen Steuerpflicht in das naturalwirtschaftliche Gefüge und hielt sich durchaus in Grenzen; wir würden sagen: Sie bewegte sich an der Untergrenze dessen, was in heutigen Staaten dem Steuerzahler auferlegt wird.

Das Personenrecht kannte neben dem Freien das Institut der Sklaverei. Sklave wurde man durch Geburt, durch Kriegsgefangenschaft und vermutlich bei Vorliegen von qualifizierenden Umständen auch schuldenhalber zur Befriedigung eines Gläubigers; die rechtliche Konstruktion war dem Recht der römischen Kaiserzeit offenbar nachgebildet. Die Freilassung war möglich; die Kriterien der Rechtsstellung des Freigelassenen sind im Detail nicht bekannt; der zulässige Analogieschluß legt nahe, daß sie zumeist als Dienstvolk auf den königlichen Domänen, später auch der Großgrundbesitzer, verwendet oder als Bauern mit reduzierter Freiheit – etwa den Kolonen des späten Rom entsprechend – in einer Art Erbpacht angesiedelt wurden.

Eine Sonderstellung nahmen im Personenrecht die
– Berufskrieger und
– Fremden
ein, wobei unter den ersteren die im ständigen Waffendienst stehenden Magyaren, unter den letzteren die Angehörigen der ritterlichen, damals durchwegs deutschstämmigen Panzerreiterei zu verstehen sind. Hier sind die Ansätze eines Standesrechtes für die professionellen Waffenträger gegeben, die im Laufe der Zeit mit an Zahl und Bedeutung zunehmenden Privilegien ausgestattet wurden. **Der Begriff der »Gleichheit vor dem Gesetz« war der mittelalterlichen Gesellschaft – und dies nicht nur im Regnum Hungaricum – fremd; diese war vielmehr ständisch gegliedert und wies den Ständen und Standesangehörigen Rechte in jenem Verhältnis zu, das sich aus ihren Pflichten gegenüber dem Kollektiv Staat ergab.** Sonderrechte erhielten bald auch Einwanderer, die nicht Berufskrieger waren, Handwerker und Kaufleute zumeist, also Angehörige der frühen »bürgerlichen Berufe«, die über jene Spezialkenntnisse verfügten, die bei den Magyaren unbekannt, zur Entwicklung der Wirtschaft aber unerläßlich waren. Zumindest regional erlangten auch einwandernde Bauern einen Sonderstatus, von dem bei

Besprechung der Entwicklung in Siebenbürgen noch die Rede sein wird, der wahrscheinlich aber auch in anderen Gebieten Angesiedelten zugebilligt wurde, so etwa den von Ezzelin von Wasserburg nach Pannonien gerufenen Bayern: Auch sie waren, um es in heutiger Sprache zu sagen, Entwicklungshelfer.

Der Wille zum Vielvölkerstaat Ungarn, der sich in Stefans Gesetzgebung ausdrückt, und der – betrachtet man diese isoliert – bestritten werden kann, **tritt in seinen Admonitiones unübersehbar in höchst eindrucksvollen Formulierungen hervor.** Diese sind – im Zusammenhalt mit dem Gesetz gesehen – **eindeutige Willensbekundungen, das Königreich Ungarn zu einem Haus für viele Völker zu machen, anders gesagt, den Staat bewußt aus mehreren Bevölkerungselementen zusammenzuschmieden, die alle zusammen das Volk der Ungarn bilden sollten.** Im sechsten Kapitel wird die Bedeutung der »Gäste und Fremdlinge« eingehend und in außerordentlich einfühlsamer Sachkunde gewürdigt. Sie sind, so heißt es da, von allergrößten Nutzen, bringen sie doch verschiedene Vorstellungen und Sitten, Waffen und Wissenschaften mit, die dem Hof und dem Reiche zu Zier und Nutzen gereichen. **Fern ist der Gedanke, sie zu assimilieren, sie zu magyarisieren, sie ihrer nationalen Eigentümlichkeiten zu berauben. Im Gegenteil: Sie sollen in ihrer ethnischen Eigenart erhalten bleiben – denn in der Vielfalt liegt die Stärke.**

Man kann diesen Grundsatz nicht einfacher, nicht einleuchtender und nicht stärker formulieren, als es der heilige König selber getan, der erklärte:

> **»Schwach und zerbrechlich ist ein Reich mit einer einzigen Sprache und mit gleichgearteten Sitten. Und deshalb ermahne ich dich, mein Sohn: Gib ihnen Nahrung und Wohlwollen und anständigen Unterhalt, auf daß sie lieber bei dir leben wollen als anderswo.«**

Welch großer, welch erhabener, welch zutiefst menschlicher Gedanke! Und welch stolze Geschichte, die ihn durch doch ein Jahrtausend bewahrte und hochhielt und fortdauernd verwirklichte.

Und welch albernes Geschwätz, das dieses Ungarn des heiligen Königs in gängigen Geschichtsklischees zumindest in der Spätphase seines Daseins, als es Teil der Doppelmonarchie Österreich-Ungarn, des Vielvölkerreiches per excellence, geworden war, zum wilden Nationalstaat stempelt, ja zur chauvinistischen Sklavenhaltergesellschaft, der das Odium brutaler Magyarisierungspolitik derart geschickt und nachdrücklich angedichtet ward, daß die zeitgenössische Historie in Magyarország selbst davon angekränkelt und irritiert ist und es verabsäumt, das leuchtende Bild des historischen Ungarn den Verleumdungen entgegenzuhalten. Vielleicht ist diese Zurückhaltung aber in der Sorge begründet, daß ihre Darstellung wenig Glauben fände und selbst wiederum als Ausdruck eines exzessiven Nationalismus, der Fehlleistungen der eigenen Geschichte geflissentlich bestreitet, gedeutet würde.

Diese Darstellung aber ist nicht magyarischen Ursprungs und daher des Vorwurfs einer chauvinistischen magyarischen Interpretation der ungarischen Geschichte entzogen. Um aber auch den Verdacht einer emotionell verfärbenden Sicht gar nicht erst aufkommen zu lassen, sei zur Ermöglichung objektiver Beurteilung die nachstehende Nationalitätentabelle eingefügt, aus der zu entnehmen ist, wie sehr das Königreich Ungarn den von seinem Begründer gewünschten Charakter des Vielvölkerstaates beibehielt bis in die lezte Phase seiner Existenz. Denn dieser Charakter wurde nicht etwa erst von den Habsburgern, denen es gelungen wäre, den magyarischen Chauvinismus zu zähmen, dem Königreich Ungarn aufgepfropft: Es ist vielmehr der unvergängliche Ruhm des Hauses Habsburg, den beiden Reichshälften den unverkennbaren Charakter der Vielvölkerstaaten erhalten zu haben gegen die Nationalstaatsidee, die das 19. Jahrhundert Europas prägte, zu Beginn unseres Jahrhunderts zunächst die Vielvölkerstaaten beseitigte und sodann den Kontinent in ein Trümmerfeld verwandelte, dessen bauliche Ruinen zwar schon aufgeräumt wurden, in dessen sonstigen Ruinen sich zurechtfinden wir aber noch nicht gelernt haben.

Nationalitätentabelle der Monarchie Österreich — Ungarn

I. Allgemeine Übersicht

Bei Ausbruch des Ersten Weltkrieges lebten in geschlossenen Sprachgruppen in

Österreich:	Ungarn
Deutsche	Magyaren
Tschechen	Deutsche
Slowenen	Kroaten
Italiener	Slowaken
Ladiner	Walachen→Rumänen
	Ruthenen→Ukrainer
	Goralen→Polen
	Bunyevatzen (ein südslawisches, angeblich aus dem Tale der Buna stammendes Volk, das vor den Osmanen nach Ungarn floh und seither untergegangen ist)
	Schokatzen (ein ebenfalls südslawisches, seither untergegangenes Volk)
	Serben
	Italiener

Bosnien und die **Herzegowina** wurden von beiden Reichshälften gemeinsam verwaltet; hier lebten

> Bosniaken
> Kroaten
> Serben
> Türken

Die in beiden Reichshälften siedelnden Juden sind nicht als eigene Nation aufgeführt; sie waren national völlig angepaßt und Deutsche, Kroaten usw. mosaischen Glaubens, die in allen bedeutenden Städten und vielen kleineren Orten religiöse Gemeinden mit mehr oder weniger wohleingerichteten Kultstätten bildeten und häufig eigene Schulen hatten.

Zu beachten ist, daß alle diese Völker und Volksteile seit vielen Jahrhunderten, manche von ihnen ein rundes Jahrtausend, dem
— alten Deutschen Reich und danach Österreich oder dem
— Königreich Ungarn
angehörten.

Wäre hier auch nur halbwegs gezielt germanisiert, dort aber auch nur einigermaßen konsequent magyarisiert worden, ist es ausgeschlossen, daß diese Völker 1914 mit allen Attributen nationaler Eigenheit – mit eigener Sprache, eigenen Sitten, eigener Volkskultur – noch vorhanden gewesen wären.

II. Das Königreich Ungarn im Spiegel von Fakten und Zahlen

Die letzte Volkszählung fand 1910 statt und brachte abgerundet folgendes Ergebnis:

Gesamtbevölkerung	21 000 000
Magyaren	11 000 000
Rumänen	2 900 000
Deutsche	1 900 000
Kroaten	1 850 000
Slowaken	1 400 000
Serben	1 100 000
Bunyevatzen	80 000
Italiener	30 000
Schokatzen	20 000

Rest ungeklärt oder Zigeuner.

Die verleumderische Behauptung von gewaltsamer Magyarisierung erhielt mächtigen Auftrieb, als in Erfüllung der Allgemeinen Schulpflicht angeordnet wurde, daß in allen staatlichen oder staatlich geförderten Schulen die magyarische Sprache – als Sprache der absoluten Mehrheit nun Staatsprache des Königreichs Ungarn – gelehrt werden mußte. **Wohlgemerkt: Gelehrt werden mußte; sie war nicht Unterrichtssprache!**

Im eigentlichen Ungarn, zu dem Kroatien und Slawonien hier nicht zu rechnen sind, gab es im Schuljahr 1912/13 insgesamt 16 861 Elementarschulen (Volksschulen), die als staatliche oder staatlich geförderte Schulen zu bezeichnen sind. Die Unterrichtssprache war

Rumänisch in	2233 Schulen,
Deutsch in	477 Schulen,
Slowakisch in	377 Schulen,
Serbokroatisch in	270 Schulen,
Ruthenisch in	59 Schulen,
so daß also in	3416 Schulen,

das sind mehr als 20 Prozent, eine andere Sprache als das Magyarische die Unterrichtssprache war.

Das Verlangen, daß auch in diesen Schulen die Staatssprache gelehrt und möglichst auch erlernt werden mußte, ist nicht mehr als die Erfüllung der Bildungsaufgabe des Staates, dessen Ausbildungsprogramm die Kenntnis der Staatssprache notwendig inkludiert.

Suchen wir nach einer vergleichbaren Erscheinung in der heutigen Welt, so bietet sich das Schulwesen der USA an, die ja – ethnisch gesehen – ebenfalls ein »Vielvölkerstaat« sind. In den Schulen der USA wird den Kindern nichtenglischsprechender Einwohner die englische Sprache noch viel radikaler und totaler beigebracht, als es in Ungarn mit dem Magyarischen der Fall war, und das aus triftigem Grund: Wäre es anders, würde man dies als groben Verstoß gegen Gleichberechtigung und Humanität empfinden, weil die Unkenntnis der Staatssprache in einem englischsprechenden Staat die Selbstbehauptungschancen der fremdsprachigen Jugend entscheidend reduzieren müßte.

Keinem Menschen von auch nur halbwegs klarem Verstand kann es einfallen, den USA eine wilde »Anglisierungspolitik« in dem Sinne nachzusagen, daß sie etwa versuchen würden, aus kleinen Spaniolen und Slawen, Negern und Indianern Angehörige des WASP (White Anglo Saxonian People) zu machen.

Das nationale Problem war nach der Volksdemokratisierung Ungarns, das noch im Zweiten Weltkrieg eine Monarchie – allerdings eine Monarchie ohne König – gewesen ist[9], Gegenstand einer längeren gelehrten Diskussion, deren bedeutendste Früchte wohl die großartigen Arbeiten von Jenő Szücz, in »Nation und Geschichte« zusammenfassend dargestellt, sind. Wenngleich hier schon aus räumlichen Gründen eine eingehendere Befassung mit diesem Werk unterbleiben muß, so soll doch nicht verschwiegen werden, daß der

Gelehrte, der als der bedeutendste Fachmann für die mittelalterliche Geschichte in Ungarn gilt, wenngleich von anderen Voraussetzungen ausgehend und anderen Zielvorstellungen zustrebend, so doch zu ähnlichen Ergebnissen gelangte wie die hier vertretene Ansicht, obzwar die Bewertung geradezu gegenteilig ist. Ihm ist so das Habsburgerreich ein »unhaltbares dynastisches Konglomerat« und das historische Ungarn »eine unhaltbare Illusion« (S. 31), und er muß beide ablehnen, durchaus folgerichtig, mißt er beide Integrationen doch an der Vorstellung eines magyarischen Nationalstaates, der das Königreich Ungarn nie war und das heutige Ungarn letztendlich auch nur unvollkommen ist, wenn man der separierten Volksteile in allen Anrainerstaaten, vor allem in Rumänien und der ČSFR, gedenkt. Die natio Hungarica des von Stefan begründeten Reiches war eine »Staatsnation«, der Szűcs die »Sprachnation« gegenüberstellt, und er verweist eindringlich darauf, daß im Mittelalter hungarus keine spezifische nationale Bedeutung hatte, sondern ausschließlich aus der Bezeichnung regnum Hungaricum abgeleitet wurde. Hungarus war, wer dem rex Hungaricum unterstand und in dessen Land geboren war.

Es ist ungefähr dieselbe Auffassung, die hier vertreten wird; bleibt man konsequent in dieser Bahn, muß man zwischen der Staatsnationalität und Sprachnationalität scharf unterscheiden. Es sei nicht verhehlt, daß durch die Übersetzung aus dem und in das Ungarische die Problematik für den Deutschsprachigen erheblich erschwert wird: Magyar ist ihm die fremdsprachige Bezeichnung für Ungar, und Ungar die deutschsprachige Bezeichnung für Magyar. Und das ist letztlich unrichtig: **Ungar soll ausschließlich in Beziehung auf die Staatsnation, magyar aber in Beziehung auf die Sprachnation, die Teil der Staatsnation war, verwendet werden.**

Demgemäß muß zwischen »Ungarisierung« und »Magyarisierung« unterschieden werden. Unter Ungarisierung ist dabei die ebenso billige wie selbstverständliche Forderung zu verstehen, daß die Mitglieder der Staatsnation zur prompten Erfüllung ihrer daraus resultierenden Pflichten angehalten wurden, genau wie heute auch die liberalste Demokratie die Erfüllung der Steuerpflicht, gegebenenfalls einer Wehrpflicht und eine loyale Einstellung dem Staat gegenüber erwartet und im Weigerungsfall erzwingt. Magyarisierung hingegen bedeutet Aufgabe des eigenen Volkstums und Übernahme von Sprache, Sitten, Gebräuchen und spezifischen Vorstellungen der Magyaren, also den Eintritt in die magyarische Sprachnation.

Beide Prozesse sind im Königreich Ungarn nachweisbar; die Ungarisierung war – als Forderung der Vollziehung konkreter und überprüfbarer Verhaltensweisen – grundsätzlich erzwingbar; eine Erzwingung der Magyarisierung wurde nie versucht. Der Magyarisierung unterfielen **freiwillig**
– ganze Völker, Volksgruppen oder Stämme; bereits erwähnt wurden in
    diesem Sinn die Kabaren, der achte Stamm des Stammesbundes, und die
    Szekler, die in Siebenbürgen siedelten; es folgen ihnen Kumanen und
    Petschenegen, doch können auch die Hajducken hier genannt werden,

wenn man ihnen zubilligt, daß sie vorher als eigene Volksgruppe bezeichnet werden können;
- einzelne Familien, meist Adelsfamilien der deutschen oder kroatischen Sprachnation wie die Nachkommen von Stefans Gardekommandeuren Chunt und Paznam, die Héderváry als ein Zweig der Grafen von Güssing, die Zrinskys, aus denen die Zrinys wurden usw. und
- Einzelpersonen, von denen als einziger beispielhaft der große Freiheitsdichter Sándor Petőfi genannt sei, ein strahlender Stern am Himmel der magyarischen Sprachnation, der Sohn des ungarisierten Kroaten Stefan Petrović und seiner slowakischen Ehefrau.

Der objektiv naheliegende Verdacht, daß die Zugehörigkeit zur magyarischen Sprachnation oder der gewollte Eintritt in diese den »echten Ungarn« ausmache und die Angehörigen der »bloßen Staatsnation« sozusagen »Ungarn zweiter Wahl« gewesen seien, ist unbegründet. Alle Kämpfe für die Freiheit des Königreichs, auch und gerade gegen den Absolutismus Habsburgs, wurden von allen in der Staatsnation zusammengeschlossenen Sprachnationen gemeinsam geführt. Der Bogen spannt sich von den Sachsen Siebenbürgens, die dem Ruf des edlen Rebellen Stefan Bocskai folgend seiner Kuruczenarmee beitraten, bis zu den dreizehn Generälen des großen Krieges von 1848/49, die in Arad hingerichtet wurden. Letzter Oberbefehlshaber der Honvédarmee war Karl Graf Leiningen, durchaus nicht magyarisiert, und von den mit ihm Erschossenen gehörten mit den Generälen Ludwig Aulich, Ernst Pöltenberg, Georg Lahner und Josef Schweibel vier weitere der deutschen und mit Iwan Damjanics einer der serbischen Sprachnation an.

Vielleicht noch aussagestärker ist das Beispiel des Pfarrers Gottlieb August Wimmer, der in sich die völlig bewußte Zugehörigkeit zur
- deutschen Sprachnation und
- ungarischen Staatsnation
vereinte[10], wie in der ihm vorbehaltenen Anmerkung dargestellt wird.

Im zweiten Jahrzehnt von Stefans Regierungszeit kam es in etwa gleichzeitig zu einer Annäherung an Byzanz und zu einem rapiden Verfall der Beziehungen zum Bulgarenreich. Kronprinz Emmerich wurde mit einer byzantinischen Prinzessin verlobt, und für sie wurde in der Nähe der »Stadt der Königin«, Veszprém, das byzantinische Frauenkloster Veszprémvölgy als Stätte der Andacht und Einkehr errichtet, was zwar die Lage der im Kloster des heiligen Georg internierten orthodoxen Priester und Mönche verbesserte und ihnen vermutlich sogar eine gewisse Freizügigkeit gestattete, jedoch das bisherige Missionsverbot gewiß nicht beseitigte. Entweder als Folge der politischen Veränderung oder als deren Verursachung löste Gavril Radomir, der Sohn und designierte Nachfolger des Zaren Samuel, seine Ehe mit einer Schwester König Stefans und schickte die Hochschwangere nach Ungarn zurück, was als schwere Beschimpfung des Arpadenhofs gedacht war und durchaus richtig aufgefaßt wurde. Es kam zu einem Militärbündnis mit Kaiser Basileios II., der bisher von den Bulgaren arg bedrängt worden war, und noch ehe die ungarische Kriegführung richtig anlief zum großen Sieg des Kaisers am Strymon → an der Struma (1014), der Basileios den Namen Bulgaroktonos, der Bulgarenschlächter, eintrug. Nach der für die Bulgaren unerhört verlustreichen Schlacht waren volle 15 000 Mann Samuels in byzantinische Gefangenschaft gefallen: Kaiser Basileios befahl, sie hundertschaftsweise zu gliedern und sodann zu blenden: Je 99 auf beiden Augen, den hundersten aber auf einem, damit er die Vollgeblendeten, die sich an einem langen Strick festhalten sollten, heimführen könne.

Eine derart bodenlose Grausamkeit fand zwar den Beifall der verweichlichten und feigen Hofkamarilla, die dem Kaiser in den Bulgarenkrieg gefolgt war, nicht aber den der Fronttruppen, die den Sieg letztlich erfochten hatten. Einer ihrer Kommandeure wandte sich nun an den Kaiser und versuchte, eine Abänderung des Befehls zu erreichen, doch war seine Vorstellung erfolglos. Basileios soll vielmehr gelacht und ausgerufen haben: »Unter den Blinden ist der Einäugige König!« Außerdem verbat er sich mit Nachdruck eine Kritik an seinen Befehlen und ließ die Blendung durch ein Spezialkommando seiner Garde vollziehen. Unmittelbar danach wurden die schauerlich Verstümmelten aus der Gefangenschaft entlassen und auf den Heimweg getrieben; jeder Hundertschaft ging der Einäugige voran, und ihm folgten wie angeordnet die Blinden, die sich an einem langen Seil festhielten. So schleppten sie sich dahin, Hundertschaft nach Hundertschaft, einhundertfünfzig an der Zahl, ein schier endloser Zug des Elends. Als sie am sechsten Oktober auf das provisorische Hauptquartier ihres obersten Kriegsherrn stießen, raffte diesen bei dem furchtbaren Anblick ein Schlaganfall dahin.

Zu diesem Zeitpunkt befand sich König Stefan schon auf seinem Feldzug, der ihn bis Ochrid führte. Die reiche Stadt wurde von seinen Truppen und den Byzantinern gemeinsam belagert und erobert. An der folgenden schauerlichen Ausplünderung allerdings haben sich – so versichern die zeitgenössischen ungarischen Quellen – König Stefans Edelkrieger nicht beteiligt, diese sei ausschließlich Sache der griechischen Verbündeten gewesen. König Stefan habe vielmehr mit seinen Mannen voll Andacht Ochrids Kirchen besucht, und wenn sie dabei eine Anzahl von kostbaren Reliquien und wertvollen Kirchengeräten mitgenommen hätten, so sei dies nur geschehen, um sie später in jener Ruhe, derer wahre Frömmigkeit nun einmal bedarf, verehren zu können. Lokale Traditionen Ungarns sind weniger penibel und vermutlich ehrlicher, und sie berichten mit Stolz darüber, was König Stefan dieser Kirche oder jenem Kloster aus der Bulgarenbeute gestiftet hat. Besonders reich wurde die Kirche der heiligen Maria in Székesfehérvár → Stuhlweißenburg bedacht, deren Bau großteils aus dem Gewinn des Bulgarenkriegs finanziert und die darüber hinaus mit einem kostbaren Schatz ausgestattet wurde.

Ochrids Eroberung, die vermutlich 1018 erfolgte, zerstörte die militarische Macht der Bulgaren für längere Zeit – und Kaiser Basileios hatte nun die Möglichkeit, starke Teile seiner Balkanarmee nach Italien zu verlegen, um die Kriegführung nicht etwa gegen die Moslems, sondern vielmehr gegen Kaiser Heinrich II. und Papst Benedikt VIII. zu intensivieren. Hier hatten sich Bari und Salerno gegen die byzantinische Herrschaft erhoben und waren erneut unter das Joch des Ostkaisers gebeugt worden; die Kämpfe hatten gewiß nicht mehr als lokale Bedeutung, erlangten aber dadurch für die Geschichte des Mittelmeerraumes einen entscheidenden Rang, als sich christianisierte Normannen, die eben von einer Pilgerreise nach Jerusalem heimkehrten, auf Seite der aufständischen Langobarden an den Kämpfen beteiligten und Süditalien als durchaus lohnendes Angriffsziel erkannten. Ihre Söhne kehrten wieder zurück und begründeten um 1050 die normannische Herrschaft in Apulien und wenig später in Sizilien; sie waren die neue Macht, die das Mittelmeergebiet in Unruhe versetzte.

1024 starben Papst Benedikt VIII. (9. April) und Kaiser Heinrich II. (13. Juli); zum neuen Apostelfürsten wurde Benedikts Bruder erwählt: Johannes XIX., Konsul von Rom, und zum König im Regnum Theutonicum Konrad II., der Sohn des Grafen Heinrich von Speyer, der Enkel Herzog Ottos von Kärnten. Er war der erste Salier, der die deutsche Krone gewann – und er war der erste deutsche König (und seit 1027 Kaiser des Abendlandes), der einen Krieg gegen den König von Ungarn führte. Die Ursachen der kombattanten Auseinandersetzung, die nach dem bisherigen Verlauf der Dinge sicherlich erstaunlich ist, sind nicht genau bekannt. Man kann annehmen, daß sie in irgendeinem Zusammenhang mit dem Krieg gegen Polen standen, wo indessen Miseko II. seinem Vater Boleslaw Chrobry, der zuletzt den Königstitel geführt hatte, nachgefolgt war. Der Premyslide Bretislaw, später Herzog Bretislaw I., war zur Vertreibung der Polen aus dem böhmischen und mährischen Raum angetreten, Kaiser Konrad wollte ihm 1030 mit einem starken Heer zu Hilfe kommen und stieß dabei in den Raum Wien vor, der für Stefan Teil seines Königreiches war. Die kaiserliche Operation zielte vermutlich auf Braslawaspurc ab, doch traf das deutsche Heer südlich der Donau auf das des ungarischen Königs, dessen »harter Kern« die Panzerreiterei war, die nach wie vor aus den Mannen der ritterlichen Gefolgschaft Giselas und deren Söhnen bestand.

Aus den wenigen überlieferten Nachrichten ist zu schließen, daß das deutsche Heer zunächst durch die bogenbewaffnete magyarische Reiterei lokal fixiert wurde und sich nach erheblichen Verlusten in einem ausgedehnten Gebäudekomplex – vielleicht einer befestigten Siedlung oder einem Stapelplatz für Handelswaren – zur Verteidigung einrichtete. Die Gebäude wurden im Zuge der Kampfhandlungen in Brand gesetzt und erheblich beschädigt, der Widerstand aber nicht aufgegeben, und so setzte Stefan zuletzt seine abgesessenen Panzerreiter zum Sturmangriff mit dem männermordenden Nahkampf an. Wer Details wissen will, findet sie mit einer an

Sicherheit grenzenden Wahrscheinlichkeit im Nibelungenlied: Der End-kampf der Burgunden gegen die Mannen des Markgrafen von Bechelaren und Dietrichs von Bern.

Dietrich von Bern erschien in der historischen Effektivität übrigens nicht, und der König aus dem »fernen Westen«, dem Rheinland, fand also keinen, der ihn und seine engsten Gefährten überwand: Kaiser Konrad gelang mit wenigen Gefolgsleuten die Flucht; von einem Rückzug konnte angesichts der Vernichtung seines gesamten Heeres doch wohl keine Rede sein. Aber nicht nur das deutsche Ritterheer, sondern auch König Stefans Panzerreiterei hatte faktisch zu bestehen aufgehört: Der König von Ungarn hatte seine Wunder-waffe verloren, und nur sein persönliches Ansehen sicherte nun den Bestand seines Reiches. Würde er dieses wie die Krone auf seinen Sohn übertragen können?

Seltsames Spiel der Geschichte, daß es ein grimmiges Wildschwein war, das diese Frage für den großen König löste: 1031 wurde Imré → Emmerich, der Herzog von Bihar, auf der Jagd von einem angeschweißten Keiler angefallen und getötet. Und wenn dieser blutige Tod auch durchaus ehrenvoll und in mancherlei Hinsicht geradezu standesgemäß war, so konnte dies Ste-fan doch nicht darüber hinwegtäuschen, daß wehrhaftes Großwild seine gan-zen Planungen für die Zukunft seines Reiches, so sorgfältig und klug durch-dacht und weitblickend sie auch waren, über den Haufen gerannt hatte.

So wurde die menschliche Katastrophe zur drohenden politischen, und der schwergetroffene König kam nun, an der Schwelle des Alters stehend, außer Tritt. Er verlor seine Besonnenheit und sein Gefühl für die sozialen Effektivitäten, die ihn beide bislang in die Lage versetzt hatten, seine von christlich-ritterlicher Idealität durchdrungenen Vorstellungen in die seinem Willen entsprechende soziale Wirklichkeit zu übertragen. Besonders quälend belastete ihn die Sorge, daß das ganze Ringen um die Durchsetzung des »modernen« Sohneserbrechts gegen das Senioriatserbrecht vergebens gewe-sen war: Die Herrschaft würde nach seinem Tod dem ältesten Arpaden zufallen, und dieser war Vászoly → Basilius, der Schwiegersohn eines im Heidentum verharrenden Stammeshäuptlings, dessen Nomadenleben er teilte. Stefan konnte nicht daran zweifeln, daß unter Vászolys Herrschaft das christliche Königreich zugrundegehen und der alte paganische Stammesbund, allenfalls mit ein paar neuzeitlichen Schnörkeln, wiedererstehen werde.

An Stefans Hof lebte sein Neffe Peter Orseolus, der Sohn seiner mit Otto Orseolus vermählten Schwester, die 1024 oder 1025 auf der Flucht nach Ungarn gelangt war[11]. Peter war seinem Oheim lieb und wert; er war mit dem romantischen und melancholischen Zauber des von einem übermächtigen Schicksal Geschlagenen umspielt und erschien der höfischen Gesellschaft beinahe wie der Thronfolger eines fremden Reiches, dessen Krone ohne sein Verschulden verlorengegangen war. Nach Imrés Tod fühlte sich ihm Stefan besonders verbunden: War er, Stefan von Ungarn, der König ohne Sohn, so war sein Neffe Peter der Kronprinz ohne Reich. Der ritterliche, tiefgläubige, urbanisiert elegante und schwermütige Jüngling nahm in der königlichen Wertschätzung einen ständig wachsenden Rang ein, bis ihn König Stefan offiziell zu seinem Nachfolger bestimmte und – vermutlich – adoptierte.

Die auf die Ausbootung Vászolys abzielende Maßnahme löste ein mörderisches Komplott der Angehörigen der magyarischen Sprachnation am Königshof aus, das jedoch entdeckt wurde und zur Bestrafung der Verschwörer durch Abhauen der Schwurhand, mit der sie dem König den Eid geleistet hatten, führte. Vászoly schien so schwer belastet, daß er durch Blendung und Taubmachen – es wurde ihm heißes Blei in die Ohren gegossen – bestraft ward. Vászolys Söhne flohen; Andreas und Levente fanden Zuflucht bei Jaroslaw dem Weisen in Kiew, Béla hingegen in Polen.

Nun schien alles geregelt. Stefan hatte nur noch den Wunsch, am Tage der Himmelfahrt Mariens von Gott abberufen zu werden, und in der Tat trat der Tod am 15. August 1038 an sein Krankenlager. Seine Heiligsprechung erfolgte gemeinsam mit der seines Sohnes Emmerich → Imré 1083 und stand eindeutig im Schatten des Konflikts zwischen Papst Gregor VII. und König Heinrich IV. Ursprünglich sollte Gisela mit ihrem Gemahl der Kanonisation unterfallen, doch wurde ihr ihre deutsche Abstammung zum Verhängnis, so daß ihr Sohn an ihre Stelle trat. Dem Papst ging es darum, den König von Ungarn – es war damals Ladislaus I. – in seinem Lager zu fixieren: Die ungarische Kirche hatte zwei Heilige erwartet, und sie bekam, was sie wünschte. Gregors Rechnung ging übrigens nicht auf: Ladislaus trat, wenngleich als Schwiegersohn des deutschen Gegenkönigs Rudolf von Rheinfelden zunächst der Gegner König Heinrichs, bald darauf in dessen Lager. Papst Gregor drohte mit dem Bannfluch und beschimpfte den Arpaden als »Erzfeind der Kirche«, was jedoch auf diesen keinen besonderen Eindruck machte und seine spätere Heiligsprechung auch nicht verhinderte: Ladislaus I. wurde als dritter Angehöriger seiner Familie und zweiter König von Ungarn kanonisiert. Die ungarische Geschichtsschreibung nennt die Arpaden daher gern die »Familie der Heiligen und Helden«, durchaus nicht ohne triftigen Grund, zumal mit der heiligen Elisabeth und der heiligen Margarete auch zwei weibliche Familienmitglieder benediziert wurden.

3. Kapitel:
Thronstreitigkeiten – Das Regnum Hungaricum als Lehenskönigtum des Imperium Romanum – Der magyarische Gegenschlag

Wie von König Stefan angeordnet, wurde sein Neffe sein Nachfolger als Rex im Regnum Hungaricum. Seine Herrschaft war ohne Glanz und Kraft: Die Magyaren, die ihn für den Verantwortlichen an der Zerschlagung der Opposition und der grausamen Behandlung des Oppositionsführers Vászoly hielten, haßten ihn. Die Hofpartei, die ihn gekrönt hatte, um Stefans Willen zu entsprechen, hatte augenscheinlich nur geringen Einfluß –, und die deutsche Panzerreiterei, die zuverlässige Stütze des Königtums, war in dem von Kaiser Konrad II. sinnlos und beinahe schon mutwillig provozierten Krieg zugrundegegangen. Die wenigen Ritter, die jene Kämpfe überlebt haben mochten, und die indessen herangewachsenen Söhne der Gefallenen waren nur zum Teil ins Hofleben integriert, überwiegend jedoch in hoffernen Funktionen tätig, so daß durch Zersplitterung ihre ursprüngliche Bedeutung als harter Kern der königlichen Streitmacht, als »Gardekavalleriedivision«, wie sie im vorigen Kapitel genannt wurde, längst verlorengegangen war. Geblieben war eine nicht eben zahlenstarke persönliche Leibwache, die nun wiederum weniger dem jungen König, als vielmehr der alten Königin Gisela diente, die ins Abseits getreten oder vielleicht auch gedrängt worden war und die Entwicklung besorgt betrachtete. Dies förderte, da die noch aus Stefans Zeit stammenden Würdenträger des Hofes ebenfalls ihr zuneigten, die Isolation des Königs, und als die magyarische Opposition, nun um Samuel Aba, einen Stammeshäuptling aus Ostungarn geschart, zum offenen Aufstand schritt, hatte König Peter nicht die nötigen Machtmittel zur Hand, um die Rebellion niederzuwerfen. Er floh donauaufwärts, wo er bei König Heinrich III. Hilfe suchte und fand.

Der ebenfalls junge König, der erst 1039 als eben 22jähriger seinem Vater nachgefolgt war, steckte jedoch mitten in den böhmisch-polnischen Streitigkeiten, die nun schon einige Jahrzehnte andauerten und eben einen neuen Höhepunkt erreicht hatten. Der Übersicht und des besseren Verständnisses wegen seien folgende Jahreszahlen genannt:

1003 hatte Boleslaw I. Chrobry die Przemysliden vertrieben und neben Böhmen auch Mähren und die Lausitz, die nicht przemyslidischer Herrschaft unterfielen, besetzt;

1004 hatte Heinrich II. die Polen aus Böhmen,

1005 aus der Lausitz geworfen;

1018 wurde der Frieden von Bautzen geschlossen, in dem Boleslaw auf
Böhmen Verzicht leistete, die Lausitz und das Milzenerland als Lehen
vom deutschen König übertragen erhielt und Mähren stillschweigend
von seinen Truppen besetzt blieb;

1029 warf der Przemyslide Bretislaw die Polen aus Mähren;

1030 unterwarf sich Boleslaws Nachfolger Miseko II. der Oberhoheit des
deutschen Königs Konrad II. und leistete auf den Titel eines Königs von
Polen Verzicht;

1039 erneuerte der sehr energische Bretislaw den Krieg gegen Polen, nahm
den polnischen Königstitel an und brachte neben sonstiger schöner
Beute auch die Gebeine des heiligen Adalbert, die bisher in Gnesen als
Reliquien verehrt wurden, nach Prag.

Das konnte König Heinrich III. nicht stillschweigend dulden: Sowohl
Böhmen wie Polen waren Fürstentümer des Imperium Romanum, und die
Okkupation eines Lehensfürstentums war ebenso unzulässig wie die eigenmächtige Annahme eines Fürstentitels. Er versuchte also zunächst, Bretislaw
zur Ordnung zu rufen, doch zog dieser die Widersetzlichkeit vor: Es war der
leider schon beinahe zur Gewohnheit der sehr selbstherrlichen Landesfürsten
gewordene Test des Durchsetzungsvermögens eines neuen Königs. Heinrich
unterschätzte Bretislaws Kriegsmacht und unternahm 1040 einen schlecht
vorbereiteten und mit unzureichenden Kräften geführten Feldzug nach
Böhmen, der schon im Böhmerwald steckenblieb und keineswegs dazu
beitrug, das Prestige der königlichen Zentralgewalt zu stärken. 1041 wiederholte er den Kriegszug mit hinreichend starken Kräften: Bretislaw unterwarf
sich, verzichtete schweren Herzens auf den polnischen Königstitel und die
territorialen Gewinne, erhielt aber – und das war von zukunftsgestaltender
Bedeutung – Schlesien und Mähren als bömische »Nebenländer« verliehen.
Mähren war allerdings zusammengestutzt worden: Der Landesteil zwischen
– Donau
   und
– Thaya,
heute das nördliche Niederösterreich, wurde als »Böhmische Mark« verselbständigt und bald mit der Mark an der Donau vereinigt (s. Anm. 1).

Im selben Jahr 1041 begann Heinrich III. einen Feldzug nach Ungarn, um
Peter wieder zur Herrschaft zu verhelfen; wie beim ersten Einfall in Böhmen
war die Operation mit unzulänglichen Kräften geführt worden. Der junge
König neigte anscheinend zur Fehleinschätzung der jeweils aktuellen Kräfteverhältnisse und erlitt auch diesmal eine böse Abfuhr. Samuel Aba, der
indessen in Ungarn zum Könige ausgerufen worden war, brachte den
Vormarsch des deutschen Heeres schon im Grenzraum, dem Gyepü-Strei-
fen[12] zum Stillstand, und zwar offenbar ohne besondere Schwierigkeiten,

denn es gab nur ein paar kleinere Gefechte zwischen seinen Grenzsicherungstruppen und den Deutschen, aber keine nennenswerte Schlacht.

Im inneren Gefüge des Regnum Hungaricum dürfte durch die Vertreibung Peters und die Herrschaft Abas nicht viel verändert worden sein, und es kam insbesonders nicht zu einer Zerschlagung der Komitatsverwaltung oder zu Angriffen auf die Kirche; es war vielmehr so, daß – um es in den von Szücs übernommenen Kategorien auszudrücken – ein Angehöriger der magyarischen Sprachnation den Rang an der Spitze des Königreichs Ungarn eingenommen hatte. Und das war, im Grunde genommen, sowohl mehrheitlich als auch historisch begründet. Die ungarische Staatsnation bestand damals überwiegend aus Magyaren, und wenn man sich auf eine Schätzung der Prozentzahlen einlassen will, sind es sicherlich 80 Prozent der Gesamtbevölkerung gewesen. Und auf diesem Fundament war der Bau des Regnum Hungaricum eben errichtet worden. Der klar zum Ausdruck gebrachte Wille des Staatsgründers war allerdings auf der Strecke geblieben.

Auf der Vollstreckung dieses Willens aber bestand Peter, und er muß König Heinrich wohl schon damals die Anerkennung der deutschen Oberhoheit Zug um Zug gegen Verschaffung der Herrschaft zugesichert und ihn damit zu neuer Heerfahrt gegen König Samuel bewogen haben, denn 1044 stieß der Salier persönlich und mit starker Heeresmacht über die Reichsgrenze vor. Die Überwindung der Gyepü-Region gelang nun, und der König von Ungarn, der sich mit seinem Heer bei Menfö zur Schlacht stellte, erlitt eine vernichtende Niederlage und verlor sein Leben, wobei dahingestellt bleibt, ob er in der Tat auf der Flucht von den eigenen Leuten umgebracht wurde. Unmittelbar darauf kam es zur Durchführung der Bestimmungen des Allianzvertrages: Heinrich belehnte Peter mit dem Regnum Hungaricum, und Peter huldigte Heinrich als seinem Lehensherrn. Heinrich zog heim, und Peter begann seine zweite Herrschaftsperiode, die glücklos war wie die erste.

Schon zwei Jahre danach kam es wiederum zum Aufstand, der sich diesmal nicht nur gegen den fremden König, sondern auch gegen die fremde Kirche richtete. Träger der Revolution waren fanatische paganische Traditionalisten; ihr Anführer war der grimme Heide Vata, dessen Leute gegen die wenigen Königstreuen ebenso grausam verfuhren wie gegen die Diener der christlichen Religion. Selbst die Gläubigen, die nicht sogleich bereit waren, dem Christentum abzuschwören, wurden nicht verschont. Es gab eine ganze Reihe von neuen Märtyrern, deren prominentester Gerhard[13] war, der Bischof von Csanád, der später heiliggesprochen wurde; nach ihm ist der Gellerthegy → Gerhardsberg[14] in Budapest benannt, wo er den Tod erlitt. König Peter wurde gefangen und geblendet, und selbst Stefans Witwe verlegte – einer alten Überlieferung nach sogar unter höchst dramatischen Begleitumständen – ihren Wohnsitz von Szekesfehervár zurück nach Bayern. In Niedernburg bei Passau trat sie ins Kloster der Benediktinerinnen ein, als dessen Äbtissin sie in hohem Alter verstarb – ihr Todesjahr ist unbekannt, ihr Grabstein in der Klosterkirche Niedernburg (heute Passau) erhalten.

Nun schienen König Stefans schlimmste Befürchtungen über den Zerfall seines christlichen Reiches und das Wiederaufkommen des paganischen Stammesbundes Wahrheit zu werden, aber eben weil die siegreichen Rebellen der Tradition zutiefst verhaftet waren, kam es dann doch nicht dazu. Vata war ein »Mann des Volkes«, was damals noch längst nicht so emphatisch bejubelt wurde wie bei den neuzeitlichen Revolutionen, die der großen Revolution in Frankreich nachfolgten, und er scheute davor zurück, nach der Würde des Großfürsten zu greifen, die der alte Magyarengott seinen Nachkommen von Emese, den Arpaden (s. I. Teil, Anm. 41), verheißen hatte. Da es in Ungarn keine Arpaden gab, bemühte er sich, die Vászolysöhne Andreas, Bela und Levente zur Heimkehr zu bewegen, und sie kamen – und bald darauf wurde Andreas zum König gewählt (1046). Zu seinen ersten Taten gehörte, daß er sich seines Vorgängers annahm, ihn aus der Gefangenschaft befreite und für einen anständigen Lebensunterhalt sorgte, und das erweist ihn als edelmütigen Menschen. Daneben reinstallierte er die staatlichen Einrichtungen, wie sie Stefan geschaffen hatte, und forcierte den Wiederaufbau der kirchlichen Organisation, und das erweist ihn als klarsichtigen Politiker. Darüber kam es zum Bruch mit Vata und seinen heidnischen Gesellen, die schon die Annahme des Königstitels übel vermerkt und begonnen hatten, mit den Waffen zu rasseln; der König nahm das Risiko der Erneuerung des Bürgerkrieges in Kauf, und das erweist ihn als tapferen Mann. Den Aufstand schlug er mit ziemlicher Härte nieder; das Bemerkenswerteste daran ist wohl, daß es ihm in kurzer Zeit gelungen war, eine zur Behauptung des christlichen Königtums ausreichende kombattante Macht auf die Beine zu stellen, was seine organisatorischen Fähigkeiten bezeugt.

Zuletzt verweigerte er König Heinrich III. – ab 1047 Kaiser – die geforderte Huldigung und erklärte den von König Peter geleisteten Lehenseid als nur für diesen verbindlich, was nach den Grundsätzen des Lehensrechts (s. Anhang) durchaus zutreffend war. Kaiser Heinrich erklärte nun Ungarn zum heimgefallenen Reichslehen, was ebenfalls dem Lehensrecht entsprach, aber keine Auswirkung in der politischen Effektivität zeigte, und machte sich letztendlich daran, das Heimfallsrecht durchzusetzen. Das hieß Krieg, den der Kaiser zunächst wiederum nur mit unzulänglichen Kräften führen konnte, weil er auch einen Aufstand in Flandern niederwerfen mußte, was sich als sehr schwierig erwies, da der rebellische Graf Balduin zum Unterschied von ihm über eine recht leistungsfähige Kriegsflotte verfügte. Erst als es dem Kaiser gelang, englische und dänische Schiffe in seinen Dienst zu nehmen, konnte er Erfolge erzielen, und 1050 war er in Flandern siegreich.

In der Zwischenzeit waren mehrfache Versuche kaiserlicher Verbände, in Ungarn einzufallen, abgewiesen worden; das neugeschaffene und überwiegend magyarische Kriegsheer gewann zunehmend Erfahrung und Selbstvertrauen, und als Heinrich 1053 zum zweiten Mal sein Heer über die Grenzen führte, befand er sich bald in aussichtsarmer Position in wüster, vermutlich absichtlich verwüsteter Gegend, litt nach einigen kleineren Gefechten unterschiedlichen Ausgangs an empfindlichem Verpflegungsmangel, konnte den Gegner nicht zu einer Entscheidungsschlacht wie bei Menfö bewegen und war, nachdem er die Unmöglichkeit des Nachschubes auch nur halbwegs zureichender Lebensmittelmengen zur Kenntnis nehmen mußte, zur Aufnahme von Verhandlungen bereit.

Die ritterlichen Könige gelangten sehr rasch zu einem Frieden, der sehr vernünftig und maßvoll war und
– *Andreas* die Anerkennung als König des selbständigen, souveränen Regnum Hungaricum brachte,
– *Heinrich* aber die Bitterkeit seiner Niederlage durch die formelle Abtretung eines schmalen Landstreifens bis zur Leitha erträglich machte.

Und um die alten, nahen Beziehungen zwischen den beiden Höfen wiederherzustellen, wurde die Tochter des Kaisers mit dem Sohne des Königs verlobt. Zuletzt stellte Andreas dem kaiserlichen Heer die unbedingt nötige Verpflegung für den Heimmarsch, und dann zog sich Heinrich mit seinem Kriegsvolk zurück.

Ungarn war wieder, was es zu Stefans Zeiten gewesen war: Ein freies christliches Reich moderner Prägung, von einem mit absolutistischer Machtvollkommenheit ausgestatteten König beherrscht. Dessen Herrlichkeit dauerte noch sieben Jahre, dann erhob sich sein Bruder Bela mit polnischer Unterstützung gegen ihn. 1061 kam es zur großen Schlacht zwischen den feindlichen Brüdern: Bela siegte, Andreas fiel, und sein Sohn Salomon floh ins Imperium Romanum, wo indessen Heinrich IV. seinem Vater nachgefolgt war.

Das Reich konnte noch immer nicht zur Ruhe kommen; gegen König Bela erhoben sich wiederum die Heiden, die aus dem Traum von den alten, glorreichen Zeiten des paganischen Bundes der Sieben Stämme nicht erwachen wollten, und die Vatas Sohn Johannes → János führte. Bela schlug den Aufstand nieder; **als er fest im Sattel saß, kam ihm eine erstaunliche Idee: Er baute den Absolutismus ab und beteiligte das Volk an den »Regierungsgeschäften«, wobei zwischen Gesetzgebung und Vollzug der Gesetze nicht unterschieden wurde. Diese Beteiligung erfolgte durch eine repräsentative Versammlung, die ständisch gegliedert war: Die geistliche und die weltliche Hierarchie waren grundsätzlich teilnahmeberechtigt, die Bürgerschaften der Städte wurden durch die Spitzen der Selbstverwaltungskörper vertreten – aber die Beteiligung der Bauern erfolgte durch gewählte Abgeordnete, wobei jedes Dorf deren zwei zu entsenden hatte. Und diese Wahl machte die ungarische Reichsversammlung zur ersten parlamentarischen Körperschaft Europas.** Bela starb 1063 überraschend, und Salomon gewann mit Hilfe seines Schwagers Heinrich IV. die Herrschaft in Ungarn. Gegen ihn erhob sich Belas Sohn Geza und drängte ihn nach langem und erbittertem Bürgerkrieg zurück ins deutsche Exil. In Salomons Fluchtgepäck befand sich die Krone des heiligen Stefan, und da er sich beharrlich weigerte, sie zurückzustellen, Geza aber einen unbestreitbaren Bedarf an einem für Könige – er wurde 1074 als solcher anerkannt – standesgemäßen Herrschaftssymbol hatte, wandte er sich an den byzantinischen Kaiserhof, wo eben Michael VII. Dukas dem tapferen, bei Mantzikert aber sieglosen Romanos IV. Diogenes nachgefolgt war (s. Bd. 1, S. 107). Kaiser Michael, der außer der Blendung und Einkerkerung seines Vorgängers bei dessen Heimkehr aus islamischer Gefangenschaft keine rechten Erfolge aufzuweisen hatte, fühlte sich mächtig aufgewertet, als ihn der neue König von Ungarn um Übersendung einer Krone bat, und erfüllte den Wunsch gerne. Die für Geza angefertigte und nach ihm benannte Krone, die später mit der Stefanskrone vereinigt wurde, benennt ihn allerdings als »König der Türken«, was trotz mancherlei gelehrter Erklärungen doch recht erstaunlich ist.

1077 starb Geza, ihm folgte sein Bruder Ladislaus I. der Heilige, unter dem das Reich des heiligen Stefan nach einer Periode ständiger Nachfolgestreitigkeiten und Wirren wieder innere Festigkeit und durch die Machtzunahme Ansehen in der westchristlichen Staatenwelt gewann. Unter ihm begann der Zusammenschluß mit dem Königreich Kroatien, der sich unter seinem Nachfolger vollendete und aus den in Personalunion vereinigten Reichen die mächtige Bastion der westlichen Christenheit in der Welt der Orthodoxie erwachsen ließ.

III.
Die orthodoxe Welt und die Osmanen

1. Kapitel:
Der Vollzug der Kirchenspaltung

In jener Zeit, in der sich des heiligen Stefan westchristliches Königreich Ungarn gegen die Opposition der paganischen Magyaren und gegen den Oberhoheitsanspruch des salischen Kaisers Heinrich III. behaupten mußte, vollzog sich im mediterranen Raum in unerbittlicher Konsequenz die große Katastrophe des endgültigen Zerfalls der Christenheit, eines Ereignisses von folgenschwerster historischer Bedeutung, die in unserem traditionellen Geschichtsbild kaum die unerläßliche Würdigung findet. Die Meinung, die dieser Mißachtung zugrundeliegt, daß nämlich die um das Jahr 1054 gruppierten und ihm vor allem unmittelbar voraufgehenden Ereignisse keinen direkten Einfluß auf die Entwicklung in Zentraleuropa gehabt hätten, ist unrichtig, und unrichtig ist die daraus gezogene Schlußfolgerung, daß die Darstellung des Sachverhaltes lediglich im Rahmen der Kirchengeschichte oder der byzantinischen und allenfalls italischen Geschichte erfolgen müsse. In Wahrheit ist nämlich die Kirchengeschichte ein unlösbarer Bestandteil der europäischen Geschichte und vor allem der Geschichte des Heiligen Römischen Reiches, wie sogleich erkennbar wird, wenn man bedenkt, daß der nun unmittelbar folgende Investiturstreit und das ganze komplexe Geschehen um Papst Gregor VII. und König Heinrich IV. nur vor dem Hintergrund der völligen Trennung von Papstkriche und Orthodoxie zu verstehen sind. Und einiges andere auch, das gerade im Hinblick auf die Kollision mit dem Dar ul Islam, der uns in Kürze in neuer Gestalt als das Osmanische Reich begegnet, sehr wohl zu beachten ist.

Der formelle und endgültige Bruch zwischen Rom und Byzanz hatte sich seit längerer Zeit abzuzeichnen begonnen und war schon im neunten Jahrhundert eben noch vermieden worden; es sei an die vom Patriarchen Photios veranlaßte Verhängung des Anathems über Papst Nikolaus I. erinnert (s. I., Anm. 27), in welcher die römisch-byzantinische Auseinandersetzung den ersten Höhepunkt fand. In der Folgezeit waren immer wieder auftretende Differenzen, wie zum Beispiel im Zusammenhang mit der Flucht des Papstes Bonifatius VII. nach Byzanz (s. II., Anm. 4) mit Mühe überbrückt worden, aber schon kurz nach Anbruch des zweiten Jahrtausends wurde der Papst nicht mehr in den byzantinischen Listen der Oberhäupter der Christenheit (Diptychen) aufgeführt. Johannes XIX. habe, so wurde seitens des Patriarchats erklärt, den Titel eines ökumenischen (allumfassenden) Patriarchen an den Inhaber des Stuhls von Konstantinopel abgetreten, und die an sich recht unglaubhafte Geschichte wurde mit der Garnierung versehen, daß der Papst hierfür eine namhafte Summe aus Konstantinopel bekommen habe. Gerade bei Papst Johannes XIX. schien dies durchaus möglich, ja sogar wahrscheinlich zu sein, war es doch ein offenes Geheimnis, daß er die Nachfolge Petri durch massive Bestechungen erkauft hatte; Romanus, Graf von Tusculum, Consul und Dux von Rom, war zwar der Bruder des Papstes Benedikt VIII. gewesen, selbst aber kein Kleriker, so daß ihm alle Weihen erst am Tag seiner Weihe zum Papst gespendet wurden. Kaum im Besitz der Macht, holte sich Johannes XIX. die verausgabten Beträge dadurch zurück, daß er mit kirchlichen Würden einen schamlos zu nennenden Handel trieb. Das gab den cluniazensischen Reformideen mächtigen Auftrieb, und die Forderungen nach dem Verbot der Priesterehe, des Ämterschacherns und der Laieninvestitur – Einsetzung in Kirchenämter durch Laien – wurden immer nachdrücklicher erhoben. Eben diese Forderungen stießen nicht nur auf den Widerstand des Pontifex maximus, sondern auch auf den der Ostkirche, wo man vor allem hinsichtlich des Zölibats gänzlich anderer Meinung war als die Mönche in Cluny und sich – genau wie diese – auf die Heilige Schrift berief[1], während man dem Verbot der Laieninvestitur ohne rechtes Verständnis gegenüberstand und es für einen absoluten moralischen Tiefstand ansah, daß über ein Verbot des Ämterhandels überhaupt diskutiert wurde.

Im letztgenannten Punkt der Kritik sollte man übrigens irren: Nach dem Tode Johannes XIX. (1032) ging es noch weiter bergab. Nun wurde der Neffe der beiden letzten Päpste, Theophylakt von Tusculum, zum Oberhaupt der Christenheit gewählt: Ein zwölfjähriger, nach anderen Quellen sechzehnjähriger Knabe! Seine Familie hatte, wie unschwer zu erraten ist, wiederum beachtliche Summen investiert, um sich die schöne Pfründe mit den vielen damit verbundenen Berechtigungen zu erhalten. Papst Benedikt IX. nahm bald ein ausschweifendes Lasterleben auf, das an das seines jugendlichen Vorgängers Johannes XII. (s. I., Anm. 26) erinnert; 1044 mußte er Rom fluchtartig verlassen. Er wurde für abgesetzt erklärt; die Adelspartei der Crescentier, die den Aufruhr erregt hatte, setzte die Wahl eines untadeligen Mannes, des Bischofs Johannes von Sabina, zum neuen Papst durch. Er nannte sich Silvester III., fand aber nicht überall Anerkennung, so daß es vorerst einmal zwei Päpste gab.

Das Schönste kam aber erst am 1. Mai 1045, als Benedikt wieder nach Rom zurückgekehrt war und den Lateranpalast erneut in Besitz genommen hatte: Er hatte im Augenblick die Lust am Papstsein verloren und übertrug durch ein negotium inter vivos → Rechtsgeschäft zwischen Lebenden, auf gut Deutsch einen Kaufvertrag, die Würde des vicarius Petri an den Archipresbyter → Erzpriester Johannes Gratianus, und das um einen ausgesprochenen Schleuderpreis – tausend Pfund Silber.

Gregor VI., wie dieser nun hieß, hatte allerdings keine lange Freude an dem wohlfeilen Erwerb, denn nach ein paar Tagen reute Benedikt der Handel, er spielte weiter Papst, und die Römer hatten die Möglichkeit, drei Päpsten ihre Wünsche, Beschwerden und Forderungen vorzutragen:

– Benedikt IX. im Lateranpalast,
– Gregor VI. in St. Peter, und Silvester III. in Santa Maria Maggiore.
Der äußerst verwirrende Zustand ließ König Heinrich III. nach dringenden
Bitten sämtlicher nicht unmittelbar in den Streit involvierter Großwürdenträger der Kirche und einigem Zögern – seine formale Berechtigung war
fraglich, denn er war damals noch nicht Kaiser – nach Italien ziehen, wo er
– sich mit Papst Gregor VI. in Piacenza traf und
– eine Synode nach Sutri berief, die in der Frage der Päpste zu einer Lösung
  kommen sollte.

Papst Gregor VI. machte die Synode beinahe zu einem der heutzutage
üblichen Schauprozesse mit Selbstbezichtigung, exhibitionistischer Reue und
Belastung von Mittätern, genau genommen des entscheidenden Mittäters
Papst Benedikt, der es vorgezogen hatte, nicht zu erscheinen. Gregor deckte
die prachtvolle Geschichte mit dem Kauf der päpstlichen Würde auf und zog
auch gleich das Resümee:
»Ich, Bischof Gregor, Knecht der Knechte Gottes, erkläre, daß ich wegen
abscheulichen Kaufs und simonistischer Ketzerei, die sich bei meiner Wahl
eingeschlichen hat, des römischen Bistums entsetzt werden muß.«
   Und das wurde er denn auch, und er wurde nach Köln am Rhein verbannt,
wo er den Rest seiner Tage in recht angenehmen Lebensumständen und
zumindest sorgenfreier denn als Papst verbrachte.
   Enthoben wurden auch die Mitpäpste Silvester III. und Benedikt IX.
Silvester behielt den bischöflichen Rang und das Bistum Sabina, wohin er
vermutlich gerne zurückging, während sich Benedikt IX. grollend in den
Untergrund zurückzog.
   Dem päpstlichen Triumvirat folgte Suidger von Morsleben, Bischof von
Bamberg, als Papst Clemens II., ein energischer Befürworter der Reformideen von Cluny, der Heinrich III. zum Kaiser krönte. Er kam nicht dazu, die
Reform in Angriff zu nehmen, denn er starb schon im Herbst 1047 nach noch
nicht einmal einjährigem Pontifikat. Nun tauchte Benedikt IX. wieder auf,
übernahm die Leitung der Kirche und wurde wieder vertrieben, um dem
neugewählten Papst Damasus II. Platz zu machen (Juli 1048). Damasus II.
starb schon nach dreiwöchiger Amtszeit: Ob am Fieber oder durch eine
Portion Gift, die ihm ein ergebener Anhänger Benedikts in das Essen
gemengt hatte, wurde viel und ergebnislos diskutiert. Benedikts neues
Wiederkommen wurde jedenfalls vereitelt, und zum 152. Papst wurde Bruno,
der Bischof von Toul, gewählt, und zwar vom Reichstag in Worms (Dezember
1048), also einer durchaus unzuständigen Stelle, wobei man auf die Frage der
Wahlberechtigung grundsätzlich Bedacht nahm: Die Wahl sollte nur gelten,
wenn sie von Klerus und Volk von Rom bestätigt wurde, was auch geschah.
Papst Leo IX., wie er sich nannte, war ein glühender Anhänger der
cluniazensischen Reform und zeigte dies schon in seinem äußeren Auftreten;
begleitet von seinem engsten Freund und Vertrauten, dem Mönch Hilde-

brand (dem späteren Papst Gregor VII.) hielt er im Februar 1049 barfüßig und im härenen Büßergewand Einzug in Rom. Unter ihm wurde der konsequente Versuch, die Ideen der Mönche von Cluny abstrichfrei in die Effektivität der Kirche zu übertragen, zum Leitmotiv der päpstlichen Politik, und unter ihm wurden die Zentralstellen der klerikalen Hierarchie wieder mit der Elite der Diener der Kirche besetzt. Besonders zu nennen sind neben dem Cluniazenser Hildebrand

- *Friedrich,* der lothringischen Herzogsfamilie entstammend, Abt von Montecassino, des berühmten Stammklosters des Benediktinerordens, der als Gesandter in Byzanz versuchte, die endgültige Kirchenspaltung zu verhindern; er wurde 1057 selbst zum Papst gewählt (Stephan IX., bereits 1058 verstorben);
- *Humbert,* Bischof von Silva Candida, einer der bedeutendsten Männer seiner Zeit, ein unbeirrbarer Verfechter des römischen Primats, der durch seine Bestellung zum Erzbischof von Sizilien und als Sonderbeauftragter in Konstantinopel entscheidend zum Bruch zwischen den Kirchen beitrug, und
- *Petrus Damiani,* Bischof von Ostia, Heiliger, seit 1838 als Kirchenlehrer anerkannt, religiöser Dichter und kritischer Gottesgelehrter, dem das priesterliche Zölibat als eigentlicher Kernpunkt der Kirchenreform erschienen ist.

In Konstantinopel hatte indessen 1043 Michael I. Kerullarios, latinisiert Caerularius, den Stuhl des Patriarchen erlangt, ein sehr tatkräftiger Verfechter der Belange der Orthodoxie, der sich recht gut als griechisches Gegenstück Humberts charakterisieren läßt. In der katholischen Geschichtsdarstellung kommt er demgemäß schlecht weg, und noch bei Castella (Bd., 1, S. 242) erscheint er als »ehrgeiziger intriganter Halbgebildeter und verbissener Lateinerfeind«. Man mußte jedoch weder intrigant noch ein Halbgebildeter sein, um ob der Vorgänge in Rom seit Johannes XIX. in tiefe Depression zu verfallen und den Vorherrschaftsanspruch der Päpste mit neuen Argumenten zu bestreiten. Es lag durchaus im Zuge der Entwicklung, daß Kerullarios das Unbehagen der Orthodoxie in mehreren Schriften formulieren und verbreiten ließ, wobei besonders
- ein Schreiben des Erzbischofs Leon von Ochrid an den Bischof Johannes von Turenum → Trani (Apulien) und
- eine im orthodoxen Klerus berühmte Darstellung des sehr aggressiv formulierenden Mönchs Niketas Stethatos
zu nennen sind. Neben durchaus berechtigten Klagen über die in Rom eingerissene Korruption wurde den Lateinern der Abfall vom reinen Christentum nachgesagt, erkennbar durch »Einführung jüdischer Bräuche« (gemeint die Verwendung ungesäuerten Brotes in der Eucharistie – der Azymenstreit – und das Fasten an Samstagen), und darüber hinaus gegen die von den Reformern geforderte Einführung des Zölibats gewettert.

Rom antwortete der Orthodoxie »mit einer Würde, die in auffallendem Gegensatz zu dem schmählich streitsüchtigen Ton der Orientalen stand« (so zumindest sieht es Castella, S. 243), wobei wir uns jede subjektive Wertung ersparen können, denn es tat noch ein Übriges: Papst Leo IX. erhob Bischof Humbert von Silva Candida in den Rang eines Erzbischofs von Sizilien. Und das war eindeutig eine Kampfansage: Sizilien war zwar noch in der Hand der Moslems, sollte jedoch im Falle der Vertreibung dieser eindeutig Rom, nicht aber Konstantinopel unterstellt werden ohne Rücksichtnahme darauf, daß es vorher unbestritten dessen Patriarchen untergeordnet gewesen ist.

Byzanz reagierte heftig und erbittert durch die Schließung der lateinischen Kirchen und das Verbot, Gottesdienste in lateinischer Sprache abzuhalten, und als die Proteste Friedrichs von Montecassino ergebnislos blieben, reiste Erzbischof Humbert mit Erzbischof Petrus von Amalfi in die Kaiserstadt am Goldenen Horn, vom zürnenden Papst Leo ermächtigt, im äußersten Fall sogar die Exkommunikation über den widerspenstigen Patriarchen und seine Anhänger anzusprechen. Papst Leo IX. hatte indessen die folgenschwerste Niederlage seines Pontifikats erlebt: Er war in den Krieg gegen die Normannen gezogen[2], sieglos geblieben und sogar in Kriegsgefangenschaft gefallen, aus welcher er im März 1054 heimgekehrt war. Am 19. April 1054 starb er; Ende Juni oder in den ersten Tagen des Juli erreichte Humbert Konstantinopel, also zu einem Zeitpunkt, als Leo bereits tot war – und es gab zu dieser Zeit überhaupt keinen Papst: Leos Nachfolger Viktor II. wurde erst im April 1055 gewählt.

Kaiser Konstantin IX. Monomáchos sorgte trotz des Widerstrebens der orthodoxen Hierarchie für einen freundlichen Empfang der römischen Gesandtschaft, konnte aber nicht verhindern, daß die Streitpunkte im Zentrum der interklerikalen Besprechungen standen, die gegensätzlichen Standpunkte immer schärfer formuliert wurden und die divergierenden Meinungen immer schroffer aufeinanderprallten, so daß die Kluft zwischen den Kirchen immer breiter und tiefer wurde, bis die letzten Verbindungsstege radikal abgebrochen und zerstört waren.

In der Nacht vom 15. auf den 16. Juli verfaßte offenbar Humbert, auf die Vollmacht des seit zwei Monaten verstorbenen Papstes gestützt, die Urkunde mit der Exkommunikation – die Bannbulle – und ließ sie in die griechische Sprache übertragen (die Übersetzungsarbeit trug dem Dolmetscher nachträglich die harte Strafe der Geißelung ein); sodann begab er sich mit Petrus von Amalfi und Friedrich von Montecassino noch vor der Frühmesse in die Hagia Sophia und brachte sie dort auf dem Hauptaltar an. Sie beinhaltete nicht mehr und nicht weniger als die Exkommunikation des Patriarchen von Konstantinopel und aller Kleriker und Laien, die ihm weiterhin anhängen sollten.

Die Kunde von der Tat der Lateiner verbreitete sich in der Kaiserstadt mit Windeseile, und der Kaiser war froh, daß es seiner Leibgarde gelang, die Gesandten vor der aufgebrachten Menge zu beschützen. Die kaiserliche

Regierung beeilte sich, die römische Gesandtschaft so rasch als möglich loszuwerden, und schon am 18. Juli verließ sie – nach kaiserlichem Friedenskuß und Erhalt kaiserlicher Gastgeschenke – Konstantinopel.

Schon am 24. Juli tagte in der Kaiserstadt die vom Patriarchen eilig zusammengetrommelte Synode, die zu einer begeisterten Treuekundgebung wurde und mit der Verhängung des Anathems über die im Augenblick papstlose Papstkirche endete. Das Edikt, das die feierliche Verfluchung der Brüder in Christo beinhaltete und mit eingehender Begründung in allen Kirchen der Orthodoxie verbreitet wurde, löste überall die eindeutige Zustimmung von Klerus und gläubigem Volk aus, und – um noch einmal Castella zu zitieren (S. 245) – »mit feindseligem Stolz trat nun Cärularius nicht nur als Haupt der griechischen Kirche, sondern auch als einziger Vertreter der wahren christlichen Religion Rom gegenüber. Die Trennung war vollzogen.«

Und das Gelärm des zusammenrasselnden Gebäudes der zumindest theoretischen Einheit des Christentums schockierte die Zeitgenossen dermaßen, daß die Frage der Legitimation des bannfluchschleudernden Hitzkopfs Humbert darin vollständig unterging, ein Versäumnis von geschichtsgestaltender Dimension bis auf unsere Tage.

AGRIA
vulgo
ERLA.

AGRIA,
Munitissimum Hungariæ
superioris propugnaculum
sept. a Turca tentatum;
tandem sub Mahometo
tertio expugnatum et
captum A° 159.

A. Specula.
B. Balnæum.
C. Ruinæ oppidi quondam.
D. Solum paludosum.

Communicavit
Georgius Houfnaglius
accptum ab illo A° 617.

AGRIA   EGER (ung.)   ERLAU (dt.)

VARADINUM ORADEA (rum.) GROSSWARDEIN (dt.)

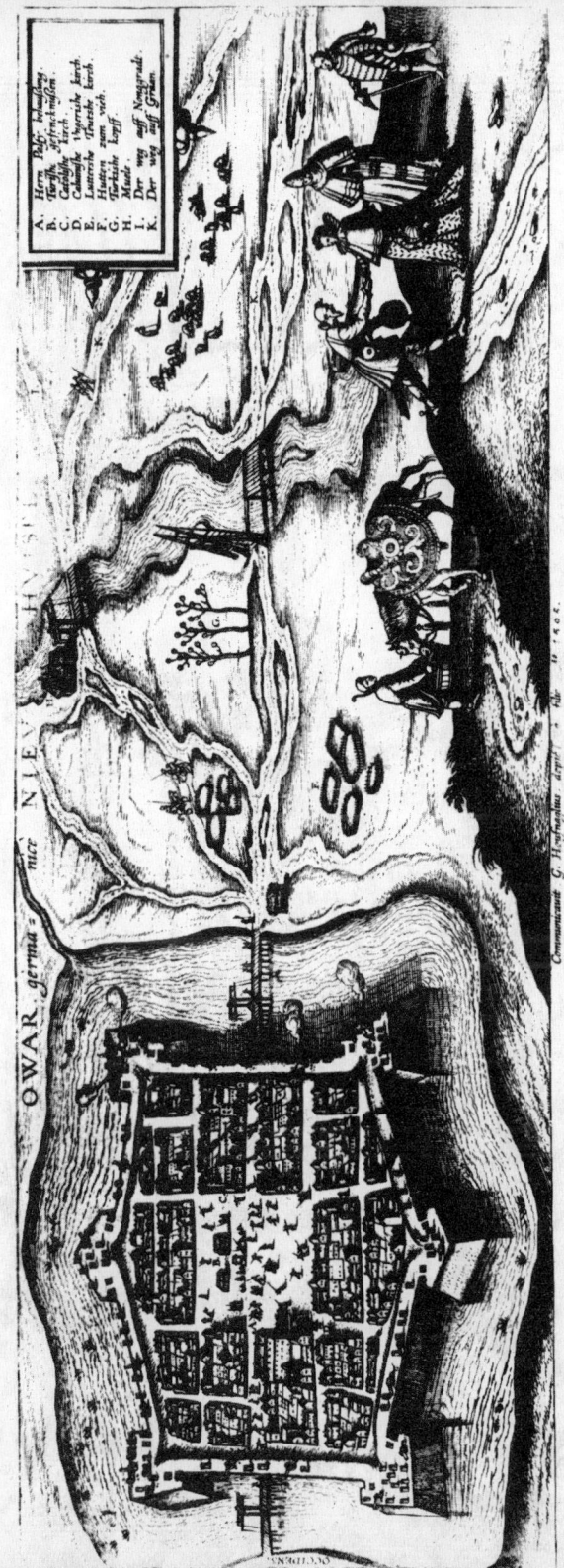

OWAR NOVE ZAMKY (tschech.) NEUHÄUSEL (dt.)

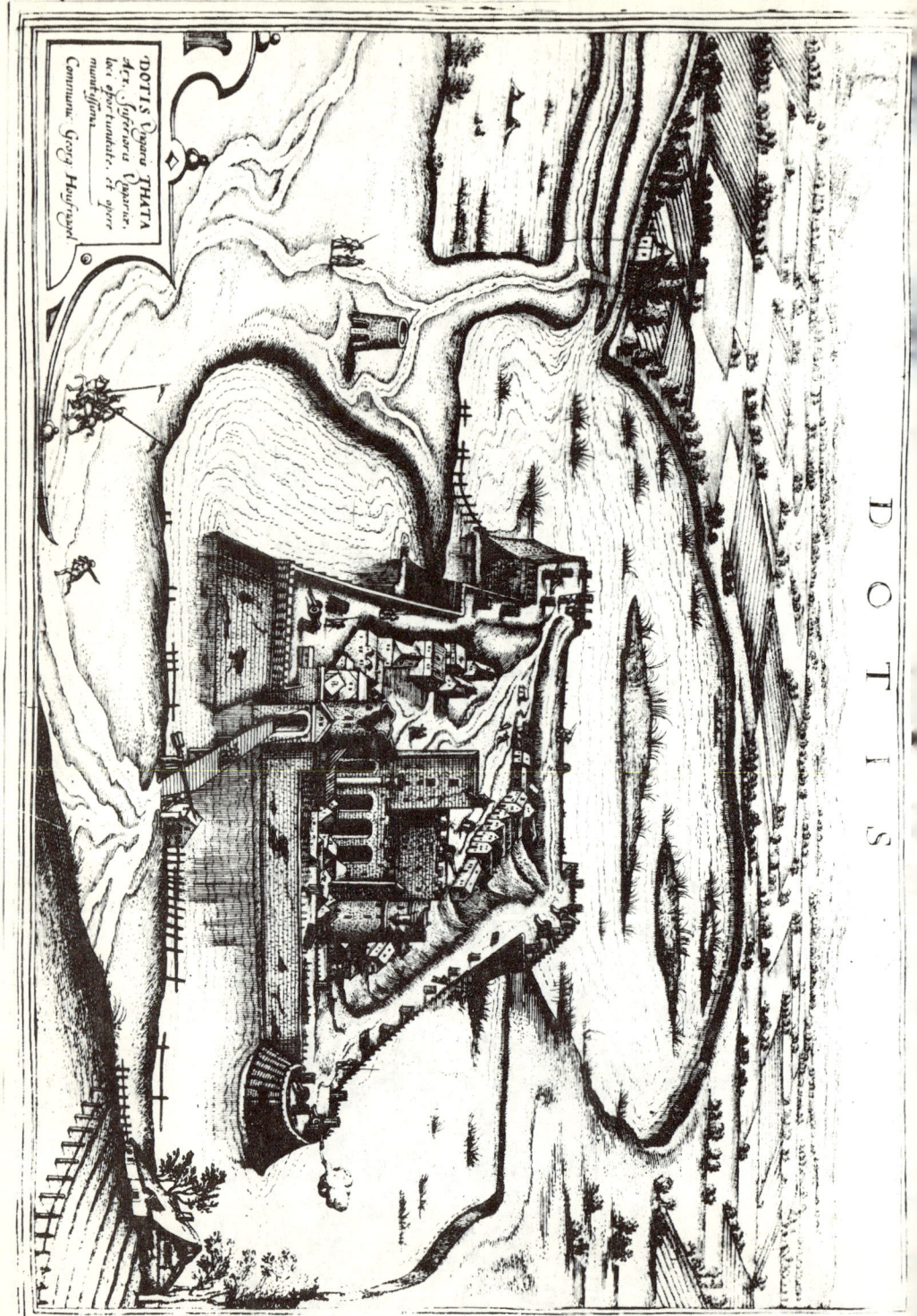

DOTIS Oppidu THATA
Arx fuperiora Oppariæ.
loci opportunitate, et opere
munitisima.
Communi Georg Houfnagel.

DOTIS TATA (ung.) TATA (dt.)

DOTIS

STRIGONIVM. GRAN.

THOMAS BACOTZ DE ERIDEVID CAP
FINALIS STRIGONIENSIS. ALMAE
DEI GENITRICI MARIAE VIRGINI
EXTRVNIT ANNO M.D.VII.

DOMINVS DEI NOBIS ET
REGNO PACEM.

A. Gransko vcoygcyra.	F. Warmbad.
B. Carlffi Berg.	G. Eines begen begenbeua.
C. Ratzenstat	H. Wsblerstat
D. Der chriftliche lager vebn.	I. Türckifche begenbuffen.
E. No vnfi araunit Sqort	K. Der St. Thomas berg.

OCCIDENS.

Communicant G. Houfuaalus depi 1 a filio A° 1593.

STRIGONIVM. GRAN.

STRIGONIVM. N. GRAN.

Danubius flu.

Hufaren

OCCIDENS.

ORIENS.

M. Goygzyrn, oder Kakatra	
N. Das Islas Gramm.	
O. Wafferstat	
P. Ratzenstat	
Q. Die infel Sigett	

STRIGONIUM ESZTERGOM (ung.) GRAN (dt.)

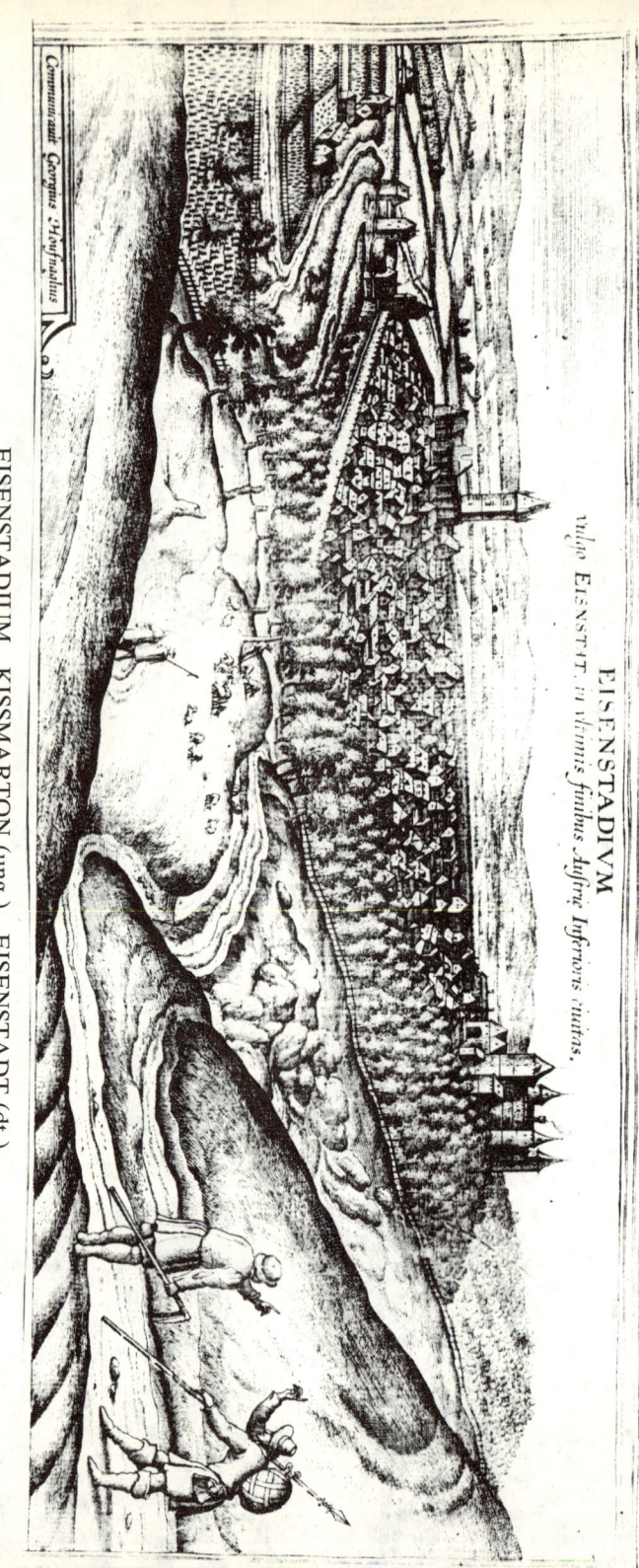

EISENSTADIVM

vulgo EISENSTAT in ultimis finibus Austriæ Inferioris civitas.

Communis aut Georgius Houffnaglius

EISENSTADIUM KISSMARTON (ung.) EISENSTADT (dt.)

HATWAN

Depictum ab Architecto Italo Comau: G. HOUFNAGLIUS.

HATWAN HATVAN (ung.) HATVAN (dt.)

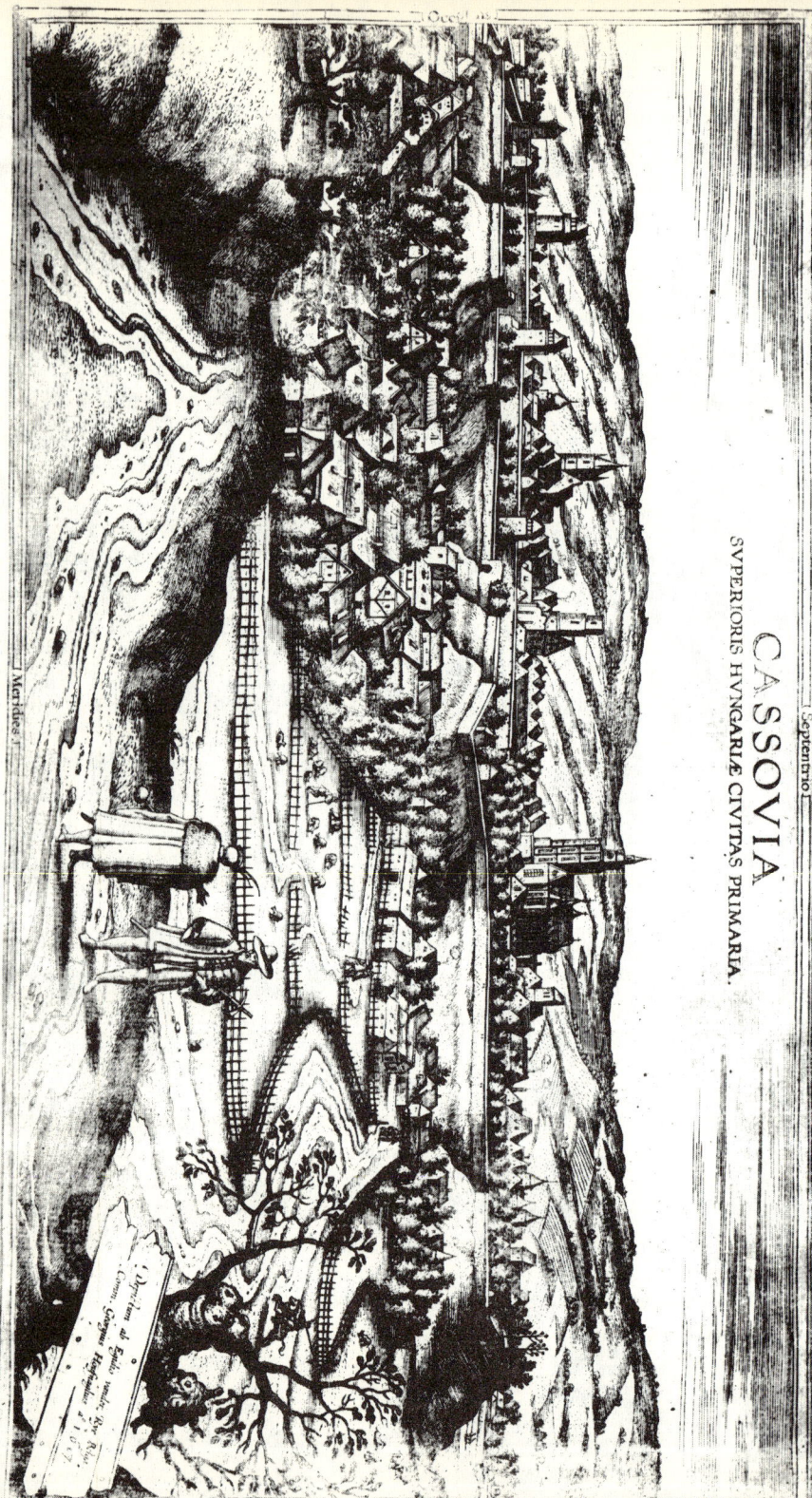

CASSOVIA.

SVPERIORIS HVNGARIÆ CIVITAS PRIMARIA.

Septentrio.

Occidens.

Meridies.

CASSOVIA KOSIČE (slow.) KASCHAU (dt.)

2. Kapitel:
Die Serben: Rebellen der Orthodoxie

Ein Glaube, ein Reich, ein Kaiser: Das war der Kern der Vorstellungswelt der Orthodoxie, der auch im Hintergrund der Separation von der Papstkirche wirkte und andererseits die heftigen antibyzantinischen Aversionen auslöste, die sich beispielsweise schon im neunten Jahrhundert im Versuch des Bulgarenkhans, das Christentum westlicher Prägung anzunehmen, und in den heftigen westlichen Reaktionen auf die Umfunktionierung des Großfürstentums Mähren in einen byzantinistischen Stützpunkt in Zentraleuropa manifestierten.

Während der Einbruch der Orthodoxie ins Gebiet des Königreichs Ostfranken verhindert werden konnte, mußte sich der Bulgarenkhan dem Patriarchen von Konstantinopel beugen und mit den Cäsaropapismus seiner Kirche auseinandersetzen: So gesehen erscheinen die nachfolgenden Kriege zwischen den Bulgaren und den Griechen beinahe als Bürgerkriege der orthodoxen Welt, in denen es den streitverfangenen Parteien um Eroberung oder Behauptung des Platzes an den entscheidenden Schalthebeln in der Zentralstelle der Orthodoxie ging. Erst um 1200 versuchte Kalojan den Ausbruch aus der byzantinisierten Welt: Seine Krönung zum König am achten November 1204 durch den am Vortage geweihten römisch-katholischen Erzbischof von Tirnowo blieb jedoch ohne nachhaltige Bedeutung, da die Kollision mit dem ebenfalls römisch-katholischen Kaiser Balduin des lateinisch gewordenen Konstantinopel unmittelbar nachfolgte (s. Band 1, S. 184, S. 352, A. 25) und die westchristlichen Ambitionen der Bulgaren letztlich zum Erliegen brachte.

Im geographischen wie kulturellen Raum der byzantinisch-bulgarischen Auseinandersetzung steht das Volk der Serben, das zeitweilig mit großem Nachdruck in das Geschehen eingriff und die Entwicklung auf dem Südbalkan entscheidend gestaltete. Das Herkommen der Serben ist nicht mit absoluter Sicherheit geklärt; vielleicht sind sie – wie früher behauptet – die Nachkommen der Sarmaten, vielleicht ein slawisierter hellenischer, dann vermutlich dorischer Stamm, der die Wanderung nach Griechenland nicht mitmachte, vielleicht die Nachkommen der Thraker. Auch ihre Verbindung zu den Kroaten, deren Abstammung selbst wieder unklar ist, erscheint rätselvoll (s. Band 1, S. 178 f., S. 351, A. 24): Es gibt – wie in dergleichen ungelösten Fragen üblich – eine Reihe von mehr oder weniger einleuchtenden Theorien, aber nichts, das als gewiß angenommen werden kann, was aber im Rahmen dieser Untersuchung von nur geringer Bedeutung ist.

Seit dem siebenten Jahrhundert sind die Serben jedenfalls als nach Kultur und Sprache eindeutig slawische Bewohner des Berglandes südlich und südwestlich von Belgrad, dem Singidunum der Römer, nachweisbar. Sie siedelten in mehreren Sippenverbänden oder Stämmen in den und um die Täler der Flüsse Ibar, Lim, Tara und Piva, waren stolz und freiheitsliebend und demgemäß ohne festgefügte überregionale Organisation. Die losen Kontakte zwischen ihnen verdichteten sich nur in jenen Zeiten, in denen es galt, sich gemeinsam gegen die Aggression mächtiger Nachbarn – vor allem der Bulgaren – zur Wehr zu setzen, und dann fanden besonders kriegstüchtige Stammesführer Anerkennung als eine Art von Oberhäuptling, wie etwa Viseslav im Zeitalter Karls d. Gr. oder Vlastimir ein rundes halbes Jahrhundert danach. Um 880 suchte Mutimir Rückendeckung in Byzanz und mußte die Oberhoheit des Kaisers Basileios I. anerkennen; im zehnten Jahrhundert erkämpfte Caslav wiederum die völlige Freiheit seines Territoriums, das sich nun nach seinem Hauptsitz Ras → Raška das Fürstentum Rascien nannte. Die Rasciener oder Raitzen, wie sie in den westlichen Quellen bezeichnet wurden, waren von Byzanz aus christianisiert worden und unterfielen der Kirchengewalt des Patriarchen in Konstantinopel, das sich im Sinne der orthodoxen Grundvorstellung der eingangs aufgeführten Einheit ständig bemühte, ihnen die Oberhoheit des Kaisers aufzuzwingen, was nach Caslavs Tod (960) wieder gelang. Ausmaß und Form der Abhängigkeit der Fürsten von Rascien vom Kaiserhof waren in der Folgezeit vom jeweiligen Kräfteverhältnis bestimmt; starke Kaisermacht ließ die Oberhoheit schärfer in Erscheinung treten, die Ohnmacht der Zentralregierung schwächte sie ab.

Im elften Jahrhundert öffnete sich das südwestliche Küstenland dem lateinischen Einfluß; Vojislav begründete um 1040 das Fürstentum Zeta → Montenegro, das schon kurze Zeit nach seiner Begründung durch die Kirchenspaltung zum Vorposten des Lateinertums und damit bedeutend aufgewertet wurde. Papst Gregor VII. schuf auf montenegrinischem Territorium 1067 das Erzbistum Bar und anerkannte 1077 Vojislavs Sohn Michael als König. Dessen Versuche, die Rasciener auf seine Seite zu ziehen, schlugen allerdings fehl: Raška versagte ihm die Anerkennung, kapselte sich gegen Zeta ab, blieb der orthodoxen Kirche ergeben und bemühte sich, gegenüber dem byzantinischen Kaiser ein Höchstmaß an Freiheit zu bewahren.

Das ging für ungefähr ein Jahrhundert gut, doch als 1168 Stefan Nemanja Groß-Župan von Rascien wurde, riß die Unruhe, die den Balkanraum erfüllte, sein Fürstentum aus der geschichtlichen Bedeutungslosigkeit, die beinahe einem unschuldig-glücklichen Dornröschenschlaf glich. Doch es war nicht der Prinz aus dem Märchen, der das Dornröschen Rascien mit sanftem Kusse weckte, sondern es war der kampfesfrohe Kaiser Manuel I., der eben seinen erfolgreichen Krieg gegen König Stefan III. von Ungarn (s. Bd. 1, S. 177) beendet hatte und nun versuchte, die sehr lose und auf wenige formale Belange beschränkte Oberhoheit über Rascien in echte, fühlbare Herrschaft zu verwandeln. Nemanja wehrte sich erbittert, und der Krieg endete 1172 mit einem Kompromißfrieden der jeder vertragschließenden Partei die Möglichkeit bot, sich als vernünftigen und daher mäßigen Sieger zu betrachten. Der

nun geschaffene Zustand hielt bis zu Manuels Tod 1180; gegen seinen Nachfolger Alexios II. Komnenos zog Ungarns neuer König Béla III. und entriß ihm jene Gebiete, die Manuel 1167 seinem Vorgänger abgenommen hatte; das führte in Byzanz zu Thronwirren und Kaisermord; die wieder einmal unter das kaiserliche Joch gebeugten Bulgaren traten zum Freiheitskampf an und gewannen ihn 1187 – und die Zeichen der Zeit klar erkennend expandierte auch Nemanja, dem die schwache Position seines Fürstentums zu Manuels Zeiten bewußt geworden war, nach Süden und Südwesten. Um 1190 eroberte er
– das Tal der Morawa,
– das Amselfeld → Kosovo polje, das bald seine schicksalhafte Bedeutung für die künftige Entwicklung erlangen sollte und
– beinahe ganz Zeta.

An ein Aussteigen aus der orthodoxen Welt dachte er nicht, sondern festigte die Stellung der orthodoxen Kirche, ging scharf gegen die Sekte der Bogumilen, die uns in Bosnien wiederbegegnen wird, vor und zog sich 1196 in das von ihm gegründete Kloster Studenica zurück, nachdem er seinem Sohn Stefan die Herrschaft in aller Form übergeben hatte. Er war augenscheinlich davon überzeugt, daß nun eine neue Epoche des Friedens für Rascien gekommen sei; daß er irrte, ist auf die Geschehnisse um den vierten Kreuzzug zurückzuführen, die er nun aber in der Tat auch in seinen schlimmsten Träumen nicht hatte vorhersehen können.

1202 hatte der Nemanjide unter Vorbehalt der Gestattung des orthodoxen Glaubens die Oberhoheit des Königs von Ungarn – es war Belas III. Sohn Emmerich → Imre I. (1196–1204) – anerkannt, sah sich nach Begründung des Lateinerreiches am Goldenen Horn aber religiös isoliert und fühlte sein Rascien als orhodoxes Korn zwischen den katholischen Mühlsteinen Ungarn und Konstantinopel. Er wollte seine Kirche weder dem ungarischen Klerus noch dem lateinischen des neuen Kaisers ausliefern und versuchte, über den Erzbischof von Bar Kontakte zu Papst Innocenz III. aufzunehmen, der den ganz offenbar Uniierungsbereiten seinem Schutz unterstellte. Der nächste Papst, Honorius III., löste die formelle und problematische Bindung an Ungarn auf, anerkannte Stefan als König und übersandte ihm eine Krone: Rascien war zum Königreich geworden, sein Fürst zum König der Serben – und Stefan I. ging mit dem Beinamen »der Erstgekrönte« in die Geschichte ein. Ganz allgemein wurde angenommen und konnte wohl auch angenommen werden, daß König Stefan I. seine Kirche demnächst der Papstkirche angliedern werde, was die Herstellung einer breiten Landverbindung zwischen Ungarn und dem lateinischen Konstantinopel bedeutet hätte.

Nun rief eben diese Erwartung auch die Orthodoxie auf den Plan, deren Patriarchat indessen nach Nicäa (s. Bd 1, S. 184) verlegt worden war, und sie reagierte rasch und klug: Schon 1219 – nur zwei Jahre nach der Krönung Stefans – wurde, den Unmut des Klerus in Rascien gegen die drohende

Uniierung entschlossen nutzend, eine selbständige, autokephale Kirche geschaffen und Sava, der Bruder des Königs, zum Erzbischof bestellt. Damit war die Gefahr der Latinisierung Serbiens nicht nur gebannt, sondern die Orthodoxie schuf sich die Ausgangspositionen für ein späteres offensives Vorgehen gegen das Lateinerreich; es war nun von den orthodoxen Staaten
– Serbien,
– Bulgarien und
– Nicäa
umgeben, auf dem Festland gegenüber dem Westen isoliert und spürte den Würgegriff des totgeglaubten Ostrom deutlich genug an der Kehle. In die Defensive gedrängt zeigte es wenig Widerstandskraft und ging schon 1261 zugrunde. In Rascien aber gingen Thron und Altar, Staat und Kirche jene typische, balkanisch-byzantinische Bindung ein, deren fortdauernder Bestand der Nährboden für die Entwicklung einer scharfprofilierten serbischen Nation mit eigenem Nationalstaat und eigener Nationalkirche war.

Das frühe vierzehnte Jahrhundert sah Ungarn nach dem Aussterben der Arpaden in lange, blutige Nachfolgekämpfe verstrickt, das rebyzantinisierte Ostreich lag an ähnlichem Fieber darnieder, und Serbien griff, in seiner Expansionspolitik begünstigt, tüchtig um sich. Als militärisch hochleistungsfähiger Gegner traten nur die Bulgaren in Erscheinung, die – von denselben Voraussetzungen profitierend – ihre alte Kriegsmacht, wenn auch nicht ihre alten Territorien rasch wiedererlangt hatten, und es kam wiederholt zu kombattanten Verwicklungen, bis 1330 bei Velbuzd der entscheidende Sieg über sie gelang.

Nun stieg der Stern des serbischen Reiches rasch und strahlend auf; Stefan Duschan (1331–1355), der seine Herrschaft über
– Makedonien,
– Thessalien,
– Albanien und den
– Epirus
ausgedehnt hatte, proklamierte sich 1346 zum Zaren → Kaiser der Serben und Romäer → Griechen und bereitete eben einen großen Offensivkrieg mit dem Ziel der Eroberung Konstantinopels vor, als in Byzanz – und mit osmanischer Waffenhilfe (s. Bd. 1., S. 306 f.) – Johannes VI. Kantakuzenos den Thron erlangte. Sein Präventivkrieg warf die Serben aus den Angriffspositionen, und Stefan Duschan starb, ehe er sie wiedergewinnen konnte.

3. Kapitel:
Die Personalunion Ungarn-Kroatien und ihr Weg durch das Mittelalter

Das Dunkel, das über dem Herkommen der Kroaten liegt, hat uns bereits beschäftigt (s. Bd. 1., S 178 f.; S. 351 f., A. 24); darüber hinaus sind sie uns bei Darstellung des Awarenkrieges Karls d. Gr. begegnet, als sie zuerst des Frankenkönigs wertvolle Verbündete waren, um später gegen die Unterstellung unter einen Statthalter, den sie den Franko Pan nannten, zu rebellieren. Danach sind sie aus unserem Betrachtungsfeld gelangt, und wir müssen daher zunächst versuchen zumindest kurz zu skizzieren, was ihnen in der Zwischenzeit widerfahren ist, um die Bedeutung der Begründung der Personalunion zu erfassen.

Die Kroaten besiedelten den ganzen illyrischen Raum einschließlich Dalmatiens, wobei hinsichtlich der Siedlungsform zwischen
– dem Binnenland und
– dem Küstengebiet
offenbar schon frühzeitig unterschieden werden muß. Im Küstenland machte sich sogleich der Einfluß der alten Seestädte bemerkbar, in deren Nahbereich kroatische Siedlungen entstanden, die sich früher oder später mit den Bürgerschaften liierten und Einlaß in diese fanden, während im Landesinneren die kroatischen Einwanderer dörfliche Gemeinschaften bildeten, die sich selbständig entwickelten. Die Dörfer selbst waren zunächst Streusiedlungen, die aus mehreren Gehöftgruppen – Weilern – bestanden, die von den Großfamilien bewohnt und bewirtschaftet wurden. Mehrere Weiler bildeten ein Dorf, und mehrere Dorfgemeinden bildeten einen Župa – meist, so von Hajszan, mit Gau übersetzt – unter einem gewählten Anführer, dem Župan, welchem Titel wir als Župan bereits bei den Slowenen begegnet sind.

Die Besiedlungsdichte war höchst unterschiedlich; der Siedlungsraum umfaßte doch etwa die Hälfte des Gesamtterritoriums der SFR Jugoslawien, in der es heute noch große, beinahe menschenleere Räume gibt, während sich in den fruchtbaren Tälern relativ dichtbesiedelte Gebiete entwickelten. Von hier nahm der Brauch seinen Ausgang, daß sich mehrere Župane auf einen Ober-Župan einigten, der den Titel eines Knez → Fürsten führte. Viele Rechte wurden ihm sicherlich nicht zugestanden: Die Kroaten waren freiheitsliebend, und sie setzten sich ganz gewiß nicht selbst einen Herrn vor die Nase.

Die soziale Grundstruktur war originär; sie wurde durch gelegentliche partielle Fremdherrschaft – wie die der Franken – nicht sogleich verändert; die militärischen Belange allerdings wurden den Županen und Knezen entzogen und dem Statthalter – dem Franko Pan – übertragen. Nach Wegfall der Fremdherrschaft, konkret der Frankenherrschaft, behielt man die Funktionstrennung bei: Der spätrömische Dux setzte sich als Militärkommandant wie im deutschen Herzog so im kroatischen Wojwoden fort. Diesem fiel mit der Kriegsmacht eine rasch anwachsende Entscheidungsgewalt zu; es ist der nämliche Vorgang, der uns beim fränkischen Hausmeier und beim magyarischen Gyula bereits begegnet ist. Kam es bei den Franken zur Okkupation des Königsamtes durch den Hausmeier, so bei den Magyaren zur Absorption der Stellung des Kende durch den Gyula – und dieser letztere Prozeß scheint sich bei den Kroaten insofern wiederholt zu haben, als die Befugnisse des Knez mit dem Wirkungskreis des Wojwoden verbunden wurden, während der Titel des Knez aus der Spitzengliederung verschwand und zuletzt nur mehr die einem Friedensrichter ähnliche Stellung über mehrere Zupanate bezeichnete. Der Wojwode hatte hingegen die absolute Befehlsgewalt im Kriege und hielt auch im Frieden eine bewaffnete Gefolgschaft, die ihm eine effektive Übermacht sicherte. Besoldet dürfte diese im Küstenland gewesen sein; im Binnenland hingegen wurden ihre Familien wohl mit größerem Grundbesitz – mit, veranschaulichend gesagt: Herrensitzen – ausgestattet, so daß sich ein an das Lehenswesen erinnerndes soziales Gefüge ergab.

Wir müssen zwischen drei Entwicklungskreisen unterscheiden:
- *Dalmatien* unter Ausschluß von Süddalmatien; es bestand aus dem Küstenland und griff unterschiedlich weit in das Bergland des Velebit- und des Dinarischen Gebirges hinein;
- *Narentanien,* also Süddalmatien beidseits der Narentamündung, landeinwärts bis etwa zum heutigen Metković, dem antiken Narona, reichend; einige vorgelagerte Inseln wie Korčula → Korkyra Melania und Lastovo → Ladesta bildeten starke Außenstützpunkte, und
- das nordostwärts an Dalmatien anschließende *Binnenkroatien,* auch als Pannonisch-Kroatien bezeichnet, gegen das Küstenland durch eine unterschiedlich breite, wüste Region, gegen Pannonien fast durchgehend durch die Drau → Drava begrenzt.

Die Kroaten bildeten zwar nicht gerade eine erobernde Herrenschicht, waren aber relativ spät Angekommene und zwangen die Voreinwohner – Illyrer, Romanen, allenfalls Reste germanischer Völkerschaften – sie aufzunehmen und mit ihnen zu leben. Sehr vage läßt sich sagen, daß die Romanen meist in Dalmatien, die Illyrer aber in Narentanien ansässig waren; beide vermischten sich rasch mit den Kroaten und wurden – zumindest sprachlich – slawisiert.

Erheblich bedeutender als die »nationalen« Unterschiede zwischen den Entwicklungskreisen waren die religiösen: Von Nordwesten her wurde westchristlich, von Südosten her aber byzantinisch missioniert. Die Papstkirche, zuerst von den Franken, dann den Venezianern und zuletzt den Ungarn mit Zwangsgewalt ausgestattet, setzte sich nach langem Ringen beinahe lückenlos durch. Man findet noch heute im ganzen Küstenland bis fast nach Senj → Zengg herauf alte Kirchen oder Überreste davon, die nach byzantinischer Form erbaut und später vom römischen Klerus übernommen wurden. Manche wurden auch erst nach der Romanisierung in traditioneller, also byzantinischer Form ausgeführt, was manchmal als steinerner Zeuge eines »nationalen Widerstandes« gegen eine Fremdherrschaft gedeutet wird, war in Wahrheit nichts anderes als der Beibehalt des übernommenen Baustils bei Errichtung sakraler Bauwerke. Als Beispiel sei der altkroatische Bischofssitz Nin → Aenona erwähnt, vor der Latinisierung – genau wie heute – ein unbedeutendes Städtchen, das im frühen Mittelalter nicht nur die Zentrale der kirchlichen Verwaltung war, sondern zeitweise auch die Residenzstadt der kroatischen Könige; die älteste Kirche aber, dem heiligen Nikolaus geweiht, ist eindeutig im byzantinischen Stil errichtet, obzwar die aenonischen Kroaten selbst die neuen Obrigkeiten stellten und froh waren, die byzantinische Besatzung losgeworden zu sein.

In der ersten Hälfte des neunten Jahrhunderts gab es im Gebiet zwischen Drau und Mur slawische autonome Gebiete, die von den slowenischen Historikern als slowenisch, von den kroatischen aber als kroatisch beansprucht werden. Bezeugt sind als Regionalherrscher Liudewit, Ratimar und Priwina, wobei der Letztgenannte sein Territorium weit nach Norden bis ins Gebiet des Plattensees → Balaton erweiterte. Liudewit überwarf sich mit seinem fränkischen Vorgesetzten, dem Markgrafen Kadaloh von Friaul, und behauptete sich gegen ihn. Es scheint ihm allerdings nur darum gegangen zu sein, aus Friaul ausgegliedert und dem Herzog von Bayern unterstellt zu werden, welches Ziel um 840 Ratimar erreichte. Und dieser »Drang nach Bayern« legt den Schluß nahe, daß Liudewit und Ratimar Slowenen waren, die den organisatorischen Zusammenschluß mit den karantischen Slowenen suchten.

Etwa gleichzeitig setzte sich im kroatischen Küstenland Trpimir I. als Fürst mit dem Titel Vojvoda → Wojwode durch, der ursprünglich den Franken tributpflichtig war. Gegen Ende seiner Herrschaft (845–863) oder während der Regierungszeit seiner Söhne Petar (863–878) und Zdeslav (878–879) wurde die fränkische Oberhoheit brüchig, und es gelang spätestens Zdeslav, sie abzuschütteln. Sein Nachfolger Branimir (879–892), der vermutlich kein Nachkomme Trpimirs I. war, kämpfte gegen Byzanz und beschränkte dessen Kolonialbesitz auf wenige starkbefestigte Küstenstützpunkte wie Trau → Trogir, Spalato → Split und Zara → Zadar, die später unmittelbar in venezianischen Besitz übergingen (s. II., A. 11), und brachte beinahe ganz Dalmatien unter seine Herrschaft. Er hinterließ seinem Nachfolger, dem dritten Trpimirsohn Mutimir (892–910) ein schönes, wohlgeordnetes und militärisch leistungsfähiges Fürstentum, wobei die Verteidigungskraft von besonderer Bedeutung war: Unter Mutimir kam es zu den ersten Kollisionen mit den noch paganischen Magyaren, die Binnenkroatien mehrmals durchstießen und bis ins Küstenland gelangten. Nun suchten die allein hilflosen Fürsten des Pannonien benachbarten, kroatisch besiedelten Raumes um die Hilfe des Küstenlandes an, und Mutimirs Sohn und Nachfolger Tomislav

(910–929) wurde zum ersten König des aus der Vereinigung Binnenkroatiens mit Dalmatien entstehenden Königreichs.

Zur Verteidigung der Draulinie wurde nun auch die Wehrkraft der Küstenkroaten eingesetzt; die Behauptung der Selbständigkeit gegenüber dem von den Magyaren permanent ausgeübten Druck wurde zur gemeinsamen Angelegenheit der Kroaten und leistete damit den schlechthin entscheidenden Beitrag zur Volkwerdung der Angehörigen der verschiedenen Fürstentümer. Aus der unkoordinierten Masse der Sprachnation wurde die festgefügte, gemeinsam agierende Staatsnation, von welcher die Narentaner ausgeschlossen waren und es für den ganzen, im Rahmen dieser Untersuchung interessierenden Zeitraum auch blieben.

Die Nachkommen des Wojwoden Trpimir, die Familie Trpinoviĉi genannt, stellten die Könige, deren es folgende gab:

– Kresimir I. (935–944)
– Miroslav (944–948)
– Kresimir II. Mihajlo (948–969)
– Stephan Drižilav (969–997; ihm sind wir als byzantinischem Eparchen bereits begegnet: II. Teil A 11)
– Svestoslav Suranja (Teilkönig; 995–997)
– Kresimir III. (997–1030; auch ihn kennen wir als Bundesgenossen Venedigs bereits)
– Stefan I. (1030–1056; er war der Schwiegersohn des Dogen Petrus II. Orseolus und über seine Gemahlin Hircela mit König Stefan d. Hl. von Ungarn verschwägert)
– Kresimir IV. Petar (1056–1073)
– Zvonimir Dmitar (1076–1089) und
– Stefan II. (1089–1090)

Es war kaum einem König vergönnt, über ein einiges Reich in Frieden zu herrschen: Thronstreitigkeiten und Parteikämpfe erschütterten Kroatien auch in jenen Zeiten, in denen keine Kriege gegen aggressionswillige Nachbarn auszutragen waren, und die Könige mußten daher ziemlich intensive außenpolitische Aktivitäten entfalten, um Verbündete, die immer öfter beinahe Schutzherrn waren, zu gewinnen und sich gegen innere und äußere Feinde zu behaupten. Als Verbündete dieser Art boten sich an: Der

– Kaiser von Byzanz,
– Doge von Venedig,
– König von Ungarn.

In der zweiten Hälfte des 11. Jahrhunderts war der Stern der Arpaden im Steigen: Die Thronwirren nach des Reichsgründers Tod waren überwunden, die staatliche Selbständigkeit wurde gegenüber dem Sacrum Imperium Romanum erfolgreich verteidigt, und mit der Eroberung von Belgrad 1065 hatte sich ihr Reich in den Zentralraum der Flußsysteme Drau und Save, die hier in die Donau münden, gesetzt.

Die Politik der kroatischen Könige zielte zu dieser Zeit klar darauf ab, Venedig aus den den Byzantinern abgenommenen Stützpunkten auf dem Binnenland zu werfen, und sie benötigten hierzu den freien Rücken an der Drau; es lag nahe, daß die Trpinovîĉi die Freundschaft der Arpaden suchten, und Kresimir IV. Petar gelang der entscheidende Brückenschlag durch die Verlobung seines Sohnes Zwonimir Dmitar mit der Tochter König Belas I., der schönen Helene → Ilona → Jelena, die nach Belas Tod zur Ehe führte. König Zwonimirs Kriegführung gegen Venedig war aber erfolglos, mußte es letzten Endes wohl auch sein, da er immer nur venezianische Außenstellen, nie aber die Stadt am Rialto selbst angreifen konnte, und bei seinem Tod war der Karren derart verfahren, daß seine Witwe ihren Bruder König Ladislaus d. Hl. bat, Kroatien seinem Schutz zu unterstellen. Ladislaus kam und erweiterte sein Hoheitsgebiet zunächst einmal durch die Einverleibung Slawoniens, worunter man das Land zwischen Drau und Save versteht, dessen Bewohnern die Autonomie zugestanden und ihnen eine Sonderstellung im Reichsverband gewährt wurde, die in etwa mit jener der Bewohner von Siebenbürgen (s. Anhang A, S. 288) verglichen werden kann. Obwohl die Kroaten des betroffenen Gebietes mit dieser Lösung mehrheitlich einverstanden waren, bot die Zugehörigkeit zur eben entstehenden westlichen Binnengroßmacht doch manchen Vorteil, machte sich im Küstenland eine antiarpadische Stimmung breit, die der Doge Vitalis Falieri dazu nutzte, um eine Widerstandsbewegung ins Leben zu rufen, die zur aktiven Kampfführung gegen die Ungarn und ihre binnenkroatischen Anhänger schritt.

Mit Stefan II. ging die Familie der Trpinovîĉi unter; das bot den oppositionellen Kräften die Möglichkeit, einen Gegenkönig auszurufen, Petar Svaciĉ, einen persönlich integeren und tapferen Mann, der dem Traum vom freien, unabhängigen Königreich Kroatien anhing. Daß die kroatische Opposition sich doch über mehrere Jahre halten konnte, ist neben den venezianischen Subsidien vor allem darauf zurückzuführen, daß sich durch den Aufstieg der Normannen überraschend eine venezianisch-byzantinische Interessengemeinschaft[3] gebildet hatte, Byzanz im erstarkenden Königreich Ungarn die Revitalisierung der Gefahr, die seinerzeit von den Bulgaren ausgegangen war, unter neuen, noch bedrohlicheren Vorzeichen (die Bulgaren waren immerhin im orthodoxen Glauben mit Konstantinopel verbunden, die Ungarn aber waren Lateiner) erkannte und Kaiser Alexios I. Komnenos die hunnischen Völker der Kumanen und der Petschenegen, die alten Feinde der Magyaren, bewog, Ungarn mit Krieg zu überziehen. Kumanen und Petschenegen bewohnten um diese Zeit den Raum zwischen Siebenbürgen und dem Schwarzen Meer; sie hatten sich in den letzten Jahrzehnten mehrfach verbündet und waren einige Male in byzantinisches Grenzgebiet eingefallen, so daß Alexios zwei Fliegen mit einem Schlag zu erledigen hoffte: Der den Ungarn aufgezwungene Abwehrkampf mußte deren kombattantes Schwergewicht nach Ostungarn verlagern, während die gefährlichen Steppenreiter seine Grenzprovinzen verschonen würden.

Die Rechnung ging zunächst auch auf, bis im Jahre 1089 König Ladislaus d. Hl. die Masse der Invasoren am Temes zur Schlacht stellte und besiegte. Die Fixierung des Gegners war die Meisterleistung der Leichten Reiterei des Königs, und die wuchtige, zermalmende Attacke ritten seine Kataphrakten, seine Panzerreiter, die aus Ungarn magyarischer, deutscher und nun auch kroatischer Muttersprache bestanden. Die für das ungarische Kriegswesen des Mittelalters typische Verbindung des reitenden Bogenschützen traditionell magyarischer Art mit den schwergepanzerten berittenen Nahkämpfer westlicher Provenienz hatte sich nun auch gegen raschhufige Reiterverbände, die im altmagyarischem Stil zu kämpfen gewohnt waren, voll bewährt.

Ladislaus I. zeigte sich gegenüber den Besiegten gnädig und damit vernünftig: Er trennte zwar Kumanen und Petschenegen, gestattete aber den Kumanen die Ansiedlung in der großen Tiefebene, dem Alföld, während er die Petschenegen in kleinen, leicht zum Gehorsam zu zwingenden Gruppen in der Westungarischen Gyepü-Region ansiedelte. Der Name des nordburgenländischen Ortes Pöttsching erinnert noch heute an sie.

Für die daheimgebliebenen Kumanen und Petschenegen aber waren die ins Königreich Ungarn Integrierten Verluste, die sie dem »falschen Kaiser« am Goldenen Horn heimzahlen wollten – vermutlich waren im Zuge der Verhandlungen von den kaiserlichen Emissären falsche Angaben über die Abwehrkraft der Ungarn gemacht und die gewünschte Angriffskriegführung als eine Art militärischer Spazierritt mit gewaltigen Beuteaussichten dargestellt worden – und nach Kräften auch heimzahlten: 1090 eröffneten sie den Krieg gegen Byzanz, plünderten weite Landschaften aus und stießen bis zu den Mauern Konstantinopels vor. Alexios saß arg in der Klemme, zumal eine islamische Flotte, die – vermutlich – aus Flüchtlingen aus Sizilien und Süditalien rekrutiert worden war und unter der Flagge der Seldschukensultane vom Rum (s. Bd. 1., S. 107) segelte, den Hafen der Kaiserstadt blockierte. Der Komnene hielt sich an den alten Grundsatz der römischen Staatskunst »divide et impera«, bewog die Kumanen, kaiserliche Verbündete zu werden, versprach ihnen Goldene Berge und beschwatzte sie, über ihre petschenegischen Bundesgenossen herzufallen (1091). Da im selben Jahr auch die maritimen Operationen der Seldschuken eingestellt wurden, brachte der Kaiser das schwer angeschlagene Ostrom recht glücklich über diese Runde.

Im nämlichen Jahr gründete Ladislaus d. Hl. das Bistum Zágráb →Zagreb → Agram als »Missionsbistum« zur Bekehrung der »heidnischen Kroaten«, womit nach dem damaligen Sprachgebrauch jedoch jene Kroaten, die noch der Orthodoxie anhingen, gemeint waren, die es vor allem im Bereich der noch byzantinischen Städte in Süddalmatien, vielleicht aber auch in den venezianischen Stützpunkten, gegeben hat. Durch die Beendigung des Krieges gegen die Kumanen und Petschenegen war er in der Lage, die

Kämpfe gegen die Svaciĉ-Rebellen mit mehr Intensität zu führen, und wenngleich deren Aussichten auf die Verwirklichung ihrer Ziele immer geringer wurden, blieb doch ihr Kampfwille vorerst ungebrochen.

Gewiß ist, daß Venedigs Hilfsgelder eine nicht unerhebliche Rolle spielten: Petar Svaciĉ selbst war zwar gewiß nicht bestechlich, wohl aber scheinen es manche seiner Anhänger gewesen zu sein. Ihm selbst waren die ihm zur Verfügung gestellten Summen die vollendete Garantie, seinen Traum vom alten, freien Kroatien in die Welt der Effektivität umsetzen zu können. Ganz zweifellos ist er vom tragischen Glanz des heroischen Verteidigers übernommener Lebensformen und Sozialintegrationen umspielt, deren Kampf gegen das Aufkommen neuer Zeitalter zur Erfolglosigkeit verdammt war und eben deswegen die Nachwelt, sofern sie davon in Kenntnis gelangt, mit Ehrfurcht erfüllt; er steht im mythisch überhöhten Kreis, der einem jüngeren Cato und einem Brutus, einem Widukind und einem Sitting Bull, einem Maximilian von Mexiko und einem Alexander Wassilijewitsch Koltschak vorbehalten ist: Dem Kreis der Verlierer, der notwendigen Verlierer, deren menschliche Größe ihren Untergang überstrahlt.

In Petar Svaciĉ, dessen Kampf mit dem blutigen Tod in verlorener Schlacht besiegelt ward, vervielfacht sich der tragische Effekt: Sein Sieg hätte nicht die Interessen seines Volkes, sondern die Venedigs gefördert, das den vorgeblichen »Freiheitskampf« mit Gold und Waffen, nicht aber mit Truppen unterstützte, so daß er zwar venezianisches Kapital, aber kroatisches Blut kostete. Und eben darin manifestierte sich zum ersten Mal in unübersehbarer Weise das tragische und bis auf unsere Tage tragende Element des Weges der Kroaten durch die Zeiten: Sie scheinen bestimmt, sich in mörderischen Bruderkämpfen fremder Interessen willen, die sie für die eigenen halten, zu zerfleischen[4]. Nach dem Tode des Rebellenkönigs erlosch der Widerstand der Küstenkroaten, und Koloman → Kelemen der Bücherkundige, der Nachfolger seines 1095 verstorbenen Oheims Ladislaus I., wurde auf Grund umfangreicher Verträge mit den Kroaten (Pacta conventa) 1102 in Blandona → Alba civitas → Biograd zum Rex Hungariae, Croatiae et Dalmatiae gekrönt. Die damit begründete Personalunion überdauerte viele Jahrhunderte und ging erst durch den Vorstoß der Osmanen bis Zentraleuropa unter, um danach wieder aufgenommen zu werden; sie hielt letztlich bis in unser Jahrhundert, bis zum Ende des Ersten Weltkriegs. Dies zeigt, daß der Zusammenschluß für beide Reiche entscheidende und dauernde Vorteile brachte: Es gewann

– Ungarn den Zutritt zum Mittelmeer und
– Kroatien ein gewaltiges Hinterland, dessen rasch zunehmender Bedarf das Aufblühen der Küstenstädte, die Venedig nicht für ständig halten konnte, bewirkte.

Die Vorteile waren vor allem wirtschaftlicher Natur; in militärischer Hinsicht ergab zwar die Zusammenfassung der Aufgebote des eigentlichen Ungarn und Kroatiens ein höchst beachtliches kombattantes Potential, das den vereinigten Königreichen zweifelsfrei den Rang einer Großmacht einbrachte, doch stand dem der Nachteil des großen, starkgegliederten und wenig übersichtlichen kroatischen Gesamtterritoriums gegenüber, und vor allem die Verteidigung des Küstenlandes war gegenüber einem seebeherrschenden Feind nicht eben einfach. Es kam vor allem mit Venedig zu mehrfachen, mit Erbitterung geführten Kriegen um die dalmatinischen Hafenstädte, die als Seehandelskonkurrenten zumindest temporär ernstlich die angemaßte Monopolstellung der »Königin der Meere« anschlagen konnten. Der Streit um Zara → Zadar löste sogar unmittelbar den Geschehenskomplex des vierten Kreuzzuges mit der Begründung des Kaiserreiches der Lateiner am Goldenen Horn aus[5].

In die Zeit König Kolomans des Bücherkundigen fällt das blutige Geschehen um den »Volkskreuzzug« (Teil des ersten Kreuzzuges; s. Bd. 1, S. 114 ff.), dessen durch Ungarn ziehende Haufen aus gegebener Veranlassung angefallen und aufgerieben wurden (1096). König Koloman, der vor allem in der älteren ungarischen Geschichtsschreibung besonders ob seiner umfassenden Bildung und seiner politischen Vernunft sehr hoch bewertet wird – Marczali nennt ihn so »das größte staatsmännische Genie, das Ungarn je hervorgebracht« – und der vermutlich auch heiliggesprochen worden wäre, zumal er ein treuer Anhänger der Reformpäpste Urban II. und Pachalis II. war, zeigte aber doch auch einen Zug zur Härte, ja sogar Grausamkeit, die vor allem im Umgang mit seinen nächsten Verwandten in Erscheinung trat. Mit seinem Bruder Álmos, den er zum Vizekönig von Slawonien mit dem Titel eines Herzogs bestellt hatte, gab es einige ernsthafte Auseinandersetzungen, die bis zum Waffentscheid eskalierten. Herzog Álmos, der die Unterstützung Kaiser Heinrichs IV. erlangt hatte, brachte seinen Bruder in arge Bedrängnis, aber endlich gelang diesem – mit polnischer Waffenhilfe – die Niederschlagung der Revolution. Daß er mit Álmos, dem er etliche vorhergehende Umtriebe verziehen hatte, nun hart ins Gericht ging und die vorgesehene Todesstrafe in die vollzogene Blendung umwandeln ließ, war sicherlich gerechtfertigt; daß er die über den Vater verhängte Strafe aber auch an dessen erst fünfjährigem Sohn Bela zu vollstrecken befahl, wirft einen dunkeln Schatten auf das sonst untadelige Bild des Königs. Selbst wenn man zu seinen Gunsten in Rechnung stellt, daß ihn nicht nur Rachsucht zu diesem Vorgehen gegen seinen Neffen bewog, mußte doch das angestrebte Ziel, die Sicherung des Thronfolgeanspruchs für seinen Sohn Stefan, auch unter Anwendung anderer Mittel zu erreichen möglich gewesen sein. Das Sohneserbrecht nämlich, wie erinnerlich eines der Hauptanliegen des Reichsgründers, hatte sich noch immer nicht durchgesetzt; die bisherigen Könige waren – sehen wir vom Extraneus Samuel ab – zwar samt und sonders Arpaden gewesen, aber durchaus nicht immer die Söhne des Vorgängers. Es war vielmehr so, daß derjenige zum Königsamt erhoben wurde, der als der Tüchtigste erschien, ein an sich durchaus begrüßenswerter Vorgang, der aber doch wiederholt zu binnenungarischen bewaffneten Auseinandersetzungen geführt hatte. Eine klare Regelung der Nachfolge in der Herrschaft hätte diese vermutlich erspart; darin liegt die einzige Rechtfertigung des Prinzips der Erbmonarchie, die nun aber wieder brüchig wird angesichts der in der Geschichte hinlänglich oft effektuierten Möglichkeit daß beim Kriterium der Abstammung, in der Primogenitur gipfelnd, auch vollkommene Schurken oder Dummköpfe die Spitzenposition erreichen. Übrigens gelang die Ausschaltung des blinden Bela nicht – er folgte, aus dem byzantinischen Exil zurückgekehrt, Stefan II. als König.

Es sei nun gestattet, die Geschichte der ungarischen Könige in Kurzform darzustellen; sie ist in unserem Geschichtsbild zu wenig verankert, um als bekannt vorausgesetzt und übergangen, andererseits für das Anliegen des Werkes von zu geringer unmittelbarer Bedeutung, um eingehend dargestellt werden zu können. Einzelne charakteristische Merkmale der Regierungszeit jedes Königs werden schlaglichtartig hervorgehoben:

1116–1131 Stefan II.; mäßig erfolgreiche Kriegführung gegen Byzanz, glücklose gegen Polen. Geringe Beliebtheit bei den eigenen Großen verhindert den Aufbau einer starken königlichen Autorität. Sein eigenes Heer erzwingt den Abbruch des Polenkrieges durch die Drohung, auf eigene Faust heimzukehren und einen neuen König zu wählen.

1131–1141 Bela II. der Geblendete stützt seine Herrschaft vorwiegend auf die Leibgarde seiner Gemahlin, der serbischen Jelena → Ilona → Helene, die auf sein (oder ihr?) Geheiß auf der Reichsversammlung von Arad (1132) die prominenten Mitglieder der Reichshierarchie unter Koloman und Stefan II. gefangensetzte und umbrachte: »Vergangenheitsbewältigung« im Stile des zwölften Jahrhunderts. Sie führte zu einem Aufstand, in dessen Verlauf Boris, der Halbbruder Stefans II., zum Gegenkönig erhoben wurde. Die Wirren führten zu deutscher Intervention, wobei unklar ist, wer unterstützt wurde: Marczali (S. 123) meint Bela, Halász (S. 33) hingegen Boris. Bela konnte sich jedenfalls behaupten, wenn auch nur mit Mühe, und mit ihm beginnt eine Periode des Niedergangs der Reichsgewalt, die Marczali (a. a. O.) als »Verfall des patriarchalischen Königtums«, Halasz aber (a. a. O. und mit ihm andere zeitgenössische Historiker) als »feudale Anarchie« bezeichnen.

1141–1162 Geza II., der sich tapfer in einem »Zweifrontenkrieg« behauptete:

    □ Manuel I Komnenos versuchte die Grenzen des orthodoxen Kaiserreichs nach Norden und Nordwesten zu verschieben, mußte jedoch im Frieden von 1156 seine dahinzielenden Ambitionen vorerst aufgeben,

    □ während Heinrich II. Jasomirgott von Babenberg (s. II., A. 1) noch als Herzog von Bayern (1143–1156) 1146 donauabwärts vorstieß und Braslawapurc → Preßburg besetzte, in einer großen

Schlacht unterlag, Preßburg aufgeben mußte und selbst bei Behauptung der Leithagrenze nicht erfolgreich war.

Nach Erhebung Friedrichs von Schwaben zum deutschen König (1152) verbesserten sich die deutsch-ungarischen Beziehungen entscheidend, und 1158 leistet Geza dem Rotbart bei der Belagerung von Mailand durch ein starkes Kontingent traditionell hervorragender Bogenschützen wertvolle Waffenhilfe. Zwistigkeiten im Fürstentum Kiew führen zu einem »Rußlandfeldzug« des Königs, der einen ihm verschwägerten Anwärter auf den Stuhl des Großfürsten erhob und Andrej, den Sohn des Usurpators Jurij, zum Ausweichen nach Wladimir zwang. (1169 wurde Kiew jedoch von Andrejs Truppen – oder Verbündeten – erobert und niedergebrannt.)

1162–1172 Stefan III. wird von Kaiser Manuel Komneos schwer bedrängt, der eine traditionalistische magyarische Aufstandsbewegung unterstützt, die den Brüdern seines Vaters die Krone nach altmagyarischem Senioriatserbrecht zuschanzen will. Er behauptet sich mit massiver Unterstützung durch Papst Alexander III., dem er 1169 umfangreiche Privilegien für die ungarische Reichskirche zugesteht (Verbot der Absetzung oder Versetzung von Bischöfen; Anerkennung des klerikalen Sondergerichtsstandes für Mitglieder des Klerus; Verbot der Verfügung über Kirchengut, ausgenommen in dringender Not und Kriegsgefahr). Das führt zu einer Verschlechterung der Beziehungen zu Friedrich Barbarossa, der vergeblich die Anerkennung der unter seinem Schutz stehenden Gegenpäpste Viktor IV., Paschalis III., Calixtus III. und Innocenz III. von Stefan begehrte. Die drohende Byzantinisierung des Reiches, unausweichliche Konsequenz des Sieges der von Manuel Komnenos auch kombattant unterstützten Rebellen, wurde durch die Niederschlagung des Aufstands und hartnäckige Selbstverteidigung gegen Ostrom vermieden; unvermeidlich waren allerdings Gebietsverluste im Süden, vor allem des Raumes Belgrad → Beograd → Nadorfehervar → Griechisch-Weißenburg, wie die Stadt bei den Deutschen bis in die Neuzeit hieß, und Teile von Kroatien und Dalmatien.

1172–1196 Bela III., Stefans III. Bruder, der beinahe oströmischer Kaiser geworden wäre. Er war als Geisel an den Hof Kaiser Manuels gekommen und dort mit aller Sorgfalt erzogen worden, wobei einzufügen ist, daß Manuels Vater Johannes II. Komnenos mit einer Tochter König Ladislaus I. des Heiligen vermählt und er demnach ein Halbarpade war, was sein besonderes Interesse an den innerungarischen Verhältnissen und seine Interventionen erklärt. Manuels erste Ehe (mit Berta von Sulzbach, s. Bd.1, S. 159) war kinderlos geblieben, und auch in der zweiten Ehe (mit Maria von Antiochia) stellte sich erst 1168 Nachwuchs ein: Bis zu diesem Zeitpunkt war Bela der nächste Verwandte des Kaisers und galt als Thronfolger. Bela liebte Manuel, war aber ein überzeugter Anhänger der Papstkirche; nach Manuels Tod (1180) begann er Krieg gegen Byzanz und gewann jene Gebiete zurück, die 1167 verlorengegangen waren. Er expandierte auch nordostwärts und eroberte Halitsch → Galizien, das wenig später als selbständiges Herzogtum mit einer Siebenbürgen vergleichbaren Sonderstellung eingerichtet wurde. In seine Regierungszeit fällt der Kreuzzug Friedrich Barbarossas, der 1289 Ungarn durchquerte und in dem das deutsche Mittelalter seinen sichtbaren Höhepunkt fand[6]. Auch das ungarische Mittelalter gipfelt unter seiner Herrschaft: Die Wirtschaftsgebarung seines Reiches wird im Anhang gesondert dargestellt.

1196–1204 Emmerich →Imré, Belas ältester Sohn, hatte beinahe ständig gegen seinen aufmüpfigen Bruder Andreas zu kämpfen, eine glänzende ritterliche Erscheinung von größter Popularität. Die Eheschließungen des feindlichen Brüderpaars erlangten große Bedeutung:

☐ Emmerich war mit Konstanze von Aragon, der Tochter König Alfons II., die nach seinem Tode und unglücklicher Regentschaft die Gemahlin Kaiser Friedrichs II. wurde (s. Bd. 1, S. 354);

☐ Andreas mit Gertrude von Andechs-Meran

vermählt, deren Ende uns noch beschäftigen muß. Kennzeichnend für die Autorität des Königs ist trotz aller Aversionen, die Imré entgegengebracht wurden, die Gefangenahme seines Bruders. Es war Andreas gelungen, beinahe das ganze ungarische Kriegsvolk in seinem Lager zu vereinigen, als König Imré, allein und waffenlos, nur einen Stab mit sich führend, erschien, Andreas berührte und zu seinem Gefangenen erklärte. Die rebellischen Ritter aber herrschte er an: »Wer wagt es, seine Hand gegen seinen König zu erheben?« Es wagte keiner – und auch Andreas beugte demütig das Haupt. Und marschierte in den Kerker, den er erst nach Imrés frühem Tod wieder verließ.

1204–1205 Ladislaus III., dessen Mutter Konstanze ihm die Krone nicht erhalten konnte und die aus Ungarn abgedrängt wurde. Konstanzes Söhne trugen beide ein schweres Schicksal: Ihr Sohn aus der zweiten Ehe mit dem Hohenstaufen Friedrich wurde als Heinrich VII. deutscher König. Von seinem Vater abgesetzt (1235), endete er als – um es in heutiger Sprechweise zu sagen – »Patient eines Privatsanatoriums für Geisteskranke«. Seine Witwe war Margarete von Babenberg, eine der Hauptpersonen im geschichtsgestaltenden Streit um das Erbe der Babenberger.

1205–1235 Andreas II., der aufrührerische Bruder König Imrés, erschien seinen Zeitgenossen – hierin verblüffend Karl dem Kühnen von Burgund (1467–1477) ähnelnd – als Inkarnation des Rittertums und wirkt auch noch auf uns als helle, wenngleich flimmernde Gestalt, die einem der Ritterromane des späteren Mittelalters entlaufen scheint. Seine Großzügigkeit war ohne Grenzen – und die wirtschaftliche Situation des ungarischen Königtums schon vor Ende seiner Herrschaft demgemäß reif für den Konkurs. Viele der Menschen, die ihn umgaben, nützten seine Hochherzigkeit ziemlich schamlos aus; oftmals erkannte er es, verzieh aber, weil er nicht kleinlich sein konnte und wollte. Sein Lebenselement war das Feldlager, und sein böser Geist vielleicht – es als ganz sicher erwiesen zu nehmen sträubt sich sozusagen die Feder – seine Gemahlin Gertrude von Andechs–Meran, die er von Herzen liebte, der er in den Zeiten seiner Abwesenheit sehr freie Hand ließ und von der er bei seiner Heimkehr erwartete, daß sie ihm eine liebevolle und fröhliche Gefährtin sein werde. War sie es nicht, tat er ihr jeden Gefallen, nur um sie glücklich zu sehen – und diese Gefälligkeiten waren für das Reich nicht immer das Beste.

Mit Gertrude kamen viele deutsche Ritter nach Ungarn, was an sich weiter nicht schlimm gewesen wäre, wenn wir uns des Charakters des Königreichs als Vielvölkerstaat erinnern, aber daß sie einen höchst auffälligen Nepotismus betrieb, schaffte viel böses Blut. Ihr Bruder Berthold wurde so, knapp fünfundzwanzigjährig, ohne theologische Studien 1205 Erzbischof von Kalocsa, und als ob dies noch zu wenig gewesen wäre, 1209 auch noch Vizekönig → Banus von Kroatien; vermutlich auf seine Anregung wurde der Deutsche Ritterorden ins siebenbürgische Burzenland berufen[7] (1211). Ein Jahr danach wurde Berthold, nach Verzicht auf die Würde des kroatischen Banus, zum Wojwoden, welcher Titel sich gegen den Dux durchgesetzt hatte, von Siebenbürgen bestellt; nach dem blutigen Ende seiner Schwester wurde er zur Flucht bewogen (1213), scheint aber ein tüchtiger Mann gewesen zu sein, dem bald darauf das Patriarchat von Aquileia anvertraut wurde. Noch schlimmer als die Protektionswirtschaft aber war, daß auf Gertruds Wunsch scharf zwischen den Rittern der Königin und jenen des Königs unterschieden wurde; die Ritter des Königs mußten mit ihm – vor Erlassung der Goldenen Bulle ohne Entschädigungsanspruch – auch in Angriffskriege ziehen, während die Ritter der Königin bei Hofe blieben und ein, wie es gewiß übertreibend heißt, zuchtloses und freudvolles Leben führten. 1213, als der König eben auf einem Feldzug in Halitsch → Galizien war, vergewaltigte ein hoher Angehöriger Gertruds die Gemahlin des Palatins Bánkban oder versuchte es zumindest, doch ist es möglich, daß er mit ihr ein Liebesverhältnis unterhielt, das nun ruchbar wurde: Jedenfalls kam es zu einer Palastrevolution, im Zuge welcher die Königin ihr Leben verlor und auch die meisten ihrer Ritter erschlagen wurden[8].

Bei der nachfolgenden Untersuchung, die der heimgekehrte und zutiefst erschütterte König anstellen ließ, müssen jedenfalls wilde Mißstände aufgedeckt worden sein, denn der König verzieh den

Tätern, und über den Skandal, der die ganze Sache ausgelöst hatte, wurde der vorgeblich barmherzige, zumindest in diesem Fall aber höchst verhängnisvolle Mantel des Schweigens gebreitet. Er war so dicht, daß auch Gertruds Sohn Bela in dem gefährlichen Irrtum aufwuchs, seine Mutter sei bösen Mördern zum Opfer gefallen und seinem Vater zeitlebens grollte, daß er die Täter pardonniert hatte. Andreas beteiligte sich nun gemeinsam mit Herzog Leopold VI. von Steiermark und Österreich 1217 an einem unbezifferten Kreuzzug, um Johann von Brienne, König von Jerusalem, bei der Belagerung von Damiette zu unterstützen (s. Bd. 1., S. 359), kehrte 1219 zurück und rüstete die Expedition in die Magna Hungaria aus, von der bereits in dem die alte Heimat an der Wolga betreffenden Unterkapitel die Rede war.

1222 erließ er die »Goldene Bulle«, die vor allem darauf abzielte, die Rechte der kleinen Ritter → Servientes, von denen schon viele in drückende Abhängigkeit von weltlichen und geistlichen Größen gelangt waren, zu sichern und ihre wirtschaftlichen Belange zu bessern.

Die wichtigsten Bestimmungen waren:
I. Abhaltung eines jährlichen Gerichtstages in Székesfehérvár →Stuhlweißenburg, jeweils am 20. August; jeder Ritter des Königs hatte bei ihm freien Zutritt.
II. **Verbot der Festsetzung ohne richterlichen Befehl; es wirkte gegenüber allen Ungarn, war also nicht auf die Servientes beschränkt.**
III. Verbot der Erhebung von außerordentlichen Steuern.
IV. Freie Erbeinsetzung, für den Fall des Mangels einer letztwilligen Anordnung »Neuregelung des Intestaterbrechtes«, wobei
   1. den Töchtern ein Pflichtteilsrecht in der Größe von einem Viertel des Nachlasses zukam, allerdings nur bei Fehlen männlicher Nachkommen,
   2. männliche nahe Angehörige, parentelweise gegliedert, zu Erben berufen waren und
   3. das Heimfallrecht an den Staat nur wirksam wurde, wenn Erben im Sinne von 2.) nicht vorhanden waren.
V. Entbindung der Servientes von der Verpflichtung, ohne finanzielle Entschädigung – Wehrsold – an Angriffskriegen des Königs teilzunehmen. Die Sonderregelung galt nicht für Amtsträger des Reiches wie die Comites.
VI. Ausdrückliches Verbot der
   1. Vererbung von Würden und Ämtern,
   2. Kumulierung von Ämtern in einer Person; dieses Prinzip war zugunsten folgender Amtsinhaber durchbrochen:
   – Palatin

- Banus von Kroatien
- Hofrichter (hier: Des Königs und der Königin, denn für ihren Hof gab es nun bereits einen eigenen judex curiae), die jeweils ein zweites Amt bekleiden durften.
VII. Verbot der Berufung neueintreffender Fremder in Reichsämter ohne Zustimmung des Reichsrates, der aus den Großwürdenträgern bestand und den König an sich nur beriet und hier erstmals eine Entscheidungsgewalt übertragen erhielt.

Daneben wurde das ius resistendi, über das schon eingehend gesprochen wurde, ausdrücklich zugestanden.

1235–1270 Bela IV., der zunächst einmal daranging, die innenpolitische Handlungsfreiheit, die durch den allzu großzügigen Regierungsstil seines Vaters gefährlich beschnitten worden war, durch energische Stärkung der Königsmacht wieder zu erlangen. Er veränderte vor allem die getätigten Landschenkungen hinsichtlich des Inhabungstitels, das heißt er entzog den Inhabern das Eigentum, beließ ihnen aber den Besitz. Sie wurden nun auf Grund eines lehensähnlichen Fruchtgenußrechtes zu ritterlichen Kastellanen, zu bestimmten Dienst- und Sachleistungen verpflichtet und waren – um sich den Besitz zu erhalten – für ständig an die Krone gebunden; ihre Tätigkeit galt als Amt und war daher unvererblich. Wer dieser Lösung nicht zustimmte, verlor auch den Besitz. Darüber hinaus widerrief er den von seinem Vater bewilligten Generalpardon hinsichtlich aller jener, die an der Revolte gegen seine Mutter beteiligt waren; die noch lebenden Mittäter wurden geblendet, ihre Vermögen eingezogen, und der Vermögensentzug traf auch die Nachkommen der bereits verstorbenen Verschwörer. Kaum war die Unruhe, die mit der Durchführung dieser Maßnahmen verbunden war, abgeklungen, erschienen – als erste Welle der mit der mongolischen Expansion verbundenen Bevölkerungsumschichtungen – die Kumanen, Flüchtlinge wie die im selben Zeitalter in Kleinasien auftauchenden Turkmenen Ertoguls (s. Bd. 1., S. 207 ff.), und ersuchten um Ansiedlungserlaubnis. Bela IV. erteilte sie ihnen, wie sie Sultan Kaikobad I. von Iconium → Konya an Ertogrul erteilt hatte, erlebte zum Unterschied von seinem anatolischen »Kollegen« mit dem Neuzugang jedoch wenig Freude. Die Kumanen, die noch voll ein paganisches Steppenreitervolk und durch die Umstände der Flucht zudem empfindlich verarmt waren, begannen Beutezüge in die Umgebung ihres zugewiesenen Siedlungslandes, das allerdings nicht sehr attraktiv war, zu unternehmen und drangsalierten die ansässige Bevölkerung schwer. Wenngleich sich die Kumanen damit keineswegs anders zu behelfen suchten, als es die Magyaren der Landnahmezeit getan hatten, zeigten deren Nachkommen doch keinerlei Verständnis für die Realisierung derartiger Selbstbehauptungsmethoden auf ihre Kosten, bildeten kampfstarke Selbstschutzverbände und machten Jagd auf die gefährlichen Gäste, was zu blutigen Kämpfen und langdauernden Wirren führte, die das Reich gerade am Vorabend des Mongoleneinbruchs schwer erschütterten.

Belas unglücklicher Krieg gegen die Mongolen 1241/42 wurde bereits dargestellt (s. Bd. 1., S. 350 f.); die – sehr vorsichtig formuliert – höchst eigenartige Haltung Herzog Friedrichs II. führte zum Krieg von 1246, in dem der letzte Babenberger den blutigen Tod in der Schlacht fand. Der Streit um die Erbschaft der Babenberger wird im Anhang abgehandelt werden, zumal Ungarn mehrfach an diesem beteiligt war: Hier wollen wir uns mit dem Endergebnis, der Gewinnung der Herzogtümer Österreich und Steiermark durch das Haus Habsburg, begnügen.

Bela IV. folgte beim Wiederaufbau des von den Mongolen verwüsteten Ungarn, vielleicht völlig bewußt, dem Vorbild des deutschen Königs Heinrich I.: Er schuf starkbefestigte Städte, die er mit weitgehender Autonomie ausstattete und vor allem mit Bürgern aus dem Sacrum Imperium Romanum besiedelte. Vermutlich schon damals wurden die bedeutendsten städtischen Gemeinwesen aus dem Komitatsverband genommen und direkt der Krone unterstellt, so daß sie ähnliche Privilegien genossen wie die Städte Siebenbürgens; die Bürger waren zur Stadtverteidigung verpflichtet und hatten einen Auszug zum königlichen Heer zu stellen.

Das Ende seiner Regierungszeit wurde durch den mit Erbitterung ausgetragenen Konflikt mit seinem Sohn Stefan verdüstert, der zur faktischen Zweiteilung Ungarns führte[9].

1270–1272 Stefan V., er führte Krieg gegen König Ottokar II. von Böhmen, der in zweiter Ehe mit seiner Nichte Kinga → Kunigunde vermählt war, nach dem überraschenden Tod des Arpaden Oberhand gewann und dessen noch unmündigen Sohn

1272–1290 Ladislaus IV. schwer bedrängte, für den sich König Rudolf I. einsetzte, was den Böhmenkönig zum Frieden zwang. Ladislaus, für den zunächst seine Mutter die Regentschaft führte, unterstützte Rudolf 1278 in seinem Krieg gegen König Ottokar und leistete zu dessen Sieg einen entscheidenden Beitrag.

Er war mit Isabella von Anjou, der Tochter König Karls I. von Anjou[10], vermählt, deren Bruder Karl II. der Lahme mit Maria von Ungarn, einer Enkelin König Belas, die Ehe geschlossen hatte. Die Ehe Ladislaus – Isabella blieb kinderlos, aus der Ehe Karl II. mit Maria stammte Karl III. mit dem Beinamen Martell, der nach der Ermordung Ladislaus IV. von Papst Nikolaus IV. mit Ungarn belehnt wurde.

1290 Dreikönigsjahr:
– Albrecht von Habsburg, dem König Rudolf I. Ungarn als Lehen der deutschen Krone übertragen hatte[11];

- Karl »Martell« von Anjou, der seinen Titel vom Papst herleitete, und
- Andreas III., ein Enkel des Königs Andreas II.; sein Vater war vor seinem Bruder Bela IV. nach Venedig ausgewichen und hatte dort in die reiche Patrizierfamilie der Morosini eingeheiratet; ihn rief die Reichsversammlung zum Könige aus.

Während sich Karl Martell mit dem bloßen Titel begnügte, versuchte Albrecht Ungarn militärisch zur Anerkennung seines Königtums zu zwingen. Er erlitt eine böse Abfuhr und leistete zuletzt unter dem Eindruck der Belagerung Wiens durch die Verbände des arpadischen Heeres hochoffiziellen Verzicht auf die Krone des heiligen Stefan.

1290–1301 Andreas III., der sich mit viel Eifer und einigem Geschick, letztlich aber erfolglos, bemühte, aus dem ihm zugefallenen Scherbenhaufen des in Parteifraktionen und Territorialherrschaften, die in den Zeiten seit Belas Kampf mit Stefan gewaltig an Bedeutung gewonnen hatten, gespaltenen Ungarn wiederum ein einheitliches Reich zu machen. Mit seinem Tod erlosch das Haus der Arpaden im Mannesstamm und im ungarischen Interregnum.

1301–1308 rangen die Nachkommen der arpadischen Damen um das Königtum:
- Otto von Wittelsbach, der Enkel Herzog Heinrichs von Niederbayern, des Schwiegersohnes Belas IV., der während des Babenberger Erbstreits zum Herzog von Steiermark erwählt worden war;
- Karl Robert von Anjou, der Sohn des päpstlichen Titularkönigs Karl Martell und seiner Gemahlin Clementia von Habsburg, einer Tochter König Rudolfs I., und
- Wenzel II. von Böhmen, der Sohn Ottokars II. und seiner Gemahlin Kunigunde, bei dem jedoch umstritten ist, ob er selbst oder für seinen Sohn Wenzel III. zum Kampf um Ungarn antrat.

Karl Robert setzte sich – mit massiver Unterstützung durch Papst Clemens V.[12] – durch; er regierte

1308–1342 als König Karl I. und hatte zunächst die größte Mühe, die zerscherbte königliche Autorität wieder aufzurichten, vor allem gegen die großen magyarischen Herren, die sich um Matthias Csák gesammelt hatten. Neben dem Klerus waren die Servientes und die Zipser Städte[13] die stärkste Stütze des Königtums, und der Sieg in der Schlacht von Rozgony (1312) wurde durch die Schwere Reiterei der deutschen Bürger entschieden. Auch wenn die Macht des nordungarischen Adels bei Rozgony gebrochen wurde, trat erst nach Csáks Tod (1321) die entscheidende Stabilisierung der Verhältnisse ein, und Karl konnte sich dem Neuaufbau des Reiches widmen. Kennzeichnend für die Befriedung Ungarns war die Verlegung der Residenz von Temesvár →

Timisoara (Rumänien) nach Visegrad im Donauknie, der »Plintenburg«. Die neue Residenz wurde rasch zu einem kulturellen und diplomatischen Zentrum von größter Bedeutung, und beim »Visegrader Gipfeltreffen« berieten 1335 die Könige Polens und Böhmens (nach wie vor Teil des Sacrum Imperium Romanum) und der Vertreter des Deutschen Ritterordens auf seine Einladung gemeinsame Angelegenheiten des westchristlichen europäischen Ostens[14].

Sieben Jahre danach starb Karl I., und ihm folgte sein erst sechzehnjähriger Sohn Ludwig I., dem als einzigem ungarischem König die Geschichtsschreibung den Beinamen der Große zuerkannte. Unter ihm kam es zur ersten Kollision mit den Osmanen, die wir im folgenden Kapitel darstellen. Von Ludwig d. Gr. sei hier jedoch aufgeführt, daß er mit Elisabeth von Bosnien vermählt war; Bosnien erlangte einen bedeutenden Rang in der Auseinandersetzung mit dem Osmanischen Reich und wurde sogar ein wenngleich kurzlebiges Königreich, und das zwingt uns, ihm unsere Aufmerksamkeit zuzuwenden, um die südosteuropäische Welt, in welche die Osmanen stießen, zur Gänze aufgeführt zu haben.

Der bosnische Raum – Kerngebiet das Tal der Bosna, im Westen bis zum Flußlauf des Vrbas reichend – war Siedlungsland der Illyrer, gehörte politisch zu Ostrom und wurde um 1000 mit kroatischen Einwanderern, die vermutlich das Narentatal herauf vordrangen, angereichert, nicht aber von ihnen dominiert. Die byzantinische Oberhoheit kam etwa zu dieser Zeit oder nicht viel später abhanden, ob im Zuge eines Freiheitskampfes oder infolge des Substanzverlustes in Konstantinopel kann dahingestellt bleiben. Ein Anschluß an das Königreich der Trpinovîci ist nicht erfolgt, der Zusammenschluß des Kroatenreiches mit Ungarn blieb daher für Bosnien ohne Bedeutung.

1136 wurde Bosnien von den Kriegern Belas II. des Geblendeten, vielleicht auf Anraten seiner serbischen Gemahlin, erobert. Es wurde in der Folge gemeinsam mit Binnenkroatien verwaltet; der Banus von Kroatien führte zeitweise den Titel Banus von Bosnien. Unruhe brachte in die an sich ruhige Entwicklung das Bogumilentum, das manchmal – wohl nicht ganz zutreffend – als »bosnische Nationalkirche« bezeichnet wird. Die Bogumilen → Gottesfreunde bildeten eine Sekte, die sich ab dem elften Jahrhundert im Balkan ausbreitete; die Vermutung, daß sich ihr Glauben von dem etwas abweichenden Arianismus der Paulicianer ableite, die von den Byzantinern aus Kleinasien ins Balkangebiet zwangsübersiedelt wurden, ist nicht verifiziert, desgleichen nicht die Annahme, daß es sich um die im Westen als Katharer bezeichnete Glaubensgemeinschaft gehandelt hat. Jedenfalls missionierten die Bogumilen im Westen, und ihre erste Zelle bildete sich in Köln; von der Papstkirche wurden sie grimmig verfolgt; sie erfuhren die gleiche Behandlung wie die Katharer – von denen sich die Bezeichnung »Ketzer« herleitet – und es bestanden zwischen beiden Sekten, auch wenn sie nicht zumindest ursprünglich identisch gewesen sein sollten, doch intensive Zusammenhänge auch im Glaubensgut. Über dieses ist man nur mangelhaft unterrichtet: Im Nahkreis desselben ist – wenn nicht überhaupt elementare Identität vorliegt – auch der Glauben der Albigenser angesiedelt. Es werden ziemlich krause Vermutungen kolportiert, die sich wesenhaft vor allem auf unter der Folter der Inquisition (als ein ständiges Gericht zur Bekämpfung von Irrlehren von Papst Gregor IX. 1229 anläßlich der Synode von Toulouse eingerichtet) erpreßte »Geständnisse« zu stützen scheinen. Demnach sei Satanas der Schöpfergott des Alten Testaments, der nun die Welt regiere und von dem Luzifer, der Lichtbringer, als gutes Wesen abgefallen sei. Die Sektenanhänger seien die in Luzifers Gefolge gegen den Satanas rebellierenden Engel, die strafweise in menschliche Körper gebannt worden wären und durch Weltabkehr, Askese und Suicid zur Erlösung der Schöpfung, zum Sturze Satanas, beitragen müßten.

Die Bogumilen fanden vor allem unter den bosnischen Kriegsmännern, die in ihrer sozialen Stellung in etwa den Servientes des eigentlichen Ungarn entsprachen, begeisterte Anhänger, gegen die einige letztlich vergebliche Strafexpeditionen (die trotz päpstlicher Gutheißung nun wirklich nicht als Kreuzzüge bezeichnet werden können, auch wenn dies gelegentlich geschieht) durchgeführt wurden. Die damit verbundene Unruhe führte dazu, daß Bosnien gegenüber Kroatien verwaltungsmäßig separiert wurde und Stjepan Kotromanić, nach ihm Trvtko (1335–1391) den Titel eines Banus von Bosnien führte. Trvtko war der Bruder von König Ludwigs bosnischer Gemahlin Elisabeth; er rottete mit Ludwigs tatkräftiger Mithilfe das Bogumilentum – allerdings recht oberflächlich – aus und eroberte das Land Hum, die heutige Herzegowina. Die Erfolge gegen die Bogumilen, so fragwürdig sie bei nachträglicher Betrachtung auch gewesen sein mögen, bewogen jedenfalls den Papst, Ludwig den Titel des »Bannerträgers der Kirche« zu verleihen, was diesem wiederum in seinen Kriegen gegen Neapel und Venedig[15] den Rücken stärkte.

Das weitere Geschehen um Bosnien steht in unlösbarem Zusammenhalt mit dem Einbruch der Osmanen und wird im folgenden Kapitel behandelt; hier sei nur noch erwähnt, daß – mit Ludwigs Zustimmung – Trvtko 1377 am Grabe des heiligen Sava in Mileŝeva zum König von Serbien und Bosnien gekrönt wurde. Serbien kam schon kurz danach in Wegfall, aber der Titel des bosnischen Königs blieb seinen Nachfolgern, die nach dem auf Ludwigs Tod folgenden Reichsverfall Großungarns und der Niederwerfung Serbiens eine wohl nicht sehr erwünschte Selbständigkeit erlangten, die im Zeitalter Sultan Mechmeds II. verlorenging. Die erste Quelle, die über die Lage in Bosnien nach der osmanischen Eroberung in zusammenfassender Darstellung berichtet, ist das Itinerar des Benedikt Kuripesić (s. Bd. 1, S. 15); er nennt Bosnien noch immer das »Khünigreich Wossen«, obzwar es schon im vorausgehenden Jahrhundert zugrundegegangen war.

4. Kapitel:
Die Osmanen kommen:
Vom Amselfeld bis Ankara

Am Ende des 1. Bandes dieser Trilogie verließen wir die Osmanen, nachdem sie in Europa Fuß gefaßt und – nur wenige Jahre nach der Inbesitznahme von Gallipoli – auch Adrianopel erobert hatten. Ihr Großherr war Sultan Murad I.; er war, als er seine Residenz nach Adrianopel → Edirne verlegte, jung, tatendurstig und energisch, und er verlor das große Ziel des Expansionsstrebens seines Glaubens und Volkes nie aus den Augen: Konstantinopel war es, die Kaiserstadt am Goldenen Horn, der »Goldene Apfel der Romäer«.

Wie ein breiter Keil schob sich das osmanische Territorium in das Gebiet des oströmischen Reichsrestes. Die Westgrenze war durch das Tal der Maritza markiert und entsprach also etwa dem heutigen griechisch-türkischen Grenzverlauf, im Norden stieß Murads Machtbereich an die bulgarische Südgrenze, im Osten wurde das Küstenvorland des Schwarzen Meeres erreicht – und im Südosten lag das eigentliche, das bevorzugte, das ständig behelligte »Land des Krieges« → Dar ul harb, das es dem Dar ul Islam einzubringen galt (s. Bd. 1, S. 312, Anm 5). Bereits um 1370 war Selimbria → Silivri genommen worden und damit der Stützpfeiler der »Langen Mauer des Anastasios«, die im sechsten Jahrhundert als mächtiges Bollwerk zum Schutz des unmittelbar vor der Kaiserstadt gelegenen Landes errichtet worden war und das 45 km breite Festland vom Marmarameer zur Schwarzmeerküste durchschneidet, in die Hände der Moslems gefallen.

Der mediterrane Westen spürte vor allem die Islamisierung der Meerengen als Gefährdung der eigenen Existenz, und Papst Urban V. (1362–1370) brachte einen kleinen, unbezifferten Kreuzzug zustande, der unter Führung des tüchtigen Grafen Amadeus von Savoyen[16] Gallipoli dem Großherrn abgewann. Damit war zwar ein neuralgischer Punkt der Dardanellen in westchristlicher Hand, doch war ein größerer Erfolg mit den bescheidenen Mitteln des Kreuzheeres nicht zu erzielen, und auch Gallipoli selbst fiel, nachdem die meisten Kreuzfahrer heimgezogen waren, an die Moslems zurück. Und der gefährliche Zustand trat wieder ein: Der Großherr hatte es in seiner Hand, den Seeweg ins Schwarze Meer zu unterbinden. Und dieser war vor allem für die Getreidezufuhren aus dem südrussischen Raum notwendig, denn weite Teile Italiens waren vom pontischen Getreide ähnlich abhängig wie in der römischen Kaiserzeit vom nordafrikanischen. Der bedrohliche Aspekt bewirkte, auf längere Sicht betrachtet, die Expansion der westlichen Mächte Ungarn und Polen ins Gebiet der Schwarzmeerküste: Der problematische Seeweg sollte durch den gesicherten Landweg ersetzt werden, wobei dem Schiffstransport auf dem Dnjestr entscheidende Bedeutung zukam. Auch die Bedeutung der Donau stieg an, und nur wenn man sich dies vor Augen hält, kann man die sehr energischen Bemühungen um Dnjestr und Donau, die wiederholt zu schweren, langen Kriegen führten, verständlich finden, denn das Land um die Ströme und zwischen denselben war an sich geringwertig und hätte den Aufwand nicht gelohnt: Dieser war nur wegen der Verbindungswege sinnvoll.

Die Grundsituation erhielt sich über mehrere Jahrhunderte; sie wurde durch die osmanische Eroberung der gesamten Schwarzmeerküste, die eine Beherrschung des Unterlaufs beider Ströme inkludierte, verschärft und mit zusätzlicher Problematik versehen. Die Ausuferung des Orients ließ die Bedeutung der auf dem Landwege nächstgelegenen westlichen Städte notwendig anwachsen, und es waren die deutschen Städte Siebenbürgens, die nun zu blühenden Zentren des Orienthandels wurden. Ihre Handelsbeziehungen erlangten den Rang der entscheidenden ökonomischen Kommunikationen zwischen der westlichen Welt und dem Dar ul Islam, vor allem als der mediterrane Seehandel zum Monopol Venedigs geworden und durch die wiederholten kombattanten Auseinandersetzungen zwischen den Großherrn und den Dogen temporär unterbrochen, permanent aber gefährlich bedroht war. Dies wiederum erklärt die polnischen Bemühungen um eine Interessenkoordination mit Siebenbürgen nach der Zerschlagung des ungarischen Königreichs 1526, die um die Fürstenfamilie Bathory kreisten und dazu führten, daß der diesem großen Geschlecht entstammende, 1571 erwählte Wojwode Stefan 1575 zum König von Polen gewählt wurde.

Die orthodoxen Herrscher des Balkanraumes scheinen um 1360 die osmanische Gefahr noch längst nicht in ihrer ganzen Bedeutung erfaßt zu haben, und man kann sich sogar des Eindrucks nicht erwehren, daß zumindest einigen von ihnen – oder noch genauer gesagt, einem von ihnen, und zwar Zar Schischman von Bulgarien – sogar eine gewisse Schadenfreude überkam, richteten die Osmanen doch zunächst ihre Angriffe überwiegend gegen byzantinisches Territorium und bedrängten damit den nicht persönlich, wohl aber als Symbol der großen südosteuropäischen Ordnungsmacht verhaßten Kaiser in Konstantinopel. Anders beurteilte König Ludwig von Ungarn die Lage im gefährdeten Raum, und er entschloß sich zur Errichtung einer Sicherheitszone im Grenzgebiet zwischen seinem Reich und der Orthodoxie. Mittelpunkt seines an der Donau geplanten Banats sollte die Stadt Vidin (heute Widin in Bulgarien) sein, im an sich umstrittenen Grenzgebiet zwischen Serbien, Bulgarien und Ungarn gelegen, die damals gerade zu Ungarn gehörte. Obwohl zu erwarten war, daß die Bevölkerung des Raumes Vidin keine Schwierigkeiten machen, sondern die Begründung einer straffen Grenzschutzorganisation sogar begrüßen würde, waren osmanische Streifscharen doch schon plündernd bis hart vor die Tore der Stadt gelangt, zog der König selbst mit einem stattlichen Heer donauabwärts, um an Ort und Stelle die notwendigen Maßnahmen anzuordnen. An eine Kontrahage mit den Moslems dürfte er schwerlich gedacht haben, sondern eher an eine Kollision mit Zar Schischman, von dem bekannt war, daß er Vidin gerne wieder einmal als Teil seines Reiches gesehen hätte.

Entgegen seiner Erwartung erschien jedoch das osmanische Heer im Raum Vidin und wurde von König Ludwig und seinen Mannen besiegt. Dies ist zumindest die ungarische Version der ersten Kollision mit den Osmanen; in der osmanischen Geschichtsschreibung ist von einer derartigen Schlacht überhaupt nichts bekannt. Stattgefunden hat sie jedoch: Ludwig d. Gr. machte aus Anlaß seines »Türkensiegs« eine namhafte Stiftung an die berühmte steirische Wallfahrtskirche Mariazell, wo eine Anzahl von Gedenkstücken noch heute vorhanden ist. An seinem Sieg ist also nicht zu zweifeln, auch wenn in der neueren Literatur – etwa bei Klever (S. 129) – die Verbindung zwischen Ludwig und Mariazell offenbar irrtümlich aus einem anderen Kausalzusammenhang abgeleitet wird. Die Erklärung der Divergenzen in der Überlieferung ist jedoch höchst einfach, wenn man annimmt, daß König Ludwig nicht mit dem gesammelten Heer Sultan Murads, sondern einem jener selbständig und völlig auf eigene Faust operierenden Reiterverbände zusammenstieß, die sich aus der rumelischen Bevölkerung rekrutierten und der Schrecken der angrenzenden Gebiete waren. Die Führer derartiger Streifparteien machten meist schöne Beute, die sie wohl nur in den seltensten Fällen dem Hof meldeten, um sich den »Sultansanteil«, der sich aus dem »Kalifenanteil« (s. Bd. 1, S. 75 f.) erhalten hatte, zu ersparen, und denselben Mantel des Schweigens hüllten sie über gelegentliche Mißerfolge, schon um nicht Gefahr zu laufen, wegen der Verluste an kombattanter Substanz durch eigenmächtige Operationsführung den Unwillen des Großherrn zu erregen. Verhielt es sich so, dann war es vermutlich nicht einmal allzu schwierig, die leichtbewaffneten Gazis → Grenzreiter mit der ungarischen Panzerreiterei zu überrennen, wohl aber dürfte es keineswegs einfach gewesen sein, sie so in ihrer Beweglichkeit zu hemmen, daß sie dem Stoß der Schwerbewaffneten nicht ausweichen konnten. Diese »Fixierung im Gelände« war wohl die Aufgabe der Leichten Reiterei des Königs, die der osmanischen Grenzreiterei an Beweglichkeit und in der Handhabung des Bogens, also im »Fernkampf« des Vorfeuerwaffenzeitalters, gleichwertig war.

König Ludwigs Sieg, der zeitlich nicht genau bezeichnet werden kann – die größte Wahrscheinlichkeit spricht für August 1365 – hatte weitreichende Folgen:

- Die Bevölkerung auch des angrenzenden bulgarischen Gebiets drängte sich unter seinen Schutz, und
- Zar Schischman, darob nicht wenig verärgert, unterstellte sich im Jahre 1366 dem Schutz Sultan Murads, lieferte seine Schwester in dessen Harem, verpflichtete sich zur Heerfolge und regelmäßigen Zahlungen nach Edirne, die er als eine Art Beitragsleistungen in eine Bündniskasse gewertet wissen wollte, die aber von den Osmanen als Tribute entgegengenommen wurden.

Nach Begründung der Mark Vidin – oder des bulgarischen Banats – zog sich Ludwig ins Innere seines Reiches zurück. Schischmans vorherzusehende Reaktion war ihm gleichgültig, und auf Kontakte mit den serbischen Nachbarn legte er wenig Wert: Serbien trieb am Rande des Chaos dahin, und es war nur eine Frage der Zeit, bis es völlig zugrundegehen werde. Er hatte keine Lust, sich in irgendeiner Form zu engagieren und dadurch in den unausbleiblichen Sog des Geschehens zu geraten, jetzt weniger als jemals zuvor: Onkel Kasimir war schon sehr alt, mit seinem Ableben mußte in absehbarer Zeit gerechnet werden, und die polnische Schlachta, das ständisch gegliederte Parlament seines Reiches, würde die Zustimmung zur Erbfolgeregelung einem in die balkanesischen Wirren und Auseinandersetzungen verstrickten Prätendenten wohl versagen.

In Serbien war nach Stefan Duschans Tod 1355 Stefan Urosch Zar geworden, der jedoch den Zerfall Großserbiens nicht verhindern konnte und um 1370 von Vukaschin, dem Teilfürsten in Mazedonien, umgebracht wurde. Die alten Zeiten der Regionalherren ohne vorgeordnete Zentralgewalt kehrten wieder:

- *Zeta* → Montenegro verselbständigte sich unter der Familie Balschitsch erneut;
- *Morawaserbien* separierte sich unter Lazar Gresljanowitsch, und
- *Mazedonien* gewann durch Vukaschin die fragwürdige Freiheit einer Eintagsfliege.

Vukaschin war ein kühner, aber augenscheinlich unbesonnener oder sehr leichtgläubiger Mensch, dessen Unglück es war, daß er sich durch seinen Sieg über Urosch das Image eines heilsbegnadeten Kriegsherrn erworben hatte, an das er selbst fest glaubte und das ihm zahlreiche Anhänger zuführte, verwegene, abenteuerliebende Männer zumeist, die ebenso tatsachenblind waren wie ihr Herr und Meister. Und irgendwann und bei irgendeiner Gelegenheit entstand in diesem illustren Kreis die unsinnige Idee, sie seien berufen, unter seiner Führung die Moslems nach Asien zurückzuwerfen und Byzanz zu befreien. Und 1371 lief das wahnwitzige Unternehmen, das gerne als »Kreuzzug der Balkanslawen« bezeichnet wird, tatsächlich an ...

Ein kurzer Blick in das Innere des »Goldenen Apfels der Romäer«, vor allem einer sehr herben Kuriosität wegen getan, vervollkommnet höchst eindrucksstark den Eindruck von der Ratlosigkeit in der Regierung des vormaligen Weltreichs, die nun nach dem territorialen Umfang der Verwaltungstätigkeit beinahe zu einem Magistrat geworden war. Hier setzen wir, an das Ende des 1. Bandes (S. 307) anknüpfend, mit der Inthronisierung Johannes VI. Kantakuzenos an. Er konnte sich nicht für dauernd behaupten, und 1355 wurde der von ihm gestürzte Johannes V. Palailogos erneut als Kaiser anerkannt. Seine Regierungszeit stand im Schatten der Eroberung Gallipolis durch die Osmanen, und seine einzige Gegenmaßnahme war die flehentliche Bitte an den Papst, ihm westliche Hilfe zu senden. Innocenz VI. (1352–1362) war machtlos, erst sein Nachfolger Urban V. brachte den Kreuzzug des Amadeus von Savoyen auf die Beine. Kaum war durch die Eroberung von Gallipoli der Seeweg wieder passierbar, machte sich der Kaiser auf die Reise in den Westen. Seine Hoffnungen gründeten sich vor allem auf Rom und — Venedig, das er mit den alten Privilegien auszustatten in Aussicht stellte. In Rom trat er zur Papstkirche über, um seinen guten Willen zu zeigen, und in Venedig gedachte er in feierlicher Form alles zuzugestehen, was man von ihm verlangte; allein er kam in die Stadt der Kaufherren, ohne im Besitz der Barmittel zu sein, um seine Aufenthaltskosten bestreiten zu können. Und das ist so ungefähr das Schlimmste, was man in einem kapitalistischen Wirtschaftssystem anstellen kann, und das gilt selbst für einen Kaiser: Als man ihm die Rechnung für die erbrachten Leistungen überreichte und er nicht prompt zahlen konnte, sperrte man ihn rücksichtslos in den Schuldturm. Erst nach beinahe einem Jahr war es dem in Konstantinopel indessen zum Mitkaiser erhobenen Thronfolger Manuel II. möglich, seinen Vater durch Bezahlung der Schuldsumme zu befreien. Johannes V. nahm das nächste Schiff nach Byzanz, das er desillusioniert und gedemütigt erreichte. Die Hoffnung auf eine Hilfe des Westens hatte er begraben und er sah der Zukunft gewiß ohne rechtes Vertrauen entgegen, bis er aus dem Optimismus der Hofkreise wieder einigen Mut schöpfte. Am Goldenen Horn nämlich hielt man große Stücke von dem Unternehmen, das Vukaschin eben in Angriff nahm: Vom »Kreuzzug der Balkanslawen«.

Die Realisierung des Feldzugplans stieß, wie Großvorhaben zumeist, auf unvorhergesehene Schwierigkeiten ebenso wie auf unvorhergesehene günstige Umstände. Unvorhergesehene Schwierigkeiten waren, daß weder Lazar von Morawaserbien noch Schischman von Bulgarien bereit waren, sich an dem Unternehmen zu beteiligen; König Ludwig, der eben König von Polen geworden war, dürfte man offiziell gar nicht eingeladen haben, da seine negative Haltung nicht zu übersehen gewesen ist. Bulgarisches Kriegsvolk jedoch, das mit Schischmans Unterwerfung nicht einverstanden war, drängte sich in Scharen unter Vukaschins Feldzeichen, und auch aus dem Territorium Lazars kamen Kriegsmänner, die meinten, daß die Untätigkeit ihres Fürsten sträflicher Leichtsinn und es um so mehr ihre Pflicht wäre, für ihren heiligen Glauben die Waffen zu ergreifen. Auch aus Ungarn kamen, wenngleich nur vereinzelt, Ritter des westlichen Typs, und darüber hinaus walachische Bojaren aus den Tributärfürstentümern Walachei und Moldau, jüngere Söhne von angesiedelten Kriegern zumeist, die keine Aussichten hatten, im Erbwege zu Landbesitz zu gelangen. Zahlenschätzungen sind schwer vorzunehmen, sie liegen zwischen 20 000 und 60 000 Mann; hier wird eine Größenordnung von 20 000 bis 30 000 Kombattanten – höchst unterschiedlichen Kampfwerts allerdings – für wahrscheinlich erachtet.

Sultan Murad wird die Sammlung des Kreuzzuges schwerlich entgangen sein; trotzdem zog er mit der Reichsarmee nach Kleinasien, um Krieg gegen die Karamanen zu führen, die ihren Anspruch, die eigentlichen Nachfolger der Rum-Seldschuken zu sein, darauf stützten, daß sie Iconium → Konya beherrschten (s. Bd. 1, S. 327). Sie hatten die Osmanen aufgefordert, ihre Vorherrschaft zu ähnlichen Bedingungen wie seinerzeit zu den Seldschuken anzuerkennen und machten, da ihnen dies verweigert wurde, Miene zur gewaltsamen Durchsetzung ihres Anspruchs. Nun war Anatolien damals eindeutig das starke Herz des Osmanischen Reiches, und Murad konnte eher auf Rumelien verzichten als dessen ernstzunehmende Gefährdung in Kauf nehmen, und so bestellte er – augenscheinlich erstmalig – für Rumelien

– einen »Vizekönig«, aus dem sich rasch das Amt des Beglerbeg entwickelte (s. Bd. 1, S. 245 f.; S. 376 f.; Anhang im 1. Bd. Tafel Provinzialverwaltung, S. 380),
– dem er die rumelische Lehensreiterei unterstellte, deren Zahlenstärke damals maximal 5000 Mann betrug.

Die schwierige und daher äußerst ehrenvolle Aufgabe, mit diesen unzureichenden Kräften Rumelien dem Reich des Islam zu erhalten, übertrug er dem erfahrenen Kriegsmann Hadschi Ilbeki. Das Fehlen jeglichen Titels außer dem eines Pilgers zu den heiligen Städten Mekka und Medina erklärt sich damit, daß es das hochentwickelte Ämterwesen, das uns im 1. Bd. bereits eingehend beschäftigt hat, damals noch nicht gab. Ilbeki war auch – zum Unterschied späterer Großwürdenträger – turkmenischer Abstammung und gehörte der Lehensreiterei an; vermutlich war den in Rumelien angesiedelten Timarioten und Zaims das Recht zugestanden worden, ihren Anführer selbst zu wählen, wie dies später für jede Provinz üblich wurde. Hadschi Ilbeki war also, wenn wir versuchen seine Stellung in das spätere Organisationsgefüge zu übertragen, etwas wie der gewählte Alaybeg (s. Bd. 1, S. 254) und der vom Großherrn ernannte Beglerbeg in einer Person.

Hadschi Ilbeki beschränkte sich zunächst darauf, die Bewegungen des orthodoxen Kreuzzuges zu überwachen. Vukaschin stieß im Tal der Maritza vor und war verblüfft ob des Fehlens jeglichen Widerstands; in Übereinstimmung mit den Großen seines Heeres gelangte er nach einigen Tagen zu der verhängnisvollen Fehlbeurteilung der Lage, daß die Krieger des Großherrn nach Asien geflohen seien, ohne es auf einen Schlagabtausch mit den tapferen Serben ankommen zu lassen. Das Kreuzheer machte – zur Verpflegungsbeschaffung auf Plünderung angewiesen – erhebliche Beute; die Stimmung war hervorragend, und allabendlich gab es prächtige Siegesfeiern mit gewaltigen Siegesräuschen. Auf die gehörige Sicherung der Lagerplätze wurde angesichts der allgemeinen Euphorie wenig Wert gelegt, und Hadschi Ilbeki, dem die allabendliche orgiastische Betriebsamkeit der Giauren sehr wohl bekannt war, entschloß sich zum nächtlichen Überfall. Anders gesagt: Er nützte die geringere Gefechtsbereitschaft des ruhenden Heeres gegenüber überraschend auftauchenden, kampfbereiten Feindkräften zur planmäßigen Erzielung relativer Überlegenheit, in der er die für ihn einzige Erfolgsmöglichkeit erkannte. Will man es noch anders sagen, rekapitulierte er das kombattante Verhalten, das die süditalischen Moslems gegenüber dem Heere Kaiser Ottos II. bei Crotone an den Tag gelegt hatten, oder das Csanád, der Heerführer Stefans d. Hl., nach verlorener Schlacht gegenüber Ajtony zur Anwendung brachte. Um die Zeitlosigkeit der Grundprobleme jeglicher Kriegführung einmal mehr ersichtlich zu machen, sei darauf hingewiesen, daß er in der Ausnutzung unterschiedlicher Gefechtsbereitschaft kombattanter Kräfte das Verhalten vorwegnahm, das die Japaner im Zweiten Weltkrieg am 7. Dezember 1941 durch den Überraschungsangriff auf die in Pearl Harbour ruhende Pazifikflotte der USA verwirklichten. Was dem japanischen Oberkommando die rasch beweglichen, auf ebenfalls, wenn auch langsamer beweglichen Basen in Form von Flugzeugträgern in Angriffsposition gebrachten Kampfgeschwader waren, das waren für den osmanischen Heerführer in der Nacht vom 25. auf den 26. September 1371 seine für damalige Verhältnisse ähnlich rasch beweglichen Reiter. In beiden Fällen wurde das taktische Ziel, die Vernichtung der überraschend angegriffenen, dadurch relativ unterlegenen, absolut aber erheblich überlegenen Feindkräfte erreicht. Den operativen – nach anderer Terminologie den strategischen – Zweck erreichte nur Hadschi Ilbeki: Vukaschins Gesamtkriegsmacht war vernichtet. Er hätte, selbst wenn er das schaurige Gemetzel der Septembernacht überlebt hätte, den Krieg nicht mehr fortsetzen können.

Demgegenüber war der Überfall auf Pearl Harbour für den Kriegsverlauf nahezu ohne Bedeutung: Die Vereinigten Staaten verfügten über hinreichende Reserven an aktualisierbarer kombattanter Energie, sie konnten den Verlust von vier Schlachtschiffen, drei Zerstörern und ein paar Wachbooten, die mehr oder weniger schwere Beschädigung von vier weiteren Schlachtschiffen, drei Kreuzern und einem Versorgungsschiff ebenso verschmerzen wie die Vernichtung von 188 Flugzeugen und die Beschädigung von 63 weiteren. Der taktische Erfolg war also der Gesamterfolg, oder, anders formuliert, erschöpfte sich der Gesamterfolg im taktischen Erfolg: Er hatte keinen oder einen nur temporären Einfluß auf das Kräfteverhältnis, brachte den USA keine entscheidenden Einbußen an kombattanter Energie, vernichtete nicht ihre militärische Substanz.

Hadschi Ilbekis Erfolg hingegen war von geschichtsgestaltender Dimension, die Moslems hielten seinen Sieg für ein durch himmlischen Eingriff bewirktes Wunder, und die christliche Bevölkerung des Raumes (heute im Grenzbereich zwischen Bulgarien und Jugoslawien) nannte das dem Schlachtfeld nächstgelegene Dorf Sirbsindighi, das »Verderben der Serben«; dieser Name hat sich bis heute erhalten.

Sultan Murad I., dem es gelungen war, die drohende Gefahr für Anatolien zu beseitigen, unterließ vorerst größere militärische Operationen und ging nun daran, das Strukturgefüge des Reiches den geänderten Verhältnissen anzupassen. Dies war – wie eben die Kriegführung in Kleinasien und in Europa, beide durch Angriffe von außen notwendig gemacht, gezeigt hatte – unabwendbar und unaufschiebbar, konnte doch ganz einfach nicht übersehen werden, daß die Improvisation in der Verwendung des noch reichlich archaischen Organisationsschemas zu vermeidbaren Fehlentwicklungen führen konnte. Vereinfacht gesagt war es bisher so gewesen, daß es das eigentliche Kernstück des Reiches in Anatolien gab und eine Art Kolonialbesitz in Europa. Dieser Kolonialbesitz war einerseits ein von den Giauren heftig bekämpfter Gewinn und andererseits ausweitbar; beide Aspekte bewirkten die Verlagerung des kombattanten Schwergewichts des Reiches nach Europa, an dem sich der Großherr bei Wahl seines ständigen Wohnsitzes, seiner Residenz, durchaus folgerichtig orientierte. Die letztlich auch gegenüber Fremden erkennbare Reduktion der osmanischen Kriegsstärke in Anatolien hatte die karamanische Aggression ausgelöst und die Rückverlagerung der kombattanten Hauptmacht in den bedrohten Raum erzwungen, woraus sich wiederum die außerordentlich kritische Lage in Rumelien ergeben hatte, die nur durch Allahs Gnade nicht zum Verlust des Neulandes führte.

Im Vordergrund standen also militärische Überlegungen, die zur Teilung des Reiches in die beiden Reichshälften
– Rumelien und
– Anatolien
und die Aufstellung je einer Armee führten. Die Basis jeder Armee war die Lehensreiterei, die jedoch nicht unmittelbar dem Statthalter, dem nun schon der Paschatitel zugebilligt wurde, unterstand, sondern vielmehr dem Reiteroberst, dem Alaybeg. Wir sehen also, daß die Hadschi Ilbeki im Drang des Geschehens zugebilligte Machtfülle aufgelöst wurde: Der vom Großherrn ernannte Beglerbeg stand dem gewählten Kommandeur der Lehensreiterei gegenüber, war ihm sogar vorgesetzt.

Die Reichsarmee – damals nur aus der Gardereiterei, dem späteren Gardekavallerieregiment Sipah (s. Bd. 1, S. 288 f.) und dem etwa erst fünftausend Mann zählenden Kriegerorden der Janitscharen (s. Bd. 1, S. 257 ff.) bestehend – unterstand dem Großherrn direkt und unmittelbar; die wenigen Schlüsselfestungen (Edirne, Gallipoli, Bursa) dürften bereits Reichsfestungen und mit Reichstruppen besetzt gewesen sein.

Den beiden Beglerbegis wurde befohlen, für ihren Machtbereich ständig präsent gehaltene Ordnungstruppen, aus denen sich später die Sejmen, auch Seymen (s. Bd. 1, S. 277; Anhang Tafel Provinztruppen, S. 379) entwickelten, aufzustellen und zu Lasten der Provinzkasse zu unterhalten.

Daß die Gerichtshöfe für Anatolien und Rumelien schon damals zumindest ansatzweise geschaffen wurden, ist eher unwahrscheinlich; es gab zu Murads Regierungszeit nur »den Kadi Askeri« (s. Bd. 1, S. 298) ohne Territorialbezeichnung, so daß man wohl auf ein einheitliches Amt schließen kann. Kadi

Askeri war übrigens noch Kara Charil Tschendereli, dem Murad später das Amt des Wesirs in der ursprünglichen Bedeutung übertrug. Und zwar mit Nachfolgerecht des ältesten Sohnes übertrug, woraus sich ergibt, wie verwandtschaftsbezogen das System noch war.

Hadschi Ilbeki scheint bald nach seinem Siege, hochgeehrt und reichbeschenkt, verstorben zu sein, und als erster Beglerbeg von Rumelien begegnet uns Timurtasch Pascha, ein offenbar recht aggressiver Mann, der mit seinem rumelischen Heer schöne Gebietserweiterungen erzielte, 1381 aber vor Thessalonike → Saloniki scheiterte. 1387 erscheint er als Gegner König Tvrtkos von Bosnien und Morawaserbien, allein wir müssen bei Nennung dieses Krieges unsere Aufmerksamkeit vorerst Ungarn zuwenden, waren die Ereignisse dort doch für ebendiese Auseinandersetzung kausal.

König Ludwig d. Gr. – der übrigens die erste ungarische Universität in Pécs → Fünfkirchen gründete, die hinsichtlich der Gründung knapp nach den Universitäten Prag, Wien und Krakau und knapp vor der 1386 entstandenen Universität Heidelberg liegt – starb am 11. September 1382, erst 56jährig und nach 40jähriger Regierung. Die Personalunion mit Polen zerfiel; die Herren in Krakau waren mit der Sukzession der zum Manne erklärten Maria nicht einverstanden, erklärten sich jedoch bereit, Ludwigs zweite Tochter Hedwig → Jadwiga als Nachfolgerin anzuerkennen, allerdings nur unter der Bedingung, daß sie auf eine Vermählung mit einem Angehörigen des Hauses Habsburg ausdrücklich Verzicht leiste. Hedwig verzichtete und wurde Königin von Polen; 1386 heiratete sie den dieser Ehe wegen zur Papstkirche übergetretenen Sohn Olgerds von Litauen, des alten Gegners ihres Vaters, der Jagiello hieß und nun als Wladislaw II. Jagiello König von Polen, dem er Litauen als Mitgift einbrachte, und Stammvater der Familie der Jagiellonen wurde.

In Ungarn kam es nach Ludwigs d. Gr. Tod zur Thronfolge der zum Manne erklärten Maria, die erst sechzehn Jahre zählte und für die ihre Mutter Elisabeth die Herrschaft führte. Sie bemühte sich redlich, die Ordnung in den vereinigten Königreichen Ungarn und Kroatien zu erhalten, konnte sich aber gegen die bald einsetzende Unbotmäßigkeit der großen Adelsfamilien nicht durchsetzen, ganz einfach deswegen nicht, weil es für eine Frau schwierig war, sich an der Spitze eines Staates zu behaupten, der eben unter dem Szepter eines großen Königs eine Vielzahl von militärischen Erfolgen erringen konnte und dessen Bestand durch den Agressionswillen anderer Mächte, hier des seebeherrschenden Venedig und des eben in gefährliche Nähe gerückten osmanischen Reiches, in Frage gestellt worden war. Die »Herrschaft der Spindel über die Speere« schien ein zu großes Risiko —, und bald erhoben sich vor allem im Großraum Kroatien Stimmen, die nach einer Änderung dieses Zustandes riefen. Elisabeth erkannte die Brisanz der Situation und betrieb die Vermählung Marias mit ihrem Verlobten, dem Markgrafen Sigismund von Brandenburg, dem Sohne Kaiser Karls IV. († 1378), dessen Bruder Wenzel (als König von Böhmen Wenzel IV.) seit 1376 erwählter deutscher König war; die Hochzeit kam 1385 zustande. Nun genügte es – durchaus folgerichtig übrigens – aber auf einmal nicht mehr, daß mit Sigismund ein Mann in die Reichsspitze zuerst integriert werden sollte und dann auch integriert wurde: Sigismund war ein »junger Fant«, unbewährt, vergnügungssüchtig und eitel, ein Playboy, wie wir sagen würden, und flößte den unruhig gewordenen Magnaten womöglich noch weniger Respekt und Vertrauen ein als seine königliche Schwiegermama. Und es gab auch gleich eine starke Gegenpartei, die zur Wahl eines anderen Königs riet und einen passenden Kandidaten auch bald zur Hand hatte: Karl von Durazzo war es, Ludwigs bewährter Heerführer, der zuletzt in dessen Dienst Neapel erobert, Johanna die Böse vernichtet und nach Ludwigs Tod die Krone Neapels gewonnen hatte.

In der Tat ließ sich Karl von seinen früheren Kriegskameraden zum König wählen und krönen (ebenfalls 1385), fand in Kroatien und Slawonien rasch bemerkenswerten Zulauf und löste blutige Unruhen aus. Elisabeth wußte nun anscheinend kein besseres Mittel, um das Heft in der Hand zu behalten, als daß sie gegen Zusicherung hoher Belohnung ein Terrorkommando dingen und nach Südungarn in Marsch setzen ließ. Der Anschlag war erfolgreich: Karl wurde so schwer verwundet, daß er wenige Tage danach verstarb. Sein Anhang schien sich zu verlaufen, und als die Lage für hinreichend stabil gehalten wurde, begab sich »König Maria« mit ihrer Mutter auf eine Inspektionsreise in das frühere Aufstandsgebiet. Sigismunds politischer Bedeutungslosigkeit wurde dadurch Rechnung getragen, daß er einfach daheimgelassen wurde. Der Zug der königlichen Damen wurde jedoch von den Anhängern des ermordeten Karl überfallen, die Begleitmannschaft erschlagen oder zersprengt, und Elisabeth und Maria fielen in die Gefangenschaft der Rebellen. Der Haß der Karlisten war so elementar, daß Elisabeth als Anstifterin des Mordes am Gegenkönig in einem wenig formellen Verfahren für schuldig befunden und umgebracht wurde, während man ihre Tochter in den Kerker warf.

Nun riefen die um den verwaisten Hof gescharten Magnaten Ungarns – es waren vorwiegend die in Westungarn und Nordungarn begüterten Herren – Sigismund zum Könige aus, und dieser versuchte nun mit außerordentlicher Härte, die Rebellion zu ersticken. Die Kämpfe zogen sich über Jahre hin; mit der staatlichen Ordnung verfiel auch der Wohlstand, und Sigismund mußte schon bald Geld bei seinem Bruder Wenzel borgen, um die Kosten der Kriegführung erschwingen zu können. Wenzel, der selbst bis über beide Ohren in bösen Kalamitäten steckte – er konnte seinen Landfrieden, den »Nürnberger Herrenbund«, nicht durchsetzen, im Sacrum Imperium tobte der Krieg zwischen den verbündeten Fürsten und den Städtebünden, der in der Schlacht bei Döffingen (1388) gipfelte, der König selbst wurde 1394 von seinem eigenen Vetter Jobst von Mähren gefangengenommen und 1400 von den rheinischen Kurfürsten abgesetzt – und zur damals noch möglich erscheinenden Behauptung seiner Stellung möglichst sichtbare Erfolge erzielen wollte, verlangte als Darlehenssicherstellung die Verpfändung von ungarischem Territorium. Sigismund verpfändete und schuf sich damit neue Gegner, die gegen ihn den Vorwurf erhoben, er verschleudere das Reich des heiligen Stefan an seine böhmische Verwandtschaft.

Um das Verhängnis voll zu machen, waren 1378 nach dem Tode Papst Gregors XI. zwei Päpste gewählt worden, Urban VI. am 8. April in Rom, Clemens VII. von einer Gegenfraktion der Kardinäle am 20. September in Fondi. Das Abendland zerfiel in verfeindete Lager:

Urban VI. (bis 1389)	Papst	Clemens VII. (bis 1394)
England, Ungarn, Polen, Skandinavien und den Gebieten des Sacrum Imperium Romanum	Anerkannt in	Frankreich, Kastilien, Aragon, Schottland, Neapel
Bonifaz IX. (1389–1404 Innocenz VII. 1404–1406) Gregor XII. (1406–1417)	Nachfolger der ersten Päpste des westlichen Schismas	Benedikt XIII. (1394–1424)

Es sei – um den damit angeschnittenen Themenkreis zu schließen – noch aufgeführt, daß das Szenarium des Trauerspiels »Schisma« am 22. Juni 1409 um einen weiteren Papst bereichert wurde: Das Konzil von Pisa wählte den Erzbischof von Mailand, Petros Philargos, zum Papst Alexander VI. Er galt als einer der großen Gelehrten seiner Zeit, konnte sich aber ebenfalls nicht durchsetzen und starb schon 1410. Seine Anhänger wählten nun Baldassare Cossa zum Papst Johannes XXIII. (die Ordnungszahl wurde an Angelo Giuseppe Roncalli, Papst 1958-1963 neu vergeben), der vom Konzil zu Konstanz abgesetzt und gefangengenommen wurde und sich zuletzt dem neuen Papst Martin V. (1417—1431) unterwarf, unter dem das Schisma sein wirkliches Ende fand.

Wenn gesagt wurde, daß Ungarn Urban VI. anerkannte, traf dies für Ludwigs d. Gr., Maria und Sigismund zu. Karl hingegen anerkannte – als König von Neapel – Clemens VII., was für seine Anhänger verbindlich war. Nach Karls Tod hatte sein Sohn Ladislaus die Krone von Neapel auf dem Erbweg erworben und machte, von den Karlisten herbeigerufen, Ansprüche auf Ungarn geltend. Er anerkannte und ihn protegierte Papst Clemens, und das spaltete das Doppelkönigreich nun nicht nur in die Anhänger der beiden

Könige, sondern auch der beiden Päpste, was den Bürgerkrieg in gefährliche Nähe eines Krieges aus konfessionellen Gründen rückte.

Ungarn jedenfalls stand, um es in einem Bild zu sagen, in Flammen und war dem völligen Untergang nahe, und nicht nur Ungarn: Bürgerkrieg auch im Sacrum Imperium Romanum; Hundertjähriger Krieg zwischen Frankreich und England; Krieg in Skandinavien zwischen Königin Margarete von Dänemark und Norwegen – man nennt sie gern die »Semiramis des Nordens« – und König Albrecht von Schweden; Zerfall der Einheit der Westkirche durch das Schisma. Das war der flammenumstrahlte Hintergrund, vor dem die Geschehnisse auf dem Balkan, in dem der Restbestand der orthodoxen Staaten eine neue Runde im Kampf gegen Sultan Murad I. begann, gesehen werden müssen. 1385 eroberten die osmanischen Verbände Nisch, das damals eine serbische Hochburg war, und nahmen 1386 den Bulgaren, denen die Hohe Pforte die Teilnahme vieler Krieger am Kreuzzug der Balkanslawen verübelte, Sofia ab. Zar Schischman war wegen des Verhaltens seines großherrlichen Schwagers entsetzt, konnte aber eine Kriegführung nicht riskieren und bemühte sich offenbar, seinen Reichsrest durch Verhandlungen zu erhalten, was ihm zunächst auch zu glücken schien.

Unmittelbar bedroht fühlte sich jedoch Lazar von Morawaserbien, der bei König Trvtko energisch bewaffneten Schutz anforderte. Trvtko, der seine Schwester nicht zu retten vermocht hatte und deren Ermordung den Kroaten, die zweifellos die Masse des Anhangs der Neapolitaner stellten, schwer nachtrug, und der angesichts der ungarischen Misere von König Sigismund herzlich wenig erwarten konnte, verselbständigte sein bosnisch-serbisches Königreich gegenüber Ungarn und rüstete gemeinsam mit Fürst Lazar zum Krieg, den er für 1387 ansetzte. Die Vorbereitungen scheinen gut getarnt gewesen zu sein; im Frühjahr brachte er gegen 30 000 Mann in den Sattel und stieß mit ihnen in Richtung Nisch vor, vielleicht nicht gänzlich überraschend für die Moslems, aber doch in einer diese offenbar überraschenden Zahlenstärke. Sultan Murad hatte nämlich die Reichsarmee und dazu die anatolischen Truppenteile, die nicht zur Raumsicherung in Kleinasien notwendig waren, vor Thessalonike geführt und die feste und gutverteidigte Stadt belagert und zuletzt auch genommen, dem rumelischen Beglerbegi Timurtasch mit seinen Provinztruppen und der Lehensreiterei die Verteidigung der europäischen Reichshälfte übertragend, wofür ihm insgesamt etwa 20 000 Mann zur Verfügung standen. Die ihm zugebilligten Kräfte erwiesen sich gegen die Überzahl der Bosniaken und Serben – hervorragend tapfere Kriegsleute diese wie jene — als unzureichend. Timurtasch Pascha wurde in einer großen Schlacht an der Morawa schwer geschlagen, die Trümmer seiner Verbände flohen zurück nach Nisch und waren mit Mühe zu bewegen, sich zur Verteidigung der festen Stadt einzurichten. Und nun geschah etwas, das die Moslems sicherlich als Wunder empfanden: Sie wurden nicht verfolgt – die Bosniaken und Serben lösten die vereinigte Armee auf, und jedes der beiden Kontingente ritt heim. Stolz, triumphierend und in Siegerpose: Sie hatten es den Osmanen einmal gezeigt! Unmittelbar nach der Schlacht waren Trvtko und Lazar hart aneinandergeraten, ob wegen der Teilung der Beute, ob wegen des größeren Anteils am Sieg, ob wegen der Fortführung der Operationen ist nicht gewiß: Die militärische Allianz zerfiel jedenfalls – und mit ihr das uniierte Königreich der Bosniaken und Serben.

Wenngleich die Osmanen nur auf einem Nebenkriegsschauplatz geschlagen worden waren und ihre Niederlage durch das bosnisch-serbische Zerwürfnis ohne geschichtsgestaltende Folgen blieb, war doch der Nimbus der Unbezwinglichkeit, den Ludwig d. Gr. nur eben angekratzt hatte, abhanden gekommen; ein Hauch von Freiheit (im Sinne der Orthodoxie) wehte durch den von ihnen beherrschten Raum, und Zar Schischman trat in Verhandlungen mit Lazar Gresljanowitsch, um sich als neuer Bundesgenosse anzubieten.

Sultan Murad bekam Wind von der Sache und entschloß sich, die drohende Gefahr durch rasche Präventivkriegführung zu beseitigen. Er ordnete für Hizirtag 1388 (s. Bd. 1, S. 252) die Sammlung der Gesamtstreitkräfte (abzüglich der anatolischen Sicherungstruppen, was ab nun nicht mehr gesondert betont wird) im Raum Edirne an und ließ den Wesir Ali Pascha mit der neuaufgestockten rumelischen Lehensreiterei und einigen Janitscharenortas, noch während das Hauptheer versammelt wurde, in Bulgarien einbrechen. Ali Pascha warf die augenscheinlich überraschten Bulgaren in mehreren kleineren Treffen und eroberte die Städte Schumen und Tirnovo, und Zar Schischman zog sich in den Raum Nikopolis zurück, den er gegen die Truppen des Wesirs vorerst behaupten konnte. Als allerdings Sultan Murad mit dem Gros seiner Kräfte im Operationsgebiet erschien, blieb seinem Schwager nichts als die demütige Unterwerfung.

Durch den Kriegsverlauf war das von König Ludwig begründete bulgarische Banat unmittelbar mit dem kombattanten Geschehen konfrontiert worden, und es stand schlimm um Strasimir von Vidin: Seine eigenen Kräfte waren beschränkt, und von der zerfallenden Zentralgewalt war Hilfe in keinem Fall zu erwarten. Strasimir bemühte sich um unauffälliges Verhalten und betete wohl inniglich darum, daß dieser Kelch an ihm vorübergehen möge, doch eines Tages kam eine Gesandtschaft des Großherrn, die ihn aufforderte, sich zu unterwerfen. Strasimir tat es, denn es blieb ihm keine Wahl; er lieferte die Steuern nun nach Edirne und erhielt eine kleine osmanische Schutztruppe nach Vidin gelegt, deren Aufgabe es vor allem war, zu erwartende Plünderungen im Banat durch die Reiterstreifen der Gazis zu verhindern. Denn darauf sah die osmanische Reichsverwaltung mit unnachsichtlicher Strenge: Auch Giauren, die dem Großherrn gehuldigt hatten, standen unter seinem Schutz und durften nicht behelligt werden, worüber im I. Band eingehend gesprochen wurde.

Fürst Lazar konnte nun voraussehen, daß Sultan Murad im nächsten Jahr gegen Serbien ziehen werde, und er bemühte sich, eine starke Allianz christlicher Staaten zusammenzubringen, die nach dem Stand der Dinge im Westen aber nicht zu erreichen war. Indessen hatte sich auch Venedig in den

Konflikt um die Krone Ungarns eingemischt und unterstützte Sigismund von Luxemburg: König Ladislaus hatte nun schon eine ansehnliche Macht zusammengekratzt, und am Rialto legte man keinerlei Wert darauf, daß er siegen werde. Die Gewinnung der Krone Ungarns durch den Neapolitaner hätte Venedig zwischen dessen Reiche eingezwängt, ein an sich gefährlicher Zustand, als dessen negativster Aspekt die maritime Macht des süditalischen Königs einzuordnen war, durch welche die Seeherrschaft der Lagunenstadt beendet worden wäre. Die nach wie vor ungarischen Hafenstädte Dalmatiens lagen damals wie heute sozusagen unmittelbar vor der Haustür Venedigs, und sie mußten als Stützpunkte einer starken Kriegsflotte geradezu zur tödlichen Bedrohung werden.

König Trvtko von Bosnien, der sich Ungarn wieder angenähert hatte, ohne sich eindeutig auf die Seite eines der streitenden Könige zu stellen – für eine Entscheidung pro Sigismund war ihm des Ladislaus Hauptmacht zu nahe, eine Entscheidung pro Ladislaus stand durch Elisabeths blutiges Ende außerhalb des Realisierbaren – ließ sich, um dieser Entscheidung aus sichtbarer Ursache überhoben zu sein, auf einen Feldzug im Lande Hum → Herzegowina ein, damals in irgendeiner Abhängigkeit zum Fürstentum Zeta → Montenegro stehend, womit er sein Territorium erweiterte. Gleichzeitig löste er damit eine Rückfahrkarte ins Königreich Ungarn: Sollte sich dort ein König durchsetzen und die alte Macht wiedererlangen, so hatte er im Reichsinteresse gehandelt und vor allem das Hinterland von Ragusa → Dubrovnik gewonnen. Man darf annehmen, daß diese Lösung Trvtko als die vernünftigste, die liebste gewesen wäre: Bosniens kombattante Energien waren zu gering, um sich auf die Dauer gegen den siegreichen Halbmond zu behaupten, und das wußte niemand besser als Trvtko, der schließlich und endlich mehr von der Welt gesehen hatte als die Wasser des Vrbas, die an seiner Residenzstadt Jajce brausend vorüberfließen. Die heute oftmals – und selbstredend vor allem von Autoren aus dem jugoslawischen Raum – vertretene Ansicht, Trvtko habe die Lähmung Ungarns benutzt, um eine als gewollt vorausgesetzte völlige Souveränität für sein Bosnien zu erlangen, erstellt sich damit vor der sozialen Effektivität jenes Zeitalters und unter Beachtung der realpolitischen Vernunft des Königs als nicht nur unbewiesene, sondern auch höchst unwahrscheinliche Schlußfolgerung. Trvtko konnte nichts angenehmer sein, als die Rückenstärkung durch ein möglichst schlagkräftiges Ungarn, dessen König sein doch relativ weit entfernter und keineswegs lästiger Lehensherr sein sollte, ganz wie es Ludwig d. Gr. gewesen war. Durch den Reichszerfall war er, jeglichen Rückhalts beraubt, in die faktische Selbständigkeit mehr hinausgedrängt worden, als daß er sie gewollt oder gar erkämpft hätte, und der Versuch, durch die Verbindung mit Serbien ein Äquivalent zu finden, war eben an der Morawa gescheitert. Trotzdem nahm er Lazars Unterstützungsersuchen sehr ernst und entsandte ein ansehnliches Hilfskorps, das etwa 5000–10 000 Mann stark gewesen sein wird (zuverlässige Zahlenangaben sind nicht zu erlangen) und das er dem bewährten Kriegsmann Vladko Hranitsch unterstellte; er war damit der einzige Herrscher des Westens, der Lazars militärische Kräfte verstärkte. Daß er selbst nicht mit nach Serbien zog ist wohl darauf zurückzuführen, daß der Streit von 1387 unvergessen war und sein Erscheinen die einheitliche Befehlsführung in Frage gestellt hätte: Als König von Bosnien konnte er sich nicht einem serbischen Teilfürsten → Despoten unterordnen, und wie weit es mit der serbischen Subordination her war, das hatte er neulich erfahren. Übrigens ersparte ihm sein herzegowinisches Engagement auch eine Lösung dieser Problematik.

Trotzdem brachte Lazar Gresljanowitsch, der seine letzten Reserven rücksichtslos mobilisierte und dem Freiwillige aus halb Europa zuströmten, ein gewaltiges Heer zusammen, das unter seinen Feldzeichen gegen die Osmanen zog. Und wenn auch die meist angegebene Zahl von 200 000 Mann eine sehr energische Reduktion um 25 bis Prozent 40 verträgt, so waren doch auch 120 000 bis 150 000 Mann eine Streitmacht, die enorm zu nennen ist. Lazars Heer war zweifellos die mit deutlichem Abstand zahlenstärkste Macht, der die osmanischen Krieger bisher gegenübergestellt worden waren. Der innere Zusammenhalt der buntgemischten Verbände jedoch war gering, die Bewaffnung höchst unterschiedlich – und das letztlich auf der Bewaffnung beruhende Kampfverhalten überhaupt nicht koordinierbar.

Sultan Murad konnte Lazars Massenarmee nur knapp 60 000 Mann entgegenführen. Die Überlegenheit des Gegners war ihm dem Grunde nach bekannt, doch fürchtete er sie nicht. Setzte der serbische Despot auf die Vielzahl, so setzte der osmanische Großherr auf
– die einheitliche Bewaffnung,
– das gleichartige Kampfverhalten gleichartiger Verbände und
– das vorgeübte und vielfach bewährte Zusammenwirken der verbundenen Waffen,
in denen er hinreichende Siegesaussichten erblickte.

Im Juni standen sich die Heere auf dem Amselfeld → Kosovo polje gegenüber: Die große Schlacht fand am Tage des heiligen Veit, dem Vidovdan statt, den für das Jahr 1389 eindeutig zu fixieren infolge der unterschiedlichen Grundlagen des orthodoxen, katholischen und islamischen Kalenders gar nicht so einfach ist. Man findet den 15., 20., 28. oder 30. Juni genannt, und selbst in der neuen Literatur herrscht keine Einheit: Peters (S. 33) nennt den 15., Schreiber (S. 37) den 15. oder 20., Frank (S. 48, Anm. 19 mit der Beifügung als »wahrscheinlichstes« Datum) den 20. und Schweizer (S. 46) den 28. Hier soll die Frage nur aufgezeigt, nicht aber zu lösen versucht werden: Es war jedenfalls ein Tag im Juni, wobei es auf ein paar Tage auf oder ab nun wirklich nicht ankommt.

Schlimmer ist, daß das Schlachtgeschehen selbst ebenso unklar ist wie das Datum, und zwar deswegen, weil es mit einem ganzen Wust von Überlieferungen umgeben ist, die nur schwer auf einen Nenner zu bringen sind. Als ganz typisch sind die Ereignisse am Vorabend der Schlacht anzusehen, die

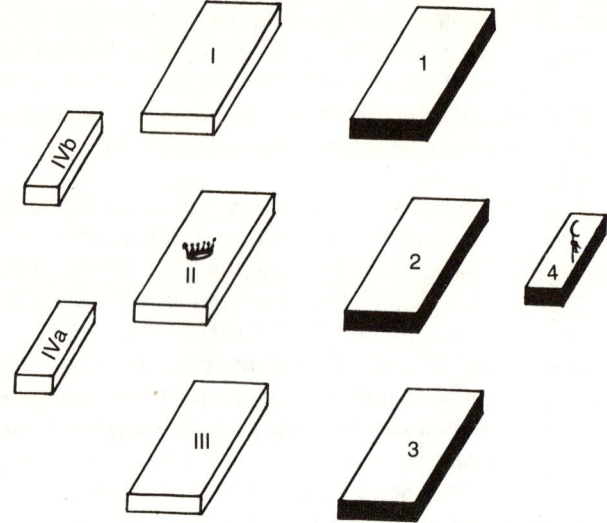

Die Schlacht auf dem Amselfeld

15. Juni 1389
(Tag des heiligen Vitus – Vidovdan)

Truppengliederung vor Schlachtbeginn

Legende: Römische Ziffern = Lazars Heer
Arabische Ziffern = Murads Heer

I. Linker Flügel: Bosnisches Hilfskontingent unter Vladko Hranitsch
II. Zentrum: Nordserbische Truppen unter Fürst Lazar Gresljanowitsch
III. Rechter Flügel: Südserbische Truppen unter Vuk Brankowitsch
IV. Reserve: a) Kriegsfreiwillige aus
                      – Ungarn und
                      – Bulgarien
                      b) Hilfskontingent der Walachen
                      Befehlshaber: Johann Mircea d. Alte, Fürst der Walachei

1. Rechter Flügel: Anatolische Lehensreiterei unter Evrenos Pascha; zugeteilt
                      Prinz Bajasid
2. Zentrum: Infanterie der Reichsarmee unter Ali Pascha
3. Linker Flügel: Rumelische Lehensreiterei unter Balaban Pascha;
                      zugeteilt Prinz Jakub Tschelebi
4. Reserve: Gardekavallerie unter Timurtasch Pascha zur unmittelbaren
                      Verfügung des Großherrn Sultan Murad I.

den elementaren Unterschied zwischen der Kriegführung Lazars und Murads deutlich erkennen lassen, und zwar selbst dann, wenn es sich um nachträgliche Zudichtungen handelt und sich die geschilderten Ereignisse überhaupt nicht oder jedenfalls nicht so abgespielt haben sollten.

Das serbische Heer, das sich seiner erdrückenden Übermacht schon sehr wohl bewußt geworden war, sah dem Waffenentscheid voll Zuversicht entgegen. Die siegesgewisse Stimmung beherrschte auch die abendliche Lagebesprechung, bei der Lazar die Schlachtordnung befahl:

– Er selbst bildete mit den nordserbischen Truppen das Zentrum, während
– sein Schwiegersohn Vuk Brankowitsch mit den südserbischen Verbänden den rechten Flügel,
– Vladko Hranitsch mit dem bosnischen Hilfskontingent aber den linken Flügel bilden sollte.

Johannes Myrcea mit dem Beinamen der Alte, der Fürst der Walachei, der als einziger Fürst der Orthodoxie dem Despoten zu Hilfe geeilt war, sollte mit seinem Aufgebot und den Kriegsfreiwilligen aus Bulgarien und Ungarn als Reserve rechts hinter dem Zentrum Bereitstellung beziehen.

Die Lagebesprechung ging in eine Vorsiegesfeier über, an welcher auch die Damen der vornehmsten Kriegsteilnehmer, die mit ins Feld genommen worden waren, um Zeugen der Heldentaten ihrer Ehemänner zu werden, teilnahmen. Unter diesen befanden sich auch Lazars Töchter Vukaschawa und Maria, Maria mit Vuk Brankowitsch, Vukaschawa mit Milosch Kobilowitsch vermählt. Vukaschawa war augenscheinlich schwerstens gekränkt, daß ihr Milosch kein selbständiges Kommando bekommen hatte wie Marias Vuk, und sie begann mit ihrer Schwester einen bösen Streit, in dessen Verlauf sie Milosch als den viel bedeutenderen Helden und Krieger pries und Vuk arg beleidigte. Anzunehmen ist, daß die vornehme Gesellschaft schon ganz schön angesäuselt war, als es zu den Beschimpfungen kam, denn auch Lazar war sich wohl nicht ganz klar bewußt, was es letzthin bedeutete, als sich seine Schwiegersöhne auf einmal bewaffnet gegenüberstanden,um den Streit ihrer Gemahlinnen durch Zweikampf zu entscheiden: Er ließ sie gewähren, ohne ein Machtwort zu sprechen. Vuk Brankowitsch unterlag; es kann dahingestellt bleiben, ob er nun in der Tat schwächer oder nur betrunkener und damit ungeschickter war als sein Gegner, denn sie waren beide zweifellos hervorragende Krieger. Als Vuk, der keine ernsthaften Verletzungen davongetragen hatte, von seinem Gefolge oder den Kasinoordonnanzen des Stabsquartiers diskret entfernt wurde, tobte er und schrie, daß der Kobilowitsch ein falscher Hund sei, der in verräterischer Verbindung zu den Osmanen stehe, und dem man schon deshalb kein Kommando geben könne. Nachdem Vuk abtransportiert worden war, rief Lazar seinem verbliebenen Schwiegersohn zu: »Trinke auf meine Gesundheit, Milosch, auch wenn du des Verrats bezichtigt wirst!« Und Milosch antwortete, nachdem er sein Glas erhoben hatte: »Hab Dank, Fürst Lazar! Dir wird der morgige Tag meine Treue erweisen.«

Am selben Abend hatte auch Sultan Murad die Großen seines Heeres, denen seine beiden Söhne Bajasid »der Blitz« → Yilderim und Jakub Tschelebi[17] zugezählt wurden, um sich versammelt und gab folgende Schlachtordnung bekannt:

– Zentrum: Infanterie der Reichsarmee unter Wesir Ali Pascha;
– rechter Flügel: die anatolischen Truppen unter dem Beglerbeg Evrenos Pascha;
– linker Flügel: die rumelischen Verbände unter Balaban Pascha.

Der Großherr versäumte nicht, das heute übliche »Ich befinde mich...« anzufügen, in das er auch seine Söhne einschloß: Bajasid sollte mit Evrenos, Jakub aber mit Balaban reiten; er selbst werde im Zentrum verbleiben.

Die Gardekavallerie wurde ausgeschieden und bildete die Reserve, die Timurtasch Pascha befehligte. Sie hatte sich unmittelbar hinter dem Zentrum zur Verfügung des Großherrn zu halten.

Die Stimmung der Osmanen war ernst, aber trotz der feindlichen Zahlenstärke zuversichtlich, wenngleich sich alle darüber einig waren, daß die Erringung des Sieges durchaus nicht einfach sein werde. Es wurde die Möglichkeit erörtert, die Schlacht durch das Vortreiben einer Zahl von Lastkamelen zu eröffnen. Es war dies ein recht probates Mittel, die Pferde des Feindes, die an den Anblick daherrennender blökender Kamele nicht gewöhnt waren, zum Scheuen zu bringen und seine Reiterei zu verwirren, ein einfacher taktischer Kniff, der noch im 17. Jahrhundert mit Erfolg zur Anwendung gebracht wurde. Es war Bajasid, der dagegen die Meinung vertrat, daß die Kriegstüchtigkeit des rechtgläubigen Heeres derartiger Listen wohl entraten könne, und er beendete auch die Debatte, indem er den Koran zitierte: »Bekämpfet die Ungläubigen und achtet nicht auf ihre Zahl, denn fürwahr: Oft wird eine große Schar besiegt durch eine kleine.«

Nach dem unmittelbar danach erfolgten Ende der Lagebesprechung zogen sich die Herren in ihre Zelte zurück und gingen nach dem Nachtgebet zur Ruhe. Das Gebet des Moslems zerfällt in den allgemeinen Teil, Namas genannt, und daran angeschlossene besondere Bitten des Gläubigen, die Dua heißen. Die besondere Bitte, die Sultan Murad an diesem Abend an den Allmächtigen richtete, lautete: »Verleihe mir die Gnade, am Ende meines irdischen Lebens als Märtyrer im Kampf für den wahren Glauben sterben zu dürfen.« Dabei blickte er, wie es üblich war, auf die Innenflächen seiner wie zum Halten eines Buches geöffneten Hände und schloß damit, daß er diese von oben nach unten über sein Gesicht strich.

Am folgenden Tag begann die Schlacht nach dem üblichen Geplänkel der Voraustruppen traditionsgemäß mit Flügelkämpfen, wobei der rechte osmanische Flügel mit Evrenos Pascha und Bajasid den linken Flügel des Gegners – Hranitsch und seine Bosniaken – zurückdrängte, wogegen Vuk Brankowitsch mit seinem Flügel vorrückte und die rumelische Lehensreiterei zur Preisgabe des von ihr innegehabten Geländes zwang. Die Entscheidung fiel jedoch im Zentrum: Der serbische Angriff blieb im Pfeilhagel der Janitscharenortas stecken, und die gelichteten Reihen wurden vom Gegenangriff der Gardekavallerie überrannt. Lazars Reserven hingegen gelangten nicht zum Einsatz: Die Bulgaren und Ungarn, nicht gewohnt, Myrcea zu gehorchen, machten Schwierigkeiten, die durch den entschlossenen Einsatz seines eigenen Kontingents sicherlich behoben worden wären, aber dieses bestand überwiegend aus zwangsrekrutiertem Landvolk, das erbärmlich bewaffnet, nicht kriegsgeübt und mithin bestenfalls von geringem Kampfwert war. Am Nachmittag stand Murad als Sieger eindeutig fest, und was vom christlichen Heer nicht gefallen oder gefangengenommen war, stob in wilder Panik davon, von den siegjauchzenden Osmanen schärfstens verfolgt.

Zu den zehntausenden Gefangenen, die gemacht worden waren, zählte auch Lazar Gresljanowitsch, den man vor Murads Zelt geführt hatte und der nun darauf wartete, welches Los ihm der Sieger bestimmen werde. Der stand unweit von ihm, von Adjutanten und Leibwächtern umgeben, ganz Mittelpunkt militärischer Betriebsamkeit. Er nahm Meldungen entgegen, erteilte Befehle und zerbrach sich daneben ganz gewiß den Kopf, wie er dem geschlagenen Feind gegenübertreten solle. Denn immerhin, es war ein großer, ein tapferer Gegner, und das löste in jenen barbarischen und finsteren Zeiten noch die Hochachtung selbst des Siegers aus, eine Haltung, die die fortschrittliche Menschheit erst am Ende der Weltkriege unseres Jahrhunderts ablegte. Sultan Murad I., der damals 62jährige (oder 68jährige) Großherr der Osmanen, wurde der Entscheidung enthoben, denn ihm näherte sich, mit allen demütigen Gebärden der Unterwerfung, augenscheinlich waffenlos, Milosch Kobilowitsch. Die Krieger um den Sultan wollten den vornehmen Serben festhalten, aber Murad wehrte es ihnen. Kobilowitsch warf sich dem Großherrn zu Füßen und dieser beugte sich huldvoll über ihn. Er bedeckte ihn mit seinem Mantel, den Flehenden mit uralter, wohlverständlicher Geste seinem persönlichen Schutz unterstellend. (Hier ist ein kleiner, persönlicher Einschub am Platz, eine Frage an alle Leser, die jemals der großen Gemeinschaft der Karl-May-Leser angehörten. Erinnern Sie sich an diese Grundsituation? Der besonnene Held, meist ohnehin Kara ben Nemsi persönlich, wirft sich, von Feinden umringt, deren Anführer zu Füßen und ruft: »Ich bin der Beschützte, o Scheik!« Und sofort senken sich alle die gegen seine Brust gezückten Dolche und auf ihn gerichteten Pistolen und Gewehre. Am Tage des heiligen Veit 1389 war es auf dem Amselfeld dasselbe – und kein Osmane, so hoch er auch stehen mochte, durfte es wagen, die Hand an den Schützling des Sultans zu legen.)

Milosch Kobilowitsch aber spielte mit falschen Karten. Er riß einen verborgen gehaltenen Dolch aus einer Falte seines Gewandes hervor und stieß ihn mit voller Kraft dem überrumpelten Großherrn, der sich einer derartigen Heimtücke keinesfalls versehen konnte, in den Leib. Sultan Murad I. brach, tödlich getroffen, zusammen; seine Seele machte sich auf den Weg in die blumigen Gefilde seines Paradieses: Allah hatte seine persönliche

Bitte, dem letzten Nachtgebet angeschlossen, erhört. Seine Leibwächter aber warfen sich auf den Attentäter und hieben ihn in Stücke, dann erschlugen sie Lazar Gresljanowitsch und die anderen Gefangenen in ihrer unmittelbaren Reichweite, und ihr Klagegeschrei um den ermordeten Großherrn wurde zum Racheschrei des siegreichen Heeres, das die Gefangenen in der Wut der Stunde niedermetzelte: Hunderte, tausende, zehntausende...

> »Schwester, du laß dir sagen,
> siehst du die Lanze, die nicht zerbrach,
> dort aus dem Boden ragen?
> Siehe, so hoch stieg der Helden Blut
> über die schwarze Erde,
> über der Gräser grüne Flut
> bis zu den Gurten der Pferde.
> Bis zu den silbernen Bügeln hinauf,
> bis zu den Hüften der Streiter,
> bis zu den goldenen Zügeln hinauf –
> geh nun, und frage nicht weiter ...«

heißt es in einem serbischen Volkslied (s. Peters, S. 37, nach einem unveröffentlichten Manuskript von Gerhart Herrmann-Mostar), einem der vielen, die sich um diese eine blutige Stunde – eine der blutigsten Stunden der gesamten Geschichte der Menschheit – ranken. Die Toten lagen in Hügeln wirr übereinander, wie sie geschlachtet worden waren, und aus ihrem Blut, das den Boden in einen grauenvollen Morast verwandelte, sproß der Same der roten Blume Božur, die alljährlich im Frühjahr das weite Feld wie mit Blut übergossen erscheinen läßt, so weiß es die Sage.

Wieviele Männer für des Milosch Kobilowitsch kaum verständliche Auffassung von Treue und Ehre mit ihrem Blute bezahlten, läßt sich nicht feststellen. Daß für seine tückische Tat jedoch genau einer mehr sein Leben verlor, als man erwarten kann, ist dennoch gewiß: Jakub Tschelebi war es, einer der Söhne des ermordeten Großherrn, der mit einer Bogensehne erwürgt wurde, als er im Triumphgefühl des eben erfochtenen entscheidenden Sieges von der Verfolgung des fliehenden Feindes zurück ins eigene Lager kam. Dort hatte sich indessen der Herrschaftsübergang mit staunenswerter Schnelligkeit vollzogen: Die anwesenden Großen hatten Bajasid, der eben »zur Stelle war« (so die Chronik des Derwisch Achmed in der Übertragung von Kreutel, s. »Vom Hirtenzelt zur Hohen Pforte«, S. 95), nachdem der Großherr erst in seinem Zelt verstarb (a. a. O., auch S. 278) »unter das Banner gestellt« und damit als neuen Herrn anerkannt. Das geschah in prekärer Lage des Reichs und unter dem unmittelbaren Eindruck des Geschehens; der Sinn der Tötung des nicht anerkannten, aber ebenfalls anspruchsberechtigten anderen Sultansohnes war, jeden Streit um die Nachfolge und vor allem um die Befehlsgewalt über das Heer auszuschließen. Die sehr harte, aber letztendlich sinnvolle Entscheidung war, geht man von der oben angeführten Textstelle aus, eine rein zufällige: Wäre Jakub zur Stelle gewesen, hätte man wohl ihn unter das Banner gestellt und Bajasid als schon durch seine bloße Existenz gefährlichen Mitbewerber ebenso radikal ausgeschaltet.

Wer den Befehl zu Durchführung der Tötung erteilte, ist ungewiß, ja es ist nicht einmal sicher, daß überhaupt ein großherrlicher Befehl vorlag. Ein solcher könnte vom sterbenden Murad als letzter Befehl erlassen worden sein, erteilt an die Großen des Reiches, die ihn auf sein Sterbelager brachten und dieses umstanden – oder es könnte sich um den ersten Befehl Bajasids gehandelt haben, den er erließ, unmittelbar nachdem ihn dieselbe beschränkte Personenzahl als den neuen Großherrn anerkannt hatte. Ebensogut ist aber möglich, daß diese von sich aus den Entschluß faßte, Jakub zu beseitigen, um ihre Huldigung zu einem für das ganze Reich verbindlichen, unwiderruflichen, rechtsetzenden Akt zu machen. Es gibt hierüber eine Menge von Vermutungen und Spekulationen, aber keine Gewißheit.

Gewiß ist hingegen, daß Sultan Bajasid I. Yilderim die hohe staatsmännische Kunst, aus dem vernichtend geschlagenen Feind von gestern den aufrichtigen und bis zur Selbstaufgabe treuen Freund von morgen zu machen, in ganz erstaunlichem Maße beherrschte. Nach der Blutorgie, die seine Erhebung umtoste, verbot er weitere Racheaktionen und bot Lazars Sohn Stefan einen sehr maßvollen und ehrenhaften Frieden an; er anerkannte ihn als heerfolgepflichtigen Tributärfürsten Morawaserbiens, das territorial nur um die Stadt Skopje → Üsküb (heute die Hauptstadt der Republik Makedonien der SFR Jugoslawien) und den unmittelbar angrenzenden Distrikt verkleinert wurde und verlangte von ihm die Stellung seiner unvermählten Schwester Olivera (im serbischen Volkslied Mileva genannt) für seinen Harem.

Für die Gefallenen und nach der Schlacht ums Leben Gekommenen ließ der Großherr gewaltige Massengräber anlegen; herausragende Persönlichkeiten wurden in gesonderten Grabstätten beerdigt. Der Leichnam Sultan Murads wurde zerlegt: Die inneren Organe wurde in einem gesonderten Sarkophag in einem auf dem Schlachtfeld errichteten Mausoleum, Türbe des Sultans Murad → Muratovo Tulbe genannt, beigesetzt; der restliche Leichnam wurde nach Brussa überführt und in der Hauptmoschee bestattet, wohin auch die sterblichen Überreste Jakubs gebracht und neben jenen Sultan Murads beigesetzt wurden. Der Leichnam des unglücklichen Lazar wurde in der Stadt Priština beerdigt und fand als der eines Märtyrers Verehrung, was Bajasid zu dulden befahl; die spätere Verlegung des Grabes in das Kloster Ravanitza erfolgte nicht auf Grund einer osmanischen Anordnung, sondern nach dem Wunsch des serbischen Klerus, dem entsprochen wurde. Sultan Bajasid hatte aber auch nichts dagegen, daß das, was von Milosch Kobilowitsch übriggeblieben war, in der Kirche Samodresa, die hart neben dem Schlachtfeld errichtet wurde, eine würdige Grabstätte und ebenfalls zeremonielle Verehrung fand.

Olivera → Mileva erfuhr am großherrlichen Hof eine geradezu sensationelle Sonderbehandlung und hatte durchaus die Stellung einer christlichen Fürstin. Sie durfte einen eigenen, serbischen Hof halten, im orthodoxen Glauben verbleiben und hatte einen eigenen, orthodoxen Seelsorger, eine Art Hofkaplan. Mit ihrem Bruder Stefan verband Bajasid eine persönliche Freundschaft; offenbar zog den Großherrn der Osmanen die lärmende, männliche Fröhlichkeit seines serbischen Tributärfürsten und seiner Gefolgen mächtig an; er war gerne in ihrer Gesellschaft, trank ab und zu sogar einen Humpen oder auch zwei mit ihnen und ließ sich die alten serbischen Heldenlieder, die er nicht verstand und die ihm nach Opportunität übersetzt wurden, vorsingen. Das wurde zum Stein des Anstoßes für engstirnige osmanische Traditionalisten, die darin nichts sahen als Sittenzerfall, Abfall vom rechten Glauben und schwere Sündhaftigkeit, die bösartige Gerüchte in Umlauf setzten und ihm das Etikett eines moralisch verkommenen Menschen, eines überdies homosexuellen Trunkenbolds, verpaßten. In Wahrheit aber ließ ihm sein schlachtlärmerfülltes Leben nicht die Zeit zu Verweichlichung und moralischer Verkommenheit: Sommer für Sommer saß er im Sattel, schlief er im Feldquartier auf hartem Stein, aß er das nur selten gutbelegte Brot des Kriegers. Er eroberte Thessalien und das restliche Thrakien, vollendete die Unterwerfung Bulgariens und schlug sich mit dem Fürsten der Walachei nördlich der Donau. Er mischte sich entscheidend in die wieder einmal aufflackernden Thronstreitigkeiten in Byzanz, setzte Johannes VII. zunächst als Kaiser gegen Manuel II. ein, ließ ihn dann fallen und erzwang von Manuel II. die Übergabe von Philadelphia, der letzten byzantinischen Stadt in Kleinasien. Er versuchte sich in maritimen Aktivitäten und ließ von seiner sehr wenig leistungsfähigen Flotte die Insel Chios und die Küsten von Attika und Euböa plündern. Er führte einen großen, siegreichen Krieg gegen die Karamanen, denen er Iconium → Konya und Larenda abnahm, und er eroberte beinahe ganz Anatolien bis hin zum Kaukasus, was zuletzt der Anlaß für den verhängnisvollen Konflikt mit Timur Lenk, dem Herren von Samarkand, war.

Doch ehe Bajasid Yilderim gegen Timur zog, erfocht er seinen größten, strahlendsten und schwersten Sieg gegen König Sigismund von Ungarn und das von ihm geführte Heer des letzten westlichen Kreuzzugs, der effektive Wirksamkeit erlangte – des Kreuzzuges des Papstes Bonifaz IX.

Das Anlaß für den Kreuzzugsaufruf war der schwere Schock, den der Westen durch die Niederlage der Serben auf dem Amselfeld erlitten hatte und hinter dem nun wieder Sigismund steckte, der nicht nur dem Zusammenprall mit den Osmanen angesichts der anhaltenden Zerrissenheit Ungarns mit größter Sorge entgegensah, sondern der sich auch in dem stolzen Traume wiegte, als Führer eines Kreuzzuges das Ziel der Abdrängung der Osmanen erreichen und dadurch derart viel Prestige gewinnen zu können, daß der neapolitanische Ladislaus in faktischer Bedeutungslosigkeit versinken werde. In der Tat mußte dieser, als die Kreuzzugsvorbereitungen anrollten, auf der

Stelle treten, um sich nicht den Bannfluch des Papstes (der zwar nicht der von ihm anerkannte war, aber dem immerhin mehr als die Hälfte der westlichen Reiche Gehorsam leistete) aufzuladen, und auch seine kroatischen Anhänger, die durchaus im Schatten der nahegerückten osmanischen Gefahr lebten, waren in ihrer Haltung wankend geworden und ließen erkennen, daß sie nun den Luxemburger aus der fernen Mark Brandenburg in seinem Bemühen um das Doppelkönigtum wesentlich ernster nahmen als jemals zuvor. Venedig bemühte sich eifrig, die Kroaten von der Richtigkeit der neuen politischen Überlegungen zu überzeugen, und ihnen gelang der erste spektakuläre Erfolg, als sie die harte Kerntruppe der früheren Karlisten dazu bewegen konnten, die unglückliche Maria, die sie noch immer (1394!) gefangenhielten, freizugeben.

»König« Maria kam allerdings als an Leib und Seele Gebrochene aus der Gefangenschaft zurück, erlangte keinerlei Einfluß auf das Geschehen und starb nur wenige Monate später, 1395, als ihr Gemahl eben dabei war, die Kreuzzugstrommel quer durch Europa zu rühren, um dem Aufruf des Papstes Nachdruck zu verleihen.

Das Echo war überraschend groß, vorab aus soziologischen Gründen: Das Lehenswesen, das schon längst zum Feudalismus entartet war, hatte sich überlebt. Einmal stand nicht genug Land zur Verfügung, um alle geeigneten Lehensanwärter mit Lehen auszustatten, und dann kam mit dem gelehrten Berufsbeamtentum, das um Geld und nicht um Grundbesitz diente, ein neuer Stand auf, dem die früher von den Belehnten eingenommenen Schlüsselpositionen zunehmend übertragen wurden. Diese Tendenz setzte sich im Kriegswesen, wenngleich zunächst zögernd, fort: Immer mehr Kriege wurden durch Söldnerheere zumindest mitentschieden, deren Zahlenstärke nicht vom Territorium der Kriegsherren und damit der Menge der als Lehen in Frage kommenden Grundflächen, sondern der Höhe der diesen zur Verfügung stehenden Geldsummen abhängig war. Das Rittertum, das durchaus die Personalreserve des Lehenswesens war, drohte durch Überwindung des Lehenswesens funktionslos zu werden und damit seine Bedeutung zu verlieren. Die sich neu formierende Gesellschaft, die sie nicht mehr brauchte, wurde in den Augen der Ritter wertlos –, und durchaus folgerichtig empfanden sie den Aufruf zum Kreuzzug als Signal, den bösen Heiden soviel Land abzunehmen, um ein neues Kreuzfahrerreich zu begründen, das nach lehensrechtlichen Grundsätzen organisiert und in dessen Lehenswesen sie alle Platz finden sollten. Sie zogen aus, um jene ideale Gesellschaft errichten zu können, von der die ritterlichen Sänger kündeten, daß sie schon einmal bestanden hatte und nun zugrundegegangen war, weil der Antichrist die Herrschaft in Europa angetreten hatte. Wenn man will, suchten sie nach dem Staate Utopia, dem irdischen Paradies – der Wiedereinführung des Mittelalters.

Deus lo volt → Gott will es: Diese Parole, die schon mehr als ein Vierteljahrtausend davor die Massen in Bewegung gesetzt hatte, verfehlte auch nun ihre Wirkung nicht. Und gerade in Frankreich, dessen Ritter die ritterlichen Tugenden am reinsten pflegten und die ritterlichen Träume am süßesten träumten, fand sie den stärksten Widerhall. Graf Johann von Nevers, der Sohn (und später auch Nachfolger) Herzog Philipps des Kühnen von Burgund, war der dominierde Mann des französischen Kontingents, das volle 10 000 Mann umfaßte und durch halb Europa nach Ungarn zog, im Dienste des Herrn Jesus Christus. Allerdings nicht alle zehntausend waren Ritter, es gab selbstverständlich auch Knappen, es gab um Sold dienende Lanzenknechte, und es gab Roßputzer und Flickschuster, Köche und Kantineure, Waffenschmiede und Gespannführer, alles, was eine traditionell gerüstete mittelalterliche Armee umfaßte.

Erstaunlich groß war das britische Kontingent, das etwa 6000 Mann zählte und sich ähnlich zusammensetzte wie das französische, allerdings ohne Söldner. Hier war die Kreuzzugspropaganda vom Hofe betrieben worden, war doch Anna von Luxemburg, die Schwester König Sigismunds, König Richards II. Gemahlin, und das tat wohl seine Wirkung.

Gegen 10 000 Mann kamen auch aus dem Sacrum Imperium Romanum; zumeist waren es Brandenburger, die ein Graf Friedrich von Hohenzollern – vielleicht noch der Feldhauptmann König Ludwigs d. Gr., sonst aber sein Sohn – führte, war König Sigismund von Ungarn doch als Markgraf ihr Landesfürst, und Böhmen, das nun das Stammland der Luxemburger war. Aber auch Rheinländer, Bayern und Steirer fanden sich ein – und unter ihnen befand sich der »Ausbildungsritter« des Knappen Johannes Schiltberger aus München, der später mit seinen Memoiren das erste osmanistische Werk schreiben sollte (s. Bd. 1, S. 12. f.; S. 313. Anm. 9).

Die starke polnische Beteiligung – etwa 6000 Mann – ging wohl vor allem auf die Bemühungen der Litauer um Expansion bis zur Schwarzmeerküste zurück, vermutlich aber auch darauf, daß Johann Myrcea, der Fürst der Walachei, der unmittelbar in das Kreuzzugsgeschehen involviert war, neuerdings der geschätzte Bundesgenosse König Jagiellos geworden war.

Wesentlich schwächer war die Beteiligung italienischer Ritter, und ganz ausgefallen scheinen die Spanier gewesen zu sein, was allerdings nicht wundern darf, hatten sie doch noch maurische Fürstentümer auf der eigenen Halbinsel und somit etwas wie einen permanenten Kreuzzug zu Hause.

Stefan Dabischa, als König von Bosnien Nachfolger des 1391 verstorbenen Trvtko, hatte eine bosnische Beteiligung am Kreuzzug verweigert. Er war wieder auf größere Distanz zu Ungarn gegangen und freute sich der bosnischen Freiheit im Abseits der machtpolitischen Stoßlinien, war doch mit einer gewissen Sicherheit vorauszusehen, daß das bevorstehende kombattante Geschehen das unwegsame Bergland, das den Großteil seines Territoriums ausmachte, nicht berühren würde, wenn er es nicht selbst durch die Beteiligung herbeiziehen werde. Er bemühte sich um eine vorsichtige, abwartende Neutralität, die er auf jeden Fall solange bewahren wollte, bis durch den Verlauf des Geschehens eindeutig erkennbar war, wo sich die sprichwörtlichen stärksten Bataillone befanden. Seine Haltung war durchaus vernünftig, denn eine vorzeitige Parteinahme mußte sein Reich, das an die Nahtstelle zwischen okzidentaler und orientaler Welt gerutscht war, dem Zorne des Siegers ausliefern.

Sigismund konnte der Bosniaken Abwesenheit verschmerzen, denn das Heer, das im Raume Buda sammelte, zählte alles in allem – unter Einschluß der ungarischen Teilnehmer – mehr als 50 000 Mann, davon allerdings nur etwa 30 000 bis 40 000 Kombattanten. Unterhalb Belgrads sollte noch Johannes Myrcea der Alte mit dem walachischen Kriegsvolk zu ihm stoßen. Dieser Myrcea – Wojwode 1386 bis 1418 – war ein recht tüchtiger und einfallsreicher Krieger, der auch über einige gute kombattante Verbände verfügte, die aus persönlichen Gefolgen und Bojaren bestanden. Diese waren allerdings recht zahlenschwach, und Myrcea frönte, um sein Ansehen durch große Kopfzahlen seiner Krieger zu erhöhen, der schon anläßlich seines Zuzuges zur Schlacht auf dem Amselfeld erwähnten Gewohnheit, sein Landvolk aufzubieten, das dem Befehle meist nicht gehorchte. Die Sache wurde dann so erledigt, daß der Wojwode die erwünschte Zahl dadurch erreichte, daß er seine Reiter aussandte und die Leute buchstäblich zusammenfangen ließ, aus den Dörfern, von den Äckern, wo immer sie ihrer habhaft wurden. Derartige Rekrutierungsmethoden reduzierten den Wert des Gesamtzuzuges faktisch auf Null, da er seine Eliteformationen beinahe durchgehend dazu verwenden mußte, Disziplin und Ordnung unter dem unwilligen Haufen unter Anwendung sehr drastischer Mittel zu erzwingen. Immerhin wartete Myrcea bereits im vereinbarten Raum auf Sigismunds Kreuzheer und vereinigte sich mit ihm; dies geschah auf dem linken Donauufer, etwa einen Tagesmarsch unterhalb des auf dem Gegenufer gelegenen Belgrad.

Bei Vidin wurde der Strom überquert; Strasimir, der 1388 zur Anerkennung der osmanischen Oberhoheit genötigt worden war, huldigte Sigismund und fand seine Verzeihung. Die paar Osmanen, die bisher die Schutztruppe in Vidin gebildet hatten, wurden gefangengenommen und dem König und seinem Kreuzheer gezeigt: Es waren die ersten Feinde, die jene zu Gesicht bekamen. Was weiter mit ihnen geschah ist unbekannt, doch ist nicht anzunehmen, daß ihnen ein Leid zugefügt wurde: Die große Auseinandersetzung zwischen dem europäischen Westen und dem Reich der Osmanen lief erst an, und der Stil der Kämpfe wurde erst im Laufe der Zeit brutaler und grausamer. Von Vidin aus zog man stromabwärts weiter und stieß auf die osmanische Grenzfestung Orjabovo, die im Sturm genommen wurde. Als besonders kampffreudig zeichneten sich die französischen Ritter aus, die darauf bestanden hatten, daß ihnen diese Aufgabe übertragen werde – Zeugnis ihrer Einsatzfreunde zweifellos und dabei doch ein bedenkliches Zeichen: Sie drängten zu sinnentfremdeter Verwendung und erreichten diese auch. Sie wollten alles tun, weil sie glaubten, alles tun zu können, und waren dabei doch Spezialisten für eine ganz bestimmte Form kämpferischen

Verhaltens, waren Schwere Reiterei und nicht mehr »Mädchen für alles« wie ihre Ahnen zu Beginn des Mittelalters.

Erst als Orjabovo von dem unendlich großen Heer der Giauren bedroht wurde, erfolgte die Alarmierung des Grenzgebietes und der Reichszentrale, und Sultan Bajasid kratzte an Truppen zusammen, was immer ihm möglich war. Die Kreuzfahrer waren indessen bis zum vormals bulgarischen Nikopolis vorgestoßen und begannen die energisch verteidigte Stadt zu belagern, die sie vermutlich am dritten oder fünften September erreichten. Bajasid führte indessen in Eilmärschen die Entsatzarmee heran, in welcher erstmals ein serbisches Kontingent seines Schwagers Stefan einen bedeutsamen Part zugewiesen erhielt. Der Anmarsch der Osmanen war erst Ende September vollzogen, und der Tag der entscheidenden Schlacht fiel auf den 28.; Bajasids Heer muß jedoch den Kampfraum schon einige Tage vorher erreicht haben, um die Geländeverstärkungen, die von bedeutendem Einfluß auf den Schlachtverlauf waren, vornehmen zu können.

Die Schlacht bei Nikopolis

28. September 1396

a) Truppengliederung vor Schlachtbeginn
b) Eröffnungsphase: Angriff der französischen Ritter
c) Bajasids Gegenangriff: Vernichtung der französischen Ritter
d) Entscheidungsphase: Vernichtung des Zentrums des Kreuzfahrerheeres
e) Schlußphase: Großangriff der Osmanen mit
                             – Zerschlagung der Belagerungskräfte
                             – Eroberung des Lagers der Kreuzfahrer

Legende: Römische Ziffern = Kreuzfahrerheer
             Arabische Ziffern = Bajasids Heer

  I. Belagerung fortsetzende Infanterieverbände
 II. Lager der Kreuzfahrer
III. Kontingent der Walachen unter Johann Mircea
IV. a) Gros der ritterlichen Reiterei unter König Sigismund von Ungarn
    b) Französische Kreuzritter
 V. Vordertreffen; leichte ungarische Reiterei

1. Festung Nikopolis
2. Vordertreffen: Akindschi
3. Rechter Flügel: Anatolische Lehensreiterei
4. Zentrum: a) Janitscharen
                          b) Asaben
5. Linker Flügel: Rumelische Lehensreiterei
6. Geländeverstärkung durch Verhau.
7. Kontingent der Serben unter Stefan Lazarewitsch
8. Reserve: Gardekavallerie

Bemerkung: Das osmanische Vordertreffen fällt vor dem Angriff der französischen Ritter auf 2a und 2b zurück.

a)

I
1
3
V
2
6
IVb
IVa
4a
4b
7
8
II
5
III

b)

1
I
2a
3
IVb
7
6
4a
4b
V
IVa
8
II
5
III
V
2b

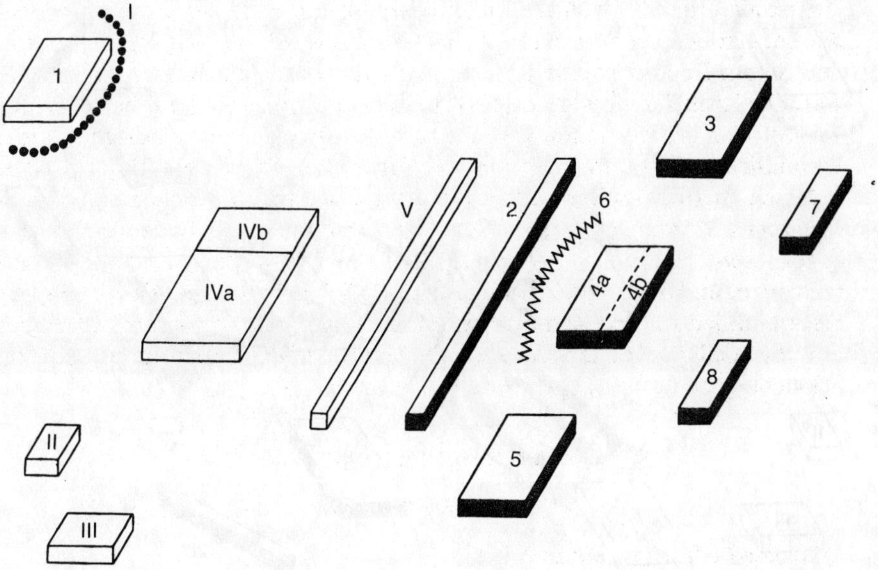

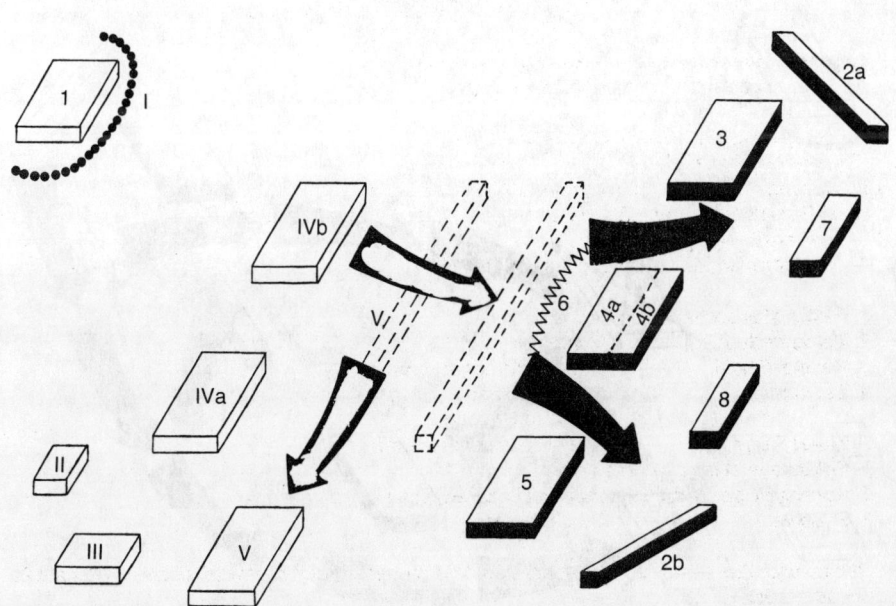

c)

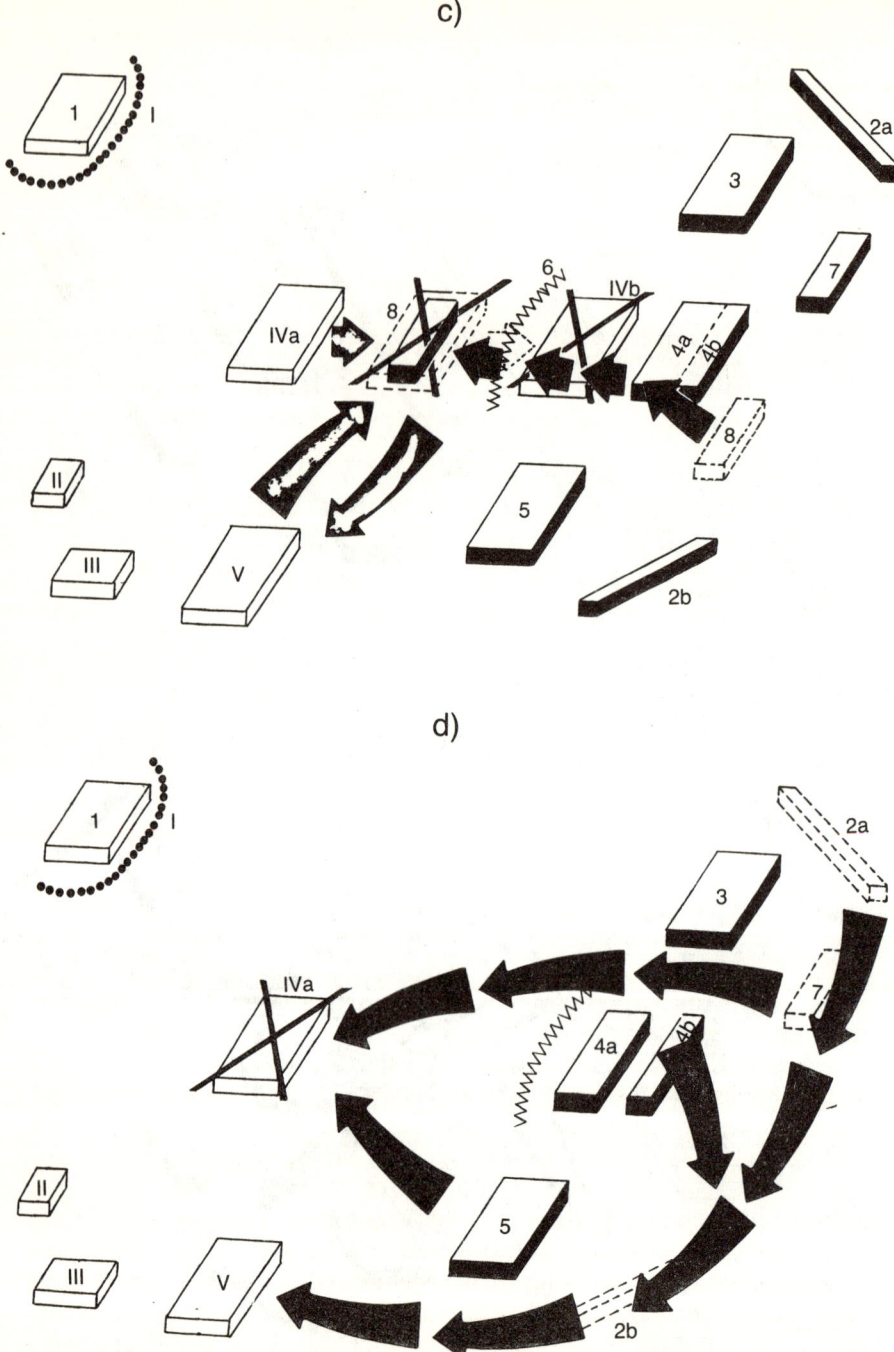

d)

e)

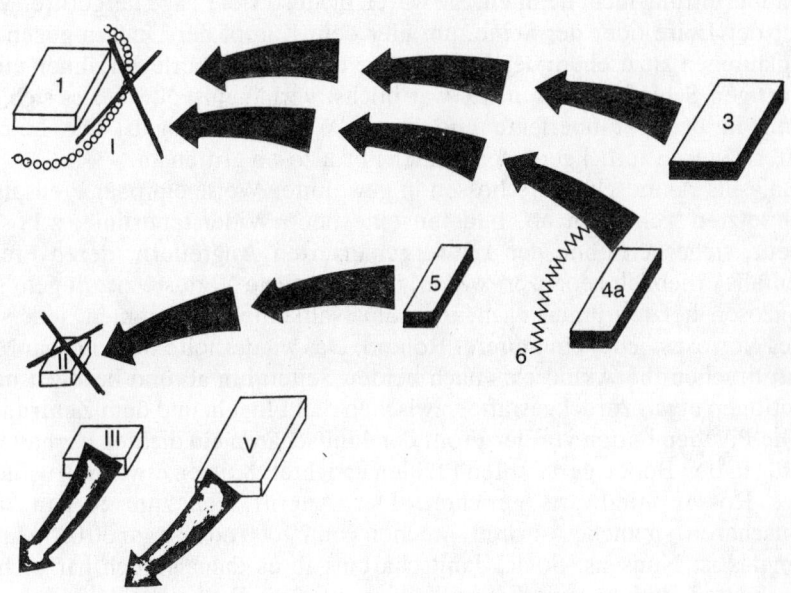

Bajasid gliederte sein Heer wie folgt zur Schlacht:
– Vordertreffen: Leichte Reiterei der Akindschis;
– Zentrum: Janitscharen und Asaben
– Flügel: die Lehensreiterei je einer Reichshälfte und
– Reserven:
   die Gardekavallerie und
   das Kontingent der Serben.
Sigismund, der auf vielerlei Sonderwünsche Rücksicht zu nehmen hatte, war
zu folgender Schlachtordnung entschlossen:
– Vordertreffen: Leichte ungarische Reiterei,
– Haupttreffen (nicht exakt in Zentrum und Flügel zerlegt): die Masse der
   ritterlichen Reiterei;
– detachiertes Korps zur Aufrechterhaltung der Zernierung des unbezwungenen Nikopolis: französische Söldner zu Fuß,
– Deckung des Zwischengeländes und des notdürftig verteidigungsbereit
   gemachten Lagers mit den Trossen: Johannes Myrcea und seine Walachen.

Sigismunds Aufstellung geriet schon bei Kampfbeginn durcheinander; das
Auftauchen der Akindschis ließ die französische Ritterschaft in blinden
Kampfeifer verfallen, und stürmisch begehrten sie, als erste zum Angriff
geführt zu werden. Der Hinweis auf die eigene Leichte Reiterei, deren
Aufgabe die Führung des Einleitungsgefechtes sei, zeigte überhaupt keine

Wirkung: Sie seien Ritter, lärmten sie, und ließen sich das Privileg der ersten Feindberührung nicht nehmen. Sie wären nicht so viele Tage hergeritten vom Ufer der Loire oder der Seine, um hier dem Kampf der Ungarn gegen die Ungläubigen zuzusehen; der König möge es sich gut überlegen, ihnen einen derartigen Schimpf anzutun. Es war höchst verhängnisvoll, daß es sich der König in der Tat überlegte und ihrem Wunsche nachgab: Die Leichte Reiterei wurde zurückgepfiffen, und die Franzosen griffen an.

Bajasids Akindschis verschossen in gewohnter Weise ein paar Pfeilsalven und setzten sich dann ab, bildeten eine neue Widerstandslinie, schossen erneut, sicherlich ohne den schwergepanzerten Angreifern, deren Pferde ebenfalls erheblich gepanzert waren, nennenswerte Verluste zuzufügen. Die Franzosen hetzten ihnen nach, um zum Nahkampf zu kommen, jeder ein miles gloriosus, jeder ein tapferer Roland. Das wiederholte sich ein paar Mal, dann brachen die Akindschis nach beiden Seiten hin ab und bezogen neue Positionen etwas zurückgestaffelt zwischen den Flügeln und dem Zentrum.

Die Piyaden hatten vor der Front der Janitscharen ein dichtes Verhau von schräg in den Boden gerammten Pfählen errichtet, Spitzen etwa in Brusthöhe eines Rosses feindwärts gerichtet: Der Angriff kam zum Stehen. Die Janitscharen – manche Autoren sprechen von 20 000 oder sogar 30 000 Mann, aber das ist Nonsens: Soviel Janitscharen gab es damals noch gar nicht – unterhielten ein kontinuierliches Pfeilfeuer auf die Ritter, die nun die ersten merkbaren Verluste hatten. Da der Verhau zu Roß nicht zu nehmen war, saßen die Ritter ab und setzten den Angriff zu Fuß fort. Allons, allons: Dort ist der Feind!

O schöne, o stolze, o tapfere Torheit! Wußten sie nichts von Crecy, wo das Heer ihres Königs 1346 von britischen Bogenschützen zusammengeschossen worden war, hatten sie Poitiers vergessen, wo sich ein Jahrzehnt danach die Katastrophe von Crecy in größerem Ausmaß und mit noch schwerwiegenderen Folgen (König Johann II. von Frankreich war von den Engländern gefangengenommen worden) wiederholt hatte? Sie wußten es wohl, aber es kümmerte sie nicht; sie waren Ritter – und dort stand der Feind!

Die Erkenntnis, daß unverteidigte Sperren so gut wie wirkungslos sind, wogegen Sperren, die unter gezielter Waffenwirkung des Feindes liegen, sehr unangenehm, weil kaum zu beseitigen sind, solange die Waffenwirkung anhält, gehört heute zum Grundwissen des Kriegshandwerks und ist jedem Unteroffiziersanwärter bekannt. Das war 1386 vor Nikopolis nicht anders als heute, und das taktische Vorhaben der Franzosen – nämlich die Janitscharen soweit zurückzuwerfen, daß die Sperren ungestört beseitigt und die Kampfrosse nachgeführt werden konnten – war durchaus richtig. Der schicksalhafte Fehler war nur, daß sie selbst, als abgesessene Kataphrakten kaum beweglich, diesen Erfolg erzielen wollten. In dieser Phase war die Schlacht nichts anderes als eine reintypige Variante des Kampfes zwischen dem den Fernkampf führenden David und dem den Nahkampf suchenden Goliath, der schwerfällig und überladen war wie kaum je ein Goliath vor ihm.

Durch den Masseneinsatz wurde die Sache noch schlimmer. Die Davids waren zu einer exakt funktionierenden Phalanx eigener Art zusammengefaßt, die einheitsweise ihre Pfeile abschoß. Das gelenkte, koordinierte Feuer bewirkte, daß sich stets hunderte der lästigen Geschoße auf dem Wege der Flugbahn befanden und unablässig auf den großen, langsam beweglichen Zielen, die sich mühsam durch den Verhau kämpften, aufprallten. Es muß für die Ritter, die beständig getroffen wurden und keine Möglichkeit des Ausweichens, des Indeckunggehens oder anderer Abwehrreaktionen hatten, eine schreckliche Sache gewesen sein, die wir uns kaum vorzustellen vermögen, und die desto fürchterlicher wurde, je näher sie ihrem Ziele kamen. Denn auf 300 m werden rüstungdurchschlagende Treffer noch recht selten gewesen sein, auf 100 oder 80 m aber schon ziemlich häufig. Auf eine Entfernung von 50 m hatten die Ritter noch immer keine Möglichkeit, den Bogenschützen auch nur die Haut zu ritzen – aber für diese wurde es langsam Zeit, nach rückwärts zu verlegen und nach 100 oder 200 m die berühmte neue Widerstandslinie zu beziehen. Das bewirkte eine Unterbrechung des Fernkampfs für maximal zwei Minuten, falls das Absetzen nicht ortaweise überschlagend vorgenommen ward: Letzterenfalls wurde der Beschuß in der nämlichen Zeit verdünnt. Selbst wenn nur zwei von hundert Pfeilen zur Gefechtsunfähigkeit der Getroffenen führten, waren die Verluste nach nur viertelstündiger Kampfdauer empfindlich. Und die unverletzt Gebliebenen stolperten, taumelten und schleppten sich zuletzt einem Feind entgegen, der bisher überhaupt keine Verluste erlitten und die bisherigen Bewegungen mit einem minimalen Kräfteverschleiß vollzogen hatte: Das Ende stand fest.

Bajasid aber tat noch ein Übriges: Er befahl einen Flankenangriff eines großen Reiterverbandes auf die schwer angeschlagenen französischen Ritter, wozu er allerdings kaum die Lehensreiterei Anatoliens oder Rumeliens verwendet haben dürfte, wie dies europäische Autoren oftmals behaupten, die völlig außer Acht lassen, daß er damit einen Flügel völlig entblößen mußte, sondern wohl die Gardekavallerie, die seine erste und zahlenschwächere Reserve war. Die Vernichtung des Restes der französischen Ritterschaft war eine Frage von ein paar Minuten.

Die Knappen und Waffenknechte des verlorenen ritterlichen Haufens, die den Untergang ihrer Herren, befehlsgemäß bei deren Rossen haltend, mit aufgerissenen Augen verfolgt hatten, flohen voll Panik zum Haupttreffen zurück. Ihre Fluchtbewegung prallte auf die Leichten Kavallerieverbände, die Sigismund nun doch der französischen Ritterschaft zur Unterstützung nachgeschickt hatte ohne darauf Bedacht zu nehmen, daß die unerbetene Verstärkung deren Ehre in ihren eigenen Augen reduzieren könnte, und riß sie mit sich. Und sie alle erfüllten den Raum zwischen dem Haupttreffen und dem Platz, wo die allzukühnen Franzosen vernichtet worden waren, mit Turbulenz und Geschrei, mit aufgewirbelten Staubwolken und einem wilden Gewoge von Rossen und Männern, und im Grunde genommen konnte kein Mensch wissen, was bisher geschehen war und was eben geschah.

Auch die osmanische Gardereiterei wußte es nicht, obzwar sie mitten im Geschehen steckte; nach dem Geschehen zu schließen hielten die Sipahs jedoch die Schlacht für bereits entschieden und machten sich an die Verfolgung der Fliehenden, um ihre Neuformierung zu verhindern. Auch sie hatten also, genau wie die Franzosen eben vorher, ein durchaus richtiges taktisches Ziel vor Augen — aber dabei führten sie ebenso wie jene ihren eigenen Kampf, waren der Führung entglitten und gingen daran, diese ganz einfach vor vollendete Tatsachen zu stellen. Ihr übermäßiger Eifer war ebenso folgenschwer wie jener der französischen Ritter; ihr furchtbarer Irrtum lag darin, daß der Kern des christlichen Heeres, das Haupttreffen König Sigismunds, noch nicht einmal ins Gefecht gekommen und folglich nicht geschlagen, ja nicht einmal angeschlagen war.

König Sigismund hielt mit den ungarischen und polnischen, den deutschen und englischen Rittern sowie den kleinen, bisher nicht gesondert aufgeführten Kontingenten des Deutschen Ritterordens und des Ordens der Malteser (die damals noch Rhodesier genannt wurden) noch in der Ausgangsstellung, die beim Angriff der Franzosen eingenommen worden war. An seiner Seite befanden sich der Erzbischof von Gran → Esztergom, der Graf von Hohenzollern und Philibert von Naillac, der Großmeister der Rhodesier, und sie entschlossen sich nach kurzer Beratung, vorzurücken, um zumindest einen besseren Überblick zu gewinnen. Sie fühlten es mehr, als sie es wissen konnten, daß nun die Stunde der Entscheidung gekommen war.

Langsam setzte sich das Haupttreffen in Bewegung, und die zurückfliehenden Teile des Heeres zerflatterten vor der ehernen Ordnung, in der es noch einmal gezogen kam, das abendländische Mittelalter mit seinen prachtvollen Rüstungen, schimmernden Helmen, bunten Wappen, wallenden Bannern, wuchtigen Kriegslanzen und schwerstampfenden, prächtig gerüsteten Rossen. Sie alle, die da ritten, waren erfüllt vom Wissen um die Bedeutung dieses Augenblicks, in dem sie dem Höhepunkt ihres irdischen Daseins entgegenzogen voll hohem sittlichem Ernst und in der Gewißheit, daß ihre Vorstellungen von Gott und der Welt, von Gerechtigkeit und Moral absolut richtig waren. Ihr Leben galt ihnen nichts, ihre Ehre galt ihnen alles, und als nun, unmittelbar hinter den Letzten der fliehenden Eigenen, undeutlich und doch unverkennbar, die Reiter des Großherrn aus dem Gewölk des aufstiebenden Staubes emportauchten, atmeten sie noch einmal tief durch, schlugen ein Kreuz mit den Daumen der Linken, befahlen ihre Seelen der Huld des Allmächtigen, fällten die Lanzen, stießen die Schilde vor und gaben den Rossen die goldenen Sporen.

Der Zusammenprall der Reitermassen erfolgte in Windesschnelle und war entschieden, noch ehe er erfolgt war. Der Kampf war Nahkampf, ausschließlicher Nahkampf eines speziell für diese Form des Kampfes geschaffenen, schwergepanzerten und beim ersten, entscheidenden Aufprall wohlgeordneten Reiterverbandes mit einem Gegner, der durch seine leichtere Panzerung ebenso unterlegen war wie durch den Umstand, daß er – eben noch in

Verfolgung begriffen – die Schlachtordnung schon preisgegeben hatte. Die Kataphrakten des christlichen Heeres brandeten heran wie eine stählerne Welle, die des Großherrn siegestrunkene Reiterei mit gewaltiger, unwiderstehlicher Wucht niederwarf und zerstampfte.

Bajasid ließ nun das leichtbewaffnete Fußvolk der Asaben (s. Bd. 1, S. 274. f., S. 380, Tafel VI.), das bisher in Anlehnung an die Janitscharen gestanden war, gemeinsam mit den Akindschis gegen das Lager der Giauren vorstoßen, und er erteilte seinem Schwager den Befehl, Sigismunds Panzerreiter anzugreifen. Seine Problemlösung war ganz ausgezeichnet: Der harte Kern seines Heeres, gleichzeitig die eigentlich befohlene Schlachtordnung – das Zentrum mit den Janitscharen, die beiden Flügeln mit der anatolischen und der rumelischen Lehensreiterei – war noch völlig intakt, war ohne Kräfteverschleiß, war ohne Verluste.

Stefans Serben, zumeist nach byzantinischer Art bewaffnete Panzerreiter, kamen rasch mit Sigismunds Rittern ins Gefecht. Der Kampf, der sich nun entwickelte, entsprach so ganz dem Herzen der westlichen Herren, daß sie ihn förmlich genußvoll zelebrierten. Er war verlustreicher als das erste Treffen, zweifellos, aber es war ein schöner, ritterlicher, edler, in Zweikämpfe zerfallender Kampf, in dem sich der Sieg letztendlich wiederum Sigismund zugeneigt haben dürfte. Nun setzt Bajasid die rumelische Lehensreiterei an, angeblich – diese Zahl ist aber wohl mit Vorsicht aufzunehmen – 40 000 Mann. Selbst wenn wir die Zahl energisch reduzieren und nur 30 000, ja selbst nur 20 000 als neuen Feind anreiten lassen, für Sigismunds nun doch schon geraume Zeit im Gefecht stehende, von zahlreichen Ausfällen geschwächte Ritterschaft war dieser Gegner übermächtig, und sie wurde unter schweren Verlusten bis gegen das Donauufer zurückgedrängt, während die Janitscharen und die anatolischen Lehensreiter nun erst gegen Nikopolis vorstießen und den Belagerungsring aufbrachen. Die Asaben hingegen schlugen sich mit Troßleuten und Myrceas Fußvolk im Lager der Kreuzfahrer, während die Leichte Reiterei, die bisher den Akindschis tapfer widerstanden hatte, sich vom Feinde zu lösen begann.

Die Schlacht war entschieden.

Die noch lebenden Großen des christlichen Heeres bewogen König Sigismund, einen Nachen zu besteigen und sein Heil in der Flucht zu suchen. Er lehnte es solange ab, bis es beinahe zu spät gewesen wäre; er wolle hierbleiben, hatte er gerufen, um mit seinen Waffenbrüdern ehrenvoll zu sterben, allein der Erzbischof hatte ihn mit vieler Mühe überzeugt, daß ihn kein Osmane töten würde, denn er war ein zu kostbarer Gefangener. Was aber würde man ihm alles abpressen, wäre er erst in Bajasids Hand? Seine Gefangennahme müsse die Bedeutung der Niederlage vervielfachen, und so sei sein Verbleib ein schlechter Dienst, den er der Sache leiste, ein sehr schlechter, der schlechteste überhaupt denkbare.

Also stieg er an Bord, unter Tränen, wie versichert wird, und überließ die Zurückbleibenden ihrem traurigen Ende, das nicht auf sich warten ließ, denn ihre Kampfkraft war erschöpft.

Als die Sonne sank, war alles vorbei: Der Kreuzzug, zu dem Papst Bonifaz IX. aufgerufen und den König Sigismund geführt hatte, war vernichtet. Sultan Bajasid I. Yilderim hatte seinen größten und stolzesten Sieg errungen.

»Aber er nützte ihn nicht aus«, pflegen noch moderne Autoren hinzuzufügen, die vom Kasimstag und seiner Bedeutung für die osmanische Kriegführung keine Ahnung haben. Bedenken wir das Datum der Schlacht: Der September lag im Sterben, und Anfang November mußten die Milizen entlassen werden. Etwa eine Woche mußte der Großherr im Raum Nikopolis bleiben, um die Gefallenen bestatten und die Verwundeten bergen zu lassen, die ungeheure Beute an Waffen und Rossen, an westlichen Köstlichkeiten und an Sklaven (zu denen bekanntlich auch Johannes Schiltberger zählte) zu sichten und zu verteilen, und um im befreiten Nikopolis nach dem Rechten zu sehen. Dann erst hätte er darangehen können, das Heer für den Weitermarsch zu gliedern, den Marschweg festzulegen, die Marschsicherung zu befehlen, reichlich problematisch übrigens, war Ungarn für die Osmanen bisher doch terra incognita in des Wortes wahrstem Sinn. Vor Mitte Oktober hätte er den Marsch schwerlich antreten können – und sieben Tagesetappen stromaufwärts vorzustoßen, um danach wieder umzukehren, wäre eine absolut nutzlose und letzten Endes durchaus nicht ungefährliche, jedenfalls aber kräfteraubende militärische Demonstration gewesen. Es war zweifellos richtig, die Akindschis in großangelegten Raids so weit als möglich vorstoßen zu lassen, das Land zu erkunden und soweit es ging zu verwüsten. Die »Senger und Brenner« machten denn auch ihrem Namen alle Ehre; in zwei raschbewegliche Korps zerteilt, trugen sie den Schrecken vor der Kriegsgewalt des Osmanischen Reiches am linken Donauufer bis weit hinein nach Ungarn, am rechten aber – geländebedingt nicht ganz so weit – nach Bosnien.

Die nun folgenden Jahre nutzte Bajasid energisch und geschickt zur bereits besprochenen Erweiterung seines Territoriums und gleichzeitig dazu, sein Reich zu einer Heimstätte der christlichen Orthodoxie zu machen. Das Höchstmaß an Toleranz, das aus dem von streng sunnitischen Moslems begründeten Reich ein in religiösen Belangen vollendet pluralistisches Gesellschaftssystem werden ließ, hat uns im Band 1 so eingehend beschäftigt, daß hier jeder Hinweis auf Einzelheiten überflüssig erscheint. Betont soll aber werden, daß im Zeitalter Bajasids, vom Hofstaat seiner serbischen Gemahlin ausgehend, jene Entwicklung einsetzte, die in der Periode Sultan Mechmeds II. dazu führte, daß die Orthodoxie beinahe den Rang einer zweiten Staatsreligion erlangte. Der Stadtstaat Byzanz hatte jede gesellschaftsgestaltende Kraft verloren und hielt sich mühsam in einem Bereich, der kaum über die mächtigen Stadtmauern hinausging. In den noch in westlicher Hand befindlichen Gebieten des griechischen Raumes erweiterte und verschärfte sich die Kluft zwischen Orthodoxie und den die Herrenschicht bildenden Anhängern der in sich zerfallenen Papstkirche, die permanent versuchte, die Unierung zu erzwingen und jede Regung der Orthodoxie als Häresie und Hochverrat perhorreszierte – während Klerus und gläubiges Volk der Ostkirche im Reiche Bajasids ein Höchstmaß an sozialer Sicherheit und konfessioneller Unabhängigkeit genossen. Dies bewirkte, daß sich der aus Anatolien bekannte Vorgang nunmehr in Rumelien wiederholte: Das osmanische Gesellschaftssystem wurde zur durchaus akzeptablen und auch akzeptierten sozialen Ordnung in den Augen der Orthodoxie, was in den noch fränkisch beherrschten Territorien dazu führte, daß man die Aufnahme in das neue Reich geradezu als Befreiung empfand. Ausgenommen von derartigen Tendenzen und Überlegungen war selbstverständlich die kaiserliche Hochkirche, deren Herrschaftsraum sich allerdings auf das Stadtgebiet beschränkte.

Durch religiöse – in jenen glaubenbetonten Tagen schlechthin entscheidende – Toleranz und Einhaltung einer streng gehandhabten staatlichen Ordnung, die vor allem den inneren Frieden erzwang, entstand eine wirtschaftliche Prosperität, die zu einer Hochblüte der Kultur, und zwar nicht nur der islamischen, führte. Der innere Frieden wurde durch die expansive Politik des Großherrn nicht tangiert: Das Reich wuchs, von den Nachbarn wagte nach Nikopolis keiner, mit gewaffneter Hand in Bajasids Territorium einzubrechen, und die insgesamt eingebrachte Kriegsbeute trug zum Wohlstand der Krieger unmittelbar und der vom Wehrdienst befreiten Bevölkerung mittelbar bei. Das blieb so, bis Timur Lenk erschien…

Der »lahme Timur«, vielfach auch als Tamerlan – bei Marlowe als Tamburlaine (s. Bd. 1, S. 12) — bezeichnet, war der Sohn eines Turkmenenführers Taraghai, der in Mawarannahr, dem Transoxanien der hellenistischen Periode, eine kleinere Herrschaft als Tributärfürst der Mongolen erhalten konnte und von dem nicht viel mehr bekannt ist, als daß er ein frommer Moslem war. Timur begann als abenteuernder Räuberhauptmann, vermählte sich mit der Tochter eines Dschingiskhaniden, wodurch er Einlaß in die herrschende Klasse der Mongolen und damit Legitimität gewann. Das prägte sein Bild in den Augen der Zeitgenossen und der Nachwelt so entscheidend, daß er sogar gelegentlich selbst als Enkel des legendären Großkhans bezeichnet wird. Um 1370 war er Herr von Mawaranwahr und begann eine Reihe von erfolgreichen Kriegen, die beinahe ganz Zentralasien seiner Botmäßigkeit unterwarfen. Seine überwiegend aus Mongolen bestehenden Heere hausten in den überrannten Gebieten mit beispielhafter Grausamkeit; bekannt sind die Schädelpyramiden aus den Köpfen erschlagener Feinde, die ihre Siegesstraßen säumten. Klever (S. 148) rechnet, daß etwa 15 000 Schädel für eine einzige Pyramide verwendet werden mußten; da derartige Massen von Kriegerköpfen nicht immer vorhanden waren, baute man Schädel von Frauen, Greisen und Kindern ein. Nach der Eroberung von Smyrna → Ismir waren nach totaler Liquidierung der Bevölkerung (Dezember 1402) noch immer nicht genügend Schädel vorhanden, so daß – erstmals – auch Steine eingebaut werden mußten, um ein würdiges Siegesdenkmal zu errichten.

Der sehr unliebenswürdige Kriegsherr Timur hatte aber, wie es scheint, eine gespaltene Seele: Er war nämlich daneben ein Förderer des Glaubens und der Künste, ließ gefangengenommene Gelehrte und Kunsthandwerker auch bei Massenabschlachtungen sorgfältig aussuchen und in seine Residenz Samarkand bringen, wo er ihnen großzügige Arbeitsbedingungen gewährte und sich an ihnen und ihrer Arbeit erfreute. Bekannt ist, daß er mit dem großen Historiker Ibn Chaldun, der bei der Eroberung von Damaskus 1401 in seine Gefangenschaft fiel, lange philosophische Diskussionen führte und durchaus die Fähigkeit zeigte, Kritik zu ertragen, die er allerdings vermutlich nicht ganz ernst nahm, welcher Eindruck sich noch erheblich verstärkt, wenn man erfährt, daß er den sehr derben Nasreddin Hodscha – den orientalischen Till Eulenspiegel, der noch weit dreister war als sein abendländisches Pendant aus dem entzückenden Schöppenstedt – als eine Art Hofnarr in seinem unmittelbaren Gefolge duldete und über manchen Streich, den jener ihm spielte, herzlich lachte.

Clavijo, der als Gesandter des frommen kastilischen Königs Heinrich III. nach Samarkand kam, um dem blutigen Timur dessen gehorsamsten Respekt zu Füßen zu legen und zu erkunden, ob er vielleicht geneigt sei, ein Bündnis gegen die mediterranen Moslemstaaten, vorab das Osmanische Reich, zu schließen, und dem vor allem diese Seite des großen Würgers gezeigt wurde, war jedenfalls tief beeindruckt und pries das großzügige Mäzenatentum Timurs, das sich höchst auffällig in den Prunkbauten und Prachtgärten Samarkands zur Schau stellte. Das gewünschte Kriegsbündnis brachte er aber nicht zustande, denn was konnte ein Waffenbruder im fernen Westen mit seinen paar tausend Panzerreitern, von denen man in Samarkand übrigens wohl nur unzulängliche Vorstellungen hatte, dem Herrn Zentralasiens nützen, auf dessen Gebot viele hunderttausend Krieger zu den Waffen eilten?

Krieg gegen Bajasid I. führte Timur ohne König Heinrichs Unterstützung oder Gutheißung, und er begann ihn 1402, angeblich auf Grund eines beleidigenden Briefes, den der Großherr an ihn gerichtet hatte. Auch wenn es eine derartige Korrespondenz gegeben haben sollte, was durchaus zutreffend sein kann, war sie nicht die Ursache, sondern die Folge eines sehr tiefgreifenden Zerwürfnisses zwischen den beiden Höfen, dessen wahrer Grund wohl ein ausgeprägter Konkurrenzneid zwischen den beiden mächtigsten islamischen Herrschern gewesen ist. Eine Rolle spielten vordergründig gewiß auch Grenzüberschreitungen, die 1041 vorgekommen waren, als Timurs Mongolen in einem gewaltigen Kriegszug den Nahen Osten geplündert und verwüstet hatten, neben dem schon genannten Damaskus vor allem Bagdad eroberten. Eine andere Rolle spielten die ostanatolischen Turkmenenführer, die Bajasids Expansionspolitik um ihre Herrschaften gebracht hatte und die nach Samarkand geflohen waren. Vermutlich forderte Bajasid in barschem Ton Schadenersatz von Timur wegen der Übergriffe von 1041,

Timur aber von Bajasid in womöglich noch schrofferer Form die Restitution der seinen Schützlingen entrissenen Länder, und als man sich genügend in Rage gebracht hatte, sammelte Timur seine Armee und fiel in Anatolien ein. Er stieß bis Ankara vor, das sich erbittert verteidigte, und Bajasid sammelte sein Heer und rückte in Eilmärschen zum Entsatz der Stadt heran.

Die überlieferten Zahlen sind enorm:
Bajasid soll 120 000 Mann befehligt haben, Timur ihm aber um mehr als das Siebenfache überlegen gewesen sein: Er hätte demnach also zumindest 840 000 Mann unter seinen Feldzeichen vereinigt. Das würde bedeuten, daß sich vor Ankara beinahe eine Million Krieger gegenübergestanden wäre, eine schier unglaubliche Zahl, die von den Historikern denn auch gerne energisch reduziert wird.

Man sollte aber mit mehr oder weniger willkürlicher Verringerung vorsichtig sein; der Großherr der Osmanen konnte damals nämlich schon mindestens hunderttausend Mann ins Feld führen, und er hat angesichts des aus dem Osten einbrechenden Massenheeres Timurs ganz gewiß nicht gezögert, eine Totalmobilisierung sämtlicher Kräfte durchzuführen, so daß die Zahl von 120 000 Mann — in welcher das serbische Aufgebot Stefans inbegriffen war — schon stimmen kann, sicher aber nicht **wesentlich** überhöht ist. Timur war ihm, da gibt es überhaupt keinen Zweifel, gewaltig überlegen: Rund 500 000 Mann müssen ihm zugebilligt werden. Wieviel davon allerdings Krieger waren ist ungewiß; nicht alle scheinen es gewesen zu sein, denn Timur dürfte auch eine Art »Arbeitsdienst« mit ins Feld geführt haben, vermutlich dem Landvolk seines Riesenreiches entnommen, das vielleicht in ähnlicher Weise rekrutiert wurde wie des walachischen Wojwoden wehrunwilliges Aufgebot. Hier eine Zahl zu nennen ist schwierig, doch ist aus dem Gang des Geschehens zu schließen, daß es gegen 100 000 Arbeitsmänner gewesen sein müssen.

Bajasid bezog ein ausgedehntes und vermutlich befestigtes Lager am Ufer des Tschubuk nordostwärts der Stadt. Timur hatte vorsorglich die wenigen Brunnen des Gebietes unbrauchbar machen lassen, was höchst einfach ging, indem man zeitgerecht einige Kadaver ins Wasser warf. Das schien weiter nicht schlimm zu sein, denn die Brunnen waren ohnehin nur Wasserversorgungstellen sozusagen zweiter Wahl: Die Hauptversorgung der osmanischen Verbände stellte der Tschubuk dar, dessen Wasser auch für wesentlich größere Mengen an Menschen, Rossen, Kamelen und Schlachtvieh ausreichte.

Timur aber ließ nun den Fluß umleiten. Auch wenn angenommen werden darf, daß er gewisse Vorbereitungsarbeiten schon vorzeitig angeordnet hatte, muß doch die entscheidende Abdämmung des Wasserlaufs kurzzeitig, beinahe schlagartig erfolgt sein, in ein paar Stunden, wahrscheinlich über Nacht. Denn der Feind durfte keine Möglichkeit haben, Gegenmaßnahmen zu treffen: Im Überraschungsmoment lag ein entscheidender Teil des Erfolgskonzepts.

Am Morgen des 20. Juli war der Wasserhahn für die Osmanen jedenfalls radikal abgedreht, und es blieb Bajasid, dessen stolze Armee jäh dem Verdursten konfrontiert war, keine andere Möglichkeit, als ohne Verzug die Schlachtordnung zu bilden und die Mongolen anzugreifen, um Ankara freizukämpfen und vor allem um Trinkwasser zu erlangen, was nun in den Vordergrund sämtlicher Überlegungen gerückt war.

Die Schlacht, die als Verzweiflungskampf begonnen worden war, endete mit der faktischen Vernichtung des osmanischen Heeres; die überlieferten Nachrichten sind zu widerspruchsvoll, um einzelne Phasen mit einer auch nur gewissen Wahrscheinlichkeit nachzeichnen zu können. Zwei halbwegs gesicherte Details dürfen als charakteristisch gelten und mögen die eingehende Darstellung ersetzen:

1. Bajasid, der bis zuletzt bei seinen Janitscharen ausgeharrt hatte, dann aber, als deren Widerstand zusammenbrach, auf seinem erlesenen Leibroß flüchtete, wurde von den verfolgenden Mongolen gefangengenommen, als er sein halbverschmachtetes Pferd an einem kümmerlichen Wassertümpel nicht vorbeibrachte. Der angesichts der Verfolger gewiß nicht sparsame Einsatz von Sporen und Reitpeitsche führte zu einem rodeoähnlichen Zweikampf zwischen Reiter und Pferd, der den entscheidenden Zeitverlust brachte und an dessen Ende Bajasids Überwältigung durch die Krieger Timurs stand.

2. Daß sich einzelne Trümmer des osmanischen Heeres abzusetzen vermochten, ist auf den heroischen Einsatz der serbischen Hilfstruppen zurückzuführen, die unter Stefans besonnener Führung hinhaltend kämpfend die Fluchtbewegungen deckten. Bei ihnen befand sich Bajasids Sohn Soliman, der mit ihnen nach Rumelien zog und von Edirne aus letztlich ergebnislos versuchte, als Nachfolger seines Vaters anerkannt zu werden und den Reichszerfall zu verhindern.

Bajasids Schicksal in der Gefangenschaft ist unklar; moderne Historiker nehmen an, daß Timur ihn ehrenvoll behandelte, ältere Nachrichten wissen davon nichts, sondern berichten vielmehr, daß er den Großherrn in einen Käfig sperren und von seinen Kriegern und der unterworfenen Bevölkerung Anatoliens bestaunen ließ wie eine eingefangene Bestie. Vielleicht sind beide Versionen richtig; bei dem widerspruchsvollen Charakter Timurs wäre es durchaus möglich, daß er seinen Gefangenen je nach Laune hielt. Bajasid blieb der Abtransport nach Innerasien erspart; einige Monate nach der Schlacht von Ankara, in denen Timurs Krieger Kleinasien nach Herzenslust brandschatzten, ist er im Lager des Siegers gestorben; ob durch Selbstmord, an der Gicht oder einer fiebrigen Erkrankung ist ungewiß.

Am Tage nach seinem Tod oder an einem der nachfolgenden Tage starb jedenfalls ein Enkel Timurs, der darob zutiefst erschüttert war und große Trauerzeremonien befahl. Der Bajasidsohn Musa, der ebenfalls in Kriegsgefangenschaft gefallen war, nutzte Timurs Trauer und erhielt von ihm die

Erlaubnis, den Leichnam seines Vaters nach Brussa zu bringen, wo er feierlich bestattet wurde.

Timur starb 1405, als er eben einen Krieg gegen China vorbereitete; ob er es seinem Reiche einverleiben oder nur verwüsten wollte wie Anatolien, das nach dem Abzug seines Heeres als Trümmerhaufen zurückblieb, ist unbekannt. Sein Sohn Schah Roch, auch Rok, Ruch u. ä. wurde sein Nachfolger; er war ein hochkultivierter, friedensliebender Mann, der vor allem deswegen bekannt ist, weil ihm die Einführung der Rochade im Schachspiel zugeschrieben wird. Unter seinen Nachfolgern ist Timurs Großreich zerfallen.

Der berühmteste der späteren Timuriden war Hossein → Hüseyin Baichara, auch Baikara, der 1470 bis 1506 über Herat herrschte. Er war ein begeisterter Sportsmann, an dessen Hof das Polospiel aufgekommen oder zumindest kultiviert worden sein soll. Er galt als Freund des dem Moslem eigentlich verbotenen Weins und der Musik; sein Hof war späteren Zeiten das Zentrum der klassischen islamischen Tonkunst und also, wenn man will, eine Art orientalisches Bayreuth.

Waren Timurs gewaltige militärische Erfolge also von nur geringer geschichtsgestaltender Kraft, so erholte sich umgekehrt das von ihm demolierte Osmanische Reich in überraschend kurzer Zeit von den schweren Wunden, die es erhalten hatte. Nach einem runden, durch blutige Nachfolgestreitigkeiten gezeichneten Jahrzehnt, in dem

– Soliman von Edirne,
– Musa von Kütaya,
– Mechmed von Amasia und
– der bisher nicht genannte Isa von Brussa

aus versuchten, allgemeine Anerkennung zu finden, setzte sich Mechmed durch. Nach dem Tod seiner Brüder – Soliman war von Musa besiegt und getötet worden, dann Musa im Kampf gegen ihn unterlegen, während Isa schon seit 1405 verschollen war – wurde er am 10. Juli 1413 als Nachfolger seines Vaters anerkannt; in der osmanischen Geschichtsschreibung wird er gerne mit Noah verglichen, gelang es ihm doch, die »Arche des Reiches aus der Flut der tatarischen Stürme zu retten«.

Sultan Mechmed I. mit dem Beinamen Kürüdschü → der Ringer starb 1421; seine Regierungszeit war ausgefüllt mit dem Bemühen um Wiederherstellung der inneren Ordnung. Er mußte mehrere blutige Kämpfe gegen meist religiös motivierte anatolische Rebellen wie den Schwärmer Böreklüdsche, den seine Anhänger Dede Sultan → Vater Sultan nannten, führen. Es ist ganz kennzeichnend für die ungebrochene Beliebtheit des osmanischen Systems, daß es zu keinem Abfall der rumelischen Orthodoxie kam, sondern im Gegenteil: Die Christen Rumeliens zählten zu den verläßlichsten Stützen beim Wiederaufbau des Reiches. Es gab daher in Rumelien keinerlei territoriale Einbußen; es gelang dem Großherrn vielmehr, auf dem linken Donauufer mit Dschurdschewo einen kleinen, aber entscheidenden Stützpunkt zu gewinnen, der als Basis späterer Eroberungen eine ähnliche Bedeutung erlangte wie Gallipoli für die Expansion nach Europa.

Auch wenn Mechmed keine Eroberungspolitik im Sinne seines Großvaters Murad I. oder seines Vaters Bajasid I. betrieb, ließ er doch seine Reiter weit nach Nordwesten traben; mehrfach wurden Ungarn und Bosnien betroffen und verwüstet, und 1419 gelang sogar der Durchstoß bis in den Grenzraum des Heiligen Römischen Reiches. Die osmanischen Reiter plünderten die heute zur Republik Slowenien gehörige Untersteiermark kräftig aus und wurden zuletzt vom steirischen Landesfürsten, dem Habsburger Herzog Ernst mit dem Beinamen der Eiserne, südostwärts Radkersburg zum Kampf gestellt und geschlagen. Das Treffen war militärisch sicherlich nicht allzu bedeutend und ist beinahe vergessen, aber es war dennoch die erste unmittelbare Konfrontation des vorprellenden islamischen Kriegsvolks mit einem – noch dazu habsburgisch beherrschten – Teil des Sacrum Imperium Romanum, und das verlieh ihm die historische Bedeutung des ersten Zusammenstoßes, des ersten Schlagwechsels, des Auftakts einer weltgeschichtlichen Epoche.

Ob Sultan Mechmed je von diesem Ereignis vernommen hat, ist ungewiß. Vernahm er aber davon, hat er es in seiner Bedeutung mit Sicherheit nicht erfaßt: Das Heilige Römische Reich war für ihn überhaupt kein Begriff. Die Christen jenseits der Grenzen seines Hoheitsgebietes waren für ihn ganz einfach Giauren, zwischen denen zu unterscheiden sich nicht lohnte. Auch zwischen ihren Staaten wurde vorerst nicht unterschieden: Sie alle waren Dar ul harb, das Land des Krieges, das Allah den Rechtgläubigen zur Plünderung und Eroberung überlassen hatte.

1421 starb der Großherr an den Folgen eines Unfalles auf der Jagd; sein Pferd war unter ihm gestürzt, und er hatte schwere innere Verletzungen erlitten. Er ordnete die Thronfolge und ließ die Großen des Reiches die Anerkennung seines Sohnes Murad, der damals Statthalter in Anatolien war, beschwören, befahl, seinen Tod bis zu dessen Eintreffen geheim zu halten und dichtete dann sein Sterbelied:

> »Wenn unsere Nacht sich herniedersenkt,
> dann folgt ihr ein strahlender Tag.
> Wenn unsere Rose verblühen will,
> erwächst uns ein Rosengarten!«

Bald darauf erschien Asraël, der Engel des Todes, und führte seine Seele heim zu den blumenübersäten Wiesen des Paradieses.

Anmerkungen

I. Die Magyaren und ihre Nachbarn

[1]   Das **Millennium,** das Gedenkjahr der tausendjährigen Inbesitznahme des ungarischen Territoriums, wurde mit 1896 festgesetzt, und zwar weniger durch eine eindeutige Übereinkunft der Historiker, als vielmehr durch den Beschluß der Regierung. Daß die Landnahme bereits 896 vollzogen wurde, galt nämlich als eher unwahrscheinlich; zumindest wurde mit gutem Grund bezweifelt, daß Árpád in diesem Jahre die Donau erreichte, während man gelten ließ, daß die Magyaren damals Ostungarn mit dem Oberlauf der Theiß → Tisza gewannen. Es kam indessen der Regierung des Königs Franz Joseph I. auf ein Jahr auf oder ab nicht an: Man wollte das Jahrtausend der Landnahme festlich begehen und man wünschte andererseits nicht, daß dieses Jubiläum mit den Feiern anläßlich der dreißigjährigen Wiederkehr des Ausgleichs von 1867, durch den der habsburgischen Doppelmonarchie eine moderne Verfassung gegeben worden war, zusammenfalle. Denn man glaubte, Grund zu haben, sowohl des einen wie des anderen Geschehens würdig zu gedenken, und man irrte damit – wie retrospektive Betrachtung unschwer zu erkennen vermag – in keiner Weise.

Das Ungarn der letzten Dezennien des 19. Jahrhunderts segelte im Aufwind einer wirtschaftlichen Hochkonjunktur, die sich aus der Industrialisierung des Landes ergeben hatte und in deren Mittelpunkt Budapest stand, die Hauptstadt, die erst 1873 entstanden war. Allerdings nicht aus dem Nichts entstanden, sondern vielmehr durch die Zusammenlegung der drei alten Städte
– Ofen → Buda, am westlichen Donaufer gelegen,
– Pest auf dem Gegenufer (der aus dem Altslawischen stammende Name bedeutet ebenfalls Ofen) und
– Obuda (Alt-Ofen), etwas oberhalb der beiden anderen Städte, entstanden aus den römischen Stützpunkten Aquincum und Contraaquincum.
Die auf dem Gesetzesartikel XXVI. des Jahres 1872 beruhende Vereinheitlichung der bisherigen Stadtverwaltungen machte Budapest in einem beinahe kometenhaften Aufstieg zu einer der schönsten, größten und fortschrittlichsten Städte Europas. Hier
– war der Sitz des Königs, wenn er (für ungarische Vorstellungen ohnehin viel zu selten) in Ungarn weilte;
– befand sich die königliche Regierung;
– tagten die beiden Kammern des Parlaments;
– lag das Zentrum des 15 000 km langen Schienennetzes der Eisenbahn, deren jährliche Transportleistung
  ☐ 57 Millionen Passagiere und
  ☐ 35 Millionen Tonnen Güter
umfaßte;
– gab es eine elektrifizierte Straßenbahn, die im Millenniumsjahr um neun neue Streckenführungen erweitert wurde und über 120 Triebwagen verfügte;
– wurde der städtebauliche Vorgriff in die Zukunft des 20. Jahrhunderts vollzogen, als die **erste Untergrundbahn des Kontinents** im Rahmen der Tausendjahrfeiern in Betrieb genommen wurde.
Im Jubiläumsjahr hatte Budapest bereits 4000 Telefonanschlüsse und – einmalig auf der ganzen Welt! – einen eigenen Nachrichtendienst, der zu festgesetzten Zeiten ganz in der Art einer heutigen Rundfunkstation im Wege über das Telefon Informationen verbreitete. Auch der Kulturbetrieb hatte sich des Telefonnetzes bemächtigt: Es gab regelrechte »Kultursendungen« mit Dichterlesungen, Konzerten und selbst Opernaufführungen.

Auch sonst wies die öffentliche Versorgung mit den Segnungen des Fortschritts, an den man damals noch bedingungslos glaubte und glauben durfte, respektable Zahlen auf: Es gab 200 000 Anschlüsse an die Gasleitung, und genau 9999 Gaslaternen erhellten die Straßen der Innenstadt. Daneben gewann die Elektrizität auf die Budapester Nächte wachsenden Einfluß – man zählte immerhin 6000 Lichtanschlüsse an das Stromnetz.

In Budapest lebten 617 000 Menschen; nach Beendigung der großen Kriege gegen die Osmanen hatten im Jahre 1700 in den drei Städten Buda, Obuda und Pest zusammen nur geschätzte 6000 bis 7000 gelebt, im Jahre 1800 gezählte 54 000. Die hauptstädtische Bevölkerung entsprach nicht ganz fünf Prozent der gesamten Reichsbevölkerung; ihre wirtschaftliche Lage wird dadurch gekennzeichnet, daß sie etwas mehr als fünfzehn Prozent der direkten Steuern bezahlte. Die Budapester hielten auf Kultur; es gab vier ständig bespielte Theater; Gastspiele prominenter ausländischer Ensembles waren häufig: 1896 gastierte so beispielsweise Eleonore Duse mit ihrer damals weltberühmten Gruppe und spielte Shakespeare in englischer Sprache. Im selben Jahr gab es die Premiere der brandneuen Filmkunst: Ein Spezialistenteam der Firma Lumiere veranstaltete im Festsaal des neueröffneten Luxushotels Royal die erste Filmvorführung.

Der Heraufzug des 20. Jahrhunderts kündigte sich auch in dem gigantischen Werberummel an, der die Jahrtausendfeier publik machte. Allein für Anzeigen und Ankündigungen in allen jenen Zeitschriften, die damals zur Weltpresse zählten, wurden 270 000 Gulden (der Gulden entsprach zwei Goldmark damaliger Währung!) verausgabt. Daneben gab es Berge von Prospekten und Plakaten in sechs Sprachen, die in alle Welt versendet wurden, gab es Spezialberichterstattungen für alle großen Presseagenturen in Europa und Übersee, gab es Presseempfänge und diskrete Geldzuwendungen, gab es kurz gesagt alles das, was wir heute unter public relation verstehen, und zwar in einem Ausmaß, das durchaus mit dem Aufwand für die gewollte Publizität von Großereignissen unseres Jahrhunderts vergleichbar ist.

Aufwendig war nicht nur die Werbung, auch sonst wurde nicht gespart. Die **Millenniums-ausstellung,** die in einem eigens zu diesem Zweck erbauten Stadtteil durchgeführt wurde, verschlang Millionen; allerdings wurden die meisten der errichteten Gebäude belassen und bestimmen noch heute das sehr imponierende Stadtbild um das Stadtwäldchen → Varosliget. Diese Ausstellung wurde von etwa sechs Millionen Menschen besucht – und das entspricht beinahe der gesamten Einwohnerzahl der heutigen Republik Österreich. Die Besucher waren – und das stellte die Sinnhaftigkeit der kostenaufwendigen Auslandswerbung nachträglich in Frage – fast ausnahmslos Ungarn: Die Gastronomie der Hauptstadt verzeichnete für das Jubeljahr eine Zunahme der Ausländerübernachtungen um lediglich 60 000, was nur ein Bruchteil des erhofften Fremdenstromes war. Allein Fremdenverkehr hin, Deviseneinnahmen her – die Feierstimmung wurde dadurch nicht beeinträchtigt. König Franz Joseph, der in der für ihn unüblichen Uniform der Husaren aufzutreten pflegte, wurde umjubelt, wo immer er erschien: Am 2. Mai etwa, als er die Millenniumsausstellung eröffnete, oder am 5. Mai, als auf der Generalwiese → Vermezö eine glanzvolle Parade stattfand, oder am 8. Juni, als gegen 2000 Reiter in historischen Rüstungen, Uniformen und Trachten zur Huldigung in die Königsburg ritten. Die Liebe der Ungarn zu ihrem König, den sie wenige Jahrzehnte vordem noch erbittert gehaßt hatten, wurde nur durch die Liebe der ritterlichen Nation zu ihrer Königin übertroffen: Es ist erstaunlich, welch ehrendes Andenken Elisabeth von Wittelsbach, Franz Josephs ebenso schöne wie in vielerlei Hinsicht außergewöhnliche Gemahlin noch heute – trotz aller politischen Umwälzungen – in Ungarn genießt. Als Symptom mag gelten, daß die nach ihr benannte Donaubrücke (die mit 290 m Spannweite bis 1926 die längste Brücke dieser Art auf der ganzen Welt war), nach ihrer Zerstörung bei den Kämpfen von 1945 erst 1965 wiedererrichtet, noch heute ihren Namen trägt. Die im Millenniumsjahr fertiggestellte und nach Franz Joseph benannte Brücke heißt dagegen heute Freiheitsbrücke → Szabadsaghid, und selbst der nach dem nach wie vor hochangesehenen Grafen Szechenyi Istvan → Stefan benannten Stechenyihid wurde ein neuer Namen zugeteilt: Kettenbrücke → Lanchid.

Am Rande sei – als düsteres Menetekel des Beginns unseres Zeitalters – vermerkt, daß Elisabeth von Wittelsbach, Kaiserin von Österreich, Königin von Ungarn (die Aufzählung der weiteren Herrschertitel bleibe erspart) die Fertigstellung der nach ihr benannten Brücke, die 1897 zu bauen begonnen wurde, nicht mehr erlebte: Am 10. September 1898 wurde sie in Genf nahe der Schiffsanlegestelle von einem italienischen Anarchisten erstochen. Erstochen buchstäblich im Vorübergehen – und erstochen als harmlose Spaziergängerin von einem weniger harmlosen Spaziergänger.

Das Jahr der Tausendjahrfeiern in Ungarn war der Höhepunkt jener Tätigkeit, die wir heute als »Vergangenheitsbewältigung« verstehen. Der weise Grandseigneur, zu dem sich Franz Joseph I. entwickelt hatte, ließ auf dem deswegen »Heldenplatz« genannten Areal das Millenniumsdenkmal errichten, das überlebensgroße Statuen der bedeutenden Gestalter der ungarischen Geschichte harmonisch verbindet. Da stehen sie nun, die ungarischen Helden – und unter ihnen ist mancher, der sein Leben dem Kampf gegen die Vorfahren des Königs geweiht hatte, der blutige Aufstände entfesselte, der in Wien wie der leibhaftige Satanas gehaßt und gefürchtet und von den Schergen der Habsburger wie ein toller Hund gehetzt worden war. Der gute Geist, der den König erfüllte, war keine Eintagsfliege, entstammte nicht billiger Popularitätshascherei im Jahr der großen Feiern, und er fand daher noch lange danach – 1904 – urkundliche Formulierung, als der König seinem Ministerpräsidenten Stefan Graf Tisza den Auftrag erteilte, für die Heimführung der sterblichen Überreste des großen Rebellen Franz II. Rákoczi aus dem türkischen Exil und für eine würdige Bestattung zu sorgen. Wörtlich heißt es da:

»Auf die hinter uns stehenden düsteren Zeiten können wir nunmehr ohne Erbitterung zurückblicken, und mit der gemeinsamen Ehrfurcht des Königs und der Nation vermögen wir dem Andenken jener zu huldigen, denen in den vergangenen Kämpfen eine führende Rolle zuteil wurde.«

2   Die **Religion der heidnischen Magyaren** war erstaunlich frühzeitig Gegenstand wissenschaftlicher Forschung. Tekla Dömötör nennt Ferenc Otrokocsi Foris (1648–1718) als ersten Gelehrten, der in seinem 1693 erschienen Werk »Origines Hungaricae« versuchte, die magyarische Urreligion zu rekonstruieren und dem Daniel Cornides (1732–1787) mit seinem »Commentatio de religione veterum Hungarorum« nachfolgte. Die große Zeit der Suche nach der paganischen Vorstellungswelt setzte mit der Romantik ein, und in rascher Aufeinanderfolge beschäftigten sich mit ihr Forscher wie János Horvath (1763–1853), Istvan Horvat (1784–1846), Arnold Ipolyi (1823–1886), Ferenc Kállay (1790–1861), Kabos Kandra (1853–1905) und Heinrich von Wlislocki (1856–1907), der auch in deutscher Sprache publizierte und daher bei uns am besten bekannt wurde. Auch in unserem Jahrhundert wurde die Thematik mehrfach wissenschaftlich erörtert. Zu nennen sind vor allem Sándor Solymossy, János Kodolanyi, Antal Bartha, Hannsjost Lixfeld, Ivan Balassa, György Györffy, Géza Roheim und Károly Czeglédy.

3   Die **Bedeutung des Fischfanges** in frühester Zeit fixierte die Eßgewohnheiten des Volkes bis in die Gegenwart. Die – mit vollstem Recht weltberühmte – ungarische Küche kennt eine ganz erstaunliche Fülle von Zubereitungsarten für Süßwasserfische und hat einen entsprechenden Verbrauch. Die ungarische Wirtschaft nimmt auf den großen Binnenbedarf sorgsam Bedacht und widmet der Teichwirtschaft eine außerordentlich hohe Aufmerksamkeit, die beispielsweise dazu führte, daß heute weite Flächen der Pußta, die durch umfassende und aufwendige Arbeiten rekultiviert wurden, nicht in Ackerland, sondern in Wasserflächen umgewandelt und der Fischzucht zugeführt worden sind.

Der Fischfang bewirkte auch eine hohe Vertrautheit mit dem Wasser und mit der Binnenschiffahrt; unter den Donauschiffern nahmen die Ungarn seit Jahrhunderten einen dominierenden Rang ein und unterhielten schon frühzeitig amphibische Flußstreitkräfte, deren letzter Ausläufer die berühmte Donauflottille der k. u. k. Kriegsmarine mit dem Heimathafen Budapest war. Sie bestand 1914 aus 6 gepanzerten und mit je zwei 12-cm-Schnellfeuerkanonen bestückten Monitoren und sieben ungepanzerten und nur mit Maschinengewehren ausgestatteten Patrouillenbooten.

Das zum Befahren von Flüssen geeignete Boot nahm im altmagyarischen Volksbrauch als höchstpersönlicher Besitz des Mannes einen bedeutenden Rang ein und wurde diesem wie seine Waffen in das Leben nach dem Tode mitgegeben. Während die Waffen in das Grab gelegt wurden, wurde das Boot – möglicherweise zertrümmert – auf die Grabstelle gelegt und bildete den ursprünglichen Grabschmuck. Noch in den Zeiten der pannonischen Ansiedlung wurden die Gräber durch Grabhölzer gekennzeichnet, die bei Männern die Form von Bootsrümpfen hatten und derartig in den Boden gesteckt wurden, daß der Bug nach oben ragte. Mit der Christianisierung wurde das bootsförmige Grabholz durch das Grabkreuz verdrängt; im Zeitalter der Reformation kam man zumindest regional davon ab und griff wiederum auf die hölzernen Stelen der Heidenzeit zurück, die sich in manchen kalvinistischen Gebieten Ostungarns bis heute erhielten. So ist zum Beispiel der Friedhof des Dorfes Szatmárcseke (nordostwärts Nyíregyháza), berühmt als letzte Ruhestätte des großen Dichters Ferenc Kölcsey, durchgehend mit meist bootsförmigen Grabhölzern bestanden – die einzige Ausnahme ist das steinerne Grabmal des Dichters der ungarischen Nationalhymne.

⁴ Die **Donaubulgaren** sind die Nachkommen der seit dem 6. Jahrhundert die Steppengebiete Südrußlands durchstreifenden Kutuguren und Utuguren, die sich um 670 unter Führung eines gewissen Asparuch zusammenschlossen, donauaufwärts vorstießen und nach Unterwerfung der am Nordufer siedelnden Sarmaten ein Reich gründeten, das sich erfolgreich selbst gegen Byzanz behaupten konnte. Im Zuge des Krieges gegen Konstantin IV. (668–685) setzten Asparuchs Verbände über die Donau und eroberten das heutige Nordbulgarien; das Bergland des Hohen Balkan bildete in der Folge die natürliche Grenze gegen das byzantinische Territorium.

Nun expandierte Bulgarien donauaufwärts, kollidierte mit dem pannonischen Reich der Awaren, die sich energisch und letztlich erfolgreich wehrten, und wurde um 700 abgelenkt, weil in die byzantinischen Thronwirren verwickelt. Mit Hilfe des Bulgarenkhans Tervel, dem er die Würde eines Cäsars verlieh, erlangte der abgesetzte Kaiser Justinian II. erneut den oströmischen Thron; nach seiner Ermordung 711 erschien Cäsar Tervel als sein Rächer in Thrakien und plünderte es schaurig aus, was zu neuen Wirren in Byzanz und zur Enthebung des Kaisers – es war Philippikos Bardanes – führte.

In der Folge kam es wiederholt zu kriegerischen Auseinandersetzungen zwischen Bulgaren und Byzantinern; der erste Höhepunkt der über viele Generationen, ja Jahrhunderte andauernden Kollision ist ins Jahr 811 zu verlegen, als die Bulgaren unter Khan Krum das byzantinische Reichsheer unter persönlicher Führung des Kaisers vernichteten, Nikephoros fiel und sein Schädeldach zu einem Prunkbecher für seinen grimmigen Feind verarbeitet wurde.

Bei der Zerschlagung des Awarenreichs spielten die Bulgaren aller Wahrscheinlichkeit nach eine bedeutende, wenn auch nicht völlig rekonstruierbare Rolle. In der Folgezeit dürften sie die fränkische Herrschaft im pannonischen Raum verdrängt haben, denn dieser ist um 850 bulgarisches Hoheitsgebiet. 864 kam es in Tulln zu einem »Gipfeltreffen« zwischen dem ostfränkischen König Ludwig II. (Beiname der Deutsche) und dem Bulgarenkhan Boris, in dem die Grenzen zwischen den Territorien einverständlich festgelegt wurden.

⁵ Die **Waräger** waren die »Normannen des Ostens«, deren westlichen Vettern wir im Band 1 dieser Trilogie mehrfach begegnet sind. Die dort gegebene Charakteristik trifft für die Waräger allgemein zu, ist aber insofern zu ergänzen, daß die Normannen des Ostens schon frühzeitig die Vorteile friedlichen Handels erkannten und demgemäß nicht nur als Krieger und Seeräuber, sondern auch als Kaufleute in Erscheinung traten.

Vom 9. zum 11. Jahrhundert waren sie der Motor der Entwicklung im russischen Raum; die Grundlagen für die Bildung einer umfassenden sozialen Integration wurden eindeutig von Rurik von Nowgorod geschaffen. Das unmittelbar zukunftsträchtige politische Gebilde, das selbständige Fürstentum und spätere Großfürstentum Kiew, war eine slawische Gründung mit massiver warägischer Unterstützung; Oleg der Weise vereinigte es 882 mit Nowgorod und hinterließ es dem Ruriksohn Igor, seinem Schwiegersohn.

Von dessen Nachfolgern ist besonders zu nennen Wladimir I. (978–1015), der sich mit der byzantinischen Prinzessin Anna, Schwester des Kaisers Basileios II. Bulgaroktonos, vermählte, das griechische Christentum annahm, Kiew zum Sitz eines orthodoxen Metropoliten machte und so die Fundamente für die russische Orthodoxie legte.

⁶ **Kyrillos** (auch Cyrillus, Cyrill o. ä.) und **Methodios** (auch Methodius, method o. ä.) sind die sogenannten Slawenapostel, die nun auch von der Papstkirche als Heilige anerkannt werden. Das Brüderpaar entstammte einer salonikischen Patrizierfamilie; Kyrillos hieß ursprünglich Konstantin, er schlug die geistliche Laufbahn ein, Methodios hingegen war kaiserlicher Beamter, der zumindest zeitweise im diplomatischen Dienst verwendet wurde. Von Kaiserin Theodora, der fröhlichen Witwe des Kaisers Theophilos, die für ihren noch minderjährigen Sohn Michael bis 856 die Regentschaft führte, wurde er zum Chasarenkhan gesandt; da er seinen priesterlichen Bruder mitnahm, heißt es in den sein Leben umrahmenden Legenden, er habe den Auftrag gehabt, den judaisierten Khan zu bekehren. Bei dieser Gelegenheit blieb das Brüderpaar längere Zeit auf der Krim, wo es bei Cherson die angeblichen Überreste des heiligen Papstes Clemens I. gefunden hat, von dessen Tod die Legende weiß, er sei mit einem Anker um den Hals im Meer versenkt worden, vermutlich vor Ostia. Die Fundstücke wurden als Reliquien anerkannt und gelangten nach Rom, wo sie in der dem Heiligen geweihten Basilika beigesetzt wurden, in der übrigens auch Kyrillos seine letzte Ruhestätte fand.

862 reisten die Brüder – wiederum in Auftrag des Hofes, der nun schon Kaiser Michaels Hof war – nach Mähren, zu dem meist als Herzog bezeichneten Fürsten Rastislaw, um »ihn zu bekehren«, wie es regelmäßig heißt. Allein das ist falsch: Rastislaw, der seinen Rang vom ostfränkischen König erhalten hatte, war nämlich schon Christ, sehr frommer Christ sogar, und alle seine Hofleute, Würdenträger und Gefolgen waren Christen, und die meisten seiner Untertanen dazu. Die mährische Mission unterstand dem Erzbischof von Salzburg und wurde vorwiegend von Regensburg aus betrieben, und die staatliche Organisation, die in engster Anlehnung an die kirchliche aufgebaut worden war und arbeitete, fand sein Haupt im nämlichen Raum: Sie unterstand dem »Spitzenfunktionär« von Bayern, der im 9. Jahrhundert abwechselnd den Titel König, Präfekt oder Herzog führte. Kirchensprache war, wie überall in der okzidentalen Welt, Latein.

Kyrillos und Methodios, die den heiklen Auftrag hatten, Rastislaw wenn schon nicht zum Satelliten, so doch zum Verbündeten gegen Boris zu gewinnen, was nur möglich war, wenn dieser aus dem ostfränkischen Reichsverband, dessen Führung eben dabei war, mit dem Bulgaren zu einem Arrangement zu kommen, austrat, setzten den Hebel im kirchlichen Bereich an und gestatteten den Mährern die Verwendung der altslawischen Sprache in der Liturgie. Das war billig, denn es kostete den Kaiserhof nichts, mußte eine erbitterte Reaktion des bayrischen Episkopats auslösen, denn der Erzbischof von Salzburg war keineswegs berechtigt, eine derartige Sonderstellung zu genehmigen, und überdies eine nachhaltige Störung in den politischen Beziehungen zwischen dem ostfränkischen König bzw. seinem bayrischen Beauftragten und Rastislaw nach sich ziehen.

Die Rechnung ging glatt auf – und glatter, als eigentlich vorherzusehen war: Papst Hadrian II., durch die Ergebnisse des Konzils von 869/870 (achtes Allgemeines Konzil, auch als viertes Konzil von Konstantinopel bezeichnet), das als »Versöhnungskonzil« in die Kirchengeschichte einging, geblendet, fiel dem Salzburger Erzbischof und seinen Suffraganen in den Rücken, gestattete die Ausnahmeregelung bezüglich der slawischen Liturgiesprache und erhob Methodios zum Bischof von Mähren, ohne auf das kirchliche Strukturgefüge auch nur die geringste Rücksicht zu nehmen. Das löste den flammenden Widerspruch des ostfränkischen Episkopats aus, und Bischof Methodios wurde bei seiner Heimreise nach Mähren von seinen bayrischen Kollegen gefangengenommen und – vermutlich im Kloster St. Emmeram in Regensburg – interniert, bis ihm Hadrians Nachfolger Johannes VIII. nach einigen Jahren zur Freiheit verhalf. Er starb 885 in Welehrad; Fürst von Mähren war nun schon Swatopluk, der 871 einen prowestlichen Aufstand gegen den byzantophilen Rastislaw entfacht und diesen gestürzt hatte, bald aber auf dessen politische Linie eingeschwenkt war: Die slawische Kirchensprache, deren Verwendung in der Papstkirche indessen wieder untersagt worden war, tat ihre Wirkung.

⁷ Die **Walachen** tauchen im Mittelalter im Balkanraum auf, ohne daß man mit hinlänglicher Sicherheit sagen könnte, woher sie kommen; man weiß von ihnen nicht einmal soviel, daß die eindeutige Bestimmung, ob sie als einheitliche Volksgruppe anzusehen sind oder nicht,

gelingt. Es gibt eine Vielzahl von Lehrmeinungen darüber, die zwischen den polaren Behauptungen anzusiedeln sind, daß

a) sie ein romanisches Hirtenvolk wären, das im frühen Mittelalter aus dem Südalpenraum abgedrängt wurde (wofür einige Ortsnamen wie Seewalchen zu sprechen scheinen) und zunächst in den Raum zwischen Donau und Adria einwanderte, dann mit einigen Teilen über die Donau in das heutige Rumänien gelangte und zur Gänze slawisiert wurde;

b) sie in Wahrheit die Reste der reichsrömischen Bevölkerung der Provinzen Dacien und Illyrien seien, die durch die Nöte der Völkerwanderungszeit die ursprünglichen Wohnsitze verlassen und sich in unzugängliche Bergregionen zurückgezogen hätten, wo sie zur einzig erfolgversprechenden Lebensweise der Wanderhirten übergingen.

Auf heute rumänischem Gebiet entwickelten sich um 1300 die Ansätze zu einer staatlichen Gemeinschaft, das Fürstentum Walachei oder die Tara Romineasca genannt, eindeutig eine der entscheidenden Wurzeln für den Staat Rumänien. Die Existenz des legendären Gründers des Walachenstaates, Negru Voda, ist umstritten, und erst Fürst Besarab I. ist 1310–1352 eindeutig belegt.

Die am rechten Ufer der Donau lebenden Walachen blieben davon unberührt; ein Teil von ihnen wich um 1500 vor dem andringenden Halbmond in kroatisches Territorium aus und bildete zusammen mit anderen Flüchtlingsgruppen, namentlich Bosniaken und Serben → Raitzen das sehr heterogene völkische Rohmaterial für die Errichtung der habsburgischen Militärgrenze. Die Grenzer wurden zunächst Uskoken → Flüchtlinge (von uskočiti → flüchten) genannt, oder Graničaren → Grenzer, bis sich die Bezeichnung Walachen für sie durchsetzte. Entscheidend dafür war das die Organisation der Militärgrenze regelnde Gesetz Kaiser Ferdinands II. ex 1630: Statuta Valachorum.

[8] Die **Szekler,** heute der entscheidende Teil der ungarischen Bevölkerung Rumäniens, sind ein vollmagyarisiertes Volk unklaren Herkommens. Ihre eigene Überlieferung sah in ihnen Nachkommen der Hunnen Attilas, doch die neuere Forschung hält sie für ein Turkvolk, einen vorgeprellten Stamm der Oghusen, der auf eine bisher unbekannte Weise vor den Magyaren nach Siebenbürgen gelangte. Die Szekler übernahmen rasch Sprache und Sitten der Magyaren, verstanden es aber trotzdem, sich eine Sonderstellung im Rahmen des sich bildenden Reiches zu bewahren und galten noch nach Ende des Mittelalters als eigene Nation, neben Magyaren und Deutschen als die dritte Nation Siebenbürgens. Vorwiegend mit ihnen bauten die ungarischen Könige die Grenzschutzorganisation der Gyepügebiete im Osten auf; im 13. Jahrhundert wurden sie aus dem siebenbürgischen Kernland in grenznahe Räume übersiedelt, da die Konsolidierung der Verhältnisse im Verein mit der Zunahme des Staatsgebietes eine kontinuierliche Verlegung der Grenze nach Osten erbrachte. Die Szekler waren allesamt wehrpflichtig und galten daher als Adelige im Sinne ungarischen Staatsrechts. Ungeachtet dessen gab es eine scharfe gesellschaftsinterne Trennung der Szekler in drei Klassen, die

– *primores* → Großgrundbesitzer, die mit einer bestimmten Zahl bewaffneter Gefolgen beritten ins Feld zu ziehen hatten,

– *primipili* → Besitzer kleiner Güter, die Reiterdienst zu leisten hatten und

– *Fußkrieger,* die den Freibauern der uns geläufigen sozialen Entwicklungen entsprachen. Von diesen verzichteten viele im Laufe der Zeit auf Adel und persönliche Freiheit und traten in ein Hörigkeitsverhältnis zu einem Grundherrn, da die Lasten des Kriegsdienstes für sie unerschwinglich wurden, also aus denselben Gründen, die auch im deutschen Raum zum Verfall des Freibauerntums führten.

Primores und primipili bildeten gewissermaßen den Ritterstand der Szekler und nannten sich loföszekely → die »Pferdekopfszekler«.

[9] **Wien** findet erstmals Erwähnung in der mittelalterlichen Geschichtschreibung, und zwar in den Annales Juvavensis maximi → den Salzburger Annalen, der entscheidenden Chronik dieser Zeit. Für das Jahr 881 ist der Sieg im »primum bellum cum Hungaris ad Weniam« → dem ersten Krieg gegen die Ungarn bei Wien, erwähnt; Einzelheiten werden nicht genannt.

Wien war damals keine Stadt, sondern scheint die Bezeichnung des Raumes gewesen zu sein, in dem sich später die Stadt aus mehreren, schon vorhandenen Siedlungen entwickelt hat. Ob in der Tat, wie früher allgemein angenommen, der Name auf den römischen Militärstützpunkt Vindobona zurückzuführen ist, wird neuerdings in Frage gestellt; Peter Csendes und Ferdinand Opll vertreten aus einleuchtenden Gründen die Meinung, daß sich der Name vom keltischen Vedunia herleitet, was der Waldbach bedeutet und die Bezeichnung für den Wienfluß war. Dieser wurde auf die Siedlung übertragen, die sich in den Ruinen von Vindobona entwickelte und in deren Nahbereich mehrere Dörfer entstanden, teils slawisch, teils bayrisch besiedelt, die zunächst Vororte des wiederum befestigten und zur Stadt aufgestiegenen Wien, zuletzt aber Stadtbezirke wurden. Wie die Bevölkerung war die Benennung slawisch oder deutsch; in Liesing scheint so das slawische lesnica → Waldbach verborgen, in Döbling das slawische topl → Sumpfland, in Rodaun der slawische Frauenname Radune. Ottakring hingegen ist die Gründung eines gewissen Otakar, der aus dem Chiemgau stammte, und auch Hietzing, Sievering, Hacking und Meidling sind von Einwanderern aus Bayern begründet worden (Wenia – Wienne – Wien; Beiheft 7/1984 der Wiener Geschichtsblätter).

10 Die **Bajuwaren** werden erstmals in der Lebensbeschreibung des heiligen Columban urkundlich mit diesem Namen genannt. »Boiae, qui nunc Baioarii vocantur«, schreibt Jonas aus dem Kloster Bobbia, einer Gründung des Heiligen, in der ersten Hälfte des siebenten Jahrhunderts, also »die Bojer, die nun Bajuwaren genannt werden«. In den Quellen der Römerzeit werden ihre Vorfahren jedoch meist als Markomannen bezeichnet; sie fielen seit dem zweiten Jahrhundert wiederholt in reichsrömisches Territorium ein und zwangen vor allem Kaiser Marcus Aurelius (161–180) zu langen, blutigen Defensivkriegen, in denen er mit knapper Mühe siegreich blieb.

11 **Aquileia** wurde 181 v. Chr. als Grenzfestung gegen die Gallier gegründet; 90 n. Chr. wurde ihren Bewohnern durch die lex Julia das Bürgerrecht verliehen. Damals bestand bereits eine Christengemeinde in der Stadt, die der Legende nach vom heiligen Evangelisten Markus begründet worden sein soll. Wie die Legende weiter weiß, wurde sein Schüler, der heilige Hermagoras, der erste Bischof von Aquileia; er soll unter Kaiser Nero den Märtyrertod gestorben sein.

Historisch sicher ist ein heiliger Hilarius als Bischof der Stadt; er starb um 285 als Blutzeuge des Glaubens. 381 fand hier unter dem Vorsitz des heiligen Valerian eine Synode statt, an der 32 Bischöfe teilnahmen, und wenig später erlangte der Bischof von Aquileia die Stellung eines Metropoliten, dem der Rang eines Patriarchen zugebilligt wurde. Er war zunächst Oberhaupt der Kirchen

– Venetiens und
– Istriens;

sein Amtsbereich wurde später auf

– Westillyrien,
– Pannonien,
– Noricum und
– Raetien

ausgedehnt. Die Missionierung des Alpenraumes und der Länder an der Donau nahm von hier ihren Ausgang, und die Bischöfe des späteren »Großbayern« waren lange Zeit Suffragane Aquileias.

Beim Hunneneinfall 452 wurde die Stadt erobert und in Trümmer gelegt. Flüchtlinge aus Aquileia zogen sich damals auf die Inselgruppe am Rivus altus zurück; aus dieser Flüchtlingskolonie entstand Venedig, die Stadt am Rialto, die es zur strahlenden »Königin der Meere« bringen sollte. Zur Zeit der Langobardenherrschaft über den Großteil der Apenninenhalbinsel gehörte Venedig zum byzantinischen Restbesitz, während Aquileia den Langobarden zugefallen war. Die Langobarden waren Arianer, zum Unterschied von den toleranten Ostgoten, deren Reich eben zerstört worden war, sogar sehr aggressive Arianer; der Ruf, der ihnen voraneilte, hatte den Patriarchen Paulinus 568 bewogen, das bedrohte Aquileia zu verlassen und sich in Grado – damals auf einer Insel im Lagunenbereich gelegen – häuslich niederzulassen. Grado nannte sich nun Neu–Aquileia und war vorübergehend Sitz des Patriarchats, bis Erzbischof Severus um die Jahrhundertwende wieder nach Aquileia heimkehrte. Er starb 607, sein Tod löste eine Doppelwahl aus: In

- Grado wurde Candidianus, in
- Aquileia aber Johannes

erwählt. Das führte zu einem langen, erbitterten Streit, der sowohl religiöse als politische Dimensionen hatte, denn Johannes war Arianer, der in Rom keine Anerkennung fand, während Candidianus sowohl vom Papst als dem byzantinischen Hof unterstützt wurde. Da die Langobarden über keine Kriegsflotte verfügten und somit dem Patriarchen in Aquileia nicht den benötigten Schutz bieten konnten, wurde die erzbischöfliche Residenz nach Cormons, einem unbedeutenden Städtchen zwischen Cividale del Friuli und Görz, verlegt. In der Effektivität war das Patriarchat unter Beibehalt der Bezeichnung Aquileia sozusagen verdoppelt worden:

- Ein Partiarch saß in Grado, war vom Papst anerkannt und übte seine Jurisdiktion über jene Gebiete aus, die zu Byzanz gehörten;
- der zweite Patriarch saß in Cormons, hatte de facto die Rolle eines Oberhauptes des gesamten Arianismus erlangt, war aber in seiner Jurisdiktion auf jene Teile Italiens beschränkt, die dem Langobardenreich zugefallen waren.

Dieser Zustand hielt sich, als Ende des siebenten Jahrhunderts die Langobarden und mit ihnen ihr Patriarch der Papstkirche beitraten, er wurde politisch brisanter, als das Exarchat von Ravenna 751 durch den Langobardenkönig Aistulf erobert wurde. Chioggia wurde nun das Zentrum des byzantinischen Restbesitzes in Oberitalien, und während der vom Kaiser ernannte Dux zum vom Volk gewählten Dogen wurde, ward der gradonische Patriarch nach Zwischenstationen in Malamocco und Chioggia letztlich zum Erzbischof von Venedig. Die Entwicklung vollendete sich im Zeitalter Karls d. Gr., der das Langobardenreich mit dem Regnum Francorum vereinigte, wodurch der Stadt am Rivus altus, deren Kernstück noch die Insel Olivolo mit einem kleinen Kastell war, die Rolle einer Bastion des Ostkaisertums in der okzidentalen Welt des westlichen Kaisers zufiel.

Der Streit, wer nun der legitime Nachfolger des Patriarchen von Aquileia sei, schwelte über viele Jahrhunderte und wurde sogar mit Waffengewalt zu entscheiden versucht, wovon später noch die Rede sein wird. Nach dem Übertritt des Patriarchen in Cormons zur Papstkirche wurde dieser in Rom ausdrücklich anerkannt; er verlegte seine Residenz zunächst nach Cividale del Friuli, das als Civitatis Austriae Sitz des fränkischen Markgrafen von Friaul wurde. Noch im neunten Jahrhundert wurde wiederum Aquileia die Residenzstadt des Patriarchen, der zur Wahrung seines Vorranges gelegentlich Miene machte, sich mit dem Patriarchen in Konstantinopel zu arrangieren, und zwar immer dann, wenn sein Rivale von Venedig in Rom Anerkennung fand.

828 dachte man am Rialto, den Streit endgültig dadurch zu beenden, daß man sich in den Besitz der Gebeine des heiligen Markus setzte. Dies geschah auf wenig rechtmäßige Art durch Diebstahl; die Reliquien waren bisher in Alexandrien aufbewahrt gewesen. Trotz der Anrüchigkeit der Inbesitznahme war dieser Gewinn für das Selbstgefühl der Stadt von entscheidender Bedeutung, die sich nun die Republik des San Marco nannte und seinen Löwen als Wappen führte; der Hader mit Aquileia aber fand dadurch nur neue Aspekte und Formen.

[12] Den **Ostgoten** war das **Siedlungsland in Pannonien** wie üblich nicht nach der Kopfzahl, sondern der Zahl der Krieger zugeteilt worden. Der Ansiedlung selbst waren turbulente und kriegslärmerfüllte Jahrzehnte vorangegangen, wobei zu bemerken ist, daß Attila seine germanischen Hilfstruppen meist recht bedenkenlos einsetzte, deren Vorstellungen von Kriegsruhm und Heldenehre seinen Intentionen weitestgehend entgegenkamen. Nach dem Tod des großen Hunnenkönigs (453), den wir nur unter seinem gotischen Spitznamen, der etwa »Väterchen« bedeutet, kennen, zerfiel sein Reich rasch und gründlich durch die eskalierenden Streitigkeiten zwischen seinen Söhnen und die erfolgreichen Freiheitskämpfe der botmäßigen Völker, im Zuge welcher die Ostgoten über die Grenze des Imperiums gelangten, wahrscheinlich gedrängt wurden. Die Kriegerzahl war durch die kriegerischen Verwicklungen stark reduziert, doch bewirkte die mit der Seßhaftigkeit eingetretene Stabilisierung der Lage einen rapiden Bevölkerungsanstieg, der nicht durch eine entscheidende Vergrößerung nutzbaren Landes aufgefangen werden konnte. So kam es zu mehrfachen Spannungen zwischen den Foederaten und ihrer kaiserlichen Dienstherrschaft, die

zunächst zur Geiselnahme des noch kindhaften Theoderich und seiner Erziehung am byzantinischen Hof, nach seiner Heimkehr aber zum Aufbruch des notleidenden Volkes zu neuer Wanderschaft führten. Daß die immer ungünstiger werdende wirtschaftliche Lage und nicht der Wille zu gewalttätiger Eroberung das entscheidende Motiv für das Verlassen Pannoniens war, zeigt die Zerlegung der militärischen Macht: Theoderichs Vater Theodemer, der während Theoderichs Abwesenheit zum König erwählt worden war, hatte für den mobileren Teil des Volkes, der überwiegend aus berittenen Kriegern bestand, um Aufnahme ins Westgotenreich angesucht und von Ravenna die erbetene Durchzugbewilligung erhalten, und sein Bruder Widimer ritt mit diesen nach Westen, während er mit dem nur mühsam beweglichen Gros nach Süden zog.

13 **Theoderichs Friedenspolitik** fand ihren Ausdruck zunächst in seinem Bemühen, die Höfe der germanischen Nachfolgestaaten des westlichen Imperiums, die sich um 500 bereits gebildet hatten, durch freundschaftliche Kontakte, möglichst durch Vermählungen vertieft und gefestigt, einander nahezubringen. Er selbst war mit der Schwester Chlodowechs vermählt, er verheiratete seine recht zahlreichen weiblichen Verwandten in rascher Aufeinanderfolge mit Königen und Königssöhnen der näheren und weiteren Umgebung, und es läßt sich sagen, daß er schon bald mit jedem Hofe von einiger Reputation verschwägert war. Sein Reich, das die dominierende Großmacht seines Zeitalters war, hatte durch die vortreffliche Organisation der militärischen Energien, die eine äußerst glückliche Verbindung römischer Kriegskunst mit gotischer Kraft war, den Rang als Kriegsgegner für alle in Frage kommenden Germanenreiche verloren: Es war faktisch unangreifbar, sein Frieden gesichert. Der König bemühte sich redlich, sein Reich zum Ausgangspunkt einer Friedensunion zu machen, wobei ihm als Ziel die Errichtung eines internationalen Schiedsgerichtes zur Lösung zwischenstaatlicher Konflikte vorschwebte.

Im Falle drohender Kriege begnügte er sich nicht mit lahmen diplomatischen Protesten, sondern richtete an die zum Kriege Drängenden höchstpersönliche, teilweise sogar dramatische Appelle, der Vernunft zu gehorchen und auf den Waffenentscheid zu verzichten. Seinen besonderen Widerwillen löste die bevorstehende Auseinandersetzung zwischen seinem Schwager, dem Frankenkönig Chlodowech, und seinem Schwiegersohn, dem Westgotenkönig Alarich II., aus, denen er zwei gleichlautende Briefe schrieb, in dem er ziemlich harte Formulierungen fand, wie:

»Legt das Schwert aus der Hand, die ihr mir zum Schimpfe kämpfen wollt. Mit dem Recht des Vaters und des liebenden Freundes trete ich drohend zwischen Euch. Der wird uns und unsere Freunde zu Gegnern haben, der meine Meinung verachten zu können glaubt.«

Unter »seinen Freunden« meinte er vor allem die Burgunden, deren König Gundobad er damals schrieb:
»Unsere Aufgabe ist es, die jungen Könige mit Vernunftsgründen zu zügeln; denn merken sie in Wahrheit, daß uns ihr ungehöriger Wunsch mißfalle, werden sie ihre verwegene Absicht nicht aufrechterhalten... Es steht uns an, strenge Worte zu sprechen, daß unsere Verwandten nicht zum Äußersten gelangen dürfen.«

König Gundobad allerdings war gänzlich anderer Meinung und hatte mit Chlodowech schon ein Kriegsbündnis geschlossen. Nach beachtlichen Anfangserfolgen lief die Sache schief, und am Ende des Unternehmens klagte König Gundobad verzweifelt und gedemütigt, daß nun anscheinend die Zeit angebrochen sei, in der die **Schwerter zu Pflugscharen** werden müßten.

Der alte Burgunderkönig zitierte damit aus dem Propheten Michäas (4,3) und bewies die damals hochgeschätzte Bibelfestigkeit; er konnte nicht ahnen, daß er damit einen höchst eindrucksstarken Slogan der heutigen Friedensbewegung vorwegnahm.

14 Der **Westgotenkrieg Chlodowechs** sollte den Franken den Zugang zum Mittelmeer öffnen: Südgallien war noch Teil des Reiches der Westgoten, dessen Schwergewicht in Hispanien lag. 507 stießen die energisch geführten fränkischen Verbände über die Loire vor; Alarich II. stellte sich ihnen auf den vocladischen Gefilden bei Pictavis → Poitiers entgegen und verlor Schlacht und Leben.

Nun zog Theoderich, dessen Friedensbemühungen so bitter gescheitert waren, sein in der Tat stets siegreiches Schwert. Starke ostgotische Kontingente trieben die Franken und die als ihre Verbündeten erschienenen Burgunden nach schweren, blutigen Kämpfen zurück nach Norden, und Chlodowech und Gundobad beeilten sich, um Frieden zu bitten. Theoderich gewährte ihn zu keineswegs demütigenden Bedingungen, deren harter Kern die Anerkennung des vorherigen Grenzverlaufs war.

Der westgotische Thronerbe lag noch in den Windeln, und die westgotischen Großen, die recht gut wußten, daß sie die Franken bald wieder an der Kehle haben würden, baten den Ostgotenkönig – der als Großvater der nächste männliche Angehörige war – die Vormundschaft zu übernehmen, die faktisch die Rolle eines »Königs auf Zeit« einschloß. Nach längerem, ernsthaften Bedenken – Theoderich sah in erster Linie die damit verbundenen Pflichten des Königsamtes und war, zum Unterschied von vielen heutigen Politikern, an einer Ämterkumulierung nicht interessiert – sagte der Ostgote zu. Er beherrschte nun die gesamte Nord- und Westküste des Mittelmeerbeckens von Salona → Split bis zu den Säulen des Herkules.

15 Die **Awaren,** aus Innerasien stammende Nomaden, hoben sich von ihren hunnischen Vorgängern und ihren magyarischen Nachfahren militärisch vor allem dadurch ab, daß sie über *Panzerreiterverbände* verfügten. Die awarische Reiterei war also säuberlich in Schwere und Leichte Reiterei gegliedert, und wenngleich auch der *Schwere Reiter* den Bogen geführt haben dürfte, so handelte es sich dabei doch um eine Zusatzbewaffnung, die für seine Kampfweise nicht bestimmend war. Seine Hauptwaffen waren
– eine Lanze mit spezialgehärteter, »panzerbrechender« Spitze und
– ein langes, gerades und einschneidiges Schwert;
seine Rüstung bestand aus einem metallüberzogenen Lederhelm und einem Plattenharnisch, der vorne bis auf etwa Kniehöhe herabhing. Sein Verhalten im Kampf wurde – wie immer – von Bewaffnung und Ausrüstung bestimmt; dies bedeutete, daß er die Entscheidung im Nahkampf suchte.

Die *Leichte Reiterei* kämpfte im sozusagen klassischen Stil des Steppenreiters mit dem von Sattel aus geschossenen Pfeil; sie führte den »Feuerkampf« auf eine Entfernung, die sie der Waffenwirkung eines schwerbewaffneten Gegners entzog. Sie war vermöge der Schnelligkeit ihrer Pferde imstande, auch mehrfachen, raschen Positionswechsel im dynamischen Verlauf des Gefechtes durchzuführen. Die Zerlegung der Reitermasse in kleinere Abteilungen ermöglichte die Bekämpfung des Gegners aus mehreren Richtungen.

Die *Kampfweise der Awaren war ein »Kampf der verbundenen Waffen«;* das »Pfeilfeuer«, das zum Kreuzfeuer verstärkt werden konnte, erschütterte die Gefechtsordnung des Gegners und bereitete die Attacke der den Nahkampf suchenden Schweren Reiterei vor. Gegen die Awaren in offenem Gelände zu bestehen, muß sehr schwierig gewesen sein und überstieg jedenfalls für viele Generationen das taktische Verständnis ihrer germanischen, sarmatischen und oströmischen Gegner, die kein Treffen von auch nur einiger Bedeutung für sich entscheiden konnten.

Die Überlegenheit der Awaren wurde durch die technische Vollkommenheit ihrer Reitausstattung erheblich verstärkt; sie verwendeten als erste
– Metallsteigbügel und
– Sättel mit hoher Vorder – und Rückseite;
beides ergab auch und gerade beim Kampf den geradezu »idealen Sitz«, von dem ihre Kontrahenten zu jener Zeit nicht einmal träumen konnten.

16 **Der Krieg der Awaren gegen Byzanz** war eine ganz erstaunliche Leistung des Reitervolks, die für sich allein ausreicht, um das negative Pauschalurteil, die Awaren seien barbarische Primitivlinge gewesen, zu widerlegen. Im Zuge der Expansion nach Süden – eingeleitet durch die Allianz mit Alboin – hatten die Awaren weite Teile des adriatischen Küstenlandes gewonnen und die Dalmatiner in ein ähnliches Abhängigkeitsverhältnis gebracht wie die Slowenen. Nun waren die Dalmatiner seit jeher als kühne Seefahrer bekannt und als verwegene Piraten gefürchtet, und das bot dem Khakhan die Möglichkeit, starke maritime Kräfte seiner Gesamtkriegsmacht einzugliedern.

Die damit verbundene Erweiterung der militärischen Möglichkeiten wurde umgehend genützt: Schon 619 stießen die awarischen Reiter bis vor die Wälle Konstantinopels vor, während ihre dalmatinischen Flotten die griechischen Inseln verwüsteten, und Kaiser Herakleios mußte zur Erlangung des Friedens schwere Tributleistungen auf sich nehmen. 626 kam es zur Erneuerung des Krieges, wobei die Eroberung der Kaiserstadt, das Kriegsziel der Awaren, nur um Haaresbreite verfehlt wurde. Die Stadt am Goldenen Horn wurde durch eine großangelegte Operation in geplantem Zusammenwirken von Reiterheer und Flottenverbänden gewissermaßen in die Zange genommen und blockiert, und es stand schlimm für sie, bis es den kaiserlichen Seestreitkräften gelang, die Dalmatiner in einer großen Seeschlacht zu besiegen. Das Ende der Blockade bedeutete das Ende der Belagerung: Die Awaren, die nicht erwarten konnten, mit ihren auf die Feldschlacht spezialisierten Verbänden die gewaltigen Festungsanlagen zu erobern, zogen ab, von den Verbänden des kaiserlichen Heeres grimmig verfolgt.

17 **Das Reich Samos** war die selbstherrliche Gründung des vermutlich fränkischen Kaufmannes Samo im nach dem Abzug der Markomannen ziemlich leerstehenden Böhmen. Das Gemeinwesen entwickelte sich aus der zurückgelassenen Restbevölkerung der Bojer und Markomannen und einer Art von persönlicher Gefolgschaft Samos, die überwiegend aus entlaufenen Sklaven, Ausgestoßenen und Flüchtlingen bestand. Samo animierte aller Wahrscheinlichkeit nach die Tschechen, die wohl im Zusammenhang mit dem Vorstoß der Awaren in Westwanderung begriffen waren, sich in Böhmen anzusiedeln, um die beträchtlichen Leerräume aufzufüllen, und geriet in Kollision mit awarischen Interessen, da der Khakhan die Tschechen augenscheinlich als ein abhängiges Volk ansah wie etwa die Slowenen.

In der Auseinandersetzung mit den Awaren, die ihre Hauptkräfte im Krieg gegen Byzanz einsetzen mußten, gelang es Samo, sich zu behaupten. Die Gleichzeitigkeit der Niederlage gegen Byzanz und des Mißerfolges gegen Samo bewirkte einen schweren Prestigeverlust der Awaren, deren Herrschaft die Slowenen, die mit Samo in ein Bündnis getreten waren, nun abschüttelten. Die Ansiedlung der Tschechen in Böhmen und die Unterstützung des Freiheitskampfes der Slowenen ließ die in der neueren Historie gelegentlich anzutreffende Meinung aufkommen, Samo habe »ein Reich aller Slawen« errichten wollen; es liegt auf der Hand, daß dies – vorsichtig gesagt – ein gröblicher Irrtum ist, will man nicht annehmen, daß Samo in jenen politischen Kategorien gedacht hat, die den Vorstellungen der Prawoslawen des 19. Jahrhunderts zugrundegelegt waren. Überdies fühlten sich die Slawen, soviel man von ihnen weiß, damals genausowenig als Volk wie etwa »die Germanen« jener Zeit; sie waren wie jene in Stämme zerlegt, die nun zu Völkern zusammenschlossen, aus denen nun wiederum sowenig ein slawisches Universalvolk entstand wie ein germanisches.

18 Diese **Bulgaren** wurden später von den Franken angefallen und dezimiert. Das geschah im Zuge des Krieges König Dagoberts I. (625 im Teilreich Austrien, 629 bis 639 im wiedervereinigten Frankenreich) gegen Samo, in dem die fränkische Offensive in den böhmischen Randgebieten unter schweren Verlusten zurückgeschlagen wurde. Auf dem Heimweg hielten sich die erbitterten Franken an den Bulgaren schadlos.

Die Bayern geleiteten hierauf ihre Schutzbefohlenen, die sie vor dem völlig sinnlosen und daher unvorhergesehenen Angriff der Franken nicht schützen hatten können, zur Vermeidung weiterer schlimmer Vorfälle über die Alpen, wo sie im langobardischen Herzogtum Benevent neue Wohnsitze zugewiesen erhielten.

19 Der »**Missionsstab**« ist namentlich bekannt; Virgilius bestellte zum Missionsbischof einen gewissen Modestus, zum Kaplan des slowenischen Hofes Maioranus, die Kleriker Watto, Reginbert und Cozharius zu Glaubenslehrern und Seelsorgern und zum Diakon, der für die Regelung der ökonmischen Belange zuständig war, Ekkehard. Der Missionssprengel wurde mit »Karantanien« festgelegt, worunter vermutlich das ganze Herrschaftsgebiet des Groß-Župans zu verstehen war. Die Frage ist offen, wie das Verhältnis zu den Suffraganbischöfen Aquileias geregelt werden sollte; aus dem Mangel jeglicher Dienstanweisung für dieses Problem muß man jedoch schließen, daß die ursprüngliche kirchliche Organisation zwischenzeitlich zugrundegegangen war.

20 **Narbonne,** das Narbo der Römer, die Hauptstadt der Provinz Gallia Narbonnensis, war nach dem durch Theoderich d. Gr. vereitelten Expansionsversuch Chlodowechs zum Mittelmeer

dem Westgotenreich verblieben. Nach Zerschlagung desselben durch den omaijadischen Heerführer Tarik (s. Bd. 1, S. 82) geriet das Gebiet um 720, also etwas später als Spanien, in maurischen Besitz. Die neue Herrschaft behielt Narbonne, damals vermutlich noch Hafenstadt wie in der Römerzeit, als Verwaltungszentrale für ihr westlich der Pyrenäen gelegenes Gebiet bei, bis die Stadt von Pippin III, (auch: der Kleine oder der Kurze) erobert wurde.

21 Die **Anerkennung des Herzogs** erfolgte im Zuge einer festgelegten Prüfung, die stets am sogenannten »Herzogstuhl« bei St. Veit a. d. Glan, der von Unkundigen gern als »Relikt und Zeuge germanischer Vergangenheit« gedeutet wird, stattfand. Als Vertreter der Slowenen fungierten »Edlingerbauern« aus dem nahegelegenen Blasendorf, also freie und damit wehrpflichtige Bauern, deren Ältester auf dem steinernen Thron Platz genommen hatte. Die Edlingerbauern waren zu einem nicht bekannten Zeitpunkt an die Stelle der Abgeordneten der Županate getreten, die ursprünglich wohl die Wahl durchgeführt hatten.

Das entscheidende Kennzeichen für die den Slowenen zugebilligte Bedeutung war, daß sich der zum Herzog Bestellte der Gruppe in **slowenischer Bauerntracht** nähern mußte. An ihn richtete nun der Älteste der Edlingerbauern einige Fragen in **slowenischer Sprache, die er in ebenderselben zu beantworten hatte.** Erst wenn klargestellt war, daß der Anwärter der slowenischen Sprache in »einem für den Dienstgebrauch hinlänglichen Maß« (wie man es sehr viel später von den Beamten und Offizieren des Habsburgerreichs erwartete) mächtig war, wurde ihm der Herzogstuhl geräumt und er damit als Fürst der Slowenen anerkannt.

Ganz offensichtlich wurde erwartet, daß der Herzog auch Slowene sein und die deutsche Sprache nur unzureichend beherrschen könne; noch in spätmittelalterlichen Quellen erscheint daher der Herzog von Kärnten – als einziger Fürst des Sacrum Imperium Romanum – privilegiert, sich vor dem Königsgericht einer anderen als der deutschen, und zwar der slowenischen Sprache bedienen zu dürfen.

22 **Pippin** hatte ursprünglich wie Karls Bruder Karlmann geheißen, nach dessen Tod aber war die Erinnerung an ihn unerwünscht. Die von Karl ausgelöste »Säuberungswelle« machte vor seinen eigenen Söhnen nicht halt, und der kleine Karlmann mußte neuerlich getauft werden; er erhielt den Namen seines Großvaters. Die Neutaufe wurde von Papst Hadrian I. anläßlich des zweiten Romzuges Karls vorgenommen; ihr folgte unmittelbar die Salbung Pippins zum König der Langobarden; er war damals acht Jahre alt (781).

Pippin war tüchtig und recht beliebt; er erweiterte sein italisches Reich um einen Teil des Küstenlandes und eroberte Chioggia, worauf Olivolo → Venedig endgültig Sitz des Seebundes der Veneter wurde. Pippin starb im Alter von siebenunddreißig Jahren vor seinem Vater; er hinterließ einen Sohn Bernhard, der 812 König der Langobarden wurde und der als Hoffnung der karolingischen Familie galt, bis ihn sein Oheim, Kaiser Ludwig. I. der Fromme 818 blenden ließ. Ludwigs Schergen waren überdies derart ungeschickt, daß Bernhard an den Folgen der Blendung unter Qualen verstarb.

23 Die gelegentlich aufgestellte Behauptung, die **Beziehungen des frühen karolingischen Reiches zu Fragen der Wirtschaft** seien recht eigenartig, ja sogar infantil gewesen, ist vom Standpunkt der ökonomisch dominierten Interessenlage unserer Zeit gesehen sicherlich richtig, wenngleich man manchen Abstrich wird machen müssen, der auf das Konto unseres Unverständnisses geht. Das Wirtschaftssystem der Neuzeit beruht auf geldwirtschaftlichen Prinzipien, die für eine naturalwirtschaftliche ökonomische Ordnung keine oder zumindest keine entscheidende Bedeutung haben, was unser Verstehen erheblich erschwert.

Die durch den »Awarenschatz« ausgelöste Wertverminderung des bisher schlechthin beherrschenden Wirtschaftsgutes Gold überraschte die Großen des Frankenreiches ganz augenscheinlich, und sie fanden kein passendes Rezept, diese durchaus unerwünschte Wirkung des durchaus erwünschten Goldzuflusses zu paralysieren. Letztendlich gelang es – trotz geänderter Bedingungen und trotz der hochentwickelten Wissenschaft der Volkswirtschaftslehre samt angeschlossenen Spezialdisziplinen, die eine ganze Fülle höchst einleuchtender Geldwerttheorien hervorgebracht hat – bis zum heutigen Tage nicht, bei einer Vermehrung der Zahlungsmittel die Preiserhöhung des gleichbleibenden Warenangebots längerfristig zuverlässig zu verhindern. Daß die Vermehrung der Zahlungsmittel der

Bevölkerung daher durchaus nicht zu einer Vermehrung der Kaufkraft derselben führt, ist zwar in der Lehre so gut wie unbestritten, wird aber in der Praxis kaum beachtet.

In naturalwirtschaftlichen Belangen hingegen gelang es dem Hof, Kausalzusammenhänge zu erkennen. Die ersten großen Kriege Karls wurden stets von Massenheeren geführt, die durch das generelle Aufgebot auf die Beine gestellt wurden. Die »Generalmobilmachung« traf auch die freien Bauern, die damals noch den Großteil der landwirtschaftreibenden Bevölkerung stellten, und führte zu schweren Produktionseinbußen, die zu regionalen Hungersnöten eskalierten. Man nahm diese zunächst als göttliche Strafen für die allgemeine Sündhaftigkeit, erkannte jedoch schon in relativ kurzer Zeit – noch vor 800 – die Gefährlichkeit wirtschaftsfremder Verwendung der Masse der Arbeitsfähigen, die mit der Masse der Wehrfähigen in etwa identisch ist, und förderte gezielt die Entwicklung des ansatzmäßig schon seit Karl Martell bestehenden Standes der professionell Waffendienst Leistenden, der nahtlos in das Rittertum überging.

24 **Themen** wurden die – vermutlich von Kaiser Herakleios (610–641) eingeführten – Großprovinzen genannt, die aus der Zusammenfassung mehrerer Kleinprovinzen gebildet und einem Strategen unterstellt wurden. Im Amt des Strategen, der in uns geläufiger Nomenklatur etwa als Generalgouverneur zu bezeichnen ist, waren zivile und militärische Gewalt vereinigt, ähnlich wie es beim Statthalter der kaiserlichen Provinzen in der augusteischen Verfassung der Fall gewesen ist. Die Themenverfassung selbst scheint aus der Institution der Exarchate wie Ravenna und Karthago entwickelt worden zu sein, die aus einem außerordentlich starken Militärstützpunkt und einem mäßig großen Stück umliegenden Landes bestanden, in denen dem Militärbefehlshaber, Exarch genannt, auch die Zivilverwaltung unterstand. Hier ist zu bedenken, daß Herakleios – der den Titel Imperator durch Basileus ersetzte – selbst Exarch in Karthago gewesen war, ehe er das Kaisertum durch eine geglückte Revolution gewann.

Ein markantes Kennzeichen der Themenordnung war die Ansiedlung von Berufssoldaten, die nun zu Wehrbauern → Stratioten wurden und eine Provinzialmiliz bildeten. Die Themenverfassung war offenbar von entscheidendem Einfluß auf die Entwicklung der Grundlagen des Osmanischen Reiches, in dem aus dem Strategen der Beglerbeg, aus dem Thema das Wilajet und aus dem Stratioten der Timariote wurde (s. Bd. 1, S. 249. ff; S. 276. ff.) mit unterschiedlichen Ausprägungen und Details zwar, aber dennoch weitgehend identischen Grundstrukturen.

25 Die **Päpste des 9. und 10. Jahrhunderts** werden in Rahmen der Darstellung – wie nicht zu umgehen ist – wiederholt genannt werden; es ist zum besseren Verständnis notwendig und erspart spätere Erklärungen, sie hier in zeitlicher Reihenfolge aufzuführen, wobei wir mit Leo III., der Karl die Kaiserkrone verlieh, beginnen:

Leo III. der Heilige	795–816	Stephan IV.	816–817
Paschalis I. der Heilige	817–824	Eugen II.	824–827
Valentin	827	Gregor IV.	827–844
Johannes (unbeziffert, da zum Gegenpapst erklärt)	844	Sergius II.	844–847
Leo IV. der Heilige	847–855	Benedikt III.	855–858
Anastasius (III., Ordnungszahl später neu vergeben, da Gegenpapst)	855	Nikolaus I. der Heilige	858–867
Hadrian II.	867–872	Johannes VIII.	872–882
Marinus I. (auch als Martin II. gezählt)	882–884	Hadrian III. der Heilige	884–885
Stephan V.	885–891	Formosus	891–896
Bonifatius VI.	896	Stephan VI.	896–897
Romanus	897	Johannes IX.	898–900
Benedikt IV.	900–903	Leo V.	903
Christophorus	903–904	Sergius III.	904–911
Anastasius III.	911–913	Lando	913–914

Johannes X.	914–928	Leo VI.	928
Stephan VII.	929–931	Johannes XI.	931–935
Leo VII.	936–939	Stephan VIII.	939–942
Marinus II. (auch als Martin III. gezählt)	942–946	Agapet II.	946–955
Johannes XII.	955–963	Leo VIII.	963–965
Benedikt V. (seltener Fall des anerkannten Gegenpapstes)	964	Johannes XIII.	965–972
Benedikt VI.	973–974	Bonifatius (VII. Ordnungszahl später neu vergeben, Gegenpapst)	974
Benedikt VII.	974–983	Johannes XIV.	983–984
Bonifatius VII.	984–985	Johannes XV.	985–996
Gregor V.	996–999	Johannes XVI. (Gegenpapst, trotzdem Beibehalt der Ordnungszahl)	997–998
Silvester II.	999–1003		

Vermutlich im 11. Jahrhundert kam die Geschichte von einer Päpstin Johanna auf, die seither immer wieder kolportiert wird und recht drastisch den Sittenzerfall des vor allem römischen Klerus in der obgenannten Periode spiegelt, aber dennoch vermutlich falsch ist. Leo IV., heißt es in der wenig frommen Legende, habe eine aus Mainz oder London stammende Frau, die als Mann verkleidet in Athen studiert und Aufnahme in den Klerus gefunden habe, als eine Art von gelehrtem Privatsekretär beschäftigt, die nach seinem Tode 855 zum Papst gewählt worden sei. Dem Teufel der Fleischeslust verfallen, sei sie schwanger geworden, habe das Kind etwas verfrüht bei einer Prozession geboren und sei vom aufgebrachten Volk an Ort und Stelle gesteinigt worden.

Wahl und Weihe von Leos Nachfolger Benedikt III. waren nun schon von einigen massiven Schwierigkeiten umgeben, die denn auch einen aus Griechenland kommenden Kleriker zum Mittelpunkt hatten, der aber ein echter Mann war. Er hatte – hochgebildet und blitzgescheit – eigene Ansichten entwickelt, was in der Kirche immer gefährlich war, damit Papst Leos Beifall nicht gefunden und war von ihm zuletzt mit dem Kirchenbann belegt worden. Von eifrigen Anhängern unterstützt, unternahm er gegen Benedikt III. einen kühnen Handstreich, setzte ihn gefangen und wurde zum Papst ausgerufen. Als seine Anhängerschaft trotz dieses Erfolges nicht zunahm, resignierte er, ließ Benedikt frei und räumte ihm den okkupierten Stuhl unwillig, aber doch freiwillig ein. Benedikt III. freute sich des »unblutig errungenen Sieges der Gerechtigkeit«, wie es so schön heißt, verzieh dem reuigen Rebellen, bestellte ihn zum Abt des Klosters Santa Maria in Trastevere und zum Chef der päpstlichen Archive und Leiter des Bibliothekswesens. So wurde aus dem Gegenpapst Anastasius der berühmte Gelehrte Anastasius Bibliothecarius, der eine vielbeachtete Kirchengeschichte verfaßte und mehrere Werke aus dem Griechischen übersetzte.

[26] Bei **mindest einigen Päpsten** jener Zeit würde man auch nur angedeutete Spuren moralischen Handelns vergeblich suchen: Sie führten ein wüstes Leben, lasterhaft, korrupt und verbrecherisch. Der absolute Tiefpunkt wurde um 900 erreicht, und er wurde eingeleitet durch das kurze Pontifikat Leos V., der als reiner Tor in das Getriebe der Parteikämpfe gestolpert und auf in der Tat beinahe wundersame Weise auf den Stuhl der Nachfolger Petri gelangt war. Eine Legende berichtet, er sei in Wahrheit der heilige Tugdal gewesen, ein frommer Pilger aus der Bretagne, dessen Demut und Einfalt dem Volk als idealer Gegenpol der verkommenen Wirklichkeit erschienen sei und der deshalb von ihm erhoben worden wäre, allein, wer kann das schon wissen – sein Herkommen ist unbekannt. Bekannt aber ist, daß er nach etwa einem Vierteljahr an der eigenen Fähigkeit, den Augiasstall zu entmisten, verzweifelte, und bekannt ist, daß er sich seinem Freunde, den er zum höchstpersönlichen Seelsorger erwählt, anvertraute. Dieser Freund – er nannte sich Christophorus – bestärkte

ihn in seinem Zweifel an der eigenen Kraft und beschwatzte ihn zuletzt, der Welt zu entsagen und sich in ein Kloster zurückzuziehen, ihm, seinem getreuen Freunde, die päpstliche Gewalt übertragend. Leo übertrug und ging ins Kloster; Christophorus wurde Papst, ließ seinen Vorgänger zunächst einmal einkerkern und bald darauf im Kerker ermorden.

Er hielt sich nicht lange, knapp über den Jahresanfang 904 hinaus, dann kam der nächste erlesene Nachfolger des Apostelfürsten, Graf Sergius von Tusculum. Er war auch Bischof von Caere, ließ Christophorus einsperren und bald darauf umbringen, worauf er als Sergius III., servus servorum Dei, anerkannt wurde. Dieser Knecht der Knechte Gottes hatte in Theophylakt, Senator von Rom, einen vortrefflichen Verbündeten; für die permanente Interessenkoordination sorgte Theodora mit dem Beinamen die Ältere, die des Senators Gemahlin und des Papstes nicht einmal heimliche Geliebte war. Sergius habe – so wirft man ihm in der neueren Kirchengeschichte vor – »den Vatikan förmlich in ein Freudenhaus verwandelt« (Fichtinger, S. 346), was allerdings bezüglich des Vatikan unrichtig ist, denn dieser wurde erst im 13. Jahrhundert erbaut; der offensichtliche Druckfehler ist durch »Lateran« zu korrigieren. Als Sergius von Theodora und Theodora von Sergius genug hatten, suchten beide neue Lustobjekte: Sergius fand Theodoras Tochter Marozia, Theodora einen Kleriker namens Johannes Cenci, der nun gleich zum Erzbischof von Bologna avancierte. Nach dem Tode des gottesfürchtigen Sergius wurde Anastasius III., ein Protegé Theodoras, Papst; als er sich von ihrem Einfluß zu lösen versuchte, wurde er auf ihr Geheiß vergiftet. Sein Nachfolger, der Langobarde Lando, war wiederum durch Theodora zu seiner Würde gekommen; er zeigte sich ihr gegenüber beflissener als Anastasius und machte ihren gerade aktuellen Liebhaber Johannes von Tossignano zum Erzbischof von Ravenna. Nach Landos Tod wurde dieser Papst Johannes X.; er war nicht nur als Theodoras Bettgefährte tüchtig, sondern auch als Kriegsmann: Er stampfte eine Armee aus dem Boden und führte sie in den Krieg gegen die Moslems, denen er in der Schlacht am Garigliano eine schwere Niederlage zufügte. Das Ende seines Pontifikats war desungeachtet düster: 924 schleppten ihn die Anhänger von Theodoras Tochter Marozia in den Kerker; die päpstliche Würde ließ man ihm und versah die Befugnisse in seinem Namen. 928 hatte Marozia einen passenden Nachfolger zur Hand, Leo VI., und ließ Johannes im Kerker ermorden.

Leo VI. erfreute sich nicht lange der Gunst Marozias; noch 928 starb er, vermutlich durch Gift, und wurde durch Stephan VII., den nächsten Papst von Marozias Gnaden ersetzt. Marozia, die sich indessen mit dem Karolinger Hugo von der Provence, der seit 926 König von Italien war, vermählt hatte, landete nach Stephans Tod einen Hauptstreich: Ihr Sohn, dessen vermutlicher Vater ihr ehemaliger Geliebter Papst Sergius III. war, wurde Papst Johannes XI. Gegen ihn, seine Mutter und seinen Stiefvater Hugo rebellierte sein Halbbruder Alberich, Markgraf von Tuscien, der Sohn aus Marozias früherer Ehe mit Guido → Wido von Tuscien. Er ließ Marozia und Johannes 932 einkerkern und 935 umbringen; 936 ließ er den nächsten Papst wählen: Leo VII., einen Benediktiner, der sich von seinen Vorgängern durch Lauterkeit und Demut höchst vorteilhaft abhob, was allerdings nicht sonderlich schwierig war, und sich bemühte, den Reformgedanken von Cluny zum Durchbruch zu verhelfen. Er starb schon 939; sein Nachfolger Stephan VIII. war ihm ähnlich, was den römischen Klerus, der der fröhlichen Zeiten von vorher gedachte, zu einer Palastrevolution veranlaßte, bei der der Papst durch Abschneiden der Nase verstümmelt wurde. Sein Nachfolger Marinus II. war farblos und hütete sich, aufzufallen; der nächste Papst, Agapet II., desgleichen, fand aber nichts dabei, daß Alberich von Tuscien dem römischen Klerus und den Führern der stadtrömischen Aristokratie den heiligen Eid abnahm, seinen Sohn Octavian zum nächsten Papst zu erheben.

955 war es dann soweit: Octavian, damals knapp achtzehnjährig, wurde Papst Johannes XII. Er übertraf womöglich auch die schlimmsten seiner Vorgänger durch seinen lasterhaften Lebenswandel, unterband jede Kritik durch blutigen Terror und fand ein für einen Papst doch recht seltsames Ende: Am 14. Mai 964 wurde er, auf frischer Tat beim Ehebruch ertappt, von dem erzürnten Ehemann an Ort und Stelle durchbohrt, der sich zur Durchführung der Tat allerdings nicht der eben aufgesetzten Hörner, sondern vielmehr seiner trefflichen Klinge aus vermutlich toledanischem Stahl bediente.

Die **kriegerischen Aktivitäten der frühen Moslems** spielten sich für Rom zunächst hinter den berühmten Sieben Bergen bei den Sieben Zwergen ab und fanden auffällig wenig Interesse, zumal vor allem die Gebiete der Ostkirche von ihnen betroffen waren und man den aufmüpfigen Brüdern in Christo, die Seiner Heiligkeit dem Bischof von Rom immer wieder den schuldigen Gehorsam weigerten, die Schwierigkeiten recht sehr vergönnte und auch gesonnen war, sie als Strafe Gottes für mangelnde ecclesiastische Disziplin zu werten. Das änderte sich im 8. Jahrhundert, als das Reich der Westgoten – die zwar früher einmal arianische Ketzer gewesen waren, nun aber der Papstkirche anhingen – dem Schwert der Moslems zum Opfer fiel, diese begannen, über die Pyrenäen vorzustoßen und sich sogar in Südgallien häuslich niederließen. Durch göttliche Fügung hatte aber Karl Martell die Offensive des Islam zum Stillstand gebracht, Pippin III. Septimanien zurückgewonnen und Karl d. Gr. sogar jenseits der Pyrenäen die Hispanische Mark errichtet, womit die ärgste Gefahr abgewehrt schien.

Nun aber waren die Moslems auf das Meer gegangen, hatten zunächst die Inseln zwischen Afrika und Sizilien, vor allem Malta, dann die zwischen Spanien und Sardinien, vor allem Mallorca und Menorca, in ihren Besitz gebracht und drohten die christliche Seefahrt im westlichen Mittelmeer abzuwürgen. Das war zwar peinlich, aber nicht besonders schlimm, denn christliche Seeleute sollten sich ohnehin hüten, mit den Heiden in Afrika und Spanien Handel zu treiben, um nicht an ihren unsterblichen Seelen Schaden zu nehmen.

Während des Pontifikats Eugens II. aber waren die Moslems darangegangen, Sizilien und Sardinien zu erobern; Sizilien war byzantinischer Besitz und gehorchte dem Patriarchen in Konstantinopel, aber Sardinien war papsttreu – und lag der Ewigen Stadt genau gegenüber, gefährlich nahe noch dazu, nur durch eine nicht sonderlich schwer zu befahrende Wasserfläche geringen Ausmaßes von ihr getrennt. Angriffe auf christliche Schiffe unmittelbar vor der Küste häuften sich, selbst kleinere Hafenstädte wurden überfallen und geplündert – und schon Papst Gregor IV. mußte sich entschließen, Ostia stark zu befestigen und zu besetzen; er nannte es nun Gregoropolis.

846 sollte sich zeigen, daß seine Befestigungsmaßnahmen nicht ausreichend waren: Die Moslems eroberten Ostia, stießen entlang der alten via Ostiense auf Rom vor, plünderten die ehrwürdige Patriarchalkirche San Paolo fuori le Mura aus, überwanden im Bereich der Porta San Paolo die ziemlich verlotterte Stadtbefestigung, verwüsteten die am aventinischen Hügel liegenden Häusergruppen, setzten über den Tiber und beraubten selbst die Basilika des heiligen Petrus. Die Moslems in Rom – der heilige Vater Sergius II. mit Mühe entronnen: Das war ein schwerer Schock für die Christenheit, ein noch schwererer für den Papst, der schon ein halbes Jahr danach verstarb. Sein Nachfolger, Papst Leo IV., bemühte sich zunächst einmal um den Wiederaufbau und die Erweiterung der römischen Befestigungsanlagen (»Leonidische Mauern«), ließ die niedergebrannten Kirchen wieder instandsetzen und schuf – ein gänzliches Novum – die allererste päpstliche Kriegsflotte, die denn auch gemeinsam mit den Geschwadern von Neapel, Gaeta und Amalfi höchst glücklich gegen die Moslems operierte und ihnen eine schwere Niederlage zufügte (849); wenig danach ging sie allerdings in einen Sturm vor Ostia zugrunde.

Die Hafenstadt Civitavecchia, die bei einem Einfall der Moslems völlig zerstört worden war, ließ Papst Leo wieder aufbauen; nach gregorianischem Vorbild setzte er den Namen Leopolis für sie durch.

In dieser stürmischen Periode eroberten die Moslems mehrere Stützpunkte in Süditalien und gewannen von diesen aus Raum nach Norden; nun wurde Rom, die Ewige Stadt, die Hauptstadt des Abendlandes, vollends zur gefährdeten Grenzstadt, während der Streit mit Byzanz und seiner Kirche immer schärfere Formen annahm. Dieser fand seinen Höhepunkt 865, als die Synode von Konstantinopel das Anathem über Papst Nikolaus I. verhängte, was den Westen derart entnervte, daß schon dessen Nachfolger Hadrian II. in Byzanz um Gutwetter bat, das ihm Kaiser Basileios, der – wie Emporkömmlinge meist – einen entwickelten Sinn für Realpolitik besaß, angesichts der moslemischen Erfolge im italischen Raum gerne gewährte und mit der Enthebung des aggressiv antipäpstlichen Patriarchen Photios erträglich machte. 869 kam es zum achten Allgemeinen Konzil, auch viertes Konzil von Konstantinopel, als »Versöhnungskonzil« in der Kirchengeschichte bekannt, in dem Rom verzweifelt versuchte, ein stärkeres oströmisches Engagement an der »italischen Front« gegen die Moslems, die Stück für Stück aus dem byzantinischen »Kolonialbesitz« brachen, zu erreichen.

Es sei am Rande vermerkt, daß nun Rom seine eigenen Prinzipien über Bord zu werfen begann: Im Schatten des Versöhnungskonzils genehmigte Papst Hadrian II. die Abweichungen der großmährischen Kirche, insbesonders die Verwendung der slawischen Liturgiesprache, und überschüttete die byzantinischen Unruhestifter Kyrillos und Methodios (s. Anm. 6) mit Ehren und Würden: Kyrillos, der 869 in Rom starb, wurde vorerst in Hadrians eigener Gruft bestattet, während Methodios im selben Jahr zum Bischof in Mähren bestellt wurde. Während die »Kirchenaussöhnung« unter diesen an sich bedenklichen Umständen und anderen mit womöglich noch gravierenderen Folgen (so wurde die bulgarische Kirche trotz ihres energischen Widerspruchs dem Patriarchen unterstellt) erzielt wurde, erfüllte sich die Hoffnung auf eine energischere Kriegführung des Kaisers in Italien nicht: In den nachfolgenden Jahren erlitt Byzanz weitere schwere Einbußen und verlor ganz Sizilien. Während des nur kurzfristig erfolgreichen Versuches, theologische Widersprüche auszugleichen und organisatorische Divergenzen zu bereinigen, brachten die Moslems fast halb Italien unter ihre Herrschaft. Das veranlaßte den Sohn Kaiser Lothars I., König Ludwig II. von Italien, 871 einen Feldzug nach Süden zu unternehmen, bei welchem er Bari den Moslems abgewann.

Um die Aufzählung einer Fülle von Details, die mehr Verwirrung stiften als Klarheit schaffen würden, zu vermeiden, seien nur die folgenden Höhepunkte der fast ununterbrochenen Auseinandersetzungen mit den Moslems in Süditalien, die noch rund 200 Jahre andauern sollten, genannt:

915 Feldzug des Papstes Johannes X. mit einem aus unterschiedlichen Kontingenten gebildeten Heer, der in der Schlacht am Garigliano in der Nähe der aus dem Zweiten Weltkrieg bekannten Stadt Cassino zu einem großen Erfolg führt und die Moslems an der Westküste weit zurückwirft;

982 Feldzug des Kaisers Otto II. an der Ostküste, der nach beachtlichen Anfangserfolgen bei Crotone scheitert und die Vernichtung des kaiserlichen Heeres bringt; Otto selbst, der mit Mühe zuerst moslemischer, dann byzantinischer Gefangenschaft entrinnt – er sprang von einem oströmischen Schiff, auf das er mit einigen seiner Gefolgen geflohen war, ins Meer und gewann schwimmend die Küste –, schlägt sich auf gefährlichen Schleichpfaden bis Bari durch und stößt dort auf die Nachhuten seiner Armee.

Erst um 1050 erfolgte die Vertreibung der Moslems aus dem Gebiet des heutigen Italien und etwas später die Wiedergewinnung Siziliens; die großen Sieger waren die Normannen, deren Nachbarschaft zwar die von Christen, sonst aber für doch einige Jahrzehnte um nichts angenehmer war als die der Moslems.

[28] **Papst Johannes VIII.** wurde um Weihnachten 882 ermordet, das genaue Datum kann nicht angegeben werden, die verwendeten Quellen nennen den 15. Dezember (Castella, S. 202), den 16. Dezember (Fichtinger, S. 197) und den 26. Dezember (Propyläen Weltgeschichte, 5. Bd., S. 634). Der Grund war die von ihm befolgte byzantophile Politik, die als schwere Schädigung römischer Interessen angesehen wurde, und seine unentschlossene Haltung gegenüber Guido von Spoleto, dem schon damals die Absicht, Krieg gegen das Patrimonium Petri zu beginnen, nachgesagt wurde. Die Tat selbst wurde von seiner eigenen Familie begangen; als eine gehörige Portion Gift die erwünschte Wirkung nicht rasch genug herbeiführte, zertrümmerte ein lieber Verwandter mit einem Hammer den Schädel des Opfers, das immerhin – nach den Ergebnissen des Versöhnungskonzils – das geistliche Oberhaupt der gesamten Christenheit war.

[29] **Papst Marinus I.** hatte zuerst zum unmittelbaren Führungsstab des Papstes Hadrian II. gehört und am Versöhnungskonzil von Konstantinopel als dessen Legat teilgenommen. Der scharfe methodische Denker war mit der oberflächlichen Verdeckung, gewissermaßen der Übertünchung der theologischen Differenzen nicht einverstanden und protestierte auch schärfstens gegen die Byzantinisierung der bulgarischen Kirche gegen deren Willen. Das Ergebnis seines konsequenten Eintretens für die römischen Interessen war die Ungnade

Roms; Hadrian berief ihn ab und schob ihn auf das das Bistum Caere als typisches Abstellgleis. Seine Wahl zum pontifex maximus zeigte einen deutlichen Prestigeverlust der kirchlichen Zentralstellen an und machte gleichzeitig die **Unhaltbarkeit des bisherigen Papstwahlsystems** unübersehbar, das Volk und Klerus der Stadt Rom die Berechtigung gab, seinen Bischof zu wählen, der als vicarius Petri → Stellvertreter des heiligen Petrus, die Stellung an der Spitze der gesamten Kirche beanspruchte. Der zur Unbilligkeit und scheinbaren Ungerechtigkeit gewordene Zustand ist aus der Entstehungsgeschichte leicht erklärt; bedenklich wurde er, als er ohne Rücksicht auf die tiefgreifende Änderung der Verhältnisse beibehalten worden ist. Folgende Entwicklungsstufen sind zu unterscheiden:

A) Epoche der Christenverfolgung

Die ersten Christgläubigen Roms lebten im Untergrund als eine auf Leben und Tod verschworene Gemeinschaft, in der Petrus durch die Macht seiner Persönlichkeit und sein Nahverhältnis zu Jesus Christus ohne formelle Bestellung oder Wahl als Oberhaupt fungierte. Nach seinem Märtyrertod stand die Gemeinde vor der Frage, wer nun diese Funktion erfüllen sollte, und langjährige, glaubenstreue und voll vertrauenswürdige Christen, die gewöhnlich als »Älteste« oder »Häupter« der Gemeinde bezeichnet werden, entschieden sich für Linus, dessen Bestellung von der Gemeinde anerkannt wurde. Auch er starb als Blutzeuge für den Glauben; ihm folgte als **Oberhaupt der Christen der Stadt** Anaklet I., diesem Clemens I. und so fort.

Das kirchliche Schwergewicht lag im Orient. Rom war vom dortigen Standpunkt aus gesehen eine ferne Provinz, deren Ansehen und Vertrauenswürdigkeit nicht dadurch gehoben wurde, daß in ihr die Zentrale des Reiches lag, das in unregelmäßigen Abständen die Ausrottung des neuen Glaubens blutig versuchte. Erst gegen Ende der Epoche (Konzil von Nicäa 325) wurde Rom als Patriarchat, also apostolische Gründung, anerkannt und den orientalischen Patriarchaten Jerusalem, Antiochia und Alexandria im Range angeglichen.

Ungeachtet dessen hatten sich die Oberhäupter der Christengemeinden im Westen, die zunächst alle Bischöfe genannt wurden und dem römischen Bischof in keiner Weise unterstanden, angewöhnt, ihr Verhalten dem ihres römischen Kollegen anzupassen: Offensichtlich wirkte die persönliche Autorität des heiligen Petrus lange nach.

B) Die Bedeutung der Lehren des heiligen Irenäus und des heiligen Cyprianus

Aus der Haltung der italischen Bischöfe gewann der heilige Irenäus, der heute als »Vater der katholischen Dogmatik« gilt, die Überzeugung, daß der Bischof von Rom als Oberhaupt der okzidentalen Kirche anzuerkennen sei. Er war ein bedeutender Gelehrter, der um 180 die erste Liste der römischen Bischöfe – von Petrus bis Eleutherius – zusammenstellte und sich ungeachtet seines Herkommens aus Kleinasien um die Missionierung Galliens verdient machte.

Noch einen Schritt weiter ging im dritten Jahrhundert Cyprianus, der als Sprecher des afrikanischen Christentums anerkannt war und den Bischof von Rom als »Erben des Stuhles Petri, fortdauernde Grundlage der Kirche, Mittelpunkt und Quelle der Einheit, allgemeinen Oberhirten und Verwalter der Schlüsselgewalt« bezeichnete. Auf ihn geht der Ausdruck »primatus Petri« zurück.

C) Periode nach Konstantin d. Gr.

Die Erlassung des Edikts von Mailand 313 machte aus der verschworenen Gemeinschaft von gefährlich lebenden und zum Tode entschlossenen Glaubenskämpfern eine Massenbewegung, die sich gleich einmal in die Anhänger des Athanasius und des Arius spaltete. Das schon genannte Konzil von Nicäa verdammte den Arianismus; dennoch neigte sich ihm Konstantin später zu und konfrontierte zunächst einmal diesen mit dem aufkommenden Cäsaropapismus der späten Kaiser. Das und die Verlegung des Kaiserhofs nach Konstantinopel machte es den römischen Bischöfen einfach, sich als Bewahrer der Religionsfreiheit zu profilieren, wobei sich namentlich Papst Julius I. hervortat, und schon 341 faßte die Synode von Serdica → Sofia den Beschluß, daß sich die Jurisdiktionsgewalt des vicarius Petri auf die Gesamtkirche erstrecke. Das fand allgemein keine Anerkennung – und daher fand die damals aufkommende Gewohnheit, den römischen Bischof von der römischen Christengemeinde in zwei Wahlkörpern,

– dem römischen Klerus und
– der römischen Bevölkerung,
wählen zu lassen, keinen Widerspruch.

Das blieb so, auch als sich in den folgenden Jahrhunderten der Herrschaftsanspruch des römischen Bischofs über die Universalkirche zumindest im Westen durchsetzte, welcher Prozeß durch die wiederholten Eingriffe der Kaiser eher gefördert als behindert wurde, verschafften die Kaiser doch ihren oft nur mit Mühe durchgebrachten Wunschkandidaten ein entscheidendes Mehr an Autorität.

D) Periode nach Untergang des weströmischen Reiches

Theoderich d. Gr., dem die christkatholische Geschichtsschreibung gerne, letzthin aber ergebnislos das Odium eines Bedrückers der Kirche umzuhängen versuchte, enthielt sich jeder Einflußnahme auf innerkirchliche Vorgänge, kam sogar mit dem eher aggressiv formulierenden Papst Gelasius I., dem Vater der das mittelalterliche Rechtsdenken beherrschenden »Zweischwerterlehre« kollisionsfrei aus, beharrte auf klerikaler Entscheidung im sehr schwierigen Problemkomplex der Wahl von 498, die zwei Päpste, Symmachus und Laurentius, erbracht hatte, und wies zuletzt jede Zuständigkeit zur Entscheidung über die gegen Symmachus erhobenen Anklagen zurück. Damals wurde der Rechtssatz, daß »der erste Stuhl« von niemanden zu richten sei → prima sedes a nemine iudicatur, geprägt und in der Effektivität voll anerkannt; was der – vorgebliche – »Kirchenbefreier« Justinian darunter verstand, zeigte sich im Zuge seines Gotenkriegs, als er Papst Silverius durch seine hunnische »Militärpolizei« gefangennehmen und für den Rest seines Lebens einkerkern ließ, gleichzeitig den von seiner Gemahlin protegierten Vigilius zum Bischof von Rom bestellend. Vigilius, der zuletzt vom fünften Ökumenischen Konzil (zweites Konzil von Konstantinopel) exkommuniziert wurde, war der erste Papst, der nicht in den Rang eines Heiligen aufstieg.

Sein Nachfolger war Pelagius I.; er war der erste Papst, der um Genehmigung seiner Wahl beim byzantinischen Kaiser ansuchte (556). Das blieb so bis zum Pontifikatsantritt des heiligen Papstes Paul I. (757), der sich die Wahlgenehmigung nicht mehr jenseits des Meeres, sondern jenseits der Alpen einholte, und zwar bei König Pippin d. Kl. Im pactum Ludovicianum (Ludwig I. der Fromme und Paschalis I.) wurde die Wahlgenehmigung in eine Kenntnisnahme von der Wahl abgeschwächt, doch trat bereits in der constitutio Lotharii (824), in der die Vormachtstellung des karolingischen Kaisertums gegenüber dem Papst für alle Zeiten fixiert werden sollte, der frühere Zustand wieder ein.

Die schwachen Kaiser der Folgezeit machten von ihrem Recht jedoch keinen Gebrauch, und die Päpste beließen es bei der bloßen Anzeige der Wahl. Erst Otto d. Gr. kam wieder darauf zurück; im privilegium Ottonianum wird verordnet, daß die Papstwahl nur in Gegenwart des Kaisers oder eines von ihm bestellten Vertreters rechtmäßig durchgeführt werden könne, was durch die spätere Entwicklung jedoch überholt wurde.

E) Wahlrecht der Kardinäle

Ursprünglich wurden alle Geistlichen, die mit einem Kirchenamt versehen waren, als Kardinäle bezeichnet, um sie von der Masse der Kleriker abzuheben. Seit der Lateransynode (1059) wählten die im Wahlzeitpunkt in Rom anwesenden Kardinäle ohne Rücksicht auf ihren Amtssitz den Papst; das Wahlrecht der Kleriker und der römischen Bevölkerung wurde auf die Zustimmung zum Wahlergebnis beschränkt. Etwa zu dieser Zeit wurde der Kardinalstitel den Inhabern höherer Kirchenämter vorbehalten, aus denen sich bald ein eigenes Gremium von päpstlichen Ratgebern entwickelte. Diesem übertrug Papst Alexander III. 1160 das ausschließliche Privilegium der Papstwahl; Innocenz IV. (1243–1254) verlieh den Kardinälen ohne Rücksicht auf ihre sonstige Amtsstellung den bischöflichen Rang und den berühmten roten Kardinalshut; Bonifatius VIII. (1294–1303) erteilte ihnen das Recht, den nach der damaligen Bekleidungsvorschrift den Fürsten vorbehaltenen Mantel zu tragen; Urban VIII. (1626–1644) stattete sie mit dem Titel Eminenz aus, den als einziger Nichtkardinal der Großmeister des Souveränen Malteser Ritterordens zu tragen berechtigt ist. Abschließend ist zu bemerken, daß das Kardinalskollegium, das in
– Kardinalbischöfe,
– Kardinalpriester und

– Kardinaldiakone

gegliedert ist, von 1586 bis 1958 auf 70 Mitglieder festgelegt war, welche Zahl Papst Johannes XXIII. überschritt.

[30] **Compiègne** zu nennen ist nahezu unmöglich, ohne der Rolle zu gedenken, die dieser Kleinstadt an der Oise in den deutsch-französischen Beziehungen unseres Jahrhunderts zufiel:

1918 nahm im Walde von Compiègne der französische Marschall Ferdinand Foch die Kapitulation der ausgebluteten deutschen Streitkräfte entgegen;

1940 setzte an derselben Stelle der von der nationalsozialistischen Kriegspropaganda zum »größten Feldherrn aller Zeiten« hochgejubelte Adolf Hitler die Waffenstillstandsbedingungen für das besiegte Frankreich fest.

Allein, so ressentimentbeladen und emotionsauslösend Compiègne deshalb auch ist, so soll über diesen Ereignissen doch nicht vergessen werden, daß der Name Compiègne auch mit einem anderen Geschehen von historischer Bedeutung untrennbar verbunden ist: 1430 fiel hier die damals schon legendäre **Jeanne d' Arc,** die Jungfrau von Orleans, bei einem Ausfall gegen die burgundischen Belagerungstruppen in Kriegsgefangenschaft und wurde deren Bundesgenossen, den Briten, übergeben. **Und nun fand das anscheinend typisch angelsächsische Begehren, den erfolgreichen Kriegsgegner als Verbrecher zu disqualifizieren, erstmals die Möglichkeit zu demaskierender Tätigkeit: Johanna wurde, der Hexerei und Ketzerei überführt, am 30. Mai 1431 in Rouen verbrannt.**

Den Schuldspruch fällte, da Johanna wegen schwerer religiöser Delikte angeklagt war, ein geistlicher Gerichtshof, der aus französischen Klerikern unter dem Vorsitz des Bischofs von Beauvais, Pierre Cauchon, gebildet war; Beauvais lag, wie zur Erklärung gesagt werden muß, in dem von den Engländern besetzten Teil Frankreichs, wenn man will in der »britischen Besatzungszone«. Dem Vollzug des Urteils ging die schimpfliche Ausstoßung aus der Kirche voraus, die unter den entwürdigenden Umständen eines strengen Zeremoniells vollzogen wurde.

Der klägliche König, dem es nicht gelungen war, die tapfere Bauerntochter aus Domremy »la Pucelle« zu retten, die ihm die Krone von Frankreich gerettet hatte, deren »Verbrechen« in Wahrheit ihre entscheidende Bedeutung im Krieg gegen England war, setzte sehr viel später einen Wiederaufnahmeprozeß durch, der mit ihrem Freispruch endete. In Frankreich begann man nun, Johanna als Heldin zu feiern und sogar als Heilige zu verehren, doch weigerte sich die katholische Kirche beinahe ein halbes Jahrtausend (!) lang, vom ursprünglichen Urteil von Rouen abzuweichen: Erst 1920 – zwei Jahre nach dem Waffenstillstand von Compiègne, der Frankreich als bedeutendste Militärmacht des Kontinents installiert hatte – erfolgte ihre offizielle Heiligsprechung und Inkorporation in den Canon, das Verzeichnis der Heiligen.

[31] **Paris** bestand damals aus der stark befestigten Altstadt auf der Ile de la Cité, die seit in der Tat unvordenklichen Zeiten besiedelt und mit Wehranlagen versehen war. Als Caesar das Land der Gallier für Rom eroberte, befand sich hier eine Wasserburg, die auf seinen Befehl zu einem starken Militärstützpunkt ausgebaut wurde: Lutetia Parisiorum. Unter diesem Namen wurde die Stadt auf der Insel eine Zentrale der römischen Verwaltung und behielt diesen Rang in merowingischer und karolingischer Zeit.

Im 9. Jahrhundert mehrfach von den Normannen bedroht und einmal erobert, rutschte sie in den Rang eines starken Bollwerks gegen die Gefahr aus dem Norden; sie wurde – in die heutige Fachsprache übertragen – zum »starken Stützpunkt in der Tiefe des Raumes«, dessen Behauptung zum Symbol des westfränkischen Widerstandswillens wurde. Als Karl III., der Einfältige, den Normannen ein beträchtliches Stück von Nordfrankreich, die Normandie, überließ, wählten die kampfentschlossenen Großen Westfrankens den Bruder König Odos, Robert, zum König (922), der im folgenden Jahr im Kampf gefallen ist. Ihm folgte sein Schwiegersohn Rudolf, Herzog von Burgund – und während seiner Regierungszeit wurde aus der Grafschaft Paris das Herzogtum Franzien, dessen erster Herzog Hugo d. Gr., der Sohn König Roberts, war, und das zum eigentlichen Herzstück Frankreichs wurde.

³² Die **Mehrsprachigkeit Kärntens** – und zwar des höfischen Kärnten – für das hohe Mittelalter ergibt sich beispielsweise aus dem berühmten »Frauendienst« des steirischen Minnesängers Ulrich von Liechtenstein. Dieser war, nebenhin bemerkt, Marschall des schon verselbständigten Herzogtums Steiermark, ein berühmter und erfahrener Turnierkämpfer und eine Zierde der Ritterschaft. Auf seiner abenteuerlichen Fahrt durch halb Europa, die er in seinem Hauptwerk schildert, oder die er, richtiger gesagt, unternahm, um darüber ein Werk schreiben zu können, stieß er auf den Hof des Bernhard von Spanheim, Herzog in Kärnten, und brach mit seinen Rittern etliche Lanzen. Und diese Ritter läßt er, wie selbstverständlich, die slowenische Sprache verwenden, woraus sich ergibt, daß es nicht nur slowenische Bauern und Handwerker, Freibauern und Kleriker gab, sondern auch slowenische Ritter, und diese nicht nur als halbvergessene Lehensmänner in irgendwelchen abgelegenen Karawankentälern, sondern am Hofe des Landesfürsten. Das war auch außerhalb Kärntens anscheinend durchaus bekannt, und Ulrich konnte in der Voraussetzung, daß es für seine Leser oder richtiger Hörer durchaus nicht neu oder überraschend wäre, sich jedes Kommentars, jeder Erklärung enthalten.

³³ **Markgraf Luitpold** war mit König Arnulf vermutlich über dessen Mutter Liutswinda verwandt; daß er einem fränkischen Geschlecht entstammte, wie gelegentlich behauptet wird, ist eher unwahrscheinlich. Er war mit Kunigunde aus Schwaben vermählt, deren Brüder Erchanger und Berchthold als »Kammerboten«, wie man die missi dominici Karls d. Gr. nun nannte, von großem Einfluß waren. Luitpold und Kunigunde waren die Stammeltern der bayrischen Herzogsfamilie der Luitpoldinger.

³⁴ **Swatopluk von Mähren** war der Neffe des getauften slawischen Häuptlings Rastislaw, der 846 von Ludwig II. dem Deutschen nach dargebrachter Huldigung als Fürst von Mähren anerkannt worden war. Die Verbindung mit Bayern wurde im Zusammenhang mit dem Erscheinen von Kyrillos und Methodios gelöst, was durchaus nicht den Beifall jener Mährer fand, die der Papstkirche verbunden bleiben wollten. An ihre Spitze stellte sich Swatopluk, der Neffe des Fürsten, der nach dem Abgang der beiden Byzantiner nach Rom, wo Kyrillos starb und Methodios zum Bischof ernannt wurde, einen Aufstand entfesselte, dem Rastislaw zum Opfer fiel. Swatopluk nahm nun die alten Beziehungen zu Regensburg im kirchlichen wie im weltlichen Bereich wieder auf, schwenkte allerdings nach des Methodios Entlassung und Übernahme seines Bistums auf die byzantinische Politik seines eben deswegen abgesetzten Oheims ein und war recht erfolgreich: Er expandierte nach Böhmen und Pannonien, wobei sich seine Herrschaft bis in die Gegend südlich des Plattensees erstreckte. Die Stadt Pécs → Fünfkirchen soll ihren Namen von jenen fünf Kirchen haben, die damals von den Priestern des Methodios erbaut wurden; erinnern wir uns daran, daß das Gebiet damals slawisch besiedelt war, so fällt es nicht schwer, der Verwendung der slawischen Sprache in der Liturgie eine entscheidende Bedeutung für die großmährische Expansion zuzumessen.

Von Fünfkirchen verbreitete sich die anscheinend slawische, in Wahrheit aber byzantinische Spielart des Christentums auch nach Friaul und Istrien, slawisch besiedelte Gebiete des Patriarchats von Aquileia, wo übrigens die slawische Kirchensprache noch beibehalten wurde, nachdem sie vom Papst bereits wieder untersagt worden war.

³⁵ **Dieser Huldigung, also Anerkennung der Oberhoheit des Königs** durch bereits christianisierte Tschechen, waren Taufe und Huldigung von 845 vorangegangen, wobei Ludwig II. dem Deutschen als Rex Bavariae gehuldigt worden war. Damals dürfte es sich allerdings nur um eine Huldigung von Bewohnern des Grenzraumes gehandelt haben, die um die Familie der Slawnikiden gruppiert waren; es ist anzunehmen, daß der Vorgang in irgendeinem Zusammenhang mit Taufe und Einsetzung des Rastislaw in Mähren stand.

Die Tschechen waren vermutlich von Samo in Böhmen angesiedelt worden und jedenfalls mutterrechtlich organisiert. Die mythische Überlieferung ist die einzige innertschechische Geschichtsquelle jener Zeit; der erste tschechische Historiker, der gelehrte Kleriker Kosmas, der 1125 in Prag verstarb, hält sie in seiner Chronik fest. Vereinzelt finden sich auch Nennungen in nichttschechischen Quellen, und im zehnten Jahrhundert gelangten sie durch den gelehrten Ibrahim ibn Jakub, der in Böhmen die Heimat der Amazonen entdeckt zu haben glaubte (s. Bd. 1, S. 312), sogar in das Wissen der islamischen Welt. Die matriarchalische Organisation war von hohem Auffälligkeitswert für die Umwelt; eine der letzten oder überhaupt die letzte Frau an der Spitze der Gesellschaft war die sagenumwobene Libussa, deren Gemahl Przemysl die Gleichberechtigung der Männer erlangte, der nach etlichen Generationen das männliche Monopol politischer Betätigung nachfolgte. Noch im zehnten Jahrhundert war dieser Prozeß nicht abgeschlossen: Die Frauen waren im Waffengebrauch geübt, zogen beritten ins Feld und kämpften in den Kriegen tapfer mit, und ganz zweifellos waren die christlichen Bemühungen, sie auf Küche und Kinderstube festzulegen, der Grund für die wiederholten Rebellionen gegen die Kirche. Einer Sage um Burg Dewin → Devin im Beraunerland läßt sich der Nachhall innerer Wirren im Zusammenhang mit der Brechung der weiblichen Vorrangstellung deutlich entnehmen: Libussas Schwester Wlasta → Vlasta habe sich, so wird berichtet, mit fanatischen Anhängerinnen des Matriarchats hierher zurückgezogen, und erst nach langen, erbitterten Kämpfen sei es den Männern gelungen, der wilden Weiber Herr zu werden.

Da auch Böhmens Sagengut im Zeitalter der Romantik Gegenstand gelehrter Betrachtung wurde, lösten die Ereignisse um die Abschaffung des Matriarchats großes Erstaunen aus, zumal man sie – vor Bachofens Lehre vom Mutterrecht (s. Bd. 1, S. 332) – ins Reich der Fabel verweisen zu können glaubte. Immerhin
– befaßte sich Goethe in einer eigenen, kleineren Abhandlung mit den »Amazonen in Böhmen«,
– machte Grillparzer Libussa zur Titelfigur seines großen historischen Dramas und
– weigerte sich Ida Gräfin Hahn-Hahn an »den alten, fabelhaften Mädchenkrieg« zu glauben und erklärte die Überlieferung in ihren seinerzeit vielgelesenen Reisebriefen zur Sage, von einem wilden Volke ersonnen.
Allein wie immer es um die Stellung der Männer auch stand und unter welchen Umständen immer es ihnen auch gelang, sich gegenüber den Frauen durchzusetzen: Eine festgefügte staatliche Organisation hatte sich nicht entwickelt. Es hatten sich vielmehr aus den ursprünglichen Sippenverbänden regionale Gruppen gebildet, Dorfgemeinschaften, die von Leitfamilien gelenkt wurden und untereinander in einer Art Bündnissystem verbunden waren. Die Oberhäupter der Leitfamilien traten in regelmäßigen Abständen und bei dringenden außerordentlichen Anlässen zusammen und berieten die Angelegenheiten von allgemeiner Bedeutung, wobei die gefaßten Beschlüsse jeder für sich selbst in seinem Gebiet vollstreckte. Den Vorsitz in diesem Kollektivorgan gesellschaftlicher Willensbildung führte das Oberhaupt der mächtigsten und angesehensten Familie, und allem Anscheine nach rückten in diesen Rang die Nachkommen Libussas und Przemysls, die Przemysliden. Sie beherrschten den böhmischen Zentralraum im Moldautal und hatten auf dem Berg Hradschin eine starkbefestigte Siedlung angelegt, aus der sich später die berühmte Burg von Prag, eben der Hradschin, entwickelte, um den sich die Stadt bildete. In heidnischer Zeit hatte der Berg auch sakrale Bedeutung erlangt und nahm eine dominierende Stellung in den paganischen Kultformen ein; er stand im Rufe besonderer Ehrwürdigkeit, der sich vielleicht an Funde aus dem prähistorischen Zeitalter, die von den Tschechen bei Inbesitznahme des Geländes gemacht und in mythologischem Sinne gedeutet wurden, anknüpfte. Denn der »dem Rücken eines Delphins oder Meerschweines« gleichende Berg – so Kosmas – war, wie heute archäologisch gesichert ist, schon im Neolithikum besiedelt.

Vielleicht war die »Herrschaft« der Przemysliden bis ins neunte Jahrhundert auf den Zentralraum beschränkt; im Süden dürfte die Familie der Slawnikiden einen ähnlichen Rang eingenommen haben, denn diese scheint für eine gewisse Zeitspanne die entscheidende Kontaktstelle für die Christianisierung der Tschechen und die Anlehnung an Bayern gewesen zu sein. Aus dieser Familie ging jedenfalls der heilige Adalbert, der erste tschechische Bischof von Böhmen, hervor; sie wurde später von den Przemysliden ausgerottet, was wiederum von Bedeutung für die Christianisierung der Magyaren werden sollte, mit der wir uns noch zu beschäftigen haben.

Aber auch die Familie der Przemysliden hat »ihre« Märtyrer und Heiligen: Ludmilla zum Beispiel, die Gemahlin Boriwojs, die nach dessen Tod dem ersten paganischen Aufstand zum Opfer fiel und seither die Landesheilige Böhmens ist, oder deren Enkel Wenzel, dem der persönliche Herzogtitel verliehen worden und der Böhmens erster Ritter war, dessen Ermordung eine neue Erhebung der Heiden zur Folge hatte.

Die Przemysliden wurden zunächst zu Herzögen, sodann zu Königen Böhmens und zu Kurfürsten des Sacrum Imperium Romanum; ihren strahlenden Höhepunkt fanden sie in König Ottokar II., dem ritterlichen, bewunderten und geliebten Gegenspieler Rudolfs I. von Habsburg.

[36] **Arnulfs** erstes Auftreten in der Geschichte wird eines durchaus unkriegerischen, später aber die Christianisierung der Magyaren erheblich beeinflußenden Umstandes wegen erwähnt, der wiederum nur verständlich ist, wenn wir uns an das noch nicht gänzlich überwundene Matriarchat bei den Tschechen erinnern. Arnulf hatte am Hofe der Slawnikiden mit einem Familienmitglied sein vermutlich erstes Liebeserlebnis, das nicht ohne Folgen blieb, aber nicht zu einer Heirat führte, was in einer halb mutterrechtlich organisierten Gesellschaft durchaus kein Flecken auf der Ehre von Familie oder Mutter war. Ein Nachkomme aus dieser Verbindung – der Enkel oder Urenkel – wurde Bischof Adalbert von Prag, der am magyarischen Hofe eben wegen seiner Abstammung von Arnulf, der später eine Arpadin geheiratet hatte, höchstes Ansehen genoß und von großem Einfluß war.

[37] **Mathilde** war die erste deutsche Königin, die nach ihrem Tode in den Rang einer Heiligen erhoben wurde. Sie gebar König Heinrich I. fünf Kinder: Otto, der zu Kaiser Otto d. Gr. wurde, Bruno (auch Brun), der als Erzbischof von Köln selbst zum Heiligen geworden ist, Gerberga, die zuerst mit Herzog Giselbert von Lothringen, später mit König Ludwig IV. von Frankreich, Hadwig, die mit Herzog Hugo von Franzien vermählt war, und Heinrich, dem als erstem Liudolfinger das Herzogtum Bayern verliehen ward.

Mathildes Frömmigkeit äußerte sich vor allem in ihrer unendlichen Fürsorge für die Armen und einer sehr weitherzigen Großzügigkeit gegenüber der Kirche. Sie stiftete die Frauenklöster Quedlinburg, Nordhausen, Egern und Pölde und stattete sie königlich aus, was in höchst auffälligem Gegensatz zu ihrer sonstigen Sparsamkeit stand. Im königlichen Haushalt führte sie ein genaues, beinahe schon kleinliches Regiment, leitete die Herstellung von Schafwolle selbst und führte auf ihren Reisen stets ein Spinnrad mit, um allerorts Wolle erzeugen zu können, die sie sodann an Arme verschenkte.

Nach dem Tod ihres Gemahls warfen ihr ihre Söhne Otto und Heinrich ihrer caritativen Aktivitäten wegen Verschwendungssucht vor und entzogen ihr das Verfügungsrecht über die Einkünfte aus ihrem Wittum, was faktisch ihre Entmündigung bedeutete. Mathilde trat, zutiefst gekränkt, in ein Kloster ein, was nun von den Gegnern Ottos dahin entstellt wurde, sie sei verrückt geworden und ihre Söhne hätten sie interniert. Das war dem Prestige der Königsfamilie außerordentlich abträglich, und Otto beeilte sich, sie wieder aus dem Kloster zu holen, was ihm erst gelang, nachdem er ihr feierlich versichert hatte, daß er sich in ihre Vermögensverwendung nicht mehr einmischen werde.

[38] **Roger von Pöchlarn → Rüdiger von Bechelaren** ist die entscheidende Schlüsselfigur, in der die Verbindung mit dem blutigen Zwist und verklärter, überhöhter Geschichtsdarstellung der mittelhochdeutschen Epik unübersehbar wird. Selbst um den Preis des Vorwurfs, Überlegungen und Hinweise dieser Art hätten im Rahmen dieses Werkes nichts zu suchen, muß diese Verbindung aufgezeigt werden, schon allein um darzutun, wie sehr das Geschehen im Donau- und Alpenraum des zehnten Jahrhunderts in das Bewußtsein des Volkes drang, von wo es in die Spielmannsdichtung und zuletzt in die großen Epen gelangte und im Nibelungenlied die schlechthin entscheidende Ausprägung fand. Die Sprachwissenschaft hat längst erkannt, daß das Nibelungenlied die durchaus beabsichtigte Verschmelzung des rheinländisch-fränkischen Sagengutes mit der donauländisch-süddeutschen Überlieferung ist. Es gelang auch die Identifikation des Geschehens am Hof der Burgunden zu Worms mit der historischen Bedeutung in der Familie der Merowinger um 575, als der fränkische Teilkönig Sigibert in der Pfalz von Vitry von einem von seiner Schwägerin gedungenen Terrorkommando ermordet wurde, welch blutiges Geschehen mit der Ermordung des Teilkönigs Chilperich 584 auf der Jagd – zu einer Einheit verwoben – Siegfrieds blutigen Tod auf der Jagd im Odenwald ergab.

Eine ähnliche Identifikation der Dietrichepen wurde vor allem dadurch vereitelt, daß König Dietrich als die Übertragung des großen Theoderich in die ritterliche Literatur angesehen wird. Entscheidend dafür war die Entwicklung des um 700 am langobardischen Königshof entstandenen »älteren« Hildebrandslieds zum »jüngeren«, das ab dem frühen dreizehnten Jahrhundert nachweisbar ist. Im älteren Hildebrandslied erscheint der König, mit dem Hildebrand zu den Heunen floh, unter dem Namen des Ostgotenkönigs: »Forn her ostar giweit, floh her Otachres nit, hina mitu Theodrichi enti sinero deganu vilu«, sagt Hadubrand von seinem Vater. Im jüngeren Hildebrandslied ist Theoderich zu Dietrich von Bern geworden, und Theoderichs Gegner Odoaker zu Ermenrike. Nicht ganz per Zufall, denn das ältere Hildebrandslied ist ein Einzelwerk, während das jüngere Hildebrandslied bewußt in den Kranz der Epen um König Dietrich eingefügt wird.

Im Mittelpunkt der Dietrichepik steht »Herrn Dietrichs Flucht« vor der überlegenen Macht des auch im Familienverband übergeordneten Ermenrike, der »Kaiser in Romapurc« ist, zu den Heunen, deren König Etzel genannt wird. Der Geschehensablauf ist um den sittlichen Komplex der Treue gruppiert: Der Treue der Mannen zu Dietrich, der Treue Dietrichs zu seinen Mannen. Die Mannen Dietrichs sind nun – und hier hebt sich die literarische Bearbeitung höchst auffällig von der historischen Wirklichkeit Theoderichs ab – nicht zu Hofe gezogene Krieger eines Volkes, wie dies die Gefolgen des Ostgotenkönigs waren, sondern zumeist Recken höchst unterschiedlichen Herkommens, die als Freiwillige zu Dietrich kamen, um in seinen Dienst zu treten. All dies weist darauf hin, daß mit dem Dietrich der Sage nicht Theoderich gemeint ist, sondern Arnulf von Bayern, wobei die Aufzählung einer Fülle von Einzelheiten, die für diese Annahme sprechen, in diesem Rahmen unterbleiben muß. Letztlich spricht auch der alpine Raum als Szenarium der Taten Dietrichs eine Rolle, dessen Bedeutung sich durch die höchst auffällige Unterlassung jeglicher Anspielung auf das Herkommen Theoderichs gewaltig erhöht: Theoderich kam nämlich aus dem pannonischen Raum, in den Dietrich floh. Wäre er mit dem Dietrich der Epik gemeint, der bei den Heunen Zuflucht fand, so wäre dies eine Heimkehr in sein Ursprungsland gewesen. Dietrich kehrte aber nicht zurück, sondern er floh nach Verlust des väterlichen Erbes in ein fremdes Land, von dem aus er versuchte, seine Heimat zurückzugewinnen: Dies trifft auf Arnulf, nicht aber auf Theoderich zu.

Selbstredend ist Bedacht darauf zu nehmen, daß die Gestalten der Epik nicht ganz einfach andersgenannte historische Persönlichkeiten sind, sondern erdachte Personen, die ihre Vorbilder aber durchaus in der geschichtlichen Wirklichkeit haben. Häufig verschmelzen mehrere Persönlichkeiten der Effektivität zu einer einzigen der Literatur: Dietrich ist so allem Anscheine nach die Verbindung Arnulfs mit Theoderich; Rüdiger entsteht aus einer ähnlichen Verbindung Rogers mit Burkhard von Pöchlarn; Etzel wird aus Szabolcs, Géza und Stefan I. gewonnen; Kriemhild ist aus der Vermischung der Frankenkönigin Brunhilde mit der bayrischen Herzogstochter Gisela entstanden und so weiter. Nicht nur die Personen, sondern auch Geschehnisse lassen sich identifizieren: Arnulfs Flucht wird zu Dietrichs Flucht; Arnulfs Eheschließung mit einer Árpádin, die in der Taufe den Namen Agnes erhält, wird zu Dietrichs Vermählung mit Etzels Nichte Herat; Kriemhilds Brautfahrt ist die poetische Wiedergabe des Geschehens um Giselas Vermählung – und die Fahrt der Burgunden an den Hof Etzels hat mehrere Heerzüge donauabwärts ohne Wiederkehr zum Vorbild: Von Luitpolds Zug nach Braslawaspurc über den Untergang des Heeres König Konrads II. 1030 im Raum Wien (hier besonders markant: Bayrische Ritter, die oder deren Väter im Gefolge Giselas nach Ungarn kamen, kämpfen gegen die Ritter des deutschen Königs – im Nibelungenlied der Kampf der Mannen Rüdigers gegen die Burgunden) bis zum Kreuzzug Friedrich Barbarossas, der unmittelbar vor der Entstehung des Epos erfolgte.

Auch für letztere Annahme ein kennzeichnendes Detail: Barbarossas Mannen gerieten mit den babenbergischen Dienstleuten, die das Passieren der Schiffseinheiten von der Entrichtung einer beachtlichen Maut abhängig machten, in Kollision und erkämpften sich die Durchfahrt, wobei der Gebäudekomplex der Mauteinhebungsdienststelle – die Keimzelle des Ortes Mauthausen – niedergebrannt wurde; im Nibelungenlied wird der bayrische Fährmann, der den Burgunden die Überfahrt weigert, vom grimmigen Hagen erschlagen.

Die Dichter des Mittelalters verfügten also sehr selbstherrlich über die Zeit; es kommt ihnen ausschließlich auf die typisierende Darstellung konkreter Geschehensabläufe, nicht aber auf deren temporär korrekte Einordnung an: Dichterische Freiheit in der Bearbeitung des Stoffes, die man wohl zu akzeptieren hat.

39 **Die beiden Aufstände der noch paganischen Tschechen** fanden 921 und 929 statt. Der erste Aufstand war die Folge des von Wratislaw befohlenen Baues einer dem heiligen Georg gewidmeten Basilika in Prag; er brachte den Tod Wratislaws und seiner Mutter, der heiligen Ludmilla, und wurde durch einen Feldzug Arnulfs beendet. Arnulf bestellte den noch sehr jungen Sohn Wratislaws, Wenzel, zu dessen Nachfolger und verlieh ihm den persönlichen Herzogstitel, ganz offenbar, um seine Autorität zu stärken. Wenzel war von seiner Großmutter Ludmilla in einem sehr bewußten Christentum erzogen worden und war ein begeisterter Anhänger christlich-ritterlicher Lebensart; die Grundtendenzen seiner Politik waren
– die Überwindung des Heidentums und
– der Aufbau einer ritterlichen Gesellschaft durch Übernahme des deutschen Lehenswesens. Die zur Vergabe von Reiterlehen benötigten Grundflächen holte er aus den Landreserven der tschechischen Sippenoberhäupter, die etwas wie den Uradel bildeten, und geriet dadurch mit diesen in einen Interessenkonflikt. An die Spitze der Opposition wurde sein Bruder Boleslaw gedrängt, und der Aufstand brach am 28. September 929 aus, als Herzog Wenzel in Altbunzlau bei Prag bei einem ritterlichen Kampfspiel, das er als Schiedsrichter leitete, durch einen Lanzenstich getötet wurde. Ob sein Bruder die Lanze führte, steht nicht mit Sicherheit fest: Daß aber seine Ermordung das Signal für eine wilde Christenverfolgung war, ist gewiß. Sicher ist auch, daß Boleslaw sich beim Erscheinen des königlichen Heeres sogleich unterwarf und in gerichtliche Untersuchung gezogen wurde, die jedoch eingestellt wurde, sei es, weil man einen anderen Schuldigen fand, sei es, weil man den Vorgang für einen unglücklichen Zufall nahm. Jedenfalls wurde Boleslaw zum Nachfolger seines Bruders bestellt und auch ihm der persönliche Herzogstitel verliehen; Böhmen blieb Teil des Herzogtums Bayern – und diese gelegentlich übersehene Tatsache ist die Erklärung für die Vorgänge ein rundes halbes Jahrhundert danach.

Wenzel wurde als Märtyrer, bald schon als Heiliger verehrt; seine Bedeutung als Böhmens erster Ritter erhielt sich in seinen Kultbildern, die ihn zumeist in Waffenrüstung darstellen, die Turnierlanze in der Hand, umwallt von einem grünen Banner.

40 Das eigentliche **deutsche Mittelalter** ist die Zeit der hehren Könige und der tapferen Ritter, der edlen Damen und der demütig Glaubenden und der die Welt als Wunder der göttlichen Allmacht Erkennenden. Es ist die Zeit, in der die Gesellschaft noch ein Gefüge von Persönlichkeiten war und kein seelenloser Apparat, in der jedermann verantwortlich war und sich auch verantwortlich fühlte gegenüber einer menschlichen und der alles überlagernden, sehr persönlich gedachten göttlichen Macht, in der man sich noch liebte oder haßte, freute oder prügelte in der spontanen, unverfälscht emotionsgesteuerten Kraft kindlicher Seelen. Es ist die Zeit, in der die Menschen dem Paradiese näher waren als alle die nachgeborenen Generationen, und in der sie in ursprünglicher, wundersamer Beziehung standen zur Schöpfung, »zu Wiese und Wald, Wolke und Wind«, wie es Friedell formuliert. Seltsam und unerhört berührt uns ihr Verhältnis zu allem Lebenden, in dem sie Gottes schöpfende Kraft erkennen, und höchst eigengeartet ist ihr Empfinden Tieren gegenüber, das Friedell (S. 86) trefflich umreißt:
»Überall in Skulptur und Ornament, in Satire und Legende, zu Hause und bei Hof feiern sie ihre weisen und heiteren Brüder, die ihnen vollkommen wesensgleich erscheinen und in denen sie vollwertige Personen erblicken, die als Zeugen und bisweilen auch als Verbrecher vor Gericht zitiert werden. Und es ist einer der schönsten Züge, die uns aus dem Mittelalter überliefert werden, daß ein Hund, der für das Kind seines Herrn sein Leben geopfert hat, vom Volk sogar als Märtyrer und Heiliger verehrt wurde. Es erfaßt uns dieser Welt gegenüber eine Empfindung, die der Erwachsene so oft gegenüber Kindern hat: Daß sie etwas wissen, das wir nicht wissen oder nicht mehr wissen, irgendein magisches Geheimnis, ein Gotteswunder, in dem vielleicht der Schlüssel unseres ganzen Daseins liegt.«

Wenig später (S. 94) umreißt er nicht minder zutreffend den Unterschied zwischen der Weltsicht jener Zeit und der des um 1400 heraufziehenden Zeitalters:

»Eine tragische Kultur macht einer bürgerlichen Platz, eine chaotische Kultur einer organischen und schließlich sogar einer mechanischen: Die Welt ist fortan nicht mehr ein gottgewolltes Mysterium, sondern eine menschengeschaffene Rationalität.«

Dabei wußte der 1938 aus Furcht vor der Judenverfolgung der NSDAP freiwillig aus dem Leben geschiedene jüdische Weise in Wien noch gar nicht, wie sehr, wie exzessiv sie damit zu einem Etwas wurde, das die neuzeitlichen Spielarten des homo sapiens, der homo oeconomicus und der homo technicus in geradezu sagenhafter Verantwortungslosigkeit ausplündern zu können wähnen und auch tatsächlich bis zur absoluten Lebensuneignung versauen.

Schlecht steht es uns im Müll der industriellen Abfallprodukte Erstickenden, die Wälder zum Krepieren Bringenden, die Meere in Kloaken Verwandelnden an, voll Hochmut vom Fortschritt zu faseln und die Nase zu rümpfen ob der tiefen Gläubigkeit des mittelalterlichen Menschen, ob seines Bemühens, die Welt als Universalität zu erkennen, ob seiner permanent bewiesenen Scheu vor jener Art der naturwissenschaftlichen Forschung, die für uns »up to date« ist, und ihn deswegen für primitiv und unterentwickelt zu halten und vom »finsteren Mittelalter« zu reden, wie es oft und gerne geschieht. Summa summarum besteht das Erbe, das jenes Zeitalter uns hinterließ, in wuchtigen romanischen Domen und himmelaufragenden gotischen Kathedralen, im Weltverständnis eines Albertus Magnus und eines Thomas von Aquino, in der subtilen Schauweise eines Johannes Duns Scotus und eines Wilhelm von Occam, in den christlichen Dramen einer Roswitha von Gandersheim und den kühnen Gedanken eines Eckhart von Hochheim, in den begeisterten Gesängen eines Wolfram von Eschenbach, in der innigen Lyrik eines Walther von der Vogelweide, in der demütigen Nächstenliebe eines Fanziskus von Assisi, in der gelebten Ethik eines Bernhard von Clairvaux, in den zutiefst menschlichen und dennoch übermenschlich großen Herrschergestalten eines Friedrich Barbarossa und eines Ludwig d. Gr. – und in der nun in der Tat heilen Welt einer unzerstörten Natur, die sich Jahr für Jahr erneuerte und Generation für Generation die Möglichkeit des Lebens bot.

[41] Die **arpadische Hofpropaganda** brachte damals, vielleicht auf alte Überlieferungen gestützt, die Legende von der göttlichen Abstammung der Arpaden gezielt ins Volk. Isten, der alte Himmelsgott, habe in der Gestalt des mythischen Turul die Stammutter der Familie, Emese, beschlafen und geschwängert; die Magyaren könnten seines Wohlwollens und seiner Hilfe nur solange sicher sein, als sie sich der Führung durch seine Nachkommen, die Arpaden, anvertrauen würden.

II. Das Königreich Ungarn

[1] Mit **Leopold** → Luitpold von Babenberg erscheint im Rahmen unserer Betrachtung der erste Angehörige der für die mittelalterliche Geschichte des Donauraumes entscheidenden Fürstenfamilie, die hier vorwegnehmend dargestellt werden soll, um spätere Einordnungen und Erklärungen zu einzelnen Mitgliedern, die uns begegnen werden, zu vermeiden. Mit der Mark an der Donau, später dem Herzogtum Österreich, zuletzt mit den Herzogtümern Österreich und Steiermark waren belehnt:

Leopold I., der Erlauchte	976– 994
Heinrich I.	994–1018
Adalbert der Siegreiche	1018–1055
Ernst der Tapfere	1055–1075
(Vereinigung der Mark a. d. Donau mit den Territorien der kurzlebigen	
– Böhmischen Mark am Nordufer der Donau und	
– Ungarischen Mark stromabwärts von Wien;	
beinahe Gesamtgebiet des heutigen Niederösterreich)	
Leopold II.	1075–1095

Leopold III. der Heilige	1095–1136
Leopold IV.	1136–1141
Heinrich II. Jasomirgott	1141–1177
(1140–1141 Pfalzgraf bei Rhein;	
1143–1156 Herzog von Bayern;	
ab 1156 Herzog von Österreich)	
Leopold V. der Glorreiche	1177–1194
(ab 1192 auch Herzog der Steiermark)	
Friedrich I.	1194–1198
(ab 1192 gemeinsam mit seinem Vater Herzog der Steiermark)	
Leopold VI.	1198–1230
(ab 1194 gemeinsam mit seinem Bruder Herzog der Steiermark)	
Friedrich II. der Streitbare	1230–1246

Im Zusammenhang mit dem Geschehenskomplex der Kreuzzüge wurden im Band 1 genannt Leopold II. (S. 346, A. 19), Leopold V. (S. 165. f.), Friedrich I. (S. 348, A. 21), Leopold VI. (S. 349, A. 21) und Friedrich II. (S. 173). Friedrichs II. Tod löste den Streit um die Babenbergische Erbschaft aus, der zwischen Margarete von Babenberg, der Schwester Friedrichs, und seiner Nichte Gertrude von Babenberg begonnen wurde und zur Gewinnung beider Herzogtümer durch das Haus Habsburg führte.

Nicht nur als Markgrafen und Herzöge sind Babenberger in die Geschichte eingegangen; zu nennen sind besonders
– Herzog Ernst II. von Schwaben, der Stiefsohn Kaiser Konrads II., der sich mehrfach gegen diesen erhob und nach seinem Tod im Kampf gegen kaisertreue Ritter als Prototyp des edlen Rebellen zu einer Lieblingsgestalt der mittelalterlichen Volksdichtung wurde, die in vielen liedhaften und epischen Werken vom »Herzog Ernst« erzählt;
– Konrad, der als Erzbischof von Salzburg den Rang eines persönlichen Vertreters des Papstes im Reiche Friedrich Barbarossas (Primas Germaniae) erlangte;
– Otto, Bischof von Freising, ein Historiker von hohem Rang, der vielfach als der bedeutendste deutsche Geschichtsschreiber des Mittelalters gilt und die berühmte »Weltchronik« → Chronica sive de duabus civitatibus sowie ein Fragment über die Regierungszeit Kaiser Barbarossas verfaßte, der den gelehrten Chronisten allerdings um rund drei Jahrzehnte überlebte; er nahm am Kreuzzug Kaiser Konrads II. teil, trat auch als Kriegsmann rühmlich hervor und war insbesondere der Befehlshaber selbständig operierender Heereskörper.

² Der Name **Ostarichi** wird 996 erstmals urkundlich erwähnt: Kaiser Otto III. übertrug einen Gutshof und dreißig bäuerliche Siedlerstellen dem Bischof von Freising; das Areal lag in Niwanhova → Neuhofen an der Ybbs in einem Gebiet, das die Volkssprache (»… in regione vulgari vocabulo …«) als Ostarichi bezeichnete. Ab 1136 wurde die Mark an der Donau Ostarichi, latinisiert terra Austria, genannt. Es ist nicht ganz geklärt, ob Ostarichi ganz allgemein »Land im Osten« bezeichnet, oder ob sich darin die Ostrogoten verbergen; gewiß ist aber, daß der Namen zur Expansion neigte: Bezeichnete er ursprünglich einen Teil der Mark an der Donau, dann diese zur Gänze, dann auch die angeschlossene Böhmische und Ungarische Mark, bis zuletzt alle »Erbländer« der Habsburger unter dem Sammelbegriff der »österreichischen Lannd« zusammengefaßt wurden, was erstmals im »Innsbrucker Kriegslibell« von 1497 der Fall war. Etwa zur gleichen Zeit wurde es üblich, die Familie Habsburg das »Haus Österreich« zu nennen und die Gesamtheit der von ihr beherrschten Länder – temporär ohne Berücksichtigung der Zugehörigkeit zum Sacrum Imperium Romanum Nationis Germanicae – als Österreich im Sinn von »als dem Haus Österreich gehörig«.

Trotz der nominellen Identität ist es nicht unbedenklich, den Ostarichi genannten Teil der Mark an der Donau oder diese selbst als Keimzelle des Weltreichs der Habsburger oder der Republik Österreich anzusehen, wie es allzugern geschieht. Gerade die eifrig betriebene Suche nach historischer Kontinuität muß sich davor hüten, Irrwege zu beschreiten, und sie kann ganz einfach nicht an der Tatsache vorübergehen, daß selbst die habsburgischen Erblande in den langen Perioden der Linientrennungen organisatorisch nur durch die gemeinsame Zugehörigkeit zum Heiligen Römischen Reich verbunden waren. Sie hatten durchaus ihre eigengeartete Entwicklung und damit Geschichte, die zumindest im Falle Kärntens entscheidend älter und in der frühen Periode bedeutender ist als die der donauländischen Mark. Auch darf nicht übersehen werden, daß die heutigen Bundesländer zu höchst unterschiedlichen Zeiten und aus unterschiedlichen Anlässen mit Österreich verbunden wurden: Zuletzt Salzburg im Zeitalter Napoleons, und das Burgenland gar erst nach dem Ende des Ersten Weltkrieges. Sie wuchsen mit Österreich zusammen und sind ihm organisatorisch und emotionell angeschlossen, aber sie haben eine durchaus eigene Geschichte, genau wie Tirol und Steiermark und selbst das kleine Vorarlberg.

Nur Wien hat – was durchaus seltsam berührt – außer der Stadtgeschichte keine eigene Geschichte, war es doch bis ebenfalls nach Ende des Ersten Weltkrieges die Hauptstadt Niederösterreichs, des Fürstentums unter der Enns, und somit in der Tat Teil der eigentlich österreichischen Geschichte. Und gleichzeitig – als Residenz der Habsburger – Teil der Geschichte der habsburgischen Großmacht, womit die janusköpfige Stadt universalgeschichtliche Bedeutung erlangte.

3 **Brun von Kärnten** wurde zweimal zum Papst gewählt, das erste Mal von einem durchaus nicht zuständigen Gremium kirchlicher Großer, die sich im Heerlager König Ottos III. in Pavia aufhielten (Ostern 996), und das zweite Mal von Klerus und Volk von Rom (Anfang Mai 996); seine Weihe erfolgte erst nach der zweiten Wahl am dritten Mai 996. Die erste Wahl – an ihr nahmen die Erzbischöfe von Mainz, Köln und Como und die Bischöfe von Worms, Straßburg, Lüttich und Pavia sowie einige hochrangige Ordensgeistliche teil – war wie ein erstes Aufleuchten des späteren Privilegiums höchstrangiger Kleriker, den Nachfolger des Apostelfürsten zu wählen (s. I. Teil, A. 29). Es ist dieselbe Tendenz, die schon in der Wahl Ottos III. zum Rex im Regnum Theutonicum in Erscheinung trat: Die Wahl des Oberhauptes von Reich oder Kirche nämlich nicht mehr von der Basis (im Falle der Papstwahl noch dazu einer Minderheit der Basis) durchführen zu lassen, sondern von einem Gremium von hochrangigen »Funktionären«, die zu einem Wahlvorgang zu vereinigen technisch möglich war und denen auf Grund ihrer Amtsinhabung ein höheres Maß an Einsicht zugemutet wurde.

Brun von Kärnten, der bei seiner Wahl erst 24 Jahre zählte, gehörte zum engeren Mitarbeiterstab des Königs; er verfügte über eine glänzende Bildung und war sittenstreng bis an die Grenzen der politischen Vernunft: Er verhängte das Interdikt – vereinfacht gesagt den Kirchenbann für eine bestimmte Region mit allen ihren Bewohnern – über das Königreich Westfranken, weil sich König Robert unter Nichtbeachtung des Verbots der Verwandtenehe mit einer Cousine vermählt hatte, von Volk und Klerus aber weiterhin anerkannt wurde (998). Er war wie König Otto III. ein Nachkomme Kaiser Ottos I. und krönte seinen Verwandten, der damals sechzehnjährig war, am 21. Mai 996 zum Kaiser.

Nach der Heimkehr Kaiser Ottos III. in sein Regnum Theutonicum entfesselte Crescentius Nomentanus (s. auch die folgende Anmerkung) einen Aufstand in Rom, vor dem Gregor V. nach Oberitalien fliehen mußte. In Rom wurde der sehr interessante Jonannes Philagotas zum Gegenpapst Johannes XVI. ausgerufen, so daß Otto III. neuerlich nach Italien ziehen mußte, um die Ordnung wiederherzustellen.

4 **Kaiser Ottos II. Tod** ist der Endpunkt der großen Pflichtenkollision, in die der Liudolfinger geriet. Nach dem unglücklichen Ende seines Zuges gegen die Moslems 982 bereiteten diese einen erneuten Offensivkrieg mit allgemeiner Stoßrichtung Norden vor, der die Hauptstadt der westlichen Christenheit zumindest mittelbar gefährden mußte – also gebot seine Pflicht als Kaiser sein Einschreiten als weltlicher Schirmherr der Kirche. Gleichzeitig aber hatten sich die Liutizen und Heveller erhoben; Havelberg und Brandenburg waren bereits erobert, und Magdeburg – Ottos d. Gr. Stolz im Osten des Reiches – behauptete sich mit knapper Mühe: Hierher rief ihn die Pflicht des Königs. Der Fürstentag von Verona, der neuerlich genannt werden muß, beriet die Problematik lang und eingehend und kam zuletzt zu dem verhängnisvollen Entschluß, mit der Kriegführung im Osten Herzog Bernward von Sachsen zu betrauen, der – mit unzulänglichen Kräften ausgestattet – das Ostland nicht halten konnte, so daß dem Reich Oldenburg und Brandenburg für einige Generationen verlorengin-

gen, wogegen Otto II. nach Italien zog, wo der Tod des Papstes Benedikt VII. den Abbruch des Feldzuges zur Verhinderung des Ausbruchs der nachgerade üblichen Unruhen erzwang. Das Heer des Kaiser wurde von einer Seuche dahingerafft, der auch er im Dezember 983 erlag; er war 28 Jahre alt. Die Papstwahl war jedoch eben noch in voller Ordnung durchgeführt worden: Der Bischof von Pavia, Johannes Canipanova, war nun Papst Johannes XIV. Er hielt sich knapp über den Anfang des Jahres 984, dann wurde er von den Leuten des heimgekehrten Gegenpapstes Bonifatius VII. in den Kerker geschleppt, wo er verhungerte.

Dieser Bonifatius – ursprünglich ein Kardinaldiakon Franco – war schon 974 von der Partei des Crescentius, des Enkels der mehrfach erwähnten Theodora, nach Ermordung Benedikts VI. zum Papst erhoben worden, wich jedoch schon bald und unter Mitnahme des Kirchenschatzes nach Byzanz aus, als Kaiser Otto II. erstmals nach Rom zog. Nach zehn Jahren erlangte Bonifatius wieder die Machtstellung an der Spitze der Kirche des Westens, behielt sie aber nur etwa ein Jahr: Im Juli 985 wurde er ermordet. Er war so verhaßt, daß die eigenen Verwandten seinen Leichnam verstümmelten und an den Füßen durch die Straßen Roms auf den Marktplatz schleppten, wo er beschmutzt, besudelt und zerfetzt liegenblieb.

Sein Nachfolger war Johannes XV., ein Anhänger der Reformideen von Cluny, der sich bemühte, die ärgsten Sümpfe der Korruption und Sittenlosigkeit in Rom trockenzulegen und der auch das strenge Verfahren der Heiligsprechung einführte. Während seines Pontifikats verstarb Crescentius, dem als Führer seiner Partei sein Sohn Crescentius Nomentanus nachfolgte. Dieser war es, der unter Brechung der feierlichen Eide, die er Otto III. geschworen, Papst Gregor V. aus Rom vertrieb und den Erzbischof von Piacenza, Johannes Philagotas, als Papst Johannes XVI. ausrief. Johannes Philagotas war ein Byzantiner aus dem oströmischen Restbesitz in Kalabrien; von Ottos II. griechischer Witwe Theophano protegiert, hatte er 988 die erzbischöfliche Würde erlangt. Was ihn bewog, sich mit dem eidbrüchigen Crescentier einzulassen ist unbekannt; was dieser hingegen mit dem griechischen Papst vorhatte, ist unschwer zu erkennen: Er wollte Byzanz, das unter Kaiser Basileios II. wieder eine bedeutende Schlagkraft entwickelt hatte, zu einem stärkeren militärischen Engagement in Süditalien bewegen, um den Kirchenstaat zu einer Art Pufferzone zwischen den beiden Kaiserreichen zu machen, wobei er völlig vergaß, daß das westliche Kaisertum nicht der Herr, sondern der Schutzschild des Papsttums und damit Roms war.

998 wurde er auf Befehl des Kaisers hingerichtet; er starb den durchaus verdienten Tod des Rebellen. Johannes XVI. aber wurde verstümmelt und in ein Kloster gesperrt, wo er angeblich noch etwa eineinhalb Jahrzehnte lebte.

[5] **Das heilige Kaiserpaar Heinrich und Kunigunde** war an Kindern ganz offenbar interessiert, und erst 1007 scheint sich die Hoffnung endgültig zerschlagen zu haben. »In sobole acquiranda nulla spes remanet mihi → es bleibt mir nun keine Hoffnung mehr, Nachkommenschaft zu erzeugen«, teilte der König voll tiefer Trauer in diesem Jahre der Synode von Frankfurt mit, denn diese Tatsache hatte politische Bedeutung und konnte nicht mit dem Schleier der Intimsphäre bedeckt bleiben.

Heinrich II. war ein tatkräftiger und hochgebildeter Mann, dessen persönlicher Lebensstil so ziemlich dem entsprach, was man sich heute unter »altbayrisch« vorstellt und vielleicht auch damals schon vorgestellt hat. Vordergründiger Betrachtung erscheint er geradezu als Gegensatztypus seines halbgriechischen, feinsinnigen und extremen Gedanken und Verhaltensweisen zuneigenden Vetters und Vorgängers Otto III., dem die Gabe des Lachens nicht verliehen worden war, oder der das Lachen frühzeitig verlernt hatte, weshalb ihm nicht nur die einfachen Männer, sondern auch Klerus und Ritterschaft weitgehend verständnislos gegenüber standen. Da war Heinrich von anderem Schlag, er liebte den Scherz und das befreiende Lachen, und bei aller Klarheit und Größe seiner Gedanken und Maßnahmen war sein persönliches Umfeld von einer recht eigenwilligen Gemütlichkeit gezeichnet. Dem Rex des Regnum Theutonicum und des Regnum Langobardorum, der dem Stande der Heiligkeit, zustrebte, saß in seinen Mußestunden durchaus der Schalk im Nacken, und er verschmähte es nicht, gerade den frommen Dienern der Kirche den einen oder anderen Streich zu spielen, um seinen Spaß daran zu haben. Gerne nahm er den sehr tatkräftigen und glaubenstarken, dabei aber – sagen wir – ziemlich unverbildeten Bischof Meinwerk von Paderborn aufs Korn; es ist historisch verbürgt, daß er einmal den vorbereiteten Text einer lateinischen Predigt für den Bischof austauschen ließ, worauf dieser, dessen mangelhafte Lateinkenntnisse den nötigen Durchblick verwehrten, seine Zuhörer als Maultiere und Esel beschimpfte, was diese in ein schallendes Gelächter ausbrechen ließ. Verbürgt ist auch, daß der König in seiner Hofwerkstätte einen prunkvollen Brief herstellen ließ, in dem der Himmel selbst Meinwerk seinen Tod für einen bestimmten Tag ankündigte. Der Brief wurde dem Bischof auf »wunderbare Weise« zugestellt und fand vollen Glauben; Meinwerk bereitete sich mit aller Sorgfalt auf sein Ableben vor und verbrachte den vermeintlichen Todestag demütig im Sarge liegend. Als er den Tag überlebte, konnte er sich die Sache nicht erklären und berichtete sie dem König, der ihn laut und begeistert als den zweiten Lazarus feierte, sei es ihm doch vergönnt gewesen, zwar nicht eben aus dem Grab, aber immerhin aus dem Sarg wiederaufzuerstehen.

Bei alledem nahm er seine Herrscherpflichten sehr ernst; vor allem die Regelung des Verhältnisses zwischen Staat und Kirche beschäftigte ihn. Karl Bosl nennt ihn den »Vollender des ottonischen Staatskirchentums im süddeutschen Raum«, was bedeutet, daß er die Stellung der Kirche auch materiell absicherte, von ihr gleichzeitig aber vermehrt die Erfüllung staatlicher Aufgaben verlangte. »Kein deutscher König hat die deutsche Reichskirche so entschieden zum Dienst am Reich herangezogen wie Heinrich II.« (Bosl, S. 63). Er gründete das Bistum Merseburg, das zu Ottos II. Zeit verwüstet worden war, erneut (1004); seine liebste und bedeutendste Gründung aber war das Bistum Bamberg (1007), das er wahrhaft königlich ausstattete, und zwar aus den Ländereien des Markgrafen Heinrich von Schweinfurt, eines Verwandten der Babenberger, der ergebnislos gegen ihn revoltiert hatte.

Von seinen Maßnahmen im Bereich des weltlichen Organisationsgefüges ist für unser Vorhaben besonders bedeutend die Neubelehnung Ottos vom Wormsfeld mit Kärnten bald nach seiner Wahl zum König. Nach seinem Tod am dreizehnten Juli 1024 wurde er im Dome von Bamberg bestattet; Kaiserin Kunigunde überlebte ihn um ein rundes Jahrzehnt als Nonne in einem von ihr und ihm gemeinsam gestifteten Frauenkloster. Nach ihrem Tod wurde sie an seiner Seite beigesetzt.

6 **Papst Silvester II.,** eigentlich Gerbert von Aurillac, der erste Franzose auf dem Stuhl des heiligen Petrus, ist ganz zweifellos eine der bedeutendsten Persönlichkeiten, die jemals diesen Rang bekleidet haben. Er war ein Gelehrter von Weltruf, von einer erstaunlichen Universalität des Wissens, und wer auch immer dem ebenso albernen wie tiefeingewurzelten Vorurteil von der Einseitigkeit und Engstirnigkeit der mittelalterlichen Gelehrsamkeit anhängen sollte, der nehme zur Kenntnis, daß dieser geistesgewaltige Papst nach seiner Grundausbildung in dem Benediktinerkloster Aurillac mehrere Jahre im maurischen Spanien verbrachte, wo er an den islamischen Universitäten von Cordoba und Sevilla Mathematik und Astronomie, Physik und Chemie studierte. Auch mit den Grundsätzen der islamischen Staatstheorie muß er sich beschäftigt haben, denn aus seiner späteren Konzeption der renovatio imperii eines in Papsttum und Kaisertum vereinigten Abendlandes ist rückzuschließen, daß die islamischen Vorstellungen vom

– Emir al muslimin, dem Beherrscher der Rechtgläubigen, und

– Chalifa rassuhl Allah, dem Stellvertreter des Propheten Gottes

(s. Bd. 1, S. 313, A. 6.) auf ihn von bestimmendem Einfluß waren, auch oder **vielmehr eben weil er die islamische Vereinigung beider Würden in einer Person vermied und die beiden Funktionsbereiche scharf unterschied.** Ihm war **der Kaiser der Beherrscher der Rechtgläubigen,** worunter er nun die christliche Gemeinschaft verstand, **der Papst aber der Nachfolger des Stellvertreters Christi,** der Kaiser für die Regelung der weltlichen Belange zuständig, der Papst aber für die spirituelle Leitung der Christenheit.

Er war, wie gesagt, ein Gelehrter von Weltruf und als solcher nicht frei vom Hochmut des das Wissen seines Zeitalters vollendet repräsentierenden Intellektuellen. Als Erzbischof von Reims griff er die kirchliche Obrigkeit in Rom wiederholt schärfstens an; den Papst Bonifatius VII. (s. Anm. 4.) nannte er, als dieser noch die päpstliche Macht in den Händen hielt, »ein schreckenerregendes Ungeheuer, alle Sterblichen durch seine Nichtsnutzigkeit übertreffend«, was zwar nicht unbegründet, aber doch zumindest unvorsichtig war, und den ganzen stadtrömischen Klerus einschließlich der Träger der höchsten Kirchenämter – und eigentlich vor allem diese – brachte er durch seine provokante Frage: »Mit welcher Stirn wagt einer von diesen Männern in Rom, die selbst nichts gelernt haben, andere zu belehren?« gegen sich auf. 995 kostete ihn seine Art das Erzbistum Reims, allein Kaiser Otto III., dem der energische und kühne Gedanken formulierende Gelehrte mächtig imponierte, sorgte dafür, daß er mit Papst Gregors V. Beistand das Erzbistum Ravenna erhielt. Als Papst Gregor V. im Februar 999 verstarb, wurde der Erzbischof Gerbert von Ravenna mit vermutlich recht massiver kaiserlicher Unterstützung zu seinem Nachfolger erwählt.

Papst Silvester II. wurde seiner naturwissenschaftlichen Kenntnisse wegen schon bei Lebzeiten in manchen Kreisen als über magische Kräfte verfügender Hexenmeister angesehen, was damals keineswegs so gefährlich war wie etwa ein halbes Jahrtausend danach, und so ist es nicht erstaunlich, daß sein Tod und seine Grabstätte im Lateran von abergläubischen Geschichten umrahmt sind. So heißt es, er scheppere mit seinen Gebeinen hinter seiner Grabplatte herum, um den bevorstehenden Tod des jeweiligen Papstes in gespenstischer und höchst eindringlicher Form anzukündigen.

[7] **Die Idee der renovatio imperii Romanorum,** die zumindest in vorliegender Form von Papst Silvester II. stammt, wurde von dem begeisterungsfähigen, ja schwärmerischen Jüngling Otto III. mit Eifer aufgegriffen und zur dominierenden Vorstellung, der er jedes andere, näherliegende und einfacher realisierbare Ziel leichtherzig zu opfern bereit war. Die Erneuerungsidee war in ihrem Kern auch von einer Beschaffenheit, die ihre visionäre Kraft über die Jahrhunderte bewahrte, im »Vaterland Europa« des Papstes Pius II. (s. Bd. 1, S. 14, S. 313 f.) nach damals zeitgemäßer Erweiterung auf die Länder der Orthodoxie erneut wirksam wurde und vielleicht nur einer erneuten Anpassung an die geänderten Verhältnisse bedürfte, um der latenten Bereitschaft zur Vereinigung Europas konkreten Inhalt zu geben. Denn das eigentlich Neue an der renovatio imperii Romanorum war eine Union von selbständigen christlichen Staaten Europas, ein »Europa der Vaterländer«, das in säkularisierter Form und mit republikanischer Spitze höchst überraschend in der ursprünglichen Organisation der United States of America historische Wirklichkeit wurde.

Silvesters Konzept sah die ecclesia, worunter nicht etwa die Kirche, sondern vielmehr die Gemeinschaft der Christgläubigen begriffen werden will, als gegliederte Einheit, die von Papst und Kaiser einmütig zu lenken sei. Die »Gewaltentrennung« grenzte
– die geistliche Herrschaft, die als sacerdotium, pontificatus, auctoritas sacrata pontificum oder curia bezeichnet wird, gegenüber
– der weltlichen Herrschaft, regnum, imperium oder regalis potestas genannt,
säuberlich ab; sie ergänzten sich gegenseitig, waren aber gleichrangig, so etwa, wie sich in der neueren Staatslehre Gerichtsbarkeit und Verwaltung gegenseitig im Vollzug der Gesetze ergänzen. Repräsentant der geistlichen Herrschaft war der Papst, Repräsentant der weltlichen Herrschaft der Kaiser, beide jedoch nicht Herren in ihren Wirkungsbereichen, sondern vielmehr sämtlicher Machtmittel und Rechte absolutistischer Herrschaftsausübung beraubt. Der Papst wurde als Vorsitzender einer Bischofskonferenz gesehen, als primus inter pares, dem der Vollzug der von allen gemeinsam gefaßten Beschlüsse oblag, und der Kaiser als Vorsitzender eines entsprechenden Gremiums der Könige, auch er primus inter pares und auch er mit dem Vollzug der gemeinsamen Beschlüsse beauftragt.

Um die vollendete Harmonie der ecclesia in Erscheinung treten zu lassen, sollten Papst und Kaiser in Rom residieren, und Otto III. ging auch gleich daran, einen kaiserlichen Palast auf dem aventinischen Hügel zu errichten. Und schon in dieser einfachen Baumaßnahme lag soviel Zündstoff, daß die Umsetzung des Planes in die Effektivität in ernsthafte Schwierigkeiten geriet: Die stadtrömische Nobilität, seit Odoakers Zeiten gewöhnt, das römische Süppchen selbstherrlich zu kochen, war ob der Aussicht, nun ständig den »Teutonenkönig« in Rom zu haben, empört und veranstaltete einen bösen Aufruhr, der Otto und Silvester bewog, die Ewige Stadt zunächst einmal zu verlassen und sich nach Ravenna zurückzuziehen. Aber auch im Regnum Theutonicum sammelte sich rasch eine Opposition, die lautstark argumentierte, die Konzeptverwirklichung werde nichts anderes bringen als die Bildung eines selbständigen polnischen Staates unter Boleslaw Chrobry, der sich durch die eben erfolgte Begründung des Erzbistums Gnesen mit den Suffraganbistümern Kolberg, Breslau und Krakau ohnehin abzeichne, und es müsse der Kaiser daher mit allem Nachdruck daran erinnert werden, daß er auch und vor allem deutscher König sei und ihm die Interessen seines Königreiches voranstehen müßten. Besonders Sachsen, Ottos Stammland, stellte sich gegen die kaiserlichen Vorhaben. Der Widerstand traf den jungen Schwärmer so hart, daß er alles hinwerfen und dem spektakulärsten Heiligen seiner Zeit, Romuald von Ravenna, in sein weltverachtendes Eremitendasein folgen wollte, was Papst Silvester mit Mühe verhinderte.

Es ist einfach unerläßlich, die Gründung des Regnum Hungaricum vor diesem mehr als halbvergessenem Hintergrund zu sehen, der in der üblichen Geschichtsdarstellung ab und an zwar eben erwähnt, nie aber mit dem Geschehen an der Donau in logischen Zusammenhang gebracht wird. Denn hier bot sich der ersehnte Präzedenzfall an: Die Christianisierung der Magyaren war außerhalb der Grenzen des Regnum Theutonicum und in einem Gebiet erfolgt, das von keinem Oberhoheitsanspruch des deutschen Königs betroffen wurde. Der Großfürst der Magyaren hatte seine Stellung zwar mit deutscher Hilfe, aber nicht als Beauftragter des deutschen Königs oder eines deutschen Fürsten erlangt, so daß an der völligen Selbständigkeit, an der Souveränität des neuen christlichen Reiches überhaupt nicht gezweifelt werden konnte. Daraus entsprang das eminente Interesse des Papstes und des Kaisers an dem von Stefan im Zeitpunkt der ersten Gesandtschaft bereits Geschaffenen, und es ist durchaus möglich, daß die Königskrone, die Stefans Beauftragten mitgegeben wurde, den Empfänger sogar überraschte, denn es war vermutlich mehr, als er vom Papst erwartet hatte.

8 **Die Bezeichnung der lateinischen Sprache als Staatssprache des Regnum Hungaricum** mutet auf Anhieb sicherlich als übertreibende Behauptung an, doch verliert sich dieser Eindruck sofort, wenn man bedenkt, daß der ausschließlichen Verwendung in Literatur und Kanzleiwesen jene im Schul- und Bildungswesen und damit in allen Zweigen wissenschaftlicher und literarischer Tätigkeit folgte. Dem hier möglichen Hinweis, daß sich dieselbe Ausschließlichkeit der Verwendung des Lateinischen in Kirche und Kanzleiwesen auch für das Deutsche Reich ergibt, ist entgegenzuhalten, daß diese Tatsache nicht die Entstehung des Mittelhochdeutschen verhinderte, sondern daß dieses als die Eigenheiten der »Stammessprachen« überwindendes Kommunikationsmittel entwickelt wurde. Nichts rechtfertigt nämlich die Annahme, daß sich im Zeitalter der Entstehung des Regnum Theutonicum der Bajuware vom Ufer der Salzach oder des Chiemsees mit dem Friesen vom Strande der Nordsee in jeweils üblicher Umgangssprache einfacher und verständlicher hätte unterhalten können als heutzutage, wo die Kenntnis der Hochsprache zumindest als Schriftsprache seit etlichen Generationen in den Pflichtschulen rigoros vermittelt wird. Mag man auch darüber geteilter Meinung sein, ob die Divergenzen in der Sprechweise rückprojiziert als Dialektformen derselben Sprache (wie heutzutage) zu bezeichnen sind oder als eine Mehrheit naheverwandter Stammessprachen, so kann doch die entscheidende Tatsache, daß sich die Angehörigen der verschiedenen Stämme untereinander in den stammeseigenen Idiomen nicht zu verständigen vermochten, mit Verwendung rationaler Argumente nicht bestritten werden. Da aber die Führung der Reichskriege mit aus allen Stämmen bestehenden Truppenteilen einerseits und die Zunahme stammesüberschreitender Kontakte vor allem im ökonomischen Bereich andererseits den Bedarf an einem allgemeinen verbalen Verständigungsmittel weckten, wurde dieser durch die Entwicklung des Mittelhochdeutschen, ursprünglich
– der Befehlssprache des königlichen Heeres und
– der Verkehrssprache des Handels, gedeckt.
Die Standessprachen der
– Ritter und
– Kaufleute
wurden dem Standesnachwuchs gelehrt; sie wurden rasch vereinheitlicht und von den Standesangehörigen, die sich literarisch betätigten, verwendet; sie wurde die Umgangssprache an den Höfen der Fürsten als Zentren ritterlicher und in den wachsender Bedeutungszunahme unterfallenden Städten als notwendige Keimzellen bürgerlicher Kultur. Aus den

Standessprachen wurde damit die Hochsprache des deutschen Mittelalters und die Sprache der Literatur – eine Entwicklung, die man im Königreich Ungarn vergeblich sucht.

Und zwar, um auch das in aller Klarheit zu sagen, vor allem deswegen vergeblich sucht, weil **sich die Magyaren aller Stämme seit unvordenklichen Zeiten einer Sprache bedienten,** die zwar regionale Abweichungen aufweist, die aber insgesamt so gering sind, daß sie zusammengenommen die innermagyarische Kommunikation in keiner Weise behinderten. Die Verständigung mit den nichtmagyarischen Bevölkerungselementen, die der magyarischen Sprache nicht kundig waren, wäre durch die Entwicklung einer »mittelhochmagyarischen Sprache« in keiner Weise verbessert worden, sie erfolgte vielmehr in der allen Angehörigen der westlichen Christenheit gemeinsamen Sprache der Liturgie, der lateinischen Sprache.

Bedenkt man dies, so wird verständlich, wieso das Lateinische seine Bedeutung als Sprache der Gelehrsamkeit und Literatur in Ungarn auch noch lange behielt, als das geistige Leben schon längst die geistliche Vormundschaft abzustreifen begonnen hatte. Die Sprache der Magyaren drang erst nach der Reformation zögernd in die Bereiche der Wissenschaft und Kunst vor; die ersten Bücher in magyarischer Sprache erschienen zwischen 1570 und 1590; es waren die Übersetzungen des Neuen Testaments von Sylvester János → Johannes (der auch das erste Werk über die Grammatik dieser Sprache verfaßte) und der Gesamtbibel durch Karoli Gáspar → Kaspar. Die beiden Gelehrten waren Zeitgenossen der Dichter
– Balassa Balint → Valentin und
– Tinodi-Lantos Sebestyen → Sebastian,
die als erste Gedichte in magyarischer Sprache schrieben, in die Balassa übrigens Gedichte aus dem Deutschen, Italienischen und selbst Türkischen übertrug.

Noch um 1650 aber schrieb Zrinyi Miklos → Nikolaus, Banus von Kroatien und General in Niederungarn, sein großes historisches Werk über die Kämpfe von 1566 »De obsidio Szigetiana« in lateinischer Sprache, dies ungeachtet der Zielsetzung, durch die Erinnerung an das Heldentum der Vorfahren den Widerstandswillen seiner Landsleute zu stärken. Er ging also von der Voraussetzung aus, daß jeder, der lesen konnte, auch des Lateinischen mächtig sein müßte.

Der typische Stil lateinischer Sprachverwendung schon in den Gesetzen König Stefans und in den Urkunden der königlichen Kanzlei geht auf den Hofnotar Heribert C. zurück, einen sozusagen halbanonymen »Entwicklungshelfer«, den König Heinrich II. seinem Schwager über dessen Ersuchen zum Aufbau einer damals hochmodernen bürokratischen Verwaltung zur Verfügung stellte. Dieser Heribert C. prägte unverkennbar die Art des Sprachgebrauchs; sein Latein galt als klassisch, sein Dokumentarstil wurde als vorbildhaft empfunden, seine Formulierungen wurden noch nach Jahrhunderten verwendet: Seine Bedeutung für die Umgestaltung des Bundes der Sieben Stämme in einen im damaligen Sinn neuzeitlich und bürokratisch verwalteten Staat abendländischer Prägung kann überhaupt nicht überschätzt werden.

⁹ **Dem Ersten Weltkrieg** folgte unmittelbar ein republikanisches Zwischenspiel:
– Die bürgerliche Revolution im Oktober 1918 hatte die Regierung des Grafen Michael Károlyi gebracht, die am 31. Oktober die Selbständigkeit Ungarns außerhalb des Verbandes der Monarchie erklärte, nach einigen Monaten in der sozialistischen Revolution unterging und
– am 21. März 1919 durch die Räteregierung ersetzt wurde, deren bekannteste und herausragendste Gestalt der Rußlandheimkehrer Belá Kun, dem die russische Revolution die Befreiung aus der Kriegsgefangenschaft gebracht hatte und der zum überzeugten Leninisten geworden war, gewesen ist.
Die Bolschewisierung Ungarns löste die Fortsetzung des Krieges (der Frieden mit Ungarn wurde erst im Juni 1920 in Trianon geschlossen) aus; an den militärischen Operationen gegen die Räterepublik beteiligten sich rumänische, jugoslawische, tschechoslowakische und sogar französische (zwei Infanteriedivisionen, eine Kavalleriebrigade) Truppen. Nach tapferer Verteidigung, die teils offensiv geführt wurde (der ehemalige k. u. k. Generalstabsoberst Aurel Stromfeld leistete als Generalstabschef hervorragende Arbeit), unterlag die ungari-

sche Rote Armee. Die Räteregierung floh nach Österreich, die Sozialdemokraten bildeten eine Regierung unter dem Gewerkschaftsführer Julius Peidl (1. August 1919) – und die Rumänen besetzten Budapest (3. August). Mit Duldung der Besatzungsmacht erfolgte schon am 6. August ein Putsch der bürgerlichen Rechten, die eine Regierung unter Stefan Friedrich installierte. Diese wurde am 25. November 1919 durch die Regierung Karl Huszár ersetzt, der auch der frühere Ministerpräsident Friedrich angehörte.

Die bürgerlichen Regierungen annullierten die Veränderungen im Reichsrecht, die von den revolutionären Regierungen durchgeführt worden waren, mit Ausnahme der Loslösung von Österreich, und verwandelten, um Rechtskontinuität bemüht, Ungarn neuerlich in eine Monarchie. Zum Reichsverweser, dem persönlichen Vertreter des Königs, wurde mit Erzherzog Josef einer der Heerführer des Ersten Weltkriegs bestellt, wohl vor allem deswegen, weil er der Enkel des unvergessenen Palatins Erzherzog Joszef war, der für die Entwicklung Ungarns in der ersten Hälfte des 19. Jahrhunderts von ähnlicher Bedeutung gewesen ist wie sein Bruder Johann für jene der Steiermark. (Der Palatin → Nador Joszef genießt auch heute noch – trotz aller politischen Umstürze – in Ungarn ein außerordentliches Ansehen; nach ihm, dem Habsburger, ist noch immer der Joszef Nador Ter → Platz des Palatins Joszef, in Budapest benannt und mit seinem 1869 errichteten Denkmal versehen. Ungarische Geschichte ist eben ungarische Geschichte, war es auch für die Volksdemokratie Ungarn, die an der Vergangenheit zwar kritisierte, was ihr kritikwürdig erschien, in ihrer Kritik aber immer sachlich blieb und sich um ausgewogene Beurteilungen bemühte.)

Gegen die Bestellung Josefs zum Reichsverweser protestierten etliche auswärtige Mächte, die eine Restauration der Habsburger fürchteten, vor allem natürlich jene, die ungarische Territorien besetzt hatten und schon als Gewinn betrachteten. Aber auch die Monarchisten Ungarns hatten zum Teil Bedenken: Es gab nämlich unter ihnen viele, die zwar einen König, nicht aber einen Habsburger zum König wollten, und schon gar nicht König Karl IV., den sie für einen der Hauptschuldigen am unglücklichen Ausgang des Ersten Weltkrieges hielten. Die Monarchisten waren also in Habsburganhänger, die sich Karlisten oder Legitimisten nannten, und die sogenannten »freien Königswähler« gespalten, die meinten, daß das Volk darüber zu entscheiden habe, wem die Stefanskrone nun zufalle. Die freien Königwähler wiederum zerfielen in mehrere Gruppen, deren größte die »Wittelsbacherpartei« und die »Hohenzollern-Sigmaringenpartei« waren; für die Wittelsbachanhänger waren offenbar Reminiszenzen an die Königin Elisabeth entscheidend, für die Anhänger des Hauses Hohenzollern-Sigmaringen die Tatsache, daß man soeben durch den Offensivstoß der Truppen König Ferdinands von Rumänien die Räteregierung losgeworden war.

Man ließ die Frage des Königs zunächst einmal offen und wählte am 1. März 1920 den Reichsverweser: Admiral Miklos → Nikolaus Horthy de Nagybanya, den hochdekorierten Seehelden und letzten Befehlshaber der k. u. k. Kriegsmarine. Die Karlisten meinten nun, ihr Spiel schon gewonnen zu haben, zumal Horthy vor dem Kriege der Marineadjutant Franz Josephs und dem Hofe eng verbunden gewesen war, und bewogen König Karl, ganz einfach nach Ungarn zu fahren und sein Amt aus Horthys Händen entgegenzunehmen. Über Szombathely → Steinamanger reiste Karl IV. unerkannt nach Budapest, fand zu seinem Erstaunen Horthy keineswegs übergabebereit und kehrte nach einem längerem Gespräch mit seinem früheren Untergebenen wieder in die Schweiz zurück. Sein ebenso unkonventioneller wie völlig ruhig verlaufender erster Restaurationsversuch nahm vom Überschreiten der ungarischen Grenze bis zum Verlassen des Reiches, das er für sein Reich hielt, fünf Tage in Anspruch, vom 26. zum 30. März 1921.

Daß der zweite Restaurationsversuch (23. Oktober bis 6. November 1921) wesentlich ernster zu nehmen war und nur um ein Haar danebenging, ist vorwiegend auf die Beteiligung Lehárs zurückzuführen, allerdings nicht des weltberühmten Operettenkomponisten Franz, sondern seines Bruders Anton. Anton Lehár war als Bataillonskommandeur im Infanterieregiment 83 für eine kühne Waffentat Ritter des Maria-Theresienordens geworden und war als Kommandeur eines später aufgestellten Infanterieregiments heimgekehrt; während der Zeit der Räteherrschaft war er nach Österreich emigriert und hatte eine Art Freikorps gegründet, mit dem er in Ungarn einfallen wollte, um einen aktiven Kampf gegen Belá Kun zu führen, was durch die Besetzung Budapests überflüssig wurde. Er war nun in die neue ungarische Armee übernommen worden und als Oberst Befehlshaber der Truppen in Südwestungarn. Er stellte sich dem König, an den er sich durch den seinerzeitigen Eid noch immer gebunden fühlte, zur Verfügung und brachte auch seinen Freund, den Major Julius von Osztenburg mit, der ein beinahe durchgehend aus Offizieren der alten Armee bestehendes Gendarmeriebataillon führte. Karl beförderte Lehár noch rasch zum General und Osztenburg zum Oberst – und dann stieß die kleine, aber durchaus elitäre königliche Streitmacht energisch gegen Budapest vor. Per Eisenbahntransport!

Erst in Budaörs, am Stadtrand von Budapest, stellten sich Regierungstruppen dem verwegenen Haufen entgegen und konnten sich mit äußerster Mühe behaupten; sie wurden von paramilitärischen Freiwilligenverbänden der Budapester Studentenschaft des Hauptmanns und späteren Ministerpräsidenten Julius von Gömbös entscheidend unterstützt. Karl IV. wurde samt seiner Gemahlin Zita, die ihn diesmal begleitet hatte, gefangengenommen und zunächst im Schloß von Tata interniert, später aber in das ihm von den Siegermächten als Exil zugewiesene Madeira überstellt, wo er 1922 starb. Noch im selben Jahr aber beschloß das Parlament das Gesetz über den Thronverlust des Hauses Habsburg. Die Staatsform wurde nicht geändert: Ungarn blieb Monarchie, eine Monarchie ohne König.

Die Rechte des Königs übte Miklos Horthy de Nagybánya aus, lediglich das Recht der Verleihung von Adelstiteln war ihm verwehrt. Er hielt sich aus den Parteikämpfen und der Tagespolitik heraus und ähnelt darin und in seiner unbedingten Verfassungstreue seinem geliebten und hochverehrten König Franz Joseph I., dessen Nachfolger er die Wiedererlangung der Herrschaft über Ungarn verwehrt hatte.

1941 konnte er den unter Zwang erfolgten Kriegseintritt Ungarns nicht verhindern; sein Ministerpräsident Graf Paul Teleki, der Universitätsprofessor und ein weltberühmter Gelehrter gewesen war, beging aus Protest gegen den Druck, der auf Ungarn ausgeübt wurde, am Vorabend des Krieges gegen Jugoslawien Selbstmord. Horthy versuchte 1944 aus dem Bündnis mit dem schwer angeschlagenen Deutschen Reich auszubrechen und wurde von einem Sonderkommando der Waffen SS unter dem berühmten Spezialisten für tollkühne Sonderaufträge, Sturmbannführer Otto Skorzeny, gefangengesetzt und außer Landes gebracht; er starb 1957, wie König Karl IV., im Exil in Portugal.

Mit Admiral Horthy de Nagybánya, dem ungekrönten König Ungarns, endet die Geschichte des von König Stefan dem Heiligen begründeten Königreiches Ungarn.

10 **Gottlieb August Wimmer** war in der ersten Hälfte des vorigen Jahrhunderts als evangelischer Pfarrer nach Westungarn gekommen; er war gebürtiger Wiener und entsprach daher nicht ganz den Vorstellungen von Szücz über die Voraussetzungen der Zugehörigkeit zur ungarischen Staatsnation. Er lehnte die Verwendung der magyarischen Sprache, die er vielleicht nur unzulänglich beherrschte, in Kirche und Alltag schärfstens ab, polemisierte gegen die schulischen Verhältnisse im heutigen Südburgenland, wo es keine einzige höhere Schule gab und gründete nach langen, teils erbitterten Auseinandersetzungen zwei deutschsprachige höhere Schulen, das **Gymnasium und die Lehrerbildungsanstalt in Oberschützen, beide bis in die Zeit nach dem Zweiten Weltkrieg die einzigen zur Reifeprüfung führenden Schulen der indessen österreichisch gewordenen südlichen Landeshäfte.** Wimmer, der sich wiederholt für die Belange der deutschen Sprachnation exponierte, war ausgesprochen – vielleicht sogar extrem – deutschnational.

Wie sehr er die Deutschen Ungarns als Teil der ungarischen Staatsnation empfand, zeigte sich im Sturmjahr 1848, als er – mit rot-weiß-grüner Schärpe geschmückt und mit einem Säbel bewaffnet – seine deutschsprachigen Pfarrkinder in flammenden Reden aufforderte »Ungarns heilige Erde« und die »heiligen Grenzen des Vaterlandes« gegen die »Schergen Habsburgs« zu verteidigen, mit ihrer rasch aufgestellten, notdürftig bewaffneten Selbstschutzorganisation zur (magyarischen) Landwehr von Oberwart stieß und mit dieser in Richtung Friedberg rückte, um den erwarteten Vormarsch der kaiserlichen Armee an der Reichsgrenze bei Sinnersdorf aufzuhalten. Die »Schlacht bei Sinnersdorf« fand nie statt, weil die habsburgischen Truppen andere Wege nach Ungarn fanden, wozu sie schwerlich aus Furcht vor der nur mit Sensen, Dreschflegeln, Mistgabeln, Beilen und anderen Arbeitsgeräten bewaffneten bäuerlichen Miliz bewogen wurden. Dennoch blieb Wimmers patriotischer Einsatzwille unvergessen; er zählte bald zu den engen und vertrauten Freunden des Rebellenführers Ludwig Kossuth und wurde von ihm mit der Durchführung heikler und verantwortungsvoller Sonderaufgaben – so der Beschaffung von geeigneten Druckereimaschinen aus England zur Erzeugung des »Rebellengeldes« – betraut.

Nach der Niederwerfung Ungarns floh Wimmer in die USA; 1863 ist er, dem jede Amnestie verweigert wurde, in Wien gestorben: Er hatte die Stadt unter falschem Namen aufgesucht, um seine dort lebende Tochter wiederzusehen.

11 **Die Familie Orseoli,** deren Name wohl nur Kennern der venezianischen Geschichte bekannt ist, zählte um das Jahr 1000 zu den großen Geschlechtern der Lagunenstadt, die sich bemühte, durch eine letztendlich höchst erfolgreiche Schaukelpolitik zwischen den beiden Kaiserreichen zu völliger Selbständigkeit zu gelangen. Der Aufstieg der Familie begann 976, nachdem der Doge Petrus IV. Candianus durch eine Verschwörung einiger patrizischer Geschlechter um Amt und Leben gebracht worden war und Petrus I. Orseolus → Piero I. Orseolo überraschend zu seinem Nachfolger gewählt wurde. Candianus war durch seine Kaiser Otto II. zugeneigte Politik den graecophilen Kreisen mißliebig geworden; zur Überraschung seiner Wähler schlug der Orseoli ebenfalls den deutschfreundlichen Weg ein, konnte aber die alten freundschaftlichen Beziehungen nicht wieder aufleben lassen, zumal der Bruder seines ermordeten Vorgängers am Kaiserhof weilte und seine Freundschaftsbekundungen diskreditierte. Petrus I. Orseolus ergab sich immer mehr exzessiver Frömmigkeit, verließ 978 eines Tages heimlich seine Stadt und seine Familie und schloß sich dem heiligen Romuald an, dem großen »Aussteiger« jener Zeit, der im Blickpunkt des öffentlichen Interesses stand – vor allem eben weil er ein extremes, weltverachtendes Eremitendasein führte. Romuald wurde bereits genannt; es ist jener Anachoret, unter dessen Einfluß etwas später auch Kaiser Otto III. geriet, der des Exdogen Beispiel folgen wollte, von Papst Silvester II. jedoch davon abgehalten wurde.

In Venedig wurde 979 Tribunus Menius Doge; er wurde 991 durch Petrus II. Orseolus, den Sohn des gleichnamigen Weltflüchtigen – der übrigens 1731 als einziger Doge heiliggesprochen wurde –, ersetzt. Petrus II. gilt als der eigentliche Begründer der Großmachtstellung Venedigs: Er gewann für die Stadt am Rialto die Seeherrschaft über das adriatische Meer. Er schuf sich zunächst den notwendigen Rückhalt auf dem italienischen Festland durch enge persönliche Beziehungen zum westlichen Kaiserhof – Otto III. wurde so 996 Pate des Otto getauften Dogensohnes – und sorgte für den Aufbau einer mächtigen Kriegsflotte, deren entscheidende Bedeutung sich im Jahr 1000 zeigte.

Der Balkanraum erzitterte damals unter der Wucht der Expansion des Bulgarenreichs; Zar Samuel drängte mächtig zum Meer und überfiel selbst starkbefestigte byzantinische Küstenstädte wie Ragusa → Dubrovnik und Cattaro → Kotor. Kaiser Basileios II. hatte noch nicht die später erfolgreichen Mittel zur Bekämpfung der Bulgaren zur Hand; er setzte zunächst auf die Bundesgenossenschaft König Stjepan → Stefan Držislavs von Kroatien, zeichnete ihn durch die Verleihung des Titels Patricius aus und bestellte ihn zum Eparchen → Statthalter der oströmischen Küstenstädte Dalmatiens. König Stjepan wurde auch die Aufgabe übertragen, Venedig zur Zahlung der festgesetzten Abgaben – des »üblichen Zinses« – zu verhalten, was er nach mehrfacher Mahnung durch massive Drohungen zu erreichen trachtete. Petrus II. Orseolus, der die geschuldeten Zahlungen in die maritime Rüstung gesteckt hatte, eröffnete 996 den Freiheitskampf Venedigs durch eine Flottenoperation gegen Lissa → Vis, die mit der Besetzung der Insel durch die venezianischen Streitkräfte endete. Der erwartete Gegenschlag blieb aus: 997 starb König Stjepan, in Kroatien kam es zu langanhaltendem Nachfolgestreit, Kaiser Basileios konnte sich der andrängenden Bulgaren kaum erwehren, und die Folge der Ohnmacht des oströmischen Reiches war, daß sich einige der byzantinischen Städte Dalmatiens nach einer neuen Schutzmacht umschauten, die ihre Behauptung gegen Zar Samuel ermöglichen sollte. Und diese neue Macht war Venedig.

Im Jahr 1000 veranstaltete Petrus II. Orseolus die wohl großartigste Flottendemonstration, die die nördliche Adria gesehen hatte, und segelte über Grado, Parenzo → Poreč, Pola → Pula und die Insel Cherso → Kres nach Zara → Zadar, wo ihm die byzantinischen Präfekten und ebenfalls byzantinischen Bischöfe von Zara, Veglia →Krk und Arbe → Rab huldigten. Ihnen folgten, überwältigt vom Eindruck geballter maritimer Kraft, wenig später die Stadtpräfekten und Bischöfe von Trau → Trogir und Spalato → Split. In Trau stellte sich einer der Söhne Stjepan Dr̂ẑislavs, Surigna → Zurislav, mit dem Ersuchen um Unterstützung bei Gewinnung des Ranges des kroatischen Königs ein und stellte seinen Sohn Stjepan als Geisel für sein Wohlverhalten, das heißt die Einhaltung der Bestimmungen des Bündnisvertrages. Die Allianz kam zustande, Surigna fand durch die venezianische Unterstützung als König Anerkennung und wurde zu Kresimir III.

Die süddalmatinischen Narentaner, die nach Spalato gekommen waren und um den Schutz des Dogen gegen Leistung der Huldigung ansuchten, wurden hingegen abschlägig beschieden: Sie galten den Venezianern als üble Piraten, hatten eine Kriegsflotte unter dem Dogen Petrus I. Candianus am 18. September 887 in der Seeschlacht bei Makarska vernichtet und den Kaufherrn fortdauernd derartigen Schaden zugefügt, daß dies in deren Augen einfach unverzeihlich war. An ihnen sollte ein Exempel statuiert werden und wurde es dann auch; ihre Hauptstützpunkte vor der Küste, Lagosta → Lastovo und Curzola → Korcula (wo übrigens 1254 der berühmte Chinareisende Marco Polo geboren wurde), wurden nach erbitterter Verteidigung erobert und die vorerst wichtigsten Basen Venedigs am Südrand seines adriatischen Imperiums. Die Heimkehr des Petrus II. und seiner Flotte glich einem Triumphzug: Die Ergebnisse des Unternehmens waren der überwältigendste Erfolg, den die Lagunenstadt bisher erreicht hatte.

Der sehr zielstrebige und energische Doge, der nun – mit Genehmigung Kaiser Ottos III. – auch den Titel eines Herzogs von Dalmatien führte, bemühte sich, ganz dem »Stile der Zeit« folgend, Venedig in eine Art Familienimperium zu verwandeln. Zwei seiner Söhne wurden Kleriker und gelangten rasch in Schlüsselpositionen: Orso → Ursinus wurde Patriarch von Grado, Vitalis aber Bischof von Torcello. Peters Sohn Johannes wurde mit einer byzantinischen Prinzessin (der Kaiser suchte trotz der Einbußen in der Adria die Freundschaft der Seemacht) vermählt und zum Mitregenten bestellt, starb aber schon 1007, worauf sein weiterer Bruder Otto zum Mitregenten ernannt wurde, 1009 seinem Vater im Dogenamt nachfolgte und 1011 die Hand der Maria von Ungarn (Schwester König Stefans) gewann. Ottos Schwester Hircela war indessen mit jenem Stjepan vermählt worden, den sein Vater im Jahre 1000 dem Dogen als Geisel gestellt hatte.

Otto dürfte mit dem Gedanken, Venedig in eine Monarchie mit Erbfolge zu verwandeln, zumindest gespielt haben, aber nicht das brach ihm politisch das Genick, sondern vielmehr der Tod des mit ihm über Gisela und Stefan von Ungarn verschwägerten Kaisers Heinrich II. Der neue deutsche König, Konrad II., beendete die Venedigpolitik seines Vorgängers wie dessen Ungarnpolitik, protegierte den Patriarchen Poppo von Aquileia, duckte Grado als einfache Pfarrei unter dessen Jurisdiktion und ließ es auf den bewaffneten Konflikt zwischen den beiden Kirchenfürsten ankommen. Otto war indessen von einer Empörergruppe enthoben worden und nach Pirano → Piran geflohen, kehrte jedoch nach Venedig zurück, wurde neuerlich vertrieben und starb zuletzt 1032 im Exil in Byzanz. Er war kurz vor seinem Tod erneut zum Dogen erwählt worden, konnte jedoch die Heimreise nicht mehr antreten. Sein Bruder Orso verwaltete das Dogenamt, bis es durch die Wahl des Dominicus Flabianus neu vergeben wurde; nach dessen Tod wurde Domenico Contarini gewählt (1042–1071), der gemeinsam mit Orso nach dem Tode der mächtigsten Widersacher, nämlich des Papstes Johannes XIX. (1032), des Kaisers Konrad II. (1039) und zuletzt auch des Patriarchen Poppo von Aquileia (1044) das Patriarchat von Grado, ausdrücklich als Novae Aquileiae patriarcha bezeichnet, wiederherstellen konnte. Poppos Unternehmungen gegen Grado wurden von Papst Benedikt IX. ausdrücklich zum Verbrechen erklärt –, und Kaiser Konrads Sohn Heinrich III. machte den Anspruch des Sohnes Ottos und Marias auf die ungarische Krone zu einer der Grundlagen der Politik des Imperium Romanum.

Mit dieses Petrus Orseolus Engagement in Ungarn und dem Tod seines Oheims Orso schieden die Orseoli aus dem Spitzenfeld der venezianischen Geschichte.

¹² **Gyepü** nannten die Magyaren ursprünglich den Grenzverhack, der meist aus Dornenhecken höchst ansehnlicher Dimension bestand, die an den Durchlässen mit Erdwerken, Palisaden

versehen wurden. Um diese einfache Geländeverstärkung, die für sich allein schon ein doch nennenswertes Hindernis für Raubscharen und kleinere Heeresabteilungen war, wurde eine breite Verteidigungszone geschaffen, die man ebenfalls gyepü nannte. Vorwärts des Dornenwalls – der höchst eigenartig an die Umwucherung des Dornröschenschlosses erinnert – wurde das Gelände verödet und gewaltsam wüst erhalten, und rückwärts desselben wurden Militärsiedlungen angelegt, deren Bewohner im Lauf der Entwicklung, als das Kriegswesen immer mehr zum Monopol des Adels wurde, in den Rang von Edelleuten aufstiegen, bis weit in die Neuzeit von allen Abgaben befreit waren und keiner Grundherrschaft unterfielen. Die Gerichtsbarkeit über sie übte der »Grenzhauptmann« → Örnagy aus, ihr militärischer Befehlshaber, der ursprünglich vom König bestellt, später aber von ihnen gewählt wurde.

Besonders plastisch tritt die Bedeutung der Gyepüzonen in Siebenbürgen und Westungarn hervor; die Szekler sind so eng mit dem Gyepüsystem verbunden, daß die Vermutung, es sei ursprünglich von ihnen entwickelt worden, naheliegt. Dies umso mehr, als neuerdings angenommen wird, daß die »in der Wart« → ör in Westungarn vermutlich von König Andreas I. angesiedelten Krieger Szekler gewesen sind, was Seper (S. 16) aus einer weitgehenden Übereinstimmung von Volkstracht, Volksbrauch und Mundart und einer höchst auffälligen Namensidentität (wie Adorjan, Benkö, Bertha, Farkas, Tölly und Zambo) der heute noch in der »äußeren Wart« siedelnden Sprachgruppe mit jener der Szekler im nun rumänischen Siebenbürgen ableitet. Auch erscheint auffällig, daß in vielen, heute nicht mehr gebräuchlichen, magyarischen Ortsnamen und Gewässerbezeichnungen das Wort Szék versteckt ist, und Seper nennt insbesonders Vasveröszék → Eisenzicken, Sárosszék → Kotezicken und Szék-patak → Zickenbach.

In Westungarn gab es die »äußere Wart« mit Orten wie Oberwart → Felsö-ör, Unterwart →Alsoör und Siget in der Wart → Öri-sziget im heutigen Burgenland, und die »innere Wart«, die bei Ungarn verblieb und für die Öriszentpeter → St. Peter in der Wart genannt sei. Unter den im westungarischen Gyepügebiet Angesiedelten gab es zwei Gruppen, die in den Urkunden teils als

– speculatores oder exploratores → örök → Wächter oder Kundschafter, teils aber als
– sagittari → lövö → Schützen

bezeichnet werden. Folglich gab es neben den Wart-Orten auch Schützen-Orte, beispielsweise Felsölövö → Oberschützen, Alsolövö → Unterschützen und Lödös →Litzelsdorf (hier fehlt in der deutschen Bezeichnung der Schütze).

Die – unter anderen – von Seper gezogene Schlußfolgerung, daß mit den sagittari Bogenschützen gemeint seien, wird hier bei allem Respekt vor der Sachkunde und Autorität des Genannten in allen mit der Erforschung des Magyarentums im Burgenland zusammenhängenden Fragen nicht geteilt. Einmal waren nämlich auch die speculatores oder exploratores zweifellos Bogenschützen, und zum andernmal waren die Bewohner der lövö-Orte keine oder wenn so nur schlechte Bogenschützen. Die Bewohner der ör-Orte waren Magyaren oder magyarisierte Szekler und der Bogen ihre Hauptwaffe, mit der sie vortrefflich umgehen konnten, wogegen die lövö-Orte seit jeher deutsch besiedelt waren und der Bogen eine Waffe war, die den Deutschen nie richtig vertraut wurde. Dagegen wurden die Feuerwaffen von den Deutschen (vermutlich eben weil sie generell mit dem Bogen wenig anzufangen wußten) eher akzeptiert und verwendet, und es ist durchaus zulässig zu schließen, daß unter den Schützen nicht Bogenschützen, sondern Gewehrschützen zu verstehen sind. Dann müssen die Schützenbezeichnungen allerdings wesentlich jüngeren Datums sein und nicht aus dem frühen Mittelalter, sondern der anbrechenden Neuzeit stammen, was – wenngleich nicht hier in diesem Rahmen – sicherlich überprüft werden kann. Immerhin aber spricht für die hier vertretene Meinung der Umstand, daß die »Schützengemeinden« keine »Adelsgemeinden« waren, was die auch nur ungefähre Gleichzeitigkeit der Besiedlung oder zumindest der Auferlegung spezialisierter Wehrdienstpflicht nahezu ausschließt. Vielleicht kann man annehmen, daß die Bewohner der Schützenorte nicht grundsätzlich wehrdienstpflichtig waren wie die Adeligen der ör-Orte, sondern im Falle der Erlassung des Allgemeinen Aufgebots → der insurrectio generalis, eine bestimmte Anzahl von feuergewehrbewaffneten Kriegern zu stellen hatten, die im frühneuzeitlichen Kriegswesen Ungarns selten waren und einen entsprechenden Auffälligkeitswert hatten.

Das vielleicht Frappierendste an den Adelsgemeinden in der Wart ist für Außenstehende, daß ihre Mitglieder echte »Wehrbauern« waren, die ihre Äcker selbst bestellten, ihre Tiere selbst versorgten und in allen landwirtschaftlichen Tätigkeiten versiert waren. Sie unterschieden sich in den äußeren Lebensumständen nicht von den Bauern der meist deutschsprachigen Umgebungsgemeinden oder den magyarischen Dörfern im Inneren Ungarns, aber sie waren und blieben Adelige, die mehrfache Versuche der Großen Adelsgeschlechter, sie in ihre Grundherrschaft einzubeziehen, zum Scheitern brachten.

Es sei gestattet, zum Abschluß am Beispiel des zumindest nach dem optischen Eindruck ganz typischen Bauerndorfs Unterwart → Alsoör aufzuzeigen, wann den Nachkommen der ursprünglich angesiedelten Familien, den Urunterwartern gewissermaßen, ihr adeliger Stand nach dem Ende des Mittelalters bescheinigt wurde:

1582 wurde er von König Rudolf I. (im Sacrum Imperium Romanum Kaiser Rudolf II.) als Privilegium auf Grund alten Rechts ausdrücklich anerkannt;

1611 bestätigte König Matthias II., Rudolfs Bruder, diese Tatsache neuerlich;

1896 wurde aus gegebenem Anlaß vom Vizegespan von Szombathely → Steinamanger bescheinigt, daß der Antragsteller Kajetan Seper als Sproß einer der ursprünglichen Unterwarter Familien dem ungarischen Adel angehört und berechtigt ist, das Adelsprädikat de Also-Eör (altertümliche Schreibweise von Alsoör) zu führen;

1942 bestätigte zuletzt das Archiv des Komitats Vasvár → Eisenburg zur Geschäftszahl 609/1942, daß die Nachkommen der Urunterwarter sämtlich Adelige sind und sich de Alsoör → »von Unterwart« nennen dürfen. (Zum Zeitpunkt der Entstehung der Urkunde sei bemerkt, daß die Republik Österreich den Adel schon nach dem Ersten Weltkrieg aufgehoben hat und die Führung von Adelsprädikaten untersagte. Dies galt von 1938—1945 selbstverständlich nicht, und es bestand eben in dieser Zeit vor allem für Offiziere oder Offizieranwärter der Deutschen Wehrmacht, die aus Unterwart stammten und sich ihrer fremden Muttersprache wegen zurückgesetzt fühlten, ein verständlicher Prestigebedarf, der durch die Bescheinigung der Zugehörigkeit zu »altem Schwertadel« gedeckt wurde.)

13 **Der heilige Gerhard → Gellert** gehört, auch wenn er in neuen Heiligenverzeichnissen (wie etwa bei Fichtinger, der überhaupt etwas gegen die ungarischen Heiligen zu haben scheint, weswegen er nicht einmal König Ladislaus d. Hl. oder Königstochter Margarete d. Hl. erwähnt) übergangen wird, zu den interessantesten Christgläubigen, die der Heiligsprechung gewürdigt wurden, in diesem an Heiligen durchaus nicht armen Zeitalter.

Gerhardus stammte aus Venetien und trat ins Kloster San Giorgio Maggiore ein, wo es ihm jedoch zu weltlich und zu wenig fromm gewesen ist. Er wurde, wie es oft so schön heißt, »vom Geist des heiligen Romuald« erfaßt, der damals übrigens noch sehr lebendig war, und verließ sein Kloster, um nach Jerusalem zu pilgern. Er zog den Landweg über Ungarn, der damals, zu König Stefans Zeit, im Mode gekommen war, vor – weil, wie man den Lebenserinnerungen des schreibfreudigen französischen Mönchs Rodulphus Glaber entnehmen kann – dem König die Errichtung einer gesicherten Friedensordnung gelungen war und er die Wallfahrer verkostigen ließ. Gerhardus gelangte in den Bakonyerwald. Zu dieser Nordabweichung von seiner Reiseroute war Gerhardus durch seine fromme Neugier verleitet worden; es gab nämlich in Bakonybel eine berühmte Eremitensiedlung, die der gottesfürchtige und später auch seliggesprochene Günther – ein mit der Königin Gisela verwandter Bayer – nach der Regel des vom heiligen Romuald eben erst begründeten Camaldulenserordens ins Leben gerufen hatte. Die Siedlung war dem heiligen Mauritius geweiht und galt weithin als Zufluchtsstätte weltflüchtiger Gläubiger geistlichen und weltlichen Standes, die hier ihren Traum vom Einsiedlerleben – sie wohnten in weitverstreuten Einzelhütten – bei gemeinsamem Gottesdienst verwirklichen konnten. Günther hatte schon in seiner Heimat ein Kloster in Niederaltaich gegründet, war dann jedoch, von Sehnsucht nach andächtiger Einsamkeit übermannt, ins Königreich Stefans gezogen, das als ideale Stätte der frommen Weltabkehr galt. Die Namen der berühmtesten Eremiten Ungarns wurden überall voll Ehrfurcht genannt;

einige haben sich durch die Zeiten erhalten, wie etwa der des Zoeardus mit dem Mönchnamen Andreas, oder der des »Benediktus vom Berge Zobor« (bei Neutra → Nyitra → Nitra in der heutigen CSFR), der von Räubern, die seine ärmliche Klause plünderten, erschlagen ward aus Enttäuschung darüber, daß sie die bei ihm vermuteten reichen Schätze nicht fanden.

Gerhardus erhielt von Günther die Erlaubnis, in der Eremitensiedlung zu bleiben. Auf die Dauer aber wurde es mit dem erwünschten Leben in einsamer Gottesbetrachtung nichts: König Stefan, der in den Nähe der Klostersiedlung St. Mauritius ein Jagdschloß hatte, lernte den Neuzugang aus Venedig kennen, der ihn – denken wir an seine Verbindung zur Familie Orseoli – eben dieses Herkommens wegen interessierte, und befragte ihn immer häufiger über seine Meinung hinsichtlich des Geschehens im italischen Raum. Es entwickelte sich rasch eine Art Freundschaft zwischen dem König und seinem »Sonderberater für den Mittelmeerraum«, und es gelang Stefan, diesen dadurch an seinen Hof zu ziehen, daß er ihn zum Erzieher für den Thronfolger Imré → Emmerich gewann. Das wird gelegentlich in Zweifel gezogen, doch zeigt die weitere Entwicklung recht eindeutig dessen Unhaltbarkeit auf: Stefan bestellte Gerhard zum Bischof des schon allein wegen der nun eingestellten byzantinischen Missionstätigkeit heiklen Grenzbistums Csanád, und diese Berufung erhielt keineswegs ein hinterwäldlerischer Einsiedler aus dem finstersten Winkel des Bakonyerwalds, sondern der vertraute Hofmann, dessen lautere Gesinnung, umfassende Bildung und zutreffendes Beurteilungsvermögen vielfach erprobt waren. Nach Emmerichs frühem Tod spielte vielleicht Gerhards Einfluß unmittelbar eine gewisse Rolle bei der Bestellung des später so furchtbar gescheiterten Peter Orseolo zum Erben des Reichs.

Im Zuge des paganischen Aufstands von 1046 wurde Bischof Gerhardus von den Rebellen gefangengenommen und erlitt nach der Tradition auf dem nachher Gellerthegy genannten Hügel am Westufer der Donau den Märtyrertod: Die Heiden steckten ihn in ein mit Sicheln, deren Spitzen nach innen gerichtet waren, förmlich gespicktes Faß und ließen es über den Steilhang zum Ufer des Stroms hinunterrollen, das er als ein blutiges, lebloses Bündel erreichte. Er dürfte damals etwa siebzig Jahre alt gewesen sein.

[14] **Der Gellerthegy** → Gerhardberg ist heute ein vielbesuchtes Ausflugsziel der Budapester und der die ungarische Hauptstadt besuchenden Touristen, dessen Beliebtheit aber vermutlich doch weniger auf dem sehr großzügig dimensionierten »Befreiungsdenkmal«, das Zsigmond Kisfaludi-Strobl 1947 zur Erinnerung an den Einmarsch der Roten Armee 1944 geschaffen hat, und auch nicht auf dem »Jubiläumspark«, 1965 aus Anlaß der zwanzigsten Wiederkehr des Endes der Kämpfe um Budapest angelegt, beruht, als vielmehr auf dem großartigen Blick auf die Donaumetropole.

Im Mittelalter und zu Beginn der Neuzeit war der Gellerthegy in den abergläubischen Vorstellungen der bevorzugte Treffplatz der Hexen, die selbst aus dem fernen Szeklerland auf ihren Besen angeritten kamen, um hier ihre gruselig-vergnüglichen Zusammenkünfte abzuhalten. Er war damit etwas wie der »ungarische Blocksberg« und wurde von den Angehörigen der deutschen Sprachnation auch so genannt. Noch 1794 (!) warnten eifrige Prediger ihre Gemeinden vor einem Besuche des Gellerthegy zur Nachtzeit, wenn sie teuflischen Begegnungen ausweichen wollten.

Nicht minder seltsam, als daß der Platz, an dem der glaubensstrenge Bischof, der bei Lebzeiten in Rede und Schrift gegen die heidnischen Bräuche seiner noch halbpaganischen Schäflein wetterte und ihre alten Kultbilder als »abscheuliche skythische Götzen« verteufelt hatte, den Märtyrertod erlitt, im Aberglauben zum Tanzplatz der Hexen und -meister wurde, ist, daß am Fuße des nach ihm benannten Berges das Hotel Gellert steht. Es ist das traditionsreiche, wirklich »Große Hotel« Ungarns, mit stilvollen Luxusräumen und einer berühmten Küche für Feinschmecker, während er, dessen Namen es trägt, seiner asketischen Neigung wegen berühmt war. Für die meisten der unzähligen Gäste, die alljährlich das Luxushotel besuchen, ist Gellert dessen Name und der Name des dahinterliegenden Hügels, und hinter diesen verschwindet der Heilige mit dem außergewöhnlichen Leben und dem blutigen Tod, mit dem Streben nach einsamer Gottsuche und Abtötung des Fleisches vollkommen.

III. Die orthodoxe Welt und die Osmanen

1 **Der heilige Paulus** hat in den sogenannten »Pastoralbriefen« an seine Schüler und Vertrauensmänner Timotheus in Ephesus und Titus in Kreta geradezu verlangt, daß Männer, die zu Kirchenämtern zugelassen werden, verheiratet seien. Im ersten Brief an Timotheus (3,2) heißt es:

»Der Bischof soll daher untadelig sein, eines einzigen Weibes Mann ...«,

und im Brief an Titus (1, 5 u. 6):

»Ich ließ dich dazu in Kreta zurück, daß du das Fehlende ordnest und in den einzelnen Städten Presbyter einsetzest, wie ich es dir auftrug: Ein solcher sei unbescholten, Mann einer einzigen Frau und Vater gläubiger Kinder ...«

Die Betonung der »einzigen Frau« ist allerdings nicht auf eine Sorge des Heiligen zurückzuführen, daß es Bischöfe oder Priester, die mit mehreren Frauen verheiratet sind, geben könnte, denn das römische Recht kannte keine Vielehe, sondern ist als Verbot des Ehebruchs zu verstehen. Dies verdeutlicht sich, sieht man die zitierten Stellen im Zusammenhalt mit dem Brief an die Hebräer (13, 4):

»Ehrbar sei die Ehe in allem und das Ehebett unbefleckt, denn Unzüchtige und Ehebrecher wird Gott richten.«

2 **Der Feldzug Papst Leos IX. gegen die Normannen (Frühjahr 1053)** war die versuchte Notlösung eines Problems, das sich aus der zufälligen Gleichzeitigkeit folgender Ereignisse ergab:

– Die Normannen, die meist unter der Führung der Söhne des berühmten Tankred von Hauteville in Süditalien eingesickert und von den Resten der langobardischen Fürstentümer zunächst als willkommene Verstärkung aufgenommen worden waren (Herzog Waimar von Salerno bestellte so den Tankredsohn Wilhelm »Eisenarm« zum Grafen von Apulien), wurden, als sie eine gewisse Zahlenstärke erreicht hatten, unruhig. Graf Wilhelms Bruder Drogo pflegte sich »Herzog und Magister Italiens und Graf der Normannen Apuliens und Kalabriens« zu nennen, und die Nordleute begannen, sich im Sinne des in dem selbstgeschneiderten Titels verborgenen politischen Programms als Herren der Halbinsel zu fühlen. Um die Jahrhundertmitte gingen sie daran, diesem Gefühl dadurch angemessenen Ausdruck zu verleihen, daß sie erfolgreich versuchten, Süditalien mit ihrer Herrschaft zu überziehen. Zu den Angriffszielen der gefürchteten und sicher nicht unrichtig als Barbaren verunglimpften Haudegen zählte das zum Patrimonium Petri gehörige Herzogtum Benevent, das sich allein nicht behaupten konnte und vom Papst Schutz und Schirm begehrte. Für 1053 war die entscheidende Aktion, der Benevent erliegen mußte, vorgesehen; Papst Leo hatte seinen Lehensmännern Hilfe verbindlich zugesichert: Deutsche Hilfe, war doch Kaiser Heinrich III. verpflichtet, weltlicher Schutzherr der Kirche – und ihres irdischen Besitzes – zu sein.

– Wieder einmal kam es zur bei Otto II. aufgezeigten Pflichtenkollision zwischen Königtum und Kaiseramt, die während des ganzen Mittelalters immer wieder repetiert wurde:

☐ Dem deutschen König mußten die deutschen Interessen vorangehen,

☐ dem Kaiser des Westens hingegen die der westlichen Christenheit und damit des Papstes.

Heinrich III. hatte den Feldzug gegen König Andreas I. von Ungarn für eben das Jahr 1053 vorbereitet, und es wäre kaum möglich gewesen, die Offensive abzubrechen, ohne gefährlich an Prestige zu verlieren; daß der Kriegszug in die militärische Niederlage führen würde, konnte er nicht im Voraus wissen, als er Leo IX. Hilfe für einen späteren Zeitpunkt zusicherte – sonst hätte er wohl anders entschieden.

Papst Leo war enttäuscht, aber keinesfalls entmutigt, und er entschloß sich, selbst ein Heer zu sammeln und in den Süden zu führen. Das päpstliche Heer erstellt sich insofern als Vorgriff auf die damals nicht mehr allzuferne militärische Zukunft, als es

– außerhalb der durch die Lehensordnung geschaffenen Führungsstrukturen gebildet worden war und

– nicht besoldet wurde, sondern um einen sehr großzügigen Erlaß der Sünden (wenige

Jahrzehnte später sprach man von einem »Kreuzzugsablaß«) diente, inoffiziell aber wohl auch in der Hoffnung auf entsprechende Beute.

Das Heer war – dies sei, auch wenn es an sich überflüssig sein müßte, betont – »übernational«: Das Zeitalter der Kreuzzüge warf seinen Schatten unübersehbar voraus.

Wir werden derartigen Heeren bei unserem Zug durch die Geschichte wiederholt begegnen, und es sei gestattet, als Charakteristikum der meisten von ihnen anzuführen, daß sie, sofern überwiegend aus Rittern gebildet, aus glänzend geschulten Einzelkämpfern bestanden, denen es jedoch außerhalb der die notwendige Disziplin erzwingenden Lehensordnung an mit hinreichender Autorität ausgestatteten und den Gehorsam im Notfall erzwingenden Führungsstrukturen gebrach und die daher nicht als militärische Verbände im eigentlichen Sinn angesprochen werden können.

Im Stil einer gewaltig überdimensionierten Jagdgesellschaft zog Leos Heer nach Süditalien, erreichte das gefährdete Benevent und stieß weiter nach Apulien vor. Bei Civitate kam es zur Schlacht, die sich nach allem, was man weiß, aus einem Überfall der Normannen auf das ziemlich sorglose päpstliche Heer, das eben aus den Toren der Stadt hervorquoll, entwickelte. Papst Leo selbst befand sich noch innerhalb der Befestigung und konnte nichts anderes tun, als von der Mauerkrone aus dem Untergang seines Kriegsvolkes zuzusehen. Dieses scheint sich übrigens in Civitate nicht eben bescheiden und diszipliniert verhalten zu haben, denn die erbitterten Bürger begannen sogleich, als sich seine Niederlage abzuzeichnen begann, die noch in der Stadt befindlichen Trosse einschließlich des Gepäcks des Pontifex maximus zu plündern, nahmen diesen selbst, als er dagegen einschritt, gefangen und lieferten ihn den Normannen aus. Die Sieger behandelten ihn zwar mit Respekt, aber doch als Kriegsgefangenen, brachten schließlich Benevent in ihre Gewalt und hielten ihn dort durch acht Monate gefangen.

Die Katastrophe der päpstlichen Kriegsmacht ereignete sich am 23. Juni 1053, die Heimkehr des Papstes nach Rom erfolgte im März 1054, und am 19. April 1054 ist er gestorben. Er wurde später heiliggesprochen, was für die Päpste jener Zeit längst nicht mehr selbstverständlich war: Von den insgesamt 23 Päpsten (Gegenpäpste eingeschlossen) des elften Jahrhunderts wurden nur zwei kanonisiert, er und sein cluniazensischer Freund Hildebrand → Gregor VII.

³ **Die byzantinisch-venezianische Interessengemeinschaft** war die Reaktion auf die Neugestaltung der Beziehungen zwischen Papstkirche und Normannen, mit der 1059 die Christenheit überrascht wurde: Papst Nikolaus II. zog nach Süditalien, nahm die Huldigung Robert Guiscards entgegen, belehnte ihn mit seinen bisherigen Eroberungen und verlieh ihm den Titel Dux Apuliae et Calabriae.

Nun kam es zu einem binnennormannischen Konflikt zwischen Robert und seinem Bruder Roger, der mit einem Kompromiß über die Aufteilung der mediterranen Welt zwecks Eroberung endete:

– Robert sollte nach Osten,

– Roger aber nach Westen

expandieren. Wie man sieht, fehlte es den Normannen keineswegs an Selbstbewußtsein, und Robert begann ohne Verzug seinen Krieg gegen Byzanz, dem er die letzten Reste des süditalischen Kolonialbesitzes mit Brindisi und Bari abgewann. Roger war indessen in Sizilien eingefallen, hatte die Moslems in der großen Schlacht bei Cerami (1063) entscheidend geschlagen und belagerte in der Folgezeit deren stark befestigte Stützpunkte, die sich erbittert wehrten. Ab 1071 leistete ihm sein Bruder Waffenhilfe, und 1072 fiel mit Palermo die letzte islamische Stadt in die Hände der Normannen.

Diese Erfolge im Dienste der päpstlichen Politik, die eindeutig anti-islamisch und anti-byzantinisch fixiert war, polierten das Prestige der Normannen gewaltig auf, und Papst Alexander II., der Nikolaus II. 1061 auf den Stuhl Petri gefolgt war, sah sie als das neue Instrument zur Verteidigung des christlichen Abendlandes, das zunächst einmal die Bedeutung des Kaisertums als weltliche Schutzmacht der Kirche in Frage zu stellen geeignet war. Vom Nimbus der italischen Vettern profitierte Herzog Wilhelm von der Normandie, der den Papst um die Bestätigung der Rechtsgültigkeit der letztwilligen Verfügung König

Eduards des Bekenners ersuchte, die ihm die Thronfolge in England zusicherte. Die Briten wollten zwar von Wilhelm nichts wissen und wählten nach Eduards Tod Harald → Harold von Wessex zu ihrem König, durchaus in Übereinstimmung mit dem altenglischen Recht, aber Wilhelms Gesandte versicherten dem römischen Archidiakon Hildebrand, der für die ökonomischen Belange der Kurie zuständig war, daß Wilhelm in England den bisher verweigerten »Peterspfennig« einheben und brav nach Rom senden werde, was ein höchst eindrucksstarkes und das letzthin entscheidende Argument war. Alexander bestätigte also, daß Eduard berechtigt gewesen sei, über Englands Thron zu verfügen, stiftete als sichtbares Zeichen von Wilhelms besserem Recht die Sturmfahne seines Heeres, die als »Petersfahne« kultische Verehrung erlangte –, und Wilhelm brach zur Eroberung Englands auf. Die Schlacht bei Hastings (14. Oktober 1066) war der kombattante Höhepunkt seiner Invasion, seine Krönung am 25. Dezember d. J. in Westminster deren Endpunkt.

Der Stern der Normannen stieg auf, wie im Mittelmeergebiet so um den Ärmelkanal, und sie waren die neue Gestaltungsmacht der europäischen Geschichte des späteren elften Jahrhunderts. Das war den etablierten Mächten, sehen wir einmal vom Papst ab, höchst unlieb, zumal Robert Guiscard, durch Wilhelms Erfolg angeeifert und durch erbitterte Streitigkeiten um die Herrschaft in Byzanz begünstigt, ostwärts über See expandierte, Korfu eroberte, auf dem Balkan einen Brückenkopf gewann und von diesem aus

– Durazzo → Durres → Dyrrachium belagerte,
– gleichzeitig aber mit starken Kräften entlang der alten via Egnatia ins Innere der Halbinsel vorstieß.

Alexios Komnenos, der sich 1081 gegen Nikephoros Botaneiades als Kaiser durchgesetzt hatte, stand vor den zerscherbten Trümmern einstiger Großmachtstellung und sah keinen anderen Ausweg aus der Misere seines Reiches als ein Bündnis mit Venedig, der einzigen Macht, die über hinreichende Seestreitkräfte verfügte, um den Normannen entgegenwirken zu können, denn die vormals so stolze Flotte von Byzanz war in den vorangegangenen blutigen Jahrzehnten völlig zerfallen. Der Doge Domenico Silvio forderte einen hohen Preis, den der Kaiser – ein tüchtiger Mann, der die Zeichen der Zeit zutreffend zu deuten wußte – leistete. Alexios I. trat die bereits venezianisch besetzten Inseln des Quarnero → Kvarner und die dalmatinischen Städte Trau → Trogir, Spalato → Split und Zara → Zadar formell an Venedig ab, verlieh dem Dogen den Titel eines Herzogs von Kroatien und gestattete den Venezianern, in seinem ganzen Reich

– Handel mit Waren aller Art zu treiben
– und am Goldenen Horn
　　☐ drei Landeplätze und
　　☐ drei Werkstätten zu unterhalten,

ohne einer Abgabepflicht zu unterliegen. Das war die Anerkennung des Ranges, den Venedig erlangt hatte, durch die traditionelle mediterrane Großmacht – und das war die Goldene Brücke in eine lukrative Zukunft, die allerdings nur dann effektuiert werden konnte, wenn Byzanz gerettet wurde. Der Doge war sich dessen wohl bewußt und rauschte mit großer Flotte vor Dyrrhachium, vernichtete das die Stadt blockierende normannische Geschwader, landete starke Truppenkontingente und zerschlug den Belagerungsring. Robert Guiscard hatte seine Flotte verloren ...

Alexios I. konnte indessen noch nicht aufatmen, denn der Normanne stieß weit in byzantinisches Territorium vor, plünderte Thessalien und berannte das feste Thessalonike → Saloniki, das er vermutlich erobert hätte, wäre ihm nicht sein Lehensherr in den Arm gefallen. Papst Gregor VII. – unter diesem Namen war der schon mehrfach genannte Hildebrand 1073 zum Pontifex maximus erwählt worden, mit dem Schönheitsfehler übrigens, daß diese Wahl nicht nach Bestimmungen des Papstwahldekretes von 1059 erfolgte – war in schwerer Bedrängnis, denn König Heinrich IV. hatte 1083 Rom besetzt, und am 24. März 1084 war der in Brixen zum Papst gewählte Erzbischof Wibert von Ravenna als Clemens III. in aller Form inthronisiert worden. Gregor, der bei den Römern nicht sehr beliebt war, hatte sich in der Engelsburg verschanzt und sah in der normannischen Intervention die letzte Behauptungschance.

Robert Guiscard kam, der am 31. März 1084 von Clemens zum Kaiser gekrönte Heinrich IV., dessen ursprünglich ansehnliche Truppen durch Seuchen arg dezimiert worden waren, zog ab, und Papst Clemens ging mit ihm. Die Römer versuchten auf eigene Faust Widerstand gegen das normannische Heer des Papstes Gregor, es kam zu schweren Straßenkämpfen, in denen ganze Stadtteile niedergebrannt wurden, dann zu fürchterlicher Ausplünderung der Ewigen Stadt – und am Ende war Gregor VII. der derart verhaßte Sieger, daß er sich nur mehr unter dem Schutz normannischer Waffen seiner Herde zeigen konnte. Die Römer begannen einen erbitterten Partisanenkrieg, und noch 1084 zog sich Robert Guiscard vor den Stadtguerillas nach Süditalien zurück. Gregor setzte sich mit ihm nach Salerno ab und starb dort am 25. Mai 1085.

Die antinormannische Aktionsgemeinschaft der Stadt am Rialto mit der Kaiserstadt am Goldenen Horn machte die Normannen für das Königreich Ungarn zu interessanten Vertragspartnern und umgekehrt König Ladislaus I. zu einem wertvollen Verbündeten der nun reputierlich gewordenen Nordleute. Es wurden wechselseitige diplomatische Beziehungen aufgenommen und gegenseitige Hilfeleistungen vereinbart, und die Freundschaft fand ihre Krönung durch die Vermählung der Tochter Rogers von Sizilien, Buzilla, mit Koloman, dem Neffen des Königs Ladislaus, der nach dessen Tod 1095 König von Ungarn wurde.

4 **Ein Höhepunkt der kroatisch-kroatischen Kämpfe** wird uns bei unserem Zug durch die Geschichte eingehend beschäftigen: Es waren Kroaten, die
– einen Teil der Bevölkerung der habsburgischen Militärgrenze stellten und damit der Schutzwall des christlichen Abendlandes gewesen sind,
– während die islamisierten Kroaten Bosniens die jederzeit angriffsbereite Speerspitze des Dar ul Islam waren,
woraus sich der überraschende Zustand ergab, daß beispielsweise 1683 die kroatische Sprache die Kommando- und Umgangssprache namhafter Teile
– des in den Schützengräben vor Wien kämpfenden osmanischen Heeres ebenso war wie
– des den Goldenen Apfel erbittert verteidigenden kaiserlichen Kriegsvolks.
In unglaublich dramatischer Wucht aber, verdichtet in der unmittelbaren Konfrontation zweier herausragender Persönlichkeiten, hatte sich die zugrundeliegende Tendenz schon 1566 manifestiert:
– Der magyarisierte Kroate Zriny Miklos → Nikolaus d.Ä. verteidigte,
– der osmanisierte Kroate Mechmed Pascha Sokolowitschi aber berannte
die kleine südungarische Festung Szigetvar erbittert. Zuletzt unterlag Zriny in einem schaurigschönen spektakulären Finale, das noch nach Jahrhunderten Dichter und Historiker auch fremder Nationen förmlich begeisterte; Theodor Körner feierte so in seinem großen historischen Drama »Zriny« den »ungarischen Leonidas«, welcher Beinahme ihm zugelegt worden war, und der sonst eher kühl formulierende Leopold von Ranke sagte von Zrinys flammenumstrahltem Ende:
»Nie starb ein Kriegsmann eines schönren Todes.«
Der vorläufig letzte Akt blutigen Bruderzwists ereignete sich in unserem Jahrhundert, und zwar im Zweiten Weltkrieg, dem das nach dem Ersten Weltkrieg als »Nationalstaat« geschaffene Königreich Jugoslawien zum Opfer fiel. Die Kroaten, die – im Gegensatz zu den Tschechen – den Wert der Zugehörigkeit zur Großmonarchie Habsburgs sehr wohl zu schätzen wußten, hatten im Ersten Weltkrieg tapfer gekämpft und schwere Blutopfer gebracht, sie waren unter dem Druck des Geschehens nur zögernd und unwillig bereit gewesen, sich mit den Serben in einem Staat zusammenzuschließen, der von Belgrad aus – zumindest zeitweise sehr straff – regiert wurde. In Italien hatte sich eine Gruppe von Exilkroaten unter der Führung von Dr. Ante Pavelić gebildet, die entschlossen war, einen Untergrundkampf gegen die königlich serbische Regierung zu beginnen, dessen Vorbereitung von den Ereignissen des Jahres 1941 überholt wurde. Die Niederlage Jugoslawiens war die Grundlage für die Entstehung eines selbständigen Kroatien (Nezavisna Drzava Hrvatska, abgek. N. H. D.) unter Dr. Pavelić, der zunächst einmal von den nationalbewußten Kroaten stürmisch begrüßt wurde. Die Begeisterung legte sich jedoch sofort, als Dalmatien zur Gänze von Kroatien abgetrennt und Italien zugeschlagen wurde, so daß der Duce Benito Mussolini,

in dieser Hinsicht der Erbe der alten venezianischen Ansprüche, von seinem Freunde Adolf Hitler alles das erhielt, was die Dogen des hohen Mittelalters erträumt hatten.

Das war den Italienern nicht einmal in den Pariser Vorortverträgen, die doch wahrlich die Ansprüche der Siegermächte des Ersten Weltkrieges recht großzügig erledigten, zugestanden worden – und das brachte die Kroaten gegen den N.H.D. Staat und seine deutschen Paten auf. Und nun mußte der Kroate Dr. Ante Pavelič erleben, daß der Kroate Josip Broz Tito mit seiner kommunistischen Partisanenbewegung Sympathisanten, Anhänger und sogar Mitkämpfer unter den nationalbewußten Kroaten fand, die sich sagten, daß ein einheitliches Kroatien selbst um den Preis der Bindung an Belgrad einem in

– einen souveränen Staat, der notwendig der gehorsame Satellit Berlins sein müsse, und
– eine italienische Kolonie, gleichgültig welch schmückende Bezeichnung ihr auch gegeben werde,

zerlegten Kroatien vorzuziehen sei. Der sich nun entwickelnde Bruderkrieg wurde mit schauerlicher Härte ausgetragen; die Ustaschen des Staatsführers Pavelič machten zunächst gnadenlose Jagd auf die Partisanen Titos und alle diejenigen, die als ihre Sympathisanten verdächtigt wurden, um nach dem Zusammenbruch Großdeutschlands von diesen womöglich noch erbitterter verfolgt zu werden. Die Zahl der Opfer dieser letzten kroatisch-kroatischen Auseinandersetzung ist nicht genau erfaßt; Schätzungen liegen zwischen mindestens fünf und höchstens zwanzig Prozent: Ein auch beim Zutreffen des Minimalwertes wahrlich erschreckender Verlust für das hochbegabte und tapfere südslawische Volk.

5 **Der vierte Kreuzzug** ist ein bizarr-abenteuerliches Unternehmen der abendländischen Christenheit, dessen Beginn in ritterlicher Idealität zu suchen ist, dessen Höhepunkt die Überwindung dieser durch bis ins Extrem vorgetriebenes kapitalistisches Wirtschaftsdenken war und an dessen Ende die Kainstat stand, mit welcher der christliche Westen die orthodoxe Christenheit niederstreckte. Seltsam ist nicht nur das Geschehen, das ein Markstein auf dem Wege in ein neues Zeitalter war, sondern seltsam ist auch, daß die neue Zeit – die Zeit der unumschränkten Herrschaft des Goldenen Kalbs – ihren ersten Triumph dem Wirken eines Mannes verdankt, der mit Abstand der Älteste aller damals handelnden Personen war. Enrico Dandolo war nun aber, mehr als achtzigjährig, nicht nur ein Greis sowohl nach damaligen als nach heutigen Maßstäben, sondern er war ein blinder Greis obendrein.

Als Enrico Dandolo 1192 Doge von Venedig wurde – zweiundsiebzig Jahre alt und zumindest nahezu erblindet – schienen die Tage der Seeherrschaft seiner Vaterstadt vorbei zu sein. Die Stadt am Rialto hatte sich von den Schlägen, die ihr Manuel I. Kommenos 1170 zugefügt, nicht mehr erholt, und zu allem Überfluß hatte König Bela III. von Ungarn den Zusammenschluß mit Küstenkroatien erneut vollzogen und 1183 auch Zara → Zadar, Venedigs letzten Stützpunkt in Dalmatien, in seinen Besitz gebracht. So wurde Dandolo zum Bürgermeister einer mittelgroßen Stadt, die ihre glanzlosen Tage mit der Erinnerung an eine große Vergangenheit versüßte, und erfüllte die Pflichten seines Amtes, so gut es die vorgefundenen Verhältnisse gestatteten. Die eher tristen Zukunftsaussichten veränderten sich jäh, als 1201 eine Abordnung französischer Ritter in Venedig erschien, um über den Transport eines neuen Kreuzzuges – der Kaiser Friedrich Barbarossas war vor ein paar Jahren gescheitert – ins Heilige Land und dessen Versorgung für die Dauer eines Jahres zu verhandeln. Die Heeresstärke wurde mit 4000 Pferden, 4000 Rittern, 9000 Knappen und 20 000 Fußkriegern angegeben. Das überstieg die Transportkapazität Venedigs, bekannte Dandolo, aber er werde die benötigten Schiffe bauen lassen, wenn er genügend Zeit zur Verfügung habe. Zu bezahlen seien 5 Mark Silber je Roß, 2 Mark Silber je Mann, insgesamt daher 86 000 Mark, fällig vor Antritt der Fahrt. Die Herren waren einverstanden, ritten heim, lösten die übliche Propagandawelle mit klerikaler Unterstützung aus –, und die Werften der Lagunenstadt arbeiteten auf Hochtouren. Im Laufe des folgenden Winters starb Graf Thibaud de Champagne, der zum Führer des Kreuzzuges gewählt worden war, und an seine Stelle trat Markgraf Bonifatius von Montserrat, ein naher Angehöriger des 1192 von den Assassinen ermordeten Königs Konrad von Jerusalem.

Als das fremde Heer 1202 im Raum Venedig sammelte und ein Lager auf der Insel San Niccolo bezog, stellte sich heraus, daß die geschätzte Teilnehmerzahl weit überhöht gewesen war: Es fehlten 5000 (nach anderen Angaben beinahe 10 000) Mann. Erster Streit: Zahlung nach Sollstand oder Iststand, also 86 000 Mark Silber wie vereinbart – oder entsprechend weniger.

Dandolo, der die Transportflotte für die vereinbarte Heeresstärke besorgt und die notwendige Verpflegung bereitgestellt hatte, setzte sich durch: 86 000 Mark Silber.

Der zweite Streit folgte sogleich, denn das Heer hatte das Geld nicht beisammen. Dandolo beharrte auf der vereinbarten Barzahlung und stellte zunächst die Verpflegungszufuhr ein. Die Herren tobten und verfluchten die Insel, auf der sie gefangensaßen, ohne auf ihren frommen Namen Rücksicht zu nehmen; zuletzt kratzten sie ihre letzten Groschen zusammen, verkauften alles, was sie nicht unbedingt brauchten, und versuchten, auf Pump das noch Fehlende zu besorgen – das Ergebnis war niederschmetternd: 52 000 Mark Silber.

Dandolo war damit nicht zufrieden, bestand auf Bezahlung der restlichen 34 000 Mark und blieb allen Vorstellungen gegenüber unzugänglich. Die Lage der Kreuzfahrer war wenig erfreulich und verschärfte sich von Tag zu Tag: Krankheiten brachen aus, das Kriegsvolk hungerte, Unruhen konnten vorerst noch mit Mühe beschwichtigt werden. Es gab scheinbar keinen Ausweg.

Dandolo wußte einen Ausweg. Venedig würde die Summe **stunden,** zinsenlos, wenn die frommen, bewaffneten Pilger zu einem Gegendienst bereit wären: Ein kleiner Abstecher nach Dalmatien, um Zadar zu erobern ...

Die Herren waren gar nicht bereit, denn immerhin – Ungarn war ein christliches Reich, dessen König ebenfalls das Kreuz genommen hatte (er wollte mit seinen Rittern auf dem Landweg in den Orient gelangen) und das dem ausdrücklich verkündeten Schutz des Papstes, dem »Kreuzfahrtfrieden«, unterstand.

Dandolo bedauerte, die Herren bedauerten – und Anfang November stieß die Flotte in See und nahm Kurs auf Zadar, das sie am elften November erreichte. Am 19. begannen die Kampfhandlungen, und am 24. wurde die Stadt erstürmt. Und der Papst schleuderte den Bannfluch auf die Ritter Christi und ihre venezianischen Regisseure, und König Emmerich → Imre von Ungarn widerrief seinen Kreuzzugsentschluß.

Die Kreuzfahrer wußten nicht recht, ob sie – mit der Schande der Exkommunikation beladen – noch würdig wären, die heiligen Stätten den Moslems zu entreißen, aber zum Glück war Dandolo bei ihnen, und der wußte wieder, was zu tun war. Ein byzantinischer Kronprätendent, der sich im Exil befand, während sein Vater im Kerker des Usurpators schmachtete, legte ein entsprechendes Offert: 200 000 Mark Silber wolle er dem Heere Christi, das schon zum Heere des Oberpriesters des Goldenen Kalbes geworden war, zahlen, eine Hilfsarmee von 10 000 Mann mit eigener Flotte und die Verpflegung für ein Jahr stellen, wenn man ihm helfe, Kaiser in Konstantinopel zu werden. Außerdem werde er – das war an die Adresse des Papstes gerichtet – die byzantinische Kirche wieder dem römischen Primat unterstellen.

Papst Innocenz III. hörte es, löste die Kreuzfahrer vom Bann, die Flotte steuerte das Goldene Horn an, Kaiser Alexios III. entfloh, sein Bruder Isaak II. Angelos (übrigens der Schwiegervater des deutschen Königs Philipp von Hohenstaufen) wurde rasch aus dem Gefängnis geholt und inthronisiert – und sein beim Kreuzheer befindlicher Sohn, der ebenfalls Alexios hieß, versuchte der gemachten Versprechungen ledig zu werden. Es kam zum Streit, zur bewaffneten Auseinandersetzung, zur Eroberung von Konstantinopel 1204 und der Begründung des Kaiserreichs der Lateiner. Die Herren stritten um Krone und Würden und Land und Beute, nur Dandolo hielt sich bescheiden zurück und verlangte für Venedig nur einige halbverwüstete Küstenstriche und ein paar Inseln, auf die ohnehin niemand mit Nachdruck Anspruch erhob. Der blinde Greis Dandolo, hinfällig und alterschwach, dachte richtiger, sah schärfer und handelte zukunftsorientierter als alle die lärmenden, waffenrasselnden Männer, die ihm bewilligten, was er wollte: Ihr Kaiserreich hielt sich nur etwa ein halbes Jahrhundert, aber Venedig behielt sein ägäisches Imperium, das uns noch eingehend beschäftigen wird, für mehrere Jahrhunderte, in einigen Teilen – wie Kreta – bis ins späte 17. Jahrhundert und somit beinahe ein halbes Jahrtausend.

6 Der **Kreuzzug Kaiser Friedrichs I.,** dem wir im ersten Band (S. 164, S. 180 ff.) bereits

begegnet sind, versammelte sich im Mai 1289 in Regensburg und wälzte sich im Frühsommer zu Schiff, zu Fuß und zu Roß das Donautal hinab. Seine Zahlenstärke wird höchst unterschiedlich zwischen 80 000 und 150 000 Mann geschätzt; hier wird eine Gesamtzahl von rund 120 000 Mann für zutreffend gehalten, was aus einer Reihe von Gründen als realistisch angesehen wird und überdies ungefähr die Mitte zwischen den obigen Grenzwerten bezeichnet.

In diesem militärischen »Großunternehmen« fand der Prozeß der Entwicklung eines gesamtdeutschen Zusammengehörigkeitsgefühls, dessen Beginn wir in der Sammlung unbelehnter Krieger aus allen Herzogtümern um den Bayernherzog Arnulf für seinen Abwehrkampf gegen die Magyaren erkannten, seinen krönenden Abschluß. Denn es war kein Lehensaufgebot, das mit dem Hohenstaufen im Dienst des Herrn Jesus Christus in den fernen Orient zog, und keine Vielzahl von Lehensaufgeboten, sondern ein Freiwilligenheer, dessen belehnte Ritter von ihren normalen Dienstpflichten für die Kreuzzugsdauer entbunden werden und die deshalb bei ihren Lehensherrn um »Kreuzzugsurlaub« ansuchen mußten. Aus dem Umstand, daß Vorsorge dafür getroffen werden mußte, die Grundaufgaben des Staates auch für die unbestimmte, jedenfalls aber mehrjährige Dauer des Kreuzzuges zu erfüllen, belehnte Ritter aber nur in beschränkter Zahl zu Verfügung standen, ist zu schließen, daß die Masse der Kriegsfreiwilligen aus Unbelehnten bestand. In der Tat befanden sich auch Bürger, Bauern und Bauernknechte unter den Kreuzzugsteilnehmern, so daß Barbarossas »Große Armee« ein wirkliches Volksheer war. Das hob sie von den üblichen Heeren des Zeitalters ab; kam sonst das Heervolk für Feldzüge und Romfahrten ausschließlich aus den Burgen, so gab es nun keine Stadt und kaum ein auch nur halbwegs bedeutendes Dorf, aus dem nicht mindestens ein Wehrfähiger mit dem Rotbart zog. Und das machte den Kreuzzug zum Unterschied von den zeitüblichen kriegerischen Aktionen, die als eine Art von gefährlichem Sport der im Rittertum Lebenden anzusehen sind, zu einer Sache des ganzen Volkes, dessen gewaltiges emotionelles Engagement eine derartige Heeresstärke ermöglichte.

Können wir Spätgeborene überhaupt noch ermessen, welchen moralischen Kredit das deutsche Königtum besaß, welcher Strahlenglanz von der Krone des Sacrum Imperium Romanum ausging – und welche Kraft der Glaube an die christliche Lehre, an die Trinität, an die unbedingte Richtigkeit der Wünsche des Papstes über die Seelen und Herzen ausübte? Gewiß, auch die Kriege unseres Jahrhunderts kennen Kriegsfreiwillige, die in der Stunde der Not zu den Waffen eilen, von – wie es so schön heißt – »patriotischer Begeisterung erfüllt«, aber es gibt da schon gravierende Unterschiede. Der »moderne« Kriegsfreiwillige ist in sozialer Hinsicht dem Berufssoldaten oder aufgebotenen Wehrpflichtigen gleichgestellt, er hat Anspruch auf
– Uniform und Ausrüstung,
– Verpflegung und Unterkunft,
– Besoldung und medizinische Betreuung bei Krankheit oder Verwundung und
– im Falle bleibender Invalidität eine Rente, die im Falle des Todes auf die unterhaltsberechtigten Angehörigen übergeht.
Wer aber mit Barbarossa ritt, der
– ritt auf eigenem Pferd,
– war mit eigenen Waffen ausgerüstet,
– hatte sich selbst zu versorgen und
– war im Falle von Krankheit oder Verwundung auf
    □ die eigene Kasse oder
    □ die Mildtätigkeit der Umwelt angewiesen:

Ein gewaltiger, ein entscheidender Unterschied.

Gewiß waren unter den Kreuzrittern große Herren, die vermögend waren, weil sie über Land und Leute verfügten, aber sie konnten das Land überhaupt nicht und die Leute nur in sehr beschränktem Umfange mitnehmen, denn das zur Bewirtschaftung der Güter, Aufwartung »bei Hofe«, (also im herrschaftlichen Hause) und zur Erfüllung obrigkeitlicher

Aufgaben vorhandene Personal konnte nicht willkürlich reduziert werden, ohne die Funktionsfähigkeit des ökonomischen und staatlichen Gefüges in Frage zu stellen. Andererseits wollte gerade diese Herren auch im Felde etwas vom »gewohnten Lebensstandard« behalten, also nicht etwa Waffen und Rüstung selbst reinigen, Pferde selbst putzen, Kleider selbst instandhalten, Zelte selbst aufschlagen und Mahlzeiten selbst bereiten. Sie waren also gezwungen, mit Knechten und Bedienten auf Kreuzzug zu gehen, für die sie Waffen und Pferde, Ausrüstung und Verpflegung zu stellen hatten, und denen sie – waren sie für die Teilnahme am Zuge ins Heilige Land angeworben – auch Sold zu zahlen hatten. Erst wenn wir dies bedenken, bekommen wir eine Ahnung davon, was es auch, ja was es gerade für die Großen des Reiches bedeutete, wenn sie das Kreuz nahmen. Dann verstehen wir auch die Hochachtung, mit der die zeitgenössischen Chronisten von Zahlenstärke, Ausrüstung und Bewaffnung der »Mannschaften« sprachen, die einzelne Hochstehende zum Kreuzzuge stellten. Insgesamt waren gewaltige Investitionen nötig, um an Barbarossas Zug teilnehmen zu können, Investitionen, die bei der noch weitgehend bargeldlosen Wirtschaft des Lehensstaates die Möglichkeiten des einzelnen weitaus überstiegen. Viele von ihnen nahmen Darlehen auf, verkauften oder verpfändeten Eigengut, sicherten künftige Ernteerträge zu, um in den Besitz der benötigten Barmittel zu kommen; die Ritterschaft verschuldete sich, was manche Erscheinungen der folgenden Periode, des dreizehnten Jahrhunderts, die unter dem Oberbegriff des »Raubrittertums« zusammengefaßt werden, erklärbar macht.

Wer aber kein Geld hatte und keines borgen konnte, der mußte froh sein, am Tische eines Herren speisen zu können, wenn er Ritter war, oder der Knecht eines Herren werden zu dürfen, wenn er ein Niemand war. Wem dies nicht gelang, war auf die Mildtätigkeit der Menschen angewiesen, mit denen er zog oder die die Gegenden, durch die sich der Heerwurm wälzte, bewohnten. Viele litten Not, echte, bittere Not – und so wird es verstehbar, daß in Gran → Esztergom, wo König Bela III. große Lebensmittellager für die Versorgung der »bewaffneten Pilger« bereitgestellt hatte, ein wahrer Sturm auf die Magazine einsetzte, es im Gedränge zahlreiche Verletzte gab und etliche der Krieger sogar in den Mehlhaufen, in die sie gestürzt waren, erstickten.

Für den Kaiser und die Großen seines Heeres wurden im Donauknie bei Visegrad prächtige, wohlvorbereitete Jagden durchgeführt; das erlegte Wild wurde auf großen, sechsspännigen Ochsenfuhrwerken nach Aquincum → Buda → Ofen oder, wie es damals bei den Deutschen hieß, Ecilburg gebracht und beim Einzug des Heervolks an dieses verteilt. Auch Wein wurde, in großen Mengen, ausgegeben: Die Stimmung war glänzend, es wurde gegessen und getrunken im Übermaß, es gab gewaltige Räusche. Und es waren für viele der armen Teufel, die schon in ein paar Tagen die Zone der ungarisch-byzantinischen Kriege, ausgebrannt und kahlgefressen, erreichten, die letzten satten und fröhlichen Stunden ihres Lebens – die »Große Armee« ging zugrunde. Bradford (Verrat, S. 74) sagt von der »prachtvollen deutschen Armee«, daß sie sich »in unaufhörlichen Kämpfen mit den Türken verblutet« und, als sie schließlich Akkon erreichte, nur mehr 1000 Mann gezählt habe; er übertreibt vermutlich etwas, denn geschätzte 2000–5000 Mann sind es sicherlich noch gewesen — mehr aber gewißlich nicht. Und von diesen kamen nicht mehr als 1000 bis 2000 Mann heim ins Reich. Die enormen Verluste dürften insgesamt nur zu einem relativ geringen Prozentsatz auf unmittelbare Feindeinwirkung zurückgehen: Die Masse kam durch Hunger, Durst und bösartige Krankheiten ums Leben.

Das Endergebnis des Kreuzzuges überstieg das Vorstellungsvermögen des Zeitalters gewaltig. Und im Volk, das an den Untergang des Kaisers, der mit einer Unzahl von Reisigen, die das Kriegswesen der Epoche vollendet repräsentierten, in die Ferne geritten und seinem Gesichtskreis entschwunden war, nicht glauben konnte, verbreitete sich die Mär, er sei

– in den Untersberg bei Salzburg oder
– in den Kyffhäuser

eingezogen und lebe dort in unterirdischem Palast, umgeben von Rittern und Waffenknechten, und werde dereinst wiederkehren, um das Deutsche Reich zu retten …

270

Im ersten Jahrzehnt des aufkommenden dreizehnten Jahrhunderts aber entstand entweder am Hofe des kunstsinnigen Bischofs Wolfger von Passau, des großen Förderers Walters von der Vogelweide, oder am Hofe Herzog Leopolds VI. in Wien, dessen Vater Leopold V. der Glorreiche selbst zu den Kreuzzugsteilnehmern gezählt wurde und dem sogar die Heimkehr vergönnt war, das Nibelungenlied, das durch Verbindung des rheinländisch-westdeutschen und des donauländisch-süddeutschen Liedgutes zum gesamtdeutschen Epos wurde und damit die eingangs aufgezeigte Entwicklung des stammesüberschreitenden Zusammengehörigkeitsgefühls literarisch nachvollzog. Zweifelsfrei prägt Barbarossas Fahrt ohne Wiederkehr das Bild vom Zuge der Burgunden ins Land des Königs Etzel, wird in eine längstvergangene Epoche zurückversetzt und mythisch überhöht, ist aber doch beinahe noch zeitgenössiches Geschehen, das vor den Augen des anonym gebliebenen Dichters abrollte, der damals vermutlich noch ein Knabe war. Es sind gerade anscheinend bedeutungslose Details, die die Identität der Sachverhalte erweisen: Der Streit der Donauschiffer Barbarossas mit den Zolleinhebern von Mauthausen, der mit der Niederbrennung der Zollstation endete, wird im Epos zum Streit Hagens mit dem unwilligen Fährmann des bayrischen Markgrafen – die Geschichte spielt ja in der Zeit vor der Erhebung der bayrischen Mark an der Donau zum Herzogtum – und endet mit dessen Tötung, und wer will, kann auch Hagens Freund, den ritterlichen Sänger Volker von Alzey, im Gefolge Kaiser Friedrichs erkennen. Friedrich von Hausen ist es, die herausragende Gestalt des »staufischen Dichterkreises«, der zu den »familiares et secretarii« des Kaisers gezählt wurde und als »miles probissimus« im Mai 1190 in der Schlacht von Philomelion → Akschehir gefallen ist.

[7] **Der Deutsche Ritterorden im Burzenland** wurde belehnt und enthoben von König Andreas II.; die Belehnung erfolgte 1211, die Entsetzung vom Lehen 1225. Als Grund wird angegeben, daß die Ordensleute Steinburgen bauten, sich aber hätten auf die landesüblichen Holzburgen beschränken sollen, was jedoch gesondert hätte vereinbart werden müssen, um diese Folge zu rechtfertigen. Andreas scheint auch durchaus nicht die Absicht gehabt zu haben, die Belehnung zu widerrufen, dürfte aber dem magyarischen Bevölkerungselement, das nach Gertruds Ermordung und der Emigration des Erzbischofs und Wojwoden Berthold übermächtig geworden war, zuletzt nachgegeben haben. Und der magyarischen Sprachnation. gerade in Siebenbürgen erschienen die Deutschen im Übermaß privilegiert, was durchaus nicht unbegründet war, wenn wir an die Privilegien und Freiheiten denken, die eben durch König Andreas schriftlich fixiert worden waren. Auch wurde die von den Szeklern bewohnte Gyepüzone Siebenbürgens ostwärts verlegt: Der entstandene Leerraum wurde überwiegend Ordensland und den von diesem herbeigerufenen deutschen Siedlern überlassen, so daß bei böswilliger Auslegung der die Kausalität verkehrende Eindruck entstehen mochte, die Szekler seien umgesiedelt worden, um für die Neueinwandernden Platz zu schaffen.

Im Zeitpunkt der Belehnung war der thüringische Ritter Hermann von Salza Hochmeister des Ordens, und vorab aus Thüringen stammten die Bauern, die seinem Rufe folgten. Sie durften bleiben, und König Andreas hatte ihnen noch vor dem Abzug der Ordensritter die Rechtsstellung der alten Einwanderer verliehen, die sehr erheblich besser war als jene, die sie im Sacrum Imperium Romanum gehabt hatten oder bei einer Rückwanderung zu erlangen hoffen konnten; sie bildeten den im Anhang: »Sonderfall Siebenbürgen« genannten Freien Siedlerverband Burzenland und waren keiner Grundherrschaft unterstellt.

Um diese Zeit trat Thüringen in den Vordergrund der durchwegs guten Beziehungen zum Sacrum Imperium Romanum. Die Verbindung zwischen dem ungarischen Königshof und dem des kunstsinnigen Landgrafen von Thüringen, dessen Wartburg das Zentrum der ritterlichen Kultur jenes Zeitalters schlechthin war, fand ihren bedeutsamsten Ausdruck in der Vermählung der Königstochter Elisabeth mit Ludwig, der seinem Vater 1217 im Landgrafenamt nachgefolgt war. Die 1221 geschlossene Ehe war kurz: Ludwig nahm am Kreuzzug Kaiser Friedrichs II. teil und starb 1227 in Otranto. Elisabeth gründete ein Spital in Marburg, in dem sie bis zu ihrem Tode 1231 als Krankenpflegerin arbeitete.

1235 wurde sie unter Papst Gregor IX. heiliggesprochen. Sie ist die heilige Elisabeth, von der heute noch zahllose Legenden berichten.

[8] **Gertrudes blutiges Ende** regte noch im 19. Jahrhundert zwei bedeutende Dichter zur Nachgestaltung an, seltsamerweise beides gelehrte Juristen:

– Jószef Katona, Oberstaatsanwalt im lieblichen Kecskemét, schrieb ein großes Werk von dem seine Hausehre auch gegen die Familie des Königs schirmenden »Ban Bánk« und

– Franz Grillparzer, der es als rechtskundiger Beamter der kaiserlichen Finanzverwaltung bis zum Hofrat brachte, schuf »Ein treuer Diener seines Herrn«.

Beide rücken Ban Bánks Gemahlin in den Mittelpunkt des Geschehens, sicherlich in Übereinstimmung mit dem damaligen Stand des geschichtlichen Wissens; heute neigt man dazu, darin eher eine Episode zu sehen, die nur am Rande eine Rolle spielte. In Wahrheit habe die Mißwirtschaft ihrer Günstlinge Csépan und Poth das Volk gegen die Königin aufgebracht, die auf einer Jagd im Piliser Hügelland ermordet und förmlich in Stücke gehackt wurde (s. Lemmer, S. 14 und S. 17).

[9] **Der Vater-Sohn-Konflikt im arpadischen Königshaus** beruhte auf geradezu läppischer Ursache: Die Damen des Hofes behandelten Stefans Gemahlin, eine kumanische Häuptlingstochter, nicht ihrem Range gemäß. Angenommen darf werden, daß die Kumanin, die eine kumanische, d.h. freie Erziehung genossen hatte, ein den strengen Regeln des Hoflebens nicht angepaßtes Verhalten an den Tag legte. Es kam, da der König nicht eindeutig die Partei seiner Schwiegertochter ergriff, zu einem tiefgreifenden Zerwürfnis, das letztlich dazu führte, daß Stefan den Hof seines Vaters mit Frau und Kind verließ und sich nach Ostungarn absetzte. Mehrere Versuche, ihn zur Rückkehr zu bewegen, scheiterten, und als der König ihn gewaltsam zurückholen wollte, setzte sich Stefan erfolgreich zur Wehr.

Die erste Folge war – nach mehreren Gefechten zwischen den Rittern des Königs und dem Königssohn nebst persönlichem Anhang – eine Art Herrschaftsteilung, wobei Stefan jenseits der Donau eine eigene Regierung bildete, die sich vor allem auf den Konsens der Kumanen stützte. Beide Seiten versuchten, die Inhaber der großen Regionalherrschaften in Nordungarn und Siebenbürgen, in Slawonien und Kroatien in ihr Lager zu ziehen und machten ihnen für den Fall aktiver Parteinahme unangemessene Versprechungen, was die königliche Autorität gefährlich aushöhlte: Die Herren wurden förmlich dazu angespornt, ihre eigenen Belange über die des Gesamtreichs zu stellen.

Die zweite Folge trat 1270 mit dem Tode des vielgeprüften Königs Bela ein: Sein Sohn folgte ihm nun als König Stefan IV. Seine Gegner – und Gegnerinnen, vor allem aus der eigenen Familie – flohen in den Westen, und der Westen war Österreich, und Österreich war damals Ottokar Przemysl. Und Ottokar war mit der Arpadin Kunigunde → Kinga vermählt. Und weil die geflohenen Arpadinnen auch im Exil Anspruch auf ein standesgemäßes Leben erhoben, hatten sie den Arpadenschatz, den Kronschatz des Königreiches Ungarn, mit sich nach Prag genommen, wo sie zuletzt landeten. Stefan forderte den Kronschatz, der Ungarns Staatsschatz war, von Ottokar zurück, aber die Arpadinnen beschwatzten diesen, Stefans Begehren zurückzuweisen. Ihrem Rechtsstandpunkt nach war der Schatz Eigentum der Familie Arpads, und diese habe eben ihre Residenz nach Prag verlegt – wer könne daran denken, ihn der Kumanin zu hinterlassen!

Darüber kam es zum Krieg. Stefan führte ihn zuerst recht erfolgreich, indem er die Schlacht der Panzerreiter vermied und seine leichte Reiterei Ottokars Lande durchstreifen ließ, gegen welchen Stil der Kampfführung Ottokar nicht gleich ein passendes Rezept einfiel. Im Kriegsjahr 1272 starb jedoch Stefan überraschend, und für seinen erst zehnjährigen Sohn führte seine Mutter, die Kumanin, die Regentschaft. Nun gewann Ottokar, den auch die Ritter Ungarns gerne als ihren König gesehen hätten, Oberhand; in zwei Heeressäulen rückten seine Verbände, dem Tale der Donau aus dem Herzogtum Österreich, dem Tale der Raab aus dem Herzogtum Steiermark folgend, in Ungarn ein. Die Regentin, die sich nur auf ihre kumanische Verwandtschaft stützen konnte, setzte sich nach Ostungarn ab, doch das Dazwischentreten eines Deus ex machina rettete die Krone für den kleinen Ladislaus. Und der Deus ex machina war der deutsche König Rudolf von Habsburg.

[10] **Der Weg der Anjous nach Süditalien,** der für einen Zweig der Familie zu einem Weg nach Ungarn wurde, begann mit dem Bruder König Ludwigs des Heiligen, der Karl hieß. Dieser Karl – ein sehr tüchtiger, aber noch viel ehrgeizigerer Mann – erwirkte gegen die Bezahlung

eines Betrages von 50 000 Mark Silber von Papst Urban IV. die Belehnung mit dem nach dem Tode Kaiser Friedrichs II. nach kurialer Auffassung heimgefallenen Königreich Sizilien. Im Zeitpunkt der Belehnung (15. August 1264) war allerdings einer der illegitimen Söhne Friedrichs, Manfred, der bei den Sizilianern und Süditalienern sehr beliebt war, als Nachfolger seines Vaters König. Das bedeutete Krieg zwischen
– dem vom Papst belehnten König Karl und
– dem effektiv das Königsamt bekleidenden König Manfred,
der 1266 in der Schlacht von Benevent mit dem Tode Manfreds entschieden wurde. Gegen den Widerstand der Bevölkerung nahm Karl nun das hohenstaufische Erbe in Besitz; seine Gegner, die dem Heiligen Römischen Reiche verschworenen Ghibellinen, bewogen den jungen Hohenstaufen Konrad von Schwaben, nach Italien zu ziehen und den Kampf um die Hinterlassenschaft seines Großvaters anzutreten. Der Jüngling wurde von der Bevölkerung, die ihn liebevoll Conradino nannte, überall begeistert empfangen – aber der neue Papst Clemens IV. schleuderte den Bannfluch auf ihn und seinen Anhang, und Karl von Anjou besiegte ihn bei Tagliacozzo (25. August 1268), nahm ihn gefangen und ließ ihn am 29. Oktober in Neapel enthaupten.

Im selben Jahr schloß er mit Balduin II., dem emigrierten letzten lateinischen Kaiser des rebyzantinisierten Oströmischen Reiches, ein Kriegsbündnis gegen Kaiser Michael VIII. Palailogos, verbrachte die folgenden Jahre aber damit, die Grenzen seines Territoriums in Italien nach Norden zu verschieben. 1270 beteiligte er sich am Kreuzzug seines Bruders nach Nordafrika und führte nach dessen Tod die Reste des Kreuzheeres heim nach Europa. Den Großteil der Flotte vereinnahmte er für sich, wobei ihm das laut propagierte Vorhaben, demnächst wieder einen Kreuzzug zu veranstalten, den Vorwand lieferte; seine Bemühungen wurden allerdings durch einen gewaltigen Sturm vereitelt, der die Flotte im Hafen von Trapani vernichtete.

Kaiser Michael besorgte aus triftigem Grund, daß die von Papst Gregor X. ab 1272 getroffenen Kreuzzugsvorbereitungen, die König Karl als Vikar der Kirche unterstanden, in Wahrheit auf einen Krieg gegen Byzanz abzielten, und versuchte zunächst einmal, der drohenden Gefahr dadurch zu begegnen, daß er durch eine mit außerordentlich umfassender Vollmacht versehene Gesandtschaft 1274 dem Konzil von Lyon die Kirchenunion anbot. Diese wurde angenommen, scheiterte letztlich aber am erbitterten Widerstand der Mehrheit des orthodoxen Klerus, der sich schon damals in eine dem Willen des Kaisers absolut gehorsame Hochkirche und eine die Unterwerfung gegenüber Rom absolut ablehnende Volkskirche zu spalten drohte. Auch außenpolitisch erbrachte die tiefe Verneigung den erwünschten Erfolg nicht: Das Konzil genehmigte den beantragten »Kreuzzugszehnten« auf die Dauer von sechs Jahren, wobei der Ertrag dieser außerordentlichen Steuer letztlich in die Kriegskasse Karls von Sizilien fließen mußte.

Karl von Anjou zeigte auch deutlich, wem sein »Kreuzzug« gelten werde: Er ließ sich in Akkon zwar zum König von Jerusalem wählen, suchte aber emsig nach Bundesgenossen unter den lateinischen Fürsten Griechenlands, die den Untergang des westlichen Kaiserreichs überstanden hatten, schloß ein antibyzantinisches Kriegsbündnis mit Venedig, besetzte das Fürstentum Morea (Peloponnes) mit eigenem Kriegsvolk und ließ sich von den Katholiken Albaniens zu ihrem König ausrufen.

Nun rüstete auch Michael auf, und er entschloß sich, da er über mehr Geld als Truppen verfügte und kein Interesse an einer Kriegführung im eigenen, kleingewordenen Raum hatte, die Kriegsvorbereitungen von Karls Feinden im Westen zu subventionieren. Dies geschah wie folgt:
1. Stellte er den Widerstandszellen auf Sizilien beachtliche Mittel zur Verfügung, die nun
   – organisatorisch zusammengefaßt und
   – zu einem einheitlichen Vorgehen veranlaßt werden konnten.
2. Pumpte er noch größere Geldmittel in das Flottenbauprogramm König Peters III. von Aragon, der Manfreds Schwiegersohn war, die Erbansprüche seiner Gemahlin mehrfach erfolglos geltend gemacht hatte und zu kombattanten Vorgehen gegen Karl entschlossen war, wenn er die Mittel – vor allem eine mächtige Kriegsflotte – zusammenbringen konnte.

Nun war noch das Zusammenwirken zwischen der sizilianischen Widerstandsbewegung – in der vielfach die Wurzel der Mafia erblickt wird – und dem aragonesischen König sicherzustellen, und am Ostersonntag des Jahres 1282 flog die geschickt gelegte Mine hoch: In der berühmten »Sizilianischen Vesper« erhob sich die Bevölkerung gegen die fränkischen Herren, die Karl ihnen aufgezwungen, während Peters Geschwader in den Gewässern vor Sizilien kreuzten und eine umgehende »Befriedigungsaktion« des Anjou, der in Neapel residierte und hier die Masse seines Anhangs konzentriert hatte, verhinderten. Als Peter in Palermo an Land ging, wurde er im Dom unter dem Jubel des Volkes gekrönt.

Mehrere Versuche des Papstes - es war nun Martin IV. – und Karls, die vollendeten Tatsachen im Sinne der Wiedergewinnung Siziliens zu verändern, und die von der Verhängung des Banns bis zur erfolglosen Kriegführung Frankreichs gegen Aragon reichten, blieben erfolglos, und als 1285 in rascher Aufeinanderfolge König Karl I., Papst Martin IV. und König Philipp III. der Kühne von Frankreich starben, trat die wünschenswerte Beruhigung der Lage ein. Die offizielle Anerkennung der Effektivität erfolgte durch Karls Sohn und Nachfolger Karl II., der sich nunmehr König von Neapel nannte. Karl II. war, wie gesagt, mit einer Enkelin König Belas IV., Maria von Ungarn, vermählt – und mit dem halbarpadischen Sohn aus dieser Ehe, Karl III. Martell, begannen die Bemühungen der neopolitanischen Anjous um die Stefanskrone, die in seinem Sohn Karl Robert letztlich erfolgreich waren.

[11] **Diese Belehnung war Ausdruck einer sehr kühnen habsburgischen Konstruktion:** Rudolf gab seine Beziehung zu König Ladislaus IV. als Begründung eines Lehensverhältnisses aus. Dieses sei entstanden, als er ihn 1274 vor Ottokar geschützt habe; Ladislaus habe in Anerkennung der Pflichten eines Lehensmannes gehandelt, als er ihm 1278 Zuzug gegen Ottokar leistete.

Es ist nicht anzunehmen, daß der krause Gedankengang von Rudolf stammte, sondern er entstand wohl aus der Umgebung Albrechts, der eben eine große Fehde gegen die Grafen von Güssing, die über mehrere Jahre mit wechselndem Erfolg ging und durch den Spielmann »Der Wachtler« in der mittelhochdeutschen Epik Niederschlag fand, erfolgreich beenden konnte und nun angenommen zu haben scheint, das ganze Königreich habe nicht mehr Macht in der Hinterhand als das westungarische, deutschstämmige Grafengeschlecht.

[12] **Clemens V.,** vor seiner Wahl (1305 in Perugia) Bertrand de Got und Erzbischof von Bordeaux, war der erste der Päpste von Avignon, wohin er 1309 seine Residenz verlegte. Schon vor dieser Übersiedlung segelte er brav im französischen Fahrwasser und bemühte sich redlich, den Anspruch des neapolitanischen Anjou auf die Krone von Ungarn zu unterstützen. In Ermangelung eines Heeres sandte er gleich nach seiner Wahl den Kardinal Gentile in das Heerlager Karl Roberts, der eben in Dalmatien einige Anhänger gesammelt hatte und den Marsch ins ungarische Kerngebiet vorbereitete. Gentile führte in seiner mobilen Feldkanzlei eine Reihe von Bannbullen und Interdikten mit sich, ordnungsgemäß gefertigt und gesiegelt – es brauchte nur mehr das Datum der Erlassung und die Namen der mit dem Bann belegten Personen oder der vom Interdikt betroffenen Orte eingesetzt zu werden.

Als Karl Robert hinreichendes Kriegsvolk auf seine Sache vergattert hatte, stieß er bis Buda vor und forderte die Stadt zur Übergabe auf. Kardinal Gentile drohte gleichzeitig die Verhängung des Interdikts an, wenn innerhalb gesetzter Frist die Übergabe nicht vollzogen und Karl Robert als König gehuldigt werden sollte. Buda kapitulierte nicht, Gentile verhängte das Interdikt, Karl Robert begann die Belagerung. An einem der folgenden Tage kam es zu einem höchst seltsamen Geschehen:

Die gesamte Geistlichkeit Budas zog unter dem Dröhnen der Kirchenglocken aus der Stadt vor die Mauern, feierlich und in Meßgewänder gehüllt, psalmodierend und betend, von Weihrauchschwaden umgeben. Während sich der päpstliche Legat schon darauf vorbereitete, die erwartete Unterwerfung in würdiger und nur mäßig triumphierender Haltung entgegenzunehmen, hielt der ehrwürdige Zug knapp diesseits des Grabens an, und ein Sprecher verkündete lautschallend, daß der hier versammelte Klerus der ihrem König – die Bürgerschaft hielt zu den Przemysliden – getreuen Stadt Buda den Bann verhängt habe über

- Bertrand de Got, den gewesenen Erzbischof von Bordeaux;
- das gesamte Kardinalskollegium, das am Interdikt beteiligt gewesen sei, insbesonders aber über den im Belagerungsheere weilenden Kardinal Gentile;
- den frechen Anmaßer Karl Robert von Anjou;
- seine Feldhauptleute und sein gesamtes Kriegsvolk sowie
- alle kirchlichen Würdenträger, die ehrvergessen genug wären, den Anmaßer und Usurpator Karl Robert zu unterstützen.

Karl Robert soll mehr amüsiert als verärgert gewesen sein, aber Gentile merkte recht gut die Bedeutung der Drohung, die in der an sich lächerlichen Exkommunikation verborgen war: Es war ein Wink mit dem Zaunpfahl, denn die Länder der wiederstandenen Ostkirche grenzten an Ungarn, und diese würde das Königreich mit offenen Armen empfangen. Nicht bedacht hatten die Budaer aber, daß sie mit einer derartigen Drohung König Wenzel in eine höchst ungute Situation brachten, denn er war König von Böhmen und Polen, der eine derartige Haltung seines ungarischen Anhanges nicht gutheißen konnte. Die Lageentwicklung wurde jedoch abrupt unterbrochen: Nur wenige Wochen nach dem Geschehen von Buda starb, noch 1305, König Wenzel II., und mit dem Tod seines Sohnes Wenzel III. 1306 erlosch das Haus der Przemysliden. Das hatte in dem uns interessierenden Raum zur Folge, daß

- Albrecht v. Habsburg, nun bereits (seit 1298) als deutscher König Albrecht I., Böhmen als erledigtes Lehen einzog, seinen Sohn Rudolf mit Wenzels II. Witwe Elisabeth vermählte, die böhmischen Stände bewog, ihn zum Landesfürsten zu wählen und ihn hierauf mit Böhmen belehnte;
- in Polen wieder heftige Kämpfe um die Krone entbrannten, bis sich Wladislaw I. Lokietek durchsetzte (Krönung 1320 in Krakau), der seinem Nachfolger Kasimir III. d. Gr. (1333–1370) ein halbwegs geordnetes Reich hinterließ und
- der Thronstreit in Ungarn nur mehr zwischen Karl Robert von Anjou und Otto von Wittelsbach ausgetragen wurde, der zwar von Wenzel die Krone, nicht aber die Anhängerschaft übernehmen konnte, sich nach Siebenbürgen durchschlagen wollte und vom Wojwoden gefangengesetzt wurde, bis Karl Robert 1308 allgemeine Anerkennung fand. Nach seiner bald darauf erfolgten Entlassung kehrte er nach Bayern zurück.

Es ist aber immerhin ein interessantes, bei uns so gut wie vergessenes Detail, daß zu Beginn des 14. Jahrhunderts ein Wittelsbacher beinahe König von Ungarn geworden wäre.

[13] **Die Zipser Städte** bezeichnen altes deutsches Siedlungsland im Bereich der Hohen Tatra, die Zips (slowakisch Sips, ungarisch Szebes) genannt. Die Gemeinschaft der 24 Zipser Städte bezog ihren Wohlstand aus dem umfangreich betriebenen Bergbau, genoß eine weitgehende Autonomie und lebte nach selbstgesetztem deutschen Recht. Die »Zipser Sachsen«, wie sie ohne Rücksicht auf ihr Herkommen ähnlich wie die »Siebenbürger Sachsen« genannt wurden, waren an einer starken, friedenerzwingenden Zentralgewalt stets insteressiert und daher eine Stütze des ungarischen Königtums; sie leisteten vor allem Karl Robert von Anjou entscheidende Waffenhilfe in seinem Kampf gegen die nordungarischen Magnaten.

König Sigismund mußte dreizehn Zipser Städte an Polen verpfänden; sie fühlten sich durch runde 400 Jahre als Teil des ungarischen Königreichs, bis sie 1772 wieder zurückgelangten.

Die heute schon beinahe vergessene, blühende Sprachinsel fiel 1919 an die Tschechoslowakei; nach dem Zweiten Weltkrieg wurden die etwa 45 000 Zipser Sachsen unter den damals üblichen, schaurigen Begleitumständen vertrieben.

[14] **Das Treffen von Visegrad** spiegelte Ungarns wiedererlangte Bedeutung als entscheidende Bastion des christlichen Abendlandes. Karl Robert von Anjou hatte – bei seinem Herkommen durchaus verständlich – sein Königreich zu einem damals hochmodernen Staat entwickelt, der seine entscheidende Prägung der neuzeitlichen, nicht im Zeichen des Lehenswesens stehenden politischen Wirklichkeit des italischen Raumes verdankte. Das drückte sich vor allem im Wirtschaftsleben und im Kriegswesen aus.

In der Wirtschaft war das rigoros durchgesetzte königliche Münzmonopol in Verbindung mit der Ablieferungspflicht geschürften Edelmetalls entscheidend. Es gab als Zahlungsmittel

Goldmünzen → Gulden und Silbermünzen → Denare, die von der königlichen Münzkammer ausgegeben wurden, während im Sacrum Imperium Romanum und in den italischen Staaten jeder Territorialfürst, ja beinahe schon jeder Bürgermeister jeder halbwegs bedeutenden Stadt eigene Münzen ausgab. Der Handel, gestützt auf das im ganzen Territorium gültige und wertbeständige Zahlungsmittel, blühte auf, die Städte entwickelten sich rasch, und durch die Zunahme der nichtlandwirtschafttreibenden und damit versorgungsabhängigen Bevölkerungsteile erhielt die Agrarproduktion den entscheidenden Binnenmarkt.

Im Kriegswesen traten ständig unterhaltene Soldtruppen neben die im Aufgebotsfall zu den Waffen gerufenen Milizen, wobei es jedoch **kein königliches Söldnermonopol gab:** Der König hatte seine Söldner, die großen Territorialherren durften Söldner halten, und die Städte leisteten ihre Auszugspflicht durch Stellung von besoldeten Kontingenten. In Verteidigungskriegen, in denen das Aufgebot erlassen wurde, waren diese professionellen Kriegsleute der harte Kern der gesamten Verteidigungskräfte, deren Masse von den Dienstpflichtigen gestellt wurde.

In Visegrad wurde volle drei Monate lang um
– die Beilegung verschiedener strittiger Fragen zwischen König Kasimir III. d. Gr. von Polen und dem Luxemburger König Johann von Böhmen,
– die Schaffung eines durch die großräumige Umgehung des seines aufgeblähten Stapelrechtes wegen verhaßten Wien ausgezeichneten osteuropäischen Handelsweges (einer neuen Transitroute des internationalen Güterverkehrs, wie wir sagen würden) und
– die Regelung familiärer Fragen von zwischenstaatlicher Bedeutung, und zwar
  □ der Eheschließung von Karls jüngerem Sohn Andreas mit Johanna von Anjou, der Thronerbin von Neapel,
  □ der Eheschließung von Johanns Enkelin Katharina mit Rudolf (IV. hausinterner Zählung) von Habsburg und
  □ der Berufung von Karls älterem Sohn Ludwig, dem Thronfolger Ungarns, zum Erben König Kasimirs im Falle des söhnelosen Todes.
Alles wurde freundschaftlich geregelt; wie freundschaftlich, das weiß man aus den erhalten gebliebenen Verpflegungslisten, die ausweisen, daß allein für den Mittagstisch täglich an
– König Johann 2500,
– König Kasimir 1500
Laib Brot geliefert wurden. Die politischen Beratungen wurden mit Kampfspielen ganz prächtig umrahmt, und da Politik und Turniersport außerordentlich durstfördernd sind, wurden täglich 180 Eimer Wein – rund 10 000 Liter – verbraucht.

[15] **Die Kriege Ludwigs d. Gr.** können, mit Ausnahme der Auseinandersetzung mit den Osmanen, nur in dieser Anmerkung erwähnt werden, eine eingehendere Darstellung auch nur der wesentlichsten Feldzüge würde den Rahmen dieses Werkes sprengen. Die kriegerischen Ereignisse begannen gleich, nachdem Ludwig gekrönt worden war: Die Walachen, die den Arpaden tributpflichtig gewesen waren, hatten unter dem Wojwoden Michael 1330 einen Sieg über König Karl I. errungen und versuchten nun, ihr Gebiet auf Kosten des Wojwoden von Siebenbürgen zu erweitern, dessen walachische Landesbewohner – die nicht die Rechtstellung einer der drei Nationen hatten – unruhig und aufsässig wurden. Es gelang dem jungen König, ohne besondere militärische Aktionen die Stabilität der Lage wiederzuerlangen; er führte dann – vor allem im Interesse seines polnischen Oheims – gemeinsam mit dem Deutschen Ritterorden einen großen Feldzug gegen die heidnischen Litauer, der unter der Anleitung der Ordensritter, die wahre Virtuosen des Kriegswesens ihrer Zeit gewesen waren, wohl als seine eigentliche Lehrzeit als Heerführer zu betrachten ist.

Gleich nach seiner Heimkehr mußte er sich durch einen Aufstand der Bürger von Zara → Zadar gegen die venezianische Herrschaft in einen Krieg in Dalmatien einlassen, den er gegen das seebeherrschende Venedig nicht gewinnen konnte. Diese erste, unglückliche Konfrontation mit dem Dogen – es war Andrea Dandolo mit dem Beinamen der Geschichtsschreiber (1343–1354), ein Nachkomme des großen Enrico – leitete unmittelbar über in den Krieg gegen Neapel, zu dem er durch blutige Greuel im Königshaus der Anjou gezwungen war. Johanna hatte sich zunächst geweigert, Ludwigs mit ihr vermählten Bruder

Andreas krönen zu lassen, und als die Krönung nach Intervention des Papstes Clemens VI. (1342–1352, ebenfalls in Avignon residierend) durchgeführt worden war, ließ sie ihn in Aversa, wo das königliche Paar vorübergehend den Wohnsitz genommen hatte, eines Nachts meuchlings ermorden. Vor Ludwig, der mit einem Heere nach Süditalien vorstieß – eine Meisterleistung schon allein auf diplomatischem Gebiet, wenn man bedenkt, wieviele Fürstentümer und Territorien er durchqueren mußte – und entschlossen war, sie vor Gericht zu stellen und als Bruder des Ermordeten Erbansprüche nach diesem zu erheben, floh sie mit ihren Höflingen, die zwar zu nächtlichem Mord, nicht aber zum Kampfe bereit waren, in die Provence, das alte Stammland der Anjous. So wurde Ludwig von Ungarn auch Herr von Neapel (1347), während Papst Clemens VI. eine gerichtliche Untersuchung gegen Johanna eröffnete: Als Lehensherr, wie zu betonen ist, war das Königreich von Neapel doch seit den Tagen Karls I. päpstliches Lehen. Da die Beweislage erdrückend war, verteidigte sich Johanna mit Unzurechnungsfähigkeit im Zeitpunkt der Tat, die sie geschickt in den Mantel ihres Jahrhunderts hüllte. Sie sei magisch manipuliert gewesen, brachte sie vor, hilfloses Werkzeug arglistiger Zauberer, teuflischen Einflüssen ohnmächtig preisgegeben, und so habe sie mithelfen müssen, ihren heißgeliebten Gemahl – das Teuerste, was sie auf Erden besessen – »um die Ecke zu bringen«. Die Königin spielte nun auch die trauernde, ja völlig zerstörte Witwe, und sie bot dem Nachfolger Petri zum Zeichen ihrer tiefen Reue für unverschuldete Missetat die Herrschaft über die Provence an. Das war ein Argument, das der Pontifex maximus Clemens VI., der von seinen italischen Machtquellen mehr oder weniger abgeschnitten war und in Frankreich kaum über hinreichenden Landbesitz verfügte, keineswegs überhören konnte, und das letztendlich zur Einstellung des Verfahrens führte.

Damit erledigte sich der Erbanspruch Ludwigs, da Andreas und Johanna zur ungeteilten Hand belehnt waren, von selbst, und er zog 1351 seine Truppen aus dem Königreich Neapel zurück, nachdem er schon 1350 heimgekehrt war. Seine schlechten Erfahrungen mit dem weiblichen Sukzessionsrecht beeinflußten ganz offensichtlich die ungarische Rechtsentwicklung: Auf dem Reichstag von 1351 bestätigte er die Goldene Bulle des Königs Andreas erst, nachdem das Intestaterbrecht zugunsten weiblicher Nachkommen beseitigt worden war, so daß der Nachlaß an die Krone fiel, wenn das Geschlecht im Mannesstamm erlosch. Auch wurde das Prinzip der Avitizität eingeführt, das besagt, daß adeliger – und damit die Wehrpflicht begründender – Grundbesitz weder entgeltlich noch unentgeltlich übertragen werden dürfe. Um unbillige Härten zu vermeiden wurde den Königen das Recht zugestanden, weibliche Nachkommen zu männlichen zu erklären, um ihnen das Erbrecht zu sichern. **(König Ludwig machte von diesem Recht zuguterletzt auch zugunsten seiner Tochter Maria Gebrauch, die zum Manne erklärt und König von Ungarn wurde; daher kommt es, daß Markgraf Sigismund von Brandenburg Gemahl nicht etwa der Königin, sondern des Königs von Ungarn war.)**

Als Bundesgenosse des Deutschen Ritterordens, der eben unter Winrich von Kniprode (1351–1382) seine höchste Blüte erreichte, und dessen Interessen mit denen Polens, wo seine Thronfolge immer klarer erkennbar wurde, durchaus konform gingen, führte Ludwig noch mehrere Feldzüge gegen den sehr kampffreudigen Olgerd von Litauen, und es gelang seinen Reitern sogar, Brest-Litowsk zu erobern, das allerdings nicht für ständig gehalten wurde. Zu seinen bedeutendsten Feldherren, die mit zum Teil großen selbständigen Führungsaufgaben betraut wurden, gehörten
– Friedrich Graf von Hohenzollern, den man, in uns verständliche Kommandofunktionen umgelegt, etwa als »Befehlshaber der Heeresgruppe Nord«, und
– Karl Herzog von Durazzo, den man als »Befehlshaber der Heeresgruppe Süd«
bezeichnen kann. Die Mitte, das eigentliche Ungarn, behielt er der eigenen Befehlsführung vor. Hier machten sich die Mongolen wiederholt unliebsam bemerkbar, die – unter der Herrschaft der Dschingiskhaniden Usbek (1313–1340) und Dschanibek (1342–1357) – den Islam angenommen hatten und nun Tataren genannt wurden. Usbek war es gewesen, der im Jahre 1332 Iwan I. zum Großfürsten von Moskau bestellt hatte, dem er die russischen Teilfürsten unterordnete, um die Aufgabe großräumiger Friedenssicherung an ihn zu delegieren – ein Entschluß von welthistorischen Folgen, denn die Macht Moskaus wuchs mit

Zustimmung des Tatarenführers ständig an, und es dauerte nicht ganz ein halbes Jahrhundert, bis Großfürst Dimitri von Moskau den Tataren am Kulikowo Polje eine empfindliche Niederlage zufügte, die zur ersten Befreiung des russichen Zentralraumes von der Fremdherrschaft führte. Ein gewisses »Auseinanderleben« der Tataren war jedoch schon in der ersten Hälfte des 14. Jahrhunderts feststellbar: Aus den Tatarenstädten Astrachan im Wolgadelta, Asak → Asow an der Mündung des Don, und Kaffa, Kiram und Surdak auf der Halbinsel Krim entwickelten sich ungeachtet des Beibehalts nomadischer Lebensweise für die Masse des Volkes Zentren des sozialen Lebens, die zur Bildung der selbständigen Khanate

- Astrachan,
- Kasan und
- Krim führten.

Als Gegner Ludwigs traten mehrfach die Krimtataren in Erscheinung, die bis Siebenbürgen vordrangen und in mehreren Schlachten mühsam zurückgeschlagen wurden. Ludwig begründete nun (1352) das walachische Fürstentum Moldau → Moldawien, das als Grenzmark ostwärts Siebenbürgen errichtet wurde und bis an die Schwarzmeerküste reichte; zum ersten Wojwoden wurde Dragosch bestellt, ein verläßlicher Waffengefährte des Königs aus Maramuresch, der orthodoxen Glaubens war. Die Religionszugehörigkeit wird betont, weil die Betrauung eines Nichtkatholiken mit dem heiklen und gefährlichen Amt darlegt, daß Ludwig, so sehr er der westchristlichen Welt verbunden war, doch keineswegs religiös intolerant gewesen ist, auch wenn die Bogumilenverfolgung seiner Periode die gegenteilige Meinung nahelegt. Aber die Bogumilen galten als Abtrünnige des eigenen Glaubens, die Anhänger des Patriarchen hingegen nicht – und darin lag der Unterschied. Die Wojwodschaft Moldau zählt heute zu den historischen Stammländern Rumäniens und gehört fast zur Gänze zum Territorium der UdSSR.

Ludwig war nicht nur im Osten seines Reiches als Mehrer des Territoriums erfolgreich, sondern auch im Süden. Die Lehre aus seinem erfolglosen ersten Krieg gegen Venedig beachtend ließ er im zweiten das umstrittene Küstengebiet links liegen und stieß gleich auf dem Landwege bis Treviso vor, die Faust an die Gurgel der Königin der Meere legend. Der neue Doge Giovanni Dolfin (1356–1361) bat um Waffenstillstand und stellte einen Frieden im Sinne der Wünsche Ungarns in Aussicht, worauf sich Ludwig vereinbarungsgemäß zurückzog. Das Jahr 1357 verging jedoch, ohne daß es zum Frieden gekommen wäre; Venedig gruppierte vielmehr seine Truppen um, verstärkte die Abwehrfront im Raume seiner Markgrafschaft Istrien und ließ deutlich erkennen, daß es den neuen Angriff des Anjou erware. Dieser griff auch an, nun allerdings in Dalmatien, und besetzte das ganze Küstenland mit durchschlagendem Erfolg: Im Friedensvertrag, der bereits am 18. Februar 1358 geschlossen wurde

- trat Venedig seinen gesamten Besitz (auch wenn er nicht effektiv war, sondern nur in Besitzansprüchen bestand) vom Quarnero → Kvarner bis nach Durazzo → Durres an den König von Ungarn ab und
- verzichtete der Doge in aller Form auf die Führung des Titels »Herzog von Dalmatien«, der bisher wiederholt für Zwistigkeiten gesorgt hatte.

Ragusa → Dubrovnik, damals Freistadt unter venezianischem Einfluß, unterstellte sich freiwillig dem Schutz der Stefanskrone, so daß die gesamte Ostküste der Adria nun unbestritten Territorium der Doppelmonarchie Ungarn-Kroatien war.

1380 kam es zu einem ziemlich umfassenden Koalitionskrieg in Oberitalien, in den Ungarn hineinverwickelt wurde; er wurde am 8. August 1381 im Frieden von Turin beendet, der für Ungarn die ausdrückliche Bekräftigung des Friedens von 1358 brachte. Ludwig d. Gr. ließ seine nördlich Venedig versammelte Armee unter dem Befehl Karls von Durazzo nun wieder nach Neapel marschieren, wo Johanna festgenommen und hingerichtet wurde. Die Neapolitaner hielten das Ende der sehr unbeliebten Königin für durchaus gerechtfertigt und riefen – nach Ludwigs Tod 1382 – Karl von Durazzo zum König aus.

Ludwigs späte Regierungszeit in Ungarn, Kroatien und Polen, das ihn 1370 zum Nachfolger Kasimirs d. Gr. gewählt und damit dessen Nachfolgeregelung ausdrücklich anerkannt hatte, war von seiner Söhnelosigkeit verdüstert. Über Betreiben seiner Umgebung hatte er sich zwar von seiner Gemahlin getrennt, und die Ehe war aus irgendeinem Grund für nichtig erklärt worden, um ihm eine neue Heirat zwecks Erzeugung männlicher Nachkommen zu ermöglichen, aber sein Herz konnte darob keine Freude empfinden. Zuletzt (1377) holte er – mit teuer genug erkaufter Zustimmung der zuständigen klerikalen Instanzen – seine geliebte Elisabeth aus dem dalmatinischen Frauenkloster, in das sie indessen gesteckt worden war, und das nach Lösung sämtlicher von der Königin abgelegter Gelübde glücklich wiedervereinigte Paar stiftete den berühmten Silbersarg für die sterblichen Überreste des heiligen Simeon, heute des Prunkstück der ihm geweihten Kirche in Zadar.

[16] **Amadeus von Savoyen** entstammte dem hochbegabten und höchst bemerkenswerten **deutschen Fürstengeschlecht,** das in der zweiten Hälfte des 19. Jahrhunderts die Krone des neugeschaffenen Nationalstaates Italien gewann.

Die in den (heute) französischen Westalpen gelegene Landschaft Savoyen, von den Römern Sapaudia genannt, wurde 443 von Aetius mit den Resten der Burgunden besiedelt und zählte ab 543 zum fränkischen Reichsverband. Ab 1032 wurde sie Teil des Imperium Romanum, dem sie bis 1796 angehörte. Die Grafen von Savoyen wurden 1416 in den Rang von Reichsfürsten erhoben (s. Anhang: Das deutsche Lehenswesen) und führten nun den Herzogtitel. Es ist daher unrichtig, den im deutschen Kulturraum mit Abstand berühmtesten Savoyer, den Prinzen Eugen, als Franzosen zu bezeichnen: Er war es so wenig wie sein Bruder Prinz Ludwig, der schon vor ihm in kaiserlichen Kriegsdienst getreten war und 1683 als Kommandeur eines Dragonerregiments bei den Kämpfen im Vorfeld Wiens gefallen ist. Ihr Vater hatte in Frankreich Waffendienst genommen und war einer der Generäle des Sonnenkönigs, aber das machte die reichsfürstliche Familie noch längst nicht zu einer französischen.

1439 machte Herzog Amadeus VIII. eine – zumindest für unsere Begriffe – höchst erstaunliche Karriere: Das aufmümpfige Konzil von Basel wählte ihn, nachdem es Papst Eugen IV. am 15. Juni für abgesetzt erklärt hatte, am 5. November zum Papst, als der er sich Felix V. nannte. Dabei war er
– regierender Fürst,
– Vater von nicht weniger als neun ehelichen Kindern und
– in der kirchlichen Hierarchie nicht anders denn als Träger des Titels »Dekan der Einsiedlerritter von Ripaille« verankert.
Eugen beflegelte ihn, den er sogleich mit dem Bann belegte, wütend und nannte ihn unter anderem einen »Satanssohn«, den »neuen Antichrist« und ein »Spielzeug von Zauberern und Hexen«. Immerhin konnte sich Felix V. durch volle zehn Jahre behaupten, und das Ende seines Pontifikats war wesentlich zahmer, als es dessen wirbelumtoster Beginn eigentlich vermuten ließ: Eugens Nachfolger Nikolaus V. (1447–1455) erhob ihn zum Kardinal von Santa Sabina, machte ihn zum Vorsitzenden des Kardinalskollegiums und ernannte ihn zum päpstlichen Vikar in Savoyen.

Einer seiner Söhne heiratete Charlotte von Lusignan und wurde König von Zypern, das er allerdings gegen deren Halbbruder Jakob – später König Jakob II. – nicht behaupten konnte.

Im 18. Jahrhundert gewannen die Savoyer die Krone von Sardinien; 1861 nahm Viktor Emanuel II. von Piemont-Sardinien den Titel des Königs von Italien an, ihm folgte 1878 Umberto I., diesem 1900 Viktor Emanuel III., der bis 1946 regierte und unter dessen Sohn Umberto II. Italien als Königtum unterging: Noch 1946 wurde es Republik.

[17] **Tschelebi,** dem Namen nachgesetzt, war der im Osmanischen Reich übliche Titel für in den Wissenschaften und Künsten bewanderte Männer, die keinen bestimmten Rang in der Reichshierarchie einnahmen. Er ist also ungefähr mit unserem Doktor oder Magister vergleichbar, auch wenn eine mit Prüfung abgeschlossene Ausbildung nicht Voraussetzung für die Titelführung war.

Anhang

A) Grundlagen der Organisation der gesellschaftlichen Strukturen im Sacrum Imperium Romanum und im Regnum Hungaricum

B) Der Staatshaushalt König Belas III.

C) Der Streit um das Erbe der Babenberger vor dem Hintergrund des deutschen Interregnums

A

1. Das Rittertum

Es entwickelte sich aus den Anfängen des Lehenswesens (s. Unterkapitel des 3. Kap. I. Teil), verselbständigte sich jedoch diesem gegenüber und erscheint im hohen Mittelalter als Berufsstand, dem anzugehören nicht vom Empfang eines Lehens und nicht einmal davon abhängig war, daß der Ritter im Dienste eines Herren stand. Die Aufnahme in den Ritterstand erfolgte durch den Ritterschlag, den jeder Ritter erteilen durfte – erteilen aber nur demjenigen, der nach Durchlaufen bestimmter Ausbildungsvorgänge sich bestimmte Fertigkeiten angeeignet hatte und bestimmte Charaktereigenschaften erkennen ließ. Der Ritter war zum Leben im christlichen Glauben verpflichtet, mußte die evangelischen Tugenden anstreben, tapfer, vertragstreu und redlich sein und den Schwachen, besonders Witwen und Waisen, jederzeit auch unaufgefordert Beistand leisten. Darüber hinaus hatte er in allem stets »das rechte Maß« zu halten.

Die dem Ritterschlag vorangehende Ausbildung vermittelte dem »Ritteranwärter«, der zunächst Page war, die Grundlagen des ritterlichen, höfischen Benehmens und der mittelalterlichen Allgemeinbildung; später wurde er als Knappe im Waffendienst geschult und hatte das »ritterliche Recht«, d. h. die Grundlagen des gültigen Gewohnheitsrechts und des speziellen Standesrechtes, zu erlernen.

Der Ritterschlag war, in unsere Denkkategorien übersetzt, als Bescheinigung seiner Rechtskenntnisse etwas wie ein Doktorat, das allerdings außerhalb eines kollektiven Universitätsstudiums erlangt werden mußte, und als Bescheinigung gehobener militärischer Fertigkeiten etwas wie die Ernennung zum Offizier außerhalb einer konkreten Armee. Weder mit dem »Doktorat der Rechte« noch dem »Leutnant der Reserve« ist – und das machte diese Institutionen dem Ritter vergleichbar – eine bestimmte Anstellung, eine Verwendung in einer bestimmten Berufslaufbahn, verbunden. Beide aber sind notwendige Voraussetzungen für bestimmte Dienstverwendungen – Anstellungserfordernisse in der Sprache unserer Bürokratie: Und ebendies traf für den Ritterschlag zu. Nur wer dem Ritterstand angehörte, konnte ein Lehen (genauer gesagt: Ein Fahnenlehen) erhalten: **Der Ritterschlag war der Befähigungsnachweis für die Aufnahme in den ritterlichen Dienst.**

Innerhalb des Ritterstandes gab es keine hierarchische Gliederung, es gab keinen »Oberritter« oder »Unterritter«, sowenig wie es einen »Oberdoktor« oder »Unterdoktor« gibt: Selbst der ärmste, ja sogar unbelehnte Ritter war als Ritter einem Herzog oder dem König gleich. Die effektiven Unterschiede, die es gab und gibt, beruhten damals auf der unterschiedlichen Einfügung in die Lehensordnung, wie sie heute auf der unterschiedlichen Einordnung etwa in die Gerichtsorganisation oder das Heerwesen (die heute überdies meist noch von den Ergebnissen weiterlaufender Ausbildungsvorgänge abhängig ist) beruhen.

Bei soziologischer Betrachtung erschließt sich
– der Ritterstand als Elite,
– die Gruppe der Belehnten aber als herrschende Schicht
der mittelalterlichen Gesellschaft. Die Umgestaltung des Lehenswesens in den Feudalismus mit rigoroser Durchsetzung des leistungsunabhängigen Erbfolgeprinzips ließ die Belehnten zum durch Großgrundbesitz ausgezeichneten Geburtsadel werden, der degenerierte, sich den Mühen der Ausbildung zum Ritter entzog und dem Ritterstand fernblieb: Das war die Geburtsstunde des die Verdienste der Vorfahren als ausschließlichen Wertbestimmungsfaktor erkennenden Junkertums.

Das eigentliche Rittertum hingegen konnte nicht entarten: Die in diesem Stande verkörperte Idealität eines ganzen Zeitalters konnte nur funktionslos werden und aussterben – und das tat sie denn auch.

2. Das deutsche Lehenswesen

Es beruhte auf der Heerschildordnung, dem Clipeus militaris, der Weiterentwicklung der ursprünglich dreistufigen Lehensordnung (s. Unterkapitel des 3. Kap. I. Teil).

Unterschieden wurde zunächst einmal zwischen
– **Fahnenlehen für Angehörige des Ritterstandes** und
– **Szepterlehen für Angehörige des Klerus,**
welche Differenzierung die Spaltung der ursprünglichen zweiten Stufe in den zweiten und dritten Heerschild zur Folge hatte: Der zweite Heerschild war jener der geistlichen, der dritte jener der weltlichen Fürsten. Die Bedeutung dieser Spaltung war die Ermöglichung der Belehnung eines weltlichen Fürsten durch einen geistlichen; niemand durfte nämlich von einem Gleichrangigen ein Lehen nehmen; wer es tat, verlor seinen Rang und rutschte eine Stufe tiefer. Die Überordnung der geistlichen Fürsten machte die Belehnung eines weltlichen Fürsten ohne Rangverlust möglich.

Den vierten Heerschild nahmen die »Freien Herren« ein, Inhaber großer Güter, meist mit dem Grafentitel versehen, die nicht im fürstlichen Rang standen; sie sind nicht mit den späteren Freiherrn identisch. Diese »Spitzengliederung« der Heerschildordnung war gesamtdeutsch; ab dem fünften Heerschild wird zwischen dem
– norddeutschen Rechtskreis, von Eike von Repkow um 1220 im »Sachsenspiegel«, und
– süddeutschen Rechtskreis, um 1260 in »Das große Kaiserrecht«, meist als

»Schwabenspiegel« bezeichnet, von einem unbekannten Verfasser in Augsburg dargestellt, unterschieden.

Die Ministerialen – Unfreie, die in den Ritterstand aufstiegen und belehnt wurden – werden im »Sachsenspiegel« dem fünften, im »Schwabenspiegel« aber dem sechsten Heerschild zugeordnet. Der siebente Heerschild bleibt im »Sachsenspiegel« unbenannt, während ihn der »Schwabenspiegel« den kleinen, »einschildigen« Rittern zuweist, denen es mit der aktiven Lehensfähigkeit an der Möglichkeit, Lehen zu vergeben, gebrach.

Die gesamtdeutsche Spitzengliederung kann wie folgt dargestellt werden:

I	König
II	Geistliche Fürsten
III	Weltliche Fürsten
IV	Freie Herren

Das klare Bild verwirrt sich, legt man das Prinzip der Reichsunmittelbarkeit in die Heerschildordnung um: Reichunmittelbar war, wer vom König ein Lehen empfangen hatte und keines anderen weltlichen Herrn Lehensmann war. Dieses Kennzeichen des weltlichen Fürstenstandes traf nun aber auch auf Lehensmänner zu, die keine Reichsfürsten waren – es gab Reichsgrafen und sogar Reichsritter bis hinunter in den sechsten Heerschild.

Noch wesentlich verwirrender ist die Sachlage bezüglich der Inhaber von Szepterlehen, also geistlichen Fürsten, die immer im zweiten Heerschild standen. Geistliche Fürsten waren die
– Erbischöfe (Mainz, Köln, Trier, Salzburg, Bremen–Hamburg, Magdeburg und ab dem 14. Jahrhundert auch Prag),
– Bischöfe,
– Äbte und ⎱ deren Klöster keiner bischöflichen
– Abtissinnen ⎰ Jurisdiktion unterfielen,
gleichgültig, von wem sie bestellt oder – nach Abschluß des Wormser Konkordats mit Beilegung des Investiturstreits (1122) – mit den weltlichen Herrschaftsrechten (Temporalien) belehnt wurden. Schon bei den Erzbischöfen gab es keine einheitliche Regelung; die von Mainz, Köln, Trier, Salzburg, Bremen–Hamburg und Magdeburg wurden vom deutschen König, der von Prag aber vom Böhmenkönig, der selbst im dritten Heerschild stand, belehnt. Noch uneinheitlicher war es bei den Bischöfen; allein im Gebiet des süddeutschen und uns deshalb besonders interessierenden Erzbistums Salzburg wurden vom deutschen König belehnt und waren reichsunmittelbar die Bischöfe von Augsburg, Brixen, Freising, Passau und Regensburg, wogegen von anderen

Herren die Bischöfe von Gurk, Lavant und Seckau die Temporalien übertragen erhielten und damit reichmittelbar waren.

In der weltlichen Hierarchie stiftet im dritten Heerschild, in dem die Reichsunmittelbarkeit völlig klar war, die Titelführung Verwirrung, die bis heute (!) falsche Vorstellungen erweckt, zumal einige Reichsfürsten den Königstitel trugen.

Um 1200 standen im dritten Heerschild

- die Könige von
  - ☐ Böhmen und
  - ☐ Zypern (s. Bd. 1, S. 166),
- die Herzöge von
  - ☐ Bayern,
  - ☐ Brabant,
  - ☐ Lothringen,
  - ☐ Kärnten,
  - ☐ Österreich,
  - ☐ Sachsen,
  - ☐ Schwaben und
  - ☐ Steiermark;
- die Markgrafen von
  - ☐ Brandenburg,
  - ☐ Meißen und
  - ☐ Namur,
- der Pfalzgraf bei Rhein und
- der Landgraf von Thüringen.

In den folgenden Jahrhunderten erlangten den Reichsfürstenrang noch
- der Herzog von Braunschweig,
- der Landgraf von Hessen,
- der Burggraf von Nürnberg,
- der Markgraf von Baden,
- der Graf von Savoyen und
- der Graf von Cilly → Celje.

Alle diese waren ranggleich im Sinne der Lehensordnung, die ab dem vierzehnten Jahrhundert allerdings an Bedeutung verlor.

Systemimmanent war der **Leihezwang,** durch den die Bildung einer königlichen Hausmacht verhindert werden sollte: **Der König war verpflichtet, ein dem Reich heimgefallenes Fahnenlehen binnen Jahr und Tag erneut auszugeben.** Der Leihezwang erlangte vor allem im Streit um das Erbe der Babenberger entscheidende Bedeutung.

Der ursprüngliche Charakter der commendatio als höchstpersönlicher Dienstleistungsvertrag zwischen dem Lehensherrn und dem Lehensmann (s. Unterkapitel zum 3. Kap. I. Teil) erhielt sich über alle Neuerungen hinweg: **Der Tod eines Vertragsteiles hob den Vertrag auf.** Starb der Lehensherr, so trat »Herrnfall« ein; alle Belehnten hatten sich binnen Jahr und Tag bei seinem Nachfolger um Neubelehnung zu bewerben. Starb der Lehensmann (Mannfall), so hatte sein Erbe ebenfalls binnen Jahr und Tag um Belehnung anzusuchen.

Die Infektion des Lehenswesens mit dem zuletzt todbringenden Virus der grundsätzlichen Entbindung von der entscheidenden Pflicht der persönlichen Wehrdienstleistung für den Lehensherrn erfolgte – mit Zustimmung der Großen des Lehenstaates – am 8. September 1156 auf dem Reichstage zu

Regensburg: Kaiser Friedrich I. Barbarossa belehnte Heinrich II. Jasomirgott von Babenberg **zur ungeteilten Hand** mit seiner Gemahlin Theodora Komnena mit dem neugeschaffenen Herzogtum Österreich. **Damit wurde erstmalig ein Fahnenlehen an eine Dame und damit eine nicht dem Ritterstand angehörige Person vergeben.**

3. Das ungarische Ämterwesen

Die entscheidende Differenz gegenüber dem Regnum Theutonicum findet sich in der Gründungsphase: War das deutsche Königtum das Ergebnis einer langdauernden Entwicklung aus den Trümmern des zerscherbten Karolinger-reichs, auf die der König sorgfältig Bedacht zu nehmen und die er in einem neuen Reichsverband zu vereinigen hatte, so war das Königtum Stefans derartiger Rücksichtnahme überhoben und konnte dem Willen des Reichsgrün-ders entsprechend gestaltet werden. **Das Regnum Theutonicum war ein »gewachsenes Reich« mit allen Stärken und Schwächen eines solchen – das Regnum Hungaricum war hingegen ein konzipiertes Reich, war die konse-quente Umsetzung der staatstheoretischen Erkenntnisse des Zeitalters in die politische Effektivität.**

Auch konnte Stefan die historische Empirie berücksichtigen, die sich aus der Beobachtung der Entwicklung während der Übergangzeit vom Reiche Karl d. Gr. zu jenem Ottos d. Gr. gewinnen ließ und erkennbare Schwachstellen im organisatorischen Gefüge vermeiden. Diese Auswertung bot sich um so mehr an, als das Selbstverständnis des Regnum Theutonicum durchaus von der Auffassung beherrscht wurde, daß es die Fortsetzung des Reiches Karls sei, zu welcher Ansicht sich Otto III. in unübersehbarer Form bekannte.

Stefan nahm als Elemente des als Vorlage dienenden Staates

> A. den Königshof und
> B. die Grafschaft,

vermied die Einschaltung eines Zwischengliedes und übernahm den Herzog als lediglich auf militärische Funktionen beschränkten Würdenträger, dessen Kommandobereich sich auf mehrere Grafschaften erstreckte, womit er im Grunde genommen auf die Konstruktion der diocletianischen Verfassung zurückgriff. Lediglich hinsichtlich Siebenbürgens wurde ein Sonderstatus ge-schaffen: Der vom König ernannte Herzog Zoltan wurde vermutlich schon von allem Anfang an mit Privilegien ausgestattet, die ihm eine den Reichsfürsten des zeitgenössischen Regnum Theutonicum vergleichbare Stellung verschaff-ten, was eine gesonderte Darstellung notwendig macht, die im Anschluß erfolgt.

A. Der Königshof wurde als Zentralregierung installiert; trotz ähnlicher, teils sogar identischer Funktionszuweisung ist seine Konzeption dem im Regnum

Theutonicum seit Otto d. Gr. eingetretenen Zustand insofern entgegengesetzt, als dort die Inhaber der »Erzämter« Reichsfürsten waren, die nur gelegentlich bei Hof erschienen und ihre aus dem Erzamt entspringenden Pflichten wahrnahmen, wogegen die entsprechenden Großwürdenträger Stefans ständig dem Hofleben integriert waren, grundsätzlich keine anderen Funktionen in der Hierarchie übernehmen durften und ihre ganze Leistungsfähigkeit der Erfüllung des Hofamtes widmen mußten. Sie durften Landbesitz erwerben, und Stefan selbst wies ihnen größere Grundmengen – veranschaulichend gesagt: Adelsgüter – zu, doch diente dies der Sicherung ihrer materiellen Bedürfnisse, denn sie wurden nicht bezahlt. Diese Landzuweisungen werden oft als Schenkungen bezeichnet, was vermutlich nicht zutrifft, denn ein freies Eigentum der Bedachten wurde wahrscheinlich nicht begründet; sie waren andererseits aber auch keine Lehen im Sinne der deutschen Lehensordnung, da mit der Übertragung der Fruchtnießung spezielle staatliche Pflichten nicht verbunden waren, so daß es sich um ein negotium sui generis, eine Übertragung eigener Art gehandelt zu haben scheint, die irgendwo zwischen Eigentumsübertragung und Belehnung anzusiedeln sein dürfte.

Die Hofämter waren:

– Der **comes palatinus** als Vorstand des Hofes und Chef der Regierung; sein Titel wird meist in verkürzter Form als Palatin → Nador aufgeführt; er hatte hier schon von Anfang an die Befugnisse, die im Regnum Theutonicum bzw. Imperium Romanum dem comes palatinus de Rheno, dem Pfalzgrafen bei Rhein, im Laufe der Entwicklung zufielen; er war insbesonders der Vertreter des abwesenden oder aus anderen Gründen vorübergehend regierungsunfähigen Königs

– der **judex curiae,** der Vorsitzende des königlichen Hofgerichts, das über
  □ Rechtsmittel gegen die Entscheidungen der Komitatsgerichte und
  □ Rechtsangelegenheiten, die es in Ausübung des ius evocando an sich zog, zu entscheiden hatte, sofern nicht der König selbst den Vorsitz übernahm;

– der **cancellarius curiae,** des Erzkanzler des Regnum Hungaricum, dem wie seinem deutschen Pendant das gesamte königliche Kanzleiwesen, dessen Träger die notarii waren, unterstand und der das Recht hatte, unbedeutendere Urkunden im Namen des Königs zu fertigen;

– der **Hofschatzmeister,** der gleich einem modernen Finanzminister für die wirtschaftlichen Belange des Staates, den »Staatshaushalt« zu sorgen hatte, und

– der **Mundschenk,** dem die Verantwortung für die Versorgung des Hofes mit allen benötigten Gebrauchsgütern übertragen war.

Die Königin hatte – ob schon zu Stefans Zeit ist nicht gesichert, läßt sich aber vermuten – ihren eigenen Hof mit eigenen Würdenträgern, denen die Befassung mit Reichssachen grundsätzlich entzogen war, was jedoch nicht immer konsequent beachtet wurde.

B. Die Grafschaften, Komitate oder Gespanschaften genannt, unterstanden dem comes (Graf, Gespan), der dem karolinigischen Grafen vergleichbar ist: **Er war der vom König mit der Verwaltung eines bestimmten Gebietes im Wege der freien Ernennung betraute Funktionär.** Er befehligte das Aufgebot des Komitats und war in militärischer Hinsicht dem Herzog unterstellt – in allen anderen Belangen unterstand er unmittelbar dem König.

Zu seinen wesentlichsten Aufgaben gehörte neben der Sicherung des Friedens die Beschaffung der festgesetzten Abgaben. Einen Teil dieser durfte er für die Bedürfnisse der Komitatsverwaltung ausgeben, den Rest hatte er entweder der Zentralregierung oder der von ihr bezeichneten Stelle abzuführen. Die bereits genannte Abtei Pannonhalma erhielt so die Abgaben des nunmehr in ein Komitat umgewandelten ehemaligen Ducats Somogy zugewiesen.

Zum Unterschied vom fränkischen Grafen war der ungarische comes nicht im Besitz der richterlichen Gewalt; die Gerichtsbarkeit lag vielmehr in den Händen der vom König ernannten Richter, deren jeweils zwei für jedes Komitat bestellt wurden.

Den Städten wurde eine gewisse Autonomie zugebilligt, doch waren sie – ausgenommen die Städte Siebenbürgens – der Komitatsverwaltung unterstellt; ob die Gerichtsbarkeit durch die Komitatsrichter vorgenommen wurde, oder ob sie in den Händen der städtischen Behörden lag, ist nicht mit Sicherheit bekannt; die Lage in den Städten Siebenbürgens wird gesondert dargestellt.

Das ganze Reichsgebiet wurde in Komitate eingeteilt; die Organisation der Kirche wurde der Komitatsverwaltung angepaßt und für jedes Komitat ein Bistum begründet. **Und daraus ergibt sich ein geradezu sensationeller Unterschied gegenüber dem Regnum Theutonicum jener Zeit: Es gab keine kirchlichen Fürstentümer.** Die Kirche erhielt Grundbesitz, sehr umfangreichen Grundbesitz sogar, aber sie erhielt keine weltliche Herrschaft. Das Reich des heiligen Stefan war – ungeachtet seines Charakters als ausgeprägt westchristlicher Staat – voll säkularisiert; Staat und Kirche ergänzten sich, aber sie vermengten sich nicht: Die Wirkungsbereiche waren säuberlich getrennt – der Samen der Idee des Papstes Silvester von der renovatio imperii trug hier seine reinsten Früchte.

4. Sonderfall Siebenbürgen

Es ist schwer, wenn nicht unmöglich, den genauen Stand der staatlichen Einrichtungen für den Zeitpunkt darzustellen, in welchem Stefan seinen Oheim Gyula vertrieb, und in welchem sie sich befanden, als Stefan starb. Sicher ist, daß Siebenbürgen schon zu Stefans Regierungszeit ein »Haus für viele Völker« war, das von den Angehörigen

– der ungarischen Staatsnation und
– der deutschen und der magyarischen Sprachnation, die in
   □ Magyaren und
   □ Szekler
gespalten war, bewohnt wurde.

Die Deutschen waren Siedler, die in den wenig erschlossenen Raum gerufen wurden und dem besonderen Schutz der Königin Gisela unterstanden; die deutsche Besiedlung erfolgte ganz allgemein im Osten des Regnum Hungaricum und umfaßte das eigentliche Siebenbürgen und das Gebiet von Sathmar → Szatmar → Satu Mare.

Die Entwicklung der deutschen Besiedlung ist hingegen in den wesentlichsten Belangen rekonstruierbar; dies erfolgt hier ohne Bedachtnahme auf den temporären Konnex mit dem Geschehen im eigentlichen Ungarn in zusammengeraffter Darstellung, schon allein um im geschlossenen deutschen Sprach- und Kulturraum an die Geschichte dieses vorgeschobenen Teils der deutschen Sprachnation, die Teil der ungarischen Staatsnation war, zu erinnern.

Soviel man weiß, bildete sich der erste geschlossene Siedlungsraum im Tale des Flusses Somesch → Szamos → Samos, wo ein befestigter Stützpunkt errichtet wurde, aus dem sich Sathmar entwickelte. Mehrere Dorfgemeinschaften wurden flußaufwärts vorgeschoben und gründeten die Orte
– Zilau → Zalau und
– Burgles → Dej, wo man bald von der ursprünglich betriebenen Landwirtschaft abkam und zum Bergbau überging; schon um 1200 wird dieser Ort als Bergwerksiedlung bezeichnet.
Auch nach Süden verbreiteten sich die deutschen Siedler und erreichten den Raum Großwardein → Nagyvárad → Oradea.

Die Siedler genossen eine Sonderstellung und wurden als hospites regni → Gäste des Königs bezeichnet; aus dem Umstand, daß diese Bezeichnung auch noch nach Jahrhunderten auf ihre Nachkommen Anwendung fand, ist zu entnehmen, daß damit ein temporär nicht begrenzter Sonderstatus zum Ausdruck gebracht werden sollte. Die hospites regni wurden gemäß ihrem Herkommen aus dem Regnum Theutonicum auch als Teutones bezeichnet; erst nach 1200 kam man von dieser Benennung ab, versuchte ihre Herkunftsgebiete genauer zu erfassen und bezeichnete sie als Brabantes, Flandrenses oder Saxones, bis sich im vierzehnten Jahrhundert der Ausdruck Saxones für alle Deutschen des Fürstentums durchsetzte, die ab nun die »Siebenbürger Sachsen« genannt werden.

Erst im dreizehnten Jahrhundert bestand Veranlassung, die Freiheit der Siedlungen, die meist zu mächtigen Städten geworden waren, schriftlich zu fixieren; die wesentlichsten Urkunden wurden zur Zeit des Königs Andreas II. (1205–1235), gefertigt, zuerst (1206) zugunsten der Bewohner der Dörfer Krakau → Cricau, Krapundorf → Ighiu und Rumes → Romos, dann (1224) zugunsten der Siebenbürger Städte (die Urkunde ist der sogenannte »Goldene Freiheitsbrief«, auch »Andreanum« genannt) und zuletzt (1230) zugunsten der Deutschen des Sathmargebiets, die als »dilectis et fidelibus nostri hospitibus Theutonicis de Zathmar Nemethi« bezeichnet und den Sachsen Siebenbürgens gleichgestellt werden. In Andreanum fand sich hinsichtlich der Angehörigen der deutschen Sprachnation die Formulierung »unus sit populus« – und erst dies ließ in den verschiedenen Gemeinden die vorerst vage Vermutung aufdämmern, daß es zwischen ihnen mehr Gemeinsamkeiten geben könne, als die Siedlung im Fürstentum Siebenbürgen. Diese neuartige Erkenntnis führte zu ihrem vorerst losen Zusammenschluß in der universitas Saxonum, der »Nationsuniversität«, die aber wiederum für ein rundes Vierteljahrtausend nichts anderes war als ein Bündnis zwischen gleichrangigen autonomen Gemeinden.

Zum leichteren Verstehen dieses für unser Weltverständnis sonst nur schwer erklärbaren Geschehens sei aufgeführt, daß die verschiedenen Einwanderungswellen nicht nur aus verschiedenen Teilen des Sacrum Imperium Romanum kamen, sondern auch verschiedene Zielgebiete ansteuerten, die als Provinzen zu zählen sind und über selbständige Einrichtungen und Vertretungen verfügten. Dominierten Städte, so wurden die Provinzen »Stühle« genannt, dominierten bäuerliche Gemeinden, so sprach man von Siedlerverbänden.

Die größte Provinz war die von Hermannstadt, sie wurde auch als die »Sieben Stühle« bezeichnet; insgesamt ist folgende Gliederung feststellbar:

A. Die Sieben Stühle

Hier findet sich eine Art »Oberstuhl« in Hermannstadt; er ist der achte Stuhl, wird aber der genannten Vorordnung wegen nicht gesondert gezählt. Die übrigen Stühle waren (heutige Namen unten)

Broos	Lesch-kirch	Mühlbach	Reps	Reuß markt	Schäßburg	Schenk
Orastie	Nocrich	Sebes Alba	Rupea	Miercurea	Sighisoara	Cincul

B. Die Zwei Stühle

Es gab keinen »Oberstuhl«; es war ein Bund zwischen zwei Ständten:

Mediasch	und	Schelk

C. Kronstadt
(nebst angeschlossenem Distrikt)

Kronstadt dominierte; die umliegenden Dörfer hatten sich in den Schutz der mächtigen Stadt begeben oder waren von ihr aus gegründet worden.

D. Die Freien Siedlerverbände

Es gab den Siedlerverband

Burzenland

und den Siedlerverband

Bistritz.

Um nicht zu sehr ins Detail zu gehen, werden andere rein agrarische Gemeinschaften, wie der Verband der

Dreizehn Dörfer

hier zugerechnet.

Die Autonomie bestand darin, daß alle die Städte und Siedlerverbände von der Komitatsverwaltung ausgenommen waren und sich selbst verwalteten. Träger der Selbstverwaltung waren in

– den Städten die Magistrate,

– den Siedlerverbänden die Graefen,

die Magistrate immer von den Bürgern, die Graefen entweder von Mitgliedern der Siedlerverbände gewählt oder die Nachkommen jener deutschen Ritter, die seinerzeit die Besiedlung veranlaßt hatten, wie Anselm von Braz, vordem Lehensmann des Bischofs von Lüttich, oder Hezelo von Merkstein, der aus der Gegend von Aachen stammte.

Magistrate und Graefen unterstanden unmittelbar dem Fürsten von Siebenbürgen, der nun meist Wojwode genannt und bald nicht mehr vom König bestellt, sondern von den Ständen gewählt wurde.

Nur in Sachen der Gerichtsbarkeit blieb der königliche Einfluß gewahrt: Die Hohe Gerichtsbarkeit wurde von vom König ernannten Richtern, deswegen Königsrichter genannt, ausgeübt. Diese mußten der Nationsuniversität angehören; anderen als Mitgliedern der deutschen Sprachnation war während des ganzen Mittelalters der Erwerb von Häusern in den Städten untersagt.

Es durfte auch kein fürstliches oder königliches Kriegsvolk in die Städte gelegt werden: Die Stadtverteidigung war ausschließlich Sache der Bürgerwehren, die nach den Grundsätzen der allgemeinen Wehrpflicht rekrutiert wurden und meist ausgezeichnet bewaffnet und umfassend ausgebildet waren. Die Städte waren auch verpflichtet, einen »Auszug« zu stellen, also zum Heere des Königs bestimmte Kontingente zu entsenden, die in Angriffskriegen auf die Hälfte der in Verteidigungskriegen vorgeschriebenen Zahlenstärken reduziert wurden. Nach dem Mongoleneinfall von 1241 wurden die

Städte, die bisher nur mit Erdwerken und Palisaden befestigt waren, mit massiven Stadtmauern versehen. Das Aufkommen der Feuerwaffen wurde durch eine entsprechende Modernisierung der meist doppelten, häufig sogar dreifachen Ringmauern paralysiert; die massigen Türme – Hermannstadt hatte 60, Kronstadt 30, Bistritz 25 – wurden durch Basteien ergänzt, an gefährdeten Stellen wurden darüber hinaus Vorwerke →Forts angelegt. Die Wehranlagen schirmten Stadtflächen von ansehnlicher Größe; Hermannstadt hatte 80 ha innerhalb der Mauern, Kronstadt 50 ha, Bistritz 40 ha. Die Städte herbergten zumeist auch bedeutende Waffenproduktionsbetriebe; die »Schwertfeger« Hermannstadts, Mühlbachs und Schäßburgs vor allem waren weitum berühmt und exportierten erhebliche Waffenmengen in die Fürstentümer Moldau und Walachei, deren Kriegsvolk vorwiegend mit Waffen aus Siebenbürgen ausgestattet war.

Die Feuerwaffen wurden bald in das städtische Kriegswesen eingebunden; um 1550 (!) hatte allein Hermannstadt 22 Geschütze unterschiedlichen Kalibers und 1567 Feuergewehre. Die »Arkeley« der Städte unterstand angeworbenen Spezialisten, die nicht nur Artillerieoffiziere waren, sondern meist auch die Anfertigung von Geschützen beherrschten. Der berühmteste dieser »Pixenmeyster« war Konrad Haas, der um 1530 mit mehrstufigen Raketen (!) experimentierte und dessen Berechnungen und Pläne im Hermannstädter Museum erhalten sind.

Kurz nach der Mitte des sechzehnten Jahrhunderts vollzog sich der straffere Zusammenschluß der Deutschen in Siebenbürgen durch drei voneinander unabhängige Ereignisse,

– dem Druck der Gebietsgewinne der Osmanen,
– der begeistert begrüßten Reformation und
– der Vereinheitlichung des Rechts, die das Lebenswerk des großen Gelehrten Matthias Fronius war.

Die deutschen Siedlungen im Gebiet von Oradea erlagen dem osmanischen Druck; bereits im fünfzehnten Jahrhundert kam es zu Rücksiedlungen ins Sacrum Imperium Romanum. Einer der Heimkehrer, ein Goldschmied namens Albrecht, 1427 im Dörflein »Eytas« als Sohn einer Bauernfamilie geboren, war der Vater des großen Malers und Graphikers, Kupferstechers und Schriftstellers, Mathematikers und Festungsbautheoretikers Albrecht Dürer, dessen Namen aus dem Heimatort seines Vaters abgeleitet erscheint. Eytas ist die mäßige Verstümmelung des magyarischen ajtos; ajto bedeutet nun Tür oder Pforte, und ajtos ist der Türwärter oder Pförtner, der »Türer«. Albrecht Dürer schreibt in seiner »Familienchronik«, daß seine Großeltern einen Hof bewirtschafteten, »nit fern von einem kleinen Stettlein, genannt Jula, acht meil wegs unter Wardein« – und in der Tat gab es ein in den Wirren jener Zeit untergegangenes Dorf Ajtos in diesem Raum.

Und weil wir nun mit Dürer schon im Bereich der Bildenden Kunst sind, sei der Hinweis gestattet, daß der große zeitgenössische Künstler Hans Fronius, zweifellos der bedeutendste Graphiker und einer der bemerkenswertesten Maler des deutschen Kulturraumes unseres Jahrhunderts, derselben Familie Fronius angehört, der jener Matthias Fronius entstammt, der aus mündlichen Überlieferungen und bestehenden Codices die »Statuta iurium municipalum Saxonum in Transsilvania« schuf. Sein Werk wurde von der Nationsuniversität als »Eygen–Landtrecht« zum Gesetzesvorschlag erhoben und 1583 vom Fürsten Stefan Báthory in Krakau als Gesetz erlassen, wobei zu bemerken ist, daß der Wojwode Stefan auch König von Polen war und daher in Krakau residierte. Diese Rechtsvereinheitlichung war ein entscheidender Markstein auf dem Wege zum Zusammenschluß der Deutschen Siebenbürgens; das »Eygen–Landtrecht« war ein rundes Vierteljahrtausend (!) – und was für ein Vierteljahrtausend, wir werden uns mit den Stürmen, die Siebenbürgen durchtobten, im III. Band zu befassen haben – das grundlegende Gesetzbuch der Siebenbürger Sachsen: Erst 1853 wurde es außer Kraft gesetzt.

Es war ein Fronius, der für die Uniierung der Splitter der deutschen Sprachnation in Siebenbürgen zu einem stolzen Bollwerk Entscheidendes leistete – und es mutet wie ein grimmiger, krauser und deplazierter Scherz der Geschichte an, daß ein viel, viel jüngerer Fronius den Paukenschlag von Sarajewo, dem nach einem blutigen Großkrieg die von vielen Generationen tapfer und kunstvoll errichtete Ordnung des ganzen südosteuropäischen Raumes mit der Großmonarchie Habsburg zum Opfer fiel, zu den ersten und furchtbarsten bewußten Erlebnissen seines Daseins zählt. Denn Hans Fronius war als Kind an der Seite seines Vaters, der als Oberstadtphysikus Leiter des Sanitätswesens der bosnischen Hauptstadt gewesen ist, unmittelbarer Zeuge der Schüsse, die der Terrorist Gavrilo Princip auf Thronfolger Erzherzog Franz Ferdinand abgab.

B

Der Staatshaushalt König Belas III.

Die Eingänge bestehen aus
– Bargeld, stets in Mark Silber aufgeführt, und
– Naturalien.
Der Haushalt zeichnet das Bild einer Volkswirtschaft, in der sich aus naturalwirtschaftlicher Mutterschicht die geldwirtschaftliche Tochterschicht städtischer Wirtschaft bereits abgehoben hatte und der Handel eben begann, zum dominierenden Faktor zu werden.

Es ist sicherlich interessant, die hier genannten Summen mit jenen zu vergleichen, die in der das Geschehen um den vierten Kreuzzug darstellenden Anmerkung 5 aufgeführt sind: Venedig forderte von den Führern des Kreuzzuges für seine Leistungen 86 000 Mark Silber.

Hier haben wir die Einnahmen des großen, wohlgeordneten und mächtigen Königreichs Ungarn:
Der König bezog
– aus der Münzprägung 60 000 Mark; 10 Prozent davon mußte er als »Zehent« (-Zehnt) dem Erzbischof von Gran →Esztergom weiterleiten;
– aus dem Salzregal 16 000 Mark;
– aus Zöllen, Brückenmauten, Marktgefälle und Fährgebühren 30 000 Mark;
– von den Städten und freien Dörfern Siebenbürgens 15 000 Mark;
– aus den Gebieten des Königreichs Kroatien 10 000 Mark (weite Teile vor allem Dalmatiens hatten durch die Kämpfe mit Byzanz allerdings schwer gelitten und waren mit Steuernachlässen bedacht worden) und
– von den Komitaten ein Drittel der eingehobenen Steuern und Abgaben, und das waren nicht mehr als 25 000 Mark.
Die gesamten Geldeinnahmen beliefen sich also auf 156 000, unter Abrechnung des »Kirchenbeitrages« auf 150 000 Mark.

Und nun kommt der traditionelle, naturalwirtschaftliche Teil der Staatseinnahmen; vorwegzunehmen ist, daß der König alljährlich die Komitate zu visitieren pflegte, um überall nach dem Rechten zu sehen, und daß er dabei – ganz wie es dem nomadisierenden Hof Karls d. Gr., dessen Vorbild in Ungarn noch immer wirksam war, entsprochen hatte, – mit Verpflegung zu versehen war. Der jeweilige Comes hatte die Ehre, dem König eine Art Reisekostenpauschale zu überreichen, das nach der wirtschaftlichen Bonität des Komitats bemessen war und zwischen 100 und 1000 Mark betrug. Für das »Königsmahl« waren zu stellen

– zwölf Ochsen,
– eintausend Laib Brot und
– vier Fässer Wein (Inhalt je 250 bis 300 Liter)
also eine gewaltige Menge. Nun reiste der König zwar mit Stabspersonal und
Leibwache, insgesamt etwa 100 bis maximal 200 Mann, die aber auch beim
besten Willen nicht in der Lage waren, diese Mengen – etwa 3600 kg Fleisch,
2000 kg Brot und 1000 l Wein – zu verbrauchen. Diese Masse der Lebensmittel wurde unter das Volk, das zugegen war, verteilt: Es war »Gast des
Königs«. Das gab dem Erscheinen des Königs in den Komitaten beinahe den
Charakter eines Volksfestes. Und diese Eigentümlichkeit des ungarischen
Hoflebens sicherte dem König ein hohes Ansehen im Volk, das sich ihm
emotionell stets eng verbunden fühlte, war die Erinnerung an sein Erscheinen
doch immer mit der an einen Festschmaus verbunden.

C

Der Streit um das Erbe der Babenberger vor dem Hintergrund des deutschen Interregnums

I. Der böhmische Königstitel

1086 verlieh Heinrich IV. dem Böhmenherzog Wratislaw II., der eine Stütze seiner gefährdeten Herrschaft war, den **persönlichen, d. h. nach seinem Tode hinfälligen Königstitel.** Für etwas mehr als ein Jahrhundert führten die ihm nachfolgenden Przemysliden also wiederum den Titel eines Herzogs von Böhmen; der Titel war auch – woran noch einmal erinnert sei – insofern belanglos, weil sich durch ihn der Rang des Titelträgers nicht veränderte: Er war stets ein weltlicher Fürst des Heiligen Römischen Reiches und stand im dritten Heerschild.

1198 standen sich Philipp von Hohenstaufen und Otto der Welf als Gegenkönige gegenüber; Herzog Ottokar von Böhmen hielt sich im staufischen Lager, und König Philipp kam auf den böhmischen Königstitel zurück, stattete ihn nun mit der Vererblichkeit aus und verlieh ihn dem Przemysliden. Gleichzeitig kam es zur Verlobung mit nachfolgender Vermählung von Ottokars Sohn Wenzel mit Philipps Tochter Kunigunde. Dieser Ehe entstammten zwei Söhne,
– Ottokar, der spätere König Ottokar II., und
– Wladislaw, der künftige Markgraf von Mähren.

II. Die Damen des Hauses Babenberg

Beim Tode Herzog Friedrichs II. des Streitbaren (1246) hatte er, der zweimal vermählt gewesen war – erste Ehe Sophia Laskaris, zweite Ehe Agnes von Andechs-Meran – keine erbberechtigten Nachkommen. Im Sinne des Privilegium minus hatte das Erbrecht weiblicher Nachkommen zu gelten, wenn männliche nicht vorhanden waren. Friedrichs Vater war Leopold VI. gewesen, von ihm gab es folgende Nachkommen:

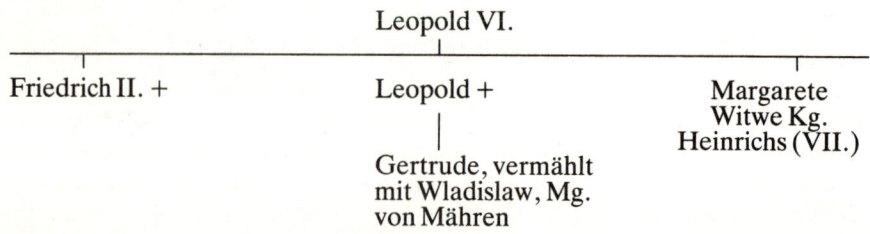

Leopold VI.

Friedrich II. +	Leopold +	Margarete Witwe Kg. Heinrichs (VII.)
	Gertrude, vermählt mit Wladislaw, Mg. von Mähren	

Geht man nach erbrechtlichen Grundsätzen vor, wäre Margarete und Gertrude die Erbschaft zur ungeteilten Hand zugefallen; die vernünftigste Lösung wäre ein Erbübereinkommen gewesen, das jeder Erbin ein Herzogtum gebracht hätte, also
– Margarete die Steiermark, und
– Gertrude Österreich
oder umgekehrt.

Man dachte aber nicht so einfach, sondern brachte zunächst die Frage ins Spiel, **ob das weibliche Erbrecht generell oder nur für die Nachkommen des letzten regierenden Herzogs** gelten sollte. In diesem Fall waren beide Herzogtümer erledigte Lehen, fielen an den König zurück und waren binnen Jahr und Tag neu zu verleihen.

Bei Anerkennung des Erbrechts gab es aber auch wieder mehrere Ansichten:

1. Gertruds Vater war nie regierender Herzog gewesen – die Tochter des vor Friedrich regierenden Herzogs war daher als Alleinerbin anzuerkennen, oder
2. Gertruds Vater hätte, wäre er bei Friedrichs Tod am Leben gewesen, Margarete verdrängt – seiner Tochter steht daher die Gesamtsukzession zu.

Im Sacrum Imperium war seit 1237 Kaiser Friedrichs II. Sohn Konrad IV. König; für ihn war 1242 Heinrich Raspe, der Landgraf von Thüringen (s. III. Teil, Anm. 7.) zum Regenten bestellt und 1246 in Veitshöchheim auf Betreiben des Papstes Innocenz IV. zum Gegenkönig erwählt worden. Bedenkt man dies und zieht man weiter in Betracht, daß Margarete aus ihrer Ehe mit Heinrich (VII.; die Ordnungszahl wird wie üblich deshalb in Klammer gesetzt, weil sie später für Heinrich von Luxemburg, König 1308—1313, ab 1312 Kaiser, Verwendung fand) zwei Söhne hatte, Friedrich und Heinrich, wird erkennbar, daß der Kaiserhof, der nach Raspes Erhebung wieder unmittelbar die für deutsche Belange zuständige Instanz geworden war, die oben zuerst genannte Ansicht vertrat, eine Entscheidung jedoch hinauszögerte (schon um Wladislaw und mit ihm die Partei der Przemysliden nicht vor den Kopf zu stoßen) und ganz offenbar das Fernziel ansteuerte, die Kaiserenkel Friedrich und Heinrich nach Erlangen der Volljährigkeit als Rechtsnachfolger ihrer Mutter Margarete mit Österreich und Steiermark zu belehnen. Vorerst wurden zwei Statthalter bestellt:

– Otto von Eberstein (1248 durch Herzog Otto von Bayern ersetzt) für Österreich,
– Meinhard von Görz für Steiermark.

Das schien eine probate Lösung, ersparte zunächst einmal die Durchsetzung des Heimfallrechts, löste den Leihezwang nicht aus und sicherte dem hohenstaufisch-babenbergischen Nachwuchs zwei schöne Herzogtümer.

Das durch Entscheidungsverschiebung erkennbare Vorhaben stieß auf den Widerstand Gertruds und ihres Gemahls, des halbhohenstaufischen Przemysliden Wladislaw, und seiner mächtigen Familie. Der bisher kaisertreue Böhmenkönig fühlte sich zurückgesetzt, und Papst Innocenz IV. benützte die Gelegenheit, um dem wieder einmal mit dem Kirchenbann belegten Kaiser Friedrich einen Teil seines Anhanges zu entziehen: Er erklärte, vom böhmischen Klerus um seine Meinung befragt, Gertrude zur Alleinerbin und also die zweite der vorher aufgezeigten Alternativmöglichkeiten als die richtige. Er war, was hier wohl zu betonen ist, vor seiner Erhebung zum Pontifex maximus ein berühmter Rechtslehrer an der berühmten Universität von Bologna gewesen, und das gab seiner Meinung den Glanz eines wissenschaftlichen Gutachtens allerersten Ranges.

Die Fronten schienen sich abzuzeichnen: Die »Przemyslidenpartei« mußte sich der »Hohenstaufenpartei« entfremden.

III. Todesfälle und neue Gruppierungen

Bereits 1247 starb, als die große Auseinandersetzung sozusagen im Vorbereitungsstadium steckte, Markgraf Wladislaw. Die Przemysliden distanzierten sich von Gertruds Ansprüchen, da unschwer vorauszusehen war, daß diese nicht lange Witwe bleiben würde, und traten vorbehaltlos ins kaiserliche Lager zurück. In der Tat vermählte sich Gertrud gegen Jahresende zum zweiten Mal: Ihre Ansprüche griff nun ihr neuer Gatte, Markgraf Hermann von Baden, ein überzeugter Anhänger des Papstes, auf.

Im Februar 1247 starb auch Gegenkönig Heinrich Raspe; sein Tod und die Haltung der Böhmen ließ die Wiedererlangung der Stabilität im Sacrum Imperium Romanum als unmittelbar bevorstehend erscheinen, doch wurde im Oktober von den Angehörigen der »Papstpartei« ein neuer Gegenkönig erhoben: Wilhelm, Graf von Holland. Mit seiner Zustimmung und der päpstlichen Rechtsauffassung versehen, versuchte Hermann von Baden, für seine Gemahlin die Herrschaft in Österreich und Steiermark zu gewinnen, scheiterte jedoch; gegen Jahresende 1250 verstarb er, nur wenige Wochen vor Kaiser Friedrich II. (13. Dezember 1250).

Um 1250 sind auch die Söhne Margaretes, die Kaiserenkel Friedrich und Heinrich, verstorben.

1251 strebte der Kampf zwischen König Konrad IV. und dem Gegenkönig Wilhelm dem Höhepunkt zu. Die Reichsgewalt zerfiel, das Faustrecht herrschte, die überregionale ökonomische Verflechtung ging zugrunde. Die für Österreich und Steiermark bestellten Statthalter verloren an Bedeutung; juristisch wurde die Wirksamkeit ihrer von Kaiser Friedrich stammenden Vollmachten über dessen Tod in Zweifel gezogen, effektiv

– war Otto von Bayern derart in den Kampf zwischen dem Hohenstaufen und dem Holländer involviert, daß er hier seine Kräfte und Interessen konzentrierte, während sich

– Meinhard von Görz nach dem Tod seines Schwagers Otto von Andechs-
Meran um das Erbe seiner Gemahlin Adelheid kümmern mußte, da das
Ableben seines hochbetagten Schwiegervaters, Albert III. von Tirol, in
Kürze zu erwarten war (Albert starb 1253, und Tirol fiel Meinhard für
Adelheid zu).

IV. Selbsthilfe der Herzogtümer:
Wahlen der Landesfürsten

Sowohl in Österreich als in Steiermark herrschte Unmut über die unklaren
Verhältnisse durch das Fehlen des jeweiligen Herzogs.

Die Landtage, die sich während des Mittelalters überall im Reiche gebildet
hatten, denen das Recht der »Landesgesetzgebung« (um der Anschaulichkeit
willen den neuzeitlichen Ausdruck zu verwenden) zukam und die aus den
Vertretern der drei Stände
– Adel,
– Geistlichkeit und
– Bürgerschaften
bestanden (die Mitwirkung des vierten Standes, der Bauern, hing davon ab,
ob es eine repräsentative Zahl von Freibauern im jeweiligen Fürstentum gab;
dies war beispielsweise in Baden oder Friesland, in Tirol oder in den
Schweizer Kantonen der Fall – in Österreich und Steiermark aber gab es
kaum freie Bauern, so daß der vierte Stand durch seine Grundherren, nicht
aber durch eigene Delegierte vertreten war), entschlossen sich, die Landes-
verwaltungen dadurch wieder in ordnungsgemäßen Gang zu bringen, daß sie
Landesfürsten – Herzöge – wählten. Die Steirer wurden zuerst aktiv; ihre
Wahl fiel auf Herzog Heinrich von Niederbayern, einen Schwiegersohn
König Belas IV. Der Wittelsbacher besetzte die Steiermark mit eigenem
Kriegsvolk; er ging etwas flüchtig vor und »vergaß«
– das Salzkammergut und
– die Mark Pitten.
Kurz nach den Steirern wählten die Landstände Österreichs; sie wählten (und
das wird in der Geschichtsschreibung auch der Republik Österreich, die in
allzu vielen Belangen die Geschichtslegenden der Habsburger sorgsam
hätschelt und pflegt, meist geflissentlich verschwiegen) Ottokar Przemysl zu
ihrem Herzog, den Sohn des Königs von Böhmen und seiner hohenstaufischen Gemahlin. Ottokar zog über Linz nach Wien, das er am 12. Dezember
des Wahljahres 1251 erreichte. Überall wurde ihm stürmisch gehuldigt; er
galt als vorbildlicher Ritter, war jung und leutselig, kunstsinnig und hochgebildet (der Hof seines Vaters war ein Zentrum der mittelhochdeutschen
Kultur), ein Sproß des Hauses Hohenstaufen und ein frommer Sohn der
Kirche. Die Sympathien, die ihm überall entgegengebracht wurden, ermutig-
ten ihn, das Salzkammergut und Pitten für Österreich zu besetzen. Heinrich

von Bayern rasselte nun grimmig mit dem Schwerte, Ottokar rasselte zurück; Heinrich vermied den Schlagabtausch und verlor viel Ansehen in der Steiermark, während Ottokar in der Wertschätzung der Österreicher noch gewann.

V. Die neuen Ehen der Babenbergerinnen

Margarete hatte zwar nach dem Tode Heinrichs (VII.) gelobt, keine weitere Ehe zu schließen, schloß aber nach vermutlich massiver kurialer Intervention, von ihrem Gelübde durch Papst Innocenz entbunden, 1252 die Ehe mit Herzog Ottokar von Österreich, der etwa halb so alt war wie sie. Die Ehe war eindeutig politisch motiviert und zielte darauf ab, die auf der Wahl beruhende Stellung des Przemysliden durch Margaretes umstrittenen Erbanspruch ergänzend abzusichern.

Etwa gleichzeitig vermählte sich auch Gertrude erneut: Ihr dritter Gemahl war Roman, Herzog von Galizien, ein Neffe König Belas IV., der sogleich daran ging, ihren Anspruch auf die Erbschaft der Babenberger (Alleinerbrecht im Sinne der päpstlichen Erklärung von 1246) mit Unterstützung seines königlichen Oheims erneut zu erheben. Bela setzte einigen Druck in das Vorhaben, drängte Roman und Gertrude in den Hintergrund und erreichte bei seinem bayrischen Schwiegersohn, daß dieser zwar nicht gerade zu Belas, wohl aber zu des Belasohnes Stefan Gunsten auf die steirische Herzogwürde verzichtete. Daß Stefan gewählt worden wäre, wie gelegentlich behauptet wird, ist unrichtig: Die Herrschaft des »Ausländers« Stefan war von allem Anfang an höchst unbeliebt, und schon bei Inbesitznahme der Steiermark durch den Arpaden kam es zu den ersten Widerstandshandlungen. Vor allem in dem heute zur SFR Jugoslawien gehörigen Landesteil, der »Untersteiermark«, kam es zu größeren kombattanten Aktionen, und Stefan mußte starke Kräfte im Raum Pettau → Ptuj zusammenziehen, um sich behaupten zu können.

Die Steirer riefen den österreichischen Herzog Ottokar zu Hilfe. Ottokar kam, drängte die Ungarn mit steirischer Unterstützung über die Reichsgrenze zurück und nahm beinahe das ganze Herzogtum in Besitz. Er wurde als Befreier stürmisch begrüßt, nur in einigen Grenzstädten konnte sich Herzog Stefan behaupten.

VI. Ottokar König von Böhmen – Neue Rechtsmeinung des Papstes – Vertrag von Ofen

Im nachfolgenden Jahr (1253) starb König Wenzel I., ihm folgte Ottokar von Österreich als König Ottokar II.

Bela IV. protestierte heftig gegen die Besetzung der Steiermark durch den österreichischen Herzog, und er wandte sich dabei an den Papst. Innocenz IV. war nun in peinlicher Lage: Seine opportunistische Rechtsmeinung von 1246 mit der Postulierung des Alleinanspruchs Gertruds, die ihm den Przemyslidenanhang zuführen sollte, war durch die seitherige Entwicklung auch und gerade kurialpolitisch unhaltbar geworden und es wäre ihm nun sicherlich lieber gewesen, wenn er das Gegenteil von ehedem hätte dekretieren können, also das Alleinerbrecht Margaretes, deren przemyslidischer Gemahl beide Herzogtümer in Besitz genommen hatte. Andererseits hätte dies nicht nur sein Ansehen als ernstzunehmender Rechtsgelehrter mehr als bloß gefährdet, sondern vor allem den Ungarnkönig aufgebracht, und so entschloß er sich zu jener Kompromißlösung, die vor einigen Jahren vernünftig und realisierbar gewesen wäre, nun aber keine Stabilisierung der Verhältnisse bringen konnte:
– Margarete sollte Österreich,
– Gertrude aber die Steiermark
bekommen. Ob dies die Herauslösung der Steiermark aus dem Verband des Sacrum Imperium Romanum und ihre Eingliederung ins Regnum Hungaricum bedeuten sollte, blieb ungesagt: Der servus servorum Dei Innocenz IV. scheint sich darüber keine Gedanken gemacht zu haben.

Da sich keiner der beiden Könige mit dem Papst ernsthaft verfeinden wollte, kam es 1253 zu keinen weiteren kombattanten Aktionen: Zwischen Böhmen und Österreich einerseits und Ungarn andererseits herrschte Waffenruhe. Die päpstliche Diplomatie hatte Hochsaison, es wurde in Prag wie in Buda eifrig interveniert, und kurz nach Beginn des Jahres 1254 kam es sogar zur Aufnahme von direkten Friedensverhandlungen in Buda, deren Grundlage die päpstlichen Vorstellungen waren. Am 3. April erfolgte schießlich der formelle Vertragsabschluß: Ottokar gab die Steiermark an Stefan zurück, wogegen Stefan die Abtrennung des Salzkammergutes und der Mark Pitten ausdrücklich genehmigte.

Die Steirer grollten, leisteten den erneut einrückenden Ungarn aber keinen Widerstand: Der König werde die Reichseinheit schon wieder herstellen, meinten sie wohl. Der König aber mußte ihre Hoffnungen enttäuschen; Konrad IV. starb im Mai 1254, gerade als der Herrschaftswechsel vollzogen wurde.

VII. Das deutsche Interregnum und seine Könige

Obwohl Wilhelm von Holland nach Konrads Tod Alleinkönig war, wurde er nicht überall anerkannt; in den Augen der Hohenstaufenpartei war er ein Reichsverräter und als solcher moralisch disqualifiziert: Er konnte nie ihr König werden. Ehe sich seine Gegner über ihr weiteres Vorgehen einig wurden, fiel er im Kampf gegen die Friesen (28. Januar 1256).

Die Historiker sind sich nicht ganz sicher, ob das Interregnum – »die kaiserlose, die schreckliche Zeit«, wie Schiller sie nennt, obwohl er eigentlich die »königlose« Zeit sagen müßte – mit dem Tod Friedrichs II. 1250, dem Konrads IV. 1254 oder eben dem Wilhelms von Holland 1256 beginnt; ab 1256 war sie aber jedenfalls angebrochen. Schon 1257 gab es nun zwar nicht nur einen, sondern sogar zwei Könige, die aber beide »Ausländer« waren und ihren Wohnsitz im Ausland hatten:

– Richard von Cornwall, Bruder König Heinrichs III. von England, einen entfernten Verwandten der Welfen, und
– Alfons X. den Weisen, König von Kastilien, Sohn König Ferdinands III. des Heiligen von Kastilien und seiner Gemahlin Beatrix von Hohenstaufen.

Alfons X. hat sich nie besonders darum bemüht, im Sacrum Imperium allgemein Anerkennung zu finden und effektiv die Regierung zu führen; Richard hingegen wurde mit der Zeit anerkannt, regierte aber nicht, da er keine eigene Macht hatte und ihm auch seine eifrigsten Parteigänger ihre für diesen Zweck nicht zur Verfügung stellten. Seine Anerkennung ist unbestritten und ergibt sich zwingend daraus, daß erst nach seinem Tode 1273 eine Neuwahl durchgeführt wurde.

VIII. Der Aufstand der Steirer – Der Krieg zwischen Ottokar und Bela

Der Konflikt zwischen Bela IV. und seinem Sohn Stefan (s. III. Teil, A 9) blieb in Steiermark nicht verborgen, zumal er die Besatzungstruppen in Königstreue und Anhänger des Herzogs spaltete. 1259 sagten die steirischen Stände den Arpaden die Treue auf und ergriffen die Waffen; nach kurzem Widerstand räumten die Ungarn die Steiermark. Die nun durchgeführten Neuwahlen erbrachten ein keineswegs überraschendes Ergebnis: Ottokar Przemysl sollte Herzog der Steiermark werden. Bela IV. gedachte, die Annahme dieser Würde dem Böhmenkönig verleiden zu können und fiel in Österreich ein, erlitt aber bei Kroissenbrunn (12. Juni 1260) eine entscheidende Niederlage. Er verzichtete im Frieden von Wien (31. März 1261) ausdrücklich auf die Steiermark, wobei er alle Rechte, die ihm zugestanden worden waren, an Ottokar abtrat. **Zu bemerken ist, daß die Steirer dem Herzog ihrer Wahl ein Freiwilligenkontingent gestellt hatten, das der Landmarschall Ulrich von Wildon befehligte und bei Kroissenbrunn einen entscheidenden Beitrag leistete; bei dieser Gelegenheit wurde erstmals die steirische Wappenfahne mit dem Silbernen Panther auf grünem Grunde geführt.**

Was aus Roman von Galizien wurde, ist nicht bekannt; Gertrude jedenfalls kam während der ungarischen Periode in die Steiermark zurück und erhielt als Wittum, eine Art Witwenpension, die Erträgnisse einiger landesfürstlicher Güter. Daß Roman sie verstoßen hätte, wie gelegentlich behauptet wird, ist unbewiesen und kaum glaubhaft, schon allein, weil sie ihre Kinder (aus dritter Ehe, die beiden vorhergehenden waren kinderlos geblieben) in die Steiermark mitbrachte. Ihr Sohn Friedrich träumte den schönen Traum von der Wiederaufrichtung der staufischen Herrschaft. Er zog 1268 mit dem etwa gleichaltrigen Konrad von Schwaben nach Italien, teilte dessen Niederlage und Gefangenschaft und wurde wie er in Neapel enthauptet.

Ottokar beließ seine frühere Schwägerin Gertrude in der bevorrangten Stellung, die ihr Bela IV. zugebilligt hatte. Auch ihrem Sohn, der Mannschaft für seinen Italienzug sammelte, legte er keine Schwierigkeiten in den Weg, und er duldete sogar, daß sich dieser – allerdings ohne weitere politische Aktivitäten – »Herzog von Österreich und Steiermark« nannte. Als die Tochter Gertruds, Agnes, heiratsfähig wurde, sorgte er für eine standesgemäße Vermählung mit Ulrich III. von Spanheim, dem Herzog von Kärnten, ohne kleinliche Bedenken wegen allenfalls möglicher Ansprüche, die dieser nun – auf die päpstliche revidierte Rechtsmeinung gestützt – vielleicht für seine Gemahlin erheben könnte. Er war überhaupt, wie entgegen dem auf der habsburgseligen Geschichtsdarstellung beruhenden, verfälschenden Bild festgestellt sei, ein »Ritter ohne Furcht und Tadel«, hochherzig und redlich, tapfer und treu: Er war der große Held seines Zeitalters.

IX. Ottokar und der Deutsche Ritterorden

1226 hatte Kaiser Friedrich II. die »Goldene Bulle von Rimini« erlassen und darin dem Deutschen Ritterorden, der eben das Burzenland zurückstellen mußte, eine neue, große und entscheidende Aufgabe gestellt. Es ging um die Verbreitung des Christentums und der von ihm geprägten abendländischen Kultur im Nordosten Europas, im Lande der »wilden, heidnischen Pruzzen«, um Polen, die vorgeschobene westchristliche Bastion in der nordslawischen Welt, zu entlasten, zu sichern und zu festigen.

Hermann von Salza, der Hochmeister des Ordens, hatte sich nach Kräften bemüht, dem Auftrage zu entsprechen, und ihm und seinem Landmeister Hermann Balk waren auch große Erfolge beschieden, wie etwa die Eroberung des Kulmerlandes oder, um die eigentliche, friedliche Aufgabe der Kolonisation nicht zu vergessen, die Gründung der Stadt Elbing (zwischen Weichsel und Frischem Haff), die von 1251 bis 1312 die preußische Landeshauptstadt war. Entscheidenden Landgewinn brachte vor allem 1237 der Anschluß des Ordens der Schwertbrüder → Milites Christi de Lyvonia, der weite Gebiete vom Finnischen Meerbusen bis über die Düna hinaus in seinem Besitz hatte, 1236 bei Saulen jedoch eine schwere Niederlage erlitt und nicht mehr in der Lage war, seine Positionen zu halten. (Genehmigung der Überführung der Schwertbrüder in den Deutschen Ritterorden erfolgte durch Papst Gregor IX. am 12. Mai 1237.) Dem Gebietsgewinn stand keine wesentliche Vermehrung der kombattanten Kräfte des Deutschen Ritterordens zur Seite, und die Folgen zeigten sich schon 1242, als Alexander

Newskij, der Fürst von Nowgorod, das Heer des Ritterordens auf dem Eise des Peipussees aufrieb. Die folgenden Kämpfe waren verzweifelte, lokale Defensiven des Ordensrestes mit unterschiedlichem, meist negativem Ausgang, und die Lage wurde vollends aussichtslos, als auch die Mongolen der »Goldenen Horde« auf die Seite der mit ihnen verbündeten slawischen Teilfürsten traten.

Die Hilferufe des Ordens blieben zunächst ungehört. Der Papst, der Kaiser, der deutsche König, die geistlichen und weltlichen Fürsten des Sacrum Imperium Romanum – alle hörten sie, und keiner half. Erst als Ottokar II. nach dem Tod seines Vaters und Bereinigung des Konflikts mit den Ungarn Handlungsfreiheit erlangte, sammelte er seine ritterlichen Aufgebote und zog gegen Osten. Seine Waffenhilfe war entscheidend; in zahlreichen größeren und kleineren Treffen warfen die böhmischen und österreichischen, vor allem aber steirischen Panzerreiter gemeinsam mit den Ordensrittern die zahlenmäßig stets überlegenen, aber nicht für den Nahkampf ausgerüsteten Gegner, die durch die Siege bei Saulen und am Peipussee, wo die letzten Ritter allerdings im Nahkampf erledigt wurden, zu dem Irrtum verleitet worden waren, sie hätten den Kampf Mann gegen Mann nicht zu fürchten.

Und die Ordensritter nannten die 1255 an den Ufern des Pregel errichtete Stadt zur bleibenden Erinnerung an den König Ottokar Königsberg: **Ausdruck der Dankbarkeit, die sie für den Przemysliden, der als einziger deutscher Fürst die eigenen Interessen jenen des christlichen Abendlandes untergeordnet hatte, empfanden.**

In seinen Ländern, vorab in der Steiermark, verstand man – das Maß an den zerrütteten Zuständen im königlosen Reich nehmend – Ottokar nicht. Die Aufgebote hatten schwere Opfer gebracht (so war z.B. der letzte Graf von Pettau, der des Widerstandes gegen die Arpaden wegen genannten Stadt, nicht vom Kriege im Osten heimgekehrt) und hielten diese, da die Belange ihres Herzogs und damit ihre eigenen nicht unmittelbar gefördert wurden, für sinnlos. Die Begeisterung der Steirer für ihren Herzog wurde etwas gedämpft, obwohl die Masse ihn nach wie vor für den besten aller denkbaren Landesfürsten hielt.

X. Ottokar und das Reichsrecht –
Ottokar und Kärnten

Der Hohenstaufensproß hatte – vermutlich als Folge der sorgfältigen ritterlichen Erziehung, die er genossen – in sich eine tiefempfundene Hochachtung vor dem Reich, das die Vorfahren seiner Mutter repräsentiert hatten, und vor dem Recht, das die Basis dieses Reiches war. Ihm war der König dieses Reiches die Personifikation des Rechtes dieses Reiches, und er, der eindeutig die Idealität der besten Hohenstaufen als geistiges Erbe in sich trug, war stets

bereit, sich dem König und damit dem Recht zu unterwerfen, solange es nicht der König war, der das Recht manipulierte, beiseiteschob und brach. Seine Einstellung war nicht von der Königsmacht abhängig, die jener besaß, und es entsprach durchaus dieser Grundhaltung, daß er als
– erwählter Herzog von Österreich und Steiermark,
– Gemahl der Margarete von Babenberg und damit zur Geltendmachung ihrer Ansprüche als ihr gesetzlicher Vertreter verpflichtet,
– Vertragspartner von
  ☐ Ofen und
  ☐ Wien,
– Erbkönig von Böhmen
beim König Richard von Cornwall, den er anerkannt hatte und den er an Macht übertraf wie ein Elefant eine Antilope, um Belehnung mit Böhmen und den beiden Herzogtümern ansuchte. Richard von Cornwall belehnte ihn per epistolam, durch Lehensbrief, was damals schon zulässig war – und bekam die ihm zustehenden Gebühren, die nach Üblichkeit ein Jahreseinkommen aus dem Lehensgut waren. Spätestens ab Belehnung durch den König Richard war Ottokar legitimer König von Böhmen, Herzog von Österreich und Herzog von Steiermark. Seine Gesetzestreue heftete sich als weiterer Glanzpunkt an seinen Namen, zumal in eben jener Zeit vor allem im Westen des Reiches erhebliche territoriale Veränderungen vorgenommen wurden, von denen man den machtlosen Träger der Krone nicht einmal verständigte, geschweige denn um seine Genehmigung ansuchte.

1262 löste Papst Urban IV. Ottokars Ehe mit Margarete von Babenberg aus irgendeinem der zahlreichen Nichtigkeitsgründe des Kirchenrechts dem Bande nach auf. Der wirkliche Grund war die Unfruchtbarkeit der nun Siebenundfünfzigjährigen, die vermutlich schon bei Abschluß der zweiten Ehe nicht mehr gebärfähig gewesen war, und die Gefahr des Aussterbens der Przemysliden, da auch Ottokars Bruder ohne Nachkommen verstorben war. Margarete, die sich durch extreme Frömmigkeit auszeichnete, hatte der Trennung keinen Widerstand entgegengesetzt; vermutlich war sie froh, nicht mehr die Gattin und Königin spielen zu müssen und den Rest ihres Lebens in klösterlicher Abgeschiedenheit verbringen zu dürfen: Eine Art einverständliche Scheidung also, verbrämt im Kostüm des dreizehnten Jahrhunderts.

Ottokar vermählte sich nun mit Kunigunde → Kinga, einer Enkelin Belas IV., und der Thronerbe stellte sich bald ein; er wurde auf den Namen von Ottokars Vater Wenzel getauft, womit gleichzeitig dem Schutzpatron Böhmens, Herzog Wenzel dem Heiligen, die schuldige Ehrerbietung gezollt wurde.

Im Jahre 1268 schloß Ottokar über Betreiben der Stände Kärntens mit Herzog Ulrich III. einen Erbvertrag mit wechselseitiger Sukzession im Falle söhnelosen Todes; der betagte Ulrich – nun mit Agnes von Babenberg vermählt – war kinderlos geblieben, und in Kärnten besorgte man, daß Ulrichs unbeliebter Bruder Philipp von Spanheim, Erzbischof von Salzburg, dessen Nachfolger sein würde. Das Lehensrecht ließ seit dem 12. Jahrhundert Erbverträge zu; ein bekanntes Beispiel ist die 1186 abgeschlossene Georgenberger Handfeste zwischen den Traungauern und den Babenbergern, die 1187 von Friedrich Barbarossa ausdrücklich genehmigt wurde. Nach dem Tode des letzten Traungauers belehnte im Sinne des Erbvertrages König Heinrich VI. Herzog Leopold V. und seinen Sohn Friedrich I. mit der Steiermark: Und diese Belehnung war der eigentlich rechterzeugende Akt.

Als 1269 Ulrich von Kärnten starb, war der Erbvertrag von keinem König genehmigt, und Ottokar nahm Kärnten in Besitz, ohne belehnt zu werden, und dieser Vorgang war rechtlich keineswegs gedeckt.

XI. Skandal einer Wahl: Rudolf von Habsburg wird deutscher König

1273 schritt man, nach dem Tode Richards von Cornwall, zur Neuwahl des deutschen Königs. Das Gesetz des Handelns rissen die rheinischen Kurfürsten, die drei Erzbischöfe und der Pfalzgraf bei Rhein, an sich. Sie waren sich ihrer Mehrheit bewußt und einigten sich auf einen sehr skandalösen Vorgang, der einer Versteigerung der Krone nicht unähnlich war: Sie erkundeten, was es den ihnen genehmen Kandidaten – neben Rudolf von Habsburg lag auch noch Graf Siegfried von Anhalt im Feld der aussichtsreichen Bewerber – wert sein werde, wenn die Kur auf sie fiele. Die überraschende Einmütigkeit ihres Vorgehens beruhte auf der Sorge, daß Ottokar von Böhmen, Österreich, Steiermark und Kärnten König werden würde, der ihnen durchaus nicht als Przemyslide, aber als Hohenstaufensproß mit seinen unverkennbaren Ambitionen der Wiedererrichtung des Imperiums Friedrichs II. verdächtig war und dessen Wahl überdies das binnendeutsche Schwergewicht südostwärts verlagern würde, vom Rhein an die Donau. Und den die Kurfürsten des deutschen Ostens, Herzog Albrecht von Sachsen und Markgraf Otto von Brandenburg, die eben die am Rhein perhorreszierte Öffnung nach Osten wünschten, als König zu akzeptieren aller Wahrscheinlichkeit nach bereit waren. Und zuletzt fürchteten die Königswähler vom Rhein die Machtkonzentration in den Händen Ottokars, der nunmehr vier deutsche Fürstentümer unter seiner Herrschaft vereinigte und damit weit mehr an »Hausmacht« besaß, als je einer der Hohenstaufen gehabt hatte.

Die habsburgische Geschichtslegende wollte immer wissen, Graf Rudolf sei seiner Tugendhaftigkeit, seiner Frömmigkeit, seiner Gerechtigkeitsliebe und seiner Friedenswilligkeit wegen zum König erwählt worden, aber diese Legende fällt von der Wahrheit zu sehr ab, um nicht sehr scharfer Korrektur zu unterfallen. Rudolf von Habsburg war vielmehr ein – wie er in seiner Krönungserklärung selbst bekannte – »unersättlicher Kriegsmann«, der nun allerdings Besserung gelobte, aber doch in den wirren Zeiten des Interregnums sein ererbtes Territorium um manch schönes Stück erweitert hatte, eigenmächtig, versteht sich, und mit keinem anderen Rechtstitel als dem erobernden Schwert versehen. Jahrelang lag er im Krieg mit Graf Peter von Savoyen, wobei es um die Erbschaft der in der heutigen Westschweiz reichbelehnten, eben ausgestorbenen Kyburger ging (wenn man will, des westlichen Gegenstücks zur Erbschaft der Babenberger im Südosten), aber er verschmähte auch sonst nicht wohlfeilen Erwerb: Im September 1273, als der Sonderbeauftragte der rheinischen Kurfürsten bei ihm erschien, um die entscheidenden Preisverhandlungen zu führen, belagerte er eben Heinrich von Neuenburg, den Bischof von Basel, in seiner Residenzstadt.

Auch um den Preis des Vorwurfs, der Versuchung nachzugeben, »durch modische Aperçus Aufmerksamkeit zu erregen«, muß hier bemerkt werden, daß sich in diesen Verhandlungen, aber noch mehr in den Personen, die diese Verhandlungen führten, die der deutschen Geschichte innewohnende Tendenz zur Spaltung, ja zur binnendeutschen Blockbildung, geradezu unübersehbar manifestiert: **Nicht nur, daß der deutsche Westen daranging, aus aktuellem Anlaß gesamtdeutsche Angelegenheiten ohne Rücksichtnahme auf den deutschen Osten zu regeln, waren die entscheidenden Personen dieser Aktion nicht dem entscheidungsbefugten Kurfürstenkollegium zugehörige Grafen, durch deren Nachkommen die deutsche Spaltung über Jahrhunderte in schroffster Form und bis zur Zerstörung des Heiligen Römischen Reiches Deutscher Nation durchexerziert wurde. Denn mit Rudolf, dem Grafen von Habsburg, verhandelte kein anderer als Friedrich von Hohenzollern, der Burggraf von Nürnberg.**

Habsburg und Hohenzollern handelten die Bedingungen aus, unter welchen Habsburg die Krone letztlich zugeschlagen werden sollte:

1. Bestechungssummen; die Beträge waren von Kurfürst zu Kurfürst verschieden, sind nicht überliefert, waren aber enorm; auch eine ganze Reihe sonstiger Großer dürfte bedacht worden sein, vermutlich ging auch Friedrich – übrigens Neffe Rudolfs – nicht leer aus. Noch Emmer, der ein Jubelbuch zu Kaiser Franz Josephs 50. Regierungsjubiläum schrieb und auf die Anfänge der Habsburger zurückgreift, stellte massive Bestechung nicht in Abrede, und er nennt die Summen »Handsalben«, die im dreizehnten Jahrhundert üblich geworden seien.

2. Bewußt mißbräuchliche Amtsführung durch den König; Rudolf sollte sämtliche Gebietsgewinne und territorialen Veränderungen während des Interregnums annullieren, sofern sie nicht zugunsten jener Kurfürsten erfolgt waren, die ihn zum König wählten. Um nun sicher zu sein, daß Ottokar, als Schenk des Reiches dessen Kurfürst, nicht etwa auch seine Stimme für Rudolf abgeben und dadurch in den Kreis der Privilegierten gelangen würde, sollten die »gutgesinnten Kurfürsten« ihn von der Wahl ausschließen und seine Stimme als eine zweite Kurstimme den Wittelsbachern übertragen.

3. Um der ersten Kurstimme der Wittelsbacher, jener des Pfalzgrafen Ludwig, sicher zu sein, wurde die Ehe zwischen ihm und der Rudolfstoch-

ter Mechthildis vereinbart; bezüglich Ludwig gab es nämlich eine gewisse Unsicherheit, da er selbst gern König geworden wäre, davon aber abgekommen war, weil er nicht über soviel »Handsalben« verfügte wie der reiche Graf aus der Schweiz.

4. Um die Kurfürsten aus dem Ostland der Transaktion geneigt zu machen, wurden auch der Sachse und der Brandenburger als Schwiegersöhne des neuen Königs erlesen:
   – Herzog Albrecht sollte Agnes,
   – Markgraf Otto aber Hedwig (wenngleich erst in ein paar Jahren, denn sie war damals ein Kind) bekommen.

Handschlag unter Ehrenmännern, Friedrich der Hohenzoller trabte heim zu seinen Auftraggebern, Rudolf von Habsburg stellte die Belagerung von Basel ein und schloß einen Frieden mit Bischof Heinrich. Der Kirchenfürst wunderte sich ob des Gesinnungswandels seines raubgierigen Kontrahenten, und er wunderte sich noch mehr, als er den Grund für diesen erfuhr. Und er rief, die Hände ringend: »Herrgott im Himmel, setze Dich fest auf Deinen Thron, denn sonst nimmt ihn das Gräflein auch Dir!« Rudolf war aber nur noch wenige Tage das »Gräflein« aus der Südwestecke des Reiches: Am 29. September wählten ihn die Kurfürsten des Sacrum Imperium Romanum – ohne Ottokar – zum König.

Als er im Münster zu Aachen mit all dem ehrwürdigen Gepränge des Reichszeremoniells zum König gekrönt wurde, soll eine helle Wolke in Kreuzesform, von der frühen Sonne goldbeschienen, über dem Dache des Gotteshauses gestanden und den Segen des Himmels sichtbar gemacht haben – und zur selben Stunde muß sich wohl der Leichnam des Papstes Clemens IV. in seiner Gruft in Viterbo ächzend herumgedreht haben, denn er hatte den Grafen Rudolf seinerzeit mit dem Banne belegt ...

Zwischen Wahl und Krönung waren die Bestechungsgelder ausbezahlt worden, ganz offiziell übrigens, hatte doch der König das feierliche Versprechen abgegeben, den Bedachten die »Unkosten im Zusammenhang mit der Wahl« zu ersetzen. Und diese Unkosten waren entsprechend hoch gewesen, und schließlich war niemand befugt, sie nachzuprüfen. Und damit das Volk auch etwas von den ganzen Transaktionen hatte, wurde die Vermählung der Königstöchter Mechthildis und Agnes gleich vollzogen; es gab Freibier und Freibraten in großen Mengen, auch für die kleinen Leute, die heute schon längst keine Chance mehr haben, bei Staatsbanketten als geladene Gäste mitzufeiern.

XII. Rudolf gegen Ottokar:
Unorthodoxe Betrachtung eines heiklen Themas

Rudolfs erster Schritt gegen den auf nicht ganz stubenreine Art ausgebooteten Przemysliden war seine Einmengung in den Krieg gegen Ungarn, den König Stefan IV. begonnen hatte und recht geschickt führte. Nach Stefans

Tod jedoch waren Ottokars böhmische, österreichische und steirische Aufgebote weit nach Ungarn vorgedrungen und erzielten beachtliche Erfolge, für die zweifellos die inneren Verhältnisse im Königreich des noch kindhaften Ladislaus IV. mitentscheidend gewesen sind.

König Rudolf, dem an einer weiteren Zunahme von Macht und Ansehen Ottokars nichts gelegen war, warf sich vor den kleinen König und erklärte, daß er ihn wie seinen eigenen Sohn ansehe und seinem besonderen Schutz unterstelle. Ottokar zeigte, durchaus nicht überraschend, auch in diesem Fall den gewohnten Respekt vor der deutschen Krone, brach die militärischen Operationen ab und gab das bisher Gewonnene preis (1274).

Noch im selben Jahr holte Rudolf, ganz im Sinne der Vereinbarungen mit dem Hohenzollern – denn vertragstreu war er, der deutsche König – zum nächsten Schlage gegen Ottokar aus. Die Sache war reichlich perfide, schon allein weil wiederum nur Rudolfs Wahlfürsten zur Entscheidung berufen waren, und es sei – um den völlig unbegründeten Verdacht eines antihabsburgischen Propagandafeldzuges von vornherein zu zerstreuen – gestattet, Emmers Jubelbuch (S. 25) zu zitieren, wo es heißt:

> »Auf dem Reichs-Hoftage zu Nürnberg des Jahres 1274 wurde die Satzung beschlossen, daß alle seit dem Tode des letzten Königs aus dem Stauffen-Hause getroffenen Verfügungen im Reiche ungültig sein sollten.
> Mit Recht verweigerten die deutschen Fürsten – diesmal der Volksstimme gehorchend – ihre Zustimmung zu den Handelschaften der Fremdlinge, die im Zwischenreiche den Titel eines deutschen Königs getragen hatten. **Daß die Satzung denen, welche an dem Nürnberger Tage teilnahmen, nicht zum Nachteile gereichen sollte, war ja vorher abgemacht. Wohl aber raubte sie dem Böhmen-Könige Ottokar den Rechtstitel für den Besitz der Babenberger Erbschaft, denn die Belehnungsurkunde Richards von Cornwall war nunmehr nichtig.«**
> (Hervorhebung d. Verf.)

Das Sondergesetz, die »lex Ottokari« oder wie man schon sagen will, war also mit rückwirkender Gültigkeit beschlossen: Alle durften behalten, was sie mit Gewalt und Betrug zusammengerafft hatten, nur ihm wurde genommen, obwohl gerade er – den Fall Kärnten ausgenommen – penibel auf die Rechtmäßigkeit jedes Erwerbes geachtet hatte.

Ottokar dachte sich nicht nur sein Teil, sondern sagte ihn auch, oder ließ ihn vielmehr seine Gesandten zum Hoftag von Augsburg 1275 sagen, bei welchem er Gerechtigkeit zu finden hoffte. Darob helle Empörung bei der Königswählerclique, deren Reaktion in Emmers habsburgseliger Darstellung dahin interpretiert wird, daß es ein schwerer Fehler Ottokars war, »durch seine Sendboten nicht nur den König, sondern auch die Wahlfürsten durch Anklagen zu verletzen«. Überdies hätte er pflichtschuldigst persönlich zu erscheinen gehabt, grollten der König und seine Kurfürsten, die nun vor allem der Gedanke beherrschte, sich auch einen Teil von Ottokars Landen nach dessen drohendem Fall zu sichern, und die daher zunächst einmal die Reichsacht über den Przemysliden verhängten.

Für 1276 ordnete Rudolf die Sammlung starker kombattanter Kräfte an und rückte in Ottokars Territorium ein, selbstredend in Vollziehung des Reichsrechts; es war daher oder sollte zumindest sein ein Kampf, »zu dem den neugewählten König auch die Bestimmungen des Reichsrechts verpflichteten«, wie Wandruszka, Habsburgs derzeit prominentester Barde in Wien, überzeugt mehr als – bedenkt man den Hintergrund – überzeugend verkündet. An Rudolfs Heerfahrt nahmen alle die Großen und weniger Großen teil, die von Ottokars Sturz zu profitieren hofften, und der König verschmähte es nicht einmal, Lehensabhängige des Böhmenkönigs unter seinen Fahnen reiten zu lassen, wie etwa die böhmischen Rosenberge, die durch die Przemysliden großgeworden waren und nun ihrem Lehensherrn schimpflich davonrannten wie Roßknechte, die einen Gaul zuschandegeritten hatten und die Strafe fürchteten.

Wieder erwies sich Ottokar als redlich und gesetzestreu; er verabsäumte, seine eigenen Kräfte energisch zu mobilisieren, er verschmähte es, seine polnischen Verwandten zur Hilfe herbeizurufen, ja er wandte sich nicht einmal an Papst Gregor X., der die Rechtsmeinung seines Vorgängers Innocenz IV. letztlich verteidigen mußte: Er unternahm nichts, buchstäblich nichts, um den effektiven Besitzstand gegen den König, der seiner Vorfahren Reich nun repräsentierte, zu verteidigen. Mit glänzendem ritterlichem Gefolge zog er dem deutschen König entgegen, wie es dessen Rang und der höfischen Sitte entsprach, beugte Haupt und Knie vor ihm und legte all seine Lehen in dessen Hände.

Adam Wandruszka jubelt vor Freude und fließt über vor Lob, das aber nicht Ottokar dem Redlichen, sondern Rudolf dem nicht ganz so Redlichen gilt:

> »So überlegen führte Rudolf, wie ein Meister des Schachspiels, Zug um Zug, daß der in der Kriegsgeschichte seltene Idealfall einer Unterwerfung des Gegners ohne Eingehen des letzten Risikos der Schlachtentscheidung eintrat.«

Als meisterlich kann man, zieht man objektive Wertung der Tatsachen vor, nur die Art empfinden, mit der der erste Habsburger an der Spitze des Reiches Sand in die Augen auch noch sehr spät geborener, an sich durchaus scharfsichtiger Historiker zu streuen verstand, denn er spielte ein recht hinterlistiges und dabei gefährliches Spiel: Er nahm alles, was ihm der Przemyslide gab, und belehnte ihn – widerstrebend – mit Böhmen. Warum dieses, frägt man verwundert, warum kassierte er nicht auch dieses Reichsfürstentum, wenn ihm schon Erbverträge, Wahlen, päpstliche Rechtsmeinungen und Belehnungsurkunden seines Vorgängers für nichts galten? Man kann schon versuchen, die Antwort zu finden, was so schwierig nicht ist, überdenkt man die aktuelle politische Lage: Vier weltliche Reichsfürsten (der pfälzische

Wittelsbacher, der bayrische Wittelsbacher mit der Sonderkurstimme, der sächsische Herzog und der Markgraf von Brandenburg) schielten mit unverhohlener Gier auf die dem Böhmenkönig abgenommenen Fürstentümer. Blieb Böhmen bei Ottokar, waren es drei, andernfalls wären es vier Fürstentümer gewesen, die durch den Leihezwang binnen Jahr und Tag ausgegeben werden mußten. Vier Fürstentümer wären unter vier Fürsten, die unerläßliche Stützen von Rudolfs Königtum waren, leicht zu verteilen gewesen, bei drei Fürstentümern war es anders. Rudolf hoffte, gegenseitige Rivalitäten ausnützen und die Belehnungspflicht zunächst einmal hinausschieben zu können, um die heimgefallenen Lehen dann bei günstiger Gelegenheit dem Familienbesitz Habsburgs einzuverleiben, wie es dann ja auch in der Tat geschah. Die Fürsten waren zweifellos enttäuscht, bemühten sich aber in der Folge mächtig, Rudolfs Wohlwollen zu erhalten: Am 21. November 1276 erfolgte der Einzug der Lehen, am 30. November hatten die Wiener – zögernd, mißtrauisch und widerwillig – ihre Stadt als letzte übergeben, und ab 1. Dezember stand der König im Leihezwang, und dieses eine Jahr mußte schließlich auch vergehen.

Hier sehen wir in Rudolfs Politik einen Grundzug, der auch bei vielen seiner Nachkommen feststellbar ist: Es ist das Hinauszögern von Entscheidungen, das Herumtaktieren, das Machen von halben Versprechungen, das Erwecken von verschwommenen Hoffnungen, das auch im nachhabsburgischen Österreich noch gelegentlich als der realpolitischen Weisheit Gipfelpunkt gilt. Während Rudolf diese Taktik gegenüber den Kurfürsten zur Anwendung brachte, zeigte er in den Herzogtümern deutlich genug, daß er sie bereits als Besitz seines Hauses betrachtete: Er
– überzog sie mit Garnisonen aus alemannischen Söldnern,
– besorgte die Verwaltung nicht mehr durch Belehnte, sondern ersetzte diese, wo immer es ging, durch besoldete Berufsbeamte und
– beschnitt die alten Privilegien und Rechte der Landstände, um sie zu bewaffnetem Widerstand zu provozieren, den er dann rücksichtslos brach.
Vor allem in Österreich machte sich das neue Regime im Handumdrehen unbeliebt, und unzählige Klagen liefen beim »alten Landesfürsten« ein über die »Rechtsbrüche« und »Willküräkte« der landfremden Beamten und Kriegsleute, die durchaus als »Besatzer« noch dazu übelster Art empfunden wurden. Wenngleich Rudolf und später sein überaus unattraktiver Nachfolger Albrecht, den zuletzt seine eigene Sippe ermordete, scharf darauf achteten, daß in den zeitgenössischen Chroniken, die in ihrem Einflußbereich entstanden, nur Gutes von ihnen und ihren Bütteln berichtet wird, so daß der Grundstein zum Nimbus der Habsburger, die samt und sonders weise, milde und gerecht gewesen seien, in jener Zeit gelegt wurde, so weiß man doch aus den Quellen der sich eben damals von einem als unerträglich empfundenen Druck befreienden Schweiz recht gut über den Charakter der frühen Habsburgerherrschaft Bescheid. Sie war bösartig und tyrannisch, und jener Landvogt Geßler, den Wilhelm Tell über den Haufen schoß, war nicht die

Ausnahme, sondern der Prototyp des habsburgischen Erfüllungsgehilfen. Im Grunde genommen waren sie alle irgendwo arme Würstchen: Marionetten eines strengen, fernen Spielers, der sie auf den Bühnen der regionalen Politik ein Weilchen tanzen und sich ihren Untertanen – ein Begriff, der damals erst seine entwürdigende Bedeutung bekam – verhaßt machen ließ, bis sie von diesen umgebracht wurden oder nach seiner Laune in der Versenkung verschwanden.

Ottokar hörte, plante – und wartete. Und als Jahr und Tag vergangen waren und noch ein paar Monate mehr, **nahm er das ius resistendi gegen den rechtbrechenden König in Anspruch, sammelte ein Heer und zog gegen Rudolf von Habsburg ins Feld.**

Rudolf hatte indessen die Sympathien seiner Steigbügelhalter – falls er sie jemals besessen haben sollte – durch seine »Ländergier«, (die aber in Wahrheit trotz allem, was über ihn gesagt wurde, von der sachlich recht triftigen Motivation geleitet wurde, eine starke königliche Hausmacht zu schaffen) restlos verloren; nur ein einziger Fürst sprang ihm bei: Er wurde zum »einsamen Wolf«. Und jetzt, 1278, zeigte er als König Größe, Furchtlosigkeit und Einfallsreichtum, Führungsqualitäten und operative Begabung. Kern des königlichen Heeres waren Soldtruppen aus dem alemannischen Raum, die von Soldreitern, die von den Landständen gestellt werden mußten, ergänzt wurden; dazu kamen jene Ritter, die dem Aufgebot gefolgt waren, aus Österreich, Steiermark, Kärnten und Krain sowie »Kriegsfreiwillige« aus den verschiedenen deutschen Fürstentümern. Die Gesamtstärke wird mit 30 000 Mann, davon etwa 4500 Panzerreiter, angegeben. Rudolfs Feldarmee war entscheidend reduziert, da er erhebliche Teile seines besoldeten Fußvolkes in die abfallbereiten Städte Niederösterreichs legen mußte, vorab nach Wien, das sich im Mai von der unbeliebten Herrschaft befreit und Ottokar wieder einmal zum Landesfürsten ausgerufen hatte und das mit Mühe und blutig niedergeworfen worden war. Aber auch Waidhofen an der Thaya, Laa an der Thaya, Drosendorf und Wiener Neustadt mußten mit starken Garnisonen niedergehalten werden, denen in den erstgenannten Städten auch die Verteidigung gegen den Böhmenkönig zufiel. Der nordösterreichische Adel, geschart um den Landmarschall Kuenring-Weitra, ging nahezu geschlossen zu Ottokar über, und nur dem Umstand, daß sich dieser durch die Belagerung der habsburgisch besetzten Städte verzettelte und über eine längere Zeit aufhalten ließ, ist zu verdanken, daß es nicht zu einem allgemeinen Aufstand kam. Als Rudolfs Verbündeter trat von den deutschen Fürsten nur Meinhard von Görz, nun Graf von Tirol, der frühere Statthalter von Steiermark, in Erscheinung – und überdies leistete ihm König Ladislaus IV. Zuzug, mit wenigen ungarischen Panzerreitern (gewiß keine 1000, wie Rossiwal meint) und viel kumanischer Leichter Reiterei, die zumindest 5000 Bogenschützen umfaßte. Rudolf hatte den jungen König an die Rettung seines Königtums 1274 erinnert und darauf hingewiesen, daß Ottokar, falls er die Oberhand über ihn gewinne, die Operationen gegen Ungarn jederzeit wieder aufnehmen könne, was wohl den Ausschlag gegeben haben dürfte. In Ungarn selbst war Ottokar zumindest unter dem ritterlichen Kriegsvolk angesehener als Ladislaus, dessen kumanische Mutter, die für den Minderjährigen noch die Regentschaft führte, höchst unbeliebt war. Zur Wehrdienstleistung in Kriegen im Ausland auf Grund der Goldenen Bulle ohne Soldzahlung nicht verpflichtet, blieb die Masse der Ritter daheim, während die Kumanen, die nach dem Stand der Dinge die entscheidende Stütze der Regentin waren, in großer Zahl erschienen, woraus sich die zahlenmäßige Zusammensetzung des in Österreich operierenden ungarischen Heeres erklärt.

Ottokars Heer, das zahlenmäßig Rudolfs Feldtruppen übertroffen haben dürfte, hatte etwa 7000 Mann ritterlicher Reiterei, weit mehr, als das böhmische Lehensaufgebot betrug, und etwa 20 000 Mann tschechisches Fußvolk. Im Böhmen hatten sich unwahrscheinlich viel Kriegsfreiwillige eingefunden, überwiegend Ritter aus Brandenburg, Thüringen, Bayern und Schlesien, die in landsmannschaftlich gegliederten Kontingenten unter Ottokars Feldzeichen ins Feld zogen. Auch der Deutsche Ritterorden, der Ottokars Waffenhilfe nicht vergessen hatte, war auf seine Seite getreten und hatte eine kleine Auxiliartruppe gestellt, und zuletzt hatten sich Leichte Reiter aus Polen gesammelt, um Ottokar zu unterstützen, nicht ganz so bogenkundig wie die Kumanen, und nicht einmal halb so zahlenstark wie diese.

An der March trafen die Heere aufeinander; Ottokar errichtete sein Lager ostwärts Jedenspeigen, Rudolf seines am Hang eines Haspelberg genannten Hügels. Der 24. und 25. August vergingen mit wechselseitigen Drohgebärden: Heerschauen wurden abgehalten, Schlachtordnungen eingenommen, Bewegungen geübt. Am 26. August war es soweit: Die Heere standen sich, jeweils in vermutlich drei Treffen gegliedert, gegenüber. Die Ritter schienen, reichlich einfallslos, ziemlich gleichmäßig in den zweiten Treffen verteilt; Ottokars Überlegenheit trat optisch deutlich in Erscheinung, deutlicher, als es den Zahlenverhältnissen entsprach: Rudolf hatte nämlich etwa 1000 Panzerreiter als Reserve ausgeschieden und etwas abseits verdeckt Bereitstellung beziehen lassen, eine für das Kriegswesen jener Zeit geradezu sensationelle und jedenfalls kampfentscheidende Maßnahme.

Die habsburgselige Geschichtsdarstellung sieht die nun folgende Schlacht seltsamerweise unter nationalistischem Aspekt; der gute deutsche König Rudolf sei, so etwa die Grundtendenz, gestützt auf ein deutsches Heer den ruchlosen Slawen, die frech in deutsche Lande eingebrochen wären, entgegengetreten. Und noch Wandruszka verwendet das altübernommene Klischee (S 63):

»Hier auf dem Marchfeld, wo wie die drei Blätter eines Kleeblatts der Alpen-, der Sudeten- und der Karpathenraum zusammentreffen, kämpften damals Angehörige aller diese Räume bewohnenden Völker, Deutsche aller Stämme, Tschechen und Mährer, Polen, Ungarn und Kumanen. ›Praga, Praga‹ war der Schlachtruf im Heere Ottokars, ›Rom, Rom‹ und ›Christus, Christus‹ der im Heere des deutschen Königs. Stimmte auf Rudolfs Seite der streitbare Bischof von Basel vor dem Kampf das Schlachtlied an, ›Sant Maria, Mutter und Magd, all unsre Not sei Dir geklagt‹, so antwortete von böhmischer Seite der Schlachtgesang ›Hospodine pomuluy ny‹ (Herr, erbarme Dich unser.).«

Demnach scheint die Sache völlig klar, und die Fronten wären sprachlich eindeutig fixiert; in Wahrheit aber zogen die deutschen Ritter, die auf dem Schlachtfeld in Aktion traten, überwiegend für den przemyslidischen Hohenstaufennachkommen Ottokar in den Kampf, während Rudolfs schlachteröffnende und später beendende Leichte Reiterei – die Waffengattung, in der er entschieden überlegen war – ihre ursprüngliche, innerasiatische, dem Uigurischen nahe verwandte Sprache verwendete.

Die Kumanen, die Rudolfs Vordertreffen bildeten, schlugen zunächst einmal Ottokars erheblich unterlegene Polen aus dem Feld und nahmen dann nach alter steppenreiterlicher Kampfweise Ottokars tschechisches Fußvolk unter gezielten Pfeilbeschuß, der diesem schwere Verluste brachte. Dann brachen die Habsburgischen vor und überrannten Ottokars erschüttertes Infanterietreffen; Rudolf, der Hirn und Herz eines erlesenen Kriegsmannes hatte, befand sich im Zentrum des Geschehens, das sich nun an einem Bachlauf dahinzog. Ottokar warf sein zweites Treffen ins Getümmel, Rudolf wurde aus dem Sattel gestochen, blieb aber unverletzt und wurde von seinen Mannen mühsam geborgen, die unmittelbar darauf zurückgehen mußten. Bevor der Rückzug zur Flucht wurde, auf dem sehr kritischen Höhepunkt der Schlacht, gab Rudolf seiner Kavalleriereserve den Befehl zum Angriff, der die vordringenden Truppen Ottokars voll und mit zermalmender Wirkung in die Flanke traf. Ottokars eben noch siegesgewisse Verbände wurden von wilder Panik erfaßt und stoben davon, wütend von den Kumanen, die nun wieder eingriffen und die Bildung einer neuen Widerstandslinie verhinderten, verfolgt. Ottokar selbst wurde – angeblich von einem steirischen Ritter Rudolf von Emmerberg, der auf seiner Seite gefochten hatte und von ihm schwer beleidigt worden war – erschlagen, als er schwerverwundet vom Pferd gestürzt war. Sein Heer löste sich auf, und besonders eilig, das Weite zu suchen, hatten es jene Ritter aus Steiermark und Österreich, die für den strahlenden, ritterlichen Herzog ihrer Wahl gegen den unbeliebten und wenig den mittelalterlichen Idealen entsprechenden deutschen König gezogen waren.

Die Siegesglocken, die Rudolf überall zu läuten befahl, verkündeten nicht nur die Niederlage seines großen Gegners, sondern auch das Aufsteigen eines neuen Zeitalters: Das Hohe Mittelalter, das im Zeichen der Hohenstaufen gestanden war, ging zu Ende, und die neue Zeit sollte im Zeichen Habsburgs stehen, das mit Rudolf eben auf die Bühne der Weltgeschichte gesprungen war.

XIII. Babenberger Erbe fällt an Habsburg, die Geburt einer neuen Großmacht

Tu, felix Austria, nube → heirate, du glückliches Österreich, hieß es zu Ende des Mittelalters, als die Habsburger durch glänzende Partien die runde Hälfte des christlichen Abendlandes erworben hatten. Die günstige Heirat war damals schon Familientradition, die wie so viele Traditionen auf Rudolf zurückging. Er vermählte seine Kinder nach seinen jeweiligen politischen Interessen, teils, weil er Verbündete gewinnen, teils, weil er Freunde auszeichnen, teils, weil er Feinde versöhnen und ins eigene Lager überführen wollte. Den ersten Aspekt haben wir bei der Vergabe der Töchter Mechthildis, Agnes und Hedwig an die Kurfürsten kennengelernt, dem zweiten entsprach die Vermählung seines Sohnes Albrecht mit Elisabeth von Tirol, der Tochter seines alten Weggefährten Meinhard von Görz, und der dritte begegnet uns in der Doppelhochzeit mit den Nachkommen Ottokars:

- Wenzel, den er mit Böhmen belehnte, erhielt die Hand seiner Tochter Jutta, und
- Kunigunde (manchmal auch als Agnes bezeichnet) wurde mit seinem Sohn Rudolf vermählt.

Keine offensichtliche Interessenverfolgung lag in der Heirat seiner Tochter Clementia mit Karl Martell, damals Thronfolger von Neapel, doch ging es vermutlich darum, eine Interessengemeinschaft gegen ein allfälliges Wiederauftauchen einer hohenstaufischen Bewegung zu begründen.

Und erst als alles dies geschehen und er rundum abgesichert war, sechs Jahre nach Einziehung der Herzogtümer Österreich, Steiermark und Kärnten verfügte er über sie: Weihnachten 1282 waren sie sinnige und wertvolle Geschenke für die Königsöhne Albrecht und Rudolf, die zur ungeteilten Hand mit ihnen belehnt wurden.

Wagte jemand, böse Miene zum guten Spiel zu machen? In der Tat, ausgerechnet Meinhard von Görz, Albrechts Schwiegervater und bisher der Treueste aller Getreuen, stimmte nicht in den ohnehin nur gedämpften Beifall der sich übergangen Fühlenden ein. Rudolf rang schwer mit sich, dann bewog er seine Söhne, auf Kärnten zu verzichten, und verlieh es seinem alten Kampfgefährten. Meinhard strahlte und wäre bereit gewesen, noch ein ganzes zweites Menschenleben für diesen König zu marschieren.

Ottokars Ausschaltung und der Erwerb der Babenberger Erbschaft, mag beides auch auf recht bedenklichem Wege erreicht worden sein, war die Grundsteinlegung für das Haus Österreich der Habsburger, das bestimmt war, zur Großmacht, ja zur ersten Weltmacht der neueren europäischen Geschichte zu werden. Kaiser Friedrichs II. Traum vom weltumspannenden

Imperium erfüllte sich im Weltreich Kaiser Karls V. noch größer, noch umfassender als es dem hohenstaufischen Konzept entsprach, schloß es doch die neuentdeckte Welt jenseits des Atlantik ein. Aber es war doch ein anderes, ein grundsätzlich anderes: Das Mittelalter, dem Kaiser Friedrich verhaftet war, war unwiderruflich zu Ende gegangen, und das Imperium des Habsburgers entstammte der neuen Zeit.

Literaturverzeichnis
SAMMELWERKE

Gemeinschaftsarbeiten, ständige Publikationen, die von Arbeitsgruppen, Verlagen und ähnlichen Institutionen herausgebracht werden. Die alphabetische Aufzählung erfolgt entweder nach der Bezeichnung des Herausgebers oder dem Titel des Werkes; sind einzelne Beiträge jeweils von einem Mitarbeiter gezeichnet, so werden diese gesondert aufgeführt.

Arbeitsgemeinschaft Truppendienst:
Die Nachkriegszeit 1918–1922. Verlag Carl Ueberreuter, Wien 1970. Beiträge:
Kun, Joszef: Die Kämpfe der ungarischen Roten Armee 1919;
Steinböck, Erwin: Der griechisch-türkische Krieg 1919–1922;
Steinböck, Erwin: Das Königreich Jugoslawien.

Der Koran. Paret, Rudi: Wege der Forschung. Band CCCXXVI. Wissenschaftliche Buchgesellschaft, Darmstadt 1975.

Deutsches Soldatenjahrbuch.
Schild Verlag, München, Jahrgang 1980. Beitrag:
Miksch, Hans: Des Kaisers General. Fürst Raimund Montecuccoli;
Jahrgang 1985, 1986, 1987. Beitrag:
Miksch, Hans: Kara Mechmed Pascha.

Die Obere Wart
Oberwart 1977. Beiträge:
Fodar, Istvan: Die Abstammung der Ungarn und die Landnahme;
Toth, Endre: Geschichte der Oberen Wart im ersten Jahrtausend.

Die Religionen der Erde. Ihr Wesen und ihre Geschichte. III. Band.
Goldmann Verlag, München 1966. Beiträge:
Baeck, Leo: Das Judentum;
Babinger, Franz: Der Islam.

Die Türken vor Wien. Europa und die Entscheidung an der Donau 1683. Katalog der 82. Sonderausstellung des Historischen Museums der Stadt Wien. Eigenverlag der Museen der Stadt Wien, 1983. Wissenschaftliches Konzept und Ausstellungsleitung:
Waissenberger, Robert und Düriegl, Günter.

Fischer Weltgeschichte.
Fischer Bücherei, Frankfurt am Main 1966, Band 16: Zentralasien. Beiträge:
Hambly, Gavin: Das Leben Tschingis Khans. Die Goldene Horde.
Hajianpur, Mahin: Das Timuridenreich.

Forschungen und Beiträge zur Wiener Stadtgeschichte. Publikationsreihe des Vereins für Geschichte der Stadt Wien.
Band 13: Die Türkenkriege in der historischen Forschung. Verlag Franz Deuticke, Wien 1983.
Unbezifferter Band: Wiener Bürgermeister im Spätmittelalter. Kommissionsverlag Jugend und Volk, Wien-München 1980. Beitrag:
Hulber, Hans: Wolfgang Holzer, Bürgermeister zu Wien 1462/63.

Geschichte der Deutschen auf dem Gebiete Rumäniens; Band 1: Zwölftes Jahrhundert bis 1848. Kriterion Verlag, Bukarest 1979.

Heimatbuch der Stadt Pöchlarn. Stadtgemeinde Pöchlarn, 1967. Beitrag:
Eheim, Fritz: Die Geschichte der Stadt Pöchlarn.

Historische Enzyklopädie von Budapest.
Herausgegeben von Toth-Epstein, Elisabeth. Corvina Verlag, Budapest 1970.

Jahrbuch des Vereins für Geschichte der Stadt Wien.
Selbstverlag des Vereins für Geschichte der Stadt Wien. Wien 1983. Studien zur Geschichte Wiens im Türkenjahr 1683.

Lexikon der islamischen Welt.
Herausgegeben von W. Kohlhammer Verlag, Berlin-Köln-Mainz 1974. Kreiner Klaus, Diem Werner, Majer Hans Georg.

Propyläen Weltgeschichte.
Ullstein Verlag, Frankfurt am Main-Berlin, Band V. 1963. Beiträge:
Grunebaum, Gustav Edmund von: Der Islam;
Rubin, Berthold: Byzanz;
Ganshof, François Louis: Das Hochmittelalter.
Band VI. 1964: Beiträge: Heissig, Walter: Mongolenreiche; Merzbacher, Friedrich: Europa im 15. Jahrhundert.
Band VII. 1965: Beiträge: Lutz, Heinrich: Das Zeitalter Karls V.; Mann, Golo: Das Zeitalter des Dreißigjährigen Krieges.

Rebellion oder Religion?
Die Vorträge des internationalen kirchengeschichtlichen Kolloquiums Debrecen 1976; Herausgeber Peter F. Barton und László Makkai. Reformatus Zsinati Sajtóosztálya, Budapest 1977.

Stadterhebung Güssing. Herausgegeben von Stadtgemeinde Güssing 1973. Beitrag:
Haiszanyi, Paul: Güssing in historischer Schau.

Schriftenreihe des Regensburger Osteuropainstitutes, Band 8. 1982: Die österreichische Militärgrenze und
Band 10. 1983: Das Patriarchat Aquilea – Schnittpunkt der Kulturen.

Ungarn. Land und Volk, Geschichte und Staatsrecht.
Herausgegeben von Albert von Berzeviczy. Verlag des Franklin Vereines, Budapest 1917. Beitrag: Marczali Heinrich: Übersicht der Geschichte Ungarns.

Unser Heer. Dreihundert Jahre österreichisches Soldatentum in Krieg und Frieden. Verlag Fürlinger, Wien-München-Zürich 1965. Beitrag:
Hummelberger, Walter: Die Türkenkriege und Prinz Eugen.

Wien 1529. Die erste Türkenbelagerung. Hermann Böhlaus Nachfolger, Wien-Köln-Graz 1979. Beiträge:
Düriegl, Günter: Die erste Türkenbelagerung;
Yücel Ünsal: Türkische Kriegführung und Waffen;
Ercan Yavuz: Die Stellung der Nicht-Muslime in der Türkei im 15. und 16. Jahrhundert;
Waissenberger, Robert: Die innere Situation Wiens in den ersten Jahren der Reformation;
Bisanz, Hans: Wien 1929. Vom Ereignis zum Mythos.

318

Wiener Geschichtsblätter. Herausgegeben vom Verein für Geschichte der Stadt Wien.
Heft 1/1982 Beitrag:
Czeike, Felix: 700 Jahre Wiener Bürgermeister. Hier besonders: Johann Andreas von Liebenberg.

EINZELWERKE

Die Aufführung erfolgt nach dem Namen des Verfassers oder, wenn es sich um eingehend kommentierte Übersetzungen handelt, des Übersetzers.

Ackerl, Isabella: König Matthias Corvinus. Österreichischer Bundesverlag, Wien 1985

Ács, Zoltan: Nemzetiségek a történelmi Magyarországon. (Die Nationalitäten im historischen Ungarn), Verlag Kossuth, Budapest.

Babinger, Franz: Mehmed der Eroberer und seine Zeit. Weltenstürmer einer Zeitenwende. Verlag F. Bruckmann KG, München 1953.

Baltl, Hermann: Österreichische Rechtsgeschichte. Leykam Verlag, Graz 1972.

Bariska, Istvan: Es megkondulnak a köszegi harangok – 1532. Helikon Verlag, Budapest 1982.

Bauer, Ernest: Zwischen Halbmond und Doppeladler. 40 Jahre österreichische Verwaltung in Bosnien-Herzegowina. Herold Verlag, Wien 1971.

Baum, Wilhelm: Deutsche und Slowenen in Krain. Carinthia Verlag, Klagenfurt 1981.

Beltz, Walter: Die Mythen des Koran. Der Schlüssel zum Islam. Claassen Verlag, Düsseldorf 1980.

Bogyay, Thomas von: Stephanus Rex. Herold Verlag, Wien-München 1975.

Bona, Istvan: Der Anbruch des Mittelalters. Gepiden und Langobarden im Karpatenbecken. Corvina Verlag, Budapest 1976.

Bosl, Karl: Bayerische Geschichte. Deutscher Taschenbuch Verlag, München 1980.

Bradford, Ernle: Der Schild Europas. Der Kampf der Malteserritter gegen die Türken 1565. Deutscher Taschenbuch Verlag, München 1979.

Bradford, Ernle: Kreuz und Schwert. Der Johanniter/Malteser-Ritterorden. Deutscher Taschenbuch Verlag, München 1981.

Bradford, Ernle: Der Verrat von 1204. Venezianer und Kreuzritter plündern Konstantinopel. Universitas Verlag, Berlin 1978.

Burg, J. G.: Schuld und Schicksal. Europas Juden zwischen Henkern und Heuchlern. Dammverlag, München 1962.

Burian, Jiri und Svoboda, Jiri: Die Prager Burg Olympia Verlag, Prag 1976.

Cahen, Claude: Der Islam I. Fischer Weltgeschichte, Band 14. Frankfurt am Main 1968.

Castella, Gaston: Papstgeschichte. Stauffacher Publishers, Zürich 1966, II. Auflage. Imprimatur: Curiae, 17. 12. 1943 und 12. 11. 1965 Ordinariatus Episcopalis Curiensis.

Conrad, Hermann: Deutsche Rechtsgeschichte. Band I. Frühzeit und Mittelalter. Verlag C. F. Müller, Karlsruhe 1962.

Denon, Vivant: Mit Napoleon in Ägypten 1798–1799. Horst Erdmann Verlag, Tübingen und Basel 1978.

Dienes, Istvan: Die Ungarn um die Zeit der Landnahme. Corvina Verlag, Budapest 1972.

Dömötör, Tekla: Volksglaube und Aberglaube der Ungarn. Corvina Verlag, Budapest 1981.

Eickhoff, Ekkehard: Venedig, Wien und die Osmanen. Verlag Georg D. W. Callwey, München 1970.

Eisenburger, Eduard und Kroner, Michael: Sächsisch-schwäbische Chronik. Kriterion Verlag, Bukarest 1976.

Emmer, Johannes: Kaiser Franz Joseph I. Fünfzig Jahre österreichische Geschichte. Band I. Vom Jahre 1848–1859. C. Daberkams Verlag, Wien 1898.

Ensslin, Wilhelm: Theoderich der Große. Verlag F. Bruckmann, München, II. Auflage 1959.

Esin, Emel: Mekka und Medina. Umschau Verlag, Frankfurt am Main 1964.

Feher, Geza: Türkische Miniaturen. Aus den Chroniken der ungarischen Feldzüge. Corvina Verlag, Budapest 1976.

Fichtinger, Christian: Lexikon der Heiligen und Päpste. Kiesel Verlag, Salzburg 1983.

Fräss-Ehrfeld, Claudia: Geschichte Kärntens. Band I. Das Mittelalter. Johannes Heyn Verlag, Klagenfurt 1984.

Frank, Gerd: Die Herrscher der Osmanen. Aufstieg und Untergang eines Weltreiches. Econ Verlag, Wien und Düsseldorf 1977.

Fuchs, Theodor: Geschichte des europäischen Kriegswesens.
Teil I.: Vom Altertum bis zur Aufstellung der stehenden Heere. Verlag Carl Ueberreuter, Wien-Heidelberg 1972.
Teil II.: Von der Aufstellung der ersten stehenden Heere bis zum Aufkommen der modernen Volksheere. Verlag Carl Ueberreuter, Wien-Heidelberg 1974.

Funcken, Liliane und Fred: Rüstungen und Kriegsgerät im Mittelalter. 8—15. Jahrhundert Rüstungen und Kriegsgerät der Ritter und Landsknechte. 15. – 16. Jahrhundert. Prisma Verlag, Gütersloh 1977.

Ganshof, Francois Louis: Was ist das Lehenswesen? Wissenschaftliche Buchgesellschaft, Darmstadt 1977.

Gerhartl, Gertrud: Die Niederlage der Türken am Steinfeld 1932. Militärhistorische Schriftenreihe, Wien, Heft 26.

Gerhartl, Gertrud: Belagerung und Entsatz von Wien 1683. Militärhistorische Schriftenreihe, Wien, Heft 46.

Gerö, Gyözö: Türkische Baudenkmäler in Ungarn. Corvina Verlag, Budapest 1976.

Glückmann, Carl: Das Heerwesen der österreichisch-ungarischen Monarchie. Verlag L. W. Seidel und Sohn, Wien 1900.

Hajszan, Robert: Die Entstehung des kroatischen Staates. Unveröffentlichte Seminararbeit des Institutes für Slawistik der Universität Wien 1976.

Halász, Zoltan: Kurze Geschichte Ungarns. Corvina Verlag, Budapest 1974.

Hejj, Miklos: Der königliche Palast in Visegrad. Corvina Verlag, Budapest 1970.

Hellmann, Manfred: Grundzüge der Geschichte Venedigs. Wissenschaftliche Buchgesellschaft, Darmstadt 1976.

Heyck, Edmund: Die Kreuzzüge und das Heilige Land. Bielefeld und Leipzig 1900.

Hochheimer, Albert: Verraten und verkauft. Die Geschichte der europäischen Söldner. Henry Coverts Verlag GmbH, Stuttgart 1967.

Hoßwood, Derek: Kairo. Die Schule des Islam. Herder Verlag, Freiburg-Basel-Wien. Kein Erscheinungsjahr.

Howard, Frank: Segel-Kriegsschiffe 1400–1860. Bernard & Graefe Verlag, Koblenz 1983.

Huber, Manfred: Grundzüge der Geschichte Rumäniens. Wissenschaftliche Buchgesellschaft, Darmstadt 1973.

Hummelberger, Walter: Wiens erste Belagerung durch die Türken 1529. Österreichischer Bundesverlag für Unterricht, Wissenschaft und Kunst, Wien 1976.

Hummelberger, Walter und Peball, Kurt: Die Befestigungen Wiens. Paul Zsolnay Verlag, Wien-Hamburg 1974.

Illyes, Gyula: Petöfi. Ein Lebensbild. Corvina Verlag, Budapest 1974.

Jockel, Rudolf: Die lebenden Religionen. Deutsche Buch-Gemeinschaft, Darmstadt 1961.

Keshishian, Kevork: Romantisches Cypern. Proodos Verlag, Nicosia 1972.

Klever, Ulrich: Das Weltreich der Türken. Hestia Verlag, Bayreuth 1978.

Klopp, Onno: Das Jahr 1683 und der folgende große Türkenkrieg bis zum Frieden von Carlowitz 1699. Styria Verlag, Graz 1882.

Koeppen, Werner: Der Deutsche Ritterorden. Verlag der österreichischen Landsmannschaft. Wien 1983.

Konzelmann, Gerhard: Die großen Kalifen. Das goldene Zeitalter Arabiens. Herbig Verlag, München-Berlin 1977.

Konzelmann, Gerhard: Die Schiiten und die islamische Republik. Herbig Verlag, München-Berlin 1980.

Koschorreck, Walter: Der Sachsenspiegel in Bildern. Insel Verlag, Frankfurt am Main 1976.

Kreutel, Richard: Der fromme Sultan Bayezid. Verlag Styria, Graz-Wien-Köln 1978.

Kreutel, Richard: Im Reiche des Goldenen Apfels. Verlag Styria, Graz-Wien-Köln 1957.

Kreutel, Richard: Vom Hirtenzelt zur Hohen Pforte. Verlag Styria, Graz-Wien-Köln 1959.

Kreutel, Richard: Kara Mustafa vor Wien. Verlag Styria, Graz-Wien-Köln 1955.

Kreutel, Richard: Leben und Taten der türkischen Kaiser. Verlag Styria, Graz-Wien-Köln 1971.

Kreutel, Richard: Zwischen Paschas und Generälen. Verlag Styria, Graz-Wien-Köln 1966.

Kreutel, Richard und Spies, Otto: Der Gefangene der Giauren. Verlag Styria, Graz-Wien-Köln 1962.

Krones, Franz: Geschichte Österreichs. Erster Theil. R.v. Waldheim Verlag, Wien 1879.

Lachmann, Renate: Memorien eines Janitscharen. Verlag Styria, Graz-Wien-Köln 1975.

Lemmer, Manfred: Das Leben der heiligen Elisabeth. Von einem unbekannten Dichter aus dem Anfang des 14. Jahrhunderts. Verlag Styria, Graz-Wien-Köln 1981.

Lorenz, Reinhold: Türkenjahr 1683. Das Reich im Kampf um den Ostraum. Verlag W. Braumüller, Wien 1933.

Löwe, Heinz: Von Theoderich dem Großen zu Karl dem Großen. Hermann Gentner Verlag, Darmstadt 1956.

Lymbourides, Achilleas: Cyprus, the Island of Aphrodite. Cosmos Verlag, Nicosia 1963.

Madaule, Jacques: Jerusalem. Die heilige Stadt dreier Religionen. Herder Verlag, Freiburg-Basel-Wien. Kein Erscheinungsjahr.

Mensching, Gustav: Leben und Legende der Religionsstifter. Goldmann Verlag, München 1962.

Mensching, Gustav: Die Religion. Erscheinungsformen, Strukturtypen und Lebensgesetze. Goldmann Verlag, München. Kein Erscheinungsjahr.

Mikes, Kelemen: Briefe aus der Türkei. Verlag Styria, Graz-Wien-Köln 1978.

Nicolle, David: Islamische Waffen. Verlag für Sammler, Graz 1981.

Nölle, Wilfried: Wörterbuch der Religionen. Goldmann Verlag, München 1960.

Parker, Robin: Aphrodites Realm. Zavalis Verlag, Nicosia 1962.

Pemsel, Helmut: Biographisches Lexikon zur Seekriegsgeschichte. Bernard & Graefe Verlag, Koblenz 1985.

Pernoud, Régine: Die Kreuzzüge in Augenzeugenberichten. Karl Rauch Verlag, Düsseldorf 1961.

Pernoud, Régine: Königin der Troubadoure. Eleonore von Aquitanien. Deutscher Taschenbuch Verlag, München 1980.

Peters, Richard: Die Geschichte der Türken. W. Kohlhammer Verlag; Stuttgart-Berlin-Köln-Mainz 1961.

Pirchegger, Hans: Geschichte der Steiermark. Buchmarkt am Stainzerhof, Graz, 1983.

Pirchegger, Hans und Reichl, Sepp: Geschichte der Stadt und des Bezirkes Fürstenfeld. Kommissionsverlag Buchner, Fürstenfeld 1952.

Pleticha, Heinrich: Der Mahdiaufstand in Augenzeugenberichten. Deutscher Taschenbuch Verlag, München 1981.

Posch, Fritz: Flammende Grenze. Die Steiermark in den Kuruzzenstürmen. Verlag Styria, Graz-Wien-Köln 1968.

Prokosch, Erich: Krieg und Sieg in Ungarn. Verlag Styria, Graz-Wien-Köln 1976.

Ranke, Leopold: Die Osmanen und die spanische Monarchie. Verlag Duncker und Humbolt, Berlin 1857.

Rázsó, Gyula: Die Feldzüge des Königs Matthias Corvinus in Niederösterreich. Österreichischer Bundesverlag für Unterricht, Wissenschaft und Kunst, Wien 1973.

Reichl, Sepp: Hammer-Purgstall. Auf den romantischen Pfaden eines österreichischen Orientforschers. Leykam Verlag, Graz 1973.

Rossiwal, Theo: Schlachtfeld Niederösterreich. Niederösterreichisches Pressehaus, St. Pölten 1978.

Schacherl, Lillian: Böhmen. Kulturbild einer Landschaft. Verlag C. Brügel und Sohn, Ansbach 1966.

Schreiber, Georg: Auf den Spuren der Türken. Paul List Verlag, München 1980.

Schreiber, Georg: Halbmond über Granada. Gustav Lübbe Verlag, Bergisch Gladbach 1980.

Schweizer, Gerhard: Die Janitscharen. Geheime Macht des Türkenreiches. Verlag Das Bergland-Buch, Salzburg 1979.

Seper, Karl: Unterwarter Heimatbuch. Geschichte, Kultur und Wirtschaft einer südburgenländischen Gemeinde. Verlag Unterwarter Heimathaus, Unterwart 1976.

Stier, Hans Erich: Deutsche Geschichte im Rahmen der Weltgeschichte. Deutsche Buch-Gemeinschaft, Darmstadt 1958.

Sturminger, Walter: Die Türken vor Wien in Augenzeugenberichten. Deutscher Taschenbuch Verlag, München 1983.

Szekely, Andreas: Illustrierte Kulturgeschichte Ungarns. Corvina Verlag, Budapest 1978.

Szücs, Jenö: Nation und Geschichte, Corvina Verlag, Budapest 1981.

Teply, Karl: Die Einführung des Kaffees in Wien. Kommissionsverlag Jugend und Volk, Wien-München 1980.

Theurer, Franz: Verrat an der Raab. Verlag Das Bergland-Buch, Salzburg 1976.

Theurer, Franz: Tragödie der Magnaten. Verlag Hermann Böhlaus Nachf., Graz-Wien 1979.

Theurer, Franz: Brennendes Land. Verlag H. Böhlaus Nachfolger, Graz-Wien 1984.

Theurer, Franz: Ritterburg Lockenhaus in Geschichte, Sage und Literatur. Edition Roetzer, Eisenstadt 1981.

Toifel, Carl: Die Türken vor Wien im Jahre 1683. Prag-Leipzig 1883.

Toynbee, Arnold: Der Gang der Weltgeschichte. Aufstieg und Verfall der Kulturen. Europa Verlag, Zürich-Wien 1954.

Ullrich, Johannes: Deutsches Soldatentum. Alfred Kröner Verlag, Stuttgart 1941.

Vajda, Stephan: Die Belagerung. Bericht über das Türkenjahr 1683. Verlag Orac, Wien 1983.

Vitray-Meyerowitch, Eva de: Mekka und Medina. Herder Verlag, Freiburg-Basel-Wien. Kein Erscheinungsjahr.

Wagner, Anton: Der Erste Weltkrieg. Band 7 der Truppendienst-Taschenbücher, Verlag Carl Ueberreuter, Wien 1968.

Wagner, Georg: Das Türkenjahr 1664. Eine europäische Bewährung. Edition Roetzer, Eisenstadt 1964.

Wandruszka, Adam: Das Haus Habsburg. Die Geschichte einer europäischen Dynastie. Verlag Herder und Co., Wien 1978.

Wehrli, Max: Geschichte der deutschen Literatur von den Anfängen bis zur Gegenwart. I. Bd. Reclam Verlag, Stuttgart 1980.

Winston, Richard: Karl der Große. Buchgemeinsachft Donauland, Wien. Kein Erscheinungsjahr.

Wolfram, Herwig: Conversio Bagoariorum et Carantanorum. Hermann Böhlau's Nachf. Ges.m.b.H., Graz 1977.

Zierer, Otto: Islam. Kiesel Verlag, Salzburg 1983.

Zimmermann, Jürg: Militärverwaltung und Heeresaufbringung in Österreich bis 1806. Handbuch zur deutschen Militärgeschichte, Band III. Verlag Bernard & Graefe, Frankfurt am Main 1965.

Zitzenbacher, Walter: Das große Steiermark-Buch. Verlag Carl Ueberreuter, Wien-Heidelberg 1980.

Register

A. PERSONENREGISTER

Vorbemerkungen
1. Die Päpste des 9. und 10. Jahrhunderts, die nur in der Papstliste S. 235 f. genannt werden, sind hier *nicht* aufgeführt.
2. Dasselbe gilt hinsichtlich der Mitglieder des Fürstenhauses der Babenberger, die mit der Mark an der Donau, später dem Herzogtum Österreich und dem Herzogtum Steiermark belehnt waren; Liste S. 248 f.
3. Es wird in der Regel die deutsche Schreibweise der Namen verwendet, denen — soweit dies für notwendig erachtet wurde — die fremdsprachige Namensform angeschlossen wird, beispielsweise Emmerich → Imre.
4. Zur einfacheren Unterscheidung des häufig vorkommenden Namens Stefan werden hier auch andere Schreibweisen verwendet, wie etwa Stephan (für die Päpste) oder Stjepan (für einige slawische Herrscher).
5. Frauennamen wird aus Zweckmäßigkeitsgründen gelegentlich das Herkunftsland angeschlossen, um Verwechslungen zu vermeiden, so etwa Adelheid von Hochburgund oder Adelheid von Tirol.

336

B. ORTSREGISTER

Vorbemerkungen

Es ist zu beachten, daß viele Orte mehrsprachige Namen führen oder im Laufe der Geschichte die Namen wechselten. Letzteres gilt vor allem hinsichtlich der Orte, die schon zur Römerzeit existent waren und später, häufig erst nach der Periode der Völkerwanderung, neu besiedelt und zumindest teilweise neu benannt wurden. Die neue Bezeichnung kann im Zusammenhang mit der früheren stehen, wie beispielsweise **Augsburg** mit **Augusta** Vindelicum, oder sie kann jegliche Lautanpassung vermeiden, wie Arelape und Pöchlarn. Dasselbe ergibt sich hinsichtlich fremdsprachiger Namen; das römische Strigonium wurde so zum ungarischen Esztergom und zum deutschen Gran, oder aus dem römischen Aquincum wurde das ungarische Buda, das wir in mittelhochdeutschen Quellen als Ecilburg finden, bis sich später die frühneuhochdeutsche Bezeichnung Ofen durchsetzte, die nun ihrerseits seit der Verbindung Budas mit Pest, dem römischen Contraaquincum, und Obuda zu Budapest auch im deutschsprachigen Raum unüblich wurde.

Es wurden alle Namen in dieses Verzeichnis aufgenommen, wobei als (mit Seitenzahl versehener) Hauptname jener verwendet wird, der sich aus der heutigen offiziellen Ortsbezeichnung ergibt und in neueren Atlanten aufscheint. Dies ist durch einen entsprechenden Hinweis ersichtlich gemacht, so etwa: Ofen s. Budapest. Bei identischen Anfangsbuchstaben wird der (meist deutsche) Namen in Klammer dem heutigen Namen angefügt, wie beispielsweise Ljubljana (Laibach). Diese Regel wird jedoch durchbrochen, wenn bestimmte Gründe für eine andere Lösung sprechen; so wird Cilly gegenüber dem hier in Klammer beigefügten slowenischen Celje der Vorzug gegeben, weil die Familie der gefürsteten Grafen von Cilly eine Schlüsselfunktion in den Beziehungen des Heiligen Römischen Reiches zum Südostraum eingenommen hat. Bezüglich der Städte Siebenbürgens, die während des ganzen in diesem Bande behandelten Zeitraumes rein deutsch besiedelt waren, wird grundsätzlich der deutsche Namen verwendet.

338

Hans Miksch

Wien – das Stalingrad der Osmanen

KARL MÜLLER VERLAG

Inhalt

»Es ist nicht möglich, die Gegenwart von der Vergangenheit zu trennen; es ist unmöglich, die Geschichte in Sektoren einzuteilen, deren einer vom anderen isoliert ist.
Die geschichtliche Wirklichkeit kann nur als Einheit und Kontinuität verstanden werden: Vergangenheit, Gegenwart und Zukunft sind Etappen eines einzigen Weges.«

FRANCO VALSECCHI
(Zitat aus seiner Ansprache beim
XII. Internationalen Historikerkongreß, Wien, 1965)

I.
Konstantinopels Fall und Auferstehung

In Band 3 erscheinen gelegentlich Fakten, auf die in den Bänden 1 und 2 bereits kurz verwiesen wurde. Nur in ganz wesentlichen Fällen wird dann im Band 3 auf die entsprechenden Stellen in den Bänden 1 und 2 zurückverwiesen.

1. Kapitel:
János Hunyadi, der weiße Wojwode

Das heraufdämmernde 15. Jahrhundert sah die walachischen Fürstentümer als unmittelbare Nachbarn des Osmanischen Reiches und damit in wenig beneidenswerter Lage. Die historisch bedeutsame, aber höchst undankbare Rolle war ihnen zugefallen, weil einerseits die auf dem rechten, also südlichen Donauufer gelegenen orthodoxen Reiche der Bulgaren und der Serben zerfallen und zuletzt dem osmanischen Zugriff erlegen sind, und weil andererseits das Kreuzzugsheer des Papstes Bonifatius IX., das König Sigismund, bei manchen Historikern auch »Sigmund« genannt, führte, bei Nikopolis zugrunde gegangen ist. Die walachischen Fürstentümer waren

- die *Walachei,* auch Tara (sprich Tzara) Romineasca, die unter Fürst Besarab I. (auch Basarab) 1330 durch den Sieg bei Posada die Selbständigkeit gegenüber Ungarn erlangte, und
- die Moldau → *Moldawien,* 1352 von Ludwig d. Gr. als Mark gegen die Krimtataren begründet und dem tüchtigen und verläßlichen Bojaren Dragosch, der nun den Titel des Wojwoden führte, unterstellt.

Besarabs Nachfolger Nicolae Alexandru (1352–1364) mußte die Oberhoheit des ungarischen Königs neuerlich anerkennen, doch gewann die Walachei durch die Begründung einer eigenen orthodoxen Metropolie in der fürstlichen Residenzstadt Curtea de Argeş (Argesch) 1359 ein ausgeprägtes Profil. Dieses sollte 1370 durch die Schaffung einer zweiten Metropolie in Severin → Szöreny gefestigt werden, doch trat das Widerspiel ein; in der Folgezeit wurde eben dadurch die Teilung der Walachei erleichtert, von der später zu sprechen sein wird.

1386 wurde Johann Mircea (auch Myrcea) Fürst der Walachei, der die Wojwodschaft bis 1418 innehatte. Er bekam den Beinamen »der Alte«; er begegnete uns bereits im 2. Band als Teilnehmer der Schlachten auf dem Amselfeld und bei Nikopolis. 1388 gewann er die Herrschaft über die Dobrudscha; er dehnte sein Fürstentum damit bis an die Küste des Schwarzen Meeres aus, suchte im nächsten Jahr nach dem blutigen Geschehen vom Kosovo polje Anlehnung an Polen und verbündete sich mit Ludwigs d. Gr. Schwiegersohn Wladislaw Jagiello. 1394 besiegte er in der Schlacht von Rovine die Truppen des rumelischen Paschas. Zwei Jahre danach führte er seine Verbände nach dem Untergang des Kreuzfahrerheeres bei Nikopolis mit viel Geschick und relativ geringen Verlusten heim über die Donau. Er nahm ohne Verzug diplomatische Kontakte zu Sultan Bajasid Yilderim auf, und es gelang ihm, durch beachtliche Kontributionen sein Fürstentum vor dem drohenden osmanischen Feldzug zu bewahren. Diese Zahlungen machten jedoch Mircea noch nicht zu einem Tributärfürsten des Großherrn, sie wurden vielmehr als Geschenke gegeben und angenommen. Allein, man wußte sowohl in Curtea de Argeş als auch in Edirne → Adrianopel, daß die Unterlassung oder fühlbare Reduktion der Leistungen den Wojwoden der Walachei, dessen Herrschaftsausübung jenseits der Grenzen gerade noch geduldet wurde, zum Feinde der Hohen Pforte und sein Territorium zum Dar ul harb, zum Land des Krieges, machen würde.

Die durch die außenpolitisch sehr exponierte Lage der Walachei erzwungene tiefe und einem Kniefall nicht unähnliche Verbeugung des Walachenfürsten vor dem Repräsentanten der hochleistungsfähigen islamischen Militärmacht vertrug sich nur wenig mit den Pflichten eines Vasallen der ungarischen Krone. Daß dennoch jede Maßnahme gegen den selbstherrlichen Wojwoden unterblieb, ist auf die schwere und tiefe Krise zurückzuführen, der das Königreich Ungarn nach der Niederlage von Nikopolis neuerlich anheimgefallen war: König Sigismunds Autorität, die auch schon vorher problembehaftet und umstritten gewesen ist, war bei seiner späten Heimkehr völlig zerfallen. Gegenkönig Ladislaus von Neapel gewann wieder an Ansehen und Anhang; mächtige Adelsgeschlechter lagen in blutigen, bürgerkriegsähnlichen Kämpfen, in deren Verlauf Sigismund selbst in Gefangenschaft einer revoltierenden Gruppe geriet, aus der ihn seine Getreuen mit Mühe befreiten. Und zu allem Unglück war auch der Klerus in die Anhänger der Päpste Bonifatius IX. (dem der Luxemburger anhing) und Benedikt XIII. (den Ladislaus als König von Neapel anerkannte) gespalten. Es kam dazu, daß Sigismunds Bruder Wenzel sich in eben jenen Jahren wachsenden Schwierigkeiten im Heiligen Römischen Reich gegenüber sah, als dessen König er 1400 von den rheinischen Kurfürsten zuletzt abgesetzt wurde, so daß er Sigismund sowenig beistehen konnte wie dieser ihm, obwohl Sigismund als Markgraf von Brandenburg nach wie vor deutscher Kurfürst war.

Die Ohnmacht des ungarischen Königtums war so offensichtlich, daß Johannes Mircea die Walachei aus der ungarischen Vorherrschaft löste und als selbständig erklärte. Der König, nicht in der Lage ihm Schutz vor den Osmanen zu bieten, konnte die Befreiung der Wojwodschaft weder verhindern noch bestrafen, und daher war es – zumindest in seinen Augen – durchaus gerechtfertigt, wenn er sich seiner Oberhoheit entzog.

In Moldawien hatte 1359 Bogdan die Herrschaft erlangt, der sich mit vorübergehendem Erfolg bemühte, die Bindungen zu Ungarn zu lösen. Unter seinem Sohn und Nachfolger Latco (Wojwode von 1365 bis 1374) wurde Ludwig d. Gr., König von Ungarn, 1370 in Verwirklichung des mit König Kasimir III. geschlossenen und von der Schlachta genehmigten Erbvertrages König von Polen. Das bedeutete, daß Moldawien nicht nur im Westen, sondern auch im Norden von Territorien der profiliert katholischen Mächte Ungarn und Polen, die in Ludwigs Händen vereinigt waren, begrenzt wurde. Latco beeilte sich, der veränderten Lage Rechnung tragend, 1371 zum katholischen Glauben überzutreten. Er duldete auch, daß die Papstkirche mehrere Missionsstationen gründete und von diesen aus die Bekehrung der orthodoxen

Bevölkerung versuchte, ohne allerdings namhafte Erfolge zu erzielen. Ehe der die kaum errungene und mehr als fragwürdige politische Freiheit zusätzlich belastenden katholischen Unterwanderung die politische Unterwerfung gegenüber Ludwig als König von Ungarn folgte, starb Latco; ab 1374 war sein Sohn Petru Muşcat (Muschkat) Wojwode von Moldawien. Ludwig, dem offenbar daran lag, die Anerkennung der königlichen ungarischen Oberhoheit ohne Gewaltanwendung erneut zu erlangen, starb allerdings, ehe der beschrittene Weg der kaum je gänzlich unterbrochenen Verhandlungen den gewünschten Erfolg brachte. *Sein Tod war das Ende der Personalunion der Königreiche Ungarn und Polen.*

Während es in Ungarn zu Thronfolgewirren und Erhebung eines Gegenkönigs kam, die unmittelbar in die Staatskrise nach Nikopolis überleiteten, zeigte sich Wladislaw II. Jagiello, der Polen mit Litauen verband, als energischer und tüchtiger Herrscher, der mit starker Hand und viel Vernunft regierte. Und der Polens Souveränität ausbaute – auch gegenüber dem Deutschen Ritterorden, mit dem es zu einem langen, harten Schlagabtausch kam, dessen Höhepunkt die Schlacht bei Tannenberg (15. Juli 1410) sein sollte, in der die Vorherrschaft des Ordens über das Baltikum zerschlagen wurde. Dem Moldauischen Wojwoden erschien das selbstbewußt und entschlossen dem neuen Jahrhundert entgegenziehende Polen vertrauenswürdiger zu sein als das vom Zerfall bedrohte Ungarn: 1389 kam es zum Abschluß einer Allianz, die eindeutig die Vorstufe einer Anerkennung der polnischen Oberhoheit war, die während der Regierungszeit Alexanders des Guten (Wojwode 1401–1432) erfolgte.

Diese Einfügung in das jagiellonische Reich, vorab aus militärpolitischen Erwägungen vollzogen, zog indessen vor allem wirtschaftliche und kulturelle Folgen nach sich. Der alte Handelsweg entlang des Dnjestr erlangte durch die anhaltenden Friktionen und Turbulenzen um die Seepassage ins Schwarze Meer entscheidendes Gewicht. Die Kaufherren in Lemberg → Lwow und Krakau → Kraków hatten ein eminentes Interesse an dieser Verbindung, die seit Roman I. (1391–1394) über moldawisches Gebiet führte und den Zugang zu den Schwarzmeerhäfen erschloß. Zum Dnjestr gesellten sich, zurückgestaffelt und daher besser gesichert, als Wasserstraßen Pruth und Sereth → Siret, mächtige Nebenflüsse der Donau, deren Mündungen kaum 20 km voneinander entfernt sind. Etwa in der Mitte zwischen diesen entwickelte sich Galatz → Galati zum bedeutendsten Binnenschiffahrtshafen im unteren Strombereich. Alexander der Gute sah das Aufblühen der moldauischen Wirtschaft mit Freude – mit Sorge allerdings erfüllte ihn die zunehmende Missionsarbeit der katholischen Kirche, die nun von Krakau zentral gelenkt wurde und durch die Gründung des Bistums Siret eine – relativ – straffe Organisation erhielt.

Man muß hier wohl daran erinnern, daß der polnische Klerus eben jenes Zeitalters von einem ganz außerordentlichen Missionseifer erfüllt war, der dem der Reichskirche des frühen Mittelalters, etwa in karolingischer oder ottonischer Zeit, durchaus ebenbürtig war: Wladislaw Jagiello, der Großfürst der Litauer, war erst 1386, um König von Polen werden zu können, katholischer Christ geworden, während die Masse seiner Landsleute noch paganische Glaubensvorstellungen hegte und die Litauen angeschlossenen »reußischen Fürstentümer« (Weißrußland und Ukraine) der Orthodoxie anhingen. Der lange Hader der Litauer mit dem Deutschen Ritterorden fand seinen Grund vor allem in dessen katholischem Christianisierungsprogramm, das nach Ausschaltung der Ritter Christi vom eigenen Großfürsten, der König von Polen und Katholik geworden war, rigoros durchgezogen wurde. Auf das Ziel, die Völkerschaften des Ostens unter das Banner des römischen Papstes Urban VI. und seiner Nachfolger zu ducken (der »fränkische« Papst Klemens VII. und seine Nachfolger wurden in Polen nicht anerkannt), war der polnische Klerus eingeschworen. Das merkte man auch in Moldawien! Es war dem Wojwoden aus politischen Gründen verwehrt, gegen seines Königs Kirche vorzugehen, aber dieser konnte ihm andererseits nicht verwehren, die Orthodoxie zu stärken. So kam es zur Gründung einer Metropolie in Suceava, der Residenzstadt der Wojwoden, und zum Bau großer Klöster, die ganz bewußt als Hochburgen der orthodoxen Geisteswelt gestaltet waren. Zu nennen sind besonders die Klöster Sucebiţa (Sucevizza) und Bistriţa (Bistritza, das seinen Namen vom moldauischen Fluß Bistritz, nicht aber von der gleichnamigen siebenbürgischen Stadt ableitet), die zu Keimzellen der einzigartigen Kulturregion der Moldauklöster[1] wurden.

In der Walachei schien sich die heikle Lage, in der sich Johannes Mircea befand, nach der vernichtenden Niederlage der Osmanen in der Schlacht von Ankara (s. Bd. 2, S. 219 f.) überraschend entschärft zu haben. Zunächst hatte es den Anschein, als sei die Gefahr aus dem Süden endgültig gebannt, und bald begannen die Söhne Bajasids um die Trümmer des väterlichen Erbes, das Timur Lenk nicht zu behaupten versuchte, erbittert zu kämpfen. Der Wojwode witterte Ruhm und Beute, hoffte auch, durch entschlossenes Vorgehen die den Osmanen hörigen Völker der Orthodoxie zu einem allgemeinen Aufstand zu bewegen und stieß mehrere Male über die Donau vor. Als seine Erwartungen, daß sich die von den Osmanen Unterworfenen um sein Feldzeichen scharen und zum großen Freiheitskampf antreten würden, nicht erfüllten, ergriff er die Partei einmal dieses, einmal jenes Prätendenten, hatte dabei aber das Unglück, daß sie alle früher oder später untergingen. Seine Aktivitäten hatten nur den Bajasidsohn Mechmed I., der sich um 1410 durchsetzte und 1413 offiziell allgemeine Anerkennung fand, gegen ihn aufgebracht. Und dieser gestattete den rumelischen Beglerbegis, mit ihren eigenen Kräften zunächst einmal die Dobrudscha nach Belieben heimzusuchen. Johannes Mircea hatte keine Möglichkeit, sein rechtsufriges Gebiet zu schützen. Seine Kräfte verwendete er dazu, die Donaulinie zu sichern, doch war jedem Einsichtigen klar, daß sie keineswegs ausreichten, einen auch nur halbwegs ernstgemeinten Übersetzversuch der Osmanen zurückzuweisen.

In Ungarn hatte sich indessen König Sigismund voll durchgesetzt. Gegenkönig Ladislaus, König von Neapel, hatte seine vorwiegend im kroatischen Raum beheimateten Anhänger schockiert, als er die vielumkämpfte Stadt Zara → Zadar, unter anderem der eigentliche Grund für den dramatischen Geschehenskomplex um den vierten Kreuzzug, die Eroberung von Konstantinopel und die Begründung des lateinischen Kaiserreichs, an Venedig verkaufte. Sigismunds Macht nahm zu, die seines angevinischen Gegners, der sein Hauptaugenmerk auf die Kriege und Wirren im italischen Raum und die Erhaltung des Besitzstandes seines neapolitanischen Königreiches richten mußte, ging in Dalmatien und Kroatien zugrunde. Mit der Ausweitung und Festigung der Herrschaft des Luxemburgers erweiterten sich auch Macht und Einflußbereich der Kirche der Urbannachfolger Bonifatius IX. (1389–1404), Innocenz VII. (1404–1406) und Gregor XII. (1406–1415, gest. 1417), die nun aber ihrerseits dem König manche Rechte zugestehen mußten, die – vor allem im Verhältnis zur Rechtslage im Heiligen Römischen Reich – geradezu sensationell waren. Im Placetum regium, 1404 erlassen, wurde der »ungarische Investiturstreit« dahin entschieden, daß das Recht der Einsetzung in die höheren Kirchenämter vom König in Anspruch genommen wurde. Das bedeutsamste der vom König außerdem angesprochenen Rechte war das (namenbestimmende) Genehmigungsrecht: Päpstliche Erlasse, Rundschreiben und sonstige Mitteilungen durften erst dann an die Gläubigen weitergegeben werden, wenn der König diese Weitergabe ausdrücklich gestattete. Für die maßvolle, vernünftige und die beiderseitigen Interessen permanent behutsam koordinierende Art, in der Sigismund die Berechtigungen wahrnahm, spricht der Umstand, daß das Placetum regium 1417 von der nach Beendigung des großen Schismas wiedervereinigten westlichen Gesamtkirche ausdrücklich anerkannt wurde.

Man kann überhaupt feststellen, daß Sigismund, nachdem er die törichte Leichtfertigkeit seiner Jugendzeit abgelegt hatte und mit etwa 30 oder 35 Jahren (er war 1368 geboren) zum Manne herangereift war, ein höchst beachtliches Format als Staatsmann und Feldherr zeigte. Die rebellischen Adeligen Ostungarns, die vermutlich den neapolitanischen König so wenig als Träger der Stefanskrone wünschten wie den Markgrafen von Brandenburg, traten aber doch durch ihren bewaffneten Aufstand als sogar gefährliche Werkzeuge des Anjou in Erscheinung. Die Deutschen Ostungarns und vor allem die Städte Siebenbürgens standen treu zu Sigismund, und die im September 1403 geschlagene Schlacht zwischen Neumarkt (an der Marosch) → Tirgu Mures und Schässburg → Sighisoara sah das tapfere, wohlbewaffnete und disziplinierte Siebenbürger Aufgebot, geführt von den Graefen Salomon und Michael, als wesentlichen Teil des königlichen Kriegsvolks, dem die Niederwerfung der Aufständischen gelang. Im Sieg zeigte der König eine für jene Zeit seltene Milde; er war gnädig gegen jene, die seine Gnade anriefen, er untersagte die vielfach üblichen Massenexekutionen – er zeigte sich durch die Tat als Gegner jeder Kollektivschuldtheorie und festigte eben dadurch seinen Ruf als Herrscher der maßvollen Gerechtigkeit.

Sein Ruf drang über die Grenzen seines Reiches hinaus. Zu den ersten, die ihn voll Begeisterung aufnahmen, zählten die besonnensten der walachischen Bojaren, die Johannes Mircea dringendst empfahlen, des Königs Gnade zu gewinnen und wieder in die alte Vasallität zurückzukehren. Mircea aber, wie trunken von der eben erlangten Selbständigkeit und von den Aussichten, die sich ihm in den Zeiten der osmanischen Selbstzerfleischung zu eröffnen schienen, reagierte in der überheblichen und tückischen Weise eines typischen Despoten. Er betrachtete solche Mahnungen als Hochverrat, griff sich einige der den Weg nach Ungarn weisenden Bojaren, ließ sie einkerkern, foltern und abschlachten. Dadurch löste er eine Fluchtwelle nach Westen und Norden aus.

Diese walachischen Flüchtlinge fanden in Ungarn die gesuchte neue Heimat. Die Bojaren nahm der König in seine militärische Organisation auf und übertrug ihnen die infolge der vorausgegangenen Geschehnisse freigewordenen Besitzungen ausgestorbener oder von Enteignung betroffener ungarischer Adeliger. Vermutlich 1409 kam so ein gewisser Voicu Corvin, der eine führende Rolle unter den Flüchtlingen spielte, in den Besitz der Burg Vajdahunyad → Hunedoara, zwischen dem Tale des Maroschflusses und den Südkarpaten gelegen, womit aller Wahrscheinlichkeit nach eine bestimmte Funktion im Verteidigungswesen verbunden war.

Bald danach begannen die Einfälle der Osmanen zunächst in die Dobrudscha, wo wenig Widerstand geleistet werden konnte und die mit der Zeit okkupiert wurde. Das Volk zahlte für die abenteuerliche Politik des Wojwoden schwer und blutig; die Unzufriedenheit nahm zu und führte zu scharfen Maßnahmen des Hofes, die sich zu einem tyrannischen Regierungsstil verdichteten, ein Vorgang der gelegentlich von der Geschichtsschreibung als »Stärkung der fürstlichen Zentralmacht« bewertet wird. Die walachischen Zeitgenossen konnten keinen positiven Aspekt darin erkennen. Es kam zu Unruhen und bürgerkriegsähnlichen Kämpfen, deren Verlauf kaum rekonstruierbar ist. Das Endergebnis aber spricht für äußerst verworrene Zustände, die über einige Zeit angehalten haben: Die westlich des Alt → Olt gelegenen Gebiete spalteten sich ab, unterstellten sich dem ungarischen König, und dieser begründete nun das *Banat von Szöreny,* die Mark von Severin, auch als »Kleine Walachei« bezeichnet. Zum Markgrafen, dem Banus, bestellte er aller Wahrscheinlichkeit nach Voicu Corvin, den Burgherrn von Hunedoara, dessen Verteidigungsbereich nun bis zur Donau erweitert wurde. In religiöser – und vor allem damals entscheidender – Beziehung veränderte sich nichts: Der Metropolit von Severin war dem von Curtea de Argeş in keiner Weise untergeordnet gewesen, und wenn jener auch als der Metropolit der Residenzstadt sicherlich ein Mehr an Einfluß hatte, so fiel der effektive Vorrang nun weg. Der räumliche Wirkungsbereich blieb grundsätzlich unverändert, die Zahl der Gläubigen aber wuchs durch die zuströmenden Flüchtlinge bedeutend an.

Severin (heute Turnú-Severin) war seit der Römerzeit ein militärischer

Stützpunkt von großer Bedeutung; hier ließ Kaiser Trajan durch den genialen Baumeister Apollodorus von Damaskus die Donau durch eine 1070 m lange Brücke überqueren, die von 17 steinernen Pfeilern in je 63 m Abstand getragen wurde. Das geschah im Jahre 105 im Zuge seines Krieges gegen die Dacer. Unter seinem Nachfolger Hadrian, der sich auf die Verteidigung der Donaulinie beschränkte und der ein Vordringen der Barbaren über die Brücke fürchtete, wurde diese zerstört. Die Pfeiler blieben allerdings erhalten, sind es zum Teil immer noch, und boten die Möglichkeit, die Brücke rasch – zumindest notdürftig - zu reaktivieren. Kaiser Septimius Severus ließ die Brücke instandsetzen und legte auf dem Nordufer einen starken Stützpunkt als Brückenkopf an. Von dem ausgedehnten Kastell blieb nach den Wirren der Völkerwanderungszeit nichts als ein funktionsfähiger Turm, der Turm des Severus genannt, um den sich im Mittelalter eine befestigte Siedlung entwickelte, die militärisch vor allem als Basis für auf dem Landwege vorrückende Kräfte einiger Kreuzzüge diente.

Nun wurde die Stadt, wenngleich religiös und kulturell eindeutig orthodox dominiert, die Hauptfestung der westlichen Verteidigungszone, die sich von der Donau bis gegen das Tal der Marosch erstreckte. Sie wurde auch zum Hauptanlaufpunkt weiterer Flüchtlinge aus der Walachei des Wojwoden, vor allem als um 1414/15 osmanische Streifscharen und bald schon kleinere selbständige Heeresteile den mächtigen Strom überquerten und Mirceas Kernland brandschatzten und verwüsteten. Bald unterhielten sie in Giurgiu → Dschurdschewo einen ständigen Brückenkopf, und schon 1417 mußte Johannes Mircea einen demütigenden Frieden schließen, in welchem er – gegen beträchtliche Tributgelder – die Walachei dem Schutze des Großherrn unterstellte, sich der Heerfolgepflicht unterwarf und die bereits okkupierten Gebiete, namentlich die Dobrudscha und Giurgiu, formell abtrat.

Im Abendland stieg indessen der Stern Sigismunds strahlend auf. Es gelang ihm, nach der Wiedervereinigung der Länder der Stefanskrone die Reichsverwaltung neu zu organisieren, wobei er unter Beibehalt der Komitatsverfassung die Rechte der Städte stärkte und die Wehrpflicht auf die Bauernschaft ausdehnte: Jeder 33. Mann hatte dem Aufgebot zu folgen.

Es sei vorweggenommen, daß diese Dienstpflicht schon unter seinem Nachfolger auf den 20. Mann erweitert und von dem Aufgebotenen verlangt wurde, beritten zur Dienstleistung zu erscheinen. Nun heißt zwanzig im Ungarischen husz, und der wehrpflichtige »Zwanzigstmann« wurde Husar genannt. so daß sich aus der bäuerlichen Miliz des 15. Jahrhunderts die *Leichte Reiterei* entwickelte, die im 16. und vor allem im 17. Jahrhundert auch auf binneneuropäischen Kriegsschauplätzen Verwendung fand, sich rasch Ruhm sowie einen glänzenden Namen verschaffte und im Heerwesen aller Staaten nachgeahmt wurde. Im Zeitalter des Absolutismus mit der völligen Professionalisierung des Kriegswesens wurden ungarische Husarenoffiziere oder Unteroffiziere als Instruktionspersonal vor allem in Frankreich, aber auch in Preußen vielfach verwendet und relativ fürstlich honoriert. Ihr Beispiel wirkte für die ganze Zeitspanne, in der die *Leichte Kavallerie als eigene Waffengattung* bestand; das zeigte sich selbst in Äußerlichkeiten. So ist die typische Husarenuniform, die bis zum Beginn des Ersten Weltkrieges in allen europäischen Armeen getragen wurde und sich überall auffallend ähnlich war, aus der Tracht des ungarischen Landvolks entwickelt worden. Die bedeutendste Ausnahme ist *Polen:*

Hier wurden *die schweren, gepanzerten Reiter Husaren genannt, weil man mit den Ulanen,* die ihre Entstehung den wiederholten Kollisionen mit den Mongolen verdanken und ihre Kampfweise ebenso wie ihre ursprüngliche Bewaffnung und Ausrüstung von diesen übernommen hatten, *bereits über eine leistungsfähige Leichte Kavallerie verfügte,* die ihrerseits ebenso Nachahmung in den Armeen Europas fand. Will man typisierend verfahren, so war *der Ulan lanzenbewaffnet, der Husar aber führte als Hauptwaffe den Säbel,* obzwar diese schematische Einteilung angesichts vieler Sonderentwicklungen und Erscheinungsformen der leichten Reiterei vor allem im 19. Jahrhundert nicht für den ganzen Zeitraum der Verwendung beider Gattungen gültig ist.

Durch Sigismunds Reform des Verteidigungswesens wurden auch jene Kriegerzahlen festgelegt, die von den Städten, den Magnaten und den Komitaten zu stellen waren. Die einfache Zusammenzählung ergab eine Heeresstärke von nahezu 130 000 Mann, die jedoch in Wirklichkeit - aus welchen Gründen auch immer - nie erreicht werden konnte. Sigismunds Ansehen stieg weiter an, und nach dem Tode König Ruprechts wählten ihn die Kurfürsten des Heiligen Römischen Reiches zum König. Das geschah am 20. September 1410 - und man sollte sich dieses Datum merken, denn das Doppelkönigtum des Luxemburgers war die erste in Form einer Personalunion geschaffene tragfähige Verbindung zwischen den beiden Königreichen. **Und diese Verbindung, die nur wenige Jahre nach Sigismunds Tod gelöst und in der ersten Hälfte des folgenden Jahrhunderts erneuert wurde, war das entscheidende politische Instrument für die Selbstbehauptung des christlichen Abendlandes in dem das folgende Zeitalter erfüllenden Ringen mit dem im Osmanischen Reich vereinigten islamischen Orient.**

Die Hochachtung, die Sigismund von Luxemburg, König von Ungarn und König des Heiligen Römischen Reiches, um 1410 in der Tat europaweit entgegengebracht wurde, war die Voraussetzung dafür, daß er ein Werk von gesamtabendländischer Bedeutung und geschichtsgestaltender Wirkung in Angriff nehmen konnte, zu dem er - als noch nicht zum Kaiser gekrönter - in keiner Weise berufen oder auch nur legitimiert war. Und an dem vor ihm mancher höchstbegabte Großwürdenträger und manche einwandfrei legitimierte Institution gescheitert waren: die Beendigung des großen Schismas (Kirchenspaltung).

Am 30. Oktober 1413 gab Sigismund der westlichen Christenheit bekannt, daß er die Durchführung eines Konzils, das am 1. November 1414 in Konstanz eröffnet werden sollte, anordne. Die königliche Willenskundgebung erzielte ungeachtet der mangelnden Legitimation überall ein starkes positives Echo – und nun erst zog, mit formeller Berufungsbulle vom 9. Dezember, Papst Johannes XXIII. nach. (Das Bemühen um die Kirchenunion: s. Anhang.) Seine den Fortgang der Entwicklung unmittelbar steuernden Ergebnisse müssen dennoch hier aufgeführt werden; diese sind (ohne Berücksichtigung der zeitlichen Aufeinanderfolge):

1. Beendigung des Schismas durch Wahl eines allgemein anerkannten Papstes (Martin V.).
2. Verdammung der Lehren des John Wycliff als Irrlehren durch die Gesamtkirche.
3. Verurteilung und Verbreitung des zum Ketzer erklärten Magister Johannes Hus, Professor der Universität Prag, am 6. Juli 1415 und seines Freundes und Glaubensgefährten Hieronymus (Jeronimus) von Prag am 30. Mai 1416.

Die Hinrichtung des Johannes Hus führte zunächst zu einem eher vorsichtigen Protestschreiben des böhmischen und mährischen Adels vom 2. September 1415, das nicht einmal soweit Beachtung fand, daß die Hinrichtung des Hieronymus unterblieben wäre. Die zweite Reaktion war ein wütender Aufschrei der böhmischen Anhänger der wycliffschen Lehren, der erste Prager Fenstersturz (30. Juli 1416), der unmittelbar in bewaffnete Insurrektion überleitete, die für die folgende **Zeitspanne als Zeitalter der Hussitenkriege** namengebend war.

König Wenzel, Sigismunds älterer Bruder, der das luxemburgische Erbfürstentum Böhmens ungeachtet seiner Enthebung als deutscher König in Besitz hatte, erwies sich als unentschlossen und feige, schwankte zwischen härtester Vergeltung und gnädiger Nachsicht; er verschied schon Mitte August durch einen Schlaganfall. Seine Witwe, Sophie von Wittelsbach, die bis zur Herrschaftsübergabe an Wenzels erbberechtigten Bruder Sigismund die Regentschaft führte, bemühte sich erfolglos, den Aufstand niederzuwerfen; sie mußte zuletzt einen Waffenstillstand schließen, um wenigstens oberflächlich eine Befriedung des Fürstentums mit der Bezeichnung eines Königreichs zu erzielen.

König Sigismund, dem man indessen die Hauptschuld am bitteren und furchtbaren Ende des »böhmischen Reformators« zugeschoben hatte und der als meineidiger König verunglimpft wurde, ließ sich mit der Regierungsübernahme Zeit, wobei er offenbar hoffte, daß die Wahrheit erkennbar werden und die Gemütsaufregung abnehmen würde. Er kam erst im Dezember 1419 nach Böhmen und versuchte, auf dem von ihm einberufenen Landtag in Brünn den konfessionellen Streit beizulegen, scheiterte aber an der fehlenden Kompromißbereitschaft. Sigismund stand zweifellos in einem schweren Sachzwang: Seine beiden – souveränen – Königreiche waren katholische Reiche, und er konnte es sich ganz einfach nicht leisten, in einem von ihm als

Landesfürst unmittelbar beherrschten Teil des Heiligen Römischen Reiches eine aggressive antikatholische Glaubensgemeinschaft zu dulden. Der Landtag endete damit, daß die »Anhänger der Kommunion in beiderlei Gestalt«, wie man die Bekenner des neuen Glaubens vorsichtig nannte, aller Ämter und Würden enthoben und diese treugläubigen Katholiken übertragen wurden.

Nun erst formierten sich die als Ketzer Verfolgten zu einer religiös motivierten Partei, die ihr »Parteiprogramm« in den Prager Artikeln festlegte (1420). Kernsätze waren
- Freiheit der Predigt,
- Abendmahl in beiderlei Gestalt und
- apostolische Armut des Klerus.

Ein beachtlicher, zum Teil allerdings nicht ganz freiwilliger Zulauf setzte ein. Die zunächst lose Partei wurde zur festgefügten Kampfgemeinschaft, die sogleich begann, die Anerkennung ihres Programms unter Anwendung von Waffengewalt durchzusetzen. Die katholische Kirche heischte den bewaffneten Schutz des Königs, und die Folgezeit war von den Feldzügen der und gegen die Hussiten geprägt; erst 1436 wurde mit dem Frieden von Iglau die blutige Phase der Kämpfe beendet.

Das wechselvolle Geschehen der *Hussitenkriege* wäre im Rahmen dieser Untersuchung an sich von geringem Interesse. **Es muß jedoch darauf verwiesen werden, daß die Hussiten eine völlig neuartige Form des kombattanten Verhaltens entwickelten, das von größtem Einfluß auf das europäische Kriegswesen war und dieses in der Tat revolutionierte. Es wurde auch von jenen abendländischen Heeren befolgt, die bald nach dem Ende der Hussitenkriege den Abwehrkampf gegen die Osmanen führten.**

Die Hussiten blieben trotz der Not der Verfolgung durch Königsmacht, Reichsgewalt und Amtskirche nicht lange eine einheitliche Streitpartei, sondern spalteten sich in
- eine eher konvervative Gruppe, die *Utraquisten,* die etablierte Gelehrte, Großbürger und mächtige Adelsgeschlechter umfaßte, und
- die *Taboriten,* die sich aus religiösen Fanatikern, entlaufenen Leibeigenen, heimatlosen Handwerksgesellen, freiheitstrunkenen Studenten, aufstiegsgehemmten Rittern und ähnlichen, sozial nicht integrierten oder benachteiligten Schichten zusammensetzten.

Den Taboriten erwuchs in dem unbelehnten Ritter *Johann Zischka von Trocnov* ein Heerführer von gewaltiger, düsterer Größe, dem es gelang, aus dem ihm zur Verfügung stehenden, sehr heterogenen »menschlichen Rohmaterial« ein Instrument zu schaffen, das erheblich schlagkräftiger war als die glänzenden ritterlichen Heere, die König Sigismund gegen ihn sandte und zum Teil selbst führte.

Zischka, um 1360 in der Nähe der südböhmischen Stadt Krumau geboren, entstammte einer verarmten ritterlichen Familie und war genötigt, sein

Leben durch Solddienst zu fristen. 1390 gehörte er zu den Hofleuten König Wenzels, trat aber um 1410 in den Dienst des Polenkönigs Wladislaw Jagiello, zählte zu dessen Kriegsvolk im Kampf gegen den Deutschen Ritterorden und nahm vermutlich an der Schlacht bei Tannenberg teil. Das Jahr seiner Heimkehr ist nicht bekannt, und es ist nicht gewiß, ob er schon eine führende Rolle unter den Aufständischen einnahm, als der erste Prager Fenstersturz den Beginn der blutigen Auseinandersetzungen markierte.

Bald danach aber trat er als hussitischer Feldhauptmann von außerordentlicher Tüchtigkeit in Erscheinung. Zunächst disziplinierte er den ihm unterstellten Rebellenhaufen unter Anwendung schärfster Maßnahmen und schuf damit die unerläßlichen *Grundlagen für die hussitische Kriegführung als »Kampf verbundener Waffen«*, der nun in systematischer Einführung der eben aufgekommenen Feuerwaffen den Fortschritt der Kriegstechnik einschloß. Das Heer der Hussiten gliederte sich in drei Waffengattungen, deren sinnvolles Zusammenwirken im Gefecht den Gefechtserfolg garantierte, und zwar

- die *Kampfwagenbesatzungen,* die wohl als echte »Ur-Panzergrenadiere« zu bezeichnen sind,
- die *Infanterie,* die als auf den Nahkampf spezialisierte Sturmtruppe verwendet wurde, und
- die *leichte Reiterei,* deren Aufgaben
  • Aufklärung und
  • Verfolgung
  waren.

Für unser heutiges militärisches Denken ist es seltsam, daß die Kampfwagenbesatzungen, die »Panzergrenadiere«, taktisch nur defensiv verwendet wurden, was aber den operativen Offensiven des Heeres keinen Abbruch tat. Das taktische Schema war ebenso einfach wie wirkungsvoll:

1. Die *Reiterei* unterhielt einen *ständigen Aufklärungsdienst* im Umkreis des ruhenden oder marschierenden Heeres und fiel bei Annäherung des Feindes auf das Gros zurück.
2. Das *Gros,* das entweder in Gefechtsordnung lagerte oder nun aus der Marschordnung in Gefechtsordnung überging, *bildete eine Wagenburg,* deren äußerer Ring von den »Kampfwagen«, deren innerer von den Transportfahrzeugen gebildet wurde.
3. Die *Sturmtruppen* bezogen Bereitstellung *im Raum zwischen dem inneren und dem äußeren, die Reiterei im inneren Wagenring. Die Verteidigung des äußeren Ringes war Aufgabe der Wagenbesatzungen.*
4. Brach der Angriff im Feuer der Wagenbesatzungen zusammen oder gelangte der Gegner bis auf nächste Entfernung an diese heran, wobei er sich notwendig in Kleingefechte um einzelne Wagen oder Lücken zwischen diesen zersplitterte, dann setzten die *Fußtruppen zum Gegenangriff* an und überrannten den Feind, der seine Gefechtsordnung bereits aufgegeben hatte.

5. Die Trümmer des angreifenden Heeres, die nun zurückwichen, sei es, um sich außerhalb der Reichweite des Abwehrfeuers zur Bildung einer neuen Gefechtsformation zu sammeln, sei es, um das Weite zu suchen, wurden von der ausfallenden Leichten Reiterei erbittert und weithin verfolgt, wodurch die Sammlung zu neuem Gefecht ebenso verhindert wurde wie ein geordneter Rückzug. *Diese Verfolgung bewirkte, daß der erfolglose Angriff auf eine Wagenburg regelmäßig zur Vernichtung der angreifenden Verbände führte.*

Für jeden *Kampfwagen* wurde ein Kommandant bestellt. Die Besatzung bestand ursprünglich aus

- vier Armbrustschützen,
- zwei Gewehrschützen,
- zwei Schildträgern (Pavesnern),

- vier Dreschfleglern,
- vier Spießern und
- zwei bewaffneten Fuhrknechten.

»Wagenburg mit doppelter Linie;   ▷
äußerer Ring: Kampfwagen, innerer Ring: Transportfahrzeuge«

»Marsch der Wagenordnung nach hussitischem Schema« ▽

Ortenburg/Fiedler, Heerwesen . . . I/1 und I/2. Bernard & Graefe, Koblenz 1985. Aus: Hausbuch d. Fürsten Waldegg-Wolfsegg um 1480.

Am Eingang zur Wagenburg

Bildersaal Deutscher Geschichte, 1890. Nach einer Originalzeichnung von Prof. Anton Hoffmann (1863 – 1938) in: Fiedler, Heerwesen..., I/2. Bernard & Graefe, Koblenz 1985.

Diese Zusammenstellung änderte sich, als die Kampfwagen mit kleinen Feldgeschützen (Haufnicen) bewaffnet und diese zu den eigentlichen Trägern des Feuerkampfes wurden. Das war - vermutlich - die erste systematische Verwendung von Geschützen in der Feldschlacht und machte einen entsprechenden Eindruck, und bald bedeutete im militärischen Sprachgebrauch der Ausdruck »Kampfwagen« genau das, was man als »wagengetragenes Feldgeschütz« umschreiben konnte. Das Geschütz rückte in den Mittelpunkt der Kampfkraft der Besatzung, und da diese nicht willkürlich vermehrt werden konnte, wurden die Armbruster und die Pavesner als Geschützbedienungen verwendet. Die Kampfwagen wurden in Gefechtsordnung mit Ketten verbunden, um das von den Angreifern versuchte Auseinanderzerren zu verhindern, und mit kielähnlichen, senkrecht stehenden Bodenbrettern versehen, um das Durchkriechen unmöglich zu machen. Wenn es die Zeit zuließ, wurde die Wagenburg durch Erdaufwürfe verstärkt.

An einigen Kriegszügen Sigismunds gegen die Hussiten, die auch in die Slowakei und damit auf ungarisches Territorium einfielen, nahmen ungarische Kontingente teil. Selbst aus dem Gebiet des Banats von Severin forderte der König Unterstützungskräfte an. Er konnte in der Tat starke Verbände der für die Reichsverteidigung im Südosten vorgesehenen Milizen an sich ziehen, denn mit dem Tode Sultan Mechmeds I. (1421) gelangte das Osmanische

Reich wieder in innere Schwierigkeiten und bürgerkriegsähnliche Auseinandersetzungen. Sultan Murad II., von seinem Vater als Nachfolger eingesetzt, mußte desungeachtet seine ganze militärische Macht zur Behauptung seiner Herrschaft verwenden, die ihm nämlich sein Bruder Mustafa streitig machte, und als Byzanz in die Kriegshandlungen eingriff, stand es so schlecht, daß selbst Gallipoli vorübergehend verloren ging. Murad, der sich durch eine erfolglose Belagerung Konstantinopels zu revanchieren suchte, hatte erst kurz vor 1430 die Möglichkeit, entsprechende Truppenmassen zu sammeln, um sie auf große, wohlverteidigte europäische Festungen anzusetzen. Er nahm 1430 den Venezianern Saloniki ab, das diese erst drei Jahre zuvor Kaiser Johannes VIII. Palaiologos abgekauft hatten.

In den Hussitenkriegen erlangte Corvins Sohn Johannes → János, der nach der Burg seines Vaters Hunyadi genannt wurde, die ersten praktischen Erfahrungen in der Kriegführung. Es ist unbekannt, wann und wie oft er gegen die Hussiten zog, aber es ist gewiß, daß er von ihnen die typische Art ihres kombattanten Stils erlernte, später kopierte und insofern weiterentwickelte, als er, der über viel zahlenstärkere Leichte Kavallerie verfügte, einen wesentlich dichteren und damit besseren Aufklärungsdienst unterhalten konnte. Die Gefahr eines überraschenden Angriffs auf sein marschierendes Heer, der sich letztendlich als wichtigste taktische Maßnahme gegen die Hussiten erwiesen hatte, wurde damit faktisch ausgeschaltet, was ihn in den späteren Kriegen gegen die Osmanen für einen doch erheblichen Zeitraum praktisch unbesiegbar machte, wie seine husitischen Lehrmeister sich als unbezwinglich erwiesen hatten. Sie konnten erst besiegt werden, als die Ultraquisten 1433 mit dem König ihren Frieden zu Prag schlossen, dann auf seiner Seite gegen die Taboriten kämpften und ihnen, von königlich-katholischem Kriegsvolk mit viel Aufwand und wenig Nachdruck unterstützt, 1434 die entscheidende Niederlage von Lipan bereiteten.

Siebenbürgens Geschicke waren engstens mit der Stärke oder Schwäche des Osmanischen Reiches verbunden. Vor dem Tode Sultan Mechmeds I. fiel ein islamisches Heer, das Banat von Severin umgehend, am linken Ufer des Alt ein und besiegte bei Hatzeg → Hátseg den siebenbürgischen Fürsten Csáki Miklos → Nikolaus. In der Folge wurde die Stadt Broos → Orastie niedergebrannt und die Umgebung schwer verwüstet; Bürger und Bauern wurden niedergemetzelt oder in Sklaverei verschleppt; der Feueratem des Krieges fuhr erstmals in ganzer Schrecklichkeit in das blühende Land (1420).

Im nächsten Jahr, noch vor Mechmeds Jagdunfall, der den überraschenden Tod des erst 42-jährigen Großherrn nach sich zog, kamen die rumelischen Reiter wieder. Sie folgten diesmal dem Tal der Jalomita, von den Walachen wie im Vorjahre widerwillig, aber immerhin unterstützt und geleitet, überwanden die Südkarpaten im Raume des Predeal-Passes, verwüsteten die Dörfer des Burzenlandes und nahmen selbst Kronstadt → Braşov, das damals noch unzureichend befestigt war. Kleinere Abteilungen durchzogen während des Sommers nach Belieben das reiche Land, ließen befestigte Städte und

Burgen zwar unbehelligt, plünderten aber die Dörfer schauerlich aus und machten ganze Landstriche menschenleer, die als schreckliche Einöden zurückblieben.

Noch im selben Jahr sah sich König Sigismund genötigt, ungeachtet des durch den Hussitenkrieg gewaltig anwachsenden eigenen Geldbedarfs dem Südosten Siebenbürgens einen großzügigen Steuernachlaß zu gewähren, zuerst für ein Jahr gedacht, bald auf zehn Jahre verlängert. Nun wurden die Städte Siebenbürgens mit höchst beachtlichen Wehranlagen versehen, nun wurden die Kirchen der Dörfer zu Kirchenburgen (Tabors), die Heimstätten des Glaubens und Zufluchtstätten der Bauern vor irdischen Feinden in einem waren, ausgebaut, nun hatte jeder dritte Mann dem Aufgebot zu folgen, nun wurde ein rasches Alarmierungssystem geschaffen, das
- optisch auf den »Kreidfeuern«[2] und
- akustisch auf dem »Sturmgeläut« der Kirchenglocken
beruhte und die Erlassung des Aufgebots, das von das Land durchsprengenden Reitern verkündet wurde, wirksam ergänzte.

1422 machte sich die Krise der osmanischen Zentralgewalt im Grenzraum bemerkbar. Die Walachei revoltierte gegen Johannes Mirceas allzu beflissenen Nachfolger Radu Praznaglava und erhob Dan II. zum Wojwoden, der versuchte, die osmanische Herrschaft abzuschütteln. Er war zunächst erfolgreich und vertrieb die schwachen osmanischen Kräfte, die sich in seinem Fürstentum aufhielten, aus dem Gebiet nördlich der Donau, konnte aber den Brükkenkopf Giurgiu nicht beseitigen. Sein Befreiungsversuch fand begeisterte Zustimmung im Königreich Ungarn, vorab in Siebenbürgen, das ein stattliches Truppenkontingent unter Führung eines Graefen Johannes und des Königsrichters von Hermannstadt, der Andreas hieß, zu seiner militärischen Unterstützung sandte. Allenthalben machte sich Aufbruchstimmung breit, und es wurde erwartet, daß sich König Sigismund nun bereitfinden werde, die große Offensive von 1396 gegen die Ungläubigen zu wiederholen. König Sigismund, dem das von den Hussiten zerfetzte Hemd näher lag als der jenseits der Reichsgrenzen winkende Rock des Osmanenvertreibers, konnte erst 1426 mit einiger Heeresmacht im Grenzraum im Südosten erscheinen und damit in jenem Teil seiner Territorien, den die »schrecklichen Türken ... wie wilde Wölfe überfallen haben« (Nach Zimmermann/Werner/Müller: Urkundenbuch zur Geschichte der Deutschen in Siebenbürgen, IV. Bd., Nr. 1898, Hermannstadt 1897–1902). Mit der Disziplin seiner Truppen stand es nicht gerade gut, und er sah sich veranlaßt zu dekretieren, daß er die Führer der Banderien, wie man die selbständigen Kontingente nannte, persönlich für alle auf Übergriffen ihrer Leute beruhende Schäden verantwortlich mache. Das dämpfte die Kriegsbegeisterung, und als die im Heere des Königs versammelten walachischen Flüchtlinge Restitutionsansprüche erhoben, kam es zu erbitterten Auseinandersetzungen mit jenen Bojaren, die bei Mircea ausgehalten, dann Radu gestürzt und zuletzt Dan erhoben hatten. Darüber zerfiel die ungarisch-walachische Interessengemeinschaft, im – wie zumeist in vergleichbaren Fällen - ungünstigsten Zeitpunkt: Sultan Murads Herrschaft stabilisierte sich, nahm an Glanz und Macht zu, eine Phase neuer Expansion stand bevor.

Im Tributärfürstentum der Serben verstarb 1427 Stefan Lazarowitsch, der seine Pflichten gegenüber der Hohen Pforte stets redlich erfüllt hatte: ihm folgte sein Neffe Georg Brankowitsch, der sich von der osmanischen Vorherrschaft zu befreien suchte. Er überschätzte offenbar die Möglichkeiten König Sigismunds, ihm wirksame Hilfe zu bringen, verlor das feste Golubac[3] an die rasch zuschlagenden Moslems und löste den Feldzug Sigismunds von 1428 aus. Dieser wurde - trotz größten europaweiten Interesses - mit unzureichenden Kräften geführt und endete mit der Niederlage von Golubac, verhinderte aber weitere osmanische Gebietsgewinne im Donauraum.

Trotz der bedrohlichen Lage im Südosten und trotz des zweiten unglücklichen Vorstoßes in das Territorium des islamischen Reiches oder seiner orthodoxen Satelliten mußten Sigismunds Interessen schwergewichtsmäßig dem binnenabendländischen Raum verhaftet bleiben, in dem es turbulent genug zuging. Im Heiligen Römischen Reich sorgten nach wie vor die Hussiten für kriegerische Verwicklungen und erbitterte Auseinandersetzungen, in Frankreich erzielte Karl VII. zwar beachtliche Erfolge und wurde in Reims auch zum König gesalbt (16. Juli 1429), doch schwang sich Herzog Philipp von Burgund durch den Gewinn der Grafschaften Hennegau, Holland und Seeland und der Herzogtümer Brabant und Limburg zum Herrscher einer europäischen Großmacht auf, zerzauste des Königs eben geschneiderten Rock gewaltig, belagerte Compiègne, nahm Jeanne d'Arc gefangen und lieferte sie den Briten aus, und im italischen Raum, wo die Renaissance eben angelaufen war, führten die Stadtstaaten wilde Kriege, in die Sigismund vor allem als König von Ungarn hineingezogen wurde. Für den gefährdeten Grenzraum seiner beiden Reiche blieb keine andere Möglichkeit als der verzweifelte Versuch, nun auch südlich der Donau eine dichte Abwehrzone zu schaffen, die Fortsetzung des Severiner Banats im südslawischen Raum gewissermaßen, wobei aber durch die Zerrissenheit des Gefüges die Verhältnisse noch verworrener waren.

Eine Stütze der königlichen Verteidigungspolitik war die Familie der Grafen von Cilly → Celje, der Sigismunds zweite Gemahlin Barbara (Hochzeit 1406) entstammte. Die Grafschaft hatte sich aus der alten Mark im Sanntal entwickelt. Die Grafen von Cilly hatten schon im 14. Jahrhundert begonnen, intensive Beziehungen in den bedrohten Südostraum zu unterhalten. So war Graf Hermann, Barbaras Vater, mit einer Angehörigen der bosnischen Königsfamilie vermählt, wodurch er in den weiten Kreis der mit König Ludwig d. Gr. Versippten gelangte. Er hatte König Sigismund in den Kämpfen mit dem neapolitanischen Gegenkönig und rebellischen Magnaten mehrfach entscheidende Unterstützung geleistet und zählte seither zu den Stützen des Luxemburgers, durch dessen Ehe mit Barbara, der Halbbosniakin, das schon enge Verhältnis noch weiter gefestigt wurde. Hermanns Sohn Friedrich wurde mit einer Frankopanin vermählt, einer Angehörigen jener großen, ursprünglich römischen Adelsfamilie, die 799 die Statthalterschaft im fränkisch gewordenen Küstenland erlangt hatte und sich seither ihren dominierenden Rang erhalten konnte. Eben erst war dieser allerdings in Frage gestellt worden: Die Frankopanen hatten Gegenkönig Ladislaus von Neapel unterstützt, waren nach dem Verkauf Zadars zu Sigismund übergetreten und hatten dessen – zögernd gewährte – Verzeihung erlangt. Durch die Verbindung zum Hause Cilly hofften sie ihre Stellung im luxemburgischen Lager wieder zu festigen, wie umgekehrt Sigismund damit rechnete, nun ihres Beistandes sicher zu sein.

Andere Anhänger des Neapolitaners verloren Leben oder Besitz oder beides, und aus den freigewordenen Adelsgütern gewann der König eine »Landreserve«, die er mit seinen Getreuen besetzte. Daß Hermann von Cilly dabei nicht zu kurz kam, ist unschwer zu erraten, zumal er durch die Verbindung mit dem mächtigen Hause Frankopan, das in der kroatischen Opposition eine führende Rolle gespielt hatte, beinahe als landsässig zählte und vom kroatischen Adel akzeptiert wurde. Da zu jener Zeit im Heiligen Römischen Reich das mit den Cillyern verwandte Geschlecht der Ortenburger ausstarb und Sigismund seinen Schwiegervater mit dessen überwiegend im heutigen Slowenien gelegenen Besitzungen belehnte, waren unter der Herrschaft Graf Hermanns große Territorien vereinigt, die zum Teil zum Sacrum Imperium, zum Teil dem mit Ungarn vereinigten Königreich Kroatien gehörten. Sigismund verankerte die neugeschaffene, mächtige Ländermasse im Reichsrecht, erhob seinen Schwiegervater in den Rang eines Reichsfürsten und schuf das Fürstentum Cilly, Ortenburg und Zagorien, das im Verteidigungssystem am rechten Ufer der Donau ähnliche Bedeutung erlangen sollte wie das Banat. Südlich davon schob sich das Königreich Bosnien, das seine Selbständigkeit nun schon mehr als ein Menschenalter behauptete, zwischen die Hoheitsgebiete Sigismunds und Murads.

Vorwärts der Territorien des Fürstentums lag ein relativ schmaler Streifen überwiegend serbisch besiedelten Gebiets um Belgrad (Beograd, die Stadt hieß bei den Deutschen Griechisch-Weißenburg, den Ungarn Nádorfehérvár, den Osmanen Belgirad), der zum Königreich Ungarn gehörte, und das osmanische Tributärfürstentum Serbien, dessen Schwergewicht Georg Brankowitsch nach dem Verlust von Golubac donauaufwärts nach Semendria[4] → Smederevo verlegte. Der Serbenfürst strebte nach wie vor aus der osmanischen Herrschaft, und als eine Ermunterung für seine prowestlichen Ambitionen war die von Sigismund protegierte Ehe zwischen einer Brankowitschtochter und dem jungen Ulrich von Cilly, dem Enkel des gefürsteten Grafen Hermann, zu betrachten[5]. Eine andere Brankowitschtochter mußte dem Harem des Großherrn gestellt werden, und nach den Kämpfen um Golubac und der Verlegung des Hofes nach Semendria forderte der mißtrauische Schwiegersohn die Ablieferung zweier Fürstensöhne als Geiseln. Sie wurden vorerst gut behandelt und genossen eine bevorzugte Stellung am Hof von Edirne, waren aber doch Faustpfänder für die Gefügigkeit ihres Vaters.

Obwohl Georg Brankowitsch nicht nur der prekären Situation seiner Kinder wegen nichts sehnlicher wünschte als die Erhaltung des Friedens, begann sich der Wagen der Geschichte wieder in Bewegung zu setzen, bald nachdem Kaiser Sigismund 1437 seine Augen geschlossen hatte. Sein Schwiegersohn Albrecht wurde zum König gewählt: zuerst in Ungarn, dann in Böhmen, zuletzt im Heiligen Römischen Reich. In Ungarn, wo man die Vorteile der Personalunion klar erkannte, die Nachteile aber fürchtete, verlangte man als Gegenleistung für die von den Kurfürsten zugebilligte Genehmigung der Wahl einige Privilegien im Interesse des Königreichs, die man in schöner Selbstverständlichkeit mit den ständischen Interessen gleichsetzte. Die wichtigsten neuen Rechte, die man forderte, waren
1. das Recht zur Wahl des Palatins, dessen Stellung gegenüber dem König erheblich verstärkt wurde, durch die Stände;
2. die Beschränkung des königlichen Rechts zur Erlassung der insurrektio generalis – des allgemeinen Aufgebots – auf den Fall eines feindlichen Angriffs auf das Reichsgebiet;
3. das Verbot, ohne Genehmigung durch die Stände ein fremdes Heer auf ungarischem Territorium zu halten oder über ungarisches Territorium zu bewegen.

Zur selben Zeit – 1438 – hatte Sultan Murad nach Beendigung eines Krieges in Kleinasien, wo die Karamanen wieder einmal zurückgeworfen werden mußten, die Gelegenheit, die Phase des Herrschaftswechsels in Ungarn zur Überprüfung der Selbstverteidigungsfähigkeit des neuen Königs dieser Ungläubigen zu verwenden. Sultan Murad fiel in Siebenbürgen ein, von unwilligem serbischem und walachischem Kriegsvolk unterstützt. Ob der Großherr selbst an diesem Einfall teilnahm, ist umstritten und eher unwahrscheinlich, aber unser alter Bekannter, der anonyme Rumeser Student (s. Bd. 1, S. 13), scheint es angenommen zu haben, denn er schreibt in der (späteren) deutschen Ausgabe seines »Tractatus de ritu et moribus Turcorum« (Cronica. Abconterfayung und Entwerfung der Türkey):

> »Alles das im entgegenkam zerfleischtet er grewlich und leget es gewaltig zu erden in dem im nyemandt keyn widerstand thet.«

Auch Mühlbach, das der Student zu verteidigen gekommen war, kapitulierte. Ein Edelmann aber war widerstandswillig, besetzte einen »thurn« und richtete sich zur Verteidigung ein. Der Student ging mit ihm und erlebte am nächsten Tag den ergebnislosen Ansturm der Belagerer, der begleitet war von

> »ein sollich geschrey der Krieger, geschärr und klappern der Waffen, krachen, stürmen der anlauffenden, als wolt himel und erden brechen in einem augenblick.«

Gegen Abend änderten die Osmanen die Angriffstaktik; während ein Teil den Sturm fortsetzte, schleppte der andere Holz herbei und türmte es auf.

»Das zündeten sie an, kochten und brieten uns, gleich wie brot in einem Ofen. Als wir nun fast all von dem feuer zerschmolzen und tod waren, und sie vernahmen, daß sich niemand mehr in Thurn reget, zerrissen sie das Feuer, fielen zur Thür hinein, ob sie viel leicht yemant halb tod fanden, das sie den erfrischten und erquickten. In dem fanden sie mich halb tod, haben mich gelabet und verkaufft.«

Daß die Dörfer des Mühlbach umgebenden Bezirks, des »Stuhls«, verwüstet wurden und die »siegjauchzenden Glaubenskrieger« schockweise Gefangene einbrachten und als Sklaven verkauften, während die dazu nicht Tauglichen in Masse über die Klinge sprangen, braucht nicht gesondert erwähnt zu werden – und es erübrigt sich auch eine weitere Begründung dafür, daß angesichts dieser Lage im Südosten König Albrecht die Bedingungen der Stände Ungarns sehr rasch annahm.

Letztendlich unverständlich bleiben die Schwierigkeiten, die Ungarns Stände dem Bemühen des Königs zur Bildung einer Offensivarmee entgegensetzten, mit welcher er 1439 donauabwärts vorstoßen wollte. Obwohl die Vorbereitungen für den Feldzug angesichts der Haltung der Stände recht dürftig ausfielen, konnte der Offensivbeginn nicht verschoben werden, weil

- Georg Brankowitsch, dessen unfreiwillige Hilfstruppen beim Einfall in Siebenbürgen nicht die rechte Sterbefreudigkeit gezeigt hatten, in Edirne verräterischer Umtriebe bezichtigt wurde, osmanische Repressalien fürchtete und kläglich um Hilfe schrie und
- die Kirche aus nicht minder triftigem Grund den König bedrängte: Die Unionsverhandlungen in Florenz standen vor dem Abschluß, und Kaiser Johannes forderte stürmisch den Beginn des kombattanten Unternehmens, das auszulösen er letztlich zum Konzil gekommen war.

König Albrecht konnte umfassende Kriegshilfe durch die Serben erwarten, die Fürst Brankowitsch zugesichert und vorbereitet hatte, und marschierte los. Über den Ereignissen des Feldzuges liegt das Dunkel beinahe völligen Informationsmangels; es dürfte zu kleineren Kampfhandlungen mit den rasch auf Semendria vorstoßenden osmanischen Heeresteilen gekommen sein, doch beendeten die im Kriegsgebiet ausbrechenden Seuchen, die da wie dort die Truppen anfielen und schauerlich dezimierten, die militärischen Operationen.

König Albrecht, der den traurigen Rest seiner Armee über Belgrad hinaufführen wollte, wurde selbst von der Krankheit niedergestreckt. Er starb in der Blüte seiner Jahre, knapp zweiungvierzigjährig, eine Zierde spätmittelalterlichen Rittertums und seiner Familie, die er zu neuem Glanz geführt hatte. *Sein Tod löste unmittelbar die Personalunion zwischen dem Heiligen Römischen Reich und dem Königreich Ungarn auf und bewirkte in weiterer Folge Ungarns*

Isolierung als vorgeschobene Bastion des christlichen Abendlandes, die nach heroi-
scher, von ruhmreichen Offensiven begleiteter Selbstverteidigung dem Ansturm des
Islam erlag.

Die deutschen Kurfürsten, deren Länder noch weitab des Geschehens im
Südostraum lagen und die ihre Interessen am Rhein und nicht am Unterlauf
der Donau suchten und fanden, wählten Friedrich V. von Habsburg zum
König des Sacrum Imperium. König Albrechts Witwe Elisabeth erhob für
dessen nachgeborenen Sohn Ladislaus, der Postumus genannt wurde, Erbansprüche auf Ungarn, Österreich und Böhmen. Friedrich von Habsburg, als
deutscher König Friedrich III. und ab nun mit dieser Zählung genannt, erkannte den Anspruch des seiner Vormundschaft unterfallenden Albrechtiden
an und belehnte ihn mit Österreich, wo er selbst die Regierungsgeschäfte
übernahm. Die Durchsetzung des Anspruchs in Böhmen scheiterte am
Widerstand der Utraquisten, als deren Führer sich Georg Podiebrad profilierte, der ab 1451 als Gubernator die Regentschaft führte, 1453 Ladislaus als
König anerkannte, nach dessen Tod (1457) selbst zum König ausgerufen
wurde (1458) und 1471 verstarb.

In Ungarn hatte sich schon in der Zeit zwischen Albrechts Tod und der
Geburt seines Sohnes eine Adelsfraktion gebildet, die sehr energisch darauf
hinwies, daß die ungarische Königswürde sowenig vererblich ist, wie die im
Heiligen Römischen Reich, und die keine Neigung zeigte, einen Säugling
zum König zu wählen. Als passenden Thronanwärter präsentierte man der
Königswitwe Wladislaw III. Jagiello, den jungen König von Polen, damals
knapp sechzehnjährig, und schlug Elisabeth vor, sich zunächst mit ihm zu
verloben, um die ergebenen Anhänger der Luxemburger, der Habsburger
und der Cillyer ruhig zu halten. Elisabeth sagte halb und halb zu, zögerte
aber die Entscheidung hinaus und setzte sich mit ihrem Sohn einmal ins
deutsche Reichsgebiet, in das Herzogtum Österreich, ab.

Der Vorschlag, den Polenkönig zu wählen und mit Elisabeth zu vermählen, kam offenbar von den Magnaten Siebenbürgens, dessen ostwärts vorgeschobene tatarische Mark Moldawien die polnische Oberhoheit nach kurzer
Selbständigkeit ja bereits anerkannt hatte. Das Banat von Severin → Szöreny
war vorerst an den binnenungarischen Spannungen und Fraktionskämpfen
um Krone und Zentralgewalt nicht beteiligt:
János Hunyadi, der eben damals seinem Vater als Banus im Amt des Markgrafen nachgefolgt war, hatte im Entscheidungsjahr 1440 genug Mühe, den
Offensivstoß der Osmanen, der bis vor Belgrads Tore führte, zurückzuweisen.
Für die Familie Brankowitsch hatte die Niederlage des Großherrn schwere
Folgen; die beiden als Geiseln gestellten Fürstensöhne wurden durch Abschneiden der Zungen verstümmelt, und Georg Brankowitsch, der nun un-
verblühmt des Hochverrats bezichtigt wurde, flüchtete nach Ungarn.

Elisabeth hatte von Österreich aus das Vermählungsversprechen widerrufen, Ungarn zur Erbmonarchie erklärt und hielt die Thronfolge ihres Sohnes

für gesichert, als eine der Frauen ihres persönlichen Gefolges es tatsächlich zuwege brachte, die Stefanskrone aus der Plintenburg → Visegrad zu stehlen und auf allerlei abenteuerlichen Schleichpfaden über Rust nach Österreich zu bringen. Die Tat der Eva Kottanerin (auch Kottaunerin), der Gemahlin eines Bürgers von Ödenburg → Sopron, über welche diese sogar einen später veröffentlichten Bericht, eine Art Memoirenwerk, schrieb, wurde zwar am Herzogshof in Wien, der sich für den ungarischen Königshof hielt, gebührend gefeiert, blieb aber doch ohne die erhoffte Wirkung. *Die ungarische Reichsversammlung erklärte in höchst einleuchtender Weise, daß nicht der zufällige Besitz der Krone, sondern der Wille der Nation über die Berufung zum Königsamt entscheide. Wladislaw III. von Polen wurde mit überwältigender Mehrheit zu König Wladislaw I. von Ungarn gewählt und mit einer Ersatzkrone gekrönt.*

Zu seinen bedeutendsten Anhängern zählte nun *János Hunyadi,* der sich von ihm nicht nur als König von Ungarn, sondern auch als Lehensherr Moldawiens eine mächtige Unterstützung im Abwehrkampf gegen die Osmanen versprach. König Wladislaw war zweifellos gut beraten, als er den Banus 1441 zum Wojwoden von Siebenbürgen erhob und die Stadt Belgrad seinem militärischen Befehl unterstellte. Denn damit war die einheitliche Kommandoführung im gesamten Grenzraum gewährleistet. Aber nicht nur militärische, sondern auch politische Gründe sprachen für die Betrauung Hunyadis; letztendlich war der ungarische – und zweifellos magyarisierte – Heerführer und Großwürdenträger der Sohn des geflüchteten walachischen Bojaren Voicu Corvin, der sich um die Aufnahme zahlloser Flüchtlinge ins ungarische Fürstentum Siebenbürgen und die Begründung des Banats von Severin die größten Verdienste erworben hatte. János Hunyadi, den die Walachen seines Gebietes als einen der ihren empfanden und »Sibiniani Jancu« nannten, hatte ihnen gegenüber ein entscheidendes Mehr an Autorität als jeder ungarische Magnat oder jeder deutsche Bürgermeister der sächsischen Städte.

Schon 1442 zeigte sich die Richtigkeit dieser Lösung; im März dieses Jahres, also zu unüblich früher Zeit, fiel eine osmanische Heeresabteilung, die vermutlich zur Gänze aus freiwilligen Akindschis gebildet worden war und den Zweck verfolgte, im Land der Giauren Schrecken und Verwirrung hervorzurufen, ehe die Hauptarmee vorrückte, in Siebenbürgen ein. Hunyadi warf sich mit rasch zusammengefaßtem Kriegsvolk dem Feind entgegen und erlitt am 18. März bei Sintimbru eine empfindliche Niederlage. Trotzdem gelang es ihm, seine versprengten Truppen neu zu sammeln und weitere Kräfte an sich zu ziehen, unter denen besonders das sächsische Aufgebot und die von den Szeklern gestellten Truppen zu nennen sind. Damit setzte er den Osmanen, die sich indessen an die Belagerung von Hermannstadt gemacht hatten, nach und fiel sie schon am 22. März an. Das Treffen endete mit der Vernichtung der osmanischen Kräfte, und Hermannstadt wurde bis Rom berühmt als »Bollwerk, Mauer und Schild der Christenheit«, wie sie Papst Eugen IV. genannt hat. Nach seinem Siege bei Hermannstadt stieß Hunyadi nach Süden vor und erfocht im Raum des Roten-Turm-Passes, den er mit Feldbefestigungen versehen hatte, den zweiten großen Sieg des Jahres, diesmal über eine aus Lehenstruppen und Teilen der Reichsarmee gebildete Streitmacht des Großherrn, die Schahin Pascha, der Beglerbegi von Rumelien, führte. (Hinsichtlich der osmanischen Rangbezeichnungen und Truppenkörper sei auf den Anhang in Bd. 1 verwiesen.)

So hatte Sultan Murad II. in einem Jahr zwei schwere Niederlagen hinnehmen müssen, und der Ruhm Hunyadis, der aus nicht klar ersichtlichen Gründen der »weiße Wojwode« genannt wurde, durchflog das Abendland[6]. Für das nachfolgende Jahr plante der Hof, bei dem er nun einen entscheidenden Einfluß besaß, einen gewaltigen Offensivstoß südlich der Donau, um Serbien und Bulgarien freizukämpfen. Man erwartete die Erreichung des Traumzieles, das schon ganze Generationen waffenkundiger Männer in seinen Bann gezogen hatte und in der Vertreibung der Osmanen aus Europa bestand. Nie war dieses Ziel so nahe gelegen und so erreichbar erschienen wie eben jetzt im Zeichen der Wiedervereinigung der Kirchen. Aus vielen Ländern strömten Kriegsfreiwillige nach Ungarn, um unter Hunyadi die Waffen zu führen.

Die Kreuzzugstimmung, die sich allerorten verbreitete, erfaßte die Herzen der Menschen mit derartiger Macht, das Johannes Giskra, Feldhauptmann in habsburgischem Dienst, der mit einem vorwiegend aus hussitischen Söldnern gebildeten Truppenverband die in Nordungarn gelegene Stadt Kaschau → Kassa besetzt hielt, auf eigene Faust einen Waffenstillstand mit König Wladislaw schloß.

Hier stößt man auf ein sehr wenig rühmliches Kapitel der habsburgischen Geschichte; Elisabeth hatte nach der Krönung des Jagiellonen zum ungarischen König militärische Operationen begonnen, um Ungarn zur Anerkennung ihres Sohnes zu zwingen. Fürstgraf Ulrich von Cilly, von König Friedrich III. zum Erzieher des Postumus bestellt, hatte ebenfalls die Waffen ergriffen und war in Ungarn eingefallen – und der König des Heiligen Römischen Reiches hatte dies gestattet, ohne auf die bedrängte Lage Ungarns durch die Aggressionen des gemeinsamen Feindes der Christenheit, des Großherrn der Osmanen, auch nur die geringste Rücksicht zu nehmen. Während Ulrich von Cilly Westungarn gehörig ausplünderte und die Städte Güssing → Nemetujvár, Güns → Köszeg und Raab → Györ zwar bedrohte, aber nicht zu nehmen vermochte, brachte Giskra einen beachtlichen Teil der heutigen Slowakei in Elisabeths Besitz. 1442 war Elisabeth bei einem Festmahl im Hause des Cillyers in Wien überraschend verstorben, aber König Friedrich befahl die Weiterführung der Operationen, die ganz eindeutig ein Verrat an gesamtabendländischen Interessen waren. Giskra aber hatte den Wechsel in seiner Dienstherrschaft zum Abschluß des Waffenstillstands genützt, noch ehe er durch eindeutige Befehle seines neuen Kriegsherrn zur Fortsetzung der Kämpfe genötigt worden wäre. Teils deswegen, teils aber auch, weil der sehr unkönigliche deutsche König durch die Lage in Böhmen, wo ein neuer Aufstand drohte, und durch die in der Schweiz, wo sich die Stadt Zürich und die mit Schwyz verbündeten Gemeinden tatsächlich in die Haare fuhren, abgelenkt wurde, kam es zur Einstellung der Kämpfe in Ungarn. Ein relativ schmaler, dem Herzogtum Steiermark vorgelagerter, dem heutigen Südburgenland entsprechender Gebietsstreifen ging als eher beschämender Gewinn in habsburgischen Besitz über, war aber mit dem weitestgehenden Verlust jedweder Sympathie für den Albrechtiden – auch und gerade unter der deutschsprachigen Bevölkerung Ungarns – wohl zu teuer bezahlt.

Im Jahre 1443 konnte der Krieg gegen die Osmanen mit allen mobilen Kräften Ungarns, verstärkt durch starke polnische Aufgebote und Freiwillige aus aller Herren Länder, unter günstigsten Vorzeichen begonnen werden. Formell führte der junge König den Oberbefehl, tatsächlich übte Hunyadi die Befehlsgewalt aus. Bei Belgrad setzte er über die Donau, und der Vormarsch ging bis Semendria zügig vonstatten. Dann folgte man dem Flußlauf der Morava bis zur Einmündung der Nišlava und stieß nišlavaaufwärts bis Nisch → Niš vor, das einstmals Naissus geheißen hatte und die Geburtsstadt Konstantins d. Gr. gewesen war. Sultan Murad hatte das Gebiet zum Sammelraum seiner Armee bestimmt, doch war das christliche Heer rascher zur Stelle als die zeitliche gestaffelt eintreffenden osmanischen Verbände, die relativ einfach zum Kampf gezwungen und schwer geschlagen wurden. Die Stadt selbst fiel Hunyadi wie eine reife Frucht in den Schoß, und er machte sich ohne Verzug an die Verfolgung der nišlavaaufwärts fliehenden Trümmer des Gegners. Dann ging es über den Dragomansattel in Richtung Sofia. Das bergige, unwegsame Gelände erschwerte das Weiterkommen vor allem der mitgeführten Kampfwagen, die sich im Gefecht glänzend bewährt hatten, und der Troßfahrzeuge, denn die doch um die 50 000 Mann zählende Armee konnte aus dem Lande nicht versorgt werden und war gezwungen, große Mengen an Versorgungsgütern mitzuführen. Sofia wurde nach schwachem Widerstand genommen, und weiter ging es, zunächst durch wüstes Bergland, bis das Tal der Maritza erreicht wurde. Das nächste Ziel der Offensive war Plovdiv, das alte Philippopel, das bei den Osmanen Filibe hieß und beinahe die Hälfte der Strecke Sofia – Edirne, damals die großherrliche Residenzstadt, markiert.

Die Bedrohung der rumelischen Hauptstadt ließ die Osmanen zu verzweifelten Verteidigungsmaßnahmen greifen. Ein aus Sicherungstruppen, verfügbaren Reserven, Festungsbesatzungen und den Trümmern der bei Nisch geschlagenen Verbände bunt zusammengewürfeltes Heer warf sich den Angreifern bei Jalowac entgegen und leistete erbitterten Widerstand. Es entspann sich die blutigste Schlacht des ganzen Feldzuges; Hunyadi errang den Sieg nur mit äußerster Mühe und unter schweren Verlusten. Diese reduzierten allerdings kaum die ursprüngliche Zahlenstärke seiner Armee; nach der Eroberung von Nisch waren serbische, nach der Gewinnung von Sofia bulgarische Freiwillige in ganzen Scharen zu ihm gestoßen, und vor dem Tage von Jalowac betrug seine Kämpferzahl beinahe das anderthalbfache der Heeresstärke, die er über die Donau geführt hatte. Ein schlimmer Herbst, der nahtlos in einen frühen Winter überging, zwang Hunyadi, seine Verbände im Raum Plovdiv in Winterquartiere zu legen; er plante die Fortsetzung der Offensive für das kommende Frühjahr, und er konnte erwarten, um Ostern in Edirne zu stehen.

In der Tat befand sich das Osmanische Reich gegen Jahresende 1443 vor dem völligen Ruin. Zur glücklosen und verlustreichen Kriegführung gegen Ungarn kam der Aufstand des Georg Kastriota, der Iskender Beg (auch Skanderbeg) genannt wurde und als der große albanische Freiheitsheld in die Geschichte einging. In seinem Lebenslauf und in seinem Wirken erinnert er an Arminius, den Cheruskerfürsten. Georg Kastriota war Sohn eines vermutlich epirotischen oder montenegrinischen, jedenfalls aber graecisierten Landadeligen, der etwa zwanzig Jahre zuvor die osmanische Oberhoheit anerkennen und seinen Sohn als Geisel nach Edirne stellen mußte. Er wurde im Islam erzogen und als Jüngling in die Gardereiterei aufgenommen, stieg rasch in den Offiziersrang auf und hieß Iskender Beg. Als der Ungarnkrieg die Mobilisierung auch der verfügbaren Hilfstruppen notwendig machte, mußte sein Vater 300 Reiter zum Heer entsenden, die Georgs Neffe, der noch sehr jugendliche Sohn seiner Schwester, führte. Der osmanische Führungsstab bestellte nun den – sagen wir – Major der Gardekavallerie Iskender Beg zum Kommandeur des kastriotischen Hilfskontingents, weil man annahm, daß die Truppe dem Sohn ihres Herrn leichter und lieber gehorchen werde als irgendeinem anderen osmanischen Offizier. Ob Iskender Beg schon länger mit dem Gedanken gespielt hatte oder ob es sich um die Verwirklichung eines spontan gefaßten Entschlusses handelte, ist ungewiß – gewiß aber ist, daß er insgeheim wieder zum Christentum übertrat. Bald darauf verließ er mit seinen Reitern das Heer des Großherrn, setzte sich in seine Heimat ab und entfesselte dort einen Volkskrieg, in dem er gegen die zahlenschwachen und nicht besonders kampfstarken Besatzungstruppen, die ihre feldtauglichen Verbände längst an die bei Jalowac zusammengeraffte Defensivarmee hatten abtreten müssen, spektakuläre Erfolge erzielte. Nach wenigen Wochen schon war beinahe das ganze heutige Albanien osmanenfrei, und Iskender Beg, dessen Namen die Täler durchflog, befehligte nun eine Rebellenarmee von etwa 12 000 Mann.

Doch damit war der Kelch der Leiden für Sultan Murad noch nicht geleert. Aus Anatolien wurde gemeldet, daß die Karamanen unter dem Eindruck der Nachrichten vom Kriegsschauplatz Balkan wieder einmal in Kriegsbegeisterung verfallen waren und einen Einfall in osmanisches Hoheitsgebiet für das Frühjahr planten, um uralte Rechnungen zu dem für sie günstigen Zeitpunkt zu präsentieren. Das bedeutete nicht mehr und nicht weniger, als daß die anatolische Lehensreiterei nicht über die Meerengen geführt werden konnte, um die rumelischen Heeresteile zu verstärken, sondern in Kleinasien belassen werden mußte.

Im Laufe des Monats Dezember ereignete sich aber im Lager der Ungarn etwas, das Hunyadi veranlaßte, Plovdiv zu räumen und den Rückmarsch anzutreten. Der Grund für den gefährlichen und verhängnisvollen Entschluß ist nicht bekannt, muß aber ein äußerst schwerwiegender gewesen sein, denn der weiße Wojwode war ein erfahrener Krieger und wußte recht gut, was es bedeutete, einige Zehntausendschaften unter winterlichen Verhältnissen über ein wildes und unwirtliches Bergland zu führen. Der osmanischen Heeresleitung, die durch Leichte Reiterei ständig mit dem Gegner Fühlung gehalten hatte, blieb die überraschende Rückwärtsbewegung des Heeres, das während der schönen Jahreszeit Sieg auf Sieg erfochten hatte, nicht verborgen. Sie raffte an Kavallerie zusammen, was immer vorhanden war, und machte sich an die energische Verfolgung. Am 24. Dezember prallten die Osmanen auf die Nachhut des christlichen Heeres, die Georg Brankowitsch führte, und erlitten schwere Verluste. Einzelheiten des Kampfverlaufs sind nicht bekannt, doch deutet die Gefangennahme des osmanischen Kommandanten, der ein Schwager des Großherren war, darauf hin, daß die Verfolger in einen klug gelegten Hinterhalt gerieten und zur Waffenstreckung gezwungen wurden. Von weiteren Rückzugsgefechten ist nichts bekannt, und János Hunyadi brachte sein Heer sicher nach Hause – eine Meisterleistung.

Kaum waren die heimatlichen Winterquartiere bezogen und die Verfügungen zur Aufnahme jener serbischen und bulgarischen Kriegsfreiwilligen, die beim Heere geblieben waren und nun nicht unter osmanische Herrschaft zurückkehren wollten, getroffen, erschienen Emissäre des Großherrn am Hofe des Königs, um Verhandlungen über einen offiziellen Waffenstillstand anzubieten. Und das war in der Tat sensationell: *Es war das allererste Mal, daß sich das osmanische Reich entschloß, mit einer westchristlichen Regierung in Verhandlungen zu treten.* Die Verhandlungen wurden aufgenommen und durch einen Vertrag abgeschlossen, der für eine Frist von zehn Jahren gelten sollte. Beide Parteien verpflichteten sich durch heilige Eide, für diese Zeit militärische Aktionen zu unterlassen. Die Walachei wurde formell aus der osmanischen Oberhoheit entlassen und der Krone von Ungarn unterstellt. Georg Brankowitsch wurde die Heimkehr nach Serbien und die Wiederaufnahme seiner Herrschaft unter den früheren Verpflichtungen gestattet; den Serben, die sich ihm angeschlossen hatten, wurde Straffreiheit zugesichert. Für die Bulgaren ist ein ähnlicher Generalpardon anzunehmen, der vermutlich auch mündlich und eidlich zugesichert wurde, weil die Osmanen der Reputation wegen kein Interesse daran hatten, urkundlich festzuhalten, daß auch die Bulgaren gegen sie aufgestanden waren. Ferner wurden wegen einiger Grenzfestungen von lediglich regionaler Bedeutung Vereinbarungen getroffen, die dem ungarischen Standpunkt voll Rechnung trugen, und zuletzt wurde der Austausch der Gefangenen vereinbart.

Für die Beendigung der kombattanten Aktionen traten im Hoflager zu Szeged mit Vehemenz jene ein, denen in den bisherigen Kämpfen eine führende Rolle zugefallen war und an deren Spitze János Hunyadi und Georg Brankowitsch standen. Als der Vertrag endlich unter Dach und Fach war, erhob sich sogleich massive Kritik, die vor allem von jenen erhoben und ätzend formuliert wurde, die sich an der bisherigen Kriegführung nicht beteiligt und diese aus sicherer Entfernung beobachtet hatten. Da waren zunächst einmal die ungarischen Stände, berauscht vom Glanz der Siege, die andere erfochten hatten, wobei sich ihre Leistungen auf finanzielle Zuwendungen beschränkten. Sie meinten offenbar, daß die Investitionen noch keinen entsprechenden Ertrag gebracht hätten. Sie warfen dem König und seinem Heerführer Unentschlossenheit sowie schlappe Haltung vor. Höchst verärgert reagierte Papst Eugen IV., für den der Krieg des Ungarnkönigs ein gesamtabendländischer Kreuzzug gewesen war, obwohl er zu diesem ebensowenig einen Beitrag geleistet hatte wie irgendeine westchristliche Regierung; er verwies auf die große Zielsetzung der Vertreibung der Moslems aus dem Südosten Europas. Selbstredend gab es auch gleich westliche Staaten, die beteuerten, nur zu gerne am Kriege teilgenommen zu haben, wenn man sie dazu nur aufgefordert hätte, und die versicherten, bei der Fortsetzung der Kämpfe große Hilfsheere zu entsenden, wobei sich vor allem Venedig und Burgund hervortaten. Geradezu schockiert war König Friedrich III., dem die Lösung der Ungarn aus dem Clinch mit den Osmanen die Möglichkeit nahm, 1444 die Operationen mit seinen eigenen schwachen Kräften gegen König Wladislaw erneut zu beginnen und sich dabei noch einige Stücke des ungarischen Territoriums abzusäbeln. In der Tat war sein unverhohlener Aggressionswille ein maßgeblicher Grund für die ungarische Staatsführung, den Krieg gegen die Hohe Pforte zu beenden, da sie weitere habsburgische Aktivitäten fürchtete und diesen keinen aussichtsreichen Widerstand entgegensetzen konnte, wenn ihre militärischen Kräfte im Südosten gebunden waren. Es kostete die päpstliche Diplomatie viel Mühe, Friedrich soweit zu bringen, daß er offiziell erklärte, für den Fall der Fortsetzung des ungarischen Krieges gegen den Erzfeind der Christenheit die Waffen nicht gegen den Jagiellonen zu erheben. Zum Abschluß eines Waffenstillstandes war er nicht zu bewegen, da er jedes Ungarn betreffende Übereinkommen mit dem König von Polen als dessen Anerkennung als König von Ungarn ansah. Es läßt sich vermuten, daß im Hintergrund des kurialen Erfolges Aeneas Silvius Piccolomini stand, der sich damals schon vom Baseler Konzil gelöst hatte, ein vom Habsburger hochgeehrter Dichter war und in der kaiserlichen Hofkanzlei als Sekretär beschäftigt wurde.

Sultan Murad II. hingegen zeigte große und ungeteilte Freude, daß es ihm gelungen war, den unglücklichen Ungarnkrieg zu beenden. Er verlegte die Masse der Reichsarmee ohne Verzug nach Anatolien und schreckte die Karamanen dermaßen, daß sie es vorzogen, die angelaufenen Kriegsvorbereitungen abrupt zu unterbrechen. Nun war die drohende Katastrophe abgewehrt, nun schien das Reich beinahe die frühere Festigkeit und Stärke erlangt zu haben – und nun war, wie der Großherr wähnte, der rechte Augenblick gekommen, um die Stellung an der Spitze des Reiches in aller Ruhe und Ordnung an seinen noch kindlichen Sohn Mechmed zu übertragen und sich selbst in ein beschauliches Pensionistendasein zurückzuziehen. Die Regierungsgeschäfte besorgte der Großwesir Halil (auch Khalil) Pascha, der dieses Amt schon seit dem Tod seines Vaters Ibrahim Pascha (1429) innegehabt hatte, und dessen erster Ratgeber war wie bisher der berühmte Gelehrte Chosrew Molla (auch Mullah), eine Zierde der islamischen Rechtswissenschaft. Beide Männer waren Freunde des Friedens und Träger der Überzeugung, daß das Reich zur inneren Festigung eine Periode der Ruhe dringend nötig habe, um die Behebung der Verschleißerscheinungen, die Hunyadis großer Feldzug offengelegt hatte und zu denen der noch anhaltende Aufstand Iskender Begs gehörte, mit Bedacht und Sorgfalt vornehmen zu können.

Im Frühsommer des Jahres 1444 war in Edirne ein neuer Geist eingekehrt, der Ruhe wollte und Frieden atmete. Der Staat, den er erfüllte, war noch der alte, man ist versucht zu sagen archaische Staat, den Sultan Orkhan vorzeiten gegründet. Seine soziologische Basis war noch die Masse der mit Bauernhöfen belehnten Türken, die Nachkommen von Ertoguls turkmenischen Wandergefährten waren, und seine Würdenträger standen entweder in wenngleich sehr weit entfernten verwandtschaftlichen Beziehungen zum Hause Osman oder gehörten zu den Nachkommen jener Gruppe von »Landadeligen«, die durch Übertragung von größeren Landgütern, Siamets genannt, ausgezeichnet worden waren. Die Zahl der Lehen, sowohl der Timars als der Siamets, war entscheidend vermehrt worden. Dies entsprach den Bedürfnissen der steigenden Bevölkerungszahlen ebenso wie die Masse des eroberten Landes, aber die Grundstrukturen des gesellschaftlichen Gefüges waren unverändert geblieben.

Sie sollten weiterhin unverändert bleiben, so wollte es Murad, der sich in seinen prachtvollen Alterswohnsitz bei Magnesia in Anatolien zurückzog, um den Rest seines Lebens in Allah wohlgefälliger Weise zu verbringen, und so wollten es Halil Pascha, der Bewährte, und Chosrew Molla, der Weise, die für den kleinen Mechmed die Regierungsgeschäfte führten. Was dieser wollte, das war wenig interessant; das Leben, das er in Prunk und Pracht des Hofes führte, wies ihn als etwas schwärmerischen Jüngling aus, der die schönen Künste liebte, gerne den Worten der Gelehrten und Dichter, die sein Vater in die Residenz gezogen hatte, lauschte und sich bemühte, außer den Sprachen der islamischen Welt auch jene der Antike zu lernen, wobei er es im Lateinischen soweit brachte, daß er beispielsweise die Schriften Caesars im Urtext lesen konnte. Wäre er nicht, wie alle seine Vorfahren, ein begeisterter und eifriger Jäger gewesen, hätte man ihn für einen strebsamen Stubenhocker halten können. Aber er paßte auch so vortrefflich in das Konzept von der friedlichen Zukunft einer saturierten, agrarischen Gesellschaft, die sich eben anschickte, die Früchte des großteils schon ererbten Wohlstandes in Ruhe zu genießen.

SCHEMATISCHE DARSTELLUNG der Fürstentümer am Unterlauf der Donau in der ersten Hälfte des 15. Jahrhunderts

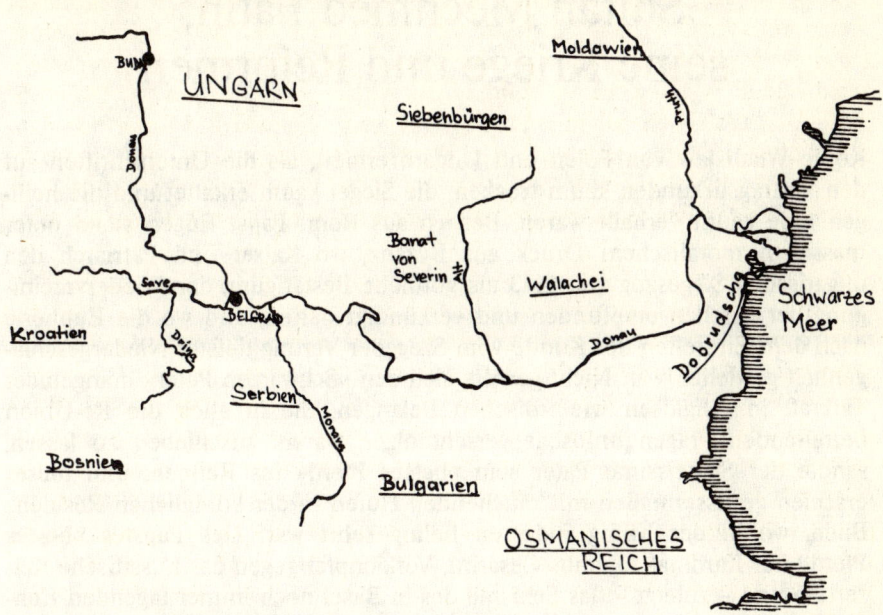

Bemerkungen: Wegen der wiederholt wechselnden Grenzen und Unterstellungsverhältnisse sind diese nicht verzeichnet.

Zu Ungarn gehörten
- ganzzeitig Siebenbürgen und Kroatien
- temporär Banat von Severin, Moldawien und die Walachei

zum Osmanischen Reich
- ganzzeitig Bulgarien, Serbien und
- temporär die Walachei

2. Kapitel:
Sultan Mechmed Fatih,
seine Kriege und Reformen

König Wladislaw von Polen und Ungarn erhielt, als die Unterschriften auf den Vertragsurkunden kaum trocken, die Siegel kaum erkaltet und die heiligen Eide kaum verhallt waren, Besuch aus Rom. Papst Eugen stand unter massivem moralischem Druck aus Byzanz, wo Kaiser und Patriarch den ungarischen Siegeszug von 1443 als göttliche Bestätigung der Wiedervereinigung der Kirchen empfunden und verkündigt hatten, und wo die Euphorie nach dem Eintreffen der Kunde vom Szegeder Vertrag tiefster Niedergeschlagenheit gewichen war. Nicht gewillt, sich den »Schwarzen Peter« mangelnder Tatkraft in religiösen wie irdischen Belangen, die in allen die Re-Union betreffenden Fragen unlösbar verschmolzen waren, zuschieben zu lassen, sandte der Sanctissime Pater sein »bestes Pferd« ins Rennen, und dieses erschien gewissermaßen mit rauchenden Hufen in der königlichen Residenz Buda, wohin der König indessen heimgekehrt war. Des Papstes »bestes Pferd« war Kardinal Julianus Cesarini, Vorkämpfer gegen das hussitische Ketzertum und – zuletzt – das Schisma des in Basel noch immer tagenden Konzils, ein Feuergeist von blendender Rhetorik, umfassender Bildung und logischer Interpretationsfähigkeit, der vor seiner Berufung in das Kardinalskollegium Professor für Kirchenrecht an der Universität Bologna gewesen war.

Der Kardinal sprach zum König. Er sprach von der Gnade Gottes und von der Bedrängnis der rechtgläubigen Gemeinschaft, er sprach von der Verantwortung jedes Christgläubigen und besonders jener, die durch göttliche Fügung in den Besitz einer Krone gelangten. Er sprach vom Rittertum und vom Glaubenseifer, er sprach von der Rettung des wahren Glaubens und von der Unbesiegbarkeit des erprobten und kühnen ungarischen Heeres. Er sprach vom Ruhm und von der Macht der Fürsprache des Papstes, von den ewigen Freuden des Himmels, die den von ihm Gesegneten erwarten, und von den Pforten der Hölle, die den von ihm Verfluchten aufnehmen.

Jedes Wort entstammte der Vorstellungswelt des zwanzigjährigen Königs, der am extrem, ja geradezu fanatisch katholischen polnischen Hof mit aller Sorgfalt auf das Amt des christlichen Königs vorbereitet worden war. Jede Anspielung traf genau programmierte Saiten seiner Seele, ließ sie in mächtigem Akkord erdröhnen, jedes Bild entsprach nach Inhalt wie Detailausführung genau den tausendfach verwendeten Schablonen, die der mittelalterlichen Menschheit Herzen seit Jahrhunderten in ihren Bann schlug.

Ungarns Stände jubelten, der König wurde weich und wankend, János Hunyadi grollte und war doch machtlos: Er konnte dem Kardinallegaten nicht entgegentreten. Behutsam brachte er den deutschen König ins Spiel –

Cesarini konterte mit der von diesem beeideten Waffenruhe. Es ist ein heiliger Eid, undenkbar, daß ihn der Habsburger bricht.

Ein heiliger Eid, ein heiliger, sinnierte der König. Und damit ein Eid von derselben Art, wie er Sultan Murad geleistet. Er dachte es nicht nur, sondern er sagte es auch. Und es war sein bitterer Ernst, denn immerhin: Er war Ritter und er war König. Sein feierlich gegebenes Wort schon war unverbrüchlich, und er hatte mehr als sein Wort gegeben. Er hatte es beschworen, feierlich, in aller Form, auf das Evangelium; er scheute die Sünde, den Eid zu brechen.

Sünde, erklärte nun Cesarini in der vollen, hochmütigen Überlegenheit des gelehrten Interpreten der religiösen Wahrheit, ist der Bruch eines auf die Bibel geleisteten Eides nur dann, wenn die Bibel für den, dem er geleistet wird, ebenso ein heiliges Buch ist wie für den, der ihn leistet. Dies trifft aber für den Großtürken, der ein verfluchter Heide und ein Feind des wahren Glaubens ist, nicht zu. Und daher kann ein derartiger Eid keine verbindliche Wirkung erzeugen, und es ist im Gegenteil seine, des christlichen Königs, heilige Pflicht, ihn zu vergessen. Ob er die Sünde schwerster Pflichtverletzung, die seine Seele dem Satanas zuspielen werde, begehen wolle, sei seine höchstpersönliche Sache, die er dem eigenen Gewissen folgend zu entscheiden habe. Denn er, und nur er werde den Entschluß dereinst vor Gottes Gericht zu verantworten haben.

Der König brach ins Knie, wenn schon nicht körperlich, so zumindest seelisch, – und Hunyadi bekam den Befehl, erneut zu mobilisieren. Die Kriegstrommel dröhnte durch Ungarn, die Aufgebote wurden erlassen, die Werbestellen für Kriegsfreiwillige öffneten ihre Pforten. Sonderkuriere sprengten nach Krakau, die polnischen Ritter sammelten sich, dem Befehl ihres Königs gehorsam, ganz Osteuropa geriet in Aufbruchstimmung. Der neue Kreuzzug warf seine Schatten voraus, und sie fielen weit, weit nach Süden. In Byzanz triumphierte der Kaiser, der Patriarch hielt Festgottesdienste ab, an denen die Masse der Gläubigen nicht teilnahm, dann hielt alles den Atem an und wartete, wartete auf den Vormarsch des ungarisch-polnischen Heeres. Venedig hatte seine großen Hilfszusagen vergessen, auch Burgund schickte kein Heer, und König Friedrich sann auf Mittel, die Kriegsfreiwilligen, die nach Ungarn strebten, ohne Gewaltanwendung zurückzuhalten.

Die große Offensive begann erst spät im Jahr, im September, denn solange hatte es gedauert, bis die Truppen versammelt waren und die Heeresausstattung beschafft werden konnte, die vor allem aus 2 000 Wagen bestand, von denen etwas mehr als die Hälfte Kampfwagen, der Rest aber Troßfahrzeuge waren. Moderne Autoren kritisieren gelegentlich die Zahl der Wagen, die samt und sonders als Troßfahrzeuge bezeichnet werden; sie sehen damit an einem Element der hunyadischen Kriegführung vorbei, und sie bezeichnen auch die ritterlichen Kataphrakten, gegen 16 000 Mann, als den »Kern des Heeres«, was ebenso fehlerhaft ist. Die Kriegführung hatte sich einen entscheidenden Schritt weiterentwickelt, und die ritterlichen Kontingente waren zu Heeresteilen von problematischem Wert geworden, wie sich eben in den Kriegen gegen die Eidgenossen und die Hussiten gezeigt hatte.

Im Osmanischen Reich löste die Nachricht vom Bruch des Waffenstillstandes böse Unruhen aus, die im Aufstand der Janitscharen von Edirne gipfelten. Durch Umstürzen der Kochkessel lösten sie die – theoretische – Hausgenossenschaft mit dem Großherrn, plünderten sodann den Basar, wo sie die Marktaufseher erschlugen, und wandten sich danach gegen den Palast des Sultans, überrannten die Wachen und brachten beinahe auch den Kapu Aga, den Obersthofmeister um, der sich ihnen entgegenstellte. Sultan Mechmed war abwesend; er befand sich auf der Jagd in der Umgebung der Stadt, erhielt die Nachricht vom Verhalten seiner Militärsklaven durch verschreckte Boten und sprengte sogleich an den Ort des Geschehens, um die Truppe durch sein persönliches Eingreifen zur Disziplin zurückzuführen. Er mußte erkennen, daß seine Autorität auf recht schwachen Beinen stand: Die Meuterer umschlossen ihn, hinderten ihn am Betreten des Palastareals und brüllten ihn, als er ihnen die Freigabe des Weges befahl, einfach nieder. Anwesende Janitscharenoffiziere, die eifrig mitrebellierten, verschafften sich soweit Gehör, daß sie ihrem Obersten Befehlshaber mitteilen konnten, daß – angebliche oder echte, was bis heute nicht geklärt ist – Soldrückstände unmittelbar Anlaß der Unruhen sind. Der Sultan gelobte, dafür Sorge zu tragen, daß der Rückstand sogleich bezahlt werde, worauf er in seinen Palast heimkehren durfte, den die Janitscharen gleich danach räumten. Der Aufstand war damit aber nicht beendet; die Janitscharen hielten das Palastareal umschlossen. Der Großherr war faktisch ihr Gefangener.

Halil Pascha, der mehrfach erfolglos versucht hatte, die aufgeregten Truppen zur Aufgabe der Meuterei zu überreden und dem keinerlei Machtmittel zur Verfügung standen, sie mit Gewalt zur Ordnung zu zwingen, war ebenso hilflos wie sein jugendlicher Großherr, und auch Chosrew Molla, der große Jurist, wußte keinen tauglichen Rat. Das Gesetz des Handelns war in die Hände der rebellierenden Prätorianergarde des islamischen Reiches gefallen. Und diese war es, die Forderungen zu stellen hatte, die der Hof wohl oder übel erfüllen mußte. Es dauerte einige Zeit, bis sich die Janitscharen auf eine einzige Forderung geeinigt hatten, die sie dem Großherrn in einfachster Formulierung bekanntmachten:

»Wir wollen deinen Vater zu unserem Herrn. Nur ihm werden wir dienen, solange er lebt.«

Die Forderung war maßvoll und grundvernünftig, ihre Annahme rettete das Reich. Es bedurfte wohl des vielerfahrenen und ruhmbedeckten Murad, um das siegeszuversichtliche Heer, das unter der Führung des großen János Hunyadi das Donautal herabgezogen kam, zurückzuwerfen. Murads Traum vom geruhsamen Alter allerdings, dessen Verwirklichung noch nicht einmal richtig begonnen hatte, blieb einer der vielen unerfüllten Träume von einem diesseitigen Paradies.

Mechmed II. dankte zugunsten seines Vaters ab und wurde zur Vervollständigung seiner Ausbildung zum Beglerbeg von Amasia, einer anatolischen Provinz im Grenzraum gegen das immer noch bestehende orthodoxe Kleinkaiserreich Trapezunt, ernannt. Er lebte die nächsten Jahre ruhig und unauffällig. Die Zeit, die ihm seine Amtspflichten und seine Studien ließen, verbrachte er jagend oder träumend. In seinem Geiste reiften damals die meisten der Pläne, die er später zur Verwunderung oder auch zum Entsetzen seiner Umwelt zu realisieren begann. Den Janitscharen aber vergaß er seinen Sturz nie, wie er auch den Großwürdenträgern aus den »alten Familien« niemals vergaß, wie rasch sie ihn fallen lassen hatten.

Hunyadis Marsch ging zügig voran. Das christliche Heer hatte bei Orsova die Donau überquert und stieß am rechten Ufer über großteils ebenes, jedenfalls aber übersichtliches Gelände vor. Der Wojwode zielte dabei darauf ab, bei Varna die Küste des Schwarzen Meeres zu erreichen und dann, nach Süden einschwenkend, das schwer passierbare Bergland des Balkangebirges zu umgehen. Vermutlich wollte er aus dem Raum Burgas ins Tal der Tundscha gelangen und diesem bis zur Einmündung in das Tal der Maritza folgen. Die Vereinigung der beiden Täler vollzieht sich unmittelbar vor den Toren Edirnes.

Das Vorhaben war schon aus dem Ansatz der Bewegungen erkennbar; der kriegserfahrene Sultan Murad warf die rumelische Lehensreiterei und alles, was er sonst an schnellen, also berittenen Truppen verfügbar hatte, in den Raum Varna mit dem Auftrag, die Bewegungen des Feindes zu beobachten und nach Möglichkeit zu behindern, sich aber auf kein größeres Treffen einzulassen, bis er mit der Masse des Heeres bei Varna eintreffe. Es war ihm klar, daß den Wagenburgen der Ungarn, deren taktische Bedeutung man im Vorjahr kennengelernt hatte, wenn überhaupt, so nur mit Infanteriekräften beizukommen war, und also durfte eine Schlacht ohne Infanterie nicht geschlagen werden.

Sultan Murad war sich augenscheinlich auch klar darüber, daß seine Erfolgsaussichten durch entsprechende Geländeverstärkungen, die 1396 entscheidend zum Siege seines Großvaters Bajasid über König Sigismund beigetragen hatten, erheblich verbessert werden konnten. Der Transport des schweren Pioniergerätes in den geplanten Kampfraum, auf das »Schlachtfeld«, schuf allerdings Probleme, die kaum lösbar schienen: Es gab noch nicht die Traintruppe der auf das Transportwesen spezialisierten Toparadschis (s. Bd. 2, S. 377, Tafel III), und mit Hacken, Schaufeln und ähnlichem Kleinwerkzeug, das der einzelne Piyade tragen oder das auf Lasttieren transportiert werden konnte, waren jene Erdmassen, die letztlich ja einen, wenn auch notdürftigen Schutz vor dem Feuer der Haufnicen gewähren sollten, in der knapp bemessenen Zeit nicht zu bewegen. Die Frage der benötigten

Transportmittel löste der Großherr nun in ebenso eigenwilliger wie unkonventioneller, aber höchst erfolgreicher Art: *Er mietete eine abendländische Flotte – die Orientflotte der Stadt Genua.*

Es ist in historischen Darstellungen nachgerade üblich, den Genuesen hier Verrat an den Interessen des christlichen Abendlandes nachzusagen und den politisch tonangebenden Großkaufleuten der Stadt unangemessene Geldgier vorzuwerfen. Das entspricht durchaus den heute gebräuchlichen, vordergründigen Beurteilungsgrundsätzen, die vom jeweiligen Tagesgeschehen ausgehen, ohne der Frage, wie es zu diesem kam, die notwendige Beachtung zu schenken. In der Tat fuhren die Genuesen nicht der – durchaus nicht knapp bemessenen – Schiffsmiete wegen, sondern weil die Stadt das dankbarste Pressionsobjekt war, das sich überhaupt denken läßt.

Genua, die stolze Seestadt an der ligurischen Küste, raufte – und das schon seit geraumer Zeit – mit dem Pleitegeier, der sich seit dem großen Sieg Venedigs in der Seeschlacht von Chioggia (1380) nicht mehr vertreiben ließ. Zu Beginn des 15. Jahrhunderts war die Stadt durch die aggressive Expansionspolitik der Herzöge von Mailand schwer belastet worden, wurde im zweiten Mailändischen Krieg (1431–1433) sogar von den Truppen Viscontis besetzt und lag derart am Boden, daß die alte Rivalin Venedig eine starke Kriegsflotte ins ligurische Meer entsandte, um die Mailänder zurückzutreiben. Die venezianische Intervention rief König Sigismund auf den Plan, der gegen Venedig zog, um den jahrhundertelangen Hader um die venezianischen Besitzungen in Dalmatien und die ostadriatischen Inseln wieder einmal aufzunehmen, und der damit als Bundesgenosse des Mailänders im norditalischen Raum kombattant in Erscheinung trat. Es waren jene Jahrzehnte, in der Venedig, die Lagunenstadt, große Besitzungen in Oberitalien erwarb und sich von der strahlenden »Königin der Meere« nebenhin zu einer dominierenden Landmacht entwickelte, und in denen die Republik des heiligen Markus nach Abschluß eines Bündnisvertrages mit dem Luxemburger (1435) sich von ihm als Kaiser des Heiligen Römischen Reiches den Besitzstand auf der Terra ferma durch formelle Belehnung absegnen ließ.

Venedigs schwer angeschlagene Konkurrentin Genua versuchte, aus den kläglichen Resten der ehemals gut abgesicherten kolonialen Besitzungen den Weg zu neuer politischer Größe und wirtschaftlichem Aufschwung zu finden. Genua hatte dabei kaum mehr Aktiva einzusetzen als die Stützpunkte an der Nordküste des Schwarzen Meeres, vor allem

- Moncastro (Akkerman) im Mündungsbereich des Dnjestr,
- Kaffa (Kefe) auf der Halbinsel Krim und
- Tana an der Nordostspitze des Asowschen Meeres,

die weitab vom Schuß lagen und die Wirren der bisherigen drei Mailändischen Kriege (es gab noch einen weiteren, 1448 bis 1453) gut überdauert hatten. Die genannten Städte waren die Zentralstellen des Getreidehandels; hier wurden die Ernten des ganzen südrussischen Raumes übernommen und in breitbordige Frachtschiffe verladen, um in das Mittelmeergebiet verbracht zu werden.

Da die meisten Anrainerstaaten von Getreideimporten abhängig waren, war der Getreidehandel ein gutes und sicheres Geschäft, das allerdings nur dann durchgeführt werden konnte, wenn die in osmanischer Hand befindlichen Meerengen unbehindert befahrbar waren. Gegen den Willen des Großherren konnten zwar kleine Küstensegler bei Nacht und Nebel heimlich die Durchfahrt wagen, aber großen Frachtern, die wegen der Seeräuber noch dazu in Geleitzügen segeln mußten, war diese Möglichkeit genommen. *Und so war die wirtschaftliche Existenz Genuas vom Wohlwollen des Großherren abhängig – und so waren die Genuesen gezwungen, ihm seinen Willen zu tun, wäre doch jede Auseinandersetzung mit ihm dem ökonomischen Suizid gleichgekommen.* Überdies war die bittere Pille des Fahrens im Dienste des Halbmondes gegen ein christliches Heer für die rauhbeinigen Seekapitäne und Fahrensleute überzuckert von der Vorstellung, daß es im Krieg gegen Ungarn geschah, dessen dem Visconti geleistete Waffenhilfe erst ein rundes Jahrzehnt zurücklag und noch gut erinnerlich war.

So kam es, daß Sultan Murad, der wie seine Vorfahren als Großherr der Osmanen über eine reine Kontinentalmacht herrschte, auf einmal über eine höchst ansehnliche Flotte verfügte, deren Transportraum ausreichte, nicht nur seine Piyaden mit dem vorhandenen Pionierpark, sondern das gesamte Gros seiner Armee rasch und kräfteschonend in den Raum Varna zu verlegen, was übrigens von traditionsbewußten Großwürdenträgern als im Übermaß risikoreiches und abenteuerliches Unternehmen empfunden wurde. Trotz ihrer eher halbherzigen Unterstützung wurde der Transport im Oktober begonnen und beendet. Die letzten Oktobertage und die erste Novemberwoche vergingen mit den Vorbereitungen; das Lager wurde errichtet und bezogen, Feldbefestigungen wurden angelegt, Gefechtsordnungen erlassen, Truppenbewegungen geübt. Zuletzt fielen die berittenen Verbände, die Hunyadis Heer bisher umschwärmt und mit dessen Reiterei wiederholt Gefechtsberührung gehabt hatten, auf das Gros zurück. Die Husaren trieben ihrerseits eifrig Aufklärung, Hunyadi rückte in kurzen Tagesetappen vor, schlug am 9. November in der Nähe sein Lager auf und erschien am 10. auf dem Schlachtfeld, das weit und offen und für Kampfwageneinsatz günstig war: Der Tag des entscheidenden Treffens war gekommen.

Sultan Murad, dessen Heeresstärke auf 80 000 bis 100 000 Mann geschätzt wird, hatte sich für die bewährte Gliederung zur Schlacht entschlossen. Die Janitscharen bildeten das Zentrum, die Kontingente der Lehensreiterei von Anatolien und Rumelien die Flügel. Das Vordertreffen bestand aus der Leichten Reiterei der Akindschi und dem Leichten Fußvolk der Asaben, als Reserve fand die Gardekavallerie Verwendung. Es kam darauf an, feindliche Angriffe möglichst schon vor den Janitscharen zum Stillstand zu bringen, um diese gegen Abend unverbraucht zum Sturm auf die feuerspeienden Wagenburgen der Giauren anzusetzen.

Hunyadi, der ungefähr 60 000 Mann in die Schlacht führte, hatte seine Husaren als Vordertreffen eingesetzt, das Zentrum aus seinen Wagenburgen gebildet, seine Schwere Reiterei auf die Flügel verteilt. Seine Reserve bestand aus den polnischen Rittern, die unter dem Befehl des Königs standen und die Aufgabe hatten, *die* große, spektakuläre Attacke zu reiten und den Feind zu zermalmen, wenn der erwartete Angriff der Janitscharen im Feuer der Wagenburgen liegengeblieben war. Hier ist zu bemerken, daß zum Unterschied von der ursprünglichen hussitischen Kampfweise die Reiterei nicht mehr im Raum des inneren Wagenringes Warteposition bezog, sondern außerhalb des Ringes selbständige Aufträge durchführte, vor allem wohl deshalb, weil Hunyadi über wesentlich zahlenstärkere Kavallerieverbände verfügte als Zischka.

Beide Konzepte waren erfolgversprechend; der Sieg mußte dem Feldherren zufallen, der den besten Zeitpunkt für die geplante Hauptaktion wählen würde: Murad für den Janitscharenangriff, Hunyadi aber für die Attacke der polnischen Kataphrakten.

Tatsächlich aber wurde die Schlacht durch die Disziplinlosigkeit und den bewundernswerten Angriffsgeist der polnischen Reiter entschieden.

Der Kampf wurde durch das Vorprellen der Husaren eröffnet, die mit den Akindschi handgemein wurden. Ein prächtiger Reiterkampf spielte sich vor den Augen der Polen ab, die mit dem jungen König seitlich der Wagenburgen, nur mäßig zurückgestaffelt, hielten; das Gefecht ließ sie in wilde Kampfbegeisterung verfallen. Wladislaw, selbst erregt und der ihm aufgetragenen Untätigkeit wegen enttäuscht bis erbittert, hielt sich und sie mit Mühe zurück. Die Akindschi wurden geworfen und setzten sich hinter die Asaben ab, die mit wütendem Pfeilfeuer versuchten, die nachsetzenden Husaren zurückzuweisen. Da es den Leichten Reitern möglich war, die für Bogenschützen optimale Kampfentfernung rasch zu überwinden und in die Linie des Fußvolkes einzubrechen, warfen sich die Akindschi wieder ins Getümmel und versuchten, die Asaben herauszuhauen. Es ging auf dem Gefechtsfeld ziemlich lebhaft zu: Staubwolken stiegen auf, Reitertrupps sprengten dahin und dorthin, und das Dröhnen der Hufe, das Klirren der Waffen, das Gebrüll der Kämpfenden erfüllte die Luft.

Auch an den Flügeln hatte der Kampf begonnen. Die Sipahs (auch Spahis: Militärische Bezeichnung für die mit einem Kleinlehen, Timar, bedachten Reiter) hielten die Schwere Reiterei aus ihnen genehmer Entfernung unter Pfeilbeschuß und bogen vor den kurzen Ausfällen der Ritter geschickt aus, den Nahkampf vermeidend. Der Kampf war vorläufig noch nicht in voller Wucht entbrannt; die Moslems versuchten, die Christen zu unvorsichtigem Manövrieren zu verleiten, um sie dann überraschend fassen zu können, und die Ritter des christlichen Heeres hüteten sich, die gefährlichen »Offerten« der Gegner anzunehmen, vor allem um die Kräfte ihrer Rosse nicht vorzeitig zu erschöpfen. Aber dennoch: Es wurde auch hier mit zunehmender Intensität gekämpft, wobei die planmäßigen Absetzbewegungen der Osmanen den Eindruck vermittelten, daß ihr Widerstand bald erlöschen werde.

Die Polen fühlten sich, als seien sie nur als Zuschauer bei der Entscheidungsschlacht der Christenheit anwesend. Sie murrten, rasselten mit den Waffen und forderten Wladislaw auf, ihnen endlich die aktive Beteiligung zu gestatten. Die angesehensten Ritter sprengten zum König, verlangten von ihm zu wissen, wann ihr Einsatz erfolgen werde. Der junge König war in schwieriger Lage – er wußte es nicht. Hunyadi werde den Befehl geben, sagte er zuletzt.

Hunyadi, wiederholten sie, und vielleicht fragten sie ihn, wer hier denn eigentlich König sei. Das hatte sich Wladislaw vermutlich auch schon gefragt, aber er konnte sich damit beruhigen, daß die Art seines Eingreifens im Kriegsrat, dem übrigens auch Kardinal Cesarini angehörte, beschlossen worden war.

Die Beruhigung hielt nicht lange vor. Es gab Fragen, die ihn bedrängten, denn nach seiner Lagebeurteilung war der Zeitpunkt seines Eingreifens eben jetzt, da der schwungvolle Angriff der Husaren steckengeblieben war. Er sah offenbar die Schlachtreihe der Asaben für das eigentliche Zentrum der osmanischen Schlachtordnung an, hielt nach deren Niederkämpfung die Schlacht für gewonnen und handelte nach seinem eigenen Urteil. Er erteilte, während er das Visier seines schweren, prunkvollen Helmes schloß, den Befehl zum Angriff, und auf der Woge der damit ausgelösten Begeisterung brauste der prächtige ritterliche Verband dem Feinde entgegen. Er warf die Reiter und Bogenschützen von Murads Vordertreffen nieder wie ein Hagelsturm ein fruchtschweres Feld und prallte dann überraschend auf die harte Phalanx der Janitscharen. Polnische Reiter waren zu allen Zeiten wilde, verwegene Burschen, die sich selbst vor dem Teufel nicht fürchteten und deren Schwanengesang die Attacken waren, die sie 1939 mit blanken Waffen gegen deutsche Panzer ritten.

Man kann sich also recht gut vorstellen, daß unter dem Schock des Anpralls die osmanische Schlachtordnung ins Wanken kam und auseinanderzubrechen drohte. Dies wiederum veranlaßte den jungen König, sich durch die Janitscharen dorthin durchzuschlagen, wo sich – durch sein Feldzeichen weithin erkennbar – der Großherr der Osmanen befand. Offenbar leitete ihn die heroische Zielvorstellung, den feindlichen Herrscher im Zweikampf zu besiegen und damit den Höhepunkt des nach ritterlichen Vorstellungen überhaupt erreichbaren Erfolges zu erklimmen, und er brüllte Murad zu, sich ihm zu stellen. Der »verhinderte Frühpensionär« erwies eine beachtliche Kondition, fällte mit einem wohlgezielten Speerwurf das panzergerüstete Roß des jagiellonischen Heldenjünglings, der zu Boden stürzte und sich in seiner schweren Rüstung nicht mehr erheben konnte. Ein paar Janitscharen warfen sich auf ihn und schlugen ihm den Kopf ab, den sie auf eine Lanze steckten und den ihm nachfolgenden Rittern triumphierend entgegenstreckten. Diese, die ihren König noch vor wenigen Augenblicken als ihren bewunderten und strahlenden Vorkämpfer gesehen hatten, wichen entsetzt zurück, und die Nachricht vom Heldentod des jungen Königs, die sich mit Windeseile verbreitete, löste eine Panik aus, die zur Flucht der Ritter und der Husaren, die sich ihnen angeschlossen hatten, führte.

Murad ließ die zurückflutenden Giauren von seiner Gardekavallerie verfolgen – die totale Vernichtung des Kreuzzugsheeres zeichnete sich ab. Sollte sich die Katastrophe von Nikopolis wiederholen? Es schien so, und sie hätte sich wiederholt, wäre nicht der Befehlshaber des christlichen Heeres jener János Hunyadi gewesen, der nie eine überzeugendere Probe seiner Führungskunst gab als in dieser Stunde. Er nahm in die Wagenburgen auf, was immer in sie hineingestopft werden konnte, sammelte den Rest im Raum zwischen diesen und zog seine Flügel ein, dies im wahrsten Sinne des Wortes, indem er ihnen links und rechts der Kampflinie eine deren Flanken deckende Position zuwies. Der Angriff der osmanischen Reiterei zerschellte im Feuer der Kampfwagen, und Sultan Murad befahl nun seinen Janitscharen den Sturm auf die Sperrlinie der Giauren. Sie kamen, da die kleinen Feldgeschütze der Gefechtsfahrzeuge für sie weit weniger gefährlich waren als für anreitende Kavallerie, bis an die äußeren Wagenringe. Es begann ein schauerlicher Nahkampf, in dem die Hunyadimannen siegreich blieben, zumal sich die Husaren und die polnischen Reiter am Kampf beteiligten und die Janitscharen von der Seite her anfielen. Die Lehensreiter aus Anatolien und Rumelien versuchten, die äußeren Wagenburgen seitlich zu umfassen, scheiterten aber am hartnäckigen Widerstand der »eingezogenen Flügel«, deren Aufgabe der Flankenschutz war.

Die Nacht trennte die Kämpfenden. Im Schutz der Dunkelheit setzte sich Hunyadi ab, beim ersten Büchsenlicht stieß Murad nach. Es gab wiederholt erbitterte Gefechte, vor allem zwischen den Kavallerieverbänden, den Schnellen Truppen, auf deren Schultern einerseits das Leisten des hinhaltenden Widerstandes, andererseits die Verfolgung des abziehenden Heeres vorzüglich ruhte, zumal die abziehenden Kampfwagen in Kolonnen bewegt wurden und nur partiell in die kaum je völlig unterbrochenen Kämpfe eingreifen konnten. *So entscheidend die wagengetragenen Feldgeschütze auch auf dem Schlachtfeld in Erscheinung getreten waren, unter den Bedingungen des Rückzuges erwies sich die Unzulänglichkeit der Transportmittel höchst nachhaltig,* und Hunyadi befahl die Zerstörung der meisten Fahrzeuge, um die Marschgeschwindigkeit zu erhöhen. Tatsächlich gelang es ihm, den bei Varna anscheinend dem Untergang geweihten Heeresrest über die Reichsgrenze und damit in Sicherheit zu bringen. Der Kasimstag war vorbei, und die osmanischen Lehensaufgebote waren nur dann über den herbstlichen »Teilertag« dienstpflichtig, wenn der Feind auf dem Territorium des Reiches stand. Was dem Großherrn nach Entlassung der Lehenspflichten verblieb, war zu schwach, um den Vorstoß nach Ungarn zu wagen. So endete der Kreuzzug des Jahres 1444, so glänzend und erfolgversprechend er auch begonnen und so hohe Opfer er auch gefordert hatte,

- territorial mit der Wiedereinnahme der Ausgangspositionen,
- militärisch mit der Beschränkung der kombattanten Kräfte auf die Reichsverteidigung,
- politisch aber mit einem Siege des Hauses Habsburg, das weder einen Krieg führen noch eine Heirat schließen mußte, um für Ladislaus Postumus eine Krone zu gewinnen.

Es soll noch gesagt werden, daß zu den Gefallenen des Kreuzzuges auch Kardinal Cesarini, der spiritus rector des Unternehmens zählte.

Der Heldentod des begeisterten und begeisternden, des furchtlosen und ehrliebenden Jagiellonen Wladislaw, dessen sicherlich glänzende Ausbildung zum ritterlichen Einzelkämpfer durch keinerlei echte Kampferfahrung getrübt war, hatte den Platz an der Spitze des Reiches, korrekt gesagt beider Reiche, wiederum freigemacht. In Polen würde, soweit man es von Belgrad aus zunächst vermuten konnte, Wladislaws noch jüngerer Bruder zum Zuge kommen, der auch tatsächlich 1447 als Kasimir IV. die Regierung übernahm und, was am Rande vermerkt sei, 1454 Elisabeth von Habsburg, die ältere Schwester des Ladislaus Postumus, heiratete. Die Personalunion zwischen Polen und Ungarn war mit Wladislaws Tod aber erledigt. Die ungarischen Stände hielten Umschau nach einem König, von dem sie nun nicht mehr erwarteten, daß er ein Ausbund ritterlicher Tugenden sein müsse. Die Waffenhilfe, die Polen geleistet hatte, bestand aus nicht mehr als den Rittern, die mit Wladislaw die schicksalsschwere Attacke geritten, und in Ungarn zeigte man sich vor allem deswegen enttäuscht, weil kein polnisches Heer aus Moldawien vorgeprellt war, um durch die Eröffnung eines neuen Kriegsschauplatzes Sultan Murad zu einer Zersplitterung seiner militärischen Kräfte zu zwingen. Daher neigten sich die Sympathien wieder dem Westen zu, dem habsburgbeherrschten Heiligen Römischen Reich, dessen König persönlich der Landesherr der Steiermark und damit eines im Grenzraum gelegenen und zumindest mittelbar gefährdeten Herzogtums war und der sich übrigens erst vor ein, zwei Jahren recht energisch für den Anspruch seines Mündels Ladislaus auf die ungarische Krone stark gemacht hatte. Würde man den Postumus zum König von Ungarn machen, so könne bei der erwarteten Weiterführung des Krieges gegen das Osmanische Reich König Friedrich als - in heutiger Sprechweise - wohlwollend neutrales Staatsoberhaupt angesehen werden, von dem man keinen heimtückischen Angriff befürchten müse. Es wurde im Gegenteil erwartet, daß König Friedrich dem kleinen König militärisch Hilfe leisten werde, wenn schon nicht mit der gesamten Kriegsmacht das Sacrum Imperium, so doch zumindest mit österreichischen und steirischen Kontingenten.

Nun unterblieb aber in den der Wahl des kleinen Ladislaus folgenden Jahren jeder Versuch Murads, Ungarn anzufallen. 1445 verhielten sich die Osmanen überhaupt ruhig. Der Großherr wandte sich zögernd organisatorischen Aufgaben zu, ließ so die Möglichkeiten der Übernahme der Feuerwaffen in das Kriegswesen seines Reiches überprüfen und beschäftigte sich auch mit dem Gedanken, eine Kriegsflotte zu schaffen. Es machte ihm offensichtlich wenig Freude – er war kein Theoretiker, kein »Schreibtischmensch« –, und zog 1446 in einen neuen, kleinen Eroberungskrieg im griechischen Raum, wo er die Städte Korinth und Patras gewann. 1447 wollte er die Lage in Albanien durch Niederschlagung des Partisanenkrieges wieder völlig stabilisieren, erzielte dabei auch recht schöne Erfolge, konnte aber Iskender Beg nicht zur Aufgabe zwingen.

In Ungarn hatte sich inzwischen gezeigt, daß König Friedrich III. ein recht unangenehmer Regent für den kleinen Ladislaus war, der ganz andere Pläne verfolgte, als die ungarischen Stände vorausgesetzt hatten. Diese waren vor allem zunächst ob seiner beharrlichen Weigerung, den unmündigen König nach Ungarn zu lassen und ihm als sinnvolles Präsent die Krone des heiligen Stefan mitzugeben, empört, wollten die Ungarn doch den Königsknaben durch eine entsprechende Erziehung zu einem der ihren machen, was durchaus nicht unbillig war. Für Friedrich, nach wie vor unbeweibt und kinderlos, war eben dieser Aspekt höchst unerwünscht; der kleine Albrechtide war der einzige männliche Habsburger der jüngeren Generation, und in vielleicht zwanzig, dreißig Jahren hatte er, der Herzog von Österreich und vermutlich einiger anderer Fürstentümer, wohlbegründete Aussichten, zum deutschen König gewählt zu werden, wenn er – der König von Ungarn – in deutschen Landen nicht als Fremdling zählen würde. **Ungarn war zwar nach wie vor erwünscht, aber peripär; es sollte für Ladislaus ein Nebenland sein, eine Abrundung seines Besitzes, eine Verteidigungszone gegen den Orient, aber mehr denn auch nicht.**

Wegen des Aufenthaltes des kleinen Königs verschärfte sich das Verhältnis zwischen Graz, der damaligen Residenzstadt, und Buda sehr rasch, und noch 1445 wählten die auf dem Rákosfeld bei Pest versammelten Stände eine eigene Regierung, die aus sieben Kapitänen bestand und die Regentschaft Friedrichs der Entscheidungsgewalt entkleidete. Diese Regierung sollte im Amt bleiben, bis Ladislaus mit Erreichung der Volljährigkeit selbst die Herrschaft antreten würde, so daß man nur den ungeliebten König Friedrich, nicht aber den jungen König Ladislaus ausschalten wollte.

Fürstgraf Ulrich von Cilly, Ortenburg und Zagorien aber, nach wie vor bestellter Erzieher des Postumus, wollte darin eine schwere Schädigung der königlichen Interessen erkennen und begann neuerlich militärische Aktionen in Westungarn, um – wie er sagte – die »Rebellen zu züchtigen«. Aller Wahrscheinlichkeit nach aber fühlte er seine Position in Kroatien und damit in Ungarn gefährdet, zumal er nicht zu den »Sieben Kapitänen« gehörte, in welches Gremium aber Johannes Giskra sehr wohl Einlaß gefunden hatte. Die dominierende Persönlichkeit in der Regierung war Hunyadi. Die Reaktion auf die aggressive Politik des Cillyers bestand darin, daß die umfassenden, beinahe schon diktatorischen Vollmachten, die dem Banus im gefährdeten Südosten für die Reichsverteidigung übertragen worden waren, nun zur

»Cillyerabwehr« auf das ganze Reichsgebiet erweitert wurden. Er wurde nun zum *Reichsverweser* erwählt und hatte die Machtbefugnisse des Königs, was dem deutschen König ebenso ein Dorn im Auge war wie dem Herrn des Eckpfeilers des Sacrum Imperium im Südostraum. In Ungarn, das sich als Korn zwischen den Mühlsteinen des Heiligen Römischen und des Osmanischen Reiches fühlte, aber begann man König Friedrich echt und erbittert ebenso zu hassen wie Ulrich von Cilly, und dies belastete das Ansehen des Albrechtsohnes schwer und unheilvoll.

Aus Agentenberichten, Aussagen von Flüchtlingen und ähnlichen Quellen gewann Hunyadi 1447 die Überzeugung, daß die osmanische Herrschaft nun ebenso unbeliebt wie schwach geworden sei. Und so plante er für das folgende Jahr die Wiederaufnahme des Offensivkrieges gegen den Großherrn, wobei er mit massiver serbischer und bulgarischer Unterstützung rechnete. In der Erwartung, überall als Befreier begrüßt zu werden und einen allgemeinen Abfall von Edirne zu provozieren, stieß er 1448 mit einem Heer von nur 25 000 Kriegsleuten von Belgrad aus in südliche Richtung vor, um über Priština nach Skopje → Üsküb und damit ins Vardartal zu gelangen und diesem nach Saloniki → Thessaloniki zu folgen. Zwischen Priština und Skopje erreichte er das Amselfeld, das Kosovo polje, wo ihm Sultan Murad mit der zusammengefaßten Kriegsmacht seines Reiches entgegen trat. *Er war dem Ungarn zahlenmäßig um das Vier- bis Fünffache überlegen, doch verfügte nur das Heer Hunyadis über Feuerwaffen, die in den Kampfwagen mitgeführt wurden.*

Die große Schlacht, die sich entwickelte, dauerte zwei (so etwa Halász, S. 68) oder drei (so beispielsweise Marczali, S. 147) Tage; sie endete mit der Zertrümmerung der Offensivarmee. Hunyadi ließ seine Kampfwagen zu gewaltigen Wagenburgen zusammenfügen und harrte der osmanischen Angriffe, um sie im Geschützfeuer zu zerschlagen und den Feind im Gegenangriff zu werfen, Sultan Murad aber beschränkte sich darauf, die Wagenburgen mit seiner überlegenen Truppenstärke einzuschließen. Er versuchte auch, sie unter ständigem Beschuß seiner Bogenschützen zu halten, was ihm schwere Verluste einbrachte, weil nun – kehren wir in das zur Typisierung divergierenden kombattanten Verhaltens verwendete Bild des Zweikampfes zwischen dem schwerbewaffneten Goliath und dem leichtbewaffneten David (s. Bd. 1, S. 129 f.) zurück – Goliath durch die Verwendung der Feuerwaffen zumindest ebensoweit schießen konnte wie David. **Davids Erfolgsrezept, das darauf beruhte, daß er Goliath auf eine Entfernung bekämpfen konnte, in der jener seine im Nahkampf überlegenen Waffen noch längst nicht einzusetzen vermochte, war brüchig geworden: Er mußte jetzt, um die von ihm geführte Waffe »Pfeil« zur Wirkung zu bringen, in den Einsatzbereich der neuen Waffe »Geschütz« eindringen.**

Sultan Murad hatte nicht vergessen, daß es bei Varna unmöglich gewesen war, trotz rücksichtsloser Verwendung seiner Sturmtruppen, die haufnicenbestückten Wagenburgen Hunyadis zu zerbrechen. Er zog daraus die notwendigen Folgerungen, indem er den Sturmangriff zunächst einmal verbot, die

Kampftätigkeit auf den Fernkampf beschränkte und Hunyadis Bewegungsraum nachhaltig reduzierte.

Hunyadi geriet in eine Lage, die sich höchst fatal mit jener König Guidos von Jerusalem vergleichen läßt, dessen Heer bei Hattin von den Reiterverbänden Sultan Saladins eingeschlossen und zuletzt vernichtet wurde (s. Bd. 1, S. 161 f.). Es war ihm unmöglich, den Kern seines Heeres, seine Kampfwagentruppe, zum taktischen Angriff zu verwenden: Die Einsatzbedingungen schlossen jede Bewegung nach Einnahme der Gefechtsordnung aus. Beweglich war lediglich seine Reiterei, deren Zahlenstärke nicht rekonstruierbar ist, die aber ganz gewiß nicht höher gewesen sein kann als maximal 15 000 Mann. Davon waren etwa zwei Drittel, also 10 000 Mann, Husaren und damit Leichte Reiterei, Spezialisten für Aufklärung und großräumigen Sicherungsdienst, auf dem Gefechtsfeld nur als schlachteröffnende Plänkler und zur Verfolgung weichenden Feindes zu verwenden. Das restliche Drittel von beiläufig 5000 Reitern kann aus schwergepanzerten Rittern, der eigentlichen schweren Schlachtenreiterei, bestanden haben, aber damit war Sultan Murads Armee nicht zu werfen. Und zwar auch dann nicht, wenn wir die Relation willkürlich verkehren und Hunyadi nur 5000 Husaren, aber 10 000 Kataphrakten zubilligen wollen.

Nach einem Tag Fernkampf, der auf Hunyadis Seite ausschließlich Feuerkampf war, gingen seine Pulvervorräte langsam zur Neige, und an diesem Tag begann die Masse seines Heeres an Wassermangel zu leiden, denn der Verlust der Mobilität zog den Verlust der Möglichkeit, mit Mann und Roß zum Ufer des Flusses Ibar zu gelangen, nach sich. Hunyadi wußte, was es bedeutete, wenn sein großer Gegner sein Heer nicht zum Sturm auf die widerstandsfähige Phalanx der Wagenburgen führte, und er wußte auch, daß er kein taugliches Mittel zur Hand hatte, den Einschließungsring aufzubrechen. Was blieb, war Hilfe von außen, war die vertraglich oder zumindest durch schlüssige Handlungen zugesicherte Hilfe der Serben und Bulgaren, war der allgemeine Volksaufstand, mit dem er gerechnet hatte und dessen Beginn Sultan Murads augenblicklich überlegene Position nachhaltig erschüttern mußte. Hunyadi wußte, daß es einem Hilfsorgan, sei es ein Bote, ein Kurier oder ein sonstiger Abgesandter welchen Ranges auch immer, kaum gelingen würde, seinen alten Waffenbruder Georg Brankowitsch zu rascher Bewegung seiner Gefolgsleute oder vielleicht erst überhaupt in den Sattel zu bringen, und er entschloß sich daher, mit nur schwacher Begleitung den nächtlichen Ritt durch die dichte osmanische Postenkette zu wagen, sein Heer verlassend, um es zu retten. Das kühne Unternehmen gelang, und der Wojwode von Siebenbürgen stand rascher als man denken sollte vor dem Fürsten der Serben, den er stürmisch und mit immer schärferen Worten dazu aufforderte, gegen den Großherrn zu ziehen und die Osmanen zurückzutreiben in die wüsten Weiten Asiens. Brankowitsch, der von der wenig aussichtsvollen Lage der ungarischen Armee – vielleicht ohnehin erst durch Hunyadi – erfahren hatte, der vergangenen Niederlagen und vielleicht auch der Kinder-Geiseln in

50

Edirne gedachte, winkte ab. Es kam zu erregten Auftritten, zu bösen Szenen, zu erbitterten Streitigkeiten, die damit endeten, daß Brankowitsch seinen alten Kriegskameraden entwaffnen und gefangennehmen ließ. Für sein Land die kurzfristig beste Lösung – für Rumelien aber und die noch selbständigen Teile des Balkanraumes die Zementierung der osmanischen Herrschaft oder die Unterwerfung unter dieselbe für beinahe ein halbes Jahrtausend.

Auf dem Amselfeld vollzog sich indessen der Untergang des ungarischen Heeres, das nach tapferster Gegenwehr vernichtet wurde.

Es dauerte einige Zeit, bis Hunyadi bereit war, die nun für ihn so grausam veränderten Tatsachen als solche zu akzeptieren, aber er anerkannte sie voll und ganz, er zog mit der ihm eigenen Konsequenz die nötigen Schlußfolgerungen, die er sogleich in die Tat umzusetzen begann. Zunächst einmal erfüllte er sofort die Bedingungen, die Brankowitsch für seine Freilassung forderte, nämlich die eidliche Zusicherung

- für alle Zukunft Einfälle in osmanisches Gebiet über das Territorium des Tributärfürstentums Serbien zu unterlassen und
- seinen Sohn Matthias, damals etwa zwei Jahre alt, mit Georgs etwa gleichaltriger Enkelin Elisabeth, der Tochter des Fürstgrafen Ulrich, zu verloben und nach Erreichung des heiratsfähigen Alters zu vermählen.

Hunyadi beschwor es und beeilte sich mit der Heimkehr, fürchtete er doch, daß Murad nun eine massive Gegenoffensive unternehmen werde und erachtete daher die Aktivierung der Grenzverteidigung als seine vordringlichste Aufgabe. Vergebliche Mühe für diesmal übrigens: Sultan Murad scheute das Risiko eines Einfalles in Ungarn.

Die Feldzüge Hunyadis hatten das osmanische Kriegswesen überaus nachhaltig mit *Feuerwaffen,* vorerst mit *leichten Geschützen,* die auf den Kampfwagen mitgeführt wurden, konfrontiert. Auch war – zumindest aus den Aussagen von Gefangenen, Kundschafterberichten und dergleichen Quellen – bekannt, daß es auch große Kanonen gab, meist *Bombarden* genannt, die noch zu unhandlich waren, um auf Feldzügen mitgeführt zu werden. Sie fanden nur als Festungsartillerie oder bei Belagerungen Verwendung, und auch letzteres nur dann, wenn der beabsichtigte Einsatzort von der Basis nicht zu weit entfernt und überdies leicht erreichbar war. Beides war notwendig, denn die Geschütze waren wahre Ungetüme, die kaum beweglich waren. Sie waren nicht Produkte industrieller Massenfertigung, sondern wurden von kundigen Meistern, die lange als Vertreter einer geheimnisvollen, ja magischen Kunst galten, als Einzelstücke nach den Wünschen des jeweiligen Bestellers gefertigt, vielfach als mit gespenstischem Leben erfüllte Individuen gedacht und daher mit Eigennamen versehen. Ihre geringe Mobilität führte dazu, daß das Eigenschaftswort »faul« relativ häufig Bestandteil des Namens wurde. Es gab so die »Faule Grete«, die runde 5000 kg wog und aus der Fertigung des Deutschen Ritterordens stammte, und die von der »Faulen Metze«, bei der allein der Lauf 8700 kg wog und die Geschosse im Gewicht von 425 kg verfeuerte, noch übertroffen wurde. Die »Faule Metze« wurde 1411 für Braunschweig erzeugt; etwas später machte »Margot von Mons« (Mons Meg) viel von sich reden; sie galt als das vortrefflichste Geschütz des Zeitalters. Sie hatte ein Gewicht von 6600 kg, ein Kaliber von 50 cm und konnte sowohl Stein- als auch Eisenkugeln verschießen. Die Steinkugel wog 150 kg, die Eisenkugel war etwas schwerer; das Geschütz hatte mit der Steinkugel eine Einsatz-schußweite von 260 m, mit der Eisenkugel erreichte sie nicht einmal die halbe Distanz, nämlich 129 m.

Handfeuerwaffen, mit denen man schon seit mehr als 100 Jahren experimentierte, gab es kaum. Die »Handbüchsen« waren zunächst für Reiter konstruiert; sie wurden auf dem Brustpanzer aufgestützt, ihre Treffsicherheit war erbärmlich, sie waren aus dem militärischen Gebrauch nahezu verschwunden. Die neueren, für das Fußvolk bestimmten Waffen wurden auf Schießgabeln in Mündungsnähe aufgestützt; die Handhabung war so kompliziert, daß nun zwei Mann eine Handbüchse bedienten: Der »Richtschütze« (collineator) und der »Zündschütze« (incendiarus), beide durch die Abgabe des Schusses sicherlich mehr gefährdet als das Ziel, auf das sie es abgesehen hatten.

Trotz alledem aber waren Feuerwaffen in ihrer Gefährlichkeit vor allem dann nicht zu unterschätzen, wenn sie aus
- temporären, provisorisch errichteten Anlagen wie den Wagenburgen, oder aus
- für ihren Einsatz bestimmten festen Anlagen, den Burgen der damals modernen Art

wirken konnten und der Gegner selbst nicht über Feuerwaffen verfügte, wie dies für das osmanische Heerwesen im Zeitalter Murads zutraf. Der Sultan wußte, daß eine Offensive nach Ungarn nur nach einem Durchbruch der dichten Verteidigungszone möglich war und die starken, feuerwaffenbestückten Festungen nur dadurch niedergekämpft werden konnten, daß sie unter mauerbrechendes Geschützfeuer genommen wurden. Er bemühte sich, aus den auf dem Amselfeld erbeuteten Geschützen und kriegsgefangenen Wagenbesatzungen, die den Endkampf überlebt hatten, eine eigene Artillerie zu entwickeln. Die Schwierigkeiten, die sich der Verwirklichung seines Vorhabens entgegenstellten, waren in organisatorischer wie technischer Hinsicht enorm, zumal er zur Kenntnis nehmen mußte, daß mit den eroberten *Haufnicen* zwar ein wirksames Feuer in der Feldschlacht unterhalten werden konnte, daß diese aber keineswegs ausreichten, um als Mauerbrecher zu wirken. Planungen und Truppenversuche füllten das Jahr 1449 aus, brachten aber nicht die gewünschten Ergebnisse; und als der Sultan 1450 in seinen letzten Krieg zog, war sein Heer immer noch überwiegend in traditioneller Weise bewaffnet. Es war, um die heutige Sprachregelung zu verwenden, ein »konventioneller Krieg«, geführt gegen Iskender Beg, der in den vergangenen Jahren mit seiner albanischen Rebellenarmee wieder einige Erfolge erzielt hatte und dessen Partisanen ebenfalls noch keine Feuerwaffen führten. Murads Truppen blieben in einer Vielzahl von Gefechten, die für den Kleinen Krieg typisch sind, siegreich, doch gelang es auch diesmal nicht, Iskender Begs Aufstandsbewegung völlig zu zerschlagen.

In Konstantinopel war indessen Kaiser Johannes VIII. verstorben. Im Nachfolgestreit zwischen seinen Brüdern Konstantin, Thomas und Demetrios wurde der Großherr als Schiedsrichter angerufen, was angesichts der Wiedervereinigung der Kirchen sicherlich erstaunlich ist. Noch erstaunlicher ist, daß sich Murad für den energischen Konstantin entschied, der nun als Konstantin XI. Dragáses letzter oströmischer Kaiser ward, während seine Brüder mit der Herrschaft über Morea, den byzantinischen Reichsrest auf der Peloponnes, abgefunden wurden. Am erstaunlichsten aber ist, daß der vom Großherrn Protegierte sogleich daranging, die »Re-Union« in seiner Kaiserstadt, aus der faktisch sein ganzes Reich bestand, gewaltsam durchzusetzen. Er vertrieb die Gegner der Wiedervereinigung aus den in ihrem Besitz befindlichen Kirchen, was zum fanatischen Widerstand der Anhänger der Volkskirche führte, der in erbitterten Straßenkämpfen gebrochen wurde. Der Klerus der uniierten Hofkirche hatte nun die prachtvollen Kirchen Konstantinopels in seiner Hand und damit das Monopol, in diesen Gottesdienste in würdigstem Rahmen zu feiern, allein die gläubigen Massen blieben aus. Sie beteten lieber in halbverfallenen Kapellen oder düsteren Kellern mit den enthobenen Priestern der unionsfeindlichen Orthodoxie, die sich im Untergrund hielt und die Kirchenvereinigung als Abfall vom wahren Glauben höchst wirksam verteufelte.

In Morea überwarfen sich des Kaisers Brüder wegen der Aufteilung der ihnen zugefallenen Gebiete. Wieder wurde Sultan Murad, eben vom Feldzug gegen Iskender Beg heimgekehrt, als Schiedsrichter angerufen. Und der entschied nun zugunsten des Demetrios, der sich früher und wohl auch demütiger nach Edirne gewandt hatte als der etwas aufsässig erscheinende Thomas.

Kurz darauf, in den ersten Februartagen des Jahres 1451, ist Sultan Murad gestorben. Überraschend, wie es scheint, denn er war erst etwa 50 Jahre alt, in körperlich guter Verfassung und bis zuletzt den Freuden der Liebe innig ergeben. Erst acht Monate zuvor hatte ihm seine - damalige - Lieblingsfrau einen Sohn geboren, Achmed, den sein Bruder Mechmed, der unangefochten die Nachfolge antrat, doch so sehr als Rivalen fürchtete, daß er ihn im Bade ersäufen ließ. Da er nun den Einfluß der rachelüsternen Sultanwitwe fürchtete, sorgte er für ihre Vermählung mit einem gewissen Isak Beg, den er zum Statthalter der bisher von ihm verwalteten Provinz Amasia erhob und sogleich mit seiner neuen Gemahlin dorthin in Marsch setzte, wo sie über den Freuden der Flitterwochen und danach den Kindern von ihrem zweiten Mann das Ende ihres Erstgeborenen oder zumindest ihre blutrhächerischen Ambitionen vergaß.

Sultan Mechmed aber erließ nun seine berühmt-berüchtigte Verordnung mit dem »Auftrag zum Brudermord«. Der Kanun (s. Bd. 1, S. 375, Tafel 1: Die

Rechtsgrundlagen) hat folgenden Wortlaut:

>Wem immer von meinen Söhnen das Sultanat zufällt, dem geziemt es, im Interesse der Ordnung der Welt seine Brüder zu töten. Das haben die meisten Gesetzesgelehrten gebilligt. Also sollen sie danach handeln.«

(Es wird heute die Meinung vertreten, daß der Kanun nicht von ihm, sondern von einem seiner Nachfolger stammt, der ihn der großen Autorität Sultan Mechmeds II. zuschrieb. Das ist sicherlich möglich, aber kaum zu beweisen; der Befehl selbst ist von äußerster Härte, aber keineswegs eine sinnlose Grausamkeit, wenn man bedenkt, zu welch erbitterten, das Reich bis in seine Grundfesten erschütternden Bürgerkriegen es immer gekommen war, wenn mehrere Prinzen des Hauses Osman um die Herrschaft kämpften.)

In der Reichszentrale änderte der neue Großherr vorerst nichts, als daß er versuchte, die Ausgaben für die zuletzt recht aufwendig gewordene Hofhaltung zu reduzieren. Die eingesparten Summen und noch mehr steckte er in die nun planmäßig und unerhört großzügig betriebene Modernisierung des Kriegswesens, für die er zunächst dem letzten Stande der Technik entsprechende Produktionsstätten schuf. Er holte sich abendländische Experten, denen er glänzende Arbeitsbedingungen bot und Traumsummen bezahlte, vorab aus Venedig, aus dem Heiligen Römischen Reich und aus Ungarn. Diese produzierten für ihn Feuerwaffen, die den von der westchristlichen Rüstungsindustrie gefertigten in jeder Beziehung gleichwertig waren. Ein gewisser Orbas → Urban, ein vermutlich aus dem Raum Steyr, wo man zu dieser Zeit schon eifrig Feuerwaffen erzeugte (erhalten blieb die berühmte >Bombarde von Steyr«, gefertigt um 1420, Geschützgewicht 7100 kg, Kaliber 80 cm, Geschoßgewicht 700 kg), stammender Geschützgießer in zunächst ungarischem Dienst, schuf für den Großherrn das >Supergeschütz«, das vielfach als Höhepunkt der Waffentechnik um die Mitte des 15. Jahrhunderts zählt. Das Monstrum übertraf die Bombarde von Steyr in jedem meßbaren Bereich und verfeuerte Geschosse von 12 Zentnern Gewicht, die ebenfalls monströs zu nennen sind. Zu seiner Bedienung, worunter auch das Instellungbringen zu verstehen ist, waren nicht weniger als 700 Mann notwendig; der Transport erfolgte zerlegt mit eigenen Rohrwagen, für dessen Bewegung allein 100 Paar Ochsen benötigt wurden. Für den Transport mußten eigene Straßen und Brücken gebaut werden, da die vorhandenen nicht für derartige Gewichte geeignet waren; die Erzeugung der Steinkugeln bedurfte einer eigenen, aufwendigen und komplizierten Organisation.

In der Gewichtung des traditionsgebundenen osmanischen Kriegswesens ergab sich eine tiefgreifende Umschichtung. Eine neue Waffengattung, die *Artillerie,* begann sich abzuzeichnen, für die abendländisches Instruktionspersonal gewonnen werden mußte; die >Waffenschmiede«, die Dschebedschis, gewannen durch die Ausbildung zu Gehilfen der Geschützgießmeister eine höchst aktuelle Bedeutung. Das löste Unruhe und Besorgnis unter den herkömmlichen Truppenteilen, vorab der besoldeten, ständig präsent gehaltenen

Reichsarmee aus, die sich entscheidend vermehrten, als des jungen Großherrn Experimentierfreude auch begann, sich intensiv mit der Frage der Schaffung einer leistungsfähigen Kriegsflotte zu befassen. Sultan Mechmed, der eine Störung der anlaufenden Reformen unbedingt vermeiden wollte, entschloß sich nun zu einem Krieg in Kleinasien, wo er gegen die turkmenischen Fürstentümer von Karaman, Aydin und Germiyan vor allem deshalb vorging, um seine Kriegsmacht angemessen zu beschäftigen. Da die Gegner von der Entwicklung der neuen europäischen Waffen unberührt geblieben waren, kam es wie bei Sultan Murads letztem Feldzug zu einem »schönen«, das heißt konventionellen Krieg, in dem sich die Überlegenheit des osmanischen Kriegswesens deutlich erwies und Sieg auf Sieg an die Feldzeichen des Großherrn heftete.

Dennoch führte das Jahr des erfolgreichen Anatolienkrieges (1451) zu dem höchst überraschenden Ergebnis eines neuen Janitscharenaufstandes. Da diesmal kein konkreter Grund für die Rebellion vorlag, ist anzunehmen, daß es sich um eine Unmutsreaktion des siegreichen Heeres gegen die Neuerungssucht des jungen Großherrn gehandelt hat, der gefährliche Veränderungen durchziehen wollte. Hatte sich nicht in der harten Praxis des Krieges gezeigt, daß des Sultans Armee die beste der Welt war, die jetzt eben mit den gefährlichen moslemischen Feinden fertig geworden war, genau wie vor ein paar Jahren unter der Führung Murads mit den christlichen Ungarn, die mit allerlei neumodischem Kriegsgerät ins Feld gezogen kamen? Was sollten da Reformen und Neuerungen, Feuerwaffen, die des Scheitans Küche entstammten, und nach fremder Weise ausgebildete Krieger, für die es besser wäre, mit Pfeil und Bogen ordentlich umgehen zu lernen?

Diese das Heer bewegenden Fragen wurden öffentlich nie gestellt. Als sich die heimkehrenden Truppen in der festen Basis Brussa, das nach wie vor die Hauptstadt Anatoliens war, sammelten und der Großherr eben seinen Einzug halten wollte, drängten sich einige Janitscharenoffiziere an ihn heran und erbaten – oder forderten – ein ordentliches Geldgeschenk für sich und ihre Leute. Mechmed antwortete nicht und ritt mit steinernem Gesicht an ihnen vorbei, wie es der byzantinische Chronist Michael Ducas überliefert; vermutlich wußte der Großherr ebensowenig, was nun zu tun wäre, wie die Offiziere, die keinen Versuch machten, ihn aufzuhalten. Als der Großherr die Zitadelle erreicht hatte und vom Pferde stieg, machte ihn ein ranghohes Mitglied des Hofes, das schon früher zur Vorbereitung des Empfanges nach Brussa gelangt war, auf eine gewisse Unruhe unter den Truppen aufmerksam, die allerdings Mechmed nun wohl schon selbst aufgefallen war. Der Großherr, der augenscheinlich noch nicht wußte, wie er sich in der konkreten Lage verhalten sollte, begab sich, ohne weitere Anordnungen zu erteilen, in die für ihn vorbereiteten Gemächer. Gleich darauf erfüllte ein bedrohlicher Lärm den Palast. Meuternde Janitscharen hatten die Torwache überrannt und waren bis in den Hof vorgedrungen, wo sie laut nach dem Großherrn riefen. Mechmed vermied die Konfrontation mit der aufgeregten Masse und erteilte zwei kurze Befehle:

1. Zehn Beutel Goldgeld sind ohne Verzug an die Janitscharen auszuzahlen.
2. Der ranghöchste Janitscharenoffizier hat sich sofort bei ihm zu melden.

Da die Verteilung außerhalb der Zitadelle stattfand, die Meuterer dabei aber nicht zu kurz kommen wollten, räumten sie den altehrwürdigen Palast, dessen Tore sofort geschlossen und mit starken Wachen besetzt, man kann sagen verteidigungsbereit gemacht wurden. Der Großherr wartete indessen, umgeben von bewaffneten Großwürdenträgern, auf den rangältesten Dschorbadschibaschi, der bisher überhaupt nicht in Erscheinung getreten war. Als er kam, brüllte ihn Mechmed fürchterlich an, machte in voll für die Taten der Janitscharen verantwortlich, enthob ihn seines Ranges und verprügelte ihn mit einer schweren Lederpeitsche höchsteigenhändig, so daß sich der Gezüchtigte blutüberströmt und seiner Sinne kaum noch mächtig vor ihm auf dem Boden krümmte. Dann ließ er ihn vor das Tor werfen und harrte des kommenden Geschehens, des befürchteten Angriffs der Janitscharen, der harten Kerntruppe seiner gesamten Streitmacht.

Vielleicht überraschte es ihn selbst, daß keinerlei Aktion der »Blumen des Hadschi Bektasch«, wie sich die Janitscharen gerne nannten, erfolgte. Sie kehrten vielmehr zu Disziplin und Gehorsam zurück und versuchten, durch straffe Haltung und betonte Dienstwilligkeit das Geschehene vergessen zu machen. Sultan Mechmed verzieh ihnen ihr wildes Aufbegehren – vergessen aber hat er es nie. Und er fügte aus dem übergroßen Jagdgefolge seines Vaters 7000 »Hundeführer« – Segbane – dem Janitscharenkorps ein, das nun etwa 20 000 Mann zählte. Die Segbane bildeteten eigene Ortas (64 bis 92) und blieben von den ursprünglich 62 Ortas Yeni tscheri (»Neue Truppe« Sultan Orkhans als Nachfolger der »Alten Garde« seines Vaters Sultan Osman) separiert, hielten sich wohl auch für etwas Besseres, zumal die Truppenbezeichnung Segban dahin gedeutet wurde, die Janitscharen seien nun die Hunde, die sie zu führen hätten. Daran war sogar etwas Wahres; aus den hochgereihten Würdenträgern der großherrlichen Jägerei, die mit zu den Janitscharen überstellt wurden, schuf Sultan Mechmed die Generalität des Kriegerordens, das eigentliche Korpskommando, dem der Segbanbaschi, der Oberste der Hundeführer, als Kommandierender General vorgesetzt wurde, und das denn auch das sehr selbstherrliche »Regime der Obristen«, der Dschorbadschibaschis, gehörig zurecht stutzte.

Schon vor Beginn des anatolischen Krieges hatte Sultan Mechmed befohlen, am europäischen Ufer des dort nur 660 m breiten Bosporus gegenüber der bereits seit 1393 bestehenden Festung Anadolu Hissar die Sperrfestung Rumeli Hissar zu bauen, die 1452 fertiggestellt wurde. Damit war die Wasserstraße ins Schwarze Meer endgültig osmanischer Besitz, und nicht einmal ein kümmerliches Ruderboot konnte sie gegen den Willen des Großherrn benützen.

Der Bau von Rumeli Hissar, die Entwicklung der mauerbrechenden Artillerie, der forcierte Flottenbau und des Sultans persönliches Interesse für die Befestigungsanlagen Konstantinopels, der sich während des ganzen Jahres 1452 mit diesen bis ins letzte, von gutbezahlten Agenten gelieferte aktuelle Detail auseinandersetzte, machten ersichtlich, *daß Mechmed die Absicht hatte, die Stadt am Goldenen Horn anzugreifen und zu einer Stadt des Islam zu machen.* Während der siegesbewußte osmanische Kriegsmann schlichteren geistigen Zuschnitts förmlich danach lechzte, vor die Mauern des **»Goldenen Apfels der Rumäer«** geführt zu werden, erhoben sich in den obersten Führungsstellen, die noch mit den alten Freunden und bewährten Kampfgefährten Sultan Murads besetzt waren, schwere Bedenken: Man hielt in diesen Kreisen die Stadt für uneinnehmbar.

Im Mittelpunkt der Opposition, die durchaus existent war, auch wenn sie offiziell kaum in Erscheinung trat, stand der alte Großwesir Halil Pascha, der dieses Amt schon länger innehatte, als der neue Großherr auf der Welt war. Er lebte durchaus in der Vorstellungswelt von Sultan Murads nüchterner Politik, die nach einem ersten gescheiterten Versuch den Gedanken an eine Eroberung Konstantinopels sorgsam ausgespart hatte, und er konnte in der Tat nicht begreifen, daß des jungen Schwärmers und Träumers Mechmed, für ihn unausgegorene und wirre Ideen, zielführend sein sollten. Halil Pascha war ein zutiefst traditionsverhafteter, in Ehren ergrauter, mit jahrzehntelanger Erfahrung belasteter Realpolitiker, der sich schon 1444 als Freund des Friedens hervorgetan hatte, weil er im Kriege nichts anderes sehen konnte und wollte als eine unerwünschte Störung des ordentlichen Geschäftsganges, deren Folgen noch dazu unabsehbar waren. Aus ganzer Seele mißtraute er der fremden Kriegstechnik, die nun dem osmanischen Heerwesen gewaltsam aufgepfropft wurde – und er hatte auch kein rechtes Vertrauen in die Befähigung seines neuen Herrn, der ihm in seinem Tun zu unreif, zu sprunghaft und zu wenig realitätsbezogen erschien. Um es – vielleicht mäßig übertrieben – in einem Satz zu sagen:

Sultan Mechmed war ein junges Genie, Halil Pascha aber ein im Aktenstaub ergrauter, vertrockneter und vielleicht verkalkter Verwaltungsbeamter.

Dazu waren seine Möglichkeiten, in den Gang des Geschehens wirksam einzugreifen, gering; zwar hatte ihm der Sultan die Erledigung aller Aufgaben, die routinemäßiger Bearbeitung unterfielen, übertragen, was einen großen Zeitaufwand forderte, sich selbst aber alle die außerordentlichen Maßnahmen, die der Vorbereitung des Krieges dienten, vorbehalten. Gegen Jahresende 1452 stellte er eine aus christlichen Söldnern, die er vor allem im Westen anwerben ließ, gebildete Sondertruppe auf, die bis auf 20 000 Mann aufgestockt wurde, vorwiegend aus Spezialisten für den modernen, feuerwaffenbestimmten Belagerungskrieg bestand und sehr großzügig entlohnt worden ist. Er gewann damit einen ihm persönlich ergebenen Großverband und brach gleichzeitig das Monopol der Janitscharen, denen er noch immer nicht hold war, die Schlachteninfanterie des Reichsheeres zu sein und damit eine dominierende Rolle zu spielen. Die Baschibozuks, wie die christlichen Söldner hießen, wurden im Kriege von 1453 bis auf einen geringen Restbestand reduziert und reichbeschenkt aus dem Dienste entlassen. Auf die Truppenbezeichnung kam man später wieder zurück, rekrutierte die Baschibozuks allerdings aus der Reichsbevölkerung und verwendete sie als eine Polizeitruppe von geringer Bedeutung.

Im Westen hatte sich in der Zeit, in der Sultan Mechmed den Kampf um Konstantinopel vorbereitete, einiges ereignet, das nicht außer Betracht bleiben darf. Kurz zuvor hatte sich die päpstliche Autorität vordergründig wieder voll durchgesetzt:

1448 schlossen König Friedrich III. und Papst Nikolaus V., der Nachfolger des im Vorjahr verstorbenen Papstes Eugen IV., das Wiener Konkordat, durch welches das Heilige Römische Reich wieder voll im päpstlichen Lager verankert wurde, worauf das Konzil von Basel nach Lausanne übersiedelte, und

1449 trat der Konzilpapst Felix V. zurück, das Lausanner Konzil unterwarf sich Papst Nikolaus, und die Konzilsperiode fand ihr Ende.

Im weltlichen Bereich ergab sich daraus, daß Friedrich III., dessen endliche Stellungnahme den Baseler Konzilvätern ihre Separationsgelüste endgültig vergällt hatte, in Rom zur persona gratissima wurde. Die Dankbarkeit des Papstes fand sichtbaren Ausdruck durch Verleihung der Kaiserkrone, die 1452 in Rom in würdiger Krönungszeremonie erfolgte. Im selben Jahr vermählte sich Friedrich mit Eleonore von Portugal, wobei wie bei allen fürstlichen Hochzeiten der Wunsch nach der Erzeugung eigener Nachkommenschaft im Vordergrund der Interessen stand.

Dieser Wunsch wiederum veränderte die Einstellung des Kaisers zum König von Ungarn, der nun aus der Rolle des präsumptiven Nachfolgers in den habsburgischen Ländern der albertinischen und der leopoldinischen Linie mit guten Aussichten auf die Wahl zum deutschen König in die eines möglichen Störungsfaktors rutschte. Die Vorzeichen, unter denen Friedrich v n Habsburg versucht hatte, Ladislaus in einem deutschen Land zum Deutschen zu erziehen, verkehrten sich nun ins Gegenteil: Ladislaus sollte das Schwergewicht seiner Interessen im Königreich Ungarn finden, um dem erwünschten Sohn den Weg in die Spitzenposition des Sacrum Imperium Romanum nicht zu verstellen.

Und also wurde Ladislaus Postmus, indessen zwölf Jahre alt geworden, vorzeitig für volljährig erklärt und den Ungarn in gebührender Feierlichkeit überreicht, um als König Ladislaus V. die Regierung selbst zu übernehmen.

Ulrich von Cilly, Ortenburg und Zagorien kam mit ihm; der Fürstgraf wurde mit Mißtrauen, der König mit Freude empfangen. János Hunyadi legte sein Amt als Reichsverweser zurück; er wurde zum Erbgrafen von Besterce erhoben und mit dem Titel eines Oberkapitäns zum Anführer des Reichsheeres bestellt, eine Funktion, die im Kriegsfall Bedeutung hatte. Im Frieden war er von geringem Einfluß; der erste Berater des Königs und der eigentliche Regent wurde Fürstgraf Ulrich. Das machte in Ungarn viel böses Blut, doch unterblieb die Auseinandersetzung zwischen dem Banus und dem Cillyer: Die von dem listigen Despoten Brankowitsch gestiftete Verlobung zwischen den beiden Familien hielt die Gegnerschaft vorerst nieder. Auch beschäftigte den Hof die Frage des böhmischen Königtums, denn der erwählte Gubernator Georg Podiebrad schien nicht daran zu denken, Ladislaus als König anzuerkennen, und Ladislaus konnte keinen Krieg gegen ihn beginnen: Österreich allein war zu schwach, der Kaiser hatte kein Interesse und wohl auch keine Mittel, um ihn wirksam zu unterstützen, und in Ungarn verwendete Hunyadi alles, was aufzubringen war, für die Verstärkung des Festungsgürtels im Südosten. Und die Stände waren voll hinter dem Banus; die Rüstungen im Osmanischen Reich waren nicht geheimzuhalten. Es war nicht mit Sicherheit zu sagen, wem sie galten; also war die Forcierung der Reichsverteidigung das vordringlichste Gebot einer vernünftigen Politik. An eine Wiederaufnahme der großen Offensiven in Richtung Edirne war überhaupt nicht zu denken, nicht nur weil Varna und Kosovo zu viel an kombattanter Substanz gekostet hatten, sondern auch wegen des Eides, den Hunyadi geleistet hatte.

Auch im italischen Raum gab es keine Macht, die es wagen konnte, gegen den Großherrn der Osmanen, tat der, was immer er wollte, in die Schranken zu treten. 1450 riß der Condottieri Francesco Sforza[7] die Macht in Mailand an sich, das nach dem Aussterben der Viscontis (1447) Republik geworden war, und wurde zwar prompt, aber doch unter dem Druck der Waffen, zum Herzog gewählt. Er war es, der nun als Staatsoberhaupt und nicht mehr als Söldnerführer den 1448 ausgebrochenen Vierten Mailändischen Krieg führte, der nicht nur Venedig, sondern alle oberitalischen Staaten in seinen Bann zwang. Bei der verworrenen, ja beinahe chaotischen Situation blieb Papst Nikolaus V. nicht ungeschoren; im Januar 1453 rückte ihm ein gewisser Porcaro mit einem wüsten Rebellenhaufen auf den Leib, der Rom zu erobern und den Papst und die Kardinäle umzubringen gedachte, um der Ewigen Stadt die wahre Freiheit zu geben. Nun waren nicht alle Verschwörer so blutrünstig und radikal und vom Gedanken an Porcaros Diktatur der Freiheit auch nicht so begeistert wie er selbst, und so wurde der Anschlag verraten. Porcaro wurde mit seinen Spießgesellen gefangengesetzt, zum Tode verurteilt und hingerichtet.

Erinnert man noch daran, daß der Hundertjährige Krieg zwischen Frankreich und England noch nicht zur Gänze durchkämpft und durchlitten war, daß sich eine neue Runde im Kampf zwischen Polen und dem Deutschen Ritterorden deutlich abzeichnete, daß in Kastilien der Sturz der Regierung des Connetabel Alvaro de Luna vorbereitet und durchgeführt wurde, so kann man nicht umhin, die Torheit jener Historiker zu beklagen, deren Räsonnements über die »unterlassene Hilfeleistung des Westens« für das bedrohte Konstantinopel das bei uns übliche Geschichtsbild bestimmen. Bedenkt man aber die historische Effektivität Europas im Jahr 1453, oder, etwas summarischer gesagt, um die Mitte des 15. Jahrhunderts, so erkennt man, daß eine Hilfeleistung deshalb unterblieb, weil es keine einzige Macht gab, die den Marsch von Sultan Mechmeds Legionen vor die Stadt am Goldenen Horn aufhalten konnte. Kaiser Konstantin XI. Dragáses war ausschließlich auf Selbsthilfe angewiesen, auf die eigene Kraft. Seine Chancen, die Selbstbehauptung zu erzwingen, waren in Wahrheit viel größer, als es am 2. April 1453 den Anschein hatte.

An diesem 2. April erschienen Mechmeds Reiterspitzen vor dem »*Rom des Ostens*«, das sich bereits am Vortage verteidigungsbereit gemacht hatte. Ihnen folgte ein riesiger, unüberschaubarer Heerwurm, dessen rückwärtige Teile mehrere Tagesmärsche weit zurückhingen. Der Großherr traf mit seinem Stab nach dem Gros des Heeres am 5. April ein und bezog unter den schmetternden Klängen der Militärmusik und dem Jubel seiner Verbände das vorbereitete Hauptquartier: Die Belagerung hatte begonnen. Sie stand, wie nach den Vorbereitungen nicht anders zu erwarten war, voll im Zeichen des »modernen Krieges« der Feuerwaffen. Gigantisch waren die Arbeiten, die ausgeführt werden mußten, um die vielbestaunten Wunderwerke der jungen islamischen Rüstungsindustrie zum Einsatz zu bringen. Ein eigenes Straßennetz mußte angelegt werden, allein um die schwere und überschwere Belagerungsartillerie in die Feuerstellungen zu schaffen, und man kann heute nicht einmal annähernd abschätzen, wieviele tausend Kubikmeter Erdreich bewegt, wieviele Brücken gebaut, wieviele Gräben ausgehoben werden mußten, um das gewaltige Potential an Feuerkraft, auf dem die Siegeshoffnungen ruhten, in jene Positionen zu schaffen, aus denen sie auf die überstarken Festungsanlagen wirken konnten.

Die Belagerung von Konstantinopel ist ein Wendepunkt nicht nur im osmanischen Kriegswesen, sondern im Kriegswesen schlechthin. Erstmals wurde nämlich die Entscheidung ganz bewußt im massierten Einsatz schwerer Feuerwaffen gesucht und die Verwendung sämtlicher Kräfte darauf abgestellt, den Einsatz dieser

- unter minimalem Zeitaufwand zu ermöglichen und
- über erhebliche Zeitspannen zu gewährleisten.

Das bedeutete, daß alle Aktionen zeitlich und örtlich auf die optimale Wirkung des Artilleriefeuers abzustimmen waren. Nie hatte die Kriegstechnik einen derartig entscheidenden Rang in Vorbereitung und Durchführung eines operativen Vorhabens eingenommen, nie war sie derart bewußt - und spektakulär - in den Mittelpunkt jeder Lagebeurteilung gerückt worden, nie hatte sie eine ähnlich dominierende Rolle für die Entschlußfassung des Feldherrn gespielt.

Neben die Artillerie schob sich, einen ähnlichen Aufwand erfordernd, als neues Instrument der Kriegführung Sultan Mechmeds seine Kriegsflotte, die aus kleinen, wendigen Küstenseglern bestand und durchaus nicht geeignet war, den großen Karracken der byzantinischen Flotte eine regelrechte Seeschlacht zu liefern. Die Karracken waren ursprünglich große Handelsschiffe gewesen, die etwa seit dem Beginn des 15. Jahrhunderts auch als Kriegsschiffe verwendet wurden, als solche entsprechend vergrößerte Deckaufbauten erhielten und mit Geschützen ausgestattet waren:

Karracke, schematische Darstellung nach einem italienischen Handbuch für Schiffsbau, etwa 1440.

til þe come in to iiij fadm deep and yf it be strong
ftraunde it is betwene synestant and tille in the entre
of the chanel of ffaumred and soo goo youre contre
til ye stane stott fadum deep. than goo est northe est
a longe the see. + c.

Veränderung der Bauweise und Besegelung zwischen 1400 (Abb. a) und 1430 (Abb. b).

◁ Englische Kriegskarracke um 1450.

Deutsche Kriegskarracke um 1450.

Quelle der Abb. S. 61 – 65: Frank Howard »Segel-Kriegsschiffe 1400 – 1860«.
Bernard & Graefe Verlag, Koblenz, 2. Auflage 1989.

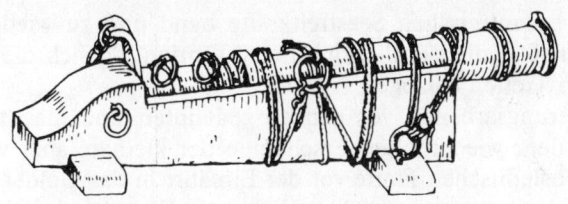

Schiffsgeschütz aus der ersten Hälfte des 15. Jahrhunderts.

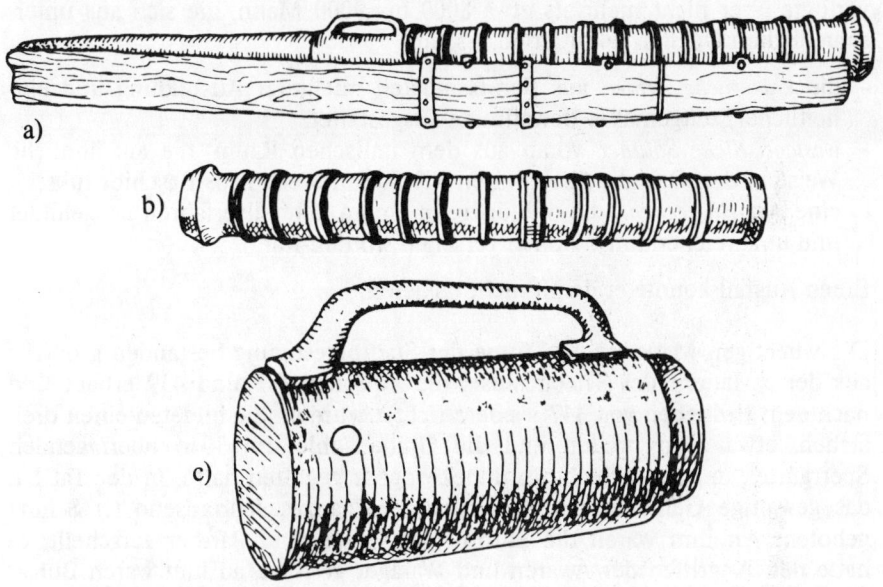

a)

b)

c)

Eine Hinterladerkanone um 1450:
a) Das komplette Geschütz.
b) Das Kanonenrohr; es besteht aus gerolltem Eisenblech und ist durch Eisenbänder verstärkt.
c) Die Kammer für die Pulverladung; für jedes Geschütz waren mehrere Ladekammern vorhanden, die während des Gefechts ausgewechselt und nachgeladen werden konnten, so daß eine relative schnelle Schußfolge erreicht werden konnte.

Sultan Mechmed, dem sein Tatendrang seine Vorsicht nicht nehmen konnte und der befürchten mußte, daß ein Mißlingen der »Operation Konstantinopel« für ihn persönlich von schweren, unabsehbaren Folgen sein würde, war nicht gewillt, seine Flotte aufs Spiel zu setzen. Er befahl daher seinen Kapitänen ein taktisches Verhalten, das eine Kopie der Kampfführung Leichter Reiterei gegen Panzerreiter war. Er bedrohte Konstantinopel von See her, indem er seine Flotte periphär in Erscheinung treten ließ, damit sie die Aufmerksamkeit der byzantinischen Seestreitkräfte band und zu wiederholten Ausfahrten veranlaßte, die sämtlich ins Leere führten, da sich die osmanischen Schiffe jedem Treffen entzogen.

Mit Belagerungsarbeiten vor den ausgedehnten und massiven Festungswerken und dem wiederholten Erscheinen der kleinen, aber wendigen Einheiten der moslemischen Flotte vor der Einfahrt in das Goldene Horn, zweifellos einem der besten natürlichen Häfen der Welt, verging der April, ohne daß es zu energischen Kampfhandlungen gekommen wäre. Das ist mit der Zahlenschwäche der Verteidiger zu erklären: Kaiser Konstantin XI. Dragáses verfügte über nicht mehr als etwa 8000 bis 9000 Mann, die sich aus unterschiedlichen Quellen rekrutierten. Es gab

- die *kaiserliche Armee,* aus Berufssoldaten mit guter Ausbildung und einheitlicher, zeitgemäßer Bewaffnung ausgestattet;
- *westchristliche Söldner,* vorab aus dem italischen Raum, die auf ähnliche Weise in den Orient gelangt waren wie Sultan Mechmeds Baschibozuks;
- eine Art *Bürgerwehr,* die notdürftig in einem Schnellverfahren ausgebildet und unzureichend mit Waffen versehen worden war.

Einen Ausfall konnte er damit nicht riskieren.

Die wuchtigen Mauern und Türme der Stadtbefestigung bestanden großteils aus den »Mauern des Theodosius«, die zwischen 413 und 439 erbaut und nach dem Erdbeben von 447 wiedererrichtet wurden. Sie bildeten einen dreifachen, etwa 60 m breiten und die Grabensohle um 30 m überragenden Sperrgürtel, der als schlechthin unbezwingbar gegolten hatte. In der Tat hat das gewaltige Gemäuer der Kaiserstadt ein ganzes Jahrtausend (!) Schutz geboten: An ihm waren die Stürme der Goten und Parther zerschellt, es hatte den Angriffen der Awaren und Waräger getrotzt, an ihm waren Bulgaren und Araber gescheitert – und als es 1204 von den Kreuzrittern genommen worden war, geschah dies nicht durch Überwindung der Verteidigung, sondern nach Lähmung der Abwehrkräfte durch blutige Greuel in der kaiserlichen Familie im Streit um Krone und Reich. Nun schufen die Dimensionen der Festungswerke erhebliche Probleme: Die rund 22 Kilometer langen Mauern konnten mit den maximal 9000 Verteidigern nur unzureichend besetzt werden. Auch war es eine zunächst offene Frage, ob das Mauerwerk dem Geschützfeuer von Mechmeds moderner Belagerungsartillerie standhalten werde.

Diese Frage fand in den ersten Maientagen, in denen mit dem kennzeichnenden, gewaltigen Donnergetöse das erste Sturmreifschießen einer festen Anlage begonnen wurde, eine langzeitig gültige Antwort: Senkrecht stehende Mauern vermögen dem Vernichtungsfeuer großkalibriger Geschütze nicht lange zu widerstehen, sie rasseln in überraschend kurzer Zeit zusammen. Mauertrümmer und Schuttmassen aber bilden ein Gewirr, das von einem zäh kämpfenden Verteidiger mit Hilfe von Balken, Ketten und Schanzkörben zu einer provisorisch gedachten Sperrzone ausgebaut werden kann, die sich gegen den Beschuß auch überschwerer Geschütze unglaublich resistent zeigt. *Die Byzantiner gingen sehr rasch von der starren Verteidigung der Mauerfront ab und entschlossen sich zu beweglicher Verteidigung,* deren Wesen durch rechtzeitige Räumung einsturzgefährdeter Mauerteile, die Aushebung von Erdwerken hinter der vordersten Anlage, die Bereitstellung von Schanzmaterial für notwendige Sperrmaßnahmen und von Infanteriekräften für die sofortige Aufnahme des Abwehrkampfes gegen den durch die Bresche eindringenden Feind gekennzeichnet war. Vielfach ergab sich die Möglichkeit, kleine Geschütze in Feuerstellungen zu bringen, aus denen die infanteristische Kampfführung wirksam unterstützt werden konnte. *So wurde die Bresche in einen Feuersack verwandelt,* in den die Angreifer rannten und, von starken Gegenstößen getroffen, zuletzt froh sein mußten, ihn wieder nach rückwärts verlassen zu können.

Sultan Mechmeds Armee erlitt schwere, blutige Verluste, die Verluste der Verteidiger aber hielten sich in Grenzen; Geländegewinne waren, wenn überhaupt erzielbar, minimal. Das System der Kampfführung erinnert an die der großen Materialschlachten des Ersten Weltkrieges, in denen die vordersten Schützengräben unter dem Trommelfeuer des Gegners geräumt und dessen vorstoßende Infanterie von der Artillerie des Verteidigers angeschlagen und von bereitgestellten Reserven im Gegenstoßverfahren zurückgeworfen wurde. 1453 war die Wirkung allerdings entscheidend größer als 1917, weil die Artillerie auf den direkten Schuß angewiesen war und ihr Feuer nur in die vordersten Trümmerhaufen legen konnte, wogegen durch die Fortschritte in Waffentechnik und Schießverfahren im Ersten Weltkrieg auch bereitgestellte Gegenstoßkräfte erkannt und mit Brisanzgranaten förmlich überschüttet, zum Teil sogar zerschlagen werden konnten.

Sultan Mechmeds vermeintliche Wunderwaffe der mauerzertrümmernden Artillerie erbrachte also einen gewaltigen Aufwand, nicht aber die erhoffte operative Wirkung der Ausschaltung der Festungswerke der belagerten Kaiserstadt. Der Großherr zögerte nicht, seine zweite technische Neuerung ins Spiel zu bringen, die Flotte. Er hatte landeinwärts des genuesischen Stützpunktes Galata, aus dem später der Stadtteil Pera wurde, einen mächtigen Verbindungsweg zwischen dem Bosporus und dem Goldenen Horn errichten lassen, was bei der Menge der zu Belagerungszwecken errichteten Verbindungslinien kaum auffallen konnte. Noch weniger auffällig war, daß er einen Teil seiner Artillerie an der linken Flanke seiner Belagerungseinrichtungen hart am Ufer in Stellung gehen ließ, Hauptschußrichtung Wasser, weil er damit offensichtlich den Zweck verfolgte, mögliche Aktionen der kaiserlichen Kriegsflotte gegen seine rückwärtigen Dienste und die ruhenden Teile der Belagerungsarmee prompt wirksam begegnen zu können. Beide Vermutungen waren richtig: Ein Teil des Nachschubes wurde per Schiff in den Bosporus geführt, dort ausgeladen und über Land den Kampftruppen zugeleitet, und es war eine Beschießung von Einrichtungen der Belagerung in der

Tat von See her möglich, wenn die geschütztragenden Schiffe ungestört in Ufernähe operieren konnten.

Hinter den beiden vordergründigen Zwecken aber verbarg der Sultan die Ausführung eines Planes, der so abenteuerlich und unerhört war, daß er für weniger phantasiebegabte Köpfe außerhalb des Vorstellbaren lag. Er ließ seine Kriegsschiffe Stück für Stück in ihre Bestandteile zerlegen und heimlich hinter Galata ins Goldene Horn schaffen, am Ufer zusammenbauen und sodann den Meereseinschluß befahren – rückwärts der mächtigen Kette, die als eine für jene Zeit unüberwindliche Seesperre galt, die noch dazu von der mächtigen Flotte des Kaisers höchst wirksam gesichert wurde. Das Auftauchen der islamischen Flotte, die erst vor ein paar Tagen zwischen Marmarameer und Bosporus kreuzend festgestellt wurde, sorgsam bemüht, jedem kombattanten Kontakt auszuweichen, im Innenwasser des Goldenen Horns wurde in der belagerten Stadt als ein böses, ein teuflisches Wunder empfunden, da man nur die Wirkung sah, die Ursache aber sich nicht zu erklären vermochte. Und in der Tat haftet dem Geschehen, auch für das Vorstellungsvermögen unserer Zeit und selbst in Kenntnis des Kausalzusammenhanges, etwas kaum Erklärbares und damit Wunderbares an, das kein Geringerer als Stefan Zweig in seinen »Sternstunden der Menschheit« unübertrefflich zum Ausdruck bringt:

> »Schweigsam wie alles Große, vorbedacht wie alles Kluge vollzieht sich das Wunder der Wunder: eine ganze Flotte wandert über den Berg.«

Aber Wunder hin, Wunder her – die Großtat erschütterte zwar sicherlich in der Bevölkerung der belagerten Stadt und in einem Teil der Verteidigungskräfte nachhaltig den Glauben an den Erfolg der eigenen »guten Sache«, richtete andererseits die Siegeszuversicht des osmanischen Heeres gewaltig auf, aber praktischen militärischen Nutzen brachte sie nicht. Die Kriegslage änderte sich durch die Tatsache, daß Mechmeds Flotte nun nicht mehr im Bosporus oder im Marmarameer herumsegelte, sondern im Gewässer rückwärts des Hafens der belagerten Stadt, nur insofern, als immerhin mögliche Zufuhren nun leichter zu bewerkstelligen waren als vorher. Im Westen hatte man nämlich viel Aufhebens von der osmanischen Kriegsflotte gemacht, und sicherlich wurde manches Bedenken in den Verantwortlichen, ob man nicht doch dem Rom des Ostens, wenn schon nicht mit Truppen, so doch mit Nachschubgütern aller Art, unter die Arme greifen sollte, mit dem Argument der Blockade des Hafens zum Schweigen gebracht. Das fiel nun weg, und in der Tat kamen ein paar Schiffe oder Schiffsgruppen und brachten Waffen, Schießzeug und Verpflegung, die sie sich teuer genug bezahlen ließen. Um sogleich wieder abzulegen und das Weite zu suchen in dem erhebenden Bewußtsein, für den Christenglauben außerordentliche Leistungen erbracht und gleichzeitig glänzende Geschäfte gemacht zu haben.

Gegen Ende Mai hatte sich die Lage sowohl an der »Wasserfront« als im Kampfraum zu Lande weitgehend stabilisiert. Trotz des enormen Drucks, den Sultan Mechmed auf den unwiderruflich letzten Rest des vormals so gewaltigen oströmischen Reiches ausübte, wuchsen die Aussichten des Kaisers, die Belagerung siegreich zu überstehen, von Tag zu Tag. Es sei hier an die Grundlagen des osmanischen Versorgungswesens erinnert, das auf Selbstverpflegung der

- Lehenstruppen und
- Freiwilligenverbände

beruhte. Für ein paar Tage lebten diese von mitgebrachten Lebensmitteln, nach deren Verzehr

- im Feindesland von Plünderung,
- im eigenen Land vom Verpflegungsankauf.

Das Leerräumen des festungsnahen Landes gehörte umgekehrt zu den routinemäßigen Vorbereitungen der Verteidigung. In dem äußerst gering dimensionierten Land um die Kaiserstadt fanden sich mit Sicherheit nicht derartige Mengen an Versorgungsgütern, daß die rund hundert Tausendschaften des Belagerungsheeres auch nur eine Woche davon hätten satt werden können. Freilich gab es Kaufleute, die Lebensmittel und – nicht zu vergessen – Pferdefutter über viele Tagesreisen weit in den Belagerungsraum brachten, aber die Preise, die sie forderten, waren den Umständen angemessen und daher hoch. Für die breite Basis des Volksheeres war die stationäre Kriegführung daher auch und vor allem ein finanzielles Problem, und es war die Frage, wie lange sie es ökonomisch bewältigen konnte.

Davon abgesehen stand der Sommer unmittelbar bevor; nicht der kalendermäßige Sommer des Sommerhalbjahres, das mit dem Hizirtag Anfang Mai bereits begonnen hatte, sondern der wirkliche Sommer des Nahen Ostens, dessen gnadenlos stechende Sonne die Bachläufe austrocknet, die Quellen zum Versiegen bringt, die spärliche Vegetation mordet. Die Versorgung der Menschen mit Wasser war relativ einfach; rechnet man die unerläßliche Wasserration mit einem Liter pro Kopf und Tag, so gelangt man zu einer beachtlichen, aber durchaus überschaubaren Menge, die mit einiger Mühe sicherlich zu beschaffen war. Rechnet man nun aber Reitpferde, Tragtiere und Ochsengespanne dazu, dann gelangt man zu einer Masse, die für uns überhaupt nicht mehr vorstellbar ist. Nimmt man als für den Wasserhaushalt optimale Eingrenzung an, daß

- die Tragtiere ausschließlich Kamele und Esel waren, so hielt sich deren Wasserbedarf in Grenzen,
- die Gespannochsen in Verpflegung verwandelt wurden (was allerdings die ohnehin äußerst fragliche Mobilität vor allem des Geschützparks gänzlich eliminiert hätte), so kamen sie als Wasserverbraucher in Wegfall.

Übrig blieben aber in jedem Fall die Pferde als Wasserkonsumenten größter Kapazität. Wieviele Reitpferde es beim Belagerungsheer gab, läßt sich schwer schätzen. 60 000 bis 80 000 sind es aber auf jeden Fall gewesen, weil viele Sipahs mit zwei Pferden zum Heer zu stoßen pflegten, die Großen des Reiches etliche Pferde mit sich führten und überdies auch mit glänzendem, selbstredend berittenem Gefolge im Kriege erschienen. Der Sultan konnte sicherlich einige Kavallerieabteilungen detachieren, zumal die Reiterei als solche im Stellungskrieg nicht zu verwenden war, und er hat bestimmt einige Verbände in die Nähe der berühmten »Süßen Wasser von Rumelien« gelegt, aber diese waren doch vom Belagerungsraum etwa 12 km entfernt und damit zu weit, um die Masse der Kavallerie den Ritt täglich zweimal machen zu lassen, um die vierbeinigen Kameraden zu tränken. Auch wenn wir in Rechnung stellen, daß die orientalischen Pferde kleiner sind als die bei uns üblichen und auch einen geringeren Wasserverbrauch haben, muß dieser doch mit mindestens 15 bis 20 Liter veranschlagt werden, zumal nach den ersten Tagen eine wassersparende Grünfütterung in Wegfall kam, so daß Mechmed die Wasserversorgung für alles, was sich so im Kampfraum aufhielt, mit rund einer Million Liter pro Tag (als Minimalwert) zu erbringen hatte. Die Brunnen im Vorgelände der Hauptstadt können außer Betracht bleiben, da sie routinemäßig bei der Räumung des offenen Landes unbrauchbar gemacht worden sind.

Dabei war auch das noch nicht alles, denn zu bedenken ist weiter der Problemkomplex der sanitären Verhältnisse. Auch bei den Kenntnissen und Möglichkeiten der modernen Medizin ist die Konzentration derartiger Massen derartig heterogener Lebewesen auf geringem Raum während eines orientalischen Sommers für einen längeren Zeitraum eminent gefährlich und seuchenträchtig. Man muß – unter Berücksichtigung der hygienischen Verhältnisse des fünfzehnten Jahrhunderts – sagen, daß es geradezu ein Wunder gewesen wäre, wenn in den bevorstehenden Tagen und Wochen des Juni epidemische Krankheiten in die Verbände von Mechmeds Belagerungsheer nicht weit stärkere Lücken gerissen hätten als es die Waffen der Verteidiger vermochten.

In der Lagebesprechung vom 25. Mai war es dann soweit; die graubärtigen Großwürdenträger, gezeichnet von jahrzehntelanger kombattanter Empirie, geschart um den alten Großwesir Halil Pascha, sagten dem Großherrn unverblümt ihre Bedenken. Mechmed war ebenso zornig wie beeindruckt, obwohl die Kommandeure der Janitscharen und Baschibozuks, die an der Beratung teilnahmen, scharf gegen die Opposition Stellung bezogen. Der Meinungsstreit wogte einige Zeit hin und her, und er fand ein höchst überraschendes Ende. Sultan Mechmed kam auf den scheinbar der Denkweise unseres fortschrittseligen Jahrhunderts vorweggenommenen Gedanken, die Weiterführung der Operation von den Ergebnissen einer Meinungsumfrage unter seinem Kriegsvolk abhängig zu machen. Und weil er, der Vielbelesene, aus dem Studium verschiedener klassischer Schriftsteller sehr wohl wußte, daß die Art der Fragestellung die gewünschte Antwort vorwegzunehmen pflegt, beauftragte er einen seiner jungen Löwen, den eifrigen und kriegsbegeisterten

Zaganos Pascha, mit der Durchführung der Aktion. Sie war schon nach einigen Stunden beendet und erbrachte das dem Großherrn genehme Ergebnis, daß die Truppen den Kampf bis zur völligen Niederlage des Gegners fortzusetzen wünschten.

Diese Niederlage erfolgte schon am 29. Mai völlig unprogrammiert und auf derart – man verzeihe die Verwendung dieses Ausdrucks – saudumme Weise, daß man versucht ist, von einem höchst makabren Hintertreppenwitz der Geschichte zu sprechen. Während eines Großangriffs auf einen durch massiertes Artilleriefeuer sturmreif geschossenen Mauerabschnitt hatte ein Subalternoffizier der Janitscharen mit ein paar Mann den Auftrag, eine weit abseits gelegene kleine Mauerpforte zu überwachen. Es war eine routinemäßige Aufgabe, die dazu diente, einen immerhin möglichen Ausfall der Verteidiger rechtzeitig zu erkennen und zu melden – die Tätigkeit eines Stehenden Spähtrupps in neuzeitlicher Terminologie mithin, langweilig und ohne die Möglichkeit, sich in irgendeiner Weise auszuzeichnen. Dem jungen Leutnant, wenn wir ihm diesen Dienstgrad zwecks Veranschaulichung beiliegen wollen, fiel nach längerer Beobachtung auf, daß sich auf der Mauer im Gebiet der Kerka Porta, die er zu überwachen hatte, nichts zeigte, was auf eine Anwesenheit irgendeines Gegners schließen ließ. Er pirschte sich vorsichtig näher, klopfenden Herzens und in der Absicht, irgendeine Aktion des Gegners zu provozieren, von der er im Optimismus der Jugend hoffte, daß er sie unbeschadet überstehen werde. Als nichts geschah rüttelte er an der Pforte, genau in der Art eines wachhabenden Offiziers, der überprüft, ob der Torposten seine Schuldigkeit getan und eine Pforte zu bestimmter Zeit ordnungsgemäß versperrt hat.

Was nun geschah, verschlug ihm den Atem: Der Torposten hatte seine Schuldigkeit **nicht** getan – das Tor ging auf!
Der Leutnant fuhr entsetzt zurück. Wie konnte er so hirnverbrannt sein und in eine derart läppische Falle tappen. Er mußte erwarten, daß sie nun über ihn herfallen würden, riß seinen Säbel heraus, nahm Fechtstellung ein und war entschlossen, sein Leben so teuer wie möglich zu verkaufen. Aber es geschah nichts, absolut nichts. Langsam, vorsichtig schob er sich durch die Maueröffnung – vom Feind war nichts zu sehen.

Ob ihm nun die Erkenntnis, welche Bedeutung diese unerwartete, ja schier unglaubliche Feststellung hatte, langsam aufdämmerte, oder ob sie ihn schlagartig überfiel, kann dahingestellt bleiben. Für zielgerichtetes, planmäßiges Vorgehen im Sinne der für das Janitscharenkorps gültigen Dienstvorschriften kam sie jedenfalls zeitgerecht. Er winkte seine Leute herbei, fertigte die Meldung an das vorgesetzte Kommando ab, ließ Tor und Torturm besetzen und harrte der kommenden Dinge.

Es dauerte lange, für seinen Geschmack, wahrscheinlich viel zu lange, bis eine kampfstarke Abteilung an der Kerka Porta erschien, aber das kann im Grunde genommen keinen Menschen wundern, der den militärischen Dienstweg kennt und weiß, mit welch tiefem Mißtrauen höhere Führungsstäbe allen Meldungen unerwarteten Inhalts gegenüberstehen. Zuletzt aber fand der Melder doch Glauben, und durch die Kerka Porta, die auf derart obskure Weise in osmanische Hände gefallen und flugs von einer Ausfallpforte in eine Einfallsluke umfunktioniert worden war, drangen Sultan Mechmeds Sturmtruppen unbehindert in das Rom des Ostens, in die Kaiserstadt am Goldenen Horn, in den Goldenen Apfel der Rumäer ein.

Die Krieger des Großherrn wüteten drei Tage und drei Nächte lang mordend und plündernd in der Stadt. Wer Widerstand leistete, wurde niedergehauen, wer kein Grieche war, desgleichen. Kaiser Konstantin XI. Dragáses, der seine Krone dem Schiedsspruch Sultan Murads verdankte, fiel im Kampf, und sein abgeschlagenes, blutiges Haupt wurde auf dem Forum zur Schau gestellt. Der Gesandte Venedigs wurde samt seinen Leuten erschlagen, desgleichen der Gesandte des aragonesischen Königs, und Georgios Phrantzes, der die schrecklichen Tage des Gemetzels überlebte, berichtet ganz sicher ohne Übertreibung, daß an manchen Plätzen der Boden nicht mehr zu sehen war vor lauter Toten, die wirr durcheinanderlagen. Sein besonderes Entsetzen rief die Art hervor, in der die Moslems in die christlichen Kirchen einbrachen und wie sie dort hausten:

»Auf den heiligen Ikonen, die mit Gold und Silber und Edelsteinen verziert waren, trampelten sie herum, rissen den Schmuck herunter und verwendeten sie als Sitzgelegenheiten; mit den heiligen Gewändern, die aus golddurchwirkter Seide gefertigt waren, bekleideten sie ihre Pferde; die Perlen von den Reliquienschreinen raubten sie, traten Gebeine der Heiligen mit Füßen und taten noch viel anderes Beklagenswertes, als wahre Vorläufer des Antichrist. O wie unerforschlich und unbegreiflich ist Dein weises Gesicht, o König Christus!«

Nach diesen drei Tagen der traditionell fixierten Plünderungserlaubnis hielt Sultan Mechmed II., umgeben von den Großen des Reiches und Heeres, geleitet vom Gardekavallerieregiment Sipah, seinen Einzug in die verwüstete Stadt. Er ritt zur Hagia Sofia, warf sich, ehe er sie betrat, demütig zu Boden und streute Erde auf seinen Turban. Einige seiner Kriegsleute, die noch dabei waren die große Kathedrale zu plündern, scheuchte er mit grimmigen Worten hinaus, und ein paar Byzantiner, die zitternd und mit fahlen Lippen in dunklen Nischen und Winkeln hockten, erklärte er zu seinen Sklaven und unterstellte sie damit seinem persönlichen Schutz. Dann stieg auf seinen Wink sein Hofprediger auf die Kanzel und rief mit hallender Stimme das Glaubensbekenntnis der Moslems:

»Ich glaube und bekenne, daß es keinen Gott gibt außer Gott und das Mohammed der Gesandte Gottes ist.«

Der Stolz der Orthodoxie, die große Kathedrale von Byzanz, war damit nach islamischem Recht zu einer Moschee geworden. Und Sultan Mechmed II., der nun schon zu Mechmed Fatih, zu Mechmed dem Eroberer geworden war, machte sich ohne Verzug an den Wiederaufbau der Stadt, der zu einem weitestgehenden Neubau seines Reiches werden sollte.

Als Osman I. nach dem Tod seines Vaters Ertogrul vom Hof in Konya nach Bithynien heimkehrte, um als Tributärfürst des Seldschukensultans nicht nur über die turkmenischen Fluchtgefährten seines Vaters, sondern auch über die christliche Bevölkerung zu herrschen, war dies der entscheidende Anlaß für die Straffung des gesellschaftlichen Gefüges als Basis der bald einsetzenden Entwicklung einer eigenen sozialen Integration. Die energische Stärkung der Autorität des Territorialfürsten gegenüber den Sippenoberhäuptern, die durch das Osman begleitende Militärsklavenkontingent – den Vorläufer des Janitscharenkorps – machtmäßig höchst wirksam abgesichert war, stieß auf eine starke Opposition der traditionsverhafteten turkmenischen Anführer, deren Mittelpunkt Dindar bildete, Ertogruls jüngerer Bruder, der nach dem geltenden Gewohnheitsrecht mit der Senioriatssukzession nun eigentlich dessen Nachfolger gewesen wäre. Wir haben uns im ersten Band eingehend mit dem Problem befaßt und erinnern uns der Lösung, zu der sich Osman letztendlich entschloß: Er streckte seinen Oheim mit einem wohlgezielten Pfeilschuß nieder. Und die oppositionellen Kräfte im Hintergrund erkannten im Handumdrehen, daß es der eigenen Gesundheit höchst abträglich war, Osmans Willen zu widerstreben, und fügten sich.

Sultan Mechmed II., der siebente Großherr der Osmanen, befand sich nach der Eroberung Konstantinopels, das bestimmt war, aus einem auf den kärglichen territorialen Bestand einer altgriechischen Polis zusammengeschrumpften Rest des weltbeherrschenden Römerreichs zum politischen und ökonomischen Mittelpunkt der islamischen Welt zu werden, in einer Lage, die an jene seines Ahnherrn erinnert. Was jenem die Opposition der Sippenältesten war, war diesem die Opposition der im Übermaß der Tradition verhafteten Großwürdenträger, und in die Rolle des widerstrebenden und kritikfreudigen Dindar war der ernste, bedächtige Großwesir Halil Pascha gelangt, der dem Weltenstürmer als Klotz am Bein erschien. Es lag nahe, daß sich der Großherr des bewährten Löschungsschemas bediente, ohne allerdings selbst die Hände rühren zu müssen: Wenige Tage nach dem Fall der Kaiserstadt vollzogen die Henker des Hofes, an blinden Gehorsam gewöhnt, auf seinen Befehl die Hinrichtung. Und auch hier lag – bei aller Schaudern erregenden Härte und bei dem für unser Rechtsgefühl empörenden Mangel an irgendeinem noch so summarischen Verfahren – staatsmännische Weisheit in dem Befehl: Der Großherr konnte in den Reihen der schon hochentwickelten und mächtigen Führungshierarchie des Reiches eine verbissene Reaktion, die ihn und seine hochfliegenden politischen Ziele nicht verstand und nicht verstehen wollte oder konnte, nicht dulden. Er konnte aber andererseits die fachlich versierten Großwürdenträger nicht im Handumdrehen auswechseln, also machte er ihnen unmißverständlich klar, daß sie ihm zu gehorchen hatten, bedingungslos zu gehorchen, beinahe blind zu gehorchen. Daß sie sein Tun, sein Planen und Wollen nicht an dem seines Vaters zu messen hatten, und daß ein ganzes Leben treu geleisteter Dienste sie nicht vor seinem Zorn und dessen Folgen schützen konnte, wenn sie in Ungehorsam verfielen. Sie alle verstanden ihn, und keine seiner Maßnahmen, deren Durchführung er in Verfolgung seines umfassenden Konzepts nun in rascher Aufeinanderfolge befahl, wurde verwässert oder verschleppt, hörbar bekrittelt oder in größerem Personenkreis herabgesetzt.

Und das war, mag man auch persönlich wenig Geschmack an dem absolutistischen Regierungsstil finden, unerläßlich für den Neubau des Staates, den er mit bewundernswerter Virtuosität in Angriff nahm. Und den er, genau genommen, bereits in Angriff genommen hatte, als er noch während der Belagerung einem Janitscharenkommando den Auftrag erteilte, die nach der Hagia Sofia bedeutendste Kirche der Stadt, die Kathedrale der heiligen Apostel, sogleich in Besitz zu nehmen und vor jeder Plünderung zu bewahren. Nachdem er die Stadt am vierten Tag nach der Eroberung betreten hatte, ließ er nach hochrangigen orthodoxen Klerikern fahnden und übergab ihnen das Heiligtum mit allen liturgischen Gewändern und Geräten, mit allen Heiligenstatuen und Ikonen, vollkommen unversehrt. Dann gewährte er den Christen, die sich bisher in allen möglichen Schlupfwinkeln verborgen gehalten hatten und nicht gefangengenommen und dadurch in Sklaverei verfallen waren, ihre Freiheit – und beinahe im gleichen Atemzug schuf er für die jungen Gefangenen, die durch Geist und Bildung hervorragten, die *Palastakademie, die »Strenge Schule« – Enderun –,* deren Absolventen bald darauf das Monopol für die Verwendung in der Ämterhierarchie des Reiches erlangten. Da in die Enderun nur Sklaven aufgenommen werden konnten, die Türken aber nicht Sklaven werden durften (die Versklavung eines Moslems war durch das Heilige Recht des Koran verboten), ergab sich daraus eine Entnationalisierung des Staatsapparates nun auch im Bereiche der zivilen Verwaltung, wie diese auf dem militärischen Sektor im Janitscharenkorps bereits durchgeführt war. Die zivile Verwaltung war vom Militärdienst nicht durchgehend streng separiert, und vor allem der Beglerbegi hatte sowohl zivile als auch militärische Aufgaben. Aus den erhaltenen Lebensläufen von Absolventen der Palastakademie ist zu entnehmen, daß diese sowohl zivile als auch militärische Ämter in zeitlicher Aufeinanderfolge innehatten, wo die Trennung in zivile und militärische Funktionen nachvollziehbar ist, so daß beispielsweise ein Steuereinnehmer einer Provinz (Defterdar) zu einem Stabsoffizier der Reichsarmee werden konnte und umgekehrt.

Zu den in Sklaverei Verfallenen gehörte der Vorkämpfer gegen die Wiedervereinigung der Kirchen, Gennadios, den der Großherr mit einiger Mühe freikaufte und der nach dem Tode des Patriarchen zu dessen Nachfolger erwählt wurde. Der Sultan schuf nun ein neues Amt, das des Ethnarchen, des Volksführers der orthodoxen Bevölkerung, der deren innere Belange im eigenen Wirkungskreis zu lösen hatte und damit im Rang eines Vizekönigs stand, dessen Tätigkeitsbereich allerdings nicht nach dem Territorialitätsprinzip, sondern dem Personalitätsprinzip bestimmt war. Die weitestgehende Autonomie der orthodoxen Kirche verlieh dieser fast die funktionelle Stellung einer sekundären Staatskirche, die sich nun alsbald offiziell gegen die Beschlüsse des Wiedervereinigungskonzils aussprach und die Kirchenreuniierung in aller Form widerrief. Die Anhänger der Papstkirche hingegen wurden von der religiösen Toleranz ausgenommen; sie zählten für die Orthodoxie als Feinde des wahren Glaubens und für die Regierung als Feinde des Reiches.

Sultan Mechmeds Bemühen, aus den bereits und von allen Anfängen des Reiches an bestehenden Ansätzen nicht nur eine multinationale, sondern eine multireligiöse soziale Integration für Monotheisten zu schaffen, fand in seiner Fürsorge für die jüdischen Gemeinden den abrundenden sinnvollen Ausdruck. Hier vor allem stand ihm der hochgebildete und geistvolle Rabbiner Moses Kapsali zur Seite, den er als seinen persönlichen Freund in den Kreis seiner Tischgefährten aufnahm, der sich gut und gerne mit der Tafelrunde des sagenhaften Königs Artus vergleichen läßt.

Ein Unterschied allerdings springt ins Auge: Die Tafelrunde des Königs besteht aus Helden des Schwertes, die literarische Idealgestalten sind wie er selbst –, die Tafelrunde des Sultans aber bestand aus Gelehrten und Dichtern, aus für weise Geltenden und durch Frömmigkeit Hervorragenden, wobei die Frömmigkeit durchaus nicht islamisch fixiert sein mußte. Mechmed war bei aller offen zur Schau gestellten religiösen Toleranz ein tiefgläubiger und überzeugter Moslem, der – hier ganz im Banne der Ideen des Propheten stehend – von der Vorstellung beherrscht war, daß es nur den einen allmächtigen, ewigen und allbarmherzigen Gott gibt, den Juden und Christen und Moslems verehren, wobei die Glaubensformen der Juden und Christen mit Irrtümern behaftet sind, von denen der Islam verschont geblieben ist. Er wollte seine Hauptstadt zur Idealstadt machen, in der sich alle Monotheisten zur harmonischen Verehrung des gemeinsamen Gottes zusammenfinden sollten, und er wollte, daß dies für das Zusammenleben aller Menschen vorbildhaft sein sollte: Jener, die seinem Reiche schon angehörten – und jener, die sich diesem Reiche erst anschließen mußten.

Seine Bemühungen um die Wiederbesiedelung seiner Hauptstadt standen durchaus im Zeichen dieses Vorhabens. Sie waren erfolgreich, und die Einwohnerzahl überstieg noch während seiner Regierung jene, die für die letzte Zeit der Selbständigkeit anzunehmen ist: hunderttausend. Stambul hieß jetzt Konstantinopel, vermutlich aus dem Griechischen (istin polin = in der Stadt) abgeleitet, und bald wurde sie im poetischen Überschwang Der-es-Saadet, der »Sitz der Glückseligkeit«, genannt. Die Stadt wurde wieder, was sie vor Zeiten gewesen war, eine Weltstadt, und für das Weltreich, zu dem sich das Osmanische Reich nun zügig entwickelte, eine angemessene, ständig an Umfang und Bevölkerung zunehmende Metropole. Damit aber brachte sie eine durchaus beachtliche, in ihrer Bedeutung kaum zu überschätzende neue Komponente in die gesellschaftliche Grundstruktur des Osmanischen Reiches: Die Urbanisierung eines Teiles der Bevölkerung.

Zu Sultan Orkhans Zeit waren die turkmenischen Wanderhirten als Bauern der Scholle verbunden worden – in den Tagen Sultan Mechmeds wurde diese Verbindung für einen Teil der Nachkommen von Ertogruls Fluchtgefährten wieder gelöst: Sie wurden urbanisiert, wurden zu Bürgern der Hauptstadt und damit – schon durch die räumliche Nähe zum Hof und zu den zentralen Regierungsstellen – zum eigentlich entscheidenden Teil des islamischen, türkischen Bevölkerungselements, dessen weiterhin agrarische Dorfgemeinschaften sukzessive in die provinzielle Bedeutungslosigkeit gedrängt wurden. Selbstverständlich hatte es auch schon vorher türkische Bürgerschaften gegeben, in Brussa und Edirne, in Sofia und Ankara, in Eskischehir und Ueskueb, aber es handelte sich um kleine, überschaubare Einheiten, die in gewissem Sinne die dörflichen Strukturen beibehalten hatten, und der Charakter des Reiches war vom Timarioten bestimmt worden, der seinen Pflug durch den Boden Anatoliens und Rumeliens zog, Pferde, Rinder und Schafe züchtete, einfach und gradlinig dachte, seine Pflichten redlich erfüllte und seine Obrigkeiten achtete. Der noch Individuum war und Persönlichkeit, der in der kleinen, überschaubaren Welt des Alltages einerseits bekannt war und anderseits Bescheid wußte, und dem die Achtung seiner Standesgenossen nach dem Maß seiner persönlichen, permanent an den Tag gelegten Rechtschaffenheit zuteil wurde.

Stambuls Bürger waren da anderen Zuschnittes; sie entwickelten bald jene Eigenschaften, die für zahlenstarke urbanisierte Gruppen, für das soziale Leben in Ballungszentren, zu allen Zeiten typisch waren und es auch heute – gerade heute – immer noch sind. Die Anonymität der Massengesellschaft läßt andere Eigenschaften des Individuums hervortreten und zum Teil als wünschbar erscheinen als das Leben des Bauern. Der einzelne, der Scholle entwöhnt, der individuellen Verantwortung für Acker und Herden enthoben, ist nicht mehr in der Lage, für die Befriedigung seiner existentiellen Grundbedürfnisse zu sorgen und daher darauf angewiesen, daß die Obrigkeit für ihn sorge, wobei das Ausmaß dieser Fürsorge in erstaunlich kurzer Zeit das Verhältnis zwischen ihm und der Obrigkeit bestimmt. Dies liefert ihn der Obrigkeit in höchst intensiver Weise aus, macht ihn manipulierbar in jeder Richtung –, und das Gefühl dieses Ausgeliefertseins macht ihn hinwiederum zum kritischen Beobachter der Obrigkeit, macht ihn reizbar, aggressiv, stimmungslabil und neuerungssüchtig. Das Gefühl für die Harmonie der natürlichen Ordnung geht verloren, auch in Hinsicht auf die zeitliche Aufeinanderfolge, der Augenblick wird zum entscheidenden Zeitabschnitt, und Bewunderung findet der Mann, der sich in diesem – ohne Beachtung des Vorher, ohne Rücksichtnahme auf das Nachher – wirksam in Szene zu setzen versteht.

Urbanisierte Gruppen dieser Art entwickeln bald ein erstaunliches Selbstwertgefühl, das durch die für die Mehrheit ohnehin illusorische Vorstellung des jederzeit möglichen Erwerbs von Reichtum geprägt ist. Sie fühlen sich als Träger der wahren Kultur, die voll kaum verborgener Verachtung auf den schlichten Landmann herabblicken. Sie halten ihn für ungebildet und dumm oder zumindest für ungeschickt, da er im mühseligen Leben im Dorfe verbleibt, und die Arroganz des Städters ging – und geht – soweit, daß in unserer Sprache die Bezeichnung »Bauer« geradezu zum Schimpfwort wurde.

Im Osmanischen Reich stand jedenfalls der weltstädtische Osmanli dem nationaltürkischen Bauern bald mit derartigem Hochmut gegenüber, daß im 17. Jahrhundert die Bezeichnung »Türke« durchaus als Kennzeichnung primitiver Eigenschaften und Gesinnungen galt. »Er benimmt sich wie ein Türke« hieß genausoviel wie im Deutschen »Er benimmt sich wie ein Bauer«, und einem Menschen zu sagen, er sei ein Türke, bedeutete dasselbe, wie ihm an den Kopf zu werfen, daß man ihn für einen ungehobelten Lümmel halte.

Das erbrachte ein im Reiche Mechmeds und seiner Nachfahren bis dahin völlig unbekanntes Spannungsfeld zwischen Metropole und Provinz, das nicht nur die innenpolitische Situation schwer belastete, sondern auch militärpolitisch höchst unerwünschte Folgen brachte. Der Drang zur Scholle und damit das Streben, ein Lehen zu bekommen, das nun die Verpflichtung
– zur Bewirtschaftung und
– zur Wehrdienstleistung
mit sich brachte, wurde merkbar angeschlagen und verlor die Funktion des daseinsbestimmenden Lebensziels. Der »fortschrittsbewußte« Türke zog das Stadtleben vor. Es kam soweit, daß die Sklaven des großherrlichen Palastes mit den Lehensberechtigungen, deren Verleihung dem Sultan vorbehalten war, also vor allem den Siamets (Großlehen), einen schwunghaften Schwarzhandel betrieben, wobei ihre Kontrahenten meist reichgewordene Bürger der Metropole waren. Diese »Lehensmänner« des Großherrn behielten ihr städtisches Leben bei, überließen die Bewirtschaftung der Güter christlichen Sklaven, kamen ihren militärischen Pflichten nur widerwillig und zögernd nach und waren, wenn sie zu Felde zogen, häufig zu verweichlicht, um den harten Kriegsdienst ordnungsgemäß versehen zu können.

Der Weg, den Sultan Mechmed seinem Reiche wies, war also ein nach vordergründigen Erfolgen langfristig zum Unheil führender. Es ist ganz kennzeichnend für die Situation, daß den Verlockungen des »Süßen Lebens«, um es einmal so zu formulieren, zu allererst er selbst erlag. Der Großherr begab sich, nachdem er die wesentlichen Anordnungen für den Wiederaufbau der Stadt getroffen hatte, nach Edirne (Stambul mußte erst in neuem Glanze erstrahlen, ehe es würdig sein konnte, die Residenzstadt zu werden), versackte in politischer Untätigkeit, verliebte sich unsterblich in eine griechische Sklavin namens Irene, bestellte einen ergebenen Anhänger namens Mahmud zum Großwesir und übertrug ihm die Sorgen der Regierung.

1455 kamen ihm die ersten Zweifel an der Richtigkeit seines persönlichen Lebensstils, und er beschloß die Überprüfung der seit etwa eineinhalb Jahren in Truppenerprobung stehenden Zusammenfügung der beiden Neuheiten im Kriegswesen, der Artillerie und der Marine. Diese Überprüfung erfolgte durch eine Art großangelegte »Übung im scharfen Schuß«, denn man kann die von ihm befohlene Aktion gegen die vorher wie nachher bedeutungslose Insel Limnos[8], die beinahe wehrlos war, kaum als ernstzunehmende maritime Operation bezeichnen. Das Manöver gelang über alle Erwartungen hinaus gut, und er beschäftigte sich nun mit dem Gedanken, den Krieg gegen Ungarn durch eine Offensive mit dem Ziel Belgrad wieder aufnehmen. Wozu er dazu der Flottenerprobung bedurfte, entsprang wieder seiner phantastischen Neigung, das technisch Machbare bis zu den Grenzen des eben noch Möglichen zu realisieren: Er plante, die starke Festung durch eine »Wasserfront« in eine aussichtslose Position zu drängen.

Zur Belagerung benötigte er eine leistungsfähige Artillerie. Es war völlig klar, daß er die überschweren Geschütze, die mit einem unerhörten Energieaufwand gerade noch vor die Mauern Konstantinopels geschleppt worden waren, nicht vor Belgrad bringen konnten. Er ließ daher leichte, handlichere Kanonen fertigen und teilte die neue Waffengattung in
- die mobile Feldartillerie und
- die stationäre Festungsartillerie.

Die Topdschis (Kanoniere) wurden zu Angehörigen der ständig unter Waffen gehaltenen und besoldeten Reichsarmee und einem eigenen General, dem Topdschibaschi, unterstellt, dem wenig später auch der Wirkungskreis eines Generalinspekteurs der Reichsfestungen zugeteilt wurde.

Als Sultan Mechmed den reiflich überlegten Entschluß, 1456 den Angriff auf Belgrad durchzuführen, den Großen des Reiches bekanntgab, führte er diesen die – unverschleierte – Irene vor. Er fragte seine Großen, ob sie jemals ein derart liebreizendes Weib gesehen hätten, was die Herren pflichtschuldigst, einige von ihnen aber vermutlich gegen die eigene, klug verborgene Meinung, verneinten. Hierauf nahm der Großherr Irene mit der linken Hand bei den langen, prachtvollen Haaren, riß ihren Kopf nach hinten, zückte mit der rechten Faust einen kostbaren, scharfgeschliffenen Dolch und schnitt ihr die Kehle durch. Dabei sagte er:

> »Nichts in der Welt soll mich davon abhalten können, das islamische Reich beständig zu vermehren.«

Die Zeugen der blutigen Tat schauderten – und verstanden. Obwohl einige unter ihnen ganz gewiß von der Aussicht, das Leben im neugewonnenen Luxus und an der Seite eines oder mehrerer Mädchen vom Liebreiz der geschlachteten Irene gegen das im Feldquartier auf hartem Stein zu vertauschen, keineswegs begeistert waren, fiel es doch keinem von ihnen ein, sich des spontanen Beifalls, den der Großherr erwartete, zu enthalten. Es stand zuviel für jeden einzelnen Großwürdenträger auf dem Spiel. Und es gab nun schon zuviele abschreckende Beispiele, von dem Janitscharenoberst von Brussa über den Großwesir Halil Pascha bis zur schönen Irene, deren todbringendes Verhängnis es war, daß sie der Sultan zu sehr liebte. Jedenfalls wußte jeder, woran er war, und jeder pries eifrig die Kraft und die Größe des weisen, gerechten, gütigen Großherrn, dem Allah tausend Jahre schenken möge.

3. Kapitel:
Von Belgrad nach Mohács:
Ungarns Weg in den Untergang

Der ungarische Königshof, dessen dominierende Persönlichkeit nach wie vor Fürstgraf Ulrich von Cilly, Ortenburg und Zagorien war, sah dem Jahre 1456 voll Optimismus entgegen, glaubte man doch, daß die Eroberung von Konstantinopel Sultan Mechmed für noch einige Jahre außerstand setze, einen großen Krieg zu beginnen. Hunyadis Forderung, ständig ein starkes, mobiles Heer zu unterhalten, wurde als zu kostspielig und nicht lagegemäß abgelehnt. Es kostete Hunyadis Freunde im Umfeld des Königs – vorab zu nennen János Vitez, der Erzbischof von Gran, der als Kanzler das königliche Kanzleiwesen vorbildlich organisiert hatte – viel Mühe, daß seine Maßnahmen zur Verstärkung des raumgebundenen Grenzsicherungsdienstes nicht behindert wurden. Fürstgraf Ulrich mißtraute dem Schwiegervater seiner Tochter Elisabeth, deren Ehe mit Matthias Hunyadi 1455 geschlossen, aber mit Rücksicht auf das kindliche Alter des Paares nicht vollzogen worden war. Hunyadi stand dem Cillyer mit zunehmender Erbitterung gegenüber, hielt er doch die von ihm durchgesetzte Politik für die Vorbereitung der Bestattung der ungarischen Freiheit.

1456 ging dann alles sehr rasch; schon Anfang Mai überschritten Mechmeds Reiterschwärme, die als Senger und Brenner gefürchteten Akindschis, die ungarische Grenze südlich der Donau und standen im Handumdrehen vor Belgrad, dessen Tore der Befehlshaber der Stadt, Szilagyi Mihaly, der Schwager Hunyadis, eben noch dichtmachen konnte: **Der befürchtete Angriff der Osmanen auf die vorgeschobene Bastion der westlichen Christenheit hatte begonnen ...**

Zu diesem Zeitpunkt hing das Gros des orientalischen Kriegsvolkes – Sultan Mechmed hatte rund 150 000 Mann aufgeboten – noch viele Tagesmärsche zurück, denn der Weg über Plovdiv und Nisch war lang und beschwerlich. Zu den ersten Fußvolkstaffeln, die vor dem Gros in Eilmärschen gegen Belgrad hetzten, gehörten die Piyaden, deren Aufgabe es war, Geschützstellungen mit ihren Zufahrts- und Verbindungswegen herzustellen, eine schwere und gefährliche Aufgabe, die blutige Verluste brachte. Die Festung Belgrad liegt auf einem massiven Kalksteinblock, der die breite Talebene der Donau, in die hier die Save mündet, drohend überragt. Die Belagerungsartillerie mußte also bergauf schießen, was ihren Einsatz problematisch machte und überdies dazu führte, daß die Geschützstellungen weit vorn angelegt werden mußten, jedenfalls im Feuerbereich der schweren Festungsgeschütze, die zwar überaltert waren und nicht so weit schießen konnten wie Mechmeds hochmoderne, kleinkalibrige Artillerie, wobei aber die Wirkungsdifferenz durch das Schießen bergauf und bergab mehr als ausgeglichen wurde. Als das Gros mit dem Geschützpark eintraf, mußten die Geschütze in die vorbereiteten Stellungen geschleppt werden; sie waren aber trotz Abschirmung – »Blendung« – der Wege, die gegen die Einsehbarkeit von oben keine volle Wirkung zeigte, ganz hervorragende Ziele. Das brachte für die großherrliche Armee schon im Vorbereitungsstadium neuerlich schwere Verluste. Dies wiederum zeigte in aller Eindringlichkeit, daß die Belagerung der starken Festung an der Donau einen ganz anderen Kampf bringen würde als die Belagerung der viel größeren, aber eben deswegen auch wesentlich schwächeren Kaiserstadt am Goldenen Horn.

Trotzdem nahm Mechmed Fatih die beträchtlichen Anfangsschwierigkeiten gelassen in Kauf und verfuhr mit großer Umsicht und Zielstrebigkeit. Er überschätzte allerdings die Wirkung des Artilleriefeuers und hoffte, die Festung in absehbarer Zeit sturmreif schießen zu können, er rechnete damit, daß er sie andernfalls durch Hunger zur Übergabe zwingen könne. Um die Blockade der Zufuhren lückenlos durchführen zu können, sorgte er für die rasche Aufstellung einer Donauflottille, die zum vermutlich kleineren Teil aus den im Belagerungsraum vorgefundenen und beschlagnahmten Booten, zum anderen Teil aber aus Kleinschiffen bestand, die er an Ort und Stelle anfertigen ließ. Das setzte voraus, daß er eine eigene Abteilung Schiffszimmerleute mitführte, wie er übrigens auch die Schiffsbesatzungen und die zur Bestückung benötigten Geschütze mit in das Kriegsgebiet gebracht hatte. Der Einsatz der Donauflottille beruhte auf einem sehr kühnen Konzept des Großherrn und brachte ein sehr attraktives Ergebnis, das aber dessen ungeachtet in der Wirksamkeit deutlich vom optischen Eindruck abfiel: Die Bootsbesatzungen konnten sich in den eigenartigen Verhältnissen der beständig strömenden Wassermassen nicht zurechtfinden, und vor allem die Problematik der »Bewegung im Verband« überforderte trotz emsigen Bemühens ihren Ausbildungsstand.

Ausgesprochen günstig war hingegen die Versorgungslage; es gab vor allem keinerlei Probleme mit dem Wasser: Donau und Save waren faktisch unerschöpflich, und Mann und Roß, Esel und Zugochse hatten sich nur zu bedienen. Dann lag das reiche Syrmien, seit unvordenklichen Zeiten berühmt wegen seiner hochentwickelten Landwirtschaft, beinahe im unmittelbaren Belagerungsbereich am linken Ufer der Save, die zwar eine Breite von 500 m, aber derart zahlreiche Untiefen aufwies, daß sie als nahezu überall durchwatbar gelten konnte. Die Stimmung im Belagerungsheer war, wie bei ähnlichen Verpflegungsverhältnissen zumeist, glänzend, zumal nur ein relativ kleiner Teil der Gesamtstreitmacht vorerst in die Kampfhandlungen um die Festungsanlage einbezogen war: Neben Topdschis und Piyaden vor allem die Janitscharen, die in den vorgetriebenen Schützengräben lagen und immer wieder versuchten, durch handstreichartige Stoßtruppunternehmen einen Teil der Festungswerke in ihren Besitz zu bringen. Sie wurden aber immer blutig zurückgeschlagen, das Wunder der Kerka Porta wiederholte sich nicht.

Die optimistische Beurteilung Sultan Mechmeds, der sich durchaus als Herr der Lage fühlte und dem es von sekundärer Bedeutung schien, ob sich die ihm so gut wie zugefallene Festung Belgrad zwei oder drei Wochen mehr oder weniger dem sicher erscheinenden Gang der Entwicklung widersetzte, wurde im Westen an zumindest einigen entscheidenden Stellen voll geteilt. König Ladislaus Postumus versuchte zuerst, seinen Oheim Friedrich III. zu einer massiven militärischen Unterstützung zu bewegen; er setzte sich, als dieser die Hilfe verweigerte, vorerst nach Österreich ab. Der neue Papst (seit 1455 Calixtus III.) bemühte sich verzweifelt, die Herrscher der westchristlichen Welt für eine Aktion gegen den Großherrn der Osmanen zu gewinnen; er mußte zuletzt froh sein, daß sein Versuch, die Völker durch einen neuen Kreuzzug unmittelbar zu mobilisieren und Kriegsfreiwillige für den Krieg auf dem Balkan zu gewinnen, nicht behindert wurde. Da das Echo ausgesprochen enttäuschend war, führte er das – bis dahin unbekannte – Mittagläuten der Kirchenglocken ein, das die Gläubigen wachrufen sollte, und befahl die Abhaltung von besonderen Bittgottesdiensten für den Sieg über die wilden, heidnischen Türken.

Immerhin kamen einige, nicht besonders zahlenstarke reisige Kontingente zusammen, und Papst Calixtus bestellte den – ebenfalls aus Spanien stammenden – Kardinal Juan de Carvajal zum Legaten. Er gab dem eher bedächtigen und bisher vor allem als Diplomat tätigen – der 1448 das Konkordat von Wien abgeschlossen hatte – Bischof von Placentia als eine Art »Wunderwaffe« den zwar ebenfalls schon siebzigjährigen, aber erstaunlich rüstigen Johannes Capistranus mit, der als der bedeutendste Wanderprediger seiner Zeit galt. Der gelehrte Jurist war dem Franziskanerorden beigetreten und hatte sich bisher als intellektueller Bekämpfer der Hussiten und Juden hervorgetan. In Breslau allein sollen infolge seiner antisemitischen Hetzreden 40 Juden verbrannt worden sein. Er schien der richtige Mann zu sein, um die Massen zu mobilisieren. Und er war es auch, wie sich bald erweisen sollte.

Hunyadi János, der weiße Wojwode, sammelte indessen im Raume von Buda ein mobiles Heer, dessen Aufstellung ihm früher verwehrt worden war. Es bestand aus seiner bewaffneten persönlichen Gefolgschaft, die »Schwarze Schar« genannt, aus den Banderien (Aufgeboten) der Adeligen und der Städte, und er suchte, Söldner zu werben, brachte aber trotz aller Bemühungen nicht jene Zahlenstärke zusammen, die notwendig war, um das bedrängte Belgrad zu entsetzen, und zwar auch dann nicht, als Carvajal mit den Kreuzfahrern in Buda eingetroffen war. Es war aber nicht mangelndes Interesse Ungarns an der Türkenabwehr Ursache für die Schwäche des hunyadischen Heeres, sondern der Umstand, daß die Wehrfähigen im Süden und Osten des Reiches in das raumgebundene Defensionswesen eingebunden waren und in ihren Einsatzräumen verbleiben mußten, war doch die außerordentlich zahlenstarke osmanische Reiterei ein Bedrohungsfaktor allerersten Ranges, dem nur eine völlig intakte und voll aufgestockte Regionalverteidigung entgegenwirken konnte. Die räumliche Bindung traf für die Besatzungen der Grenzfestungen ebenso zu wie für die Aufgebote im Banat von Severin und in Siebenbürgen.

Zuletzt entschloß sich Hunyadi, die Bauern zur Bildung einer Volksarmee aufzurufen, wobei er sich des hervorragenden Propagandisten Capistranus bediente, der nun hinwiederum der magyarischen Sprache nicht mächtig war, so daß er sich ungarischer Geistlicher bedienen mußte, um die Adressaten zu erreichen. Trotzdem erzielte er ungeahnte Erfolge, und in erstaunlich kurzer Zeit konnten ganze Tausendschaften für den Kampf gegen Sultan Mechmed gewonnen werden.

Trotz aller Begeisterung und Kampfentschlossenheit der Volkskrieger ist doch keineswegs zu übersehen, daß es sich bei der Bauernarmee um einen zwar zahlenmäßig starken Heereskörper handelte, dessen militärische Verwendbarkeit aber doch arg reduziert war. Die Bewaffnung, die jeder Mann selbst mitzubringen hatte, war miserabel. Messer, wie sie in den Bauernhöfen zum Schweineschlachten verwendet wurden, bildeten sozusagen die »Standardwaffe«, und doch war nicht jeder Mann mit einer solchen ausgestattet, da von vielen Höfen mehr Männer dem Aufruf gefolgt waren, als Schlachtmesser vorhanden gewesen sind. Neben dieser Messerbewaffnung gab es verschiedene Wirtschaftsgeräte, die entweder zu Waffen umfunktioniert worden waren, wie Sensen mit aufgebogenen Klingen, Dreschflegel mit eingeschlagenen Nägeln, Ketten, an die Eisenkugeln geschmiedet wurden, oder die auch ohne Veränderung als Waffen geeignet waren, wie Mistgabeln und ähnliches. Diese primitiven Waffen sind unbestreitbar geeignet, im Nahkampf eine furchtbare Wirkung zu erzielen – und haben sie erweislich auch erzielt, waren doch die ersten Volksheere der Schweizer in eben dieser Art bewaffnet. Auch die ins Feld ziehenden Rebellen der Bauernkriege führten keine anderen Waffen – allein das Problem war, wieder einmal, zum Nahkampf zu gelangen. Im Laufe des Mittelalters war in Ungarn wie in allen westlichen Staaten den Bauern das teils dem König, teils den Grundherrschaften vorbehaltene Jagdrecht entzogen worden. Da der Bogen die typische Waffe der Jagdrechtsverletzung – anders gesagt des Wilderns – war, wurde zunächst das Führen, später auch der Besitz des Bogens verboten. So war es gekommen, daß es der ungarische Bauer verlernt hatte, die entscheidende Kriegswaffe seiner Vorfahren, den Bogen, zu handhaben, die den magyarischen David zum Schrecken des Goliath westlichen Typs gemacht hatte. Er selbst war, noch dazu ungepanzert, jetzt in die Rolle des den Nahkampf suchenden Goliath gerutscht, der sich im offenen Gelände – und das Donautal ist zwischen Buda und Belgrad über erhebliche Strecken geradezu penetrant offenes Gelände – den Vormarsch gegen einen Feind erzwingen mußte, dessen operative Stärke in der bogenbewaffneten leichten Reiterei lag. Diese konnte der Großherr zehntausendschaftsweise dem Bauernheer entgegenwerfen; es war absolut unproblematisch, es auf eine Entfernung zusammenzuschießen, bei der dieses überhaupt keine Möglichkeit hatte, seine Waffen zum Einsatz zu bringen.

Abgesehen von der unzulänglichen Bewaffnung litt das »bäuerische Aufgebot« an einem derart weitgehenden Ausbildungsmangel, daß es faktisch unmöglich war, geschlossene Formationen zu bilden und diese auch nur halbwegs geordnet über größere Strecken zu bewegen. Auch diese Schwäche war in der zur Verfügung stehenden Zeit nicht zu beheben, denn es stand schlimm um Belgrad, dessen Vorräte zur Neige gingen und dem es auch langsam an kampftauglichen Verteidigern zu fehlen begann. Sultan Mechmeds leichte Artillerie zerschoß weniger die massiven Festungsanlagen, als daß sie die Zinnen leerte. Die Hilfe mußte rasch kommen, wenn sie sinnvoll sein sollte. Die ungarische Reichsverteidigung litt also nicht nur unter dem fühlbaren Mangel an mobilen Kräften, sondern stand auch unter sich täglich verschärfendem Zeitdruck.

Nun war Hunyadi nicht nur ein erfahrener und tapferer, sondern auch ein sehr ideenreicher Kriegsmann. Als solchem fiel ihm die ebenso einfache wie unkonventionelle Lösung der Problematik zeitgerecht ein. Er blieb dabei durchaus im System der ihm bestens vertrauten »Kampfwagentaktik«, veränderte aber das Medium der Fortbewegung und ersetzte den Wagen durch ein Wasserfahrzeug, das ein Schiff, ein Kanonenboot oder ein Floß sein konnte. Es bleibe dahingestellt, ob der entscheidende Denkanstoß nicht sogar von Sultan Mechmeds Donauflottille übernommen wurde, die er kopierte, doch waren die natürlichen Bedingungen für ihn günstiger, konnte er doch die unversiegliche Energie des Wassers als Antriebskraft benützen, gegen welche die osmanischen Schiffsbesatzungen einen schweren und letztlich aussichtslosen Kampf führten. Ihm war die Strömung, so gering sie an manchen Stellen, wenngleich nicht unmittelbar im Raum Belgrad, auch war, günstig, und sie gestattete nicht nur die Nutzung der Donau für Transportzwecke, sondern auch die Verwendung der Transportmittel als Offensivwaffen. In noch einem entscheidenden Belang waren die Voraussetzungen für ihn erheblich besser als für den Großherrn: An donaukundigen Männern fehlte es ihm nicht, da das Befahren des gewaltigen Stromes den Menschen, die an ihren Ufern hausten, schon allein der Fischerei wegen von frühester Jugend an bekannt war. Es war für sie eine durchaus einfache Sache, die Flotte des großen Feldherrn in den zentralen Raum des kombattanten Geschehens zu steuern.

Auch die Beschaffung der Schiffsraumes stieß auf keine nennenswerten Schwierigkeiten; Fehlbestände wurden durch rasch herstellbare Flöße ergänzt, die zwar relativ langsam, aber faktisch unversenkbar sind und vortreffliche Plattformen für die Aufstellung von Geschützen bilden. Schon um Mitte Juli setzte sich die Flotte, zu deren Befehlshaber der redegewaltige Johannes Capistranus bestellt worden war, in Bewegung und fuhr auf der gewaltigen Einbahnstraße nach Süden. Es gab von diesem Zeitpunkt an kein Zurück mehr für die freiwillige Bauernarmee und die sie begleitenden geworbenen Fußkrieger und Kanoniere: Sie alle mußten vor Belgrad siegen, oder sie würden zugrundegehen.

Welcher Heroismus, welche Opferbereitschaft steckte doch in den Männern, die unter dem italienischen Mönch gegen Sultan Mechmed zogen!

Die Kavallerieverbände, die dem rechten Ufer folgend den Landweg nahmen und wegen ausgedehnten Sumpflandes zu mehrfachen, teils sehr erheblichen Umwegen gezwungen waren, mußten sich sputen, um nicht zurückzubleiben. Sie befehligte Hunyadi János, der damals volle 71 Jahre zählte und die Strapazen des Gewaltrittes nicht scheuen durfte, und mit ihm ritt der Kardinallegat Juan de Carvajal, der aller Wahrscheinlichkeit nach noch älter war. Wie die Reiterei es letztlich geschafft hat, den weiten Weg nicht nur zeitgerecht, sondern auch vom Gegner unbemerkt zurückzulegen, ist im Detail nicht bekannt; es muß aber gefolgert werden, daß sich die Bevölkerung Syrmiens, erbittert ob der ständigen osmanischen Plünderungszüge, außerordentlich kooperationsbereit zeigte und Hunyadi über die Bewegungen der feindlichen Reiter rasch und zutreffend informierte. Bei zufälligen Begegnungen, die vor allem im Savetal nicht mit absoluter Sicherheit ausgeschlossen werden konnten, kam es darauf an, daß vom Reiterschwarm des Gegners keiner ins Lager zurückgelangte, um Meldung zu erstatten. Dies muß gelungen sein, denn das Verhalten des Großherrn läßt erkennen, daß er von der Nähe eines ungarischen Reiterkorps keine Ahnung hatte. Wohl aber hatte er anscheinend Meldung von der Annäherung der Flotte erhalten; er ließ die Belagerung nun mit voller Energie betreiben und jagte seien Fußtruppen zu wiederholten Angriffen vor. Beide Seiten kämpften mit Erbitterung und erlitten schwere Verluste. Die Überlieferung bewahrt den Namen des tollkühnen Serben Titus Dugovics, der einen bereits auf der Mauerkrone stehenden Janitscharen ansprang und mit sich in die Tiefe riß. Sein freiwilliges Selbstopfer, bereinigte die kritische Lage: Seinen Kameraden gelang es nun, die Sturmleiter mit den darauf befindlichen Angreifern umzustoßen und so den drohenden Einbruch zu verhindern.

Als am 23. Juli die Entsatzflotte in Sicht kam, war Belgrad kurz vor dem Zusammenbruch. Sultan Mechmed hatte seine Donauflottille in Erwartung des feindlichen Vorstoßes oberhalb der Einmündung der Save versammelt und ließ sie nun auslaufen, um die befohlene Sperre der Donau zu aktivieren. Sie bestand ganz einfach darin, daß sich die Boote, die noch rasch miteinander durch Ketten und Taue verbunden wurden, quer über den Strom legten und auf angemessene Distanz ein wütendes Feuer eröffneten, das von den ungarischen Fahrzeugen nicht minder wütend erwidert wurde. Das beinahe rührend hilflose osmanische Vorhaben war letztendlich sinnlos: Die mächtige Strömung mußte ganz einfach die Flotte des streitbaren Mönchs in sehr erheblichem Anprall gegen die Sperrlinie werfen. Selbst wenn es den Kriegern des Großherrn gelungen wäre, sämtliche Boote und Schiffe der Christen zu versenken, waren doch deren Flöße mit den vorhandenen Mitteln unzerstörbare Rammböcke, deren Durchbruch nicht zu verhindern war.

Es war aber gar keine Rede davon, daß das Feuer der osmanischen Schiffsartillerie die mit unheimlicher Energie herankommende Flotte empfindlich reduziert hätte, die sich übrigens an zwei oder drei Stellen zur Konzentration der Feuerkraft und Aufprallwucht massiert hatte und die osmanische Stromsperre fast mühelos durchbrach. Der Großteil der osmanischen Kanonenboote, die, aus der Position gebracht, abgetrieben wurden, ging nun im Artilleriefeuer, durch Rammstöße oder im Nahkampf verloren. Sultan Mechmeds vormals so stolze Donauflottille war beinahe im Handumdrehen vernichtet!

Damit war das Unheil des Tages für den jungen, eben noch so siegessicheren Großherrn keineswegs erschöpft. Dem alten Fuchs Hunyadi war es gelungen, seine Reiterei unbemerkt bis in die unmittelbare Nähe des Belagerungsraumes zu führen; er fiel nun, als die Schlacht auf der Donau voll im Gange war, das osmanische Heer überraschend an. Es hatte schon schwere Verluste an Mensch und Material erlitten, ehe es gelang, eine Abwehrfront zu bilden, in der sich Hunyadis Attacken verfingen. Hunyadis Angriff war aber von allem Anfang an nicht als Vernichtungsvorstoß gedacht, denn dazu reichten seine Kräfte keineswegs aus, sondern sollte vom Schwerpunkt des Geschehens ablenken. Und dieser befand sich am Fuße des Kalemegdan, des Belgrader Burgbergs, am Ufer der Donau, wo Capistrans Flotte anlegte, um die Bauernarmee an Land zu setzen. Sie mußte sogleich an den Feind geführt werden, ohne eine Zone des »Pfeilfeuers« geschlossener feindlicher Abwehrformationen zu durchlaufen, um möglichst rasch zum Nahkampf zu gelangen. Im Schatten von Hunyadis Reiterattacken verlief die an sich gefährliche und schwierige Landeoperation ohne besondere Komplikationen. Die vielleicht immer noch mögliche Koordination der osmanischen Verteidigung wurde faktisch lahmgelegt, als Szilagy, rasch entschlossen, seine auch nur halbwegs mobilen Kräfte zusammenkratzte und einen Ausfall machte, der vor allem die eigentlichen Belagerungskräfte überraschend traf.

Mechmeds Heer entging nur um die sprichwörtliche Haaresbreite der völligen Vernichtung. Es gelang dem Großherrn, der sich selbst schonungslos einsetzte (denn nicht umsonst war eines der großen antiken Vorbilder, denen er nachstrebte, Alexander der Große), seine arg zur Ader gelassenen Verbände aus der Umklammerung zu lösen und donauabwärts der umkämpften Festung zu sammeln. Sein Lager, die Masse der Trosse und beinahe sein gesamter Geschützpark waren dem siegreichen Gegner in die Hände gefallen. Mechmed erwartete wohl voller Sorgen das feindliche Nachstoßen, da die Kampfmoral seines sieggewohnten Heeres schwer angeschlagen gewesen war und es zweifelhaft sein mußte, ob es sich dem Gegner neuerlich stellen werde. Der Großherr selbst war verwundet; sein Artilleriegeneral war im Nahkampf in den Feuerstellungen gefallen, der Befehlshaber der Janitscharen, der Segbanbaschi, beim Versuch, Szilagys Ausfall zurückzuweisen ebenso. Auch etliche andere Paschas und sonstige Großwürdenträger waren gefallen, und von den Überlebenden war kaum einer ohne mehr oder weniger schwere Verletzungen davongekommen.

In einer nächtlichen Lagebesprechung wurde das Ausmaß der Gesamtverluste erfaßt und erörtert. Unmittelbar im Anschluß daran gab der Großherr den Entschluß zum Abbruch des Feldzuges bekannt und befahl den Beginn des Rückmarsches für den frühen Morgen des kommenden Tages, Marschweg und Marschordnung wurden festgelegt. Die Stimmung war, was niemand überraschen kann, äußerst deprimiert: Seit dem Tage von Ankara hatten die osmanischen Feldzeichen keine derartige Niederlage erlitten, es waren kaum Reserven vorhanden, aus denen die Verluste wettgemacht werden konnten. Womit und wie man nun der Offensive der Ungläubigen, die ganz einfach kommen mußte, entgegentreten werde, war die große, im Augenblick unlösbare Frage. So wurde der Schmerz über die Niederlage und die erlittenen Verluste umschattet und verschärft von der Sorge um die Zukunft des Reiches.

Im Lager der Christen ging es dagegen hoch her, denn ein gewaltiger Sieg über die gefürchteten Krieger des Islam war errungen, die belagerte Festung im letzten Augenblick entsetzt und reiche Beute gemacht worden. Johannes Capistranus, fanatisch wie stets, forderte stürmisch die Verfolgung des geschlagenen Gegners bis zur völligen Vernichtung, wobei seiner falschen Einschätzung der Energiereserven der geringe Kräfteverschleiß seines Fußvolkes zugrundelag, das zwar sehr riskant, aber dafür recht bequem in die Schlacht geführt worden war. Der kriegskundige Hunyadi blieb hingegen auf dem Boden realistischer Lagebeurteilung, verwies darauf, daß der primär zur Verfolgung geeigneten Reiterei ein weiterer Gewaltritt erst nach einer mehrtägigen Ruhepause möglich war, da die Pferde erschöpft waren; er fand im Kardinallegaten, der die Strapazen der letzten Tage mit ihm geteilt hatte, einen gewichtigen Verbündeten. Auch Szilagys Verteidigungskräfte waren weitgehend immobil; er wies nicht nur darauf hin, sondern warf auch die Frage auf, wie man den Geschützpark, der bisher per Schiff transportiert worden war, weiterbewegen wolle, wenn sogar die Reiterei sofortiges Nachstoßen unterlassen müsse. Das sah zuletzt auch der ungestüme Mönch ein. Schließlich und endlich widersprach er nicht mehr dem weißen Wojwoden, der die Umgliederung der vorhandenen Truppen in eine nun über Land bewegliche Offensivarmee anordnete.

Die erzwungene Operationsunterbrechung rettete die Trümmer von Mechmeds Heer und - vermutlich - sein Reich; es kam zu keinem Nachstoßen der westchristlichen Armee. Wenngleich Teile dieser rasch aus dem Raum Belgrad in die weitere Umgebung verlegt wurden, brach eine der bösen Seuchen, die der Konzentration großer Truppenmassen im Operationsgebiet in unschöner Regelmäßigkeit folgten, aus und dezimierte die Kriegerzahlen schrecklich; bald wurden aus den Lagern große, behelfsmäßige Feldlazarette ohne die notwendige truppenärztliche Versorgung. Diese gab es damals noch gar nicht, denn wenngleich es Wundärzte gegeben haben muß, hatten diese nur handwerkliche Ausbildung als Bader und standen pestilenzartigen Seuchen hilflos gegenüber, was für die damalige Zeit letzten Endes aber auch mehr oder weniger für die Schulmedizin galt. Der »Pest« fiel im Herbst auch Hunyadi János, der große Heerführer der ersten Phase der abendländischen Selbstbehauptung, zum Opfer, und am 23. Oktober folgte ihm Johannes Capistranus, der 1690, als man im Zuge der großen abendländischen Gegenoffensive nach einem religiös motivierten Helden des Krieges gegen die Osmanen suchte, zum Heiligen erhoben wurde. Schon Papst Calixtus hatte angeordnet, das Mittagläuten der Kirchen, das zunächst die Gläubigen zum Kreuzzuge gegen Sultan Mechmed rufen sollte, in allen Kirchen der Christenheit für alle Zeiten beizubehalten zum ewigen Andenken an die Befreiung Belgrads. Diese Anordnung gilt auch heute noch, wenngleich der Grund hierfür schon längst in Vergessenheit geriet.

Wenngleich die Christenheit überall – oder fast überall – große Dankgottesdienste für die Errettung aus der Türkengefahr abhielt und die Namen der Kriegshelden Hunyadi, Capistranus und Szilagy voll Ehrfurcht genannt wurden, zeigte sich der nach Österreich verlegte Hof des ungarischen Königs mit dem als vorläufig betrachteten Ergebnis des Zuges vor Belgrad äußerst unzufrieden. Ulrich von Cilly, Ortenburg und Zagorien, der die unterlassene Verfolgung als schweren Fehler Hunyadis bezeichnete und an das Auftreten der Pest nicht glauben wollte, beschwatzte den völlig kriegsunkundigen König, nach Hunyadis Tod, den er als gottgewollte Strafe für dessen nachlässige Kriegführung empfand, selbst den Oberbefehl zu übernehmen und sich nach Belgrad zu begeben, um rechten Schwung in die Sache zu bringen.

Mit etlichem habsburgischem und cillyschem Kriegsvolk zog König Ladislaus vor die so mühsam gehaltene und befreite Stadt, wo die Pest indessen beinahe erloschen war und spielte sich, vom Fürstgrafen angeleitet, ganz als Herr und Gebieter auf, verteilte nach Gutdünken Lob sowie Tadel und begann, nach Schuldigen für die anfängliche Misere und die letztendliche Katastrophe zu suchen.

Mit den Großen Ungarns, die den Krieg durchkämpft und bisher überlebt hatten, kam es sogleich zu schweren Zerwürfnissen, da diese nicht ohne triftige Ursache meinten, er müsse Schuldige bei Hofe, nicht aber beim Heere suchen, und zuletzt zur bewaffneten Auseinandersetzung, bei welcher der letzte Cillyer erschlagen und der König gefangengesetzt wurden. Gegen die eidliche Zusicherung, die Hunyadisöhne Ladislaus und Matthias wie seine Brüder in Ehren zu halten, erlangte der König seine Freilassung. Unmittelbar nach diesem in Temesvár am 23. November 1456 geleisteten Eid wurde die Bauernarmee – oder was davon noch übrig war – heimgeschickt: Die in den westlichen und nördlichen Gegenden Ungarns begüterten Adeligen, die nicht unmittelbar bedroht waren und sich anscheinend überhaupt nicht bedroht fühlten, hatten dies vom König verlangt, da sie ihre zinspflichtigen Bauern lieber bei ihrer Arbeit als im Kriege wußten.

Ein lachender Dritter, der aus dem Kriege um Belgrad, der so traurig im

Sande verlaufen war, ohne eigene Bemühungen beträchtliche Gewinne zog, war Kaiser Friedrich III., dem nun auf Grund des Erbvertrages mit dem Fürstgrafen Ulrich dessen Territorien zufielen. Er zeigte eine keineswegs überraschende, höchst unritterliche Habgier, bedrängte Ulrichs Witwe Elisabeth Brankowitsch und nahm ihr sogar jene Ländereien ab, deren lebenslange Nutzung ihr als Wittum zugesichert war. Dies läßt sich zumindest vermuten, da es zu regionalen Kämpfen zwischen seinen meist hussitischen Söldnern und jenen cillyschen Lehensmännern kam, die auf Frau Elisabeths Recht pochten und den Habsburgischen die Übergabe verweigerten.

Schon ein Jahr später konnte Friedrich wieder als Erbe, diesmal auf Grund des Gesetzes, in Erscheinung treten. König Ladislaus, der die Hunyadisöhne unter dem Vorwand grandioser Siegesfeiern zu Ehren ihres Vaters nach Buda gelockt hatte, ließ sie festnehmen und den älteren Ladislaus zunächst einmal enthaupten. Vor dem Sturm der Entrüstung, der sich nun in Ungarn erhob, floh er nach Prag, wo er indessen als König anerkannt worden war, und hielt den erst vierzehnjährigen Matthias in unritterlicher Haft. Damit entging der Postumus zwar dem Zorn seines Volkes, nicht aber, wie sogleich behauptet wurde, dem Zorn Gottes: Am 23. November 1457, genau am Jahrestag des gebrochenen Eides von Temesvár, verstarb er im Alter von nicht einmal zwanzig Jahren an schwerer, qualvoller Krankheit. Man pflegt über ihn gern den Stab zu brechen, und sein kurzer Auftritt auf der Bühne der Weltgeschichte war in der Tat wenig schön, aber er dürfte in Wahrheit doch eher unglücklich und schwach als wirklich böse gewesen sein.

Die Sukzessionsansprüche Friedrichs III. wurden in Ungarn wie in Böhmen als der Rechtslage widersprechend nicht anerkannt. Der König war im souveränen Ungarn wie im nichtsouveränen Böhmen, welcher Unterschied wieder in Erinnerung gerufen werden soll, zu wählen. Die
- Reichsstände Ungarns wählten schon im Januar 1458 Matthias Hunyadi, die
- Landstände Böhmens zwei Monate danach Georg Podiebrad
zu ihrem König. Die Rechtslage war – Souveränität hin oder her – keineswegs effektivitätskonform; Georg Podiebrad hatte nämlich Böhmen in seinem Besitz, Matthias Hunyadi aber war nicht einmal im Besitz seiner Freiheit. Denn der Tod des Ladislaus Postumus hatte nur die Person des Gefangenenhalters verändert, nicht aber die Tatsache der Gefangenschaft, die nun zwar erleichtert, das heißt in ritterliche Haft umgewandelt wurde, aber als solche bestehen blieb. Seltsam ist, daß der König von Böhmen mit seinem königlichen Gefangenen durchaus freundschaftlich verkehrte und versuchte, ihn für den Plan einer Vermählung mit seiner neunjährigen Tochter Katharina zu gewinnen; wenn er noch 40 000 Gulden als Kostenersatz für die bisherige Unterbringung und Verpflegung sowie den standesgemäßen Heimtransport bezahle, könne er sofort entlassen werden.

Der Handel, denn das war es in Wahrheit, kam zustande, die Vermählung wurde für 1461 festgesetzt, die Bezahlung für sogleich nach der Heimkehr vereinbart und der junge König mit angemessenem Geleit nach Ungarn gebracht. Dort löste seine Heimkehr nur gedämpften Jubel aus, denn seine Mutter war ihrerseits tätig geworden, hatte sich mit dem mächtigen Palatin Garay verbündet und ihm zugesichert, daß König Matthias seine Tochter heiraten werde, wenn er ihm zur Freiheit verhelfe. Ihr Bruder, Szilagy Mihaly, solle für fünf Jahre als Reichsverweser der Regent des Königreiches sein und habe die bisherigen Würdenträger in ihren Ämtern zu bestätigen, womit dieser einverstanden war. Nicht einverstanden war mit dieser Lösung aber der junge König, der sein dem Böhmenkönig verpfändetes Wort als unverbrüchlich ansah, den Bruch mit Garay riskierte und sich mit Onkel Mihaly überwarf. Garay rasselte mit dem Schwert, was Matthias nicht sehr beeindruckte, und ließ durch seine Adelsfraktion Kaiser Friedrich zum König von Ungarn ausrufen.

Noch ehe Friedrich die Gelegenheit fand, nach Ungarn zu ziehen und die Herrschaft tatsächlich anzutreten, fiel aber Georg Podiebrad in Österreich ein, um den neuen Landesfürsten, der ja Kaiser des Heiligen Römischen Reiches war, zur Anerkennung seiner Wahl zum böhmischen König zu zwingen. Das bewog Friedrich, auf den umstrittenen Erbanspruch in Böhmen zu verzichten und Podiebrads Wahl gutzuheißen, worauf er – ohne auf seine Anhänger in Ungarn weiter Rücksicht zu nehmen – Verhandlungen mit König Matthias aufnahm, um mit diesem zu einer vertraglichen Lösung hinsichtlich der ungarischen Krone zu kommen. Die hatte er nämlich in seinem Besitz, weil sie König Ladislaus seinerzeit nach Österreich verbracht hatte, und er war bereit, sie ihm gegen
- Bezahlung von 80 000 Gulden,
- Zusicherung des Besitzstandes im heutigen Südburgenland und
- Abschluß eines Vertrages, der ihm den Gewinn des ungarischen Königtums für den Fall des erbenlosen Vorversterbens des um fast 30 Jahre jüngeren Matthias garantierte,
zu überlassen, womit die Anerkennung des Hunyadi-Sohnes als König notwendig verbunden war. Und dies, obwohl er wußte, daß Matthias über das ungarische Königsamt nicht frei verfügen durfte und eine Einholung der Zustimmung des Reichsrates zu dieser Transaktion nicht vereinbart wurde.

Angesichts von Friedrichs Haltung blieb Garay nichts als die Anerkennung des Beinaheschwiegersohnes als König; nur Johann Giskra, der noch immer in Kaschau saß, unterwarf sich nicht. Matthias zog gegen ihn zu Felde, und der altgewordene Hussit anerkannte ihn gegen die Übertragung namhaften Grundbesitzes als seinen Oberherrn. Die Weiterführung des Konflikts im Hunyadi-Clan blieb Matthias erspart; Szilagy Mihaly, der sich auf seine Besitzungen in Südungarn zurückgezogen hatte und den Versuch machte, ein Heer gegen seinen Neffen aufzustellen, wurde bei einem kleinen osmanischen Einfall, einem Alltagsgeschehen im Grenzraum, gefangengenommen und enthauptet. Der Führer der Grenzreiterei, dem der Erfolg gelang, hatte offenbar keine Ahnung, welchen Dienst er mit der Hinrichtung des berühmten Kriegsmannes dem König der Ungläubigen erwies.

Der Krieg im Donauraum, sozusagen auf Sparflamme gesetzt, war mit dem Tode des Georg Brankowitsch (1458) neu aufgeflammt. Dieser hatte nach dem Siege von Belgrad wieder einmal Anschluß an Ungarn gesucht und für einige Teilgebiete Serbiens die osmanische Oberhoheit abgeschüttelt, stand aber im Kampf gegen die balkanesischen Beglerbegis allein, da König Matthias keine Möglichkeit hatte, ihm die erbetene Militärhilfe zu leisten. Brankowitsch suchte nun Hilfe beim Königreich Bosnien, das inzwischen auch – zumindest vorübergehend – osmanisches Tributärfürstentum geworden war[9], und im Zuge dieser Annäherung kam es zur Vermählung des bosnischen Königssohnes Stefan Thomasewitsch mit der Enkelin des serbischen Despoten. Nach dem Tode des Georg Brankowitsch bestellte König Matthias Stefan Thomasewitsch zum Befehlshaber der Grenzverteidigung südlich der Donau mit dem festen Semendria als starken Hauptstützpunkt, der aber schon bald verlorenging, vielleicht durch Verrat, denn die orthodoxen Serben, die der Kirchenvereinigung scharf widersprochen hatten, scheinen dem katholischen Bosniaken wenig Liebe entgegengebracht zu haben.

Sultan Mechmed kümmerte sich vorerst kaum um das Hickhack an der Grenze im Donauraum, sondern bemühte sich, die Verluste von 1456 in materieller und personeller Hinsicht wettzumachen. Er unterstellte lediglich die serbischen Gebiete unter Verzicht auf Tributärfürstentümer mit Sonderrechten und weitgehender Autonomie unmittelbar der osmanischen Provinzverwaltung, wozu ihn wohl der viele Ärger mit G. Brankowitsch veranlaßt hat, und führte Krieg gegen die noch nicht angegliederten Teile von Morea, der vor allem dazu diente, das Heer wieder selbstbewußt und siegesgewiß zu machen. 1461 verfügte er wieder über eine leistungsstarke Artillerie und griff zur feldmäßigen Erprobung die genuesische Kolonie Amasra an, die zwar nicht übermäßig stark, aber doch mit moderner abendländischer Bewaffnung versehen war. Im Zuge dieses Krieges in Kleinasien eroberte er auch das byzantinische Kaiserreich Trapezunt, das 1204 nach der Eroberung von Konstantinopel durch die Kreuzfahrer von einem Angehörigen der – 1185 enthobenen – Dynastie der Komnenen begründet worden war und das runde Vierteljahrtausend dazwischen im ruhigen Abseits der Weltgeschichte verbracht hatte.

Der Feldzug in Kleinasien brachte neben vielen Erfahrungen auch hinsichtlich der Verwendung der Kriegsflotte eine entscheidende Erhöhung des Selbstbewußtseins der und des Vertrauens in die Artillerie. Sultan Mechmed ließ im Winter nun wiederum eine Donauflottille bauen, um im Jahre 1462 einem sehr unangenehmen Zeitgenossen an den Kragen zu fahren: Wlad Dracul (richtig Vlad Tepes), dem Wojwoden der Walachei. Dieser hatte, 1456 zur Herrschaft gelangt, unter dem Eindruck der Niederlage von Belgrad gegen die schwachen osmanischen Sicherungstruppen auf dem linken, walachischen Ufer der Donau eine Art von Guerillakrieg entfesselt, der zu selbst für die Zustände auf dem Balkan aufsehenerregenden Grausamkeiten gegen die Osmanen führte, deren Kismet es gewollt hatte, daß sie in seine Gefangenschaft fielen. Er pflegte die Unglücklichen zunächst kunstvoll martern und sodann in einer Weise pfählen zu lassen, daß sie noch stundenlang lebten. Nach dem Tode ließ er sie nicht abnehmen, sondern wartete, bis sie in Fäulnis übergingen und von selbst abfielen. Wenn es tatsächlich stimmt, daß er in diesen »Pfahlparks« zu lustwandeln liebte, um sich durch Anblick und Gestank in Hochstimmung zu versetzen, dann muß man ihn wohl als einen Verrückten ansehen, dessen Wahnsinn dämonische Züge aufgewiesen hat. In der Tat erschien er seinen Zeitgenossen als Dämon, ja beinahe als menschgewordener Satanas, und als solcher hielt er im vorigen Jahrhundert als Graf Dracula Eingang in die englische Horrorliteratur. Sein geistiger Vater, der britische Schriftsteller Bram Stoker, siedelte ihn zwar fälschlich im Norden Siebenbürgens an, allein Walachei oder Siebenbürgen mag aus der Londoner Perspektive wohl gleichgültig sein.

Als im Juni starke osmanische Heeresteile die Donau übersetzten, gab Wlad Dracul hurtig Fersengeld, und die Erbitterung ob seiner unmenschlichen Grausamkeiten entlud sich über seine vormaligen Untertanen, die friedlichen walachischen Bauern und Schafzüchter, die samt und sonders als blutrünstige Partisanen angesehen und entsprechend behandelt wurden. Sultan Mechmed, der an der Ausrottung ganzer Landstriche kein Interesse hatte, setzte der auf einer – nur anders genannten – Kollektivschuldtheorie beruhenden blutigen Vergeltung ein rasches Ende. Er verbot Verfolgungshandlungen und bestellte Draculs Bruder Radul zum tributpflichtigen Wojwoden, der sich erfolgreich bemühte, das aus unzähligen Wunden blutende Land unter dem Schutz des Großherrn in normale Lebensverhältnisse zu überführen.

Mechmed selbst führte in diesem Jahr, da sich der Krieg in der Walachei nicht zum Einsatz der neuen Waffen und der modernen Truppenteile eignete, eine weitere maritime »Versuchsoperation« gegen die Insel Lesbos, die unter genuesischer Patronanz und einer aus Genua stammenden Dynastie ein spätes und überraschendes Eigenleben entfaltet hatte. Es war, wie schon der Angriff auf Limnos 1455, ein großangelegtes Landemanöver »im scharfem Schuß«, gegen nun allerdings einen erheblich stärkeren und sich tapfer verteidigenden Feind, wobei die Erfahrungen sorgsam registriert und systematisch ausgewertet wurden. Der Großherr war auch insofern ein »moderner« Mensch, daß er – nach dem schweren Schlag von Belgrad – in den militärischen Belangen mit äußerster Sorgfalt vorzugehen befahl, eine Art Generalstab schuf und damit einen teils wissenschaftlichen, teils bürokratischen Zug in das osmanische Kriegswesen brachte, der dieses nicht minder revolutionierte als Artillerie und Kriegsflotte. Daneben experimentierte er, aus den Erfahrungen mit vor allem den Serben lernend, mit einer von den Osmanen bis auf seine Zeit nicht verwendeten Form des Krieges, dem – um die heutige Formulierung zu gebrauchen – subversiven Kampf, mit dem er seinen Krieg gegen Bosnien vorbereitete.

In Bosnien war König Stefan Thomas 1461 verstorben. Sein Sohn hatte sich wegen der Nachfolge nun nicht an König Matthias, der sich nach seinem Großvater Corvinus zu nennen begann, gewandt, obwohl seine Oberhoheit zwei Jahre zuvor anerkannt worden war, sondern an den Papst Pius II., der 1458 zum Nachfolger des Papstes Calixtus III. erwählt wurde. Nachdem Pius den Kampf gegen das Osmanische Reich in den Mittelpunkt des Programms seines Pontifikates gestellt hatte, erhoffte sich Stefan Thomasewitsch offenbar eine bedeutende Aufwertung seines unsicheren Königtums und womöglich noch bedeutendere päpstliche Subsidien. Mit Subsidien konnte Pius nicht dienen, und die Aufwertung des königlichen Ansehens war sehr kurzfristig. Immerhin sandte aber der Papst einen Kardinallegaten nach Jajce, der die Krönung vornahm, ohne daß Matthias gefragt oder auch nur verständigt worden wäre. Der König war verärgert – und die Bogumilen, die sich von neuer Ketzerverfolgung bedroht fühlten, waren verängstigt. Es kam zu einem diplomatischen Notenwechsel zwischen Rom, Buda und Jajce, wobei König Matthias gegen die Krönung ohne seine Zustimmung protestierte und zunächst einmal vorsichtsweise jede Verantwortung ablehnte, König Stefan den Papst beschwor, den Ungarn dazu zu bewegen, daß er ihm bei dem befürchteten Krieg gegen den Großherrn Beistand leiste, was ja seine Pflicht als Oberkönig wäre, und Pius tatsächlich versuchte, Matthias zu diesbezüglichen Zusagen zu veranlassen. Matthias, der zu diesem Zeitpunkt noch mit den Ansprüchen und Anhängern Friedrichs III. konfrontiert war – der Vertrag von Wiener Neustadt, der inhaltlich bereits genannt wurde, kam erst später zum Abschluß – wollte sich auf ein bosnisches Engagement nicht einlassen, und erst als Pius den Habsburger zum Einlenken bewogen hatte, sagte er die Unterstützung für Stefan zu.

Stefan, in dessen Grenzbereich die Osmanen einige Stützpunkte unterhielten, berichtete von der subversiven Kriegführung Mechmeds an die Kurie:

»Die Türken haben in meinem Königreich mehrere Festungen erbaut und sind den Bauern gegenüber sehr freundlich. Sie versprechen, daß jeder Bauer, der sich ihnen anschließt, frei sein wird. Der beschränkte Bauernverstand merkt den Betrug nicht ...«

Es kam sogar zu einer merkbaren Fluchtbewegung ins Osmanische Reich, doch waren wohl weniger die Bauern Flüchtlinge, als vielmehr die kleinadeligen Bogumilen, denen die Verstärkung des katholischen Einflusses auf den König nicht gefiel. Andererseits drängten Flüchtlinge aus dem Reiche des Großherrn nach Bosnien; Serben (Raitzen) waren es zumeist und Walachen, denen der Druck der unmittelbaren osmanischen Verwaltung zu unangenehm war und die nach Freiheit strebten, ohne von dem vielgebrauchten Schlagwort konkrete Vorstellungen zu haben.

Sultan Mechmed, der gerade im Falle Bosnien – aus welchem Grunde auch immer – nach einem schicklichen Grund für einen Feldzug gegen König Stefan suchte, sandte ihm die Botschaft, daß er die Nachzahlung der Tribute für die Hilfeleistung von 1415 erwarte. König Stefan anerkannte die Schuld, bat um einen fünfzehnjährigen Waffenstillstand und die Möglichkeit, Ratenzahlungen zu leisten, da er – völlig glaubhaft übrigens – nicht in der Lage sei, die Gesamtsumme auf einmal zu bezahlen. Darauf wollte sich der Großherr nicht einlassen, mobilisierte seine gesamte Landstreitmacht und stieß mit rund 150 000 Mann aus Serbien nach Bosnien vor.

Großwesir Mahmud Pascha führte die Vorhut, die aus 20 000 Reitern bestand. Er kam so rasch voran, daß er die bosnischen Grenzsicherungstruppen ohne nennenswerten Widerstand überrannte. Nicht wesentlich langsamer folgte das Gros mit Sultan Mechmed den Voraustruppen: Der Großherr hatte sich entschlossen, die Mobilität der Armee dadurch zu erhöhen, daß er alles, was nicht in Traglasten bewegt werden konnte, zurückließ. **Die kleinkalibrigen, leichten Geschütze wurden zerlegt und Tragtieren aufgeladen, und Tragtiere trugen auch die mitgeführten Gerätschaften, die notwendig waren, um an Ort und Stelle im Einsatzraum die schweren, mauerbrechenden Geschütze zu gießen.** Wenige Tage nach Feldzugsbeginn, noch vor Ende Mai, wurde die schier unglaubliche Idee des technikfreudigen, ja beinahe technikbesessenen Großherrn vor der festen Burg Bobovac, die das Tal der Sutjeska sperrte, erstmals in die Effektivität des Krieges umgesetzt: Die Belagerungsarmee erzeugte den entscheidenden Teil ihres Waffenpotentials im Angesicht des belagerten Feindes selbst.

Das war sensationell, das schien neue Dimensionen des Kriegswesens zu eröffnen, allein es war wiederum nicht völlig vorbildlos, wenn man bedenkt, daß die Heere der Vorfeuerwaffenzeit geradezu darauf angewiesen waren, die schweren, ungefügen Belagerungsgeräte unmittelbar vor der belagerten Festung herzustellen. Nur war früher der entscheidende Werkstoff das *Holz* gewesen, das beim damaligen Waldreichtum unschwer beizuschaffen war, während nun das *Erz* beschafft, geschmolzen und in die Geschützform gegossen werden mußte, was die Errichtung eigener Produktionsstätten notwendig machte, die dem Leistungsstand der damaligen technischen Fertigungsmöglichkeiten voll entsprochen haben.

Bewundernswert ist jedenfalls der Leistungsstand der technischen Truppe der Dschebedschis, der »Waffenschmiede«, die nun sehr zahlenstark, glänzend organisiert und geführt worden sein muß. Ursprünglich dazu geschaffen, mit dem Heere mitzuziehen und während der Operationen vor allem den enormen Bedarf an Pfeilen sicherzustellen und schadhaft gewordene Waffen wieder funktionstüchtig zu machen, hatte sie nun die große und schwierige Aufgabe zugewiesen erhalten, vor dem Feinde ganze Geschützgießereien aufzubauen und in Betrieb zu nehmen. Die unter diesen in der Tat feldmäßigen Umständen erzeugten Geschütze müssen übrigens qualitativ voll entsprochen haben, denn nach nur dreitägiger Beschießung waren die Festungsanlagen derart zerschossen, daß Bobovac übergeben wurde.

König Stefan, der entschlossen gewesen war, das für uneinnehmbar geltende Jajce zu verteidigen, verlor nach Erhalt der Nachricht vom Fall von

Bobovac die Nerven. Ohne Rücksichtnahme auf den alten und wohlbegründeten Ruhm der Bosniaken als eines eminent tapferen Volkes setzte er sich mit seinen persönlichen Gefolgsleuten ab, Stadt und Land dem osmanischen Zugriff überlassend. Er sprengte das Tal der Pliwa entlang und warf sich in die alte Festung Sokolac, fühlte sich auch dort nicht sicher genug und setzte schon am nächsten Tag seine Flucht in nordwestlicher Richtung fort, deren offensichtliches Ziel Bihac, die alte Hauptstadt Kroatiens, war. Unterwegs legte er in dem wehrhaften, schwer zugänglichen Städtchen Kljuc einen Rasttag ein, der verhängnisvoll wurde.

Großwesir Mahmud Pascha saß ihm mit der osmanischen Vorhut dicht auf den Fersen. Jajce war ihm bei seinem Erscheinen kampflos übergeben worden, bei welcher Gelegenheit er von der Flucht des Königs Kenntnis erlangte, und er hatte ohne Verzug die Verfolgung aufgenommen. Am abseits liegenden Kljuc stieß er zunächst vorbei, weil er keine Ahnung vom Aufenthalt des Königs hatte, erfuhr aber bald von aufgegriffenen Landbewohnern, daß die königliche Eskorte noch nicht durchgekommen ist, drehte um und versuchte Kljuc, das sich weit und breit als einziger Zufluchtsort anbot und übrigens die Tore verschlossen hatte, im Handstreich zu nehmen. Der Überfall wurde unter empfindlichen Verlusten zurückgewiesen, Mahmud ließ die Stadt einschließen und meldete dem Großherrn die vereitelte Flucht des zu Kampf und Übergabe gezwungenen Königs. Stefan Thomasewitsch, bisher als Kriegsmann nicht eben durch Talent oder Tapferkeit hervorragend, entschloß sich schon am dritten Tag, ohne daß der Gegner Kljuc durch eine Belagerung oder Beschießung in ernsthafte Bedrängnis gebracht hätte, wozu der Leichten Kavallerie auch alle Voraussetzungen fehlten, Kapitulationsverhandlungen aufzunehmen. Sie kamen rasch zum Abschluß: Mahmud Pascha sicherte König Stefan Leben und persönliche Freiheit zu, und der bosnische König ordnete die allgemeine Waffenstreckung seiner gesamten Kriegsmacht an, deren überwiegender Teil des Feindes noch nicht einmal ansichtig geworden war. Eilkuriere wurden an alle Burgen und Festungen abgesandt und überbrachten den Kommandanten den Befehl zur kampflosen Übergabe. In der Folge fiel ganz Bosnien – ein heute noch wegearmes, wildes, leicht zu verteidigendes Bergland – ohne weiteren Widerstand dem Großherrn der Osmanen zu. Die Zahl der festen Plätze, die auf Befehl des Königs übergeben wurden, ist umstritten, die Angaben schwanken zwischen 70 und 300.

Mahmud Pascha aber begab sich, froh des errungenen Erfolges, mit dem von ihm ehrenvoll behandelten König Stefan zum Hauptquartier des Sultans, der mit der Masse seiner Armee nördlich von Jajce auf dem nach diesem Geschehen benannten Carevo polje, dem »Kaiserfeld«, lagerte. Der Großherr war mit den Ergebnissen von Mahmuds Verfolgung nicht zufrieden, denn ihn plagte – höchst überraschend – eine Rechtsfrage, deren richtige Lösung ihm, dem überzeugten und tiefgläubigen Moslem, echtes Kopfzerbrechen und schwere Gewissenszweifel verursachte. Er hatte (wie im 1. Band eingehend dargestellt) kein Gesetzgebungsrecht, denn das Recht seines wie jedes islamischen Reiches war das Heilige Recht des Koran, das er zwar durchzusetzen hatte, nicht aber verändern durfte. Und die Frage, um die es ging, war die nach der für ihn verbindlichen Wirkung eines Vertrages, den einer seiner Diener eigenmächtig für ihn geschlossen hatte. Denn Mahmud Pascha hatte, ohne hierzu ermächtigt zu sein, König Stefan Leben und Freiheit zugesichert, und diese Zusicherung war die Basis für die kampflose Übergabe der bosnischen Städte und Burgen und die Waffenstreckung der gesamten bosnischen Truppen gewesen. Es kam dabei weniger auf das Leben des glücklosen Königs an als vielmehr darauf, ob die Zusage Mahmuds ihn, den Großherrn der Osmanen, zwinge, das von Mahmud gegebene Versprechen einzulösen.

Die hier vertretbare Auffassung, daß Sultan Mechmed König Stefan in seiner Gewalt hatte und einfach seine Tötung hätte befehlen können, wie er seinerzeit die Tötung Halil Paschas befohlen oder die Tötung seiner schönen Lieblingssklavin Irene sogar selbst vollzogen hat, zielt am Kernpunkt des Problems vorbei. Denn Halil Pascha war ein Diener des Großherrn, den er des sehr weitgefaßten Begriffs der Untreue bezichtigte und dessen Tötung als Ausübung der militärischen Befehlsgewalt erschienen ist, und die schöne Irene war vollends eine Sklavin, also eine Sache im Rechtssinn, mit der er nach Belieben verfahren durfte. Hier aber lag ein Vertrag vor, der ihn begünstigte; durfte er, der die Vorteile entgegengenommen hatte, nun die in seinem Namen zugesicherten Verpflichtungen negieren?

Die Zweifel des Großherrn erweisen ihn als redlich denkenden Mann von Kultur und Rechtschaffenheit. Außerdem zeigen sie die Grenzen, die seiner Regierungsgewalt gesetzt waren, in seltener Eindringlichkeit auf. Denn seiner absolutistisch anmutenden Herrschaftsbefugnis, die ihm die Befehlsgewalt in allen militärischen Angelegenheiten verlieh, waren im sozusagen zivilen Bereich Schranken gesetzt, die von der Ulema, dem Kollektiv der Gelehrten, gewiesen wurden. Die Ulema hatte die Verordnungen, Dienstanweisungen und wichtigen Befehle des Großherrn auf ihre Rechtmäßigkeit zu überprüfen und konnte sie außer Wirksamkeit setzen, und es genügte bei Gefahr im Verzug sogar ein Wort – Olmaz: Es darf nicht sein – des Scheik ul Islam auch ohne vorherige Beschlußfassung der Ulema, um die Vollziehung des großherrlichen Willens zu verhindern. Nun war die Ulema nicht im Heerlager bei Jajce versammelt, aber der Scheik ul Islam war mit dem Großherrn zu Felde gezogen, und ihm stand es zu, daß er dem Tötungsbefehl sein Olmaz entgegengesetzt hätte, wäre er auch nur im Zweifel über dessen Rechtmäßigkeit gewesen.

Sultan Mechmed II. der Eroberer, der über Krieg und Frieden nach Gutdünken entschied, war also hier genötigt, seinen Willen einer anderen Autorität unterzuordnen, ohne deren Zustimmung er eine konkrete Maßnahme nicht vollziehen durfte. Es galt also, den Scheik ul Islam zu überzeugen. Die im Stabsquartier anwesenden Rechtskundigen hielten lange und eingehende Beratungen ab, ob der Großherr den bosnischen König hinrichten lassen dürfe oder nicht.

Mechmeds Unmut wurde zum Zorn, und dieser richtete sich ausschließlich gegen seinen tapferen und rasch handelnden Großwesir, dem er vorwarf, daß er des Großherrn Hände gebunden habe. Es war offensichtlich, daß nun ein Kopf fallen werde, entweder der des bosnischen Königs, der auf Mahmuds Zusage den Widerstand aufgegeben hatte, oder der des Großwesirs, der eigenmächtig dem Sultan eine Pflicht auferlegt hatte.

Der persische Rechtsgelehrte Ali al Bustami, der beim Großherrn sehr viel galt, fand schließlich die allgemein anerkannte Antwort und formulierte ein eingehendes Gutachten, das im Kern folgenden Inhalt hatte:

1. Ein Vertrag, der von einem Diener des Großherrn für diesen ohne dessen ausdrückliche Genehmigung geschlossen wird, ist nichtig.
2. Ein derartiger Vertrag hat daher keine, die Willensentscheidung des Großherrn bindende, Wirkung.

Es ist sicherlich von Interesse, daß der Perser am Hofe des Großherrn damit genau die Auffassung vertrat, die heute in der Staatslehre allgemein üblich ist (ersetzt man gesellschaftsspezifische Ausdrücke wie »Diener des Großherrn« durch die heute gebräuchlichen), denn Staatsverträge bedürfen, um rechtsverbindlich zu sein, immer der Zustimmung des Souveräns.

Und also ließ Sultan Mechmed der Eroberer, das Genie an der Spitze des Osmanischen Reiches, den völlig bedeutungslosen Stefan Thomasewitsch enthaupten. Und dazu – vorsichtshalber – dessen erwachsene männliche Verwandte. Die beiden minderjährigen Brüder des Königs aber wurden verschont. Einer trat später freiwillig zum Islam über und machte nach entsprechender Ausbildung eine nicht eben glänzende Karriere im Verwaltungsdienst; er starb als Sandschakbeg des anatolischen Bezirks Bolu, während der andere im Christentum verblieb und vermutlich einem geistlichen Orden beitrat.

Mahmud Pascha behielt, nachdem unwiderruflich klargestellt war, daß er zu seiner Zusage gegenüber König Stefan nicht befugt war, Kopf und Kragen. Er war der mit Abstand bedeutendste Großwürdenträger Mechmeds, hochtalentiert, selbständig – vielleicht zu selbständig – und rasch in seinen das Reichsinteresse stets fördernden Entscheidungen. Auch nach seiner Auswechslung als Großwesir wurde er in exponierten Dienststellungen verwendet und zeichnete sich besonders als Befehlshaber kombinierter Land- und Seestreitkräfte im Kriege gegen die Venezianer aus, denen er 1470 die zäh verteidigte Insel Negroponte → Euböa abnahm. Bald darauf wieder zum Großwesir bestellt, fiel er 1474 letztendlich doch völlig überaschend dem Henker zum Opfer, und das aus einem eher merkwürdigen Grund: Er hatte sich an das Titelmonopol, das Mechmed sehr rigoros durchzusetzen begann, nicht gehalten und sich als »Sultan« ansprechen lassen oder (was allerdings wenig wahrscheinlich ist) selbst bezeichnet (Über die Problematik der Titelführung s. 1. Band, Anmerkung 1 der Einführung).

Die Eroberung Bosniens konfrontierte den Großherrn der Osmanen aber

nicht nur mit der Frage der Rechtsverbindlichkeit von Zusagen seines Großwesirs, sondern brachte ein sehr schwierig zu lösendes Problem in religiösen
Belangen. Mit Bosnien war erstmals ein ganzes Land, dessen Bevölkerung
überwiegend katholischen Glaubens war, unter die Herrschaft des Großherrn
gefallen. Das war eine völlige Novität. Mit der orthodoxen Kirche hatte sich
Sultan Mechmed, der alten Tradition seines Reiches folgend, vortrefflich ar-
rangiert –, aber die Angehörigen der Westkirche, die Papisten, waren bisher
überall ausgerottet oder versklavt worden. Es wurden, ebenso dem alten
Rezept folgend, zunächst einmal rund 100 000 Katholiken in Sklaverei überführt, von denen gegen 30 000 Mann (diese Zahl ist aber mit Vorsicht aufzunehmen) als Militärsklaven in das Heer eingereiht worden sein sollen, während die Bogumilen völlig ungeschoren blieben. Diese Behandlung löste eine
wahre Fluchtwelle der bosnischen Katholiken vor allem in das mit Ungarn
uniierte Königreich Kroatien aus, der sich auch sehr viele jener Serben
anschlossen, die erst nach dem Fall von Semendria (1459) nach Bosnien
geflohen waren. **Es ist sicher gerechtfertigt, hier darauf hinzuweisen, daß in
dieser Flucht der Serben und in deren geschlossener Ansiedlung auf kroatischem Territorium die Wurzel jenes kroatisch-serbischen Nationalitätenkon-
flikts erkennbar wird, der dem gerade seit 1991 wieder auflebenden Ringen um
einen selbständigen Staat Kroatien seine brisante, nationalistische Note verleiht. Denn die Nachkommen dieser Flüchtlinge (und anderer, die in den folgenden Jahrhunderten aus den osmanisch beherrschten Gebieten entweichen)
wurden die Angehörigen der serbischen Minderheit in Kroatien, die in der
Schroffheit eines sehr ausgeprägten Nationalstolzes auf ihrem Serbentum
besteht.**
Den Katholiken in den dem Mittelmeerraum benachbarten Landstrichen
Bosniens lagen andere Fluchtziele selbstverständlich näher als Kroatien, und
eine zahlenstarke Flüchtlingsgruppe um Katharina, die Mutter des enthaupte-
ten Königs, gelangte in das Gebiet der Freistadt Ragusa → Dubrovnik, die
erst seit 1458 Sultan Mechmed tributpflichtig geworden war. Der Großherr
verlangte die Auslieferung zumindest Katharinas, die Ratsherren wanden sich
verzweifelt, wollten sie doch weder die Glaubensgenossin dem nun vom
Odium des Katholikenverfolgers umwitterten Sultan ausliefern noch dessen
Zorn auf sich lenken. Zuletzt reichten sie die unglückliche Exkönigin mit
unmittelbarem Gefolge in den Kirchenstaat weiter; sie verbrachte den
Lebensabend in Rom und fand ihre letzte Ruhestätte am Fuße des Kapitols
in der Kirche Santa Maria in Aracoeli. Auch ihre restlichen Fluchtgefährten
gelangten über die Adria und wurden, zum Teil in geschlossenen Ortsge-
meinden, angesiedelt; diese erhielten sich ethnisch lange Zeit rein, assimi-
lierten sich aber kulturell sehr rasch: Die verbindende Kraft des gemeinsamen Glaubens und der gemeinsamen Schrift ließ die Verwendung divergierender Sprachen zurücktreten, und bei Molise gibt es, wie Bauer (S. 27) auf-
führt, auch heute noch drei bosnische Dörfer.
Versklavung und einsetzende Massenflucht drohten das Land der Verö-

dung preiszugeben, bis eines Tages ein mutiger und wohl auch kluger Angehöriger des Ordens vom Heiligen Franziskus aus dem Kloster Fojnica (der dazugehörige Ort ist heute ein vielbesuchtes Thermalbad) im Hauptquartier des Großherrn erschien und mit diesem eine lange Unterredung hatte, deren Endergebnis ein Freibrief für die Insassen des Klosters und die auf Klostergrund – der aus diesem Anlaß bedeutend vergrößert wurde – siedelnden katholischen Bauern war. Diesem Franziskaner mit dem Mönchsnamen Angelus und dem Familiennamen Zvizdowitsch verdankte das katholische Bevölkerungselement in Bosnien den Weiterbestand unter osmanischer Herrschaft; *das Kloster Fojnica war die erste römisch-katholische Institution, die den großherrlichen Schutz erlangen konnte.*

Sultan Mechmeds Änderung der antikatholischen Religionspolitik seines Reiches, die überdies regional beschränkt war, konnte jedoch die Schockwirkung, welche die gnadenlose Härte der Katholikenverfolgung ausgelöst hatte, nicht mehr beheben, und einer von König Stefans vormaligen Vasallen, der Wojwode von Hum, entschloß sich zum bewaffneten Widerstand. Da es mit der Angleichung des bosnischen Ämterwesens an westliche Verhältnisse üblich geworden war, die Titulatur jener der in den Reichen der westlichen Christenheit anzupassen, wurde der Wojwode von Hum auch als Herzog bezeichnet und die Wojwodschaft als Herzogtum, und *aus dem Lande Hum wurde so die Herzegowina.* Der zur Verteidigung bereite Herzog war Stefan Wukschitsch, dessen Krieger die osmanischen Reiter, die in Vollzug des Vertrages von Kljuc in Hum eindringen wollten, blutig zurückwiesen. Sultan Mechmed machte nun das Gros seines Heeres, das noch immer um Jajce lagerte, mobil und stieß das Tal der Vrbas hinauf vor, um in das Land des widerspenstigen Herzogs zu gelangen. Da es in Hum keine für Geschützproduktion verwendbare Erzabbauplätze gab, mußte die zur Belagerung fester Plätze benötigte großkalibrige Artillerie mitgeschleppt werden. Der Weg über den Makljen-Paß, der die Wasserscheide zwischen der Donau und der Adria bildet, war mühsam und kaum zu bewältigen. Nach erheblichen Mühsalen erreichte das Heer das Tal der Narenta → Neretwa, das durch seinen canonartigen Charakter einen ganz prachtvollen Anblick bietet – und einem entschlossen kämpfenden Verteidiger die Möglichkeit, den Vormarsch angreifender Truppen höchst nachhaltig zu verzögern, förmlich aufdrängt. Ende September erreichten die Osmanen Mostar, das erst genommen werden konnte, nachdem sich Herzog Stefan mit seinem Kriegsvolk in die feste Burg Stefangrad, die das Tal der Buna mächtig überragt, geworfen hatte. Die Tapferkeit der Verteidiger vollbrachte in Verbindung mit dem schwierigen Gelände und der späten Jahreszeit das schier unglaublich Erscheinende: Sultan Mechmed brach Belagerung und Feldzug ab und zog sich über Bosnien, das er durch schwache Besatzungstruppen sicherte, in seine serbische Provinz zurück. Kaum hatte er seine Milizen noch vor dem Kasimstag für dieses Jahr beurlaubt, erhielt er die Nachricht, daß König Matthias von Ungarn mit starken Kräften in Bosnien eingerückt war und Jajce zu belagern begonnen hatte.

Die Stadt Jajce fiel bereits vier Tage nach Belagerungsbeginn; die ausgedehnten Befestigungsanlagen konnten nicht ordnungsgemäß besetzt werden, und die in der Stadt befindlichen Bosniaken arbeiteten mit den Belagerern zusammen – notwendige Folge der osmanischen Religionspolitik. Die Zitadelle, in welcher Harambaschi Ilyas Beg, der osmanische Befehlshaber in Bosnien, die in der Stadt befindlichen Kräfte konzentriert hatte, hielt sich durch nahezu zwei Monate und wurde erst am Weihnachtstag übergeben.

Sultan Mechmed hatte keine Möglichkeit, der tapferen Besatzung der vormaligen Hauptstadt Bosniens wirksame Hilfe zu leisten. *Die nun schon enorme Größe seines Reiches zeigte ihre in Verbindung mit der mobilitätshemmenden Einbindung der Kriegstechnik verhängnisvolle Wirkung zum ersten Mal: Feldzüge in periphäre Gebiete bedurften sorgfältiger Planung und detaillierter organisatorischer Vorbereitung.* Das aus heterogenen Teilen kunstvoll gefügte Kriegsheer konnte nicht einfach zusammengetrommelt und an die Front geworfen werden, auch wenn im Fall eines feindlichen Einfalls in das Reichsgebiet – und das war Bosnien bereits – die Dienstfreistellung der Lehenstruppen, die nach wie vor die breite Basis der mobilen Kräfte bildeten, im Winterhalbjahr erlosch. Aber selbst wenn der Sultan eine ganze Entsatzarmee zusammengebracht hätte, während Jajce umkämpft wurde, wäre es ihm unmöglich gewesen, die Belagerung zu zerschlagen: Bosniens Winter sind hart und schneereich, wie zumindest seit der Durchführung der Winterolympiade 1984 weltweit bekannt ist, und Bosniens Berge waren unter winterlichen Verhältnissen für orientalisches Kriegsvolk unpassierbar. Das wußte König Matthias, als er seinen Feldzug im Spätherbst begann – und das wußte Sultan Mechmed, als er die Besatzung von Jajce ihrem Schicksal überlassen mußte.

Die Kapitulation von Jajce zog die Übergabe der kleinen Festung Zvecaj Grad nach sich, die das Tal des Vrbas am Ausgang der Tjesno-Schlucht sperrte und das königliche Heer zu einer weiten und mühevollen Umgehung gezwungen hatte. Die heutige Festungsruine war von nicht mehr als 80 Janitscharen und 30 sonstigen osmanischen Kriegern höchst wirksam verteidigt worden, deren Befehlshaber – Dizdar – ein gewisser Konstantin Mihailowitsch war, ein Serbe aus der reichen Bergbaustadt Novo Brdo, die von den dort angesiedelten deutschen Bergknappen Nyenberge, von den italienischen Kaufleuten aber Novomonte genannt wurde. Mihailowitsch ist weniger als Offizier, als vielmehr als – übrigens recht unzuverlässiger – Chronist von Bedeutung, dessen Lebenserinnerungen das Bild der Geschichtsschreibung bis heute maßgeblich beeinflussen.

Für das Frühjahr 1464 hatte Mechmed Fatih den nächsten Feldzug auf dem Balkan geplant, der auf die Unterwerfung der Herzegowina abzielte. Die Ereignisse des Winters änderten die Zielsetzung: Sultan Mechmed ließ das Land Hum im wahrsten Sinne des Wortes links liegen und rückte ins Tal des Vrbas, um Jajce dem König von Ungarn wieder abzugewinnen. Sein Vorhaben war mehr von Revanchegelüsten geprägt als die Frucht kühl abwägender Lagebeurteilung, die man ihm nun eigentlich schon zugemutet hätte, denn er mußte wissen, daß er sich in diesem Jahre den Feldzug nach Bosnien nicht leisten konnte. Es konnte seinem Aufklärungsdienst, der in bis heute nicht enttarnter Weise arbeitete, aber eigentlich immer recht brauchbare Ergebnisse geliefert hatte, ganz einfach nicht entgangen sein, daß in diesem Jahr Papst Pius II. das große Vorhaben seines Pontifikats verwirklichen wollte, einen gesamtabendländischen Kreuzzug gegen das Reich des Osmanen zu führen. Venedig, das mit Matthias Corvinus ein Kriegsbündnis gegen das Osmanische Reich abgeschlossen hatte, machte sich erbötig, das Kreuzheer in großer maritimer Operation an die Küsten des ägäischen Meeres zu führen. Als Sammelpunkt der Kreuzfahrer und Einschiffungshafen war Ancona vorgesehen, und an Venedigs Vertragstreue konnte an sich kaum gezweifelt werden, war es doch bereits seit Juli 1463 zu regionalen Kampfhandlungen um den venezianischen Kolonialbesitz im ägäischen Raum gekommen. Alles das war europaweit bekannt; unbekannt hingegen war, daß der Doge auch den alten Iskender Beg dazu bewogen hatte, aus den albanischen Bergen mit seiner Rebellenarmee in den griechischen Raum vorzustoßen, um die Operationen des Kreuzheeres zu unterstützen.

Trotz der vielen Planungen und Aktionen wurde 1464 das Jahr des großen Mißlingens. Zunächst einmal mißlang die vom Großherrn versuchte Wiedereroberung von Jajce, das tapfer und erfolgreich verteidigt wurde und künftig einen Eckpfeiler der starken Verteidigungszone bildete, die Matthias entwickelte und das »Banat Bosnien«, das schon lange in Diskussion stehende Gegenstück des Banats von Severin, benannte. Jajce selbst wurde zu einer dem neuesten Stand des Kriegswesens entsprechenden Festung ausgebaut, was vor allem dadurch geschah, daß

- die Dachflächen der Zitadelle und der Tortürme abgerissen und durch zinnenbewehrte Geschützstände ersetzt wurden;
- die Innenräume der Türme und sonstige Hohlräume der Wehranlagen mit Felsengestein, Schutt und Erdreich aufgefüllt worden sind;
- eine zweite Stadtmauer erbaut und durch vorgelagerte Erdwälle, die gegen das feindliche Feuer eine erstaunliche Resistenz gezeigt hatten, zusätzlich verstärkt wurde und
- Basteien und Kasematten errichtet und die Tortürme mit außerordentlich wuchtigen Abwehranlagen versehen worden sind, die sich im Banja-Luka-Tor bis heute erhalten haben.

Es sei schon hier gesagt, daß sich die enormen Aufwendungen des ungarischen Königs gelohnt haben. Bosniens Eroberung von 1463 wurde auf ein Teilstück reduziert; nicht nur das Land Hum blieb von osmanischer Herrschaft frei, sondern auch Bosnien westlich des Vrbas. Wütend und bei jeder günstig scheinenden Gelegenheit berannten die Osmanen Jajce, und immer wurden sie zurückgeschlagen. Die wichtigsten osmanischen Aktionen, durchgeführt von starken, modern bewaffneten Heeren unter der Führung berühmter Feldherren waren

- 1500 unter Ibrahim Pascha
- 1502 unter Mustafa Beg, dem Sohn des Ibrahim Pascha und
- 1525 unter Chusrev Beg, der sich des Beistandes des einfallsreichen technischen Genies Sinan Pascha versichert hatte.

Selbst den Untergang des Königreiches Ungarn überstand die tapfere Stadt, und erst im Jahr nach der Schlacht von Mohács ergab sie sich Chusrev Beg, lange nachdem dieser das Tal des Vrbas großteils und das Tal der Pliwa zur Gänze erneut erobert hatte.

Trotz der Behauptung Jajces war das Jahr auch für die westliche Christenheit übel. Der Kreuzzug des glaubenseifrigen Pius II. verlief im Sande. Im Juli trafen zwar etliche Kreuzfahrer - weniger übrigens als erwartet - in Ancona ein, doch blieb die Flotte Venedigs aus nicht erkennbarer Ursache aus. Sie erschien erst, mit sechswöchiger Verspätung, gegen Mitte August, als viele Kreuzfahrer, enttäuscht und verbittert, die Heimreise schon angetreten hatten und im Lager die üblichen Seuchen grassierten, die auch Papst Pius nicht verschont hatten. Er ist drei Tage danach, am 15. August, verstorben -, und mit ihm starb sein Kreuzzug gegen die Osmanen.

Iskender Beg, der hoffnungsfroh seinen Krieg begonnen hatte, stellte die Operationen wieder ein, als keinerlei Unterstützung merkbar wurde, und zog sich - dem für das kommende Jahr erwarteten Gegenanschlag des Großherrn nicht ohne Besorgnis entgegensehend - in seine Berge zurück. Der Gegenschlag fiel wesentlich schwächer aus als erwartet, weil Mechmeds Interessen auf Anatolien gerichtet wurden, wo sich durch Thronfolgestreitigkeiten im benachbarten Reich der Karamanen die Möglichkeit bot, einen großen Feldzug zur Niederwerfung der alten Erbfeinde zu führen.

Die Entscheidungsschlacht von Larenda gewann der Großherr durch den virtuosen Einsatz seiner Feldartillerie, dem die mit äußerster Tapferkeit, aber im traditionellen Kampfstil anrennenden Karamanen nichts entgegenzusetzen hatten. Der Gegenangriff der Janitscharen trieb die gelichteten Reihen des Gegners vom Feld, und die sofort einsetzende Verfolgung durch die osmanische Reiterei brachte die fast völlige Vernichtung des reintypig orientalischen Kriegsvolkes, das dem die westliche Kriegstechnik gekonnt verwendenden Heer Sultan Mechmeds II. bis zur Hilflosigkeit unterlegen war. Das Reich der Karamanen wurde fast zur Gänze besetzt, und nun erst, rund 150 Jahre nach der Reichsgründung durch Osman I., konnte der Großherr der Osmanen von sich sagen, der Beherrscher Kleinasiens zu sein.

Nach dem höchst erfolgreichen Kleinasienfeldzug wurde Mahmud Pascha als Großwesir enthoben, wobei meist behauptet wird, er habe das Wohlwollen des Großherrn verscherzt. Sein Nachfolger wurde mit Mechmed Pascha Rum (der Rumelier) ein bewährter Würdenträger und Heerführer traditionellen Zuschnitts, aber Mahmud Pascha wurde zum
- Kapudan Pascha und
- Kommandeur der Reichsfestung Gallipoli
bestellt und erlangte damit die Führungsposition im Krieg gegen Venedig,

der noch immer andauerte und den Einsatz der gefürchteten Kriegsflotte als unmittelbar bevorstehend besorgen ließ. So ist es unwahrscheinlich, daß Sultan Mechmed dem Mahmud Pascha mißtraute, und es darf als nahezu sicher gelten, daß er ihn von den allgemeinen und routinemäßig zu erledigenden Pflichten des Großwesirates entbinden und die Gelegenheit bieten wollte, sich in der Flottenrüstung zu engagieren und zur aktiven Seekriegführung überzugehen, was mit der bereits erwähnten Eroberung von Euböa denn auch geschah.

Auch der Sultan selbst schenkte dem Ausbau der Flotte vorrangiges Interesse. Es spricht viel dafür, daß er einen sehr wesentlichen Aspekt des Flotteneinsatzes erkannte und seine konsequente Umsetzung in die kombattante Energie seines Reiches versuchte: Die Straßenfunktion des Meeres, die es gestattete, auch schweres Kriegsgerät relativ einfach und mühelos in einen Einsatzraum zu bringen. Über Land war dies grundsätzlich nur unter Verwendung des Rades, also des Fahrzeuges möglich, und der Einsatz des Fahrzeuges hing von einem ausgebauten, möglichst dichten Wegnetz und den klimatischen Verhältnissen ab. Beide Voraussetzungen trafen im Operationsgebiet gegen das Abendland auf dem Balkan nicht zu. Ein hinreichend ausgebautes Straßennetz war nicht vorhanden, und die klimatischen sowie geographischen Verhältnisse waren für Bewegungen größerer Truppenmassen außerordentlich nachteilig. Es dominierten zwei Geländeformen: Wildes, felsiges, schluchtendurchzogenes und teilweise wüstes oder mit Urwäldern bedecktes Bergland oder immer wieder von ausgedehnten Sümpfen durchzogene Ebenen. Die in Bosnien konsequent genutzte Alternative der Herstellung schwerer Waffen im Kriegsgebiet war nur in Bosnien mit seinen reichen Erzlagerstätten realisierbar, und selbst dort nicht im ganzen Raum, sondern nur in jenen Teilen, in denen verwendbare Erzvorräte vorhanden waren.

Die Problematik der Raumüberwindung unter den Bedingungen der notwendigen Verwendung großer Mengen an schwerem Gerät war für die osmanische Kriegführung völlig neuartig. Die Offensivgewalt der Heere der Großherren vor der Entwicklung eines modernen, hochleistungsfähigen Artilleriewesens beruhte auf der weitgehend geländeunabhängigen raschen Beweglichkeit der Reiterei, die auch jetzt noch zu selbständigen Einfällen und Raubzügen verwendet werden konnte und auch verwendet wurde, wie die Geschichte des nächsten Vierteljahrtausends zeigt. Damit allein aber waren Kriege gegen westchristliche Staaten, die über modern gerüstete Heere, in denen die Feuerwaffen eine an Bedeutung zunehmende Rolle spielten, nicht mehr zu gewinnen.

Da sich das Land als Medium der Fortbewegung derartig sperrig und als hartnäckigster Gegner der islamischen Expansion zeigte, lag Mechmeds Entschluß, das – sieht man von großen Stürmen, die im Mittelmeersommer aber recht selten sind ab – stets ebene Meer als Medium für Truppenbewegungen zu verwenden, sehr nahe. Man findet für die folgende Phase seiner Herrschaft den kennzeichnenden Versuch, große amphibische Operationen durchzuführen, neben denen die auf dem Einsatz von Heeresteilen beschränkten Feldzüge einen seltsam nebensächlichen Charakter annehmen. Gleichgültig ob es sich um den Versuch handelt, Iskender Beg zum Frieden zu zwingen, ein Ziel, das man durch die Einnahme der Stadt Ilbasen als erreicht zu haben vorgab, oder um die kleinasiatischen Expeditionen des Großwesirs und des Achmed Pascha Gedik, die jene Teile des vormaligen karamanischen Reiches betrafen, die im Sommerhalbjahr 1465 noch nicht besetzt werden konnten.

König Matthias nutzte die Einstellung der Feldzüge seines kriegerischen Nachbarn im Süden klug und zielstrebig zur Festigung des Grenzraumes durch die Schaffung des schon erwähnten bosnischen Banats, dessen »starkes Herz« das vielumkämpfte Jajce war. Die bosnische Mark erstreckte sich bogenförmig von Belgrad, dem Unterlauf der Save und sodann dem Tal des Vrbas folgend, bis in den Raum, in dem sich heute Donji Vakuf befindet. Sie bestand aus einem breiten Befestigungsgürtel, der die – wenigen – Bewegungslinien in die beiden Täler meist mehrfach sperrte. Die Verteidigungszone, die nach den Ereignissen von 1463 ziemlich menschenleer war, wurde mit zur Landesverteidigung verpflichteten Flüchtlingen aus dem beim Osmanischen Reich verbliebenen Teilen des früheren Königreiches besiedelt: Serben und Bosniaken, die Serben im orthodoxen Glauben verwurzelt, die Bosniaken Anhänger der Westkirche. Die Art der Ansiedlung und die Autonomie, die den Siedlern eingeräumt wurde, erinnern an die aus Flüchtlingen rekrutierten und als Wehrbauern angesiedelten Grenzschutztruppen des spätantiken Rom. Es mag durchaus sein, daß dem klassisch hochgebildeten Matthias, der einer der profiliertesten Vertreter der Renaissance außerhalb des italischen Raumes war, das Vorbild der römischen Limitation vor Augen stand, als er die Besonderheiten der bosnischen Grenzschutzorganisation schuf. Konzeption und Grundgestaltung des ungarischen Banats Bosnien dienten ihrerseits wieder als Muster für die berühmte **habsburgische Militärgrenze**, deren Anfänge kaum mehr als eine Generation später nordwestlich der bosnischen Mark geschaffen wurden und nach deren Zerschlagung ihre Trümmer aufnahm. Zum bosnischen Banus bestellte König Matthias einen Kleinadeligen aus der Ostslowakei namens Emmerich Zapolski, der sich in den vorangegangenen Kämpfen durch Tapferkeit, Umsicht und Treue mehrfach ausgezeichnet hatte und nun, seinen Namen magyarisierend, Imre Zápolya (auch Szapolyai) nannte. Er hatte bereits die Erbgrafschaft Zips als Dotation erhalten und den sehr bedeutenden Aufstieg seiner Familie eingeleitet, der in seinem Enkel János Zápolya, der Wojwode von Siebenbürgen und sogar ungarischer Tributärkönig des Urenkels Sultan Mechmeds II. war, gipfelte.

Etwa zur selben Zeit erschien am Rand der osmanischen Interessenssphäre ein neuer Feind, unter welchen Begriff nach wie vor alle christlichen Reiche eingeordnet wurden, der rasch geschichtsgestaltende Dimensionen gewinnen sollte: Rußland. Im Anhang wird mit Darstellung des religiösen Aspekts des Unionskonzils gezeigt, wie der Verselbständigungsprozeß in Gang kam, den Iwan III. der Große (Großfürst 1462–1506) mächtig vorantrieb und durch die Annahme der Titel Samoderžec → Selbstherrscher und Zar, hergeleitet von Caesar, vollendete. Iwan dehnte seine Herrschaft auf das Fürstentum Jaroslawl und das Gebiet der Freistadt Nowgorod aus, erkämpfte die endgültige und völlige Freiheit vom tatarischen Joch und behauptete sich gegen Polen und Litauen. Die vermutlich entscheidende Weichenstellung für die Zukunft war seine Vermählung mit der Nichte des letzten oströmischen Kaisers, Prinzessin Zoe (1472), in deren Gefolge der byzantinische Geist an die Ufer der Moskwa gelangte und Moskau den Ruf des »dritten Rom« eintrug. Der byzantinische Doppeladler schmückte bald die Fahnen und Standarten der moskowitischen Heere, und das byzantinische Ämterwesen mit dem kennzeichnenden Prunk prägte die Hofhaltung des ersten Zaren. Iwan III. war hochtalentiert und richtete seine besondere Aufmerksamkeit auf die Entwicklung eines leistungsfähigen Heeres, in das die moderne westliche Kriegstechnik von Anfang an integriert war.

Mehr Interesse als in den westlichen Heeren wurde hier der *Handfeuerwaffe* gewidmet. Frühzeitig kamen »*Schützenverbände*« auf, die berühmten Strelitzen, die sowohl als

- Schützen zu Fuß als auch
- Schützen zu Pferd

in Erscheinung traten. Die westlichen Heere zogen nach: Die »Schützen zu Fuß« wurden zum mit dem Feuergewehr bewaffneten Fußvolk, das als Musketiere (oder ähnlich, jedenfalls aber nach der Art der Waffe) bezeichnet wurde und noch lang organisatorisch dem lanzenbewaffneten Fußvolk der Pikeniere verbunden blieb, während der »Schütze zu Pferde« zum klassischen Dragoner wurde, für den das Pferd nur Transportmittel war und der den Feuerkampf abgesessen führte.

Die *Artillerie* wurde auf Wagen bewegt, die hussitische Wagenburg wurde zur Guljaj Gorod, der »wandernden Stadt« erweitert. Der Wagen wurde entscheidend vergrößert und fand Verwendung auch als Transportmittel für mächtige Holzschilde, hinter denen Schützen, Fahrzeuge und Geschütze Deckung fanden. Das brachte zwei entscheidende Vorteile:

1. Die Geschütze konnten schwergewichtsmäßig verteilt und massiert werden.
2. Die Fahrzeuge waren der unmittelbaren Feindeinwirkung entzogen.

Es gab, höchst erstaunlich, auch eine »*Winterausstattung*« der wandernden Stadt, bei welcher das Rad durch die Kufe ersetzt und der Wagen zum Schlitten wurde.

Kanoniere und Schützen waren die modernen Teile des Gesamtheeres, das sich darüber hinaus aus folgenden Truppenkörpern zusammensetzte:

- Die *bewaffneten und berittenen Gefolgschaften des Zaren und der Fürsten,* die

Dvorjane → *Hofleute* genannt wurden und vielleicht mit den unbelehnten westlichen Rittern verglichen werden können.

- Die *»Stadtkosaken«,* die aus den tatarischen Stadtwachen entwickelt worden waren, auch im Frieden unter Waffen gehalten und mit der *Durchführung von Polizeiaufgaben* betraut wurden.
- Die *freien Kosaken,* die ursprünglich Flüchtlinge waren, sich in den menschenleeren Räumen zwischen Polen und den Ländern der Goldenen Horde angesiedelt und dort eigene, kriegerische Gemeinschaften gebildet hatten, die sich nicht als Untertanen der Zaren, sondern als seine (gelegentlich auch anderer Kriegsherren) Verbündete fühlten und durch Tapferkeit und Vertragstreue rasch wohlbegründeten Ruhm erwarben.
- Die zum Christentum bekehrten und die Oberhoheit des Zaren anerkennenden *Teile der ehemaligen Goldenen Horde,* die unter Beibehaltung ihres traditionellen Kampfstils eine hervorragende *Leichte Reiterei* stellten.
- Die im Kriegsfall aufgebotenen bäuerlichen (und vermutlich auch städtischen) *Milizen,* die die Masse des Fußvolkes stellten und deren besonderer Wert in der Durchführung jener Arbeitsleistungen bestand, die notwendig waren, die wandernde Stadt in Bewegung zu halten oder in Gefechtsaufstellung zu bringen.

Die gewaltige militärische Macht, die sich im Kerngebiet des großrussischen Raumes entwickelte, wurde von den freien Tataren der Krim, deren Khanat die Nordküste des Schwarzen Meeres von der Ostgrenze Moldawiens bis zur Einmündung des Kuban umfaßte, mit vollstem Recht als schwere, ja als tödliche Bedrohung empfunden. Khan Mengli Giray (1466–1515) erkannte die Zeichen der Zeit und unterwarf sich zu genau festgelegten, keineswegs drückenden Bedingungen freiwillig der Oberherrschaft des Großherrn der Osmanen. Es war das erste Mal, daß die Macht eines christlichen Reiches einen bisher recht aggressiven und gefährlichen, selbstherrlichen und freiheitsliebenden Moslemstaat derart schockierte, daß dieser aus eigenem Entschluß seine Selbständigkeit preisgab und Schutz unter dem Mantel des »großen Bruders« suchte. Die im Rahmen dieser Gesamtbetrachtung bedeutendste Folge der freiwilligen Unterwerfung der Krim-Tataren war neben der Ablieferung eines Teiles der Einnahmen des Khanats und des Verzichts auf eine selbständige Außenpolitik die Verpflichtung zur Stellung eines Truppenkontingents für die Kriegführung des Großherrn. Es hatte mindestens 15 000 berittene Bogenschützen zu umfassen, und die Art der Bewaffnung blieb konstant; auch im 17. und selbst im 18. Jahrhundert waren die Tataren bogenbewaffnete *Leichte Reiterei,* bei Belagerungen überhaupt nicht, in der Feldschlacht kaum zu verwenden. Als *schlachteröffnende Plänkler* rissen sie vor feuergewehrbewaffnetem und einsatzbereitem Gegner gerne aus, die *Verfolgung* führten sie nur bis zum nächsten Platz, an dem sie Beute zu finden hofften – aber trotz aller dieser, sagen wir, Eigenheiten waren sie militärisch von größter Bedeutung. Sie führten, gelegentlich gemeinsam mit den Akindschis operierend, große Raids weit in das als sicher erscheinende feindliche Hinterland, plünderten ganze Landstriche aus, brannten unbefestigte Ortschaften gnadenlos nieder, verwüsteten blühende Regionen, überfielen Nachschubkolonnen des Gegners, die ungenügend geschützt waren und stifteten dadurch Schrecken und Verwirrung. Darüber hinaus lieferten sie, das marschierende oder lagernde Heer erstaunlich weit und dicht umschwärmend, genaue *Aufklärungsergebnisse,* so daß die osmanische Heerführung über Abwehrmaßnahmen und Bewegungen des Gegners immer zutreffend unterrichtet war und es kaum je gelungen ist, ein Heer der Moslems überraschend anzufallen. Und wenn dies gelang, dann immer deswegen, weil die klugen Herren in den Führungsstäben den Wahrheitsgehalt eintreffender, nicht mit ihren Vorstellungen übereinstimmender Meldungen bezweifelten und von »Tatarennachrichten« sprachen, ein Begriff, der aus dem orientalischen Heerwesen übernommen wurde und auch in unserer Zeit für Berichte über unerwartete, unheilvolle und nicht mehrfach bestätigte Meldungen Verwendung findet.

Iwan III. vermied den Schlagabtausch mit dem großen islamischen Reich und brach die vorbereitete Expansion in Richtung Schwarzmeerküste ab. Er wies seinen Russen vielmehr den Weg nach Osten, wo als Reststaaten der Goldenen Horde noch die tatarischen Khanate an der Wolga und Sibir bestanden. Es sei hierbei daran erinnert, daß die Mongolen des Großraumes nach der Annahme des Islam Tataren genannt wurden. Die Kämpfe gegen die beiden, auf die eigene Abwehrkraft angewiesenen Khanate erfüllten das nächste Jahrhundert, und wenngleich es auch schon damals mit dem Osmanischen Reich zu gelegentlichen Kollisionen kam, entstand die große Feindschaft zwischen dem Zarenreich und dem Reich des Islam erst im Zeitalter Peters des Großen (1682–1725), der die Gewinnung der Nordküste des Schwarzen Meeres als unabdingbare Notwendigkeit für Rußland erkannte.

Nach der Expansionsrichtungsänderung Iwans begann *Sultan Mechmed,* das *Schwarze Meer als eine Art Binnengewässer seines Reiches* anzusehen. Die Fiktion wurde durch den restlichen genuesischen Kolonialbesitz gestört, der noch immer erhebliche Teile der Krim mit dem Hauptstützpunkt Kaffa umfaßte. Akkerman war indessen in moldawischen Besitz übergegangen, die italienische Bezeichnung Moncastro kam damit außer Gebrauch. Die Deutschen Siebenbürgens nannten die Stadt übrigens Walachisch-Weißenburg; sie lag im Mündungsbereich des Dnjestr und wurde später russisch; heute heißt sie Bjelgorod-Dnjestrowskij. Die Krim wurde in großangelegter amphibischer Operation genommen, Kaffa erobert, wobei die Tataren von Norden in den genuesischen Besitz einbrachen und erstmals als osmanische Hilfstruppen in Erscheinung traten. Auch Cembalo, die Hafenstadt im Südwesten der Halbinsel, das heutige Sewastopol, fiel dem Halbmond zu. Die Eroberung der genuesischen Kolonie war nicht allzu problematisch, da die Verbindung in den Mittelmeerraum durch den Ausbau der Festungen in den Dardanellen unterbrochen war und die Verteidiger keinerlei Hilfe zu erwarten hatten. Das war Sultan Mechmed bekannt; er betrieb das Unternehmen trotzdem mit großer Energie und verfolgte es mit höchstem Interesse, war es doch – zum Unterschied von den bisherigen amphibischen Aktionen, zuletzt der Eroberung von Euböa – die erste Landungsoperation, die über eine doch erhebliche Distanz (Entfernung Stambul zum nächstgelegenen Hafen Cembalo rund 800 km) durchgeführt wurde.

Den Krieg gegen Moldawien betrieb er hingegen im traditionellen Stil. Er unterschätzte die Schlagkraft des Heeres, das der Wojwode Stefan der Große (1457–1504) aufzubieten vermochte und das sich in der Schlacht bei Baia (1467) selbst gegen eine ungarische Armee behauptet hatte. In der Folge war es wieder zu intensiven Wirtschaftsbeziehungen zwischen Siebenbürgen und Moldawien gekommen, wobei die Waffenlieferungen der vortrefflichen sächsischen Waffenschmiede von besonderer Bedeutung waren. 1475 erlitten die osmanischen Truppen am Pruth in der Nähe des heute verschollenen Ortes Vaslui eine schwere Niederlage. 1476 wurde die Offensive mit ähnlich traditionell bewaffnetem Kriegsvolk wiederholt; diesmal hatte Stefan aus Siebenbürgen nicht nur Waffenlieferungen, sondern auch ein treffliches Infanteriekontingent als Militärhilfe erhalten und brachte den osmanischen Vorstoß bei Valea Alba zum Stillstand. Auffallend ist die unterlassene Waffenhilfe durch den König von Polen, dessen Vasall Stefan war, aber Kasimir IV. erwartete ein starkes militärisches Engagement des ungarischen Königs im Donauraum und damit die Möglichkeit, gegen ihn in Mitteleuropa erfolgreicher als bisher operieren zu können.

In der Tat wurde König Matthias zum Eingreifen im Südosten bewogen. Die Osmanen hatten – ausdrücklich auf Befehl des Großherrn – einen Einbruch in die bosnische Mark erzielt, selbstverständlich dort, wo es weites, offenes Gelände gab, also im Savetal, und einen starken, befestigten, sumpflandgeschützten Stützpunkt errichtet, den sie Bügürdelen nannten. Aus ihm entstand später die Stadt Schabatz (Sabac). 1476 nahm Matthias sie den Osmanen wieder ab; das Gewicht, das er dem Angriff auf Bügürdelen beimaß, zeigt sich darin, daß er nicht nur die Angriffsverbände persönlich führte, sondern auch die entscheidende Aufklärung selbst vornahm. Das Angriffsziel war neu, die Befestigungsanlage unbekannt, der Ansatz der Truppen wegen der Sümpfe eine schwierige Sache. Der König stellte einen Boots-Spähtrupp zusammen und fuhr die Save hinab, um einen persönlichen Eindruck zu gewinnen, der für die Befehlsgebung entscheidend war. Das mag ein Detail sein, das nicht erwähnenswert scheint, aber es wirft ein Schlaglicht auf den Charakter des Königs, der erklärt, warum er – weit über Ungarns Grenze hinaus – unerhört populär war und warum sich die Untertanen Friedrichs von Habsburg in den hier nur eben zu nennenden Kämpfen um Österreich und die Steiermark geradezu begeistert für ihn erklärten.

Den Krieg mit begrenztem Ziel – die Wiederherstellung des bosnischen

Banats im vollen Umfang und mit kleineren Grenzkorrekturen – nahm Mechmed sozusagen kommentarlos zur Kenntnis. Ihn kümmerten die Ereignisse auf dem Balkan wenig; der alte Rebell Iskender Beg war schon 1468 verstorben, Albanien seither pazifiziert worden. Herzog Stefan Wukschitsch war indessen ungarischer Vasall, und die Herzegowina schloß im Raum Makljen-Paß an das bosnische Banat an und verlängerte die Grenzsicherungszone bis ins Küstenland beidseits der Narentamündung. Südlich der Herzegowina lag – unter Aussparung des Landes der Freistadt Ragusa → Dubrovnik – das Fürstentum Zeta → Montenegro, das die Familie Crnojewitsch beherrschte, die sich eng an Venedig angeschlossen hatte, wobei ein zumindest vasallitätsähnliches Verhältnis begründet worden war. An eine Expansion über Land war nach wie vor nicht zu denken –, und ob eine mediterrane Expansion möglich war, wurde eben im Krieg gegen Venedig erprobt. Dieser wurde 1479 durch einen Friedensvertrag beendet, dessen Basis der augenblickliche Besitzstand war; Venedig hatte auf dem Festland Skutari eingebüßt, das leicht zu verschmerzen war, in der Ägäis aber nach Limnos nun auch Euböa → Negroponte und damit die handelspolitisch wie militärisch wichtige Basis im vormals byzantinischen, nun aber osmanischen Raum.

Kaum war der Frieden geschlossen, ließ der Sultan völlig überraschend ein starkes Heer, das fast ausschließlich aus den rumelischen Lehenstruppen bestand, in Siebenbürgen einfallen. Der Wojwode Stefan Bathory hatte sein Aufgebot erst beisammen, als die Osmanen beinahe den ganzen Süden des Fürstentums verwüstet hatten und beutebeladen auf dem Rückmarsch waren. Auf dem Brodfeld bei Broos kam es zur Schlacht, die mit der Vernichtung des siebenbürgischen Heeres endete. Vor allem die sächsischen Milizen, die unter dem Befehl des Georg Hecht, Bürgermeister von Hermannstadt, kämpften, erlitten schwerste Verluste, das Kontingent der Szekler wurde fast völlig aufgerieben. Der tapfer kämpfende Wojwode brach schwer verwundet auf dem Schlachtfeld zusammen und überlebte nur dadurch, daß mehrere seiner Gefolgsleute, die ihn bergen wollten, nach Erhalt tödlicher Wunden über ihm zusammenbrachen und er, unter einem Haufen von Leichen verborgen, den Augen der »beutespähenden Moslems« entging. Die hatten, nachdem die Trümmer des siebenbürgischen Aufgebots das Schlachtfeld mit »hoher Beschleunigung« verlassen, sich bereits zerstreut, um die Gefallenen auszuplündern, als ein neuer Feind kampfgerüstet erschien: Das Aufgebot von Temes. Es wurde von Pál Kiniszi geführt, einem der besten und populärsten Feldherrn des Königs, über den noch heute in Ungarn zahllose Geschichten kursieren. Kiniszi, der sich gleichermaßen durch Körperstärke wie durch Kühnheit auszeichnete, fiel das osmanische Heer sofort an und vernichtete es bis beinahe auf den sprichwörtlichen letzten Mann. Am Abend gab es eine Siegesfeier mit gewaltigen Siegesräuschen, und Kiniszi Pál, auch hier ein echter Rudelführer seiner Mannen, schnappte sich – buchstäblich, das heißt mit den Zähnen – einen gefallenen Feind, hob ihn auf und tanzte mit ihm über dem Leichenfeld einen grausigen Siegestanz...

Das geschah am 13. Oktober 1479, und für König Matthias schien das folgende Jahr ein sehr schweres Jahr zu werden: Es drohte zu einem Zweifrontenkrieg, in dem sich Ungarn gegen Friedrich von Habsburg und gegen Sultan Mechmed zu behaupten hatte, zu kommen. Es kam auch dazu, aber der befürchtete »Sturm aus dem Westen« war zu einem lauen Frühlingswind geworden, der die Truppen der Verteidigungszone West sogar ermutigte, offensiv zu werden und weitere Teile der habsburgischen Fürstentümer zu besetzen. Sultan Mechmed führte den Krieg gegen Ungarn mit dem nun schon kennzeichnenden geringen Interesse. König Matthias, der die Masse seiner mobilen Kräfte im Grenzgebiet gegen das Osmanische Reich versammelt hatte, gelang es unschwer, die Reichsgrenzen an mehreren Stellen zu überwinden, unterließ aber den sich anbietenden Vorstoß in die Tiefe des Raumes, weil er einerseits doch mit einer energischen Kriegführung des Habsburgers rechnen mußte, und weil er andererseits auch annahm, der auffällig schwache Widerstand der Osmanen sei eingeplant und Mechmed wolle ihn zu einer Großoffensive provozieren, um sein Heer weitab der eigenen Basen vernichten zu können. Zuviel der Ehre, die König Matthias seinen Kriegsgegnern (eine immerhin seltsame Waffenbrüderschaft des deutschen Fürsten, der auch Kaiser des Westens war, mit dem Großherrrn der Osmanen) erwies: Kaiser Friedrich, als Landesherr der habsburgischen Erblande mit Matthias, dem Landesherrn von Böhmen in kriegerischer Auseinandersetzung, war auf die eigene Kraft angewiesen, da kein Reichskrieg, sondern eine reichsinterne Kollision vorlag. Seine Eigenmittel reichten nicht aus, um Matthias ernsthaft zu gefährden –, und Sultan Mechmed zeigte auch 1480 kein Interesse an einem ernsthaften Schlagabtausch auf dem Balkan.

Er begann nach langen, sorgfältigen Vorbereitungen eine für das Osmanische Reich völlig neuartige amphibische Operation, den Einfall in den italischen Raum, in den Herrschaftsbereich Ferdinands, des Königs von Neapel, der eben im Krieg gegen Florenz und Siena lag und seine mobilen Kräfte in Mittelitalien gebunden hatte. Ziel der Invasion war Otranto, Hafenstadt im Südostzipfel der Halbinsel und, was ihre Bedeutung hervorhebt, Sitz eines Erzbischofs, namengebend für die Straße von Otranto, die Seeverbindung zwischen der Adria und dem jonischen Meer. Otranto hieß in der Antike Hydrus oder Hydruntum, und der Gegenhafen war das epirotische Apollonia, das später Valona hieß und heute Vlore genannt wird. Dieses gehörte zum Osmanischen Reich; brachte dieses auch Otranto in seinen Besitz, so hoffte man mit erheblich größeren, den größeren Entfernungen angepaßten Anstrengungen diese Meerenge ebenso sperren zu können wie die Dardanellen. Daneben sollte der Flottenstützpunkt Otranto landeinwärts erweitert und der gewonnene Raum die Basis für eine Landkriegführung in Italien sein, deren Ziel letztendlich Rom, das Zentrum der westlichen Christenheit war.
Der Wesir Achmed Pascha Gedik, zum Kapudan Pascha bestellt und einer der tüchtigsten Heerführer des Großherrn, führte die Landung im Raum

Otranto durch und begann mit der Belagerung der nur mäßig abwehrstarken Stadt, wobei er die Flotte zur Blockade des Hafens verwendete. Otranto wurde nach einer Belagerung von nur fünfzehn Tagen im Sturm genommen. Es begann das übliche Gemetzel, dem mit allen dem Kindesalter entwachsenen männlichen Bewohnern auch der Stadtkommandant und der Erzbischof zum Opfer fielen, während Frauen und Kinder versklavt wurden.

Achmed Pascha ging nun daran, die angrenzenden Gebiete mit seinen schnellen Truppen zu durchziehen, während er die minder beweglichen Kräfte, vor allem die Artillerie und die Masse des Infanterie als Besatzung in Otranto zurückließ. In rascher Aufeinanderfolge eroberte er

- Lecce,
- Tarent und
- Brindisi,

gewann damit den nötigen Raum zwischen der »Landmasse« des Königreichs Neapel und Otranto, das durch das bezeichnete Festungsdreieck trefflich abzuschirmen war, und mit Tarent und Brindisi zwei weitere wichtige Hafenstädte, so daß das Festungsdreieck durch das Hafendreieck ergänzt worden wäre. Er hätte nur Artilleriekräfte und Infanterie seinem rasch beweglichen Reiterkorps nachführen müssen, wobei er sich zur Zuführung der Festungsbesatzungen für Brindisi und Tarent der Flotte hätte bedienen können, wogegen der Marsch in das nächstgelegene Lecce durchaus möglich gewesen wäre.

Der Kapudan Pascha Achmed Gedik aber behielt auch als Großadmiral das starre, traditionell fixierte Denken des Truppenführers herkömmlicher Art und erkannte nicht die Möglichkeiten, die sich ihm förmlich aufdrängten. Er unterließ die ständige Besetzung der gewonnenen Plätze und zog nach längstens zwei, drei Wochen wieder ab, wenn die aufgefundenen Lebensmittelvorräte verbraucht oder richtiger verschwendet waren und nach neuer Beute Ausschau gehalten wurde. Geradezu mit peinlicher Sorgfalt vermied er, sich irgendeinen passenden Einsatz für die Flotte einfallen zu lassen, die mit ihren 150 – 200 Einheiten im Hafen von Otranto herumlungerte. Sicherlich waren einige rasche, kleine Schiffe im Kurierdienst oder als Aufklärer ständig unterwegs, aber die eigentlichen Schlachtschiffe waren absolut beschäftigungslos.

Sultan Mechmed war, nach der Euphorie der Anfangserfolge, vom Fortgang des Geschehens maßlos enttäuscht. Vor allem die Nichtverwendung der mächtigen Kriegsflotte und der hochleistungsfähigen Artillerie, die Stolz und Freude des Großherrn waren, erbitterte ihn, und diese emotionelle Grundhaltung veranlaßte ihn zu einem überaus folgenschweren Entschluß. Er entzog das Gros der Kriegsflotte und einen entscheidenden Teil der Reichsarmee – vor allem die für den Kampf um feste Anlagen geeigneten modernen Verbände – dem Befehl des Kapudan Pascha, unterstellte sie einem gewissen Mesich Pascha, der bisher vermutlich im Führungsstab des Großherrn tätig gewesen war, und gab diesem den Befehl, die Insel Rhodos, den Hauptsitz des Ordens der Ritter des heiligen Johannes, damals die Rhodesierritter genannt, zu erobern.

Ernle Bradford, der im Zweiten Weltkrieg als Offizier der Royal Navy das Mittelmeer kreuz und quer durchfuhr, ehe er daranging, die Geschichte des mediterranen Raumes in vortrefflichen Einzeldarstellungen zu schildern, und dessen seekriegerische Empirie ihn zu einem Mann von ganz außerordentlicher Sachkunde macht, nennt Rhodos eine auf die Flanke der Türkei gerichtete Speerspitze und die Ordensritter die hervorragendsten Seekrieger, die das Mittelmeer je gekannt. Der Orden selbst stellte »eine Legierung aller europäischen Nationen dar – eine Fremdenlegion militanter Christen, das hervorragendste Korps christlicher Krieger, das die Welt je gesehen«. Mesich Pascha stand also vor einer Aufgabe, die auch mit wesentlich stärkeren Kräften – nämlich der gesammelten Kriegsmacht des Reiches – kaum zu lösen war, und er bezog prompt die vorhersehbaren Schläge. Ruhmlos und mit gewaltigen Verlusten an Menschen und Material kehrte er heim, während sich auch auf dem italischen Kriegsschauplatz die launische Göttin des Sieges von dem von ihr doch meist begünstigten Halbmond abwandte.

Im Oktober, als der Kasimstag näher rückte, mußten die Milizen heimtransportiert werden; das Kriegsvolk schrumpfte damit auf etwa 10 000 Mann zusammen, die dem nach Beendigung des Krieges in Mittelitalien in Eilmärschen herangeführten neapolitanischen Heer, das von Kontingenten einiger anderer italischer Staaten verstärkt wurde, ohne Selbstvertrauen und Siegeszuversicht entgegensahen. Sie hielten sich aber, wobei sicherlich die klimatischen Verhältnisse wie der einsetzende Winterregen und Frost, möglicherweise sogar Schneefälle, die es letztendlich ja auch in Süditalien gibt, eine entscheidende Rolle spielten, erstaunlich lange Zeit.

Es waren dieselben Verhältnisse, die Sultan Mechmed gehindert hätten, seinen Truppen in Otranto energische Hilfe zu leisten, wenn er nicht so unklug gewesen wäre, seine Flotte und die modern bewaffneten und ausgerüsteten Teile der Reichsarmee durch den Angriff auf Rhodos derart zur Ader zu lassen, daß sie eine mehrmonatige Pause zur Auffüllung der verlorenen Substanz benötigten. Mechmed, der nun wieder ganz der kühl abwägende Stratege war, rechnete, daß die erforderlichen Maßnahmen bis April 1481 durchgeführt sein konnten, was vortrefflich mit der am Hizirtag wieder einsetzenden Kriegsdienstpflicht der Milizen in Übereinstimmung zu bringen war. Er ordnete die Sammlung seiner Gesamtstreitmacht für Anfang Mai im Raum Valona an, wobei er augenscheinlich die Absicht hatte, den Oberbefehl der neuerlich in Italien einfallenden Truppen selbst zu übernehmen, um das tapfer kämpfende Otranto zu entsetzen und die Versäumnisse des letzten Jahres wettzumachen. Wo sich Achmed Pascha Gedik befand, ist nicht gewiß: Babinger meint, er habe in Otranto die Verteidigung geleitet, Kreutel ist dagegen der Ansicht, er sei in Valona mit den Vorbereitungsmaßnahmen für die neue amphibische Operation befaßt gewesen. In den Augen der Zeitgenossen – Mechmed jedenfalls, und vielleicht ein paar Klarsichtige in irgendwelchen Führungsstäben ausgenommen – war er der große, unglaublich tüchtige Feldherr, der nur durch die Tücke des Meeres um den vollen Erfolg in Italien gebracht worden war. Es erwies sich für die künftige Entwicklung als äußerst verhängnisvoll, daß diese Fehlmeinung geschichtsbildgestaltend war und die Politik der späteren Großherrn entscheidend beeinflußte.

Der Großherr war auf dem Weg nach Valona, als er am dritten Mai in Tekfur Dschayiri, einem Ort im Raum Skutari, dem Engel des Todes begegnete, der seine Seele vor den Richterstuhl des allmächtigen und allbarmherzigen Gottes führte.

Sultan Mechmed II. Fatih war einer der ganz großen Gestalter der Weltgeschichte. Er wurde hier, der Gewichtung der Trilogie folgend, vorwiegend in seiner Bedeutung für das Kriegswesen und die Militärgeschichte seines Reiches dargestellt, aber es ist der Hinweis erforderlich, daß er nicht nur der »Weltenstürmer einer Zeitenwende« war, sondern ein Mann mit vielseitigen geistigen Interessen, die sich bei ihm, wie erinnerlich, schon in früher Jugend zeigten. Er war ein Schirmherr der Religionen und Wissenschaften, schätzte besonders die Literatur, versorgte eine Anzahl von Dichtern durch jährliche Subventionen, die als eine Art Ehrensold geleistet wurden, trat als Bauherr von Moscheen groß in Erscheinung und zeigte sich an der italienischen Renaissance in hohem Maße interessiert. Zumindest lebte auf seine Einladung hin einer der bedeutendsten Maler der Epoche, Gentile Bellini, an seinem Hof, wo diesem ähnlich glänzende Arbeitsbedingungen geboten wurden wie abendländischen Geschützgießern, Schiffsbaumeistern und anderen technischen Spezialisten. Ihn als »Gesetzgeber« zu bezeichnen, wie das oft und gerne geschieht, ist allerdings falsch, denn, wie einige Male besprochen, fehlte den Großherrn ein Gesetzgebungsrecht. Die allgemein verbindlichen Normen, die sie zu erlassen hatten und auch erließen, waren Verordnungen, die darauf abzielten, die Beachtung des Heiligen Rechts, des Scheriatsrechts, zu erzwingen. Sie durften nicht dem Heiligen Recht widersprechen, ganz wie heute die von einer autorisierten Stelle erlassenen Verordnungen gesetzeskonform und die erlassenen Gesetze verfassungskonform sein müssen. Mechmed war nun nicht nur einer der fruchtbarsten Verordnungserlasser, sondern er sorgte auch für die erste autorisierte Verordnungssammlung, die als »Kanunname Sultan Mechmeds« bezeichnet wurde.

Die Nachfolgestreitigkeiten zwischen den Söhnen Mechmeds setzten unmittelbar nach seinem Tod ein. Bajasid war 33 Jahre und Statthalter in Amasia, Dschem war 22 und Statthalter in Konya. In Stambul meuterten die Janitscharen und erschlugen den Großwesir Mechmed Pascha Karamani, der ihnen aus unbekannten Gründen wenig angenehm war. Nur mit größter Mühe gelang es seinem Amtsvorgänger (und Nachfolger) Ishak Pascha, die Ruhe in der Hauptstadt wiederherzustellen. Er war es, der den Thron für Bajasid sicherte, der als Sultan Bajasid II. der Weise in die Geschichte einging. Er regierte 1481 bis 1512, und die erste Hälfte dieser Zeit war beinahe zur Gänze erfüllt von Kämpfen und Intrigen gegen und um den Thronrivalen Dschem, bis dieser 1495 in Neapel verstarb, wobei er vermutlich einem Giftanschlag erlag.

Seine Regierungszeit ist für die Kriegsgeschichte kaum von Interesse. 1481 führte der Großherr einen Feldzug gegen Moldawien, der mit der Gewinnung von Akkerman – Walachisch Weißenburg, endete, womit er die wichtige Dnjestr-Mündung in den Besitz seines Reiches brachte und Polen vom Zutritt zum Schwarzen Meer ausschloß. Weniger glückhaft agierte er in einem langen Krieg gegen die ägyptischen Mameluken, wobei er im 1491 geschlossenen Frieden eben noch ein müdes Remis herausholte, doch gelang ihm auf dem Balkan die Eroberung der Herzegowina.

In Süditalien ging Otranto verloren; die Verteidigung war wider Erwarten sehr energisch geführt worden, sie brach erst im September 1481 zusammen, als die Truppen des Königreichs Neapel durch florentinische und ungarische Kontingente erheblich und die neapolitanische Flotte durch portugiesische und genuesische Flottenabteilungen entscheidend verstärkt wurden. Die Beteiligung Ungarns überrascht nicht, wenn man bedenkt, daß König Matthias seit 1476 in dritter Ehe mit Beatrix von Neapel, der Tochter Ferdinands, vermählt war.

Die hohe *Kunst der Kriegführung,* die unter Mechmed II. als Kampf verbundener Waffen entwickelt worden war, ging unter seinem unkriegerischen Sohn weitgehend verloren. Das osmanische Kriegswesen fiel in den traditionellen Stil zurück. Es war aber trotzdem oder vielleicht eben deswegen recht erfolgreich. Selbständig operierende Reiterkorps gelangten, alle Festungen des Grenzgebietes umgehend, nicht nur weit in ungarisches Hoheitsgebiet, sondern stießen sogar mehrfach bis in das Gebiet des Sacrum Imperium vor, wo sie Teile von Krain, Kärnten und Steiermark verheerten und weit in das Alpenland gelangten. Sie bedrohten Klagenfurt, erlitten bei Villach eine schwere Niederlage, zogen bis in den Raum Rottenmann, ließen die Bürger von Leoben, Bruck an der Mur und Graz ihre Roßschweife sehen und nahmen den Heimweg über Radkersburg und das Drautal durch Kroatien in den osmanischen Teil Bosniens, woher sie gekommen waren.

Das Abendland aber, in Machtblöcke und Interessengruppe zerrissen, stolperte der Katastrophe von Mohács geradezu planmäßig entgegen.

II.
Schild
der Christenheit:
Das Heilige Römische
Reich

1. Kapitel:
Sultan Solimans Weg nach Wien

Die Fehde zwischen König Matthias als Fürst des Heiligen Römischen Reiches und Kaiser Friedrich III. als Herr der habsburgischen Fürstentümer wurde 1486 zum Krieg des Heiligen Römischen Reiches gegen den König von Ungarn, weil Matthias begonnen hatte, sich nach der Übergabe Wiens (1. Juni 1485) Herzog von Österreich zu nennen. Diese Bezeichnung entsprach einerseits der Effektivität und andererseits dem Willen der überwiegenden Mehrzahl der Bewohner, widersprach aber dem Reichsrecht. Denn wenngleich vielleicht nicht ganz klar sein mag, wer im konkreten Zeitpunkt über den Herzogtitel verfügungsberechtigt war, so ist doch die negative Abgrenzung eindeutig möglich: Matthias war weder als König von Böhmen und damit deutscher Kurfürst, noch als siegreicher Kriegsherr berechtigt, über den Herzogtitel zu verfügen. Tat er es aber, dann handelte er als König von Ungarn, und als dieser wiederum konnte er das Verfügungsrecht nur dann in Anspruch nehmen, wenn er Österreich nicht mehr als Teil des Sacrum Imperium Romanum, sondern des Regnum Hungaricum betrachtete.

Der Reichstag von Nürnberg schloß sich dieser Argumentation des Kaisers an und bewilligte die Aufstellung eines Reichsheeres in Stärke von 34 000 Mann zur Kriegführung gegen Matthias. Zum Befehlshaber wurde Albert Achilles, der Kurfürst von Brandenburg, bestellt, ein tüchtiger und energischer Kriegsmann, und es war vermutlich ein Glück für Corvinus, daß dieser kurz darauf überraschend verstarb. Sein Sohn Albrecht »erbte« auch die Stelle des Heerführers und marschierte gleich darauf mit 3 000 Mann, die er in Kürze aufzubringen vermochte, in Österreich ein. Er plänkelte eine Zeitlang herum, wartete vergeblich auf die zugesagten Verstärkungen und zog im März 1487 wieder ab. Die Kriegslage hatte sich nicht geändert:

- Friedrich hielt sich im Landesteil oberhalb der Enns, während im Landesteil unter der Enns nur mehr Waidhofen und Zwettl von seinen Truppen besetzt waren,
- Matthias besaß Österreich unter der Enns, daneben fast ganz Steiermark und den Großteil von Kärnten, wobei zu bemerken ist, daß eine Trennung in Österreich ober der Enns, heute Oberösterreich, und Österreich unter der Enns, heute Niederösterreich, damals noch nicht vollzogen war, aber durch eben diese Herrschaftsteilung später erleichtert wurde.

Geändert aber hatte sich die politische Lage; im Zusammenhang mit dem Nürnberger Reichstag, der den Krieg gegen Matthias beschloß und damit dessen Hoffnungen auf die deutsche Krone erheblich dämpfte, wurde zur endgültigen Klärung der Nachfolgefrage *Maximilian von Habsburg zum König* erwählt.

Matthias mußte zur Kenntnis nehmen, daß sein Plan, Ungarn und das Heilige Römische Reich (dem übrigens bald darauf, in der Regierungszeit Maximilians I., die Bezeichnung **Deutscher Nation** in die offizielle Titulatur eingefügt wurde) in Personalunion zu verbinden, wie es dem Vorbild Sigismunds von Luxemburg und Albrechts von Habsburg entsprach, damit vollständig gescheitert war. Da ihm aber diese Personalunion nicht Selbstzweck gewesen war, sondern das Mittel zum Zweck, die habsburgische »Faust im Nacken«, deren Druck mit unschöner Regelmäßigkeit verstärkt wurde, wenn Ungarn zum Krieg gegen das Osmanische Reich gezwungen war, endgültig abzuschütteln, und der nun immer weiter in den Vordergrund tretende junge König ein anderer, vor allem ehrlicherer Verhandlungspartner war als der alte Kaiser, kam es bald zur Kontaktaufnahme zwischen den Königshöfen, wobei sich – um auch das klarzustellen – der des ungarischen Königs in Wien befand.

Schon 1482, also vor dem – für binnendeutsche Verhältnisse immensen – Landgewinn hatte Matthias dem Kaiser mehrfach den Frieden angeboten gegen
– endliche Bezahlung der schon 1477 vereinbarten 100 000 Gulden und
– Stellung von 10 000 Reitern für den Krieg gegen die Osmanen,
doch hatte Friedrich aus Verblendung oder aus Altersstarrsinn oder ganz einfach aus emotioneller Grundeinstellung gegen den Ungarnkönig die vorgeschlagene Lösung verworfen. **Man erkennt aber, was Matthias in der Tat wollte und wie klar seine Lagebeurteilung war: 1482 nämlich wäre ein rückenfreies Ungarn mit deutscher Unterstützung sehr wohl in der Lage gewesen, das nach des großen Sultans Mechmed Tod im Erbfolgestreit zerrissene Osmanische Reich vernichtend zu schlagen und – vermutlich – sogar aus Europa zu werfen.**

Die Basis der Verhandlungen zwischen Matthias und Maximilian war eine wesentlich andere. Nun hatte Matthias in den siegreichen Krieg gegen Friedrich Unsummen investiert und weite, vormals blühende, durch den Krieg aber wirtschaftlich mehr oder weniger geschädigte Landschaften erobert; Maximilian wollte diese zurück – und Matthias war bereit, sie gegen Bezahlung der Kriegskosten zurückzustellen. Er veranschlagte diese mit fünf Millionen Gulden, was gewiß übertrieben war – Maximilian aber ging von jenen 100 000 Gulden aus, die sein Vater schon seit 1477 schuldete. Es ist anzunehmen, daß sich die ritterlichen Könige, die sich zu Verhandlungszwecken die für beide unpassenden Masken von Kaufleuten übergestülpt hatten, irgendwo zwischen den beiden Summen getroffen hätten, und wir dürfen auch annehmen, daß sie bald danach gemeinsam in den Krieg gegen die Osmanen geritten wären, der letztlich für beide das Traumziel des Lebens war. Allein alles dies zerbrach am 6. April 1490, als Matthias Corvinus, 47 Jahre alt und von einer im Vorjahr überstandenen Krankheit voll wiederhergestellt, in Wien verstarb. Das geschah derart überraschend, daß die Vermutung, er sei einem Giftmord zum Opfer gefallen, sofort laut – und bis zum heutigen Tag weder bewiesen noch widerlegt wurde.

Der Tod des Königs ließ schlagartig die Frage der Thronfolge aktuell werden, die schon seit einiger Zeit, spätestens der schweren Erkrankung im Vorjahr, Gegenstand höchst unterschiedlicher Spekulationen war. Es gab verschiedene Interessengruppen, zumal des Königs beide Ehen kinderlos geblieben waren und seine Bemühungen, seinen zum Herzog erhobenen Sohn Johannes Corvinus, der einem Liebesverhältnis mit der Wiener Bürgerstochter Barbara Edelpeck entstammte, als Thronfolger zu installieren, am erbitterten Widerstand der Königin gescheitert war. Matthias hatte nun mit dem Gedanken gespielt, Maximilian statt des im Frieden von Wiener Neustadt als Erben eingesetzten Friedrich die Krone zu hinterlassen und dieser nichtigen Vertragsbestimmung dadurch Rechtswirksamkeit zu verleihen, daß er die Zustimmung des Reichsrates einholte. Er war jedoch auf den Widerspruch magyarischer Nationalisten gestoßen, die nicht die Einbindung des deutschen Königs in den permanenten Krieg gegen die Osmanen sahen, sondern – was durchaus nicht unbegründet war – befürchteten, daß Ungarn für Maximilian, dessen Interessenlage eben im fraglichen Zeitraum durch seinen Bemühungen um die Hand der Anna von Bretagne geradezu extrem westlich fixiert war, nur den Wert einer Sicherungszone, eines Außenbesitzes, einer Kolonie haben werde, ja vielleicht eines Schacherobjektes. Sie suchten zwar ebenfalls einen König außerhalb der Reichsgrenzen, schon allein um die Wehrkraft eines fremden Staates zur Erhöhung der eigenen Kampfkraft verwenden zu können, allein sie dachten an einen Jagiellonen, einen Sohn von Elisabeth, der Tochter König Albrechts, die Kasimir IV., den König von Polen, geheiratet hatte. Diese Gruppe war gespalten, es gab eine »Wladislawpartei«, der eine »Johann Albrechtpartei« gegenüberstand.

Wladislaw war König von Böhmen; der Krieg mit Matthias war vergleichsweise geregelt worden: Beide führten den Königstitel, Matthias herrschte in den böhmischen Nebenländern Schlesien, Mähren und Lausitz, Wladislaw über das eigentliche Böhmen. Johann Albrecht war Wladislaws Bruder, er sollte nach dem Tode Kasimirs IV. König von Polen werden.

Wladislaw von Böhmen stand in enger Verbindung mit Königin Beatrix, die in dem von ihrem Gemahl großartig und modern, also im Renaissancestil, ausgebauten Visegrad ihren eigenen Hof hielt. Der Hof der Königin war von großer Bedeutung; ihres neapolitanischen Herkommens wegen liefen über ihn die diplomatischen, wirtschaftlichen und kulturellen Verbindungen in den italischen Raum. Ob Beatrix und Wladislaw dem aus kriegerischen Gründen allzuoft und allzulang von Visegrad abwesenden Matthias Hörner aufgesetzt hatten, wie böse Zungen behaupteten, bleibe dahingestellt, sicher aber ist, daß die Königin und der König nach des Matthias Tod rasch und vor Ablauf der Trauerfrist heirateten. Und dies mit kirchlicher Zustimmung, die ihnen der führende Kopf im ungarischen Klerus, Thomas Bakács (auch Bokács), verschaffte, der nun rasch zum Kanzler des Reiches, zum Erzbischof von Gran → Esztergom und damit zum Primas von Ungarn aufstieg. Sein Ehrgeiz aber ging weiter; er wollte Papst werden, er versprach sich von den Verbindungen der Königin auch in die Zentralstellen der römischen Kirche entscheidende Unterstützung.

Zur Koalition des Klerus mit der Wladislaw-Partei und den Anhängern der Königin stieß nun noch der Palatin Stefan (Istvan) Zápolya. Er wäre an sich ehrgeizig genug gewesen, die Hand nach der Krone auszustrecken, scheute aber doch den möglichen Konflikt mit den alteingesessenen großen Adelshäusern, da seine Familie noch nicht völlig magyarisiert war (bei Darstellung der Begründung des bosnischen Banates bereits erwähnt). Klug wie Emporkömmlinge zumeist vermied er den möglichen Konflikt, sagte sich, daß es nicht so sehr auf die Titulatur als vielmehr auf das Innehaben der Herrschaftsgewalt ankomme und suchte sich den kümmerlichsten, menschlich und politisch unbedeutendsten Anwärter – und das war Wladislaw.

»König Matthias ist tot – und die Gerechtigkeit ist hin,« sagten die Bauern Ungarns, und das aus triftigem Grund: Wladislaw II. war der unfähigste König, der überhaupt denkbar ist. Er blieb, was er schon vor seiner Krönung gewesen war, der Spielball der Großen seines Reiches, die in unterschiedliche Interessensgruppen und Fraktionen gespalten waren und die nur *ein* Ziel vereinte, die Königsmacht, die Matthias mühsam genug mit letztem Glanz versehen hatte, zu zersplittern. Seltsames Spiel der Geschichte:

– Im Heiligen Römischen Reich folgte dem kleinmütigen und verschlagenen, dem eigensinnigen und unbelehrbaren, dem engherzigen und unentschlossenen, dem gierigen und demgemäß verhaßten Friedrich III., dem auch Habsburgs »Lobredner« eine gewisse Größe nur in seiner »erstaunlichen Leidensfähigkeit« zubilligen können, der völlig andersgeartete, strahlende Maximilian, dessen liebenswerte Gestalt bis heute mit dem hellen Glanz des »letzten Ritters« umschimmert ist;

– im Königreich Ungarn aber folgte dem strahlenden Ritter Matthias Corvinus, der aus demselben menschlichen Rohmaterial zusammengesetzt war wie Maximilian, der kleinmütige und verschlagene, der engherzige und unentschlossene Wladislaw II. Jagiello, der wiederum als Abreißbild Friedrichs III. erscheint, nur daß auch von dessen Leidensfähigkeit an ihm nichts zu bemerken ist.

König Wladislaw mußte, so unkriegerisch er aus gutem Grunde auch war, gleich nach Gewinnung der Krone einen Krieg führen, der Bürgerkrieg und Bruderkrieg zugleich war. Die Parteigänger seines Bruders widersetzten sich ihm mit Waffengewalt und wurden durch ein starkes polnisches Heer, das Johann Albrecht persönlich führte, unterstützt. Unter dem Druck dieses Geschehens mußte er das deutsche Reichsgebiet mit Ausnahme Böhmens räumen, wozu er sich Maximilian im Frieden von Preßburg verpflichtete. Außerdem setzte er Maximilian – also wieder einmal einen Habsburger – zum Thronfolger in Ungarn ein, falls er erbenlos sterben sollte. Diesmal protestierten Ungarns Stände heftig und verwiesen auf ihr Recht zur Königswahl, weswegen sie in diesem Punkt dem Friedensvertrag die Zustimmung versagten, ohne daß dies damals (1492) Folgen gehabt hätte.

Im selben Jahr war mit Granada der letzte maurische Stützpunkt auf der Pyrenäenhalbinsel gefallen. Christoph Kolumbus war insofern Nutznießer dieses Geschehens, als Königin Isabella von Kastilien einen Teil der ihr zugefallenen Beute in die Ausrüstung einer Expedition steckte, mit welcher er in Guanahani den ersten Zipfel der Neuen Welt entdeckte und für Spanien, das aus der Verbindung Aragoniens und Kastiliens entstanden war, in Besitz nahm. Das war für den Osten Europas vorerst so gut wie bedeutungslos, aber der Tod König Kasimirs IV. war es nicht, denn nun fiel die polnische Krone an Johannes Albrecht, der zu König Johann I. wurde. Und der gleich in den Krieg zwischen dem Großfürsten Alexander von Litauen, einem seiner Brüder und Lehensmann der polnischen Krone, mit dem Selbstherrscher Iwan III. von Moskau hineingezogen wurde, wodurch sein politisches Engagement in Ungarn erheblich reduziert wurde. König Wladislaw II. konnte künftigen Krisen und Schwierigkeiten also ohne Behelligung durch den eigenen Bruder entgegenstolpern, und er machte es mit dem ihm eigenen Ungeschick. In seiner früheren Bedrängnis hatte er den Großen seines Reiches, um sie bei der Stange zu halten, nicht nur Machtanteil nach Machtanteil überlassen, sondern auch die entscheidenden Einnahmequellen des Staatsschatzes, vor allem die Erträge der Silberminen, der Kupferbergwerke und der Salinen. Er setzte, da er friedenswillig war, den Sparstift zunächst bei den Ausgaben für die Reichsverteidigung an und entließ einmal die Reste der »Schwarzen Schar«, des Stehenden Heeres seines Vorgängers. Nun ja, mochte er sich sagen, ganz wehrlos wurde Ungarn dadurch ja nicht, denn es gab nach wie vor die Banderien des Hochadels und der Kleriker, der Städte und der Banate, von denen zumindest die erstgenannten Gruppen im Geld förmlich schwammen. Thomas Bakács zum Beispiel; er war der mit Abstand bestverdienende Kleriker der gesamten westlichen Welt, und das will in jenen Jahren, da ein Rodrigo Borgia als Papst Alexander VI. an der Spitze der Kirche stand, schon etwas heißen. Die Ehe mit der Matthiaswitwe Beatrix hielt übrigens nicht lange und wurde aus irgendeinem der zahlreichen Nichtigkeitsgründen des Kirchenrechtes aufgelöst; König Wladislaw blieb nicht allein und vermählte sich nun mit Anna von Foix, mit der er zwei Kinder zeugte:
- Anna, geboren 1503, später vermählt mit Ferdinand I. von Habsburg und
- Ludwig II., geboren 1506, später König von Ungarn und Böhmen, vermählt mit Maria von Habsburg.

Die Verlobung wurde 1515 anläßlich einer »zentraleuropäischen Gipfelkonferenz« in Wien beschlossen, bei welcher Maximilian I., der seit 1508 den Titel »Erwählter Römischer Kaiser« führte, mit den jagiellonischen Brüdern Wladislaw von Ungarn und Böhmen und Zygmunt I., seit 1506 König von Polen, eine globale Vereinbarung zur Regelung der offenen Fragen im mitteleuropäischen Raum erzielen wollte und auch großteils erzielt hat. Für unser Vorhaben ist vor allem die Vereinbarung wechselseitiger Sukzession von Bedeutung: Im Falle des Todes ohne legitime männliche Nachkommen (und nicht, wie gerne behauptet wird, ohne Erben überhaupt!) sollte Ferdinand seinem Schwager Ludwig als König in Ungarn und Böhmen, Ludwig aber Ferdinand als Landesfürst in den ihm zugedachten Herzogtümern Österreich ober und unter der Enns (deren Trennung von Maximilian vollzogen worden war), Steiermark, Kärnten und Krain nachfolgen. Man muß dabei davon ausgehen, daß diese Teilung der eben im Zeitalter Maximilians gewaltig angewachsenen habsburgischen Ländermasse, die nun auch Burgund und Spanien umfaßte und die später im Vertrag von Worms 1521 zwischen Ferdinand und seinem bevorzugten Bruder Karl V. fixiert wurde, der Planung Maximilians entsprach, die 1515 – und noch 1521 – uneingeschränkt gültig war. Im Vertrag von Brüssel (1522) wurde diese Teilung verändert: Karl, der das burgundische Erbe und Spanien, das eben die Früchte der ersten Phase der kolonialen Expansion heimbrachte, bekommen hatte, konnte auf Tirol und die »Vorlande« im westdeutschen Raum verzichten, zumal Ferdinand die Nachfolge im Kaisertum zugesichert war und er zu dessen Behauptung einer stärkeren Hausmacht als der peripheren Fürstentümer im Südosten bedurfte.

Für alle diese Regelungen darf als typisch genommen werden, daß mit Sukzessionsansprüchen geschachert wurde wie mit Stoffen oder Gewürzen oder anderen Handelswaren. Dabei war ein derartiger »Nachfolgerverkehr« da wie dort rechtswidrig: In Böhmen waren die Landstände, in Ungarn der Reichstag, im Heiligen Römischen Reich Deutscher Nation aber die Kurfürsten berufen, die Nachfolgefrage rechtsverbindlich zu lösen. In den geschlossenen Erbverträgen und zugesicherten Thronfolgerechten tritt aber unübersehbar die Tendenz zutage, die Fürstenmacht in Richtung nicht nur auf Vormacht und Übermacht, sondern Totalmacht zu erweitern, zu erhöhen, ja zu absolutieren; der Wille der Untertanen sollte sowenig Gewicht haben wie die jeweilige Rechtslage.

Es war kein Zufall, daß sich als Reaktion auf derartige Bemühungen revolutionäre Strömungen entwickelten, die vor allem das Landvolk, dessen sozialer Status durch eine empfindliche Beschneidung der alten Freiheiten und eine nicht minder empfindliche Reduktion der Einkünfte gleichermaßen reduziert wurde, erfaßte. Im Breisgau kam es zur Verschwörung des »Bundschuh«, in Württemberg zum Aufstand des »Armen Konrad« – und in Ungarn, wo der extrem schwache König keine Möglichkeit hatte, den wachsenden Druck der Magnaten auf ihre Bauern zu verhindern, zum großen Bauernkrieg des Georg → György Dózsa.

Der ungarische Bauernaufstand hat so schön, so fromm und so regierungstreu begonnen, und er endete so furchtbar und schrecklich, daß man ihn nicht einfach vergessen oder verdrängen darf, so gern man es möchte. Er begann eigentlich damit, daß Erzbischof Thomas Bakács 1513 in der auf den Tod des Papstes Julius II. folgenden Wahl knapp gegen den jungen, energischen und sehr weltkundigen Giovanni de Medici, damals 38, unterlag.

Leo X. bemühte sich, für seinen unterlegenen Rivalen, dessen bedeutende Begabung er überaus achtete, eine große Aufgabe zu finden, um ihn angemessen – und weitab von Italien, denn sicher ist sicher – zu beschäftigen. Der Plan eines neuen Kreuzzuges tauchte auf und wurde genehmigt, der Erzbischof von Gran mit der Organisierung und geistlichen Oberleitung betraut und noch während des Winters 1513/14 nach Ungarn in Marsch gesetzt.

Es war Bakács klar, daß der Kreuzzug bei der Zerrissenheit des Abendlandes eine vorwiegend ungarische Angelegenheit sein werde und daß es unmöglich war, mit den vorhandenen Kräften – in Ermangelung einer königlichen Armee vor allem Banderien der Magnaten – eine aussichtsreiche Offensive zu beginnen. Das Beispiel des Volkskreuzzuges Capistrans und Hunyadis lag nahe, und der streitbare Erzbischof erwirkte die königliche Genehmigung, die päpstliche Kreuzzugsbulle mit einem Aufruf an alle wehrfähigen Männer des Reiches zu verbinden. Das Echo war gewaltiger als erwartet, und schon nach wenigen Tagen strömten bewaffnete Bauernhaufen auf das Rákosfeld bei Pest und zu den anderen Sammelplätzen. Im Handumdrehen waren sie zu Zehntausenden versammelt, kampfbegeistert und unruhig, vorerst führerlos und bald auch schon hungrig. Am 24. April bestellte König Wladislaw einen Szekler namens György Dózsa, einen Milizoffizier, den er noch rasch in den niederen Adel erhob, zum militärischen Befehlshaber des ständig anwachsenden Heeres. Dózsa war ein schneidiger Bursche, der in den letzten Kämpfen des wieder aufflackernden Grenzkrieges im Südosten einen Akindschiführer in einem sehr spektakulären Zweikampf getötet hatte und dadurch berühmt geworden war. Auch wenn er in der Bewegung und Führung großer Heereskörper bisher keine Erfahrung hatte, war seine Bestellung ein durchaus glücklicher Griff, denn er hatte persönliche Autorität. Es gelang ihm rasch, Zucht und Ordnung in jene Haufen zu bringen, die unmittelbar mit ihm in Kontakt standen – und das waren die am Rákosfeld versammelten, die das Gros des Volksheeres stellten.

Den Magnaten war die Entwicklung höchst unerwünscht, weil *die Masse der Wehrfähigen immer mit der Masse der Arbeitsfähigen identisch ist* und sie Gefahr liefen, den Großteil ihrer Hörigen, in welchen Zustand die vordem freien, mit relativ geringen Abgaben belasteten Bauern vor allem durch die Beseitigung der Freizügigkeit gelangt waren, zu verlieren. Siegten sie, so würden sie in den den Osmanen abgenommenen Gebieten zu besseren Bedingungen als eben damals in Ungarn angesiedelt werden, unterlagen sie aber, so würden die Überlebenden als Sklaven der Moslems deren Felder bestellen – für die Grundherrschaften daheim waren sie in jedem Fall verloren. Die magnatischen Standesinteressen sprachen daher desto mehr gegen den Volkskreuzzug, je mehr ihrer Arbeitskräfte zu diesem stießen. Es bildete sich eine Oppositionsbewegung, in der János Zapolya, der Wojwode von Siebenbürgen, eine entscheidende Rolle spielte. Die Magnaten verlangten die Auflösung des Volksheeres, dessen Mitglieder im Kanzleilatein als CRUCIATI, die Kreuzfahrer, bezeichnet wurden. Und als der König zögerte, die notwendigen Maßnahmen zu treffen – der Kreuzzug war letztendlich vom Papst angeordnet worden – und Thomas Bakács sich schärfstens gegen die Forderungen wandte, verboten einige Großgrundbesitzer auf eigene Faust ihren Bauern die Teilnahme am Kriege für Religion und Reich.

Nun kamen die ersten gefährlichen Spannungen auf. Die Kriegsfreiwilligen liefen ihren Herrschaften bei Nacht und Nebel davon, was zu harten Maßnahmen gegen die Daheimgebliebenen führte, die sich diesen dadurch entzogen, daß sie ebenfalls Cruciati wurden. Es kam in der Folge dazu, daß die Büttel der Grundherrschaften, denn dazu waren die vormals so stolzen Angehörigen der Adelsbanderien degeneriert, versuchten, Kreuzzugsteilnehmer mit Gewalt aus dem Lager bei Pest zu schleppen, was die sich sofort zusammenrottenden Kameraden der Bedrohten verhinderten, wobei es zu erbitterten Schlägereien, in einigen Fällen auch zum Einsatz blanker Waffen, gekommen ist. Der König, von beiden Seiten um Klarstellung der Verhältnisse angegangen, war schlaff und unentschlossen wie stets, und der Erzbischof, den die Magnaten der reichsschädlichen Zusammenarbeit mit dem »Pöbel« ziehen, wurde ins Abseits gestellt und verlor seinen früheren Einfluß auf Hof und Heer.

Es ging nun alles sehr rasch. Dózsa hoffte, durch eine Verlegung des Heerlagers und die Gewinnung räumlicher Distanz den drohenden bewaffneten Konflikt mit den Banderien, die sich im Raum Pest sammelten, zu verhindern und befahl schon am 10. Mai den Aufbruch des Heeres in Marschrichtung Süden. Die zur Abkühlung der erregten Gemüter sicherlich geeignete Maßnahme ließ indessen den König hilflos, wenn schon nicht in der Gewalt, so aber doch in der Meinungswelt der Magnaten zurück, deren Extrakt in der – sachlich nicht einmal unrichtigen – Lagebeurteilung lag, daß der Kreuzzug des Pöbels zum Untergang führen müsse, Ungarn eines Großteils der männlichen Bevölkerung beraube, den Großherrn in Stambul nur provoziere und zu einem Gegenschlag im nächsten Jahr förmlich zwinge. Noch ehe der König zu einem Entschluß gelangte, handelten die Magnaten auf eigene Faust: Sie warfen ihre Banderien, das Kreuzheer überholend, nach Süden und versuchten, es gewaltsam am Weitermarsch zu hindern. Es kam zu den ersten schweren Gefechten, wobei sich die Übermacht der Cruciati durchsetzte, und im Anschluß daran regelmäßig zur Plünderung und Verwüstung der Herrensitze im Umgebungsbereich des frommen Heeres.

Das rief im König eine geradezu panische Angst hervor. Am 23. Mai befahl er die Auflösung des auf den päpstlichen Kreuzzugsaufruf gebildeten Heeres. Dieses schritt nun zur offenen Revolution, die sich weniger gegen den König als gegen die Hocharistokratie richtete. Dózsa beantwortete die Auflösungsorder mit der »Juniproklamation«, in welcher er zur Zerschlagung des feudalen Gesellschaftssystems aufrief. In dem von ihm beschworenen Ideengut spielten religiöse Argumente eine bedeutende Rolle: Gott habe die Menschen gleich geschaffen, und es sei eine schwere Sünde der hoffärtigen Magnaten, ihre Bauern wie Sklaven zu behandeln. Auch an Angriffen auf den hohen Klerus fehlte es nicht, und die alte hussitische Forderung nach apostolischer Armut gewann, wenngleich in anderer Formulierung, wieder elementare Gewalt über die Herzen der Gläubigen. Es waren vor allem Angehörige des Ordens des heiligen Franziskus, die sich als Kreuzzugsprediger mit großer Begeisterung eingesetzt und dem Heere angeschlossen hatten, die sich verraten und verkauft fühlten, und von denen besonders Lörinc Mészáros, vormals Pfarrer in Cegled, zu nennen ist.

Das erste Heer der Magnaten stellte sich bei Csanád zur Schlacht und wurde in zweitägigem, blutigem Ringen zerschlagen. Die Stadt wurde im Sturm genommen, geplündert und niedergebrannt. Der Rest des geschlagenen Heeres floh nach Temesvár, Dózsa verfolgte ihn und belagerte die Stadt. Die mehrwöchigen Belagerungskämpfe nagten am Elan der Cruciati, das Heer begann sich zu verlaufen. Als Johann Zapolya mit dem siebenbürgischen Aufgebot erschien, stand gegen seine glänzenden, wohlgerüsteten Reiterverbände nur mehr der harte Kern des Kreuzheeres, der in geringer Zahlenstärke, aber in größter Tapferkeit bei kleinster Siegesaussicht in den letzten Kampf zog. Die Schlacht wurde zu einem grausamen Gemetzel, das aber nicht mehr war als das Vorspiel der nun kommenden Vergeltung, denn schrecklich war das Gericht der Sieger – wie eigentlich immer, wenn der Gegner völlig wehrlos ist.

György Dózsa wurde mit erlesener Grausamkeit umgebracht. Der »Bauernkönig« wurde auf einen glühenden Eisenthron gesetzt und durch eine aufs Haupt gedrückte glühende Eisenkrone gekennzeichnet. Dazu preßte man ihm ein ebenfalls glühendes eisernes Szepter in die Rechte, und wenn es stimmt, daß er die qualvolle Hinrichtung ohne jeden Schmerzenslaut erduldete, muß er ein wahrer Titan an Tapferkeit und Selbstzucht gewesen sein. Dieser Hinrichtung folgten einige Wochen, die erfüllt waren mit Folterungen und Hinrichtungen, welche die Straßen und Plätze der Stadt mit Blut förmlich überschwemmten. Legistische Maßnahmen vollendeten die völlige Unterwerfung der Bauernschaft, und das große »Gesetzgebungswerk« der Epoche, das von dem großen Juristen in Zapolyas Dienst, István Werbőczy, stammende Tripartitum Verbösianum, war eigentlich nur die Darstellung des geltenden Gewohnheitsrechts und jener Dekrete, die Wladislaw II. aus gegebenen Anlaß erließ; es spiegelt getreu den Geist, der die Sieger beherrschte. Trotz der ungebremsten, blanken Diktatur der nun völlig unbeschränkt herrschenden Klasse gelang es nicht, im Volk die Erinnerung an Georg Dózsa und seine Cruciati völlig zum Erlöschen zu bringen; im Gegenteil – noch nach Jahrhunderten nannten sich die Männer, die für Ungarns Freiheit und Verfassung die Waffen führten, in Erinnerung an das Geschehen von 1514 Kreuzfahrer, Cruciati, verballhornt Kuruzzen. Moderne Sprachwissenschaftler kennen auch andere Ableitungen für Kuruzzen, wie nicht verhohlen sei, aber diese – älteste – scheint auch die logischeste zu sein.

1516 starb König Wladislaw II. Jagiello; er hinterließ seinem noch sehr jugendlichen Sohn die Herrschaft über ein bereits zerscherbtes souveränes Königreich Ungarn und über ein blühendes Fürstentum des Heiligen Römischen Reiches Deutscher Nation, Böhmen. Der zehnjährige Ludwig II., vorsichtshalber bereits mit beiden Kronen gekrönt, unterfiel der Vormundschaft des Kaisers Maximilian und des polnischen Königs Zygmunt; beide waren nicht in der Lage, wirksam einzugreifen, aus welchen Gründen auch immer.

In Ungarn verpraßten die Magnaten das Nationaleinkommen. Aus irgendwelchen Gründen wähnten sie, es sei das Zeitalter des ewigen Weltfriedens bereits angebrochen, setzten die von ihnen bestimmten Einkommen des Königshofes derart gering fest, daß nun sogar die Grenzbefestigungen von den Besatzungen, denen kein Sold bezahlt werden konnte, aufgegeben wurden; sie fanden das gefährlichen Bonmot, daß die großen Ströme – Donau, Save, Theiß und Marosch – die besten Grenzkapitäne seien. Es störte sie nicht – Gott strafte sie wirklich mit Verblendung – der Tod Sultan Selims (1520), dem sein Sohn Soliman I. der Prächtige friktionsfrei nachfolgte, der sofort daranging, die Ausgangspositionen für die Wiederaufnahme des großen Krieges gegen Ungarn zu gewinnen. Schon 1521 nahm sein Großwesir Piri Pascha Belgrad, bald darauf fiel auch Schabatz wieder in osmanische Hand – und nun bot sich die Gelegenheit, nach altem Kriegsbrauch die Senger und Brenner auf den Weg zu schicken, die auf keinen nennenswerten Widerstand stießen und in mehreren Korps Kroatien durchritten und mit Krain, Kärnten und Steiermark auch wieder das Sacrum Imperium verheerten.

Die zutiefst betroffenen Kroaten, denen die Ohnmacht ihres Königs in Buda nur zu gut bekannt war, wandten sich an Erzherzog Ferdinand, den neuen Herrn der habsburgischen Fürstentümer, die nun schon unter dem Begriff der »österreichischen Länder« zusammengefaßt wurden, mit der Bitte um Militärhilfe. Ferdinand holte sich, vorsichtig und klug im Planen, zunächst die Zustimmung der in Frage kommenden Institutionen, und zwar
– der Landstände von Krain, Kärnten und Steiermark,
– des deutschen Reichstages und
– seines Schwagers Ludwig,
um eine Reihe von Militärstützpunkten in Kroatien zu errichten; aus dieser Abwehrzone entwickelte sich bald die *habsburgische Militärgrenze*.

Die Errichtung von Garnisonen, die
– von österreichischen Verbänden und
– von Reichstruppen (deswegen die Zustimmung des Reichstages, der die Kosten zu übernehmen hatte)
auf dem Territorium eines fremden Staates besetzt wurden, erinnert an die Situation im geteilten Europa nach dem Zweiten Weltkrieg.

Vermutlich kam es König Ludwig, der in den tristen Verhältnissen seines Hofes aufgewachsen war, gar nicht so richtig zu Bewußtsein, was für ein armer Teufel er trotz seiner beiden inhaltslosen Königstitel war, obwohl er nun schon langsam das Alter, in welchem er sich heutzutage für die Reifeprüfung an einer höheren Schule vorbereiten würde, erreichte. 1522 aber – im

Jahr, in dem die Abwehrmaßnahmen in Kroatien langsam anzulaufen begannen – kam seine Gemahlin Maria an seinen Hof, und sie war entsetzt. Sie hatte für die Verhältnisse, **aus denen** sie kam, etwas Geld, und für die Verhältnisse, **in die** sie kam, ein unermeßliches Vermögen mitgebracht, und sie verwendete einen Teil davon dazu, ihren königlichen Gemahl mit dem zu versehen, was sie unter der allernotwendigsten Bekleidung verstand. Das schockierte die Mitglieder ihres Gefolges, und ein gewisser Herr Schnaitpeckh schrieb erschüttert ob der Dürftigkeit des königlichen Hofes und des protzig zur Schau gestellten Reichtums der Magnaten, diese »wollen das Schwert selbst gern in der Hand b'halten und den Kunig und der Kunigin nur den Nam lassen und Sy den Nutz haben, als auch ist. Haben alle Einkommen des Kunigs so zugricht, das er nit zu essen noch ein guten Rockh hat, die Kunigin hat ihn kleiden müssen ...«. Auch der offizielle Bericht einer kaiserlichen Gesandtschaft beklagt die Not des Königs, dem es oft selbst an der Nahrung mangelt, und der in aller Eindringlichkeit darauf verweist, daß »Ungarn ohne auswärtige Hilfe nicht mehr zu retten ist«.

Auswärtige Hilfe – das war an die Adresse Ferdinands gerichtet. Aber seine Mittel reichten nicht weiter als zum Aufbau der Verteidigung in Kroatien, also im Vorfeld der Grenzen seiner Herrschaft und des Reichs, dessen Kaiser in schwerster Bedrängnis war und des brüderlichen Beistandes dringendst bedurfte. Die Reformation war mit Martin Luther eben in Gang gekommen, die Spaltung des Sacrum Imperium in einen konservativ-katholischen und einen lutherisch-reformatorischen Block warf ihre drohenden Schatten voraus, die Bauern standen da wie dort gegen ihre Herrschaften auf, und König Franz I. von Frankreich trat durch seine oberitalischen Feldzüge eine Lawine los, die das ganze kunstvolle Gefüge der Duodezfürstentümer und Stadtrepubliken in ein Chaos zu verwandeln drohte. Die italische Kriegführung, die gezeichnet war von stets wechselnden Allianzen, von Waffenstillständen, Friedensbemühungen und Verrätereien aller Art, endete am 24. Februar 1425, als Niklas Salm[1], der immerhin schon 66 Lenze auf dem Rücken trug, den 31jährigen König Franz in ritterlichem Zweikampf bei Pavia zu Boden warf und damit seine Gefangennahme bewirkte.

Nun gingen die Bauernkriege erst richtig los: in Schwaben und im Elsaß, in Tirol und Salzburg, in Franken und Thüringen, in beiden Österreich und in Steiermark, Kärnten und Krain kam es zu langen und blutigen Kämpfen. Die »Italienarmee« schlug sich mit den rebellischen Bauern. Niklas Salm, der Held von Pavia, zog in die Täler der Alpen, ließ Schladming niederbrennen und stieß auf Gröbming vor, wobei er nach eigenem Bericht »gebirg und thal verheeren, sengen und rauben lassen, ohne schonung, so daß wenig übrigblieben«. Er wird uns in Kürze wieder begegnen – als Verteidiger von Wien.

1526 erloschen die letzten Funken des großen Bauernaufstandes in Tirol; es kam zum Frieden von Madrid zwischen Kaiser Karl V. und König Franz I., der nun aus der Kriegsgefangenschaft entlassen wurde. Kaum wieder in

Frankreich, erklärte er den Frieden für nichtig, verbündete sich im Mai in der »Heiligen Liga von Cognac« mit Papst Klemens VII., Francesco II. Sforza, mit Florenz und Venedig und eröffnete sogleich wieder den Krieg, dessen Höhepunkt die Eroberung Roms, berüchtigt als Sacco di Roma (6. Mai 1527), durch kaiserliche Truppen, und dessen Ende der Damenfriede von Cambrai (1529) war.

Als die Heilige Liga von Cognac geschlossen wurde, hatte Sultan Soliman der Prächtige den Krieg gegen das Königreich Ungarn bereits eröffnet, Ludwig II. stand – deswegen die Skizzierung der Lage im Abendland – allein: Es gab niemand, der ihm entscheidende Hilfe leisten konnte.

Der ungarische Reichstag, der ohne Verzug zusammengetreten war, erteilte den ebenso ehrenvollen wie kaum erfüllbaren Auftrag, »das Reich zu retten«. Die ungarischen Stände, die vordem den Königshof geradezu ausgehungert hatten, versuchten über den eigenen Schatten zu springen und bewilligten dem König sogar die Geldmittel, die notwendig waren, um die Feldausstattung für sich und seine engste Gefolgschaft zu besorgen. Es wurde ihm auch die Erlaubnis erteilt, Söldner zu werben, wobei die dafür vorgesehenen Summen allerdings schon so knapp bemessen waren, daß ein auch nur erwähnenswerter Heereskörper nicht zusammengebracht werden konnte. Die Kleinadeligen wurden aufgeboten. Es kamen erstaunlich viele, der Anlaß war ernst genug. Auch die Magnaten steuerten ihr Scherflein bei, indem sie jene Teile ihrer Privatarmeen, die sie nicht zur Niederhaltung der Bauern brauchten, für die Reichsverteidigung zur Verfügung stellten.

Erzherzog Ferdinand sandte trotz der Lage im Westen ein deutsches Hilfskontingent, das vorwiegend in Bayern geworben wurde und aus Landsknechten und Artillerie bestand, die im königlichen Heere fehlten. Die Truppen wurden im Schiffstransport nach Buda geführt, das zum Sammelplatz bestimmt worden war. Zum Befehlshaber des Heeres wurde der Erzbischof von Kalocsa, Paul → Pál Tomori bestellt, ein erfahrener ehemaliger Berufsoffizier, der in gereiftem Alter den Waffenrock ausgezogen hatte, um Priester zu werden. Der im Pulverdampf wie in Weihrauchschwaden ehrenvoll Ergraute zeichnete sich durch seinen lauteren Charakter ebenso aus wie durch seine nüchternen, zutreffenden Lagebeurteilungen, die allerdings durchaus nicht immer die Entscheidungsgrundlage für den König und Obersten Befehlshaber bildeten. In diesem, der wie der bei Varna gefallene Wladislaw I. Jagiello eine »gute«, das heißt ritterliche Erziehung genossen und auf dem Turnierplatz mit großer Begeisterung viele Lanzen verstochen hatte, lebte viel mittelalterlicher Idealismus und schlug ein weiches, mitleidsvolles Herz –, aber militärische Fachkenntnisse, die zur Führung eines Heeres noch dazu in einem Krieg gegen den leistungsfähigsten Militärstaat der Epoche ausgereicht hätten, gab es nicht.

Als sich in Buda rund 26 000 Mann versammelt hatten, wünschte der König den Abmarsch nach Südungarn, um den Osmanen unmittelbar im Grenzgebiet entgegenzutreten. Tomori empfahl, zuerst die Vereinigung mit dem siebenbürgischen Aufgebot durchzuführen, das der Wojwode János Zapolya befehligte. Ihm hatten sich die Magnaten Nord- und Ostungarns mit ihren Banderien angeschlossen, und zu seinem Aufgebot zählten neben seinem Banderium und den in Siebenbürgen ansässigen Adeligen auch die Milizen der Szekler und der sächsischen Städte. Das Heer Zapolyas war wesentlich zahlenstärker als das des Königs; es zählte rund 40 000 Helme und war auch moderner bewaffnet: Die Sachsen stellten ein vortreffliches, großteils mit Feuergewehr ausgestattetes Fußvolk, an dem es dem König – sieht man vom deutschen Zuzug ab – völlig gebrach.

Der König schlug Tomoris Rat in den Wind. Zapolya rückte die Theiß entlang nach Süden vor. Und der König befürchtete, er werde auf Soliman stoßen und ihn besiegen, noch ehe er selbst Buda überhaupt verlassen habe. Also marschierte Tomori mit dem königlichen Heer auf dem rechten Ufer der Donau stromabwärts; er folgte damit dem Wege, den Hunyadi vor genau 70 Jahren genommen hatte, als er auszog, um Belgrad zu entsetzen.

Es war jenes Belgrad, das nun eine Grenzfestung des Osmanischen Reiches und von Sultan Soliman zur Basis seiner Offensive bestimmt worden war. Seine gewaltige Armee zählte – nach kompetenten Schätzungen – 120 000 bis 180 000 Mann, teils traditionell, teils modern gerüstet. Besonders hervorzuheben ist die enorm starke und leistungsfähige Artillerie, die 300 Feldgeschütze mit sich führte. Auch eine Donauflottille gab es wieder; sie war vor allem zum Transport von schwerem Gerät und von Nachschubgütern bestimmt und wurde stromaufwärts großteils durch Traideln bewegt. Die Ermöglichung der Bewegung durch Viehgespann setzte umfangreiche Pionierarbeiten voraus, die von den Piyaden und den Arbeitsdiensten der unterworfenen christlichen Völker zu leisten waren. Die Schiffseinheiten, die durchgehend artilleristisch armiert waren, wurden nach orientalischer Art Čajken genannt. Sie bewährten sich vortrefflich, wenngleich nicht spektakulär; Donaukriegsschiffe dieser Art wurden wenig später ins habsburgische Heerwesen übernommen, die Schiffseinheit nun Tschaike genannt, die Schiffsbesatzung aber Tschaikisten. Die Tschaiken wurden, dem jeweiligen Stand des Schiffsbauwesens entsprechend gebaut, bis um die Mitte des 19. Jahrhunderts verwendet und machten dann den Donaumonitoren der k.u.k. Donauflottille, die ein Teil der k.u.k. Kriegsmarine war, Platz. Damals wurde das letzte Tschaikistenbataillon, das in Titel (ehemals bedeutender Donauhafen im Bereich der Theiß-Mündung) garnisoniert war, aufgelöst.

Sammlung und Gliederung der gewaltigen Truppenmassen im Raum Belgrad nahmen etliche Wochen in Anspruch, und Sultan Soliman erteilte seinem neuen Großwesir Ibrahim[2] Pascha den Auftrag, mit einem Reiterkorps stromaufwärts bis Peterwardein vorzustoßen, das am 30. Juli genommen wurde. Nun war die Möglichkeit gegeben, einen Traidelpfad von Semlin, das mit Belgrad von den Osmanen erobert worden war, bis Peterwardein zu bauen, immerhin über rund 80 km in ungarisches Reichsgebiet –, und nun war die

Ernährungsbasis für das Heer geschaffen, lag doch das reiche Syrmien offen dem Zugriff der »beutespähenden Glaubensstreiter« preisgegeben.

In der ersten Augusthälfte begann das Gros des osmanischen Heeres den Vormarsch donauaufwärts, während das ungarische Heer ihm langsam, sehr langsam entgegenkam. Der Weg war mühsam, und Tomori hatte keine den Piyaden vergleichbaren Spezialtruppen für die Bahnung von Wegen durch wegen Wäldern und Sümpfen schwerpassierbares Land. Vor allem das Mitschleppen des Artillerieparks machte Schwierigkeiten und stieß auch auf weitgehendes Unverständnis der ritterlichen Reiterei, die den entscheidenden Teil des Heeres bildete. Es ist interessant, daß der »Kampf der verbundenen Waffen«, den der große Hunyadi so virtuos beherrscht hatte, in der Zwischenzeit im ungarischen Kriegswesen ähnlich »vergessen« worden war wie im Osmanischen Reich Sultan Bajasids II., und zwar nicht erst in den traurigen Tagen der zweiten Jagiellonenherrschaft. Schon König Matthias führte in seinen Kriegen um Österreich kaum Artillerie mit seinen Heeren, sondern griff bei Belagerungen auch größerer Städte wie Wien oder Wiener Neustadt auf die Belagerungsmaschinen der Vorfeuerwaffenzeit zurück, die jeweils an Ort und Stelle gefertigt wurden.

Als das königliche Heer den Raum Mohács erreichte, stieß es mehrfach auf die osmanischen Voraustruppen, die gefürchteten Senger und Brenner, die energisch attackiert wurden und regelmäßig das Weite suchten, ohne sich auf einen Schlagabtausch einzulassen. Die Kampftätigkeit der Akindschis beschränkte sich darauf, durch eine Vielzahl von Streifen das königliche Heer unter ständiger Beobachtung zu halten; sie fielen, wenn sie erkannt und angegriffen wurden, auf die eigentliche Vorhut zurück, ein im Grunde genommen selbstverständliches taktisches Verhalten. Tomori deutete es völlig richtig, aber im König und im Kreise seiner ritterlichen Gefährten, die ebensowenig vom Kriege verstanden wie er selbst, entstand die irrige Vorstellung, die Osmanen hätten eine äußerst geringe Kampfmoral, und es wäre daher angebracht, sie ganz einfach zügig anzugreifen, könne doch nicht angenommen werden, daß die Masse des Heeres entschlossener und widerstandswilliger sei als die vorweggeschickte Reiterei.

Der König, emotionell vor allem wegen des Falls von Peterwardein und der Verwüstung weiter Teile Syrmiens engagiert, wollte von Tomoris erneuten Vorstellungen, vor der entscheidenden Schlacht die Vereinigung mit Zapolya zu vollziehen, nichts wissen, und brannte darauf, sich mit Soliman vor Mohács zu schlagen. Das übrigens ganz entzückende südungarische Städtchen liegt unmittelbar am Ufer der Donau, und das Land rundum ist - beinahe - eben wie ein Brett. Hart nördlich der Stadt mündet der Bach Csele in den Strom; das eigentliche Bachbett war damals beidseits von inzwischen trockengelegten Moorflächen begleitet, die einen schwer passierbaren Geländestreifen bildeten, der sich über viele Kilometer in westlicher Richtung erstreckte. Über die Bedeutung konsequenter Nutzung natürlicher Hindernisse für die Kampfführung einer zahlenmäßig gewaltig unterlegenen Kriegspartei war sich der alte Hase Pál Tomori völlig klar und empfahl seinem König, den Feind rückwärts des Moores zu erwarten, ihn so zu zwingen, den Angriff durch das schwierige Gelände zu führen. Es muß in der Lagebesprechung zu harten Auseinandersetzungen gekommen sein, die nachträglich selbst im osmanischen Lager bekanntgeworden sind. Die im Topkapiserail Museum (Hazine 1517, Seitensignatur 200 a) erhaltene Miniatur, die den König bei der Lagebesprechung inmitten der Großen seines Heeres zeigt, rückwärtiger Bildrand das Lager, vorderer der Bachlauf, nennt in der Bildbeschriftung Tomori den »klugen Alten«, der den »tapferen Lajos« (Ludwig) warnt, offensichtlich vor dem Überschreiten des Baches, und der Geschichtsschreiber Mechmed Zaim, der eine eingehende Darstellung des Geschehens hinterließ, spielt ebenfalls auf unterschiedliche Auffassungen zwischen dem König und seinem Feldherrn an. Er nennt übrigens Tomori einen »für seine Furchtlosigkeit bekannten, verfluchten Wesir namens Barata«, was ganz gewiß als Auszeichnung zu verstehen ist.

Der »kluge Alte« konnte sich gegen den »tapferen Lajos«, der sein König war, nicht durchsetzen. Diesem und seinen ebenso tapferen wie kriegsunkundigen ritterlichen Gefährten erschien es als Verstoß gegen die Standesideale, sich vor dem Feind hinter einem Sumpf zu verstecken. Sie fielen tief in den Topf emotionsgesteuerten Verhaltens und fragten, ob der Arm der grimmigen Heiden die Frauen und Kinder der Stadt erreichen und in Sklaverei verschleppen sollte, während sie das unwürdige und grausame Schauspiel wie von einem sicheren Lagenplatz aus betrachteten, ohne eine Hand zu ihrer Rettung zu rühren.

Die Psycholage, wenn wir das Modewort gebrauchen wollen, ist substantiell identisch mit jener der schwer angeschlagenen Verbände des deutschen Heeres, die sich gegen Ende des Zweiten Weltkrieges vorpreschenden sowjetischen Armeen mit unerhörtem Heroismus entgegenwarfen mit dem einzigen Ziel, möglichst vielen deutschen Bewohnern der Ostländer das Schicksal zu ersparen, von den siegreichen Bolschewikis in der Weise behandelt zu werden, die dem osmanischen Kriegsbrauch entsprach. Divergierend war allerdings das Ausmaß an kombattanter Empirie: Die deutschen Divisionen hatten jahrelange schwerste Kämpfe bereits hinter sich und den Glauben an den Endsieg verloren – und sie stellten sich trotzdem immer wieder mit beispielloser Tapferkeit dem in jedem meßbaren Belang vielfach überlegenen Feind entgegen. Die ungarischen Ritter König Ludwigs aber waren ohne Kampferfahrung, sie waren zum Schutz des Reiches und der Reichsbevölkerung in das Feld gezogen und glichen in ihrer Einstellung jenen Regimentern, die 1914 blumengeschmückt und in patriotischer Begeisterung in den Ersten Weltkrieg marschierten.

Zieht man dies in Betracht, kann man es durchaus nicht erstaunlich finden, daß der ritterliche Elan über die taktisch zutreffende, nüchterne Lagebeurteilung siegte. Es spricht für den jungen, tapferen Ludwig Jagiello als liebenswerten, mitleidvollen und opferbereiten Menschen, der noch in der ritterlichen Vorstellungswelt einer damals schon versunkenen Zeit lebte, daß er seinem Heer befahl, am frühen Morgen des 29. August die versumpften Niederungen des Cselebachs zu überwinden, an Mohács vorbeizustoßen und sich südwestlich der Stadt zur Schlacht zu formieren. Das Heer quälte sich durch den Sumpf, und die Bildung der befohlenen Schlachtordnung war erst gegen Mittag beendet. Es fällt auf, daß Soliman, durch seine berittenen Aufklärer stets vortrefflich informiert, keine Anstrengungen unternahm, seinen Gegner zu behindern.

König Ludwig bildete das Zentrum durch seine – weit unterlegene – Artillerie und das Fußvolk, faktisch also dem Kontingent seines Schwagers Ferdinand, das, entgegen der früheren Annahme, doch ungefähr 6000 bis 8000 Mann stark gewesen sein muß, und formierte aus der ritterlichen Reiterei zwei Sturmkolonnen, denen er die Flügelpositionen zuwies. Eine dieser Kolonnen führte er selbst, eine der Reichsfeldherr Erzbischof Tomori. Es ist nicht ganz sicher, ob er die linke, donaunahe Sturmkolonne führte oder die rechte; beide Meinungen werden vertreten. Hier wird, vorab aus Wahrscheinlichkeitsgründen, die sich aus dem Schlachtverlauf ergeben, davon ausgegangen, daß er den linken Flügel befehligte. Sein Schlachtplan, wenn man seinem taktischen Vorhaben diese Bezeichnung beilegen will, war ebenso gradlinig und einfach wie seine Schlachtordnung: Die Sturmkolonnen sollten zur Attacke ansetzen und den Feind überrennen. Das schwerbewegliche Zentrum sollte in der eingenommenen Position verbleiben und war dazu vorgesehen, im für unwahrscheinlich gehaltenen Fall des Scheiterns der »zermalmenden Attacke« das Nachstoßen der Osmanen zu verhindern und die Sammlung der zurückflutenden Reiterei zu neuem Angriff zu ermöglichen. Auch dem Laien ist erkennbar, daß eine koordinierende Befehlsstelle nicht vorgesehen war.

Sultan Soliman hatte eine flache Erhebung zum »Feldherrnhügel«, also der Einrichtung der zentralen Befehlsstelle bestimmt und die traditionelle Gliederung mit
– rumelische Lehenstruppen als rechter Flügel,
– Janitscharen als Zentrum,
– anatolische Lehenstruppen als linker Flügel
beibehalten.
Die Akindschis bildeten das Vordertreffen und behinderten, vermutlich mit dahinzielendem Auftrag, die Sicht des Feindes auf den Geländeteil zwischen ihnen und der Front der Janitscharen. Hier ließ der Großherr seine gesamte Artillerie, rund 300 Feldgeschütze, in Stellung gehen, also
– vor der eigenen Infanteriephalanx und
– als selbständigen Teil der Schlachtordnung,
und das war neu. Der Grundgedanke des massierten Einsatzes der Artillerie war derselbe, dem von den abendländischen Armeen im 17. Jahrhundert, vor allem im Dreißigjährigen Krieg, entsprochen wurde und den die Sowjets im

Zweiten Weltkrieg durch die Konzentrierung von Panzerabwehrwaffen zur Bildung von PAK-Fronten höchst wirksam realisierten.

Die Reichskavallerie hatte er als operative Reserve hinter den linken Flügel geschoben; sie sollte zu einem von ihm zu bestimmenden Zeitpunkt den Angriff der Anatolier links überholend unterstützen und den Feind aus der rechten Flanke fassen. In der Nähe des Bereitstellungsraumes der Reserve befand sich der Sammelraum für die Akindschis nach Verlassen des Gefechtsfeldes. Die Asaben waren teils als Reserven, teils zur Unterstützung der Topdschis eingesetzt, hier vor allem, um ihnen bei den vorbereitenden Arbeiten zur Hand zu gehen.

Aus einer weiteren Miniatur des Topkapiserail Museums zur soeben bezeichneten Stelle begann die Schlacht mit einem Zweikampf zwischen einem ungarischen Ritter und einem osmanischen Würdenträger, über den sich, nach dem Wortlaut der Bildbeschriftung, »Mond und Merkur wunderten« und der unentschieden endete. »Die beiden Löwen konnten gegeneinander nicht aufkommen«, und hochgestellte Führer griffen ein und trennten sie. Im Klartext heißt dies, daß das Tun der beiden Paukanten als eine eitle Vorstellung angesehen wurde, die ganz einfach zu lange dauerte, zumal sie sich darauf beschränkten, ein paar Wurfspeere aufeinander zu schleudern, was von den zuständigen Kommandeuren abrupt beendet wurde. Gewiß eine Nebensache, aber doch auch ein Signal dafür, daß die neue, die moderne Zeit bereits begonnen hatte, die Zeit, die den ritterlichen Zweikampf zum Sport erniedrigte oder erhob, wie man es eben lieber hört, jedenfalls aber vom Gefechtsfeld verbannte.

Gleich darauf erfolgte die Attacke der ritterlichen Reiterei und fegte die Akindschis vom Platz. Die linke Angriffskolonne prallte auf die rumelische Lehensreiterei, der es beinahe ebenso ergangen wäre wie den Akindschis und die mit äußerster Mühe den drohenden Durchbruch der Ungarn verhinderte. Tomoris Sturmkolonne hingegen stieß auf das Zentrum von Solimans Aufstellung und damit die massierte osmanische Artillerie (eine enorm »große Batterie«, wie man später in der abendländischen Fachsprache sagte), deren geschlossene Salve einen ganzen Wall von Geschossen dem zur Erhöhung des Anprallchoques eng zusammengerückten Reiterverband entgegenwarf. Im aufbrüllenden Feuer von 300 Feldgeschützen, einem vernichtenden Feuerschlag aus kurzer Distanz, brach der Angriff zusammen. Unmittelbar nach der Salve traten die Janitscharen zum Gegenangriff an und töteten, was von der rechten Sturmkolonne noch lebte, während gleichzeitig der linke Flügel, verstärkt durch die Kavalleriereserve, das Zentrum des königlichen Heeres umfassend anfiel, sogleich in schwere Bedrängnis brachte und nach erbittertem Kampf zerschlug.

Die Lageentwicklung zwang König Ludwig, seinen bisher erfolgreichen Angriff abzubrechen und den sehr problematischen Versuch zu machen, sich vom Feinde zu lösen. Es gelang ihm nicht, da die rumelischen Lehensreiter sofort nachstießen; die Absetzbewegung wurde zur Flucht, und die christlichen Ritter stoben, von den siegjauchzenden Moslems verfolgt, über das Feld. Jetzt tat die höchst unglückliche Wahl des Schlachtfeldes voll ihre Wirkung: Im Westen und Süden vom Feinde bedrängt und teils schon geworfen, war der Weg nach Norden durch die Sümpfe des Cselebachs kaum passierbar, der Weg nach Osten durch die Donau verlegt. Die Ebene um Mohács war zur riesigen Falle für die Trümmer des ungarischen Heeres geworden, und wenn auch da und dort noch vereinzelt kleinere oder größere Gruppen verzweifelt Widerstand leisteten, es entgingen nur wenige dem Säbel der Sieger.

Pál Tomori war wohl schon im Feuerschlag der osmanischen Artillerie gefallen, König Ludwig aber leerte den bitteren Kelch der Niederlage bis zur Neige. Er versuchte, nach Norden zu entkommen, um jenseits des Baches Csele die Letzten seines Heeres zu sammeln und zu retten, was noch zu retten war. Sein Befehl, die Schlacht südlich des Morastes zu schlagen, ward nun sein persönliches wie seines Heeres Verhängnis. Sein Pferd glitt im Schlick des Moorlandes aus, stürzte, und ihm gelang es in seiner schweren Kampfausrüstung nicht, sich aus dem Schlamm zu befreien.

Dulce et decorum est, pro patria morare: Des jungen Jagiellonen Tod für sein Reich und seinen Glauben war ehrenvoll und sicherte ihm Nachruhm bis in ferne Zeiten, aber süß, süß war das qualvolle Ersticken im Schlick und im Brackwasser ganz bestimmt nicht.

Soliman ließ aus den abgeschlagenen Köpfen der gefallenen Vornehmen Ungarns, unter denen sich nicht weniger als sieben Bischöfe befanden, in der Nähe seines Zeltes eine Schädelpyramide als grausames, an die Kriegssitten der Mongolen Timur Lenks erinnerndes Siegeszeichen errichten, und er gestattete seinem Heer, die etwa 4000 Kriegsgefangenen zu töten. Nun war der Großherr der Osmanen Soliman I. - darin wie in vielen anderen Belangen seinem Urgroßvater Mechmed Fatih auffallend ähnlich - durchaus kein blutdürstiger Barbar, der an Massenschlächtereien sein Vergnügen gehabt hätte, und so muß wohl angenommen werden, daß er mit dem Gefangenenmord der Stimmung seiner weit grausameren Truppen Rechnung tragen mußte. Sie sahen in den Magyaren die gefürchteten Erbfeinde seit Urvätertagen, wie das so schön heißt, seit unvordenklichen Zeiten, und sie erwarteten in schöner Selbstverständlichkeit, daß der Krieg gegen sie zur empfindlichen Reduktion, wenn nicht überhaupt zur Ausrottung ihrer kombattanten Kräfte führen werde. Auch hatten diese Giauren ihre eminente Gefährlichkeit eben erst durch den schwungvollen Angriff auf die rumelischen Lehenstruppen erwiesen, und es war nur auf die Hilfe Allahs, des Allmächtigen, zurückzuführen, daß ihnen verwehrt worden war, weiteres Unheil zu stiften, denn er trieb sie in die Donau wie vorzeiten, um Musa → Moses zu retten, das Heer des Pharao ins Rote Meer. So zumindest sah Mechmed Zaim den Sieg des Tages, und er gehörte gewiß zu den gebildeten, nicht gerade durch Blutrünstigkeit gekennzeichneten Kreisen. Von ihm erfahren wir auch, daß man die Leiche König Ludwigs erst nach einer Woche mit bereits abgehauenem Kopf gefunden hatte und daß ihn die Giauren nach Ustolni Belgirad → Stuhlwei-ßenburg brachten, wo sie ihn beisetzten.

Soliman zog mit seinem Heer überraschenderweise nicht nach Norden weiter, wohl weil er das unwegsame Gelände scheute, sondern bog nach Westen ab, um bei Pécs → Fünfkirchen die alte Handelsstraße von Buda nach Slawonien zu gewinnen. Die Stadt war ein Zentrum der mittelalterli-chen Kultur und gleichzeitig eine rührige Handelsstadt; hier hatte auf dem Boden des römischen Sopianae schon Stefan d. Hl. ein Bistum gegründet, hier entstand zur Zeit Ludwigs d. Gr. die erste ungarische Universität, hier wirkte als Bischof Janus Pannonius, der berühmte lateinische Humanist und Dichter – und hier hatten, hinter den als fest geltenden Mauern, tausende und abertausende Flüchtlinge Schutz vor den beutespähenden Reitern des Großherrn gesucht. Die Stadt übergab sich der Gnade des Großherrn, der Großherr war gnädig – sein Heer war es nicht. Die in der Stadt gehäuften Waren, vermehrt um die gerettete Habe der Flüchtlinge, waren wahre Schätze in den Augen der Krieger, sie begannen zu plündern. Die Bewohner wehrten sich verzweifelt, es kam zu den ersten Einsätzen der Waffen, und am Ende schwammen die Straßen und Plätze der Stadt im Blut. Tausende wurden nie-dergehauen – allein im Schloß des Bischofs sollen es 25 000 gewesen sein, Flüchtlinge aus der Umgebung zumeist.

Soliman schäumte vor Zorn über die Disziplinlosigkeit seiner Truppen, konnte sie aber nicht mit eiserner Faust niederzwingen, weil ihm diese ganz einfach fehlte: Es war faktisch das ganze Heer, das an den Ausschreitungen, den Plünderungen – das am Massenmord beteiligt war. Unter Aufbietung all seiner Autorität gelang es ihm schließlich, das Heer zum Weitermarsch nach Buda zu bewegen. Die ungarische Königsstadt wurde ihm am 11. September widerstandslos übergeben.

Das war das Ende des freien Königreichs Ungarn, das des Abendlandes mächtige und prächtige Bastion im Südosten gegen den andringenden Halb-mond gewesen war. Der Weg nach Wien lag offen vor Sultan Soliman I., dem zehnten Großherrn der Osmanen, dem Beherrscher der Rechtgläubigen, dem Stellvertreter des Propheten Allahs.

2. Kapitel:
Wien: Die erste Belagerung

Vorab ein kurzer Rückblick auf die Entwicklung im Osmanischen Reich unter Bajasid II. und Selim I., der vor allem deswegen nicht zu vermeiden ist, weil Sultan Soliman I. soeben (S. 135) mit dem Titel des Stellvertreters des Propheten Allahs – Chalifa rassuhl Allah – bezeichnet wurde Der Titel war mit der Bezeichnung Emir al muslimin → Beherrscher der Rechtgläubigen verbunden, der Ausdruck des Anspruchs auf die weltliche Herrschaft über alle Moslems war, und ergänzte diesen durch den Anspruch auf Leitung der rechtgläubigen Gemeinschaft in allen Fragen des Glaubens, die dem Kalifen zukam.

Während Sultan Bajasids Herrschaft wurde u.a. Akkerman genommen und damit das Küstengebiet des Schwarzen Meeres faktisch zur Gänze dem Osmanischen Reich einverleibt. Weitere militärische Aktionen richteten sich gegen die letzten Restbestände des Kolonialbesitzes Venedigs im großgriechischen Raum. In rascher Aufeinanderfolge wurden

1499 Nafpaktos, das Aine-Bakhti der Osmanen, das Lepanto der Venezianer,
1500 Modon, Codron und Navarino und
1501 Durazzo erobert.

Die militärischen Aktionen zu Lande wurden wirksam von der Kriegsflotte unterstützt, die nun vom Kapudan Pascha Kemal Reis geführt wurde, einem früheren Piratenkapitän, der in die Dienste des Großherrn getreten war.

Die osmanische Flotte war vor allem dann gefährlich, wenn ehemalige Seeräuberkapitäne an ihrer Spitze standen, die ihr Handwerk sozusagen von der Pike auf erlernt hatten. Die Grenzen zwischen Seeräuberei und Seekriegführung waren lange fließend, und gerade die führende Seemacht der westlichen Welt nahm in vielen Kriegen Piraten in ihren Dienst, stellte ihnen Kaperbriefe aus und machte sie damit zu Korsaren, die ihr Gewerbe nun mit königlicher Lizenz ausübten. Britanniens Beispiel folgten die meisten anderen Staaten mit mehr oder weniger Erfolg. Ganz so war es bei den Osmanen nicht, denn bei ihnen führten sozusagen »Seeräuber im Ruhestand« die Flotten des Großherrn.

1501 kam es zu einem formellen Kriegsbündnis Venedigs mit König Wladislaw II., am 12. Mai wurde dem Großherrn der Krieg erklärt, der vorwiegend aus Proklamationen und feierlichen Reden bestand und 1503 durch einen Waffenstillstand beendet wurde, in dem die Kriegsgegner dem Sultan seine Landgewinne offiziell bestätigten. Das war der Höhepunkt von Sultan Bajasids Regierungszeit, die sonst nicht glücklich war:
1509 wurde Stambul von einem schweren Erdbeben heimgesucht, 1511 zog

sein Sohn Selim gegen ihn zu Felde. Selim war auf Befehl seines Vaters von der Thronfolge ausgeschlossen worden, und das hatte ihn gegen diesen aufgebracht.

Seine Rebellenarmee wurde jedoch am 3. August bei Tschorlu vernichtend geschlagen, er selbst floh zu seinem Schwiegervater, dem Khan der Tataren, und entging so dem Henker. Im nächsten Frühjahr kam er wieder, nachdem er den Janitscharen ein Thronbesteigungsgeschenk von 3000 Aspern pro Mann zugesichert hatte; sein Bruder Achmed, der zur Thronfolge vorgesehen war, hatte nur die »üblichen 1000 Aspern« versprochen. Selim hatte auch schon früher versucht, sich die Gunst der Janitscharen zu sichern, beispielsweise dadurch, daß er den ihren Sklavenstatus betonenden Knebelbart trug. Den Ausschlag gab aber augenscheinlich die Höhe des Thronbesteigungsgeschenkes, die etwa dem Monatsbezug des Stellvertreters des Generals der Artillerie, des Topdschibaschis, entsprach, der einer der höchstbesoldeten Offiziere der Reichsarmee war. Mit ungefähr 12 000 Janitscharen zog Selim am 24. April 1512 zum Palast des Großherrn, seines Vaters, der einen schweren Gichtanfall hatte und sich vor Schmerzen auf seinem Lager krümmte, und forderte die Herrschaftsübergabe. Bajasid war sogleich dazu bereit, wenn ihm ein angemessener Alterswohnsitz in seinem Geburtsort Demotika zugesichert werde. Selim sicherte zu, die anwesenden Wesire und Großfunktionäre grüßten ihn als ihren neuen Herren, die Übergabe war vollzogen; Sultan Selim I., der sich rasch den Beinamen Yawuz, was der Unnachgiebige, aber auch der Grausame bedeutet, war der neunte Großherr der Osmanen.

Am 23. Mai verließ die Karawane, die Bajasid nach Demotika bringen sollte, die Mauern von Stambul; der neue Großherr gab dem alten einen Tag lang das Ehrengeleit. Zwei Tage danach starb Bajasid in Aya, wo die Reise unterbrochen worden war, und zwar angeblich von seinem eigenen Leibarzt auf Befehl seines Sohnes vergiftet.

Dieser Sohn, Sultan Selim, begann sogleich seine Herrschaft dadurch zu sichern, daß er seine Brüder Achmed und Korkud und vorsichtshalber auch die Söhne seiner bereits vorverstorbenen Brüder umbringen ließ. Dann ließ er Handfeuerwaffen, die nun schon von einem Mann bedient werden konnten, von westlichen Experten anfertigen und für die Truppenerprobung an einige Janitscharenortas ausgeben, die davon jedoch nicht allzu begeistert waren.

Mit den westlichen Mächten Venedig und Ungarn und dem »dritten Rom« – Moskau – bemühte er sich um friedliche Beziehungen, was nur dadurch geschah, daß er ihnen gestattete, Bevollmächtigte nach Stambul zu senden und über diese oder jene Frage zu verhandeln, denn jedes Mehr hätte ihm als Schwäche ausgelegt werden können. Da aber trotzdem besonders starrsinnige Moslems ihm die Kontaktaufnahme mit den Giaurenreichen verübelten, versuchte er sich, jeder Kritik zuvorkommend, in der an sich sehr unislamischen Rolle der Intoleranz. Seine Feinde und Opfer waren die Schiiten, er ließ sie methodisch verfolgen. Es sollen in der ersten großen Welle der zwangsweisen Bekehrung zur Sunna an die 40 000 Schiiten das Leben oder zumindest die Freiheit, in jedem Fall aber das Vermögen verloren haben.

Das Vorgehen gegen die Schiiten mußte - und sollte vielleicht sogar - Schah Ismail, den Safawiden, in die Schranken fordern, der die Kleinstaaten des iranischen Großraumes unter sein Schwert geduckt und die Schia in den Rang der Staatsreligion seines Reiches erhoben hatte.

Selim schickte, um der Form zu entsprechen, eine Gesandtschaft nach Täbris und ließ Ismail auffordern, sich zur rechten Lehre der Sunna zu bekehren, worauf ihn Ismail einen Feind der wahren Religion nannte und ihm auftrug, die Schia anzuerkennen. Das genügte: Nun konnten die Heere marschieren, die Reiter reiten und - zumindest im osmanischen Heer - die Geschütze rollen. Am 23. August 1514 stießen sie in der Ebene von Tschaldiran in Nordwestpersien zusammen, Selim mit 80 000 Reitern, 10 000 Asaben und 13 000 Janitscharen, zu denen wohl noch etwa 5 000 Topdschis zu rechnen sind, die dann auch die Schlacht entschieden. Ismail führte rund 100 000 Mann ins Feld, darunter 10 000 Panzerreiter. Von Feuerwaffen schien der Schah, wenn er von solchen gehört hatte, nichts zu halten, denn sie fehlten seinem riesigen Aufgebot vollkommen: Er setzte auf seine Panzerreiterei, mit der er bisher noch jeden Feind geschlagen hatte.

Die Schlacht war im taktischen Bereich jener von Mohács vorweggenommen. Der persische Angriff wurde im Feuer der Artillerie und wohl auch der Feuergewehre, die sieben Salven abgaben, zerschlagen; die Trümmer des Heeres wurden vom Gegenangriff der Janitscharen und der osmanischen Reiterei vernichtet. Der Sieg war vollkommen. Nur in einem Punkt unterschied sich das Ergebnis von jenem von Mohács: Schah Ismail gelang die Flucht. Selim stieß nach bis Täbris, das seine »beutespähenden Glaubenskrieger« schauerlich ausplünderten. Gelehrte und Künstler nahm er in seinen persönlichen Schutz und ließ sie nach Stambul bringen, in allen Ehren und beinahe freiwillig. Dann führte er sein Heer in eine fruchtbare und waldreiche Ebene, wo er Winterquartiere zu beziehen befahl - ein für die Masse seiner Krieger, die nach wie vor von den Milizen gestellt wurden, geradezu unvorstellbarer Befehl. Sie reagierten entsprechend und pochten auf Kasimstag mit dem Ende der jährlichen Dienstzeit, die Janitscharen schlossen sich ihnen an. Es kam zu einer Meuterei, die niederzuschlagen der unnachgiebige Selim keine Macht hatte, und zu einem erpreßten Rückzugsbefehl, der gleich nach dem Einzug der Truppen in Stambul neben etlichen anderen Großwürdenträgern auch dem Segbanbaschi den Kopf kostete. Und es gab eine Veränderung in der Spitzengliederung des Militärsklavenkorps: Den Generälen mit den aus dem Jagdgefolge stammenden Titeln wurde nun ein »Generalfeldmarschall« vorgesetzt, dem der neugeschaffene Rang des *Agas der Janitscharen* verliehen wurde und dem als Kontrollorgan mehr denn als Gehilfe, der Kethüda der Janitscharen, auch Kul Kiaja genannt (Kreutel nennt ihn Janitscharenpräfekt) als Stellvertreter untergeordnet wurde.

Die Gewinnung Ostanatoliens bis etwa zum Urmiasee und eines Teiles von Kurdistan als fragwürdiger Gewinn des Feldzugs in Persien störte die Interessenlage der Mameluken, die noch immer ihr Regiment in Ägypten aufrecht erhielten und auf eine ungestörte Verbindung in das Kaukasusgebiet angewiesen waren, bezogen sie aus diesem doch ihren Nachschub an dringend benötigten Militärsklaven. Ihr Sultan Kansuh al Guri begann 1515 so laut mit dem Säbel zu rasseln, daß man es in Stambul nicht überhören konnte. Und Selim begann im nächsten Jahr Krieg gegen Ägypten.

Kansuh al Guri versuchte im letzten Augenblick, eine Waffenentscheidung zu verhindern, aber Sultan Selim vereitelte die Friedensbemühungen: Er ließ die Begleiter des ägyptischen Gesandten köpfen und schickte diesen, auf einen alten Esel gebunden, zu seinem Sultan zurück. Wieder marschierten die Heere, das osmanische mit etwa 100000 Mann, das ägyptische mit etwa 50000. Bei Aleppo stießen sie zusammen. Die osmanische Übermacht und moderne Bewaffnung erbrachten das vorhersehbare Ergebnis: Selim erfocht einen glänzenden Sieg. Kansuh al Guri überlebte die Schlacht nicht; unklar ist, ob er dem Schwert der Osmanen oder der eigenen Leibwache oder einem Herzversagen erlag, denn der achtzigjährige Mamelukensultan war nicht gerade in bester Kondition.

Die Schlacht von Aleppo entschied zunächst einmal das Schicksal Syriens, das nun nahtlos aus mamelukischer in osmanische Herrschaft überging. Selim nahm Damaskus ohne weiteren Schwertschlag und überwinterte hier mit der Reichsarmee, nachdem er die Milizen zum Kasimstag entlassen hatte. In Ägypten wählten indessen die Mameluken aus ihrer Mitte Tuman Beg zum neuen Sultan und bereiteten die Verteidigung Ägyptens vor. Sie überschätzten dabei offenbar die eigenen Kräfte und lehnten einen Frieden, den ihnen Selim zu durchaus akzeptablen Bedingungen anbot – Anerkennung der osmanischen Oberhoheit bei Tributzahlung und Heerfolgepflicht – nicht nur ab, sondern ermordeten auch seine Gesandtschaft. Schon im Januar 1517 machte sich Selim mit der Reichsarmee und Kriegsfreiwilligen, die Masse der kriegsdienstpflichtigen Timarioten vor Hizirtag in Ruhe lassend, auf den Weg nach Kairo, das nach wütenden Straßenkämpfen genommen wurde. Dann folgte das übliche Gemetzel, dem alle aufgegriffenen Mameluken und die gesamte männliche Einwohnerschaft mit Ausnahme der Gelehrten der berühmten Universität al Azhar zum Opfer fielen. Tuman Beg war mit den Trümmern seines Heeres ins Nildelta entkommen und versuchte dort, den Widerstand fortzusetzen. Er wurde jedoch in mehreren Treffen geschlagen, geriet in osmanische Gefangenschaft und wurde hingerichtet. *Das war das Ende der mamelukischen Herrschaft in Ägypten, die nun in die osmanische überging. Damit hatte das Reich der Osmanen auch auf dem dritten Kontinent Fuß gefaßt.*

Und nicht nur das: **Selim gewann auch die Würde des Kalifats für sein Haus,** da der allerletzte Abbaside als Kalif von des Mamelukensultans Gnade als Marionette in Kairo gehalten worden war und ohne viel Mühe dazu gebracht werden konnte, ihm diese Funktion abzutreten. Die Heiligen Städte

Mekka und Medina, bisher unter mamelukischer Schirmherrschaft, unterstellten sich Sultan Selim; der Großscherif Bar-a-kat sandte seinen Sohn als außerordentlichen Botschafter an Selim, huldigte ihm und überbrachte die Versicherung, daß künftig sein Name als der des rechten Kalifen im Freitagsgottesdienst aller Moscheen der sunnitischen Welt genannt wird. Es war dies ein Prestigegewinn, der – auf längere Sicht gewertet – von gewaltiger Bedeutung war und höher zu veranschlagen ist als eine gewonnene Schlacht oder eroberte Provinz. Selim beschenkte den Gesandten mit reichen Gaben und setzte von Damaskus aus die erste offizielle osmanische Karawane nach Mekka in Marsch, die neben vielen anderen Geschenken auch einen prachtvollen Teppich, zum Schmuck der Kaaba bestimmt, mit sich führte. Daraus entwickelte sich rasch eine streng beachtete Tradition: Jeder Kalif aus dem Hause Osman sandte zumindest einen kostbaren Teppich zur Schmückung des zentralen Heiligtums nach Mekka.

Auch eine Gesandtschaft aus Venedig stellte sich ein; der Doge hatte bisher für den Besitz der Insel Cypern an den Hof der Mameluken einen ansehnlichen Tribut bezahlt und fragte an, ob der bisherige Zustand beibehalten werde, wenn er den Tribut nun nach Stambul bezahle. Das wurde bewilligt. Sieht man von damals peripheren Randgebieten wie den Barbareskenstaaten im Westen Nordafrikas, unter denen besonders Algier und Tunis zu nennen sind, vom fernen Süden und dem wüsten Inneren der Halbinsel Arabien und Mesopotamien südlich von Mossul ab, war damit die ganze sunnitische Welt im Osmanischen Reich vereinigt. Daß es in Zentralasien hinter dem schiitischen Raum die eine oder andere selbständige islamische Gemeinschaft gab, kümmerte Sultan Selim wenig und braucht auch uns nicht zu kümmern, ganz einfach deshalb, weil diese keinen erweislichen oder auch nur denkbaren Rang als geschichtsgestaltende Faktoren für den Mittelmeerraum und damit Europa erlangten.

Ab 1518 beschäftigte sich der Kalif und Großherr der Osmanen mit der Vorbereitung des Unternehmens, das ihm die ungehinderte Ausfahrt der Flotte aus der Ägäis ermöglichen sollte, der Eroberung von Rhodos. Er war gezwungen, den Plan, mit dem sein Großvater Mechmed gescheitert war, aufzugreifen und zu verwirklichen, wenn er die Barbareskenstaaten unterwerfen wollte, denn ein Angriff auf sie war nur durch eine maritime Operation möglich. Die immensen Entfernungen und die Lebensfeindlichkeit des Raumes westlich der Oasenlandschaft Ägyptens machten jede Operation einer Landmacht zu einem aussichtslosen Unterfangen. Das Beispiel des verlorenen Armeekorps Alexander d. Gr. schreckte die Großoffiziere des osmanischen Heeres mit triftiger Berechtigung. Freilich waren die frühen Moslems mit ihren Kamelreitergeschwadern bis zu den Säulen des Herkules vorgedrungen, aber die osmanische Armee hatte die Mobilität der omaijadischen Heere längst eingebüßt. So blieb nur der Weg über das Meer, und der war problematisch, solange die Rhodesierritter mit ihren hervorragenden Galeeren auf ihrer Insel saßen, mit ihrem unverwüstlichen Angriffsgeist, mit ihrem erfahrenen seemännischen Personal.

1521 sollte der Angriff auf Rhodos erfolgen, aber der Tod Sultan Selims I. am 20. September 1520 änderte alle Vorhaben.

Sultan Soliman setzte die Schwerpunkte anders, er wollte die Offensive in die Kerngebiete Europas; er handelte, wie bereits dargestellt, nach seinen eigenen Planungen. Die Eroberung Belgrads und des umliegenden Landes erbrachte für Rhodos einen Aufschub um ein Jahr. 1522 aber griff der junge Großherr die als unbezwinglich geltende Inselfestung an, nachdem er dem Orden ein Angebot zur friedlichen Übergabe gemacht und die Invasion angedroht hatte. Hochmeister Philippe Villiers de l'Isle Adam antwortete tapfer und nicht ohne Hochmut:

>Wo immer mein sieggewohntes Heer seinen Fuß hinsetzt, kommen alle Feinde durch die furchtbare Schneide unseres Schwertes um.<

Soliman, der nichts anderes erwartet hatte, ließ seine Flotte in See stechen und Kurs auf das kleine Inselreich der kühnen Ritter vom Orden des Heiligen Johannes nehmen. Die Flotte bestand – angeblich – aus 500 Galeeren, 50 Fregatten, 100 Galeonen und 50 Lastschiffen, wozu bemerkt werden muß, daß
- die Galeeren im Wesen überdimensionierte Ruderschiffe waren, deren Segelflächen eine Art Hilfsantrieb darstellten,
- die Galeonen und Fregatten aber reintypige Segelschiffe waren, die nicht mehr gerudert wurden (wobei die Galeonen den traditionellen Schiffstyp repräsentierten, der langsam durch die moderneren Fregatten verdrängt wurde).

Die Flotte war mit 40 000 Seeleuten bemannt, erstaunlich schwach war dagegen die Zahl der Kämpfer zu Lande: Sultan Soliman hatte nicht mehr als 25 000 Mann mitgenommen, Janitscharen, Topdschis und Piyaden. Die Masse der für den Belagerungskrieg – den Kampf der technischen Spezialisten und der Schlachteninfanterie – unnützen Fresser der zahlenstarken Kavallerie hatte er daheim gelassen.

Hier auf Rhodos kämpften die wehrfähigen Männer der griechischen Einwohnerschaft Schulter an Schulter mit den >fränkischen< Rittern, eine absolute Ausnahme im gesamtgriechischen Raum, in welchem die Anhänger der Orthodoxie schon seit den Tagen Sultan Bajasids I. die toleranten Moslems den rechthaberischen Papisten als Herrschaft vorzogen. Die Belagerung von Rhodos endete zu Weihnachten nach einem halben Jahr erbitterter Kämpfe; der Hochmeister kapitulierte gegen die Zusicherung freien Abzugs, die – entgegen in der abendländischen Literatur vielfach auftretender Behauptung – auch eingehalten wurde. Etwa 4 000 Lateiner, die in Rhodos ansässig gewesen waren, schlossen sich den Ordensrittern an, die ihre blanken Waffen, ihre Reliquien, ihre liturgischen Geräte und ihre Feldzeichen und Standarten behalten durften.

Und während der Muezzin vom höchsten Turm der Festung aus triumphierend den Gebetsruf erschallen ließ und sich die Rechtgläubigen zu Boden warfen, um Allah für den Sieg zu danken, stachen die Schiffe, welche die Besiegten aufgenommen hatten, mit unbekanntem Ziel in See.

1530 fanden sie in Malta, das ihnen Kaiser Karl V. als König Carlos von Spanien verlieh, eine neue Heimat. Ihre Abgaben waren gering, eigentlich symbolisch: Sie hatten dem Vizekönig in Sizilien jährlich einen Jagdfalken zu liefern.

Sultan Soliman hielt, als wir ihn nach der Zerschlagung des Königreichs Ungarn verließen, in Buda und hatte nun an sich freie Bahn nach Wien. Er unterließ aber die Fortsetzung der Offensive; ob der herannahende Kasimstag der entscheidende Grund für seinen Entschluß war, oder die Überlegung, daß er nicht im Kriege mit dem Deutschen Reiche war, ist ungewiß. Er ließ zwar seine Reiter beutespähend bis Raab (Győr), Ödenburg (Sopron) und Gran (Estergom) traben, verbot ihnen aber offenbar, über die Grenze vorzustoßen, die sie – sonst längst nicht so penibel – streng beachteten.

Nach zwei Wochen zog er wieder ab, nach Süden, wobei er die gewonnene Beute, zu der vor allem die Bibliothek des Königs Matthias gehörte, durch seine nachgezogene Donauflottille nach Belgrad befördern ließ. Sie diente auch zum Transport der Masse des schweren Geräts, während er mit den mobilen Teilen des Heeres, zu denen auch das Fußvolk gehörte, auf dem linken Donauufer nach Süden zog. Die Reiter verwüsteten das ganze Land bis zur Theiß. In Szeged, das genommen und niedergebrannt wurde, wartete er die Sammlung der Reitergeschwader ab und überschritt um die Oktobermitte als ruhmbedeckter Großherr und siegreicher Heerführer die Grenze seines Reiches; sein und seines Heeres Einzug in Stambul gestaltete sich zum Triumphzug. Es sei am Rande vermerkt, daß die in der Corvina-Bibliothek erbeuteten Bücher sorgsam aufbewahrt und im Jahre 1876 als Geschenk des Großherrn an Ungarn zurückgegeben wurden, soweit sie noch vorhanden waren.

Der Beherrscher der Rechtgläubigen, der Großherr der Osmanen, der Kalif Soliman I., ließ ein zerschlagenes und weitum gebrandschatztes und verödetes Königreich Ungarn zurück, das aber – einmal als Landmasse, dann auch als Heimat einer zwar arg reduzierten, aber zähen und lebenstüchtigen Bevölkerung – trotz alledem einen enormen Wert hatte. Und das sofort daranging, seine staatspolitischen Verhältnisse zukunftsorientiert zu gestalten und zunächst den Mann wählte, dem die Aufgabe
- der militärischen Sicherung und
- der Ermöglichung des Wiederaufbaus
zufallen mußte, nämlich den König. Es gab schon ab Ludwigs Tod nur zwei Anwärter, die in Frage kamen und deren Parteien sich sofort bildeten: Erzherzog Ferdinand I. von Österreich und Johann Zapolya von Siebenbürgen.

Königin Maria war sofort nach Eintreffen der Nachricht vom Tod des

Königs mit Hof und Regierung nach Preßburg geflüchtet, wo sie – gestützt auf den Erbvertrag von 1515 – sogleich das Sukzessionsrecht für ihren Bruder Ferdinand in Anspruch nahm. Auch unter den Habsburgeranhängern, der »Hofpartei«, herrschten arge Zweifel wegen der Wirksamkeit dieses Vertrages, da König Wladislaw nicht berechtigt war, ohne Zustimmung der Stände über die Krone zu verfügen. Man scheute zunächst aber auch die verfassungsmäßig vorgesehene Wahl, da es aus dem Jahre 1505 einen Reichstagsbeschluß gab, demzufolge nur ein »gebürtiger Ungar« zum König gewählt werden durfte. Marias Bruder war aber keineswegs in Ungarn, sondern vielmehr in Spanien geboren und überdies auch aufgewachsen.

Wesentlich rascher und sicherer agierte Johann von Siebenbürgen. Er ging derart zielsicher vor, daß man den oftmals geäußerten Verdacht, er habe Ludwig bei Mohács absichtlich dem Großherrn in die Klinge laufen lassen, als möglicherweise nicht ganz unbegründet empfindet. Er hielt schon vor dem 26. August im Raum Szeged, er war über die Bewegungen des osmanischen Heeres, die samt und sonders am rechten Ufer vollzogen wurden, zumindest in Umrissen informiert, und er unterließ es, spätestens am 24. August mit seinem Aufgebot nach Westen, in Grundrichtung Donau, zu marschieren, um sich dem Heere des Königs, *seines* Königs, wenigstens einmal zu nähern. Ob er dagegen am Tage der Schlacht »das Donnern der Kanonen« hören mußte, wie gelegentlich behauptet wird, kann dahingestellt bleiben: Szeged ist von Mohács doch ungefähr 100 km entfernt; und auch, wenn er den Schlachtenlärm vernommen hätte, war es nun für eine Hilfeleistung mit Sicherheit zu spät.

Gestützt auf das vom Krieg nicht betroffene Siebenbürgen und gestützt von Ungarns einziger intakter militärischer Macht, die er sorgfältig von jeder Kollision mit den osmanischen Verbänden ferngehalten hatte (so setzte er in Südungarn über die Donau auf das rechte Ufer, als Soliman bei Buda auf das linke Ufer ging), wagte er nun den Griff nach der Königskrone, indem er den Zusammentritt der Stände in Székesfehérvár anordnete. Die Reichsversammlung wurde von seinen Anhängern dominiert, da die Hofpartei der Einberufung keine Folge leistete. Sie wählte ihn zum König. Und am 11. November 1526, keine drei Monate, nachdem Ludwig bei der Verteidigung seines Ungarn gefallen war, und etwa drei Wochen, nachdem die siegreichen Osmanen heimgezogen waren, wurde er in der Krönungskirche in Székesfehérvár zum König gekrönt, und zwar von Bischof Stefan Podmaniczky.

Die Wahl, die der Krönung zugrundelag, hatte allerdings einen Schönheitsfehler, sie war ungültig. Sie war ungültig, weil dem Wojwoden von Siebenbürgen nicht das Recht zustand, die Versammlung der Stände Ungarns einzuberufen; es war vielmehr ein ausdrücklich dem König vorbehaltenes Recht, das im Fall seiner Verhinderung der Palatin wahrzunehmen hatte. Der Palatin aber, Stefan Bathory, saß in Preßburg und hatte an der Versammlung von Székesfehérvár keinerlei Anteil.

Im Oktober hatte Erzherzog Ferdinand nun aber selbst die Nachfolge auf

Grund des Vertrages von 1515 in Frage gestellt. Wenn auch nicht in Ungarn, so doch in Böhmen, wo er sich, dem Begehren der Landstände entsprechend, zur Königswahl stellte und gegen zwei bayrische Wittelsbacher siegreich blieb. Damit war die Erbrechtsversion, die sich auf denselben Rechtstitel gründete, in Ungarn nicht mehr aufrecht zu halten. Bathory berief die Stände nach Preßburg, wo nun die Anhänger der Zapolyapartei fehlten. Die Erschienenen wählten am 17. Dezember Ferdinand I., König von Böhmen und Erzherzog von Österreich, zum König von Ungarn.

Zapolyas Kronjurist Stefan Werböczy erklärte die Preßburger Wahl für null und nichtig, weil Johann I. Zapolya schon vorher rechtmäßig erwählt worden war. Allgemein kann gesagt werden, daß Zapolyas Anhang in Ostungarn dominierend war, während Ferdinand regional in Nord- und Westungarn über starke Mehrheiten verfügte. Kroatien löste die Verbindung zu Zapolya, dem Grafen Hans von Zips, wie ihn seine Gegner nannten, und wählte zum ersten Mal seit Jahrhunderten für sich einen König, und der hieß Ferdinand, was durchaus verständlich ist, da Teile der cillyschen Erbschaft in Kroatien lagen und Kroatien überdies mit den habsburgischen Garnisonen zur Türkenabwehr überzogen war.

Der drohende Bürgerkrieg brach noch 1527 aus; er war blutig, zerstörend und gemein, wie Bürgerkriege zumeist. Die Überlegenheit des Habsburgers, der auf die Ressourcen seiner deutschen Fürstentümer einschließlich Böhmens zurückgreifen konnte, erwies sich ziemlich rasch. Niklas Salm, der nach dem erkrankten Markgrafen Kasimir von Brandenburg-Kulmbach den Oberbefehl über König Ferdinands Verbände führte, schlug Zapolya mehrfach, zuletzt bei Tarcal, was den »König Hans« bewog, sich mit seinen letzten Getreuen nach Polen abzusetzen, wo er bei Verwandten einen sicheren Unterschlupf fand. Besonders ungünstig hatte sich für ihn ausgewirkt, daß zuletzt auch »sein« Siebenbürgen mit dem von ihm bestellten Wojwoden Peter Perenyi von ihm abgefallen war und Ferdinand gehuldigt hatte, wobei nicht einmal die Deutschen des Fürstentums, sondern vielmehr die Szekler, die seine barbarische Grausamkeiten gegen Dózsa und seine Kuruzzen nicht vergessen hatten, ausschlaggebend waren. Habsburgs Anliegen wurde in Siebenbürgen durch Ferdinands Söldnerführer Georg Reicherstorffer[3], der einer der bedeutendsten wissenschaftlichen Schriftsteller seiner Zeit war, nicht sehr glücklich vertreten, während Markus Pemfflinger[4], der Sachsengraf, die Deutschen Siebenbürgens zumindest für einige Zeit auf Ferdinands Sache vereinigen konnte.

Das Jahr 1527 endete mit dem vollständigen Sieg König Ferdinands. Er berief eine Reichsversammlung nach Buda, die am 7. Oktober die Preßburger Wahl vom 17. Dezember des Vorjahres bestätigte und ihn neuerlich zum König ausrief. Seine Krönung erfolgte ebenfalls in der Kirche »Zur lieben Frau« in Székesfahérvár. Die Leitung der Zeremonie, die am 3. November durchgeführt wurde, hatte wiederum der Bischof Stefan Podmaniczky.

In Ungarns Südflanke fiel in diesem Jahr das bosnische Banat mit Jajce und einigen kleineren, noch behaupteten Festungen in osmanische Hand. Das Tal des Vrbas verlor seine Bedeutung als Rückgrat der Verteidigungszone, und lediglich der unbeugsame und kühne Paul Bákić versuchte eine Art Partisanenkrieg, der allerdings schon nach wenigen Wochen erlosch. Die bosnischen Bogumilen traten um diese Zeit massenweise zum Islam über und begannen, Bosniens Katholiken mit Energie und Eifer zu verfolgen, gleichermaßen mit dem Fanatismus der Neubekehrten und mit der Erinnerung an die Bedrückungen, denen ihre Vorfahren ausgesetzt waren, behaftet. Sie lösten eine neuerliche Fluchtwelle nach Kroatien aus, was nun endgültig zur Schaffung der **österreichischen Militärgrenze**[5] führte.

Trotz des Verlustes Bosniens hatte sich König Ferdinand rundum behauptet, während König Johann seine kurze Rolle in der hohen Politik ausgespielt hatte oder zumindest gehabt hätte, wäre nicht ein gewisser Hieronymus Laski zu seinem Freundeskreis gestoßen. Dieser Laski, der 1524 als polnischer Gesandter nach Paris gekommen war, verfügte über ausgezeichnete Verbindungen zum französischen Königshof; er setzte diese ein, um König Franz I. für König Johann zu interessieren. Franz I. entsandte sogar einen Sonderbotschafter an den Hof des geschlagenen Königs, wobei das verbindende Element zwischen den ungleichen Partnern der gemeinsame Haß auf Habsburg war. Wenngleich Habsburg für Franz vor allem Kaiser Karl V., für Johann aber König Ferdinand I. war, so war doch der Unterschied gering: Das Brüderpaar betrieb eine weitgehend gemeinsame Politik, die sich auf die gemeinsamen Kraftreserven der Heiligen Römischen Reiches stützte –, und die Bildung einer Interessensgemeinschaft der beiden Habsburggegner war eine höchst naheliegende Sache: Sie eröffnete die Wiederaufnahme kombattanter Aktivitäten durch die Aussicht auf einen, auf **den** Zweifrontenkrieg, wie die später immer wieder angestrebte und auch erreichte militärische Konstellation anschaulich genannt wird. Nun war Zapolyas Kriegsstärke nicht gerade groß, aber Hieronymus Laski hatte die auf Anhieb geradezu aberwitzige Idee, Sultan Soliman als weiteren Bundesgenossen zu gewinnen.

Schon im Dezember 1527 reiste Laski, mit beträchtlichen Geldmitteln aus vermutlich französischer Quelle ausgestattet, nach Stambul, um dort vielleicht weniger sein Glück, als vielmehr sein Geschick zu versuchen und einen Weg zum Ohr des Kalifen zu finden. Er fand; der Weg war nicht eben gerade und führte über einen gewissen Ludovico Gritti, den außerehelichen Sohn des Dogen Andrea Gritti, dessen Familiennamen er führen durfte oder jedenfalls führte. Ludovico war in Stambul geboren und hatte in Padua studiert; nach Stambul, das er als seine Heimatstadt empfand, zurückgekehrt, stieß er zum Freundeskreis Ibrahims, der 1523 zum Großwesir ernannt wurde. Er war ihm eine Art Berater in den internen Belangen der westchristlichen Welt, die für den Orientalen nicht leicht zu überschauen waren. Den ebenso hochbegabten wie zwielichtigen Dogensproß gewann Hieronymus durch massive Bestechung, und der flüsterte Ibrahim nun folgende Gedanken ein:

1. Der Wojwode von Siebenbürgen, Johann Zapolya, hatte sich geweigert, die Waffen gegen den Padischah, den er damit schlüssig als Oberherrn in Ungarn anerkannte, zu erheben.
2. Die einsichtigen Bewohner Ungarns, die unter dem Schutz der Hohen Pforte zu leben wünschten, hatten ihm Ungarns Krone übertragen in einer dem Reichsrecht entsprechenden Wahl.
3. Noch ehe König Johann die Gelegenheit fand, sich und sein Reich dem Großherrn der Osmanen zu unterstellen, wurde er vom Bruder des Kaisers der Giauren mit überlegener Heeresmacht angefallen und aus seinem Königreich vertrieben.
4. Der Bösewicht Ferdinand, der üble Erzfeind des islamischen Reiches, wurde nun unter dem offenen Terror seiner Soldknechte rechtswidrig zum König Ungarns erwählt.
5. Die freche Usurpation eines Reiches, das rechtmäßig dem Beherrscher der Rechtgläubigen gehört, weil er es als siegreicher Heerführer durchzogen hatte, was nach islamischer Auffassung einen tauglichen Erwerbsgrund darstellte, ist ein schwerer Rechtsbruch, der nicht ohne Ahndung bleiben kann.

Ob auch Ibrahim Pascha ein paar Happen von der Bestechungssumme abbekam, kann dahingestellt bleiben, jedenfalls kam es am 29. Februar 1528 zum Abschluß eines Vertrages zwischen Soliman und Zapolya, dessen wesentlicher Inhalt das Versprechen des Großherrn war, Johann Zapolya bei Wiedererlangung der Herrschaft über sein Königreich jede Hilfe zu leisten. Daß König Johann durch diesen Vertrag aber nicht gleichberechtigter Bündnispartner, sondern Tributärkönig der Hohen Pforte würde, wußte er vielleicht gar nicht –, aber Laski wußte es und klärte ihn zeitgerecht auf.

Ibrahim Pascha aber machte sich daran, den Krieg **um** Ungarn – nicht mehr **gegen** Ungarn – für das Jahr 1529 vorzubereiten.

Fügt man den Inhalt des Vertrages unter Nichtbeachtung divergierender Vorstellungen in die politische Gesamtlage der europäischen Welt ein, so war Unerhörtes geschehen:

- König János, der im Augenblick Landlose, war einerseits mit dem Großherrn, andererseits mit dem König von Frankreich in ein Vertragsverhältnis getreten, das eindeutig auf die Eröffnung kombattanter Aktivitäten gegen das habsburgische Brüderpaar abzielte;
- König Franz I. war durch die Verbindung seines Verbündeten Johann Zapolya zur Hohen Pforte mit dieser in ein vorerst mittelbares Bündnisverhältnis getreten, das allen Vertragskontrahenten bewußt war und wenige Jahre danach (1536) zu einem unmittelbaren militärischen Beistandspakt umgestaltet wurde;
- König Franz I. war durch das antihabsburgische Bündis von 1526 mit der »Heiligen Liga von Cognac« mit Papst Klemens VII. liiert, so daß dieser

nicht gerade unmittelbar, aber doch über einige Zwischenglieder mit Sultan Soliman, dem Kalifen der sunnitischen Welt, gegen den Kaiser des christlichen Abendlandes, Karl V., im Bunde stand.

Das Bewußtsein der Bundesgenossenschaft der Heiligen Liga, die beinahe brandneu war, war durchaus lebendig, nicht zuletzt durch die erfolgreiche Kriegführung des Kaisers in Italien. Vor allem Venedig empfand sich durchaus als Bundesgenosse Solimans und handelte ganz in diesem Sinn.

Und Stambul stand ganz im Zeichen nicht nur organisatorischer, sondern auch psychologischer Kriegsvorbereitung...

In das keineswegs habsburgfreundliche Klima des Sultanhofes stießen im Mai 1528 die Herren Johann Habordanecz von Zalathnok und Sigismund Weixelberger, die herzliche Grüße von Ferdinand von Habsburg überbrachten, seine Wahl zum König von Ungarn anzeigten, um Anerkennung derselben ersuchten (was später zu erbitterten Streitigkeiten über die Bedeutung dieses Ersuchens führte, weil die Osmanen darin eine Anerkennung der Oberhoheit des Großherrn erblicken wollten) und eine einverständliche Festlegung des Grenzverlaufes in Kroatien erreichen sollten. Es war wohl der Einfluß Venedigs, das wieder einmal nach Dalmatien übergreifen wollte, der über Ludovico Gritti auf Ibrahim Pascha ausgeübt wurde und als »Vorleistung«, um überhaupt in Verhandlungen eintreten zu können – eine erschreckend »moderne« Konstruktion übrigens – zunächst einmal die Räumung des gesamten ungarischen Territoriums von habsburgischen Truppen begehrte. Da die Herren keineswegs berechtigt waren, über derart provokante Forderungen auch nur zu verhandeln, betrachteten sie ihre Mission als gescheitert und rüsteten zur Heimreise. »Was der Huf des Rosses des Padischah berührt hat, das ist sein Eigentum«, so waren sie belehrt worden, und es war ihr verständliches Bestreben, König Ferdinand so rasch als möglich von den in Stambul herrschenden Rechtsansichten zu informieren. Die Abreise wurde ihnen allerdings verwehrt; venezianische Konfidenten hatten den zuständigen Hofstellen weisgemacht, daß die Gesandten nur der Spionage wegen ans Goldene Horn gekommen seien, denn es habe ihnen völlig klar sein müssen, daß die Regierung des erleuchteten Kalifen, dem Allah tausend Jahre schenken möge, über die von ihnen vorgetragenen, anmaßenden Forderungen ernsthaft auf keinen Fall verhandeln konnte.

Es dauerte bis in den November, daß der osmanische Sicherheitsdienst den Spionageverdacht fallen ließ und die Gesandten heimreisen durften, ein großherrliches Handschreiben im Gepäck, das sie ihrem Herrn überbringen sollten. Der Großherr werde der Beantwortung wohlwollend entgegensehen, wurde ihnen bedeutet.

Ereignisse von in der Tat weltpolitischer Bedeutung werden gelegentlich von den seltsamsten, unglaublichsten, ja geradezu törichten Nebenumständen eingeleitet, begleitet oder mitverursacht. So war es auch beim Krieg des

Jahres 1529, der abertausenden Menschen einen oft furchtbaren Tod brachte, blühende Landschaften in öde Wüsteneien verwandelte und lebensvolle Städte zu starrenden Ruinenhaufen werden ließ. Die Herren Habordanecz und Weixelberger fanden ihren königlichen Herrn nicht in Buda und nicht in Wien, da er sich auf eine Rundreise durch seine Länder begeben hatte (Zweck der ebenso notwendigen wie unangenehmen Winterreise war übrigens, möglichst viele Hilfsquellen für den bevorstehenden Krieg gegen Soliman, dessen Ausbruch eben durch das Festhalten der Gesandtschaft in Stambul beinahe zur Gewißheit geworden war, zu erschließen) und von dem man nicht sagen konnte, wo er sich gerade befand. Irgendeinmal aber, das wußte man, werde er nach Tirol kommen. Die beiden Herren drangen also in die winterlichen Alpen ein und erreichten in den ersten Februartagen Innsbruck, und sie wurden am 8. zur Audienz bei Ferdinand befohlen. Sie erzählten unter Verwendung von hundert Höflichkeitsfloskeln, die das von Burgund übernommene, nicht ganz zutreffend als spanisch bezeichnete Zeremoniell vorschrieb, was ihnen in Stambul widerfahren war, und Herr Habordanecz von Zalathnok überreichte das großherrliche Schreiben in gebotener devoter Haltung.

Und was jetzt kommt, ist unfaßbar: Es gab niemand, der es übersetzen konnte! Der Hof fahndete nach einem tauglichen Dolmetscher und fand keinen. Es dauerte – man höre und staune – bis Mitte **Juli** (!), bis man eine geeignete Person in einem osmanischen Kriegsgefangenen auftrieb, der die deutsche Sprache erlernt hatte und das Schreiben übersetzen konnte. Es stand eigentlich nur drinnen, was die Gesandten ohnehin berichtet hatten. Die Forderung nach der bedingungslosen und totalen Räumung Ungarns war in der Tat nicht akzeptierbar, aber immerhin hätte ja auch anderes in dem Schreiben enthalten sein können. Und sein Inhalt wurde erst runde zwei Monate nach Eröffnung der Feindseligkeiten verstanden!

Am 10. Mai 1529, dem 2. Ramadan des Jahres 935 islamischer Zeitrechnung, war Sultan Soliman Kanuni, der Großherr der Osmanen, der Beherrscher der Rechtgläubigen, zu seinem zweiten Feldzug nach Ungarn aufgebrochen. Auf dem Schlachtfeld von Mohács trat ihm der König von Ungarn entgegen, nicht aber der finstere Usurpator Ferdinand, sondern der in seinen Augen rechtmäßige Träger der Königskrone, Johann I. Zapolya – Kral János, wie ihn die osmanischen Chronisten nannten. Er kam, um Sultan Soliman zu huldigen, der ihn in gebotener Feierlichkeit und unter Zurschaustellung von Macht und Pracht des Orients empfing.

Kral János hatte seine Kriegsvorbereitungen schon im Vorjahr durch subversive Aktionen begonnen. Seine Anhänger, die in Ungarn verblieben oder nach Ungarn zurückgekehrt waren, machten überall die Nachricht vom Kriegsbündnis mit Soliman bekannt und empfahlen, sich zu König Zapolya zu bekennen, wenn die Osmanen in Kürze nach Ungarn kommen werden, um dem Strafgericht des Großherrn zu entgehen. Auch machten sie Ferdinand schlecht, indem sie daran erinnerten, wie dieser mit den rebellischen

Bauern und wenig später mit den Bürgern Wiens verfahren sei, wobei die letztgenannten Unruhen erst 1522 ausgebrochen waren, nachdem er den gewählten Bürgermeister, einen berühmten Gelehrten, der Dr. Martin Siebenbürger hieß und auch aus Siebenbürgen stammte, hatte umbringen lassen. Sie verwiesen auf die Zahlenschwäche der habsburgischen Truppen, ihre mangelhafte Ausrüstung und die oft ausbleibenden Soldzahlungen, die zu gewaltsamer Verpflegungsbeschaffung führten. Bald hatten sie die Bürgerkriegsstimmung wieder angeheizt, und an vielen Orten gab es heftige, teilweise mit Waffengewalt ausgetragene Diskussionen darüber, welches Verhalten nach der neuesten Lageentwicklung vernünftiger sei. Die Angst vor der Zukunft schwebte über dem Reich, die innere Sicherheit hörte auf, die Wirtschaft lag darnieder, und es traten, wie Marczali schreibt, »wieder scythische Zustände im Lande ein«.

In der Tat war Ferdinands Regierung nicht eben glücklich, und Königin Maria, die sich sehr intensiv mit den Zuständen in »ihrem« Königreich befaßte, schrieb am 17. Juni ihrem Bruder einen Brief, in dem sie mit sehr herber Kritik nicht sparte:

> »Allgemein ist die Klage, daß Sie Ihre Versprechungen unerfüllt lassen, daß Sie den Vaida (nicht sehr ehrenvolle Bezeichnung für Zapolya. Anmkg. d. Verf.) nicht aus dem Lande vertrieben, die Grenzfestungen nicht zurückerobert, sondern noch andere verloren haben, daß Ihre Kriegsvölker mit den getreuen Einwohnern noch schlimmer verfahren als die Rebellen, und ärger wüten und plündern als die Türken.«

Nur wenige Tage danach, am 22. Juni, wurde Stefan Majlat, der Petru Raresch von Moldawien, der mit Zapolya verbündet in Siebenbürgen eingefallen war, mit rasch zusammengekratzten Verbänden habsburgtreuer Stände bei Marienburg entgegengetreten war, vernichtend geschlagen.

Aus seinen Anhängern und geworbenen Söldnern bildete König Johann eine Armee, die mit der osmanischen gemeinsam operierte, das heißt dem osmanischen Oberbefehl unterstellt war. Der Truppenbefehlshaber Zapolyas war ein gewisser Albrecht von Sternberg, zum Serasker des Kalifen war Großwesir Ibrahim Pascha bestellt worden. Die vereinigten Armeen stießen – auffallend langsam übrigens – donauaufwärts vor und erreichten am 3. September den »Goldenen Apfel von Ungarn«, Buda, der von Thomas Nádasdy für Ferdinand gehalten wurde. Er hatte neben einigen seiner eigenen Leute 700 deutsche Landsknechte als Verteidigungskräfte, mit denen er den rund 180 000 Mann der vor Budas Mauern gezogenen Armee die Stirne bot. Zumindest lehnte er die Kapitulationsaufforderung ab und legte damit »Widerspenstigkeit an den Tag«, wie es Soliman in seinem persönlichen Kriegstagebuch bezeichnet.

Die Angriffe begannen am 6. September und wurden abgeschlagen. Auch am 7. wurde der Widerstand aufrechterhalten, aber dann kam es zu einer Meuterei des habsburgischen Kriegsvolkes, das den tapferen Nádasdy gefangennahm, auf eigene Faust Übergabeverhandlungen einleitete und gegen Zusicherung des freien Abzuges die Festung übergab.

Der Meuterei der »teutschen Knecht« entsprach die nun ausbrechende Meuterei des osmanischen Heeres. Die Janitscharen verlangten die Plünderungserlaubnis, Ibrahim Pascha verweigerte sie ihnen, sie schrien ihn nieder (»... sprechen vor dem Pascha viele unvernünftige Worte ...« in der Diktion Solimans), verwundeten den Segbanbaschi, der sie zur Disziplin rufen wollte und vertrieben die ihn begleitenden Großen durch Steinwürfe. Soliman schreibt:

> »Als die Ungläubigen der Festung, denen man Gnade hatte zuteil werden lassen, aus den Toren kamen und nach den deutschen Gebieten gehen wollten, wurden sie von einigen Leuten aus dem Heere in den Weinbergen eingeholt. Diese ließen den größeren Teil derselben über die Klinge springen. Von den Reitern entflohen einige und retteten sich.«

Dieses Entkommen war von eminenter Bedeutung. Die Flüchtlinge, denen das Entsetzen ins Gesicht geschrieben stand, verbreiteten die Kunde vom blutigen Gemetzel wo immer sie konnten, *und in der dadurch geweckten Furcht vor der Mordlust der »wilden, barbarischen Heiden« liegt der letztlich entscheidende Grund für den hartnäckigen und sogar erbitterten Widerstand, den Wiens Verteidiger leisteten.* Auch ehrenvolle Übergabeangebote blieben unbeachtet: Man traute dem Wort der osmanischen Führungsspitzen nicht mehr und wehrte sich bis zur letzten, bitteren Konsequenz des Siegens oder Sterbens.

Die Lageentwicklung dieses Sommers war für König Ferdinand, sieht man vom faktischen Verlust des ungarischen Donaulandes ab, überraschend günstig gewesen. Seine Landstände, die er in jedem Fürstentum gesondert aufsuchen und überzeugen mußte – in vorabsolutistischer Zeit war das Regieren nicht ganz so einfach, wie heute vielfach geglaubt wird – hatten die erbetene Hilfe nach oft langem Feilschen bewilligt, weil sie die Wichtigkeit der Behauptung Ungarns als Pufferzone gegen die gefürchteten Moslems einsahen. Mähren etwa bewilligte Soldleistungen für 3 000 Fußknechte und 200 Reiter, Böhmen für 6 000 Fußknechte und 1 000 Reiter, dann begab sich der König nach Wien, wo er mit den österreichischen, nach Graz, wo er mit den steirischen, nach St. Veit, wo er mit den kärntnerischen Ständen zusammentraf und ähnliche Ergebnisse erzielte, wobei sich einige zur Entsendung eigener Truppen auf eigene Kosten verpflichteten, also nicht so wie Böhmen und Mähren.

Danach hatte er den Reichstag in Speyer aufgesucht und Bewilligung der »eiligen Türkenhilfe« zur Verteidigung des Reichsgebietes gefordert. Die »eilige (auch eillende) Türggenhülf« hatte es 1529 so eilig nicht. Die Wittelsbacher erinnerten sich der böhmischen Königswahl und zogen kräftig die Bremse. Kursachsen, schon protestantisch regiert, fürchtete den Einsatz der

Reichstruppen gegen die Lutheraner im habsburgischen Länderkomplex. Andere wieder bezweifelten eine Gefährdung des Reichsgebietes; Ungarn sei, so erklärten sie, Privatsache Ferdinands, und wenn er sich schon den Luxus eines nichtreichszugehörigen Königreiches leiste, müsse er mit den damit verbundenen Schwierigkeiten schon selbst fertig werden.

Zuletzt entschloß sich der Reichstag zu einer Art bedingter Zusage; die Reichsarmee sollte angeworben werden, wenn eine Kommission des Reichstages feststelle, daß die Angaben Ferdinands zutreffend seien. Die Bedrohung des Reiches sei nur anzunehmen, wenn

- sich der Großherr selbst beim Heer (das damals, im Juni, noch in Belgrad sammelte) befinde,
- dieses die behauptete Zahlenstärke von 150 000 bis 200 000 Mann habe und
- ein Kriegszug gegen Ungarns Nachbarländer zu erwarten sei.

Die Kommission wurde aus dem »Stadtgrafen« (Garnisonskommandeur) von Braunau, Konrad Pössnitzer, und dem Regimentsrat (Regierungsrat) Sebastian Schilling gebildet und sogleich auf den Weg ins ferne Ungarland geschickt. Dann wurden die für den Fall der Aufstellung der Reichsarmee vorgesehenen Großoffiziere bestellt, an ihrer Spitze Friedrich, Pfalzgraf bei Rhein, als Obrister Feldhauptmann. Zum Obristen über alles Fußvolk wurde Jakob von Werdenau bestellt, ein erfahrener und tüchtiger Kriegsmann und gläubiger Katholik. Letzteres machte ihn aber verdächtig; der kursächsische Verwaltungsbeamte Kunz Gotzmann wurde zum Obersten über einen Teil des Fußvolks bestellt, damit er – ein eifriger Anhänger der Reformation – Werdenau überwache, daß sich dieser nicht beschwatzen lasse, gegen Protestanten vorzugehen.

Auch unerwartete Glücksfälle traten ein; Papst Klemens VII. gewann die Erkenntnis, daß es für das Oberhaupt der Kirche wenig schicklich sei, als indirekter Verbündeter des Kalifen einen Krieg gegen den Kaiser zu führen, der mit jenem im Kriege lag (Frieden von Barcelona, 29. Juni). Im »Damenfrieden von Cambrai« (5. August) schied Franz I. gegen die Abtretung von Burgund aus der Liga von Cognac aus, beendete den Krieg gegen Karl V. auf eigene Faust und ließ seine Bundesgenossen, allen voran Venedig, im Regen stehn.

Am 20. August kam es zur Auslösung der eilenden Türkenhilfe, was dem Sinne nach verteufelt spät, dem Buchstaben des Reichstagsbeschlusses nach aber erheblich verfrüht war, denn an diesem Tag wußte Sultan Soliman selbst noch nichts davon, daß er im September den Angriff auf Wien befehlen werde.

Das Grenzland aber war schon seit Wochen in heller Aufregung, zumal an eine den gefürchteten Osmanen gegenüber wirksame Verteidigung kein Mensch glauben wollte oder konnte. Ferdinand selbst hatte sich zunächst einmal nach Linz begeben und Wien der »treuen Obhut« Salms überlassen, der aber selbst keinen besseren Rat wußte, als

> »das wir sambt dem innwohnenden christlichen volgkh aus ainer so augenscheinlichen nott ... den abzug nemben und die stadt verlassen ...«

Das verlassene Wien aber sollte niedergebrannt werden, um nicht dem nachdrängenden Feind zur Unterkunft zu dienen, wie er im Schreiben vom 13. August seinem Kriegsherrn empfahl.

Ferdinand konnte den sicher gutgemeinten und – damals – lagegemäßen Vorschlag nicht akzeptieren, befahl die Herstellung der Verteidigungsbereitschaft der Stadt und sicherte erhebliche Truppenverstärkungen zu. Salm ließ Hindernislinien aus Zäunen und Palisadenreihen bauen, und während langsam, sozusagen tropfenweise in den nächsten Wochen tatsächlich einige Truppen nachgeschoben wurden, verließen die Bürger haufenweise die Stadt, an deren Existenz sie kaum Interesse hatten. Mit Wiens Wirtschaft war es nämlich seit einiger Zeit rapid bergab gegangen, und erst im vergangenen Jahr war es in einer Denkschrift ein »zerbrochen Haus« genannt worden. Bedenklich war die empfindliche Reduzierung der Kopfzahlen der Bürgermiliz, die zur militärischen Stadtverteidigung verpflichtet war. Der Wiener Verteidigungsrat berichtete im September, als die Sache langsam ernst wurde, dem Landesherrn, daß

> »die Bürger, so in der musterung an die vierthalbtausend vorhanden gewest, nu khaum bis in die hundert und wenig darüber allhie, sondern all gewichen seien, was etwas spottlich zu hören ...«

Wiens Befestigungsanlagen stammten aus der Zeit vor Aufkommen der Feuerwaffen und waren nur zum geringsten Teil der modernen Kriegstechnik angepaßt worden. Hauptelement war die etwa 4 500 m lang, 6 m hohe und 1 bis 2 m starke Ringmauer, die durch 18 unterschiedlich starke Türme, von denen die meisten an der »Donaufront« konzentriert waren, verstärkt wurde. In einige Türme waren Tore eingebaut, und zwar das Stubenturmtor im Südosten, das Widmerturmtor im Südwesten, das Schottenturmtor im Nordwesten und im Norden das Werderturmtor und das Salzturmtor. Die beiden weiteren Tore, das Kärntnertor im Süden und das Rotenturmtor im Norden, hatten eigene, starke Torschutzbauten, aber keine Türme, was beim Rotenturmtor geradezu anachronistisch anmutet.

Die Mauer mußte wegen der geringen Tragfähigkeit des Bodens durch Fundamente und teilweise durch Piloten gestützt werden. Der Graben war trocken und durch Müllablagerung teilweise eingeebnet; zur Herstellung der Abwehrbereitschaft mußten lange Strecken ausgeräumt werden. Viele Häuser der Vorstädte waren bis an den äußeren Grabenrand herangebaut; sie boten auch nach der Zerstörung den Belagerungskräften gute Deckungsmöglichkeiten. Ein Vorfeld – Glacis in militärischer Fachsprache – gab es nicht.

Die erwähnten Zäune und Palisadenreihen galten als »Annäherungshindernisse«. Der »Stadtzaun« verlief vom Donauufer zum Nikolauskloster an der Straße nach Ungarn, das als Fort verwendet und durch einen etwas abseits gelegenen Turm zusätzlich gesichert wurde. Die Steinbrücke vor dem Kärntnertor wurde durch den »Neuen Turm«, den Matthias Corvinus erbauen ließ, geschützt. Es gab noch einige Bollwerke, die als Forts dienen sollten. Die Befestigung wurde beschrieben, um darzulegen, wie unmodern, schwach und zum Teil beinahe abenteuerlich sie war, so wie die pilotengestützten Mauerteile. Salms Vorschlag, alles preiszugeben und anzuzünden, war also zumindest verständlich.

Als Sultan Solimans Heer vor Buda lag, befanden sich etwa 10 000 Mann in Wien; die aus Krain und Nordungarn erwarteten Verbände waren noch nicht eingetroffen, von der »eiligen Türkenhilfe« war nichts zu bemerken. Um den 20. September erschien zuerst Pfalzgraf Philipp bei Rhein, der Neffe des Obersten Feldhauptmanns mit einer Hundertschaft gepanzerter Reiter, sah die prekäre Lage und sorgte mit der ihm eigenen Energie dafür, daß die vierzehn Fähnlein Fußvolk, die ihm beinahe gemütlich nachmarschierten, ihr Tempo erhöhten und daß auch weitere Reichstruppen mit angemessener Beschleunigung nachgeführt wurden. Bei Belagerungsbeginn befanden sich 5000 Krieger zu Fuß und 1600 Reisige der Reichsarmee in der Stadt. Philipp war zwar Angehöriger eines regierenden Hauses, der junge Pfalzgraf wurde aber dennoch mit den ihm unterstellten Reichstruppen zum Befehlshaber eines Verteidigungsabschnitts bestellt und war offensichtlich froh, unter dem kriegsberühmten Grafen Salm Erfahrungen sammeln zu können.

Etwa zur gleichen Zeit, kurz vor Torschluß also, trafen auch andere Truppen ein. Niklas Salm wies ihnen folgende Verteidigungsabschnitte zu:

I.   Ostkante des Rotenturmtorgebäudes bis Mitte des Mauerabschnittes zwischen Stubenturmtor und Kärntnertor: Reichstruppen unter Pfalzgraf Philipp.

II. Daran anschließend bis zum Augustiner Kloster: Truppen aus den Vorlanden, Tirol, Kärnten, Krain unter Eck von Reischach.

III. Anschließend, das Kloster und den Burggarten umfassend: »Steirischer Haufen« unter Abel von Holleneck.

IV. Anschließend vom Widmerturmtor (einschließlich) bis Schottenturmtor (einschließlich): »Der alte Haufen« unter Leonhard von Vels.

V.   Anschließend bis zum Werderturmtor (einschließlich): Niederösterreichisches Landesaufgebot, Soldtruppen der Städte, 700 spanische Gewehrschützen (später dem II. Abschnitt zugeführt) unter Reinprecht von Ebersdorf.

VI. Anschließend vom Werderturmtor (einschließlich) zum Rotenturmtor (einschließlich): Vier Fähnlein böhmische Söldner unter Ernst von Brandenstein.

Skizze siehe Seite 154.

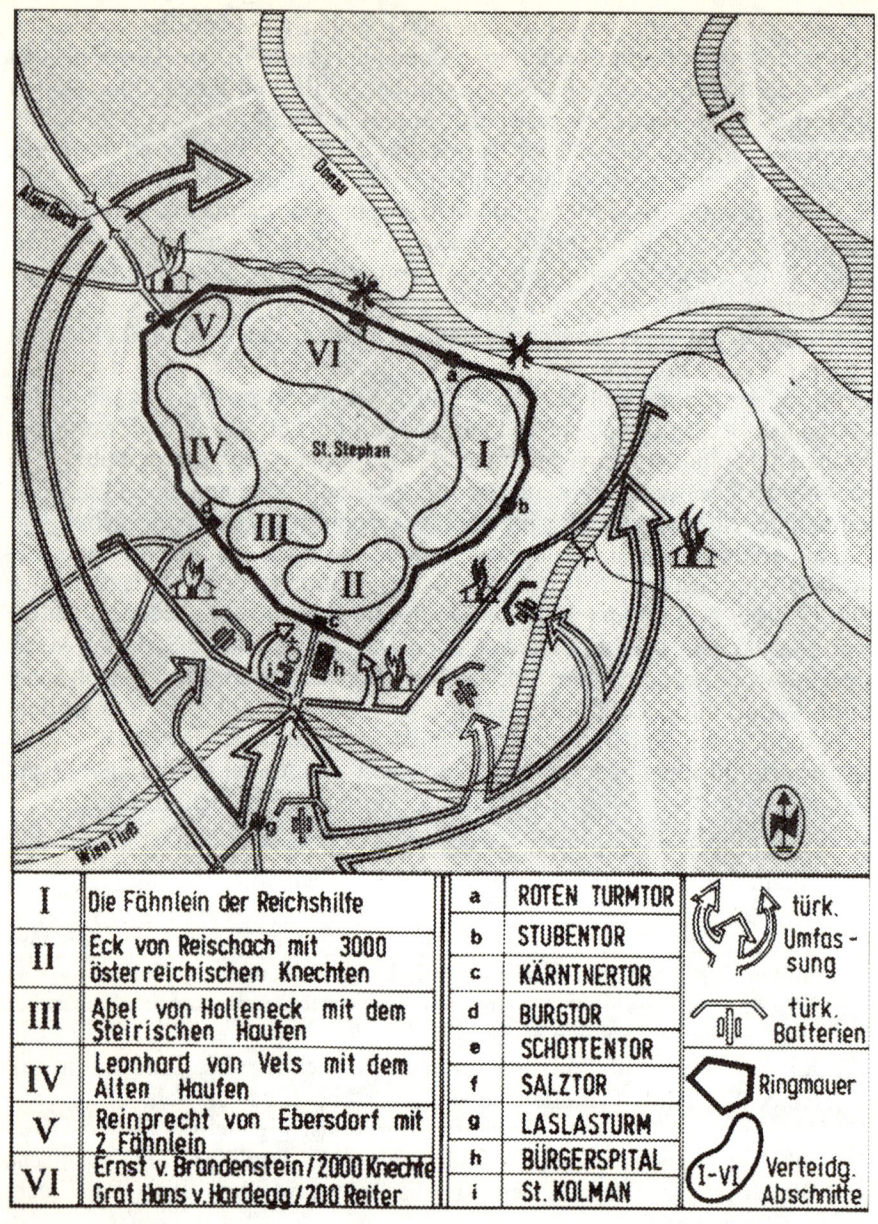

I	Die Fähnlein der Reichshilfe	a	ROTEN TURMTOR	türk. Umfas-sung
II	Eck von Reischach mit 3000 österreichischen Knechten	b	STUBENTOR	
III	Abel von Holleneck mit dem Steirischen Haufen	c	KÄRNTNERTOR	türk. Batterien
IV	Leonhard von Vels mit dem Alten Haufen	d	BURGTOR	
V	Reinprecht von Ebersdorf mit 2 Fähnlein	e	SCHOTTENTOR	Ringmauer
VI	Ernst v. Brandenstein/2000 Knechte Graf Hans v. Hardegg/200 Reiter	f	SALZTOR	
		g	LASLASTURM	I-VI Verteidg. Abschnitte
		h	BÜRGERSPITAL	
		i	St. KOLMAN	

Quelle: Walter Hummelberger »Wiens erste Belagerung durch die Türken 1529«. Militärhistorische Schriftenreihe, Heft 33. Österreichischer Bundesverlag, Wien 1976.

Die bewegliche Reserve wurde von drei Reitergeschwadern gebildet, und zwar
- Hans Katzianer, Obrist über alle »ringen pferdt« (damalige Bezeichnung für Leichte Reiterei),
- Johann Graf Hardegg, Kommandeur der 150 Mann starken Schweren mährischen Reiterei,
- Wolfgang Freiherr von Roggendorf (übrigens der Schwager Salms) Kommandeur der 500 Mann starken österreichischen Schweren Reiterei.

Die 98 Geschütze leichten und mittleren Kalibers umfassende Artillerie wurde von
- Ulrich Leysser, »königlicher Majestät verordneter Kriegsrath und obrister Zeugmeister der Niederösterreichischen Lannd« (Artillerie der Habsburgischen; 74 »püxenmeister« mit Bedienungspersonal) und
- Michael Bächam, »des Heiligen Römischen Reiches obrister Zeugmeister« (Artillerie der eiligen Reichshilfe; 24 »püxenmeister« mit Bedienungspersonal) befehligt.

Zu nennen sind noch
- Veit von Wallenberg als »obrister Kriegszahlmeister« und
- Marx Beck von Leopoldsdorf als »obrister Profandtmeister«.

Die Vertreter der Bürgerschaft, soweit noch in der Stadt vorhanden, waren
- Wolfgang Treu, Bürgermeister,
- Sebastian Eiseler, Wolfgang Mangold und Sebastian Schranz, Stadträte,
- Paul Pernfuß, Stadtrichter und
- Hans von Greiseneck und Leonhard Hauser, Hauptleute der überwiegend flüchtigen Bürgermiliz.

Die Stadt Wien verfügte über eine Donauflottille in Stärke von 28 erst im Sommer fertiggestellten Kampfbooten. Diese sollten mit flußkundigen Fischern und Schiffsleuten der Bürgermiliz bemannt werden, die hinwiederum samt und sonders flüchtig waren. Es blieb nichts übrig, als die Boote zu verbrennen, damit sie nicht in die Hand des Feindes fielen.

Sultan Soliman hatte sich wenige Tage nach der Meuterei seines Heeres zur Weiterführung der Offensive in das Gebiet des Heiligen Römischen Reiches entschlossen, um seinen Kriegern die Gelegenheit zu geben, ein reiches Land gehörig ausplündern zu können. Er hatte das Beutemachen in Ungarn, einem zwar christlichen, aber schon zum Dar ul Islam gehörigen Land verboten, und er war durch die alle Disziplin durchbrechende elementare Wildheit seiner Truppen daran erinnert worden, daß die Masse von ihnen den Krieg auf eigene Kosten führte. Ein beuteloser Feldzug war für sie, die sogar auf Selbstverpflegung angewiesen waren, ein gewaltiges Defizit, das viele von ihnen an den Rand des Ruins brachte. Und das war für das Kriegswesen des Reiches äußerst gefährlich. Es gab nur *eine* Möglichkeit, dem entgegenzuwirken, und das war die Möglichkeit, Beute zu machen. Soliman mußte das ganz einfach berücksichtigen, um nicht seinen wohlerworbenen Ruf als erfolgreicher Kriegsherr, dessen Mobilisierungsbefehlen willigst Folge geleistet wurde, aufs Spiel zu setzen. Er führte sein Heer nun dorthin, wo es Beute für jeden gab.

Seine Überlegungen wurden von König Johann, der weitere Plünderungen in seinem Ungarn befürchtete, im Rahmen des Möglichen gefördert. Er bedachte – von seinem Standpunkt aus mit vollem Recht – daß, wenn schon geplündert werden mußte, dies im Land des Habsburgers geschehen solle und nicht bei ihm.

Am 11. oder 12. September setzte Soliman seine Voraustruppen, wie üblich vor allem Akindschis, an; sie überschritten in mehreren Stoßgruppen die Reichsgrenzen und brachen in das schutzlose Land ein, weithin Tod und Entsetzen verbreitend. Dann folgte die eigentliche Vorhut, die Lehensreiterei von Semendria, geführt von ihrem Alaybeg. Am 15. September brach das Gros auf, dessen schweres Gerät von der Donauflottille transportiert wurde. Die Truppen überschritten am 22. die Grenze; am nächsten Tag wurden sie bei Bruck a.d. Leitha versammelt, weil Soliman es für notwendig fand, sich einen detaillierten Überblick über die Kampfstärke der einzelnen Truppenteile zu verschaffen. Listenmäßig erfaßt waren nur die besoldeten Reichstruppen; hinsichtlich der Lehenstruppen, der Akindschi und Asaben gab es nur sehr vage Angaben der jeweiligen Führer, und diese Unterlagen differierten je nach den aktuellen Wünschen sehr erheblich. Die »große Inspektion« erbrachte ein recht problematisches Ergebnis; die Truppenführer, denen im Weigerungsfall die sofortige Hinrichtung angedroht wurde, gaben nun zwar genau erscheinende Listen ab, deren Richtigkeit aber nicht überprüft werden konnte. Am nächsten Tag zog das Heer weiter, trotz der Friktionen wegen der Stärkemeldungen in bester Stimmung, denn das weite, fruchtbare Land versprach reiche Beute.

Von den habsburgisch besetzten Städten südlich der Donau, nämlich Gran, Ungarisch-Altenburg, Bruck a.d. Leitha, Raab, Hainburg und Trautmannsdorf, konnte sich keine behaupten; gekämpft wurde um Raab und die Burg in Gran, neutralisiert wurden Bruck und Hainburg. Das Wesen der Neutralisierung war eine »bedingte Übergabe«. Sie bestand darin, daß sich die Besatzung jeder Kampfhandlung enthalten mußte, die Stadt aber vom Feind nicht besetzt wurde. Im Fall der Eroberung des Hauptangriffszieles Wien hatte die kampflose Übergabe zu erfolgen. Die Besatzung von Hainburg setzte auf das linke Ufer über, fiel aber nicht auf Preßburg zurück, sondern zog bis Korneuburg, wo sie zu plündern begann und überwältigt werden mußte.

Links der Donau wurde Komorn aufgegeben, die Besatzung zog unter Mitnahme der Geschütze und Vorräte nach Preßburg und verstärkte dessen Garnison. In Pressburg führten János Szalay und Wolfgang Öder den Befehl. Die Stadt wurde nicht angegriffen, weil das Übersetzen des Stroms durch starke Verbände zu riskant und aufwendig gewesen wäre. Die Besatzung griff aber recht wirksam in die Kämpfe ein, nahm Solimans Donauflottille, die am rechten Ufer stromaufwärts getraidelt wurde, unter schweres Geschützfeuer und versenkte einige Cajken, andere wurden mehr oder weniger schwer beschädigt. Die Aggressivität der Preßburger war für Soliman recht unangenehm, hielt sie doch seine Hauptnachschublinie Donau unter einem ständigen Druck, der den Schiffsverkehr erheblich erschwerte.

Die Art der Kriegführung war von enormer Härte, ja Grausamkeit, die vom islamischen Kriegsvolk ausging, vom abendländischen übernommen und weiterentwickelt wurde. In der Literatur erlangte der Fall des »Herrn im Goldkaftan« traurige Berühmtheit, eines durch reiche Gewandung auffallenden Osmanen, vermutlich eines Akindschiführers, der von den Husaren des Paul Bákic, der in habsburgische Dienste gelangt war, gefangengenommen und nach Wien überstellt worden war, wo er kunstvoll gefoltert wurde. Als er nur mehr ein armes, zerschundenes, schmerzerfülltes Stück Leben war, aus dem auch unter Anwendung qualvollster Methoden keine Antworten mehr herausgepreßt werden konnten, wurde er »... mitsampt anderen, vorher gefangenen und auch gestreckt (gefolterten, Anm. d. Verf.) türken wol zusammengefesselt und gebunden in aym sack in die Thonaw geworfen ...«

Die Senger und Brenner hausten in der weiteren Umgebung Wiens in altgewohnter Weise; Folterungen nahmen sie generell, schon aus Zeitmangel, nicht vor, aber sie zeichneten sich durch Massenabschlachtungen aus, denen die Männer zum Opfer fielen. Frauen und Kinder dagegen wurden nach Möglichkeit verschont, weil sie als Sklaven verschachert werden konnten, wobei zu bemerken ist, daß in den Gefolgstrossen der osmanischen Heere stets Sklavenhändler mitzogen, die die menschliche Ware an Ort und Stelle zu günstigen Preisen erwarben.

Die Akindschis durchstreiften das Vorfeld der abwehrbereiten Stadt schon an jenem Tage, an dem sich Soliman um die Feststellung der Heeresstärke bemühte. Trotz der oder eben wegen der Berichte der zuströmenden Flüchtlinge und der unter der Folter erpreßten Aussagen der – wenigen – Gefangenen mußte Salm wenig von der Lage vor den Mauern. Was er wußte, waren überwiegend schaurige Details, aber wo sich die Hauptmacht des Feindes befand und wie sie sich verhielt, das wußte er nicht.

Am 23. September erhielt Graf Hardegg den Befehl, mit seinem Reitergeschwader, das aus den Reisigen Roggendorfs und des Pfalzgrafen auf 500 Mann aufgestockt wurde, entlang der Straße nach Ungarn bewaffnete Aufklärung zu treiben. Hardegg ritt aus dem Stubenturmtor ostwärts ab und stieß schon beim Kloster des Hl. Nikolaus auf einen Akindschiverband, den er ohne Verzug attackierte. Die Leichten Reiter ließen es nicht auf eine Gefechtsberührung ankommen und stoben davon, Hardegg verfolgte sie und prallte keine tausend Meter weiter auf die Lehensreiterei aus Semendria, die Vorhut des feindlichen Heeres. Der Alaybeg Mechmed Beg griff nun Hardeggs Reiter an und warf sie auf das Kloster zurück. Mechmed unternahm keinen Versuch, das Kloster zu stürmen, nahm aber die Reiter, die nicht mehr in die Mauern gelangten, gefangen. Es war ein Fähnrich Christoph Zedlitz von Gersdorff mit sieben Mann; sie wurden, vermutlich am nächsten Tag, dem Großherrn vorgeführt. Die sieben Reiter wurden dabei gezwungen, die abgehauenen Köpfe von drei gefallenen Kameraden und vier ermordeten Kranken des Spitals von St. Marx, die den Akindschis zum Opfer gefallen waren, auf ihre Spieße zu stecken, woraus zu schließen ist, daß Hardegg nicht mehr Gefallene hatte als die drei Mann, denn die kraftvollen Kriegerköpfe weiterer Gefallener wären weit bessere Siegestrophäen gewesen als die Schädel der kümmerlichen Siechen, die das Spital bevölkerten und nicht mehr evakuiert werden konnten.

Sultan Soliman verhielt sich in sehr überraschender Weise; er behielt den Fähnrich und zwei Reiter als Gefangene im Hauptquartier, beschenkte die übrigen mit je zwei »türgkischen Ducaten« und ließ sie nach Wien zurückstellen mit der Botschaft, daß er im Falle kampfloser Übergabe die Stadt verschonen, ja nicht einmal besetzen würde, sondern an den Mauern vorüberziehen, um »Kunig Ferdinand« zu suchen. Andernfalls werde er schon am Michaelitag (29. September) sein Frühstück in Wien einnehmen und mit den in der Stadt Befindlichen übel verfahren.

Das Angebot wurde nicht einmal beantwortet, obzwar an der Ernsthaftigkeit nicht gezweifelt werden konnte. Aber, wie schon gesagt, man traute derartigen Versprechungen nicht, denn man wußte aus dem bisherigen Verlauf der Kriege Solimans: Der Großherr war gnädig –, aber sein Heer war es nicht. Und er konnte die Einhaltung gemachter Zusagen gegen sein Massenheer nicht erzwingen, und so waren sie wertlos.

Am 25. September erschien der Großwesir Ibrahim Pascha mit dem Gros vor Wien und begann mit dem Aufbau des Lagers, das die Stadt halbmondförmig umschloß. Sultan Soliman traf einen Tag später ein und bezog das von den Truppen des Mechterbaschi, der etwa einem Generalquartiermeister entspricht, vorbereitete Hauptquartier, das aus einem ganzen Zeltkomplex – der »Zeltburg« in osmanischer Diktion – bestand und im Raum Kaiserebersdorf errichtet wurde. Und zwar in jenem Geländeteil, wo später das sogenannte Neugebäude aufgeführt worden ist und sich heute das Krematorium befindet.

Das Lager der Janitscharen befand sich auf der Wieden und markierte das Schwergewicht der geplanten Kampfführung gegen das Kärntnertor. Hinter diesem, den Wienerberg und den Laaerberg im Rücken, befand sich das Stabsquartier des Seraskers und Großwesirs, umgeben von Verwaltungsstellen und Versorgungseinrichtungen, von Munitionsdepots und Fuhrparks, von Kavalleriereserven und dem mobilen Basar, den die mit dem Heere ziehenden Händler und Handwerker errichteten und der für die laufende Bedarfsdeckung der auf Selbstversorgung angewiesenen Milizen und die Veräußerung gemachter Beute einschließlich Versklavter unerläßlich war. Den rechten Flügel der Belagerungsarmee, etwa bis zum Stubenturm, bildete der Beglerbegi von Amasia mit seinen Provinztruppen und Milizen, den linken bis in den Raum St. Veit bezogen die Lehenstruppen der übrigen anatolischen Provinzen, während die rumelischen Truppen, verstärkt durch die Kontingente der heerfolgepflichtigen Tributärfürsten, den Raum bis zum Donauufer besetzt hielten.

Ausgesprochen gekonnt war der Einsatz der erstaunlich kleinkalibrigen Artillerie, die zwar über zahlreiche leichte Feldgeschütze, aber nur zwei Kolumbrinen (relativ weitschießende schwere Feldkanonen, Geschoßgewicht 3 bis 9 Okka → 1,28 kg) verfügte. Durch Konzentration der Geschütze wurden Feuerschwerpunkte geschaffen; beim Neuen Turm wurde die »schwere Batterie« der Kolumbrinen in Stellung gebracht, nordwestlich davon eine starke »leichte Batterie« der Feldgeschütze, wobei unter »Batterie« die Feuereinheit ohne Rücksicht auf die Zahl der in ihr vereinigten Geschütze zu verstehen ist. Die Hauptschußrichtung dieser Batterien war eindeutig das Kärntnertor. Dort war der Einbruch der Janitscharen geplant. Zwei kleine leichte Batteriestellungen wurden nordostwärts davon errichtet, alle in gefährlicher Nähe der Anlagen, eine gegenüber der Südostecke der Ringmauer, die andere hart nördlich davon.

Mit zwar unzulänglichen Waffen, aber durchaus folgerichtig wurde der Einsatz der Artillerie festgelegt; dies sei besonders betont, denn etwa eineinhalb Jahrhunderte danach stümperte Kara Mustafa Pascha gerade bei der Verwendung seiner schweren Waffen in geradezu sträflicher Weise herum.

Am 27. September erzielten die Osmanen einen bedeutsamen Erfolg, als ihrer Donauflottille die Zerstörung aller Brücken zwischen Wien und dem Nordufer des Stromes gelang. Damit war die Stadt von allen Verbindungen in das linksufrige Österreich abgeschnitten; es war unmöglich, Truppenverstärkungen oder Versorgungsgüter nachzuschieben, und Pfalzgraf Friedrich, der mit etwa 8000 Mann der eiligen Türkenhilfe auf diesem Wege nach Wien gelangen wollte, mußte den Rückmarsch in den Raum Krems antreten, um den Zuzug weiterer Kräfte abzuwarten und den Eingang in die Wachau gegen Solimans schweifende Reiter zu sperren.

Hier sei bemerkt, daß es in manchen Teilen der Geschichtsschreibung nachgerade üblich ist, dem Pfalzgrafen bei Rhein allzu vorsichtige, schleppende Operationsführung vorzuwerfen. Demgegenüber ist die Frage am Platz, was er – nach Meinung heutiger Historiker – mit seinen 8000 Mann bei sofortigem Übersetzen über den Strom bei Krems hätte anfangen sollen. Donauabwärts marschieren wäre konzentrierter Unsinn gewesen: Soliman hätte ihn mit der dreifachen, fünffachen, ja zehnfachen Überlegenheit jederzeit anfallen können und seine »Offensivarmee« wäre vernichtet worden, ehe sie die Gefechtsordnung hätte einnehmen können. So blieb ihm nur die Möglichkeit des Abwartens, bis die restliche Reichsarmee und jene habsburgischen Truppenkörper, die sich noch auf dem Marsch befanden, bei ihm eingetroffen waren, zusammen doch etwa 25000 Mann, und mit diesen (und seinen 8000) die Entsatzoffensive zu beginnen.

Vor Wien kam indessen der Belagerungskrieg in Gang, der durch eine bemerkenswert aktive Kampfführung der Verteidiger gekennzeichnet war:

Es gab eine Vielzahl von Ausfällen, also »Angriffe mit begrenztem Ziel«, durch welche die Arbeiten der Belagerungsarmee nachhaltig gestört wurden. Im Ganzen gesehen aber dominierte doch der zermürbende Alltag des Grabenkrieges mit den erbitterten Kämpfen um kleine und oft sogar kleinste Geländeteile, mit mühsamen Schanzarbeiten, langanhaltendem Artilleriefeuer, schweren Verlusten. Die Aufzählung der Einzelheiten der ständigen Kämpfe wäre gerechtfertigt, um des Heldentumes zu gedenken, das Tag für Tag von beiden Seiten eindrucksvoll gezeigt wurde, aber es ist kaum möglich, sie zu einem auch nur halbwegs übersichtlichen Bild zu formen.

Zusammenfassend läßt sich nur sagen, daß die Lage in der Stadt überraschend gut war. Salm blickte der Zukunft recht optimistisch entgegen, und seine Erwartungen lassen sich leicht auf einen Nenner bringen: *Der nächste Winter kommt bestimmt.* Er wußte sehr wohl, was es für des Großherrn *orientalische* Massenarmee bedeuten mußte, von Schnee und Frost und Eis angefallen zu werden, und er ersehnte nun mehr als jede Offensive stromaufwärts sammelnder Kräfte das Erscheinen seines stärksten Verbündeten, des »Generals Winter«.

Um die Bedeutung der fortschreitenden Jahreszeit wußte aber auch die osmanische Heerführung Bescheid. Sie hatte auch mit wachsenden Versorgungsschwierigkeiten zu kämpfen, denn die Gegend um Wien, deren greifbare Vorräte noch rasch hinter die Mauern verbracht worden waren, war bald kahlgefressen. Das Heerlager mit seinen mindestens 200 000 Köpfen (und Mägen, denn als Esser zählten auch die Troßknechte, die Kaufleute, die mitgebrachten oder neugefangenen Sklaven und der ungeheuren Zahl an Reit-, Trag- und Zugtieren) war ein Nahrungsmittelkonsument in der Größenordnung des heutigen Graz oder Szeged. Ein Nahrungsmittelkonsument, für dessen Versorgung keine umfassenden Maßnahmen getroffen werden konnten: keine »Fernverkehrsstraßen«, keine Infrastruktur. Und es ist keineswegs erstaunlich, daß schon nach zwei Wochen verschwenderischen Wohllebens als hohläugiger Gast der zweite natürliche Verbündete Salms das Lager umschlich, der Hunger.

Die Zeit drängte; Soliman trieb Ibrahim an, Ibrahim trieb die Truppenführer an, diese trieben die Großoffiziere an und so weiter, die ganze Stufenleiter herunter – und die auf der letzten Stufe Stehenden, die keinen mehr antreiben konnten, wühlten und werkten in mühsamen Schichten oft unter der Erde, schwitzend und fluchend, durch Drohungen und Versprechungen, durch Hiebe und Belohnungen angespornt. Sie sollten die letzte »Wunderwaffe« ihres Heeres zum Einsatz bringen, Minen, mit denen man ganze Mauerabschnitte in die Luft jagen oder zumindest zum Einsturz bringen wollte.

Diese Art der Kampfführung war damals ziemlich neu, aber die Verteidiger griffen auf Bergknappen zurück, die sich entweder unter den Leuten des Eck von Reischach befanden oder als eine Gruppe von »Entwicklungshelfern« auf dem Weg in die slowakischen Silberminen in Wien vom Kampfgeschehen festgehalten worden waren. Diese wurden auf die erkannten zwei Minen angesetzt und räumten sie aus; eine weitere Mine gelangte wegen technischen Versagens nicht zur Explosion. Am 9. Oktober aber wurden die beiden restlichen Minen von den insgesamt fünf vorbereiteten gezündet. Sie schlugen westlich des Kärntnertores zwei ungefähr je 25 m breite Breschen in die Mauer. Der sofort mit großem Elan vorgetragene Angriff wurde von bereitgestellten Reserven unter der persönlichen Führung des alten Draufgängers Salm zurückgeschlagen; Salm erlitt dabei eine schwere Verwundung und mußte sich darauf beschränken, die Verteidigung vom »Grünen Tisch« aus zu lenken.

Soliman war für den Abbruch der Belagerung und teilte das seinem Serasker am 12. Oktober mit. Nach Erörterung der Gesamtproblematik – Ibrahim Pascha glaubte, daß die Verteidigung des »Goldenen Apfels der Deutschen« dem nächsten Großangriff erliegen müsse – wurde beschlossen, am 14. Oktober noch einen letzten Versuch zu wagen, Wien mit stürmender Hand zu bezwingen. Ibrahim irrte. Die Verteidiger wiesen die Angreifer, die sich mit bewundernswerter Tapferkeit schlugen, unter schwersten Verlusten auch diesmal zurück. Und die abendliche Lagebesprechung stand bereits im Zeichen des Abbruchs der Belagerung und Rückführung des Heeres, wobei die notwendigen Maßnahmen mit virtuoser Brillanz angeordnet und mit erstaunlicher Exaktheit durchgeführt wurden. Für die Feindlage waren die Soliman in groben Umrissen bekannten folgenden Umstände maßgebend:

1. Die Verteidiger Wiens waren beinahe zur Gänze Feldtruppen, mit relativ starken Kavalleriekräften versehen, die ohne Verzug die Verfolgung aufnehmen konnten.
2. Die donauaufwärts haltenden Truppen des Pfalzgrafen Friedrich, verstärkt durch Leichte Kavallerieverbände, die Paul Bákic und Sigismund Weixelberger (der Sonderbotschafter nach Stambul) führten und die nicht in Wien Zuflucht gesucht hatten, konnten ebenfalls sofort nachstoßen.
3. Habsburgische Truppen, die sich in Festungen – besonders Preßburg – gehalten hatten, waren ebenfalls gefährliche Gegner, vor allem für marschierende, große Kolonnen.
4. Die Haltung der Ungarn, die unter dem Eindruck der osmanischen Truppenbewegungen König Johann gehuldigt hatten, war zweifelhaft, mußte doch befürchtet werden, daß sie nun die Partei wechseln und das abziehende Heer anfallen könnten.

Es kam darauf an,
– das abziehende Heer als
  • mobilen und
  • schlagkräftigen
  Großverband zu erhalten und
– den Abzug aus dem Raum Wien durch Hinhaltende Kampfführung

in Form
- zeitlich begrenzter Verteidigung und
- Durchführung einer Entlastungsoffensive

zu ermöglichen.

Zur Erhaltung der Mobilität des Heeres wurde befohlen,
- die gesamten, schwerbeweglichen Troßgüter als gefährlichen Ballast zu opfern (auch Solimans eigene »Zeltburg« blieb zurück),
- die dadurch freiwerdenden Gespanne und Tragtiere als zusätzliche Bewegungsmittel für die zur Mitnahme bestimmten schweren Waffen und Kriegsmaterialien zu verwenden,
- die Marschfolge unbedingt einzuhalten und
- marschbehindernde Gefangene, nun schon zu Sklaven und damit Privateigentum ihrer Herren geworden, zu liquidieren.

Die Marschfolge wurde derart festgelegt, daß der Abzug der Trosse dem Abzug des Fußvolkes und dieser dem Abzug der Kavallerieverbände, soweit sie nicht spezielle Aufträge erhielten, um mehrere Tage gestaffelt voranging.

Durch die Bestimmung der voneinander deutlich abgehobenen Marschpakete mit Nachstaffelung von kampfkräftigen Heeresteilen wurde nicht nur die optimale Mobilität, sondern auch die größtmögliche Schlagkraft der abrückenden Heeressäule gegen verfolgende Feindkräfte erzielt; beides waren zusammengenommen die unerläßliche Voraussetzung für die reibungslose Durchführung der schwierigen Operation.

Die *Hinhaltende Kampfführung* erfolgte
- durch die zeitlich begrenzte Verteidigung, die der rumelischen Lehensreiterei unter Führung des Ibrahim Pascha zufiel und die etwa 8000 m vor dem Kärntnertor gefechtsbereit hielt und
- durch einen großen Raubzug der Akindschis, die von dem geradezu legendären Kasim Beg geführt wurden, in den Raum nördlich der Donau, der darauf abzielte, die Leichte Reiterei über den Strom nachzuziehen und sie von der Verfolgung des abrückenden Heeres abzuhalten.

Die Räumung des Lagers mit den angeordneten flankierenden Maßnahmen begann, gleich nach der Lagebesprechung, noch in der Nacht vom 14. zum 15. Oktober. Sie ging nahtlos in die Absetzbewegung der schwerbeweglichen Teile – also des ersten Marschpaketes – über, die während des ganzen Tages angehalten hat. Am selben Tag fuhr auch die Donauflottille, die stromaufwärts von Wien ihren Anlegeplatz gehabt hatte und seit den frühen Morgenstunden mit dem Übersetzen von Kasims Akindschis beschäftigt gewesen war, donauabwärts an der Stadt vorbei.

Die osmanische Operation war unverkennbar; man läutete in Wien die Siegesglocken und begann mit den Siegesfeiern. Beinahe zu früh, denn Ibrahim

Pascha hatte noch ein Kommandounternehmen in der Hinterhand, eine Art Trojanisches Pferd. Er wollte durch drei bestochene »teutsche Knecht« in den Abendstunden des 15. an mehreren Stellen der Stadt Feuer legen lassen und die Verwirrung zu einem raschen Überfall nützen, aber die Landsknechte verrieten sich dadurch, daß sie in der von ihnen aufgesuchten Schenke mit türkischen Münzen bezahlen wollten. Sie wurden überwältigt und legten auf der Folter ein Geständnis ab. Im Morgengrauen des 16. wurden sie geviertelt; einer von ihnen stammte aus Kärnten, einer aus Preßburg, einer war Wiener.

Der Großherr blieb mit dem Gros der Armee den ganzen 16. im vormaligen Belagerungsbereich. Er hielt die letzte Lagebesprechung und die letzte Parade vor Wien ab, die in vollster Ordnung und mit dem üblichen großen Gepränge vor sich ging. Dann zeichnete er besonders verdiente Offiziere durch die Verleihung von Ehrengewändern, welche die Bedeutung der abendländischen Orden hatten, aus und überreichte Ibrahim Pascha einen Prunksäbel, vier Ehrenkaftane und fünf Beutel Aspern. Die übrigen Paschas erhielten je zwei Ehrenkaftane, und den Janitscharen wurde durch eine Sonderzahlung von je 1000 Aspern gedankt. In diesem Zusammenhang wurden auch umfangreiche Neubelehnungen durchgeführt oder – für die abwesenden Akindschis – verbindlich zugesichert, und alles dies erweckte in den Truppen das Gefühl, an einem siegreichen Krieg teilgenommen zu haben und ließ sie die zurückbleibende Beute leichter verschmerzen.

Am nächsten Tag, es war der 17. Oktober, zog die zweite Staffel – Fußvolk, rückbehaltene Teile der leichten Artillerie, Gardekavallerie – ab. Es war das Gros der kämpfenden Truppen; der Sultan führte es selbst.

Erst spät am nächsten Tag, dem 18., folgte Ibrahim Pascha mit den rumelischen Lehensreitern, deren Anwesenheit den Beginn der Verfolgung bisher verhindert hatte. Das erste Marschpaket hatte also einen Vorsprung von vollen vier Tagen, das zweite einen solchen von immerhin einem Tag. Selbst als das Heer im Raume Bruck von heftigen Schneefällen überrascht wurde, die durch das warme Tageswetter zu beachtlichen Überschwemmungen führten, war der Vorsprung so groß, daß es selbst dann nicht eingeholt worden wäre, wenn Salm die Verfolgung sogleich hätte aufnehmen können.

Er konnte es aber nicht, weil am 20. Oktober die restliche eilige Türkenhilfe nach Wien gelangt war, Pfalzgraf Friedrich den striktesten Befehl hatte, im Falle eines Zurückweichens der Osmanen diese nur bis zur Reichsgrenze zu verfolgen und weil überdies die Landsknechte der Reichsarmee, die bisher Wien verteidigt hatten, zu meutern begannen und die Unruhe auch auf die anderen Truppen übergriff. Grund der Meuterei waren Unstimmigkeiten in der Soldabrechnung, die am 21. vorgenommen wurde. Ein Fußknecht erhielt damals vier, ein Reisiger acht »Rheinische Gulden« im Monat, wobei er Verpflegung, Ausrüstung, Bewaffnung und Pferd selbst zu stellen hatte. Bei Belagerungen wurde die Truppe aus den eingelagerten Vorräten verpflegt, doch wurden die verabreichten Lebensmittel hinterher verrechnet und vom

Sold abgezogen. Für besondere Gefahren gab es eine Gefahrenzulage, der »Sturmsold« genannt, in der Höhe eines Monatsbezuges.

Da die Söldner in der Tat »Facharbeiter« in Sachen Kriegswesen waren, gab es – unter anderer Bezeichnung selbstredend – eine Art gewerkschaftliche Organisation, die Soldforderungen erhob und deren Erfüllung mit allen möglichen Maßnahmen, die bis zum Streik gingen, durchzusetzen bemüht war.

Die Söldner in Wien hatten zwei Monate keinen Sold bekommen, er war sofort zu bezahlen. Pfalzgraf Friedrich, der »Sozialpartner«, der »Dienstgebervertreter«, stimmte zu.

Die Verpflegungskosten für die Dauer der Belagerung sollten erlassen werden. Pfalzgraf Friedrich stimmte zu.

Die Gefahren des Belagerungskampfes waren groß, der dreifache Sturmsold wurde als »gerechte Entlohnung« gefordert. Der Pfalzgraf stimmte nicht zu; er bot den einfachen Sturmsold.

Die nun ausbrechenden Unruhen dauerten den ganzen Oktober über an. Dann einigte man sich.

Da aber war Sultan Soliman I. Kanuni, der Beherrscher der Rechtgläubigen, der Kalif schon längst dem Zugriff der Giauren entzogen. Bald darauf hielt er wieder Einzug in seine Residenz, und wieder war dies ein gewaltiger Triumphzug.

3. Kapitel:
Das geteilte Ungarn

Soliman, der den in der abendländischen Geschichtsschreibung üblichen Beinamen der Prächtige mit vollstem Rechte trug, ließ es sich nicht nehmen, auch in Buda - das er am fünften Tag nach seinem Aufbruch von Wien erreichte - ein ganz prachtvolles Schauspiel zu inszenieren. Osmanische Chronisten berichten, daß er nun in großer Zeremonie »Kral Janusch« Krone und Szepter des ungarischen Königs verlieh und König Johann sie annahm, womit er das Recht des Großherrn, *über das ungarische Königtum zu verfügen,* anerkannte. Die ganze Sache war eigentlich schon längst erledigt, wenn wir an die Huldigung von Mohács denken, aber sie hier in feierlicher Form zu wiederholen, diente dazu,

- Ungarns Stände in unmißverständlicher Weise über die Veränderungen im Staatsrecht zu informieren und
- dem osmanischen Kriegsvolk noch einmal zu demonstrieren, wie erfolgreich der Feldzug des Jahres doch verlaufen war.

Nun schien es geboten, die osmanische Sicht der Dinge im Abendland offiziell zu verbreiten, was gar nicht so einfach war, weil es einen ständigen diplomatischen Verkehr, so wie er heute üblich ist, zumindest für das Osmanische Reich nicht gab. Die einzige Regierung, zu der eben damals gute Beziehungen bestanden, war die von Venedig, und so entschloß sich Soliman, offenbar von seinem Großwesir beeinflußt, ein Schreiben an den Dogen zu senden, das den osmanischen Standpunkt klarstellte. Er war sich dabei völlig bewußt, daß der Inhalt dieses Schreibens keineswegs ein Staatsgeheimnis bleiben, sondern durch gezielte Indiskretion den Höfen, auf die es dem Großherrn ankam, bekannt werden würde. Das Schreiben faßte die Geschehnisse sehr geschickt zusammen und interpretierte sie wie folgt:

- Die Stadt Buda und das ganze Königreich Ungarn wurden von den Heeren des Kalifen genommen und Kral Janusch als einem Tributärfürsten des Großherrn übertragen.
- Der Kalif hatte erwartet, den Anmaßer Ferdinand vor Ungarns Königsstadt zu treffen, doch wagte dieser es nicht, sich ihm entgegenzustellen.
  Der Beherrscher der Rechtgläubigen zog dem Anmaßer Ferdinand nach bis in seine zweite Hauptstadt Wien, schon in deutschen Landen gelegen, und hat auch dort vergebens nach ihm gesucht.
- Zwanzig Tage lang hielt der Kalif Wien umschlossen und wartete auf den König der Ungläubigen, doch dieser erschien nicht, sondern wäre, wie Gerüchte besagten, in seine dritte Hauptstadt Prag geflohen, und es gelang nicht, mit Sicherheit festzustellen, ob er lebend sei oder tot.

- Hierauf zog das Heer unbesiegt nach Ungarn zurück, wo König Johann erschien, um dem Großherrn der Osmanen in Dankbarkeit die Hand zu küssen.

Der Krieg aber ging weiter ...

Er ging weiter, wie die Belagerung geendet hatte: Mit Meutereien der Truppen, die sich in Wien befunden hatten. Der Infanterie der »eillenden Türggenhülfe« war der doppelte Sturmsold bewilligt und ausbezahlt worden – sie war zufrieden. Die habsburgischen Kriegsknechte »und die von stetten knecht« aber rumorten und wollten gehalten sein »wie des Reichs-Knecht«, und sie drangen im Zuge der Lohnverhandlungen »zu zwayen mallen mit ungestuembheit« in Salms Haus ein, wo sie drohten, Wien erst zu verlassen, wenn ihre Lohnforderungen erfüllt seien.

So vergingen Tage, ja Wochen. Salm versuchte verzweifelt, den Pfalzgrafen zum Verlassen Wiens zu bewegen, um die Reichstruppen zum Grenzsicherungsdienst zu verwenden, bis er seine wilden Haufen wieder unter Kontrolle habe. Dieser aber verwies auf die demnächst ablaufende Dreimonatsfrist für die bewilligte Reichshilfe und blieb hart. Das schien Salm wenig waffenbrüderlich zu sein. Er nahm nun hinter Friedrichs Rücken Kontakt mit seinem alten Kriegskameraden Bernhard Schludi aus Lindau auf, der mit seinem von der Stadt Augsburg gestellten Fähnlein nach Hainburg zog und die wichtige Grenzstadt besetzte. Das gab erbitterte Auseinandersetzungen mit dem Führungsstab der Reichsarmee, der es lange nicht einsehen wollte, daß eine Überschreitung des Defensivauftrages nicht vorlag, weil
- Hainburg auf deutschem, nicht aber ungarischem Hoheitsgebiet errichtet ist und
- die bewilligte Frist nicht überschritten werde.

Endlich genehmigte die Reichsgeneralität Schludis Aktion, und er durfte bis zur Ablösung durch königliches Kriegsvolk bleiben.

Am 8. November konnte Salm berichten, daß die Truppen nun wieder zur Disziplin zurückgefunden hatten. Es war auch höchste Zeit, denn die »eillende Türggenhilfe« rüstete zum Heimmarsch. Und Mitte November zog sie auch ab, während Salm trotz seiner noch nicht ausgeheilten Wunde hoch zu Roß Wien verließ, um die Grenze mit Habsburgs Kontingenten zu besetzen und, wo immer es anging, feste Plätze in Westungarn zu nehmen. Auf diese Weise gelangten Komorn, Raab, Bruck a.d. Leitha, Ungarisch Altenburg und Ödenburg in Ferdinands Besitz und bildeten künftig die Basen der militärischen Operationen in Westungarn. Nördlich der Donau wurden Kasims Akindschis von der Reiterei Bákics und Weixelbergers, die durch die »ringen pferdt« Katzianers nach Übergang über den Strom verstärkt wurde, verfolgt und verloren einen Teil der gemachten Beute. Nach dem Abzug der Akindschis, der durchaus planmäßig verlief, verblieben Truppen des Königs Johann im slowakischen Raum und versuchten, diesen zu behaupten. Es kam zu mehreren Gefechten, die für die Habsburgischen glücklich verliefen, und

Albrecht von Sternberg entschloß sich schließlich zur Räumung der Westslowakei, wobei Ferdinands Kriegsvolk die befestigten Städte Tyrnau (Trnava) und Trentschin (Trenčin), die nun zu starken Stützpunkten der Verteidigungszone ausgebaut wurden, gewann.

Die nächsten Jahre gingen mit kleineren Kämpfen dahin, und es gelang den Habsburgischen, in Westungarn weitere Gebietsgewinne zu erzielen, wogegen sich in Ungarns Zentralraum und in Ostungarn Zapolyas Position entscheidend verbesserte. Kroatien blieb bei Ferdinand, wenngleich es einzelne Adelige gab, die zu König Johanns Partei überwechselten. Meist waren dies aber weniger politisch dominierte Übertritte als vielmehr Versuche, in sippeninternen Streitigkeiten zu besseren Positionen zu gelangen, indem man die Partei desjenigen Königs ergriff, der in dem Gebiet, wo das strittige Gut lag, an der Herrschaft war.

Das große Ereignis der ungarischen Geschichte um 1530 war aber nicht der auf Sparflamme gesetzte Krieg zwischen den beiden Königen, sondern der Bann, den Papst Klemens VII. auf König Johanns Haupt schleuderte. Die doppelte Bedrohung der katholischen Welt durch
- den eben wieder eminent gefährlichen, im Osmanischen Reich faktisch vereinigten sunnitischen Orient
- und durch die Reformation, die sich rasch und anscheinend unaufhaltsam vor allem im Norden des Heiligen Römischen Reiches ausbreitete,

ließ den Papst die Gegnerschaft zu Kaiser Karl V. rascher und nachhaltiger vergessen als dies der Frieden von Barcelona allein vermocht hätte. Ausdruck des engen Zusammenrückens war die letzte Kaiserkrönung, die durch einen Papst (am 24. Februar 1530 in Bologna) vorgenommen wurde, die den »Schulterschluß« vor allem mit Rücksicht auf den für 8. April dieses Jahres festgesetzten Zusammentritt des Reichstages von Augsburg demonstrieren sollte. Es war dies der Reichstag, in welchem sich die protestantischen Stände auf jene Formulierungen des neuen Glaubens einigten, die später als *Augsburger Bekenntnis* die Grundlage des Protestantismus der Lutheranhänger wurden. Die religiöse Frage war von höchster politischer Bedeutung, und sie stand mitten im Spannungsfeld militärischer Aktualitäten der aggressiven Politik des Kalifen, der nach den effektivitätsorientierten Maximen des Kaisers nur durch die Zusammenfassung der gesamten kombattanten Energien des Heiligen Römischen Reiches Deutscher Nation wirksam zu begegnen war.

Am 31. Oktober 1517 hatte bekanntlich Dr. Martin Luther seine 95 Thesen (in kirchenüblicher lateinischer Sprache) an die Pforte der Schloßkirche in Wittenberg genagelt. Er gehörte dem Orden der Augustinereremiten an, war Inhaber des Lehrstuhls für Altes und Neues Testament in Wittenberg, Subprior des Wittenberger Klosters und Distriksvikar über zehn Ordenskonvente. An seiner wissenschaftlichen Qualifikation ist so wenig zu zweifeln wie an seiner moralischen Integrität. Zu seinen Thesen gehört auch die 31., die heute längst vergessen ist und die Theologie kaum und das protestantische

Gedankengut überhaupt nicht belastet, die aber damals von brisanter Aktualität war und folgenden erstaunlichen Wortlaut hat:

»Proeliari adversus Turcos est repugnare Deo visitandi inquitates nostras per illos.«

Und das heißt nun nichts anderes als:

»Gegen die Türken kämpfen ist sich gegen Gott auflehnen, der uns zur Strafe für unsere Sünden durch jene heimsucht.«

Diese These stand im Mittelpunkt politischer Diskussionen und war letztendlich die Ursache für die Haltung der protestantischen Reichsstände in allen Fragen, die mit der Selbstbehauptung gegenüber der gewaltigen Militärmacht des Osmanischen Reiches in Zusammenhang standen. Auch die moralische Rechtfertigung für die Halbherzigkeit der »Eilenden Türggenhilfe« von 1529 findet sich hier. Ebenso ist die erbitterte habsburgische Reaktion auf den Protestantismus, in dem die Träger der Kaiserkrone nichts anderes erkannten als
- Abfall vom rechten Glauben und
- Versuch der Zerstörung des Reiches
in diesem Satz verwurzelt, den Luther wahrscheinlich unbedacht in den Blütenkranz seiner Thesen schob.

Als Papst Klemens VII. König Johann von Ungarn exkommunizierte, weil dieser sich am Kriege Solimans gegen König Ferdinand beteiligt und ihn als Oberherrn eines katholischen Reiches anerkannt hatte, erzielte er die höchst unerwünschte Folge, daß sich Zapolya-Ungarn nach kurzem Zögern dem Protestantismus geradezu in die Arme warf. Den Anfang machten die Siebenbürger Sachsen, unter denen schon seit 1519 die Schriften Luthers Verbreitung fanden. Noch in der Regierungszeit Ludwigs II. wurde in Hermannstadt nach diesen gefahndet, wie auch nach der Schlacht von Mohács König Johann, um sich die Anhängerschaft des Erzbischofs von Gran zu sichern, die Verbreitung der »häretischen Lehren« nach Kräften verhinderte. Nach seiner Exkommunikation änderte sich das; er förderte nun, was er vordem unterdrückt hatte. Die Institutionen der katholischen Kirche führten, in die Defensive gedrängt, einen erbitterten Kampf um die Seelen der Menschen, von dem das sogenannte »Mediascher Predigtbuch« ein lebhaftes Zeugnis gibt. Im Mittelpunkt der reformatorischen Bestrebungen stand der berühmte Magister Johannes Honterus aus Kronstadt, ein eifriger Humanist und einer der bedeutendsten Gelehrten seines Zeitalters, während sich die Anhänger des katholischen Glaubens um die Klöster der Franziskaner und Dominikaner in Weißkirch und Schäßburg scharten.

Wenig später fielen die magyarischen Bewohner Siebenbürgens und Zapolya-Ungarns vom Katholizismus in beängstigend anschwellender Zahl ab und wandten sich dem Protestantismus in jener Form zu, die von Jean Cauvin → Johann Calvin geprägt war. In religiöser Hinsicht unterscheidet sich der Calvinismus vor allem durch den – überraschend an den Islam erinnernden – Glauben an die göttliche Vorherbestimmung, die Prädestinationslehre, vom Glaubensgut des Augsburger Bekenntnisses und der christlichen Glaubensgemeinschaften überhaupt (wenn man von einigen Sekten absieht). Aber nicht das sicherte ihm seine rasche Verbreitung und seine innere Festigkeit: Calvin legte größtes Gewicht auf die Fragen des organisatorischen Gefüges seiner Gemeinde und ihr Zusammenwirken mit der – calvinistischen – politischen Obrigkeit. Ostungarn wurde sehr rasch von der calvinistischen Kirche dominiert. Debrecen erwarb sich durch den geschlossenen Übertritt seiner Bevölkerung und das Verbot, anderen als Calvinisten die Niederlassung zu gestatten, und durch das »Reformierte Kollegium« – eine theologische Akademie – den Ruf, das *Rom der Calvinisten* zu sein. Etwa gleichzeitig oder vielleicht schon etwas früher, jedenfalls vor 1540, entstand auch das »Reformierte Kollegium« in Sárospatak, das im nachfolgenden Jahrhundert die Heimstätte des großen Janus Comenius ward, dem für seine Publikationen eine eigene Druckerei zur Verfügung gestellt wurde.

Kaiser Karl V., dem die unmittelbare Konfrontation mit den andauernden religiösen Zwistigkeiten im deutschen Raum immer verhaßter wurde, sorgte dafür, daß sein Bruder Ferdinand zu Jahresbeginn 1531 zum deutschen König (mit dem offiziellen Titel Römischer König) erwählt wurde. Der von König Johann befürchtete Machtzuwachs seines Widersachers trat aber nicht ein, sondern im Gegenteil: Ferdinand I. mußte sich nun wachsend mit binnendeutschen Fragen befassen, was seine Interessen und Energien merkbar vom Kriegsschauplatz Ungarn ablenkte. Die Lage im Heiligen Römischen Reich war trist, verworren und explosionsgefährdet: Die Reaktion auf Ferdinands Wahl war die schon am 27. Februar 1531 erfolgte Gründung des Schmalkaldischen Bundes der Protestanten, dem im Verlauf des Jahres auch das katholische Bayern beitrat. Auch Franz I. streckte seine Fühler über den Rhein und machte den Protestanten beachtliche Hilfszusagen, wobei es ihm weniger auf die Förderung ihres Glaubens oder den Schutz der Religionsfreiheit oder ähnlich erhabene Dinge ankam, sondern ausschließlich darauf, das weltumfassende hispano-germanische Weltreich zu schädigen und nach Möglichkeit zu zerschlagen. »In meinem Reich geht die Sonne nie unter«, konnte Karl mit gutem Grunde behaupten, und genau das war es letzten Endes, was den französischen König störte. Und am 26. Mai 1532 kam es im bayrischen Scheyern, wo einst Arnulf von Bayern eine arpadische Prinzessin geheiratet hatte, zu dem, was man heute unter einer »Elefantenhochzeit« versteht, einer durch konkrete Interessen herbeigeführten Liaison zwischen mächtigen sozialen Gliederungen: **Frankreich verbündete sich mit den Schmalkaldern und den Wittelsbachern gegen Kaiser und Reich.**

Das Kriegsbündnis kam aber vorerst nicht zum Tragen, denn in eben diesem Frühjahr fiel der Schatten des mächtigsten aller »Elefanten« wiederum drohend auf das Abendland – Sultan Soliman der Prächtige sammelte seine gewaltige Kriegsmacht und brach zum dritten, vom ihm persönlich geführten Feldzug nach Ungarn auf.

Kaiser Karl V. beeilte sich, alle Differenzen mit den protestantischen Ständen vom Tisch zu fegen, was mit vieler Mühe und nach zähen Verhandlungen am 3. August geschah, als der *Nürnberger Religionsfriede* geschlossen wurde. Dieser war die unerläßliche Voraussetzung, daß dem bedrängten König Ferdinand wiederum eine »eillende Türggenhülfe« bewilligt wurde.

An diesem 3. August schwärmten Solimans Reiter bereits nördlich des Plattensees und fegten das Land von Truppen und Anhängern des habsburgischen Königs leer. Wer noch Gelegenheit zur Flucht fand, strebte in das feste Güns → Köszeg, wo Nikolaus Jurisits, der Stadtkommandant, zur Verteidigung entschlossen war. Solimans Vorhut erschien am 5. August vor der westungarischen Kleinstadt, am 7. und 8. August traf das Gros ein, am 9. bezog der Beherrscher der Rechtgläubigen seine neue Zeltburg auf einem Hügel nahe der Stadt: Die Belagerung hatte begonnen.

Jurisits verfügte über 10 Panzerreiter, 28 Husaren, etwa 50 Mann der Stadtwache und etliche bewaffnete Diener, dazu die Bürgermiliz und die wehrwilligen Flüchtlinge, insgesamt nicht mehr als 800 Mann.

Geschütze waren nicht vorhanden; seine schweren Waffen bestanden aus ein paar »Wallbüchsen«, großkalibrigen Gewehren, die etwa den »Tankabwehrbüchsen« vergleichbar sind, mit denen man im Ersten Weltkrieg versuchte, der feuerspeienden, kettenbeweglichen Ungeheuer Herr zu werden.

Die Zahlenstärke des orientalischen Kriegsvolkes wird selbst Soliman aus den bereits aufgeführten Gründen nur ungefähr bekanntgewesen sein; abendländische Schätzungen bewegen sich zwischen 130 000 und 220 000 Mann. Selbst wenn man annimmt, daß nicht alle vor Güns versammelt waren und die eigentlichen Belagerungskräfte auf 80 000 Mann reduziert, was den absoluten Minimalwert darstellt, war das Zahlenverhältnis 100:1. Die Übermacht der Osmanen war erdrückend, auch wenn man den Wert der veralteten Befestigungsanlagen – eine mit etlichen Türmen verstärkte Ringmauer in Höhe von fünf oder sechs Meter bei einer Stärke von zwei Meter – maximal einschätzt. Schon allein der optische Eindruck muß überwältigend gewesen sein: Güns ragte wie eine einsame Insel aus dem Meer von abertausend Zelten der Truppen des Kalifen, die die Stadt umklammerten. Welcher Heroismus, welcher Widerstandswille lebte doch in den Herzen der Menschen in der kleinen Festung, vom Kommandeur bis zum letzten Fußknecht, von der verwöhnten Patrizierin bis zur zugeflohenen Bauernmagd. Da standen sie, vielleicht 120 Berufssoldaten, Schulter an Schulter mit den Schneidern und Schustern, den Bretzelbäckern und Landesproduktenhändlern der Bürgermiliz und den in Schnellsiedeverfahren notdürftig ausgebildeten Schweinezüchtern und Ackerknechten, Weinbauern und Gerstebauern der umliegenden, nun bereits in Schutt und Asche versackten Dörfer und boten den gefürchteten, waffenstarrenden, kriegsbegeisterten Legionen des Halbmonds trotzig die Stirn. *Ihr Mut war das eigentliche Wunder von Güns.*

Das, was oftmals als das Wunder von Güns bezeichnet wird, nämlich daß es ihnen gelang, sich gegen den gewaltigen Feind zu behaupten, war dagegen die Folge einer ganzen Reihe von Unzulänglichkeiten im Gefüge des osmanischen Kriegswesens und Mißgriffen in der Truppenführung, welche bedenkliche Schwächen des bisher so erfolgreichen militärischen Systems zumindest bei der rückschauenden Betrachtung offenlegen.

Entscheidend war die Schwäche der osmanischen Artillerie in Verbindung mit der Lage der Stadt und der Unzulänglichkeit des osmanischen Versorgungswesens. Es darf angenommen werden, daß die osmanische Artillerieausstattung etwa jener der abendländischen Heere entsprach, da zu Solimans Zeit vor allem Venedig daran interessiert war, jeden Fortschritt der Waffentechnik dem mächtigen Alliierten weiterzugeben, so daß eine Rückständigkeit der orientalischen Bewaffnung nicht anzunehmen ist. Die erste Hälfte des Jahrhunderts war dadurch gekennzeichnet, daß bestimmte Geschütztypen sich durchsetzten, wogegen andere kaum noch verwendet und auch nicht mehr gefertigt wurden, und daß die Lafettierung auch für schwere Geschütze üblich wurde.

Auch die Geschützbezeichnungen wurden vereinheitlicht; unter dem Sammelbegriff *Kanone* faßte man die Geschütze zusammen, die in annähernd horizontaler Linie – also direkt richtend – schossen, wogegen die bogenförmig schießenden »Wurfgeschütze« nun *Mörser* genannt wurden. Die Kanonen verfeuerten Eisenkugeln, die Mörser Steinkugeln – erst gegen Ende des Jahrhunderts kamen für sie hohle Eisenkugeln auf, die mit Pulver gefüllt waren und mit einem Zeitzünder zur Explosion gebracht wurden. Das indirekte Schießen, vorerst mehr gefühlsmäßig oder empirisch betrieben, wurde langsam mit dem notwendigen wissenschaftlichen Kern ausgestattet. Das erste Lehrbuch der Ballistik (Queriti et in ventioni diverse) erschien 1538 in Venedig. Die Bestimmung des Kalibers erfolgte nach dem Geschoßgewicht.

Diese wichtigsten Geschütztypen sind unschwer in das osmanische Bezeichnungssystem zu übertragen:

Doppelkartaune   → Balyemez
Notschlange   → Kolumbrine
Halbschlange, Viertelschlange → Schahi

Da Soliman nur zwei Kolumbrinen vor Wien, das verkehrsmäßig viel leichter zu erreichen war als Güns, zum Einsatz brachte, ist der Schluß gerechtfertigt, daß diesmal nur leichte Feldgeschütze, also Schahis, eingesetzt wurden, und auch die nur in beschränkter Zahl, höchstens 50 bis 60. Konnte man sie in Einsatzschußweite, also beiläufig in 200 bis 400 m Entfernung, bringen – massiert, wie dies den vor Wien gezeigten Grundsätzen entsprach – waren damit die Festungsmauern grundsätzlich zerstörbar. Sollte dies nicht der Fall sein, rechnete man auf die Wirkung der Minen, in deren fachgerechter Her-

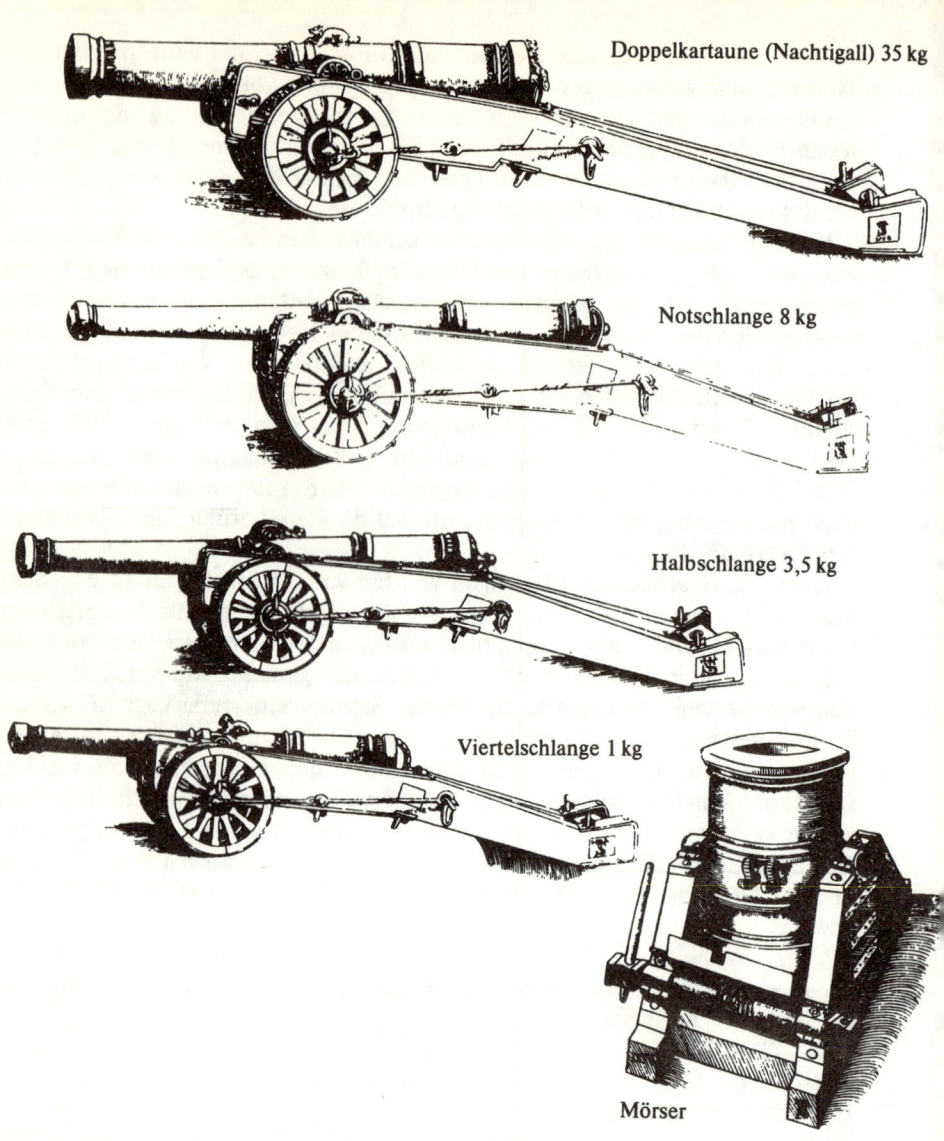

Doppelkartaune (Nachtigall) 35 kg

Notschlange 8 kg

Halbschlange 3,5 kg

Viertelschlange 1 kg

Mörser

Geschütze aus dem Kriegsbuch des Reinhard von Solms

Georg Ortenburg: Waffe und Waffengebrauch im Zeitalter der Landsknechte, Reihe »Heerwesen der Neuzeit«. Bernard & Graefe Verlag, Koblenz 1984.

172

stellung Spezialkommandos der Piyaden zwischenzeitig hinreichend geschult waren.

Unberücksichtigt blieb im osmanischen Konzept die Lage der Stadt, deren energischen Widerstand man anscheinend gar nicht erwartet, sondern von der man vielmehr angenommen hatte, daß die eindrucksvolle Demonstration der Belagerungskräfte ausreichen werde, sie übergabebereit zu machen. Güns liegt in der Randzone des Günser Gebirges und ist (heute) die höchstgelegene Stadt Ungarns. Wenngleich sie keineswegs als »Bergstadt« bezeichnet werden kann, ist das umgebende Gelände vielfach durchschnitten und unübersichtlich. Der Boden ist, eine außerordentliche Seltenheit für ungarische Verhältnisse, mit mächtigen Felsflözen durchzogen. Und diese einfache natürliche Erschwernis warf das Vorhaben der leistungsfähigsten Militärmacht des Zeitalters – das immerhin jenes Zeitalter war, in dem sich Europa die entscheidenden Teile der Welt unterwarf – völlig über den Haufen.

Zunächst war es unmöglich, Artilleriestellungen samt Verbindungswegen in jener knappen Zeit zu errichten, die der Kriegführung zur Verfügung stand; es war immerhin schon die zweite Augustwoche, als die Belagerung begann. Die Geschütze deckungslos in wirksame Schußentfernung zu bringen und das Feuer eröffnen zu lassen, war nur unter schwersten Verlusten möglich gewesen. Die Günser Wallbüchsen schleuderten ihre erheblich kleineren und leichteren Geschoße mit einiger Treffsicherheit um einiges weiter als die osmanischen Schahis, und Solimans Topdschis waren in jahrelanger Spezialausbildung geschulte Experten, die nicht leicht ersetzbar waren und daher nicht durch vermeidbare Verluste reduziert werden sollten. Das verhinderte den Einsatz von Geschützen zwar nicht gänzlich, behinderte ihn aber doch dermaßen, daß die Wirkung des sporadischen und schwächlichen Artilleriefeuers äußerst gering war und nicht zur Entscheidung beitrug.

Auch die Piyaden waren im felsigen Boden zu höchst undankbarer, unglaublich energieaufwendiger und zuletzt erfolgloser Schwerstarbeit verdammt; es gelang ihnen nicht, auch nur eine einzige Mine zur mauerzertrümmernden Explosion zu bringen. Auch hier war letztlich der Zeitaufwand entscheidend. Es war den osmanischen Spezialisten und den verwendeten Hilfskräften selbstverständlich möglich, felsige Hindernisse auch sehr erheblicher Dimension zu durchbrechen, zu umgraben oder in anderer Weise zu beseitigen, aber nur unter einem enormen Zeitaufwand, der sich bei Arbeit mit der Hand auch bei größten Bemühungen nicht vermeiden ließ. Sprengungen waren aus Geheimhaltungsgründen ausgeschlossen; erkannte Minen waren, wie erst die Ereignisse der Belagerungskämpfe 1529 gezeigt hatten, vom Gegner relativ leicht unschädlich zu machen.

Was Soliman blieb, waren Versuche, die Stadtmauern mit stürmender Infanterie zu überwinden, die samt und sonders am hartnäckigen Widerstand der mit äußerster Entschlossenheit kämpfenden Verteidiger scheiterten. Das wirkte sich vor allem negativ auf den Kampfwillen der Asaben aus, die ziemlich rücksichtslos eingesetzt wurden, während der Einsatz der Janitscharen eher zurückhaltend erfolgte: Das Ziel der gewaltigen Offensive war letztendlich nicht Güns, und die Janitscharen sollten – genau wie die Geschützführer und Richtkanoniere der Topdschis – für die entscheidenden Kämpfe aufbewahrt werden.

Es kam dazu, daß die Verpflegungslage schon nach wenigen Tagen gespannt war; das Land um Güns ist ziemlich bergig und überdies waldreich; die Bewohner hatten, als sie Zuflucht hinter den Mauern suchten, die Vorräte teils mitgenommen, teils versteckt, teils vernichtet. So war das, was die osmanischen Reiter auch bei eifriger Suche fanden, verzweifelt wenig – zu wenig jedenfalls, um die Massenarmee auch nur halbwegs ernähren zu können. Die Reichsarmee scheint der Versorgungsdienst des Toparadschibaschis ausreichend versorgt zu haben, denn die Nachschublinien nach Zapolya-Ungarn waren nicht lang, aber die auf Selbstversorgung angewiesenen Heeresteile litten bald unter Mangel an Verpflegung und Viehfutter. Soliman beeilte sich, die Mißstände voraussehend, die Leichte Reiterei der Akindschis sofort aus dem Raum Güns, der auch Versorgungsraum war, zu entfernen. Schon in der ersten Belagerungswoche gab er seinem bewährten Kasim Beg den Auftrag, mit rund 30 000 Reitern in Österreich einzufallen.

Die Akindschis nahmen den Weg durch die Ödenburger Pforte; Kasim detachierte einen Großverband von etwa 10 000 Mann mit dem Auftrag, gegen Wien und bis auf Höhe von Krems Aufklärung zu treiben. Es lagen dem Führungsstab Informationen vor, daß sich im Raum Krems ein starkes Heer der Ungläubigen sammle und donauabwärts vorrücke. Um es vorwegzunehmen: Die Informationen waren richtig, in und um Krems lagen schon Verbände der alliierten Armeen, die aus folgenden Teilen bestanden:
- Kaiserliche Truppen, von Karl aufgestellt und besoldet, häufig spanischer Provenienz,
- königliches Kriegsvolk, von Ferdinand aus seinen Reichslanden zusammengetrommelt und
- Reichstruppen der eiligen Türkenhilfe,
wobei den Oberbefehl wieder Friedrich, Pfalzgraf bei Rhein, führte. Es kam zu mehreren Gefechten, da die Akindschis versuchten, den Strom zu übersetzen, was durchgehend verhindert werden konnte.

Kasim drang, Wiener-Neustadt in sicherem Abstand umreitend, in das Triestingtal ein, und schob eine starke Seitensicherung in das Tal der Schwechat vor. Wie unglaublich rasch die Operation verlief, erkennt man daraus, daß durch diese selbständige Kampfgruppe schon am 18. August – neun Tage nach dem Beginn der Belagerung von Güns! – Ort und Kloster Heiligenkreuz genommen, geplündert und niedergebrannt wurden.

Die Art der Kriegführung der »Senger und Brenner« ist nie reintypiger erkennbar als in diesem Spätsommer 1532, als die Akindschiverbände Kasims mehr als die Hälfte des Fürstentums unter der Enns in wenigen Tagen durchzogen. Sie überschwemmten förmlich das Land, das weithin ausgesprochenen Mittelgebirgscharakter hat, vermieden mit peinlicher Sorgfalt die

Berührung mit feindlichen Truppen – wie etwa den spanischen Schützenverbänden, die im Raum St. Pölten lagen – und strebten alle einem fernliegenden Ziel zu: Waidhofen an der Ybbs, Stadt der Waffenschmiede, Zentrum der österreichischen Eisenverarbeitung. Man erkennt, daß die Befehlsstellen recht gut Bescheid wußten wie es im Lande der Giauren aussah, und das nicht von ungefähr; die Berichte der Reiterführer, die 1529 während der Belagerung Wiens das Land erkundeten, waren sorgsam ausgewertet worden. Die Aussagen aufgegriffener Landesbewohner, die ihren Kopf retten wollten und vielleicht auch retteten, ergänzten das gewonnene Bild.

Nun liegt Waidhofen am Nordrand der Ostalpen, die hier mit Rax und Schneeberg, mit Ötscher und Dürrenstein Bergmassive mit runden 2 000 m Gipfelhöhe aufweisen, und war damit nach den Vorstellungen der Landesdefension dem Zugriff der Osmanen so gut wie entrückt. In der Tat war es nicht allen gesondert vorgehenden Abteilungen möglich, das schwierige Gelände zu überwinden; es gelangten nur etwa 6 000 Akindschis vor Waidhofen. Die Stadt verfügte über keine Garnison, sondern lediglich über die Bürgermiliz, die vom Stadtrichter Erhard Wild geführt wurde. So rasch Kasims Vorstoß auf Waidhofen auch war: Schneller als die raschhufigen Rosse und schneller als selbst der vom Bogen geschossene Pfeil war der Schrecken, der vor seinen Reiterspitzen das Land durchflog und förmlich leerfegte, und Erhard Wild konnte seine Stadt, die über starke – und veraltete – Befestigungsanlagen verfügte, in einen sehr beachtlichen Verteidigungszustand versetzen. Als Kasims beutespähende Glaubenskrieger Waidhofen am 9. September in überraschendem Angriff zu nehmen versuchten, erlitten sie schwere Verluste. Die Reiter, denen für einen Belagerungskampf die primitivsten Geräte und – vermutlich – die einfachste Ausbildung fehlte, zogen sich zurück und beobachteten die Stadt. Als die Mauern leer schienen, versuchten sie einen neuen Handstreich und wurden wieder abgewiesen. Kasim suchte Deckung auf, um die Verteidiger sorglos zu machen, und ließ mit viel Aufsehen starke Reiterschwärme die Gegend plündern, um den Anschein zu erwecken, der Gedanke, die Stadt zu nehmen, sei längst aufgegeben – Waidhofen blieb abwehrbereit. Und schon am 10. September wurden die Milizionäre der Bürgerwehr selbst aktiv: Ein gut mit Feuergewehren bewaffneter Verband in Stärke von 400 Mann rückte im Morgengrauen vor die Mauern und griff das osmanische Lager an; die überraschten Akindschis flohen, erschienen aber am Abend wieder, und so ging das einige Male. Nun sammelten sich auch die Bauern, die die Stadt nicht mehr erreicht und Zuflucht in den Wäldern, den Schluchten und auf den Bergen gefunden hatten, legten Hinterhalte und fielen über Kasims beutespähende Streifen her. Schon nach wenigen Tagen war die Kampfmoral der Akindschis so weit gesunken, daß sich immer zahlreichere Haufen mit der gemachten Beute auf eigene Faust entfernten, um diese in Sicherheit zu bringen. Kasim blieb nun kein anderes Mittel, den völligen Zerfall seiner Kavallerie zu verhindern, als den Rückmarsch offiziell zu befehlen. Als Sammelraum bestimmte er das Gelände zwischen Pottenstein und Berndorf im Triestingtal, das auch geeignet war, die zahlreichen erbeuteten Viehherden aufzunehmen und für einige Tage zu versorgen. In der Tat sammelten sich dort in überraschend kurzer Zeit etwa 12 000 Akindschis, mit Gefangenen, Rindern und sonstiger Beute förmlich überladen. Ein starker Akindschiverband, der gegen 8 000 Köpfe zählte, war während der Kämpfe um Waidhofen bis ins Ennstal gelangt und ins steirische Bergland eingebrochen, wo er von bewaffneten Bauern vernichtet wurde, was Kasim Beg aber vermutlich gar nicht wußte, weil sich kein einziger seiner Reiter retten konnte.

Es ist hier die Frage am Platz, was indessen der Pfalzgraf Friedrich mit seiner Armee, die nun gegen 50 000 Mann stark war, machte, zumal manche Historiker wieder den Vorwurf der Untätigkeit gegen ihn erheben, weil er es unterließ, Kasims Akindschis an der Ausplünderung des Großraumes Wiener Wald zu hindern. Nun war Friedrich ein Feldherr, der systematisch zu operieren liebte und bedächtig verfahren mußte, schon allein weil er über nicht einmal 10 000 Leichte Reiter verfügte und der Kern seines Heeres aus Fußvolk bestand, dem etwa 8 000 Panzerreiter und etliche Feldgeschütze angeschlossen waren. Die Akindschis waren an Mobilität der Masse seines Heeres etwa so überlegen wie eine Gazelle einer Schildkröte, und es wäre eine ebenso riskante wie absurde Unternehmung gewesen, seine Verbände den raschhufigen Reitern nachzuschicken. Was er tun konnte, war ihnen den Rückweg zu verlegen und sie zu fassen, wenn sie – durch die Masse der Beute ihrer raschen Beweglichkeit weitgehend beraubt – aus den Tälern des Berglandes in die weite Ebene des Steinfeldes strömten. Mit einer hohen Wahrscheinlichkeit konnte angenommen werden, daß der Rückweg der verhaßten Senger und Brenner durch das Triestingtal führen werde, da sie schon mit Rücksicht auf die Menge der Beute auf einen bekannten und bequem gangbaren Straßenzug angewiesen waren. Pfalzgraf Friedrich rückte daher bis in den Raum Leobersdorf vor, hielt seine Truppen mit Ausnahme der Leichten Reiterei auf engem Raum versammelt und versuchte durch jene, Fühlung mit dem Gegner zu bekommen. In der Tat klärten sie bald den Sammelraum der Akindschis zwischen Pottendorf und Berndorf auf, und Friedrich traf ohne Verzug die zur Vernichtung des Gegners notwendigen Maßnahmen.

Der Pfalzgraf ging dabei in jener Weise vor, die bei Treibjagden üblich war und immer noch ist: Er bildete eine Treiberkette, die zur Nachtzeit einen unerhört mühsamen Bergmarsch machen mußte, um sich unbemerkt vom Gegner oberhalb von Pottendorf quer über das Tal zu schieben und kurz vor Morgengrauen mit einem »erschröcklichen Spectaculum« das Treiben zu beginnen. Mit der Durchführung wurde der Augsburger Feldhauptmann Sebastian Schertlin von Burtenbach[6] beauftragt, dem sich als ortskundiger Führer der Leobersdorfer Marktrichter Veit Grill anschloß. Ein kaiserliches Fähnlein unter Hauptmann Philipp Graf Oberstein, das bisher längs der

Straße zwischen St. Veit und Großau gesichert hatte, war ihm unterstellt worden; seine Truppenstärke wuchs damit auf rund 700 Mann an.

Das Gros der Truppen bildete die Schützenlinie; es bezog Sperrstellungen mit dem Zentrum vor Leobersdorf, dem linken Flügel gefächert bis Enzesfeld, dem rechten am Berghang ostwärts Hirtenberg mit Anschluß an das Zentrum. Ob – wie in der Übersichtsskizze S. 178 ersichtlich – die »große Batterie«, die aus etwa 70 Kanonen leichten und mittelschweren Kalibers bestand, tatsächlich zwischen Berghang und Zentrum Stellung bezogen hatte, ist umstritten. Eine Gegenmeinung verficht, daß die Geschütze am Hang in Stellung gebracht wurden. Doch spielt das militärgeschichtlich eine geringe Rolle – *wesentlich ist vielmehr, daß aus beiden Stellungen das Feuer flankierend auf die Hauptangriffsrichtung des Gegners wirkte.* Das war gegenüber dem massierten Artillerieeinsatz Solimans bei Mohács, wo die Feuerstellungen quer über die Stoßlinie der ungarischen Panzerreiter gelegt waren, ein gewaltiger Fortschritt, der das Risiko des Einbruchs in die Geschützstellungen minimierte.

Die Nacht vom 18. auf den 19. September, in der Schertlins Männer sich durch dichte Wälder und über schwer passierbare Hügel quälten und in der die Truppen am Ausgang des Tales in die befohlenen Stellungsräume rückten und das Gelände durch Anlage von Verschanzungen und Feldstellungen verstärkten, verging für die Akindschis ohne besondere Vorkommnisse. Sie brannten viele Feuer, nach denen Schertlin ihre Zahl mit 30 000 Mann überschätzte, und hatten offenbar keine Kenntnis von der Falle, die für sie errichtet wurde. Ein Spähtrupp der Augsburger rumpelte mit einer Wache des Feindes zusammen, nahm einen Mann gefangen, ließ aber zwei andere in der Dunkelheit entwischen. Diese erstatteten offenbar dem unmittelbaren Vorgesetzten Meldung, denn alsbald erschien eine Art Suchkommando unmittelbar vor Schertlins Position, doch erfolgte keine Alarmierung des ruhenden Lagers. Und das Wecken besorgte, als sich das erste Grau des heraufdämmernden Morgens mit dem Grau des einfallenden Nebels vermischte, kurz ehe der Muezzin die Gläubigen zum Morgengebet rief, Schertlin von Burtenbach mit ganz außerordentlichem Gelärm: Die Treiber trieben an und entfalteten einen derartigen Krach, daß die aus dem Schlaf gerissenen Akindschis glauben mußten und glaubten, die Giauren seien zu Zehntausenden in ihr Lager eingefallen. Sie fuhren auf und sausten aus den Zelten. Wer in der Eile ein Pferd erwischte, der sprang auf und ritt, und wer in dem Durcheinander keines erwischte rannte, was ihn die Beine trugen, davon.

Es war im Grunde genommen richtig, was sie taten: Sie suchten, Abstand zu gewinnen, um talabwärts zu sammeln und erst dann zu kombattanter Aktion überzugehen, wenn ein gewisser Überblick möglich war, der sich indessen im konkreten Fall gar nicht gewinnen ließ. Nicht nur des Großherrn siegesgewohnte Krieger, sondern auch die Masse der lebenden Beute war entsetzt ob des infernalischen Lärms. Während sich die Versklavten zur Seite drückten, um ihr Leben zu retten und ihre Freiheit zu gewinnen, wurde das

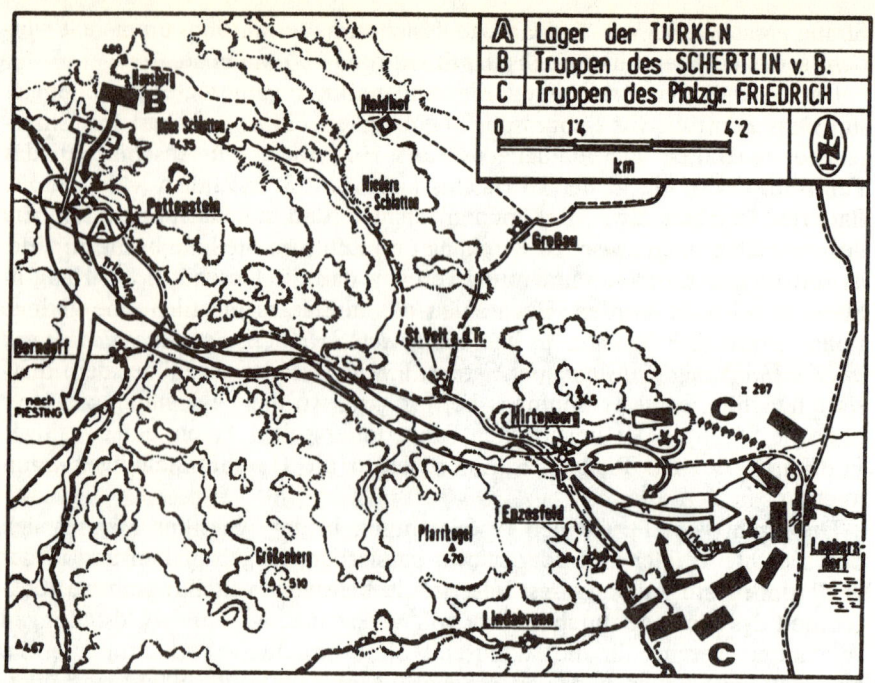

Das Gefecht bei Loebersdorf-Enzesfeld am 19. September 1532

Aus: Militärhistorische Schriftreihe, Heft 26; Gertrud Gerhartl – »Die Niederlage der Türken am Steinfeld 1532«. Wien 1974.

Vieh von panischer Angst herumgetrieben, blöckte, brüllte, stieß und trampelte, und ebenfalls talabwärts, weg vom Lärm, und damit in Richtung der Absetzbewegung.

Vor Berndorf versuchte Kasim Beg mit seinem persönlichen Gefolge die wilde Karawane zum Stillstand zu bringen, doch war seine Mühe vergebens. Zu allem Unglück wurde der Nebel immer dichter und verhinderte jeden Überblick. Und so blieb ihm nichts übrig, als ebenfalls Richtung Talausgang zu sprengen, völlig in Unkenntnis des Umstandes, daß der Feldherr der Giauren schon höchstwirksame Vorbereitungen getroffen hatte, um der osmanischen Reiterei einen unüberhörbaren Haltebefehl zu erteilen und wenig später auch tatsächlich erteilte.

Es ist unsicher, ob Kasim Beg zu jenen gehörte, die im Kleingewehrfeuer vor Leobersdorf oder im vernichtenden Feuerschlag der Artillerie aus der linken Flanke gefallen sind, oder ob er mit seinem Gefolge, das sich durch die Aufnahme der nachfolgenden Flüchtlinge laufend verstärkte, eine Art Nachhut bildete, um ein Nachstoßen der Feindkräfte aus dem Raum Pottenstein zu verhindern. Dafür spricht eine gewisse innere Logik: Die geringe Zahlen-

178

stärke von Schertlins »Treiberkette« war ihm sowenig bekannt wie der Umstand, daß es sich um Fußvolk handelte, und er konnte nur erwarten, die Flucht seiner Mannen zu beenden, wenn es ihm gelang, eine Verfolgung zu verhindern. Ist diese Vermutung richtig, dann kam er zum Treffen im Talausgang zu spät und gehörte zu jener zahlenstarken Gruppe, der zwischen Enzesfeld und Lindabrunn der Ausbruch gelang. Sie kam nicht weit: Kasims alter Gegner Hans Katzianer[7], der mit seiner uskokischen Grenzreiterei aus Steiermark heraufgezogen kam und sich durch ungarische Reiter unter Paul Bakič und das berittene Aufgebot aus Krain unter Georg von Auersperg verstärkt hatte, stieß mit ihr bei Weikersdorf zusammen und vernichtete sie in einem erbitterten Gefecht, in dem über 3 000 Akindschis den Tod fanden. Paul Bákič tötete einen hochrangigen Akindschiführer Osman Aga, den Stellvertreter oder, falls dieser schon gefallen war, Nachfolger Kasims im Zweikampf.

Ein anderer Akindschitrupp, dem der Durchbruch bei Enzesfeld gelungen war, kam in den Sümpfen bei Schönau um. Einzelne Versprengte oder kleinere Gruppen, die den christlichen Soldaten entrinnen konnten, wurden von den erbitterten Bauern aufgegriffen und erschlagen oder in anderer Weise umgebracht, etwa von Felsen herabgestürzt, woran der »Türkensturz« bei Gleißenfeld wahrscheinlich erinnert.

Der 19. September war der Tag, an welchem Kasim Begs mit Recht gefürchtete freiwillige Reiterarmee der »Senger und Brenner«, der »türkisch sackman«, wie man sie auch nannte, vernichtet wurde. Vernichtet wurde nach weitgehender Einkesselung, und vernichtet von einem Heer, dessen Kampfstärke im Fußvolk und in seiner Feldartillerie bestand, in Truppen also, die im Verhältnis zur raschhufigen Reiterei kaum beweglich waren. Der Einsatz der christlichen Reiterei beschränkte sich auf Aufklärung, Unterstützung des Fußvolks in der Feldschlacht und die anschließende Verfolgung, wobei der entscheidende Part dem General Zufall überlassen war, der Katzianers Kavalleriekorps den Weg des letzten kampfstarken Akindschiverbandes kreuzen ließ. Der Erfolg war die Frucht großartiger Arbeit des Generalstabes, der nicht nur die Beschaffenheit des Geländes der eigenen Planung zugrundelegte, sondern auch das voraussichtliche Verhalten des Gegners richtig abschätzte. Vor der Leistung des Pfalzgrafen Friedrich als Feldherr neuen Stils, der nicht mehr Vorkämpfer im Schlachtgetümmel, sondern vielmehr Vordenker beim Ansatz seiner Truppen ist, muß jede Kritik verstummen. Methodische, und das heißt durchdachte Kriegführung aber ist oft wenig populär und fordert die Kritik jener heraus, die in infantiler Weise wähnen, es genüge, wenn der Heerführer sozusagen mit dem Degen in der Faust seinen Truppen den Weg zum Feind zeige und mit einem einfachen »Vorwärts« den Angriffsbefehl erteile, denn das ist im Kriege als »Kampf verbundener Waffen« mit Sicherheit zu wenig. Es läßt sich nicht einmal rechtens behaupten, Friedrich habe das Risiko gescheut, sei in seiner Führung ängstlich und übervorsichtig gewesen, denn es war nicht nur ein sehr kühner Gedanke, Schertlin mit seinem Häuflein als Treiberkette zu verwenden, sondern es war, im Grunde genommen, eine bodenlose Frechheit. Er hat aber die Faktoren, die über Sieg oder Niederlage entscheiden, richtig erkannt und in die Erfolgsrechnung eingesetzt. Der Verlauf der Schlacht bestätigte deren Richtigkeit.

Mit Eilkurieren wurde die Siegesnachricht nach Linz gesandt, wo Kaiser Karl V. und König Ferdinand I. vorläufig residierten. Sie zogen nun (23. September) mit den zu ihrem Schutz befohlenen Truppen donauabwärts nach Wien und erteilten dem Pfalzgrafen die Order, alle eingesetzten Truppenteile in Wien zu versammeln. Schließlich standen die Siegesfeiern mit Paraden, Dankgottesdiensten und Festreden noch aus, an denen sich die Majestäten gerne beteiligten. Pfalzgraf Friedrich fertigte die Befehle aus, und alsbald füllten sich die nach Wien führenden Straßen mit Reitergeschwadern und Landsknechtfähnlein, mit Artilleriekolonnen und Trossen. Und jeder Mann zog mit stolzgeschwellter Brust und in dem erhabenen Gefühl, auch ein Sieger zu sein, und in der Erwartung einer angemessenen Belohnung in die Stadt an der Donau, die Schauplatz rauschender Feste sein sollte und bald auch wurde. Aber nicht nur das Heer war von Siegeslust erfüllt, auch die habsburgischen Fürstentümer waren es, und alsbald war es – Glaubensspaltung her oder hin – das ganze Heilige Römische Reich. Und im fernen Nürnberg schrieb ein höchst überraschender Chronist die »Historia des türkischen scharmützels bei der Newenstat in Österreich«, ein brandaktuelles zeitgeschichtliches Werk, natürlich in Versform, wie es von ihm erwartet wurde: Hans Sachs, der Meistersinger.

Sultan Soliman den Prächtigen, den wir verließen, als er bei der Belagerung von Güns nicht recht weiterkam, sondern in zunehmende Schwierigkeiten geriet, hatte man anscheinend vergessen. Der Kalif aber meldete sich schon nach wenigen Tagen, mit den herzlichsten kollegialen Grüßen gewissermaßen, und zwar aus Steiermark. Er hatte die Belagerung von Güns schon am 30. August (!) aufgegeben, nach Abschluß einer Vereinbarung mit Jurisits, deren Inhalt nicht bekannt ist. Mehrere Versionen sind im Umlauf; Gertrud Gerhartl ist der Meinung, der Großherr habe Jurisits persönlich Güns überlassen, was allerdings wohl die Huldigung des Stadtkommandanten voraussetzt, wogegen Schreiber der Ansicht ist, daß durch zehn Janitscharen eine großherrliche Fahne auf dem höchsten Turm gehißt (und wieder eingezogen?) wurde, so daß die Stadt symbolisch Teil des Dar ul Islam geworden sei. Diese beiden Darstellungen sind die wahrscheinlichsten; es fand jedenfalls eine Scheinübergabe statt, um das Ansehen des Kalifen zu wahren, und um punkt elf Uhr begann der Abmarsch des Heeres –, und um elf Uhr werden noch heute die Kirchenglocken in Güns geläutet.

Es ist völlig unglaublich, aber es ist so, daß die Geschichte nicht weiß, was Solimans Riesenarmee in den nächsten drei Wochen getan hat. Und – wenn es eine Steigerung von unglaubhaft geben sollte – noch unglaubhafter ist, daß es auch die Führungsspitzen der Verteidigungskräfte nicht wußten:

Weder der Pfalzgraf bei Rhein, der damals allerdings noch relativ weit entfernt in Wien saß und seine Aufmerksamkeit auf den nächsten und daher gefährlichsten Feind, Kasim Beg Akindschis, konzentrierte, noch Hans Katzianer, der mit seinen Reiterkorps am 18. September von Steiermark kommend in Österreich unter der Enns erschien und am 16. oder 17. September unweit des Raumes vorbeizog, in welchem Soliman lagern mußte. Verhielten sich Solimans Heermänner so unauffällig, oder waren Katzianers Aufklärer und Seitensicherungen so nachlässig? Offene Frage, die offen bleiben muß, will man sich nicht in reinen Spekulationen verlieren.

Mit fast völliger Sicherheit dagegen läßt sich sagen, was Soliman tat: Er wartete Kasim Begs detaillierten Bericht über die aktuelle Stärke und die Verteilung der Verteidigungskräfte ab, um dann zu lagegemäßer Entschlußfassung zu kommen. Diese – späte – Entscheidung war anscheinend vorgeplant, und er hatte sich jede Möglichkeit offengehalten: Ein Ziel der Offensive ins Heilige Römische Reich war nie bekanntgegeben worden.

Um den 21. September 1532 hat er von der Vernichtung der Akindschis Kasims erfahren, vielleicht auf dem Umweg über ein etwa 5 000 Mann starkes Reiterkorps, das ostwärts Wiener Neustadt sicherte und das dem Befehl eines gewissen Ferif unterstand, dem Gertrud Gerhartl den Titel Pascha beilegt, so daß es sich wohl um die Reiterei seines Levends (auch Yerli kulu – Provinztruppen) gehandelt haben muß. Soliman erfaßte sofort die Bedeutung der Katastrophe und riß das Steuer herum: Das Land zwischen ihm und dem »Goldenen Apfel der Deutschen« steckte voll feindlicher Truppen – das Fürstentum Steiermark mußte von Truppen weitgehend entblößt sein. Ob auch er den Erfolg eines Feldzuges an der gewonnenen Beute maß, kann dahingestellt bleiben, aber er wußte, daß seine Krieger und daß die öffentliche Meinung in seinem Reich nur diesen Maßstab kannten. Und also drehte er, der wohl durch die Bucklige Welt das Pittental gewinnen und durch dieses das Steinfeld erreichen wollte, ab und begann einen großen Plünderungszug durch die Steiermark. Friedberg wurde genommen, geplündert und niedergebrannt, das offene Land verheert, dann zog er nach Hartberg, das indessen alarmiert worden war und sich energisch verteidigte. Soliman ließ das Städtchen liegen und marschierte in südwestlicher Richtung durch bisher reiches, blühendes Land nach Gleisdorf. Groß, übergroß war die Beute an Vieh, an Menschen, an Vorräten – an allem, was des beutespähenden Glaubensstreiters Herz begehrte. Die Gleisdorfer verteidigten sich in der Wehrkirche; der Ort wurde niedergebrannt, die Wehrkirche wurde nach einem erfolglosen Angriff in Ruhe gelassen. Dann zog das Heer gegen Graz weiter, einen breiten Streifen der Verwüstung hinter sich lassend.

Soliman der Prächtige zeigte sich als der große, souveräne Kriegsherr: Er nahm, was sich widerstandslos nehmen ließ, und ließ liegen, was sich wehrte, und was niederzukämpfen Zeit gekostet hätte. Er stand nicht im Zeitdruck, mußte aber doch annehmen, daß ihm die Giauren nachrücken würden, und hütete sich, in Zeitdruck zu kommen. Er schätzte, daß die Feinde – die das

Gebirge zwischen Österreich und Steiermark überwinden mußten – vielleicht drei oder vier Tagesmärsche zurückhingen, und er verhielt sich so, daß er diesen Abstand nicht leichtfertig aufs Spiel setzte.

Konnte er wissen, daß sich die christlichen Heereskörper in den Raum Wien zurückgezogen hatten, um Paraden und Siegesfeiern abzuhalten, während er mit seiner unbesiegten Armee ihr Land durchzog und verwüstete? Er konnte es nicht wissen, denn die Nachricht von der Niederlage Kasims war die letzte zuverlässige Meldung, die er aus Österreich erhielt. Nun hatte er seine Schwere Reiterei als Nachhut eingesetzt, die langsam von Friedberg her nachrückte, ohne zu wissen, daß das Bergland hinter ihr ein militärisches Vakuum war. Das war die Ursache dafür, daß Hartberg nicht energisch in die Zange genommen, die Wehrkirche in Gleisdorf nicht in Brand geschossen, Graz nicht mit Nachdruck berannt wurde. Soliman glaubte, daß ihn der Feind verfolge, und wurde durch die Tatsache, daß es nicht gelang ihn aufzuklären, vermutlich sogar beunruhigt. Durch den Ausfall der Masse seiner Leichten Reiterei, deren Aufgaben nun von der Schweren Schlachtenkavallerie wahrzunehmen waren, war er unversehens in die Lage eines Insekts versetzt, dem die Fühler abhanden kamen, und das war schlimm.

Nach Verwüstung und Ausplünderung des reichen Umfeldes von Graz zog er langsam, sein Kriegsvolk beisammenhaltend, den Marschweg sorgsam sichernd, das Murtal herunter, das zum Teil schon vor einigen Wochen von streifenden Reiterschwärmen durchzogen worden war. Als sein Heer die heutige slowenische Grenze überschritt, führte es rund 30 000 frischgefangene Sklaven und unübersehbare Mengen an Vieh mit sich. Marburg an der Drau → Maribor ließ er, vermutlich dem Wunsch seines unersättlichen Kriegsvolks folgend, ein paar Tage belagern, ohne besonderen Nachdruck hinter die Sache zu setzen. Auch seine Glaubensstreiter verloren bald die Lust, sich hier, kurz vor Torschluß, noch ein Loch in den Pelz brennen zu lassen, denn der Kasimstag kam näher, und der Weg nach Stambul ist weit. Also brach das Heer auf, folgte der Drau, bog dann nach Zapolya-Ungarn ab und gelangte noch im Oktober nach Belgrad.

Und wieder glich der Einzug in Stambul einem Triumphzug, und wieder stand Soliman, der Beherrscher der Rechtgläubigen, der Großherr der Osmanen, der große Feldherr, dem Allah Sieg auf Sieg verlieh, im Mittelpunkt aller Ehrungen, und überall verkündete man seinen Ruhm. –

Im Abendland waren im nämlichen Herbst nach den Siegesfeiern in Wien die Reichstruppen und die meisten der von Kaiser Karl gestellten Verbände heimgezogen; sie glaubten oder gaben zu glauben vor, daß der Sieg über Kasim Beg der Sieg über das Kriegsheer der Osmanen gewesen sei, und König Ferdinands Traum, das »schönste Heer der Christenheit« zu einer großen Offensive donauabwärts verwenden zu können, löste sich in Rauch auf. Kaiser und Reichsstände erklärten, daß die Kriegführung in und um Ungarn die Sache Ferdinands als König von Ungarn sei. Böhmen und Mähren schlossen sich dieser Meinung an und lösten ihre Kontingente auf, beide Österreich, Steiermark, Kärnten und Krain trugen die Lasten der Militärgrenze, und lediglich Tirol, das zur Türkenabwehr zu spät gekommen war, stellte für den Feldzug in Ungarn 5000 Mann Fußvolk. Mit diesem und mit einiger Leichter Reiterei zog Hans Katzianer im Oktober donauabwärts, um – wie sein Befehl lautete – Gran, das von Zapolyas Truppen belagert wurde, zu entsetzen und Buda wiederzugewinnen. Der Entsatz von Gran gelang, der Vorstoß nach Buda unterblieb, da sich die Tiroler weigerten, weiter nach Ungarn zu marschieren, und selbst ein Katzianer nicht in der Lage war, mit ein paar hundert Husaren den zweiten Teil des Befehls durchzuführen. Im Dezember wurde ein auf vier Monate beschränkter Waffenstillstand mit König Johann Zapolya geschlossen, dann ging der Krieg im Frühjahr weiter, durch die Erschöpfung beider Parteien gekennzeichnet.

Im Jahr 1533 kam es zum Frieden von Stambul zwischen Ferdinand und Soliman, der im Zeichen von Ibrahim Paschas Ausspruch stand, daß es ein Grundsatz des Beherrschers der Rechtgläubigen sei »dem Besiegten gnädig zu verzeihen«. Dergleichen Garnierung gab es mehr, die Hohe Pforte gefiel sich darin – aber der Kern des Vertrages war doch die verklausulierte Anerkennung des von den Habsburgern regierten Reiches der Ungläubigen.

Da König Johann in den Frieden nicht einbezogen war, schleppte sich der Krieg in Ungarn weiter, wobei es vor allem in Siebenbürgen zu regionalen Kämpfen und abenteuerlichen Planungen kam. So wollte Ferdinands Wojwode Stefan Majlath ein gegenüber Ungarn verselbständigtes Tributärfürstentum der Hohen Pforte, wobei er jährlich 12 000 Dukaten nach Stambul zahlen wollte, welches Angebot Ibrahim Pascha überlegenswert schien. Er schickte Ludovico Gritti als Sonderbotschafter nach Siebenbürgen, um die notwendigen Verbindungen herzustellen und einen Überblick über die Lage zu gewinnen. Gritti nahm auch Kontakt zu Johanns Wojwoden auf, und der war kein anderer als sein guter Freund Hieronymus Laski. König Johann fürchtete, von dem gewieften Diplomaten verraten zu werden und rief den Wojwoden von Moldawien, Petru Raresch, zu Hilfe, der in Siebenbürgen einfiel, Gritti gefangennahm und enthaupten ließ, worauf Laski von Zapolya abgesetzt und in Haft genommen wurde. Laski konnte jedoch fliehen, setzte sich an den Hof König Ferdinands ab und wurde von ihm im diplomatischen Dienst verwendet, wo er vorwiegend die Kontakte zur Hohen Pforte zu pflegen hatte. Zur gleichen Zeit lebte Markus Pemfflinger, der habsburgtreue Sachsengraf, der ebenfalls zu Ferdinand geflohen war, unbedankt und unbeachtet und in kümmerlichen Lebensumständen in Wien. Ferdinands Wohlwollen wurde höchst ungleich verteilt, und daß gerade jene, die sich bedingungslos für ihn einsetzten und seiner Sache die größten Opfer brachten, ihm geradezu suspekt waren, sollten bald auch andere erfahren, beispielsweise Hans Katzianer, der Kriegsheld von 1532, der 1537 den »Dank des Hauses Habsburg« in konzentrierter Form erfuhr.

Bis dahin ereignete sich außerhalb Ungarns einiges, das in aller Kürze aufgeführt werden muß, damit der zeitgeschichtliche Konnex nicht verlorengeht:

1. Unter schaudernerregenden Begleitumständen eroberte Francisco Pizarro, persönlich ebenso tapfer wie gewissenlos, für Spaniens Krone – und damit Kaiser Karl V. – das Inka-Reich in Peru (1533).

2. Nach dem Tode Klemens VII. (1534) wurde Alessandro Farnese zum Papst gewählt und führte den Papstnamen Paul III. Er war gewiß kein Vorbild an christlicher Tugend, dafür in weltlichen Dingen erfahren und geschickt, konnte aber die Unterstellung der britischen Kirche unter die Oberhoheit des britischen Königs – damals Heinrich VIII., der »Blaubart auf dem Königsthron« – und damit die Verselbständigung der anglikanischen Hochkirche nicht verhindern. Unter ihm erfolgte die offizielle Anerkennung der von Ignatius von Loyola gegründeten Gesellschaft Jesu, als katholischer Orden mit dem Sitz in Rom, der als »Orden der Gesellschaft Jesu« (Societas Jesu) zum harten Kern der Gegenreformation und zum dominierenden Orden der katholischen Welt wurde.

3. Karl V. führte – als König von Spanien – 1535 eine maritime Operation gegen Tunis durch, da sich die Kräfte des nunmehr in Malta seßhaften Ritterordens des heiligen Johannes allein als nicht ausreichend erwiesen, das Piratenunwesen im westlichen Mittelmeer abzustellen. Der Piratenführer Chair ad Din Barbarossa[8], der sich 1534 Tunis unterworfen hatte, war durch eine Reihe höchst lukrativer Überfälle zu einer echten Bedrohung der Seeverbindung zwischen Spanien und den Besitzungen im italischen Raum geworden und sollte ausgeschaltet werden. Karl erfocht einen spektakulären Sieg, der aber sehr problematische Folgen hatte:

- Chair ad Din floh nach Stambul, wurde von Soliman mit offenen Armen aufgenommen und zum Kapudan Pascha ernannt;
- Soliman wertete den Angriff auf Tunis als Bruch des Friedens von 1533, zumal Chair ad Din schon 1519 die Oberhoheit Sultan Selims I. in sehr nebuloser Form anerkannt hatte und von diesem mit dem Titel eines Paschas bedacht worden war;
- Franz von Frankreich bemühte sich um ein direktes Kriegsbündnis mit Soliman, das 1536 in Stambul geschlossen wurde und zum Ausbruch des 3. Krieges des französischen Königs gegen Karl V. und zu neuem Krieg zwischen Soliman und Ferdinand I. führte.

Soliman der Prächtige und sein engster Führungsstab waren mit den Ergebnissen der bisherigen Kriegszüge gegen Ferdinand I. weit weniger zufrieden, als der offiziellen Reichspropaganda entsprach, das heißt sie waren ehrlich und verständig genug, um zu erkennen, daß das Schicksal des Heeres und Reiches sowohl beim Rückmarsch von Wien als auch beim Kriegsmarsch durch die Steiermark an einem dünnen seidenen Faden gehangen hatte. Denn wie leicht hätte der schwerbeweglichen Armee dasselbe Schicksal widerfahren können wie den raschhufigen Reitern Kasims, deren Vernichtung ein außerordentlich harter Schlag für das Kriegswesen des Dar ul Islam war. Die Heldensage, die gerade im Orient sehr rasch entsteht, bemächtigte sich des »Wojwoden« Kasim, der mit 40000 (!) heldenhaften Glaubensstreitern im Land der Giauren den Trank des Märtyrertums getrunken – und in Österreich, wo historisches Geschehen ebenso rasch Gegenstand des Aberglaubens oder der Anekdote wird, galt das Schlachtfeld noch nach fast 200 Jahren als verrufener Ort, an dem in jeder Freitagnacht gespenstisch der Schlachtruf der – ebenfalls – 40000 Moslems ertöne, die hier mit Kasim gefallen seien.

Soliman und seine Mitarbeiter sahen die jüngsten kriegerischen Ereignisse weniger verklärt und bemühten sich, die Lehren aus ihnen zu ziehen. Es wurde ihnen offenbar bewußt, daß die gewaltige Offensivkraft des Heeres an den enormen Entfernungen, den Schwierigkeiten des Geländes und der Unzulänglichkeit der Transportmittel ihre Grenzen finden müsse. Und auch sie begannen – genau wie Mechmed II. Fatih – im Meer ein besseres Mittel der Fortbewegung des immer umfangreicher werdenden schweren Kriegsgerätes und vor allem des Artillerieparks zunächst einmal mehr zu ahnen als zu erkennen. Ein Umdenkprozeß, der später gewaltige Impulse erhielt, als der berühmte Chair ad Din bei Hofe erschien und im Handumdrehen das vollste Vertrauen des Kalifen und den Rang des Großadmirals erlangte.

Zunächst aber führte Soliman einen Krieg im besten konventionellen Stil der Kontinentalmacht. Er suchte dazu, wie es seit den Tagen seines Urgroßvaters geradezu zur Tradition geworden war, einen orientalischen, nahegelegenen, kriegstechnisch rückständigen Gegner, den er im Schah von Persien fand. Ein passender Kriegsgrund war bald gefunden. Soliman erhob Ansprüche auf persisches Territorium im Großraum Irak mit Bagdad als Mittelpunkt, Schah Tahmasp wies sie zurück, die osmanische Armee marschierte und gewann ohne nennenswerten Widerstand zunächst Täbris, bald darauf Bagdad. Es ging erstaunlich rasch; im Juli 1534 nahm Großwesir Ibrahim Pascha Täbris, im September hielt Soliman nach entsprechender Vorbereitung in der bisherigen Residenz seines Gegners Einzug, dann marschierte die Armee nach Bagdad, und im November nahm der Großherr die Stadt in Besitz, die vorzeiten der glänzende Mittelpunkt des abbasidischen Kalifats gewesen war. Er blieb überraschend lange (fast ein halbes Jahr) in der Stadt am Tigris, die Chalid ibn Barmak 762 als Madinat al Salam → Stadt des Friedens für die frühen Abbasiden zu bauen begonnen und schon nach einem Jahr fertiggestellt hatte.

Der Großherr der Osmanen, der nun die Würde des Kalifen verkörperte, schwelgte in islamischer Geschichte und besuchte die historischen Gedenkstätten aus Bagdads großer Zeit, die alle mit religiöser Weihe umgeben waren, so daß diese Besuche auch Ausdruck der Frömmigkeit waren. Er ordnete verschiedene Renovierungsmaßnahmen an, da den schiitischen Persern die Pflege und Erhaltung sunnitischer Gedenkstätten weniger am Herzen gelegen war und viele Gebäude Schäden aufwiesen. Er ließ für Abu Hanifa, den großen arabischen Gelehrten, dessen Ansichten das Rechtsdenken des Osmanischen Reiches prägten, ein prachtvolles Mausoleum errichten.

Nach Solimans Zug in den Irak waren die Perser wieder in das Gebiet um Täbris eingedrungen und hatten die Stadt in ihren Besitz gebracht. Soliman zog, nachdem er für die Behauptung Bagdads entsprechende Maßnahmen getroffen hatte, mit seinem Heer wieder nach Nordwestpersien und nahm Täbris neuerlich, wobei Schah Tahmasp wiederum die Schlacht vermied und sich nach Osten absetzte. Es sei vorweggenommen, daß das Gebiet um den Urmiasee nicht ständig gehalten werden konnte, es gab wiederholte Grenzverschiebungen und sogar 1548 und 1553 weitere große Feldzüge, bis 1555 der Friede von Amasia mit dem Schah den Grenzverlauf festsetzte: Täbris blieb persisch, aber Bagdad und weite Teile Mesopotamiens wurden osmanisches Territorium.

Im Januar 1536 kehrte der Kalif von seinem ersten Feldzug nach Persien in dem üblichen Triumphzug nach Stambul zurück. Zwei Monate später vollendete sich das Geschick des Großwesirs Ibrahim, der – vielleicht – vom Großherrn als Hindernis empfunden wurde auf dem neuen Weg der Expansion durch großangelegte maritime Operationen. Ibrahim Pascha war augenscheinlich der Mann des Bündnisses mit Venedig, das nun lästig wurde und abgestreift werden sollte. Er hatte es sich auch angewöhnt, den Mund sehr, sehr vollzunehmen und sich gegenüber fremden Gesandten gern als der eigentliche Regent des Reiches aufgespielt. Anläßlich der Friedensverhandlungen von 1533 hatte er sich so vor Mitgliedern der habsburgischen Delegation gebrüstet, Soliman sei der Löwe, er aber der Wärter, der ihn mit dem Stecken bändigen müsse, und dergleichen mehr. Da der Krug solange zum Brunnen geht, bis er bricht, nahm seine Selbstherrlichkeit zu, und er führte auch den Titel des Sultans, was Soliman ebenso störte wie Mechmed II., der es seinem Großwesir ebenso übelgenommen hatte. Nach Ibrahims Tod wurde die Flottenrüstung energisch betrieben, und der neue Kapudan Pascha bemühte sich um die Ausbildung des seemännischen Personals, das gewaltig aufgestockt wurde.

Noch 1536 begann der Krieg Frankreichs gegen das Heilige Römische Reich mit der Besetzung Savoyens und Piemonts. Kaiser Karl V. antwortete mit Offensiven in Nordfrankreich und in der Provence. König Franz I. war arg in die Ecke gedrängt, als sein Verbündeter erschien, groß und mächtig und unerwartet: Sultan Solimans Flotte griff Korfu an (1537), den Besitz des venezianischen Freundes von gestern –, und etwas später erfolgte die zweite osmanische Invasion in Apulien. Das trieb Papst Paul III., der sich von Karl V. nach dessen Zug gegen Tunis etwas distanziert hatte, um mit Franz von Frankreich zu einer Koexistenz zu gelangen, wieder in das Lager des Kaisers, denn wenn es einer irdischen Macht gelingen konnte, die osmanischen Reiter, die Neapel umschwärmten und gegen Rom vorfühlten, aus Italien zu vertreiben, war es die Macht Karls V. Auch in Venedig griff diese Erkenntnis um sich, und der Doge – es war noch immer Andrea Gritti –

beeilte sich, als dritter Bundesgenosse aufgenommen zu werden. In den Dreibund, der als »Heilige Liga« bezeichnet wurde, drängten sich nun noch alle italischen Fürsten und der Malteser Ritterorden, so daß mit Ausnahme Frankreichs faktisch alle christlichen Anrainerstaaten des Mittelmeeres in diesem Paktsystem vereinigt waren. Kennzeichnend für die Brisanz der Lage ist, daß die Verträge formell erst 1538 geschlossen wurden, als die ärgste Gefährdung bereits vorbei war, daß aber die militärische Zusammenarbeit schon vorher erfolgte, als die Diplomaten die Vorbesprechungen für die Bildung einer gemeinsamen Abwehrfront eben eröffneten.

Das osmanische Engagement im Mittelmeerraum ließ am Hof König Ferdinands I. den Gedanken einer großen Offensive aus dem kroatischen Raum aufkommen, deren Ziel die Zurückwerfung der osmanischen Macht auf dem Balkan mit der Wiedergewinnung zumindest der »alten Grenze« donauabwärts von Belgrad war. Hauptbefürworter des Gedankens war der kriegsberühmte und vielfach bewährte *Hans Katzianer*, der als Befehlshaber der Militärgrenze bisher in einem sehr undankbaren Verteidigungskrieg die trotz des Friedensschlusses fortdauernden Aktivitäten der osmanischen Grenztruppen wettzumachen versucht hatte und dem Traume nachhing, dem aus zahllosen Wunden blutenden Land an der Nahtstelle zwischen Orient und Okzident den ersehnten, wirklichen Frieden zu bringen. Auch die in Innerösterreichs Hauptstadt Graz tonangebenden Kreise waren für die Offensive, schon allein, weil sie hofften, die Kosten für die Erhaltung der Militärgrenze künftig ersparen oder zumindest energisch reduzieren zu können.

In der Tat war Belgrad damals trotz seiner exponierten Lage militärisch nur schwach gesichert. Es waren nur
- die aus Reichstruppen bestehende Festungsbesatzung,
- die Pfortentruppen des Beglerbegi,
- die Milizen des Lehensaufgebotes und
- einige Akindschiverbände, die von der Aussicht auf kleinere Aktionen gegen die Militärgrenze angelockt worden waren,
vorhanden, im Verhältnis zur osmanischen Gesamtkriegsmacht also geradezu lächerlich schwache Kräfte.

Dem gegenüber stand hinter Ferdinand sein Bruder Karl, der Kaiser, in dessen Reich die Sonne nie unterging und dessen Schatzkammern überquollen von den Reichtümern der Neuen Welt, so daß das Geld keine Rolle zu spielen schien. Daß dies ein grimmiger Irrtum war, wurde gleich bekannt, als sich der reiche Karl gegenüber seinem nicht geradezu armen, aber doch wesentlich ärmeren Bruder überaus zugeknöpft zeigte. Und zeigen mußte: Der Krieg gegen Frankreich war teuer genug, und der anrollende Seekrieg im Mittelmeer verlangte Unsummen für den Bau und die Ausstattung der Geschwader, die gegen den gefürchteten Expiraten Chair ad Din ziehen sollten. Hans Katzianer hatte dem Hof genaue Angaben über die Stärke der Offensivarmee und die anfallenden Kosten gemacht und war maßlos erbittert, als

Ferdinands Kassenverwalter seine Anforderungen nur zu Bruchteilen bewilligte. Katzianer warf sich aufs Roß und ritt nach Wien, rang mit dem Hof um jedes Fähnlein, jedes Geschütz, jeden Gulden. Der Hof wollte die Offensive, der König befahl sie sogar, aber niemand war in der Lage, die benötigten Summen aufzubringen. Katzianer war sich des Erfolges so sicher, daß er zuletzt um den königlichen Gnadenerweis bat, sich an den Kriegsrüstungen mit seinem eigenen Vermögen – er war in Steiermark, Krain und Slawonien reich begütert – beteiligen zu dürfen. Ferdinand war huldvoll genug, diese Bitte nicht abzuschlagen. Hans Katzianer verpfändete all seine und seiner Gemahlin Habe und kaufte Kanonen, neuartiges, grobkörniges Pulver, das rascher verbrannte und eine höhere Explosivkraft hatte als das bisher verwendete, und neuartige Eisengeschosse, die in Leoben entwickelt worden waren und nun dort gefertigt wurden.

Unter den Geschützen befanden sich zwei überschwere Nachtigallen, die er die »Katzianerin« und den »Bösen Hans« taufte. Was ihm verblieb, steckte er in die Anwerbung von zwölf Fähnlein Schweizer Fußvolk, jedes 400 Mann stark, was ein geradezu unerhörter Vorgang war, hatte es doch bisher nie Truppen aus den »freien« Kantonen im habsburgischen Kriegsvolk gegeben. Darüber verging der Sommer, aber die Bereitschaft, Kräfte zur Offensivarmee zu stellen, wuchs, und im September trafen im Sammelraum, dem Drautal oberhalb der Einmündung der Mur, weitere Kontingente ein, teils vom König Ferdinand, teils auch von katholischen Reichsständen aufgestellt. Die Heeresmacht wuchs auf insgesamt etwa 10 000 bis 12 000 Mann an; die Reiterei wurde dem tapferen Paul Bakić unterstellt, das Fußvolk Ludwig von Lodron, einem königlichen Obristen, der sich Katzianer gegenüber wenig loyal zeigte.

In den letzten Septembertagen begann der Vormarsch drauabwärts. Auf dem Wege nach Belgrad lag Esseg → Osijek, das genommen werden mußte, weil es

– die große Straße nach Ungarn und
– die Straße entlang des Drautales beherrschte und
– über die einzige leistungsfähige Draubrücke des ganzen Gebietes verfügte.

Der Vormarsch war unerhört langsam vor sich gegangen; erst am 20. Oktober erreichte das Fußvolk das Vorfeld der Stadt, wobei die Artillerie noch zwei oder drei Tagesetappen zurückhing, und eröffnete den Kampf um den festen Platz mit einigen Angriffen, die von den zäh kämpfenden Osmanen abgewehrt wurden. Gleich nach dem Eintreffen der Artillerie setzten die Herbstregen unerwartet früh und heftig ein, sie verwandelten den Belagerungsraum in einen riesigen, schlammigen Morast, in dem die notwendigen Arbeiten nicht mit der gewünschten Intensität vorangetrieben werden konnten.

Die klimatischen Bedingungen hemmten den Nachschub, bald wurde die Versorgungslage kritisch. Etwa gleichzeitig begannen die Schwierigkeiten in Katzianers eigenem Regiment. Die Schweizer waren durchaus im Recht und verlangten nicht mehr als die pünktliche Bezahlung des Soldes, da schon erhebliche Rückstände angelaufen waren, und Katzianer konnte nicht bezahlen, weil er sein Bargeld längst verausgabt hatte und seine Hoffnung, die Soldforderungen aus seinen Beuteanteilen begleichen zu können, sich nicht erfüllte. Aber auch die deutschen Landsknechte wurden unlustig und sogar unbotmäßig, da sie mit leeren Mägen und überdies durchnäßt und durchfroren nicht die rechte Sterbefreudigkeit zeigten. Zuletzt gab es auch Verschleißerscheinungen bei der Leichten Reiterei, nachdem Paul Bakić gefallen war. Derweil schrieb Obrist Lodron, Ferdinands Günstling, geheime und für Katzianer wenig schmeichelhafte Berichte an den Hof und vermutlich auch an andere Institutionen, die rasch bekannt wurden und Katzianer vor allem in Wien in ein sehr ungünstiges Licht setzten.

Das allerschlimmste für die festgefahrene Offensive aber ereignete sich auf dem weitab gelegenen Kriegsschauplatz Mittelmeer. Hier hatte Andrea Doria, der kaiserliche Admiral – der es inzwischen auch zum Beherrscher von Genua gebracht hatte – die Osmanen zur Aufhebung der Kämpfe um Korfu gezwungen und eine osmanische Versorgungsflotte für die in Italien eingesetzten Heeresteile aufgebracht. Beides ließ die alten Vorurteile gegen maritime Operationen erneut hervortreten. Der Serasker Lutfi Pascha ordnete mit Zustimmung des Großherrn den Abbruch der Aktionen im italischen Raum, die Rückführung des Heeres und den sofortigen Einsatz der rasch beweglichen Truppenverbände im Raum Belgrad an. Dies betraf auch die Lehensreiterei, denn Katzianers Offensive hatte ja osmanisches Territorium erreicht und in diesem Fall erlosch die Winterruhe der Milizen. Die ersten Kavallerieverbände trafen in der zweiten Novemberhälfte in Belgrad ein, und sogleich erließ Lutfi Pascha, der sich bei ihnen befand, die notwendigen Anordnungen für den Entsatz des belagerten Esseg, der erfolgen sollte, wenn sich hinreichend starke Offensivkräfte in Belgrad versammelt hatten.

Ungefähr zur gleichen Zeit löste sich das Heer der Giauren auf. Es begann damit, daß die Eidgenossen, die Katzianer eine letzte Nachfrist zur Bezahlung der Soldrückstände unter Androhung der Auflösung des Dienstverhältnisses gesetzt hatten, am 19. November »die Treue abschworen«, wie es damals hieß, und sich trotz aller Vorstellungen ohne Verzug auf den Heimweg machten. Unter dem Eindruck des Abzuges von Katzianers eigenem Regiment berief Lodron eine Offizierversammlung ein, ohne den Befehlshaber zu verständigen, und erwirkte hinter dessen Rücken den Beschluß, am nächsten Tag die Belagerung abzubrechen und abzurücken. Katzianer, für den dieser Ausgang des Feldzuges den Verlust nicht nur seiner Hoffnungen und seiner Stellung, sondern auch seines gesamten Vermögens bedeutete, tobte vor Zorn und erteilte scharfe, anderslautende Befehle, denen aber niemand gehorchte.

Die osmanischen Reiter, die zur Befreiung Essegs das Drautal heraufkamen, brauchten die Festung nicht freikämpfen, sondern konnten sich sogleich an die Verfolgung machen. Es gab blutige, wenngleich meist höchst einseitig geführte Gefechte: Die Kriegsmänner der christlichen Offensivarmee, der Zucht entkommen und die Disziplin vergessend, wurden von Tag zu Tag mehr zu wehrlosen Schafen, die, nur auf die eigene Rettung bedacht, drauaufwärts flüchteten und dem Schwert der Osmanen widerstandslos zum Opfer fielen.

In Ruhe und Ordnung zogen die Schweizer ihres Weges, und die Osmanen vermieden zunächst sie anzugreifen. Ihre Disziplin imponierte Lutfi Pascha gewaltig, und er machte ihnen das Angebot, in die Dienste des Großherrn zu treten. Die Eidgenossen lehnten ab, sie unterschätzten wohl die Schwierigkeiten und Strapazen des Heimwegs und die Möglichkeiten des Seraskers, ihnen diesen zu verlegen. Zuletzt wurden sie aufgerieben; von ihnen soll keiner heimgekommen sein.

Von den zuerst abziehenden, dann flüchtenden deutschen Kriegsknechten erreichten im Dezember etwa eintausend Mann halbverhungert, abgerissen und meist waffenlos das schützende Warasdin. Katzianer war ihnen mit ein paar Angehörigen seines persönlichen Gefolges vorausgeritten, in einem Zug durch bis Wien, um den Zusammenbruch der Offensive zu erklären und sich über Lodron und einige andere Offiziere zu beschweren. Er kam zu spät, das Urteil über ihn war bereits - zumindest im Bewußtsein der Öffentlichkeit - gefällt. An den Toren der Wiener Kirchen hingen bereits Schmähschriften wie

>>Katzianer, Ungnad und Schlick
sollen hängen an einem Strick!<<

wobei Ungnad und Schlick ebenso als verantwortlich für die letztlich vom König befohlene Offensive galten wie der unglückliche Befehlshaber. Der König, dem der >>Volksmund<< sehr zu Gefallen sprach, wenn dieser nicht überhaupt von Hofkreisen gesteuert wurde, ließ Katzianer sofort gefangennehmen, ohne ihm die Möglichkeit einer Verteidigung zu geben. Hans Katzianer blieb nicht lange in Habsburgs Kerker; 1538 gelang ihm die Flucht, er schlug sich verkleidet nach Slawonien durch und versuchte über seinen Kameraden Török Balint → Valentin, einen Kriegsmann von hohem Mut und untadeligem Ruf, der lange mit ihm unter Habsburgs Fahne gekämpft hatte und nun zu König Johann übergetreten war, Verbindung zum Hofe Zapolyas aufzunehmen. Vorerst fand er Unterschlupf bei Zriny Miklos → Nikolaus, der ihn bei einem zu seinen Ehren gegebenen Festbankett umbrachte. Zriny ließ ihm den Kopf abschlagen und nach Wien senden, den Leichnam aber in den Schloßgraben werfen.

Das war das Ende des tapferen und opferbereiten, des klardenkenden und durch üble Machenschaften ins Unglück gestürzten Hans Katzianer.

Das Jahr 1538 wurde im christlichen Abendland zu einem Jahr höchst überraschender friedlicher Lösungen. Franz I. und Karl V. trafen sich - über Vermittlung des Papstes - in Nizza, um über die friedliche Beilegung der strittigen Fragen, bei denen es immerhin um Mailand und die Niederlande, um Burgund und Navarra ging, zu verhandeln. Da Franz I. kaum noch verfügbare Kräfte hatte, Karl die seinen aber für den Krieg gegen die Osmanen brauchte, kam es zwar zu keiner sachlichen Lösung, aber immerhin zum Abschluß eines für zehn Jahre projektierten Waffenstillstands, der zwar alle offenen Probleme offenließ, aber immerhin die Einstellung der Kampfhandlungen brachte.

Über das ungarische Königstum einigten sich Ferdinand I. und Johann Zapolya im Frieden von Großwardein. Beide Könige waren des Krieges, der keinen Sieg, sondern nur Verwüstungen brachte, müde geworden, und der Habsburger war angesichts des neuen Krieges gegen die Hohe Pforte daran interessiert, Zapolya gewissermaßen zu neutralisieren, wogegen diesen wiederum die allerdings recht vage Aussicht, seinen Schutzherrn in Stambul auf billige Weise loszuwerden, zusätzlich motiviert haben dürfte. Die Herrschaft über Ungarn wurde nach dem bisherigen Besitzstand geteilt, doch wurde die Gesetzgebung in einem gemeinsamen Reichstag, der Vollzug der Gesetze durch einen gemeinsamen Palatin vereinheitlicht. Nach Johanns Tod sollte dessen Reichsteil mit dem Ferdinands vereinigt werden; sollte Johann einen erbberechtigten Nachkommen haben, würde dieser das Stammland der Zapolyas, die Grafschaft Zips, als erbliches Herzogtum bekommen. Der Friedensvertrag wurde vor Sultan Soliman geheimgehalten; als man ihn wenig später zum Schiedsrichter in strittigen Grenzfragen anrief, stelle man unisono die Sache so dar, als ob es sich um die Festlegung von Demarkationslinien auf Grund eines Waffenstillstandes handle. Bei diesen Verhandlungen wurde König Ferdinand übrigens von Hieronymus Laski vertreten; sie zogen sich über mehrere Jahre hin und waren beim Tode König Johanns noch nicht abgeschlossen.

Kurz nach Friedensschluß vermählte sich König Johann mit Isabella Jagiello, der Tochter König Zygmunts I. von Polen, mit der er einen Sohn zeugte, Johann Sigismund, der nur wenige Wochen vor dem Tod König Johanns (22. Juli 1540) geboren wurde.

Nach dem Tode Johanns kam es sofort zum Wiederaufleben des Krieges. Johann hatte Georg Martinuzzi, den Bischof von Großwardein, zum Vormund für seinen Sohn bestellt. Dieser verlangte als Vorleistung für die Übergabe von Zapolya-Ungarn die Erhebung der Zips zum Herzogtum und die Belehnung des Königsknaben. Ferdinand begehrte hingegen die Vereinigung der beiden Reichsteile und seine ausdrückliche Anerkennung als Vorleistung für die Einhaltung seiner Verpflichtungen; er ließ nach kurzem Meinungsstreit seine in Nordungarn liegenden Truppen gegen Buda vorrücken. Befehlshaber war Leonhard von Vels, einer der Verteidiger Wiens 1529, der mit seinen schwachen Verbänden zwar bis Buda gelangte, aber die Belagerung im Oktober abbrechen mußte.

1541 machte Ferdinand erneut den Versuch, Buda zu nehmen, diesmal mit wesentlich stärkeren Kräften, die Wilhelm von Roggendorf, Salms Schwager und sein Stellvertreter in Wien 1529, führte. Nach seiner schweren Verwundung, der er noch im Laufe des Jahres erlag, folgte ihm Peter Perenyi, der frühere Wojwode von Siebenbürgen. Er mußte die Belagerung schon im

Hochsommer abbrechen und rasch den Raum Buda verlassen, denn es erschien – von Bischof Martinuzzi und Königswitwe Isabella zum Schutz herbeigerufen und von einer habsburgischen Gesandtschaft, die seine Intervention verhindern sollte, über den ganzen Inhalt des Vertrages von Großwardein informiert – Sultan Soliman der Prächtige, begleitet von einer Armee in Stärke von rund 150 000 Mann. Er schlug sein Lager vor den Mauern in Obuda auf, wobei sein Zelt angeblich an jener Stelle errichtet wurde, an der man später das Csácsárfürdö, das Kaiserbad, erbaute. In erlesener Höflichkeit bat er Isabella, die Witwe seines »geliebten Bruders Janusch«, dessen ebenfalls geliebten Sohn, den kleinen König, an der Spitze eines »würdigen Gefolges« in seinem Lager begrüßen zu dürfen.

Der Witwe des »geliebten Bruders Janusch« schwante Unheil, dem Bischof Martinuzzi, der das würdige Gefolge als Allerwürdigster anzuführen hatte, schwante Unheil, dem tapferen Kriegsmann Török Balint schwante Unheil, allein was halfs? Soliman, vom eben gewonnenen Nimbus des Schutzherrn der Witwe und der Waise seines geliebten Bruders Janusch umglänzt, hatte höflich gebeten. Doch konnte es keinen Zweifel geben, daß seine Bitte ein Befehl war.

Am 29. August 1541, auf den Tag genau fünfzehn Jahre nach der Schlacht bei Mohács, hielt König Johann Sigismund I. von Ungarn Einzug in das Heerlager des Beherrschers der Rechtgläubigen. Er wurde mit großen Ehren empfangen, die dem knapp Einjährigen keinen besonderen Eindruck machten. Der daran anschließende und durchaus familiäre Teil machte ihm viel mehr Spaß: Der Großherr hob ihn auf und hielt ihn in seinen Armen, und er lachte, als ihm der kleine König den Bart zerzauste.

Zur selben Zeit zogen Solimans Janitscharen, neugierigen Touristen gleichend, in kleinen, unauffälligen Trupps durch die Tore der Stadt, an deren Betreten sie von den Torwachen nicht gehindert werden konnten. Und während die würdigen Gefolgsleute des kleinen Königs im Lager festlich bewirtet wurden, sammelten sich die in die Stadt Gelangten zur festgesetzten Zeit an den festgelegten Plätzen, hatten auf einmal Waffen in den Händen und bisher sorgsam verborgene Feldzeichen. Und als der kleine König mit seinen paar Leuten vorzeitig in aller Huld entlassen wurde, ehe der Festschmaus zum Gelage ward, flatterten Roßschweife und mit dem Halbmond geschmückte Fahnen von den Tortürmen und Zinnen: Buda war auf kaltem Weg, ohne Schwertstreich, ohne Blutvergießen, zu einer Stadt des Osmanischen Reiches geworden.

Am nächsten Tage, als die rauschende Nacht für die Großen Zapolya-Ungarns vorüber war, ging Sultan Soliman Kanuni, der Großherr der Osmanen, der Beherrscher der Rechtgläubigen daran, die ungarischen Belange in ebenso höflicher wie bestimmter Weise neu zu gestalten. Die ungarischen Großen lauschten seinen Worten und senkten die Köpfe; nur Török Valentin tat dies nicht und brauste auf. Als er Solimans Tun einen heimtückischen Anschlag nannte, entfernten ihn die Wachen in nicht sehr diskreter Weise:

Soliman hatte ihnen durch einen Wink zu verstehen gegeben, daß er die rauhe Störung des gepflegten Verhandlungsklimas keineswegs schätzte und die Abstellung wünschte.

Solimans Neuordnung Ungarns lief auf eine Dreiteilung des Territoriums hinaus. Es gab nun
- das habsburgische Gebiet im Norden und Westen,
- das unmittelbar zum Osmanischen Reich gehörige Ungarn, Magyaristan genannt, das in mehrere Paschaliks (auch als Wilajets bezeichnet) zerfiel und
- den nach Abtrennung von Magyaristan verbleibenden Rest von Zapolya-Ungarn mit dem Schwergewicht Siebenbürgen.

Die aus Lázár übernommene Karte galt, sieht man von kleineren Grenzkorrekturen oder der Errichtung des sehr kurzlebigen Paschaliks Neuhäusel ab, für runde 150 Jahre; Ungarns Herzstück, das Land beidseits der Donau, war Teil des Osmanischen Reiches geworden. (siehe folgende Seite)

UNGARN IN DER ZWEITEN HÄLFTE DES 16. JAHRHUNDERTS

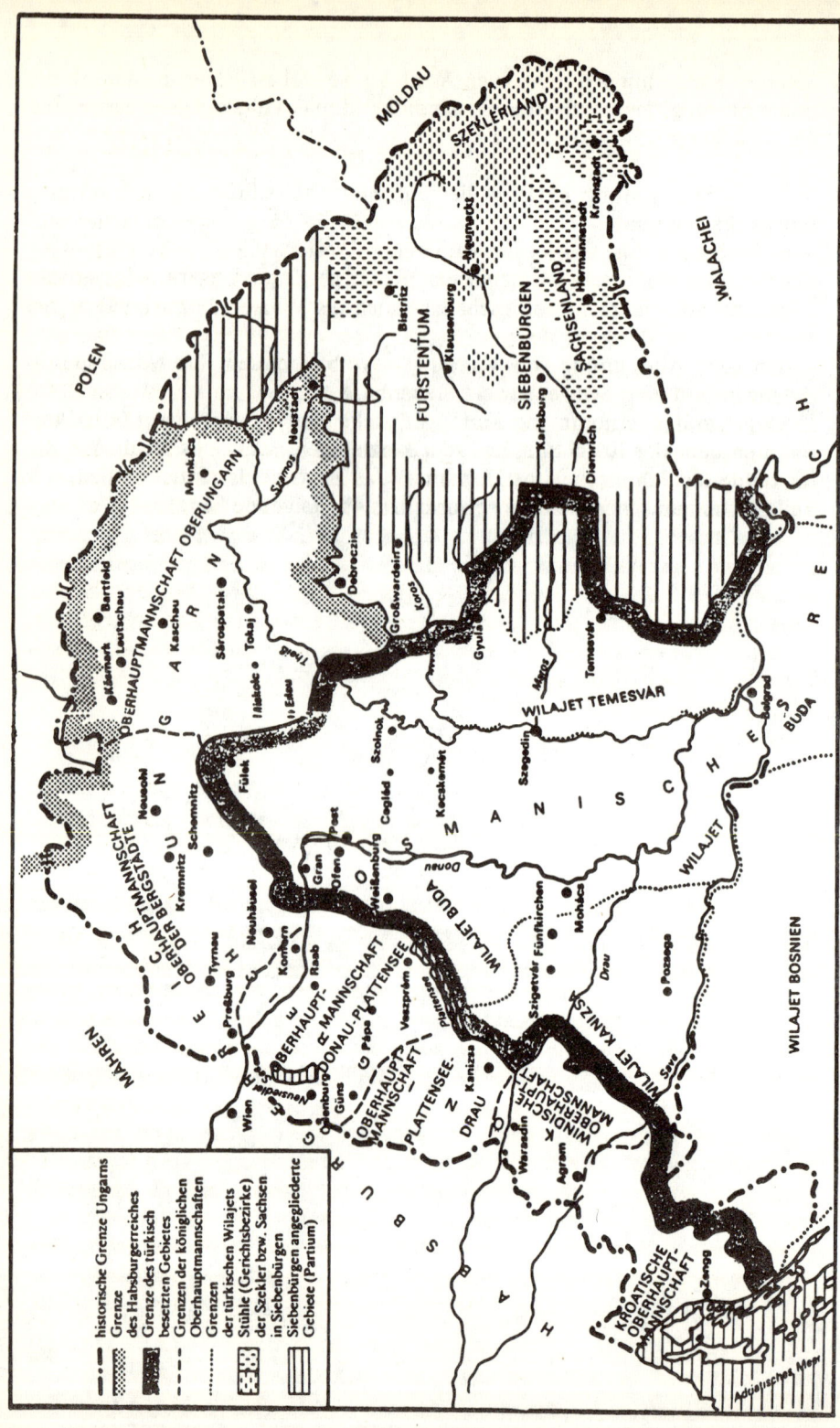

István Lázár: »Kleine Geschichte Ungarns«. Corvina Verlag 1990. Budapest. Deutschsprachige Ausgabe: Bundesverlag. Wien.

4. Kapitel:
Der Kampf um die Seeherrschaft

Während der Seekrieg gegen die Osmanen 1537 recht erfolgreich verlief und zum Abbruch der Invasion in Apulien führte, trat 1538 der große Rückschlag ein: Chair ad Din Barbarossa besiegte in der Seeschlacht bei Prevesa an der Südspitze der epirotischen Küste die von Andrea Doria geführte Flotte der westlichen Christenheit. Sie bestand aus Geschwadern, die Papst Paul III., Kaiser Karl V. - als König von Spanien - und Venedig gestellt hatten, wobei vor allem die venezianische Flotte schwerste Verluste erlitt. Der Winter 1538/ 39 verlief in der Lagunenstadt recht stürmisch; die »Königin der Meere« war von der eigenen maritimen Leistungsfähigkeit dermaßen überzeugt, daß die Niederlage von Prevesa als durch Verrat bewirkt bezeichnet und ein Untersuchungsausschuß bestellt wurde, der nach den Übeltätern fahndete, allerdings ohne zu greifbaren Ergebnissen zu kommen. Der Doge Andrea Gritti verstarb, aber sein Sohn Lorenzo, der Halbbruder des in Siebenbürgen umgekommenen Ludovico, schloß mit der Hohen Pforte einen Waffenstillstand, der das Kriegsbündnis mit Papst Paul und Kaiser Karl faktisch sprengte. Im Herbst 1540 kam es zu einem Separatfrieden, in dem Venedig die Herrschaft über alle Inseln der Ägäis verlor, aber

- Zakynthos → Zante,
- Kreta und
- Zypern

behalten konnte. Die »Königin der Meere« verpflichtete sich darüber hinaus zur strikten Neutralität, die durch volle 30 Jahre eingehalten wurde, bis die Osmanen wegen des Besitzes von Zypern gegen die Lagunenstadt zogen.

Um die Bedeutung des Verlustes verstehbar zu machen, muß in das Jahr 1204 mit dem Geschehenskomplex des 4. Kreuzzuges zurückgegangen werden, der uns im 1. und 2. Bd. bereits begegnete. Die Gründung des »Lateinischen Kaiserreichs« war die Grundlage des venezianischen Kolonialbesitzes im Großraum Griechenland als Basis der maritimen Vormachtstellung Venedigs, das sich zwar drei Achtel der gewonnenen Landmenge vertraglich zusichern ließ, aber nur einen geringen Teil davon besetzte. Enrico Dandolo, der große Doge, der die dominierende Persönlichkeit des Kreuzzugsgeschehens war, fügte der Titulatur des Dogen von Venedig neben den übernommenen Titeln eines Herzogs von Istrien und Herzogs von Kroatien auch den etwas komplizierten eines »Herrn über eineinhalb Viertel des gesamten Römischen Reiches« (quartae et dimidiae partis totius Romaniae imperii dominator) hinzu, ohne aber die »Landmasse« tatsächlich in Anspruch zu nehmen.

Man muß sich vor Augen halten, daß das strategische Denken einer Seemacht dem einer Landmacht geradezu entgegengesetzt ist. *Das Denken der Landmacht ist bodenfixiert; die Raumbeherrschung ist gegeben, wenn es gelingt,* eine bestimmte Landmasse der ausschließlichen Nutzung nach eigenen Vorstellungen zu unterwerfen. Der Raum selbst ist immer eine kompakte, mit den Händen zu greifende Masse, ist »Land«, ist »Erdreich« - ist Territorium. Im Denken der Seemacht verliert der Raum diese typische konstante, handfeste Beschaffenheit und wird zu einem zerbrechlich anmutenden System von statisch fixierten Punkten und den dazwischen gedachten Verbindungslinien. Die Raumbeherrschung ergibt sich aus der permanenten Behauptung der Fixpunkte und der jederzeit nach den eigenen Vorstellungen möglichen Nutzung der Verbindungen. Am 15. März 1204, als der Vertrag über die Aufteilung der noch recht bedeutenden Rechte des Oströmischen Reiches geschlossen wurde, stand das Denken der von Dandolo repräsentierten Seemacht Venedig dem der durch das Lehenssystem an Grund und Boden und damit an das Landmachtdenken gebundene Denksystem der übrigen Großen des Kreuzzuges gegenüber. Die Interessenabgrenzung war daher einfach; Venedig wollte und bekam

- Kallispolis und Abydos, die beide zu modernen Festungen ausgebaut wurden und welche die lückenlose Kontrolle über den Schiffsverkehr durch die Dardanellen ermöglichten;
- Rhaidestos und Herakleia am Nordufer des Marmarameeres, gedacht als Versorgungsstützpunkte für Kallispolis und Abydos;
- Nauplia → Navplion, davon abgesondert Koron → Koroni und Modon → Modeni, die letztgenannten »die Augen«, oculi genannt, die erst erobert werden mußten, auf der Halbinsel Peloponnes und
- Durazzo → Durrës

auf dem Festland, wobei das umgebende Gebiet großzügig dem überlassen wurde, der darum ersuchte, wie etwa Gottfried de Villehardoin das Hinterland von Nauplia für sein Fürstentum Achaia oder Heinrich von Montferrat, nun König von Thessaloniki, Athen mit Umland zur Gründung eines Herzogtums gleichen Namens. Die auf Interesselosigkeit beruhende Großzügigkeit bei Verteilung des Festlandes, wobei es dem Dogen nur auf die genannten Fixpunkte ankam, wurde durch die Rigorosität ergänzt, mit welcher die griechische Inselwelt in Anspruch genommen wurde, die nun wiederum kaum das Interesse der flottenlosen, festlandfixierten, neuen lateinischen Herrschaften fand. Venedig erhielt

- Limnos (Lemnos), Samothrake und Imros,
- Euböa (Negroponte),
- die nördlichen Sporaden,
- die Kykladen,
- Korfu,
- die Ionischen Inseln und
- Kreta.

Die Inseln wurden entweder zur Gänze oder an dominierenden Punkten zumeist stark befestigt, wobei die Größe der jeweiligen Insel entscheidend war, und entweder direkt dem venezianischen Verwaltungsapparat unterstellt oder als Lehen an venezianische Familien ausgegeben, die für die Verteidigung zu sorgen hatten, dafür die wirtschaftlichen Erträge einzogen und einen Teil dieser an den Dogen abzuführen hatten. Aus der Inselgruppe der Kykladen wurde so das nach der stark befestigten Hauptinsel benannte Herzogtum Naxos, aber auch einzelne Inseln wurden verliehen, wie Karpathos an die Cornaros, Jos an die Pisanis usw.

Der Versuch, nicht nur Festungen und Handelsstützpunkte anzulegen, sondern das nutzbare Land an Venezianer zu vergeben, beschränkte sich auf Kreta, das bisher der genuesischen Interessensphäre zugeordnet war. Die Genuesen organisierten den Widerstand der orthodoxen Bevölkerung und unterstützten die Kampfführung durch eigene Truppenkontingente und Flottenabteilungen. Erst als sie 1218 zum Verzicht auf Kreta genötigt wurden, gelang es, die Insel zur Gänze in Besitz zu nehmen. Das vom venezianischen Statthalter Jacopo Tiepolo installierte Lehenssystem, das die Ausgabe von Ritterlehen und Lehen an nicht dem Ritterstand angehörende Berufskrieger, Sergeanten genannt, zum Inhalt hatte (die Ritterlehen hießen cavallerie, die anderen Lehen sergeantarie; die Größe war genormt: Eine sergeantaria durfte nur die Größe eines Sechstels einer cavalleria haben), führte jedoch zu neuem Widerstand der einheimischen Großgrundbesitzer. Eine Befriedung Kretas wurde erst erreicht, als auch Kreter zum Erwerb von Lehen gegen die Verpflichtung zum Kriegsdienst zugelassen wurden, diese Gleichstellung erfolgte zu Beginn des 14. Jahrhunderts.

Die Gewinnung *Zyperns* steht in keinem Zusammenhang mit dem Geschehen von 1204. Es gelang zwar den Lusignans, nach dem Aussterben der Hohenstaufen die Lehensabhängigkeit vom deutschen König zu beenden, doch war die völlige Selbständigkeit nur kurz. Zu Beginn des 15. Jahrhunderts mußte König Janus die Oberhoheit der Mamelukensultane von Ägypten anerkennen, mit deren Zustimmung und Venedigs Hilfe sein unehelicher und daher nicht erbberechtigter Sohn Jakob seine Nachfolgerin Charlotte und deren Gemahl Ludwig von Savoyen aus Zypern vertrieb (1472). König Jakob II. heiratete Katharina aus dem venezianischen Patriziergeschlecht Cornaro, die nach seinem Tod durch einen Jagdunfall (1474) die Regierung als Königin Katharina I. führte. 1489 trat sie diese an Venedig ab: *Zypern wurde nun Militärkolonie der Lagunenstadt,* und der Doge zahlte statt der Lusignans die vereinbarten Tribute zunächst nach Ägypten und nach der Beendigung der Mamelukenherrschaft durch Sultan Selim I. an den Großherrn der Osmanen nach Stambul.

Auch wenn man Zypern außer Betracht läßt, wird durch einen Blick auf die Karte klar, daß durch die Stützpunkte und die Verbindungslinien zwischen diesen eine Art Netz gebildet und dem Raum Griechenland – Küstenraum Kleinasien übergestülpt wurde. Das sich daraus ergebende Seefahrtsmonopol im Marmarameer ging mit dem Untergang des Lateinischen Kaiserreichs (1261) zugrunde; das »Neue Byzanz« des Kaisers Michael VIII. Palaiologos war unter tatkräftiger Mithilfe Genuas errichtet worden. Der Kaiser bemühte sich, die Interessen Genuas zu fördern, wogegen Venedig einen

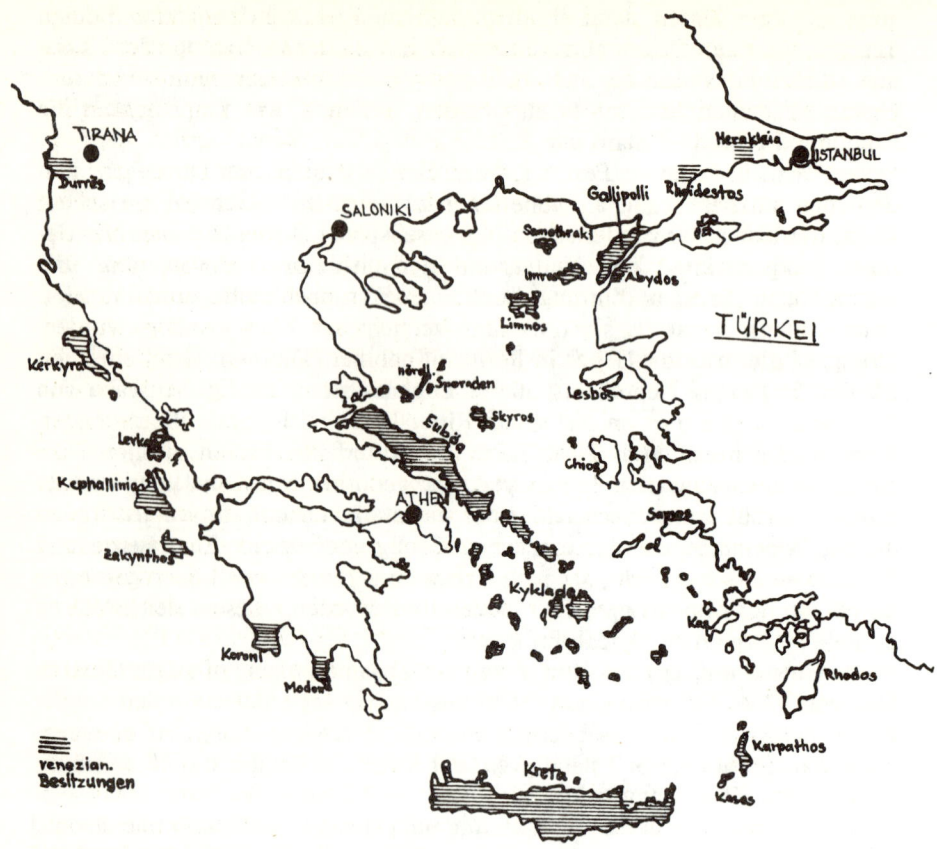

Die venezianischen Besitzungen nach dem Stand von 1204.

erheblichen Prestigeverlust und den Verlust der meisten Besitzungen auf dem Festland hinnehmen mußte. Auch die Inseln Imros und Samothrake gingen verloren, die aber nach dem Verlust der Dardanellen und des festen Kallispolis ohnehin ihre – auch schon vorher geringe – Bedeutung eingebüßt hatten.

So schmerzhaft diese Verluste auch waren, erbrachten sie doch keine nachhaltige Erschütterung der Bedeutung des Stützpunktsystems. Da es – Venedigs meist zahlenstarke Flottenverbände voll in die Rechnung genommen – nicht schwer war, das Stützpunktsystem als geradezu vollkommenes Sperrsystem zu verwenden, war eine Blockade der wichtigsten byzantinischen Häfen einfach zu vollziehen. In der Tat war Venedigs Seemacht für die letzten Kaiser nicht minder gefährlich als die spektakulär in Erscheinung tretenden Heere der Großherrn der Osmanen. Byzanz versuchte zwar wiederholt, mit Hilfe Genuas die lautlose, aber unerhört gefährliche Bedrohung durch die

»Königin der Meere« auszuschalten, konnte aber nur temporäre Erfolge erzielen, die an der Gesamtlage nicht viel änderten. Das byzantinische Konzept, durch die Stärkung Genuas Venedig zu schwächen, wurde von den Genuesen letztendlich selbst zerschlagen, als es – mit den ungarischen Anjous verbündet – über die Republik des San Marco herfiel, denn in Byzanz war die Angst vor den Anjous größer als die vor dem Dogen und den Osmanen zusammen. Die laufenden Machteinbußen Genuas im späten 14. Jahrhundert (1381 Niederlage im Chioggia-Krieg) führten zu einer erzwungenen Annäherung der byzantinischen Politik an Venedig, aber zur erwünschten Interessenkoordination kam es dann doch nicht, zumal Venedig eben damals wiederholt in die binnenitalischen Auseinandersetzungen hineingezogen wurde und immer größere Teile der Halbinsel unmittelbar der eigenen Herrschaft unterstellte. Zuletzt beherrschte Venedig die Westküste der Adria zwischen Triest und Rimini mit Ausnahme eines unbedeutenden Korridors des Fürstentums Ferrara im Bereich der Pomündung, griff im Norden in den Alpenbereich hinein und stieß im Westen an die Grenzen des Veltlin. Da dies dem Seemachtsdenken widerspricht, muß gesagt werden, daß der Landgewinn darauf abzielte, ein großräumiges Vorfeld zu gewinnen und die als Vormarschstraßen geeigneten Verbindungswege durch Sperrfestungen zu sichern. Keineswegs ging es Venedig um den Landbesitz an sich, sondern es ging darum, einen möglichen Angriff feindlicher Landstreitkräfte im weiteren Vorfeld aufzufangen und militärische Operationen im unmittelbaren Stadtbereich zu verhindern. Da die norditalischen Kleinstaaten in den kriegerischen Zeitläufen samt und sonders eine nur geringe militärische Leistungsfähigkeit gezeigt hatten, war es sicherlich klüger, deren Territorien selbst zu übernehmen und durch eigene Kräfte zu verteidigen, als in oft nicht viel mehr als doppelter Kanonenschußweite selbständige Kleinstaaten zu haben, deren Gebiet schon morgen für einen gewaltigen Gegner die Basis für einen Angriff auf die Lagunenstadt sein konnte.

Daran änderte sich bis in das Zeitalter Sultan Mechmeds II. auch durch die sukzessive Okkupation des griechischen Festlandes durch die Osmanen nichts. Venedig hielt sein insulares Imperium aufrecht, verwendete seine Stützpunkte im Frieden als eine Vielzahl von Handelsstationen, im Kriegsfall aber als wirksames Sperrsystem; es war kaum betroffen, als das Marmarameer zum abgeschlossenen »mare nostrum« der Osmanen wurde, gewissermaßen zum osmanischen Binnengewässer, das rundum vom osmanischen Territorium umgrenzt wurde.

In dieser »Seeherrschaft« über einen Meereseinschluß von mäßiger Ausdehnung findet sich der Grund für die sonst kaum verständliche ursprüngliche Organisation des osmanischen Seekriegswesens, das in der Tat das Meer gleich behandelte wie das Land und es als eine eigene Provinz ansah, die dem Kapudan Pascha als Beglerbegi unterstellt war. Ihm unterstanden die »Deryabegis«, die »Begs des Meeres«, die bestimmte »Seebezirke« verwalteten und für die nautischen Einrichtungen, im Kriege aber auch für die regionale Küstenverteidigung verantwortlich waren.

Auch mit Konstantinopels Eroberung änderte sich die osmanische Einstellung zunächst überhaupt nicht: Wichtig war die Beherrschung der *Dardanellen;* die Meerenge
- garantierte den Binnenmeercharakter des Marmarameeres und
- verhinderte das Eindringen feindlicher Kriegsflotten in den Bereich der Hauptstadt; eine Vorstellung, die für die schlagkräftige Landmacht ebenso ein Alptraum war wie für die »Königin der Meere« jene vom Vordringen eines feindlichen Heeres bis vor ihre Mauern.

Bald aber kam es zur ersten maritimen Operation der neuen Flotte des Großherrn gegen Limnos; es sei daran erinnert, daß diese den Charakter einer großangelegten »Übung im scharfen Schuß« hatte. Die Behauptung der Insel diente zur Schaffung eines »Vorfeldes« für den westlichen Dardanellenausgang, verfolgte also, in kleineren Dimensionen, den nämlichen Zweck wie die Gewinnung der Terra ferma durch Venedig, das übrigens – aus welchem Grunde auch immer – Limnos kaum verteidigt hatte.

Noch unter Mechmeds Regierung schob sich das Osmanische Reich auf dem griechischen Festland nach Westen vor, und in den Jahren nach der Eroberung Konstantinopels gelangte beinahe das ganze klassische Griechenland unter Einschluß Athens unter die Herrschaft des Großherrn. Eben dies ließ die von osmanischen Küsten umgebene Ägäis einen ähnlichen Charakter annehmen wie das Marmarameer – und nun wurden die von Venedig (und übrigens auch von Genua) beherrschten Inseln zu störenden Faktoren, die es zu beseitigen galt. In den Augen der Osmanen war das keine »Seeoffensive«, sondern eine Art Flurbereinigung, die mit den Mitteln maritimer Kriegführung erzwungen wurde.

Um eine Fülle von Daten zu vermeiden: Das entscheidende Geschehen fällt in das Jahr 1470, in dem das erbittert verteidigte *Euböa* von den Osmanen erobert wurde. 1479 schloß Venedig einen Waffenstillstand und anerkannte die bisherigen Verluste, mußte aber 1480 noch den Verlust von Kephalonia vor der Einfahrt in den Golf von Korinth hinnehmen. Auf diesen Einbruch in sein Stützpunktsystem im jonischen Meer, doppelt gefährlich durch die Nähe zur Adriaeinfahrt, reagierte Venedig besonnen: Zante → Zakynthos, die Nachbarinsel, wurde zu einem starkbefestigten Stützpunkt ausgebaut, der nun die Einfahrt in den Golf von Korinth beherrschte und, davon abgesehen, Kephalonia beim vorerst unterschiedlichen Kampfwert der Flotten als Stützpunkt für osmanische Geschwader nahezu wertlos machte.

Die bisherige Entwicklung war für die divergierenden Denksysteme jeweils erfolgreich:

Die *Landmacht Osmanisches Reich* hatte durch die Gewinnung des griechischen Küstenlandes die Ägäis und den Golf von Korinth zu beinahe dem Marmarameer vergleichbaren Binnengewässern gemacht, wogegen die *See-*

macht Venedig durch seinen Stützpunktgürtel den Zutritt zum offenen Meer beherrschte.

Man war sich in Stambul der Bedeutung der venezianischen Positionen voll bewußt und erkannte auch deren für die Stadt am Rialto fatale Beschränkung auf die Seekriegführung: Ein florierender Orienthandel nämlich war nur mit Genehmigung des Großherrn möglich. Die Ausschließungsfunktion war wechselseitig; konnte der Doge die Ausfahrt der osmanischen Kriegsflotte aus der Ägäis und dem korinthischen Golf verhindern, so der Sultan umgekehrt die Zufahrt jedes venezianischen Schiffes zu den Handelsplätzen ostwärts der Sperrzone. Verhinderte das eine eine osmanische Expansion, so traf das andere den Lebensnerv Venedigs, das auf einen florierenden Seehandel angewiesen war. Andererseits war bei dieser Lage eine Interessenkoordination zumindest temporär durchaus möglich: Die Neutralität der Königin der Meere konnte durch Handelsberechtigungen schmackhaft gemacht und gleichzeitig abgesichert werden, und so gestattete der Großherr die Neuerrichtung des mit Privilegien reich ausgestatteten »Venezianerquartiers« in Stambul – und setzte unmittelbar danach zur Invasion in Süditalien an.

Nordostwärts der venezianischen, nun vorübergehend funktionsentkleideten Sperrzone lag allerdings *Rhodos*, das für die osmanischen Verbindungslinien nach Otranto derart gefährlich war, daß Sultan Mechmed den vergeblichen Angriff auf die Insel befahl. Rhodos war bisher die selbständige Ergänzung des venezianischen Stützpunktgürtels vor der anatolischen Küste gewesen, Heimstätte des mit dem Islam permanent im Kriege lebenden Ritterordens des Heiligen Johannes, und damit etwas wie das absolut sichere Widerlager des Sperrsystems, das zunächst nicht zu umfassen war. Nun aber hatten sich die Stärkeverhältnisse bedrohlich verschoben, und man erkannte am Rialto zweifellos klarer und vor allem früher als auf der Roseninsel, daß die Lage für den Ritterorden überaus aussichtsarm war, weil er über keine, der Großherr aber über faktisch unerschöpfliche Reserven verfügte. Für die sehr realistisch denkenden Offiziere im Admiralstab des Dogen (gleichgültig, wie ihre Benennung lautete – ihre Funktion war genau diese) war es nur eine Frage der Zeit, bis Rhodos fallen würde, und sie hielten Umschau nach einem anderen Stützpunkt vor der anatolischen Küste, der dazu geeignet war, als Widerlager für die jederzeit aktualisierbare Seesperre zwischen Ägäis und Mittelmeer zu dienen. Ihr Blick fiel auf Zypern, die »Insel der Aphrodite« der Antike, die im Augenblick billig zu haben war – zu haben als ein den ägyptischen Mameluken tributpflichtiges Lehen.

In *Zypern*, wo bereits venezianische Handelsstützpunkte und militärische Einrichtungen bestanden, war ungeachtet der staatsrechtlichen Abhängigkeit von Ägypten der venezianische Einfluß dominierend. König Jacob II. hatte, wie oben gesagt die Krone Zyperns nach einem geglückten Aufstand gegen seine Schwester, Charlotte von Lusignan, und deren Gemahl, Ludwig von Savoyen, die sich auf die Reste der Ritterschaft und die reichlich ramponierte

Macht Genuas stützten, gewonnen, und zwar gewonnen durch die massive Hilfe, die ihm Venedig leistete. Er vermählte sich mit der venezianischen Patriziertochter Katharina Cornaro, erlitt aber schon 1474, nach zweijähriger Ehe und der Geburt eines Sohnes, einen tödlichen Unfall anläßlich einer Jagd. Da auch sein Sohn kurz danach verstarb, regierte seine nicht nur sehr attraktive, sondern auch hochgebildete Witwe als Königin Katharina I. die Insel, fühlte sich aber bald den Stürmen der Zeit nicht gewachsen und dankte zugunsten ihrer Vaterstadt ab, die 1489 die Herrschaft über Zypern antrat. Die Insel wurde, dem vorherrschenden venezianischen Interesse entsprechend, einer Militärverwaltung unterstellt, die von dem mit weitgehenden Vollmachten ausgestatteten Statthalter, der immer ein Offizier war, geleitet wurde. Seine Hauptaufgabe war, für eine starke Befestigung der wichtigsten Hafenstädte zu sorgen, als welche Kyrenia im Norden, Famagusta im Südosten und Limassol im Südwesten galten. Dann wurde auch die im Zentralraum der Insel gelegene Hauptstadt Nicosia mit modernen Festungswerken versehen.

Zusammenfassend läßt sich sagen, daß die von Venedig errichteten Stadtbefestigungen sehr stark waren und, wo sie erhalten blieben, heute noch sind. Die Bauarbeiten dauerten Jahrzehnte, faktisch über die ganze Zeit der venezianischen Herrschaft; sie müssen Unsummen verschlungen haben. Als Sultan Selim Ägypten eroberte, scheint es mit der Abwehrkraft der Insel noch schwach bestellt gewesen zu sein, und die Venezianer beeilten sich, ihn als Lehensherrn Zyperns anzuerkennen und den bisherigen Jahrestribut nach Stambul zu bezahlen. Auch seinem Nachfolger Sultan Soliman I. blieben sie den Tribut nie schuldig; als seine maritime Ambitionen ab seinem Angriff auf Rhodos offengelegt waren, wurden die Anstrengungen, Zypern in einen waffenstarrenden, jederzeit abwehrbereiten Großstützpunkt zu verwandeln, mit verdoppelter Energie fortgesetzt.

Zur selben Zeit wurde auch *Malta*, der »Nabel des Mittelmeeres«, etwa 2000 km westlich von Zypern, mit gewaltigen Festungsanlagen ausgestattet. Zypern war zwischen dem Verlust von Akkon (1291) und der Verlegung des Ordenssitzes auf die 1309 eroberte Insel Rhodos (1310) Sitz des Ordens der Ritter des Heiligen Johannes gewesen, der 1530 von Karl V. mit Malta – und der spanischen Außenstation Tripolis in Afrika – belehnt wurde. Die Jahre nach dem Verlust der Insel Rhodos verbrachte der Orden in den beiden interimistischen Sitzen Viterbo und Nizza, während sich Großmeister Villiers de l'Isle Adam verzweifelt bemühte, eine neue, zur Fortsetzung des Krieges gegen den Islam geeignete Heimat zu finden. Schon 1524 hatte der Orden Malta in seine »Wunschliste« aufgenommen und sorgfältig erkundet. Doch es dauerte einige Jahre, bis sich der »Oberste Rat« dazu entschließen konnte, den Kaiser als König von Spanien um Belehnung zu bitten: Zu kümmerlich war Malta im Bericht der Kundschafter erschienen, und man kann es den Rittern nicht verdenken, daß sie erst auf sie zurückgriffen, als alle anderen Projekte gescheitert waren.

Die Insel war Teil des mediterranen Imperiums Spaniens und von einigen spanischen und sizilianischen Adeligen besiedelt, die unter schlichten Lebensbedingungen in Cittá Notabile hausten. Die Stadt wurde von den etwa 12 000 Inselbewohnern, ärmlichen Bauern arabischer Abstammung, Mdina genannt, denn diese sprachen einen arabischen Dialekt, waren aber Christen. Vor den Moslems lebten sie in ständiger Furcht, litt Malta doch unter beinahe jährlichen Einfällen nordafrikanischer Piraten, die es vor allem auf die Inselbewohner abgesehen hatten, um sie als Sklaven zu verschleppen.

Zu Malta gehören die Nebeninseln Gozo und Comino, die Klippe Cominotto vor Comino und Filfla, von denen nur Gozo ständig bewohnt war. Hier ließ sich die Landwirtschaft etwas besser betreiben als auf der Hauptinsel, weshalb sie als »grüne Insel« der Gruppe galt und etwa 5000 Menschen eine schlichte Existenzmöglichkeit bot. Gozo hatte aber keinen Hafen und keine Bucht, die zu einem Hafen ausgebaut werden konnte. Auf Gozo gab es eine kleine Fluchtburg für die Bewohner, in die sie sich bei Pirateneinfällen zurückzogen, während in Malta der große Hafen durch das Kastell des heiligen Michael geschützt war, dessen Waffenausstattung aus drei kleinen Kanonen und einigen Mörsern bestand. Das Kastell stand auf einer weit in den Hafen ragenden Halbinsel, auf der ein kleines Fischerdorf lag, das Birgu hieß. Hier ließen sich die Ritter nieder und begannen mit dem Bau gewaltiger Festungsanlagen nach den Plänen der berühmtesten Festungsbaumeister Italiens, unter denen besonders Antonio Ferramolino zu nennen ist, den ihnen Karl V. als »Entwicklungshelfer« gesandt hatte.

Die Ritter nahmen als Vasallen Karls V. an dem erfolgreichen Feldzug gegen Tunis 1535 und an seiner Operation gegen Algier 1541 teil, die wegen der Anwesenheit des Kaisers am Reichstag von Regensburg mit den dort geführten ergebnislosen Religionsgesprächen verspätet begann und in den Oktoberstürmen ein trauriges Ende fand. Daneben führten sie einen »fortdauernden Seekrieg« gegen alle Moslems, was eine sehr beschönigende Umschreibung der Tatsache ist, daß sie völlig auf eigene Faust und auf eigene Rechnung Seeräuberei betrieben, aus deren Erträgen sie nicht nur lebten, sondern auch Schiffe und Waffen ankauften und jene Sklaven fingen, die im Sommer ihre Raubgaleeren unter der stechenden Sonne über das Meer ruderten und ab Herbst, wenn die Seefahrt eingestellt wurde, an den Festungswerken arbeiteten. Die Piraterie war ein lukratives, wenn auch riskantes Geschäft; Jean Parisot de la Valette[9], dessen klangvoller Name in der nach ihm benannten maltesischen Hauptstadt Lavaletta weiterlebt, brachte einmal, als er noch der Kapitän einer Galeere war, drei Handelsschiffe, »deren Ladung für das Lösegeld eines Fürsten gut war« (man sieht den hochinteressanten, wenngleich für unsere Vorstellungswelt befremdlichen Maßstab), dazu 250 Gefangene, also Sklaven für Ruderdienst und Festungsbau, und zahllose Kanonen, mit denen die Handelsschiffe bestückt waren, von einer einzigen Ausfahrt nach Hause. Ein anderes Mal (1541) hatte Jean Parisot weniger Glück; bei einem Gefecht mit dem berühmten Abd-ur-Rachman

Kust Ali wurde er schwer verwundet, verlor sein Schiff und geriet in Gefangenschaft. Der »Kollege« von der anderen Seite ließ ihn gesundpflegen und verwendete ihn dann als Rudersklaven. Er führte dieses höchst unerfreuliche Leben mehr als ein Jahr lang, bis ihn ein großzügiger – und daher wohl unbedingt nötiger – Gefangenenaustausch dem Orden wiedergab.

Die Galeeren, zuvor als große Ruderschiffe bezeichnet, hielten sich noch immer, obwohl sie, wie Bradford meint, eigentlich sehr wenig seetüchtig waren. Die Galeere war zu leicht und zu flachgehend, um als Handelsschiff zu dienen: Sie war ein so einseitig ausgerichtetes und spezialisiertes Kriegsinstrument wie ein Torpedoboot. Die Galeere hatte eine Länge von 60 Meter bei einer Breite von 6 Meter und einer Tiefe von maximal 2,5 Meter. Der Kapitän einer Ordensgaleere war immer ein Ordensritter, desgleichen sein Stellvertreter, der Schiffsleutnant. Daneben gab es den Segelmeister, der häufig aus der Inselbevölkerung stammte und den nautischen Dienst besorgte. Das Schiff wurde – außer es segelte bei gutem Winde – von 280 Galeerensklaven bewegt, die auf 26 Ruderbänken verteilt waren, meist je 10 Mann auf einer Bank, so daß 20 als Reserve dienten. Ungefähr dieselbe Anzahl von Berufssoldaten befand sich an Bord, nicht allerdings schlechthin geworbene Söldner, sondern dienende Brüder, die Ordensmitglieder minderen Ranges waren. Die Galeere führte als artilleristische Bewaffnung ein schweres Geschütz, das Geschosse von 48 Pfund verfeuerte (die Doppelkartaune oder Nachtigall der Abbildung S. 172) und vier kleinere Geschütze, Sechspfünder oder Achtpfünder, die man Achtelkartaunen nannte. Daneben gab es 14 leichte Abschußvorrichtungen, die »Nahfeuer« oder »Sturmabwehrfeuer« schossen und die auf Deck bereitstehenden feindlichen Kämpfer mit einem Regen von Steinen, Metallstücken und dergleichen überschütteten – also in der Art wirkten, wie die etwas später aufkommenden Kartätschen der normalen Geschütze. Das Ziel seeräuberischer Unternehmungen bestand ja nicht im Versenken, sondern im Erobern der angegriffenen Schiffseinheit. Das geschah auf offener See immer durch Entern. Den eigenen Enterkommandos, die in der Art von Stoßtrupps vorgingen, sollte der Weg freigeschossen – oder die feindlichen Enterkommandos sollten im Sturmabwehrfeuer vernichtet werden.

Die Flotte des Ordens bestand nicht nur aus Galeeren, zu denen sich kleine Einheiten wie Wachboote, Schnellsegler (für den Kurierdienst) und dergleichen gesellten, sondern auch der »Großen Karracke«, die in Nizza gebaut worden und aller Wahrscheinlichkeit nach das gewaltigste Kriegsschiff des Mittelmeeres in der ersten Hälfte des 16. Jahrhunderts war. Die Karracke hatte acht Decks und konnte soviel Lebensmittel und Wasser mitnehmen, daß sie sechs Monate auf See bleiben konnte, ohne aus Versorgungsgründen einen Hafen anlaufen zu müssen. Das nötige Brot wurde täglich gebacken, wobei ein Backofen in Verwendung stand, der 2000 Laib Brot faßte. Die Bordwand war mit sechs Metallschichten beschlagen, von denen die unter der Wasserlinie gelegenen mit Bronzeschrauben befestigt waren, die das als

Lötmasse verwendete Blei nicht angriffen. Das Schiff war unsinkbar – alter Traum der Schiffbautechniker! – und führte stets zwei Galeeren mit sich; eine wurde im Schlepptau gezogen, die andere lag an Bord und wurde bei Bedarf ins Wasser gelassen. Die Armierung war außerordentlich stark, die Schiffsartillerie hatte allein an schweren Geschützen nicht weniger als 50 Stück; die Zahl der Geschütze mittleren und leichten Kalibers wird nicht genannt. Die Rüstkammer umfaßte die Waffenausstattung für 500 Seesoldaten; daneben gab es das seemännische Personal von 300 Mann. Trotz der enormen Größe soll das Schiff außerordentlich rasch und auch wendig gewesen sein; da die Durchschnittsgeschwindigkeit der Galeere bei etwa 2 Knoten (3,6 Stundenkilometer) lag, die im Höchstfall unter gefechtsmäßigen Bedingungen kurzzeitig auf 4,5 Knoten (also 8,1 Stundenkilometer) erhöht werden konnte, ist zu bemerken, daß es für ein gutbesegeltes Schiff nicht sonderlich schwer sein konnte, höhere Geschwindigkeiten zu erzielen –, aber eine besondere Wendigkeit sollte man dem gewaltigen Schiff denn doch nicht zutrauen. Glaubhaft ist dagegen, daß sich das Schiff sowohl an Rumpf wie an Deckaufbauten faktisch immun gegen das Feuer feindlicher Schiffsartillerie zeigte.

Das Ende des »Großen Karracken« ist leider nicht bekannt; er stand schon im Dienst, als der Ritterorden noch in Rhodos ansässig war, wird aber bei den Verteidigungskräften von 1465 nicht mehr genannt.

Trotz der erfolgreichen Kriegführung des Ordens gelang es nicht, die Erwartungen Karls V., der sich nicht nur Erfolge im Kampf gegen Nordafrikas Seeräuber, sondern deren Ausrottung versprochen hatte, zu erfüllen. Noch immer waren die Schiffsrouten zwischen Spanien und Sizilien und Neapel ständig bedroht, noch immer gelang es ganzen islamischen Geschwadern – wobei zwischen den Kriegsflotten des Großherrn und den Piratenflotten der afrikanischen Seeräuberbegis kaum zu unterscheiden ist – in die sizilianischen, italienischen und selbst spanischen Küstengewässer einzudringen und nicht nur einzelne Schiffe, sondern ganze Geleitzüge aufzubringen oder bei passender Gelegenheit schwach befestigt oder lässig bewachte Küstenstädte zu überfallen.

Auch Malta blieb davon nicht verschont. Der Überfall hat allerdings eine Vorgeschichte. Zu Chair ad Dins Untergebenen gehörte ein gewisser Ali Dragut, auch Turgut, der 1538 bei Prevesa Befehlshaber eines Geschwaders war. Der tüchtige Commodore nahm 1540 am Krieg gegen Karl V. teil, erlitt bei Korsika eine schlimme Niederlage gegen Gianandrea Doria, wurde gefangengenommen und war bis 1544 Galeerensklave. Seine Freilassung war eine ausdrückliche Bedingung des Friedensvertrages zwischen Frankreich und Spanien. Nach dem Tode Chair ad Dins nahm er im pseudostaatlichen Eigenleben der Seeräuber in Nordafrika den Rang des großen Piratenführers ein, machte die Stadt Mehadia zu seinem Hauptstützpunkt und startete von ihr eine Reihe sehr erfolgreicher Unternehmungen. 1550 machte Gianandrea Doria mit einer überlegenen Flotte ergebnislos Jagd auf ihn, eroberte und verwüstete aber Mehadia, ein schwerer Schlag für Dragut! 1551 revanchierte er sich: Er griff Malta an, vermochte aber gegen die mächtigen Hafenbefestigungen nichts auszurichten, und sein rascher Vorstoß ins Inselinnere bis vor Mdina war ebenfalls erfolglos. Nun wandte er sich gegen die Nebeninsel Gozo, die er völlig ausplünderte und beinahe entvölkerte. Nach Afrika zurückgekehrt, eroberte er Tripolis, den kleinen spanischen Stützpunkt, den der Orden zu verteidigen hatte, nach kurzer Belagerung, wobei der Besatzung der freie Abzug bewilligt wurde.

Das Unternehmen Draguts lieferte für Stambul, auch wenn es sich nicht um einen befohlenen Aufklärungsvorstoß, sondern einen privaten Raubzug handelte, wertvolle Erkenntnisse über Beschaffenheit und Verteidigungsstärke des »Ordensreiches«, wenn wir der kümmerlichen, für die strategische Lage im Mittelmeergebiet aber unerhört bedeutsamen maltesischen Inselgruppe den etwas hochtrabenden Namen beilegen wollen. Die hohe Pforte hatte sich angewöhnt, die Ereignisse in Europa sehr genau zu verfolgen und die eigene Außenpolitik an binnenabendländischen Aktualitäten zu orientieren. Manche Historiker wollen darin ein »Zeichen der Schwäche« erkennen, aber das trifft nicht zu: Das islamische Reich war ganz einfach Teil der europäischen Staatenwelt geworden, hatte unter den christlichen Regierungen Freunde und Verbündete ebenso wie Feinde und nach der Gewinnung des ungarischen Zentralraumes Fuß in Mitteleuropa gefaßt. Sultan Soliman der Prächtige war darüber hinaus als Kalif – genaue Bezeichnung: Chalifa rassuhl Allah, also Nachfolger oder Stellvertreter des Propheten Allahs – und Emir al muslimin, Beherrscher der Rechtgläubigen, Schutzherr der Moslems in den Ländern außerhalb des Dar ul Islam, wenn man will der arabischen Minderheiten im Gebiet christlicher Staaten, deren Wohlergehen ihm am Herzen liegen mußte und auch lag. Und dergleichen gab es – in Hispanien, wo sich die Königreiche Kastilien und Aragon zu Spanien vereinigt hatten, die Reste der maurischen Herrschaft mit Granada beseitigten und nun das vollendeten, was die extrem katholischen Könige mit Beihilfe der Inquisition seit einiger Zeit in den von der Reconquista betroffenen Gebieten bereits begonnen hatten: Die Christianisierung der islamischen und jüdischen Bevölkerung. Wer seinem Glauben nicht abschwören wollte, floh in die islamischen Länder. Viele gelangten schon zu Sultan Bajasids II. Zeiten nach Stambul. In der ersten Hälfte des 16. Jahrhunderts hatte sich die Lage entspannt; vor allem in der Regierungszeit Karls V. als Carlos I. wurden die christianisierten Moslems und Juden in Spanien nicht weiter belästigt, was durchaus nicht erstaunlich ist, wenn man bedenkt, wie sehr gerade ihm konfessionelle Streitigkeiten das Leben vergällten, so daß er an einer Vermehrung dieser ganz gewiß kein Interesse hatte.

1555 wurde der Augsburger Religionsfriede geschlossen, der die Anerkennung der Reformation in der Form des Augsburger Bekenntnisses und die Gleichstellung der Kirchen im Heiligen Römischen Reich Deutscher Nation verbriefte und damit die Kapitulation des traditionellen Katholizismus im

deutschen Raum beinhaltete. Im Jahre danach dankte Karl, zutiefst enttäuscht und verbittert, ab:
- sein Bruder Ferdinand erlangte die Würde des Kaisers,
- sein Sohn Philipp wurde König von Spanien.

Philipp II. war ein fanatischer Katholik, der es als eine Art Mangel empfand, daß er in seinem spanischen Stammland keine Protestanten hatte, um sie mit Hilfe der Inquisition zu aufrechten Katholiken zu machen oder zur Hölle zu schicken, wohin sie nach seiner Auffassung gehörten. 1554 war er mit Maria I., Königin von England, vermählt worden, in der Geschichte als Maria die Katholische, in der Erinnerung des Volkes als Bloody Mary bekannt, die sich um den rechten Glauben ganz anders verdient machte, da sie die Anhänger der anglikanischen Kirche unter die Ansprüche der Papstkirche ducken konnte.

Um an religiösen Verdiensten mit seiner Gemahlin gleichziehen zu können, brachte der Habsburger eine ganz neue Variante in das religiöse Leben seiner Zeit: Die Gesinnungsschnüffelei. Es genügte das bisher übliche, eher formelle Bekenntnis zum »wahren Glauben« nicht mehr, sondern es wurde nun, teils unter Anwendung sehr empfindlicher Methoden, versucht, das echte, rechte seelische Bekennertum zu erkunden, und wo es an dem gebrach, galt es als Abfall vom rechten Glauben, als Ketzertum, als Häresie. Opfer dieser Art der Glaubensüberprüfung waren die noch in Spanien lebenden, christianisierten Moslems und Juden, die zunächst individuell, bald aber schon kollektiv bezichtigt wurden, insgeheim dem Glauben ihrer Väter anzuhängen.

Reaktion auf die Verfolgung waren neue Flüchtlingswellen um 1560 und Widerstandszellen der Nichtmehrwegkommenden. Diese wiederum zogen den vollen Einsatz der Staatsgewalt nach sich, und es kam zu regionalen Kämpfen, in denen die Morisken (christianisierte Moslems) und Marranen (christianisierte Juden) unter den üblichen Begleitumständen der Religionskriege niedergeworfen wurden.

Eine entscheidende Ausweitung und Verschärfung des »Minderheitenproblems« ergab sich aus dem raschen Wechsel im Papsttum im kritischen Jahr 1555:
- *Julius III.,* der mit Kaiser Karl V. engstens verbunden war, starb am 23. März; im folgte
- *Marcellus II.,* erwählt am 9. April, verstarb schon am 1. Mai; er erklärte, daß er sich um eine neutrale Haltung im Kriege zwischen Frankreich und Habsburg bemühen wolle. Sein Nachfolger war ab 23. Mai
- *Paul IV.,* der sich voll auf die Seite Heinrichs II. (ab 1547 König von Frankreich) schlug und vor allem die Macht Spaniens aus dem italischen Raum werfen wollte.

1556 kam es zum Krieg zwischen dem zutiefst gläubigen Philipp II. und dem vicarius Petri Paul IV., der selbst dem spanischen König in seinen weltlichen

Ansprüchen maßlos und untragbar schien. Der Herzog von Alba rückte in den Kirchenstaat ein und schlug die päpstliche Armee am 27. Juli 1557 bei Paliano, während gerade zwei Wochen danach, am 10. August, Egmont Graf Lamoral (später als Hochverräter hingerichtet und noch später Held des Trauerspiels von Goethe) bei St. Quentin seinen großen Sieg über die Franzosen errang. Der Papst schloß im selben Jahr mit König Philipp den Frieden von Cave, verpflichtete sich zur Neutralität im spanisch-französischen Krieg und erhielt das spanisch besetzte Gebiet des Kirchenstaates zurück; späterhin schwenkte er ganz auf die konfessionelle Politik Philipps ein, begehrte wiederum die Separierung der Juden in Ghettos und verpflichtete sie, gelbe Hüte – Judenhüte – zu tragen. Er starb 1559 in – vermutlicher – geistiger Umnachtung; zuletzt schlug er seine Kardinäle mit Stöcken, bedachte hohe Würdenträger mit Fußtritten und gefiel sich darin, Gesandte der katholischen Höfe wie Lakaien zu behandeln. Ihm folgte Pius IV., der das Konzil von Trient 1563 zum endlichen Ende (es hatte immerhin 1545 begonnen) brachte, an den Religionskriegen in Frankreich ab 1562 vielleicht wirklich unschuldig ist und ein großer Förderer der Kunst war, was schon damals viel kostete. Er behalf sich in der Art kapitalbedürftiger Souveräne seit unvordenklichen Zeiten, erhöhte die Steuern im Kirchenstaat erheblich und sorgte für deren rigorose Eintreibung –, und alsbald rottete sich die Bevölkerung zusammen, es kam zu schweren Unruhen und bürgerkriegsähnlichen Kämpfen, in denen der Papst zuletzt die Oberhand behielt.

Für die Hohe Pforte erstellte sich die christliche Herrschaft über den zentralen Mittelmeerraum als schwer angeschlagen, beinahe als historische Reminiszenz. Venedig, im Osten des mediterranen Raumes nach wie vor die seebeherrschende Macht, war am Fortbestand der Wirtschaftsbeziehungen in den Orient höchst und elementar interessiert und zur Fortsetzung der Neutralitätspolitik entschlossen. Die wiederholten osmanischen Versuche, das eigene Territorium im Großraum Ungarn entscheidend zu erweitern, waren gescheitert: Die Größe des eigenen Reiches stellte die Offensivgewalt der Heere, deren breite Basis nach wie vor die Lehensreiterei als unverzichtbarer Machtfaktor war, in Frage. Es dauerte ganz einfach zu lange, die Milizen – deren Dienstpflicht Anfang Mai begann und Anfang November endete – zu sammeln und dem Heere zuzuführen, die zurückzulegenden Marschstrecken (etwa von Ankara nach Buda) waren enorm, und an der als heiligmäßig geltenden Zweiteilung des Jahres in das
– Halbjahr des Krieges und das
– Halbjahr der Arbeit
konnte selbst ein Sultan Soliman I., der Beherrscher der Rechtgläubigen, nichts ändern.
Neben dem Landheer aber gab es die Flotte, seit Prevesa von der eigenen Leistungsfähigkeit überzeugt und von Siegeszuversicht erfüllt, die in den kühnen Piraten Afrikas denselben ergänzenden Machtfaktor fand wie die

besoldeten, ständig präsent gehaltenen Truppen des Heeres in den Milizen. Nur waren diese zum Unterschied von jenen ohne zeitliche Beschränkung verfügbar –, und es gab die breite, zumindest im Sommer einfach zu befahrende Seestraße in den Westen.

Dann gab es die Hilferufe der in Spanien grimmig verfolgten Morisken – und dann gab es Malta, den Nabel des Mittelmeeres, von dem aus alles in wenigen Tagen zu erreichen war: Die Küsten Spaniens und Italiens, die Inseln Sizilien, Korsika, Sardinien, Mallorca und Menorca, die den Beherrscher Maltas nicht nur zu verwegenen Plünderungszügen einluden, sondern zu raumgewinnenden Invasionen, zur Erweiterung der Herrschaft des wahren Glaubens und seines Reiches bis über Rom, den Goldenen Apfel der gesamten Christenheit.

Soliman, der um 1560 den Höhepunkt seiner höchst eindrucksvollen Laufbahn als Staatsmann und Kriegsherr erklommen hatte, der von vielen Historikern als die Zeit höchster Machtentfaltung und höchster Prosperität des Osmanischen Reiches bezeichnet wird, erkannte sehr wohl die Gelegenheit, an der Schwelle des Greisenalters noch einmal den alten Kriegsruhm zu erneuern und als Vermehrer des Dar ul Islam weitere Verdienste für das langsam näherrückende Leben nach dem Tod zu gewinnen. Wenn er zögerte, die Hand auf Malta zu legen, war das nicht nur auf die besonders sorgfältige Vorbereitung der maritimen Operation zurückzuführen, sondern vor allem darauf, daß tragische Ereignisse in seinem Familienleben seine Entschlußkraft behinderten und ihn für eine nicht unerhebliche Zeit zu pessimistischer Lebenseinstellung und resignierender Trauer verdammten. Nach dem frühen Tod seines Lieblingssohnes Mechmed, der schon 1543 eingetreten war, hatte sich eine scharfe Rivalität zwischen seinen Söhnen Selim und Bajasid ergeben, der zuletzt zur versuchten Rebellion Bajasids und zu dessen Tod durch den Henker führte. Die Mutter beider Prinzen, Solimans Lieblingsfrau Khurrem, bei Hof meist Roxelane, die Russin, genannt (sie war als tscherkessische Sklavin in den Harem geliefert worden), war – vielleicht aus Kummer über den blutigen Familienzwist – 1558 verstorben.

Spätestens 1564 hatte Soliman jedoch die alte Tatkraft wiedergewonnen und bestimmte das folgende Jahr für die Okkupation Maltas; zum Serasker des Krieges bestellte er den alten, hochverdienten Mustafa Pascha, einen Araber, der seine Familie bis auf die ersten Gefährten des Propheten zurückführen konnte. Er hatte schon am Krieg um Rhodos teilgenommen und sich danach als Truppenbefehlshaber in den Feldzügen in Ungarn und Persien wiederholt ausgezeichnet. Mustafa Pascha war – um es in unsere Vorstellungen zu übertragen – ein erfahrener Truppenführer, sagen wir ein General, der vom Seekrieg keine Ahnung hatte und deshalb zur Führung einer großen maritimen Operation nur bedingt geeignet war. Ihm unterstand der Kapudan Pascha Piali, damals 40 Jahre alt, der als Kriegswaise 1526 in Ungarn in Sklaverei verfallen war und eine geradezu märchenhafte, für das Osmanische Reich aber typische Karriere gemacht hatte. Nach eingehender Prüfung seiner Fähigkeiten im Sklavenhof war er nicht für das Janitscharenkorps bestimmt worden, sondern der Enderun zugewiesen. Er wurde dort für die höhere Laufbahn im großherrlichen Dienst ausgebildet. Danach wurde er der Kriegsflotte zugeteilt. Er fiel durch Mut, Entschlußfreudigkeit und nautische Kenntnisse dermaßen auf, daß ihm schon 1555 das Kommando über ein Geschwader anvertraut wurde, das unter Dragut Ali gegen die Spanier im westlichen Mittelmeer operierte. Dabei leitete er die Überfälle auf die Balearen, Messina und Reggio Calabria. 1560 besiegte er in der Seeschlacht bei Djerba Gianandrea Doria mit einer spanisch-genuesischen Flotte. Sein Ruf als Seeheld des Reiches – kam er doch zum Unterschied von den wilden Seeräuberführern aus dem Sklavenhof – war so groß, daß er nicht nur zum Kapudan Pascha ernannt, sondern auch der Ehre gewürdigt wurde, einer Tochter des späteren Großherrn Selim vermählt zu werden. Piali Pascha führte die Flotte, die aus folgenden Großschiffen bestand:

- 130 Galeeren,
- 30 Galeonen,
- 11 »Rundschiffen«, wie man die großen, breitrumpfigen Handelsschiffe nannte.

Kleinere Einheiten – Schnellsegler, Aufklärer, Kuriere, Wachboote und dergleichen – sind nicht erfaßt.

Zu diesen, eigentlich osmanischen Schiffen kamen noch die angeheuerten Schiffsverbände der Piraten Nordafrikas in unbekannter Stärke; sie wurden von dem berühmten Dragut befehligt, der nun Herr über Tripolis war, und dem Luk Ali Beg von Alexandrien, einer der wenigen Türken unter den großen islamischen Seekapitänen, und Luk Ali Fartax, ein ehemaliger Dominikaner, der seinen Glauben gewechselt hatte und nun als Oberpirat lebte, unterstanden. Die Kommandoverhältnisse waren nicht ganz klar; Mustafa Pascha sollte Piali Pascha wie »einen Sohn behandeln«, Piali Pascha Mustafa »wie einem Vater gehorchen«. Beide sollten mit energischen Kampfhandlungen warten, bis Dragut bei ihnen angelangt war und auf seinen Rat hören, hatte Soliman befohlen. Es schwebte ihm wohl ein Dreierkollegium mit Mehrheitsentscheid vor, was bei einem militärischen Unternehmen mit derart heterogenen kombattanten Teilen keineswegs unbedenklich ist.

Die Kampftruppen, die in Malta an Land gesetzt wurden, sollen etwa 30 000 bis 40 000 Mann gezählt haben – Angehörige der besoldeten Teile der Reichsarmee zumeist, verstärkt durch die Lehensreiterei von Anatolien und Karaman.

Am 18. Mai erreichte die Flotte Malta; Großmeister Jean Parisot de la Valette verfügte, nach »Zungen« geordnet, über folgende, genau erfaßte Ordensmitglieder:

Zunge	Ritter	Waffenknechte
Auvergne	25	14
Provence	61	15
Frankreich	57	24
Italien	164	5
Deutsches Reich	13	1
England	1	–
Kastilien	68	6
Aragonien	85	2
	474	67

zusammen also 541 Mann.

Aus der wehrhaften Inselbevölkerung wurde eine Art »Volkssturm« von 3 000 Mann zusammengetrommelt, die schleunigst im Gebrauch der hinreichend vorhandenen Feuergewehre, deren Besitz ihnen strengstens verboten war, ausgebildet werden mußten. Der Schnellkurs stand im Zeichen der Munitionsknappheit: Pro Mann durften nur drei Schuß abgefeuert werden.

Kurz vor dem Erscheinen der Osmanen hatte der Vizekönig von Sizilien, Don Garcia de Toledo, Malta besucht und umfassende Militärhilfe versprochen, deren Umfang er jedoch so wenig anzugeben vermochte wie den Zeitpunkt ihres Erscheinens. Er ließ seinen Sohn Federigo als Beweis für seinen guten Willen zurück; dieser kämpfte tapfer mit und ist am 15. Juli gefallen. Zu dieser Zeit war die Entsatzarmee noch nicht erschienen, aber eine Art Vorhut, die alles umfaßte, was der Vizekönig zusammengebracht hatte. Sie bestand aus

42 Ordensrittern, die auf den Commanderien außerhalb Maltas Dienst getan hatten und zu den Verteidigungskräften beordert worden waren,
25 Freiwilligen, vermutlich Angehörigen des Ritterstandes, von denen 20 aus den italischen Staaten, 3 aus dem Heiligen Römischen Reich Deutscher Nation und 2 aus England stammten,
56 geworbenen Artilleristen und
600 spanischen Infanteristen, den Garnisonen Siziliens entnommen,
zusammen also 723 Mann.

Sie wurden auf vier Galeeren übergesetzt und gingen an der Nordwestküste der Insel an Land. Es stellt der Wachsamkeit der Belagerungskräfte, die beide befestigte Landzungen im Großen Hafen - Birgu und Senglia - völlig vom Land abgeschlossen hatten, ein außerordentlich schlechtes Zeugnis aus, daß es der Verstärkung gelang, sich zur Nachtzeit unbemerkt durch ihre Linien zu schleichen.

Dabei wurde der Kampf damals schon mit einer Brutalität geführt, die selbst für die Verhältnisse jener Zeit außerordentlich war. Am 23. Juni war das Fort St. Elmo nach erbitterten Kämpfen erobert worden. Die Osmanen hatten etwa 8000 Gefallene zu beklagen, unter denen sich auch Dragut, der große Seefahrer und berühmte Pirat, befand. Mustafa Pascha ließ nach der Erstürmung des Forts alles erschlagen, was sich in dem zerschossenen Gemäuer befand, dann die Toten enthaupten und kreuzigen. Die Kreuze wurden mit ihrer schaurigen Last ins Wasser geworfen, und einige von ihnen wurden von den Wellen in jene Teile des Hafens getrieben, die von den Ordensrittern gehalten wurden.

Großmeister Jean Parisot reagierte prompt und im selben Stil des totalen Vernichtungskrieges: Er befahl, die gefangenen Moslems ausnahmslos zu köpfen und ließ die abgeschlagenen Schädel mit seinen großkalibrigen Festungsgeschützen nach St. Elmo hinüberschießen, die Siegesfreude der Krieger des Großherrn zu dämpfen.

Sieht man vom Einsatz der Kriegsflotte, der während der Belagerungskämpfe ohnedies unerheblich und nicht erwähnenswert ist, ab, so verliefen die Kampfhandlungen durchaus in jener Art, die von den Belagerungen von Wien oder Güns her bekannt ist. Die Unterschiede waren quantitativen, nicht aber qualitativen Charakters: die Osmanen hatten wesentlich mehr und wesentlich größere Geschütze für die Beschießung, und die Befestigungsanlagen waren auf den neuesten Stand der Festungsbaukunst gebracht. Die Versorgungsschwierigkeiten der Belagerer waren erheblich schärfer profiliert und erheblich größer dimensioniert; die Belagerten hatten alle Lebensmittel in feste Plätze verbringen können, und die Osmanen waren vom ersten Tag an auf die mitgebrachten oder nachgeschobenen Proviantmengen angewiesen. Ein anderes Problem war die Wasserknappheit; es war für die Verteidiger relativ einfach gewesen, die wenigen Brunnen und Zisternen durch Einwurf von Kadavern und Fäkalien zu vergiften, und die Krieger des Großherrn saßen auf dem Trockenen. Der Wassermangel erzwang die versuchsweise Verwendung des schlechten Wassers; die Versuche waren gefährlich und erbrachten das befürchtete Ergebnis: Seuchen brachen aus und rissen in die Verbände des Belagerungsheeres größere Lücken als die Waffen der Verteidiger. Schon nach ein paar Wochen traten die üblichen Zerfallerscheinungen auf: Gehorsamsverweigerungen, Desertionen, selbst verräterische Übertritte ins feindliche Lager. Und so schwanden in Wahrheit trotz des alltäglichen Feuerzaubers, der die erwünschten Erfolge nicht brachte, trotz der Verluste der Verteidiger, die relativ gering waren, und trotz der gewaltigen Flotte, die mehr oder weniger sinnlos vor der Küste herumlag, die Siegesaussichten Mustafa Paschas von Tag zu Tag. Vermutlich hätte es der Entsatzarmee, die im September doch erschien, gar nicht bedurft: Der Serasker hätte die Belagerung wohl nur noch einige Tage aufrechterhalten können.

Die Entsatzarmee war vom Unglück verfolgt. Sie bestand aus etwa 10000 Mann, die mit Mann und Roß und Wagen auf nur 28 Galeeren nach Malta übergesetzt werden sollten. Der erste Versuch, in den letzten Augusttagen unternommen, scheiterte, weil widrige Winde die Schiffe an die Westküste Siziliens trieben und arg ramponierten. Noch schlechter als der Zustand der Schiffe war jener der meisten Soldaten, denen die Seekrankheit arg zugesetzt hatte und die in diesem Zustand nicht vor den Feind geführt werden konnten. Don Garcia, der die Operation persönlich leitete, mußte also den Hafen von Syrakus anlaufen, die Truppen ausschiffen und die Schäden an den Galeeren beheben lassen. Nach etwa einer Woche, am 4. September, stach die Flotte erneut in See und steuerte die kleine Insel Linosa, ein schwer auffindbares Felsenriff an, die als »Briefkasten« zwischen ihm und dem Großmeister vereinbart worden war. Don Garcia fand auch die Nachricht vor, in der ihm die Stärke der feindlichen Flotte und die Tatsache bekanntgemacht wurde, daß der ganze Süden Maltas von den Osmanen besetzt und eine Landung nur in einigen Buchten im Nordteil möglich war. Der Vizekönig nahm ohne rechte Freude zur Kenntnis, daß ihm die Osmanen zur See um mehr als das Fünffache überlegen waren, brach aber das Unternehmen nicht ab, sondern sandte eine Vorausabteilung aus, die er Don Juan de Cardona unterstellte, der schon die kleine Verstärkung der Verteidigungskräfte nach Malta gebracht hatte. In der Nacht kam wieder Schlechtwetter auf, und das Gros der Flotte wurde neuerlich auf Sizilien zurückgeworfen, während die Vorhut gegen Gozo gedrückt wurde. Spätestens jetzt hätte Cardona mit seinen Schiffen von den Vorpostbooten Piali Paschas erkannt werden müssen –, aber es gab keine patrouillierenden Wachboote der großherrlichen Flotte oder der Piraten, und der vorgeprellte Don Juan blieb volle zwei Tage unbemerkt. Auch dem Gros der Flotte gelang es am 6. September, sich unerkannt bis in die maltesischen Küstengewässer vorzuschieben. Als es endlich bemerkt wurde, lief Piali Pascha nicht etwa aus, um die Seeschlacht zu erzwingen, sondern verwendete seine stolzen Schlachtschiffe dazu, ein paar Buchten im unmittelbaren Belagerungsbereich zu sperren.

Bradford, der Seekriegskundige, ist empört ob des Unverständnisses des osmanischen Admirals und bemerkt, daß Piali Pascha nach allen Grundsätzen der Seekriegführung die christliche Flotte hätte auf See abfangen müssen, allein er tat es nicht. Er machte – trotz seiner Überlegenheit, die ihm im Laufe der Zeit doch klar geworden sein mußte – auch keinen Versuch, die Landung der Entsatzarmee zumindest zu stören. Er verließ sich augenscheinlich voll auf die Heeresteile , die Mustafa Pascha am 8. September gegen Don Garcia führte. Mustafa Pascha machte seine Sache keineswegs besser als sein Flottenführer: Seine ausgehungerte, demoralisierte Truppe wurde schwer geschlagen, nur mit Mühe konnte er ihre Trümmer einschiffen.

Der große Angriff auf Malta war beendet, der Versuch des Beherrschers der Rechtgläubigen, die Seeherrschaft im Mittelmeer zu erlangen, gescheitert.

Als die Flotte heimkehrte, wurde ihr verboten, bei Tage ins Goldene Horn einzulaufen: Zu schlimm war ihr Zustand, um sie Stambuls Bürgern, die sie vor nicht einmal einem halben Jahr in den großen Krieg aufbrechen sahen, zeigen zu können.

Sultan Soliman der Prächtige, der zehnte Großherr der Osmanen, war bei all seiner Erschütterung gnädig; er ließ den unglücklichen Befehlshabern nicht, wie diese befürchtet haben mochten, die berüchtigte Seidenschnur um den Hals legen. »Ich sehe, daß mein Schwert nur in meiner Hand siegreich ist«, kommentierte er den gewaltigen, geschichtsgestaltenden Fehlschlag. In seinem Inneren dachte er vermutlich resignierend, daß die Zukunft seines Reiches augenscheinlich doch nicht auf dem Wasser liege.

5. Kapitel:
Der große Wandel bahnt sich an*

Das klägliche Ende der großen maritimen Offensive brachte in der Führungsspitze des Osmanischen Reiches wieder die »Traditionalisten« zu Glanz und
Ansehen, nämlich jene, die sich der Flottenpolitik des Großherrn gegenüber
ablehnend verhalten und ihn davor gewarnt hatten, entscheidende Operationen zur Erweiterung des osmanischen Hoheitsgebietes auf dem Seewege
durchzuführen. Alle ihre Bedenken waren gerechtfertigt worden, ihre
schlimmsten Befürchtungen hatten sich erfüllt –, während die Erwartungen
und Hoffnungen der »Flottenpartei«, die den Kalifen in ihr Lager gebracht
hatten, zerplatzt waren wie Seifenblasen. Dabei war sich die Hohe Pforte voll
bewußt, daß das internationale Ansehen des Osmanischen Reiches – anders
gesagt die Furcht, die man vor seiner Expansionskraft empfand – schwer
angeschlagen worden war. *Das ganz offensichtlich gewaltige Mißverhältnis der
Kräfte, die den Kriegsparteien zur Verfügung gestanden hatten, erzwang förmlich
die Schlußfolgerung, daß das osmanische Kriegswesen entscheidend an innerer
Kraft verloren hatte und nun dem abendländischen nicht mehr gleichwertig war.*
Und das war nicht nur unangenehm, das war auch gefährlich, wenn man
bedenkt, wie viele Nachbarstaaten von den Osmanen nicht nur gedemütigt,
sondern beraubt im wahrsten Sinn des Wortes worden waren und nur auf
eine günstige Gelegenheit warteten, sich das Verlorene zurückzuholen und
dazu noch das eine oder andere Stück mehr, oder die Osmanen überhaupt
aus Europa zu vertreiben.

Zum Kreise der Traditionalisten gehörte ein gewisser Mechmed Pascha
Sokolowitschi, ein vermutlich aus Sokolac in der Nähe von Sarajewo stammender Kroate, der als Teil der »Knabenlese« dem Sklavenhof des Sultan
eingegliedert worden war, in der Enderun (Palastakademie; s. Bd. 1, S. 262 f.)
die höhere Ausbildung erhalten hatte und in der Folge zumeist im Kriegsdienst verwendet wurde. Er zeichnete sich mehrfach aus, war um 1550
Beglerbegi von Magyaristan mit Amtssitz in Budyn und nahm den Habsburgischen mehrere feste Städte ab, vor allem Csanád und Lippa (Lipova) im
heutigen Rumänien. Soliman bestellte ihn zum Serasker des für das nächste
Jahr befohlenen Feldzugs gegen Maximilian von Habsburg, als Kaiser des
Heiligen Römischen Reiches II., als König von Ungarn aber der einzige dieses Namens. Mechmed Pascha, der um diese Zeit auch zum Großwesir
bestellt wurde, um für die routinemäßigen Kriegsvorbereitungen die nötige
Autorität gegenüber allen zivilen und militärischen Dienststellen und Einrichtungen in die Waagschale werfen zu können, war zweifellos der beste
Mann zur Meisterung der vielschichtigen und komplexen Probleme. Er war

* s. S. 259. Übersichtstafel: Die Kalifen und ihre Großwesire

als Befehlshaber selbständig operierender Truppenteile bisher stets erfolgreich gewesen, kannte Magyaristan besser als jeder andere Großwürdenträger, hatte seine militärischen Erfahrungen überwiegend in Feldzügen auf dem Balkan gewonnen und erfreute sich bei den Kriegern des Halbmonds großer Beliebtheit.

Es stand von vornherein fest, daß Sultan Soliman der Prächtige, der Stellvertreter des Propheten, der Beherrscher der Rechtgläubigen, am Feldzug nach Ungarn persönlich teilnehmen würde. Sein vorgerücktes Lebensalter – er stand 1566 immerhin im 72. Lebensjahr – hinderte ihn so wenig wie eine dramatische und überraschende Verschlechterung seines Gesundheitszustandes im Winter 1565 auf 1566, die ihn zwang, gegen seine Gewohnheit den Wagen statt des Pferdes zu benützen. Es spricht viel dafür, daß er das Risiko, im Kriege zu sterben, ganz bewußt auf sich genommen hat. Am Leben dürfte ihm wenig gelegen und der Tod »auf dem Wege Allahs«, im Krieg für die Ausweitung des wahren Glaubens, vielleicht sogar willkommen gewesen sein. Machte ein solcher Tod ihn doch zum Märtyrer; er sicherte ihm nicht nur einen Platz im Paradies, sondern in seinen Vorstellungen möglicherweise auch einen triumphalen Einzug in die wahre Heimat des gläubigen Moslems, so wie seine Heimkehr von den Feldzügen in seine irdische Heimstätte stets ein Triumphzug gewesen war. Bei aller Frömmigkeit liebte er nun einmal die Zurschaustellung von Prunk und Pracht; diese Eigenschaft galt als derart kennzeichnend, daß sie seinen Beinamen in den Augen der abendländischen Historie bestimmt.

Die *Lage in Ungarn* hatte sich seit der Gewinnung Budas, nun Budyn, und des ungarischen Zentralraums, nun Magyaristan, wenig verändert. 1542, als der Schock im Heiligen Römischen Reich ob der Neugestaltung des Südostraumes noch voll wirksam war, hatte König Ferdinand einen Feldzug gegen Osmanisch-Ungarn zusammengebracht, den Kurfürst Joachim II. Hektor bis vor die Tore Budyns führte. Der Brandenburger war erst 1539 Protestant geworden, aber die mit seiner Bestellung verbundene Hoffnung, den streng katholischen Ferdinand dadurch den Protestanten in Ungarn schmackhaft zu machen und einen allgemeinen Aufstand gegen die osmanische Herrschaft auszulösen, erfüllte sich nicht. Joachim II. erlitt vor den Wällen Budas, wo einst Sigismund von Luxemburg die Markgrafschaft Brandenburg dem Hause der Hohenzollern verliehen oder zumindest die Belehnungsurkunde gefertigt hatte, eine schwere Niederlage; er mußte froh sein, den Rest seines Heeres nach Habsburgisch-Ungarn zurückführen zu können.

Der Kriegszug von 1542 war für Soliman der Grund für umfangreiche militärische Operationen der folgenden Jahre. Es kam zu einer Periode der »kleinen Expansion«, in der ein Vorstoß über die Grenzen des Heiligen Römischen Reiches unterblieb, aber Osmanisch-Ungarn etwa die Grenzen erreichte, die aus der Karte Seite 194 ersichtlich sind. Osmanisch besetzt wurden insbesonders Gran (Estergom), Plintenburg (Visegrad), Stuhlweissenburg

(Szekesfehervár), Fünfkirchen (Pécs), Siklos, Simontornya und Hatvan. 1545 wurde zunächst ein Waffenstillstand geschlossen, in welchem

- Ferdinand die Gründung von Magyaristan und die Gebietsgewinne der kleinen Expansion,
- Soliman aber Ferdinand als König des habsburgischen Teils von Ungarn anerkannte.

Darüber hinaus verpflichtete sich König Ferdinand, an die Hohe Pforte für die von ihm beherrschten Gebiete Ungarns einen jährlichen Tribut von 30 000 Gulden zu bezahlen, womit auch er - nach Johann Zapolyas Erben Johann Sigismund - in die wenig glänzende Rolle eines Tributärkönigs des Großherrn der Osmanen gelangte. Auch wenn dies, wie zu betonen ist, *nur* sein ungarisches Königtum betraf und damit in gewissem Sinne seine »Privatsache« war, soll aber doch nicht vergessen werden, daß er *auch* (seit 1531) erwählter Römischer König war, die Herrschaft im Sacrum Imperium Romanum Nationis Germanici tatsächlich ausübte und Karls V. designierter Nachfolger als Kaiser gewesen ist.

Soliman bestellte noch vor dem Friedensschluß den großen Juristen Stefan Werböczy zum Ethnarchen, zum Volksführer der Ungarn in Magyaristan. Dieser erreichte, daß trotz der Dreiteilung Ungarns mit Trennung der Verwaltung und faktischer Lähmung der Gesetzgebung in allen drei Reichsteilen das Recht des Königreiches Ungarn in Geltung belassen und von ungarischen Richtern zur Anwendung gebracht wurde.

Die Stabilisierung der Verhältnisse durch den Frieden von 1545 erlitt 1551 einen bösen Rückschlag, als Giovanni Battista Castaldo mit einem habsburgischen Heer in Siebenbürgen einrückte, um das Land im Sinne der seinerzeitigen Vereinbarung mit König Johann in Besitz zu nehmen. Für Johann Sigismund waren indessen die Fürstentümer Oppeln und Ratibor geschaffen worden, und die Stimmung der Bevölkerung war zunächst durchaus habsburgfreundlich -, aber als Castaldo den Staatsschatz des bisherigen Königreichs in Beschlag nahm und außer Landes bringen wollte, kam es zu den ersten Kollisionen.

Erzbischof Martinuzzi, der noch als Bischof von Großwardein den Frieden von 1538 vermittelt hatte und nun als eine Art Schiedsmann die Durchführung des Vertrages überwachte, protestierte gegen die Beschlagnahme und den beabsichtigten Abtransport des Schatzes über die Grenzen, da er fürchtete, er werde nicht im Interesse Ungarns, sondern Kaiser Karls V. verwendet, der von den deutschen Protestanten schwer bedrängt wurde. Der Erzbischof wurde ermordet, der Schatz ins Heilige Römische Reich geliefert und in der von ihm befürchteten Weise verausgabt; Castaldo fehlten nun aber die Mittel, seine Truppen zu besolden, und da ihm der Königshof die benötigten Summen nicht zur Verfügung stellte, kam es zu Meutereien, zu Plünderungen, ja zum Totschlag von Offizieren, die ihre Waffenknechte zu Zucht und Ordnung zwingen wollten. Schwerwiegend war vor allem die Ermordung des Stadtkommandanten von Hermannstadt. Nach dessen Tod wurde die Bürgerschaft ausgeplündert wie die einer eroberten Stadt. Es kam zu regionalem Widerstand der Bevölkerung, auch und vor allem der sächsischen Bürgerschaften, und zu sofort einsetzenden Operationen der osmanischen Grenzbefehlshaber, namentlich des Beglerbegi von Magyaristan, Mechmed Pascha Sokolowitschi (in Ungarn häufig Szokolu genannt), durch die Castaldo in wachsende Schwierigkeiten geriet. Er behauptete aber entscheidende Teile Siebenbürgens und Ostungarns, und 1552 warf Soliman das bisher im Orient gebundene Gros seiner militärischen Macht nach Europa.

Die in Habsburgisch-Ungarn einschließlich des neugewonnenen früheren Zapolya-Ungarn befindlichen Kräfte Ferdinands – Soldtruppen der ungarischen Krone, Adelsbanderien und Portalmilizen, dazu die Truppen Castaldos – waren zu schwach, um auch nur den Versuch zu machen, den Osmanen im Felde zu widerstehen. Sie beschränkten sich darauf, eine Vielzahl von befestigten Stützpunkten zu verteidigen. Soliman ließ seine Verbände in zwei gewaltigen Heeressäulen operieren, eine ostwärts der Donau, eine in Westungarn. Ostwärts der Donau gingen alle habsburgischen Stützpunkte zwischen Máros, Theiß und Donau verloren; Castaldo mußte nahezu ganz Siebenbürgen preisgeben. Die entscheidende Aktion war hier die Belagerung von Temesvár, das tapfer verteidigt und zuletzt gegen die Zusicherung des freien Abzuges übergeben wurde. Die Undiszipliniertheit der osmanischen Truppen machte auch in diesem Fall die Zusage ihres Befehlshabers – es war Achmed Pascha, der Beglerbegi von Anatolien und Serasker dieses Feldzuges – zu schanden; die abziehenden Verteidiger wurden bis auf den letzten Mann niedergehauen.

Die in Westungarn eingesetzten Verbände durchstreiften zunächst das Gebiet um den Plattensee und belagerten sodann Veszprém, dessen Verteidiger nach tapferem Widerstand kapitulierten und ebenfalls abgeschlachtet wurden. Die »Heeresgruppe West« stieß nun zügig in den Raum Vác vor und überschritt die Donau, um sich in Nordungarn mit der »Heeresgruppe Ost« zu gemeinsamer Operationsführung zu vereinigen. Es ging nun sehr langsam weiter, denn die von königstreuen Ungarn, die von den Ereignissen von Temesvár und Veszprém offenbar schon unterrichtet waren, verteidigten Stützpunkte leisteten erbitterten Widerstand. Als Beispiel sei die kleine, altersschwache Burg Drégely im Komitat Nógrád erwähnt, die von Georg Szondy überaus geschickt verteidigt wurde. Die osmanische Artillerie schoß die veralteten Mauern in kurzer Zeit zusammen, worauf sich Szondy mit den Überlebenden in den festen Turm zurückzog. Als dieser nach zweitägiger weiterer Beschießung einzustürzen drohte, sammelte der Burghauptmann seine letzten kampffähigen Männer zu überraschendem Ausfall. Sie fielen alle.

Nach mehreren derartigen verlustreichen und zeitaufwendigen Aktionen vereinigten sich die beiden Heeresgruppen und versuchten, die von Stefan Dobo verteidigte Kleinstadt Erlau (Eger) zu erobern. Das operative Ziel war offenbar, nach Erlaus Fall nach Kaschau vorzustoßen und die Verbindung zwischen Habsburgisch-Ungarn und den ostungarischen Gebieten zu unterbinden. Erlau war gut befestigt, mit starken Verteidigungskräften versehen: Dobo hatte gegen 2000 Mann unter seinem Befehl, davon 400 Söldner der ständigen Garnison, 800 Mann des Milizaufgebotes und etwa ebenfalls 800 Mann aus den Banderien nordungarischer Adeliger, die in Erlau zusammengezogen worden waren. Die Festungsartillerie bestand aus zwei Doppelkartaunen, acht Notschlangen und acht Mörsern. Sie wurden von fünf deutschen Offizieren, die erst kurz vor Beginn der Kämpfe in die Stadt versetzt worden waren, befehligt.

Die Belagerungstruppe, die vereinigte osmanische Armee, bestand aus etwa 150000 Mann, die 16 Kolumbrinen und gegen 100 Schahis mit sich führten. Bei Belagerungsbeginn wurde die Stadt sorgfältig geräumt und die Zitadelle, die eigentliche »Burg von Eger«, durch die Konzentration der Kräfte in einen massiven, feuerspeienden Klotz verwandelt. Verteidiger wie Angreifer wurden durch die Beschaffenheit der Mauer überrascht: Ein Teil der Steine wies eine beachtlich elastische Konsistenz auf, die Kugeln wurden regelrecht »aufgefangen« und verstärkten nun das Mauerwerk als eine Art »eiserne Einlage«. An anderen Stellen aber, wo andere, sozusagen normale Steine die Mauer bildeten, zeigte das Feuer seine Wirkung: Wiederholt wurden Breschen geschossen, die nur notdürftig abgedämmt werden konnten. Die Angriffe der Sturmtruppen aber wurden stets zurückgeschlagen. Achmed Pascha konnte sich nicht in den Besitz eines einzigen Teiles der Festung setzen, obwohl er seine Truppen rücksichtslos ins Feuer jagte.

Zu den enormen Verlusten der an den Kämpfen beteiligten Truppen kamen die üblichen Versorgungsschwierigkeiten, die in dem Augenblick einsetzten, als die Gegend um Erlau »kahlgefressen« war. Das muß schon in der zweiten, spätestens dritten Woche der Belagerung der Fall gewesen sein, denn die 150000 Mann mit schätzungsweise 80000 bis 100000 Pferden verbrauchten Unmengen, die selbst in Ungarn nicht beizubringen waren. Die Uneinsichtigkeit des anatolischen Paschas, der meinte, daß die numerische Überlegenheit den Erfolg erzwingen müsse, brachte den Kelch des Unheils zum Überlaufen: Die relativ zahlenschwachen, für den Belagerungskampf geeigneten Truppen – die Topdschis der Reichsarmee, die Janitscharen und die Piyaden – bluteten sich aus, worauf der Pofel, der das Lager im Übermaß bevölkerte und bisher kaum in den Kämpfen verwendet und damit zur Ader gelassen worden war, sich einfach aus dem Staube machte. Nun war Achmed Pascha völlig überfordert, er versagte total: Unter seinen Augen und in seinen Händen zerfiel das Heer in einzelne Trümmer, die sich – unter Zurücklassung des schweren Kriegsgerätes, aber unter Mitnahme der Beute – einfach in Richtung Süden absetzten, ohne sich um den Seraser und seine Befehle zu kümmern.

Dobo, der nurmehr über ein paar Dutzend Reiter verfügte, fühlte den abziehenden Osmanen nach – zu einer energischen Verfolgung fehlten ihm die Kräfte. Die Belagerung hatte am 10. September 1552 begonnen, sie wurde am 17. Oktober beendet. Die Verteidiger hatten derart geblutet, daß am Ende sogar die Frauen in Erlau eingreifen mußten, um die Verluste halbwegs auszugleichen. Wenngleich wohl nur einige adelige Damen, die sich in die Burg geflüchtet hatten und die mit der Handhabung von Gewehren vom Jagen her vertraut waren, von den Mauern aus tatsächlich einige Schüsse auf die Krieger des Großherrn abfeuerten, während sich die Mitwirkung der meisten Frauen auf die Versorgung der Kämpfer, die Stellung von Feuerwachen und dergleichen beschränkte, so war doch das Eingreifen der »Amazonen« derart spektakulär, daß es einen festen Platz im ungarischen Geschichtsbewußtsein bis auf den heutigen Tag einnimmt.

Es war von geschichtsgestaltender Bedeutung, daß nicht nur Dobo, sondern auch König Ferdinand nicht die Möglichkeit hatten, die zerfallende Armee des Osmanischen Reiches wirksam zu verfolgen. Als Retter der osmanischen Herrschaft über Ungarns Kerngebiet, das von den Moslems leerzufegen durchaus nicht schwierig gewesen wäre, erscheint höchst überraschend Kurfürst Moritz von Sachsen. Moritz hatte zu Jahresbeginn mit König Heinrich II. von Frankreich den Vertrag von Chambord geschlossen, in welchem sich dieser gegen Zusicherung des Reichsvikariats über die Bistümer Toul, Metz und Verdun zum gemeinsamen Kampf gegen König Ferdinand verpflichtete. Das zwang den Habsburger zur Kriegführung im Heiligen Römischen Reich um die Grenzen des Heiligen Römischen Reiches, die der deutschen Fürstenopposition völlig gleichgültig waren. Ihre Haltung war religiös motiviert, allein es ist eine offene Frage, ob dies den Reichsverrat zu entschuldigen vermag, zumal Heinrich II. schon in seinem ersten Regierungsjahr (1547) scharf gegen die Protestanten in Frankreich vorgegangen war und einen eigenen Sondergerichtshof zur »Ketzerverfolgung« – Chambre ardente – ins Leben gerufen hatte. Der Protestantenverfolger in Frankreich wurde nun zum Schutzherrn der deutschen Protestanten hochgejubelt, und diese fanden nichts dabei, als seine Truppen die drei Bistümer besetzten.

In Ostungarn, wo man nur die schwächliche Kriegführung Ferdinands, nicht aber die Gründe dafür kannte, löste die unterlassene Forcierung des Türkenkrieges große Empörung aus, vor allem, weil durch das kriegerische Geschehen ganze Landstriche verwüstet wurden und man die Wiederaufnahme der Kämpfe befürchten mußte. Auch war, etwa ein halbes Jahr nach der Heeresauflösung vor Erlau, Castaldo gezwungen, Siebenbürgen zu räumen. Grund dafür waren nicht etwa osmanische Aktivitäten im Felde, die einerseits wegen der Ereignisse im Oktober, andererseits wegen der Winterruhe der Lehenstruppen unterbleiben mußten, sondern der sehr massive Widerstand der Bevölkerung gegen die habsburgischen Truppen, die nach wie vor von den Plünderungen lebten; ein Widerstand, der sich zu einem regelrechten Volksaufstand ausgeweitet hatte. Auch hier spielten konfessionelle Gründe eine gewichtige Rolle; die Militärverwaltung, soweit man von einer solchen sprechen konnte, fühlte sich auch berufen, das Umsichgreifen der Reformation zu verhindern, erzielte damit das Gegenteil und motivierte wiederum vor allem die Sachsen zusätzlich gegen die »papistische Soldateska«, zu welch wenig ehrenvoller Bezeichnung die königliche Armee zuletzt gelangt war – im Grunde genommen deswegen, weil die Soldzahlungen ins Stocken geraten waren und die auf Selbstversorgung angewiesenen Soldaten sich eigenmächtig das nahmen, was sie zum Leben brauchten. Als bedenkliches Zeichen für das Ansehen König Ferdinands darf gelten, daß im Frühjahr 1553 Istvan Dobo, der Verteidiger von Erlau, seinen Dienst quittierte, und daß zahlreiche Offiziere seinem Beispiel folgten. Die Helden waren müde geworden; anders gesagt: sie lehnten es ab, die Verantwortung für eine Kriegführung zu tragen, die nur die permanente Ausplünderung und Verwüstung des Großraumes Ungarn und unsagbare Leiden für die Bevölkerung mit sich bringen konnte.

Trotzdem schleppte sich der Krieg, der nicht leben konnte und nicht sterben wollte, jahrelang dahin. Erst 1562 kam es zu einem Frieden, der ebenso kreuzlahm war wie der völlig sinnlose Krieg. Das wichtigste Ergebnis: Ferdinand verzichtete auf Siebenbürgen. Und Soliman berief den nun schon erwachsen gewordenen Johann Sigismund Zapolya im Sinne der Reichsteilung von 1541 an die Spitze des Fürstentums, wobei nicht völlig klar ist, ob er nun Tributärfürst oder Tributärkönig sein sollte. Der Frieden wurde 1564 mit Ferdinands Nachfolger Maximilian II. erneuert. Trotzdem kam es im Grenzbereich zu Überfällen, Schießereien, Verwüstungen.

Die Lage im früheren Königreich Ungarn wurde bedrohlich, als Kaiser Maximilian, der brav seinen Tribut nach Stambul zahlte, Johann Sigismund mit der Forderung konfrontierte, eindeutig anzuerkennen, daß er Vasall der Stefanskrone und Wojwode, nicht aber König in Siebenbürgen sei. Die Rechtsansicht, die dieser Forderung zugrundelag, ging von einem einheitlichen Königreich Ungarn aus, das zwar mit Magyaristan einen Teil seines Territoriums verloren hatte, aber nach den Grundsätzen des Reichsrechtes einer einzigen Königsherrschaft unterfiel.

Mitnichten, erklärten die gelehrten Juristen des Zapolya, Soliman teilte das nicht osmanisch besetzte Ungarn in zwei Teile, mit denen er jeweils einen König belehnte. Beide sind gleichrangig, und von einer Vasallität des Königs von Siebenbürgen gegenüber dem Habsburger kann bei gegebener Rechtslage keine Rede sein. Beide Könige üben vielmehr ihre Herrschaft mit Genehmigung des Großherrn aus, beide sind ihm tributpflichtig.

Da Maximilian gerade eine kleine Armee und einen großen Kriegsmann, Lazarus von Schwendi[10], zu seiner Verfügung hatte, entschloß er sich, die Rechtsfrage durch Waffengewalt zu entscheiden, was nach Lage der Dinge die einzige Möglichkeit war, zu einer Lösung zu kommen. Der »Obrist über alles teutsche Kriegsvolk zu Roß und zu Fuß« stieß nach Ostungarn vor, besiegte die Truppen Johann Sigismunds in mehreren Treffen und drängte sie nach Siebenbürgen ab, wobei er Tokaj für seinen Kriegsherrn gewann.

Da Johann Sigismund Zapolya der erklärte Schützling Sultan Solimans war, sich auch gleich hilfeflehend nach Stambul wandte und eine heftige Reaktion der Hohen Pforte vorhersehbar gewesen ist, muß ein erheblicher Ansehensverlust des Osmanischen Reiches auch hinsichtlich der Schlagkraft seiner Landstreitkräfte angenommen werden, der allerdings nach dem kläglichen Ende der Belagerung von Erlau einer triftigen Begründung nicht entbehrte. Vermutlich setzte Maximilian auch darauf, daß Solimans verfügbare Kräfte langzeitig im Mittelmeerraum Verwendung finden würden, denn von der gewaltigen maritimen Rüstung, die dem Unternehmen Malta vorangegangen war, hatte er zweifellos Kenntnis. Es spricht die Gleichzeitigkeit seiner Operation gegen Siebenbürgen und der Seeoffensive Solimans dafür, daß ihm auch das Jahr 1565 als das Jahr bekannt war, in dem sich Soliman maritim voll engagieren würde. Das abrupte Ende des Kampfes um die Seeherrschaft konnte er allerdings kaum voraussehen. Seine Ausgangsposition für eine große Auseinandersetzung mit dem Beherrscher der Rechtgläubigen im Jahre 1566 war daher denkbar schlecht, weil er vom massiven Aufmarsch überrascht wurde.

Am 1. Mai 1566 brach Sultan Soliman mit seinem unmittelbaren Gefolge, den Garden und der Masse der Reichsarmee von Stambul auf und begab sich nach Belgrad (bei den Osmanen Belgirad), dessen Umgebung er als Sammelraum der Offensivarmee bestimmt hatte. Im Hauptquartier in Zemun (Semlin) erschien Johann Sigismund, der auf einer Galeere die Donau übersetzt hatte, begleitet von einer aus 400 Adeligen bestehenden Ehrengarde, und führte Geschenke im Werte von 50 000 Gulden mit sich. Soliman erwartete ihn in seinem Zelt, das der Siebenbürger mit neun Gefolgsleuten betreten durfte, die mit Ehrengewändern bekleidet wurden. Johann Sigismund erhielt ein edles Roß mit Prunkreitzeug und einen goldenen Ehrensäbel, sodann gab der »weltbeherrschende Padischah« bekannt, daß die über die Teilung Ungarns getroffenen Verfügungen hinsichtlich Zapolyas aufrecht erhalten werden, daß er sich aber über das Königtum des »Anmaßers Maximilian« eine Neuregelung vorbehalte. Zu diesem Zweck habe er sein Heer – das inzwischen auf etwa 150 000 Mann angewachsen war – nach Magyaristan geführt.

Lazarus von Schwendi, der angesichts des osmanischen Aufmarsches im Donauraum seine Verbände aus Ostungarn zurückgeführt hatte, hielt mit etwa 20 000 Mann im Raum Raab, befürchtete man doch, daß Soliman wieder versuchen werde, nach Wien vorzustoßen, um die kaiserliche Residenz in seinen Besitz zu bringen. Es ist aber unwahrscheinlich, daß die osmanische Kriegführung in der Tat darauf abzielte; zumindest Großwesir Mechmed Pascha wußte in den verwickelten staatsrechtlichen Beziehungen der habsburgisch beherrschten Reiche soweit Bescheid, daß ihm der Zusammenhang zwischen einem Vorstoß ins Heilige Römische Reich und einem massiven militärischen Gegenschlag in Form der eiligen Türkenhilfe einerseits und der Neutralität des Großreichs bei Beschränkung des Krieges auf Habsburgisch-Ungarn bekannt war. Der Feldzug war also augenscheinlich darauf angelegt, die habsburgischen Truppen aus Ungarn abzudrängen und Osmanisch-Ungarn entscheidend zu erweitern, um es zur breiten, starkgesicherten Basis für spätere Aktivitäten gegen das Sacrum Imperium zu gestalten.

Nur so wird verständlich, daß der Vormarsch der Armee, nachdem diese die Brücke über die Drau in Esseg passiert hatte, nicht der großen Straße nach Budyn folgte, sondern in Richtung Westnordwest abbog und auf die kleine Festung Szigetvár zielte, damals die vorgeschobene Bastion Habsburgisch-Ungarns, die dem bereits osmanischen Fünfkirchen (Pécs) gefährlich nahelag. Nach Szigetvár, was mit Inselburg zu übersetzen ist, hatte sich Nikolaus → Miklos Zriny mit etwa 2500 Mann, teils persönliches Gefolge, teils kroatische und ungarische Freiwillige, geworfen, um das Gebiet zwischen Plattensee und der Militärgrenze vor schweifenden osmanischen Kavallerieverbänden zu schützen und allenfalls Kleinkriegsaktionen im Raum um Fünfkirchen durchzuführen. Auf den Gedanken, daß ihm Sultan Soliman der Prächtige mit dem gesammelten Kriegsvolk des Dar ul Islam zu einem abseits der Hauptbewegungslinie liegenden Schlupfwinkel folgen werde, ist der Banus von Kroatien sicherlich nicht gekommen –; sie wäre objektiv auch nur dann zu verstehen, wenn man Soliman unterstellt, daß er mit seiner Massenarmee nur die Periode der kleinen Expansion wiederaufnehmen wollte. Dann allerdings war die Verwendung faktisch der gesamten für die Belagerungskriege tauglichen Streitmacht zur Eroberung Szigetvárs gerechtfertigt, vor allem wenn man die Mißerfolge bedenkt, die bei Belagerungen auch kleiner Festungen hingenommen werden mußten.

Szigetvár lag auf drei Inseln inmitten eines »Sees«, der aber vermutlich nicht mehr war als ein überdimensionierter Stadtgraben, dessen äußeres Ufer in entscheidenden Teilen ohne deutliche Abgrenzung in ein ausgedehntes Sumpfland überging und vom Wasser des Almásbaches gespeist wurde. Jede Insel bildete für sich einen zur Rundumverteidigung eingerichteten Stützpunkt und war mit der Nachbarinsel durch eine Holzbrücke verbunden; Holz war auch das vorherrschende Baumaterial sowohl für die Häuser als die Festungswerke. Eine Insel, auf der die Vorstadt oder Neue Stadt errichtet war, war überhaupt nur mit Palisaden und Verhacken geschützt. Die mittlere Insel mit der Altstadt war stärker und teilweise mit Mauerwerk befestigt, das auf der dritten Insel mit der eigentlichen Burg und ihren wuchtigen Türmen, dem Kernstück der Anlage, dominierte. Die eigentliche Stärke der ganzen Festung lag aber in der Beschaffenheit des versumpften Geländes, das die Anlage von Belagerungswerken nahezu und das Vorschieben von Minen völlig unmöglich machte, weil sich jedes in den Boden gegrabene Loch sogleich mit Wasser füllte. Jenseits des Sumpfstreifens war Auwald, der die Beschaffenheit eines Urwaldes hatte und den »See« in einer Breite von einigen Kilometern umgab.

Ende Juli erreichten die osmanischen Voraustruppen den Raum Szigetvár und begannen mit den Vorbereitungsarbeiten, wobei der Mechterbaschi den

Platz für das Quartier des Großherrn – die Zeltburg des erhabenen Beherrschers der Rechtgläubigen – zunächst in Ufernähe festlegte. Zum Segen für den Generalquartiermeister und Befehlshaber der Zeltaufschlägertruppe schoß die Artillerie der Giauren wütend auf seine Leute und brachte ihnen etliche Verluste bei, so daß erkennbar wurde, daß die für das Stabsquartier vorgesehene Stelle durchaus im Wirkungsbereich der feindlichen Geschütze lag. Der Mechterbaschi suchte nun einen anderen Platz für die Zeltburg, weiter abgelegen; er fand ihn in einem Eichenwald, der stark mit Unterholz durchsetzt war. Er ließ das Unterholz entfernen und etliche Eichen fällen, so daß eine geräumige Lichtung entstand, an deren Rand das Schlafzelt des Großherrn aufgestellt wurde. Wenn der Wind in den Baumkronen spielte, hörte man im Zelt das Rauschen der Eichenblätter. Es ist im Grunde genommen eine höchst seltsame Vorstellung, daß das Rauschen des Windes in – ausgerechnet – Eichenblättern den Herren des Orients in den Schlaf sang, wenn das Gelärm des Kampfes allabendlich versackte, und daß es ihn auch sanft begleitet haben mag, als seine Seele sich vom Körper löste, um die große Reise ins Paradies seines Glaubens anzutreten. Denn das Schlafzelt des Beherrschers der Rechtgläubigen war auch sein Sterbezelt...

Am 5. August erschien Sultan Soliman I. nach dem Gros der zur Belagerung bestimmten Truppenteile vor Szigetvár. Die Masse der Kavallerie war mit Sonderaufträgen in ihre Einsatzräume unterwegs, hatte diese zum Teil schon erreicht (die angeführten Zahlen geben nur ungefähre Anhaltspunkte hinsichtlich der Stärkeverhältnisse):
- 10 000 Mann verstärkten westlich Szigetvár die zur Grenzsicherung verwendeten bosnischen Truppen (das »Wilajet Kanizsa« gab es damals noch nicht – Nagy Kanizsa gehörte vorerst zu Habsburgisch-Ungarn, und das Wilajet wurde erst nach Eroberung der Stadt begründet; die Karte S. 194 kann die ständigen Grenzveränderungen nicht wiedergeben), eine wegen der Nähe der Militärgrenze – in der Karte nicht ganz zutreffend als Windische Oberhauptmannschaft bezeichnet – heikle Aufgabe;
- 20 000 Mann sicherten die Grenz westlich des Plattensees gegen Kanizsa und trieben Aufklärung in nördliche Richtung bis gegen Pápa, das offene Land verwüstend;
- 40 000 Mann streiften ostwärts des Plattensees und verunsicherten das ganze Gebiet bis zur Donau, wobei sie gemeinsam mit der Lehensreiterei Magyaristans operierten.

Für Schwendi wurde durch das vielfache Auftreten starker osmanischer Reiterkorps im ganzen Grenzraum die Lage unübersichtlich; es war nicht erkennbar, ob der Hauptstoß der Osmanen – der als auf Wien abzielend vorausgesetzt wurde und von vielen Historikern heute noch wird – über Gran entlang der Donau erfolgt oder über den Raum Güns, so daß er mit seinem zahlenmäßig weit unterlegenen Heer, das nicht mehr sinnvoll zerlegt werden konnte, südlich von Raab marschbereit in der bisherigen Position hielt, was sicherlich das Klügste war, das er im Augenblick tun konnte. Selbstverständlich trieb er Aufklärung, aber diese war über die Linie Stuhlweißenburg – Nordufer Plattensee – Groß Kanischa faktisch unmöglich und lieferte keine anderen Ergebnisse, als daß sich große osmanische Kavallerieverbände sowohl bei Kanischa als auch südlich Pápa, als auch ostwärts Veszprem, als auch westlich von Gran herumtrieben und das Land verwüsteten. Wo das Gros der Osmanen, der starke Kern des Heeres, das der Großherr persönlich führte, steckte, und wohin es sich bewegte, war nicht feststellbar.

Schon zwei oder drei Tage nach dem Erscheinen Solimans waren die besonderen Schwierigkeiten der Belagerung Szigetvárs voll erkennbar. Es war unmöglich,
- im Wirkungsbereich der feindlichen Artillerie eine natürliche Deckung zu finden,
- erdgefüllte Schanzkörbe zur Anlage von Geschützstellungen zu verwenden, weil diese versanken,
- Grabensysteme anzulegen, weil sich die Gräben sofort mit Wasser füllten.

Solimans Autorität und Popularität bei seinen Leuten waren derart groß, daß sie willig alles, was ihnen zugemutet wurde, ertrugen. Sie vertrauten seiner Führung blindlings, sie waren überzeugt, daß er – er persönlich, nicht etwa die Paschas und Generäle seiner Umgebung – immer das Richtige erkennen und befehlen werde, und daß ihnen der durch gewaltige Mühen und große Opfer geheiligte Sieg endlich zufallen müsse.

Dabei war Soliman der Prächtige, der Großherr der Osmanen, der Beherrscher der Rechtgläubigen, damals schon ein vom Tode gezeichneter Mann, der sein Pferd nicht mehr besteigen, sein Zelt nicht mehr verlassen, ja sich kaum mehr von seinem Krankenlager erheben konnte. Sie wußten nicht, wie es um ihren Großherrn stand, die Janitscharen und die Topdschis, die Asaben und die Ulufedschis, die Delis und die Gönüllüs, die Piyaden und die Silihdare, die aus Edirne und Damaskus, aus Kairo und Bagdad, aus Belgrad und aus Ankara gekommen waren, aber irgendwie fühlten, irgendwie ahnten sie das dunkle Verhängnis, das über seinem Zelte, das über dem ganzen Lager, das über ihnen allen schwebte. Alltäglich kamen ihre Vertrauensmänner, die sogar höchst unerwünscht waren, unter irgendwelchen Vorwänden zum Stabsquartier gelaufen, ließen sich von nervösen Tschauschen abkanzeln und zum Teufel schicken, standen dann in weitem Umkreis und spähten zu seinem Zelt herüber, nur um einen kurzen Blick auf ihn werfen und ihren Kameraden sodann erzählen zu können, daß sie ihn gesehen hatten, ihren Großherrn und ihr Idol, ihre Hoffnung und ihre Zuversicht, ihren unbesieglichen Padischah, an dem sie hingen wie an einem übergroßen, strengen, gerechten Vater, dem alles gelingen mußte und den sie alle liebten.

Mechmed Pascha, den er zum Herrn über sie gesetzt hatte, befahl ihnen in seinem Namen, den Bach Almás umzuleiten, um den See vertrocknen zu lassen, und es geschah. Es geschah in mühsamster, tagelanger Arbeit –, und der See verschwand. Oder richtiger gesagt: Er wurde zu einer Vielzahl unansehnlicher Tümpel und Pfützen. Damit wurde nur der Streifen des Sumpflandes breiter –, der Boden trocknete nicht aus. Mechmed Pascha befahl nun, am früheren Seeufer aus gefällten Baumstämmen große, floßartige Plattformen zu bauen und diese mit massiven Palisadenwänden zu umgeben, um Geschützstände zu schaffen. Diese Arbeiten wurden im Feuerbereich der Festungsartillerie durchgeführt, die auf die Arbeitskommandos schoß, was das Zeug hielt und ihnen schwerste Verluste zufügte. Trotzdem wurden die Arbeiten fertiggestellt, dann wurden die eigenen Geschütze in Stellung gebracht – und nun, etwa drei Wochen nach Beginn der Belagerung, konnte erstmals das Feuer der Festungsartillerie erwidert werden. Die Verluste der Osmanen, die mit rund 80 000 Mann vor Szigetvár lagen, betrugen zu dieser Zeit sicherlich schon 10 Prozent der Kampfstärke, also rund 8 000 Mann.

Mechmed Pascha ließ das Feuer seiner Geschütze zunächst auf die Neustadt konzentrieren und befahl die Vorbereitung des Sturms durch Herstellung von großen Reisigbündeln und Laufstegen. Als die Neustadt ein rauchender Trümmerhaufen war, ließ er die Janitscharen zum Sturm antreten; sie nahmen die erste Insel unter schweren Verlusten. 600 Giauren, berichtet Ibrahim aus Pécs (Ibrahim Pecsi), der entscheidende osmanische Chronist dieses Krieges, wurden erschlagen –; die eigenen Verluste, die ein Mehrfaches betrugen, verschweigt er.

Wenige Tage danach wurde auch die Altstadt nach massiver, aber doch weniger wirksamer Artillerievorbereitung erstürmt. Die Giauren kämpften erbittert und bis zum letzten Mann – die Angreifer erlitten außerordentlich hohe Verluste –, die engen Straßen der Stadt waren mit Blut überschwemmt, die Leichen der Gefallenen türmten sich zu Haufen.

Nun konzentrierte sich die Wucht des Feuers der Belagerungsartillerie auf die Burg, die auch das letzte Ziel der Stoßtruppunternehmen und der Sturmangriffe war und die noch immer energisch verteidigt wurde. Soliman, der sich in den wenigen Stunden, in denen er aus der Bewußtlosigkeit erwachte, von seinem getreuen und umsichtigen Mechmed Pascha Sokolowitschi genaueste Berichte vom Stand der Kampfhandlungen geben ließ, wußte, daß es nur eine Frage von Tagen war, bis auch die Zitadelle fallen würde. Es ist ungewiß, ob er seinem Heere die letzten Verluste ersparen, oder ob er seinem Reiche einen Mann wie den Banus von Kroatien gewinnen wollte, oder ob beide Gründe gleichgewichtig waren: Jedenfalls ließ er Zriny ein sehr ehrenvolles Übergabeangebot machen, in welchem er dem Verteidiger von Szigetvár die erbliche Würde eines Tributärkönigs von Kroatien und Slavonien zusicherte.

Miklos Zriny aber lehnte ab. Seine Ehre stand ihm höher als sein Leben, und er wollte lieber als Getreuer fallen denn als Eidbrüchiger leben. Und so mächtig war die Faszination des heroischen Endes, daß sie alle, die mit ihm in der zerschossenen Inselburg waren, den Weg mit ihm gehen wollten bis zur letzten, blutigen Konsequenz. Es gab keinen Überläufer, keinen Verräter, keinen Meuterer unter den Seinen - sie alle wollten in Freiheit sterben.

Und so gingen die Kämpfe weiter ...

In der Nacht vom 5. auf den 6. September 1566 trat Asraël, der Engel des Todes, zum Lager des Kalifen und nahm seine Seele mit sich. Mechmed Pascha war bei ihm, als er starb, und er nahm allen, die sich im Zelte befanden und vom Tode des Großherrn wußten, einen heiligen Eid ab, dieses Ereignis als Geheimnis zu betrachten und niemandem zu verraten. Er machte sie damit zu Mitwissern, ja Mitschuldigen des Betruges, den er vorhatte, und zu Akteuren des makabren Theaters, das er inszenierte. Im Mittelpunkt stand der Leichnam des Großherrn, der zu den üblichen Zeiten von den Sklaven, die den noch lebenden Soliman versorgt hatten, auf den vorbereiteten Divan im Halbdunkel des Zelteinganges getragen und dort, auf Kissen gestützt, plaziert wurde, als ob er noch lebe. Andere Sklaven, die nicht einmal eingeweiht werden mußten, brachten Speise und Trank und trugen nach angemessener Zeit das Verschmähte wieder ab; es fiel ihnen nichts auf, weil der Sultan schon seit Tagen kaum gegessen und getrunken und meist mit geschlossenen Augen bewegungslos auf demselben Divan geruht hatte. Ihn genau zu betrachten wagten sie, die es gewohnt waren, ihm mit demütig gesenktem Blick und beinahe robbend zu nahen, ohnehin nicht, und genau so wenig wagten es die Kuriere und Ordonnanzoffiziere, die kamen, sich vor ihm zu Boden warfen und auf des Großwesirs Geheiß ihre Meldungen erstatteten. Mechmed Pascha erteilte ihnen im Namen des Großherrn Antworten, Befehle, Ratschläge, lobte und tadelte, ganz wie es immer geschehen war, und so nahm alles seinen gewohnten Gang.

Mechmed Pascha aus Sokolac, der als Teil des von der christlichen Reichsbevölkerung eingehobenen Blutzolls, der Knabenlese, nach Stambul gelangt und Moslem geworden war, der sich durch Tüchtigkeit und Mut, durch Umsicht und Treue emporgedient hatte bis in die Spitze des Dar ul Islam, erwies durch diesen Betrug seinem Herrn den letzten und dem Osmanischen Reiche den größten Dienst. Er mußte befürchten, daß die Bekanntgabe des Todes des Großherrn den Zerfall des Heeres, den sofortigen Abbruch der Kämpfe, die Zerstörung von Disziplin und Ordnung nach sich ziehen werde, so daß die Wiederholung des unrühmlichen und gefährlichen Geschehens, das anläßlich der Belagerung von Erlau 1552 das Reich an den Rande der Katastrophe geführt hatte, ernsthaft zu erwarten war. Zur Verhinderung einer ähnlichen Katastrophe mußte ihm jedes Mittel recht sein, auch wenn ihm voll und ganz bewußt war, daß er ein überaus riskantes Spiel spielte. Die aufgebrachten Kriegsleute hätten ihn, wäre die Wahrheit bekanntgeworden, ganz zweifellos erschlagen, und der unvermeidliche Untergang wäre ihm vollauf angelastet worden - Mechmed Pascha dem Betrüger.

Es gibt in der Weltgeschichte einige Szenen von dämonischer Kraft, in der sich das Geschick von Reichen, von Kulturkörpern, von Abermillionen geborenen und ungeborenen Menschen im Handeln einiger weniger Persönlichkeiten vollzieht, die berufen sind, in einem einzigen historischen Augenblick geschichtsgestaltende Maßnahmen zu vollziehen. Das von wochenlangen schweren Kämpfe gezeichnete Sumpfland um und die fast zur Gänze in Trümmer gelegte Burg in Szigetvár waren 1566 der Hintergrund eines derartigen Geschehens, in dem sich Abendland und Morgenland, Christentum und Islam, das Reich der Habsburger, das aus den Erblanden des Heiligen Römischen Reiches Deutscher Nation und den Resten des Königreiches Ungarn bestand, und das Reich der Osmanen, das in sich die Länder der Sunna vereinigte, im Handeln zweier Persönlichkeiten gegenüberstand. Beide Persönlichkeiten waren abstammungsgemäß Kroaten: Hier der magyarisierte Kroate Miklos Zriny, dessen Familie vom Sturm der osmanischen Expansion nach Nordwesten gedrückt worden war und hinter der wohlbewehrten Mark der Militärgrenze neuerlich Wurzeln geschlagen hatte – und dort der osmanierte Kroate Mehmed Pascha Sokolowitschi, der in der eminent gefährlichen Zeitspanne zwischen dem Tod eines Großherrn und der Einsetzung eines Nachfolgers die gesamte Verantwortung für den Bestand des Osmanischen Reiches, das schon vor Generationen ein Weltreich geworden war, zu tragen hatte.

Sie entstammten nicht nur einem Volk, sondern waren aus demselben menschlichen Grundmaterial geformt, hatten dieselben Charaktereigenschaften und waren, wenngleich mit gegensätzlichen Vorzeichen, denselben prägenden Einflüssen unterworfen worden. Die beiden Gegenspieler waren hart, unbeugsam, tapfer und entschlossen. Sie waren in Ehren ergraut, in Kämpfen bewährt – und durchdrungen vom Glauben an die Richtigkeit des Weltbildes, das sie repräsentierten. Sie waren beide treu, treu bis zum letzten Tropfen Blutes: Zriny seinem König im fernen Deutschen Reich, der zur Krone dieses Reiches auch Ungarns Krone trug – und Mechmed seinem Padischah, der nun noch ferner war als jener Maximilian und der irdischen Kämpfe und Leiden entrückt. So waren sie einander ebenbürtige, würdige Gegner; sie wären wohl gegeneinander austauschbar gewesen.

Den 8. September hatte Miklos Zriny zum Tag des großen Sterbens bestimmt. Die Zahl der noch Kampffähigen war derart zusammengeschmolzen, daß die Verteidigung der Anlagen der Stadtburg nicht mehr aufrecht zu halten war und diese dem nächsten Angriff erliegen mußte; dem kam er zuvor. Er ließ die Verwundeten, die Frauen und Kinder in jenem Turm konzentrieren, der die Reste des Pulvervorrates barg und gab ihnen seinen Beschluß bekannt. Sie alle stimmten ihm zu, vorbehaltlos, entschlossen: Der Ruf von der Aufführung der osmanischen Krieger nach Erstürmung einer zäh verteidigten Burg war ein Ruf wie Donnerhall, und keiner legte Wert darauf, seine Bestätigung in Szigetvár zu erleben.

Hierauf legte der Banus seine Rüstung ab und sein Festgewand an, und er hieß seine Krieger desgleichen zu tun. Und so, als gingen sie zu einer großen Feier, sammelten sie sich zum letzten Gefecht. Ihr Ausfall traf die Osmanen, die eben in die Sturmausgangsstellungen rückten, völlig überraschend und mit der Wucht einer zu Tal donnernden Lawine, warf sie zurück, erlag aber der Übermacht der in den Kampf geworfenen Reserven. Es kann nicht lange gedauert haben, bis sie alle das heroische Ende, das sie gesucht hatten, fanden: Es gab keine Überlebenden.

Als die siegjauchzenden Osmanen nun in die Trümmerstätte eindrangen und den letzten, noch aufrecht stehenden Turm, Zuflucht der Kampfunfähigen, erreichte, löste der hierzu Beauftragte die Sprengung des noch vorhandenen Pulvers aus. Mit greller Stichflamme und gewaltigem Donnerschlag barst das Gemäuer, von der Riesengewalt der Detonation zerschmettert, und vernichtete alles Leben im Umkreis.

Das war der letzte Akt des großen Dramas, der Schlußakkord der brausenden Symphonie, der totale Endpunkt der Belagerung von Szigetvár.

Auf osmanischer Seite war an diesem 8. September der Sonderkurier Mechmeds, ein Angehöriger der Truppe der Tschauschen namens Hasan, schon den zweiten Tag nach Kütaja unterwegs, um Solimans Sohn Selim die Meldung vom Tod seines Vaters zu überbringen. Hasan kam am 14. September beim Kronprinzen an, war also genau acht Tage unterwegs, eine beachtliche Leistung wenn man bedenkt, daß Kütaja tief in Anatolien, etwa 250 km südlich Stambul, liegt, das etwa 1 250 km von Szigetvár entfernt ist, und zwar in Luftlinie. Selim nahm die Kurierpost, die nach wie vor strengstes Staatsgeheimnis war, entgegen, dürfte aber mit dem Ableben seines Vaters gerechnet und die nötigen Vorbereitungen getroffen haben, denn er brach noch am selben Tage nach Stambul auf, das er mit seinem engsten Gefolge am 24. September erreichte. Wie Mechmed Pascha seinem neuen Großherrn empfohlen hatte, bestellte er den Befehlshaber der Bostandschis, Ibrahim Beg, zum Stadtkommandanten der Hauptstadt, der die Thronbesteigungsfeierlichkeiten ohne Verzug durchführte. Bei der Heimkehr vom Grabe des Ajub-i Ansari, wo die Zeremonie der Säbelumgurtung vorgenommen worden war, ritt Sultan Selim II. in die Kaserne der Janitscharen, um den nicht im Felde befindlichen Militärsklaven das berühmte: »Kizil elmada görüsürüz – Wir sehen uns beim Goldenen Apfel« zuzurufen und dem kommandoführenden Offizier das übliche Geschenk zu überreichen. Es ging alles rascher und wohl auch prunkloser als sonst, denn schon am 27. September zog der Großherr mit angemessenem Gefolge in Richtung Belgirad, dem Heere entgegen.

Die Armee wußte indessen noch immer nicht, was in Stambul schon bekannt war: Mechmed Pascha hielt den Tod des Großherrn nach wie vor geheim. Nach Szigetvárs Fall ging der Dienst weiter, als ob Soliman noch lebe. Der Großwesir ließ den abgeschlagenen Kopf Zrinys, auf eine Lanze gesteckt, als Siegeszeichen neben dem Eingang zur Zeltburg des Kalifen aufstellen und berief die übliche außerordentliche Lagebesprechung nach dem Ende der Kämpfe ein, an der die herausragendsten Großwürdenträger teilzunehmen hatten, um über die neue Lage zu beraten. Das Protokoll führte wie üblich der spätere Chronist Achmed Feridun, damals der vertraute Sekretär des Großwesirs, der um Solimans Tod wußte. An der Besprechung nahmen teil Achmed Pascha von Rumelien und Mahmud Pascha von Anatolien, die als ranghöchste Statthalter der beiden Reichshälften jeder Beratung beizuziehen waren, dann die Wesire Ferhad Pascha und Mustafa Pascha, weiterhin Ali Portuk, damals Stellvertreter des Kapudan Pascha und zuletzt Nasuh Beg, der Sandschakbeg von Pozega, der nicht wegen seines Ranges, sondern seiner Vertrautheit mit dem Grenzraum beigezogen wurde. Die Lagebesprechung wurde abgehalten, als lausche der Großherr, hinter seidenen Vorhängen verborgen, im Innenzelt. Mechmed Pascha befahl die Rücknahme der detachierten Kavalleriekorps und hörte hinsichtlich der zu beachtenden Details auf die Meinung der Anwesenden, erklärte dann Szigetvár zur osmanischen Grenzfestung und ordnete die notwendigen Maßnahmen zum Wiederaufbau und zur Besiedlung des Raumes mit Lehenstruppen an, wobei den Vorschlägen des ortskundigen Nasuh Beg zumeist entscheidendes Gewicht beigemessen wurde. Danach ließ er die Namen der Krieger, die sich besonders ausgezeichnet hatten, zum Zwecke späterer Belohnung in die vorgesehenen Verzeichnisse eintragen – und ab und zu näherte er sich unter Beachtung der Regeln des Zeremoniells dem Innenzelt, als ob er eine besondere Anweisung des Großherrn erwarte.

Das Heer blieb, wie der Chronik des Ibrahim Pécsi zu entnehmen ist, bis Anfang Oktober vor Szigetvár. Die Überwachung der Durchführung der angeordneten Maßnahmen lag ganz im Regierungsstil Sultan Solimans, von dem abzugehen gefährlich gewesen wäre. Die Aufbewahrung des Leichnams, der rasch in Verwesung überging, erfolgte durch eine provisorische Bestattung im Innenzelt, und als der Tag des Aufbruchs kam, wurde er exhumiert und auf den tragbaren Thron gesetzt, in dessen Umfeld kein Nichteingeweihter eindringen durfte. Der neue Großherr war indessen bis Belgirad, »der dem Paradies gleichenden Stadt«, gelangt und hatte die Vorbereitungen für die Bekanntgabe des Herrschaftswechsels an das heimkehrende Heer getroffen, die Übernahme des Oberbefehls ging reibungslos vor sich.

Selim II., der unter dem für einen Moslem besonders entehrenden Beinamen Mest → der Trunkenbold in die Geschichte einging, stand im Alter von etwas über 40 Jahren. Er war ein klardenkender und energischer Mann, dessen etwa gleichaltriger Schwiegersohn Piali Pascha 1565 beim Kampf um Malta nicht eben glänzend operiert, im Jahre 1566 aber im Schatten des Ungarnkrieges mit relativ schwachen Kräften die Insel Chios den Genuesen abgewonnen hatte. Bei Übernahme der Herrschaft war der neue Kalif mit folgenden militärischen Ereignissen, die den Sommer des Jahres erfüllt hatten, konfrontiert:

1. Landkrieg in Ungarn, der mit enormem Aufwand geführt worden war, etwa 20000 bis 30000 Mann Verluste gekostet hatte und den Gewinn einer verwüsteten Festung, von der vorher in Stambul kein Mensch je etwas gehört hatte, und ein paar Quadratmeilen Landes erbrachte;

2. Seeoperation gegen Chios mit Eroberung der blühenden Insel, wobei dem Kapudan Pascha insgesamt nicht mehr Kriegsvolk zur Verfügung stand, als vor Szigetvár verlorenging.

Die Tatsachen mußten zu denken geben, und sie gaben zu denken. Und als die Bestandaufnahme beendet war, da waren die tonangebenden Kreise in der Staatsspitze und der Armeeführung, in der Gelehrtenschaft und in der – vorwiegend von Nichtmoslems getragenen – Wirtschaft wiederum in zwei Lager gespalten. Da gab es die »Konservativen«, die das Heil des Reiches in der Fortsetzung der Eroberungspolitik alten Stils vorab in Europa sahen und die aus der um den Janitscharenaga gruppierten Generalität bestanden, aus den Beglerbegis der rumelischen Provinzen, für die jede Erweiterung des Territoriums eine Zunahme an Macht und Bedeutung darstellte, und aus den »Nachwuchskräften« der mittleren Führungshierarchie, die nicht nur ihre ja in der Tat beachtliche Leistungsfähigkeit beweisen wollten, sondern die auch wußten, daß sie bei Gewinnung weiterer Länder durch die Einrichtung neuer Provinzen rascher nach oben kommen mußten. *Sie alle dachten in den Kategorien der Landmacht, sie waren festlandfixiert, sie konnten in maritimen Planungen und Vorhaben nichts anderes erkennen als geradezu aberwitzige Unternehmungen, die schon den großen Sultanen Mechmed II. der Eroberer und Soliman der Prächtige zuletzt regelmäßig fehlgeschlagen waren.*

Gegen die Konservativen standen die »Fortschrittlichen«, in der Regierung nun durch den kompromißlosen Denker, den vormaligen »Traditionalisten«, den Großwesir Mechmed Pascha, in der osmanischen Familie durch den Kapudan Pascha vertreten, die in der Öffnung zum Meere die schlechthin entscheidende Möglichkeit sahen, die religiös gebotene und somit jeder Diskussion entzogene Expansionspolitik fortzusetzen. **Global gesehen hatte sich das von Sultan Orkhan genial geschaffene osmanische Kriegswesen überlebt. Überlebt durch den Fortschritt der Kriegstechnik, die zum ebenso unverzichtbaren wie mobilitätshemmenden Element jeder Operationsführung geworden war.** Der Schritt des Viehgespannes bestimmte die Marschgeschwindigkeit des Heeres, und das »Halbjahr des Krieges« reichte kaum aus, um beispielsweise den Geschützpark aus den gesicherten Räumen im Inneren des Reiches bis zur Nordgrenze etwa bei Gran zu transportieren. Der Weg bis ins Donauknie war aber auch für die berittenen Lehenstruppen aus Anatolien weit und kräfteverzehrend, und die gewaltigen territorialen Gewinne, die durch die erfolgreichen früheren Eroberungskriege erzielt worden waren, beraubten nun das Instrument der generationenlangen Expansion wesentlicher Teile seiner Wirksamkeit.

Sultan Selim II. neigte der »Fortschrittspartei« zu; er verlieh, um seine Einstellung ersichtlich zu machen, dem Kapudan Pascha den Rang eines Wesirs. Damit wurde die Flotte gegenüber der Landstreitmacht verselbständigt und jeder Einmengung des Agas der Janitscharen, der die Stellung eines Kriegsministers einnahm, entzogen. Und um der konservativen Partei noch einmal ersichtlich zu machen, daß er an eine Expansion zumindest in Richtung Nordwesten nicht denke, wurde am 17. Februar 1568 mit Kaiser Maximilian II. der Friede von Edirne geschlossen, in welchem sich dieser mit dem Verlust Szigetvárs abfand und sich verpflichtete, die Tributzahlungen für Habsburgisch-Ungarn wieder zu leisten.

Der Friedensschluß erbitterte die Konservativen; sie kritisierten scharf die Politik des Großherrn und setzten wohl schon damals an, seine Person in ein schiefes Licht zu rücken. Auch eine ausgesprochen konspirative Tätigkeit scheint in radikalen Zirkeln aufgekommen zu sein. Im Mittelpunkt von Attentatsplänen stand der vormals konservative Mechmed Pascha, der denn auch – wenngleich erst unter der Herrschaft Sultan Murads III. – am 11. Oktober 1579 von einem Derwisch ermordet wurde, wobei an die engen Verbindungen zwischen dem Kriegerorden der Janitscharen und dem Derwischorden der Bektaschis erinnert sei.

Der zunehmenden Unzufriedenheit der konservativen, durchaus gefährlich oppositionellen Gruppe wurde die Spitze abgebrochen, als 1569 der Krieg gegen den »Zaren von ganz Rußland«, Iwan IV., eröffnet wurde. Iwan der Schreckliche → Grosnij hatte 1547 als Nachfolger seines Vaters die russische Krone erlangt und bald danach begonnen, die tatarischen Kanate Kasan und Astrachan zu bekriegen und zuletzt zu unterwerfen, wobei er bis zur Wolgamündung vorstieß. Der Khan der Krimtataren, Dewlet Giray I., hatte seinen Oberherrn in Stambul um energische Militärhilfe ersucht, da er befürchten mußte, daß der Zar nun massiv versuchen werde, Rußlands Grenze bis zur Schwarzmeerküste zu verschieben. Sultan Selim erteilte seiner konservativen Generalität gern den Auftrag, die Russen aus dem Stromgebiet der unteren Wolga zu werfen, band er doch deren Energien und Aktivitäten an ein ihren Vorstellungen entsprechendes Ziel – und gewann gleichzeitig die Möglichkeit, die neuaufgestellten Flottenverbände in einem großen amphibischen Unternehmen zu verwenden und ihren Ausbildungsstand abzurunden.

Basis des Feldzuges war die Hafenstadt Tana → Asow im Nordosten des Schwarzen Meeres, das nach wie vor als osmanisches Binnengewässer anzusehen war. Tana liegt an der Mündung des Don und war als Flußhafen ebenso verwendbar wie als Seehafen. Die Möglichkeit, mit kleineren Schiffseinheiten – den mehrfach genannten Tschaiken – stromaufwärts zu operieren, wurde angesichts des wegearmen, über weite Strecken versumpften Landes konsequent vor allem zum Transport des Geschützparks genutzt. Der Schiffseinsatz auf der Wasserstraße war entscheidend: Die Operationen der schwerbeweglichen Heeresteile blieben auf das Stromgebiet des Don beschränkt. Es erwies sich als unmöglich, mit diesen über Land in das Wolgatal zu gelangen. Dies wiederum ließ den Plan entstehen, einen Kanal zur Wolga vorzutreiben, dessen Ausführung aber unterblieb, weil er die technischen Möglichkeiten im Rahmen eines Feldzuges erheblich überstieg.

Die offensive Kriegführung über das Dontal hinaus war daher nur durch große Vorstöße selbständiger Reiterkorps in die Tiefe des russischen Raumes möglich, die zwar einige lokale, aber keine entscheidenden Erfolge brachten. Der Herbst und der mit ihm erscheinende Kasimstag erzwangen den Abbruch des Feldzuges, für die Osmanen in diesem Fall ganz gewiß ein gewaltiges Glück, denn ein Rußlandwinter im Felde hätte sie mit höchster Wahrscheinlichkeit ihre ganze »Rußlandarmee« gekostet.

Zieht man die Bilanz dieses Krieges, so ergibt sich die Rekapitulation der Schwierigkeiten der Kriegführung in Ungarn: Die osmanischen Heeresverbände stießen sich an der »Winterlinie«. Anders gesagt war es auch in Rußland unmöglich, die hauptsächlichen Kraftquellen des Gegners während der zur Verfügung stehenden Zeit – dem »Halbjahr des Krieges« – mit der Masse des Heeres und den »technischen Truppen« zu erreichen. Kavallerievorstöße waren zwar möglich, aber mit hohem Risiko behaftet, da der Zar selbst über starke Kavallerieverbände verfügte und die tiefen Raids ihn zwar belästigten, aber durchaus nicht geeignet waren, ihn in die Knie zu zwingen.

Als im Jahr 1570 die Osmanen nicht im Felde erschienen, konnte Zar Iwan den schon länger geplanten Kriegszug gegen Nowgorod durchführen, der mit der Eroberung der reichen, mächtigen und allzu polenfreundlichen Stadt endete. Um im Zusammenhang zu bleiben: 1571 setzte Khan Dewlet Giray den Krieg gegen den Zaren auf eigene Faust fort, ergriff überraschend die Offensive, eroberte Moskau und brannte es nieder. Zar Iwan, der den lästigen Krieg im Süden zu beenden wünschte, um seine Kräfte voll im Ostseeraum verwenden zu können, wo seit 1558 um Livland gerungen wurde, zeigte viel staatsmännische Einsicht: Er schloß mit dem Tatarenkhan Frieden und zahlte sogar für dieses Jahr den vor beinahe unvordenklichen Zeiten festgesetzten Tribut. **Es war die letzte Tributzahlung, die ein Zar zu leisten genötigt war.**

In Stambul war nach der letztendlich erfolglosen Operation am Don im Jahre 1569 das Ansehen der Konservativen arg ramponiert, zumal auch der Scheik ul Islam und die Mehrheit des Gelehrtenkollektivs der Ulema dem Landmachtdenken den Rücken kehrten und eine verstärkte Flottenrüstung verlangten, um eine neue Runde im Kampf um die Herrschaft im Mittelmeerraum zu eröffnen. In Spanien nämlich waren die Morisken zu einem Verzweiflungskampf aufgestanden (1568), der anfänglich durchaus erfolgreich war, vor allem weil durch das weltweite Engagement Spaniens und besonders den Aufstand in den Niederlanden relativ wenig Truppen im Mutterland stationiert waren. Im Jahre 1567 erst war Herzog Alba mit einem außerordentlich starken Heer nach Nordeuropa gezogen, in Spanien verblieben nicht viel mehr als die königliche Garde und die Besatzungen in den wichtigsten Städten, mit denen allein den mit größter Entschlossenheit kämpfenden Morisken, die einen gefährlichen Guerillakrieg führten, nicht beizukommen war. Es konnte und durfte dem Scheik ul Islam und den Gelehrten und Studenten der Medressen nicht gleichgültig sein, was mit den Morisken geschah, und es war jedem Einsichtigen klar, daß sie einerseits unterliegen mußten, gelang es dem Dar ul Islam nicht, ihnen massive Hilfe zu bringen, ehe König Philipp seine Machtreserven mobilisieren und gegen sie verwenden konnte, und daß andererseits eine Hilfeleistung nur über See möglich war.

Der religiöse Aspekt machte die Konservativen mundtot und beraubte sie der Masse ihrer Anhänger. Und als Großwesir Mechmed Pascha den Expansionswillen des Reiches in die Vorbereitung der maritimen Operationen umleitete, fand er die ungeteilte Zustimmung der »öffentlichen Meinung«, die es im Dar ul Islam in sehr ausgeprägter Form gab – ohne Zeitungen, ohne Rundfunk, ohne Fernsehen – und die von den Freitagspredigten in den Moscheen gesteuert wurde.

Mechmed Pascha bildete einen eigenen Stab, der die Offensive vorbereiten sollte. Er nahm in diesen auch einen gewissen José Miquez auf, einen jüdischen Flüchtling aus dem in den Sog der spanischen Inquisition geratenen Portugal, der das besondere Wohlwollen des Kalifen erlangt hatte und von ihm mit der Verwaltung des früheren venezianischen Herzogtums Naxos betraut worden war. Er nannte sich nun Jussuf Nassy und genoß seines selbständigen, das heißt von den in Stambul üblichen Vorurteilen unbelasteten Denkens wegen hohes Ansehen; Selim II. hielt jedenfalls große Stücke auf ihn. Auf ihn geht offenbar die durchaus richtige Erkenntnis zurück, daß ein Angriff auf Spanien die Zerschlagung des venezianischen Stützpunktgürtels voraussetze, denn wenn sich Venedig auch seit einem Vierteljahrhundert streng an die vereinbarte Neutralität gehalten und sich insbesonders in den Krieg um Malta nicht eingeschaltet hatte, so konnte es doch einer osmanischen Flottenoperation gegen Spaniens Kernland nicht untätig zusehen. Der Angriff auf das spanische Mutterland zur Unterstützung einer gefährlichen Aufstandsbewegung mußte zu einer Konzentration der spanischen militärischen Macht im Mittelmeergebiet führen und damit besonders zum Einsatz der im Atlantik verwendeten Flottenverbände, von deren Existenz und Kampfkraft man in Stambul vor allem durch Nassy wußte. Die außerordentlich positionsbewußte »Königin der Meere« des Mittelalters, deren Bedeutung durch die Erweiterung der Seefahrt im Zeitalter der Entdeckungen ebenso wie durch das Anwachsen der islamischen Ländermasse empfindlich reduziert worden war, konnte die sich bietende Gelegenheit ganz einfach nicht vorübergehen lassen, sondern mußte – die spanische Flotte als Reserve in der Hinterhand – das Sperrsystem aktivieren. Denn eine Niederlage Spaniens hätte die Seeherrschaft der Moslems über das Mittelmeer nach sich gezogen. Und in einem osmanischen Meer war, wie sich ja gezeigt hatte, für die christliche Seefahrt kein Raum. Wären andernfalls aber, bei konsequenter Beibehaltung der venezianischen Neutralität, die Spanier siegreich geblieben, so hätte die spanische Seeherrschaft auch den Osten des Mittelmeerraumes umfaßt, und Venedig hätte froh sein müssen, in der nördlichen Adria etwas Küstenschiffahrt betreiben zu dürfen.

Venedig hatte zu den Zukunftserwartungen, die eine Einmengung in das Ringen um die Seeherrschaft unausweichlich machten, auch eine Faust im Nacken, die einen Kriegseintritt auf spanischer Seite vermutlich für sich allein erzwungen hätte: Die Faust des Papstes. Pius V., der Heilige (1566–1572), der als Mitglied des Dominikanerordens Großinquisitor gewesen war und sich den Ruf des grimmigen Ketzerverfolgers in seinem Amt an der Spitze der Kirche erhalten hatte, war ein ganz entschiedener Befürworter der Politik König Philipps II., die den Moriskenaufstand heraufbeschworen hatte. Er forderte von den christlichen Staaten die bedingungslose Unterstützung der spanischen Bemühungen. Welche Konsequenz er dabei an den Tag legte, zeigte sich, als er Königin Elisabeth I., die nicht nur Maria Stuart nach ihrer Flucht aus Schottland in Haft nahm, sondern durch den Handelskrieg gegen Spanien sehr energisch an Philipps Imperium zu rütteln begann, mit dem Kirchenbann belegte und für abgesetzt erklärte. Beides war reiner Theaterdonner, denn Elisabeth hatte nach dem Tod ihrer katholischen Halbschwester Maria I. die anglikanische Hochkirche wieder hergestellt und ihre Herrschaft sehr klug gefestigt. Allein wenn auch sie in der Lage war, den Willen des Papstes kühl zu negieren, traf dies für den Dogen von Venedig schon aus konfessionellen und auch geographischen Gründen keineswegs zu.

Venedig war also genötigt, im Fall maritimer osmanischer Aktivitäten ebenfalls aktiv zu werden und in den Krieg einzutreten. Das bedeutete für die Osmanen, daß zuerst in den venezianischen Stützpunktgürtel, der den Eintritt ins Mittelmeer entscheidend behinderte, eine hinlängliche Bresche geschlagen werden mußte. Erinnern wir uns daran, daß der Stützpunktgürtel die drei Inseln
- Zakynthos,
- Kreta und
- Zypern
umfaßte, so bot sich *Zypern als das erste Angriffsziel* an (siehe Skizze Seite 236). Nicht nur aus geographischen Gründen (Entfernung Venedig – Westküste Kreta etwa 1500 km, Entfernung Ostküste Kreta – Westküste Zypern etwa 700 km, dagegen Entfernung Südküste Anatolien – Nordküste Zypern nicht ganz 100 km), sondern auch wegen der Möglichkeit subversiver Kampfführung.

Um die entscheidenden Fakten zu rekapitulieren: Kreta war seit dem Beginn des 14. Jahrhunderts voll befriedet – Zypern aber war es nicht. Das Oberhaupt der autochthonen orthodoxen Kirche, zu deren Gläubigen rund 85 Prozent der Inselbewohner zählten, hielt sich in den Ruinen von Soli verborgen; die Kleriker, die sich weigerten, die Herrschaft des Papstes anzuerkennen, waren aus ihren Ämtern vertrieben; die Kleriker, die den Papst anerkannten, wurden von den Orthodoxen als Feinde der wahren Religion verteufelt. Die Gläubigen mußten vor den Stadtmauern hausen; ihre wirtschaftliche Lage war schlecht; sie waren politisch rechtlos; viele lebten in Not und Elend. Fast alle hielten sich für unterdrückt, fast alle verabscheuten die Herr-

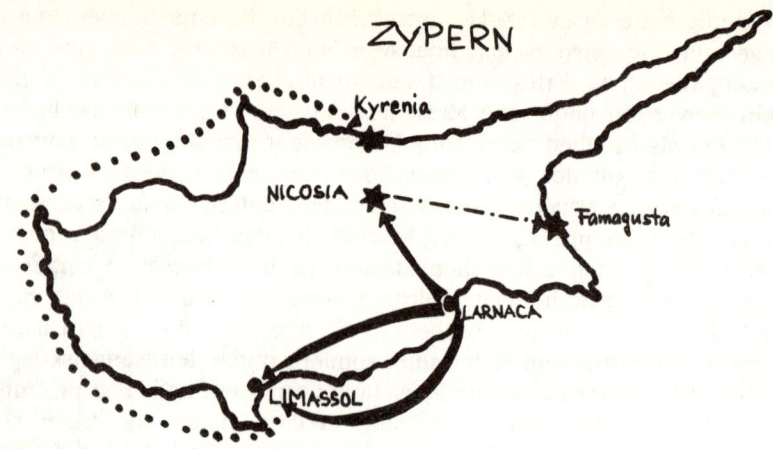

ZYPERN

I. Angriffsphase ——————> Ziele: Nicosia, Limassol
II. Angriffsphase ·········> Ziel: Kyrenia
III. Angriffsphase -·--·--> Ziel: Famagusta

schaft der »Papisten« –, und viele wußten um die Freiheit der Orthodoxie im islamischen Raum, die der Einmengung durch den Papst völlig und durch den Staat weitestgehend entzogen war. Das war die Lage, die in der Geschichtsschreibung – auch in der zypriotischen – durchaus nicht bestritten wird, ohne daß man die unerläßliche Schlußfolgerung zieht: Die orthodoxe Bevölkerung mußte eine durch die Osmanen bewirkte Veränderung ihrer Lage als Befreiung, nicht aber als Unterwerfung empfinden, zumindest als Erleichterung, als Vertauschung einer sehr drückenden Fremdherrschaft mit einer erheblich milderen. So kam es zur Aufnahme von Verbindungen, ja zur Bildung von Widerstandszellen, von denen man im Grunde genommen nicht viel oder eigentlich nichts weiß, deren Wirksamkeit aber ersichtlich ist und deren Bestehen daher vorausgesetzt werden muß.

Es war klar, daß Zypern, war erst die Landung vollzogen, nicht lange verteidigt werden konnte. Der eigentlich zu fürchtende Gegner, die Flotte Venedigs, befand sich außerhalb der zyprischen Gewässer, und die Invasion mußte so durchgeführt werden, daß deren Eingreifen, wenn schon nicht überhaupt, so doch so lange verhindert werden konnte, bis die gelandeten Truppen einen bedeutenden territorialen Gewinn in einem Gelände erlangt hatten, in dem sie sich frei entfalten und behaupten konnten. Das venezianische Verteidigungskonzept der aktiven Seekriegführung, die sich auf Zyperns starke Hafenstädte stützte und das in Stambul durchaus nicht unbekannt war, wo man sich überhaupt über aktuelle militärische Belange als erstaunlich gut informiert erwies, mußte also unterlaufen werden. Und es wurde unterlaufen, indem die Osmanen zwei Flotten bildeten, deren eine gegen Kreta operierte, während die andere die Invasion in Zypern durchführte.

Zum Serasker des Unternehmens wurde Lala Mustafa Pascha bestellt, ein Mann aus der engsten Umgebung des Großherrn, wie sich aus dem Titel Lala ergibt, der jenem Mann zustand, der hauptverantwortlicher Erzieher des regierenden Herrschers gewesen war. Er scheint kein rechtes Zutrauen zu Piali Pascha gehabt zu haben und setzte die Ernennung des bewährten Flottenführers Ali Pascha Muezzinzade → der Muezzinsohn zum Kapudan Pascha durch, der die gegen Kreta operierende Flotte, die eigentliche Schlachtflotte, selbst führte. Das Kommando über die Invasionsflotte wurde einem gewissen Sadek Pascha anvertraut, einem Seeoffizier arabischer Herkommens, der seine Laufbahn vermutlich als nordafrikanischer Pirat begonnen hatte.

In Venedig, wo man das Geschehen im Osmanischen Reich mit höchstem Interesse beobachtete, löste die umfassende Flottenrüstung große Besorgnis aus, zumal kein Zweifel daran möglich war, daß dieses auf die Vernichtung der eigenen Position abzielte. Man konnte auch ziemlich genau abschätzen, *wann* der Angriff erfolgen werde, aber man konnte nicht in Erfahrung bringen, *wo* der Großherr den Hebel ansetzen wollte. Zudem scheiterte der Versuch, über Papst Pius V. König Philipp II., Kaiser Maximilian II. und selbst Zar Iwan IV. in einer anti-osmanischen Allianz zusammenzufassen, weil diese den Ernst der Stunde nicht erkannten und glaubten, es ginge dem Dogen um eine entscheidende Verbesserung seiner Positionen, um eine Wiedergewinnung der Stützpunkte in der Ägäis, wofür seine eigenen Kräfte nicht ausreichten. Außerdem waren die Beziehungen zur deutschen Linie des Hauses Habsburg gespannt; es ging weniger um ein paar belanglose Grenzkorrekturen im Raume nördlich der Adria, als um die ständigen Seeräubereien der Uskoken, die Venedig erheblichen Schaden zugefügt hatten, was zu einem ernsten Konflikt führte, der zwar im Frieden von Madrid 1568 beigelegt worden war, aber das gegenseitige Mißtrauen keineswegs ausgeräumt hatte. So stand Venedig vorerst allein gegen das Reich der Osmanen. Wie ernst am Rialto die Situation eingeschätzt wurde, zeigt nichts besser als die aufsehenerregende Bestellung des Gianandrea Doria zum Großadmiral der venezianischen Kriegsflotte: Der Genuese war immerhin der Marineoffizier mit der größten Erfahrung im Kampf gegen die Flotte des Islam. Lediglich der Ritterorden in Malta war kampfwillig wie immer, gerade in diesem Zeitpunkt aber nur mäßig kampfbereit: Der Ausbau der Stadt Lavaletta, der bereits unter dem 1568 verstorbenen Großmeister Jean Parisot de la Valette großzügig in Angriff genommen und unter seinem Nachfolger Pierre del Monte fortgesetzt worden war, hatte trotz namhafter Hilfsgelder vor allem der spanischen Krone die Geldmittel des Ordens schwerstens belastet. Die Flotte war auf einen kläglichen Restbestand von vier Galeeren zusammengeschrumpft. Und von diesen gingen 1570 drei verloren. Das führte zur Hinrichtung des Admirals Claude de Saint Clement nach schimpflicher Ausstoßung aus dem Orden[11].

Im März 1570 erklärte der Großherr, daß er die Überlassung Zyperns an das nach wie vor tributleistende Venedig widerrufe und begehrte die Räumung der Insel von den Besatzungstruppen, wobei als Grund – vermutlich – die Bedrückung der Untertanen des Padischah durch die Organe der papistischen Besatzungsmacht aufgeführt wurde. Immerhin war Zypern formell Teil des Dar ul Islam, seit König Janus Vasall der ägyptischen Mameluken geworden war, und diese Tatsache war vor allem durch die Tributzahlungen, die zuerst von den letzten Lusignans, später von den Venezianern, nach Ägypten und dann nach Stambul geleistet worden waren, alljährlich anerkannt worden. Seit den Tagen Sultan Selims I. war der Großherr der Osmanen selbst nach abendländischer Rechtsauffassung der Herr des Inselreiches, dessen Nutzung er dem Dogen von Venedig übertrug. Dem Großen Rat der Lagunenstadt war die Rechtslage bekannt, das Rückgabebegehren aber unannehmbar. Dies wurde dem osmanischen Gesandten – der ohnehin nichts anderes erwartet hatte – bekannt gemacht.

Damit war der Kriegsgrund gegeben –, aber das Ziel der großen maritimen Operation, deren Vorbereitung unübersehbar vor dem Abschluß stand, war nach wie vor unbekannt. Der Angriff konnte sowohl Zypern, dem – zumindest vorgeblichen – Stein des Anstoßes, gelten, als auch dem breit und wuchtig vor dem Austritt der Ägäis liegenden Kreta, dem Zentrum des Stützpunktsystems, als auch, wenngleich mit geringerer Wahrscheinlichkeit, Zakynthos.

Es war richtig, die Schlachtflotte Venedigs in den zentralen Gewässern um Kreta versammelt zu halten, wie dies Doria – gleichgültig, ob auf Befehl der Signoria oder aus eigenem Entschluß – tat, der die Sudabucht zum Bereitstellungsraum bestimmte. Ali Pascha der Muezzinsohn kreuzte, aus der Ägäis vorpreschend, vor der Nordküste Kretas und band Dorias Aufmerksamkeit an seine Bewegungen; Venedigs genuesischer Admiral mußte den Eindruck gewinnen, als suche der Moslem den geeigneten Augenblick und den besten Ort, um eine Landeoperation durchzuführen. Der einige Male angebotenen Seeschlacht wich Ali Pascha aus und zog sich zurück, erschien aber, wenn die venezianischen Schiffe die Verfolgung abbrachen, sogleich wieder in gefährlicher Küstennähe. Das Spiel betrieb Ali Pascha gegen Ende Juni mit großer Ausdauer. Anfang Juli setzte im Schutze der »Deckungsflotte« Sadek Pascha mit der eigentlichen Invasionsflotte, die aus den großen Transportschiffen und einem nicht einmal allzu starken Begleitschutz bestand, die für den Landkrieg bestimmten Verbände des Heeres nach Zypern über. Wie trefflich die Osmanen über die wesentlichen Belange Zyperns informiert waren, ergibt sich eindringlich aus der Wahl der Landungsstelle: Larnaca war es, ein damals gänzlich unbedeutendes und demgemäß nicht nur nicht verteidigtes, sondern nicht einmal überwachtes Dorf an der Südküste, das in der Antike als Kition – oder Citium – eine große, blühende Stadt gewesen war und über einen vortrefflichen natürlichen Hafen verfügt.

Die Landung war ein problemloses Manöver. Die rasch landeinwärts vorgetriebene Aufklärung bestätigte die Informationen der orthodoxen Invasions-helfer, die Larnaca und Umgebung als völlig feindfrei bezeichnet und als Invasionshafen vorgeschlagen hatten: Es gab im weiten Umkreis keinerlei Verteidigungseinrichtungen!

Das machte die Operationsführung für Lala Mustafa Pascha einfach; ange-sichts der gewaltigen Übermacht der ihm zur Verfügung stehenden Kräfte konnte er es sich leisten, seine Truppen zu zerlegen und mehrere Vorhaben gleichzeitig in Angriff zu nehmen:

- Larnaca wurde als Basis eingerichtet und mit hinreichender Besatzung ver-sehen, wobei hier die Versorgungsdienste konzentriert wurden;
- ein Kavalleriekorps wurde auf Limassol angesetzt, wobei die Kriegsschiffe Sadek Paschas bis auf einige Wachschiffe, die vor Larnaca blieben, den Auftrag erhielten, den Hafen zu blockieren;
- starke Sicherungstruppen wurden ostwärts vorgeschoben, um einen immerhin möglichen Angriff der Verteidigungskräfte von Famagusta abzu-fangen;
- er selbst stieß mit der Masse des Heeres in das Inselinnere auf Nicosia vor, das er in den letzten Julitagen (genannt werden der 20., 25. oder 27.) erreichte.

Limassol fiel auf Anhieb; die schwache Garnison wurde nicht nur durch das Erscheinen der osmanischen Reiterei und des starken Flottenverbandes ent-mutigt, sondern stand vermutlich auch unter erheblichem Druck der Ortho-doxie, die sich hier als durchaus schlagbereite Widerstandsgruppe zu erken-nen gab.

Nach der Kapitulation der Venezianer nahmen Sadeks Schiffe an Heeres-teilen auf, was immer in Limassol entbehrt werden konnte, und umsegelten die Insel westlich, um Kyrenia an der Nordküste anzugreifen. Auch dieser außerordentlich starkbefestigte Hafen fiel rasch in die Hand der Angreifer: Hier reichten die Verteidigungskräfte nicht aus, um die ausgedehnten Festungswerke ordnungsgemäß zu besetzen. Der kommandoführende vene-zianische Offizier fand aber noch Gelegenheit, einen Schnellsegler nach Kreta abzufertigen, mit dem er Admiral Doria Meldung erstattete. Doria wußte nun, daß der Kampf um Zypern begonnen hatte, Limassol gefallen war, Kyrenia bedrängt wurde und sich in wenig aussichtsreicher Lage befand, und daß die Belagerung Nicosias bereits im Gange war. Er setzte sich mit dem Gros der Schlachtflotte in Marsch, kam allerdings durch widrige Winde nur langsam voran und erreichte erst zwischen 15. und 20. September die Insel Kastellorizon, die als eine Art Meldekopf vereinbart war. In der Tat erwartete ihn ein Kurierschiff aus Famagusta mit sehr beunruhigenden Nach-richten: Kyrenia war schon im August in osmanischen Besitz übergegangen, Nicosia am 9. September gefallen. Venedigs Flagge wehte nur mehr über Famagusta. Dieser - mit Abstand stärkste - venezianische Stützpunkt war mit einer ausreichenden Garnison versehen, die sich durch abgesplitterte Truppenteile aus dem osmanisch besetzten Teil der Insel, denen es gelungen war, dem Feind zu entkommen, nicht unerheblich verstärkt hatte. Die Munitionsvorräte reichten für eine Kampfführung von mehr als sechs Monaten aus, für etwa dieselbe Zeit waren Lebensmittel eingelagert. Kommandant der Festung war Marco Antonio Bragadino, ein erfahrener, für seine Umsicht und Tapferkeit berühmter Offizier, der mitteilte, daß zwar einige Male feindliche Kavallerie im Festungsbereich aufgetaucht war, aber immer vertrieben werden konnte. Eine Belagerung hatte nicht begonnen.

Admiral Doria faßte nun den Entschluß, den Vorstoß auf Zypern abzubrechen und sich nach Kreta zurückzuziehen. In den Gang des militärischen Geschehens auf der Insel konnte er, der über keine Landstreitkräfte verfügte, nicht eingreifen. Eine Seeschlacht wäre – unabhängig vom Ausgang – ein auf jeden Fall verlustreiches, riskantes und sinnloses Unterfangen gewesen, da auch ein Sieg die Lage auf der Insel nicht verändert hätte; die Beherrschung fast ganz Zyperns machte die eingesetzten Heeresteile vom Nachschub unabhängig, sie konnten sich zur Gänze aus der Insel versorgen. Andererseits stand Venedig nun, da man im Abendland die osmanischen Absichten zur Kenntnis nehmen mußte, vor dem Abschluß einer Allianz mit den christlichen Seemächten im Mittelmeerraum; jedes Schiff, das verlorenging, mußte bei den für das Frühjahr zu erwartenden Operationen zur Wiedergewinnung Zyperns fehlen. Und schwächte somit auch Venedigs Bedeutung im geplanten Bündnissystem.

Wenn es Historiker gibt, die dem genuesischen Admiral ein Versagen oder sogar ein absichtliches Fehlverhalten zum Nachteil seiner venezianischen Dienstgeber unterstellen, etwa in der Art, daß er jedenfalls, »wenn schon Nicosia verloren war, doch den anderen Städten von Zypern hätte beistehen können«, verkennen sie die Realitäten. Sie vergessen vor allem die Tatsache, daß nicht nur Nicosia, sondern ganz Zypern bereits verloren war mit der einzigen Ausnahme Famagusta, das im Zeitpunkt der Entscheidung nicht einmal belagert war. Den »anderen Städten« konnte er nicht mehr helfen. Ob es eine Hilfe für Famagusta gewesen wäre, hätte er seine Flotte in seinem Hafen versammelt, ist eine Frage, die wohl eher negativ zu beantworten ist.

Venedig aber, das nach einem Sündenbock für den raschen und bisher recht kläglichen Verlust der Insel der Aphrodite suchte, fand ihn in dem berühmten Admiral, der seines Kommandos enthoben wurde. In Zypern aber begann der Krieg erst richtig, nachdem die venezianische Flotte bereits auf Kreta zurückgefallen war: Lala Mustafa Pascha führte das Gros seines Heeres vor die Wälle Famagustas. Vorher allerdings legte er noch die neue Ordnung Zyperns im Grundsätzlichen fest, sie entsprach in allen wesentlichen Belangen den Vorstellungen der Orthodoxie – und vielleicht bereits geheim getroffenen Vereinbarungen. Der Serasker wollte, als der Kampf um Famagusta, der vorhersehbar hart sein würde, noch im Vorbereitungsstadium lag und der Gegenschlag Venedigs erwartet wurde, keine Mißstimmung in der Bevölkerung aufkommen lassen, hatte jede Bedrückung der Orthodoxie bereits vor der Landung verboten, beeilte sich, den orthodoxen Erzbischof in feierlicher Weise, die einem Triumphzug ähnelte, von Soli nach Nicosia heimzuholen und zum Ethnarchen des griechischen Volkes, worunter alle Angehörigen der Orthodoxie verstanden wurden, zu bestellen. Die Rückstellung des vom katholischen Klerus übernommenen Vermögens der orthodoxen Kirche wurde ohne Verzug in Angriff genommen, die für die Nutzung des Landes zu leistenden Abgaben wurden festgelegt, wobei der orthodoxe Klerus ebenso mit Glacéhandschuhen angefaßt wurde wie das gläubige Volk. Das Kloster Kykko beispielsweise, ob seines Reichtums berühmt bis in unsere Zeit, wurde mit der Verpflichtung belegt, jedem neuernannten Beglerbegi bei seiner Amtsübernahme ein gesatteltes Maultier zu übergeben, womit sich seine Steuerpflicht erschöpfte. Oder einem Dorf im Bergland der Troodos, in dessen Gebiet sich große Höhlen befanden, wurde aufgetragen, eine bestimmte Menge von im Winter gewonnenen Eisblöcken für den Bedarf der Küche der Statthalterei in diesen Höhlen einzulagern.

Während die zyprische Bevölkerung unter Vorantritt der Geistlichkeit die Befreiung von der venezianischen Herrschaft feierte, gingen die Moslems daran, San Marcos letzten Stützpunkt auszuheben. Es war schon Oktober, als die Belagerung begann. Die Einschließung der Stadt auf der Landseite wurde lückenlos durchgeführt, die schmalen Meeresteile zur anatolischen und syrischen Küste beherrschte die Kriegsflotte des Kalifen. Famagusta war auf das angewiesen, was in seinen Magazinen, Speichern – und Zisternen vorhanden war, denn auch die Wasserleitung wurde unterbrochen.

Die Kampfführung war von gnadenloser Härte: Täglich gab es wütende Artillerieduelle, beinahe allnächtlich mit Erbitterung vorgetriebene Stoßtruppunternehmen. Die Artilleriekräfte der Angreifer waren zu schwach, die massiven Verteidigungsanlagen zu zerschießen, die Bodenbeschaffenheit jenseits des Festungsgrabens machte ein Anlegen von Minen unmöglich. So lagen sie sich in Positionen gegenüber, die sich kaum veränderten: die beutespähenden Krieger des Großherrn und die hartgesottenen Söldner des Dogen, Tag für Tag, Woche für Woche, Monat für Monat. Die entsetzliche Monotonie des Alltags im Schützengraben erfuhr Unterbrechungen durch Stürme, die von den Osmanen vorgetragen und von den Verteidigern im Nahkampf zurückgeschlagen wurden. Bevorzugtes Angriffsziel war dabei eine schmale Pforte an der Südostecke der Stadtbefestigung, in der sich das Arsenal der Verteidiger befand. Das Mauerwerk neben der Pforte fiel an Festigkeit ab und schien leicht zu durchbrechen, und immer wieder stand die neuralgische Stelle der gewaltigen Anlage im Schwerpunkt der Versuche, die Verteidigungslinie zu durchbrechen. Den Venezianern war die Schwäche des Mauerwerkes bekannt; sie schützten die gefährdete Pforte durch eine höchst wirksame Kriegsmaschine. Sie bestand in einem klingenbewehrten Rad, das in Rotation versetzt wurde und die Angreifer in seinem Wirkungsbereich buchstäblich zerfetzte. Die Funktionsweise des tötenden Apparates ist im Detail nicht bekannt; bekannt ist aber, daß er in den Osmanen eine geradezu panische Angst auslöste und daß er, wenn er nicht im Einsatz war, in ausgezeichneter Deckung stand, so daß alle Versuche, ihn durch Artilleriefeuer zu vernichten, fehlschlugen.

Einer der Milizoffiziere des Sultans, der Beg von Kilisi in Anatolien, ein gewisser Dschambulad → Djamboulad gelangte zur Überzeugung, daß es des Selbstopfers eines tapferen Mannes bedürfe, der sein Leben dem mechanisierten Tod in die Klingen wirft, um ihn in den Sekundenbruchteilen bis zur eigenen Selbstzerfleischung möglichst zu beschädigen, vielleicht sogar zu zerstören. Was im einzelnen zu tun war, was beschädigt oder zerstört werden konnte, war im Voraus nicht abzusehen und mußte dem Augenblick der Tat vorbehalten bleiben – der Tat, die selbstverständlich niemandem befohlen werden konnte. Dschambulad Beg faßte den Entschluß zum Selbstopfer, zum verzweifelten Angriff auf den Roboter der Vernichtung. Er betete lange zu Allah, daß er das Opfer gnädig annehmen und vom Erfolg begleitet sein lassen möge. Dann kleidete er sich in sein Festgewand, bestieg sein milchweißes Leibroß, schwang seinen blitzenden Säbel und sprengte, hell den Schlachtruf der Moslems ausstoßend, sehenden Auges in den Tod. Wohl zerfetzte die Mordmaschine noch Reiter und Roß, aber es war ihre letzte »Tat«: Sie zerbrach und konnte nie mehr zum Einsatz gebracht werden. Ob sie die Wucht des Anpralls zerstörte oder ob Dschambulad mit seinem Säbel einen unter den Bedingungen der Belagerung nicht ersetzbaren Bestandteil zerschlug, ist an sich unbedeutend und auch unbekannt. Gewiß aber ist, daß ein tapferer und begeisterter Streiter seines Reiches und Glaubens den mechanischen Tod der Venezianer besiegte. Und das ist groß ...

Dschambulads Opfertod ist unter den Türken Zyperns unvergessen bis auf den heutigen Tag. Sein Leichnam wurde in einem mächtigen Sarkophag im früheren venezianischen Arsenal, das in eine Gedenkstätte umgewandelt wurde, beigesetzt. Allerlei Legenden knüpfen sich an den alten Helden und seine Grabstätte; unfruchtbare Frauen, die eine Frucht eines nahestehenden Feigenbaumes essen, sollen die Gebärfähigkeit erlangen, und schwangere Frauen, die das Grab besuchen, sollen Söhne gebären, die tapfer und männlich sind wie Dschambulad Beg.

Für den Fortgang der Kämpfe allerdings war Dschambulad Begs Heldentod ohne Bedeutung. Die Ausschaltung der menschenzerhauenden Maschine machte Famagusta nicht wehrlos und die Pforte an der Bastei nicht zu einer zweiten Kerka Porta. Famagusta wurde nicht im Sturm genommen, sondern kapitulierte im Frühsommer 1571 nach neunmonatiger Belagerung, als Munitionsvorräte und Lebensmittelreserven verbraucht waren. Lala Mustafa Pascha vereinbarte mit Bragadino freien Abzug für alle in Famagusta befindlichen Personen; er stellte sogar Geiseln für die Einhaltung der Vereinbarung, doch als diese sich bereits in der Stadt befanden, auf deren unbezwungenen Mauern noch stolz Venedigs Feldzeichen wehten, wurden sie von ebenso verantwortungslosen wie fanatischen Narren ohne Wissen des tapferen und ehrlichen Marco Antonio erschlagen. Lala Mustafa vergalt den Mord mit schauriger Härte:

- Frauen und weibliche Kinder gelangten auf die Sklavenmärkte, Knaben wurden dem Janitscharennachwuchs eingegliedert;
- Alte, Kranke und Schwerverwundete wurden erschlagen;
- Soldaten und Seeleute wurden Galeerensklaven;
- sämtliche Offiziere wurden hingerichtet und
- Marco Antonio Bragadino wurde in tagelanger Qual die Haut bei lebendigem Leibe abgezogen, sein Leichnam zerstückelt und in Stücken an die Festungstore genagelt, seine Haut aber präpariert und auf eine Kuh gebunden, die durch die Straßen der Stadt getrieben wurde.

Nach Beendigung der örtlichen Siegesfeiern wurde Bragadinos Haut in verschiedenen islamischen Häfen zur Schau gestellt und zuletzt Bragadinos Familie zum Kaufe angeboten. Bragadinos Sohn zahlte in der Tat die geforderte Summe. So gelangten die sterblichen Überreste des tapferen Soldaten nach Venedig, wo sie in der Kirche Santi Giovanni e Paolo, in welcher auch viele Dogen ihre letzte Ruhestätte fanden, beigesetzt wurden.

In Stambul herrschte nach dem Eintreffen der Meldung vom siegreichen Ende der bisher größten und erfolgreichsten maritimen Operation der osmanischen Kriegsmacht unbeschreiblicher Jubel. Auch in den Kreisen der Konservativen war man zufrieden, war der Krieg in Zypern doch von den Verbänden des Heeres geführt – und zwar glänzend geführt – worden, während die Flotte eigentlich nur als – allerdings gewaltiges – Transportunternehmen in Erscheinung getreten war. In den Kämpfen während des Winters waren die Lehenstruppen nicht entlassen worden: Zypern war ja schon vorher Teil des Osmanischen Reiches gewesen, die Nutzungsgenehmigung an die tributpflichtien Giauren war widerrufen worden, und dadurch kam die winterliche Dienstfreistellung der Milizionäre in Wegfall.

Im Abendland war indessen nach langen und mühsamen Verhandlungen am 25. Mai, also noch vor der Übergabe Famagustas, ein Heilige Liga genanntes Bündnis zwischen Papst Pius, König Philipp, der Republik Venedig und dem Orden des Heiligen Johannes zur gemeinsamen Kriegführung gegen das Osmanische Reich abgeschlossen worden, dem im Juni Genua, Savoyen, Mantua, Parma, Lucca, Ferrara und der Großherzog der Toskana, Lorenzo de Medici, beitraten. Obwohl der Kampf auf Zypern noch nicht beendet war, konnte man sich zunächst nicht auf eine gemeinsame Operationsführung einigen, da die Interessen der beiden stärksten Mächte Spanien, das beinahe die Hälfte der Flotte zu stellen hatte, und Venedig, dessen Kontingent ein Drittel der Gesamtstreitmacht ausmachte, nicht koordinierbar waren. Hielt Spanien die Ausrottung der nordafrikanischen Seeräuber für das vordringlichste Operationsziel, so Venedig den Entsatz Famagustas und die Wiedereroberung Zyperns zur Reaktivierung des Sperrsystems. Erst die Nachricht vom Fall Famagustas zeigte den Spaniern den Ernst der Lage im Mittelmeerbecken ostwärts Malta in ganzer Bedeutung; es stimmte der Bildung des Schwergewichts für die Kriegführung im Osten zu. Unter einer

Bedingung allerdings: König Philipps Halbbruder, Don Juan d'Austria, der Kommandeur des spanischen Flottenkontingents, müsse als Großadmiral Oberbefehlshaber der gesamten Seekriegführung sein. Dieser Don Johann entstammte einer leidenschaftlichen Beziehung Kaiser Karls V. zu Barbara Blomberg, der Tochter eines hochangesehenen Bürgers von Regensburg. Er lebte am spanischen Hof, hatte dort eine umfassende Ausbildung genossen, war vielseitig begabt, leutselig und beliebt, stand im 24. Lebensjahr, war tatendurstig und energisch. Philipp mochte ihn gern, nicht allerdings in seiner unmittelbaren Umgebung, da er aus gutem Grund den Vergleich mit ihm scheute, und hatte ihn, um ihn angemessen und hoffern zu beschäftigen, zum Admiral seiner Mittelmeerflotte gemacht. Das spanische Verlangen, den wenig erfahrenen und bewährten Jüngling in die Führungsspitze zu berufen, schockierte Spaniens Verbündete, wurde aber trotzdem rasch angenommen, denn ein Seekrieg gegen die Osmanen war ohne das spanische Geschwader schlechthin undenkbar.

Die Flottenversammlung fand in Messina statt. Die Angaben über die Stärke differieren zwischen

177 und 212 Galeeren,
  0 und 30 Galeonen,
  0 und 24 großen Transportsegelschiffen.

Nur hinsichtlich der Galeassen besteht Einmütigkeit: Es waren sechs Schiffe dieses Typs vorhanden. Die Galeassen fuhren alle unter Venedigs Flagge. Es handelte sich um einen damals neu aufgekommenen Schiffstyp, der eine Mischform zwischen Galeere und Galeone darstellte. Die Galeasse konnte gesegelt werden wie die Galeone und gerudert wie die Galeere, das Ruderdeck war vom Geschützdeck überlagert, aus dem Breitseiten abgefeuert werden konnten wie aus der Galeone, wogegen die Galeere nur über die Geschütze im Bug und Heck verfügte.

Die osmanische Flotte war im Golf von Korinth versammelt. Über das »warum« gerade dieses Bereitstellungsraumes ist viel gerätselt worden – ein plausibler Grund läßt sich nicht finden. Am wahrscheinlichsten ist, daß die »fleet in beeing«, nicht allzu weit vom Südzipfel Italiens entfernt, die christliche Armada davon abhalten sollte, sogleich Zypern anzusteuern oder den Durchbruch in die Ägäis zu wagen. Ali Pascha der Muezzinsohn verfügte über 170 bis 270 Galeeren. Nimmt man den ungefähren Mittelwert, so hatte er denselben Schiffsbestand wie Don Juan, allerdings ohne Galeassen.

Die ausgewogenen Zahlenverhältnisse sind eine zusätzliche Rechtfertigung des Verhaltens Admiral Dorias im September 1570; das venezianische Kontingent betrug 1571 nach wiederum schwankenden Angaben zwischen 70 und 100 Galeeren, was bedeutet, daß Ali Pascha der Muezzinsohn unter Einrechnung von Sadek Paschas Geschwader, das in den zyprischen Gewässern präsent war, über mehr als zumindest die doppelte Flottenstärke verfügt hatte.

Gianandrea Doria nahm übrigens als Befehlshaber des genuesischen Flottenkontingents, das ungefähr 20 Galeeren zählte, an den Operationen der christlichen Allianzflotte teil. Das venezianische Kontingent befehligten die Herren Veniero und Barbarigo, Marco Antonio Colonna führte die päpstlichen Schiffe und war der Stellvertreter des Großadmirals. Der Ritterorden von Malta, dessen temporäre Schwäche bereits erwähnt wurde, steuerte drei Galeeren bei. Derlei Kleinflottillen gab es mehr, so etwa aus Ragusa mit einer oder zwei Galeeren.

Der Golf von Korinth, der bei einer Länge von 127 km und einer durchschnittlichen Breite von 20 km den von den Osmanen so sehr geschätzten Charakter eines beinahe landumschlossenen Gewässers aufweist, wird vor seiner trichterförmigen Öffnung ins Meer – welche nun wiederum von den Inseln Ithaka, Kephalonia und Zakynthos gleichsam umstellt ist – durch den Mündungsbereich des Moros auf eine Breite von nur 2500 m eingeengt, die Straße von Rion, die man charakterisierend auch die »Kleinen Dardanellen« nennt. Am Südufer wie am Nordufer der Straße hatten schon die Venezianer je ein Kastell angelegt, die von den Osmanen übernommen worden waren: Castro Rumelis am nördlichen, Castro Morea am südlichen Ufer. Ostwärts der Straße von Rion liegt das Städtchen Lepanto (Nafpaktos), das schon die Venezianer stark befestigt und die Osmanen weiter ausgebaut hatten. Rückwärts Lepanto ankerte die Flotte des Großherrn – der Muezzinsohn war, wie man sieht, sehr auf Sicherheit bedacht. Vorwärts der Enge von Rion kreuzte Don Juan mit seinen Geschwadern, ungeduldig, kampflustig, tatendurstig. Er spielte mit dem Gedanken, einen Teil der offenbar für die Befreiung Zyperns mitgeführten Landstreitkräfte an Land zu setzen und Castra Rumelis im Sturm zu nehmen, um sich die Einfahrt in den Golf zu erzwingen. Das Unternehmen war sicherlich riskant, aber es gab keinen anderen Weg, um Ali Pascha mit seinen Schiffen vor die Kanonen zu bekommen.

In den frühen Morgenstunden des 7. Oktober 1571 aber griff der Kapudan Pascha an. Er war zu diesem Ausfall offenbar gedrängt worden, von »allerhöchster Stelle«, wie man so schön sagt: Es war ein Schritt von nicht nur operativer, sondern von höchster staatspolitischer Bedeutung. Die um den Großwesir gescharte Fortschrittspartei in Stambul hatte von ihm in unzweideutiger Weise erwartet, daß er die Anfangserfolge des Vorjahres durch einen großen, spektakulären Seesieg krönen werde, um das große Programm der Umstrukturierung der Kriegsmacht des Reiches mit Verlagerung des Schwergewichtes vom Landheer auf die Flotte durchziehen zu können. Denn die militärischen Aktionen in Zypern hatte das Landheer geführt –, die Flotte aber hatte nicht gekämpft und nicht gesiegt: Sie hatte nur Transportleistungen erbracht.

Ali Pascha wähnte, daß die Giauren es nicht wagen würden, die rionische Enge zu durchbrechen und ihn anzugreifen; er glaubte augenscheinlich auch, daß sie die Schlacht im Raum zwischen den Inseln und dem Festland scheuen würden. Der erste Irrtum bewog ihn dazu, seine gesicherte Position aufzugeben und die Straße von Rion zu durchschiffen –, der zweite ließ ihn den Angriff auf eine höchst umständliche Art durchführen. Ali Pascha führte seine Flotte hart am nördlichen Ufer, segelte an Messolongion vorüber und hielt auf Ithaka zu, um es nördlich zu umrunden und sodann offenbar an der Westküste Kephalonias nach Süden vorzustoßen, Don Juan die Ausfahrt in das offene Meer zu verlegen.

Don Juan aber dachte ohnehin keinen Augenblick daran, der Schlacht auszuweichen, sondern steuerte mit höchstmöglicher Beschleunigung nach Norden, dem Kapudan Pascha den Weg nach Ithaka abschneidend. Bei den oxischen Inseln, etwa auf halbem Weg zwischen Messolongion und Ithaka, prallten die Flotten zusammen, und das sogar im wahrsten Sinne des Wortes: Bei der schwachen Bestückung der auf beiden Seiten das Geschehen dominierenden Galeeren wurde die Entscheidung in der Berührung zwischen den Schiffen durch Rammstoß oder Breitseitslegen zur Enterung gesucht. Auch die Galeere Ali Paschas wurde im Nahkampf erobert. Im Bericht Don Juans heißt es sehr anschaulich:

»Der Kampf auf der Galeere dauerte mehr als eine Stunde. Zweimal erreichten unsere Enterkommandos den Großmast des feindlichen Schiffes und wurden zweimal durch Gegenangriffe zum Bug unseres eigenen Schiffes zurückgedrängt, doch nach anderthalb Stunden schenkte uns Gott den Sieg.«

Ali Pascha mit etwa 500 Mann seiner Besatzung wurden gefangengenommen, Johann von Österreich wurde verwundet, dem Kampfverlauf entsprechend durch einen Säbelhieb. Es gab übrigens einen weiteren spanischen Verwundeten, der zwar militärisch weit, weit unter dem Großadmiral rangierte, später aber viel prominenter wurde als jener: Miguel Cervantes de Saavedra, der durch einen Schußbruch der linken Hand verstümmelt wurde, der Vater des unsterblichen Don Quichote.

Die Schlacht endete mit der beinahe völligen Vernichtung der osmanischen Flotte. Nur Uluch Ali, der den rechten Flügel der ligistischen Armada mit den Galeeren von Malta und anderen Kleinkontingenten schwer geschlagen hatte, gelang es, sich mit seinem Geschwader sehr geschickt abzusetzen. Die Osmanen verloren 20000 Gefallene oder Ertrunkene und etwa 15000 Gefangene; 50 ihrer Galeeren wurden gekapert oder verbrannten im Zuge der Schlacht, etwa dieselbe Zahl wurde so schwer beschädigt, daß sie im Laufe der nächsten Tage verloren ging. Die Verluste der Heiligen Liga waren vergleichsweise gering: 15 Galeeren, gegen 8000 Gefallene, etwa 15000 Verwundete. Allerdings waren fast alle Schiffe mehr oder weniger schwer beschädigt. Die Mannschaftsverluste wurden an Ort und Stelle wettgemacht, und zwar durch etwa 12000 befreite Galeerensklaven, von denen die meisten sogleich für den Waffendienst geworben werden konnten, doch der Zustand der Flotte gestattete weitere Operationen in diesem Jahr nicht mehr. Auch

Zwistigkeiten zwischen den Führern der Geschwader trugen vermutlich dazu bei, daß die Flotte nach wenigen Tagen zerfiel: Die einzelnen Kontingente segelten zwecks Überholung der Schiffe in die jeweiligen Heimathäfen zurück –; sie fanden sich aber im nächsten Jahre zur Fortsetzung der Operation nicht wieder zusammen.

Spanien operierte, seinen ursprünglichen Vorstellungen entsprechend, im westlichen Mittelmeer. Don Juan eroberte wiederum Tunis; die meisten Kleinkontingente blieben daheim. Venedig schloß, man muß sagen wieder einmal, einen Sonderfrieden mit der Hohen Pforte, in welchem der zerzausten Königin der Meere gegen die Anerkennung des Verlustes Zyperns sehr weitgehende Handelskonzessionen gemacht und der Besitz der restlichen Stützpunkte zugesichert wurde. Vordergründiger Betrachtung mag es scheinen, als ob der Sieg von Lepanto ohne geschichtliche Bedeutung gewesen sei, und in der Tat wird diese Meinung von einem Teil der Geschichtsschreibung vertreten. In Wahrheit aber trifft dies nicht zu, zieht man das innere Geschehen im Osmanischen Reich in den Kreis der Betrachtung, was im Zuge einer Bewertung ja wohl unerläßlich ist.

In Stambul löste die Nachricht von der faktischen Vernichtung der Flotte höchst unterschiedliche Reaktionen aus, die von tiefster Entmutigung der fortschrittlichen Gruppierungen bis zum triumphierenden Gefühl des ohnehin Bessergewußthabens der reaktionären Kreise reichten. Der rasche Stimmungsumschlag von der Euphorie des Jahres der Siege 1570 zur Verzweiflung des Katastrophenjahres 1571 ließ Sultan Selim in bitterer Resignation auf seinen Anteil an der Führung des Reiches weitgehend verzichten und zur Flasche greifen. Nun wurde er zum Trunkenbold; Sultan Selim vermied die Konfrontation mit der konservativen Generalität und unterließ die massive Unterstützung seines Großwesirs, der die Wiederaufrüstung zur See in Angriff nahm, und ließ die Zügel schleifen. Nun nahm die Epoche der osmanischen Geschichte ihren Anfang, die »Kadilar Sultanari« → »Herrschaft der Lieblingsfrauen« genannt und in der die Schwäche des osmanischen Systems unübersehbar wird: **Der Verfall der Weltmachtstellung beginnt.**

Zunächst hatte der Großwesir, als er den Schock von Lepanto überwunden, die Entwicklung wieder in den Griff bekommen, Uluch Ali als Kapudan Pascha installiert und dafür gesorgt, daß die Verluste durch forcierten Schiffbau und umfassende Rekrutierungen ausgeglichen wurden. Die neue Flotte, die sich im Aufbaustadium befand, konnte freilich den Verlust von Tunis nicht verhindern, aber schon 1573 konnte der Kapudan Pascha wieder einmal in Apulien einfallen und das Städtische Castro nehmen, das geplündert und niedergebrannt wurde. Die – an sich bedeutungslose – Operation war eine »Übung im scharfen Schuß« und vervollkommnete den Ausbildungsstand; die eigentliche militärische Aktion erfolgte 1574, zielte auf die Wiedereroberung von Tunis ab und wurde erfolgreich abgeschlossen. Uluch Ali, dem nun auch der Ehrentitel Kilich → das Schwert beigelegt wurde, führte eine Flotte von 320 Schiffen vor Afrikas Küste; er befehligte nicht weniger als 70 000 Mann, welch gewaltige Kriegsmacht den spanischen Widerstand überrollte.

Wenngleich der Kapudan Pascha damit über Schiffszahlen gebot, die vorher nie erreicht wurden, hatte der Kampf um die Seeherrschaft im Mittelmeer schon sein Ende gefunden. Der Gedanke, der den maritimen Aktivitäten nach Lepanto zugrundelag, trug einen rein defensiven Charakter. Der großartige Angriffsschwung, der den Beginn der Seeoffensive getragen hatte, war erlahmt: Don Juans Sieg hatte die Osmanen aus dem Tritt gebracht, ihren Glauben an die Expansionsmöglichkeit über das Meer nachhaltig erschüttert.

Aber auch an die Möglichkeit, die Expansion über Land weiterzuführen, wollte man trotz des von den konservativen Generälen offen zur Schau getragenen Zweckoptimismus nicht mehr recht glauben. In Ungarn wurde zwar nach wie vor an den Grenzen herumgeschossen, in Moldawien kam es zu einer Kollision mit Polen –, aber zu großen, raumgreifenden Offensiven war das Reich da wie dort nicht mehr in der Lage. Und da die wieder erstarkende Partei der Konservativen die erwarteten Erfolge nicht aufweisen konnte, nahmen ihre Propagandisten die Person des Großherrn zum Ziel gehässiger und entstellender Angriffe. Sie verlegten den Beginn seines vom Alkohol gezeichneten Lebenswandels schon in die Zeit vor seiner Thronbesteigung, sie krönten ihre Verleumdungskampagne durch die absurde Behauptung, die Invasion in Zypern sei erfolgt, um die berühmten Weinkulturen der Insel in seinen Besitz zu bringen. Jussuf Nassy, selbst ein Freund der zyprischen Weine, habe ihm dies eingeredet, und der Sultan sei dumm und verworfen genug gewesen, ihm voll zu vertrauen.

Sultan Selim II., der sich zuletzt vor allem durch fromme Stiftungen hervorgetan hatte, starb noch im Jahre der Wiedergewinnung von Tunis. Er wollte das neue, im Palast gelegene Bad in Betrieb nehmen, rutschte in seinem illuminierten Zustand aus und tat einen bösen Sturz, an dessen Folgen er nach etwa einer Woche verschied. Sein Sohn Murad wurde sein Nachfolger; er war zwar kein Trinker, rauchte aber Opium und war der Spielball zweier Frauen: Seiner Mutter Nur Banu und seiner Lieblingsfrau Baffo, einer blonden Venezianerin, die als Sklavin an den Hof gekommen war. Murad III. war hochgebildet, trieb literarische Studien, schrieb selbst Bücher und Gedichte und illustrierte zumindest eines seiner Werke mit selbstverfertigten Miniaturen. Theoretisch beschäftigte er sich mit dem Kriegswesen – praktisch war er als schwerer Epileptiker kriegsuntauglich und demgemäß nicht bereit, jene großen Feldzüge zu führen, die von den Generälen und den Janitscharen und allen anderen, die sich von Kriegen Vorteile versprachen, erwartet wurden. Mechmed Pascha Sokolowitschi, der um die Unsinnigkeit derartiger Pläne beim Stande des Transportwesens wußte, war stets bemüht, den Frieden zu erhalten, und wurde so zum meistgehaßten Mann in der Reichsspitze – und am 11. November 1579 wurde er, als er die übliche Freitagsandacht besuchen wollte, von einem Derwisch erstochen (siehe Seite 232). Damals war das Osmanische Reich schon seit zwei Jahren in den Krieg gegen Persien verwickelt, der bis 1590 dauerte und siegreich beendet wurde: Ein paar Städte und Dörfer im Grenzgebiet wechselten den Besitzer – man war bescheiden geworden und freute sich, einen Grund zur Abhaltung großer Feiern zu haben. Die Kriegführung lag überwiegend in den Händen der mittleren militärischen Hierarchie mit ihren tüchtigen Grenzbefehlshabern, die ihre Aufgaben ernst genommen haben und für die und deren Kriegsmänner die jenseits der Grenzen gemachte Beute noch immer die einzige Quelle des Zuerwerbs war, während in der Reichsspitze eben damals Bestechungen, Betrug und Erpressung üblich wurden und der Sumpf der Korruption in Stambul erschreckend rasch um sich griff. Der Finanzbedarf des Hofes überstieg die Einnahmen bald um ein Vielfaches. Um das Defizit in erträglichem Rahmen zu halten, wurden die Janitscharen mit »schlechter Münze«, die nur etwa den halben Silbergehalt hatte, bezahlt. Der Betrug kam auf, die Janitscharen revoltierten und schlugen ein paar Großwürdenträger tot –, und Sultan Murad III., der um sein Leben zitterte, bewilligte ihnen Sonderzahlungen. Das geschah 1589, also noch während des Perserkrieges, zum ersten Mal, 1591 wieder und 1592 erneut. 1591 war dabei ein neuer Krieg um Ungarn in Gang gekommen, der bis zum Jahre 1606 dauerte und der Fünfzehnjährige Krieg genannt wird, der noch unsinniger und ähnlich zerstörend war wie der bald ausbrechende Dreißigjährige Krieg, von dem auch kaum zu sagen ist, warum er geführt wurde und woher er eigentlich die Kraft nahm, sich weiterzuschleppen von Jahr zu Jahr, von Jahrzehnt zu Jahrzehnt.

Der Fünfzehnjährige Krieg begann aus Einfällen in Kroatien, die der energische Hasan Pascha von Bosnien alljährlich durchführte und die 1591 das Ausmaß der Grenzzwischenfälle überstiegen. Es kam zu einem Einbruch in das Gebiet der Militärgrenze, der zwar bereinigt werden konnte, aber die Uskoken sehr beunruhigte und, als er sich 1592 wiederholte, erbitterte. 1593 sahen sie sich besser vor, sammelten sich rechtzeitig und am rechten Platz, schlossen die beutespähenden Ghasis aus Bosnien ein und schlugen sie vernichtend, wobei Hasan Pascha sein Leben verlor. Das nahm nun wieder Murad III. – von der konservativen Armeeführung bedrängt – zum Anlaß, um Rudolf II. von Habsburg als König Rudolf von Ungarn den Krieg zu erklären. Mit der Führung des Krieges wurde Großwesir Sinan Pascha betraut, ein ebenso loyaler wie talentierter Mann, der durch seine Unbestechlichkeit und Charakterfestigkeit der sozusagen weiße Rabe unter den Großwürdenträgern des Kalifen war. Sinan Pascha stieß mit einem starken Heer von beiläufig 80 000 Mann im Donauraum über die Grenze vor und eroberte Raab → Györ, die dominierende habsburgische Festung südlich des Stromes. Wien fühlte sich unmittelbar bedroht, erklärte sich für nicht abwehrbereit und zitterte pflichtschuldig, aber Sinan Pascha traf keine Anstalten, in deutsches Reichsgebiet einzufallen (1594). Vermutlich scheute er, wie Sultan Soliman der Prächtige in seinem letzten Krieg, den Schlagabtausch mit dem

Sacrum Imperium Romanum, doch könnte auch sein, daß er dahinzielende Absichten preisgeben mußte, weil zur gleichen Zeit der Fürst der Walachei, Michael, der sich den Beinamen der Tapfere erwarb, gegen die osmanische Oberherrschaft aufstand.

Die Verflechtung mit dem Geschehen in und um Siebenbürgen, die nun über mehr als ein Jahrhundert zumindest temporär den »Kampf der Kaiser und Kalifen« dominiert, zwingt unser Interesse wieder in den Raum zwischen Donau und Karpaten, wo sich seit 1566 in Kurzform folgendes zugetragen hatte:

1571 war König Johann Sigismund überraschend verstorben und damit das Haus Zapolya erledigt; der Landtag wählte Stefan Báthory, der das Wohlwollen der Hohen Pforte besaß, gegen Thomas Békés, den Kaiser Maximilian II. unterstützte, zum Fürsten, denn er nahm den Titel des Königs nicht in Anspruch, um Maximilians Rechtsauffassung des einheitlichen ungarischen Königtums anzuerkennen.

1572 war mit Sigismund II. August, König von Polen, der letzte Jagiellone gestorben. Polen wurde zur Wahlmonarchie, und da sich die großen Geschlechter von Herzen mißtrauten und die Krone gegenseitig mißgönnten, wählten sie Heinrich von Anjou, den Bruder König Karls IX. von Frankreich, zu ihrem König. Die Krönung wurde 1574 vollzogen, doch starb im selben Jahr Karl IX., und König Heinrich beeilte sich, heimzukehren, um König Heinrich III. von Frankreich zu werden.

1574 kam es zur Kollision der Interessen Kaiser Maximilians und Fürst Stefan Báthorys, die sich beide um die polnische Krone bewarben. Maximilian unterstützte Békés bei Aufstellung von Truppen,

1575 fiel Békés in Siebenbürgen ein, sah sich jedoch dem entschlossenen Widerstand aller drei Nationen (Sachsen, Magyaren und Szekler) gegenüber und erlitt in der Nähe von Thorenburg → Turda eine entscheidende Niederlage.

1576 wird Stefan Báthory König von Polen; Tod Kaiser Maximilians, dem sein Sohn Rudolf II., bereits seit dem Vorjahr erwählter deutscher König und König von Böhmen, nachfolgt. Er residiert in Prag; von den deutschen Erblanden besitzt er nur die beiden Österreich – sein Oheim Ferdinand regiert in Tirol und den Vorlanden, sein Oheim Karl in Innerösterreich. Die Königswahl in Ungarn war bereits 1572 erfolgt. Im selben Jahr legte Stefan Báthory die Würde des Fürsten von Siebenbürgen zurück, ihm folgte sein Bruder Christoph, der vom Landtag erwählt wurde, und diesem

1581 Sigismund Báthory, der damals erst neun Jahre alt war und die Würde mit Unterbrechung bis 1602 bekleidete.

Dieser Sigismund Báthory fühlte sich durchaus als Vasall des Königs von Ungarn und war, was seine Einstellung erklären mag, römisch-katholischen

Bekenntnisses. Die Schwäche des Osmanischen Reiches, Michaels des Tapferen Aufstand in Moldawien und Sinan Paschas Feldzug im Donautal ließen ihn die Waffen ergreifen und Krieg gegen die Hohe Pforte beginnen, wobei er klug genug war, zuerst eine Deputation nach Prag zu senden, welche eine Koordinierung der militärischen Aktionen erreichte. Sein Angriff auf das osmanisch besetzte Hatvan scheiterte zwar, verhinderte aber eine Fortsetzung namhafter osmanischer Aktivitäten oberhalb des Donauknies, da sich Sinan Pascha überraschend einem »Zweifrontenkrieg« gegenübersah, dem er durch energische Kriegführung im Gebiet ostwärts der Theiss seine eminente Gefährlichkeit nehmen wollte. 1595 beschränkte sich der Großwesir also auf die Verteidigung Magyaristans und zog mit der Feldarmee in die Walachei, um Michael den Tapferen niederzuwerfen und dann Siebenbürgen wieder unter die Herrschaft des Großherrn zu zwingen. Die Wojwode trat, von einem starken siebenbürgischen Truppenkontingent unterstützt, dem osmanischen Heer bei Câlugâreni entgegen (23. August 1595) und warf den geschlagenen Sinan Pascha über die Donau zurück, zerstörte die von den Piyaden erbaute Brücke und gewann Tirgoviste und Bukarest. Auch das Defensivkonzept Sinans im Donautal ging nicht auf; schon im Spätherbst des Vorjahres war eine königliche Armee unter der Führung Erzherzog Albrechts (VII. nach hausinterner Zählung) nach Magyaristan vorgedrungen und hatte die Belagerung von Gran → Esztergom begonnen, die erfolgreich abgeschlossen wurde. Bei den Kämpfen um Gran ist Balassa Balint, der große ungarische Dichter, nach einem wilden und abenteuerlichen Leben als königlicher Offizier gefallen.

In Stambul starb im selben Jahr Sultan Murad III., ihm folgte sein Sohn Mechmed III., dessen Herrschaftsantritt vom Verlust von Gran und der Niederlage von Câlugâreni umschattet war. Es war um den Abschluß eines Friedensvertrages mit Rudolf bemüht, doch überschätzte dieser die Bedeutung der bisherigen Erfolge und lehnte Verhandlungen ab. Er hatte im fernen Prag keine rechten Vorstellungen von den Kraftreserven, über die das Osmanische Reich verfügte und die es 1596 restlos zu mobilisieren vermochte: Im Mai brach der Beherrscher der Rechtgläubigen, Sultan Mechmed III., mit dem größten Heer, das der Islam bisher aufgebracht hatte, nach Magyaristan auf; es zählte rund 250000 Mann.

Die gewaltige Streitmacht wälzte sich nach Norden, langsam, kaum zu führen, nicht zu versorgen. Immerhin erzielte sie rasch einen ersten Erfolg: Erlau → Eger, das Stefan Dobo im Jahre 1552 so glänzend verteidigt hatte, kapitulierte sofort. Es war beinahe wehrlos, denn jeder voll kampffähige Mann mußte an die königliche Feldarmee abgegeben werden, die bei Keresztes (heute Mezökeresztes) dem orientalischen Kriegsvolk gegenübertrat. Das ungarische Heer zählte 30000 bis 40000 Mann und erwartete das Herankommen des Gegners im Tal des Baches Csincse, rückwärts des Bachbetts, dessen Gegenufer allerdings mit Infanteriekräften besetzt wurde. Die Wahl des Schlachtfeldes war recht geschickt, die Geländebeschaffenheit weist eine offene Ebene von etwa 2000 m Breite bei einer Tiefe von etwa 3000 m, durchbrochen vom Bachbett, auf, also in der Größe von rund 600 ha. Das machte den Einsatz der Massenarmee des Sultans schwierig, erlaubte aber den Ungarn trotz ihrer Zahlenschwäche eine gewisse Tiefenstaffelung ihrer Verbände, die sich auch aus der Verwendung der Infanterie ergab. Die ungarische Artillerie war unmittelbar am Ufer in Stellung gegangen, doch verfügte sie nicht über hinreichende Geschützzahlen, um auch den linken Flügel der Aufstellung zu schirmen; vor diesem war ein starker Infanteriestützpunkt um eine Gehöftgruppe gebildet worden. Die osmanische Artillerie hatte mit Masse Feuerstellung vor dem eigenen Zentrum, das die Janitscharen bildeten, bezogen.

Die Schlacht wurde von den Asaben eröffnet, die den Infanteriestützpunkt eliminierten, worauf der rechte osmanische Flügel hier wuchtig attackierte und den linken Flügel der Ungarn zerschlug. Ein Teil der anatolischen Lehensreiter schwenkte nun nach links ab und brach in die ungarischen Geschützstellungen ein, was den Angriff der Janitscharen ohne massives Abwehrfeuer erlaubte. Gleich darauf griff auch der linke Flügel der Osmanen an, hatte aber gegen die ungarischen Panzerreiter, die im rechten Flügel der ungarischen Aufstellung, der als Offensivflügel vorgesehen war, massiert waren, erhebliche Schwierigkeiten. Nachdem die Heere erst handgemein geworden waren, endete die Schlacht genau so, wie der Nahkampf von 40000 Mann gegen etwas 200000 geradezu zwangsläufig endet – mit der Vernichtung des zahlenschwächeren Haufens. Mit welcher Erbitterung gekämpft wurde ergibt sich daraus, daß nicht mehr als 500 bis 1000 Ungarn entkamen und die osmanischen Verluste gegen 20000 Mann betrugen. Dies bedeutet, daß das Schlachtfeld von rund 50000 Gefallenen bedeckt war, was eine Gefallenenzahl von 83,33 Mann pro Hektar ergibt. Nimmt man nun als Wertbestimmungsfaktor dazu, daß die Schlacht nur ein paar Stunden dauerte und die Tötung überwiegend im Nahkampf erfolgte, so bekommt das Geschehen eine schauerliche Dimension, die selbst in den großen Kriegen unseres Jahrhunderts kaum übertroffen wurde.

Trotz der vernichtenden Niederlage waren die Folgen der Schlacht auffallend gering; Sigismund Báthory, der unter dem Eindruck des osmanischen Aufmarsches die siebenbürgische Fürstenwürde zugunsten Rudolfs zurückgelegt hatte, stellte sich beim Beherrscher der Rechtgläubigen ein und ersuchte um Neubelehnung zu den alten Bedingungen, wurde aber abgewiesen; der Großherr gewann in Nordungarn ebensoviel Land, daß er – oder einer seiner Nachfolger – ein eigenes Wilajet Eger begründen konnte. König Rudolf verfügte zwar über keine Kräfte in Nordungarn, aber Sultan Mechmed III. hatte keinen Mobilitätsspielraum, um den erlangten Vorteil in großen, entscheidenden Landgewinn umzulegen. Er verteilte das gewonnene Land an seine noch unbelehnten Krieger, diese nahmen die Timars und Zaims in Besitz und ließen ihre Familien nachkommen, und in Erlau → Eger wurden die ersten orientalischen Bauten errichtet. Dann kehrte Mechmed, umkränzt vom Ruhm des großen Siegers, nach Stambul zurück; der Halbmond hatte schon lang nicht mehr so hell und so triumphierend erstrahlt, und wer ihn betrachtete, übersah gerne die bösen Rostflecken, die ihn befallen hatten und sich immer weiter ausbreiteten. Das zeigte sich schon durch die neue Bevölkerungsverteilung: Der gewaltige Aderlaß der ostungarischen Bevölkerung ließ das weite Land zur Wüste werden – es gab keine osmanischen Krieger, die sich hier ansiedeln wollten; es fehlte an Selbstbewußtsein, an Energie, letztlich an Menschen.

Der Krieg aber, völlig sinnlos geworden, ging weiter, vor allem in und um Siebenbürgen. Nach Sigismund Báthorys neuerlichem – und völlig überflüssigem – Rücktritt bemühte sich ein anderer Báthory um die Würde des Fürsten. Dieser Andreas Báthory war Kardinal und wurde von der protestantischen Mehrheit abgelehnt. Dem König war er als Báthory verdächtig, dem Großherrn als Kirchenfürst. König Rudolf hetzte ihm Michael den Tapferen auf den Hals, Andreas wurde geschlagen. General Georg Basta rückte mit einem habsburgischen Heer in Siebenbürgen ein, es kam zu Kämpfen mit dem Kriegsvolk des Wojwoden. Michael beschwerte sich in Prag und erhielt recht – Sigismund Báthory war wieder in Siebenbürgen erschienen und fand viel Anhang unter den Aristokraten. Michael schlug sich auf Bastas Seite, gemeinsam vertrieben sie den Báthory. Bald darauf wurde Michael von Bastas Söldnern ermordet. Sigismund kam mit osmanischer Unterstützung zurück, und so ging es weiter und weiter. Hier wurde gekämpft, dort geplündert, hier gemordet, dort verraten – Siebenbürgen blutete aus tausend Wunden. Sigismund erklärte neuerlich seinen Rücktritt, Mozes Szekely wurde erwählter Fürst, Michaels Nachfolger Radu Serban marschierte ein – neue Wirren, neue Schlachten, neue Tote.

Nicht die Hohe Pforte, aber Begs und Paschas des Grenzraumes beteiligten sich munter und beutefreudig an dem Geschehen, nicht nur in Ostungarn, sondern entlang der gesamten brennenden Grenze, und eines Tages fiel Großkanischa → Nagy Kanisza, in die Hand der Osmanen. Der Krieg hatte sich völlig verselbständigt. Selbst Mechmed III. hatte nach seiner Heimkehr nach Stambul sein von allem Anfang an geringes Interesse an ihm verloren.

Es gibt Kapitel der Weltgeschichte, die man nicht ohne wirkliche Erschütterung zur Kenntnis nehmen kann. Hier ist eines, und der vielleicht erschütterndste Aspekt des wirren Geschehenskomplexes ist das Desinteresse der beiden Herrscher, die sich um den Krieg, der ein doch beachtliches Stück von Europa verwüstete und Not und Elend in einem erschreckenden Ausmaß brachte, überhaupt nicht kümmerten:

Rudolf II. von Habsburg, Kaiser des Heiligen Römischen Reiches, König von Böhmen, König von Ungarn, Erzherzog von Österreich saß auf dem Hradschin in Prag und spielte mit seinen Uhren –, Mechmed III. aber, der dreizehnte Großherr der Osmanen, der fünfte Kalif seines Hauses, der Padischah, der Herr des islamischen Reiches, verbrachte seine Tage im prachtvollen Topkapiserail in Stambul und beschlief seine Frauen.

Dabei waren sie Symbolgestalten voll erschütterndem substantiellem Gehalt; in Rudolfs gestörter Psyche vollzog sich vorwegnehmend der Aufbruch des christlichen Abendlandes in die mechanistische, maschinenbeherrschte, zutiefst lebensfeindliche, künstliche Welt der modernen Zivilisation -, und in Mechmeds ausschweifender Sinnlichkeit spiegelte sich getreulich der Beginn des Zersetzungsprozesses, der den islamischen Orient ergriffen hatte mit seiner Lethargie, seiner Schlaffheit, seiner Habsucht und Geilheit. Das neue, das siebzehnte Jahrhundert wurde hineingeboren in ein Chaos aus Krieg und Glaubensstreit, aus dem Aufkommen neuer Ideen und Daseinsbehauptungsweisen, aus der Verlagerung ökonomischer Interessen und der Verschiebung der Machtschwergewichte. Die zu einer seltsam gehetzten Unruhe führende und jeder Kontrolle entgleitende Entwicklung war nicht auf den Okzident beschränkt, sondern hatte im selben Maß, wenngleich aus gegensätzlicher Ursache, auch den Orient erfaßt. Wurde das Abendland durchschüttelt von einer neuen Frömmigkeit, der autoritätsungläubigen, demokratischen Frömmigkeit der Reformation, und einer neuen säkularisierten Weltschau, die naturwissenschaftlich orientiert war und nicht mehr im Erkennen der gottgeschaffenen Harmonie des Kosmos, sondern in der Suche nach den Grenzen des Machbaren ihre Erfüllung fand, so wurde das Morgenland von einem Zersetzungsprozeß erfaßt. Der ging von der Führungsspitze des die sunnitische Welt umspannenden politischen Systems aus und führte zu einem Energiedefizit, das durch die Dominanz areligiöser Motivationen bei Zunehmen einer papierenen Buchstabenfrömmigkeit gezeichnet war, die großartige Solidarität der Gemeinschaft der Rechtgläubigen vermissen ließ und letztendlich den Zerfall des geschlossenen islamischen Gesellschaftskörpers bewirkte.

Mechmed III., der Beherrscher der Rechtgläubigen, versuchte die schwindende Macht des Dar ul Islam durch einen sehr brutalen, durch sinnlose Grausamkeiten gezeichneten Regierungsstil zu kompensieren. Wenn er zu Beginn seiner Herrschaft seine Brüder erwürgen und die Beischläferinnen seines Vaters, die schwanger waren, im Bosporus ersäufen ließ - es waren sieben an der Zahl, denn Murad III. war bis zu seinem Tode sexuell recht aktiv -, so tat er damit nicht mehr als das Übliche; aber wenn er aus der Hinrichtung eines Anhängers Michaels des Tapferen, der sich in seiner Gewalt befand, ein grausames Schauspiel für den hauptstädtischen Pöbel machte, der das Martyrium mit Beifallsgejohle umrahmte, dann folgte er eigenen, erschreckenden Intentionen. Zur Grausamkeit gesellte sich ein geradezu krankhaftes Mißtrauen gegen seine Umwelt, die vor den nächsten Angehörigen keineswegs haltmachte. Als die Schwächung der Reichsgewalt zu einem weitgehenden Verfall der öffentlichen Sicherheit führte und insbesonders Anatolien von zahllosen Räuberbanden plündernd durchzogen wurde, wagte es sein ältester Sohn, Prinz Mechmed, der präsumtive Thronfolger, ihm das Übel eindringlich vorzutragen und ihn um Abstellung zu bitten. Auf die

Frage des Vaters, wie er sich das vorstellen könne, antwortete der Jüngling, er bitte um das Kommando über eine hinlängliche Truppenmacht und werde mit dieser das Land von den Friedensbrechern säubern. Mechmed, der Kalif, fand eine höchst überraschende Antwort auf den Vorschlag: Er riß einen Dolch aus seiner Schärpe und stieß Mechmed, den Prinzen, nieder. Und während dieser verröchelte, schrie er erbost, nun habe er den wahren Rebellen unschädlich gemacht.

Die durch die Führungsspitze ausgelöste Krise des Reiches wurde auch in dessen asiatischem Umfeld wahrgenommen. Persien, das mit Schah Abbas I. einen tüchtigen Herrscher gefunden hatte, begann einen Krieg, in dem es um die Wiedergewinnung der in den letzten Jahrzehnten verlorenen Gebiete im kaukasischen Raum ging und der für die Schia erfolgreich verlief. 1603 starb Mechmed III., ihm folgte sein Sohn Achmed, der beim Herrschaftsantritt vierzehn Jahre zählte und der nicht in der Lage war, eine Besserung der Verhältnisse herbeizuführen. Immerhin schloß er Frieden mit Persien, wobei er auf die Gebietsgewinne seit den Tagen Selims I. verzichtete und überdies auf Tributleistungen, die ohnehin kaum je erbracht wurden. Er beendete den Krieg in Ungarn durch den Frieden von Zsitvátorok, der am 11. November 1606 abgeschlossen wurde.

Das Ende des Fünfzehnjährigen Krieges war die Frucht der Bemühungen zweier herausragender Persönlichkeiten, die mit staunenswerter Konsequenz den Frieden ansteuerten und gegen die widerstrebenden Zentralstellen beinahe erzwangen:

- *Murad Pascha Kuyutschu,* Wesir, Beglerbegi in Magyaristan, Serasker im Krieg gegen Rudolf und
- *Stefan Bocskay,* Stadtkommandant von Großwardein → Nagyvárad, dann Rebell, zuletzt Fürst von Siebenbürgen.

Unerläßlich ist, hier der Meinung entgegenzutreten, die bei Darstellung des Krieges in Ungarn gern erscheint, daß die deutschen Erblande unter der segensreichen Herrschaft der Habsburger eine Blütezeit erlebt hätten, denn das Gegenteil trifft zu. Es war vielmehr so, daß die Verhältnisse in diesen ausgesprochen ruinös waren, nach Ungarn übergriffen und zu einem blutigen Bürgerkrieg führten, der dem gleichzeitig geführten Krieg gegen die Osmanen einen geradezu gespenstischen Charakter verlieh. Nach dem Tode Erzherzog Karls, der Innerösterreich regiert hatte, war dessen Sohn Ferdinand zur Herrschaft gelangt, der als Kaiser Ferdinand II. (1619–1637) zum Hauptverantwortlichen für den Dreißigjährigen Krieg wurde. Vorerst beschränkte sich seine Tätigkeit auf die Steiermark, die er in wirklich erstaunlicher Borniertheit mit Gewalt zu rekatholisieren begann. Seinen Grundsatz, daß er lieber über eine Wüste herrschen wolle als über ein blühendes Land, das auch die Heimstätte lutherischer Ketzer sei, exerzierte er gnadenlos durch.

Kaiser Rudolf II. wollte nun an religiösen Verdiensten nicht hinter seinem Vetter in Graz zurückstehen, sondern beschloß, die Gegenreformation auch in Habsburgisch-Ungarn einzuführen, deren erste Opfer die – sehr spärlichen – Protestanten in Kroatien waren. Das ging still und reibungslos; zu weiteren frommen Werken entschlossen, verfügte er die Rückgabe des Doms in Kaschau → Kassa → Kosice an die katholische Kirche. Das riß jäh die alte Kluft gegenüber der reformierten Gemeinde, die den Dom bisher benützt hatte, auf, und wenn der große Sakralbau zu König Ludwigs d. Gr. Zeit auch von seiner bosnischen Gemahlin für die katholische (und einzige) Glaubensgemeinschaft gestiftet worden war, erstaunt doch die Bedenkenlosigkeit, mit der man verfuhr. Denn immerhin: Das Reich des Islam hatte sich bis auf wenige Reitstunden an Kaschau herangeschoben, und man hatte eigentlich allen Grund, alle verfügbaren Kräfte auf das Ziel, sich gegen den äußeren Feind zu behaupten, zu konzentrieren.

Dabei war Ungarn in beispielhafter Einmütigkeit bereit, die Lasten der Kriegführung zu tragen. Es bewilligte 1604 dem damaligen Erzherzog Matthias (König von Ungarn ab 1608, von Böhmen ab 1611, Kaiser ab 1612), der mit der Kriegführung in Ungarn betraut war, alles, was dieser verlangt hatte: Sondersteuern, Truppen und Frondienste für den Ausbau der Grenzburgen. Die Städte Ungarns beharrten nur auf der Garantie der Religionsfreiheit, was angesichts der scharfen Gegenreformation in den innerösterreichischen Ländern verstehbar ist, und Matthias, zum Unterschied von seinem Bruder ein grundvernünftiger Mann, garantierte. Rudolf empfand dies als einen argen Eingriff in seine königlichen Rechte, widerrief die Zusicherung, erklärte die Rekatholisierung zum Regierungsprogramm und verbot dem Preßburger Reichstag mit allem Nachdruck, sich künftig mit religiösen Fragen zu befassen. Er entmachtete Matthias, bestellte einen erzklerikalen Generalkapitän und erklärte, daß nun auch in Ungarn genau wie im Heiligen Römischen Reich der Landesherr die Religion der Untertanen zu bestimmen habe. Das war ein grober Rechtsbruch. Er wurde unübersehbar gemacht, weil Andersgläubige nun des Hochverrates schuldig waren und mit Freiheitsentzug und Vermögensverfall bedroht wurden. In Oberungarn, der heutigen Slowakei, waren vor allem die calvinistischen ungarischen Magnaten davon betroffen, dcren umfangreiche Besitzungen dem Kronschatz zufielen. Und als General Basta in Siebenbürgen massiv gegen die Lutheraner vorging, brachte er die sächsischen Bürger in eine gefährlich revolutionäre Stimmung.

Der Funken flog ins Pulverfaß, als ein Verfahren gegen Stefan Bocskay eingeleitet wurde. Bocskay war zwar Calvinist, aber bisher extrem königstreu gewesen und hatte sich um die habsburgische Sache größte Verdienste erworben, insbesonders Sigismund Bathory zur Kriegführung gegen die Osmanen, dann zum Verzicht auf die Fürstenwürde zugunsten Rudolfs bewogen und Großwardein für den König verteidigt. Das Verfahren endete denn auch mit seiner völligen Rehabilitierung.

Nun aber wurde er Rebell – ein echter, ein erfolgreicher, ein guter Rebell.

Und ein ungarischer Rebell, und das will sagen ein königstreuer Rebell. Ein Rebell, der das in der Goldenen Bulle von Ungarn verbriefte ius resistendi in Anspruch nahm, den König mit Waffengewalt zur Anerkennung des Gesetzes zu zwingen und ohne Zustimmung des Reichstages verfügte Gesetzesänderungen zu anullieren. Seine Rebellion begann 1604; die sächsische Nation anerkannte ihn als Fürsten von Siebenbürgen, der Landtag von Mediasch holte die formelle Wahl nach. 1605 drängte Bocskay die habsburgischen Truppen völlig aus Siebenbürgen und Nordungarn. Selbst das befestigte Kaschau fiel ihm zu. Die Hohe Pforte suchte ihn, nachdem er auch in Westungarn begeisterte Huldigung entgegengenommen hatte, durch das Angebot des Königstitels vor ihren feststeckenden Karren zu spannen, doch er lehnte mit der Begründung ab, daß Ungarn schon einen rechtmäßigen König habe.

Nun erschien Murad Pascha Kuyutschu in Magyaristan. Kuyutschu heißt »der Brunnengräber« und war ein Beinamen, den der befähigte und tapfere Mann nicht gerne hörte, erinnerte er ihn doch an eine wenig angenehme Episode in seinem Leben. Anläßlich des Perserkrieges Sultan Murads III. hatte er mit wenigen Gefolgen Aufklärung betrieben, war auf einen feindlichen Reitertrupp gestoßen und hatte diesen sofort angegriffen. Während der Attacke sprang sein Pferd auf die Abdeckung eines verborgenen Brunnes und sauste mit ihm in die Tiefe. Aus der wenig angenehmen Lage befreite ihn der Feind, der Murads führerlose Mannen vertrieben hatte und, da Namen und Rang nicht unbekannt blieben, einen ordentlichen Haufen besten Geldes für seine Freilassung forderte. Nach seinem Freikauf hatte er außer der finanziellen Misere auch den Spott seiner Waffengefährten zu tragen, die ihn seither den »Brunnengräber« nannten.

1605 wurde in Wien ein Vertrag zwischen dem wieder eingesetzten Erzherzog Matthias und Stefan Bocskay geschlossen, in welchem dieser als Fürst von Siebenbürgen anerkannt und seinen Rebellen Generalpardon gewährt, die Bedrückung der protestantischen Glaubensgemeinschaften untersagt und die Wahl des Palatins durch die Stände garantiert wurde. Matthias wurde als Vertreter des abwesenden Königs anerkannt und versprach Neubildung der Regierung. Und als dieser Vertrag von König Rudolf genehmigt war, ihm aber wegen der Religionsfreiheit der Reichstag nicht voll vertraute, schlossen die Stände – wohlgemerkt die Stände – der habsburgisch beherrschten Länder Ungarn, Böhmen, Österreich (hier wiederum nur die beiden Fürstentümer Ober und Unter der Enns) und Schlesien einen formellen Beistandspakt für den Fall, daß in einem von ihnen die Religionsfreiheit angegriffen werden sollte. *Und dieser Beistandspakt löste unmittelbar den Dreißigjährigen Krieg aus.* Als die Nichtkatholiken Böhmens niedergeworfen wurden, griffen die Stände beider Österreich zu den Waffen. Auch Fürst Bethlen Gabor von Siebenbürgen mußte in den Sattel steigen, um gegen den Kaiser zu ziehen, so widerwillig er dies auch tat.

Murad Pascha erkannte sogleich, daß die durch den Wiener Vertrag geschaffene Lage die Fortsetzung des Krieges mit den ihm zur Verfügung stehenden Kräften unmöglich machte und ließ sich vom Hofe zur Aufnahme von Friedensverhandlungen ermächtigen. Dieser Frieden von Zsitvatorok (11. November 1606) ging wie üblich vom militärischen Besitzstand aus. Was bedeutete, daß sich gegenüber dem Vorkriegsstand folgende Änderungen ergaben:

Zum Osmanischen Reich kamen
- Erlau (Eger) und
- Großkanischa (Nagykanizsa),
und zu Habsburgisch-Ungarn
- Buják,
- Hollokö und
- Nógrád.

Sensationell aber war, daß der osmanische Anspruch auf Siebenbürgen stillschweigend fallengelassen wurde, zumindest wurde Siebenbürgen nicht erwähnt, und ebenso stillschweigend der Anspruch auf die von Ferdinand I. und Maximilian II. zugesicherten Tributleistungen.

Der notwendige Frieden war also auch ein für Habsburg vorteilhafter: König Rudolf von Ungarn wurde von Sultan Achmed I. als gleichrangig behandelt, und das war noch keinem seiner Vorgänger geschehen. Das wurde auch von jedermann erkannt, mit einer einzigen Ausnahme – und diese Ausnahme war Rudolf II. selbst. Der Freund der Uhren und Alchimisten in Prag desavouierte seinen Bruder zum zweiten Mal, als er die Ratifikation des Vertrages verweigerte. Es bildete sich eine Familienfronde, die den Kaiser zwar nicht eben entmündigte, aber doch entmachtete und Erzherzog Matthias zum faktischen Regenten machte, der nach Rudolfs Tod denn auch formell die Kaiserkrone erlangte. Den besonnenen, würdigen und gerechtigkeitsliebenden Matthias drängte sein ehrgeiziger, tatsachenblinder und energischer Neffe Ferdinand von Steiermark ins Eck: Er riß die Macht an sich und stieß das Tor für den Krieg auf, der das christliche Abendland des Mittelalters endgültig zertrümmerte – den **Dreißigjährigen Krieg.**

Die Kalifen und ihre Großwesire

Der zunehmende Einfluß der Großwesire auf die Entscheidungen der Kalifen nach dem Tode Solimans des Prächtigen und der rasche Wechsel der Großherrn vor allem zu Beginn des 17. Jahrhunderts erfordern hier alle Großherrn mit Beginn und Ende ihrer Regierungszeit aufzuführen, von den zum Teil noch rascher wechselnden Großwesiren aber nur diejenigen, die – für unsere Darstellung – besondere Bedeutung erlangten.

Großherrn	Regierungszeit	Großwesir
Soliman I.	1520–1566	Ibrahim Mechmed Sokolowitschi
Selim II.	1566–1574	Mechmed Sokolowitschi
Murad II.	1574–1595	Mechmed Sokolowitschi Sinan
Mechmed III.	1595–1603	Sinan
Achmed I.	1603–1617	Murad Kuyutschu
Mustafa I. (erste Regierungszeit)	1617–1618	
Osman II.	1618–1622	
Mustafa I. (zweite Regierungszeit)	1622–1623	
Murad IV.	1623–1640	
Ibrahim	1640–1648	
Mechmed IV.	1648–1687	Mechmed Köprülü Achmed Köprülü Kara Mustafa
Soliman II.	1687–1691	Mustafa Köprülü
Achmed II.	1691–1695	Mustafa Köprülü
Mustafa II.	1695–1703	Mechmed Elmas

Von den Großherrn wurden – zumeist von meuternden Truppen – abgesetzt: Mustafa I., Osman II., Mustafa I., Ibrahim, Mechmed IV., Mustafa II. wobei Osman II. und Mustafa I. ermordet wurden.

III.
Finale furioso

1. Kapitel:
Zum Krieg des Achmed Pascha Köprülü

Der Knabe, der mit vierzehn Jahren gerade noch als Erwachsener gelten und seinem Vater als Großherr der Osmanen und Beherrscher der Rechtgläubigen, Sultan Achmed I., nachfolgen konnte, war eine durchaus sympathische Erscheinung. Seine - vermutlich erste - Entscheidung zeigt ihn als gutherzigen Menschen, der die ihm zugefallene Berechtigung zur Veränderung des Kanuns im Sinne seines Bruders Mustafa gebrauchte: Er ließ ihn nicht töten, sondern für ihn ein eigenes, separiertes Bauwerk im Großen Serail errichten, mit eigenen Höfen und Gärten, das er ihm als Wohnsitz zuwies. Mustafa war ihm ein lieber und vertrauter Spielgefährte, der überdies als etwas geistesschwach galt, und in dem er keine Gefahr für seine Herrschaft erblicken wollte. Er war auch keine, denn er hatte keine politischen Ambitionen, sondern führte, als er erwachsen war, das recht angenehme Leben eines vermögenden Privatiers, dem sein Bruder auch einen kleinen Sklavenhof mit Harem und Dienstpersonal zubilligte.

Achmed I. war ein frommer Moslem, der als Turbanschmuck ein Abbild des Fußabdruckes des Propheten zu tragen pflegte, das als kostbare Reliquie vom Großscherif von Mekka dem Hause Osman gestiftet worden war. Er ließ in Stambul die nach ihm benannte Moschee, heute meist als Blaue Moschee bezeichnet, errichten, und gab damit der hauptstädtischen Wirtschaft mächtige Impulse, denn während der Bauzeit (1608–1614) strömten Künstler und Baumeister, freie Arbeiter und Kunsthandwerker aller Art in die Residenzstadt. Wie sehr Stambul eben damals zum kulturellen Mittelpunkt des Reiches wurde zeigte sich daraus, daß die Umhüllung der Kaaba, die in gewissen Abständen erneuert werden muß und die bisher in den Werkstätten in Kairo hergestellt wurde, nunmehr in den hauptstädtischen Textilbetrieben angefertigt werden konnte, die in dieser Zeit leistungsfähiger geworden waren als jene in der Metropole des Nillandes.

Die entscheidende Stütze des jugendlichen Großherrn war der 1606 zum Großwesir bestellte Murad Pascha Kuyutschu, wobei der nun *achtzehnjährige Kalif* und der rund *achtzigjährige Großwürdenträger*, der vermutlich aus der kroatischen Bevölkerung der Herzegowina stammte, erstaunlich gut zusammenarbeiteten. Der fortdauernde Perserkrieg wurde für einige Jahre auf Sparflamme gesetzt. Murad Pascha konzentrierte Interessen und Kräfte des Reiches auf großangelegte militärische Aktionen gegen die Räuber, die seit den Tagen Mechmeds III. vorab in den kleinasiatischen Provinzen zur schweren Bedrohung der inneren Sicherheit geworden waren und nun die Kriegführung gegen die Perser durch notwendige, aufwendige Sicherung der Verbindungslinien belasteten. Er bekämpfte auch die Korruption in den Spitzenrängen der Hierarchie, die es sich geradezu angewöhnt hatte, sehr erhebliche Summen für den Eigenbedarf vor allem aus den für die Soldzahlungen bestimmten Beträgen abzuzweigen. Murad Pascha war es auch, der die vorläufig endgültige Gestaltung Magyaristans vornahm: Ungarn wurde nun in vier Paschaliks gegliedert,

- Budyn (Buda, Ofen),
- Yanova (Jenö, Ineu. Als Temesvár den Rang als Reichsfestung verlor und der Provinzialverwaltung unterstellt wurde, wurde die Residenz des Paschas hierher verlegt),
- Kanije (Großkanischa, Nagykanizsa),
- Egri (Erlau, Eger).

Der Pascha von Budyn war zwar nicht im zivilen, wohl aber im militärischen Bereich den drei anderen Beglerbegis vorgesetzt: Im Falle eines Krieges im Großraum Magyaristan führte er den Oberbefehl, bis der Großherr oder der Großwesir am Kriegsschauplatz erschien oder ein Serasker bestellt wurde. Seine Sonderstellung wurde dadurch gekennzeichnet, daß er meist Wesir und damit Mitglied des Staatsrates → Diwan (s. I. Bd., S. 244 f. und S. 376) war. Es sei vorweggenommen, daß um die Mitte des 17. Jahrhunderts zwei weitere Paschaliks als zu Magyaristan gehörig in neugewonnenen Gebieten gebildet wurden:

1660 Varat Kalesi (Großwardein) im heute rumänischen und
1663 Uyvâr (Neuhäusel) im heute slowakischen Territorium.

Als die wichtigsten Arbeiten im Innern des Reiches getan waren und dieses dadurch die erforderliche Stabilität wiedererlangt zu haben schien, übernahm der Großwesir den Oberbefehl gegen Persien. Er brach 1610 zu seinem letzten Feldzug auf; am 6. August 1611 ist er im Lager des Kriegsheeres verstorben.

In Sultan Achmeds I. Regierungszeit fällt noch ein Krieg in Moldawien, den Iskender Pascha erfolgreich führte und aus dem sich eine Kollision mit den Dnjestrkosaken ergab. Doch wurden im September 1617 im Frieden von Bussa die an sich peripheren Streitigkeiten beigelegt. Der Krieg mit Schah Abbas war bereits 1614 beendet worden. Es schien eine Periode der ruhigen Entwicklung, der Konsolidierung der Verhältnisse und des wirtschaftlichen Aufstieges bevorzustehen, als der Großherr im Oktober 1617 schwer erkrankte und im November als eben Achtundzwanzigjähriger verstarb. Nun rissen sehr bald chaotische Zustände ein; Achmed, der dies vorausgesehen hatte, bezeichnete statt eines Sohnes, die alle noch jünger waren als er im Zeitpunkt des Todes seines Vaters gewesen war, seinen Bruder Mustafa als seinen Nachfolger. Dieser wurde prompt als Großherr installiert. Mustafa I. wurde aber nach nicht einmal halbjähriger Regierungsdauer gestürzt. Der Staatsstreich wurde sehr einfach vollzogen: Während einer mehrtägigen Jagd, an der Sultan Mustafa teilnahm, wurde der Achmedsohn Osman, eben vierzehnjährig geworden, als Großherr (Osman II.) eingesetzt. Als Mustafa von der Jagd heimkehrte, führte man ihn wieder in seinen Kleinpalast, der nun einen gefängnisähnlichen Charakter annahm und als Kafas, der Käfig, bezeichnet wurde, in den man auch Osmans Brüder sperrte. Die Putschisten teilten sich die Spitzenpositionen; sie waren bald in unterschiedliche Gruppierungen gespalten, deren Zielsetzungen nun aber nicht wie vordem politische Motive wie Stärkung der Kriegsflotte oder Reduzierung dieser zur Verbesserung der Heeresausrüstung waren, sondern die Gewinnung möglichst einträglicher Ämter zur Anhäufung individueller Reichtümer.

1620 brach ein Krieg gegen Polen aus, das sich mit dem Verlust Moldawiens nicht abfinden wollte. In der Schlacht bei Yassi erfocht der bewährte Iskender Pascha, der auch diesmal zum Serasker bestellt worden war, einen glänzenden Sieg, den die Hohe Pforte im kommenden Jahr zur völligen Vernichtung des Reiches dieser Giauren ausweiten wollte. Diesen Ruhm mochte Sultan Osman II. allerdings dem in Ehren ergrauten Großwürdenträger nicht lassen, übernahm selbst den Oberbefehl und stieß mit der gesamten Kriegsmacht seines Reiches dnjestraufwärts vor. Er operierte genau so, wie ein arroganter, von seiner Genialität überzeugter Siebzehnjähriger mit einer Armee von etwa 150 000 Mann operieren kann, erlitt bei Chozim den zu erwartenden Schiffbruch und kehrte in Unehren heim; die erlittenen Verluste waren enorm. Er setzte seinen Großwesir – schon den dritten oder vierten seiner Regierungszeit – ab und bestellte mit Hüseyin Dilawerzade Pascha einen neuen, der für 1622 einen Feldzug nach Syrien plante, um einen Aufstand der schiitischen Muwahhadun → Drusen (s. I. Bd., S. 102 ff.) niederzuwerfen. Die in Stambul versammelten Truppen des Reichsheeres, allen voran die Janitscharen, meuterten, und obwohl Sultan Osman II. sogleich seinen Großwesir und etliche andere Großwürdenträger, die dem Kriegvolk besonders verhaßt waren, hinrichten ließ, konnte er Kopf und Kragen nicht retten: Die Janitscharen erschlugen zuerst ihren eigenen Befehlshaber, den Janitscharenaga, der sie zur Disziplin zu rufen wagte, stürmten sodann den Palast und holten den Großherrn der Osmanen, den Beherrscher der Rechtgläubigen, aus seinem Versteck im Harem und schlugen ihn tot. Unter dem Geschrei »Es lebe Sultan Mustafa« waren indessen andere Rebellen in den Kafas eingedrungen und hatten den debilen Sohn Mechmeds III. befreit (16. Mai 1622). Die Brüder Sultan Osmans II., die ebenfalls unter Verschluß gehalten wurden, blieben im »Käfig« – der neue Großherr hatte sie augenscheinlich vergessen; er verfügte weder ihre Tötung noch ihre Freisetzung.

Die Regierungen folgten einander in raschem Wechsel; eine Kontinuität, um die sich jeder der Großwesire redlich bemühte, war nicht zu erzielen, und zwar vor allem deswegen nicht, weil sich die Garderegimenter (s. I. Bd., S. 377) mit den Janitscharen überworfen hatten und ihnen in erbitterter Feindschaft gegenüberstanden. Gegen den Janitscharen genehme Großwürdenträger rebellierten die Gardereiter, und herrschte zwischen der Regierung und den Garden eine Art Einvernehmen, so rief dies die Janitscharen auf den Plan. Einmal waren sie sich gegen das Großwesirat eines gewissen Mechmed Pascha Gurdschi einig; sie glaubten, daß dieser gemeinsam mit seinem Vorgänger Dawud Pascha, der mit einer Tochter Sultan Mechmeds III. vermählt war, Sultan Mustafa I. und die Brüder Sultan Osmans II. ermorden wolle, um Dawud Paschas Söhne zu Großherren zu machen. 1623 kam es deswegen zu neuerlicher Militärrevolte, die Mechmed Pascha Gurdschi und Dawud Pascha das Leben, Sultan Mustafa I. aber wiederum den Thron und später auch das Leben kostete, wurde er doch ganz still und heimlich im Kafas erwürgt.

Mustafas Sturz brachte einem anderen Bewohner des Kafas Freiheit und Herrscheramt: Murad IV. war es, der Sohn Sultan Achmeds I., der nun zum neuen Herrscher ausgerufen wurde. Er war - die Angaben in den Quellen differieren - zehn oder zwölf Jahre alt und zeigte mancherlei Begabung; er war ein begeisterter Reiter, ein vortrefflicher Bogenschütze und ein geübter Ringer; später wurde er ein Gelehrter, der gerne mit den Weisen sprach oder Studenten examierte, er liebte die schönen Künste, vor allem die Dichtkunst, in der er sich selbst versuchte. Trotz günstiger Vorbedingungen aber entwickelte er sich zu einem Despoten schlimmster Art; er ließ nicht nur die Bestimmungen gegen den Alkoholverkauf schärfstens überwachen, sondern er verbot auch den Tabakgenuß, den Besuch von Kaffeehäusern und das Rauchen von Opium. Allein 1637 wurden zur »Bekämpfung der Unsittlichkeit« 25 000 Hinrichtungen verfügt und - zum Teil in seiner Gegenwart - vollstreckt. Zur Erkundung der Stimmung der Bevölkerung schlich er, wie weiland Harun al Raschid in Bagdad, nächtens verkleidet durch die Straßen Stambuls und strafte Übeltäter - etwa Raucher - auf der Stelle; zu diesem Zweck war er stets von seinem obersten Scharfrichter und wohl auch einigen handfesten Sklaven begleitet, die diese seltsame Art der Rechtspflege zu sichern hatten. Sein Oheim Mustafa I. wurde auf seinen Befehl ermordet und drei seiner Brüder, während er den vierten verschonen ließ.

Gegen seine Regierung gab es mehrere periphäre Aufstände, vor allem im Großraum Irak, die zum Wiederaufleben des Perserkrieges führten, wobei Schah Abbas mit Bagdad erhebliche Teile Mesopotamiens, wenngleich nur für kurze Zeit, erneut seinem Reich einverleiben konnte. Murad IV., der an diesem Feldzug selbst teilnahm, eroberte im Gegenzug Eriwan und ließ Täbris niederbrennen. Der Krieg zeigte die typischen fanatischen Züge der aus religiöser Ursache geführten Auseinandersetzung: Die Schiiten schlachteten tausende von Sunniten nach der Eroberung von Bagdad ab, und sie wurden nach der Rückeroberung umgekehrt tausendschaftsweise von den Sunniten erschlagen.

Man schrieb das Jahr 1638. Der Dreißigjährige Krieg, der das Heilige Römische Reich womöglich noch schauerlicher durchtobte, war eben 20 Jahre alt geworden...

Obwohl der religiöse Aspekt im Perserkrieg (beendet 1639 mit Wiederherstellung des Vorkriegsstandes) deutlich erkennbar war, kann man Sultan Murad IV. nicht als glaubenseifrigen Sunniten oder überhaupt nur strenggläubigen Moslem bezeichnen; er hielt sich nicht an die Fastengebote, war nur selten in einer Moschee zu sehen, verringerte die Anzahl der Muezzins und setzte die Ausgaben, die als Almosen für Bedürftige festgelegt waren (Fürsorgerenten in unserem Sprachgebrauch) drastisch herab. Auch war er ungeachtet seines Sittlichkeitsfimmels ein geheimer Trinker und starb 1640 eher an den Folgen eines schweren Gelages als an einer Krankheit. Sultan Murad IV. war noch keine dreißig Jahre alt und zeigte derartige Merkmale von Sinnesverwirrtheit, daß sein letzter Befehl, seinen noch lebenden Bruder Ibrahim sofort zu erwürgen, nicht mehr befolgt wurde. Als ihm wahrheitswidrig der Vollzug gemeldet wurde, begann er schauerlich zu lachen – und starb. Ob die letzte, große Reise seine Seele in das Paradies seines Glaubens führte, erscheint eher unwahrscheinlich.

Ibrahim, der von allem Anfang an nicht mit besonderen Geistesgaben ausgestattet gewesen sein dürfte, war durch den langjährigen Aufenthalt im Kafas mit der permanenten Furcht, seinen ermordeten Brüdern nachgeschickt zu werden, weitgehend verblödet. Er hatte zwar einen Harem mit – angeblich – 280 trefflichen Haremsdamen, aber er konnte mit diesen wenig anfangen, da er an erheblichen Potenzstörungen litt, die zu bekämpfen seine Hauptsorge war. Die Regierung führte zunächst seine Mutter Kösem Machpeiker, die schöne Frau »Mondgestalt«, die schon in den ersten Regierungsjahren ihres Sohnes Murad die Fäden der Macht recht geschickt gehalten hatte. Ihr schreiben nicht wenige Historiker das entscheidende Verdienst dafür zu, daß das Osmanische Reich trotz aller Übelstände und Skandale, trotz der Revolten und der zum Himmel stinkenden Korruption überhaupt noch bestehen bleiben konnte. Ihre Macht endete, als eine der lustspendenden Sklavinnen Ibrahims, der »Süße Zuckerklumpen« – Setschir Para – Mittel und Wege fand, dem Großherrn zu ungeahnter Potenz auf ihrem Lager zu verhelfen, worauf sie zur Walide, der Lieblingsfrau, wurde, ihre Vorstellungen von den notwendigen Regierungsmaßnahmen ihrem Gemahl vor oder nach den Liebesspielen ins Ohr flüsterte und ihre bitter gehaßte Schwiegermutter jeglichen Einflusses beraubte. Da sie fürchten mußte, daß eine andere Haremsdame vielleicht ähnlich potenzfördernde Manipulation ersinnen und dadurch ihren Rang einnehmen werde, blies sie dem kümmerlichen Gebieter der Rechtgläubigen die Idee, eine seiner Gemahlinnen habe ihn mit einem Manne betrogen, in sein krankes Gehirn. Ibrahim ließ eifrig nach der Übeltäterin fahnden und, als die Suche ergebnislos blieb, alle Insassinnen des Harems im Bosporus ersäufen. Das geschah durch Verschnürung in steinbeschwerten Säcken und schien eine hervorragende Methode der unblutigen Massenabschlachtung zu sein, doch war eines der Pakete zu wenig verknotet und eine der jungen, schönen Frauen konnte sich retten. Sie war anscheinend eine kundige Schwimmerin und wurde von einem noch dazu abendländischen Schiff, das eben nach Frankreich heimkehrte, aufgenommen – und die Riesenblamage war da. Die Kunde vom eigenartigen Liebesleben des Kalifen und seiner Grausamkeit durchflog die Mittelmeerhäfen und schadete dem Ansehen des Osmanischen Reiches mehr als es eine verlorene Schlacht, ja ein unglücklicher Krieg vermocht hätte.

Ibrahim wußte davon nichts; sein immer stärker umnebelter Geist nahm die Vorgänge außerhalb des Serails kaum noch zur Kenntnis. Er war ein armer Irrer, der nach dem Skandal in seinem Harem auch noch zunehmend dem Alkohol verfiel und eine krankhafte Vorliebe für Zobelpelze entwickelte, mit welchen er seine privaten Gemächer im Übermaß behängen und belegen, seine Kleider ausstaffieren und in die er seine Katzen einnähen ließ. Auch pflegte er täglich ein Vollbad in Ambra zu nehmen und fand ein neues Lustobjekt in einer Armenierin, der dicksten Frau von Stambul, die ihm Setschir Para zugeführt hatte. Der Süße Zuckerklumpen nämlich fand für Ibrahim nun wenig Zeit, mußte sie doch mit den dubiosen Personen, die sie in die Spitzenpositionen geschleust hatte, die Regierungsgeschäfte erledigen. Der »Befähigungsnachweis« für die erstaunlichsten Karrieren bestand in enormen Zuwendungen, die der Walide zu machen waren und die für die Beförderten ruinös gewesen wären, hätten sie nicht sogleich nach der Amtseinführung begonnen, sich ihrerseits massiv bestechen zu lassen. Die Süße Zuckerklumpen wiederum brauchte viel Geld, um sich die Günstlinge unter den Eunuchen gewogen zu halten, die ihrerseits ziemlich genau wußten, wer von den korrupten Großwürdenträgern über das Ziel geschossen und zu viel kassiert hatte, so daß er liquidiert werden konnte, und die auch gleich passende Anwärter zur Hand hatten, die bereit waren, entsprechende Summen für die Nachfolge zu leisten.

Die Zustände am Hof des Kalifen blieben in der Heiligen Stadt des Islam nicht verborgen und lösten Beunruhigung aus. Setschir Para beschloß, durch namhafte Stiftungen die vorerst halblaute Kritik im Umfeld des Großscherifs zum Schweigen zu bringen, wobei sie angenommen haben muß, daß Mekka ähnlich im Sumpf der Korruption versackt war wie Stambul. Die unausweichliche Korrektur ihrer Auffassung blieb ihr erspart; die Flotte, die ihre inoffizielle Gesandtschaft – ein paar ihrer verschnittenen Freunde – mit entsprechenden Bestechungssummen versehen und als fromme Pilgersleute getarnt in einen der levantinischen Häfen bringen sollte, wurde unterwegs von christlichen Seeräubern angefallen und genommen oder zersprengt; das Schiff jedenfalls, auf das es ankam, die Prunkgaleere mit Eunuchen und Schätzen, wurde genommen. Für den Piratenstreich wurden die Venezianer verantwortlich gemacht, die ihrerseits ihre Unschuld beteuerten und erklärten, nicht sie, sondern die Ritter des Heiligen Johannes wären die Übeltäter, die aber von der Hohen Pforte mangels entsprechender Kontakte nicht einmal befragt werden konnten. Der Überfall geschah jedenfalls im September 1644. Da der Doge den geforderten Schadenersatz nicht leistete, begannen die Osmanen im Juni 1645 einen neuen Krieg gegen Venedig, den sie mit einem Einfall in Kreta eröffneten. Dieser Krieg war einer der typischen, langen Kriege seiner Zeit; er dauerte volle 25 Jahre und führte zur Eroberung der Insel, wobei die Hauptfestung Kandia → Iraklion 1669 nach jahrelangen, zeitweise mit äußerster Erbitterung geführten Kämpfen kapitulierte. Der Friedensvertrag wurde 1670 geschlossen und brachte die Anerkennung des bitteren Verlustes des letzten Bollwerks der ehemaligen Königin der Meere am Ostrand des Mittelmeeres. Venedig verlor damit den Anspruch auf die maritime Großmachtstellung – und sann auf Rache. Die Gelegenheit dazu bot sich 1684, als die Stadt am Rialto der Heiligen Liga beitrat, die nun *(nach der Katastrophe der Osmanen vor Wien)* die große Offensive gegen das Osmanische Reich einleitete, als deren Folge Venedig wieder einen Teil des verlorenen Kolonialbesitzes erlangen konnte.

Das aber hing damals, als auf Betreiben der Walide der Kampf um Kreta begann, noch in den Sternen. Und für Ibrahim, den 18. Großherrn der Osmanen, war das ganze Geschehen in jenen Wolken verborgen, die seinen Geist umhüllten, und aus denen am 8. August 1648 erschreckend wilde Krieger auftauchten, rebellierende Janitscharen, die ihn in den Kafas zurückführten, aus dem er vor acht Jahren hervorgeholt worden war, um Beherrscher der Rechtgläubigen zu werden. Ein paar Tage danach wurde er im Kerker erwürgt...

Sein Nachfolger wurde sein eben sechsjähriger Sohn als Sultan Mechmed IV. – und die Fäden der Macht lagen wieder in den Händen der bewährten Frau Mondgestalt, die nun schon zur würdigen Greisin geworden war. Sie verfügte noch immer über ausgezeichnete Verbindungen zum Führungsstab des Janitscharenkorps – und sie verfügte auch über soviel Geld, daß sie eben mit äußerster Mühe das von den Truppen stürmisch geforderte »Thronbesteigungsgeschenk« in damals üblicher Höhe eines Gesamtjahresbezuges ausbezahlen konnte. Zu den ersten Maßnahmen, die sie anordnete, gehörte der Hinauswurf des Süßen Zuckerklumpens aus dem Palastbereich. Setschir Para aber hatte anscheinend etliches Geld beiseite gebracht; sie erwarb eine Villa in einem Nobelviertel Stambuls, betrieb dort ein teures Bordell und galt als verworfenste Kupplerin der Metropole. Ihr Ende war peinvoll; ihr Kaffee wurde ihr eines Tages mit kleingeschnittenem Pferdehaar und feingemahlenen Glassplittern serviert, und diese Beigaben zerschnitten ihre Eingeweide.

Für Kösem Machpeiker war die Behauptung der Herrschaft für ihren Enkel eine schwierige Sache. Die Erfüllung der Forderungen der Janitscharen ließ die Hofdienste mit dem Begehren hervortreten, in ähnlicher Weise bedacht zu werden. Am lautesten schrieen – in den Vordergrund geschoben und mit Lebenserfahrung nicht überladen – die Frequentanten der Palastakademie, in der Pagerie des Hofes zusammengefaßt. Sie demonstrierten lärmend in den Straßen Stambuls und zogen sich dann trotzig in das Hippodrom, den traditionellen Sammelplatz aufrührerischer Truppen, zurück. Die tonangebenden Funktionäre der inneren Dienste, die sich geschickt im Hintergrund hielten, ließen ihre Beziehungen zu den Gardekavallerieregimentern spielen und bewogen etliche Gardereiter, die selbst erst vor kurzem die Enderun absolviert und in der Gardekavallerie Wartepositionen bezogen hatten, sich mit den Streikenden solidarisch zu erklären und ebenfalls zum Hippodrom zu begeben, wo die Jünglinge von den versammelten Knaben mit viel Halloh begrüßt wurden.

Die Sache wurde aber durch die Beteiligung eines Teiles des Heeres für die Regierung, die den »Aufstand der Pagen« kaum ernster genommen hatte als eine heutige Regierung Forderungen von ein paar Gymnasialklassen nehmen würde, zur gefährlichen Rebellion, und Kösem Machpeiker bemühte sich, die Janitscharen zur Niederwerfung des Aufstandes zu bewegen. Es blieb ihr niemand, der sonst den Kampf gegen die glänzend ausgebildeten und bewaffneten Gardisten aufnehmen konnte, zumal nicht abzusehen war, wie sich die Kameraden der bereits ins Hippodrom Gegangenen verhalten würden. Die Janitscharen waren dazu bereit, gegen angemessene Sonderzahlung selbstverständlich, etwa in Höhe des eben ausbezahlten Thronbesteigungsgeschenkes. Frau Mondgestalt hatte das Geld nicht und konnte nicht einmal einen nennenswerten Teil der Summe in der zur Verfügung stehenden Zeit aufbringen. Die Verhandlungen drohten zu scheitern, bis eine Einigung höchst überraschend auf völlig anderer Basis zustandekam: Den Janitscharen, den Militärsklaven der Großherrn, den Blumen aus den Gärten des Hadschi Bektasch, wurden die drückendsten und fühlbarsten Lasten des Sklavenstandes abgenommen. Sie erhielten
– das Connubium, also die Erlaubnis, Ehen zu schließen, und
– das Recht, Eigentum zu erwerben.
Und schon am nächsten Morgen, es war der 27. Oktober 1648, marschierten 4 000 Janitscharen gegen etwa 2 000 Pagen und Gardereiter im Hippodrom, nahmen Gefechtsordnung ein, gaben auf kurze Entfernung eine sehr wirksame Salve auf die eher neugierig Herumstehenden, die den Ernst der Lage nicht erkannt hatten oder nicht erkennen wollten, ab und traten zum Sturm an. Sie erschlugen alles, was sich im Hippodrom befand, sie verschonten nicht einmal jene, die sich asylsuchend in die nahegelegene Moschee des Sultan Achmed geflüchtet hatten und laut um Gnade flehten.

Genau drei Tage vorher, am 24. Oktober 1648, war der Westfälische Friede geschlossen worden, der den Dreißigjährigen Krieg im Heiligen Römischen Reich beendete. Die Gleichzeitigkeit der größten Katastrophe, die das Abendland bis zu diesem Zeitpunkt betroffen hatte und die, zumindest was die Bevölkerungsverluste anlangt (es gingen immerhin rund 35 Prozent der Bevölkerung verloren!), selbst die großen Kriege unseres Jahrhunderts glatt überrundet, und der aus dem Zerfall der Führungsspitze resultierenden Lähmung des gewaltigen militärischen Apparates des sunnitischen Orients, der in der einzigen Phase möglicher Aktivitäten zu einem erbitterten Schlagabtausch mit dem schiitischen Persien gezwungen war, hat etwas geradezu Wunderbares an sich. Mit vollster Berechtigung spricht Walter Hummelberger von einem

»Mirakel des Hauses Habsburg«. Seine Bewertung kann nicht abgeschwächt oder bestritten, sondern nur ergänzt werden: **Das Mirakel des Hauses Habsburg war auch ein Mirakel des Hauses Osman. Die beiden kontinentalen Supermächte des Zeitalters waren aus völlig unterschiedlicher Ursache contemporär nicht in der Lage, den großen Offensivkrieg zu führen, den beide als notwendig erachteten und letztendlich wollten. Es kann kein Zweifel daran bestehen, daß es einem militärisch höchstleistungsfähigen Osmanischen Reich möglich gewesen wäre, während der jahrzehntelangen Selbstzerfleischung des Heiligen Römischen Reiches Deutscher Nation, die unter reger Beteiligung ausländischer Mächte erfolgte, tiefe und entscheidende Einbrüche ins Reichsgebiet zu erzielen und nicht nur die Erblande zu gewinnen, sondern sich auch nördlich der Alpen, im Territorium der Wittelsbacher, festzusetzen und damit die abendländische Selbstbehauptung nahezu unmöglich zu machen. Und es kann umgekehrt keinem Zweifel unterliegen, daß es einem energisch nach Südosten strebendem Kaisertum gelingen mußte, in der Zeitspanne der Selbstausschaltung der osmanischen Reichszentrale die orientalischen Bastionen zu überrennen und das Kriegsvolk des Beherrschers der Rechtgläubigen aus Europa zu werfen, wobei sich vielleicht einige islamische Stützpunkte im griechischen Raum, dem Kernland der noch immer osmanophilen Orthodoxie, halten mochten.**

Irrig wäre zu wähnen, daß die Unmöglichkeit, einen großen Krieg zu führen, den Grenzraum ruhiggestellt hätte:
Der Kleinkrieg entlang der mehr als tausend Kilometer langen Grenze vom Senj an der Küste der Adria bis zum Oberlauf der Theiß kam nicht zum Erliegen. Im Anschluß an die Militärgrenze im kroatischen Raum hatte sich ein eigenartiges System der »Grenzburgen« entwickelt, dessen harter Kern die habsburgischen Hauptstützpunkte wie Raab → Györ, Komorn → Komarom oder Großwardein → Nagyvárad waren, die von kleineren Festungen umgeben gewesen sind. Diese nannte man *Palanken;* sie bestanden meist aus festen Blockhäusern mit Grabenanlagen, Palisaden und Erdaufschüttungen. Sie wurden von den Adeligen oder den Komitaten, seltener von der königlichen Regierung unterhalten. Die Besatzungen bestanden aus Truppen, die
- vom König oder
- den Komitaten oder
- den Adeligen
besoldet wurden und die im Verteidigungsfall von den *Portalmilizen* unterstützt wurden. Portalmilizen waren bäuerliche Aufgebote, die von den Grundherrschaften nach der Zahl der Bauernhöfe - Porten - zu organisieren waren. Aus den Jahren des »Friedens« seien einige Zahlen genannt, die von Georg Wagner übernommen werden und eindringlich zeigen, welch blutiges Leben den Grenzraum erfüllte: Von 1625 bis 1627 wurden 102 Ortschaften und 480 Einzelgehöfte ausgeplündert und niedergebrannt, während 45 Dörfer, um diesem Los zu entgehen, erhebliche »Tributleistungen«, die Erpres-

271

sungssummen waren, erbrachten. 1627 bis 1642 waren 326 Dörfer die Opfer von Kleinkriegsaktionen, wobei an die 2000 Menschen umgebracht und 8000 in die Sklaverei verschleppt wurden. Den streifenden Moslems fielen 16000 Stück Großvieh zu. 1651 wurden bei einem einzigen Streifzug 17 Dörfer ausgeraubt und verbrannt, ihre Bewohner erschlagen oder versklavt.

Dergleichen Aktionen lösten empörte Reaktionen aus: Ungarische Adelsbanderien fielen, oft von Portalmilizen unterstützt, in osmanisches Gebiet ein und hielten sich dort schadlos –, aber es herrschte für die bis über die Ohren in Schwierigkeiten steckenden Regierungen nach wie vor Frieden. Durch die Schiedskommissionen, die ab und zu zusammentraten, wurde der Begriff des sühneheischenden Friedensbruches sehr weitherzig festgelegt. *Kein Friedensbruch lag vor, wenn an Einfällen nur ein paar tausend Mann, welche Zahl man sukzessive bis auf 5000 erhöhte, beteiligt waren und keine Artillerie auf Seiten der Eindringlinge verwendet wurde; die Überfallenen durften auch mit Kanonen schießen.*

Im heutigen Rumänien, in den Fürstentümern
- Siebenbürgen,
- Walachei und
- Moldawien

brachte die erste Hälfte des Jahrhunderts eine derartige Vielfalt von Verwicklungen, Auseinandersetzungen und Interventionen, daß es nicht möglich ist, sie auch nur summarisch darzustellen. Insgesamt setzte sich in der Walachei und in Moldawien die Oberherrschaft der Hohen Pforte durch; die Freiheit, die der Wojwode Michael der Tapfere für die Walachen um 1600 erstritten hatte, hatte ihn kaum überlebt. In der Walachei war der osmanophile Radu Mihnea gegen den habsburgfreundlichen Radu Șerban erfolgreich, und in Moldawien kam es nach den bereits genannten Siegen Iskender Paschas über die Polen zur Einsetzung einer griechischen Verwaltungshierarchie, die das Land in Abhängigkeit von den Osmanen hielt. Manfred Huber errechnet für das 17. Jahrhundert die durchschnittliche Regierungszeit der walachischen Fürsten mit zwei, der moldauischen Fürsten mit zweieinhalb Jahren. Nur wenige konnten sich länger behaupten, wie Matei Besarab in der Walachei 1632–1652 und Vasile Lupu 1634–1653 in Moldawien, wobei der Walache mit Hilfe des Beglerbegi von Silistrien seine Stellung erlangte, wogegen Lupu überhaupt von den Osmanen eingesetzt wurde.

In Siebenbürgen folgten in raschem Wechsel auf den königstreuen Rebellen Stefan Bocskai als Fürsten Valentin Hommonai, Sigismund Rakoczi, Gabor Bathory und Gabor Bethlen. Der letzte Bathory war ein sehr wenig erfreulicher Zeitgenosse, der Krieg gegen die Deutschen Siebenbürgens[1] führte und zuletzt von seinen eigenen Hajducken[2] umgebracht wurde. Sein Nachfolger Bethlen Gabor war ein grundvernünftiger Mann, der gegen ihn revoltiert hatte und sich mit osmanischer Waffenhilfe durchsetzte, obwohl ihn der Landtag von Weißenburg → Alba Juli 1613 - noch vor Bathorys Tod

– zum Fürsten erwählt hatte. Bethlen beeilte sich, die osmanischen Hilfstruppen aus dem Land zu bringen und übergab die vereinbarte Entlohnung, die Festung Lippa → Lippova. Er war um den Frieden für sein Fürstentum bemüht und wanderte mit einer beinahe schlafwandlerischen Sicherheit auf dem schmalen Grat zwischen Orient und Okzident, der sich schon aus der geographischen Lage ergab. Er brachte es doch tatsächlich zuwege, daß sich in Siebenbürgen wieder etwas wie der alte Wohlstand ausbreitete. Zu Beginn des Dreißigjährigen Krieges nötigten ihn die Umstände, für die Sache der Protestanten gegen Habsburg zu ziehen und in Österreich einzufallen. Er zählte zum Kreis jener Potentaten, die in Prag ernsthaft als Anwärter für die böhmischen Krone in Erwägung gezogen wurden. Die Wahl des »Direktoriums« fiel bekanntlich auf den pfälzischen Kurfürsten Friedrich V., der – zum Unterschied vom Siebenbürgner – deutscher Reichsfürst war, als vielverlästerter Winterkönig aber recht glücklos agierte. Kurfürst Friedrich war Calvinist wie der Szekler Bethlen, der nun von den protestantisch dominierten Ständen Ungarns als Nachfolger Matthias II. (gestorben 1619) zum König erwählt wurde. Trotzdem zog er sich, so rasch er nur konnte, aus dem großen Krieg zurück; den Grund für die Beendigung der Operation in Österreich hatte der Einfall habsburgischer Truppen in Siebenbürgen geliefert. Bald kam es zum Abschluß eines Waffenstillstandes, in dem sich Kaiser Ferdinand II. ohne Anerkennung des Königtums Gabors zur Religionsfreiheit in Ungarn bekannte. 1622 wurde der Frieden von Nikolsburg geschlossen, in welchem Bethlen auf die Krone von Ungarn verzichtete, die 1625 Kaiser Ferdinands Sohn als Ferdinand III. erlangte.

Im Jahre danach griff der Krieg wieder nach Siebenbürgen. Ernst Graf von Mansfeld, einer der bedeutendsten protestantischen Heerführer, schlug sich mit den Resten seiner Truppe, von Wallenstein grimmig verfolgt, bis Siebenbürgen durch, wo er von Bethlen Gabor nicht nur aufgenommen, sondern geschützt wurde. Die Mittel zur Neuaufstellung eines Heeres konnte der Fürst dem vom Unglück getroffenen, tapferen Mann allerdings nicht geben, und Mansfeld machte sich auf den Weg nach Venedig, wo er Hilfe zu finden hoffte. Die Trümmer seines ruinierten Heeres blieben als Gäste des Fürsten in Siebenbürgen; er selbst starb überraschend in der Nähe von Zara → Zadar in Dalmatien, relativ kurz vor Erreichen seines Zieles.

Bethlen Gabor starb 1629. Gegen den Widerstand seiner Witwe Katharina von Hohenzollern wählte der Landtag Georg I. Rákoczi zum Fürsten. Georg I. verfolgte die Friedenspolitik seines Vorgängers, mußte allerdings 1644 auf Bitten der Protestanten in Habsburgisch-Ungarn für die Religionsfreiheit zu Pferde steigen. Ferdinand III., der 1637 seinem Vater auch in den deutschen Erblanden und als Kaiser nachgefolgt war, war in gegenreformatorischem Eifer ohne Rücksicht auf die Rechtslage scharf gegen die Nichtkatholiken in Ungarn vorgegangen – und wieder erschienen siebenbürgische Truppen in Österreich, worauf Ferdinand im Frieden von Linz (1645) ausdrücklich die Religionsfreiheit in Ungarn, auch für Leibeigene, zusicherte und den Grenzverlauf wie im Nikolsburger Frieden bestätigte. Dieser Friedensvertrag von 1645 war Siebenbürgens endgültiger Ausstieg aus dem Dreißigjährigen Krieg; Georg I., der seinen Sohn Georg II. zur Vermeidung von neuen Nachfolgewirren bereits 1642 zum Mitfürsten erwählen ließ, hielt trotz der bis zum Waffeneinsatz eskalierenden Auseinandersetzungen strikt an der Konstruktion des ungarischen Reichsrechtes fest: Es fühlte sich stets – wie auch Bethlen Gabor nach dem Frieden von Nikolsburg – als Vasall des Trägers der Stefanskrone. Trotzdem legte er auf gute Beziehungen zur Hohen Pforte den größten Wert und erhielt auf sein Ersuchen auch die großherrliche Genehmigung für die Wahl seines Sohnes.

Als Georg I. 1648 starb, konnte ihm Georg II. ohne die geringsten Kalamitäten nachfolgen. Die Jahre des Friedens, die Bethlen Gabor und Georg I. Siebenbürgen gebracht hatten – denn die Wogen des großen Krieges hatten das Fürstentum am Rande des Abendlandes nicht erfaßt – machten den kleinen Staat zu einem der wenigen intakten Gemeinwesen des Kontinents und den Fürsten zu einer wichtigen Persönlichkeit im Netz der internationalen Beziehungen, die um 1650 wieder aufgebaut wurden. Die glänzende außenpolitische Rolle, die Georg II. Rákoczi zugefallen war, machte ihn realitätsblind: Er löste die staatsrechtliche Verbindung mit Ungarn, nannte Siebenbürgen ein Königreich (1653 in: Approbatae constitutiones regni Transsilvaniae) und griff erfolglos nach der polnischen Krone. Die Wirren, die daraus entstanden, leiten unmittelbar über in den Krieg des Achmed Pascha Köprülü, den ein erneuertes, festgefügtes Osmanisches Reich führte.

Das zwingt uns, unser Interesse wieder Stambul zuzuwenden, das wir verließen, als die Janitscharen 1648 die Revolte der Pagen niederschlugen. Die große Dame Kösem Machpeiker hatte damit die Stellung ihres Enkels Mechmeds IV. an der Spitze des Reiches behauptet, doch in einer höchst eigenartigen Situation: In ihren politischen Aktionen, vor allem der Einsetzung der Regierungen, war sie mehr als je zuvor ein Großherr vom Willen der Janitscharen abhängig – in ihrer physischen Existenz aber von den Agas des Hofdienstes, die sie im Palast als wohlbewachte Geisel hielten und die selbst nicht austauschbar waren. 1651 versuchte sie, ihre Gefangenenwärter zu beseitigen; ein Janitscharenkommando sollte durch ein paar insgeheim geöffnete Pforten zur Nachtzeit in das Serail geschleust werden und ihre Gegner töten. Der Anschlag mißlang; der Kapu Aga alarmierte die Truppen des Hofes und die Gardekavallerieregimenter Sipah und Silihdar. Die zu nächtlichem Mord ausgesandten Janitscharen stießen nicht auf einen schlafenden Palast, sondern eine verteidigungsbereite Festung. Sie zogen sich in aller Stille zurück – und im Morgengrauen des anbrechenden 2. September 1651 erschlugen die Kameraden der vor drei Jahren auf dem Atmeydani und in Sultan Achmeds Moschee geschlachteten Pagen und Gardereiter Kösem Machpeiker.

Es mag seltsam erscheinen, daß nun wieder eine Sultana, und noch dazu

eine Russin, an die Stille der Frau Mondgestalt im Mittelpunkt des weitverzweigten, unüberschaubaren Netzwerkes der Herrschaft über den sunnitischen Orient gelangte: Turhan, eine Witwe Sultan Ibrahims, die Mutter Sultan Mechmeds IV. Am Stil der Herrschaftsausübung änderte sich vorerst
nichts; die Großwürdenträger waren willkürlich austauschbare Marionetten
teils der Janitscharen, teils der Hofclique. Einige Zahlen mögen verdeutlichen, wie sehr das Geschehen am Rande des Reichszerfalles und im Schatten
des strahlenden Chaos verlief: Zwischen 1648 und 1656 gab es allein
- dreizehn Großwesire,
- zwölf Männer an der Spitze des Gelehrtenkollegiums der Ulema,
- vierzehn Janitscharenaufstände in der Hauptstadt und
- vier Militärrevolten in Anatolien.

Turhan erkannte recht gut, daß nur ein starker, integerer Mann dem Reich
die notwendige Konsolidierung bringen konnte, aber es war nicht leicht,
einen solchen zu finden. 1656 stieß sie auf den siebzigjährigen Mechmed
Pascha, der nach seinem Heimatort Köprü in der Provinz Amasia Köprülü
genannt wurde und sich eben darauf vorbereitete, in den Ruhestand zu treten: sie ließ ihm durch Vertraute ein entsprechendes Angebot erstellen.
Mechmed Pascha Köprülü war keineswegs begeistert, den Schleudersitz des
verantwortlichen Regierungschefs zu besteigen, scheute sich aber andererseits den »allerhöchsten Unmut« durch Ablehnung zu erwecken; er wählte
einen ihm tauglich erscheinenden Mittelweg: Er knüpfte an die Amtsübernahme derartige Bedingungen, daß er sie für unannehmbar hielt. So forderte
er, daß ihm der gesamte Reichsapparat vorbehaltlos unterstellt werde, daß er
sämtliche Würdenträger nach freiem Ermessen einsetzen, entheben und
aburteilen könne, daß alle ihm - und nur ihm - rechenschaftspflichtig waren,
daß nur er weisungsberechtigt sein solle und daß kein Beamter ohne seine
ausdrückliche Genehmigung vom Großherrn empfangen werden dürfe. Auf
den einfachsten Nenner gebracht forderte er die Einführung eines absolutistischen Regimes, dessen Spitzenposition der Großwesir, nicht aber der Großherr innehatte.

Es kann sein, daß seine schockierenden Forderungen in einer emotionellen Grundeinstellung gegen die Absolventen der Enderun wurzelten, die seit
Mechmeds II. Reichsreform geradezu ein Monopol für die Ämterlaufbahn
hatten, von der die Nachkommen der eigentlich reichsgründenden Turkmenen so gut wie ausgeschlossen waren. Denn Mechmed Pascha war Türke;
sein Vater war ein kleiner Beamter der Statthalterei in Amasia gewesen; solche geringen Dienstposten der »Kanzleischreiber« wurden mit Leuten
besetzt, die nicht Sklaven des Großherrn waren. Dieser hatte seinen Sohn
irgendwie in die »Beamtenlaufbahn« des Hofdienstes geschleust, in deren
unteren Rängen ebenfalls Freie verwendet wurden, wenn man einmal nicht
genügend Sklaven hatte, und der kleine Mechmed war zunächst Küchen-
junge gewesen, der es mit der Zeit bis zum Hofkoch brachte. Damit war
seine Laufbahn an sich erschöpft; Sultan Murad IV., der so manchen außer-

ordentlichen Karrieresprung verfügte, ernannte vermutlich 1634 den nun fünfzigjährigen Koch aber zum Kommandeur des Gardekavallerieregiments Silihdar, ohne daß es irgendeinen vernünftigen Grund für diese Maßnahme gegeben hätte. Bis zu diesem Zeitpunkt hatte Mechmed stets unter den Sklaven den Sultans gedient – nun war er über Nacht zum Aga geworden und damit vielen Palastakademikern gleichgestellt, ja sogar vorgesetzt. Zu den Erkenntnissen seines bisherigen Lebens gehörte ganz zweifellos die sehr bittere, daß auch eine glänzende Ausbildung die charakterlichen Grundstrukturen von Menschen oftmals nur ungenügend verändert. Er blieb als hochrangiger Offizier ein Außenseiter, der die Großwürdenträger mit kritischer Distanziertheit betrachtete. Bald wurde er vom reinen Militärdienst abgezogen und Beglerbegi von Trapezunt, dann von Karaman, dann von Damaskus und zuletzt von Jerusalem, er wurde auch Mitglied des Staatsrates und damit Wesir. Er hatte sich eigentlich durch nichts ausgezeichnet als durch eine saubere Amtsführung und eine für jene Zeit peinlich korrekte Haltung, die ihn vom üblen Gespinst der Intrigen und Korruptionsskandale fernhielt.

Das empfahl ihn; Turhan akzeptierte seine Bedingungen vorbehaltlos und ergänzte sie durch die Garantie der Unabsetzbarkeit –, und am Freitag, dem 15. September 1656 wurde Mechmed Pascha Köprülü zum Großwesir des Beherrschers der Rechtgläubigen bestellt. Damit ging die Fülle der Herrschaftsgewalt über ein Großreich, das noch als Weltmacht galt, aus den Händen des unreifen, unbedeutenden, halbwüchsigen Muttersöhnchens Mechmed IV. in die eines in Ehren ergrauten, in Krieg und Frieden bewährten türkischen Großwürdenträgers, der seine unübliche, aber untadelige Laufbahn als Kochlehrling in der Palastküche begonnen hatte.

Mit dem Elan eines Jünglings und der empiriebestimmten Umsicht eines Greises machte sich Mechmed Pascha ohne Verzug daran, den Augiasstall, zu dem das Reich schon lange geworden war, in ebenso notwendiger wie schreckenerregender Radikalität auszumisten. Er fuhr wie ein eiserner Besen durch Amtsstuben und Offiziersquartiere, durch Verwaltungsstellen und Kasernen, er ahndete mit gnadenloser Härte jeden Amtsmißbrauch, jeden Fall von Bestechung, ja selbst jede grobe Fahrlässigkeit in der Führung der dienstlichen Obliegenheiten. Nicht weniger als 30000 Amtsträger büßten mit dem Kopf für nachgewiesene Verfehlungen –, etwa doppelt so viele verloren Amt, Rang und Vermögen, durften aber ihr Leben behalten. Der gewaltige Selbstreinigungsprozeß des eben noch allmächtig scheinenden Behördenapparates ließ die Furcht vor dem greisen Großwesir bis in die entferntesten Winkel des Reiches fliegen. Rasch verbreitete sich die Mär, Mechmed Pascha sei – wie der alttestamentarische König Salomon im Glauben der Orientalen – der Sprache der Vögel kundig, und von diesen erfahre er jedes Unrecht, das sich auch in den abgelegensten Provinzen ereigne.

Die Massenenthebungen, die vor allem die mittleren und höheren Ränge der Hierarchie erfaßten, erbrachten eine sehr problematische Situation auf dem Personalsektor, da die freien Dienstposten wieder besetzt werden mußten. Da jede Neubesetzung einer Spitzenposition so und so viele Nachrückungen in den mittleren und unteren Rängen nach sich zog, ergab sich ein enormer »Sog von oben«, der junge, energische und reformwillige Absolventen der Palastakademie rasch vorrücken ließ, wobei das entscheidende Kriterium für Traumkarrieren, die nun geradezu üblich waren, darin erblickt wurde, daß der Beförderte von der Korruptheit des Systems nicht angekränkelt war. Dabei wußte man aber wohl oder übel die Augen davor verschließen, daß dies allein noch keine Garantie der charakterlichen Bonität darstellt, sondern zumindest in Einzelfällen auch darauf zurückgeht, daß es sich um Inhaber von kleinen Dienstposten handelte, die zu bestechen sich nicht lohnte. Die Bewahrung der moralischen Integrität war auch im Stambul des 17. Jahrhunderts für jene Funktionäre des Verwaltungsapparates einfach, die keine selbständige Entscheidungsgewalt hatten und deren Einfluß gering war, und die mit der Versuchung der Geschenkannahme kaum konfrontiert worden waren.

Trotz alledem war die Besetzung von rund 100 000 Dienstposten in der Hoheitsverwaltung (einschließlich der präsent gehaltenen Truppenkörper) aus dem vorhandenen Reservoir der Palastakademie nicht möglich. Das gab Mechmed Pascha, der dem Sklavensystem ohnehin mit Ressentiments gegenüberstand, den willkommenen Grund, in das Ämtermonopol des Sklavenhofs, das bisher nur in Einzelfällen durchbrochen worden war, eine breite Bresche zu legen und freie Türken in großer Zahl in die Hierarchie aufzunehmen. Und zwar gleich in entsprechende Dienstposten – ohne die Ochsentour der üblichen, jahrelangen theoretischen und praktischen Ausbildung. Durch die Eigenheiten der islamisch-osmanischen Konzeption der Gesellschaft hatte er auch ein seinen Vorstellungen entsprechendes Potential zur Hand: Den Stand der Gelehrten, der außerhalb der staatlichen Amtshierarchie organisiert war und im Kollektiv der Ulema mit dem Scheik ul Islam die entscheidende Kontrollinstanz der osmanischen Reichsführung war (s. I. Bd., S. 297 ff.). Es sei hier die Bemerkung gestattet, daß Mechmed Pascha, der freie Türke, der nicht die Enderun absolviert und unter den Palastakademikern wenig Freunde hatte, mit hoher Wahrscheinlichkeit in der Ulema den Rückhalt fand, um seine Reformen in Angriff zu nehmen und durchzusetzen; als wahrscheinlich darf auch gelten, daß der Gedanke, ihn zum Großwesir zu bestellen und mit den geforderten Sondervollmachten auszustatten, von der Ulema kam und durch den Scheik ul Islam der Sultana Turhan mundgerecht gemacht worden war. Verbindungen zwischen ihm und der Gelehrtenschaft bestanden jedenfalls auch außerhalb der offiziellen, aus dienstlichen Gründen notwendigen Kontakte zwischen dem Großwesir und dem Scheik ul Islam: Mechmeds ältester Sohn Achmed, der erst um 1635 (für Mechmed also spät, was wohl auf seine eigenartige Laufbahn zurückgeht) geboren wurde, war freier Student geworden, hatte sich durch Fleiß und Geist den Beinamen Fazil → der Hochgebildete, erworben, galt schon als Fünfzehnjähriger als Zierde der osmanischen Rechtswissenschaft, wurde Gehilfe (für unseren Sprachgebrauch Assistent) des berühmten Gelehrten Kara Tschelebizade Aziz Efendi und wurde schon 1651, also mit sechzehn Jahren, durch Verleihung der Lehrbefugnis ausgezeichnet. Er war knapp über zwanzig, als sein Vater Großwesir wurde und sein Reformwerk begann. Er zeigte wenig Neigung, nun die Laufbahn zu wechseln, um sich der scharfen Disziplin der Verwaltung, die sein Vater eben wieder durchzusetzen bemüht war, zu unterwerfen. Sein Zögern ließ andere junge Gelehrte, die zunächst Interesse gezeigt hatten, zurückschrecken, und das aus einem sehr verständlichen Grund: Mechmed Pascha war ein, mit den Augen eines sagen wir Fünfundzwanzigjährigen gesehen, uralter Mann, der rüstig dem Paradiese zustrebte. Dann aber mußten, aller Wahrscheinlichkeit nach, wieder die Sklaven mit der Enderunausbildung tonangebend werden, und es stand zu befürchten, daß sie mit den Eindringlingen, als die sie die freien Türken mit der Ausbildung in der Medressen, den islamischen Universitäten, ansahen, ähnlich verfahren würden wie Mechmed Pascha mit ihnen verfahren war.

Mechmed Pascha, der sein Reformprogramm durch den Mangel an geeignetem Führungskräftenachwuchs gefährdet sah, bemühte sich unter Anwendung welcher Mittel auch immer den widerspenstigen Achmed zum Eintritt in den Staatsdienst zu bewegen; 1659 war er erfolgreich: Der Wunderknabe war bereit und wurde zum Beglerbegi in Erzurum ernannt. In den zivilen Belangen seines Amtes bewährte er sich, wie vorherzusehen, bestens; das Kriegshandwerk bemühte er sich von den Offizieren seiner Provinz – im Pulverdampf ergrauten Truppenführern der Grenzkonflikte mit den Persern – zu erlernen. Er lernte brav und eifrig. Schon nach einem Jahr übertrug ihm sein Vater die Statthalterschaft von Damaskus, um ihm Gelegenheit zu geben, in den fortdauernden Unruhen im Libanongebiet, für die *damals* die Drusen verantwortlich waren, die Wirklichkeit des Krieges kennenzulernen und das in Erzurum Erlernte praktisch anzuwenden. In der Tat brachte er eine größere Operation gegen die Aufständischen zum glücklichen Abschluß; er galt nun als bewährter Feldherr. Sultana Turhan fand nichts dabei, als ihn sein Vater mit ausdrücklicher Zustimmung des Großherrn im Juni 1661 zum Großwesirstellvertreter → Kaimakam *mit Sukzessionsberechtigung* ernannte.

Schon sein Eintritt in die Ämterlaufbahn war für die jungen Intellektuellen aus und in den Universitäten das Signal gewesen, sich an der großen Reichsreform zu beteiligen und sich dem glaubenstreuen Großwesir zur Verfügung zu stellen. Als nun klargestellt war, daß der Sohn des Reformers dessen Werk fortsetzen werde, setzte ein gewaltiger Andrang in die Reichshierarchie ein. Hatte Mechmed Pascha Köprülü zunächst befürchten müssen, am Personalmangel zu scheitern, so hatte er nun die Sorge, wie er alle jene unterbringen könne, die in die freien Positionen drängten. Er hatte diese Sorge aber nur kurze Zeit: Schon wenige Wochen nach der Ernennung Achmeds zum Kaimakam wurde er von einer bösen Krankheit befallen, an der er am 30. Oktober 1661 verstarb.

Nun war *Achmed Pascha der Hochgebildete* Großwesir des Osmanischen

Reiches mit absoluter Herrschaftsgewalt; er zählte sechsundzwanzig Jahre, der Großherr, Mechmed IV., in dessen Namen er regierte, war noch jünger: Er vollendete am 30. Dezember desselben Jahres eben sein zwanzigstes Lebensjahr. Der Sultan war, wie sein Beiname »der große Jäger« zeigt, an der Durchführung großer, prunkvoller Hofjagden mehr interessiert als an der Führung des Reiches. Er überließ die Zügel der Regierung vollkommen seinem jungen, gescheiten und tüchtigen Großwesir, wobei allerdings daran erinnert sei, daß für ihn jede direkte Einflußnahme durch die Mechmed Pascha zugebilligte Entscheidungsfülle, die auf Achmed übergegangen war, problematisch sein mußte. Irgendeine Interessenkollision aber ergab sich augenscheinlich nicht: Achmed Pascha traf die Entscheidungen, und Sultan Mechmed stimmte ihnen zu.

Es ist nun notwendig, das Bild des neuen Osmanischen Reiches abzurunden, das ein – und das nicht nur in der Führungsspitze – radikal verjüngtes war, und in dem Männer unter dreißig den Ton angaben und die Politik bestimmten. Sie waren allesamt durch Mechmed Pascha und spätestens mit Achmed Pascha in die Schlüsselstellungen gelangt. Diese behielten sie oder erlangten sie wieder im nächsten halben Jahrhundert, in dem die Offensivgewalt dieses Reiches endgültig zerbrochen wurde. Dabei waren die jungen Männer, die nun die Schalthebel des politischen Geschehens in dem Großreich übernahmen, von dem Ideal besessen, dieses erneut zum alten Glanz und zur alten Weltgeltung zu bringen; sie waren von Energie und Tatendurst beseelt. Sie waren von der Überzeugung durchdrungen, daß das Heer dieses Reiches wie seit alten Zeiten das beste der Welt wäre und das geeignete Instrument, die westliche Christenheit unter die Herrschaft des Beherrschers der Rechtgläubigen zu ducken. In diesem Sinne traten sie an, tapfer, entschlossen – und fest um Achmed Pascha den Vortrefflichen geschart.

Zuerst ist *Kara Mustafa* zu nennen, der spätere Großwesir, der wegen seiner Niederlage vor Wien erdrosselt wurde und noch heute der im Abendland bekannteste osmanische Großwürdenträger ist. Er war als Sohn eines Timarioten 1634 in Merzifon geboren und gelangte, früh verwaist, in das Haus des Mechmed Pascha Köprülü, wo er mit dessen Söhnen aufgezogen ward. Als sein Ziehvater Großwesir wurde, gelangte er in den Hofdienst und wurde Zweiter Stallmeister (1658). Bald darauf wurde er mit Mechmed Paschas Tochter vermählt und damit der Familie für ständig verbunden. In der Verwaltungshierarchie erschien er zuerst als Beglerbegi von Silistria, wurde kurz danach zum Wesir ernannt und mit der Statthalterschaft in Diyarbekir betraut. Als Achmed Pascha Großwesir wurde, bestellte er seinen Schwager zum Kapudan Pascha und ernannte ihn 1662 unter Belassung in seiner Dienststellung als Oberbefehlshaber der Kriegsmarine zu seinem Kaimakam. Als Kapudan Pascha fielen ihm vor allem zwei Aufgaben zu, die mit den ihm zur Verfügung stehenden Mitteln nicht einfach zu lösen waren: Die Versorgung der noch immer in Kreta kämpfenden Heeresteile und die Verhinderung des Eindringens der venezianischen Flottenverbände, die meist auch von maltesischen und päpstlichen Flottillen unterstützt wurden, in die osmanischen »Binnengewässer« im griechischen Raum, was ab 1657 mehrfach versucht wurde. Nach dem Tode Achmed Paschas wurde er 1676 Großwesir, führte 1678 einen Feldzug gegen die Dnjepr-Kosaken und eroberte ihre Hauptfestung Tschygyryn – und 1683 zog er vor Wien.

Zu Achmeds engerem Führungsstab gehörte ohne selbständigen Wirkungskreis sein jüngerer Bruder *Mustafa*. Er war 1660 von der Medresse gekommen und fand als eine Art von Adjutant Verwendung. 1680 wurde er von Kara Mustafa zum Wesir und zum Militärbefehlshaber der Bosporusregion ernannt; 1687 bestellte ihn der Großwesir Siyawusch Pascha – der ebenfalls sein Schwager war – zum Kaimakam. 1689 erlangte er selbst das Großwesirat; er ist am 19. August 1691 in der Schlacht bei Slankamen gefallen.

Zu Achmeds persönlichem Freundeskreis ist ein dritter *Mustafa* mit dem Beinamen Kiblebi zu zählen, der 1660 Beglerbegi des syrischen Tripolis war, 1661 Wesir wurde, 1662 als Pascha von Damaskus genannt ist und 1664 im Ungarnkrieg fiel. Trotz seiner Freundschaft mit dem Großwesir scheint er Absolvent der Palastakademie gewesen zu sein; er war schon – sehr junger – Statthalter, als Achmed Beglerbegi in Damaskus war und operierte gemeinsam mit ihm beim Aufstand der Drusen.

Ebenfalls aus der Enderun hervorgegangen, weil militärisch auffallend vorgebildet, war der vermutlich 1630 geborene *Ibrahim Pascha Tavil* → der Lange, auch Kadirullah genannt, den Achmed noch vor Kara Mustafa zu seinem Stellvertreter und zum Wesir erhob. 1663 nahm er ihn als seinen Stellvertreter im Oberbefehl des Heeres mit in den Krieg, während Kara Mustafa als Kaimakam die Vertretung in Stambul bei Regierung und Hof besorgte. 1664 wurde er Beglerbegi in Bagdad, 1665 Serasker im Krieg gegen Basra, dann Statthalter in Diyarbekir, Damaskus, Kreta, erneut Damaskus, 1676 Serasker in Polen, dann wieder Beglerbegi in Damaskus, als welcher er um die vorzeitige Versetzung in den Ruhestand ansuchte. Er hatte zwar Achmed Pascha als absoluten Herrn der Verwaltungshierarchie voll anerkannt, zumal der auch von höflichen Umgangsformen war, nicht aber Kara Mustafa Pascha, der den nötigen Takt oft vermissen ließ, gerne den Herrn spielte und vermutlich nicht so talentiert und gewiß nicht so überzeugend gebildet war wie sein Schwager. Von ihm soll das Bonmot stammen, daß dem »neuen Großwesir« noch immer der Stallmief seiner ersten Dienstverwendung anhafte.

Aus dem Stande der freien Gelehrtenschaft hingegen kam *Kasim Pascha Cerrâh* → der Wundarzt, der kurz vor 1640 geboren und nicht nur religiös und juristisch vorgebildet war, sondern naturwissenschaftlich – medizinisch, was als Außerordentlichkeit galt. Wie Achmeds jüngerer Bruder zog er als Teil des persönlichen Stabes, der auch als Führerreserve diente, in den Ungarnkrieg; er wurde im ersten Kriegsjahr zum Beglerbegi der Provinz Eger → Erlau bestellt. 1664 Beglerbegi von Temesvár, wurde er danach Statthalter verschiedener anatolischer Provinzen und 1671 Kaimakam. 1672 erneut Beglerbegi in Temesvár und bald darauf in Budyn, starb er schon 1676 als Wesir in seinem Amtssitz an der Donau.

Das waren sie, die Vertreter der »neuen Klasse«, die »jungen Löwen«, oder doch die wichtigsten von ihnen, neben denen oder vielmehr hinter denen es einige der »alten Männer« gab, die Mechmed Paschas Säuberungsaktion überstanden hatten, die aber in den Hintergrund gedrängt worden waren, sich Zurückhaltung auferlegten und das Geschehen kritisch verfolgten. Und die deutlich zu erkennen gaben, daß sie die Übertragung der Herrschaftsgewalt an den vielerfahrenen und bewährten Mechmed Köprülü zwar hingenommen, und sogar mit gewissem Beifall hingenommen hatten, nun aber erwarteten, daß die jungen Männer, die sich mit großen Worten überall in den Vordergrund drängten und die alles besser zu können vorgaben, auch Taten setzten, die ihrem Gehabe entsprachen.

Zu ihnen zählte der damals älteste Großwürdenträger *Mechmed Pascha Gürcü* → der Georgier, der schon 1627 Statthalter in Damaskus gewesen war, 1629 Wesir wurde und sodann Beglerbegi beinahe aller wichtigen Provinzen war, darunter um 1660 auch von Magyaristan. 1663 zum Beglerbegi in Aleppo bestellt, wurde er 1664 wieder Pascha in Budyn, wo er 1666 verstarb. Er war tüchtig, tapfer und kritikfreudig, was ihm Achmed Pascha aber nachsah, weil er Kritik offen vorzutragen pflegte und sie stets von großer Sachkunde getragen wurde.

Weniger Freude hatte der junge Großwesir mit dem etwas intriganten Nischandschibaschi → Staatskanzler *Mechmed Efendi,* der dieses Amt (mit Unterbrechungen) seit 1651 versah. Dieser machte 1663 eine – geheime – Eingabe an den Großherrn, in welcher Achmed Paschas Tätigkeit als Seraskier massiv kritisiert wurde, und zwar durchaus sachverständig kritisiert. Da an der Kriegskundigkeit des reinen Verwaltungsbeamten Mechmed Efendi gezweifelt wurde, glaubte Kara Mustafa, daß die Kritik in Wahrheit von *Ibrahim Pascha,* dem Schwiegersohn des Kanzlers, stamme und berichtete entsprechend an seinen Schwager, der in der heutigen Slowakei kämpfte. Ibrahim Pascha, damals Militärbefehlshaber der Dardanellenregion, wurde gemeinsam mit seinem Schwiegervater in Achmeds Hauptquartier befohlen und als Hochverräter liquidiert. Ob er tatsächlich mit im Spiele war, ist umstritten, jedenfalls aber soll ihn der Staatskanzler dem Großherrn als möglichen Nachfolger für Achmed Pascha empfohlen haben.

Es gab aber auch Männer, die Achmed Pascha persönlich schätzten und vielleicht sogar bewunderten, die aber mit seinen engsten Freunden und Vertrauten nicht einverstanden waren. Hier ist vor allem der *Abaza Hüseyin Pascha* zu nennen, der den Beinamen Sari → der Gelbe trug. Dieser Abaza – so nannte man im Osmanischen Reich die Angehörigen eines wegen seiner Tapferkeit berühmten kaukasischen Volkes – war der Sohn des Abaza Siyawusch Pascha Silihdar, der großherrlicher Waffenmeister (s. I. Bd. S. 287,

S. 376) gewesen war, dann Kapudan Pascha, dann Beglerbegi verschiedener Provinzen, Serasker in Kreta und zweimal Großwesir (letztmalig bis zu seinem Tod im April 1656) und der Aufnahme in die großherrliche Familie durch Vermählung mit einer Tochter Sultan Achmeds I. gewürdigt wurde. Sein Sohn Hüseyin war ebenfalls der Schwiegersohn eines Kalifen, des Sultans Murad IV. 1658 bestellte ihn Mechmed Pascha zum Beglerbegi von Kanije → Großkanischa, Achmed Pascha 1663 zum Statthalter in Budyn und zum Wesir, enthob ihn im Oktober 1664, setzte ihn etwa ein halbes Jahr später wieder ein, verwendete ihn dann als Beglerbegi in Haleb, Basra, Kandia, Rumelien und in Diyarbekir. Seit 1679 war er Statthalter in Damaskus und zog in dieser Dienststellung mit Kara Mustafa nach Wien: Er war der älteste Großwürdenträger und der erfahrenste Heerführer in diesem Krieg, geriet in zunehmende Opposition zum Großwesir und erstattete über Aufforderung wahrheitsgetreue Berichte an den Hof, die sicherlich Kara Mustafas Fall mitverursachten.

Schwager des Großherrn war auch *Ismail Pascha,* Wesir des Reiches und Beglerbegi des von Murad Pascha dem Brunnengräber zum Wilajet erhobenen Bosnien, der vor Mechmed Paschas Reform bereits Gesandter am persischen Hof gewesen war. Er war dessen überzeugter Anhänger geworden, fühlte sich aber durch Achmeds Großwesirat zurückgesetzt oder übergangen und ließ erkennen, daß er dessen militärische Ausbildung als ungenügend ansah, was ihn als Absolventen der Enderun erkennen läßt. 1663 fiel er sehr kühn und energisch, als Feldherr aber selbst nicht eben hervorragend, in den Bereich der Militärgrenze ein und belagerte erfolglos Karlovac. Im nächsten Jahr im Rahmen der Hauptarmee verwendet, ist er in der Schlacht um den Raabübergang bei Mogersdorf gefallen; er dürfte etwa 45 Jahre alt gewesen sein.

Etwas älter war *Kaplan Mustafa Pascha Silihdar,* der schon 1650 Wesir und Statthalter von Bagdad war und von Mechmed Pascha weiterverwendet wurde, zumeist als Beglerbegi in asiatischen Provinzen. In den Krieg von 1663 zog er als Statthalter von Konya und kriegskundiger Großwürdenträger, was ihm unter den jungen Männern um Achmed Pascha ein bedeutendes Ansehen verschaffte. Sein Charakter wurde von einer schlichten, traditionsgebundenen Frömmigkeit geprägt, die ihn zu einem redlichen Mann gemacht und von allem ferngehalten hatte, war nur entfernt als Korruption bezeichnet werden kann. 1666 wurde er Kapudan Pascha; er starb 1680 als Beglerbegi von Izmir. Seine Treue gegenüber dem greisen Mechmed Pascha hatte er bedingungslos auf seinen Sohn Achmed und später auf Kara Mustafa übertragen. Er war ein ebenso überzeugter wie überzeugender Anhänger der Familie Köprülü.

Die Kurzfassung der Lebensläufe einiger herausragender Großwürdenträger zu Beginn von Achmeds Großwesirat läßt erkennen, daß das Reich der Osmanen, dem Sultan Mechmed II. eine ganz charakteristische Prägung gegeben hatte, einem tiefgreifenden Wandel unterzogen war, der es in grundsätzlichen Belangen derart veränderte, daß man von einer Neugestaltung sprechen muß.

Als wandernder Flüchtlingshaufen war ein turkmenischer Stammesverband unter Ertoguls Führung nach Kleinasien gelangt und ins Reich der Rum-Seldschuken aufgenommen worden, hatte unter Osman I., der nach dem Untergang des Seldschukenreiches den Titel eines Sultans annahm, an innerer Festigkeit gewonnen, war unter Sultan Orkhan von der nomadischen Lebensform schweifender Viehzüchter in jene landbesitzender Bauern übergegangen und unter seinen Nachfolgern durch erfolgreiche Kriegführung in den Besitz ganzer Ländermassen gekommen, ohne daß sich die inneren Strukturen des Herrschaftsgefüges wesentlich verändert hatten. Diese Phase der Staatswerdung darf füglich als die Jugendzeit des Reiches genannt werden.

Sie endete unter dem siebenten Nachfolger Ertoguls – unter Mechmed II. dem Eroberer. Für sein Reich, das zur Weltmacht aufgestiegen war und den Weltherrschaftsanspruch des Imperium Romanum übernahm und mit neuen, mächtigen, religiös gebundenen Impulsen erfüllte, waren die traditionell fixierten Herrschaftsstrukturen nicht mehr geeignet. Er war es, der die Funktionärsschicht der »Landadeligen«, der Nachkommen der frühen Sippenältesten mit den Ansprüchen auf größere Landzuweisungen, entmachtete und durch die Mitglieder seines Sklavenhofes, die durch eine jahrelange, spezialisierte Ausbildung sorgsam für eine höhere Laufbahn vorbereitet waren, ersetzte. In diesem Sklavenhof, in dessen Hände der Großherr die gesamte

– politische und
– militärische

Macht des Reiches legte, erblickte das Abendland mit vollster Berechtigung das entscheidende Instrument des osmanischen Herrschaftssystems, und es sei erlaubt, unter den vielen Bewertungen eine zu zitieren, die von ebenso prominenter wie überraschender Seite stammt – vom preußischen Historiographen und Professor der Universität Berlin, Leopold von Ranke. Er bezeichnet Iskender Beg, den er Scanderbeg nennt, als Besonderheit des Abfalls vom islamischen Glauben und Osmanischen Reichs, und er schreibt:

> »Sonst wird sich wohl schwerlich ein Beispiel finden, daß Einer von ihnen seine Eltern, denen er entrissen war, seine alte Heimath wieder aufgesucht hätte. Wie sollten sie auch? Hier war kein Erbadel, dessen Ansprüche ihrer Tapferkeit oder ihrem Talente hätten entgegentreten können; vielmehr ihnen selbst waren die höchsten Würden des Reichs, selbst alle Sandschakate, bestimmt; der Janitscharen-Aga ward aus ihnen genommen; nicht allein die gesammte Regierung, sondern auch die Anführung des Heeres war in ihren Händen; ein Jeder sah ein Feld, eine Thätigkeit, ein Leben vor sich, welches im Auge er vergessen konnte,

daß er ein Sklave war. Weit eher schien ihr Zustand den Christen reizend, die nach Abenteuern und hohen Würden Verlangen hatten. Viele verließen ihr Vaterland mit Willen, um unter diesen Sklaven ihr Glück zu versuchen. Sie nun sonderten sich strenge ab; sie litten nicht, daß irgendein geborener Türke, selbst nicht, daß der Sohn eines Großwessirs, der doch eben aus ihrer Zahl emporgestiegen, Sandschak wurde.«

Und mit dieser Exklusivität der fremden herrschenden Schicht war es nun zu Ende.

Das System hatte sich in seiner entscheidenden und gleichzeitig schwächsten Stelle selbst überwunden: in der Person des Großherrn. Er mußte den Geist, der seine Sklaven erfüllte, selbst repräsentieren. Er mußte die Idealität, die ihnen eingetrichtert worden war, in die soziale Wirklichkeit übertragen. Er mußte sein ganzes Dasein auf das Ziel, das Reich der Religion des einen, allmächtigen und ewigen Schöpfergottes in dieser Welt zu verbreiten, abstellen. Er mußte Geist sein von ihrem Geist, Fleisch von ihrem Fleisch – Löwe unter Löwen, Wolf unter Wölfen. Und dabei die Eignung zum Rudelführer haben, wie Mechmed der Eroberer, auf dessen herausragende Persönlichkeit das ganze System zugeschnitten war, selbst sie gehabt hatte und von seinen Nachfolgern Männer wie der harte Krieger Yavuz Selim, der geniale Soliman der Prächtige und allenfalls der jungverstorbene Achmed I. Der Apparat der Herrschaftsausübung war in den Zeiten zwischen diesen »Großherrn nach Maß« genötigt gewesen, sich damit zu begnügen, daß man dem Herrscher die geforderten Eigenschaften eben noch zuschreiben konnte, daß sie ihm zusinnbar waren, daß er einen grimmigen und mutigen Eindruck machte, wenn man ihm das Löwenfell überzog und ihn nötigte, an der Spitze der gewaltigen Heere ins Feld zu ziehen, wofür als Paradebeispiele die Sultane Mechmed III. und Murad IV. genannt werden dürfen. Dann aber war auch das noch immer imponierende Surrogat der vordem so kraftvollen Wirklichkeit hinfällig geworden: Sultane, die offenbar schwachsinnig waren wie Mustafa I., Großherren, deren Interessen auf die Stärkung der eigenen sexuellen Potenz konzentriert waren wie Ibrahim, oder Kalifen, die als das oberste Ziel der Staatskunst die Abzweigung von mehr als zwei Millionen Dukaten jährlich aus den Staatseinnahmen erkannten, die sie dann eichhörnchengleich im Garten verstecken ließen, wie Murad III., waren auch als bloße Aushängetafeln nicht mehr geeignet. Und ihre »Vorbildwirkung« korrumpierte das ganze System.

Das Osmanische Reich verlor an Glanz, an Kraft und an Beweglichkeit. Es alterte – um in das gebrachte Bild zurückzukehren – rasch und stand an der Schwelle des Greisenalters. Den Großherrn jener Periode konnte auch ein übergestreifter Wolfspelz nichts mehr nützen. Denn erhoben sie ihre Stimme, so verriet ihr Blöken das Schaf, das in diesem steckte und das von den Raubtieren, die es umgaben, gerissen wurde. Da es keinen Leitwolf gab, bedurfte es eines Dompteurs, der das Rudel niederzwang. Und dieser Dompteur war der Großwesir, der, mit erweiterten Befugnissen ausgestattet, seine Autorität dadurch zur Geltung brachte, daß er das Rudel energisch dezimierte und sich mit rudelfremden Gehilfen umgab. Das Risiko, das in der Übertragung der Dompteursfunktion auf einen neuen, jungen Großwesir lag, war an sich gelungen, auch wenn das Rudel noch darauf wartete, daß er durch eine große Tat seine Eignung zum absoluten Herrn in unmißverständlicher und unübersehbarer Weise darstelle. War der Großwesir in Mechmeds, des Großherrn, Reichsgestaltungskonzept Teil des Sklavenhofs und stand mit diesem in seinem Schatten, so war der Großwesir nach Mechmeds, des Paschas, Reichsreform der freie Herr über den Sklavenhof. Und er warf seinen Schatten über ihn wie über den Großherrn, der weitgehend machtentkleidet war.

Die Reichshierarchie, bisher der geschlossene Block der Palastakademiker, war nun gespalten. Der Verlust der Homogenität ergab sich aus den Unterschieden

- in der Ausbildung und
- im ethnischen Herkommen.

Die Ausbildung der Männer, die von den Medressen in die Amtshierarchie gelangten, war in den Fragen des religiös gebundenen Rechts, der islamischen Geschichte und der aus Recht und Geschichte erwachsenen Philosophie tiefer, umfassender und verstehender als die Ausbildung in der Palastakademie, die auf das vordergründige, platte Wissen um die Rechtsanwendung im Verwaltungsdienst, die immer komplizierter werdende Amtshierarchie, die Geldaufbringung für Hof und Heer und vor allem auf die Vermittlung der Grundkenntnisse für die Truppenführung, die nun allerdings sehr eingehend dargestellt wurden, abgestellt war.

Zu den sehr erheblichen Divergenzen im Bildungsniveau, das – vereinfacht gesagt – einmal sehr theoretisierend war, das andere Mal aber durchaus praxisbezogen, kamen noch die ethnischen Unterschiede. Der Sklavenhof bestand – wie venezianische Quellen, auf die sich beispielsweise Ranke stützt, treffsicher bemerken – aus Männern, die im christlichen Glauben geboren, in Sklaverei verfallen und im Islam aufgezogen worden sind. Der Gelehrtenstand aber ergänzte sich aus Familien, die meist schon seit unvordenklichen Zeiten im Islam lebten und frei gewesen sind, vorwiegend Türken und Araber, wobei die meisten der nun in die Hierarchie strömenden Türken waren, die allem Anscheine nach auch bei der Einstellung bevorzugt wurden. Und das wieder brachte eine – beinahe – nationale Note ins Spiel: Das Osmanische Reich wurde türkisiert, genauer gesagt re-türkisiert, war doch bis zum Zeitalter Sultan Mechmeds II. die herrschende Schicht dieses Reiches aus Männern gebildet worden, die Nachkommen von Ertogruls Fluchtgefährten waren, wie ihr Großherr ein Nachkomme Ertogruls gewesen ist.

Das von Mechmed, dem großen Eroberersultan, aus den Führungspositionen verdrängte türkische Bevölkerungselement kehrte nun mit Mechmed aus Köprü, dem greisen Großwesir, in die Reichsführung zurück. Und es gab dem Osmanischen Reich die ab nun kennzeichnende türkische Fassade. Genau

besehen gibt erst diese die Berechtigung, das Osmanische Reich das Türkische Reich zu nennen, obzwar das Reich auch nach Mechmed Paschas Reformwerk die Grundkonzeption des Vielvölkerstaates durchaus beibehielt.

Aber zurück nun zu Achmed Pascha Köprülü, dem Hochgebildeten, dem Großwesir, dem Dompteur. Das Wolfsrudel umstand ihn und harrte der großen, legitimierenden Tat.

2. Kapitel:
Von Mogersdorf nach Wien

Georg II. Rákoczi, der junge, ehrgeizige Fürst von Siebenbürgen, hatte schon zu Jahresbeginn 1657 dafür gesorgt, daß die von seinen Vorgängern mühsam genug erlangte Stabilität der Verhältnisse nördlich der unteren Donau in neuen Wirren und Auseinandersetzungen unterging. Er war ein sehr unternehmungslustiger, energischer und talentierter, dabei mit sehr wenig Lebenserfahrung behafteter Mann, der nach den Grundzügen seines Wesens eigentlich ganz vortrefflich in den Kreis der jungen Löwen gepaßt hätte, den der greise Mechmed Pascha Köprülü eben damals am Goldenen Horn zu bilden bemüht war. Im Januar (!) 1657 brach er mit einem Heer von rund 40 000 Mann über die winterlichen Karpaten nach Polen auf – ein gewaltiges Unternehmen, das von den Zeitgenossen gerne mit Hannibals Zug über die Alpen verglichen wurde. Und man kann in der Tat auch die Ergebnisse vergleichen: Georg II. Rákoczi erzielte einige spektakuläre Erfolge, nahm im März Krakau, im Juni Warschau – und mußte im Juli froh sein, einen recht demütigen Frieden zu schließen, in welchem ihm gestattet wurde, seine arg zur Ader gelassenen Truppen auf vorgeschriebenen Wegen heimzuführen.

Der Heimweg gelang übrigens nicht; König Johann II. Kasimir hatte sich im Frühjahr an die Hohe Pforte mit der Bitte um Unterstützung gewandt, und Mechmed Pascha Köprülü hatte dem Rákoczi den sofortigen Abbruch seiner Aktion befohlen. Georg II. gehorchte nicht, weil ihm der Großwesir nichts zu befehlen hatte, worauf dieser, der eben damals die Ägäis mit Mühe gegen Venedig und seine Verbündete behauptete, dem Khan der Krim den Auftrag gab, dem Siebenbürgener die Zügel anzulegen. Es brauchte einige Zeit, bis der Khan seine Reiter versammelt hatte und mit diesen in den Karpatenraum gelangte, wo er – in Unkenntnis des abgeschlossenen Friedens – über das heimziehende Heer Rákoczis herfiel und etwa 20 000 Mann gefangennahm. Fürst Georg II. konnte entwischen, was sich für Khan Mechmed Girey IV. mit dem Beinamen Sofu → der Fromme als Glücksfall erwies. Denn der heimgekehrte Fürst warf alles Geld, das er hatte oder das er durch Kredite aufzubringen vermochte, den Tataren in den Rachen, um die Gefangenen freizukaufen. Auch reiche Adelsfamilien und die deutschen Städte wandten Unsummen auf, um ihre Leute freizubekommen, und der Ruin der siebenbürgischen Wirtschaft brach dem Fürsten politisch das Genick; noch im November 1657 wurde er vom Landtag zu Weißenburg enthoben und an seiner Stelle Franz Rhedey zum neuen Fürsten erwählt.

Georg Rákoczy zog sich nach Oberungarn zurück, sammelte eine Privatarmee, fiel in Siebenbürgen ein, streute das Gerücht aus, daß nur er in der Lage sei, den Frieden mit Stambul zu erhalten, wurde neuerlich zum Fürsten gewählt –, und die Osmanen marschierten. Rákoczis Verbündete in Walachei und Moldawien wurden überrannt, Jenö → Yanova wurde erobert, die Tataren fielen ein, und die Städte kauften sich durch willkürlich festgesetzte Schutzgeldsummen von der Plünderung frei.

Rákóczi floh wieder und verlor nun seine letzten Parteigänger. Mechmed Pascha gewährte den Frieden, nahm einige Gebietsabtretungen entgegen, kassierte eine halbe Million Taler an Kriegsentschädigung und setzte die jährliche Tributsumme mit dem dreifachen der bisherigen fest. Ein prominenter früherer Anhänger Rákóczis wurde zum neuen Fürsten erwählt, Achatius Barcsay (1658), dessen Friedenspolitik schon 1659 scheiterte. Georg II. kehrte wieder zurück, warf Barcsay nach Temeschwar – und wurde, nun eindeutig unter dem Druck seiner Waffen, zum dritten Mal zum Fürsten erhoben. Achatius erlangte osmanische Waffenhilfe und fiel in Siebenbürgen ein, wo er sich in Hermannstadt festsetzte.

Die Schrecken des Bürgerkriegs durchtobten das Fürstentum wie zu Beginn des Jahrhunderts; die Städte waren, wie ein Chronist klagt, nicht in der Lage, gemeinsam vorzugehen, sondern »mußten dergestallt alleweil unsere mäntel nach dem wind hangen, bald kalt und Rákóczisch, bald warm und Barcsisch sein«, und während in Schäßburg Barcsays Gesandte ermordet wurden, so verteidigten sich die Bürger Hermannstadts vom Januar bis Mai 1660 gemeinsam mit etwa 1500 Kriegern des Großherrn gegen ein Belagerungskorps Georgs II. Dieser erlitt am 22. Mai in der Schlacht bei Gilau → Gyalu eine entscheidende Niederlage und wurde schwer verwundet. Er starb an den erhaltenen Wunden am 7. Juni in seiner Stadt Großwardein. *Großwardein aber war ihm als königlich ungarische Reichsfestung übertragen worden und gehörte nicht zum umstrittenen Fürstentum Siebenbürgen.*

Als die Osmanen, die Georg II. verfolgt hatten, Großwardein belagerten und nahmen (August 1660), war dies auch bei weitherzigster Auslegung ein eklatanter Bruch des Friedens von Zsitvatorok, der eine scharfe und unmißverständliche Reaktion des jungen Leopold I. (König von Ungarn ab 1655, Kaiser ab 1658) auslösen mußte. In der Tat fiel der Hof in Wien jäh aus dem schönen Traum, schon im Zeitalter des ewigen Weltfriedens zu leben, fühlte sich bedroht und war merklich irritiert. Man hatte zwar nach dem Frieden von 1648 im Bunde mit Polen und Brandenburg noch einen Krieg gegen Schweden geführt, der mit dem Frieden von Oliva erst 1660 beendet worden war, aber dabei war es um periphäre Interessen gegangen, wie etwa die Anerkennung der brandenburgischen Souveränität über Preußen, deren volle Bedeutung erst Generationen später erkennbar wurde. Hier aber ging es darum, daß das Osmanische Reich eine Festung Habsburgisch-Ungarns erobert hatte und die Rückgabe verweigerte, dazu soviel Land, daß daraus die neue Provinz Varat Kalesi gebildet werden konnte. Noch ehe man sich am Königshof über die weiteren Schritte klar geworden war, wählten die Stände Siebenbürgens, die zum Widerstand gegen Barcsay und seine osmanischen Freunde entschlossen waren – und das waren längst nicht alle! – János Kemeny zu ihrem Fürsten. Kemeny griff unmittelbar nach seiner Wahl

(1. Januar 1661) Barcsay energisch an, und dieser verlor im folgenden Sommer sein Leben. In diesem Sommer entschloß sich auch der Hof des Königs, Kemeny zu unterstützen und entsandte den großen General Raimund Montecuccoli[3] nach Siebenbürgen. Man gab ihm zwar nur eine Kleinarmee von 5000 Mann mit, denn man wollte die Osmanen nicht ängstigen oder reizen, aber man war in Wien überzeugt, daß es der Montecuccoli schon schaffen würde. Der Mann hatte schließlich eingehende Studien betrieben und blitzgescheite Bücher geschrieben, nun konnte er einmal zeigen, was in ihm steckte. Montecuccoli ging sehr systematisch vor und legte Garnisonen nach Szekelyhid, Kövár und Szamos-Ujvár, damals bedeutende Stützpunkte nördlich von Großwardein → Varat Kalesi, der neuen osmanischen Provinzhauptstadt. Dann zog er mit dem Rest seiner Armee nach Klausenburg → Kolosvár vor und wartete ab.

Mechmed Pascha Köprülü war schon schwer erkrankt und faktisch aktionsunfähig, aber Ali Pascha von Silistria warf sich mächtig in die Bresche. Mit seinen Provinztruppen und rasch zusammengetrommelten Freiwilligenverbänden fiel er in Siebenbürgen ein, konnte aber mit diesen, die etwa 100 000 Mann ohne Schwere Waffen zählten, die habsburgischen Stützpunkte nicht einmal ernsthaft bedrohen. Wohl aber konnte er ganz Siebenbürgen überschwemmen, und das tat er denn auch.

Im Namen des Großherrn berief der Pascha einen Landtag nach Neumarkt → Tirgu Mures, der wiederum einen neuen Fürsten zu wählen hatte. Der Landtag kam zusammen - nur die Städte, die von Montecuccolis Truppen besetzt waren, entsandten keine Vertreter, und einige ungarische Aristokraten wagten es, ebenfalls fernzubleiben.

Was nun folgte, zählt zu den völlig unglaubhaften Tragikomödien, die sich die Geschichte ab und an leistet. Die Siebenbürger, die nach den blutigen Wirren und Kämpfen der letzten Jahre nichts wollten als den Frieden, waren bereit, jeden Kandidaten zu wählen, den der Pascha der bulgarischen Provinz Silistria vorschlug, doch fand dieser keinen Mann, der bereit gewesen wäre, die Fürstenwürde anzunehmen. Nach längerem Gezänk kam Ali Pascha, der es nicht wagte, Siebenbürgen in ein Pachalik zu verwandeln und unmittelbar osmanischer Verwaltung zu unterstellen, weil dies dem todkranken Großwesir vorbehalten war, für den nicht einmal sein Sohn, Stellvertreter und garantierter Nachfolger aktiv wurde, die ganz außerordentliche Idee, das Fürstentum in ein geistliches, und zwar protestantisches umgestalten, das vom evangelischen Landesbischof regiert werden sollte.

Es sei hier bemerkt, daß das Heilige Römische Reich eine ganze Reihe von geistlichen - katholischen - Fürstentümern kannte, von denen eine vage Kunde, vermutlich wohl von den nächstgelegenen Territorien des Erzbischofs von Salzburg, in den Orient gelangt sein mußte, aber einen evangelischen Bischof als Landesfürsten hatte es noch nicht gegeben. Es gab ihn übrigens auch in Siebenbürgen nicht: Lucas Hermann, der lutherische Bischof, lehnte ab, und auch der nach ihm gewünschte Petrus Sertorius, Pfarrer von

Bodendorf, wies das Ansinnen zurück. Ali Pascha, der eindeutig im Zugzwang stand und nach einer raschen Lösung suchen mußte, kam nun auf einen noch abenteuerlicheren Gedanken: Er ließ einen der nicht auf dem Landtag erschienenen Adeligen gefangennehmen und nach Neumarkt führen. Dann erklärte er ihm, daß er durch Ungehorsam sein Leben verwirkt habe und er ihm den Kopf vor die Füße legen werde, was den also Bedrohten, der Apafy Mihaly → Michael hieß, nicht überraschte, aber auch gewiß nicht erfreute. Nun kehrte Ali Pascha den Großmütigen vor und tat dem jungen, erst neunundzwanzigjährigen Mann kund, daß der erlauchte Großherr in Stambul in seiner Weisheit und Güte aber bereit sei, ihm zu verzeihen und ihn sogar zu einem der Großen seines Reiches machen wolle, wenn er bereit sei, die vakante Fürstenwürde anzunehmen.

Apafy nahm an; er war früher Gefolgsmann Georgs II. Rakoczy gewesen, hatte am Einfall in Polen teilgenommen und war danach in tatarische Gefangenschaft gefallen, aus der er erst spät freigekauft worden war. Nach seiner Heimkehr hatte er sich als gebranntes Kind, das Frucht vor dem Feuer fühlt, politisch nicht betätigt und ein offensichtliches Desinteresse gezeigt, das ihn auch vom Landtag ferngehalten hatte. Trotz der sehr merkwürdigen Art seiner Erhebung zeigte er sich als im Rahmen des Möglichen selbständig handelnder Fürst, erwies sich als besonnener Kriegsmann und geschickter Politiker, der sich von der scharf antihabsburgischen Politik des Köprülüclans merkbar distanzierte und seine Würde in die Aera der abendländischen Gegenoffensive hinüberretten konnte.

Etwa eine Woche nach der Wahl Apafys zog sich Montecuccoli zurück, ohne Feindberührung gehabt zu haben; er anerkannte damit die Tatsache, daß er zwar ein paar Garnisonen, aber nicht eine einzige Verbindungslinie behaupten konnte, und daß eine spätere, unaufschiebbare Preisgabe der besetzten Städte unter Feinddruck eine höchst gefährliche Sache sein mußte. Auch Ali Pascha zog ab; der Kasimstag kam näher, und die Milizen verlangten die Heimkehr. Im November hielt Apafy Mihaly einen Landtag in Kleinschelken → Seica Mica, wo ihm die drei Nationen Siebenbürgens, nun frei vom Druck der osmanischen Waffen, freudig huldigten. Vor allem die sächsischen Städte schlossen sich gern und eng an, weil man sich von ihm den Frieden im Rahmen der großen Pax Ottomana unter Wiederherstellung der alten Freiheiten und Privilegien versprach. Auch wirtschaftlich gesehen war das durchaus richtig gedacht: Der Seehandel war angesichts des Krieges zwischen Stambul und Venedig weitestgehend lahmgelegt, und der Landweg stand dem Warenumschlag über Siebenbürgen offen, wenn es gelang, das Fürstentum nach beiden Seiten friedlich zu halten.

János Kemeny mußte versuchen, zur Rettung seines von Leopold I. gestützten Anspruchs auf Siebenbürgen die Stabilisierung der Lage zugunsten seines Konkurrenten zu verhindern, brach im Januar 1662 überraschend zu einem Winterfeldzug auf und warf Apafy auf Schäßburg zurück. Die Reaktion der Osmanen erfolgte sehr rasch; Mechmed Pascha Kütschük

→ der Kleine, Kommandeur der Reichstruppen im Raum Jenö → Yanova, begann sofort eine Entsatzoffensive und zwang Kemeny zum Rückzug, wobei der persönlich sehr tapfere Fürst in einem Rückzugsgefecht gefallen ist. Apafy war nun alleiniger Fürst in Siebenbürgen. Es gelang ihm, das gesamte Territorium unter seiner Herrschaft zu vereinigen; einige so gut wie vergessene habsburgische, schwach bemannte Stützpunkte, die schon vor Montecuccolis Expedition bestanden hatten, wurden geräumt oder übergeben.

Leopold I., der junge Kaiser und König, saß in Wien, trieb einen in der Tat kaiserlichen Aufwand, der die Steuereingänge verschlang – die Wirtschaft war nach dem Ende des Großen Krieges, als sie wieder ungestört betrieben werden konnte, mächtig aufgeblüht – und bemühte sich um den Frieden. Und um Einsparungen im Staat, um mehr Geld für den Hof und seine Vergnügungen zu bekommen. Er war anscheinend froh, durch die Lageentwicklung in Siebenbürgen weitere Auslagen für eine militärische Intervention in dem Problemgebiet los zu sein und ließ durch seinen diplomatischen Vertreter an der Hohen Pforte, der den Titel eines Residenten führte, den Steirer Simon Reniger von Reningen, eifrig Verhandlungen mit dem Ziel führen, den Frieden von Zsitvatorok trotz der vergangenen Kämpfe zu erhalten. Simon Reniger fand offene Ohren, und seine Berichte, die bei Hofe übertreibend interpretiert wurden, lösten derart optimistische Zukunftserwartungen aus, daß man gegen Jahresende 1662 zweihundert Artillerieoffiziere – Spezialisten der modernen, feuerwaffenbestimmten Kriegführung, die nicht im Handumdrehen ersetzbar waren – entließ und vier (so Hummelberger in »Unser Heer« S. 50) oder drei (so Wagner S. 76) Infanterieregimenter an die spanische Krone vermietete, die in den ersten Wochen des Jahres 1663 übergeben wurden. Die Demontage der Selbstverteidigungsfähigkeit löste größte Bedenken der Generalität aus, die Montecucoli Seiner Majestät auch vortrug, ohne allerdings einen anderen Erfolg zu erzielen als den, daß der zweiundzwanzigjährige Monarch in seiner Überzeugung, der mehr als dreißig Jahre ältere General lebe noch hoffnungslos in der »alten Zeit«, bestärkt wurde.

In Stambul merkte Achmed Pascha der Hochgebildete sehr deutlich, daß die Übertragung des Großwesirats in einem erbähnlichen Vorgang zwar einerseits auf den Beifall der neuen Männer, andererseits auf die Mißbilligung der meisten Mitglieder des Sklavenhofes und großer Teile der »öffentlichen Meinung« gestoßen war, weil er zu wenig echte Bewährung aufweisen konnte, zu wenig Verdienste hatte und zu wenig profiliert schien. In der Tat strahlte der junge Achmed neben dem imponierenden Bild seines Vaters wenig Attraktivität aus; es war das uralte Problem des jungen »Kronprinzen«, dem sein Vater einen mächtigen, straff geführten Staat hinterläßt und das zumeist durch einen Krieg gelöst wird, in dem der blasse, nahezu gesichtslose Nachfolger eine energische »Imageaufbesserung« zu erzielen hofft.

Großwesir Achmed Pascha Köprülü brauchte an sich keinen Krieg zu beginnen, denn er hatte den nun schon fast 20 Jahre dauernden Krieg gegen Venedig sozusagen mitgeerbt und brauchte ihn nur siegreich zu beenden, um den erwünschten und wohl auch nötigen Erfolg zu erzielen. Das war theoretisch leicht zu erkennen, praktisch aber nur schwer durchzuführen, denn die osmanische Flotte, der trotz der Erfolge von 1574 – Wiedereroberung von Tunis – das Trauma von Lepanto arg in den Knochen lag, hatte zu Beginn des Großwesirates seines Vaters recht unglücklich gegen die Venezianer gekämpft und nicht nur viele Schiffe, sondern auch das langsam wiederkehrende Selbstvertrauen verloren. Die Einstellung der Reichsführung zu maritimen Operationen gibt sehr eindringlich und unbefangen Hasan Aga wieder, der Großsiegelbewahrer Achmed Paschas und Chronist jener Jahre (nicht eben bescheidener Titel »Kleinodien der Historien«, von Prokosch unter »Krieg und Sieg in Ungarn« vortrefflich übersetzt und sachkundig kommentiert herausgebracht), der schrieb:

> »Der Großwesir ernannte Mustafa Pascha zum Reichsadmiral (Kapudanpascha), und dieser lief ins Mittelmeer aus, fuhr mit den Galeeren alle Inseln ab und beschützte sie auf diese Weise. Durch Gottes Hilfe verlor er dabei kein einziges Schiff, sondern kaperte noch eine Galeone und eine Brigg der Giauren. Schon seit vielen Jahren war unsere Flotte nicht mehr heil und unversehrt in den Hafen der Residenzstadt eingelaufen, aber in diesem Jahr kamen alle Schiffe wohlbehalten heim, liefen wieder ins Arsenal ein und erfuhren die Gunst des Wortes: Allah ist es, der euch das Meer dienstbar gemacht hat.«

Trotz des frommen Zitats des elften Verses der 45. Koransure war das nicht der rechte Geist für die Erneuerung der Bemühungen um die Seeherrschaft, und Achmed Pascha beriet sich nicht nur mit seinem engsten Freundeskreis über den richtigen Ansatzpunkt für einen erfolgreichen Offensivkrieg, sondern befragte auch den Scheik ul Islam um seine Meinung. Dieser war ein reifer Mann, mit runden 53 Jahren vielleicht eine Art Vaterersatz für den jungen Großwesir, und erst im Jahr 1662 zu seiner Würde gelangt. Es war Yahya Efendi Minkarizade, dessen Vater Kadi in Mekka gewesen war. Er selbst hatte das Richteramt zunächst in Kairo, dann ebenfalls in der Heiligen Stadt ausgeübt, hatte sich den Ruf größter Redlichkeit, umfassender Rechtskenntnisse und tiefer Weisheit erworben und war zum Kadi Askeri für Anatolien bestellt worden (s. 1. Band, S. 297 ff.). Er war also ein Gesprächspartner ganz im Sinne des Großwesirs, aber im praktisch-politischen Leben ohne nennenswerte Erfahrung, und da er weise war, machte er keine konkreten Vorschläge, sondern erging sich in grundsätzlichen Überlegungen, wie daß die Ausbreitung der wahren Religion Allahs die Pflicht jedes Moslems sei.

Im Umfeld Achmed Paschas tauchte etwa um diese Zeit ein gewisser Ali Beyko auf, der aus Albanien stammte, als ranghoher Offizier der in Kreta kämpfenden Truppe zu den Venezianern übergelaufen und nach dem Tod Mechmed Paschas wieder zu den osmanischen Truppen gekommen war. Sicher ist, daß seine Desertion im Zusammenhang mit Mechmeds Großwesirat stand – ungewiß ist, ob Mechmed Belastungsmaterial gegen Ali erhalten hatte, das ihn bewog, das Weite zu suchen, um seinen Hals zu retten, oder ob Mechmed Pascha ihm einen Spionageauftrag erteilte, der so geheim war, daß es darüber keinen Akt und keine Zeugen gab. Da Ali Beyko sehr viele nützliche Informationen mitbrachte, vor allem über die drei venezianischen Hauptstützpunkte am Ostufer der Adria

- Cattaro → Kotor
- Spalato → Split und
- Sibenik → Sebenico (das Christoph Martin von Degenfeld, der erste Angehörige der deutschen Offizierfamilie aus Dürnau auf der Alb, die der Republik des San Marco einige hervorragende militärische Führer stellte, 1647 erfolgreich gegen ein osmanisches Belagerungskorps von 30 000 Mann verteidigt hatte)

schenkte er der Erkundungsversion Glauben und bestellte Ali Beyko zum Beg einer westanatolischen Stadt. Ali griff ohne Verzug die in der Gegend hausenden Räuberbanden an und rottete sie faktisch aus. Achmed Pascha erhob ihn nun in den Rang eines Beglerbegi von Rumelien und erteilte ihm den besonderen Auftrag, den Bau von leistungsfähigen Straßen aus dem Landesinneren zu den venezianischen Stützpunkten durchzuführen und Munitions- und Verpflegungslager zu errichten.

Das muß im September 1662 geschehen sein, denn am 25. September erging der Befehl zur Mobilisierung der Gesamtstreitmacht für den Beginn des Neuen Jahres nach islamischem Kalender, der nach dem christlichen Kalender auf den 21. März 1663 fiel. Als während des Winters ruchbar wurde, daß die Bauarbeiten an den Straßen nicht rechtzeitig fertiggestellt werden konnten, war es zu spät, um die Sammlung des Kriegsheeres zu widerrufen, und Achmed Pascha bereitete sich innerlich darauf vor, die Macht des Reiches gegen einen anderen Feind zu führen, als der sich Leopold I. anbot, wobei unklar blieb, ob in seiner Eigenschaft als

- Kaiser des Heiligen Römischen Reiches,
- deutscher Reichsfürst oder
- König von Ungarn.

Und man kann es sogar nachempfinden, daß es dem Großwesir angesichts des Zugzwanges, in den er selbst sich gesetzt hatte, auf derartige Feinheiten nicht ankommen konnte: Der geplante Angriff auf Cattaro, Spalato und Sebenico mußte unterbleiben, da die Vormarschstraßen in elendigem Zustand waren und insbesonders die Straße nach Cattaro derartige Engen aufwies, daß sie mit Mühe von einem einzelnen Reiter passiert werden konnte, aber keineswegs von Geschützen oder Troßfahrzeugen aller Art.

In den Lagebesprechungen, die Achmed Pascha mit den Großen des Heeres, die etwa ab Februar langsam eintrafen, abhielt, wurde daher wiederholt auf die Lage in Siebenbürgen hingewiesen, wo die Frechheit der Giauren unerträglich wäre. Die psychologische Einstimmung auf einen ganz anderen Feldzug als den gegen den Kriegsgegner Venedig war derart massiv, daß sie Simon Reniger nicht entgehen konnte. Er hätte übrigens schon 1662 Unterstützung erhalten sollen: Der Hofkammersekretär Dr. Johann Philipp Beris, der auf dem Wege nach Stambul war, wurde aber in Temeschvár festgehalten. Der Kaiserhof entsandte nun mit Johann Freiherr von Goeß einen Sonderbotschafter, der sehr weitreichende Vollmachten hatte, um den Frieden sicherzustellen. Aber auch er gelangte zunächst nicht zum Großwesir. Dieser Goeß war ein recht interessanter und vielseitig gebildeter Mann mit einer sehr eigenartigen Berufslaufbahn; der Absolvent der Universität Löwen trat um 1630 in habsburgischen Kriegsdienst, wechselte in die Beamtenlaufbahn über, war 1639 Reichshofrat, dann etwa für 20 Jahre kaiserlicher Gesandter in Kopenhagen, dann Sonderbotschafter zur Hohen Pforte, 1665 Gesandter in Brandenburg – und wurde danach Kleriker, ab 1675 (immerhin 66 Jahre alt) Bischof von Gurk und ist 1696 in Rom verstorben.

Anfang März brach Achmed Pascha der Hochgebildete von Stambul nach Edirne, dem Sammelpunkt des Kriegsheeres auf, das er am 11. März erreichte. Er ritt mit glänzendem Gefolge und seinen engsten Gefährten, die ebenfalls von gerüsteten Scharen geleitet wurden – und hatte dabei noch keine Ahnung, gegen wen er zu Felde zog. Aber man sagte sich – so Siegelbewahrer Hasan Aga – daß man ohnehin einmal bis Belgirad marschieren müsse, und bis dorthin würde schon ein Beschluß gefaßt werden. In Edirne wurde auf das Eintreffen der noch fehlenden Truppenteile gewartet. Man konferierte und paradierte; die Truppen machten einen erstaunlich martialischen Eindruck, zeigten große Begeisterung und Siegeszuversicht; sie begehrten, gegen den Feind geführt zu werden –, und der junge, sieghafte Großwesir wußte noch immer nicht, gegen welchen. Er hatte sich, was höchst erstaunlich ist, an den Großherrn um Festlegung nicht etwa des Kriegszieles, sondern des Kriegsgegners gewendet, doch der, als ob er den Braten gerochen hätte, sendete den Schwarzen Peter postwendend zurück. Das Handschreiben des Großherrn wurde bei einer großen Lagebesprechung verlesen und enthielt die folgende Formulierung (Prokosch, S. 24):

»Ihr sollt erwägen, was in der Tat der Macht meines Sultanates würdig und der Gemeinde Mohammeds nützlich ist. Berate Dich mit meinen Wesiren, mit den Ältesten meiner Krieger und mit meinen Sipahis und Janitscharen! Was Ihr für gut befindet, das nehmt in Angriff, und erstattet mir Bericht!«

Hasan Aga erzählt nun in seiner spontanen Art, daß die anwesenden Großwürdenträger nach Verlesung des Briefes zu weinen begannen, was Prokosch als Zeichen der »Ergriffenheit und Begeisterung« verstanden wissen will. Dann wurde beschlossen, den Krieg gegen »die Österreicher« zu führen. Nach dem üblichen Gebet wurde das »Heilige Banner«, das aus einem Stück der schwarzen Fahne des Propheten bestand, in feierlicher Zeremonie an Achmed Pascha übergeben. Das war das eigentliche Zeichen der Eröffnung des Krieges! Die Fahne des Propheten war eine besonders verehrte Reliquie, die von Sultan Selim I. anläßlich seines Ägyptenfeldzuges 1514 in Besitz genommen worden war. Sie war dann in drei Stücke zerfallen, die drei Fahnentüchern aufgenäht wurden, so daß drei Heilige Banner entstanden, deren eines dem Großwesir mitgegeben wurde, wenn er ohne den Großherrn zu einem Feldzug aufbrach.

Am 9. April brach das Heer von Edirne auf und wälzte sich zunächst einmal bis Sofia vor, wo wieder etliche Rasttage eingelegt werden mußten, denn es gab Kontingente, die noch nicht erschienen waren. Und Truppenführer, die auf Distanz gehen wollten, wie der erfahrene Gürcü Mechmed Pascha, der mit Kibleli Mustafa Pascha und den Provinztruppen von Aleppo und Damaskus, die ja entschieden einen sehr weiten Marschweg hatten, ein paar Tage nach dem Abmarsch Achmed Paschas in Edirne eintrafen. Als er die große Neuigkeit erfuhr, wurde er sogleich krank, verweigerte den Weitermarsch und behielt seine Truppen zurück. Kibleli Mustafa marschierte weiter und erstattete Meldung, worauf Achmed Pascha von tiefem Gram erfaßt wurde und beklagte, daß der »alte Pascha« bald ins Paradies abberufen werden könne, was aber kein Grund sei, seine Provinztruppen in Edirne zurückzubehalten. Mechmed Pascha verstand auf Anhieb, ließ seinen Kethüda → Stellvertreter und seinen Sohn, seinen Levend (s. 1. Band, S. 277, S. 376) nach Sofia führen, war schon am nächsten oder übernächsten Tag genesen und beeilte sich, zum Hauptquartier zu stoßen, wo Achmed Pascha gern seinem Rat lauschte.

Langsam zog das Heer nach Belgirad und dann nach Budyn; ab Belgirad wurde mit den kaiserlichen Gesandten Goeß, Beris und Reniger, den Achmed mit in den Krieg genommen hatte, über den Frieden verhandelt. Es ging um die Rückgabe einer Festung in Siebenbürgen, die der Kaiser, und die Schleifung einer Festung im Mündungsgebiet der Mur in die Drau, die Miklos Zriny der Jüngere 1660 erbaut hatte, die der Großwesir begehrte. Als die kaiserlichen Gesandten schon so weit waren, daß sie Zrinyvár ohne die Rückgabe Szekelyhids zu schleifen geloben wollten, begehrte Achmed Pascha den zu Solimans I. Tagen vereinbarten Tribut von 30 000 Dukaten. Die Weigerung der Gesandten, über Tribute zu verhandeln, schufen den formellen Kriegsgrund. Der Großwesir spielte den wild entschlossenen, großen General –, aber er wußte wiederum nicht, was jetzt zu geschehen habe.

Man schrieb indessen schon Juli; die Milizen waren nach und nach eingetroffen, die gesamte Heeresstärke betrug etwa 120 000 bis 150 000 Mann. Das »Halbjahr des Krieges« war zur Hälfte vergangen, die Stabsbesprechungen jagten einander - eine Beschlußfassung kam nicht zustande. Drei Festungen in Habsburgisch-Ungarn kamen - man war sehr bescheiden - als Angriffsziele in Frage:
- Raab → Györ
- Komorn → Komaram
- Neuhäusel → Ersek Ujvar → Nové Zamky.
Bei Raab scheute man das nahegelegene, wüste Gebirge, das man für kaum passierbar hielt, bei Komorn die Lage am Donauufer mit einem verzweigten

Grabensystem, bei Neuhäusel, daß man die Donau übersetzen mußte, was übrigens auch bei Komorn nötig war. Zuletzt entschloß sich der Serasker zum Vorstoß auf Neuhäusel, weil damit 80 weitere Grenzburgen der Giauren fallen würden, Goldminen, Silberwerke und reiche Städte in osmanischen Besitz übergingen und ein ganzes, großes Land für das Reich das Islam gewonnen würde. Der endliche Entschluß wurde am 23. Juli bekanntgegeben und gleichzeitig dem Wesir Hüseyin Pascha Abaza Sari, der Beglerbegi in Budyn war, der Auftrag erteilt, bei Gran → Giran eine Brücke über die Donau zu bauen.

Auf der Gegenseite wurde Montecuccoli vom Kaiser und König, der angesichts des nicht verborgen gebliebenen Aufmarsches der osmanischen Streitkräfte in größte Furcht versetzt worden war und dem Reichstag von Regensburg von einem drohenden Vorstoß der Osmanen in deutsches Reichsgebiet berichtete, der recht konkrete Befehl erteilt, mit der gesamten mobilen Armee dem Feind entgegenzuziehen und ihn zurückzuschlagen. Und zwar war
- nördlich der Donau entlang des Waagtales,
- südlich der Donau aber entlang des Tales der Rabnitz
die Verteidigung vorzubereiten. Das klingt recht schön und vernünftig, aber die Feldarmee hatte eine Zahlenstärke von nicht einmal 6 000 (in Worten sechstausend) Mann. Da im Juni in Ungarn schon die insurrectio generalis, das Aufgebot für die Adelsbanderien und die Portalmilizen erlassen worden war, wurde die Raumsicherung vorwärts des befohlenen Verteidigungsbereichs diesen rasch beweglichen Kräften übertragen und – in Abänderung des erteilten Auftrages – die Feldarmee auf der großen Schüttinsel konzentriert. Damit wurde der unmittelbare Strombereich in Anlehnung an die Festung Komorn wirksam gesperrt und der »Hauptarmee« gleichzeitig die Möglichkeit gegeben, bei einem Angriff auf Raab die Festung rasch zu unterstützen.

Während im Donauraum zwischen Wien und Budyn der Aufmarsch der Heere vollzogen wurde, war der Krieg in Kroatien, im Bereich der Militärgrenze, schon voll im Gange. Hier waren die ausgezeichneten bosnischen Provinztruppen über Banja Luka und Bihać gegen Karlstadt → Karlovac vorgestoßen, das Peter Zriny, der Bruder des jüngeren Miklos, entschlossen verteidigte. Zuletzt mußte Ismail Pascha von Sarajevo → Bosna Serail unter empfindlichen Verlusten abziehen. Die Verteidigung von Karlovac war das große »Erfolgserlebnis« auf habsburgischer Seite in diesem Kriegsjahr, und Leopold beeilte sich, den »Helden von Karlstadt« mit dem Hausorden vom Goldenen Vließ auszuzeichnen.

Während die »Südfront« also den osmanischen Vorstoß auffing und Achmed Pascha mit dem Gros des großherrlichen Heeres nicht zum Vormarsch donauaufwärts antrat, stand die zivile Ordnung im Donauraum vor dem völligen Zusammenbruch. Alles war voll Schrecken, Konfusion und Unordnung, berichtete der venezianische Gesandte der Signoria (Wagner, S. 80 f.), Wien war faktisch aufgegeben, von rund 100 000 Einwohnern waren mehr als 70 000 auf der Flucht. Dabei hatte noch kein Osmane den Fuß auf den Boden des Sacrum Imperium gesetzt, dabei hielt die kaiserliche Armee ihre Sperrstellung bei Komorn, war nicht einmal ernsthaft angegriffen worden –, und dennoch gab die Bürgerschaft alles verloren und beeilte sich, donauaufwärts Raum zu gewinnen. Die Massenhysterie war zu einem entscheidenden Teil durch die Verlegung des Hofes nach Linz ausgelöst worden. Wenngleich der Kaiser, dem durchaus kein Heldenmut die Brust beseelte, vorerst in seiner leeren Residenz zurückblieb, so war doch bekanntgeworden, daß er sozusagen »auf dem Sprunge« lebte: Auch er wollte das Hasenpanier ergreifen, wenn Montecuccolis Stellung angegriffen werden sollte.

Es war geradezu ein Wunder, daß bei dieser Lage im »Hinterland«, die sich ja auch an der Front herumsprach, die Truppen und Milizen ihre Pflicht einwandfrei erfüllten. Durch die relativ große Zahl leichter Reiterverbände – Husaren – in den Adelsbanderien war sogar eine gewisse aktive Kampfführung möglich; Überfälle auf Trosse oder kleinere Truppenkörper und andere Aktionen des Kleinkrieges verunsicherten die Osmanen, zeigten den ungebrochenen Widerstandswillen der Giauren, und ließ es etwas später ratsam erscheinen, Transportbewegungen schweren Materials und der nachgeschobenen Versorgungsgüter auf der Donau vorzunehmen.

Am 30. Juli brach Achmed Pascha mit dem Gros der Armee von Budyn auf und erreichte am 1. August den Raum Giran, wo die Piyaden unter dem Schutz des Levends von Magyaristan schon mehrere Tage eifrig an der Brücke bauten; die Fertigstellung erfolgte allerdings erst am 5. August. An diesem Tag begann das Übersetzen der Armee, sehr gekonnt und damit in höchst auffälligem Widerspruch zur bisherigen Pfuscherei des Großwesirs. Es setzten über
- Ibrahim Pascha Tavil, Wesir und Stellvertreter des Seraskers, mit 3 000 Mann der Reichsarmee; ihm war der Befehl über den Brückenkopf übertragen worden;
- Kaplan Pascha, der Beglerbegi von Konya, mit seinen Pfortentruppen;
- Gürcü Mechmed Pascha, der Beglerbegi von Aleppo, mit seinem Levend;
- Ali Pascha Tschengizade, Serdar (Befehlshaber einer Reichsfestung) von Temesvár, mit seinen Verbänden.

Es waren die erfahrensten Generäle, die Achmed Pascha zur Hand hatte, und er vergaß auch nicht, einen tüchtigen Brückenoffizier zur Regelung des Verkehrs zu bestellen, der auch die nötige »Hausmacht« hinter sich hatte: Salih Pascha Bosnak → der Bosniake, der früher sein Kethüda gewesen war und den er in den Rang des Janitscharenagas erhoben hatte.

Adam Graf Forgach, der »Kapitän der Bergstädte« und Kommandeur von Neuhäusel, dessen Aufklärer den Brückenschlag, der runde zwei Wochen gedauert hatte, längst gemeldet hatten, machte allerdings den Osmanen beinahe einen dicken Strich durch die Rechnung. Im Morgengrauen des 6. August überfiel er die beutespähenden Krieger des Großherrn in dem nur unzureichend gesicherten Brückenkopf mit etwa 10 000 Mann; daß seine Aktion scheiterte, war nicht zuletzt auf die Kamele beim Lager der Truppen von Aleppo zurückzuführen, die vom Gelärm aufgeschreckt blöckend auf drei Beinen herumhüpften, da ein Vorderbein hochgebunden war, und die Pferde der Angreifer bei diesem Anblick scheuten. Davon abgesehen waren 500 Mann Gürcü Mechmeds aufgesessen versammelt; der Pascha hatte ihr Ausrücken zum Fouragieren bereits vor dem Morgengebet befohlen; die Angreifer stießen daher rascher als erwartet auf organisierten Widerstand.

Die Truppen auf dem rechten Ufer drängten über die Brücke, die derartiger Belastung nicht gewachsen war; ein paar Pontons machten sich selbständig, wurden mit Mühe eingefangen und an die alten Plätze gesetzt, doch befahl der Serasker seinem Brückenoffizier, jeglichen Verkehr zu unterbinden. Achmed fürchtete auch, daß der Feind auf dem Südufer aktiv werden würde; zu diesem Trugschluß trug offenbar die Festungsartillerie von Giran entscheidend bei, weil sie ein völlig planloses Geschützfeuer eröffnet hatte. Die Kämpfe dauerten nicht mehr als zwei bis drei Stunden –, die Arbeiten zur Wiederherstellung der Brücke aber drei Tage: Erst am 9. August ging der Serasker mit dem Gros des Heeres über den Strom. Am 11. August erreichte er Neuhäusel, am 17. August war die Einschließung der Festung beendet – die Belagerung begann. Die Einzelheiten der weiteren Kampfführung darzustellen besteht keine Veranlassung: Forgach verteidigte Neuhäusel energisch, war aber am 26. September zur Kapitulation genötigt, wobei ihm der freie Abzug bewilligt wurde und Achmed Pascha bescheinigte, daß er sich tapfer geschlagen hatte. Mit klingendem Spiel und wehenden Fahnen zogen die Truppen ab. Montecuccoli hinterließ in seinen Memoiren über die Notwendigkeit der Übergabe folgenden sachkundigen Kommentar (zitiert nach Wagner, S. 84):

> »Mit einem Wort, da es den Belägerten an Volck, an zulänglicher Bevestigung, und Munition fehlete, hervorab da noch dazu das Pulver durch Versehen eines Musquetierers in die Luft flog und darbey zwei Obrist-Lieutenants nebest vielen anderen Leuten verloren gingen, zudem selbige auch von dem jämmerlichen Geschrey des Volcks, der Weiber und anderen feigen Leute beweget wurden, so konnten sie das Capituliren nicht weiter verschieben.«

Für die Bewertung der kriegerischen Ereignisse tritt die Eroberung Neuhäusels seltsam an den Rand des Geschehens, während eine Episode nachhaltige und geschichtsgestaltende Bedeutung gewinnt: das endliche Erscheinen des tatarischen Zuzuges am 28. August. Achmed Girey Sultan, der Sohn des Khans der Krimtataren, führte etwa 20 000 Mann, die für den Kampf um Neuhäusel völlig ungeeignet waren, aber die ohnehin problematische Lebensmittelversorgung der Belagerungsarmee gefährlich belasteten. Achmed Pascha Köprülü setzte sie gemeinsam mit Kibleli Mustafa Pascha auf einen schwachen feindlichen Verband an, der jenseits der Neutra hielt, zur

Verstärkung der Verteidiger Neuhäusels bestimmt war und diesen Auftrag infolge der vollendeten Einschließung der Stadt nicht erfüllen konnte. Der Auftrag war schneller als dem Serasker lieb war erledigt, und am 3. September erhielt der Tatarenführer mehr die Erlaubnis als den Befehl, nach Westen vorzustoßen und das reiche Giaurenland nach Herzenslust plündernd zu durchziehen. Achmed Girey trabte mit rund 15000 seiner Leute ab und kehrte am 12. September zurück, strahlend, beuteüberladen, in großartiger Siegerpose. Am 19. September zog er wieder los, nun mit etwa 25000 Reitern, da zahlreiche Leute aus dem Heere des Großherrn die Erlaubnis erbeten und erhalten hatten, sich den Tataren anschließen zu dürfen, unter ihnen der hochberühmte osmanische Reiseschriftsteller Ewlija Tschelebi[4].

Die Reiter stießen zunächst bis Preßburg vor, versuchten eine Vorstadt niederzubrennen, wurden abgewiesen und zogen dann weiter nach Westen. Die Wege, die sie nahmen, waren Pfade der Vernichtung durch vormals blühendes, volkreiches Land, das sie nun wirklich nach Herzenslust verwüsteten. Neben zahllosen Dörfern brandschatzten sie die reichen Märkte St. Georgen, Stampfen, Modern, Pösing, Theben, Flammerau, Grimma, Weyerau und Kaltenburg. Man schätzt, daß sie 40000 bis 60000 Landesbewohner erschlugen und 30000 bis 40000 in Sklaverei verschleppten, darunter viele Wiener, die in das vermeintlich mehr Sicherheit bietende offene Land geflüchtet waren. Ganze Viehherden, insgesamt etwa 50000 Stück Großvieh, wurden abgetrieben, tausende Tonnen Lebensmittel der neuen Ernte fortgebracht oder vernichtet –, und die siegjauchzenden Krieger der Gemeinschaft der Rechtgläubigen hatten nicht die allergeringste Ahnung, welche Folgen ihr großer Beutezug hatte. *Das Land nämlich, das sie verwüsteten, war Mähren und damit Territorium des Heiligen Römischen Reiches Deutscher Nation –; ihre Aggression löste damit die Verpflichtung der Reichskreise und Reichsfürsten aus, dem Kaiser bei der Verteidigung des Reiches beizustehen.*

Andererseits schien erst nun in der kaiserlichen Regierung die Erkenntnis um sich gegriffen zu haben, daß die Osmanen in der Tat auch über die Grenzen Ungarns in die Erblande vorbrechen können, eine Gefahr, die man gegenüber den Reichsständen aus Nützlichkeitsgründen schon seit geraumer Zeit beschworen hatte. Wie wenig Ernst man dieser Behauptung beigemessen hatte, zeigt sich daraus, daß erst am 5. September, also unmittelbar unter dem Schock des ersten Tatareneinfalles, das Landesaufgebot für Österreich unter der Enns erlassen wurde, das die Stellung jedes fünften *und* jedes zehnten Mannes für das Defensionswesen verlangte. Die Niederösterreicher begehrten, daß auch die übrigen Erblande zur Verteidigung verpflichtet werden sollten, was der Kaiser ablehnte. Wohl aber erlaubte er den Ständen Niederösterreichs, eine »Particular Correspondenz« mit den anderen Erbländern über einen freiwilligen Beitrag zu führen. Das war nun ebenso weltfremd, wie die Demontage der kaiserlichen Armee verantwortungslos gewesen war. Der Kaiserhof sah sich einer geradezu erbitterten Kritik ausgesetzt, der er dadurch zu entkommen trachtete, daß er nach Schuldigen für die Misere zu suchen begann. Er fand bald jemand, dem er die Schuld in die Schuhe schieben konnte: Adam Forgach war es, der glücklose Verteidiger von Neuhäusel. Unter dem sehr allgemein gehaltenen Vorwurf der »Bärenhäuterei und Schelmerei« wurde er in Haft genommen, während sich der Kaiser ins Innere des Reiches zurückzog, um die Reichshilfen für den Krieg des kommenden Jahres zu aktualisieren. Das Vorgehen gegen Forgach war derart gemein, daß Montecuccoli sein Kommando aus Protest niederlegte.

Der Rest des Jahres verging
- auf osmanischer Seite mit
  • der Begründung des neuen Wilajets Neuhäusel → Uyvár, zu dessen Beglerbegi Kurd Pascha bestellt wurde, dem 4000 Mann als Provinztruppen überlassen wurden,
  • der Inbesitznahme von Neutra → Nitre durch den Pascha von Budyn nach ehrenvoller Kapitulation,
  • der Eroberung der Festung Neograd → Novigirad durch Kaplan Pascha,
  • der Inbesitznahme von Lewenz → Leve durch die Hauptarmee nach ehrenvoller Kapitulation und
  • der Rückführung der Armee nach Belgirad, wo die Milizen entlassen und die besoldeten Truppen sowie die Tataren in Winterquartiere gelegt wurden;
- auf kaiserlicher Seite mit
  • der Verwendung massiver finanzieller Unterstützungen vor allem der Krone von Spanien für die Truppenwerbung und Anlage von Versorgungsstützpunkten im Donauraum nach dem Vorbild des französischen Magazinsystems;
  • Aufnahme der langsam eintreffenden Kontingente an Hilfstruppen, Verlegung in angemessene Winterquartiere;
  • informellem Übergang des Kommandos über die gesamte Streitmacht vom demissionierten Montecuccoli an Miklos Zriny.

Überraschend war, daß sich der Sonnenkönig bereit finden mußte, dem Kaiser zur Verteidigung des Reiches ein Truppenkontingent zu stellen, das 6000 Mann umfaßte und sich als Elitetruppe erwies. Es war das einzige Mal, daß der - erste - Rheinbund eine reichsfördernde Wirkung erzielte: Die deutschen Rheinbundstaaten konnten sich der Beistandspflicht gegenüber dem Kaiser nicht entziehen, und König Ludwig XIV. war seinerseits verpflichtet, seinen deutschen Alliierten im Kriegsfall beizustehen.

Das Kriegsjahr 1664 begann mit einem überraschenden Paukenschlag: Miklos Zriny stieß mit seinem eigenen Banderium, mit kroatischen und ungarischen Freiwilligen und mit in Untersteiermark im Winterquartier liegenden Teilen des kaiserlichen Heeres sowie den bereits eingetroffenen bayrischen und rheinbündischen Kontingenten, alles zusammen rund 20 000 Mann, weit nach Osmanisch-Ungarn vor. Fünfkirchen, das bei den Osmanen

Petschuy hieß, wurde genommen, Esseg → Ösek erobert, wobei die wichtige Brückenanlage über die Drau zerstört wurde, und eine Reihe von Palanken und Dörfern niedergebrannt, deren Zahl manche Quellen mit 100, manche mit 1000 angeben. Auch eine große Zahl Rinder wurde erbeutet, wobei die Zahlenangaben wieder divergieren: Untergrenze 2000, Obergrenze 20000. Zrinys Aktion begann am 20. Januar und war am 18. Februar beendet. Sie löste eine schwere Krise auf osmanischer Seite aus und wurde im Deutschen Reich propagandistisch vielleicht über die Maßen hochgespielt.

Dem Winterfeldzug folgte die befohlene Frühjahrsoffensive: Zriny, dem der Rheinbundgeneral Wolfgang Julius Graf von Hohenlohe-Gleichen und der kaiserliche Feldmarschall-Leutnant Peter Graf Strozzi als Mitbefehlshaber an die Seite gestellt wurden, erhielt den Auftrag, Großkanischa → Kanije mit den bisherigen Offensivtruppen und weiteren zugeführten Kräften zu erobern. Er bekam auch Belagerungsartillerie zugewiesen, 30 schwere Geschütze und 10 oder 12 Mörser – Leihwaffen von den Landständen der Steiermark, mit ausdrücklicher Rückgabeverpflichtung, die späterhin Gegenstand erbitterter interner Streitigkeiten wurde.

Die Offensive sollte schon in der ersten Märzhälfte beginnen, rollte aber erst am 17. April an. Dies löste in Regensburg große Enttäuschung aus. Das Generalstriumvirat löste sich täglich im Kommando ab, was die Sache gewiß nicht beschleunigte, aber immerhin: Es ging nun voran. Zriny, Banus von Kroatien und General in Niederungarn, der im Generalrat den Vorsitz führte, war glänzender Laune und strahlte Siegeszuversicht aus, glaubte er doch, eine todsichere Trumpfkarte in seinem Spiel zu haben: Hasan Pascha Pantur, den Beglerbegi von Kanije. Die beiden Großwürdenträger kannten sich aus der Vorkriegszeit, beide waren Kroaten – und sie waren verwandt oder hielten sich zumindest dafür. Und in Miklos Zriny lebte die fixe Idee, sein Vetter Hasan schmachte in der islamischen Welt der Befreiung entgegen und würde sofort auf die christliche Seite überwechseln, böte sich ihm ein schicklicher Grund – etwa das Erscheinen einer starken christlichen Macht vor seiner Stadt. Auf den Gedanken, daß Hasan der Pandur ebenso überzeugter Moslem wie er Christ und ebenso energischer Diener des Großherrn wie er des Habsburger sein könne, kam Miklos anscheinend nicht. Hasan Pascha war es aber; er dachte nicht an Übergabe und Kapitulation, sondern er dachte an Kampf und Sieg, er wehrte sich erbittert und erfolgreich.

Der Kampf um Kanije erzwang eine Verlagerung des kombattanten Geschehens aus dem Tal der Donau in das der Drau. Am 26. Mai erreichte Fazil Achmed Pascha Szigetvár, wo ihn sehr beachtliche Teile der indessen wieder mobilisierten Milizen erwarteten. Er rückte überaus langsam und vorsichtig in Richtung Kanije weiter, die belagerte Festung zu entsetzen. Sie war indessen unter dem mehrwöchigen Feuer der Belagerungsartillerie in einen rauchenden Trümmerhaufen verwandelt worden, hielt aber noch immer aus. Der Generalstriumvirat zögerte den Abbruch der Belagerung hinaus, obwohl die Annäherung der Entsatzarmee frühzeitig erkannt worden war, weil man täglich den Zusammenbruch des Widerstandes erwartete. Endlich, in der Nacht vom 1. auf den 2. Juni räumten die Giauren die Belagerungsstellungen und rückten ab – nur etwa 10 000 Schritt am Lager des Großwesirs vorbeimarschierend, der am Morgen den Angriff zur Befreiung Kanijes führen wollte. Beinahe das gesamte Kriegsmaterial und, was noch schwerer wog, der gesamte steirische Geschützpark mußte zurückgelassen werden.

Zriny setzte sich nach Zrinyvár ab und machte den zu den vorgeblichen Kriegsgründen zählenden Stützpunkt verteidigungsbereit. Der Mißerfolg von Kanije und insbesonders die sofort einsetzenden Streitigkeiten mit den Steirern, die ihre Kanonen eben nun, da der Krieg auf ihre Grenzen zurollte, aus verständlichen Gründen unbedingt zurückhaben wollten, verdunkelte Zrinys neuerworbenen Ruhm als Türkenbändiger, und der Hof beschwor Montecuccoli, doch wieder den Oberbefehl zu übernehmen, was er gegen umfangreiche Sonderberechtigungen auch tat. Überaus kritisch bewertete er das bisherige Geschehen: Es mußte nun der Krieg in einem Raum geführt werden, wo so gut wie keine Verteidigungsvorbereitungen getroffen worden waren, es waren die im Raum stromabwärts von Wien angelegten und gefüllten Magazine außerhalb der Reichweite der Feldarmee – und es mußten die anrollenden Truppentransporte mühsam in den slowenischen Raum umgeleitet werden, war doch vor allem hinsichtlich der Artillerie die Wasserstraße der Donau als entscheidendes Instrument der Bewegung voll eingeplant worden. Es kam zwischen ihm und Zriny zu bösen Auseinandersetzungen, als er Zrinyvár räumen und niederbrennen ließ und der Armee die Einnahme von Verteidigungsstellungen

– auf dem rechten Murufer im Raume der Einmündung und
– linksufrig erst hart unterhalb Murska Sobota → Muraszombat → Elsnitz
befahl. Es traten hier erstmals in aller Schärfe letztlich unüberbrückbare Unterschiede im Anschauungssystem der professionellen kaiserlichen Offiziere, die den neuen Typus des Nursoldaten verkörperten, und der Milizbefehlshaber des Grenzraumes, die noch in mittelalterlichen Kategorien des Lehensrechtes dachten, zutage. War für Montecuccoli die Winteroffensive, für die Zriny Miklos immerhin in den Kreis der Ritter vom Goldenen Vließ aufgenommen worden war, ein suspektes, auf Beute und damit die Bereicherung vorab der Befehlshaber abzielendes Unternehmen (»Es kommt im Krieg nicht darauf an, dem Feind ein paar Kamele wegzutreiben oder einen Strohsack zu verbrennen«), was vom Standpunkt des Truppenführers, dessen Verbände vom Staat versorgt werden, sicherlich richtig ist, so hatte die Sache für Zriny eine wesentlich andere Dimension. Seine Leute, die Bewohner des wieder und wieder durch kriegerische Ereignisse verwüsteten Grenzlandes, wurden von niemand versorgt; sie waren darauf angewiesen, sich selbst zu versorgen. Für die bäuerlichen Milizen, aus deren Wirtschaft nicht nur sie selbst, sondern auch der regionale staatliche Überbau des für viele Generationen in erster Linie die Verteidigung organisierenden Landadels und dessen präsent gehaltene Banderien versorgt wurden, hatte die Verteilung von

ein paar tausend erbeuteten Rindern unter sie eine andere Bedeutung, war wirtschaftliches Gestaltungselement, in vielen Fällen das schlechthin unersetzliche Instrument des Überlebens. Montecuccoli, zu sehr Soldat und voll Fürsorge für seine Soldaten, sah nicht die aus der Not der Zeiten geborene unbedingte Zusammengehörigkeit der politischen und militärischen Führer des Grenzlandes und ihrer Bauern, sondern er sah nur, von den Verhältnissen im Inneren des Sacrum Imperium auf jene in königlich Ungarn rückschließend, Herren und ihre Untertanen. Die Untertanen waren dazu da, fleißig zu arbeiten, um die Herren zu erhalten; daß die Herren im Gegenzug dazu verpflichtet waren, die Untertanen zu beschützen, um deren Arbeit zu ermöglichen, blieb dem großen Strategen fremd.

So kam es zum Bruch zwischen ihm und Zriny; nach der Zerstörung und Preisgabe von Zrinyvár verließ dieser mit seinen Truppen das alliierte Lager und zog sich ins Innere der »Murinsel« - Land zwischen Drau und Mur im Mündungsbereich - zurück. Sein Abzug war militärisch ohne Folgen, da eben im Juni die noch ausstehenden Kontingente im Murtal eintrafen.

Achmed Pascha Köprülü, der mit großer Heeresmacht vor Zrinyvár gezogen war und den zerstörten Stützpunkt in Besitz genommen hatte, bemühte sich erfolglos, die Mur im Angesicht des abwehrbereiten Feindes zu übersetzen. Die Kämpfe um Zinyvár und um den Murübergang waren erbittert und verlustreich geführt worden; auf osmanischer Seite war Kibleli Mustafa Pascha gefallen, auf kaiserlicher General Strozzi.

Die Konzentration großer Truppenmassen in Südungarn ließ habsburgische Aktivitäten im Kriegsraum des vergangenen Jahres zu; Louis Ratuit Graf de Souches, der während des Dreißigjährigen Krieges in kaiserliche Dienste gelangt war und nun den Rang eines Feldmarschalls bekleidete, gelang es insbesonders, die Festung Lewenz zurückzuerobern. Das irritierte den Serasker, der nun mit runden 150 000 Mann in Zrinyvár saß und augenscheinlich wieder einmal nicht wußte, was nun zu geschehen habe. Er brauchte bis zum 7. Juli, um zur Beantwortung der Frage zu kommen, ob Zrinyvár als osmanischer Stützpunkt eingerichtet oder völlig zerstört werden solle, wobei er sich zuletzt für die zweite Möglichkeit entschied. Am 12. Juli zog er sich, immer noch unschlüssig, nach Kanije zurück, wo großer Kriegsrat gehalten wurde. Hasan Pantur Pascha, den der Alaybeg des Wilajets kräftig unterstützte, hatte schon eine Verwendung für die Armee des Reiches, deren Erscheinen in dieser Gegend er wohl nicht wieder erwarten konnte - sie sollte möglichst viel Stützpunkte der Giauren zerstören, um den ständigen Kleinkrieg an der Grenze zu erleichtern. Bedeutungslose Palanken wurden so flugs als mächtige Festungen dargestellt, und vor allem eine halbverfallene Blockhaussiedlung mit vermorschten Palisaden im Plattenseegebiet wurde zu einem zweiten Komorn hochstilisiert. Der Serasker setzte sein gewaltiges Heer in der Tat auf Klein-Komorn an, dessen Besatzung schon beim Erscheinen der Vorhut kapitulierte. Nach diesem Erfolg ging Achmed Pascha zunächst beinahe bis Kanije zurück, entschloß sich aber zu neuerlicher Vorwärtsbewegung, ließ seine Reiter das ganze Gebiet durchstreifen, wobei das schwach befestigte Zalaegerszeg, damals Egerszeg, genommen wurde. Auch etliche kleine Palanken fielen der reichlich planlosen Herummarschierei zum Opfer, bis die osmanischen Aufklärer bei Körmend das Tal der Raab erreichten, wo sie mit zur Raumüberwachung eingesetzten Husaren – Privattruppen des Christoph Graf Batthyány und des Franz Graf Nádasdy – zusammenstießen. Die Reitergefechte selbst waren kaum von Bedeutung, erbrachten aber schwerwiegende Folgen:

- Die Osmanen, in deren geographischen Vorstellungen die Raab als jener ungarische Fluß existierte, der bei Györ in mäßiger Entfernung unterhalb Wiens in die Donau mündet, glaubten sich nahe der kaiserlichen Residenzstadt, des legendären »Goldenen Apfels der Deutschen«,
- und Montecuccoli, der jede Fühlung mit dem Feind nach dessen Abmarsch aus Zrinyvár verloren hatte, erlangte Kenntnis von dessen Präsenz südlich von Körmend.

Achmed Pascha Köprülü entschloß sich, über die Raab vorzustoßen und Wien anzugreifen –, und Montecuccoli entschloß sich, mit der gesamten vorhandenen Reiterei in Gewaltritten aus dem Raum gegenüber des früheren Zrinyvár in den Raum Körmend zu gelangen. Der Serasker marschierte mit gesammeltem Heer, wobei insbesonders die mitgeschleppten Kanonen bewegungshemmend waren –; der Feldmarschall bestimmte das indessen eingelangte Kontingent des Erzbischofs von Salzburg mit einigen unterstellten kaiserlichen Verbänden zum Verbleib im bisherigen Raum und befahl dem Gros der Armee, über Radkersburg nach Fehring und damit ins Raabtal zu verlegen.

Am 25. Juli erreichte er mit der Kavallerie den Raum Körmend, wo schon ein reger Reiterkrieg zwischen den Husaren und Akindschis, die wiederholt den Flußübergang versuchten, im Gang war. Am 27. Juli traf Achmed Pascha mit dem Gros seines Heeres ein und versuchte dreimal, den Flußübergang zu erzwingen, wurde aber zurückgewiesen, wobei sich die französische Reiterei besonders auszeichnete. Am 28. setzten schwere Regenfälle ein, die jede Bewegung im Uferbereich erschwerten, doch erschienen die Verbände des alliierten Infanteriepakets. Am 29. marschierte das osmanische Heer auf dem rechten, südlichen Ufer flußaufwärts ab. Dies zwang Montecuccoli, die Bewegung auf dem linken Ufer nachzuvollziehen. Er ließ dabei die Kontingenteinteilung wieder herstellen und befahl folgende Marschordnung:

Vorhut kaiserliche Armee,
Gros Reichskreisarmee,
Nachhut französische Armee.

Die Rheinbundtruppen marschierten als eigenes Marschpaket zwischen Gros und Nachhut, die ungarische Reiterei wurde im Raum Körmend belassen.

Das »Problemkontingent« der Allianzarmee war die Reichskreisarmee, die erst kurz vor der Verlegung aus meist ungedienten Leuten aufgestellt worden war, »thumben Kerlen, die nicht einmal ihre Fahnen kannten«, wie sie Montecuccoli bewertete. Die unübersehbare zahlenmäßige Überlegenheit des Gegner zehrte an ihrer Kampfmoral, und der umsichtige Montecuccoli nahm auf die »Psycholage« bedacht. Er erließ einen Tagesbefehl beruhigenden Inhalts, in dem darauf hingewiesen wurde, daß sich im Lager des Großwesirs auch »viel unbewaffnet Volckh und Cannaglia« befinde, so daß er in Wahrheit nicht so drückend überlegen sei, wie es den Anschein habe.

Die Bewegung der Heere vollzog sich unter zeitweisen Regengüssen mühsam und in kleinen Tagesetappen, und erst am 31. Juli erreichten sie den Raum, in dem am nächsten Tag um den Flußübergang gekämpft wurde. Achmed Paschas Armee war an der Palanke St. Gotthard, die von Tolpatschen (ungarisches Fußvolk mit sehr ungeeignetem Schuhwerk, das einen eigenartigen, hüpfenden Gang bewirkte, der oft zur Heiterkeit der Betrachter führte; hier findet sich die Wurzel für unser deutsches Wort »tolpatschig«) besetzt war, kampflos vorübergezogen und hatte sein weitausgebreitetes Lager zwischen den verlassenen Dörfern Unterzeming (heute Also Szölnök) und Windischdorf (heute Totfalu) aufgeschlagen. Weiter auseinandergezogen waren die separierten Lager der Allianzarmee;
- im Raum Weichselbaum die kaiserlichen Truppen;
- rückwärts Mogersdorf die Reichskreisarmee,
- vorwärts Deutsch-Minihof das französische Auxiliarkontingent.

Die Rheinbundtruppen, die durch die bisherigen Kämpfe schwere Verluste erlitten hatten und nur mehr etwa 2 000 Mann zählten, waren etwas zurückversetzt und hatten ihr Lager vermutlich auf halber Höhe des »Schlösselberges« errichtet, auf dessen Rücken heute das große Ehrenmal steht.

Die Marschordnung bestimmte also die Lagerordnung; im Falle eines Angriffs war die Schlachtordnung vorgezeichnet:
Rechter Flügel Kaiserliche und Montecuccoli;
Zentrum Reichsarmee unter dem zum Feldmarschall bestellten
Leopold Wilhelm Markgraf von Baden-Hochberg,
Stellvertreter Generalleutnant Georg Friedrich Graf von Waldeck, der 1683 die Reichstruppen zum Entsatz von Wien führte,
Generalquartiermeister Johann von Stauffenberg, ein wesentlicher Chronist;
linker Flügel das französische Auxiliarkorps unter
Generalleutnant Jean Graf de Coligny-Saligny,
Stellvertreter Francois d'Aubusson, Graf de la Feuillade,
der den Kampf gegen die Osmanen zu seiner Lebensaufgabe machte, nach Abschluß dieses Krieges in die Dienste Venedigs trat und zu einem der großen Helden des Kampfes um Kreta wurde.

Erwähnenswert sind vielleicht noch zwei Offiziere der habsburgischen Truppen, von denen einer seine Feuertaufe, der andere aber seine erste große Schlacht im Kampf um Mogersdorf erlebte:

Karl V., Herzog von Lothringen und Bar, der später der große kaiserliche Feldherr in der ersten Phase der abendländischen Gegenoffensive war und der damals ein Kürassierregiment befehligte, und

Ernst Rüdiger Graf Starhemberg, 1683 der Stadtkommandant von Wien, der erst 1663 oder 1664 aus dem Zivildienst der steirischen Landstände in den Kriegsdienst des Kaisers übergetreten war.

Die Lage der abendländischen Armee, deren Artillerie mit Masse noch im Raum Güns zurückhing, war durch einen empfindlichen Mangel an Pulver gekennzeichnet; für alle Kontingente, immerhin gegen 25 000 Mann, betrug der Vorrat nicht mehr als 1 800 (eintausendachthundert) Kilogramm. Da die Osmanen die Gewohnheit hatten, die christlichen Lager unter – nicht gerade wirksamen – Beschluß zu nehmen, und die alliierten Truppen das Feuer zu erwidern pflegten, war schon am 30. Juli ein Schießverbot erlassen worden, das am 31. bei der abendlichen Befehlsausgabe wiederholt wurde. Ausdrücklich befohlen wurde die Sicherung der Flußufer, um ein nächtliches Übersetzen des Feindes zu verhindern.

Im Zentrum, im Abschnitt der Reichskreisarmee, befand sich der große Raabbogen, der das Schlüsselgelände zumindest dieses Verteidigungsabschnittes bildete. Ein Hauptmann mit 200 Infanteristen sollte hier die Sicherung durchführen; als er mit seinen Leuten vorrückte, wurde sein Haufen von feindlichen Geschützen am Südufer unter wütendes Feuer genommen, das seine Mannen mit ihren Musketen ziemlich wirkungslos erwiderten.

Im Morgengrauen des 1. August setzten hier die Kämpfe ein. Ungefähr 1000 Janitscharen überquerten den Fluß und überrannten die Sicherungskräfte, die schon fast ihr ganzes Pulver verschossen hatten, und begannen ohne Verzug mit dem Ausbau von Feldstellungen, während die Piyaden zwei Pionierstege errichteten, die aus durch Riemen verbundenen Ledersäcken mit Luftfüllung bestanden und in kürzester Zeit fertiggestellt waren. Teils durch Reiter, teils über die Behelfsbrücken verstärkten sich die Osmanen im Brückenkopf im Handumdrehen auf etwa 8 000 bis 10 000 Mann, die zwar mit Masse im Ufergelände verblieben, aber ziemlich energisch Aufklärung gegen Mogersdorf trieben.

Im Lager der Reichskreisarmee wurde um diese Zeit Alarm gegeben. Es sei gestattet, Stauffenberg zu zitieren, der ein höchst anschauliches Bild von dem Geschehen gibt, das dadurch ausgelöst wurde (Zitierung nach Wagner, S. 218 f.):

»Unsere Meinung war gut, zum geschwindesten den Feind zurück zu treiben, dann wir praesumierten, je länger wir uns aufhielten, je stärker würde er sich durchziehen. Und was war natürlicher, als das geschwindeste Mittel an die Hand zu nehmen und den Posto mit der Armad zu recuperiren, den die Wacht verlohren.

Dahero gieng es und war ein Geschrey da: Sa sa! March, march! Feind, Feind, heraus, heraus. Hundert tausend sacrament, heraus, heraus!

Obr. Wachtm: Adjutant, stelt, richtet! Picken in die Mitte! Allarm, Allarm! Tambour, schlag larm, larm, der Feind ist über, der Feind ist über. Sa Sa, hau, stich, schlag, schmeiß die Hunde sa sa!

Die Officier, theils lieffen von ihren Matratzen; Lacquai, Furierschütz, Tambour! Mein Stiffel, mein Schuch her! Corporal, auf, auf, larm, larm! Meinen Diener rueff her! Hola, da heraus, heraus! Sattle mein Pferdt, wo ist mein Degen, wo seynd meine Pistolen? Lad, span, Pulver in die Pfan! Und ehe er halb angezogen, rieff vor Schröcken: Heraus, heraus, rückt ausß, ihr Hunde, in tausend Teuffel Nahmen! Heraus, schlag, prigel, hau, stich! Corporal, Adjutanten, Wachtmeister, Leütenant, setze, richte, mache regen, mache Glieder, fünf hoch, sechs hoch, kurtz Gewöhr halb vor, halb hinders Regiment...

Die Musquetierer schrien nicht weniger: ›Sa sa, Lunten her! Pulver, Bley her! Ich hab nur zwei Schuß Pulver! Ich hab nur drei Kugeln. Ich hab keine Lunten, was soll ich vorm Feind tun. Herr Leütnant, um Gottes Willen, Pulver her! Veldwäbel, Zeugmeister! Pulver her, Bley her. Ich kan kein Feuer geben. Lunden her! Sa sa, Brod! Ich hab kein Brod in vier Tagen bekommen, ich kann nicht gehen! Malade, mon Capitain!‹

Man wurd so halb fertig, da rieffen die General Adjutanten: ›Sa! Gewöhr auff! Tambour, schlag! March, march!‹

Da führte man die Schaff aufs Jahrmakt!«

Die »Schafe« waren fünf der sechs Infanterieregimenter der Reichsarmee; eines wurde zur Sicherung des Lagers zurückbehalten. Die Reiterei der Reichskreisarmee bildete das zweite Treffen, das Adolf Herzog von Holstein befehligte. Der Auszug war von ähnlichen Turbulenzen befehligt wie der des Infanterietreffens.

Aus der rechten Flanke rückten jene kaiserlichen Truppenteile heran, die Montecuccoli in der Eile verfügbar hatte: Ein Kürassierregiment, einige Infanteriekompanien.

Die feindlichen Aufklärer verließen Mogersdorf und fielen auf den Brückenkopf zurück, ein selbstverständliches taktisches Manöver und keineswegs eine »Scheinflucht«, wie moderne Autoren gern behaupten. Hier waren indessen mehrere Großwürdenträger eingetroffen: Ismail Pascha von Bosnien, Kaplan Pascha von Damaskus, Mechmed Pascha Gürcü von Aleppo und der Janitscharenaga, erprobte und besonnene Truppenführer einer wie der andere. Sie hielten ihre Verbände im Wirkungsbereich der eigenen, jenseits verbliebenen Artillerie und ließen die Giauren voll in die Klinge laufen. Die Regimenter wurden vom Geschützfeuer angeschlagen und gleich darauf von den nun anrennenden Janitscharen buchstäblich niedergesäbelt, die den Leichen sogleich die Köpfe abschlugen. Nach der Schlacht lagen die Regimenter noch in Reih und Glied, Offizier und Mann, waffenlos, ausgeplündert, ohne Köpfe.

Die Kavallerie machte einige schwächliche Versuche, die Infanterieregimenter herauszuboxen, setzte sich aber, als sie selbst von der überlegenen Reiterei der Osmanen angefallen wurde, bis hinter Mogersdorf ab, einige bis weit über die nahe steirische Grenze, wo sie die Nachricht vom Untergang der alliierten Armee verbreiteten und eine Panik unter der Bevölkerung auslöste, die bis Graz durchgriff.

Aber nicht nur die Flüchtlinge der Reichskreisarmee, sondern auch die osmanischen Heerführer hielten mit der faktischen Vernichtung der Truppen zwischen Mogersdorf und dem Raabufer die Schlacht für beendet, zumal aus dem Brückenkopf vorgehende Truppen nicht nur das Dorf erneut in Besitz nehmen konnten, sondern bis zum Lager vordrangen, das vom zurückbehaltenen Infanterieregiment verteidigt wurde. Achmed Pascha sandte auch schon einen Eilkurier an den Hof, der eine siebentägige Siegesfeier anordnete – die am dritten Tag, als der nächste Kurier, der weit langsamer unterwegs gewesen war, mit dem abschließenden Bericht eintraf, abrupt abgebrochen wurde.

Die osmanische unangefochtene Beherrschung des Raumes Mogersdorf dauerte eine nicht rekonstruierbare Zeit, vielleicht eine halbe Stunde, und fand durch das Rheinbundkontingent ihr Ende. Der draufgängerische Hohenlohe hatte es, als die Reichskreisinfanterie ihrem raschen Ende entgegenzog, ausrücken lassen, schwenkte dann nach Mogersdorf ab, als sich die Osmanen darin eben wieder festsetzten, und verwickelte sie in einen wilden Häuserkampf am Ostrand des Ortes. Montecuccoli hatte indessen die kaiserlichen Verbände in Weichselbaum gesammelt und stieß mit ihnen talabwärts vor – mit wallenden Fahnen, rasselnden Trommeln, blitzenden Waffen. Die Reiter der Reichskreisarmee, die aus dem Tale geflohen waren und auf dem Schlösselberg in kleinen, verängstigten Gruppen hielten, unschlüssig, was sie beginnen sollten, faßten Zuversicht und Mut und folgten den Signalen, die zum Sammeln riefen. Und als die Kürassiere Karls von Lothringen, die den linken Flügel bildeten, auf jene Osmanen stießen, die indessen das Lager der Reichskreisarmee zu plündern begonnen hatten, sprengten auch sie wieder in den Kampf, der hier sehr rasch entschieden war.

Länger und mit kaum vorstellbarer Erbitterung geführt war der Kampf der Infanterie in Mogersdorf, das die Janitscharen Haus für Haus verteidigten. Die wilden Krieger des Großherrn gaben und nahmen keinen Pardon, sie kämpften bis zur letzten Patrone oder zum letzten Pfeil und steckten dann das Gehöft, in dem sie sich befanden, an, den Tod in den Flammen der Gefangennahme vorziehend. Montecuccoli befand sich mitten im Getümmel; nicht weniger als fünf Pferde wurden unter ihm erschossen, und in dieser Stunde der Entscheidung erinnerte nichts an ihm an den großen Theoretiker des Kriegswesens, den seine Gegner gerne als entschlußlosen Zauderer verunglimpften.

Die rechts vom Infanteriezentrum vorgehende kaiserliche Reiterei hatte sich indessen zwischen den Südrand von Mogersdorf und den Brückenkopf der Osmanen geschoben, der nun zügig verstärkt wurde. Um diese Zeit kam es im osmanischen Lager zu einem höchst aufschlußreichen Fall von Gehorsamsverweigerung: Achmed Pascha befahl den Tataren, über die Raab zu setzen und die in Mogersdorf eingeschlossenen Janitscharen herauszuhauen –, und die Tataren verweigerten dies glatt. Der Vorfall war derart peinlich, daß ihn Hasan Aga überhaupt verschweigt, während Ewliya Tschelebi von einer geringfügigen Meinungsverschiedenheit mit dem Tatarenprinzen weiß, der nun – strafweise – »zur Schlacht nicht eingeladen« wurde.

Um 13.00 Uhr fand eine Lagebesprechung der gesamten Generalität bei den Trümmern der Kirche des wiedereroberten Mogersdorf statt. Es wurde gegen die Stimmen der Reichsgeneralität ein konzentrischer Angriff auf den Brückenkopf beschlossen, um den Feind auf das Südufer zurückzuwerfen. Vor allem Hohenlohe hatte den Angriff gefordert und sich mit der höchst eigenartigen Argumentation durchgesetzt, daß er zu krank sei, um noch eine Nacht im Feldlager zu bleiben und sich nach Fürstenfeld ins Hospital legen müsse, um sich einmal auszukurieren.

Die Bereitstellung zum Angriff nahm etwa zwei Stunden in Anspruch; im ersten Treffen standen
- vier französische Infanterieregimenter,
- das restliche Fußvolk der Rheinbundtruppen,
- das letzte, als Lagerbesatzung zurückgebliebene Infanterieregiment der Reichsarmee,
- fünf kaiserliche Infanterieregimenter,
an den Flanken von Kavallerieabteilungen gedeckt, während der Rest der Reiterei das zweite Treffen bildete.

Während der Bereitstellung wurden die Osmanen, die den Brückenkopf erheblich erweitert und durch Zuführung von Kavallerie verstärkt hatten, von der gesamten vorhandenen Artillerie – es waren ganze vier leichte Geschütze – unter nicht eben massiertes, aber doch wirksames Feuer genommen, das vor allem der osmanischen Reiterei merkbare Verluste zufügte. Der Brückenkopf wurde von den abendländischen Verbänden halbmondförmig umklammert, die gegen 16.00 Uhr begannen, gegen die osmanischen Verschanzungen vorzurücken. Der Serasker befahl nun etwa 4000 Reitern flußaufwärts im Raum Weichselbaum überzusetzen und die Angriffsverbände von rückwärts anzufallen, was zum großen, spektakulären und schlachtentscheidenden Mißerfolg führte. Die osmanische Kavallerie überritt zwar die schwachen Sicherungskommandos, die das Ufer vor Weichselbaum besetzt hielten und sprengte sodann dem Zentrum des Geschehens zu, wurde aber von der Kavalleriereserve der Kaiserlichen unter dem berühmten Reitergeneral Johann Spork in der Flanke erfaßt und unter schweren Verlusten auf das Südufer zurückgeworfen. Sie erfüllten, fliehend dem eigenen Lager zustrebend, den Raum jenseits des Flusses mit Turbulenz und Geschrei. Das blieb den Truppen im Brückenkopf nicht verborgen, die wähnten, Feindkräfte seien schon dabei, das eigene Lager zu erstürmen. In die aufkommende Panik schlug das exakt geleitete, massierte Kleingewehrfeuer der abendländischen Musketiere. Der eigentliche Nahkampf kann nur ganz kurz gewesen sein: Die furchtbare Walze aus Feuer und Eisen rollte über die Reste allenfalls noch Widerstand leistender Moslems hinweg.

Noch vor 17.00 Uhr befand sich kein lebender Osmane mehr nördlich der Raab – der Tag, die Schlacht und auch der Krieg waren entschieden. Und die Generäle gingen her und diktierten an ihre vorgesetzten Dienststellen ihre sehr subjektiven Schlachtberichte, in denen jeder versuchte, die Schuld für den anfänglichen Mißerfolg von sich abzuwälzen. Keine der kontrahierenden Parteien aber war in der Lage, in absehbarer Zeit weitere energische Kampfhandlungen zu beginnen. So war der Friedensvertrag, der bereits am 9. August 1664 zwischen dem Großwesir und Simon Reniger, der sich noch immer im Hauptquartier befand, abgeschlossen wurde, die logische Konsequenz der großen Schlacht um den Raabübergang. Seine Bedingungen entsprachen der militärischen Lage: Neuhäusels neuer Status wurde anerkannt, auch Neograd und Großwardein blieben im Besitz des Großherrn, Siebenbürgen war von allen fremden Truppen zu räumen, Apafy wurde als Alleinherrscher bestätigt, der Kaiser sandte an den Großherrn, der Großherr an den Kaiser ein »freiwilliges Geschenk« im Wert von je 200 000 Gulden.

3. Kapitel:
Kampf um Ungarns Recht und Freiheit

Der Vertrag vom 9. August 1664, den Reniger und Achmed Pascha aushandelten und der nach dem Verhandlungsort der Frieden von Eisenburg → Vasvár genannt wurde, beendete den Krieg vorerst nicht und führte auch nicht zur Einstellung der Kampfhandlungen, mußte doch erst die Ratifikation durch beide Höfe erfolgen. Leopold I. zögerte über Gebühr; die Nachricht vom Sieg in der Schlacht um den Raabübergang hatte in ihm und den Hofkreisen übermäßige Hoffnungen erweckt, und in Wien erwartete man den nun folgenden »Hauptschlag« zur völligen Vernichtung der osmanischen Kriegsmacht mit anschließendem »Endsieg« und »Siegfrieden« und wie die Schlagworte auch heißen. Von der Lage in Ungarn, von den Schwierigkeiten der abendländischen Kriegführung auf der einen und den noch vorhandenen Kraftreserven des Osmanischen Reiches auf der anderen Seite wußte man bei Hofe nichts, konnte man gar nichts wissen, weil die Informationen, die Seine Majestät erhielt, sorgsam gefiltert waren. Die »Zensur« begann bei Kriegsberichten schon in der Feldkanzlei. Der Bericht Montecuccolis, von dem sich zufällig
- das Konzept und
- die dem Hof zugekommene Ausfertigung
erhalten haben, liefert ein eindrucksvolles Beispiel für die Verniedlichung oder das Verschweigen von Problemen.

Der Pulvermangel im alliierten Heer wurde bereits erwähnt, und auch der Verpflegungsschwierigkeiten durch die Verlagerung des Kriegsschauplatzes in das Murtal wurde gedacht. Als es eben gelang, die Nachschubzuführung von Graz über Radkersburg notdürftig in Gang zu bringen, erfolgte die neuerliche Verlegung des kombattanten Geschehens ins Raabtal und damit das Abreißen der Nachschublinie, die auf dem Fluß verlief und als wesentlichste Transportmittel Kähne und Flöße verwendete. In Montecuccoli lebte trotz des Abwehrerfolges des Tages die Sorge um das Morgen, und sie durchzieht wie der berühmte Rote Faden den Bericht, den er noch am Abend diktierte. Er bat »alleruntertänigst«, wie es dem Kanzleistil des eben auch in den Erblanden aufkommenden Absolutismus entsprach, um Verstärkung, insbesonders um Nachführung der noch in Güns zurückhängenden Artillerie und des ebenfalls noch auf dem Marsch befindlichen zweiten Kontingents der Reichsarmee, das Herzog Ulrich von Württemberg führte. Im Konzept und der Ausfertigung des Berichtes heißt es:

> »Also erfordert die hohe Notturft, das sowohl des Hertzogs von Württemberg Fürstliche Gnaden mit allen bey sich habenden Völckhern als auch die Artigleria und Munition alsobalden anhero zur Armada kombe.«

Im *Konzept* befand sich statt des Punktes ein Beistrich nach dem Wort »kombe«, und der Satz fand folgende dramatische, in der Ausfertigung fehlende Fortsetzung:

> »sintemalen man sonderlich an Munition ganz entblösst ist, also daß, wan die Armee noch einen solchen Rincontre ausßstehen sollte, ich in Wahrheit nit wüste, was zu tuhn wehre.«

Fehlinformationen bewirken gefährliche Irrtümer über entscheidende Fakten, und sie führten gegenständlich zu einer Erwartungshaltung des Hofes, die aktenmäßigen Niederschlag fand und von dort in die Geschichtsschreibung überging, in der die Kritik an Renigers erfolgreichen Friedensbemühungen und Montecuccolis lagebedingter Weiterführung der Operationen lange Zeit zum guten Ton gehörte und in Ungarn zum Teil noch heute gehört.

In Kurzfassung kann der Verlauf der militärischen Ereignisse wie folgt dargestellt werden:

6. August:	Die osmanische Gesamtstreitmacht rückt ostwärts ab. Montecuccoli zieht auf dem linken Ufer mit, wobei die Vorhut von den Franzosen gebildet wird.
8. August:	Montecuccoli – vom Kaiser mit Handschreiben vom 4. August zum Generalleutnant, seinem persönlichen Vertreter und Befehlshaber über alles habsburgische Kriegsvolk bestellt – hält seine Kontingente zwischen Körmend und Güssing versammelt, da der Weitermarsch Achmed Paschas nach Pápa bevorzustehen scheint.
10. August:	Achmed Pascha zieht in Richtung Stuhlweißenburg → Székesfehervar weiter; Montecuccoli marschiert nach Steinamanger. In der Führung des Rheinbundkontingents tritt ein Wechsel ein: Hohenlohe muß tatsächlich ins Lazarett nach Fürstenfeld, sein Stellvertreter Josias Graf von Waldeck übernimmt das Kommando.
13. August:	Teile des osmanischen Fuhrparks, die im Sumpfland des Flusses Marczal stecken, werden aufgeklärt. Montecuccoli entschließt sich zum Angriff, aber die Befehlshaber der alliierten Kontingente weigern den Gehorsam. Begründet wird dies damit, daß ihre Truppen zu entkräftet sind, um in schwerpassierbares Gelände vorzustoßen.
14. August:	Nádasdys Husaren, die hart am Feind geblieben sind und seine marschierenden Kolonnen umschwärmen, stoßen bei Vázsony → Wazzen mit starken osmanischen Kavalleriekräften zusammen und werfen sie. Achmed Pascha versucht mit dem zurückhängenden Gros die Burg Sümeg zu nehmen, wird abgewiesen, verbrennt aber die geräumte Siedlung.

16. August:	Montecuccoli, der in nördliche Richtung marschiert und auf dem linken Raabufer verbleibt, erreicht den Raum Unterpullendorf.
17. August:	Montecuccoli verlegt mit Masse in das Gebiet von Neckenmarkt. Es wird eine mehrtägige Pause eingelegt, teils um den Truppen Rast zu gönnen und sie wieder zu formieren, teils um auf das noch immer ausstehende Kontingent des Herzogs von Württemberg zu warten.
30. August:	Weitermarsch Richtung Donau, um bei Preßburg über den Strom zu setzen und das im Vorjahr verlorene Neuhäusel zurück zu erobern – Leopolds ausdrücklich befohlenes Kriegsziel und der Grund, weswegen er den Frieden von Vasvár noch nicht genehmigt hatte. Die Osmanen ziehen indessen von Stuhlweißenburg Richtung Giran.
7. u. 8. September:	Das christliche Heer setzt über die Donau; Achmed Pascha dürfte seine Armee schon am 3. oder 4. über den Strom geführt haben.
9. September:	Seine Majestät geruhen den Zustand der Armee zur Kenntnis zu nehmen und den Friedensvertrag zu ratifizieren.

In Stauffenbergs Aufzeichnungen findet sich der Grund für den allerhöchsten Gesinnungswandel: Die Armee war von hohen Herrschaften aus Wien in Preßburg besichtigt worden. Er schreibt (zit. nach Wagner, S. 448):

»Es war aber nichts als miseria cum aceto daselbsten zu sehen. Weil über die massen so wol die Cavallerie als die Infanterie elende und zerrissen ware, und was vor ein Regiment von 1 800 Köpfen gewesen, war jetzo kaum eine Companie von 150 Knechten. Wann man der Armada einen Tag nachreysete, lag hier und dort einer über den anderen todt und die Straß allenthalben voll Krancker.«

Wien sah also ein, daß mit dieser Armee keine abschließende Hauptaktion zu führen und der grandiose Siegfrieden nicht zu erringen war. Kaiser Leopold unterschrieb den Vertrag, der bis zu dieser Unterschrift ein Vertragsentwurf war, ohne weitere Formalitäten – und setzte sich mit dieser militärisch unerläßlichen Tat gewaltig in die Nesseln. Denn der Friedensvertrag beinhaltete die Anerkennung des Verlustes von Neuhäusel und des umliegenden Gebietes –, und *zum Verzicht auf ungarisches Territorium war der ungarische König nur mit Billigung der gesetzgebenden Körperschaft berechtigt.* Der Frieden war also rechtswidrig geschlossen worden, Leopold hatte weder die ungarische Regierung noch die Stände vom geplanten Abschluß des Vertrages, dessen Inhalt selbstverständlich nicht bekanntgegeben worden war, auch nur verständigt, geschweige denn um die Genehmigung ersucht, sondern völlig eigenmächtig entschieden, obzwar er – wie jeder ungarische König – die Einhaltung des Reichsrechtes vor seiner Krönung ausdrücklich beschworen hatte. Der eklatante, wenngleich durch die Umstände erzwungene Rechtsbruch empörte die Ungarn, vor allem natürlich jene, die im neugegründeten Wilajet Uyvar → Neuhäusel Besitzungen gehabt hatten. Es wurden sogleich sehr gewichtige Stimmen laut, die die Fortsetzung des Krieges durch die ungarischen Stände forderten. Der Palatin Franz Wesseleny, der seit den Tagen König Albrechts I. nicht mehr vom König ernannt, sondern von den Ständen erwählt wurde, erklärte erbittert:

>»Wir wollen den Frieden weder im Namen der Stände, deren Mandat wir nicht haben, noch können wir denselben überhaupt annehmen.«

Und schon im Oktober konnte eine Flugschrift erscheinen mit dem Titel:

>»Resolution, wie und aus was Ursachen die Hungarischen Stände gegen den Friedensschluß mit den Türken protestieren und den Krieg fortzusetzen gewillt sind.«

Es kam dazu, daß Zriny Schadenersatz wegen des auf Befehl Montecuccolis niedergebrannten Zrinyvár forderte und von der Hofkammer abschlägig beschieden wurde, da die Zerstörung aus militärischen Gründen erfolgt sei, was durchaus richtig war.

Ludwig XIV., der sich die Gelegenheit nicht nehmen ließ, die Verhältnisse seines Verbündeten Leopold I. zu stören, wo immer er konnte, zeigte sich, als er von der Sache erfuhr, ebenso erfreut wie spendenwillig: Er stiftete dem tapferen und grollenden Miklos 10 000 Taler als Schadenersatz, was ihm in Ungarn zu viel Sympathien verhalf.

Es kam zu einer Verbindung einer Reihe von einflußreichen ungarischen Persönlichkeiten, deren »harter Kern« das Triumvirat
Franz Wesseleny, der Palatin,
Miklos Zriny, der Banus von Kroatien und
Georg Lippay, der Erzbischof von Gran
war, wobei der Primas der ungarischen Kirche in dem Verdacht stand, Gelder, die vor dem Krieg für den Ausbau gerade der Festung Neuhäusel bestimmt waren, für andere Zwecke verwendet zu haben. Von einer »Adelsverschwörung« zu sprechen, wie dies die habsburgische Geschichtsschreibung gerne tut, besteht kein Anlaß; die Opposition trat als Opposition durchaus legal in Erscheinung. Sie bezichtigte König Leopold I. des schweren Verfassungsbruches und erhob deswegen im Namen der Stände die Anklage vor dem Kapitelgericht in Preßburg. Das geistliche Höchstgericht Ungarns wurde damit als Staatsgerichtshof angerufen, womit man versuchte, den Bruch des Eides in den Vordergrund zu rücken; der Hintergedanke aber war wohl der, daß Georg Lippay der Vorsitzende dieses Gerichtshofes war. Der Vorsitzende des auf jeden Fall zuständigen Hofgerichts war dagegen Franz Nádasdy, der Judex curiae, der mit seinen Husaren im Felde gewesen war und von den

Schwierigkeiten der Allianzarmee Kenntnis hatte. Der Militärexperte des Triumvirats hingegen war Zriny, der sich von der Armee bekanntlich nach seinen Zwistigkeiten mit Montecuccoli zurückgezogen hatte und geneigt war, die diesbezüglichen Informationen als Greuelmärchen abzutun. Die Frage der Durchführung des Verfahrens vor Kapitelgericht oder Hofgericht war aber nicht unmittelbar prozeßentscheidend: Der Gerichtshof hatte nur eine Art Vorverfahren durchzuführen und eine einem Untersuchungsrichter ähnliche Stellung. Die endgültige Entscheidung über die Anklage hatte der Reichstag zu fällen, aber es kam nicht dazu:

Miklos Graf Zriny wurde am 18. November 1664 im Walde von Kursanec (heute Grenzgebiet zwischen Ungarn und Slowenien) *bei einer Jagd auf Wildschweine tödlich verletzt.*

Von einem angeschweißten Eber, den er im Unterholz verfolgte, versicherte sein Leibjäger, der angab, auf einen Baum geflüchtet zu sein – von einem vom Hofe gedungenen Mörder, erklärten andere Gefolgsleute des Getöteten, als sie das Geschehen zu rekonstruieren versuchten und ihnen die Tatsache verdächtig war, daß der Leichnam nur *eine* Verletzung am Hals mit Zertrennung der Halsschlagader aufwies. Die Mordversion gewann an Wahrscheinlichkeit, als sich der Leibjäger einer neuerlichen Befragung durch Flucht entzog. Nun fand man auch andere Umstände, die den Verdacht verstärkten, vor allem die Verfolgung der Schweißfährte ohne Hund –, aber Klarheit fand man nicht.

Das nun zum Duumvirat gewordene frühere Triumvirat suchte ohne Verzug noch einen neuen dritten Mann und fand ihn in Peter Zriny, dem Verteidiger von Karlovac. Dieser reiste als Wortführer einer ungarischen Delegation nach Wien, um den Protest der Stände bei Hof zu formulieren. Leopold I. erteilte Peter Zriny sogleich eine Sonderaudienz und ernannte ihn zum Nachfolger seines Bruders als Banus von Kroatien mit vizeköniglicher Gewalt, worauf die eigentlichen Beratungen über die strittigen Fragen in Abwesenheit des Kaisers und König geführt wurden. Für Leopold verhandelten Wenzel Eusebius Lobkowitz, der Herzog von Sagan, damals noch Präsident des Hofkriegsrates[5] – er wurde später wegen hochverräterischer Verbindungen zum französischen Hof enthoben – und sein Stellvertreter in dieser Funktion, Generalleutnant Montecuccoli, sowie der Kanzler des Hofes, Dr. Johann Paul Hocher, Freiherr von Hohengran, ein sehr gescheiter, im damaligen Sinne sehr moderner und daher sehr absolutistisch denkender Mann. In einigen Nebensächlichkeiten, wie Abberufung mißliebiger Stadtkommandanten, Ablösung deutscher Festungstruppen und dergleichen war man sehr rasch einig, in der Hauptsache aber wurde ein Einverständnis nicht erzielt – oder nur insoweit, daß die Ungarn von der Idee selbständiger Weiterführung des Krieges abkamen.

Und das war im Augenblick sehr bedeutend, denn der Vertrag war zwar ratifiziert, aber nicht erfüllt: Die ausdrücklich vereinbarten wechselseitigen

Sonderbotschafter mit den »freiwilligen Geschenken« waren noch nicht ausgetauscht worden. Aber man wußte in Wien, daß der Botschafter des Großherrn im Januar 1665 von Stambul aus aufbrechen würde; man war um einen entsprechenden Empfang bemüht und auch darum, die eigene Gesandtschaft zusammenzustellen. Sonderbotschafter des Kaisers war General Walter Graf Leslie –; die Gesandtschaft des Kalifen führte ein ganz junger, unbekannter Mann, der eben in den Rang eines Paschas von Rumelien erhoben worden war und von dem man nur in Erfahrung bringen konnte, daß er früher bei den Bostandschis, also Truppen des Hofes, gedient hatte: Kara Mechmed Pascha. Mit ihm ritt – nach eigenen Angaben: um ihn zu beraten – Ewliya Tschelebi, denn auch dem Großwesir und den Paschas des Grenzraumes soll der junge Höfling, der ein Schützling Kara Mustafas war, unbekannt gewesen sein. Ewliya hatte sich das Wohlwollen Achmed Paschas dadurch gesichert, daß er einen sehr positiven Bericht über die Schlacht um den Raabübergang publiziert hatte, in dem eine christliche Übermacht aus allen Staaten Europas, von denen er jemals gehört hatte, über das bereits siegreiche und seine Gefallenen würdig bestattende islamische Heer hergefallen sei. Auch der König von Danimarka (Dänemark) soll mit einem starken Kontingent erschienen sein, und dann kamen auch noch die Truppen aus dem Reiche der Mädchenköniginnen, die als »Wunderwaffe« mächtige, auf den Mann dressierte Hunde mit sich geführt hätten, die unzählige Glaubenskrieger zerrissen. Da es bei Berichten ausgesprochener Kriegspropaganda weniger auf den Wahrheitsgehalt als auf die Stimmungsmache ankommt, hatte Ewliya die öffentliche Meinung im Sinne des Großwesirs und Seraskers entscheidend beeinflußt –, und es ist durchaus möglich, daß er als eine Art Sonderberichterstatter der Gesandtschaft zugeteilt wurde. Er veröffentlichte hinterher auch einen großen »Reisebericht« – übrigens eines der liebenswürdigsten Werke der (übersetzten und daher zugänglichen) osmanischen Literatur – mit einem derartigen Durcheinander von offensichtlich erfundenen Tatsachen und offensichtlich richtigen Beobachtungen, daß der anhaltende Meinungsstreit darüber, ob er tatsächlich den Goldenen Apfel gesehen hat oder nicht, kaum je eine befriedigende Lösung finden wird.

Die großherrliche Karawane zog langsam den Balkan herauf, erreichte im April Belgirad, im Mai Budyn und rückte dann über Gran bis Almas weiter, wo auf die »Flotte« gewartet wurde, die aus 19 Kriegsschiffen (Tschaiken) und 20 Transportfahrzeugen bestand. Das Lager der Karawane wurde von 10 000 Kriegern unter dem Befehl des Sandschakbegs von Stuhlweißenburg → Üstolni Belgirad gesichert.

Die Grenze verlief etwa 2 000 Meter unterhalb von Komorn; der »Checkpoint«, wie wir heute sagen würden, befand sich auf dem Südufer, gegenüber der Waageinmündung, und war im Gelände genau bezeichnet. Die Markierung bestand aus drei je fünf Meter hohen Fichtenholzpfählen, deren mittlerer auf einem Hügel stand und den Grenzverlauf unmittelbar kennzeichnete. Die beiden anderen waren je fünfzig Schritt von diesem entfernt auf osmani-

schem und ungarischem Gebiet eingeschlagen. Der Abtausch der Gesandtschaften erfolgte nach einem genau ausgeklügelten Protokoll in großem Zeremoniell. Wie die Osmanen stellte auch die habsburgische Führung ein starkes militärisches Ehrengeleit, das der Sieger in der Schlacht von Lewenz,
Feldmarschall de Souchez, befehligte.

Es muß ein atemberaubender Anblick gewesen sein, als sich die beiden
starken Ehrenformationen – 10 000 Osmanen, 6 000 Kaiserliche – zur Parade
wie zu einer Schlacht formierten, nur durch einen schmalen Streifen Land
voneinander getrennt. Die beiden Großbotschafter näherten sich würdevoll
dem mittleren Grenzpfahl; jeder war bemüht, diesen nicht früher und nicht
später zu erreichen als der andere – und jeder hatte hinter sich die breitaus-
gefächerten Verbände der Geleittruppen. Und jeder war der Repräsentant
einer anderen Welt. Fahnen, Feldzeichen und Standarten flatterten im lauen
Frühlingswind, die Hufe abertausender Pferde stampften auf dem erzittern-
den Boden, hell schmetterten die Fanfaren, dumpf dröhnten die Pauken,
grell rasselten die Trommeln –, und entschlossen starrten sie sich entgegen,
die Soldaten des Kaisers des Heiligen Römischen Reiches Deutscher Nation
und die Kriegsmänner des Beherrschers der Rechtgläubigen, des Großherrn
der Osmanen. Es war ein gewaltiges, eindrucksstarkes und einmaliges Schauspiel voll übersteigertem Imponiergehabe, diese unmittelbare und unblutige
Konfrontation der militärischen Kraft zweier Großmächte, die noch gestern
die Klingen gekreuzt hatten und sich morgen wohl wieder erbittert bekämpfen würden, war doch jedem Teilnehmer klar, daß der Kompromißfrieden,
den zu bekräftigen sie diesmal ins Feld gezogen waren, kein ewiger Frieden
sein konnte: Zu tiefgreifend waren die Gegensätze, zu elementar die mühsam
gezügelten Aggressionen.

An der Grenzmarkierung, die sie zuletzt doch gleichzeitig erreichten,
umarmten sich Walter Graf Leslie und Kara Mechmed Pascha, deuteten
Küsse auf Brust und Schulter an, tauschten ein paar belanglose Worte, die sie
nicht verstanden, und wandelten würdevoll weiter. Nun setzten sich die
Gesandtschaftstrosse, die bisher in streng eingehaltener Ordnung an den beiden Vormarkierungsstangen gehalten hatten, in Marsch und überquerten
ebenfalls die Grenze. Der Beg von Üstolni Belgrad begrüßte Graf Leslie mit
gebotener Höflichkeit und geleitete ihn zu dem für ihn bereitgestellten
Schiff, das eine bequeme Weiterreise ermöglichte. De Souchez, der von den
Osmanen Susa genannt wurde, wollte Kara Mechmed ebenso zu einem Schiff
bringen, doch erklärte der, sich von seinem Gefolge nicht trennen zu wollen
und ohnedies lieber zu reiten, was der Feldmarschall akzeptierte. Und so
machte man sich hoch zu Roß und in glänzendem Zuge auf den Weg.

Und also erledigte Kara Mechmed Pascha, der zwar in der Tat zuerst Offizier der Bostandschis gewesen war, dann aber Aufnahme in das Generalstabskorps der Müteferrika (s. 1. Band, S. 295f., S. 378, Tafel IV) gefunden
hatte, den ersten Teil seines Auftrages: Die Erkundung des Marschweges
zum Goldenen Apfel der Deutschen.

Denn es war seit der Schlacht um den Raabübergang im osmanischen Hauptquartier klar geworden, daß diese Schlacht unter geographisch völlig unrichtigen Vorstellungen geschlagen worden war: Man wähnte allen Ernstes, im
Nahebereich Wiens zu operieren. Erst im Verlauf des Monats August, als
sich die Armee mühsam bis in den Raum Giran heraufquälte und dort die
Donau erreichte, erkannte man den Irrtum. Vorher hatte man geglaubt, man
stehe nur mehr zehn Marschstunden vor Wien; der Janitscharenaga hatte
Reniger drohend zugerufen, daß man von hier – St. Gotthard – schon »die
Dächer von Wien« sehen könne, und der Großwesir ermunterte seine Truppen durch das Versprechen zum Raabübergang, daß ihnen der Sieg des Tages
unmittelbar das reiche Land um den Goldenen Apfel zur Plünderung öffne.
Die Erfahrungen aus den Feldzügen Solimans I. waren anscheinend vergessen worden bis auf die eine, daß man die Raab → Rába überqueren müsse,
wolle man Wien erreichen.

Kara Mechmed Pascha erstellte eine Art Marschtabelle, die für eine
schwerbewegliche Armee mit Tagesleistungen, die jener des Gesandtschafts-
trosses entsprachen, verwendbar war:

Grenze bis zum ersten Lagerplatz beim Dorfe Acs	5 Stunden
Acs bis zum zweiten Lagerplatz bei der Stadt Györ (Raab)	8 Stunden
Györ bis zum dritten Lagerplatz bei Ovár,	
hier Überschreiten der Grenze zum Deutschen Reich	7 Stunden
Ovár bis zum vierten Lagerplatz bei Bruck an der Leitha	7 Stunden
Bruck bis zum fünften Lagerplatz bei Schwechat	6 Stunden
Schwechat bis zum Goldenen Apfel	3 Stunden.

In Schwechat gab es einen mehrtägigen Aufenthalt, der allem Anschein nach
durch divergierende Ansichten über das Zeremoniell, das beim Einzug der
Gesandtschaft in Wien zu beachten war, ausgelöst wurde, aber dann war
auch diese Frage gelöst, und am Sonntag, dem 7. Juni (so Ewliya Tschelebi),
oder am Montag, dem 8. Juni (so die abendländischen Quellen) fand das
große Spektakel statt. Der »glückhafte und ehrwürdige Pascha, ganz mit Gold
übersät und auf einem arabischen Vollblut reitend, auf dem Haupt den
Wesirturban mit einem diamantenbesetzten Busch von den Federn des
Königsvogels, angetan mit einem zobelverbrämten Kaftan, über den er ein
juwelengeschmücktes Schwert und einen goldverzierten Köcher trug« zog in
die kaiserliche Residenzstadt ein. Es umgaben ihn Adjutanten und Leibwächter, Sklaven und Gaukler, Falkenmeister und Jäger, Stallmeister und
Hundeführer, besoldete und belehnte Krieger zu Fuß und zu Roß –, und
scharfäugige Tschauschen überwachten die Einhaltung der befohlenen
Marschordnung, in der Prunk und Pracht der fernen exotischen Welt durch
die engen Tore des noch mittelalterlichen Wien quollen. Für die Wiener und
Bewohner der Umgebung, die in die Stadt geströmt waren, um das Schauspiel zu bestaunen, war es ein einmaliges Erlebnis, und das goldene Wiener-
herz schlug bewundernd für den jungen, stattlichen »Prinzen aus dem Mor-

genland«, der den Eindruck eines wohltrainierten Spitzensportlers machte, und der als Friedenstaube gekommen war, um den höchst unpopulären Krieg zu beenden.

Es ist hier nicht der Platz, um die Ereignisse des Aufenthaltes der Gesandtschaft und die Eindrücke, die vor allem Ewliya Tschelebi vom Goldenen Apfel empfing, darzustellen, und wir können uns auch nicht in seine Schilderung des »Neugebäudes« vertiefen, das für die Moslems die naturgetreue Nachbildung der »Zeltburg« Sultan Solimans I. war, die 1529 vor Wien zurückgelassen wurde. Aber eins muß der späteren Bedeutung wegen dem offiziellen Gesandtschaftsbericht (im österreichischen Staatsarchiv in lateinischer Übersetzung als »Copia relationis magni legati Ottomannici Mehemmed Passa« erhalten) entnommen werden, die Beschreibung der Festung Wien, die man den Osmanen nicht nur zu besichtigen, sondern sogar zumindest mit einfachen Mitteln zu vermessen erlaubte. Hier findet sich:

> »Schließlich haben wir die Festung Wien zur Gänze besichtigt und ihre Basteien und Gräben abgemessen: Die innere Festung mißt 2000 Ellen in der Länge und 1300 Ellen in der Breite. Sie besitzt 12 mit der Mauer verbundene Basteien und 17 aus Erdreich aufgeführte Basteien außerhalb des Hauptgrabens. Die Breite des Grabens beträgt auf der einen Seite 80 Ellen und auf der anderen Seite 65 Ellen. Es sind 6 Tore für Reiter und 2 für Fußgänger vorhanden. Die Mauer ist bei den Toren 36 Ellen stark. Die Entfernung von den außerhalb derselben liegenden Palisaden bis zum Hauptgraben beträgt 260 Ellen.«

Es kann kein Zweifel daran bestehen, daß Kara Mechmed Pascha den militärischen Dienststellen eine ganze Reihe weiterer sachkundiger Angaben machte, nach welchen Plänen und Skizzen verfertigt wurden, aus denen sich die auf Fortifikationen beruhende Abwehrkraft des »Goldenen Apfels der Deutschen« bis in – beinahe – das letzte wissenswerte Detail ergab. Es kann auch kein Zweifel daran bestehen, daß die zuständigen Stabsabteilungen systematisch darangingen, das Resumee der Informationen in ihr Feindbild einzubeziehen, das nun an Klarheit und damit Verwertbarkeit zunahm. *Methodisches Vorgehen trat also an die Stelle der Sprunghaftigkeit, ja Zufallsabhängigkeit der Entschließungen Achmed Paschas in seinem Ungarnkrieg.* Aus diesem Gesichtswinkel ist es ein geradezu makabres Geschehen, daß in den Jahren zwischen der Abreise des Gesandten Kara Mechmed Pascha von Wien (12. oder 13. März 1666, auf der Donau mit einer stattlichen Flotte von 32 Schiffen) und seinem Wiedererscheinen im Juli 1683 als landeskundiger Befehlshaber der Vorhut des osmanischen Heeres *die Befestigungen der Residenzstadt derart massiv und modern ausgebaut wurden, daß aus dem ringmauerbewehrten, mit einigen neuartigen Schnörkeln versehenen, mittelalterlichen Städtchen die modernste, stärkste und vermutlich bestausgestattete Verteidigungsanlage des Abendlandes geworden war.* **Das »Feindbild« war falsch, und der Irrtum gehörte, zumal eine Reaktion auf ihn unterblieb, obwohl er nicht zu übersehen** war, zu den Fehlern, die Wien durch den Untergang der Offensivarmee zum Stalingrad der Osmanen machten und Kara Mustafa Pascha Kopf und Kragen kosteten.

Da die Rückreise per Schiff durchgeführt wurde, enthält der Gesandtschaftsbericht die Zeittabelle für die Talfahrt, die allerdings für eine Fahrt in Gegenrichtung nur wenig Aufschluß gab. Immerhin aber folgende Angaben:

Wien – Fischamend	4 Stunden
Fischamend – Preßburg	10 Stunden

(Wegen eines Unwetters mußte diese Tagesetappe durch eine zweitägige Rast unterbrochen werden)

Preßburg – unbekannter Anlegeplatz	6 Stunden
Anlegeplatz – Komorn	3 Stunden
Komorn – osmanische Grenze	keine Zeitangabe.

Für die Beurteilung des Verhältnisses zwischen Leopold I. und dem Triumvirat, das sich die Bewahrung der Verfassung des Königreiches Ungarn zum Ziel gesetzt hatte, sei erwähnt, daß der Friede von Vasvar von der verfassungsmäßig zuständigen Instanz, den Ständen Ungarns, nach wie vor nicht genehmigt war. Unübersehbar waren dagegen die Bemühungen des Wiener Hofes, den in den Erblanden eingeführten Regierungsstil, der unter dem Dreigestirn

- *Absolutismus,*
- *Zentralismus und*
- *Katholizismus*

stand, auf Ungarn auszudehnen, obwohl dieses kein Erbland war, sondern ein selbständiger, souveräner Staat, der in auf einem Wahlakt beruhender Personalunion den habsburgischen Erblanden lose verbunden war.

Ungarn wollte dagegen
- *die Bewahrung des »alten Rechts«,*
- *keine Bevormundung durch den Kaiserhof in Wien und*
- *die Religionsfreiheit, die zuletzt im Frieden von Linz feierlich versichert worden war.*

Verhängnisvoll war die Zersplitterung der politisch tonangebenden ungarischen Schicht in verschiedene Interessengruppen meist religiöser Bindung, die höchst unterschiedliche Zielvorstellungen hatten. Die Sache wurde dadurch verwirrender, daß gerade die großen Adelsgeschlechter nicht selten von einer Religionsgemeinschaft in die andere übertraten und die von ihnen Abhängigen veranlaßten, den Übertritt nachzuvollziehen. Die Zugehörigkeit zu einer Religionsgemeinschaft bestimmte die Einstellung zu den Kräften, die auf Ungarns politische Verhältnisse von außen einwirkten oder deren Einwirkung erwünscht war und provoziert werden sollte. Diese Kräfte waren der Kaiserhof, der Fürst von Siebenbürgen, der »Sonnenkönig« (Ludwig XIV. von Frankreich) und die Hohe Pforte. Es lassen sich pauschal, also ohne auf

Einzelheiten, die eine Übersicht nahezu unmöglich machen, einzugehen, folgende Gruppierungen unterscheiden:

1. **Der habsburgtreue katholische Adel,** als dessen unerschütterlicher Mittelpunkt nun *Paul Graf Eszterházy* an Profil und Größe gewann. Sein Vater, der Palatin Nikolaus Eszterházy, hatte die protestantischen Nádasdys ins katholische Lager zurückgeführt, ein in Westungarn mächtiges Geschlecht. *Franz Nádasdy,* der Husarenführer im Kriegsjahr 1664, der Judex curiae, war mit Anna Julia Eszterházy vermählt. Er war nicht nur als Kriegsmann und oberster Richter des Königreiches bedeutend, sondern auch als Historiker; er veröffentlichte eben 1664 sein vielbeachtetes Hauptwerk, das »Mausoleum der allermächtigsten und ruhmreichsten Könige des Apostolischen Königreichs von Ungarn und der hervorragendsten Feldherren«, geschrieben in deutscher und lateinischer Sprache; das Buch wurde erst später von Alexius Horanyi ins Ungarische übersetzt.

2. **Der verfassungstreue und oppositionelle katholische Adel,** der um den Banus von Kroatien, *Peter Zriny,* geschart war und dessen herausragendste Vertreter nach dem Tod des Erzbischofs Lippay (1666) und des Palatins Wesselenyi (1667) Zrinys Schwager *Franz Frankopan,* der Markgraf des Küstenlandes, und *Franz Rákoczi,* der erste Gemahl seiner Tochter Ilona → Helene waren. Nach dem Tod seines protestantischen Vaters Georg II. Rákoczi war dessen Witwe Sofia Báthory, die erst anläßlich ihrer Vermählung Calvinistin geworden war, mit ihrer Familie zum Katholizismus zurückgekehrt und hatte die reformierte Glaubensgemeinschaft aus den rákoczischen Besitzungen vertrieben. Franz hatte nach Erlangung der Volljährigkeit die gegenreformatorischen Maßnahmen seiner Mutter widerrufen und galt seither als Beschützer der Religionsfreiheit. Diese Gruppe hielt enge Kontakte zu einer kleinadeligen und bürgerlichen calvinistischen Vereinigung, als deren Führer *Stefan Vitnyedy,* Notar in Ödenburg → Sopron in Erscheinung trat.
Sowohl diese Katholiken als die Calvinisten Vitnyedys suchten Verbindung zum Hofe des »Sonnenkönigs«, *der ihnen die Mittel zum Kampf gegen die Habsburger zur Verfügung stellen und die Aufnahme ins Heilige Römische Reich ermöglichen sollte,* wofür sie seine Ambitionen auf die Kaiserkrone energisch unterstützen wollten. Die Kontakte liefen über den französischen Gesandten in Wien, Jaques Brethel de Gremonville, doch kam es nicht zum Abschluß der erwünschten Allianz. Auch die danach einsetzenden Bemühungen, Achmed Pascha Köprülü für den Gedanken einer militärischen Unterstützung der Zrinymannen im Falle einer bewaffneten Auseinandersetzung mit Leopold zu gewinnen, blieben ergebnislos.

3. **Die großen calvinistischen Familien,** meist im Osten Habsburgisch-Ungarns begütert, suchten Schutz und Hilfe bei *Michael Apafy* von Siebenbürgen. Hier fanden sie vor allem in Michael *Graf Teleki* einen eifrigen und redli-

chen Fürsprecher, der später zu ihrem erklärten Führer wurde. Zu energischen Schritten war Apafy nicht in der Lage: Siebenbürgen war ein Satellit der Hohen Pforte, und Achmed Pascha war im Augenblick an einer Konfrontation mit dem Habsburger in und um Ungarn nicht interessiert. Er konzentrierte die Kräfte des Osmanischen Reiches in Kreta, um den Krieg mit Venedig endlich siegreich zu beenden. Das gelang ihm erst 1669 mit der Eroberung von Kandia. Aber nicht nur die Bindung an Stambul legte Fürst Mihaly Zurückhaltung auf, sondern auch die durch Franz Rákoczis offenkundige Toleranz bewirkte Annäherung der calvinistischen Aristokraten an diesen; Franz Rákoczi war nämlich noch bei Lebzeiten seines Vaters zum Fürsten von Siebenbürgen gewählt worden (1652) und führte den Titel ohne Rücksichtnahme auf die seitherigen Veränderungen in der politischen Wirklichkeit, was ihn zum Feind für Fürst Michael machte.

Die Gruppe der katholischen Opposition um Zriny fand Verbündete in den deutschen Erblanden des Habsburgers, namentlich in *Steiermark* und *Kärnten,* wo der absolutistische und zentralistische Regierungsstil des Kaiserhofs auf scharfe Ablehnung stieß. In Steiermark war Hans Erasmus von Tattenbach der Führer des oppositionellen Adels, in Kärnten Karl Graf Thurn, die beide Vorbereitungen trafen, einen bewaffneten Widerstand in Ungarn durch Aufstände in den beiden Fürstentümern zu unterstützen. Man darf annehmen, daß beide über zahlreiche Anhänger verfügten, die allerdings nie bekanntgeworden sind. Die steirischen und kärntnerischen Adeligen kannten sich nicht nur, sondern vertrauten sich auch und verließen sich auf mündliche Absprachen und Zusicherungen, während in Ungarn durch die religiös motivierte Gruppenbildung, die durch Allianzen überbrückt werden sollte, die höchst fatale Gewohnheit aufgekommen war, alle Vereinbarungen und Zusicherungen, alle Absprachen und Mitteilungen in schriftlicher Form festzuhalten, die noch dazu sorgfältig archiviert wurden. Das wichtigste derartige »Aktenlager« befand sich im Notariat des Stefan Vitnyady und wurde, als dieser zu Jahresbeginn 1670 überraschend verstarb, vom Sicherheitsdienst des Grafen Rottal, der vom Wiener Hof als Sicherheitsbeauftragter für Ungarn eingesetzt worden war, beschlagnahmt.

Durch das Ableben des Erzbischofs Lippay und des Palatins Wesselenyi hatten sich in der Regierung folgende Änderungen ergeben: Der neue Erzbischof von Gran, Georg Graf Szelepcseny, der »Eszterházygruppe« zugehörig, hatte zunächst das dem Primas zufallende Amt des Staatskanzlers übernommen, war dann zum vorläufigen Palatin (Locumtenens officii palatinalis, meist als Palatin-Statthalter bezeichnet) bestellt worden und damit der »starke Mann« der Habsburgtreuen. Franz Nádasdy, der als Judex Curiae den Palatin im Verhinderungsfall zu vertreten hatte, fühlte sich zurückgesetzt und hielt die Bestellung eines Palatin-Statthalters für verfassungswidrig; es hatte sich auch eine schwere Verstimmung daraus ergeben, daß Eszterházy - der persönlicher Vertreter des Königs in der Regierung, Kurzbezeichnung »Personal« – den von Nádasdy gewünschten Kandidaten für das Amt des Graner Erzbischofs, Graf Szecheny, übergangen und Szelepczenyi durchgesetzt hatte. Nádasdy war in seiner Verärgerung aus der Eszterházygruppe ausgeschieden und hatte die Maßnahmen zur Einführung des Absolutismus scharf kritisiert; seinen besonderen Unwillen rief die Bestellung Rottals zu einer Art Hochkommissar hervor und die von Wien absichtlich verzögerte Einberufung des Ständeparlaments, das über die Anklage gegen den König ebenso zu entscheiden wie die Wahl des Palatins durchzuführen hatte. Der Judex curiae wurde dadurch in die Nähe der Gruppe um Zriny gedrängt, gehörte ihr aber nicht oder nur kurzzeitig an, weil er mit der dominierenden Rolle des Banus von Kroatien nicht einverstanden war, den er für einen gefährlich leichtsinnigen Narren hielt.

Vitnyedys Archiv löste nun eine Vielzahl von Maßnahmen des Hofes in Wien aus, deren erste die Festnahme Tattenbachs und die versuchte Festnahme Thurns, der nach Italien flüchten konnte, waren. Ein kaiserliches Handschreiben versicherte Zriny bei völliger Unterwerfung der kaiserlichen Huld; gleichzeitig aber erhielt Generalwachtmeister Paris Spankau mit den in Südsteiermark liegenden Truppen den Befehl, in Zrinys Besitzungen auf der Murinsel einzufallen – rechtswidrig übrigens, da kaiserliche Heeresteile nur mit Zustimmung der ungarischen Stände über die ungarische Grenze vordringen durften. Spankaus Verbände waren die Infanterieregimenter Kaiserstein, Leslie und la Grana, das Kürassierregiment Zeiss und das Dragonerregiment Jacques.

Zriny verbot seinem Banderium und den Milizen den Widerstand, der gegen Spankau durchaus aussichtsreich gewesen wäre, zumal dieser nur über die »Regimentsstücke«, aber über keine Artillerie verfügte, wogegen in Tschakathurn etwa 80 Geschütze vorhanden waren. Zriny ritt vielmehr mit seinem Schwager, der eben in Tschakathurn weilte, und ein paar persönlichen Gefolgsleuten nach Wien, um dem Hof seine völlige Unterwerfung zu demonstrieren.

Dr. Hocher hatte indessen auf seine Ergreifung eine Prämie von 10000 Talern auf die seines Schwagers Franz Frankopan, den man für minder gefährlich hielt, eine solche von 5000 Talern ausgesetzt. Beide wurden in Wien, wo sie ihr Eintreffen dem Hofe bekanntgemacht und in einem Kloster Quartier genommen hatten, festgenommen.

Spankaus Truppen plünderten die zrynischen Besitzungen in Südungarn nach Herzenslust aus; Zrinys Gemahlin Katharina, die Schwester Franz Frankopans, wurde mit ihrer noch kindlichen Tochter verhaftet und in der Folge nach Graz überstellt, wo sie in einem Frauenkloster lebenslänglich interniert wurde. Lebenslänglich interniert wurde auch die Tochter, die man jedoch von ihrer Mutter trennte und in ein Kloster in Kärnten brachte. Beide waren weder Mittäter noch sonst Mitschuldige (Zrinys Tochter zählte erst fünf oder sechs Jahre), und es lag auch kein gerichtliches Urteil vor. So ist es ein überaus beklemmender Gedanke, daß lebenslanger Freiheitsentzug in einer Art

Sippenhaftung von den kaiserlichen Behörden verhängt werden konnte, wobei Frauenklöster die Funktion einer Haftanstalt übernahmen.

Auf die Nachricht von Zrinys Verhaftung reagierte Franz Rakoczi in Nordungarn sehr engagiert, aber unbesonnen: Er rief zum bewaffneten Widerstand auf und nahm Rüdiger Graf Starhemberg, den Befehlshaber der kaiserlichen Truppen in Tokaj, der eben als Gast in einem der rákoczischen Weingüter weilte, gefangen. Es kam im Raum Tokaj zu regionalen und an sich unbedeutenden Kämpfen, im Zuge derer die Kaiserlichen im Schloß von Tokaj erfolglos und nicht sehr ernsthaft belagert wurden.

Das alles geschah im April und Anfang Mai 1670. Während der Hof eine starke Armee sammelte, berieten die ostungarischen Komitate in Tályá, ob bewaffneter Widerstand sinnvoll sei. Zum Befehlshaber des habsburgischen Kriegsvolks wurde Johann Graf Sporck bestellt, einer der Helden aus der Schlacht um den Raabübergang; ihm wurden stärkere Kräfte unterstellt, als Montecuccoli damals das kaiserliche Kontingent gegen die Osmanen führte. Die Benennung der Regimenter zeigt, daß man von den Truppen, die Spankau gegen Zriny geführt hatte, einige hier wieder verwendete, nämlich die Infanterieregimenter Leslie, la Grana und das Dragonerregiment Jacques. Diese wurden mit den Kürassierregimentern Sporck, Schneidau, Dünnewald, Lothringen, Holstein und Caprara zur »Heeresgruppe« Sporck vereinigt, der auch eine Artilleriebrigade mit 20 Feldgeschützen zugeführt wurde.

Paul Graf Eszterházy stieß mit seinem Banderium und den mobilisierten Teilen seiner Portalmiliz zu Sporck. Ende Mai begann die militärische Operation zur »Niederwerfung der Rebellion« in Ungarn, die übrigens, sieht man von Rákoczys Einzelaktion ab, weder begonnen hatte noch beginnen sollte. Denn die Versammlung in Tályá hatte die völlige Unterwerfung unter der einzigen Bedingung angeboten, daß die Untersuchung über Ursachen und Umfang der Unruhen von einer Sonderkommission durchgeführt werden sollte, der auch Ungarn angehören sollten; die Versammlung hatte, als dieses Angebot nicht beantwortet wurde, auf den Widerstand verzichtet. Einzig Franz Graf Bonis hatte Widerstand angedroht und die Sammlung bewaffneter Kräfte versucht, auch etwa 1 500 Mann gesammelt, die sich jedoch beim Auftauchen der kaiserlichen Vorhuten verliefen. Bonis wurde von unterwerfungsbereiten Ungarn festgenommen und den Habsburgtreuen übergeben. Er wurde nach Preßburg überstellt, wo ihm der Prozeß gemacht wurde.

Besonders unglücklich war die Situation für Rákoczi, der nicht nur Kampfhandlungen gegen die kaiserlichen Truppen in Tokaj geführt hatte, sondern dessen Schwiegervater in Wien im kaiserlichen Gewahrsam war und einen Hochverratsprozeß am Halse hatte. Seine Hoffnung, mit Starhemberg ein austauschfähiges Pfand in der Hand zu haben, erfüllte sich nicht –, aber Peter Zriny schrieb ihm aus dem Gefängnis, vom Widerstand zu lassen, weil er sinnlos sei und nur seine Lage verschlimmere. Auch seine energische Gemahlin Ilona, die ihren Vater abgöttisch liebte, wußte keinen gangbaren Ausweg, und so floh Rákoczi nach Munkács an den Witwensitz seiner Mutter, die nun mit seiner Zustimmung wieder die Herrschaft über das Rákoczivermögen übernahm. Sie reagierte ohne Rücksicht auf Ehre und Ansehen ihres Sohnes und ausschließlich in Verfolgung der Absicht, ihm sein Leben und der Familie den Besitz zu erhalten: Sie verbot nicht nur jedweden Widerstand, sondern ging auch scharf gegen die früheren Parteigänger und Untergebenen ihres Sohnes vor, ließ sie gefangennehmen und den Kaiserlichen ausliefern und plünderte deren Besitzungen.

Vor dem heranrückenden Heere des Habsburgers, das in den bereits besetzten Gebieten übel hauste, leerte sich das Land; wer konnte, floh nach Siebenbürgen, und wer diesen Weg nicht gehen wollte, folgte dem Beispiel der Sofia Rákoczi und vollzog blitzartig den Übertritt ins Lager der Habsburgtreuen und ging gegen jene vor, mit denen vereint man noch gestern Ungarns altes Recht verteidigen wollte. Traurigen Ruhm erlangte Franz Graf Barkoczy: Bis vor wenigen Wochen einer der lautstärksten Verfechter des bewaffneten Widerstands, besann er sich nun eines Besseren, nahm Freunde und Mitwisser gefangen und scheute nicht einmal davor zurück, seinen eigenen Bruder Stefan den Kaiserlichen in Ketten auszuliefern.

Tatsächlich Widerstand leistete nur der tapfere Stefan Graf Tököly, ein Calvinist, der über gute Beziehungen zur Gruppe der Königstreuen um Eszterházy verfügte: Seine Tochter Katharina war die Gemahlin des Franz Graf Eszterházy. Tököly verschmähte den ihm offerierten Weg und zog sich trotzig in seine Burg Arva zurück, nicht um zu siegen, sondern um künftigen Generationen ein Beispiel zu geben. Es blieb beim Willen; noch ehe die Kämpfe begannen, befiel ihn eine tödliche Krankheit. Die Belagerungstruppen, die davon erfuhren, schlossen die Burg ziemlich sorglos ein und warteten, bis er starb. Seinem letzten Befehl gehorsam, schlug sich sein halbwüchsiger Sohn Imre → Emmerich, als Bauernmädchen verkleidet, nach Siebenbürgen durch, während die Burgbesatzung gegen die sogar eingehaltene Bedingung ungehinderter Heimkehr in ihre Dörfer kapitulierte. Eva Tököly, Stefans Tochter, die bei ihm ausgehalten hatte, wurde in ehrenvolle Haft genommen und ihrer Schwester überstellt. Sie heiratete einige Jahre später Katharinas Schwiegervater Paul Eszterházy, der eben damals seine erste Gemahlin Ursula → Orsika verloren hatte.

Der blutige Sommer des Jahres, der die Niederschlagung des »Aufstandes« in Ungarn mit einer erschreckenden Brutalität sah, war noch nicht zu Ende, als in der Burg von Murany des verstorbenen Palatins Wesselenyi ein zweites Archiv gefunden wurde, das vor allem belastendes Material über Franz Graf Nádasdy enthielt. Damit schienen Aussagen Zrinys, die den Judex curiae als Mittäter, zumindest Mitwisser belasteten, bestätigt zu sein, und Wien beeilte sich, den Großwürdenträger, der sich längst aus dem Kreise um den kroatischen Banus zurückgezogen und das Jahr fernab vom Geschehen auf seinem Gut Pottendorf, historische Studien treibend, verbracht hatte, gefangenzusetzen. Das war an sich nicht notwendig, denn Nádasdy hatte, als er von seiner drohenden Verstrickung in das Verfahren erfuhr, sogleich schriftlich gegenüber Fürst Lobkowitz erklärt, daß er gerne nach Wien kommen wolle, um zur Aufhellung des Sachverhaltes beizutragen und den Verleumdungen entgegenzutreten, doch erwies sich eben Lobkowitz, den er für seinen Freund hielt, als sein schärfster Feind. Er verschwieg Nádasdys Ansuchen, setzte seine Verhaftung durch und sorgte dafür, daß ein ganzes Dragonerregiment unter dem Befehl des Obristleutnants Ursenbeck über Hornstein nach Pottendorf in Marsch gesetzt wurde, um die Festnahme des Nichtsahnenden durchzuführen. Am 3. September, unmittelbar nachdem die Zugbrücke von Schloß Pottendorf herabgelassen worden war, brachen die ganzen sechs Schwadronen ein, schossen den einsamen Torwächter und ein paar unbewaffnete Leibhusaren, die von dem Lärm aus dem Schlaf gerissen herbeiliefen, über den Haufen und begannen zu plündern. Nádasdy, der glaubte, eine Räuberbande habe sein Schloß überfallen, hatte sich in ein Geheimgemach geflüchtet und wurde hier im Zuge der Plünderung aufgegriffen. Als er von Ursenbeck im Namen des Kaisers festgenommen wurde und nun den Grund des Überfalls erfuhr, protestierte er laut und ergebnislos, wurde in Ketten gelegt und dabei mißhandelt und noch im halbzerrissenen Schlafgewand in einem vergitterten Viehwagen nach Wien geschleppt, von drei Dragonerschwadronen eskortiert. Nun konnte der Hof der Wiener Bevölkerung, die der Ungarnaktion voll Mißtrauen und Ablehnung gegenüberstand, wenigstens einen Rebellenführer so präsentieren, wie es dem landläufigen Bilde entsprach: in Fesseln geschlagen, hinter Gittern, abgerissen, verdreckt und blutverschmiert.

Ein paar Tage vorher waren Zriny und Frankopan nach Wiener Neustadt verlegt worden, Nádasdy saß nun in Wien ein, Bonis noch in Preßburg und Tattenbach in Graz. Die Untersuchung, die unter der Androhung der Folter geführt wurde, dauerte den Rest des Jahres, dann entschieden die Sondergerichtshöfe, die zur Aburteilung der des Hochverrates Angeklagten gebildet worden waren. Nur über Tattenbach entschied das für ihn zuständige steirische Adelsgericht; er wurde der unerlaubten Verbindung mit ausländischen Adeligen und eines ausschweifenden Lebenswandel für schuldig erkannt und zu einer hohen Geldstrafe, mit einer kurzen Freiheitsstrafe verbunden, verurteilt, von den übrigen Anklagepunkten aber freigesprochen. Die ungarischen Magnaten wurden für die ihnen zur Last gelegten, in Ungarn begangenen Taten zum Schutze des ungarischen Reichsrechtes von Gerichtshöfen abgeurteilt, die keine ungarischen, sondern erbländische waren und vorwiegend aus böhmischen Aristokraten bestanden, die schon seit beinahe einem halben Jahrhundert im habsburgischen Absolutismus lebten und es gelernt hatten, sich mit ihm zu arrangieren. Diese Urteile fielen nach den Wünschen des Kaiserhofs aus: Schuldsprüche im vollen Umfang, Enthauptung mit vorhergehender Verstümmelung durch Abhauen der rechten Hand.

Am 30. April 1671 wurden die Urteile vollzogen; die Verstümmelung wurde den Delinquenten durch kaiserlichen Gnadenakt erlassen. Nádasdy wurde in Wien enthauptet, Bonis in Preßburg, Zriny und Frankopan aber wurden unter empörenden Begleitumständen in Wiener Neustadt hingemetzelt. Der Scharfrichter war betrunken zum Dienst erschienen und nicht in der Lage, das Urteil ordnungsgemäß zu vollstrecken. Er mußte jeweils mehrere Hiebe führen, um das Haupt vom Rumpfe zu trennen. Besonders Frankopan mußte nicht vorgesehene Qualen erleiden: Der erste Hieb traf ihn nur in die Schulter und streckte den Gefesselten zu Boden, wo er sich vor Schmerzen krümmte. Der Skandal war derart groß, daß der Henker sofort vom Dienst enthoben, in Haft genommen und zu einem halben Jahr Zwangsarbeit mit anschließendem Landesverweis verurteilt wurde.

Die Anklagebehörde legte gegen das Urteil des Grazer Gerichtes Berufung ein und hatte in Wien vollen Erfolg. Auch Hans Erasmus von Tattenbach wurde zum Tod durch Enthauptung verurteilt; das Urteil wurde am 1. Dezember 1671 in Graz vollstreckt. Auch bei ihm war die Arbeit des Scharfrichters so schlecht, daß mehrere Hiebe zur Tötung erforderlich waren, doch blieb das für diesen ohne nachteilige Folgen. Die Steiermark wurde eben damals durch eine erschreckende Vielzahl von Hexenprozessen, die in anderen Teilen des Heiligen Römischen Reiches – und gerade in den geistlichen Fürstentümern der rheinischen Erzbischöfe – bereits untersagt waren, erschüttert; der Scharfrichter, der auch die Folterungen vorzunehmen hatte, litt an »Überarbeitung«, was ihm als Entschuldigung angerechnet wurde.

Um diese Zeit wurden in Ungarn
– die Besatzungstruppen bis auf die Zahl von 30 000 Man erhöht,
– die Vorbereitungen für eine massive Verfolgung der Protestanten getroffen und
– die Vermögen der Hingerichteten und Geflüchteten eingezogen, was auch die Erben der bereits vorverstorbenen Verfassungstreuen betraf, beispielsweise die Witwe des Palatins Wesselenyi.
Die letztgenannte Maßnahme war zumindest teilweise rechtswidrig, weil die Vermögensanteile pflichtteilberechtigter Familienmitglieder auszuscheiden gewesen wären, doch kam die Kritik daran gleich zum Verstummen, nachdem die Protestanten pauschal als Aufwiegler, Verräter und Beleidiger der Majestät des Kaisers in Strafverfolgung genommen wurden. Das war selbst den tonangebenden katholischen Königstreuen zuviel, und der Kaiserhof erklärte auf Betreiben von Hocher und Lobkowitz die ungarische Verfassung am 27. Februar 1673 für aufgehoben und verwandelte das Königreich des Heiligen Stefan in eine Militärkolonie, der Kaspar von Ambringen, der Hochmeister des katholisch gebliebenen Restes des Deutschen Ritterordens, als Zwingherr mit unbeschränkter Gewalt vorgesetzt wurde. Als sein williger, ja begeisterter Erfüllungsgehilfe tat sich Erzbischof Szélepcsény hervor, der schon 1672 dazu übergegangen war, die Gegenreformation mit allen schauerlichen Attributen einer damals schon vergangenen Epoche wieder in Gang zu bringen. Die »Preßburger Protestantenprozesse« erlangten eine schreckli-

che Berühmtheit mit Massenanklagen und Massenverurteilungen, meist zum Tode und zur Vermögenseinziehung, wobei Begnadigung in Verbindung mit der Verhängung allerdings empfindlicher Geldstrafen üblich war, wenn nachträglich Schuldbekenntnisse geleistet wurden. Protestantische Prediger wurden zunächst nur verbannt, zuletzt aber als Galeerensträflinge nach Neapel und Buccari getrieben, was faktisch lebenslangen Freiheitsentzug unter den qualvollsten Bedingungen des Angekettetseins an die Ruderbänke bedeutete. Brandenburg und Schweden protestierten empört gegen diese menschenunwürdige Behandlung, doch wies der Kaiserhof die Beschwerden als völlig unbegründet zurück. 1676 führte Michiel de Ruyter, der große niederländische Admiral, eine Aktion gegen Neapel durch, befreite die noch lebenden Pastoren und machte die grausame Wahrheit offenkundig. Das schädigte nicht nur das Ansehen Kaiser Leopolds vor allem in Nordeuropa schwer, sondern das bewog auch den sehr energischen, eben erwählten Papst Innocenz XI., den übereifrigen Erzbischof von Gran mit allem Nachdruck vor der Anwendung derartiger Bekehrungsmethoden zu warnen.

Damals war es aber schon zu spät, um den Eintritt der Folgen der an den Tag gelegten Brutalität zu vermeiden. Die nach Siebenbürgen geflüchteten Ungarn, die als Exulanten bezeichnet wurden, hatten schon ihren Befreiungskrieg begonnen, der bald ganz Ostungarn erfaßte und die wenigen Städte, in denen sich die habsburgischen Truppen halten konnte, wie Kaschau, Leutschau, Eperjes als einsame Inseln in einem sturmbewegten Meer erscheinen ließ. Es waren aber keine Inseln des Friedens, sondern des Terrors, die von den Kaiserlichen erbittert verteidigt wurden und auf deren Marktplätzen Leopolds Generäle ihre schaurigen Blutgerichte abhielten mit grausamen Pfählungen, massenweisen Enthauptungen, mit Folterungen, Verstümmelungen und Auspeitschungen.

4. Kapitel:
Noch ist Polen nicht verloren

In Hintergrund des blutigen Geschehens, das Restungarn in zwei Teile spaltete, das Land im Osten, in dem der Kuruzzenkrieg tobte, und das Land im Norden und Westen, wo die eiserne Faust des Kaiserhofs das Volk in den Staub zwang, sind die Ereignisse im »fernen Westen« zu sehen, die Auseinandersetzungen zwischen dem Kaiser und dem »Sonnenkönig«, die hier völlig außer Betracht bleiben müssen. Ihre Auswirkungen auf den Krieg der ungarischen Freiheitskämpfer aber, die von Frankreich aus nun teilweise sehr massiv unterstützt wurden, müssen aufgezeigt werden – und das zwingt uns, unser Interesse auf Polen zu richten. **Auf Polen, das im großen Krieg, der 1683 begann, als entscheidende Macht auf der Bühne der Geschichte erschien und einen kaum zu überschätzenden Beitrag dazu leistete, daß Wien zum Stalingrad für die Osmanen, zum Endpunkt der osmanischen Expansion, zur Wendemarke der Weltgeschichte wurde.**

Neben den verwickelten und kaum überschaubaren Ereignissen in Ungarn erscheint die Geschichte Polens durch eine straffe Einheitlichkeit gezeichnet, die durch ihre Gradlinigkeit sympathisch wirkt. Zentralfigur der polnischen Geschichte war – und zwar schon vor seiner Wahl zum Könige am 21. Mai 1674 – *Johann Sobieski,* Volksheld und Kronfeldherr, Liebling des Klerus, Schützling des »Sonnenkönigs«, Günstling der Fortuna. In seiner Jugendzeit ein enfant terrible, im Alter ein ab und zu dem Teufel der Habgier Erliegender, denn ganz vollkommen kann ein Irdischer nicht sein, selbst wenn er König von Polen ist. Bevor wir uns seinem Leben, in dem sich die ganze Geschichte seines Zeitalters spiegelt, zuwenden, ist eine Vorbemerkung am Platze: Es ist vielleicht kein Zufall, daß die nun folgenden Ereignisse wie ein Auszug aus der chronique amoureuse des späteren 17. Jahrhunderts erscheinen können, denn das folgende Zeitalter stellte die Frau in den Mittelpunkt des gesellschaftlichen, kulturellen und politischen Lebens und warf seinen Schatten bereits voraus.

Von 1632 bis 1648 war Wladislaw IV. König in Polen, der zuerst mit Caecilia Renata von Habsburg, nach deren Tod 1644 aber mit Maria Gonzaga-Nevers vermählt war. Die Ehe mit der französischen Prinzessin öffnete Polen voll dem französischen Einfluß. Das »Spanien des Nordens«, wie man Polen wegen des dominierenden Ranges des Klerus nannte, schwenkte aus dem habsburgischen in das bourbonische Lager über. Nach Wladislaws Tod wurde Johann II. Kasimir König. Er übernahm neben seiner Krone auch dessen attraktive Gemahlin, die also Polens Königin blieb. Zu ihrem – französischen – Hofstaat gehörte später Maria Kasimira de la Grange d'Arquien, eine ebenso junge wie auffallend schöne Dame aus Paris.

1648 kam Johann Sobieski, der Sohn des Kastellans von Krakau, der nach

Abschluß der dortigen Universität seine übliche Kavalierstour in den Westen gemacht hatte, in seine Heimat zurück und beteiligte sich an den Kämpfen gegen die Saporoger Kosaken, die mit dem Hauptort Tschygyryn in der Ukraine einen Freistaat errichtet hatten. Der Hetman Bogdan Chmelnickij ersuchte zuerst die Hohe Pforte, dann den Zaren von Moskau um Waffenhilfe. Es kam zu wilden Kämpfen in rasch wechselnden Allianzen mit zusätzlicher Beteiligung von Schweden, Brandenburg und Siebenbürgen. Johann Sobieski ritt mit seinem Freund Jerzy Lubomirski eifrig und tapfer in den weiten Osten, er war aber in den Pausen zwischen den Feldzügen auch kein Kind von Traurigkeit; 1652 war er in Lemberg in ein böses Duell verwickelt, bei dem er schwer verwundet wurde. Er war noch bettlägerig, als der glücklose Feldzug gegen die eben gemeinsam operierenden Kosaken und Krimtataren in die verlorene Schlacht von Batok begann; er gehörte daher weder zu den Gefallenen noch zu den 300 Rittern, die von den Siegern als Gefangene nach der Schlacht erschlagen wurden. 1653 verbündeten sich die Tataren mit König Johann II. Kasimir, und Sobieski gehörte zu den adeligen Geiseln, die auf der Krim interniert wurden. Dort erlernte er das Türkische als neue Fremdsprache; er beherrschte neben seiner Muttersprache auch Latein, Deutsch, Französisch und Italienisch, und er gewann erste Eindrücke vom Innenleben des Dar ul Islam. Im nächsten Jahr nahm er an einer polnischen Gesandtschaft nach Stambul teil, die den Hinweg über Moldawien und Bulgarien, den Rückweg über Serbien und Bosnien nahm, so daß er die wichtigsten Provinzen Rumeliens kennenlernte. Um diese Zeit lernte er Maria Kasimira kennen, eine erste, scheue Zuneigung bahnte sich an.

Bald darauf sank Johann Kasimirs Stern. Er war gezwungen, mit seinem engsten Gefolge nach Schlesien zu fliehen. Zu diesem gehörte Maria Kasimira, nicht aber Johann Sobieski, der in Polen verblieb, teils auf eigene Faust Aktionen durchführte, teils als Bundesgenosse der Schweden in Erscheinung trat und ein erfolgreicher Kriegsherr mit allerdings beschränkter Macht war. Als Johann II. Kasimir wieder zum Kampf um Polen antrat, schlug sich Sobieski sogleich auf seine Seite und half ihm beim Wiedererlangen der Herrschaft. Danach ritt er in den wiederaufflackernden Krieg gegen die Kosaken, als deren Bundesgenossen nun die Russen im Felde erschienen. Er war tapfer und geschickt und erreichte als »Bannerträger der Krone« den Generalsrang. Maria Kasimira war indessen – Hofdamen jener Zeit waren trotz der Zugehörigkeit zu einer vordergründig privilegierten Schicht nichts anderes als bessere Leibeigene – trotz Widerstrebens mit dem erheblich älteren Johann Zamoyski, dem Fürsten von Lublin, vermählt worden, der als wesentliche Stütze von Johann Kasimirs Herrschaft galt. Der politische Zweck schien erreicht, bis die junge Fürstin bei Hofe den im Glanze seines Kriegsruhmes erstrahlenden Johann Sobieski wiedersah, den Traum ihrer frühen Jugend. Der Feldherr andererseits fühlte sich mächtig zu ihr hingezogen. Bald tuschelten böse Zungen eben das, was böse Zungen unter derartigen Umständen zu tuscheln pflegen. Der König, der in eine unangenehme Lage zwischen seinem mächtigsten Anhänger und seinem tüchtigsten Feldherrn geriet, behalf sich damit, daß er Sobieski möglichst vom Hofe fernhielt, aber ganz konnte er die Affäre auf diese Weise nicht unterbinden. Diese trieb vielmehr einem sehr unerwünschten Höhepunkt zu, als sich die Liebenden mit wenigen Vertrauten in einer Kirche trafen, vor dem Altar in feierlicher Form ewige Liebe und Treue schworen und – ohne den Segen der Kirche – zu Mann und Frau erklärten.

Maria Kasimira, oder Marisenka, wie ihr Kosename lautete, ging heim zu ihrem Fürsten und verweigerte sich ihm, worauf sie ihr Mann in voller Wut verprügelte. Johannes der Geliebte war wieder ins Feld gezogen – und ihr privater Krieg gegen Johannes den Ungeliebten erfüllte den nächsten Abschnitt ihres Lebens, bis sie in erstaunlicher Besonnenheit und Kaltblütigkeit 1662 heimlich die Flucht durch halb Europa antrat und von Paris aus versuchte, die Ehe annullieren zu lassen. Der Prozeß mußte vor schockierten katholischen Instanzen ausgefochten werden, er endete 1665 mit dem Tode des Fürsten von Lublin, der den vielen Aufregungen nicht gewachsen war. Die vierundzwanzigjährige Witwe kehrte strahlend nach Warschau zurück und heiratete ihren um 21 Jahre älteren geliebten Johannes, der es inzwischen zum Marschall von Polen und Oberbefehlshaber der königlichen Streitkräfte gebracht hatte. Der päpstliche Nuntius spendete nun den Segen der Kirche, und bald ritt Johann Sobieski wieder in den Krieg. Nicht er, aber sein König verlor kurz danach die Freude an den ständigen Kämpfen und dankte ab. In Polen machte sich sogleich die Überzeugung breit, daß man wieder einen Ausländer zum König haben sollte (Johann II. Kasimir war ja ein Wasa), und rief damit sofort ausländische Interessenten auf den Plan, Kronprätendenten, die von Frankreich, Brandenburg und dem Kaiser vorgeschoben wurden. Ludwig XIV. wollte die Krone für Ludwig II., Prinz von Condé, Kurfürst Friedrich Wilhelm für den Pfalzgrafen Wilhelm von Neuburg und Leopold für Karl von Lothringen, womit wir bei der zweiten geschichtsgestaltenden Romanze angelangt sind.

Karl V., Herzog von Lothringen, auf das er einen allerdings nicht ganz klaren Erbanspruch für den Fall des Todes seines Oheims, des regierenden Herzogs Karl IV. hatte, war in Wien erzogen worden und hatte sich unsterblich in Eleonora Maria von Habsburg, die Halbschwester Kaiser Leopolds, verliebt. Ihm war die polnische Krone die Basis für die Gewinnung der Hand der Habsburgerin, und Leopold, dem er sein Vorhaben zur Kenntnis brachte, bestärkte ihn darin und leistete die zumutbare Unterstützung. Das Tauziehen um die Krone dauerte zu lange (September 1668 bis Juni 1669), die Fraktionen im polnischen Reichstag, der Schlachta, verdächtigten sich gegenseitig, von den Schutzherren der Kandidaten Bestechungsgelder angenommen zu haben, was vermutlich sogar stimmte (Johannes Sobieski stand auf der Auszahlungsliste des französischen Botschafters).

Auf einmal tauchte eine nationalistische Gruppe auf, die einen polnischen Adeligen, Michael Koributh Wisniowiecki, zum König wollte und zuletzt auch durchsetzte. In Kaiser Leopold hatte sich aber die Idee, Schwager des Königs von Polen zu werden, derartig festgesetzt, daß er die Hand seiner schönen Schwester Eleonore Maria König Michael gab, ohne auf Karl von Lothringen Bedacht zu nehmen.

Ludwig XIV., der seinen Einfluß in Polen vorerst verloren geben mußte, revanchierte sich und besetzte 1670 Lothringen, Karl IV. zum Verlassen des Herzogtums zwingend. Leopold mußte Truppen aus Ungarn abziehen und ins Rheinland werfen. Bald kam es zum bereits erwähnten Krieg, in dem Europas größte Feldherren, Montecuccoli und Turenne, die Klingen kreuzten. Es kam damals aber auch zu einem anderen Krieg, dem zwischen dem Osmanischen Reich und dem König von Polen, der auf die Hilfe seines neuen Schwagers gerechnet hatte und diese nun nicht bekommen konnte. König Michael hoffte, im Zaren einen Bundesgenossen gegen den Beherrscher der Rechtgläubigen zu finden, doch war auch dieser aktionsunfähig: Zar Alexej Michailowitsch hatte alle Mühe, seine – vom großen Aufstand der Don-Kosaken unter Stenka Rasins – erschütterte Herrschaft zu behaupten.

Achmed Pascha Köprülü hatte den Krieg gegen Venedig indessen siegreich beendet und konnte den Polen ein Heer von 150 000 Mann entgegenführen. Die Gewichte waren jedoch derart offensichtlich verteilt, daß auch Sultan Mechmed IV. mit mobilem Feldharem und geringfügig verkleinertem Hofstaat gegen König Michael zog. Johann Sobieski konnte zwar bei Kalusz einen sehr spektakulären Sieg über eine etwa zehnfach überlegene Streitmacht der Kosaken und Tataren erringen, aber am 17. Oktober 1672 mußte der König doch einen demütigenden Frieden mit der Abtrennung Podoliens, Zahlung von Kriegskosten und jährlichen Tributleistungen schließen. Man schob die Schuld an der Niederlage auf Michael Koribut. Es kam zu einem merkwürdigen Fraktionsbündnis zwischen Kirche, Heer und Hof – anders gesagt dem Nuntius Francesco Buonvisi, dem Kronfeldherrn Johann Sobieski und der Königin Eleonore – und zur Erlassung der Constitutio pacis interioris, einer Art Notverordnung, in der Johann Sobieski diktatorische Gewalt für unbestimmte Zeit übertragen wurde. Ohne Verzug ging Sobieski daran, alles verfügbare Geld in die Aufstellung eines modernen Heeres zu investieren, zahlte schon den ersten Jahrestribut nicht, stieß im Herbst des Jahres mit 40 000 Mann dnjestrabwärts vor und schlug das Heer des Beglerbegi von Silistria, das sich ihm bei Chozim entgegenstellte, vernichtend (11. November 1673). Am Abend vorher war in Lemberg König Michael Koribut Wisniowiecki verstorben.

Und damit begann wieder das Ringen um die Königskrone. Im Rennen lagen nun trotz mehrerer anderer Anwärter ausschließlich zwei Bewerber, Johann Sobieski und Karl von Lothringen. Der Herzog war wieder der Kandidat des Kaisers, und Sobieski wurde der Kandidat des »Sonnenkönigs«, nachdem dieser von der neuerlichen Thronbewerbung des Prinzen Condé abgerückt war. Am 21. Mai 1674 war es soweit: *Kronfeldherr Johann Sobieski wurde*

*von der Schlachta mit eindrucksvoller Mehrheit zum König gewählt und vom Volk
mit nicht endenwollendem Jubel begrüßt!*

Exkönigin Eleonora trauerte der Krone und dem König nicht lange nach:
Der neuerlich unterlegene Kronanwärter Karl warb wieder um sie, und Kaiser
Leopold zögerte nicht, seine Zustimmung zu dieser Ehe zu geben. Die nächsten Jahre wurden für sie vermutlich glücklicher und jedenfalls ruhiger, als
sie es für Johann Sobieski waren, der Schlacht auf Schlacht zu schlagen,
Feldzug auf Feldzug zu führen hatte, die Schlachten meist gewann und dabei
doch erkennen mußte, daß es ihm unmöglich sein werde, den Krieg endgültig zu gewinnen. Denn zu schwach waren Polens, zu gewaltig des Dar ul
Islams Reserven.

Der »Sonnenkönig« war sich über die Dauer der Bindung seines Polenkönigs
im Krieg im Südosten rasch klargeworden und erkannte auch, daß es ihm an
Kräften mangle, Polen als taugliches Werkzeug in der Auseinandersetzung
mit dem Habsburger zu verwenden. Was er wollte, das war die Vorbereitung
eines Zweifrontenkrieges, um Frankreich vor der Umklammerung durch die
Erneuerung der Verbindung des Deutschen Reiches mit Spanien wie in den
Zeiten Karls V. zu bewahren. Sobieski schien ihm zu schwach, um dem
Habsburger zu passender Zeit mit zermalmendem Biß den Nacken zu brechen -, aber die Kuruzzen in Siebenbürgen boten sich an, durch anhaltende
Kriegführung einen beachtlichen Teil der habsburgischen Kräfte ostwärts der
Donau zu binden. Ab 1675 wurden Hilfsleistungen über Polen nach Sieben-
bürgen geleitet, und 1677 kam es sogar zu einem formellen Vertragsabschluß
zwischen den Freiheitskämpfern und der Krone von Frankreich. Auch Truppen wurden geschickt; ein Graf Forval warb mit Geld der Krone 6000 Polen
und führte sie den Kuruzzen zu, ein Graf d'Allandy-Boham warb auf eigene
Kosten 7000 Ungarn und zog mit diesen ins Feld. Frankreichs neuer
Gesandter in Polen war Marquis de Bethuné, der Maria Kasimiras Schwester
geheiratet hatte und über den die Kontakte liefen; er setzte sich sehr ein und
fühlte sich als neuer König in Ungarn. Er investierte auch: Als er aus Versailles 100000 Taler zur Weiterleitung bekam, legte er aus dem eigenen Vermögen denselben Betrag zu und sandte sie nach Siebenbürgen.

Eben Bethunés Bemühungen störten seine Schwägerin, die Königin Maria
Kasimira. Sie gönnte ihm die ungarische Krone nicht, sie wollte diese Krone
ihrem Gemahl zukommen lassen, der seinerseits viel von seiner früheren
Frankophilität eingebüßt hatte. Seinem Schwiegervater war die zugesicherte
Erhebung in den Herzogsstand bisher nicht zuteil geworden, Marisenka
erhielt die ihr zugesicherte Rente von 20000 Livres nicht ausbezahlt -, und
zuletzt verweigerte ihm Ludwig XIV. die Anrede Majestät, weil er »nur«
erwählter König von Polen war. Um die Jahresmitte 1678 gab es die ersten
echten Zerwürfnisse. Als in den von Kaiserlichen aufgegebenen Minenstäd-
ten Schemnitz und Kremnitz Münzen geprägt wurden, die den »Sonnenkönig« mit der Aufschrift: »Beschützer der Ungarn« zeigten, verfügte König

Johann Sobieski für Polen die Einstellung der Ungarnhilfe und für die Franzosen die Sendung von Hilfslieferungen über polnisches Territorium.

Für die ungarischen Freiheitskämpfer hatte das schwere Folgen und brachte ihre Operationen beinah zum Erliegen; Graf Teleki, der die militärischen Operationen bisher geleitet hatte und auf das französische Bündnis ähnlich fixiert war wie seinerzeit Zriny, resignierte. In den Vordergrund schob sich nun Imre Graf Tököly, der sich den Ruf eines ebenso kühnen wie besonnenen Truppenführers erworben hatte und, mit Telekis Tochter verlobt, zum engeren Führungskreis gehörte. Er stand einer Annäherung an das Reich des Islam, um den Ausfall der Franzosenhilfe wettzumachen, vorurteilslos gegenüber. Er ergriff daher entschlossen die Fahne des Kampfes um das ungarische Recht, als Teleki entmutigt aufgab.

Es war dies ungefähr zu jener Zeit, als in Sobieski erstmals der Gedanke auftauchte, daß Kaiser Leopold I. trotz aller Vorbehalte und Zerwürfnisse, trotz aller Unzulänglichkeiten und Schwächen für ihn der natürliche Verbündete war, um seinen Krieg gegen den Großherrn der Osmanen, den Beherrscher der Rechtgläubigen, mit der begründeten Hoffnung auf einen Sieg zu erfüllen. Von dieser Zeit an kam der Gedanke wieder und wieder, nahm hier und dort greifbare Gestalt an, gewann immer mehr Macht über ihn – und letztlich eben deswegen und so kam es, daß Polen nicht verloren war!

5. Kapitel:
1683 – Entscheidungsjahr der Christenheit

Albrecht Graf Caprara, kaiserlicher Internuntius an der Hohen Pforte, war im Mai 1682 nach Stambul gekommen, um mit dem Groswesir Kara Mustafa Pascha über die Verlängerung des mit 20 Jahren befristeten Friedens von Vasvár → Eisenburg von 1664 zu verhandeln, der 1684 ablaufen sollte. Er hatte kaum Hoffnung, daß er seinen Auftrag würde erfüllen können, denn er mußte auf Grund der in der Residenz herrschenden Stimmung und einer Vielzahl von militärischen Details, die ihm zum Teil schon bei seiner Reise durch die rumelischen Provinzen aufgefallen waren, befürchten, daß der Friedenszustand schon vor 1684 auch offiziell sein Ende finden werde.

In Wirklichkeit nämlich war der Frieden bereits 1682 beendet worden, als Ibrahim Pascha von Magyaristan – kaum ohne die Zustimmung der Reichszentrale – mit einem starken Auxiliarheer, dem mit einigen Janitscharenortas auch Truppen der besoldeten Reichsarmee angehörten, nach Habsburgisch-Ungarn vorstieß und Tököly bei der Belagerung von Füllek entscheidend unterstützte. Imre Tököly war indessen zum unbestrittenen und erfolgreichen Führer der Kuruzzen aufgestiegen, hatte nach Ostungarn beinahe ganz Oberungarn in Besitz genommen, war zum Schützling des Großherrn geworden und ließ Münzen schlagen, die einen blanken Säbel und die Aufschrift zeigten:

EMERICUS DUX HUNGARIAE.

Es sei nicht verschwiegen, daß hier die dritte, unmittelbar geschichtsgestaltende Liebe einer Witwe begegnet: Nach Maria Kasimira, verwitwete Fürstin von Lublin, die sich in zweiter Ehe mit dem stürmischen Johann Sobieski verband, und Eleonora Maria von Habsburg, Witwe des Polenkönigs Michael Koribut Wisniowiecki, die ihre Hand ihrem getreuen Karl von Lothringen reichte, erscheint nun Ilona Zriny, die Witwe des frühverstorbenen Franz Rákoczi. Sie lernte Tököly unter außergewöhnlichen Umständen kennen. Seine Aufständischen hatten ein Gut der Rákoczis in Besitz genommen und gingen daran, sich aus diesem zu verpflegen, und sie, der die Verwaltung der geretteten Besitzungen zugefallen war, eilte zum Befehlshaber der Kuruzzen, um sich über die Ausplünderung durch seine Leute zu beschweren. Im Zuge ihres lautstarken Auftritts erkannte sie, daß der – überdies calvinistische – Räuberhäuptling trotz allem ein junger, überaus gutaussehender und sie mit geradezu erlesener Höflichkeit behandelnder Mann war, der seinerseits von den weiblichen Reizen der zornigen und mutigen Beschwerdeführerin sehr beeindruckt gewesen sein muß. Es war gewissermaßen Liebe auf den ersten Krach: Er löste seine Verlobung mit der Telekitochter, und sie suchte beim

König um die Genehmigung zur Eheschließung an, was wegen der Verwaltungsberechtigung des Rákoczivermögens notwendig war. Und König Leopold I. genehmigte; seine Politik zielte nun darauf ab, die Versöhnung mit den Exulanten herbeizuführen, und überdies hoffte er, daß die Venus Ilona den Mars Emmerich zum Frieden bewegen werde. Es kam auch zum Abschluß eines Waffenstillstandes, durch den die Kuruzzen Tökölys als kriegführende Partei anerkannt wurden, dann aber zur Fortsetzung der Kämpfe, weil die Exulanten die Restitution der eingezogenen Güter erwarteten, der Hof diese aber zum größten Teil bereits an die königstreuen katholischen Adeligen verkauft hatte, die wiederum auf die gültigen und rechtmäßigen Erwerbstitel verwiesen.

Der Fortsetzung der Kämpfe ging die formelle Aufkündigung des Waffenstillstandes im Juni (so beispielsweise Eickhoff, S. 364) oder Juli (so etwa Lorenz, S. 145) 1682 voraus, und dann zogen die Kuruzzen vor Kaschau, wo die Bürgerschaft die habsburgische Besatzung überwältigte und die Stadt übergab.

Ernsthaft zum Widerstand entschlossen zeigte sich nur die Festung Füllek, in den Stefan Graf Kohary den Befehl führte. Tökölys durchwegs berittene Verbände zernierten den festen Platz; nach einigen Tagen erschien Michael Apafy mit einem Kontingent siebenbürgischer Truppen –, und es war klar, daß er im Auftrag der Hohen Pforte kam. Noch immer konnte von einer regelrechten Belagerung keine Rede sein, weil es keine mauerbrechenden Geschütze gab. Einen oder zwei Tage später kam der Pascha von Budyn, dessen Levend auch die »Provinzartillerie« umfaßte, dem die Levends von Temesvár, Varat Kalesi, Egri und Silistria und überdies 18 Ortas der Janitscharen unterstellt waren. Ibrahim Pascha war ein berühmter Offizier, ein Schwager des Großherrn, der 1665 zum Aga der Janitscharen bestellt worden war, sich bei der Belagerung von Kandia hervorragend bewährt hatte, ab 1668 als Beglerbegi verschiedener Provinzen Verwendung fand, in den Rang eines Wesirs erhoben wurde und ab 1678 die wichtige und gefährdete Provinz Magyaristan verwaltete. Der Ruf, der ihm anhing, und die mitgeführten Geschütze ließen die Festungsbesatzung sofort in die Knie gehen; die ungarischen Kriegsleute setzten ihren ungarischen Kommandeur gefangen, führten ihn gefesselt vor Tököly und übergaben die Burg.

Stefan Graf Kohary, der vor Wut förmlich schäumte, beschimpfte Tököly laut als einen üblen Verräter, nannte ihn einen Sklaven der Türken und spuckte ihm ins Gesicht. Tököly blieb – und das kennzeichnet seinen Charakter – ruhig und befahl, den Gefangenen seinem Range gemäß zu behandeln und ihm, wenn er sich wieder in seiner Gewalt habe, die Fesseln abzunehmen. Er ließ ihn später in die Festung Ungvár bringen, doch veranlaßte er, daß er noch Zeuge der nun vor Füllek ablaufenden Zeremonie war. Die Kuruzzen, die Truppen des Fürsten von Siebenbürgen und die osmanischen Verbände nahmen Paradeaufstellung ein, Ibrahim Pascha überreichte dem Kuruzzenführer die Insignien eines osmanischen Tributärfürsten und übertrug ihm im Namen des Großherrn die Herrschaft über Habsburgisch-Ungarn. Ob damit die Verleihung der Würde eines Königs verbunden war, ist umstritten; die Osmanen glaubten das offenbar, und Tököly ist in den osmanischen Quellen nun regelmäßig als König von Oberungarn oder Kuruzzenkönig aufgeführt. Tököly, der streng an der ungarischen Verfassung festhielt, war anderer Meinung, kehrte sie aber gegenüber seinem mächtigen Alliierten nicht hervor; er war der Auffassung, daß niemand außer dem ungarischen Ständeparlament berechtigt sei, über den Königstitel zu verfügen, und zwar auch der Padischah nicht, und daß die Wahl durchgeführt werden müsse, wenn wieder Frieden sei. Er nannte sich nie König und ließ sich nie von seinen Untergebenen als König bezeichnen; er führte nur den Titel des Dux Hungariae, den er als den eines Sachwalters verstand, dessen Aufgabe es war, die verfassungsmäßigen Zustände in Habsburgisch-Ungarn wieder herzustellen.

Im Spätherbst des Jahres verlegte der Hof des Großherrn mit großem Pomp nach Edirne, wohin auch die Regierung übersiedelte, und Graf Caprara mußte mit, wie es die osmanische Tradition verlangte. Die alte Hauptstadt verwandelte sich während des Winters in eine Militärstadt, in der Truppen und Kriegsmaterial konzentriert wurden. Das weckte in Caprara die Überzeugung, daß ein Krieg – ein großer, entscheidenen Krieg – vorbereitet werde, ein Krieg gegen seinen Kaiser. Es war für ihn keine Überraschung, daß wenige Tage nach dem Jahresbeginn nach westchristlichem Kalender »die Roßschweife gegen Ungarn ausgesteckt« wurden. Man kann diesen Vorgang etwa als Mobilmachungsbefehl bezeichnen, der für alle kombattanten Kräfte des Reiches galt, und der den Großwürdenträgern gesondert, mit den notwendigen Einzelheiten, bekanntgemacht wurde.

In der ersten Märzhälfte 1683 war die Sammlung der mobilen Teile des besoldeten Heeres im Raum Edirne beendet; die Milizen, deren Dienstpflicht in Offensivkriegen erst mit Hizirtag begann, wurden nachgeführt. Es muß darauf hingewiesen werden, daß die Marschgeschwindigkeiten erheblich differierten; Artillerieparks und bespannte Trosse aller Art, die jede Bewegung erheblich verzögerten, waren dem Rahmen des besoldeten Heeres eingegliedert – die Milizen, die aus der Lehensreiterei gebildet waren, kamen wesentlich rascher voran. Am 15. März wurde die große Heerschau durchgeführt, in welcher Kara Mustafa Pascha seinem Großherrn Mechmed IV. die »sieggewohnten Truppen« des islamischen Reiches in glanzvoller Parade vorführte.

Auch zeitgenössische oder beinahe zeitgenössische Werke sprechen von dieser Heerschau in Superlativen (z.B. Schweizer, S. 232: »...rollte auf den Feldern vor Edirne die größte Militärparade ab, die das Osmanische Reich je sah«, oder Lorenz, S 183: »Das Ansehen der Kriegsrüstungen überstieg diesmal alles, was bisher das Osmanische Reich geschaut«, oder Eickhoff, S. 367: »Im März wurde mit selbst in den türkischen Annalen nie verzeichneter

Pracht Heerschau über die Truppenmassen gehalten.«), und sie muß in der Tat ein Schauspiel gewesen sein, das unsere Vorstellungskraft übersteigt. *Der Orient brach auf, um gegen den Okzident zu ziehen, und er tat es mit allen Attributen von Macht und Pracht und Herrlichkeit, über die er gebot.* Es war, als ziehe das Volk der Heiligen und Helden, der dienstbaren Dschinnen und der lieblichen Feen der Wunderwelt der tausendundeinen Nacht aus, um der in der mühsamen Monotonie des Alltags, der im technischen Fortschrittsglauben mit dem absoluten Herrschaftsanspruch der mechanischen Meßbarkeit, der chemischen Analysierbarkeit und der mathematischen Kalkuliertbarkeit versackenden westlichen Menschheit Kunde zu geben von der großartigen Form der Daseinsbewältigung, die im Dar ul Islam verwirklicht worden war.

Der Anschein der gewaltigen militärischen Macht aber trog: Die Integration der modernen Waffentechnik in das organisatorische Gefüge des Kriegswesens war im Orient nicht gelungen. Im Abendland hatte sich im Dreißigjährigen Krieg die Verstaatlichung des Kriegswesens durch die Landesherren durchgesetzt. Die Errichtung des staatlichen Monopols war mit enormen Kosten behaftet, aber auch von unerhörten Folgen begleitet gewesen, wobei sich als wichtigste Neuerung die zunächst kostspieligste und unbeliebteste, nämlich die Waffenstellung durch die Kriegsherrn, erwies. Diese erbrachte
– die Vereinheitlichung der verwendeten Feuergewehre und
– die Notwendigkeit, die damit ausgestatteten Truppen in deren Handhabung auszubilden, was zum Waffendrill führte.
Das ergab zusammen die Möglichkeit des »geleiteten Feuers«, dessen vernichtende Wirkung darin bestand, daß auf Kommando in der Gewehrsalve ein ganzer Wall von Geschossen dem Feind entgegengeschleudert wurde. Das »Kleingewehrfeuer« hatte bei Mogersdorf voll seine Wirkung getan und die osmanischen Truppen im Brückenkopf vernichtet. In der Zwischenzeit war das Bajonett von Montecuccoli in der kaiserlichen Armee eingeführt worden, wodurch die »Nahkampfspezialisten«, die Pikeniere, überflüssig geworden waren und die Infanterie einheitlich mit Feuergewehren ausgestattet werden konnte, was ihre Kampfkraft wesentlich verstärkte.

Bei der kaiserlichen Reiterei hatte sich ebenfalls die Ausstattung mit Feuergewehren in den Dragonerregimentern durchgesetzt. Der Dragoner war nun endgültig zum berittenen Schützen geworden, dem das Pferd beinahe ausschließlich als Transportmittel diente. Der Kampf wurde abgesessen als Feuerkampf geführt, wobei sich die hohe Mobilität des Waffenträgers sowohl außerhalb des Gefechtsfeldes im Sicherungsdienst, bei Stellung von Vedetten und ähnlichen notwendigen Maßnahmen, als auch während eines großen Treffens durch die Möglichkeit überraschender Feuereröffnung aus unerwarteter Richtung und den Feuerschutz für Absetzbewegungen bestens bewährte.

Das osmanische Versorgungswesen frönte noch – trotz negativer Erfahrungen – dem alten Prinzip, daß der Krieg den Krieg ernähren müsse; davon war man im Westen abgekommen. Es hatte sich gezeigt, daß der Zwang zur Verpflegungssuche militärische Operationen gefährlich beeinträchtigte und es kaum möglich war, Massenheere über längere Zeitspannen in bestimmten Räumen zu versorgen. Die Anlage von Versorgungsmagazinen war 1663/64 erstmals in größerem Rahmen durchgeführt und im kaiserlichen Heer konzeptiv beibehalten worden, auch wenn sich das Prinzip in der Praxis durch die Verlagerung des kombattanten Geschehens nicht eben durchschlagend bewährt hatte. Die zugrundegelegte Idee war richtig, im osmanischen Kriegswesen aber unbeachtet oder überhaupt unbekannt geblieben. Hier galt der alte Grundsatz, daß die Angehörigen der Lehenstruppen nach wie vor selbst für ihre Verpflegung und die ihrer Pferde zu sorgen hatten: Mitgeführte oder nachgeschobene Versorgungsgüter waren den ständig unter Waffen gehaltenen Truppenteilen, vor allem den Janitscharen, vorbehalten.

Der Weiterentwicklung des abendländischen Kriegswesens stand ein jäher Abfall der kombattanten Qualitäten der osmanischen Eliteinfanterie, des Janitscharenkorps, gegenüber. Die mit Heiratserlaubnis ausgestatteten Janitscharen, großzügig mit Heimschläferbewilligungen versehen, hatten sich angewöhnt, nebenbei zivile Berufe auszuüben und nur zu besonderen Anlässen, wie Paraden, Aufmärschen und Soldempfang in den Kasernen zu erscheinen. Die Truppe war aus der Form gekommen, ihr geringer Kampfwert war dem kundigen Auge auf Anhieb erkennbar.

Dem kundigen Caprara entging der militärische Substanzverlust keineswegs. Er bemühte sich, hinter Prunk und Pracht und herumwimmelnden Scharen die Schlagkraft und damit die Gefährlichkeit des Heeres zu erkennen, das bei Edirne versammelt war, und es sei erlaubt, Klopp (S. 181) zu zitieren:

»Es gelang dem Internuntius Caprara, aus einem Versteck dem Auszuge zuzuschauen. Er beobachtete eine lange Reihe von Handwerkern aller Art, zu 6000 an der Zahl, gemäß der Weise der Türken, im Kriegslager selbst mit allem Nothwendigen versehen zu sein. Die Hauptsache für ihn aber waren die Janitscharen. Er fand die Beobachtungen, die er früher im Einzelnen gemacht, bestätigt durch den Anblick der Gesamtheit, die er nicht über 10000 anschlug. ›Es scheint mir nicht‹ meldet er, ›daß sie dem Rufe der einstigen Kriegstüchtigkeit entsprechen, und ich meine, wir haben uns nicht zu fürchten, von ihnen zu Boden geschlagen zu werden, wenn nicht unsere Sünden diesen Jammer über uns verhängen. Damit ist nicht zu leugnen, daß alles in guter Ordnung sich vollzog, daß in der ganzen Pracht, in dem Schmucke der Kleidung und der Zier der Waffen, die Größe und der Reichthum der osmanischen Macht in stattlicher Weise zu Tage trat‹.
Im weiteren Anschauen und Prüfen der einher ziehenden Schaaren kam Caprara zu der Ansicht, daß mehr als die Hälfte derselben militärisch nicht verwendbar sein würde.«

Den Oberbefehl führte Sultan Mechmed IV., der 19. Großherr der Osmanen, der Beherrscher der Rechtgläubigen.

Der Aufbruch der versammelten Truppen und des Hofes erfolgte am 31. März bei stürmischem Frühlingswetter; ein Windstoß riß dem Großherrn den prachtvollen Turban vom Haupt, was als böses Vorzeichen empfunden wurde. In den ob des höfischen Prunkes mißvergnügten Truppen kursierte das bittere Scherzwort, daß das »Heer der Weiber« nebst Eunuchen und Dienstpersonal kaum kleiner sei als das der Krieger.

So brach der Orient auf, um gegen den Okzident zu ziehen. Sein Heer war den modernen Truppen westlicher Prägung unterlegen und dem Untergang geweiht, und seine Verbände, die das weite Blachfeld von Horizont zu Horizont mit sprühendem Leben und mit überquellender Energie, mit militärischer Pracht und mit religiöser Begeisterung erfüllten, zogen ihrer Vernichtung entgegen.

Der Marsch war, vor allem über das Rhodopegebirge, das noch schneebedeckt war, mühsam und demgemäß langsam. Das feste Belgirad wurde am 3. Mai erreicht; am Ufer der Save war ein gewaltiges Lager teils angelegt, teils vorbereitet, das einen Umfang von drei Wegstunden hatte und vorerst mit den rumelischen Truppen, rund 30 000 Mann, belegt war. Zum Empfang des Großherrn waren dem mit ihm ausrückenden Heer der Janitscharenaga Mustafa Pascha aus Rodosto mit 12 000 Janitscharen vorausgesandt worden. Mustafa Pascha hatte den Auftrag, dafür zu sorgen, daß die Schenken der Stadt rechtzeitig geschlossen wurden, damit der feierliche Einzug nicht durch den Anblick trunkener Giauren gestört werde. Seinen Auftrag erledigte er einwandfrei; er war überhaupt ein recht tüchtiger Offizier, der es bis zum Großwesir brachte (Mai 1688 bis November 1689) und im Januar 1689 verstorben ist.

Mit Sultan Mechmed IV. oder ein paar Tage vor (Janitscharen) oder nach (anatolische Milizen) ihm kamen:

Janitscharen	12 000
Gardereiter	4 000
Leibgarde des Großwesirs, von ihm selbst aufgestellt und besoldet	1 500
anatolische Milizen einschließlich der Piyaden	35 500
	43 000

so daß sich mit den bereits im Lager befindlichen rumelischen Verbänden eine Kopfstärke vom 73 000 Kriegern ergab. Dazu sind noch zu rechnen die 6 000 »Handwerker« in der Terminologie Capraras, worunter wahrscheinlich die »Zeltaufschlägertruppe« des Mechterbaschis zu verstehen ist, dann die Arsenaltruppe der Dschebedschis mit vermutlich 5 000 Mann, dann die Artillerie mit etwa 150 Geschützen (vor Wien waren 5 Mörser, 15 Kolumbrinen und 120 Schahis im Einsatz), so daß die Zahl der Topdschis einschließlich der für den Transport verwendeten Gespannführer und Ochsentreiber mit etwa 4 000 Mann anzunehmen ist, und zuletzt die Angehörigen der Traintruppe, mit dem zugewiesenen Fahrpersonal ungefähr 10 000 Mann, insgesamt also 25 000 Mann. Das ergibt mit den vorher genannten 73 000 Mann eine Kopfstärke (*nicht* aber Kampfstärke!) von 98 000, die sich allerdings durch zu spät kommenden Kontingente bis auf 100 000 Mann verstärkte. Dies erlaubt folgende Schätzung:

Gesamtstärke	100 000 Mann,
davon Kampftruppen	75 000 Mann,
Trosse und davon kaum zu trennen Topdschis	25 000 Mann.

Es muß darauf verwiesen werden, daß die in Belgrad versammelten Verbände nur ein Teil der in den Krieg ziehenden Gesamtstreitmacht waren. Die Truppen der Provinzen Magyaristan, Egri, Uyvar, Kanije und einige andere fehlten, es fehlten die Kontingente des Chans der Krim, der Tributärfürsten von Siebenbürgen, Moldawien und Walachei und zuletzt des »Kuruzzenkönigs« Imre Tököly, **dessen Herrschaft über Habsburgisch-Ungarn zu errichten der offizielle Grund für den Krieg war.** Daraus ist zu schließen, daß ein Angriff auf Deutsches Reichsgebiet vermutlich nicht geplant war, welche Folgerung durch andere Fakten, die zu gegebener Zeit erörtert werden, erhärtet wird. König Leopold I. war also zu diesem Zeitpunkt als König von Ungarn, und nur als dieser, der ins Auge gefaßte Kriegsgegner.

Das nächste wesentliche Datum ist der 14. Mai. An diesem Tage übertrug Mechmed IV. den Oberbefehl im Kriege an Kara Mustafa Pascha, den er in aller Form und vor dem versammelten Heer zum Serasker bestellte. Ob dies vorgeplant war und er nur zur Demonstration der Bedeutung des Feldzuges das Wegstück zwischen Edirne und Belgrad mit einem Teil des Heeres zurücklegte, oder ob ihm und seinem persönlichen, insbesonders weiblichen Gefolge die Strapazen des bisherigen Marsches die Freude an der persönlichen Teilnahme vergällt hatten, muß dahingestellt bleiben. In der Geschichtsschreibung werden beide Auffassungen mit mehr oder weniger einleuchtenden Gründen vertreten.

Am 22. Mai brach das Heer in mehreren »Marschpaketen« nach Esseg → Osijek auf, das Caprara am 28. Mai, Kara Mustafa aber am 2. Juni erreichte. Am nächsten Tag gab es den ersten, auf unmittelbaren Befehl des Großwesirs getöteten Giauren; ein Musketier des Regiments Mannsfeld war es, der im Grenzraum von Reitern des Paschas von Budyn aufgegriffen und dem Hauptquartier überstellt worden war. Er weigerte sich oder war nicht in der Lage, den Vernehmungsoffizieren die gewünschten Auskünfte zu geben. Kara Mustafa ließ ihn enthaupten und nackt auf das Feld bei Esseg legen, die Beine in Grätschstellung, den Kopf mit nach unten gedrehtem Gesicht zwischen den Beinen.

Am 7. Juni empfing der Serasker den außerordentlichen Gesandten Caprara. Der Präsident des Hofkriegsrates, Hermann Markgraf von Baden, hatte an Kara Mustafa ein Schreiben gerichtet, die Einstellung der Kriegsvorbereitungen gefordert und den Abschluß der Militärallianzen einschließlich jener mit Polen warnend bekanntgegeben. Was als »Schuß vor den Bug«

gedacht war, erwies sich jedoch als Volltreffer, der den Grimm des Großwesirs anheizte. Die Kaiserlichen, erklärte der Serasker dem Internuntius, seien in Wahrheit die Friedensbrecher, denn sie hätten auf osmanischem Territorium Festungen errichtet, ohne auf die Rechte des Großherrn, »dessen Säbel nach dem Willen des Allmächtigen seinen Schatten wirft durch die ganze Welt« (zitiert nach Klopp, S. 191) Rücksicht zu nehmen. Daß sich der Großherr, der Padischah (»Beschützerkönig«), der Mißhandelten und von der Tyrannei ihrer Rechte Beraubten annehme, die ihre Zuflucht zur Hohen Pforte genommen, bekunde seine Tugend und sei eine löbliche Gewohnheit der ruhmvollen Herrscher der Osmanen. Daran ändere auch die Aufzählung der Verbündeten nichts, denn die Osmanen hätten keinen Anlaß, sich zu fürchten, selbst wenn alle Könige der Giauren gegen sie ziehen würden. Gelobt sei der Herr, der bisher noch in jedem Kriege die Grenzen des islamischen Reiches erweitert hat. Dann wurde Caprara – wie im Kriege 1663/64 Johann von Goeß – nach Budyn gebracht und dort verwahrt, während der ständige Resident Georg Christoph von Kunitz wie seinerzeit Simon Reniger im Stabsquartier verbleiben mußte.

In Habsburgisch-Ungarn hatte der Palatin Paul Eszterházy schon im März eine Proklamation erlassen, in der er auf die drohende Kriegsgefahr verwies und alle Ungarn aufrief, sich geschlossen um den König zu scharen, was aber den eklatanten Mangel an verfügbaren militärischen Kräften keineswegs behob. Das Heilige Römische Reich war einem militärischen Engagement südostwärts der Reichsgrenzen nach wie vor abgeneigt; der König von Polen, der vorerst gewaltige Subsidien in Empfang genommen hatte (500 000 Taler von Papst Innocenz XI., 300 000 Taler von Leopold I.), sollte nach den Bestimmungen des Allianzvertrages in Podolien seinen eigenen Krieg führen und erst dann in den Donauraum wirken, wenn Wien selbst unmittelbar bedroht werden würde; der Zustand der meisten Grenzfestungen war denkbar schlecht, sie waren keineswegs abwehrbereit – und die habsburgischen Verbände nicht gesammelt, zum Teil nicht einmal aufgestellt.

Karl von Lothringen, zum Oberbefehlshaber bestellt, erhielt den Befehl, noch im April die Feldarmee und die verfügbaren Teile der Grenzsicherungstruppen Seiner Majestät dem Kaiser und König in einer großen Parade vorzuführen, die im Raum Kittsee veranstaltet werden sollte, hart südlich der Donau, rückwärts der Grenzfestung Raab. Die Grenzsicherung umfaßte den für europäische Verhältnisse gewaltigen Raum von den Westkarpaten bis zur Adriaküste; dieser war gegliedert und wie folgt mit Truppen versehen:

A **Linker Flügel:**
Karpaten bis Donau, mit dem Waagtal verlaufend;
Abschnitt Nord
Kürassierregimenter Veterani und Caraffa, Dragonerregiment Schultz, Infanterieregimenter Salm und Knigge sowie fünf Kompanien von den

Regimentern Lothringen und Thimb
insgesamt etwa 8 000 Mann.
Anschlußpunkt: Leopoldstadt (neuerrichtete Festung, die den Verlust
von Neuhäusel wettmachen sollte).
Abschnitt Süd
Banderium und Portalmilizen des Palatins Paul Graf Eszterházy[6],
insgesamt etwa 6 000 Mann.
Endpunkt: Nordufer der Donau im Raum Waagmündung.

B **Zentrum:**
Raabtal ab Einmündung im Raum Raab bis Körmend (Raabknie, bisheriger Flußverlauf Nord – Süd, ab hier Ost – West) Banderium und Portalmilizen des Christoph Graf Batthyany und Truppen der westungarischen Komitate,
insgesamt etwa 6 000 Mann.

C **Rechter Flügel:**
Abschnitt Nord
Körmend, linkes Murufer, Drautal bis Pettau;
Kürassierregiment Metternich, Dragonerregiment Saurau, Infanterieregi-
ment d'Aspremont und fünf Kompanien vom Regiment Heister,
insgesamt etwa 4 000 Mann.
Anschlußpunkt: Pettau.
Abschnitt Süd
Gebiet der Militärgrenze bis zur Küste unterhalb Zengg → Senj;
Kroatische Grenzer, Banderium und Portalmilizen des Banus Christian
Graf Erdödy und der kroatischen Adeligen,
insgesamt etwa 5000 Mann.

Unterscheidet man nicht zwischen kaiserlicher Armee, Grenzverbänden und
ungarischen Truppen, so waren nicht mehr als 29 000 Mann im Grenzsiche-
rungsdient eingesetzt, denen gegebenenfalls auch die Aufgabe der Grenzverteidigung zufiel.

Die Versammlung der mobilen Feldarmee und der Truppen, die vorübergehend von der Grenzsicherung abgezogen werden konnten, sollte am
20. April beendet sein. In der Tat dauerte es aber beinahe drei Wochen länger
bis Karl seinem kaiserlichen Schwager am 6. (so Toifel, S. 221; Lorenz, S. 193)
oder 7. Mai (so Eickhoff, S. 379; Theurer, Verrat S. 11) die gewünschte Revue
mit Parade liefern konnte. Die Heide von Kittsee verwandelte sich flugs in
einen Treffpunkt der noblen Wiener Gesellschaft, und alles was Rang und
Namen hatte, beeilte sich, dem Hofe folgend nach Westungarn zu reisen.

Das brachte vermeidbare Schwierigkeiten: Die Verpflegungslage der Armee
war angespannt, es gab vor allem beinahe kein Viehfutter im ganzen Raum,
und die Anwesenheit von Hof und Hochadel, von Diplomaten und ganz einfach Neugierigen, alle mit zahlreicher Dienerschaft und einer Vielzahl von
Pferden versehen, ließ die Krise beinahe zur Katastrophe werden.

Vornehmster Gast des Kaisers war Max Emanuel von Bayern, der später einer der ganz großen Feldherren des Türkenkrieges werden sollte und im Orient als der »Blaue König« berühmt war, den damals allerdings weniger die gegen die Osmanen aufgebotene Armee als die Erzherzogin Maria Antonia interessierte, deren Hand er später erlangte. (Nach ihrem Tod 1692 vermählte er sich mit der Tochter König Johann Sobieskis, seines Waffenbruders von 1683.) Die Parade fand, dem Anlaß gemäß, mit großem Pomp statt. Die kaiserliche Armee war in vier Treffen gegliedert:

A **Infanterie**
6 Regimenter (komplett mit zehn Kompanien), nämlich Baden, de Souches, Mannsfeld, Scherffenberg, Starhemberg und Tiefenthal, dazu
2 Regimenter mit sieben Kompanien, nämlich Beck und Wallis, dazu
5 Regimenter mit fünf Kompanien, nämlich Heister, Neuburg, Strassoldo, Thimb und Württemberg.

B **Kavallerie**
9 Kürassierregimenter, und zwar Caprara, Dünnewald, Dupigny, Gondola, Hallweil, Mercy, Montecuccoli, Palffy und Rabatta, dazu das halbe Regiment Taaffe,
3 Dragonerregimenter, nämlich Castel, Herbeville und Styrum.

C **Artillerie**
86 Feldgeschütze leichten und mittleren Kalibers.

D **Trosse und Versorgungsdienste**
30 schwere, mit je sechs Ochsen bespannte Rüstwagen,
188 große, mit je vier Pferden bespannte Proviantwagen,
600 kleine, mit je zwei Pferden bespannte Mehrzweckwagen.

Die Zahlenstärke der ausgerückten Truppen betrug ca. 33 000 Mann. Noch nicht eingetroffen waren das Dragonerregiment Savoyen, das zweite halbe Kürassierregiment Taaffe und insgesamt 15 Infanteriekompanien.

Die Versorgungslage war schlecht; die Armee hatte
- Brotrationen   für   14 Tage,
- Fleischrationen   für   8 Tage,
- Viehfutter   für   3 Tage,
- Pulver   für   28 Schuß je Muskete
                                für   8 bis 12 Schuß je Geschütz.

An ungarischen Truppen nahmen insgesamt 7 000 Mann teil, überwiegend berittene Angehörige der Banderien des königstreuen katholischen Adels, dazu etwas Fußvolk aus der Besatzung des nahen Raab. Sie machten in ihrer malerischen Ausstattung einen ganz prächtigen, beinahe exotischen Eindruck und wurden viel bewundert. Ihre Versorgungslage aber war geradezu kläglich. Paul Graf Eszterházy, der seinen König von dem gefährlichen Mißstand berichtete, erhielt das, was er schon hatte – Versprechungen, Zusicherungen, Vertröstungen.

Der Palatin wandte sich an den Herzog von Lothringen mit der Bitte, ihm die Hälfte der Vorräte der kaiserlichen Armee zu überlassen und verbürgte sich persönlich dafür, daß er aus den erwarteten Lieferungen Rückstellung leisten werde. Es fiel dem Ungarn schwer, eine solche Bitte zu tun, und es fiel dem Generalleutnant noch schwerer, sie abzuschlagen. Er schlug sie ab, nicht weil er Eszterházy, den er als Ehrenmann kannte, nicht getraut hätte, sondern weil er der Intendanz, die er aus eigenem leidvollen Erleben ebenfalls kannte, nicht trauen konnte. Eszterházy aber nahm des Herzogs Antwort als gegen ihn persönlich gerichtete Mißtrauensbekundung und trug sie dem Lothringer schwer nach – und er revanchierte sich, als er am 30. Juni in seinem Bericht an Leopold die Kriegführung Karls in Ungarn massiv und sehr subjektiv kritisierte.

Mit kaiserlichem Handschreiben vom 9. Mai 1683 wurde Karl von Lothringen befohlen, die Feldarmee über Raab und Komorn zum Angriff nach Magyaristan zu führen. Der Offensivbeginn wurde mit 11. Mai festgelegt; es wurde dem Ermessen des Feldherrn überlassen, die Operation
– auf dem rechten Ufer gegen Gran, oder
– auf dem linken Ufer gegen Neuhäusel
zu führen.

Es wurde ihm aber auch freigestellt, dem »Feind sonst einen Streich anzuhenken« und eine andere Operation wider ihn zu tun, »sie seien so groß oder so klein als sie wollen«. Es waren allerdings zwei Erfordernisse zu beachten:

1. Dies (fraglich: Operationsbeginn oder Operationsabschluß) hat vor dem Erscheinen der feindlichen Hauptmacht (die damals eben den Raum Belgirad erreicht hatte) im Felde zu geschehen.
2. Eine allzu große Schwächung der Hauptarmee hat zu unterbleiben; die *Deckung* der Erblande darf dadurch keinen Schaden erleiden.

Den Raumsicherungskräften rückwärts der Waag und der Raab wurde das »aufmerksame Bewachen dieser Flüsse und das Verderben aller Furten und Übergänge« befohlen. Einem versuchten Durchbruch des Feindes hat sich die Hauptarmee (Feldarmee) sofort mit *ganzer Macht* entgegenzuwerfen und *gleichzeitig* die Besatzungen der drei Schlüsselfestungen Raab, Komorn und Leopoldstadt zu verstärken.

Der Hof sicherte zu, Ausbau und Ausrüstung der drei genanten Festungen nun (Sommeranfang des Kriegsjahres!) nach Möglichkeit zu verbessern. Außerdem wurde bemerkt, daß der König von Polen *nachdrücklich* ermahnt werde, mit seiner Armee »frühzeitig zu cooperieren« und ohne Verzug einmal 4000 Mann zur Verstärkung der Truppen im Waagtal zu entsenden.

Der Befehl, in Magyaristan einzufallen, erging, während das osmanische Heer noch in Belgirad lagerte und der kaiserliche Internuntius sich verzweifelt bemühte, den Frieden zu erhalten. Unter diesem Aspekt war es durchaus richtig, wenn

Kara Mustafa Pascha am 7. Juni Caprara gegenüber die Kaiserlichen als die wahren Friedensbrecher bezeichnete, denn wenngleich er diese Erklärung als Serasker eines gewaltigen Heeres abgab, das eben die Drau übersetzt hatte und dabei war, donauaufwärts zu marschieren: **Den Krieg durch den Einfall seiner Armee in Magyaristan hatte Leopold begonnen. Und die Armee, die über die Grenzen vorstieß, war unübersehbar die Armee des Kaisers des Heiligen Römischen Reiches Deutscher Nation, nicht aber eine Armee des Königreiches Ungarn.**

Die so auffällig, ja geradezu spektakulär in den Vordergrund geschobene Parteieigenschaft des Kaisers, auch wenn es nicht eine Parteieigenschaft des von ihm repräsentierten Reiches war, zielte offenbar darauf ab, die Osmanen zu provozieren und zu veranlassen, ihre militärischen Operationen nicht auf Habsburgisch-Ungarn zu beschränken, sondern vielmehr deutsches Reichsgebiet in diese einzubeziehen. Der Stoß über die Grenzen, auch wenn er nur die habsburgischen Erblande betraf, mußte das Reich an die Seite des Kaisers zwingen, und er mußte überdies Johann Sobieski dazu veranlassen, die ihm näherliegende Kriegführung im Dnjestrgebiet auf Sparflamme zu setzen und die Masse seiner Kräfte in den Donauraum zu werfen, da eine unmittelbare Bedrohung Wiens vorlag, wenn starke osmanische Verbände auch nur versuchten, die Raab zu überwinden. Eine Beschränkung des Krieges auf Ungarn hingegen mußte Leopold gefährlich isolieren: Er hatte so gut wie keine Aussicht, sich mit den eigenen Kräften - den Truppen der Erblande und des Königreichs Ungarn - gegen die gewaltige Kriegsmacht der Osmanen zu behaupten, deren Ungleichwertigkeit im Bereich der Verwendung der modernen Kriegstechnik im Kampfraum Ungarn kaum eine Rolle spielte. Dergleichen Überlegungen konnte Leopold weder Eszterházy und dem ungarischen Hof, deren Land grausam unter die Räder kommen mußte, mitteilen, noch seinem redlichen Schwager, der mit seinen Truppen die Rolle des Lockvogels spielen sollte.

Am 11. Mai 1683 stießen die Vorhuten der kaiserlichen Truppen wie befohlen nach Magyaristan vor. Die Schwierigkeiten der Raumüberwindung waren noch größer als angenommen, und erst am 26. Mai konnte bei Komorn das Lager aufgeschlagen werden - 75 km ostwärts des Ablaufpunktes, was einer täglichen Marschstrecke von ganzen 5000 m entspricht. Diese Art der Vorwärtsbewegung konnte beim besten Willen nicht als energische und kühne Kriegführung in den Augen der Ungarn gelten, die von der kaiserlichen Heeresleitung mit Recht erwarteten, daß zumindest die Verteidigung entlang der Linie Waag - Raab durch Zuführung weiterer Truppen und die endliche Aufnahme der Truppenversorgung verstärkt werden würde. Beides geschah nicht: Alle verfügbaren Truppen, die nach und nach eintrafen, wurden der Feldarmee zugeführt, und diese erhielten auch die nachgeschobenen Verpflegungsgüter und das beigeschaffte Kriegsmaterial.

Selbst die königstreuesten der königstreuen Ungarn zweifelten an der

Sinnhaftigkeit der Kriegführung, und vor allem der Palatin Paul Graf Eszter-házy sah der Zukunft mit tiefem Pessimismus entgegen. Dabei war - rein militärisch gesehen - seine Lage im Südabschnitt des linken Flügels ver-gleichsweise gut und zumindest nicht unmittelbar besorgniserregend; in der schwersten Situation befand sich Christoph Graf Batthyany, der mit 6 000 Mann die »Raablinie« bis Körmend zu halten hatte und dem keine andere Verstärkung seiner Kampfkraft zugesichert werden konnte als 24 eiserne Böl-ler (kleine, kaum kampftaugliche Kanonenrohre, die eigentlich als Alarmge-räte gedacht waren) und 40 doppelläufige Feuergewehre. Um diese Zeit waren in Magyaristan die Vorhuten der tatarischen Hilfstruppen eingetroffen und suchten Lagerplätze im Raum zwischen Budyn und dem Plattensee; im Juni traf Khan Murad Girey mit rund 40 000 seiner gefürchteten Reiter ein und begann mit vorerst nicht energischer, aber fühlbarer Aufklärungstätigkeit in Westungarn.

Ende Mai setzte Karl auf das Nordufer der Donau über und begann am 5. Juni mit der Belagerung von Neuhäusel, das Hasan Pascha der Hodscha-sohn energisch und durchaus einfallsreich verteidigte. Am 7. Juni begann die Beschießung, die am folgenden Tag fortgesetzt wurde und zu Flächenbrän-den in einigen Stadtteilen führte. Diese ließ der Beglerbegi räumen; gegen Abend drangen kaiserliche Truppen in starken Kampfgruppen ein, die sich - nach Eintritt der Dunkelheit, als die Feuer erloschen - gegenseitig für Feind-kräfte hielten und erbittert bekämpften. Sie fügten sich erhebliche Verluste zu, und besonders das Regiment Beck blutete schwer - es verlor neben fast allen Offizieren auch seinen Kommandeur Obristleutnant Graf Kopp. Hasan Pascha nutzte die Verwirrung des Gegners zu einem energischen Ausfall, der einen vollen Erfolg brachte: Gegen Mitternacht verließen die letzten Kaiserli-chen fluchtartig die Ruinenstadt.

Karl, der wohl wußte, daß die Katastrophe seiner Sturmtruppen auf Ausbil-dungsmängeln beruhte, die im Kampfraum nicht zu beheben waren, befahl noch in der Nacht den Abbruch der Belagerung und den Rückmarsch nach Komorn, der am nächsten oder übernächsten Tag sehr geschickt vollzogen wurde.

Der militärisch richtige Entschluß hatte, wie in ähnlicher Lage häufig, poli-tisch höchst unerwünschte Folgen. Ungarn fühlte sich dem osmanischen Zugriff preisgegeben, was es ja auch war, und zwar ohne Rücksicht auf die Fortsetzung oder Beendigung der Belagerung von Neuhäusel. Die Bewohner der Landesteile ostwärts Waag und Raab bereiteten sich darauf vor, Tökölys Herrschaft anzuerkennen, um seinen Schutz gegen Tataren und Akindschis, gegen Asaben und Lehenstruppen - gegen das ganze »beutespähende« Kriegsvolk des Großherrn in Anspruch zu nehmen, der ihnen zuverlässiger zu sein schien als der Schutz, den sie vom König zu erwarten hatten. Paul Graf Eszterházy, nach wie vor die entscheidende Stütze der habsburgischen Herrschaft und damit der Zugehörigkeit zum christlichen Abendland, analy-sierte in seinem Bericht vom 30. Juni 1683 die Lage scharfsichtig und zutreffend. Nördlich der Donau waren nur mehr die Komitate Preßburg und Trent-schin, dazu Teile des Komitats Neutra im Besitz Seiner Majestät, des Königs, alles übrige war Tököly zugefallen. Südlich des Stroms waren nur die Komi-tate Oedenburg → Sopron, Wieselburg und ein Teil des Komitats Eisenstadt → Kissmarton noch als königlich zu bezeichnen. Es sei gestattet, ihn (nach Klopp, S. 195) wörtlich zu zitieren:

> »Nirgendwo erscheint ein nationales Banderium für Ew. Majestät. Es ist kein Geld vorhanden.«

Und dann, subjektiv richtig, aber doch als Revanche für die abschlägige Ant-wort für die Bitte von Kittsee:

> »Die kaiserliche Armee hat die Belagerung von Neuhäusel in nicht ehrenhafter Weise aufgegeben. Sie zieht sich zurück hinter die Gewässer. Sie will nicht dem Feinde die Stirn bieten. Hier ist dagegen nur eine geringe Mannschaft zur Verteidigung, und diese sinnt auf Flucht.«

Dann folgen Klagen über die schlechte Behandlung der Ungarn durch die habsburgischen Truppen, die auch die ungarischen Behörden nicht achten, und über die umlaufenden Gerüchte, daß die kaiserlichen Truppen alle in Wien konzentriert werden sollten und der Hof die Verlegung nach Linz vor-bereite. Und:

> »Von einer Tätigkeit von Seiten Polens ist hier nichts zu spüren. Ich stehe allein und von jeglicher Hilfe verlassen im Rachen des Feindes. ... Auch die geringe Mannschaft, welche von Seiten der Landesbewohner diesseits der Donau noch übrig ist, verläuft sich aus Verzweiflung täglich mehr und mehr. Sie sehen unter dem Himmel keinen Trost mehr.«

Gegen Ende des Lageberichtes wird der Palatin geradezu poetisch und bleibt dennoch auf dem Boden der Tatsachen:

> »Denn mit Ungarn ist es so bestellt, daß man in Wahrheit sagen darf, es ist in einen Ozean der Leiden hineingeschleudert ...«

Der Kaiserhof wußte, daß jedes Wort, das der entscheidende Großwürdenträ-ger des Königshofes schrieb, der Wahrheit entsprach. Ob er unter dem Ein-druck der vorgeplanten Preisgabe Ungarns bis zu Waag und Raab weiterhin unbeirrt Leopolds Intentionen und Maximen folgen werde können, erschien nicht ganz sicher, und man entschloß sich in Wien, ihn mit einem höchst ehrenvollen Auftrag aus Ungarn zu entfernen und damit kaltzustellen. Er erhielt den Befehl, persönlich die in Preßburg verwahrte Krone des heiligen Stefan nach Regensburg in Sicherheit zu bringen, wobei ihm der Marschweg über Steiermark vorgeschrieben wurde, um ihm die Möglichkeit zu nehmen, in den Zentralstellen zu intervenieren. Damit war die hochangesehene Per-sönlichkeit des Palatins jedes entscheidenden Einflusses auf das immer dra-matischer werdende Geschehen in Ungarn beraubt; die bisher als Träger des

Abwehrwillens geschlossen in Erscheinung tretende Gruppe der katholischen westungarischen Magnaten zerfiel, und jedes Adelsgeschlecht und jedes Komitat stand für sich vor der peinigenden Frage, Tököly zu huldigen oder die Verwüstung des eigenen Landes durch das orientalische Kriegsvolk zu provozieren.

Kara Mustafa Pascha hatte indessen seine gesamten kombattanten Kräfte im Raum Székesfehérvar → Stuhlweißenburg konzentriert. Es waren nun auch – beinahe – alle nachziehenden Lehenstruppen eingetroffen. Achmed Pascha, der Osmanpaschasohn, der Beglerbegi von Anatolien, der 1691 bei der Verteidigung von Basra gefallen ist, Hasan Pascha der Kleine → Kücük, der als erster Großwürdenträger bei der Belagerung von Wien als Beglerbegi von Rumelien schon am 16. Juli 1683 fallen sollte, und Mustafa Pascha aus Mytilene, der Beglerbegi von Silistria, der in der Schlacht von Párkány in Kriegsgefangenschaft fiel, 1691 ausgelöst wurde und 1699 als Beglerbegi von Zypern verstarb, führten ihre Milizen und Provinztruppen dem Großwesir vor. Angekommen waren auch nach den Tataren die Hilfskontingente aus der Walachei und Moldau, und die Kopfzahl der Kriegsmänner wird meist mit 200 000 geschätzt (Klopp, S. 199; Toifel, S. 234; Peters, S. 71; Lorenz, S. 199 u.a.m. Eickhoff, S. 378, nimmt dagegen nur 150 000 am; Hummelberger in »Unser Heer«, S. 159, sogar nur 90 000). Es kommen dazu etwa 60 000 Mann des Heeresgefolges: Sklaven zur persönlichen Dienstleistung, Troßleute, Arbeitsdienste, Sklavenhändler, sonstige Wirtschaftstreibende. Hier sei grundsätzlich auf die Problematik der Zahlenangaben im und für das osmanische Kriegswesen verwiesen und auf den Umstand, daß zwar der Pascha von Budyn anwesend war, von seinen Kriegern aber 20 000 Mann allein im Grenzsicherungsdienst bei Giran verwendet wurden (und Karl von Lothringen dazu veranlaßt hatte, seinen Angriff nicht gegen Gran, sondern gegen Neuhäusel zu richten), daß Tökölys Kuruzzen - zeitweise waren 40 000 Mann um seine Feldzeichen geschart - ebenfalls großteils in Oberungarn bereits im Einsatz standen, und daß die Zahl der Tataren dem Serasker selbst nur sehr ungefähr bekannt gewesen ist; abendländische Autoren schätzen ihre Zahl zwischen 20 000 (Hummelberger, a.a.O.) und 50 000 Mann (Theuer, Verrat, S. 17), so daß rund 40 000 ein Mittelwert ist, der bei realistischer Schätzung angenommen werden darf.

Die osmanischen Vorhuten schoben sich nun nördlich des Plattensees nach Westen vor; ihr Befehlshaber war Kara Mechmed Pascha, der Gesandte von 1665, nun Beglerbegi von Diyarbekir, dem zu seinen Provinztruppen die des Deli Bekir Pascha von Aleppo unterstellt wurden. Vor ihnen fegten die windschnellen Aufklärungsabteilungen der Tataren durchs Land, weitum Furcht und Schrecken verbreitend, plündernd, brennend, mordend. Karl von Lothringen hatte die kaiserlichen Besatzungstruppen aus den festen Stützpunkten Veszprém, Pápa und Totis abgezogen und ihnen befohlen, sich in Eilmärschen ins Raabtal zurückzuziehen, worauf die in den Festungen zurückgelassenen ungarischen Truppen, die sich als Himmelfahrtskommando fühlten, schleunigst den Abfall von Leopold erklärten und Tököly huldigten. Tököly hatte überhaupt die Gelegenheit, im Hauptquartier bei Székesfehér-vár zahlreiche Huldigungen entgegenzunehmen: Alles Land ostwärts der Raab fiel ihm zu, alle Städte, alle Magnaten anerkannten ihn feierlich als Dux Hungariae. Unter diesen befand sich auch Graf Batthyany, der damit das ganze Zentrum des Grenzsicherungssystems preisgab. Er hatte schon, als seine Gesandtschaft zu Tököly unterwegs war, seinen Truppen jede aktive Kampfführung untersagt. Daher geschah es, daß eine der abziehenden kaiser-lichen Kolonnen bei Morichida von feindlichen Reitern angefallen und zer-sprengt wurde, ohne daß sie von der batthyanyschen Brückenwache unter-stützt worden wäre.

Militärisch war Batthyanys Unterwerfung faktisch bedeutungslos. Anders-lautende Meinungen gehen von der Annahme aus, daß es Batthyany möglich gewesen wäre, durch Zerstörung der – wenigen – Brücken und Verteidigung der Furten aus vorbereiteten Stellungen den osmanischen Vormarsch aufzu-halten oder entscheidend zu verzögern. Das aber trifft nicht zu; für die Tata-ren, die selbst die Donau mit ihren Pferden schwimmend zu übersetzen ver-mochten, war die Raab kein Hindernis, denn sie waren in der Lage, sie an jeder beliebigen Stelle mit 10.000, 15.000 und mehr Reitern ohne nennens-werten Zeitverlust zu überqueren. Batthyany aber konnte mit seinen 6.000 Mann das ganze, etwa 300km lange, unübersichtliche, teils mit Auwald bestandene Ufer nicht einmal beobachten, geschweige denn auch nur kurz-zeitig verteidigen. Moralisch ist die Frage nicht so einfach und eindeutig zu lösen; reduziert man sie aber auf die Alternative, vor die Batthyany gestellt war, nämlich durch sinnloses Herumschießen (denn mehr konnte ein Wider-stand nicht sein) zigtausende Landesbewohner schutzlos dem Wüten des im Kampf unerhört brutalen islamischen Kriegsvolks zu überantworten, oder dieser Bevölkerung durch Anerkennung Tökölys den Status von unter dem Schutz des Großherrn stehenden Verbündeten zu verschaffen, kann an der moralischen Rechtfertigung von Batthyanys Huldigung nicht gezweifelt wer-den.

Ende Juni – vermutlich am 27. – überraschte Kara Mustafa Pascha die in Székesfehérvár versammelten Großwürdenträger mit dem Vorschlag, den Krieg über die Grenzen Ungarns zu tragen und den »Goldenen Apfel der Deutschen« dem Reiche des Großherrn einzuverleiben. Die Offensive sei kein neuer Krieg, sondern nur die konsequente Führung des Krieges, in dem man sich bereits befinde und den der Kaiser durch den Einfall seiner deut-schen Armee in das Gebiet des Osmanischen Reiches bereits eröffnet habe. Und eröffnet unter krassem Bruch des zwischenstaatlichen Rechts zu einem Zeitpunkt, als man mit seinem Gesandten noch über die Verlängerung des Friedensvertrages von Vasvár verhandelte.

Die Teilnehmer an der Lagebesprechung, in welcher der Großwesir den Vorschlag vortrug, um einen zustimmenden Beschluß zu erhalten (der aber an sich nicht notwendig war, denn er konnte den Angriffsbefehl auch aus eigener Machtvollkommenheit erteilen) waren zum Teil seiner Meinung, zum Teil anderer. Zum Wortführer der Opposition machte sich Arnaut Ibrahim Pascha Koca → der Alte. Er bezeichnete die Eroberung von Raab → Györ → Yanik und die Umwandlung der starken kaiserlichen Festung in eine gesicherte Basis als unerläßlich für einen Vorstoß auf Wien. Es kam zu einer längeren, mit zunehmender Erbitterung geführten Debatte, in der Kara Mustafa die höhere Autorität, der Statthalter von Budyn aber die besseren Argumente hatte, und die der Serasker damit beendete, daß er Ibrahim einen alten Esel, ja einen vertrottelten Greis schalt. Das bewog den Beglerbegi von Damaskus, den Abaza Hüseyin Pascha Sari → der Gelbe sich scharf gegen Kara Mustafa zu wenden. Es sei ein guter Rat gewesen, den Ibrahim Pascha erteilte, rief er empört, und der Großwesir habe kein Recht, ihn derart zu beleidigen, zumal Ibrahim vor allem als Wesir nicht nur berechtigt, sondern verpflichtet sei, seine Bedenken vorzutragen. Unmittelbar danach beendete Kara Mustafa, anscheinend ohne eine Abstimmung durchzuführen, die Lagebesprechung und erteilte den Befehl, am 28. Juni auf Raab vorzustoßen. Dieser Befehl entsprach durchaus dem in Esseg bekanntgegebenen Kriegsziel, das die Vertreibung der Truppen des Kaisers aus Habsburgisch-Ungarn und die Übergabe des ganzen Königreiches an den »Kuruzzenkönig« umfaßte. An der befohlenen Marschordnung wurde eine beachtliche Neuerung vorgenommen: Die Janitscharen hatten die Vorhut zu stellen. Ob das schwer passierbare Waldland des Bakonyerwaldes der Grund für die außerordentliche Maßnahme war, oder ob die Masse der Leichten Reiterei den Vorhuttruppen Kara Mechmeds nachgesandt wurde, die zwischen Sarvar und Körmend über die Raab vorstießen, ist unbekannt.

Karl von Lothringen hatte indessen mit der Feldarmee – nach erneutem Übersetzen über die Donau – bei Raab Stellung bezogen. Nicht er, aber der Kaiserhof wähnte, daß die nunmehr eingenommene und durch Feldbefestigungen verstärkte Position weder zu durchbrechen noch zu umgehen wäre und erwartete eine zweite siegreiche Abwehrschlacht nach dem Muster jener von Mogersdorf, in welcher letztlich ja auch den Osmanen der Raabübergang verwehrt wurde. Karl aber wußte, daß es dazu nicht kommen werde: Batthyany konnte südlich von Raab die Flußübersetzung nicht verhindern (der Lothringer erfuhr von Batthyanys Übertritt zu Tököly erst nachträglich), und das kaiserliche Heer war durch die strapaziösen Märsche ermüdet, über Gebühr derangiert und wegen der Abfuhr vor Neuhäusel entmutigt. Der Feldherr hatte, wenn der Feind die Raab außerhalb seiner Reichweite überwand, genau zwei Möglichkeiten; er konnte
– um Raab, gestützt auf Festung und Feldstellungen, einen übergroßen, zur Rundumverteidigung eingerichteten Stützpunkt bilden (einen Kessel, um in der Terminologie des Zweiten Weltkrieges zu sprechen), der zwar beliebig umgangen werden konnte, keinerlei unzerstörte Verbindungslinien hatte, aber auch gegen starke Feindkräfte zu halten war oder

- versuchen, die Feldarmee aus der drohenden Umklammerung zu lösen, um sie zurückzuführen und zum Schutz der Erblande zu verwenden, was im unseligen kaiserlichen Handschreiben vom 9. Mai letztendlich nebst vielem anderen auch befohlen worden war.

Der Montecuccolischüler und Mogersdorfveteran Karl von Lothringen stümperte nicht an einem Plan der Wiederholung der Schlacht von 1664, sondern entschloß sich für die zweite Möglichkeit. Und er realisierte sie konsequent und virtuos; er

- verstärkte die Festungsbesatzung von Raab (bisher etwa 1800 Mann) durch Teile der Infanterieregimenter Baden, la Grana und Strassoldo auf rund 7000 Mann, sorgte für hinreichende Ausstattung an Verpflegung und Munition, die ihm indessen nachgeführt worden war und nun großteils in die Festung gelangte, wobei zu bemerken ist, daß die Festungsartillerie über 40 meist großkalibrige Geschütze verfügte;
- bildete aus den restlichen Infanterieverbänden, der Feldartillerie und den Trossen eine relativ unbewegliche Heeresabteilung, übertrug General Walter Graf Leslie, dem kaiserlichen Sonderbotschafter von 1665, das Kommando und befahl ihm, auf der Großen Schüttinsel[7] Bereitstellung zu beziehen, im Zentralraum des von den Festungen Preßburg, Komorn und Raab gebildeten Dreiecks;
- sicherte mit der Kavallerie, zu der vor Raab nun endlich das Dragonerregiment, das Obrist Ludwig Prinz von Savoyen befehligte, gestoßen war, den Abzug Leslies und bezog sodann eine Warteposition bei Ungarisch-Altenburg → Magyaróvár.

Diese Maßnahmen und Bewegungen wurden am 2. und 3. Juli vollzogen, als
- das Gros des osmanischen Heeres eben den Raum gegenüber Raab in Besitz nahm und
- die südlich von Raab übergesetzten Kavallerieverbände das Land zwischen Raab und Rabnitz → Rábca, ohne auf Widerstand zu stoßen, durchstreiften und eben im Begriff waren, in nördlicher Richtung weiter vorzustoßen.

Die Piyaden und die moldauischen Hilfstruppen hatten bereits mehrere Brücken über die Raab geschlagen, der Fluß war damit auch für Artillerie und Trosse an mehreren Stellen frei passierbar.

Am 7. Juli kam es bei Petronell, als ein tatarischer Reiterschwarm die vorweggeschickten Trosse der kaiserlichen Reiterei anfiel, zu einem blutigen Treffen, das beinahe zur Vernichtung von Karls mobilem Korps führte. Der Angriff muß die Kaiserlichen sehr überraschend getroffen haben; es blieb dem Herzog, der sich mit dem Degen in er Hand in das Gefecht warf, nicht einmal die Zeit, den Harnisch anzulegen, so daß er in Reisekleidung am Nahkampf teilnahm. Nicht minder beherzt zeigte sich Ludwig Markgraf von Baden, wie überhaupt der persönliche Einsatz der Generäle und sonstigen Offiziere das Treffen entschied: Die Masse der Reiter versuchte in panischer Angst zu entwischen, und die Offiziere stellten sich den Fliehenden mit der blanken Waffe entgegen, um sie zum Kampf zu zwingen. Der Prinz von Savoyen erlitt dabei die Verletzungen, denen er nach ein paar Tagen in Wien erlag; er wurde überritten und stürzte mit seinem Roß so unglücklich, daß ihm entweder der eigene Sattel oder ein böser Hufschlag die Rippen zersplitterte. Zwei weitere Angehörige er Hocharistokratie gehörten zu den etwa 300 Gefallenen: Rittmeister Prinz Aremberg und der Herzog von Aerschot, der als Volontär, wie man die Lehrlinge des Kriegshandwerks aus fürstlichen Familien nannte, unter den Fahnen des Kaisers diente.

Am frühen Morgen des Tages hatte Karl von Lothringen seinem kaiserlichen Schwager zwei hochrangige Kurieroffiziere mit dem Bericht von der aktuellen Lage geschickt, General Aeneas Graf Caprara und Obrist Fürst Montecuccoli, den Sohn des großen Raimund, und er sandte ihnen nach diesem Treffen noch Obristleutnant Graf Auersperg nach, der den allerletzten Stand bekanntzugeben hatte.

In Wien gab es seit einigen Tagen aufkommende Panikstimmung. In der Bürgerschaft kursierten wilde Gerüchte über die Lage an der Front, es kam zu Ausschreitungen gegen den Klerus, dessen religiöser Intoleranz man die Schuld am Krieg mit den Osmanen und die Gefahr, in der man schwebte, zuschob. Am 5. Juli hatte eine aufgeregte Volksmenge das Palais des Bischofs Emmerich Sinelius förmlich belagert und die Fenster eingeschlagen, am 6. Juli hatten eine Massenflucht der vermögenden Bewohner der Kaiserstadt eingesetzt, und es wurden »die Tore der Stadt nicht mehr frei von den Wagen der Flüchtigen, und es fehlte zuletzt an Fuhrwerken jeder Art, obgleich fabelhafte Preise für die Beförderung angeboten wurden« (Toifel, S. 269).

Da Graf Auersperg dem Kaiser auch die Botschaft überbrachte, daß sein Schwager mit der Kavallerie schon am nächsten Tag in Wien erscheinen werde, er auch Leslie befohlen habe, ohne Verzug auf das nördliche Ufer überzusetzen und in Eilmärschen auf Wien zurückzugehen, entschloß sich dieser, den Hof stromaufwärts aus dem unmittelbaren Gefahrenbereich zu verlegen. Diese Maßnahme löste viel Kritik aus und setzte den Kaiser sogar dem Vorwurf persönlicher Feigheit aus, der aber wohl ungerechtfertigt ist.

Leopold übertrug die Regierungsgewalt in Wien einer neugeschaffenen Behörde, dem Geheimen Deputierten Collegium, dessen Vorsitz er dem alten, aber sehr energischen Grafen Kaplir[8], dem Stellvertretenden Präsidenten des Hofkriegsrates, übertrug. Es gab vier Mitglieder des Collegiums, unter denen sich auch Ernst Rüdiger Graf Starhemberg, der Stadtkommandant, befand, der allerdings bei den Fronttruppen Dienst getan hatte und noch nicht nach Wien gelangt war.

Die Verlegung des Hofes löste nach der Fluchtbewegung der Bürger auch die der Adelsfamilien aus; in langen Kolonnen verließ alles, was immer da konnte, die gefährdete Stadt. Die Stimmung der zurückbleibenden Bevölkerung hatte an Aggressivität zugenommen, und die kaiserlichen Hofequipagen mußten unter dem Schutz einer starken Eskorte der Stadtguardia durch das Neutor über die Schlagbrücke auf das linke Donauufer geleitet werden.

Mehrfach mußte die verstopfte Straße gewaltsam geräumt werden, und zweimal bat der kommandierende Offizier den Kaiser, den Waffengebrauch gegen die aufgebrachte Menge zu gestatten, was allerdings verweigert wurde.

Trotz der Massenflucht der Wiener nahm die Stadtbevölkerung zu: Das Landvolk des ganzen bedrohten Raumes drängte sich schutzsuchend hinter die mächtigen Fortifikationen: es brachte seine gesamte bewegliche Habe mit, um sie vor dem beutegierigen Feind zu retten. Vor allem das eingebrachte Vieh schuf große Probleme hinsichtlich Unterbringung und Futterversorgung, trug andererseits aber doch entscheidend zur Bildung jener Lebensmittelvorräte bei, die angesichts der bevorstehenden Belagerung unerläßlich waren.

Die Stadtverwaltung stand unter dem tüchtigen und besonnenen Bürgermeister Johann Andreas von Liebenberg[9], dessen vordringlichste Aufgabe nun die Aufbietung der Bürgermiliz war, die für die Stadtverteidigung zur Verfügung gestellt werden mußte. Der Bürgerwehr kam entscheidende Bedeutung zu, denn am 7. Juli gab es in der Stadt nur 1000 Mann des Infanterieregiments Kaiserstein unter Obristleutnant Schenk, die auf dem Weg zum Kriegsschauplatz Ungarn Wien passieren wollten und durch Befehl des Hofkriegsrates der Stadtverteidigung eingegliedert wurden, und (nach Abzug des für den Transport des Hofes verwendeten Sonderkommandos) etwa 1000 Mann der Stadtguardia. Bei der Bürgermiliz ist zwischen jenen Kompanien zu unterscheiden, die aus den Bürgern je nach Stadtviertel als ständige Selbstschutzeinrichtungen gebildet waren, eine wenngleich summarische militärische Ausbildung erhalten hatten und die Kompanieangehörigen sowie ihre vermutlich gewählten Offiziere — je Kompanie ein Hauptmann, ein Leutnant und ein Fähnrich — kannten, und jenen Kompanien, die aus nur vorübergehend in Wien anwesenden Handwerksgesellen ad hoc zusammengestellt und von ernannten Berufsoffizieren geführt wurden. Es gab acht Stadtviertel und folglich acht Kompanien erster Art mit einem Sollstand von 1821 Mann; sie waren sofort im Ordnungsdienst und als Wachen verwendbar und mit gewissen Vorbehalten auch zur Verteidigung fester Anlagen geeignet. Die vier Gesellenkompanien in einer Gesamtstärke von 1047 Mann mußten erst ausgebildet werden, sie waren daher vorerst nicht einsetzbar.

Ähnlich wie mit den Gesellenkompanien stand es mit dem Regiment, das Obrist Maximilian Graf Trautmannsdorf aus den etwa 1000 Mann der zurückgelassenen Hofdienste bildete und in vier Kompanien gliederte, die ebenfalls erst einer militärischen Ausbildung unterzogen werden mußten. Aus dem Personal der kaiserlichen Hofjagdverwaltung und verfügbarem Jagdpersonal des hohen Adels stellte Freiherr von Kielmannsegg eine Jägerkompanie zusammen, die 300 Mann umfassen sollte, für die aber nur 100 geeignete Leute in Wien vorhanden waren. Diese 100 Mann aber waren durch ihre Geschicklichkeit im Umgang mit Waffen und ihren Wagemut die Elite aller Bürgersoldaten.

Das Studentenregiment, das aus Angehörigen der Universität gebildet wurde, stand nach einer gewissen Gewöhnungszeit der Jägerkompanie nicht viel nach. Obrist war der Rektor magnificus Lorenz Grüner, Obristleutnant Professor Ferdinand von Wels, Obristwachtmeister Professor Paul de Sorbait, der sich einige Jahre zuvor als Bekämpfer der Pest einen großen Namen gemacht hatte. Der Regimentsstab setzte sich aus drei Doktores, deren einer die Regimentsfahne führte, der zweite der Regiments-Schultheiß und der dritte der Regiments-Sekretär war, zusammen. Das Regiment bestand aus drei Kompanien, zwei wurden von Doktores, eine von einem Ingenieur geführt. Die Herren Studiosi – rauflustig, leichtsinnig und undiszipliniert – bildeten die Mannschaft. Das Regiment in eine übergeordnete Organisation einzubinden und zum Einsatz zu bringen war sicherlich problematisch, da es den meisten »Professorenoffizieren« sowohl an militärischer Ausbildung als an kombattanter Erfahrung mangelte; hervorzuheben ist jedoch die Haltung der Intellektuellen jener Zeit, ihr Wille zur Selbstbehauptung um den Preis des Einsatzes von Kriegswaffen und der damit verbundenen Gefahren – und der Elan, den Professoren und Studenten in den folgenden Kämpfen an den Tag legten.

Nun stellte auch die Gilde der Kaufleute eine 250 Mann starke Kompanie auf, zu deren Hauptmann ein Geldwechsler gewählt wurde, der aber die militärische Führung und Ausbildung einem – aus der Kompaniekasse besoldeten – ehemaligen Berufsoffizier übertrug. Eifrige Bürger bemühten sich auch um die Aufstellung von Freikompanien, waren damit aber ohne Erfolg, weil der Dienst in diesen unentgeltlich war; wer dienstfähig und dienstwillig war, ließ sich lieber in die nun langsam eintrudelnden Regimenter der besoldeten kaiserlichen Armee aufnehmen, die ohnehin durch die Ereignisse in Ungarn namhafte Fehlbestände und an der Komplettierung ein sehr prekäres Interesse hatten.

Mit dem Sold für die Truppen gab es übrigens besondere Schwierigkeiten. Die Milizen bekamen, soweit überhaupt, ihr Geld aus der Stadtkasse oder von den Institutionen, die sie aufgestellt hatten – die kaiserliche Armee aber war aus der kaiserlichen Kriegskasse zu besolden. Im Trubel des Aufbruchs hatte der Hof die gesamten Geldmittel mitgenommen. Es hatte niemand daran gedacht, dem Geheimen Deputierten Collegium hinreichende Beträge zu hinterlassen, um die Besoldung der Truppen über mehrere Monate sicherzustellen. Das war gefährlich, denn die Regimenter bestanden aus angeworbenen Söldnern, die ihren Lebensunterhalt aus den Soldzahlungen deckten und auf halbwegs regelmäßige Soldzahlungen angewiesen waren, und nicht nur aus den Ereignissen in Siebenbürgen, sondern auch in Wien anläßlich der Belagerung von 1529 kann man ermessen, welche Folgen Nichtzahlungen oder Minderzahlungen im Regelfall hatten. Das Bemühen, die Soldzahlungen genau und pünktlich zu leisten, drohte am Kassenstand zu scheitern, als Leopold Graf Kollonitsch, der Bischof von Wiener Neustadt, als ranghöchstes in der Stadt verbliebenes Mitglied des Klerus den Kirchenschatz des Erzbistums

Gran → Esztergom, der nach Wien verlagert und bei der überstürzten Flucht des Erzbischofs zurückgelassen worden war, beschlagnahmte und der Heeresbesoldungsstelle (gleichgültig, welche Bezeichnung sie auch führte) überließ. Kollonitsch war ein Jugendfreund des Kaisers; er war später dem Malteser Ritterorden beigetreten, hatte an den Kämpfen um Kreta teilgenommen, verfügte über eine entsprechende Kriegserfahrung und organisierte, der ursprünglichen Zielsetzung des Ordens der Ritter des Heiligen Johannes getreu, im bedrohten Wien einen umfassenden sozialen Hilfsdienst, der sowohl für die Pflege der Verwundeten und Kranken entscheidende Leistungen erbrachte als sich auch der mittellosen Flüchtlinge, vor allem der elternlosen Kinder annahm. Wegen der Beschlagnahme des ungarischen Kirchenschatzes kam es nach Belagerungsende zu erbitterten Streitigkeiten zwischen den Oberhirten, da Szelepcseny dem Malteserritter die Eigenmacht gewaltig ankreidete.

In der Nacht vom 7. auf 8. Juli 1683 traf General-Feldzeugmeister Ernst Graf Starhemberg, der etwa ein halbes Jahr zuvor zum Befehlshaber der Stadtverteidigung ernannt worden war, in Wien ein und übernahm in den frühen Morgenstunden effektiv das Kommando. Er meldete sich bei Kaplir, bat dann den Bürgermeister zu sich und versuchte, einen Überblick über die Lage zu gewinnen. Im Laufe des Tages erschien Karl von Lothringen mit seiner Reiterei, der das Betreten der Stadt verboten wurde, weil man die Kontaktaufnahme zwischen der ohnehin aufgeregten und demgemäß unzuverlässigen Bewohnerschaft – Bürgern und Flüchtlingen – und der durch erfolglose und verlustreiche Rückzugsgefechte demoralisierten Truppe vermeiden wollte. Die Regimenter, die aus einiger Entfernung aber einen immer noch stattlichen Anblick boten, zogen an den Fortifikationen vorbei und schlugen in der Taborau ihr Lager auf; es waren noch rund 10 000 Mann, und ihr Erscheinen trug zur Beruhigung der Bevölkerung wesentlich bei.

Starhemberg befand noch am selben Tag, daß die – erst im Vorjahr fertiggestellten – modernen Befestigungsanlagen durch Anlage von meist palisadengestützten Erdschanzen verstärkt werden mußten und erwirkte beim Inneren Rat (Stadtsenat) die Festsetzung der »Arbeitsdienstpflicht«, wobei von jedem Haus ständig ein Mann beim Schanzenbau beschäftigt sein mußte. Dieser Verpflichtung wurden auch die Angehörigen des Klerus unterworfen, die sich jedoch durch Stellung eines Ersatzmannes von der persönlichen Dienstleistung befreien konnten. In der Verordnung wurde den Lohnfuhrwerkern untersagt, für andere als militärische Zwecke Fuhren zu unternehmen.

Gegen Abend diese Tages trafen auch die ersten Regimenter der »Heeresgruppe« Leslie ein: Starhembergs eigenes und das Regiment Scherffenberg. Leslie hatte sie der Masse seiner langsamen Truppen vorausgeschickt und meldete, daß er erst am nächsten oder übernächsten Tag im Festungsbereich eintreffen werde, was auch geschah.

Die folgende Tage verbesserten die Lage in Wien entscheidend; es wurden nicht nur weitere Infanterieregimenter und einige Kürassierschwadronen zugeführt, wodurch sich die Zahlenstärke der kaiserlichen Truppen auf 10 600 Infanteristen und 600 Kürassiere erhöhte, sondern es wurde auch der Geschützpark der Gruppe Leslie beinahe zur Gänze den Verteidigungskräften übergeben, so daß die Festungsartillerie nun über insgesamt 302 Geschütze unterschiedlichen, großteils aber schweren Kalibers verfügte. Aus Krems wurde noch 1000 Zentner Pulver per Schiffstransport nach Wien gebracht, und ebenfalls auf dem Wasserweg kam aus Steyr ein großer Posten Munition: 1000 Kugeln für die »Halbkartaunen«, die damals die moderne Form der schweren Geschütze darstellten und vierundzwanzigpfündige Geschoße verfeuerten. Transportleiter war Georg Schinnerer, der Bürgermeister von Steyr, der die Ladung am 11. Juli in die bedrohte Stadt brachte und diese am nächsten Tag wieder verließ.

Während Einwohnerschaft und Stadtbesatzung durch die Erhöhung der Truppenzahl, die zugeführten Artilleriekräfte und die nachgeschobenen Kriegsmaterialien wieder *etwas* Vertrauen in die Zukunft gewannen, stand Starhemberg vor einer schweren Entscheidung: dem Befehl zum Niederreißen der Vorstädte. Er schob ihn von Tag zu Tag hinaus, vor allem weil ihm nicht in letzter, einen Befehl dieser Tragweite rechtfertigender Klarheit erkennbar war, ob Kara Mustafa seine große, prachtvolle Armee, die durch ihre gewaltigen Reitermassen für den Bewegungskrieg geschaffen, ja geradezu maßgeschneidert war, in der Tat in einen feuerwaffenbeherrschten, technikbestimmten Belagerungskampf gegen eine der größten und modernsten Festungen des Abendlandes führen werde. Militärisch gesehen wäre es richtiger gewesen, die Stadt in größerer Entfernung einzuschließen und den Großteil des Fürstentums unter der Enns entweder auszuplündern und völlig zu verwüsten oder zur ständigen Inbesitznahme mit osmanischen Stützpunkten zu überziehen, gegen welche Art der Kriegführung im Augenblick wirksame Maßnahmen nicht durchgeführt werden konnten.

Am 12. Juli ankommende Meldungen ließen jedoch keinen Zweifel, daß sich das Massenheer der Osmanen nicht verteilte, sondern gegen Wien bewegte, und Starhemberg befahl, die Vorstädte am 13. Juli zu evakuieren und zu zerstören. Und in den Vollzug des Befehls, der aus verständlicher Ursache mit viel Turbulenz und Gelärm, und wegen der Flüchtlingstrecks, die noch immer Schutz in der Hauptstadt suchten und die Straßen kaum passierbar machten, auch mit einem großen Zeitaufwand verbunden war, platzte der Großwesir persönlich, der mit einer außerordentlich starken Vorausabteilung von 10 000 Reitern vom Lager bei Schwechat aufgebrochen war, um die Festung Wien in Augenschein zu nehmen und den Ansatz der Truppen für die Belagerung zu planen. Das Erscheinen der gefürchteten Osmanen löste eine Panik unter den Flüchtlingen aus, die auf die mit der Demolierung der Vorstädte befaßten Truppen übergriff; alles rannte, fuhr, ritt, brüllte durcheinander, die Straßen und Wege waren im Handumdrehen verstopft, die Toreinfahrten blockiert, das Chaos brach aus.

Der in der Lagebesprechung von Székesfehérvár erstmals vor den Großwürdenträgern des Osmanischen Reiches formulierte Wunsch Kara Mustafas, das Heer des Beherrschers der Rechtgläubigen und der ihm heerfolgepflichtigen christlichen Tributärfürsten zur Eroberung des »Goldenen Apfels« der Deutschen zu verwenden, wurde zum Entschluß, als sein Erscheinen vor Raab ausreichte, um das Heer der Giauren zum Abzug aus Ungarn zu veranlassen. Dazu kam sein grundsätzliches - und falsches - Bild von den Befestigungsanlagen und der darauf beruhenden Abwehrkraft des Goldenen Apfels: Selbst die in seinem Heere mitgeführten leichten und mittelschweren Geschütze reichten aus, um in kürzester Zeit, in zwei, drei, höchstens vier Wochen den Erfolg zu erzwingen, wogegen die Hilfe der mit dem ungläubigen Kaiser verbündeten Giauren zumindest die doppelte Zeit benötigte, um wirksam werden zu können.

Vermutlich am 5. Juli, nachdem die Kavallerieverbände Kara Mechmed Paschas auf ihrem Weg nach Norden den Raum der Festung Raab erreicht hatten und hier in Tuchfühlung mit dem Gros zur Ruhe übergegangen waren, erließ er den Grundsatzbefehl für die Weiterführung der Operation mit dem Schwergewicht Angriff auf Wien, der zwar nicht erhalten geblieben, aber aus den nun durchgeführten Bewegungen erkennbar ist:

I. *Armee stößt mit Masse* zwischen Neusiedlersee und Donau auf Wien vor, Marschweg
   - Ungarisch-Altenburg
   - Gattendorf
   - Wildungsmauer
   - Schwechat
   - Wien.

II. *Vorhut,* bestehend aus den Provinztruppen von
   - Diyarbekir unter Kara Mechmed Pascha,
   - Haleb unter Deli Bekir Pascha und
   - dem Kontingent der Tataren unter Khan Murad Ghirey
   klärt bis in den Festungsbereich Wien auf;
   wirft feindliche Nachttruppen aus dem Raum beiderseits des Marschweges; nimmt
   - Hainburg,
   - Bruck a.d. Leitha und
   - Eisenstadt und
   sichert Bewegungen der Hauptkräfte.

III. *Nachttruppen,* bestehend aus den Provinztruppen von
   - Magyaristan unter Arnaut Ibrahim Pascha
   - Silistria unter Mustafa Pascha und
   - unterstellten Teilen des Janitscharenkorps und der Reichsartillerie
   halten die bereits vollzogene Einschließung von Raab aufrecht, sichern Verbindungsstraße nach Wien, überwachen und regeln Verkehr über die Raabbrücken und bilden Armeereserve.

IV. *Detachiertes Reiterkorps,* bestehend aus den Levends und Lehenstruppen von
- Egri → Erlau → Eger unter Abaza Hüseyin Pascha Kör → der Einäugige
- Varat Kalesi → Großwardein, → Nagy Varad unter Gürcü → der Georgier Mechmed Pascha Mogrulzade

setzt bei Giran über die Donau, nimmt Verbindung zu den Truppen des Kuruzzenkönigs auf, unterstützt deren Kampfführung und rückt mit diesen auf dem linken Donauufer bis auf die Höhe Wiens vor.

Befehlshaber der selbständig operierenden Heeresteile waren der jeweils zuerst genannte Großwürdenträger; Hüseyin Pascha wurde auf Zusammenarbeit mit dem Kuruzzenkönig angewiesen, der die Operation nördlich der Donau geleitet haben dürfte.

Der Einsatzbeginn der Vorhut war für die Tataren sofort, für die Truppen aus Diyarbekir und Aleppo der 6. Juli. Am 7. Juli bezogen die Nachtruppen die Positionen für die Einschließung von Raab, und die für den Einsatz nördlich der Donau bestimmten Verbände rückten ab, am 8. Juli begann das Gros den Vormarsch zum »Goldenen Apfel«.

Schon am 6. Juli ergab sich für Herzog Karl folgende Lageentwicklung:
- vermehrte Aktivitäten berittener feindlicher Kampfgruppen im Raum zwischen Neusiedlersee und Leitha mit Abfall der festen Plätze Ödenburg → Sopron, Eisenstadt → Kissmarton und Bruck a.d. Leitha → Kiralyhida;
- Herstellung der Marschbereitschaft der Masse der bei Raab versammelten Feindkräfte;
- Massenflucht der Landbevölkerung aus dem österreichischen Grenzraum in Richtung Wien.

Am 7. kam es zu dem schon erwähnten Treffen bei Petronell; das Gros der Osmanen machte sich an diesem Tage marschbereit, der Vormarsch wurde am 8. angetreten. Am 10. Juli wurde bei Ungarisch-Altenburg die Donau erreicht; die kleine, veraltete Festung war schon am Tage vorher von den Voraustruppen genommen und niedergebrannt worden. Am 11. Juni zog die Armee nach Gattendorf → Gáta; an diesem Tage berannten die Voraustruppen, die die Grenze des Heiligen Römischen Reiches überschritten hatten, die Grenzstadt Hainburg, die sich energisch verteidigte. Kara Mechmed Pascha ersuchte um Überlassung einiger Geschütze, und es wurden sogleich zwei Kolumbrinen in Marsch gesetzt, doch ehe diese den Kampfraum erreichten, war Hainburg im Sturm genommen worden. Die kaiserlichen Garnison war schon einige Tage vorher abgezogen, Widerstand hatte nur die Bürgermiliz geleistet. Die Bewohner Hainburgs wurden ausnahmslos erschlagen, die Häuser niedergebrannt, die Festungsanlagen – soweit es in der Eile ging – geschleift.

Am 12. Juli überschritt das Gros die Reichsgrenze und lagerte bei Wildungsmauer. Die Tataren streiften an diesem Tage bis ins Vorfeld von Wien, und am Abend erschienen Kuriere des Khans und brachten vier gefangene Giauren, die am Rand einer Vorstadt aufgegriffen worden waren. Der Zeremonienmeister der Hohen Pforte, der vermutlich Achmed hieß und zu dessen Pflichten die Führung des Zeremonientagebuchs gehörte, in welches er auch Geschehnisse einzutragen pflegte, die über das Protokoll der Zeremonien herausgegriffen, und der – wenngleich zum großherrlichen Hofstaat gehörig – mit dem Serasker in den Krieg gezogen war (was ein Hinweis dafür sein kann, daß der Großherr den Entschluß, am Feldzug nicht teilzunehmen, erst in Belgrad faßte), vertraute seinen Aufzeichnungen seine Stimmung, die wie immer der Stimmung im Hauptquartier entsprach, an:

»Preis sei Allah dem Allerhabenen – immer neue Anzeichen des Sieges zeigen sich nun, und die Niederlage und Vernichtung der Glaubensfeinde ist deutlich und klar geworden wie der helle Tag!«

Am nächsten Tag erreichte der Großwesir schon am Vormittag den Raum Schwechat, der als nächster Lagerplatz vorgesehen war. Der Befehlshaber der Voraustruppen, Kara Mechmed Pascha, meldete ihm die letzten Aufklärungsergebnisse, die das Bild einer weitgehenden Auflösung der kaiserlichen Armee ergaben, und mit deren Nachhuten man mehrfach Gefechtsberührung gehabt hatte, wobei die Giauren meist sogleich geflohen waren. Die Räumung des Landes um Wien sei noch nicht vollzogen, und die Straßen quollen über von Flüchtlingstrecks und vereinzelten Trossen der Armee, die sich verspätet hatten.

Nun ließ Kara Mustafa Pascha die Gardekavallerieregimenter, seine albanische Leibwache und die Lehensreiterei einiger Provinzen aufsitzen, zusammen 10 000 Mann, und ritt mit diesen nach nur halbstündigem Aufenthalt im Lager in Richtung Wien, um den »Goldenen Apfel« zu besichtigen. Vermutlich von der Höhe des Laaerbergs aus gewann er den gewünschten Überblick; er sah die Vorstädte, die eben verwüstet wurden, sah die Soldaten, die das Zerstörungswerk durchführten, sah die Bewohner der Häuser, die sich bemühten, ihre Habe zu retten, sah die Bauern, die mit ihren Karren die Straßen hoffnungslos verstopften – und sah dahinter die hochaufragenden, massiven Festungsanlagen, die ihm doch wesentlich anders erschienen als in Kara Mechmeds Bericht von seiner Gesandtschaft. Er erteilte seinen Reitern, die kampfeifrig um ihn hielten, mit den Waffen rasselten, scheinbar ihre Rosse, in Wahrheit aber ihren Angriffsgeist kaum zügeln konnten, nicht etwa den Befehl, sondern vielmehr die Erlaubnis, die Menschenmasse anzufallen und die Vorstädte zu säubern, verbot aber den Angriff auf Wien. Und die Schwadronen brausten los, sprengten in die Straßen, die Gärten, die Trecks und Kolonnen. Panik brach aus, und selbst der besonnene und tapfere Feldmarschall-Leutnant Ludwig von Baden, der sich bei den angefallenen Truppen befand, dachte nur daran, diese zu retten, ohne einen Gedanken daran zu verschwenden, energischen Widerstand zu organisieren.

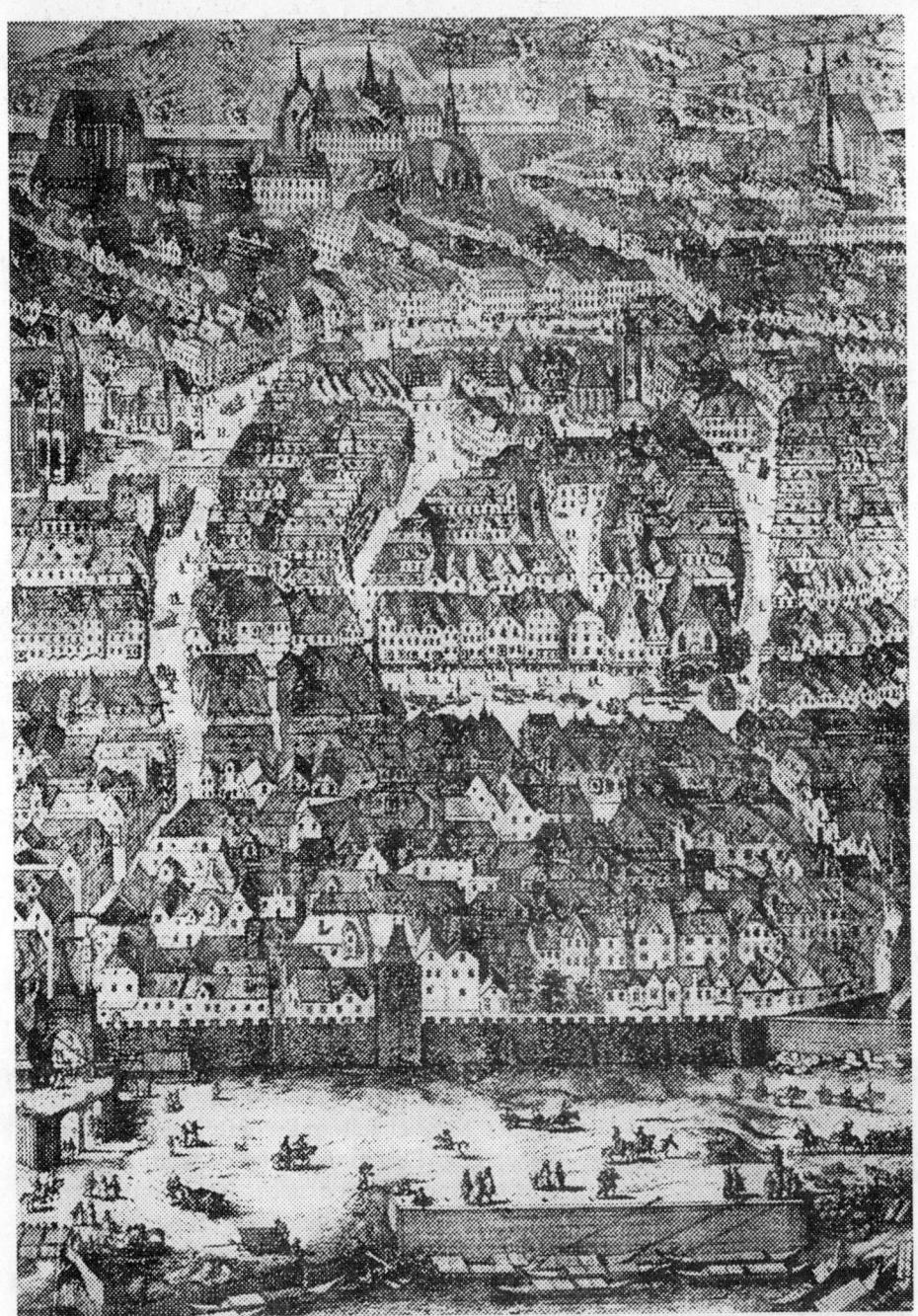

So etwa sah Kara Mechmed Pascha 1665 die Festungsanlagen Wiens.

Quelle: Richard Berger: Straßen, Türme und Stationen. Franz Deulike, Wien 1991.

Der Straßenkampf im unmittelbaren Vorfeld der Stadt, in der es den Osmanen nur darum ging, soviele Giauren als möglich zu töten, und diesen, sich in die nächsten Tore der Festung zu retten, hat ungefähr eine Stunde gedauert. 800 Giauren wurden erschlagen, und die Reiter kehrten mit 150 den Getöteten abgeschlagenen Köpfen und 50 Gefangenen zum Großwesir zurück, der die tapferen Glaubenskrieger huldvoll belohnte.

Es war eine Stunde, in der sich das Geschick von Welten entschied. Es war eine Stunde, in der Wien, der Goldene Apfel der Deutschen, wehrlos dem Zugriff des Seraskers preisgegeben war. Es war eine Stunde wie jene, in welcher ein gelangweilter Subalternoffizier der Janitscharen entdeckte, daß die Kerka Porta in den Stadtmauern Konstantinopels unverteidigt und unversperrt war. Es war eine Stunde, in der Kara Mustafa Pascha Krieg und Kopf und Nachruhm verlor, denn nach dieser Stunde hatte er, militärisch gesehen, überhaupt keine Chance, mit seiner prachtvollen Armee die Festung Wien zu bezwingen. In dieser einen Stunde aber hätte ein Handstreich, ein Überfall, ein improvisierter Angriff aus der Bewegung oder wie immer man die Aktion auch benennen will, einen vollen Erfolg gebracht: Die Inbesitznahme eines Tores durch seine Gardereiter, die gleichzeitig mit den zurückweichenden Demolierungskommandos und den fliehenden Zivilisten den Torbogen erreicht hätten, wäre durch die verwirrte, mutlose, führerlose Torwache überhaupt nicht zu verhindern gewesen.

Aber er, Kara Mustafa Pascha, Großwesir Sultan Mechmeds IV., des Beherrschers der Rechtgläubigen, versäumte diese Stunde, die sein Kismet ihm geschenkt. Er wich vom rechten Wege, dem Wege jener, die Allahs Gunst sich erfreuen, und folgte dem Pfad jener, die in die Irre gehen. Und so war er verloren, verloren wie das Heer, das er in einen Krieg führte, für den es nicht geschaffen, nicht bewaffnet und nicht ausgebildet war und in dem es unterliegen mußte.

Auf dem Rückweg ins Lager bei Schwechat suchte er das »Neugebäude«, das kaiserliche Lustschloß zwischen Wien und Schwechat auf, das im Weltbild der Osmanen nach dem Muster der 1529 zurückgelassenen Zeltburg Sultan Solimans erbaut und zuletzt von Ewliya Tschelebi in den glühendsten Farben beschrieben worden war. Er bewunderte die Herrlichkeiten eher oberflächlich und bestimmte eine Wache für das ganze ausgedehnte Areal, um die »beutespähenden Glaubensstreiter« davon abzuhalten, es zu verwüsten, und überlegte die verschiedenen Möglichkeiten des optimalen Einsatzes seiner Massenarmee für die Belagerung. Die rund 150 000 Mann, die ihm nach den Detachierungen verblieben sind, mußten nach den traditionellen Regeln der osmanischen Kriegskunst, die auch für den Belagerungskampf zu beachten waren, verwendet werden – eine Aufgabe, die nicht einfach zu lösen war.

Nach zwei bis drei Stunden brach er auf und erreichte nach kurzem, scharfem Ritt das Lager, wo ihm der Za'im Kartal Mechmed Aga zwei leichte Geschütze mit Lafettenwagen und Gespannen präsentierte, die er den Giau-

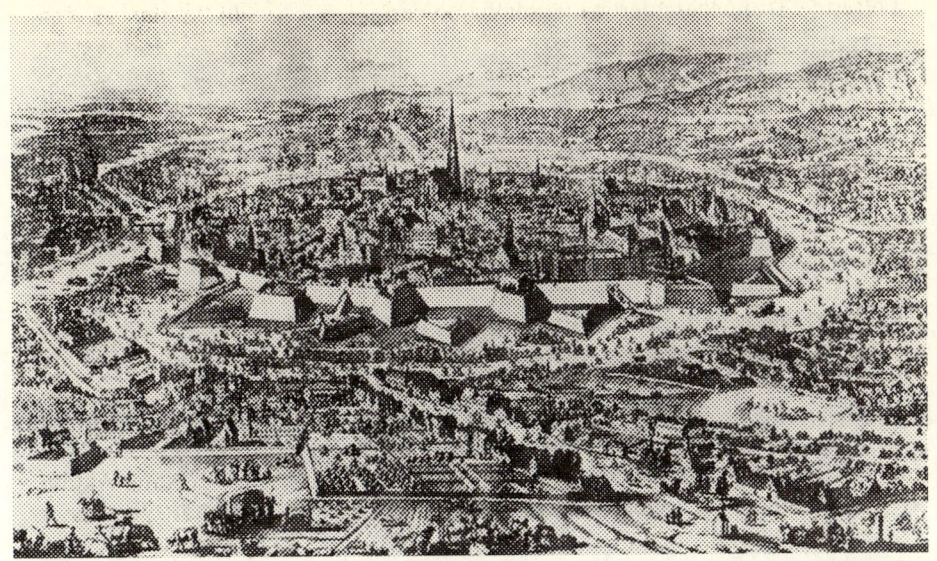

Und so war das Bild der »Festung Wien« 1683, wie es sich den überraschten Osmanen präsentierte.

Quelle: Richard Berger: Straßen, Türme und Stationen. Franz Deulike, Wien 1991.

ren abgejagt hatte, wofür er reich belohnt wurde. Er erhielt auch die Meldung, daß das kaiserliche Lustschloß Ebersdorf und eine Stadt am Ufer der Donau, womit Fischamend gemeint war, eingeäschert wurden, wobei Fischamend als Holzlagerplatz bezeichnet worden ist, wo unbeschreibliche Mengen an Bauholz, Brettern und Brennholz lagerten.

Bauholz, Bretter und Brennholz hatten übrigens Starhemberg davon abgehalten, sich am Vormittag in jenem Mauerabschnitt aufzuhalten, wo der osmanische Einbruch hätte erfolgen können. Unmittelbar vor den Befestigungsanlagen befand sich nämlich der kaiserliche Holzablageplatz, der durch Funkenflug in Brand geraten war. In unmittelbarer Nähe desselben wiederum, aber innerhalb des Festungsbereiches, befand sich ein Pulvermagazin, das durch den Funkenflug des brennenden kaiserlichen Holzes gefährdet war, und der Stadtkommandant war an Ort und Stelle geeilt, um die nötigen Löschmaßnahmen anzuordnen und zu überwachen. Er hatte auch die verfügbaren Reserven hier eingesetzt, noch bevor die osmanischen Reiter am Laaerberg erschienen waren, von deren Auftauchen er erst nachträglich erfuhr. Das wird hier nachgetragen, um der Untätigkeit des Seraskers nicht auch das Nichterkennen der temporären Lähmung der Stadtverteidigung anzukreiden, von der er nichts wissen konnte.

Am nächsten Tag zog das osmanische Heer unter vorläufiger Zurücklassung aller Trosse vor den »Goldenen Apfel«.

Folgende Truppengliederung wurde befohlen:

Zentrum: Kampfabschnitt des Großwesirs;
   Mustafa Pascha Bekri, Janitscharenaga
   Ismail Aga Tschelebi, Kethüda der Janitscharen
   Hasan Pascha Kücük, Beglerbegi von Rumelien
   22 Ortas der Janitscharen,
      Levend und Lehenstruppen von Rumelien
    5 Kolumbrinen
   20 Schahis

Rechter Flügel: Kampfabschnitt des Kara Mechmed Pascha;
   Bekir Pascha Deli, Beglerbegi von Aleppo
   Achmed Pascha, der Osmanpaschasohn, Beglerbegi von
   Anatolien
   Mustafa Aga, Saghardschibaschi
   21 Ortas der Janitscharen
   Levends und Lehenstruppen von
   Diyarbekir,
   Aleppo und
   Anatolien
    5 Kolumbrinen
   20 Schahis

Linker Flügel: Kampfabschnitt des Wesirs Achmed Pascha;
   Halil Pascha Binamâz, Beglerbegi von Sivas
   Soliman Aga Gürcü → Der Georgier, Samsundschibaschi
   21 Ortas der Janitscharen
   Levends und Lehenstruppen von
   Temesvár und
   Sivas
   500 Mann der Dschebedschis
    5 Kolumbrinen
   20 Schahis

Die nichtgenannten Truppen, etwa die von Damaskus, Ägypten oder Kaysa-
rie, bildeten zusammen mit den Gardekavallerieregimentern und den restlichen Schahis vorerst die Heeresreserve. Diese Verbände wurden allerdings in
den nächsten Tagen und Wochen in verschiedene Kampfabschnitte eingewiesen, vor allem auf den Donauinseln, die erst nach und nach in Besitz genommen wurden, als der Herzog von Lothringen mit der Masse der Reiterei und
dem nicht der Stadtverteidigung zugeführten Fußvolk auf das Nordufer verlegte. Er rückte dann donauaufwärts ab, um die Wachaueingänge zu sperren
und die ungestörte Sammlung der Entsatzarmee zu ermöglichen.
   Die Einteilung in Abschnitte sah als hauptsächlich zu bekämpfende Teile
der Festungsanlagen

für das Zentrum	das Burgravelin
für den rechten Flügel	die Burgbastei
für den linken Flügel	die Löbelbastei.

Eine Schwergewichtsbildung wurde, vor allem was die Eingliederung der Janitscharen und die Aufteilung der ohnehin reichlich schwachen Artilleriekräfte betrifft, geradezu sorgfältig vermieden. Es sei hier an den gekonnten Einsatz der Artillerie erinnert, den Sultan Soliman I. 1529 befohlen hatte, und darauf hingewiesen, daß an der für das späte 17. Jahrhundert generell unzureichenden Artillerieausstattung die osmanische Kritik an Kara Mustafas Kriegführung einsetzte und die Rechtfertigung seiner Hinrichtung gefunden wurde. Und der kriegskundige Geschichtsschreiber Mechmed Aga aus Findikli, der als Silihdar → Waffenmeister Sultan Achmeds III. etwas wie dessen Flügeladjutant war, schrieb in seiner Bearbeitung des Zeremonientagebuchs, bekannt als »Geschichte des Silihdars«:

> »Und das war ja nun ein sonderbarer Oberfeldherr, der da bei all dem Pomp und Prachtaufwand, bei der reichen Ausrüstung der Truppen mit Kriegsgerät und Munition und bei all den Schätzen, die er mit vollen Händen verschwendete, kein großes Geschütz und keine Bombenmörser im Heere mitführte. Vor allem hier, wo er doch einen Feldzug gegen die Deutschen unternahm und sich zumutete, eine Festung wie Wien zu belagern, hätte er vierzig bis fünfzig Balyemezgeschütze mit Kalibern von zehn bis dreißig Okka und fünfzehn bis zwanzig Kolumbrinegeschütze, ferner ebensoviele Bombenmörser und etwa dreihundert Schahigeschütze im großherrlichen Heere zur Verfügung halten müssen.«

In der Tat hatte die Belagerungsarmee kein einziges Balyemez, 14 oder 15 Kolumbrinen (es waren ursprünglich 19 vorhanden, von diesen wurden, so Mechmed Aga, 5 vor Raab zurückgelassen, so daß nur 14 vor Wien zum Einsatz gelangen konnten – tatsächlich wurde aber über 15 verfügt, so daß eine Angabe unrichtig sein muß! Vermutlich blieben nur 4 vor Raab zurück), fünf Bombenmörser und 120 Schahis.

Das artilleristische Ungleichgewicht zwang die Belagerer, ihre Kampfführung auf den Minenkrieg zu konzentrieren. Das bedeutete langsames, mühsames Heranbuddeln an die Fortifikationen, um sie durch Sprengungen sturmreif zu machen: Ein riskantes und, wie sich bald zeigen sollte, beinahe aussichtsloses Unterfangen, zumal die Arbeiten außerhalb des Feuerbereichs der schweren Festungsartillerie begonnen werden mußten und die Verteidiger ihren Fortschritt nicht nur durch Artilleriebeschuß, sondern auch durch meist energisch geführte Stroßtruppunternehmen empfindlich störten. So dauerte es mehr als drei Wochen, bis am 7. August der erste osmanische Krieger – der Anführer eines aus Freiwilligen gebildeten »Verlorenen Haufens« – als Einzelkämpfer bis zur Stadtmauer vordrang. »Preis sei Allah«, rief er, mit dem Rücken an die Mauer gepreßt, seinen Kameraden zu, »nun haben wir die Festung erreicht!«. Unmittelbar darauf ist er gefallen, und seine Sturmtruppe wich zurück ...

Auch die rein handwerksmäßige Durchführung der Sprengungen war mangelhaft; der osmanische Belagerungsbericht verzeichnet relativ viele Minen, die – offenbar durch ungenügende Verdämmung – entweder keinen Erfolg hatten oder nach rückwärts ausschlugen, wozu noch wiederholte geglückte Gegensprengungen der Verteidiger, die über eine hinreichende Zahl viel geschickterer Sappeure verfügten, kamen. Auch wurde das Pioniergerät bei den Osmanen bald knapp, und Kara Mustafa stempelte den Kommandeur der Arsenaltruppe, der für die Feldausstattung zu sorgen hatte, zum Sündenbock und enthob ihn. Einige der osmanischen Großwürdenträger waren damals (10. August) schon überzeugt, daß der Kampf um Wien als verloren gelten mußte, Kara Mustafa dafür bezahlen werde und waren bemüht, von ihm abzurücken, um nicht in den Sog seines Unterganges zu geraten. Der »Generalsposten« des enthobenen Fazli Aga wurde dem Kommandeur eines Gardekavallerieregiments anvertraut, und der Oberstkämmerer Ali Aga sollte in dessen Dienststellung vorrücken. Ali Aga aber weigerte sich, diese Beförderung anzunehmen, wodurch er sich das »Wohlwollen des Großwesirs ganz und gar verscherzte«, der ihn nun ebenfalls absetzte und einen gewissen Hasan Aga zum Oberstkämmerer bestellte.

Die Verweigerung der Annahme einer Beförderung, eine im Grunde genommen zwar originelle, aber ehrenhafte Demonstration einer tiefwurzelnden oppositionellen Haltung, wiederholte sich am 4. September. Der Defterdar Hasan Efendi Tschirkeschli Celeb sollte als Nachfolger des am Vortrag verstorbenen Ahmed Pascha, des Befehlshabers des linken Flügels, zum Beglerbegi von Jenö (der Provinz Temesvár) ernannt werden und lehnte die Amtsübernahme in Gegenwart des Großwesirs ab. Dieser bekam einen Wutanfall, riß den Beförderungsunwilligen am Bart, verprügelte ihn höchsteigenhändig, ließ ihn einsperren und setzte einen Stabsoffizier der Janitscharen, Mahmud Efendi, als Defterdar ein. Da dieser erfreut annahm, ließ er sogleich ein Ehrengewand des höchsten Ranges bringen und dem neuen Defterdar überstreifen. Dann ließ er Hasan Efendi neuerlich vorführen, das für ihn vorgesehene Ehrenkleid unter Gewaltanwendung überziehen und gab ihm die Ernennung zum Pascha von Jenö und die Bestellung zum Befehlshaber des linken Flügels bekannt, ohne ihm die Möglichkeit einer Erwiderung zu lassen. Keine Möglichkeit einer Erwiderung ließen Hasan Pascha, der im Oktober 1683 zum Pascha des syrischen Tripolis bestellt worden war, im Januar 1684 auch die Mitglieder des Sonderkommandos des Großherrn, die ihn – über Denunziation des früheren Dschebedschibaschis Fazli Aga – als besonders linientreuen und daher gefährlichen Parteigänger Kara Mustafas erwürgten.

Am 14. Juni, als Kara Mustafa die Einteilung der Belagerungsarmee in Kampfabschnitte vornahm, ließ er durch einen Parlamentär den Stadtkommandanten, den »Generalkapitän Istarenberg« auffordern, Wien zu übergeben, wobei ihm der freie Abzug für alle, die dies wünschten, zugesichert wurde, wogegen jene, die in Wien zu bleiben vorzogen, ihres Lebens und Eigentums versichert wurden. Starhemberg ließ ausrichten, daß er für das Angebot keine Verwendung habe, und der kroatische Dolmetscher, der die Verhandlungen mit dem osmanischen Offizier führte, empfahl diesem, sich rasch zu entfernen, weil ihn die aufgeregten Verteidiger sonst gleich über den Haufen schießen würden. Der Parlamentär folgte dem Rat und ritt ab, und der Serasker erteilte den Befehl, mit der Beschießung Wiens zu beginnen. Und alsobald, schrieb der Zeremonienmeister in sein Tagebuch, »loderte allenthalben das Feuer des Kampfes und Streites auf«. Es sollte erst rund zwei Monate später erlöschen und war, trotz der Unzulänglichkeit der Geschützausstattung, eine der gefährlichsten Waffen der Osmanen, die einen unerhörten psychischen Druck auf die Masse der Zivilisten in der belagerten Stadt ausübte.

Die Schwäche der feindlichen Artillerie muß Starhemberg, dem erfahrenen Kriegsmann, bald aufgefallen sein - das Feuer der Belagerungsartillerie nahm sich neben dem eigenen recht kläglich aus. Trotz eindeutiger militärischer Überlegenheit war seine Lage aber keineswegs rosig, denn was für die - wenigen - Militärexperten mit hinreichender Kriegserfahrung als ausgemacht galt, war für
- die Zivilbevölkerung,
- die Angehörigen der Bürgerwehr und
- letztlich auch die Masse der Soldaten
keineswegs erkennbar. Die Haltung selbst der meisten Ratsbürger war schwankend, und völlig verlassen konnte er sich nur auf den Bürgermeister Andreas Liebenberg.

Von Starhemberg wurde letzthin beinahe Unmögliches erwartet: Er mußte
- *Zuversicht erwecken* trotz der gewaltigen Zeltstadt der Feinde, die den ganzen Raum um die Festung mit nach dem optischen Eindruck höchst zielstrebiger und gefährlicher kriegerischer Tätigkeit erfüllten und nach der akustischen Wahrnehmbarkeit Tag für Tag ein gewaltiges Artilleriefeuer auf Wien unterhielten;
- *populär bleiben* und trotzdem härteste Maßnahmen gegen die Bürgerschaft erwirken, die immer wieder gegen die Mißhelligkeiten der Stadtverteidigung remonstrierte, der Unterbringung der Verwundeten und Kranken in Bürgerhäusern mit Unverständnis, Widerwillen und selbst passivem Widerstand begegnete (sogar die Bestattung der Gefallenen und Toten war problematisch und der Einlaß in die dazu benötigten Hofflächen mußte erzwungen werden), zum Abtragen der Schindeldächer im Feuerbereich der feindlichen Artillerie gezwungen werden mußte, den verschärften sanitätspolizeilichen Anordnungen, die das Ausbrechen von Seuchen verhindern sollten, mit Mißtrauen und folglich nur schlampig nachkam und
- seinen Soldaten gegenüber einerseits der *wohlwollende und fürsorgliche,*

andererseits aber der im Übermaß gestrenge Vorgesetzte sein, der auch die geringste Nachlässigkeit im Dienst mit drakonischen Strafen ahndete und der die pünktliche, wortgetreue Durchführung auch des sinnlos erscheinenden Befehls rigoros erzwang.

Die »Psycholage« auch der Truppe war vor allem in den ersten Wochen der Belagerung überaus heikel: Die Verteidigungskräfte waren durch die vorausgegangenen Kampfhandlungen, die aus mühsamstem Rückzug von Neuhäusel über Raab bis Wien bestanden, merkbar demoralisiert, und die Stimmung wurde vollends kritisch, als sich die nicht in die Stadt verlegten Truppen zurückzogen. Dies geschah um die Eingänge in die Wachau zu sperren und die ungestörte Sammlung der Entsatzarmee bei Krems zu ermöglichen, aber das wußten – oder glaubten – nur die Offiziere und von diesen wohl auch nur die höheren Dienstgrade: Für den einfachen Soldaten waren sie ganz einfach, mit den bisher siegreichen Osmanen am Hals, im Stich gelassen worden.

Starhemberg mußte behutsam und doch rasch darangehen, den Mut seiner Regimenter wiederzubeleben; er tat dies dadurch, daß er sich selbst rücksichtslos aussetzte und den Seinen wohlvorbereitete, einfache Stroßtruppunternehmen befahl. Mit der Demonstration der persönlichen Anwesenheit in der Feuerlinie hätte er beinahe im Handumdrehen Pech gehabt: Schon am 16. oder 17. Juli schlug ihm ein Stück zerberstenden Mauerwerks gegen den Kopf und fügte ihm eine erhebliche Verwundung bei. Bewußtlos wurde er abgeschleppt, und die sofort umlaufende Parole: »Der Starhemberg ist gefallen« führte um ein Haar zur Panik unter den Leuten. Als er nach zwei Tagen – mit großem Kopfverband und noch heftig brummendem Schädel – mühsam genug aus dem Bett steigen konnte, mußte er sich unter Aufbietung der letzten Energien an möglichst vielen Orten seinem Kriegsvolk (und den Bürgern) zeigen, um den anhaltenden Gerüchten entgegenzutreten. Die Ausfälle machten zunächst, wie es scheint, nur Offiziere, Volontäre und Freiwillige, denen sich hin und wieder einige Bürgersoldaten – meist übermütige Studenten des Universitätsregiments – anschlossen; erst als ein paar Unternehmen erfolgreich verlaufen waren, faßte auch der einfache Soldat Mut zum Kampf in den Gräben vor den Fortifikationen. Bald wurde man mit dem »Frontleben« vertraut und hatte Freude an riskanten Unternehmungen oder geglückten Einzelleistungen: Der Jägerkommandant Heinrich Friedrich von Kielmannsegg erntete so große Bewunderung für einen Meisterschuß, mit dem er einen osmanischen Reiter auf 300 Schritt vom galoppierenden Pferd herunterschoß.

Die Bürgerschaft war wesentlich schwieriger über die Runden zu bringen; der Unmut gegen die Geistlichkeit, der mit aller Härte niedergezwungen werden mußte, wurde von einer geradezu hysterischen Furcht vor Spionen abgelöst, die unter anderem zur kurios anmutenden Anordnung des Magistrats führte, alle Keller ständig zu bewachen, da man fürchtete, Sympathisanten der Belagerer würden durch Keller Erdgänge hinausgraben, um den Feind in die Festung zu lassen. Wer diese Sympathisanten sein sollten, wußte man zwar nicht genau, aber es gab schon einen verdächtigen Personenkreis, dem man es zutraute, etwas wie eine »Fünfte Kolonne« der Heiden zu sein: Die Angehörigen der »Ersten Privilegierten Orientalischen Handels-Companie«, die über weitreichende Verbindungen in das Osmanische Reich verfügten und die in der Tat einen umfassenden Nachrichtendienst unterhielten, der allerdings durchaus im Dienste des Kaisers arbeitete. Es wurde aber gemunkelt, die Herren Johannes Diodato, Bonaventura Schahin und Nerses Elechedi, die damals das armenische Bevölkerungselement in Wien, das um die Handels-Companie gruppiert war, repräsentierten, trügen auf zwei Schultern; sie wurden – da man ihrer Tätigkeit nie so bedurfte wie eben – zwar nicht behelligt, aber insgeheim scharf überwacht.

Weniger prominente Verdächtige hatten es wesentlich schlechter; sie wurden arrestiert, peinlich befragt und hingerichtet. Dies widerfuhr sogar einem vermutlich grenzdebilen Fünfzehnjährigen, den sein Dienstgeber – ein Schnapsbrenner – davongejagt hatte und der sein ramponiertes Ansehen bei seinen Altersgenossen dadurch aufpolieren wollte, daß er großsprecherisch erklärte, die Türken hätten ihn als Agenten angeheuert. Am 27. August wurde ihm – nach summarischem, aber immerhin formellem Verfahren – der Kopf abgeschlagen.

Ein besonderes Problem sowohl für die Belagerten in als die Belagerer um Wien war die Lebensmittelversorgung. Es erscheint seltsam, daß die Versorgungslage in Wien nie ausgesprochen schlecht oder besorgniserregend und ab etwa Anfang August wesentlich besser war als im osmanischen Lager. Das vordergründig so einfache und sinnvolle Rezept der »Verpflegungsaufbringung aus dem Feindesland« wurde durchexerziert bis zur Absurdität und war gekennzeichnet durch Verschwendung und Verwüstung in der Eroberungsphase, der nach ein paar Wochen die Verelendungsphase folgte. Verschwendung und Verwüstung waren nicht nur Merkmal des osmanischen Verpflegungswesens, sondern Teil des osmanischen Erfolgsrezepts für die Kriegführung durch den Schrecken, den das Auftauchen kombattanter osmanischer Kräfte, von Tataren und Akindschis über die Lehenstruppen bis zu den noblen Gardekavallerieregimentern auslöste. Verschwendung und Verwüstung bewirkten aber auch die Vernichtung der eigenen Ernährungsbasis bei stationärer Kampfführung über längere Dauer, und die Folgen traten um so rascher und schwerer ein, je mehr Kriegsleute – und vierbeinige Kameraden – auf die Versorgung aus dem verwüsteten Raum angewiesen waren. In den ersten Tagen und Wochen lebte das osmanische Heer – korrekter gesagt: lebten jene Heeresteile, die Streifzüge auch in die weitere Umgebung durchführen konnten – in Saus und Braus, aber nach drei, spätestens vier Wochen war der Großraum Wien und waren die leicht erreichbaren Teile Niederösterreichs diesseits der Donau kahlgefressen wie von einem ungeheuren Heuschreckenschwarm. Fluchtbewegungen des Landvolkes, das sich unter Mitnahme der Lebensmittelvorräte und Vernichtung der Lebensmittel, die nicht abtransportiert werden konnten, in unzugängliche Landesteile zurückzog, führten das Endergebnis der großräumig »Verbrannten Erde« ebenso herbei wie die Plünderungszüge der osmanischen Reitermassen, die immer ertragsärmer wurden und zuletzt immer öfter ergebnislos blieben.

Ende August wurden im Lager bezahlt für

30 Dirhem Brot (100 g)	1 Asper
1 Okka (1,28 kg) Mehl	12 Para
1 Maß Gerste (2 Liter)	2 Piaster.

Grundeinheit des Münzwesens war der Asper, drei Aspern machten einen Para, 120 Aspern einen Piaster. Die bloßen Zahlen haben wenig Aussagewert, gewinnen aber sogleich an Leben und damit Eindruckskraft, setzt man sie in Beziehung zu den Einkommensverhältnissen der besoldeten Reichsarmee. Das ist möglich, denn im Tagebuch des Zeremonienmeisters findet sich unter dem 16. Juni der Vermerk über ein vermutlich am Vortrage stattgefundenes Ereignis:

> »In der Geschützbatterie zerschmetterte dem Kethüda der Artillerie eine Kanonenkugel den linken Fuß; er wurde mit einem Zuschlag von zehn Aspern auf seinen Sold von täglich hundert Aspern in den Ruhestand versetzt.«

Der Kethüda der Artillerie war der Stellvertreter des Befehlshabers der Reichsartillerie, der gleichzeitig der Generalinspekteur des gesamten Artilleriewesens war. Der Kethüda stand im Generalsrang und war hochbezahlt – und doch reichte sein Tagesverdienst nicht aus, um nur eine Maß Gerste, neben Hafer als Pferdefutter üblich, zu erwerben.

Für die Steuerung der Versorgungslage waren wesentliche Komponenten auf beiden Seiten maßgebend: die Zufuhr von Lebensmitteln. Das osmanische Heer forderte von Tökölyungarn Lebensmittellieferungen, wobei der Verkauf an die Angehörigen der Belagerungstruppen von dem ungarischen Begleitpersonal auf einem dafür eingerichteten Marktplatz vor dem Zelt des Scharfrichters zu den von der Armee festgesetzten, niedrigen Preisen vorzunehmen war. Der Zeremonienmeister verzeichnet alle Konvois, die über Raab mühsam dahergekarrt kamen, in meist wochenlangen Abständen: Eine unbezifferte und daher wohl geringe Menge am 6. August, einhundert Wagen am 9. August, eine unbezifferte, aber »große« Menge am 11. September. Für die Masse, die den Belagerungsraum füllte, und die mit dem Heeresgefolge der Fuhrleute und Händler, der Sklaven und der neuen Gefangenen nicht viel unter 200 000 Mägen zählte, war dies kaum mehr als der berühmte Tropfen auf dem heißen Stein.

Erheblich besser wurde Wien versorgt. Es gab große Lebensmittelkolonnen, die von Syrmien, das wie ganz Kroatien kaisertreu verblieben war, heraufkamen und in die Stadt gelangten, und es gab unternehmende Viehhändler, die vielköpfige Rinderherden in die Stadt trieben, durch die Lücken im

Belagerungsring, der wohl höchst unvollkommen war. Auch Weinhändler lieferten Wagenladungen voll Fässer, und im Belagerungsheer gab es Feldbäkker, die mit Wien einen schwunghaften Handel trieben: Sie stahlen aus den zumindest anfänglich großen Mehlbeständen der Reichsarmee Mehl, und sie bekamen dafür Wein, den vom Propheten verfluchten Trank der Giauren. Sichtbar wurde der florierende Viktualienhandel in Einzelfällen, als einige Händler am Rückweg aufgegriffen wurden. Sie kamen relativ glimpflich davon: Abnahme des verdienten Geldes, öffentliche Auspeitschung, aber keine Todesstrafe, keine Verfällung in Sklaverei.

Bei alledem lief Tag für Tag das kombattante Geschehen, lief der grauenvolle Grabenkrieg mit heftigem Feuer und Durchwühlen der Erde, mit Minen und Handstreichen, mit Stoßtrupps und Gegenstößen, mit schrittweisem Vorkämpfen und überschweren Verlusten – mit dem ganzen erschreckenden und sich nur wenig veränderte Repertoire erbitterter stationärer Kampfführung, das in Einzelheiten aufzuführen erspart sei.

Auf osmanischer Seite gab es zwei große Ereignisse, die den monotonen Alltag des Stellungskrieges umrahmten. Am 19. Juli erschien, wie in der Nacht vorher von einem vorausgesandten Kurier angekündigt, der Chasinedarbaschi → Hofschatzmeister Ali Aga als Sonderbeauftragter des Padischah. Er überbrachte dem Großwesir die üblichen Geschenke bei Beginn einer entscheidenden Operation – Ehrengewand, Prunksäbel und Dolch – und ein großherrliches Handschreiben. Die Einholung des Agas erfolgte in würdigster Form und mit großem Gepränge, und Kara Mustafa ließ keine Gelegenheit vorübergehen, ihm jede erdenkliche Ehre zu erweisen. *Das Erscheinen Alis befreite den Serasker von der geheimen Furcht, sein erst bei Raab gefaßter und verwirklichter Entschluß, den Kaiser der Ungläubigen in seinem eigentlichen Land anzugreifen und das Heer des Islam vor den »Goldenen Apfel« zu führen, würde vom Großherrn nicht gebilligt werden.*

Das zweite Ereignis trat am 24. August ein und war wie das Fanal der bevorstehenden Katastrophe der osmanischen Heeresmacht: Es war die Vernichtung des detachierten Reiterkorps des Abaza Hüseyin Pascha Kör auf dem linken Ufer der Donau, in Sichtweite des Belagerungsheeres und doch ohne die Möglichkeit einer Hilfeleistung. Hüseyin Pascha hatte am 29. Juli Tököly erreicht, der mit 10 000 Mann vor der Festung Léva → Leve → Lewenz hielt, die von kaiserlichen Truppen besetzt war. Die Garnison war nicht bereit zu kapitulieren, den Kuruzzen und den Osmanen fehlte es an Belagerungsgerät. Es kam zu einer »bedingten Übergabe«: Die Kaiserlichen verpflichteten sich, bis zur Entscheidung vor Wien keine Kampfhandlungen durchzuführen und im Falle der Eroberung oder Kapitulation Wiens die Stadt kampflos zu übergeben, wogegen ihnen freier Abzug zugesichert wurde. Die Kuruzzen und Osmanen zogen ab. Dasselbe Übereinkommen wurde am 31. Juli mit der Besatzung von Neutra → Nitre geschlossen und am 2. August wurde Szered → Sered in der nämlichen Weise neutralisiert. Danach zog man vor die Stadt Tyrnau → Trnava und lagerte dort. Die Osmanen begannen, die Dörfer »die zur Festung Preßburg gehörten« niederzubrennen; die Bevölkerung floh ins Gebirge. Tököly erhob schärfsten Widerspruch und argumentierte mit dem künftigen Steueraufkommen für den Großherrn, wenn die Wirtschaft nicht zerstört werde, setzte sich aber nicht vollständig durch: Wer in die Hände der Osmanen fiel, wurde gnadenlos niedergesäbelt. Die Kuruzzen, denen diese Behandlung ihrer Landsleute, die zu befreien sie mit dem Halbmond ins Feld gezogen waren, nicht gefallen konnte, murrten und wurden unzuverlässig. Tököly protestierte neuerlich energisch - Kör Hüseyin Pascha wurde mißtrauisch und wollte vom traditionellen Kriegsstil nicht lassen, der nun einmal Ausplünderung und Totschlag umfaßte.

Es kam zu ersten Unstimmigkeiten, die dadurch überbrückt wurden, daß man versuchte, Preßburg in die Hand zu bekommen. Die Besatzung leistete entschlossenen Widerstand, konnte aber nicht verhindern, daß die Vorstädte von den Osmanen erobert und nach gründlicher Plünderung niedergebrannt wurden. Tököly, der an einer Eroberung seiner künftigen Hauptstadt, die mit deren zumindest teilweisen Zerstörung verbunden sein mußte, begreiflicherweise kein Interesse haben konnte, versuchte Hüseyin Pascha abzulenken. Er schreckte ihn durch die Meldung, daß ein Giaurenheer von 40 000 Mann hinter der Stadt aufgetaucht sei, was an sich stimmte, wenngleich nicht hinsichtlich der Zahlenangabe. Hüseyin Pascha bildete mit seinen Truppen die Gefechtsordnung und rückte vor; Tököly warnte ihn mehrmals, verwies auf die Stimmung der Kuruzzen und setzte sich ab. Die Kaiserlichen zogen den Osmanen entgegen, die vor der Übermacht - Hüseyin Pascha hatte nur gegen 6 000 Reiter, der Gegner ungefähr die doppelte Kampfstärke - nun ebenfalls den Rückzug antraten. Es kam zu nennenswerter Gefechtsberührung, weil die Verfolger die von Mechmed Pascha Mogrulzade geführte Nachhut seitlich überholten und das betont langsam zurückgehende Gros anfielen. Hüseyin Pascha, ebenso kühn wie unbesonnen, wollte den Feind im Gegenstoß zurückschlagen und wurde von seinen Leibwächtern gewaltsam aus dem Treffen geführt. Von den Kuruzzen gingen sieben Kompanien, zusammen etwa 1 500 Mann, geschlossen zu den Kaiserlichen über. In einem schwerpassierbaren, ausgedehnten, dicht bewaldeten Gelände lösten sich die kämpfenden Truppen voneinander, das Gefecht erlosch.

Hüseyin Pascha fertigte unmittelbar danach die Meldung an den Großwesir ab, in der er sich bitter über »die Wesensart des Tököly Imre und die Verräterei seiner ungarischen Soldaten« beklagte, um Verstärkung durch »mindestens 10 000 streitbare Krieger des Islams« und ebensoviele Tataren ersuchte. Er teilte mit, daß sich Johann Sobieski an der Spitze eines polnischen Heeres von 35 000 Mann nähere und erwähnte zuletzt, daß deutsche Truppen in Stärke von 12 000 Mann unter Führung des berühmten »Deli Kapudan«, was etwa der »tollkühne Hauptmann« bedeutet, im Raum Preßburg eingetroffen seien. Mit dem Deli Kapudan war Karl, Herzog von Lothringen gemeint, der sich auf die Nachricht von der Feindtätigkeit im

Raum Preßburg flußabwärts gewandt hatte, um der Hauptstadt Habsburgisch-Ungarn jede mögliche Hilfe zukommen zu lassen.

Die Meldung traf am 12. August im Hauptquartier ein. Der Inhalt versetzte Kara Mustafa in Zorn: »Ich kenne den Entsatz schon, der da kommen soll« rief er, »Drei- oder viertausend Polen und fünf- oder zehntausend Deutsche – was ist das schon!« Dann erließ er den Befehl, daß der Sohn des Tatarenkhans ohne Verzug mit 10 000 tatarischen Reitern über die Große Schüttinsel auf das linke Donauufer zu setzen und die Truppen Hüseyin Paschas zu verstärken habe. Er gab ihm den schriftlichen Auftrag an den Pascha mit, sogleich mit der ihm unterstellten »Streitmacht des Islams« auf dem Nordufer der Donau bis auf die Höhe Wiens vorzustoßen.

Alp Girey Sultan rückte am selben Tage ab – mit 600 Tataren und einer Menge Bagagewagen, auf denen die bisher gemachte Beute zumindest großteils verstaut war, mit den von den Tataren versklavten Landesbewohnern, deren es aber nicht allzuviel gab, da die Tataren kaum Gefangene machten, und mit großen Viehherden. Alp Girey teilte seine Streitmacht, weil das befehlswidrig Mitgeführte den Marsch zu sehr verzögerte: Mit 300 Mann ritt er zu Hüseyin Pascha, die restlichen 300 transportierten die gewonnen Herrlichkeiten ab weiter nach Osten, Fernziel die Krim.

Hüseyin Pascha Kör zog, Preßburg unbezwungen zurücklassend, landeinwärts ab, während Tököly den Weg entlang des Donauufers nahm. Der Kuruzzenkönig, der seine Verbündeten nicht davon abhalten konnte, mordend, plündernd und brennend jene Teile Ungarns zu durchziehen, die in diesem Krieg wie in den voraufgehenden Wirren und Kämpfen unversehrt geblieben waren, wollte weder persönlich Zeuge der Verwüstungen sein noch seine Kriegsleute durch deren Anblick schockieren. Der Osmanenführer aber überschritt die Weißen Karpaten und streifte, wie der Silihdar Mechmed aus Findikli berichtet, durch Gegenden »in die noch kein Streiter des Islams den Fuß gesetzt hatte, verbrannte die Dörfer und Städte und Burgen und Palanken, nahm die Frauen und Kinder gefangen und ließ die Männer über die Klinge springen«.

Der Raubzug, der am 14. August begonnen worden war, führte in weitausgezogenem Bogen zur Donau zurück, die im Raum Jedlesee erreicht wurde. Es wurde ein Donauarm – nicht die March, die in den osmanischen Quellen genannt ist – überquert und am nördlichen Ufer am 23. August Lager geschlagen, um auf das Nachkommen der Kuruzzen zu warten. Am nächsten Morgen brachte eine tatarische Streife Gefangene ein, die aussagten, daß das deutsche Heer, das von Preßburg zur »Alexanderbrücke« (Donaubrücke) gezogen war, aber erst im Raum Korneuburg lagerte, auf die Meldung vom Vorstoß donauaufwärts umgekehrt sei und sich in der Nähe kampfbereit mache.

Osmanische Aufklärungsgruppen, die nun angesetzt wurden, bestätigten die Aussagen, und die Krieger des Islam wollten den Rückzug antreten, da sie sich diesen Feind, der über starke Infanteriekräfte und eine Anzahl von

Feldgeschützen verfügte, nicht gewachsen fühlten. Hüseyin Pascha aber, »der als geborener Abaza ein Mann von großer Kühnheit und Tapferkeit war«, verbot den Abzug ohne Feindberührung, weil er diesen vor dem Großwesir nicht verantworten könne. Unterdessen waren auch donauabwärts feindliche Truppen in Erscheinung getreten, wenngleich nicht 30 000 Mann, wie Mechmed Silihdar meint, die gegenüber den nun bereits herangekommenen Kuruzzen die Gefechtsordnung einnahmen. Tököly sandte Hüseyin Pascha die Botschaft, sich noch nicht auf den Kampf einzulassen, denn es scheine einen Weg aus der drohenden Umklammerung zu geben. Allein der »geborene Abaza« wußte keine bessere Antwort als die verärgerte und bittere Bemerkung, Allah der Allerhabene möge es nicht zulassen, daß der wahre Glauben jemals auf dieses Giauren Hilfe angewiesen sei, und gab den Angriffsbefehl. Seine Reiter stießen den Schlachtruf aus und warfen sich dem Feinde entgegen, und ihre Attacke wurde vom Kleingewehrfeuer der Musketiere, das von den Geschützen wirksam unterstützt wurde, zerschlagen.

Alp Girey Sultan setzte sich mit seinen Reitern zu den Kuruzzen, die abseits in Gefechtsbereitschaft hielten, ab. Kör Hüseyin Pascha aber sammelte seine übrigen Glaubensstreiter zu neuem Angriff, der wieder im Abwehrfeuer zusammenbrach. Bei diesem Angriff wurde er selbst schwer verwundet, konnte sich aber im Sattel halten. Seine Reiter jedoch konnte er nicht mehr halten: Sie flohen, wobei ein Teil den Tataren und den abziehenden Kuruzzen folgte, der andere aber der Donau zustrebte, wo sie hofften, auf der Brücke über den Donauarm, über welche sie gestern geritten waren, das Weite gewinnen zu können. Eben diese Brücke besetzten aber die Kaiserlichen vor der Masse der Fliehenden und verlegten ihnen diesen Ausweg. Sie alle fielen im Kampf oder ertranken im Wasser, in das sie sich stürzten, um dem grimmigen Feind zu entgehen. Unter ihnen befand sich der schwerverwundete Hüseyin Pascha. Mehr Glück hatte Mechmed Pascha der Georgier, der Beglerbegi von Großwardein, der sich schwimmend retten konnte, am Gegenufer die wenigen Überlebenden sammelte und mit diesen am nächsten Tag wieder auf die Kuruzzen stieß, die der besonnene Tököly aus einer Lage, die für Hüseyin ausweglos schien, ohne Verluste herausgebracht hatte.

Die Schlacht am Bisamberg, wie die Vernichtung des von Hüseyin Pascha geführten Reiterkorps meist genannt wird, war der erste Akt des Zusammenbruchs.

Zwei Tage vor dieser Tragödie war Michael Apafy, der Fürst von Siebenbürgen, mit reichlicher Verspätung und 6 000 Mann seiner Heerfolgepflicht genügend, vor Wien erschienen, mit geziemenden Ehren empfangen und sodann nach Raab zurückgeschickt worden, um Ibrahim Pascha von Budyn bei der Einschließung der Festung abzulösen. An diesen erging zugleich der Befehl, mit seinem Levend und seinen Lehenstruppen sowie den ihm unterstellten Verbänden der Reichsarmee zur Hauptarmee zu stoßen. Die Zernierung von Raab und die Bewachung der Raabübergänge sollten nur mehr von den Provinztruppen von Silistria unter dem Beglerbegi Mustafa Pascha aus

Mytilene und den Truppen von Siebenbürgen unter Michael Apafy aufrecht-erhalten werden.

Kara Mustafa Pascha, der während der Belagerung bis zum 7. September 48 544 Mann teils durch Feindeinwirkung, teils durch die Rote Ruhr (die auch in Wien grassierte und zahlreiche Opfer, darunter den Bürgermeister Liebenberg, forderte), verloren hatte, erlangte schon Anfang August Kenntnis von der Versammlung einer alliierten abendländischen Armee. Es war mit Gewißheit vorherzusehen, daß diese donauabwärts vorstoßen werde, wobei ihre Stärke ebenso unbekannt war wie der Zeitpunkt ihres Aufbruchs und der Weg, den sie nehmen würde. Ende August war die Sammlung der Kontingente beendet, und Seine Majestät erwog die Verlegung des Hofes von Passau nach Linz, um der Armee näher zu sein. Insgeheim hoffte er, daß die Alliierten, oder wenigstens ein Alliierter, den Wunsch an ihn herantragen möge, den Oberbefehl zu übernehmen, aber die Frage war längst schon ent-schieden: Papst Innocenz hatte dem König von Polen den Oberbefehl zugesi-chert, und diese hinter dem Rücken des Kaisers getroffene Vereinbarung war sogar eine ausdrückliche Bedingung für den Abschluß des Bündnisvertrages zwischen Polen und dem Kaiser, die man vor dem Kaiser vorerst verborgen hielt. Johann Sobieski war populär bei allen katholischen Völkern, wenn-gleich er bei den Höfen vielleicht nicht ganz ernstgenommen wurde, und sein Name war umstrahlt vom Glanz eines Mannes, der aus eigener Kraft das geworden war, was er war: König von Polen. *Und die Beteiligung eben dieses Königs von Polen machte die Operationen der Entsatzarmee zu einem Krieg des christlichen Abendlandes gegen eine fremde, böse, gottlose Macht, umhüllte sie mit dem prachtvollen Mantel der gemeinsamen Notwehraktion vieler Völker, ließ ethni-sche, sprachliche, staatliche Grenzen verschwinden und die Gemeinschaft der Christgläubigen als geschichtsgestaltende Aktionseinheit unübersehbar hervortre-ten.*

Unter seinem Oberbefehl zogen folgende Kontingente zum Entsatz Wiens aus:

1. Die von ihm geführte *polnische Armee,* deren Fußvolk überwiegend aus kümmerlichen, miserabel ausgerüsteten und undisziplinierten Haufen und in kaum faßbarem Gegensatz dazu aus einer hervorragend ausge-statteten und kampferprobten, unerhört kriegstüchtigen Reiterei (die dem seltsamen Brauche frönte, an der Rückseite der Kürasse große Flü-gelpaare zu tragen) bestand, mit

   10 200 Mann zu Fuß
   14 000 Reitern
   _____
   24 200 Soldaten mit 28 Geschützen.

2. *Kaiserliche Feldarmee* unter Generalleutnant Karl von Lothringen, wieder-aufgefüllt und durch die linksufrig erzielten Erfolge selbstbewußt gewor-den mit

8 100 Mann zu Fuß
12 900 Reitern
---
21 000 Soldaten mit 70 Geschützen.

3. *Bayerische Armee* unter Max Emanuel, der über die formale Verpflichtung des verbündeten Reichsfürsten persönlich engagiert war, weil ihm nicht nur die Hand der Erzherzogin Maria Antonia, der Tochter des Kaisers aus seiner ersten Ehe mit Margareta Theresia aus der spanischen Linie des Hauses Habsburg und damit das spanische Erbe winkte, sondern auch weil sein Bayern im Falle der Festsetzung der Osmanen in Österreich zum Grenzland gegen den Orient werden mußte und ihm das Schicksal Ungarns kaum erspart bleiben konnte, mit

7 500 Mann zu Fuß
3 000 Reitern
800 Kanonieren
---
11 300 Soldaten mit 26 Geschützen.

4. *Sächsische Armee* unter Johann Georg III., der als Kurfürst von Sachsen ein überzeugter Protestant war, ganz zweifellos mit seinen ungarischen Glaubensbrüdern sympathisierte und genau Obacht gab, daß seine vortrefflichen Verbände nur gegen die Moslems, nicht aber gegen Protestanten verwendet wurden, mit

7 000 Mann zu Fuß,
2 000 Reitern
1 400 Kanonieren und Fahrpersonal
---
10 400 Soldaten mit 16 Geschützen

5. *Reichstruppen des fränkischen und sächsischen Reichskreises* unter Feldmarschall Georg Friedrich Fürst von Waldeck, der bei Mogersdorf Stellvertretender Befehlshaber der Reichsarmee war, mit

7 000 Mann zu Fuß
2 500 Reitern
---
9 500 Soldaten mit 12 Geschützen.

Ungeklärt ist, ob die 3 000 Reiter, die Fürst Jerzy → Hieronymus Lubomirski, König Johann Sobieskis Freund von Jugend auf, führte, im kaiserlichen oder im polnischen Kontingent aufscheinen. Er hatte sie mit Zustimmung des Königs aus von Leopold zur Verfügung gestellten Geldern in Polen angeworben und, mit dem Rang eines kaiserlichen Feldmarschall-Leutnants, selbstständig und frühzeitig nach Ungarn geführt, wo sie mit den Truppen des Nordabschnitts unter Feldmarschall-Leutnant Schultz vereinigt wurden.

Insgesamt ergibt sich jedenfalls eine Kopfstärke von 76.000 Mann; rechnet man die Marschkranken oder aus anderen Gründen, zum Beispiel wegen Unfällen, mit einer gewissen Wahrscheinlichkeit noch nach dem 7. September Ausgefallenen ab, ergibt sich eine Kampfstärke von rund 75.000 Mann für die Schlacht um Wien. Es war höchst problematisch, die verschiedenen Kontingente in eine Schlachtordnung zu bringen, ja sie überhaupt zu sammeln, denn

- die kaiserlichen und die polnischen Truppen hielten links der Donau oberhalb Stockerau, um im Raum Tulln über den Strom zu gehen;
- die Reichskreisarmee und die sächsischen und bayrischen Verbände befanden sich im Raum Krems und sollten den Strom auf der großen, steinernen Brücke, von den Osmanen »Alexanderbrücke« genannt, übersetzen.

Als feindnaher Sammelplatz der Kontingente wurde die Ebene bei Tulln bestimmt; kaiserliche Pioniere schlugen eine Brücke über den Strom – ein Unternehmen, das bei der Nähe des Feindes aberwitzig erschien. In den ersten Septembertagen aber wurde der Brückenschlag beendet, und volle 48 Stunden zogen Polen und Kaiserliche über die schwankenden Bohlen, die die Pontons verbanden.

Es ist kaum vorstellbar, daß der Serasker Kara Mustafa Pascha nichts von dem Brückenschlag und nichts von dem Stromübergang wußte, die sich nur etwa fünf bis sechs Wegstunden oberhalb des Belagerungsraumes vollzogen, aber es lief in jenen Tagen viel ohne das Wissen des Großwesirs, so daß diese Unkenntnis eigentlich gut in das Bild von der Lageentwicklung paßt. Es war, als seien die Zügel zur Steuerung des Geschehens den Händen des Großwesirs entglitten, und es geschah vieles, was nicht hätte geschehen dürfen, und es geschah vieles nicht, was er befohlen hatte.

Der alte Arnaut Ibrahim Pascha von Budyn kam dem Befehl, sich von Raab nach Wien zu verfügen, der ihm durch Michael Apafy überbracht worden war, zunächst nicht nach. Am 4. September ging ein Eilkurier an ihn ab, der die prompte Durchführung des Marschbefehls forderte – und am 8. September traf der säumige Wesir nun tatsächlich vor Wien ein.

Ein unbegreiflicher Vorfall aber war die unterlassene Uferverteidigung an der »Alexanderbrücke«, wie die Osmanen alle großen Brücken nannten und mit welcher sowohl die Steinbrücke bei Krems als die Pionierbrücke bei Tulln gemeint sein kann. Khan Murad Girey hatte mit 10 000 seiner Reiter den Auftrag, die Stromüberquerung durch die Giauren zu verhindern, sah aber ruhig zu, wie diese herübergezogen kamen. Sein Imam, sein religiöser Berater, machte ihn ausdrücklich darauf aufmerksam, daß die Gelegenheit noch günstig sei, sie anzugreifen und zu schlagen, als sich die große Mehrzahl noch auf dem Gegenufer befand, doch gab der Khan seinen Reitern den Befehl zum Sammeln und ritt mit ihnen nach Wien zurück. Unterwegs erklärte er, daß ihn der Groswesir mehrfach schwer beleidigt hatte und ihm sogar Briefe beleidigenden Inhalts sandte, in denen er behauptete, daß die Tataren stinkendes Pferdefleisch äßen. Und: »Jetzt sollen die Türken nur sehen, was ihr Feldherr wert ist, und jetzt sollen sie auch erfahren, was es heißt, ohne die Tataren kämpfen zu müssen.«

Dies weiß der Silihdar Mechmed Aga; der Zeremonienmeister weiß, daß der Großwesir den Khan im Lager freundlich bewirtete, ihm einen Zobelpelz

verehrte, sich mit ihm lange über die Gesamtlage unterhielt und sich Murad dann zu den 200 »beutejagenden Tataren« begab, die ihn begleiteten. Interessant ist nicht nur das Verhalten des Khans im Angesicht des Feindes, sondern auch die Zahlenangabe. Wenn Murad Girey bei der »Alexanderbrücke« 10 000 Mann bei sich hatte und jetzt nur mehr 200, waren, da es keine Feindberührung gegeben hatte, 9 800 Mann »verschwunden«. Der militärische Gehorsam der Tataren war, wie man feststellen muß, höchst eigenartig:
- Alp Girey Sultan, der mit 10 000 Reitern zu Hüseyin Pascha dem Einäugigen und Mechmed Pascha Mogrulzade stoßen sollte, kam mit 300 Tataren beim Reiterkorps am Norduffer an, und
- Murad Girey Khan, der mit 10 000 Reitern an der »Alexanderbrücke« hielt, kam ohne Gefechtsberührung mit nur 200 Reitern ins Lager bei Wien.

In der Geschichtsschreibung, sowohl der abendländischen wie der osmanischen, wird Kara Mustafas seltsame Passivität in den ersten Septembertagen als schwerer und unerklärlicher Fehler aufgezeigt. Schon Johann Sobieski meinte in seinem berühmten Schreiben an seine geliebte Marisenka, das er am 12. September um 03.00 Uhr, also nur wenige Stunden vor der Entscheidungsschlacht verfaßte, daß der Befehlshaber einer Armee, »der weder daran dachte, sich zu verschanzen, noch sich zu konzentrieren, sondern sich hier gelagert hat, wie wenn wir tausend Meilen von ihm entfernt wären, im voraus dazu bestimmt ist, geschlagen zu werden«. In diesem Brief schrieb der König übrigens auch, daß es noch mindestens zwei Tage dauern werde, um die Schlacht schlagen zu können, womit er sich als für einen Oberbefehlshaber außerordentlich schlecht informiert erwies. Und das wieder ist aus dem besonderen Verhältnis zwischen ihm und Herzog Karl, der sich wie erinnerlich zweimal erfolglos um die polnische Krone bewarb, das zweite Mal gegen ihn selbst, ebenso erklärbar wie aus seiner militärischen Einsicht. Der König wußte sehr wohl, daß Karl das Land, in dem Krieg geführt wurde, besser kannte als er – und daß der spezielle Stil des Krieges, der vom »Kampf der verbundenen Waffen« geprägt war, sich doch wesentlich von jenem abhob, den er aus den Weiten Podoliens gewöhnt war und in dem er es zu unbestrittener Meisterschaft gebracht. Er hatte den Strategen Karl als eine Art Generalstabschef verwendet und sich darauf verlegt, mehr Feldzeichen zu sein als Feldherr, und ihr Verhältnis läßt sich sehr gut mit jenem vergleichen, das den prachtvollen alten Haudegen Blücher mit seinem Generalstabschef Gneisenau verband.

Es ist wahrscheinlich, daß Kara Mustafa Pascha aus den gemachten Erfahrungen früherer Kriege die Überzeugung gewann, die hartnäckige Weiterführung der Belagerung wäre auch vor Wien das operativ richtige und erfolgverheißende Verhalten, und er sah in der Entsatzarmee vorerst keine gefährliche Bedrohung. Erst am 8. September(!), als sich die Entsatzarmee schon bei Tulln gesammelt hatte und dabei war, in die Angriffsabschnitte einzudringen, kam ihm der Gedanke, daß es doch gut sein könne, zu erfahren, was

König Johann mit seinen Truppen gerade mache, und er beauftragte den Sandschakbeg von Karahisar i Sahib, Ömer Beg, stromaufwärts auf dem rechten Ufer Aufklärung zu treiben. Am folgenden Tag, als der Tatarenkhan die Meldung vom Stromübergang überbracht hatte und von Ömer Beg die ersten Aufklärungsergebnisse eingetroffen waren, setzte der Großwesir in einer großen Lagebesprechung mit Abaza Hüseyin Pascha Sari, Kara Mechmed Pascha, Deli Bekir Pascha, Binamaz Halil Pascha, den Kommandeuren der Gardekavallerieregimenter Sipah und Silihdar, dem Dschebedschibaschi und dem Topdschibaschi den *einstimmigen* Beschluß durch, daß bei Annäherung der Entsatzarmee

- die Leute in den Gräben unbeirrt in ihren Abschnitten bleiben und den Kampf gegen die Festung fortsetzen,
- sämtliche Paschas jedoch mit den berittenen Truppen ihrer Pforten und Provinzen den Giauren entgegenrücken und die Entsatzarmee vernichten sollten.

Da in der Geschichtsschreibung von der Masse der gegen die Entsatzarmee eingesetzten Truppen übertriebene Vorstellungen herrschen (selbst der sehr genaue Sturminger nimmt rund 107 000 Mann an), sei die zweifellos korrekte Truppenauflistung aus dem Tagebuch des Zeremonienmeisters hier aufgeführt (Kreutel, Kara Mustafa S. 131), wobei auf die Benennung oder genaue Funktionsbezeichnung des jeweiligen Befehlshabers oder Kommandeurs verzichtet und nur die Herkunft aufgeführt wird:

Truppen von	Stärke
Diyarbekir	2 000
Sivas	1 500
Aleppo	1 000
Adana	900
	5 400

Diese Truppen bildeten die unter Kara Mechmed Pascha gesondert verwendete Vorhut, wurden aber am 12. September mit den übrigen Verbänden eingesetzt. Sie hatten folgende Kampfstärke:

Marás	1 200
Karaman	1 000
Damaskus	600
Bosnien	2 000
Bolu	300
Teke	200
Saruhan	300
Ägypten	1 000
Hamid	400
Aydin	500

Mentesche	200
Neuhäusel	500
Kaysariye	150
Itschil	200
Karahisar	200
Kandschiri	150
Magyaristan	4 000
Begschehir	150
Herzegowina	300
und an Reichstruppen	
Janitscharen	5 000
Deschebedschis	1 500
Gardereiter	3 000
Truppe des Mechterbaschi	150
insgesamt	28 500 Mann.

Die Kampfkraft dieser Truppen wurde durch

- 60 Schahis und
- 2 Kolumbrinen

verstärkt, die so in Stellung gebracht wurden, daß sie gegen die drei Hauptstoßrichtungen der Entsatzarmee wirken konnten.

Die Vorhuttruppen Kara Mechmeds rückten noch am 9. September ab; sie sollten anscheinend im Gelände des Wiener Waldes einen Verzögerungskampf führen, aber dazu war es schon zu spät: Der Feind hatte die entscheidenden Geländeteile bereits in Besitz genommen. Am 10. September meldete Kara Mechmed Pascha, daß der Feind am Ufer und »oberhalb des Lagers« auf zwei Wegen vorgerückt sei und nur mehr drei Marschstunden entfernt halte. Im Führungsstab machte sich eine gedämpfte Panikstimmung breit; von einer Tatarenstreife - irgendwie· machten die »windschnellen« Krieger des Khans also doch noch mit - wurde ein Gefangener eingebracht, der die Meldung bestätigte und weiter aussagte, daß der Angriff schon morgen beginnen solle. Daraufhin begreifliche Aufregung; die Truppen wurden in Gefechtsordnung befohlen und blieben »wach und ohne Schlaf wie die Sterne des Himmels, bis das Licht des Morgens dämmerte« und jener Tag der Entscheidungsschlacht heraufzog, in die sie zur ganzen sonstigen Misere auch noch übermüdet hineingestolpert wären. Als an diesem 11. September gegen Mittag von Ömer Beg die Meldung einging, daß sich die Giauren zurückzögen, wurde nach einer Wartezeit von ein bis zwei Stunden die Gefechtsbereitschaft aufgehoben und die Truppe ins Lager zurückgeführt. Aus den Gräben war indessen die Meldung eingetroffen, daß man im Zentrum die Mauer erreicht habe und mit fünf Sprengbohrungen nun etwa eineinhalb Meter in sie eingedrungen sei, was Kara Mustafa als Bestätigung der Richtigkeit seiner Kampfführung ansah.

Kara Mechmed, der an diesem Tage aufs Hauptheer zurückgefallen war, wies feindliche Aufklärungskräfte ab. Der Janitscharenaga erhielt noch den Befehl, mit seinen der Kampftruppe zugewiesenen Männern vor den Geschützstellungen Gräben auszuheben und diese zu besetzen.

An diesem Tage und in der darauffolgenden Nacht gelangten die Truppen der Allianzarmee endlich in die vorgesehenen Ausgangsstellungen. Sie waren zur Schlacht wie folgt gegliedert:

Linker Flügel: (in Anlehnung an die Donau)
- Armee des Kaisers, abzüglich vier Infanterieregimenter
- Armee des Kurfürsten von Sachsen

Hier befand sich der Herzog von Lothringen und die kaiserliche Generalität, darunter Ludwig Markgraf von Baden, bei dem sich als Neuzugang sein Cousin Prinz Eugen von Savoyen als Volontär eingefunden hatte, der sich Hoffnungen machte, Kommandeur des Dragonerregiments seines im Juli gefallenen Bruders zu werden.

Zentrum:
- Armee des Kurfürsten von Bayern,
- Armee der Reichskreise.

Die bisher aufgezählten Kontingente wurden von den eingesetzten Befehlshabern (Karl von Lothringen, Georg Friedrich von Waldeck) oder den Landesfürsten (Johann III. Georg von Sachsen, Maximilian II. Emanuel von Bayern) befehligt.

Rechter Flügel:
- Armee des Königs von Polen, verstärkt durch vier Infanterieregimenter der kaiserlichen Armee (s. linker Flügel). Der König befand sich bei seinen Truppen, hatte aber den Befehl über den Flügel seinem Krongroßfeldherrn Johann Fürst Jablonowski übertragen.

Im Morgengrauen hielt Markus → Marco von Aviano, der Beichtvater des Kaisers, der bei Hofe die »graue Eminenz« war und auf den Kaiser einen großen Einfluß ausübte, sich aber beim Heere befand, einen Gottesdienst bei der Kapelle des heiligen Leopold auf dem Leopoldsberg (oder beim Kloster der Kamaldulenser auf dem Kahlenberg) im Anschluß an eine letzte Lagebesprechung der Generalität. König Johann III. versah den Ministrantendienst. Unmittelbar danach begann der Angriff, der durch das schwierige Gelände, mit vielen Buschreihen und Weingärten versehen, und den Befehl, die Geschütze mitzuführen, in der Ausführung sehr verzögert wurde. Auch wurde »gute Ordnung gehalten«, was bedeutet, daß keine Formation vorprellte, sondern auf den gleichmäßigen Vormarsch geachtet wurde, so daß die in günstigeren Geländeteilen vorrückenden Truppen immer wieder Marschpausen einlegen mußten, um auf zurückhängende Truppen zu warten. Geradezu ergriffen schreibt der Silihdar Mechmed Aga:

»Die Giauren hatten die Palanke am Berg erreicht und tauchten nun mit ihren Abteilungen auf den Hängen auf wie die Gewitterwolken, starrend vor dunkelblauem Erz. Mit dem einen Flügel gegenüber den Walachen und Moldauern an das Donauufer angelehnt und mit dem anderen Flügel bis zu den äußersten Abteilungen der Tataren hinüberreichend, bedeckten sie Berg und Feld und formierten sich in sichelförmiger Schlachtordnung. Es war, als wälze sich eine Flut von schwarzem Pech bergab, die alles, was sich ihr entgegenstellt, erdrückt und verbrennt.«

Die Osmanen, ohnehin mit Nachteilen sozusagen überhäuft, begingen nun den Fehler, unkoordinierte wütende Gegenangriffe vorzutragen, die von den jeweils örtlichen Befehlshabern nach Belieben abschnittsweise angeordnet wurden, erzielten keinerlei Erfolge und erlitten durch das geleitete Sturmabwehrfeuer der Infanterie, das von den mühsam genug mitgezerrten Geschützen gut unterstützt wurde, schwerste Verluste. Sehr unangenehm muß für sie das schwere Geschützfeuer gewesen sein, das Starhemberg mit seinen weittragenden Kanonen auf die wieder in den Lagerraum strömenden, zurückgeworfenen Truppen zu legen befahl.

Die in den Gräben zurückgebliebenen Janitscharen kämpften, scheinbar unberührt vom Schlachtverlauf, tapfer weiter. General de Souches (der Sohn des bisher mehrfach genannten Feldmarschalls) machte zwar mit rasch zusammengefaßten Infanteriekräften einen Ausfall, der aber bald angehalten wurde, da sich die Kaiserlichen im Gewirr von großteils verdeckten Gräben nicht zurechtfinden konnten. Die Janitscharen zogen, erbittert hinhaltenden Widerstand leistend, ab -, aber die armen Teufel der anderen Infanterietruppenteile, die in den Gräben eingesetzt waren, wie Asaben oder Angehörige der Levends verschiedener Provinzen, wurden von den siegestrunkenen Truppen der Entsatzarmee zu Tausenden erschlagen.

Großwesir Kara Mustafa, der ein persönlich außerordentlich tapferer Mann war, griff einige Male in den Nahkampf ein; von seinem persönlichen Gefolge sind mehrere gefallen, darunter sein Geheimschreiber Ali Efendi der Kroate. Seine arnautische Leibwache wurde zur Gänze vernichtet. Er selbst suchte wohl den Tod in der Schlacht, und es wäre ihm zu vergönnen gewesen, hätte er ihn gefunden, doch der Kommandeur des Gardekavallerieregiments Sipah zog ihn aus dem Getümmel und hielt ihm vor, daß er die Seele des Heeres sei und alles zugrundegehen müsse, wenn er sich opfere. Bei diesen Worten ergriff er die Heilige Fahne, dem ein Stück des Banners des Propheten eingefügt war, und da auch die anderen Anwesenden, persönliches Gefolge des Großwesirs und zufällig anwesende Offiziere, Osman Aga zustimmten, ließ sich der Serasker überreden und machte sich auf den Weg nach Raab.

Die Flucht des Großwesirs ließ jeden Widerstand im Lager, auf das nun die Masse der noch kämpfenden Truppenteile zurückgeworfen war, erlöschen, und alles was fliehen konnte floh. Es war nun schon dunkel geworden, und bei der »Zeltburg Sultan Solimans« verlor der Trupp mit dem Großwesir den Weg. Es dauerte fast eine Stunde, bis man ihn wieder gefunden hatte, nachdem die Leute des Nischandschibaschi, der als Teil des zivilen Gefolges mit vor den »Goldenen Apfel« gezogen war, ein paar Fackeln auftreiben konnten.

Erst hinter der Fischa, die um Mitternacht erreicht wurde, hielt Kara Mustafa an, um vor allem den erschöpften Pferden Ruhe zu gönnen, ritt am 13. September nach mehrstündiger Mittagsrast weiter, übernachtete noch einmal am freien Felde und traf am 14. September bei Raab ein, wo ihn Mustafa Pascha aus Mytilene, der Beglerbegi von Silistria, und Fürst Michael von Siebenbürgen erwarteten.

Es ist für rückschauende Betrachtung in hohem Maße erstaunlich, daß die Trümmer des zerschlagenen Heeres nicht zügig verfolgt wurden, was Kara Mustafas Flucht wohl schon beim Neugebäude, der »Zeltburg Sultan Solimans«, ein Ende gesetzt hätte. Allein noch während der Kämpfe begann schon die Plünderung des Lagers, an der sich neben den polnischen Infanteristen besonders auch Zivilisten beteiligten, die aus den abseits gelegenen sicheren Toren hervorgeströmt waren. Der Polenkönig und die Kurfürsten und die Generäle mußten sogleich an den Festlichkeiten teilnehmen, die in Wien zu ihren Ehren veranstaltet wurden, im Stefansdom begannen, um mit einem Festschmaus zu enden. (»Das Traktement an Speisen und Konfekt war stattlich und allerlei Wein und Bier vorhanden«, zitiert nach Sturminger, S. 375.)

»Die polnischen, bayrischen und sonstigen Auxiliarvölker« (Sturminger, S. 376) hatten indessen in den Vorstädten zu feiern begonnen, als sie große Weinmengen, die von der osmanischen Heerführung rechtzeitig beschlagnahmt worden waren, auffanden und austranken. Viele tausend Liter wurden auch sinnlos verwüstet: die trunkenen Soldaten schossen Löcher in die Fässer oder zerschlugen sie, und der Wein rann aus.

Sobieskis Leute führten sich so übel auf, daß der Eintritt in die Stadt für die Polen grundsätzlich verboten wurde. In der Nacht vom 13. zum 14. September flog ein - kleines - Pulvermagazin »durch Verwahrlosung des polnischen Gesindels« in die Luft, und als sich ein Rudel Betrunkener den Zutritt in die Stadt erzwingen wollte, gab die Stadtwache Feuer. Sobieski zeigte sich wieder als Herr der Lage, beklagte sich bitter über die Stadt, die auf ihre Befreier schießt, verlegte sein Lager unter Mitnahme der Beute ziemlich weit stromabwärts in Richtung Schwechat - und ersparte seinen Leuten die nun unbedingt notwendigen Aufräumungsarbeiten. Denn im Lagerbereich, in den Belagerungsgräben und auf dem stromaufwärts gelegenen Schlachtfeld lagen gefallene Menschen und Pferde zu Tausenden und Abertausenden, wurden zu Aas, stanken erbärmlich und bildeten eine schwere Gefahr für die Gesundheit.

Am 14. September 1683 erschien Seine Majestät Kaiser Leopold I. in Wien auf dem Wasserweg und noch immer erfüllt von dem Glücksgefühl, daß ihm

Ihre Majestät die Kaiserin am 7. September eine Tochter geschenkt hat, die mit gebührender Feierlichkeit auf die Namen Maria Anna Josefa Antonia Regina getauft wurde. Der Herzog von Lothringen und die kaiserliche Generalität, die beiden Kurfürsten mit ihren Generälen waren, nebst einer »großen Menge des gemeinen Volkes«, zugegen. Kanonensalut, Jubel. Seine Majestät verließ das Schiff, stieg zu Pferde und ritt durch das Stubentor in die Stadt. Pauken dröhnten, Trompeten schmetterten. An der Schwelle der Stadt, aber nicht den Weg versperrend, sondern schlicht an die Seite gedrückt, standen die Honoratioren, Mitglieder des Magistrats und des Stadtgerichts, sich beinahe zum Boden verneigend. Daniel Focky, seit Liebenbergs Tod das Bürgermeisteramt provisorisch verwaltend, entbietet alleruntertänigst die untertänigsten Glückwünsche und bekundet die Freude der Bürgerschaft, daß Seine Majestät geruhen, gütigst in höchstdero Residenz heimzukehren. Seine Majestät geruhten die Vertreter der Bürgerschaft, die aus Treue zu ihm durch die Hölle einer harten Belagerung gegangen war, in des Wortes wahrstem Sinn vom hohen Roß herunter zu betrachten, gestattete den Beglückten, die hohe Hand zu küssen und versprach allergnädigst den ferneren landesfürstlichen Schutz für die Gemeinde.

Und wer nun meinen sollte, daß sei eben der Stil der Zeit gewesen, muß eine kleine Korrektur anbringen: Das war nicht der Stil der Zeit, sondern das war der Stil des vollendeten, schärfsten Absolutismus, der in Österreich völlig schrankenlos regierte. Die ungarischen Rebellen wußten ganz genau, gegen was sie rebellierten – *nicht gegen den König, aber gegen einen König, der ihnen derart gegenübertrat.*

Seine Majestät geruhten nun aber nicht nur, Seiner Majestät Untertanen in dieser Weise zu begegnen, auch das Verhältnis zu Seiner Majestät Alliierten war derart, daß Kurfürst Johann III. Georg von Sachsen sogleich nach der offiziellen Parade am 15. September mit seinem Heer abrückte, ohne seinen Abzug zu melden, ohne sich von irgendjemand zu verabschieden, ohne auch nur durch einen Adjutanten oder einen Pagen beim Oberkommando anzufragen, ob er mit seinen Truppen noch benötigt werde. Siegte, sah und ging, kann man in Abwandlung des berühmten cäsarischen Satzes sagen – und schrieb vom nahen Klosterneuburg aus dem Kaiser einen Brief, daß ihn eine plötzliche Unpässlichkeit dazu zwinge, Wien zu verlassen und schleunigst heimzureiten.

Des sächsischen Kurfürsten bayrischer Kollege, der wegen seiner Eheschließungsabsichten nicht empfindlich sein durfte, wußte seinen künftigen Schwiegervater aber auch besser zu behandeln. Max Emanuel hatte seine Armee neben einem verbrannten Kloster Paradeaufstellung einnehmen lassen und hielt artig vor ihr, eine Art Spielzeugdegen, einen diamantenbesetzten Prunkdegen, in der Hand. Er machte Seiner Majestät die devoteste Verneigung und erlaubte sich geziemend zu bemerken, daß dies der Degen sei, womit Ihre Majestät ihn vor drei Jahren auf der Wallfahrt nach Altötting begnadet hätten, und den er nun zur gehorsamsten Ehre und im Dienste Seiner

Majestät gegen Seiner Majestät und der Christenheit Feinde gezückt habe und bei allen Okkasionen zücken und gebrauchen werde. Derlei hört man gerne, auch wenn man Kaiser ist: Leopold lüpfte den Hut und zeigte, wie Vaelkeren (zitiert nach Sturminger, S. 387) schreibt, einen »freudgnädiglichen Anblick«, was immer darunter auch zu verstehen sein mag. Max nahm diesen jedenfalls als stumme Aufforderung und schloß sich der Suite Seiner Majestät an.

Nun besichtigte der Kaiser die Armee der Reichskreise. Waldeck, der vom Kaiser nicht viel hielt und auch gegenüber dem Grafen Harrach die Meinung vertreten hatte, daß die Flucht aus Wien nicht ehrenhaft gewesen wäre – der Kaiser hätte sich vielmehr mit dem Degen in der Hand zu seiner Kavallerie begeben und dann mit dieser und Herzog Karl »mit Reputation alsdann retirieren sollen« – und dabei wohl annahm, daß sie Harrach dem Kaiser mitteilen werde, machte seine Meldung mit steinerner Miene und betrachtete sie als dienstliche Obliegenheit, der er pünktlich nachkam. Ebenso zeremoniell dankte der Kaiser; sie sprachen nichts, der Kaiser ritt weiter. Am nächsten oder übernächsten Tag ritt auch der Feldmarschall, an der Spitze seiner Truppen, donauaufwärts in Richtung Heimat. Eine Verabschiedung hielt er für ebenso unnötig wie der Kurfürst von Sachsen.

Heikel war wieder die Begegnung mit Sobieski. Der König ritt dem Kaiser entgegen und grüßte ihn höflich in lateinischer Sprache, der Kaiser antwortete in derselben Sprache und dankte dem König, daß er ihm und der ganzen Christenheit diese entscheidende Hilfe geleistet habe. Sobieski erwiderte, daß er nichts getan habe als seine Christenpflicht, die »stattliche Victori« sei allein dem Dreieinigen Gott zu verdanken. Hierauf sei dem königlichen Prinzen Jakob gestattet worden, dem Kaiser die Hand zu küssen.

Die Sache mit dem Handkuß ist aber bestritten; Johann Sobieski beklagt sich in seinem Schreiben vom 17. September gegenüber Marisenka:

> »Als wir so gegenüber waren, stellte ich ihm meinen Sohn vor. Der Kaiser griff nicht einmal an den Hut; ich war darüber wie niedergedonnert. Ebenso machte er es bei den Senatoren und Hetmanen und sogar bei seinem Verwandten, dem Woiwoden von Belz.«

Und Jakob trägt in sein Tagebuch ein:

> »Dann kam ich näher, um ihn zu begrüßen, aber ob ihm vielleicht die lang auf die Schultern herabwollenden Hutfedern die Sicht verdeckten, daß er mich nicht bemerkt hat, oder ob die Furcht, das feurige Roß, das er mit beiden Händen hielt, könne ihm durchgehen, ihn hinderte, mich zu grüßen – ich weiß nicht, was die wirkliche Ursache dieser Vergeßlichkeit war.«

Auf der Gegenseite hatte Kara Mustafa Pascha noch am 14. September, dem Tag seines Eintreffens in Raab, nach einem Schuldigen gesucht, den er zum Sündenbock für die Katastrophe vor Wien stempeln wollte. Er fand ihn in

Koca Arnaut Ibrahim Pascha von Budyn, den er in Székesfehérvár einen verblödeten Greis genannt hatte, weil er der einzige Großwürdenträger war, der ihm von einem Vormarsch auf Wien abgeraten hatte. Er befahl ihn zu sich, und erst die Wiederholung des Befehls ließ den alten Arnauten bei ihm erscheinen. Der Serasker vernahm ihn nicht, fragte ihn nicht, gab ihm keine Gelegenheit zu einer Verantwortung. Seinen Soloauftritt schildert der Zeremonienmeister wie folgt:

> »... fuhr ihn grimmigen Angesichts mit heftigem Tadel an:
> ›Ha, du gottloser alter Schurke! So lange Zeit habe ich dich nun vor den übrigen Wesiren unseres Padischahs ausgezeichnet, indem ich sagte, du seist ihm ein eifriger und ergebener Diener! Jedesmal wenn ein Brief von dir kam, stand darin geschrieben, die Festung Wien sei leicht einzunehmen, habe nur eine schwache Besatzung und sei kaum befestigt, und es wäre durchaus rätlich und höchst verdienstvoll, dorthin einen Feldzug zu unternehmen. Und nun hast du im Kampf gegen die Giauren, ohne Widerstand zu leisten, dich als allererster zur Flucht gewandt und dadurch die völlige Niederlage des islamischen Heeres verursacht; und auch dann hast du dir keinerlei Gedanken über dieses dein todeswürdiges Verbrechen gemacht, sondern hast dich gleich selbst zum Führer der Vorhut bestimmt und bist, ohne dich um die Heilige Fahne und um deinen Feldherrn zu kümmern, hierher geeilt und hast dich in deinem Zelt niedergelassen, als hättest du große Heldentaten verrichtet‹.«

Und noch in derselben Stunde wurde ihm »der Weg ins Jenseits bereitet und das Tagebuch seines Lebens zugeklappt«.

Als Pascha von Budyn wurde sogleich Kara Mechmed Pascha eingesetzt, und dessen Provinz Diyarbekir dem Wesir Osman Pascha, dem Bosniaken, verliehen.

Kara Mechmed Pascha fiel nun die Aufgabe zu, die große, blühende und gefährdete Provinz zu verteidigen, zumal vorherzusehen war, daß der Großwesir Magyaristan in Kürze verlassen werde.

Zunächst zog Kara Mustafa mit den Resten seines Gefolges und der Stabstruppen nach Budyn, wo er weitere Hinrichtungen und Amtsenthebungen verfügte und die nötigen Beförderungen vornahm, während sich Kara Mechmed Pascha, dem nun alle im Raum Magyaristan verfügbaren Kräfte unterstanden, bemühte, aus den Truppen des Beglerbegi von Silistria, die durch den Einsatz vor Raab völlig ungeschoren über den blutigen Sommer gekommen waren, und den Trümmern der vor Wien zerschlagenen Verbände eine Abwehrfront aufzubauen, die das Stromtal sperrte. Ali Pascha, dem früheren Beglerbegi von Rumelien, der erst Ende August Beglerbegi von Neuhäusel geworden war, erteilte er den Befehl, mit seinen Truppen, die er aus anderen Kontingenten auf 10 000 Mann verstärkte, in seine Provinz abzurücken und diese verteidigungsbereit zu machen.

Am 18. September brachen die polnische Armee unter Johann Sobieski und die kaiserliche Armee unter dem Lothringer zur Verfolgung der Osmanen auf, wobei der Vormarsch ab Pressburg, wo die Donau auf einer Pontonbrücke überwunden wurde, auf dem linken Ufer erfolgte. Sobieski, der große Meister des Bewegungskrieges, fühlte sich ganz in seinem Element und drängte mit seiner Reiterei mächtig voran, ohne auf das große, langsame Marschpaket der Infanterie, der Feldartillerie und der Trosse, das Herzog Karl führte, Rücksicht zu nehmen.

Kara Mechmed Pascha hatte indessen seine Abwehrfront aufgebaut, linksufrig auf Párkany, das die Osmanen Cigerdelen, die »Herzdurchbohrende« nannten, rechtsufrig auf Giran gestützt. In Párkany befehligte der Wesir Hizir Pascha von Bosnien, in Giran der Samsundschibaschi Soliman Aga Gürcü → der Georgier. Auch Párkany, der schwächere Stützpunkt, war gut mit Artillerie ausgestattet.

Am 7. Oktober prallte die Vorhut Sobieskis auf die osmanischen Sicherungstruppen und warf diese, denen noch der Schock von Wien in den Gliedern lag, ohne Mühe zurück. Der König stieß mit der Masse seiner Reiterei nach, geriet in den Feuerbereich der Festungsartillerie, erlitt schwere Verluste und wurde, als er sich absetzen wollte, von einem wütenden Ausfall osmanischer Kavallerie getroffen. Das Gefecht endete mit einer empfindlichen Niederlagen der Polen, die von Panik erfaßt in wilder Flucht davonstoben, von den siegjauchzenden Osmanen grimmig verfolgt. Die aufgerückte kaiserliche Reiterei, die Ludwig von Baden führte, machte der wilden Jagd ein Ende. Die Osmanen brachen die Verfolgung ab und fielen auf die Festung zurück. Und Ludwig schrieb an seinen Oheim, den Präsidenten des Hofkriegsrates, nicht ohne Schadenfreude, der Polenkönig habe sich »die Mühe genommen, sich von 4000 Türken eine halbe Stunde von Gran so schlagen zu lassen, daß nicht sechs Mann von seiner ganzen Armee in Ordnung geblieben sind«.

Der 8. Oktober verging mit dem Warten auf die nachkommenden Infanterieteile und die Artillerie, dann mit dem Einnehmen der Gefechtsordnung für den kommenden Tag, der einen großen und blutigen Sieg der christlichen Truppen und die Eroberung von Párkany sah. Die zunächst sehr selbstbewußte Kampfführung der Osmanen, die unter dem Eindruck des Sieges vom 7. entschieden an Haltung gewonnen hatten und von Kara Mechmed energisch geführt wurden, brach mit der Donaubrücke zusammen. Der Rest der Schlacht war die Vernichtung der osmanischen Truppen am nördlichen Ufer in einem Nahkampf, von dem Markgraf Ludwig, der doch schon etliche Kriegserfahrung hatte, sagte, er sei so furchtbar gewesen, daß daneben alles, was er bisher gesehen, »wie nichts zu rechnen ist«. Hizir Pascha fiel, Binamaz Halil Pascha und Mustafa Pascha begaben sich mit dem Rest ihrer Kriegsleute in die Gefangenschaft, bedingungslos und froh, ihr nacktes Leben zu retten.

Während Párkany in einen kaiserlichen Stützpunkt umgewandelt wurde, schlugen bei Komorn die kaiserlichen Pioniere die nunmehr dritte (!) Brücke über die Donau, und um den 15. Oktober setzten die kaiserlichen und polnischen Verbände zum ebenfalls dritten Mal über den Strom. Kara Mechmed, der weder eine neue Feldschlacht riskieren noch seine ganzen restlichen Kräfte nach Giran legen konnte, verstärkte die Besatzung auf etwa 12 000 Mann und zog sich mit dem Rest nach Budyn zurück.

Der König von Polen und der kaiserliche Heerführer begannen mit der Beschießung der Stadt am 21. Oktober. Die Stadt wurde am 25. Oktober in erbitterten Straßenkämpfen erobert, der Rest der Besatzung – nicht ganz 4 000 Mann – verteidigte sich in der Zitadelle. Die Belagerer, die weitere Opfer ersparen wollten, boten dem Befehlshaber Soliman Aga freien Abzug gegen Übergabe der Zitadelle an. Soliman Aga beriet sich mit den in der Stadtburg befindlichen Großwürdenträgern Deli Bekir Pascha von Aleppo und Mechmed Pascha Arslan → der Löwe von Karaman – tapfere Krieger, besonnene Offiziere, tüchtige Truppenführer alle drei. Sie übergaben die Festung und führten den Rest der Besatzung nach Budyn. Die Übergabe der Zitadelle erfolgte am 27. Oktober als letzte bedeutende militärische Operation des Jahres.

In Budyn aber saß noch der Großwesir, der begonnen hatte, eine wahre Schreckensherrschaft zu entfalten. Überall witterte er Feigheit, Verrat an den Interessen von Reich oder Religion, geheime Opposition gegen seine Regierung, und er »griff hart durch«, wie es so schön heißt. Er erließ unsinnige, ja aberwitzige Befehle, rechnete mit Verbänden, die nicht mehr bestanden, wollte alles defendieren, wollte die Giauren vernichten, ihre Armeen zerschlagen, den Krieg gewinnen. Er wütete gegen die Armee und ihre Führer, er wütete gegen jeden, der ihm die Wahrheit sagte, und er verirrte sich immer mehr in einer Scheinwelt aus Glauben und Illusion, aus Spekulationen und Irrtümern, die ihm als harte Tatsachen erschienen. Er blieb in Budyn, solange er einen glaubhaften Vorwand dafür finden konnte, denn er scheute die Heimkehr. Vielleicht deshalb die hektischen, grausamen, sinnlosen Aktivitäten, die Aktivitäten vorgeblich zur Rettung des Reiches, der osmanischen Gesellschaft, der islamischen Weltsicht.

Im November verfügte er noch die Hinrichtung der Großwürdenträger, die Giran in aussichtsloser Lage übergeben hatten, wegen Feigheit vor dem Feinde. Dann zog er südwärts und erreichte Anfang Dezember Belgrad. Im Palast des Beglerbegi nahm er Wohnung, war ruhig geworden, hatte die Anfälle hysterischer Arbeitswut überwunden, lebte – beinahe – unauffällig. Am 25. Dezember erschienen unangemeldet in seinem Quartier der Aga der Janitscharen, Mustafa Pascha aus Rodosto, Mechmed Aga, der Tschauschbaschi und Achmed Aga, der Oberstkämmerer des Hofes mit einigen Begleitern, die eben erst, vom Großherrn kommend, in Belgrad eingetroffen waren. Kara Mustafa, der sich zu dieser Zeit für das Mittagsgebet vorbereitet und den Gebetsteppich auszubreiten befohlen hatte, war durch den Hufschlag auf der Straße aufmerksam geworden, hatte aus dem Fenster geblickt und die Ankömmlinge gesehen. Da er annahm, daß der Besuch ihm galt, ließ er den Teppich wieder einrollen und ging im Zimmer auf und ab, bis die drei Großwürdenträger eintraten. Der Janitscharenaga trat zu ihm und begrüßte ihn in gewohnter Ehrfurcht mit dem vorgeschriebenen Kuß auf den Gewandsaum, der Oberstkämmerer und der Tschauschbaschi verhielten am Eingang und entboten das Selâm, den üblichen Gruß.

»Was gibt es«, fragte der Großwesir.

»Unser erlauchter Padischah fordert von dir das Reichssiegel, die Heilige Fahne und den Schlüssel zur Kaaba« antwortete der Oberstkämmerer.

»Wie mein Padischah befiehlt« sagte der Großwesir ruhig, nahm das Reichssiegel, das er unter dem Gewand auf der Brust trug, brachte die Heilige Fahne und die Schlüssel zur Kaaba samt dem Behältnis, die alle in seinem Gebetszimmer aufbewahrt waren, und übergab alles dem Oberstkämmerer.

»Ist mir der Tod bestimmt?« fragte Kara Mustafa, der nun, nach Rückgabe der Zeichen seines Amtes, nicht mehr Großwesir war.

»Gewiß, es muß sein. Allah möge dich im wahren Glauben sterben lassen« sprach der Oberstkämmerer.

»Wie es Allah gefällt«, sagte Kara Mustafa. Und zu seinen Pagen, die im Raum geblieben waren: »Nun breitet den Gebetsteppich wieder aus.«

Die drei Besucher verließen den Raum, um das Gebet nicht zu stören. Kara Mustafa verrichtete das Gebet in gewohnter Sorgfalt und ohne, daß ihm eine Unachtsamkeit unterlaufen wäre. Zuletzt strich er, während er das Dua betete, mit den Handflächen über sein Gesicht und sagte zu seinen Pagen:

»Geht ihr hinaus. Und vergeßt mich nicht in euren Gebeten«.

Dann legte er Pelz und Turban ab und befahl: »Sie sollen kommen. Und nehmt diesen Teppich weg, ich will, daß mein Leib mit Staub besudelt sei.« Der Moslem glaubt, daß der »auf dem Wege Allahs« gefallene Blutzeuge durch seinen mit Staub bedeckten Körper sogleich nach dem Tode ins Paradies gelangt. Die Leichen der Märtyrer - zu denen auch die politischer Gründe wegen Hingerichteten zählen - werden entgegen dem Leichenwaschgebot nicht gesäubert.

Der Teppich wurde fortgeschafft, die Henker kamen herein, Kara Mustafa hob den Vollbart hoch und sagte: »Legt mir die Schlinge auch richtig an.« Die Henker taten dies, zogen zweimal oder dreimal kräftig zu, und seine Seele hatte den Körper für immer verlassen. Dann entkleideten sie den Leichnam und trugen ihn in ein im Palasthof vorbereitetes Zelt, wo sie ihn in das Leichentuch hüllten und das Totengebet verrichteten. Nachdem sie ihn in den Sarg gelegt hatten, enthäutete ihm ein Henker den Kopf. Sie trugen seine Leiche fort und bestatteten sie im Hof der Moschee gegenüber dem Palais.

Der indessen herbeigeholte Defterdar aber begann mit der Aufnahme der Hinterlassenschaft.

Und das Jahr 1683 starb nach sechs Tagen - es war ein Jahr gewesen, in dem sich, gruppiert um die machtvolle Persönlichkeit des am Christtag in Belgrad Erwürgten, die Geschichte von Welten entschieden hatte.

6. Kapitel:
Der Weg nach Karlowitz –
Der Frieden und seine Folgen

Jacta alea est. Von der Niederlage, die es vor Wien erlitten hatte, hat sich das Osmanische Reich niemals erholt. Der Krieg aber, der im Jahre 1683 begonnen hatte, ging weiter: Auch er war ein Krieg, der nicht sterben konnte und der sich mühselig dahinschleppte, Jahr für Jahr.

Der, der ihn führen wollte, war der Kaiser, dem es darauf ankam, Ungarn wiederzugewinnen, und zwar das ganze Ungarn. Das Ziel lehnten die deutschen Höfe ab, denn die Gewinnung Ungarns mußte dem Hause Habsburg ein derartiges Übergewicht im Heiligen Römischen Reich bringen, daß seine Vormachtstellung für einen unübersehbaren Zeitraum fixiert war. Sie fielen als Bundesgenossen aus, wie sie auch im Jahr der Entscheidung nicht zu den Waffen gegriffen hätten, wäre die Kriegführung auf Ungarn beschränkt geblieben.

Aber auch Johann Sobieski war als Bundesgenosse problematisch und entglitt der mühsam hergestellten Steuerung durch den Papst weitgehend. Sein Kriegsziel war die Wiedergewinnung Podoliens, und seine Kriegführung mußte am Dnjepr erfolgen, nicht aber an der Donau. Der Krieg des Kaisers um Ungarn war ihm willkommen, band er doch erhebliche osmanische Kräfte, aber ein ständiges Engagement Polens auf dem ungarischen Kriegsschauplatz hätte den erstrebten Vorteil, nur mit einem Teil der osmanischen Kriegsmacht im Land, auf das es ihm ankam, zu kontrahieren, annulliert. Das sah Rom ein, und es begnügte sich damit, ihn nur überhaupt im Bund mit dem Kaiser zu erhalten. Papst Innocenz XI., dem die Fortsetzung des Krieges gegen den Großherrn, der aus gutem Grund als Erbfeind der Christenheit zählte, wenngleich aus anderen Ursachen als dem Kaiser das entscheidende politische Ziel war, gewann nun einen neuen Interessenten als Bundesgenossen, die Republik Venedig. Venedig hatte mit den Gebietsverlusten im Osten des Mittelmeerraumes seine bevorzugte Stellung im Orienthandel verloren und erwartete, diese erneut zu erlangen, wenn die Rückeroberung der wesentlichsten Stützpunkte gelingen sollte. Es war nicht besonders schwierig, Venedigs merkantile Interessen in ein militärpolitisches Engagement umzugestalten, und so kam es, daß eine Heilige Liga genannte Verbindung zustandekam, der folgende Partner angehörten:

- Papst Innoccenz XI., der an der Ausschaltung der nichtchristlichen Großmacht ein elementares Interesse hatte,
- Kaiser Leopold I., dem es um die Wiederaufrichtung seiner Königsherrschaft über Ungarn ging,

- König Johann Sobieski, der Podolien für sein Polen zurückgewinnen wollte und
- die Republik des San Marco, die den an die Osmanen verlorenen Stützpunkten nachtrauerte und die Wiedererrichtung seines Handelsimperiums ersehnte.

Für Kaiser Leopold war die neue Konstellation insofern ungünstiger als die im vergangenen Jahr, als er die Kriegführung in Ungarn nur mit eigenen Kräften betreiben und insofern günstiger, als er mit einem beständigen Zufluß beträchtlicher Geldmittel rechnen konnte.

Schon im Jahr 1684 wollte Leopold die Kriegführung energisch vorantreiben und der osmanischen Herrschaft durch die Eroberung von Budyn → Buda → Ofen einen entscheidenden Schlag versetzen. Nun mengte sich aber, wie stets zur passenden Zeit, Ludwig XIV. in das Geschehen und ließ seine Truppen marschieren; sie besetzten einige Gebiet im Rheinland, vor allem Luxemburg, das Stammland jenes Fürstengeschlechts, dem einige deutsche Könige und ein ungarischer König entstammten, und Trier, Sitz eines der drei geistlichen Kurfürsten. Das irritierte den Kaiser erheblich, aber trotzdem stieß eine kaiserliche Armee in Stärke von 35 000 Mann donauabwärts vor, um Ungarns alte Hauptstadt zu erobern. Die Armee wurde von den Helden des Entscheidungsjahres geführt: Generalleutnant Karl von Lothringen und dem zum Feldmarschall beförderten Ernst Rüdiger Graf Starhemberg. Ein weiterer Neubeförderter, der einen ganz gewaltigen, damals aber durchaus üblichen Sprung auf der Karriereleiter gemacht hatte, ritt mit ihnen: Eugen Prinz von Savoyen, Obrist und Kommandeur des Dragonerregiments Kuefstein – das Regiment seines Bruders war anderweitig vergeben worden.

Kara Mechmed Pascha, kriegserfahren und energisch, hatte sein Budyn gekonnt in Verteidigungszustand versetzen lassen und leistete dem kaiserlichen Heer erfolgreichen Widerstand. Die Belagerung, die im Juli begonnen hatte, sollte durch ein osmanisches Reiterheer, das aus den Lehenstruppen von Magyaristan und wohl auch der ostungarischen Provinzen mühsam zusammengestoppelt worden war, beendet werden. Der als Ersatzheer gedachte Großverband wurde von Hamsa Beg, der vermutlich der Alaybegi von Magyaristan war, geführt. Herzog Karl zog ihm mit der kaiserlichen Reiterei entgegen und schlug die Osmanen vernichtend (22. Juli). Hamsa Beg fiel in Gefangenschaft und nahm Gift, da er Budyn nun für verloren hielt. Kara Mechmed Pascha aber fuhr fort, seine Stadt mit Umsicht und Geschick zu verteidigen, bis er am 10. August gefallen ist[10]. Sein Tod brach nicht den Verteidigungswillen, den sein Nachfolger Ibrahim Pascha Scheitan aufrecht erhielt.

Ende Oktober waren die Kaiserlichen, denen indessen auch noch Max Emanuel zu Hilfe geeilt war, zur Aufhebung der Belagerung gezwungen: Ihre Verluste waren beängstigend hoch, und mit dem kläglichen Rest der noch Kampffähigen konnte die Belagerung nicht mehr aufrechterhalten werden.

Das traurige Ende der Offensive hätte die so hoffnungsvoll begonnene Laufbahn des Prinzen Eugen beinahe vorzeitig zerstört. Sein Regiment, das »als ruiniert gelten konnte«, führte er noch nach Österreich zurück, erbat und erhielt Urlaub über den Winter und reiste mit hoher Beschleunigung nach Turin, wo sein Vetter Victor Amadeus II., der regierende Herzog von Savoyen, Hof hielt. Der weichherzige Eugen hatte vom Kriegführen vorerst genug; er träumte von einem friedlichen Kirchenamt in Spanien, dem Großpriorat von Kastilien, und beschwor seinen etwa gleichaltrigen Verwandten, ihm mit seinen Beziehungen beizustehen. Viktor Amadeus aber war mit diesem Vorhaben des ehemaligen Kriegsfreiwilligen, der nun ein hochgradiger Kriegsunwilliger war, nicht einverstanden; er war schließlich Fürst des Heiligen Römischen Reiches und konnte schlecht als Förderer eines Familienangehörigen auftreten, der sich dem Fahneneid entziehen wollte, den er dem Kaiser geleistet hatte. Er schenkte dem Prinzen für den Fall der weiteren Dienstleistung in der kaiserlichen Armee einen prachtvollen Hengst aus bester andalusischer Zucht, der der Legende nach der Stammvater – oder einer der Stammväter – der berühmten Lippizaner werden sollte, und stiftete als Sondersubvention für die Wiederaufstellung des Regiments 20 000 Lire, was damals ein sehr bedeutender Betrag war und beinahe als Wunder gewertet wurde, denn Viktor Amadeus war als sehr sparsam, wenn nicht als knausrig bekannt. So kehrte zu Wintersende Eugen von Savoyen nach Wien zu den Fahnen der kaiserlichen Armee zurück und ritt unter diesen in den Krieg gegen den Großherrn der Osmanen.

Der Kaiser hatte 1684 noch mit dem König von Frankreich einen 20jährigen Waffenstillstand geschlossen mit Anerkennung des augenblicklichen Besitzstandes, setzte seiner Armee für den Krieg in Ungarn für 1685 erreichbare Ziele und gewann Neuhäusel zurück. Nun ging es zügig weiter:

1686   Karl von Lothringen erobert Budyn → Buda → Ofen. Nach Westungarn, das beinahe zur Gänze Leopold wieder als König anerkannt hatte, wurde auch Ungarns Zentralraum wieder habsburgisch. Die Herrschaft des Großherrn hatte 145 Jahre gedauert.
         Die Kaiserlichen und die wieder königstreuen Ungarn gewinnen in einem »Krieg der kleinen Schritte« auch in Ostungarn und in Nordungarn viel Raum; das Territorium Tökölys ist faktisch zur Gänze besetzt, Graf Imre selbst im noch osmanisch beherrschten Gebiet, und nur seine Gemahlin, Ilona Zriny, verwitwete Rákoczi, leistete in Munkácz drei volle Jahre (1685–1688) dem habsburgischen Kriegsvolk fanatischen Widerstand. Nach der Niederlage im Treffen bei Szeged (19. Oktober) wird die osmanische Herrschaft auch in Südungarn brüchig.

1687   Das militärisch herausragende Ereignis, die Schlacht am Berge Harszany, auch zweite Schlacht von Mohács (12. August), bringt den entscheidenden Sieg der christlichen Truppen, die – zum letzten Mal –

von Herzog Karl von Lothringen geführt werden, der die Osmanenherrschaft über beinahe ganz Ungarn beendet.

Der Reichstag von Preßburg steht ganz im Zeichen der Befreiung Ungarns, das nun wieder voll Teil des christlichen Abendlandes ist, und Leopold I. ist vom Nimbus des großen Befreiers umgeben. Das schlägt sich in mehreren beschlossenen, entscheidenden Änderungen der Verfassung nieder:

- *Ungarns Stände verzichten ausdrücklich auf das Recht zum Widerstand gegen den rechtbrechenden König,* womit faktisch der Absolutismus in allerdings gemilderter Form eingeführt wird;
- *Erblichkeit der ungarischen Krone unter den männlichen Nachkommen König Leopolds I.* und damit Verzicht auf die Wahl des Königs für unbestimmte Zeit. Es sei bemerkt, daß 1723 die Beschränkung wegfiel und nun alle Angehörigen des Hauses Habsburg, auch Frauen, nach dem hausintern festgesetzten Erbrecht die Krone erwerben können, wodurch der Weg für Maria Theresia geebnet wurde.

1688 Weiterführung der großen Offensive donauabwärts führt zur Eroberung von Belgirad → Belgrad durch kaiserliche, königliche ungarische und bayrische Truppen unter dem »Blauen König« Kurfürst Maximilian II. Emanuel von Bayern.

Im Osmanischen Reich war indessen Sultan Mechmed IV. am 8. September 1687 bei einem Militäraufstand gestürzt worden. Tiefere Ursache des Aufstandes war die Unzufriedenheit des Heeres, vor allem der Fronttruppen, mit der Reichsführung. Diese hatte Zweifel an der Berechtigung der Hinrichtung Kara Mustafas dadurch zu bekämpfen versucht, daß sie durch wilde und ungerechtfertigte, nachträglich erhobene Bezichtigungen den Ruf des Toten untergrub und seine Freunde und Angehörigen aus den eingenommenen Schlüsselstellungen drängte. Als sich die Verhältnisse aber nicht besserten, sondern die Mißerfolge sich häuften, alte Feinde wie die Venezianer, die man längst unschädlich gemacht zu haben wähnte, plötzlich wieder nicht nur zur See erschienen, sondern seit 1685 auch starke Truppenverbände in Morea landeten und die Ordnung der Welt erschütterten, als Korruption und Unfähigkeit des Verwaltungsapparates nicht zu übersehen waren, rebellierten die Truppen, verließen die Provinzen, die ihnen zu verteidigen aufgetragen waren, und zogen gegen Stambul, nachdem sie Siyawusch Pascha den Abaza zum Großwesir ausgerufen hatten. Siyawusch Pascha hatte nichts Eiligeres zu tun, als Mustafa Pascha Köprülü zu seinem Kaimakam zu bestellen, seinen Schwager, der nun die Absetzung Sultan Mechmeds IV. ansteuerte und diese am 8. November erreichte.

Zum neuen Großherrn wurde Soliman II. bestellt, ein tüchtiger Mann, Bruder Mechmeds IV., der die Jahre im Kafes in geistiger Frische überstanden hatte, aber nicht bei guter Gesundheit war. Schon Anfang 1688 meuterten einige Truppen erneut, und Siyawusch Pascha wurde erschlagen. Es gab nun in rascher Aufeinanderfolge mehrere Großwesire, die oft nur wenige Tage im Amt waren, bis im Mai 1688 Mustafa Pascha aus Rodosto, der Janitscharen-aga vor Wien gewesen war, bestellt wurde, der sich immerhin bis November 1689 halten konnte. In diese Zeit fiel der Aufstand des Beglerbegis von Rumelien, Osman Pascha Yegen, dem sich der anatolische Pascha Achmed Gedik anschloß. Die Lage an den Grenzen war für die Reichsführung in dieser Zeit von minderem Interesse, galt es doch, die beiden gefährlichen Rebellen niederzuwerfen, was erst 1689 gelang. Großwesir Mustafa Pascha ersuchte gegen Jahresende um seine Enthebung wegen seines Alters und seiner angegriffenen Gesundheit, sein Nachfolger wurde Mustafa Pascha Köprülü, der nun das unbestrittene Oberhaupt der Köprülüpartei war.

Man muß dies schon im Auge haben, wenn man die Erfolge der abendländischen Kriegführung im Großraum Ungarn bewertet.

1689 ging es noch gut voran; Ludwig Markgraf von Baden, als »Türkenlouis« beinahe zu seiner eigenen Heldensage geworden, fiel im Gebiet des alten Serbien ein, folgte etwa dem Weg, den Hunyadi Janos vor einem runden Vierteljahrtausend genommen hatte, schlug bei Nisch ein osmanisches Heer vernichtend und besetzte das ganze Land zwischen Semendria und Nisch.

Weitab des Kriegsschauplatzes Serbien ereigneten sich zwei Geschehnisse, deren eines in allernächster, deren anderes in fernerer Zukunft die große Auseinandersetzung entscheidend beeinflussen sollten:

- In Rom starb Papst Innocenz XI., dessen Nachfolger der frankophile Alexander VIII. wurde, der die päpstlichen Subventionen an die kaiserliche Kriegskasse einstellte, was eine Krise in der Kriegführung auslöste;

- in Rußland wurde die Regentin Sofia Aleksejewna gestürzt, die sich durch eine unglückliche Kriegführung gegen die Krimtataren (seit 1687) sehr unbeliebt gemacht hatte. Peter I. Aleksejewitsch (der Große) übernimmt die Alleinherrschaft.

1690 stand das Kriegsgeschehen auf kaiserlicher Seite unter dem Unstern der Finanzkrise durch den Ausfall der päpstlichen Subsidien, während im Osmanischen Reich Großwesir Mustafa Pascha Köprülü eine höchst stattliche Armee auf die Beine brachte und mit dieser sehr erfolgreich operierte: Er nahm den Kaiserlichen Nisch wieder ab, stieß dann ins Donautal vor, gewann Semendria und eroberte selbst Belgrad, das seiner alten Rolle als raumbeherrschende, tälersperrende Festung und damit Zankapfel für die am Stromgebiet der Donau interessierten Völker wieder einmal gerecht wurde.

1691 sammelte Mustafa Pascha wieder die verfügbare Streitmacht des islamischen Reiches im Raum Edirne. Der erfolgreiche Feldzug des vergangenen Jahres hatte das Selbstbewußtsein der Krieger bedeutend angehoben, es kamen viele Freiwillige, mehr als erwartet, und selbst die Tataren der Krim hatten gelobt, mit mindestens 10 000 Mann zum Heer zu stoßen. Der Aufbruch des Heeres sollte, aus welchem Grund auch immer, relativ spät, erst Ende Juli erfolgen, und der Sultan, der Probleme mit seiner Gesundheit hatte und am Feldzug nicht teilnehmen konnte, wollte doch den Aufbruch der »siegreichen Scharen des wahren Glaubens« sehen. Er starb überraschend am 23. Juli, zwei Tage vor dem geplanten Abmarsch.

Hoftrauer, Kassandrarufe, Unordnung im Terminkalender.

Der Kafes hatte noch mehr Insassen. Achmed, ein weiterer Bruder Mechmeds IV., wurde herausgeholt und als Sultan eingesetzt, wobei die Thronbesteigungsfeierlichkeiten ausnahmsweise in der alten Hauptstadt Edirne vorgenommen wurden. Man stand unter Zeitdruck, mehr als 100 000 Mann waren versammelt, um mit dem Großwesir ins Feld zu ziehen. Es ging um die Tugra, das Siegel mit dem Namenszug des Großherrn. Der Großwesir mußte dieses Siegel auf seiner Bestallungsurkunde haben – so streng waren die Bräuche. Die Tugra, die von einem Experten in Stambul verfertigt sein mußte, kam endlich nach Edirne, die Bestallungsurkunde wurde ordnungsgemäß gesiegelt – ab in den Krieg. Der Vormarsch wurde energisch vorangetrieben, die verlorene Zeit mußte aufgeholt werden. Das Heer setzte bei Belgrad, das nun wieder Belgirad hieß, über die Donau. Es ging nach Norden, mitten durch das Banat.
Wohin? Müßige Frage, denn das Ziel war Slankamen → Szalankemen. Das Heer wurde schon erwartet, vom Türkenlouis persönlich, mit etwa 30 000 Mann. Der Zusammenprall der Kräfte erfolgte am 19. August und führte zu des Markgrafen schönstem und strahlendstem Sieg. Am Abend war das Blachfeld mit Gefallenen übersät, unter ihnen befand sich Mustafa Pascha Köprülü, der Großwesir. Die Trümmer des so siegesgewiß nach Norden gezogenen Heeres flohen nach Süden; die meisten der Flüchtlinge fanden sich in Belgrad ein, wurden rasch neu formiert, brachten eine Aktion der Giauren, die auf die Rückgewinnung der Stadt abzielte, zum Scheitern.
Aber was war das neben der Vernichtung des großen Heeres bei Slankamen …

1692 scheint der Krieg zu schlafen. Das Osmanische Reich ist nicht in der Lage, die enormen Verluste vom Vorjahr so rasch zu überwinden.
Und Kaiser Leopold braucht seine Kräfte im Westen, im Rheinland, wo der Sonnenkönig seit 1688, mit dem »Pfälzischen Krieg« beginnend, sehr beunruhigende militärische Operationen durchführt. Des Kaisers Helden, allen voran der »Blaue König« und der »Türkenlouis«,

reiten nun nicht mehr gegen des Halbmonds ungestüme Scharen, sondern gegen des Allerchristlichen Königs wohlformierte Regimenter.

Aber im Grenzraum zwischen dem Okzident und dem Orient wird auch noch geritten, wenngleich nur auf müden Hufen. Immerhin reicht es aus, den Osmanen Großwardein → Nagyvárad → Varat Kalesi abzunehmen, eine Schlüsselfestung für die Beherrschung Siebenbürgens, wo Michael Apafi verzweifelt versucht hatte, seine Herrschaft zu erhalten. Tatsächlich herrschten in buntem Wechsel Tököly, der mit Zustimmung der Hohen Pforte versuchte, Siebenbürgen als breite Basis für die Wiedergewinnung Ungarns in Besitz zu nehmen und nach dem Tode Apafis Anerkennung als Tributärfürst fand, und Anton Graf Caraffa, der habsburgische Militärkommandeur.

1693 und 1694 gab es auf dem Kriegsschauplatz Balkan nichts, was hier erwähnt werden müßte. Um daran zu erinnern: Der Kleinkrieg an der Grenze erlosch nie. Es wurde ständig geplündert, geschossen, niedergebrannt – aber eben doch ausschließlich im örtlichen Rahmen.

1695 starb Sultan Achmed II. nach nur vierjähriger Regierung, die von einer auch für das Osmanenreich erstaunlichen Untätigkeit des Herrschers gezeichnet war. Ihm folgte sein Neffe Mustafa II., ein junger, energischer Mann, der sich bemühte, das Kriegswesen seines Reiches so zu verbessern, daß es dem alten Ruhm der Osmanen entsprach – und in der Lage war, die über die Reichsgrenzen eingedrungenen Feinde zurückzuschlagen.

1696 entschloß er sich, gegen die habsburgischen Truppen vorzugehen, die schon jahrelang auf osmanischem Territorium hausten und eben daran gingen, die Stadt Temesvár zu belagern.

Den Oberbefehl über die kaiserlichen Truppen führte Kurfürst August der Starke von Sachsen, der sich unter den für ihn fremden Verhältnissen nicht zurechtfinden konnte und dessen Hauptverdienst darin liegt, daß er sich nicht auf riskante Unternehmungen einließ, sondern die Belagerung von Temesvár aufgab, als er in Erfahrung brachte, daß ein starkes osmanisches Heer über die Donau übergesetzt sei und zügig nach Norden marschiere.

Das zweite Regierungsjahr und der erste Feldzug Mustafas verliefen recht günstig: Lippa und Sebes wurden genommen, die Venezianer erlitten zwei Niederlagen bei Chios, und zuletzt konnten die Russen dazu gezwungen werden, die Belagerung von Asow abzubrechen.

1697 ersuchte Kurfürst August von Sachsen um Enthebung vom Kommando, um als Nachfolger des verewigten Johann Sobieski König von Polen zu werden, was ihm sogleich bewilligt wurde. Als Nachfolger des Kurfürsten setzte der indessen zum Präsidenten des Hofkriegsrates bestellte Feldmarschall Starhemberg Prinz Eugen von Savoyen durch, der schon mit 22 Jahren zum Generalfeldwachtmeister und zwei Jahre danach zum Feldmarschall-Leutnant ernannt worden war, sowohl seiner Tapferkeit als seiner auffallenden Begabung wegen. Er war mehrfach verwundet worden und stand zur Zeit in Verwendung bei der Armee in Oberitalien. Starhemberg setzte sich voll durch, sicherlich auch deswegen, weil bekannt war, daß ein neuer Vorstoß einer starken osmanischen Armee, die wie im Vorjahr der Großherr selbst führen werde, drohe. Am 5. Juli wurde Eugen zum Oberbefehlshaber im Krieg gegen den Großherrn bestellt, am 12. Juli traf er auf dem Kriegsschauplatz ein – und schon am 17. Juli begann er den Vormarsch donauabwärts nach Peterwardein. Er hatte alle verfügbaren Truppen konzentriert und erreichte eine Heeresstärke von rund 50 000 Mann.

Sultan Mustafa zog mit seinem großen Heer in Stärke von etwa 150 000 Mann theißaufwärts und wollte beim Dorfe Zenta den Fluß übersetzen. Zu diesem Zweck war eine Schiffsbrücke mit 60 Schiffen errichtet worden. Der Sultan war mit der Masse der Reiterei bereits übergesetzt, der Rest des Heeres hielt unter Großwesir Elmas Mechmed Pascha noch auf dem westlichen Ufer in einem mit starken Verschanzungen versehenen Brückenkopf. Das war die Lage, als Prinz Eugen mit seiner Armee erschien und sofort den Angriff befahl. Die Osmanen auf dem diesseitigen Ufer leisteten tapferen Widerstand, konnten jedoch von den bereits übergesetzten Teilen nicht unterstützt werden. Prinz Eugen griff mit voller Härte an und setzte sich selbst rücksichtslos aus – und die Feindkräfte im Brückenkopf wurden vernichtet.

Groß war die Beute, die gemacht wurde: 60 Schiffe, 100 Geschütze, Unmengen an Munition, Pioniergeräten, Handwaffen, Trossen.

Noch schwerer wog für den Großherrn, der sich mit den bei ihm befindlichen Truppen nach Temesvár absetzte, aber der Verlust an Menschen: mehr als 25 000 Gefallene, darunter der Großwesir, fünf Wesire, fünfzehn Beglerbegis, beinahe 1 000 Offiziere. Und unter diesen – zwangsläufig bei der Art der vernichteten Truppenteile – die Spezialisten mit der jahrelangen Sonderausbildung: Topdschis, Piyaden, Janitscharen.

Prinz Eugen ließ sich nun – man schrieb erst den 11. September – eine höchst überraschende Operation für sein Heer einfallen. Er verließ den ungarischen Kriegsschauplatz, setzte über die Donau und brach in Bosnien ein, das er bis Sarajevo → Bosna Serail durchstieß. Das Land, das an seiner Vormarschstraße lag, wurde sicherlich geplündert, schon allein der Verpflegungszubuße wegen –, aber daß die Kaiserlichen Sarajevo niedergebrannt und verwüstet hätten ist eine böswillige Unterstellung, schon allein dadurch widerlegt, daß nahezu alle islamischen Prachtbauten um 1550 erbaut wurden und zu Beginn des Jahres 1992 unbeschädigt waren. Die Armee befreite zahllose christliche Sklaven, die fast zur Gänze aus Dalmatien und Slawonien stammten und deren Befreiung der Zweck der Operation gewesen sein soll.

1698 bemühte sich die Hohe Pforte unter Einschaltung britischer und niederländischer Vermittlung um einen Frieden mit der Heiligen Liga, der in der Zwischenzeit auch Rußland als kriegführende Partei beigetreten war. Der Krieg wird zwar weitergeführt, aber es kommt zu keinen nennenswerten Operationen. Als Nachfolger des bei Zenta gefallenen Großwesirs wurde wieder ein Angehöriger der Familie Köprülü berufen: Hüseyin Pascha.

1699 wird, bereits am 26. Januar, nach monatelangen, streng zeremoniell geführten Verhandlungen, der Friede von Karlowitz geschlossen.
Es wurden 36 gemeinsame Konferenzen abgehalten; der Frieden wurde zwischen dem Osmanischen Reich und
– Polen,
– Venedig und
– dem Kaiser
geschlossen. Der Papst, der keine territorialen Ansprüche erhob, stimmte dem Frieden zwar zu, wurde aber in der Vertragsurkunde nicht aufgeführt –, und der Gesandte des Zaren war nicht berechtigt, einen Frieden zu schließen, doch kam ein Waffenstillstand zwischen dem Zaren und dem Großherrn zustande.
Das Osmanische Reich verlor
– an den Kaiser als König von Ungarn
  das Gesamtgebiet des Königreiches, wie es vor der ersten Schlacht von Mohács bestanden hatte, unter Einschluß von Siebenbürgen, Slawonien und Kroatien, aber ohne das dalmatinische Küstenland unterhalb von Senj → Zengg,
– an den König von Polen
  Podolien mit Kamenecz
– an die Republik Venedig
  Morea (Peloponnes).

Und das bedeutete, daß das Osmanische Reich mit geringen, wenngleich bedeutenden Ausnahmen wie etwa Belgrad auf jene Gebiete beschränkt wurde, die es vor dem Regierungsantritt Solimans d. Pr. (1520) bereits hatte. Es leistete ausdrücklichen Verzicht auf alle Gebiete, die es in der Gesamtphase der großen Expansion, die von Soliman begonnen worden war und bis zur Regierungszeit Mechmeds IV. (mit Unterbrechungen) andauerte, in Besitz genommen hatte.

Das Osmanische Reich war zwar eine Großmacht geblieben und umfaßte die ungeheure Ländermasse vom rechten Ufer des Mittellaufes der Donau bis zum ersten Nilkatarakt, von den Hängen des Atlasgebirges bis zu den Felsmassiven des Kaukasus, aber seine Expansionskraft und damit seine Gefährlichkeit, sein Anspruch auf die Neugestaltung der Welt im Sinne der islamischen Vorstellungen und der Ausbreitung des islamischen Rechts bis zu den letzten Siedlungsplätzen der Menschen waren erloschen.

Und damit kam der große »Kampf der Kaiser und Kalifen« zu seinem Ende. Natürlich gab es auch nach 1699 noch kombattante Auseinandersetzungen, aber sie gingen über den Rahmen lokaler Konflikte, auch wenn diese große, ja gewaltige Dimensionen hatten und Massenheere in Bewegung setzten, nicht hinaus.

Denn als beispielsweise »Prinz Eugenius, der edle Ritter, wollt dem Kaiser wiederkriegen Stadt und Festung Belgerad«, da hatten die erbitterten Kämpfe und die mühsamen Bewegungen, da hatte das »Schlagen einer Prucken, daß man kunnt hinüberrucken« jeden weltgeschichtlichen Aspekt verloren. Für die unmittelbar Beteiligten war dieser Verlust freilich ohne Bedeutung, und sie kämpften und starben im alten Pathos der Auseinandersetzung zwischen dem sunnitischen Islam und dem abendländischen Christentum, zwischen Orient und Okzident, obwohl es nun um nichts anderes ging als um ein paar Quadratkilometer mehr oder weniger kultivierten Bodens.

Im Schatten dieser Kämpfe allerdings gewann ein neues Phänomen an Profil: Die Großmonarchie der Habsburger begann sich abzuzeichnen. Sie wurde als »Haus für viele Völker« geschaffen, sie überrundete die alte Idee des Sacrum Imperium Romanum, und ihre späteren Grenzen markieren noch heute ziemlich genau die Grenzmarken des »Westens«, der an sich sehr verschwommen erscheint, aber bei genauer Betrachtung doch abgrenzbar ist: Der »Westen« als Nachfolger des »christlichen Abendlandes« reicht genau so weit, als das lateinische Alphabet Verwendung findet. Das Ende eines vielsprachigen Kulturraumes ergibt sich nicht aus Sprachgrenzen und noch weniger als Staatsgrenzen, als vielmehr aus den Grenzen der Verwendung eines bestimmten Alphabets, der elementaren Schöpfung einer arteigenen Kultur.

Es sei hier an das im ersten Band Gesagte erinnert:

Serben und Kroaten, *möglicherweise* Nachkommen eines gemeinsamen Urvolks, verwenden dieselbe Sprache, das Serbokroatische. Sie verwenden nicht dieselbe Schrift, denn die Kroaten haben das lateinische, die Serben aber das kyrillische Alphabet. Und die Grenzen zwischen den sich als eigenständiges Volk fühlenden Serben und den nicht minder auf ihrer Eigenständigkeit bestehenden Kroaten werden soeben (Jahresende 1991) – und genau im alten Grenzraum zwischen der völkerumspannenden Großmonarchie Habsburgs und der ebenso einen Vielvölkerstaat bildenden Großmonarchie des Hauses Osman – neu festgelegt. Festgelegt mit Waffen, Blut und Tränen.

Anmerkungen

I. Konstantinopels Fall und Auferstehung

[1] *Die Moldauklöster,* deren berühmteste außer den bereits genannten Arbore, Dragomirna, Humor, Moldovita (Moldovitza), Punta und Voronet sind, wurden von unbekannten Meistern im Auftrag zumeist bekannter Stifter errichtet. Als diese erscheinen nach Alexander dem Guten vor allem dessen Nachfolger in der Wojwodschaft wie Stefan d.Gr. (1457–1504), oder hochrangige Würdenträger und Feldherren wie Luca Arbore, dessen Name in seiner Klosterstiftung erhalten ist. Manche Klöster wurden aus irgendwelchen Ursachen zweimals gegründet, zum Beispiel das Kloster Sucevita (Sucevitza), das zum Frauenkloster und als dieses von Jeremia und Simon Movilla gestiftet wurde. Selbstverständlich traten auch Metropoliten als Klostergründer hervor, etwa Grigorie Rosca (Roschka), dem Voronet den Bau verdankt.

[2] *Kreidfeuer* nannte man jene weithin sichtbaren Feuersignale, die aus dem Anzünden von auf bestimmten Plätzen gehorteten, leicht brennbaren Materialien entstanden. Es gab ganze Kreidfeuerketten, die durch Weitergabe empfangener Signale auch große Gebiete alarmieren konnten. Das System hatte allerdings die Schwachstelle hoher Klimaempfindlichkeit, es konnte durch heftige Regenfälle, dichten Nebeln, Schneetreiben und ähnliche Witterungseinflüsse seine Wirksamkeit weitgehend einbüßen.

Mit Kreide haben die Kreidfeuer nichts zu tun; die Bezeichnung leitet sich vielmehr von einem in einigen germanischen Sprachen bekannten, indessen aber verlorengegangenen Wort her, das ein – vermutlich nur akustisches – Alarmsignal bedeutete und in unserem Wort *kreischen* ebenso fortlebt wie im englischen *cry.*

[3] *Golubac,* hart oberhalb der ersten Enge des »Eisernen Tores« (serbisch Donje Djerdap, türkisch Demir Kapi) erbaut, war eine Schlüsselstelle für die Schiffahrt. Ab hier wurde die Donau, eingezwängt in ein nur 150 m breites Engtal, zum reißenden Wildwasser, das zahlreiche Wirbel, Klippen und sonstige Hindernisse aufwies.

Der Ort Golubac ist heute im Wasser des Rückstaus des Donaukraftwerks versunken, teilweise abseits neu errichtet. Die Festung Golubac aber, die aus neun in drei Gruppen gegliederten mächtigen Türmen mit verbindenden Wehrmauern besteht, nimmt noch immer das Gelände zwischen dem Strom und dem Höhenzug ein, zu dem auch der Felsen Babakai gehört. Die Römer hatten hier ein Kastell errichtet, das copus oder auch columbarium, der Taubenschlag, genannt wurde.

Nach dem Abzug der Osmanen 1688 verödete der Ort; die Festung wurde zum Stützpunkt von Räubern, die sich auch gegen starke Ordnungstruppen hier zu halten vermochten. Im 19. Jahrhundert wurde endlich die Donauregulierung in Angriff genommen, und Golubac erlangte als Stützpunkt für den Arbeitseinsatz und als Schiffsstation neue Bedeutung.

[4] *Semendria* (Smederevo), rund 70 km oberhalb von Golubac erbaut, liegt an einem Mündungsarm der Morova und bietet sich, an zwei Seiten vom Wasser umgeben, für die Errichtung einer Befestigung an. Das wurde schon in römischer Zeit erkannt und führte zur Gründung eines starken Stützpunktes der Donausicherungszone, der Castrum Vinceia genannt und in der Völkerwanderungszeit aufgegeben wurde.

Georg Brankowitsch, der die halbverfallene und kaum noch bevölkerte Ruinenstadt zu seiner Residenz erhob, ließ sie – angeblich in einem einzigen Jahr, 1430 – zu einer gewaltigen Festung ausbauen, sicherlich mit ungarischer Hilfe, vorwiegend aber doch durch den rücksichtslos erzwungenen Arbeitseinsatz seiner eigenen bäuerlichen Bevölkerung. Der Grundriß zeigt ein gleichseitiges Dreieck mit einer Seitenlänge von je 500 m, von einem mächtigen Grabensystem umgeben, verstärkt durch 25 wuchtige Türme mit bis zu 5 m dicken Mauern. Innerhalb der Festung lag die Zitadelle, ebenfalls mit Wassergräben zusätzlich verstärkt, in welcher der fürstliche Palast, die Verpflegungsspeicher und die Verwaltungskanzleien untergebracht waren.

5 *Das Fürstentum von Cilly, Ortenburg und Zagorien* konnte die ihm von König Sigismund zugedachte dominierende Rolle nicht einnehmen. Das Scheitern der königlichen Vorhaben war letztendlich in einer höchst romantischen Liebesgeschichte von Barbaras Bruder Friedrich begründet, der sich unsterblich in Veronika von Desenice, die Tochter eines kleinen cillyschen Vasallen, verliebte. Der beabsichtigten Eheschließung stand die bestehende Ehe mit der Frankopanin entgegen, und Friedrich gelang es trotz größter Bemühungen nicht, deren Nichtigerklärung zu erwirken. Friedrich verfiel nun auf die wahnwitzige Idee, seine Gemahlin zu ermorden, und führte dies auch durch. Das Ergebnis war einer der furchtbarsten Skandale des Zeitalters; der gefürstete Graf Hermann ließ seinen unbotmäßigen Sohn gefangensetzen und hielt ihn, da gegen seine Zurechnungsfähigkeit von zuständiger Stelle massive Zweifel erhoben wurden, in unritterlicher Haft in einem eigens zu diesem Zweck erbauten Gefängnis der Stammburg, dem sogenannten Friedrichsturm. Er sorgte auch dafür, daß Veronika, die im Gebiet der Stadt Cilly aufgegriffen worden war, unter der Anklage der Hexerei vor das Stadtgericht gestellt wurde. Wenngleich er persönlich von der Richtigkeit des Vorwurfs, Friedrich sei von Veronika magisch manipuliert und dazu gebracht worden, den Mord zu verüben, völlig überzeugt war, zeigten die unter ziemlichen Druck gesetzten Richter eine beachtliche Charakterstärke und sprachen die Angeklagte frei. Und so groß war die auch vom Landesfürsten dem Gericht gegenüber erwiesene Hochachtung, daß die Freigesprochene fortan unbehelligt blieb, bis sie, die an Friedrich offenbar hing wie er an ihr, sich verkleidet mit handfesten Gesellen Zutritt in die Burg verschaffte und in nächtlichem Überfall versuchte, ihren Liebsten mit Waffengewalt zu befreien. Der Handstreich mißlang, sie wurde als Friedensbrecherin dingfest gemacht und von einem dem Fürstgrafen blind gehorsamen Gefolgsmann ermordet.

Fürstgraf Hermann verzieh seinem Sohn den Mord an seiner Gemahlin nie und sorgte dafür, daß sein Enkel Ulrich sein Nachfolger wurde. Dieser war ein energischer Mann, der im Zusammenhang mit den Kämpfen um Belgrad 1456 sein Leben verlor und uns noch begegnen wird. Er hatte mit Elisabeth, der Tochter des Georg Brankowitsch, zwei Söhne und eine Tochter, als er mit dem damals noch unvermählten Herzog Friedrich V. von Habsburg, dem späteren Kaiser Friedrich III., einen Erbvertrag schloß, der ihm die Anwartschaft auf das Herzogtum Steiermark, jenem für das Fürstentum Cilly, Ortenburg und Zagorien zusicherte. Ulrichs Söhne verstarben vor ihm, desgleichen seine Tochter, die noch als Kind mit dem ebenfalls noch kindlichen Matthias Corvinus vermählt worden war, ohne daß die Ehe vollzogen worden wäre. Dagegen hatte Friedrich von Habsburg, schon als Kaiser, Eleonore von Portugal geheiratet. Nach dem Fall von Konstantinopel träumte das Kaiserpaar den stolzen Traum von einem großen Krieg gegen die Osmanen und die Vertreibung Sultan Mechmeds II. aus Europa mit anschließender Wiedervereinigung der Reiche unter habsburgischer und der Kirchen unter päpstlicher Herrschaft. Der erwartete Sohn sollte den habsburgfremden Namen Konstantin bekommen, und Eleonore nannt sich, um dem Traum wenigstens in dieser Hinsicht wirklichkeitsgestaltende Wirkung einzuräumen, hinfort Helena, wie des großen Konstantins Mutter geheißen.

Als der ersehnte Erbe sich endlich einstellte, hatte selbst der im Planen große, in der Wirklichkeit aber rundum versagende Kaiser Friedrich eingesehen, daß der Traum von der Vertreibung der Moslems kaum zu verwirklichen war. Andererseits war ihm die Erbschaft der Cillyer zugefallen und in großer Eile, zum Teil gewaltsam, in Besitz genommen worden. Der Wert, den er dem nun habsburgischen Reichsfürstentum mit dem Außenbesitz im kroatischen Teil des Königreichs Ungarn beimaß, ergibt sich in der Änderung des Namens für seinen Sohn. Er nannte ihn Maximilian nach einem Lokalheiligen in Cilly, der außerhalb der Stadt so gut wie unbekannt war und es auch heute ist, wenngleich sich einige widerspruchsvolle Legenden an seinen Namen knüpfen. Diese aber sind vielleicht erst entstanden, nachdem aus dem 1459 geborenen Habsburger, der ihn zuerst trug, der strahlende Kaiser Maximilian I., »der letzte Ritter«, geworden war und Maximilian seither zum Bestand der sozusagen hoffähigen Vornamen Habsburgs zählte.

Der Erbvertrag zwischen Ulrich von Cilly und Friedrich von Habsburg, der heute kaum jemals Erwähnung findet, war von großer geschichtsgestaltender Bedeutung. Durch den Zufall der Erbschaft der Cillyer gelangte das Haus Habsburg zur Herrschaft über den ganzen Südostraum des Heiligen Römischen Reiches und ein Teilstück des mit Ungarn verbundenen Königreichs Kroatien. Die Verteidigung dieser ständig bedrohten Flanke des christlichen Abendlandes war damit in die Hände der aus dem Raum der Schweiz kommenden Familie gelegt, und dies bewirkte, daß sie ihre Kräfte und Interessen immer stärker in den Großraum Balkan verlagerte und im Westen zunehmend an Boden verlor, gegen den eigenen Willen, dem Zwang des historischen Geschehens folgend. Man mag es getrost als Wunder des Hauses Habsburg nehmen, daß es ihm gelang, diese Aufgabe zu erfüllen, wenngleich es unter den regierenden Familienmitgliedern nicht eben wenige gab, deren persönliche Eigenschaften sie keineswegs als geeignete Instrumente der Problemlösung erscheinen ließen. Sei es darum; das Haus Habsburg, als historische Einheit genommen, hielt durch runde drei Jahrhunderte den islamischen Orient davon ab, die Kerngebiete Europas zu überziehen. Und das ist groß, das ist gewaltig – trotz gelegentlicher krasser Fehlleistungen und Mißgriffe, trotz eines üblen, absolutistischen Regierungsstils (der aber europaweit üblich war) und trotz der Heimtücke, die in allzu vielen Fällen gerade gegenüber den besten Köpfen und Klingen im eigenen Lager an den Tag gelegt wurde.

Die gesamtabendländische Funktion Habsburgs ist es, die trotz aller Kritik an einzelnen Familienmitgliedern, so berechtigt sie in jedem Falle auch sein mag, die Familie als solche in einen gesamtabendländischen Rang erhebt, der sie über alle anderen Fürstengeschlechter und Herrscherhäuser Europas stellt, so glänzend und begabt, so genial und erfolgreich herausragende Persönlichkeiten diese auch gewesen sein mögen.

[6] *Der Ruhm Hunyadis* schlug durch bis in den »fernen Westen« der Christenheit, der damals aus der iberischen Halbinsel bestand. Hier entstand um die Jahrhundertmitte der äußerst umfangreiche Ritterroman »Tirant lo Blanc« des Joanot Martorell, der 1454 nach Neapel reiste, um sich an einer von Alfons V. von Aragon, ab 1443 auch König von Neapel, angekündigten maritimen Operation zur Befreiung des 1453 von den Osmanen eroberten Konstantinopel zu beteiligen. Das Unternehmen kam nie zustande; der Held des Romans aber trägt unverkennbar die Züge des großen Johann Hunyadi.

[7] *Francesco Sforza* war um die Legitimation seiner Herrschaft bemüht und vermählte sich daher mit der Erbtochter des letzten Viscontis, um außer der Wahl gegebenenfalls auch das Erbrecht ins Treffen führen zu können. Er war ein hochgebildeter Mann und etwas wie ein »Erbcondottieri«, in dessen Vater Jacopo Attendolo das Söldnerwesen einen leuchtenden Höhepunkt gefunden hatte. Jacopo war als bärenstarker Bauernsohn, der auch in hohem Lebensalter mühelos ein Hufeisen mit der bloßen Hand zerbrechen konnte, in jungen Jahren irgendeiner Fahne zugelaufen und hatte es mit der Zeit zu einem Feldhauptmann von legendärem Rufe gebracht.

[8] Die Insel *Limnos* liegt rund 70 km westlich der Einfahrt in die Dardanellen und etwa ebensoweit südostwärts von Megisti Lavra, dem ältesten Athoskloster, gegründet 963.

Limos erlangte 1915 Bedeutung für die Kriegführung der Entente, als sie – Teil des Territoriums des *neutralen Griechenland* nach britischer Besetzung einer der Hauptstützpunkte für die erfolglose Operationsführung gegen die Dardanellen gewesen ist. Nach dem Abbruch der Bemühungen um die Freikämpfung der Seeverbindung ins Schwarze Meer versank die Insel wieder in Bedeutungslosigkeit.

[9] Das *Königreich Bosnien,* dessen kurzer Aufstieg im 2. Bd. dargestellt wurde, war nach König Tvrtkos Tod verfallen; sein Nachfolger Stefan Dabischa konnte sich gegen die großen Adelssippen nicht durchsetzen. Da es damit militärpolitisch zu einem Unsicherheitsfaktor wurde, versuchte es König Sigismund wieder zur Anerkennung der ungarischen Oberhoheit zu zwingen, vor allem wohl um zu verhindern, daß hier der Gegenkönig Ladislaus von Neapel Anhänger gewinne. Als Stefan der ungarische Druck übermächtig erschien und ungarische Kräfte in Bosnien eingerückt waren, rief entweder er oder

einer seiner selbstherrlichen Vasallen, ein Herzog Hrvoje, die Osmanen zu Hilfe, die 1415 in der Schlacht bei Usora ein ungarisches Heer besiegten und Teile Bosniens besetzten. Seit damals begehrte Edirne Tribut vom König von Bosnien, der auch einige Male geleistet worden sein dürfte. In den Thronwirren der frühen Regierungszeit Sultan Murads II. wurden die Besatzungstruppen abgezogen oder vertrieben, und die Tributzahlungen wurden eingestellt. In dieser Zeit konnte ein wenngleich schwaches Königreich nicht mehr aufrechterhalten werden, und es bildeten sich mehrere Teilreiche, deren eines von einem gewissen Ostoja beherrscht wurde. Ihm folgte sein illegitimer Sohn Stefan Thomas, ein Bogumile, der zum Katholizismus konvertierte und dadurch das Wohlwollen des Papstes Eugen IV. gewann. Echte Hilfe konnte dieser, der sich mit dem Konzil von Basel und dem Gegenpapst Felix herumschlagen mußte, nicht leisten, aber immerhin erließ er eine Bulle, in welcher Stefan der Legitimation gewürdigt und ausdrücklich als Verteidiger des Glaubens bezeichnet wurde. Damit verärgerte er seinen bogumilischen Anhang, zu dem viele Angehörige des Kriegerstandes zählten, die nach der »Rekatholisierung« Bosniens unter Ludwig d.Gr. und *Trvtko* zum Bogumilentum übergetreten waren, und suchte Schutz bei König Matthias von Ungarn, den er dabei als seinen Oberherren anerkannte. Matthias, dessen Königtum noch jung und ungefestigt war, freute sich des territorialen Gewinns, von dessen Problematik er vorerst keine rechte Ahnung hatte, zumal Stefans Sohn und voraussichtlicher Nachfolger Stefan Thomasewitsch mit der Enkelin des Georg Brankowitsch vermählt war.

II. Schild der Christenheit: Das Heilige Römische Reich

[1] Mit *Niklas Graf zu Salm* begegnet uns einer der ganz großen Soldaten des Zeitalters, dessen Laufbahn gut zu rekonstruieren ist, weil er eine gesamte Dienstzeit hindurch nur eine Kriegsherrschaft kannte, die Habsburger. Und das hatte Seltenheitswert.

1459, das auch das Geburtsjahr Maximilians war, auf dem Familiensitz Obersalm in den Vogesen geboren, kam Graf Niklas zu Waffendienst zu nehmen, um 1483 an den Hof Kaiser Friedrichs III., der im Kampf mit König Matthias von Ungarn lag. Einzelheiten seiner ersten Kriegsverwendung sind nicht bekannt, doch muß er sich bewährt und vor allem das Vertrauen des gleichaltrigen Maximilian erworben haben, denn dieser bestellte ihn schon 1490 zum »Obristen Veldhauptmann« der Truppen, die nach dem Tode des Corvinus in Ungarn einrückten. Es ging um Habsburgs behauptete Rechte an Ungarns Krone, die vom Reichstag als verfassungsmäßig zuständiger Instanz an Wladislaw Jagiello vergeben wurde, was Maximilian anerkennen mußte. 1499 schlug sich Graf Niklas letztendlich ebenfalls erfolglos mit den Schweizern herum und zählte zu den Beratern Maximilians, als dieser die Lehren aus den Mißerfolgen in der Schweiz zog und ein eigenes Fußvolk aufstellte, dessen Angehörige sich als Mitglieder eines Kriegerordens sahen und die »frumben Knecht« benannten. Die übliche Bezeichnung »Landsknechte« ist vermutlich falsch und durch »Lanzenknechte« zu ersetzen, war die Lanze doch die kennzeichnende Bewaffnung, wogegen zu einem Land nur schwer eine Beziehung zu finden ist.

1502 wurde Salm das Fruchtgenußrecht an der Herrschaft Marchegg übertragen, und er vermählte sich durchaus standesgemäß mit Fräulein Elisabeth von Roggendorf, deren Brüder ebenfalls Maximilian dienten.

Die nächsten Jahre gingen hin mit Kriegen in Bayern, in Ungarn, in Oberitalien, teils als Oberster Feldhauptmann - welche Dienststellung nicht immer erwünscht war und abgelehnt wurde wie 1514 im Krieg gegen Venedig -, und 1522/23 wurde er, nun wieder als Oberster Feldhauptmann, zur Abwehr der Einfälle osmanischer Streifscharen in Steiermark verwendet. Sein neuer Dienstherr, Erzherzog Ferdinand I., verlieh ihm für seine hervorragenden Leistungen die Herrschaft Orth an der Donau.

1525 am Sieg von Pavia entscheidend beteiligt, zog er in der Folge gegen die rebellischen Bauern und wurde 1526 von Ferdinand als Oberbefehlshaber der ungarischen, gegen Soliman ziehenden Heeres – gewissermaßen als Gegenleistung für die Truppenentsendung – vorgeschlagen, doch war er damit keineswegs einverstanden und zog sich sofort in den Krankenstand zurück. Nach der Reichszerschlagung Ungarns wurde er in verschiedenen verantwortlichen Dienststellungen im Nachfolgekrieg verwendet, und 1529 war er der Befehlshaber der Verteidigungskräfte in Wien. Er war auch Bewohner dieser Stadt, da ihm Erzherzog Ferdinand für seine Verdienste um die Niederwerfung der Bauern ein Stadthaus geschenkt hatte. Er leitete danach, wenngleich durch eine im Kampf um Wien erlittene Verwundung bei arg reduzierter Gesundheit, die Verfolgung des osmanischen Heeres, ersuchte seines Siechtums wegen um Enthebung vom Dienst und starb, ehe diese wirksam wurde, am 4. Mai 1530.

2 *Ibrahim Pascha* ist der typische Vertreter jenes Personenkreises, der am Hof des Großherrn einen märchenhaften Aufstieg und einen abgrundtiefen Fall erleben konnte. Um 1490 als Sohn eines albanischen Christen geboren, fiel er frühzeitig in osmanische Gefangenschaft und kam als Sklave zur Ausbildung in die »Strenge Schule«, die er mit ausgezeichneten Leistungen absolvierte. Er zeigte vor allem auf musikalischem Gebiet eine große Begabung, und das machte Soliman, noch als Statthalter in Thessalien, auf ihn aufmerksam, denn er war ein begeisterter Anhänger der Tonkunst.

Als Soliman Großherr wurde, beschäftigte er Ibrahim in verschiedenen Funktionen bei Hofe, ehe er ihn 1523 zum Großwesir und zum Beglerbegi von Rumelien ernannte, was eine an sich unübliche Ämterkumulierung war. Ibrahim bewährte sich als Hofherr und Diplomat; er war Serasker in mehreren Feldzügen, an denen auch der Großherr teilnahm, wie 1526, 1529 und 1532 in Ungarn, vermittelte den Waffenstillstand von 1533 und schloß mit dem französischen Gesandten den als »Kapitulation« bezeichneten Staatsvertrag, der für viele Jahrhunderte – fast bis ins 20. – die Grundlage der Beziehungen zwischen der Hohen Pforte und Paris war.

Am 15. März 1536 wurde er in die Inneren Gemächer des Palastes gerufen und – ohne jede Vorwarnung, daß er den Unwillen des Großherr erregt habe – von den Henkern mit der berüchtigten Seidenschnur erwürgt. Er erinnert nicht nur durch den jähen Tod an Mahmud Pascha, den bedeutenden Großwesir Sultan Mechmeds II.

3 *Georg Reicherstorffer,* um 1490 in Hermannstadt geboren, war nach Abschluß der juristischen Studien in habsburgische Dienste getreten und wurde zuerst in Ferdinands Hofkanzlei verwendet. 1527 gelangte er mit 2 000 Söldnern in seine siebenbürgische Heimat zurück, um die Anhänger König Ferdinands in ihrem Widerstand gegen König Johann zu unterstützen. Wenngleich dieser – vorübergehend – erfolgreich war, kam es zwischen den Landsässigen und Reicherstorffers Truppen bald zu Spannungen und sogar gewaltsamen Auseinandersetzungen, einige Sachsen wurden erschlagen. Grund war das Ausbleiben der Soldzahlungen; die Söldner, die auf Selbstversorgung angewiesen waren – es gab für sie sowenig eine Truppenverpflegung wie beispielsweise für die osmanischen Milizen – behalfen sich durch eigenmächtige Beschlagnahmen von Lebensmitteln, die für die Betroffenen Plünderungen waren. So ist Reicherstorffers Ruf als Truppenführer – ohne sein Verschulden – eben der beste.

Als Gelehrter aber hat er einen vortrefflichen Namen. Er verfaßte umfassende Landesbeschreibungen von Siebenbürgen und Moldawien; die erste Landkarte Moldawiens wurde in seiner »Chorographia Moldaviae«, 1541 erschienen, veröffentlicht. 1550 folgte diesem Werk die »Chorographia Transsylvaniae«, die als eine der zuverlässigsten Quellen für die Geschichte Siebenbürgens gilt.

4 *Markus Pemfflinger,* zuerst Königsrichter von Hermannstadt, später als erwählter Sachsengraf Vorsitzender der »Nationsuniversität« und Fraktionsführer der deutschen Partei im Landtag, war entscheidend am Abfall Siebenbürgens von Johann Zapolya beteiligt. Gerade Hermannstadt war aus realpolitischen Gründen zuerst für König Johann gewesen, »in dessen Hände wir uns befinden« (Schreiben vom 28. Mai 1527 an die Kronstädter), und es hatte letztlich durchgesetzt, daß

- ein Absagebrief an Ferdinand geschrieben und
- Zapolyas Forderung, 1000 Reiter für sein Heer zu stellen und einen einmaligen Zehent von allem Vermögen zu bezahlen, angenommen wurde.

Im Sommer 1527 erlangte Reicherstorffer jedoch vom Wojwoden Moldawiens die Zusage der Waffenhilfe; Zapolyas Kriegführung verlief für diesen unglücklich, und Ferdinand wurde als König auch in Siebenbürgen anerkannt. Die Sachsen schrieben nun einen Absagebrief an König Johann, und dieser stellte in einer Urkunde vom 28. Oktober d.J. ausdrücklich den vollzogenen Abfall Siebenbürgens – der deutschen Städte, des magyarischen Adels und der Szekler – fest.

1528 fiel König Johann mit einer in Polen angeworbenen Armee in Siebenbürgen ein und brachte einen Teil der Bewohner aus allen drei Nationen wieder auf seine Seite. König Ferdinand versprach zwar die Entsendung starker Truppenverbände, die Hans Katzianer führen sollte, war aber nicht in der Lage, seine Zusicherung einzuhalten. Am 16. März 1529 beschloß die Nationsuniversität, dem Heere Katzianers ein Kontingent von 1000 Reitern und 1000 mit Feuergewehr bewaffneten Fußkriegern zu stellen, doch wurde der Beschluß nicht vollzogen – es kam keine habsburgische Armee, und Katzianer wurde den Verteidigungskräften in Wien unterstellt. Zapolya gewann die Waffenhilfe des Wojwoden von Moldawien, der sich mit Sultan Solimans Schützling wegen der exponierten Lage seines Fürstentums nicht anlegen wollte, und bei Marienburg erlitten Ferdinands Anhänger die schon aufgeführte Niederlage.

Pemfflinger hatte mit dem Auszug von Hermannstadt und eigenem geworbenen Kriegsvolk an der Schlacht teilgenommen und warf sich mit den Trümmern seiner Truppen nach Hermannstadt, setzte den Widerstand – unbeirrt durch den Abfall weiterer Landesteile und großteils auf seine Kosten – fort. Er war ein sehr begüteter Mann, der auch außerhalb seiner Vaterstadt über großen Grundbesitz verfügte. Der neue Wojwode König Johannes, Stefan Bathory – ein Verwandter des Palatins von 1526 – war mit Drohungen und Versprechungen nicht ungeschickt. Er brachte seine an sich geringe militärische Macht, die aber durch moldauische Truppen, die in Siebenbürgen eingefallen waren, verstärkt wurde, sehr klug zur Geltung. Seine Aufforderung zur Übergabe lehnte Hermannstadt unter Pemfflingers Einfluß ab, aber auf einer Versammlung der Nationsuniversität mußte der Sachsengraf erkennen, daß sich die Stimmung in den meisten Städten und auf dem flachen Land sehr gegen Ferdinand gewandt, der Hilfe immer versprochen, nie aber gebracht hatte. Im Spätsommer 1530 begann der Abfall vom habsburgischen König, dem Pemfflinger kurz nach Jahresbeginn 1531 berichtete, welche der Städte bisher des »König Hanssen paner ausgestekht« hatten.

Hermannstadt hatte einer Belagerung mit äußerster Entschlossenheit widerstanden; das flache Land aber war ruiniert. Pemfflinger klagte in einem Schreiben an seinen Bruder: »Ist es denn Gottes Wille, daß ich mein Leben für meine Treue geben soll, so geschehe es also. Aber daß die armen Teutschen also in Grund verderben und verloren gehen, das frißt mir mein Herz.«

Als letzter prominenter Anhänger König Ferdinands, der ihn wiederholt als seinen »treuesten Diener« bezeichnet hatte, verließ Pemfflinger, der ob seines Engagements zum armen Mann geworden war, 1531 Siebenbürgen und gelangte auf geheimen Wegen nach Wien, in die Stadt seines Königs. Er war für Ferdinand eine Verlegenheit, ein lästiger Bittsteller – und wurde als solcher behandelt. 1537 ist er im Exil als armer, alter Mann, faktisch als Bettler gestorben.

5 *Die österreichische Militärgrenze* entstand aus der Notwendigkeit, nach dem Neubeginn der osmanischen Aktivitäten auf dem Balkan mit der
- Eroberung Belgrads und
- der Wiedereroberung von Bügürdelen (Schabatz)
eine neue Abwehrzone zu schaffen.

Das bosnische Banat war durchlöchert worden und ging bald völlig zugrunde, und König Ludwig II. gestattete seinem Schwager Erzherzog Ferdinand I. die Errichtung einer Reihe von Garnisonen im Großraum Kroatien, die zunächst von habsburgischen Kontingenten und Reichstruppen besetzt wurden. Die Lösung war gut und teuer, und die bald einsetzenden finanziellen Schwierigkeiten erbrachten das Neuüberdenken der Problematik mit der Übernahme des zuletzt von König Matthias verwirklichten Gedankens, Flüchtlingen gegen Verpflichtung zur permanenten Grenzverteidigung Land im gefährdeten Gebiet zu überlassen. Dem Vorbild der bosnischen Mark des Königs Matthias entsprechend wurden also in der Verteidigungszone Flüchtlinge aus Serbien und Bosnien angesiedelt, die man Uskoken (serb. Flüchtlinge) benannte. Als Gegenleistung für die Verpflichtung zum Kriegsdienst erhielten sie Landflächen in der Größe üblicher Bauernwirtschaften als Lehen zugewiesen, wobei sie zwanzig Jahre von allen Abgaben frei waren und danach eine Art Pacht, die sehr gering bemessen war, zu entrichten hatten. Sie unterfielen keiner wie immer gearteten Grunduntertänigkeit und waren Freibauern, die nur der militärischen Obrigkeit unterstanden. Im Raum Agram (Zagreb) wurde eine zweite Grenzerkolonie geschaffen, die sich im Norden bis zur Drau erstreckte, wobei man deren Bewohner nach dem alten serbischen Fürstentum Rascien die Rascianer, in der Umgangssprache Raizen (auch Raijitzen u.ä.), benannte. Uskoken und Rascianer nannte man Grenzer, landesüblich Granitscharen (Granicaren); man bezeichnete die nördliche Zone als »Windische Gränitz«, die südliche als »Krabatische Gränitz«, aus denen sich später das Warasdiner und das Karlstädter Generalat entwickelten. Als Kommandeure der Granitscharen finden wir 1530 Hans Katzianer, Generalkapitän von Innerösterreich, der sich bei der ersten Belagerung Wiens mehrfach ausgezeichnet hatte, 1538 den Verteidiger von Güns, Nikolaus (Miklos) Jurisits, 1540 Bartholomäus von Rauber, den Statthalter in Krain, 1543 Hans Wernegh, Freiherr von Sonnegk, und 1553 Hans Ungnad, der bereits den Titel »Obrister veldhauptmann an den Windischen und Krabatischen gränczen« führte. Zum Unterschied von seinen Vorgängern unterstand er in militärischen Angelegenheiten nicht mehr den innerösterreichischen Militärbehörden, und da der Banus von Kroatien ohnehin in die Belange der Grenze nichts hineinzureden hatte, hatte er eine völlig selbständige Stellung. 1575 verlangten die innerösterreichischen Stände jedoch, daß der Landesherr Innerösterreichs, Erzherzog Karl, zum Oberbefehlshaber an der Grenze bestellt werde; diesem Begehren entsprach 1577 Kaiser Rudolf II. Warum er dies tat, und warum Karl die für ihn wenig erfreuliche Aufgabe übernahm, wird unschwer erkennbar, wenn man erfährt, daß erst nunmehr die Stände Innerösterreichs bereit waren, die benötigten erheblichen Summen in die Militärgrenze zu pumpen, jährlich 548 205 Gulden, wie auf dem Generallandtag von Bruck 1578 beschlossen wurde. Nun wurde mit dem innerösterreichischen Hofkriegsrat in Graz eine außerhalb der Verteidigungszone amtierende Administraionsstelle errichtet, und 1579 begann der Bau der wichtigen Festung Karlstadt (Karlovac) im Tale der Kulpa, die das Zentrum der Kroatischen Grenze, die nun auch Meergrenze genannt wurde und bei Karlobag (das 1525 bis 1579 unter osmanischer Herrschaft stand) die Küste erreichte, geworden ist.

Die kroatischen Stände waren über die Verselbständigung des Grenzraumes nicht eben entzückt, und einige Male (so insbesonders 1593 und 1608) forderte der *Sabor*, wie der Landtag genannt wurde, daß die Militärgrenze dem Banus unterstellt würde und die deutschen Truppen sowie die österreichischen Offiziere abgezogen werden müßten. Dabei wurde erwartet, daß die bisherigen Zahlungen weitergeleistet werden sollten. Dieses Ansinnen erfuhr eine schroffe Zurückweisung durch die innerösterreichischen Stände, die darauf hinwiesen, daß die Grenze mit ihren Steuern, also »ihrer untertanen harten schwitz und schwaiss, guet und pluet« errichtet worden sei und erhalten werde. Während des Dreißigjährigen Krieges wurde die kroatische Forderung wiederholt. Nun mengte sich auch der katholische Bischof von Agram ein, dem die Orthodoxie, in der die walachischen und serbischen Granitscharen verharrten, ein Dorn im Auge war. Kaiser Ferdinand II. aber blieb hart, wies die kroatischen Forderungen zurück, beließ den Grenzern ihre deutschen Befehlshaber und erließ 1630 ein strenges Reglement, die »Statuta Valachorum«, die ursprünglich nur für die Warasdiner Grenze gelten sollten, bald aber auch auf die Grenze von Karlstadt ausgedehnt wurden. Die Statuta wurden 1737 durch die Statuten Karls VI. ersetzt, die 1744 der großen Reform Maria Theresias zum Opfer fielen. Nun erst wurde der innerösterreichische Hofkriegsrat in Graz aufgelöst; an seine Stelle trat die »Militär-Oberdirektion« (auch »Innerösterreichisches Militär-Direktorium und Generalkommando« genannt), die dem Hofkriegsrat in Wien unterstellt wurde. Feldmarschall Prinz Joseph Friedrich von Sachsen-Hildburghausen wurde zum »Militär-Ober-Direktor und commandierenden General in denen innerösterreichischen Landen, wie auch bei den Warasdiner und Carlstädter Generalaten« ernannt. Er hatte, was nicht verschwiegen sein soll, schon 1737 auf die doppelte Bedeutung der Militärgrenze hingewiesen, die nicht nur ein vortreffliches »antemurale contra Turcam« ein Schutzwall gegen die Türken mithin, »sed etiam contra Hungarum in casu rebellionis«, sondern auch gegen ein rebellierendes Ungarn, sei.

Die Grenzbefestigungen wurden zunächst in herkömmlicher Weise angelegt, die durchaus dem alten magyarischen System des »Gyepü-Streifens« entsprochen hat. Die »Grenzzäune« aus Verhauen oder dichten Dornenhecken von ansehnlicher Breite wurden aus Türmen überwacht, die Durchgänge durch starke Blockhäuser gesichert. Unmittelbar dahinter lagen zumindest durch Palisadenwände befestigte Dörfer, die eine Verteidigung gegen die Reiterschwärme der Senger und Brenner erlaubten. An wichtigen Plätzen wurden stark bewehrte Stützpunkte errichtet, wie das bereits erwähnte Karlstadt, die auch regelrechten Belagerungen standhalten konnten. Diese Stützpunkte, die sich zu volkreichen Städten entwickelten (und nur diese), erhielten Garnisonen aus Soldtruppen; für die Zweckmäßigkeit der gesamten Einrichtung und den kämpferischen Elan der Granitscharen spricht, daß für lange Jahrzente 500 Söldner als Festungsbesatzungen ausreichten.

Das Land für die Ansiedlung war keineswegs Ödland, sondern von kroatischen Bauern besiedelt, die allerdings nicht mehr Freibauern, sondern Untertanen von Grundherrschaften waren, meist mehr oder weniger magyarisierten kroatischen Adelsfamilien, die auch in Westungarn und selbst in Österreich Besitzungen hatten. Diese wurden regional enteignet, ihnen wurden konkrete Fristen gesetzt, innerhalb derer sie die Ländereien im Grenzgebiet zu räumen hatten. Eine Bevölkerungsumsiedlung größten Ausmaßes kam in Gang; tausende Familien, deren Habe vor allem im Kinderreichtum bestand, wurden aus dem Südosten Kroatiens nach Westungarn oder Österreich verlegt, in gewaltigen Trecks, und hier in jenen Gebieten angesiedelt, die durch die kriegerischen Ereignisse des Zeitalters ganz oder weitgehend entvölkert waren. So entstanden einzelne kroatische Dörfer oder Dorfgruppen, von denen die im heutigen Niederösterreich gelegenen assimiliert wurden, wogegen die im heutigen Burgenland und in dem Teil Westungarns liegenden, der 1921 bei Ungarn verblieb, ihre nationale Identität zumeist erhalten konnten. Nur ganz isolierte Kroatendörfer nahem im Laufe der Zeit die Sprache ihrer Umwelt an, wie etwa Krobotek im Bezirk Jennersdorf, das von den nächsten Kroatensiedlungen im Bezik Güssing etwa 50 km entfernt war – eine Distanz, die bis nach dem Ende des Zweiten Weltkrieges jede Kommunikation für immobile bäuerliche Gemeinschaften faktisch ausschloß. Aussiedling wie Ansiedlung erfolgten geschlossen: Eine Gemeinde wurde so, wie sie im Grenzraum bestanden hatte, in der neuen Heimat angesiedelt. Die Reste der – meist deutschsprachigen – Bevölkerung der zugewiesenen Dörfer wurden assimiliert oder blieben erhalten, was vom jeweiligen Zahlenverhältnis abhing; aus dem ersten Vorgang ergibt sich, daß relativ viele Kroaten deutsche Familiennamen führen, aus dem zweiten die Zweisprachigkeit einzelner Dörfer schon vom Besiedlungsvorgang her.

Es ist sicher interessant, daß die stärkeren Dorfgemeinden regelmäßig die typischen mundartlichen Eigenheiten der alten Heimat bis auf den heutigen Tag beibehielten, so daß etwa die Kroaten in Stinatz ein Kroatisch sprechen, das sich von dem der anderen Kroatendörfer des Bezirkes Güssing deutlich unterscheiden läßt.

Im Gebiet der Militärgrenze verblieben allerdings jene Kroaten, die sich in die Grenzschutzorganisation einfügen ließen und diese Eingliederung wünschten; es waren vor allem jüngere, unverheiratete Männer, denen das Leben im bewaffneter Freiheit trotz der damit verbundenen Risiken mehr zusagte als das eines der Grundherrschaft unterworfenen Bauern. Die daraus entspringende Problematik erlangte in unserer Zeit nach Gründung

- des Königreichs Jugoslawien nach dem Ende des Ersten Weltkrieges,
- des selbständigen kroatischen Staates im Zweiten Weltkrieg,
- der Sozialistischen Volksrepublik Jugoslawien nach dem zweiten Weltkrieg und durch den entschlossenen Verselbständigungswillen der Kroaten eine ebenso dramatische wie brisante Aktualität. Das Gebiet der ehemaligen Militärgrenze liegt auf kroatischem Territorium und ist mit starken serbischen Volksteilen untermischt, die, was geradezu absurd anmutet,
- in Kroatien eine Minderheit darstellen,
- in Jugoslawien aber zum Mehrheitsvolk gehörten.

Die Institution der Militärgrenze wurde erst 1881 aufgelöst. Sie war funktionslos geworden, als der stets aggressive Nachbar im Südosten im 19. Jahrhundert zum »Kranken Mann am Bosparus« geworden war und überdies das unmittelbar vorgelagerte Gebiet – Bosnien und die Herzegowina – durch die Beschlüsse der Berliner Konferenz und mit Zustimmung der Hohen Pforte der Verwaltung Österreich-Ungarns unterstellt und in Besitz genommen wurde (1878).

[6] *Sebastian Schertlin von Burtenbach* ist eine der ganz großen Soldatenfiguren der Epoche, für die er durch mehrfachen Wechsel der Dienstherrschaft vielleicht typischer ist als Salm. 1496 als Sohn eines Bürgers in der württembergischen Kleinstadt Schorndorf geboren, trat er nach Erlangung des Magisteriums der Universität Tübingen 1518 in den Kriegsdienst Kaiser Maximilians I., zog 1521 im Dienste des Schwäbischen Bundes gegen den Herzog von Württemberg und diente dann unter Georg von Frundsberg in den Niederlanden. Im nächsten Jahr war er bereits Befehlshaber eines Teiles der in Kroatien intervenierenden Reichstruppen (Hauptmann über 12 Fähnlein Fußvolk), nahm 1524 im Dienste Karls V. am Feldzug in Oberitalien teil und wurde in den Rang eines neapolitansichen Ritters erhoben. 1525 kämpfte er gegen die aufständischen Bauern, wurde unter Anklage des Friedensbruches gestellt, floh nach Oberitalien, gewann den Schutz Frundsbergs, kämpfte vor Mailand und war an der Eroberung Roms beteiligt. 1529 – von der Anklage war schon längst keine Rede mehr – erscheint er als Hauptmann über 600 Mann in der »eillenden Türggenhilfe«, kommt jedoch mit der Masse des Reichsheeres zu den Kämpfen zu spät und tritt wenig später in ein festes Dienstverhältnis zur Stadt Augsburg, deren Feldhauptmann er auch in Friedenszeiten wird, was der Seltenheit wegen betont sei. Um diese Zeit erwirbt er das Gut Burtenbach. 1532 wurde er von Karl V. für seine Verdienste bei der Verteidigung Österreichs zum Reichsritter erhoben. Sein Aufstieg endete jäh mit seinem Übertritt zum Protestantismus, und als er 1541 vom Reichstag von Regensburg zum »Kriegsrat« gewählt wurde, scheiterte seine Bestellung am Widerspruch König Ferdinands I. 1544 war er aber zumindest für Kaiser Karl V. wieder persona gratissima, dieser bestellte ihn im Kriege gegen Frankreich zum Großmarschall und Generalkapitän. Zwei Jahre danach trat er sehr energisch für die Protestanten ein, fiel in Ungnade und mußte wieder fliehen, zuerst in die Schweiz, dann nach Frankreich. Karl verhängte über ihn die Acht und konfiszierte seine Güter. Schertlin trat in französischen Kriegsdienst, fand aber keine entsprechnde Verwendung und bemühte sich, wieder heimkehren zu dürfen. 1553 fand er des Kaisers Verzeihung und kehrte nach Augsburg zurück, wo er wieder Stadthauptmann wurde. Nach der Rückgabe der Güter zog er sich nach Burtenbach zurück, wo er 1577 hochgeachtet verstarb.

[7] *Hans Katzianer* handelte bei Ausübung der Befehlsgewalt über die ungarischen Reiter und das Aufgebot aus Krain durchaus rechtmäßig. Er war von König Ferdinand nach Salms Tod zu dessen Nachfolger als »Obrister Feldhauptmann« in Ungarn ernannt worden, und er wurde 1532 für die Dauer eines Jahres zum Obristen Feldhauptmann aller Truppen der »niederösterreichischen Lannd« bestellt, wobei darunter Österreich unter und ober der Enns, Steiermark, Kärnten und Krain zu verstehen sind. Wenngleich ihm die böhmischen und mährischen Truppen nicht unterstanden, war er damit der Befehlshaber der Masse der von König Ferdinand gestellten Verbände, die erheblich zahlenstärker waren als die Reichsarmee mit einer Sollstärke von nur 41 000 Mann. Das machte die allerdings notwendige Unterstellung des königlichen Kriegsvolks unter den Oberbefehl

des Pfalzgrafen Friedrich II. problematisch. Vielleicht versuchte man das Aufkommen von spannungsauslösenden Meinungsverschiedenheiten dadurch zu verhindern, daß Katzianer nur sporadisch im Hauptquartier erschien und die meiste Zeit mit Kavallerieverbänden auf eigene Faust Steiermark und Österreich durchstreifte und Jagd auf die eingedrungenen osmanischen Verbände machte.

8 *Chair ad Din Barbarossa*, griechischer Herkunft und aus Lesbos stammend, betrieb von der Insel Djerba aus zunächst mit seinem Bruder Horkut eine blühende Seeräuberfirma, die sich sogar mit Handstreichen auf spanische Hafenfestungen befaßte. 1512 verlor Horkut bei einer derartigen Aktion einen Arm. Im selben Jahr wurde ihre Flotte von dem genuesischen Seehelden Andrea Doria überrascht und faktisch vernichtet. Horkut und sein Bruder konnten sich retten und hatten bald wieder eine ansehnliche Flotte beisammen, mit der sie ihr altes Handwerk wieder aufnahmen. 1518 fiel Horkut im Kampf gegen die Spanier, und Chair ad Din, der sich indessen in den Besitz von Algier gesetzt hatte, fand es für gut, die Oberhoheit Sultan Selims I. anzuerkennen, der den eminent tüchtigen Piraten durch Verleihung des Titels eines Paschas auszeichnete. Der neue Pascha führte seinen privaten Krieg gegen die christliche Seefahrt weiter, der gelegentlich, wenn sich der Großherr mit den abendländischen Reichen schlug, zur legitimen Kriegshandlung wurde – ganz ähnlich dem der mit Kaperbriefen ausgestatteten abendländischen Piraten – und sonst eben einfach Seeräuberei war. Als Karl V., durch den Anteil des Kronschatzes an der Inkabeute in die Lage versetzt, große Rüstungen zu finanzieren, 1535 gegen Tunis zog, war der Chair ad Din schon bekannte und verhaßte Andrea Doria sein Flottenführer. Der Seeräuberpascha entfloh nach Stambul, und als er Andrea Doria 1538 wiederbegegnete, besiegte er ihn in der großen Seeschlacht von Prevesa.

Als Befehlshaber der verbündeten osmanischen Kriegsflotte nahm er 1443–1444 an den Kämpfen um die französische Mittelmeerküste teil und leistete einen entscheidenden Beitrag bei der Eroberung von Nizza durch französische Truppen. Er überwinterte mit seiner Flotte in Toulon und kehrte mit reicher Beute, darunter etwa 7 000 weißen Sklavinnen und Sklaven, nach Stambul zurück. Er war nicht nur geradezu penetrant kühn in seinen Fahrten, sondern auch weit vorausschauend in seinem Planen. Als die Portugiesen die Seefahrt im Indischen Ozean gegen die Mitte des 16. Jahrhunderts zunehmend dominierten und der sehr ertragreiche Gewürzhandel auf den Weg um Afrika geleitet wurde, befaßte er sich mit dem Gedanken zur Errichtung eines Kanals zwischen dem Mittelmeer und dem Roten Meer, um die Geschwader der osmanischen Flotte auch zur Bekämpfung der portugiesischen Schiffe im Indischen Ozean verwenden zu können. Nach seinem Tod 1546 geriet der Plan zur Errichtung des »Suezkanals« bald in Vergessenheit.

9 *Jean Parisot de la Valette*, der 49. Großmeister des Ritterordens des Heiligen Johannes (korrekte Bezeichnung: Souveräner militärischer und Krankenpfleger-Orden des Heiligen Johannes von Jerusalem, von Rhodos und von Malta) erlangte diesen Rang 1557 durch die in der Ordensverfassung vorgesehene Wahl und verlor ihn 1568 durch den Tod nach einem Schlaganfall. Er war 1494 geboren, 1514 in den Orden eingetreten und bei seiner Wahl 63, bei seinem Tod 74 Jahre alt. Im Alter von 71 Jahren erlebte er, geistig wie körperlich in bester Verfassung, mit der siegreichen Verteidigung des Inselreiches seines Ordens den Höhepunkt seiner Laufbahn. Er war eine der hervorragendsten Persönlichkeiten seines Zeitalters, ausgezeichnet gleichermaßen durch persönliche Tapferkeit, militärische Begabung, seemännisches Talent, unbeirrbare Glaubenskraft, diplomatisches Geschick und umfassende Bildung (er beherrschte neben seiner Muttersprache und den klassischen Sprachen Latein und Altgriechisch die mediterranen Umgangsprachen Italienisch, Spanisch, Griechisch und Türkisch in Wort und Schrift), wie in der Geschichte des Ordens, die zweifellos zu den bemerkenswertesten und glanzvollsten Kapiteln der christlichen Historie zählt.

Er erlebte den tiefen Fall des Ordens durch den Verlust von Rhodos, zu dessen Verteidigern er gehört hatte, er erlebte die Jahre des Exils, er erlebte die Anfänge auf Malta – und er stieg in der Ordenshierarchie von Amt zu Amt. Er war Befehlshaber im afrikanischen Tripolis, Komtur von Lango, Pilier seiner Zunge (Vorsteher der provençalischen

Ordensmitglieder), Großprior von St. Gilles und Großadmiral, wobei diese letzte Funktionsausübung durch ihn ein Bruch mit der Ordenstradition war, da diese bisher stets einem Ordensbruder der italienischen Zunge übertragen worden war.

Zu den bedeutendsten Zügen seines Charakters aber gehörten Festigkeit, die Treue zu sich selbst: Auch als Gefangener seiner Feinde, als an die Ruderbank geketteter Galeerensklave blieb er der Mann, der er war – Jean Parisot de la Valette, ein Ritter des Heiligen Johannes.

[10] *Lazarus von Schwendi,* 1522 in Mittelbiberach geboren, studierte in Basel und Straßburg, trat 1546 in kaiserlichen Dienst und nahm am Schmalkaldischen Krieg teil. 1552 in den Ritterstand erhoben und zum Hofrat ernannt, übernahm er drei Jahre später den Befehl über ein Regiment »teutscher Knecht« in den Niederlanden. Ab Oktober 1555, als Karl V. die Regierung der Niederlande an Philipp II. übertrug und diese die »spanische Niederlande« wurden, gelangte Schwendi in spanischen Dienst. 1564 trat er in kaiserlichen Dienst zurück und wurde als »Kriegskommissarius der hungarischen Gränitz« verwendet, noch im selben Jahr zum »Obristen über alles teutsche Kriegsvolk zu Roß und zu Fuß« bestellt und begann im Frühjahr den Krieg gegen Johann Sigismund von Siebenbürgen.

Von seiner Tätigkeit im Krieg gegen den Großherrn der Osmanen 1566 wird an gegebener Stelle berichtet. 1568 legte er das Oberkommando in Ungarn zurück, im vollsten Einverständnis mit Kaiser Maximilian, der ihn in Würdigung seiner Verdienste zum erblichen Freiherrn von Hohenlandsberg im Elsaß erhob. Im folgendem Jahr ernannte ihn Kaiser Maximilian zum Oberbefehlhaber des Reichsaufgebotes mit dem Titel »Obrister Leutnant für uns selbst«, also Stellvertreter des Kaisers in der Heerführung. 1584 ist er verstorben.

Schwendi war der erste deutsche Kriegsmann, der sich auch theoretisch mit militärischen Fragen auseinandersetzte und in seinem »Kriegsdiskurs« das erste kriegswissenschaftliche Werk in deutscher Sprache schrieb. Er beschäftigte sich vor allem mit den grundlegenden Problemen des Kriegswesens seiner Zeit – und nicht nur dieser – und stellte Vorteile und Nachteile der Professionalisierung des Soldatentums jenen des Volksaufgebots gegenüber. Ihn deswegen als den »ersten deutschen Verkünder der allgemeinen deutschen Wehrpflicht« zu bezeichnen ist vermutlich übertrieben, denn er weist auf die Stimmungsabhängigkeit der aufgebotenen Volkskrieger ebenso hin (»Denn persönlich ziehen sie nicht gern ins Feld, können Kälte und Mangel schwer ertragen, bekommen Heimweh und sind leicht in Panik zu versetzen«) wie auf die Zusammenhänge zwischen Kriegführung und Wirtschaft. (»Es scheint daher ratsamer zu sein, der Kriegsherr bietet seine Ritterschaft zum Kriege auf, läßt das Landvolk aber zu Hause und nimmt dafür Söldner in seine Dienste. Auf diese Weise hat er auch größere Aussicht, mehr Steuern, Proviant usw. aus seinem Land zu erhalten.«)

Resümierend aber hält er es für besser, seine – entsprechend ausgebildeten und abgehärteten – Untertanen, so man über solche verfügt, zum Kriege heranzuziehen, denn »die fremden Söldner sind nicht so treu, gehorsam und tüchtig wie die Untertanen, und ihre Werbung und Unterhaltung kostet viel mehr«.

[11] *Saint Clement* wurde vor der Küste Siziliens von *Uluch Ali,* damals Beg von Algier, überraschend angegriffen, als dieser sein Geschwader in die Ägäis den Sammelraum der osmanischen Kriegsflotte, führte. Daß sich nur seine Galeere retten konnte, wurde dem Ordensadmiral als Feigheit vor dem Feinde angelastet und in einem hochnotpeinlichen Verfahren untersucht, das mit seiner Ausstoßung aus dem Orden und seiner Verurteilung zum Tode endete. Er wurde erdrosselt und sein Leichnam ins Meer geworfen. An der Berechtigung seiner Verurteilung sind Zweifel durchaus angebracht, denn sein siegreicher Gegner war ein äußerst geschickter Flottenführer, der die ankernden Ordensgaleeren völlig überraschend anfiel und mit blitzartiger Geschwindigkeit drei von ihnen kaperte. Kennzeichnend war dabei die Raschheit, mit der alles vor sich ging: Uluch (sprich Uludsch) war der Spitzname des Ali und bedeutet »der Blitz«, und unter diesem Beinamen ging er in die Geschichte ein, so daß der Alltagsname Ali dahinter völlig verschwindet.

III. Finale furioso

[1] *Gabriel Bathory* begann einen völlig unsinnigen und letztlich erfolglosen Krieg gegen die Walachei, der seine Kassen erschöpfte. 1610 berief er einen Landtag nach Hermannstadt, ordnete eine Parade der Bürgerwehr vor den Festungswerken an und besetzte während derselben die Stadt widerrechtlich mit seinem Kriegsvolk. Nun bezichtigte er die Bürgerschaft global des Hochverrates, verurteilte sie zum Tode und »begnadigte« sie zum Vermögensverlust und der Vertreibung aus der Stadt. Hermannstadt wurde zur fürstlichen Residenz, die Häuser seinen Höflingen zugewiesen. 1611 forderte er von Kronstadt die bedingungslose Unterwerfung unter seinen Willen. Er zog, da die Bürgerschaft unter dem tapferen Michael Weiss auf der Rechtslage beharrte, vor die Stadt, wurde aber von den Bürgern mit walachischer Unterstützung vertrieben. Im folgenden Jahr blieb die walachische Hilfe aus, und die Kronstädter zogen, da die fürstlichen Truppen das offene Land verwüsteten, vor die Stadt. In der Nähe von Marienburg kam es zur Feldschlacht, die mit einer schweren Niederlage der Bürger endete, die gegen 300 Mann verloren. Auch Michael Weiß zählte zu den Gefallenen.

Besonders zu nennen sind die Scholaren des Kronstädter Gymnasiums, die an der Schlacht mit 39 Freiwilligen teilnahmen, auf einem Hügel den letzten Widerstand leisteten und alle den Tod fanden. Die Schlacht wird daher auch als »Schlacht am Studentenhügel« bezeichnet; später wurde ein Ehrenmal an der Stelle errichtet und der Gefallenen in jährlichen Feiern gedacht. Dieser Brauch wurde noch nach dem Zweiten Weltkrieg eingehalten.

Bemerkenswert ist, daß Kronstadt trotz der Niederlage den Widerstand fortsetzte. Der Krieg fand erst mit dem Tode des Fürsten sein Ende.

[2] Die *Hajducken* waren für das 16. und 17. Jahrhundert Europas etwas wie die nordamerikanischen Cowboys für unsere Zeit. Sie waren nicht nur die Treiber riesiger Viehherden aus dem Großraum Ostungarns in die volkreichen Städte des deutschen Südostens, sondern sie waren auch von einem romantischen Zauber umgeben – zumindest in der Phantasie der ortsansässigen Bevölkerung, für die sie aus märchenhaften Fernen kamen und die von Kargheit und Härte ihres wirklichen Lebens keine Vorstellung hatte. Die Eigenartigkeit ihrer Lieder, die sie am Lagerfeuer sangen, und die Wildheit ihrer Tänze, mit denen sie ihrem Lebensgefühl spontan Ausdruck verliehen, beeinflußten das Musikleben und szenische Aufführungen des Zeitalters: Es gab – nachempfundene – Hajduckenlieder als eigenes Genre des zeitgenössischen Liedgutes, und auf den Festlichkeiten und Bällen der Höfe der Magnaten tanzten die Damen und Herren, oftmals in halborientalischen Trachten gekleidet, Reigen nach hajduckischer Art.

Die Hajducken waren ethnisch höchst unterschiedlichen Herkommens. Man nimmt an, daß sie aus entlaufenen Leibeigenen, versprengten Kriegern, verzweifelten Bauern und ähnlich heterogenen Bevölkerungsteilen zusammengesetzt waren, die das weite, verwüstete Grenzland zwischen Abendland und Morgenland durchstreiften, bis sie Stefan Boczkai in Ostungarn ansässig machte, ihnen den Rang von Kleinadeligen verlieh und sie damit der Wehrpflicht unterwarf. Er stellte aus ihnen eigene Truppenkörper zusammen, die sich durch hervorragende Tapferkeit auszeichneten, aber immer schwer zu führen waren. Später traten sie auch als kleine Gruppen oder Einzelpersonen in die Dienste großer Herren. Sie wurden als »Leibhajducken« gerne als Leibwächter verwendet. So wurde ihr Name geradezu zur Standesbezeichnung; die ungarischen Magnaten und ihnen folgend die österreichischen Aristokraten nannten ihre bewaffneten Gefolgsleute gerne Hajducken, auch wenn diese keinerlei Verbindung zu den eigentlichen Hajducken hatten.

Die Hajducken Ostungarns wurden magyarisiert und bildeten eine eigene Verwaltungseinheit, die bis 1876 bestand. Das Land, das ihnen zugewiesen worden war, heißt heute noch Hajduság, das Hajduckenland. Den ursprünglichen Siedlungsnamen Nánás, Dorog, Hadház usw. wurde das Hajdu vorangesetzt, so daß daraus Hajdunánás, Hajdudorog usw. wurde. Der historische Hauptort war Hajduböszörmeny, die heute bedeutendste Stadt ist das als Kurort berühmte Hajduszoboszló.

411

Raimund Fürst Montecuccoli, geboren am 21. Februar 1609 im Castello dei Montecuccoli, dem damaligen Herzogtum Modena der Familie Este zugehörig, trat 1626 als Musketier in das kaiserliche Infanterieregiment Collalto ein, das damals in Schweinfurt in Garnison lag. Er brachte wohl nicht mehr mit als eine gewisse Waffenkenntnis, einen guten Namen und den adeligen Stand eines Grafen, den seine Familie hatte – Fürst wurde er erst gegen Ende seines Lebens.

Er vertauschte bald das Feuerrohr mit dem etwa 4 m langen, recht unhandlichen Spieß und trat als Pikenier zum traditionellen, harten Kern des Fußvolkes, das aus den Spezialisten für den Nahkampf bestand und den Gefechtssgevierten das charakteristische Aussehen gab. Nach drei Jahren Kriegsdienst wurde er Hauptmann und fiel bei Breitenfeld verwundet in schwedische Kriegsgefangenschaft. Er wurde ausgetauscht und bald zum Obristwachtmeister befördert, zeichnete sich in mehreren Treffen durch Umsicht und Kaltblütigkeit besonders aus, wurde 1634 Obristleutnant und 1635 unter gleichzeitiger Bestellung zum Kommandeur eines Kürassierregiments Obrist. Er bewährte sich weiterhin als Truppenführer im Großen Krieg, der kein Ende nehmen wollte, und war eigentlich auf dem besten Wege, einer der vielen, im Schlachtenlärm hochgekommenen Haudegen und Eisenfresser zu werden, die eben damals Europas Mitte bevölkerten. 1639 aber fiel der Dreißigjährige erneut in schwedische Gefangenschaft. Dieses Mal dauerte sie volle drei Jahre. Er verbrachte sie fast zur Gänze in Stettin und Weimar, wurde in einer Art von ritterlicher Haft gehalten, die ihm einen gewissen Bewegungsraum erlaubte, und er durfte die Bibliothek des Herzogs von Stettin benutzen. Da er schon am Kriege nicht teilnehmen konnte, beschäftigte sich wenigstens theoretisch mit ihm. Er erwarb durch ein langsam methodisch werdendes Selbststudium ein erstaunliches Wissen in allen Disziplinen, die damals die klassische Bildung repräsentierten, wobei das Schwergewicht in jenen Wissengebieten lag, die mit dem Kriegswesen in irgendeinem Zusammenhang standen. Er machte damit als Autodidakt und vorbildlos genau das, was man heute unter Generalstabsausbildung versteht. Er begann auch, ein kriegstheoretisches Werk zu schreiben, die »Abhandlung über den Krieg« (italienischer Originaltitel: »Trattatio della guerra«), wobei sich die Fertigstellung durch seine Freilassung und weitere Teilnahme am Kriege verzögerte. Das Werk erschien erst nach 1650, vermutlich 1653; es war von ähnlicher Bedeutung wie das von Clausewitz fast zwei Jahrhunderte danach.

Dem gelehrten Obristen brachte die Entlassung aus der Gefangenschaft die Beförderung zum Generalwachtmeister (Generalmajor) und 1643 die Verabschiedung aus habsburgischem Kriegsdienst: Montecuccoli wurde als eine Art von »Entwicklungshelfer« für das Kriegswesen« des kaisertreuen Modena im Krieg gegen den extrem frankophilen Papst Urban VIII. verwendet, der nichts dabei fand, der papistischen Partei im deutschen Religionskrieg in den Rücken zu fallen. Der Kriegstheoretiker Montecuccoli bewies, wie nützlich umfassende Studien der Militärwissenschaften in der Praxis sind; die päpstlichen Truppen wurden mehrfach schwer geschlagen. Schon 1644 wurde in Venedig ein Frieden geschlossen, in dem der Papst seine Ansprüche auf die strittigen Territorien aufgab. Der siegreiche Feldherr kehrte in die kaiserliche Armee zurück, wurde zum Feldmarschall-Leutnant ernannt und kämpfte in Schlesien und Oberungarn, wobei er als »militärischer Ratgeber«, wir würden sagen »Generalstabschef«, des noch kindlichen Erzherzogs und späteren Kaisers Leopold I. Verwendung fand.

Das Kriegsende sah ihn als General der Kavallerie, der nun der eigentlich führende Kopf bei Umgestaltung der kaiserlichen Kriegsvölker in ein präsent gehaltenes Berufsheer war. Er wurde zunächst Vizepräsident, dann Präsident des Hofkriegsrates, führte zuletzt den Oberbefehl im Krieg gegen die Schweden, der 1660 in Oliva beendet wurde, und war dann als Feldmarschall und (nach der Schlacht um den Raabübergang 1664) Generalleutnant Oberkommandierender im Krieg des Achmed Pascha Köprülü. Hier ist zu bemerken, daß der Generalleutnant damals der persönliche Vertreter des Kaisers im Felde war und über eine Reihe von Sonderbefugnissen verfügte, die ihn weit über die normalen »Generalspersonen« erhob. Der Generalleutnant in neuzeitlicher, vor allem preußischer militärischer Hierarchie, wurde im kaiserl. Heer als Feldmarschall-Leutnant bezeichnet.

Nach diesem Krieg, über den er sein zweites Hauptwerk: »Della Guerra col Turco in Ungheria« (auch unter »Aforismi« oder »Memorie« bekannt) schrieb, führte er 1673 noch seinen »Traumkrieg« im Rheinland. Sein Gegner war der kongeniale Henri Latour d'Auvergne, Vicomte de Turenne, mit dem er sich schon im Dreißigjährigen Krieg geschlagen hatte und der wie er der Idealvorstellung vom »Krieg ohne Gefechtsberührung«, zumindest ohne die männermordende Feldschlacht, anhing. Unter den Händen der beiden führenden Strategen Europas wurde der Krieg zum Spiel, das sie souverän abwickelten wie zwei Großmeister eine entscheidende Schachpartie vor sachkundiger und interessierter Zuseherschaft. Aus eingenommenen Positionen, eingesetzten Verbänden, verfügbaren Reserven, vorhandenen Verbindungslinien und logistischen Gegebenheiten errechneten sie vor Beginn jedes Treffens die Erfolgsaussichten, und wenn diese sehr eingehende Lagebeurteilung auch jeder in jedem Fall für sich gesondert vornahm, kamen sie aber doch zu denselben Ergebnissen -, und der im Nachteil befindliche Feldherr zog ab. Beide sparten mit dem Blut, nicht aber mit dem Schweiß ihrer Soldaten, deren Alltag in Marschieren und Schanzen, in Schanzen und Marschieren bestand. Die Truppen murrten und gehorchten, aber es gab, von einigen »Unfällen« wie überraschenden Begegnungen berittener Streifen abgesehen, keine Gefechte. Und zuletzt räumten die Franzosen das umstrittene Gebiet. Sie kamen später wieder. 1675 ist der große Turenne, dem nun nicht der große Montecuccoli gegenüberstand, vor Beginn der Schlacht bei Sasbach gefallen.

Der Tod Montecuccolis 1680 brachte seinen »Musterschüler« Karl V. Leopold, Herzog von Lothringen und Bar, in die Spitzenposition des kaiserlichen Heeres. Und dieser führte 1683 bis 1687 die anrollende abendländische Gegenoffensive nach Magyaristan auf der Grundlage des von Montecuccoli in seinem Werk über den Türkenkrieg entworfenen Konzepts, das auf der gezielten Einbindung der gewaltigen Wasserstraße Donau in die Dynamik des kombattanten Geschehens beruhte.

4 Mit *Ewliya Tschelebi* begegnet uns eine der schillerndsten und liebenswürdigsten Persönlichkeiten der osmanischen Literatur, von deren äußeren Lebensumständen man nur dürftig unterrichtet ist. Man kennt nicht einmal den wahren Namen des Sohnes eines wohlhabenden Goldschmieds in Stambul, denn Ewlija war das von ihm verwendete Pseudonym (Der »Gottesfreund«) und Tschelebi die Bezeichnung für einen gelehrten Osmanen, der keinen Amtstitel führte, etwa wie unser Doktorat.

Ewliya kam als Knabe durch Protektion in den großherrlichen Pagenhof, verzichtete aber auf die Ämterlaufbahn und bemühte sich um ein Reiterlehen, das zur Basis seines Lebens wurde. Er beschäftigte sich mit der islamischen Kultur, besuchte gern Wallfahrtsorte und fand an weiteren Reisen zunehmend Gefallen, so daß er wiederholt als Reisebegleiter osmanischer Großer in Erscheinung trat. Über die Reisen schrieb er Berichte, die er veröffentlichte und die gegen Ende seines Lebens (er starb um 1680) im »Buch der Fahrten« zusammengefaßt wurden. Kreutel, der sein Werk eingehend kommentiert (»Im Reiche des Goldenen Apfels«), weist allerdings darauf hin, daß Ewliya Dichtung und Wahrheit gelegentlich vermengt und als »selbstgeschaute Reiseeindrücke« lange Stellen aus wissenschaftlichen Werken des Zeitalters übernimmt, und zwar samt gelegentlichen Fehlern in diesen, so daß hinsichtlich des Wahrheitsgehaltes eine gewisse kritische Distanz zweckmäßig ist.

Am Krieg des Achmed Pascha Köprülü nahm Ewliya Tschelebi, der 50 und 60 Jahre sein mochte, als – sagen wir es bewußt im Sprachgebrauch unserer Zeit – »Hauptmann d.R. in der Offiziersreserve des Hauptquartiers« teil. Da er ohne Funktion war, konnte er am zweiten Einfall der Tataren teilnehmen und will mit diesen bis an die Küste der Nordsee (!) geritten sein, wo sie das Reich Dunkarkiz (Dünkirchen?) verheerten, das von zwei »Mädchenköniginnen« (Rückerinnerung an die »jungfräuliche« Königin Elisabeth?) regiert wurde. Sie bedrohten auch die Hafenstadt Loncat (London?), wo die großen Schiffe für den Verkehr in die Neue Welt beladen wurden. Es spricht viel dafür, daß eben in derartigen fabelhaften Übertreibungen, die als solche auch für den gebildeten Leser nicht erkennbar waren, ein guter Teil der Wirkung steckte, die der Autor beabsichtigte und erzielte.

413

[5] Der *Hofkriegsrat* wurde als »steter Kriegsrat« von Kaiser Ferdinand I. 1556 gegründet. Er war in vier Abteilungen gegliedert, unterstand einem Präsidenten und seinem Stellvertreter; er war die oberste militärische Verwaltungsbehörde der habsburgischen Kriegsvölker. Die Bezeichnung wurde durch die Kumulierung des habsburgischen Familienoberhauptes mit der Würde des erwählten Kaisers dahin abgeändert, daß der »stete Hofkriegsrat« zu »Ihrer Römisch-Kayserlichen Majestät Hofkriegsrat« wurde, dem nun bei Hofe die Angelegenheiten der gesamten Reichsverteidigung zur Erledigung zugewiesen wurden.

Ab 1745 fielen die Kompetenzen des Reichsverteidigungswesens weg, und die Beschränkung auf das Militärwesen der habsburgischen Erblande fand im Titel »Königlicher Hofkriegsrat« sinngemäßen Ausdruck, der nach Begründung des Kaisertums Österreich in »Kaiserlich-königlicher Hofkriegsrat« umgewandelt wurde. Der Hofkriegsrat hatte ungeachtet seiner wechselnden Bezeichnung bis 1801 die Aufgaben wahrzunehmen, die einem Kriegsministerium zufielen; er wurde in diesem Jahre durch die Reform der Regierung zum Kriegsministerium, was durch die Verbindung des Präsidenten des Hofkriegsrats und des Kriegsministers in der Person des Erzherzogs Karl die sehr naheliegende Lösung war. Diese Verbindung wurde 1805 gelöst und wieder ein eigener Präsident des Hofkriegsrates ernannt, so daß in der Folgezeit mit mehrfachen Funktionsverschiebungen entweder beide Instanzen nebeneinander bestanden oder zeitweise vereinigt wurden, bis 1848 der Hofkriegsrat endgültig aufgelöst und ins Kriegsministerium überführt wurde. Der erste Kriegsminister war 1848 Feldmarschall-Leutnant Peter Zanini, der letzte im Jahre 1918 Generaloberst Rudolf Freiherr von Stöger-Steiner.

In der uns interessierenden Zeitspanne des 17. und frühen 18. Jahrhunderts waren die Präsidenten des Hofkriegsrates meist bewährte Feldherren, die eine Schlüsselposition einnahmen, aber kaum eine Möglichkeit der unmittelbaren und direkten Einflußnahme hatten. Die »Beschlüsse« des Hofkriegsrates waren nicht viel mehr als Empfehlungen, die dem Geheimen Rat vorzulegen waren; eine Weisungsbefugnis gegenüber den Truppen beschränkte sich auf Angelegenheiten der Militärverwaltung. Von letzter Norm gab es – seltene – Ausnahmen, wenn der Präsident des Hofkriegsrates gleichzeitig militärischer Befehlshaber war. Das traf beispielsweise zu für

Generalleutnant Montecucocoli, 1668 bis 1680 auch Präsident des Hofkriegsrates;

Feldmarschall Prinz Eugen von Savoyen, 1703 bis 1736 auch Präsident des Hofkriegsrates und

Feldmarschall Leopold Josef Maria Graf von Daun, auch Präsident des Hofkriegsrates 1762–1766.

Nicht einmal seinem Schwager, dem großen Feldherrn Karl Herzog von Lothringen überließ der mißtrauische Kaiser Leopold I. das Kommando über die Armee und die Präsidentschaft über den Hofkriegsrat, die er Hermann Markgraf von Baden 1681–1691 übertrug. Dies wirkte sich auf den Fortgang des großen Krieges gelegentlich sehr störend aus.

[6] *Paul Graf Eszterházy* wurde auf dem *Reichstag von Oedenburg* (1681), der die Wiederherstellung der ungarischen Verfassung bezweckte und als Instrument der Versöhnung zwischen König Leopold und den Ständen Ungarns gedacht war, ordnungsgemäß zum Palatin gewählt. Die Ergebnisse des Reichstages unterfallen unterschiedlicher Würdigung; Eickhof etwa sieht sie unter dem Etikett der »Versöhnung in Ungarn« und erklärt zutreffend:

»Auf diesem Reichstag ging die kaiserliche Regierung in der Verfassungsfrage fast den ganzen blutigen Weg, den sie seit 1670 eingeschlagen, mit einem Schritt wieder zurück. In den wichtigsten Zügen wurde die ungarische Verfassung wiederhergestellt, das Gubernium abgeschafft, Graf Paul Eszterházy zum Palatin gewählt, die Selbständigkeit der Hofkammer in Preßburg wieder hergestellt, die Anhörung ungarischer Berater in Türkenfragen zugesichert und eine strenge Kontrolle der eigenen und fremden Soldaten in Ungarn gestgesetzt. Der Absolutismus war aufgegeben.«

Die religiöse Frage allerdings blieb ungelöst; der König sicherte zwar – wieder einmal – den Protestanten die freie Religionsausübung zu, aber die Bemühungen scheiterten letzten Endes an der Weigerung des Erzbischofs Szelepczény, der Rückgabe des der katholischen Kirche zugeschlagenen Vermögens der protestantischen Gemeinden zuzustimmen.

Ebenso wurde den Exulanten die Rückstellung ihrer Güter verweigert, was die grundsätzlich zugesicherte Amnestie entscheidend durchlöcherte. Deshalb verließen die Vertreter der protestantischen Stände unter Protest den Reichstag, der nun von den katholischen Ständen allein weitergeführt wurde und mit der Proklamation der Krönung der Gemahlin Leopolds zur Königin von Ungarn endete. (1676 hatte sich Leopold nach dem Tod seiner zweiten Gemahlin mit der Tochter des pfälzischen Kurfürsten, Eleonore Magdalena von Zweibrücken-Neuburg, vermählt.)

7 *Die Große Schütt-Insel* (90 km lang, bis zu 25 km breit) ist die nördliche der beiden Inseln, die hart unterhalb Preßburg durch die Dreiteilung der Donau in die nördliche »Kleine Donau«, den Hauptstrom und die »Wieselburger Donau« → Mosoni Duna gebildet werden. Die Große Schütt-Insel wird von der Kleinen Donau und dem Hauptstrom begrenzt, sie endet bei Komorn. In die Kleine Donau mündet hart unterhalb Komorn die Waag, in die Wieselburger Donau unterhalb Raab → Györ die Raab → Rába.

8 *Kaspar Zdenko Graf Kaplir von Sullowitz* gehört zu jenen Menschen, deren Leben voll im Zeichen der blutigen grausamen Geschichte des 17. Jahrhunderts stand. Einem alten böhmischen Rittergeschlecht, das 1251, im Zeitalter König Wenzels I., erstmals urkundlich belegt ist, entstammend, wurde er 1611 geboren. Nach dem frühem Tod seines Vaters wurde er von seinem Großvater erzogen, der als protestantischer Aufständischer am 21. Juni 1621 hingerichtet wurde. 1622, mit 11 Jahren (!), floh er in die Lausitz, wo er Aufnahme in das Gymnasium Görlitz fand. Vermutlich 1627 zog er in die Niederlande weiter, studierte an der Universität Leyden und trat nach Abschluß des Studiums in das Heer der Generalstände ein. Später wechselte er in sächsischen, dann schwedischen Kriegsdienst, trat zum Katholizismus über und nahm Waffendienst beim Kaiser. Nach dem Ende des Dreißigjährigen Krieges trat er in den Dienst der spanischen Krone und gehörte zu den in Mailand garnisonierten Truppen, wurde 1656 General, trat 1660 wieder ins kaiserliche Heer zurück und wurde Militärkommandant von Tirol. 1674 zum Generalquartiermeister der gegen Frankreich operierenden Armee ernannt, wurde er im selben Jahr in den erbländischen Grafenstand und 1676 in den Stand eines deutschen Reichsgrafen erhoben. Seit 1679 lebte er ständig am kaiserlichen Hof, war Mitglied des Hofkriegsrates und ab 1681 dessen stellvertretender Präsident. 1683 wurde er Vorsitzender der Kontrollkommission für den Zustand der Festungen im Grenzraum gegen das Osmanische Reich, deckte gravierende Mißstände auf, die man in Wien zuerst nicht glauben, dann aber vertuschen wollte, und konnte sich trotz mancher Anfeindungen durchsetzen, auch wenn die von ihm angeregten und der Hofkammer zuletzt angeordneten Verbesserungsmaßnahmen durch die Rasanz des Geschehens meist nicht effektuiert werden konnten.

Danach bat er den Kaiser um ein Frontkommando, doch war Leopold froh, den bewährten, tapferen und tüchtigen Offizier an die Spitze der interimistischen Regierung stellen zu können. Nach dem Ende der Belagerung wurde Kaplir zum Feldmarschall befördert. Er starb am 6. Oktober 1686 in Wien.

9 *Johannes Andreas von Liebenberg,* damals 55 Jahre alt, stand in seinem dritten Amtsjahr als Bürgermeister. Er war seit 1652 in der Stadtverwaltung tätig, seit 1660 Leiter des städtischen Finanzwesens, seit 1676 Mitglied des Stadtsenats, damals Innerer Rat benannt. 1678 wurde er zum Stadtrichter, 1680 zum Bürgermeister erwählt.

In seine Zeit als Stadtrichter fiel die große Katastrophe von 1679: Die Pest, vermutlich aus Ungarn eingeschleppt, wütete etwa ein halbes Jahr lang in Wien, und dem Schwarzen Tod fielen insgesamt 70 000 Menschen zum Opfer. Es war die Zeit des »Lieben Augustin«, des berühmten Originals der volkstümlichen Kulturszene, der betrunken, von einem Straßenräumungstrupp irrtümlich für tot gehalten, in eine Grube mit Pestleichen geworfen wurde und am nächsten Morgen verwirrt und beschämt, entsetzt und doch glückselig aus ihr hervorkroch, um schon am Abend – populärer als jemals zuvor – das Publikum in seiner Stammkneipe durch seinen Dudelsack und sein berühmtestes Lied zu erfreuen, dessen Refrain noch heute bekannt ist: »O du lieber Augustin, alles ist hin.«

Die Lage der Stadt wurde im Pestjahr vor allem dadurch gefährlich verschärft, daß der greise Bürgermeister Springer in der Tat altersschwach und völlig hilflos war. Die Stadtverwaltung stimmte freudig zu, als der energische Liebenberg zusätzlich die Leitung des städtischen Gesundheitsdienstes, des Collegium sanitatis, anstrebte und nach außerordentlicher Berufung sogleich mit dem berühmten Arzt und Gelehrten Dr. Paul de Sorbait ein Directorium sanitatis bildete, dessen weitblickende und konsequent durchgezogene Maßnahmen die Seuche eindämmten und die restliche Bevölkerung retteten. 1680 fand Liebenberg bei der Kandidatur für das Amt des Bürgermeisters allgemein Zustimmung, Kaiser Leopold bestätigte den furchtlosen Bürger gerne in seinem neuen Amt und ehrte ihn, indem er ihm den Titel des kaiserlichen Rates verlieh.

1683 wurde es - durchaus mit Recht - als glückliche Fügung angesehen, daß der Mann, der dem Schwarzen Tod die Stirn geboten hatte, in der Stunde der neuen, furchtbaren Gefahr an der Spitze der Bürgerschaft stand. Er starb im September, wenige Tage vor Ende der Belagerung.

[10] *Der Tod des Kara Mechmed Pascha* verdient es, als echter Heldentod besonders hervorgehoben zu werden, zeigt er doch, welches Ausmaß an Hingabe, an Tapferkeit und an Glauben in den Besten der Osmanen auch nach der Katastrophe von Wien noch lebte.

Am 10. August lag schweres Feuer der Belagerungsartillerie auf den Befestigungsanlagen, und Mechmed Pascha befand sich im Zentrum des Geschehens um das »Wiener Tor«, das Bécsikapu der Osmanen. Ein in seiner Nähe einschlagendes Geschoß zerschmetterte einen Teil der Verschanzung, und ein Splitter fuhr ihm über die Stirn, eine starkblutende Wunde hinterlassend. Der Pascha taumelte unter der Wucht der Detonation, wies aber das Ansinnen der ihn auffangenden Begleitoffiziere, ihn aus dem unmittelbaren Gefahrenbereich zu schaffen, zurück. Das Anlegen eines Notverbandes an Ort und Stelle und die notdürftige Säuberung des blutverschmierten Gesichtes gestattete er, und gleich darauf ist er wieder ganz er: Kämpfer unter Kämpfern, Kamerad unter Kameraden, Moslem unter Moslems. Und doch mehr als das: Herr der Verteidigung, Befehlshaber der erbittert kämpfenden Truppen, Zentralfigur des Geschehens.

Einige Zeit später bringt ein Volltreffer das Mauerwerk unter ihm zum Einsturz, und das zusammenbrechende Gewölbe verschüttet ihn bis zur Körpermitte, zerquetscht ihm Beine und Unterleib. Die gräßliche und notwendig zu einem qualvollen Tode führende Verletzung ist nicht mit der Gnade der Bewußtlosigkeit verbunden. Der Pascha ist hellwach, fühlt die Schmerzen, weiß um sein nahendes Ende. Er scheucht die Männer, die ihn bergen wollen, zurück in ihre Kampfstände und erteilt den Adjutanten, die bei ihm verbleiben durften, die letzten Befehle. Er ernennt den von Kara Mustafa Pascha 1677 abgesetzten und eingekerkerten Ibrahim Pascha, den Teufel, der nach dem Tode Kara Mustafas befreit wurde und bei ihm eine Art »Frontbewährung« ableistet, zu seinem Nachfolger im Kommando und empfiehlt besondere Maßnahmen zur Fortführung des Widerstandes. Dann widmet er sich dem, was man heute unter »psychologischer Kriegführung« versteht und wähnt, daß es eine Entdeckung unseres Jahrhunderts sei: Mit lauter Stimme rezitiert er Verse aus dem Koran, ermahnt die Glaubensstreiter, in ihrem tapferen Kampf fortzufahren, und stirbt nach etwa einer halben Stunde.

Der heroische Tod erscheint als angemessener Schlußpunkt des heroischen Lebens - welch erhabener Gedanke bricht her durch die Zeiten.

Anhang

Bemühungen um die Kirchenunion

1. Die Einheit der Westkirche: Das Konzil von Konstanz

Von den drei Päpsten war nur Johannes XXIII. (Gegenpapst) erschienen; Benedikt XIII. war grollend im fernen Peniscola, Gregor XII. als interessierter Beobachter im näheren Rimini verblieben. Der hohe Klerus war durch drei Patriarchen, 23 Kardinäle, 27 Erzbischöfe, mehr als 200 Bischöfe und Titular- bischöfe und mehr als 100 Poenitientiare und Prokuratoren vertreten. Die Höfe des Abendlandes mit Ausnahme des an Benedikt festhaltenden Aragon hatten Gesandtschaften geschickt und 37 Universitäten gelehrte Delegatio- nen, insgesamt mehr als 2000 Jünger der Wissenschaft, aber durchaus nicht nur Theologen. Mit Waffenknechten und Pferdeputzern, mit Goldschmieden und Pelzwarenhändlern, mit Schuhmachern, Gauklern, Pfeifern, Seiltänzern, Feuerschluckern, Fanfarenbläsern und Hübschlerinnen, wie man die Prosti- tuierten nannte, waren mehr als 72000 Personen gekommen. Sie durchwim- melten wegen des Konzils die Reichsstadt und die umliegenden Dörfer.

Papst Johannes XXIII. strahlte anfänglich in Glanz und Würde, doch sam- melte der fanatische »Vergangenheitsbewältiger« Kardinal Pierre d'Ailly, Kanzler der Pariser Universität und ein Gelehrter von Weltruf, derart viel belastendes Material und eine derart starke oppositionelle Fraktion um sich, daß dem Papst ein offizielles Verfahren wegen einer ganzen Reihe schwerer Verbrechen drohte. Johannes XXIII. wollte sich der Anklage durch Flucht entziehen; sein Fluchthelfer war Friedrich IV. von Habsburg, Titularherzog von Österreich, dem auf Grund familieninterner Teilungen die Herrschaft über Tirol und den restlichen Besitz in der Schweiz und im Rheinland zuge- fallen war. In der Nacht vom 20. auf den 21. März 1415 verließ der Herzog Konstanz, und in seinem Gefolge ritt, als habsburgischer Waffenknecht ver- kleidet, Papst Johannes als der Armbrustschütze Baldassare Cossa: welche dramatische Situation, welch gewaltiges Bild, welch unerhörter Vorgang!

In Schaffhausen wurde der Flüchtling, der nach Frankreich wollte in der Hoff- nung, das avignesische Papsttum erneuern zu können, erkannt, gefangengesetzt und dem Konzil zurückgeliefert, während Herzog Friedrich, der sich in sein Land Tirol abgesetzt hatte, eine Ladung vor das Königsgericht nacheilte.

Das Konzil entschloß sich, den seit des angeblichen Kirchenverfolgers Theoderich d. Gr., König der Goten und Italer, gültigen Rechtssatz von der Unrichtbarkeit des Papstes (prima sedes a nemine iudicatur) über Bord zu werfen und ein Verfahren gegen Johannes XXIII. durchzuführen, das mit seiner Absetzung und Verurteilung zu lebenslangem Freiheitsentzug endete. Die konziliare Entscheidung erging am 29. Mai 1415, nachdem juristische Bedenken unter Hinweis auf göttliche Inspiration unter den Teppich gekehrt worden waren. Als »allgemeine Überzeugung« galt der Grundsatz, daß das Konzil unter der unmittelbaren Leitung des Heiligen Geistes tage und beschließe. Daraus wurde schlüssig gefolgert, daß jedermann dem Konzil gegenüber gehorsamspflichtig sei.

Papst Gregor XII. entschloß, als er von den Vorgängen in Konstanz Kenntnis erlangt und die vom Konzil in Dekretform veröffentlichen Erkenntnisse überdacht hatte, sich am Geschehen zu beteiligen. Er entsandte einen seiner Großwürdenträger, den gelehrten Dominikaner Giovanni Dominici, nach Konstanz mit der Bitte, in seinem Namen das Konzil eröffnen und seinen Rücktritt erklären zu lassen. Die Konzilsväter gewährten die Bitte des offensichtlich Einsichtigen, und der Kardinallegat eröffnete am 4. Juli 1415 das Konzil im Namen Papst Gregor XII. und gab gleichzeitig dessen Rücktritt bekannt.

Da bereits 1409 das Konzil von Pisa Benedikt XIII. nicht als Papst anerkannt hatte, Papst Johannes am 29. Mai 1415 abgesetzt worden war und Gregor XII. am 4. Juli seinen Rücktritt erklärte, gab es nun überhaupt keinen Papst mehr, bis am 11. November 1417 Oddo Colonna erwählt wurde, der sich Martin V. nannte.

Die Rechtmäßigkeit all dessen, was das papstlose Konzil getan, beschlossen und vollzogen hatte, ist bestritten. Das trifft auch für die Verurteilung des Johannes Hus am 6. Juli 1415 und seines Freundes Hieronymus am 30. Mai 1416 zu.

Hus hatte sich als junger Gelehrter, zeitweise Rektor der Universität Prag, mit den eigenwilligen Lehren beschäftigt, die an der Universität Oxford um 1370 von John Wycliff, Professor für Theologie, entwickelt worden waren. Die Synode von London 1382 hatte einen Teil davon verworfen, Wycliff die akademische Lehrbefugnis entzogen und ihn zum Pfarrer einer kleinen Landgemeinde gemacht. Doch war damit nicht das Verbot verbunden, Wycliffs Lehren außerhalb Englands zum Gegenstand wissenschaftlicher Betrachtung zu machen. Hus tat dies in Prag, zum Ärger des Erzbischofs und damit zur Freude König Wenzels. Der Bruder Sigismunds lebte mit der Amtskirche Böhmens auf dem Kriegsfuß, seit er 1393 den Generalvikar des Erzbischofs, Johannes von Nepomuk, in der Moldau ertränken ließ. Das isolierte den Luxemburger in der christlichen Welt und ließ ihn beinahe als eine Art von zweiten Nero erscheinen. Er hielt hinwiederum seine schirmende Hand über alle, die nonkonformistische Lehren verkündeten. In Wahrheit waren in dieser Problematik die Auseinandersetzungen verwurzelt, die 1409 zum Auszug eines Teiles der Gelehrten und Studenten aus Prag führten: Die Anhänger der Amtskirche wanderten nach Leipzig ab, während die Anhänger reformatorischer Ideen in Prag verblieben und andere freie Denker bewogen, nach

Prag zu kommen. Den vielfach überschätzten nationalen Anstrich bekamen die Reformideen durch den Abt Johannes Milic von Kromeriz, der im sektiererischen Kreis der »Kapelle von Bethlehem« die Gottesdienste in Landessprache abhalten ließ, womit die *lateinische Kirchensprache* in Frage gestellt wurde. Auch wurden die Sakramente in beiderlei Gestalt gespendet, und diese liturgischen Eigenheiten wurden ein rundes Jahrhundert später von Luther übernommen.

Ab 1410 entspannte sich das Verhältnis zwischen Königshof und Amtskirche, und als Erzbischof Albik 1413 zurücktrat, wurde Wenzels niedersächsischer Freund Konrad von Vechta, bisher Bischof von Olmütz, zum Erzbischof bestellt.

Als Mitglied der Delegation der Universität Prag reiste Johannes Hus in Erwartung gelehrter Disputation über die in der Gesamtkirche nach wie vor nicht verbotenen Lehren des zwischenzeitig verstorbenen Wycliff nach Konstanz. Es bestand nicht der geringste Anlaß, ihn dem besonderen Schutz des deutschen Königs zu unterstellen. Die ihm angeblich »Freies Geleit« zusichernde Urkunde war nach den Ergebnissen der neueren Geschichtsforschung nicht mehr als ein »Reisepaß im mittelalterlichen Sinn«, wie Bujnoch (S. 339, Anm. 282) nachweist. Diese war übrigens von der königlichen Kanzlei in Speyer erst am 18. Oktober 1414 ausgefertigt worden und wurde Hus von einem Herrn Wenzel von Duba am 5. November 1414 in Konstanz überreicht. Die Delegation war schon am 11. Oktober in Prag abgereist.

Die dramatische Note brachte Dr. Stefan Palecz ins Spiel, der als Rektor in Prag die Reformideen gutgeheißen und bis 1412 mitgetragen hatte; er behauptete, daß sein Kollege Johannes Hus die Gesellschaftsordnung stürzen wolle und die Laien zur Ausrottung des Klerikerstandes aufhetze. Noch im November 1414 wurde Hus im Namen des Konzils in einem Dominikanerkloster interniert, unter keineswegs entwürdigenden Umständen, scheute man doch eine massive Intervention des deutschen und ungarischen Königs Sigismund, der zwar, wie dargestellt, kein freies Geleit zugesichert hatte, um den Gelehrten aus Prag herauszulocken, der aber wußte, daß der Mann für seinen Bruder in Böhmen von Bedeutung war. Dabei rutschte Hus ebenso wie der ganze Problemkreis der Lehren des John Wycliff an den Rand der Interessen und des Geschehens, als Papst Johann XXIII, zur negativen Zentralgestalt wurde. Erst nach dessen Verurteilung, als der Machtanspruch und das Selbstwertgefühl des Konzils förmlich überschäumten, *wurden die Lehren des John Wycliff in einer für die Gesamtkirche verbindlichen Form als Irrlehren verdammt.* Das war, im zeitgeschichtlichen Konnex gesehen, einerseits als Verneigung der französischen, konzilbeherrschenden Großwürdenträger vor den britischen Amtskollegen zu verstehen, als Versuch, die tiefe Kluft, die der noch nicht durchkämpfte Hundertjährige Krieg gerissen, zu überbrücken – und andererseits als Warnschuß für den Prager Erzbischof Konrad, dessen reformatorische Neigungen bekannt gewesen sind und der später tatsächlich zum Hussiten wurde.

Erzbischof Konrad hatte man nicht in der Gewalt, aber Hus hatte man. Von ihm wurde verlangt, den Lehren des John Wycliff abzuschwören in der zeitüblichen, herabsetzenden Form, die von Selbstbezichtigungen strotzte. Johannes Hus verweigerte dies.

Das geschah in den ersten Julitagen, als Papst Gregors Rücktrittserklärung eben verkündigt worden war. Sigismund, dem klar war, daß es um den Kopf des nicht widerrufswilligen Gelehrten aus Prag, der nun als gefährlicher Ketzer galt, ging, versuchte zu intervenieren, fand aber in der Masse der aufgeregten, von der eigenen Unfehlbarkeit überzeugten und keine Autorität als die eigene anerkennenden Konzilsteilnehmer keinen tauglichen Verhandlungspartner. Er verließ die Stadt, um »auf der Jagd«, also vom Trubel in Konstanz unbehelligt, mit seinen engsten Ratgebern die Möglichkeiten zu beraten, die ihm blieben, um den böhmischen Gottesmann und Gelehrten für seinen Bruder zu erhalten. Er erwog insbesondere die Aussichten einer eindeutigen, das heißt bewaffneten Intervention.

Genau dies befürchteten offenbar die das Konzil dominierenden Großkleriker, denn sie verfuhren in unüblicher Hast. Am 6. Juli, während der Abwesenheit des Königs, ließen sie Hus, der nun vermutlich schon in Ketten vorgeführt wurde, auffordern, die von ihm verkündeten Lehren als Irrlehren zu bezeichnen und machten, da dieser bei seiner Weigerung blieb, mit ihm kurzen Prozeß. Er wurde zum Tode verurteilt, aus der Kirche ausgestoßen, dem Konstanzer Scharfrichter übergeben und auf einer Wiese vor der Stadt verbrannt. Hus blieb gelassen und beherrscht und sang fromme Lieder, zuletzt »Christus, Sohn des lebendigen Gottes, erbarme dich meiner«. Die Konzilsgroßen ließen die Asche des Brandopfers einsammeln und in den Rhein streuen, und als der König – angeblich zur gewaltsamen Befreiung entschlossen – ein paar Stunden danach wieder in Konstanz einritt, war von Hus nichts mehr übrig als die Erinnerung. Sigismund soll vor Zorn getobt haben, die Konzilsväter aber waren zufrieden, hatten sie nun nach der päpstlichen auch die königliche Autorität gefährlich in Frage gestellt.

Abschließend sei die Bemerkung gestattet, daß der eifrige Fluchthelfer des Papstes, Herzog Friedrich, mehrere Ladungen vor das Königsgericht mißachtete, der dafür vorgesehenen Reichsacht unterfiel und seiner Lehen verlustig ging. In den folgenden Jahren lebte er im Untergrund, führte das kläglich Leben eines Bettlers und wurde zum »Friedel mit der leeren Tasche«, einer in der spätmittelalterlichen Volksdichtung mehrfach besungenen, tragischen Gestalt.

Das Haus Habsburg, dessen Ansehen schon durch die Fälschungen des »Privilegium maius«, die Herzog Rudolf IV. der Stifter vornehmen ließ, um sich für die vorenthaltene Würde eines Kurfürsten zu revanchieren, schwer angeschlagen worden war, verlor das von König Rudolf I. angesammelte Prestige beinahe zur Gänze. Die Familie schien erledigt, aber in Österreich, dem Fürstentum der albertinischen Linie, wuchs mit Herzog Albrecht V. ein Habsburger von größter Redlichkeit, vielseitigen Talenten und lauterstem

Charakter heran, der zu einer Schlüsselfigur des weltpolitishen Geschehens wurde und das Wappen seines Hauses wieder zu Glanz und Ansehen führte. Es war Anerkennung seines Persönlichkeitswertes, daß ihm Sigismund die Hand seiner Tochter Elisabeth anvertraute, wobei im Zuge des Näherrückens der Luxemburger und der Habsburger Exherzog Friedrich wieder in Gnaden aufgenommen und in seine Lehen eingesezt wurde. Und es war vor allem die Anerkennung des Persönlichkeitwertes, als ihn die Großen Ungarns und die deutschen Kurfürsten zum König wählten, so daß der Landedelmann aus Österreich, der im vierten oder fünften Glied der Reichshierarchie stand, zum ersten Habsburger wurde, der beide Kronen trug.

2. Die Einheit der Gesamtkirche: Die Konzile von Basel und von Ferrara – Florenz

Um eine Ausuferung der Darstellung zu vermeiden, seien nur die wesentlichen Daten und die Fakten, die sie bezeichnen, aneinandergereiht. Die Einberufung des Konzils in Basel erfolgte durch Papst Martin V.; die Eröffnung war für März 1431 geplant.

20. Februar 1431   Tod des Papstes Martin.

11. März 1431   Wahl des Bischofs von Siena, Gabriele Condulmer, zu Papst Eugen IV. Verschiebung der Konzilseröffnung auf Juli 1431.

23. Juli 1431   Zusammentritt des Konzils. Julianus Cesarini, der Kardinallegat, führte einen Kreuzzug gegen die Hussiten, ihn vertrat in Basel Kardinal Johannes von Palomar. Es gab nur etwa 20 Konzilsteilnehmer.

14. Dezember 1431   Eröffnung des Konzils durch Julianus Cesarini.

18. Dezember 1431   Papst Eugen IV. verfügt Auflösung des Konzils, Sturm der Erregung in Basel, neue Kirchenspaltung droht. Julianus Cesarini und Nikolaus von Kues als Vorkämpfer des in Konstanz proklamierten Gedankens von der Unterordnung des Papstes gegenüber dem Konzil (Superioritätsedikt). Sigismund, ab 1433 Kaiser, verhindert neues Schisma; Eugen IV. widerruft Auflösungsbulle.

30. Dezember 1437   Nach dem Tod Kaiser Sigismunds verfügt Eugen IV. neuerlich Auflösung des Konzils in Basel und beruft Konzil mit Konzilstadt Ferrata neu ein. Cesarini und Kues folgen dem Rufe Eugens; in Basel verbleibt die radikal antipäpstliche Fraktion um Kardinal Louis Aleman, der sich auch Aeneas Silvius Piccolomini, der spätere Papst

	Pius II., der die Idee vom »Vaterland Europa« (1. Band, S. 313 f.) schuf, anschloß.
8. Februar 1438	Eröffnung des Konzils von Ferrara, das im Zeichen der Wiedervereinigung der Kirchen steht. Es wird wegen Ausbruch der Pest in Ferrara 1438 nach Florenz verlegt.
15. Juni 1439	Restkonzil in Basel erklärt Papst Eugen IV. zum »hartnäckigen Schismatiker« und setzt ihn ab.
6. Juli 1439	Die Wiedervereinigung der Kirchen wird im Unionsdekret fixiert: Die byzantinische Reichskirche anerkannte – wieder einmal –, daß der Heilige Apostolische Stuhl und der Bischof von Rom den Primat über den gesamten Erdkreis hat, der Papst der wahre Stellvertreter des Apostelfürsten Petrus ist und damit Haupt, Vater und Lehrer aller Christen.
5. November 1439	Restkonzil in Basel wählt (erstmals in der Geschichte!) mit Herzog Amadeus VIII. von Savoyen einen regierenden Fürsten des Sacrum Imperium Romanum zum Papst; er nennt sich nun Felix V.

Es waren der oströmische Kaiser Johannes VIII. und der orthodoxe Patriarch von Konstantinopel, die der Wiedervereinigung zustimmten, und nicht nur sie: Johannes Bessarion, Erzbischof von Nicäa, und Isidor, Erzbischof von Kiew, gehörten zum kaiserlichen Gefolge und waren die Vorkämpfer des Wiedervereinigungsgedankens.

Eugenios Markos, der Erzbischof von Ephesos, und Georgios Scholarios, einer der großen Gelehrten der orthodoxen Welt, die zu einem erheblichen Teil dem Osmanischen Reich zugehörte, waren nicht nach Florenz gekommen, hatten der Wiedervereinigung der Kirchen nicht zugestimmt und erklärten diese für erzwungen und unrechtgemäß. Das führte zunächst zum Zerfall der byzantinischen Kirche, wobei sich die uniierte »Hofkirche« und die keineswegs uniierungswillige »Volkskirche« erbittert bekämpften.

Bessarion, den die binnenorthodoxe Auseinandersetzung erschütterte, trat zum römischen Katholizismus über und wurde zum Kardinalbischof von Sabina bestellt; er wurde zum Organisator der caritativen Maßnahmen, die nach der Eroberung Konstantinopels den Flüchtlingen zuteil wurden; er erwarb sich ein derartiges Ansehen, daß er nach dem Tode Nikolaus V. ernsthaft als Nachfolger galt. Es waren politische Gründe, die dann für die Wahl entscheidend waren: König Alfons V. von Aragon und Neapel begünstigte seinen Landsmann Kardinal Alonso de Borja, den Bischof von Valencia, der zu Papst Calixtus III. wurde – und der seinem Neffen Rodrigo Borgia, dem berüchtigten Borgiapapst, den Weg auf den Thron des Apostelfürsten bereitete.

Die griechisch-uniierte Kirche erlangte die nach der Eroberung Konstantinopels verlorene Bedeutung nach Anlaufen der abendländischen Gegenoffensive in den nun der habsburgischen Herrschaft zufallenden Gebieten teilweise zurück. Besonders zu nennen sind die siebenbürgischen Bischöfe Johann Innocenz Micu-Klein und Petru Pavel Aron, die durch Schaffung eines Priesterseminars und Begründung konfessioneller Schulen einen entscheidenden Beitrag für die Entwicklung des rumänischen Nationalgedankens leisteten.

Aus dem Zerfall der Orthodoxie entstand aber auch die Spaltung der »Kirche von Kiew und ganz Rußland« in die *uniierte ukrainische Kirche* und die *nichtuniiierte russische Kirche*. Der Erzbischof von Kiew, der in Moskau residierte und in Florenz für die Kirchenunion eingetreten war, wurde bei seiner Heimkehr des Abfalls vom wahren Glauben bezichtigt und in Haft genommen. Der Moskauer Klerus hatte indessen die Partei der Uniierungsgegner ergriffen und Großfürst Wasilij auf seine Seite gebracht. Isidor floh aus der Haft, konnte aber seine Amtspflichten nicht mehr wahrnehmen. 1448 wählte eine Synode, die nur von Gegnern der Kirchenunion besucht wurde, Bischof Jonas von Rjasan zum neuen Metropoliten der »Kirche von Kiew und ganz Rußland«, ohne die bisher übliche Zustimmung vom Patriarchen von Konstantinopel einzuholen. Die zustimmungslose Wahl wiederholte sich 1459, also nach der Eroberung Konstantinopels, wogegen die uniierte Kirche ihren Hauptsitz nach Lemberg verlegte.

Die Entwicklung eines selbständigen ukrainischen Nationalgefühls wurde – ganz ähnlich wie bei den Rumänen – entscheidend von der selbständigen »Nationalkirche« beeinflußt; es fand gegen Ende des Ersten Weltkrieges mit der Begründung einer selbständigen Republik einen scharf profilierten Ausdruck, der allerdings von der Roten Armee vernichtet wurde. Nun aber, gegen Ende unseres Jahrhunderts, schwellen die Verselbständigungstendenzen in der Ukraine wieder an. Das Oberhaupt der uniierten ukrainischen Kirche, Erzbischof Kardinal Myroslav Ivan Lubatschiwskiy, kehrte 1991 nach einem rund 40jährigen Exil in seine Metropole Lemberg zurück. Rund 600 000 Gläubige leben außerhalb des Gebiets der früheren UdSSR. Es gibt Kirchenprovinzen in den USA und Kanada sowie Exarchate in Deutschland, Frankreich, England, Wales, Australien und Brasilien.

Literaturverzeichnis

SAMMELWERKE

Gemeinschaftsarbeiten, ständige Publikationen, die von Arbeitsgruppen, Verlagen und ähnlichen Institutionen herausgebracht werden. Die alphabetische Aufzählung erfolgt entweder nach der Bezeichnung des Herausgebers oder dem Titel des Werkes; sind einzelne Beiträge jeweils von einem Mitarbeiter gezeichnet, so werden diese gesondert aufgeführt.

Arbeitsgemeinschaft Truppendienst:
Die Nachkriegszeit 1918–1922. Verlag Carl Ueberreuter, Wien 1970. Beiträge:
Kun, Joszef: Die Kämpfe der ungarischen Roten Armee 1919;
Steinböck, Erwin: Der griechisch-türkische Krieg 1919–1922;
Steinböck, Erwin: Das Königreich Jugoslawien.

Der Koran. Paret, Rudi: Wege der Forschung. Band CCCXXVI. Wissenschaftliche Buchgesellschaft, Darmstadt 1975.

Deutsches Soldatenjahrbuch.
Schild Verlag, München, Jahrgang 1980. Beitrag:
Miksch, Hans: Des Kaisers General. Fürst Raimund Montecuccoli;
Jahrgang 1985, 1986, 1987. Beitrag:
Miksch, Hans: Kara Mechmed Pascha.

Die Obere Wart
Oberwart 1977. Beiträge:
Fodar, Istvan: Die Abstammung der Ungarn und die Landnahme;
Toth, Endre: Geschichte der Oberen Wart im ersten Jahrtausend.

Die Religionen der Erde. Ihr Wesen und ihre Geschichte. III. Band.
Goldmann Verlag, München 1966. Beiträge:
Baeck, Leo: Das Judentum;
Babinger, Franz: Der Islam.

Die Türken vor Wien. Europa und die Entscheidung an der Donau 1683. Katalog der 82. Sonderausstellung des Historischen Museums der Stadt Wien. Eigenverlag der Museen der Stadt Wien, 1983. Wissenschaftliches Konzept und Ausstellungsleitung:
Waissenberger, Robert und Düriegl, Günter.

Fischer Weltgeschichte.
Fischer Bücherei, Frankfurt am Main 1966, Band 16: Zentralasien. Beiträge:
Hambly, Gavin: Das Leben Tschingis Khans. Die Goldene Horde.
Hajianpur, Mahin: Das Timuridenreich.

Forschungen und Beiträge zur Wiener Stadtgeschichte. Publikationsreihe des Vereins für Geschichte der Stadt Wien.
Band 13: Die Türkenkriege in der historischen Forschung. Verlag Franz Deuticke, Wien 1983.
Unbezifferter Band: Wiener Bürgermeister im Spätmittelalter. Kommissionsverlag Jugend und Volk, Wien-München 1980. Beitrag:
Hulber, Hans: Wolfgang Holzer, Bürgermeister zu Wien 1462/63.

Geschichte der Deutschen auf dem Gebiete Rumäniens; Band 1: Zwölftes Jahrhundert bis 1848. Kriterion Verlag, Bukarest 1979.

Heimatbuch der Stadt Pöchlarn. Stadtgemeinde Pöchlarn, 1967. Beitrag:
Eheim, Fritz: Die Geschichte der Stadt Pöchlarn.

Historische Enzyklopädie von Budapest.
Herausgegeben von Toth-Epstein, Elisabeth. Corvina Verlag, Budapest 1970.

Jahrbuch des Vereins für Geschichte der Stadt Wien.
Selbstverlag des Vereins für Geschichte der Stadt Wien. Wien 1983. Studien zur Geschichte Wiens im Türkenjahr 1683.

Lexikon der islamischen Welt.
Herausgegeben von W. Kohlhammer Verlag, Berlin-Köln-Mainz 1974. Kreiner Klaus, Diem Werner, Majer Hans Georg.

Propyläen Weltgeschichte.
Ullstein Verlag, Frankfurt am Main-Berlin, Band V. 1963. Beiträge:
Grunebaum, Gustav Edmund von: Der Islam;
Rubin, Berthold: Byzanz;
Ganshof, François Louis: Das Hochmittelalter.
Band VI. 1964: Beiträge: Heissig, Walter: Mongolenreiche; Merzbacher, Friedrich: Europa im 15. Jahrhundert.
Band VII. 1965: Beiträge: Lutz, Heinrich: Das Zeitalter Karls V.; Mann, Golo: Das Zeitalter des Dreißigjährigen Krieges.

Rebellion oder Religion?
Die Vorträge des internationalen kirchengeschichtlichen Kolloquiums Debrecen 1976; Herausgeber Peter F. Barton und László Makkai. Reformatus Zsinati Sajtóosztálya, Budapest 1977.

Stadterhebung Güssing. Herausgegeben von Stadtgemeinde Güssing 1973. Beitrag:
Haiszanyi, Paul: Güssing in historischer Schau.

Schriftenreihe des Regensburger Osteuropainstitutes, Band 8. 1982: Die österreichische Militärgrenze und
Band 10. 1983: Das Patriarchat Aquilea – Schnittpunkt der Kulturen.

Ungarn. Land und Volk, Geschichte und Staatsrecht.
Herausgegeben von Albert von Berzeviczy. Verlag des Franklin Vereines, Budapest 1917. Beitrag: Marczali Heinrich: Übersicht der Geschichte Ungarns.

Unser Heer. Dreihundert Jahre österreichisches Soldatentum in Krieg und Frieden. Verlag Fürlinger, Wien-München-Zürich 1965. Beitrag:
Hummelberger, Walter: Die Türkenkriege und Prinz Eugen.

Wien 1529. Die erste Türkenbelagerung. Hermann Böhlaus Nachfolger, Wien-Köln-Graz 1979. Beiträge:
Düriegl, Günter: Die erste Türkenbelagerung;
Yücel Ünsal: Türkische Kriegführung und Waffen;
Ercan Yavuz: Die Stellung der Nicht-Muslime in der Türkei im 15. und 16. Jahrhundert;
Waissenberger, Robert: Die innere Situation Wiens in den ersten Jahren der Reformation;
Bisanz, Hans: Wien 1529. Vom Ereignis zum Mythos.

Wiener Geschichtsblätter. Herausgegeben vom Verein für Geschichte der Stadt Wien.
Heft 1/1982 Beitrag:
Czeike, Felix: 700 Jahre Wiener Bürgermeister. Hier besonders: Johann Andreas von
Liebenberg.

EINZELWERKE

Die Aufführung erfolgt nach dem Namen des Verfassers oder, wenn es sich um eingehend kommentierte Übersetzungen handelt, des Übersetzers.

Ackerl, Isabella: König Matthias Corvinus.
Österreichischer Bundesverlag, Wien 1985
Ács, Zoltan: Nemzetiségek a történelmi Magyarországon. (Die Nationalitäten im historischen Ungarn), Verlag Kossuth, Budapest, ohne Jahrgang.

Babinger. Franz: Mehmed der Eroberer und seine Zeit. Weltenstürmer einer Zeitenwende.
Verlag F. Bruckmann KG, München 1953.
Baltl, Hermann: Österreichische Rechtsgeschichte. Leykam Verlag, Graz 1972.
Bariska. Istvan: Es megkondulnak a köszegi harangok – 1532. Helikon Verlag. Budapest 1982.
Bauer, Ernest: Zwischen Halbmond und Doppeladler. 40 Jahre österreichische Verwaltung in Bosnien-Herzegowina. Herold Verlag, Wien 1971.
Baum, Wilhelm: Deutsche und Slowenen in Krain. Carinthia Verlag, Klagenfurt 1981.
Beltz, Walter: Die Mythen des Koran. Der Schlüssel zum Islam. Claassen Verlag. Düsseldorf 1980.
Bogyay, Thomas von: Stephanus Rex. Herold Verlag, Wien-München 1975.
Bona, Istvan: Der Anbruch des Mittelalters. Gepiden und Langobarden im Karpatenbecken.
Corvina Verlag, Budapest 1976.
Bosl, Karl: Bayerische Geschichte. Deutscher Taschenbuch Verlag, München 1980.
Bradford, Ernle: Der Schild Europas. Der Kampf der Malteserritter gegen die Türken 1565.
Deutscher Taschenbuch Verlag, München 1979.
Bradford, Ernle: Kreuz und Schwert. Der Johanniter/Malteser-Ritterorden. Deutscher Taschenbuch Verlag, München 1981.
Bradford, Ernle: Der Verrat von 1204. Venezianer und Kreuzritter plündern Konstantinopel.
Universitas Verlag, Berlin 1978.
Bunjoch, Josef. Die Hussiten. Die Chronik des Laurentius von Březova 1414 – 1421. Verlag Styria, Graz-Wien-Köln 1988.
Burg, J. G.: Schuld und Schicksal. Europas Juden zwischen Henkern und Heuchlern.
Dammverlag, München 1962.
Burian. Jiri und Svoboda, Jiri: Die Prager Burg.Olympia Verlag, Prag 1976.

Cahen, Claude: Der Islam I. Fischer Weltgeschichte, Band 14. Frankfurt am Main 1968.
Castella, Gaston: Papstgeschichte. Stauffacher Publishers, Zürich 1966. II. Auflage. Imprimatur: Curiae, 17. 12. 1943 und 12. 11. 1965 Ordinariatus Episcopalis Curiensis.
Conrad, Hermann: Deutsche Rechtsgeschichte. Band I. Frühzeit und Mittelalter. Verlag C. F.
Müller, Karlsruhe 1962.

Denon, Vivant: Mit Napoleon in Ägypten 1798–1799. Horst Erdmann Verlag. Tübingen und Basel 1978.
Dienes, Istvan: Die Ungarn um die Zeit der Landnahme. Corvina Verlag, Budapest 1972.
Dömötör, Tekla: Volksglaube und Aberglaube der Ungarn. Corvina Verlag. Budapest 1981.

Eickhoff, Ekkehard: Venedig, Wien und die Osmanen. Verlag Georg D. W. Callwey. München 1970.

Eisenburger, Eduard und Kroner, Michael: Sächsisch-schwäbische Chronik. Kriterion Verlag, Bukarest 1976.

Emmer, Johannes: Kaiser Franz Joseph I. Fünfzig Jahre österreichische Geschichte. Band I. Vom Jahre 1848–1859. C. Daberkams Verlag. Wien 1898.

Ensslin, Wilhelm: Theoderich der Große. Verlag F. Bruckmann, München, II. Auflage 1959.

Esin, Emel: Mekka und Medina. Umschau Verlag. Frankfurt am Main 1964.

Feher, Geza: Türkische Miniaturen. Aus den Chroniken der ungarischen Feldzüge. Corvina Verlag, Budapest 1976.

Fichtinger, Christian: Lexikon der Heiligen und Päpste. Kiesel Verlag. Salzburg 1983.

Fräss-Ehrfeld, Claudia: Geschichte Kärntens. Band I. Das Mittelalter. Johannes Heyn Verlag. Klagenfurt 1984.

Frank, Gerd: Die Herrscher der Osmanen. Aufstieg und Untergang eines Weltreiches. Econ Verlag, Wien und Düsseldorf 1977.

Fuchs, Theodor: Geschichte des europäischen Kriegswesens.
    Teil I.: Vom Altertum bis zur Aufstellung der stehenden Heere. Verlag Carl Ueberreuter, Wien-Heidelberg 1972.
    Teil II.: Von der Aufstellung der ersten stehenden Heere bis zum Aufkommen der modernen Volksheere. Verlag Carl Ueberreuter. Wien-Heidelberg 1974.

Funcken, Liliane und Fred: Rüstungen und Kriegsgerät im Mittelalter. 8–15. Jahrhundert Rüstungen und Kriegsgerät der Ritter und Landsknechte. 15. – 16. Jahrhundert. Prisma Verlag, Gütersloh 1977.

Ganshof, Francois Louis: Was ist das Lehenswesen? Wissenschaftliche Buchgesellschaft, Darmstadt 1977.

Gerhartl, Gertrud: Die Niederlage der Türken am Steinfeld 1532. Militärhistorische Schriftenreihe, Wien, Heft 26.

Gerhartl, Gertrud: Belagerung und Entsatz von Wien 1683. Militärhistorische Schriftenreihe, Wien, Heft 46.

Gerö, Gyözö: Türkische Baudenkmäler in Ungarn. Corvina Verlag, Budapest 1976.

Glückmann, Carl: Das Heerwesen der österreichisch-ungarischen Monarchie. Verlag L. W. Seidel und Sohn, Wien 1900.

Hajszan, Robert: Die Entstehung des kroatischen Staates. Unveröffentlichte Seminararbeit des Institutes für Slawistik der Universität Wien 1976.

Halász, Zoltan: Kurze Geschichte Ungarns. Corvina Verlag, Budapest 1974.

Hejj, Miklos: Der königliche Palast in Visegrad. Corvina Verlag, Budapest 1970.

Hellmann, Manfred: Grundzüge der Geschichte Venedigs. Wissenschaftliche Buchgesellschaft. Darmstadt 1976.

Heyck, Edmund: Die Kreuzzüge und das Heilige Land. Bielefeld und Leipzig 1900.

Hochheimer, Albert: Verraten und verkauft. Die Geschichte der europäischen Söldner. Henry Goverts Verlag GmbH. Stuttgart ohne Jahrgang.

Hoßwood, Derek: Kairo. Die Schule des Islam. Herder Verlag, Freiburg-Basel-Wien. Kein Erscheinungsjahr.

Howard, Frank: Segel-Kriegsschiffe 1400–1860. Bernard & Graefe Verlag. Koblenz 1983.

Huber, Manfred: Grundzüge der Geschichte Rumäniens. Wissenschaftliche Buchgesellschaft, Darmstadt 1973.

Hummelberger, Walter: Wiens erste Belagerung durch die Türken 1529. Österreichischer Bundesverlag für Unterricht, Wissenschaft und Kunst, Wien 1976.

Hummelberger, Walter und Peball, Kurt: Die Befestigungen Wiens. Paul Zsolnay Verlag, Wien-Hamburg 1974.

Illyes, Gyula: Petöfi. Ein Lebensbild. Corvina Verlag, Budapest 1974.

Jockel, Rudolf: Die lebenden Religionen. Deutsche Buch-Gemeinschaft, Darmstadt 1961.

Keshishian, Kevork: Romantisches Cypern. Proodos Verlag. Nicosia 1972.

Klever, Ulrich: Das Weltreich der Türken. Hestia Verlag, Bayreuth 1978.

Klopp, Onno: Das Jahr 1683 und der folgende große Türkenkrieg bis zum Frieden von Carlowitz 1699. Styria Verlag. Graz 1882.

Koeppen, Werner: Der Deutsche Ritterorden. Verlag der österreichischen Landsmannschaft. Wien 1983.

Konzelmann, Gerhard: Die großen Kalifen. Das goldene Zeitalter Arabiens. Herbig Verlag. München-Berlin 1977.

Konzelmann, Gerhard: Die Schiiten und die islamische Republik. Herbig Verlag. München-Berlin 1980.

Koschorreck, Walter: Der Sachsenspiegel in Bildern. Insel Verlag, Frankfurt am Main 1976.

Kreutel, Richard: Der fromme Sultan Bayezid. Verlag Styria, Graz-Wien-Köln 1978.

Kreutel, Richard: Im Reiche des Goldenen Apfels. Verlag Styria, Graz-Wien-Köln 1957.

Kreutel, Richard: Vom Hirtenzelt zur Hohen Pforte. Verlag Styria, Graz-Wien-Köln 1959.

Kreutel, Richard: Kara Mustafa vor Wien. Verlag Styria, Graz-Wien-Köln 1955.

Kreutel, Richard: Leben und Taten der türkischen Kaiser. Verlag Styria, Graz-Wien-Köln 1971.

Kreutel, Richard: Zwischen Paschas und Generälen. Verlag Styria, Graz-Wien-Köln 1966.

Kreutel, Richard und Spies, Otto: Der Gefangene der Giauren. Verlag Styria, Graz-Wien-Köln 1962.

Krones, Franz: Geschichte Österreichs. Erster Theil. R.v. Waldheim Verlag. Wien 1879.

Lachmann, Renate: Memorien eines Janitscharen. Verlag Styria. Graz-Wien-Köln 1975.

Lemmer, Manfred: Das Leben der heiligen Elisabeth. Von einem unbekannten Dichter aus dem Anfang des 14. Jahrhunderts. Verlag Styria, Graz-Wien-Köln 1981.

Lorenz, Reinhold: Türkenjahr 1683. Das Reich im Kampf um den Ostraum. Verlag W. Braumüller, Wien 1933.

Löwe, Heinz: Von Theoderich dem Großen zu Karl dem Großen. Hermann Gentner Verlag, Darmstadt 1956.

Lymbourides, Achilleas: Cyprus, the Island of Aphrodite. Cosmos Verlag. Nicosia 1963.

Madaule, Jacques: Jerusalem. Die heilige Stadt dreier Religionen. Herder Verlag. Freiburg-Basel-Wien. Kein Erscheinungsjahr.

Mensching, Gustav: Leben und Legende der Religionsstifter. Goldmann Verlag. München 1962.

Mensching, Gustav: Die Religion. Erscheinungsformen, Strukturtypen und Lebensgesetze. Goldmann Verlag, München. Kein Erscheinungsjahr.

Mikes, Kelemen: Briefe aus der Türkei. Verlag Styria. Graz-Wien-Köln 1978.

Nicolle, David: Islamische Waffen. Verlag für Sammler, Graz 1981.

Nölle, Wilfried: Wörterbuch der Religionen. Goldmann Verlag. München 1960.

Parker, Robin: Aphrodites Realm. Zavalis Verlag, Nicosia 1962.

Pemsel, Helmut: Biographisches Lexikon zur Seekriegsgeschichte. Bernard & Graefe Verlag, Koblenz 1985.

Pernoud, Régine: Die Kreuzzüge in Augenzeugenberichten. Karl Rauch Verlag. Düsseldorf 1961.

Pernoud, Régine: Königin der Troubadoure. Eleonore von Aquitanien. Deutscher Taschenbuch Verlag. München 1980.

Peters, Richard: Die Geschichte der Türken. W. Kohlhammer Verlag: Stuttgart-Berlin-Köln-Mainz 1961.

Pirchegger, Hans: Geschichte der Steiermark. Buchmarkt am Stainzerhof. Graz, 1983.

Pirchegger, Hans und Reichl, Sepp: Geschichte der Stadt und des Bezirkes Fürstenfeld. Kommissionsverlag Buchner, Fürstenfeld 1952.

Pleticha, Heinrich: Der Mahdiaufstand in Augenzeugenberichten. Deutscher Taschenbuch Verlag. München 1981.

Posch, Fritz: Flammende Grenze. Die Steiermark in den Kuruzzenstürmen. Verlag Styria, Graz-Wien-Köln 1968.

Prokosch, Erich: Krieg und Sieg in Ungarn. Verlag Styria, Graz-Wien-Köln 1976.

Ranke, Leopold: Die Osmanen und die spanische Monarchie. Verlag Duncker und Humbolt, Berlin 1857.

Rázsó, Gyula: Die Feldzüge des Königs Matthias Corvinus in Niederosterreich. Österreichischer Bundesverlag für Unterricht, Wissenschaft und Kunst, Wien 1973.

Reichl, Sepp: Hammer-Purgstall. Auf den romantischen Pfaden eines österreichischen Orientforschers. Leykam Verlag, Graz 1973.

Rossiwal, Theo: Schlachtfeld Niederösterreich. Niederösterreichisches Pressehaus, St. Pölten 1978.

Schacherl, Lillian: Böhmen. Kulturbild einer Landschaft. Verlag C. Brügel und Sohn, Ansbach 1966.

Schreiber, Georg: Auf den Spuren der Türken. Paul List Verlag, München 1980.

Schreiber, Georg: Halbmond über Granada. Gustav Lübbe Verlag, Bergisch Gladbach 1980.

Schweizer, Gerhard: Die Janitscharen. Geheime Macht des Türkenreiches. Verlag Das Bergland-Buch, Salzburg 1979.

Seper, Karl: Unterwarter Heimatbuch. Geschichte, Kultur und Wirtschaft einer südburgenländischen Gemeinde. Verlag Unterwarter Heimathaus, Unterwart 1976.

Stier, Hans Erich: Deutsche Geschichte im Rahmen der Weltgeschichte. Deutsche Buch-Gemeinschaft, Darmstadt 1958.

Sturminger, Walter: Die Türken vor Wien in Augenzeugenberichten. Deutscher Taschenbuch Verlag, München 1983.

Szekely, Andreas: Illustrierte Kulturgeschichte Ungarns. Corvina Verlag, Budapest 1978.

Szücs, Jenö: Nation und Geschichte. Corvina Verlag, Budapest 1981.

Teply, Karl: Die Einführung des Kaffees in Wien. Kommissionsverlag Jugend und Volk, Wien-München 1980.

Theurer, Franz: Verrat an der Raab. Verlag Das Bergland-Buch, Salzburg 1976.

Theurer, Franz: Tragödie der Magnaten. Verlag Hermann Böhlaus Nachf., Graz-Wien 1979.

Theurer, Franz: Brennendes Land. Verlag H. Böhlaus Nachfolger, Graz-Wien 1984.

Theurer, Franz: Ritterburg Lockenhaus in Geschichte, Sage und Literatur. Edition Roetzer, Eisenstadt 1981.

Toifel, Carl: Die Türken vor Wien im Jahre 1683. Prag-Leipzig 1883.

Toynbee, Arnold: Der Gang der Weltgeschichte. Aufstieg und Verfall der Kulturen. Europa Verlag, Zürich-Wien 1954.

Ullrich, Johannes: Deutsches Soldatentum. Alfred Kröner Verlag, Stuttgart 1941.

Vajda, Stephan: Die Belagerung. Bericht über das Türkenjahr 1683. Verlag Orac, Wien 1983.

Vitray-Meyerowitch, Eva de: Mekka und Medina. Herder Verlag, Freiburg-Basel-Wien. Kein Erscheinungsjahr.

Wagner, Anton: Der Erste Weltkrieg. Band 7 der Truppendienst-Taschenbücher, Verlag Carl Ueberreuter, Wien 1968.

Wagner, Georg: Das Türkenjahr 1664. Eine europäische Bewährung. Edition Roetzer, Eisenstadt 1964.

Wandruszka, Adam: Das Haus Habsburg. Die Geschichte einer europäischen Dynastie. Verlag Herder und Co., Wien 1978.

Wehrli, Max: Geschichte der deutschen Literatur von den Anfängen bis zur Gegenwart. I. Bd. Reclam Verlag, Stuttgart 1980.

Winston, Richard: Karl der Große. Buchgemeinsachft Donauland, Wien. Kein Erscheinungsjahr.

Wolfram, Herwig: Conversio Bagoariorum et Carantanorum. Hermann Böhlau's Nachf. Ges.m.b.H., Graz 1977.

Zierer, Otto: Islam. Kiesel Verlag, Salzburg 1983.

Zimmermann, Jürg: Militärverwaltung und Heeresaufbringung in Österreich bis 1806. Handbuch zur deutschen Militärgeschichte, Band III. Verlag Bernard & Graefe, Frankfurt am Main 1965.

Zitzenbacher, Walter: Das große Steiermark-Buch. Verlag Carl Ueberreuter, Wien-Heidelberg 1980.

Register

Vorbemerkungen

A. Angehörige bekannter Fürstenhäuser sind mit dem Vornamen aufgeführt, wobei der Familienname oder die Herrschaftsbezeichnung, in Sonderfällen beides, angeschlossen ist bzw. sind, etwa Albrecht I. *von Habsburg* mit dem Zusatz *König des Heiligen Römischen Reiches,* oder Ludwig XIV. der Sonnenkönig, König von Frankreich. Bei im deutschen Sprachraum weniger bekannten Familien empfahl sich deren Zusammenfassung unter den Familiennamen, wie etwa bei den Bathorys, wobei der Vorname dem Familiennamen beigesetzt ist.

B. Orte sind grundsätzlich unter dem deutschen Namen und der Bezeichnung im Zeitpunkt des historischen Geschehens oder der jetzigen Landessprache aufgeführt. Wenn nicht schwerwiegende Gründe dagegen sprechen, genießt die deutsche Bezeichnung den Vorrang: Die Seitenzahlen sind *hier* angegeben, so etwa Köszeg s(iehe) Güns S...

Die Verweisung auf den anderen Namen erfolgt nicht, wenn dieser nach der alphabetischen Reihung in unmittelbarer Nähe der Erstnennung stehen würde, also bei gleichem erstem Buchstaben. Hier wird die anderssprachige Bezeichnung in Klammer angeführt, zum Beispiel

Spalato (Split) oder
Marburg a.d. Drau (Maribor).

Die durch Mehrsprachigkeit bedingte etwas schwierige Handhabung des Registers soll durch diese Erklärung erleichtert werden.

A. Personenregister

Zriny Peter, Banus von Kroatien 296,
  314 f., 320 f., 334
Zvizdowitsch Angelus,
  Franziskanermönch 98

Zweig Stefan, österreichischer
  Schriftsteller 68
Zygmunt I. Jagiello, König von
  Polen 121, 127, 191

B. Ortsregister

Abydos 196
Acs 318
Adana 379
Adrianopel s. Edirne
Agram s. Zagreb
Aine Bakhti s. Lepanto
Akkerman s. Moncastvo
Akkon 202
Alba Julia s. Weißenburg
Aleppo 139, 281 f., 295, 297 f., 349, 379
Alexandrien 210
Algier 140, 203, 409
Almas 316 f.
Amasia 41, 53, 112, 158, 186, 275
Amasra 90
Ancona 100 f.
Ankara 12, 76, 86, 208
Arles 421
Asow s. Tana
Athen 196, 200
Augsburg 166 f., 206, 408
Aya 137
Aydin 379

Bagdad 185 f., 266, 280 f.
Banja Luka 296
Barcelona 151, 167
Basel 38, 58, 410, 421 f.
Basra 280 f., 349
Batok 330
Begschehir 380
Belgrad (Beograd, Belgirad) 26 ff., 47,
  78 ff., 103, 126, 129, 141 f., 182, 187 ff.,
  222, 229, 294 ff., 300, 316, 340 f., 345,
  388, 393 f., 405
Berndorf 176
Berlin 283
Bihać 94, 296
Bobovac 93 f.
Bologna 38, 167
Bolu 96, 379
Bosna Serail s. Sarajewo
Brasow s. Kronstadt
Braunau 151
Breitenfeld 412

Breslau 81
Brindisi 110
Broos 23, 108
Bruck a.d. Leitha 156, 163, 166, 318,
  358 f.
Bruck a.d. Mur 113, 406
Brünn 17
Brussa 55, 76
Brüssel 122
Buccari 328
Buda (Budyn, Ofen) 38, 48, 81 f., 88, 92,
  128, 135, 142 f., 148 ff., 165, 183, 208,
  215 f., 223 f., 264, 281 f., 295, 316, 341 f.,
  347, 396 f., 391 ff.
Bügürdelen s. Schabatz
Bujak 258
Bukarest 241
Buryas 41
Byzanz s. Konstantinopel

Calugareni 251
Cambrai 128, 151
Castro 247
Cattaro s. Kotor
Cave 208
Cegled 125
Chambord 220
Chioggia 42
Chozim 265, 332
Cilly (Celje) 25, 401
Citta Notabile s. Melina
Codron 136
Cognac 128
Compiègne 25
Csanád 125, 215
Curtea de Arges 9, 14

Damaskus 15, 139 f., 276, 278 f., 282, 295,
  364, 379
Debrecen 169
Demotika 137
Deutsch Minihof 305
Diyarbekir 279 ff., 349, 364, 379, 386
Donji Vakuf 103
Dschurdschewo s. Giurgiu

Der Dank des Autors

gilt allen jenen Personen und Institutionen, die das Erscheinen der Trilogie vom Kampf der Kaiser und Kalifen ermöglicht haben. Hervorzuheben ist der Mut des durch Manfred Sadlowski vertretenen Verlages, Drucklegung und Herausgabe des umfangreichen Werkes in Angriff zu nehmen, das zu diesem Zeitpunkt nicht wesentlich mehr war als ein eingehendes Konzept.

Seit 1986, als mit »Wir sehen uns beim Goldenen Apfel« der erste Band der Trilogie erschien, hat sich das Rad der Geschichte ein Stück weitergedreht: Der Krieg gegen den Irak stieß den islamischen Orient spektakulär in das öffentliche Bewußtsein, und der Zerfall des serbisch dominierten Vielvölkerstaates Jugoslawien mit seinen schauerlichen Begleitumständen wirft die Frage auf, ob der Balkan noch immer – oder schon wieder – das »Pulverfaß Europas« ist.

So hat das politische Geschehen der Jahre zwischen dem Erscheinen des ersten Bandes und der Fertigstellung des letzten den Inhalt des Gesamtwerkes – und die Richtigkeit der Zusammenschau scheinbar unzusammenhängender Kausalreihen – bestätigt und mit jener Aktualität ausgestattet, die für das Interesse breiter Leserschichten entscheidend ist.

Besonderer Dank gilt Herrn Rupprecht Sommer, der als Lektor die Brücke zwischen dem Verlag und dem Autor war. Sehr wesentlich waren Anregungen, Vorstellungen und Wünsche, durch die er die Gestaltung des Werkes maßgeblich beeinflußte, und unerhört wertvoll waren Ruhe, Umsicht und Energie, die er ausstrahlte und auf den Autor übertrug.

Jennersdorf, am 20. April 1992   Hans Miksch

Der Autor

Dr. Hans Miksch wurde 1927 in der Steiermark geboren; er ist in Jennersdorf, der Bezirkshauptstadt im Dreiländereck Österreich-Ungarn-Jugoslawien, als Rechtsanwalt und Mittelschullehrer tätig. Im Zweiten Weltkrieg rückte er 1943 als Luftwaffenhelfer ein, kam 1944 zum Reichsarbeitsdienst und im Anschluß daran als Offizieranwärter zur Gebirgsartillerie nach Garmisch-Partenkirchen; nach Fronteinsatz im Westen geriet er bei Kriegsende in amerikanische Kriegsgefangenschaft. Nach seiner Heimkehr legte er 1946 am Bundesrealgymnasium Fürstenfeld die Reifeprüfung ab, studierte dann Jura an den Universitäten Wien und Graz, beendete sein Studium 1951 und wurde 1952 zum Doctor iuris utriusque der Universität Graz promoviert.

1962 leistete er die erste freiwillige Waffenübung beim österreichischen Bundesheer und erlangte den Dienstgrad eines Fähnrichs d.R. Durch eine Vielzahl weiterer Waffenübungen und die Ablegung der vorgeschriebenen Prüfungen erreichte er den Rang eines Oberstleutnant d.R. 1973/74 war er Offizier der österreichischen UNO-Truppe auf Zypern, wobei er seit einem Jahrzehnt betriebene historische Studien über das Osmanische Reich und insbesondere das orientalische Kriegswesen durch den persönlichen Eindruck von der zeitgenössischen Lage im Nahen Osten erweiterte und ergänzte.

Mehrere Studienreisen nach Jugoslawien und Ungarn trugen zur Vertiefung seines Wissens über den Südostraum entscheidend bei, zumal er die Gelegenheit ergriff, an einigen historischen Seminaren der Akademie in Nyiregyhaza teilzunehmen.

Von seinen zahlreichen Veröffentlichungen sind besonders zu nennen:
»Die soziale Nützlichkeit und die herrschenden Schichten.« Grazer rechts- und staatswissenschaftliche Studien, Band 17. Graz 1966;
»Pannonische Geschichten«, Eisenstadt 1982.

Von ihm stammen die aufgeführten Beiträge in repräsentativen Werken:
»Es zog ein Regiment ...« In: »Jennersdorf. Portrait einer Grenzstadt.« Jennersdorf 1977;
»Rudolf Pfersmann von Eichthal. Soldat – Musiker – Schriftsteller.« In: »Deutsches Soldatenjahrbuch 1979«, München;
»Des Kaisers General: Fürst Raimund Montecuccoli« In: »Deutsches Soldatenjahrbuch 1980«, München;
»General der Infanterie Edmund Glaise von Horstenau. Soldat, Historiker, Politiker.« In: »Deutsches Soldatenjahrbuch 1982, 1983, 1984«, München;
»Ein Leben aus dem Märchenbuch: Kara Mechmed Pascha« In: »Deutsches Soldatenjahrbuch 1985, 1986 und 1987«, München.

Als zum Themenkreis der Trilogie gehörig sei erwähnt, daß der ORF, Landesstudio Burgenland, von ihm
1975 ein historisches Hörbild über die Schlacht von Mogersdorf 1664 und
1983 eine Sendefolge zum Türkenjahr 1683: »Der Griff nach dem Goldenen Apfel« brachte.